ΠΛΟΥΤΑΡΧΟΥ

ΣΥΓΓΡΑΜΜΑΤΩΝ ΤΟΜΟΣ ΤΕΤΑΡΤΟΣ.

PLUTARCHI

SCRIPTA MORALIA.

EX CODICIBUS QUOS POSSIDET REGIA BIBLIOTHECA OMNIBUS
AB KONTΩ CUM REISKIANA EDITIONE COLLATIS EMENDAVIT

FREDERICUS DÜBNER.

GRÆCE ET LATINE.

VOLUMEN SECUNDUM.

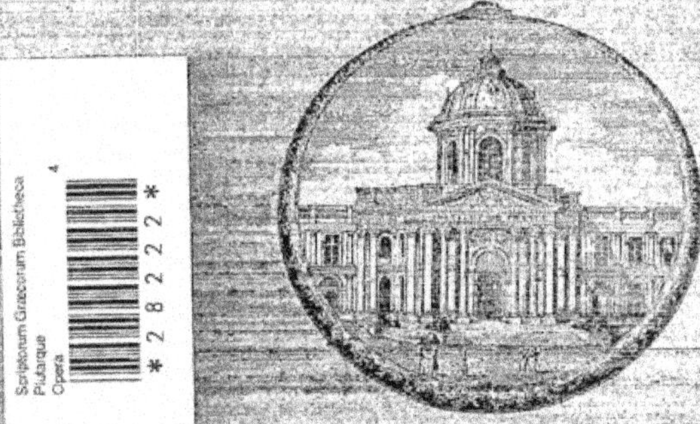

PARISIIS,

EDITORE AMBROSIO FIRMIN DIDOT,

INSTITUTI IMPERIALIS FRANCIÆ TYPOGRAPHO, VIA JACOB, 56.

ΠΛΟΥΤΑΡΧΟΥ

ΤΟΜΟΣ ΤΕΤΑΡΤΟΣ.

PLUTARCHI OPERUM

VOLUMEN QUARTUM.

PARISIIS — EXCUDEBANT FIRMIN DIDOT FRATRES, VIA JACOB, 56.

ΠΛΟΥΤΑΡΧΟΥ

ΣΥΓΓΡΑΜΜΑΤΩΝ ΤΟΜΟΣ ΤΕΤΑΡΤΟΣ.

PLUTARCHI

SCRIPTA MORALIA.

EX CODICIBUS QUOS POSSIDET REGIA BIBLIOTHECA OMNIBUS
AB ΚΟΝΤΩ CUM REISKIANA EDITIONE COLLATIS EMENDAVIT

FREDERICUS DÜBNER.

GRÆCE ET LATINE.

VOLUMEN SECUNDUM.

PARISIIS,

EDITORE AMBROSIO FIRMIN DIDOT,

INSTITUTI IMPERIALIS FRANCIÆ TYPOGRAPHO,

VIA JACOB, 56.

M DCCC LVI.

PRÆFATIO.

Quum anno MDCCCXXXVIII *Béthune* et *Duckett* bibliopolæ Plutarchi
Moralia ex editione Wyttenbachii edere constituissent, auctor iis eram ut Re-
giorum codicum varietates a Konto excerptas ne negligerent. Igitur suadente
viro eruditissimo Firmino Didot scripta illa, ubi possem, emendandi curam mihi demandarunt. Eam in me recepi quanquam neque paratus et aliis
studiis vehementer districtus : præsentiebam enim fore ut Wyttenbachia-
nus *textus*, si renuissem, sine emendatione ulla repeteretur. Correxi
multa, ac bona fide lectorem ita sum allocutus in fine præfationis : « Pau-
« cis ut absolvam, sic habeto : tradimus Tibi Plutarchi Moralia *in tribus*
« *fere millibus locorum ex codicibus manuscriptis emendata.* Quod Te de-
« merendi studium beati erimus si ita velis rependere, ut quæ peccata fue-
« rint judices humaniter. Illud non veremur, ne vitii quiddam per nos in
« Plutarchum immigraverit : latius tamen in majore otio extendi potuisse
« emendationis negotium, ultro concedimus. » Evenerat tamen quod non
esse verendum dixeram ; et corruptos a me fuisse locos quosdam sero in-
tellexi. Nimirum ubi perceperam Firminum Didot primi voluminis tabulas
stereotypicas redemisse, nihil mihi potius fuit quam ut antiquandi im-
pressa exempla et alia ex nova recognitione edendi licentiam ab eo expe-
terem. Annuit vir liberalissimus, et impulerunt voces venerabilium virorum, Letronnii, Boissonadii et Jacobsii, qui nimio conatus meos favore
prosequuntur, ut non solum universam varietatem a Konto collectam iterum
et accurate pervestigarem, sed in doctorum quoque scriptis, quæ quidem
usui meo patebant, et in eorum libris, qui Plutarchum olim expilaverunt,
emendationes ratas valde depravati scriptoris conquirerem. Ita factum est
ut hoc volumen duobus fere millibus locorum prodeat emendatius, et alterum multo majore, quam prius olim, cura sit elaboratum. De codicibus
singulis, de dijudicatione scripturæ eorum, de ratione quam in conjecturis
recipiendis sim secutus, in quinto volumine operum Plutarcheorum, ut
spero, explicate dicendi locus erit. Interim ex priore præfatione quæ huc
pertinent excerpsi, et gratias ago benignissimo Sauppe, professori universi-
tatis Turicensis, qui ex editione quam parat Vitarum oratorum eximias
emendationes non parvo numero mihi utendas permisit. Quintum volumen præter fragmenta librorum perditorum et scripta supposititia conti-
nebit nominum et rerum indicem consummatissimum, quem lectores
debebunt juveni inprimis diligenti *Dœhner*, jam nunc de Plutarchi Sym-
posiacis bene merito, mox editione Vitarum de eodem amplius merituro.
Scripsi Parisiis, mense novembri MDCCCXLI.

Fr. Dübner.

EXCERPTA

EX PRÆFATIONE EDITIONIS QUÆ PRODIIT ANNO MDCCCXXXIX.

PERPAUCA reperies in universa rerum antiquarum disciplina, quæ memorata non fuerint a Plutarcho in scriptis moralibus; plurima autem, quæ copiose et plene tractata : philosophiam ibi habes fere totam, habes innumera ad vitam Græcorum, Romanorum, Ægyptiorum aliarumque gentium pertinentia, innumera quæ historiam civitatium illustrent; hominum ingeniosissimorum dicta, fortissimorum facta; denique ex rerum natura thesaurum sane observationum : ne de ingenio Plutarcheo loquar, quod præteritorum temporum flores generosissimos iterum aperit, ut denuo fragrent et renatis coloribus luceant. Sed pretiosissima illa scripta male habita et lacunis fœdata ad nostram ætatem pervenerunt. Cujus rei causa præcipua in eo posita est, quod plurimorum archetypon non paucis in locis situ deletum vel vermibus exesum erat. Id quum criticum latere non possit, tum testantur etiam glossæ manuscriptorum, velut hæc codicis A (1671 Reg., sæc. XIII) ad p. 412, A : Τὸ χωρίον τοῦτο ἀσαφέστατόν ἐστι, διὰ τὸ πολλαχοῦ διαφθαρέντα τὰ τῶν παλαιῶν ἀντιγράφων μὴ δύνασθαι σώζειν τὴν συνέχειαν τοῦ λόγου· καὶ εἶδον ἐγὼ παλαιὰν βίβλον, ἐν ᾗ πολλαχοῦ διαλείμματα ἦν, καὶ μὴ δυνηθέντος τοῦ γράφοντος εὑρεῖν τὰ λείποντα, ἐλπίσαντος δὲ ἴσως εὑρήσειν ἀλλαχοῦ. Ἐνταῦθα μέντοι κατὰ συνέχειαν ἐγράφη τὰ διαλείποντα, τῷ μηκέτι ἐλπίδας εἶναι τὰ λείποντα εὑρεθήσεσθαι. Τοῦτ' αὐτὸ τοίνυν χρὴ νοεῖν καὶ πανταχοῦ τοῦ βιβλίου ἔνθα τις τοιαύτη ἀσάφεια εὑρίσκεται. Hinc, præter ceteram bonitatem, summo loco habendus est codex 1672, sæculi XIII (Wyttenbachio E), non ipsas modo lacunas indicans (id quod ceteri codices negligunt, exceptis aliquot partibus codicum B et G), sed spatiorum adeo mensuram repræsentans. [De qua re nunc dubito.] Ceterum poetarum præcipue versus et aliorum scriptorum locos non raro vel lacunis illis interceptos vel depravatissime scriptos animadvertens, in eam opinionem incidi, fuisse in vetusto archetypo verba aliena, quibus utitur Plutarchus, diverso colore picta, eoque (ut ita dicam) delebiliore et magis perituro. Patrum codices vidi, uncialibus literis scriptos, septimi sæculi, et alios subsequentium sæculorum, in quibus S. Scripturæ loci minio picti sunt, atramento reliqua. Quid quod in eo codice quem Plutarcheorum scriptorum vetustissimum possidet Bibliotheca Regia, n. 1956, sæculi XII (Wyttenbachio D), multi poetarum versus omittuntur, qui in ceteris exstant, ex alio libro, ut videtur, suppleti. Sic in recenti G (2076), sed qui partim ex ipsis D et F (1957, sæc. XII), partim ex eorum simillimis ductus est, poetarum loci aliquoties in serie omissi, in margine adjecti sunt. Hæc memo-

rari debebant ut ad Plutarchum proprie spectantia : de ceteris corrumpendi modis , quos cum plurimis scriptoribus expertus est communes , et inutile foret dici nec potest nisi in editione codicum variationibus instructa.

De lacunis implendis si desperata fere res erat, in reliquis tamen emendandis nos eximie adjuvit Bibliotheca Regia et Præfectorum ejus per orbem literatum celebrata humanitas. Codices enim Plutarchei, quos thesaurus ille condit magno numero, a Græco homine cum Reiskiana editionè collati fuerunt omnes, non perfecta quidem´accuratione, sed multo certe melius ille rem administravit, quam ii quibus Wyttenbachii amici Parisienses idem negotium demandaverant. Hujus operis, tribus voluminibus comprehensi et in Bibliotheca Regia servati, quum nobis pateret aditus, committendum non erat ut hac felicitate ad ornandam editionem nostram haud uteremur. Qua in re hoc modo sumus versati.

Primum quandocumque sententia, historia, grammatica lex vel rhetorica vis ea præcipiebant quæ in melioribus libris vel in omnibus legebantur, horum scripturam haud cunctanter recepimus, mutata vulgari : cui quidem non magis fere pepercimus, quando, per se licet bona aut tolerabilis, codicum tamen recta et indubitata præbentium auctoritate damnabatur. Sed in talibus res ipsa loquitur nec quicquam est difficultatis.

Alterum vero genus locorum , quod constituimus, nobis sæpe scrupulum injecit et magnam dubitationem. Sunt illi numerosissimi , quos tam codices quam editiones ita corruptos præbent , ut vel vitia apertissima monstrent vel adeo intelligi non possint. Tales Wyttenbachius partim de conjectura correxit , at multo plures in orationis serie intactos manere sivit , probabili emendatione in margine subjecta , quam lector, ubi hæsitat, corruptis illico substituere potest, et perexiguum in legendo impedimentum passus ad sequentia pergere. Sed ejusmodi monstrationis in ima pagina commoditatem excludebat ratio hujus editionis. Quare , perpensis omnibus, hanc denique nobis legem scripsimus, ut ubi corruptorum locorum exstarent emendationes, quæ et veritatis speciem maximam præ se ferrent *et probabilem originem corruptionis simul patefacerent* , eas reciperemus ; verum ubi correctio , sententiam quidem restituens, ejusmodi tamen esset, ut qua ratione in vulgarem vel codicum scripturam abiisset, non satis appareret, neque agnosceretur ibi solitus fere in codicibus aberrandi modus, tales ut repudiaremus ubique. Ita nonnunquam etiam pro vulgari textu, quem non mutaverat Wyttenbachius , nos codicum corruptam scripturam posuimus, quando infelicem ejus sanandæ conatum vulgo legi nobis persuaseramus. Sic igitur nodum illum solvendum esse judicavimus, qui nobis in tali conditione nectebatur. Hoc modo lector neque nimis sæpe offendet, neque rursus editioni nostræ diffidet ut audacius vel levius interpolatæ. Similem fere modum a pag. 242 ed. Wech. tenuerat Schæferus, sed is, ut nos judicamus, sæpe justo liberiorem se præbuit , aliquoties etiam indiligentem. Ceterum magno-

rum criticorum , ut Meziriaci , Reiskii , Wyttenbachii, emendationes plurimæ
codicibus Parisinis confirmantur, quas eo confidentius recipere poteramus.

Nonnunquam codicum scriptura, corrupta quidem ipsa, viam tamen emendandi monstrabat plane diversam ab recepta antiquitus lectione, quam deserere vel non poteramus, melioribus nondum repertis , vel religio erat, dum
subitariis inventis diffideremus et , instantibus operis, ad eundem locum
alio tempore redire non liceret. Est etiam ubi vulgata manifesto ex præstan-
tioribus libris fluxerit. Denique (quod maxime circumspectum reddere debebat) in antiquissimis codicum nostrorum apertissima deprehendimus audacis interpolationis specimina , plurima in D, qui nihilominus æque multas
servavit sinceras scripturas et sine dubio a Plutarcho profectas : pauciora sunt
in F, ejusdem sæculi codice. Interpolationis igitur ubi suspicio erat , vel aliquid dubitationis aut incommodi in codicum lectione , non movimus vulgatam.

Duæ res supersunt in quibus nostro judicio minime indulsimus. Quæcumque in codicibus Parisinis vel omnibus vel bonis quibuscumque non
leguntur, ea ubique uncis [ ] includenda curavimus : proinde hæc signa ,
licet plurimis in locis pessima adsumenta notent, pro critici alicujus de νοθεία
ejusmodi vocabulorum judicio habere noli. Ob hoc institutum iisdem uncis
circumdedimus quæ editores et veteres et novi sententia flagitante de conjectura adjecerunt. Duplicatis uncis [[ ]] utimur, quando lacuna codicum ex-
pletur. Lacunæ semper ex *pluribus asteriscis* noscuntur : *uni asterisci* significant initia paginarum Wechelianarum. [Parenthesium signis ( ) denique
indicamus vocabula seriem turbantia, quæ delenda esse videntur, certe
omittenda sunt inter legendum, dum a felici critico sanentur. Multa ejusmodi in altero volumine reduximus tacite a prioribus deleta. Ubi vulgari
et solito usu signa illa ponantur, res ipsa indicabit.]

De translatione latina, quam multis in locis correximus, hoc tenendum
est, Xylandrum et Wyttenbachium in corruptis partibus non raro suas
aut aliorum conjecturas expressisse, quas in græca quidem , ob rationes
supra expositas, recipere non poteramus.

ΣΥΜΠΟΣΙΑΚΩΝ

ΠΡΟΒΛΗΜΑΤΩΝ

ΒΙΒΛΙΑ Θ.

ΒΙΒΛΙΟΝ ΠΡΩΤΟΝ.

ΠΡΟΟΙΜΙΟΝ.

1. Τὸ « μισέω μνάμονα συμπόταν », ὦ Σόσσιε Σενεκίων, ἔνιοι πρὸς τοὺς ἐπισταθμους εἰρῆσθαι λέγουσι,
φορτικοὺς ἐπιεικῶς καὶ ἀναγώγους ἐν τῷ πίνειν ὄντας·
οἱ γὰρ ἐν Σικελίᾳ Δωριεῖς, ὡς ἔοικε, τὸν ἐπίσταθμον
μνάμονα προσηγόρευον. (2) Ἔνιοι δὲ τὴν παροιμίαν
οἴονται τοῖς παρὰ πότον λεγομένοις καὶ πραττομένοις
ἀμνηστίαν ἐπάγειν· διὸ τήν τε λήθην οἱ πάτριοι λόγοι
καὶ τὸν νάρθηκα τῷ θεῷ συγκαθιεροῦσιν, ὡς ἢ μηδενὸς
δέον μνημονεύειν τῶν ἐν οἴνῳ πλημμεληθέντων, ἢ παντελῶς ἐλαφρᾶς καὶ παιδικῆς νουθεσίας δεομένων. (3)
Ἐπεὶ δὲ καὶ σοὶ δοκεῖ τῶν μὲν ἀτόπων ἡ λήθη τῷ
ὄντι σοφὴ κατ᾽ Εὐριπίδην εἶναι· τὸ δὲ ὅλως ἀμνημονεῖν
τῶν ἐν οἴνῳ, μὴ μόνον τῷ φιλοποιῷ λεγομένῳ μάχεσθαι τῆς τραπέζης, ἀλλὰ καὶ τῶν φιλοσόφων τοὺς ἐλ-
λογιμωτάτους ἀντιμαρτυροῦντας ἔχειν, Πλάτωνα, καὶ
Ξενοφῶντα, καὶ Ἀριστοτέλην, καὶ Σπεύσιππον, Ἐπίκουρόν τε καὶ Πρύτανιν, καὶ Ἱερώνυμον, καὶ Δίωνα
τὸν ἐξ Ἀκαδημίας, ὡς ἄξιόν τινος σπουδῆς πεποιημέ-
νους ἔργον, ἀναγράψασθαι λόγους παρὰ πότον γενο-
μένους· (4) ᾠήθης τε δεῖν ἡμᾶς τῶν σποράδην πολλάκις ἔν τε Ῥώμῃ μεθ᾽ ὑμῶν, καὶ παρ᾽ ἡμῖν ἐν τῇ
Ἑλλάδι, παρούσης ἅμα τραπέζης καὶ κύλικος, φιλο-
λογηθέντων συναγαγεῖν τὰ ἐπιτήδεια· πρὸς τοῦτο γενόμενος, τρία μὲν ἤδη σοὶ πέπομφα τῶν βιβλίων,
ἑκάστου δέκα προβλήματα περιέχοντος· πέμψω δὲ καὶ
τὰ λοιπὰ ταχέως, ἂν ταῦτα δόξῃ μὴ παντελῶς ἄμουσα
μηδ᾽ ἀπροσδιόνυσα εἶναι.

ΠΡΟΒΛΗΜΑ Α.

Εἰ δεῖ φιλοσοφεῖν παρὰ πότον.

ΠΡΟΣΩΠΑ ΤΟΥ ΔΙΑΛΟΓΟΥ.

ΣΟΣΣΙΟΣ ΣΕΝΕΚΙΩΝ, ΑΡΙΣΤΩΝ, ΠΛΟΥΤΑΡΧΟΣ
ΚΡΑΤΩΝ, ΑΛΛΟΙ.

1. Πρῶτον δὲ πάντων τέτακται τὸ περὶ τοῦ φιλοσοφεῖν παρὰ πότον. Μέμνησαι γὰρ ὅτι, ζητήσεως
Ἀθήνησι μετὰ δεῖπνον γενομένης, εἰ χρηστέον ἐν οἴνῳ
φιλοσόφοις λόγοις, καὶ τί μέτρον ἐστὶ χρωμένοις, Ἀρίστων παρὼν, Εἰσὶ γάρ, ἔφησε, πρὸς τῶν θεῶν [οἱ] φιλοσόφοις χώραν ἐπ᾽ οἴνῳ μὴ διδόντες; (2) Ἐγὼ δ᾽

CONVIVALIUM

DISPUTATIONUM

LIBRI NOVEM.

LIBER PRIMUS.

PROŒMIUM.

(612, C - F.)

1. Verbum illud, Sossi Senecio, Odi memorem compoto-
rem, sunt qui in epistathmos (hoc est bibendi magistros
sive arbitros in conviviis) referendum putent, qui plerumque ea in re importuni sunt et immoderati : etenim Dorienses in Sicilia qui degunt, magistrum bibendi in convivio
Mnamona (id est memorem) appellasse existimantur. (2)
Alii adagium illud imperare censent oblivionem eorum quæ
inter pocula dicuntur atque aguntur : ideoque majorum
nostrorum ritu oblivio et ferula una cum Baccho dedican-
tur : quo indicatur aut nihil eorum in memoria habendum
quæ per vinum peccantur, aut levi omnino ac puerili pœna
corrigenda esse. (3) Quando autem tibi quoque videtur
oblivio malorum revera esse bona, quod idem Euripides
pronunciavit; prorsus autem oblivione conterere quæ inter
pocula fiunt, non modo adversari mensæ officio, quod ei
tribuitur, amicitiarum conciliandarum : sed adversantes
habere etiam clarissimos philosophos, Platonem, Xenophontem, Aristotelem, Speusippum, Epicurum, Prytanin,
Hieronymum, Dionem Academicum, qui operæ pretium
censuerunt colloquia conscribere in convivio habita; (4)
existimastique debere nos colligere quidquid de rebus ad
humanitatem pertinentibus memoria dignum sparsim vel
Romæ vobiscum vel apud nos in Græcia, in mensa et inter
pocula, disputatum sit : ego id opus aggressus, tres jam ad
te misi libros, quorum unusquisque decem complectitur
quæstiones : missurus etiam brevi reliquos, si tibi hæc videbuntur non plane a Musarum et Bacchi venustate aliena

QUÆSTIO I.

An philosophandum sit inter pocula.

PERSONÆ COLLOQUII.

SOSSIUS SENECIO, ARISTO, PLUTARCHUS, CRATO,
ALII.

I. Principem locum huic quæstioni tribuimus, Sitne inter
pocula philosophandum. Meministi enim aliquando Atheni-
quæstione post cœnam oborta, an in vino, et quatenus
utendum esset philosophicis disputationibus, Aristonem,
qui tum una aderat, dixisse, Suntne igitur, dii boni, qui
in convivio philosophiæ locum denegent? (2) Tunc ego,

εἶπον, Ἀλλ' οὐ γάρ εἰσιν, ὦ ἑταῖρε, οἱ καὶ πάνυ γε σεμνῶς κατειρωνευόμενοι λέγουσι, μὴ δεῖν, ὥσπερ οἰκοδέσποιναν, * ἐν οἴνῳ φθέγγεσθαι φιλοσοφίαν; καὶ τοὺς Πέρσας ὀρθῶς φασι μὴ ταῖς γαμεταῖς, ἀλλὰ ταῖς παλλακίσι συμμεθύσκεσθαι καὶ συνορχεῖσθαι· (3) ταὐτὸ δὴ καὶ ἡμᾶς ἀξιοῦσι ποιεῖν, εἰς τὰ συμπόσια τὴν μουσικὴν καὶ τὴν ὑποκριτικὴν ἐπεισάγοντας, φιλοσοφίαν δὲ μὴ κινοῦντας, ὡς οὔτε συμπαίζειν ἐκείνην ἐπιτήδειον οὖσαν, οὔτε ἡμᾶς τηνικαῦτα σπουδαστικῶς ἔχοντας· (4) οὐδὲ γὰρ Ἰσοκράτην τὸν σοφιστὴν ὑπομεῖναι δεομένων εἰπεῖν τι παρ' οἶνον, ἀλλ' ἢ τοσοῦτον, Ἐν οἷς μὲν ἐγὼ δεινός, οὐχ ὁ νῦν καιρός· ἐν οἷς δ' ὁ νῦν καιρός, οὐκ ἐγὼ δεινός.

II. Καὶ ὁ Κράτων ἀνακραγών, Εὖ γε, εἶπε, νὴ τὸν Διόνυσον, ἐξώμνυτο τὸν λόγον, εἰ τοιαύτας ἔμελλε περαίνειν περιόδους, αἷς ἔμελλε χαρίτων ἀνάστατον γενήσεσθαι συμπόσιον. (2) Οὐχ ὅμοιον δ' οἶμαι ῥητορικὸν ἐξαιρεῖν συμποσίου λόγον, καὶ φιλόσοφον· ἀλλ' ἕτερόν ἐστι τὸ φιλοσοφίας, ἣν, τέχνην περὶ βίον οὖσαν, οὔτε τινὸς παιδιᾶς οὔτε τινὸς ἡδονῆς διαγωγὴν ἐχούσης ἀποστατεῖν εἰκὸς, ἀλλὰ πᾶσι παρεῖναι τὸ μέτρον καὶ τὸν καιρὸν ἐπιφέρουσαν· ἢ μηδὲ σωφροσύνην, μηδὲ δικαιοσύνην οἰόμεθα δεῖν εἰς τοὺς πότους δέχεσθαι, κατειρωνευόμενοι τὸ σεμνὸν αὐτῶν. (3) Εἰ μὲν οὖν, ὥσπερ οἱ τὸν Ὀρέστην ἑστιῶντες, ἐν θεσμοθετείῳ πη τρώγειν καὶ πίνειν ἐμέλλομεν, ἦν τι τοῦτο τῆς ἀμαθίας οὐκ ἀτυχὲς παραμύθιον· εἰ δὲ πάντων μὲν ὁ Διόνυσος Λύσιός ἐστι καὶ Λυαῖος, μάλιστα δὲ τῆς γλώττης ἀφαιρεῖται τὰ χαλινὰ, καὶ πλείστην ἐλευθερίαν τῇ φωνῇ δίδωσιν, ἀβέλτερον οἶμαι καὶ ἀνόητον, ἐν λόγοις πλεονάζοντα καιρὸν ἀποστερεῖν τῶν ἀρίστων λόγων, καὶ ζητεῖν μὲν ἐν ταῖς διατριβαῖς περὶ συμποτικῶν καθηκόντων, καὶ τίς ἀρετὴ συμπότου, καὶ πῶς οἴνῳ χρηστέον, ἐξ αὐτῶν δὲ τῶν συμποσίων ἀναιρεῖν φιλοσοφίαν, ὡς ἔργῳ βεβαιοῦν ἃ διδάσκει λόγῳ μὴ δυναμένην.

III. Σοῦ δ' εἰπόντος οὐκ ἄξιον εἶναι Κράτωνι περὶ τούτων ἀντιλέγειν, ὅρον δέ τινα καὶ χαρακτῆρα τῶν παρὰ πότον φιλοσοφουμένων ζητεῖν, ἐκφεύγοντα τοῦτο δὴ τὸ παιζόμενον οὐκ ἀηδῶς πρὸς τοὺς ἐρίζοντας καὶ σοφιστιῶντας,

Νῦν δ' ἔρχεσθ' ἐπὶ δεῖπνον, ἵνα ξυνάγωμεν Ἄρηα·

καὶ παρακαλοῦντος ἡμᾶς ἐπὶ τὸν λόγον· (2) ἔφην ἐγὼ πρῶτον, ὅτι μοι δοκεῖ σκεπτέον εἶναι τὸ τῶν παρόντων· ἂν μὲν γὰρ πλείονας ἔχῃ φιλολόγους τὸ συμπόσιον, ὡς τὸ Ἀγάθωνος, Σωκράτεις, Φαίδρους, Παυσανίας, Ἐρυξιμάχους· καὶ τὸ Καλλίου, Χαρμίδας, Ἀντισθένεις, Ἑρμογένεις, ἑτέρους τούτοις παραπλησίους, ἀφήσομεν αὐτοὺς μύθῳ φιλοσοφεῖν, οὐχ ἧττον ταῖς Μούσαις τὸν Διόνυσον ἢ ταῖς Νύμφαις κεραννύντας· ἐκεῖναι μὲν γὰρ αὐτὸν τοῖς σώμασιν ἵλεω καὶ πρᾷον, αὗται δὲ ταῖς ψυχαῖς μειλίχιον ὄντως καὶ χαριδότην ἐπεισάγουσι. (3) Καὶ γὰρ ἂν ὀλίγοι τινὲς ἰδιῶται παρῶσιν, ὥσπερ ἄφωνα γράμματα φωνηέντων, ἐν μέσῳ πολλῶν τῶν πεπαιδευ-

Sunt sane, aiebam, amice, et vero admodum gravem simulantes severitatem, philosophiam dicunt tanquam matremfamilias non debere loqui inter pocula : Persasque laudant, qui non cum uxoribus, sed pellicibus suis inebrientur atque saltent : (3) eodemque modo a nobis volunt musicam et histriones introduci, philosophiam omitti : quod neque nos tum seriis vacare rebus possimus, neque illa ad colludendum sit idonea. (4) Nam Isocratem quoque rhetorem in convivio ut oraret rogatum, nihil aliud dignatum dicere, quam hoc unum, Quæ ipse nosset, ea in præsentia non esse tempestiva; quæ vero præsens tempus requireret, eorum se esse ignarum.

II. Ibi tum Crato exclamans, Probe, inquit, per Bacchum, ejeravit orationem, siquidem erat tales conserturus verborum comprehensiones, quæ Gratias fuerant e convivio exturbaturæ. (2) Sed non similia sunt, opinor, hæc, orationem rhetoricam, et philosophicam convivio excludere. Alia enim est philosophiæ causa, quam, utpote artem vitæ magistram, par est nullo etiam a joco, ludo, aut oblectatione abesse, adesse omnibus, modumque et morem imponere : nisi forte temperantiam etiam et justitiam velimus a conviviis arcere, severitatem earum præscribendo. (3) Quodsi tanquam iis qui Orestem accipiebant convivio in curia Athenis edendum nobis bibendumque esset, non infelix hoc nostræ inscitiæ nobis esset remedium. Si autem Bacchus vere est Lysius et Liber, ac maxime solvit linguam frenis, libertatemque voci plurimam concedit; stultum ego arbitror esse et ineptum, velle frequens sermonum tempus optimis exuere sermonibus, et quum in scholis disputetur de officio convivarum, ac quæ sit virtus compotoris, quomodo utendum vino; ex ipsis conviviis tollere philosophiam, tanquam re comprobare quod verbis doceat non valentem.

III. Hic quum tu diceres non esse æquum ut hac de re adversus Cratonem disputaremus, finem tamen et notam eorum de quibus inter pocula philosopharemur quærere juberes, ut effugeretur id, quod non ineleganti joco torquetur in contentiosos et sophistico morbo laborantes,

Nunc ite ad cœnam, ut pugnandi copia detur :

nosque ad id disquirendum exhortarere : (2) Ego, Id primum, inquam, considerandum censeo, quales sint qui una adsunt. Si enim in convivio sint plures litterati, ut in Agathonis Socrates, Phædri, Pausaniæ, Eryximachi : et in Calliæ, Charmidæ, Antisthenes, Hermogenes, aliique horum similes; concedemus iis usum sermonum philosophicorum, ut non minus Musis, quam Nymphis Bacchum diluant : quem hæc corporibus mitem et tenem, illæ animis revera Milichium et Charidotam (hoc est benignum et beneficum) præstabunt. (3) Etenim si pauci quidam intersint rudes, tanquam mutæ litteræ in medio vocalium contenti inter frequentes eruditos, soni cujusdam non omnino in-

μένων ἐμπεριλαμβανόμενοι, φθογγῆς τινος οὐ παντελῶς
ἀνάρθρου καὶ συνέσεως κοινωνήσουσιν· ἂν δὲ πλῆθος
ᾖ τοιούτων ἀνθρώπων, οἳ παντὸς μὲν ὀρνέου, παντὸς
δὲ νεύρου καὶ ξύλου μᾶλλον ἢ φιλοσόφου φωνὴν ὑπομένουσι, τὸ τοῦ Πεισιστράτου χρήσιμον. (4) Ἐκεῖνος
γὰρ ἐν διαφορᾷ τινι πρὸς τοὺς υἱοὺς γενόμενος, ὡς
ᾔσθετο τοὺς ἐχθροὺς χαίροντας, ἐκκλησίαν συναγαγών,
ἔφη βούλεσθαι μὲν αὐτὸς πεῖσαι τοὺς παῖδας, ἐπεὶ δὲ
δυσκόλως ἔχουσιν, αὐτὸν ἐκείνοις πείσεσθαι καὶ ἀκολου-
θήσειν. (5) Οὕτω δὴ καὶ φιλόσοφος ἀνὴρ ἐν συμπόταις
μὴ δεχομένοις τοὺς λόγους αὐτοῦ, μεταθέμενος ἕψεται,
καὶ ἀγαπήσει τὴν ἐκείνων διατριβήν, ἐφ' ὅσον μὴ ἐκ-
βαίνει τὸ εὔσχημον· εἰδὼς ὅτι ῥητορεύουσι μὲν ἄνθρωποι διὰ λόγου, φιλοσοφοῦσι δὲ καὶ σιωπῶντες καὶ
παίζοντες καὶ νὴ Δία σκωπτόμενοι καὶ σκώπτοντες.
(6) Οὐ γὰρ μόνον ἀδικίας ἐσχάτης ἐστίν, * ὥς φησι
Πλάτων, μὴ ὄντα δίκαιον εἶναι δοκεῖν, ἀλλὰ καὶ συνέσεως ἄκρας, φιλοσοφοῦντα μὴ δοκεῖν φιλοσοφεῖν, καὶ
παίζοντα διαπράττεσθαι τὰ τῶν σπουδαζόντων. (7)
Ὡς γὰρ αἱ παρ' Εὐριπίδῃ μαινάδες ἄνοπλοι καὶ ἀσίδη-
ροι τοῖς θυρσαρίοις παίουσαι τοὺς ἐπιτιθεμένους τραυ-
ματίζουσιν, οὕτω τῶν ἀληθινῶν φιλοσόφων καὶ τὰ
σκώμματα καὶ οἱ γέλωτες τοὺς μὴ παντελῶς ἀτρώ-
τους κινοῦσιν ἀμωσγέπως καὶ συνεπιστρέφουσιν.

IV. Οἶμαι δὲ διηγήσεων εἶναί τι συμποτικὸν γένος,
ὧν τὰς μὲν ἱστορία δίδωσι, τὰς δ' ἐκ τῶν ἀνὰ χεῖρα
πραγμάτων λαβεῖν ἐστι, πολλὰ μὲν εἰς φιλοσοφίαν
παραδείγματα, πολλὰ δ' εἰς εὐσέβειαν ἐχούσας, ἀν-
δρικῶν τε πράξεων καὶ μεγαλοθύμων, ἐνίας δὲ χρηστῶν
καὶ φιλανθρώπων ζῆλον ἐπαγούσας· αἷς ἤν τις ἀνυπόπτως χρώμενος διαπαιδαγωγῇ τοὺς πίνοντας, οὐ τὰ
ἐλάχιστα τῶν κακῶν ἀφαιρήσει τῆς μέθης. (2) Οἱ
μὲν οὖν τὰ βούγλωσσα καταμιγνύντες εἰς τὸν οἶνον, καὶ
τοῖς ἀποβρέγμασι τῶν περιστερεώνων καὶ ἀδιάντων τὰ
ἐδάφη ῥαίνοντες, ὡς τούτων τινὰ τοῖς ἑστιωμένοις εὐ-
θυμίαν καὶ φιλοφροσύνην ἐνδιδόντων, ἀπομιμούμενοι
τὴν Ὁμηρικὴν Ἑλένην ὑποφαρμάττουσαν τὸν ἄκρατον,
οὐ συνορῶσιν ὅτι κἀκεῖνος ὁ μῦθος ἐκπεριελθὼν ἀπ' Αἰγύπτου μακρὰν ὁδὸν εἰς λόγους ἐπιεικεῖς καὶ πρέποντας
ἐτελεύτησεν. (3) Ἡ γὰρ Ἑλένη πίνουσιν αὐτοῖς διηγεῖται περὶ τοῦ Ὀδυσσέως,

    [Ἀλλ'] οἷον τόδ' ἔρεξε καὶ ἔτλη καρτερὸς ἀνήρ,
    αὐτόν μιν πληγῇσιν ἀεικελίῃσι δαμάσσας·

τοῦτο γὰρ ἦν, ὡς ἔοικε, τὸ νηπενθὲς φάρμακον καὶ ἀνώ-
δυνον, λόγος ἔχων καιρὸν ἁρμόζοντα τοῖς ὑποκειμένοις
πάθεσι καὶ πράγμασιν. (4) Οἱ δὲ χαρίεντες, κἂν ἀπ'
εὐθείας φιλοσοφῶσι, τηνικαῦτα διὰ τοῦ πιθανοῦ μᾶλλον ἢ βιαστικοῦ τῶν ἀποδείξεων ἄγουσι τὸν λόγον. (5)
Ὁρᾷς γὰρ ὅτι καὶ Πλάτων ἐν τῷ συμποσίῳ περὶ τέλους
διαλεγόμενος, καὶ τοῦ πρώτου ἀγαθοῦ, καὶ ὅλως θεολο-
γῶν, οὐκ ἐντείνει τὴν ἀπόδειξιν, οὐδ' ὑποκονίεται, τὴν
λαβήν, ὥσπερ εἴωθεν, εὔτονον ποιῶν καὶ ἄφυκτον, ἀλλ'
ὑγροτέροις λήμμασι καὶ παραδείγμασι καὶ μυθολογίαις
προσάγεται τοὺς ἄνδρας.

concinni et intelligentiæ fient participes : ubi autem multitudo erit talium hominum, qui cujuscumque avis, nervi
cujuscumque et ligni malunt, quam philosophi, vocem audire, utile est illud Pisistrati. (4) Is enim, quum quædam
ei cum filiis discordia incidisset, sentiretque hoc inimicis
gaudio esse, advocata concione dixit, voluisse ipsum liberis
suis persuadere suam sententiam ; quia autem obstinate dissentirent, se ipsis obsecuturum. (5) Sic etiam philosophus
inter convivas non admittentes ipsius orationem, mutato
instituto iis morem geret, in eorumque ratione se conti nebit, quatenus decoro suo non repugnat ; scietque homines
oratione uti instrumento rhetorices, philosophari posse etiam
tacentes, jocantes, atque adeo dicteriis impetitos et impetentes. (6) Non enim modo extrema est injustitia, ut ait
Plato, justum videri quum non sis ; sed etiam sapientiæ
summæ, philosophari ita ut hoc non videaris agere, et lu-
dentem res serias conficere. (7) Atque ut Bacchæ inermes
apud Euripidem, et ferro carentes, thyrsulis suis feriunt et
sauciant eos quos adoriuntur : ita verorum philosophorum
et sales et risus eos, qui non plane sunt stupidi, movent
aliquo modo et circumagunt.

IV. Existimo etiam quoddam conviviis accommodatum
esse narrationum genus : quarum alias historia suggerit,
alias sumere e rebus occurrentibus licet, multa philosophica
doctrinæ exempla, multa pietatis habentes, studiumque
æmulandi facta partim fortiter et magnanime, partim benigne
et humaniter, ingenerantes : quibus si quis apud necopinantes
quicquam tale utatur, is bibentes tanquam pædagogus moderans, non minima ebrietatis mala intercluserit. (2) Sunt
qui buglossa vino admisceant, aut solum rigent verbenarum
adiantorumque succis imbuta aqua, quod hæc convivis hilaritatem aliquam et comitatem parare opinantur, imitantes
Homericam Helenam, quæ vino medicamentum injecerit :
hi non intelligunt fabulam illam longo itinere ex Ægypto
usque deductam, tandem in sermones decoros et elegantes
desinere. (3) Bibentibus enim narrat Helena de Ulysse,

    Infracta quantum tolerarit mente laborem,
    quum se verberibus fœde multasset acerbis :

hoc enim fuit, ut apparere videtur, illud mœrorem abolens
nepenthes medicamentum, omnemque amoliens dolorem,
oratio præsenti rei et eventibus accommodata. (4) Porro
autem elegantiore doctrina præditi homines, etiam si ita
philosophentur, ut id præ se haud obscure ferant, tamen
oratione probabili et ad persuadendum apta magis utuntur,
quam violentia demonstrationum. (5) Vides enim ut Plato
in Convivio de fine disserens, et de primo bono, omninoque res divinas tractans, tamen non intendat demonstrationem, neque more suo luctatorem referat, qui validis et
inevitabilibus adversarium constringat nexibus, sed mol-
lioribus sumtionibus, exemplis ac fabulis fidem convivis
faciat.

V. Εἶναι δὲ δεῖ καὶ αὐτὰς τὰς ζητήσεις ὑγροτέρας, καὶ γνώριμα τὰ προβλήματα, καὶ τὰς πεύσεις ἐπιεικεῖς, καὶ μὴ γλίσχρας· ἵνα μὴ πνίγωσι τοὺς ἀνοητοτέρους, μηδ' ἀποτρέπωσιν. (2) Ὥσπερ γὰρ τὰ σώματα πινόντων δι' ὀρχήσεως καὶ χορείας νενόμισται σαλεύειν, ἂν δὲ ὁπλομαχεῖν ἀναστάντας ἢ δισκεύειν ἀναγκάζωμεν αὐτοὺς, οὐ μόνον ἀτερπὲς, ἀλλὰ καὶ βλαβερὸν ἔσται τὸ συμπόσιον· οὕτω τὰς ψυχὰς αἱ μὲν ἐλαφραὶ ζητήσεις ἐμμελῶς καὶ ὠφελίμως κινοῦσιν, ἐριδαντέων δὲ, κατὰ Δημόκριτον, καὶ ἱμαντελικτέων λόγους ἀφετέον, οἳ αὑτούς τε κατατείνουσιν ἐν πράγμασι γλίσχροις καὶ δυσθεωρήτοις, τούς τε παρατυγχάνοντας ἀνιῶσι. Δεῖ γὰρ, ὡς τὸν οἶνον, κοινὸν εἶναι καὶ τὸν λόγον, οὗ πάντες μεθέξουσιν. (3) Οἱ δὲ τοιαῦτα προβλήματα καθιέντες, οὐδὲν ἂν τῆς Αἰσωπείου γεράνου καὶ ἀλώπεκος ἐπιεικέστεροι πρὸς κοινωνίαν φανεῖεν· ὧν ἡ μὲν ἔτνος τι λιπαρὸν κατὰ λίθου πλατείας καταχεαμένη [οὐκ εὐωχουμένην ἐδέξατο,] ἀλλὰ γέλωτα παρέχουσαν [ἠνία·] ἐξέφευγε γὰρ ὑγρότητι τὸ ἔτνος τὴν λεπτότητα τοῦ στόματος αὐτῆς. Ἐν μέρει τοίνυν ἡ γέρανος αὐτῇ καταγγείλασα δεῖπνον, ἐν λαγυνίδι προὔθηκε λεπτὸν ἐχούσῃ καὶ μακρὸν τράχηλον, ὥστ' αὐτὴν μὲν καθιέναι τὸ στόμα ῥᾳδίως καὶ ἀπολαύειν, τὴν δ' ἀλώπεκα μὴ δυναμένην κομίζεσθαι συμβολὰς πρεπούσας. (4) Οὕτω τοίνυν, ὅταν οἱ φιλόσοφοι παρὰ πότον εἰς λεπτὰ καὶ διαλεκτικὰ προβλήματα καταδύντες ἐνοχλῶσι τοῖς πολλοῖς ἕπεσθαι μὴ δυναμένοις· * ἐκεῖνοι δὲ πάλιν ἐπ' ᾠδάς τινας καὶ διηγήματα φλυαρώδη καὶ λόγους βαναύσους καὶ ἀγοραίους ἐμβάλωσιν ἑαυτοὺς, οἴχεται τῆς συμποτικῆς κοινωνίας τὸ τέλος, καὶ καθύβρισται ὁ Διόνυσος. (5) Ὥσπερ οὖν Φρυνίχου καὶ Αἰσχύλου τὴν τραγῳδίαν εἰς μύθους καὶ πάθη προαγόντων, ἐλέχθη τὸ, Τί ταῦτα πρὸς τὸν Διόνυσον; οὕτως ἔμοιγε πολλάκις εἰπεῖν παρέστη πρὸς τοὺς ἕλκοντας εἰς τὰ συμπόσια τὸν κυριεύοντα, Ὦ ἄνθρωπε, τί ταῦτα πρὸς τὸν Διόνυσον; (6) Ἄδειν γὰρ ἴσως τὰ καλούμενα σκολιὰ, κρατῆρος ἐν μέσῳ προκειμένου καὶ στεφάνων διανεμομένων, οὓς ὁ θεὸς ἐλευθερῶν ἡμᾶς ἐπιτίθησιν, οὐ καλὸν οὐδὲ συμποτικόν. (7) Ἐπεί τοι καὶ τὰ σκολιά φασιν οὐ γένος ᾀσμάτων εἶναι πεποιημένων ἀσαφῶς, ἀλλ' ὅτι πρῶτον μὲν ᾖδον ᾠδὴν τοῦ θεοῦ κοινῶς ἅπαντες μιᾷ φωνῇ παιανίζοντες, δεύτερον δ' ἐφεξῆς ἑκάστῳ μυρσίνης παραδιδομένης, ἣν αἴσακον, οἶμαι διὰ τὸ ᾄδειν τὸν δεξάμενον, ἐκάλουν· ἐπὶ δὲ τοῦτο λύρας περιφερομένης, ὁ μὲν πεπαιδευμένος ἐλάμβανε, καὶ ᾖδεν ἁρμοζόμενος, τῶν δ' ἀμούσων οὐ προσιεμένων, σκολιὸν ὠνομάσθη τὸ μὴ κοινὸν αὐτοῦ μηδὲ ῥᾴδιον. (8) Ἄλλοι δέ φασι, τὴν μυρσίνην οὐ καθεξῆς βαδίζειν, ἀλλὰ καθ' ἕκαστον ἀπὸ κλίνης ἐπὶ κλίνην διαφέρεσθαι· τὸν γὰρ πρῶτον ᾄσαντα τῷ πρώτῳ τῆς δευτέρας κλίνης ἀποστέλλειν, ἐκεῖνον δὲ τῷ πρώτῳ τῆς τρίτης, εἶτα τὸν δεύτερον ὁμοίως τῷ δευτέρῳ, καὶ τὸ ποικίλον καὶ πολυκαμπὲς, ὡς ἔοικε, τῆς περιόδου, σκολιὸν ὠνομάσθη.

V. Ceterum ipsæ etiam quæstiones *esse debent magis* familiares atque notæ, et interrogationes moderatæ, neque nimis subtiles; ne rudiores opprimantur iis aut a colloquio fugentur. (2) Sicut enim compotorum corpora ita solent in convivio versari, ut ad saltationem se aut choreas conferant et jucunde moveantur; si vero ad depugnandum armis, aut discum jactandum eos cogas, non modo injucundum, sed damnosum quòque fuerit convivium : sic animos quæstiones faciles concinne et utiliter movent, a contentiosorum autem, ut ait Democritus, et nodosorum perplexis vitilitigationibus abstinendum, quæ et proponentem eas in rebus tenuibus et intellectu difficilibus moleste occupant, et præsentibus sunt odiosæ. Nam ut vini, ita orationis quoque ad omnes convivas pertinens esse debet communitas. (3) Qui vero quæstiones ejusmodi proponunt abstrusas, ii ab hac non minus absunt, quam grus et vulpes Æsopi. De his vulpes ad cœnam invitatæ grui pultem tenuem in lato lapide effusam proposuit, atque ita risui obnoxiam vexavit, quia ob liquorem hæc diffluentem edere nequiret aut rostro prehendere pultem. Vicissim igitur grus vulpi ad convivium vocatæ cibum in laguncula proposuit, quæ tenue haberet et longum collum ita, ut ipsa per id rostro inserto cibum nullo caperet negotio, vulpes autem suam attingere portionem non posset. (4) Ita etiam, quando philosophi inter pocula in subtiles et dialecticas se quæstiones abdunt, reliquis nihil earum intelligentibus molestiam exhibentes; hi contra cantionibus nescio quibus, narrationibus nugarum plenis, sermonibus illiberalibus atque forensibus indulgent, actum est de convivalis societatis fine, et contumelia Bacchus afficitur. (5) Sicut itaque, quum Phrynichus et Æschylus tragœdiam ad argumenta continua et affectus graves promoverent, dictum fuit, Quid hæc ad Bacchum? ita mihi sæpe incidit dicere ad eos qui in convivia argutias sophistarum trahunt, Mi homo, quid hæc ad Bacchum? (6) Fortasse enim scolia quæ vocantur carmina canere cratere in medium proposito et corollis distributis, quas deus libertatem donans nobis imponit, non honestum neque convivio aptum : (7) quandoquidem etiam scolia (quasi dicas obliqua) aiunt non esse genus cantilenæ obscure conditæ, sed quia primum solerent cantare pæanem dei una omnes voce laudes ipsius celebrando; deinde unusquisque propriam cantilenam, accepta myrto, quam ex eo Æsacon appellabant, opinor quod cantaret is cui tradita ea esset. Et quia in hanc rem lyra circumlata, ea sumta eruditus illud carmen concinne modulabatur, recusabant rudes musicæ, scolion fuit nominatum, quod neque facile esset, neque omnibus commune carmen. (8) Alii myrtum non ordine traditam fuisse aiunt, sed a lectulo in lectulum ad singulos transmissam; ita ut qui primus cecinisset, primo in secunda mensa eam mitteret, is primo tertiæ, eodemque modo secundi secundis : itaque ob varietatem et flexuum, ut apparet, in circuitione multitudinem scolion fuisse dictum.

ΠΡΟΒΛΗΜΑ B.

Πότερον αὐτὸν δεῖ κατακλίνειν τοὺς ἑστιωμένους τὸν ὑποδεχόμενον, ἢ ἐπ' αὐτοῖς ἐκείνοις ποιεῖσθαι.

ΠΡΟΣΩΠΑ ΤΟΥ ΔΙΑΛΟΓΟΥ.

ΤΙΜΩΝ. ΞΕΝΟΣ, ΠΛΟΥΤΑΡΧΟΣ, Ο ΠΑΤΗΡ ΑΥΤΟΥ, ΛΑΜΠΡΙΑΣ, ΑΛΛΟΙ.

I. Τίμων ὁ ἀδελφὸς, ἑστιῶν πλείονας, ἕκαστον ἐκέλευε τῶν εἰσιόντων ὅποι βούλεται παρεμβάλλειν καὶ κατακλίνεσθαι, διὰ τὸ καὶ ξένους καὶ πολίτας καὶ συνήθεις καὶ οἰκείους καὶ ὅλως παντοδαποὺς τοὺς κεκλημένους εἶναι. (2) Πολλῶν οὖν ἤδη παρόντων, ξένος τις ὥσπερ εὐπάρυφος ἐκ κωμῳδίας, ἐσθῆτί τε περιττῇ καὶ ἀκολουθίᾳ παίδων ὑποσολοικότερος, ἧκεν ἄχρι τῶν θυρῶν τοῦ ἀνδρῶνος, καὶ κύκλῳ ταῖς ὄψεσιν ἐπελθὼν τοὺς κατακειμένους, οὐκ ἠθέλησεν εἰσελθεῖν, ἀλλ' ᾤχετο ἀπιών· καὶ πολλῶν μεταθεόντων, οὐκ ἔφη τὸν ἄξιον ἑαυτοῦ τόπον ὁρᾶν λειπόμενον. (3) Ἐκεῖνον μὲν οὖν πολλῷ γέλωτι χαίροντας, εὐφημοῦντας, ἐκπέμπειν δόμων ἐκέλευον οἱ κατακείμενοι· καὶ γὰρ ἦσαν πολλοὶ μετρίως ὑποπεπωκότες.

II. Ἐπεὶ δὲ τὰ περὶ τὸ δεῖπνον τέλος εἶχεν, ὁ πατὴρ ἐμὲ πορρωτέρω κατακείμενον προσειπών, Τίμων, ἔφη, κἀγὼ κριτήν σε πεποιήμεθα διαφερόμενοι· πάλαι γὰρ ἀκούει κακῶς ὑπ' ἐμοῦ διὰ τὸν ξένον· εἰ γὰρ διετάττετο ἀπ' ἀρχῆς, ὥσπερ ἐκέλευον ἐγὼ, τὰς κλίσεις, οὐκ ἂν εὐθύνας ὑπείχομεν ἀταξίας ἀνδρὶ δεινῷ

κοσμῆσαι ἵππους τε καὶ ἀνέρας ἀσπιδιώτας.

(2) Καὶ γὰρ δὴ Παῦλον Αἰμίλιον στρατηγὸν λέγουσιν, ὅτε Περσέα καταπολεμήσας ἐν Μακεδονίᾳ πότους συνεκρότει, κόσμῳ τε θαυμαστῷ περὶ πάντα καὶ τῇ λοιπῇ τάξει χρώμενον, εἰπεῖν ὅτι τοῦ αὐτοῦ ἀνδρός ἐστι καὶ φάλαγγα συστῆσαι φοβερωτάτην καὶ συμπόσιον ἥδιστον· ἀμφότερα γὰρ εὐταξίας εἶναι. (3) Καὶ τοὺς ἀρίστους καὶ τοὺς βασιλικωτάτους ὁ ποιητὴς εἴωθε κοσμήτορας λαῶν προσαγορεύειν. Καὶ τὸν μέγαν θεὸν ὑμεῖς που φατὲ τὴν ἀκοσμίαν εὐταξίᾳ μεταβαλεῖν εἰς κόσμον, * οὔτ' ἀφελόντα τῶν ὄντων οὐδὲν, οὔτε προσθέντα, τῷ δὲ ἕκαστον ἐπὶ τὴν προσήκουσαν χώραν καταστῆσαι, τὸ κάλλιστον ἐξ ἀμορφοτάτου σχῆμα περὶ τὴν φύσιν ἀπεργασάμενον. (4) Ἀλλὰ ταῦτα μὲν τὰ σεμνότερα καὶ μείζονα παρ' ὑμῶν μανθάνομεν· αὐτοὶ δὲ καὶ τὴν περὶ τὰ δεῖπνα δαπάνην ὁρῶμεν οὐδὲν ἔχουσαν ἐπιτερπὲς οὐδ' ἐλευθέριον, εἰ μὴ τάξεως μετάσχοι. (5) Διὸ καὶ γελοῖόν ἐστι τοῖς μὲν ὀψοποιοῖς καὶ τραπεζοκόμοις σφόδρα μέλειν τί πρῶτον ἢ τί δεύτερον ἢ μέσον ἢ τελευταῖον ἐπάξουσι, καὶ, νὴ Δία, μύρου τινὰ καὶ στεφάνων καὶ ψαλτρίας, ἂν τύχῃ παροῦσα, χώραν καὶ τάξιν εἶναι· (6) τοὺς δ' ἐπὶ ταῦτα καλουμένους εἰκῆ καὶ ὡς ἔτυχε κατακλίναντα χορτάζειν, μήτε ἡλικίᾳ μήτ' ἀρχῇ μήτ' ἄλλῳ τινὶ τῶν ὁμοίων τὴν ἁρμότ-

QUÆSTIO II.

An convivas is qui convivio excipit, ipse debeat collocare, an vero collocationem convivarum arbitrio permittere.

PERSONÆ COLLOQUII.

TIMON, HOSPES, PLUTARCHUS, PATER EJUS, LAMPRIAS, ALII.

I. Timon frater meus quum excepisset convivio complures, unumquemque ingredientium eo quo liberet loco jussit accumbere, ideo quod et hospites, et cives, et familiares, et domestici, denique variorum generum homines erant quos invitaverat. (2) Quum jam adessent multi, quidam veluti e comœdia belle prætextatus, vestitu nimio et comitatu puerorum aliquanto insolentior, usque ad fores pervenit cœnaculi: quumque oculis pervagatus esset personas accumbentium, ingredi noluit, sed proripuit sese; multisque qui retraherent hominem properantibus, negavit conspicere locum sibi relictum ipso dignum. (3) Hunc ergo qui accumbebant effuse ridentes, jussere cum gaudio et faustis ominibus domo emitti: multi enim inter eos jam mediocriter adbiberant.

II. Finita cœna, pater me, qui longius ab illo discumbebam, alloquens, Timon, inquit, et ego te judicem nostræ controversiæ statuimus: jamdudum enim ille abs me objurgatur hospitis istius gratia. Nam si ab initio, uti ego jusseram, locum cuique suum adsignasset, non impegisset nobis ordinis confusi crimen homo ille, gnarus

Ordine quemque suo peditemve equitemve locare.

(2) Sane Paulum quoque Æmilium imperatorem aiunt, quum debellato Perseo in Macedonia convivia cogeret, usum admirabili ordine atque apparatu omnium rerum, dixisse ejusdem viri esse et armatam aciem quam maxime terribilem et convivium quam jucundissimum instruere: in utroque enim artem ordinis recte instituendi requiri. (3) Et Homerus præstantissimos viros regnandique gnarissimos solet Kosmetoras (id est ordinatores) populorum appellare. Vos quoque magnum illum deum dicitis chaos, rudem et indigestam molem, in ordinem redigendo munuum construxisse, nulla re vel detracta vel addita, sed naturæ de fœdissima pulcherrimam formam reddidisse eo, quod suis quæque in locis constitueret. (4) Verum hæc nos graviora atque majora a vobis philosophis discimus: ipsi autem cernimus sumtum qui in convivia fit, ordo si absit, nihil jucundum habere, nihil liberale. (5) Proinde ridiculum est coquis et mensæ ministris curæ esse quid primo, quid secundo, medio ultimove loco apportent; atque adeo etiam unguentis, sertis, fidicinæ, si adhibeatur, suum esse ordinem atque locum: (6) at istos qui ad hæc vocantur, temere et fortuito juberi discumbere et pasci, nec neque ætatis, magistratus, aliarumve id genus rerum convenientem instituto haberi rationem; in qua quidem honore afficiatur præstan-

τουσαν ἀποδιδόντα τάξιν, ἐν ᾗ τιμᾶται μὲν ὁ προέχων,
ἐθίζεται δὲ ὁ δευτερεύων, γυμνάζεται δὲ ὁ τάττων πρὸς
διάκρισιν καὶ στοχασμὸν τοῦ πρέποντος. (7) Οὐ γὰρ
ἕδρα μέν ἐστι καὶ στάσις τοῦ κρείττονος, κατάκλισις
δ' οὐκ ἔστιν· οὐδὲ προπίεται ἑτέρῳ πρὸ ἑτέρου μᾶλλον
ὁ ἑστιῶν, περὶ δὲ τὰς κατακλίσεις παρόψεται τὰς διαφοράς, εὐθὺς ἐν ἀρχῇ τὴν λεγομένην μίαν Μύκονον ἀποφήνας τὸ συμπόσιον. Ἡ μὲν οὖν τοῦ πατρὸς δικαιο-
λογία τοιαύτη τις ἦν.

III. Ὁ δ' ἀδελφὸς εἶπεν ὅτι τοῦ Βίαντος οὐκ εἴη σοφώτερος, ὥστ', ἐκείνου δυεῖν φίλων ἀπειπαμένου δίαιταν, αὐτὸς ὁμοῦ τοσούτων μὲν οἰκείων, τοσούτων δὲ
ἑταίρων γίνεσθαι κριτής, οὐ περὶ χρημάτων, ἀλλὰ
περὶ πρωτείων ἀποφαινόμενος, ὥσπερ οὐ φιλοφρονή-
σασθαι παρακεκληκώς, ἀλλ' ἀνιάσαι τοὺς ἐπιτηδείους.
(2) Ἄτοπος μὲν οὖν, ἔφη, καὶ παροιμιώδης Μενέλαος,
εἴ γε σύμβουλος ἐγένετο μὴ παρακεκλημένος· ἀτοπώ-
τερος δὲ ὁ ποιῶν ἑαυτὸν ἀνθ' ἑστιάτορος δικαστὴν καὶ
κριτὴν τῶν οὐκ ἐπιτρεπόντων, οὐδὲ κρινομένων, τίς ἐστι
βελτίων τίνος, ἢ χείρων· οὐ γὰρ εἰς ἀγῶνα καθείκα-
σιν, ἀλλ' ἐπὶ δεῖπνον ἥκουσιν. (3) Ἀλλ' οὐδ' εὐχερὴς
ἡ διάκρισίς ἐστι, τῶν μὲν ἡλικίᾳ, τῶν δὲ δυνάμει,
τῶν δὲ χρείᾳ, τῶν δ' οἰκειότητι διαφερόντων· ἀλλὰ δεῖ,
καθάπερ ὑπόθεσιν μελετῶντα συγκριτικήν, τοὺς Ἀριστοτέλους τόπους, ἢ τοὺς Θρασυμάχου ὑπερβάλλοντας
ἔχειν προχείρους, οὐδὲν τῶν χρησίμων διαπραττόμε-
νον, ἀλλὰ τὴν κενὴν δόξαν ἐκ τῆς ἀγορᾶς καὶ τῶν θεάτρων εἰς τὰ συμπόσια μετάγοντα, καὶ τὰ μὲν ἄλλα
πάθη πειρώμενον ἀνιέναι συνουσίᾳ, τὸν δὲ τῦφον ἐπι-
σκευάζοντα, * * ὃν πολὺ μᾶλλον οἶμαι προσήκει τῆς
ψυχῆς, ἢ τὸν πηλὸν ἀπονιψαμένους τῶν ποδῶν, ἐλαφρῶς καὶ ἀφελῶς παρὰ πότον ἀλλήλοις συμφέρεσθαι.
(4) Νῦν δὲ τὴν μὲν ἐξ ὀργῆς τινος ἢ πραγμάτων ἔχθραν
πειρώμεθα τῶν κεκλημένων ἀφαιρεῖν, τῇ δὲ φιλοτιμίᾳ
πάλιν ὑπεκκάομεν καὶ ἀναζωπυροῦμεν, τοὺς μὲν τα-
πεινοῦντες, τοὺς δ' ὀγκοῦντες. (5) Καίτοι γε, εἰ μὲν
ἀκολουθήσουσι τῇ κατακλίσει προπόσεις τε συνεχέστεραι καὶ παραθέσεις, ἔτι δὲ ὁμιλίαι καὶ προσαγορεύσεις,
παντάπασι γενήσεται σατραπικὸν ἡμῖν ἀντὶ φιλικοῦ τὸ
συμπόσιον. (6) Εἰ δὲ περὶ τἆλλα τὴν ἰσότητα τοῖς
ἀνδράσι φυλάξομεν, τί οὐκ ἐντεῦθεν ἀρξάμενοι πρῶτον
ἐθίζομεν ἀτύφως καὶ ἀφελῶς κατακλίνεσθαι μετ' ἀλλήλων, εὐθὺς ἀπὸ τῶν θυρῶν ὁρῶντας, ὅτι δημοκρατι-
κῶς ἐπὶ τὸ δεῖπνον, καὶ οὐκ [ἀριστοκρατικῶς] ἐξ αἱρετῶν ὡς [ἐπὶ τὴν] πόλιν [κέκληνται], ἐφ' οὗ κατακλι-
θεὶς ὁ πλούσιος ἐν τῇ κατακλίσει τοῖς εὐτελεστάτοις.

IV. Ἐπεὶ δὲ καὶ ταῦτα ἐρρήθη, καὶ τὴν κρίσιν
ἀπῄτουν οἱ παρόντες, ἔφην ἐγώ, διαιτητὴς ᾑρημένος,
οὐ κριτής, βαδιεῖσθαι διὰ μέσου. (2) Νέους μὲν γὰρ,
εἶπον, ἑστιῶντας, καὶ πολίτας καὶ συνήθεις * ἐθιστέον,
ὥς φησι Τίμων, ἀφελῶς καὶ ἀτύφως κατανέμειν αὐτοὺς
εἰς ἣν ἂν τύχωσι χώραν, καλὸν εἰς φιλίαν ἐφόδιον τὴν
εὐκολίαν λαμβάνοντας. (3) Ἐν δὲ ξένοις, ἢ ἄρχουσιν,
ἢ πρεσβυτέροις φιλοσοφοῦντες δέδια μὴ δοκῶμεν τῇ

tior, et qui eo minor est, assuescat locum cedere digniori,
praeterea is qui collocat exerceatur in judicio et conjectura
de decoro facienda. (7) Neque enim suus in consessu, suus
in astando locus est potiori, nullus est in discumbendo :
neque praebitor, qui huic prius quam illi praebibit, in locis
mensarum distribuendis discrimina personarum negliget,
et principio statim totum convivium faciet unam, quod
aiunt, Myconum. Hoc fere modo pater suam causam
egit.

III. Frater autem, Non ego sum, aiebat, Biante sapientior; ut quum ille arbiter inter duos amicos esse recusave-
rit, ego una de tot necessariis, tot sodalibus judicium
faciam, laturus non de pecuniaria re, sed de dignitate atque praestantia sententiam : quasi vero non ad tractandum
comiter amicos, sed ad aegre iis faciendum invitassem. (2)
Sane ineptus fuit Menelaus, et proverbio locum dedit, qui
ad consilium dandum accessisset non vocatus : absurdior
fuerit, qui se pro convivatore judicem constituat, ac disce-
ptare velit nemine ei judicium deferente, aut causam dicente, quis quo sit melior aut deterior : quum quidem hi
non ad certamen, sed ad coenam venerint. (3) Tum dijudicatio ipsa non est facilis, aliis aetate, aliis potentia, aliis
necessitudine, aliis familiaritate praestantibus : oportebat-
que, tanquam declamationem qui meditaretur in comparan-
dis inter se aliquibus versaturam, in promtu habere locos
Aristotelis, aut Thrasymachi hyperballontas (quibus de
excellentia continentur argumenta), et tamen sic nihil utile
conficias, inanem duntaxat gloriam a foro et theatro in convivia traduxeris, quumque alias animi perturbationes conemur consuetudine convivali solvere, fastum instruimus,
quem mea sententia multo magis oportet ex animo eluere,
quam coenum a pedibus detergere, ut in convivio possimus
facile et comiter cum aliis versari. (4) Nunc vero quum
inimicitias vocatorum vel ira quadam vel factis fortasse
excitatas tentemus convivio abolere, rursum eas ambitione
injecta exsuscitamus atque incendimus, dum alios depri-
mimus, extollimus alios. (5) Jam si accubitui comita-
buntur frequentiores propinationes et missus, deinde colloquia et compellationes, omnino pro amico et familiari satrapi-
cum habebimus convivium. (6) Sin erit ut aequalitatem
inter convivas velimus ceteris in rebus servare, cur non
hinc sumto exordio adsuefacimus eos simpliciter et absque
fastu inter se discumbere? quum statim ab ipsa janua possint cernere se electos vocari ad convivium veluti ad rempublicam, non optimatum illam, sed popularem, ea conditione ut contentus sit dives accumbens cum tenuissimis.

IV. Quum haec quoque essent dicta, et sententiam a me
postularent qui aderant, Ego, inquam, non ut judex adsci-
tus pronunciabo, sed tanquam honorarius arbiter medium
feriam. (2) Nam si quis adolescentes, cives aut familiares
convivio excipiat, condocefaciendi sunt, ut aiebat Timon,
absque delectu et fastu quemvis locum accumbendi boni
consulere, et viaticum ad amicitiam praeclarum usurpare
facilitatem. (3) Sed de hospitibus, aut magistratum gerentibus, aut natu grandioribus hoc modo philosophari si

αὐλείῳ τὸν τῦφον ἀποκλείοντες, εἰσάγειν τῇ παραθύρῳ
μετὰ πολλῆς ἀδιαφορίας· ἐν ᾧ καὶ συνηθείᾳ τι καὶ νόμῳ
δοτέον. (4) Ἢ καὶ προπόσεις καὶ προσαγορεύσεις
ἀνέλωμεν, αἷς πρὸς τοὺς ἐπιτυγχάνοντας οὐδ' ἀκρίτως,
5 ἀλλ' ὡς ἐνδέχεται μάλιστα χρώμενοι, τιμῶμεν

> ἕδρῃ τε κρέασίν τ', ἠδὲ πλείοις δεπάεσσιν,

ὡς φησιν ὁ τῶν Ἑλλήνων βασιλεὺς, τὴν τάξιν ἐν πρώτῃ τιμῇ τιθέμενος. (5) Ἐπαινοῦμεν δὲ καὶ τὸν Ἀλκίνουν, ὅτι τὸν ξένον ἱδρύει παρ' αὐτὸν,

10
> Υἱὸν ἀναστήσας ἀγαπήνορα Λαοδάμαντα,
> ὃς οἱ πλησίον ἷζε· μάλιστα δέ μιν φιλέεσκεν.

Τὸ γὰρ εἰς τὴν τοῦ φιλουμένου χώραν καθίσαι τὸν ἱκέ-
την, ἐπιδέξιον ἐμμελῶς καὶ φιλάνθρωπον. (6) Ἔστι
δὲ καὶ παρὰ τοῖς θεοῖς διάκρισις τῶν τοιούτων. Ὁ
15 μὲν γὰρ Ποσειδῶν, καίπερ ὕστατος εἰς τὴν ἐκκλησίαν
παραγενόμενος,

> Ἷζεν ἄρ' ἐν μέσσοισιν,

ὡς ταύτης αὐτῷ τῆς χώρας προσηκούσης. (7) Ἡ δ'
Ἀθηνᾶ φαίνεται τὸν πλησίον ἀεὶ τοῦ Διὸς τόπον ἐξαί-
20 ρετον ἔχουσα· καὶ τοῦτο παρεμφαίνει μὲν ὁ ποιητὴς,
δι' ὧν ἐπὶ τῆς Θέτιδός φησιν,

> Ἡ δ' ἄρα πὰρ Διὶ πατρὶ καθέζετο, εἶξε δ' Ἀθήνη·

διαρρήδην δὲ ὁ Πίνδαρος λέγει·

> Πῦρ πνέοντος ἄτε κεραυνοῦ | ἄγχιστα ἡμένη.

25 (8) Καίτοι φήσει Τίμων οὐ δεῖν ἀφαιρεῖσθαι τῶν ἄλλων
ἑνὶ προσνέμοντα τὴν τιμήν. Ὅπερ αὐτὸς ἔοικε ποιεῖν
μᾶλλον· ἀφαιρεῖται γὰρ ὁ κοινὸν ποιῶν τὸ ἴδιον· ἴδιον
δὲ τὸ κατ' ἀξίαν ἑκάστου· καὶ ποιεῖ δρόμου καὶ σπουδῆς
τὸ πρωτεῖον, ἀρετῇ καὶ συγγενείᾳ καὶ ἀρχῇ καὶ τοῖς
30 τοιούτοις ὀφειλόμενον. (9) Καὶ τὸ λυπηρὸν εἶναι τοῖς
κεκλημένοις φεύγειν δοκῶν, μᾶλλον ἐφέλκεται καθ' αὑ-
τοῦ· λυπεῖ γὰρ ἀποστερῶν τῆς συνήθους τιμῆς ἕκαστον.
(10) Ἐμοὶ δ' οὐ λίαν χαλεπὸν εἶναι δοκεῖ τὸ περὶ τὴν
διάκρισιν. Πρῶτον μὲν γὰρ ἐφάμιλλοι τοῖς ἀξιώμασι
35 πολλοὶ πρὸς μίαν κλῆσιν οὐ ῥᾳδίως ἀπαντῶσιν· ἔπειτα
πλειόνων τόπων ἐν δόξῃ γεγονότων, ἀφθονία τῆς διανομῆς ἐστιν, ἄν τις εὐστοχεῖν δύνηται, τὸν μὲν, ὅτι πρῶτος, τὸν δὲ, ὅτι μέσος, τὸν δ', ὅτι παρ' αὐτὸν, ἢ μετὰ
φίλου τινὸς, ἢ συνήθους, ἢ καθηγητοῦ, διδοὺς ἑκάστῳ
40 τῶν ἀξιωματικῶν λεγομένων· τοῖς δὲ ἄλλοις δωρεᾶς καὶ
φιλοφροσύνην ἔλιπον ἀνάπαυλαν μᾶλλον τῆς τιμῆς. (11)
Ἂν δὲ δυσδιάκριτοι μὲν αἱ ἀξίαι, δύσκολοι δὲ οἱ ἄνδρες
ὦσιν, ὅρα τίνα μηχανὴν ἐπάγω. Κατακλίνω γὰρ εἰς
τὸν ἔνδοξον μάλιστα τόπον, ἂν μὲν ᾖ πατὴρ, τοῦτον
45 ἀράμενος· εἰ δὲ μὴ, πάππον, ἢ πενθερὸν, ἢ πατρὸς
ἀδελφὸν, ἤ τινα τῶν ὁμολογουμένην καὶ ἰδίαν ἐχόντων
παρὰ τῷ δεχομένῳ τιμῆς ὑπεροχήν· ἐκ τῶν Ὁμήρου
τὸ θεώρημα τοῦτο λαμβάνων καθηκόντων. (12) Καὶ
γὰρ ἐκεῖ δήπουθεν ὁ Ἀχιλλεὺς τὸν Μενέλεων καὶ τὸν
50 Ἀντίλοχον περὶ τῶν δευτερείων τῆς ἱπποδρομίας ὁρῶν

intendamus, verendum puto ne videamur fastum ostio
atriensi excludentes per posticum admittere, dum nimiam
indifferentiam atque æqualitatem introducimus. Hic enim
consuetudini aliquid dandum est, et legibus concedendum.
(4) Nisi propinationes etiam volumus et compellationes
abolere, quibus adversum eos quibuscum nobis res est,
non promiscue utimur, sed quantum omnino fieri potest
honoramus

> Assessu, carnis missu, plenisque culullis;

ut ille Græcorum rex inquit, ordini honoris primas partes
tribuens. (5) Alcinoum quoque laudamus, qui hospitem
juxta se collocaret,

> Gnatum jussisset quum surgere Laodamanta,
> carum præ reliquis, ipsum qui pone sedebat.

Admodum enim humanum fuit et scitum factum, quod
supplicem in locum dilecti recepit. (6) Sed et apud deos
est judicium et discrimen hujus rei. Neptunus enim quanquam ultimus venerat in concionem, nihilominus

> In medio consedit :

nimirum hoc loco in ipsum conveniente. (7) Minerva autem videtur eximium hunc locum habuisse, ut semper Jovi
proxime adsideret : idque poeta significat de Thetide dicens,

> Assedit patrique, locum cedente Minerva :

et Pindarus diserte dixit,

> Spiranti flammas quæ prope fulmini assidet.

(8) Dicet quidem Timon, non debere ceteris auferri quod
uni tribuas. Atqui hoc ipsum est quod ille facit maxime :
adimit enim quod proprium unius sit qui multis facit commune : proprium autem unicuique est, quod quisque meretur : ac festinationi cursuique tribuit primas partes, de-
bitas potius virtuti, cognationi, magistratui, et rebus
similibus. (9) Et quod fugere vult ne convivis molestiam
exhibeat, in id ipsum incidit : nam ægre facit omni, qui
usitato eum honore privat. (10) Ceterum dijudicatio mihi
quidem non admodum videtur difficilis : primum, quia non
facile multi una invitantur dignitate æquales; deinde quum
multi sint loci honorati, satis copiæ est honores distri-
buendi, modo quis feliciter conjicere possit quis primus
sit, quis medius, tum quis juxta ipsum collocandus, quis
juxta amicum, aut familiarem, aut magistrum : locum
igitur assignet unicuique ex honoratis : reliquis ego munus-
cula et amicam tractationem potius, quam honorem ad-
hibeo. (11) Quodsi pares sint dignitates et difficiles ad
discernendum, convivæ autem morosi; vide quam ego machinam admoveam. Honestissimum locum tribuo patri, si
adsit, præ ceteris; sin minus, avo, aut socero, aut patruo,
aut alicui denique cui apud convivatorem peculiaris sit
quædam et manifesta honoris prærogativa. Idque adeo
commentum unum est de iis, quæ ex Homeri pulchre præceptis desumuntur. (12) Ibi enim Achilles quum videret
Menelaum et Antilochum de equestris victoriæ secundo

διαφερομένους, καὶ δεδοικὼς μὴ ποῤῥωτέρω προέλθωσιν
ὀργῆς καὶ φιλονεικίας, ἑτέρῳ βούλεται τὸ ἔπαθλον ἀποδιδόναι, λόγῳ μὲν Εὔμηλον οἰκτείρων καὶ τιμῶν, ἔργῳ
δὲ τῆς ἐκείνων διαφορᾶς τὴν αἰτίαν ἀφαιρῶν.

5 V. Ἐμοῦ δὲ τοιαῦτα λέγοντος, ὁ Λαμπρίας ἐκ πα-
ραβύστου καθήμενος, καθάπερ εἰώθει, μέγα φθεγξάμενος, ἠρώτα τοὺς παρόντας, εἰ διδόασιν αὐτῷ νουθετῆσαι ληροῦντα δικαστήν· κελευόντων δὲ πάντων χρῆσθαι
παῤῥησίᾳ, καὶ μὴ φείδεσθαι,   (2) Τίς δ' ἂν, ἔφη,
10 φείσαιτο φιλοσόφου γένεσιν * καὶ πλούτοις καὶ ἀρχαῖς
ὥσπερ θέαν ἐν συμποσίῳ κατανέμοντος, ἢ προεδρίας
ψηφισμάτων ἀμφικτυονικῶν διδόντος; ὅπως μηδ' ἐν οἴνῳ
τὸν τῦφον ἀποφύγωμεν. (3) Οὔτε γὰρ πρὸς τὸ ἔνδοξον,
ἀλλὰ πρὸς τὸ ἡδὺ δεῖ ποιεῖσθαι τὰς κατακλίσεις· οὔτε
15 τὴν ἑνὸς ἑκάστου σκοπεῖν ἀξίαν, ἀλλὰ τὴν ἑτέρου πρὸς
ἕτερον σχέσιν καὶ ἁρμονίαν, ὥσπερ ἄλλων τινῶν εἰς
μίαν κοινωνίαν παραλαμβανομένων. (4) Οὐδὲ γὰρ ὁ
οἰκοδόμος τὸν Ἀττικὸν λίθον ἢ τὸν Λακωνικὸν πρὸ τοῦ
βαρβαρικοῦ διὰ τὴν εὐγένειαν τίθησιν, οὐδὲ ὁ ζωγράφος
20 τῷ πολυτελεστάτῳ χρώματι τὴν ἡγουμένην ἀποδίδωσι
χώραν, οὐδὲ ὁ ναυπηγὸς προτάττει τὴν Ἰσθμικὴν πίτυν,
ἢ τὴν Κρητικὴν κυπάριττον· ἀλλ' ὡς ἂν ἀλλήλοις
ἕκαστα συντεθέντα καὶ συναρμοσθέντα μέλλῃ τὸ κοινὸν
ἔργον ἰσχυρὸν καὶ καλὸν καὶ χρήσιμον παρέχειν, οὕτω
25 κατανέμουσι. (5) Καὶ τὸν θεὸν ὁρᾷς, ὃν ἀριστοτέχναν
ἡμῶν ὁ Πίνδαρος προσεῖπεν, οὐ πανταχοῦ τὸ πῦρ ἄνω
τάττοντα, καὶ κάτω τὴν γῆν, ἀλλ' ὡς ἂν αἱ χρεῖαι τῶν
σωμάτων ἀπαιτῶσι.

(6) Τοῦτο μὲν ἐν κόγχαισι θαλασσονόμοις βαρυνώτοις,
30   ναὶ μὴν κηρύκων τε λιθοῤῥίνων χελύων τε,

φησὶν Ἐμπεδοκλῆς,

ἔνθ' ὄψει χθόνα χρωτὸς ὑπέρτατα ναιετάουσαν,

οὐχ ἣν ἡ φύσις δίδωσι χώραν, ἀλλ' ἣν ἡ πρὸς τὸ κοινὸν
ἔργον ποθεῖ σύνταξις, ταύτην ἔχουσαν. (7) Πανταχοῦ
35 μὲν οὖν ἀταξία πονηρόν, ἐν δ' ἀνθρώποις, καὶ ταῦτα
πίνουσιν, ἐγγενομένη, μάλιστα τὴν αὑτῆς ἀναδείκνυσι
μοχθηρίαν, ὕβρει καὶ κακοῖς ἄλλοις ἀμυθήτοις, ἃ προΐ-
δέσθαι καὶ φυλάξασθαι τακτικοῦ καὶ ἁρμονικοῦ ἀνδρός
ἐστιν.

40 VI. Ὀρθῶς οὖν ἔφαμεν λέγειν αὐτὸν ἡμεῖς, καί, Τί
δὴ φθονεῖς τῶν τακτικῶν ἡμῖν καὶ ἁρμονικῶν ὧν ἐλέγομεν; (2) Οὐδείς, ἔφη, φθόνος, ἂν μέλλητε πείθεσθαι
μετακινοῦντί μοι καὶ μετακοσμοῦντι τὸ συμπόσιον,
ὥσπερ τῷ Ἐπαμεινώνδᾳ τὴν φάλαγγα. (3) Συνεχω-
45 ροῦμεν οὖν οὕτω ποιεῖν ἅπαντες. Ὁ δὲ τοὺς παῖδας
ἐκ μέσου κελεύσας γενέσθαι, καταβλέψας ἕκαστον,
Ἀκούσατε, εἶπεν, ὡς μέλλω συντάττειν ὑμᾶς ἀλλήλοις·
βούλομαι γὰρ προειπεῖν. (4) Δοκεῖ γάρ μοι καὶ τὸν
Ὅμηρον οὐκ ἀδίκως ὁ Θηβαῖος αἰτιάσασθαι Παμμένης
50 ὡς τῶν ἐρωτικῶν ἄπειρον, ὅτι φῦλα φύλοις συνέταξε,
καὶ φατρίας φατρίαις συνέμιζε· δέον ἐραστὴν μετ' ἐρωμένου παρεμβάλλειν, ἵνα ᾖ σύμπνους ἡ φάλαγξ δι' ὅλης
ἔμψυχον ἔχουσα δεσμόν.   (5) Τοῦτο κἀγὼ βούλομαι

---

praemio contendere, metueretque ne ira et rixa longius
procederet, alii illud praemium tribuit, verbis quidem per
miserationem Eumelo hunc honorem deferens, facto autem
causam contentionis illorum praecidens.

V. Haec me locuto, Lamprias, qui more suo in lectulo
inferiore sedebat, alta voce ex iis qui aderant quaesivit,
paterenturne a se corrigi delirantem judicem. Quum
omnes jussissent eum libero uti sermone, nihilque parcere,
(2) Quis tandem, inquit, philosopho parcat, qui natalibus,
opibus, magistratibus quasi spectandi primarium in theatro
locum aliquem in convivio tribuat, aut primum jus dicendae
inter Amphictyones sententiae? scilicet ut ne inter pocula
quidem a fastu simus immunes. (3) Non enim in collocan-
dis ad mensas convivis respiciendum est ad gloriam, aut
unius cujusvis dignitatem, sed ad jucunditatem : puta, quo
modo unus ad alium sit affectus, quomodo ipsis inter se
conveniat, quo pacto aliae etiam res in aliquam recipiuntur
communitatem. (4) Nimirum qui domum aedificat, non lapidem Atticum aut Laconicum ob nobilitatem praeponit barbarico; neque pictor colori pretiosissimo locum principem attribuit; neque naves compingens faber Isthmicam abietem,
aut Creticam cupressum reliquis priorem lignis ponit : sed
ut inter se composita atque concinnata efficiant opus commune validum, pulchrum, utile, sic ea disponunt. (5)
Ipsum adeo deum vides, quem Pindarus noster *optimum
artificem* cognominavit, non ubique supra ignem, infra
terram posuisse, sed in eo usum ac necessitatem corporum
secutum. (6) Empedoclem audi :

Inspice tergigraves conchas quandoque marinas :
buccinus, exemploque abducta chelys tibi saxo
esse potest, summo ut videas in corpore terram :

hanc enim habent haec constitutionem, quam non naturalis
locorum distributio, sed communis operis ex partibus illis
confectio exigebat. (7) Sane confusio et ordinis disturba-
tio ubique mala est : verum ubi ea incidit hominibus, et
quidem potantibus, contumelia aliisque infandis malis demonstrat suam pravitatem : quae praevidere atque praeca-
vere hominis est ordinis atque concinnitatis gnarum se esse
profitentis.

VI. Recte eum ista dixisse affirmavimus, et interrogavi-
mus curnam nobis istas ordinis atque concinnitatis rationes
invideret. (2) Profecto, inquit, non invideo, si permittitis
mihi, ut, quo pacto phalangem Epaminondas, ita ego convivii ordinem mutem, melioremque redigam. (3) Universi
nos potestatem ei permisimus hoc agendi. Ille pueris e
medio jussis discedere, in singulos intuitus, Audite, inquit,
quo modo vos statuerim componere : volo enim praedicere.
(4) Videtur mihi Pammenes Thebanus haud injuria reprehendisse Homerum, ut amatoriae rei ignarum, qui tribus
tribubus, curias curiis adjungi juberet; quum oporteret
amatori amasium apponi, ut tota phalanx animato devincta
vinculo conspiraret. (5) Hoc in convivio quoque nostro
praestare volo, ita convivas disponens, non ut divitem di-

ποιῆσαι τὸ συμπόσιον ἡμῶν, οὐ πλουσίῳ πλούσιον, οὐδὲ νέῳ νέον, οὐδ᾽ ἄρχοντι συγκατακλίνων ἄρχοντα, καὶ φίλῳ φίλον· ἀκίνητος γὰρ αὕτη καὶ ἀργὴ πρὸς εὐνοίας ἐπίδοσιν καὶ γένεσιν ἡ τάξις· (6) ἀλλὰ τῷ δεομένῳ τὸ οἰκεῖον προσαρμόττων, κελεύω φιλολόγῳ μὲν ὑποκατακλίνεσθαι φιλομαθῆ, δυσκόλῳ δὲ πρᾷον, ἀδολέσχῳ δὲ πρεσβύτῃ φιλήκοον νεανίσκον, τῷ δ᾽ ἀλαζόνι τὸν εἴρωνα, τῷ δ᾽ ὀργίλῳ τὸν σιωπηλόν· ἐὰν δέ που κατίδω πλούσιον μεγαλόδωρον, ἄξω πρὸς αὐτὸν ἐκ γωνίας τινὸς ἀναστήσας πένητα χρηστόν, ἵν᾽ ὥσπερ ἐκ πλήρους κύλικος εἰς κενὴν ἀπόρροή τις γένηται. (7) Σοφιστὴν δὲ κωλύω συγκατακλίνεσθαι σοφιστῇ καὶ ποιητὴν ποιητῇ·

Πτωχὸς γὰρ πτωχῷ φθονέει καὶ ἀοιδὸς ἀοιδῷ·

καίπερ Σωσικλῆς οὗτος καὶ Μόδεστος ἐνταῦθα συνερείδοντες ἔπος παρὰ * * ζωπυρίων φλόγα μὲν, ἀλλὰ κινδυνεύουσι τὰ κάλλιστα. (8) Διίστημι δὲ καὶ στραγγαλιῶντας, καὶ φιλολοιδόρους, καὶ ὀξυθύμους, [ἀλλήλων] τινὰ παρεντιθεὶς μέσον, ὥσπερ μάλαγμα τῆς ἀντιτυπίας. * Ἀλειπτικοὺς δὲ καὶ κυνηγετικοὺς καὶ γεωργικοὺς συνάγω. (9) Τῶν γὰρ ὁμοιοτήτων ἡ μὲν μάχιμος, ὥσπερ ἀλεκτρυόνων· ἡ δ᾽ ἐπιεικὴς, ὥσπερ ἡ τῶν κολοιῶν. (10) Συνάγω δὲ καὶ ποτικοὺς εἰς ταὐτὸ καὶ ἐρωτικοὺς, οὐ μόνον ὅσοις ἔρωτος δῆγμα [παιδικοῦ] πρόσεστιν, ὥς φησι Σοφοκλῆς, ἀλλὰ καὶ τοὺς ἐπὶ γυναιξὶ καὶ τοὺς ἐπὶ παρθένοις δακνομένους· τῷ γὰρ αὐτῷ θαλπόμενοι πυρὶ, μᾶλλον ἀλλήλων ἀντιλήψονται, καθάπερ ὁ κολλώμενος σίδηρος, ἂν μὴ, νὴ Δία, τοῦ αὐτοῦ τύχωσιν ἢ τῆς αὐτῆς ἐρῶντες.

ΠΡΟΒΛΗΜΑ Γ.

Διὰ τί τῶν τόπων ὁ καλούμενος ὑπατικὸς ἔσχε τιμήν.

ΠΡΟΣΩΠΑ ΤΟΥ ΔΙΑΛΟΓΟΥ.

ΤΑ ΑΥΤΑ.

1. [Ἐκ] τούτου περὶ τῶν τόπων ἐνέπεσε ζήτησις. Ἄλλοι γὰρ ἄλλοις ἔντιμοι· Πέρσαις μὲν ὁ μεσαίτατος, ἐφ᾽ οὗ κατακλίνεται [ὁ] βασιλεύς· Ἕλλησι δὲ, ὁ πρῶτος· Ῥωμαίοις δὲ ὁ τῆς μέσης κλίνης τελευταῖος, ὃν ὑπατικὸν προσαγορεύουσι· τῶν δὲ περὶ τὸν Πόντον Ἑλλήνων ἐνίοις, ὥσπερ Ἡρακλεώταις, ἔμπαλιν ὁ τῆς μέσης πρῶτος. (2) Ἀλλὰ περὶ τοῦ γε ὑπατικοῦ λεγομένου μάλιστα διηποροῦμεν. Οὗτος γὰρ ἐπρώτευε τῇ τιμῇ καθ᾽ ἡμᾶς, καὶ τὴν αἰτίαν οὔτε ὡς ὁ πρῶτος, οὔτε ὡς ὁ μέσος, εἶχε νενομισμένην ἔτι· καὶ τῶν συμβεβηκότων αὐτῷ τὰ μὲν οὐκ ἦν ἴδια τούτου μόνου, τὰ δ᾽ οὐδεμιᾶς ἄξια σπουδῆς ἐφαίνετο. (3) Πλὴν τρία γε τῶν λεχθέντων ἐκίνει· πρῶτον μὲν, ὅτι τοὺς βασιλεῖς καταλύσαντες οἱ ὕπατοι, καὶ πρὸς τὸ δημοτικώτερον ἅπαντα μετακοσμήσαντες, ἐκ τῆς μέσης καὶ βασιλικῆς χώρας ὑπῆγον αὐτοὺς κάτω συγχωροῦντες, ὡς

viti, juveni juvenem, principem principi, amico amicum adjungam; quæ dispositio neminem movet et otiosa est neque ad benevolentiam parandam augendamve quicquam conducit : (6) sed id quod unicuique deest, quod ille desiderat accommodans ei, homini qui de rebus ad humanitatem facientibus libenter disserat, studiosum discendi apponam, moroso mansuetum, loquaci seni adolescentem audiendi avidum, glorioso subsannatorem, iracundo tacitum : tum sicubi divitem conspexero munificum, excitabo ex angulo aliquo et ad eum adducam probum pauperem, ut tanquam e pleno poculo in vacuum quasi quidam defluxus fiat. (7) Sophistam vero assidere sophistæ, aut poetam poetæ nolo :

Urit enim cantor cantorem, et egenus egenum :

quanquam Sosicles iste et Modestus versum versui apponentes, veluti flando excitantes flammam, capita conferunt. (8) Rixosos etiam, dicaces, et iracundos divello, in medium interjiciens alium aliquem, tanquam ad emolliendum extremorum rigorem; deditos contra palæstræ, venationi, aut agriculturæ conjungo. (9) Similia enim quædam inter se conjuncta pugnam cient, ut galli; aliis convenit, ut graculis. (10) Potores etiam conduco in unum, et amatores, non modo quos amor urit puerorum, ut ait Sophocles, sed etiam qui mulieres et virgines depereunt. Eodem enim flagrantes igni, magis invicem coalescent, sicut ferruminatione glutinatum ferrum : nisi quidem hercle ejusdem amore sive maris sive feminæ ardeant.

QUÆSTIO III.

Cur is locus, qui consularis appellatur, in honore habeatur.

PERSONÆ COLLOQUII.

EÆDEM.

1. Secundum hæc incidit quæstio de locis. Alius enim apud alios locus honoratur : ut Persis medius, quem accumbens rex occupat, videtur honestissimus; apud Græcos primus; apud Romanos mediæ mensæ ultimus, quem ipsi consularem vocant : apud quosdam Græcorum juxta Pontum habitantium, ut Heracleotas, mediæ mensæ primus. (2) Maxime autem de consulari loco dubitatum a nobis fuit : qui quum apud nos haberetur honore præcipuus, causam hujus principatus neque ut locus primus, neque ut medius, habebat jam definitam. Tum quæ ei accidunt, partim non erant illi soli propria, partim nullius esse videbantur momenti. (3) Tria tamen ex his quæ dicta sunt, nos moverunt : unum, quod ejectis regibus consules, quum ad popularem formam omnia redigerent, se ipsos e medio et regio loco deorsum subduxerunt; ne vel ipse locus, tan-

μηδὲ τοῦτο τῆς ἀρχῆς αὐτῶν καὶ ἐξουσίας ἐπαχθὲς εἴη τοῖς συνοῦσι. (4) Δεύτερον δέ, ὅτι, τῶν δυοῖν κλινῶν ἀποδεδομένων τοῖς παρακεκλημένοις, ἡ τρίτη, καὶ ταύτης ὁ πρῶτος τόπος μάλιστα τοῦ ἑστιῶντός ἐστιν· ἐνταῦθα γὰρ ὥσπερ ἡνίοχος ἢ κυβερνήτης ἐπὶ δεξιὰ πρὸς τὴν ἐπίβλεψιν ἐξικνεῖται τῆς ὑπηρεσίας, καὶ τοῦ φιλοφρονεῖσθαι καὶ τοῦ διαλέγεσθαι τοῖς παροῦσιν οὐκ ἀπήρτηται τῶν συνέγγιστα τόπων· ὁ μὲν γὰρ ὑπ' αὐτὸν ἢ γυναικὸς ἢ παίδων ἐστίν· ὁ δὲ ὑπὲρ αὐτὸν εἰκότως τῷ μάλιστα τιμωμένῳ τῶν κεκλημένων ἀπεδόθη, ἵνα ἐγγὺς ᾖ τοῦ ἑστιῶντος. (5) Τρίτον δ' ἔχειν ἴδιον οὗτος ὁ τόπος ἐδόκει τὸ πρὸς τὴν πρᾶξιν εὐφυές· οὐ γάρ ἐστιν ὁ τῶν Ῥωμαίων ὕπατος, οἷος Ἀρχίας ὁ Θηβαίων πολέμαρχος, ὥστε γραμμάτων ἢ λόγων αὐτῷ μεταξὺ δειπνοῦντι φροντίδος ἀξίων προσπεσόντων, ἐπιφθεγξάμενος, Εἰς ἕω τὰ σπουδαῖα, τὴν μὲν ἐπιστολὴν παρῶσαι, λαβεῖν δὲ τὴν Θηρίκλειον· ἀλλὰ μάλ' ἐμμεμαὼς καὶ περιεσκεμμένος ἐν τοῖς τοιούτοις καιροῖς. (6) Οὐ γὰρ μόνον ὠδῖνα τίκτει κυ[βευτῇ] σοφῷ (κατὰ τὸ [λεγόμενον) πᾶς βόλος,] ἀλλὰ καὶ πότου πᾶσα καὶ ἀνέ[σεως ἡδονὴ στρατη]γῷ καὶ ἄρχοντι φροντίδος ἄξιόν ἐστιν· ἵνα [οὖν] ἀκοῦσαί τε, ἃ δεῖ, καὶ προστάξαι καὶ ὑπογράψαι δύνηται, τοῦτον ἐξαίρετον ἔχει τὸν τόπον· ἐν ᾧ τῆς δευτέρας κλίνης τῇ τρίτῃ συναπτούσης, ἡ γωνία διάλειμμα ποιοῦσα τῇ καμπῇ δίδωσι καὶ γραμματεῖ καὶ ὑπηρέτῃ καὶ φύλακι σώματος καὶ ἀγγέλῳ τῶν ἀπὸ στρατοπέδου προσελθεῖν, διαλεχθῆναι, πυθέσθαι, μήτε τινὸς ἐνοχλοῦντος αὐτῷ, μήτε τινὸς ἐνοχλουμένου τῶν συμποτῶν, ἀλλὰ καὶ χεῖρα καὶ φωνὴν ὑπερδέξιον ἔχοντι καὶ ἀκώλυτον. **

---

* ΠΡΟΒΛΗΜΑ Δ.

Ποῖόν τινα δεῖ τὸν συμποσίαρχον εἶναι.

ΠΡΟΣΩΠΑ ΤΟΥ ΔΙΑΛΟΓΟΥ.

ΚΡΑΤΩΝ, ΘΕΩΝ, ΠΛΟΥΤΑΡΧΟΣ, ΑΛΛΟΙ.

I. Κράτων, ὁ γαμβρὸς ἡμῶν, καὶ Θέων, ὁ ἑταῖρος, ἔν τινι πότῳ, παροινίας ἀρχὴν λαβούσης, εἶτα παυσαμένης, λόγον ἐποιήσαντο περὶ τῆς συμποσιαρχίας, οἰόμενοί με δεῖν στεφανηφοροῦντα μὴ περιιδεῖν ἔθος ἐκλειφθὲν παντάπασιν, ἀλλ' ἀνακαλεῖν καὶ καταστῆσαι πάλιν τῆς ἀρχῆς τὴν νενομισμένην ἐπιστασίαν περὶ ἃ συμπόσια καὶ διακόσμησιν. Ἐδόκει δὲ ταῦτα καὶ τοῖς ἄλλοις, ὥστε θόρυβον ἐκ πάντων καὶ παράκλησιν γενέσθαι. (2) Ἐπεὶ τοίνυν, ἔφην ἐγώ, δοκεῖ ταῦτα πᾶσιν, ἐμαυτὸν αἱροῦμαι συμποσίαρχον ὑμῶν, καὶ κελεύω, τοὺς μὲν ἄλλους, ὡς βούλονται, πίνειν ἐν τῷ παρόντι, Κράτωνα δὲ καὶ Θέωνα, τοὺς εἰσηγητὰς καὶ νομοθέτας τοῦ δόγματος, ἔν τινι τύπῳ βραχέως διελθεῖν, ὁποῖον ὄντα δεῖ τὸν συμποσίαρχον αἱρεῖσθαι, καὶ τί ποιούμενος τέλος ὁ αἱρεθεὶς ἄρξει, καὶ πῶς χρήσεται

---

quam regii imperii ac potestatis reliquiæ quædam, molestus esset civibus. (4) Secundum, quod, quum duo lecti invitatis tribuuntur, tertius ejusque primus locus maxime convivatori congruit: ibi enim tanquam auriga aut gubernator dextre potest intueri in ministeria, et a proximis locis non ita longe removetur, quin compellare possit et colloqui præsentibus: locus enim infra eum, uxoris est aut liberorum; qui super eum, is, ut par est, tribuitur convivarum honoratissimo, ut in propinquo sit præbitori. (5) Tertium fuit, quod hujus loci proprium videbatur, opportunitas nimirum ad actiones obeundas. Non enim consul Romanorum more Archiæ Thebanorum polemarchi agit, ut literis inter cœnandum aut sermone aliquo considerationem requirente oblatis, tantum fatus, *In crastinum seria*, epistolam rejiciat, ac poculum Thericleum arripiat: sed in hoc ipso temporis articulo sollicitum admodum ac circumspectum se præbet. (6) Quippe non modo, ut est apud poetam, aleatori perito jactus omnis sollicitudinem incutit, sed magistratui quoque et principi omnis compotationis et animi recreandi voluptas cura et sollicitudine emitur: quare ut et audiat et mandet quæ opus est, et subscribat, hunc habet locum eximium, ubi secunda mensa ad tertiam applicata angulus flexu suo intercapedinem facit, quæ spatium accedendi, alloquendi, et audiendi præbeat scribæ, lictori, stipatori, nuncio ab exercitu venienti; quum interim consul neque molestiam cuiquam convivarum exhibeat, neque ipsi obturbetur a quoquam, sed et dextram et vocem liberam habeat atque expeditam.

QUÆSTIO IV.

Qualem oporteat esse magistrum convivii.

PERSONÆ COLLOQUII.

CRATO, THEO, PLUTARCHUS, ALII.

I. Crato affinis noster, et Theo sodalis, quodam in convivio quum jam et cœptum esset largius potari, et desitum, mentionem intulerunt de magistro compotationis, censueruntque me, ut qui sertum gererem, non debere negligere consuetudinem jam fere omnino exolescentem, sed in usum revocare et rursus constituere veterem principatum et moderamen convivii. Hæc sententia ita placuit reliquis, ut universi cum strepitu me ad id cohortarentur. (2) Ibi ego, Quando, inquam, omnibus vobis ita videtur, ego me ipsum convivii vestri imperatorem constituo, injungoque reliquis, ut in præsentia bibant suo quisque arbitratu; Cratoni autem ac Theoni, auctoribus hujus decreti atque legislatoribus, ut aliquo exemplo breviter explicent, qualis sit arbiter ille compotationis deligendus, et delectus, in quem scopum intentus esse debeat, ac qua ratione moderari com-

τοῖς κατὰ συμπόσιον· διελέσθαι δὲ τὸν λόγον αὐτοῖς ἐπι-
τρέπω.

II. Μικρὰ μὲν οὖν ἠκκίσαντο παραιτούμενοι· κελευόντων δὲ πάντων πείθεσθαι τῷ ἄρχοντι καὶ ποιεῖν
τὸ προσταττόμενον, ἔφη πρότερος ὁ Κράτων, ὅτι δεῖ
τὸν μὲν φυλάκων ἄρχοντα, φυλακικώτατον, ὥς φησιν
ὁ Πλάτων, εἶναι· τὸν δὲ συμποτῶν, συμποτικώτατον.
(2) Ἔστι δὲ τοιοῦτος, ἂν μήτε τῷ μεθύειν εὐάλωτος
ᾖ, μήτε πρὸς τὸ πίνειν ἀπρόθυμος· ἀλλ' ὡς ὁ Κῦρος
ἔλεγε πρὸς Λακεδαιμονίους γράφων, ὅτι τά τ' ἄλλα τοῦ
ἀδελφοῦ βασιλικώτερος εἴη, καὶ φέροι καλῶς πολὺν
ἄκρατον. Ὅ τε γὰρ παροινῶν ὑβριστὴς καὶ ἀσχήμων·
ὅ τ' αὖ παντάπασι νήφων, ἀηδὴς, καὶ παιδαγωγεῖν
μᾶλλον ἢ συμποσιαρχεῖν ἐπιτήδειος. (3) Ὁ μὲν οὖν
Περικλῆς, ὁσάκις ᾑρημένος στρατηγὸς ἀναλαμβάνοι τὴν
χλαμύδα, πρῶτος εἰώθει διαλέγεσθαι πρὸς αὑτὸν,
ὥσπερ ὑπομιμνήσκων· Ὅρα, Περίκλεις· ἐλευθέρων
ἄρχεις, Ἑλλήνων ἄρχεις, Ἀθηναίων ἄρχεις. (4)
Ὁ δὲ συμποσίαρχος ἡμῶν ἐκεῖνα λεγέτω πρὸς αὑτόν·
Φίλων ἄρχεις· ἵνα μήτ' ἀσχημονεῖν ἐπιτρέπῃ, μήτε
τὰς ἡδονὰς ἀφαιρῇ. (4) Δεῖ δὲ καὶ σπουδῆς τὸν ἄρχοντα πινόντων οἰκεῖον εἶναι, καὶ παιδιᾶς μὴ ἀλλότριον, ἀλλ', εὖ πως συγκεκραμένον πρὸς ἀμφότερα,
σμικρῷ δὲ μᾶλλον, ὥσπερ οἶνον ἀστεῖον, ἀπονεύοντα τῇ
φύσει πρὸς τὸ αὐστηρόν· ὁ γὰρ οἶνος ἄξει τὸ ἦθος εἰς
τὸ μέτριον, μαλακώτερον ποιῶν καὶ ἀνυγραίνων. (5)
Ὥσπερ γὰρ ὁ Ξενοφῶν ἔλεγε τοῦ Κλεάρχου τὸ σκυθρωπὸν καὶ ἄγροικον ἄλλως, ἐν ταῖς μάχαις ἡδὺ καὶ φαι-
δρὸν ἐπιφαίνεσθαι διὰ τὸ θαρραλέον· οὕτως ὁ μὴ φύσει
πικρὸς, ἀλλὰ σεμνὸς καὶ αὐστηρὸς, ἐν τῷ πίνειν ἀνιέ-
μενος, ἡδίων γίνεται καὶ προσφιλέστερος. (6) Ἔτι
τοίνυν αὐτῷ δεῖ προσεῖναι τὸ μάλιστα μὲν ἑκάστου
τῶν συμποτῶν ἐμπείρως ἔχειν, τίνα λαμβάνει μεταβολὴν ἐν οἴνῳ, καὶ πρὸς τί πάθος ἀκροσφαλής ἐστι, καὶ πῶς
φέρει τὸν ἄκρατον. (7) Οὐ γὰρ οἴνου μέν ἐστι πρὸς
ὕδωρ ἑτέρου ἑτέρα μῖξις, ἣν οἱ βασιλικοὶ γινώσκοντες
οἰνοχόοι νῦν μὲν πλέον, νῦν δ' ἔλαττον ὑποχέουσιν· ἀνθρώπου δὲ πρὸς οἶνον οὐκ ἔστιν ἰδία κρᾶσις, ἣν τῷ
συμποσιάρχῃ γινώσκειν προσήκει, καὶ γινώσκοντι φυ-
λάττειν· ἵν', ὥσπερ ἁρμονικὸς, τὸν μὲν ἐπιτείνων τῇ
πόσει, τὸν δ' ἀνιεὶς καὶ ὑποφειδόμενος, εἰς ὁμαλότητα
καὶ συμφωνίαν ἐκ διαφορᾶς καταστήσῃ τὰς φύσεις·
ὅπως μὴ κοτύλῃ μηδὲ κυάθοις τὸ ἴσον, ἀλλὰ καιροῦ
τινι μέτρῳ καὶ σώματος δυνάμει τὸ οἰκεῖον * ἑκάστῳ
καὶ πρόσφορον ἀπονέμηται. (8) Εἰ δὲ τοῦτο δύσκολον,
ἐκεῖνά γε πάντως ἐξειδέναι τῷ συμποσιάρχῳ προσήκει
τὰ κοινὰ περὶ τὰς φύσεις καὶ τὰς ἡλικίας· οἷον, πρεσβῦται τάχιον μεθύσκονται νέων· σαλευόμενοι δὲ, ἠρεμούν-
των· ἔλλυποι δὲ καὶ πεφροντικότες, εὐθύμων καὶ ἱλα-
ρῶν· * * ἀνέδην καὶ κατα⟦χόρως⟧ διάγοντες τῶν ἀσελ-
γαινόντων· καὶ τοιαῦτα γινώσκων μέν τις μᾶλλον τοῦ
ἀγνοοῦντος εὐσχημοσύνην καὶ ὁμόνοιαν συμποσίου πρυ-
τανεύσειε. (9) Καὶ μὴν ὅτι γε δεῖ τὸν συμποσίαρχον
οἰκείως ἔχειν καὶ φιλικῶς πρὸς ἅπαντας, ὕπουλον δὲ

potationi. Ipsi autem viderint, quomodo inter se vices
disserendi partiri velint.

II. Quum illi simulata tergiversatione usi aliquantulum
essent, omnes tamen eos principi obtemperare juberent et
imperata exsequi, prior ita orsus est dicere Crato : Quemadmodum Plato præfectum vigilum vult esse qua m
maxime vigilem, ita inter convivas is debet magister constitui, qui quam maxime sit aptus compotando. Erit autem talis, qui neque obruatur facile ebrietate, et tamen ad
bibendum sit alacris : sitque Cyri similis, qui ad Lacedæmonios scribens, profitebatur se quum aliis in rebus fratre
ad regnum gerendum aptiorem esse, tum facile etiam multum meri ferre. Nam qui est vinosus, contumeliosus fuerit et indecorus; qui autem omnino sobrius, injucundus ac
mores quam convivium regendo aptior. (3) Pericles quidem quoties prætor creatus chlamydem primum indueret,
secum solebat colloqui tanquam semetipsum commonefa-
ciens, *Animum adverte, Pericles : liberis hominibus
imperas, Græcis imperas, Atheniensibus imperas* : ita
noster convivii moderator apud animum dicet, Amicis
præes : ut neque permittat eos turpiter agere, neque voluptatibus prohibeat. (4) Et oportet moderatorem compotationis quum seriis studiis esse accommodatum, tum a jocis haud alienum, sed ad utraque probe temperatum : ita
quidem, ut boni instar vini nonnihil ad austeritatem ingenio sit propensiore : id enim vino emollietur, et ad mediocritatem redigetur. (5) Atque, ut Xenophon ait Clearchum, hominem alioqui austerum et agrestem, in prœliis
ob audaciam jucundum hilaremque fuisse visum : ita qui
non natura morosus, sed gravis sit atque austerus, inter
potandum mitescens, jucundior fit et amabilior. (6) Præterea debet peritus quam maxime esse, quam unicuique
convivarum mutationem vinum afferat, et ad quod affectionis genus proclivior sit, ac quomodo merum ferat. (7)
Non enim vini quidem est alius alia ad aquam contemperatio (quam pincernæ regii habentes cognitam, alias plus,
alias minus aquæ suffundunt), homo autem ad vinum non
habet suum temperamentum; sed et est, et magistro convivii cognitum esse debet, ab eoque observari; ut, musici
in morem, aliorum animos potando contentiores, aliorum
abstinendo remissiores reddens, e diversitate æquabilitatem atque consonantiam ingeniorum conficiat; ne hemina
et acetabulis æqualitas æstimetur, sed modo quodam opportunitatis et secundum vim corporum sua unicuique vini
portio tribuatur. (8) Quodsi hoc difficile est, ista certe
omnino tenenda sunt arbitro bibendi communia de naturis
et ætatibus : puta, quod senes facilius inebriantur quam
juvenes; qui moventur subinde quam quiescentes; luctu
et curis vexati, quam qui animo quieto sunt et hilari; non
nimis effusi helluantibus. Atque hæc qui cognita habeat,
facilius ignaro, decorum concordiamque convivio tempe-
rando asciscet. (9) Illud nemo sane ignorat, magistrum
convivii omnibus debere amicum esse convivis atque ac-

μηδενὶ μηδ' ἀπεχθῆ τῶν ἑστιωμένων εἶναι, παντί ποι
δῆλον· οὔτε γὰρ ἐπιτάττων ἀνεκτὸς, οὔτ' ἀπονέμων
ἴσος, οὔτε προσπαίζων ὅμως ἀνέγκλητος ἔσται. Τοιοῦτον, ἔφη, σοὶ, Θέων, ἐγὼ τὸν ἄρχοντα συμποσίου πλά-
σας, ὥσπερ ἐκ κηροῦ, τοῦ λόγου παραδίδωμι.

III. Καὶ ὁ Θέων, Ἀλλὰ δέχομαι μὲν, εἶπεν, οὕτω
μᾶλλον ἀπειργασμένον τὸν ἄνδρα καὶ συμποτικόν· εἰ
δὲ χρήσομαι κατὰ πᾶν αὐτῷ, καὶ μὴ καταισχυνῶ τὸ
ἔργον, οὐκ οἶδα· τὸν δέ μοι δοκεῖ τοι ** σων τὸ συμπόσιον
[ὡς ἀληθῶς] ἄξειν ἡμῖν, καὶ μὴ ὄψεσθαι νῦν μὲν ἐκκλησίαν δημοκρατικήν, νῦν δὲ σχολὴν σοφιστοῦ γενομένην,
αὖθις δὲ κυβευτήριον, εἶτά που σκηνὴν καὶ θυμέλην.
(2) Ἦ γὰρ οὐχ ὁρᾶτε τοὺς μὲν δημαγωγοῦντας καὶ δι-
καζομένους παρὰ δεῖπνον, τοὺς δὲ μελετῶντας καὶ ἀναγινώσκοντας αὐτῶν τινα συγγράμματα, τοὺς δὲ μίμοις
καὶ ὀρχησταῖς ἀγωνοθετοῦντας; Ἀλκιβιάδης δὲ καὶ
Θεόδωρος τελεστήριον ἐποίησαν τὸ Πολυτίωνος συμπόσιον, ἀπομιμούμενοι δᾳδουχίας καὶ ἱεροφαντίας. (3)
Ὧν οὐδὲν, οἶμαι, τῷ ἄρχοντι περιοπτέον· ἀλλὰ καὶ
λόγοις καὶ θεάμασι καὶ παιδιαῖς δώσει τόπον ἐκείνοις
μόνοις, ὅσα πρὸς τὸ συμποτικὸν τέλος ἐξικνεῖται· τοῦτο
δ' ἦν φιλίας ἐπίτασιν ἢ γένεσιν δι' ἡδονῆς ἐνεργάσασθαι τοῖς παροῦσι· διαγωγὴ γάρ ἐστιν ἐν οἴνῳ τὸ συμπόσιον εἰς φιλίαν ὑπὸ χάριτος τελευτῶσα. (4) Ἐπεὶ
δὲ πανταχοῦ πλήσμιον καὶ πολλαχοῦ βλαβερὸν τὸ
ἄκρατον, ἡ δὲ μῖξις οἷς ἂν [μὴ] ἐν καιρῷ καὶ μετὰ μέτρου παραγένηται πράγμασιν, ἀφαιρεῖται αὐτῶν καὶ
βλάπτει τὰ ἡδέα καὶ λυπεῖ τὰ ὠφέλιμα· δῆλον ὅτι καὶ
τοῖς πίνουσιν ὁ ἐπιστάτης μεμιγμένην τινὰ παρέξει
διαγωγήν. (5) Ἀκούων οὖν πολλῶν λεγόντων, ὅτι
πλοῦς μὲν ὁ παρὰ γῆν, περίπατος δὲ ὁ παρὰ θάλατταν
ἥδιστός ἐστιν· οὕτω παραβαλεῖ τῇ σπουδῇ τὴν παιδιὰν,
ὅπως οἵ τε παίζοντες ἀμωσγέπως σπουδῆς τινος ἔχων-
ται, καὶ πάλιν οἱ σπουδάζοντες ἀναθαρρῶσιν, ὥσπερ οἱ
ναυτιῶντες ἐγγύθεν εἰς γῆν τὴν παιδιὰν ἀποβλέποντες. (6)
Ἔστι γὰρ καὶ γέλωτι χρῆσθαι πρὸς πολλὰ τῶν ὠφελίμων, καὶ σπουδὴν ἡδεῖαν παρασχεῖν,

> Ὡς ἂν ἐχινόποδας καὶ ἀνὰ τρηχεῖαν ὄνωνιν
> φύονται μαλακῶν ἄνθεα λευκοΐων.

(7) Ὅσαι δ' ἄνευ σπουδῆς ἐπεισκωμάζουσι τοῖς συμποσίοις παιδιαί, ταύτας ἐπιμελῶς διακελεύσεται τοῖς συμπόταις εὐλαβεῖσθαι, μὴ λάθωσιν ὕβριν [καὶ ἀσέλγειαν,]
καθάπερ ὑοσκύαμον, [ἐμ]βαλόντες οἴνῳ, τοῖς λεγομένοις προστάγμασιν ἐξυβρίζωσι, προστάττοντες ᾄδειν
ψελλοῖς, ἢ κτενίζεσθαι φαλακροῖς, ἢ ἀσκωλιάζειν χω-
λοῖς. (8) Ὥσπερ Ἀγαπήστορι τῷ Ἀκαδημαϊκῷ λεπτὸν ἔχοντι καὶ κατεφθινηκὸς τὸ σκέλος ἐπηρεάζοντες οἱ
ξυμπόται, πάντας ἐκέλευσαν ἐπὶ τοῦ δεξιοῦ ποδὸς ἑστῶτας ἐκπιεῖν τὸ ποτήριον, ἢ ζημίαν καταβαλεῖν· τοῦ
δὲ προστάσσειν περιελθόντος εἰς αὐτὸν, ἐκέλευσε πάντας
οὕτως πιεῖν, ὡς ἂν αὐτὸν ἴδωσι· καὶ κεραμίου κενοῦ κομισθέντος, εἰς τοῦτο τὸν ἀσθενῆ πόδα καθεὶς ἐξέπιε τὸ
ποτήριον, οἱ δ' ἄλλοι πάντες, ὡς ἐφαίνετο πειρωμένοις

ceptum, cum nullo simultates aut inimicitias exercere :
alioqui neque imperando tolerabilis, neque distribuendo
æqualitatis observans, neque vel in colludendo inculpa-
bilis erit. Talem ergo, aiebat, tibi ego, mi Theo, convivii præfectum verbis tanquam e cera fictum trado.

III. Tum Theo, Equidem, inquit, accipio virum probe
et convivio convenienter formatum : nescio autem an si
ubique eo utar, decoraturus sim opus. Igitur recte mihi
bibendi magistrum eligere videamini eum qui possit convivium ita conservare ut convivium maneat, ne videatur
esse modo concio populi rempublicam in sua potestate habentis, alias schola rhetorica, mox ludus talarius, interdum scena et pulpitum. (2) Nisi forte non videtis inter
cœnandum alios de republica et judiciis disputantes, alios
declamitantes et scripta quædam sua recitantes, quosdam
mimis et saltatoribus præmia constituentes. Alcibiades
vero et Theodorus Polytionis convivium pro adyto ubi homines sacris initiarentur usurpavere, facigerationes et
mysticas ceremonias imitando. (3) Quæ omnia ego præfecto convivii nequaquam negligenda arbitror : sed et sermonibus et spectaculis et ludicris locum dabit iis duntaxat,
quorum usus ad scopum convivii pertingit : is autem est
amicitiæ vel confirmationem vel initium voluptate quadam
inter convivas efficere. Est enim convivium oblectatio inter pocula, ob gratiam in amicitiam desinens. (4) Jam
quum in omnibus rebus id quod sincerum ac nulla alia re
permixtum est, fastidiosum sit et damnosum, ipsa autem
mixtio nisi tempestive et modo adhibito fit, omnia turbet,
et quum jucundis utilitatem detrahat, tum utilia molesta
reddat : nimirum etiam bibentibus arbiter mixtam quandam providebit oblectationem. (5) Quod ergo vulgo dici
solet, jucundissimam esse navigationem prope terram, et
deambulationem juxta mare, hoc secutus, seria jocis tem-
perabit, ut et jocantes serium utcunque aliquid sectentur,
et rursum seria agentes animum recipiant, veluti a nausea,
dum ad ludum jocumque propinquum respiciunt. (6) Nam
et risus potest ad multa utilia accommodari, et seriæ res
dulcedine aliqua temperari,

> Inter echinopodes velut asperam et inter ononin
> interdum florent mollia leucoia.

(7) Qui vero ludi sine seriis rebus comissatum veniunt in
convivia, eos accurate cavere jubebit convivas, ne se fallant
ipsi contumeliam et libidinem, sicut altercum, vino inserentes, et ea quæ vocantur mandata in contumeliam vertant, ut dum balbos cantare, calvos se pectere, aut
claudos saltare jubent. (8) Sicut Agapestori Academico,
cui crurum alterum tabe consumtum et exile erat, insultantes compotores jusserunt unumquemque uno dextro
stantem in pede poculum ebibere, aut multam persolvere :
quum autem jus mandandi ad ipsum pervenisset, omnes
jussit ita ut ipsum viderent bibere : allataque inani testa,
in eam inserto debili pede poculum exhausit : reliqui omnes
cum periculo facto præstare se id non posse viderent,

ἀδύνατον, ἀπέτισαν τὴν ζημίαν. (9) Χαρίεις οὖν Ἀγα-
πήστωρ· * καὶ ποιητέον εὐκόλους οὕτω καὶ ἱλαρὰς τὰς
ἀμύνας, [καὶ] προστάγμασιν ἐθιστέον χρῆσθαι πρὸς
ἡδονὴν καὶ ὠφέλειαν, τὰ οἰκεῖα καὶ δυνατὰ καὶ κο-
5 σμοῦντα τὸν δρῶντα προστάσσοντας, ᾠδικοῖς ᾆσαι, ῥη-
τορικοῖς εἰπεῖν, φιλοσόφοις λῦσαί τι τῶν ἀπορουμένων,
ποιηταῖς προενέγκασθαι στίχους. (10) Ἡδέως γὰρ εἰς
τοῦτο ἕκαστος ἄγεται καὶ προθύμως,

Ἵν' αὐτὸς αὑτοῦ τυγχάνῃ κράτιστος ὤν.

10 (11) Ὁ μὲν οὖν τῶν Ἀσσυρίων βασιλεὺς ἆθλον ὑπὸ κήρυκος
κατήγγειλε τῷ καινὴν ἡδονὴν ἐξευρόντι· συμποσίου δὲ
βασιλεὺς ἀστεῖον ἆθλον ἂν καὶ γέρας προσθείη τῷ παιδιὰν ἀνύβριστον εἰσηγησαμένῳ, καὶ τέρψιν ὠφέλιμον,
καὶ γέλωτα μὴ μώμου μηδὲ ὕβρεως, ἀλλὰ χάριτος καὶ
15 φιλοφροσύνης ἑταῖρον, ἐν οἷς τὰ πλεῖστα ναυαγεῖ συμπόσια μὴ τυχόντα παιδαγωγίας ὀρθῆς. (12) Ἔστι δὲ
σώφρονος ἀνδρὸς ἔχθραν φυλάττεσθαι καὶ ὀργὴν, ἐν
ἀγορᾷ τὴν ἐκ πλεονεξίας, ἐν γυμνασίοις καὶ παλαίστραις, ἐκ φιλονεικίας· ἐν δ' ἀρχαῖς καὶ φιλοτιμίαις, ἐκ
20 φιλοδοξίας· ἐν δὲ δείπνῳ καὶ παρὰ πότον, ἐκ παιδιᾶς
ἐπιτιθεμένην.

ΠΡΟΒΛΗΜΑ Ε.

Πῶς εἴρηται, μουσικὴν δ' ἄρα ἔρως διδάσκει.

ΠΡΟΣΩΠΑ ΤΟΥ ΔΙΑΛΟΓΟΥ.

ΣΟΣΣΙΟΣ, ΠΛΟΥΤΑΡΧΟΣ, ΑΛΛΟΙ.

I. Πῶς εἴρηται τὸ;

Μουσικὴν δ' ἄρα
Ἔρως διδάσκει, κἂν ἄμουσος ᾖ τοπρίν,

25 ἐζητεῖτο παρὰ Σοσσίῳ, Σαπφικῶν τινῶν ᾀσθέντων,
ὅπου καὶ τὸν Κύκλωπα μούσαις εὐφώνοις ἰᾶσθαί φησι
τὸν ἔρωτα Φιλόξενος. (2) Ἐλέχθη μὲν οὖν, ὅτι πρὸς
πάντα τόλμαν ὁ ἔρως καὶ καινοτομίαν συγχωρῆσαι δεινός ἐστιν, ὥσπερ καὶ Πλάτων ἴτην αὐτὸν καὶ παντὸς
30 ἐπιχειρητὴν ὠνόμασε· καὶ γὰρ λάλον ποιεῖ τὸν σιωπη-
λόν, καὶ θεραπευτικὸν τὸν αἰσχυντηλόν, ἐπιμελῆ δὲ καὶ
φιλόπονον τὸν ἀμελῆ καὶ ῥᾴθυμον· (3) ὃ δ' ἄν τις
μάλιστα θαυμάσειεν, φειδωλὸς ἀνήρ τε καὶ μικρολόγος,
ἐμπεσὼν εἰς ἔρωτα, καθάπερ εἰς πῦρ σίδηρος, ἀνεθεὶς
35 καὶ μαλαχθείς, ἁπαλὸς καὶ ὑγρὸς καὶ ἡδίων· ὥστε τουτὶ
τὸ παιζόμενον μὴ πάνυ φαίνεσθαι γελοῖον, ὅτι πράσου
φύλλῳ τὸ τῶν ἐρώντων δέδεται βαλλάντιον. (4) Ἐλέχθη δὲ καὶ ὅτι τῷ μεθύειν τὸ ἐρᾶν ὅμοιόν ἐστι· ποιεῖ
γὰρ θερμοὺς καὶ ἱλαροὺς καὶ διακεχυμένους· γενόμενοι
40 δὲ τοιοῦτοι, πρὸς τὰς ἐπῳδοὺς καὶ συμμέτρους μάλιστα
φωνὰς ἐκφέρονται. Καὶ τὸν Αἰσχύλον φασὶ τὰς τραγῳδίας πίνοντα ποιεῖν καὶ διαθερμαινόμενον. (5) Ἦν
δὲ Λαμπρίας, ὁ ἡμέτερος πάππος, ἐν τῷ πίνειν εὑρετι-

---

multam solverunt. (9) Scitus profecto Agapestor : atque
tali cum facilitate et hilaritate ulciscenda sunt omnia.
Proinde mandatis istis assuescemus uti ad voluptatem et
utilitatem accommodate : eaque imperare, quæ jusso sint
familiaria, et præstari ab eo possint, præstantemque or-
nent; ut musicos jubeamus canere, oratoriam artem cal-
lentes dicere, philosophos quæstionem aliquam obscuram
solvere, poetas versus recitare. (10) Libenter enim unusquisque et alacriter ad rem eam ducitur,

In qua seipso cernitur præstantior.

(11) Sane rex Assyriorum præconis voce præmium ei pol-
licitus est, qui novam voluptatem aliquam excogitasset : at
convivii rex merito præmium et honorem detulerit ei qui
jocum contumeliæ purum, et oblectationem utilem, risum-
que non momi et injuriarum, sed gratiæ et comitatis socium in convivium introduxerit : hanc enim ad rem pleraque convivia naufragium faciunt, dum non recte gubernan-
tur. (12) Est autem hominis modesti ac prudentis iram
atque inimicitias vitare : quarum occasiones in foro ex avaritia, in palæstra et gymnasiis e contendendi studio, in
magistratibus et honorum petitionibus ex ambitione, in
cœna atque inter pocula e jocis captatæ nobis insidiantur

QUÆSTIO V.

Quomodo dictum sit, Amor docet musicam.

PERSONÆ COLLOQUII.

SOSSIUS, PLUTARCHUS, ALII.

I. Quomodo dictum sit illud

Musicam
docet Amor illos etiam qui fuerant rudes,

quæsitum est apud Sossium, postquam carmina quædam
Sapphica cantata erant, quando etiam Philoxenus Cyclopem Camœnis bene sonantibus sanasse amorem scripsit.
(2) Dictum ergo fuit, amorem vim habere ad omnia audendum, et novas res tentandum impelli : quamobrem
Plato eum nihil intentatum relinquere dixit. Nam et de
taciturno loquacem, et de verecundo officiosum reddit, et
de negligente industrium, de socorde impigrum : (3) et
quod maxime videatur alicui mirum, tenax homo et sordidus, in amorem incidens, tanquam ferrum in ignem,
emollitur, mitisque fit, facilis et solito jucundior; ut jam
non plane ridiculum sit illud verbum, vulgo quod fertur,
Amantium crumenas folio porri ligatas esse. (4) Hoc
quoque dictum fuit, amorem ebrietati esse similem : facit
enim calidos et hilares ac dissolutos; et qui tales sunt red-
diti, ad cantillandum vocesque mensura contentas maxime
efferuntur. Atque adeo Æschylum aiunt, quum vino in-
caluisset, tragœdias scripsisse. (5) Lamprias quoque avus
noster inter potandum inveniendi ac disputandi facultate

κώτατος αὐτὸς αὑτοῦ καὶ λογιώτατος· εἰώθει δὲ λέγειν ὅτι τῷ λιβανωτῷ παραπλησίως ὑπὸ θερμότητος ἀναθυμιᾶται. (6) Καὶ μὴν ἥδιστα τοὺς ἐρωμένους ὁρῶντες, οὐχ ἧττον ἡδέως ἐγκωμιάζουσιν ἢ ὁρῶσι· καὶ πρὸς πάντα λάλος ὢν ἔρως, λαλίστατός ἐστιν ἐν τοῖς ἐπαίνοις. (7) Αὐτοί τε γὰρ οὕτω πεπεισμένοι τυγχάνουσι, καὶ βούλονται πεπεῖσθαι πάντας, ὡς καλῶν καὶ ἀγαθῶν ἐρῶντες. (8) Τοῦτο καὶ τὸν Λυδὸν ἐπῆρε [Κανδαύλην] τῆς ἑαυτοῦ γυναικὸς ἐπισπᾶσθαι θεατὴν εἰς τὸ δωμάτιον τὸν [Γύγ]ην.** Βούλονται γὰρ ὑπ' ἄλλων μαρτυρεῖσθαι· διὸ καὶ γράφοντες ἐγκώμια τῶν καλῶν, ἐπικοσμοῦσιν αὐτὰ μέλεσι καὶ μέτροις καὶ ᾠδαῖς, ὥσπερ εἰκόνας χρυσῷ καλλωπίζοντες, ὅπως ἀκούηταί τε μᾶλλον ὑπὸ πολλῶν καὶ μνημονεύηται· (9) καὶ γὰρ ἂν ἵππον καὶ ἀλεκτρυόνα, κἂν ἄλλο τι τοῖς ἐρωμένοις διδῶσι, * καλὸν εἶναι καὶ κεκοσμημένον εὐπρεπῶς βούλονται καὶ περιττῶς τὸ δῶρον· μάλιστα δὲ λόγον κόλακα προσφέροντες, ἡδὺν ἐθέλουσι φαίνεσθαι καὶ γαῦρον καὶ περιττόν, οἷος ὁ ποιητικός ἐστιν.

II. Ὁ μέντοι Σόσσιος ἐπαινέσας ἐκείνους, εἶπεν, ὡς οὐ χεῖρον ἄν τις ἐπιχειρήσειεν ὁρμηθεὶς ἀφ' ὧν Θεόφραστος εἴρηκε περὶ μουσικῆς· Καὶ γὰρ ἔναγχος, ἔφη, τὸ βιβλίον ἀνέγνων. Λέγει δὲ Θεόφραστος, μουσικῆς ἀρχὰς τρεῖς εἶναι, λύπην, ἡδονήν, ἐνθουσιασμόν, ὡς ἑκάστου τούτων παρατρέ[ποντος] ἐκ τοῦ συνήθους [καὶ] ἐγκλίνοντος τὴν φωνήν. (2) Αἵ τε γὰρ λῦπαι τὸ γοερὸν καὶ θρηνητικὸν ὀλισθηρὸν εἰς ᾠδὴν ἔχουσι· διὸ καὶ τοὺς ῥήτορας ἐν τοῖς ἐπιλόγοις, καὶ τοὺς ὑποκριτὰς ἐν τοῖς ὀδυρμοῖς, ἀτρέμα τῷ μελῳδεῖν προσαγοντας ὁρῶμεν, καὶ παρεντείνοντας τὴν φωνήν. (3) Αἵ τε σφοδραὶ περιχάρειαι τῆς ψυχῆς, τῶν μὲν ἐλαφροτέρων τῷ ἤθει καὶ τὸ σῶμα πᾶν ἐπαίρουσι, καὶ παρακαλοῦσιν εἰς ἔρρυθμον κίνησιν, ἐξαλλομένων καὶ κροτούντων, εἴπερ ὀρχεῖσθαι μὴ δύνωνται·

> Μανίαι τ' ἀλαλαί τ' ὀρινομένων
> ῥιψαύχενι σὺν κλόνῳ,

κατὰ Πίνδαρον· οἱ δὲ χαρίεντες ἐν τῷ πάθει τούτῳ γενόμενοι, τὴν φωνὴν μόνην εἰς τὸ ᾄδειν καὶ φθέγγεσθαι μέγα, καὶ μέλη προίενται. (4) Μάλιστα δὲ ὁ ἐνθουσιασμὸς ἐξίστησι καὶ παρατρέπει τό τε σῶμα καὶ τὴν φωνὴν τοῦ συνήθους καὶ καθεστηκότος. Ὅθεν αἵ τε βακχεῖαι ῥυθμοῖς χρῶνται, καὶ τὸ χρησμῳδεῖν ἐμμέτρως παρέχεται τοῖς ἐνθεαζομένοις· τῶν τε μαινομένων ὀλίγους ἰδεῖν ἐστιν ἄνευ μέτρου καὶ ᾠδῆς ληροῦντας. (5) Οὕτω δὲ τούτων ἐχόντων, εἰ βούλοιο καθορᾶν ὑπ' αὐγὰς διαπτύξας τὸν ἔρωτα καὶ καταμανθάνειν, οὐκ ἂν ἄλλο πάθος εὕροις, οὔτε λύπας δριμυτέρας ἔχον, οὔτε σφοδροτέρας περιχαρείας, οὔτε μείζονας ἐκστάσεις καὶ παραφροσύνας· ἀλλ' ὥσπερ τὴν Σοφοκλέους πόλιν, ἰδεῖν ἐστιν ἀνδρὸς ἐρωτικοῦ ψυχήν, « ὁμοῦ μὲν θυμιαμάτων γέμουσαν, ὁμοῦ δὲ παιάνων τε καὶ στεναγμάτων. » (6) Οὐδὲν οὖν ἄτοπον οὐδὲ θαυμαστόν, εἰ πάσας, ὅσαι μουσικῆς εἰσιν ἀρχαί, περιέχων ὁ ἔρως ἐν αὐτῷ καὶ συνειληφώς, λύπην, ἡδονήν, ἐνθουσιασμόν, τά

---

sibi ipse præstabat : ac solebat dicere a vini calore vaporem quendam se, veluti a thure fit, sentire edi, quo oppleretur. (6) Jam quum amasios lubentissime amatores videant, non minus libenter eos laudant quam vident : et amor alioqui loquax, in laudando est verbosissimus. (7) Nam qui amant, quum sibi ipsis hoc persuaserunt, tum aliis persuasum volunt esse, pulchros abs se et bonos amari. (8) Quæ res etiam Candaulem illum Lydum eo pertraxit, ut in suæ uxoris cubile introduceret Gygen, cui spectandam illam præberet. Volunt enim suorum amasiorum pulchritudinis alios esse testes. Itaque quum laudationes illorum scribunt, eas cantilenis et versibus exornant, tanquam auro statuas, ut et audiantur magis et memorentur a multis. (9) Atque etiam si equum, gallum, aliudve quippiam amasio donent, ut elegans sit et impense decoratum munus laborant : quo magis orationem quam blandiendi gratia adhibent, suavem esse volunt, vividam atque elatam, qualis est poetarum.

II. His collaudatis Sossius, Non minus commode, inquit, argumenta aliquis duxerit ex his quæ de musica scripsit Theophrastus : quem librum nuper ego legi. Is enim tria ait musicæ esse principia, dolorem, voluptatem, instinctum divinum : quorum unumquodvis vocem a consueto modo aversam ad canendum inclinet. (2) Quippe gemitus dolentium et ejulationes ad cantilenam sunt proclives : unde et oratores in conclusionibus, et histriones in deplorationibus sensim ad succinendum videmus accedere et trahere vocem. (3) Et exsultans animi gaudium eorum, quorum leviora sunt ingenia, totum corpus exagitat, et ad motum saltationemque numeris aptam concitat, aut, si saltandi sint ignari, ad exsultandum et plaudendum : atque tunc exagitatorum hominum videas (quod est apud Pindarum) furores, et conclamationes cum fremitu et cervicum jactatione : modestiores, eo modo affecti, vocem duntaxat ad cantandum, grandiusque dicendum, et ad modos accommodant. (4) Maxime autem divinus instinctus et corpus et vocem de consueto statu modoque exturbat atque pervertit. Unde et in orgiis Bacchi numeri servantur, et oracula per versus a captis furore vatibus eduntur; paucosque insanientium videre est, qui non sua deliria carmine et cantu enuncient. (5) His ita habentibus, si explicatum in aperto amorem intueri velis ac pernoscere, invenies nullam aliam animi perturbationem vel dolores afferre acriores, vel gaudia vehementiora, vel majores furores mentisque abalienationes : sed animam hominis amore capti, instar Sophocleæ urbis videas

> simul refertam altarium suffitibus,
> pæanibusque simul et ejulatibus.

(6) absurdum itaque non est aut mirum, si principia musicæ omnia amor in se complexus, dolorem videlicet, volu-

τ' ἄλλα φιλόπονός ἐστι καὶ λάλος, εἴς τε ποίησιν μελῶν
καὶ μέτρων, ὡς οὐδὲν ἄλλο πάθος, ἐπίφορος καὶ κατάν-
της.

ΠΡΟΒΛΗΜΑ ς.

Περὶ τῆς Ἀλεξάνδρου πολυποσίας.

ΠΡΟΣΩΠΑ ΤΟΥ ΔΙΑΛΟΓΟΥ.

ΦΙΛΙΝΟΣ, ΠΛΟΥΤΑΡΧΟΣ, ΑΛΛΟΙ.

I. Λόγος ἦν περὶ Ἀλεξάνδρου τοῦ βασιλέως, ὡς οὐ
πολὺ πίνοντος, ἀλλὰ πολὺν χρόνον ἐν τῷ πίνειν [καὶ]
διαλέγεσθαι τοῖς φίλοις ἕλκοντος. (2) Ἀπεδείκνυε δ'
αὐτοὺς φλυαροῦντας Φίλινος ἐκ τῶν βασιλικῶν ἐφημερίδων, ἐν αἷς συνεχέστατα γέγραπται καὶ πλειστάκις,
ὅτι « τήνδε τὴν ἡμέραν ἐκ τοῦ πότου καθεύδων, » ἔστι
δ' ὅτε, « καὶ τὴν ἐφεξῆς » διὸ καὶ πρὸς τὰς συνουσίας
ἀργότερος ἦν, ὀξὺς δὲ καὶ θυμοειδής· ἅπερ σωματικῆς
ἐστι θερμότητος. (3) Λέγεται δὲ καὶ τοῦ χρωτὸς ἥδιστον
ἀποπνεῖν ὥστε καταπιμπλάναι τοὺς χιτωνίσκους εὐωδίας
ἀρωματιζούσης· ὃ δοκεῖ καὶ αὐτὸ θερμότητος εἶναι. Διὸ
καὶ τῆς οἰκουμένης οἱ ξηρότατοι καὶ θερμότατοι τόποι
τήν τε κασίαν καὶ τὸν λιβανωτὸν ἐκφέρουσι. (4) Πέψει
γάρ τινι τῶν ὑγρῶν ὁ Θεόφραστός φησιν ἐπιγίνεσθαι
τὴν εὐωδίαν, ὅταν ἐξαιρεθῇ τὸ βλαβερὸν ὑγρὸν ὑπὸ
θερμότητος. (5) Δοκεῖ δὲ καὶ * Κα[λλισθένης] ἐν δια-
βολῇ γε[νέσθαι πρὸς αὐ]τὸν, ὡς δυσχεραί[νων] δειπνεῖν
διὰ τὸν [πότον]· ἐπεὶ καὶ κύλικα, λεγομένην Ἀλεξάνδρου, μεγάλην, ἐλθοῦσαν ἐπ' αὐτὸν, * ἀπεώσατο, φήσας οὐκ ἐθέλειν, Ἀλεξάνδρου πιὼν, Ἀσκληπιοῦ δεῖσθαι.
Ταῦτα μὲν οὖν περὶ τῆς Ἀλεξάνδρου πολυποσίας.

II. Μιθριδάτην δὲ, τὸν πολεμήσαντα Ῥωμαίοις,
ἐν τοῖς ἀγῶσιν, οὓς ἐπετέλει, καὶ πολυφαγίας ἆθλα
θεῖναι καὶ πολυποσίας φασί· νικῆσαι δ' αὐτὸν ἀμφότερα, καὶ ὅλως πιεῖν πλεῖστον τῶν καθ' αὑτὸν ἀνθρώπων, διὸ καὶ Διόνυσον ἐπικληθῆναι. (2) Τοῦτο ἡμεῖς
εἴπομεν ἕν τι τῶν εἰκῆ πεπιστευμένων εἶναι, τὸ περὶ
τὴν αἰτίαν τῆς ἐπικλήσεως. Νηπίου γὰρ ὄντος αὐτοῦ κεραυνὸς ἐπέφλεξε τὰ σπάργανα, τοῦ δὲ σώματος
οὐχ ἥψατο, πλὴν ὅσον ἴχνος τι τοῦ πυρὸς ἐν τῷ μετώπῳ
κρατουμένῳ ὑπὸ τῆς κόμης [μέν]ειν αὐτῷ παι[δί·
καὶ] ἀνδρὸς ἤδη πάλιν ἐπὶ τὸ δωμάτιον ἐμπεσὼν κεραυνὸς αὐτοῦ μὲν κατέπεσε καθεύδοντος, τῆς δὲ φαρέ-
τρας ὑποκρεμαμένης διεξῆλθε τὰ βέλη πυρακτώσας.
(3) Οἱ μὲν οὖν μάντεις ἀπεφήναντο, πλεῖστον αὐτὸν
ἰσχύσειν ἀπὸ τῆς τοξικῆς καὶ κούφης στρατιᾶς· οἱ δὲ
πολλοὶ Διόνυσον αὐτὸν ἀπὸ τῶν κεραυνοβολιῶν ὁμοιότητι τοῦ πάθους προσηγόρευσαν.

III. Ἐκ τούτου περὶ τῶν πολὺ πιόντων ἦν ὁ λόγος·
ἐν οἷς καὶ τὸν πύκτην Ἡρακλείδην ἐτίθεσαν, ὃν Ἡρα-
κλοῦν Ἀλεξανδρεῖς ὑπεκορίζοντο, κατὰ τοὺς πατέρας
ἡμῶν γενόμενον. (2) Οὗτος ἀπορῶν συμπότου παρα-

ptatem, instinctum divinum, quum alias industrius et garru-
lus, etiam ad condenda carmina et versus magis ullo animi
alio motu præceps sit.

QUÆSTIO VI.

De Alexandri bibacitate.

PERSONÆ COLLOQUII.

PHILINUS, PLUTARCHUS, ALII.

I. Sermo inciderat de rege Alexandro, quod is non biberet multum, sed inter pocula disserendo cum amicis multum extrahere temporis sit solitus. Eum vanitatis convicit
Philinus ex diariis commentariis regiis, in quibus creberrime et continenter scriptum est, *Hanc diem a compotatione dormiens*; aliquando etiam, *et posteram.* Itaque ad
Venerem quoque fuit segnior, alias acer et iracundus :
quæ calorem corporis arguunt. (3) Ac dicitur corpus ejus
suavissime oluisse, ita ut tuniculæ fragrantia replerentur
aromatum odore æmulante : quod ipsum etiam caliditati
videtur deberi : siquidem etiam terræ siccissima et calidissima loca thus et casiam proferunt. (4) Nam fragrantiam
Theophrastus nasci tradit coctione quadam humorum,
quando quod noxium erat, calore excoctum fuerit atque dissipatum. (5) Videtur autem etiam Callisthenes in calumniam apud eum venisse tanquam ægre ferens cœnare ob
bibendi necessitatem : quando etiam magnum calicem, qui
Alexandri dicebatur, ad se delatum recusavit, fatus *non
velle se, epoto Alexandri calice, opus habere Æsculapio.*
Hæc ego de bibacitate Alexandri.

II. Mithridatem porro, qui Romanis bellum fecit, in
certaminibus quæ instituit, aiunt, etiam præmium propo-
suisse ei qui plurimum edisset, et ei qui bibisset plurimum :
ipsum utriusque rei victoriam consecutum esse : omnino
autem plus solitum bibere quam quisquam ea ætate hominum ; indeque eum Dionysi (quod est Bacchi) cognomen-
tum reportasse. (2) Ea quidem, inquam ego, cognomenti
causa horum de numero est, quæ frustra creduntur. Nam
infantis ejus etiamnum cunas fulmen incendit, corpore
intacto, nisi quatenus leve ignis vestigium inhæsit fronti a
capillo involutæ, et mansit puero : cumque jam virilem attigisset ætatem, rursum illo dormiente fulmen in domicilium incidit, ac propter eum suspensam pharetram pertrans-
iit, sagittis incensis. (3) Ex eo vates pronunciaverunt
maximam ei fore potentiam sagittaria re et levis armaturæ
exercitu : vulgus autem Bacchum appellavit, quod similia
illi per fulmina accidissent.

III. Exinde sermo habebatur de iis qui multum bibere
soliti essent. In his pugil quoque Heraclides est numera-
tus, qui patrum nostrorum vixit memoria, diminutive He-
raclûs ab Alexandrinis dictus. (2) Is, quum ei assiduus

μένοντος, ἐκάλει τοὺς μὲν ἐπὶ πρόπομα, τοὺς δ' ἐπ'
ἄριστον, ἄλλους δ' ἐπὶ δεῖπνον, ἐσχάτους δέ τινας ἐπὶ
κῶμον· ἀπαλλαττομένων δὲ τῶν πρώτων, δεύτεροι
συνῆπτον, εἶτ' ἐφεξῆς οἱ τρίτοι, καὶ τέταρτοι· κἀκεῖνος
οὐθὲν διάλειμμα ποιῶν ἅπασιν ἐξήρκει, καὶ τοὺς τέσσαρας πότους συνδιέφερε.

IV. Τῶν δὲ Δρούσῳ, τῷ Τιβερίου Καίσαρος υἱῷ,
συμβιούντων ὁ πάντας ἐν τῷ πίνειν προτρεπόμενος
ἰατρὸς ἑάλω τῶν πικρῶν ἀμυγδάλων πέντε ἢ ἓξ ἑκάστοτε προλαμβάνων, ἕνεκα τοῦ μὴ μεθύσκεσθαι· κω-
λυθεὶς δὲ καὶ παραφυλαχθεὶς οὐδ' ἐπὶ μικρὸν ἀντέσχεν.
(2) Ἔνιοι μὲν οὖν ᾤοντο, τὰς ἀμυγδαλίδας δηκτικόν τι
καὶ ῥυπτικὸν ἔχειν τῆς σαρκός, ὥστε καὶ τῶν προσώπων τὰς ἐφηλίδας ἐξαιρεῖν· ὅταν οὖν προληφθῶσι, τῇ
πικρότητι τοὺς πόρους ἀμύσσειν, καὶ δηγμὸν ἐμποιεῖν,
ὑφ' οὗ τὸ ὑγρὸν κατασπῶσιν ἀπὸ τῆς κεφαλῆς διατμι-
ζόμενον. (3) Ἡμῖν δὲ μᾶλλον ἡ τῆς πικρότητος ἐδόκει δύναμις ἀναξηραντικὴ καὶ δάπανος ὑγρῶν εἶναι· διὸ
τῇ γεύσει πάντων ἐστὶ τῶν χυλῶν ὁ πικρὸς ἀηδέστα-
τος. Τὰ γὰρ φλεβία τῆς γλώττης, ὡς ὁ Πλάτων φησί,
μαλακὰ καὶ μανότερα ὄντα, συντείνει παρὰ φύσιν ἡ
τῆς ξηρότητος [φύσις], ἐκτηκομένων τῶν ὑγρῶν. (4)
Καὶ τὰ ἕλκη τοῖς πικροῖς ἀπισχναίνουσι φαρμάκοις,
ὡς ὁ ποιητής φησιν·

> Ἐπὶ δὲ ῥίζαν βάλε πικρὴν
> χερσὶ διατρίψας ὀδυνήφατον, ἥ οἱ [ἁπάσας
> ἔσχ' ὀδύνας· τὸ μὲν ἕλκος ἐτέρσετο,] παύσατο δ' αἷμα.

Τὸ γὰρ τῇ γεύσει πικρὸν τῇ δυνάμει ξηραντικὸν ὀρθῶς προσηγόρευσε. (5) Φαίνεται δὲ καὶ τὰ διαπά-
σματα τῶν γυναικῶν, οἷς ἀναρπάζουσι τοὺς ἱδρῶτας,
πικρὰ τῇ φύσει καὶ στυπτικὰ ὄντα σφοδρότητι τοῦ
στρυφνοῦντος πικροῦ. (6) Οὕτως οὖν, ἔφην, τούτων
ἐχόντων, εἰκότως ἡ τῶν ἀμυγδάλων πικρότης βοηθεῖ
πρὸς τὸν ἄκρατον, ἀναξηραίνουσα τοῦ σώματος τὰ ἐντός, καὶ οὐκ ἐῶσα πίμπλασθαι τὰς φλέβας, ὧν διατάσει
φασὶ καὶ ταραχῇ συμβαίνει τὸ μεθύειν. (7) Τεκμήριον δὲ τοῦ λόγου μέγα τὸ συμβαῖνον περὶ τὰς ἀλώπε-
κας· ἂν γὰρ ἀμυγδάλας πικρὰς φαγοῦσαι [μὴ] ἐπι-
πίωσιν, [ἀποθνήσκουσι] τῶν ὑγρῶν ἀθρό[ως ἐκλει-]
πόντων.

* ΠΡΟΒΛΗΜΑ Ζ.

Διὰ τί μᾶλλον ἀκράτῳ χαίρουσιν οἱ γέροντες.

ΠΡΟΣΩΠΑ ΤΟΥ ΔΙΑΛΟΓΟΥ.

ΠΛΟΥΤΑΡΧΟΣ, ΑΛΛΟΙ.

1. Ἐζητεῖτο περὶ τῶν γερόντων, διὰ τί μᾶλλον
ἀκρατοτέρῳ τῷ ποτῷ χαίρουσιν. Οἱ μὲν οὖν κατε-
ψυγμένην τὴν ἕξιν αὐτῶν καὶ δυσεκθέρμαντον οὖσαν
οἰόμενοι, διὰ τοῦτο τῇ σφοδρότητι τῆς κράσεως ἐναρμόττειν ἐφαίνοντο, κοινόν τι καὶ πρόχειρον, οὐχ ἱκανὸν

---

compotor nullus obtingeret, quosdam ad matutinam potationem, alios ad prandium, ad cœnam rursum alios, et
tandem alios ad comissationem invitavit, ita ut primis
continuo secundi, itaque deinceps tertii et quarti succede-
rent : ipse nulla facta intercapedine omnibus sufficiebat,
quatuorque una compotationes peragebat.

IV. Inter hos qui cum Druso Tiberii Cæsaris filio vixerunt, medicus bibendo aliis omnibus palmam præripiens
deprehensus est quinque aut sex amygdalas amaras subinde
ante compotationem edere solitus, ne inebriaretur : prohi-
bitus autem ac ne id facere posset observatus, facillime a
vino est victus. (2) Sunt qui putent amygdalides illas
vim quandam mordendæ rodendoque tergendæ carnis
habere, ita ut etiam de faciebus maculas tollant ex ardore
solis contractas : eas ergo ante potationem sumtas amaritu-
dine sua meatus vellicare ac mordere, ut sic humorem a
capite deorsum trahant, isque evaporetur. (3) Nobis magis hoc visum est, amarorem vim exsiccandi humoremque
consumendi habere. Quare gustatu omnium saporum in-
jucundissimus est amarus, quia venulas linguæ, ut Plato
ait, molliores ac rariores contra naturam constringit amaror, siccitate sua humores consumens. (4) Sed et vulnera
ut coeant efficitur injectis amaris, quemadmodum Homerus
dixit,

> Contritam manibus radicem injecit amaram.
> Omnes hæc pepulit de corpore quippe dolores,
> substitit et sicco contentus vulnere sanguis.

Nam gustatu amarum quod sit, id recte dixit vi siccandi
præditum. (5) Videntur etiam mulierum quæ vocantur
diapasmata, quibus sudores coercent, amara esse natura,
et vi astringendi prædita, vehementiæ stipanti comitante
amarore. (6) His, aiebam, sic habentibus, non abs re
creditur, amaritudinem amygdalarum remedio adversus
vinum esse, quum interiora corporis exsiccans, non patiatur impleri venas, quarum distentione dicunt et conturbatione ebrietatem oboriri. (7) Magnum autem hujus rei
argumentum est id, quod vulpibus usuvenit, quæ si amygdalas amaras edant, neque statim aquam lambant, moriuntur humore illico omni consumto.

QUÆSTIO VII.

Cur senes magis delectentur mero.

PERSONÆ COLLOQUII.

PLUTARCHUS, ALII.

1. Quæsitum fuit de senibus, cur meraciore potu magis
gauderent. Ii qui refrigeratam eorum corporis habitudinem
et calefactu difficilem causabantur, cui propterea vini
meraci temperies commodius conveniret, nihil novi, sed
in promtu quod esset, neque sufficienter vereque causam

δὲ πρὸς τὴν αἰτίαν, οὐδ᾽ ἀληθὲς λέγοντες. (2) Καὶ γὰρ ἐπὶ τῶν ἄλλων αἰσθήσεων τὸ αὐτὸ συμβέβηκε. Δυσκίνητοι γάρ εἰσι καὶ δυσμετάβλητοι πρὸς τὰς ἀντιλήψεις τῶν ποιοτήτων, ἂν μὴ κατάκοροι καὶ σφόδρα προσπέσωσιν· αἰτία δὲ ἡ τῆς ἕξεως ἄνεσις· ἐκλυομένη γὰρ καὶ ἀτονοῦσα πλήττεσθαι φιλεῖ. (3) Διὸ τῇ τε γεύσει μάλιστα τοὺς δηκτικοὺς προσίενται χυμούς· ἥ τ᾽ ὄσφρησις αὐτῶν ὅμοια πέπονθε πρὸς τὰς ὀσμάς· κινεῖται γὰρ ὑπὸ τῶν ἀκράτων [καὶ σφοδρῶν] ἥδιον· ἡ δὲ ἁφὴ πρὸς τὰ ἕλκη δυσπα[θής]· τραύματα γὰρ [ἐνίοτε] λαμβάνοντες [οὐ μάλα] πονοῦσιν. (4) [Ὁμοιό]τατον δὲ γίνεται [ἐπὶ] τῆς ἀκοῆς· οἱ γὰρ μουσικοὶ γηρῶντες ὀξύτερον ἁρμόζονται καὶ σκληρότερον, οἷον ὑπὸ πληγῆς, τῆς συντόνου φωνῆς ἐγείροντες τὸ αἰσθητήριον. (5) Ὅ τι γὰρ σιδήρῳ πρὸς ἀκμὴν στόμωμα, τοῦτο σώματι πνεῦμα παρέχει πρὸς αἴσθησιν· ἐνδόντος δὲ τούτου καὶ χαλάσαντος, ἀργὸν ἀπολείπεται καὶ γεῶδες τὸ αἰσθητήριον, καὶ σφοδροῦ τοῦ νύττοντος, οἷον ὁ ἄκρατός ἐστι, δεόμενον.

ΠΡΟΒΛΗΜΑ Η.

Διὰ τί τὰ γράμματα πόρρωθεν οἱ πρεσβύτεροι μᾶλλον ἀναγινώσκουσιν.

ΠΡΟΣΩΠΑ ΤΟΥ ΔΙΑΛΟΓΟΥ.

ΠΛΟΥΤΑΡΧΟΣ, ΛΑΜΠΡΙΑΣ, ΑΛΛΟΙ.

I. Ταῦτα δὲ ἡμῶν εἰς τὸ προκείμενον εὑρεσιλογούντων, ἐδόκει τὸ τῆς ὄψεως ἀντιπίπτειν. Οἱ γὰρ πρεσβύτεροι πόρρω τὰ γράμματα τῶν ὀμμάτων ἀπάγοντες ἀναγινώσκουσιν, ἐγγύθεν δ᾽ οὐ δύνανται· (2) καὶ τοῦτο παραδηλῶν ὁ Αἰσχύλος φησὶν,

Σὺ δ᾽ ἀπο[θεν εἶδες] αὐτόν; οὐ γὰρ ἐγγύθεν
[ὁρᾷς], γέρων δὲ γραμματεὺς γενοῦ σαφής.

Ἐκδηλότερον δὲ Σοφοκλῆς τὸ αὐτὸ περὶ τῶν γερόντων·

Βραδεῖα μὲν γὰρ ἐν λόγοισι προσβολὴ
μόλις δι᾽ ὠτὸς ἔρχεται τρυπωμένου,
πόρρω δὲ λεύσσων, ἐγγύθεν δὲ πᾶς τυφλός.

(1) Εἴπερ οὖν πρὸς τὴν ἐπίτασιν καὶ σφοδρότητα μᾶλλον ὑπακούει [τὰ] τῶν γερόντων αἰσθητήρια, πῶς ἐν τῷ ἀναγινώσκειν τὸν ἐγγύθεν ἀντιφωτισμὸν οὐ φέρουσιν, ἀλλὰ παράγοντες ἀπωτέρω τὸ βιβλίον ἐκλύουσι τὴν λαμπρότητα τῷ ἀέρι, καθάπερ οἶνον ὕδατι, κατακεραννυμένην;

II. Ἦσαν μὲν οὖν οἱ πρὸς τοῦτο ἔλεγον, ὡς ἀπάγουσι τῶν ὄψεων τὸ βιβλίον, οὐ μαλακιώτερον τὸ φῶς ποιοῦντες, ἀλλ᾽ οἷον ἐπιδραττόμενοι καὶ περιλαμβάνοντες αὐγὴν πλείονα, καὶ πληροῦντες ἀέρος λαμπροῦ τὴν μεταξὺ τῶν ὀμμάτων καὶ τῶν γραμμάτων χώραν. (2) Ἕτεροι δὲ τοῖς συμβάλλουσι τὰς αὐγὰς μετεῖχον· ἐπεὶ γὰρ ἀποτείνεται τῶν ὀφθαλμῶν ἑκατέρου κῶνος, πρὸς

---

explicaret, attulisse visi sunt. (2) Idem enim in reliquis sensibus contingit : difficulter etenim moventur, difficulter qualitatibus afficiuntur, nisi eæ nimiæ iis accidant. In causa est laxatio seu remissio temperamenti ; quod ob languorem non nisi ictu aliquo perculsum solet affici. (3) Itaque gustui acres potissimum succos offerunt ; et odoratus eodem modo se habet ad odores : movetur enim a meris suavius : et tactus ad lacerationes sentiendas hebes est, ut vulnera nonnunquam accipientes non valde doleant. (4) Simillimum est negotium auditus : nam musici senescentes, fides acutius intendunt ac durius, veluti ictum quendam adhibentes sensui contentiorem vocis sonum. (5) Quod enim ferro duratio ad vim roburque confert, id corpori ad sensum præbet spiritus : quo minuente et languescente, otiosum ac terrenum relinquitur sensus instrumentum, requiritque aliquid, a quo vehementius percellatur, tale est autem merum.

QUÆSTIO VIII.

Cur seniores facilius litteras eminus legant.

PERSONÆ COLLOQUII

PLUTARCHUS, LAMPRIAS, ALII.

I. Hæc nobis de proposita quæstione ita comminiscentibus argumenta, videndi sensus refragari putabatur. Nam seniores quum procul ab oculis dimovent litteras, legere eas possunt, admotas propius nequeunt : (2) idque significans Æschylus inquit,

Hunc tu procul vidisti : prope enim non vides :
jam certus facito sis nobis pictor senex.

(3) Idem hoc Sophocles de senibus magis diserte dixit :

Tarde sermones accidunt enim seni,
ægreque perforatas aures permeant :
videt eminus, cæcutit omnis cominus.

(4) Si ergo sentiendi instrumenta senibus ita sunt comparata, ut contentiore et vehementiore sensili facilius moveantur ; cur lecturi propinquam luminis circumfusionem non ferunt, sed librum ab oculis longius abducunt, splendorem infringunt, aere, tanquam vinum aqua, eum diluentes?

II. Fuerunt qui ad hoc dicerent, non luminis diminuendi gratia senes librum ab oculis removere, sed ut quasi complecterentur et continerent plus lucis, aereque splendido implerent spatium quod oculis est et litteris interjectum. (2) Alii in eorum sententiam concesserunt, qui radios visus concurrere arbitrantur : nam quum porrigatur ab utroque oculo turbo sive meta (conum Græci dicunt), cujus apex in

τῷ ὄμματι τὴν κορυφὴν ἔχων, ἕδραν δὲ καὶ βάσιν, ἣ
περιλαμβάνει τὸ ὁρώμενον, ἄχρι μέν τινος εἰκός ἐστιν
ἰδίᾳ τῶν κώνων ἑκάτερον φέρεσθαι· γενόμενοι δ' ἀπωτέρω, καὶ συμπεσόντες ἀλλήλοις, ἓν τὸ φῶς ποιοῦσι·
5 διὸ καὶ τῶν ὁρωμένων ἕκαστον, ἓν, οὐ δύο, φαίνεται,
καίπερ ἀμφοτέροις ἅμα τοῖς ὄμμασι καταφαινόμενον·
αἰτία γὰρ ἡ τῶν κώνων σύναψις εἰς ταὐτὸ καὶ σύλλαμ-
ψις ἐκ δυεῖν μίαν ὄψιν ἀπειργασμένη. (3) Τούτων δὲ
οὕτως ἐχόντων, οἱ μὲν ἐγγὺς προσάγοντες τὰ γράμματα
10 πρεσβῦται, * μηδέπω τῶν αὐγῶν συγκεχυμένων, ἀλλ'
ἑκάτερα χωρὶς ἐπιθιγγάνοντες, ἀσθενέστερον ἐπιλαμ-
βάνονται· οἱ δ' ἀπωτέρω προθέμενοι, μεμιγμένου τοῦ
φωτὸς ἤδη πολλοῦ γεγονότος, μᾶλλον ἐξακριβοῦσιν
ὥσπερ οἱ ταῖς δυσὶν ὁμοῦ χερσὶ κατέχοντες, ὃ τῇ ἑτέρᾳ
15 μὴ δύνανται.

III. Λαμπρίας δὲ ὁ [ἀδελφὸς] τὴν Ἱερωνύμου [μό-
νον] οὐκ ἀνέγνωκεν * * εὐφυΐαν ἐμπεσὼν, ὅτι τοῖς
προσπίπτουσιν ἀπὸ τῶν ὁρατῶν [εἴδε]σι πρὸς τὴν
ὄψιν ὁρῶμεν, ἃ πρῶτον μὲν ἀπέρχεται μεγάλα καὶ
20 παχυμερῆ· διὸ τοὺς γέροντας ἐγγύθεν ἐπιταράττει βραδύπορον καὶ σκληρὰν ἔχοντας τὴν ὅρασιν· ἀνενεχθέντων
δ' εἰς τὸν ἀέρα, καὶ λαβόντων διαστήματα, τὰ μὲν
γεώδη περιθραύεται καὶ ἀποπίπτει, τὰ δὲ λεπτὰ προσ-
πελάζοντα ταῖς ὄψεσιν, ἀλύπως καὶ ὁμαλῶς ἐναρμόττει
25 τοῖς πόροις, ὥστε ἧττον ταραττομένους, μᾶλλον ἀντιλαμβάνεσθαι. (2) Καὶ γὰρ αἱ τῶν ἀνθῶν ὀσμαὶ πόρρωθεν εὐωδέστεραι προσπίπτουσιν· ἂν δὲ ἐγγύθεν ἄγαν
προσάγῃς, οὐχ οὕτω καθαρὸν οὐδ' ἄκρατον ὀδώδασιν.
(3) Αἴτιον δὲ, ὅτι πολλὰ τῶν γεωδῶν καὶ θολερῶν συν-
30 αποφέρεται τῇ ὀσμῇ, καὶ διαφθείρει τὴν εὐωδίαν ἐγγύθεν λαμβανομένην· ἂν δ' ἀπω[θεν, τὰ] μὲν θολερὰ
καὶ γεώδη περιρρεῖ καὶ ὑποπίπτει, τὸ δ' εἰλικρινὲς καὶ
θερμὸν αὐτοῦ ὑπὸ λεπτότητος διασώζεται πρὸς ·τὴν
αἴσθησιν.

35 IV. Ἡμεῖς δὲ, τὴν Πλατωνικὴν φυλάττοντες ἀρχὴν, ἐλέγομεν ὅτι πνεῦμα τῶν ὀμμάτων αὐγοειδὲς ἐκπῖπτον ἀνακιρνᾶται τῷ περὶ τὰ σώματα φωτὶ, καὶ
λαμβάνει σύμπηξιν, ὥστε ἓν ἐξ ἀμφοῖν σῶμα διόλου
συμπαθὲς γενέσθαι. (2) Κεράννυται δὲ ἕτερον ἑτέρῳ
40 συμμετρίας λόγῳ τε καὶ ποσότητος· οὐ γὰρ ἀναιρεθῆναι
δεῖ θάτερον ὑπὸ θατέρου κρατηθὲν, ἀλλ' ἀπ' ἀμφοῖν
ἔς τι μέσον ἁρμονίᾳ καὶ κοινωνίᾳ συναχθέντων μίαν
δύναμιν ἀποτελεσθῆναι. (3) Ὄντος οὖν τοῦ τῶν πα-
ρηλίκων εἴτε ῥεῦμα χρὴ προσαγορεύειν τὸ διὰ τῆς κό-
45 ρης· φερόμενον, εἴτε πνεῦμα φωτοειδὲς, εἴτ' αὐγὴν,
ἀσθενοῦς καὶ ἀδρανοῦς, οὐ γίνεται κρᾶσις πρὸς [αὐτὸ]
τῷ ἐκτὸς, οὐδὲ μίξις, ἀλλὰ φθορὰ καὶ σύγχυσις, ἂν
μὴ μακρὰν τὰ γράμματα τῶν ὀμμάτων ἀπάγοντες,
ἐκλύωσι τὴν ἄγαν λαμπρότητα τοῦ φωτὸς, ὥστε μὴ
50 πολλὴν μηδ' ἄκρατον, ἀλλ' ὁμοιοπαθῆ καὶ σύμμετρον
ἀπαντῆσαι πρὸς τὴν ὄψιν. (4) Ὃ δὴ καὶ τοῦ περὶ τὰ
νυκτίνομα τῶν ζώων παθήματος αἴτιόν ἐστιν· ἡ γὰρ
ὄψις αὐτῶν ὑπὸ τοῦ μεθημερινοῦ φωτὸς, ἀδρανὴς οὖσα,
κατακλύζεται καὶ κρατεῖται, μὴ δυναμένη πρὸς πολὺ

---

ipso insistat oculo, basis rem visam comprehendat : probabile est aliquo usque conos seorsum ferri istos, longius
progressos concurrere, unamque lucem efficere : quo fit ut
quidquid videtur, unicum, non geminum cernatur, tametsi
utroque oculo simul conspicitur : in causa enim est cono-
rum in unum coitus, e duabus unam visionem reddens. (3)
His ita constitutis, senes ubi litteras propius oculis admo-
verunt, conis nondum in unum conjunctis, utroque seorsum attingentes rem videndam, imbecillius apprehendunt :
longius autem ab oculis eas intuentes, luce jam amplificata
et confusa in unam, subtilius pervident; tanquam duabus
simul manibus id tenentes, quod una non possunt.

III. Lamprias autem frater incidens in nostrum sermonem, tantum non praelegit scitum illud Hieronymi commentum, dicentis, videre nos ita dum species ex rebus visis
ad visum accidant : has quippe primum quidem ferri cras-
sas et magnas; itaque senibus ob propinquitatem obturbare,
quorum oculi duriores sunt et tardius penetrantur : quum
autem in aerem efferuntur, concesso intervallo, terrestres
partes defringi atque decidere, tenues ad visum accedere,
et aequabiliter ac sine molestia meatibus applicari, ut minus turbati facilius apprehendant. (2) Nam florum etiam
odores ex longiore intervallo accidentes, suaviores sunt; si
nimis prope florem admoveas, non ita pura sincerave est
fragantia : (3) cujus rei causa est, quod terrestria ac
turbida multa una cum odore exhalant, eumque haustum
in propinquo vitiant : si vero removeas florem aliquantum,
terrestria undique defluunt; quod sincerum est et calidum,
id ob suam tenuitatem ad sensus instrumentum perfertur.

IV. Nos autem, Platonicum constanter secuti principium, dicebamus spiritum lucis similem ex oculis excidere,
et cum luce quae circa corpus est commisceri, ac cum ea
concrescere, ita ut ex ambobus unum fiat corpus consentiens. (2) Porro mixtio ea fit unius cum altero, ratione
proportionis cujusdam ac certae quantitatis : non enim debet
alterum ab altero superatum aboleri, sed ex ambobus in
medium quoddam harmonia et communione redactis una
vis confici. (3) Quae quum sint, provecta aetate hominibus, sive fluxus appellari debet, sive spiritus lucidus id
quod per pupillam fertur, sive lux, quum sit imbecillius
jam et languidius, non temperatur neque commiscetur cum
re videnda, sed perit atque confunditur; nisi litteras ii longius ab oculis abducentes, nimium lucis splendorem lan-
guefaciant, ut non nimia et sincera, sed moderata ac proportione consentiens oculo occurrat. (4) Atque ea causa
est etiam quod animalia quaedam noctu vident. Visus enim
eorum diurna luce, quum sit imbecillis, obruitur et vincitur, quum non possit cum magna et valida luce facultas exilis

καὶ ἰσχυρὸν [ἀπ'] ἀσθενοῦς καὶ ὀλίγης ἀρχῆς κεράννυ-
σθαι· πρὸς δὲ τὸ ἀμαυρὸν καὶ λεπτὸν, οἷον ἀστέρος,
φῶς αὐγὴν διαρκῆ καὶ σύμμετρον ἐξίησιν, ὥστε κοινωνεῖν καὶ συνεργεῖσθαι τὴν αἴσθησιν.

ΠΡΟΒΛΗΜΑ Θ.

Διὰ τί τῷ ποτίμῳ βέλτιον ὕδατι ἢ τῷ θαλαττίῳ πλύ-
νεται τὰ ἱμάτια.

ΠΡΟΣΩΠΑ ΤΟΥ ΔΙΑΛΟΓΟΥ.

ΘΕΩΝ, ΘΕΜΙΣΤΟΚΛΗΣ, ΜΕΤΡΙΟΣ ΦΛΩΡΟΣ,
ΠΛΟΥΤΑΡΧΟΣ, ΑΛΛΟΙ.

5 Ι. Θέων ὁ γραμματικὸς, ἑστιωμένων ἡμῶν παρὰ
Μετρίῳ Φλώρῳ, πρὸς Θεμιστοκλέα τὸν Στωϊκὸν διηπόρησε, τί δήποτε Χρύσιππος ἐν πολλοῖς τῶν παρα-
λόγων καὶ ἀτόπων ἐπιμνησθεὶς, οἷόν ἐστι τὸ, τάριχος
ἂν ἅλμῃ βρέχηται, γλυκύτερον γίνεσθαι· καὶ τὸ, τῶν
10 ἐρίων τοὺς πόκους ἧττον ὑπακούειν τοῖς βίᾳ διασπῶσιν,
ἢ τοῖς ἀτρέμα διαλύουσι· καὶ τὸ, νηστεύσαντας ἀργότερον ἐσθίειν, ἢ προφαγόντας· οὐδενὸς αὐτῶν αἰτίαν
ἀπέδωκεν. (2) Ὁ δὲ Θεμιστοκλῆς, εἰπὼν ὅτι ταῦτα
Χρύσιππος ἄλλως ἐν παραδείγματος λόγῳ προὔθετο,
15 ῥᾳδίως ἡμῶν καὶ ἀλόγως ὑπὸ τοῦ εἰκότος ἁλισκομένων,
καὶ πάλιν ἀπιστούντων τῷ παρὰ τὸ εἰκός, * ἐπιστρέ-
φων, Σοὶ δ', ἔφη, βέλτιστε, τί πρᾶγμα περὶ τούτων διαπορεῖν; (3) εἰ γὰρ ἡμῖν αἰτίων ζητητικὸς καὶ θεωρητι-
κὸς γέγονας, μὴ μακρὰν οὕτως ἀποσκηνοῦ τῶν ἰδίων,
20 ἀλλ' εἰπὲ δι' ἣν αἰτίαν Ὅμηρος ἐν τῷ ποταμῷ πλύνου-
σαν, οὐκ ἐν τῇ θαλάττῃ, καίπερ ἐγγὺς οὔσῃ, τὴν Ναυσι-
κάαν πεποίηκε, καίτοι θερμοτέραν γε καὶ διαφανεστέ-
ραν εἰκὸς καὶ ῥυπτικωτέραν εἶναι.

II. Καὶ ὁ Θέων, Ἀλλὰ τοῦτό γε, εἶπε, τῷ γεώδει
25 Ἀριστοτέλης πάλαι διαλέλυκεν, [ὃ προ]δέδληκας ἡμῖν.
[Καὶ γὰρ] τῇ θαλάττῃ τὸ τραχὺ καὶ γεῶδες ἐνδιέσπαρται, καὶ τοῦτο ποιεῖ τὴν ἁλυκότητα μεμιγμένον· ᾗ καὶ
μᾶλλον ἡ θάλαττα τούς τε νηχομένους ἐξαναφέρει, καὶ
στέγει τὰ βάρη, τοῦ γλυκέος ἐνδιδόντος διὰ κουφότητα
30 καὶ ἀσθένειαν· (2) ἔτι γὰρ ἄμικτον καὶ καθαρόν· ὅθεν
ἐνδύεται διὰ λεπτότητα, καὶ διεξιὸν τοῦ θαλαττίου
μᾶλλον ἐκτήκει τὰς κηλῖδας. Ἦ οὐ δοκεῖ σοι τοῦτο
πιθανῶς λέγειν Ἀριστοτέλης;

III. Πιθανῶς, ἔφην ἐγώ, οὐ μὴν ἀληθῶς. Ὁρῶ
35 γὰρ ὅτι καὶ τέφρᾳ καὶ λίθοις, κἂν μὴ παρῇ δὲ ταῦτα,
κονιορτῷ πολλάκις παχύνουσι τὸ ὕδωρ, ὡς μᾶλλον τῶν
γεωδῶν τῇ τραχύτητι καταπλύνειν δυναμένων τὸν ῥύπον, αὐτοῦ δὲ τοῦ ὕδατος διὰ λεπτότητα καὶ ἀσθένειαν
οὐχ ὁμοίως τοῦτο δρῶντος. (2) Τὸ μὲν οὖν παχυμερὲς τῆς
40 θαλάττης οὐ[κωλύει] παρὰ τοῦτ', ὁπότε[καὶ συνεργοῦσαν]
πρὸς τὴν κά[θαρσιν ἔχει] τὴν δριμύτητα· καὶ γὰρ αὕτη
τοὺς [πόρους] ἀναστομοῦσα καὶ [ἀνοίγουσα] κατασύρει
τὸν ῥύπον. (3) Ἐπεὶ [δὲ] πᾶν τὸ λιπαρὸν δυσέκπλυ-

---

et languida commisceri : cum obscura autem luce et tenui,
qualis est stellarum, mistu sufficientem et proportione ei
respondentem fulgorem emittunt, ut hac temperatione jungi
et peragi possit visio.

QUÆSTIO IX.

Cur aqua potabili melius eluantur vestes, quam marina.

PERSONÆ COLLOQUII.

THEO, THEMISTOCLES, METRIUS FLORUS, PLU-
TARCHUS, ALII.

I. Theo grammaticus, quum in convivio essemus apud
Metrium Florum, e Themistocle Stoico quæsivit, quidnam
causæ esset, quod Chrysippus tam copiosa facta eorum qua-
absurda rationive adversa videntur mentione, ut quod salsamentum, si rigetur aqua marina, fit dulcius; quod lana
pexa minus facile vi divellitur, quam sensim dissolvitur;
quod qui jejunarunt, lentius edunt quam qui ante aliquid
comederunt : nullam ullius horum causam reddidisset. (2)
Respondit Themistocles, Chrysippum obiter hæc et ut
exempla protulisse, ut corrigeret nos, qui facile et absque
ratione probabilibus capi, ac contra quidquid speciem veri
apertam non habet, aversari solemus. Tibi vero, addebat,
mi homo, quæ causa est de his rebus dispiciendi? (3)
Nam si tantus nobis causarum inquisitor et considerator
ades, non est quod tam longe a tibi propriis divertas regionibus; verum hoc expedi, cur Homerus Nausicaam fecerit
in fluvio, non in mari lavantem, quod tamen erat in propinquo; quum quidem appareat marinam aquam, quippe
calidiorem et pellucidiorem majore vi tergendi præditam esse.

II. Ibi Theo, Atqui hanc nobis, inquit, abs te propositam quæstionem jam pridem Aristoteles explicavit per terrestrem portionem. Etenim mari permistæ sunt partes
asperæ atque terrestres, unde salsugo efficitur. Atque
ideo mare et facilius in summo fert natantes et onera sustinet : quum dulcis aqua ob levitatem et imbecillitatem iis
cedat : (2) hæc enim adhuc sincera est et impermixta;
quare facile in vestes sua tenuitate penetrat, rursumque
perfluens magis quam marina maculas eluit. Aut est cur
non videatur tibi Aristoteles hoc probabiliter dixisse?

III. Probabiliter sane, inquam ego, at non vere. Video
enim cinerem quoque et lapides, aut iis deficientibus pulverem aquæ injici, ut crassior fiat; nimirum quod terrestria ob asperitatem magis valeant ad eluendas sordes; quum
aqua per sese id ob tenuitatem et exilitatem minus efficere
possit. (2) Ergo secundum hæc maris crassities minime
impedit lavationem, quum præterea idoneam habeat eluendo
acrimoniam, quæ meatibus reserandis et aperiendis sordes
secum affert. (3) Verum quicquid est pingue difficulter
eluitur, et nævum facit : pingue autem est mare : id igitur

τόν ἐστι, καὶ κηλῖδα ποιεῖ, λιπαρὰ δὲ ἡ θάλασσα, τοῦτο
ἂν αἴτιον εἴη μάλιστα τοῦ μὴ καλῶς πλύνειν. (4) Ὅτι
δέ ἐστι λιπαρὰ, καὶ αὐτὸς εἴρηκεν Ἀριστοτέλης· οἵ τε γὰρ
ἅλες λίπος ἔχουσι καὶ τοὺς λύχνους βέλτιον παρέχουσι
καιομένους· αὐτή τε ἡ θάλαττα προσραινομένη ταῖς
φλοξὶ συνεκλάμπει, καὶ καίεται μάλιστα τῶν ὑδάτων τὸ
θαλάττιον· ὡς δ' ἐγῷμαι, διὰ τοῦτο καὶ θερμότατόν ἐστιν.
(5) Οὐ μὴν ἀλλὰ καὶ κατ' ἄλλον τρόπον· ἐπεὶ τῆς πλύ-
σεως τέλος ἡ ψῦξίς ἐστι, καὶ μάλιστα φαίνεται καθαρὸν
τὸ μάλιστα ξηρὸν γινόμενον· δεῖ δὴ τὸ πλῦνον ὑγρὸν
τῷ [ῥύπῳ ταχέ]ως συνεξελθεῖν, ὥσπερ τῷ νοσήματι
τὸν ἐλλέβορον. Τὸ μὲν οὖν γλυκὺ ῥᾳδίως ὁ ἥλιος ἐξάγει
διὰ κουφότητα· τὸ δὲ ἁλμυρὸν ἐνισχόμενον τοῖς πόροις
διὰ τραχύτητα δυσξήραντόν ἐστι.

IV. Καὶ ὁ Θέων ὑπολαβὼν, Οὐδὲν, ἔφη, λέγεις·
Ἀριστοτέλης γὰρ ἐν τῷ αὐτῷ βιβλίῳ φησὶ, τοὺς ἐν θαλάττῃ λουσαμένους τάχιον ἀποξηραίνεσθαι τῶν γλυκέσι
χρησαμένων, ἂν ἐν ἡλίῳ στῶσι. (2) Λέγει γάρ, εἶπον,
ἀλλ' ᾤμην σε μᾶλλον Ὁμήρῳ τἀναντία λέγοντι πιστεύ-
σειν. Ὁ γὰρ Ὀδυσσεὺς μετὰ τὸ ναυάγιον ἐντυγχάνει
τῇ Ναυσικάᾳ « σμερδαλέος ὀφθῆναι, κεκακωμένος
ἅλμῃ, » καὶ πρὸς τὰς θεραπαινίδας φησίν,

Ἀμφίπολοι, στῆθ' οὕτω ἀπόπροθεν, ὄφρ' ἂν ἐγὼ αὐτὸς
ἅλμην ὤμοιιν ἀπολούσομαι·

καταβὰς δ' εἰς τὸν ποταμόν,

ἐκ κεφαλῆς ἔσμηχεν ἁλὸς χνόον·

ὑπερφυῶς τοῦ ποιητοῦ τὸ γινόμενον συνεωρακότος. (3)
Ὅταν γὰρ ἐκ τῆς θαλάττης ἀναδύντες ἐν τῷ ἡλίῳ στῶσι,
τὸ λεπτότατον καὶ κουφότατον τῆς ὑγρασίας ἡ θερμότης
διεφόρησε· τὸ δὲ ἁλμυρὸν αὐτὸ καὶ τραχὺ καταλειφθὲν
ἐφίσταται, καὶ παραμένει τοῖς σώμασιν ἁλώδης ἐπί-
παγος, μέχρι ἂν αὐτὸ ποτίμῳ καὶ γλυκεῖ κατακλύσωσιν.

---

* ΠΡΟΒΛΗΜΑ Ι.

Διὰ τί τῆς Αἰαντίδος φυλῆς Ἀθήνησιν οὐδέποτε τὸν
χορὸν ἔκρινον ὕστατον.

ΠΡΟΣΩΠΑ ΤΟΥ ΔΙΑΛΟΓΟΥ.

ΦΙΛΟΠΑΠΠΟΣ, ΜΑΡΚΟΣ, ΜΙΛΩΝ, ΓΛΑΥΚΙΑΣ,
ΠΛΟΥΤΑΡΧΟΣ, ΑΛΛΟΙ.

I. Ἐν δὲ τοῖς Σεραπίωνος ἐπινικίοις, ὅτε τῇ Λεον-
τίδι φυλῇ τὸν χορὸν διατάξας ἐνίκησεν, ἑστιωμένοις
ἡμῖν, ἅτε δὴ καὶ φυλέταις οὖσι δημοποιήτοις, οἰκεῖοι
λόγοι τῆς ἐν χειρὶ φιλοτιμίας παρῆσαν. (2) Ἔσχε γὰρ
ὁ ἀγὼν ἐντονωτάτην ἅμιλλαν, ἀγωνοθετοῦντος ἐνδόξως
καὶ μεγαλοπρεπῶς Φιλοπάππου τοῦ βασιλέως ταῖς φυλαῖς ὁμοῦ πάσαις χορηγοῦντος. (3) Ἐτύγχανε δὲ συν-
εστιώμενος ἡμῖν, καὶ τῶν παλαιῶν τὰ μὲν λέγων, τὰ
δ' ἀκούων, διὰ φιλανθρωπίαν οὐχ ἧττον ἢ φιλομάθειαν.

---

præ ceteris omnibus in causa esse puto, quod aqua ejus
non bene eluit. (4) Pinguem vero esse aquam marinam,
ipse Aristoteles exposuit : nam et salibus inest pingue
quippiam ; et lucernæ melius ardent sale injecto : et injecta in flammam aqua marina una exardescit; neque ulla
est alia aqua quæ perinde incendatur : utque mea fert sententia, idcirco etiam est calidissima. (5) Sed et alia suppeditat ratio. Finis lotionis est perflatio et siccatio, et maxime purum videtur, quod est maxime exsiccatum : oportet
igitur humorem qui eluat, una cum sordibus abire, sicut
veratrum cum vitiosis humoribus quos expurgat. At dulcem aquam, eo quia levis est, sol facile extrahit; salsa in
meatibus inhærescens, ob asperitatem difficilius resiccari
rem patitur.

IV. Nihil dicis, inquit Theo : nam eodem in libro Aristoteles affirmat, qui in mari laverint, eos celerius siccari si in
sole steterint, quam qui in dulci aqua. (2) Dicit vero, inquam ego : sed existimabam te Homero potius crediturum,
qui contrariam sententiam pronunciat. Nam apud hunc
Ulysses a naufragio Nausicæ occurrens

Terribilis visu, salsæ fœdatus aquæ vi;

ancillis ejus hæc dicit,

Vos hinc auferte, ancillæ, mihi dum salis acrem
abluero de corpore aquam;

quumque in fluvium descendisset,

a capite extersit spumam maris.

Et vero admirabiliter poeta comprehendit quid hac in re
eveniat. (3) Qui enim e mari emergunt, ii si in sole stent,
tenuissimum et levissimum humoris quod est, a calore
dissipatur; quod autem salsum est et asperum, id relictum
inhæret corporibus, salsugo quædam concreta, donec potabili ac dulci eluatur aqua.

QUÆSTIO X.

*Quare Athenis chorus Æantidis tribus nunquam ul-
timo loco ponatur.*

PERSONÆ COLLOQUII.

PHILOPAPPUS, MARCUS, MILO, GLAUCIAS, PLU-
TARCHUS, ALII.

I. Quum celebraremus Serapionis victoriam, qui choro
Leontidis tribus vicerat, quem ipse instruxisset, exceptis
convivio nobis, ut qui in civitatem tribumque illam essemus
adsciti, accommodata præsenti ambitioni disputatio incidit.
(2) Fuerat enim certatum acerrima contentione, splendide
præmia disponente Philopappo rege et magnifice omnibus
tribubus ex æquo sumtus præbente. (3) Is Philopappus
tum forte una nobiscum in convivio adfuit, de rebus antiquis quædam narrans, quædam audiens, non minus humanitatis causa, quam ob discendi studium.

II. Προεβλήθη δέ τι τοιοῦτον ὑπὸ Μάρκου τοῦ γραμματικοῦ. Νεάνθη τὸν Κυζικηνὸν ἔφη λέγειν ἐν τοῖς κατὰ πόλιν μυθικοῖς, ὅτι τῇ Αἰαντίδι φυλῇ γέρας ὑπῆρχε τὸ μὴ κρίνεσθαι τὸν [αὐτῆς] χορὸν ἔσχατον· [ὁ] μὲν οὖν ἔφη * πρὸ[ς ἀπόδει]ξιν ἱστορίας ὁ ἀνὰ ** εἰ δὲ τοῦτό γ' οὐ νοθεύετε, προκείσθω τῆς αἰτίας ἐν κοινῷ πᾶσιν ἡ ζήτησις. (2) Εἰπόντος δὲ τοῦ ἑταίρου Μίλωνος, Ἆρ' οὖν ψεῦδος ᾖ τὸ λεγόμενον; Οὐδέν, ἔφη, δεινόν, ὁ Φιλόπαππος, εἰ ταὐτὸ πεισόμεθα Δημοκρίτῳ τῷ σοφῷ διὰ φιλολογίαν. (3) Καὶ γὰρ ἐκεῖνος, ὡς ἔοικε, τρώγων σίκυον, ὡς ἐφάνη μελιτώδης ὁ χυμός, ἠρώτησε τὴν διακονοῦσαν, ὁπόθεν πρίαιτο· τῆς δὲ κῆπόν τινα φραζούσης, ἐκέλευσεν ἐξαναστὰς ἡγεῖσθαι καὶ δεικνύναι τὸν τόπον· θαυμάζοντος δὲ τοῦ γυναίου, καὶ πυνθανομένου τί βούλεται, Τὴν αἰτίαν, ἔφη, δεῖ με τῆς γλυκύτητος εὑρεῖν· εὑρήσω δὲ τοῦ χωρίου γενόμενος θεατής· (4) Κατάκεισο δή, τὸ γύναιον εἶπε μειδιῶν, ἐγὼ γὰρ ἀγνοήσασα τὸ σίκυον εἰς ἀγγεῖον ἐθέμην μεμελιτωμένον· ὁ δὲ ὥσπερ ἀχθεσθείς, Ἀπέκναισας, εἶπε, καὶ οὐδὲν ἧττον ἐπιθήσομαι τῷ λόγῳ, καὶ ζητήσω τὴν αἰτίαν, ὡς ἂν οἰκείου καὶ συγγένους οὔσης τῷ σικύῳ τῆς γλυκύτητος. (5) Οὐκοῦν μηδὲ ἡμεῖς τὴν Νεάνθους ἐν ἐνίοις εὐχέρειαν ἀποδράσεως ποιησόμεθα πρόφασιν· ἐγγυμνάσασθαι γάρ, εἰ μηδὲν ἄλλο χρήσιμον, ὁ λόγος παρέξει.

III. Πάντες οὖν ὁμαλῶς ἐρρύησαν πρὸς τὸ τὴν φυλὴν ἐγκωμιάζειν, εἴ τι καλὸν πρὸς δόξαν αὐτῇ ὑπῆρχεν ἀναλεγόμενοι. Καὶ γὰρ ὁ Μαραθὼν εἰς μέσον εἵλκετο, δῆμος ὢν ἐκείνης τῆς φυλῆς· καὶ τοὺς περὶ Ἁρμόδιον Αἰαντίδος ἀπέφαινον, Ἀφιδναίους γε δὴ τῶν δήμων γεγονότας. (2) Γλαυκίας δὲ ὁ ῥήτωρ καὶ τὸ δεξιὸν κέρας Αἰαντίδαις τῆς ἐν Μαραθῶνι παρατάξεως ἀποδοθῆναι, ταῖς Αἰσχύλου εἰς τὴν μεθορίαν ἐλεγείαις πιστούμενος, ἠγωνισμένου τὴν μάχην ἐκείνην ἐπιφανῶς· ἔτι δὲ καὶ Καλλίμαχον ἀπεδείκνυε τὸν πολέμαρχον ἐξ ἐκείνης ὄντα τῆς φυλῆς, ὃς αὐτόν τε παρέσχεν ἄριστον ἄνδρα, καὶ τῆς μάχης μετά γε Μιλτιάδην αἰτιώτατος κατέστη, σύμψηφος ἐκείνῳ γενόμενος. (3) Ἐγὼ δὲ τῷ Γλαυκίᾳ προσετίθην, ὅτι καὶ τὸ ψήφισμα, καθ' ὃ τοὺς Ἀθηναίους ἐξήγαγε, τῆς Αἰαντίδος φυλῆς πρυτανευούσης γραφείη, καὶ ὅτι περὶ τὴν ἐν Πλαταιαῖς μάχην εὐδοκιμήσειεν ἡ φυλὴ μάλιστα· διὸ καὶ ταῖς Σφραγίτισι Νύμφαις τὴν ἐπινίκιον καὶ πυθόχρηστον ἀπῆγον Αἰαντίδαι θυσίαν εἰς Κιθαιρῶνα, τῆς πόλεως τὸ ἱερεῖον καὶ τὰ ἄλλα παρεχούσης αὐτοῖς. (4) Ἀλλ' ὁρᾷς, ἔφην, ὅτι πολλὰ καὶ ταῖς ἄλλαις φυλαῖς ὑπάρχει, καὶ πρώτην γε τὴν ἐμὴν ἴστε δή, * τὴν Λεοντίδα, μηδεμιᾷ δόξης ὑφιεμένην. (5) Σκοπεῖτε δὲ δή, μὴ πιθανώτερον λέγεται τό, παραμύθιον τοῦ ἐπωνύμου τῆς φυλῆς καὶ παραίτησιν εἶναι τὸ γινόμενον· οὐ γὰρ εὔκολος ἐνεγκεῖν ἧτταν ὁ Τελαμώνιος, ἀλλ' οἷος ἀφειδεῖν πάντων ὑπ' ὀργῆς καὶ φιλονεικίας· ἵνα οὖν μὴ χαλεπὸς ᾖ μηδ' ἀπαραμύθητος, ἔδοξε τῆς ἥττης ἀφελεῖν τὸ δυσχερέστατον, εἰς τὴν ἐσχάτην χώραν μηδέποτε τὴν φυλὴν αὐτοῦ καταβαλόν-

II. Proposuit autem tunc Marcus grammaticus tale quidpiam de quo dispiceretur. Neanthem Cyzicenum in iis, quæ perscripsisset de fabulosis Urbis, asserere, hunc Æantidi (quasi dicas Ajaceæ) tribui honorem eximium habitum fuisse, ut nunquam choro ipsius ultimus locus adsignaretur: quam narrationem ut confirmet * * * tale testimonium si non ut falsum repudiatis, proposita sit in medium omnibus causæ indagatio. (2) Hic quum Milo socius dixisset, Quid si mendacium istuc est? Philopappus, Nihil, inquit, mali est si ob studium cognoscendi nobis idem eveniat, quod sapienti illi Democrito: (3) is enim quum forte ficum ederet; saporque mel referre videretur, quæsivit e famula, unde emisset: quumque ea hortum quendam nominasset, eo jussit se, de mensa illico surgens, adduci, sibique locum commonstrari: mirante muliercula, et quid sibi vellet interrogante, Oportet, inquit, me causam dulcedinis invenire, quod fiet loco a me inspecto: (4) tum subridens illa, Asside, ait, mensæ; ipsa enim imprudens in vase, quod melle imbutum fuerat, ficum posueram: tum philosophus indignabundus, Enecasti me, inquit, et tamen meditabor, causamque inquiram, ac si illa dulcedo ficui innata et a natura esset attributa. (5) Nos quoque itidem Neanthis levitatem in rebus nonnullis non usurpabimus pro subterfugiendi disputatione occasione: nam, ut nihil utile aliud, saltem exercitationis copiam ista præbebit.

III. Ex eo universi ad laudandam illam tribum sese dederunt, conquisitis quæcunque ad gloriam ei parandam viderentur conducere. Venit enim in medium Marathon, pagus seu curia illius tribus · et Harmodium cum suis Æantidi tribuebant, qui curia scilicet Aphidnæi fuissent. (2) Glaucias autem orator in acie quoque apud Marathonem cornu dextrum Æantidis referebat fuisse datum, ex Elegiis Æschyli, quas ille, qui magna cum gloria illud prælium obivisset, in exilium suum conscripsit, rem demonstrans: quin et Callimachum polemarchum arguebat ex ea fuisse tribu, qui et præclarissime sese gessit, et post Miltiadem, cui suffragatus erat, maxime auctor illius fuit pugnæ. (3) His a Glaucia dictis ego id adjeci, decretum etiam, cujus vi Athenienses in prælium eduxit Miltiades, factum fuisse prærogativam tenente Æantide tribu; et Plataica pugna maxime nobilem fuisse ejusdem tribus virtutem: itaque etiam eandem tribum sacrificium Sphragitidibus Nymphis oraculo Delphico præceptum pro victoria gratias agendi causa, in Cithæronem adduxisse, hostiam et reliqua illis præbente civitate. (4) Sed vides, aiebam, etiam reliquis tribubus multa esse eximia, et primum, ut ab hac incipiam, meæ, Leontidi, quam nostis certe gloria nulli concedere. (5) Proinde considerate, an non hoc sit probabilius, id ad demulcendam deliniendamque Ajacis, a qua Æantidi tribui nomen est, iracundiam, esse institutum: non enim facile patiebatur Telamonis filius se posteriore loco haberi, sed ob iram et contendendi studium paratus erat quidvis in quosvis conari. Is ergo ne difficilis et implacabilis sit, visum est quod ei posthabito molestissimum erat futurum præcavere, et ita rem temperare, ut tribus ipsius nunquam ultimo loco poneretur.

ΣΥΜΠΟΣΙΑΚΩΝ

ΠΡΟΒΛΗΜΑΤΩΝ
ΒΙΒΛΙΟΝ ΔΕΥΤΕΡΟΝ.

ΠΡΟΟΙΜΙΟΝ.

1. Τῶν εἰς τὰ δεῖπνα καὶ τὰ συμπόσια παρασκευα-
ζομένων, ὦ Σόσσιε Σενεκίων, τὰ μὲν ἀναγκαίαν ἔχει
τάξιν, ὥσπερ οἶνος καὶ σιτία καὶ ὄψα, καὶ στρωμναὶ
δηλαδὴ καὶ τράπεζαι· τὰ δ' ἐπεισόδια γέγονεν ἡδονῆς
5 ἕνεκεν, χρείας μὴ συναγομένης, ὥσπερ ἀκροάματα καὶ
θεάματα, καὶ γελωτοποιός τις ἐκ Καλλίου Φίλιππος·
οἷς παροῦσι μὲν ἥδονται, μὴ παρόντα δ' οὐ πάνυ ποθοῦσιν, οὐδ' αἰτιῶνται τὴν συνουσίαν ὡς ἐνδεέστερον
ἔχουσαν. (2) Οὕτω δὴ καὶ τῶν λόγων τοὺς μὲν ἐπὶ
10 χρείᾳ τῇ περὶ τὰ συμπόσια παραλαμβάνουσιν οἱ μέτριοι, τοὺς δ' ἄλλους δέχονται, θεωρίαν πιθανὴν καὶ τῷ
καιρῷ μᾶλλον αὐλοῦ καὶ βαρβίτου πρέπουσαν ἔχοντας.
(3) Ὧν καὶ τὸ πρῶτον ἡμῖν βιβλίον εἶχε μεμιγμένα
δείγματα· τοῦ μὲν προτέρου γένους τὸ περὶ τοῦ φιλο-
15 σοφεῖν παρὰ πότον, καὶ περὶ τοῦ διανέμειν αὐτὸν ἢ
τοῖς δειπνοῦσιν ἐφιέναι τὰς κλίσεις· [τὰ δὲ] αὖ τοῦ
δευτέρου περὶ τοῦ τοὺς ἐρῶντας ποιητικοὺς εἶναι,
καὶ περὶ τῆς Αἰαντίδος φυλῆς. [Τὰ γοῦν πρῶτα]
καλῶ δῆτα καὶ [αὐτὸς] συμποτικά· τὰ δ[εύ]τερα κοι-
20 νῶς συμποσιακά. (4) Σποράδην δ' ἀναγέγραπται,
καὶ οὐ διακεκριμένως, ἀλλ' ὡς ἕκαστον εἰς μνήμην
ἦλθεν. Οὐ δεῖ δὲ θαυμάζειν τοὺς ἀναγινώσκοντας, εἰ
σοι προσφωνοῦντες τινὰ τῶν προῤῥηθέντων ὑπὸ σοῦ
συνηγάγομεν· καὶ γὰρ ἂν αἱ μαθήσεις ἀναμνήσεις μὴ
25 ποιῶσι, πολλάκις εἰς ταυτὸ τῷ μανθάνειν τὸ ἀναμι-
μνήσκεσθαι καθίστησι.

ΠΡΟΒΛΗΜΑ Α.

Τίνα ἐστὶν ἃ Ξενοφῶν παρὰ πότον ἥδιον ἐρωτᾶσθαι
φησὶ καὶ σκώπτεσθαι, ἢ μή.

ΠΡΟΣΩΠΑ ΤΟΥ ΔΙΑΛΟΓΟΥ.

ΣΟΣΣΙΟΣ ΣΕΝΕΚΙΩΝ, ΠΛΟΥΤΑΡΧΟΣ.

1. Δέκα δὲ προβλημάτων εἰς ἕκαστον νενεμημένων
βιβλίον, ἐν τούτῳ πρῶτόν ἐστιν, ὃ τρόπον τινὰ Ξενοφῶν
ὁ Σωκρατικὸς ἡμῖν προβέβληκε. Τὸν γὰρ Γωβρύαν
30 φησὶ συνδειπνοῦντα τῷ Κύρῳ τά τ' ἄλλα θαυμάζειν τῶν
Περσῶν, καὶ ὅτι τοιαῦτα μὲν ἀλλήλους ἐπηρώτων, ἃ
ἥδιον ἦν ἐρωτηθῆναι, ἢ μή, [καὶ ὡς ἔσκωπτον οἷα]
σκωφθῆναι καὶ * * [ἥδιον ἦν ἢ μή·] εἰ γὰρ ἐπαινοῦντες ἕτεροι πολλάκις καὶ προσίστανται, πῶς οὐκ ἄξιον ἦν
35 ἄγασθαι τὴν εὐτραπελίαν ἐκείνων καὶ τὴν σύνεσιν, ὧν

CONVIVALIUM

DISPUTATIONUM
LIBER SECUNDUS.

PROŒMIUM.

1. Eorum quæ ad cœnas et convivia apparantur, Sossi Senecio, quædam necessarium habent ordinem, ut vinum,
cibi, obsonia, ac stragulæ nimirum vestes et mensæ : alia
voluptatis gratia sunt introducta, usu cogente nullo, ut auditiones, spectacula, scurra e Calliæ convivio Philippus :
quibus ut præsentibus delectantur convivæ, ita absentibus
citra molestiam carent, neque convivium eo nomine tanquam minus perfectum culpant. (2) Ita etiam sermonum
alii a moderatis hominibus ad usum conviviorum adhibentur, alios admittunt considerationem probabilem habentes
et loco magis quam tibiæ et barbitum convenientes. (3)
Quorum exempla admixta etiam præcedens liber habet :
prioris generis, An philosophandum sit inter pocula, An
loca assignare convivis præbitor, aut accumbere suo unumquemque arbitratu sinere debeat : posterioris, Cur amatores ad poeticam sint proclives, et illud de tribu Æantide.
Horum ego prima illa voco *convivatoria* (id est ad convivium pertinentia), altera communi nomine *convivalia*. (4)
Sunt autem conscripta promiscue, non distincte, sed ut
memoria suggerebat. Neque debet mirum videri lectoribus,
si hæc tibi inscribentes, quædam prædictorum ex tuis colloquiis conduximus. Nam si disciplina non est recordatio
ipsa, tamen hæc duo sæpe in idem concurrunt.

QUÆSTIO I.

*Quæ sint res de quibus interrogari, quæ dicteria, qui-
bus peti malumus in convivio, secundum sententiam
Xenophontis, quam non peti.*

PERSONÆ COLLOQUII.

SOSSIUS SENECIO, PLUTARCHUS.

1. Quum in singulos libros quæstiones sint decem a nobis collocatæ, hoc in libro ea prima est, quam nobis Xenophon Socraticus quodammodo proposuit. Ait enim Gobryam
a Cyro cœna exceptum quum alios Persarum mores esse
admiratum, tum quod talia invicem interrogabant, quæ
interrogari quam non interrogari erat jucundius, et talibus
impetebant se mutuo salse dictis, quibus impeti quam non
impeti erat suavius : nam si nonnulli vel laudando offendunt, cur non summam admirationem mereatur illorum

καὶ τὰ σκώμματα τοῖς σκωπτομένοις ἡδονὴν καὶ χάριν
παρεῖχε; (2) Δεχόμενος οὖν ἡμᾶς ἐν Πάτραις, ἡδέως
ἂν ἔφης πυθέσθαι, τὰ τοιαῦτα ἐρωτήματα ποίου γένους
εἴη, καὶ τίς αὐτῶν τύπος· οὐ γάρ τι μικρὸν, ἔφης, τῆς
5 ὁμιλητικῆς μόριον ἡ περὶ τὰς ἐρωτήσεις καὶ τὰς παιδιὰς τοῦ ἐμμελοῦς ἐπιστήμη καὶ τήρησις.

II * Μέγα μὲν οὖν, ἔφην ἐγώ, ἀλλ' ὅρα μὴ καὶ αὐτὸς ὁ Ξενοφῶν ἔν τε τῷ Σωκρατικῷ καὶ τοῖς Περσικοῖς
ἐπιδείκνυσι συμποσίοις τὸ γένος. Εἰ δὲ δοκεῖ καὶ
10 ἡμᾶς ἐπιθέσθαι τινὶ λόγῳ, πρῶτον ἡδέως ἐρωτᾶσθαί
μοι δοκοῦσιν ἃ ῥᾳδίως ἀποκρίνασθαι δύνανται· ταῦτα
δ' ἔστιν ὧν ἐμπειρίαν ἔχουσιν. (2) Ἃ γὰρ ἀγνοοῦσιν,
ἢ μὴ λέγοντες ἄχθονται, καθάπερ αἰτηθέντες ὃ δοῦναι
μὴ δύνανται, ἢ λέγοντες ἀπὸ δόξης καὶ εἰκασίας οὐ βε-
15 βαίου, διαταράσσονται καὶ κινδυνεύουσιν· ἂν δὲ μὴ
μόνον ἔχῃ τὸ ῥᾴδιον, ἀλλὰ καὶ περιττὸν ἡ ἀπόκρισις,
ἡδίων ἐστὶ τῷ ἀποκρινομένῳ. (3) Περιττοὶ δ' εἰσὶν
αἱ τῶν ἐπισταμένων ἃ μὴ πολλοὶ γινώσκουσιν μηδ'
ἀκηκόασιν, οἷον ἀστρολογικῶν, διαλεκτικῶν, ἅπερ ἕξιν
20 ἐν αὐτοῖς ἔχωσιν. Οὐ γὰρ πράττων μόνον ἕκαστος,
οὐδὲ διημερεύων, ὡς Εὐριπίδης φησὶν, ἀλλὰ καὶ διαλεγόμενος,

ἵν' αὐτὸς αὑτοῦ τυγχάνει κράτιστος ὤν,

ἡδέως διατίθεται· καὶ χαίρουσι τοῖς ἐρωτῶσιν ἃ γι-
25 νώσκοντες ἀγνοεῖσθαι καὶ λανθάνειν οὐ θέλουσι. (4)
Διὸ καὶ περὶ χώρας ἀποίκου, καὶ περὶ ξένης θαλάττης,
ἐθῶν τε βαρβαρικῶν καὶ νόμων, οἱ πεπλανημένοι καὶ
πεπλευκότες ἥδιον ἐρωτῶνται· καὶ προθύμως διηγοῦν-
ται καὶ διαγράφουσι κόλπους καὶ τόπους, οἰόμενοι καὶ
30 χάριν τινὰ τῶν πόνων ταύτην καὶ παραμυθίαν κομίζεσθαι. (5) Καθόλου δὲ ὅσα μηδενὸς ἐρωτῶντος αὐτοὶ
διηγεῖσθαι καὶ λέγειν ἀφ' ἑαυτῶν εἰώθαμεν, ἥδιον ἐρω-
τώμεθα, χαρίζεσθαι τούτοις δοκοῦντες, ὧν ἔργον ἦν
ἐνοχλουμένων ἀποσχέσθαι. (6) Καὶ τοῦτο μὲν ἐν τοῖς
35 πλωτικοῖς μάλιστα φύεται τὸ γένος τοῦ νοσήματος· οἱ
δὲ κομψότεροι ταῦτα ἐρωτᾶσθαι θέλουσιν ἃ βουλόμενοι
λέγειν αἰδοῦνται, καὶ φείδονται τῶν παρόντων· οἷον ὅσα
τυγχάνουσιν αὐτοὶ διαπεπραγμένοι καὶ κατωρθωκότες.
(7) Ὀρθῶς οὖν ὁ Νέστωρ, τὴν φιλοτιμίαν τοῦ Ὀδυσσέως
40 ἐπιστάμενος,

Εἴπ' ἄγ' ἐμ', ὦ πολύαιν' Ὀδυσεῦ, (φησὶ) μέγα κῦδος
Ἀχαιῶν,
πῶς δὴ τούσδ' ἵππους λάβετον.

(8) Ἄχθονται γὰρ τοῖς αὑτοὺς ἐπαινοῦσι καὶ τὰς ἑαυτῶν
45 εὐτυχίας διεξιοῦσιν, ἂν μὴ κελεύσῃ ἄλλος τις τῶν παρόντων, [καὶ ὥσπερ ἀναγκα]ζόμενοι λέγωσι. (9)
[Ἡδέως] γοῦν ἐρωτῶνται [περὶ] πρεσβειῶν καὶ [περὶ]
πολιτειῶν, [εἰ] μέγα τι καὶ λαμπρὸν εἰργασμένοι τυγχάνουσιν. (10) Ὅθεν ἥκιστα περὶ τούτων οἱ φθονεροὶ
50 καὶ κακοήθεις ἐρωτῶσι, κἂν ἄλλο * * ται τὰ τοιαῦτα
διακρούονται καὶ παρατρέπουσι, χώραν τῇ διηγήσει μὴ
διδόντες, μηδὲ βουλόμενοι λόγου τὸν λέγοντα κοσμοῦν-
τος ἀφορμὰς προέσθαι, καὶ ταῦτα οὖν ἐρωτῶντες χαρί-

---

faceta calliditas, quorum etiam sales voluptati essent iis in
quos depromebantur? (2) Excipiens ergo Patris nos, Quam
vellem, aiebas, audire istæ interrogationes cujus generis ac
modi essent : non enim exigua pars dexteritatis in consue-
scendo est accurata scientia et observatio interrogandi et
jocandi.

II. Magna, inquam tum ego : sed vide an non ipse Xenophon id genus in Socratico et Persicis demonstraverit conviviis. Si tamen videtur ut ipsi quoque conemur eam rationem ostendere, primum arbitror jucundum esse de his
interrogari rebus, de quibus in promtu sit responsum : hoc
est, quarum peritus sit qui interrogatur. (2) Nam de igno-
tis interrogati, aut non respondentes ægre ferunt, tanquam
id postulati quod dare non possint; aut respondentes ex
opinione et conjectura infirma, perturbantur et hærent.
Quodsi responsio non modo facilis sit, sed etiam subtilis,
id respondenti majorem voluptatem adfert. (3) Est autem
subtilis quum de iis interrogantur quæ, ipsis nota, plerique
ignorant aut non inaudiverunt, ut, si hæc tractare soleant,
de astrologicis aut dialecticis. Nam non agens tantum
quisque, aut dies exigens in re aliqua, sed etiam disserens
(ut Euripideo verbo utar)

Ubi ipse se ipso præstet arte plurimum,

lætitia perfunditur, gaudetque se interrogari iis de rebus,
quas se habere cognitas nesciri non vult. (4) Hinc fit ut qui
peregrinati ac multas pervagati sunt longinquas regiones,
moresque et instituta barbarorum inspexerunt, et mare
navigaverunt exterum, de iis rebus se interrogari gaudeant,
lubenterque narrent, et depingant sinus atque loca; existimantes ita se laborum suorum gratiam quandam et solamen
reportare. (5) Omnino autem quæ nemine interrogante
ipsi ultro narrare solemus, de iis quæri e nobis gaudemus;
quod videmur iis gratificari, quibus alioqui eramus nostra
narratione obturbaturi. (6) Id genus morbi maxime in iis
exsistit, qui complures navigationes confecerunt. Qui magis sunt sciti, interrogari avent de iis rebus, quas ipsi edisserere præsentibus verentur atque abstinent; veluti eas res,
quas ipsi perfecerunt et feliciter consummarunt. (7) Probe
igitur Nestor, qui cognitam haberet Ulyssis ambitionem,
ita hominem compellat,

Inclyte, dic age, maxima Achivûm gloria, Ulixe,
qui tandem hos cepistis equos.

(8) Molesti enim sunt qui se ipsos laudant suosque prosperos
successus recensent, nisi quis præsentium jubeat, ut quasi
coacti dicant. (9) Ergo libenter interrogantur de legationi-
bus et administrata republica, si quid magnum et splendidum confecerint. (10) Igitur minime de his invidi et maligni
interrogant; etiam si alii *incitant,* avertunt talia ac dispel-
lunt, et locum narrationi non concedunt, neque volunt
ansam sermoni præbere, qui dicentem ornet, et de his rebus

ζεσθαι τοῖς ἀποκρινομένοις, ἃ τοὺς ἐχθροὺς καὶ δυσμενεῖς αἰσθάνονται μὴ βουλομένους ἀκούειν.

III. Καὶ μὴν ὅ γε Ὀδυσσεὺς τῷ Ἀλκινόῳ,

> Σοὶ δ' ἐμὰ κήδεα θυμὸς ἐπετράπετο στονόεντα
> εἴρεσθ', ὄφρ' ἔτι μᾶλλον ὀδυρόμενος στεναχίζω.

Καὶ πρὸς τὸν χορὸν ὁ Οἰδίπους,

> Δεινὸν μὲν τὸ πάλαι κείμενον ἤδη κακὸν, ὦ ξεῖν', ἐπεγείρειν.

* * Ὁ δὲ Εὐριπίδης τοὐναντίον,

> Ὡς ἡδύ [τοι σωθέντα μεμνῆσθαι] πόνων,

10 [ἀλλὰ] οὐ τοῖς ἔτι πλανωμένοις καὶ κακὰ φέρουσι. (2) Τῶν οὖν κακῶν φυλακτέον ἐστὶ τὰς ἐρωτήσεις· ἀνιῶνται γὰρ διηγούμενοι καταδίκας αὐτῶν, ἢ ταφὰς παίδων, ἤ τινας κατὰ γῆν οὐκ εὐτυχεῖς ἢ κατὰ θάλατταν ἐμπορίας. (3) Τὸ δὲ πῶς εὐημέρησαν ἐπὶ βήματος, ἢ 15 προσηγορεύθησαν ὑπὸ τοῦ βασιλέως, ἢ, τῶν ἄλλων περιπεσόντων χειμῶσιν ἢ λησταῖς, αὐτοὶ διέφυγον τὸν κίνδυνον, ἡδέως ἐρωτῶνται πολλάκις, καὶ τρόπον τινὰ τῷ λόγῳ τοῦ πράγματος ἀπολαύοντες, ἀπλήστως ἔχουσι * τοῦ διηγεῖσθαι καὶ μνημονεύειν. (4) Χαίρουσι δὲ καὶ 20 περὶ φίλων εὐτυχούντων ἐρωτώμενοι, καὶ περὶ παίδων προκοπτόντων ἐν μαθήμασι, συνηγορίαις, ἢ φιλίαις βασιλέων. (5) Ἐχθρῶν δὲ καὶ δυσμενῶν ὀνείδη καὶ βλάβας καὶ καταδίκας ἐξελεγχθέντων καὶ σφαλέντων, ἥδιον ἐρωτώμενοι καὶ προθυμότερον ἐξαγγέλλουσιν· 25 αὐτοὶ δ' ἀφ' αὑτῶν ὀκνοῦσι, φυλαττόμενοι δόξαν ἐπιχαιρεκακίας. (6) Ἥδιον δὲ καὶ περὶ κυνῶν ἄνδρα θηρευτὴν ἐρωτᾷν, καὶ φιλαθλητὴν περὶ γυμνικῶν ἀγώνων, καὶ περὶ καλῶν ἐρωτικόν. (7) Ὁ δ' εὐσεβὴς καὶ φιλοθύτης, διηγηματικὸς ὀνείρων, καὶ ὅσα χρησάμενος ἢ φήμαις 30 ἢ ἱεροῖς ἢ θεῶν εὐμενείᾳ κατώρθωσεν, ἡδέως ἂν καὶ περὶ τούτων ἐρωτῷτο. (8) Τοῖς δὲ πρεσβύταις, κἂν μηδὲν ᾖ διήγησις ἢ προσήκουσα, πάντως οἱ ἐρωτῶντες χαρίζονται, καὶ κινοῦσι βουλομένους.

> (9) Ὦ Νέστωρ Νηληϊάδη, σὺ δ' ἀληθὲς ἔνισπες,
> 35 πῶς ἔθαν' Ἀτρείδης; . . .
> ποῦ Μενέλαος ἔην. . .
> ἢ οὐκ Ἄργεος ἦεν Ἀχαιικοῦ;

πολλὰ ἐρωτῶν ἅμα καὶ πολλῶν λόγων ἀφορμὰς προσιέμενος, οὐχ, ὥσπερ ἔνιοι, συστέλλοντες εἰς τὸ ἀναγ 40 καῖον αὐτὸ, καὶ συνελαύνοντες τὰς ἀποκρίσεις, ἀφαιροῦνται τῆς γεροντικῆς διατριβῆς τὸ ἥδιστον. (10) Ὅλως δὲ οἱ θέλοντες εὐφραίνειν μᾶλλον ἢ λυπεῖν, τοιαύτας ἐρωτήσεις προφέρονται, ὧν ταῖς ἀποκρίσεσιν οὐ ψόγος, ἀλλ' ἔπαινος, οὐδὲ μῖσος ἢ νέμεσις, ἀλλ' εὔνοια καὶ 45 χάρις ἕπεται παρὰ τῶν ἀκουσάντων. Ταῦτα μὲν οὖν τὰ περὶ τὰς ἐρωτήσεις.

IV. Σκώμματος δὲ τῷ μὴ δυναμένῳ μετ' εὐλαβείας καὶ τέχνης κατὰ καιρὸν ἅπτεσθαι παντάπασιν ἀφεκτέον. Ὥσπερ [γὰρ] οἱ ἐν ὀλισθηρῷ τόπῳ, κἂν 50 θίγωσιν ἐκ παραδρομῆς μόνον, ἀνατρέπουσιν, οὕτως ἐν οἴνῳ πρὸς πᾶσαν ἀφορμὴν λόγου μὴ κατὰ σχῆμα γιγνομένην ἐπισφαλῶς ἔχομεν. (2) Τοῖς δὲ σκώμμα-

---

interrogantes gratificari responsuris, de quibus rebus eorum inimicos et malevolos sentiunt audire nolle.

III. At vero Ulysses hæc ad Alcinoum,

> Induxti mentem nostros audire dolores
> narrantis, gemitusque graves augere loquentis.

Et ad chorum Œdipus,

> Olim compositos nunc animo, quam grave, reducere casus!

Sed Euripides contra,

> Suave est laborum præteritorum memoria :

servatis nimirum ex infortunio, non conflictantibus adhuc et mala ferentibus. (2) Cavendæ enim sunt interrogationes de calamitatibus : ægro quippe animo narrant damnationes sui in judiciis, aut liberûm mortes, aut parum felices terra marive negotiationes. (3) Contra si quæras quomodo ad tribunal causa steterint, aut a rege compellati fuerint, aut, aliis in tempestatem prædonesve illapsis, periculum ipsi subterfugerint, pergratum feceris si id sæpiuscule facias; et re ipsa ministerio sermonis quodammodo fruentes, expleri iis narrandis atque commemorandis non possunt. (4) Gaudent etiam interrogati de lætis amicorum successibus, de filiorum profectibus in studio literarum, in agendis causis, in amicitiis regum. (5) Lubentius etiam et alacrius narrant interrogati inimicorum et malevolorum dedecora, damna, ac damnationes convictorum sceleris et in res adversas delapsorum : quod facere ultro cavent, ne videantur alienis malis gaudere. (6) Jucundius etiam est venatori, si de canibus percuncterc, aut certaminum studiosum de gymnicis ludis, vel amatorem de formosis. (7) Religiosus et sacrificandi studiosus narrare solet somnia, et quas res oraculi, ominis, victimæ adjumento, deorumve propitia voluntate prospere peregerit. (8) Senes, etiam si narratio omnino nihil ad rem factura sit, tamen delectant qui ex ipsis aliquid quærunt, gratiamque ineunt eorum dicendi voluntate excitanda.

> (9) Dic mihi, Nelide, verum, clarissime Nestor,
> qua periisse scias ingentem Agamemnona morte?
> tunc Menelaus ubi fuit? Argos Achaicum an illum
> illo non tenuit tum tempore?

qui simul de multis rebus interrogat, et occasiones varia disserendi suggerit; secus quam nonnulli, qui necessitate circumscribentes et in arctum responsa cogentes, suavissima senes oblectatione defraudant. (10) Universe autem qui voluptatem malunt quam molestiam offerre, hujusmodi proponunt quæstiones, quarum responsis non vituperatio, sed laus, non odium aut invidia, sed benevolentia et gratia auditorum comitetur. Atque hæc quidem de interrogationibus.

IV. Salibus autem qui nequit caute, artificiose ac tempestive uti, omnino iis abstineat censeo. Sicut enim in lubrico loco etiam ii subvertunt, qui tantum in transcursu attingunt : ita in vino quævis oratio non satis opportuna et commoda occasionem nobis peccandi præbet. (2) Est quum

σιν ἔστιν ὅτε μᾶλλον ἢ ταῖς λοιδορίαις ἐκκινούμεθα,
τὸ μὲν ὑπ᾽ ὀργῆς πολλάκις ἀβουλήτως ὁρῶντες γινόμενον, τὸ δὲ, ὡς οὐκ ἀναγκαῖον, ἀλλ᾽ ἔργον ὕβρεως καὶ
κακοηθείας, προβαλλόμενοι· καὶ καθόλου διαλέγεσθαι
5 τοῖς δει[νοῖς] μᾶλλον ἢ τοῖς φλυαροῦσι χαλεπαίνομεν
[γελῶσιν ἐφ᾽ ἡμῖν]· ὅτι δὲ ὅλως τὸ [τεχνικὸν καὶ
σχῆ]μά τι προσέσται [κατὰ] τὸ σκῶμμα, λοιδόρημα
δὲ [ὑβριστικὸν δοκεῖ] εἶναι καὶ πεποιημένον ἐκ παρασκευῆς. (3) Ὁ γὰρ εἰπὼν ταριχοπώλην, αὐτόθεν ἐλοι-
10 δόρησεν· ὁ δὲ φήσας, Μεμνήμεθά σε τῷ βραχίονι ἀπο-
μυττόμενον, ἔσκωψε. (4) Καὶ Κικέρων πρὸς Ὀκτα-
ούϊον, ἐκ Λιβύης εἶναι δοκοῦντα, λέγοντος δ᾽ αὐτοῦ
φάσκοντα μὴ ἀκούειν, Καὶ μὴν τετρυπημένον, ἔφη,
ἔχεις τὸ οὖς. (5) Καὶ Μελάνθιος ὑπὸ τοῦ κωμῳδοποιοῦ
15 καταγελώμενος, ἔφη, Οὐκ ὀφειλόμενόν μοι ἀποδίδως
ἔρανον. (6) Μᾶλλον οὖν τὰ σκώμματα δάκνει, καθάπερ τὰ παρηγκιστρωμένα βέλη πλείονα χρόνον ἐμμένοντα, καὶ λυπεῖ τοὺς σκωφθέντας ἡ τέρψις τῇ κομψό-
τητι, καὶ ἡδύνει τοὺς παρόντας. (7) Ἡδόμενοι γὰρ
20 ἐπὶ τῷ λεγομένῳ, πιστεύειν [δοκοῦσι καὶ συν]διασύρειν
τῷ λέγοντι. [Ὀνειδι]σμὸς γάρ ἐστι * * ἀμαρτίας
παρε[σχηματισμένος τὸ] σκῶμμα, κατὰ τὸν Θεόφραστον. Ὅθεν ἐξ αὑτοῦ τῇ ὑπονοίᾳ προστίθησιν ὁ ἀκούσας τὸ ἐλλεῖπον, ὡς εἰδὼς καὶ πιστεύων. (8) Ὁ γὰρ
25 γελάσας καὶ ἡσθείς, τοῦ Θεοκρίτου πρὸς τὸν δοκοῦντα
λωποδυτεῖν, ἐρωτῶντα δ᾽ αὐτὸν, εἰ ἐπὶ δεῖπνον βαδίζει,
φήσαντος βαδίζειν, ἐκεῖ μέντοι καθεύδειν, βεβαιοῦντι
τὴν διαβολὴν ὅμοιός ἐστι. (9) Διὸ καὶ προσαναπίμ-
πλησι τοὺς παρόντας ὁ σκώπτων παρὰ μέλος κακοη-
30 θείας, ὡς ἐφηδομένους καὶ συνυβριζομένους. (10) Ἐν
δὲ τῇ καλῇ Λακεδαίμονι τῶν μαθημάτων ἐδόκει, τὸ
σκώπτειν ἀλύπως, καὶ σκωπτόμενον φέρειν· εἰ δέ τις
ἀπείποι σκωπτόμενος, εὐθὺς ὁ σκώπτων ἐπέπαυτο. (11)
Πῶς οὖν οὐ χαλεπὸν εὑρεῖν σκῶμμα * τῷ σκωπτομένῳ
35 κεχαρισμένον, ὅπου καὶ τὸ μὴ λυποῦν τοῦ σκώμματος,
οὐ τῆς τυχούσης ἐμπειρίας καὶ δεξιότητός ἐστιν;

V. Οὐ μὴν ἀλλὰ πρῶτά μοι δοκεῖ τὰ λυποῦντα
τοὺς ἐνόχους σκώμματα τοῖς μακρὰν οὖσι τῆς διαβολῆς ἡδονήν τινα καὶ χάριν ποιεῖν· οἷον ὁ Ξενοφῶν τὸν
40 ὑπέραισχρον καὶ ὑπέρδασυν ἐκεῖνον, ὡς παιδικὰ τοῦ
Σαμβαύλα σκωπτόμενον εἰσάγει μετὰ παιδιᾶς. (2)
Καὶ Κυητοῦ τοῦ ἡμετέρου, μέμνησαι γάρ, ἐν ἀσθενείᾳ
τὰς χεῖρας ἔχειν ψυχρὰς λέγοντος, Αὐφίδιος Μόδεστος,
Ἀλλὰ μὴν, ἔφη, θερμὰς ἀπὸ τῆς ἐπαρχίας κεκόμικας
45 αὐτάς· τοῦτο γὰρ ἐκείνῳ μὲν γέλωτα καὶ διάχυσιν παρέσχε, κλέπτῃ δ᾽ ἀνθυπάτῳ λοιδόρημα καὶ ὄνειδος ἦν.
(3) Διὸ καὶ Κριτόβουλον ὁ Σωκράτης εὐπροσωπότατον
ὄντα προκαλούμενος εἰς σύγκρισιν εὐμορφίας, ἔπαιζεν,
οὐκ ἐγλεύαζεν. Καὶ Σωκράτην πάλιν Ἀλκιβιάδης
50 ἔσκωπτεν εἰς ζηλοτυπίαν τὴν περὶ Ἀγάθωνος. (4)
Ἥδονται δὲ καὶ βασιλεῖς τοῖς λεγομένοις ὡς εἰς πένητας
αὐτοὺς καὶ ἰδιώτας, ὥσπερ ὑπὸ Φιλίππου σκωφθεὶς ὁ
παράσιτος εἶπεν, Οὐκ ἐγώ σε τρέφω; Τὰ γὰρ οὐ προσόντα
φαῦλα λέγοντες, ἐμφαίνουσι τὰ προσόντα χρηστά. (5)

salibus magis quam conviciis exagitamur : quum hæc ab ira inconsulto proficisci sæpe videamus, illos ut non ex necessitate, sed studio contumeliæ et malignitate jactatos causemur. Et in universum irrisi a disertis magis quam nugantibus succensemus. Quod autem omnino salibus adesse solet quasi ars et figura, hinc fit ut videantur vituperatio petulans esse, et dedita opera atque cum apparatu facta. (3) Qui enim salsamentarium te appellet, is palam convicium facit : qui dicat, *Meminimus te cubito nares emungere*, salse pungit. (4) Et Cicero ad Octavium, qui ex Africa oriundus videbatur, orante ipso dicentem se non audire, *Atqui*, aiebat, *aurem habes perforatam*. (5) Et Melanthius quum a comico poeta derideretur, dicebat, *Reddis mihi symbolum non debitum*. (6) Magis autem sales seu dicteria (Græcis scommata) mordent; quod instar hamatorum telorum diutius inhærent; molestaque est morsis oblectatio elegantiæ grata audientibus. (7) Etenim voluptatem ex dicto capientes, credere dicenti videntur ob lepidam sugillationem. Nam scomma, seu dicterium, est vituperatio figurata, auctore Theophrasto. Itaque auditor a se id quod deerat suspectioni adjicit, tanquam sciens et credens. (8) Qui enim ridet et delectatur dicto Theocriti ad quendam qui furari vestes videbatur, et ex ipso quærebat *iretne ad cœnam*, dicentis *iturum se, sed ibi etiam dormiturum :* is confirmanti crimen similis est. (9) Itaque intempestiva jaciens dicteria etiam præsentes malignitatis quodam contagio inficit, tanquam gaudentes aliorum contumeliis. (10) Enimvero præclara illa Lacedæmone inter alias hæc fuit disciplina, salse dictis alios impetere citra molestiam, et æquo animo dicteria ferre : nam si quis iniquius ferret, alter statim mordendi finem faciebat. (11) Quomodo itaque non sit difficile dicterium invenire gratum ei qui incessitur, quando etiam citra molestiam salse dicto impetere, haud vulgaris est peritiæ et dexteritatis?

V. Verum enimvero primum ea mihi videntur dicteria, quæ sontibus molestiam afferunt, voluptatem aliquam afferre et grata esse iis qui procul a culpa et crimine absunt : ut quum Xenophon per jocum introducit turpissimum hirsutissimumque illum, pro amasio Sambaulæ vexatum. (2) Et quum L. Quintius noster (meministi) in morbo diceret, manus sibi esse frigidas, Aufidius Modestus, *Atqui*, inquit, *calidas eas e provincia reportavisti :* hoc enim Quintio sane risum movit, et oblectationi fuit, proconsuli autem furi opprobrium fuisset et convicium. (3) Itaque etiam Critobulum formosissimum Socrates ad certamen pulchritudinis provocans, jocabatur, non subsannabat. Itemque Socratem Alcibiades salse notabat de rivalitate propter Agathonem. (4) Reges quoque delectantur iis quæ in ipsos tanquam pauperes et privatos dicuntur : ut quum dicterio impetitus a Philippo mensæ assecla dixit, *An non ego te alo ?* Quippe mala quæ non adsunt objicientes, interim arguunt bona quæ adsunt. (5) Oportet autem certo et constanter boni

Δεῖ δὲ ὁμολογουμένως καὶ βεβαίως προσεῖναί τι χρη-
στόν· εἰ δὲ μή, τὸ λεγόμενον τοὐναντίον ἀμφισβητήσιμον ἔχει τὴν ὑπόνοιαν. (6) Ὁ γὰρ τῷ πάνυ πλουσίῳ
τοὺς δανειστὰς ἐπάξειν λέγων, ἢ τὸν ὑδροπότην καὶ
5 σώφρονα παροινεῖν καὶ μεθύειν, ἢ τὸν εὐδάπανον καὶ
μεγαλοπρεπῆ καὶ χαριστικὸν, κίμβικα καὶ κυμινο-
|πρίστη]ν προσαγορεύων, ἢ τὸν ἐν συνηγορίαις καὶ πο-
λιτείαις μέγαν ἀπειλῶν ἐν ἀγορᾷ λήψεσθαι, διάχυσιν
καὶ μειδίαμα παρέσχεν. (7) Οὕτως ὁ Κῦρος ἐν οἷς
10 ἐλείπετο τῶν ἑταίρων, εἰς ταῦτα προκαλούμενος, ἐγίνετο
προσηνὴς καὶ κεχαρισμένος. (8) Καὶ τοῦ Ἰσμηνίου τῇ
θυσίᾳ προσαυλοῦντος, ὡς οὐκ ἐκαλλιέρει, παρελόμενος
τοὺς αὐλοὺς ὁ μισθωσάμενος ηὔλησε γελοίως· αἰτιωμένων δὲ τῶν παρόντων [καὶ καλλιεροῦντος], Ἔστιν, ἔφη,
15 τὸ κεχαρισμένως αὐλεῖν θεόθεν· ὁ δὲ Ἰσμηνίας γελάσας,
Ἀλλ' ἐμοῦ μὲν αὐλοῦντος, ἡδόμενοι διέτριβον οἱ θεοί·
σοῦ δ' ἀπαλλαγῆναι σπεύδοντες ἐδέξαντο τὴν θυσίαν.

VI. Ἔτι τοίνυν οἱ τὰ χρηστὰ τῶν πραγμάτων τοῖς
λοιδορουμένοις ὀνόμασι μετὰ παιδιᾶς καλοῦντες, ἂν
20 ἐμμελῶς ποιῶσιν, αὐτῶν μᾶλλον εὐφραίνουσι τῶν ἀπ'
εὐθείας ἐπαινούντων. (2) Καὶ γὰρ δάκνουσι μᾶλλον οἱ
διὰ τῶν εὐφήμων ὀνειδίζοντες· ὡς οἱ τοὺς πονηροὺς,
Ἀριστείδας, καὶ τοὺς δειλοὺς, Ἀχιλλεῖς καλοῦντες· ὃ
καὶ τοῦ Σοφοκλέους Οἰδίπους * *

25   [Ταύ]της Κρέων ὁ πιστὸς οὐξ ἀρχῆς φίλος.

(3) Ἀντίστροφον οὖν ἔοικε γένος εἶναι εἰρωνείας τὸ περὶ
τοὺς ἐπαίνους· ᾧ καὶ Σωκράτης ἐχρήσατο, τοῦ Ἀντισθένους τὸ φιλοποιὸν καὶ συναγωγὸν εἰς εὔνοιαν, μαστρο-
πείαν (καὶ συναγωγίαν) καὶ [προ]αγωγίαν ὀνομάσας.)**
30 (4) Κράτητα δὲ τὸν φιλόσοφον εἰς πᾶσαν οἰκίαν εἰσιόντα
μετὰ τιμῆς καὶ φιλοφροσύνης δεχομένων, θυρεπανοί-
κτην ἐκάλουν.

VII. Ποιεῖ δ' εὔχαρι σκῶμμα καὶ μέμψις ἐμφαίνουσα χάριν· ὡς Διογένης περὶ Ἀντισθένους ἔλεγεν,

35   Ὅς με ῥάκη τ' ἤμπισχε κἀξηνάγκασε
     πτωχὸν γενέσθαι καὶ δόμων ἀνάστατον·

οὐ γὰρ ἂν ὁμοίως πιθανὸς ἦν λέγων, Ὅς με σοφὸν καὶ αὐτάρκη καὶ μακάριον ἐποίησε. (2) Καὶ ὁ Λάκων, ἄκαπνα
ξύλα τῷ γυμνασιάρχῳ παρασχόντι προσποιούμενος ἐγ-
40 καλεῖν, ἔλεγε, δι' ὃν οὐδὲ ἀποδακρῦσαι γέγονεν ἐν ἡμῖν.
(3) Καὶ τὸν δειπνίζοντα καθ' ἡμέραν ἀνδραποδιστὴν
καλῶν καὶ τύραννον, δι' ὃν ἐτῶν τοσούτων οὐχ ἑώρακε
τὴν ἑαυτοῦ τράπεζαν. (4) Καὶ ὁ λέγων ὑπὸ τοῦ βασιλέως
ἐπιβεβουλευμένος ἀφῃρῆσθαι τὴν σχολὴν καὶ τὸν ὕπνον,
45 πλούσιος γεγονὼς ἐκ πένητος. (5) Καὶ εἴ τις ἀντιστρέ-
ψας αἰτιῷτο τοὺς Αἰσχύλου Καβείρους,

     * Ὄξους σπανίζειν δῶμα

ποιήσαντας, ὥσπερ αὐτοὶ παίζοντες ἠπείλησαν. Ἅπτεται γὰρ ταῦτα μᾶλλον ἔχοντα δριμυτέραν χάριν, ὥστε
50 μὴ προσίστασθαι μηδὲ λυπεῖν τοὺς ἐπαινουμένους.

VIII. Δεῖ δὲ τὸν ἐμμελῶς σκώμματι χρησόμενον
εἰδέναι καὶ νοσήματος διαφορὰν πρὸς ἐπιτήδευμα· λέγω

---

aliquid adesse : alioqui id quod dicitur, ambiguam et controversam habebit significationem. (6) Nam qui prædiviti
minetur se creditores ejus immissurum ipsi, aut abstemium
vel temperantem ebrium esse ac per vinum peccare dicat,
vel liberali ac magnifico sordidi et cumini sectoris nomen
imponat, aut in patrociniis ac gerenda republica magnum
in foro se reum peracturum jactet, ridendi materiam atque
hilaritatis præbuerit. (7) Ita Cyrus amicos ad earum provocans certamina rerum, in quibus inferior erat, comis
fuit atque gratiosus. (8) Ismenias quum tibiis caneret ad
sacrificium, neque litaretur, qui conduxerat tibias ei ademit, atque ipse ridicule cecinit : quumque id corona repre-
henderet ipseque perlitaret, *Divinitus*, inquit, *est canere
gratiose*; ibi subridens Ismenias, *Immo*, ait, *me canente
dii oblectati moram produxerunt : tu autem ut missos
ipsos faceres, propere sacrificium acceperunt.*

VI. Porro qui bonas res per jocum nominibus probrosis
appellant, id si apte faciant, magis delectant quam illi ipsi
qui aperte laudant. (2) Sicut magis etiam mordent, qui
honestis nominibus in convitiando utuntur : ut qui impro-
bos Aristidæ, timidos Achillis nomine appellant. Sic et
Œdipus apud Sophoclem,

Fidelis huic amicus ab initio Creon.

(3) Huic simulationi ab altera parte respondet ea quæ in
laudando versatur. Hac usus Socrates, Antisthenis in con-
ciliandis hominum studiis et amore solertiam, lenocinium
et conductionem appellabat. (4) Cratetem autem philosophum, qui in omnes intrans domos amanter et honorifice
excipiebatur, Ostiapertorem vocabant.

VII. Elegans dicterium etiam fit, quum vituperationi
gratiarum actio inest. Sic Diogenes de Antisthene dicebat,
Qui lacera me fœdavit veste et perpulit
mendicum fieri et erronem ejectum domo.

Non enim æque probabiliter dixisset, Qui me sapientem, in
omnibus mihi sufficientem, beatum reddidit. (2) Et Laco
gymnasii præfecto qui ligna non fumantia præbuerat, id
se vitio dare simulans, *Horum causa*, inquit, *apud vos
non licuit lacrimare*. (3) Sic ille, qui convivium quotidie præbentem plagiarium vocitat et tyrannum, per quem
tot annis suam non vidisset mensam. (4) Et qui factus
e paupere dives a rege, per insidias sibi aiebat otium et
somnum esse erepta. (5) Et si quis re in contrarium versa
accuset Æschyli Cabiros, quod *carere aceto fecerint domum* : quod ipsi per jocum comminati erant (tam benignam
videlicet daturi vindemiam, ut gutta aceti non relinquatur
in ædibus). Hæc enim tangunt acrioremque habent gratiam, ita ut non offendant neque lædant eos qui laudantur.

VIII. Oportet autem eum qui concinne uti volet dicteriis, vitii et studii inter se discrimen habere cognitum :

δὲ φιλαργυρίας καὶ φιλονεικίας πρὸς φιλομουσίαν καὶ
φιλοθηρίαν· ἐπ' ἐκείνοις μὲν γὰρ ἄχθονται σκωπτόμενοι, πρὸς ταῦτα δὲ ἡδέως ἔχουσιν. (2) Οὐκ ἀηδῶς
γοῦν Δημοσθένης ὁ Μιτυληναῖος, φιλῳδοῦ τινος καὶ
φιλοκιθαριστοῦ θύραν κόψας, ὑπακούσαντος αὐτοῦ καὶ
κελεύσαντος εἰσελθεῖν, Ἂν πρῶτον, ἔφη, τὴν κιθάραν
δήσῃς. (3) Ἀηδῶς δὲ ὁ τοῦ Λυσι[μάχ]ου παράσιτος,
ἐμβαλόντος αὐτοῦ σκορπίον ξύλινον εἰς τὸ ἱμάτιον, ἐκ-
ταραχθεὶς καὶ ἀναπηδήσας, ὡς ᾔσθετο τὴν παιδιάν,
Κἀγώ σε, φησίν, ἐκφοβῆσαι βούλομαι, ὦ βασιλεῦ· δός
μοι τάλαντον.

IX. Εἰσὶ δὲ καὶ περὶ τὰ σωματικὰ τοιαῦται διαφοραὶ τῶν πολλῶν· οἷον εἰς γρυπότητα καὶ σιμότητα
σκωπτόμενοι, γελῶσιν· ὡς ὁ Κασάνδρου φίλος οὐκ
ἠχθέσθη τοῦ Θεοφράστου πρὸς αὐτὸν εἰπόντος, Θαυμάζω σου τοὺς ὀφθαλμοὺς, ὅτι οὐκ ᾄδουσι, τοῦ μυκτῆρος αὐτοῖς ἐνδεδωκότος· καὶ ὁ Κῦρος ἐκέλευσε τὸν γρυ-
πὸν [σιμὴν ἀγαγέσθαι γυναῖκα], οὕτω γὰρ ἐφαρμόσειν.
(2) Εἰς δὲ δυσωδίαν μυκτῆρος ἢ στόματος ἄχθονται
σκωπτόμενοι. Καὶ πάλιν εἰς φαλακρότητα, πράως
φέρουσιν, εἰς δὲ πήρωσιν ὀφθαλμῶν, ἀηδῶς. (3) Καὶ
γὰρ Ἀντίγονος αὐτὸς μὲν ἑαυτὸν εἰς τὸν ὀφθαλμὸν
ἔσκωπτε· καὶ ποτε λαβὼν ἀξίωμα μεγάλοις γράμμασι
γεγραμμένον, Ταυτὶ μὲν, ἔφη, καὶ τυφλῷ δῆλα. (4)
Θεόκριτον δὲ τὸν Χῖον ἀπέκτεινεν, ὅτι, φήσαντός [τινος,
εἰς] τοὺς ὀφθαλμοὺς ἂν [τοῦ βασιλέως πα]ραγένηται,
σωθῆναι· Ἀλλά μοι, εἶπεν, ἀδύνατον ὑπέθης σωτηρίαν.
(5) [Λέων] ὁ Βυζάντιος, εἰπόντος Πασιάδου πρὸς αὐτὸν,
ὀφθαλμισθῆναι δι' αὐτοῦ τοὺς ὀφθαλμοὺς, Ἀσθένειαν,
ἔφη, σώματος ὀνειδίζεις, νέμεσιν οὐχ ὁρῶν ἐπὶ τῶν
ὤμων βαστάζοντά σου τὸν υἱόν· εἶχε δὲ κυρτὸν ὁ Πα-
σιάδης υἱόν. (6) Ἠγανάκτησε δὲ καὶ Ἄρχιππος, ὁ
δημαγωγὸς τῶν Ἀθηναίων, ὑπὸ Μελανθίου σκωφθεὶς
εἰς τὸ κυρτόν· ἔφη γὰρ αὐτὸν ὁ Μελάνθιος οὐ προεστά-
ναι τῆς πόλεως, ἀλλὰ [προ]κεκυφέναι. (7) Τινὲς δὲ
ταῦτα πράως καὶ μετρίως φέρουσιν, ὥσπερ ὁ φίλος τοῦ
Ἀντιγόνου τάλαντον αἰτήσας, καὶ μὴ λαβὼν, ᾔτησε
προπομποὺς καὶ φύλακας, Ὅπως, ἔφη, μὴ ἐπιβου-
λευθῶ, προστάξας κατ' ὤμου τὸ τάλαντον φέρειν. (8)
Οὕτω μὲν περὶ τὰ ἐκτὸς ἔχουσι διὰ τὴν ἀνωμαλίαν·
ἄλλοι γὰρ ἐπ' ἄλλοις [ἄχθονται]. Ἐπαμεινώνδας μετὰ
τῶν συναρχόντων ἑστιώμενος ἐπέπινεν ὄξος, καὶ πυνθανομένων εἰ πρὸς ὑγίειαν ἀγαθὸν, Οὐκ οἶδα, εἶπεν·
ὅτι μέντοι πρὸς τὸ μεμνῆσθαι τῆς οἴκοι διαίτης ἀγαθὸν,
ἐπίσταμαι. (9) Διὸ δεῖ καὶ πρὸς τὰς φύσεις καὶ τὰ
ἤθη σκοποῦντα, ταῖς παιδιαῖς χρῆσθαι, πειρώμενον
ἀλύπως καὶ κεχαρισμένως ἑκάστοις ὁμιλεῖν.

X. Ὁ δ' ἔρως τά τ' ἄλλα ποικιλώτατός ἐστι, καὶ
τοῖς σκώμμασιν οἱ μὲν ἄχθονται καὶ ἀγανακτοῦσιν, οἱ
δὲ χαίρουσι· δεῖ δ' εἰδέναι τὸν καιρόν. (2) Ὡς γὰρ τὸ
πῦρ ἐν ἀρχῇ μὲν ἀποσβέννυσι τὸ πνεῦμα διὰ τὴν ἀσθένειαν, αὐξηθέντι δὲ τροφὴν παρέχει καὶ ῥώμην· οὕτω
φυόμενος ὁ ἔρως ἔτι καὶ λανθάνων δυσκολαίνει καὶ
ἀγανακτεῖ πρὸς τοὺς ἀποκαλύπτοντας· ἐκλάμψας δὲ

aliud enim sunt avaritia et contendendi cupiditas, aliud
musicæ et venationis studium : quorum illa sibi objici homines indigne ferunt, hæc gaudent. (2) Itaque non invenuste Demosthenes Mitylenæus, quum cantilenis et citharæ
dediti cujusdam fores pulsasset, isque aperuisset et ingredi
jussisset, *Faciam*, ait, *si prius citharam ligaveris*.
(3) Invenuste parasitus Lysimachi, qui quum ei rex scorpium ligneum vesti injecisset, perterritus prosiluit, quumque ludum sensisset, *Te quoque*, inquit, *rex, volo perter-
refacere : da mihi talentum*.

IX. Sunt etiam talia discrimina eorum quæ corporibus
accidunt. Nam aduncus aut compressus nasus si objiciatur, ridere solent. Et amicus Cassandri non indignatus
est, quum ei dixisset Theophrastus, *Miror oculos tuos non
canere, naso ipsis incentivum dante*. Et Cyrus eum
qui adunco esset naso, jussit simam ducere uxorem; sic
enim quadraturum. (2) Ægre autem ferunt, si oris aut
nasi tetrum fœtorem exprobres. Rursum calvitiei non curant notationem, oculi defectum iniquissime audiunt sibi
exprobrari. (3) Antigonus quidem ipsius in oculum amis-
sum jocabatur : et aliquando oblata petitione magnis perscripta litteris, *Hæc vel cæco*, aiebat, *cognitu facilia*.
(4) Theocritum autem Chium idem interfecit; quod quum ei
pollicerentur amici, fore omnia ipsius salva, ubi ante oculos
regis pervenisset; responderat, *Omnis ergo mihi salutis
spes adempta*. (5) Leo Byzantius, quum ei Pasiades dixisset, *Lippitudinis contagio mihi abs te accidit*; respondit, *Imbecillitatem corporis mihi exprobras, non animadvertens filium tuum Nemesin in tergo gestantem* :
gibbosum autem filium habebat Pasiades. (6) Quod vitium
etiam Archippus Atheniensis populi consiliarius iniquo animo
passus est sibi a Melanthio objici : qui eum *non procurare,
sed procurvare pro republica* dicebat. (7) Sunt autem
qui ista moderate et leni animo sustineant : ut amicus Antigoni quum poposcisset talentum, neque impetrasset; satel-
lites sibi dari petiit et comites, *ne præter repulsam*, inquit,
etiam insidiæ mihi fiant abeunti, quum videatur similis
ferenti talentum in humeris. (8) Ita ad externa ista alii
aliter affecti sunt, estque magna animorum inæqualitas.
Epaminondas cum collegis reipublicæ principibus convivans,
acetum postremo bibebat : interrogatusque an hoc ad valetudinem conduceret, *Nescio*, inquit : *ad recordandum
quidem domesticæ vitæ valere scio*. (9) Proinde oportet, ingeniis eorum quibuscum agimus et moribus consideratis, jocos usurpare, idque eniti, ut absque molestia et cum
gratia colloquamur.

X. Amor autem quum alias, tum maxime in dicteriis
summam habet varietatem : quæ aliis molesta accidunt,
aliis sunt grata. Ceterum hic observandum est tempus et
locus. (2) Sicut enim ignem initio restinguit spiritus, ob
illius imbecillitatem, auctum autem nutrit atque roborat :
sic nascens adhuc amor et latens, succenset et irascitur iis
qui ipsum detegunt; ubi eluxit et manifestatus est, alitur

καὶ διαφανεὶς, τρέφεται καὶ προσγελᾷ τοῖς σκώμμασι
φυσώμενος. (3) Ἥδιστα δὲ σκώπτονται, παρόντων
τῶν ἐρωμένων, εἰς αὐτὸ τὸ ἐρᾷν, εἰς ἄλλο δ' οὐδέν.
Ἐὰν δὲ καὶ γυναικῶν ἐρῶντες ἰδίων τύχωσιν, * ἢ νεανίσκων φιλοκάλων ἔρωτα γενναῖον, παντάπασι γάννυν-
ται καὶ καλλωπίζονται τῷ σκώπτεσθαι πρὸς αὐτούς.
(4) Διὸ καὶ Ἀρκεσίλαος, ἐν τῇ σχολῇ τοιαύτης μεταδό-
σεως αὐτῷ γενομένης ὑπό τινος τῶν ἐρωτικῶν, Δοκεῖ
μοι μηδὲν ἅπτεσθαι μηδενός· Οὐδὲ σὺ τοίνυν, ἔφη, τοῦδε
ἅπτῃ; δείξας τινὰ τῶν καλῶν καὶ ὡραίων παρακαθήμε-
νον.

XI. Ἤδη δὲ καὶ τὸ τῶν παρόντων σκεπτέον. Ἃ
γὰρ ἐν φίλοις καὶ συνήθεσιν ἀκούοντες γελῶσι, ταῦτα
δυσχεραίνουσιν, ἂν λέγηται πρὸς αὐτοὺς τῆς γαμετῆς
παρούσης, ἢ τοῦ πατρός, ἢ τοῦ καθηγητοῦ· πλὴν ἂν μή
τι κεχαρισμένον ᾖ τὸ λεγόμενον ἐκείνοις· (2) οἷον ἂν
[τις] σκώπτηται, τοῦ φιλοσόφου παρόντος, [εἰς] ἀνυπο-
δησίαν, ἢ νυκτογραφίαν· ἢ τοῦ πατρὸς ἀκούοντος, εἰς
μικρολογίαν· ἢ τῆς γυναικὸς παρούσης, εἰς τὸ ἀνέραστον ἑτέρων, ἐκείνης δὲ δοῦλον καὶ θεραπευτικόν, (3)
ὡς ὁ Τιγράνης ὑπὸ τοῦ Κύρου, Τί δ', ἂν σε ἡ γυνὴ
σκευοφοροῦντα ἀκούσῃ; Ἀλλ' οὐκ ἀκούσεται, εἶπεν,
ὄψεται δ' αὐτὴ παροῦσα.

XII. Ποιεῖ δὲ ἀλυπότερα τὰ σκώμματα καὶ τὸ κοινωνεῖν ἀμωσγέπως τοὺς λέγοντας· ὅταν εἰς πενίαν λέγῃ
πένης, ἢ δυσγενὴς εἰς δυσγένειαν, ἢ ἐρῶν εἰς ἔρωτα·
δοκεῖ δ' οὐχ ὕβρει, παιδιᾷ δέ τινι γίνεσθαι μᾶλλον ὑπὸ
τῶν ὁμοίων· εἰ δὲ μὴ, παροξύνει καὶ λυπεῖ. (2) Τὸν
γοῦν ἀπελεύθερον τοῦ βασιλέως, νεόπλουτον ὄντα, φορ-
τικῶς δὲ καὶ σοβαρῶς ἐπιπολάζοντα τοῖς συνδειπνοῦσι
φιλοσόφοις, καὶ τέλος ἐρωτῶντα, πῶς ἔκ τε τῶν λευκῶν
καὶ τῶν μελάνων κυάμων ὁμοίως χλωρὸν γίνεται τὸ
ἔτνος, ἀντερωτήσας ὁ Ἀριδίκης, πῶς ἐκ τῶν λευκῶν
καὶ μελάνων ἱμάντων φοινικοῖ γίνονται μώλωπες,
ἐποίησεν ἀναστῆναι περίλυπον γενόμενον. (3) Ὁ δὲ
Ταρσεὺς Ἀμφίας ἐκ κηπωροῦ δοκῶν γεγονέναι, σκώψας
δὲ τὸν φίλον τοῦ ἡγεμόνος εἰς δυσγένειαν, εἶτα ὑπολαβὼν εὐθὺς, Ἀλλὰ καὶ ἡμεῖς ἐκ τῶν αὐτῶν σπερμάτων
γεγόναμεν, γέλωτα ἐποίησε. (4) Κομψῶς δὲ καὶ τοῦ
Φιλίππου τὴν ὀψιμαθίαν ἅμα καὶ περιεργίαν ὁ ψάλτης
ἐπέσχεν· οἰομένου γὰρ αὐτὸν ἐξελέγχειν τοῦ Φιλίππου
περὶ κρουμάτων καὶ ἁρμονιῶν, Μὴ γένοιτό σοι, εἶπεν,
ὦ βασιλεῦ, κακῶς οὕτως, ἵνα ἐμοῦ σὺ ταῦτα εἰδῇς βέλ-
τιον· σκώπτειν γὰρ ἑαυτὸν δοκῶν, ἐκεῖνον ἀλύπως ἐνου-
θέτησε. (5) Διὸ καὶ τῶν κωμικῶν ἔνιοι τὴν πικρίαν
ἀφαιρεῖν δοκοῦσι τῷ σκώπτειν ἑαυτούς· ὡς Ἀριστοφάνης εἰς τὴν φαλακρότητα καὶ τὴν Ἀγάθωνός ** λῆψιν·
Κρατῖνος δὲ τὴν πυτίνην [εἰς τὴν φιλοινίαν] ἐδίδαξεν.

XIII. Οὐχ ἥκιστα δὲ [δεῖ] προσέχειν καὶ φυλάττειν,
ὅπως ἐκ τοῦ παρατυχόντος ἔσται τὸ σκῶμμα πρός τινας ἐρωτήσεις αὐτόθεν ἢ παιδιᾶς γινόμενον, ἀλλὰ μὴ
πόρρωθεν, οἷον ἐκ παρασκευῆς ἐπεισόδιον. (2) Ὡς γὰρ
ὀργὰς καὶ μάχας τὰς ἐκ τῶν συμποσίων πρᾳότερον φέρουσιν, ἐὰν δ' ἐπελθών τις ἔξωθεν λοιδορῆται καὶ τα-

scommatibus, iisque quasi inflatus arridet. (3) Gratissimum
est amantibus, si amasiis praesentibus iis per jocum ipsum
amare objiciatur, aliud nihil. Tum si uxores suas diligunt,
aut adolescentulos ingenuos amant caste, omnino exsultant,
eoque sibi plaudunt, quod amor eorum ipsis facete objicitur.
(4) Atque hac de causa Arcesilaus, quum quidam in schola
amori deditus hanc proposuisset quaestionem, Videtur mihi
nulla res aliam rem tangere : *Igitur*, inquit, *tu hunc non
tangis?* demonstrans formosum quendam ephebum qui
pone adsidebat.

XI. Quin et eorum qui intersunt ducenda est ratio. Nam
quae inter familiares et amicos audientes ridemus, ea si nobis dicantur uxore praesente, aut patre, aut praeceptore,
indignamur : nisi forte aliquid proferatur, quod illi quoque
gratum habeant : (2) verbi gratia, si quis aliquem philosopho praesente incessat cavillo, quod absque calceis incedat,
aut noctu scribat : vel patre audiente, jocetur in parcimo-
niam : uxoris apud aures, quod alias non amet, ei soli obnoxius sit atque servus. (3) Sic Tigranes Cyro interroganti, *Quid uxor tua aget, quum te inter calones haberi
audiet?* respondit, *Non audiet, sed coram videbit.*

XII. Ipsa etiam communicatio eorum quae objiciuntur,
dicteria fecit tolerabiliora, ut quum in paupertatem pauper,
in ignobilitatem ignobilis, in amorem amator, aliquid jacit :
non enim per contumeliam, sed joco potius quodam videtur
dici, quod a simili dicitur : alioquin irritat et molestiam
affert. (2) Fuit quidam imperatoris libertus, recens dita-
tus : is una in convivio discumbentibus philosophis aliquanto
protervius et petulantius insultans, quaesivit, *quanam de
causa et fabis, albis nigrisque, tamen pallida fieret
puls* : vicissim ex eo quaerens Aridices, *qui albis et nigris loris tamen puniceae vibices incuterentur;* fecit ut
homo gravi dolore ictus e convivio discederet. (3) Amphias
autem Tarsensis, qui hortulano patre editus putabatur,
quum praefecti amico objiceret, quod nullis esset natalibus,
statim haec subjecit, *Atqui et nos ex iisdem nati sumus
seminibus,* fecit eo dicto, ut cooriretur risus. (4) Scite
etiam psaltes quidam Philippi sero perceptam disciplinam curiositatemque inhibuit : nam quum rex eum reprehendere de quibusdam modis et harmoniis vellet, *Absit
vero,* aiebat, *o rex, ut tam male tecum agatur, isthaec
uti melius me noris :* dum enim videbatur se ipsum mordere,
regem citra molestiam castigavit. (5) Ideo etiam comicorum
nonnulli dum se ipsos quoque insectantur, acerbitatem suam
videntur deminuere : ut Aristophanes in calvitiem suam,
Agathon in mollitiem jocabatur; Cratinus autem Pytinam
fabulam in suam ipse vinositatem docuit.

XIII. Id etiam diligenter est curandum, ut dicterium
obiter et subito ad interrogationem jocumve alterius
alicujus aptetur, non longe repetitum et adscitum cum
apparatu videatur. (2) Nam sicut iras et pugnas in conviviis obortas lenius ferunt ; si vero extrinsecus superveniens
aliquis turbas det vel convicia ingerat, eum pro inimico et

ράττῃ, τοῦτον ἐχθρὸν ἡγοῦνται καὶ μισοῦσιν· οὕτω μέτεστι συγγνώμης σκώμματι καὶ παρρησίας, ἂν ἐκ τῶν
παρόντων ἔχῃ τὴν γένεσιν, ἀφελῶς καὶ ἀπλάστως φυό-
μενον· ἂν δ' ᾖ μὴ πρὸς λόγον, ἀλλ' ἔξω, ἐπιβουλῇ καὶ
5 ὕβρει προσέοικεν· (3) οἷον τὸ Τιμαγένους πρὸς τὸν
ἄνδρα τῆς ἐμετικῆς·

   Κακῶν γὰρ ἄρχεις τήνδε Μοῦσαν εἰσάγων·

καὶ πρὸς Ἀθηνόδωρον τὸν φιλόσοφον, εἰ φυσικὴ ἡ πρὸς
τὰ [ἔκγονα] φιλοστοργία. (4) Ἡ γὰρ ἀκαιρία, καὶ τὸ
10 μὴ πρὸς λόγον, ὕβριν ἐμφαίνει καὶ δυσμένειαν. Οὗτοι
μὲν οὖν, κατὰ Πλάτωνα, κουφοτάτου πράγματος, λόγων, βαρυτάτην ζημίαν ἔτισαν· οἱ δὲ τὸν καιρὸν εἰδότες
καὶ φυλάττοντες αὐτῷ τῷ Πλάτωνι μαρτυροῦσιν, ὅτι
τοῦ πεπαιδευμένου καλῶς ἔργον ἐστὶ τὸ παίζειν ἐμμελῶς
15 καὶ κεχαρισμένως.

ΠΡΟΒΛΗΜΑ Β.

Διὰ τί βρωτικώτεροι γίνονται περὶ τὸ μετόπωρον.

ΠΡΟΣΩΠΑ ΤΟΥ ΔΙΑΛΟΓΟΥ.

ΓΛΑΥΚΙΑΣ, ΞΕΝΟΚΛΗΣ, ΛΑΜΠΡΙΑΣ, ΠΛΟΥΤΑΡΧΟΣ,
ΑΛΛΟΙ.

1. Ἐν Ἐλευσῖνι μετὰ τὰ μυστήρια τῆς πανηγύρεως
ἀκμαζούσης, εἰστιώμεθα παρὰ Γλαυκίᾳ τῷ ῥήτορι.
Πεπαυμένων δὲ δειπνεῖν τῶν ἄλλων, Ξενοκλῆς ὁ Δελ-
φὸς, ὥσπερ εἰώθει, τὸν ἀδελφὸν ἡμῶν, Λαμπρίαν, εἰς
20 ἀδδηφαγίαν Βοιώτιον ἐπέσκωπτεν. (2) Ἐγὼ δ' ἀμυνόμενος [ὑπὲρ] αὐτοῦ τὸν Ξενοκλέα, τοῖς Ἐπικούρου
λόγοις χρώμενον, Οὐ γὰρ ἅπαντες, εἶπον, ὦ βέλτιστε,
ποιοῦνται τὴν τοῦ ἀλγοῦντος ὑπεξαίρεσιν ὅρον ἡδονῆς
καὶ πέρας· Λαμπρίᾳ δὲ καὶ ἀνάγκη, πρὸ τοῦ κήπου
25 κυδαίνοντι τὸν περίπατον καὶ τὸ Λύκειον, ἔργῳ μαρτυρεῖν Ἀριστοτέλει· (3) φησὶ γὰρ ὁ ἀνὴρ, βρωτικώτατον
ἕκαστον αὐτὸν αὐτοῦ περὶ τὸ φθινόπωρον εἶναι· καὶ
τὴν αἰτίαν ἐπείρηκεν· ἐγὼ δ' οὐ μνημονεύω. (4)
Βέλτιον, εἶπεν ὁ Γλαυκίας· αὐτοὶ γὰρ ἐπιχειρήσο-
30 μεν ζητεῖν, ὅταν παυσώμεθα δειπνοῦντες. (5) Ὡς οὖν
ἀφῃρέθησαν αἱ τράπεζαι, Γλαυκίας καὶ Ξενοκλῆς ᾐτιά-
σαντο τὴν ὀπώραν διαφόρως, ὁ μὲν ὡς τὴν κοιλίαν
ὑπεξάγουσαν, καὶ τῷ κενοῦσθαι τὸ σῶμα νεαρὰς ὀρέξεις
ἀεὶ παρασκευάζουσαν· ὁ δὲ Ξενοκλῆς ἔλεγεν, εὔστομόν
35 τι καὶ δηκτικὸν ἔχοντα τῶν ὡραίων τὰ πλεῖστα τὸν
στόμαχον ἐπὶ τὴν βρῶσιν ἐκκαλεῖσθαι παντὸς μᾶλλον
ὄψου καὶ ἡδύσματος· καὶ γὰρ τοῖς ἀποσίτοις τῶν ἀρρώ-
στων ὀπώρας τι προσενεχθὲν ἀναλαμβάνει τὴν ὄρεξιν.
(6) Ὁ δὲ Λαμπρίας εἶπεν, ὅτι τὸ οἰκεῖον καὶ τὸ σύμ-
40 φυτον θερμὸν ἡμῶν, ᾧ τρέφεσθαι πεφύκαμεν, ἐν μὲν
τῷ θέρει διέσπαρται, καὶ γέγονεν ἀσθενέστερον καὶ μανὸν, ἐν δὲ τῷ φθίνοντι καιρῷ συναγείρεται πάλιν καὶ
ἰσχύει, κατακρυπτόμενον ἐντὸς διὰ τὴν περίψυξιν καὶ

---

odiosum habent : ita venia datur libertati ac dicacitati , si
e re præsenti simpliciter et ingenue nascatur. Si vero
nihil ad sermonem præsentem faciat, sed alienum sit,
simile est insidiis et contumeliæ scomma : (3) quale illud
Timagenis ad maritum mulieris vomere solentis ,

   Mali principium es , ducens *vomitricem hanc* domum

(τήνδ' ἐμοῦσαν, quum poeta dixisset τήνδε Μοῦσαν, *Musam
hanc*); et ad Athenodorum philosophum , an naturalis sit
amor prolis. (4) Quod enim intempestivum est et ad institutum non facit, id malevolentiæ et contumeliæ spéciem
gerit : ac talia qui admittunt, ii ob orationem, rem levissimam, ut ait Plato, gravissimam luunt pœnam. Qui autem
opportunitatem norunt et observant, hi Platoni testimonium
ferunt, qui dextre eruditi atque instituti opus esse ait, eleganter et gratiose jocari.

QUÆSTIO II.

Cur voraciores simus circa finem autumni.

PERSONÆ COLLOQUII.

GLAUCIAS, XENOCLES, LAMPRIAS PLUTARCHUS,
ALII.

1. Eleusine secundum mysteria , vigente tum maxime solemni cœtu, convivium apud Glauciam rhetorem agitabamus.
Ibi quum cœnandi finem alii fecissent, Xenocles Delphus more
suo fratrem nostrum Lampriam scommate ob voracitatem
Bœoticam impetivit. (2) Ego pro illo Xenoclem ultus, qui Epicuri verbis uti solebat, Non enim, aiebam, mi homo, omnes
fines voluptatis extremumque faciunt privationem omnis
doloris. Lampriæ autem, qui Peripatum et Lyceum horto
Epicuri præfert, necesse est Aristoteli testimonium perhibere. (3) Is vero unumquemque se ipso edaciorem esse
circa extremum autumnum asserit; causamque rei apponit,
quam ego non memini. (4) Bene est, inquit Glaucias : ipsi
enim absoluta cœna eam quæremus. (5) Remotis mensis,
Glaucias et Xenocles diversas autumno causas imputaverunt :
ille, quod alvum subducens vacuando corpore subinde novos crearet appetitus, Xenocles, quod maturi plerique fructus acrimonia quadam et vi vellicandi prædíti, stomachum
quovis obsonio atque condimento magis ad cibi appetitionem
provocarent; quando etiam qui inedia laborant, pomo aliquo
gustato concupiscentiam cibi recuperant. (6) Lamprias
autem dixit, innatum nobis calorem, quo alimur, per æstatem dispersum, imbecilliorem esse et rarum : eum autem
sub autumni exitum colligi ac viribus augeri, intus occul-

τὴν πύκνωσιν τοῦ σώματος. (7) Ἐγὼ δὲ, ὑπὲρ τοῦ
μὴ δοκεῖν ἀσύμβολος τοῦ λόγου μετασχεῖν, εἶπον, ὅτι
τοῦ θέρους διψητικώτεροι γινόμεθα, καὶ πλείονι χρώμεθα τῷ ὑγρῷ, διὰ τὸ καῦμα· νῦν οὖν ἡ φύσις ἐν τῇ
μεταβολῇ ζητοῦσα τοὐναντίον, ὥσπερ εἴωθε, πεινητι-
κωτέρους ποιεῖ, καὶ τὴν ξηρὰν τροφὴν τῇ κράσει τοῦ
σώματος ἀνταποδίδωσιν. (8) Οὐ μὴν οὐδὲ τὰ σιτία
φήσαι τις ἂν αἰτίας ἀμοιρεῖν παντάπασιν, ἀλλ' ἐκ νέων
καὶ προσφάτων γενόμενα καρπῶν, οὐ μόνον μάζας καὶ
ὄσπρια, καὶ ἄρτους καὶ πυροὺς, ἀλλὰ καὶ κρέα ζῴων
εὐωχουμένων τὰ ἐπέτεια, τοῖς τε χυμοῖς διαφέρειν τῶν
παλαιῶν, καὶ μᾶλλον ἐπάγεσθαι τοὺς χρωμένους καὶ
ἀπολαύοντας.

ΠΡΟΒΛΗΜΑ Γ.

Πότερον ἡ ὄρνις πρότερον ἢ τὸ ᾠὸν ἐγένετο.

ΠΡΟΣΩΠΑ ΤΟΥ ΔΙΑΛΟΓΟΥ.

ΠΛΟΥΤΑΡΧΟΣ, ΑΛΕΞΑΝΔΡΟΣ, ΣΥΛΛΑΣ, ΦΙΡΜΟΣ,
ΣΟΣΣΙΟΣ ΣΕΝΕΚΙΩΝ, ΑΛΛΟΙ.

I. Ἐξ ἐνυπνίου τινὸς ἀπε[ιχό]μην ᾠῶν πολὺν ἤδη
[χρόνον, οὐ δι' ἑτέραν αἰτίαν αὐτὰ ἀφοσιούμενος, ἀλλὰ
σπουδὴν] παρὰ τοῦτο ποιούμενος, ἐν ᾠῷ καθάπερ ἐν
καρὶ διάπειραν λαβεῖν τῆς ὄψεως ἐναργῶς μοι πολλάκις
γενομένης· (2) ὑπόνοιαν μέντοι παρέσχον ἑστιῶντος
ἡμᾶς Σοσσίου Σενεκίωνος, ἐνέχεσθαι δόγμασιν Ὀρφικοῖς, ἢ Πυθαγορικοῖς, καὶ τὸ ᾠὸν, ὥσπερ ἔνιοι καρδίαν
καὶ ἐγκέφαλον, ἀρχὴν ἡγούμενος γενέσεως ἀφοσιοῦσθαι·
(3) καὶ προύφερεν Ἀλέξανδρος ὁ Ἐπικούρειος ἐπὶ γέλωτι τὸ

Ἴσόν τοι κυάμους ἔσθειν κεφαλάς τε τοκήων,

ὡς δὴ κυάμους τὰ ᾠὰ διὰ τὴν κύησιν αἰνιττομένων τῶν
ἀνδρῶν, διαφέρειν δὲ μηδὲν οἰομένων τὸ ἐσθίειν ᾠὰ τοῦ
χρῆσθαι τοῖς τίκτουσι τὰ ᾠὰ ζῴοις. (4) Ἐγίνετο δὴ τὸ
τῆς αἰτίας ἀπολόγημα τῆς αἰτίας αὐτῆς ἀλογώτερον,
Ἐπικουρείῳ λέγειν ἐνύπνιον. Ὅθεν οὐ παρῃτούμην
τὴν δόξαν ἅμα προσπαίζων τι τῷ Ἀλεξάνδρῳ· καὶ γὰρ
ἦν χαρίεις καὶ φιλόλογος ἐπιεικῶς.

II. * Ἐκ δὲ τούτου τὸ ἄπορον καὶ πολλὰ πράγματα
τοῖς ζητητικοῖς παρέχον εἰς μέσον εἷλκε πρόβλημα περὶ
τοῦ ᾠοῦ καὶ τῆς ὄρνιθος, ὁπότερον γένοιτο πρότερον
αὐτῶν. (2) Καὶ Σύλλας μὲν, ὁ ἑταῖρος, εἰπὼν ὅτι μικρῷ προβλήματι, καθάπερ ὀργάνῳ, μέγα καὶ βαρὺ σα-
λεύομεν, τὸ περὶ τῆς τοῦ κόσμου γενέσεως, ἀπηγόρευσε.
(3) Τοῦ δ' Ἀλεξάνδρου τῆς ζητήσεως, ὡς μηδὲν προσ-
φυὲς φερούσης, καταγελάσαντος, ὁ γαμβρὸς ἡμῶν,
Φίρμος, Ἐμοὶ τοίνυν, ἔφη, χρῆσον ἐν τῷ παρόντι τὰς
ἀτόμους. Εἰ γὰρ τὰ μικρὰ δεῖ στοιχεῖα τῶν μεγάλων
ἀρχὰς ὑποτίθεσθαι, πρῶτον εἰκός ἐστι τὸ ᾠὸν γεγονέναι
τῆς ὄρνιθος· ἔστι γὰρ καὶ ἁπλοῦν, ὡς ἐν αἰσθητοῖς· ποι-

tatum ob frigus circumdatum et densationem corporis. Ego
ne asymbolus interfuisse disputationi viderer, dixi, æstate
nos magis siticulosos esse, plusque humoris sumere ob
æstum : hoc autem tempore naturam in mutatione more suo
contrarium quærentem, nos magis famelicos reddere, ali-
mentumque siccum temperiei corporis reddere. (8) Sed et
cibos non plane causa hujus rei vacare; nam quæ e novis
et recentibus fiunt fructibus, non mazæ modo, legumina,
panes, triticum, sed et carnes animalium quæ natis hoc
anno vescuntur, succis a veteribus differre magisque allicere
vescentes solent.

QUÆSTIO III.

Gallina priusne fuerit, an ovum.

PERSONÆ COLLOQUII.

PLUTARCHUS, ALEXANDER, SYLLA, FIRMUS, SOS-
SIUS SENECIO, ALII.

I. Ex somnio quodam ovorum esu abstinebam jam per
longum tempus; non quod eorum esum ob aliam quoque
causam nefas existimarem, sed quod operæ pretium ducerem, per hanc opportunitatem explorare auctoritatem visionis ejus, sæpius mihi factæ, ejusque periculum in ovo,
tamquam in Care, facere. (2) Attamen, convivium nobis
præbente Sossio Senecione, præsentes in eam venerunt
suspicionem, me Orphicis aut Pythagoricis obnoxium sta-
tutis, quomodo nonnulli cor et cerebrum ut ortus principia, ita ova eandem ob causam abominari : (3) et Alexander Epicureus risus causa protulit versum,

Sive fabam comedas, caput aut genitoris, idem fit;

quasi ova significassent Pythagorici illo versu, dum fabas
cyamos a fœtu dictas nominant, et sentirent perinde esse
vesci ovis, atque animalibus quæ ova gignunt. (4) Jam
causæ defensio erat quam ipsa causa futura absurdior, si
homini Epicureo somnium proposuissem : itaque illam
opinionem per jocum ab Alexandro prolatam non repudia-
vi: erat enim homo elegans, et sic satis litterarum studiosus.

II. Ex illo igitur perplexam is quæstionem illam et multum disputatoribus facessentem negotii in medium protraxit
de ovo et gallina, utrum horum prius exstiterit. (2) Ac
Sylla quidem sodalis noster, fatus nos parva quæstione tanquam instrumento ingentem et gravem de origine mundi
quæstionem subruere, illa desistere se significavit. (3)
Quum autem Alexander quæstionem derideret, ut quæ nihil
ad rem eam faceret, Firmus affinis meus, Ergo, inquit,
in præsentia tuas mihi commoda atomos. Nam si exilia
supponi debent magnis tanquam elementa et principia,
par est, ovum gallina prius fuisse : est enim ovum, ut in
rebus sensilibus, simplex ; magis varia et ex pluribus mixta

κίλον δὲ καὶ μεμιγμένον μᾶλλον ἢ ὄρνις. (4) Καθόλου
δὲ ἡ μὲν ἀρχή, πρῶτον· ἀρχὴ δὲ, τὸ σπέρμα· τὸ δ'
ᾠόν, σπέρματος μὲν πλέον, ζῴου δὲ μικρότερον. Ὡς
γὰρ ἡ προκοπὴ μέσον εὐφυΐας εἶναι δοκεῖ καὶ ἀρετῆς,
οὕτω τὸ ᾠὸν προκοπή τις ἐστὶ τῆς φύσεως ἐπὶ τὸ ἔμψυχον ἀπὸ τοῦ σπέρματος πορευομένης. (5) Ἔτι δὲ,
ὥσπερ ἐν τῷ ζῴῳ πρῶτα γίνεσθαι λέγουσιν ἀρτηρίας
καὶ φλέβας, οὕτω λόγον ἔχει καὶ τοῦ ζῴου τὸ ᾠὸν γεγονέναι πρῶτον, ὡς περιέχον ἐμπεριεχομένου. (6) Καὶ
γὰρ αἱ τέχναι πρῶτον ἀτύπωτα καὶ ἄμορφα πλάττουσιν, εἶτα ὕστερον ἕκαστα τοῖς εἴδεσι διαρθροῦσιν· ἢ Πο-
λύκλειτος ὁ πλάστης εἶπε, χαλεπώτατον εἶναι τὸ ἔργον,
ὅταν ἐν ὄνυχι ὁ πηλὸς γένηται. (7) Διὸ καὶ τῇ φύσει
τὸ πρῶτον εἰκός ἐστιν ἀτρέμα κινούσῃ τὴν ὕλην ἀργο-
τέραν ὑπακούειν, τύπους ἀμόρφους καὶ ἀορίστους ἐκφέ-
ρουσαν, ὥσπερ τὰ ᾠά· μορφουμένων δὲ τούτων καὶ
διαχαρασσομένων, ὕστερον ἐνδημιουργεῖσθαι τὸ ζῷον.
(8) Ὡς δὲ κάμπη γίνεται τὸ πρῶτον, εἶτ' ἐκπαγεῖσα διὰ
ξηρότητα καὶ περιρραγεῖσα, ἕτερον πτερωθὲν δι' αὐτῆς τὴν καλουμένην ψυχὴν μεθίησι, τὸν αὐτὸν τρόπον
ἐνταῦθα προΰφίσταται τὸ ᾠόν, οἷον ὕλη τῆς γενέσεως.
Ἀνάγκη γὰρ ἐν πάσῃ μεταβολῇ πρότερον εἶναι τοῦ μεταβάλλοντος [τὸ] ἐξ οὗ μετέβαλε. (9) Σκόπει δὲ, ὅτι
σκνῖπες ἐν δένδρῳ, καὶ τερηδόνες ἐμφύονται ξύλῳ κατὰ
σῆψιν ὑγρότητος ἢ πέψιν· ὧν οὐδεὶς ἂν ἀξιώσειεν μὴ
προὔποκεῖσθαι μηδὲ πρεσβύτερον εἶναι φύσει τὸ γεννῶν.
(10) Ἡ γὰρ ὕλη λόγον ἔχει πρὸς τὰ γινόμενα μητρός,
ὥς φησι Πλάτων, καὶ τιθήνης· ὕλη δὲ πᾶν, ἐξ οὗ σύστασιν ἔχει τὸ γεννώμενον· τὸ δ' ἐπὶ τούτοις, ἔφη γελάσας,

Ἀείσω ξυνετοῖσι

τὸν Ὀρφικὸν καὶ ἱερὸν λόγον, ὃς οὐκ ὄρνιθος μόνον τὸ
ᾠὸν ἀποφαίνει πρεσβύτερον, ἀλλὰ καὶ συλλαβὼν ἅπασαν αὐτῷ τὴν ἁπάντων ὁμοῦ πρεσβυγένειαν ἀνατίθησι.
(11) Καὶ τἄλλα μὲν εὔστομα κείσθω, καθ' Ἡρόδοτον·
ἔστι γὰρ μυστικώτερα· ζῴων δὲ πολλὰς φύσεις τοῦ
κόσμου περιέχοντος, οὐδὲν, ὡς εἰπεῖν, γένος ἄμοιρόν
ἐστι τῆς ἐξ ᾠοῦ γενέσεως· ἀλλὰ καὶ πτηνὰ γεννᾷ καὶ
νηκτὰ μυρία, καὶ χερσαῖα σαύρας, καὶ ἀμφίβια κρο-
κοδείλους, καὶ δίποδα τὸν ὄρνιν, καὶ ἄποδα τὸν ὄφιν,
καὶ πολύποδα τὸν ἀττέλεβον· (12) ὅθεν οὐκ ἀπὸ τρόπου τοῖς περὶ τὸν Διόνυσον ὀργιασμοῖς, ὡς μίμημα τοῦ
τὰ πάντα γεννῶντος καὶ περιέχοντος ἐν ἑαυτῷ, συγκα-
θωσίωται.

III. Ταῦτα τοῦ Φίρμου διεξιόντος, ὁ Σενεκίων ἔφη,
τὴν τελευταίαν τῶν εἰκόνων αὐτῷ πρώτην ἀντιπίπτειν.
Ἔλαθες γὰρ, εἶπεν, ὦ Φίρμε, τὸν κόσμον ἀντὶ τῆς
παροιμιακῆς θύρας ἐπὶ σεαυτὸν ἀνοίξας. (2) Ὁ γὰρ
κόσμος προὐφέστηκε πάντων, τελειότατος ὤν· καὶ λόγον
ἔχει, τοῦ ἀτελοῦς φύσει πρότερον εἶναι τὸ τέλειον, ὡς
τοῦ πεπηρωμένου τὸ ὁλόκληρον, καὶ τοῦ μέρους τὸ ὅλον·
οὐδὲ γὰρ ἔχει λόγον, εἶναι μέρος, οὗ μέρος ἐστὶ μὴ γε-
γονότος· (3) ὅθεν οὐδεὶς λέγει τοῦ σπέρματος εἶναι τὸν

gallina. (4) Universe autem principium reliquis est prius :
semen vero principium est ; ovum semine amplius, animali
minus est. Ut enim profectus medium est inter indolis bonitatem et virtutem : sic ovum profectus quidam est naturæ
a semine ad animatum corpus proficiscentis. (5) Ad hæc,
sicut in animali aiunt primum nasci arterias et venas : ita
rationi consentaneum est ovum animali prius exstitisse, ut
continens contento. (6) Nam et artes initio rudia fingunt
et informia opera, postmodo singula suis formis concinnan-
tes. Quare etiam Polycletus fictor dixit *opus tunc esse
difficillimum, quum ad unguem exigitur lutum.* (7)
Itaque etiam probabile est, quum natura initio sensim moveat materiem, hanc segnius obtemperantem informia in-
definitaque producere rudimenta, cujusmodi est ovum :
deinde, dum hæc conformentur et affingantur, animal absolvi.
(8) Ut vero primum nascitur eruca, deinde siccitate concre-
scens, tandem rumpitur, atque e se aliud alatum animal
exhibet, quod psyche dicitur, papilionis genus quoddam :
ita hic ovum prius exsistit, tanquam materia ortus. Nam
in omni mutatione necesse est prius re mutata esse id e
quo mutatur. (9) Considera enim scnipes et teredines in
arboribus et lignis innasci, humoris putrefactione aut concoctione : quibus nemo negaverit priorem per suam naturam
esse vim generandi. (10) Nam materia adversum ea quæ
nascuntur rationem habet matris, ut ait Plato, et nutricis :
materia autem omne id est, ex quo constituitur id quod
nascitur. Supra hæc jam, aiebat ridens,

Cantabo gnaris

Orphicam et sacram orationem, quæ non gallina modo antiquius ovum facit, sed ei omnium in universum rerum principem ortum adscribit. (11) Ac de reliquis quidem, quippe
quæ plus habeant mysterii, favebo linguæ, ut cum Herodoto loquar : quum autem varias animalium formas contineat mundus, nullum fere genus expers est originis ex ovo :
sed et volucria gignit, et natantia innumera, et terrestria
ut lacertas, et in aqua terraque degentia ut crocodilos, et
bipeda ut gallinam, et pedibus carentia ut serpentem, et
multis pedibus prædita ut locustam. (12) Ideo haud abs re
ovum in orgiis Bacchicis consecratum est, ut exemplum
omnia gignentis et in se continentis.

III. Hæc ubi Firmus disseruit, Senecio, Atqui, inquit,
eorum quæ tu protulisti exemplorum ultimum primo loco
tibi refragatur : imprudensque adeo, Firme, mundum, loco
ejus quæ in proverbio est januæ, contra te ipsum aperuisti.
(2) Mundus enim primo omnium exstitit, utpote perfectis-
simus : quippe rationi congruit perfectum imperfecto prius
esse natura, ut mutilato integrum, parte totum. Neque
rationi congruit, partem esse, quum id cujus pars est, non
sit ortum. (3) Unde nemo dicit hominem seminis esse, aut

ἄνθρωπον, οὐδὲ τοῦ ᾠοῦ τὴν ἀλεκτορίδα· * τῆς δ' ἀλε-
κτορίδος τὸ ᾠὸν εἶναι, καὶ τὸ σπέρμα τοῦ ἀνθρώπου
λέγομεν, ὡς τούτων ἐπιγινομένων ἐκείνοις, καὶ τὴν
γένεσιν ἐν ἐκείνοις λαμβανόντων, εἶτα ὥσπερ ὄφλημα
τῇ φύσει τὴν γένεσιν ἀποδιδόντων. (4) Ἐνδεᾷ γὰρ
ἐστι τοῦ οἰκείου· διὸ καὶ βούλεσθαι ποιεῖν πέφυκεν
ἄλλο τοιοῦτον, οἷον ἦν ἐξ οὗ ἀπεκρίθη. Καὶ τὸν
σπερματικὸν λόγον ὁρίζονται, γόνον ἐνδεᾶ γενέσεως·
ἐνδεὲς δὲ οὐδέν ἐστι τοῦ μὴ γενομένου, μηδ' ὄντος· τὰ
δ' ᾠὰ καὶ παντάπασι βλέπεται τὴν φύσιν ἔχοντα τῆς
ἔν τινι ζῴῳ πήξεως καὶ συστάσεως, ὀργάνων τε τοιούτων καὶ ἀγγείων δεομένην. (5) Ὅθεν οὐδὲ ἱστόρηται
γηγενὲς ᾠόν· ἀλλὰ καὶ τὸ Τυνδάρειον οἱ ποιηταὶ λέγουσιν οὐρανοπετὲς ἀναφ[αν]ῆναι. (6) Ζῷα δ' αὐτοτελῆ καὶ ὁλόκληρα μέχρι νῦν ἀναδίδωσιν ἡ γῆ,
μῦς ἐν Αἰγύπτῳ, πολλαχοῦ δ' ὄφεις, καὶ βατράχους, καὶ τέττιγας, ἀρχῆς ἔξωθεν ἑτέρας καὶ δυνάμεως
ἐγγενομένης. Ἐν δὲ Σικελίᾳ περὶ τὸν δουλικὸν πόλεμον, αἵματος πολλοῦ καὶ νεκρῶν ἀτάφων ἐν τῇ γῇ
κατασαπέντων, πλῆθος ἀττελέβων ἐξήνθησε, καὶ τὸν
σῖτον ἔφθειρον πανταχοῦ σκεδασθέντες ἐπὶ τὴν νῆσον.
(7) Ταῦτα τοίνυν ἐκ γῆς φύεται καὶ τρέφεται, καὶ τροφῆς περίσσωμα ποιεῖ γόνιμον, ᾧ καθ' ἡδονὰς πρὸς ἄλληλα τρέπεται, καὶ συνδυαζόμενα τῇ μίξει, τὰ μὲν
ᾠοτοκεῖν, τὰ δὲ ζῳοτοκεῖν πέφυκε. (8) Καὶ τούτῳ μάλιστα δῆλόν ἐστιν, ὅτι τὴν πρώτην γένεσιν ἐκ γῆς λαβόντα, καθ' ἕτερον τρόπον ἤδη καὶ δι' ἀλλήλων ποιεῖται τὰς τεκνώσεις. (9) Καθόλου δὲ ὅμοιόν ἐστι τῷ
λέγειν, πρὸ τῆς γυναικὸς ἡ μήτρα γέγονεν. Ὡς γὰρ ἡ
μήτρα πρὸς τὸ ᾠόν, οὕτω πάλιν τὸ ᾠὸν πρὸς τὸν νεοσσὸν
πέφυκε, κυόμενον ἐν αὐτῷ καὶ λοχευόμενον· ὥστε μηδὲν διαφέρειν τὸν διαποροῦντα, πῶς ὄρνιθες ἐγένοντο
μὴ γενομένων ᾠῶν, τοῦ πυνθανομένου, πῶς ἄνδρες ἐγένοντο καὶ γυναῖκες, πρὶν αἰδοῖα γενέσθαι καὶ μήτρας.
(10) Καίτοι τῶν μερῶν τὰ πλεῖστα συνυφίσταται τοῖς
ὅλοις· αἱ δὲ δυνάμεις ἐπιγίνονται τοῖς μέρεσιν, αἱ δ'
ἐνέργειαι ταῖς δυνάμεσι, τὰ δ' ἀποτελέσματα ταῖς ἐνερ-
γείαις· ἀποτέλεσμα δὲ τῆς γεννητικῆς τῶν μορίων δυνάμεως, τὸ σπέρμα, καὶ τὸ ᾠόν· ὥστε τῆς τῶν ὅλων
καθυστερεῖν γενέσεως. (11) Σκόπει δὲ, μή, καθάπερ οὐ δυνατόν ἐστι πέψιν τροφῆς εἶναι, πρὶν ἢ
γενέσθαι ζῷον, οὕτως οὐδ' ᾠὸν οὐδὲ σπέρμα· καὶ γὰρ
ταῦτα πέψεσί τισι καὶ μεταβολαῖς ἐπιγενέσθαι ἔοικεν·
καὶ οὐχ οἷόν τε, πρὶν ἢ γενέσθαι ζῷον, ἔχειν ζῴου τροφῆς περίττωμα τὴν φύσιν. (12) Οὐ μὴν ἀλλὰ τὸ
σπέρμα μὲν ἀμωσγέπως ἀρχῆς τινος ἀντιποιεῖται, τὸ
δ' ᾠὸν οὔτ' ἀρχῆς ἔχει λόγον, οὐ γὰρ ὑφίσταται πρῶ-
τον· οὔτε ὅλου φύσιν, ἀτελὲς γάρ ἐστιν. (13) Ὅθεν
ἀρχῆς μὲν ἄνευ γεγονέναι ζῷον οὐ λέγομεν, ἀρχὴν δ'
εἶναι ζῳογονίας, ὑφ' ἧς πρῶτον ἡ ὕλη μετέβαλε, δυνάμεως κρᾶσίν τινα καὶ μῖξιν ἐνεργασαμένης γόνιμον·
τὸ δ' ᾠὸν ἐπιγέννημα εἶναι, καθάπερ τὸ αἷμα καὶ τὸ
γάλα, τοῦ ζῴου μετὰ τροφὴν καὶ πέψιν. (14) Οὐ γὰρ
ὦπται συνιστάμενον ᾠὸν ἐκ τῆς ἰλύος, ἀλλ' ἐν μόνῳ

ovi gallinam : sed contra ovum gallinæ, semen hominis, dicimus; quod ista ex his sint, inque iis nascantur, ortumque
deinde suum naturæ tanquam debitum reddant. (4) Deest
enim iis quod ipsorum naturæ est proprium : itaque a natura habent, ut aliquid simile ejus, unde excreta sunt, efficere velint : et Seminalem Rationem definiunt, genituram
ortu indigentem : nihil autem eo indiget, quod non sit neque exstiterit. Ova autem planissime videmus naturam
habere cujusdam in animali concretionis et coitionis, quæ
talibus instrumentis et vasis indigeat. (5) Hinc est quod
nullum ovum e terra editum memoratur : atque illud Tyn-
dareum de cœlo delapsum poetæ fabulantur. (6) Animalia
autem perfecta et integra hodieque terra parit; mures in
Ægypto, passim serpentes et ranas et cicadas, extrinsecus
alio principio aliaque vi accidente. *(7) In Sicilia autem sub*
servile bellum, quum sanguinis multum et insepulta cadavera computruissent in terra, copia bruchorum erupit, qui
per totam dispersi insulam frumentum ubique corruperunt.
(8) Hæc ergo e terra nascuntur et aluntur, et genitabile faciunt cibi abundans excrementum, quo incitantur ad mutuam invicem voluptatem, qua unum cum altero coit animal, et corpus miscet; indeque alia ova, alia vivos edunt
partu fœtus. (9) Eoque maxime liquet animalia e tellure
orta primum, jam porro alio modo et invicem coeundo sobolem propagare. Denique tota hæc quæstio talis est, ac
si dicas matricem fuisse ante mulierem. Sicut enim matrix ad
ovum, ita se rursus ovum habet ad pullum qui in eo conceptu
ad partum reservatur : ut nihil jam differat dispiciens quomodo gallinæ ante ova fuerint, ab eo qui inquirat quomodo
mares et feminæ exstiterint, priusquam penes exstarent et
vulvæ. (10) Et vero pleræque partium una cum totis subsistunt, facultates partibus inhærent, actiones facultatibus comitantur, effecta actionibus : effectum autem facultatis pro-
generandi partium ad hoc destinatarum est semen et ovum :
ut omnino necesse sit hæc totius ortum tempore subsequi.
(11) Sed et hoc perpende, an non, sicut concoctio alimenti
nulla fieri potest nondum nato animali, ita ne semen quidem
possit, aut ovum : etenim hæc concoctionibus quibusdam et
mutationibus confici apparet : neque fieri ullo modo potest,
ut alimenti abundantiam natura nondum nato animali habeat.
(12) Ceterum semen utcunque principii naturam sibi vindicat; ovum obtinere principii rationem non potest; non enim
primum subsistit; neque totius obtinet naturam, quum sit
imperfectum. (13) Itaque absque principio animal nasci
non dicimus; sed principium vivi fœtus edendi esse, quum
facultas, a qua primum mutata fuerit materies, eidem temperiem quandam et mixtionem fœtificam indiderit. Ovum
porro, itidem ut sanguinem et lac, esse ex eorum numero
quæ animali post nutritionem et concoctionem supernascun-
tur. (14) Nunquam enim visum est ovum, quod e cœno esset

ζώῳ τοῦτο τὴν σύστασιν ἔχει καὶ γένεσιν· ζῷα δὲ καθ᾽
αὐτὰ μυρία συνίσταται. (15) Καὶ τί δεῖ λέγειν τἄλλα;
πολλῶν γὰρ ἐγχέλεων ἁλισκομένων, οὐδεὶς ἑώρακεν οὔτε
θορὸν, οὔτ᾽ ᾠὸν ἔγχελυν ἔχουσαν· ἀλλὰ κἂν τὸ ὕδωρ τις
ἐξαρύσῃ καὶ τὴν ἰλὺν ἀναξύσῃ πᾶσαν, εἰς τὸν τόπον
ὕδατος συῤῥυέντος ἐγχέλεις ζῳογονοῦνται. [(16) Δεῖ οὖν
ὕστερον ἀνάγκη γεγονέναι τὸ θατέρου δεόμενον πρὸς
γένεσιν· ᾧ δὲ καὶ νῦν θατέρου χωρὶς ἄλλως ὑπάρχει
συνίστασθαι, τοῦτο προτερεῖν τῇ ἀρχῇ τῆς γενέσεως·
(17) περὶ ἐκείνης γάρ ἐστι τῆς πρώτης ὁ λόγος· ἐπεὶ νῦν
γε καὶ νεοττιὰς συντίθησι τὰ πτηνὰ πρὸ τῆς ᾠοτοκίας,
καὶ σπάργανα παρασκευάζουσιν αἱ γυναῖκες· * ἀλλ᾽ οὐκ
ἂν εἴποις, καὶ νεοττιὰν ᾠοῦ γεγονέναι πρότερον, καὶ
σπάργανα, παίδων. (18) Οὐ γὰρ γῆ, φησὶν ὁ Πλάτων,
γυναῖκα, γῆν δὲ γυνὴ μιμεῖται, καὶ τῶν ἄλλων θήλεων
ἕκαστον. (19) Διὸ πρώτην γένεσιν εἰκός ἐστιν ἐκ γῆς
τελειότητι καὶ ῥώμῃ τοῦ γεννῶντος αὐτοτελῆ καὶ ἀπροσ-
δεῆ γενέσθαι, τοιούτων ὀργάνων καὶ στεγασμάτων
καὶ ἀγγείων μὴ δεομένην, ἃ νῦν ἡ φύσις ἐν τοῖς τίκτουσιν ἐργάζεται καὶ μηχανᾶται δι᾽ ἀσθένειαν.

———

ΠΡΟΒΛΗΜΑ Δ.

Εἰ πρεσβύτατον ἡ πάλη τῶν ἀγωνισμάτων.

ΠΡΟΣΩΠΑ ΤΟΥ ΔΙΑΛΟΓΟΥ.

ΣΩΣΙΚΛΗΣ, ΛΥΣΙΜΑΧΟΣ, ΠΛΟΥΤΑΡΧΟΣ, ΦΙΛΙΝΟΣ.

1. Σωσικλέα τὸν Κορωνῆθεν, Πυθίοις νενικηκότα
ποιητὰς, εἱστιῶμεν τὰ ἐπινίκια· τοῦ δὲ γυμνικοῦ ἀγῶνος
ἐγγὺς ὄντος, ὁ πλεῖστος ἦν λόγος περὶ τῶν παλαιστῶν·
πολλοὶ γὰρ ἐτύγχανον ἀφιγμένοι καὶ ἔνδοξοι. (2) Παρὼν
οὖν ὁ Λυσίμαχος, εἷς τῶν Ἀμφικτυόνων ἐπιμελητὴς,
ἔναγχος ἔφη γραμματικοῦ τινος ἀκοῦσαι τὴν πάλην
ἀρχαιοτέραν ἀθλημάτων πάντων ἀποφαίνοντος, ὡς καὶ
τοὔνομα μαρτυρεῖν· ἐπιεικῶς γὰρ ἀπολαύειν τὰ νεώτερα
πράγματα κειμένων ἐν τοῖς παλαιοτέροις ὀνομάτων·
(3) ὥς που καὶ τὸν αὐλὸν ἡρμόσθαι λέγουσι, καὶ κρούματα τὰ αὐλήματα καλοῦσιν, ἀπὸ τῆς λύρας λαμβάνοντες τὰς προσηγορίας· τὸν οὖν τόπον, ἐν ᾧ γυμνάζονται
πάντες οἱ ἀθληταὶ, παλαίστραν καλοῦσι, τῆς πάλης
τοὔνομα κτησαμένης τὸ πρῶτον, εἶτα καὶ τοῖς αὖθις
ἐφευρεθεῖσιν ἐμπαρασχεῖν· (4) Τοῦτο ἔφην ἐγὼ τὸ
μαρτύριον οὐκ ἰσχυρὸν εἶναι· κεκλῆσθαι γὰρ ἀπὸ τῆς
πάλης τὰς παλαίστρας, οὐχ ὅτι πρεσβύτατόν ἐστι τῶν
ἄλλων, ἀλλ᾽ ὅτι μόνον τῶν τῆς ἀγωνίας εἰδῶν πηλοῦ
καὶ κονίστρας καὶ κηρώματος τυγχάνει δεόμενον· οὔτε
γὰρ δρόμον, οὔτε πυγμὴν ἐν παλαίστραις διαπονοῦσιν,
ἀλλὰ πάλην καὶ παγκρατίου τὸ περὶ τὰς κυλίσεις· ὅτι
γὰρ μέμικται τὸ παγκράτιον ἔκ τε πυγμῆς καὶ πάλης,
δῆλον. (5) Ἄλλως δὲ, πῶς, ἔφην, λόγον ἔχει, τεχνικώ-
τατον καὶ πανουργότατον τῶν ἀθλημάτων τὴν πάλην

concretum? sed in solo animali coit atque nascitur: at enim
innumera animalia in cœno nascuntur. (15) Et quid de aliis
dicendum est? tam multis captis anguillis nemo unquam
vidit genitale semen aut ovum anguillæ: sed etiam si quis
omnem exhauriat aquam, omnem limum, nihilominus,
aqua in locum istum denuo confluente, anguillæ nascentur.
(16) Necesse est igitur posterius id nasci, quod ad sui ortum
alio indiget: prius vero id exsistere, quod nasci absque alterius adminiculo etiam hodie potest. (17) De hac enim
prima generatione est quæstio. Nam nunc quidem nidos
conficiunt aves priusquam ova ponant, et mulieres cuna-
bula antequam pariant: non tamen avibus nidos, cunas infantibus priores exstitisse dixeris. (18) Non enim terra,
inquit Plato, mulierem, sed mulier terram imitatur, et alia
feminei sexus. (19) Proinde probabile est primum ortum
ex terra gignentis perfectione ac robore absolutum fuisse,
nihilque indigentem hujusmodi instrumentis, receptaculis,
et vasis, qualia nunc ob imbecillitatem natura parat atque
machinatur parientibus.

———

QUÆSTIO IV.

An lucta sit certaminum vetustissimum.

PERSONÆ COLLOQUII.

SOSICLES, LYSIMACHUS, PLUTARCHUS, PHILINUS.

1. Sosiclem Coronensem, qui Pythia vicerat, prælatus
reliquis poetis, nos gratulatorio ob victoriam convivio ex-
cepimus. Quum autem instaret certamen gymnicum,
plurimus fuit sermo de luctatoribus: nam multi ac nobiles
advenerant. (2) Aderat tum Lysimachus, unus de Amphictyonum procuratoribus. Is aiebat nuper se grammaticum
audivisse, qui luctam omnium certaminum esse antiquissimum pronunciaret, idque ipsius vocabuli testimonio con-
firmaret: solere enim recentiores plerumque res nominibus illis affici, quæ essent antiquiorum: (3) quomodo
etiam a lyra ad tibiam essent contentionis et pulsationis
verba translata: locum porro ubi omnes athletæ exerce-
rentur, palæstram appellari, a pale (id est lucta) nomen
primo adeptum, quod deinde etiam recens inventis accommodatum fuerit. (4) Id sane, inquam ego, testimonium
est parum firmum. Nam palæstra a *pale* dicta fuit, non
quod lucta antiquissimum de certaminibus esset; sed quod
ex omnibus certaminum formis ea sola luto, pulvere ac ceromate indiget: nam neque cursum, neque pugillationem in
palæstra elaborant; sed solam luctam et pancratii partem
eam quæ versatur in volutationibus: liquet enim pancra-
tium e lucta et pugillatione esse compositum. (5) Alioquin
etiam rationi qui sit, inquam, conveniens, luctam, quæ
certaminum est artificiosissimum et versutissimum, simul

οὖσαν, ἅμα καὶ πρεσβύτατον εἶναι; τὸ γὰρ ἁπλοῦν καὶ
ἄτεχνον, καὶ βίᾳ μᾶλλον ἢ μεθόδῳ περαινόμενον, αἱ
χρεῖαι πρῶτον ἐκφέρουσιν. (6) Ἐμοῦ δὲ ταῦτ' εἰπόντος, ὁ Σωσικλῆς, Ὀρθῶς, ἔφη, λέγεις, καὶ συμβάλλο-
μαί σοι πίστιν ἀπὸ τοῦ ὀνόματος· ἡ γὰρ πάλη μοι δοκεῖ
τῷ παλεύειν, ὅπερ ἐστὶ δι' ἀπάτης καὶ δόλου καταβάλλειν, κεκλῆσθαι. (7) Καὶ ὁ Φιλῖνος, Ἐμοὶ δέ, εἶπεν,
ἀπὸ τῆς παλαιστῆς· τούτῳ γὰρ μάλιστα τῷ μέρει τοῖν
χειροῖν ἐνεργοῦσιν οἱ παλαίοντες, ὥσπερ οἱ πυκτεύοντες
αὖ πάλιν τῇ πυγμῇ· διὸ κἀκεῖνο πυγμή, καὶ τοῦτο πάλη
προσηγόρευται τὸ ἔργον. (8) Οὐ μὴν ἀλλὰ καὶ τὸ
συμπάσαι τῶν ποιητῶν καὶ καταπάσαι παλῦναι λεγόντων, ᾧ μάλιστα χρωμένους τοὺς παλαιστὰς ὁρῶμεν,
ἔστι καὶ ταύτῃ προσάγειν τὴν ἐτυμότητα τοῦ ὀνόματος.
(9) Σκόπει δ' ἔτι, εἶπε, μὴ τοῖς μὲν δρομεῦσιν ἔργον
ἐστὶν ὅτι πλεῖστον ἀπολιπεῖν καὶ πορρωτάτω διαστῆναι,
τοὺς δὲ πύκτας οὐδὲ πάνυ βουλομένους ἐῶσιν οἱ βρα-
βευταὶ συμπλέκεσθαι· μόνους δὲ τοὺς παλαιστὰς ὁρῶμεν ἀλλήλους ἀγκαλιζομένους καὶ περιλαμβάνοντας· καὶ
τὰ πλεῖστα τῶν ἀγωνισμάτων, ἐμβολαὶ, παρεμβολαί,
συστάσεις, παραθέσεις, συνάγουσιν αὐτούς, καὶ ἀναμι-
γνύουσιν ἀλλήλοις. Διὸ τῷ πλησιάζειν μάλιστα καὶ
γίνεσθαι πέλας, οὐκ ἄδηλόν ἐστι τὴν πάλην ὠνομάσθαι.

ΠΡΟΒΛΗΜΑ Ε.

Διὰ τί τῶν ἀθλημάτων Ὅμηρος πρῶτον ἀεὶ τάττει τὴν
πυγμήν, εἶτα τὴν πάλην, καὶ τελευταῖον, τὸν δρόμον.

ΠΡΟΣΩΠΑ ΤΟΥ ΔΙΑΛΟΓΟΥ.

ΛΥΣΙΜΑΧΟΣ, ΚΡΑΤΗΣ, ΤΙΜΩΝ, ΠΛΟΥΤΑΡΧΟΣ.

I. Ῥηθέντων δὲ τούτων, καὶ τὸν Φιλῖνον ἡμῶν ἐπαινεσάντων, αὖθις ὁ Λυσίμαχος ἔφη· Ποῖον οὖν φαίη τις
ἂν τῶν ἀγωνισμάτων γεγονέναι πρῶτον, ἢ τὸ στάδιον,
ὥσπερ Ὀλυμπιάσιν [* * *] (2) Ἐνταῦθα δὲ παρ' ἡμῖν
καθ' ἕκαστον ἄθλημα τοὺς ἀγωνιζομένους εἰσάγουσιν
ἐπὶ παισὶ παλαισταῖς ἄνδρας παλαιστάς, καὶ πύκτας
ἐπὶ πύκταις, ὁμοίως καὶ παγκρατιαστάς· ἐκεῖ δὲ, ὅταν
οἱ παῖδες διαγωνίσωνται, τότε τοὺς ἄνδρας καλοῦσι. (3)
Σκόπει δὲ μὴ μᾶλλον, ἔφη, τὴν κατὰ χρόνον τάξιν
Ὅμηρος ἀποδείκνυσι· πρῶτον γὰρ ἀεὶ πυγμὴ παρ' αὐτῷ,
δεύτερον πάλη, καὶ τελευταῖον ὁ δρόμος τῶν γυμνικῶν
ἀεὶ τέτακται. (4) Θαυμάσας οὖν Μενεκράτης ὁ Θεσ-
σαλός, Ὦ Ἡράκλεις, εἶπεν, ὅσα λανθάνει ἡμᾶς· εἰ δέ
τινα τῶν ἐπῶν ἐστί σοι πρόχειρα γνώμης, μὴ φθονή-
σῃς ἀναμνῆσαι. (5) Καὶ ὁ Τίμων, Ἀλλ' ὅτι μὲν, εἶπεν,
αἱ Πατρόκλου ταφαὶ ταύτην ἔχουσι τῶν ἀγωνισμάτων
τὴν τάξιν, ἅπασιν, ὡς ἔπος εἰπεῖν, ἔναυλόν ἐστι. (6)
Διατηρῶν δὲ τὴν τάξιν ὁμαλῶς ὁ ποιητὴς, τὸν μὲν
Ἀχιλλέα λέγοντα τῷ Νέστορι πεποίηκε·

> Δίδωμι δέ σοι τόδ' ἄεθλον
> αὔτως· οὐ γὰρ πύξ γε μαχήσεαι, οὐδὲ παλαίσεις,
> οὐδέ τ' ἀκοντιστὺν ἐνδύσεαι, οὐδὲ πόδεσσι
> θεύσεαι·

---

etiam vetustissimum haberi? id nimirum usus vitæ necessarii primo proferunt, quod simplicissimum et artis expers,
vi magis quam artificio conficiatur. (6) Hæc me locuto,
Sosicles, Recte, inquit, dicis; tuoque dicto fidem conciliabo
e nominis significatione : *pale* enim mihi videtur dicta a
verbo παλεύειν, quod dolo et fraude dejicere notat. (7) Mihi
vero, inquit Philinus, a palmo, qui *palæsta* Græcis est,
pale nomen habere videtur : hac enim maxime manuum
parte agunt luctantes, ut pugno pugiles : unde hæ res, altera pugilatus, altera luctatio appellatæ. (8) Quinetiam
quum poetis sit παλύνειν aliquid corpori inspergere et appli-
care, et maxime luctatores videamus hoc facere, inde licebit vocabuli originem repetere. (9) Hoc quoque, aiebat,
vide an non a *pelas*, quod Prope significat, rectius *palen*
deducamus : nam cursoribus quum hoc sit propositum,
quam longissime avelli et distare invicem; pugilibus autem
ne admodum quidem cupientibus arbitri certaminum per-
mittant ut se mutuo complectantur : solos luctatores videmus mutuis complexibus sese devincire, et concertationis
majorem partem variæ miscendis atque constringendis invicem corporibus peragi. Quoniam igitur quam maxime
prope (*pelas*) sibi fiant luctatores; hinc non obscura nominis *pale* origo.

QUÆSTIO V.

*Cur inter certamina Homerus semper primo loco pu-
gillationem, proximo luctam, ultimo cursum recenseat.*

PERSONÆ COLLOQUII.

LYSIMACHUS, CRATES, TIMON, PLUTARCHUS.

I. His dictis quum Philinum nos laudavissemus, rursum
Lysimachus, Quod ergo, inquit, certamen dicemus primum
fuisse, aut stadium, ut apud Olympiam * * * (2) Hic enim
apud nos in singulis concertationibus introducunt post pueros luctatores viros luctaturos, et pugilibus sufficiunt pugiles, itidemque pancratiastis pancratiastas : ibi autem
quando decertaverunt pueri, viros vocant. (3) Immo, inquit
Timon, vide ne ratione temporis potius ordo certaminum
demonstretur nobis ab Homero. Apud eum enim gymnico-
rum semper primo pugillatio, deinde lucta, postremo cursus refertur. (4) Ibi Menecrates Thessalus, hoc admiratus,
Dii boni, ait, quanta ignoramus : sed si in promtu habes
aliquos in hanc sententiam versus, quæso haud gravate eos
nobis subjicias. (5) Ad hæc Timon, Funebria, inquit, Patrocli certamina fuisse eo quem dixi ordine instituta,
omnium fere aures etiamnum personat. (6) Sed ordinem
hunc poeta æquabiliter servans, Achillem fecit sic Nestori
dicentem,

> Ego hoc te munere gratis
> afficio : neque enim pugnis, lucta, jaculove
> certabis, cursuve :

(7) τὸν δὲ πρεσβύτην ἐν τῷ ἀποκρίνεσθαι παραδολεσχοῦντα γεροντικῶς, ὅτι

    Πὺξ μὲν ἐνίκησα Κλυτομήδεα, Οἴνοπος υἱὸν,
    Ἀγκαῖον δὲ πάλῃ Πλευρώνιον,
5   Ἴφικλον δὲ πόδεσσι παρέδραμον·

(8) αὖθις δὲ τὸν μὲν Ὀδυσσέα τοὺς Φαίακας προκαλούμενον,

    Ἢ πὺξ, ἠὲ πάλῃ, ἢ καὶ ποσίν·

τὸν δ' Ἀλκίνουν ὑποτιμώμενον,

10   Οὐ γὰρ πυγμάχοι εἰμὲν ἀμύμονες, οὐδὲ παλαισταί,
    ἀλλὰ ποσὶ κραιπνοῖς θέομεν·

(9) ὡς οὐ κατὰ τύχην ἐκ τοῦ παρισταμένου τῇ τάξει χρώμενος ἄλλοτε ἄλλως, ἀλλὰ τοῖς εἰθισμένοις τότε καὶ δρωμένοις κατὰ νόμον ἐπακολουθῶν· ἑδρᾶτο δὲ οὕ-
15 τως, τὴν παλαιὰν ἔτι τάξιν αὐτῶν διαφυλαττόντων.

II. Παυσαμένου δὲ τοῦ ἀδελφοῦ, τἄλλα μὲν ἔφην ἀληθῶς λέγεσθαι, τὴν δ' αἰτίαν τῆς τάξεως οὐκ ἐπενόουν. (2) Ἐδόκει δὲ καὶ τῶν ἄλλων τισὶ μὴ πιθανὸν εἶναι τὸ πυκτεύειν καὶ παλαίειν πρότερον ἐν ἀγῶνι
20 [γεγονέναι] καὶ ἅμιλλῃ τοῦ τροχάζειν, καὶ παρεκάλουν ἐξάγειν εἰς τὸ ἀνώτερον. (3) Ἔφην δ' ἐκ τοῦ παραστάντος, ὅτι ταῦτά μοι πάντα μιμήματα δοκεῖ καὶ γυμνάσματα τῶν πολεμικῶν εἶναι. (4) Καὶ γὰρ ὁπλίτης ἐπὶ πᾶσιν εἰσάγεται, μαρτυρούμενος ὅτι τοῦτο τὸ τέ-
25 λος ἐστὶ τῆς σωμασκίας καὶ τῆς ἁμίλλης· καὶ τὸ τοῖς νικηφόροις [εἰσ]ελαύνουσι τῶν τειχῶν ἐφίεσθαι μέρος διελεῖν καὶ καταβάλλειν, τοιαύτην ἔχει διάνοιαν, ὡς οὐ μέγα πόλει τειχῶν ὄφελος ἄνδρας ἐχούσῃ μάχεσθαι δυναμένους καὶ νικᾷν. (5) Ἐν δὲ Λακεδαίμονι τοῖς
30 νενικηκόσι στεφανίτας ἀγῶνας, ἐξαίρετος ἦν ἐν ταῖς παρατάξεσι χώρα, περὶ αὐτὸν τὸν βασιλέα τεταγμένους μάχεσθαι· καὶ τῶν ζῴων μόνῳ τῷ ἵππῳ μετουσία στεφάνου καὶ ἀγῶνός ἐστιν, ὅτι μόνος καὶ πέφυκε καὶ ἤσκηται μαχομένοις παρεῖναι καὶ συμπολεμεῖν. (6)
35 Εἰ δὲ δὴ ταῦτα λέγεται μὴ κακῶς, ἤδη σκοπῶμεν, ἔφην, ὅτι τῶν μαχομένων πρῶτον ἔργον ἐστὶ τὸ πατάξαι καὶ φυλάξασθαι, δεύτερον δὲ, συμπεσόντας ἤδη καὶ γενομένους ἐν χερσίν, ὠθισμοῖς τε χρῆσθαι καὶ περιτροπαῖς ἀλλήλων, ᾧ δὴ μάλιστά φασιν ἐν Λεύκτροις τοὺς
40 Σπαρτιάτας ὑπὸ τῶν ἡμετέρων, παλαιστρικῶν ὄντων, καταβιβασθῆναι· (7) διὸ καὶ παρ' Αἰσχύλῳ τις τῶν πολεμικῶν * ὀνομάζεται

    Βριθὺς, ὁπλιτοπάλας·

καὶ Σοφοκλῆς εἴρηκέ που περὶ τῶν Τρώων, ὡς

45   Φίλιπποι καὶ κερουλκοί,
    σὺν σάκει δὲ κωδωνοκρότῳ παλαισταί·

καὶ μὴν ἐπὶ πᾶσί γε τὸ τρίτον ἐστί, νικωμένους φεύγειν, ἢ διώκειν νικῶντας. (8) Εἰκότως οὖν ἡ πυγμὴ προῆγε, δευτέραν δ' εἶχεν ἡ πάλη τάξιν, καὶ τελευταίαν
50 ὁ δρόμος· ὅτι πυγμὴ μέν ἐστι μίμημα πληγῆς καὶ φυλακῆς, πάλη δὲ συμπλοκῆς καὶ ὠθισμοῦ, δρόμῳ δὲ μελετῶσι φεύγειν καὶ διώκειν.

---

(7) senem autem inter respondendum senili more garriendo eum confundentem,

    Nam pugil OEnopidem pugilem Clytomedea vici :
    Ancæus lucta Pleuronius est mihi stratus :
    Iphiclus cursu victus ;

(8) rursus Ulyssem introducit, Phæaces provocantem ad concertandum

    Pugnis, vel lucta, vel cursu denique,

quibus Alcinous hæc obtendit,

    Non etenim pugiles sumus hic, luctæve periti
    sed pedibus celeres :

(9) ut appareat poetam non forte fortuna alias alio ordine usum pro eo atque in buccam venisset, sed ea secutum esse quæ tum legibus aut more receptum erat agi : sic autem agebatur, quum adhuc priscus ordo conservaretur.

II. Quum finisset orationem frater, dixi ego reliqua sane mihi vera videri, sed causam ejus ordinis non exputabam. (2) Sed et reliquorum nonnullis parum probabile visum fuit, de pugillatione et lucta prius, quam de cursu fuisse institutum certamen, et abs me contenderunt, ut rem ego altius repeterem. (3) Dixi ergo, ut tum mihi ad animum accidebat, videri mihi hæc omnia imitationes exercitationesque rerum esse bellicarum. (4) Etenim postremo semper loco gravis armaturæ introducitur certamen, quod argumento est hunc esse finem exercitationis ac certaminis : et, quod triumphantibus permittitur ut partem muri demoliantur, hunc habet sensum, urbi murorum non esse magnum usum, viris præditæ pugnandi vincendique gnaris : (5) et Lacedæmone is, qui coronarium certamen vicisset, eximium in acie locum habebat, ut propter ipsum regem stans pugnaret : solus quoque omnium animalium equus in partem certaminum et coronarum venit, quia solus natura et exercitatione factus est ut in prœlii discrimine homini adsit. (6) Quæ si non perperam dicuntur, jam hoc, inquam, consideremus, eorum qui pugnant, primum opus esse ferire et ictus evitare; secundum, ubi jam congressi manus conserunt, invicem trudere et subvertere adversarium, qua re maxime aiunt apud Leuctra Spartanos a nostris, palæstricæ quippe peritis, fuisse oppressos : (7) ideoque etiam quidam apud Æschylum bellicosus appellatur

    Acer, et in rigidis gnarus luctarier armis :

ac Sophocles alicubi de Trojanis ait, eos esse

    equites, sagittas arcu gnaros tendere
    et tinniente cum scuto luctarier ;

tertium, vel fugere si vincantur, vel insequi victos. (8) Ergo haud abs re pugillatio primum habebat locum, secundum lucta, tertium cursus. Est enim pugillatio ictus et declinationis imitatio, lucta complexus et pulsationis, cursu discunt fugere et persequi.

ΠΡΟΒΛΗΜΑ ϛ.

Διὰ τί πεύκη καὶ πίτυς, καὶ τὰ ὅμοια τούτοις οὐκ ἐνοφθαλμιάζεται.

ΠΡΟΣΩΠΑ ΤΟΥ ΔΙΑΛΟΓΟΥ.

ΣΩΚΛΑΡΟΣ, ΚΡΑΤΩΝ, ΦΙΛΩΝ.

I. Σώκλαρος ἑστιῶν ἡμᾶς ἐν κήποις ὑπὸ τοῦ Κηφισοῦ ποταμοῦ περιῤῥεομένοις, ἐπεδείκνυτο δένδρα παντοδαπῶς πεποικιλμένα τοῖς λεγομένοις ἐνοφθαλμισμοῖς· καὶ γὰρ ἐκ σχίνων ἐλαίας ἀναβλαστανούσας ἑωρῶμεν, 5 καὶ ῥοιὰς ἐκ μυῤῥίνης· ἦσαν δὲ καὶ δρύες ἀπίους ἀγαθὰς ἐκφέρουσαι, καὶ πλάτανοι μηλέων δεδεγμέναι, καὶ συκαῖ μορέων ἐμβολάδας, ἄλλαι τε μίξεις φυτῶν κεκρατημένων ἄχρι καρπογονίας. (2) Οἱ μὲν οὖν ἄλλοι πρὸς τὸν Σώκλαρον ἔπαιζον, ὡς τῶν ποιητικῶν σφιγ-10 γῶν καὶ χιμαιρῶν τερατωδέστερα γένη καὶ θρέμματα βόσκοντα· Κράτων δὲ προὔβαλεν ἡμῖν διαπορῆσαι περὶ τῆς αἰτίας, δι' ἣν μόνα τῶν φυτῶν τὰ ἐλαιώδη δέχεσθαι τὰς τοιαύτας ἐπιμιξίας οὐ πέφυκεν· οὔτε γὰρ κῶνον, οὔτε κυπάριττον, ἢ πίτυν, ἢ πεύκην, ἐκτρέφου-15 σάν τι τῶν ἑτερογενῶν ὁρᾶσθαι.

II. Ὑπολαβὼν δὲ Φίλων ἔφη, Λόγος τις ἐστὶν, ὦ Κράτων, παρὰ τοῖς σοφοῖς, βεβαιούμενος ὑπὸ τῶν γεωργικῶν. Τὸ γὰρ ἔλαιον εἶναί φασι τοῖς φυτοῖς πολέμιον, καὶ τάχιστ' ἂν ἀπολέσθαι φυτὸν ὃ βούλοιο, χριόμενον 20 ἐλαίῳ, καθάπερ τὰς μελίττας. (2) Τὰ δ' εἰρημένα δένδρα πίονα καὶ πεπείραν ἔχει τὴν φύσιν, ὥστε πίσσαν ἀποδακρύειν καὶ ῥητίνην· ὅταν δὲ πληγῇ, ταῖς διακοπαῖς ὥσπερ οἴκοθεν ἰχῶρας συνάγει· ἥ τε δᾲς αὐτῶν ἐλαιηρὰν ἀφίησιν ἰκμάδα, καὶ περιστίλβει τὸ λιπαρὸν 25 αὐτῇ· διὸ καὶ πρὸς τὰ ἄλλα γένη δυσμίκτως ἔχει, καθάπερ αὐτὸ τὸ ἔλαιον. (3) Παυσαμένου δὲ τοῦ Φίλωνος, ὁ μὲν Κράτων ᾤετο καὶ τὴν τοῦ φλοιοῦ φύσιν πρὸς τοῦτο συνεργεῖν· λεπτὸν γὰρ ὄντα καὶ ξηρὸν οὐ παρέχειν ἕδραν οὐδ' ἐμβίωσιν τοῖς ἐνθεμένοις, ὥσπερ τὰ φλοιώδη 30 καὶ νοτερὰ καὶ τὰ μαλακὰ τοῖς ὑπὸ τὸν φλοιὸν ὄντα μέρεσι προσδεχομένοις περιπτύσσεσθαι κολλώμενον.

III. Αὐτὸς δὲ Σώκλαρος ἔφη, καὶ ταῦτα λέγοντα μὴ κακῶς προσεννοεῖν, ὅτι δεῖ τὸ δεχόμενον ἑτέραν φύσιν, εὐτρεπτον εἶναι, ἵνα κρατηθὲν ἐξομοιωθῇ καὶ 35 μεταβάλλῃ τὴν ἐν ἑαυτῇ τροφὴν πρὸς τὸ ἐμφυτευόμενον. (2) Καὶ γὰρ τὴν γῆν προδιαλύομεν καὶ μαλάσσομεν, ἵνα κοπεῖσα μεταβάλῃ δι' εὐπάθειαν, καὶ ἅψηται τῶν ἐμφυτευομένων· ἡ γὰρ ἀτενὴς καὶ σκληρὰ δυσμετάβλητος. (3) Ταῦτα δὲ τὰ δένδρα κοῦφα τοῖς ξύλοις 40 ὄντα κρᾶσιν οὐ ποιεῖ, διὰ τὸ μὴ κρατεῖσθαι μηδὲ μεταβάλλειν. (4) Ἔτι δὲ, εἶπεν, οὐκ ἄδηλον ὅτι δεῖ πρὸς τὸ ἐμφυτευόμενον χώρας λόγον ἔχειν τὸ δεξόμενον· τὴν δὲ χώραν δεῖ θήλειαν ἔχειν καὶ γόνιμον· ὅθεν τὰ πολυκαρπότατα τῶν φυτῶν * * ἐκλεγόμενοι παραπη-45 γνύουσιν, ὥσπερ γυναιξὶ * * γαλακτούσαις ἕτερα [[βρέφη]] προσβάλλοντες. (5) Πεύκην δὲ καὶ κυπάριττον, καὶ

QUÆSTIO VI.

Cur picea, pinus, earumque similes arbores inoculationem non admittant.

PERSONÆ COLLOQUII.

SOCLARUS, CRATO, PHILO.

I. Soclarus convivium nobis præbens in hortis quos Cephisus amnis circumfluit, demonstrabat arbores omnis generis insitionibus, quas vocant inoculationes, varie exornatas. Vidimus enim e lentisco oleam pullulantem, et e myrto malum Punicam; erant etiam quercus pira bona ferentes, et platani malorum surculos, ficus mori germina quæ excepissent, aliæque stirpes inter se permixtæ, tantum quod non fructum ferrent. (2) Alii ergo Soclarum jocose incessabant quod genera et plantas poeticis sphingibus et chimæris monstrosiores aleret: Crato autem nobis ad disquirendum proposuit, quidnam esset causæ, quod eæ solæ stirpes quæ oleosæ sunt, hanc permistionem non admittant: neque enim videri coniferam pinum, nec cupressum, aut pinum aut piceam, quæ quicquam diversi generis aleret.

II. Ejus verba excipiens Philo, Est, inquit, mi Crato, ratio hac de re apud doctos, quam agricultura confirmat. Aiunt enim oleum esse plantis inimicum: et celerrime perire stirpem quamcunque voles, si inungatur oleo, sicut et apes. (2) Dictæ autem arbores pingues sunt, ac natura ita ad humorem coquuntur maturanturque, ut picem quoque et resinam lacriment, et ictæ humorem ex se ipsæ sponte colligant in vulneribus apertis: quin et tæda earum liquorem emittit oleosum, et pinguedo ejus renitet. Inde est, quod, olei in morem, cum diversi generis rebus permixtionem non recipiunt. (3) Postquam suum sermonem absolvit Philo, Crato dixit etiam corticis naturam, sua quidem sententia, ad hoc conferre aliquid: qui ob suam tenuitatem atque siccitatem iis quæ inseruntur sedem atque firmam inolescendi facultatem non præbeat: verum hoc faciunt corticosa et humido nec nimis denso prædita libro, quæ insitam propaginem facile receptam suo sibi humore agglutinant.

III. Ad hæc Soclarus, Hæc qui dicit, neque id perperam, etiam hoc reputare potest, id quod capax alienæ debet esse naturæ, oportere esse mutatu facile; ut superatum alterius qualitatibus assimiletur, nutrimentumque suum mutare possit ita, ut insito congruat. (2) Etenim aliquid consituri, terram ante diluere solemus atque emollimus, ut diffissa eo promtius, ob facilitatem percipiendi affectiones, amplectatur ea quæ inserimus: quum dura et rigida mutationi non sit apta. (3) Istæ autem de quibus sermo est, arbores, quum lignis levibus sint præditæ, temperamentum non admittunt, neque subigi se aut mutari patiuntur. (4) Jam ne hoc quidem, aiebat, obscurum est, debere id quod in se recipiat, ad id quod inseratur, rationem loci habere: loci autem natura feminea ut sit et fœcunda, requiri. Itaque stirpium eas quæ fructus sunt feracissimæ infigunt; tanquam mulieribus lacte abundantibus alios infantes lactandos si subjicerent. (5) Piceam autem, et cupressum, et alias id

τὰ τοιαῦτα πάντα, γλίσχρα καὶ ἀγενῆ τοῖς καρποῖς ὁρῶμεν. (6) * Ὥσπερ γὰρ οἱ πολυσαρκίᾳ κεχρημένοι καὶ ὄγκῳ, ὡς ἐπὶ τὸ πλεῖστον ἄτεκνοι· τὴν γὰρ τροφὴν εἰς τὸ σῶμα καταναλίσκοντες, οὐ ποιοῦσιν ἐξ αὐτῆς περίττωμα σπερματικόν· οὕτω τὰ τοιαῦτα δένδρα τῆς τροφῆς ἀπολαύοντα, πάσης εἰς αὐτὰ δαπανωμένης, εὐσωματεῖ τοῖς μεγέθεσι καὶ αὐξάνεται, καρπὸν δὲ τὰ μὲν οὐ φέρει, τὰ δὲ φέρει μικρὸν καὶ συντελούμενον βραδέως· (7) ὥστ' οὐ δεῖ θαυμάζειν, εἰ μὴ φύεται τἀλλότριον, ἐν ᾧ κακῶς τρέφεται καὶ τὸ οἰκεῖον.

genus arbores cernimus omnino parce ac maligne fructum ferre. (6) Sicut enim qui mole carnis graves sunt, ii plerumque prolem non procreant, consumto in ipsum corpus alimento ita, ut nihil genitalis excrementi relinquatur : ita istiusmodi arbores nutrimentum omne in se absumentes, in magnitudinem excrescunt amplam : fructum autem vel non ferunt, vel exiguum, et qui tarde perficiatur : (7) ut mirum non sit si alienum in eo non nascitur, in quo etiam proprium quod est, ægre alitur.

ΠΡΟΒΛΗΜΑ Ζ.

Περὶ τῆς ἐχενηίδος.

ΠΡΟΣΩΠΑ ΤΟΥ ΔΙΑΛΟΓΟΥ.

ΧΑΙΡΗΜΟΝΙΑΝΟΣ, ΠΛΟΥΤΑΡΧΟΣ, ΑΛΛΟΙ.

I. Χαιρημονιανὸς ὁ Τραλλιανός, ἰχθυδίων ποτὲ παντοδαπῶν παρατεθέντων, ἓν ἐπιδείξας ἡμῖν ὀξὺ τῷ κεφαλίῳ καὶ πρόμηκες, ἔλεγε τούτῳ προσεοικέναι τὴν ἐχενηίδα· (2) θεάσασθαι γὰρ πλέων ἐν τῷ Σικελικῷ, καὶ θαυμάσαι τὴν δύναμιν, οὐκ ὀλίγην βραδυτῆτα καὶ διατριβὴν παρὰ τὸν πλοῦν ἀπεργασαμένης τῆς ἐχενηίδος, ἕως ὑπὸ τοῦ πρωρέως ἑάλω προσεχομένη τῷ τοίχῳ τῆς νεὼς ἔξωθεν. (3) Ἦσαν μὲν οὖν οἱ καταγελῶντες τοῦ Χαιρημονιανοῦ, ὡς πλάσμα μυθῶδες παραδεδεγμένου καὶ ἄπιστον· ἦσαν δὲ καὶ οἱ τὰς ἀντιπαθείας θρυλοῦντες, καὶ ἄλλα πολλὰ ἀντιπαθόντα ἦν ἀκούειν· (4) ὅτι μαινόμενον ἐλέφαντα καταπαύει κριὸς ὀφθείς· ἔχιδναν δέ, φηγοῦ κλώνιον ἐὰν προσαγάγῃς καὶ θίγῃς, ἵστησιν· ἄγριος δὲ ταῦρος ἀτρεμεῖ καὶ πραΰνεται συκῇ προσδεθείς· τὸ δ' ἤλεκτρον πάντα κινεῖ καὶ προσάγεται τὰ κοῦφα, πλὴν ὠκίμου καὶ τῶν ἐλαίῳ βρεχομένων· ἡ δὲ σιδηρῖτις λίθος οὐκ ἄγει τὸν σίδηρον, ἂν σκορόδῳ χρισθῇ. (5) Τούτων γὰρ ἐμφανῆ τὴν πεῖραν ἐχόντων, χαλεπὸν εἶναι τὴν αἰτίαν, εἰ μὴ καὶ παντελῶς ἀδύνατον, καταμαθεῖν.

II. Ἐγὼ δὲ τοῦτο μὲν ἔφην ἀπόδρασιν εἶναι τῆς ἐρωτήσεως μᾶλλον, ἢ τῆς αἰτίας ἀπόδοσιν. Σκοπῶμεν δέ, εἶπον, ὅτι πολλὰ συμπτώματα ἔχοντα [ἐπακολούθη]σιν, αἰτιῶν λαμβάνει δόξαν οὐκ ὀρθῶς· (2) ὅμοιον ὡς εἴ τις οἴοιτο, τῇ ἀνθήσει τοῦ ἄγνου πεπαίνεσθαι τὸν τῆς ἀμπέλου καρπόν, ὅτι δή, τοῦτο τὸ λεγόμενον,

ἡ ἄγνος ἀνθεῖ, χὠ βότρυς πεπαίνεται·

ἢ τοῖς ἐπὶ τῶν λύχνων φαινομένοις μύκησι συγχεῖσθαι καὶ συννεφεῖν τὸ περιέχον· καὶ τὴν γρυπότητα τῶν ὀνύχων, αἴτιον, ἀλλὰ μὴ συμβεβηκός, εἶναι τοῦ περὶ σπλάγχνον ἕλκους. (3) Ὥσπερ οὖν τούτων ἕκαστον ἐπακολούθημα τοῦ πάθους ἐστὶν ἐκ τῶν αὐτῶν γεννώμενον αἰτιῶν, οὕτως, ἔφην ἐγώ, μίαν αἰτίαν εἶναι, δι'

QUÆSTIO VII.

De remora pisce.

PERSONÆ COLLOQUII.

CHÆREMONIANUS, PLUTARCHUS, ALII.

I. Chæremonianus Trallianus aliquando, quum omnis generis pisciculi fuissent propositi, unum ex iis ostendens nobis acuto capite et prælongum, huic similem dicebat esse piscem, quem a detinenda nave echeneidem Græci, Latini remoram appellant. (2) Aiebatque eum piscem se vidisse, quum mare Siculum navigaret, admiratumque fuisse ejus vim, quum navigationi is haud exiguam tarditatem moramque injecisset : donec tandem a proreta captus fuit, exteriori parieti navis adhærescens. (3) Non defuerunt qui Chæremonianum riderent, ut qui fabulosum et incredibile commentum pro re vera accepisset. Erant etiam qui naturales illas rerum dissensiones (antipathias vocant) jactarent, et multa hujus generis commemorarent. (4) Nimirum enim elephantem furentem conspecto ariete iñsania solvi; viperam sisti, si fagi termite admoto eam contigeris : taurum agrestem ficui alligatum quiescere : succinum omnia levia ad se trahere, ocimo excepto et iis quæ oleo sunt imbuta : magnetem allio inunctum ferrum non trahere. (5) Quorum omnium quum manifesta sit experientia, causam tamen si non prorsus nefas, saltem difficile esse scire.

II. Hoc vero, inquam ego, subterfugere disquisitionem est, non causam rei exponere. Id autem consideremus, multa accidentia esse, quæ non recte, pro causis tamen habentur : (2) perinde ac si quis existimet viticis flore fructum vitis maturescere, quoniam ita vulgo dicitur,

Florente vitice maturescit uvula;

aut propter fungos qui in lucernis concrescunt, confundi et nubibus cogi aerem; aut aduncos ungues causam esse, non accidens, ulcere affecti visceris. (3) Sicut ergo istorum unumquodque affectioni comitatur, ab iisdem ortum causis : ita una etiam causa est cur navis et tardius eat, et

ἢν βραδέως τε πλεῖ καὶ προσάγεται τὴν ἐχενηΐδα τὸ πλοῖον· (4) ξηρᾶς μὲν γὰρ οὔσης καὶ [μὴ] σφόδρα βαρείας ὑγρότητι τῆς νεὼς, εἰκὸς ὑπολισθαίνουσαν ὑπὸ κουφότητος τῇ θαλάττῃ τὴν τρόπιν διαλαβεῖν τὸ κῦμα [ξύ]λῳ καθαρῷ διαι[ρούμενον καὶ] ἀφιστάμενον εὐπετῶς· ὅταν δὲ νοτερὰ σφόδρα καὶ διάβροχος οὖσα φυκία τε πολλὰ καὶ βρυώδεις ἐπιπάγους προσάγηται, τοῦ τε ξύλου τὸν τόμον ἀμβλύτερον ἴσχει, τό τε κῦμα τῇ γλισχρότητι προσπῖπτον, οὐ ῥᾳδίως ἀπολύεται. (5) Διὸ καὶ παραψήχουσι τοὺς τοίχους, τὰ βρύα καὶ τὰ φυκία τῶν ξύλων ἀποκαθαίροντες, οἷς εἰκός ἐστι τὴν ἐχενηΐδα προσισχομένην ὑπὸ τῆς γλισχρότητος, αἴτιον τῆς βραδυτῆτος, ἀλλ' οὐκ ἐπακολούθημα τοῦ τὴν βραδυτῆτα ποιοῦντος αἰτίου, νομισθῆναι.

ΠΡΟΒΛΗΜΑ Η.

Διὰ τί τοὺς λυκοσπάδας ἵππους θυμοειδεῖς εἶναι λέγουσιν.

ΠΡΟΣΩΠΑ ΤΟΥ ΔΙΑΛΟΓΟΥ.

ΠΛΟΥΤΑΡΧΟΣ, Ο ΠΑΤΗΡ ΑΥΤΟΥ, ΑΛΛΟΙ.

1. Ἵππους λυκοσπάδας οἱ μὲν ἀπὸ τῶν χαλινῶν τῶν λύκων ἔφασαν ὠνομάσθαι, διὰ τὸ θυμοειδὲς καὶ δυσκάθεκτον, οὕτω σωφρονιζομένους. (2) Ὁ δὲ πατὴρ ἡμῶν ἥκιστα * περὶ τὰς ἰσηγορίας αὐτοσχέδιος ὢν, καὶ κεχρημένος ἀεὶ κρατιστεύουσιν ἵπποις, ἔλεγε, τοὺς ὑπὸ λύκων ἐπιχειρηθέντος ἐν πώλοις, ἄνπερ ἐκφύγωσιν, ἀγαθοὺς μὲν ἀποβαίνειν καὶ ποδώκεις, καλεῖσθαι δὲ λυκοσπάδας. (3) Ταῦτα δὲ πλειόνων μαρτυρούντων αὐτῷ, ἀπορίαν αἰτίας παρεῖχε, δι' ἣν τὸ σύμπτωμα τοῦτο θυμικωτέρους καὶ γοργοτέρους ποιεῖ τοὺς ἵππους. (4) Καὶ ὁ μὲν πλεῖστος ἦν λόγος τῶν παρόντων, ὅτι φόβον τὸ πάθος, οὐ θυμὸν, ἐνεργάζεται τοῖς ἵπποις, καὶ γινόμενοι ψοφοδεεῖς καὶ πρὸς ἅπαν εὐπτόητοι, τὰς ὁρμὰς ὀξυρρόπους καὶ ταχείας ἴσχουσιν, ὥσπερ τὰ λινόπληκτα τῶν θηρίων. (5) Ἐγὼ δὲ σκοπεῖν ἔφην χρῆναι, μὴ τοὐναντίον ἐστὶ τοῦ δοκοῦντος· οὐ γὰρ γίνεσθαι δρομικωτέρους τοὺς πώλους, ὅταν ἐκφύγωσι τὰς βλάβας τῶν θηρίων ἐπιχειρηθέντες, ἀλλ' οὐκ ἂν ἐκφυγεῖν, εἰ μὴ φύσει θυμικοὶ καὶ ταχεῖς ἦσαν· οὔτε γὰρ τὸν Ὀδυσσέα γενέσθαι φρόνιμον ὑπεκδράντα τοῦ Κύκλωπος, ἀλλ', ὅτι τοιοῦτος ἦν, ὑπεκδρᾶναι.

ΠΡΟΒΛΗΜΑ Θ.

Διὰ τί τὰ λυκόβρωτα τῶν προβάτων, τὸ κρέας μὲν γλυκύτερον, τὸ δὲ ἔριον φθειροποιὸν ἴσχει.

ΠΡΟΣΩΠΑ ΤΟΥ ΔΙΑΛΟΓΟΥ.

ΠΑΤΡΟΚΛΙΑΣ, ΟΙ ΠΡΟΤΕΡΟΝ.

1. Μετὰ τοῦτο περὶ τῶν λυκοβρώτων ἐζητεῖτο προ-

---

remoram adsciscat. (4) Quum enim sicca sit navis nec admodum gravis humore probabile est sublabentem mari carinam levitate sua secare fluctum puro ligno divisum facile et cedentem : quando autem admodum madida algam multam et muscum concretum attrahit, tunc et ligni in secando mari ictum jam obtusiorem inhibet, et fluctus accidens ob lentorem suum non facile delabitur. (5) Itaque etiam parietes navium detergent, muscum e t algam a lignis dimoventes; inter quæ quum etiam remora adhærescat ob lentorem, consentaneum est causam tarditatis, non consectarium causæ tarditatem efficientis creditam fuisse.

QUÆSTIO VIII.

Cur equos lycospades dicunt feroces esse.

PERSONÆ COLLOQUII.

PLUTARCHUS, PATER EJUS, ALII.

1. Equos lycospades sunt qui a frenis, quæ lupata dicuntur, appellatos putent, ob ferociam et contumaciam sic domitos. (2) At pater noster, minime ex tempore loqui solitus quum æqua omnibus potestas esset, et qui semper usus esset præstantissimis equis, equos aiebat quos etiamnum pullos adorti essent lupi, si effugissent, bonos evadere et cursu veloces, ac dici *lycospadas* (quasi tractos a lupis). (3) Ejus rei quum testimonium ipsi complures dedissent, causa, cur iste casus ferociores alacrioresque faceret equos, hinc in quæstionem venit. (4) Plerique hanc afferebant rationem, metum isto eventu, non ferociam indi equo : proinde quum essent facti meticulosi et qui facile quamvis ad rem paverent, celeriter et subito sese incitare, in morem ferarum aliquando cassibus ictarum. (5) Ego autem considerandum dixi, numnam contrarium magis sit verum; neque ideo agiliores fiant pulli, quod effugissent vim adorientium bestiarum; sed nunquam eam fuerint evitaturi, nisi celeres essent et feroces. Non enim Ulyssem eo factum prudentem quia Cyclopem effugisset, sed ideo effugisse, quia erat prudens.

QUÆSTIO IX.

Quare ovis a lupo morsæ caro sit suavior, lana autem pediculos gignat.

PERSONÆ COLLOQUII.

PATROCLIAS, PRIORES.

1. Secundum hæc quæstio de morsis a lupo ovibus incidit,

βάτων, ἃ λέγεται τὸ μὲν κρέας γλυκύτατον παρέχειν, τὸ δ᾽ ἔριον φθειροποιόν. (2) Οὐ φαύλως οὖν ἐδόκει Πατροκλίας ὁ γαμβρὸς ἐπιχειρεῖν περὶ τῆς γλυκύτητος, ὡς τοῦ θηρίου τῷ δήγματι τὴν σάρκα τακερὰν ποιοῦντος· καὶ γὰρ εἶναι τὸ πνεῦμα τοῦ λύκου περίθερμον οὕτω καὶ πυρῶδες, ὥστε τὰ σκληρότατα τῶν ὀστῶν ἐν τῇ κοιλίᾳ τήκειν καὶ καθυγραίνειν· διὸ καὶ σήπεσθαι τὰ λυκόβρωτα τῶν ἄλλων τάχιον. (3) Περὶ δὲ τῶν ἐρίων διηποροῦμεν, μήποτ᾽ οὐ γεννᾷ τοὺς φθεῖρας, ἀλλ᾽ ἐκκαλεῖται τραχύτητός τινος ἀμυκτικῆς ἢ θερμότητος ἰδιότητι, διακρίνοντα τὴν σάρκα· ταύτην δὲ τοῖς ἐρίοις τὴν δύναμιν ἐγγίνεσθαι πρὸς τὸ τοῦ λύκου δῆγμα, καὶ τὸ πνεῦμα μεταβάλλοντος ἄχρι τῶν τριχῶν τοῦ σφαττομένου. (4) Καὶ συνεβάλλετο τῷ λόγῳ πίστιν ἡ ἱστορία· τῶν γὰρ κυνηγῶν καὶ τῶν μαγείρων ἐπιστάμεθα τοὺς μὲν μιᾷ πληγῇ καταβάλλοντας, ὥστ᾽ ἀπνευστὶ τὰ πληγέντα κεῖσθαι, τοὺς δὲ πολλαῖς μόγις καὶ χαλεπῶς ἀναιροῦντας· ὃ δὲ τούτου θαυμασιώτερόν ἐστι, τοὺς μὲν τοιαύτην ἐνιέντας μετὰ τοῦ σιδήρου τῷ τιτρωσκομένῳ δύναμιν, ὥστε ταχὺ σήπεσθαι καὶ μηδὲ πρὸς μίαν ἡμέραν ἀντέχειν, τοὺς δ᾽ ἀποκτείναντας μὲν οὐ βράδιον ἐκείνων, οὐδὲν δὲ τοιοῦτο γινόμενον περὶ τὴν σάρκα τῶν σφαγέντων, ἀλλ᾽ ἐπὶ χρόνον διαμένουσαν. (5) Ὅτι δὲ καὶ κατὰ τὰς σφαγὰς καὶ τοὺς θανάτους τῶν ζῴων μεταβολαὶ μέχρι δερμάτων καὶ τριχῶν καὶ ὀνύχων διατείνουσιν, ἀποδηλοῦν εἴωθε τῷ λέγειν καὶ Ὅμηρος ἐπὶ τῶν δερμάτων καὶ τῶν ἱμάντων, ὅτι φησὶν ἱμᾶς « βοὸς ἶφι κταμένοιο· » τῶν γὰρ μὴ νόσῳ μηδὲ γήρᾳ διαλυομένων, ἀλλ᾽ ὑπὸ σφαγῆς, εὔτονον τὸ δέρμα καὶ στιφρὸν γίνεσθαι· τὰ δὲ ὑπὸ θηρίων δηχθέντα, καὶ τοὺς ὄνυχας μελαίνεσθαι, καὶ τριχορροεῖν, καὶ τοῖς δέρμασι φλιδᾶν καὶ ῥακοῦσθαι.

ΠΡΟΒΛΗΜΑ I.

Πότερον οἱ παλαιοὶ βέλτιον ἐποίουν πρὸς μερίδας, ἢ οἱ νῦν ἐκ κοινοῦ δειπνοῦντες.

ΠΡΟΣΩΠΑ ΤΟΥ ΔΙΑΛΟΓΟΥ.

ΠΛΟΥΤΑΡΧΟΣ, ΑΓΙΑΣ.

I. Ὅτε τὴν ἐπώνυμον ἀρχὴν ἦρχον οἴκοι, τὰ πλεῖστα τῶν δείπνων δαῖτες ἦσαν, ἐν ταῖς θυσίαις ἑκάστῳ μερίδος ἀποκληρουμένης· (2) ὃ τισὶ μὲν ἤρεσκε θαυμαστῶς· οἱ δὲ ὡς ἀκοινώνητον καὶ ἀνελεύθερον ψέγοντες, ᾤοντο δεῖν ἅμα τῷ καταθέσθαι τὸν στέφανον ἐπὶ τὴν συνήθη δίαιταν αὖθις μεθαρμόσασθαι τὰς τραπέζας. (3) Οὐ γὰρ τοῦ φαγεῖν, * ὁ Ἁγίας ἔφη, χάριν οὐδὲ τοῦ πιεῖν, ἀλλὰ τοῦ συμπιεῖν καὶ συμφαγεῖν, ὡς ἐγᾦμαι, καλοῦμεν ἀλλήλους, ἡ δ᾽ εἰς μερίδας αὕτη κρεωδαισία τὴν κοινωνίαν ἀναιροῦσα, πολλὰ δεῖπνα ποιεῖ καὶ πολλοὺς δειπνοῦντας, οὐδένα δὲ σύνδειπνον οὐδενὸς, ὅταν ὥσπερ ἀπὸ κρεωπωλικῆς τραπέζης σταθμῷ λα-

quæ dicuntur carnem habere dulcissimam, lanam pediculos gignentem. (2) Non inepte autem visus est Patroclias affinis noster de dulcedine ratiocinari, carnem morsu ejus feræ colliquari : esse enim spiritum lupi adeo fervidum et ignitum, ut ossa etiam durissima in ventre colliquet atque emolliat; atque ideo a lupis morsa celerius quam alia liquescere. (3) De lana autem dubitatum fuit, an fortasse ea non generet pediculos, sed evocet proprietate quadam asperitatis incidentis aut caloris, dum carnem discernit : hanc autem vim lanæ conciliari morsu lupi, qui spiritum jugulati ad crines usque mutet. (4) Et historia fidem huic rationi fecit. Novimus enim venatores et coquos, alteros uno ictu feram sternere, ut dejecta absque spiratione jaceat : alteros ægre multis ictibus occidere : et, quod magis mirum sit, alteros eam vim cum ferro indere vulneri, ut mox putrescant ac ne unum quidem diem se a putredine defendant; alteros quum minime tardius interficiant quam illi, tamen nihil tale in carnem inferre, sed eam diu manere integram. (5) Quod autem jugulatio et mors animali mutationem afferat, quæ ad cutem usque, capillos unguesque pertineat, id Homerus quoque declarare solebat, de cute et loro dicens, « bovis, qui vi jugulatus : » quæ enim animalia non morbo neque senectute dissolvuntur, sed jugulantur, eorum pellis valida est et densa : quæ autem a feris mordentur, eorum et ungues denigrantur, et capilli defluunt, et pelles laxæ fiunt ac ruptu faciles.

QUÆSTIO X.

Veteresne rectius fecerint qui in conviviis suam cuique portionem tribuerunt, an qui nunc in commune præbent.

PERSONÆ COLLOQUII.

PLUTARCHUS, HAGIAS.

I. Quo tempore in patria eum magistratum gessi, qui ab imperando *imperium*, Græce *arche* dicitur; in sacrificiis pleræque cœnæ ita agitabantur, ut sua cuivis portio tribueretur. (2) Id quum nonnullis impense probaretur, fuerunt qui a communione alienum dicerent atque illiberale, putarentque ubi primum deposita esset corona, debere mensas ad pristinum morem reformari. (3) Non enim edendi, aiebat Hagias, et bibendi gratia, sed compotandi, puto, et una edendi gratia nos invicem vocamus : at ista carnium in portiones divisio sublata communione multas facit cœnas, multos cœnantes, neminem alterius convivam; quando veluti a lanii mensa pondere acceptam quivis partem sibi pro-

6ῶν ἕκαστος μοῖραν ἑαυτῷ πρόθηται. (4) Καίτοι τίνα ἔχει διαφοράν, κύλικα καταστήσαντα τῶν κεκλημένων ἑκάστῳ, καὶ χοῦν ἐμπλησάμενον οἴνου καὶ τράπεζαν ἰδίαν, ὥσπερ οἱ Δημοφωντίδαι τῷ Ὀρέστῃ λέγονται πίνειν κελεῦσαι μὴ προσέχοντα τοῖς ἄλλοις· ἢ τοῦτο, ὅπερ νῦν γίνεται, κρέας προθέμενον καὶ ἄρτον, ὥσπερ ἐκ φάτνης ἰδίας ἕκαστον εὐωχεῖσθαι; πλὴν ὅτι μὴ πρόσκειται σιωπῆς ἡμῖν ἀνάγκη, καθάπερ τοῖς τὸν Ὀρέστην ξενίζουσιν. (5) Ἀλλὰ καὶ τοῦτο ἴσως αὐτὸ πρὸς τὴν ἁπάντων κοινωνίαν ἐκκαλεῖται τοὺς συνόντας, ὅτι καὶ λόγῳ κοινῷ πρὸς ἀλλήλους χρώμεθα καὶ ᾠδῇ, ψαλτρίας τε τερπούσης καὶ αὐλητρίδος ὁμοίως μετέχομεν· καὶ ὁ κρατὴρ οὗτος ὅρον οὐκ ἔχων ἐν μέσῳ πρόκειται, πηγὴ φιλοφροσύνης ἄφθονος καὶ μέτρον ἔχουσα τῆς ἀπολαύσεως τὴν ὄρεξιν· οὐχ ὥσπερ ἡ τοῦ κρέως καὶ τοῦ ἄρτου μερὶς ἀδικωτάτη μέτρῳ καλλωπίζεται τῷ ἴσῳ πρὸς ἀνίσους· τὸ γὰρ αὐτὸ τῷ μικροῦ δεομένῳ πλέον ἐστί, τῷ δὲ μείζονος, ἔλαττον. (6) Ὥσπερ οὖν, ὦ ἑταῖρε, [ὁ] κάμνουσι πολλοῖς ἴσα φάρμακα μέτροις ἀκριβέσι καὶ σταθμοῖς διανέμων, παγγέλοιος, οὕτω τοιοῦτος ἑστιάτωρ οἷος ἀνθρώπους οὔτε διψῶντας ὡσαύτως οὔτε πεινῶντας εἰς ταὐτὸ συναγαγὼν, ἀπὸ τῶν ἴσων θεραπεύειν ἅπαντας, ἀριθμητικῶς, οὐ γεωμετρικῶς, ὁρίζων τὸ [μέτριον καὶ] δίκαιον. (7) Εἰς καπήλου μὲν οὖν φοιτῶμεν ἑνὶ χρώμενοι μέτρῳ τῷ δημοσίῳ πάντες· ἐπὶ δείπνῳ δὲ ἕκαστος ἰδίαν ἥκει γαστέρα κομίζων, ἣν οὐ τὸ ἴσον, ἀλλὰ τὸ ἀρκοῦν ἐμπίπλησι. (8) Τὰς δὲ Ὁμηρικὰς ἐκείνας δαῖτας οὐ χρὴ μεταφέρειν ἐκ τῶν στρατιωτικῶν καὶ παρεμβολικῶν ἐνταῦθα δείπνων, ἀλλὰ μᾶλλον τὴν τῶν παλαιῶν φιλανθρωπίαν ζηλοῦν, οὐ μόνον ὁμεστίους οὐδὲ ὁμωροφίους, ἀλλὰ καὶ ὁμοχοίνικας καὶ ὁμοσίτους, τῷ πᾶσαν σέβεσθαι κοινωνίαν, ἐν τιμῇ τιθεμένους. (9) Τὰ μὲν οὖν Ὁμήρου δεῖπνα χαίρειν ἐῶμεν· ὑπολιμώδη γάρ ἐστι καὶ διψαλέα καὶ τοὺς ἑστιάρχας βασιλεῖς ἔχοντα τῶν Ἰταλικῶν δεινοτέρους καπήλων· ὥστε παρὰ τὰς μάχας, ἐν χερσὶ τῶν πολεμίων ὄντων, ἀπομνημονεύειν ἀκριβῶς, πόσον ἕκαστος τῶν δεδειπνηκότων παρ' αὐτοῖς πέπωκε. (10) Τὰ δὲ Πινδαρικὰ βελτίω δήπουθεν, ἐν οἷς « ἥρωες αἰδοίαν ἐμίγνυντ' ἀμφὶ τράπεζαν θαμά, » τῷ κοινωνεῖν ἁπάντων ἀλλήλοις. (11) Ἐκεῖνο γὰρ ἦν οἷον ἀνάμιξις ἀληθῶς καὶ σύγκρασις· τοῦτο [δὲ] διαίρεσις καὶ διαβολὴ τῶν φιλτάτων εἶναι δοκούντων, ὡς μηδ' ὄψου κοινωνεῖν δυναμένων.

II. Ἐπὶ τούτοις εὐδοκιμήσαντι τῷ Ἁγίᾳ παρώξυνάν με ἐπιθέσθαι. Ἔλεγον οὖν, [οὐ] ξένον τι πεπονθέναι πάθος Ἁγίαν, εἰ τὴν ἴσην μερίδα λαμβάνων δυσκολαίνει, γαστέρα φορῶν τηλικαύτην (καὶ γὰρ αὐτὸς εἶναι τῶν ἀδδηφαγίᾳ χαιρόντων)· ἐν γὰρ ξυνῷ ἰχθύϊ ἄκανθαι οὐκ ἔνεισιν, ὥς φησιν ὁ Δημόκριτος. (2) Ἀλλὰ τοῦτο αὐτό, ἔφην, καὶ μάλιστα τὴν μοῖραν ὑπὲρ εἱμαρμένην ἡμῖν ἐπήγαγεν. Ἰσότητος γάρ, ἣν

Πόλεις τε πόλεσι, συμμάχοις δὲ συμμάχου;

ponit. (4) Et quid interest, calicemne convivarum cuique proponas peculiarem, sextariumque vini plenum, et propriam mensam, quo pacto Demophontidæ Orestem feruntur cœna excepisse, jubentes pro se bibere, neque observare alios; an id agas quod hodie fit, ut quisque sibi propositis pane et carne tanquam e proprio præsepi vescatur? nisi quod nobis non additur necessitas tacendi, ut illis Orestem convivio accipientibus. (5) Immo hoc ipsum fortasse convivas ad communitatem omnium rerum provocat, quod et communi utimur invicem sermone, et cantu psaltriæ et tibicinæ ex æquo oblectamur; et hic crater in medio positus, nullis circumscriptus finibus, fons exstat amicitiæ largus, modumque fruendi habet appetitu definitum; non quomodo panis et carnis injustissima portio æqualitatis mensura se venditat apud inæquales. Idem enim et ei qui paulo indiget, nimium est, et ei qui multo opus habet, non sufficit. (6) Ergo sicut, amice, qui multis ægrotantibus æqualia medicamenta mensuris et ponderibus exactis distribueret, per esset ridiculus : ita etiam habendus est præbitor, qui homines neque sitientes æqualiter neque esurientes, universos æquali modo volet curare, mensuram et quod cuique tribuendum sit, arithmetica, non geometrica definiens ratione. (7) In cauponam quidem imus, publica omnes mensura una utentes; ad cœnam autem quisque proprium apportantes ventrem venimus, quem non æquale, sed sufficiens ei quod sit, implet. (8) Neque vero Homericæ illæ cœnæ militares atque castrenses huc sunt transferendæ; sed æmulanda potius antiquorum humanitas, qui ut omnem venerarentur communionem, non foci modo et tecti, sed chœnicis etiam et cibi societatem honori duxerunt. (9) Valeant ergo Homericæ cœnæ, a fame et siti non usquequaque liberæ, et quibus præsint reges Italicis cauponibus ad rem attentiores, qui in ipsis prœliis, dum cominus cum hoste congrediuntur, præcise commemorent, quantum in cœna apud ipsos quivis biberit. (10) Pindaricæ nimirum meliores, in quibus *heroes venerandam juxta mensam permiscentur* : omnia quippe communia inter illos. (11) Ea enim demum vera erat tanquam permistio et temperatio : at quod hodie fit, divulsio est, quæ crimen discordiæ amicissimis ingerit, quasi ne obsonium quidem communicare possint.

II. His dictis quum placeret Hagias, instigarunt me ut contra dicerem. Tum ego, Non insolens, inquam, Hagiæ quippiam usuvenit, si tantum gerens ventrem inique fert æquam se accipere portionem (habebatur enim in helluonibus) : nam *in communi pisce non insunt spinæ*, dicebat Democritus. (2) Atqui hoc ipsum, inquam, maxime Mœran (id est Fatum, a danda cuique sui portione dictum) præter Fatum nobis intulit. Æqualitatis enim, quæ

Socios devincit, sociis urbes urbibus.

ἡ Εὐριπίδειος γραῦς φησι συνδεῖν, οὐδὲν οὕτως ὡς ἡ
περὶ τράπεζαν κοινωνία δεῖται, φύσει καὶ νόμῳ, καὶ
ἀναγκαίαν, οὐ καινὴν οὐδ' ἐπείσακτον ὑπὸ δόξης, ἔχουσα
χρείαν· τῷ πλέονα δ' ἐκ τῶν κοινῶν ἐσθίοντι πολέμιον
καθίσταται τὸ καθυστεροῦν καὶ ἀπολειπόμενον, * ὥσπερ
ἐν ῥοθίῳ ταχυναυτούσης τριήρους.   (3) Οὐ γὰρ φιλικὸν
οὐδὲ συμποτικὸν, οἶμαι, προοίμιον εὐωχίας, ὑφόρασις,
καὶ ἁρπασμὸς, καὶ χειρῶν ἅμιλλα, καὶ διαγκωνισμὸς,
ἀλλ' ἄτοπα καὶ κυνικὰ, καὶ τελευτῶντα πολλάκις
εἰς λοιδορίας καὶ ὀργὰς, οὐ κατ' ἀλλήλων μόνον, ἀλλὰ
καὶ κατὰ τῶν τραπεζοκόμων καὶ κατὰ τῶν ἑστιώντων.
(4) Ὅσον δὲ χρόνον ἡ Μοῖρα καὶ ἡ Λάχεσις ἰσότητι
τὴν περὶ τὰ δεῖπνα καὶ συμπόσια κοινωνίαν ἐβράβευον,
οὐθὲν ἰδεῖν ἄκοσμον ἦν, οὐδ' ἀνελεύθερον· ἀλλὰ καὶ τὰ
δεῖπνα δαῖτας ἐκάλουν, καὶ τοὺς ἑστιωμένους δαιτυμόνας, δαιτροὺς δὲ τοὺς τραπεζοκόμους, ἀπὸ τοῦ διαιρεῖν
καὶ διανέμειν.   (5) Λακεδαιμόνιοι δὲ κρεωδαίτας εἶχον
οὐ τοὺς τυχόντας, ἀλλὰ τοὺς πρώτους ἄνδρας· ὥστε καὶ
Λύσανδρον ὑπ' Ἀγησιλάου τοῦ βασιλέως ἐν Ἀσίᾳ κρεω-
δαίτην ἀποδειχθῆναι.   (6) Τότε οὖν αἱ νεμήσεις ἐξέ-
πεσον, ὅτ' ἐπεισῆλθον αἱ πολυτέλειαι τοῖς δείπνοις· οὐ
γὰρ ἦν, οἶμαι, πέμματα καὶ κανδύλους καὶ καρυκείας,
ἄλλας τε παντοδαπὰς ὑποτριμμάτων καὶ ὄψων παραθέσεις διαιρεῖν, ἀλλ' ἐξηττώμενοι τῆς περὶ ταῦτα λι-
χνείας καὶ ἡδυπαθείας, προήκαντο τὴν ἰσομοιρίαν.   (7)
Τεκμήριον δὲ τοῦ λόγου, καὶ νῦν ἔτι τὰς θυσίας καὶ τὰ
δημόσια δεῖπνα πρὸς μερίδα γίνεσθαι, διὰ τὴν ἀφέλειαν
καὶ καθαριότητα τῆς διαίτης· ὥστε ὁ τὴν νέμησιν ἀναλαμβάνων, ἅμα συνανασώζει τὴν εὐτέλειαν.   (8) Ἀλλ'
ὅπου ἴδιόν ἐστιν, ἀπόλλυται τὸ κοινόν; ὅπου μὲν οὖν
μὴ ἴσον ἐστίν.   Οὐ γὰρ οἰκείου κτῆσις, ἀλλ' ἀφαίρεσις
ἀλλοτρίου, καὶ πλεονεξία περὶ τὸ κοινόν, ἀδικίας ἦρξε
καὶ διαφορᾶς· ἣν ὅρῳ καὶ μέτρῳ τοῦ ἰδίου καταπαύον-
τες οἱ νόμοι τῆς ἴσα νεμούσης εἰς τὸ κοινὸν ἀρχῆς καὶ
δυνάμεως ἐπώνυμοι γεγόνασιν.   (9) Ἐπεὶ μηδὲ στέφανον ἀξίου διανέμειν ἡμῶν ἑκάστῳ τὸν ἑστιῶντα,
μηδὲ κλισίας καὶ χώρας· ἀλλὰ κἂν ἐρωμένην τις ἢ ψάλ-
τριαν ἥκει κομίζων, κοινὰ ταῦτα φίλων, ἵνα τὰ πάντα
[ὁμοῦ] χρήματα γίνηται, κατὰ τὸν Ἀναξαγόραν.   (10)
Εἰ δ' οὐδὲν ἡ τούτων ἰδίωσις ἐπιταράττει τὴν κοινωνίαν,
τῷ τὰ μέγιστα καὶ πλείστης ἄξια σπουδῆς εἶναι κοινὰ,
λόγους, προπόσεις, φιλοφροσύνας, παυσώμεθα τὰς
Μοίρας ἀτιμάζοντες, καὶ τὸν τῆς τύχης παῖδα, κλῆρον, ὡς Εὐριπίδης φησὶν, ὃς οὔτε πλούτῳ νέμων οὔτε
δόξῃ τὸ πρωτεῖον, ἀλλ' ὅπως ἔτυχεν, ἄλλως ἄλλοτε συμ-
φερόμενος, τὸν μὲν πένητα καὶ ταπεινὸν ἐπιγαυροῖ,
καὶ οὐκ ἐξαίρει γε νοῦν τινος αὐτονομίας, τὸν δὲ πλούσιον καὶ μέγαν ἐθίζων ἰσότητι μὴ δυσκολαίνειν, ἀλύπως σωφρονίζει.

---

ut Euripidea anus ait, operam nihil magis requirit ac communio mensæ : estque ejus usus a natura, *non* instituto,
necessarius, non ab opinione novatus atque introductus.
Plura porro de communibus edenti inimicus est qui minus
accipit, et tanquam celeri fluctu incitatam navem non potest assequi.   (3) Non enim ad amicitiam conducens, aut
convivio conveniens exordium est, puto, invidia, rapinæ,
manuum concertatio, et pulsatio cubitorum; sed absurda
hæc sunt, canina, et quæ pleraque in convicia et rixas desinant, non convivarum modo invicem, sed etiam adversus
mensarum ministros et reges.   (4) Quamdiu autem Mœra
et Lachesis (cui a sorte nomen) cœnarum et conviviorum
communionem æqualitate administraverunt, nihil videre licuit indecorum, nihil illiberale : sed et convivia *dœtas*,
et convivii regem *dœtymonem*, et ministros mensæ *dœ-
tros* a verbo διαιρεῖν, quod est distribuere, dicebant.   (5)
Et Lacedæmonii *Kreodœtas* (id est carnium divisores) habuerunt non vulgares, sed primarios viros : quando id munus etiam Lysandro in Asia rex Agesilaus mandavit.   (6)
Tum demum distributio e conviviis est ejecta, quum luxus
ea occupavit : nimirum enim non poterant placentæ, can-
dyli, caryciæ, aliaque condimentorum et obsoniorum fer-
cula dividi : sed devicti istis deliciis ac gulæ studio, æqualitatem portionum prodiderunt.   (7) Argumento est, quod
etiamnum sacrificia et publicas cœnas portionibus distributis agitant, ob victus simplicitatem et munditiem : ut omnino
qui distributionem in usum revocat, simul etiam reducat
frugalitatem.   (8) Sed ubi proprium est, ibi commune perit? Ubi quidem non est æqualitas.   Non enim propriæ rei
possessio, sed alienæ inviolatio, et id quod commune est
sibi vindicandi libido, initium fecit injustitiæ et discordiæ :
quam termino et modo proprietatis tollentes leges, cognomines factæ sunt in Græco sermone ejus facultatis, quæ
commune æqualiter distribuit.   (9) Alioquin ne coronam
quidem cense distribui oportere unicuique nostrûm a rege,
neque lectulos et loca : sed etiam si amasiam aliquis aut
psaltriam adducat, communia hæc sunt amicorum, ut, quæ
Anaxagoræ fuit sententia, omnes res unum fiant. (10) Quod
si horum proprietas nihil perturbat neque impedit communicationem maximarum rerum et maxime seriarum, sermonum inquam, propinationum, comitatis : desinamus Parcis
injuriam facere, et, *proli Fortunæ*, Sorti, ut eam appellat Euripides, quæ neque divitiis primas, neque gloriæ tribuens, fortuito alias alio vergens, pauperem et humilem
extollit, neque omni libertate privatum esse sinit : divitem
vero et magnum sine molestia castigat, conducefaciens eum
ad ferendam æquo animo æqualitatem.

ΣΥΜΠΟΣΙΑΚΩΝ

ΠΡΟΒΛΗΜΑΤΩΝ

ΒΙΒΛΙΟΝ ΤΡΙΤΟΝ.

———

ΠΡΟΟΙΜΙΟΝ.

1. Σιμωνίδης ὁ ποιητὴς, ὦ Σόσσιε Σενεκίων, ἔν τινι πότῳ ξένον ἰδὼν κατακείμενον σιωπῇ, καὶ μηδενὶ διαλεγόμενον, Ὦ ἄνθρωπε, εἶπεν, εἰ μὲν ἠλίθιος εἶ, σοφὸν πρᾶγμα ποιεῖς· εἰ δὲ σοφὸς, ἠλίθιον. (2) Ἀμαθίην γὰρ ἄμεινον, ὥς φησιν Ἡράκλειτος, κρύπτειν, ἔργον δὲ, ἐν ἀνέσει καὶ παρ᾽ οἶνον,

    * ὅστ᾽ ἐφέηκε πολύφρονά περ μάλ᾽ ἀεῖσαι,
    καί θ᾽ ἁπαλὸν γελάσαι, καί τ᾽ ὀρχήσασθαι ἀνῆκε·
    καί τι ἔπος προέηκεν, ὅπερ τ᾽ ἄῤῥητον ἄμεινον·

οἰνώσεως ἐνταῦθα τοῦ ποιητοῦ καὶ μέθης, ὡς ἐμοὶ δοκεῖ, διαφορὰν ὑποδεικνύντος. (3) Ὠδὴ μὲν γὰρ καὶ γέλως καὶ ὄρχησις οἰνουμένοις μετρίως ἔπεισι· τὸ δὲ λαλεῖν καὶ λέγειν, ἃ βέλτερον ἦν σιωπᾶν, παροινίας ἤδη καὶ μέθης ἔργον ἐστί. (4) Διὸ καὶ Πλάτων ἐν οἴνῳ μάλιστα καθορᾶσθαι τὰ πάθη τῶν πολλῶν νομίζει· καὶ Ὅμηρος εἰπὼν,

        Οὐδὲ τραπέζῃ
    γνώτην ἀλλήλων,

δῆλός ἐστιν εἰδὼς τὸ [εἰς φιλίαν ἐπίτο]νον τοῦ οἴνου καὶ ** πολλῶν γόνιμον. (5) Οὐ γάρ ἐστι τρωγόντων σιωπῇ καὶ πινόντων γνῶσις· ἀλλ᾽ ὅτι τὸ πίνειν εἰς τὸ λαλεῖν προάγεται, τῷ δὲ λαλεῖν ἐμφαίνεται καὶ ἀπογυμνοῦται πολλὰ τῶν ἄλλως λανθανόντων, παρέχει τινὰ τὸ συμπίνειν καὶ κατανόησιν ἀλλήλων. (6) Ὥστε μὴ φαύλως ἂν ἐπιτιμήσαις τῷ Αἰσώπῳ· Τί τὰς θυρίδας, ὦ μακάριε, ζητεῖς ἐκείνας, δι᾽ ὧν ἄλλος ἄλλου κατόψεται τὴν διάνοιαν; ὁ γὰρ οἶνος ἡμᾶς ἀνοίγει καὶ δείκνυσιν, οὐκ ἐῶν ἡσυχίαν ἄγειν, ἀλλ᾽ ἀφαιρῶν τὸ πλάσμα καὶ τὸν σχηματισμὸν, ἀπωτάτω τοῦ νόμου, καθάπερ παιδαγωγοῦ, γεγονότων. (7) Αἰσώπῳ μὲν οὖν καὶ Πλάτωνι, καὶ εἴ τις ἄλλος ἐξετάσεως τρόπου δεῖται, πρὸς τοῦτο χρήσιμον ὁ ἄκρατος· οἱ δὲ μηδὲν ἀλλήλους βασανίζειν δεόμενοι μηδὲ καταφωρᾶν, ἀλλὰ χρῆσθαι φιλοφρόνως, τὰ τοιαῦτα προβλήματα καὶ τοὺς λόγους ἄγουσι συνιόντες, οἷς ἀποκρύπτεται τὰ φαῦλα τῆς ψυχῆς, τὸ δὲ βέλτιστον ἀναθαρρεῖ καὶ τὸ μουσικώτατον, ὥσπερ ἐπὶ λειμῶνας οἰκείους καὶ νομὰς ὑπὸ φιλολογίας προερχόμενον. (8) Ὅθεν καὶ ἡμεῖς τρίτην δεκάδα ταύτην σοι πεποιήμεθα συμποτικῶν ζητημάτων, τὸ περὶ τῶν στεφάνων πρῶτον ἔχουσαν.

CONVIVALIUM

DISPUTATIONUM

LIBER TERTIUS.

———

PROŒMIUM.

1. Simonides poeta, Sossi Senecio, quodam in convivio quum videret hospitem accumbere tacitum et cum nemine verba commutantem, Mi homo, dixit, si stultus es, sapiens factum edis; sin sapiens, stultum. (2) Etenim inscitiam præstat occultare, ut ait Heraclitus: verum hoc difficile est in otio et inter pocula:

    nam vinum vel prudentem cantare coegit,
    et tenerum ridere, pedesque inferre choreis.
    atque tacenda loqui, nec idonea dicere dictu:

ubi quidem, si non fallor, poeta vinolentiæ et ebrietatis constituit discrimen. (3) Nam cantus, risus, saltatio, iis qui mediocriter adhibere, possunt accidere: garrire et ea dicere quæ reticeri præstabat, jam ebrietatis est opus. (4) Itaque Plato etiam in vino maxime plerorumque hominum animi affectiones existimat posse perspici: et Homerus quum caneret,

Neque mensæ his intervenerat usus:

satis ostendit ita se existimare, vini et mensæ communionem plurimum ad notitiam mutuam conducere. (5) Non enim contrahitur notitia inter tacite edentes ac bibentes; sed quoniam ad loquendum provocat vinum, *et inter loquendum* multa aperiuntur atque deteguntur alias occulta, sic invicem innotescunt compotores. (6) Ut non inepte Æsopum quis increpaverit, Quid quæris, o bone, illas fenestras, per quas in alterius cogitationes alter possit inspicere? vinum enim nos aperit et ostentat, non sinens quiescere; sed speciem atque larvam adimit, lege tanquam pædagogo quam longissime a potantibus semota. (7) Proinde Æsopo, Platoni, et si qui alii examinare quempiam volunt, ad hanc rem utile est merum: qui autem mutuo in se inquirere nihil curant, neque deprehendere unus quæ alter occulta habeat satagunt, sed amice tantum una consuescere expetunt; ii tales tractant in convivio quæstiones ac disputationes, quibus pejores animi partes obruantur, optima vero pars fiduciam recipiat et liberalibus studiis dedita in elegantes et eruditas collocutiones, tanquam in pascua et prata sibi consueta, producatur. (8) Quibus ex sermonibus nos quoque hanc tibi tertiam decuriam compotatoriarum quæstionum confecimus: quarum prima est de coronis.

ΠΡΟΒΛΗΜΑ Α.

Εἰ χρηστέον ἀνθινοῖς στεφάνοις παρὰ πότον.

ΠΡΟΣΩΠΑ ΤΟΥ ΔΙΑΛΟΓΟΥ.

ΕΡΑΤΩΝ, ΑΜΜΩΝΙΟΣ, ΤΡΥΦΩΝ, ΠΛΟΥΤΑΡΧΟΣ, ΑΛΛΟΙ.

I. Ἐγένοντο γάρ ποτε καὶ περὶ στεφάνων λόγοι· τὸ δὲ συμπόσιον ἦν Ἀθήνησιν, Ἐράτωνος τοῦ ἁρμονικοῦ ταῖς Μούσαις τεθυκότος, καὶ πλείονας ἑστιῶντος. (2) Παντοδαπῶν γὰρ μετὰ τὸ δειπνῆσαι στεφάνων περιφερομένων, ὁ Ἀμμώνιος ἐπέσκωψέ πως ἡμᾶς, ἀντὶ τοῦ δαφνίνου τοῖς ῥοδίνοις ἀναδησαμένους· ὅλως γὰρ εἶναι τοὺς ἀνθινοὺς κορασιώδεις, καὶ παιζούσαις μᾶλλον ἐπιτηδείους παρθένοις καὶ γυναιξὶν, ἢ συνουσίαις φιλοσόφων καὶ μουσικῶν ἀνδρῶν. (3) Θαυμάζω δὲ καὶ Ἐράτωνα τοῦτον, εἰ τὰς μὲν ἐν τοῖς μέλεσι παραχρώσεις βδελυττόμενος, καὶ κατηγορῶν τοῦ καλοῦ Ἀγάθωνος, ὃν πρῶτον εἰς τραγῳδίαν φασὶν ἐμβαλεῖν καὶ ὑπομῖξαι τὸ χρωματικὸν, ὅτε τοὺς Μυσοὺς ἐδίδασκεν, αὐτὸς δὲ ἡμῖν, ὡς ὁρᾶτε, ποικίλων χρωμάτων καὶ ἀνθηρῶν τὸ συμπόσιον ἐμπέπληκε, καὶ τὴν διὰ τῶν ὤτων ἀποκλείει τρυφὴν καὶ ἡδυπάθειαν τῇ αὐλείῳ, κατὰ τὰ ὄμματα καὶ τὰς ῥῖνας, ὥσπερ καθ᾽ ἑτέρας θύρας, ἐπεισάγων τῇ ψυχῇ, καὶ τὸν στέφανον ἡδονῆς ποιῶν, οὐκ εὐσεβείας. (4) Καίτοι τό γε μύρον τοῦτο τῆς ἀνθινῆς ταύτης καὶ μαραινομένης ἐν ταῖς χερσὶ τῶν στεφανηπλόκων σπουδαιοτέραν ἀναδίδωσιν εὐωδίαν. (5) Ἀλλ᾽ οὐκ ἔχει χώραν ἐν συμποσίῳ φιλοσόφων ἀνδρῶν ἡδονὴ πρὸς μηδεμίαν συμπεπλεγμένη χρείαν, μηδ᾽ ἀκολουθοῦσα φυσικῆς ὀρέξεως ἀρχῇ. (6) Καθάπερ οἱ μὲν ὑπὸ τῶν κεκλημένων ἀγόμενοι φίλων ἐπὶ τὸ δεῖπνον ἔθει φιλανθρώπῳ τυγχάνουσι τῶν αὐτῶν, ὥσπερ Ἀριστόδημος ὑπὸ Σωκράτους εἰς Ἀγάθωνος ἀχθεὶς ἑστιῶντος· εἰ δέ τις ἀφ᾽ αὑτοῦ βαδίζει, * τούτῳ δεῖ τὴν θύραν κεκλεῖσθαι· οὕτως αἱ μὲν περὶ τὴν ἐδωδὴν καὶ πόσιν ἡδοναὶ κεκλημέναι ὑπὸ τῆς φύσεως ταῖς ὀρέξεσιν ἑπόμεναι τόπον ἔχουσι, ταῖς δ᾽ ἄλλαις ἀκλήτοις καὶ σὺν οὐδενὶ λόγῳ φιληδονίας ἀπήλλακται.

II. Πρὸς ταῦτα οἱ μὲν ἀήθεις τοῦ Ἀμμωνίου νεανίσκοι διαταραχθέντες ἡσυχῇ παρελύοντο τοὺς στεφάνους· ἐγὼ δ᾽ εἰδὼς ὅτι γυμνασίας ἕνεκα καὶ ζητήσεως καταβέβληκεν ἐν μέσῳ τὸν λόγον ὁ Ἀμμώνιος, προσαγορεύσας Τρύφωνα τὸν ἰατρὸν, Ὦ τᾶν, ἢ καταθέσθαι δίκαιος εἶ μεθ᾽ ἡμῶν τουτονὶ τὸν καλὸν [ἄνθεσι] φλέγοντα τοῖς ῥοδίνοις στέφανον, ἢ λέγειν, ὥσπερ εἴωθας ἑκάστοτε πρὸς ἡμᾶς, ὅσας ἔχουσιν οἱ ἀνθινοὶ στέφανοι πρὸς τὸ πίνειν βοηθείας. (2) Ὑπολαβὼν δ᾽ ὁ Ἐράτων, Οὕτω γὰρ, εἶπε, δέδοκται, μηδεμίαν ἡδονὴν ἀσύμβολον δέχεσθαι, ἀλλ᾽ εὐφραινομένους δυσκολαίνειν, ἂν μὴ μετά τινος μισθοῦ τοῦτο πάσχωμεν. (3) Ἢ τὸ μὲν μύρον εἰκότως ὑποδυσωπούμεθα καὶ τὴν πορφύραν, διὰ τὴν ἐπίθετον πολυτέλειαν, ὡς δολερὰ εἵματα καὶ χρί-

QUÆSTIO I.

An inter pocula utendum sit sertis floreis.

PERSONÆ COLLOQUII.

ERATON, AMMONIUS, TRYPHON, PLUTARCHUS, ALII.

I. Nam Athenis olim de coronis quæstio incidit in convivio, quo Eraton musicus complures exceperat, quum Musis rem sacram fecisset. (2) A cœna enim ut omnis generis serta circumferebantur, Ammonius salse quodammodo nos notavit, qui pro laurea roseam gestaremus coronam : aiebat autem omnino floreas coronas esse pueriles, et magis ludentibus virginibus ac mulieribus quam philosophorum convenire musicorumque hominum congressibus. (3) Mirorque adeo, aiebat, Eratonem hunc, qui colores in cantilenis abominans, pulchrumque incusans Agathonem (qui, quum Mysos fabulam doceret, primus fertur chromaticum genus tragœdiæ immiscuisse), ipse nobis variis, ut videtis, floridisque coloribus convivium oppleverit, dumque per aures accidentem oblectationem excludit, voluptatem oculis et olfactui obviam quasi per aliud ostium introducit in animam, voluptati sertum destinans, non pietati. (4) Atqui hocce unguentum fragrantiam edit durabiliorem quam flores isti, inter manus muliercularum corollas plectentium marcescentes. (5) Enimvero in convivio philosophorum locus non est ullus voluptati, nulli annexæ utilitati, neque e principio aliquo naturalis appetitionis profectæ. (6) Sed quemadmodum ii qui ad cœnam ducuntur a vocatis amicis, more sane humano, iisdem fruuntur rebus ; qualis Aristodemus a Socrate fuit perductus in Agathonis domum convivium exhibentis ; qui vero ultro accedit, ei fores præcludi oportet : ita voluptates quæ cibum potumque sequuntur, appetitionibus accitæ naturalibus, locum habent ; aliæ quæ non invitatæ, nulla rationabili voluptate instigante obrepunt, arcendæ sunt.

II. Sub hæc adolescentes, qui cum Ammonio non consueverant, perturbati serta paulatim detraxerunt. Ego autem, qui scirem exercitationis gratia et disputationis hæc ab eo in medium proposita, Tryphonem medicum compellans, Heus tu, inquam, aut una nobiscum deponenda est tibi pulchre ardens rosarum floribus corona, aut dicendum, ut apud nos subinde solebas, quid ad bibendum adjumenti afferant floreæ coronæ. (2) Excipiens vero meum sermonem Eraton, Ita scilicet, inquit, decretum est, nullam admittere voluptatem quæ symbolum non det, et oblectationem aspernari nisi mercedem nobis præbeat : (3) aut unguentum potius et purpuram aversamur ob luxum iis adhærentem, tanquam dolosas vestes, dolosos colores, ut

σματα, κατὰ τὴν τοῦ βαρβάρου φωνήν· αἱ δ' αὐτοφυεῖς
χρόαι καὶ ὀσμαὶ τὸ ἀφελὲς ἔχουσι καὶ καθαρὸν, καὶ
οὐδὲν ὀπώρας διαφέρουσι. (4) Μὴ γὰρ εὔηθες ᾖ, τοὺς
μὲν χυμοὺς δρέπεσθαι καὶ ἀπολαύειν τῆς φύσεως δι-
5 δούσης, ὀσμὰς δὲ καὶ χρόας, ἃς ὧραι φέρουσι, διὰ τὴν
ἐπανθοῦσαν ἡδονὴν ταῦτα καὶ χάριν ἀτιμάζειν, ἂν μή
τι χρεῶδες ἔξωθεν ἄλλο συνεπιφέρωσιν. (5) Ἐμοὶ γὰρ
αὐτὸ δοκεῖ τοὐναντίον, εἰ μηδὲν ἡ φύσις, ὡς ὑμεῖς φατε,
μάτην πεποίηκε, ταῦτα τῆς ἡδονῆς πεποιῆσθαι χάριν,
10 ἃ, μηδὲν ἄλλο χρήσιμον ἔχοντα, μόνον εὐφραίνειν πέφυκε. (6) Σκόπει δὲ, ὅτι τοῖς φυομένοις καὶ βλαστάνουσι τὰ μὲν φύλλα, σωτηρίας ἕνεκα τοῦ καρποῦ, καὶ
ὅπως ὑπ' αὐτῶν τὰ δένδρα θαλπόμενα καὶ ψυχόμενα
μετρίως φέρῃ τὰς μεταβολάς, γέγονε· τῶν δ' ἀνθῶν
15 ὄφελος οὐδὲν ἐπιμενόντων, πλὴν εἴ τι χρωμένοις ἡμῖν
ἐπιτερπὲς ὀσφρέσθαι, καὶ ἰδεῖν ἡδὺ παρέχει, θαυμαστὰς
μὲν ὀσμὰς ἀφιέντα, ποικιλίαν δ' ἀμιμήτοις χρώμασι
καὶ βαφαῖς ἀνοιγόμενα. (7) Διὸ τῶν μὲν φύλλων ἀπο-
σπωμένων οἷον ἀλγεῖ καὶ δάκνεται τὰ φυτά, καὶ γίνε-
20 ται περὶ αὐτὰ βλάβη τις ἑλκώδης καὶ ψίλωσις ἀπρεπής·
καὶ οὐ μόνης, ὡς ἔοικε, κατ' Ἐμπεδοκλέα, « τῆς δάφνης
τῶν φύλλων ἀπὸ πάμπαν ἔχεσθαι χρὴ », ἀλλὰ καὶ τῶν
ἄλλων φείδεσθαι δένδρων ἁπάντων, καὶ μὴ κοσμεῖν
ἑαυτοὺς ταῖς ἐκείνων ἀκοσμίαις, βίᾳ καὶ παρὰ φύσιν τὰ
25 φύλλα συλῶντας αὐτῶν. (8) Αἱ δὲ τῶν ἀνθῶν ἀφαι-
ρέσεις τρυγήσεσιν ἐοίκασι, καὶ βλάπτουσιν οὐδέν· ἀλλὰ
κἂν μὴ λάβῃ τις ἐν ὥρᾳ, περιερρύη μαρανθέντα. (9)
Καθάπερ οὖν οἱ βάρβαροι τῶν θρεμμάτων τοῖς δέρμα-
σιν ἀντὶ τῶν ἐρίων ἀμφιέννυνται, οὕτω μοι δοκοῦσιν οἱ
30 μᾶλλον ἐκ τῶν φύλλων, ἢ τῶν ἀνθῶν, ὑφαίνοντες τοὺς
στεφάνους οὐ κατὰ λόγον χρῆσθαι τοῖς φυτοῖς. (10)
Ἐγὼ μὲν οὖν ταῦτα συμβάλλομαι ταῖς στεφανοπώλι-
σιν· οὐ γὰρ εἰμὶ γραμματικὸς, ὥστ' ἀπομνημονεύειν
ποιημάτων, ἐν οἷς τοὺς παλαιοὺς ἱερονίκας ἀναγινώσκο-
35 μεν ἀνθινοῖς ἀναδουμένους στεφάνοις· πλὴν ὅτι γε ταῖς
Μούσαις ὁ τῶν ῥόδων στέφανος ἐπιπεφήμισται, μεμνῆ-
σθαί μοι δοκῶ Σαπφοῦς λεγούσης, πρός τινα τῶν ἀμούσων καὶ ἀμαθῶν γυναικῶν·

    Κατθανοῖσα δὲ κείσεαι·
    οὐ γὰρ πεδέχῃς ῥόδων
40   τῶν ἐκ Πιερίης·

(11) εἰ δέ τινα καὶ Τρύφων ἀπὸ τῆς ἰατρικῆς δίδωσι
μαρτυρίαν, ἀκουστέον.
    III. Ἐκ τούτου δεξάμενος ὁ Τρύφων τὸν λόγον, οὐ-
δενὸς ἔφη τούτων ἀσκέπτους γεγονέναι τοὺς παλαιοὺς,
45 ἅτε δὴ πλείστῃ κεχρημένους ἀπὸ φυτῶν ἰατρικῇ· τεκμήρια δὲ ἐστί τινα ἔτι νῦν. (2) Τύριοι μὲν Ἀγηνορίδῃ,
Μάγνητες δὲ Χείρωνι, τοῖς πρώτοις ἰατρεῦσαι λεγομένοις, ἀπαρχὰς κομίζουσι· ῥίζαι γάρ εἰσι καὶ βοτάναι,
δι' ὧν ἰῶντο τοὺς κάμνοντας. (3) Ὁ δὲ Διόνυσος οὐ
50 μόνον τῷ τὸν οἶνον εὑρεῖν, ἰσχυρότατον φάρμακον καὶ
ἥδιστον, ἰατρὸς ἐνομίσθη μέτριος, ἀλλὰ καὶ τῷ τὸν κιττὸν ἀντιταττόμενον μάλιστα τῇ δυνάμει πρὸς τὸν οἶνον
εἰς τιμὴν προαγαγεῖν, καὶ στεφανοῦσθαι διδάξαι τοὺς

---

barbarus ille dicebat; sponte autem sua nati colores et odores simplicitate praediti sunt et puritate, nihilque differunt
a frugibus arborum. (4) Verendum enim ne stultum sit sapores natura praebente colligere, iisque frui: odores autem et
colores eadem suppeditante, ob elegantiam ac voluptatem in
iis efflorescentem spernere, quod nullam aliam extrinsecus
utilitatem afferant. (5) Mihi plane contra videtur, si natura,
ut vos dicitis, nil frustra fecit, haec voluptatis causa facta esse,
quae nullam aliam utilitatem habentia, non nisi delectare
possunt. (6) Jam hoc considera, iis quorum stirpes terra continentur ac quae germinant, folia data esse ob conservationem
fructus, utque foveant plantas, eaeque ita facilius caloris
ac frigoris vicissitudines perferant: flores dum permanent
in planta, nullam utilitatem afferre, nisi quod nobis odoratu
aut visu sunt jucundi, quum et odores mirabiles edant, et
varietatem coloribus tincturisque inimitabilibus exhibeant.
(7) Itaque foliis avulsis veluti dolent et mordentur plantae,
et ulcerosum iis quoddam accidit detrimentum, ac denu-
datio indecora: et non tantum, ut voluit Empedocles,

    Omnino foliis debemus parcere palmae;

sed et reliquis omnibus arboribus, neque nos ornare illarum
cum dedecore, vi et contra naturam foliis eas spoliando. (8)
At enim florum detractio vindemiae cuidam est similis, tantumque a nocendo abest, ut ii ultro marcescentes decidant
nisi tempestive demantur. (9) Quemadmodum ergo barbari
pellibus pecoris loco lanae vestiuntur: ita mihi videntur
qui e foliis potius quam floribus coronas texunt, plantis non
uti convenienter rationi. (10) Atque hanc ego sertorum
venditricibus stipem confero. Non enim sum grammaticus,
ut memoria referre possim carmina, quibus ostenditur priscos sacrorum certaminum victores floreis redimitos fuisse
sertis: nisi quod Musis consecratam fuisse roseam coronam,
memini me legere in Sapphonis versibus, quibus indoctam
quandam mulierem ita alloquitur,

    Non laudabere mortua:
    nam Pieriae rosae
    te non ambierunt.

(11) Audiamus tamen, an etiam a medicina floribus aliquod
testimonium Tryphon perhibeat.
    III. Proinde Tryphon in partes dicendi succedens, Pri-
sci, inquit, horum nihil inobservatum reliquerunt, ut qui
plurimis plantarum usi essent remediis; et exstant etiamnum argumenta rei. (2) Tyrii enim Agenoridae, Chironi
Magnetes primitias offerunt, quod ii primi medicinam fecisse existimantur: radices enim plantarum erant, quibus
aegrotos sanaverunt. (3) Bacchus porro non eo tantum nomine medicus est habitus, quod vinum invenit, medicamentum validissimum et suavissimum, sed quod hederam
quoque facultate sua vino maxime resistentem in honore
habendam docuit, eaque bacchantes coronavit, ut minus a

βακχεύοντας, ὡς ἧττον ὑπὸ τοῦ οἴνου ἀνιῷντο, τοῦ
κιττοῦ κατασβεννύντος τὴν μέθην τῇ ψυχρότητι. (4)
Δηλοῖ δὲ καὶ τῶν ὀνομάτων ἔνια τὴν περὶ ταῦτα πολυ-
πραγμοσύνην τῶν παλαιῶν· τήν τε γὰρ καρύαν οὕτως
5 ὠνόμασαν, ὅτι πνεῦμα βαρὺ καὶ καρωτικὸν ἀφιεῖσα,
λυπεῖ τοὺς ὑπ' αὐτῆς παρακεκλιμένους· καὶ τὸν νάρκισ-
σον, ὡς ἀμβλύνοντα τὰ νεῦρα καὶ βαρύτητας ἐμποιοῦντα
ναρκώδεις· διὸ καὶ ὁ Σοφοκλῆς αὐτὸν « ἀρχαῖον μεγάλων θεῶν στεφάνωμα », τουτέστι τῶν χθονίων, προσ-
10 ηγόρευκε. (5) Φασὶ δὲ καὶ τὸ πήγανον ἀπὸ τῆς δυνάμεως ὠνομάσθαι· πήγνυσι γὰρ ξηρότητι διὰ θερμότητα τὸ σπέρμα, καὶ ὅλως πολέμιόν ἐστι ταῖς κυούσαις.
(6) Οἱ δὲ καὶ τὴν ἀμέθυστον οἰόμενοι τῷ πρὸς τὰς οἰνώ-
σεις βοηθεῖν, αὐτήν τε καὶ τὴν ἐπώνυμον αὐτῆς λίθον
15 οὕτω κεκλῆσθαι, διαμαρτάνουσι· κέκληται γὰρ ἀπὸ τῆς
χρόας ἑκατέρα· [οὐ γάρ] ἐστιν αὐτῆς τὸ φύλλον ἀκράτῳ,
ἀλλ' ἀοίνῳ καὶ ὑδαρεῖ τὴν κρᾶσιν οἴνῳ προσεοικός. (7)
Ἄλλα μέντοι πάμπολλα λαβεῖν ἔστιν, οἷς παρέσχον τὰς
κλήσεις αἱ δυνάμεις· ἀρκεῖ δὲ κἀκεῖνα τὴν τῶν παλαιῶν
20 ἐπιμέλειαν ὑποδηλῶσαι καὶ πολυπειρίαν, ἀφ' ἧς ἐχρήσαντο τοῖς παροίνοις στεφάνοις. (8) Μάλιστα μὲν γὰρ
ὁ ἄκρατος, ὅταν τῆς κεφαλῆς καθάψηται καὶ τονώσῃ τὰ
σώματα πρὸς τὰς τῶν αἰσθήσεων ἀρχὰς, ἐπιταράσσει
τὸν ἄνθρωπον· αἱ δὲ τῶν ἀνθῶν ἀπόρροιαι πρὸς τοῦτο
25 θαυμασίως βοηθοῦσι, καὶ ἀποτειχίζουσι τὴν κεφαλὴν
ἀπὸ τῆς μέθης ὡς ἀκρόπολιν, τῶν μὲν θερμῶν μαλακῶς
ἀναχαλώντων τοὺς πόρους καὶ ἀναπνοὴν τῷ οἴνῳ διδόν-
των· ὅσα δὲ ψυχρά, τῷ ἡσυχῇ καὶ μετρίως ἐπιψαύειν
ἀνακρουομένων τὰς ἀναθυμιάσεις, ὥσπερ ὁ τῶν ἴων
30 καὶ ῥόδων στέφανος· στύφει γὰρ ἀμφότερα, καὶ στέλλει
τῇ ὀσμῇ τὰς καρηβαρίας. (9) Τὸ δὲ τῆς κύπρου ἄνθος,
καὶ ὁ κρόκος, καὶ ἡ βάκκαρις εἰς ὕπνον ἄλυπον ὑπάγει
τοὺς πεπωκότας· ἔχει γὰρ ἀπορροὴν λείαν καὶ προσηνῆ,
καὶ τὰς περὶ τὸ σῶμα τῶν μεθυσκομένων ἀνωμαλίας
35 καὶ τραχύτητας ἡσυχῇ διαχέουσαν, ὥστε, γινομένης
γαλήνης, ἀμβλύνεσθαι καὶ συνεκπέττεσθαι τὸ κραιπα-
λῶδες. (10) Ἐνίων δ' ἀνθῶν ὀσμαῖς ἄνω σκιδναμέναις
περὶ τὸν ἐγκέφαλον, οἵ τε πόροι τῶν αἰσθητηρίων ἐκκα-
θαίρονται, καὶ λεπτύνεται τὰ ὑγρὰ πράως ἄνευ πληγῆς
40 καὶ σάλου τῇ θερμότητι διακρινόμενα, καὶ φύσει ψυχρὸς ὢν ὁ ἐγκέφαλος ἀναθάλπεται. (11) Διὸ μάλιστα
τοὺς ἀνθινοὺς ἐκ τῶν τραχήλων καθάπτοντες ὑποθυμίδας ἐκάλουν, καὶ τοῖς ἀπὸ τούτων μύροις ἔχριον τὰ
στήθη· μαρτυρεῖ δ' Ἀλκαῖος κελεύων « καταχέαι τὸ μύ-
45 ρον αὐτοῦ κατὰ τᾶς πολλὰ παθοίσας κεφαλᾶς, καὶ τῶ
πολιῶ στήθεος. » (12) Οὕτω καὶ ἐντεῦθεν αἱ ὀσμαὶ
τοξεύουσιν ὑπὸ θερμότητος εἰς τὸν ἐγκέφαλον, ἁρπαζό-
μεναι ταῖς ὀσφρήσεσιν. (13) Οὐ γὰρ, ὅτι τῇ καρδίᾳ
τὸν θυμὸν ἐνστρατοπεδεύειν ᾤοντο, τοὺς περιδεραίους
50 τῶν στεφάνων ὑποθυμίδας ἐκάλουν (ἐπιθυμίδας γὰρ αὐτοῖς διά γε τοῦτο μᾶλλον ἦν καλεῖσθαι προσ[ῆκ]ον),
ἀλλ', ὡς λέγω, διὰ τὴν ἀποφορὰν καὶ ἀποθυμίασιν.
(14) Μὴ θαυμάζωμεν δὲ, εἰ τοσαύτην αἱ τῶν στεφάνων
ἀποφοραὶ δύναμιν ἔχουσιν· ἱστοροῦσι γὰρ, ὅτι καὶ σκιὰ

vino læderentur, hedera suo frigore ebrietatem restin-
guente. (4) Sed et nomina quædam manifestant veterum
hac in re summam diligentiam. Nam et nucem caryam
dixerunt, quod spiritum gravem ac soporem incutientem
profundum, Græcis *caron*, exhalans, lædat qui sub ea recum-
bunt : et narcissum, quia torporem (qui *narce* Græcis est)
nervis incutiat, gravedinemque torpidam : unde et Sophocles eum veterem magnorum deorum coronam appellat,
nimirum Manium. (5) Rutam quoque peganon ea de causa
dictum autumant, quod ob siccitatem calore mixtam semen genitale constringat et coagulet (πήγνυσι) ideoque
prægnantibus plane sit inimica. (6) Qui vero amethystum
(id est ebrietati adversantem) quum herbam, tum cognominem ejus gemmam, nomen ex re habere putant, ii errant :
utrumque enim a colore dictum est : neque enim folium
herbæ meraci colore, sed vino vehementer diluto simile est.
(7) Ceterum multa alia commemorari possent vocabula
stirpium, a facultatibus earum deducta; sed et hæc ipsa
sufficiunt ad industriam veterum demonstrandam ac multiplicem peritiam, quæ coronis variis inter vina uti ipsos
docuit. (8) Maxime enim merum quando caput ferit et intendit corpora in ipso sensuum principio, hominem perturbat : sed florum exhalationes mirabiliter contra hoc mali
præsidio sunt, caputque veluti arcem muniunt ad ebrietatem repellendam : nam et calidi flores molliter aperiendis
meatibus faciunt ut perspirare vinum possit; et qui frigidi
sunt, leni et mediocri contactu vapores repellunt, ut vio-
lacea et rosacea corona : utrumque enim horum adstringit,
reprimitque odore suo ea quibus caput gravatur. (9) Cypri
porro flos, et crocus, et baccaris, eos qui adbiberunt ad
somnum molestiæ vacuum adducunt : exhalant enim mite
quidpiam et gratum, quo inæqualitates quæ inebriatorum
corpori accidunt asperitatesque diffunduntur, ita ut tranquillitate oborta retundatur et digeratur id quod crapulam
erat facturum. (10) Quorundam etiam florum odoribus
sursum dissipatis ad cerebrum, fit ut et meatus qui sunt
instrumento sentiendi expurgentur, et humores tenuentur,
sensim absque vehementi ictu aut agitatione discussi, simulque cerebrum natura frigidum refocilletur. (11) Itaque
serta, e floribus texta præcipue, a cervice suspendentes,
hypothymidas appellabant, unguentisque quibus ea erant
delibuta, pectus inungebant. Testatur etiam Alcæus, jubens unguentum sibi affundi super multa passum caput et
canum pectus. (12) Sic etiam inde odores a calore ejacu-
lantur in cerebrum, rapientibus eos naribus. (13) Non enim
ideo hypothymides vocaverunt collo appensas coronas,
quod animum (qui Græcis *thymos*) castra sua in corde habere putarent : sic enim *epithymides* potius vocari conveniebat : sed, uti dixi, propter exhalantem potius fragrantiam,
quam ipsi *apothymiasin* nominant. (14) Mirum vero nemini debet videri, si exhalationes sertorum vim tantam habent; quum memoriæ proditum sit umbram smilacis interficere homines in ea dormientes, quo tempore planta ma-

σμίλακος ἀποκτίννυσιν ἀνθρώπους ἐγκαταδαρθόντας, ὅταν ὀργᾷ μάλιστα πρὸς τὴν ἄνθησιν· * καὶ τὸ τῆς μήκωνος ἀπορρέον πνεῦμα μὴ φυλαξαμένοις τοῖς τὸν ὀπὸν τρυγῶσι συνέβη καταπεσεῖν. (15) Τὴν δ' ἄλυσσον καλουμένην βοτάνην καὶ λαβόντες εἰς τὴν χεῖρα μόνον, οἱ δὲ καὶ προσβλέψαντες, ἀπαλλάττονται λυγμοῦ· λέγεται δὲ καὶ ποιμνίοις ἀγαθὴ καὶ αἰπολίοις, παραφυτευομένη ταῖς μάνδραις. (16) Τὸ δὲ ῥόδον ὠνόμασται δήπουθεν, ὅτι ῥεῦμα πολὺ τῆς ὀδωδῆς ἀφίησι· διὸ καὶ τάχιστα μαραίνεται· ψυκτικὸν δέ ἐστι δυνάμει, τῇ δ' ὄψει πυρωπὸν, οὐκ ἀλόγως· λεπτὸν γὰρ αὐτῷ περιανθεῖ τὸ θερμὸν ἐπιπολῆς ἐξωθούμενον ὑπὸ τῆς ψυχρότητος.

ΠΡΟΒΛΗΜΑ Β.

Περὶ τοῦ κιττοῦ, πότερον τῇ φύσει θερμὸς ἢ ψυχρός ἐστιν.

ΠΡΟΣΩΠΑ ΤΟΥ ΔΙΑΛΟΓΟΥ.

ΑΜΜΩΝΙΟΣ, ΤΡΥΦΩΝ, ΕΡΑΤΩΝ.

I. Ἐπαινεσάντων δὲ ἡμῶν τὸν Τρύφωνα, μειδιῶν ὁ Ἀμμώνιος, οὐκ ἄξιον ἔφη ποικίλον οὕτω καὶ ἀνθηρὸν λόγον ὥσπερ στέφανον ἀντιλέγοντα διαλακτίζειν· πλὴν ὅ τε κιττὸς οὐκ οἶδ' ὅπως συγκαταπέπλεκται ψυχρότητι, συγκατασβεννύναι λεγόμενος τὸν ἄκρατον· (2) ἔστι γὰρ ἔμπυρος καὶ θερμότερος· καὶ ὅ γε καρπὸς αὐτοῦ μιγνύμενος εἰς τὸν οἶνον, μεθυστικὸν ποιεῖ καὶ ταρακτικὸν τῷ πυροῦσθαι. Τὸ δὲ κλῆμα λέγουσιν αὐτοῦ σπώμενον, ὥσπερ τὰ [ἐν] πυρὶ ξύλα, συνδιαστρέφεσθαι. (3) Χιὼν δὲ πολλάκις ἡμέρας συχνὰς ἐπιμένουσα τοῖς ἄλλοις φυτοῖς, φεύγει τάχιστα τὸν κιττόν· μᾶλλον δὲ ὅλως εὐθὺς ἀπόλλυται, καὶ περιτήκεται περὶ αὐτὸν ὑπὸ θερμότητος. (4) Ὃ δὲ μέγιστόν ἐστιν, ὑπὸ Θεοφράστου δ' ἱστόρηται, Ἀλεξάνδρου κελεύσαντος Ἑλληνικὰ δένδρα τοῖς ἐν Βαβυλῶνι παραδείσοις ἐμβαλεῖν Ἅρπαλον, μάλιστα δὲ, τῶν τόπων ἐμπύρων ὄντων καὶ περιφλεγόντων, τὰ ἀλσώδη καὶ εὐπέταλα καὶ σκιερὰ καταμίξαι τοῖς φυτοῖς, μόνον οὐκ ἐδέξατο τὸν κιττὸν ἡ χώρα, καίτοι πολλὰ τοῦ Ἁρπάλου πραγματευομένου καὶ προσφιλονεικοῦντος· ἀλλ' ἀπώλλυτο καὶ κατεξηραίνετο, τῷ πυρώδης μὲν αὐτὸς εἶναι, πρὸς πυρώδη δὲ μίγνυσθαι γῆν, οὐ λαμβάνων κρᾶσιν, ἀλλ' ἐξιστάμενος. (5) Αἱ γὰρ ὑπερβολαὶ φθείρουσι τὰς δυνάμεις· διὸ τῶν ἐναντίων μᾶλλον ὀρέγονται, καὶ φιλόθερμόν ἐστι τὸ ψυχρὸν, καὶ φιλόψυχρον τὸ θερμόν· ὅθεν οἱ ὀρεινοὶ καὶ πνευματώδεις καὶ νιφόμενοι τόποι τὰ δαδώδη καὶ πισσοτρόφα τῶν φυτῶν, μάλιστα πεύκας καὶ στροβίλους, ἐκφέρουσιν. (6) Ἄνευ δὲ τούτων, ὦ φίλε Τρύφων, τὰ δύσριγα καὶ ψυχρὰ φυλλοβροεῖ, μικρότητι τοῦ θερμοῦ καὶ ἀσθενείᾳ συστελλομένου καὶ προλείποντος τὸ φυτόν· ἐλαίαν δὲ καὶ δάφνην καὶ κυπάριττον ἀειθαλῆ διαφυλάσσει τὸ λιπαρὸν καὶ τὸ θερμὸν, ὥσπερ τὸν

---

xime turget et florem parturit suum, et spiritum a papavero defluentem non caute observatum ab iis qui succum colligunt, subvertere homines. (15) Herba autem alyssus si duntaxat in manum sumatur, immo nonnullos si modo intueantur eam, singultu liberat : eadem pecori et caprarum gregibus conducere dicitur, si juxta caulas plantetur. (16) Rosa autem, *rhodon* Græcis, haud dubie dicitur, quia quasi flumen, ῥεῦμα, odoris emittit, quo fit ut etiam celerrimo marcescat : naturalem autem habet vim refrigerandi, aspectu igneum aliquid ostentans, idque non absque ratione : nam in superficie ejus tenuis efflorescit calor, a frigore ex interioribus eo expulsus.

QUÆSTIO II.

De natura hederæ, calidane sit an frigida.

PERSONÆ COLLOQUII.

AMMONIUS, TRYPHON, ERATON.

I. Hic quum nos Tryphonem laudavissemus, renidens Ammonius, Indignum vero fuerit, inquit, tam variam et floridam orationem contradicendo tanquam corollam discerpere. Unum id me offendit, quod in eam intexta fuit hedera, et frigore suo dicta merum restinguere. (2) Etenim calida est hedera et ardentior; ejusque fructus vino admixtus inflammando vim ejus inebriandi et conturbandi auget; et palmitem hederæ avulsum ferunt instar lignorum igni curvatorum intorqueri. (3) Nix etiam, quæ aliis plantis sæpe per complures dies incumbit, hederam celerrime fugit; immo autem statim perit, liquescens ejus caliditate. (4) Maximum vero argumentum est, quod Theophrastus narrat, jussum ab Alexandro Harpalum hortis, qui erant Babylone, Græcas inserere plantas solo iis in locis admodum fervido, densas et foliis luxuriantes umbramque præbentes herbas plantis reliquis permiscuisse : solam hederam non fuisse a solo receptam, quanquam magno conatu magnaque contentione plantare eam Harpalus eniteretur : sed exsiccatam periisse ; quippe calida ipsa temperari cum tellure calida non potuit, sed periit. (5) Nam exsuperantia facultates perdunt. Quæ causa est, ut contraria appetant, et calorem ament frigida, frigus calida : quare montosa ventisque et nivibus exposita loca facibus aptas et picem ferentes maxime producunt arbores, ut laricem et pinum coniferam. (6) Præter hæc, mi Tryphon, algidæ et frigidæ stirpes facile folia amittunt ob paucitatem caloris imbecillitate constricti, et plantam deserentis : oleam vero, laurum ac cupressum semper virentem conservat pinguedo

κιττόν· (7) ὅθεν ὁ φίλτατος Διόνυσος οὐχ ὡς βοηθὸν ἐπὶ τὴν μέθην, οὐδ' ὡς πολέμιον τῷ οἴνῳ, τὸν κιττὸν ἐπήγαγεν· ὅς γε τὸν ἄκρατον, ἄντικρυς μέθυ, καὶ μεθυμναῖον αὐτὸς αὐτὸν ὠνόμασεν. (8) Ἀλλά μοι δοκεῖ καθάπερ οἱ φίλοινοι, μὴ παρόντος ἀμπελίνου, κριθίνῳ χρῶνται πόματι, καὶ μηλίτας τινὰς, οἱ δὲ φοινικίνους οἴνους ποιοῦσιν· οὕτω καὶ ὁ ποθῶν χειμῶνος ὥρᾳ τὸν ἀπὸ τῆς ἀμπέλου στέφανον, ὡς ἐκείνην ἑώρα γυμνὴν καὶ ἄφυλλον, ἀγαπῆσαι τὴν ὁμοιότητα τοῦ κιττοῦ. (9) Καὶ γὰρ τοῦ κλήματος τὸ ἑλικῶδες τοῦτο καὶ σφαλλόμενον ἐν τῇ πορείᾳ, καὶ τοῦ πετάλου τὸ ὑγρὸν καὶ περιχεχυμένον ἀτάκτως, μάλιστα δ' αὐτὸς ὁ κόρυμβος ὄμφακι πυκνῷ καὶ περκάζοντι προσεοικὼς, ἐκμεμίμηται τὴν τῆς ἀμπέλου διάθεσιν. (10) Οὐ μὴν ἀλλὰ κἂν βοηθῇ τι πρὸς μέθην ὁ κιττὸς, θερμότητι τοῦτο ποιεῖν φήσομεν αὐτὸν, ἀνοίγοντα τοὺς πόρους, ἢ συνεκπέττοντα μᾶλλον τὸν ἄκρατον· ἵνα καὶ μένῃ σὴν χάριν, ὦ Τρύφων, ἰατρὸς ὁ Διόνυσος.

II. Πρὸς ταῦτα ὁ μὲν Τρύφων ἄφωνος ἦν, ὅπως ἀντείποι σκεπτόμενος· * ὁ δ' Ἐράτων ἕκαστον ἡμῶν τῶν νέων ἀνακαλούμενος, ἐκέλευε βοηθεῖν τῷ Τρύφωνι τῶν στεφάνων, ἢ τοὺς στεφάνους ἀποτίθεσθαι· καὶ Ἀμμώνιος ἔφη παρέχειν ἄδειαν, οὐ γὰρ ἀντερεῖν οἷς ἂν ἡμεῖς εἴπωμεν. (2) Οὕτω δὴ καὶ τοῦ Τρύφωνος ἐπικελεύοντος εἰπεῖν τι, τὰς μὲν ἀποδείξεις, ψυχρὸν εἶναι τὸν κιττὸν, οὐκ ἐμὸν [ἔφ]ην ἔργον, ἀλλὰ Τρύφωνος· οὗτος γὰρ αὐτῷ ψύχοντι καὶ στύφοντι πολλὰ χρῆται· τῶν δ' εἰρημένων, ἔφην, τὸ μὲν μεθύσκειν κιττὸν οἴνῳ μιγνύμενον, οὐκ ἀληθές ἐστιν· (3) ὁ γὰρ ἐμποιεῖ τοῖς πιοῦσι πάθος, οὐ μέθην ἄν τις εἴποι, ταραχὴν δὲ καὶ παραφροσύνην, οἷον ὑοσκύαμος ἐμποιεῖ, καὶ πολλὰ τοιαῦτα, κινοῦντα μανικῶς τὴν διάνοιαν. (4) Ὁ δὲ τοῦ κλήματος σπασμὸς ἄλογός ἐστι· ταῦτα γὰρ παρὰ φύσιν ἔργα· τῶν κατὰ φύσιν δυνάμεων οὐκ ἔστιν· ἀλλὰ καὶ τὰ ξύλα διαστρέφεται, τοῦ πυρὸς τὸ ὑγρὸν ἕλκοντος ἐξ αὐτῶν βίᾳ, κυρτότητας ἴσχοντα καὶ παραβάσεις· τὸ δὲ συγγενὲς θερμὸν αὔξειν καὶ τρέφειν πέφυκε. (5) Σκόπει δὲ μὴ μᾶλλον ἀῤῥωστίᾳ τις καὶ ψυχρότης σώματος τὸ πολυκαμπὲς καὶ χαμαιπετὲς πέφυκεν, [ἀντερεί]σεις πυκνὰς καὶ ἀντικοπὰς λαμβάνοντος, ὥσπερ ὁδοιπόρου δι' ἀσθένειαν πολλάκις ἀποκαθίζοντος, εἶτα πάλιν ἐρχομένου· διὸ καὶ περιπλοκῆς δεῖται καὶ στηρίγματος, αὐτὸς ἑαυτὸν ἀνέχειν καὶ ποδηγεῖν ἀδυνατῶν δι' ἔνδειαν θερμότητος, ἧς τὸ ἀνωφερὲς δύναμίς ἐστιν. (6) Ἡ δὲ χιὼν ἀποῤῥεῖ καὶ περιτήκεται δι' ὑγρότητα τοῦ φύλλου· τὸ γὰρ ὕδωρ σβέννυσιν αὐτῆς καὶ κόπτει τὴν χαυνότητα, ἅτε μικρῶν οὖσαν καὶ πυκνῶν ἄθροισμα πομφολύγων· ὅθεν [οὐχ ἧττον] ἐν τοῖς περιψύκτοις σφόδρα καὶ νοτεροῖς τόποις, ἢ τοῖς προσείλοις, αἱ χιόνες ῥέουσι. (7) Τὸ δ' ἀειθαλὲς τοῦτο καὶ, ὥς φησιν Ἐμπεδοκλῆς, ἐμπεδόφυλλον, οὐκ ἔστι θερμότητος· οὐδὲ γὰρ ψυχρότητος τὸ φυλλοῤῥοεῖν. Ἡ οὖν μυῤῥίνη καὶ τὸ ἀδίαντον, οὐκ ὄντα τῶν θερμῶν, ἀλλὰ τῶν ψυχρῶν, ἀεὶ τέθηλεν. (8) Ἔνιοι μὲν οὖν ὁμαλότητι κράσεως οἴονται παραμέ-

et calor, sicut et hederam. (7) Proinde carissimus Bacchus hanc non ut auxilium adversus ebrietatem adhibuit, aut tanquam vino adversam, qui merum ab inebriando (μεθύσαι) aperte *methy*, et sese Methymnæum appellavit. (8) Sed mihi videtur, quemadmodum vinosi vero destituti vino hordeaceo utuntur potu, et e malis aut palmulis quædam sibi vina conficiunt : ita qui hieme desideraret viteam coronam, ubi nudam et foliis vacuam vidit vitem, ob similitudinem hederaceam amplexus. (9) Nam et palmitis ambages istæ, lubricique in progrediendo ambitus atque lapsus, et foliorum flexilis atque inordinata circumfusio, et maxime corymbus ipse uvæ immaturæ, densæ jamque colorem ducenti similis, vitis formam imitantur. (10) Quin etiam si quid contra ebrietatem facit hedera, calore id eam suo facere dicemus, aperientem meatus, aut potius concoctionem meri adjuvante : ut tuam in gratiam Bacchus, o Tryphon, medicus maneat.

II. Ad hæc vocem cohibente Tryphone, et quid responderet meditante, Eraton juniores nos singulatim compellans hortabatur, ut aut Tryphonem pro coronis propugnantem adjuvaremus, aut coronas deponeremus. Et Ammonius securitatem ostendebat, pollicens nihil se dicturum adversus ea quæ proposuissemus. (2) Itaque, quum Tryphon etiam hortaretur ad dicendum, Demonstrare, inquam ego, hederam esse frigidam, non est meæ operæ, sed Tryphonis : is enim ea ut frigus inducente ac stipante frequenter utitur. Ceterum ex his quæ dicta sunt, inebriare hederam vino admixtam verum non est. (3) Quam enim bibentibus affectionem infert, non ebrietatem recte dixeris, sed perturbationem abalienationemque mentis ; qualem altercum etiam et multa alia inducunt, insania animum exagitantia. (4) Avulsio autem palmitis illa vacat ratione : hæc enim quæ contra naturam fiunt, non sunt naturalibus imputanda facultatibus : sed et ligna curvantur, igne humorem educente vi ex ipsis ita contorta et deviata : cognatus autem calor id natura habet ut augeat atque alat. (5) Atque hoc vide, an non infirmitas aliqua et frigiditas corporis multiplices illos flexus et humilitatem hederæ humi serpentis efficiat retusa crebro ac repressa; sicut quum viator ob imbecillitatem crebrius considet, deinde rursum viam init. Itaque etiam am plexu opus habet hedera et fulcro, ipsa se sustentare et producere non valens ob inopiam caloris, cujus est sursum efferre. (6) Nix porro quod liquescit et defluit ab hedera, id ob humiditatem folii fit : aqua enim delet et incidit laxitatem nivis, utpote congeriem exiguarum ac crebrarum bullarum. Itaque in valde frigidis, sed humectis simul locis nix non minus quam in apricis fluit. (7) Jam ille perpetuas viror, et, ut vocat Empedocles, « folii constantia firma, » non est a calore, ut neque foliorum delapsus a frigore : nam myrtus et adiantum, non calida hæc, sed frigida, semper virent. (8) Sunt igitur qui æquabilitatem temperamenti pro causa adsignant, cur folia perennent. Empedocles

νειν τὸ φύλλον. Ἐμπεδοκλῆς δὲ πρὸς τούτῳ καὶ πόρων τινὰ συμμετρίαν αἰτιᾶται, τεταγμένως καὶ ὁμαλῶς
τὴν τροφὴν διιέντων, ὥστ' ἀρκούντως ἐπιρρεῖν. (9)
Τοῖς δὲ φυλλορροοῦσιν οὐκ ἔστι, διὰ μανότητα τῶν ἄνω
καὶ στενότητα τῶν κάτω πόρων, ὅταν οἱ μὲν μὴ ἐπι-
πέμπωσιν, οἱ δὲ μὴ φυλάττωσιν, ἀλλ' ὀλίγην λαβόντες
ἄθρουν ἐκχέωσιν, ὥσπερ ἐν ἀνθήροις τισὶν οὐχ ὁμαλοῖς·
τὰ δὲ ὑδρευόμενα ἀεὶ [διὰ] τὴν τροφὴν διαρκῆ καὶ σύμμετρον ἀντέχει, καὶ παραμένει ἀγήρω καὶ χλοερά.
(10) Ἀλλ' ἐν Βαβυλῶνι φυτευόμενος ἐξίστατο καὶ ἀπη-
γόρευεν; εὖ γε ποιῶν ὁ γενναῖος οὗτος, ὅτι Βοιωτίου
θεοῦ πελάτης καὶ παράσιτος ὢν, οὐκ ἐβούλετο μετοι-
κεῖν ἐν βαρβάροις, οὐδ' Ἀλέξανδρον ἐζήλωσεν ἐξοικειού-
μενον ἐκείνοις τοῖς ἔθνεσιν, ἀλλ' ἔφευγε καὶ διεμάχετο
πρὸς τὴν ἀποξένωσιν. (11) Αἰτία δ' οὐχ ἡ θερμότης
ἦν, ἀλλὰ μᾶλλον ἡ ψυχρότης, οὐχ ὑποφέρουσα τὴν
ἐναντίαν κρᾶσιν· οὐ γὰρ φθείρει τὸ οἰκεῖον, ἀλλὰ προσίεται καὶ φέρει, καθάπερ τὸ θύμον ἡ ξηρὰ γῆ, καίτοι
θερμὸν ὄν. (12) Τὴν δὲ Βαβυλωνίαν οὕτω φασὶν ἀέρα
πνιγώδη καὶ βαρὺν περιέχειν, ὥστε πολλοὺς τῶν ἐμπό-
ρων, ὅταν ἐμπλήσωσιν ἀσκοὺς ὕδατος, ἐπὶ τούτων καθεύδειν ἀναψυχομένους.

---

* ΠΡΟΒΛΗΜΑ Γ.

Διὰ τί γυναῖκες ἥκιστα μεθύσκονται, τάχιστα δὲ οἱ
γέροντες.

ΠΡΟΣΩΠΑ ΤΟΥ ΔΙΑΛΟΓΟΥ.

ΦΛΩΡΟΣ, ΣΥΛΛΑΣ.

1. Ἐθαύμαζε δὲ Φλῶρος, εἰ γεγραφὼς Ἀριστοτέλης
ἐν τῷ περὶ μέθης, ὅτι μάλιστα μὲν οἱ γέροντες, ἥκιστα
δὲ αἱ γυναῖκες ὑπὸ μέθης ἁλίσκονται, τὴν αἰτίαν οὐκ
ἐξειργάσατο, μηδὲν εἰωθὼς προΐεσθαι τῶν τοιούτων.
Εἶτα μέντοι προὔβαλεν ἐν μέσῳ σκοπεῖν τοῖς παροῦσιν.
Ἦν δὲ τῶν συνήθων τὸ δεῖπνον. (2) Ἔφη τοίνυν ὁ
Σύλλας, θατέρῳ θάτερον ἐμφαίνεσθαι· κἂν εἰ περὶ τῶν
γυναικῶν ὀρθῶς τὴν αἰτίαν λάβοιμεν, οὐκ ἔτι πολλοῦ
λόγου δεήσεσθαι περὶ τῶν γερόντων· (3) ἐναντίας γὰρ
εἶναι μάλιστα τὰς φύσεις τῇ τε ὑγρότητι καὶ ξηρότητι,
καὶ τραχύτητι [καὶ λειότητι], καὶ μαλακότητι καὶ
σκληρότητι. (4) Καὶ τοῦτο, ἔφη, λαμβάνω κατὰ τῶν
γυναικῶν πρῶτον, ὅτι τὴν κρᾶσιν ὑγρὰν ἔχουσιν, ἣ
καὶ τὴν ἁπαλότητα τῆς σαρκὸς ἐμμεμιγμένη παρέχει,
καὶ τὸ στίλβον ἐπὶ λειότητι, καὶ τὰς καθάρσεις· ὅταν
οὖν ὁ οἶνος εἰς ὑγρότητα πολλὴν ἐμπέσῃ, κρατούμενος
ἀποβάλλει τὴν βαφήν, καὶ γίνεται παντάπασιν ἄναφὴς
καὶ ὑδατώδης. (5) Ἔστι δέ τι καὶ παρ' αὐτοῦ λαβεῖν
Ἀριστοτέλους· τοὺς γὰρ ἄθρουν καὶ ἀπνευστὶ πίνοντας,
ὅπερ ἀμυστίζειν ὠνόμασαν οἱ παλαιοί, φησὶν ἥκιστα
περιπίπτειν μέθαις· οὐ γὰρ ἐνδιατρίβειν τὸν ἄκρατον
αὐτοῖς, ἀλλ' ἐξωθούμενον ῥύμῃ διαπορεύεσθαι διὰ τοῦ

---

præterea proportionem quandam congruam meatuum ponit,
qui ordine et æquabiliter alimentum transmittant, ita ut
sufficienter id affluat. (9) At quorum folia defluunt, iis non
suppeditat alimentum, ob raritatem superiorum, et inferiorum angustias meatuum; quum neque hi submittant, neque illi conservent alimentum, sed quod exiguum acceperunt, confertim profundant, ut quæ haustris rigantur
inæqualiter perforatis. Quibus autem aqua sufficit, ea
propter alimentum quod satis sit et pro portione conveniat,
durant, perpetuoque virent, consenescunt nunquam. (10)
At Babylone sata hedera provenire et durare noluit? Laudo
equidem generosam plantam, quæ Bœotii dei cliens mensæque assecla noluerit ad barbaros migrare, neque imitari
voluit Alexandrum istis gentibus similem factum, sed subterfugit inquilini repulitque conditionem. (11) Causa vero
non fuit calor, sed frigus contrariæ temperiei impatiens.
Quod enim accommodatum est alicujus naturæ, ab eo id
non perditur, sed fovetur atque alitur; sicut thymum fert
terra sicca, quanquam calidum. (12) At Babylone ita
æstuosum et præfocando molestum aerem esse aiunt, ut
multi mercatorum utribus aqua impletis, frigoris corpori
conciliandi causa, indormiant.

QUÆSTIO III.

Cur mulieres minime, facillime senes inebrientur.

PERSONÆ COLLOQUII.

FLORUS, SYLLA.

1. Mirum vero videbatur Floro, quod Aristoteles in libro
de Ebrietate quum scripsisset, *maxime senes, minime
mulieres ebrietate capi*, causam non explicavisset; alioqui
nihil tale solitus omittere. Eam vero in quodam familiarium convivio inquirendam in medium proposuit. (2)
Tum Sylla, Alterum, inquit, cognosci ex altero potest : et
si de mulieribus causam repererimus veram, non multum
disputare opus erit de senibus. (3) Naturæ enim maxime
sunt inter se contrariæ, humiditate, siccitate; asperitate,
lævitate; mollitie, duritie. (4) Quod ad mulieres attinet,
primum hoc ut concessum sumo, eas habere corporis humidam temperiem, quæ immixta carni teneritatem in ea efficiat, et nitorem in lævitate, et purgationes. Quando
igitur vinum in multum incidit humorem, vincitur aciem-
que suam amittit, fitque omnino languidum et aquosum.
(5) Quinetiam ex ipso sumi aliquid potest Aristotele. Nam
qui uno haustu et citra respirationem magna siccant pocula,
quod *amystizare* dicebatur a veteribus, eos ait non facile
inebriari : nimirum quod merum in his non diu moretur,

σώματος. Ἐπιεικῶς δὲ τὰς γυναῖκας ὁρῶμεν οὕτω πινούσας. (6) Εἰκὸς δ' αὐτῶν καὶ τὸ σῶμα, διὰ τὸν ἐνδελεχῆ τῶν ὑγρῶν κατασπασμὸν ἐπὶ τὰς ἀπο[καθάρσεις], πολύπορον γεγονέναι, καὶ τετμῆσθαι καθάπερ ἀνδήροις καὶ ὀχετοῖς· εἰς οὓς ἐμπίπτοντα τὸν ἄκρατον ὑπάγειν ταχέως καὶ μὴ προσίστασθαι τοῖς κυρίοις μέρεσιν, ὧν διαταραττομένων συμβαίνει τὸ μεθύειν. (7) Οἱ δὲ γέροντες ὅτι μέν εἰσιν ἐνδεεῖς ἱκμάδος οἰκείας, τοὔνομά μοι δοκεῖ φράζειν πρῶτον· οὐ γὰρ ὡς ῥέοντες εἰς γῆν, ἀλλ' ὡς γεώδεις καὶ γηροὶ τινες ἤδη γινόμενοι τὴν ἕξιν, οὕτω προσαγορεύονται. (8) Δηλοῖ δὲ καὶ τὸ δυσκαμπὲς αὐτῶν καὶ σκληρὸν, ἔτι δὲ ἡ τραχύτης, τὴν ξηρότητα τῆς φύσεως. (9) Ὅταν οὖν ἐμπίνωσιν, εἰκὸς ἀναλαμβάνεσθαι τὸν οἶνον, τοῦ σώματος σπογγώδους διὰ τὸν αὐχμὸν ὄντος· εἶτα ἐμμένοντα, πληγὰς καὶ βαρύτητας ἐμποιεῖν. (10) Ὡς οὖν τὰ ῥεύματα τῶν μὲν πυκνῶν ἀποκλύζεται χωρίων καὶ πηλὸν οὐ ποιεῖ, τοῖς δ' ἀραιοῖς ἀναμίγνυται μᾶλλον· οὕτως ὁ οἶνος ἐν τοῖς τῶν γερόντων σώμασιν ἔχει διατριβὴν, ἑλκόμενος ὑπὸ τῆς ξηρότητος. (11) Ἄνευ δὲ τούτων, ἰδεῖν ἐστι τὰ συμπτώματα τῆς μέθης τὴν τῶν γερόντων φύσιν ἐξ αὐτῆς ἔχουσαν· ἔστι γὰρ συμπτώματα μέθης ἐπιφανέστατα, τρόμοι μὲν ἄρθρων, ψελλισμοὶ δὲ γλώσσης, πλεονασμοὶ δὲ λαλιᾶς, ὀξύτητες δ' ὀργῆς, λῆθαί τε καὶ παραφοραὶ διανοίας· (12) ὧν τὰ πολλὰ καὶ περὶ τοὺς ὑγιαίνοντας ὄντα πρεσβύτας, ὀλίγης ῥοπῆς δεῖται καὶ σάλου τοῦ τυχόντος· ὥστε μὴ γένεσιν ἰδίων, ἀλλὰ κοινῶν ἐπίτασιν συμπτωμάτων γίνεσθαι τὴν μέθην τῷ γέροντι· τεκμήριον δὲ τούτου τὸ μηθὲν εἶναι γέροντι νέου μεθυσθέντος ὁμοιότερον.

ΠΡΟΒΛΗΜΑ Δ.

Πότερον ψυχρότεραι τῇ κράσει τῶν ἀνδρῶν, ἢ θερμότεραί εἰσιν αἱ γυναῖκες.

ΠΡΟΣΩΠΑ ΤΟΥ ΔΙΑΛΟΓΟΥ.

ΑΠΟΛΛΩΝΙΔΗΣ, ΑΘΡΥΙΛΑΤΟΣ.

I. Ὁ μὲν οὖν Σύλλας ταῦτα εἶπεν. Ὁ δὲ τακτικὸς Ἀπολλωνίδης ἔφη, τὸν μὲν περὶ τῶν γερόντων ἀποδέχεσθαι λόγον· ἐν δὲ ταῖς γυναιξὶν αὐτῷ δοκεῖν παραλελεῖφθαι τὸ τῆς ψυχρότητος, ἢ θερμότατον ἄκρατον ἀποσβέννυσθαι καὶ ἀποβάλλειν τὸ πλῆττον καὶ πυρῶδες. (*) * Πιθανοῦ δὲ καὶ τούτου δοκοῦντος, Ἀθρυίλατος ὁ Θάσιος ἰατρὸς ἐμβαλών τινα τῇ ζητήσει διατριβὴν, εἶναί τινας ἔφησεν, οἳ τὰς γυναῖκας οὐ ψυχρὰς, ἀλλὰ θερμοτέρας τῶν ἀνδρῶν ὑπολαμβάνουσιν· ἑτέρους δὲ μᾶλλον οἳ τὸν οἶνον οὐ θερμὸν, ἀλλὰ καὶ ψυχρὸν ἡγοῦνται.

II. Θαυμάσαντος δὲ τοῦ Φλώρου, Τὸν μὲν περὶ τοῦ οἴνου λόγον, εἶπεν, ἀφίημι τούτῳ (δείξας ἐμέ· καὶ γὰρ ἐτυγχάνομεν ὀλίγαις ἡμέραις πρότερον εἰς τοῦτο διειλεγμένοι)· τῶν δὲ γυναικῶν, ἔφη, τὴν θερμότητα

---

sed impetu impulsum per corpus transeat. Plerumque autem sic bibere mulieres videmus. (6) Probabile etiam est earum corpora, ob perpetuam humorum detractionem in menstrua, multis aperiri meatibus, et incisa esse quasi haustris quibusdam et tubulis; in quos illapsum merum celeriter abeat, neque principibus partibus adhærescat quarum perturbatione oboritur ebrietas. (7) Porro senibus deesse suum proprium humorem, principio ipsum Græcum eorum nomen videtur indicare: *gerontes* enim dicti sunt, non tanquam fluentes ad terram (εἰς γῆν ῥέοντες), sed quod eorum constitutio corporis jam quodammodo facta sit terrea (γηρά). (8) Sed et rigor eorum, et durities, et asperitas siccitatem naturæ declarat. (9) Ubi ergo adbiberunt, par est corpus eorum, ob siccitatem spongiæ instar cavernosum, accipere vinum, quod permanens deinde feriat atque prægravet. (10) Sicut ergo aquæ a densis locis delabuntur, ita ut lutum non faciant, in raris autem facilius subsidunt et miscentur: ita vinum in senilibus corporibus moram facit, attractum a siccitate. (11) Præter hæc videre licet ea quæ ebrietati comitantur, inesse ultro naturæ senum: sunt autem maxime evidentia, tremor membrorum, linguæ hæsitatio, garrulitas, iræ acres, oblivio et error mentis: (12) quorum pleraque etiam sanis senibus quum adsint, levi momento et quavis exagitatione inducuntur: adeo ut in sene ebrietas non peculiarium accidentium procreatio sit, sed communium senibus omnibus quædam contentio. Cujus rei argumentum est, quod nihil tam simile est seni atque temulentus juvenis.

QUÆSTIO IV.

Frigidioresne temperamento, an calidiores viris sint feminæ.

PERSONÆ COLLOQUII.

APOLLONIDES, ATHRYILATUS.

I. Hæc quum dixisset Sylla, Apollonides Tacticus, accipere se dixit de senibus prolatam rationem: de mulieribus autem videri sibi prætermissam earum frigiditatem, quæ calidissimum restinguat merum, vimque ejus et fervorem opprimat. (2) Quum hoc quoque videretur dictum probabiliter, Athryilatus Thasius medicus quæstioni moram quandam injecit, esse quosdam inquiens, qui feminas non frigidas, sed viris calidiores censeant; alios, quibus vinum potius non calidum, sed frigidum videatur.

II. Quod quum miraretur Florus, De vino quidem, inquit Athryilatus, rem explicandam huic relinquo (me demonstrans: nam paucis ante diebus hac de re fueramus inter nos collocuti): feminarum autem caliditatem existi-

πρῶτον ἀπὸ τῆς ψιλότητος οἴονται δεικνύναι, καταναλισκομένου τοῦ περιττώματος ὑπὸ τῆς θερμότητος, ὃ πλεονάζον εἰς τρίχας τρέπεται· (2) δεύτερον δὲ, τῷ πλήθει τοῦ αἵματος, ὃ πηγὴ μὲν εἶναι τῆς ἐν τῷ σώματι θερμότητος, ἔστι δὲ τοσοῦτον ταῖς γυναιξὶν, ὥστ᾽ αὐτὰς καταπιμπράναι καὶ περιφλέγειν, εἰ μὴ πολλαὶ καὶ ταχεῖαι συμβαίνοιεν καθάρσεις. (3) Τρίτον τοῦτο τὸ περὶ τὰς ταφὰς αἱ[ρεῖ θερμότε]ρα τὰ θήλεα τῶν ἀρρένων εἶναι· λέγεται γὰρ ὑπὸ τῶν σκευωρουμένων τάδε συντίθεσθαι παρὰ δέκα νεκροὺς ἀνδρῶν ἕνα γυναικὸς, καὶ συνεξάπτεσθαι, δᾳδῶδές τι καὶ λιπαρὸν αὐτῶν τῆς σαρκὸς ἐχούσης, ὥστε ὑπέκκαυμα γίνεσθαι τῶν ἄλλων. (4) Ἔτι δὲ, εἰ θερμότερον τὸ γονιμώτερον, αἱ δὲ παρθένοι τῶν παίδων ὀργῶσι πρότερον καὶ σαλεύονται πρὸς τὸ γεννᾶν, οὐδ᾽ αὐτή τις ἀσθενὴς ἀπόδειξις ἂν εἴη τῆς θερμότητος. (5) Ἔτι δὲ καὶ μείζων καὶ πιθανωτέρα, τὸ πρὸς τὰ κρύη καὶ τοὺς χειμῶνας εὐφόρως ἔχειν· ἧττον γὰρ αἱ πλεῖσται ῥιγοῦσι τῶν ἀνδρῶν, καὶ παντάπασιν ἱματίων ὀλίγων δέονται.

III. Ἀλλ᾽ ἀπ᾽ αὐτῶν οἶμαι τούτων, ὁ Φλῶρος ἔφη, τῶν ἐπιχειρημάτων ἐλέγχεσθαι τὸ δόγμα. (2) Πρῶτον μὲν γὰρ ἀντέχουσι τῷ ψύχει μᾶλλον, ὅτι πολλάκις τὸ ὅμοιον ὑπὸ τοῦ ὁμοίου δυσπαθέστερόν ἐστιν· ἔπειτα μέντοι καὶ τὸ σπέρμα μὴ προγεγονέναι τὸ γόνιμον, διὰ κατάψυξιν, ἀλλ᾽ ὕλην μόνον καὶ τροφὴν παρέχειν τῷ ἀπὸ τοῦ ἄρρενος. (3) Ἔπειτα λήγουσι τίκτουσαι πολὺ πρότερον, ἢ γεννῶντες οἱ ἄνδρες. (4) Καίονται δὲ βέλτιον ὑπὸ πιμελῆς, ὃ δοκεῖ ψυχρότερον εἶναι τοῦ σώματος· ἥκιστα γοῦν οἱ νέοι καὶ γυμναστικοὶ πιμελώδεις. (5) Ἡ δ᾽ ἔμμηνος κάθαρσις, οὐ πλήθους, ἀλλὰ διαφθορᾶς καὶ φαυλότητός ἐστιν αἵματος· τὸ γὰρ ἄπεπτον αὐτοῦ καὶ περιττωματικὸν, οὐκ ἔχον ἵδρυσιν οὐδὲ σύστασιν ἐν τῷ σώματι, δι᾽ ἀσθένειαν ἐκπίπτει, παντάπασιν ἀμβλὺ καὶ θολερὸν ἀρρωστίᾳ τοῦ θερμοῦ γινόμενον· (6) δηλοῖ γοῦν καὶ τὸ ῥιγοῦν καὶ τὸ ὑποφρίττειν ὡς ἐπιπολὺ τὰς καθαιρομένας, ὅτι ψυχρόν ἐστι καὶ ἄπεπτον τὸ κεκινημένον καὶ ἀποχωροῦν ἐκ τοῦ σώματος. (7) Τὴν δὲ ψιλότητα τίς ἂν εἴποι θερμότητος, οὐχὶ μᾶλλον ψυχρότητος εἶναι τὸ πάθος, ὁρῶν τὰ θερμότατα τοῦ σώματος μέρη δασυνόμενα; πάντα γὰρ ἐξωθεῖται τὰ τοιαῦτα τῷ θερμῷ, χαράσσοντι καὶ ἀναστομοῦντι τὴν ἐπιφάνειαν. (8) Ἡ δὲ λειότης πυκνότητι γέγονεν ὑπὸ ψυχρότητος· ὅτι δέ εἰσι πυκνότεραι τῶν ἀνδρῶν, ὦ φίλε Ἀθρυΐλατε, πύθου παρὰ τῶν ἔτι συναναπαυομένων γυναιξὶν ἢ μύρον ἀληλιμμέναις ἢ ἔλαιον· ἀναπίμπλανται γὰρ τοῦ αὐτοῦ χρίσματος ἐν τῷ συγκαθεύδειν, κἂν μὴ θίγωσι μηδὲ προσάψωνται τῶν γυναικῶν, διὰ θερμότητα καὶ μανότητα τοῦ σώματος ἕλκοντος **.

---

mant primum glabritie demonstrari, consumto a calore excremento, quod abundans alioqui in pilos vertitur : (2) deinde sanguinis multitudine, qui quum fons caloris in corpore videatur esse, tam copiosus est feminis, ut eas inflammet atque incendat, nisi multæ iis et celeres accidant purgationes. (3) Tertium argumentum ab eo ducitur, quod in sepulturis fit, et calidiora feminarum quam marium corpora arguit : traditum est enim, vespillones cadavera urenda ita componere, ut decem virilibus apponerent unum muliebre, unaque incendere; quod muliebre corpus quidpiam tædæ simile atque pingue habeat; efficiatque eo ut reliqua etiam facilius ardeant. (4) Porro si id calidius est quod ad gignendum est proclivius : quum virgines prius quam pueri ad rem veneream incitentur, ne hoc quidem leve est argumentum muliebris caliditatis. (5) Majus etiam hoc et ad persuadendum aptius, quod gelu et hiemem mulieres facilius perferunt : pleræque enim minus algent quam viri, omninoque paucas vestes desiderant.

III. Ego autem, inquit Florus, his ipsis ratiocinationibus everti istam judico opinionem. (2) Primum enim quod frigus magis tolerant, eo fit quia sæpenumero simile a simili minus afficitur : deinde non semen genitale prius in mulieribus nascitur : sunt enim frigidiores : sed alimentum duntaxat et materiem dicendæ sunt subjicere maris semini. (3) Tum longe citius desinunt parere mulieres, quam gignere viri. (4) Quod uruntur cadavera mulierum promtius, ob pinguedinem fit, quæ corporis pars esse videtur frigidior : itaque juvenes et qui corpora exercent, minime pinguescunt. (5) Illa autem menstrua purgatio non est copiosi, sed vitiosi et corrupti sanguinis : qui concoqui quum non possit et excrementum sit, locum in corpore non inveniens ubi subsistat, ob imbecillitatem excidit, plane languidus et conturbatus caloris defectu. (6) Quin et horror ac rigor plerumque purgationem patientibus accidens, satis ostendit frigidum esse et incoctum id quod agitatur et secedit e corpore. (7) Quis vero tandem dicat glabritiem a calore potius quam a frigiditate oriri, quum videat calidissimas corporis partes maxime pilis obseri? omnia enim ista vi caloris in superficiem expelluntur, ab eo vellicatam et apertam. (8) Lævitas autem densitati accidit frigore. Densiora autem mulierum esse quam virorum corpora, mi Athryilate, discere possis ex iis qui concumbunt cum mulieribus unguento aut oleo delibutis : opplentur enim eodem unguento inter concumbendum, etiamsi mulieres non contrectent neque attingant; corpore virili calido et raro id attrahente *ex femineo corpore denso ac frigido*.

ΠΡΟΒΛΗΜΑ Ε.

Εἰ ψυχρότερος τῇ δυνάμει ὁ οἶνος.

ΠΡΟΣΩΠΑ ΤΟΥ ΔΙΑΛΟΓΟΥ.

ΑΘΡΥΙΛΑΤΟΣ, ΠΛΟΥΤΑΡΧΟΣ.

I. Οὐ μὴν ἀλλὰ τὸ μὲν περὶ τῶν γυναικῶν, ἔφη, καὶ πρὸς τοὐναντίον ἀνδρικῶς ἐπικεχείρηται. Τὸν δ' οἶνον ἐπιθυμῶ μαθεῖν, ὁπόθεν ὑπόνοιαν ἡμῖν τοῦ ψυχρὸς εἶναι παρέσχεν. (2) * Οἴει γὰρ, ἔφην ἐγὼ, τοῦτον ἡμέτερον εἶναι τὸν λόγον; Ἀλλὰ τίνος, εἶπεν, ἑτέρου; (3) Μέμνημαι μὲν οὖν, ἔφην ἐγὼ, καὶ Ἀριστοτέλους ἐντυχὼν οὐ νεωστὶ λόγῳ περὶ τούτου τοῦ προβλήματος, ἀλλ' ἱκανῶς πάλαι. Διείλεκται δὲ καὶ Ἐπίκουρος ἐν τῷ Συμποσίῳ πολλοὺς λόγους, ὧν τὸ κεφάλαιόν ἐστιν, ὡς ἐγῷμαι, τοιόνδε. (4) Φησὶ γὰρ οὐκ εἶναι θερμὸν αὐτοτελῶς τὸν οἶνον, ἀλλ' ἔχειν τινὰς ἀτόμους ἐν αὐτῷ θερμασίας ἀποτελεστικάς, ἑτέρας δ' αὖ ψυχρότητος· (5) ὧν τὰς μὲν ἀποβάλλειν, ὅταν εἰς τὸ σῶμα παραγένηται, τὰς δὲ προσλαμβάνειν ἐκ τοῦ σώματος, [καὶ] ὡς ἂν ἔχωσι κράσεως ἡμῖν ἢ φύσεως ὁμιλῆσαι, ὡς τοὺς μὲν ἐκθερμαίνεσθαι, τοὺς δὲ τοὐναντίον πάσχειν μεθυσκομένους.

II. Ταῦτα, εἶπεν ὁ Φλῶρος, ἄντικρυς εἰς τὸν Πύρρωνα διὰ τοῦ Πρωταγόρου φέρει ἡμᾶς· δῆλον γὰρ ὅτι καὶ περὶ ἐλαίου, καὶ περὶ γάλακτος, μέλιτός τε, καὶ ὁμοίως τῶν ἄλλων, διεξιόντες, ἀποδρασόμεθα τὸ λέγειν περὶ ἑκάστου, ὁποῖον τῇ φύσει ἐστί, μίξεσι ταῖς πρὸς ἄλληλα καὶ κράσεσιν ἕκαστον γίνεσθαι φάσκοντες· ἀλλὰ σὺ πῶς ἐπιχειρεῖς τὸ ψυχρὸν εἶναι τὸν οἶνον; (2) Οὕτως, ἔφην, [ὡς] ὑπὸ δυεῖν τότε προσηναγκασμένος αὐτοσχεδιάσαι. Πρῶτον δὲ ὑπῄει μοι τὸ γινόμενον ὑπὸ τῶν ἰατρῶν· τοῖς γὰρ ἐκλελυμένοις καὶ τόνου τινὸς δεομένοις κατὰ τὰς ἀρρωστίας στομάχου, θερμὸν μὲν οὐδὲν προσφέρουσιν, οἶνον δὲ διδόντες βοηθοῦσιν· (3) ὡς δ' αὕτως καὶ τὰς ῥύσεις καὶ ἐφιδρώσεις οἴνῳ καταπαύουσιν, ὡς οὐδὲν ἧττον, ἀλλὰ καὶ μᾶλλον τῆς χιόνος ἱστάντι καὶ κρατύνοντι, τῷ ψύχειν καὶ περιστέλλειν, φερομένην τὴν ἕξιν· (4) εἰ δὲ καὶ φύσιν καὶ δύναμιν εἶχε θερμαντικὴν, ὅμοιον ἦν, οἶμαι, χιόνι πῦρ, καὶ καρδίᾳ οἶνον προσφέρειν ἄκρατον. (5) Ἔπειτα τὸν μὲν ὕπνον οἱ πλεῖστοι περιψύξει γίνεσθαι λέγουσι, καὶ ψυκτικὰ τὰ πλεῖστα τῶν ὑπνωτικῶν φαρμάκων ἐστὶν, ὡς ὁ μανδραγόρας καὶ τὸ μηκώνιον· (6) ἀλλὰ ταῦτα μὲν σφόδρα καὶ βίᾳ πολλῇ συνωθεῖ καὶ πήγνυσιν· ὁ δ' οἶνος ἠρέμα καταψύχων, ἵστησι μεθ' ἡδονῆς καὶ ἀναπαύει τὴν κίνησιν ἐν τῷ μᾶλλον καὶ ἧττον οὔσης πρὸς ἐκεῖνα τῆς διαφορᾶς. (7) Ἔτι δὲ τὸ μὲν θερμὸν, γόνιμον· εὔροιαν γὰρ ἡ ὑγρότης ἴσχει, καὶ τόνον τὸ πνεῦμα καὶ δύναμιν ὑπὸ τῆς θερμότητος ἐξοργῶσαν· (8) οἱ δὲ πίνοντες πολὺν ἄκρατον ἀμβλύτεροι πρὸς τὰς συνουσίας εἰσί, καὶ σπείρουσιν οὐθὲν εἰς γένεσιν ἰσχυρὸν οὐδὲ κεκρατημένον, ἀλλ' ἐξίτηλοι καὶ ἀτε-

QUÆSTIO V.

Vinum an facultate sit frigidum.

PERSONÆ COLLOQUII.

ATHRYILATUS, PLUTARCHUS.

I. Verum enimvero de mulierum natura, aiebat, in utramque partem satis fortiter est disputatum. Id autem scire velim, qui suspectio inciderit hæc, vinum esse frigidum. (2) Putasne, aiebam, nostram esse hanc opinionem? Cujus ergo alius, inquit? (3) Memini, dicebam, me incidere in Aristotelis hac de re disputationem, non nuper, sed jam dudum. Sed et Epicurus in Convivio multa de eo disseruit, quorum, nisi fallor, summa huc redit: (4) Vinum non perfecte esse dicit calidum, sed in se atomos habere quasdam calorem efficientes, alias, quæ frigus gignant, (5) quarum, ubi in corpus est admissum, alias amittere, alias ex ipso asciscere corpore, et ad naturam temperiemque utentium sic accommodari, ut alii ebrii frigeant, alii caleant.

II. Atqui hæc, aiebat Florus, recta nos per Protagoram ad Pyrrhonem ferunt; liquet enim, de oleo, lacte, melle, itemque aliis disputare jussos, subterfugituros naturæ singulorum explicationem, quod ea dicemus nata mixtionibus et temperationibus mutuis. Tu vero quomodo demonstres vinum esse frigidum? (2) Ita, inquam, ut tum, quum a duobus coactus essem subito dicere. Primum autem in mentem veniebat id quod a medicis fieri solet: languente stomacho et ob imbecillitatem confirmationis indigente, nihil calidum adhibent, vino tantum dato medentur. (3) Sic et fluxus ventris et sudoris eruptiones vino sistunt, utpote non minus, sed magis quam nix possit, constringente frigoris vi et inhibente materiam. (4) Alioqui si vim calefaciendi vinum haberet, perinde erat, opinor, merum ori ventriculi admovere, atque ignem nivi. (5) Jam somnum plerique refrigeratione fieri putant, et medicamenta somnum inducentia pleraque frigus incutientia sunt, ut mandragoras et opium. (6) Verum ista vehementer, vique magna compellunt atque cogunt: vinum paulatim frigus alliciendo, motum suaviter sistit, eo quod magis aut minus est differens ab illis. (7) Ad hæc calor vim habet gignendi: humor enim fluidus redditur, vigoremque et robur spiritus a calore nanciscitur, vimque exstimulantem: (8) at qui multum meri bibunt, segniores sunt ad coitum, nihilque validi aut bene temperati gignunt: sed ob frigiditatem seminis atque

λεῖς εἰσιν αἱ πρὸς τὰς γυναῖκας ὁμιλίαι αὐτῶν, διὰ φαυλότητα καὶ κατάψυξιν τοῦ σπέρματος. (9) Καὶ μὴν ὅσα πάσχουσιν ἄνθρωποι ὑπὸ κρύους, πάντα συμβαίνει τοῖς μεθυσκομένοις, τρόμοι, βαρύτητες, ὠχριάσεις, σάλοι τοῦ περὶ τὰ γυῖα πνεύματος, ἀσάφεια γλώττης, ἔντασις τῶν περὶ τοῖς ἄκροις νεύρων καὶ ἀπονάρκησις· τοῖς δὲ πλείστοις εἰς πάρεσιν αἱ μέθαι τελευτῶσιν, ὅταν ἐκπλήξῃ παντάπασι καὶ κατασβέσῃ τὸ θερμὸν ὁ ἄκρατος. (10) Ἰῶνταί γε μὴν τὰς περὶ τὸ σῶμα τῶν μεθυσκομένων καὶ κραιπαλώντων κακώσεις, εὐθὺς μέν, ὡς ἔοικε, περιστολῇ καὶ κατακλίσει συνθάλποντες, μεθ᾽ ἡμέραν δέ, λουτρῷ καὶ ἀλείμματι καὶ σιτίοις, ὅσα μὴ ταράττοντα τὸν ὄγκον, ἅμα πρᾴως ἀνακαλεῖται τὸ θερμὸν ὑπὸ τοῦ οἴνου διεσπασμένον καὶ πεφυγαδευμένον ἐκ τοῦ σώματος. (11) Ὅλως δὲ εἰπεῖν, ἐν τοῖς φαινομένοις καὶ ὁμοιότητας ἀδήλους ἐξιχνεύομεν καὶ δυνάμεις· οὐδὲν δὲ περὶ τῆς μέθης δεῖ διαπορεῖν, ὁποῖόν ποτέ ἐστιν. (12) Ὡς γὰρ ἔοικε, μάλιστα δὲ ὡς εἰρήκαμεν, ἐοίκασι τοῖς πρεσβύταις οἱ μεθύοντες· διὸ καὶ πρωϊαίτατα γηρῶσιν οἱ φίλοινοι· τοὺς δὲ πολλοὺς αὐτῶν καὶ φαλακρώσεις ἄωροι καὶ πολιαὶ πρὸ ἡλικίας ἔχουσι· πάντα δὲ ταῦτα δοκεῖ θερμότητος ἐνδείᾳ καταλαμβάνειν τὸν ἄνθρωπον. (13) Ἔτι τοίνυν τὸ ὄξος, οἴνου τινός ἐστι φύσις καὶ δύναμις· οὐδὲν δὲ τῶν σβεστηρίων ὄξους πυρὶ μαχιμώτερον, ἀλλὰ μάλιστα πάντων ἐπικρατεῖ καὶ συμπιέζει τὴν φλόγα δι᾽ ὑπερβολὴν ψυχρότητος. (14) Καὶ τῶν ἄλλων δὲ καρπῶν τοῖς οἰνώδεσι μᾶλλον ὡς ψυκτικοῖς χρωμένους τοὺς ἰατροὺς ὁρῶμεν, * ὥσπερ ῥόαις καὶ μήλοις. (15) Αὐτὴν δὲ τὴν τοῦ μέλιτος φύσιν οὐχὶ πρὸς ὄμβριον ὕδωρ καὶ χιόνα συμμιγνύοντες οἰνοποιοῦσι, τοῦ ψυχροῦ τὸ γλυκὺ, διὰ συγγένειαν, εἰς τὸ αὐστηρὸν, ὅταν κρατήσῃ, φθείροντος; (16) οἱ παλαιοὶ δὲ οὐχὶ διὰ τοῦτο τῶν ἑρπετῶν τὸν δράκοντα, καὶ τῶν φυτῶν τὸν κιττὸν ἀνέθεσαν τῷ θεῷ καὶ καθιέρωσαν, ὥς τινος ψυχρᾶς καὶ κρυώδους δυνάμεως; (17) Ἐὰν δέ, ὅτι τὸ κώνειον ἐπιπινόμενος ἰάσασθαι δοκεῖ πολὺς ἄκρατος, οἴωνται τοῦτο θερμότητος εἶναι τεκμήριον, ἡμεῖς αὖ φήσομεν ἀναστρέψαντες, ὅτι συγκραθὲν αὐτὸ τοῦτο, φάρμακον ἀνίατόν ἐστι, καὶ καθάπαξ ἀποκτείνει τοὺς πίνοντας· ὥστε μηδὲν μᾶλλον εἶναι δοκεῖν τῷ ἀντιπράττειν θερμόν, ἢ τῷ συνεργεῖν ψυχρόν· εἴ γε δὴ ψυχρότητι τὸ κώνειον, οὐκ ἄλλῃ τινὶ φύσει καὶ δυνάμει μᾶλλον πιθανόν ἐστιν ἀναιρεῖν τοὺς πιόντας.

ΠΡΟΒΛΗΜΑ ϛ.

Περὶ καιροῦ συνουσίας.

ΠΡΟΣΩΠΑ ΤΟΥ ΔΙΑΛΟΓΟΥ.

ΝΕΑΝΙΣΚΟΙ, ΖΩΠΥΡΟΣ, ΟΛΥΜΠΙΧΟΣ, ΣΩΚΛΑΡΟΣ.

I. Νεανίσκοι τινὲς οὐ πάλαι τοῖς παλαιοῖς λόγοις προσπεφοιτηκότες ἐσπάραττον τὸν Ἐπίκουρον, ὡς οὐ

---

pravitatem inanes sunt eorum cum mulieribus permixtiones. (9) Et vero quæ hominibus a frigore accidunt, tremor, gravedo, pallor, agitatio spiritus in membris, linguæ titubatio, contentio extremitatum in nervis ac torpor; ea omnia ebriis contingunt : plerisque ebrietas in resolutionem membrorum desinit, ubi merum calorem omnino profligavit atque exstinxit. (10) Incommoda porro corpori a temulentia illata sanant, statim quidem, ut videmus, tegmine injecto et decubitu foventes; tum postridie, lavacro, unguento, cibisque iis qui molem corporis non exagitantes sensim et leniter revocent calorem a vino dissipatum et e corpore fugatum. (11) Universe ut dicam, in his quæ cernuntur, etiam obscuras vestigamus similitudines atque facultates : at de ebrietate qualis sit, nihil attinet anxie inquirere. (12) Nam ut apparet, et maxime, uti diximus, similes sunt senibus ebrii : ideoque vinosi mature admodum senescunt, multosque eorum ante tempus calvities et cani occupant ; atque hæc omnia ob caloris defectum homini accidere videntur. (13) Præterea acetum vini quædam natura est et vis : de omnibus autem restinguentibus nihil est quod aceto magis igni adversetur : omnium maxime id flammam vincit et comprimit ob exsuperantem frigiditatem. (14) Sed et fructuum qui sunt vini sapore æmuli, videmus a medicis ad refrigerandum adhiberi, ut malis acidis ac punicis. (15) Ipsum mel nonne aqua pluvia vel nive temperantes in vinum vertunt, frigore dulcedinem ob cognationem, si exsuperet, in austeritatem mutante? (16) antiqui autem nonne ea de causa de repentibus draconem, et hederam de stirpibus, Baccho consecraverunt, quia frigida et gelida sunt natura? (17) Si vero putant, eo signo vini calorem monstrari, quod, post haustam potum cicutam, veneni vim retundit : nos id invertentes dicemus, vinum cum cicuta temperatum, immedicabile esse venenum, bibentemque omnino interficere : ut non magis resistendo calidum, quam adjuvando frigidum videri possit vinum : si quidem frigore cicutam, non alia quadam natura et facultate, potum necare credibile est.

QUÆSTIO VI.

De tempore coitus.

PERSONÆ COLLOQUII.

ADOLESCENTULI, ZOPYRUS, OLYMPICHUS, SOCLARUS.

I. Adolescentuli quidam, qui non ita pridem priscorum ad doctrinam sese contulerant, Epicurum insectabantur

καλὸν οὐδ' ἀναγκαῖον ἐμβεβληκότα λόγον περὶ καιροῦ
συνουσίας εἰς τὸ Συμπόσιον· μιμνήσκεσθαι γὰρ ἀφροδισίων ἄνδρα πρεσβύτερον ἐν δείπνῳ, μειρακίων παρόντων, καὶ διαπορεῖν, πότερον μετὰ δεῖπνον, ἢ πρὸ δείπνου,
5 χρηστέον, ἐσχάτης ἀκολασίας εἶναι. (2) Πρὸς ταῦτα
οἱ μὲν τὸν Ξενοφῶντα παρέλαβον ὡς ἀπάγοντα τοὺς
συμπότας μετὰ δεῖπνον οὐχὶ [πεζῇ, ἀλλ'] ἐφ' ἵππων
ἐπὶ συνουσίας πρὸς τὰς γυναῖκας. (3) Ζώπυρος δὲ, ὁ
ἰατρὸς, εὖ μάλα τοῖς Ἐπικούρου λόγοις ἐνωμιληκὼς,
10 οὐκ ἔφη προσέχοντας αὐτοὺς ἀνεγνωκέναι τὸ Ἐπικούρου
Συμπόσιον. Οὐ γὰρ ὥσπερ ἐξ ἀρχῆς τινος καὶ κατα-
στάσεως τοῦτο πρόβλημα ποιησάμενον, εἶτα λόγους ἐπ'
αὐτῷ περαίνειν· ἀλλὰ τοὺς νέους ἀνιστάντα μετὰ δεῖπνον
εἰς περίπατον ἐπὶ σωφρονισμῷ διαλέγεσθαι καὶ ἀνα-
15 κρούειν ἀπὸ τῶν ἐπιθυμιῶν, ὡς ἀεὶ μὲν ἐπισφαλοῦς εἰς
βλάβην τοῦ πράγματος ὄντος, κάκιστα δὲ τοὺς παρὰ
πότον καὶ ἐδωδὴν χρωμένους αὐτῷ διατιθέντος. (4) Εἰ
δὲ δὴ καὶ προηγουμένως, εἶπεν, ἐζητεῖτο περὶ τούτου,
πότερον οὐδὲ ὅλως ἐσκέφθαι καλῶς εἶχε τὸν φιλόσοφον
20 περὶ συνουσίας καιροῦ καὶ ὥρας, ἢ βέλτιον μὲν ἐν καιρῷ
καὶ μετὰ λογισμοῦ τὰ τοιαῦτα πράττειν, τὸν δὲ καιρὸν
ἄλλως μὲν ἐπισκοπεῖν οὐκ ἄτοπον, ἐν δὲ συμποσίῳ καὶ
περὶ τράπεζαν αἰσχρόν; (5) Ἐμοὶ γὰρ δοκεῖ τοὐναντίον
ἄν τις ἐγκαλέσαι φιλοσόφῳ, μεθ' ἡμέραν ἐν τῇ διατριβῇ,
25 πολλῶν καὶ παντοδαπῶν ἀνθρώπων παρόντων, περὶ τούτου διαλεγομένῳ· κύλικος δὲ προχειμένης ἐν συνήθεσι
καὶ φίλοις, ἔνθα καὶ τὸ παραλέξαι μῦθον καίπερ ἀμβλὸν
ὄντα καὶ ψυχρὸν ἐν οἴνῳ συμφέρει, πῶς αἰσχρὸν εἰπεῖν
τι καὶ ἀκοῦσαι εἰς συνουσίας χρῆσιν ὠφελίμως λεγόμε-
30 νον; (6) Ὡς ἔγωγε, νὴ τὸν κύνα, καὶ τοῦ Ζήνωνος ἂν
ἐβουλόμην, ἔφη, διαμηρισμοὺς ἐν συμποσίῳ τινὶ καὶ
παιδιᾷ μᾶλλον, ἢ σπουδῆς τοσαύτης ἐχομένῳ συγγράμματι, τῇ Πολιτείᾳ, κατατετάχθαι.

II. Πρὸς τοῦτο πληγέντες οἱ νεανίσκοι σιωπῇ κατέ-
35 κειντο· τῶν δ' ἄλλων τὸν Ζώπυρον ἀξιούντων τοὺς περὶ
τούτου λόγους Ἐπικούρου διελθεῖν, ἔφη τῶν μὲν κατὰ
μέρος [οὐκ] ἀκριβῶς μνημονεύειν, οἴεσθαι δὲ τὸν ἄνδρα
τὰς ἐκ τῆς συνουσίας πληγὰς δεδιέναι, διὰ τὸν τῶν
σωμάτων παλμὸν εἰς ταραχὴν καὶ σάλον ἐν τῷ τοιούτῳ
40 βαδιζόντων. (2) Καθόλου μὲν γὰρ ἐξ ἕδρας τὰ σώματα
μεθιστάναι πλήκτην ὄντα καὶ κινητικὸν ταραχῆς τὸν
ἄκρατον· ἂν δὲ οὕτως ἔχοντα τὸν ὄγκον ἡμῶν γαλήνη
μὴ παραλάβῃ καὶ ὕπνος, ἀλλ' ἕτεραι διὰ τῶν ἀφροδισίων κινήσεις, ἐκθλιβομένων καὶ μοχλευομένων τῶν
45 μάλιστα συνδεῖν καὶ κολλᾶν τὸ σῶμα πεφυκότων, * κίνδυνός ἐστιν ἀνάστατον γίνεσθαι τὸν ὄγκον, ὥσπερ ἐκ θεμελίων σειόμενον· (3) οὐδὲ γὰρ εὖ ῥεῖν τηνικαῦτα τὴν
γονὴν, σφηνώσεως διὰ τὴν πλησμονὴν οὔσης, ἀλλὰ βίᾳ
καὶ συμπεφυρμένην ἀποσπᾶσθαι· διὸ χρῆναι φησὶν ὁ
50 ἀνὴρ, ὅταν ἡσυχία γένηται περὶ τὸ σῶμα καὶ λωφή-
σωσιν αἱ τῆς τροφῆς ἀναδόσεις καὶ τὰ ῥεύματα διεξιού-
σης καὶ φευγούσης, τὰ τοιαῦτα πράττειν, πρὶν ἑτέρας
αὖ πάλιν τροφῆς ἐνδεὲς γενέσθαι τὸ σῶμα. (4) Συμ-
βάλλοιτο δ' ἄν τις τῷ Ἐπικούρῳ καὶ τὸν ἰατρικὸν

acriter, quod in Convivium sermonem neque honestum neque necessarium de coitus opportuno tempore intulisset :
esse enim aiebant extremæ intemperantiæ, hominem provectæ ætatis in cœna adolescentibus præsentibus mentionem
facere venereæ rei, ac disputare ante cœnamne, an a cœna,
ea sit utendum. (2) Ad hæc Xenophontem quidam produxerunt, qui convivas a cœna abduceret, non pedibus,
sed in equis ad concumbendum cum uxoribus. (3) Zopyrus autem medicus, probe in Epicuri versatus philosophia,
aiebat eos non satis attente legisse Convivium Epicuri.
Non enim eum a principio quodam et consulto eam quæstionem propositam, deinde disserendo tractavisse; sed quum
a cœna ad deambulandum excitavisset adolescentes, de
temperantia fecisse verba, et eos a lascivia deterruisse : quod
nimirum res venerea quum alias facile noceret, tum maxime
si quis eam a convivio exerceret. (4) Sin vero etiam præcipue de hoc fuisset quæstio, utrum præstabat philosophum
omnino nihil disputare de coitus tempestivo usu; an melius
quidem erat tempestive eo et cum ratione uti, nec absurdum inquirere in tempus ipsi conveniens, alibi tamen,
quum in convivio et inter mensas sit turpe? (5) Mihi quidem contra videtur philosophus fuisse culpandus, qui in
terdiu, in præsentia multorum ex omni genere hominum,
de eo in schola quæreret. At calice proposito inter familiares et amicos, ubi est etiam ut juvet fabulam inter vina
garrire quamvis crassam ac frigidam; quomodo turpe sit
dicere, audireve eorum aliquid, quæ utiliter de usu rei
venereæ dicuntur? (6) Ego quidem per cauem adjuro,
inquit, optare me, coitus illos suos Zenonem in convivio
aliquo aut joco potius quam in tam serio de Republica opere
exposuisse.

II. His verbis percussi adolecentes silentium tenuerunt :
quum autem alii a Zopyro peterent ut Epicuri hoc de argumento rationes exponeret, Equidem singula, inquit, non
satis exacte memoria teneo : puto autem eum ictus vene-
reos maxime aversatum, ubi corpus concussione perturba-
tur atque contremiscit. (2) Omnino enim merum, vehemens natura, corpus de suo statu ejicit, tumultusque ciet :
quodsi ita affectam molem corporis non tranquillitas aut
somnus excipiat, sed aliæ a re venerea exagitationes, elisis
et quasi molitione quadam subrutis iis, quæ maxime compingere atque continere illam debebant, periculum est ne
tota funditus subvertatur compages, quasi fundamentis
emota. (3) Non enim tunc genitura prompte effluit, repletione ejus exitum obturante, sed vi et confusa avellitur.
Itaque censet Epicurus, quando quies corpori accidit ac
nutrimenti per corpus penetrantis digestio finem habet, tum
venerea utendum re, antequam corpus aliud rursus alimentum requirat. (4) Adstipuletur autem Epicuro quisquis
medicam rationem spectaverit. Diurnum enim tempus,

λόγον. Ὁ γὰρ μεθ' ἡμέραν καιρὸς, ἤδη τῆς πέψεως
κρίσιν ἐχούσης, ἀσφαλέστερός ἐστιν· ἡ δὲ μετὰ τὸ
δεῖπνον ὁρμὴ πρὸς τὴν συνουσίαν, οὐκ ἀκίνδυνος· ἄδηλον γὰρ εἰ, τῆς τροφῆς μὴ κρατηθείσης, ἀπεψία δέξαιτο
τὸν ἐκ τῆς συνουσίας ἄραβον καὶ παλμὸν, ὥστε διττὴν
τὴν βλάβην γενέσθαι.

III. Ὑπολαβὼν δ' Ὀλύμπιχος, Ἐμοὶ μὲν, ἔφη,
τὸ τοῦ Πυθαγορικοῦ Κλεινίου λίαν ἀρέσκει· λέγεται
γὰρ ἐρωτηθεὶς, ὁπηνίκα δεῖ μάλιστα γυναικὶ προσιέναι·
Ὅταν, φάναι, μάλιστα τυγχάνῃς βλαβῆναι βουλόμενος. (2) Καὶ γὰρ ὁ Ζώπυρος εἴρηκε νῦν, ἔχει τινὰ
λόγον· καὶ τὸν ἕτερον καιρὸν ἄλλας ἀκαιρίας ἔχοντα
πρὸς τὸ πρᾶγμα καὶ δυσχερείας ὁρῶ. (3) Καθάπερ
οὖν Θαλῆς ὁ σοφὸς ὑπὸ τῆς μητρὸς ἐνοχλούμενος γῆμαι κελευούσης, ὑπεξέφυγέ πως [καὶ] παρήγαγε λόγῳ,
[λέγων] πρὸς αὐτὴν ἐν ἀρχῇ μὲν, Οὔπω καιρός, ὦ μῆ-
τερ· εἶτα ἐπειδὴ παρήκμασεν ἐγκειμένης, Οὐκέτι καιρὸς, οὕτως ἄρα καὶ πρὸς ἀφροδίσια κράτιστον ἔσται
ἔχειν ἕκαστον, ὥστε κατακλινόμενον λέγειν, Οὔπω και-
ρός· ἀνιστάμενον δὲ, Οὐκέτι καιρός.

IV. Ἀθλητικὰ ταῦτα, εἶπεν ὁ Σώκλαρος, ὦ Ὀλύμ-
πιχε, παντάπασιν ἔτι τῆς κοτταβίσεως ὄζοντα καὶ τῶν
κρεωφαγιῶν ἐκείνων, οὐκ ἐν δέοντι. Νέοι τε γὰρ πάρεισι γεγαμηκότες, ὑφ' ὧν δεῖ φιλοτήσια ἔργα τελεῖ-
σθαι. (2) Καὶ ἡμᾶς οὔπω παντάπασιν ἡ Ἀφροδίτη
πέφευγεν, ἀλλὰ καὶ προσευχόμεθα δήπουθεν αὐτῇ λέγοντες ἐν τοῖς τῶν θεῶν ὕμνοις· « Ἀνάβαλε ἄνω τὸ γῆρας, ὦ καλὰ Ἀφροδίτα. » (3) Σκοπῶμεν οὖν, εἰ δοκεῖ,
πότερον ἐμμελῶς καὶ προσηκόντως ὁ Ἐπίκουρος [ἢ]
παρὰ πᾶν δίκαιον ἀφαιρεῖ τὴν Ἀφροδίτην τῆς νυκτός·
καίτοι κράτιστον αὐτῇ θεῶν μετεῖναι φησὶν ἐρωτικὸς
ἀνὴρ Μένανδρος. (4) Ἐνετέθη γὰρ, οἶμαι, καλῶς πα-
ρακάλυμμα τῆς ἡδονῆς τὸ σκότος προθεμένους ταῦτα
πράσσειν, καὶ μὴ διὰ φωτὸς ἐντυγχάνοντας, ἐξελαύνειν
τῶν ὀμμάτων τὸ αἰδούμενον, καὶ τῷ ἀκολάστῳ θάρσος
ἐμποιεῖν καὶ μνήμας ἐναργεῖς, αἷς τὸ ἐνδιατρίβειν αὖθις ἐκριπίζει τὰς ἐπιθυμίας. (5) Ὄψις γὰρ ἡμῖν ὀξυτάτη τῶν διὰ τοῦ σώματος ἔρχεται, κατὰ τὸν Πλάτωνα,
παθημάτων, καὶ σφόδρα ταῖς ἐγγὺς φαντασίαις τὴν ψυχὴν ἐγείρουσα πρὸς τὰ εἴδωλα τῆς ἡδονῆς, καινὴν ἀεὶ
καὶ πρόσφατον ἐπιθυμίαν. (6) Ἡ δὲ νὺξ τὰ πλεῖστα
καὶ μανιωδέστερα τῶν ἔργων ἀφαιροῦσα, παράγει καὶ
κατευνάζει τὴν φύσιν, οὐκ ἐξοχέλλουσα ὑπὸ τῆς ὄψεως
εἰς ὕβριν. (7) Ἄνευ δὲ τούτων, τίνα ἔχει λόγον, ἀπὸ
δείπνου μὲν ἥκοντα γεγανωμένον, ἂν οὕτω τύχῃ, στέφανον κομίζοντα καὶ μύρῳ κεχρισμένον, ἀποστραφέντα
καὶ συγκαλυψάμενον καθεύδειν· ἡμέρας δὲ καὶ διὰ
μέσου τῶν πράξεων, ἐκ τῆς γυναικωνίτιδος τὴν γυναῖκα
μεταπέμπεσθαι πρός τι τοιοῦτον, ἢ πρωῒ, δίκην ἀλεκτρυόνος, συμπλέκεσθαι; (8) Τὴν γὰρ ἑσπέραν, ὦ ἑταῖρε,
τῶν πόνων ἀνάπαυσιν, τὸν δ' ὄρθρον, ἀρχήν· καὶ τὴν
μὲν ὁ Λύσιος ἐπισκοπεῖ Διόνυσος, μετὰ τῆς Τερψιχό-
ρης καὶ Θαλίας, ὁ δὲ πρὸς τὴν ἐργάνην Ἀθηνᾶν καὶ

quando jam concoctio suas obiit partes, est tutius : a cœna
autem ad coitum ferri, non caret periculo : nam incertum
est an, nondum subacto nutrimento, cruditas sit exceptura
concussionem ex coitu, atque ita duplex incommodum faciat.

III. Subjecit tum Olympichus : Mihi Cliniæ Pythagorici
dictum admodum probatur : qui interrogatus, *Quando ma-*
xime res cum uxore esset habenda, respondit, *Quando*
cummaxime lædi voles. (2) Nam et quod Zopyrus dixit,
rationem habet : et aliis temporibus alia incommoda sequi
rem hanc et difficultates video. (3) Itaque sicut sapiens
Thales, matre ut conjugium iniret sollicitante, effugit,
verbis eam frustrans, dum primum diceret, *Nondum venit*
tempus, mater; postea vero, quum jam deflorescente
ætate usque instaret illa, *Jam præteriit, mater :* ita etiam
ad rem veneream expedit unumquemque affectum esse, ut
decumbens *nondum tempestivum*, surgens *non jam am-*
plius tempestivum dicat.

IV. Athletica, aiebat ibi Soclarus, sunt quæ dicis, Olym-
piche, et cottabum eorum ac carnium voracitatem redo-
lentia, adeoque intempestiva. Adsunt enim juvenes mariti, quos oportet uxoribus dare operam : (2) neque nos
omnino fugit Venus, sed adoramus nimirum eam, quum
in deorum hymnis dicimus, *Produc moram senectuti,*
pulchra Venus. (3) Itaque, si placet, consideremus an
scite et convenienter Epicurus, aut præter omne jus Venerem auferat nocti, ad quam deæ partem potiorem pertinere
dixit amatoriæ rei peritissimus Menander. (4) Existimo enim
recte voluptati coitus velaminis loco tenebras prætendi ; ne,
si luce coeamus, verecundiam ab oculis profligemus, libidi-
nique audaciam paremus ac memoriam evidentem, quæ
inhærens denuo exsuscitet cupiditates. (5) Visus enim
omnium quas corpore percipimus affectionum est acerrima,
si Platoni credimus, et quæ propinquis visis animum vehementer excitet ad concipiendas voluptatis imagines, novam
usque et recentem cupiditatem objiciens. (6) Nox autem
operi furiosæ libidinis plurima detrahens, naturam subdu-
cit atque sedat, neque patitur visu ad lasciviam ferri. (7)
Sed, ut mittamus hæc, quam tandem habet rationem ita
agere, ut a cœna venientes lauti, ac fortasse etiam serto re-
dimiti et unguento delibuti, uxorem aversantes dormia-
mus obvoluti : interdiu autem inter medias actiones e gynæceo uxorem ejus rei gratia arcessamus, aut galli in morem sub auroram congrediamur? (8) Vesperam enim, mi
sodalis, laborum requiem, diluculum laborum initium novimus : illamque a solvendo dictus Lysius Bacchus regit
cum Terpsichora et Thalia ; hoc nos ad Opificem Minervam,

τὸν ἀγοραῖον Ἑρμῆν ἐπανίστησι. (9) Διὸ τὴν μὲν ᾠδαὶ κατέχουσι καὶ χορεῖαι, καὶ ὑμέναιος,

> Κῶμοί τ᾽, εἰλαπίναι [τε] καὶ ἠχήεις θρόος αὐλῶν·

τὸν δὲ κτύποι ῥαιστήρων, καὶ τρισμοὶ πριόνων, καὶ τελωνικῶν ἐπορθρισμοὶ κεκραγμῶν, * καὶ κηρύγματα καλουμένων ἐπὶ δίκας ἢ θεραπείας τινῶν βασιλέων ἢ ἀρχόντων· (10) ἐν ᾧ καιρῷ φροῦδα τὰ τῆς ἡδονῆς,

> λήγει δὲ Κύπρις, θαλίαι τε νέων,
> οὐδέ τι θύρσος φύλλα Βακχείου·

συντείνουσι γὰρ αἱ φροντίδες. (11) Ἔπειτα δὲ καὶ ὁ ποιητὴς τῶν ἡρώων οὔτε γαμετῇ τινα μεθ᾽ ἡμέραν, οὔτε παλλακίδι συγκατέκλινε, πλὴν ἢ τὸν Πάριν δραπετεύσαντα ποιήσας καταδυόμενον εἰς τοὺς κόλπους τῆς γυναικός, ὡς οὐκ ἀνδρός, ἀλλὰ μοιχοῦ λυσσῶντος, οὖσαν τὴν μεθημερινὴν ἀκρασίαν. (12) Καὶ μὴν οὐδὲ τὸ σῶμα βλάπτοιτ᾽ ἂν ὑπὸ τῆς συνουσίας μᾶλλον, ὡς Ἐπίκουρος οἴεται, μετὰ τὸ δεῖπνον· ἄν γε μὴ μεθύων τις, ἢ ῥηγνύμενος ὑπὸ πλησμονῆς ἅπτηται [καὶ] βεβαρημένος· ἀμέλει γὰρ οὕτως ἐπισφαλὲς τὸ πρᾶγμα καὶ βλαβερόν. (13) Ἂν δὲ ἱκανῶς ἔχων τις αὑτοῦ, καὶ μετρίως διακεχυμένος, τοῦ τε σώματος αὑτοῦ μαλακοῦ γεγονότος, καὶ τῆς ψυχῆς παρεστώσης, διὰ χρόνου ποιῆται τὴν ἔντευξιν, οὔτε ταραχὴν ἀπεργάζεται μεγάλην διὰ τὸν ὄγκον * * τὰ γένη ψύξις ἢ μετάθεσις ἐξ ἕδρας ἀτόμων, ἥ φησιν Ἐπίκουρος· [ἀλλὰ τὸ οἰκεῖον τῇ φύσει] ἀποδοὺς, ἑαυτὸν δέ πως ἀπογαλ[ηνίσας] ἀναπληρώσει, νέας ἐπιρροῆς τοῖς κενώμασι γινομένης. (14) Ἐκεῖνα δὲ μᾶλλον ἄξιον εὐλαβείας, τὸ σύνεγγυς ὄντα τῶν πράξεων ἀφροδισίαις χρῆσθαι, μήτε ἄρα μετέωρον τὸ σῶμα καὶ κεκλονημένον αἵ τε τῆς ψυχῆς φροντίδες, αἵ τε περὶ τὰς χρείας πραγματεῖαι καὶ κόποι παραλαβόντες, εὐθὺς ἐκτραχύνωσιν, οὐχ ἱκανὸν ἐν μέσῳ διάλειμμα τῆς φύσεως εἰς ἀνάπαυσιν λαβούσης. (15) Οὐ γὰρ πάντες, ὦ ἑταῖρε, τὴν Ἐπικούρου σχολὴν καὶ ῥᾳστώνην ὑπὸ λόγου καὶ φιλοσοφίας ἄφθονον εἰσαεὶ παρεσκευασμένην ἔχουσι. (16) Πολλοὶ δὲ ἕκαστον ἀγῶνες ἐκδέχονται δι᾽ ἡμέρας, γυμνάσια δὲ, ὡς ἔπος εἰπεῖν, ἅπαντας· οἷς οὔτε καλόν, οὔτε συμφέρον, οὕτω διακείμενον τὸ σῶμα παρέχειν λυσσώσῃ συνουσίᾳ δια[λελυμένον]. (17) Τὸ δὲ μακάριον καὶ ἄφθαρτον ἔστω μὲν οἷον αὐτῷ, μὴ φροντίζον τῶν καθ᾽ ἡμᾶς· ἡμῖν δέ πω νόμῳ πόλεως εὖ ἑπομένοις, ἐξευλαβητέον ἐστὶν εἰς θάρος ἐμβαλεῖν καὶ κατάρχεσθαι θυσιῶν, ὀλίγον ἔμπροσθεν διαπεπραγμένοις τι τοιοῦτον. (18) Ὅθεν εὖ ἔχει τὸ τὴν νύκτα καὶ τὸν ὕπνον ἐν μέσῳ θεμένους, καὶ ποιήσαντας ἱκανὸν διάλειμμα καὶ διάστημα, καθαροὺς αὖθις ὥσπερ ἐξ ὑπαρχῆς, καὶ νέᾳ ἐφ᾽ ἡμέρῃ φρονέοντας, κατὰ Δημόκριτον, ἀνίστασθαι.

---

et Forensem Mercurium excitat. (9) Itaque vesperam cantus occupant, choreæ, hymenæi,

> Comique et cœnæ, et resonanti fistula cantu:

matutinum tempus, malleorum sonitus et stridores serrarum, et publicanorum antelucanæ vociferationes, ac præconum clamores in judicium vocantium, aut ad navandam regi vel principi operam: (10) quo tempore nullus voluptati est locus,

> Cessat Cypris, et juvenum ludi,
> Bacchi thyrsus requiescit:

nam curæ intendunt animos. (11) Porro autem Homerus neminem heroum vel cum uxore vel cum pellice concumbentem fecit interdiu, Paridem duntaxat e pugna profugum in gremium se abdere Helenæ scribit; non mariti, sed adulteri rabiosi diurnum coitum ostendens esse. (12) Et vero ne corpus quidem potissimum post cœnam a coitu lædetur, ut opinatur Epicurus; nisi quis rem tentet ebrius plane, aut distentus et ciborum onere gravis: sic enim dubium non est quin damnosa sit res et periculosa. (13) Si quis autem mediocriter vino ciboque usus, corpore emollito, animoque sereno, post aliquot tempus coeat: neque ob molem magna corpori accidet conturbatio aut refrigeratio, aut e suis sedibus trajectio atomorum, ut ait Epicurus: sed, suum naturæ tribuens, se ipsum exhilaratum, implebit novo affluxu post factam evacuationem. (14) Id magis cautionem requirit, ne intenti negotiis, re venerea utamur, ut ne corpus sublime et conturbatum curæ animi et occupationes rerum necessariarum laboresque excipientes statim exasperent, natura non satis ad quiescendum intercapedinis nacta. (15) Non enim omnes, amice, Epicuri otium et animi tranquillitatem, ratione et usque philosophia partam, in promtu habent. (16) Multæ quemvis quotidie exercent ærumnæ et quasi palæstræ, quibus nec pulchrum est nec utile ita affectum corpus tradere, rabioso coitu solutum. (17) Numen vero beatum et interitus expers, sit ejusmodi, ut ipsi esse videtur, nostras res ut non moretur: nobis vero si civitatis leges recte colimus, cavendum est ne deorum ædes intremus et sacrificia auspicemur, paulo ante venerea re usi. (18) Itaque expedit nocte et somno interjecto, justoque intervallo adhibito, mundos rursum quasi de integro, et ad novum diem mente composita, ut ait Democritus, surgere.

ΠΡΟΒΛΗΜΑ Ζ.

Διὰ τί γλεῦκος ἥκιστα μεθύσκει.

ΠΡΟΣΩΠΑ ΤΟΥ ΔΙΑΛΟΓΟΥ.

ΠΛΟΥΤΑΡΧΟΣ, ΤΟΥ ΑΥΤΟΥ Ο ΠΑΤΗΡ, ΑΓΙΑΣ,
ΑΡΙΣΤΑΙΝΕΤΟΣ, ΑΛΛΟΙ ΝΕΑΝΙΣΚΟΙ.

I. Τοῦ νέου οἴνου Ἀθήνησι μὲν ἑνδεκάτῃ μηνὸς
κατάρχονται, Πιθοίγια τὴν ἡμέραν καλοῦντες· καὶ
πάλαι γε, ὡς ἔοικεν, εὔχοντο, τοῦ οἴνου, πρὶν ἢ πιεῖν,
ἀποσπένδοντες, ἀβλαβῆ καὶ σωτήριον αὐτοῖς τοῦ φαρμάκου τὴν χρῆσιν γενέσθαι. (2) Παρ' ἡμῖν δὲ ὁ μὲν
μὴν καλεῖται Προστατήριος· ἕκτῃ δ' ἱσταμένου νομίζεται θύσαντας ἀγαθῷ δαίμονι γεύεσθαι τοῦ οἴνου μετὰ
ζέφυρον· οὗτος γὰρ μάλιστα τῶν ἀνέμων ἐξίστησι καὶ
κινεῖ τὸν οἶνον· καὶ ὁ τοῦτον διαφυγών, ἤδη δοκεῖ παραμένειν βέβαιος. (3) Ἔθυσεν οὖν ὁ πατήρ, ὥσπερ
εἰώθει, τὴν θυσίαν, καὶ μετὰ τὸ δεῖπνον ἐπαινουμένου
τοῦ οἴνου τοῖς φιλοσοφοῦσι μειρακίοις μεθ' ἡμῶν, προὔ-
βαλε ζητεῖν λόγον, ὡς τὸ γλεῦκος ἥκιστα μεθύσκει.
Τοῖς μὲν οὖν πολλοῖς παράδοξον ἐφάνη καὶ ἄπιστον· ὁ
δὲ Ἁγίας ἔφη, τὸ γλυκὺ πανταχοῦ προσίστασθαι καὶ
πλήσμιον εἶναι· διὸ καὶ γλεῦκος οὐκ ἄν τινα πιεῖν ῥαδίως ὅσον εἰς μέθην ἱκανόν ἐστιν· ἀπαγορεύειν γὰρ ἀηδίᾳ
τὴν ὄρεξιν, ἄχρι τοῦ μὴ διψῆν προελθοῦσαν· (4) ὅτι δὲ
τοῦ γλυκέος διαφέρει τὸ ἡδύ, καὶ τὸν ποιητὴν ἐπιστάμενον λέγειν,

* Τυρῷ καὶ μέλιτι γλυκερῷ, καὶ ἡδεῖ οἴνῳ·

τὸν γὰρ οἶνον ἐν ἀρχῇ μὲν εἶναι γλυκύν, γίνεσθαι δὲ
ἡδύν, ὅταν εἰς τὸ αὐστηρὸν τῇ πέψει μεταβάλῃ παλαι-
ούμενος.

II. Ἀρισταίνετος δὲ ὁ Νικαεὺς, ἔν τισιν ἐνίοις γράμμασιν ἀνεγνωκὼς ἔφη μνημονεύειν, ὅτι γλυκὺς μιχθεὶς
οἴνῳ παύει μέθην· τῶν δ' ἰατρῶν τινας λέγει τοὺς πλέον
πιόντας κελεύειν [ἐμεῖν], εἶτα, ὅταν μέλλωσι καθεύδειν,
ἄρτον εἰς μέλι καταβάψαντας ἐμφαγεῖν. (2) Εἴ τι οὖν
αἱ γλυκύτητες ἀμβλύνουσιν ἄκρατον, εἰκότως ὁ νέος
οἶνος οὐ μεθύσκει, πρὶν ἂν ἡ γλυκύτης μεταβάλῃ.

III. Σφόδρα οὖν ἀπεδεξάμεθα τὴν εὑρησιλογίαν τῶν
νεανίσκων, ὅτι τοῖς ἐμποδὼν οὐκ ἐπιπεσόντες, ἰδίων
ηὐπόρησαν ἐπιχειρημάτων. (2) Ἐπεὶ τά γε πρόχειρα
καὶ ῥᾴδια λαβεῖν, ἥ τε βαρύτης ἐστὶ τοῦ γλεύκους,
ὡς Ἀριστοτέλης φησὶν, ἡ διακόπτουσα τὴν κοιλίαν,
καὶ τὸ πολὺ συμβαίνειν πνευματῶδες καὶ ὑδατῶδες· ὧν
τὸ μὲν εὐθὺς ἐκπίπτει βιαζόμενον, τὸ δὲ πέφυκε (τὸ
ὑδατῶδες) ἀμβλύτερον ποιεῖν τὸν οἶνον· παλαίωσις [δὲ]
ἐπίτα⟦σιν ἐμποιεῖ⟧, ἐκκρινομένου τοῦ ὑδατώδους· καὶ
γίνεται μέτρῳ μὲν ἐλάττων ὁ οἶνος, δυνάμει δὲ σφοδρό-
τερος.

QUÆSTIO VII.

Cur mustum minime inebriet.

PERSONÆ COLLOQUII.

PLUTARCHUS, PATER EJUS, HAGIAS, ARISTÆ-
NETUS, ADOLESCENTULI ALII.

I. Athenis undecima die mensis (Anthesterionis) primitias novi vini delibant, diemque illum a doliis reserandis
Pithœgia vocant : utque apparet, antiquitus de vino antequam gustarent libantes, vota faciebant, ut sibi usus ejus
medicamenti salutaris innoxiusque foret. (2) Apud nos
mensis Prostaterius dicitur (quasi Patronalis); sextaque
ejus die statutum est sacris Bono Genio factis gustare vinum
post flatum Favonii : is enim ventus omnium maxime vinum movet ac mutat ; et quod vinum hunc subterfugit, id
jam videtur perduraturum. (3) De more pater sacrifica-
verat et quum vinum a cœna laudarent adolescentes qui
una nobiscum philosophiæ operam navabant, quæstionem
proponebat cur mustum minime inebriaret. Id plerisque
videbatur incredibile et rationi adversum. Hagias autem
dicebat, Dulcia usquequaque offendere et satietatem inducere : itaque neminem facile tantum musti poturum, quantum ad ebrietatem sufficeret : siti nimirum sedata appetitionem ob insuavitatem cessare. (4) A dulci autem diversum esse suavem saporem, etiam Homero notum fuisse,
qui dixerit,

Caseus, et mel dulce, suavis stillaque vini.

Vinum enim quum ab initio sit dulce, suave temporis successu fieri, quando concoctione sapor ejus in austerum mutetur, ipsumque veterascat.

II. Aristænetus vero Nicæus in quibusdam se libris legisse ait, idque memoria recolere, dulcia vino admixta
reprimere ebrietatem : et medicorum nonnullos præcipere
ebriis, ut vomant, deinde dormituri panem melli intinctum
edant. (2) Si quid ergo dulcis sapor facit ad retundendam
meri vim, par est mustum nondum mutata dulcedine non
inebriare.

III. Hic nos valde sumus adolescentulorum admirati in
argumentorum inventione acumen, quod obvia non arripien-
tes, de suo quæ promerent habuere. (2) Nam omnibus
exposita et quæ facile apprehenduntur, hæc sunt, gravitas
musti, ut ait Aristoteles, penetrans ventrem; et quia in
musto reliquum est multum aerei, multum aquosi : quorum
illud statim vi facto exitu abit; hoc, aquosum, meraciores
vini partes languidiores reddit : inveteratio autem intentionem affert, excreto aquoso; fitque vinum sic minus ad
mensuram, vi autem va'idius.•

ΠΡΟΒΛΗΜΑ Η.

Διὰ τί ἀκροθωράκων λεγομένων οἱ σφόδρα μεθύοντες
ἧττον παρακινητικοί εἰσιν.

ΠΡΟΣΩΠΑ ΤΟΥ ΔΙΑΛΟΓΟΥ.

ΠΛΟΥΤΑΡΧΟΣ, Ο ΠΑΤΗΡ ΑΥΤΟΥ.

I. Οὐκοῦν, εἶπεν ὁ πατήρ, ἐπεὶ παρακεκινήκαμεν
τὸν Ἀριστοτέλην, καὶ περὶ τῶν ἀκροθωράκων καλουμένων ἴδιόν τι ἐπιχειρήσομεν εἰπεῖν· οὐ γὰρ ἱκανῶς μοι
δοκεῖ, καίπερ ὀξύτατος ὢν ἐν τοῖς τοιούτοις ζητήμασι,
5 διηκριβωκέναι τὴν αἰτίαν. (2) Φησὶ γάρ, οἶμαι, τοῦ
μὲν νήφοντος εὖ καὶ τὰ ὄντα κρίνειν τὸν λογισμόν, τοῦ
δ' ἄγαν μεθύοντος ἐκλελυμένην κατέχεσθαι τὴν αἴσθησιν, τοῦ δ' ἀκροθώρακος ἔτι μὲν ἰσχύειν τὸ φανταστικόν,
ἤδη δὲ τεταράχθαι τὸ λογιστικόν· διὸ καὶ κρίνειν, καὶ
10 κακῶς κρίνειν ἐπακολουθοῦντα ταῖς φαντασίαις. Ἀλλὰ
πῶς, εἶπεν, ὑμῖν δοκεῖ περὶ τούτων;

II. Ἐμοὶ μὲν, ἔφην, ἐπισκοποῦντι κατ' ἐμαυτὸν
ἀποχρῶν οὗτος ἦν πρὸς τὴν αἰτίαν ὁ λόγος· εἰ δὲ κελεύεις ἴδιόν τι κινεῖν, ὅρα πρῶτον εἰ τὴν εἰρημένην
15 διαφορὰν ἐπὶ τὸ σῶμα μετοιστέον ἐστί. (2) Τῶν γὰρ
ἀκροθωράκων ἡ διάνοια μόνον τετάρακται, τὸ δὲ σῶμα
ταῖς ὁρμαῖς ἐξυπηρετεῖν δύναται, μήπω βεβαπτισμέ-
νον· ὅταν δὲ κατασεισθῇ καὶ πιεσθῇ, προδίδωσι τὰς ὁρμὰς καὶ παρεῖται· (3) μέχρι γὰρ ἔργων οὐ πρόεισιν· ἐκεῖ-
20 νοι δὲ τὸ συνεξαμαρτάνον ἔχοντες, οὐ τῷ μᾶλλον ἀλο-
γιστεῖν, ἀλλὰ τῷ μᾶλλον ἰσχύειν ἐλέγχονται. (4) Ἀπ'
ἄλλης δὲ, εἶπον, ἀρχῆς σκοποῦντι τοῦ οἴνου τὴν δύναμιν, οὐδὲν κωλύει ποικίλην εἶναι καὶ τῇ ποσότητι συμ-
μεταβάλλουσαν· (5) ὥσπερ τὸ πῦρ τὸν κέραμον, ἂν μὲν
25 ᾖ μέτριον, συγκρατύνει καὶ πήγνυσιν· ἂν δὲ ὑπερβολῇ
πλήξῃ, συνέτηξε καὶ ῥεῖν ἐποίησεν· (6) ἀνάπαλιν δὲ
ἡ ὥρα τοὺς πυρετοὺς ἀρχομένη μὲν ἀνακινεῖ καὶ ἐκκαίει,
προϊούσης δὲ, μᾶλλον καθίστανται καὶ ἀπολήγουσι· (7)
τί οὖν κωλύει καὶ τὴν διάνοιαν ὑπὸ τοῦ οἴνου φυσικῶς
30 κινουμένην, ὅταν ταραχθῇ καὶ παροξυνθῇ, πάλιν ἀνίεσθαι καὶ καθίστασθαι πλεονάζοντος; (8) Ὁ γοῦν ἐλλέ-
βορος ἀρχὴν τοῦ καθαίρειν ἔχει τὸ ταράττειν τὸν ὄγκον·
ἀλλ' ἢν ἐλάττων τοῦ μετρίου δοθῇ, ταράττει μὲν, οὐδὲν δὲ καθαίρει. (9) Καὶ τῶν ὑπνωτικῶν ἔνιοι λαβόν-
35 τες ἐνδοτέρω τοῦ μετρίου, θορυβωδέστερον διατίθενται·
πλέον δὲ λαβόντες ἔνιοι, καθεύδουσιν. (10) Εἰκὸς δέ
που καὶ ταύτην τὴν περὶ τὸν ἀκροθώρακα ταραχήν,
ὅταν ἀκμὴν λάβῃ, μαραίνεσθαι, καὶ πρὸς τοῦτο συνεργεῖν τὸν οἶνον. (11) Πολὺς γὰρ εἰσελθὼν * τὸ σῶμα
40 συνεξέκαυσε καὶ κατανάλωσε τὸ μανιῶδες τῆς ψυχῆς·
ὥσπερ ἡ θρηνῳδία καὶ ὁ ἐπικήδειος αὐλὸς ἐν ἀρχῇ πάθος κινεῖ καὶ δάκρυον ἐκβάλλει, προάγων δὲ τὴν ψυχὴν
εἰς οἶκτον, οὕτω κατὰ μικρὸν ἐξαιρεῖ καὶ ἀναλίσκει τὸ
λυπητικόν· (12) ὁμοίως ἴδοις ἂν καὶ τὸν οἶνον, ὅταν σφό-
45 δρα ταράξῃ [καὶ] παροξύνῃ τὸ ἀκμαῖον καὶ θυμοειδὲς,
αὖθις καταδύοντα καὶ καθιστάντα τὴν διάνοιαν, ὡς πορρωτέρω μέθης προϊοῦσαν ἡσυχάζειν.

QUÆSTIO VIII.

*Cur acrothoraces (id est semiebrii) magis motibus ci-
tantur absurdis, quam admodum ebrii.*

PERSONÆ COLLOQUII.

PLUTARCHUS, PATER EJUS.

I. Ergo, inquit pater, quandoquidem Aristotelem semel
dimovimus, peculiare etiam aliquid quæramus de semie-
briis, qui *acrothoraces* Græce dicuntur. Nam quantumvis
acutissimus in hoc genere quæstionum, tamen causam mihi
videtur non satis subtiliter et exacte reddidisse. (2) Dicit
enim, ut puto, sobrii rationem sibi constare : valde inebriati
etiam sensum esse obrutum : at semiebrii adhuc valere vim
imaginatricem, jam conturbata ratione ; itaque eos et judicare, et quod visis pareant, male judicare. Sed quid vobis
(subjecit) in hac re videtur?

II. Mihi quidem, aiebam, seorsum consideranti hæc ratio
sufficere poterat ad causam intelligendam : si vero tu proprium aliquid jubes proferre, vide primum an id discrimen
corpori sit imputandum. (2) Nam semiebriorum animus
duntaxat est conturbatus, corpus ejus impetibus adhuc inservire potest, nondum obrutum : ubi autem prorsus oppressum vini vi fuerit, destituit animi proditque incitationes
usque solutum : (3) hi quippe ebrii ad facta non progrediuntur ; illi, corpus peccata animi adjuvans habentes, non quod
magis insaniant, sed quia plus ad delinquendum virium habent, vehementius exagitari deprehenduntur. (4) Quodsi
ab alio rem orsi principio, consideremus vim vini, nihil
obstat quin varia ea statuenda sit et simul cum quantitate
mutans : (5) sicut ignis argillam moderatus indurat ; nimius
ingruens colliquat, ac facit ut fluat : (6) et, contra, ver
febres excitat incenditque, anni calore crescente sistuntur
atque desinunt : (7) quid ergo impedit etiam animum a
vino naturaliter commotum, ubi conturbatus et irritatus
fuerit, rursum remitti et sedari vino augescente? (8) Veratrum quidem purgandi hoc habet initium, quod molem
corporis perturbat ; sed si justo minus detur, turbat corpus,
purgat autem minime. (9) Soporifera quoque nonnulli
intra modum sumentes, turbulentius afficiuntur : nonnulli
amplius sumentes, dormiunt. (10) Probabile etiam quodammodo est, hanc quoque semiebrii conturbationem ubi
maxime viguit, deinde concidere : et ad eam rem vinum
esse adjumento. (11) Multum enim haustum, una corpus
inflammat, furoremque animi consumit : sicut lugubres
cantilenæ et tibia funebris initio animum commovet lacri-
masque extrudit ; animo autem ad miserationem inducto,
paulatim deinde absumit dolorem : (12) similiter et vinum
videas ubi vehementer conturbavit et irritavit vigentem
effervescereque solitam animi partem, rursus sedare siste-
reque animum, quiescentem quando ultra ebrietatem progressus fuerit.

ΠΡΟΒΛΗΜΑ Θ.

Περὶ τοῦ ἢ πέντε πίνειν, ἢ τρία, ἢ μὴ τέσσαρα.

ΠΡΟΣΩΠΑ ΤΟΥ ΔΙΑΛΟΓΟΥ.

ΑΡΙΣΤΩΝ, ΠΛΟΥΤΑΡΧΟΣ, Ο ΠΑΤΗΡ ΑΥΤΟΥ.

I. Ἐμοῦ δὲ ταῦτα εἰπόντος, Ἀρίστων ἀναβοήσας, ὥσπερ εἰώθει, Πέφανται, εἶπεν, εἰς τὰ συμπόσια τῷ δικαιοτάτῳ καὶ δημοκρατικωτάτῳ τῶν μέτρων κάθοδος ὑπὸ δή τινος καιροῦ νήφοντος, ὥσπερ τυράννου, πεφυγαδευμένῳ πολὺν χρόνον. (2) Καθάπερ γὰρ οἱ περὶ λύραν κανονικοὶ τῶν λόγων φασὶ τὸν μὲν ἡμιόλιον, τὴν διὰ πέντε συμφωνίαν παρασχεῖν· τὸν δὲ διπλάσιον, τὴν διὰ πασῶν· τὴν δὲ διὰ τεσσάρων ἀμυδροτάτην οὖσαν, ἐν ἐπιτρίτῳ συνίστασθαι· οὕτως οἱ περὶ τὸν Διόνυσον ἁρμονικοὶ τρεῖς κατεῖδον οἴνου συμφωνίας πρὸς ὕδωρ, διὰ πέντε, καὶ διὰ τριῶν, καὶ διὰ τεσσάρων, οὕτω μὲν λέγοντες καὶ ᾄδοντες,

["Ἢ] πέντε πίνειν, ἢ τρί', ἢ μὴ τέσσαρα.

(3) Πέντε γὰρ *** ἐν ἡμιολίῳ λόγῳ, [τρι]ῶν ὕδατος κεραννυμένων πρὸς δύο οἴνου· τρία δ' ἐν διπλασίῳ προσμιγνυμένων δυεῖν· τέσσαρα δ', εἰς ἕνα τριῶν ὕδατος ἐπιχεομένων, οὗτός ἐστιν ἐπίτριτος λόγος, ἀρχόντων τινῶν ἐν πρυτανείῳ νοῦν ἐχόντων, ἢ διαλεκτικῶν τὰς ὀφρῦς ἀνεσπακότων, ὅταν τὰς μεταπτώσεις τῶν λόγων ἀνασ[κο]πῶσι, νηφάλιος καὶ ἀδρανὴς κρᾶσις. (4) Ἐκείνων δὲ τῶν λόγων, ἡ μὲν δυεῖν πρὸς ἕνα, τὸν ταρακτικὸν τοῦτον καὶ ἀκροθώρακα τῆς μέθης ἐπάγει τόνον,

Κινοῦντα χορδὰς τὰς ἀκινήτους φρενῶν·

οὔτε γὰρ ἐᾷ νήφειν, οὔτε καταδύειν παντάπασι τὸ ἀνόητον εἰς τὸν ἄκρατον· (5) ἡ δὲ δυεῖν πρὸς τρία μουσικωτάτη, πᾶσα ὑπνοφόρος καὶ ληθικηδὴς, καὶ κατὰ τὴν Ἡσιόδειον ἐκείνην ἀλεξιάρην, παίδων εὐκηλήτειραν, τῶν ἐν ἡμῖν ἀγερώχων καὶ ἀκόσμων παθῶν διὰ βάθους ποιοῦσα γαλήνην καὶ ἡσυχίαν.

II. Πρὸς ταῦτα τῷ Ἀρίστωνι ἀντεῖπε μὲν οὐδείς· δῆλος γὰρ ἦν παίζων· ἐγὼ δ' ἐκέλευσα λαβόντα ποτήριον, ὥσπερ λύραν, ἐντείνεσθαι τὴν ἐπαινουμένην κρᾶσιν καὶ ἁρμονίαν· καὶ προσελθὼν ὁ παῖς ὑπῆγε τὴν ἄκρατον· ὁ δ' ἀνεδύετο, λέγων ἅμα γέλωτι, τῶν λογικῶν εἶναι περὶ μουσικὴν, οὐ τῶν ὀργανικῶν. (2) Ὁ μέντοι πατὴρ τοσοῦτον ἐπεῖπε τοῖς εἰρημένοις, ὅτι δοκοῦσιν αὐτῷ καὶ οἱ παλαιοὶ τοῦ μὲν Διὸς δύο ποιεῖν τιθηνὰς, τὴν Ἴτην καὶ τὴν Ἀδράστειαν, τῆς δὲ Ἥρας μίαν τὴν Εὔβοιαν· ἀμέλει δὲ καὶ τοῦ Ἀπόλλωνος δύο, τὴν Ἀλήθειαν καὶ τὴν Κορυθάλειαν· τοῦ δὲ Διονύσου, πλείονας, ὅτι δεῖ τὸν θεὸν τοῦτον ἐν πλείοσι μέτροις νυμφῶν τιθασευόμενον καὶ παιδευόμενον, ἡμερώτερον ποιεῖν καὶ φρονιμώτερον.

QUÆSTIO IX.

Cur aut quinque bibantur, aut tria, aut non quattuor.

PERSONÆ COLLOQUII.

ARISTON, PLUTARCHUS, EJUSDEM PATER.

I. Hæc ego quum dixissem, Ariston, qui ei mos erat, exclamans, Decretus est, inquit, reditus in convivia mensuræ maxime populari et justissimæ, quæ ab intempestiva quadam sobrietate, tanquam a tyranno, extorris acta diu exsulaverat. (2) Sicut enim lyricorum canonum gnari, proportionum sesquialtera Diapente concentum, dupla Diapason, sesquitertia Diatessaron, languidissimum eum, constitui aiunt : ita Bacchicarum harmoniarum gnari tres dispexerunt vini cum aqua concentus, Diapente, Diatrion, Diatessaron : sic enim dicunt et cantant,

Bibenda quinque, vel tria, vel non quattuor.

(3) Quinque enim sesquialteram rationem habent, tribus aquæ cyathis in duos vini admixtis : tria duplam, duobus ad unum : quattuor sesquitertiam, tribus aquæ cyathis uni vini affusis, quæ estsane principum in curia mentem habentium, aut dialecticorum supercilia attrahentium, quando mutationes orationum contemplantur, sobria et invalida temperatio. (4) De illis autem proportionibus duorum ad unum mixtio vim illam parat, qua concutiuntur et semiebrii redduntur,

Non ante motas concitans animi fides :

nam neque sobrium sinit esse, neque omnino vecordiam a mero induci. (5) Duorum autem ad tria contemperatio scitissima est, somnum concilians, curarum oblivionem ingenerans, et secundum Hesiodeum illud novale,

Quod natos mulcet blande, damnisque medetur,

motus animi feroces in nobis incompositosque sedat, altamque ei tranquillitatem parat.

II. Adversus hæc Aristonis dicta nemo dixit, quum satis appareret eum jocari : ego autem jussi eum sumto poculo, tanquam lyram, intendere laudatam illam temperiem : simulque puer accessit meram insonans. Ille vero recusavit, cum risu dicens, musicum se esse ex genere rationalium, non instrumentalium. (2) Pater autem hæc modo superioribus adjecit, videri sibi priscos Jovi duas nutrices apposuisse, Iten et Adrasteam : Junoni unicam, Eubœam ; Apollini quoque duas, Veritatem et Corythalean ; Baccho autem plures, quod oporteret deum istum pluribus nympharum mensuris cicuratum atque castigatum, mansuetiorem prudentioremque reddere.

ΠΡΟΒΛΗΜΑ I.

Διὰ τί τὰ κρέα σήπεται μᾶλλον ὑπὸ τὴν σελήνην, ἢ τὸν ἥλιον.

ΠΡΟΣΩΠΑ ΤΟΥ ΔΙΑΛΟΓΟΥ.

ΕΥΘΥΔΗΜΟΣ, ΣΑΤΥΡΟΣ.

I. Εὐθύδημος ὁ Σουνιεὺς ἑστιῶν ἡμᾶς, σῦν ἄγριον εὐμεγέθη παρέθηκεν· ἐπιθαυμασάντων δὲ τῶν παρόντων, ἄλλον ἔφη πολὺ μείζονα κομιζόμενον ὑπὸ τῆς σελήνης διαφθαρῆναι, καὶ σφόδρα γε περὶ τῆς αἰτίας διαπορεῖν· οὐ γὰρ εἰκὸς εἶναι μὴ τὸν ἥλιον μᾶλλον τὰ κρέα σήπειν, * θερμότερον ὄντα τῆς σελήνης. (2) Ὁ δὲ Σάτυρος, Οὐ τοῦτ᾽, ἔφη, μάλιστα θαυμάσειεν ἄν τις, ἀλλὰ μᾶλλον τὸ ὑπὸ τῶν κυνηγῶν γινόμενον· ὅταν γὰρ ἢ σῦν ἢ ἔλαφον καταβαλόντες, πόρρωθεν εἰς πόλιν ἀποστέλλωσι, χαλκοῦν ἐμπηγνύουσιν ἧλον, ὡς βοηθοῦντα πρὸς τὴν σῆψιν.

II. Ὡς οὖν ἐπαυσάμεθα δειπνοῦντες, καὶ πάλιν ὁ Εὐθύδημος ἐπιμνησθεὶς τοῦ διαπορηθέντος, Μοσχίων, ἔφη, φησὶν ὁ ἰατρὸς τὴν σῆψιν τῆξιν καὶ ῥύσιν σαρκὸς εἰς ὑγρὸν φθορᾶς μεταβαλλούσης, καὶ ὅλως ὑγραίνεσθαι τὰ σηπόμενα· θερμασίαν δὲ πᾶσαν, ἂν μὲν ᾖ μαλακὴ καὶ πραεῖα, κινεῖν τὰ ὑγρὰ καὶ κωλύειν· ἂν δ᾽ ᾖ πυρώδης, τοὐναντίον ἀπισχναίνειν τὰς σάρκας· (2) ἐκ δὲ τούτων φανερὸν εἶναι τὸ ζητούμενον· τὴν γὰρ σελήνην ἠρέμα χλιαίνουσαν ἀνυγραίνειν τὰ σώματα, τὸν δὲ ἥλιον ἀναρπάζειν μᾶλλον ἐκ τῶν σωμάτων τὸ νοτερὸν διὰ τὴν πύρωσιν· πρὸς ὃ καὶ τὸν Ἀρχίλοχον εἰρηκέναι φυσικῶς·

Ἔλπομαι, πολλοὺς μὲν αὐτῶν Σείριος καταυανεῖ
ὀξὺς ἐλλάμπων·

(3) ἔτι δὲ σαφέστερον Ὅμηρον ἐπὶ τοῦ Ἕκτορος, ᾧ κειμένῳ νεφέλην τινὰ σκιερὰν ὁ Ἀπόλλων ἐπήγαγε,

Μὴ πρὶν μένος ἠελίοιο
σκήλῃ ἀμφὶ περὶ χρόα ἴνεσιν ἠδὲ μέλεσσιν·

τὴν δὲ σελήνην ἀδρανεστέρας ἀφιέναι τὰς αὐγάς·

Μέλας γὰρ αὐταῖς οὐ πεπαίνεται βότρυς,

κατὰ τὸν Ἴωνα.

III. Λεχθέντων δὲ τούτων, ἐγώ, Τἆλλα μὲν, ἔφην, εἴρηται καλῶς· τῇ δὲ ποσότητι καὶ τῷ μᾶλλον καὶ ἧττον τῆς θερμασίας κρίνειν τὸ σύμπαν οὐ δεῖ· [καὶ] γὰρ ἥλιον ὁρῶμεν ἧττον τῷ χειμῶνι θάλποντα, καὶ μᾶλλον ἐν τῷ θέρει σήποντα τὰ σώματα· τοὐναντίον δ᾽ ὤφειλε ποιεῖν, εἰ μαλακότητι τῆς θερμασίας αἱ σήψεις ἐγίνοντο· νυνὶ δὲ, ὅτε μᾶλλον ἐντείνει τὸ καῦμα, θᾶσσον ἐνδιαφθείρει τὰς σάρκας. (2) Οὐκοῦν οὐδὲ ἡ σελήνη δι᾽ ἔνδειαν ἀλέας καὶ ἀσθένειαν εἰς σῆψιν ἄγει τὰ νεκρὰ τῶν σωμάτων, ἀλλ᾽ ἰδιότητα μᾶλλον αἰτιατέον τοῦ φερομένου ῥεύματος ἀπ᾽ αὐτῆς. (3) Ὅτι γὰρ οὐ μίαν ἔχει ποιότητα πᾶν τὸ θερμὸν αὐτῷ μόνῳ τῷ μᾶλλον καὶ ἧττον διαφέρουσαν, ἀλλ᾽ εἰσὶ πάμπολλαι τοῦ πυρὸς δυ-

---

QUÆSTIO X.

Cur carnes magis sub lunam putrescant, quam sub solem.

PERSONÆ COLLOQUII.

EUTHYDEMUS, SATYRUS.

I. Convivio nos accipiens Euthydemus Suniensis, aprum justæ magnitudinis apposuit. Quem quum mirarentur præsentes, Alium dixit multo majorem dum afferretur a luna corruptum esse, et se de causa valde dubitare : non enim verisimile videri, lunam majorem carnes putrefaciendi vim habere, quam solem, qui eo utique sit calidior. (2) Tum Satyrus, Non hoc, inquit, maxime mirum est, sed multo magis id quod venatores usurpant : quum enim aprum aut cervum confectum e longinquo in urbem advehunt, æreum ei clavum tanquam putredinis amuletum infigunt.

II. Finita cœna Euthydemus quum quæstionem in medium revocasset, Moschio, inquit, medicus, putrefactionem esse colliquationem dixit et fluxum quendam carnis corruptæ inque humorem mutatæ, omninoque humectari quæ putrescunt : calefactionem porro omnem, si sit mollis et languida, commovere humorem et humida resolvere; si igneus sit calor, contra carnes exsiccare : (2) hinc manifestum fieri quod in quæstione versaretur : lunam quippe sensim tepefaciendo humectare corpora; solem igneo suo fervore potius eripere humorem e corporibus. Eoque respicientem Archilochum, naturæ convenienter dixisse,

Spero, multos ignea vi persiccabit ingruens
Sirius :

(3) apertius etiam Homerum de Hectore, cujus capiti Apollo nebulam quandam obduxit umbrosam,

Ne nervos membraque solis
torrerent radii.

Lunam vero imbecillius emittere lumen;

Hoc non excoquitur uva nigra sidere,

ut ait Ion.

III. His dictis, ego, Placent mihi, inquam, reliqua : ceterum non par est, totam rem tribuere quantitati majoris minorisve caloris : nam et videmus solem hieme minus calefacere corpora, magis per æstatem putredinem iis inducere : atqui contrarium fieri oportuit, si ob caloris languorem putredo eveniret : nunc vero, quum magis intenditur æstus, celerius corrumpuntur carnes. (2) Enimvero luna non ob caloris inopiam et imbecillitatem cadaveribus putredinem inducit : sed hæc causa potius est imputanda peculiari vi defluentis ab ea facultatis. (3) In promtu est enim, quodvis calidum non habere unicam tantum qualitatem, quæ magis minusque calendo differat a sese ipsa : sed plu-

νάμεις οὐθὲν ἀλλήλαις ἐοικυῖαι, δῆλον ἀπὸ τῶν προχει-
ροτάτων. (4) Οἱ μὲν γὰρ χρυσοχόοι διὰ τῆς ἀχυρίνης
φλογὸς ἐργάζονται τὸν χρυσόν· οἱ δ' ἰατροὶ μάλιστα τῇ
κληματίνῃ τὰ συνεψόμενα τῶν φαρμάκων ὑποχλιαί-
νουσι· πρὸς δὲ τὴν τοῦ ὑέλου μάλαξιν καὶ τύπωσιν
εὐάρμοστον εἶναι δοκεῖ τὸ μυρίκινον· τὸ δ' ἀπὸ τῆς
ἐλαίας τὰ μὲν σώματα ταῖς πυρίαις εὖ διατίθησι, τοῖς
δὲ βαλανείοις πολέμιόν ἐστι, καὶ λυμαίνεται τὴν πινά-
κωσιν αὐτῶν καὶ τοὺς θεμελίους, ὑποκκιόμενον. (5)
Ὅθεν οἱ χαρίεντες ἀγορανόμοι τοὺς ἐργολαβοῦντας οὐκ
ἐῶσιν ἐλαΐνοις ξύλοις χρῆσθαι, καθάπερ οὐδ' αἴρας ἐμβαλεῖν εἰς τὴν ὑπόκαυσιν· αἱ γὰρ ἀπὸ τούτων ἀναθυμιάσεις καρηβαρίας καὶ σκοτώματα τοῖς λουομένοις ἐμ-
ποιοῦσιν. (6) Οὐδὲν οὖν θαυμαστόν ἐστι, καὶ τὴν
σελήνην τοῦ ἡλίου διαφέρειν, τοῦ μὲν ξηραντικά, τῆς
δὲ χαλαστικὰ καὶ κινητικὰ τῶν ἐν τοῖς σώμασιν ὑγρῶν
ἀφιείσης ῥεύματα. (7) Διὸ τὰ μὲν νήπια παντάπασιν
αἱ τιτθαὶ δεικνύναι τῇ σελήνῃ φυλάττονται· πλήρη γὰρ
ὑγρότητος ὄντα, καθάπερ τὰ χλωρὰ τῶν ξύλων, σπᾶται
καὶ διαστρέφεται. (8) Τοὺς δὲ κατακοιμηθέντας ἐν
αὐγῇ σελήνης μόλις ἐξανισταμένους, οἷον ἐμπλήκτους
ταῖς αἰσθήσεσι καὶ ναρκώδεις ὁρῶμεν· ἡ γὰρ ὑγρότης
ὑπὸ τῆς σελήνης διαχεομένη βαρύνει τὰ σώματα. (9)
Λέγεται δὲ καὶ πρὸς εὐτοκίαν συνεργεῖν, ὅταν ᾖ διχό-
μηνος, ἀνέσει τῶν ὑγρῶν μαλθακωτέρας παρέχουσα
τὰς ὠδῖνας. (10) Ὅθεν οἶμαι καὶ τὴν Ἄρτεμιν* Λο-
χείαν καὶ Εἰλείθυιαν, οὐκ οὖσαν ἑτέραν, ἢ τὴν σελήνην, ὠνομάσθαι. Τιμόθεος δ' ἄντικρυς φησί,

      Διὰ κυάνεον πόλον ἄστρων,
      διά τ' ὠκυτόκοιο σελάνας.

(11) Γίνεται δὲ καὶ περὶ τὰ ἄψυχα τῶν σωμάτων ἐπί-
δηλος ἡ τῆς σελήνης δύναμις· τῶν τε γὰρ ξύλων τὰ
τεμνόμενα ταῖς πανσελήνοις ἀποβάλλουσιν οἱ τέκτονες,
ὡς ἁπαλὰ καὶ μυδῶντα ταχέως δι' ὑγρότητα· τοὺς δὲ
πυροὺς οἱ γεωργοῦντες σπεύδουσι φθίνοντος τοῦ μηνὸς
ἐκ τῆς ἅλω συναίρειν, ἵνα πάντες τῇ ξηρότητι μᾶλλον
πρὸς [τὸν χρό]νον ἀντέχωσιν· οἱ δ' ἀκμῇ τῆς σελήνης
διακομιζόμενοι, κόπτονται μάλιστα διὰ τὴν ὑγρότητα
μαλακώτεροι γινόμενοι. (12) Λέγουσι δὲ καὶ τἄλευρον
ἐν ταῖς πανσελήνοις ζυμοῦσθαι βέλτιον· ἡ γὰρ ζύμωσις
ὀλίγον ἀποδεὴς εἶναι, κἂν ἀπολάβῃ τὸ μέτρον, ἐπὶ τὴν
αὐτὴν φθορὰν ἀραιοῦσα καὶ προβάλλουσα τὸ φύρμα
προήγαγεν. (13) Αἱ δὲ σηπόμεναι σάρκες οὐδὲν ἄλλο
πάσχουσιν, ἢ, τοῦ συνεκτικοῦ πνεύματος μεταβάλλοντος
εἰς ὑγρὸν, ἐξαεροῦνται καὶ ῥέουσι. (14) Τοῦτο δὲ καὶ
τὸν ἀέρα πάσχοντα θεωροῦμεν· δροσοβολεῖ γὰρ ταῖς
πανσελήνοις μάλιστα διατηκόμενος, ὥς που καὶ Ἀλκμὰν ὁ μελοποιὸς αἰνιττόμενος τὴν δρόσον ἀέρος θυγατέρα καὶ σελήνης,

      Οἷα (φησὶ) Διὸς θυγάτηρ ἔρσα τρέφει καὶ Σελάνας.

(15) Οὕτω πανταχόθεν μαρτυρεῖται τὸ τῆς σελήνης φῶς
ἀνυγραντικὴν [ἔχον] καὶ μαλακτικὴν δύναμιν. (16)
Ὁ δὲ χαλκοῦς ἧλος, εἴ γε διελαυνόμενος, ὥς φασιν, ἀση-

---

rimæ sunt ignis facultates, nulla inter se convenientes similitudine. (4) Nam qui aurum fundunt, flamma de paleis
succensa aurum domant : medici e palmitibus potissimum
igne facto medicamenta concoquenda leniter calefaciunt :
flammam e myrica ad emolliendum et formandum vitrum
aiunt esse commodissimam : lignum oleaginum ustione sua
corporibus commode calefaciendis inservit; idem balneis
adversum est, eorumque contignationi et fundamentis nocet crematum. (5) Hinc est quod ædiles sciti non sinunt
conductores oleaginis lignis uti, quemadmodum etiam non
patiuntur loliginis semen injici suffitibus; exhalantia enim
istæc, dolores capiti et caliginem oculis obducunt lavantium.
(6) Quapropter mirum non est lunam a sole differre, hoc sic-
cantes, illa relaxantes et humida corporis moventes emittente defluxus. (7) Quæ etiam est causa, quod nutrices
infantulos admodum cavent lunæ ostentare; nam pleni humore viridium instar lignorum, convelluntur et pervertun-
tur; (8) et videmus eos qui in lumine lunæ decubuerunt,
ægre surgere, quasi attonitos, et sensuum quodam torpore
correptos; humor enim a luna diffusus aggravat corpora.
(9) Dicitur etiam ad expediendum partum luna conducere,
quum orbe fulget dimidio; quod laxandis humoribus dolores mitiget. (10) Hinc arbitror etiam Dianæ vocabula Lo-
chiæ (quod est, partui præfectæ), et Ilithyiæ, sive Lucinæ,
fuisse facta; quum non alia, sed eadem sit hæc Diana quæ
Luna. Ac Timotheus diserte dixit,

      Per siderum cæruleos polos,
      celeremque partu solvere Lunam.

(11) Ceterum etiam in rebus anima expertibus manifesta
est vis lunæ. Ligna enim in plenilunio cæsa fabri abjiciunt,
utpote tenera et facile flaccescentia propter humorem : et
triticum coloni properant mense deficiente ex area colligere,
ut siccatum ferundo tempori sit aptius : grana vigente luna
collata, statim teruntur, quippe emollita ob humiditatem.
(12) Ferunt etiam plenilunio farinam subigi melius; nam
fermentatio etiam si intra modum fiat, tamen totam massam
corrumpit fluidamque reddit. (13) Carnibus autem putre-
scentibus nihil aliud accidit, quam quod, continente spiritu
in humorem mutato, rarescunt atque diffluunt. (14) Idem
usu venire etiam aeri cernimus : maxime enim plenilunio
rorem jacit colliquatus, quod Alcman etiam lyricus obscure
significans, rorem aeris et lunæ appellat prolem :

      Ut rorem Jovis et filia Lunæ profundit.

(15) Sic undiquaque testimonium lunæ fertur, eam habere
liquefacientem et mollientem vim. (16) Clavus proinde
æreus, siquidem transfixus a putredine, quod aiunt, car-

πτότερα διατηρεῖ τὰ κρέα, φαίνεται μὲν ἔχων τι στυ-
πτικὸν ἐν αὐτῷ· (17) τῷ γὰρ ἰῷ πρὸς τὰ τοιαῦτα
χρῶνται τῶν φαρμάκων ἰατροί· καὶ τούς γε διατρίβοντας ἐν τοῖς χαλκωρυχίοις ἱστοροῦσιν ὠφελεῖσθαι τὰ
ὄμματα καὶ βλεφαρίδας ἐκφύειν τοὺς ἀποβεβληκότας· ἡ
γὰρ ἀπιοῦσα τῆς χαλκίτιδος ἄχνη καὶ [προσ] πίπτουσα
τοῖς βλεφάροις ἀδήλως, ἀναστέλλει τὰ ῥεύματα καὶ
περιστύφει τὸ δάκρυον. Διὸ καὶ φασὶν εὐήνορα καὶ
νώροπα χαλκὸν ὑπὸ τοῦ ποιητοῦ προσαγορεύεσθαι.
(18) Ἀριστοτέλης δέ φησι, καὶ τὰ τραύματα τὰ ἀπὸ
τῶν χαλκῶν ἐπιδορατίδων καὶ μαχαιρῶν ἧττον εἶναι
δυσαλγῆ καὶ ῥᾷον ἰᾶσθαι τῶν ἀπὸ τοῦ σιδήρου, διὰ τὸ
φαρμακῶδες ἔχειν τι τὸν χαλκὸν ἐν ἑαυτῷ, καὶ τοῦτο
ταῖς πληγαῖς εὐθὺς ἐναπολείπειν. (19) Ὅτι [δὲ] καὶ
τῷ σήποντι τὸ στῦφον καὶ τὸ θεραπεῦον τῷ φθείροντι
τὴν ἐναντίαν ἔχει δύναμιν, οὐκ ἄδηλον· εἰ μή τις ἄρα
τῇ διελάσει φαίη τὸν ἧλον ἐφ' ἑαυτὸν τὸ ὑγρὰ συνάγειν, ἐπιφορᾶς ἀεὶ γινομένης πρὸς τὸ πάσχον. (20) Διὸ
καὶ περὶ αὐτὸν ἐκεῖνον τὸν τόπον, οἷόν τινα μώλωπα
καὶ σπῖλον ὁρᾶσθαί φασι· καὶ λόγον ἔχει τὴν ἄλλην σάρκα
διαμένειν ἀπαθῆ, τῆς φθορᾶς ἐκεῖ συντρεχούσης.

ΣΥΜΠΟΣΙΑΚΩΝ

ΠΡΟΒΛΗΜΑΤΩΝ

ΒΙΒΛΙΟΝ ΤΕΤΑΡΤΟΝ.

ΠΡΟΟΙΜΙΟΝ.

1. Ὦ Σόσσιε Σενεκίων, τοῦ Πολυβίου Σκιπίωνι
παραινοῦντος Ἀφρικανῷ, μὴ πρότερον ἐξ ἀγορᾶς ἀπελθεῖν, ἢ φίλον τινὰ ποιήσασθαι τῶν πολιτῶν· φίλον δὲ
δεῖ μὴ πικρῶς μηδὲ σοφιστικῶς ἀκούειν ἐκεῖνον τὸν
ἀμετάπτωτον καὶ βέβαιον, ἀλλὰ κοινῶς τὸν εὔνουν· ὥσπερ ᾤετο χρῆναι Δικαίαρχος εὔνους μὲν αὐτῷ παρασκευάζειν ἅπαντας, * φίλους δὲ ποιεῖσθαι τοὺς ἀγαθούς. (2) Φιλία γὰρ ἐν χρόνῳ πολλῷ καὶ δι' ἀρετῆς
ἁλώσιμον· εὔνοιαν δὲ καὶ χρεία, καὶ ὁμιλία, καὶ παιδιὰ πολιτικῶν ἀνδρῶν ἐπάγεται, καιρὸν λαβοῦσα πειθοῦς φιλανθρώπου καὶ χάριτος συνεργόν. (3) Ἀλλ' ὅρα
τὸ τῆς παραινέσεως, εἰ μὴ μόνον ἔχει δεξιῶς πρὸς ἀγορὰν, ἀλλὰ καὶ πρὸς συμπόσιον· ὥστε δεῖν μὴ πρότερον
ἀναλύειν, ἢ κτήσασθαί τινα τῶν συγκατακειμένων καὶ
παρόντων εὔνουν ἑαυτῷ καὶ φίλον. (4) Εἰς ἀγορὰν μὲν
γὰρ ἐμβάλλουσι πραγμάτων εἴνεκεν καὶ χρειῶν ἑτέρων·
εἰς δὲ συμπόσιον οἵ γε νοῦν ἔχοντες ἀφικνοῦνται κτησό-
μενοι φίλους οὐχ ἧττον, ἢ τοὺς ὄντας εὐφρανοῦντες. (5)
Διότι τῶν μὲν ἄλλων ζητεῖν ἐκφορὰν κἀνελεύθερον ἂν
εἴη καὶ φορτικόν· τὸ δὲ φίλων πλέον ἔχοντας ἀπεῖναι,
καὶ ἡδὺ καὶ σεμνόν ἐστι· καὶ τοὐναντίον, ὁ τούτου πα-
ραμελῶν ἄχαριν αὐτῷ καὶ ἀτελῆ τὴν συνουσίαν ποιεῖ,

nes tuetur, videbitur hoc fieri ob insitam aeri facultatem
astringendi. (17) Nam ærugine ad tales casus utuntur
medici loco medicamenti : et eos qui commorantur in se-
cturis ærariis, aiunt lippitudine solvi, ac si cilia amiserint ,
ea denua iis enasci : nam quæ a chalcitide abit favilla et in
palpebras occulte incidit, ea fluxus reprimit, stipandoque
restinguit lacrimam. Ideoque ab Homero æs aiunt titulis
euenoris et *noropis* affectum , scilicet quia visu adjuvando
hominibus prosit. (18) Aristoteles auctor est, quæ æreis
cuspidibus et gladiis infliguntur vulnera, corpori minorem
inferre dolorem et facilius sanari quam quæ a ferreis ; quia
scilicet æs in se quidpiam medicamenti habeat, idque in
vulnere statim relinquat. (19) Jam putrefacienti astrin-
gens, sanans corrumpenti esse adversum, obscurum non
est : nisi quis forte trajectu clavum dicat humorem ad se
trahere, subinde affluentem ad id quod læsum est. (20)
Itaque circa eum ipsum locum ubi infixus fuit clavus, aiunt
vibicem quandam aut nævum cerni : nec est a ratione alienum reliquam carnem manere integram, corruptela eo affluente.

CONVIVALIUM

DISPUTATIONUM

LIBER IV.

PROŒMIUM.

1. Quod Polybius Africano præcepit, Sossi Senecio, *ne
e foro unquam digrederetur, nisi prius aliquem civium
sibi amicum fecisset :* amicum hic existimamus non presse
aut sophistice eum intelligendum qui perpetuus sit et im-
mutabilis, sed communiter benevolum : quomodo Dicæarchus unumquemque censebat dare operam debere, ut omnium benevolentiam sibi conciliaret, amicitiam autem cum
bonis iniret. (2) Etenim amicitia multo tempore et per virtutem paratur : benevolentiam usus, colloquium et joci
civilium virorum alliciunt, nacti temporis opportunitatem
adjutricem persuasionis benevolæ et gratiæ. (3) Sed vide ,
an non id præceptum præterquam quod foro accommodatum est, etiam ad convivia pertineat; ut non ante sit inde
discedendum, quam una accumbentium alicujus benevolentiam et amicitiam fuerimus nacti. (4) Nam in forum quidem descenditur ob negotia aliosque usus: in convivium qui
sapiunt non minus amicorum parandorum, quam eos quos
habent delectandi causa se conferunt. (5) Ideo operam dare
aliquid appositorum inde ut asportes, illiberale profecto
est et importuni hominis ; amico auctum abire, jucundum
est et honestum : contraque is qui id facere negligit, ingra-
tam sibi et inutilem facit consuetudinem, itaque discedit, ut

καὶ ἄπεισι τῇ γαστρὶ σύνδειπνος, οὐ τῇ ψυχῇ γεγονώς. (6) Ὁ γὰρ σύνδειπνος οὐκ ὄψου καὶ οἴνου καὶ τραγημάτων μόνον, ἀλλὰ καὶ λόγων κοινωνὸς ἥκει, καὶ παιδιᾶς καὶ φιλοφροσύνης εἰς εὔνοιαν τελευτώσης. (7) Αἱ μὲν γὰρ παλαιόντων ἐπιβολαὶ καὶ ἕλξεις κονιορτοῦ δέονται, ταῖς δὲ φιλικαῖς λαβαῖς ὁ οἶνος ἁφὴν ἐνδίδωσι, μιγνύμενος λόγῳ· λόγος γὰρ αὐτῷ τὸ φιλάνθρωπον καὶ ἠθοποιὸν ἐπὶ τὴν ψυχὴν ἐκ τοῦ σώματος ἐποχετεύει καὶ συνδίδωσιν· εἰ δὲ μή, πλανώμενος ἐν τῷ σώματι, πλησμονῆς οὐδὲν σπουδαιότερον παρέσχεν. (8) Ὅθεν ὥσπερ ὁ μάρμαρος, τοῦ διαπύρου σιδήρου τῷ καταψύχειν τὴν ἄγαν ὑγρότητα καὶ ῥύσιν ἀφαιρῶν, εὔτονον ποιεῖ τὸ μαλασσόμενον αὐτοῦ καὶ τυπούμενον· οὕτως ὁ συμποτικὸς λόγος οὐκ ἐᾷ διαφορεῖσθαι παντάπασιν ὑπὸ τοῦ οἴνου τοὺς πίνοντας, ἀλλὰ ἐφίστησι καὶ ποιεῖ τῇ ἀνέσει τὸ ἱλαρὸν καὶ φιλάνθρωπον ἐγκέραστον καὶ κεχαρισμένον, ἄν τις ἐμμελῶς ἅπτηται, καθάπερ σφραγῖδι φιλίας εὐτυπωτάτων καὶ ἁπαλῶν διὰ τὸν οἶνον ὄντων.

ΠΡΟΒΛΗΜΑ Α.

Εἰ ἡ ποικίλη τροφὴ τῆς ἁπλῆς εὐπεπτοτέρα.

ΠΡΟΣΩΠΑ ΤΟΥ ΔΙΑΛΟΓΟΥ

ΦΙΛΩΝ, ΦΙΛΙΝΟΣ, ΜΑΡΚΙΩΝ.

Ι. Τῆς οὖν τετάρτης τῶν συμποτικῶν ζητημάτων δεκάδος ἡμῖν πρῶτον ἔσται τὸ περὶ τῆς ποικίλης τροφῆς ζητηθέν. (2) Ἐλαφηβολίων γὰρ ὄντων, εἰς Ὑάμπολιν ἐπὶ τὴν ἑορτὴν ἀφικνουμένους ἡμᾶς εἱστία Φίλων ὁ ἰατρός, ἐκ παρασκευῆς τινος, ὡς ἐφαίνετο, νεανικῶς. (3) Ἰδὼν δὲ τῶν παιδίων [τῶν] ἅμα τῷ Φιλίνῳ τὸ νέον ἄρτῳ χρώμενον, ἄλλου δὲ μηδενὸς δεόμενον· Ὦ Ἡράκλεις, ἔφη, τοῦτο ἄρα ἦν τὸ λεγόμενον,

Ἐν δὲ λίθοις ἐμάχοντο, λίθον δ' οὐκ ἦν ἀνελέσθαι.

καὶ ἀνεπήδησεν οἰσόμενός τι τῶν χρησίμων ἐκείνοις· εἶτα ἧκε μετὰ χρόνον συχνὸν ἰσχάδας αὐτοῖς τινας καὶ τυρὸν κομίζων. (3) Ἐμοῦ δ' εἰπόντος ὅτι τοῦτο συμβαίνει τοῖς τὰ περιττὰ καὶ πολυτελῆ παρασκευαζομένοις, ἀμελεῖν καὶ σπανίζειν τῶν ἀναγκαίων καὶ χρησίμων· Οὐ γὰρ ἐμεμνήμην, εἶπεν ὁ Φίλων, ὅτι Σώσαστρον ἡμῖν ὑποτρέφει ὁ Φιλῖνος, ὃν φασι μήτε ποτῷ χρησάμενον ἄλλῳ μήτ' ἐδέσματι, πλὴν ἢ γάλακτος, διαβιῶσαι πάντα τὸν βίον· (5) ἀλλ' ἐκείνῳ μὲν ἐκ μεταβολῆς ἀρχὴν γενέσθαι τῆς τοιαύτης διαίτης εἰκός· τὸν δὲ ἡμέτερον ἀντιστρόφως τῷ Ἀχιλλεῖ τρέφων ὁ Χείρων οὗτος, εὐθὺς ἀπὸ τῆς γενέσεως ἀναιμάτοις καὶ ἀψύχοις τροφαῖς, οὐκ ἄκραν ἀπόδειξιν ἔχει ἐν ἀέρι καὶ δρόσῳ λέγουσι, καθάπερ οἱ τέττιγες, σιτούμενον. (6) Ἡμεῖς μὲν οὖν, ὁ Φιλῖνος εἶπεν, ἠγνοοῦμεν Ἑκατομφόνια δειπνήσοντες, ὥσπερ ἐπ' Ἀριστομένους· ἐπεὶ παρῆμεν ἂν ὄψα τῶν λιτῶν καὶ ὑγιαινόντων, ὥσπερ ἀλεξιφάρ-

---

qui ventre, non animo conviva fuerit. (6) Quippe conviva non obsonii modo, vini et bellariorum, sed et sermonum, joci, comitatis in benevolentiam desinentis particeps futurus venit. (7) Et luctantium quidem complexus atque tractiones pulverem desiderant : amicis apprehensionibus vinum sermone temperatum ansas præbet. Vino enim oratio humanitatem et comitatem adjicit, et a corpore in animum quasi per canales derivat : quod nisi fit, oberrans in corpore vinum, nihil melius repletione efficit. (8) Ita quemadmodum marmor igne càndentis ferri nimiam mollitiem et fluxum refrigerando sistens, validum et formabile reddit : sic convivalis sermo non diffluere omnino patitur vino bibentes, sed inhibet eos, ac dissolutioni humanitatem venustatemque admiscet; si quis bibentes tempestive oratione attingat, dum eos vinum quasi sigillo amicitiæ formandos quam tenerrimos et mollissimos reddit.

QUÆSTIO I.

Multiplexne cibus, an vero simplex concoctu sit facilior.

PERSONÆ COLLOQUII.

PHILON, PHILINUS, MARCION.

I. Proinde quartæ Convivalium Quæstionum decuriæ principium nobis erit quæstio de multiplici cibo. (2) Nam quum ad Elapheboliorum festivitatem Hyampolin venissemus, Philo medicus convivio nos accepit, quod data opera, ut apparebat, instruxerat lautissime. (3) Ibi quum puerorum, qui cum Philino aderant, minorem videret pane solo vesci, aliud requirere nihil, Hercules, inquit, nimirum hoc illud erat quod in proverbio dicitur,

Pugna erat in saxis, neque saxum tollere quibant,

simulque prosiluit ut aliquid utilis cibi iis afferret : ac multo post rediit, caricas aliquot eis et caseum apportans. (4) Ibi quum ego dixissem usu venire hoc iis qui supervacanea et pretiosa apparant, ut negligerent necessaria atque utilia, iisque carerent : Non enim, inquit Philon, memineram Philinum Sosastri nobis exemplum æmulari, quem nullo alio cibo potuve quam lacte usum ferunt totam vitam exegisse. (5) Verum huic quidem a mutatione quadam initium hujus victus rationis oblatum fuisse credibile est : nostrum autem diverso atque Achillem modo nutriens hic Chiron, statim ab origine cibis sanguine carentibus et inanimatis, non multum laborabit ut vere dici demonstret hunc suum aere et rore ali, quod de cicadis fertur. (6) Nos vero, aiebat Philinus, nesciebamus, nobis hic cœnanda esse Hecatomphonia (seu centum cædium sacrificia), qualia quondam exhibuit Aristomenes : alioquin advenissemus afferentes nobiscum sana et tennia obsonia, veluti remedia

μακα, πρὸς οὕτω πολυτελεῖς καὶ φλεγμαινούσας τραπέζας περιαψάμενοι, * καὶ ταῦτα, σοῦ πολλάκις ἀκηκοότες, ὅτι τῶν ποικίλων τὰ ἁπλᾶ μᾶλλον εὔπεπτά εἰσι
καὶ εὐπόριστα. (7) Καὶ ὁ Μαρκίων πρὸς τὸν Φίλωνα,
Διαφθείρει σου Φιλῖνος, ἔφη, τὴν παρασκευὴν, ἀποτρέπων καὶ δεδιττόμενος τοὺς δαιτυμόνας· ἀλλ' ἂν ἐμοῦ
δεηθῇς, ἐγγυήσομαι πρὸς αὐτοὺς ὑπὲρ σοῦ τὴν ποικίλην
τροφὴν εὐπεπτοτέραν εἶναι τῆς ἁπλῆς, ὥστε θαρροῦντας
ἀπολαύειν τῶν παρακειμένων. Ὁ μὲν οὖν Φίλων
ἐδεῖτο τοῦ Μαρκίωνος οὕτω ποιεῖν.

II. Ἐπεὶ δὲ ἡμεῖς παυσάμενοι τοῦ δειπνεῖν προσ-
εκαλούμεθα τὸν Φιλῖνον ἐπιθέσθαι τῇ κατηγορίᾳ τῆς
ποικίλης τροφῆς, Οὐκ ἐμὸς, εἶπεν, ὁ μῦθος, ἀλλ' οὑτοσὶ
Φίλων ἑκάστοτε λέγει πρὸς ἡμᾶς, ὅτι πρῶτον μὲν τὰ
θηρία τροφαῖς μονοειδέσι καὶ ἁπλαῖς χρώμενα, μᾶλλον
ὑγιαίνει τῶν ἀνθρώπων· ὅσα δὲ σιτεύουσι καθείρξαντες,
ἐπισφαλῆ πρὸς τὰς νόσους ἐστὶ, καὶ ῥᾳδίως ταῖς ὠμό-
τησιν ἁλίσκεται διὰ τὸ μικτήν τινα καὶ συνηδυσμένην
τροφὴν προσφέρεσθαι. (2) Δεύτερον, οὐδεὶς γέγονεν
οὕτω τῶν ἰατρῶν παράτολμος ἐν καινοτομίᾳ καὶ ἀν-
δρεῖος, ὥστε ποικίλην τροφὴν πυρέττοντι προσενεγκεῖν·
ἀλλὰ τὴν ἁπλῆν καὶ ἄκνισον, ὡς ὑπήκοον μάλιστα τῇ
πέψει, προσφέρουσι. Δεῖ γὰρ παθεῖν τὴν τροφὴν καὶ
μεταβαλεῖν κρατηθεῖσαν ὑπὸ τῶν ἐν ἡμῖν δυνάμεων.
(3) Κρατεῖ δὲ καὶ βαφὴ τῶν ἁπλῶν χρωμάτων μᾶλλον,
καὶ μυρεψικοῖς φαρμάκοις τρέπεται τάχιστα τὸ ἀωδέ-
στατον ἔλαιον, καὶ τροφῆς εὐπαθέστατον ὑπὸ πέψεως
μεταβάλλειν τὸ ἀφελὲς καὶ μονοειδές. (4) Αἱ δὲ πολλαὶ καὶ ποικίλαι ποιότητες ὑπεναντιώσεις ἔχουσαι καὶ
δυσμαχοῦσαι φθείρονται πρότερον προσπίπτουσαι, καθάπερ ἐν πόλει μιγάδων καὶ συγκλύδων ἀνθρώπων
πλῆθος, οὐ ῥᾳδίως μίαν οὐδὲ ὁμοπαθοῦσαν ἴσχουσαι
κατάστασιν, ἀλλ' ἑκάστη πρὸς τὸ οἰκεῖον ἀντιτείνουσα,
καὶ δυσσύμβατος οὖσα πρὸς τὸ ἀλλόφυλον. (5) Ἐμ-
φανὲς δὲ τεκμήριον τὸ περὶ τὸν οἶνον· αἱ γὰρ ἀλλοινίαι
λεγόμεναι τάχιστα μεθύσκουσιν· ἀπεψίᾳ δ' οἴνου προσέοικεν ἡ μέθη. (6) Διὸ φεύγουσι τὸν μεμιγμένον οἶνον
οἱ πίνοντες· οἱ δὲ μιγνύοντες πειρῶνται λανθάνειν, ὡς
ἐπιβουλεύοντες. Ἐκστατικὸν γὰρ ἡ μεταβολὴ καὶ τὸ
ἀνώμαλον. (7) Ὅθεν που καὶ τὰς πολυχορδίας μετὰ
πολλῆς οἱ μουσικοὶ κινοῦσιν εὐλαβείας, [αἷς] οὐδὲν
ἄλλο κακὸν, ἢ τὸ μικτόν ἐστι καὶ ποικίλον. (8) Ἐγὼ
δ' ἐκεῖνο ἔχω εἰπεῖν, ὅτι μᾶλλον ἂν ἐκ λόγων ὑπεναν-
τίων γένοιτο ἂν πίστις καὶ [συγ]κατάθεσις, ἢ πέψις ἐκ
διαφόρων ποιοτήτων. (9) Εἰ δὲ δὴ δοκῶ παίζειν, ταῦτα
ἐάσας ἐπὶ τὰ Φίλωνος ἄνειμι. Πολλάκις γὰρ ἀκούομεν
αὐτοῦ λέγοντος, ὡς ἐπὶ ποιότητι τροφῆς γίνεται τὸ δύσπεπτον, ἢ πολυμιγία βλαβερὸν καὶ γόνιμον ἀλλοκότων
ποιοτήτων, καὶ δεῖ τὸ σύμφυλον ἐκ πείρας λαβόντα χρῆσθαι καὶ στέργειν. (10) Εἰ δὲ φύσει δύσπεπτον οὐδὲν,
ἀλλὰ πλῆθός ἐστι τὸ ταράσσον καὶ φθεῖρον, ἔτι μᾶλλον,
οἶμαι, τὰ παντοδαπὰ ταῦτα καὶ ποικίλα φευκτέον, οἷς
ἀρτίως ἡμᾶς ὁ Φίλωνος ὀψοποιὸς, ὥσπερ ἀντίτεχνος

---

et amuleta nobis circumdantes contra coenas ita sumtuosas
et incensas : idque eo, quod sæpe ex te audiveramus multiplici victu simplicem non modo paratu faciliorem esse,
sed etiam concoctu. (7) Ad hæc Marcion, Corrumpit,
inquit, tuum tibi Philinus apparatum, dehortans et deter-
rens a vescendo convivas : sed si meam operam implores,
sponsor iis pro te fidejubebo, multiplicem cibum simplici
facilius concoqui, ut audacter fruantur appositis. Petiit
ergo Philon a Marcione, hoc ut faceret.

II. At Philinus, cœna finita, a nobis provocatus, ut
multiplicis cibi aggrederetur accusationem, Non meus, in-
quiebat, hic est sermo, sed ipsius Philonis : identidem
enim hic dicit nobis, primum bruta animalia, quia cibis
utuntur unius generis et simplicibus, saxiora esse hominibus : quæ vero inclusa aluntur, proclivia ad morbos esse,
obnoxiaque cruditati, quod mixto et condito utantur alimento. (2) Deinde nemo fuit medicorum ita temerarius,
aut ad res novandas audax, ut offerret febricitanti cibum
varium : simplicem et nidoris expertem, ut concoctionis
facile patientem, adhibent. Affici enim oportet alimentum, mutarique subactum ab iis quæ insunt nobis facultatibus. (3) Sed et tinctura simplicium colorum facilius
inhæret : et oleum minime fragans maxime seplasiariis medicamentis mutatur : et alimentum simplex uniusque generis mutatu facillimum est a concoctione. (4) Multæ
autem et variæ qualitates invicem nonnihil contrariæ, simul ac miscentur, repugnando sese mutuo abolent, instar
multitudinis convenarum ac promiscuæ turbæ in civitate,
neque unam et consentientem admittunt constitutionem,
dum una quævis suapte natura alienis reluctans coitionem
respuit. (5) Vinum nobis evidens hujus rei indicium suppeditat : celerrime enim inebriat diversorum vinorum usus
(quas *allœnias* Græci dicunt) : similis autem est ebrietas
cruditati a vino non cocto profectæ. (6) Ideoque vitant
mixtum vinum potores : et qui miscent, clam id faciunt,
ut qui insidias struant. Mutatio enim et inæqualitas animum de statu suo exturbant. (7) Quam ob rem musici
quoque magnam adhibent cautionem in multitudine nervorum agitanda : quibus nihil præter mixtionem et varietatem
mali adest. (8) Ipse hoc ausim affirmare, facilius contrariis sermonibus fidem et assensionem parari posse, quam
concoctionem diversis qualitatibus. (9) Sed si ludere videor, his omissis ad Philonis dicta revertor. Eum quippe
sæpenumero dicentem audimus, difficultatem concoctionis
alimento accidere a qualitate, item variam mixturam esse
damnosam et alienas generare qualitates; itaque oportere
unumquemque id nutrimentum sumere, eoque contentum
esse quod suæ congruere naturæ compertum habeat. (10)
Quodsi suapte natura nihil est concoctu difficile, sed multitudo est quæ turbat et corrumpit; tanto etiam magis fugienda puto omnigena ista atque varia esse, quibus recens
nos Philonis coquus, tanquam domino contrariam artem

αὐτοῦ, κατεφάρματτεν, ἐξαλλάττων τῇ καινότητι καὶ
μεταβολῇ τὴν ὄρεξιν οὐκ ἀπαγορεύουσαν, ἀλλ' ἀγομένην
ἐπ' ἄλλα, καὶ παρεκβαίνουσαν ἐν τῷ ποικίλῳ [τὸ μέ-
τριον] καὶ αὔταρκες, ὥσπερ ὁ ['Υψι]πύλης τρόφιμος
5 ** νος ἕτερον ἀφ' ἑτέρας ἱέμενος ἄγρευμα ἂν σὺν ἡδο-
μένᾳ ψυχᾷ, ** μὴ πίον ἄπληστος ἐὼν, ἐπὶ πλεῖστον
ἐξανθίζεται τοῦ λειμῶνος. (11) Ἐνταῦθα δὲ καὶ τοῦ
Σωκράτους ἅμα μνημονευτέον, παρακελευομένου φυλάττεσθαι τῶν βρωμάτων, οἷα τοὺς μὴ πεινῶντας ἐσθίειν
10 ἀναπείθει, ὡς οὐδὲν ἀλλ' ἢ τὸ παντοδαπὸν καὶ ποικίλον
εὐλαβεῖσθαι καὶ δεδιέναι τῶν σιτίων παραινοῦντος. (12)
* Τοῦτο γὰρ πορρωτέρω ἐξάγει τῆς χρείας τὴν ἀπόλαυσιν, ἐν θεάμασιν, ἐν ἀκροάμασιν, ἐν ἀφροδισίοις, ἐν
παιδιαῖς ἁπάσαις καὶ διατριβαῖς, ἀναλαμβανομένην ὑπὸ
15 τοῦ περιττοῦ πολλὰς ἀρχὰς ἔχοντος· ἐν δὲ ταῖς ἁπλαῖς
καὶ μονοτρόποις ἡδοναῖς οὐ παρεκβαίνει τὴν φύσιν ἡ
θέλξις. (13) Ὅλως δέ μοι δοκεῖ μᾶλλον ἂν τις ὑπομεῖναι πολυχορδίαν μουσικὸν ἐπαινοῦντα, καὶ μυραλοιφίαν
ἀλείπτην, ἢ πολυοψίαν ἰατρόν· αἱ γὰρ ἐκτροπαὶ καὶ
20 μεταβολαὶ τῆς εἰς ὑγείαν εὐθείας ἐκβιάζουσι.

III. Τοῦ δὲ Φιλίνου ταῦτ' εἰπόντος, ὁ Μαρκίων ἔφη,
δοκεῖν αὐτῷ τῇ Σωκράτους ἐνέχεσθαι κατάρᾳ μὴ μόνον
τοὺς τὸ λυσιτελὲς ἀπὸ τοῦ καλοῦ χωρίζοντας, ἀλλὰ καὶ
τοὺς ἡδονὴν διιστάντας ἀπὸ τῆς ὑγείας, ὡς ἀντιταττο-
25 μένην αὐτῇ καὶ πολεμοῦσαν, οὐχὶ μᾶλλον συνεργοῦσαν·
(2) σμικρὰ γὰρ, ἔφη, καὶ ἄκοντες, ὡς βιαιοτάτῳ τῶν
ὀργάνων, ἀλγηδόνι προσχρώμεθα· τῶν δ' ἄλλων οὐδεὶς
ἂν οὐδὲ βουλόμενος ἀπώσαιτο τὴν ἡδονήν· ἀλλὰ καὶ
τροφαῖς καὶ ὕπνοις, καὶ περὶ λουτρὰ καὶ ἀλείμματα καὶ
30 κατακλίσεις ἀεὶ πάρεστι, καὶ συνεκδέχεται καὶ συνεκ-
τιθηνεῖται τὸν κάμνοντα, πολλῷ τῷ οἰκείῳ καὶ κατὰ
φύσιν ἐξαμαυροῦσα τὸ ἀλλότριον. (3) Ποία γὰρ ἀλγηδὼν, τίς ἔνδεια, ποῖον δηλητήριον οὕτω ῥᾳδίως καὶ
ἀφελῶς νόσον ἔλυσεν, ὡς λουτρὸν ἐν καιρῷ γενόμενον,
35 καὶ οἶνος δοθεὶς δεομένοις; καὶ τροφὴ παρελθοῦσα μεθ'
ἡδονῆς εὐθὺς ἔλυσε τὰ δυσχερῆ πάντα, καὶ κατέστησεν
εἰς τὸ οἰκεῖον τὴν φύσιν, ὥσπερ εὐδίας καὶ γαλήνης γενομένης. (4) Αἱ δὲ διὰ τῶν ἐπιπόνων βοήθειαι μόγις
καὶ κατὰ μικρὸν ἀνύουσι, χαλεπῶς ἐκμοχλεύουσαι καὶ
40 προσβιαζόμεναι τὴν φύσιν. (5) Οὐκ ἂν οὖν ἡμᾶς δια-
βάλλοι Φιλῖνος, εἰ μὴ τὰ ἱστία ἑκάτερα ἐπαράμενοι τὴν
ἡδονὴν φεύγοιμεν, ἀλλὰ πειρώμεθα τὸ ἡδέως καὶ ὑγιεινῶς
ἐμμελέστερον, ἢ ὡς ἔνιοι φιλόσοφοι τὸ ἡδέως καὶ καλῶς,
συνοικειοῦν. (6) Εὐθὺς οὖν περὶ τὸ πρῶτον, ὦ Φιλῖνε,
45 τῶν ἐπιχειρημάτων δοκεῖς μοί διεψεῦσθαι, τὰ θηρία
τῶν ἀνθρώπων ἁπλουστέραις τροφαῖς χρῆσθαι καὶ μᾶλλον ὑγιαίνειν ὑποτιθέμενος· οὐδέτερον γὰρ ἀληθές ἐστιν.
(7) Ἀλλὰ τῷ μὲν αἱ παρ' Εὐπόλιδος αἶγες ἀντιμαρτυ-
ροῦσιν, ὑμνοῦσαι τὴν τροφὴν ὡς παμμιγῆ καὶ ποικίλην
50 οὖσαν, οὕτω πως λέγουσαι·

Βοσκόμεθ' ὕλης ἀπὸ παντοδαπῆς, ἐλάτης, πρίνου, κομάρου τε
πτόρθους ἁπαλοὺς ἀποτρώγουσαι, καὶ πρὸς τούτοισιν ἔτ' [ἄλλα],
κύτισόν τ' ἠδὲ [σφάκον] εὐώδη, καὶ σμίλακα[τὴν] πολύφυλλον,

faciens, infecit, novitate et mutatione appetitum pervertens
non desinentem, sed ad alia ductum et ob varietatem ultra
id quod modestum et satis est se proferentem, ut Hypsi-
pylæ alumnus

  In prato residens puer
  nunc hunc, nunc alium cupit
  florem carpere : gaudio
  mens perfunditur : innocens
  expleri studium nequit,

plurimum prati decerpit. (11) Ilic Socratis etiam meminisse expedit, qui jubebat cavere a cibis qui non esurientes
ad edendum allicerent : nihil aliud nimirum quam ciborum
multiplicem varietatem vitare et metuere præcipiens. (12)
Varietas enim est quæ ultra quam usus sit frui nos facit
spectaculis, auditionibus, re venerea, ludis jocisque, supervacaneis rebus; multa initia cupiditati fruendi sugge-
rentibus. At in iis voluptatibus, quæ simplices sunt et
unius modi, naturæ modum oblectatio non excedit. (13)
Denique facilius mihi videtur ferri posse musicus qui multitudinem nervorum, et alipta qui unguentorum composi-
torum usum laudet, quam medicus qui ciborum varietatem
commendet : quippe mutationes et diverticula de recta ad
sanitatem via detrudunt.

III. Hæc postquam disseruit Philinus, Mihi vero, inquit
Marcion, Socratis exsecrationi obnoxius videtur non modo
qui utile ab honesto segregavit, sed et qui voluptatem a
sanitate separat, tanquam huic adversantem et inimicam,
ac non potius adjutricem. (2) Etenim dolore, ut instrumento violentissimo, raro admodum idque inviti utimur :
de reliquis voluptatem nemo, ne si velit quidem, repudia-
verit. Hæc et in nutrimento, et in somno, et in lavacro,
et unctione, et discubitu semper adest, laboresque excipit
et ægrum fovet, aliena multis convenientibus naturæ de-
lens. (3) Nam quis dolor, quis defectus, quod venenum ita
facile et simpliciter morbo solvit, ut lavacrum tempestive
usurpatum, aut vinum indigenti datum? cibus cum voluptate
adhibitus statim molestiam omnem abolet, naturamque in
suum statum reponit, veluti serenitate et tranquillitate inducta. (4) Contra cum dolore conjuncta remedia, ægre et
paulatim aliquid efficiunt, naturam cum difficultate et violentia quadam molitionis exagitantia. (5) Non ergo est
quod nobis vitio vertat Philinus, si non utrumque, quod
aiunt, velum attollentes voluptatem fugimus; sed conamur
voluptatem cum sanitate concinnius, quam philosophorum
nonnulli cum honestate, conjungere. (6) Jam in primo
tuo, Philine, argumento falsus mihi videre, bruta anima
lia simpliciore quam homines alimento, et sanitate meliore
frui, ponens : quorum neutrum est verum. (7) Alterum
refellunt Eupolidis capræ, alimentum suum prædicantes et
a varietate omnisque generis materia laudantes : sic enim
loquentes facit :

Varia ex silva cibus capitur nobis, abies, arbutus, ilex,
quarum dulce est carpere ramos : super hæc sunt altera nobis,
cytisus, lentis bene gratus odor, smilax foliis onerata,

κότινον, σχῖνον, μελίαν, [πεύκην, ἄπιον,] δρῦν, κιττὸν, ἐρείκην,
πρόμαλον, ῥάμνον, φλόμον, ἀνθερικὸν, κισθὸν, φηγὸν, [θύμα,]
θύμβραν.

(8) Τὰ γὰρ κατηριθμημένα μυρίας δήπου διαφορὰς
ἔχει χυμῶν καὶ ὀδμῶν καὶ δυνάμεων· πλείονα δὲ τῶν
εἰρημένων παραλέλειπται. (9) Τὸ δὲ δεύτερον Ὅμηρος ἀθετεῖ μᾶλλον ἐμπείρως, τὰ λοιμικὰ πάθη πρῶτον
ἅπτεσθαι τῶν ἀλόγων ἀποφαινόμενος. (10) Κατηγορεῖ
δ' αὐτῶν καὶ ἡ βραχύτης τοῦ βίου τὸ ἐπίκηρον καὶ νοσῶ-
δες· οὐδὲν γὰρ, ὡς εἰπεῖν, πολυχρόνιόν ἐστι, πλὴν εἰ
φαίη τις κόρακα καὶ [κορώνην], ἃ δὴ παμφάγα τ' ὄντα
καὶ πάσης ἁπτόμενα τροφῆς ὁρῶμεν. (11) Καὶ μὴν
καὶ τῇ τῶν νοσούντων διαίτῃ καλῶς ἐποίεις τὰ εὔπεπτα
καὶ δύσπεπτα τεκμαιρόμενος· καὶ γὰρ πόνος, καὶ γυ-
μνασία, * καὶ τὸ διαιρεῖν τὴν τροφὴν, εὔπεπτα μέν
ἐστιν, οὐχ ἁρμόζει δὲ τοῖς πυρέττουσι. (12) Τὴν δὲ
μάχην καὶ τὴν διαφορὰν τῆς ποικίλης τροφῆς ἀλόγως
ἐδεδίεις· εἴτε γὰρ ἐξ ὁμοίων ἀναλαμβάνει τὸ οἰκεῖον ἡ
φύσις, καὶ εἰς τὸν ὄγκον αὐτόθεν ἡ ποικίλη τροφὴ πολλὰς μεθιεῖσα ποιότητας ἐξ ἑαυτῆς ἑκάστῳ μέρει τὸ πρόσφορον ἀναδίδωσιν· ὥστε γίνεσθαι τὸ τοῦ Ἐμπεδοκλέους,

> Ὡς γλυκὺ μὲν (ἐπὶ) γλυκὺ μάρπτε, πικρὸν δ' ἐπὶ πικρὸν
> ὄρουσεν,
> ὀξὺ δ' ἐπ' ὀξὺ, δαλερὸν δαλεροῦ λαβέτω * *

(13) * * δὲ καὶ ἄλλου ἐπὶ πρόσφορον μένοντος τῇ θερμότητι ἐν τῷ πνεύματι τοῦ μίγματος σκεδασθέντος, τὰ
οἰκεῖα τοῖς συγγενέσιν ἕπεται· τὸ γὰρ οὕτω παμμιγὲς
σῶμα καὶ πανηγυρικὸν, ὡς τὸ ἡμέτερον, ἐκ ποικίλης
ὕλης λόγον ἔχει μᾶλλον ἢ ἁπλῆς συνερανίζεσθαι καὶ
ἀναπληροῦν τὴν κρᾶσιν. (14) Εἰ δὲ μὴ τοῦτό ἐστιν,
ἀλλ' ἡ καλουμένη πέψις ἀλλοιοῦν πέφυκε καὶ μεταβάλλειν τὴν τροφὴν, ἐν τῷ ποικίλῳ τοῦτο συμβήσεται
θᾶττον καὶ κάλλιον· ἀπαθὲς γὰρ ὑπὸ τοῦ ὁμοίου τὸ
ὅμοιον, ἡ δ' ἀντίταξις καὶ διαφορὰ μᾶλλον ἐξίστησι τῇ
πρὸς τὸ ἐναντίον μίξει τὰς ποιότητας ἀπομαραινομένας.
(15) Εἰ δὲ ὅλως τὸ μικτὸν ἀθετεῖς καὶ ποικίλον, ὦ Φιλῖνε,
μὴ δειπνίζοντα μηδ' ὀψοποιοῦντα μόνον λοιδόρει Φίλωνα
τοῦτον, ἀλλὰ πολὺ μᾶλλον, ὅταν μιγνύῃ τὰς βασιλικὰς
καὶ ἀλεξιφαρμάκους ἐκείνας δυνάμεις, ἃς θεῶν χεῖρας
ὠνόμαζεν Ἐρασίστρατος, διέλεγχε τὴν ἀτοπίαν καὶ
περιεργίαν, ὁμοῦ μεταλλικὰ καὶ βοτανικὰ καὶ θηριακὰ,
καὶ τὰ ἀπὸ γῆς καὶ θαλάττης εἰς τὸ αὐτὸ συγκεραννύν-
τος· καλὸν γὰρ ταῦτ' ἐάσαντας, ἐν πτισάνῃ καὶ σικύᾳ
καὶ ἐν ὑδρελαίῳ τὴν ἰατρικὴν ἀπολιπεῖν. (16) Ἀλλὰ
νὴ Δία τὸ ποικίλον ἐξάγει καὶ γοητεύει τὴν ὄρεξιν, οὐ
κρατοῦσαν ἑαυτῆς; Καὶ γὰρ τὸ καθάριον, ὦ δαιμόνιε,
καὶ τὸ εὐστόμαχον, καὶ τὸ εὐῶδες, καὶ ὅλως τὸ ἥδιον
ἐφέλκεται καὶ ποιεῖ βρωτικωτέρους ἡμᾶς καὶ ποτικωτέ-
ρους. (17) Τί οὖν οὐχὶ κρίμνον μὲν ἡμεῖς ἀντὶ πόλτου
μάττομεν, ἀντὶ δ' ἀσπαράγου γήτεια καὶ σκολύμους
παρασκευάζομεν; τὸν δ' ἀνθόσμίαν ἀπωσάμενοι τουτονὶ
καὶ ἡμερίδην, ἀγριώτερον πίνομεν ἐκ πίθου, κωνώπων
χορῷ περιᾳδόμενον; (18) Ὅτι φαίης ἂν οὐ φυγὴν οὐδ'

---

hedera, albucum, quercus, ficus, lentiscus, thymbra, oleaster,
spinus, fraxinus, atque myricæ, cum verbasco thyma, cistum.

(8) Quæ enim hic recensentur, innumeras profecto saporum
habent et odorum differentias, atque virium : atque adeo
commemoratis plura sunt omissa. (9) Alterum Homerus
refutat, qui peritius pronunciat, pestem bruta primum in-
vadere. (10) Sed et brevitas vitæ brutorum ostendit quàm
sint morbis obnoxia mortique vicina. Nullum enim omnino
longævum est; nisi forte corvum dicas et cornicem, quæ
quidem videmus omnis generis cibis vesci. (11) Porro
scite nimirum e victus ratione eorum, quæ ægrotant, judicatur de facilibus aut difficilibus concocta : quum labor
et exercitationes corporis et cibum incidentia, ad conco-
quendum faciant, nequaquam autem conveniant febricitantibus. (12) Ratione vero caret, quod discordiam et pugnam
variorum ciborum metuisti. Nam sive natura id quod ipsi
accommodatum est e similibus sumit, et protinus in ipsam
molem corporis varium nutrimentum multas a se statim
dimittit qualitates, ut cuique parti accidat id quod ei est
conducibile; fiatque illud, quod Empedocles docuit,

> Dulcia continuo se dulcibus applicuerunt,
> acribus acria se junxerunt, tristia amaris,
> Et recta calidas petierunt fervida partes.

(13) Et quum aliæ aliis partes partibus congruant, calor
spiritusque mixturam dissolvit per eam sese didens, et cognata cognatis applicantur partibus. Corpus enim, quale
nostrum est, ita multipliciter mixtum et tam variis coacer-
vatum e partibus, consentaneum est e varia potius materia
quam simplici conquirere suum nutrimentum, (14) Sin
aliter est, et tamen concoctionis ea est natura, ut alteret
mutetque alimentum; in vario id celerius meliusque efficietur. A simili enim nihil afficitur : ipsa pugna et dissidium
contrarii magis excitat elanguescentes mixtione qualitates.
(15) Tum si omnino mixta, Philine, et varia repudias, non
modo cœnam præbenti et cibos adornanti maledicito Phi-
loni, sed multo magis quum regia ista et auxiliaria miscet
medicamenta, quas *deorum manus* appellavit Erasistratus,
reprehende insolentiam et curiositatem commiscentis fossilia, herbas, ferina, terrena, marina in unum. Scilicet,
melius est ut istis omissis, in ptisana, cucurbita et oleo
aqua temperato, medicina relinquatur. (16) Atqui, inquis,
varietas excitat et allicit quasi præstigiis captam appetentiam; sui ipsius non compotem. Nimirum, o bone, mundities, et ori succus congruens, odor bonus, atque omnino
suavitas facit ut plus edamus et bibamus. (17) Quare igitur non crassam nos farinam loco pultis subigimus? cur non
pro asparagis gethia et scolymos apparamus? quapropter
non, vice fragrantis hujus et mitis vini, e dolio bibimus
agrestius, quod culicum circumsonent chori? (18) Quia,

ἀπόδρασιν ἡδονῆς εἶναι τὴν ὑγιεινὴν δίαιταν, ἀλλὰ περὶ
ἡδονὰς μετριότητα καὶ τάξιν ὑπηκόῳ χρωμένην ὀρέξει
τοῦ συμφέροντος. (19) Ὡς δὲ λάβρον πνεῦμα κυβερνῆται πολλαῖς μηχαναῖς ὑποφεύγουσι, παυσάμενον δὲ καὶ
μαρανθὲν οὐδεὶς πάλιν ἐκριπίσαι καὶ διασεῖσαι δυνατός
ἐστιν· οὕτω πρὸς ὄρεξιν ἐνστῆναι μὲν καὶ κολάσαι τὸ
πλεονάζον αὐτῆς οὐ μέγα ἔργον, ἤδη δὲ κάμνουσαν πρὸ
καιροῦ καὶ μαλθακιζομένην καὶ ἀπολείπουσαν τὸ οἰκεῖον,
ἐντεῖναι καὶ ἀναζωπυρῆσαι παγχάλεπον, ὦ ἑταῖρε, καὶ
δύσεργον. (20) Ὅθεν ἡ ποικίλη τροφὴ βελτίων τῆς
ἁπλῆς καὶ τὸ μονοειδὲς ἐχούσης πλήσμιον, ὅσῳ ῥᾷον
ἱστάναι φερομένην τὴν φύσιν ἢ κινεῖν ἀπειποῦσαν. (21)
Καὶ μὴν, ὅ γε λέγουσί τινες, ὡς πλησμονὴ φευκτότε-
ρον ἐνδείας, οὐκ ἀληθές ἐστιν, ἀλλὰ τοὐναντίον· εἴ γε
πλησμονὴ μὲν, ὅταν εἰς φθοράν τινα τελευτήσῃ καὶ
νόσον, ἔβλαψεν· ἔνδεια δέ, κἂν ἄλλο μηδὲν ἐξεργάσηται
κακὸν, αὐτὴ καθ' ἑαυτὴν παρὰ φύσιν ἐστί. (22) Καὶ
ταῦτα μὲν ὡς ἀντίχορδα κείσθω τοῖς ὑπὸ σοῦ πεφιλοσο-
φημένοις. Ἐκεῖνο δέ πως ὑμᾶς λέληθε τοὺς περὶ ἅλα
καὶ κύμινον, ὅτι τὸ μὲν ποικίλον [ἥδιόν] ἐστι· τὸ δὲ ἥδιον,
εὐο[ρεκτό]τερον, ἂν τὴν ὑπερ[βολὴν] ἀφέλῃς· προσ-
φύεται γὰρ ὀργῶντι καὶ δεχομένῳ τῷ σώματι, τῆς
ὄψεως προοδοποιούσης. (23) * Τὸ δ' ἀνόρεκτον [πλα-
νώμενον] καὶ ῥεμβόμενον, ἢ παντάπασιν ἐξέβαλεν ἡ
φύσις, ἢ μόλις ὑπ' ἐνδείας ἔστερξεν. (24) Ἐκεῖνό μοι
μόνον φύλαττε καὶ μέμνησο, τὸ ποικίλον ὡς οὐκ ἐν
ἀβυρτάκαις καὶ κανδύλοις καὶ καρύκαις ἐστίν· ἀλλὰ
ταῦτα μὲν περίεργα καὶ σπερμολογικά· ποικιλίαν δὲ καὶ
Πλάτων παρέχει τοῖς καλοῖς καὶ γενναίοις ἐκείνοις πολίταις, παρατιθεὶς βολβούς, ἐλαίας, λάχανα, τυρὸν,
ὀψήματα παντοδαπά· πρὸς δὲ τούτοις, οὐδὲ τραγημάτων
ἀμοίρους περιορᾷ δειπνοῦντας.

ΠΡΟΒΛΗΜΑ Β.

Διὰ τί τὰ ὕδνα δοκεῖ τῇ βροντῇ γίνεσθαι, καὶ διὰ τί
τοὺς καθεύδοντας οἴονται μὴ κεραυνοῦσθαι.

ΠΡΟΣΩΠΑ ΤΟΥ ΔΙΑΛΟΓΟΥ.

ΑΓΕΜΑΧΟΣ, ΠΛΟΥΤΑΡΧΟΣ, ΔΩΡΟΘΕΟΣ.

I. Ὕδνα παμμεγέθη δειπνοῦσιν ἡμῖν Ἀγέμαχος
παρέθηκεν ἐν Ἤλιδι. Θαυμαζόντων δὲ τῶν παρόντων,
ἔφη τις ὑπομειδιάσας· Ἄξιά γε τῶν βροντῶν τῶν ἔναγχος γενομένων· ὡς δὴ καταγελῶν τῶν λεγόντων, τὰ
ὕδνα τὴν γένεσιν ἐκ βροντῆς λαμβάνειν. (2) Ἦσαν οὖν
οἱ φάσκοντες, ὑπὸ βροντῆς τὴν γῆν δίίστασθαι, καθάπερ
ἥλῳ τῷ ἀέρι χρωμένην· εἶτα ταῖς ῥωγμαῖς τεκμαίρεσθαι τοὺς τὰ ὕδνα μετιόντας· ἐκ δὲ τούτου δόξαν ἐγγενέσθαι τοῖς πολλοῖς, ὅτι τὸ ὕδνον αἱ βρονταὶ γεννῶσιν,
οὐ δεικνύουσιν· ὥσπερ εἴ τις οἴοιτο, τοὺς κοχλίας ποιεῖν
τὸν ὄμβρον, ἀλλὰ μὴ προάγειν, μηδ' ἀναφαίνειν. (3)
Ὁ δ' Ἀγέμαχος ἰσχυρίζετο τῇ ἱστορίᾳ, καὶ τὸ θαυμα-

dices, salubris ratio victus non est fuga voluptatis, sed
mediocritas et ordo voluptatibus adhibitus, quæ appetitum
utilitati morigerum præbeant. (19) Sicut autem vehementiorem ventum gubernatores multi fugiunt artibus; eundem ubi posuit et elanguit, excitare de integro nemo potest : ita non magni est laboris, appetentiæ reluctari, et nimiam reprimere coercendo; præpropere autem deficientem
et languescentem, officiumque deserentem suum, roborare
et resuscitare, pergrave est, amice, et difficilis res operæ.
(20) Ergo præstat multiplex nutrimentum simplici, et quod
ob unicam formam satietatem in propinquo habeat : quanto
facilius est naturam incitatam inhibere, quam incitare de-
trectantem. (21) At vero, quod nonnulli dicunt, repletio-
nem defecto magis fugiendam esse, verum non est : immo
contra abundantia tum demum nocet, quum in corruptelam aliquam et morbum desinit : indigentia, ut maxime nihil inferat mali, ipsa tamen per se est naturæ adversa. (22)
Atque hæc quidem sunto tanquam nervis contrariis cantata
adversus ea quæ tu commentatus fuisti. Id autem quodammodo fefellit vos, quamvis in sale et cumino occupatos,
varium esse suavius, suavius porro magis appetitionem excitare, si quidem ab eo demeris id quod nimium est : adhærescit enim appetenti et accipienti corpori, visu viam
sternente : (25) illud autem alimentum, quod appetitionem non excitat, ut non acceptum sed vagum, aut omnino
ejicit natura, aut ægre ob penuriam tolerat. (24) Id unum
modo observes et memineris, varietatem non in abyrtacis
et candylis et caryceis esse, sed curiosa ista et supervacanea
sunt ac inania : varietatem vero etiam Plato concedit præclaris suis illis civibus, dum bulbos iis apponit, oleas, olera,
caseum, obsonia omnis generis, atque adeo ne bellariis
quidem eorum defraudat cœnas.

QUÆSTIO II.

*Cur tubera videantur a tonitru oriri; et cur creditum
sit dormientes fulmine non percuti.*

PERSONÆ COLLOQUII.

AGEMACHUS, PLUTARCHUS, DOROTHEUS.

I. Cœnantibus nobis Elide Agemachus tubera eximiæ
magnitudinis apposuit. Ibi mirantibus hoc ceteris, quidam subridens, Nimirum, inquit, digna sunt tonitrubus
nuper auditis : ut qui rideret eos qui e tonitrubus oriri tubera putarent. (2) Erant qui dicerent a tonitru terram
rumpi, quod acre tanquam clavo uteretur : tum eos qui
tubera quærunt, e rupturis conjecturam ubi sint facere :
indeque opinionem apud multos exstitisse, non monstrari,
sed generari tubera a tonitru : perinde ac si quis cochleas
putet facere imbrem, non producere modo in lucem. (3)
Agemachus autem rem veram esse contendebat, postulabat-

στὸν ἠξίου μὴ ἄπιστον ἡγεῖσθαι. (4) Καὶ γὰρ ἄλλα
πολλὰ θαυμάσια βροντῆς ἔργα καὶ κεραυνοῦ, καὶ τῶν
περὶ ταῦτα διοσημειῶν εἶναι, χαλεπὰς καταμαθεῖν ἢ
παντελῶς ἀδυνάτους τὰς αἰτίας ἔχοντα. (5) Καὶ γὰρ
5 ὁ γελώμενος οὑτοσὶ καὶ παροιμιώδης, ἔφη, βολβὸς οὐ
μικρότητι διαφεύγει τὸν κεραυνόν, ἀλλ' ἔχων δύναμιν
ἀντιπαθῆ, καθάπερ ἡ συκῆ καὶ τὸ δέρμα τῆς φώκης,
ὥς φασι, καὶ τὸ τῆς ὑαίνης, οἷς τὰ ἄκρα τῶν ἱστίων οἱ
ναύκληροι καταδιφθεροῦσι. (6) Τὰ δ' ἀστραπαῖα τῶν
10 ὑδάτων εὐαλδῆ καλοῦσιν οἱ γεωργοί, καὶ νομίζουσι. (7)
Καὶ ὅλως εὔηθές ἐστι ταῦτα θαυμάζειν, τὸ πάντων ἀπιστότατον ἐν τοῖς πάθεσι τούτοις καθορῶντας, ἐκ μὲν
ὑγρῶν φλόγας, ἐκ δὲ μαλακῶν [νεφελῶν] ψόφους σκλη-
ροὺς ἀναδιδομένους. (8) Ταῦτα δέ, εἶπεν, ἀδολεσχῶ,
15 παρακαλῶν ὑμᾶς ἐπὶ τὴν ζήτησιν τῆς αἰτίας, ἵνα μὴ
πικρὸς γένωμαι συμβολὰς τῶν ὕδνων πρασσόμενος.

II. Αὐτὸν μὲν οὖν ἐγὼ ἔφην τρόπον τινὰ τῷ λόγῳ
δεξιὰν ὀρέγειν τὸν Ἀγέμαχον· οὐδὲν γὰρ ἔν γε τῷ παρόντι φαίνεσθαι πιθανώτερον, ἢ ὅτι ταῖς βρονταῖς πολ-
20 λάκις ὕδωρ συνεκπίπτει γόνιμον. (2) Αἰτία δὲ ἡ τῆς
θερμότητος ἀνάμιξις· τὸ μὲν γὰρ ὀξὺ καὶ καθαρὸν τοῦ
πυρὸς ἄπεισιν ἀστραπὴ γενόμενον, τὸ δ' ἐμβριθὲς καὶ
πνευματῶδες ἐνειλούμενον τῷ νέφει καὶ συμμεταβάλλον,
ἐξαίρει τὴν ψυχρότητα καὶ συνεκπέττει τὸ ὑγρόν· ὥστε
25 μάλιστα τὸ προσηνὲς ἐνδύεσθαι τοῖς βλαστάνουσι καὶ
ταχὺ παχύνειν. (3) Ἔτι δὲ καὶ κράσεων ἰδιότητα καὶ
χυμοῦ διαφορὰν ἐμποιεῖ τὰ τοιαῦτα τοῖς ἀρδομένοις·
ὥσπερ αἵ τε δρόσοι γλυκυτέραν ποιοῦσι τοῖς θρέμμασι
τὴν πόαν, καὶ τὴν ἶριν ἐξανθοῦντα νέφη, καθ' ὧν ἂν
30 ἐπερείσῃ ξύλων, εὐωδίας ἀναπίμπλησι· καὶ ταύτῃ γνω-
ρίζοντες οἱ παρ' ἡμῖν ἐρίσκηπτα καλοῦσι, τὴν ἶριν
ὑπολαμβάνοντες ἐπισκήπτειν. (4) Πολλῷ δὲ μᾶλλον
εἰκός ἐστι τοῖς ἀστραπαίοις καὶ κεραυνίοις ὕδασι καὶ
πνεύμασι, καὶ θερμότησιν εἰς βάθος ἐλαυνομέναις, τὴν
35 γῆν στρέφεσθαι, καὶ συστροφὰς ἴσχειν τοιαύτας καὶ
χαυνότητας, ὥσπερ ἐν τοῖς σώμασι τὰ χοιραδώδη καὶ
ἀδενώδη φύματα θερμότητές τινες καὶ ὑγρότητες αἱμα-
τώδεις ἐνδημιουργοῦσιν. (5) Οὐ γὰρ ἔοικε [φυ]τῷ
τὸ ὕδνον, οὐδ' ἄνευ ὕδατος ἔχει τὴν γένεσιν, * ἀλλὰ
40 ἄρριζον καὶ [ἄβλασ]τές ἔτι καὶ ἀπολελυμένον, τῷ καθ'
ἑαυτὸ σύστασιν ἐκ τῆς γῆς ἔχειν παθούσης τι καὶ μεταβαλούσης. (6) Εἰ δέ γε γλίσχρος, ἔφην, ὁ λόγος
ὑμῖν δοκεῖ, τοιαῦτά τοι τὰ πλεῖστα τῶν βρονταῖς καὶ
κεραυνοῖς συνεπομένων· διὸ καὶ μάλιστα τοῖς πάθεσι
45 τούτοις δόξα θειότητος πρόσεστι.

III. Παρὼν δὲ ὁ ῥήτωρ Δωρόθεος, Ὀρθῶς, ἔφη,
λέγεις· οὐ γὰρ μόνον οἱ πολλοὶ καὶ ἰδιῶται τοῦτο πεπόνθασιν, ἀλλὰ καὶ τῶν φιλοσόφων τινές. (2) Ἐγὼ
γοῦν οἶδα, κεραυνοῦ παρ' ἡμῖν εἰς οἰκίαν ἐμπεσόντος
50 καὶ πολλὰ θαυμαστὰ δράσαντος (οἶνόν τε γὰρ ἐκ πί-
θων διεφόρησε, τοῦ κεράμου μηδὲν παθόντος· ἀνθρώπου τε καθεύδοντος διαπτάμενος, οὔτ' αὐτὸν ἠδίκησεν,
οὔτε τῆς ἐσθῆτος ἔθιγε, ζώνην δὲ χαλκοῦς ἔχουσαν
ὑπεζωσμένου διέτηξε τὸ νό[μι]σμα πᾶν καὶ συνέχεε·)

que ne quod mirabile esset, ideo fides ei derogaretur. (4)
Habent enim, aiebat, multa etiam alia fulmen et tonitru,
eorumque præmonstrationes, miracula, quorum aut omnino
nequeunt cognosci, aut difficulter intelliguntur causæ.
(5) Etenim qui rideri solet, proverbioque materiam dedit
bulbus iste, non parvitate sua fulmen effugit, sed quod
vim habet ei adversantem : sicut ficus etiam, et vituli
marini pellis, ut fertur, atque hyænæ, quibus extrema
velorum inducunt navicularii. (6) Aquas etiam quæ inter
fulgura decidunt, agricolæ et putant esse et nominant incrementis idoneas. (7) Atque omnino stultum est ista mirari quum in istis rebus ea videamus evenire, quæ omnium
minime sunt credibilia : scilicet ex humidis flammam emi-
care, et mollibus nubibus asperos sonitus edi. (8) Hæc
ego, aiebat, nugor, vos ad causæ indagationem exhortans;
ne videar morosus, dum pro tuberibus symbola exigo.

II. Tum ego ita sum locutus, Videtur mihi Agemachus
ipse dextram porrexisse disputationi. Nihil enim in præsentia videtur probabilius, quam inter tonandum multum
aquæ genitabilis decidere. (2) Causa est admixtio caloris.
Nam ignis quod est acutum et purum, id in fulgur abit :
pars vero gravior et spiritu prædita, involuta in nube, eam
mutat, ac frigore expulso humorem percoquit : unde aqua
admodum lenis incidit in stirpes, et mox crassescendi
causa est. (3) Sed et peculiarem temperiem, saporemque
mutatum ista complutis aqua infert : quo pacto et ros suavius pecori pabulum reddit; et arcus cœlestis in qua nube
elucet, ea lignis, in quæ descendit, fragrantiæ plurimum inserit : eoque indicio fisi nostri ea vocant, *eriscepta,* quippe
in quæ nubem iridis putant defluxisse. (4) Multo autem
magis probabile et fulguralibus et fulminalibus aquis, spiritibus et caloribus alte penetrantibus terram converti, itaque laxari et hiare, quomodo calores quidam et humores
sanguinei in corpore tubercula glandosa et strumas efficiunt.
(5) Non enim videtur planta tuber, neque sine aqua gene-
ratur, sed radicibus et germine caret, estque adhuc solutum
quippe per se natum ex terra aliquo modo affecta et mutata. (6) Quodsi vobis hæc ratio videtur exilis, talia tamen sunt pleraque tonitrubus et fulminibus comitantia :
itaque hisce affectionibus maxime opinio quædam divinitatis adest.

III. Aderat tum una rhetor Dorotheus. Is, Recte, inquit, dicis : non enim duntaxat vulgo et indoctis ea est,
sed etiam quibusdam philosophis, opinio. (2) Ipse memini
apud nos fulmen incidisse in domum, et multa mirabilia
fecisse (nam vinum e doliis illæsis consumsit; et hominem
dormientem transvolavit, neque ipsum lædens, neque vestem tangens; sed quum cinctus esset cingulo continente
æneam pecuniam, nummos illos confudit fulmen et colli-
quavit) : igitur hunc hominem accessisse ad philosophum

φιλοσόφῳ δὲ παρεπιδημοῦντι Πυθαγορικῷ προσελθόντα
καὶ διαπυνθανόμενον· τὸν δὲ ἀφοσιωσάμενον καὶ κελεύσαντα καθ᾽ ἑαυτὸν ὁρᾷν καὶ προσεύχεσθαι τοῖς θεοῖς.
(3) Ἀκούω δὲ καὶ στρατιώτου φυλάττοντος ἱερὸν ἐν
Ῥώμῃ, κεραυνὸν ἐγγὺς πεσόντα, διακαῦσαι τῶν ὑποδημάτων τοὺς ἱμάντας, ἄλλο δὲ μηδὲν κακὸν ἐργάσα-
σθαι· καὶ κυλιχνίων ἀργυρῶν ξυλίνοις ἐγκειμένων ἐλύ-
τροις τὸν μὲν ἄργυρον συνιζῆσαι τακέντα, τὸ δὲ ξύλον
ἄθικτον καὶ ἀπαθὲς εὑρεθῆναι. (4) Καὶ ταῦτα μὲν
ἔξεστι πιστεύειν, καὶ μή· πάντων δὲ θαυμασιώτατον,
ὃ πάντες, ὡς ἔπος εἰπεῖν, ἴσμεν, ὅτι τῶν ὑπὸ κεραυνοῦ
διαφθαρέντων ἄσηπτα τὰ σώματα διαμένει· (5) πολλοὶ
γὰρ οὔτε καίουσιν, οὔτε κατορύττουσιν, ἀλλ᾽ ἐῶσι περι-
φράξαντες, ὥστε ὁρᾶσθαι τοὺς νεκροὺς ἀσήπτους ἀεί·
τὴν Εὐριπίδου Κλυμένην ἐλέγχοντας, ἐπὶ τοῦ Φαέθον-
τος εἰποῦσαν,

Φίλος δέ μοι
ἄλουτος ἐν φάραγξι σήπεται νέκυς.

(6) Ὅθεν οἶμαι καὶ τὸ θεῖον ὠνομάσθαι τῇ ὁμοιότητι τῆς
ὀσμῆς, ἣν τὰ παιόμενα τοῖς κεραυνοῖς ἀφίησιν ἐκτρι-
βομένην πυρώδη καὶ δριμεῖαν· ὑφ᾽ ἧς ἐμοὶ δοκοῦσι
καὶ κύνες καὶ ὄρνιθες ἀπέχεσθαι τῶν διοβλήτων σωμάτων. (7) Ἐμοὶ γὰρ ἄχρι τούτου τῆς αἰτίας ὥσπερ
δάφνης παρατετρώχθω· τὰ δὲ λοιπά, τοῦτον, ἔφην, πα-
ρακαλῶμεν· ἐπεὶ καὶ τοῖς ὕδνοις ἐνευημέρηκεν· ἵνα μὴ
πάθωμεν τὸ τοῦ Ἀνδροκύδους. (8) Ἐκεῖνος γὰρ ὢν
ἐποίησε πάντων ἐναργέστατα καὶ κάλλιστα τοὺς περὶ
τὴν Σκύλλαν ἰχθῦς ζωγραφήσας, ἔδοξε τῷ πάθει μᾶλλον ἢ τέχνῃ κεχρῆσθαι· φύσει γὰρ ἦν φίλοψος· (9)
οὕτω φήσει τις καὶ ἡμᾶς ὑπὸ ἡδονῆς φιλοσοφήσαντας
περὶ τῶν ὕδνων [ὡς] ἀμφισβητήσιμον ἐχόντων τὴν
γένεσιν, ὡς ὁρᾷς· ἐν δὲ τούτοις ὑποκειμένης τῷ λόγῳ
τῆς εὐπειθείας, καὶ τὴν αἰτίαν * * προδήλῳ τῷ εἶναι
πειθούσης.

IV. Ἐμοῦ δὲ παρακελευομένου καὶ λέγοντος καιρὸν
εἶναι, καθάπερ ἐν κωμῳδίᾳ μηχανὰς αἴροντας καὶ
βροντὰς ἐμβάλλοντας, παρὰ πότον διαλέγεσθαι περὶ
κεραυνῶν· τὰ μὲν ἄλλα παρίεσαν συνομολογοῦντες,
περὶ δὲ τῶν ἐν τοῖς καθεύδουσι μὴ κεραυνουμένων
ἀκοῦσαί τι βουλόμενοι λιπαρεῖς ἦσαν. (2) Ἐμοὶ δὲ
πλέον οὐδὲν ἐγίνετο τῆς αἰτίας ἁψαμένῳ κοινὸν ἐχούσης
τὸν λόγον· ὅμως δ᾽ οὖν ἔφην ὡς τὸ κεραύνιον πῦρ ἀκριβείᾳ καὶ λεπτότητι θαυμαστόν ἐστιν, αὐτόθεν (περὶ)
τὴν γένεσιν ἐκ καθαρᾶς καὶ ἁγνῆς ἔχον οὐσίας, καὶ πᾶν
εἴ τι συμμίγνυται νοτερὸν ἢ γεῶδες αὐτῷ τῆς περὶ τὴν
κίνησιν ὀξύτητος ἀποσειομένης καὶ διακαθαιρούσης. (3)
Διόβλητον μὲν οὐδέν, ὡς φησι Δημόκριτος, * * παρ᾽
αἰθρίης στέγειν * * σέλας. Τὰ μὲν οὖν πυκνὰ τῶν
σωμάτων, [σίδηρος,] χαλκὸς, ἄργυρος, [χρυσὸς,]
ἀποστέγει καὶ φθείρεται καὶ τήκεται, πάσχοντα τῷ
προσμάχεσθαι καὶ [ἀν]τερείδειν· τῶν δ᾽ ἀραιῶν καὶ
πολυπόρων καὶ χαλώντων ὑπὸ μανότητος, ἀψαυστὶ
διεχθεῖ, καθάπερ ἱματίων καὶ ξύλων αὔων· τὰ δὲ

Pythagoricum, qui tum ibi peregrinabatur, ab eoque causam quaesivisse : is autem abominatus rem, ipsum pro se
jussit dispicere ac diis vota facere. (3) Audio etiam fulmen
prope militem, qui templum Romae custodiebat, decidisse,
calceorumque adustis loris, nullum aliud maleficium intulisse : et quum argentei caliculi in ligneis repositi essent
operculis, lignum incolume, argentum colliquatum fuisse
inventum. (4) Haec vel credas licet, vel non credas. Id
omnium maxime mirum est, quod omnes fere compertum
habemus, corpora de coelo tactorum putredinis expertia
perdurare. (5) Multi enim ea neque cremant, neque defodiunt, sed sepimento circumdata relinquunt; ut videantur
perpetuo putredinis vacua, et Euripideam Clymenen refellant, quae de Phaethonte dicit,

Non totus filius mihi
aliqua in convalle computrescit mortuus.

(6) Sulfur quoque theion (id est *divinum*) inde puto nominatum, ob similitudinem odoris ignei et acris, quem edunt
icta fulmine corpora : ob quem puto canes etiam avesque
abstinere cadaveribus fulmine percussorum. (7) Huc
usque ego causam, ut laurum, arrosero. Reliqua hunc jubeo dicere, quandoquidem luculente dixit de tuberibus : ne
idem nobis occidat atque Androcydi, (8) cujus inter omnia
opera laudem perfectissimae artis obtinuerunt pisces circa
Scyllam picti : creditusque est, ut qui impense piscibus
delectaretur, magis hac animi affectione, quam arte ibi
fuisse usus : (9) ne, inquam, nos quoque aliquis dicat voluptate inductos de tuberibus disputare, tamquam habentibus controversam generationem. At in argumento, quod
tibi pono, de fulmine, vides inesse cum honestate etiam
obscuritatem causae, quae ad disputandum alliciat.

IV. Ego quum recusarem quaestionem, ac monerem aeque
tempestivum esse, in comoedia machinas tollere et tonitrua
edere, atque in convivio de fulminibus disputare : in id con-
sensere, ut reliqua omitterentur : de causa tamen, ob quam
dormientes fulmine non ferirentur, audire se aliquid percu-
pere ostenderunt. (2) Ego tametsi nihil proficerem, causa
attingenda cujus communis est ratio, tamen ista fere dixi :
Fulminis ignis mirabili est subtilitate atque tenuitate, primam statim originem ex pura et sacra substantia habens et
quidquid ei humidum aut terrestre admiscetur, id sui motus celeritate excutit atque expurgat. (3) *Nihil de coelo
tactum*, ut ait Democritus, *quin cohibeat puri aetheris
jubar.* Proinde corpora densa ut ferrum, aes, argentum,
aurum, fulmen excipiunt, corrumpunturque et liquescunt,
eo quod repugnant atque resistunt. At per rara, multis
hiantiaque meatibus, ob laxitatem eorum sine tactu dis-

* χλωρὰ καίει, τῆς ὑγρότητος ἀντιλαμβανομένης καὶ συνεξαπτομένης. (4) Εἴπερ οὖν τὸ τοὺς καθεύδοντας μὴ ἀποθνήσκειν ὑπὸ κεραυνῶν ἀληθές ἐστιν, ἐνταῦθα δεῖ ζητεῖν, οὐκ ἀλλαχόθι, τὴν αἰτίαν. (5) Μᾶλλον γὰρ ἔῤῥωται καὶ συνέστηκε καὶ ἀντερείδει τὰ σώματα τῶν ἐγρηγορότων, ἅτε δὴ πᾶσι τοῖς μέρεσι πεπληρωμένα πνεύματος· ὑφ' οὗ καὶ τὰς αἰσθήσεις ἐπιστρέφοντος, ὥσπερ ἐν ὀργάνῳ, καὶ σφίγγοντος, εὔτονον γέγονε καὶ συνεχὲς αὐτῷ καὶ πυκνὸν τὸ ζῷον. (6) Ἐν δὲ τοῖς ὕπνοις ἐξανεῖται, καὶ μανὸν καὶ ἀνώμαλον καὶ ἄτονον καὶ διακεχυμένον, καὶ πόρους ἔσχηκε πολλοὺς, τοῦ πνεύματος ἐνδιδόντος καὶ ἀπολείποντος, δι' ὧν φωναί τε καὶ ὀσμαὶ διεκθέουσι, μηδεμίαν αἴσθησιν ἑαυτῶν παρέχουσαι. (7) Τὸ γὰρ ἀντερεῖδον, καὶ τῷ ἀντερείδειν πάσχον, οὐκ ἀπαντᾷ τοῖς προσφερομένοις· ἥκιστα δὲ τοῖς ὑπὸ λεπτότητος καὶ ὠκύτητος τοιαύτης, ὥσπερ ὁ κεραυνὸς, διιπταμένοις. (8) Τὰ μὲν γὰρ ἧττον ἰσχυρὰ δυσπαθείαις ἡ φύσις ἀμύνεται, σκληρότητας προβαλλομένη καὶ πυκνότητας· ὧν δ' ἄμαχος ἡ δύναμίς ἐστιν, ὑπὸ τούτων ἧττον ἀδικεῖται τὰ εἴκοντα τῶν ἀνθισταμένων. (9) Πρόσλαβε δὲ τούτοις, ἔφην, ἔτι ἄκραν ἔκπληξιν πρὸς τὰ τοιαῦτα, καὶ φόβον καὶ τάρβος, ὑφ' ὧν πολλοὶ μηδὲν ἄλλο παθόντες αὐτῷ τῷ δεῖσαι ἀποθανεῖν ἀπέθανον. (10) Καὶ γὰρ τὰ θρέμματα διδάσκουσι, βροντῆς γενομένης, οἱ ποιμένες εἰς ταὐτὸ συνθεῖν καὶ συννεύειν· τὰ γὰρ σποράδην ἀπολειφθέντα διὰ τὸν φόβον ἐκτιτρώσκει· καὶ μυρίους ἤδη τεθνηκότας ἰδεῖν ἐστιν ὑπὸ βροντῆς, οὐδὲν οὔτε πληγῆς ἴχνος οὔτε καύσεως ἔχοντας, ἀλλ' ὑπὸ φόβου τῆς ψυχῆς, ὡς ἔοικεν, ὄρνιθος δίκην ἀποπταμένης τοῦ σώματος. (11) « Πολλοὺς γὰρ, » ὡς ὁ Εὐριπίδης φησὶ, « βροντῆς τραῦμ' ἄναιμον ὤλεσε. » (12) Καὶ γὰρ ἄλλως τῶν αἰσθητηρίων ἡ ἀκοὴ παθητικώτατόν ἐστι, καὶ μεγίστας οἱ διὰ ψόφου θόρυβοι καὶ φόβοι ταραχὰς ἐπιφέρουσιν· ὧν τῷ καθεύδοντι πρόβλημα τὸ ἀναίσθητόν ἐστιν· (13) οἱ δ' ἐγρηγορότες καὶ ταῖς προπαθείαις ἀναλίσκονται, καὶ τοῦ δέους τὸ σῶμα συνδέοντος ὡς ἀληθῶς καὶ συνάγοντος καὶ πυκνοῦντος, ἰσχυρὰν ποιοῦσι τὴν πληγὴν τῷ ἀντερείδειν.

ΠΡΟΒΛΗΜΑ Γ.

Διὰ τί πλείστους ἐν γάμοις ἐπὶ δεῖπνον καλοῦσιν.

ΠΡΟΣΩΠΑ ΤΟΥ ΔΙΑΛΟΓΟΥ.

ΣΟΣΣΙΟΣ ΣΕΝΕΚΙΩΝ, ΠΛΟΥΤΑΡΧΟΣ, ΘΕΩΝ.

I. Ἐν τοῖς Αὐτοβούλου τοῦ υἱοῦ γάμοις συνεώρταζεν ἡμῖν παρὼν ἐκ Χαιρωνείας ὁ Σόσσιος Σενεκίων, καὶ πολλῶν ἄλλων τε τῇ τότε ἑορτῇ μάλα πρεπόντων [λόγων παρέσχεν] ἀφορμὰς καὶ περὶ τῆ[ς αἰτί]ας, δι' ἣν πλεῖστοι τῶν ἄλλων ἐπὶ τὰ γαμικὰ δεῖπνα παραλαμβάνονται, διηπόρησε. (2) Καὶ γὰρ τῶν νομοθετῶν τοὺς

---

currit fulmen, ut per vestes et arida ligna : idem viridia urit, arreptum ab humore, eoque incenso. (4) Ergo si verum, dormientes fulmine haud necari, hic quærenda est causa, non alibi. (5) Magis enim firma sunt et solida atque resistunt corpora vigilantium, utpote omnibus partibus spiritu oppletis : quo etiam sensus intendente, tanquam in instrumento, et constringente, validum fit et secum continens densumque animal. (6) Idem corpus in somnis laxatur, rarum fit et inæquale, imbecillum, ac diffusum, multisque reseratur meatibus, spiritu remittente ac deserente : unde etiam voces odoresque excurrunt nullo sui sensu præbito. (7) Quod enim renititur, renitendoque patitur, non occurrit iis quæ offeruntur; minime autem iis, quæ ob tenuitatem et celeritatem talem, qualis est fulminis, pervolant. (8) Nam quæ minus sunt valida, ea munit natura duritie aliqua aut densitate, ut non facile patiantur ; quarum vero inexpugnabilis est vis, ab his minus læduntur quæ cedunt, quam quæ resistunt. (9) Huc accedit etiam magna consternatio, quæ fulminibus ingruentibus incessit, ac metus et pavor : ob quæ multi nihil aliud passi, mortem metuendo sunt mortui. (10) Itaque tonitru oborto pastores condocefaciunt pecus ut in unum concurrant, seque invicem applicent : nam quæ palantur a reliquis avulsæ oves, ob metum abortum faciunt. Et innumeros videre est mortuos tonitru, in quibus nullum ictus aut adustionis apparet vestigium : quod nimirum præ metu anima eorum e corpore avis instar evolasset. (11) *Multos enim exanimavit vulnus tonitrui sine sanguine*, ut ait Euripides. (12) Nam alias quoque de omnibus sensibus auditus facillime afficitur, perturbationesque et metus a strepitu orti, quam maxime animum exagitant : contra quos dormienti stupor præsidio est. (13) Vigilantes per præsensionem exanimantur, tum metu corpus revera constringente et densante, ictum resistendo reddunt validiorem.

QUÆSTIO III.

Cur in nuptiis plurimi ad cœnam vocentur.

PERSONÆ COLLOQUII.

SOSSIUS SENECIO, PLUTARCHUS, THEON.

I. In nuptiis Autobuli filii aderat una in festivitate Sossius Senecio, Chæronea ad nos profectus, et quum aliorum tempori illi accommodatorum sermonum præbuit opportunitatem, tum vero ad disquirendum quæstionem proposuit cur plures quam alias fit ad cœnam invitarentur nuptialem. (2) Etenim legumlatores eos, qui omni conatu luxum im-

τῇ πολυτελείᾳ κατὰ κράτος πολεμήσαντας, ὁρίσαι μάλιστα τῶν εἰς τοὺς γάμους καλουμένων τὸ πλῆθος. Ὁ γὰρ εἰπὼν, ἔφη, περὶ τῆς αἰτίας αὐτῆς τῶν παλαιῶν φιλοσόφων, οὐδὲν, ἐμοὶ γοῦν κριτῇ, πιθανὸν εἴρηκεν Ἑκαταῖος ὁ Ἀβδηρίτης. (3) Λέγει δὲ τοὺς ἀγομένους γυναῖκας πολλοὺς παρακαλεῖν ἐπὶ τὴν ἑστίασιν, ἵνα πολλοὶ συνειδῶσι καὶ μαρτυρῶσιν ἐλευθέροις οὖσι, καὶ παρ' ἐλευθέρων γαμοῦσι. (4) Τοὐναντίον γὰρ οἱ κωμικοὶ τοὺς πολυτελῶς καὶ σοβαρῶς λαμπρότητι δείπνων καὶ παρασκευῇ γαμοῦντας, ὡς οὐ βεβαίως οὐδὲ θαρραλέως ἐπισυνάπτουσιν· ὡς ὁ Μένανδρος πρὸς τὸν κελεύοντα ταῖς λοπάσι περιφράττειν, * * ωπον δεινῶς οὐ πρᾶγμα νύμφης λέγεις.

II. Ἀλλ' ὅπως μὴ, [τὸ ῥᾷ]στον, ἐγκαλεῖν ἑτέροις δοκῶμεν αὐτοὶ μηδὲν λέγοντες, ἀποφαίνομαι πρῶτος, εἶπεν, ἐγὼ, οὐδεμίαν ἑστιάσεως πρόφασιν οὕτως ἔκδηλον εἶναι καὶ περιβόητον, ὡς τὴν τῶν γαμούντων· (2) καὶ γὰρ θύοντας θεοῖς, καὶ προπέμποντας φίλον καὶ ξενίζοντας, ἔστι πολλοὺς διαλαθεῖν τῶν ἐπιτηδείων· ἡ δὲ γαμήλιος τράπεζα * κατήγορον ἔχει τὸν ὑμέναιον μέγα βοῶντα, καὶ τὴν δᾷδα, καὶ τὸν αὐλὸν, ἅ φησιν Ὅμηρος καὶ τὰς γυναῖκας ἱσταμένας ἐπὶ ταῖς θύραις θαυμάζειν καὶ θεᾶσθαι. (3) Διὸ μηδενὸς ἀγνοοῦντος τὴν ὑποδοχὴν καὶ τὴν κλῆσιν, αἰσχυνόμενοι παραλιπεῖν, πάντας τοὺς συνήθεις καὶ οἰκείους καὶ ἀμωσγέπως προσήκοντας αὐτοῖς παραλαμβάνουσιν.

III. Ἀποδεξαμένων δὲ ἡμῶν, ὑπολαβὼν ὁ Θέων, Καὶ τοῦτο, ἔφη, κείσθω· οὐκ ἀπίθανον γάρ ἐστι κἀκεῖνο πρόσθες, εἰ βούλει, τὰς τοιαύτας ἑστιάσεις μὴ μόνον φιλικὰς, ἀλλὰ καὶ συγγενικὰς εἶναι, καταμιγνυμένης εἰς τὸ γένος ἑτέρας οἰκειότητος. (2) Ὁ δὲ τούτου μεῖζόν ἐστιν, οἴκων εἰς τὸ αὐτὸ συνιόντων δυοῖν, ὅ τε λαμβάνων τοὺς τοῦ διδόντος οἰκείους καὶ φίλους, ὅ τε διδοὺς τοὺς τοῦ λαμβάνοντος, οἰόμενοι δεῖν φιλοφρονεῖσθαι διπλασιάζουσι τὴν ὑποδοχήν. (3) Ἔτι πολλὰ τῶν γαμικῶν ἢ τὰ πλεῖστα δρᾶται διὰ γυναικῶν· ὅπου δὲ γυναῖκες πάρεισι, καὶ τοὺς ἄνδρας ἀναγκαῖόν ἐστι παραλαμβάνεσθαι.

ΠΡΟΒΛΗΜΑ Δ.

Εἰ ἡ θάλασσα τῆς γῆς εὐοψοτέρα.

ΠΡΟΣΩΠΑ ΤΟΥ ΔΙΑΛΟΓΟΥ.

ΚΑΛΛΙΣΤΡΑΤΟΣ, ΣΥΜΜΑΧΟΣ, ΠΟΛΥΚΡΑΤΗΣ.

I. Τῆς Εὐβοίας ὁ Αἴδηψος, οὗ τὰ θερμὰ χωρίον ἐστὶν αὐτοφυὲς, πολλὰ πρὸς ἡδονὰς ἔχον ἐλευθερίους, καὶ κατεσκευασμένον οἰκήσεσι καὶ διαίταις, κοινὸν οἰκητήριον ἀποδέδεικται τῆς Ἑλλάδος· πολλῶν δὲ καὶ πτηνῶν καὶ χερσαίων ἁλισκομένων, οὐχ ἧττον ἡ θάλαττα παρέχει τὴν ἀγορὰν εὐτράπεζον, ἐν τόποις καθαροῖς καὶ ἀγχιβαθέσι γενναῖον ἰχθὺν καὶ πολὺν ἐκτρέ

pugnarent, maxime numerum definivisse eorum qui ad nuptias vocarentur. De ipsa vero causa, inquit, qui disseruit antiquus philosophus, Hecatæus Abderita, meo certe judicio nihil probabile dixit : (3) scilicet sponsum ad nuptias multos vocare, ut multos habeant conscios atque testes liberum se liberam, ingenuum ingenuam duxisse. (4) Contra enim Comici eos qui splendide et sumtuosas faciunt nuptias, parum eas firmas et fidas introducunt facientes : ut Menander ad eum, qui jubebat ollis circumvallare *** non facinus sponsæ refers.

II. Sed ne, id quod facillimum est, reprehendere alios videamur, ipsi nihil interim statuentes, ego, inquit, primus declaro, nullam convivii causam ita manifestam esse, ita celebrem, ut nuptiarum. (2) Nam et rem sacram diis facere, et amicum discessurum excipere convivio, aut peregre venientem, licet, ignorantibus hoc necessariorum multis : nuptialis vero mensa indicem habet hymenæum alta voce inclamantem, et facem, ac tibiam, quæ Homerus ait etiam mulieribus ad fores stantibus esse admirationi et spectaculo. (3) Itaque quum nemo ignoret convivium agitari; verecundia ducti omnes necessarios, familiares et quocunque tandem pacto sibi conjunctos invitant.

III. Probantibus id reliquis, Theon sermonis in partem succedens, Esto, inquit, hæc : non enim abludunt a vero : sed, si placet, id adde : hujusmodi convivia non amicorum tantum esse, sed et ad cognatos pertinere, affinitate alterius familiæ in gentem ascita. (2) Ac, quod plus habet momenti, domubus duabus in unam coeuntibus, quum accipiens dantis familiares et amicos, tum dans accipientis existimans sibi comiter demerendos, duplicem convivarum faciunt numerum. (3) Denique multa, adeoque pleraque in nuptiis mulieres peragunt; quæ ubi adsunt, necesse est etiam viros adhiberi.

QUÆSTIO IV.

Utrum mare an terra obsonio præbendo præstet.

PERSONÆ COLLOQUII.

CALLISTRATUS, SYMMACHUS, POLYCRATES.

I. Ædepsus Eubœæ, ubi thermæ sunt, locus a natura ita factus, ut multa habeat ad voluptates liberales conducentia, et cœnaculis et conclavibus exædificatus, quasi communis est totius Græciæ habitatio. Ibi quum et terrestria multa capiantur animalia, et volucria, non minus mare annonam mensæ commodam suppeditat, in locis puris et vicinis profundo multos bonosque alens pisces.

φουσα. (2) Μάλιστα δ' ἀνθεῖ τὸ χωρίον ἀκμάζοντος
ἔαρος· πολλοὶ γὰρ ἀφικνοῦνται τὴν ὥραν αὐτόθι, καὶ
συνουσίας ποιοῦνται μετ' ἀλλήλων ἐν ἀφθόνοις πᾶσι,
καὶ πλείστας περὶ λόγους ὑπὸ σχολῆς διατριβὰς ἔχουσι.
(3) Καλλιστράτου δὲ τοῦ σοφιστοῦ παρόντος, ἔργον ἦν
ἀλλαχόθι δειπνεῖν· ἄμαχος γὰρ ἡ φιλοφροσύνη, καὶ τὸ
πάντας εἰς τὸ αὐτὸ συνάγειν ἐπιεικῶς τοὺς χαρίεντας,
ἥδιστον παρεῖχε· (4) πολλάκις μὲν γὰρ ἐμιμεῖτο τῶν
παλαιῶν τὸν Κίμωνα, πολλοὺς καὶ παντοδαποὺς ἑστιῶν
ἡδέως· ἀεὶ δὲ, ὡς ἔπος εἰπεῖν, τὸν Κελεὸν, ὃν πρῶτον
στοροῦσιν εὐδοκίμων καὶ ἀγαθῶν ἀνδρῶν κατασκευά-
σαντα σύνοδον καθημερινὴν, ὀνομάσαι πρυτανεῖον.

II. Ἐγίνοντο δὲ λόγοι τοιαύτῃ συνουσίᾳ πρέποντες
ἑκάστοτε· καί ποτε παρέσχον αἱ τράπεζαι, ποικιλώτα-
ται γενόμεναι, ζήτησιν ὑπὲρ ὄψων, πότερον τὰ ἐκ γῆς
ἢ τὰ ἐκ θαλάττης ἐπιτηδειότερα· (2) καὶ τῶν ἄλλων σχεδὸν ἁπάντων ὑμνούντων τὰ ἐκ γῆς πολλὰ καὶ
παντοδαπὰ καὶ δυσεξαρίθμητα τοῖς γένεσι καὶ ταῖς διαφοραῖς, τὸν Σύμμαχον ὁ Πολυκράτης προσαγορεύσας,
Σὺ δ', εἶπεν, ἀμφίαλον ὢν ζῷον καὶ τοσαύταις ἐντε-
θραμμένος θαλάτταις, αἳ τὴν ἱερὰν πέριξ ὑμῶν ἑλίτ-
τουσι Νικόπολιν, οὐκ ἀμύνεις τῷ Ποσειδῶνι; (3)
Βούλομαί γε νὴ Δία, ὁ Σύμμαχος εἶπε, καὶ σὲ παρα-
λαμβάνω, καὶ παρακαλῶ τὰ ἥδιστα τῆς Ἀχαϊκῆς
καρπούμενον θαλάττης. (4) Οὐκοῦν, ἔφη, πρῶτον, ὁ
Πολυκράτης, ἴωμεν ἐπὶ τὴν συνήθειαν. Ὡς γὰρ, πολλῶν ὄντων ποιητῶν, ἕνα τὸν κράτιστον ἐξαιρέτως ποιητὴν καλοῦμεν· οὕτω πολλῶν ὄντων ὄψων, ἐκνενίκηκεν
ὁ ἰχθὺς μόνον ἢ μάλιστά γε ὄψον καλεῖσθαι, διὰ τὸ
πολὺ πάντων ἀρετῇ κρατεῖν. (5) Καὶ γὰρ ὀψοφάγους
καὶ φιλόψους λέγομεν, οὐχὶ τοὺς βοείοις χαίροντας, *
ὥσπερ Ἡρακλῆς, ὃς τοῖς κρέασι χλωρὰ σῦκα ἔχων
ἤσθιεν· οὐδὲ τὸν φιλόσυκον, οἷος ἦν Πλάτων· οὐ φιλόβο-
τρυν, οἷος Ἀρκεσίλαος· ἀλλὰ τοὺς περὶ τὴν ἰχθυοπωλίαν
ἀναδιδόντας ἑκάστοτε, καὶ τοῦ κώδωνος ὀξέως ἀκούον-
τας· (6) καὶ ὁ Δημοσθένης τὸν Φιλοκράτην φησὶν ἐκ
τοῦ προδοτικοῦ χρυσίου πόρνας καὶ ἰχθῦς ἀγοράζειν,
ἐπ' ὀψοφαγίᾳ καὶ ἀσελγείᾳ τὸν ἄνδρα λοιδορῶν. (7) Ὁ
δὲ Κτησιφῶν οὐ κακῶς, ὀψοφάγου τινὸς ἐν τῇ βουλῇ
βοῶντος ῥαγήσεσθαι, Μηδαμῶς, εἶπεν, ὦ ἄνθρωπε,
ποιήσῃς ἡμᾶς ἰχθυοβρώτους. (8) Ὁ δὲ τὸ στιχίδιον
τοῦτο ποιήσας,

    Πρὸς καππάριον ζῇς, δυνάμενος πρὸς ἀνθίαν·

τί ποτε βούλεται; τί δ' οἱ πολλοὶ βούλονται, πρὸς θεῶν,
ὅταν ἡδέως γενέσθαι παρακαλοῦντες ἀλλήλους, λέγωσι,
Σήμερον ἀκτάσωμεν; οὐχὶ τὸ παρ' ἀκτῇ δεῖπνον ἥδιστον ἀποφαίνουσιν, ὥσπερ ἐστίν; οὐ διὰ τὰ κύματα καὶ
τὰς ψηφίδας· τί γάρ; ἐπ' ἀκτῆς τις λέκυθον ὀψᾶται καὶ
κάππαριν; ἀλλ' ὡς ἰχθύος ἀφθόνου καὶ νεαροῦ τὴν πα-
ράλιον τράπεζαν εὐποροῦσαν. (9) Καὶ μέντοι καὶ πιπράσκεται παρὰ λόγον ἁπάντων τιμιώτατον τὸ θαλάττιον ὄψον· ὁ γοῦν Κάτων οὐχ ὑπερβολικῶς, ἀλλ'
ἀληθῶς, πρὸς τὴν τρυφὴν καὶ πολυτέλειαν τῆς πόλεως

(2) Maxime autem is locus frequentatur vere vigente. Multi
enim tunc eo conveniunt, mutuaque utuntur, in omnium
copia rerum, consuetudine, et per otium plurima de rebus
ad humanitatem pertinentibus agitant colloquia. (3) Quum
autem ibi degeret sophista Callistratus, difficile erat alibi
cœnare. Erat enim comitas ejus tanta, ut deuegare invitanti nemo posset; et id, quod omnes elegantes solebat in
unum locum congregare, jucundissimum eum reddebat.
(4) Sæpenumero quidem imitabatur Cimonem de antiquis,
multos omnisque generis convivas amice ad cœnam vocans :
plerumque tamen Celeum prope dixerim, quem primum
narrrant nobilium ac bonorum virorum instituisse quotidia-
num conventum, idque Prytaneum appellasse.

II. Identidem autem hujusmodi convenientes cœtibus
sermones sunt habiti. Evenit aliquando, ut majorem in
modum varii appositi cibi, occasionem præberent quærendi
de obsoniis, terrane an mare ea suppeditaret commodiora.
(2) Ibi quum reliqui fere omnes terrestria laudarent, multa
omnigena et innumera generum ac discriminum varietate
abundantia; Symmachum Polycrates compellans, Tu vero,
inquit, animal bimare, totque innutrite maribus, quæ sacram
apud vos ambiunt Nicopolin, non defendis Neptunum? (3)
Equidem volo, respondit Symmachus, teque mihi adjutorem
advoco, qui jucundissima Achaici maris parte frueris. (4)
Enimvero, infit Polycrates, a consuetudine ordiemur. Sicut enim de multis poetis unum qui reliquis præstat eximio
nomine poetæ afficimus : ita, quum multa sint obsonia,
piscis tamen obtinuit, ut vel solus vel præcipue *obsonium*
appellaretur, quia virtute reliquis omnibus multo antecel-
lat. (5) Nam *obsonivoros* et *obsoniorum cupidos* vocamus, non qui bubulis carnibus delectantur, ut Hercules, qui
post carnem virides ficus edit; non qui ficubus, ut Plato;
non qui uvis, ut Arcesilaus : sed eos qui subinde in foro
piscario versantur, et tintinnabulum alacriter exaudiunt.
(6) Et Philocratem Demosthenes auro proditione parto
scorta et pisces emere dicens, gulæ studium ac libidinem
homini exprobravit. (7) Nec inepte Ctesiphon quodam
obsonivoro in senatu vociferante, *Crepabo medius*, inquit : *Nequaquam nos piscium escam facias.* (8) Jam
qui versiculum huncce fecit,

    Ad capparim tu vivis? potes ad anthiam,

quid sibi voluit? quid, bone Jupiter, volunt sibi, qui ad
oblectationem se mutuo invitantes dicunt, *Hodie in acta
cœnabimus?* nonne quod in litore cœnam, ut est, suavissimam esse sentiunt? non quidem propter fluctus aut lapillos :
quid enim? in litore vitellum et capparin mensæ adhibeat
aliquis? sed quod copiosi ac recentes pisces mensam ad
litus sint instructuri. (9) Adde quod omnium aliorum obsoniorum pretium exceditur a marino. Cato sane non ultra
modum, sed vere dicendo invehens in luxum urbis dixit

δημηγορῶν εἶπεν, ὅτι πλείονος πιπράσκεται ἐν Ῥώμῃ ἰχθὺς, ἢ βοῦς. Κεράμιόν τε γὰρ πωλοῦσι τιμῆς, ὅσην οὐκ ἂν ἑκατόμβη βούπρωρος ἄλφοι κατακοπεῖσα. (10) Καίτοι φαρμάκων δυνάμεως ὁ ἰατρικώτατος ἄριστος κριτής, καὶ μελῶν ἀρετῆς ὁ φιλομουσότατος· οὐκοῦν καὶ ἀρετῆς ὄψων, ὁ φιλοψότατος. (11) Οὐδὲ γὰρ Πυθαγόρᾳ γε τούτων οὐδὲ Ξενοκράτει διαιτητῇ χρηστέον· Ἀνταγόρᾳ δὲ τῷ ποιητῇ, καὶ Φιλοξένῳ τῷ Ἐρύξιδος, καὶ τῷ ζωγράφῳ Ἀνδροκύδη, ὃν φασι τὴν Σκύλλαν ζωγραφοῦντα, τοὺς περὶ αὐτὴν ἰχθῦς ἐμπαθέστατα καὶ ζωτικώτατα δι’ ὀψοφαγίαν ἐξεργάσασθαι. (12) Ἀνταγόρᾳ δὲ ὁ βασιλεὺς Ἀντίγονος ἐν τῷ στρατοπέδῳ λοπάδα γόγγρων ἕψοντι περιεζωσμένῳ παραστὰς, Ἆρά γε, εἶπε, τὸν Ὅμηρον οἴει τὰς τοῦ Ἀγαμέμνονος πράξεις ἀναγράφειν γόγγρους ἕψοντα; κἀκεῖνος οὐ φαύλως· Σὺ δ’ οἴει, ἔφησε, τὸν Ἀγαμέμνονα τὰς πράξεις ἐκείνας ἐργάσασθαι πολυπραγμονοῦντα, τίς ἐν τῷ στρατοπέδῳ γόγγρον ἕψει; (13) Ταῦτ’, εἶπεν ὁ Πολυκράτης, ἐγὼ δὲ συμβάλλομαι καὶ νὴ Δία τοῖς ἰχθυοπώλαις ἀπὸ τῶν μαρτύρων καὶ τῆς συνηθείας.

III. Ἐγὼ δὲ, ὁ Σύμμαχος ἔφη, τῷ πράγματι μετὰ σπουδῆς πρόσειμι καὶ διαλεκτικώτερον. Εἰ γὰρ ὄψον ἐστὶ τὸ τὴν τροφὴν ἐφηδῦνον, ἄριστον ἂν ὄψον εἴη τὸ μάλιστα τὴν ὄρεξιν ἐπὶ τῷ σίτῳ κατασχεῖν δυνάμενον. (2) Ὥσπερ οὖν οἱ προσαγορευθέντες Ἐλπιστικοὶ φιλόσοφοι συνεκτικώτατον εἶναι τοῦ βίου τὸ ἐλπίζειν ἀποφαί[νονται,] τῷ ἀπούσης ἐλπίδος οὐδ’ ἡδυνούσης [οὐκ ἀ]νεκτὸν εἶναι τὸν βίον, οὕτω καὶ τῆς ἐπὶ τὴν τροφὴν ὀρέξεως συνεκτικὸν θετέον, οὗ μὴ παρόντος ἄχαρις γίνεται τροφὴ πᾶσα καὶ δυσπρό[σοιστος]. (3) Τῶν μὲν οὖν ἐκ γῆς τοιοῦτον οὐδὲν εὑρήσεις· τῶν δὲ θαλαττίων τὸ ἅλας πρῶτον, [οὗ χωρὶς] οὐδὲν, ὡς ἔπος εἰπεῖν, ἐστὶν ἐδώδιμον· ἀλλὰ καὶ τὸν ἄρτον οὗτος ἐμμιγνύμενος συνηδύνει. (4) Διὸ καὶ Δήμητρος σύνναος ὁ Ποσειδῶν, καὶ τῶν ἄλλων ὄψων οἱ ἅλες ἥδιον ὄψον εἰσίν· οἱ γοῦν ἥρωες εὐτελοῦς καὶ λιτῆς ἐθάδες ὥσπερ ἀσκηταὶ διαίτης ὄντες, καὶ τῆς τροφῆς πᾶσαν ἡδονὴν ἐπίθετον καὶ περίεργον ἀφελόντες, ὡς μηδ’ ἰχθύσι χρῆσθαι παρὰ τὸν Ἑλλήσποντον στρατοπεδεύοντες, οὐχ ὑπέμειναν τὰ κρέα χωρὶς ἁλῶν προσφέρεσθαι, μαρτυροῦντες ὅτι τοῦτο τῶν ὄψων μόνον ἀπαραίτητόν ἐστιν. (5) Ὡς γὰρ τὰ χρώματα [φω]τὸς, οὕτως οἱ χυμοὶ [ἁ]λὸς δέονται πρὸς τὸ [κινῆ]σαι τὴν αἴσθησιν· * εἰ [δὲ] μὴ, βαρεῖς τῇ γεύσει προσπίπτουσι καὶ ναυτιώδεις. (6) Νέκυες γὰρ κοπρίων ἐκβλητότεροι, καθ’ Ἡράκλειτον· κρέας δὲ πᾶν νεκρόν ἐστι, καὶ νεκροῦ μέρος· ἡ δὲ τῶν ἁλῶν δύναμις, ὥσπερ ψυχὴ παραγενομένη, χάριν αὐτῷ καὶ ἡδονὴν προστίθησι. (7) Διὸ καὶ προλαμβάνουσι τῆς ἄλλης τροφῆς τὰ δριμέα καὶ τὰ ἁλμυρὰ, καὶ ὅλως ὅσα μάλιστα τῶν ἁλῶν μετέσχηκε· γίνεται γὰρ φίλτρα ταῦτα τῇ ὀρέξει πρὸς τὰ ἄλλα ὄψα, καὶ δελεασθεῖσα διὰ τούτων, ἐπ’ ἐκεῖνα πρόσεισι νεαλὴς καὶ πρόθυμος· ἐὰν δ’ ἀπ’ ἐκείνων ἄρξηται, ταχέως ἀπαγορεύει. (8) Οὐ μόνον τοίνυν πρὸς τὴν τροφὴν, ἀλλὰ καὶ πρὸς ποτὸν, ὄψον

---

pluris vendi Romæ piscem quam bovem. Testam enim piscium plenam tanti vendunt, quantum vix redeat ex centum ovibus et uno bove capitis loco præcedente (quod fuit sacrificii solennis genus) mactatis. (10) Porro ut de medicamentis medicus optimus, de cantu musices studiosissimus optime judicat, sic etiam de obsoniorum præstantia is, qui maxime iis studet. (11) Non enim Pythagora hic arbitro utemur aut Xenocrate : sed Antagora poeta, et Philoxeno Eryxidis filio, et Androcyde pictore, quem aiunt quum Scyllam pingeret, pisces circa eam ad vivum usque studiosissime expinxisse, quod obsoniis esset deditus. (12) Antagoræ autem poetæ in castris congros elixanti atque accincto superveniens Antigonus rex, *Putasne,* inquit, *Homerum congros coquentem Agamemnonis res gestas descripsisse?* et ille non inepte respondit, *Tu vero putas Agamemnonem res istas gessisse, curiose inquirendo quis in castris congros elixaret?* (13) Hæc, inquit Polycrates, ego pro piscium patrocinio attuli, fretus et testimonio pisces vendentium, et consuetudine.

III. Ego vero, ait Symmachus, serio rem ac magis dialectice aggrediar. Nam si id est obsonium, quod cibum reddit suaviorem; utique optimum id fuerit obsonium, quod maxime detinere appetitum in cibo valet. (2) Ergo sicut philosophi, qui a spe, quam unice prædicabant, Elpistici dicti sunt, nihil esse pronunciaverunt quod vitam magis contineat atque spes, qua deserente nec condiente eam, vita sit intolerabilis : ita etiam ad cibum id ponemus appetitum continere, sine quo cibus plane ingratus et incommodus sit futurus. (3) At eorum quæ terra suggerit, nihil tale invenies : mare vero primo salem suppeditat, quo absque nihil fere est esui; is vero admixtus ipsum etiam panem condit. (4) Itaque eodem in fano Neptunus et Ceres habentur. Deinde reliquis obsoniis sales dulcius sunt obsonium. Nam heroes tenui et frugali utentes victu, ut exercitationi adsueti, omnemque ascititiam et otiosam voluptatem a mensis arcentes suis, ita quidem ut castris ad Hellespontum positis, tamen piscibus abstinerent : carnes nihilominus absque sale edere non sustinuerunt; testantes id solum obsonium repudiari non posse. (5) Ut enim colores lumine, ita sapores sale opus habent, ut sensum afficiant : sin minus, graves gustui et molesti accidunt. (6) *Cadavera enim magis sunt abjicienda quam fimus,* aiebat Heraclitus : omnis vero caro mortua est, et cadaveris pars : salis autem vis tanquam anima superveniens, gratiam ei ac voluptatem conciliat. (7) Itaque etiam acria et salsa ante cibum sumunt, et omnino quibus plurimum salis adest : hæc enim alliciunt appetitum ad alia obsonia, hisque ille delinitus, ad reliqua alacris recensque se confert : si vero ab aliis incipiat, mox elanguescit. (8) Non ad cibum proinde duntaxat, sed ad potum quoque condimenti

εἰσὶν οἱ ἅλες. Τὸ μὲν γὰρ Ὁμηρικὸν ἐκεῖνο, « κρόμμυον ποτοῦ ὄψον, » ναύταις καὶ κωπηλάταις μᾶλλον ἢ
βασιλεῦσιν ἐπιτήδειον ἦν· (9) τὰ δὲ ὑφαλμυρίζοντα
μετρίως τῶν σιτίων, δι' εὐστομίαν πᾶν μὲν οἴνου γένος
ἡδὺ τῇ γεύσει καὶ λεῖον ἐπάγει, πᾶν δὲ ὕδωρ προσφιλὲς παρέχεται ἄλκιμον· ἀηδίας δὲ καὶ δυσχερείας, ἣν
ἐμποιεῖ τὸ κρόμμυον, οὐδ' ὀλίγον μετέσχηκεν· ἀλλὰ
καὶ διαφορεῖ τὴν ἄλλην τροφὴν καὶ παραδίδωσιν εὐπειθῆ καὶ μαλακωτέραν τῇ πέψει, ἐς χάριν μὲν (γὰρ)
ὄψου, δύναμιν δὲ φαρμάκου, τῷ σώματι τῶν ἁλῶν
προσφερομένων. (10) Καὶ μὴν τά γ' ἄλλα θαλάττης
ὄψα πρὸς τῷ ἡδίστῳ καὶ τὸ ἀβλαβέστατον ἔχει· κρεώδη
μὲν γάρ ἐστιν, οὐ βαρύνει δὲ ὁμοίως, 'ἀλλὰ καταπέτ-
τεται καὶ διαφορεῖται ῥαδίως. (11) Μαρτυρήσει δὲ
οὑτοσὶ Ζήνων, καὶ, νὴ Δία, Κράτων, οἳ τοὺς ἀσθενοῦν-
τας πρὸ τῶν ἄλλων ἁπάντων ἐπὶ τὸν ἰχθὺν ἄγουσιν, ὡς
κουφότατον ὄψον. (12) Καὶ λόγον ἔχει, τὴν θάλατταν
ὑγιεινὰ καὶ διαπεπονημένα τοῖς σώμασιν ἐκτρέφειν,
εἴ γε καὶ ἡμῖν ἀέρα λεπτότητι καὶ καθαρότητι πρόσφορον ἀναδίδωσιν.

IV. Ὀρθῶς, ἔφη, λέγεις, ὁ Λαμπρίας· ἀλλ' ἔτι τῷ
λόγῳ προσφιλοσοφήσωμεν. Ὁ γὰρ ἐμὸς πάππος εἰώθει
λέγειν ἑκάστοτε τοὺς Ἰουδαίους ἐπισκώπτων, ὅτι τὸ
δικαιότατον κρέας οὐκ ἐσθίουσιν. (2) Ἡμεῖς δὲ φήσομεν, δικαιότατον ὄψον εἶναι τὸ ἐκ θαλάττης. Πρὸς
μέν γε ταυτὶ τὰ χερσαῖα κἂν ἄλλο μηδὲν ἡμῖν ἢ δίκαιον,
ἀλλὰ τρέφεταί γε τοῖς αὐτοῖς, καὶ λαμβάνει τὸν αὐτὸν
ἀέρα, καὶ λουτρὰ καὶ ποτὸν αὐτοῖς ἅπερ ἡμῖν ἐστιν·
(3) ᾗ καὶ σφάττοντες ἐδυσωποῦντο φωνὴν ἀφιέντα γοε-
ρὰν, καὶ τὰ πλεῖστα πεποιημένοι συνήθη καὶ σύντροφα
ταῖς διαίταις· (4) τὸ δὲ τῶν ἐναλίων γένος ἔκφυλον ὅλως
καὶ ἄποικον ἡμῶν, ὥσπερ ἐν ἄλλῳ τινὶ κόσμῳ γεγονότων καὶ ζώντων, οὔτ' ὄψις, οὔτε φωνή τις, οὔτε ὑπουργία
παραιτεῖται τῆς πρὸς [ἡμῶν σφαγῆς]· (5) οὐδὲν γὰρ
ἄν τις ἔχοι χρήσασθαι ζῴῳ, ὃ μηδὲ ὅλως ζῇ παρ' ἡμῖν·
οὐδὲ δεῖ τινος ἐπ' αὐτῷ στοργῆς· ἀλλ' ὥσπερ ᾅδης αὐτοῖς
ἐστιν οὗτος ὁ παρ' ἡμῖν τόπος· ἐλθόντα γὰρ εἰς αὐτὸν,
εὐθέως τέθνηκεν.

ΠΡΟΒΛΗΜΑ Ε'.

Πότερον οἱ Ἰουδαῖοι σεβόμενοι τὴν ὗν, ἢ δυσχεραίνοντες,
ἀπέχονται τῶν κρεῶν.

ΠΡΟΣΩΠΑ ΤΟΥ ΔΙΑΛΟΓΟΥ.

ΚΑΛΛΙΣΤΡΑΤΟΣ, ΠΟΛΥΚΡΑΤΗΣ, ΛΑΜΠΡΙΑΣ.

I. Ἐπεὶ δὲ ταῦτ' ἐρρήθη, βουλομένων τινῶν ἀντι-
κατατείνειν, τὸν ἕτερον λόγον ἐκκρούων ὁ Καλλίστρατος,
ἔφη· Πῶς ὑμῖν δοκεῖ λελέχθαι τὸ πρὸς τοὺς Ἰουδαίους,
ὅτι τὸ δικαιότατον κρέας οὐκ ἐσθίουσιν; (2) Ὑπερφυῶς,
ἔφη ὁ Πολυκράτης· ἐγὼ δὲ καὶ προσδιαπορῶ, πότερον
οἱ ἄνδρες τιμῇ τινι τῶν ὑῶν, ἢ μυσαττόμενοι τὸ ζῷον,

---

vim sales habent. Homerica enim illa *cepa potus condimentum*, nautis potius et remigibus, quam regibus conveniebat. (9) Qui vero cibi mediocrem salsuginem habent,
hi, propter convenientiam cum ore nostro, vini omne genus gustu suave et mite reddunt, omnem aquam gratam
potu : tum earum quas cepa affert molestiarum nihil prorsus adest sali : quin et digerit reliquos cibos, mollioresque
et obsequentiores concoctioni tradit ; ut et condimenti gratiam, et vim medicamenti sales corpori conferant. (10)
Ceterum marina obsonia reliqua, præterquam quod sunt
suavissima, maxime etiam sunt innoxia ; nam et carnosa
sunt, et non perinde ut carnes gravant, sed facile conco-
quuntur et digeruntur. (11) Testimonium mihi perhibebunt
Zeno hic, atque etiam, mehercle, Craton, qui ægrotantes
ante omnes alios cibos ad piscem ablegant, ut levissimum
obsoniorum. (12) Nec caret ratione, mare saluberrima et
elaborata corporibus alimenta gignere ; quando etiam nobis
aerem tenuitate et puritate commodum edit.

IV. Recte ais, inquit Lamprias : sed aliquid præterea de
hac re commentemur. Solebat avus meus identidem dicere Judæos subsannans, Eos a justissima carne abstinere. (2) Nos autem dicemus justissimum esse obsonium
quod e mari petitur. Nam ut cum terrestribus nullum aliud
jus nobis intercedat, saltem iisdem aluntur rebus, aeremque
hauriunt eundem ; lavacra, potus ipsis eadem quæ nobis :
(3) quare etiam qui jugulant illa, pudore commoventur
vocem miserabilem emittentium, quum quidem pleraque
ex iis familiaria sibi victu reddidissent : (4) marinum vero
omnino a nobis alienum est genus, et longe, quasi in alio
mundo natum educatumque vivit : neque vox ulla, aut
aspectus, aut ministerium ab eorum cæde nos revocat. (5)
Nullus enim nobis usus est ejus animalis vivi, quod ne vivit quidem apud nos, neque ullo nobis affectu erga illud
opus est : sed quem nos incolimus locum, illis est tamquam
orcus ; nam in eum simul atque pervenere, moriuntur.

QUÆSTIO V.

*Utrum suem venerantes Judæi, an potius aversantes,
carne ejus abstineant.*

PERSONÆ COLLOQUII.

CALLISTRATUS, POLYCRATES, LAMPRIAS.

I. Hæc quum essent dicta, et quidam in diversam partem
disputare intendissent, Callistratus eorum sermonem pro-
fligans, Quomodo, inquit, vobis dictum videtur illud in
Judæos, *justissima eos carne abstinere?* (2) Præclare
admodum, aiebat Polycrates. Ego quidem vehementer
dubito, utrum Judæi in honorem porci, an quod animal il.

ἀπέχονται τῆς βρώσεως αὐτοῦ. (3) Τὰ γὰρ παρ' ἐκείνοις λεγόμενα μύθοις ἔοικεν, εἰ μή τινας ἄρα λόγους σπουδαίους ἔχοντες οὐκ ἐκφέρουσιν.

II. Ἐγὼ μὲν τοίνυν, εἶπεν ὁ Καλλίστρατος, οἶμαί τινα τιμὴν τὸ ζῷον ἔχειν παρὰ τοῖς ἀνδράσιν· * εἰ δὲ δύσμορφον ἢ ὗς καὶ θολερὸν, [ἀλλ' οὐ] κανθάρου καὶ γρυ * * καὶ κροκοδείλου καὶ [αἰλο]ύρου τὴν ὄψιν ἀτοπώτερον, ἢ τὴν φύσιν ἀμουσότερον· οἷς ὡς ἁγιωτάτοις ἱερεῖς Αἰγυπτίων [ἄλλοις] ἄλλοι προσφέρονται. (2) Τὴν δὲ ὗν ἀποχρηστῆσαι καὶ τιμᾶσθαι λέγουσι· πρώτη γὰρ σχίσασα τῷ προύχοντι τῆς ὀρυχῆς, ὥς φασι, τὴν γῆν, ἴχνος ἀρόσεως ἔθηκε, καὶ τὸ τῆς ὕνεως ὑφηγήσατο ἔργον· ὅθεν καὶ τοὔνομα γενέσθαι τῷ ἐργαλείῳ λέγουσιν ἀπὸ τῆς ὑός. (3) Οἱ δὲ τὰ μαλθακὰ καὶ κοῖλα τῆς χώρας Αἰγύπτιοι γεωργοῦντες, οὐδ' ἀρότρου δέονται τοπαράπαν· ἀλλ' ὅταν ὁ Νεῖλος ἀπορρέῃ καταβρέξας τὰς ἀρούρας, ἐπακολουθοῦντες, τὰς ὗς κατέβαλον· αἱ δὲ χρησάμεναι πάτῳ καὶ ὀρυχῇ, ταχὺ τὴν γῆν ἔστρεψαν ἐκ βάθους καὶ τὸν σπόρον ἀπέκρυψαν. (4) Οὐ δεῖ δὲ θαυμάζειν, εἰ διὰ τοῦτό τινες ὗς οὐκ ἐσθίουσιν, ἑτέρων ζῴων μείζονας ἐπ' αἰτίαις γλίσχραις, ἐνίων δὲ καὶ πάνυ γελοίαις, τιμὰς ἐχόντων παρὰ τοῖς βαρβάροις. (5) Τὴν μὲν γὰρ μυγαλῆν ἐκτεθειάσθαι λέγουσιν ὑπ' Αἰγυπτίων τυφλὴν οὖσαν, ὅτι τὸ σκότος τοῦ φωτὸς ἡγοῦντο πρεσβύτερον· τίκτεσθαι δ' αὐτὴν ἐκ μυῶν πέμπτη γενεᾷ νουμηνίας οὔσης· ἔτι δὲ μειοῦσθαι τὸ ἧπαρ ἐν τοῖς ἀφανισμοῖς τῆς σελήνης. (6) Τὸν [δὲ] λέοντα τῷ ἡλίῳ συνοικειοῦσιν, ὅτι τῶν γαμψωνύχων τετραπόδων βλέποντα τίκτει μόνος· κοιμᾶται δ' ἀκαρὲς χρόνου, καὶ ὑπολάμπει τὰ ὄμματα καθεύδοντος· κρῆναι δὲ κατὰ χασμάτων λεοντείων ἐξίασι κρουνούς, ὅτι Νεῖλος ἐπάγει νέον ὕδωρ ταῖς Αἰγυπτίων ἀρούραις, ἡλίου τὸν λέοντα παροδεύοντος. (7) Τὴν δ' ἶβιν φασὶν ἐκκολαφθεῖσαν εὐθὺς ἕλκειν δύο δραχμάς, ὅσον ἄρτι παιδίου γεγονότος καρδίαν· ποιεῖ δὲ τῇ τῶν ποδῶν ἀποτάσει πρὸς ἀλ[λή]λους καὶ πρὸς τὸ ῥύγχος, ἰσόπλευρον τρίγωνον. (8) Καὶ τί ἄν τις Αἰγυπτίους αἰτιῷτο τῆς τοσαύτης ἀλογίας; ὅπου καὶ τοὺς Πυθαγορικοὺς ἱστοροῦσι καὶ ἀλεκτρυόνα λευκὸν σέβεσθαι, καὶ τῶν θαλαττίων μάλιστα τρίγλης καὶ ἀκαλήφης ἀπέχεσθαι· τοὺς δ' ἀπὸ Ζωροάστρου μάγους τιμᾶν μὲν ἐν τοῖς μάλιστα τὸν χερσαῖον ἐχῖνον, ἐχθαίρειν δὲ τοὺς ἐνύδρους μῦς, καὶ τὸν ἀποκτείνοντα πλείστους θεοφιλῆ καὶ μακάριον νομίζειν; (9) Οἶμαι δὲ, καὶ τοὺς Ἰουδαίους, εἴπερ ἐβδελύττοντο τὴν ὗν, ἀποκτείνειν ἂν, ὥσπερ οἱ μάγοι τοὺς μῦς ἀποκτείνουσι· νῦν δὲ ὁμοίως τῷ φαγεῖν τὸ ἀνελεῖν ἀπόρρητόν ἐστιν αὐτοῖς. (10) Καὶ ἴσως ἔχει λόγον, ὡς τὸν ὄνον ἀναφήναντα πηγὴν αὐτοῖς ὕδατος τιμῶσιν, οὕτω καὶ τὴν ὗν σέβεσθαι σπόρου καὶ ἀρότου διδάσκαλον γενομένην· [εἰ μὴ,] νὴ Δία, καὶ τοῦ λαγωοῦ φησί τις ἀπέχεσθαι τοὺς ἄνδρας, ὡς μυσαρὸν καὶ ἀκάθαρτον δυσχεραίνοντας τὸ ζῷον.

III. Οὐ δ[ῆτα, ἔφη] ὁ Λαμπρίας ὑπολαβὼν, ἀλλὰ τοῦ μὲν λαγωοῦ [ἀπέχον]ται διὰ τὴν πρὸς τὸν ὑέ-

---

lud abominentur, esu carnium suillarum sese abstineant. (3) Nam quæ apud ipsos dicuntur, fabularum sunt similia; nisi forte habent serias quasdam rationes, quas non efferunt.

II. Ego itaque, aiebat Callistratus, arbitror id animal in aliquo apud istam gentem esse honore. Si porcus deformis est et fœdus, tamen nec cantharo, nec gryphe, nec crocodilo, nec fele turpior est aut natura ineptior : quorum alia ab aliis Ægyptiorum sacerdotum ut sanctissima coluntur. (2) At parci dicunt sui et honorem haberi. Prima enim sus, ut aiunt, rostro prominente terram findens, vestigium arationis impressit, ac vomeris opus submonstravit : quem *hynin* a sue (ὕι) dictum sunt qui putent. (3) Jam Ægyptii qui cavam et mollem incolunt regionem, omnino etiam aratri usum non admittunt : sed postquam Nilus eluvie sua solum rigavit, eum subsequentes, sues in agros depellunt; eæ vero calcanda ac fodienda tellure celeriter eam alte subvertunt, semenque occulunt. (4) Neque rapi in admirationem hoc debet, si sunt qui hac de causa suum esu abstinent; quum apud barbaros alia animalia in majore sint honore ob causas viliores, aut etiam plane ridiculas. (5) Nam murem araneum divinos reperisse honores aiunt apud Ægyptios propter cæcitatem : quod tenebras luce antiquiores ii arbitrentur : cumque e muribus nasci quinta ætate, in novilunio : atque jecur ejus deminui lumine lunæ deficiente. (6) Leonem vero Soli dedicant, quod de curviunguibus quadrupedibus sola leæna videntem edat fœtum, quod momento temporis dormiat, oculique dormientis suffulgeant : et quod fontes per leoninos hiatus scaturiginem emittunt, et quod Nilus recente aqua rura Ægyptiorum inducit, quando Sol per Leonem transit. (7) Ibin ferunt recens ex ovo exclusam duas appendere drachmas : quantum etiam recens nati infantis cor appendit : repræsentat autem illa pedum diductione et eorum inter se et cum rostro comparatione, triangulum æquilaterum. (8) Et quis tandem has culpet Ægyptiorum ineptias? quum memoria proditum sit Pythagoricos quoque album venerari gallum, et de marinis mullo maxime urticaque abstinere : magos autem, qui a Zoroastre descendunt, terrestrem echinum quam maxime venerari, mures aquatiles odisse, diisque carum et beatum judicare eum qui plurimos interfecerit. (9) Existimo autem Judæos, si abominarentur porcum, interfecturos eum fuisse, sicut mures necant magi : nunc tam interficere, quam edere suem iis est religio. (10) Et fortassis rationi hoc consentit, sicut asino suus est apud eos honor, qui fontem aquæ iis demonstravit; ita suem eos revereri, ut sationis et arationis magistram : nisi forte etiam leporum esu abstinere Judæos dicendum putemus, quod ut pollutos et impuros aversentur.

III. Non sane, aiebat sermonem excipiens Lamprias, sed lepore quidem abstinent propter similitudinem asini, ani-

νον ὑπ' αὐτῶν μυ *** στα θηρίον ἐμφέστατον. (2)
Ὁ γὰρ λαγὼς μεγέθους ἔοικε καὶ τάχους ἐν δεινοῖς
εἶναι· καὶ γὰρ ἡ χρόα, καὶ τὰ ὦτα, καὶ τῶν ὀμμάτων ἡ λιπαρότης, καὶ τὸ ἁλμυρὸν ἔοικε θαυμασίως·
5 ὥστε μηδὲν οὕτω μηδὲ μικρὸν μεγάλῳ τὴν μορφὴν
ὅμοιον γεγονέναι. (3) Εἰ μὴ, νὴ Δία, καὶ πρὸς τὰς
ὁμοιότητας αἰγυπτιάζοντες, τὴν ὠκύτητα τοῦ ζῴου θεῖον
ἡγοῦνται καὶ τὴν ἀκρίβειαν τῶν αἰσθητηρίων· ὅ τε γὰρ
ὀφθαλμὸς ἄτρυτός ἐστιν αὐτῶν, ὥστε καὶ καθεύδειν
10 ἀναπεπταμένοις τοῖς ὄμμασιν· ὀξυηκοΐᾳ δὲ δοκεῖ διαφέρειν, ἣν Αἰγύπτιοι θαυμάσαντες, ἐν τοῖς ἱεροῖς γράμμασιν ἀκοὴν σημαίνουσιν οὓς λαγωοῦ γράφοντες. (4)
Τὸ δὲ ὕειον κρέας οἱ ἄνδρες ἀφοσιοῦσθαι [δο]κοῦσιν,
ὅτι μάλιστα * * οἱ βάρβαροι τὰς ἐπιλευκίας καὶ λέπρας
15 δυσχεραίνουσι, καὶ τῇ προσβολῇ τὰ τοιαῦτα καταβό-
σκεσθαι πάθη τοὺς ἀνθρώπους οἴονται. (5) [Πᾶ]σαν δὲ
ὗν ὑπὸ τὴν γαστέρα λέπρας ἀνάπλεων καὶ ψωρικῶν
ἐξανθημάτων ὁρῶμεν· ἃ δὴ, καχεξίας τινὸς ἐγγενομένης τῷ σώματι καὶ φθορᾶς, ἐπιτρέχειν δοκεῖ τοῖς σώ-
20 μασιν. (6) Οὐ μὴν ἀλλὰ καὶ τὸ θολερὸν περὶ τὴν δίαιταν τοῦ θρέμματος ἔχει τινὰ πονηρίαν· οὐδὲν γὰρ ἄλλο
βορβόρῳ χαῖρον οὕτω καὶ τόποις ῥυπαροῖς καὶ ἀκαθάρ-
τοις ὁρῶμεν, ἔξω λόγου τιθέμενοι τὰ τὴν γένεσιν καὶ
τὴν φύσιν ἐν αὐτοῖς ἔχοντα τούτοις. (7) Λέγουσι δὲ
25 καὶ τὰ ὄμματα τῶν ὑῶν οὕτως ἐγκεκλάσθαι καὶ κατε-
σπᾶσθαι ταῖς ὄψεσιν, ὥστε μηδενὸς ἀντιλαμβάνεσθαι
μηδέποτε τῶν ἄνω, μηδὲ προσορᾶν τὸν οὐρανὸν, ἂν μὴ
φερομένων ὑπτίων ἀναστροφήν τινα παρὰ φύσιν αἱ κό-
ραι λάβωσι· διὸ καὶ μάλιστα κραυγῇ χρώμενον τὸ
30 ζῷον, ἡσυχάζειν, ὅταν οὕτω φέρηται, καὶ σιωπᾶν κα-
τατεθαμβημένον ἀηθίᾳ τὰ οὐράνια, καὶ κρείττονι φόβῳ
τοῦ βοᾶν συνεχόμενον. (8) Εἰ δὲ δεῖ καὶ τὰ μυθικὰ
προσλαβεῖν, λέγεται μὲν ὁ Ἄδωνις ὑπὸ τοῦ συὸς δια-
φθαρῆναι· τὸν δ' Ἄδωνιν οὐχ ἕτερον, ἀλλὰ Διόνυσον
35 εἶναι νομίζουσι· καὶ πολλὰ τῶν τελουμένων ἑκατέρῳ
περὶ τὰς ἑορτὰς βεβαιοῖ τὸν λόγον. (9) Οἱ δὲ παιδικὰ
τοῦ Διονύσου γεγονέναι καὶ Φανοκλῆς, ἐρωτικὸς ἀνὴρ,
ὧδέ που πεποίηκεν·

Εἰδὼς θεῖον Ἄδωνιν ὀρειφοίτης Διόνυσος
ἥρπασεν, ἠγαθέην Κύπρον ἐποιχόμενος.

malis maxime apud eos exosi. (2) Videtur enim lepus,
magnitudine et celeritate excepta asininus esse : nam et
color, et aures, et nitor oculorum, et salsum mirabiliter
convenit : ut nihil omnino tam parvum tam magno sit, ad
formam quod attinet, simile. (3) Nisi mehercle etiam ob
similitudines æmulatione Ægyptiorum ducti, velocitatem
animalis divinam reputant, itemque sensus instrumentorum
subtilitatem.   Nam leporum oculi adeo sunt indefessi, ut
etiam apertis iis dormiant. Celeritate autem exaudiendi
videtur aliis anteire; cujus admiratione ducti Ægyptii in suis
sacris litteris picto leporis auriculo auditum significant. (4)
Suillam autem carnem Judæi videntur ideo abominari, quod
maxime barbari abhorrent a vitiliginibus et lepra, quas putant esu harum carnium ascisci. (5) Etenim videmus suem
sub ventre plenum esse lepra et scabiosis maligne pustulis :
quæ sane existimantur a prava corporis affectione et corruptela eorum quæ intus sunt in superficiem erumpere. (6)
Porro autem suis victus ita turbidus et immundus non caret vitio : nullum enim animal videmus ita gaudere cœno
ac sordidis impurisque locis; exceptis tamen iis animalibus quæ in ejusmodi locis et ortum suum et vitam habent. (7) Oculi etiam porcorum ita dicuntur confracti et
humi defixi, ut nihil eorum unquam cernant, quæ superne
sunt, neque in cœlum intueantur, nisi supini contra naturam facti pupillas sursum obvertant : ideoque animal hoc,
alias clamosissimum, ubi supinatum fuerit, tacere attonitum
insolenti conspectu cœli, constrictum majori metu quam
qui admittat vociferationem. (8) Si vero fabulosa etiam licet huc afferre, fertur Adonis a sue interfectus : Adonis autem qui Bacchus esse creditur : et multa peraguntur in
utriusque sacrificiis quæ fidem faciant huic sententiæ. (9)
Alii Adonidem fuisse amasium Bacchi autumant : et versus
est in hunc sensum Phanoclis, amori dediti hominis,

Montivagus cernens divinum Bacchus Adonin
Cyprum perlustrans egregiam, rapuit.

ΠΡΟΒΛΗΜΑ ϛ.

Τίς ὁ παρὰ Ἰουδαίοις θεός.

ΠΡΟΣΩΠΑ ΤΟΥ ΔΙΑΛΟΓΟΥ.

ΣΥΜΜΑΧΟΣ, ΛΑΜΠΡΙΑΣ, ΜΟΙΡΑΓΕΝΗΣ.

40 1. Θαυμάσας δὲ τὸ ἐπὶ πᾶν ῥηθὲν ὁ Σύμμαχος,
Ἄρα, ἔφη, σὺ τὸν πατριώτην θεὸν, ὦ Λαμπρία, εὔιον,
ὀρσιγύναικα, μαινομέναις ἀνθέοντα τιμαῖσι Διόνυσον,
ἐγγράφεις καὶ ὑποποιεῖς τοῖς Ἑβραίων ἀπορρήτοις; ἢ

QUÆSTIO VI.

Quis Judæorum deus sit.

PERSONÆ COLLOQUII.

SYMMACHUS, LAMPRIAS, MŒRAGENES.

I. Hic Symmachus admiratus admodum ea quæ erant
dicta, An tu, inquit, gentilem nostrum deum, o Lampria,
Evium et excitatorem mulierum dictum, et *cujus gloria
insanientium floreat honoribus,* Hebræorum mysteriis in-

τῷ ὄντι λόγος ἐστί τις ὁ τοῦτον ἐκείνῳ τὸν αὐτὸν ἀποφαίνων; (2) Ὁ δὲ Μοιραγένης ὑπολαβὼν, Ἔα τοῦτον, εἶπεν· ἐγὼ γὰρ Ἀθηναῖος ὢν ἀποκρίνομαί σοι καὶ λέγω, μηδένα ἄλλον εἶναι· καὶ τὰ μὲν πολλὰ τῶν εἰς τοῦτο τεκμηρίων μόνοις ἐστὶ ῥητὰ καὶ διδακτὰ τοῖς μυουμένοις παρ' ἡμῖν ἐς τὴν τριετηρικὴν παντέλειαν· (3) ἃ δὲ λόγῳ διελθεῖν οὐ κεκώλυται πρὸς φίλους ἄνδρας, ἄλλως τε καὶ παρ' οἶνον ἐπὶ τοῖς τοῦ θεοῦ δώροις, ἂν οὗτοι κελεύωσι, λέγειν ἕτοιμος.

II. Πάντων οὖν κελευόντων καὶ δεομένων, Πρῶτον μὲν, ἔφη, τῆς μεγίστης καὶ τελειοτάτης ἑορτῆς παρ' αὐτοῖς ὁ καιρός ἐστι καὶ ὁ τρόπος Διονύσῳ προσήκων. (2) Τὴν γὰρ λεγομένην νηστείαν ἀκμάζοντι τρυγητῷ τραπέζας τε προτίθενται παντοδαπῆς ὀπώρας, ὑπὸ σκηναῖς καὶ καλιάσιν ἐκ κλημάτων μάλιστα καὶ κιττοῦ διαπεπλεγμέναις· καὶ τὴν προτέραν τῆς ἑορτῆς σκηνὴν ὀνομάζουσιν. (3) Ὀλίγαις δὲ ὕστερον ἡμέραις ἄλλην ἑορτὴν, οὐκ ἂν δι' αἰνιγμάτων, ἀλλ' ἄντικρυς Βάκχου καλουμένου, τελοῦσιν. (4) Ἔστι δὲ καὶ κραδηφορία τις ἑορτὴ καὶ θυρσοφορία παρ' αὐτοῖς, ἐν ᾗ θύρσους ἔχοντες εἰς τὸ ἱερὸν εἰσίασιν· εἰσελθόντες δὲ, ὅ τι δρῶσιν, οὐκ ἴσμεν· εἰκὸς δὲ βακχείαν εἶναι τὰ ποιούμενα· (5) καὶ γὰρ σάλπιγξι μικραῖς, ὥσπερ Ἀργεῖοι τοῖς Διονυσίοις, ἀνακαλούμενοι τὸν θεὸν χρῶνται· καὶ κιθαρίζοντες ἕτεροι προσίασιν, οὓς αὐτοὶ Λευΐτας προσονομάζουσιν, εἴτε παρὰ τὸν Λύσιον, εἴτε μᾶλλον παρὰ τὸν Εὔιον, τῆς ἐπικλήσεως γεγενημένης. (6) Οἶμαι δὲ καὶ τὴν τῶν σαββάτων ἑορτὴν μὴ παντάπασιν ἀπροσδιόνυσον εἶναι. Σάββους γὰρ καὶ νῦν ἔτι πολλοὶ τοὺς Βάκχους καλοῦσι, καὶ ταύτην ἀφιᾶσι τὴν φωνήν, ὅταν ὀργιάζωσι τῷ θεῷ· [ὧν πίστ]ιν ἔστι δήπου καὶ παρὰ Δημοσθένους λαβεῖν καὶ παρὰ Μενάνδρου. (7) Καὶ οὐκ ἀπὸ [τρό]που τις ἂν φαίη τοὔνομα πεποιῆσθαι πρός τινα σόβησιν, ἣ κατέχει τοὺς βακχεύοντας. (8) * Αὐτοὶ δὲ τῷ λόγῳ μαρτυροῦσιν, ὅταν σάββατον τιμῶσι, μάλιστα μὲν πίνειν καὶ οἰνοῦσθαι παρακαλοῦντες ἀλλήλους· ὅταν δὲ κωλύῃ τι μεῖζον, ἀπογεύεσθαί γε πάντως ἀκράτου νομίζοντες. (9) Καὶ ταῦτα μὲν εἰκότα φαίη τις ἂν εἶναι· κατὰ κράτος ἐν αὐτοῖς, πρῶτον μὲν ὁ ἀρχιερεὺς ἐλέγχει, μιτροφόρος τε προϊὼν ἐν ταῖς ἑορταῖς, καὶ νεβρίδα χρυσόπαστον ἐνημμένος, χιτῶνα δὲ ποδήρη φορῶν καὶ κοθόρνους· κώδωνες δὲ πολλοὶ κατακρέμανται τῆς ἐσθῆτος, ὑποκομποῦντες ἐν τῷ βαδίζειν· (10) ὡς καὶ παρ' ἡμῖν ψόφοις (δὲ) χρῶνται περὶ τὰ νυκτέλια, καὶ χαλκοδρυστὰς τοῦ θεοῦ τιθήνας προσαγορεύουσι· καὶ ὁ δεικνύμενος ἐν τοῖς ἐναντίοις τοῦ μετεώρου θύρσος ἐντετυπωμένος καὶ τύμπανα· ταῦτα γὰρ οὐδενὶ δήπουθεν ἄλλῳ θεῷ ἢ Διονύσῳ προσῆκεν. (11) Ἔτι τοίνυν μέλι (μὲν) οὐ προσφέρουσι ταῖς ἱερουργίαις, ὅτι δοκεῖ φθείρειν τὸν οἶνον κεραννύμενον, καὶ τοῦτο ἦν σπονδὴ καὶ μέθυ, πρὶν ἄμπελον φανῆναι. (12) Καὶ μέχρι νῦν τῶν τε βαρβάρων οἱ μὴ ποιοῦντες οἶνον, μελίτειον πίνουσιν, ὑποφαρμάσσοντες τὴν γλυκύτητα οἰνώδεσι ῥίζαις καὶ αὐστηραῖς· (13) Ἕλληνές τε νηφάλια τὰ αὐτὰ καὶ με-

scribis atque adoptas? aut revera est ratio quædam, quæ Adonidem et Bacchum eundem esse demonstret? (2) Mœragenes autem succurrens, Fac, ait, hunc missum. Ego, qui Atheniensis sum, respondeo tibi ac dico, diversos neutiquam esse: et quidem pleraque huc pertinentia argumenta iis duntaxat nota sunt et dici fas est, qui apud nos in perfectum triennale sacrum initiati sunt. (3) Quæ vero edisserere inter amicos nulla religio prohibet, maxime apud vinum et dona Bacchi, ea si isti jubent, paratus sum proferre.

II. Quum juberent et flagitarent omnes, Primum, inquit, maximæ et perfectissimæ Judæorum solemnitatis et tempus et modus cum Bacchi sacris congruit. (2) Quod enim ipsi vocant Jejunium, id sic celebrant, ut maxime fervente vindemia proponant mensas, in quibus expositæ sint omnis generis fruges, sub tabernaculis et nidis potissimum e palmitibus et hedera contextis: et diem quæ festum antecedit Tabernaculariam nominant. (3) Paucis vero post diebus aliam festivitatem non obscure, sed omnino aperte Baccho nuncupatam celebrant. (4) Est etiam solemne apud eos festum Cradephoria, a palmitibus gestandis, et Thyrsophoria, ubi thyrsos gestantes in templum intrant: quid intus faciant, ignoro; credibile vero est Bacchi ab iis sacra peragi: (5) nam et tubis exiguis, sicut Argivi Bacchanalibus utuntur ad evocationem numinis: et alii progrediuntur citharis ludentes, quos ipsi Levitas appellant, sive a Lysio, sive potius ab Evio (utraque vox Baccho congruit) ita dictos. (6) Opinor etiam Sabbatorum ferias non plane a Baccho esse alienas. Quod enim Sabbos etiamnum multi Bacchos appellent, eamque edant vocem dum orgia Bacchi celebrant, licet et e Demosthene ostendere, et e Menandro. (7) Et non abs re quis dicat nomen factum esse ab illa tumultuatione, quam Græci vocant σόβησιν, qua tenentur bacchantes. (8) Ipsi autem huic sermoni testimonium dicunt: Sabbatum enim colentes, maxime ad bibendum et ebrietatem invicem sese invitant: aut si qua gravior res obstet, omnino quidem gustare merum in more habent (9) Has fortasse aliquis esse conjecturas asserat. Sed si qui sunt qui his adversentur, hos primum quidem vehementer arguit pontifex maximus, qui festis diebus et mitratus ingreditur, et hinnuli pellem auro contectam indutus, et tunicam ad talos pertinentem gestans cothurnosque: multa autem tintinnabula dependent de veste, quæ inter ambulandum strepitum edunt; (10) (ut et apud nos sonitibus utuntur in sacris nocturnis, et æratas dei nutrices appellant:) monstraturque in adversis sublimi thyrsus expressus, et tympana. Quæ sane non alii deo, quam Baccho, conveniunt. (11) Porro autem mel sacrificiis non adhibent; quod ejus admixtione vinum corrumpi videatur, et hoc pro libamine erat, et vini loco, antequam vitis exstitisset. (12) Et hodieque barbari qui vinum non parant, mulsum bibunt, dulcedine radicibus austeris et vini saporem æmulantibus medicantes: (13) et Græci Nephalia

λίσπονδα θύουσιν, ὡς ἀντίθετον φύσιν μάλιστα τοῦ μέλιτος πρὸς τὸν οἶνον ἔχοντος.   (14) Ὅτι δὲ τοῦτο νομίζουσι, κἀκεῖνο σημεῖον οὐ μικρόν ἐστι, τὸ πολλῶν
τιμωριῶν οὐσῶν παρ᾽ αὐτοῖς, μίαν εἶναι μάλιστα δια-
5 βεβλημένην τὴν οἴνου τοὺς κολαζομένους ἀπείργουσαν,
ὅσον ἂν τάξῃ χρόνον ὁ κύριος τῆς κολάσεως· τοὺς δὲ οὕτω
κολα ***

(id est sobria) hæc, et libationes melleas diis offerentes,
eadem offerunt; quod vino maxime adversam naturam mel
habeat.   (14) Bacchum vero a Judæis coli, id quoque argumento non levi est, quod inter multas pœnarum formas
una maxime odiosa est, qua vino interdicitur damnatus ad
certum tempus, quod a judice præscribitur : qui autem sic
puniuntur ***

Λείπει τὰ λοιπὰ τοῦ τετάρτου.

Desunt reliqua hujus libri.

ΠΡΟΒΛΗΜΑ Ζ.

Διὰ τί τὰς ὁμωνύμους τοῖς πλάνησιν ἡμέρας οὐ κατὰ
τὴν ἐκείνων τάξιν, ἀλλ᾽ ἐνηλλαγμένους ἀριθμοῦσιν
ἐν ᾧ καὶ περὶ ἡλίου τάξεως.

QUÆSTIO VII.

*Qua causa dies qui nomen a planetis ducunt, non ho-
rum ordine, sed inverso numerentur. Disseritur
etiam de loco solis.*

ΠΡΟΒΛΗΜΑ Η.

Διὰ τί τῶν δακτύλων μάλιστα τῷ παραμέσῳ σφραγῖδας φοροῦσιν.

QUÆSTIO VIII.

*Quare annuli signatorii eo potissimum digito gestentur
qui annularis hinc vocatur.*

ΠΡΟΒΛΗΜΑ Θ.

Εἰ δεῖ θεῶν εἰκόνας ἐν ταῖς σφραγῖσιν ἢ σοφῶν ἀνδρῶν
φορεῖν.

QUÆSTIO IX.

*Utrum deorum an sapientium virorum imagines in
sigillis gestari oporteat.*

ΠΡΟΒΛΗΜΑ Ι.

Διὰ τί τὸ μέσον τῆς θρίδακος αἱ γυναῖκες οὐ τρώγουσιν.

QUÆSTIO X.

Cur quod in lactuca medium est mulieres non edant.

ΣΥΜΠΟΣΙΑΚΩΝ

ΠΡΟΒΛΗΜΑΤΩΝ

ΒΙΒΛΙΟΝ ΠΕΜΠΤΟΝ.

CONVIVALIUM

DISPUTATIONUM

LIBER QUINTUS.

ΠΡΟΟΙΜΙΟΝ.

1. Περὶ τῶν τῆς ψυχῆς καὶ σώματος ἡδονῶν, ὦ Σόσ-
10 σιε Σενεκίων, ἣν σὺ νῦν ἔχεις γνώμην, ἐμοὶ γοῦν ἄδηλόν ἐστιν,

ἐπειὴ μάλα πολλὰ μεταξὺ
οὔρεά τε σκιόεντα, θάλασσά τε ἠχήεσσα·

πάλαι γε μὴν ἐδόκεις μὴ πάνυ τι συμφέρεσθαι, μηδ᾽
15 ἐπαινεῖν τοὺς οὐδὲν ἴδιον τῇ ψυχῇ τερπνὸν οὐδὲ χαρτὸν
οὐδὲ αἱρετὸν ὅλως, ἀλλ᾽ ἀτέχνως τῷ σώματι παραζῶ-
σαν αὐτὴν οἰομένους τοῖς ἐκείνου συνεπιμειδιᾶν πάθεσι,
καὶ πάλιν αὖ συνεπισκυθρωπάζειν, ὥσπερ ἐκμαγεῖον,
ἢ κάτοπτρον, εἰκόνας καὶ εἴδωλα τῶν ἐν σαρκὶ γινομένων

PROŒMIUM.

1. Quis hoc tempore tuus, Sossi Senecio, sit de voluptatibus animi et corporis sensus, mihi quidem. ignotum
est;

nimirum dividimur nunc
montibus umbrosis atque obstreperi maris unda.

Olim sane mihi videbar non admodum amplecti aut probare eorum sententiam, qui animo nullam peculiarem delectationem, nullum proprium gaudium, nihil quod pro se
ipse expeteret concedebant; sed eum simpliciter vitam corporis comitari, ejusque affectionibus una vel gaudere, vel
mœrere censebant, utpote qui, instar materiæ formas in se

αἰσθήσεων ἀναδεχομένην. (2) Ἄλλοις τε γὰρ πολλοῖς
ἁλίσκεται ψευδὲς τὸ ἀφιλόκαλον τοῦ δόγματος, ἔν τε τοῖς
πότοις οἱ ἀστεῖοι καὶ χαρίεντες εὐθὺς μετὰ τὸ δεῖπνον
ἐπὶ τοὺς λόγους, ὥσπερ δευτέρας τραπέζας, φερόμενοι,
καὶ διὰ λόγων εὐφραίνοντες ἀλλήλους, ὧν σώματι μέτεστιν οὐδὲν ἢ βραχὺ παντάπασιν, ἰδιόν τι τοῦτο τῇ ψυχῇ
ταμιεῖον εὐπαθειῶν ἀποκεῖσθαι μαρτυροῦσι, καὶ ταύτας ἡδονὰς μόνας εἶναι τῆς ψυχῆς, ἐκείνας δ' ἀλλοτρίας,
προσαναχρωννυμένας τῷ σώματι. (3) Ὥσπερ οὖν αἱ
τὰ βρέφη ψωμίζουσαι τροφοὶ μικρὰ μετέχουσι τῆς ἡδο-
νῆς· ὅταν δ' ἐκεῖνα χορέσωσι καὶ κοιμίσωσι παυσάμενα
κλαυθμυρισμῶν, τηνικαῦτα καθ' ἑαυτὰς γινόμεναι, τὰ
πρόσφορα σιτία καὶ ποτὰ λαμβάνουσι καὶ ἀπολαύου-
σιν· * οὕτως ἡ ψυχὴ τῶν περὶ πόσιν καὶ βρῶσιν ἡδονῶν μετέχει, ταῖς τοῦ σώματος ὀρέξεσι, δίκην τιτθῆς,
ὑπηρετοῦσα, καὶ χαριζομένη δεομένῳ, καὶ πραΰνουσα
τὰς ἐπιθυμίας· (4) ὅταν δ' ἐκεῖνο μετρίως ἔχῃ καὶ
ἡσυχάσῃ, πραγμάτων ἀπαλλαγεῖσα καὶ λατρείας, ἤδη
τὸ λοιπὸν ἐπὶ τὰς αὑτῆς ἡδονὰς τρέπεται, λόγοις εὐω-
χουμένη καὶ μαθήμασι καὶ ἱστορίαις, καὶ τῷ ζητεῖν τι
ἀκούειν τῶν περιττῶν. (5) Καὶ τί ἄν τις λέγοι περὶ
τούτων, ὁρῶν ὅτι καὶ οἱ φορτικοὶ καὶ ἀφιλόλογοι μετὰ
τὸ δεῖπνον ἐφ' ἡδονὰς ἑτέρας τοῦ σώματος ἀπωτάτω
τὴν διάνοιαν ἀπαίρουσιν, αἰνίγματα καὶ γρίφους καὶ
θέσεις ὀνομάτων ἐν ἀριθμοῖς ὑποσύμβολα προβάλλον
τες; (6) Ἐκ τούτου δὲ καὶ μίμοις καὶ ἠθολόγοις καὶ
Μενάνδρῳ καὶ τοῖς Μένανδρον ὑποκρινομένοις τὰ συμπόσια χώραν ἔδωκεν, οὐδεμίαν ἀλγηδόνα τοῦ σώματος
ὑπεξαιρουμένοις, οὐδὲ ποιοῦσι λείαν ἐν σαρκὶ καὶ προσηνῆ κίνησιν, ἀλλ' ὅτι τὸ φύσει φιλοθέαμον ἐν ἑκάστῳ
καὶ φιλόσοφον τῆς ψυχῆς ἰδίαν χάριν ζητεῖ καὶ τέρψιν,
ὅταν τῆς περὶ τὸ σῶμα θεραπείας καὶ ἀσχολίας
ἀπαλλαγῶμεν.

ΠΡΟΒΛΗΜΑ Α.

Διὰ τί τῶν μιμουμένων τοὺς ὀργιζομένους καὶ λυπουμένους ἡδέως ἀκούομεν, αὐτῶν δὲ τῶν ἐν τοῖς πάθεσιν
ὄντων, ἀηδῶς.

ΠΡΟΣΩΠΑ ΤΟΥ ΔΙΑΛΟΓΟΥ.

ΠΛΟΥΤΑΡΧΟΣ, ΒΟΗΘΟΣ.

I. Περὶ ὧν ἐγένοντο λόγοι καὶ σοῦ παρόντος ἐν
Ἀθήναις ἡμῖν, ὅτε Στράτων ὁ κωμῳδὸς εὐημέρησεν (ἦν
γὰρ αὐτοῦ πολὺς λόγος), ἑστιωμένων ἡμῶν παρὰ
Βοήθῳ τῷ Ἐπικουρείῳ· συνεδείπνουν δ' οὐκ ὀλίγοι τῶν
ἀπὸ τῆς αἱρέσεως· εἶτα οἱονεὶ φιλολόγοις περιέστησεν
ἡ τῆς κωμῳδίας μνήμη τὸν λόγον εἰς ζήτησιν αἰτίας,
δι' ἣν ὀργιζομένων ἢ λυπουμένων ἢ δεδιότων φωνὰς
ἀκούοντες ἀχθόμεθα καὶ δυσκολαίνομεν, οἱ δὲ ὑποκρι-
νόμενοι ταῦτα τὰ πάθη καὶ μιμούμενοι τὰς φωνὰς αὐτῶν καὶ τὰς διαθέσεις, εὐφραίνουσιν ἡμᾶς. (2) Ἐκεῖ-

admittentis rerum, aut in morem speculi simulacra eorum
quæ carnis sensibus accidunt recipientis, affectus esset. (2)
Cujus illiberalis opinionis falsitas quum multis aliis dete-
gitur argumentis, tum in conviviis urbani atque belli homines statim a cœna ad colloquium veluti secundas mensas se conferentes, iisque invicem oblectantes, unde ne
tantillum quidem voluptatis in corpus redit, testantur suum
esse peculiarem penum voluptatibus animi, propriasque
ei voluptates has, alienas reliquas quæ corporis contagio
percipiuntur. (3) Sicut igitur nutrices, quæ cibum infantibus præbent, parum percipiunt voluptatis ; quando autem
saturarunt illos et somno dederunt, vagitu sedato, tum pro
se commodo cibo potuque fruuntur : ita animus in partem
venit voluptatum quæ edendo bibendoque percipiuntur,
corporis appetitionibus in morem nutricis inserviens, ejusque desideriis se accommodans, concupiscentiamque demulcens : (4) ubi vero illud mediocriter affectum conquievit,
ibi tum defunctus suo ministerio et negotiis vacuus exinde
suas ad voluptates convertitur, disputationibus se recreans
et disciplinis, historiisque et subtilium rerum quæstionibus.
(5) Et quid de his dicam, quum videamus rudes etiam homines et a literis humanioribus alienos, a cœna animum
ad alias voluptates quam longissime a corpore abducere,
ænigmata, griphos et nomina numerorum signis expressa
symbolicaque alia proponendo? (6) Atque hinc mimis,
ethologis, Menandroque et ejus fabulas agentibus locum
convivia cesserunt : non quod dolorem aliquem corpori
demerent hi, aut lenem carni blandumque motum afferrent ;
sed quod naturalis in animo uniuscujusque contemplandi et
philosophandi cupiditas suam quandam delectationem requirit, postquam occupationibus et ministeriis quæ corpori
impendimus, liberati sumus.

QUÆSTIO I.

*Cur cum voluptate quadam audiamus eos qui iratorum
vel mærentium gestus repræsentant; iratos aut dolentes vere, moleste feramus.*

PERSONÆ COLLOQUII.

PLUTARCHUS, BOETHUS.

I. Tales disputationes habitæ sunt nobis, etiam te præsente, Athenis, quum Strato comœdiam docendo magnam
reportasset laudem (multo enim honore afficiebatur), con-
vivantibus nobis apud Boethum Epicureum, multisque
ejusdem sectæ ad cœnam adhibitis. Deinde, quod fieri inter doctos assolet, comœdiæ mentio sermonem eo deduxit,
ut quæreretur, *qua de causa iratorum, dolentium aut
metuentium sibi voces non sine molestia audimus; qui
vero istos animi motus imitando exprimunt, vocesque
et gestus referunt eorum, nos delectant.* (2) Isti omnes

νων μὲν οὖν ἁπάντων σχεδὸν εἰς ἦν λόγος· ἔφασαν γάρ, ἐπειδὴ κρείττων ὁ μιμούμενός ἐστι τοῦ πάσχοντος ἀληθῶς, καὶ τῷ μὴ πεπονθέναι διαφέρει, συνιέντας ἡμᾶς τούτου τέρπεσθαι καὶ χαίρειν.

ΙΙ. Ἐγὼ δὲ, καίπερ ἐν ἀλλοτρίῳ χορῷ πόδα τιθεὶς, εἶπον ὅτι φύσει λογικοὶ καὶ φιλότεχνοι γεγονότες, πρὸς τὸ λογικῶς καὶ τεχνικῶς πραττόμενον οἰκείως διακείμεθα, καὶ θαυμάζομεν, ἂν ἐπιτυγχάνηται. (2) Καθάπερ γὰρ ἡ μέλιττα τῷ φιλόγλυκυς εἶναι, πᾶσαν ὕλην, ᾗ τι μελιτῶδες ἐγκέκραται, περιέπει καὶ διώκει· οὕτως ὁ ἄνθρωπος, γεγονὼς φιλότεχνος καὶ φιλόκαλος, πᾶν ἀποτέλεσμα καὶ πρᾶγμα νοῦ καὶ λόγου μετέχον, ἀσπάζεσθαι καὶ ἀγαπᾶν πέφυκεν. (3) Εἰ γοῦν παιδίῳ μικρῷ προθείη τις ὁμοῦ μικρὸν μὲν ἄρτον, ὁμοῦ δὲ πεπλασμένον ἐκ τῶν [αὐτῶν] ἀλεύρων κυνίδιον ἢ βοίδιον, ἐπὶ τοῦτ' ἂν ἴδοις φερόμενον· καὶ ὁμοίως [εἴ τις] ἀργύριον ἄσημον, ἕτερος δὲ ζῴδιον ἀργυροῦν ἢ ἔκπωμα παρασταίη διδοὺς, τοῦτ' ἂν λάβοι μᾶλλον, ᾧ τὸ τεχνικὸν καὶ λογικὸν ἐνορᾷ καταμεμιγμένον. (4) Ὅθεν καὶ τῶν λόγων τοῖς ᾐνιγμένοις χαίρουσι μᾶλλον οἱ τηλικοῦτοι, καὶ τῶν παιδιῶν ταῖς περιπλοκήν τινα καὶ δυσκολίαν ἐχούσαις· ἕλκει γὰρ ὡς οἰκεῖον ἀδιδάκτως τὴν φύσιν τὸ γλαφυρὸν καὶ πανοῦργον. (5) Ἐπεὶ τοίνυν ὁ μὲν ἀληθῶς ὀργιζόμενος ἢ λυπούμενος, ἔν τισι κοινοῖς πάθεσι καὶ κινήμασιν ὁρᾶται, τῇ δὲ μιμήσει πανουργία τις ἐμφαίνεται καὶ πιθανότης, * ἄνπερ ἐπιτυγχάνηται, τούτοις μὲν ἥδεσθαι πεφύκαμεν, ἐκείνοις δ' ἀχθόμεθα. (6) Καὶ γὰρ ἐπὶ τῶν θεαμάτων ὅμοια πεπόνθαμεν· ἀνθρώπους μὲν γὰρ ἀποθνήσκοντας καὶ νοσοῦντας, ἀνιαρῶς ὁρῶμεν· τὸν δὲ γεγραμμένον Φιλοκτήτην, καὶ τὴν πεπλασμένην Ἰοκάστην, ἧς φασιν εἰς τὸ πρόσωπον ἀργύρου τι συμμῖξαι τὸν τεχνίτην, ὅπως ἐκλιπόντος ἀνθρώπου καὶ μαραινομένου λάβη περιφάνειαν ὁ χαλκὸς, ἡδόμεθα καὶ θαυμάζομεν. (7) Τοῦτο δ', εἶπον, ἄνδρες Ἐπικούρειοι, καὶ τεκμήριόν ἐστι μέγα τοῖς Κυρηναϊκοῖς πρὸς ὑμᾶς τοῦ μὴ περὶ τὴν ὄψιν εἶναι μηδὲ περὶ τὴν ἀκοὴν, ἀλλὰ περὶ τὴν διάνοιαν ἡμῶν τὸ ἡδόμενον ἐπὶ τοῖς ἀκούσμασι καὶ θεάμασιν. (8) Ἀλεκτορὶς γὰρ βοῶσα συνεχῶς καὶ κορώνη, λυπηρὸν ἄκουσμα καὶ ἀηδές ἐστιν· ὁ δὲ μιμούμενος ἀλεκτορίδα βοῶσαν καὶ κορώνην, εὐφραίνει. (9) Καὶ φθισικοὺς μὲν ὁρῶντες, δυσχεραίνομεν· ἀνδριάντας δὲ καὶ γραφὰς φθισικῶν ἡδέως θεώμεθα, τῷ τὴν διάνοιαν ὑπὸ τῶν μιμημάτων ἄγεσθαι κατὰ τὸ οἰκεῖον. (10) Ἐπεὶ τί πάσχοντες, ἢ τίνος ἔξωθεν γενομένου πάθους, τὴν Παρμένοντος [ὗν] οὕτως ἐθαύμασαν, ὥστε παροιμιώδη γενέσθαι; (11) καίτοι φασὶ τοῦ Παρμένοντος εὐδοκιμοῦντος ἐπὶ τῇ μιμήσει, ζηλοῦντας ἑτέρους ἀντεπιδείκνυσθαι· προκατειλημμένων δὲ τῶν ἀνθρώπων, καὶ λεγόντων, Εὖ μὲν, ἀλλ' οὐδὲν πρὸς τὴν Παρμένοντος ὗν· ἕνα λαβόντα δελφάκιον ὑπὸ μάλης, προελθεῖν· ἐπεὶ δὲ καὶ τῆς ἀληθινῆς φωνῆς ἀκούοντες ὑπεφθέγγοντο, Τί οὖν αὕτη πρὸς τὴν Παρμένοντος; συναφεῖναι τὸ δελφάκιον εἰς τὸ μέσον, ἐξελέγχοντα τῆς κρίσεως τὸ πρὸς δόξαν, οὐ πρὸς ἀλήθειαν. (12) Ὡ

uno fere ore hanc afferebant rationem : præstāre imitatorem vere sic affecto, eo quod ipse sic affectus non sit; idque nos sentientes delectari et gaudere.

II. Ego autem, tametsi pedem in alieno, quod aiunt, choro ponerem, tamen hæc dixi : Quum natura simus ratione præditi artiumque amantes, iis quæ scite et artificiose aguntur, familiariter afficimur, eaque admiramur, quando feliciter succedunt. (2) Nam veluti apis ob studium dulcedinis suum omnem materiam, cui melleum aliquid insit, consectatur : ita homo natura artium studiosus et pulchritudinis, omne opus, omnem actionem, quæ mente ac ratione constant, amplectitur et diligit. (3) Itaque si puerulo proponas juxta parvum panem, et catellum vel buculam e farinis effictam, ad hoc illum, non ad panem ferri cernes : itemque si rude argentum, et simul argenteum animalculum aut poculum præbeas, id potius deliget, cui videt aliquid rationis et artis esse admixtum. (4) Itaque istiusmodi homines sermonibus etiam magis delectantur captiosis, et ænigmatibus, et jocis aliquid involucri ac difficultatis habentibus; nam elegantia et subtilitas naturam; utpote ei familiaris, nemine docente ad se trahit. (5) Quoniam ergo is qui vere irascitur aut dolet, in quibusdam communibus affectionibus et motibus cernitur, in imitatione autem calliditas et probabilitas visitur, si quidem ea successu non caret, his delectari solemus, offendi istis. (6) Etenim eodem nos modo afficiunt spectacula. Homines enim morientes aut morbo conflictatos sine molestia non videmus : sed Philoctetam pictum, et effictam Iocastam (in cujus faciem aliquid argenti admiscuisse ferunt artificem, ut æs hominis exanimati et contabescentis speciem in superficie referret) cum voluptate spectamus et admiramur. (7) Atque hoc, aiebam, contra vos, Epicurei viri, Cyrenaicis non leve est argumentum, non circa visum aut auditum, sed in animo esse oblectationem quæ e spectaculis et auditionibus percipitur. (8) Quippe gallina continenter vociferans, et cornix, molestum est ingratumque auditu : qui autem gallinæ cantum imitatur aut cornicis, is voluptatem affert. (9) Et tabe correptos non aspicimus absque molestia : eorundem simulacra spectare nobis est volupe, quia nimirum animus per imitationes ad illud trahitur, quod naturæ ipsius conveniens est. (10) Alioquin enim quid passi, aut qua extrinsecus affectione accidente, Parmenonis suem ita admirati sunt homines, ut in proverbium abiret ? (11) Et quidem ferunt Parmenone ob hanc imitationem celebrato quosdam idem æmulando certasse : quum autem homines præjudicio occupati dicerent, *Bene hoc, sed nihil ad Parmenonis suem*, quendam cum porcello sub axilla gestato prodiisse : et quum vero suis grunnitu audito homines tamen dicerent, Et quid hoc ad Parmenonis suem? cum emisso in medium porcello arguisse, non veritatem eos in judicando, sed opinionem sequi. (12) Quo maxime

μάλιστα δῆλόν ἐστιν, ὅτι τὸ αὐτὸ τῆς αἰσθήσεως πάθος οὐχ ὁμοίως διατίθησι τὴν ψυχὴν, ὅταν μὴ προσῇ δόξα τοῦ λογικῶς ἢ φιλοτίμως περαίνεσθαι τὸ γενόμενον.

ΠΡΟΒΛΗΜΑ Β.

Ὅτι παλαιὸν ἦν ἀγώνισμα τὸ τῆς ποιητικῆς.

ΠΡΟΣΩΠΑ ΤΟΥ ΔΙΑΛΟΓΟΥ.

ΠΛΟΥΤΑΡΧΟΣ, ΠΕΤΡΑΙΟΣ.

1. Ἐν Πυθίοις ἐγίνοντο λόγοι περὶ τῶν ἐπιθέτων ἀγωνισμάτων, ὡς ἀναιρετέα. Παραδεξάμενοι γὰρ ἐπὶ τρισὶ καθεστῶσιν ἐξαρχῆς, αὐλητῇ Πυθικῷ καὶ κιθαριστῇ καὶ κιθαρῳδῷ, τὸν τραγῳδὸν, ὥσπερ πύλης ἀνοιχθείσης, οὐκ ἀντέσχον ἀθρόοις συνεπιτιθεμένοις καὶ συνεισιοῦσι παντοδαποῖς ἀκροάμασιν· (2) ὑφ᾽ ὧν ποικιλίαν μὲν ἔσχεν οὐκ ἀηδῆ καὶ πανηγυρισμὸν ὁ ἀγὼν, τὸ δ᾽ αὐστηρὸν καὶ μουσικὸν οὐ διεφύλαξεν, ἀλλὰ καὶ πράγματα τοῖς κρίνουσι παρέσχε, καὶ πολλάς, ὡς εἰκὸς, ἡττωμένων πολλῶν ἀπεχθείας. (3) Οὐχ ἥκιστα δὲ τὸ τῶν λογογράφων καὶ ποιητῶν ἔθνος ᾤοντο δεῖν ἀποσκευάσασθαι τοῦ ἀγῶνος, οὐχ ὑπὸ μισολογίας, ἀλλὰ πολὺ πάντων τῶν ἀγωνιστῶν γνωριμωτάτους ὄντας, ἐδυσωποῦντο τούτους καὶ ἤχθοντο, πάντας ἡγούμενοι χαρίεντας, οὐ πάντων δὲ νικᾶν δυναμένων. (4) Ἡμεῖς οὖν ἐν τῷ συνεδρίῳ παρεμυθούμεθα τοὺς [τὰ] καθεστῶτα κινεῖν βουλομένους, καὶ τῷ ἀγῶνι, καθάπερ ὀργάνῳ, πολυχορδίαν καὶ πολυφωνίαν ἐπικαλοῦντας. (5) Καὶ παρὰ τὸ δεῖπνον, ἑστιῶντος ἡμᾶς Πετραίου τοῦ ἀγωνοθέτου, πάλιν ὁμοίων λόγων προσπεσόντων, ἠμύνομεν τῇ μουσικῇ· τήν τε ποιητικὴν ἀπεφαίνομεν οὐκ ὄψιμον οὐδὲ νεαρὰν ἐπὶ τοὺς ἱεροὺς ἀγῶνας ἀφιγμένην, ἀλλὰ πρόπαλαι στεφάνων ἐπινικίων τυγχάνουσαν. (6) Ἐνίοις μὲν οὖν ἐπίδοξος ἤμην ἕωλα παραθήσειν πράγματα, * τὰς Οἰολύχου τοῦ Θετταλοῦ ταφὰς, καὶ τὰς Ἀμφιδάμαντος τοῦ Χαλκιδέως, ἐν αἷς Ὅμηρον καὶ Ἡσίοδον ἱστοροῦσιν ἔπεσι διαγωνίσασθαι. (7) Καταβαλὼν δὲ ταῦτα, τῷ διατεθρυλῆσθαι πάντα ὑπὸ τῶν γραμματικῶν, καὶ τοὺς ἐπὶ ταῖς Πατρόκλου ταφαῖς ἀναγινωσκομένους ὑπό τινων οὐχ ἥμονας, ἀλλὰ ῥήμονας, ὡς δὴ καὶ λόγων ἆθλα τοῦ Ἀχιλλέως προθέντος, ἀφεὶς, εἶπον ὅτι καὶ Πελίαν θάπτων Ἄκαστος ὁ υἱὸς ἀγῶνα ποιήματος παράσχοι, καὶ Σίβυλλα νικήσειεν. (8) Ἐπιφυομένων δὲ πολλῶν, καὶ τὸν βεβαιωτὴν ὡς ἀπίστου [καὶ] παραλόγου τῆς ἱστορίας ἀπαιτούντων, ἐπιτυχῶς ἀναμνησθεὶς ἀπέφαινον Ἀκέσανδρον ἐν τῷ περὶ Λιβύης ταῦτα ἱστοροῦντα. (9) Καὶ τοῦτο μὲν, ἔφην, τὸ ἀνάγνωσμα τῶν οὐκ ἐν μέσῳ ἐστί· τοῖς δὲ Πολέμωνος τοῦ Ἀθηναίου περὶ τῶν ἐν Δελφοῖς θησαυρῶν οἶμαι ὅτι πολλοῖς ὑμῶν ἐντυγχάνειν ἐπιμελές ἐστι, καὶ χρή, πολυμαθοῦς καὶ οὐ νυστάζοντος ἐν τοῖς Ἑλληνικοῖς πράγμασιν ἀνδρός· (10) ἐκεῖ τοίνυν εὑρήσετε γεγραμμένον, ὡς ἐν τῷ Σι-

---

fit manifestum, eandem sensus affectionem non eodem modo animum afficere, nisi accedat persuasio, id quod fit, studiose et cum ratione confici.

QUÆSTIO II.

Poeticam concertationem antiquam fuisse.

PERSONÆ COLLOQUII.

PLUTARCHUS, PETRÆUS.

1. Quum Pythia celebrarentur, disputatum fuit de abolendis ascititiis certaminibus. Nam quum ultra ea quæ tria erant antiquitus instituta certamina, tibicinis Pythici, citharistæ et citharœdi, admissus esset tragœdus : quasi porta aperta jam resisti non potuit confertim irrumpentibus omnis generis auditionibus : (2) atque inde varietas quidem certamini non injucunda et festivitas parta est; severitas tamen et elegantia deminuta : et quum judicibus multum molestiæ factum est, tum multæ, ut solet, multis victis, inimicitiæ. (3) Non postremo loco censebant veterum historiarum scriptores et poetarum gentem inde amoliendam; neque hoc odio literarum impulsi, sed quod ii longe omnium certantium nobilissimi pudorem incuterent molestiamque afferrent, quum omnes sciti elegantesque haberentur, neque tamen vincere universi possent. (4) Nos autem in concilio dehortati sumus eos, qui movere res constitutas ac novare cuperent, certaminique tanquam musico instrumento nervorum et vocum multitudinem vitio darent. (5) Atque in cœna, quam Petræus, præmiis tribuendis præfectus, præbebat, quum de eadem re sermo incidisset, musicæ sumus patrocinati : pronunciavimusque poeticam non sero aut nuper ad sacra certamina venisse, verum antiquitus coronas pro victoria reportasse. (6) Non deerant qui putarent me obsoletas res in medium adducturum, puta Œolyci Thessali sepulturam, et Amphidamantis Chalcidensis, in qua ferunt Homerum et Hesiodum carminibus certasse. (7) Ego his, quod grammaticorum sermonibus omnia essent trita, et illis qui in funebribus Patrocli ludis leguntur a nonnullis non hastam jaciendo certasse, sed dicendo (καὶ ῥήμονες, *quum ab aliis scribatur* καὶ ῥ᾽ ἥμονες), ac si dicendi etiam præmia proposuisset Achilles : his, inquam, missis, id dixi, quod Acastus Peliam patrem funerans poematum certamen instituit, idque Sibylla vicit. (8) Hic quum multi me reprehenderent, et narrationis tanquam incredibilis et absurdæ testem aliquem poscerent; commodum recordatus asserui Acesandrum in opere de Africa auctorem ejus esse. (9) Sed hujus, aiebam, lectio non est omnibus in promptu : Polemonis autem Atheniensis de thesauris Delphicis scriptum existimo plerisque vestrum curæ fuisse ut legerent : itaque oportet, hominis varie docti et non oscitanter in rebus Græcis versati. (10) Ibi ergo legetis in Sicyonio thesauro repositum libellum aureum, dedi-

κορινθίῳ θησαυρῷ χρυσοῦν ἀνέκειτο βιβλίον Ἀριστομά-
χης ἀνάθημα τῆς Ἐρυ[θραίας] ποιητρίας, Ἴσθμια νε-
νικηκυίας. (11) Οὐ μὴν οὐδὲ τὴν Ὀλυμπίαν, ἔφην, ἄξιόν
ἐστιν, ὥσπερ εἱμαρμένην ἀμετάστατον καὶ ἀμετάθετον
5 ἐν τοῖς ἀθλήμασιν, ἐκπεπλῆχθαι. (12) Τὰ μὲν γὰρ
Πύθια τῶν μουσικῶν ἔσχε τρεῖς ἢ τέτταρας ἐπεισοδίους
ἀγῶνας· ὁ δὲ γυμνικὸς ἀπ' ἀρχῆς, ὡς ἐπὶ τὸ πλεῖστον,
οὕτω κατέστη· τοῖς δ' Ὀλυμπίοις πάντα προσθήκη,
πλὴν τοῦ δρόμου, γέγονε· πολλὰ δὲ καὶ θέντες, ἔπειτ'
10 ἀνεῖλον, ὥσπερ τὸν τῆς κάλπης ἀγῶνα καὶ τὸν τῆς
ἀπήνης· (13) ἀνῃρέθη δὲ καὶ παισὶ πεντάθλοις στέφανος
τεθείς· καὶ ὅλως πολλὰ περὶ τὴν πανήγυριν νενεωτέρι-
σται. (14) Δέδια δ' εἰπεῖν ὅτι πάλαι καὶ μονομαχίας
ἀγὼν περὶ Πίσαν ἤγετο μέχρι φόνου καὶ σφαγῆς τῶν
15 ἡττωμένων καὶ ὑποπιπτόντων, μή με πάλιν ἀπαιτῆτε
τῆς ἱστορίας βεβαιωτήν, κἂν διαφύγῃ τὴν μνήμην ἐν
οἴνῳ τὸ ὄνομα, καταγέλαστος γένωμαι.

catum ab Aristomacha Erythræa poetria, quum Isthmia
vicisset. (11) Neque est quod attoniti spectemus Olympia,
tanquam Fati in morem certamina immutabilia cui sint.
(12) Nam Pythia musicorum tres aut quattuor concertatio-
nes ascititios habebant; gymnicum certamen initio fere ita
fuit institutum : at Olympiis omnia, cursu excepto, addi-
tamentorum loco accesserunt : multa etiam quæ posuissent,
deinde rursum sustulerunt, ut certamen quod mulo tergo
equitem gestante, et alterum quod curru junctis mulis obi-
batur (hoc *apenam*, illud *calpen* vocabant) : (13) sublata
est etiam corona quæ pueris quinquertio certantibus fuerat
proposita : omninoque multa in festivitate ea nove sunt instituta. (14) Vercor autem dicere, olim singulare certamen apud Pisam fuisse celebratum, ubi quidem etiam ne-
caretur victus aut se dedens; ne denuo auctorem historiæ
requiratis, cujus si mihi inter pocula nomen memoria non
suggerat, ridiculus fiam.

ΠΡΟΒΛΗΜΑ Γʹ.

Τίς αἰτία δι' ἣν ἡ πίτυς ἱερὰ Ποσειδῶνος ἐνομίσθη καὶ
Διονύσου· καὶ ὅτι τὸ πρῶτον ἐστεφάνουν τῇ πίτυϊ
τοὺς Ἴσθμια νικῶντας, ἔπειτα σελίνῳ, νυνὶ δὲ πάλιν
τῇ πίτυϊ.

ΠΡΟΣΩΠΑ ΤΟΥ ΔΙΑΛΟΓΟΥ.

ΛΟΥΚΑΝΙΟΣ, ΠΡΑΞΙΤΕΛΗΣ.

I. Ἡ πίτυς ἐζητεῖτο καθ' ὃν λόγον ἐν Ἰσθμίοις στέμμα γέγονε· καὶ γὰρ ἦν τὸ δεῖπνον ἐν Κορίνθῳ, Ἰσθμίων
20 ἀγομένων ἑστιῶντος ἡμᾶς Λουκανίου τοῦ ἀρχιερέως. (2)
Πραξιτέλης μὲν οὖν ὁ περιηγητὴς τὸ μυθῶδες ἐπῆρεν,
ὡς λεγόμενον εὑρεθῆναι τὸ σῶμα τοῦ Μελικέρτου πίτυϊ
προσβεβρασμένον ὑπὸ τῆς θαλάττης· καὶ γὰρ οὐ πρόσω
Μεγάρων εἶναι τόπον, ὃς Καλῆς δρόμος ἐπονομάζεται,
25 δι' οὗ φάναι Μεγαρεῖς τὴν Ἰνὼ τὸ παιδίον ἔχουσαν
δραμεῖν ἐπὶ τὴν θάλασσαν. (3) Κοινῶς δὲ ὑπὸ πολλῶν
λεγομένου, ὡς ἴδιόν ἐστι στέμμα Ποσειδῶνος ἡ πίτυς,
Λουκανίου δὲ προστιθέντος ὅτι καὶ τῷ Διονύσῳ καθω-
σιωμένον τὸ φυτὸν οὐκ ἀπὸ τρόπου ταῖς περὶ τὸν Μελι-
30 κέρτην συνῳκείωται τιμαῖς, αὐτὸ τοῦτο ζήτησιν παρεῖχεν, ᾧτινι λόγῳ Ποσειδῶνι καὶ Διονύσῳ τὴν πίτυν οἱ
παλαιοὶ καθωσίωσαν. (4) Ἐδόκει δέ μοι μηδὲν εἶναι
παράλογον· ἀμφότεροι γὰρ οἱ θεοὶ τῆς ὑγρᾶς καὶ γονίμου κύριοι δοκοῦσιν ἀρχῆς εἶναι· καὶ Ποσειδῶνί γε
35 φυταλμίῳ, Διονύσῳ δὲ δενδρίτῃ, πάντες, ὡς ἔπος
εἰπεῖν, Ἕλληνες θύουσιν. (5) Οὐ μὴν ἀλλὰ κατ' ἰδίαν
τῷ Ποσειδῶνι φαίη τις ἂν τὴν πίτυν προσήκειν, * οὐχ
ὡς Ἀπολλόδωρος οἴεται, παραλίου φυτὸν οὖσαν, οὐδὲ
ὅτι φιλήνεμός ἐστιν, ὥσπερ ἡ θάλασσα (καὶ γὰρ τοῦτό
40 τινες λέγουσιν), ἀλλὰ διὰ τὰς ναυπηγίας μάλιστα. (6)
Καὶ γὰρ αὐτὴ καὶ τὰ ἀδελφὰ δένδρα, πεῦκαι καὶ στρό-
βιλοι, τῶν τε ξύλων παρέχει τὰ πλοϊμώτατα, πίττης

QUÆSTIO III.

*Quid causæ sit, quod pinus Neptuno et Baccho sacra
habetur : et quod initio e pinu corona victoribus
Isthmico certamine data est, deinde ex apio, nunc
rursum pinea.*

PERSONÆ COLLOQUII.

LUCANIUS, PRAXITELES.

I. Corinthi in cœna, quum nos Lucanius pontifex maximus excepisset convivio, quo tempore Isthmia agebantur,
quæstio incidit, qua de causa e pinu corona eo certamine
victori daretur. (2) Ac Praxiteles quidem enarrator fabulosam rationem attulit, dicens ita ferri : Melicertæ corpus inventum fuisse a mari ad pinum allisum; etenim non procul
Megaris locum esse qui *Pulchræ cursus* appelletur; quod
Megarenses ferant hæc Ino cum infante quem gestabat ad
mare cucurrisse. (3) Porro quum multi ex vulgari opinione
dicerent, peculiare Neptuno esse pineum sertum; Lucanius
vero adderet, arborem etiam Baccho consecratam haud abs
re Melicertæ honoribus fuisse destinatam : hoc ipsum in
quæstionem venit, qua tandem ratione veteres pinum Neptuno Bacchoque consecravissent. (4) Ego ostendi mihi
nihil ea in re inesse absurdi videri. Uterque enim, aiebam,
deorum humido et genitali principio præesse censetur : et
Neptuno dicto Phytalmio (a fœcundandis stirpibus), Baccho
Dendritæ (id est arborum tutori), omnes prope Græci sacrificant. (5) Veruntamen dicere aliquis possit, peculiariter
Neptuno pinum convenire; non, quod Apollodorus putavit,
quia mari finitima stirps sit, aut quia itidem ut mare ventis
delectetur (nam et hoc sunt qui dicant), sed ob navium potissimum constructiones. (6) Pinus enim, et cognatæ ei
arbores, picea ac larix, quum ligna navigiis aptissima suppeditant, tum picis ac resinæ unguentum, sine quibus

τε καὶ ῥητίνης ἀλοιφήν, ἧς ἄνευ τῶν συμπαγέντων
ὄφελος οὐδὲν ἐν τῇ θαλάττῃ. (7) Τῷ δὲ Διονύσῳ τὴν
πίτυν ἀνιέρωσαν, ὡς ἐφηδύνουσαν τὸν οἶνον· κατὰ γὰρ
τὰ πιτυώδη χωρία λέγουσιν ἡδὺν οἶνον τὴν ἄμπελον
φέρειν· (8) καὶ τὴν θερμότητα τῆς γῆς Θεόφραστος
αἰτιᾶται· καθόλου γὰρ ἐν ἀργιλώδεσι τόποις φύεσθαι
τὴν πίτυν· εἶναι δὲ τὴν ἄργιλον θερμήν, διὸ καὶ συνεκ-
πέττειν τὸν οἶνον, ὥσπερ καὶ τὸ ὕδωρ ἐλαφρότατον καὶ
ἥδιστον ἡ ἄργιλος ἀναδίδωσιν· ἔτι δὲ καὶ καταμιγνυ-
μένη πρὸς σῖτον ἐπίμετρον ποιεῖ δαψιλές, ἁδρύνουσα
καὶ διογκοῦσα τῇ θερμότητι τὸν πυρόν· (9) οὐ μὴν
ἀλλὰ καὶ τῆς πίτυος αὐτῆς εἰκὸς ἀπολαύειν τὴν ἄμπελον, ἐχούσης ἐπιτηδειότητα πολλὴν πρὸς σωτηρίαν
οἴνου καὶ διαμονή. (10) Τῇ τε γὰρ πίττῃ πάντες ἐξαλείφουσι τὰ ἀγγεῖα, καὶ τῆς ῥητίνης ὑπομιγνύουσι πολλοὶ τῷ οἴνῳ καθάπερ Εὐβοεῖς τῶν Ἑλλαδικῶν καὶ τῶν
Ἰταλικῶν οἱ περὶ τὸν Πάδον οἰκοῦντες· ἐκ δὲ τῆς περὶ
Βίενναν Γαλατίας ὁ πισσίτης οἶνος κατακομίζεται,
διαφερόντως τιμώμενος ὑπὸ Ῥωμαίων· (11) οὐ γὰρ
μόνον εὐωδίαν τινὰ τὰ τοιαῦτα προσδίδωσιν, ἀλλὰ καὶ
τὸν οἶνον εὔποτον παρίστησι ταχέως ἐξαίρον[τα] τῇ θερμότητι τοῦ οἴνου τὸ νεαρὸν καὶ ὑδατῶδες.

    II. Ὡς δὲ ταῦτ' ἐρρήθη, τῶν ῥητόρων ὁ μάλιστα
δοκῶν ἀναγνώσμασιν ἐντυγχάνειν ἐλευθερίοις, Ὦ πρὸς
θεῶν, εἶπεν, οὐ γὰρ ἐχθὲς ἡ πίτυς ἐνταῦθα καὶ πρώην
στέμμα γέγονε τῶν Ἰσθμίων, πρότερον δὲ τοῖς σελίνοις
ἐστέφοντο; (2) καὶ τοῦτό ἐστι μὲν ἐν τῇ κωμῳδίᾳ φι-
λαργύρου τινὸς ἀκοῦσαι λέγοντος,

    Τὰ δ' Ἴσθμι' ἀποδοίμην ἂν ἡδέως ὅσου
    ὁ τῶν σελίνων στέφανός ἐστιν ὤνιος.

(3) Ἱστορεῖ δὲ καὶ Τίμαιος ὁ συγγραφεύς, ὅτι Κορίνθιοι
ὁπηνίκα μαχούμενοι πρὸς Καρχηδονίους ἐβάδιζον ὑπὲρ
τῆς Σικελίας, ἐνέβαλόν τινες σέλινα κομίζοντες· οἰωνι-
σαμένων δὲ τῶν πολλῶν τὸ σύμβολον, ὡς οὐ χρηστὸν,
ὅτι δοκεῖ τὸ σέλινον   ἐπικήδειον εἶναι καὶ τοὺς ἐπισφαλῶς νοσοῦντας δεῖσθαι τοῦ σελίνου φαμέν, ὡς ὁ Τιμολέων ἐθάρρυνεν αὐτοὺς καὶ ἀνεμίμνησκε τῶν Ἰσθμοῖ
σελίνων, οἷς ἀναστέφουσι Κορίνθιοι τοὺς νικῶντας. (4)
Ἔτι τοίνυν ἡ Ἀντιγόνου ναυαρχὶς ἀναφύσασα περὶ
πρύμναν αὐτομάτως σέλινον, Ἰσθμία ἐπωνομάσθη. (5)
Καὶ τοῦτο δὴ τὸ σχολιὸν ἐπίγραμμα δῆλον κεραμέα
νομίζει διαβεβυσμένην σελίνῳ· σύγκειται δὲ οὕτω·

    Χθὼν ἡ παλὰς γῆ, πυρὶ κατηβαλωμένη
    κεύθει κελαινὸν αἷμα, Διονύσου θεοῦ
    ἔχουσα κλῶνας Ἰσθμικοὺς ἀνὰ στόμα.

(6) Ἢ ταῦτα, εἶπεν, οὐκ ἀνέγνω κατευμαί σοι τὴν πίτυν, ὡς οὐκ ἐπείσακτον οὐδὲ νέον, ἀλλὰ πάτριον καὶ
παλαιὸν δὲ στεμμάτων Ἰσθμίων σεμνύνοντες ἐκίνησεν
οὐ νέους, ὡς ἂν πολυμαθὴς ἀνὴρ καὶ πολυγράμματος.
    III. Ὁ μέντοι Λουκάνιος εἰς ἐμὲ βλέψας ἅμα καὶ
μειδιῶν, Ὦ Ποσειδῶν, ἔφη, τοῦ πλήθους τῶν γραμ-
μάτων· ἕτεροι δὲ ἡμῶν τῆς ἀμαθίας, ὡς ἔοικε, καὶ τῆς
ἀνηκοίας ἀπέλαυον ἀναπείθοντες τοὐναντίον, ὡς ἡ μὲν

---

compactorum lignorum nullus erat futurus in mari usus.
(7) Pinum porro consecravere Baccho, quia vino suavitatem
conciliet. Nam quæ loca pinubus abundant, ea suavis vini
feraces vites generant. (8) Theophrastus id calori terræ
imputat : universe enim pinum in argillosis nasci locis; et
argillam, calida quum sit, excoctioni uvarum subservire :
sicut eadem aquam etiam levissimam et suavissimam edit :
præterea admixta frumento, addimentum largum eo sua
caliditate roborando augendoque affert. (9) Enimvero probabile est e pinu ipsa vitem accipere sua emolumenta, quum
ad conservandum vinum multis modis ea conducat. (10)
Nam et pice universi vasa obliniunt, et resinam multi vino
admiscent, ut de Græcis Eubœenses, et in Italia qui ad
Padum accolunt : et e Gallia Viennæ vicina vinum picatum
affertur, quod in summo est apud Romanos pretio. (11)
Hæc enim non tantum bonum quendam odorem induunt,
sed vinum quoque commodum reddunt, calore suo mu-
steas ejus et aquosas partes celeriter conficientia.

II. Ea postquam dicta fuerunt, de rhetoribus is qui maxime libros ad humanitatem facientes evolvisse videbatur,
Dii boni, inquit, quasi vero non nuper admodum e pinu
cœperit corona Isthmiorum peti, quum ante apio redimi-
rentur? (2) Sane in comœdia audire est avarum quendam
ista dicentem,

    Libenter Isthmia pretio hoc vendam tibi,
    apio corona texta quanto venditur.

(3) Narrat etiam Timæus historiarum scriptor, Corinthiis,
quum de Sicilia cum Carthaginiensibus dimicaturi ad pugnam irent, occurrisse quosdam qui apium ferrent : quod
quum plerique adversum oblatum esse putarent omen, quia
apium videtur funerarium esse, et qui periculose ægrotant, eos apio opus habere dicimus : Timoleonem animos
suorum dictis erexisse, admonuisseque Isthmiorum, quibus
Corinthii victores apio coronarent. (4) Ad hæc prætoria
Antigoni navis, quum e puppi ejus sponte enatum esset
apium, Isthmia fuit cognominata. (5) Jam scolium hoc
epigramma monstrat testam vineam apio trajecto tectam ;
sic autem est compositum :

    Culias hæc argilla usta validis ignibus
    condit nigrantem sanguinem vini, Isthmicus
    cui lambit ora celeris Bacchi surculus.

(6) His disputatis, quippe qui non legisset prædicantes pinum ut non asciititiam aut novam, sed majorum more usurpatam et antiquitus institutam coronam Isthmicam : his
igitur disputatis commovit nonnihil adolescentes quidem ut
vir variæ doctrinæ multipliciumque literarum habitus.

III. Lucanius vero me intuens, simulque renidens, Proh
Neptune, inquit, quanta literarum copia! Alii autem, ut
apparet, ignoratione et imperitia nostra abusi contra nobis
persuaserunt, pineam fuisse apud majores nostros Isthmio-

<table>
<tr><td>

πίτυς ἦν στέμμα τῶν ἀγώνων πάτριον, ἐκ δὲ Νεμέας
κατὰ ζῆλον ὁ τοῦ σελίνου ξένος ὢν ἐπεισῆλθε δι᾽ Ἡρα-
κλέα, καὶ κρατήσας, ἠμαύρωσεν ἐκεῖνον, ὡς ἱερὸν ἐπι-
τήδειον· εἶτα μέντοι χρόνῳ πάλιν ἀνακτησαμένη τὸ
5 πάτριον γέρας ἡ πίτυς ἀνθεῖ τῇ τιμῇ. (2) * Ἐγὼ γοῦν
ἀνεπειθόμην καὶ προσεῖχον, ὥστε καὶ τῶν μαρτυρίων
ἐκμαθεῖν πολλὰ καὶ μνημονεύειν· Εὐφορίωνα μὲν οὕτω
πως περὶ Μελικέρτου λέγοντα·

10 Κλαίοντες δέ τε κοῦρον ἐπ᾽ αἰλίσι πιτύεσσι
κάτθεσαν, ὁκκότε δὴ στεφάνων ἄθλοις φορέονται.
Οὐ γάρ πω τρηχεῖα λαβὴ καταμήσατο χειρῶν
Μήνης παῖδα χάρωνα παρ᾽ Ἀσωποῦ γενετείρῃ,
ἐξότε πυκνὰ σέλινα κατὰ κροτάφων ἐβάλοντο·

(3) Καλλίμαχον δὲ μᾶλλον διασαφοῦντα· λέγει δὲ ὁ
15 Ἡρακλῆς αὐτῷ περὶ τοῦ σελίνου·

Καί μιν Ἀλητιάδαι, πουλὺ γεγειότερον
τοῦδε παρ᾽ Αἰγειῶνι θεῷ τελέοντες ἀγῶνα,
θήσουσιν νίκης σύμβολον Ἰσθμιάδος,
ζήλῳ τῶν Νεμέηθε· πίτυν δ᾽ ἀποτιμήσουσιν,
20 ἢ πρὶν ἀγωνιστὰς ἔστεφε τοὺς Ἐφύρῃ.

(4) Ἔτι δὲ οἶμαι Προκλέους ἐντετυχηκέναι γραφῇ,
περὶ τῶν Ἰσθμίων ἱστοροῦντος, ὅτι τὸν πρῶτον ἀγῶνα
ἔθεσαν περὶ στεφάνου πιτυΐνου· ὕστερον δὲ τοῦ ἀγῶνος
ἱεροῦ γενομένου, ἐκ τῆς Νεμεακῆς πανηγύρεως μετή-
25 νεγκαν ἐνταῦθα τὸν τοῦ σελίνου στέφανον. Ὁ δὲ Προ-
κλῆς οὗτος ἦν εἷς τῶν ἐν Ἀκαδημίᾳ Ξενοκράτει συσχο-
λασάντων.

ΠΡΟΒΛΗΜΑ Δ.

Περὶ τοῦ, Ζωρότερον δὲ κέραιρε.

ΠΡΟΣΩΠΑ ΤΟΥ ΔΙΑΛΟΓΟΥ.

ΝΙΚΗΡΑΤΟΣ, ΣΩΣΙΚΛΗΣ, ΑΝΤΙΠΑΤΡΟΣ,
ΠΛΟΥΤΑΡΧΟΣ.

I. Γελοῖος ἐδόκει τισὶ τῶν συνδειπνούντων ὁ Ἀχιλ-
λεύς, ἀκρατότερον ἐγχεῖν τὸν Πάτροκλον κελεύων, εἶτ᾽
30 αἰτίαν τοιαύτην ἐπιλέγων·

Οἱ γὰρ φίλτατοι ἄνδρες ἐμῷ ὑπέασι μελάθρῳ.

(2) Νικήρατος μὲν οὖν ὁ ἑταῖρος ἡμῶν, ὁ Μακεδὼν, ἄν-
τικρυς ἐπισχυρίζετο, μὴ ἄκρατον, ἀλλὰ θερμὸν εἰρῆσθαι
τὸ ζωρὸν, ἀπὸ τοῦ ζωτικοῦ καὶ τῆς ζέσεως, ὃ δὴ καὶ
35 λόγον ἔχειν, ἀνδρῶν ἑταίρων παρόντων, νέον ἐξ ὑπαρ-
χῆς κεράννυσθαι κρατῆρα· καὶ γὰρ ἡμᾶς, ὅταν τοῖς
θεοῖς ἀποσπένδειν μέλλωμεν, νεόκρατα ποιεῖν. (3)
Σωσικλῆς δὲ ὁ ποιητής, τοῦ Ἐμπεδοκλέους ἐπιμνη-
σθεὶς εἰρηκότος ἐν τῇ καθόλου μεταβολῇ, γίνεσθαι

40 Ζωρά τε τὰ πρὶν ἄκρητα,

μᾶλλον ἔφη τὸ εὔκρατον ἢ τὸ ἄκρατον ὑπὸ τοῦ ἀνδρὸς
ζωρὸν λέγεσθαι, καὶ μηδέν γε κωλύειν ἐπικελεύεσθαι
τῷ Πατρόκλῳ τὸν Ἀχιλλέα παρασκευάζειν εὔκρατον
εἰς πόσιν τὸν οἶνον· εἰ δ᾽ ἀντὶ τοῦ ζωροῦ ζωρότερον εἴ-

</td><td>

rum coronam; apium autem e Nemea imitatione quadam,
alienum quum esset, huc obrepsisse Herculis gratia, pi-
numque suo loco expulsam habito apio pro re his sacris
idonea: aliquanto post tempore pinum recuperasse pristi-
nam dignitatem, et nunc esse in summo flore atque ho-
nore. (2) Mihi quidem fides facta est, animumque adverti:
atque adeo multa testimonia hujus rei edidici ac comme-
mini. Nimirum Euphorio sic fere de Melicerta scripsit:

Plorantes puerum tunc frondibus imposuerunt
de pinu, cursor dum quærit serta coronæ.
Nam Lunæ proles leo nondum senserat arctos
complexus manuum, pascens Asopidis arva:
hinc apii densis ornarunt tempora sertis.

(3) Et Callimachus apertius etiam aliquanto rem explicat
apud quem Hercules sic dicit de apio:

Aletiadæ,
multo antiquius hoc sacrum certamen agentes
Neptuno, ponent Isthmiacis apium
de Nemeæ ritu victoribus: atque abolescet
qui quondam fuerat, pinus, honos Ephyræ.

(4) Præterea, nisi fallor, incidi in Proclis scriptum, qui
narrat Isthmiis ludis primo certatum fuisse de pinea co-
rona; deinde quum inter sacra haberi hoc certamen cœpis-
set, eo e Nemea festivitate traductam fuisse coronam ex
apio. Fuit autem Procles iste unus ex iis qui in Academia
Xenocrati operam dederunt.

QUÆSTIO IV.

De eo quod est apud Homerum, Ζωρότερον δὲ κέραιρε.

PERSONÆ COLLOQUII.

NICERATUS, SOSICLES, ANTIPATER, PLUTARCHUS.

I. Videbatur nonnullis qui in cœna nobiscum aderant, ri-
diculus Achilles, qui juberet meracius (apud Homerum
ζωρότερον) infundere Patroclum, et hanc subjungeret man-
dato causam, ut diceret,

Dilecti ante omnes mea tecta viri subiere.

(2) Niceratus ibi Macedo, sodalis noster, contendebat non
merum, sed calidum appellari eo loco zoron, a fervendo et
vita vocabulo declinato; neque id ratione carere, ubi amici
homines advenissent, novum denuo temperari craterem:
quandoquidem nos quoque diis libaturi, de integro vinum
misceamus. (3) Sosicles autem poeta recordatus Empedo-
clis, qui dixerat in universali mutatione fieri zora quæ
prius fuissent permixtionis expertia: ab Achille probe
temperatum potius quam non temperatum vinum aiebat
zoron dici; neque esse quod obstet, quominus Achilles Pa-
troclo imperet, ut vinum ad potum bene temperet; neque

</td></tr>
</table>

πεν, ὥσπερ δεξιτερὸν ἀντὶ τοῦ δεξιοῦ, καὶ θηλύτερον
ἀντὶ τοῦ θήλεος, οὐκ ἄτοπον εἶναι· χρῆσθαι γὰρ ἐπιεικῶς ἀντὶ τῶν ἁπλῶν τοῖς συγκριτοῖς. (4) Ἀντίπατρος
δὲ ὁ ἑταῖρος ἔφη τοὺς μὲν ἐνιαυτοὺς ἀρχαϊκῶς ὥρους
λέγεσθαι· τὸ δὲ ζα μέγεθος εἴωθεν σημαίνειν· ὅθεν τὸν
πολυετῆ καὶ παλαιὸν οἶνον ὑπὸ τοῦ Ἀχιλλέως ζωρὸν
ὠνομάσθαι.

II. Ἐγὼ δ' ἀνεμίμνησκον αὐτούς, ὅτι τῷ ζωροτέρῳ
τὸ θερμὸν ἔνιοι σημαίνεσθαι λέγουσι, τῷ δὲ θερμοτέρῳ
τὸ τάχιον· ὥσπερ ἡμεῖς ἐγκελευόμεθα πολλάκις τοῖς
διακονοῦσι, θερμότερον ἅπτεσθαι τῆς διακονίας· ἀλλὰ
μειρακιώδη τὴν φιλοτιμίαν αὐτῶν ἀπέφαινον, δεδιότων
ὁμολογεῖν ἀκρατότερον εἰρῆσθαι τὸ ζωρότερον, ὡς ἐν
ἀτόπῳ τινὶ τοῦ Ἀχιλλέως ἐσομένου· (2) καθάπερ ὁ
Ἀμφιπολίτης Ζωΐλος ὑπελάμβανεν, ἀγνοῶν ὅτι πρῶτον
μὲν ὁ Ἀχιλλεὺς τὸν Φοίνικα καὶ τὸν Ὀδυσσέα πρεσβυτέρους ὄντας εἰδὼς, οὐχ ὑδαρεῖ χαίροντας, ἀλλ' ἀκρατοτέρῳ, καθάπερ οἱ ἄλλοι γέροντες, ἐπιτεῖναι κελεύει
τὴν κρᾶσιν· ἔπειτα Χείρωνος ὢν μαθητὴς, καὶ τῆς περὶ
τὸ σῶμα διαίτης οὐκ ἄπειρος, ἐλογίζετο δήπουθεν ὅτι
τοῖς ἀργοῦσι καὶ σχολάζουσι παρὰ τὸ εἰωθὸς σώμασιν
ἀνειμένη καὶ μαλακωτέρα κρᾶσις ἁρμόζει. (3)* Καὶ
γὰρ τοῖς ἵπποις ἐμβάλλει μετὰ τῶν ἄλλων χορτασμά-
των τὸ σέλινον οὐκ ἀλόγως, ἀλλ' ὅτι βλάπτονται μὲν οἱ
σχολάζοντες ἀσυνήθως ἵπποι τοὺς πόδας· ἔστι δὲ τούτου
μάλιστα ἴαμα τὸ σέλινον. Ἄλλοις γοῦν οὐκ ἂν εὕροις
παραβαλλόμενον ἵπποις ἐν Ἰλιάδι σέλινον, ἤ τινα τοιοῦτον χιλόν. (4) Ἀλλ' ἰατρὸς ὢν ὁ Ἀχιλλεύς, τῶν θ'
ἵππων πρὸς τὸν καιρὸν οἰκείως ἐπεμελεῖτο, καὶ τῷ σώματι
τὴν ἐλαφροτάτην δίαιταν, ὡς ὑγιαινοτάτην ἐν τῷ σχολάζειν, παρεσκεύαζεν· ἄνδρας δ' ἐν μάχῃ καὶ ἀγῶνι
δι' ἡμέρας γεγενημένους οὐχ ὁμοίως ἀξιῶν διαιτᾶν τοῖς
ἀργοῦσιν, ἐπιτεῖναι τὴν κρᾶσιν ἐκέλευσε. (5) Καὶ μὴν
οὐδὲ φύσει φαίνεται φίλοινος, ἀλλ' ἀπηνὴς ὁ Ἀχιλ-
λεύς·

> Οὐ γάρ τι γλυκύθυμος ἀνὴρ ἦν, οὐδ' ἀγανόφρων,
> ἀλλὰ μάλ' ἐμμεμαώς·

καί που παρρησιαζόμενος ὑπὲρ αὑτοῦ, πολλάς φησιν
« ἀΰπνους νύκτας ἰαῦσαι » βραχὺς δὲ ὕπνος οὐκ ἐξαρκεῖ τοῖς χρωμένοις ἀκράτῳ. (6) Λοιδορούμενος δὲ τῷ
Ἀγαμέμνονι, πρῶτον αὐτὸν οἰνοβαρῆ προσείρηκεν, ὡς
μάλιστα τῶν νοσημάτων τὴν οἰνοφλυγίαν προβαλλόμε-
νος. (7) Διὰ ταῦτα δὴ πάντα, λόγον εἶχεν αὐτὸν ἐννοῆσαι, τῶν ἀνδρῶν ἐπιφανέντων, μή ποτε ἡ συνήθης
κρᾶσις αὐτῷ τοῦ οἴνου πρὸς ἐκείνους ἀνειμένη καὶ ἀνάρ-
μοστός ἐστιν.

---

novum aut insolens esse, quod comparativa loco positivo-
rum usurpentur, in aliis quoque vocabulis facere hic
poeta solet. (4) Antipater vero socius noster aiebat, prisca
Græcorum lingua annos fuisse *horos* dictos : *Za* autem
solere magnitudinem notare : itaque ab Achille annosum et
vetustum vinum *zoron* (quasi *zaoron*) nominatum esse.

II. Ad hæc ego in memoriam eos revocare jussi, quod
quum dicerent nonnulli *zoroteron* pro calido accipi, simul
intelligerent calore celeritatem significari ut quum nos famulos jubemus calidius, id est velocius, ministeria obire.
Sed tamen, inquam, puerilis est vestra contentio, qui vere-
mini ne absurdo alicui obnoxium Achillem faciatis, si fatea-
mini eum præcepisse ut meracius vinum infunderetur : (2)
quod suspicatus fuit Zoilus Amphipolita, qui sane primum
id ignoravit, quod Achilles Phœnicem et Ulyssem sciens esse
senes et diluto non delectari, sed mero, reliquorum senum
more jussit validiorem potum apparari : deinde quum esset
Chironis discipulus, neque imperitus victu curandi corporis rationum, ratiocinatus nimirum est corporibus in otio
præter consuetudinem degentibus temperamentum convenire remissius et languidius. (3) Nam equis quoque inter
alia pabula apium præbet, non sine ratione ; sed quia equi
præter morem otiosi læduntur pedes, adversus quod damnum remedio est, ut quod maxime, apium : itaque in Iliade
non invenies aliis equis apium exhibitum, aut aliquid similis saporis. (4) Sed Achilles, utpote medicus, quum equos
solerter curavit ; tum corpori suo desidens in otio facillimam
rationem victus ut saluberrimam procuravit : viros autem
qui in pugna diem exegissent, existimans non eo victu quo
desides esse tractandos, vinum præberi jussit meracius.
(5) Alias quoque Achilles natura non videtur fuisse vinosus, sed immiti ingenio : ut de eo dictum sit,

> Non etenim miti est animo, aut placabilis hic vir,
> sed valde rigidus.

Atque ipse quodam loco libere collaudans se ipsum, *multas
se insomnes noctes* ait *exegisse :* quum sane brevis somnus merum bibenti non sufficiat. (6) Et Agamemnoni
convicium faciens, temulentum appellat, primo hoc vitium
loco exprobrans, quod odisset maxime. (7) Ex his omnibus
jam rationi convenientissimum videtur, eum istis viris ad
se venientibus operam dedisse ne vini mixtio, qua ipse
soleret uti, illis non satis accommodata esset, utpote nimis
languida.

ΠΡΟΒΛΗΜΑ Ε.

Περὶ τῶν πολλοὺς ἐπὶ δεῖπνον καλούντων.

ΠΡΟΣΩΠΑ ΤΟΥ ΔΙΑΛΟΓΟΥ.

ΠΛΟΥΤΑΡΧΟΣ, ΟΝΗΣΙΚΡΑΤΗΣ, ΛΑΜΠΡΙΑΣ Ο ΠΑΠΠΟΣ.

I. Τὸ περὶ τὰς κατακλίσεις φαινόμενον ἄτοπον πλείονα λόγον παρέσχεν ἐν ταῖς ὑποδοχαῖς, ἃς ἐποιεῖτο τῶν φίλων ἕκαστος ἑστιῶν ἡμᾶς ἥκοντας ἀπὸ τῆς Ἀλεξανδρείας· ἐκαλοῦντο γὰρ ἀεὶ πολλοὶ τῶν ὁπωσοῦν προσ-
5 ήκειν δοκούντων, καὶ τὰ συμπόσια θορυβώδεις εἶχε τὰς συμπεριφοράς, καὶ τὰς διαλύσεις ταχείας. (2) Ἐπειδὴ δ᾽ Ὀνησικράτης ὁ ἰατρὸς οὐ πολλούς, ἀλλὰ τοὺς σφόδρα συνήθεις καὶ οἰκειοτάτους παρέλαβεν ἐπὶ τὸ δεῖπνον, ἐφάνη μοι τὸ λεγόμενον ὑπὸ Πλάτωνος αὐξομένη
10 πόλει, οὐ πόλιν συμπόσια δεδόσθαι. (3) Καὶ γὰρ συμποσίου μέγεθος ἱκανόν ἐστιν, ἄχρι οὗ συμπόσιον ἐθέλει μένειν· ἐὰν δὲ ὑπερβάλῃ διὰ πλῆθος, ὡς μηκέτι προσήγορον ἑαυτῷ μηδὲ συμπαθὲς εἶναι ταῖς φιλοφροσύναις, μηδὲ γνώριμον, οὐδὲ συμπόσιόν ἐστι. (4) Δεῖ γάρ, οὐχ
15 ὥσπερ ἐν στρατοπέδῳ, διαγγέλοις, οὐδὲ ὥσπερ ἐν τριήρει, χρῆσθαι κελευσταῖς· αὐτοὺς δὲ δι᾽ ἑαυτῶν ἐντυγχάνειν ἀλλήλοις, ὥσπερ χοροῦ, τοῦ συμποσίου, τὸν κρασπεδίτην τῷ κορυφαίῳ συνήκοον ἔχοντος.

II. Ἐμοῦ δὲ ταῦτ᾽ εἰπόντος, εἰς μέσον ἤδη φθεγξά-
20 μενος ὁ πάππος ἡμῶν Λαμπρίας, Ἆρα οὖν, εἶπεν, οὐ περὶ τὰ δεῖπνα μόνον, ἀλλὰ καὶ περὶ τὰς κλήσεις δεόμεθα τῆς ἐγκρατείας. (2) Ἔστι γάρ τις, οἶμαι, καὶ φιλανθρωπίας ἀκρασία, μηδένα παρερχομένης τῶν συμποτῶν, ἀλλὰ πάντας ἑλκούσης ὡς ἐπὶ θέαν ἢ ἀκρόα-
25 σιν. (3) Ἐμοιγ᾽ οὖν οὔτ᾽ ἄρτος, οὔτ᾽ οἶνος ἐπιλείπων τοῖς κεκλημένοις οὕτω δοκεῖ τὸν κεκληκότα ποιεῖν γελοῖον, ὡς χώρα καὶ τόπος· ὧν καὶ μὴ κεκλημένοις, ἀλλ᾽ ἐπελθοῦσιν αὐτομάτως ξένοις καὶ ἀλλοτρίοις ἀεὶ παρεσκευασμένην ἀφθονίαν ὑπάρχειν δεῖ. (4) Ἔτι δ᾽ ἄρτου
30 μὲν καὶ οἴνου ἐπιλιπόντων, ἔστι καὶ τοὺς οἰκέτας ὡς κλέπτοντας αἰτιᾶσθαι· τόπου δὲ πενία καὶ καταναλώσεις εἰς πλῆθος ὀλιγωρία τις ἐστὶ τοῦ καλοῦντος. (5) Εὐδοκιμεῖ δὲ θαυμαστῶς καὶ Ἡσίοδος, εἰπὼν,

Ἤτοι μὲν πρώτιστα χάος γένετ᾽·

35 χώραν γὰρ ἔδει καὶ τόπον προϋποκεῖσθαι τοῖς γενομένοις, οὐχ ὡς χθὲς ὁ μὸς υἱός, ἔφη, τὸ Ἀναξαγόρειον, «ἦν ὁμοῦ πάντα χρήματα,» τὸ σύνδειπνον ἐποίησεν. (6) Οὐ μὴν ἀλλὰ κἂν τόπος ὑπάρχῃ καὶ παρασκευή, τὸ πλῆθος αὐτὸ φυλακτέον, ὡς ἄμικτον τὴν συνουσίαν
40 ποιοῦν καὶ ἀπροσήγορον· οἴνου γὰρ ἀνελεῖν ἧττόν ἐστι κακόν, ἢ λόγου κοινωνίαν ἐκ δείπνου. (7) Διὸ καὶ Θεόφραστος ἄοινα συμπόσια παίζων ἐκάλει τὰ κουρεῖα, διὰ τὴν λαλιὰν τῶν προσκαθιζόντων. (8) Λόγων δὲ κοινωνίαν ἀναιροῦσιν οἱ πολλοὺς εἰς ταὐτὸ συμφοροῦν-
45 τες, μᾶλλον δ᾽ ὀλίγους ποιοῦσιν ἀλλήλοις συνεῖναι· καὶ

<hr>

QUÆSTIO V.

De his qui multos ad cœnam vocant.

PERSONÆ COLLOQUII.

PLUTARCHUS, ONESICRATES, LAMPRIAS AVUS.

I. Quum Alexandria rediremus, et nemo non amicorum nos convivio exciperet, factum est ut de discumbendo multi orirentur sermones, quum res ea videretur difficultatibus patere; eo quod singuli multos, et utcunque eo pertinere creditos ad cœnam vocabant : itaque et in conviviis turbulenta fiebat conversatio, et mox eadem dissolvebantur. (2) Quum autem Onesicrates medicus non multos, sed admodum necessarios et intimos cœnæ adhibuisset, venit mihi in mentem ejus quod Plato dixerat de augmento urbium, posse ad convivia accommodari. (3) Magnitudo enim convivii justa est, quamdiu convivium manere potest : ubi ob convivarum multitudinem modum excedit, ut jam compellationes, mutua comitas et notitia excludantur, ne convivium quidem est. (4) Oportet enim non ut in exercitu internunciis, aut in triremi jussa gubernatoris renunciantibus uti : sed unumquemque pro se cum aliis colloqui ; quum convivii ut chori, persona ima ita collocata esse debeat, ut summam exaudire possit.

II. Hæc ego quum dicerem, avus noster Lamprias in medium jam proloquens, Ergo, inquit, non in cœnando duntaxat, sed et in vocando ad convivium, opus habemus moderatione. (2) Est enim, puto, etiam quædam humanitatis incontinentia, neminem compotorum præteriens, sed omnes tanquam ad spectaculum aut ad auditionem trahens. (3) Mihi quidem non ita ridiculum facturus videtur convivii præbitorem panis vel vini defectus, ut spatii et loci inopia : cujus oportebat semper copiam paratam esse non tantum invitatis, sed ultro etiam supervenientibus hospitibus atque peregrinis. (4) Jam panis aut vinum si non sufficiat, culpam licet in servos, tanquam furto rem ii minuerint, conferre : loci inopia, in multitudinem insumti, socordiæ est invitantis imputanda. (5) Mirabiliter etiam probatur Hesiodus, quod cecinit,

Vastum principio chaos exstitit :

oportuit enim spatium et locum initio poni, ubi reciperentur res natæ : quod non observans meus filius, convivium heri tale instituit, in quo juxta Anaxagoræ dictum *omnes res simul essent*. (6) Enimvero etiamsi loci apparatusque est satis, tamen vitanda est convivarum multitudo, quæ communionem sermonis et compellationum e convivio tollit : quum tolerabilius sit vini, quam loquendi communicationem a cœna auferri. (7) Itaque Theophrastus jocans *tonstrinas* appellavit *convivia vini expertia*, ob loquacitatem ibi desidentium. (8) Sermonis autem societatem abolent qui multos in unam cœnam ingerunt ; immo id efficiunt, ut perpauci inter se colloquantur : duos enim aut

κατὰ δύο γὰρ ἢ τρεῖς ἀπολαμβάνοντες ἐντυγχάνουσι καὶ προσδιαλέγονται, τοὺς δὲ πόρρω κατακειμένους οὐδ' ἴσασιν οὐδὲ προσορῶσιν, ἵππου δρόμον ἀπέχοντας,

> Ἠμὲν ἐπ' Αἴαντος κλισίας Τελαμωνιάδαο,
> ἠδ' ἐπ' Ἀχιλλῆος.

5 (9) Ὅθεν οὐκ ὀρθῶς οἱ πλούσιοι νεανιεύονται κατασκευάζοντες οἴκους τριακοντακλίνους, καὶ μείζους· ἀμίκτων γὰρ αὕτη καὶ ἀφίλων δείπνων ἡ παρασκευή, καὶ πανηγυριάρχου μᾶλλον ἢ συμποσιάρχου δεομένων. (10) Ἀλλ' ἐκείνοις μὲν ταῦτα συγγνώμη ποιεῖν· ἄπλουτον 10 γὰρ οἴονται τὸν πλοῦτον καὶ τυφλὸν ἀληθῶς καὶ ἀδιέξοδον, ἂν μὴ μάρτυρας ἔχῃ, καθάπερ τραγῳδία, θεατάς· ἡμῖν δ' ἂν ἴαμα γένοιτο τοῦ πολλοὺς ὁμοῦ συνάγειν τὸ πολλάκις κατ' ὀλίγους παραλαμβάνειν. (11) Οἱ γὰρ σπανίως καὶ δι' ἅρματος, ὥς φασιν, ἑστιῶντες ἀναγκά- 15 ζονται τὸν ὁπωσοῦν ἐπιτήδειον ἢ γνώριμον καταγράφειν· οἱ δὲ συνεχέστερον κατὰ τρεῖς ἢ τέτταρας ἀναλαμβάνοντες, ὥσπερ πορθμεῖα τὰ συμπόσια, κοῦφά τε ποιοῦσι. (12) Ποιεῖ δέ τινα τοῦ πολλοῦ τῶν φίλων πλήθους διάκρισιν καὶ ὁ τῆς αἰτίας διηνεκὴς ἐπιλογισμός· ὡς γὰρ 20 ἐπὶ τὰς χρείας οὐ πάντας, ἀλλὰ τοὺς ἁρμόττοντας ἑκάστῃ παρακαλοῦμεν, βουλευόμενοι μὲν τοὺς φρονίμους, δικαζόμενοι δὲ τοὺς λέγοντας, ἀποδημοῦντες δὲ τοὺς ἐλαφροὺς μάλιστα τοῖς βιωτικοῖς καὶ σχολὴν ἄγοντας· οὕτως ἐν ταῖς ὑποδοχαῖς ἑκάστοτε τοὺς ἐπιτηδείους πα- 25 ραληπτέον. (13) Ἐπιτήδειοι δὲ τῷ μὲν ἡγεμόνι δειπνίζοντι συνδειπνεῖν οἵ τ' ἄρχοντες, ἐὰν ὦσι φίλοι, καὶ οἱ πρῶτοι τῆς πόλεως· ἐν δὲ γάμοις ἢ καὶ γενεθλίοις, οἱ κατὰ γένος προσήκοντες καὶ Διὸς ὁμογνίου κοινωνοῦντες· ἐν δὲ ταῖς τοιαύταις ὑποδοχαῖς ἢ προπομπαῖς τοὺς ἐκεί- 30 νων μάλιστα κεχαρισμένους εἰς ταυτὸ συνακτέον. (14) Οὐδὲ γὰρ θεῷ θύοντες, πᾶσι τοῖς ἄλλοις θεοῖς, μάλιστα καὶ συννάοις καὶ συμβώμοις κατευχόμεθα, ἀλλὰ τριῶν κρατήρων κιρναμένων, τοῖς μὲν ἀπὸ τοῦ πρώτου σπένδομεν, τοῖς δ' ἀπὸ τοῦ δευτέρου, τοῖς δ' ἀπὸ τοῦ τελευ- 35 ταίου· φθόνος γὰρ ἔξω θείου χοροῦ ἵσταται· θεῖος δέ που καὶ ὁ τῶν φίλων χορὸς εὐγνωμόνως διανεμόμενος ἐν ταῖς συμπεριφοραῖς.

ΠΡΟΒΛΗΜΑ ς.

Τίς αἰτία τῆς ἐν ἀρχῇ στενοχωρίας τῶν δειπνούντων, εἶτα ὕστερον εὐρυχωρίας.

ΠΡΟΣΩΠΑ ΤΟΥ ΔΙΑΛΟΓΟΥ.

ΛΑΜΠΡΙΑΣ Ο ΠΑΠΠΟΣ, ΑΛΛΟΙ.

1. Ῥηθέντων δὲ τούτων, εὐθὺς ἐζητεῖτο περὶ τῆς ἐν ἀρχῇ στενοχωρίας τῶν κατακειμένων, εἶτα ἀνέσεως· οὗ 10 τοὐναντίον εἰκὸς ἦν συμβαίνειν διὰ τὴν ἐπὶ τοῦ δείπνου πλήρωσιν. (2) Ἔνιοι μὲν οὖν ἡμῶν τὸ σχῆμα τῆς κατακλίσεως ᾐτιῶντο· πλατεῖς γὰρ ὡς ἐπίπαν κατακει-

tres proximos assumere cum iisque confabulari possunt, longius remotos neque norunt, neque aspiciunt, equi cursum distantes,

> Hic, ubi tendebat magnus Telamonius Ajax,
> illi, ubi Pelides.

(9) Proinde non recte divites luxuriant, domos ædificantes triginta lectorum atque amplius capaces : is enim apparatus est conviviorum ab amicitiæ mutuo usu alienorum, et solennis pompæ præsidem potius quam convivii rectorem requirentium. (10) Verum illis cum venia hoc licet : inopes enim et vere cæcas putant fore divitias et inclusas, si non, tanquam tragœdia, testes habeant spectatores. Nobisne multos simul invitemus hoc erit remedii, ut sæpenumero paucos vocemus. (11) Nam qui raro admodum et post longam exspectationem convivia instruunt, iis necessitas incumbit unumquemque familiarium aut notorum in numerum convivarum cooptandi : sed qui frequentius, ternos aut quaternos vocando convivia navium instar quibus amnes trajiciuntur laxa et levia reddunt. (12) Ceterum discrimen aliquod multitudinis amicorum facit causæ assidua ratiocinatio. Ut enim ad negotia non universos, sed singulos ad ea advocamus, ad quæ apti sunt, ad deliberationem prudentes, ad causam dicendam disertos, ad peregrinationem quibus victus est expeditus et otium : ita ad convivia quoque subinde idonei sunt adhibendi. (13) Idoneos voco, principi convivium præbenti eos qui magistratum gerunt, si amici sunt, et proceres civitatis : in nuptiis autem et natalitiis, qui genere attingunt, et Jovis Homognii (gentilitii) sunt participes. Atque in talibus conviviis et festivitatibus maxime illi convocandi sunt qui invicem in bona sunt gratia. (14) Neque enim quum deo alicui sacrificamus, omnibus simul etiam vota facimus, quantumvis eodem in templo, eodem altari colantur : sed quum tres misceantur crateres, aliis e primo, e secundo aliis, sunt quibus e tertio libamus : invidia namque extra deorum stat chorum. Divinus autem nimirum etiam amicorum est chorus benevole distributus in conviviis.

QUÆSTIO VI.

Quid causa sit, quod initio cœnæ anguste, postmodo laxe sedetur.

PERSONÆ COLLOQUII.

LAMPRIAS AVUS, ALII.

1. His dictis, illico quæsitum fuit de angustia accumbentium initio, ac deinde laxatione : quum videatur contrarium debuisse fieri, corporibus in cœna distentis. (2) Fuerunt qui formam discumbendi causarentur : omnino enim ad cœnam in latum discumbere nos, ut qui dextras

μένους δειπνεῖν, ἅτε δὴ τὴν δεξιὰν προτείνοντας ἐπὶ τὰς
τραπέζας· δειπνήσαντας δ' ἀναστρέφειν αὑτοὺς μᾶλλον
ἐπὶ πλευράν, ὀξὺ τὸ σχῆμα ποιοῦντας τοῦ σώματος καὶ
οὐκ ἔθ' ὡς εἰπεῖν κατ' ἐπίπεδον, ἀλλὰ κατὰ γραμμὴν
5 τῆς χώρας ἁπτομένους·　(3) * ὥσπερ οὖν οἱ ἀστράγα-
λοι τόπον ἐλάττω κατέχουσιν ὀρθοὶ πίπτοντες, ἢ πρη-
νεῖς· οὕτως ἡμῶν ἕκαστον ἐν ἀρχῇ μὲν ἐπὶ στόμα προ-
νεύειν ἀποβλέποντα πρὸς τὴν τράπεζαν, ὕστερον δὲ
μετασχηματίζειν ἐπὶ βάθος ἐκ πλάτους τὴν κατάκλισιν.
10 (4) Οἱ δὲ πολλοὶ τὴν συνένδοσιν τῆς στρωμνῆς προεφέ-
ροντο· θλιβομένην γὰρ ἐν τῇ κατακλίσει πλατύνεσθαι
καὶ διαχωρεῖν, ὥσπερ τῶν ὑποδημάτων τὰ τριβόμενα,
κατὰ μικρὸν ἐπιδιδόντα καὶ χαλῶντα τοῖς πόροις, εὐρυχωρίαν τῷ ποδὶ καὶ ἀναστροφὴν παρέχει.　(5) Ὁ δὲ
15 πρεσβύτης ἅμα παίζων, δύο ἔφη τὸ αὐτὸ συμπόσιον
ἀνομοίους ἔχειν ἐπιστάτας τε καὶ ἡγεμόνας, ἐν ἀρχῇ
μὲν τὸν λιμόν, ᾧ τῶν τακτικῶν οὐδὲν μέτεστιν, ὕστερον
δὲ τὸν Διόνυσον, ὃν πάντες ἄριστον γεγονέναι στρατηγὸν ὁμολογοῦσιν·　(6) ὥσπερ οὖν ὁ Ἐπαμεινώνδας, εἴς
20 τινα δυσχωρίαν τῶν στρατηγῶν ὑπ' ἀπειρίας εἰσβαλ-
λόντων τὴν φάλαγγα περιπίπτουσαν ἑαυτῇ καὶ κατα-
ρασσομένην ὑπολαβών, ἐξέλυσε καὶ κατέστησεν εἰς τάξιν·
οὕτως ἡμᾶς ἐν ἀρχῇ συμπεφορημένους ὑπὸ τοῦ λιμοῦ
κυνηδὸν ἄρτι παραλαμβάνων ὁ Λυαῖος θεὸς καὶ Χορεῖος
25 εἰς τάξιν ἱλαρὰν καὶ φιλάνθρωπον καθίστησιν.

ΠΡΟΒΛΗΜΑ Ζ.

Περὶ τῶν καταβασκαίνειν λεγομένων.

ΠΡΟΣΩΠΑ ΤΟΥ ΔΙΑΛΟΓΟΥ.

ΜΕΤΡΙΟΣ ΦΛΩΡΟΣ, ΠΛΟΥΤΑΡΧΟΣ, ΣΩΚΛΑΡΟΣ, ΠΑΤΡΟΚΛΕΑΣ, ΓΑΙΟΣ.

I. Περὶ τῶν καταβασκαίνειν λεγομένων καὶ βάσκανον ἔχειν ὀφθαλμὸν ἐμπεσόντος λόγου παρὰ δεῖπνον, οἱ
μὲν ἄλλοι παντάπασιν ἐξεφλαύριζον τὸ πρᾶγμα καὶ
κατεγέλων· ὁ δὲ ἑστιῶν ἡμᾶς Μέτριος Φλῶρος ἔφη, τὰ
30 μὲν γινόμενα τῇ φήμῃ θαυμαστῶς βοηθεῖν· τῷ δ' αἰτίας
ἀπορεῖν ἀπιστεῖσθαι τὴν ἱστορίαν οὐ δικαίως, ὅπου,
μυρίων ἐμφανῆ τὴν οὐσίαν ἐχόντων, ὁ τῆς αἰτίας λόγος
ἡμᾶς διαπέφευγεν· ὅλως δὲ, εἶπεν, ὁ ζητῶν ἐν ἑκάστῳ
τὸ εὔλογον, ἐκ πάντων ἀναιρεῖ τὸ θαυμάσιον.　(2) Ὅπου
35 γὰρ ὁ τῆς αἰτίας ἐπιλείπει λόγος, ἐκεῖθεν ἄρχεται τὸ
ἀπορεῖν, τουτέστι τὸ φιλοσοφεῖν· ὥστε τρόπον τινὰ
φιλοσοφίαν ἀναιροῦσιν οἱ τοῖς θαυμασίοις ἀπιστοῦντες.
(3) Δεῖ δ', ἔφη, τὸ μὲν διὰ τί γίνεται, τῷ λόγῳ μετεῖναι·
τὸ δὲ ὅτι γίνεται, παρὰ τῆς ἱστορίας λαμβάνειν.　(4)
40 Ἱστορεῖται δὲ πολλὰ τοιαῦτα· γινώσκομεν γὰρ ἀνθρώπους τῷ καταβλέπειν τὰ παιδία μάλιστα βλάπτοντας,
ὑγρότητι τῆς ἕξεως καὶ ἀσθενείᾳ τρεπομένης ὑπ' αὐτῶν
καὶ κινουμένης ἐπὶ τὸ χεῖρον, ἧττον δὲ τῶν στερεῶν καὶ
πεπηγότων ἤδη τοῦτο πασχόντων.　(5) Καίτοι τοὺς

---

in mensam protendamus; cœnati vero magis in latus nos
obvertamus, corporisque figuram acutam reddamus, neque
jam secundum superficiem fere, sed ad lineam, spatium
occupemus.　(3) Sicut ergo tali minus loci occupant si recti, quam si proni cadant : ita unumquemque nostrûm
principio in faciem proclinari, dum in mensam intuemur ;
deinde transformare accubitum in altitudinem ex latitudine.
(4) Plerique straguli laxationem in causa ponebant : id
enim dum accumbitur, pressum dilatari et laxius fieri ;
quomodo calcei attritu paulatim diducuntur et pedi spatium concedunt.　(5) Senex autem jocans, Duos, inquit
convivium habet dissimiles præfectos ac duces : initio famem, quæ plane expers est artis instruendorum ordinum ;
deinceps Liberum Patrem, quem ducendi exercitus peritissimum fuisse apud omnes in confesso est.　(6) Sicut ergo
Epaminondas exercitum inscitia ducum in angustias con-
jectum et se invicem conturbantem, ipse in ducis partes
succedens evolvit inque ordinem reduxit : ita nos ab initio
a fame confuse in unum conductos et permistos nactus Bacchus, qui Lyæus et Choreus a solvendo et choris instituendis dicitur, in ordinem venustum atque humanum componit.

QUÆSTIO VII.

De his qui fascinare dicuntur.

PERSONÆ COLLOQUII.

METRIUS FLORUS, PLUTARCHUS, SOCLARUS, PATROCLES, CAIUS.

I. Quum in cœna sermo incidisset de iis qui fascinari
dicuntur et oculum habere fascinatorem, fuerunt qui totam rem nugas esse dicerent atque deriderent.　At Metrius
Florus, qui nos convivio exceperat, Famam, inquit, mirabiliter asserunt ea quæ eveniunt; sed ignoratio causæ
fidem historiæ derogat : injuria id quidem : etenim innumera sunt, quorum cum substantia in aperto sit, causæ
tamen nos latent.　Omnino autem qui in singulis probabilitatem requirit, is quod mirabile est ex omnibus rebus
tollit.　(2) Atque ubi causæ ratio deficit, ibi dubitare et
inquirere, hoc est philosophari incipimus : ut philosophiam
quodammodo perimant qui admirabilibus fidem detrahunt.
(3) Oportet vero, cur unumquodque fiat, causam ratione
investigare ; ut illud, an fiat, ex historiis est percipiendum.
(4) Narrantur autem multa talia.　Novimus enim homines
qui intuendo infantibus potissimum noceant, qui ob humiditatem habitus sui imbecillitatemque ab istis afficiuntur
atque in deterius mutantur ; quum solidis et compactis jam
corporibus hoc minus accidat.　(5) Phylarchus sane refert

γε περὶ τὸν Πόντον οἰκοῦντας πάλαι Θηβεῖς προσαγορευομένους ἱστορεῖ Φύλαρχος οὐ παιδίοις μόνον, ἀλλὰ
καὶ τελείοις ὀλεθρίους εἶναι· καὶ γὰρ τὸ βλέμμα καὶ τὴν
ἀναπνοὴν καὶ τὴν διάλεκτον αὐτῶν παραδεχομένους
τήκεσθαι καὶ νοσεῖν· ᾔσθοντο δὲ, ὡς ἔοικε, τὸ γινόμενον
οἱ μιγάδες, οἰκέτας ἐκεῖθεν ὠνίους ἐξάγοντες. (6) Ἀλλὰ
τούτων τὸ μὲν ἴσως ἧττόν ἐστι θαυμαστόν· ἡ γὰρ ἐπαφὴ
καὶ συναναγρωσις ἔχει τινὰ φαινομένην πάθους ἀρχήν·
(7) καὶ καθάπερ τὰ τῶν ἄλλων ὀρνέων πτερὰ τοῖς τοῦ
ἀετοῦ συντεθέντα διόλλυται ψιλούμενα καὶ ἀπανθεῖ τῶν
πτίλων μυδώντων, οὕτως οὐδὲν ἀπέχει καὶ ἀνθρώπου
ψαύσιν τὴν μὲν ὠφέλιμον εἶναι, τὴν δ' ἀπηνῆ καὶ βλα-
βεράν· (8) τὸ δὲ καὶ προσβλεφθέντας ἀδικεῖσθαι, συμβαίνει μὲν, ὥσπερ εἴρηκα· τῷ δὲ τὴν αἰτίαν ἔχειν δυσ-
θήρατον ἀπιστεῖται.

II. Καὶ μὴν, ἔφην ἐγὼ, τρόπον τινὰ τῆς αἰτίας αὐτὸς
ἴχνος τι καὶ τρίβον ἀνεύρηκας, ἐπὶ τὰς ἀπορροίας τῶν
σωμάτων ἀφικόμενος· καὶ γὰρ ἡ ὀσμὴ καὶ ἡ φωνὴ καὶ
τὸ ῥεῦμα τῆς ἀναπνοῆς ἀποφοραί τινές εἰσι τῶν ζῴων
καὶ μέρη κινοῦντα τὰς αἰσθήσεις, ὅταν ὑπ' αὐτῶν προσπεσόντων πάθωσι. (2) * Πολὺ δὲ μᾶλλον εἰκός ἐστι
τῶν ζῴων ἀποφέρεσθαι τὰ τοιαῦτα διὰ τὴν θερμότητα
καὶ τὴν κίνησιν, οἱονεί τινα σφυγμὸν καὶ κλόνον ἔχοντος
τοῦ πνεύματος, ὑφ' οὗ τὸ σῶμα κρουόμενον ἐνδελεχῶς
ἐκπέμπει τινὰς ἀπορροίας. (3) Μάλιστα δὲ τοῦτο
γίνεσθαι διὰ τῶν ὀφθαλμῶν εἰκός ἐστι· πολυκίνητος
γὰρ ἡ ὄψις οὖσα, μετὰ πνεύματος, αὐγὴν ἀφιέντος
πυρώδη, θαυμαστήν τινα διασπείρει δύναμιν, ὥστε
πολλὰ καὶ πάσχειν καὶ ποιεῖν δι' αὐτῆς τὸν ἄνθρωπον.
(4) Ἡδοναῖς τε γὰρ συμμέτροις καὶ ἀηδίαις ὑπὸ τῶν
ὁρατῶν τρεπόμενος συνέχεται· καὶ τῶν ἐρωτικῶν, ἃ δὴ
μέγιστα καὶ σφοδρότατα παθήματα τῆς ψυχῆς ἐστιν,
ἀρχὴν ἡ ὄψις ἐνδίδωσιν· ὥστε ῥεῖν καὶ λείβεσθαι τὸν
ἐρωτικόν, ὅταν ἐμβλέπῃ τοῖς καλοῖς, οἷον ἑλκόμενον εἰς
αὐτούς. (5) Διὸ καὶ θαυμάσειεν ἄν τις, οἶμαι, μάλιστα
τῶν πάσχειν μὲν καὶ κακοῦσθαι τὸν ἄνθρωπον διὰ τῆς
ὄψεως οἰομένων, οὐκέτι δὲ ὁρᾶν καὶ βλάπτειν. (6) Αἱ
γὰρ ἀντιβλέψεις τῶν ἐν ὥρᾳ καὶ τὸ διὰ τῶν ὀμμάτων
ἐκπῖπτον, εἴτ' ἄρα φῶς, εἴτε ῥεῦμα, τοὺς ἐρῶντας ἐκτήκει καὶ ἀπόλλυσι μεθ' ἡδονῆς ἀλγηδόνι μεμιγμένης, ἣν
αὐτοὶ γλυκύπικρον ὀνομάζουσιν· οὔτε γὰρ ἁπτομένοις
οὔτ' ἀκούουσιν οὕτω τιτρώσκεσθαι συμβαίνει καὶ πάσχειν, ὡς προσβλεπομένοις καὶ προσβλέπουσι. (7)
Τοιαύτη γὰρ γίνεται διάδοσις καὶ ἀνάφλεξις ἀπὸ τῆς
ὄψεως, ὥστε παντελῶς ἀπειράτους ἔρωτος ἡγεῖσθαι
τοὺς τὸν Μηδικὸν νάφθαν θαυμάζοντας ἐκ διαστήματος
ὑπὸ τοῦ πυρὸς ἀναλεγόμενον· αἱ γὰρ τῶν καλῶν ὄψεις,
κἂν πάνυ πόρρωθεν ἀντιβλέψωσι, πῦρ ἐν ταῖς τῶν ἐρωτικῶν ψυχαῖς ἀνάπτουσι. (8) Καὶ μὴν τό γε τῶν ἰκτε-
ρικῶν βοήθημα πολλάκις ἱστοροῦμεν· ἐμβλέποντες γὰρ
τῷ χαραδρίῳ θεραπεύονται· τοιαύτην ἔοικε τὸ ζῷον
φύσιν καὶ κρᾶσιν ἔχειν, ὥστε ἕλκειν καὶ δέχεσθαι τὸ
πάθος ἐκπῖπτον, ὥσπερ ῥεῦμα, διὰ τῆς ὄψεως· (9)
ὅθεν οὐ προσβλέπουσιν οἱ χαράδριοι τοὺς τὸν ἰκτερον

Thibies qui vocabantur olim et circa Pontum habitaverunt,
non infantibus modo, sed adultis etiam exitium attulisse :
obtutu enim eorum, spiritu ac sermone affectos tabuisse
et ægrotasse : idque senserunt, ut fertur, qui emtos inde
servos eduxerunt. (6) Sed de his hoc quidem fortasse
minus est mirum : contrectatio enim et contagium habet
quoddam apparens affectionis principium : (7) et quemadmodum reliquarum avium pennæ si cum aquilæ com-
ponantur pennis, pereunt defluentibus ob putredinem plu-
mis ; ita nihil impedit quominus hominis contactus alius
utilis sit, alius damnosus. (8) Quod autem damno aliquis
afficitur tantum inspiciente altero, id evenit quidem, sicut
dixi ; non creditur autem, quia causam habet indagatu difficilem.

II. At vero, inquam ego, quodammodo tute causæ vestigium quoddam callemque venandæ attigisti, ad defluxus
corporum perveniendo. Odor enim, vox et fluxus halitus
sunt quidam defluxus a corporibus animalium delati, et qua
si partes eorum, quæ sensibus accidentes afficiunt eos. (2)
Ac multo magis probabile est talia a corporibus animalium
deferri ob calorem et motum, spiritui quasi palpitatione
quadam et conturbatione ingenerata, qua corpus assidue
pulsatum quosdam emittit defluxus. (3) Maxime autem
id fieri ab oculis, consentaneum est. Visus enim quum
multis cieatur motibus, cum spiritu igneum velut radium
emittente, simul mirabilem quandam vim disseminat :
cujus opera multa homo quum patitur, tum agit. (4) In
voluptates enim *non* modicas, et item molestias conjicitur
homo a visibilibus rebus affectus : et amores, quibus nullus vehementior animis motus accidit, ab aspectu principium ducunt ; adeo ut fluat et quasi liquescat amans, quum
intuetur in id quod amat, inque id veluti trahitur. (5) Itaque maxime puto miretur aliquis eos, qui lædi videndo
hominem quum sentiant, agere et lædere itidem, id vero
negant. (6) Mutui enim formosorum obtutus, et quod per
oculos excidit, sive id lumen est, sive fluvius quidam,
amatores colliquat atque perdit dolore voluptati permixto,
quem ipsi *glycypicron* (id est dulcamarum) nominant.
Nam neque tangentes, neque audientes ita vulnerantur et
afficiuntur, ut quum inspiciunt et inspiciuntur. (7) Adeo
enim diditur incendium ab oculis, ut necesse sit plane
ignaros esse amoris, qui Medicam naphtham mirantur
ignem ex intervallo ad se rapere ; quum formosorum aspectus
etiam e longinquo respicientium ignem in animis hominum
ad amorem idoneorum accendant. (8) Præterea regio qui
laborant morbo, eos sæpenumero cognovimus sanari si in
avem charadrium inspiciant : tali natura videtur temperatum esse hoc animal, ut morbum e corpore affecti elaben-
tem ad se trahat atque recipiat oculis tanquam defluentem
quendam humorem : (9) itaque charadrius arquatum

ἔχοντας, οὐδὲ καρτεροῦσιν, ἀλλ' ἀποστρέφονται καὶ τὰ
ὄμματα συγκλείσαντες ἔχουσιν· οὐ φθονοῦντες, ὡς ἔνιοι
νομίζουσι, τῆς ἀπ' αὐτῶν ἰάσεως, ἀλλ' ὥσπερ ὑπὸ
πληγῆς τιτρωσκόμενοι. (10) Τῶν δ' ἄλλων νοσημάτων
μάλιστα καὶ τάχιστα τὰς ὀφθαλμίας ἀναλαμβάνουσιν
οἱ συνόντες· οὕτω δύναμιν ἔχει ὀξεῖαν ἡ ὄψις ἐνδοῦναι
καὶ προσβαλεῖν ἑτέρῳ πάθους ἀρχήν.

III. Καὶ μάλ', ἔφη, λέγεις ὀρθῶς, ὁ Πατροκλέας,
ἐπί γε τῶν σωματικῶν· τὰ δὲ τῆς ψυχῆς, ὧν ἐστι καὶ
τὸ βασκαίνειν, τίνα τρόπον καὶ πῶς διὰ τῆς ὄψεως τὴν
βλάβην εἰς τοὺς ὁρωμένους διαδίδωσιν; (2) Οὐκ οἶσθα,
ἔφην, ὅτι πάσχουσα ἡ ψυχὴ τὸ σῶμα συνδιατίθησιν;
ἐπίνοιαι γὰρ ἀφροδισίων ἐγείρουσιν αἰδοῖα, καὶ θυμοὶ
κυνῶν ἐν ταῖς πρὸς τὰ θηρία γινομέναις ἀμίλλαις ἀπο-
σβεννύουσι τὰς δράσεις πολλάκις καὶ τυφλοῦσι· λῦπαι
δὲ καὶ φιλαργυρίαι καὶ ζηλοτυπίαι τὰ χρώματα τρέ-
πουσι καὶ καταξαίνουσι τὰς ἕξεις· (3) ὧν οὐδενὸς ὁ
φθόνος ἧττον ἐνδύεσθαι τῇ ψυχῇ πεφυκὼς, ἀναπίμπλησι
καὶ τὸ σῶμα πονηρίας, ἣν οἱ ζωγράφοι καλῶς ἐπιχει-
ροῦσιν ἀπομιμεῖσθαι τὸ τοῦ φθόνου πρόσωπον ὑπογρά-
φοντες. (4) Ὅταν οὖν οὕτως ὑπὸ τοῦ φθονεῖν διατε-
θέντες ἀπερείδωσι τὰς ὄψεις, αἱ δ' ἔγγιστα τεταγμέναι
τῆς ψυχῆς σπάσασαι τὴν κακίαν, ὥσπερ πεφαρμαγμένα
βέλη προσπίπτωσιν, οὐδὲν, οἶμαι, συμβαίνει παράλογον οὐδ' ἄπιστον, εἰ κινοῦσι τοὺς προσορωμένους· (5)
καὶ γὰρ τὰ δήγματα τῶν κυνῶν χαλεπώτερα γίνεται
μετ' ὀργῆς δακνόντων· καὶ τὰ σπέρματα τῶν ἀνθρώπων
μᾶλλον ἅπτεσθαί φασιν, ὅταν ἐρῶντες πλησιάζωσι· καὶ
ὅλως τὰ πάθη τὰ τῆς ψυχῆς ἐπιρρώννυσι καὶ ποιεῖ
σφοδροτέρας τὰς τοῦ σώματος δυνάμεις. (6) Διὸ καὶ
τὸ τῶν λεγομένων προβασκανίων γένος οἴονται πρὸς τὸν
φθόνον ὠφελεῖν, * ἑλκομένης διὰ τὴν ἀτοπίαν τῆς
ὄψεως, ὥστε ἧττον ἐπερείδειν τοῖς πάσχουσιν. (7) Αὗ-
ταί σοι, εἶπον, ὦ Φλῶρε, συμβολαὶ τῆς εὐωχίας ἀπη-
ριθμήσθωσαν.

IV. Καὶ ὁ Σώκλαρος, Ἄν γε, ἔφη, πρότερον ἡμεῖς
αὐτὰ δοκιμάσωμεν· ἔστι γὰρ ὅ τι τοῦ λόγου καταφαί-
νεται κίβδηλον. (2) Εἰ γὰρ ἃ λέγουσι πολλοὶ περὶ τῶν
βασκαινομένων ὡς ἀληθῆ τίθεμεν, οὐκ ἀγνοεῖς δήπουθεν ὅτι καὶ φίλους καὶ οἰκείους, ἔνιοι δὲ καὶ πατέρας
ἔχειν ὀφθαλμὸν βάσκανον ὑπολαμβάνουσιν, ὥστε μὴ
δεικνύναι τὰς γυναῖκας αὐτοῖς τὰ παιδία, μηδὲ πολὺν
ἐᾶν χρόνον ὑπὸ τῶν τοιούτων καταβλέπεσθαι· πῶς οὖν
ἔτι δόξει φθόνου τὸ πάθος εἶναι; (3) Τί δὲ, ὦ πρὸς τοῦ
Διὸς, ἐρεῖς περὶ τῶν ἑαυτοὺς καταβασκαίνειν λεγομένων; καὶ γὰρ τοῦτο ἀκήκοας· εἰ δὲ μή, πάντως ταῦτ'
ἀνέγνωκας·

> Καλαὶ μέν ποτ' ἔσαν, κ[αλ]αὶ φόβαι Εὐτελίδαο·
> ἀλλ' αὐτὸν βάσκαινεν ἰδὼν ὀλοφώϊος ἀνὴρ
> δινήεντι ποταμῷ· τὸν δ' αὐτίκα νοῦσος ἀεικὴς...

(4) Ὁ γὰρ Εὐτελίδας λέγεται, καλὸς ἑαυτῷ φανεὶς καὶ
παθών τι πρὸς τὴν ὄψιν, ἐκ τούτου νοσῆσαι καὶ τὴν
εὐεξίαν μετὰ τῆς ὥρας ἀποβαλεῖν. (5) Ἀλλ' ὅρα πῶς
ἔχεις εὑρεσιλογίας πρὸς τὰς τοιαύτας ἀτοπίας.

non intuetur, neque sustinet, sed clausis oculis se avertit;
non invidens, ut putant nonnulli, remedium quod ab ipso
petitur, sed quia quasi ictu quodam sauciatur. (10) De
reliquis morbis maxime et facillime lippitudinis contagium
ad una degentes pervenit: tam acrem visus habet vim
afliciendi alterum.

III. Admodum recte dicis, inquit Patrocles, de corporis
quidem affectibus; sed quæ in animo sunt, ut est etiam
invidia, quonam pacto vel modo per oculos damnum con-
spectis inferunt? (2) Nescis vero, aiebam, affectum animum corpus afficere? Atqui et cogitatione actus venerei
pudenda eriguntur, et excandescentiæ canum in certaminibus adversus feras sæpe lumina exstinguunt atque excæ-
cant: tum animi ægritudo, avaritia, rivalitas colorem mutant, habitumque corporis affligunt. (3) Nullo autem horum
minus invidentia, ubi animum subiit, corpus quoque pravitate occupat: quam pictores probe conantur pingendo
livoris vultu exprimere. (4) Sic ergo invidia affecti quum
intendunt oculos in aliquem, hi autem, tracta ex animo
proxime sito malitia, tanquam veneno imbuta jacula ir-
ruunt, nihil, puto, præter opinionem aut absurdi fit si læditur in quem illi sunt intuiti. (5) Nam et morsus canum
graviores sunt si irati mordeant: et semina hominum efficaciora esse dicunt, si amantes coeant: et universe animi
affectionibus facultates corporis roborantur atque intenduntur. (6) Itaque eorum quæ adversus fascinum amuleta
dicuntur, prodesse usum putant contra livorem, insolita
specie visum avertentia, ut minus penetret in eos qui inspiciuntur. (7) Hoc ego, inquam, tibi, Flore, convivii causa
symbolum persolvero.

IV. Tum Soclarus, Si quidem, inquit, nos prius id pro-
baverimus: est enim aliquid in tua oratione, quod adulterinum videtur. (2) Nam si pro veris habemus ea quæ vulgo
de fascinantibus dicuntur, non ignoras scilicet quod et
amicos et domesticos, quidam vero etiam patres oculum
habere fascinantem putant; ideoque uxores ipsi prolem
non ostendunt, neque ab hisce diu conspici sinunt: quomodo ergo invidiæ fascinus imputabitur? (3) Et quid,
obsecro, dices de his qui fascinare semetipsos feruntur?
utique enim auditum tibi hoc est; aut saltem istud legisti,

> Crinibus Eutelidas olim vel Apolline dignis
> conspicuus, visu se fascinat ipse maligno
> fluminis in speculo: turpis tunc excipit ægror...

(4) Ferunt enim hunc Eutelidam sibi ipsi visum forma insigni, eoque aspectu affectum, hinc in morbum incidisse.
valetudinemque cum forma amisisse. (5) Sed vide quid
comminisci possis, quo istæc absurda amoliare.

V. Ἄλλως μὲν, ἔφην, οὐ μάλα ἱκανῶς· πίνων δὲ, ὡς ὁρᾷς, ἐκ τῆς τηλικαύτης κύλικος, οὐκ ἀτόλμως· (2) λέγω δὲ ὅτι τὰ μὲν πάθη πάντα, ταῖς ψυχαῖς ἐμμείναντα πολὺν χρόνον, ἕξεις ἐνεργάζεται πονηράς· αὗται δὲ, ὅταν ἰσχὺν φύσεως λάβωσιν, ὑπὸ τῆς τυχούσης κινούμεναι προφάσεως, πολλάκις καὶ ἄκοντας ἐπὶ τὰ οἰκεῖα καὶ συνήθη καταφέρουσι πάθη. (3) Σκόπει δὲ τοὺς δειλοὺς, ὅτι καὶ τὰ σώζοντα φοβοῦνται· καὶ τοὺς ὀργίλους, ὅτι καὶ τοῖς φιλτάτοις δυσκολαίνουσι· καὶ τοὺς ἐρωτικοὺς καὶ ἀκολάστους, ὅτι τελευτῶντες οὐδὲ τῶν ἁγιωτάτων ἀπέχεσθαι δύνανται σωμάτων. (4) Ἡ γὰρ συνήθεια δεινὴ πρὸς τὸ οἰκεῖον ἐξάγειν τὴν διάθεσιν· καὶ τὸν ἀκροσφαλῶς ἔχοντα, πᾶσι προσπταίειν ἀνάγκη τοῖς ὑποπίπτουσιν. (5) Ὥστ' οὐκ ἄξιον θαυμάζειν τοὺς τὴν φθονητικὴν καὶ βασκαντικὴν ἀπειργασμένους ἐν ἑαυτοῖς ἕξιν, εἰ καὶ πρὸς τὰ οἰκεῖα κατὰ τὴν τοῦ πάθους ἰδιότητα κινοῦνται· κινούμενοι δὲ οὕτως, ὃ πεφύκασιν, οὐχ ὃ βούλονται, ποιοῦσιν. (6) Ὡς γὰρ ἡ σφαῖρα κινεῖσθαι σφαιρικῶς, καὶ κυλινδρικῶς ὁ κύλινδρος ἀναγκάζεται κατὰ τὴν τοῦ σχήματος διαφοράν· οὕτως τὸν οὕτω φθονερὸν ἡ διάθεσις φθονητικῶς πρὸς ἅπαντα κινεῖ. (7) Οὐ μὴν ἀλλὰ καὶ καταβλέπειν εἰκός ἐστιν αὐτοὺς τὰ οἰκεῖα καὶ ποθούμενα μᾶλλον· διὸ καὶ βλάπτουσι μᾶλλον. Ὁ δὲ βέλτιστος Εὐτελίδας, καὶ ὅσοι λέγονται καταβασκαίνειν ἑαυτοὺς, οὐκ ἀλόγως μοι δοκοῦσι τοῦτο πάσχειν. (8) Σφαλερὸν γὰρ ἡ ἐπ' ἄκρον εὐεξία, κατὰ τὸν Ἱπποκράτην, καὶ τὰ σώματα, προελθόντα μέχρι τῆς ἄκρας ἀκμῆς, οὐχ ἕστηκεν, ἀλλὰ ῥέπει καὶ ταλαντεύεται πρὸς τοὐναντίον· (9) ὅταν οὖν ἐπίδοσιν ἀθρόαν λάβωσι, [καὶ] βέλτιον, ἢ προσεδόκων, ἔχοντας ἑαυτοὺς ἐπιβλέπωσιν, ὥστε θαυμάζειν καὶ κατασκοπεῖν, τὸ σῶμα τῆς μεταβολῆς ἐγγύς ἐστι, καὶ φερόμενοι ταῖς ἕξεσι πρὸς τὸ χεῖρον, ἑαυτοὺς καταβασκαίνειν [λέγονται]. (10) Τοῦτο δὲ γίνεται μᾶλλον ἀπὸ τῶν πρὸς ὕδασιν, ἤ τισιν ἄλλοις ἐσόπτροις, ὑφισταμένων ῥευμάτων· ἀναπνεῖ γὰρ ἐπ' αὐτοὺς τοὺς ὁρῶντας, ὥστε οἷς ἑτέρους ἔβλαπτον, αὐτοὺς κακοῦσθαι. (11) Τοῦτο δ' ἴσως καὶ περὶ τὰ παιδία γινόμενον καταψεύδεται πολλάκις τὴν αἰτίαν τῶν ἐνορώντων.

VI. Ἐμοῦ δὲ παυσαμένου, Γάϊος ὁ Φλώρου γαμβρὸς, Τῶν δὲ Δημοκριτείων, ἔφη, εἰδώλων, ὥσπερ Αἰγιέων, ἢ Μεγαρέων, ἀριθμὸς οὐδείς, οὐδὲ λόγος· ἃ φησιν ἐκεῖνος ἐξιέναι τοὺς φθονοῦντας, * οὔτ' αἰσθήσεως ἄμοιρα παντάπασιν, οὔτε ὁρμῆς, ἀνάπλεά τε τῆς ἀπὸ τῶν προϊεμένων μοχθηρίας καὶ βασκανίας· (2) μεθ' ἧς ἐμπλασσόμενα καὶ παραμένοντα καὶ συνοικοῦντα τοῖς βασκαινομένοις, ἐπιταράττειν καὶ κακοῦν αὐτῶν τό τε σῶμα καὶ τὴν διάνοιαν. Οὕτω γὰρ οἶμαί πως τὸν ἄνδρα τῇ δόξῃ; τῇ δὲ λέξει δαιμονίως λέγειν καὶ μεγαλοπρεπῶς. (3) Πάνυ μὲν οὖν, ἔφην, ἀλλὰ θαυμάζω, πῶς ἔλαθον ὑμᾶς οὐδὲν ἄλλο τῶν ῥευμάτων τούτων ἢ τὸ ἔμψυχον ἀφελὼν καὶ προαιρετικόν· ἵνα μή με δόξητε πόρρω νυκτῶν οὐσῶν ὑμῖν ἐπάγοντα φάσματα καὶ εἴδωλα πεπνυμένα καὶ φρονοῦντα μορ-

V. Alias, inquam, non admodum hoc fecero commode : nunc autem, qui e tanto, ut vides, calice bibam, intrepide causam esse hanc pronuncio. (2) Igitur dico, omnes animi affectiones si diu inhæreant, pravos ingenerare habitus : qui ubi vim naturæ adepti sunt, quavis occasione concitati sæpenumero etiam invitos ad familiares impellant affectiones. (3) Id adeo animadvertere possis in timidis, qui salutaria etiam metuunt : in iracundis, qui carissimis etiam sunt difficiles : in amatoribus et libidinosis, qui ad extremum ne sanctissimis quidem abstinent corporibus. (4) Magna enim vis est consuetudinis habitum ad familiarem affectionem deducendi : et qui ad lapsum sunt proclives, eos necesse est ad obvia quæque offendere. (5) Quare admiratione non est dignum, eos qui invidendi et fascinandi habitum sibi paraverunt, ea affectione etiam adversus suos commoveri : quod ubi fit, non quod volunt, sed quod naturæ ipsorum congruit faciunt. (6) Sicut enim globus globi in morem, cylindrus cylindri modo volvitur, ob diversitatem figuræ : ita invidum invidiose adversum omnia ciet invidia. (7) Et vero consentaneum est a talibus maxime sua et quæ cara habent aspici : quare hæc illi lædunt maxime. Præclarus autem ille Eutelidas, et qui alii sese dicuntur fascinasse, non sine causa id videntur passi. (8) Lubrica enim res est, ut ait Hippocrates, admodum valida corporis constitutio : et corpora ubi ad summum provecta sunt vigorem, non consistunt, sed momento in contrarium impelluntur. (9) Quum ergo, confertim auctis corporibus, se ipsos melius quam exspectavissent affectos vident, ita ut sese contemplentur atque admirentur : tum corpora mutationi propinqua sunt, et in deterius porro habitu vergente, se ipsos fascinare putantur. (10) Idque magis fit ab aqua, quam ab aliis speculis, quando undæ subsistunt; respirat enim in ipsos intuentes ; ut quibus aliis nocuerunt, ipsi se lædant. (11) Atque hoc fortasis etiam puerulis accidens, sæpe facit ut falso causa in intuentes conferatur.

VI. Ut finem dicendi feci, Caius Flori gener, Democritea vero, inquit, visa nobis in nullo sunt numero, nulla eorum, veluti de Ægiensibus et Megarensibus proverbio dicitur, ratio habetur? quæ is ab invidis emitti ait, neque sensus plane expertia, neque impetus, plena malitiæ et livoris emittentium, (2) quibus stipata et inhærescentia iis qui fascinantur, hos turbent, corpusque et anim·m eorum lædant. Sic enim puto sentire hominem, hancque sententiam divinis et magnificis extulisse verbis. (3) Omnino vero, inquam : sed miror qui non observaveritis, me de fluxibus istis nihil aliud quam animam et propositum voluntatis ademisse : ne putetis me adulta jam nocte visa vobis et animata et intelligentia spectra offerentem, larvis

μολύττεσθαι καὶ διαταράττειν. Ἕωθεν οὖν, ἐὰν δοκῇ, περὶ τούτων σκεψώμεθα.

vos terrere ac perturbare voluisse. Mane ergo, si videbitur, de his dispiciemus.

ΠΡΟΒΛΗΜΑ Η.

Διὰ τί τὴν μηλέαν ἀγλαόκαρπον ὁ ποιητὴς εἶπεν, Ἐμπεδοκλῆς δὲ ὑπέρφλοια τὰ μῆλα.

ΠΡΟΣΩΠΑ ΤΟΥ ΔΙΑΛΟΓΟΥ.

ΠΛΟΥΤΑΡΧΟΣ, ΤΡΥΦΩΝ, ΓΡΑΜΜΑΤΙΚΟΙ, ΛΑΜΠΡΙΑΣ Ο ΠΑΠΠΟΣ.

I. Ἑστιωμένων ἡμῶν ποτὲ ἐν Χαιρωνείᾳ, καὶ παρατεθείσης παντοδαπῆς ὀπώρας, ἐπῆλθέ τινι τῶν κα-
5 τακειμένων ἀναφθέγξασθαι τὸν στίχον ἐκεῖνον·

     Συκαί τε γλυκεραὶ καὶ μηλέαι ἀγλαόκαρποι,

καὶ « ἐλαῖαι τηλεθόωσαι. » (2) Ζήτησις οὖν ἦν, διὰ τί τὰς μηλέας ὁ ποιητὴς ἀγλαοκάρπους ἐξαιρέτως προσεῖπεν. (3) Καὶ Τρύφων μὲν ὁ ἰατρὸς ἔλεγε, κατὰ τὴν
10 πρὸς τὸ δένδρον εἰρῆσθαι σύγκρισιν, ὅτι μικρὸν ὂν κομιδῇ καὶ τὴν ὄψιν εὐτελὲς, καλὸν καὶ μέγαν ἐκφέρει τὸν καρπόν. (4) Ἄλλος δέ τις ἔφη, τὸ καλὸν ἐκ πάντων συντεθὲν μόνῳ τούτῳ τῶν ἀκροδρύων ὁρᾶν ὑπάρχον· καὶ γὰρ τὴν ψαῦσιν ἔχει καθάριον, ὥστε μὴ μο-
15 λύνειν, ἀλλ’ εὐωδίας ἀναπιμπλάναι τὸν ἁπτόμενον· καὶ τὴν γεῦσιν ἡδεῖαν, ὀσφραίνεσθαί τε καὶ ἰδεῖν ἐπιτερπέστατόν ἐστι· διὸ καὶ πάσας ὁμοῦ τι τὰς αἰσθήσεις προσαγόμενον, εἰκότως ἐπαινεῖσθαι.

II. Ταῦτα μὲν οὖν ἔφαμεν ἡμεῖς μετρίως λέγεσθαι·
20 τοῦ δ’ Ἐμπεδοκλέους εἰρηκότος,

     Οὗνεκεν ὀψίγονοί τε σίδαι καὶ ὑπέρφλοια μῆλα·

τὸ μὲν τῶν σιδῶν ἐπίθετον νοεῖν, ὅτι, τοῦ φθινοπώρου λήγοντος ἤδη καὶ τῶν καυμάτων μαραινομένων, ἐκπέττουσι τὸν καρπόν· (2) ἀσθενῆ γὰρ αὐτῶν τὴν ὑγρότητα
30 καὶ γλίσχραν οὖσαν οὐκ ἐᾷ λαβεῖν σύστασιν ὁ ἥλιος, ἂν μὴ μεταβάλλειν ὁ ἀὴρ ἐπὶ τὸ ψυχρότερον ἄρχηται· διὸ καὶ μόνον τοῦτό φησι Θεόφραστος τὸ δένδρον ἐν τῇ σκιᾷ βέλτιον ἐκπέττειν τὸν καρπὸν καὶ τάχιον. (3) Τὰ
35 δὲ μῆλα καθ’ ἥντινα διάνοιαν ὁ σοφὸς ὑπέρφλοια προσείρηκοι, διαπορεῖν, καὶ μάλιστα τοῦ ἀνδρὸς οὐ καλλιγραφίας ἕνεκα τοῖς εὐπροσωποτάτοις τῶν ἐπιθέτων, ὥσπερ ἀνθηροῖς χρώμασι, τὰ πράγματα γανοῦν εἰωθότος, ἀλλ’ ἕκαστον οὐσίας τινὸς ἢ δυνάμεως δήλωμα ποιοῦντος· (4) οἷον, « ἀμφιβρότην χθόνα, » τὸ τὴν
40 ψυχὴν περικείμενον σῶμα· καὶ « νεφεληγερέτην » τὸν ἀέρα, καὶ « πολυαίματον » τὸ ἧπαρ.

III. Εἰπόντος οὖν ἐμοῦ ταῦτα, γραμματικοί τινες ἔφασαν, ὑπέρφλοια λελέχθαι τὰ μῆλα διὰ τὴν ἀκμήν· τὸ γὰρ ἄγαν ἀκμάζειν καὶ τεθηλέναι φλοίειν ὑπὸ τῶν ποιητῶν
45 λέγεσθαι. (2) Καὶ τὸν Ἀντίμαχον οὕτω πως « φλοίουσαν ὀπώραις » εἰρηκέναι τὴν τῶν Καδμείων πόλιν· ὁμοίως τὸν Ἄρατον ἐπὶ τοῦ Σειρίου λέγοντα,

     Καὶ τὰ μὲν ἔρρωσεν, τῶν δὲ φλόον ὤλεσε πάντα,

QUÆSTIO VIII.

Cur malum Homerus aglaocarpum (id est insignem fructu, Empedocles mala hyperphlœa dixerit.

PERSONÆ COLLOQUII.

PLUTARCHUS, TRYPHON, GRAMMATICI, LAMPRIAS AVUS.

I. Chæroneæ quodam in convivio quum omnis generis apposita essent poma, cuidam una accumbentium subiit versum Homeri pronunciare,

     Egregio mali fructu, ficusque suavis,

et, « virescentes oleæ. » (2) Hic quæsitum fuit, cur malum poeta peculiariter dignatus esset hoc nomine, ut præstantem fructu diceret. (3) Id Tryphon medicus aiebat factum comparatione fructus cum arbore, quem parva admodum, et vilis aspectu fert pulchrum atque magnum. (4) Alius quidam dicebat, in solo hoc arboreo fructu pulchritudinem ex omnibus compositam formis conspici : nam et contactu est mundum, ut non inquinet, sed fragrantia oppleat tangentem; et saporem habet suavem; estque olfactu et visu jucundissimum : ut merito laudetur, quod omnes una sensus alliciat.

II. Hæc nos diximus satis congruenter proferri : sed quum Empedocles scripserit, aiebam,

     Punica enim sero sata poma et ὑπέρφλοια mala,

Punicorum pomorum appellationem intelligo, quia scilicet sub autumni exitum et calore enervato ista arbor fructum suum excoquit : (2) imbecillum enim eorum et tenuem humorem sol non sinit coire, nisi aer incipiat frigidior fieri : itaque Theophrastus hanc solam arborem ait in umbra rectius et celerius fructum suum maturare. (3) Quo autem sensu sapiens mala dixerit *hyperphlœa*, dubito : maxime quum non elegantiæ carmini parandæ gratia nitidissimis adjectivis tanquam floridis coloribus exornare suas res Empedocles soleat; sed singulis naturam aliquam aut vim exprimat : (4) ut quum corpus animæ circumdatum vocat *tellurem amphibroten*, quasi mortalem cingens : et aerem *nephelegeretam*, tanquam nubes colligentem : et *polyœmaton* jecur, id est multo præditum sanguine.

III. Hæc ego quum dixissem, grammatici quidam dixerunt, mala dici *hyperphlœa* ob vigorem : nam a poetis verbum φλοίειν sumi pro eo quod est majorem in modum vigere et germinare. (2) Antimachum hoc sensu dixisse, Cadmeorum urbem φλοίουσαν ὀπώραις, id est frugibus vegetam : itemque Aratum de Sirio,

     Dat vires aliis, aliis perdit φλόον omnem.

τὴν χλωρότητα καὶ τὸ ἄνθος τῶν καρπῶν, φλόον προσ-
αγορεύειν· εἶναι δὲ καὶ τῶν Ἑλλήνων τινάς, οἳ Φλοίῳ
Διονύσῳ θύουσιν.   (3) Ἐπεὶ τοίνυν μάλιστα τῶν καρπῶν ἡ χλωρότης καὶ τὸ τεθηλέναι τῷ μήλῳ παραμέ-
5 νει, ὑπέρφλοιον αὐτὸ τὸν φιλόσοφον προσαγορεῦσαι.
(4) * Λαμπρίας δὲ ὁ πάππος ἡμῶν ἔφη, τὴν Ὑπέρ
φωνὴν οὐ μόνον τὸ ἄγαν καὶ τὸ σφοδρὸν δηλοῦν, ἀλλὰ
καὶ τὸ ἔξωθεν καὶ τὸ ἄνωθεν· οὕτω γὰρ ὑπέρθυρον καὶ
ὑπερῷον καλεῖν ἡμᾶς, τὸν δὲ ποιητὴν καὶ « κρέα ὑπέρ-
10 τερα » τὰ ἔξω τοῦ ἱερείου, ὥσπερ ἔγκατα, τὰ ἐντός.
(5) Ὅρα τοίνυν, ἔφη, μὴ πρὸς τοῦτο μᾶλλον ὁ Ἐμπεδοκλῆς πεποίηκε τὸ ἐπίθετον, ὅτι, τῶν ἄλλων καρπῶν τὸ
ἔξωθεν ὑπὸ τοῦ φλοιοῦ περιεχομένων, καὶ τὰ καλούμενα λεπύχανα καὶ κελύφη καὶ ὑμένας καὶ λοβοὺς ἐπι-
15 πολῆς ἐχόντων, ὁ τοῦ μήλου φλοιὸς ἐντός ἐστι κολλώδης
χιτὼν καὶ λιπαρός, ᾧ προσίσχεται τὸ σπέρμα· τὸ δ'
ἐδώδιμον, ἔξωθεν αὐτῷ περικείμενον, εἰκότως ὑπέρφλοιον ὠνόμασται.

viriditatem et florem fructuum *phloi* voce affecisse : esse
etiam quosdam de Græcis, qui Phloo Baccho sacrificent.
(3) Quoniam itaque de omnibus fructibus in malo maxime
vigor et viror permanent, *hyperphlœum* fuisse a philosopho
nominatum. (4) Lamprias autem avus noster aiebat, vocem *hyper*, non modo nimii et vehementis habere notationem, sed etiam ejus quod extra est aut supra. Sic enim a
nobis *hyperthyron* dici superiorem januæ postem, et *hy-
peroum* sublimius cœnaculum : et Homerum carnes victimæ
exteriores vocasse *hypertera*, ut interiores *enkata*. (5)
Videamus an non huc præcipue Empedocles respexerit,
quod quum alii fructus foris cortice (is enim *phlœos* est)
ambiantur, iique putamina quæ vocant, involucra, membranas, tegmina, in superficie habeant; solus mali cortex
intus est glutinosa et pinguis tunica, qua semen continetur : id vero quod esui est, foris circa eam circumpositum,
hyperphlœon, quasi situm extra corticem, recte appellatum
foret.

ΠΡΟΒΛΗΜΑ Θ.

Τίς ἡ αἰτία δι' ἣν ἡ συκῆ δριμύτατον οὖσα δένδρον,
γλυκύτατον παρέχει τὸν καρπόν.

ΠΡΟΣΩΠΑ ΤΟΥ ΔΙΑΛΟΓΟΥ.

ΛΑΜΠΡΙΑΣ Ο ΠΑΠΠΟΣ, ΑΛΛΟΙ.

1. Μετὰ δὲ ταῦτα περὶ τῶν σύκων διηπορήθη, τί
20 δήποτε πίων καὶ γλυκὺς οὕτω καρπὸς ἀπὸ δένδρου φύεται πικροτάτου· (2) τῆς γὰρ συκῆς καὶ τὸ φύλλον διὰ
τραχύτητα θρίον ὠνόμασται, καὶ τὸ ξύλον ὀπῶδές ἐστιν·
ὥστε καιόμενον μὲν ἐκδιδόναι δριμύτατον καπνόν, κα-
τακαυθὲν δὲ τὴν ἐκ τῆς τέφρας κονίαν ῥυπτικωτάτην πα-
25 ρέχειν ὑπὸ δριμύτητος· (3) ὃ δέ ἐστι θαυμασιώτατον,
ἀνθούντων ἁπάντων, ὅσα βεβλάστηκε καὶ καρποφορεῖ, μόνον ἄνανθές ἐστι τὸ τῆς συκῆς φυτόν· (4) εἰ δὲ, ὡς φασιν, οὐ κεραυνοῦται, καὶ τοῦτο ἄν τις ἀναθείη τῇ πικρότητι καὶ καχεξίᾳ τοῦ στελέχους· τῶν γὰρ τοιούτων οὐ δο-
30 κοῦσιν ἐπιθιγγάνειν οἱ κεραυνοί, καθάπερ οὐδὲ τῆς φώκης
τοῦ δέρματος, οὐδὲ τῆς ὑαίνης. (5) Ὑπολαβὼν οὖν ὁ πρεσβύτης ἔφη τῷ φυτῷ γλυκύτητος ἅπαν τοῦτο συνθλιβόμενον εἰς τὸν καρπόν, εἰκότως δριμὺ ποιεῖν καὶ ἄκρατον
τὸ λειπόμενον· (6) ὥσπερ γὰρ τὸ ἧπαρ, εἰς ἕνα τόπον
35 τοῦ χολώδους ἀποκριθέντος, αὐτὸ γίνεται γλυκύτατον·
οὕτω τὴν συκῆν εἰς τὸ σῦκον ἅπαν τὸ λιπαρὸν καὶ νό-
στιμον ἀφιεῖσαν, αὐτὴν ἄμοιρον εἶναι γλυκύτητος. (7)
Ἐπεὶ ὅτι γε μετέχει τινὸς εὐχυμίας τὸ ξύλον, ἐκεῖνο,
ἔφη, ποιοῦμαι σημεῖον, ὃ λέγουσιν οἱ κηπωροί· λέγουσι
40 δὲ [περὶ] τοῦ πηγάνου, τὸ φυόμενον ὑπ' αὐτῇ καὶ πα-
ραφυόμενον ἥδιον εἶναι καὶ τῷ χυμῷ μαλακώτερον, ὡς
ἂν ἀπολαῦον τινὸς γλυκύτητος, ᾗ κατασβέννυται τὸ
ἄγαν βαρὺ καὶ κατάκορον, εἰ μὴ νὴ Δία τοὐναντίον ἡ
συκῆ περισπῶσα τὴν τροφὴν ἐξαιρεῖ τὸ τῆς δριμύτητος.

QUÆSTIO IX.

*Quid sit causæ, quod ficus amarissimi saporis arbor,
dulcissimum producit fructum.*

PERSONÆ COLLOQUII.

LAMPRIAS AVUS, ALII.

1. Quæsitum post hæc est de ficu, quanam de causa
ita pinguis et dulcis fructus ex amarissima nasceretur arbore. (2) Nam et ficus folium ob asperitatem *thrion* nominatur; et lignum succi plenum edit, quum crematur, fumum
acerrimum, et cinis ob acrimoniam summa est ad tergen-
dum vi præditus : (3) et, quod maxime mirum est, quum
floreant omnia quæ germinant fructumque edunt, sola ficus
flore caret : (4) ac, si verum sit quod fertur, ficum fulmine
nunquam tangi, id ipsum quoque tribuendum videri potest
amarori et pravæ qualitati stipitis : talia enim de cœlo non
tangi videntur; sicut etiam phocæ pellis, et hyænæ. (5)
Excipiens hic sermonem senex dicebat, Dulcedine stirpis
istius omni compressa elisaque in unum fructum, non injuria reliquum succum acrem et incommodum relinqui. (6)
Sicut enim jecur, bile in unum locum secreta, fit dulcissimum; ita ficum, dum in fructum suum dulcedinem et pinguedinem omnem dimittit, ipsam expertem esse dulcedinis.
(7) Nam quodam bono succo arborem istam esse præditam,
ex hoc signo collegerim, quod hortulani rutam aiunt sub
ficu aut prope nascentem, suaviorem fieri et sapore mi-
tiore : quod quasi participet quandam ejus dulcedinem,
qua restinguatur nimis virosa qualitas : nisi, mehercle,
contra, ficus arbor alimentum ad se rapiens, acrimoniam
rutæ subtrahit.

ΠΡΟΒΛΗΜΑ I.	**QUÆSTIO X.**

Τίνες οἱ περὶ ἅλα καὶ κύμινον· ἐν ᾧ καὶ διὰ τί τὸν ἅλα θεῖον ὁ ποιητὴς εἶπεν.

Quinam sint qui « circa salem et cuminum » dicuntur : ibidemque cur salem Homerus divinum dixerit.

ΠΡΟΣΩΠΑ ΤΟΥ ΔΙΑΛΟΓΟΥ.

PERSONÆ COLLOQUII.

ΦΛΩΡΟΣ, ΑΠΟΛΛΟΦΑΝΗΣ, ΠΛΟΥΤΑΡΧΟΣ, ΦΙΛΙΝΟΣ.

FLORUS, APOLLOPHANES, PLUTARCHUS, PHILINUS.

I. Ἐζήτει Φλῶρος, ἑστιωμένων ἡμῶν παρ' αὐτῷ, τίνες ἂν εἶεν οἱ περὶ ἅλα καὶ κύμινον ἐν τῇ παροιμίᾳ λεγόμενοι. (2) Καὶ τοῦτο μὲν ἐκ προχείρου διέλυσεν Ἀπολλοφάνης ὁ γραμματικός· Οἱ γὰρ οὕτω συνήθεις, ἔφη, τῶν φίλων, ὥστε καὶ πρὸς ἅλα δειπνεῖν καὶ κύμινον, ὑπὸ τῆς παροιμίας προβάλλονται. (3) Τὴν δὲ τῶν ἁλῶν τιμὴν ἀφ' ὅτου γένοιτο διηποροῦμεν, Ὁμήρου μὲν ἄντικρυς λέγοντος,

Πάσσε δ' ἁλὸς θείοιο·

Πλάτωνος δὲ τῶν ἁλῶν σῶμα κατὰ νόμον ἀνθρώπων θεοφιλέστατον εἶναι φάσκοντος· (4) ἐπέτεινε δὲ τὴν ἀπορίαν τὸ τοὺς Αἰγυπτίους ἱερέας ἁγνοὺς ὄντας ἀπέχεσθαι τὸ πάμπαν ἁλῶν, ὥστε καὶ τὸν ἄρτον ἄναλον προσφέρεσθαι. Πῶς γάρ, εἰ θεοφιλὲς καὶ θεῖον, ἀφωσίωσαν;

II. Φλῶρος μὲν οὖν ἐᾶν ἐκέλευσε τοὺς Αἰγυπτίους, * Ἑλληνιστὶ δ' αὐτοὺς εἰπεῖν τι πρὸς τὸ ὑποκείμενον. (2) Ἐγὼ δ' ἔφην, οὐδὲ τοὺς Αἰγυπτίους μάχεσθαι τοῖς Ἕλλησιν· αἱ γὰρ ἁγνεῖαι καὶ παιδοποιίαν καὶ γέλωτα καὶ οἶνον, καὶ πολλὰ τῶν ἄλλως ἀξίων σπουδῆς ἀφαιροῦσι· (3) τοὺς δὲ ἅλας τάχα μὲν ὡς ἐπὶ συνουσίαν ἄγοντας ὑπὸ θερμότητος, ὡς ἔνιοι λέγουσι, φυλάττονται καθαρεύοντες· εἰκὸς δὲ καὶ ὡς ὄψον ἥδιστον παραιτεῖσθαι. (4) Κινδυνεύουσι γὰρ οἱ ἅλες τῶν ἄλλων ὄψων ὄψον εἶναι καὶ ἥδυσμα· διὸ καὶ χάριτας ἔνιοι προσαγορεύουσιν αὐτούς, ὅτι τῆς τροφῆς τὸ ἀναγκαῖον ἡδὺ ποιοῦσιν.

III. Ἆρ' οὖν, ὁ Φλῶρος ἔφη, διὰ τοῦτο θεῖον εἰρῆσθαι τὸν ἅλα φῶμεν; (2) Ἔστι μὲν δή, εἶπον, οὐδὲ τοῦτο ἐλάχιστον. Οἱ γὰρ ἄνθρωποι τὰ κοινὰ καὶ διήκοντα ταῖς χρείαις ἐπὶ τὸ πλεῖστον ἐκθειάζουσιν, ὡς τὸ ὕδωρ, ὡς τὸ φῶς, τὰς ὥρας· τὴν δὲ γῆν οὐ μόνον θεῖον, ἀλλὰ καὶ θεὸν ὑπολαμβάνουσιν· (3) ὧν οὐδενὸς λείπεται χρείᾳ τὸ τῶν ἁλῶν, θρίγκωμα τῆς τροφῆς γινόμενον εἰς τὸ σῶμα, καὶ παρέχον εὐαρμοστίαν αὐτῇ πρὸς τὴν ὄρεξιν. (4) Οὐ μὴν ἀλλὰ καὶ σκόπει, μὴ κἀκεῖνο θεῖον αὐτῷ συμβέβηκεν, ὅτι τῶν σωμάτων τὰ νεκρὰ διατηροῦν ἄσηπτα καὶ μόνιμα πολὺν χρόνον, ἀντιτάττεται τῷ θανάτῳ, καὶ οὐκ ἐᾷ παντελῶς ἐξολέσθαι καὶ ἀφανισθῆναι τὸ θνητόν· (5) ἀλλὰ ὥσπερ ἡ ψυχή, θειότατον οὖσα τῶν ἡμετέρων, τὰ ζῷα συνέχει καὶ ῥεῖν οὐκ ἐᾷ τὸν ὄγκον, οὕτως ἡ τῶν ἁλῶν φύσις τὰ νεκρὰ παραλαμβάνουσα καὶ μιμουμένη τὸ τῆς ψυχῆς ἔργον, ἀντιλαμβάνεται φερομένων ἐπὶ τὴν φθοράν, καὶ κρατεῖ καὶ ἵστησιν, ἁρμονίαν παρέχουσα καὶ φιλίαν πρὸς ἄλληλα τοῖς μέρεσι. (6) Διὸ καὶ τῶν Στωϊκῶν ἔνιοι τὴν

I. Florus quum nos excepisset convivio , quærebat quinam essent qui in proverbio dicuntur *circa salem et cuminum* esse amici. (2) Atque hoc quidem promte solvit Apollophanes grammaticus , dicens eo adagio notari qui ita sunt inter se familiares , ut etiam sale et cumino solis propositis una cœnent. (3) Interim quæstio incidit de salis honore , quum et Homerus diserte dicat ,

Divino sale conspersit :

et Plato *lege hominum salis corpus* dicat *diis esse carissimum :* (4) auxit vero difficultatem quæstionis hoc, quod Ægyptiorum sacerdotes castissimi quum sint , sale in universum abstinent , adeo ut pane quoque insulso vescantur. Qui enim salem sunt abominati , si divinus est et diis gratus?

II. Ac Florus quidem missos facere jubebat Ægyptios , et Græcanico more aliquid de re proposita dicere. (2) Ego autem , non adversari hoc loco Græcis Ægyptios , dixi : Nam castimoniæ professio , aiebam , etiam liberis operam dare , ridere , vinum bibere , multaque alias studio digna prohibet. (3) Fortasse salibus abstinent qui castitati se destinaverint , quod ii ob calorem ad rem incitent veneream , ut quidam autumant. Probabile est etiam eo ab iis salem nomine repudiari , quod sit condimentorum jucundissimum. (4) Quid enim impedit , quin salem reliquorum condimentorum condimentum esse , iisque suavitatem conciliare dicamus? quo factum est ut Gratiarum nomen salibus imponeretur a quibusdam : videlicet sale necessitatem cibi in suavitatem convertente.

III. Ergone , infit Florus , idcirco credemus salem divinum appellari? (2) Equidem , inquam , causa hæc non est vilissima. Etenim ab hominibus ea , quæ communia sunt , suisque per totum humanum genus pervadunt usibus , quam maxime divinitatis titulo dignantur ; ut aquam , ut lucem , ut anni tempestates : nam terram quidem non divinam modo , sed etiam deum arbitrantur esse. (3) Et tamen quod ad utilitatem attinet , nulli horum cedit sal , qui alimento in corpus recipiendo præsidium est , efficitque ut cum appetitu sit nutrimenti concinnitas. (4) Verum enimvero id quoque considera , an non sali hoc etiam divinum contigerit , quod cadavera putredinis secura et durabilia per longum tempus asservans , aliquanto tempore morti resistit , neque patitur id quod mortale est , penitus aboleri : (5) sed quemadmodum anima , nostrarum rerum divinissima , diffluere non sinit molem animalis , sed eam continet : ita salis natura imitatur animæ opus , dum cadavera arripiens , id quod ad interitum vergebat constringit atque cohibet , partibus quandam inter se concinnitatem atque amicitiam indens. (6) Itaque Stoicorum etiam nonnulli suem non

ὗν σάρκα νεκρὰν γεγονέναι λέγουσι, τῆς ψυχῆς, ὥσπερ ἅλῶν, παρεσπαρμένης ὑπὲρ τοῦ διαμένειν. (7) Ὁρᾷς δὲ ὅτι καὶ τὸ κεραύνιον πῦρ ἱερὸν ἡγούμεθα καὶ θεῖον, ὅτι τὰ σώματα τῶν διοβλήτων ἄσηπτα πρὸς πολὺν ἀντέχοντα χρόνον ὁρῶμεν. Τί οὖν θαυμαστόν, εἰ καὶ τὸν ἅλα, τὴν αὐτὴν ἔχοντα τῷ θείῳ δύναμιν πυρί, θεῖον ὑπέλαβον οἱ παλαιοί;

IV. Σιωπήσαντος δέ μου, Φιλῖνος ὑπολαβών, Τὸ δὲ γόνιμον οὐ δοκεῖ σοι, ἔφη, θεῖον εἶναι, εἴπερ ἄρχει ὁ θεὸς πάντων; (2) Ὁμολογήσαντος δέ μου, Καὶ μὴν, ἔφη, τὸν ἅλα οὐκ ὀλίγον πρὸς γένεσιν συνεργεῖν οἴονται, καθάπερ αὐτὸς ἐμνήσθης τῶν Αἰγυπτίων· (3) οἱ γοῦν τὰς κύνας φιλοτροφοῦντες, ὅταν ἀργότεραι πρὸς συνουσίαν ὦσιν, ἄλλοις τε βρώμασιν ἁλμυροῖς καὶ ταριχευτοῖς κρέασι κινοῦσι καὶ παροξύνουσι τὸ σπερματικὸν αὐτῶν ἡσυχάζον. (4) Τὰ δὲ ἁλυκὰ πλοῖα πλῆθος ἐκφύει μυῶν ἄπλετον, ὡς μὲν ἔνιοι λέγουσι, τῶν θηλειῶν καὶ δίχα συνουσίας κυουσῶν, ὅταν τὸν ἅλα λείχωσιν· εἰκὸς δὲ μᾶλλον ἐμποιεῖν τὴν ἁλμυρίδα τοῖς μορίοις ὀδαξισμούς, καὶ συνεξορμᾷν τὰ ζῷα πρὸς τοὺς συνδυασμούς. (5) Διὰ τοῦτο δὲ ἴσως καὶ κάλλος γυναικός, τὸ μήτ᾽ ἀργὸν μήτ᾽ ἀπίθανον, ἀλλὰ μεμιγμένον χάριτι καὶ κινητικόν, ἁλμυρὸν καὶ δριμὺ καλοῦσιν. (6) Οἶμαι δὲ καὶ τὴν Ἀφροδίτην ἁλιγενῆ τοὺς ποιητὰς προσαγορεύειν καὶ μῦθον ἐπ᾽ αὐτῇ πεπλασμένον ἐξενεγκεῖν, ὡς ἀπὸ θαλάττης ἐχούσης τὴν γένεσιν, εἰς τὸ τῶν ἁλῶν γόνιμον αἰνιττομένους. (7) Καὶ γὰρ αὐτὸν τὸν Ποσειδῶνα, καὶ ὅλως τοὺς πελαγικοὺς θεοὺς πολυτέκνους καὶ πολυγόνους ἀποφαίνουσιν. (8) Αὐτῶν δὲ τῶν ζῴων οὐδὲν ἂν χερσαῖον ἢ πτηνὸν εἰπεῖν ἔχοις οὕτω γόνιμον, ὡς πάντα θαλάττια· πρὸς ὃ καὶ πεποίηκεν ὁ Ἐμπεδοκλῆς,

Φῦλον ἄμουσον ἄγουσα πολυσπερέων καμασηνῶν.

<hr>

ΣΥΜΠΟΣΙΑΚΩΝ

ΠΡΟΒΛΗΜΑΤΩΝ

ΒΙΒΛΙΟΝ ΕΚΤΟΝ.

ΠΡΟΟΙΜΙΟΝ.

I. Τιμόθεον τὸν Κόνωνος, ὦ Σόσσιε Σενεκίων, ὡς ἐκ τῶν πολυτελῶν καὶ στρατηγικῶν δείπνων ἀναλαβὼν, ὁ Πλάτων ἐδείπνισεν ἐν Ἀκαδημίᾳ, μουσικῶς καὶ ἀφελῶς ταῖς ἀφλεγμάντοις, ὥς φησιν ὁ Ἴων, τραπέζαις, αἷς ὕπνοι τε καθαροὶ καὶ βραχυόνειροι φαντασίαι, τοῦ σώματος εὐδίαν καὶ γαλήνην ἔχοντος, ἕπονται. (2) Μεθ᾽ ἡμέραν οὖν ὁ Τιμόθεος αἰσθόμενος τῆς διαφορᾶς, ἔφη τοὺς παρὰ Πλάτωνι δειπνήσαντας καὶ τῇ ὑστεραίᾳ καλῶς γίνεσθαι. (3) Μέγα γὰρ ὡς ἀληθῶς εὐημερίας

---

nisi carnem esse aiunt, quippe anima salis instar per eam diffusa fieri ut consistat et permaneat. (7) Neque nescis ignem fulminis quoque sacrum haberi et divinum : quod corpora de cœlo tactorum per multum temporis putrefactioni resistere videmus. (8) Quid ergo miri est, si et salem prisci divinum suspicati sunt esse, quando ejusdem est cum divino igne naturæ?

IV. Ut conticui, Philinus subjecit : An genitabile quod sit, tibi non videtur divinum? quum quidem deus principium sit rerum omnium. (2) Annui. Atqui, inquit, ad generandum haud parum facere sales creduntur : quo pertinet facta abs te Ægyptiorum mentio. (3) Etiam qui canibus alendis operam dant, quum eos segniores ad coitum vident, salsis cibis salsamentisque carnium excitant languentem eorum libidinem. (4) Naves quoque salem vehentes incredibilem murium producunt copiam : hoc fieri dicunt nonnulli, etiam femellis citra maris coitum parientibus, dum sal duntaxat lingant : est autem probabilius salsugine excitari genitalia et ad coitum mures utrinque stimulari. (5) Atque hac fortasse de causa pulchritudinem mulieris non otiosam aut invenustam, sed gratiosam et ad permovendum aptam, salsam vocant atque acrem. (6) Ac puto etiam Venerem a poetis e mari ortam fingi, fabulamque de ipsa editam fuisse tanquam e salo natæ, ut sub hoc involucro salis vim genitabilem proponerent. (7) Nam Neptunum etiam, atque in universum marinos deos fecundos, et multorum liberorum parentes faciunt. (8) Denique de terrestribus aut volucribus nullum plane invenies animalibus, quod fecunditatis gratia vel cum quovis marinorum comparari liceat. Atque huc pertinet Empedoclis versus,

Fecundos pisces inscitam ducere gentem.

<hr>

CONVIVALIUM

DISPUTATIONUM

LIBER SEXTUS.

PROŒMIUM.

I. Timotheus Cononis filius, Sossi Senecio, quum eum a sumtuosis abductum et prætoriis cœnis Plato in Academia scitæ atque simplici, et, ut Ion dicebat, non inflammatione turgenti adhibuisset mensæ, qualem somnus sincerus et visa somniis brevibus occasionem præbentia sequuntur, corpore tranquillitate perfuso : (2) postridie discrimine animadverso, dixit *eos qui apud Platonem cœnassent, insequenti etiam die bene habere.* (3) Magnum enim profecto ad diem suaviter agendum est adjumentum bona

ἐφόδιον εὐκρασία σώματος ἀβαπτίστου καὶ ἐλαφροῦ,
καὶ παρεστῶτος ἀνυπόπτως ἐπὶ πᾶσαν ἐνέργειαν.   (4)
Ἀλλ' ἕτερον οὐκ ἔλαττον ὑπῆρχε τοῦτο τοῖς παρὰ Πλάτωνι δειπνήσασιν, ἡ τῶν λαληθέντων παρὰ πότον ἀνα-
θεώρησις·   (5) αἱ μὲν γὰρ τῶν ποθούντων ἡδοναὶ τὴν
ἀνάμνησιν ἀνελεύθερον ἔχουσι, καὶ ἄλλως ἐξίτηλον,
ὥσπερ ὀσμὴν ἕωλον, ἢ κνῖσαν ἐναπολειπομένην· προβλημάτων δὲ καὶ λόγων φιλοσόφων ὑποθέσεις αὐτοὺς
τοὺς μεμνημένους εὐφραίνουσιν, ἀεὶ πρόσφατοι παροῦ-
σαι· καὶ τοὺς ἀπολειφθέντας οὐχ ἧττον εἰς αἰτίαν παρέχουσι τοῖς αὐτοῖς ἀκούοντας καὶ μεταλαμβάνοντας·
(6) ὅπου καὶ νῦν τῶν Σωκρατικῶν συμποσίων μετουσία
καὶ ἀπόλαυσίς ἐστι τοῖς φιλολόγοις, ὥσπερ αὐτοῖς ἐκείνοις τοῖς τότε δειπνοῦσι.   (7) Καίτοι, εἰ τὰ σωματικὰ
τὰς ἡδονὰς παρεῖχον, ἔδει καὶ Ξενοφῶντα καὶ Πλάτωνα
μὴ τῶν λαληθέντων, ἀλλὰ τῶν παρατεθέντων ἐν Καλλίου καὶ Ἀγάθωνος ὄψων καὶ πεμμάτων καὶ τραγημάτων ἀπογραφὴν ἀπολιπεῖν·   (8) νῦν δ' ἐκεῖνα μὲν οὐδέποτε, καίπερ, ὡς εἰκὸς, ἐκ παρασκευῆς γιγνόμενα
καὶ δαπάνης, λόγου τινὸς ἠξιώθη· τὰ δὲ φιλοσοφηθέντα
μετὰ παιδιᾶς σπουδάζοντες, εἰς γραφὴν ἀπετίθεντο,
καὶ κατέλιπον παραδείγματα τοῦ μὴ μόνον συνεῖναι
διὰ λόγων ἀλλήλοις παρὰ πότον, ἀλλὰ καὶ μεμνῆσθαι
τῶν λαληθέντων.

———

ΠΡΟΒΛΗΜΑ Α.

Τίς ἡ αἰτία δι' ἣν οἱ νηστεύοντες διψῶσι μᾶλλον ἢ
πεινῶσιν.

ΠΡΟΣΩΠΑ ΤΟΥ ΔΙΑΛΟΓΟΥ.

ΠΛΟΥΤΑΡΧΟΣ, ΑΛΛΟΙ.

1. Ἕκτον οὖν τοῦτό σοι πέμπω τῶν συμποσιακῶν,
ἐν ᾧ πρῶτόν ἐστι τὸ περὶ τοῦ διψῆν μᾶλλον ἢ πεινῆν
τοὺς νηστεύοντας.   (2) Ἄλογον γὰρ ἐφαίνετο διψῆν
μᾶλλον ἢ πεινῆν τοὺς ἐκνηστεύσαντας· ἡ γὰρ ἔνδεια τῆς
ξηρᾶς τροφῆς ἀναπλήρωσιν οἰκείαν ἐδόκει κατὰ φύσιν
ἐπιζητεῖν.   (3) Ἔλεγον οὖν ἐγὼ τοῖς παροῦσιν, ὅτι τῶν
ἐν ἡμῖν ἢ μόνον ἢ μάλιστα δεῖται τροφῆς τὸ θερ-
μόν· ὥσπερ ἀμέλει βλέπομεν ἔξω μήτε ἀέρα μήτε
ὕδωρ μήτε γῆν ἐφιέμενα τοῦ τρέφεσθαι, μήτ' ἀναλί-
σκοντα τὸ πλησιάζον, ἀλλὰ μόνον τὸ πῦρ.   (4) Ἦ καὶ
τὰ νέα βρωτικώτερα τῶν πρεσβυτέρων ὑπὸ θερμότητος·
καὶ τοὐναντίον οἱ γέροντες ῥᾷστα νηστείαν φέρουσιν·
ἀμβλὺ γὰρ ἐν αὐτοῖς καὶ μικρὸν ἤδη τὸ θερμόν ἐστιν,
ὥσπερ ἐν τοῖς ἀναίμοις τῶν ζώων, ἃ δὴ καὶ τροφῆς ἥκιστα προσδεῖται δι' ἔνδειαν θερμότητος·   (5) * αὐτόν τε
ἕκαστον αὐτοῦ γυμνάσια καὶ κραυγαὶ καὶ ὅσα τῷ κινεῖν
αὔξει τὸ θερμὸν, ἥδιον φαγεῖν ποιεῖ καὶ προθυμότερον.
(6) Τροφὴ δὲ τῷ θερμῷ, καθάπερ νομίζω, ὃ πρῶτον
κατὰ φύσιν, μάλιστα τὸ ὑγρόν ἐστιν, ὡς αἵ τε φλόγες
αὐξανόμεναι τῷ ἐλαίῳ δηλοῦσι, καὶ τὸ πάντων ξηρότα-

corporis temperies, non obruti, sed expediti, et ad omnes
actiones absque offensa promte se dantis.   (4) Sed aliud
non minus bonum obtigit iis qui apud Platonem cœnavis-
sent, consideratio eorum quæ inter pocula fuerant disputata.   (5) Etenim voluptatum quæ e cibo ac potu percipiuntur, illiberalis est recordatio, et evanida prorsus, odoris puta aut nidoris pridiani reliquiæ : argumenta autem
quæstionum et orationum philosophicarum, semper recenti
memoria obversantia, etiam eos qui non interfuerunt communicata non minus delectant quam qui coram audiverunt :
(6) quando hodieque eruditi homines Socraticis fruuntur
conviviis, perinde atque ii qui tum in cœna adfuerunt.
(7) Atqui si voluptatem eam præbuissent quæ ad corpus pertinent, oportuit Xenophontem et Platonem non dictorum,
sed appositorum in Calliæ et Agathonis ædibus obsoniorum,
placentarum, bellariorum descriptionem relinquere.   (8)
Nunc hæc illi nulla dignati sunt mentione, quanquam cum
sumtu fuisse apparata credendum est : quæ autem commen-
tati inter se sunt convivæ vel serio vel per lusum, ea
literis mandaverunt; nobisque exempla tradiderunt non
modo colloquendi inter pocula, sed etiam memorandi disputata.

———

QUÆSTIO I.

Cur jejuni magis sitiant quam esuriant.

PERSONÆ COLLOQUII.

PLUTARCHUS, ALII.

1. Sextum ergo hunc Symposiacon tibi mitto librum. In
eo primum agitur de causa, ob quam jejuni magis sitiant
quam esuriant.   (2) Hoc enim præter rationem fieri videbatur, quum defectus sicci nutrimenti a jejuno suam videretur naturalem expletionem potius desiderare.   (3) Dixi
tum ego, Eorum quæ in nobis sunt aut solum, aut maxime, calorem nutrimento indigere, idque adeo nos in rebus
externis cernere, quod neque aer, neque aqua, neque terra
nutrimentum requirunt, neque consumunt quod iis appropinquat : solus id ignis facit.   (4) Hinc etiam adolescentes
senibus voraciores sunt ob calorem : et contra senes jejunium facillime ferunt, quod obtusus eorum jam et exilis est
calor; sicut et exsanguium animalium, quæ ob inopiam caloris minimo indigent alimento.   (5) Quin et unumquemque
exercitationes corporis, vociferationes, et quæ alia motu
calorem augent, solito suavius alacriusque edere cogunt.
(6) Ceterum caloris nutrimentum, quod naturæ ejus primo
conveniat, arbitror esse humorem : quod et auctæ oleo
flammæ arguunt, et cinis omnium rerum siccissima, quod

τον εἶναι τέφραν· ἐκκέκαυται γὰρ τὸ νοτερὸν, τὸ δὲ γεῶδες ἔρημον ἰκμάδος λέλειπται· (7) καὶ ὁμοίως διίστησι καὶ διαιρεῖ τὰ σώματα τὸ πῦρ, τῷ ἐξαίρειν τὴν κολλῶσαν ὑγρότητα καὶ συνδέουσαν. (8) Ὅταν οὖν νηστεύσωμεν, ἐκ τῶν ὑπολειμμάτων τῆς ἐν τῷ σώματι τροφῆς ἀποσπᾶται βίᾳ τὸ ὑγρὸν ὑπὸ τοῦ θερμοῦ τὸ πρῶτον, εἶτ' ἐπ' αὐτὴν βαδίζει τὴν σύμφυτον λιβάδα τῆς σαρκὸς ἡ πύρωσις διώκουσα τὸ νοτερόν· (9) γενομένης οὖν, ὥσπερ ἐν πηλῷ, ξηρότητος, ποτοῦ μᾶλλον τὸ σῶμα δεῖσθαι πέφυκεν, ἄχρις οὗ πιόντων ἀναρρωσθὲν καὶ ἰσχύσαν τὸ θερμὸν ἐμβριθοῦς τροφῆς ὄρεξιν ἐργάσηται.

ΠΡΟΒΛΗΜΑ B.

Πότερον ἔνδεια ποιεῖ τὸ πεινῆν καὶ διψῆν ἢ πόρων μετασχηματισμός.

ΠΡΟΣΩΠΑ ΤΟΥ ΔΙΑΛΟΓΟΥ.

ΦΙΛΩΝ, ΠΛΟΥΤΑΡΧΟΣ.

I. Λεχθέντων δὲ τούτων, οἱ περὶ Φίλωνα ἰατροὶ τὴν πρώτην θέσιν ἐκίνουν· ἐνδείᾳ γὰρ οὐ γίνεσθαι τὸ δίψος, ἀλλὰ πόρων τινῶν μετασχηματισμῷ. (2) Τοῦτο μὲν γὰρ, οἱ νύκτωρ διψῶντες, ἂν ἐπικαταδάρθωσι, παύονται τοῦ διψῆν μὴ πιόντες· τοῦτο δὲ, οἱ πυρέττοντες, ἐνδόσεως γενομένης, ἢ παντάπασι τοῦ πυρετοῦ λωφήσαντος, καὶ ἅμα τοῦ διψῆν ἀπαλλάττονται· (3) πολλοῖς δὲ λουσαμένοις, καὶ νὴ Δία ἐμέσασιν ἑτέροις, λήγει τὸ δίψος· ὧν ὑπ' οὐδενὸς αὔξεται τὸ ὑγρὸν, ἀλλὰ μόνον οἱ πόροι παρ[έχουσι, π]άσχοντές τι τῷ μετασχηματίζεσθαι, τάξιν ἑτέραν καὶ διάθεσιν. (4) Ἐκδηλότερον δὲ τοῦτο γίνεται περὶ τὴν πεῖναν· ἐνδεεῖς γὰρ ἅμα πολλοὶ γίνονται καὶ ἀνόρεκτοι τῶν νοσούντων· ἐνίοις δ' ἐμπιπλαμένοις οὐδὲ ἐν αἱ ὀρέξεις χαλῶσιν, ἀλλὰ καὶ κατατείνουσι καὶ παραμένουσιν· ἤδη δὲ πολλοὶ τῶν ἀποσίτων, ἐλαίαν ἁλμάδα λαμβάνοντες, ἢ κάππαριν γευσάμενοι, ταχέως ἀνέλαβον καὶ παρεστήσαντο τὴν ὄρεξιν. (5) Ὧ καὶ μάλιστα δῆλόν ἐστιν, ὅτι πάθει τινὶ πόρων, οὐχ ὑπ' ἐνδείας, ἐγγίνεται τὸ πεινῆν· ἡμῖν· τὰ γὰρ τοιαῦτα βρώματα τὴν μὲν ἔνδειαν ἐλαττοῖ προστιθεμένης τροφῆς, [τὸ δὲ πεινῆν] ποιοῦσιν· (6) οὕτως αἱ τῶν ἐφάλμων βρωμάτων εὐστομίαι καὶ δριμύτητες ἐπιστρέφουσαι καὶ πυκνοῦσαι τὸν στόμαχον, ἢ πάλιν ἀνοίγουσαι καὶ χαλῶσαι, δεκτικήν τινα τροφῆς εὐαρμοστίαν περιειργάσαντο περὶ αὐτὸν, ἣν ὄρεξιν καλοῦμεν.

II. Ἐδόκει δή μοι ταῦτα πιθανῶς μὲν ἐγκεχειρῆσθαι, πρὸς δὲ τὸ μέγιστον ἐναντιοῦσθαι τῆς φύσεως τέλος, ἐφ' ὃ πᾶν ἄγει ζῷον ὄρεξις, ἀναπλήρωσιν τοῦ ἐνδεοῦς ποθοῦσα, καὶ τὸ ἐκλεῖπον ἀεὶ τοῦ οἰκείου διώκουσα· (2) τὸ γὰρ, ᾧ διαφέρει μάλιστα τὸ ζῷον τοῦ ἀψύχου, τοῦτο μὴ φάναι πρὸς σωτηρίαν καὶ διαμονὴν

combusto humore terrestres partes exsuccæ relinquuntur. (7) Simili de causa ignis divellit ac dissipat corpora, eximendo iis humore quo glutinabantur et cohærebant. (8) Ergo quum jejunamus, primum e reliquiis nutrimenti in corpore calor vi humorem eripit : deinde ipsum aggreditur nativum carnis humorem inflammatio, succum persequens : (9) hinc siccitate tanquam in luto oborta, potum magis quam cibum corpus desiderat ; donec bibendo refectus calor et confirmatus solidi nutrimenti appetitionem excitet.

QUÆSTIO II.

Indigentiane famem et sitim efficiat, an vero meatuum figuræ mutatio.

PERSONÆ COLLOQUII.

PHILO, PLUTARCHUS.

I. His dictis, Philo medicus primam propositionem impugnavit, non ab indigentia sitim, sed mutata meatuum figura effici asserens. (2) Ostendunt hoc, aiebat, primum qui noctu sitiunt : qui si obdormiant, absque potu siti liberantur : deinde febricitantes, inclinante morbo aut prorsus decedente, simul etiam sitire desinunt : (3) multis ubi laverunt, aut adeo ubi vomuerunt, sitis abiit. Atqui humor nulla harum rerum augetur : sed pori, seu meatus, duntaxat mutata figura, affecti quodammodo, ordinem alium affectionemque novam præbent. (4) Manifestius hoc in fame apparet. Multi enim ægroti simul et indigi fiunt alimenti, et appetitione carent : nonnullorum quum impleti sunt nihil remittunt appetitus, sed perseverant atque intenduntur. Jam multi eorum qui inediam toleraverunt, oliva salsa aut cappari gustata statim refecti sunt, appetitusque eorum instauratus. (5) Quod quidem maxime ostendit famem nobis quadam meatuum affectione, non indigentia accidere : quum istæ gustationes indigentiam quidem sumto cibo minuant, sed tamen famem excitent. (6) Sic salsorum ciborum cum ore ventriculi consensio in causa est, dum acrimonia sua id cogentes et stringentes, rursumve aperientes et laxantes, cibi appetitionem commodam illi conciliant.

II. Hæc argumenta mihi probabiliter quidem excogitata videbantur ; sed adversari potissimo naturæ fini, ad quem ab appetitu unumquodque ducitur animal, expletionem ejus quod defecit desiderante, semperque id quod naturæ accommodatum est persequente. (2) Enimvero id quo maxime animal a rebus inanimatis differt, id negare ad salu-

ὑπάρχειν ἡμῖν, ὡς πληρωμάτων οἰκείων τῷ σώματι
ἐκδεκτὴν ἐγγεγενημένον, ἀλλὰ πάθος εἶναι καὶ τρο-
πήν τινα πόρων οἴεσθαι μεγέθεσι καὶ μικρότησι συμ-
βαίνουσαν, εἰς οὐδένα ἦν λόγον ἁπλῶς τιθεμένων τὴν
5 φύσιν. (3) Ἔπειτα ῥιγοῦν ἐνδείᾳ θερμότητος οἰκείας
τὸ σῶμα, μηκέτι [δὲ] διψῆν μηδὲ πεινῆν ὑγρότητος
ἐνδείᾳ τῆς κατὰ φύσιν καὶ τροφῆς, ἀλογόν ἐστι· τούτου δ' ἀλογώτερον, εἰ κενώσεως μὲν ἐφίεται διὰ πλήρωσιν ἡ φύσις, πληρώσεως δ' οὐ διὰ κένωσιν, ἀλλ' ἑτέ-
10 ρου τινὸς πάθους ἐγγενομένου. (4) Καὶ μὴν αἵ γε
τοιαῦται περὶ τὰ ζῷα χρεῖαι καὶ ἀναπληρώσεις οὐθέν
τι τῶν περὶ τὰς γεωργίας γινομένων διαφέρουσι· πολλὰ
γὰρ ὅμοια πάσχει καὶ βοηθεῖται· (5) πρὸς μὲν γὰρ
τὰς ξηρότητας, ἀρδείαις ποτιζόμενα· * καὶ ψυχόμενα
15 μετρίως, ὅταν φλέγηται· ῥιγοῦντα δ' αὐτὰ θάλπειν
πειρώμεθα καὶ σκέπειν, πολλοστὰ περιβάλλοντες· καὶ
ὅσα μὴ παρ' ἡμᾶς ἐστιν, εὐχόμεθα τὸν θεὸν διδόναι,
δρόσους μαλακὰς καὶ εἰλήσεις ἐν πνεύμασι μετρίοις,
ὡς ἀεὶ τοῦ ἀπολείποντος ἀναπλήρωσιν ἡ φύσις ἔχοι,
20 διατηροῦσα τὴν κρᾶσιν. (6) Οὕτω γὰρ οἶμαι καὶ τροφὴν ὠνομάσθαι τὸ τηροῦν τὴν φύσιν· τηρεῖται δὲ, τοῖς
μὲν φυτοῖς ἀναισθήτως ἐκ τοῦ περιέχοντος, ὥς φησιν
Ἐμπεδοκλῆς, ὑδρευομένοις τὸ πρόσφορον· ἡμᾶς δὲ ἡ
ὄρεξις ζητεῖν διδάσκει καὶ διώκειν τὸ ἐκλεῖπον τῆς
25 κράσεως. (7) Οὐ μὴν ἀλλὰ καὶ τῶν εἰρημένων ἕκαστον ἴδωμεν ὡς οὐκ ἀληθές ἐστι. Τὰ μὲν γὰρ εὐστομίαν ἔχοντα καὶ δριμύτητα, τάχα μὲν οὐκ ὄρεξιν, ἀλλὰ
δηγμὸν ἐμποιεῖ τοῖς δεκτικοῖς μέρεσι τῆς τροφῆς, οἷον
κνησμοὶ κατὰ θίξιν ἐνίων ἀμυσσόντων· (8) εἰ δὲ καὶ
30 τοῦτο τὸ πάθος ὀρεκτικόν ἐστιν, εἰκός ἐστιν ὑπὸ τῶν
τοιούτων βρωμάτων λεπτυνόμενα διακρίνεσθαι τὰ πρέποντα, καὶ ποιεῖν μὲν ἔνδειαν, οὐ μεταρρυθμιζομένων
τῶν πόρων, ἀλλὰ κενουμένων καὶ καθαιρομένων· τὰ
γὰρ ὀξέα καὶ δριμέα καὶ ἁλμυρὰ θρύπτοντα τὴν ὕλην
35 διαφορεῖ καὶ σκίδνησιν, ὥστε νεαρὰν ποιεῖν τὴν ὄρεξιν
ἐκθλιβομένων τῶν ἑώλων καὶ χθιζῶν. (9) Τῶν δὲ
λουομένων οὐ μετασχηματιζόμενοι παύουσιν οἱ πόροι
τὸ δίψος, ἀλλ' ἰκμάδα [διὰ] τῆς σαρκὸς ἀναλαμβάνοντες
καὶ ἀναπιμπλάμενοι νοτερᾶς ἀτμίδος. (10) Οἱ δ' ἔμετοι
40 τὸ ἀλλότριον ἐκβάλλοντες, ἀπόλαυσιν τῇ φύσει τοῦ
οἰκείου παρέσχον. (11) Οὐ γὰρ ἁπλῶς τοῦ ὑγροῦ τὸ
δίψος, ἀλλὰ τοῦ κατὰ φύσιν καὶ οἰκείου· διὸ, κἂν πολὺ
παρῇ τὸ ἀλλόφυλον, ἐνδεὴς ὁ ἄνθρωπός ἐστιν· ἐφίσταται γὰρ τοῖς κατὰ φύσιν ὑγροῖς, ὧν ἡ ὄρεξίς ἐστι, καὶ
45 οὐ δίδωσιν ἀνάμιξιν οὐδὲ κατάκρασιν, ἄχρις ἂν ἐκστῇ
καὶ ἀποχωρήσῃ· τότε δὲ οἱ πόροι τὸ σύμφυλον ἀναλαμβάνουσιν. (12) Οἱ δὲ πυρετοὶ τὸ ὑγρὸν εἰς βάθος
ἀπωθοῦσι· καὶ τῶν μέσων φλεγομένων ἐκεῖ πᾶν ἀπο-
κεχώρηκε, καὶ κρατεῖται πεπιεσμένον· ὅθεν ἐμεῖν τε
50 πολλοὺς ἅμα συμβαίνει πυκνότητι τῶν ἐντὸς ἀναθλι-
βόντων τὰ ὑγρὰ, καὶ διψῆν δι' ἔνδειαν καὶ ξηρότητα
τοῦ λοιποῦ σώματος. (13) Ὅταν οὖν ἄνεσις γένηται
καὶ τὸ θερμὸν ἐκ τῶν μέσων ἀπίῃ, σκιδνάμενον αὖθις
ὑπονοστεῖ, καὶ ἔνδυον, ὡς πέφυκε, πάντη τὸ νοτε-

tem ejus ac durabilitatem nobis datum esse, tamquam sup-
plementorum consentaneorum cum natura corporis nostri
receptorem; sed existimare affectionem hanc esse meatuum
magnitudine ac parvitate evenientem : hominis est nullam
naturæ rationem habentis. (3) Deinde corpus deficiente
nativo calore horrere, non item sitire aut esurire humoris
et nutrimenti naturalis inopia, est a ratione alienum : alienius etiam istud, si vacuationem natura appetit ob abundantiam, eandem impletionem requirere non indigentia im-
pulsam, sed alia quadam affectione. (4) Porro autem animalium istæ indigentiæ et repletiones nihil ab iis quæ agricolæ
faciunt habent diversi : sed similes multæ utrinque sunt
affectiones, similia auxilia. (5) Nam adversus siccitatem
irrigatione utimur, et adversus æstum mediocri refrigeratione, et quæ nimis algent, fovere conamur tegendo et
multa circumponendo : et quæ in nobis sita non sunt, ab
numine petimus, ut det rores molles, et apricationes, cum
vento moderato : quo scilicet semper ejus quod deficit impletione temperiem natura conservet. (6) Atque sic etiam
nutrimentum τροφὴ videtur dictum, τὸ τηροῦν τὴν φύσιν,
quod naturam conservet : conservatur autem, plantis quidem absque sensu ex ambiente aere, ut ait Empedocles,
aquando commodum sibi alimentum haurientibus :
nos autem appetitus quærere docet et sectari quod deest
nostro temperamento. (7) Verum enim eorum quæ allata
fuerunt singulorum falsitatem consideremus. Nam quæ
aperiendi vim habent et acrimoniam, ea fortasse non appetitum, sed morsum receptantibus nutrimentum partibus
inferunt, ut sunt pruritus quarundam rerum tangendo lan-
cinantium. (8) Atque, ut eam affectionem demus appetiti-
vam esse, probabile est ejusmodi cibis attenuata ea quæ par
est excerni, fierique indigentiam non mutatione meatuum
situs, sed iis vacuatis ac repurgatis. Acuta enim, acria et
salsa materiam comminuunt atque differendo dissipant : ut
recens extritis hesternis cibis succedat alimenti appetitio.
(9) Neque in lavacro ob mutationem figuræ meatuum sitis
cessat, sed carne humorem recipiente vapore ii humido implentur. (10) Vomitus autem quod a natura alienum est eji-
ciens, ei fruendi accommodatis sibi facultatem conficit. (11)
Non enim simpliciter humorem, sed naturæ convenientem
sitis appetit : itaque etiam si copia alieni adsit, tamen indiget homo; nam naturæ congruenti et expetito humori impedimento est peregrinus, neque eum permisceri sinit, donec
alieno ejecto, suum meatus humorem recipiant. (12) Porro
febres humorem in profundum repellunt; mediisque inflammatis partibus, omnis eo concedit oppressusque tenetur :
itaque usu venit multis, ut et vomant, interioribus partibus
ob densitatem humida foras elidentibus, et sitiant ob indigentiam ac siccitatem reliqui corporis. (13) Quum ergo remisit
febris et calor e medio decessit, humor rursum dispersus
redit, et pro sua natura in omnes diditus partes simul et

ρὸν, ἅμα τοῖς τε μέσοις ῥᾳστώνην παρέσχε, καὶ τὴν σάρκα λείαν καὶ ἁπαλὴν ἀντὶ τραχείας καὶ αὐχμώδους γενομένην ἐμάλαξε, πολλάκις δὲ καὶ ἱδρῶτας ἐπήγαγεν· (14) ὅθεν ἡ ποιοῦσα διψῆν ἔνδεια λήγει καὶ παύεται, τῆς ὑγρότητος ἀπὸ τοῦ βαρυνομένου καὶ δυσαναβλυτοῦντος ἐπὶ τὸν δεόμενον καὶ ποθοῦντα μεθισταμένης τόπον. (15) Ὡς γὰρ ἐν κήπῳ, φρέατος ἄφθονον ὕδωρ ἔχοντος, εἰ μή τις ἐπαντλοῖ καὶ ἄρδοι τὰ φυτά, διψῆν καὶ ἀτροφεῖν ἀναγκαῖόν ἐστιν· οὕτως ἐν σώματι, τῶν ὑγρῶν εἰς ἕνα κατασπωμένων τόπον, οὐ θαυμαστὸν ἔνδειαν εἶναι περὶ τὰ λοιπὰ καὶ ξηρότητα, μέχρις οὗ πάλιν ἐπιρροὴ καὶ διάχυσις γένηται· (16) καθάπερ καὶ ἐπὶ τῶν πυρεττόντων, ὅταν ἀνεθῶσι, συμβαίνει, καὶ τῶν ἐγκαταδαρθανόντων τῷ διψῆν· καὶ γὰρ τούτοις ὁ ὕπνος ἐκ μέσων ἐπανάγων τὰ ὑγρὰ καὶ διανέμων πάντη τοῖς μέρεσιν, ὁμαλισμὸν ἐμποιεῖ καὶ ἀναπλήρωσιν. (17) Ὁ γὰρ δὴ λεγόμενος τῶν πόρων μετασχηματισμὸς οὗτος, ᾧ τὸ πεινῆν ἢ τὸ διψῆν ἐγγένηται, ποῖός τις ἐστιν; (18) ἐγὼ μὲν γὰρ οὐχ ὁρῶ περὶ [τοὺς] πόρους διαφορὰς ἄλλα[ς, ἢ] κατὰ πλῆθος, ἢ τὸ συμπίπτειν καὶ τὸ διίστασθαι· καὶ συμπίπτοντες μὲν, οὔτε ποτὸν οὔτε τροφὴν δέχεσθαι δύνανται· διιστάμενοι δὲ, κενότητα καὶ χώραν ποιοῦσιν, ἔνδειαν οὖσαν τοῦ κατὰ φύσιν καὶ οἰκείου. (19) Καὶ γὰρ αἱ στύψεις, ὦ βέλτιστε, τῶν βαπτομένων, ἔφην, * τόπων ἔχουσι τὸ δριμὺ καὶ ῥυπτικὸν, ᾧ τῶν περισσῶν ἐκκρινομένων καὶ ἀποτηκομένων, οἱ πόροι δέχονται μᾶλλον καὶ στέγουσι δεξάμενοι τὴν βαφὴν ὑπ᾽ ἐνδείας καὶ κενότητος.

interiora allevat, et carnem de aspera et sicca mollem teneramque reddit, sæpe etiam sudores ciet : (14) itaque sitim faciens inopia desinit, humore a gravata et cum ægritudine ipsum rejiciente parte in suum a quo desiderabatur locum remigrante. (15) Sicut enim in horto, in quo puteus aquæ ditissimus sit, tamen nemine eam hauriente et rigante, plantas sitire et alimento destitui necesse est : ita in corpore, si humor omnis in unum contrahatur locum, mirum non est indigere cetera et arere, donec is rursum diffundatur. (16) Id quod accidit et febricitantibus morbo remittente, et iis qui sitientes obdormiunt : nam etiam his somnus humorem e medio reductum æquabiliter in omnes partes digerit, eoque implet. (17) At illa meatuum figuræ mutatio, quæ famem sive sitim inducat, qualis tandem est? (18) ego enim non invenio in meatibus alias differentias, quam secundum multitudinem, et quod vel clauduntur vel aperiuntur; et conniventes quidem, neque cibum possunt neque potum admittere; aperti vacuum et spatium parant, quæ est indigentia ejus quod naturæ sit familiare. (19) Etenim, o bone, stipationes, inquam, locorum tinctorum servant acrimoniam ac detergendi vim, qua vi supervacaneis excretis et eliquatis, meatus tincturam et recipiunt facilius, et receptam firmius servant propter indigentiam et vacuitatem.

ΠΡΟΒΛΗΜΑ Γ.

Διὰ τί πεινῶντες μὲν, ἐὰν πίωσι, παύονται· διψῶντες δὲ, ἐὰν φάγωσιν, ἐπιτείνονται.

ΠΡΟΣΩΠΑ ΤΟΥ ΔΙΑΛΟΓΟΥ.

Ο ΕΣΤΙΑΤΩΡ, ΠΛΟΥΤΑΡΧΟΣ, ΑΛΛΟΙ.

I. Ῥηθέντων δὲ τούτων, ὁ ἑστιῶν ἡμᾶς καὶ ταῦτα ἔφη μετρίως λέγεσθαι, καὶ πρὸς [τὴν] ἄλλην ἀπορίαν, τὰς τῶν πόρων κενώσεις καὶ ἀναπληρώσεις, ἐν τῷ παραυτίκα· τοῖς δὲ διψῶσιν ἐναντίον, ἐὰν ἐμφάγωσιν, ἐπιτείνειν συμβαίνει τὸ δίψος. (2) Τοῦτο δὲ τὸ πάθος οἱ [διαφόρους] τοὺς πόρους ὑποτιθέμενοι, ῥᾷστα καὶ πιθανώτατά μοι δοκοῦσι [λύειν], καὶ δὴ καὶ τἆλλα μόνοι πιθανῶς αἰτιολογεῖν. (3) Πᾶσι γὰρ ὄντων πόρων, ἄλλος πόρος ἄλλας συμμετρίας ἔχει· ὧν οἱ μὲν εὐρύτεροι τὴν ξηρὰν ἅμα καὶ τὴν ὑγρὰν τροφὴν ἀναλαμβάνουσιν, οἱ δ᾽ ἰσχνότεροι τὸ μὲν ποτὸν παραδέχονται· ποιεῖ δὲ τὴν μὲν δίψαν ἡ τούτων κένωσις, ἡ δ᾽ ἐκείνων, τὴν πεῖναν. (4) Ὅθεν, ἐὰν μὲν φάγωσιν οἱ διψῶντες, οἱ μὲν οὐ βοηθοῦνται, τῶν πόρων διὰ λεπτότητα τὴν ξηρὰν τροφὴν μὴ δεχομένων, ἀλλ᾽ ἐπιδεῶν τοῦ οἰκείου διαμενόντων· οἱ

QUÆSTIO III.

Cur fames potu sedatur, sitis cibo sumto fit vehementior.

PERSONÆ COLLOQUII.

CONVIVATOR, PLUTARCHUS, ALII.

I. His dictis, qui nos invitaverat, Satis bene, inquit, hæc ita subito, et accommodate disputata sunt ad reliquam quæstionem, de meatuum vacuationibus et repletionibus : sed contrarium sitientibus accidit; quippe quibus edendo sitis augetur. (2) Atque hanc mihi affectionem optime interpretari, et de reliquo etiam hoc loco causas verisimillime reddere videntur ii soli, qui statuunt esse varietatem meatuum. (3) Quum enim meatus omnibus insint corporibus, alii aliam habent proportionem : quorum latiores tam siccum quam humidum recipiunt nutrimentum; graciliores potum admittunt, cibum non item : horum porro evacuatio sitim, illorum famem gignit. (4) Hinc ergo est quod si tientes si edant, nihil inveniunt auxilii, meatibus ob tenuitatem non capientibus siccum alimentum, et adhuc manente

δὲ πεινῶντες ἐὰν πίνωσιν, ἐνδυόμενα τὰ ὑγρὰ τοῖς μείζοσι πόροις καὶ ἀναπληροῦντα τὰς κενότητας αὐτῶν, ἀνίησι τὸ σφοδρὸν ἄγαν τῆς πείνης.

II. Ἐμοὶ δὲ τὸ μὲν συμβαῖνον ἀληθὲς ἐφαίνετο, τῇ δὲ ὑποθέσει τῆς αἰτίας οὐ προσεῖχον. (2) Καὶ γὰρ εἰ τοῖς πόροις τούτοις, ἔφην, ὧν ἔνιοι περιέχονται καὶ ἀγαπῶσι, κατατρήσειέ τις τὴν σάρκα, πλαδαρὰν καὶ τρομώδη καὶ σαθρὰν ποιήσει· τό γε μὴ ταὐτὰ τοῦ σώματος μόρια τὸ ποτὸν προσδέχεσθαι καὶ τὸ σιτίον, ἀλλ’ ὥσπερ ἠθμοῖς καταρρεῖσθαι καὶ ἀποκρίνεσθαι, κομιδῇ πλασματῶδες καὶ ἀλλόκοτον. (3) Αὕτη γὰρ ἡ πρὸς τὸ ὑγρὸν ἀνάμιξις, θρύπτουσα τὰ σιτία καὶ συνεργὰ λαμβάνουσα τὸ θερμὸν τὸ ἐντὸς καὶ τὸ πνεῦμα, πάντων ὀργάνων ἀκριβέστατα πάσαις τομαῖς καὶ διαιρέσεσι λεπτύνει τὴν τροφήν· ὥστε πᾶν μόριον αὐτῆς παντὶ μορίῳ γίνεσθαι φίλον καὶ οἰκεῖον, οὐκ ἐναρμόττον ὥσπερ ἀγγείοις καὶ τρήμασιν, ἀλλ’ ἐνούμενον καὶ προσφυόμενον. (4) Ἄνευ δὲ τούτων οὐδὲ λέλυται τῆς ἀπορίας τὸ μέγιστον· οἱ γὰρ ἐμφαγόντες, ἂν μὴ πίωσιν, οὐ μόνον οὐ λύουσιν, ἀλλὰ καὶ προσεπιτείνουσι τὸ δίψος· πρὸς τοῦτο δ’ οὐδὲν εἴρηται. (5) Σκόπει δὲ καὶ τὰ παρ’ ἡμῶν, ἔφην, εἰ φαινομένας ὑποθέσεις λαμβάνομεν· πρῶτον μὲν λαμβάνοντες τὸ ὑγρὸν ὑπὸ τοῦ ξηροῦ διαφθείρεσθαι δαπανώμενον, τῷ δὲ ὑγρῷ τὸ ξηρὸν βρεχόμενον καὶ μαλασσόμενον διαχύσεις ἴσχειν καὶ ἀναθυμιάσεις· (6) δεύτερον δὲ μὴ νομίζοντες ἔκθλιψιν εἶναι παντάπασι μήτε τῆς ξηρᾶς τροφῆς τὴν πεῖναν, μήτε τῆς ὑγρᾶς τὴν δίψαν, ἀλλὰ τοῦ μετρίου καὶ ἀρκοῦντος ἔνδειαν· οἷς γὰρ ὅλως ἂν ἐλλίπῃ θάτερον, οὔτε πεινῶσιν οὔτε διψῶσιν, ἀλλ’ εὐθὺς ἀποθνήσκουσιν. (7) Ὑποκειμένων δὲ τούτων, οὐ χαλεπὸν ἤδη τὴν αἰτίαν συνιδεῖν. Ἡ μὲν γὰρ δίψα τοῖς φαγοῦσιν ἐπιτείνεται, τῶν σιτίων τῇ ξηρότητι διεσπαρμένον ὑγρὸν καὶ ἀπολειπόμενον ἀσθενὲς καὶ ὀλίγον ἐν τῷ σώματι συλλεγόντων καὶ προσεξικμαζόντων· (8) ὥσπερ ἔξω γῆν ὁρῶμεν καὶ κόνιν καὶ μᾶλλον τὰ μιγνύμενα τῶν ὑγρῶν ἀναλαμβάνουσαν εἰς ἑαυτὴν καὶ ἀφανίζουσαν. (9) Τὴν δὲ πεῖναν αὖ πάλιν ἀναγκαίως τὸ ποτὸν ἀνίησιν· ἡ γὰρ ὑγρότης τὰ ὑπόντα σιτία περισκελῆ καὶ γλίσχρα βρέξασα καὶ διαχέασα, * χυμῶν ἐγγενομένων καὶ ἀτμῶν, ἀναφέρει τούτους εἰς τὸ σῶμα καὶ προστίθησι τοῖς δεομένοις. (10) Ὅθεν οὐ κακῶς ὄχημα τῆς τροφῆς τὸ ὑγρὸν ὁ Ἐρασίστρατος προσεῖπε· τὰ γὰρ ὑπὸ ξηρότητος ἢ πάθους ἀργὰ καὶ βαρέα, μιγνύμενον ἀναπέμπει καὶ συνεξαίρει. (11) Πολλοὶ δὲ καὶ μὴ πιόντες, ἀλλὰ λουσάμενοι μόνον, ἐπαύσαντο συντόνως σφόδρα πεινῶντες· ἐνδυομένη γὰρ ἔξωθεν ἡ ὑγρότης εὐχυμότερα ποιεῖ καὶ τροφιμώτερα τῷ ἐγχαλᾶσθαι τὰ ἐντός, ὥστε τῆς πείνης τὸ σφόδρα πικρὸν καὶ θηριῶδες ἐνδιδόναι καὶ παρηγορεῖσθαι. (12) Διὸ καὶ πολὺν ζῶσιν ἔνιοι τῶν ἀποκαρτερούντων χρόνον, ἂν ὕδωρ μόνον λαμβάνωσιν, ἄχρι ἂν οὖ πᾶν ἐξικμασθῇ τὸ τρέφειν καὶ προστίθεσθαι τῷ σώματι δυνάμενον.

---

in iis familiaris nutrimenti indigentia : atqui esurientes si bibant, humor per majores penetrans meatus, et eorum vacua implens, nimiam famis placat vehementiam.

II. Mihi verum videbatur esse id quidem quod usu venire dicebant; causam vero quæ assignabatur, non probabam. (2) Etenim, aiebam, si quis meatibus istis, quibus nonnulli inhærent, multumque iis tribuunt, carnem perforatam esse contendat; is eam admodum flaccidam, tremulam fluxamque statuat necesse est : non ab iisdem autem corporis partibus potum cibumque recipi, sed illum quasi percolari et diffluendo secerni alio, nimis quam est fabulosum et a re alienum. (3) Hæc enim cum humore permixtio, comminuens cibos et auxilio utens calido innato atque spiritu, subtilius quam ullum possit instrumentum secando dividendoque nutrimentum attenuat, ut omnis ejus pars omni parti corporis conveniens accommodataque reddatur ; non tanquam foraminibus quibusdam aut meatibus se applicans, sed unita cum re nutrienda, eique adnascens. (4) Verum absque etiam his esset, ne solutus est quidem quæstionis difficillimus nodus : sitiens enim si edat, non etiam bibat, non modo non restinguit sitim, sed multo quam erat acriorem reddit. De hoc nihil dictum est. (5) Considera autem, aiebam, an nos probatas ex iis quæ apparent positiones sumamus : primum quidem hoc sumentes, humorem a sicco consumi et aboleri, siccum humore imbutum et emollitum, diffundi atque exhalare : (6) deinde, non existimantes vel famem sicci, vel sitim humidi nutrimenti talem esse elisionem, qua ipsum planissime tollatur; sed esse indigentiam modici et sufficientis : nam qui omnino horum alterutro destituuntur, ii neque esuriunt, neque sitiunt, sed mortem obeunt statim. (7) His ita positis, jam non difficile est causam perspicere. Etenim sitis edendo intenditur, cibo sua siccitate humorem, qui sparsim paucus et imbecillis in corpore est reliquus, contrahente et omnem liquorem absumente : (8) sicuti in rebus externis videmus terram, et pulverem, et *calcem*, humores quos attingunt in se recipere atque abolere. (9) Contra famem necessario mitigat potus. Humor enim ciborum reliquias aridas et exiles rigans ac diffundens, succo ingenerato et exhalationibus, eas effert in corpus, indigentibusque applicat partibus. (10) Itaque non male Erasistratus humorem *cibi vehiculum* dixit : nam quæ ob siccitatem aut aliam affectionem ignava sunt et gravia, admixtus attollit sursumque evehit. (11) Multi autem etiam quum non bibissent, sed tantum lavissent, continente fame acrique liberati sunt. Quippe humor extrinsecus subiens; succulentiora facit et ad nutriendum aptiora quæ sunt intus; ita ut vehementia et sævitia famis remittat et mitigetur. (12) Ideo eorum quoque, qui inedia vitam finire volunt, multi diu durant solo aquæ potu ; nimirum usque dum omne id siccitas absumserit, quod apponi corpori, idque alere potest.

ΠΡΟΒΛΗΜΑ Δ′.

Διὰ τίνα αἰτίαν τὸ φρεατίδιον ὕδωρ ἀρυσθὲν, ἐὰν ἐν αὐτῷ τῷ τοῦ φρέατος ἀέρι νυκτερεύσῃ, ψυχρότερον γίνεται.

ΠΡΟΣΩΠΑ ΤΟΥ ΔΙΑΛΟΓΟΥ.

ΞΕΝΟΣ, ΠΛΟΥΤΑΡΧΟΣ, ΑΛΛΟΙ.

I. Ψυχροπότῃ ξένῳ τρυφῶντι παρεσκεύασαν οἱ θεράποντες ἐκ τοῦ φρέατος ὕδωρ ψυχρότερον· ἀρυσάμενοι γὰρ ἀγγείῳ, καὶ κρεμάσαντες τὸ ἀγγεῖον ἐν τῷ φρέατι τῆς [πη]γῆς μὴ ἁπτόμενον, εἴασαν ἐπινυκτερεῦσαι, καὶ πρὸς τὸ δεῖπνον ἐκομίζετο τοῦ προσφάτου ψυχρότερον. (2) Ἦν δὲ ὁ ξένος φιλόλογος ἐπιεικῶς, καὶ τοῦτο ἔφη λαβεῖν ἐκ τῶν Ἀριστοτέλους, μετὰ λόγου κείμενον· εἶναι δὲ τοιόνδε τὸν λόγον. (3) Πᾶν ὕδωρ προθερμανθὲν ψύχεται μᾶλλον, ὥσπερ τὸ τοῖς βασιλεῦσι παρασκευαζόμενον, ὅταν ἑψηθῇ μέχρι ζέσεως, περισωρεύουσι τῷ ἀγγείῳ χιόνα πολλὴν, καὶ γίνεται ψυχρότερον· (4) ὥσπερ ἀμέλει καὶ τὰ ἡμέτερα σώματα λουσαμένων περιψύχεται μᾶλλον· ἡ γὰρ ὑπὸ τῆς θερμότητος ἄνεσις πολύπορον τὸ σῶμα καὶ μανὸν ἀπειργασμένη πολὺν δέχεται τὸν ἔξωθεν ἀέρα, καὶ βιαιοτέραν ποιεῖ τὴν μεταβολήν· (5) ὅταν οὖν ὑποπλασθῇ ὑπὸ τῆς πηγῆς τὸ ὕδωρ ἐν τῷ ἀέρι προθερμανθὲν, περιψύχεται ταχέως.

II. Τὸν μὲν οὖν ξένον ἐπῃνέσαμεν, ὡς ἀνδρικῶς καταμνημονεύσαντα· περὶ δὲ τοῦ λόγου διηποροῦμεν. (2) Ὁ γὰρ ἀὴρ, ἐν ᾧ κρέμαται τὸ ἀγγεῖον, εἰ μὲν ψυχρός ἐστι, πῶς θερμαίνει τὸ ὕδωρ; εἰ δὲ θερμὸς, πῶς περιψύχει πάλιν; ἄλογον γὰρ ὑπὸ τοῦ αὐτοῦ τὸ αὐτὸ πάσχειν τὰ ἐναντία, μηδεμιᾶς διαφορᾶς γενομένης. (3) Σιωπῶντος δ᾽ αὐτοῦ καὶ διαποροῦντος, οὐδὲν ἔφην δεῖν περὶ τοῦ ἀέρος διαπορεῖν· ἡ γὰρ αἴσθησις λέγει ὅτι ψυχρός ἐστι, καὶ μάλιστα τῶν ἐν βάθει φρεάτων· ὥστ᾽ ἀμήχανον ὑπ᾽ ἀέρος ψυχροῦ θερμαίνεσθαι τὸ ὕδωρ· (4) ἀλλὰ μᾶλλον ὁ ψυχρὸς οὗτος ἀὴρ τὴν μὲν πηγὴν διὰ πλῆθος οὐ δύναται μεταβάλλειν· ἂν δέ τις ἀφαιρῇ κατ᾽ ὀλίγον, μᾶλλον κρατῶν περιψύξει.

ΠΡΟΒΛΗΜΑ Ε′.

Διὰ τίνα αἰτίαν οἱ χάλικες καὶ αἱ μολιβδίδες ἐμβαλλόμεναι ψυχρότερον τὸ ὕδωρ ποιοῦσιν.

ΠΡΟΣΩΠΑ ΤΟΥ ΔΙΑΛΟΓΟΥ.

ΞΕΝΟΣ, ΠΛΟΥΤΑΡΧΟΣ, ΑΛΛΟΙ.

I. Ἀλλὰ μὴν περὶ τῶν χαλίκων, ἔφην, ἢ τῶν ἀκμόνων, οὓς ἐμβάλλοντες εἰς τὸ ὕδωρ, ψύχειν αὐτὸ καὶ στομοῦν δοκοῦσιν, εἰρημένον Ἀριστοτέλει, μνημονεύεις. (2) Αὐτὸ τοῦτο, ἔφη, μόνον ἐν προβλήμασιν εἴρηκε τὸ γινόμενον· εἰς δὲ τὴν αἰτίαν ἐπιχειρήσομεν ἡμεῖς· ἔστι

QUÆSTIO IV.

Quæ sit causa, quod e puteo hausta aqua, si in ipso putei aere pernoctet, frigidior redditur.

PERSONÆ COLLOQUII.

HOSPES, PLUTARCHUS, ALII.

I. Hospiti, qui frigidam bibere solebat et in ea re luxuriabatur, famuli aquam de puteo frigidiorem hoc modo reddebant : vas, quo hausta erat aqua, in puteo suspenderunt, ita ut superficiem aquæ non contingeret, itaque per noctem reliquerunt : postridie ad cœnam allata, recenti erat frigidior. (2) Erat autem is hospes mediocriter literatus, aiebatque hoc se desumsisse ex Aristoteleis, ubi addita ratione legeretur. Rationem autem esse talem. (3) Omnis aqua prius calefacta, magis refrigeratur; ut ea quæ regibus paratur, igni admota dum ferveat, vase dehinc multa nive accumulata circumdato frigidior redditur : (4) sicut etiam nostra utique corpora, ubi laverimus, facilius frigescunt : quia laxatio a calore accidens corpus multis meatibus patens ac rarum fecit; ut jam externum aerem confertim recipiens, vehementius mutetur. (5) Ergo aqua quum subducta sit e puteo, in aere præcalefacta, celeriter undique refrigeratur.

II. Laudavimus ergo hospitem, qui strenue hæc memoriter retulisset : ipsam vero rationem in dubium vocavimus. (2) Aer enim, in quo vas pendet, si frigidus est, quomodo aquam calefacit? si calidus, qui denuo refrigerat? absurdum est enim idem ab eodem affici contrariis modis, nullo interveniente discrimine. (3) Tacente illo et hæsitante, nihil est, inquam ego, quod de aere dubitemus; quum sensus eum frigidum esse doceat, maxime in profundo putei : ut nullo modo possit frigiditate sua aquam calefacere. (4) Sed potius aer iste frigidus quum totam putei aquam præ multitudine ejus refrigerare non possit, partem ejus ademtam facilius subigere et sua qualitate afficere valet.

QUÆSTIO V.

Quare lapilli et plumbeæ laminæ in aquam injectæ, frigidiorem eam faciant.

PERSONÆ COLLOQUII.

HOSPES, PLUTARCHUS, ALII.

I. Enimvero, inquam, de lapillis et incudibus quod dixit Aristoles, iis injectis aquam refrigerari et durari, puto te memoria tenere. (2) Hoc ipsum, inquit, in Problematis memoravit, ut rem tantum narraret quæ fit : nos autem causam indagemus; est enim difficilima inventu

γὰρ μάλιστα δυσθεώρητος. (3) Πάνυ μὲν οὖν, ἔφην, καὶ θαυμάσαιμ' ἂν, εἰ μὴ διαφύγοι ὁ λόγος ἡμᾶς· ὅρα δὲ ὅμως. (4) Πρῶτον οὐ δοκεῖ σοι περιψύχεσθαι μὲν ὑπὸ τοῦ ἀέρος τὸ ὕδωρ ἔξωθεν ἐμπίπτοντος, * ὁ δ' ἀὴρ μᾶλλον ἰσχύει 5 πρὸς τοὺς λίθους καὶ τοὺς ἄκμονας ἀπερειδόμενος· οὐ γὰρ ἐῶσιν αὐτὸν, ὥσπερ τὰ χάλκεα καὶ τὰ κεραμεᾶ τῶν ἀγγείων, διεκπίπτειν, ἀλλὰ τῇ πυκνότητι στέγοντες ἀνα- κλῶσιν εἰς τὸ ὕδωρ ἀπ' αὐτῶν, ὥστε διόλου καὶ ἰσχυρὰν γενέσθαι τὴν περίψυξιν. (5) Διὸ καὶ χειμῶνος οἱ πο- 10 ταμοὶ ψυχρότεροι γίνονται τῆς θαλάττης· ἰσχύει γὰρ ἐν αὐτοῖς ὁ ψυχρὸς ἀὴρ ἀνακλώμενος· ἐν δὲ τῇ θαλάττῃ διὰ βάθος ἐκλύεται, πρὸς μηθὲν ἀντερείδων. (6) Κατ' ἄλλον δὲ τρόπον εἰκός ἐστι τὰ λεπτότερα τῶν ὑδάτων περιψύχεσθαι μᾶλλον ὑπὸ τοῦ ψυχροῦ· κρατεῖται γὰρ 15 δι' ἀσθένειαν· αἱ δ' ἀκόναι καὶ οἱ χάλικες λεπτύνουσι τὸ ὕδωρ, ὅ τι θολερὸν καὶ γεῶδες ἀναμέμικται, τοῦτο συνάγοντες καὶ κατασπῶντες ἀπ' αὐτοῦ, ὥστε λεπτότε- ρον καὶ ἀσθενέστερον τὸ ὕδωρ γενόμενον, μᾶλλον ὑπὸ περιψύξεως κρατεῖσθαι. (7) Καὶ μὴν ὅ τε μόλιβδος 20 τῶν φύσει ψυχρῶν ἐστιν, ὅς γε τριβόμενος ὄξει τὸ ψυκτι- κώτατον τῶν θανασίμων φαρμάκων ἐξανίησι, ψιμμίθιον· οἵ τε χάλικες πυκνότητι τὸ ψυχρὸν διὰ βάθους ποιοῦσι· (8) πᾶς μὲν γὰρ λίθος, κατεψυγμένης καὶ πεπιλημένης ὑπὸ κρύους γῆς πάγος ἐστί, μᾶλλον δὲ ὁ μᾶλλον πεπυ- 25 κνωμένος· ὥστ' οὐκ ἄτοπον, εἰ τὴν ψυχρότητα τοῦ ὕδατος ἀντερείδων συνεπιτείνει καὶ ὁ λίθος καὶ ὁ μόλιβδος.

ΠΡΟΒΛΗΜΑ ς'.

Διὰ τίνα αἰτίαν ἀχύροις καὶ ἱματίοις τὴν χιόνα διαφυ- λάττουσιν.

ΠΡΟΣΩΠΑ ΤΟΥ ΔΙΑΛΟΓΟΥ.

ΞΕΝΟΣ, ΠΛΟΥΤΑΡΧΟΣ.

I. Μικρὸν οὖν ὁ ξένος διαλιπὼν, Οἱ ἐρῶντες, ἔφη, μάλιστα μὲν αὐτοῖς τοῖς παιδικοῖς, εἰ δὲ μὴ, περὶ αὐ- τῶν ἐπιθυμοῦσι διαλέγεσθαι· τοῦτο πέπονθα περὶ τῆς 30 χιόνος. (2) Ἐπεὶ γὰρ οὐ πάρεστιν, οὐδὲ ἔχομεν, ἐπι- θυμῶ μαθεῖν τίς αἰτία, δι' ἣν ὑπὸ τῶν θερμοτάτων φυ- λάσσεται. (3) Καὶ γὰρ ἀχύροις σπαργανοῦντες αὐτὴν, καὶ περιστέλλοντες ἱματίοις ἀγνάπτοις, ἐπὶ πολὺν χρό- νον ἄπταιστον διατηροῦσι. Θαυμαστὸν οὖν, εἰ συνε- 35 κτικὰ τὰ θερμότατα τῶν ψυχροτάτων ἐστί.

II. Κομιδῇ γε, ἔφην, εἴπερ ἀληθές ἐστιν· οὐκ ἔχει δὲ οὕτως, ἀλλ' αὐτοὺς παραλογιζόμεθα, θερμὸν εὐθὺς εἶναι τὸ θερμαῖνον ὑπολαμβάνοντες· καὶ ταῦθ', ὁρῶντες ὅτι ταὐτὸ ἱμάτιον ἐν χειμῶνι θερμαίνειν, ἐν δὲ ἡλίῳ 40 ψύχειν γέγονεν· (2) ὥσπερ ἡ τραγικὴ τροφὸς ἐκείνη τὰ τῆς Νιόβης τέκνα τιθηνεῖται

λεπτοσπαθητῶν χλανιδίων ἐρειπίοις
θάλπουσα καὶ ψύχουσα.

---

(3) Omnino, inquam, et mirer, si ratio nos non subterfu- giet : attamen considera. (4) Primum omnino non videtur tibi ab aere aqua frigore occupari, dum is extrinsecus irrumpit : aer autem plus habet virium, lapidibus et incu- dibus renitens; non enim sinunt eum, ut ærea et fictilia vasa, elabi : sed sua densitate cohibentes a se in aquam repellunt; ut integra fiat et valida refrigeratio. (5) Itaque etiam hieme fluvii frigidiores mari sunt : vim enim in eos exercet aer repressus, qui in mari ob profunditatem dissi- patur, nulla re ei renitente. (6) Alio autem pacto probabile est tenuiores aquas magis a frigido refrigerari; vincuntur enim præ imbecillitate : cotes vero et lapilli aquam faciunt tenuiorem, collectum ad se trahentes quicquid ei admixtum est turbidi et terrestris; ut tenuior et imbecillior facta aqua facilius a frigore subigatur. (7) Sed et plumbum de na- tura frigidis est : ut quod cum aceto tritum cerussam, le- talium venenorum frigidissimum, edat : et lapilli ob den- sitatem frigus in profundum perferunt. (8) Etenim omnis lapis nihil est quam frigefactæ et gelu adstrictæ terræ concretum quippiam; tanto quisque magis, quanto est densior : itaque absurdum non est, si frigiditatem aquæ renitendo auget et lapis et plumbum.

QUÆSTIO VI.

Quamobrem nivem paleis et vestibus intectam con- servant.

PERSONÆ COLLOQUII.

HOSPES, PLUTARCHUS.

I. Tum hospes paululum moratus, Qui amant, inquit, maxime cum amasiis suis, ubi hoc non datur, de iis loqui cupiunt : ita ego sum erga nivem affectus : (2) quæ quo- niam in promtu non est, eaque caremus, scire desidero quid causæ sit quod a calidissimis rebus asservatur. (3) Etenim paleis eam involventes et rudibus pannis circum- dantes per multum temporis integram retinent. Mirum ergo si calidissima frigidissimorum tutantur atque conti- nent naturam.

II. Omnino, inquam, mira res est, si quidem vera sit. Sed non est ita; verum nosmet ipsi decipimus, male ratio- cinando statim calidum esse si quid facultatem habet cale- faciendi; quum tamen videamus eandem vestem ita com- paratam esse ut hieme calorem, æstu frigus faciat : (2) quomodo nutrix illa tragica Niobes liberos

calefacit et refrigerat centonibus
levidensis vestis.

(3) Γερμανοὶ μὲν οὖν κρύους πρόβλημα ποιοῦνται τὴν ἐσθῆτα μόνον, Αἰθίοπες δὲ θάλπους μόνον, ἡμεῖς δ’ ἀμφοῖν. (4) Ὥστε τί μᾶλλον, εἰ θάλπει, θερμὴν, ἤπερ ψυχρὰν ἀπὸ τοῦ περιψύχειν λεκτέον; (5) Εἰ δὲ δεῖ τῇ αἰσθήσει τεκμαίρεσθαι, μᾶλλον ἂν ψυχρὰ γένοιτο· καὶ ὁ χιτὼν ψυχρὸς ἡμῖν προσπίπτει τὸ πρῶτον ἐνδυσαμένοις, καὶ τὰ στρώματα κατακλινεῖσιν· εἶτα μέντοι συναλεαίνει τῆς ὑφ’ ἡμῶν πιμπλάμενα θερμασίας, καὶ ἅμα μὲν περιστέλλοντα καὶ κατέχοντα τὸ θερμὸν, ἅμα δ’ ἀπείργοντα τὸ κρύος καὶ τὸν ἔξω ἀέρα τοῦ σώματος. (6) Οἱ μὲν οὖν πυρέττοντες ἢ καυματιζόμενοι, συνεχῶς ἀλλάττουσι τὰ ἱμάτια, τῷ ψυχρὸν εἶναι τὸ ἐπιβαλλόμενον· ἂν δ’ ἐπιβληθῇ, παραχρῆμα γίνεται θερμὸν ὑπὸ τοῦ σώματος. (7) Ὥσπερ οὖν ἡμᾶς θερμαινόμενον θερμαίνει τὸ ἱμάτιον, οὕτω τὴν χιόνα ψυχόμενον ἀντιπεριψύχει· ψύχεται δὲ ὑπ’ αὐτῆς ἀφείσης πνεῦμα λεπτόν· τοῦτο γὰρ συνέχει τὴν πῆξιν αὐτῆς ἐγκατακεκλεισμένον· (8) ἀπελθόντος δὲ τοῦ πνεύματος, ὕδωρ οὖσα ῥεῖ καὶ διατήκεται, καὶ ἀπανθεῖ τὸ λευκὸν, ὅπερ ἡ τοῦ πνεύματος πρὸς τὸ ὑγρὸν ἀνάμιξις ἀφρώδης γενομένη παρεῖχεν· (9) ἅμα τ’ οὖν τὸ ψυχρὸν ἐγκατέχεται περιστεγόμενον τῷ ἱματίῳ, * καὶ ὁ ἔξωθεν ἀὴρ ἀπειργόμενος, οὐ τέμνει τὸν πάγον οὐδ’ ἀνίησιν· (10) ἀγνάπτοις δὲ τούτοις πρὸς τοῦτο, διὰ τὴν τραχύτητα καὶ ξηρότητα τῆς κροκίδος οὐκ ἐώσης ἐπιπεσεῖν βαρὺ τὸ ἱμάτιον, οὐδὲ συνθλῖψαι τὴν χαυνότητα τῆς χιόνος· (11) ὥσπερ καὶ τὸ ἄχυρον διὰ κουφότητα μαλακῶς περιπῖπτον, οὐ θρύπτει τὸν πάγον, ἄλλως δὲ πυκνόν ἐστι καὶ στεγανὸν, ὥστε καὶ [τὴν] θερμότητα τοῦ ἀέρος ἀπείργειν, καὶ τὴν ψυχρότητα κωλύειν ἀπιέναι τῆς χιόνος. (12) Ὅτι δὲ ἡ τοῦ πνεύματος διάκρισις ἐμποιεῖ τὴν τῆξιν, ἐμφανές ἐστι τῇ αἰσθήσει· τηκομένη γὰρ ἡ χιὼν, πνεῦμα ποιεῖ.

ΠΡΟΒΛΗΜΑ Ζ'.

Εἰ δεῖ τὸν οἶνον ἐνδιηθεῖν.

ΠΡΟΣΩΠΑ ΤΟΥ ΔΙΑΛΟΓΟΥ.

ΝΙΓΡΟΣ, ΑΡΙΣΤΙΩΝ.

I. Νίγρος, ὁ πολίτης ἡμῶν, ἀπὸ σχολῆς ἀφῖκτο συγγεγονὼς ἐνδόξῳ φιλοσόφῳ χρόνον οὐ πολὺν, ἀλλ’ ἐν ὅσῳ τὰ τοῦ ἀνδρὸς οὐ καταλαμβάνοντες ἀνεπίμπλαντο τῶν ἐπαχθῶν ἀπ’ αὐτοῦ μιμούμενοι τὸ ἐπιτιμητικὸν, καὶ ἐλέγχοντες ἐπὶ παντὶ πράγματι τοὺς συνόντας. (2) Ἑστιῶντος οὖν ἡμᾶς Ἀριστίωνος, τήν τ’ ἄλλην χορηγίαν ὡς πολυτελῆ καὶ περίεργον ἐμέμφετο, καὶ τὸν οἶνον οὐκ ἔφη δεῖν ἐγχεῖσθαι ἠθημένον, ἀλλ’, ὥσπερ Ἡσίοδος ἐκέλευσεν, ἀπὸ τοῦ πίθου πίνεσθαι τὴν σύμφυτον ἔχοντα ῥώμην καὶ δύναμιν. (3) Ἡ δὲ τοιαύτη κάθαρσις αὐτοῦ πρῶτον μὲν ἐκτέμνει τὰ νεῦρα, καὶ τὴν θερμότητα κατασβέννυσιν· ἐξανθεῖ γὰρ καὶ ἀποπνεῖ διερωμένου πολλάκις· ἔπειτα περιεργίαν καὶ καλλω-

<hr>

(3) Et Germani quidem vestibus contra frigus tantum, Æthiopes adversus solum æstum se muniunt : nobis ad utrumque usus est. (4) Cur ergo vestis potius a calefaciendo calida dicenda est, quam a refrigerando frigida? (5) Imo si sensus judicium sit faciendum, magis frigida quam calida videbitur. Nam tunica nobis primum induentibus frigida accidit, et lectus decumbentibus : postmodo tandem contepefaciunt nostro calore impleta istæc; quod simul calorem cohibent et continent, ac frigus externumque aerem a corpore arcent. (6) Febricitantes sane et æstu afflicti, continenter vestes mutant, quia frigidum esse sentiunt quod ipsis injicitur; injectum autem, statim calefit a corpore. (7) Proinde sicut vestis nos calefacta calefacit, ita nivem frigefacta vicissim frigefacit : frigescit autem a tenui spiritu quem nix emittit : is enim insitus eam continet solidam' : (8) at dilapso spiritu illo nix aqua jam fit, ac liquata diffluit; emarcescitque albedo nivis, quam spiritus cum humore spumosa permixtio indiderat. (9) Simul itaque et frigus veste ambiente intus cohibetur, et aer externus arcetur, ac proinde concretum nivis corpus nec diffindit nec laxat. (10) Utuntur autem ad hoc fullonem nondum expertis pannis, quia filum ob asperitatem et siccitatem non patitur centonem graviter nivi incidere, ejusve collidere raritatem : (11) sicut et paleæ ob levitatem molliter incumbentes non comminuunt compagem nivis; alioqui autem dense et probe tegunt, adeo ut et excludant calorem aeris, et frigiditatem nivis decedere non sinant. (12) Ceterum secretione spiritus nivem liquari, sensu constat : nam quum nix liquescit, spiritum gignit.

QUÆSTIO VII.

Percolandumne sit vinum.

PERSONÆ COLLOQUII

NIGER, ARISTION.

I. Niger civis noster a schola venerat, cum philosopho nobili non multum versatus temporis, sed tantum, ut ipse aliique ejusdem discipuli, non percepta ejus viri doctrina, quæ maxime molesta in illo essent, ea imitarentur, nempe studium ejus omnia reprehendendi, hinc quavis de re eos qui una aderant suggillantes. (2) Itaque quum Aristio nobis cœnam præberet, Niger cum apparatum convivii reliquum ut sumtuosum et supervacaneum taxabat, tum vinum quoque aiebat non debere infundi colatum, sed, de præcepto Hesiodi, e dolio bibi viribus adhuc innatis præditum.' (3) Hæc vero, inquit, colandi purgatio primum ei nervos præcidit, et calorem restinguit, qui exhalat et elanguescit vino sæpius diffuso : deinde in hac re apparet curiositas,

πισμὸν ἐμφαίνει καὶ τρυφήν, εἰς τὸ ἡδὺ καταναλίσκουσα τὸ χρήσιμον. (4) Ὥσπερ γὰρ τὸ τοὺς ἀλεκτρυόνας ἐκτεμεῖν καὶ τοὺς χοίρους, ἀπαλὴν αὐτῶν παρὰ φύσιν τὴν σάρκα ποιοῦντας καὶ θήλειαν, οὐχ ὑγιαινόντων ἐστὶν ἀνθρώπων, ἀλλὰ διεφθαρμένων ὑπὸ λιχνείας· οὕτως, εἰ δεῖ μεταφορᾷ χρησάμενον λέγειν, ἐξευνουχίζουσι τὸν ἄκρατον καὶ ἀποθηλύνουσιν οἱ διηθοῦντες, οὔτε φορεῖν ὑπ' ἀσθενείας, οὔτε πίνειν τὸν μέτριον δυνάμενοι διὰ τὴν ἀκρασίαν· (5) ἀλλὰ σόφισμα τοῦτό ἐστιν αὐτοῖς καὶ μηχάνημα πολυποσίας· ἐξαιροῦσι δὲ τοῦ οἴνου τὸ ἐμβριθές, τὸ λεῖον ἀπολιπόντες, ὥσπερ οἱ τοῖς ἀκρατῶς ἔχουσι πρὸς ψυχροποσίαν ἀρρώστοις ἀφεψημένον διδόντες· ὅ τι γὰρ στόμωμα τοῦ οἴνου καὶ κράτος ἐστί, τοῦτο ἐν τῷ διυλίζειν ἐξαιροῦσι καὶ ἀποκρίνουσι. (6) Μέγα δὲ τεκμήριον ἡ διαφθορὰ καὶ τὸ μὴ διαμένειν, ἀλλ' ἐξίστασθαι καὶ μαραίνεσθαι, καθάπερ ἀπὸ ῥίζης κοπέντα τῆς τρυγός· (7) οἱ δὲ παλαιοὶ καὶ τρύγα τὸν οἶνον ἄντικρυς ἐκάλουν, ὥσπερ ψυχὴν καὶ κεφαλὴν τὸν ἄνθρωπον εἰώθαμεν ἀπὸ τῶν κυριωτάτων ὑποκορίζεσθαι, καὶ τρυγᾶν λέγομεν τοὺς δρεπομένους τὴν ἀμπελίνην ὀπώραν, καὶ διατρύγιόν που Ὅμηρος εἴρηκεν, (8) αὐτὸν δὲ τὸν οἶνον αἴθοπα καὶ ἐρυθρὸν εἴωθε καλεῖν· οὐχ ὡς Ἀριστίων ἡμῖν ὠχριῶντα καὶ χλωρὸν ὑπὸ τῆς πολλῆς καθάρσεως παρέχεται.

II. Καὶ ὁ Ἀριστίων γελάσας, Οὐκ ὠχριῶντα, εἶπεν, ὦ τᾶν, οὐδ' ἀναίμονα, ἀλλὰ μειλίχιον, καὶ ἡμερίδην, ἀπὸ τῆς ὄψεως αὐτῆς πρῶτον. (2) Σὺ δ' ἀξιοῖς τοῦ νυκτερινοῦ καὶ μελαναιγίδος ἐμφορεῖσθαι, καὶ ψέγεις τὴν κάθαρσιν, ὥσπερ χολημεσίαν, [δι'] ἧς τὸ βαρὺ καὶ μεθυστικὸν ἀφιεὶς καὶ νοσῶδες, ἐλαφρὸς καὶ ἄνευ ὀργῆς ἀναμίγνυται ἡμῖν, οἷον Ὅμηρός φησι πίνειν τοὺς ἥρωας· (3) αἴθοπα γὰρ οὐ καλεῖ τὸν ζοφερόν, ἀλλὰ τὸν διαυγῆ καὶ λαμπρόν· οὐ γὰρ ἂν ὁ λέγων εὐήνορα καὶ νόροπα χαλκὸν, αἴθοπα προσηγόρευεν. (4) Ὥσπερ οὖν ὁ σοφὸς Ἀνάχαρσις ἄλλ' ἄττα τῶν Ἑλλήνων μεμφόμενος, * ἐπῄνει τὴν ἀνθρακιὰν, ὅτι τὸν καπνὸν ἔξω καταλιπόντες, οἴκαδε πῦρ κομίζουσιν· οὕτως ἡμᾶς ἐφ' ἑτέροις ἂν ψέγοιτε μᾶλλον οἱ σοφοὶ ὑμεῖς· (5) εἰ δὲ τοῦ οἴνου τὸ ταρακτικὸν καὶ ὀχλῶδες ἐξωθούμενοι καὶ ἀποσκεδάσαντες, αὐτὸν δ' εὐφραίνοντες, οὐ καλλωπίσαντες, οὐδ' ὥσπερ σιδήρου στόμωμα καὶ ἀκμὴν ἀποκόψαντες, ἀλλὰ μᾶλλον ὥσπερ ἰὸν ἢ ῥύπον ἀποκαθάραντες προσφερόμεθα, τί πλημμελοῦμεν; (6) Ὅτι νὴ Δία, πλέον ἰσχύει μὴ διηθούμενος. Καὶ γὰρ ἄνθρωπος, ὦ φίλε, φρενετίζων καὶ μαινόμενος· ἀλλ' ὅταν ἐλλεβόρῳ χρησάμενος ἢ διαίτῃ καταστῇ, τὸ μὲν σφοδρὸν ἐκεῖνο καὶ σύντονον οἴχεται καὶ γέγονεν ἐξίτηλον, ἡ δ' ἀληθινὴ δύναμις καὶ σωφροσύνη παραγίνεται τῷ σώματι· (7) οὕτω δὴ καὶ ἡ κάθαρσις τοῦ οἴνου τὸ πληκτικὸν ἀφαιροῦσα καὶ μανικόν, εἰς πραεῖαν ἕξιν καὶ ὑγιαίνουσαν καθίστησι. (8) Περιεργίαν δ' οἶμαι πάμπολυ διαφέρειν καθαριότητος· καὶ γὰρ αἱ γυναῖκες ψυχούμεναι καὶ μυριζόμεναι καὶ χρυσὸν φοροῦσαι καὶ πορφύραν, περίεργοι δοκοῦσι· λουτρὸν δὲ καὶ ἄλειμμα καὶ κόμης θρύψιν οὐδεὶς αἰτιᾶται.

rerum speciosarum sectatio et luxuria, quæ id quod utile est in suavitatem impensum dilapidat. (4) Sicut enim gallinaceos gallos et porcos castrare, quo caro eorum contra naturam fiat tenella et feminea, non est sanorum hominum, sed gulæ studio perditorum : ita, si dicendum est honesta translatione, merum castrant et effeminant qui id diffundunt per colum; quum neque ferre merum ob imbecillitatem possint, neque eos intemperantia moderate bibere sinat. (5) Itaque callido hoc commento utuntur, quo largius potandi studio indulgeant : adimunt autem vino vim suam, relinquentes ipsi quod lene est : quomodo ægrotantibus frigidi potus nimium cupidis, exhibere decoctam solemus. Etenim aciem vini roburque, in percolando tollunt atque excernunt. (6) Magnum vero hujus rei argumentum est, quod vinum eo modo corrumpitur neque vigorem servat, sed mutat et emarcescit, veluti a radice sua a fæce abscisus. (7) At enim veteres vinum diserte *fæcis* vocabulo affecerunt; quomodo hominem solemus capitis aut animæ nomine afficere, a principe parte deminuto usi vocabulo : et *trygan* (quasi fæcare) dicimus eos qui uvam maturam vindemiant, ac vinum *diatrygium* (quasi perfæcatum) dixit alicubi Homerus; (8) qui solet vinum passim *æthopa* (id est fervidum) et rubrum dicere : non pallidum et luteum, quale nobis Aristio a multa purgatione præbet.

II. Tum ridens Aristio, Non, inquit, pallens, mi homo, neque exsangue; sed quod primo statim adspectu mite se et mansuetum esse profiteatur. (2) Tu vero malles Baccho repleri nocturno, et nigros turbines concitante : vituperasque purgationem. Atqui hæc, tanquam bile vomitu egesta, quod mero inest grave, ebrietatem ac morbos generans, id aufert, facitque ut a nobis facile placidumque usurpetur. Ac tale vinum Homerus ait potum heroibus fuisse : (3) hoc enim ipsum *æthops* vocat non utique caliginosum, sed splendidum ac pellucidum : neque enim *evenor* (id est viris conducens) et *æthops* (quod est clarum), quæ de vino dixit, etiam æri adjecisset nomina, quod alias *norops* (quasi præfulgidum) appellat. (4) Sicut ergo Anacharsis ille sapiens alia Græcorum instituta reprehendens, *prunas* laudavit, *quod fumo excluso, ignem in ædes portarent* : ita nos a sapientibus vobis alias fortasse accusari poterimus : (5) in hoc autem quid tandem delinquimus, quod meri facultatem turbulentam ejicientes atque dissipantes, ipsum interim hilaritate quadam, non fucato ornatu gratius reddentes, neque aciem tanquam ferri ejus et vim retundentes, sed quasi sordes quasdam et rubiginem expurgantes, adhibemus mensis? (6) Atqui, inquis, non colatum merum plus habet virium. Nimirum, mi homo, etiam furiosus et insaniens homo plus roboris habet : verum is ubi elleboro aut victus commoda usus ratione ad se rediit, tunc vehementia illa et virium contentio discedit atque evanescit; verus autem vigor cum sanitate mentis conjunctus corpori redit : (7) quo videlicet pacto etiam vini purgatio, demta ea vi qua animum percellit et ad insaniam impellit, habitum ei mitem et salubrem conciliat. (8) Existimo autem permultum interesse inter supervacaneum cultum et munditiem. Nam mulieres fuco, unguentis, auro, purpuraque dum utuntur, curiose et impensius quam par est ornatui indulgere videntur : lavacro eas uti, oleo inungi, comam

(9) Χαριέντως δὲ τὴν διαφορὰν ὁ ποιητὴς ἐπιδείκνυσιν ἐπὶ τῆς κοσμουμένης Ἥρας·

Ἀμβροσίη μὲν πρῶτον ἀπὸ χροὸς ἀθανάτοιο
λύματα πάντα κάθηρεν, ἀλείψατο δὲ λίπ᾽ ἐλαίῳ·

5 μέχρι τούτων ἐπιμέλεια καὶ καθαριότης ἐστίν· (10) ὅταν δὲ τὰς χρυσᾶς περόνας ἀναλαμβάνῃ, καὶ τὰ διηκριβωμένα τέχνῃ ἐλλόβια, καὶ τελευτῶσα τῆς περὶ τὸν κεστὸν ἅπτηται γοητείας, περιεργία τὸ χρῆμα καὶ λαμυρία μὴ πρέπουσα γαμετῇ γέγονεν. (11) Οὐκοῦν
10 καὶ τὸν οἶνον οἱ μὲν ἀλόαις χρωτίζοντες, ἢ κινναμώμοις καὶ κρόκοις ἐφηδύνοντες, ὥσπερ γυναῖκα καλλωπίζουσιν εἰς τὰ συμπόσια καὶ προαγωγεύουσιν· οἱ δ᾽ ἀφαιροῦντες τὸ ῥυπαρὸν καὶ ἄχρηστον ἐξ αὐτοῦ, θεραπεύουσι καὶ καθαίρουσιν. (12) Ἐπεὶ πάντα ἂν εἴ-
15 ποις ταῦτα περιεργίαν, ἀρξάμενος ἀπὸ τοῦ οἴκου· Τί γὰρ οὗτος κεκονίαται; τί δ᾽ ἀνέῳγε τοῦ περιέχοντος ὅθεν ἂν μάλιστα πνεῦμα λαμβάνοι καθαρὸν, καὶ τοῦ φωτὸς ἀπολαύοι περιιόντος ἐπὶ τὰς δύσεις; (13) τί δὲ τῶν ἐκπωμάτων ἕκαστον ἐκτέτριπται καὶ διέσμη-
20 κται πανταχόθεν, ὥστε λάμπειν καὶ περιστίλβειν; ἢ τὸ μὲν ἔκπωμα ἔδει μὴ ῥύπου μηδὲ μοχθηρίας ὀδωδὸς εἶναι, τὸ δ᾽ ἐξ αὐτοῦ πινόμενον, εὐρῶπος ἢ κηλίδων ἀναπεπλῆσθαι; (14) Καὶ τί δεῖ τὰ ἄλλα λέγειν; ἡ γὰρ αὐτοῦ τοῦ πυροῦ διαπόνησις εἰς τὸν ἄρτον, οὐδὲν ἕτερον
25 ἢ κάθαρσις οὖσα, θέασαι μεθ᾽ ὅσης γίνεται πραγματείας· (15) οὐ γὰρ μόνον ὑποσκαφισμοὶ, καὶ διηθήσεις, καὶ ἀποκρίσεις, καὶ διακρίσεις εἰσὶ τῶν σιτίων καὶ τῶν ἀλλοτρίων, ἀλλὰ ἡ τρῖψις ἐκθλίβουσα τοῦ φυράματος τὸ τραχὺ, καὶ ἡ πέψις ἐξικμάζουσα τὸ ὑγρὸν καθαί-
30 ρουσι καὶ συστέλλουσι τὴν ὕλην εἰς αὐτὸ τὸ ἐδώδιμον. (16) Τί οὖν ἄτοπον, εἰ καὶ τοῦ οἴνου τὸ τρυγῶδες, ὡς κρίμνον ἢ σκύβαλον, ἡ διήθησις ἐξαιρεῖ, μήτε δαπάνης τινὸς τῇ καθάρσει, μήτ᾽ ἀσχολίας πολλῆς προσούσης;

ΠΡΟΒΛΗΜΑ Η'.

Τίς αἰτία βουλίμου.

ΠΡΟΣΩΠΑ ΤΟΥ ΔΙΑΛΟΓΟΥ.

ΠΛΟΥΤΑΡΧΟΣ, ΣΩΚΛΑΡΟΣ, ΚΛΕΟΜΕΝΗΣ, ΑΛΛΟΙ.

I. Θυσία τίς ἐστι πάτριος, ἣν ὁ μὲν ἄρχων ἐπὶ τῆς κοινῆς ἑστίας δρᾷ, τῶν δ᾽ ἄλλων ἕκαστος ἐπ᾽ οἴκου· καλεῖται δὲ βουλίμου ἐξέλασις· καὶ τῶν οἰκετῶν ἕνα τύπτοντες ἀγνίναις ῥάβδοις διὰ θυρῶν ἐξελαύνουσιν, ἐπιλέγον-
35 τες, Ἔξω βούλιμον, ἔσω δὲ πλοῦτον καὶ ὑγίειαν. (2) * Ἄρχοντος οὖν ἐμοῦ, πλείονες ἐκοινώνουν τῆς θυσίας· καθ᾽ ὡς ἐποιήσαμεν τὰ νενομισμένα καὶ πάλιν κατεκλίνημεν, ἐζητεῖτο πρῶτον ὑπὲρ αὐτοῦ τοῦ ὀνόματος, ἔπειτα τῆς φωνῆς, ἣν ἐπιλέγουσι τῷ διωκομένῳ, μάλιστα δὲ
40 ὑπὲρ τοῦ πάθους καὶ τῶν κατ᾽ αὐτὸ γινομένων. (3) Τὸ

componere, nemo prohibet. (9) Venuste discrimen hoc Homerus expressit, ubi Junonem se ornantem facit :

Principio ambrosia sordes de corpore divo
eluit, et liquido mundum perfudit olivo :

hactenus industria et mundities est : (10) quum autem aureas fibulas sumit, et illas exquisita arte elaboratas inaures, tandemque ad cesti præstigias se confert ; hæc jam otiosa et supervacanea est curiositas, matronamque dedecens procacitas. (11) Proinde etiam qui vinum aloe aut cinnamomo vel croco inficiunt, ii quasi mulierem comtam curiose in convivia adducunt et prostituunt : qui autem quod vino inest sordidum et inutile adimunt, ii purgant illud atque sua opera commodius reddunt. (12) Alioqui curiositati otiosæ hæc omnia imputabis, orsus ab ipsa domo. Cur, inquies, ita est incrustata? cur adversus eam partem aperta, unde purum maxime aerem recipiat ? cur patet lumini versus occasum solis aditus ? (13) cur poculorum unumquodque detritum tersumque fulget atque splendet ? An vero, inquam, poculum sordidum esse, vel pravum edere odorem, non debet ; quod ex eo bibitur, sordibus debet et immunditie plenum esse ? (14) Et quorsum attinet reliqua referre ? Ipsa tritici elaboratio dum panis ex eo conficiatur, quæ nihil aliud quam purgatio est, vides quantum requirat negotii : (15) non enim modo alvei, cola, concussiones, secretiones adhibentur frumenti ab rebus alienis ; sed et contritio quæ e pasta asperitatem elidat, et coctio quæ humorem consumat, expurgant et componunt ad usum edentis materiam. (16) Quid ergo absurdi habet res, quod vini etiam fæculentas partes, aceris aut furfuris in morem, colando expurgamus, præsertim quum parvo negotio id fiat, sine ullo sumtu ?

QUÆSTIO VIII.

Quæ sit causa bulimi.

PERSONÆ COLLOQUII.

PLUTARCHUS, SOCLARUS, CLEOMENES, ALII.

I. A majoribus nostris ad nos propagatum est quoddam sacrificium, quod archon (qui magistratum præcipuum gerit) in publico, reliquorum quivis domi suæ peragit, vocatur autem Bulimi expulsio : et servorum aliquem viticeis verberantes ferulis per fores ejiciunt, additis his verbis, Foras bulimum, intro divitias et sanitatem ! (2) Me archonte complures sacrificio se adjunxerunt. Deinde, rite omnibus peractis, quum rursus discubuissemus, quæri cœptum est primo de ipso *bulimi* vocabulo, deinde quid verba sibi vellent quæ recitantur dum servus exturbatur, maxime autem de ipsa affectione et ejus adjunctis. (3) Vi-

μὲν οὖν [βού]λιμον ἐδόκει μέγαν ἢ δημόσιον ἀποσημαίνειν, καὶ μάλιστα παρ' ἡμῖν τοῖς Αἰολεῦσιν, ἀντὶ τοῦ
β τῷ π χρωμένοις· οὐ γὰρ βούλιμον, ἀλλὰ πούλιμον,
οἷον πολὺν ὄντα, πάλαι ὠνομάζομεν. (4) Ἐδόκει δὲ ἡ
βούβρωστις ἕτερον εἶναι· τὸ δὲ τεκμήριον ἐλαμβάνομεν
ἐκ τῶν Μητροδώρου Ἰωνικῶν· ἱστορεῖ γὰρ, ὅτι Σμυρ-
ναῖοι τὸ παλαιὸν Αἰολεῖς ὄντες θύουσι Βουβρώστει ταῦρον μέλανα, καὶ κατακόψαντες, αὐτόδορον ὁλοκαυτοῦ-
σιν. (5) Ἐπεὶ δὲ πᾶς μὲν ἔοικεν ὁ λιμὸς νόσῳ, μάλιστα
δὲ ὁ βούλιμος ἐπιγίνεσθαι, παθόντος παρὰ φύσιν τοῦ
σώματος, εἰκότως ἀντιτάττουσιν, ὡς μὲν ἐνδείᾳ τὸν
πλοῦτον, ὡς δὲ νόσῳ τὴν ὑγίειαν. (6) Ὡς δὲ ναυτιᾶν
ὠνομάσθη μὲν ἐπὶ τῶν ἐν νηῒ καὶ κατὰ πλοῦν τὸν στόμαχον ἐκλυομένων, ἔθει δὲ ἴσχυκεν ἤδη καὶ κατὰ τῶν
ὁπωσοῦν τοῦτο πασχόντων ὄνομα τοῦ πάθους εἶναι· οὕτως ἄρα καὶ τὸ βουλιμιᾶν ἐκεῖθεν ἀρξάμενον ἐνταῦθα
διέτεινε. (7) Ταῦτα μὲν οὖν ἔρανον κοινὸν ἐκ πάντων
συνεπλήρουν λόγων.

II. Ἐπεὶ δὲ δὴ ἡπτόμεθα τῆς αἰτίας τοῦ πάθους,
πρῶτον μὲν ἠπορήθη τὸ μάλιστα βουλιμιᾶν τοὺς διὰ
χιόνος πολλῆς βαδίζοντας, (2) ὥσπερ καὶ Βροῦτος ἐκ
Δυρραχίου πρὸς Ἀπολλωνίαν ἐκινδύνευσεν ὑπὸ τοῦ πά-
θους· ἦν δὲ νιφετὸς πολὺς, καὶ τῶν τὰ σιτία κομιζόν-
των οὐδεὶς ἐξηκολούθει· (3) λειποθυμοῦντος οὖν αὐτοῦ
καὶ ἀπολιπόντος, ἠναγκάσθησαν οἱ στρατιῶται προσ-
δραμόντες τοῖς τείχεσιν, ἄρτον αἰτῆσαι παρὰ τῶν τει-
χοφυλάκων πολεμίων· καὶ λαβόντες εὐθὺς ἀνεκτήσαντο
τὸν Βροῦτον· διὸ καὶ φιλανθρώπως ἐχρήσατο πᾶσι,
κύριος τῆς πόλεως γενόμενος. (4) Πάσχουσι δὲ τοῦτο
καὶ ἵπποι καὶ ὄνοι, καὶ μάλιστα, ὅταν ἢ ἰσχάδας
ἢ μῆλα κομίζωσιν· ὃ δὲ θαυμασιώτατόν ἐστιν, οὐκ
ἀνθρώπους μόνον, ἀλλὰ καὶ κτήνη, μάλιστα πάντων
ἐδωδίμων ἀναρρώννυσιν ἄρτος· ὥστε κἂν ἐλάχιστον
ἐμφάγωσιν, ἰῶνται καὶ βαδίζουσι.

III. Γενομένης δὲ σιωπῆς, ἐγὼ συννοῶν ὅτι τὰ τῶν
πρεσβυτέρων ἐπιχειρήματα τοὺς μὲν ἀργοὺς καὶ ἀφυεῖς
οἷον ἀναπαύει καὶ ἀναπίμπλησι, τοῖς δὲ φιλοτίμοις
καὶ φιλολόγοις ἀρχὴν ἐνδίδωσιν οἰκείαν καὶ τόλμαν ἐπὶ
τὸ ζητεῖν καὶ ἀνιχνεύειν τὴν ἀλήθειαν, ἐμνήσθην τῶν
Ἀριστοτελικῶν, (2) ἐν οἷς λέγεται, ὅτι, πολλῆς περιψύξεως γενομένης ἔξωθεν, ἐκθερμαίνεται σφόδρα τὰ
ἐντὸς, καὶ πολὺ σύντηγμα ποιεῖ· τοῦτο δ', ἐὰν μὲν ἐπὶ
τὰ σκέλη ῥυῇ, κόπους ἀπεργάζεται καὶ βαρύτητας, ἐὰν
δ' ἐπὶ τὰς τῆς κινήσεως καὶ τῆς ἀναπνοῆς ἀρχὰς, ἀψυ-
χίαν ἢ καὶ ἀσθένειαν. (3) Ὅπερ οὖν εἰκὸς, τοῦ λόγου
λεχθέντος, ἐπεραίνετο, τῶν μὲν ἐπιφυομένων τῷ δόγματι, τῶν δὲ ὑπερδικούντων.

IV. Σώκλαρος δὲ τὴν ἀρχὴν ἔφη τοῦ λόγου κάλλιστα κεῖσθαι· περιψύχεσθαι γὰρ ἱκανῶς καὶ πυκνοῦσθαι τὰ σώματα τῶν βαδιζόντων διὰ χιόνος· τὸ δὲ σύντηγμα τὴν θερμότητα ποιεῖν, καὶ τοῦτο καταλαμβάνειν
τὰς ἀρχὰς τῆς ἀναπνοῆς, αἰτηματῶδες εἶναι· (2) μᾶλλον οὖν δοκεῖν αὐτῷ τὴν θερμότητα συστελλομένην καὶ
πλεονάζουσαν ἐντὸς ἀναλίσκειν τὴν τροφὴν, εἶτ' ἐπι-

debatur ergo Bulimus famem (is est *limos* Græcis) ingentem aut publicam notare : maxime apud nos, qui Æolica
dialecto p pro b usurpamus : non enim Bulimum antiquitus,
sed Pulimum, quasi *polylimum* (id est famem multam),
appellabamus. (4) Sentiebamus autem a *bubrosti* diversum
esse ; argumento repetito ex Ionicis Metrodori. Narrat enim
is, Smyrnæos, quippe qui fuissent antiquitus Æolenses,
sacrificare Bubrosti taurum nigrum, concisumque in frusta,
una cum ipsa pelle, igni totum cremare. (5) Jam quum
omnis fames morbo similis sit, maxime autem Bulimus
accidat affecto contra naturam corpore, recte opponi ei ut
indigentiæ divitias, ut morbo sanitatem. (6) Sicut vero
nauseare dicti sunt primum quibus in navi et inter navi-
gandum stomachus langueret ; deinde consuetudo obtinuit,
ut vox ea quocunque modo sic affectis tribueretur : ita Bulimus quoque inde ortus, in reliqua pervasit. (7) Atque
hæc quidem ex omnium sermonibus tanquam symbola collecta fuerunt.

II. Ut vero attigimus quæstionem de causa Bulimi : id
primum dubios nos tenuit, cur maxime Bulimus incesseret
per altam nivem ambulantes. (2) Brutus quidem in discrimen vitæ adductus Bulimo fuit, quum Dyrrhachio Apol-
loniam proficisceretur per nivem copiosam et eorum qui
cibos gestabant nemo ipsum consequeretur : (3) ibi quum
jam animo deficeret ac concideret, coacti sunt milites ad
muros accurrere, et ab hostibus excubitoribus panem flagitare : quo statim accepto Brutum recreaverunt : quare is
urbe potitus, humanissime universos tractavit. (4) Accidit
Bulimus equis etiam atque asinis, maxime quando caricas
aut mala gestant : et quod maxime mirum est, de omnibus
quæ esui sunt, apprime panis reficit non homines modo,
sed jumenta quoque ; ut vel minimo panis frustulo vescendo confirmentur atque progrediantur.

III. Facto silentio, ego, qui apud me considerarem antiquiorum argumentis propositis ignavos et ingenio minus
acri præditos exsaturari et acquiescere, alacrioribus autem
et sollertibus principium offerri commodum audendi aliquid
pro sese in quærenda et investiganda veritate, Aristotelis
sententiam commemoravi : (2) qui docet foris magno circumfuso et efficaci frigore corporis interna vehementer incalescere, magnamque ita colliquationem effici : quæ si ad crura
defluat, lassitudines gignat ac gravitates ; sin ad principia
motus et respirationis, exanimationes aut imbecillitatem.
(3) Hæc ego quum dixissem, accidit, quod erat probabile,
ut alii impugnarent rationem hanc, alii defenderent.

IV. Soclarus, Initium, inquit, hujus argumenti optime
habet. Nam per nivem ambulantium corpora undique admodum refrigerari et densari, verum est : a calore autem
fieri colliquationem quæ principium respirationis inva-
dat, precario sumtum arbitror. (2) Mihi potius videtur
calor intro compulsus et abundans intus consumere nutrimentum, eoque deficiente ipse quoque ignis instar exstin-

λειπούσης καὶ αὐτῆς, ὥσπερ πῦρ ἀπομαραίνεσθαι· (3)
διὸ πεινῶσι σφόδρα, καὶ βραχὺ παντελῶς ἐμφαγόντες,
εὐθὺς ἀναλάμπουσι· γίνεται γὰρ ὥσπερ ὑπέκκαυμα
τῆς θερμότητος, τὸ προσφερόμενον.

5 V. Κλεομένης δὲ, ὁ ἰατρὸς, ἄλλως ἔφη τῷ ὀνόματι
τὸν λιμὸν συντετάχθαι, δίχα τοῦ πράγματος,* ὥσπερ
τὸ καταπίνειν τῷ πίνειν, καὶ τὸ ἀνακύπτειν τῷ κύπτειν·
οὐ γὰρ εἶναι λιμὸν, ὥσπερ δοκεῖ, τὴν βουλιμίαν, ἀλλὰ
πάθος ἐν στομάχῳ διὰ συνδρομὴν [τοῦ] θερμοῦ λειποψυ-
10 χίαν ποιοῦν. (2) Ὥσπερ οὖν τὰ ὀσφραντὰ πρὸς τὰς λειπο-
θυμίας βοηθεῖν, καὶ τὸν ἄρτον ἀναλαμβάνειν τοὺς βου-
λιμιῶντας, οὐχ ὅτι τροφῆς ἐνδεεῖς εἰσι (μικρὸν γοῦν
παντάπασι λαβόντες ἀναζωπυροῦσιν), ἀλλ' ὅτι τὸ πνεῦμα
καὶ τὴν δύναμιν ἀνακαλεῖται καταφερομένην. (3) Ὅτι
15 δ' ἔστι λειποθυμία, καὶ οὐ πεῖνα, μηνύει τὸ τῶν ὑπο-
ζυγίων· ἥ τε [γὰρ] τῶν ἰσχάδων ἀποφορὰ καὶ ἡ τῶν
μήλων ἔνδειαν μὲν οὐ ποιεῖ, καρδιωγμὸν δέ τινα μᾶλλον καὶ διειλιγμόν.

VI. Ἡμῖν δὲ καὶ ταῦτα μετρίως ἐδόκει λέγεσθαι,
20 [καὶ] ἀπὸ τῆς ἐναντίας ἀρχῆς δυνατὸν εἶναι, μὴ πύκνωσιν, ἀλλ' ἀραίωσιν, ὑποθεμένοις, διασῶσαι τὸ πιθανόν·
(2) τὸ γὰρ ἀπορρέον πνεῦμα τῆς χιόνος ἔστι μὲν οἷον
ἀθὴρ τοῦ πάγου καὶ ψῆγμα λεπτομερέστατον, ἔχει δέ
τι τομὸν καὶ διαιρετικὸν, οὐ σαρκὸς μόνον, ἀλλὰ καὶ
ἀργυρῶν καὶ χαλκῶν ἀγγείων· ὁρῶμεν γὰρ ταῦτα μὴ
25 στέγοντα τὴν χιόνα· (3) πνεομένη γὰρ ἀναλίσκεται,
καὶ τὴν ἐκτὸς ἐπιφάνειαν τοῦ ἀγγείου νοτίδος ἀναπίμπλησι λεπτῆς καὶ κρυσταλλοειδοῦς, ἣν ἀπολείπει τὸ
πνεῦμα διὰ τῶν πόρων ἀδήλως ἀπερχόμενον· (4) τοῦτο
δὴ τοῖς βαδίζουσι διὰ χιόνος ὀξὺ καὶ φλογοειδὲς προσ-
30 πῖπτον ἐπικαίειν δοκεῖ τὰ ἄκρα τῷ τέμνειν καὶ παρελθεῖν τῇ σαρκὶ, καθάπερ τὸ πῦρ· (5) ὅθεν ἀραίωσις
γίνεται περὶ τὸ σῶμα πολλή, καὶ ῥεῖ τὸ θερμὸν ἔξω,
διὰ τὴν ψυχρότητα τοῦ πνεύματος, καὶ περὶ τὴν ἐπιφάνειαν σβεννύμενον ἱδρῶτα δροσώδη διατμίζει καὶ
35 λεπτὸν, ὥστε τήκεσθαι καὶ ἀναλίσκεσθαι τὴν δύναμιν.
(6) Ἐὰν μὲν οὖν ἡσυχάζῃ τις, οὐ πολλὴ τοῦ σώματος
ἀπέρχεται θερμότης· ὅταν δὲ τὴν μὲν τροφὴν τοῦ σώματος ἡ κίνησις εἰς τὸ θερμὸν ὀξέως μεταβάλλῃ, τὸ δὲ
θερμὸν ἔξω φέρηται, διακρινομένης τῆς σαρκὸς, ἀθρόαν
40 ἀνάγκη τῆς δυνάμεως ἐπίλειψιν γενέσθαι. (7) Ὅτι
δὲ τὸ ἐκψύχεσθαι οὐ πήγνυσι μόνον, ἀλλὰ καὶ τήκει τὰ
σώματα, δῆλόν ἐστιν· ἐν μὲν γὰρ τοῖς μεγάλοις χειμῶσιν ἀκόναι μολίβδου διατηκόμεναι, τό τε τῆς ἀφιδρώ-
σεως, καὶ τὸ πολλοῖς μὴ πεινῶσι συμπίπτειν τὴν βου-
45 λιμίασιν, κατηγορεῖ μᾶλλον [ἀραίωσιν] καὶ ῥύσιν ἢ πύκνωσιν τοῦ σώματος. (8) Ἀραιοῦνται δὲ χειμῶνος
μὲν, ὥσπερ εἴρηται, τῇ λεπτότητι, ἄλλως δὲ τοῦ κόπου
καὶ τῆς κινήσεως ἀποξυνούσης τὴν ἐν τῷ σώματι θερ-
μότητα· λεπτὴ γὰρ γενομένη καὶ κοπιῶσα ῥεῖ πολλὴ
50 καὶ διασπείρεται διὰ τοῦ σώματος. (9) Τὰ δὲ μῆλα
καὶ τὰς ἰσχάδας εἰκὸς ἀποπνεῖν τι τοιοῦτον, ὥστε τῶν
ὑποζυγίων τὸ θερμὸν ἀπολεπτύνειν καὶ κατακερματί-

gni. (3) Itaque Bulimo correpti quum vehementer esuriunt,
tum admodum exiguo cibo sumto statim reficiuntur; quod
cibus ingestus quasi fomes est iterum exsuscitando calori.

V. Cleomenes vero medicus in vocabulum Bulimi limon
(quo fames significatur), abs re insertum fuisse aiebat:
ut κατά (deorsum) in καταπίνειν (quod est degluttire) et κα-
τακύπτειν quum simplex jam significet caput demittere.
Neque enim est, aiebat, ut putatur, Bulimia famis species,
sed affectio stomachi ob concursum caloris deliquium
animi faciens. (2) Sicut itaque odorata remedio sunt exa-
nimationibus, ita panis reficit Bulimia tentatos; non quod
cibo indigeant; nam minimo eo sumto recreantur: sed
quod panis spiritum vimque languentem revocat. (3) Esse
autem non famem, sed exanimationem Bulimum, jumenta
docent, quae odore caricarum et malorum sic afficiuntur;
non enim indigentiam odor, sed morsum quendam in ore
ventriculi exagitationemque ejus efficit.

VI. Nos ut haec tolerari, ita sentiebamus probabiliter a
contrario principio alios posse ratiocinari, non densari in
Bulimo, sed rarescere stomachum ponentes. (2) Etenim
spiritus qui a nive defertur, est quasi acies istius concretae
substantiae et ramentum tenuissimarum partium, et vi
praeditum secandi dividendique non carnem modo, sed argentea etiam atque aerea vasa: videmus enim haec nivem
non continere; (3) quippe exspirando ea consumitur, exte-
rioremque vasis superficiem humore opplet tenui ac glaciei
simili, quem spiritus relinquit per meatus occulte exiens.
(4) Is ergo niveus spiritus per nivem ambulantibus acutus
et flammae in morem incidens, extrema urere videtur secando, et penetrare carnem ignis instar. (5) Inde corpus
majorem in modum rarescit; calorque foras fluens a frigore
spiritus superficiem ambientis restinguitur: itaque roridum
sudorem corpus evaporat ac tenuem, liquaturque, et simul vires consumuntur. (6) Quodsi quis tum quiescat, non
multum caloris e corpore dilabitur: quum vero motus corporis nutrimentum celeriter in calorem vertit, et calor foras
se proripit, carne laxata; necesse est magnum virium fieri defectum. (7) Ceterum frigus non densandi modo, sed etiam
liquandi corpora vim habere constat. Nam quod acribus
hiemibus cotes plumbeae liquantur, et desudatio, et quod
multis non esurientibus accidit Bulimia, ostendit rarescere
magis et fluere quam densari corpora. (8) Rarescunt autem
hieme ob quam diximus tenuitatem, alioqui etiam las-
situdine et motu calorem in corpore situm acuente: qui
attenuatus et fatigatus copiose fluit et disseminatur per
corpus. (9) Mala denique et caricas probabile est tale aliquid exhalare, quo jumentorum attenuetur calor et in

ζειν· ἄλλα γὰρ ἄλλοις ὥσπερ ἀναλαμβάνειν καὶ καταλύεσθαι πέφυκεν.

———

ΠΡΟΒΛΗΜΑ Θ'.

Διὰ τί ὁ ποιητὴς ἐπὶ μὲν τῶν ἄλλων ὑγρῶν τοῖς ἰδίοις ἐπιθέτοις χρῆται, μόνον δὲ τὸ ἔλαιον ὑγρὸν καλεῖ.

ΠΡΟΣΩΠΑ ΤΟΥ ΔΙΑΛΟΓΟΥ.

ΠΛΟΥΤΑΡΧΟΣ, ΑΛΛΟΙ.

5 I. Ἠπορήθη ποτὲ καὶ διὰ τί πολλῶν ὑγρῶν ὄντων τὰ μὲν ἄλλα τοῖς ἰδίοις ἐπιθέτοις ὁ ποιητὴς εἰώθει κοσμεῖν, τὸ γάλα τε λευκὸν, καὶ τὸ μέλι χλωρὸν, καὶ τὸν οἶνον ἐρυθρὸν καλῶν, τὸ δ' ἔλαιον ὑπὸ κοινοῦ τοῦ πᾶσι συμβεβηκότος μόνον ἐπιεικῶς ὑγρὸν προσαγορεύει. (2) 10 Εἰς τοῦτο ἐλέχθη, ὅτι καὶ γλυκύτατόν ἐστι τὸ δι' ὅλου γλυκύ· καὶ λευκότατον, τὸ δι' ὅλου λευκόν· δι' ὅλου δὲ τοιοῦτόν ἐστιν, ᾧ μηδὲν ἐμμέμικται τῆς ἐναντίας φύσεως· οὕτω δὲ καὶ τὸ ὑγρὸν μάλιστα ῥητέον, οὗ μηθὲν μέρος ξηρόν ἐστι· τοῦτο δὲ τῷ ἐλαίῳ συμβέβηκε.

15 II. Πρῶτον μὲν ἡ λειότης αὐτοῦ τὴν ὁμαλότητα τῶν μορίων ἐπιδείκνυται· * δι' ὅλου γὰρ αὐτῷ συμπαθεῖ πρὸς τὴν ψαῦσιν. (2) Ἔπειτα τῇ ὄψει παρέχει καθαρώτατον ἐνοπτρίσασθαι· τραχὺ γὰρ οὐδέν ἐστιν, ὥστε διασπᾶν τὴν ἀνταύγειαν, ἀλλ' ἀπὸ παντὸς μέ- 20 ρους δι' ὑγρότητα καὶ σμικρότατον ἀντανακλᾷ τὸ φῶς ἐπὶ τὴν ὄψιν· ὥσπερ αὖ τοὐναντίον, τὸ γάλα τῶν ὑγρῶν μόνον οὐκ ἐσοπτρίζει, πολλῆς ἀναμεμιγμένης αὐτῷ γεώδους συστάσεως.. (3) Ἔτι [δὲ] κινούμενον, ἥκιστα ψοφεῖ τῶν ὑγρῶν· ὑγρὸν γάρ ἐστι διόλου· τῶν δ' ἄλλων 25 ἐν τῷ ῥεῖν καὶ φέρεσθαι τὰ σκληρὰ καὶ γεώδη μέρη προσκρούσεις λαμβάνοντα καὶ πληγὰς ψοφεῖ διὰ τραχύτητα. (4) Καὶ μὴν μόνον ἀκρατότατον διαμένει καὶ ἄμικτον· ἔστι γὰρ πυκνότατον· οὐ γὰρ ἔχει μεταξὺ τῶν ξηρῶν καὶ γεωδῶν ἐν αὐτῷ μερῶν κενώματα καὶ πό- 30 ρους, οἷς δέξεται τὸ παρεμπῖπτον· ἅμα δι' ὁμοιότητα τῶν μερῶν ἀνάρμοστόν ἐστι καὶ συνεχές· ὅταν δ' ἀφρίζῃ τὸ ἔλαιον, οὐ δέχεται τὸ πνεῦμα διὰ λεπτότητα καὶ συνέχειαν. (5) Τοῦτο δ' αἴτιον καὶ τοῦ τρέφεσθαι τὸ πῦρ ὑπ' αὐτοῦ· τρέφεται μὲν γὰρ οὐδενὶ πλὴν ὑγρῷ, 35 καὶ τοῦτο μόνον καυστόν ἐστιν· ἐκ γοῦν τῶν ξύλων ὁ μὲν ἀὴρ ἄπεισι καπνὸς γενόμενος, τὸ δὲ γεῶδες ἐκτεφρωθὲν ὑπολείπεται· μόνον δὲ ὑπὸ τοῦ πυρὸς τὸ νοτερὸν ἀναλοῦται· τούτῳ γὰρ τρέφεσθαι πέφυκεν. (6) Ὕδωρ μὲν οὖν καὶ οἶνος καὶ τὰ λοιπὰ, πολλοῦ μετέ- 40 χοντα τοῦ θολεροῦ καὶ γεώδους, ἐμπίπτοντα τὴν φλόγα διασπᾷ, καὶ τῇ τραχύτητι καὶ τῷ βάρει θλίβει καὶ πατασβέννυσι· τὸ δ' ἔλαιον, ὅτι μάλιστα εἰλικρινῶς ὑγρόν ἐστι, διὰ λεπτότητα μεταβάλλει, καὶ κρατούμενον ἐκπυροῦται.

45 III. Μέγιστον δ' αὐτοῦ τῆς ὑγρότητος τεκμήριον [ἡ] ἐπὶ πλεῖστον ἐξ ὀλιγίστου διανομὴ καὶ χύσις· οὔτε γὰρ

partes minimas dissipetur : alia enim aliis ut reficiuntur naturali ratione, ita etiam læduntur.

———

QUÆSTIO IX.

Cur Poeta reliquis liquoribus peculiares adjiciens appellationes, oleum duntaxat humidum dixerit.

PERSONÆ COLLOQUII.

PLUTARCHUS, ALII.

I. Disputatum aliquando fuit, cur, quum multi sint liquores, et Poeta solitus sit singulos suis ornare epithetis, lac album, mel flavum, vinum rubrum nominans : oleo tamen ab eo quod ei cum omnibus liquoribus est commune, humidi appellationem soli adjunxerit. (2) Ad hoc dictum fuit, Sicut dulcissimum est quod penitus et omnibus suis partibus dulce est; albissimum, quod penitus album (penitus sic intelligo, ut nihil ei contrariæ naturæ sit admixtum) : ita id quoque maxime humidum dici debere, cujus nulla pars sicca sit. Hoc autem oleo congruit.

II. Primum enim lævitas ejus æquabilitatem partium demonstrat, quum contactu omnes eodem modo affectæ deprehendantur. (2) Deinde tanquam speculum intuentis faciem optime repræsentat; nihil enim ei asperum inest, quo resplendescentia divelli posset : sed ab omni parte ob humiditatem etiam minimum quodque lumen ad oculos reflectitur : sicut contra lac solum ex omnibus liquoribus speculi munere non fungitur, quod ei multum terrei est admixtum. (3) Porro oleum in motu minus quam ullus alius liquor strepitum edit; est enim penitus humidum : at reliquorum humorum dum fluunt et moventur duræ et terrenæ partes impingunt atque reliduntur, eoque strepitum edunt ob asperitatem. (4) Quin etiam solum oleum purissimum manet, nec permiscetur aliis. Est enim densissimum, neque habet inter siccas et terrestres in se ipso partes spatia aut meatus quibus recipiat id quod incidat, simul etiam ob partium similitudinem inconcinnum aliis, et continuum ipsum est; et quum spumat oleum, spiritum non admittit ob continuitatem et tenuitatem. (5) Hæc etiam causa est cur ignis oleo alatur. Nulla enim quam humida re ignis nutritur, idque solum ardet quod humidum est. Nam ligno incenso aer in fumum abit, terrena in cinerem versa relinquuntur : solum humorem ignis depascitur, eoque secundum sui naturam alitur. (6) Aqua sane, vinum, aliique liquores, multum turbidi admixtum, multum terrei habentes, flammam illapsu suo divellunt, asperitateque sua et pondere opprimunt atque restinguunt : oleum vero, quia sincere humidum est, ob tenuitatem mutatur, et ab igni superatum ardet.

III. Maximum humiditatis argumentum est, quod minima quantitate latissime diffunditur. Non enim mellis, non

μέλιτος, οὔτε ὕδατος, οὔτ' ἄλλου τινὸς ὑγροῦ βραχὺς οὕτως ὀπὸς ἐπίδοσιν λαμβάνει τοιαύτην, ἀλλ' εὐθὺς ἐπιλείπει καὶ ἀναλίσκεται διὰ ξηρότητα· (2) τὸ δ' ἔλαιον, ὅλκιμον πανταχῇ καὶ μαλακὸν, ἄγεται περὶ τὸ σῶμα χριομένοις, καὶ συνεπιῤῥεῖ ποῤῥωτάτω δι' ὑγρότητα τῶν μερῶν μηκυνομένων, ὥστε καὶ παραμένειν δυσεξίτηλον. (3) Ὕδατι μέν γε βρεχθὲν ἱμάτιον ἀποξηραίνεται ῥᾳδίως, ἐλαίου δὲ κηλῖδας οὐ τῆς τυχούσης ἐστὶ πραγματείας ἐκκαθᾶραι· μάλιστα γὰρ ἐνδύεται, τῷ μάλιστα λεπτὸν καὶ ὑγρὸν εἶναι. (4) Καὶ γὰρ οἶνον κεκραμένον, δυσχερέστερον ἐξαιροῦσι τῶν ἱματίων, ὡς Ἀριστοτέλης φησὶν, ὅτι λεπτότερός ἐστι, καὶ μᾶλλον ἐνδύεται τοῖς πόροις.

aquæ, non alius ullius liquoris tam exigua gutta tam late se profert ; sed plerumque ob siccitatem mature absumitur. (2) Oleum, quia usquequaque duci potest ac molle est, corpori ungendo obducitur, et quam longissime perfluit, partibus ob humiditatem dilatatis, et ita adhærescit ut non facile evanescat. (3) Vestem aqua madefactam videmus mox resiccari ; olei autem maculas eluere non est vulgaris laboris : maxime enim penetrat, quia tenuissimum est et humidissimum. (4) Nam vinum quoque dilutum Aristoteles ait difficilius elui e vestibus ; quod magis tenue factum, penitius in meatus subeat.

ΠΡΟΒΛΗΜΑ Ι'.

Τίς ἡ αἰτία δι' ἣν ψαθυρὰ γίνεται ταχὺ τὰ ἐκ συκῆς κρεμαννύμενα τῶν ἱερείων.

ΠΡΟΣΩΠΑ ΤΟΥ ΔΙΑΛΟΓΟΥ.

ΑΡΙΣΤΙΩΝ, ΠΛΟΥΤΑΡΧΟΣ, ΑΛΛΟΙ.

I. Ὁ Ἀριστίωνος εὐημέρει παρὰ τοῖς δειπνοῦσι μάγειρος, ὡς τά τ' ἄλλα χαριέντως ὀψοποιήσας, καὶ τὸν νεωστὶ τῷ Ἡρακλεῖ τεθυμένον ἀλεκτρυόνα παραθεὶς ἁπαλὸν, ὥσπερ χθιζὸν, νεαρὸν ὄντα καὶ πρόσφατον. (2) Εἰπόντος οὖν τοῦ Ἀριστίωνος, ὅτι τοῦτο γίνεται ταχέως, εἰ σφαγεὶς εὐθὺς ἀπὸ συκῆς κρεμασθείη, τὴν αἰτίαν ἐζητοῦμεν. (3) Ὅτι μὲν δὴ πνεῦμα τῆς συκῆς ἄπεισιν ἰσχυρὸν καὶ σφοδρὸν, ἥ τ' ὄψις ἐκμαρτυρεῖ, καὶ τὸ περὶ τῶν ταύρων λεγόμενον, ὡς ἄρα συκῇ προσδεθεὶς ὁ χαλεπώτατος, ἡσυχίαν ἄγει καὶ ψαύσεως ἀνέχεται, καὶ ὅλως ἀφίησι τὸν θυμὸν, ὥσπερ ἀπομαραινόμενος. (4) Τὴν δὲ πλείστην αἰτίαν καὶ δύναμιν ἡ δριμύτης εἶχε· τὸ γὰρ φυτὸν ἁπάντων ὀπωδέστατον, ὥστε καὶ τὸ σῦκον αὐτὸ καὶ τὸ ξύλον καὶ τὸ ἔρνος ἀναπεπλῆσθαι· διὸ καιόμενόν τε τῷ καπνῷ δάκνει μάλιστα, * καὶ κατακαυθέντος ἡ τέφρα ῥυπτικωτάτην παρέχει κόνιν· ταῦτα δὲ πάντα θερμότητος. (5) Καὶ τὴν πῆξιν ἐμποιεῖν τῷ γάλακτι τὸν ὀπὸν οἴονταί τινες, οὐ σκαληνίᾳ σχημάτων περιπλέκοντα καὶ κολλῶντα τὰ μέρη τοῦ γάλακτος, ἐκθλιβομένων ἐπιπολῆς τῶν λείων καὶ περιφερῶν, ἀλλὰ καὶ ὑπὸ θερμότητος ἐκτήκοντα τοῦ ὑγροῦ τὸ ἀσύστατον καὶ ὑδατῶδες. (6) Τεκμήριον δὲ καὶ τὸ ἄχρηστον γλυκὺ εἶναι τὸν ὀπὸν, ἀλλὰ πομάτων φαυλότατον· οὐ γὰρ τὸ λεῖον ὑπὸ τῶν σκαλήνων, ἀλλὰ τὸ ψυχρὸν ἔστη καὶ ἄπεπτον ὑπὸ τῆς θερμότητος· καὶ πρὸς τοῦτο συνεργοῦσιν οἱ ἅλες· θερμοὶ γάρ εἰσι· πρὸς δὲ τὴν λεγομένην περιπλοκὴν καὶ σύνδεσιν ἀντιπράττουσι διάλυσιν· διαλύειν γὰρ μάλιστα πεφύκασι. (7) Θερμὸν οὖν πνεῦμα καὶ δριμὺ καὶ τμητικὸν ἀφίησιν ἡ συκῆ· καὶ τοῦτο θρύπτει καὶ πεπαίνει τὴν σάρκα τοῦ ὄρνιθος. (8) Τὸ αὐτὸ δὲ πάσχει καὶ πυρῶν ἐντεθεὶς σωρῷ, καὶ νίτρῳ συνημμέ-

QUÆSTIO X.

Quæ causa sit, quod mactatæ carnes, si de ficu suspendantur, mox tenerescunt.

PERSONÆ COLLOQUII.

ARISTION, PLUTARCHUS, ALII.

I. Inter cœnandum laudabatur Aristionis coquus, quod quum alia obsonia eleganter paravisset, tum recens jugulatum Herculi gallum apposuisset ita tenerum, ut hesternum, quum tamen recens adhuc esset et hodiernus. (2) Hic quum Aristion dixisset, celeriter hoc effici, si mactatum animal illico de ficu suspendatur ; causam hujus rei quærebamus. (3) Atqui spiritum validum et vehementem a ficu exhalari, quum visus plane testatur, tum id quod de tauris fertur : scilicet ficui alligatum taurum etiam ferocissimum, quiescere, tactumque admittere, et omnino ferociam quasi elanguescentem deponere. (4) In acrimoniam tamen arboris major pars causæ collata est. Est enim arbor hæc omnium plantarum succi plenissima, quo et ficus ipsa, et lignum, et surculus plenus est. Itaque ficulneum lignum, dum crematur, fumo maxime mordet ; et combusti cinis lixivium præbet summa tergendi vi præditum. Hæc vero omnia sunt caloris. (5) Jam quod succus ejus lac coagulat injectus, sunt qui dicant non fieri inæqualitate figurarum lactis quæ ab eo apprehendantur et conglutinentur elisis in superficiem lævibus ac rotundis ; sed quod ob calorem eliquet humoris instabiles et aquosas partes. (6) Argumento etiam est id, quod inutilis succi dulcedo sit, et potuum pessimus. Non enim læve ab inæqualibus, sed frigidum et crudum a calore sistitur : et ad hoc sales faciunt, utpote calidi, repugnant autem isti quæ fertur apprehensioni et glutinationi, ac dissolvunt potius, quum maxime natura iis vim dissolvendi dederit. (7) Spiritum igitur calidum, acrem, incidendique vi præditum ficus emittit : isque incidit et concoquit carnem avis. (8) Idem fit si frumenti acervo

νος, ὑπὸ θερμότητος. Ὅτι δὲ ὁ πυρὸς ἔχει τι θερμὸν, τεκμαίρονται τοῖς ἀμφορεῦσιν, ὧν ἐντιθεμένων ἐς σῖτον ἐξαναλίσκεται ταχέως ὁ οἶνος.

imponatur, aut si nitro committatur, calore id efficiente. Esse autem triticum calidum colligunt ex amphoris, quibus in tritico positis vinum celeriter consumitur.

ΣΥΜΠΟΣΙΑΚΩΝ

ΠΡΟΒΛΗΜΑΤΩΝ

ΒΙΒΛΙΟΝ ΕΒΔΟΜΟΝ.

ΠΡΟΟΙΜΙΟΝ.

5 I. Χαρίεντος ἀνδρὸς, ὦ Σόσσιε Σενεκίων, καὶ φιλανθρώπου λόγον ἔχουσι Ῥωμαῖοι διὰ στόματος, ὅστις ἦν εἰπὼν, ἐπεὶ μόνος ἐδείπνησε, « βεβρωκέναι, μὴ δεδειπνηκέναι σήμερον· » ὡς τοῦ δείπνου κοινωνίαν καὶ φιλοφροσύνην ἐφηδύνουσαν ἀεὶ ποθοῦντος. (2) Εὔηνος 10 μὲν γὰρ ἔλεγε τὸ πῦρ ἥδιστον εἶναι ἡδυσμάτων, καὶ τὸν ἅλα θεῖον Ὅμηρος, οἱ δὲ πολλοὶ χάριτας καλοῦσιν, ὅτι ἐπὶ τὰ πλεῖστα μιγνύμενος, εὐάρμοστα τῇ γεύσει καὶ προσφιλῆ ποιεῖ καὶ κεχαρισμένα· (3) δείπνου δὲ καὶ τραπέζης θειότατον ὡς ἀληθῶς ἥδυσμα φίλος ἐστὶ 15 παρὼν καὶ συνήθης καὶ γνώριμος, οὐ τῷ συνεσθίειν καὶ συμπίνειν, ἀλλ' ὅτι λόγου μεταλαμβάνει καὶ μεταδίδωσιν, ἄν γε δὴ χρήσιμον ἐνῇ τι καὶ πιθανὸν καὶ οἰκεῖον τοῖς λεγομένοις· ἐπεὶ τούς γε πολλοὺς αἱ παρ' οἶνον ἀδολεσχίαι ληροῦντας ἐμβάλλουσι πρὸς τὰ πάθη, καὶ προσ- 20 διαστρέφουσιν. (4) Ὅθεν ἄξιόν ἐστι, μηδὲν ἧττον λόγους ἢ φίλους δεδοκιμασμένους παραλαμβάνειν ἐπὶ τὰ δεῖπνα, τοὐναντίον ἢ Λακεδαιμόνιοι φρονοῦντας καὶ λέγοντας· ἐκεῖνοι μὲν γὰρ, ὅτε νέον ἢ ξένον εἰς τὸ φιδίτιον παραλάβωσι, τὰς θυρίδας δείξαντες, Ταύτῃ, φασὶν, 25 οὐκ ἐξέρχεται λόγος· (5) ἡμεῖς δὲ ἑαυτοὺς χρῆσθαι λόγοις συνεθίζομεν, ὧν πᾶσίν ἐστι καὶ πρὸς πάντας ἐξαγωγὴ, διὰ τὰς ὑποθέσεις μηδὲν ἀκόλαστον μηδὲ βλάσφημον μηδὲ κακόηθες ἐχούσας, μηδ' ἀνελεύθερον. Ἔξεστι δὲ κρίνειν τοῖς παραδείγμασιν, ὧν τὴν ἑβδόμην 30 δεκάδα τουτὶ περιέχει τὸ βιβλίον.

imponatur... I. Sciti hominis atque humani dictum, Sossi Senecio, in ore habent Romani, quisquis ille fuit : qui quum aliquando solus cœnasset, *se edisse isto die, non cœnavisse*, pronunciavit : nimirum cœnam semper indigere communitate quadam et amicitia quæ ei suavitatem pararet, sentiens. (2) Evenus quidem ignem condimentorum suavissimum dixit, salem Homerus divinum, plerique Gratias appellant, quod plurimis rebus admixtus gustui eas commodas, gratiosasque et jucundas reddat. (3) Cœnæ autem et mensæ condimentum revera divinissimum est amicus præsens, familiarisve aut notus homo : non quod una edit et bibit, sed propter communicationem colloquii, modo aliquod sit in ultro citroque dictis operæ pretium : multis enim inanis inter pocula loquacitas pravos animi motus injicit, atque pervertit. (4) Itaque in rem est, non minus sermones quam amicos probare, quos ad cœnam adhibeas. Estque hic aliter sentiendum ac pronunciandum, quam Lacedæmoniis placuit. Ii enim quando adolescentem aut hospitem in Phiditia acceperunt, foribus commonstratis, *Hac*, inquiunt, *nullus egreditur sermo.* (5) Nos autem nosmet ipsi condocefacimus ad sermones habendos quorum efferendorum ad omnes homines omnibus hominibus concedimus facultatem : quod eorum argumenta nihil habent impudicum, nihil maledicum, nihil malignum, nihil illiberale. Idque judicari potest ex hisce exemplis, quorum hic liber decuriam septimam continet.

ΠΡΟΒΛΗΜΑ Α'.

Πρὸς τοὺς ἐγκαλοῦντας Πλάτωνι τὸ ποτὸν εἰπόντι διὰ τοῦ πνεύμονος ἐξιέναι.

ΠΡΟΣΩΠΑ ΤΟΥ ΔΙΑΛΟΓΟΥ.

ΝΙΚΙΑΣ, ΠΛΟΥΤΑΡΧΟΣ, ΠΡΩΤΟΓΕΝΗΣ, ΦΛΩΡΟΣ.

I. Εἰσῆλθέ τινι τῶν συμποτῶν ὥρᾳ θέρους τουτὶ τὸ πρόχειρον ἅπασιν ἀναφθέγξασθαι·

35 Τέγγε πλεύμονας οἴνῳ· τὸ γὰρ ἄστρον περιτέλλεται·

QUÆSTIO I.

Ad eos qui Platonem reprehendunt, quod potum deferri per pulmonem dixerit.

PERSONÆ COLLOQUII.

NICIAS, PLUTARCHUS, PROTOGENES, FLORUS.

I. Æstivo tempore quidam una bibentium versiculum illum qui omnibus in ore est, forte protulit,

Pulmones madefac, astrum etenim nunc oritur, mero.

" καὶ Νικίας, ὁ Νικοπολίτης ἰατρὸς, Οὐδὲν, ἔφη, θαυμαστὸν, εἰ ποιητικὸς ἀνὴρ, Ἀλκαῖος, ἠγνόησεν ὃ καὶ Πλάτων ὁ φιλόσοφος. (2) Καίτοι τὸν μὲν Ἀλκαῖον ἀμωσγέπως εὐπορήσειν βοηθείας, ἀπολαύειν ἰκμάδος τὸν πλεύμονα, γειτνιῶντα τῷ στομάχῳ, καὶ διὰ τοῦτο τέγγεσθαι πιθανόν ἐστιν· ὁ δὲ φιλόσοφος οὕτωσὶ σαφῶς, ἔφη, γράψας διεξιέναι τὰ ποτὰ διὰ τοῦ πλεύμονος, οὐδὲ τοῖς προθυμοτάτοις ἀμύνειν ἐπιχείρησιν ὑπὲρ αὑτοῦ πιθανὴν ἀπολέλοιπε. (3) Τὸ γὰρ ἀγνόημα μέγα. Πρῶτον μὲν, ὅτι τῆς ὑγρᾶς τροφῆς πρὸς τὴν ξηρὰν ἀναγκαίαν ἐχούσης τὴν ἀνάμιξιν, εἰκός ἐστι ταὐτὸν ἀμφοτέραις ἀγγεῖον ὑποκεῖσθαι τὸν στόμαχον εἰς τὴν κάτω κοιλίαν ἐκδιδόντα μαλακὸν καὶ διάβροχον τὸ σιτίον· (4) ἔπειτα, τοῦ πλεύμονος λείου καὶ πυκνοῦ παντάπασι γεγονότος, πῶς τὸ σὺν κυκεῶνι πινόμενον ἄλφιτον διέξεισι, καὶ οὐκ ἐνίσχεται; τουτὶ γὰρ Ἐρασίστρατος ὀρθῶς πρὸς αὐτὸν ἠπόρησε. (5) Καὶ μὴν ἐπί γε τῶν πλείστων τοῦ σώματος μορίων τὸ οὗ ἕνεκα τῷ λόγῳ μετιὼν, καὶ πρὸς ἣν ἕκαστον ἡ φύσις χρείαν πεποίηκε, βουλόμενος, ὥσπερ καὶ προσήκει τῷ φιλοσόφῳ, φρονεῖν, οὐκ εὖ παρίησι τὸ τῆς ἐπιγλωττίδος ἔργον, ἐπὶ τούτῳ τεταγμένον, ὅπως ἐν τῇ καταπόσει τῆς τροφῆς τὴν ἀρτηρίαν πιέζουσα κωλύῃ παρεμπεσεῖν ὁτιοῦν εἰς τὸν πλεύμονα· δεινὰς γὰρ ὑπὸ βῆχος ἴσχει τραχύτητας καὶ χαράξεις, ὅταν παρολισθῇ, φερομένου τοῦ πνεύματος· (6) ἡ δὲ μέταυλος αὕτη κλίσιν ἐπ' ἀμφότερα λαμβάνουσα, φθεγγομένων μὲν, ἐπιπίπτει τῷ στομάχῳ· σιτουμένων δὲ καὶ πινόντων, τῇ ἀρτηρίᾳ, καθαρὸν τῷ πνεύματι τὸν δρόμον φυλάττουσα καὶ τὴν ἀναπνοήν. (7) Ἔτι τοίνυν, ἔφη, καὶ τοὺς ἀτρέμα πίνοντας ἴσμεν (ὅτι) τὰς κοιλίας ὑγροτέρας ἴσχοντας τῶν ἀθρόῦν ἐφελκομένων τὸ ὑγρόν· ὠθεῖ γὰρ εὐθὺς εἰς κύστιν ὑπὸ ῥύμης διεξιόν· ἐκείνως δὲ μᾶλλον ἐνδιατρίβει τοῖς σιτίοις καὶ μαλάσσει, ὥστ' ἀναμίγνυσθαι καὶ παραμένειν. (8) Οὐκ ἂν δὲ ταῦτα συνέβαινε διακρινομένων εὐθὺς ἐν τῇ καταπόσει τῶν ὑγρῶν, ἀλλὰ [οὐ] συμπλεκομένων, ἡμῶν ἅμα καὶ συμπαραπεμπόντων τὸ σιτίον, οἷον ὀχήματι τῷ ὑγρῷ χρώμενον, ὡς ἔλεγεν Ἐρασίστρατος.

II. Τοιαῦτα τοῦ Νικίου διεξιόντος, ὁ γραμματικὸς Πρωτογένης [ἔφη] συνεωρακέναι πρῶτον Ὅμηρον ὅτι τῆς μὲν τροφῆς ὁ στόμαχος ἀγγεῖόν ἐστι, τοῦ δὲ πνεύματος ὁ βρόγχος, ὃν ἀσφάραγον ἐκάλουν οἱ παλαιοί· διὸ καὶ τοὺς μεγαλοφώνους ἐρισφαράγους ἐπονομάζειν εἰώθασιν· (2) εἰπὼν οὖν ὅτι τοῦ Ἕκτορος ὁ Ἀχιλλεὺς ἤλασε

> Λευκανίην, ἵνα τε ψυχῆς ὥκιστος ὄλεθρος·
> οὐδ' ἄρ' ἀπ' ἀσφάραγον μελίη τάμε χαλκοβάρεια,
> ὄφρα τί μιν προτιείποι ἀμειβόμενος ἐπέεσσιν,

ὡς ὄντα φωνῆς ἴδιον ὀχετὸν καὶ πνεύματος, τὴν δὲ λευκανίην ἐσέθηκα [***].

III. Γενομένης οὖν ἐπὶ τῷ λόγῳ σιωπῆς, ὁ Φλῶρος εἶπεν· Οὕτως ὑφησόμεθα τοῦ Πλάτωνος ἐρήμην ὀφλισκάνοντος; (2) Οὐχ ἡμεῖς γε, ἔφην ἐγώ· προησόμεθα γὰρ ἅμα τῷ Πλάτωνι καὶ τὸν Ὅμηρον, ὃς τοσοῦτον

Tum Nicias, Nicopolita medicus, Mirum non est, inquit, ab Alcæo, homine poeticæ dedito, ignoratum fuisse quod etiam Platonem fefellerit. (2) Quanquam probabile est Alcæum quidem defendi utcunque ita posse, ut dicatur pulmonem, stomacho vicinum, liquore poto frui, eoque rigari: Plato autem, ita diserte scripto *potum per pulmonem transire*, etiam iis qui ad defendendum ipsum animo sunt promtissimo, nullam verisimilis rationis occasionem reliquit. (3) Error enim magnus est. Primum, quia necesse est humidum nutrimentum cum sicco permisceri, probabile est ambobus commune vas subjici stomachum, qui cibum mollem et madefactum in ventrem didat inferiorem. (4) Deinde, quum pulmo undiquaque lævis sit et densus, quomodo farina cum potione hausta exibit, et non in eo retinebitur? nam hanc difficultatem Platoni Erasistratus recte objecit. (5) Jam quum in plerisque partibus corporis finem consideret et usum, ad quem a natura comparata sit illarum partium unaquæque, ita ut decet philosophum, meditatione sua assequi studeat, perperam lingulæ (quæ *epiglottis* dicitur) prætermittit officium; quod in eo positum est; ut interim dum degluttitur alimentum, asperam arteriam constringens, obstet ne quid omnino in pulmonem incidat: nam si quid illabatur, interea dum admittitur vel emittitur spiritus, id tussi vehementem facit asperitatem et lancinationem. (6) Proinde epiglottis januæ instar intergerinæ in utramque partem inclinari se sinens, loquentibus nobis stomacho incidit, edentibus aut bibentibus arteriæ, mundum spiritui cursum respirationemque servans. (7) Porro qui sensim, inquit, bibunt, eorum scimus humidiores esse ventres quam qui confertim humorem hauriunt: his enim potus recta in vesicam impetu transit; apud illos diutius inhæret cibis, eosque emollit, ut permisceatur et maneat: (8) quod neutiquam eveniret, si humor statim inter hauriendum secerneretur a cibo, neque cum eo connecteretur: quum tamen ipsi una cum humore demittamus cibum, illo, ut dicebat Erasistratus, tamquam vehiculo usum.

II. Hæc Nicia locuto, Protogenes grammaticus, Omnium, ait, primus Homerus animadvertit, cibi quidem vas esse stomachum, spiritûs autem asperam arteriam, quæ bronchus, et antiquis aspharagus dicitur: unde et vocalibus hominibus *erispharagorum* (quasi arteria lata-præditorum) appellatio obtigit (2) Nam quum dixisset quomodo Hectoris Achilles hasta petierit

> Fauces, accelerant ubi valde vulnera mortem,

addit,

> Non tamen aspharagum munita fraxinus ære
> abscidit, ut moriens hæc posset reddere dicta,

canalem nimirum spiritus simul *et* vocis proprium esse fauces significans: sed *cibi etiam* * *

III. Sub hæc orto silentio, Florus, Itane, inquit, Platonem deserto vadimonio reum peragi sinemus? (2) Nequaquam vero, inquam ego; ita enim damnari una cum Platone sinemus Homerum. Hic enim tantum abest ut

ἀποδέει τοῦ τὸ ὑγρὸν ἀπελαύνειν καὶ ἀποστρέφειν τῆς
ἀρτηρίας, ὥστε καὶ τὸ σιτίον ὁμοῦ συνεκβαλεῖν ἐνταῦθα.

(3) Φάρυγος (γὰρ φησὶν) ἐξέσσυτο οἶνος,
5   ψωμοί τ' ἀνδρόμεοι·

χωρὶς εἰ μὴ τὸν Κύκλωπα φήσει τις, ὥσπερ ὀφθαλμὸν
ἔχει ἕνα, καὶ πόρον τροφῆς καὶ φωνῆς τὸν αὐτόν· ἢ
τὸν φάρυγγα φήσει στόμαχον εἰρῆσθαι, καὶ μὴ βρόγ-
χον, ὥσπερ ὑπὸ πάντων καὶ πάλαι καὶ νῦν ὠνόμασται.
10 (4) Ταῦτα δ' οὐκ ἀπορίᾳ μαρτύρων, ἀλλ' ὑπὸ τῆς ἀληθείας, ἐπηγαγόμην· ἐπεὶ μάρτυρές γε τῷ Πλάτωνι *
πολλοί τε κἀγαθοὶ πάρεισιν. (5) Εὔπολιν μὲν γὰρ,
εἰ βούλει, πάρες ἐν Κόλαξιν εἰπόντα·

Πίνειν γὰρ ὁ Πρωταγόρας ἐκέλευ', ἵνα
15   πρὸ τοῦ κυνὸς τὸν πλεύμον' ἔκκλυστον φορῇ·
(6) πάρες δὲ καὶ τὸν κομψὸν Ἐρατοσθένην λέγοντα·

Καὶ βαθὺν ἄκρήτῳ πνεύμονα τεγγόμενος·

(7) Εὐριπίδης δὲ, σαφῶς δήπου λέγων,

Οἶνος περάσας πλευμόνων διαρροάς,

20 δῆλός ἐστιν Ἐρασιστράτου βλέπων τι ὀξύτερον· εἶδε
γάρ, ὅτι σήραγγας ὁ πλεύμων ἔχει καὶ πόροις κατατέ-
τρηται, δι' ὧν τὸ ὑγρὸν διίησιν. (8) Οὐ γὰρ τὸ πνεῦμα
πόρων ἐδεῖτο πρὸς τὴν ἐξαγωγήν, ἀλλ' ἔνεκα τῶν ὑγρῶν
καὶ τῶν τοῖς ὑγροῖς συμπαρολισθαινόντων γέγονεν
25 ἠθμοειδὴς καὶ πολύπορος. (9) Καὶ οὐδὲν ἧττον, ὦ μακάριε, τῷ πλεύμονι προσῆκόν ἐστιν, ἢ τῷ στομάχῳ,
συνεκδιδόναι τὸ ἄλφιτον καὶ τὸ κρίμνον· οὐδὲ γὰρ ὁ
στόμαχος ἡμῶν λεῖος, ὥς τινες, οὐδ' ὀλισθηρὸς, ἀλλὰ
ἔχει τραχύτητας, αἷς εἰκός ἐστι τὰ λεπτὰ καὶ μικρὰ
30 περιπίπτοντα καὶ προσισχόμενα διαφεύγειν τὴν κατάποσιν. (10) Ἀλλ' οὔτε τοῦτο λέγειν, οὔτ' ἐκεῖνο καλῶς
ἔχον ἐστίν. Ἡ γὰρ φύσις οὐκ ἐφικτὸν ἔχει τῷ λόγῳ τὸ
περὶ τὰς ἐνεργείας εὐμήχανον· οὐδ' ἔστι τῶν ὀργάνων
αὐτῆς τὴν ἀκρίβειαν οἷς χρῆται (λέγω δὲ τὸ πνεῦμα
35 καὶ τὸ θερμὸν) ἀξίως διελθεῖν. (11) Ἔτι δὴ τῶν μαρτύρων τῷ Πλάτωνι προσκαλοῦμαι Φιλιστίωνά τε τὸν
Λοκρὸν, εὖ μάλα παλαιὸν ἄνδρα καὶ λαμπρὸν ἀπὸ τῆς
τέχνης ὑμῶν γενόμενον, καὶ Ἱπποκράτην καὶ Διώξιππον
τὸν Ἱπποκράτειον· οὗτοι γὰρ οὐχ ἑτέραν ὁδὸν, ἀλλ' ἣν
40 Πλάτων, ὑφηγοῦνται τοῦ πόματος. (12) Ἥ γε μὴν πο-
λυτίμητος ἐπιγλωττὶς οὐκ ἔλαθε τὸν Διώξιππον, ἀλλὰ
περὶ ταύτην φησὶ τὸ ὑγρὸν ἐν τῇ καταπόσει διακρινόμενον, εἰς τὴν ἀρτηρίαν ἐπιρρεῖν, τὸ δὲ σιτίον εἰς τὸν στόμαχον ἐπικυλινδεῖσθαι· καὶ τῇ μὲν ἀρτηρίᾳ τῶν ἐδωδί-
45 μων μηδὲν παρεμπίπτειν, τὸν δὲ στόμαχον ἅμα τῇ ξηρᾷ
τροφῇ καὶ τῆς ὑγρᾶς ἀναμιγνύμενόν τι μέρος ὑποδέχε-
σθαι. (13) Πιθανὸν γάρ ἐστι τὴν μὲν ἐπιγλωττίδα τῆς
ἀρτηρίας προκεῖσθαι διάφραγμα καὶ ταμιεῖον, ὅπως
ἀτρέμα καὶ κατ' ὀλίγον διηθῆται τὸ ποτόν, ἀλλὰ μὴ
50 ταχὺ, μηδ' ἀθροῦν, ἐπίρρακτον ἀποβιάζηται τὸ πνεῦμα
καὶ διαταράττῃ. (14) Διὸ τοῖς ὄρνισιν οὐ γέγονεν ἐπι-
γλωσσίς, οὐδ' ἔστιν· οὐδὲ γὰρ σπῶντες οὐδὲ λάπτοντες,
ἀλλὰ βάπτοντες καὶ κατ' ὀλίγον διέντες τὸ ποτόν, ἡσυχῇ

humorem ab arteria avertat, ut cibum quoque etiam una
per eam ejiciat. (3) Dicit enim;

    Ille eructavit per fauces frusta cruento
    mixta mero :

nisi hoc dicere quis sustineat, Cyclopi ut oculum, ita
etiam meatum nutrimenti fuisse unicum : aut faucium vocabulum, quæ est *pharynx*, omnibus et priscis et recentioribus pro arteria accipientibus, ab Homero esse ad stomachum detortum. (4) Atque hæc non inopia testium, sed
veritatis studio adduxi impulsus. Etenim testes Plato quum
multos, tum præclaros habet. (5) Omitte enim, si lubet,
Eupolin, qui in Colacibus (seu Parasitis) ita dixit,

    Potare jussit Protagoras, ut Sirii
    sub ortum homini pulmo dilutus siet.

(6) Omitte etiam elegantem Eratosthenem, qui scripsit,

    Dulci pulmones irriguusque mero.

(7) Euripides quidem his verbis,

    Vinum canales per pulmonis transiens,

liquido ostendit se acutius nonnihil Erasistrato vidisse.
Vidit nimirum pulmonem cavernas habere, et pertusum
esse meatibus, per quos humorem transmittat. (8) Non
enim spiritus opus habuit meatibus quibus educeretur; sed
propter humorem et quæ una cum eo illabuntur, coli instar
foraminibus multis est apertus pulmo. (9) Neque minus,
mi homo, pulmoni convenit quam stomacho, una ejicere
polentam aut farinam : non enim stomachus noster est, ut
quidam opinantur, lævis et lubricus; sed asperitates habet,
quibus probabile est, quum incidunt tenuia et exilia, adhæ-
rescere ea, et non deglutiri. (10) Sed neque hoc dici, neque illud commode potest. Nullis enim verbis exprimi
potest naturæ in obeundis actionibus suis sollertia; neque
dicendo digne explicari potest ejus instrumentorum perfecta
subtilitas, spiritus inquam et caloris. (11) Porro autem
testem Platoni cito Philistionem Locrensem, pervetustum
hominem, qui vestra arte magnam sibi gloriam paravit, Hippocratem, Dioxippum Hippocrateum : qui potûs non aliam
viam enarrant, quam quæ est a Platone indicata. (12) Neque vero illam tanto honore dignatam epiglottidem ignoravit
Dioxippus, sed ad eam ait humorem in degluttiendo secerni,
in arteriamque delabi, devolvente se in stomachum cibo :
et in arteriam sane esculentorum nihil incidere; sed stomachum una cum sicco nutrimento etiam aliquam humidi
partem admixtam excipere. (13) Est vero probabile, epiglottidem arteriæ præpositam esse veluti sepimentum et
penu, ut sensim paullatimque potum percolet, ne subito
confertimve irrumpens spiritum opprimat aut turbet. (14)
Itaque etiam aves carent epiglottide : non enim hauriunt
aut lambunt potum, sed rostris immersis paulatim eum in

τὴν ἀρτηρίαν διαίνουσι καὶ τέγγουσι.   (15) Μαρτύρων μὲν οὖν ἅλις.   Ὁ δὲ λόγος τῷ Πλάτωνι πρῶτον ἐκ τῆς αἰσθήσεως ἔχει τὴν πίστιν.   (16) Τῆς γὰρ ἀρτηρίας τρωθείσης, οὐ καταπίνεται τὸ ὑγρὸν, ἀλλ’ ὥσπερ ὀχε-
5 τοῦ διακοπέντος, ἐκπῖπτον ἔξω καὶ ἀποκρουνίζον ὁρᾶ-
ται, καίπερ ὑγιοῦς καὶ ἀκεραίου τοῦ στομάχου μένοντος. (17) Ἐπεὶ πάντες ἴσμεν, ὅτι τοῖς περιπλευμονικοῖς πάθεσι δίψος ἕπεται περιφλεγέστατον ὑπὸ ξηρότητος ἢ θερμότητος, ἤ τινος ἄλλης αἰτίας, ἅμα τῇ φλεγμονῇ
10 τὴν ὄρεξιν ἐμποιούσης·   (18) ὃ δὲ τούτου μεῖζόν ἐστι τεκμήριον, ὅσοις πλεύμων οὐκ ἐμπέφυκε τῶν ζώων, ἢ σφόδρα μικρὸς ἐμπέφυκε, ταῦτ’ οὐ δεῖται ποτοῦ τοπαράπαν, οὐδ’ ὀρέγεται, διὰ τὸ τῶν μορίων ἑκάστῳ σύμ-
φυτον ὑπάρχειν τὴν πρὸς τὸ [οἰκεῖον] ἔργον ἐπιθυμίαν·
15 οἷς δ’ οὐκ [ἔστι] μόρια, μηδὲ χρείαν παρεῖναι, μηδὲ προθυμίαν τῆς δι’ αὐτῶν ἐνεργείας.   (19) Ὅλως δὲ δόξει μάτην ἡ κύστις γεγονέναι τοῖς ἔχουσιν· εἰ γὰρ ὁ στόμαχος ἅμα τῷ σιτίῳ τὸ ποτὸν ἀναλαμβάνει, καὶ τῇ κοιλίᾳ παραδίδωσιν, οὐθὲν ἰδίου πόρου δεῖται τὸ περίτ-
20 τωμα τῆς ὑγρᾶς τροφῆς, ἀλλὰ εἷς ἀρκεῖ καὶ κοινὸς, ὥσπερ εὐδιαῖος ἀμφοτέροις εἰς ταὐτὸ διὰ ταὐτοῦ εἰσκο-
μιζομένοις·   (20) νῦν δὲ χωρὶς μὲν ἡ κύστις γέγονε, χωρὶς δὲ τὸ ἔντερον· ὅτι τὸ μὲν ἐκ τοῦ πλεύμονος βαδίζει, τὸ δ’ ἐκ τοῦ στομάχου, διακρινόμενον εὐθὺς περὶ
25 τὴν κατάποσιν.   (21) * Ὅθεν οὐδ’ ἐπιφαίνεται τῷ ὑγρῷ τοῦ ξηροῦ περιττώματος οὐδὲν, οὔτε χροᾷ προσεοικὸς, οὔτ’ ὀσμῇ τοπαράπαν· καίτοι φύσιν εἶχεν, ἀναμιγνύ-
μενον ἐν τῇ κοιλίᾳ καὶ ἀναδευόμενον, ἀναπίμπλασθαι τῶν ἐκείνου ποιοτήτων, καὶ μὴ καθαρὸν οὕτως ἀπηθεῖ-
30 σθαι καὶ ἄχραντον.   (22) Ἀλλ’ οὐδὲ λίθος ἐν κοιλίᾳ πώποτε συνέστη· καίτοι λόγον εἶχε, μηδὲν ἧττον ἢ ἐν κύστει συνίστασθαι καὶ πήγνυσθαι τὸ ὑγρὸν, εἴπερ εἰς κοιλίαν ἐχώρει διὰ στομάχου πᾶν τὸ πινόμενον.   (23) Ἀλλ’ ἔοικεν ὁ μὲν στόμαχος ἐκ τῆς ἀρτηρίας εὐθὺς ἕλ-
35 κων τοῦ παροδεύοντος ὑγροῦ τὸ ἱκανὸν καὶ τὸ μέτριον ἀποχρῆσθαι πρὸς μάλαξιν καὶ χύλωσιν τῆς τροφῆς, διὸ μηδὲν ὑγροῦ περίττωμα ποιεῖν· ὁ δὲ πλεύμων, ὡσ-
περεὶ τὸ πνεῦμα, καὶ τὸ ὑγρὸν ἐξ αὐτοῦ διανέμων τοῖς δεομένοις, τὸ λοιπὸν ἐκκρίνειν εἰς τὴν κύστιν.   (24)
40 Εἰκότα γὰρ μακρῷ ταῦτα μᾶλλον ἐκείνων.   Τὸ δ’ ἀλη-
θὲς ἴσως ἄληπτον ἔν γε τούτοις· καὶ οὐκ ἔδει πρὸς φιλόσοφον δόξῃ τε καὶ δυνάμει πρῶτον οὕτως ἀπαυθαδί-
σασθαι περὶ πράγματος ἀδήλου, καὶ τοσαύτην αἰτιολο-
γίαν ἔχοντος.

arteriam dimittunt atque sic eam rigant. (15) Enimvero testium satis est. Porro ratio sententiam Platonis confirmat, primum fide sensuum : (16) nam arteria vulnerata non degluttitur humor, sed veluti canali rupto foras erumpere, et tanquam per fistulam prosilire cernitur, quantum-
vis integro interim illæsoque stomacho. (17) Novimus quidem omnes, affectionibus circa pulmonem comitari ar-
dentissimam sitim, ob siccitatem aut calorem aliamve cau-
sam una cum inflammatione appetitum ingenerantem : (18) evidentius tamen hoc est indicium, quod animalia vel nullum vel admodum parvum habentia pulmonem, omnino potu non indigent, neque eum expetunt, eo quod partibus quibuscunque innata est propria appetentia ; quæ vero partibus iis carent, neque usus est, neque cupido ejus quod per illas agitur. (19) Denique videbitur vesica frustra esse data. Nam si stomachus una cum cibo potum excipit, inque ventrem demittit, nullo peculiari opus erit meatu alimento humido, suf-
ficietque unus communis ambobus per idem foramen eandem in sentinam convectis. (20) Nunc seorsum vesica est, seorsum intestina : quod nutrimentorum alterum a pulmone, al-
terum a stomacho pergit, ipsa in degluttitione sejunctorum. (21) Inde est, quod in excremento humido nihil visitur sicci simile vel colore vel odore : atqui natura ferebat, ut, si in ventre cum eo commisceretur, qualitatibus etiam ejus imbue-
retur, neque purum adeo et incontaminatum secerneretur. (22) Sed ne lapis quidem unquam in ventriculo concrevit : at vero rationi erat consentaneum, non minus ibi quam in vesica humorem cogi ac concrescere, si omnis potus per stomachum eo ferretur. (23) Enimvero apparet stomachum de humore per arteriam præterlabente statim attrahere quantum sufficit ad mediocriter emolliendum inque succum convertendum nutrimentum : itaque nullum humidum is recrementum facit ; pulmones autem uti spiritum, ita humorem quoque partibus eo indigentibus distribuunt, reli-
quum in vesicam excernunt. (24) Hæc certe multo sunt illis probabiliora. Veritas ipsa in talibus rebus fortassis comprehendi non potest : neque decuit tam contumaciter impetere philosophorum gloria et facultate principem, ob rem obscuram, totque disputationibus expositam.

ΠΡΟΒΛΗΜΑ Β΄.

Τίς ὁ παρὰ τῷ Πλάτωνι κερασβόλος, καὶ διὰ τί τῶν σπερμάτων ἀτεράμονα γίγνεται τὰ προσπίπτοντα τοῖς κέρασι τῶν βοῶν.

ΠΡΟΣΩΠΑ ΤΟΥ ΔΙΑΛΟΓΟΥ.

ΠΛΟΥΤΑΡΧΟΣ, ΠΑΤΡΟΚΛΕΥΣ, ΕΥΘΥΔΗΜΟΣ, ΦΛΩΡΟΣ.

I. Ἐν ταῖς Πλατωνικαῖς συναναγνώσεσιν ὁ λεγόμενος
5 κερασβόλος καὶ ἀτεράμων ζήτησιν ἀεὶ παρεῖχεν, οὐχ ὅστις εἴη· δῆλον γὰρ ἦν, ὅτι τῶν σπερμάτων τὰ προσπίπτοντα τοῖς τῶν βοῶν κέρασιν ἀτεράμονα τὸν καρπὸν ἐκφύειν νομίζοντες, οὕτως τὸν αὐθάδη καὶ σκληρὸν ἄνθρωπον ἐκ μεταφορᾶς κερασβόλον καὶ ἀτεράμονα προσ-
10 ηγόρευον· (2) ἀλλὰ περὶ αὐτῆς διηπορεῖτο τῆς αἰτίας, καθ᾽ ἣν τοῦτο πάσχει τὰ προσπίπτοντα τοῖς κέρασι τῶν βοῶν σπέρματα. Καὶ πολλάκις ἀπειπάμεθα τοῖς φίλοις, οὐχ ἥκιστα Θεοφράστου δεδιττόμενοι τὸν λόγον, ἐν οἷς πολλὰ συναγήοχε καὶ ἱστόρηκε τῶν τὴν
15 αἰτίαν ἀνεύρετον ἡμῖν ἐχόντων· (3) οἷός ἐστιν ὁ τῶν ἀλεκτορίδων, ὅταν τέκωσι, περικαρφισμός· ἥ τε καταπίνουσα φώκη τὴν πιτύαν ἁλισκομένη· καὶ τὸ κατορυσσόμενον ὑπὸ τῶν ἐλάφων κέρας· καὶ τὸ ἠρύγγιον, ὃ μιᾶς αἰγὸς εἰς τὸ στόμα λαβούσης, ἅπαν ἐφίσταται τὸ
20 αἰπόλιον· (4) ἐν τούτοις γὰρ καὶ τὰ κερασβόλα τῶν σπερμάτων προστίθεται [ὡς] πρᾶγμα πίστιν ἔχον, ὅτι γίγνεται, τὴν δ᾽ αἰτίαν ἔχον ἄπορον ἢ παγχάλεπον. (5) Ἀλλ᾽ ἔν γε Δελφοῖς παρὰ δεῖπνον ἐπέθεντό τινες ἡμῖν τῶν ἑταίρων, ὡς οὐ μόνον

25   Γαστρὸς ἀπὸ πλείης βουλὴν καὶ μῆτιν ἀμείνω

γινομένην, ἀλλὰ καὶ τὰς ζητήσεις πολὺ προθυμοτέρας καὶ θρασυτέρας τὰς ἀποφάνσεις τοῦ οἴνου ποιοῦντος, ἀξιοῦντες εἰπεῖν τι περὶ τοῦ προβλήματος.

II. Εἶχον μὲν οὖν ἀρνούμενος οὐ φαύλους συνηγό-
30 ρους, Εὐθύδημον τὸν συνιερέα, καὶ Πατροκλέα τὸν γαμβρόν, οὐκ ὀλίγα τοιαῦτα τῶν ἀπὸ γεωργίας καὶ κυνηγίας προφέροντας· (2) οἷον ἐδόκει τὸ περὶ τὴν χάλαζαν εἶναι τὴν ὑπὸ χαλαζοφυλάκων αἵματι σπάλακος ἢ ῥακίοις γυναικείοις ἀποτρεπομένην· καὶ τὸ τῶν ἀγρίων
35 ἐρινεῶν, ἃ ταῖς ἡμέροις περιαπτόμενα συκαῖς ἀποῤῥεῖν οὐκ ἐᾷ τὸν καρπόν, ἀλλὰ συνέχει καὶ συνεκπεπαίνει· καὶ τὸ τὰς ἐλάφους ἁλμυρὸν ἀφιέναι, τοὺς δὲ σῦς γλυκὺ τὸ δάκρυον, ἁλισκομένους. (3) Ἀλλ᾽ ἐὰν ταῦτ᾽, ἔφη, ζητῇς, ὁ Εὐθύδημος, αὐτίκα δεήσει σε καὶ περὶ τοῦ σελί-
40 νου καὶ περὶ τοῦ κυμίνου διδόναι λόγον, ὧν τὸ μὲν ἐν τῷ βλαστάνειν καταπατοῦντες καὶ συντρίβοντες οἴονται βέλτιον αὐξάνεσθαι, * τὸ δὲ [ἂν] καταρώμενοι σπείρωσι καὶ λοιδοροῦντες.

III. Ἐπεὶ δὲ τοῦτο μὲν ὁ Φλῶρος ᾤετο παιδιὰν
45 εἶναι καὶ φλύαρον, ἐκείνων δ᾽ οὐκ ἄν τινα τῆς αἰτίας ὡς ἄληπτον προέσθαι τὴν ζήτησιν· Ἐξεύρηκας, ἔφη, φάρμακον, ᾧ πρὸς τὸν λόγον (ἐφ᾽) ἡμᾶς προσάξεις τοῦ-

QUÆSTIO II.

Quid sit apud Platonem Kerasbolos, et cur semina quæ in boum inciderunt cornua, incoctibilia et dura fiant.

PERSONÆ COLLOQUII.

PLUTARCHUS, PATROCLES, EUTHYDEMUS, FLORUS.

I. In Platonicorum scriptorum lectione cum amicis semper quærendi materiam præbuerunt *kerasbolos* et *ateramon*, non quid significarent : apparebat enim ea semina, quæ in boum cornua inciderunt, credita fuisse fructum edere durum et incoctum, atque inde vocabulo translato hominem præfractum atque contumacem *kerasbolon* et *ateramona* dictum : (2) sed de ipsa causa dubitatum fuit, cur hoc seminibus in boum cornua incidentibus accideret. Ac sæpe denegavimus amicis causæ inventionem : maxime metuentes Theophrasti locum, ubi multis collectis, quorum nos causæ fugerent invenirique non possent : (3) quod genus sunt quod gallina postquam ovum edidit, festuca adhibita sese lustrat; quod vitulus marinus coagulum suum degluttiens deprehenditur; quod cervus cornu suum defodit; et eryngium, si una caprarum id in os sumat, universum gregem sistit : (4) in his etiam refert illud de kerasbolo semine, ut aliquid quod fidem quidem habeat, quoniam fit, sed cujus causa sciri non possit, certe inventu sit difficillima. (5) At enim Delphis in cœna sodalium quidam me compellarunt, dicentes non modo

Consilium melius jam repleta incidere alvo,

sed etiam ad quærendum de rebus difficilibus a vino nos reddi multo quam alias alacriores, et ad respondendum et definiendum audaciores : ideoque poscentes ut de proposita re aliquid pronunciarem.

II. Ego quum id denegarem, adstipulatores habui non viles, Euthydemum sacerdotii collegam mihi, et Patroclem affinem : qui non pauca id genus ex agricultura et venatione proferebant : (2) quale est quod grando ab iis qui ei observandæ sunt præfecti sanguine talpæ, vel centonibus muliebribus, avertitur; quod fructus caprifici silvestris alligatus hortensi ficui, non sinit fructum hujus defluere, sed continet atque una maturat : quod cervas, ubi capiuntur, salsam lacrimam, apros dulcem emittere est deprehensum. (3) De quibus si inquisitionem suscipias, illico, inquit Euthydemus, abs te postulabitur ratio de apio et cumino : quorum illud inter germinandum si calcetur et conteratur, aiunt melius augescere, hoc si serant diris imprecationibus et conviciis adhibitis.

III. Hæc quum Florus risum jocumque putaret, de istis autem non debere causæ, tanquam incomprehensibilis, investigationem omitti : Reperisti, inquam, medicamentum, quo me adduceres ad hanc disputationem, nimirum ut tu

τον, ἵνα καὶ σὺ διαλύσῃς ἔνια τῶν ἐκκειμένων. (2) Δοκεῖ δή μοι ἡ ψυχρότης τὸ ἀτέραμον ἐμποιεῖν τοῖς τε πυροῖς καὶ τοῖς χέδροψι, πιέζουσα καὶ πηγνύουσα τὴν ἕξιν, ἄχρι σκληρότητος· ἡ δὲ θερμότης, εὐδιάλυτον καὶ μαλακόν. (3) Ὅθεν οὐκ ὀρθῶς, οἱ λέγοντες,

 Ἔτος φέρει, οὔτις ἄρουρα,

τὰ καθ᾽ Ὁμήρου λέγουσι· τὰ γὰρ ἔνθερμα φύσει χωρία, κρᾶσιν εὐμενῆ τοῦ ἀέρος ἐκδιδόντος, ἐκφέρει μαλακωτέρους τοὺς καρπούς. (4) Ὅσα τοίνυν ἐκ τῆς χειρὸς εὐθὺς εἰς τὴν γῆν ἀφιέμενα ἐμπίπτει τῶν σπερμάτων, ἐνδυόμενα καὶ λοχευόμενα τῇ κρύψει, μᾶλλον ἀπολαύει τῆς ἐν τῇ γῇ θερμότητος καὶ ὑγρότητος· τὰ δὲ προσκρούοντα τοῖς κέρασι τῶν βοῶν οὐ τυγχάνει τῆς ἀρίστης καθ᾽ Ἡσίοδον εὐθημοσύνης, ἀλλὰ σφαλλόμενα καὶ παρολισθαίνοντα, ῥιπτομένοις μᾶλλον ἢ σπειρομένοις προσέοικεν· (5) ὅθεν ἢ φθείρουσιν αὐτὰ παντάπασιν αἱ ψυχρότητες, ἢ δύστηκτα καὶ ἄχυμα καὶ ξυλώδη τοῖς χιτῶσι γυμνοῖς ἐπισκήπτουσαι ποιοῦσιν. (6) Ὁρᾷς γὰρ ὅτι καὶ τῶν λίθων τὰ ἔγγαια καὶ ζωόφυτα μέρη μαλακώτερα τῶν ἐπιπολῆς ἡ ἀλέα φυλάττει· διὸ καὶ κατορύττουσιν οἱ τεχνῖται τοὺς ἐργασίμους λίθους, ὥσπερ ἐκπεπαινομένους ὑπὸ τῆς θερμότητος· οἱ δὲ ὕπαιθροι καὶ γυμνοὶ διὰ ψῦχος ἀντίτυποι καὶ δυσμετάβλητοι καὶ ἀτέραμνοι ἀπαντῶσι τοῖς ἔργοις. (7) Τοὺς δὲ καρπούς, κἂν ἐπὶ τῆς ἅλω διαμείνωσι πλείω χρόνον ὑπαίθριοι καὶ γυμνοί, μᾶλλον ἀτεράμονας γίνεσθαι λέγουσι τῶν εὐθὺς αἱρομένων. Ἐνιαχοῦ δὲ καὶ πνεῦμα λικμωμένοις ἐπιγινόμενον ἀτεράμονας ποιεῖ, διὰ τὸ ψῦχος, ὥσπερ ἐν Φιλίπποις τῆς Μακεδονίας ἱστοροῦσι· τοῖς δ᾽ ἀποκειμένοις βοηθεῖ τὸ ἄχυρον. (8) Οὐ δεῖ δὲ θαυμάζειν ἀκούοντας τῶν γεωργῶν, ὅτι καὶ δυεῖν αὐλάκων παραλλήλων ἡ μὲν [τεράμονας, ἡ δ᾽] ἀτεράμονας ἐκφέρει τοὺς καρπούς· καὶ ὃ μέγιστόν ἐστι, τοῦ κυάμου τῶν λοβῶν οἱ μὲν τοίους, οἱ δὲ τοίους· δηλονότι τοῖς μὲν ἧττον, τοῖς δὲ μᾶλλον, ἢ πνεύματος ψυχροῦ ἐπιπεσόντος, ἢ ὕδατος.

———

ΠΡΟΒΛΗΜΑ Γʹ.

Διὰ τί τοῦ μὲν οἴνου τὸ μέσον, τοῦ δὲ ἐλαίου τὸ ἐπάνω, τοῦ δὲ μέλιτος τὸ κατώτατον γίνεται βέλτιον.

ΠΡΟΣΩΠΑ ΤΟΥ ΔΙΑΛΟΓΟΥ.

ΑΛΕΞΙΩΝ, ΠΛΟΥΤΑΡΧΟΣ, ΑΛΛΟΙ.

I. Ἀλεξίων ὁ πενθερὸς κατεγέλα τοῦ Ἡσιόδου παραινοῦντος, ἀρχομένου πίθου καὶ λήγοντος ἐμφορεῖσθαι, μεσσόθι δὲ φείδεσθαι, ὅπου τὸ χρηστότατον οἰνάριόν ἐστι. (2) Τίς γάρ, ἔφη, οὐκ οἶδεν, ὅτι τοῦ μὲν οἴνου τὸ μέσον γίνεται βέλτιστον, τοῦ δ᾽ ἐλαίου τὸ ἀνωτάτω, τὸ δὲ κατωτάτω τοῦ μέλιτος; ὁ δ᾽ ἐᾶν ἐκέλευε τὸν ἐν μέσῳ οἶνον, καὶ περιμένειν, ἄχρις ἂν μεταβάλῃ

quoque solvas quædam propositorum. (2) Vídetur .nihi frigus istam indomitam rigiditatem, quod est *ateramon*, tritico et leguminibus ingenerare, comprimens et cogens habitum usque ad duritiem : calor autem dissolubiles res mollesque reddit. (3) Itaque non recte contra Homerum hoc a quibusdam dicitur,

 Non tellus fruges, sed suggerit annus.

Nam quæ loca calorem habent natura insitum, temperiem aere mitem præbente, molliores efferunt fruges. (4) Ergo quæ a manu jacta statim in terram perveniunt semina, ea penetrantia foventur, ac magis dum occultantur, calore ac humore terræ fruuntur : quæ vero in boum impingunt cornua, ea non potiuntur illa, quam Hesiodus optimam vocat, *positus commoditate;* sed delabentia et loco suo aberrantia, jactata magis quam sata videntur : (5) proinde aut frigoribus plane corrumpuntur, aut, his eorum in nudas incidentibus tunicas, rigida, exsucca et lignosa redduntur. (6) Vides nimirum lapidum quoque et zoophytorum partes terra contentas molliores conservari a tepiditate soli, quam sint quæ eminent. Itaque etiam fabri lapides operi habiles defodiunt sub terram, tanquam maturandos et coquendos a calore : at qui sub dio nudique jacent, frigore rigidi et intractabiles redduntur, suaque duritia operis resistunt. (7) Fructus quoque, si, vel in area, diutius maneant sub dio et nudi, magis ferunt rigescere, quam qui statim conduntur. Nonnunquam etiam ventus ventilantibus superveniens, frigore suo fruges præduras efficit, quod Philippis Macedonica urbe aiunt evenisse : reconditis palea opitulatur. (8) Mirari autem non debemus, si audiamus agricolas narrare, de duobus contiguis sulcis alterum coctibilem, alterum incoctibilem fructum ferre ; et, quod maximum est, fabarum alias alium gignere satu suo fœtum : nimirum quod aliis plus, aliis minus spiritus frigidi vel aquæ incidit.

———

QUÆSTIO III.

Cur vini medium, olei summum, mellis imum sit optimum.

PERSONÆ COLLOQUII.

ALEXION, PLUTARCHUS, ALII.

I. Deridebat socer noster Alexion Hesiodum, qui ex summo et imo dolio juberet vinum bibere, medio parcere, quod ibi vinum esset optimum. (2) Quis enim ignorat, aiebat, vini medium, olei summum, mellis infimum esse optimum? at Hesiodus nos vult, omisso quod dolii medium tenet vino, exspectare donec dolio deficiente vinum deterius

πρὸς τὸ χεῖρον, ἀποδεοῦς τοῦ πίθου γενομένου. (3)
Ῥηθέντων δὲ τούτων, χαίρειν ἐάσαντες τὸν Ἡσίοδον,
ἐπὶ τὸ ζητεῖν τὴν αἰτίαν τῆς διαφορᾶς ὥρμησαν.

II. Ὁ μὲν οὖν τοῦ μέλιτος λόγος οὐ πάνυ πολλὰ
πράγματα παρέσχεν ἡμῖν, πάντων, ὡς ἔπος εἰπεῖν,
ἐπισταμένων, ὅτι τὸ κουφότατον ὑπὸ μανότητος κου-
φότατόν ἐστι, τὸ δὲ πυκνὸν καὶ συνεχὲς διὰ βάρος ὑφίσταται τῷ λοιπῷ· κἂν περιστρέψῃς τὸ ἀγγεῖον, αὖθις
ὀλίγῳ χρόνῳ τὴν προσήκουσαν ἑκάτερον ἀπολαμβάνει
χώραν, τοῦ μὲν κάτω φερομένου, τοῦ δ' ἐπιπολάζοντος.
(2) Οὐ μὴν οὐδὲ ὁ οἶνος ἀπελείφθη πιθανῶν ἐπιχειρη-
μάτων· πρῶτον μὲν γὰρ ἡ δύναμις αὐτοῦ, θερμότης
οὖσα, πρὸς τὸ μέσον εὐλόγως δοκεῖ συνῆχθαι μάλιστα,
καὶ τοῦτο διατηρεῖν βέλτιστον· ἔπειτα, τὸ μὲν κάτω
διὰ τὴν τρύγα φαῦλον εἶναι, τὸ δ' ἐξ ἐπιπολῆς, τοῦ
ἀέρος φθείρεσθαι πλησιάζοντος. (3) * Ὅτι γὰρ ἐξίστησιν ὁ ἀὴρ τῆς ποιότητος τὸν οἶνον, ἐπισφαλέστατον
ἴσμεν ὄντα· διὸ καὶ κατορύττουσι τοὺς πίθους καὶ σκε-
πάζουσιν, ὅπως ὅτι σμικρότατος ἀὴρ αὐτῶν ἐπιψαύῃ.
(4) Τὸ δὲ μέγιστον, οὐ φθείρει πλῆρες ἀγγεῖον οὕτω
ῥᾳδίως οἶνον, ὡς ἀποδεὲς γενόμενον· πολὺς γὰρ εἰς τὸ
κενούμενον ἐπεισρέων ὁ ἀήρ, ἐξίστησι μᾶλλον· ἐν δὲ
τοῖς μεστοῖς ὁ οἶνος αὐτὸς ὑφ' αὑτοῦ συνέχεται, πολὺ
τοῦ φθείροντος ἔξωθεν μὴ παραδεχόμενος.

III. Τὸ δ' ἔλαιον οὐ φαύλην διατριβὴν παρέσχεν.
Ὁ μὲν γάρ τις ἔφη, τὸ [μὲν] κάτω τοῦ ἐλαίου γίνεσθαι
χεῖρον, ἀπὸ τῆς ἀμόργης ἀναθολούμενον, οὐ τὸ ἄνω,
βέλτιον εἶναι (ἀλλὰ) δοκοῦν, ὅτι πορρωτάτω τοῦ βλά-
πτοντός ἐστιν. (2) Ἄλλος ᾐτιᾶτο τὴν πυκνότητα, δι' ἣν
ἀμικτότατόν ἐστι, καὶ τῶν ἄλλων ὑγρῶν οὐδὲν εἰς αὐτὸ
δέχεται, πλὴν βίᾳ καὶ ὑπὸ πληγῆς ἀνακοπτόμενον·
ὅθεν [οὐδὲ] τῷ ἀέρι δίδωσιν ἀνάμιξιν, ἀλλ' ἀποστατεῖ,
διὰ λεπτότητα τῶν μορίων καὶ συνέχειαν, ὥστε ἧττον
ὑπ' αὐτοῦ τρέπεσθαι μὴ κρατοῦντος. (3) Ἐδόκει δὲ
πρὸς τοῦτον ὑπεναντιοῦσθαι τὸν λόγον Ἀριστοτέλης,
τετηρηκὼς, ὥς φησιν, εὐωδέστερόν τε γινόμενον καὶ
βέλτιον ὅλως τὸ ἐν τοῖς ἀποκενουμένοις ἀγγείοις ἔλαιον·
εἶτα τῷ ἀέρι τὴν αἰτίαν τῆς βελτιώσεως ἀνατίθησι·
πλείων γάρ ἐστι καὶ κρατεῖ μᾶλλον εἰς ἀποδεὲς κατερχόμενος τὸ ἀγγεῖον.

IV. Μήποτ' οὖν, ἔφην ἐγώ, καὶ τὸ ἔλαιον ὁ ἀὴρ
ὠφελεῖ, καὶ βλάπτει τὸν οἶνον ὑπὸ τῆς αὐτῆς δυνάμεως·
οἴνῳ μὲν γὰρ ὠφέλιμον, ἐλαίῳ δ' ἀσύμφορον παλαίωσις, ἣν ἑκατέρου προσπίπτων ὁ ἀὴρ ἀφαιρεῖ· (2) τὸ
γὰρ ψυχόμενον, νεαρὸν διαμένει· τὸ δ' οὐκ ἔχον δια-
πνοὴν ὑπὸ συνεχείας, ταχὺ παλαιοῦται καὶ ἀπογηρά-
σκει· [καὶ] λέλεκται πιθανῶς, ὅτι τοῖς ἐπιπολῆς πλησιάζων ὁ ἀὴρ νεαροποιεῖ. (3) Διὸ τοῦ μὲν οἴνου τὸ
ἄνω φαυλότατον, τοῦ δ' ἐλαίου βέλτιστον· ἡ γὰρ παλαίωσις τῷ μὲν τὴν ἀρίστην, τῷ δὲ τὴν κακίστην ἐμποιεῖ διάθεσιν.

---

fiat. (3) His dictis, valere jusso Hesiodo, se contulerunt
ad causam diversitatis inquirendam.

II. Ac de melle quidem ratio non multum nobis exhibuit
negotii, quum nemo fere nesciat, id quod levissimum est,
ob raritatem esse levissimum, spissa et densa ob gravitatem subsidere; atque etiam si vas subvertas, tamen rursum
exiguo tempore utrumque suum locum occupat, gravi se
demergente, levi ad superficiem efferente. (2) Nec de vino
quidem probabilia defuerunt argumenta. Primum, vis
ejus calor quum sit, consentaneum est eum maxime in
medium conduci, idque ibi optimum conservare : deinde
quod in fundo est, fæce vitiari; quod in summo, ab aere
vicino corrumpi. (3) Nam novimus ab aere vinum ea ratione lædi, ut hujus ab illo qualitas mutetur, idque subito
et facile : ideo defodere atque integere dolia solent, ut
quam minimum aeris ea tangat. (4) Et, quod maximum
habet momentum, vino non ita facile nocetur, pleno vase, ut
aliquantum vacuato : nam in exhausti locum aer confertim
subiens, majorem infert mutationem : at in plenis doliis
vinum ipsum sese sustentat, non multum extrinsecus admittens, unde vitiari possit.

III. Verum de oleo non vilis incidit disputatio. Quidam
imum olei dicebat esse deterrimum, quia id amurca conturbetur, non summum, quod optimum esse videatur, quia ab
eo quod ei officit, longissime absit. (2) Alius densitatem
causabatur, ob quam nulla cum re permiscetur, neque
ullum alium humorem in se admittit, nisi violentia et ictu
diffindatur; unde fit ut aerem quoque non recipiat, sed eum
tenuitate atque continentia suarum partium a se repellat,
neque ab eo, utpote non prævalente, corrumpatur. (3)
Huic rationi Aristoteles videbatur repugnare, qui, ut ait,
observavisset oleum in vasis quæ sensim vacuantur, odoratius
fieri et omnino melius : deinde aeri causam, quod reddatur
melius, adscribit : est enim largior magisque prævalet, si
subeat in vas non repletum.

IV. Quid vero, inquam ego, si aer eadem vi et prodest
oleo, et obest vino? Etenim vetustas vino conducit, oleo
nocet : quam aer utrique accidens aufert. (2) Nam quod
refrigeratur, semper recens manet : oleum autem ob continuitatem exspiratione carens, facile et cito veterascit : idque
dictum est probabiliter, quia in superficie accidens aer recentia facit. (3) Itaque vini summum est vilissimum, olei
vero optimum; nam ætas oleum pessime, vinum optime
afficit.

ΠΡΟΒΛΗΜΑ Δʹ.

Διὰ τί τοῖς πάλαι Ῥωμαίοις ἔθος ἦν μήτε τράπεζαν
αἱρομένην περιορᾶν κενήν, μήτε λύχνον σβεννύμενον.

ΠΡΟΣΩΠΑ ΤΟΥ ΔΙΑΛΟΓΟΥ.

ΦΛΩΡΟΣ, ΕΥΣΤΡΟΦΟΣ, ΚΑΙΣΕΡΝΙΟΣ, ΛΕΥΚΙΟΣ.

I. Φιλάρχαιος [ὢν] ὁ Φλῶρος οὐκ εἴα κενὴν ἀπαίρειν τὴν τράπεζαν, ἀλλ' ἀεὶ τῶν ἐδωδίμων ἐπ' αὐτῇ
5 ὑπέλειπε. Καὶ οὐ τοῦτο μόνον, ἔφη, οἶδα τὸν πατέρα
καὶ τὸν πάππον εὖ μάλα παραφυλάττοντας, ἀλλὰ μηδὲ
λύχνον ἐῶντας ἀποσβεννύναι· καὶ γὰρ τοῦτο τοὺς παλαιοὺς Ῥωμαίους ἐξευλαβεῖσθαι· τοὺς δὲ νῦν εὐθὺς ἀπο-
σβεννύναι μετὰ τὸ δεῖπνον, ὅπως μὴ μάτην· τοὔλαιον
10 ἀναλίσκωσι. (2) Παρὼν οὖν Εὔστροφος Ἀθηναῖος,
Εἶτα, ἔφη, τί πλέον αὐτοῖς, ἂν μὴ τὸ Πολυχάρμου
τοῦ ἡμετέρου σοφὸν ἐκμάθωσιν, ὃς πολὺν ἔφη σκε-
πτόμενος χρόνον, ὅπως οὐ κλέψωσι τοὔλαιον οἱ παῖδες,
ἐξευρεῖν μόλις· εὐθὺς γὰρ ἀποπληροῦν τοὺς λύχνους
15 ἀποσβεσθέντας, εἶτ' ἐπισκοπεῖν τῇ ὑστεραίᾳ πάλιν, εἰ
πλήρεις διαμένουσι. (3) Γελάσας δὲ ὁ Φλῶρος, Οὐκοῦν, εἶπεν, ἐπεὶ τοῦτο τὸ πρόβλημα λέλυται, σκεψώμεθα τὸν λόγον, ᾧ τοὺς παλαιοὺς εἰκός ἐστι καὶ περὶ
τοὺς λύχνους καὶ περὶ τὰς τραπέζας οὕτως εὐλαβεῖς
20 γεγονέναι.

II. Πρότερον οὖν ἐζητεῖτο περὶ τῶν λύχνων· καὶ
ὁ μὲν γαμβρὸς αὐτοῦ, Καισέρνιος, ᾤετο τῇ πρὸς τὸ
ἄσβεστον καὶ ἱερὸν πῦρ συγγενείᾳ παντὸς φθορὰν πυρὸς ἀφοσιώσασθαι τοὺς πρεσβυτέρους· (2) δύο γὰρ εἶ-
25 ναι φθοράς, ὥσπερ ἀνθρώπου, τὴν μὲν βίαιον σβεννυμένου, τὴν δὲ ὥσπερ κατὰ φύσιν ἀπομαραινομένου· (3)
τῷ μὲν οὖν ἱερῷ πρὸς ἀμφοτέρας ἀρήγειν, ἀεὶ τρέφοντας καὶ φυλάττοντας· τὸ δ' ἄλλο δι' αὑτοῦ περιορᾶν μαραινόμενον αὐτοῦ, μηδὲ βιάζεσθαι, μηδὲ φθονεῖν,
30 ὥσπερ θρέμματος ἀφαιρουμένους τὸ ζῆν, ἵνα μὴ μάτην
τρέφοιτο.

III. Λεύκιος δὲ, ὁ τοῦ Φλώρου υἱός, τἆλλα μὲν
ἔφη καλῶς λέγεσθαι, τὸ δὲ ἱερὸν πῦρ οὐκ ἄμεινον αἱ-
ρουμένους ἑτέρου πυρός, οὐδὲ σεμνότερον οὕτω σέβε-
35 σθαι καὶ περιέπειν· (2) * ἀλλὰ ὥσπερ Αἰγυπτίων ἐνίους [μὲν] τὸ κυνῶν γένος ἅπαν σέβεσθαι καὶ τιμᾶν,
ἐνίους δὲ τῶν λύκων [ἢ] κροκοδείλων, ἕνα μέντοι τρέφειν, τοὺς μὲν κύνα, τοὺς δὲ κροκόδειλον, τοὺς δὲ λύ-
κον· οὐ γὰρ οἷόν τ' ἦν ἅπαντας· οὕτως ἐνταῦθα τὴν περὶ
40 ἐκεῖνο θεραπείαν καὶ φυλακὴν τὸ πῦρ, τῆς πρὸς ἅπαν
εὐλαβείας εἶναι σύμβολον. (3) Οὐδὲν γὰρ ἄλλο μᾶλλον
ἐμψύχῳ προσέοικεν, ἢ πῦρ, κινούμενόν τε καὶ τρεφόμενον δι' αὑτοῦ, καὶ τῇ λαμπρότητι δηλοῦν, ὥσπερ ἡ
ψυχή, καὶ σαφηνίζον ἅπαντα· (4) μάλιστα δὲ ταῖς
45 σβέσεσιν αὐτοῦ καὶ φθοραῖς ἐμφαίνεται δύναμις οὐκ
ἀμοιροῦσα ζωτικῆς ἀρχῆς· βοᾷ γὰρ καὶ φθέγγεται καὶ
ἀμύνεται, καθάπερ ἔμψυχον ἀποθνῆσκον βίᾳ καὶ φο-
νευόμενον. [Εἰ] μή τι σὺ λέγεις, ἔφη πρὸς ἐμὲ βλέψας,
βέλτιον.

QUÆSTIO IV.

*Cur veteribus Romanis mos fuerit, nunquam omnino
inanem esse mensam dum tollitur, neque lucernam
unquam exstingui sinere.*

PERSONÆ COLLOQUI

FLORUS, EUSTROPHUS, CÆSERNIUS, LUCIUS.

I. Florus, antiqui moris amans, nunquam ita sinebat
mensam tolli, ut non aliquid cibi in ea relinqueretur : aiebatque sibi probe compertum, non hoc modo patrem avum-
que ipsius studiose curasse, sed ne lucernam quidem passos
exstingui : priscos enim Romanos hoc esse reveritos, dum
ii, qui nunc vivunt, statim a cœna exstinguant, ne oleum
frustra insumatur. (2) Aderat una Eustrophus Atheniensis.
Is, Quid proderat hoc, aiebat, iis, nisi astum Polycharmi
nostri didicerunt, qui se multo tempore meditatum dicit,
vix tandem invenisse quomodo caveret ne oleum pueri
suffurarentur : statim enim se exstinctas lucernas oleo implere, et postridie visere an etiamnum plenæ sint. (3) Tum
Florus ridens, Quando, inquit, hæc quæstio soluta est,
agedum causam dispiciamus, qua inductos priscos probabile
sit istam lucernis mensisque adhibuisse religionem.

II. De lucernis prius quæsitum fuit. Ac sententia Cæ-
sernii, quem is generum habebat, hæc fuit : antiquos ob
cognationem cum sacro et perenni igne omnis ignis interitum abominatos fuisse ; (2) eum autem, ut hominem quoque, duobus modis interire, vel vi exstinctum, vel naturæ
suæ ductu elanguescentem ; (3) ac sacro quidem igni
adversus utrumque opem ferri semper alendo et custo-
diendo ; alterum passos esse ultro exstingui, si ipsi vim non
fecissent, neque tamen ei vitam invidisse, tanquam pecudi,
quæ occiditur, ne alatur frustra.

III. Sub hæc Lucius, Flori filius, dixit, reliqua sibi probari : ceterum sacrum ignem non ideo in tanto fuisse cultu,
quod eum alio igne putarent meliorem dignioremve esse ;
(2) sed quemadmodum Ægyptiorum alii totum genus canum venerantur atque honorant, alii luporum, alii croco-
dilorum, unicum tamen vel canem, vel lupum, vel crocodilum alunt, quia universos non possunt : sic priscorum
cultum et custodiam sacri istius ignis, tesseram fuisse ob-
servantiæ adversus omnes ignes. (3) Nihil enim animato
similius esse quam est ignis : qui per se movetur et nutritur, suoque splendore animæ in morem res manifestat
omnes : (4) et maxime vim non expertem vitalis principii
ostendit dum exstinguitur ac perit, inter pereundum strepitum et vocem edens, ac reluctans interitui, animalis
instar quod vi necatur. Nisi tu, aiebat in me respiciens,
melius habes aliquid.

IV. Οὐδὲν, εἶπον ἐγὼ, τῶν εἰρημένων αἰτιῶμαι·
προσθείην δ' ἂν, ὅτι καὶ φιλανθρωπίας διδασκαλία τὸ
ἔθος ἐστίν· οὔτε γὰρ τροφὴν ἀφανίζειν ὅσιον αὐτοὺς ἄδην
ἔχοντας, οὔτε νάματος ἐμφορηθέντας πηγὴν ἀποτυφλοῦν
5 καὶ ἀποκρύπτειν, οὔτε πλοῦ ** σημεῖα καὶ ὁδοῦ διαφθείρειν χρησαμένους, ἀλλ' ἐᾷν καὶ ἀπολείπειν τὰ χρήσιμα τοῖς δεησομένοις μεθ' ἡμᾶς. (2) Ὅθεν οὐδὲ φῶς
λύχνου μὴ δεομένους ἀπολλύναι διὰ μικρολογίαν καλὸν,
ἀλλὰ τηρεῖν καὶ ἀπολείπειν, εἴ τις ἔλθοι δεόμενος πα-
10 ρόντος ἔτι καὶ λάμποντος· (3) καὶ γὰρ ὄψιν, εἰ δυνατὸν ἦν, καὶ ἀκοὴν χρῆσαι καλῶς εἶχεν ἑτέρῳ, καὶ, νὴ
Δία, τὴν φρόνησιν καὶ τὴν ἀνδρείαν, μέλλοντας αὐτοὺς καθεύδειν καὶ ἡσυχάζειν. (4) Ὅρα δὲ, εἰ καὶ μελέτης ἕνεκα τῷ εὐχαρίστῳ τὰς τοιαύτας ἐφιέντες
15 ὑπερβολὰς, οὐκ ἀτόπως οἱ παλαιοὶ καὶ δρῦς ἐσέβοντο
καρποφόρους, καὶ συκῆν τινα προσηγόρευσαν ἱερὰν
Ἀθηναῖοι, καὶ μορίαν ἐκκόπτειν ἀπαγορεύουσι· (5) ταῦτα
γὰρ οὐ ποιεῖ πρὸς δεισιδαιμονίαν ἐπιφόρους, ὡς ἔνιοι
φασὶν, ἀλλὰ προσεθίζει τὸ εὐχάριστον ἡμῶν καὶ κοινω-
20 νικὸν ἐν τοῖς ἀναισθήτοις καὶ ἀψύχοις πρὸς ἀλλήλους.
(6) Ὅθεν ὀρθῶς μὲν Ἡσίοδος

οὐδ' ἀπὸ χυτροπόδων ἀνεπιρρέκτων

ἐᾷ παρατίθεσθαι σῖτον ἢ ὄψον, ἀλλ' ἀπαρχὰς τῷ πυρὶ
καὶ γέρα τῆς διακονίας ἀποδιδόντας· εὖ τε Ῥωμαῖοι
25 χρησάμενοι τοῖς λύχνοις, ἣν ἔδοσαν οὐκ ἀφῃροῦντο
τροφὴν, ἀλλὰ χρῆσθαι [εἴων] ζῶν[τας] καὶ λάμπον-
·τας.

V. Ἐμοῦ δὲ ταῦτ' εἰπόντος, ὁ Εὔστροφος, Ἆρ' οὖν,
ἔφη, τοῦτο καὶ τῷ περὶ τῆς τραπέζης λόγῳ πάροδον
30 οἰκείαν δίδωσιν, οἰομένων δεῖν τι ἀεὶ καταλιπεῖν οἰκέταις
ἀπὸ δείπνου, καὶ παισὶν οἰκετῶν· χαίρουσι γὰρ οὐχ
οὕτω λαμβάνοντες, ὡς μεταλαμβάνοντες. (2) Διὸ καὶ
τοὺς Περσῶν βασιλεῖς φασιν οὐ μόνον φίλοις καὶ ἡγεμόσι καὶ σωματοφύλαξιν ἀποπέμπειν ἀεὶ μερίδας, ἀλλὰ
35 καὶ τὸ τῶν δούλων καὶ τὸ τῶν κυνῶν ἀεὶ δεῖπνον ἐπὶ
τῆς ἐκείνων προτίθεσθαι τραπέζης, ὡς ἀνυστὸν ἦν,
πάντας, οἷς ἐχρῶντο, ποιουμένων ὁμοτραπέζους καὶ
ὁμοεστίους. Ἡμεροῦνται γὰρ τῇ τῆς τροφῆς μεταδόσει
καὶ τὰ σκυθρωπότατα τῶν θηρίων.
40 VI. Ἐγὼ δὲ γελάσας, Ἐκεῖνον δὲ, εἶπον, ὦ ἑταῖρε, τὸν ἐκ τῆς παροιμίας ἀποκείμενον ἰχθὺν [διὰ τί]
οὐχ ἕλκομεν εἰς μέσον, μετὰ τῆς Πυθαγορικῆς χοίνι-
κος, ἐφ' ἧς ἀπηγόρευε καθῆσθαι, διδάσκων ἡμᾶς ἀεί
τι τοῦ παρόντος εἰς τὸ μέλλον ὑπολιπεῖν, καὶ τῆς αὔ-
45 ριον ἐν τῇ σήμερον μνημονεύειν; (2) Ἡμῖν μὲν οὖν
τοῖς Βοιωτοῖς τὸ, Λεῖπέ τι καὶ Μήδοις· διὰ στόματός
ἐστιν, ἐξ οὗ Μῆδοι τήν τε Φωκίδα καὶ τὰ ἔσχατα τῆς
Βοιωτίας ἄγοντες καὶ φέροντες ἐπέτρεχον· ἀεὶ δὲ καὶ
πανταχοῦ δεῖ πρόχειρον εἶναι τὸ, Λεῖπέ τι καὶ ξένοις
50 ἐπελθοῦσιν. (3) Ὡς ἔγωγε καὶ τοῦ Ἀχιλλέως κενὴν ἀεὶ
καὶ λιμώδη καταλαμβανομένην αἰτιῶμαι τὴν τράπε-
ζαν· * τῶν τε γὰρ περὶ τὸν Αἴαντα καὶ τὸν Ὀδυσσέα
πρέσβεων ἀφικομένων, οὐδὲν ἔχων ἕτοιμον, ἀναγκάζε-

IV. Ego vero, inquam tum, nihil eorum quæ dicta sunt
reprehendo. Addiderim etiam, hunc morem condocefa-
ctioni ad humanitatem inservire. Nam neque fas nobis est
nutrimentum perdere ubi affatim nos saturati sumus, neque
fontem obturare aut occultare quando aquæ satis bibimus,
neque signa navigationis itinerisve abolere postquam usi sumus iis : sed relinquenda ista sunt, ut aliis etiam, qui post
nos egebunt illis, usui esse possint. (2) Proinde indecorum
etiam est ob avaritiam lumen lucernæ, quando ejus usum
porro nos non desideramus, exstinguere ; sed conservandum
relinquendumque est, si quis forte veniat cui eo etiamnum
ardente et splendente sit opus. (3) Quippe, si fieri quiret,
etiam visum atque auditum, immo prudentiam quoque et
fortitudinem aliis utendam dare debebamus ipsi dormituri
aut quieturi. (4) Hoc vero considera, an non animi ad gratam
beneficiorum perceptorum memoriam conformandi causa
antiqui neutiquam absurde nimii in hoc fuerint genere :
quum et quercus venerarentur frugiferas, et ficum quandam Athenienses sacram appellarent, et moriam (ita enim
vocabant) exscindi prohiberent. (5) Non enim hæc ad
superstitionem faciunt propensos, quod nonnulli dicunt ;
sed in rebus sensu animaque carentibus ad studium refe-
rendæ mutuo gratiæ præstandæque operæ nos assuefaciunt.
(6) Itaque recte Hesiodus vetat cibum vel obsonia apponere
ex *ollis*, *nondum libato*, sed igni vult suas primitias
suumque ob ministerium offerri honorem : et recte Romani
quod alimentum lucernis dedissent, iis usi reliquerunt, pas-
sique sunt vivere illas inde et fulgere.

V. Hæc ego quum dixissem, Eustrophus, Ista, inquit,
etiam ad rationem de mensa quæsiti aditum idoneum præbent. Nimirum semper aliquid censuerunt a cœna relinquendum servis et vernulis : gaudent enim communicatione
hac magis, quam alioquin accipiendo. (2) Idcirco Persarum reges, ut fertur, non amicis modo et proceribus ac
stipatoribus solebant de cœna portiones mittere ; sed semper servorum quoque et canum cœna in ipsorum mensa
proponebatur ; quum, quantum omnino fieri poterat, omnes
quorum utebantur opera, suæ mensæ facerent participes.
Nam cibi communicatione etiam ferissima cicurantur animalia.

VI. Hic ego ridens, Piscem vero repositum, aiebam,
amice, cur non trahimus in medium, qui proverbio est no-
bilitatus? et Pythagoræ chœnicem, cui prohibuit insideri,
docens nos semper aliquid de præsenti in futurum relinquere, et crastinæ diei hodie meminisse? (2) Nobis quidem Bœotis in ore est semper, *Relinque aliquid etiam
Medis*, ab eo tempore quo Medi Phocidem et extrema
Bœotiæ incursando populandoque vexaverunt : perpetuo
autem et ubique id in promptu debet esse, Relinque aliquid etiam superventuris hospitibus. (3) Quamobrem ego
etiam Achillis inanem semper et famelicam improbo mensam : nam Ajace et Ulysse legatis ad ipsum venientibus,
nihil parati habens, de integro cogitur coquere et obsonio

ται μαγειρεύειν ἐξ ὑπαρχῆς καὶ ὀψοποιεῖν· τόν τε
Πρίαμον φιλοφρονεῖσθαι βουλόμενος, πάλιν « ἀναΐξας
ὄϊν ἄργυφον » σφάττει καὶ διαιρεῖ καὶ ὀπτᾷ, πολὺ περὶ
ταῦτα ἀναλίσκων τῆς νυκτός.   (4) Ὁ δ' Εὔμαιος, ἅτε
5 δὴ θρέμμα γεγονὼς σοφοῦ σοφόν, οὐ πράγματα εἶχε,
τοῦ Τηλεμάχου ἐπιφανέντος, ἀλλ' εὐθὺς ἑστιᾷ καθί-
σαντα, πίνακας κρεῶν παρατιθεὶς

ὀπταλέων, ἅ ῥα τῇ προτέρῃ κατέλειπον ἔδοντες.

(5) Εἰ δὲ τοῦτο δόξει μικρὸν, ἐκεῖνό γ' οὐ μικρὸν, τὸ
10 συστέλλειν καὶ ἀνέχειν τὴν ὄρεξιν, ἔτι παρούσης τῆς
ἀπολαύσεως· ἧττον γὰρ ἐπιθυμοῦσι τῶν ἀπόντων οἱ
ἐθισθέντες ἀπέχεσθαι τῶν παρόντων.
VII. Ὑπολαβὼν δὲ ὁ Λεύκιος ἔφη, τῆς μάμμης
ἀκηκοὼς μνημονεύειν, ὡς ἱερὸν μὲν ἡ τράπεζα, δεῖ
15 δὲ τῶν ἱερῶν μηδὲν εἶναι κενόν.   (2) Ἐμοὶ δέ, εἶπεν,
ἐδόκει καὶ μίμημα τῆς γῆς ἡ τράπεζα εἶναι· πρὸς γὰρ
τῷ τρέφειν ἡμᾶς, καὶ στρογγύλη καὶ μόνιμός ἐστι,
καὶ καλῶς ὑπ' ἐνίων ἑστία καλεῖται.   (3) Καθάπερ γὰρ
τὴν γῆν ἀεί τι χρήσιμον ἔχειν καὶ φέρειν ἡμῖν ἀξιοῦμεν,
20 οὕτως οὐδὲ τὴν τράπεζαν οἰόμεθα δεῖν κενὴν ὁρᾷν καὶ
ἀνερμάτιστον ἀπολειπομένην.

ΠΡΟΒΛΗΜΑ Ε'.

Ὅτι δεῖ μάλιστα τὰς διὰ κακομουσίας ἡδονὰς φυλάττεσθαι, καὶ πῶς φυλακτέον.

ΠΡΟΣΩΠΑ ΤΟΥ ΔΙΑΛΟΓΟΥ.

ΚΑΛΛΙΣΤΡΑΤΟΣ, ΛΑΜΠΡΙΑΣ.

I. Ἐν Πυθίοις Καλλίστρατος, τῶν Ἀμφικτυόνων
25 [ὢν] ἐπιμελητής, αὐλῳδόν τινα πολίτην καὶ φίλον ὑστε-
ρήσαντα τῆς ἀπογραφῆς τοῦ μὲν ἀγῶνος εἶρξε κατὰ
τὸν νόμον· ἑστιῶν δὲ ἡμᾶς παρήγαγεν εἰς τὸ συμπόσιον
ἐσθῆτι καὶ στεφάνοις, ὥσπερ ἐν ἀγῶνι, μετὰ τοῦ χοροῦ κεκοσμημένον ἐκπρεπῶς.   (2) Καὶ νὴ Δία κομψὸν
30 ἦν ἀκρόαμα τοπρῶτον· ἔπειτα διασείσας καὶ διακωδω-
νίσας τὸ συμπόσιον, ὡς ᾔσθετο τοὺς πολλοὺς ἐγκεκλικό-
τας καὶ παρέχοντας ὑφ' ἡδονῆς, ὅ τι βούλοιτο χρῆσθαι,
καὶ καταυλεῖν καὶ ἀκολασταίνειν, ἀποκαλυψάμενος
παντάπασιν, ἐπεδείξατο τὴν μουσικὴν παντὸς οἴνου
35 μᾶλλον μεθύσκουσαν τοὺς ὅπως ἔτυχε καὶ ἀνέδην αὐτῆς ἐμφορουμένους·   (3) οὐδὲ γὰρ κατακειμένοις ἔτι
βοᾷν ἐξήρκει καὶ κροτεῖν, ἀλλὰ τελευτῶντες ἀνεπήδων
οἱ πολλοί, καὶ συνεκινοῦντο κινήσεις ἀνελευθέρους,
πρεπούσας δὲ τοῖς κρούμασιν ἐκείνοις καὶ τοῖς μέλεσιν.
40 (4) Ἐπεὶ δ' ἐπαύσαντο, καὶ κατάστασιν αὖθις, ὥσπερ
ἐκ μανίας, ὁ πότος ἐλάμβανεν, ἐβούλετο μὲν ὁ Λαμπρίας εἰπεῖν τι καὶ παρρησιάσασθαι πρὸς τοὺς νέους·
ὀρρωδοῦντι δ' ὅμως αὐτῷ μὴ λίαν ἀηδὴς γένηται καὶ
λυπηρός, οὗτος ὁ Καλλίστρατος ὥσπερ ἐνδόσιμον πα-
45 ρέσχε, τοιαῦτά τινα διαλεχθείς·

mensam instruere: et rursus Priamum volens comiter tractare,
  Proripuit sese, et candentem protinus agnum Mactavit :
quo dividendo assandoque majorem noctis partem consumsit.   (4) Verum Eumæo, sapientis videlicet viri sapienti
alumno, nihil negotii exhibuit Telemachi adventus; sed
statim ei ad mensam collocato cœnam præbuit, lances ap-
ponens plenas
  assatæ carnis, cœnæ de nocte priori
  relliquias.
(5) Quod si hoc vile videbitur, illud certe exiguum non est,
appetitum posse inhibere dum adhuc fruendi adest copia :
minus enim absentia concupiscunt, qui assueverunt abstinere præsentibus.

VII. Sub hæc Lucius, Audivisse me ex avia memini,
mensam esse sacram : porro autem sacrarum rerum nullam
debere esse inanem.   (2) Mihi vero, inquit, mensa etiam
terræ videtur esse simulacrum : nam præterquam quod
nos alit, rotunda est etiam, et stabilis, et recte a quibusdam
Vesta a stando appellatur.   (3) Sicut ergo terram volumus
semper aliquid nobis utile producere et efferre; ita censemus mensam quoque nunquam debere vacuam et omni de-
stitutam apparatu relinqui.

QUÆSTIO V.

*Maxime cavendum esse a voluptatibus quas depravata
præbet musica; et quomodo sit cavendum.*

PERSONÆ COLLOQUII.

CALLISTRATUS, LAMPRIAS.

I. Pythiis Callistratus, Amphictyonum procurator, tibicinem quendam civem amicumque, quum is ad nomen dandum
præsto in tempore non venisset, certamine secundum leges
arcuit : nobis autem convivium præbens, eum adduxit,
veste et sertis tanquam in certamine una cum choro eleganter ornatum.   (2) Et erat, mehercle, initio scitus ejus cantus : sed deinde quum facto de convivis periculo sensisset
plerosque eo inclinare, ut voluptatis gratia eum quidvis
sinerent facere, lascivosque cantus tibiæ admitterent :
jam sese totum aperiens, ostendit musicam quovis magis
vino dementare eos, qui promiscue et effusius ea sese oblectant.   (3) Nam accumbentibus non jam sufficiebat clamare
et plaudere; sed plerique tandem etiam prosiluerunt, et una
motus illiberales ediderunt, istis numeris et carminibus
convenientes.   (4) Postquam finem fecere, et convivium
quasi e furore quodam ad se rediit, voluit quidem Lamprias
dicere aliquid, et adolescentes libere objurgare : tamen ve-
renti ne nimis morosus molestusque videretur, Callistratus
noster ansam quasi præbuit hac sua oratione :

II. Ἀκρασίας μὲν, ἔφη, καὶ αὐτὸς ἀπολύω τὸ φιλήκοον καὶ φιλοθέαμον· οὐ μὴν Ἀριστοξένῳ γε συμφέρομαι παντάπασι, ταύταις μόναις φάσκοντι ταῖς ἡδοναῖς
τὸ καλῶς ἐπιλέγεσθαι. (2) Καὶ γὰρ ὄψα καλὰ καὶ
μύρα καλοῦσι, καὶ καλῶς γεγονέναι λέγουσι, δειπνή-
σαντες ἡδέως καὶ πολυτελῶς. (3) Δοκεῖ δέ μοι μηδ'
Ἀριστοτέλης αἰτίᾳ δικαίᾳ τὰς περὶ θέαν καὶ ἀκρόασιν
εὐπαθείας ἀπολύειν ἀκρασίας, ὡς μόνας ἀνθρωπικὰς
οὔσας· ταῖς δ' ἄλλαις καὶ τὰ θηρία φύσιν ἔχοντα χρᾶ-
σθαι καὶ κοινωνεῖν. (4) Ὁρῶμεν γὰρ ὅτι καὶ μουσικῇ
πολλὰ κηλεῖται τῶν ἀλόγων, ὥσπερ ἔλαφοι σύριγξιν,
ἵπποις δὲ μιγνυμέναις ἐπαυλεῖται νόμος, ὃν ἱππόθορον
ὀνομάζουσιν· (5) ὁ δὲ Πίνδαρός φησι, κεκινῆσθαι
πρὸς ᾠδὴν ἁλίου δελφῖνος ὑπόκρισιν,

> * Τὸν μὲν ἀκύμονος ἐν πόντου πελάγει
> αὐλῶν ἐκίνησ' ἐρατὸν μέλος·

ὀρχούμενοι δὲ τοὺς σκῶπας αἱροῦσι χαίροντας τῇ ὄψει,
καὶ μιμητικῶς ἅμα δεῦρο κἀκεῖσε τοὺς ὤμους συνδια-
φέροντας. (6) Οὐδὲν οὖν ὁρῶ τὰς τοιαύτας ἡδονὰς ἴδιον
ἐχούσας, ὅτι μόναι τῆς ψυχῆς εἰσιν, αἱ δ' ἄλλαι τοῦ
σώματος, καὶ περὶ τὸ σῶμα καταλήγουσι· μέλος δὲ καὶ
ῥυθμὸς καὶ ὄρχησις καὶ ᾠδή, παραμειψάμεναι τὴν
αἴσθησιν, ἐν τῷ χαίροντι τῆς ψυχῆς ἀπερείδονται τὸ
ἐπιτερπὲς καὶ γαργαλίζον. (7) Ὅθεν οὐδεμία τῶν
τοιούτων ἡδονῶν ἀπόκρυφός ἐστιν, οὐδὲ σκότους δεομένη,
καὶ τῶν τοίχων περιθεόντων, ὡς αἱ γυναῖκες λέγουσιν·
ἀλλὰ καὶ στάδια ταύταις καὶ θέατρα ποιεῖται· καὶ τὸ
μετὰ πολλῶν θεάσασθαί τι καὶ ἀκοῦσαι, ἐπιτερπέστε-
ρόν ἐστι καὶ σεμνότερον, οὐκ ἀκρασίας δήπου καὶ ἡδυπαθείας, ἀλλ' ἐλευθέρου διατριβῆς καὶ ἀστείας μάρτυρας ἡμῶν ὅτι πλείστους λαμβανόντων.

III. Ταῦτα τοῦ Καλλιστράτου εἰπόντος, ὁ Λαμπρίας
ὁρῶν ἔτι μᾶλλον ἐκείνους τοὺς τῶν ἀκροαμάτων χορη-
γοὺς θρασυνομένους, Οὐ τοῦτ', ἔφη, τὸ αἴτιον, ὦ παῖ
Λέοντος, ἀλλά μοι δοκοῦσιν οὐκ ὀρθῶς οἱ παλαιοὶ παῖδα
Λήθης τὸν Διόνυσον· ἔδει γὰρ πατέρα προσαγορεύειν·
ὑφ' οὗ καὶ σὺ νῦν ἀμνημονεῖν ἔοικας, ὅτι τῶν περὶ τὰς
ἡδονὰς ἁμαρτανομένων τὰ μὲν ἀκρασία, τὰ δ' ἄγνοια
ποιεῖ καὶ παρόρασις. (2) Ὅπου μὲν γὰρ ἡ βλάβη
πρόδηλός ἐστι, ταῦτ' ἀκρασίᾳ καταβιαζόμενοι τὸν
λογισμὸν ἐξαμαρτάνουσιν· ὅσα δ' οὐκ εὐθὺς οὐδὲ παραχρῆμα τῆς ἀκολασίας τὸν μισθὸν ἐπιτίθησι, ταῦτα ὑπ'
ἀγνοίας τοῦ βλάπτοντος αἱροῦνται καὶ πράττουσι. (3)
Διὸ τοὺς μὲν περὶ ἐδωδὰς καὶ ἀφροδίσια καὶ πότους
ἀστοχοῦντας, οἷς νόσοι τε πολλαὶ καὶ χρημάτων ὄλεθροι
συνακολουθοῦσι, καὶ τὸ κακῶς ἀκούειν, ἀκρατεῖς προσ-
αγορεύομεν· ὡς Θεοδέκτην ἐκεῖνον εἰπόντα, Χαῖρε,
φίλον φῶς, ὀφθαλμιῶντα, τῆς ἐρωμένης ἐπιφανείσης·
(4) [ἢ] τὸν Ἀβδηρίτην Ἀνάξαρχον,

> ὅς ῥα καὶ εἰδώς,
> ὡς φάσαν, ἄθλιος ἔσκε· φύσις δέ μιν ἔμπαλιν ἦγεν
> ἡδονοπλήξ, τῇ πλεῖστοι ὑποτρείουσι σοφιστῶν.

(5) Ὅσαι δὲ τῶν ἡδονῶν τοὺς περὶ γαστέρα καὶ αἰδοῖα

II. Intemperantiæ, aiebat, crimine ego quoque solvo studiosos audiendi et spectandi : non tamen prorsus assentior Aristoxeno, qui hisce solis voluptatibus ait accini, Pulchre. (2) Nam et obsonia et unguenta pulchra vocantur, et pulchre se fuisse aiunt qui suaviter ac sumtuose cœnaverunt. (3) Videtur autem Aristoteles etiam non justam afferre causam, cur solæ delectationes spectaculorum et auditionum intemperantiæ culpa vacent : quia scilicet hominis eæ sint propriæ, reliquæ etiam a brutis per naturam suam percipiantur. (4) Videmus enim multa horum quoque musica demulceri, ut cervos fistulis; et equabus quum ineuntur, hippothorum accinunt modum. (5) Et Pindarus, cantilena se, ait, motum fuisse in morem marini delphinis,

> In pelago quem dulce melos quieto
> excivit tibiæ.

Saltando autem scopæ capiuntur, aspectu gaudentes, et saltantium imitatione hac illac humeros jactantes. (6) Non ergo video quid proprii hæ voluptates habeant, quia solæ sint animi, reliquæ corporis, et in corpore desinentes : cantus autem, rhythmus, saltatio, cantilem, sensum prætervolantes, in ea animi parte quæ gaudio affici potest, suam delectationem infigunt atque pruritum. (7) Itaque harum voluptatum nulla est occulta, neque tenebris et parietum, ut mulieres aiunt, ambitu opus habent : sed stadia his et theatra parantur, et cum multis spectare aliquid aut audire est jucundius atque honestius : nimirum nobis non intemperantiæ et luxuriæ, sed liberalis elegantisque oblectationis testes adsciscentibus quamplurimos.

III. Hæc quum disseruisset Callistratus, Lamprias videns istos auditionum choragos etiam magis efferri animis, Non hæc, inquit, causa est, fili Leonis : sed mihi videntur prisci Bacchum non recte filium Oblivionis appellasse, quum patrem debuerint. Hoc enim tu quoque, puto, inductus non reminisceris quod eorum quæ circa voluptates committuntur peccata, alia intemperantiam, alia ignorationem et errorem habent causam. (2) Nam ubi damnum conspicuum est quod dabitur, ibi intemperantia homines rationem vincente delinquunt : at quæcumque non statim aut palam mercedem incontinentiæ apponunt, ea ignoratione rei damnosæ optant et peragunt. (3) Itaque eos, qui in cibo, potu, re venerea justum modum excedunt, unde morbi multi, pecuniæ perditio, et mala fama sequuntur, incontinentes dicunt : qualis Theodectes ille ex oculis laborans amica superveniente dicens, Vale carum lumen : (4) et Abderita Anaxarchus,

> Is namque, ut perhibent, misere prudensque sciensque
> vixit : quippe voluptates amplexa stupensque
> natura, haud paucis ea formidata sophistis,
> retrorsum ad vitium recto de tramite agebat.

(5) Quos autem ventris, pudendorum, gustus, olfactus-

καὶ γεῦσιν καὶ ὄσφρησιν ἀντιτεταγμένους αὐταῖς, ὅπως οὐχ ἁλώσονται, καὶ προσέχοντας, ἐκπεριοδεύουσαι περὶ τὰ ὄμματα καὶ τὰ ὦτα λανθάνουσιν ἐνῳκισμέναι καὶ λοχῶσαι, τούτους ἐκείνων οὐδὲν ἧττον ἐμπαθεῖς ὄντας, καὶ ἀκολάστους καὶ ἀκρατεῖς ὁμοίως οὐ καλοῦμεν· (6) οὐ γὰρ εἰδότες, ἀλλὰ δι' ἀπειρίαν ὑποφέρονται, καὶ νομίζουσι τῶν ἡδονῶν εἶναι κρείττονες, ἂν [ἐν] θεάτροις ἄσιτοι καὶ ἄποτοι διημερεύσωσιν· ὥσπερ εἰ τῶν κεραμίων μέγα φρονοίη τὸ [μὴ ἐκ] τῆς γαστρὸς αἰρόμενον ἢ τοῦ πυθμένος, ἐκ δὲ τῶν ὤτων ῥᾳδίως μεταφερόμενον. (7) Ὅθεν Ἀρκεσίλαος οὐδὲν ἔφη διαφέρειν, τοῖς ὄπισθεν εἶναι κίναιδον, ἢ τοῖς ἔμπροσθεν. (8) Δεῖ δὲ καὶ τὴν ἐν ὄμμασι καὶ τὴν ἐν ὠσὶ γαργαλίζουσαν μαλακίαν καὶ ἡδυπάθειαν φοβεῖσθαι, καὶ μήτε πόλιν ἀνάλωτον νομίζειν τὴν τὰς ἄλλας πύλας βαλανάγραις καὶ μοχλοῖς καὶ καταράκταις ὀχυρὰς ἔχουσαν, ἂν διὰ μιᾶς οἱ πολέμιοι παρελθόντες ἔνδον εἰσίν· μήτε ἑαυτὸν ἀήττητον ὑφ' ἡδονῆς, εἰ μὴ κατὰ τὸ ἀφροδίσιον, ἀλλὰ κατὰ τὸ μουσεῖον ἑάλωκεν ἢ τὸ θέατρον· (9) ὁμοίως γὰρ ἐγκέκλικε, καὶ παρέδωκε ταῖς ἡδοναῖς ἄγειν καὶ φέρειν τὴν ψυχήν· αἱ δὲ παντὸς ὀψοποιοῦ καὶ μυρεψοῦ καὶ δριμύτερα καὶ ποικιλώτερα φάρμακα τῶν μελῶν καὶ τῶν ῥυθμῶν καταχεόμεναι, τούτοις ἄγουσιν ἡμᾶς καὶ διαφθείρουσιν, αὐτῶν τρόπον τινὰ καταμαρτυροῦντας.

(10) Τῶνδε γὰρ οὔτε τι μεμπτόν,

   * οὔτ' ὢν μεταλλάττον,

ὡς Πίνδαρος ἔφη, τῶν ἐπὶ ταῖς τραπέζαις,

     ὅσσ' ἀγλαὰ χθὼν

   πόντου τε ῥιπαὶ φέρουσιν,

ἄρτι παρακειμένων. (11) Ἀλλ' οὔτ' ὄψον οὐδὲν, οὔτε σιτίον, οὔθ' ὁ βέλτιστος οὑτοσὶ πινόμενος οἶνος ἐξήγαγεν ὑφ' ἡδονῆς φωνήν, οἷον ἄρτι τὰ αὐλήματα καὶ τὰ κρούματα τὴν οἰκίαν, εἰ μὴ καὶ τὴν πόλιν ἅπασαν ἐμπέπληκε θορύβων καὶ κρότων καὶ ἀλαλαγμῶν. (12) Διὸ δεῖ μάλιστα ταύτας εὐλαβεῖσθαι τὰς ἡδονάς· ἰσχυρότατα γάρ εἰσιν, ἅτε δὴ μή, καθάπερ αἱ περὶ γεῦσιν καὶ ἁφὴν καὶ ὄσφρησιν, εἰς τὸ ἄλογον καὶ φυσικὸν ἀποτελευτῶσαι τῆς ψυχῆς, ἀλλὰ τοῦ κρίνοντος ἁπτόμεναι καὶ τοῦ φρονοῦντος· (13) ἔπειτα ταῖς μὲν ἄλλαις ἡδυπαθείαις κἂν ὁ λογισμὸς ἐλλίπῃ διαμαχόμενος, ἀλλὰ τῶν παθῶν ἔνια πολλάκις ἐμποδών ἐστι· καὶ γὰρ ἐν ἰχθύων ἀγορᾷ μικρολογία καθαιρεῖ δάκτυλον ὀψοφάγου, καὶ πολυτελοῦς ἑταίρας ἀπέστρεψε φιλαργυρία φιλογυνίαν· (14) ὥσπερ ἀμέλει παρὰ τῷ Μενάνδρῳ (παρὰ) τῶν συμποτῶν ἕκαστος ἐπιβουλευόμενος ὑπὸ τοῦ πορνοβοσκοῦ σοβαράν τινα παιδίσκην ἐπάγοντος αὐτοῖς,

   Κύψας καθ' ἑαυτὸν τῶν τραγημάτων ἔφλα·

χαλεπὸν γὰρ ὁ δανεισμὸς τῆς ἀκρασίας κόλασμα, καὶ τὸ λῦσαι βαλλάντιον οὐ πάνυ ῥᾴδιον· (15) ταύταις δὲ ταῖς ἐλευθερίαις λεγομέναις [περὶ] ὦτα καὶ ὄμματα φιλομούσοις καὶ φιλαύλοις μουσομανίαις προῖκα καὶ ἀμισθὶ τῶν ἡδονῶν πάρεστι πολλαχόθεν ἀρύτεσθαι καὶ ἀπολαύειν, ἐν ἀγῶσιν, ἐν θεάτροις, ἐν συμποσίοις, ἑτέρων χορηγούντων· ὅθεν ἕτοιμον τὸ διαφθαρῆναι τοῖς μὴ βοηθοῦντα καὶ παιδαγωγοῦντα τὸν λογισμὸν ἔχουσι.

que voluptatibus repugnantes, iis ne capiantur, et sibi caventes, aliæ circumveniunt insidioseque per oculos aut aures, ubi habitant, subeunt; ii etsi non minus laborant quam illi atque afficiuntur, non perinde tamen intemperantes incontinentesque vocantur : (6) non enim scientes, sed ob imperitiam labuntur; et putant se voluptatum victores esse si in theatro totum diem sine cibo et potu exigant : perinde ac si olla eo se jactet, quod ventre aut fundo apprehenso non moveatur loco, quum auribus arrepta facile transferri possit. (7) Itaque Arcesilaus aiebat, Nihil interesse, posteriorine corporis an priore parte quis cinædus esset. (8) Est autem timenda etiam mollities ea et voluptatis studium, quo aures et oculi titillantur. Nam neque urbem censendum est capi non posse, si quum reliquas portas obicibus, vectibus, cataractis munitas habeat, una tamen sit quæ hostes intromittat; neque invictus a voluptate est, quem si non per Veneris, at per Musarum fanum aut theatrum cepit voluptas : (9) nihilo enim minus a via recta declinavit, animamque voluptatibus agendam ferendamque prodidit : eæ vero vehementiora quam ullus coquus aut unguentarius medicamenta, magisque varia cantilenarum et rhythmorum ingerentes, his nos capiunt et corrumpunt, nostro ipsorum damnatos quodammodo testimonio. (10) Harum enim dapum quæ modo in mensis appositæ erant, neque reprehendenda, neque mutabilis erat ulla, ut ait Pindarus, quas et clara tellus et maris venti ferunt.

11. Sed neque obsonium ullum, neque cibus, neque optimum hoc quod bibimus vinum vocem adeo extulerit, ut modo cantus tibiæ et moduli domum, si non etiam urbem, impleverunt tumultibus, plausibus, conclamationibus. (12) Quare maxime ab hujusmodi cavendum est voluptatibus : sunt enim validissimæ; ut quæ non, velut gustus, tactus, olfactus, in partem animi brutam desinant, sed ipsam intelligendi ratiocinandique facultatem attingant. (13) Ad hæc a reliquis voluptatibus, etiam ubi ratio non repugnat satis valide, tamen aliæ sæpenumero affectiones nos abstrahunt. Nam et in foro piscario parsimonia obsoniorum cupido digitum retrahit, et a sumtuoso scorto nummorum amor absterret mulierosum : (14) plane sicut apud Menandrum compotorum unusquisque, lenone per insidias protervam iis producere puellam,

   vorabat, in sese intuens, bellaria.

Est enim gravis castigatio intemperantiæ pecuniam fœnore accipere; et non usque adeo facile est crumenam solvere; (15) at hæ voluptates, quæ liberales dicuntur, quasque insano tibiarum et musices amore capti sectantur, et aures oculosque iis habent deditos, gratis et sine mercede undique percipi possunt, in certaminibus, in theatris, in conviviis, aliis sumtum præbentibus. Propterea facile ab iis corrumpuntur, qui non habent rationem pædagogi loco tutantem et regentem.

IV. Γενομένης οὖν σιωπῆς, Τί οὖν, ἔφη, ποιοῦντα
τὸν λογισμὸν, ἢ τί λέγοντα, βοηθεῖν ἀξιοῦμεν; οὐ γὰρ
ἀμφωτίδας γε περιθήσει τὰς Ξενοκράτους ἡμῖν, οὐδ᾽
ἀναστήσει μεταξὺ δειπνοῦντας, ἐὰν αἰσθώμεθα λύραν
5 ἁρμοζομένην, ἢ κινούμενον αὐλόν. (2) Οὐ γὰρ οὖν,
εἶπεν ὁ Λαμπρίας, ἀλλὰ ὁσάκις ἂν εἰς τὰς Σειρῆνας
ἐμπέσωμεν, ἐπικαλεῖσθαι δεῖ τὰς Μούσας, καὶ κατα-
φεύγειν εἰς τὸν Ἑλικῶνα τὸν τῶν παλαιῶν. (3)
Ἐρῶντι μὲν γὰρ πολυτελοῦς οὐκ ἔστι τὴν Πηνελόπην
10 προσαγαγεῖν, οὐδὲ συνοικίσαι τὴν Πάνθειαν· ἡδόμενον
δὲ μίμοις καὶ μέλεσι καὶ ᾠδαῖς κακοτέχνοις καὶ κακο-
ζήλοις ἔξεστι μετάγειν ἐπὶ τὸν Εὐριπίδην καὶ τὸν Πίνδαρον καὶ τὸν Μένανδρον, ποτίμῳ λόγῳ ἁλμυρὰν
ἀκοὴν, ὥς φησιν ὁ Πλάτων, ἀποκλυζόμενον. (4) Ὥσπερ
15 γὰρ οἱ μάγοι τοὺς δαιμονιζομένους κελεύουσι τὰ Ἐφέ-
σια γράμματα πρὸς αὐτοὺς καταλέγειν καὶ ὀνομάζειν,
οὕτως ἡμεῖς ἐν τοῖς τοιούτοις τερετίσμασι καὶ σκιρτή-
σασι

μανίαις τ᾽ ἀλαλαῖς τ᾽ ὀρινόμενοι
20   ῥιψαύχενι σὺν κλόνῳ, ·

τῶν ἱερῶν καὶ σεμνῶν ἐκείνων γραμμάτων ἀναμιμνη-
σκόμενοι, καὶ παραβάλλοντες ᾠδὰς καὶ ποιήματα καὶ
λόγους κενούς, οὐκ ἐκπλαγησόμεθα παντάπασιν ὑπὸ
τούτου, οὐδὲ πλαγίους παραδώσομεν ἑαυτοὺς ὥσπερ
25 ὑπὸ ῥεύματος λείου φέρεσθαι.

* ΠΡΟΒΛΗΜΑ ϛ.

Περὶ τῶν λεγομένων σκιῶν, καὶ εἰ δεῖ βαδίζειν καλούμενον πρὸς ἑτέρους ὑφ᾽ ἑτέρων ἐπὶ δεῖπνον, καὶ πότε,
καὶ παρὰ τίνας.

ΠΡΟΣΩΠΑ ΤΟΥ ΔΙΑΛΟΓΟΥ.

ΠΛΟΥΤΑΡΧΟΣ, ΦΛΩΡΟΣ, ΚΑΙΣΕΡΝΙΟΣ.

I. Τὸν Μενέλαον Ὅμηρος πεποίηκε αὐτόματον
30 ἑστιῶντι τοὺς ἀριστεῖς τῷ Ἀγαμέμνονι παραγινόμενον·

Ἤδεε γὰρ κατὰ θυμὸν ἀδελφεὸν ὡς ἐπονεῖτο·

(2) καὶ τὴν ἄγνοιαν οὐ περιεῖδεν αὐτοῦ καταφανῆ γενομένην, οὐδ᾽ ἤλεγξε τῷ μὴ ἐλθεῖν, ὥσπερ οἱ φιλομεμ-
φεῖς καὶ δύσκολοι ταῖς τοιαύταις τῶν φίλων παροράσεσι
35 καὶ ἀγνοίαις ἐπιτίθενται, τῷ ἀμελεῖσθαι μᾶλλον ἢ τῷ
τιμᾶσθαι χαίροντες, ὅπως ἐγκαλεῖν ἔχωσιν. (3) Τὸ
δὲ τῶν ἐπικλήτων ἔθος, οὓς νῦν σκιὰς καλοῦσιν, οὐ
κεκλημένους αὐτοὺς, ἀλλ᾽ ὑπὸ τῶν κεκλημένων ἐπὶ τὸ
δεῖπνον ἀγομένους, ἐζητεῖτο πόθεν ἔσχε τὴν ἀρχήν·
40 (4) ἐδόκει δ᾽ ἀπὸ Σωκράτους, Ἀριστόδημον ἀναπείσαν-
τος οὐ κεκλημένον εἰς Ἀγάθωνος ἰέναι σὺν αὐτῷ, καὶ
παθόντα τι γέλοιον· ἔλαθε γὰρ κατὰ τὴν ὁδὸν ὑπολει-
φθεὶς ὁ Σωκράτης, ὁ δὲ προεισῆλθεν, ἀτεχνῶς σκιὰ
προβαδίζουσα σώματος ἐξόπισθε τὸ φῶς ἔχοντος. (5)
45 Ὕστερον μέντοι περὶ τὰς τῶν ξένων ὑποδοχὰς, μάλιστα

IV. Facto silentio, Quid, inquit Callistratus, faciet ergo
ratio, quid dicet, ut nos servet? neque enim, opinor, aurium illa Xenocratea opercula nobis circumponet, neque e media cœna abiget, quum audiemus lyram componi, vel tibiam
moveri. (2) Tum Lamprias, Nequaquam, inquit : sed
quoties in Sirenes incidimus, Musæ sunt arcessendæ,
confugiendumque in priscorum Heliconem. (3) Qui enim
sumtuosam amat, ei non possumus Penelopen adducere,
aut Pantheam nuptam tradere : at qui mimis gaudet, cantilenis et carminibus mala arte pravaque imitatione conditis, hunc possumus ad Euripidem, ad Pindarum, ad Menandrum traducere, *salsumque auditum*, ut Plato ait,
potabili oratione proluere. (4) Nam sicut magi a malis
geniis occupatos jubent secum legere et recitare literas
Ephesias : sic nos in talibus præludiis et saltationibus,

Quum furor atque ululatus exstimulant
cervicesque agitare cogunt,

sacrarum et venerandarum istarum memores literarum, et
iis comparantes cantilenas, poemata et orationes inanes, non
prorsus percellemur hisce, neque nos obliquos decurrente
amne ferendos dabimus.

QUÆSTIO VI.

*De umbris quas vocant; et an ab alio vocatus ad alium
ad cœnam, ire debeat, ac quando, et ad quos.*

PERSONÆ COLLOQUII.

PLUTARCHUS, FLORUS, CÆSERNIUS.

I. Menelaum Homerus fingit ultro venire ad Agamemnonem, quum is convivio excepisset præstantissimos Græcorum.

Solliciti agnoscens valde anxia pectora fratris,

(2) evidentem errorem ejus noluit detegere et arguere non ve-
niendo : quod morosi faciunt, et reprehendendi cupientes;
qui hujusmodi erroribus amicorum insidiantur, magisque
gaudent negligi quam honorari, ut conquerendi habeant
occasionem. (3) Ceterum quæsitum fuit quando mos
cœperit ut ad cœnam venirent vocati non ab eo qui præbet
convivium, sed ab aliquo eorum qui invitati sunt : umbras
hodie vocant, qui hoc pacto veniunt. (4) Videbatur autem
Socrates auctor, qui Aristodemo persuasit ut non invitatus
secum iret ad Agathonis convivium; et quidem ridicule evenit Aristodemo ut Socrate forte in via subsistente ipse prior
ingrederetur, nimirum umbra corpus præcurrens quod a
tergo lumen habet. (5) Posterioribus autem temporibus in
excipiendis convivio hospitibus, maxime principibus viris,

τῶν ἡγεμονικῶν, ἀναγκαῖον ἐγίνετο τοῖς ἀγνοοῦσι τοὺς
ἑπομένους καὶ τιμωμένους, ἐπὶ τῷ ξένῳ ποιεῖσθαι τὴν
κλῆσιν, ἀριθμὸν δὲ ὁρίζειν, ὅπως μὴ πάθωσιν ὃ παθεῖν
συνέπεσε τῷ δεχομένῳ τὸν βασιλέα Φίλιππον ἐπὶ τῆς
χώρας· (6) ἧκε γὰρ ἄγων πολλούς, τὸ δὲ δεῖπνον οὐ
πολλοῖς ἦν παρεσκευασμένον· ἰδὼν οὖν θορυβούμενον
τὸν ξένον, περιέπεμπε πρὸς τοὺς φίλους ἀτρέμα, χώραν πλακοῦντι καταλιπεῖν κελεύων· οἱ δὲ προσδοκῶντες
ὑπεφείδοντο τῶν παρακειμένων, καὶ πᾶσιν οὕτως ἐξήρ-
κεσε τὸ δεῖπνον.

ΙΙ. Ἐμοῦ δὲ ταῦτα πρὸς τοὺς παρόντας ἀδολεσχοῦν-
τος, ἔδοξε Φλώρῳ καὶ σπουδάσαι τι περὶ τῶν σκιῶν
λεγομένων, διαπορήσαντας εἰ προσήκει τοῖς καλουμένοις οὕτω βαδίζειν καὶ συνακολουθεῖν. (2) Ὁ μὲν οὖν
γαμβρὸς αὐτοῦ, Καισέρνιος, ὅλως ἀπεδοκίμαζε τὸ
πρᾶγμα. Μάλιστα μὲν γὰρ τῷ Ἡσιόδῳ πειθομένους
ἔφη χρῆναι

> τὸν φιλέοντ' ἐπὶ δαῖτα καλεῖν·

εἰ δὲ μή, γνωρίμους αὐτῶν καὶ ἐπιτηδείους παρακαλεῖν ἐπὶ κοινωνίαν σπονδῆς καὶ τραπέζης, καὶ λόγων
ἐν οἴνῳ γινομένων καὶ φιλοφροσύνης. (3) Νῦν δέ,
ὥσπερ, εἶπεν, οἱ τὰ πλοῖα ναυλοῦντες, ὅ τι ἂν φέρῃ
τις, ἐμβάλλεσθαι παρέχουσιν, οὕτως ἡμεῖς τὰ συμπόσια παραδόντες ἑτέροις πληροῦν ἀφίεμεν ἐκ τῶν προσ-
τυχόντων, ἄν τε χαρίεντες ὦσιν, ἄν τε φαῦλοι. (4)
Θαυμάσαιμι δ' ἄν, εἰ χαρίεις ἀνὴρ ἐπίκλητος ἀφίκοιτο,
μᾶλλον δ' ἄκλητος, ὅν γε πολλάκις οὐδὲ γινώσκει τοπαράπαν ὁ δειπνίζων· εἰ δὲ γινώσκων καὶ χρώμενος οὐ
κέκληκεν, ἔτι γε μᾶλλον αἰσχύνη βαδίζειν πρὸς τοῦτον,
ὥσπερ ἐξελέγχοντα μετέχειν τῶν ἐκείνου, τρόπον τινὰ
βίᾳ καὶ ἄκοντος. (5) Ἔτι καὶ προτερεῖν ἢ ἀπολείπεσθαι τοῦ κεκληκότος πρὸς ἕτερον ἔχει τινὰ δυσωπίαν,
καὶ οὐκ ἀστεῖόν ἐστι, μαρτύρων δεόμενον πρὸς τοὺς
ὑποδεχομένους βαδίζειν, ὡς οὐ κλητός, ἀλλὰ σκιὰ τοῦ
δεῖνος ἐπὶ τὸ δεῖπνον ἥκει· (6) καὶ πάλιν τὸ παρέπε-
σθαι καὶ παραφυλάττειν ἄλειμμα καὶ λουτρὸν ἑτέρου
καὶ ὥραν βραδύνοντος ἢ ταχύνοντος, ἀνελεύθερον εὖ
μάλα καὶ Γναθώνειον, εἰ δὴ Γνάθων γέγονε δεινότατος
ἄνθρωπος τἀλλότρια δειπνεῖν. (7) Εἴγε μὴν οὐκ ἔστιν
ὅτε μᾶλλον ἀνθρώποις ἐφιᾶσιν εἰπεῖν,

> γλῶσσα, μέτριον εἴ τι κομπάσαι θέλεις,
> ἐξεῖπε,

καὶ παρρησία πλείστη μετὰ παιδιᾶς ἀναμέμικται τοῖς
λεγομένοις ἐν οἴνῳ καὶ πραττομένοις· ἐνταῦθα δὴ πῶς
ἂν τις ἑαυτὸν μεταχειρίσαιτο, μὴ γνήσιος ὤν, μηδ'
αὐτόκλητος, ἀλλὰ τρόπον τινὰ νόθος καὶ παρεγγεγραμ-
μένος εἰς τὸ συμπόσιον; καὶ γὰρ τὸ χρῆσθαι καὶ τὸ
μὴ χρῆσθαι παρρησίᾳ πρὸς τοὺς παρόντας εὐσυκοφάν-
τητον. (8) Οὐ μικρὸν δὲ κακὸν οὐδὲ ἡ τῶν ὀνομάτων
εὐχέρεια καὶ βωμολοχία τοῖς μὴ δυσχεραίνουσιν, ἀλλ'
ὑπομένουσι, σκιὰς καλεῖσθαι καὶ ὑπακούειν· προσεθίζει γὰρ εἰς τὰ ἔργα τῷ αἰσχρῷ, * τὸ ῥᾳδίως ὑπὸ τῶν ῥημάτων ἄγεσθαι. (9) Διὸ καλῶν μὲν ἑταίρους, ἔδωκα

necesse fuit, quum ignoraretur quinam eos sequerentur
quosve ii magni facerent, hospiti facultatem invitandi integram relinquere, numero quidem certo constituto convivarum; ne id convivatori usu veniret, quod cuidam aliquando
Philippum regem ruri invitanti accidit : (6) venit enim
rex ad coenam multis comitantibus, non multis apparatam
hominibus : ibi quum videret hospitem esse anxium, cir-
cummisit qui amicos clam moneret, ut locum placentæ
relinquerent : cujus exspectatione quum illi parcius vesce-
rentur appositis, coena omnibus suffecit.

II. Hæc ego quum ad præsentes veluti nugans dixissem,
placuit Floro ut serio de umbris istis disquireretur, decer-
retne eum qui sic invitaretur obsequi, et ad convivium
accedere. (2) Ac gener quidem ejus Cæsernius totam rem
improbabat. Maxime, aiebat, Hesiodo est obtemperan-
dum, ut

> ad coenam invitentur amici ·

proximum est, ut notos et necessarios invitemus ad communicationem libationum mensæque et sermonum qui in
vino habentur, atque jocorum. (3) Nunc, quemadmodum
qui navigia locant, impedimenta etiam sua eos quos vehunt
injicere sinunt; ita nostra nos convivia aliorum potestatis
facimus, sinimusque ea quibusvis hominibus impleri, sive
apti ii, sive inepti sint. (4) Mirer vero si quis scitus homo
ad convivium veniat a conviva invitatus, quod idem est
atque non invitatus, quem convivii auctor plerumque etiam
non noverit : et si notus ei, usuque aliquo conjunctus,
tamen vocatus non sit, majus jam dedecus fuerit ad eum
ire, et convivii ejus inviti quasi exprobrantem velle tamen
vi quodammodo fieri participem. (5) Priorem porro vel
tardiorem eo qui invitavit ad alium venire, habet aliquid
pudorem incutiens : neque civile est testibus apud convivas
opus habere, quibus doceas te non invitatum, sed umbram
venire. (6) Rursum sectari et observare aliquem dum is
lavet et ungat se, aut ire velit, cunctantem vel properan-
tem, illiberale sic satis est et gnathonicum : siquidem
Gnatho fuit homo aliena edendi callentissimus. (7) Jam
quum nusquam magis locum habeat illud ut dicatur,

> Effare, lingua, si qua jam modice cupis
> jactare,

quam inter pocula, ubi plurimum libertatis et facetiarum
adest iis quæ dicuntur et aguntur; quomodo hic sese gerere debeat qui non germanus neque vocatus conviva sit,
sed spurius quodammodo furtim in censum convivarum
irrepserit? nam et uti, et non uti libertate adversus præsentes, obnoxium est calumniæ. (8) Neque parum inest
mali in ipsa nominum levitate et scurrilitate; quum quis
nomen umbræ non fert inique, sed ita appellatus fert atque
respondet. Nam turpibus nominibus utendo homines etiam
ad rerum turpitudinem assuescunt. (9) Itaque ego amicos

ποτὲ σκιάς· ἰσχυρὰ γὰρ ἡ τῆς πόλεως συνήθεια καὶ δυσπαραίτητος· αὐτὸς δὲ κληθεὶς ὑφ' ἑτέρου πρὸς ἕτερον, ἄχρι γε νῦν ἀντέχω μὴ ὑπακοῦσαι.

III. Γενομένης δὲ μετὰ τοὺς λόγους τούτους ἡσυχίας, ὁ Φλῶρος, Τοῦτο, ἔφη, τὸ δεύτερον ἔχει μᾶλλον ἀπορίαν· τὸ δὲ καλεῖν οὕτως ἀναγκαῖόν ἐστιν ἐν ταῖς τῶν ξένων ὑποδοχαῖς, ὥσπερ εἴρηται πρότερον· οὔτε γὰρ ἄνευ φίλων ἐστὶ δὴ ἐπιεικές, οὔτε γινώσκειν οὓς ἔχων ἥκει ῥάδιον. (2) Κἀγὼ πρὸς αὐτόν, Ὅρα τοίνυν, ἔφην, μὴ οἱ καλεῖν οὕτω δεδωκότες τοῖς ἑστιῶσι, καὶ τὸ πείθεσθαι τοῖς καλουμένοις καὶ βαδίζειν δεδώκασιν· οὔτε γὰρ διδόναι καλόν, οὔτ' αἰτεῖν, ὃ διδόναι μὴ καθῆκεν, οὔτε ὅλως παρακαλεῖν, ἃ μὴ δεῖ παρακαλεῖσθαι, μηδὲ ὁμολογεῖν, μηδὲ πράττειν. (3) Τὰ μὲν οὖν πρὸς ἡγεμόνας ἢ ξένους οὐκ ἔχει κλῆσιν, οὐδὲ αἵρεσιν, ἀλλὰ δεῖ δέχεσθαι τοὺς μετ' αὐτῶν παραγινομένους. (4) Ἄλλως δὲ φίλον ἑστιῶντα, φιλικώτερον μέν ἐστι τὸ καλεῖν αὐτόν, ὡς οὐκ ἀγνοοῦντα τοὺς γνωρίμους αὐτοῦ καὶ συνήθεις ἢ οἰκείους· μείζων γὰρ ἡ τιμὴ καὶ ἡ χάρις, ὡς μὴ λανθάνοντος, ὅτι τούτους ἀσπάζεται μάλιστα, καὶ τούτοις ἥδιστα σύνεστι, καὶ χαίρει τιμωμένοις ὁμοίως καὶ παρακαλουμένοις. (5) Οὐ μὴν ἀλλὰ ἔστιν ὅτε ποιητέον ἐπ' αὐτῷ, (καὶ) καθάπερ οἱ θεῷ θύοντες ἅμα συμβώμοις καὶ συννάοις κοινῶς συνεπεύχονται, καὶ καθ' ἕκαστον ἐκείνων μὴ ὀνομάζοντες· οὔτε γὰρ ὄψον, οὔτ' οἶνος, οὔτε μύρον οὕτως ἡδέως διατίθησιν, ὡς σύνδειπνος εὔνους καὶ προσηνής. (6) Ἀλλὰ τὸ μὲν ὄψοις καὶ πέμμασιν, οἷς ὁ μέλλων ἑστιᾶσθαι μάλιστα χαίρει, καὶ περὶ οἴνων διαφορᾶς καὶ μύρων ἐρωτᾶν καὶ διαπυνθάνεσθαι, φορτικὸν κομιδῇ καὶ νεόπλουτον· ᾧ δὲ πολλοὶ φίλοι καὶ οἰκεῖοι καὶ συνήθεις εἰσίν, αὐτὸν παρακαλεῖν, ἐκείνων, οἷς ἂν ἥδιστα συγγίνοιτο καὶ μεθ' ὧν εὐφραίνεται παρόντων, μάλιστα τούτους ἄγειν, οὐκ ἀηδὲς οὐδ' ἄτοπον. (7) Οὔτε γὰρ τὸ συμπλεῖν, οὔτε τὸ συνοικεῖν, οὔτε τὸ συνδικάζειν, μεθ' ὧν οὐ βούλεταί τις, οὕτως ἀηδές, ὡς τὸ συνδειπνεῖν, καὶ τοὐναντίον ἡδύ· κοινωνία γάρ ἐστι καὶ σπουδῆς καὶ παιδιᾶς καὶ λόγων καὶ πράξεων τὸ συμπόσιον. (8) Ὅθεν οὐ τοὺς τυχόντας, ἀλλὰ τοὺς προσφιλεῖς εἶναι δεῖ καὶ συνήθεις ἀλλήλοις, ὡς ἡδέως συνεσομένους. Ὄψα μὲν γὰρ οἱ μάγειροι σκευάζουσιν ἐκ χυμῶν διαφόρων, αὐστηρὰ καὶ λιπαρά, καὶ γλυκέα καὶ δριμέα συγκεραννύντες· σύνδειπνον δὲ χρηστὸν οὐκ ἂν γένοιτο καὶ κεχαρισμένον ἀνθρώπων μὴ ὁμοφύλων μηδὲ ὁμοιοπαθῶν εἰς τὸ αὐτὸ συμφθαρέντων. (9) Ἐπεὶ δέ, ὥσπερ οἱ Περιπατητικοὶ λέγουσι, τὸ μὲν πρῶτον φύσει κινοῦν, μὴ κινούμενον δὲ εἶναι, τὸ δ' ἔσχατον, κινούμενον, μηδὲ ἓν δὲ κινοῦν· μεταξὺ δ' ἀμφοῖν, τὸ καὶ κινοῦν ἕτερα, καὶ κινούμενον ὑφ' ἑτέρων· οὕτως, ἔφην, ὁ λόγος, τριῶν ὄντων, ὁ μὲν καλῶν μόνον, ὁ δὲ καλούμενος, ὁ δὲ καὶ καλῶν καὶ καλούμενός ἐστιν. (10) Εἴρηται μὲν περὶ τοῦ καλοῦντος· οὐ χεῖρον δ' ἐστὶ καὶ περὶ τῶν ἄλλων, ἔφην, ἅ γε μοι δοκεῖ, διελθεῖν. (11) Ὁ μὲν οὖν καλούμενος ὑφ' ἑτέρου, καὶ καλῶν ἑτέρους,

invitans, umbras quoque iis concessi; est enim valida urbis consuetudo et inevitabilis : ipse vero ab alio vocatus tanquam umbra, adhuc resisto, neque venio.

III. Sub hæc verba quum esset silentium, Florus, Hoc, inquit, posterius plus habet perplexitatis. Nam sic invitare necesse est, quum hospitibus convivium paramus, sicut ante dictum fuit; quia neque absque amicis eos excipere par est, neque facile scitu quibuscum amicis hospes advenerit. (2) Tum ego ad ipsum, Vide ergo, inquam, an qui sic invitandi facultatem dederunt, etiam invitatis dederint obtemperandi et ad convivium adeundi. Non enim convenit dare aut petere, quod dare honestum non sit; neque adeo hortari ad ea quæ non decent, neque assentiri et agere pulchrum. (3) Sane quod ad principes et peregrinos attinet, locus invitationi et delectui non est, sed qui cum iis venerunt, accipiendi sunt. (4) Alias autem qui convivium præbet, amicius agit si ipse vocet, quum non ignoret suos notos, familiaresque et necessarios : major enim honor tribuitur, major initur gratia, quum non occulte ferat se tales maxime amplecti, cum iis lubentissime degere, iisque gaudere honoratis æque et vocatis. (5) Est tamen ubi id amici voluntati liberum debet relinqui : quemadmodum deo sacrificantes, quibus idem templum, eadem est ara, iis communiter vota faciunt, neque seorsum eos nominant. · Non enim obsonium, non vinum, non unguentum tantam voluptatem affert, quantam una accumbens amicus gratusque conviva. (6) Enimvero quærere atque percunctari, quibus obsoniis, quibus bellariis, quo vini genere, quali unguento maxime delectetur is qui convivio est excipiendus, nimis est importunum et ex recentis divitis more : non absurdum neque injucundum tamen, ei qui multos habet amiliares, amicos, necessarios, mandare ut ipse secum ad convivium adducat, quorum præsentia maxime ei sit suavis atque accepta. (7) Nam neque navigare, neque habitare, neque in foro versari quibuscum nolis, ita molestum est, ut una cum quibus nolis, in convivio adesse : contrarium vero jucundissimum. Est enim convivium communio seriorum, jocorum, actionum et sermonum. (8) Itaque non quivis in eo adesse debent, sed amicitia inter se devincti et familiares, ut suaviter hoc fiat. Quippe cibos quidem coqui ex diversis succis apparant, austeros, pingues, dulces, acresque inter se permiscentes : convivium autem bonum esse nequit et gratiosum, in quod homines diversarum gentium et affectionum temere conjecti sunt. (9) Ceterum quemadmodum Peripatetici aiunt esse quoddam primum movens, quod ipsum non moveatur; et extremum quod moveatur, neque vim habeat movendi quicquam ; inter hæc quod et motum afferat aliis, et ab aliis ipsum quoque moveatur: eadem, inquam, ratio est trium in re convivali : nimirum, unus qui invitet duntaxat, alter qui duntaxat invitetur, tertius denique, qui et invitetur et invitet. (10) De primo dictum est : neque abs re fecero, si de reliquis etiam quid mihi videatur exposuero. (11) Is ergo qui ab alio ad convivium vocatus alios eodem

πρῶτον, οἶμαι, τοῦ πλήθους φείδεσθαι δίκαιός ἐστι, μὴ καθάπερ ἐκ πολεμίας ὁμοῦ πᾶσι τοῖς περὶ αὐτὸν ἐπισιτιζόμενος, μηδὲ ὥσπερ οἱ χώρας καταλαμβάνοντες, ἐν τῷ πεττεύειν, ἀεὶ τοῖς ἰδίοις φίλοις τοὺς τοῦ καλέσαντος ἐκκρούων καὶ ἀποκρούων ἅπαντας· (12) ὥστε πάσχειν τοὺς δειπνίζοντας, ἃ πάσχουσιν * οἱ τῇ Ἑκάτῃ καὶ τοῖς ἀποτροπαίοις ἐκφέροντες τὰ δεῖπνα, μὴ γευομένους αὐτοὺς μηδὲ τοὺς οἴκοι, πλὴν καπνοῦ καὶ θορύβου μετέχοντας. (13) Ἄλλως γὰρ ἡμῖν προσπαίζουσιν οἱ λέγοντες,

Δελφοῖσι θύσας αὐτὸς ὀψωνεῖ κρέας·

ἀληθῶς δὲ τοῦτο συμβαίνει τοῖς ξένους ἀγνώμονας ἢ φίλους δεχομένοις, μετὰ σκιῶν πολλῶν, ὥσπερ Ἁρπυιῶν, διαφοροῦντας τὰ δεῖπνα καὶ προνομεύοντας. (14) Ἔπειτα δεῖ μὴ μεθ' ὃν ἔτυχε βαδίζειν πρὸς ἑτέρους ἐπὶ δεῖπνον, ἀλλὰ μάλιστα μὲν καλεῖν τοὺς τοῦ δειπνίζοντος οἰκείους καὶ συνήθεις, πρὸς αὐτὸν ἐκεῖνον ἁμιλλώμενον καὶ προκαταλαμβάνοντα ταῖς κλήσεσιν· (15) εἰ δὲ μή, τῶν ἰδίων φίλων οὓς ἂν καὶ ἤθελεν αὐτὸς ἑλέσθαι ὁ δειπνίζων, ἐπιεικὴς ὢν ἐπιεικεῖς, καὶ φιλολόγος φιλολόγους ὄντας, ἢ δυνατοὺς δυνάμενος, πάλαι ζητῶν ἀμωσγέπως αὐτοῖς ἐν προσηγορίᾳ καὶ κοινωνίᾳ γενέσθαι. (16) Τὸ γὰρ οὕτως ἔχοντι παραδοῦναι καὶ παρασχεῖν ὁμιλίας ἀρχὴν καὶ φιλοφροσύνης, εὔστοχον ἐπιεικῶς καὶ ἀστεῖον· ὁ δὲ ἀσυμφύλους καὶ ἀσυναρμόστους ἐπάγων, οἷον νηπτικῷ πολυπότας, καὶ λιτῷ περὶ δίαιταν (καὶ) ἀκολάστους καὶ πολυτελεῖς, ἢ νέῳ πάλιν ποτικῷ καὶ φιλοπαίγμονι πρεσβύτας σκυθρωποὺς ἢ βαρὺ φθεγγομένους ἐκ πώγωνος σοφιστάς, ἄκαιρός ἐστιν ἀηδίᾳ φιλοφροσύνην ἀμειβόμενος. (17) Δεῖ γὰρ οὐχ ἧττον ἡδὺν εἶναι τῷ δειπνίζοντι τὸν κεκλημένον, ἢ τῷ κεκλημένῳ τὸν ὑποδεχόμενον· ἔσται δὲ ἡδὺς, ἐὰν μὴ μόνον ἑαυτὸν, ἀλλὰ καὶ τοὺς σὺν αὐτῷ καὶ δι' αὐτὸν ἥκοντας, ἐπιδεξίους παρέχῃ καὶ προσηνεῖς. (18) Ὅ γε μὴν λοιπὸς ἔτι τῶν τριῶν οὗτος ὁ καλούμενος ὑφ' ἑτέρου πρὸς ἕτερον, τὸ μὲν τῆς σκιᾶς ἀναινόμενος ὄνομα καὶ δυσχεραίνων, ἀληθῶς σκιὰν δόξει φοβεῖσθαι, δεῖται δὲ πλείστης εὐλαβείας. (19) Οὔτε γὰρ τοῖς τυχοῦσιν ἀκολουθεῖν ἑτοίμως καλόν, οὔτε ὅπως ἔτυχεν [ἀλλὰ] δεῖ σκοπεῖν πρῶτον, τίς ὁ καλῶν ἐστιν. (20) Εἰ μὲν γὰρ οὐ σφόδρα συνήθης, ἀλλ' ἢ τῶν πλουσίων τις ἢ σατραπικῶν, ὡς ἐπὶ σκηνῆς δορυφορήματος λαμπροῦ δεόμενος, ἢ πάνυ χαρίζεσθαι τῇ κλήσει πεπεισμένος [καὶ] τιμᾶν ἐπάγεται, παραιτητέος εὐθύς. (21) Εἰ δὲ φίλος καὶ συνήθης, οὐκ εὐθὺς ὑπακουστέον· ἀλλ' ἐὰν δοκῇ δεῖσθαί τινος ἀναγκαίας ὁμιλίας καὶ κοινωνίας καιρὸν ἄλλον οὐκ ἐχούσης, ἢ διὰ χρόνου ποθὲν ἀφιγμένος, ἢ μέλλων ἀπαίρειν, φανερὸς ᾖ δι' εὔνοιαν ἐπιθυμῶν καὶ ποθῶν συμπεριενεχθῆναι, καὶ μήτε πολλοὺς μήτ' ἀλλοτρίους, ἀλλ' αὐτὸν ἢ μετ' ὀλίγων ἑταίρων ἐπαγόμενος, ἢ μετὰ ταῦτα πάντα πραγματευόμενος ἀρχήν τινα συνηθείας καὶ φιλίας δι' αὐτοῦ γενέσθαι τῷ καλουμένῳ πρὸς τὸν καλοῦντα χρηστὸν ὄντα καὶ φιλίας ἄξιον. (22) Ἐπεὶ τούς γε

---

invitat, primum, ni fallor, multitudine debet abstinere, neque tanquam ex hostico commeatum petens omnes suos secum ad cœnam rapere; neque instar eorum qui locos capiunt ad ludum latrunculorum, suis amicis amicos præbitoris exturbare et elidere : (12) quo fieret ut qui convivium præbet eadem fortuna uteretur, qua ii qui Hecatæ et averruncatoribus geniis cœnas exponunt, de quibus nihil ipsi aut familia gustant, fumo interim et molestiis vexati. (13) Alias in nos ludunt, qui dicunt,

Delphis sacra re facta, nunc carnes emit :

sed id vere accidit iis, qui hospites importunos aut amicos exceperunt multis umbris stipatos; qui Harpyiarum in morem cibos differunt atque depopulantur. (14) Secundum est, ut non quibusvis sibi adjunctis ad alios cœnatum eat, sed præcipue invitet convivatoris amicos et familiares, quasi cum illo certamine inito antevertens vocationem. (15) Si id non datur, secum ducat de suis amicis quos ipse convivator vellet a se vocatos : humano adducat humanos, erudito eruditos, potenti potentes, et quos convivator voluisset quoquo modo alloqui, cumque iis usum aliquem familiaritatis contraxisse. (16) Est enim haud dubie argutum et urbanum, hoc modo affecto occasionem notitiæ et comis consuetudinis parare et præbere. Qui vero diversæ factionis et inconcinnos secum trahit, veluti si ad sobrium bibaces, frugali incontinentes et sumtuosos, juveni potori et ludorum studioso senes austeros, grave loquentes et barba sapientiæ professionem ostentantes adducat, intempestivus est; quod illius jucunditati ipse respondet injucunditate. (17) Etenim oportet vocatum non minus convivatori, quam hunc vocato jucundum esse : quod fiet, si non se modo, sed et quos secum adducit ab se invitatos, commodos comesque præstet. (18) Qui superest tertius ab alio ad alium invitatus, is si nomen umbræ repudiat atque ægre fert, omnino videbitur umbram metuere. Ipsa tamen res maximam requirit cautionem. (19) Nam neque est honestum promte quemvis sic vocantem comitari, neque quovis modo : sed principio considerandum, a quo voceris. (20) Is si non admodum familiaris sit, sed vel divitum aliquis aut satrapicorum, qui veluti in scena opus habeat satellitio splendido, vel putet se admodum magno honore afficere et præclare demereri eum quem secum ducere vult : statim recusandum est. (21) Deinde si amicus invitet et familiaris, non facile assentiendum est : sed tum demum quum videbitur opus habere colloquio aliquo et communicatione aliam opportunitatem non inveniente, aut longo post reversus tempore, vel discessurus, ostendat se benevolentia ductum cupere socium te cœnæ sibi habere; et neque multos, neque alienos, sed vel solum te, vel cum paucis amicis adducat; aut præter hæc omnia id agat, ut vocato cum convivatore probo homine et amicitia digno aliquod consuetudinis et amicitiæ conciliet principium. (22) Nam mali quidem, quanto magis nos ap-

μοχθηρούς, ὅσῳ μᾶλλον ἐπιλαμβάνονται καὶ συμπλέκονται, καθάπερ βάτους, καθαιρετέον καὶ ὑπερβατέον
ἐστί· κἂν ἐπιεικεῖς οἱ ἄγοντες, ὦσι πρὸς ἐπιεικῆ δὲ μὴ
ἄγωσιν, οὐ δεῖ συνακολουθεῖν, οὐδὲ ὑπομένειν, ὥσπερ
5 διὰ μέλιτος φάρμακον λαμβάνοντας, μοχθηρὸν διὰ
χρηστοῦ φίλον. (23) Ἄτοπον δὲ καὶ τὸ πρὸς ἀγνῶτα
κομιδῇ καὶ ἀσυνήθη βαδίζειν, ἂν μή τις ᾖ διαφέρων
ἀρετῇ, καθάπερ εἴρηται, καὶ τοῦτο φιλίας ποιησόμενος
ἀρχὴν καὶ ἀγαπήσων τὸ ῥᾳδίως καὶ ἀφελῶς ἀφικέσθαι
10 σὺν ἑτέρῳ πρὸς αὐτόν. (24) Καὶ μὴν τῶν συνήθων
πρὸς τούτους μάλιστα βαδιστέον ὑφ' ἑτέρου καλούμενον,
οἷς ἐφίεται μεθ' ἑτέρων καὶ αὐτοῖς βαδίζειν πρὸς ἡμᾶς.
(25) Φιλίππῳ μὲν γὰρ ἐδόκει, τῷ γελωτοποιῷ, τὸ αὐ-
τόκλητον ἐπὶ δεῖπνον ἐλθεῖν, γελοιότερον εἶναι τοῦ κεκλη-
15 μένου· ἀγαθοῖς δὲ καὶ φίλοις ἀνδράσι παρὰ φίλους καὶ
ἀγαθοὺς σεμνότερόν ἐστι καὶ ἥδιον, ἂν μὴ καλέσασι, μηδὲ
προσδοκῶσιν, ἐν καιρῷ παραγίνωνται μετὰ φίλων ἑτέρων, εὐφραίνοντες ἅμα τοὺς δεχομένους, * καὶ τιμῶντες
τοὺς ἀγαγόντας. (26) Ἥκιστα δὲ πρὸς ἡγεμόνας, ἢ
20 πλουσίους, ἢ δυνάστας, μὴ καλουμένους ὑπ' αὐτῶν,
ἀλλὰ ὑφ' ἑτέρων, πρέπει βαδίζειν, ἀναιδείας καὶ ἀπειροκαλίας καὶ φιλοτιμίας ἀκαίρου δόξαν οὐκ ἄλογον φυ-
λαττομένους.

ΠΡΟΒΛΗΜΑ Ζ'.

Εἰ δεῖ παρὰ πότον αὐλητρίσι χρῆσθαι.

ΠΡΟΣΩΠΑ ΤΟΥ ΔΙΑΛΟΓΟΥ.

ΔΙΟΓΕΝΙΑΝΟΣ, ΣΟΦΙΣΤΗΣ, ΦΙΛΙΠΠΟΣ.

25 Ι. Περὶ ἀκροαμάτων ἐν Χαιρωνείᾳ λόγοι παρὰ πότον
ἐγένοντο Διογενιανοῦ τοῦ Περγαμηνοῦ παρόντος, καὶ
πράγματα εἴχομεν ἀμυνόμενοι βαθυπώγωνα σοφιστὴν
ἀπὸ τῆς Στοᾶς, ὃς ἐπήγαγε τὸν Πλάτωνα κατηγοροῦντα
τῶν αὐλητρίσι χρωμένων παρ' οἶνον, ἀλλήλοις δὲ συγ-
30 γίνεσθαι διὰ λόγου μὴ δυναμένων. (2) Καίτοι παρὼν
ἀπὸ τῆς αὐτῆς παλαίστρας Φίλιππος, ὁ Προυσιεὺς,
ἐᾶν ἐκέλευσε τοὺς παρ' Ἀγάθωνι δαιτυμόνας ἐκείνους
παντὸς αὐλοῦ καὶ πηκτίδων ἐπιτερπέστερα φθεγγομέ-
νους· οὐ γὰρ αὐλητρίδα, παρόντων ἐκείνων, ἐκπεσεῖν
35 θαυμαστὸν ἦν, ἀλλὰ εἰ μὴ καὶ πότου καὶ σίτου λήθη
κατελάμβανεν ὑφ' ἡδονῆς καὶ κηλήσεως τὸ συμπόσιον.
(3) Καίτοι Ξενοφῶν οὐκ ᾐσχύνθη, Σωκράτους καὶ Ἀντισθένους καὶ ἄλλων παρόντων τοιούτων, τὸν γελωτο-
ποιὸν φέρων Φίλιππον, ὥσπερ Ὅμηρος τὸ « κρόμυον
40 « ποτῷ ὄψον, » ὑποδεῖξαι τοῖς ἀνδράσι. (4) Πλάτων
δὲ τόν τ' Ἀριστοφάνους λόγον περὶ τοῦ ἔρωτος, ὡς κωμῳδίαν, ἐμβέβληκεν εἰς τὸ συμπόσιον, καὶ τελευτῶν
ἔξωθεν ἀναπετάσας τὴν αὔλειον, ἐπάγει δρᾶμα τῶν
ποικιλωτάτων, μεθύοντα καὶ κώμῳ χρώμενον ἐστεφα-
45 νωμένον Ἀλκιβιάδην· εἶτα οἱ πρὸς Σωκράτην διαπλη-
κτισμοὶ περὶ Ἀγάθωνος, καὶ Σωκράτους ἐγκώμιον, ᾧ

---

preheudere student, tanto magis sentium instar amoliendi
et transiliendi sunt: et si, probi quidem ipsi, non ad probos
tamen ducant, nequaquam est obsequendum, neque admit-
tendum, ut tanquam per mel sumas venenum, amico pa-
rando per bonum pravo. (23) Absurdum est etiam, ad
omnino ignotum et cum quo nihil tibi unquam familiaritatis fuerit, ire: nisi quis sit, ut dixi, virtute præstans, qui
amicitiæ futuræ hoc statuat exordium, et cui placiturum
sit si facile et candide cum alio ducente accedas. (24) Atque adeo ad familiares quoque potissimum eos eundum est
umbræ conditione, quibus permissum est ad nos quoque
adductis umbris venire. (25) Philippo quidem joculari
scurræ videbatur magis movere risum qui invocatus, quam
qui vocatus ad cœnam veniret: bonis autem viris et amicis
ad bonos et amicos honestius est ac suavius, si ad non vo-
cantes inexspectati accedant cum aliis amicis. Ita enim simul et convivium præbenti lætitiam, et honorem ducenti-
bus parant. (26) Minime vero omnium ad duces, aut divites, aut potentes ire decet non invitatos ab ipsis, sed ab
aliis: cavenda est enim non plane carens ratione impuden-
tiæ, ruditatis et intempestivæ ambitionis opinio.

QUÆSTIO VII.

An tibicinæ sint adhibendæ compotationi.

PERSONÆ COLLOQUII.

DIOGENIANUS, SOPHISTA, PHILIPPUS.

I. Chæroneæ in compotatione præsente Diogeniano Perga-
meno disputatum fuit de acroamatis (sive auditionibus).
Ibi negotium nobis exhibuit sophista prolixam gerens bar-
bam, Stoicæ sectæ homo, Platonem allegans qui culparet
tibicinam inter pocula adducentes, quum ipsi colloquio invicem se oblectare nequirent. (2) Philippus vero Prusien-
sis ab eadem secta, qui tum una aderat, missos facere jubebat illos Agathonis convivas, qui quavis tibia, quovis
musico instrumento, suavius sonarent. Non enim id mirum
fuisse si ipsis præsentibus nullus tibicinæ locus relinqueretur; sed hoc, si non cibi etiam potusque oblivio præ voluptate et delectatione convivas cepisset. (3) At vero Xenophon, aiebat, pudori non duxit sibi, quum Socrate, Antisthene aliisque horum similibus præsentibus, Philippum
scurram adduceret, eumque, sicut Homerus *cepam condimentum vino*, convivis ostenderet. (4) Plato quoque,
quum Aristophanis de amore sermonem veluti comœdiam
suo convivio inseruit, tum ad extremum foribus apertis
extrinsecus introduxit drama quammaxime de variis,
Alcibiadem ebrium et comessantem cum corona. Jam
jocosa illa cum Socrate de Agathone concertatio, et Socratis

φίλαι Χάριτες, ἆρά γε εἰπεῖν ὅσιόν ἐστιν, ὅτι, τοῦ Ἀπόλλωνος ἥκοντος εἰς τὸ συμπόσιον ἡρμοσμένην τὴν λύραν ἔχοντος, ἱκέτευσαν [ἂν] οἱ παρόντες ἐπισχεῖν τὸν θεόν, ἕως ὁ λόγος συμπερανθῇ καὶ λάβῃ τέλος; (5) Εἶτα ἐκεῖνοι μὲν οἱ ἄνδρες, ἔφη, τοσαύτην ἐν τῷ διαλέγεσθαι χάριν ἔχοντες, ὅμως ἐχρῶντο τοῖς ἐπεισοδίοις, καὶ διεποίκιλλον τὰ συμπόσια παιδιαῖς τοιαύταις· ἡμεῖς δὲ μεμιγμένοι πολιτικοῖς καὶ ἀγοραίοις ἀνδράσι, πολλοῖς δέ, ὅταν οὕτω τύχωμεν, ἰδιώταις καὶ ὑπαγροικοτέροις, ἐκβάλωμεν τὴν τοιαύτην χάριν καὶ διατριβὴν ἐκ τῶν συμποσίων, ἢ ἀπίωμεν, ὥσπερ τὰς Σειρῆνας ἐπιούσας φεύγοντες; (6) Ἀλλὰ Κλειτόμαχος μὲν ὁ ἀθλητής, ἐξανιστάμενος καὶ ἀπιών, εἴ τις ἐμβάλοι λόγον ἐρωτικόν, ἐθαυμάζετο· φιλόσοφος δ' ἀνήρ, αὐλὸν ἐκ συμποσίου φεύγων, καὶ ψαλτρίας ἁρμοζομένης ὑποδεῖσθαι βοῶν ταχὺ καὶ τὸν λυχνοῦχον ἅπτειν, οὐ καταγέλαστός ἐστι, τὰς ἀβλαβεστάτας ἡδονάς, ὥσπερ οἱ κάνθαροι τὰ μύρα, βδελυττόμενος; (7) Εἰ γὰρ ἄλλοτε, μάλιστα δή που παρὰ πότον, προσπαιστέον ἐστὶ τούτοις, καὶ δοτέον εἰς ταῦτα τῷ θεῷ τὴν ψυχήν. (8) Ὡς τά γ' ἄλλα φίλος ὢν Εὐριπίδης ἐμὲ γοῦν οὐ πέπεικε, περὶ μουσικῆς νομοθετῶν, ὡς ἐπὶ τὰ πένθη καὶ τὰς βαρυφροσύνας μετακομιστέας οὔσης· ἐκεῖ μὲν γὰρ ὥσπερ ἰατρὸν ἐφιστάναι δεῖ νοσοῦσιν ἐσπουδακότα καὶ νήφοντα τὸν λόγον, τὰς δὲ τοιαύτας ἡδονὰς τῷ Διονύσῳ καταμίξαντας, ἐν παιδιᾶς μέρει τίθεσθαι. (9) Χάριεν γάρ τοι τὸ τοῦ Λάκωνος, ὃς Ἀθήνησι καινῶν ἀγωνιζομένων τραγῳδῶν, θεώμενος τὰς παρασκευὰς τῶν χορηγῶν καὶ τὰς σπουδὰς τῶν διδασκάλων καὶ τὴν ἅμιλλαν, οὐκ ἔφη σωφρονεῖν τὴν πόλιν μετὰ τοσαύτης σπουδῆς παίζουσαν. (10) Τῷ γὰρ ὄντι παίζοντα δεῖ παίζειν, καὶ μήτε δαπάνης πολλῆς, μήτε τῶν πρὸς ἄλλα χρησίμων καιρῶν ὠνεῖσθαι τὸ ῥᾳθυμεῖν, ἀλλ' ἐν πότῳ καὶ ἀνέσει τῶν τοιούτων ἀπογεύεσθαι, καὶ σκοπεῖν ἅμα τερπόμενον, εἴ τι χρήσιμον ἐξ αὐτῶν λαβεῖν ἐστιν.

ΠΡΟΒΛΗΜΑ Η'.

Τίσι μάλιστα χρηστέον ἀκροάμασι παρὰ δεῖπνον.

ΠΡΟΣΩΠΑ ΤΟΥ ΔΙΑΛΟΓΟΥ.

ΔΙΟΓΕΝΙΑΝΟΣ, ΣΟΦΙΣΤΗΣ, ΦΙΛΙΠΠΟΣ.

I. Ἐπεὶ δὲ ταῦτ' ἐρρέθη, βουλόμενον αὖθις ἀντιλέγειν τὸν σοφιστὴν ἐγὼ διακρουόμενος, Ἐκεῖνο μᾶλλον, ἔφην, σκέψαιτ' ἄν τις, ὦ Διογενιανέ, πολλῶν ὄντων ἀκροαμάτων ποῖον ἂν μάλιστα γένος εἰς πότον ἐναρμόσειε, καὶ παρακαλῶμεν ἐπικρῖναι τουτονὶ [τὸν] σοφόν· ἀπαθὴς γὰρ ὢν πρὸς ἅπαντα καὶ ἀκήλητος οὐκ ἂν σφαλείη πρὸ τοῦ βελτίονος ἑλέσθαι τὸ ἥδιον. (2) Ὡς οὖν ὅ τε Διογενιανὸς παρεκάλει καὶ ἡμεῖς, οὐδὲν μελλήσας ἐκεῖνος ἔφη, τἄλλα μὲν ἐπὶ τὴν θυμέλην καὶ τὴν ὀρχήστραν ἐξελαύνειν· εἰσάγειν δὲ τὸ νεωστὶ μὲν ἐν

---

laudatio, fasne est, bonæ Gratiæ, dicere, si Apollo cum concinnata lyra in convivium venisset, convivas obsecraturos fuisse ut tantisper sileret, dum oratio istæc absolveretur? (5) Ergo quum isti viri, tanta in disserendo venustate præditi, nihilominus usi sint adscititiis rebus, et jocis hujusmodi varietatem suis conciliavere conviviis, nos qui civilibus et forensibus, atque adeo, si ita usu veniat, rudibus et agrestibus nonnihil hominibus permiscemur, hanc e conviviis exturbabimus elegantiam atque oblectationem, aut inde nos proripiemus, tanquam Sirenes adventantes si fugeremus? (6) Quamquam admirationem sui excitavit Clitomachus athleta, surgens et discedens, quum amatorius sermo inferebatur: philosophus vero tibiam e convivio fugiens, aut psaltria fides concinnante, calceos sibi dari jubens cum clamore celeriter et facem accendi, ridiculus non sit, innoxias omnino voluptates, sicut canthari unguenta, abominans? (7) Nam sicubi alias, maxime inter pocula alludendum hisce rebus est, ad has animus deo dandus. (8) Mihi quidem alioqui carus Euripides suam legem neutiquam persuasit, *musicam ad luctus et mœstitias transferendam* statuens. Ibi enim medici loco assistere ægrotantibus debet sobria et industria ratio: hujusmodi vero Baccho admiscere voluptates, et ludum jocumque deputare convenit. (9) Est vero scitum illud Laconis, qui, quum Athenis novi certarent tragœdi, spectans apparatum choragorum, studia docentium et rivalium conatus, dixit *non sapere civitatem, quæ tantum in res ludicras impenderet studium.* (10) Omnino enim ludendo ludendum est, et neque magno sumtu, neque neglectione occasionum ad alias res utilium redimenda animi relaxatio; sed inter pocula et per otium degustandæ hæ oblectationes, interimque dispiciendum si quid ex iis percipi possit utilitatis.

QUÆSTIO VIII.

Quænam potissimum acroamata cœnæ sint adhibenda.

PERSONÆ COLLOQUII.

DIOGENIANUS, SOPHISTA, PHILIPPUS.

I. His dictis sophistam rursus volentem repugnare ego inhibens, Id potius, inquam, considerandum est, Diogeniane, quodnam maxime de multis acroamatum genus compotationi sit accommodatum, hortemurque sapientem hunc ut dijudicet: quum enim nulla re afficiatur, demulceatur nulla, nihil periculi est ne per errorem quod suavius est præferat meliori. (2) Tum ille, et Diogeniano et nobis hortantibus, nulla interposita mora, Cetera, inquit, in orchestram et scenam rejicio: id vero introduco, quod nuper Romæ ir-

Ῥώμη παρεισηγμένον εἰς τὰ συμπόσια, μήπω δ' ἀνα-
λάμπον ἐν τοῖς πολλοῖς. (3) Ἴστε γάρ, εἶπεν, ὅτι τῶν
Πλάτωνος διαλόγων διηγηματικοί τινές εἰσιν, οἱ δὲ δρα-
ματικοί· τούτων οὖν τῶν δραματικῶν τοὺς ἐλαφρο-
τάτους ἐκδιδάσκονται παῖδες, ὥστ' ἀπὸ στόματος λέ-
γειν· πρόσεστι δὲ ὑπόκρισις πρέπουσα τῷ ἤθει τῶν
ὑποκειμένων προσώπων, καὶ φωνῆς πλάσμα καὶ σχῆμα,
καὶ διαθέσεις ἑπόμεναι τοῖς λεγομένοις. (4) Ταῦθ'
οἱ μὲν αὐστηροὶ καὶ χαρίεντες ἠγάπησαν ὑπερφυῶς· οἱ
δ' ἄνανδροι καὶ διατεθρυμμένοι τὰ ὦτα δι' ἀμουσίαν καὶ
ἀπειροκαλίαν, οὕς φησιν Ἀριστόξενος χολὴν ἐμεῖν, ὅταν
ἐναρμονίου ἀκούσωσιν, ἐξέβαλλον· καὶ οὐ θαυμάσαιμ'
ἄν, εἰ τὸ πάμπαν ἐκβάλλουσιν· ἐπικρατεῖ γὰρ ἡ θη-
λύτης.

II. Καὶ ὁ Φίλιππος ὁρῶν ὑποδυσχεραίνοντας ἐνίους,
Φείδου, εἶπεν, ὦ 'τᾶν, καὶ παραβάλλου λοιδορῶν ἡμᾶς·
ἡμεῖς γὰρ ἐσμὲν οἱ πρῶτοι τοῦ πράγματος εἰσαγομένου
δυσχεράναντες ἐν Ῥώμῃ, καὶ καθαψάμενοι τῶν ἀξιούντων Πλάτωνα διαγωγὴν ἐν οἴνῳ ποιεῖσθαι, καὶ τῶν
Πλάτωνος διαλόγων ἐπὶ τραγήμασι καὶ μύροις ἀκούειν
διαπίνοντας· (2) ὅτε καὶ Σαπφοῦς ἀναλεγομένης, καὶ
τῶν Ἀνακρέοντος, ἐγώ μοι δοκῶ καταθέσθαι τὸ ποτήριον αἰδούμενος. (3) Πολλὰ δ' εἰπεῖν ἐπιόντα μοι δέδια, μὴ μετὰ σπουδῆς τινος οὕτω διαλέγεσθαι πρός σε
δόξω· ὅθεν, ὡς ὁρᾷς, ποτίμῳ λόγῳ ἁλμυρὰν ἀκοὴν κα-
τακλύσαι τῷ φίλῳ Διογενιανῷ μετὰ τῆς κύλικος δίδωμι.

III. Δεξάμενος οὖν ὁ Διογενιανός, Ἀλλὰ καὶ τούτους,
ἔφη, νήφοντας ἀκούω λόγους· ὥστε ὁ οἶνος ἡμᾶς ἀδικεῖν οὐκ ἔοικεν, οὐδὲ κρατεῖν. (2) Δέδια δή, μὴ καὶ
αὐτὸς εὐθύνας ὑπόσχω· καίτοι τὰ πολλὰ περικοπτέα
τῶν ἀκροαμάτων ἐστί· πρώτην τραγῳδίαν, ὡς οὐ πάνυ
τι συμποτικόν, ἀλλὰ σεμνότερον βοῶσαν καὶ σκευωρου-
μένην πραγμάτων ὑποκρίσεις πάθος ἐχόντων καὶ οἶκτον. (3) Ἀποπέμπω δὲ τῆς ὀρχήσεως τὴν Πυλάδειον,
ὀγκώδη καὶ παθητικὴν καὶ πολυπρόσωπον οὖσαν· αἰ-
δοῖ δὲ τῶν ἐγκωμίων ἐκείνων, ἃ Σωκράτης περὶ ὀρχήσεως διῆλθε, δέχομαι τὴν Βαθύλλειον αὐτόθεν πέζαν
τοῦ κόρδακος ἁπτομένην, Ἠχοῦς, ἤ τινος Πανός, ἢ
Σατύρου σὺν ἔρωτι κωμάζοντος ὑπόρχημά τι διατιθεμέ-
νην. (4) Τῶν δὲ κωμῳδιῶν ἡ μὲν ἀρχαία διὰ τὴν ἀνωμαλίαν ἀνάρμοστος ἀνθρώποις πίνουσιν· ἥ τε γὰρ ἐν ταῖς
λεγομέναις παραβάσεσιν αὐτῶν σπουδὴ καὶ παρρησία
λίαν ἄκρατός ἐστι καὶ σύντονος· * ἥ τε πρὸς τὰ σκώμματα
καὶ βωμολοχίας εὐχέρεια, δεινῶς κατάκορος καὶ ἀνα-
πεπταμένη καὶ γέμουσα ῥημάτων ἀκόσμων καὶ ἀκολάστων ὀνομάτων· (5) ἔτι δ' ὥσπερ ἐν τοῖς ἡγεμονικοῖς
δείπνοις ἑκάστῳ παρέστηκε τῶν κατακειμένων οἰνοχόος,
οὕτω δεήσει γραμματικὸν ἑκάστῳ τὸ καθ' ἕκαστον ἐξη-
γεῖσθαι, τίς ὁ Λαισποδίας παρ' Εὐπόλιδι, καὶ ὁ Κινησίας παρὰ Πλάτωνι, καὶ ὁ Λάμπων παρὰ Κρατίνῳ,
καὶ τῶν κωμῳδουμένων ἕκαστος· ὥστε γραμματοδι-
δασκαλεῖον ἡμῖν γενέσθαι τὸ συμπόσιον, ἢ κωφὰ καὶ
ἄσημα τὰ σκώμματα διαφέρεσθαι. (6) Περὶ δὲ τῆς
νέας κωμῳδίας τί ἀντιλέγοι τις; οὕτω γὰρ ἐγκέκραται

repsit in convivia, neque adhuc apud multos cernitur.
(3) Nostis nimirum Platonis dialogos partim narratione,
partim actione quadam constare, qui ideo dramatici dicuntur. Ex his igitur dramaticis facillimos pueri edocentur,
ita ut memoriter recitent; adjunguntur autem gestus convenientes personarum, quæ producuntur, moribus, et vocis
effictio atque forma, et affectiones dictis congruæ. (4) Hæc
austeri quidem et eruditi maximo opere probaverunt: effe-
minati, et quorum aures inscitia atque bonarum imperitia
rerum corruptæ essent, quos Aristoxenus *bilem* aiebat *vomere si enharmonium cantum audirent,* expellebant.
Neque mirer his si prorsus expellere contingat, mollitie jam
dominationem obtinente.

II. Hic Philippus, nonnullos videns iniquius hæc ferentes, Parce et cessa, inquit, mi homo, nobis convicium facere. Nos enim sumus, qui primi rem istam, quum Romæ
introduceretur, ægre tulimus, reprehendimusque eos, qui
putarent Platonem debere in vino animi causa et ludi reci-
tari, ejusque dialogos ad unguenta et bellaria potantibus
audiendos esse: (2) quando etiam Sapphûs et Anacreontis
carmina si recitantur, verecundia ductum me debere poculum deponere arbitror. (3) Multa vero mihi in mentem
veniunt dicenda, quæ si proferam, metuo ne serio adversus
te disseruisse videar: itaque, ut vides, una cum poculo id
sodali Diogeniano tribuo, ut dulci sermone salsum auditum
demulceat.

III. Excipiens tunc eum Diogenianus, Atqui et hos,
inquit, audio sobrios sermones, ita ut vinum nobis non
videatur obesse neque imperare. (2) Metuo igitur ne ipse
crimen subeam. Quamquam multa sane acroamata sunt
amputanda. Primum tragœdia, non admodum ea convivio
apta, ut quæ gravius sonet, moliaturque imitationem rerum
animo ingentes motus inferentium, et miserationem exci-
tantium. (3) A saltatione porro Pyladeam removeo, tu-
midam scilicet, et affectuum plenam, multasque requiren-
tem personas. Reverentia tamen quam tribuo Socraticis
illis saltationis laudibus, Bathylleam admitto, plane pedestrem, et cordaci affinem, Echonis, aut Panis alicujus aut
Satyri cum Amore comessantis personam saltando referen-
tem. (4) De comœdiis, vetus ob inæquabilitatem non
est bibentibus accommodata: nam et quæ in auditorum
compellationibus, quas parabases appellant, libertas dicendi seria usurpatur, nimis intemperans est atque vehemens; et levitas conviciandi ac scurrilitas admodum fastidiosa atque aperta, et repleta indecoris verbis lascivisque
nominibus: (5) præterea sicut in principum conviviis unicuique accumbentium adstat pincerna, ita oportebit unicuique convivarum adesse grammaticum, qui singula enarret,
quis sit apud Eupolidem Læspodias, apud Platonem Cinesias, Lampo apud Cratinum, et alii qui in comœdiis exagitantur; ut jam vel schola grammatica nobis fiat convivium,
vel surda et ignota dicteria differantur. (6) Sed de nova
comœdia quis contra dicat? quæ ita conviviis immixta est

τοῖς συμποσίοις, ὡς μᾶλλον ἂν οἴνου χωρὶς ἢ Μενάνδρου διακυβερνῆσαι τὸν πότον. (7) Ἥ τε γὰρ λέξις
ἡδεῖα καὶ πεζὴ κατέσπαρται τῶν πραγμάτων, ὡς μήτε
ὑπὸ νηφόντων καταφρονεῖσθαι, μήτ' οἰνωμένους ἀνιᾶν·
γνωμολογίαι τε χρησταὶ καὶ ἀφελεῖς ὑποῤῥέουσαι, καὶ
τὰ σκληρότατα τῶν ἠθῶν ὥσπερ ἐν πυρὶ τῷ οἴνῳ μαλάττουσι καὶ κάμπτουσι πρὸς τὸ ἐπιεικέστατον· ἥ τε
τῆς σπουδῆς πρὸς τὴν παιδιὰν ἀνάκρασις ἐπ' οὐδὲν ἂν
πεποιῆσθαι δόξειεν, ἀλλ' ἢ πεπωκότων καὶ διακεχυμένων ἡδονὴν ὁμοῦ καὶ ὠφέλειαν. (8) Ἔχει δὲ καὶ τὰ
ἐρωτικὰ παρ' αὐτῷ καιρὸν πεπωκόσιν ἀνθρώποις, καὶ
ἀναπαυσομένοις μετὰ μικρὸν ἀπιοῦσι παρὰ τὰς ἑαυτῶν
γυναῖκας· οὔτε παιδὸς ἔρως ἄῤῥενός ἐστιν ἐν τοσούτοις
δράμασιν· αἵ τε φθοραὶ τῶν παρθένων εἰς γάμον ἐπιεικῶς καταστρέφουσι· (9) τὰ δὲ πρὸς ἑταίρας, ἂν μὲν
ὦσιν ἰταμαὶ καὶ θρασεῖαι, διακόπτεται σωφρονισμοῖς
τισιν ἢ μετανοίαις τῶν νέων· ταῖς δὲ χρησταῖς καὶ ἀν-
τερώσαις ἢ πατήρ τις ἀνευρίσκεται γνήσιος, ἢ χρόνος τις
ἐπιμετρεῖται τῷ ἔρωτι, συμπεριφορὰν αἰδοῦς ἔχων φιλάνθρωπον. (10) Ταῦτα δ' ἀνθρώποις ἄλλο μέν τι πράττουσιν ἴσως οὐδεμιᾶς σπουδῆς ἄξιά ἐστιν· ἐν δὲ τῷ πίνειν
οὐ θαυμάσαιμ' ἂν εἰ τὸ τερπνὸν αὐτῶν καὶ γλαφυρὸν ἅμα
καὶ πλάσιν τινὰ καὶ κατακόσμησιν ἐπιφέρει, συνεξο-
μοιοῦσαν τὰ ἤθη τοῖς ἐπιεικέσι καὶ φιλανθρώποις.

IV. Ὁ μὲν οὖν Διογενιανός, ἢ παυσάμενος ἢ δια-
λείπων, ἐσιώπησεν· ἐπιφυομένου δ' αὐτῷ τοῦ σοφιστοῦ
πάλιν, καὶ ῥήσεις τινὰς οἰομένου δεῖν τῶν Ἀριστοφανείων
περαίνειν, ὁ Φίλιππος ἐμὲ προσαγορεύσας, Οὗτος μὲν,
ἔφη, τὴν ἐπιθυμίαν ἐμπέπληκε, τὸν ἥδιστον αὐτῷ Μένανδρον ἐπαινέσας, καὶ τῶν ἄλλων οὐδὲν ἔτι φροντίζειν
ἔοικε. (2) Λείπεται δὲ πολλὰ τῶν ἀκροαμάτων ἡμῖν
ἀνεξέταστα, περὶ ὧν ἂν ἡδέως ἀκούσαιμί σου· τὸν δὲ
τῶν ζωδιογλύφων ἀγῶνα βραβεύσομεν αὔριον, ἂν δοκῇ
τῷ ξένῳ καὶ Διογενιανῷ, νήφοντες. (3) Οὐκοῦν, ἔφην
ἐγώ, μῖμοί τινές εἰσιν, ὧν τοὺς μὲν ὑποθέσεις, τοὺς δὲ
παίγνια καλοῦσιν· ἁρμόζειν δ' οὐδέτερον οἶμαι συμποσίῳ
γένος· (4) τὰς μὲν ὑποθέσεις, διὰ τὰ μήκη τῶν δραμάτων καὶ τὸ δυσχορήγητον· τὰ δὲ παίγνια, πολλῆς γέμοντα βωμολοχίας καὶ σπερμολογίας, οὐδὲ τοῖς τὰ ὑπο-
δήματα κομίζουσι παιδαρίοις, ἅ γε δὴ δεσποτῶν ἢ
σωφρονούντων, θεάσασθαι προσήκει· οἱ δὲ πολλοί, καὶ
γυναικῶν συγκατακειμένων καὶ παίδων ἀνήβων, ἐπιδείκνυνται μιμήματα πραγμάτων καὶ λόγων, ἃ πάσης
μέθης ταραχωδέστερον τὰς ψυχὰς διατίθησιν. (5) Ἀλλ'
ἥ γε κιθάρα πάλαι που καὶ καθ' Ὅμηρον ἔτι τοῖς χρόνοις γνωρίμη τῆς δαιτός ἐστι, καὶ μακρὰν οὕτω φιλίαν
καὶ συνήθειαν οὐ πρέπει διαλύειν, ἀλλὰ δεῖσθαι τῶν κιθαρῳδῶν μόνον, ὅπως τὸν πολὺν θρῆνον καὶ γόον ἐξαί-
ρῶσι τῶν ᾠδῶν, εὔφημα καὶ πρέποντα θαλιάζουσιν ἀνθρώποις ᾄδοντες. (6) Τὸν δ' αὐλὸν οὐδὲ βουλομένοις
ἀπώσασθαι τῆς τραπέζης ἔστιν· * αἱ γὰρ σπονδαὶ ποθοῦσιν αὐτὸν ἅμα τῷ στεφάνῳ, καὶ συνεπιφθέγγεται τῷ
παιᾶνι τὸ θεῖον· εἶτ' ἀπελίγανε καὶ διεξῆλθε τῶν ὤτων
καταχεόμενος φωνὴν ἡδεῖαν ἄχρι τῆς ψυχῆς ποιοῦσαν

ut facilius ea sine vino, quam sine Menandro peragantur.
(7) Nimirum enim et dictio jucunda ac pedestris *rebus inspersa* est, ut neque a sobriis contemnatur, neque ebriis
sit molesta: et utiles sententiæ atque simplices interfluen-
tes, etiam durissima ingenia per vinum veluti ignem molliunt, et ad mansuetudinem flectunt: tum seriorum cum
jocis contemperatio nullam aliam ad rem facta videri potest,
quam ut eos qui bibère et animos relaxarunt simul et oble-
ctet et juvet. (8) Amatoria quoque ejus locum habent
apud eos qui biberunt, paulo post dormitum ad suas uxores abituros: nam neque puerorum amor in tot Menandri comœdiis est; et vitia virginibus oblata commode in nuptias vertuntur; (9) deinde meretrices si introducuntur
procaces et feroces, castigationibus aut pœnitentia adolescentum amores earum diffinduntur; si probæ et vicissim
amantes, aut pater aliquis invenitur verus, aut tempus
amori præscribitur consuetudinem verecundam humanam-
que habens. (10) Hæc ut hominibus alia in re occupatis
videantur nullum habere operæ pretium: ita inter bibendum non miror si jucunditas eorum et elegantia nonnihil
facit ad effingendos componendosque animos, moresque ad
lenitatem et humanitatem conformandos.

IV. Sub hæc verba Diogenianus, sive fine, sive intervallo
facto, tacuit: quum autem sophista rursus eum adoriretur,
et quædam Aristophanis assereret carmina esse recitanda,
Philippus me compellans, Hic quidem, inquit, suæ satis-
fecit cupiditati, suavissimum sibi Menandrum laudando:
videturque reliquorum porro nullam habere curam. (2)
Sunt autem multa adhuc acroamata, de quibus nihil nobis
disputatum est, et ego ex te aliquid audire pervelim. Nam
de certamine eorum qui animalcula sculpunt, cras agemus,
si hospiti et Diogeniano ita videbitur, sobrii. (3) Sunt
ergo, dicebam, mimi quidam, quorum alii Argumenta, alii
Ludicra appellantur: neutrum vero, ut ego arbitror, genus
convivio conveniens: (4) argumenta ob longitudinem actionum et apparatus difficultatem: ludicra, quod *ita* scatent
scurrilitate et vilitate verborum, ut ne a puerulis quidem
qui modestis dominis calceos portant, spectari ea deceat:
quanquam multi etiam uxoribus juxta accumbentibus et
impuberibus filiis imitationes ostentant rerum et verborum,
quæ magis quavis ebrietate animos perturbant. (5) Enimvero cithara antiquitus et jam inde ab Homeri temporibus
amica convivii est: ac tam diuturnam amicitiam atque sodalitium non convenit divellere; id modo a citharœdis petamus, ut nimios luctus et gemitus e carminibus eximentes,
boni ominis modos et genio indulgentibus accommodatos
sonent. (6) Tibiam, ne si velimus quidem, a mensa arcere licet: nam libationes eam exigunt simul cum corona,
et ubi pæani accinens divinum cultum absolvit, suavi
cantu desinens per aures transit, jucunda eas perfundens
voce, quæ tranquillitatem ad animum penetrantem efficit;

γαλήνην· (7) ὥστ', εἴ τι τῶν ἀσηρῶν καὶ πεφροντισμένων ὁ ἄκρατος οὐκ ἐξέσεισεν, οὐδὲ διέλυσε, τοῦτο τῇ χάριτι καὶ πραότητι τοῦ μέλους ὑποκατακλινόμενον ἡσυχάζειν, ἄν γε δὴ καὶ αὐτὸς τὸ μέτριον διαφυλάττῃ, μὴ παθαινόμενος, μηδ' ἀνασοβῶν καὶ παρεξιστὰς βόμβυξι καὶ πολυχορδίαις τὴν διάνοιαν ὑγρὰν ὑπὸ τῆς μέθης καὶ ἀκροσφαλῆ γεγενημένην. (8) Ὡς γὰρ τὰ θρέμματα λόγου μὲν οὐ συνίησι διάνοιαν ἔχοντος, σιγμοῖς δὲ καὶ ποππυσμοῖς ἀμελέσιν, ἢ σύριγξι καὶ στρόμβοις ἐγείρουσι καὶ κατευνάζουσι πάλιν οἱ νέμοντες, οὕτως ὅσον ἔνεστι τῇ ψυχῇ φορβαδικὸν καὶ ἀγελαῖον, καὶ ἀξύνετον λόγου καὶ ἀνήκοον, μέλεσι καὶ ῥυθμοῖς ἐπιψάλλοντες καὶ καταυλοῦντες εὖ τίθενται καὶ καταπραΰνουσιν. (9) Οὐ μὴν ἀλλ' εἰ [δεῖ] τό γε μοι φαινόμενον εἰπεῖν, οὔτ' ἂν αὐλοῦ ποτε καθ' αὑτὸν οὔτε λύρας μέλος χωρὶς λόγου καὶ ᾠδῆς ἐπιτέρψαι τὸ συμπόσιον, ὥσπερ ῥεύματι φέρειν ὑπολαμβάνοντι· δεῖ γὰρ οὕτως ἐθίζειν καὶ σπουδάζοντας, ὥστε καὶ τὰς ἡδονὰς ἐκ λόγου λαμβάνειν, καὶ τὰς διατριβὰς ἐν λόγῳ ποιεῖσθαι· τὸ δὲ μέλος καὶ τὸν ῥυθμὸν ὥσπερ ὄψον ἐπὶ τῷ λόγῳ, καὶ μὴ καθ' αὑτὰ προσφέρεσθαι, μηδὲ λιχνεύειν. (10) ὡς γὰρ ἡδονὴν ἐν οἴνῳ καὶ ὄψῳ τῇ χρείᾳ τῆς τροφῆς συνεισιοῦσαν οὐδεὶς ἀπωθεῖται, τὴν δ' ἐπὶ τοῖς μύροις οὐκ ἀναγκαίαν καὶ περίεργον οὖσαν ὁ Σωκράτης ἐπὶ κόρρης ῥαπίζων ἐξέβαλλεν· οὕτω ψαλτηρίου φωνῆς καὶ αὐλοῦ, καθ' ἑαυτὴν τὰ ὦτα κοπτούσης, μὴ ὑπακούωμεν· (11) ἂν δ' ἕπηται μετὰ λόγου καὶ ᾠδῆς ἑστιῶσα καὶ τέρπουσα τὸν ἐν ἡμῖν λόγον, εἰσάγωμεν, οἰόμενοι καὶ Μαρσύαν ἐκεῖνον ὑπὸ τοῦ θεοῦ κολασθῆναι, ὅτι φορβειᾷ καὶ αὐλοῖς ἐπιστομίσας ἑαυτόν, ἐτόλμησε ψιλῷ μέλει διαγωνίζεσθαι πρὸς ᾠδὴν καὶ κιθάραν. (12) Μόνον, ἔφην, σκοπῶμεν, ὅπως συμπόταις διὰ λόγου καὶ φιλοσοφίας ἀλλήλους εὐφραίνειν δυναμένοις μηδὲν ἐπάξωμεν τοιοῦτον θύραθεν, ὃ κώλυμα διαγωγῆς μᾶλλον ἢ διαγωγή τις ἔσται. (13) Οὐ γὰρ μόνον, ὅσοι τὴν σωτηρίαν οἴκοι καὶ παρ' αὑτῶν ἔχοντες,

> ἄλλην θέλουσιν εἰσαγώγιμον λαβεῖν,

ὡς Εὐριπίδης εἶπεν, ἀβέλτεροί εἰσιν, ἀλλὰ καὶ ὅσοι, πολλῆς ἐν αὐτοῖς εὐφροσύνης καὶ θυμηδίας παρούσης, ἔξωθεν ἐπάγειν τὰ τέρποντα φιλοτιμοῦνται. (14) Καὶ γὰρ ἡ τοῦ μεγάλου βασιλέως μεγαλοφροσύνη πρὸς Ἀνταλκίδαν τὸν Λάκωνα δεινῶς ἀπειρόκαλος ἐφάνη καὶ ἀγροῖκος, ὁπηνίκα ῥόδων καὶ κρόκου μεμιγμένων στέφανον εἰς μύρον βάψας ἔπεμψεν αὐτῷ, τὸ σύμφυτον καὶ ἴδιον καλὸν ἀποσβέσας καὶ καθυβρίσας τοῖς ἄνθεσιν. (15) Ὅμοιον οὖν ἐστι τὸ, συμποσίου χάριν ἔχοντος ἐν ἑαυτῷ καὶ μοῦσαν ἰδίαν, καταυλεῖν καὶ καταψάλλειν ἔξωθεν, ἀφαιρούμενον τῷ ἀλλοτρίῳ τὸ οἰκεῖον. (16) Μάλιστα γοῦν ἀκροαμάτων εἴη καιρὸς ἐν συμποσίῳ κυμαίνοντι καὶ κορυσσομένῳ πρὸς ἔριν ἢ φιλονεικίαν· ὥστε λοιδορίαν τινὰ κατασβέσαι, καὶ ζητήσεως εἰς ἅμιλλαν ἀτερπῆ καὶ ἀγῶνα σοφιστικὸν ἐκφερομένης ἐπιλαμβάνεσθαι, καὶ ἀγῶνας ἐκκλησιαστικοὺς καὶ

(7) ut si quid fastidii et curarum mero non sit discussum vel dilutum, id venustate et mansuetudine cantilenæ depressum conquiescat; si quidem modum tibia non excedat, neque nimios animo afferat motus, eumve exagitet atque extra se rapiat insania et multitudine sonorum atque modulorum, ebrietate jam emollitum et ad errandum proclivem redditum. (8) Nam sicut pecora orationem non intelligunt cui sententia inest, sibilis autem et strepitu vocis inarticulato, aut fistulis ac conchis excitantur et rursus sopiuntur a pastoribus: ita quod anima habet pecoris et gregis naturam resipiens, rationisque non capax, neque ejus dicto obtemperans, cantilenis et rhythmis incantantes componere solent ac pacare. (9) Verum enim si mihi dicendum sit quod sentio, nunquam vel tibiæ vel lyræ cantui sine sermone et oda convivium permiserim, tamquam flumini ferendos suscipienti. Sic enim adsuescendum est studiose, ut ludos quoque et joca ex liberali sermone petamus, tempus in sermonibus teramus, cantilenam autem rhythmumque tanquam condimentum colloquio adhibeamus, non seorsum usurpemus, aut delicatule in iis luxuriemur. (10) Quemadmodum enim voluptatem in vino et cibo una cum nutrimenti utilitate subeuntem nemo aspernatur; unguentariam autem, utpote otiosam et supervacaneam, Socrates veluti alapa inflicta ejiciebat; ita psalterii vocem aut tibiæ, nudam aures ferientem, non audiamus: (11) ac tum demum admittamus, quando cum docto carmine conjuncta mentem, quæ in nobis est, invitat et oblectat; existimantes etiam Marsyam illum ideo fuisse a deo supplicio affectum, quod capistro et tibiis quum sibi os obturasset, ausus fuit nuda modulatione decertare adversus odam citharæ conjunctam. (12) Id unum, inquam, caveamus, ne convivis qui literato colloquio oblectare se invicem possunt, extrinsecus aliquid tale ad aures admoveamus, quod impedimentum potius futurum sit delectationis, quam delectatio. (13) Non enim ii duntaxat stulti sunt, qui domi et ab se habentes salutem,

> aliunde malunt sibi alienam adsciscere,

ut ait Euripides; sed et hi, qui quum in se ipsis multa lætitiæ habeant reposita instrumenta, id magno studio agunt, ut delectantia extrinsecus arcessant. (14) Admodum certe inepta et rustica habetur regis Persarum adversus Antalcidam Spartanum magnificentia, quando coronam e rosa et croco consertam in unguentum intingens ei misit, florum propria et nativa pulchritudine exstincta contumeliose (15) Simile prorsus est convivis, qui in sese venustatem e. musicam habent, obturbare tibiis ac psalteriis, et alienam extrinsecus allegando propriam atque domesticam perdere delectandi rationem. (16) Maxime tamen acroamatibus locus fore videtur in convivio fluctuante et ad litem contentionemve aliquam se accingente; ut vel convicia aliqua aboleantur, vel quæstio proposita quæ ad ingratum certamen et contentiouem sophisticam evadat, coerceatur; vel rixæ con-

ἀγοραίους ἐπισχεῖν, ἄχρις ἂν αὖθις ἐξ ἀρχῆς ἀθόρυβον καὶ ἀνήνεμον γένηται τὸ συμπόσιον.

---

* ΠΡΟΒΛΗΜΑ Θ'.

Ὅτι βουλεύεσθαι παρὰ πότον οὐχ ἧττον ἦν Ἑλληνικὸν ἢ Περσικόν.

ΠΡΟΣΩΠΑ ΤΟΥ ΔΙΑΛΟΓΟΥ.

ΝΙΚΟΣΤΡΑΤΟΣ, ΓΛΑΥΚΙΑΣ.

1. Περὶ ὧν ἔμελλον ἐκκλησιάζειν Ἀθηναῖοι ἦν παρὰ τὸ δεῖπνον, ἑστιῶντος ἡμᾶς Νικοστράτου καί τινος εἰπόντος, ὡς Περσικὸν πρᾶγμα ποιοῦμεν, ὦ ἄνδρες, βουλευόμενοι παρ' οἶνον· Τί μᾶλλον, ἔφη ὁ Γλαυκίας ὑπολαβὼν, ἢ Ἑλληνικόν; (2) Ἕλλην μὲν γὰρ ἦν ὁ εἰπὼν,

Γαστρὸς ἀπὸ πλείης βουλὴ καὶ μῆτις ἀμείνων·

Ἕλληνες δὲ σὺν Ἀγαμέμνονι Τροίαν ἐπολιόρκουν, οἷς φαγοῦσι καὶ πιοῦσιν

ὁ γέρων πάμπρωτον ὑφαίνειν ἤρχετο μῆτιν,

ἐπ' αὐτὸ τοῦτο τῆς κλήσεως καὶ τῶν ἀρίστων εἰσηγητὴς τῷ βασιλεῖ γενόμενος,

Δαίνυ δαῖτα γέρουσι,

πολλῶν γάρ τοι, φησὶν,

ἀγρομένων τῷ πείσεαι, ὅς κεν ἀρίστην βουλὴν βουλεύσῃ.

(3) Διὸ καὶ τὰ πλείστῃ χρησάμενα τῆς Ἑλλάδος εὐνομίᾳ γένη, καὶ μάλιστα φιλοχωρήσαντα περὶ τοὺς ἀρχαίους ἐθισμοὺς, ἐν οἴνῳ τὰς ἀρχὰς συνεῖχε. (4) Τὰ γὰρ παρὰ Κρησὶν Ἀνδρεῖα καλούμενα, παρὰ δὲ Σπαρτιάταις Φιλίτια, βουλευτηρίων ἀποῤῥήτων καὶ συνεδρίων ἀριστοκρατικῶν τάξιν εἶχεν, ὥσπερ, οἶμαι, καὶ τὸ ἐνθάδε Πρυτανεῖον καὶ Θεσμοθέσιον· (5) οὐ πόῤῥω δὲ τούτων ὁ νυκτερινὸς σύλλογος παρὰ Πλάτωνι τῶν ἀρίστων καὶ πολιτικωτάτων ἀνδρῶν ἐστιν, ἐφ' ὃν ἀναπέμπεται τὰ μέγιστα καὶ πλείστης ἄξια φροντίδος. (6) Οἱ δὲ τῷ Ἑρμῇ

πυμάτῳ σπένδοντες, ὅτε μνησαίατο κοίτου,

ἆρ' οὐκ εἰς τὸ αὐτὸ συνάγουσι τῷ οἴνῳ τὸν λόγον; ὡς γοῦν παρόντι καὶ συνεπισκοποῦντι τῷ φρονιμωτάτῳ θεῷ, πρῶτον ἀπαλλαττόμενοι προσεύχονται. (7) Οἱ δὲ πάμπαν ἀρχαῖοι ὡς οὐδὲ τοῦ Ἑρμοῦ δεόμενον τὸν Διόνυσον αὐτὸν εὐβουλῇ καὶ τὴν νύκτα δι' ἐκεῖνον εὐφρόνην προσεῖπον.

QUÆSTIO IX.

Inter vinum deliberare, non minus Græcum fuisse quam Persicum.

PERSONÆ COLLOQUII.

NICOSTRATUS, GLAUCIAS.

1. In cœna quam nobis Nicostratus præbebat, disputabamus de argumento, quod Athenienses erant in concione tractaturi. Et quum diceret quidam nos Persicum sequi morem, qui consultaremus inter pocula : excipiens verba ejus Glaucias, Qui magis, inquit, Persicum, quam Græcum? (2) Fuit vero Græcus qui dixit,

Consilium melius capietur ventre repleto.

Græcis quoque cum Agamemnone Ilium obsidentibus, dum ederent ac biberent, cœpit

consilium sapiens primus tum texere Nestor :

quum quidem hac de ipsa causa auctor regi fuisset, ut præstantissimos ad convivium invitaret,

Tu cœnam senibus præbe,

nam, ut idem subjecit,

collectis multis, qui consulet optima, pare.

(3) Itaque etiam Græciæ populi, ut quisque optimis legibus constitutam habuit civitatem, et veteris moris fuit tenacissimus, ita magistratuum deliberationes vino continuerunt. (4) Nam quæ apud Cretenses Andria (quasi virilia), apud Spartanos Phiditia (quasi frugalia), quondam erant loco arcanorum conciliorum, et consessus optimatum fuerunt; sicut, puto, etiam quod hic est Prytaneum et Thesmothesion : (5) neque procul hinc abest nocturnus ille apud Platonem conventus præcipuorum ac reipublicæ gerendæ gnarissimorum virorum, in quem res maximæ et deliberationem requirentes arduam rejiciuntur. (6) Qui autem ultimo

Mercurio libant, quum jam dare corpora somno est animus,

nonne conjungunt cum vino rationem? quandoquidem ut præsenti et una dispicienti prudentissimo deo vota faciunt jam discessuri. (7) Antiquissimi vero ipsum Bacchum, tanquam nihil Mercurii egentem, Eubulem (hoc est bonum consiliarium), et ejus gratia noctem Euphronen (quasi prudentiæ aptam) appellaverunt.

ΠΡΟΒΛΗΜΑ Ι'.

Εἰ καλῶς ἐποίουν βουλευόμενοι παρὰ πότον.

ΠΡΟΣΩΠΑ ΤΟΥ ΔΙΑΛΟΓΟΥ.

ΓΛΑΥΚΙΑΣ, ΝΙΚΟΣΤΡΑΤΟΣ.

Ι. Ταῦτα τοῦ Γλαυκίου διεξελθόντος, ἔδοξαν ἡμῖν ἐπιεικῶς οἱ θορυβώδεις ἐκεῖνοι κατακεκοιμίσθαι λόγοι, καὶ ὅπως ἔτι μᾶλλον αὐτῶν ἀμνηστία γένοιτο, ζήτησιν ἑτέραν ἐπάγων Νικόστρατος ἔφη, πρότερον οὐ πάνυ μέλειν αὐτῷ Περσικοῦ τοῦ πράγματος εἶναι δοκοῦντος· ἐπεὶ δὲ νῦν Ἑλληνικὸν εἶναι πεφώραται, δεῖσθαι λόγου βοηθοῦντος αὐτῷ πρὸς τὴν αὐτόθεν φαινομένην ἀτοπίαν. (2) Ὅ τε γὰρ λογισμός, ὥσπερ ὀφθαλμὸς ἐν ὑγρῷ σάλον ἔχοντι, δυσκίνητον ἡμῖν καὶ δύσεργόν ἐστι· τὰ δὲ πάθη πανταχόθεν, ὥσπερ ἑρπετὰ πρὸς ἥλιον, σαλευόμενα πρὸς τὸν οἶνον καὶ ἀναδυόμενα, τὴν γνώμην ἐπισφαλῆ ποιεῖ καὶ ἀκατάστατον. (3) Ὅθεν ὥσπερ ἡ κλίνη τοῖς πίνουσι τῆς καθέδρας ἀμείνων, ὅτι τὸ σῶμα κατέχει καὶ ἀπολύει κινήσεως ἁπάσης, οὕτως ἔχειν ἀτρέμα τὴν ψυχὴν ἄριστον· εἰ δὲ μή, δοτέον, ὥσπερ παισὶν ἀτρεμεῖν μὴ δυναμένοις, οὐ δόρυ καὶ ξίφος, ἀλλὰ πλαταγὴν καὶ σφαῖραν, ὥσπερ ὁ θεὸς τὸν νάρθηκα τοῖς μεθύουσιν ἐνεχείρισε κουφότατον βέλος, καὶ μαλακώτατον ἀμυντήριον, ὅπως, ἐπεὶ τάχιστα παίουσιν, ἥκιστα βλάπτωσι· δεῖ γὰρ γελοῖα τὰ σφάλματα τοῖς μεθύουσι ποιεῖν, οὐκ οἰκτρὰ καὶ τραγικὰ καὶ μεγάλας ἀποτεύξεις ἔχοντα. (4) Καὶ μήν, ὅπερ ἐστὶ μέγιστον ἐν ταῖς περὶ τῶν μεγίστων σκέψεσι, τὸν ἐνδεᾶ νοῦ καὶ πραγμάτων ἄπειρον ἕπεσθαι τοῖς φρονοῦσι καὶ τῶν ἐμπείρων ἀκούειν, ἀφαιρεῖται τοὺς μεθύοντας ὁ οἶνος· * ὥστε καὶ τοὔνομα γενέσθαι φησὶν ὁ Πλάτων, ὅτι οἴεσθαι νοῦν ἔχειν ποιεῖ τοὺς πίνοντας· (5) οὔτε γὰρ ἐλλόγιμος, οὔτε καλὸς, οὔτε πλούσιος οὕτως οἴεται, καίπερ οἰόμενος, εἶναι τῶν πινόντων ἕκαστος, ὡς φρόνιμος· διὸ καὶ πολύφωνος ὁ οἶνός ἐστι, καὶ λαλιᾶς ἀκαίρου καὶ φρονήματος ἡγεμονικοῦ καταπίμπλησιν, ὡς οὐκ ἀκούειν, ἀλλ' ἀκούεσθαι μᾶλλον ἡμῖν, καὶ ἄγειν, οὐχ ἕπεσθαι, προσῆκον. (6) Ἀλλὰ γάρ, ἔφη, τὰ μὲν εἰς τοῦτο ῥᾳδίως ἄν τις συναγάγοι· δῆλα γάρ ἐστι· τῶν δ' ἐναντίων ἀκουστέον, εἴ τις ἢ νέος προέστηκεν, ἢ πρεσβύτερος.

ΙΙ. Ἐπιβούλως δὴ πάνυ καὶ σοφιστικῶς ὁ ἀδελφὸς ἡμῶν, Οἴει γὰρ ἄν, ἔφη, τινὰ τοὺς ἐνδεχομένους λόγους εὑρεῖν ἐν τῷ παρόντι καιρῷ πρὸς τὸ πρόβλημα; (2) Τοῦ δὲ Νικοστράτου πάνυ φήσαντος οἴεσθαι, τοσούτων φιλολόγων καὶ πολιτικῶν παρόντων, ὑπομειδιάσας ἐκεῖνος, Εἶτα, ἔφη, περὶ τούτων μὲν οἴει καὶ σεαυτὸν ἱκανῶς ἂν εἰπεῖν πρὸς ἡμᾶς, πρὸς δὲ πραγματικὴν καὶ πολιτικὴν σκέψιν ἀθέτως ἔχειν διὰ τὸν οἶνον; (3) ἢ τοῦτο ὅμοιόν ἐστι τῷ νομίζειν ὅτι ταῖς ὄψεσιν ὁ πίνων παρ' [**] εὖ μεταβλέπει, αὖθις δὲ τοῖς ὠσὶ παρακούει τῶν ἐντυγχανόντων καὶ διαλεγομένων, τῶν δ' ἀδόντων καὶ αὐλούντων ἀκριβῶς ἀκούει; (4) ὡς γὰρ ἐνταῦθα

QUÆSTIO X.

Rectene fecerint, qui inter pocula deliberaverunt.

PERSONÆ COLLOQUII

GLAUCIAS, NICOSTRATUS.

I. Hæc quum Glaucias disseruisset, censuimus turbulentas istas disputationes satis commode sedatas esse; quæ ut etiam magis oblivione contererentur, Nicostratus aliam quæstionem proponens ita locutus est : Antehac institutum istud mihi non magnæ fuit curæ, ut qui id pro Persico haberem : nunc, quia deprehensum est Græcum esse, ratione videtur opus habere, qua defendatur ab evidente absurditate. (2) Etenim ratio nostra, tanquam oculus in humido quod fluctuet, agitare sese commode nequit, estque inefficax : tum quidquid est animi affectuum, id inter vina, quasi reptilia a sole exagitatum undique et sese proferens, judicium mentis facit lubricum et inconstans. (3) Itaque sicut lectus bibentibus quam sella est commodior, quia corpus continet ille et omnis motionis vacuum præstat; ita maxime conducit animam in quiete servare : aut si id fieri nequit, sicut pueris ubi quiescere non possunt, neque hastam neque gladium porrigemus, sed crepitaculum vel pilam; quomodo etiam Bacchus ferulam ebriis tradidit, levissimum telum, et mollissimum defensionis instrumentum, ut quum celerrime feriant, quam minimum lædant : ridiculi enim errores ebriis sunt parandi, non miserandi aut tragici, magnasve trahentes secum calamitates. (4) Porro autem, id quod summum est in consultatione de maximis rebus, ut imprudens atque rerum imperitus prudentes sequatur et peritis assentiat, hoc vinum ebriis adimit; ideoque Plato etiam vino nomen ait factum οἶνος, quia efficit ut qui bibunt sapere se putent, οἴεσθαι νοῦν ἔχειν. (5) Nam neque nobilis, neque pulcher, neque dives quisquam bibentium sibi ita videtur, etiamsi videatur, ut prudentem sese opinatur. Atque hinc est quod vinum loquaces facit, intempestivaque garrulitate et animi elatione, præire auctoritate omnibus volente, implet : quasi vero nostrum jam sit non audire, sed audiri potius; non sequi, sed ducere. (6) Verum hæc quidem facile quis collegerit, quum sint manifesta. Audiamus tamen si quis contrariam ut tueatur sententiam processerit sive juniorum sive seniorum.

II. Tum insidiose omnino et sophistice frater noster, An, inquit, existimas quenquam in hoc articulo temporis reperire posse rationes ad hanc quæstionem probabiles? (2) Et quum Nicostratus diceret, omnino se arbitrari in præsentia tot hominum qui et literas humaniores amarent et rerum publicarum essent gnari, posse fieri : renidens frater, Tu vero, ait, censes tandem te satis ad nos hac de re disseruisse, ad civilem autem actionem deliberandam ineptum a vino esse redditum? (3) an hoc perinde est, ac si quis putet bibentem oculis male cernere [magna, parva autem,] optime, auribus porro compellantes non exaudire, at percipere tamen exacte sonos cantorum ac tibicinum? (4) Nam

ὁ μᾶλλον εἰκός ἐστι τῶν γλαφυρῶν τὰ χρειώδη τὴν αἴσθησιν ἐπιστρέφειν, οὕτω καὶ τὴν διάνοιαν. (5) Οὐ θαυμάσαιμι δ' ἄν, εἴ τι τῶν φιλοσόφων καὶ περιττῶν ἐκ-
φύγοι παρ' οἶνον· εἰς δὲ πραγματικὰς σκέψεις ἀγομένην,
πυκνοῦσθαι καὶ συνίστασθαι τῷ φρονεῖν εἰκός ἐστιν·
(6) ὥσπερ ὁ Φίλιππος ἐν Χαιρωνείᾳ πολλὰ ληρῶν ὑπὸ
μέθης, καὶ καταγέλαστος ὤν, ἅμα τῷ προσπεσεῖν αὐτῷ
περὶ σπονδῶν καὶ εἰρήνης λόγον, ἔστησε τὸ πρόσωπον
καὶ συνήγαγε τὰς ὀφρῦς, καὶ τὸ ῥεμβῶδες καὶ ἀκόλαστον ἐκσοβήσας, εὖ μάλα βεβουλευμένην καὶ νήφουσαν
ἔδωκε τοῖς Ἀθηναίοις ἀπόκρισιν. (7) Καίτοι τὸ πίνειν
τοῦ μεθύειν διαφέρει, καὶ τοὺς μεθύοντας ὥστε ληρεῖν,
οἰόμεθα δεῖν ἀπιόντας καθεύδειν· οἴνῳ δὲ χρωμένους
ἐπιπλέον καὶ διαπίνοντας, ἄλλως νοῦν ἔχοντας ἄνδρας,
οὐκ ἄξιον δεδιέναι μὴ σφαλῶσι τῷ λογισμῷ, καὶ τὴν
ἐμπειρίαν ἀποβάλωσιν, [ὁρῶντας] ὀρχηστάς τε καὶ
κιθαριστὰς οὐδέν τι χεῖρον ἐν συμποσίοις ἢ θεάτροις
πράττοντας. (8) Ἡ γὰρ ἐμπειρία παροῦσα καὶ τὸ σῶμα
ταῖς ἐνεργείαις ὀρθούμενον παρέχει καὶ συγκινούμενον
ἀσφαλῶς· πολλοῖς δ' ἰταμότητα θάρσους συνεργὸν ὁ
ἄκρατος, οὐδὲ βδελυρὰν οὐδ' ἄκρατον, ἀλλ' εὔχαριν καὶ
πιθανὴν προστίθησιν· (9) ὥσπερ καὶ τὸν Αἰσχύλον
ἱστοροῦσι τὰς τραγῳδίας ἐμπίνοντα ποιεῖν, καὶ οὐχ, ὡς
Γοργίας εἶπεν, ἓν τῶν δραμάτων αὐτοῦ μεστὸν Ἄρεως
εἶναι, τοὺς ἑπτὰ ἐπὶ Θήβας, ἀλλὰ πάντα Διονύσου.
(10) Θερμαντικὸς γὰρ ὢν, κατὰ τὸν Πλάτωνα, τῆς ψυχῆς μετὰ τοῦ σώματος ὁ οἶνος, εὔδρομον τὸ σῶμα
ποιεῖ, καὶ πόρους ῥήγνυσι, φαντασιῶν ἐφελκομένων
μετὰ τοῦ θαρρεῖν τὸν λόγον· (11) ἔνιοι γὰρ εὑρετικὴν
φύσιν ἔχοντες, ἐν δὲ τῷ νήφειν ἀτολμοτέραν καὶ πεπη-
γυῖαν, ὅταν εἰς τὸ πίνειν ἔλθωσιν, ὥσπερ ὁ λιβανωτὸς,
ὑπὸ θερμότητος ἀναθυμιῶνται· (12) τὸν δὲ δὴ φόβον
οὐδενὸς ἧττον ἐμποδὼν ὄντα βουλευομένοις ἐξελαύνει,
καὶ πολλὰ τῶν ἄλλων παθῶν ἀφιλότιμα καὶ ἀγεννῆ κατασβέννυσι, καὶ τὸ κακόηθες καὶ τὸ ὕπουλον ὥσπερ τινὰς διπλόας ἀναπτύσσει τῆς ψυχῆς, καὶ παντὸς ἤθους
καὶ πάθους ποιεῖ καταφάνειαν ἐν τοῖς λόγοις· (13) ἔστι
δὲ παρρησίας, καὶ δι' αὐτὴν ἀληθείας γονιμώτατος· *
ἧς μὴ παρούσης, οὐδὲν ἐμπειρίας οὐδ' ἀγχινοίας ὄφε-
λος· ἀλλὰ πολλοὶ τῷ ἐπιόντι χρώμενοι μᾶλλον κατορθοῦσιν, ἢ [εἰ] κρύπτουσιν ἐπιβούλως καὶ πανούργως τὸ
παριστάμενον. (14) Οὐδὲν οὖν δεῖ δεδιέναι κινοῦντα τὰ
πάθη τὸν οἶνον· κινεῖ γὰρ οὐ τὰ φαυλότατα, πλὴν ἐν
τοῖς κακίστοις, ὧν οὐδέποτε νήφει τὸ βουλευόμενον·
(15) ἀλλ' ὥσπερ τὰ κουρεῖα Θεόφραστος εἰώθει καλεῖν
ἄοινα συμπόσια, οὕτως ἄοινος ἀεὶ μέθη καὶ σκυθρωπὴ
ταῖς τῶν ἀπαιδεύτων ἐνοικεῖ ψυχαῖς, ἐπιταραττομένη
ὑπ' ὀργῆς τινος, ἢ δυσμενείας, ἢ φιλονεικίας, ἢ ἀνε-
λευθερίας· ὧν ὁ οἶνος ἀμβλύνων τὰ πολλὰ μᾶλλον ἢ
παροξύνων, οὐκ ἄφρονας οὐδ' ἠλιθίους, ἀλλ' ἁπλοῦς
ποιεῖ καὶ ἀπανούργους, οὐδὲ παρορατικοὺς τοῦ συμφέ-
ροντας, ἀλλὰ τοῦ καλοῦ προαιρετικούς. (16) Οἱ δὲ τὴν
πανουργίαν δεινότητα, καὶ φρόνησιν ἡγούμενοι τὴν
ψευδοδοξίαν καὶ ἀνελευθερίαν, εἰκότως ἀβελτέρους ἀπο-

sicut verisimile est sensum ad utilia potius quam ad elegantia converti; ita etiam cogitationes. (5) Neque ducar
ego admiratione, si vino occupatum aliquid rerum philosophicarum subtiliumque subterfugiat animum : sed eundem
ad considerationes rerum agendarum avocatum colligere se,
et prudentia augeri probabile est. (6) Ita Philippus quum
Chæroneæ per ebrietatem multa nugaretur, essetque ridiculus; simul atque de pace et fœdere ei oblata est mentio,
vultum composuit, supercilia contraxit, ejectisque animo
vagis et lascivis motibus, admodum bene deliberatum ac
sobrium Atheniensibus responsum dedit. (7) Sane aliud
est bibere, aliud inebriari : et qui ita adbibunt, ut jam
delirent, eos censemus debere dormitum se conferre. Viri
autem cordati non est quod metuamus ne, si largius sese
potu invitent et convivium protrahant, rationis aut peritiæ
suæ detrimentum patiantur; quum histriones ac citharistas
videamus nihilo deterius in conviviis, quam in theatris se
gerere : (8) quippe peritia insita corpus quoque suis actionibus integrum ac motus animi recte comitans præstat.
Multis quoque protervitatem, qua audacia adjuvari solet,
merum inserit, non impudentem eam neque immodicam,
sed gratiosam et probabilem. (9) Sic etiam Æschylus fertur potus suas scripsisse tragœdias, omnesque eas Bacchi
plenas esse; secus quam Gorgias, qui unum de Æschyli
dramatibus quod inscribitur Septem ad Thebas, Marte plenum dixit. (10) Nam quum, ut Plato ait, vinum una cum
animo corpus calefaciat, agile reddit hoc, meatusque per-
rumpit, visis cum audacia junctis rationem excitantibus.
(11) Nonnulli enim ingenio ad inveniendum apto, sed dum
sobrii sunt minus audaci et quasi concreto, quando ad
pocula ventum est, thuris in morem a calore correpti exhalant. (12) Enimvero metum, quo nulla alia res magis
impedimento est consultantibus, vinum profligat; multas
etiam alias affectiones illiberales et degeneres exstinguit;
et malignitatem ac simultates tanquam duplices animi (ut
ille ait) plicas explicat, ac verbis omnes utriusque generis
in animo affectus detegit. (13) Ad hæc libertatis dicendi,
ac per eam veritatis fecundissimum est vinum ;'quibus absentibus nihil peritia, nihil judicii sollertia prodest : sed
multi eloquendo ac perficiendo quidquid in mentem venerit, melius rem gerunt, quam si suam sententiam insidiose
et vafre occultent. (14) Nulla ergo causa est, cur vinum
formidemus, quia motus animi concitet : neque enim deterrimos excitat, nisi in pessimis, quorum nunquam est sobria consultatrix animi facultas :(15) sed sicut Theophrastus
solebat tonstrinas appellare convivia vini expertia, sic ebrietas vini expers et tristis inhabitat in animis ineruditorum,
perturbata ab ira aliqua, aut malevolentia, aut contendendi
libidine, aut illiberalitate : quorum vitiorum pleraque re-
tundens magis quam acuens vini usus, non stultos aut fu-
tiles reddit, sed simplices et minime fictos; non utilium
negligentes, sed honesto intentos. (16) Qui vero versutiam pro sollertia, et vanitatem illiberalitatemque pro prudentia usurpant, par est ut pro fatuis etiam censeant eos

φαίνουσι τοὺς ἐν οἴνῳ λέγοντας ἀφελῶς καὶ ἀδόλως τὸ φαινόμενον. (17) Τοὐναντίον δὲ οἱ παλαιοὶ τὸν θεὸν Ἐλευθερᾶ καὶ Λύσιον ἐκάλουν, καὶ μαντικῆς πολλὴν ἔχειν ἡγοῦντο μοῖραν, οὐ διὰ τὸ βακχεύσιμον καὶ μανιῶδες, ὥσπερ Εὐριπίδης εἶπεν, ἀλλ' ὅτι τὸ δουλοπρεπὲς καὶ περιδεὲς καὶ ἄπιστον ἐξαιρῶν καὶ ἀπολύων τῆς ψυχῆς, ἀληθείᾳ καὶ παρρησίᾳ χρῆσθαι πρὸς ἀλλήλους δίδωσιν.

qui in vino simpliciter ac sine dolo suam exponunt sententiam. (17) Contra antiqui Bacchum Liberi et Lysii (seu Solutoris) nominibus affecerunt, et vaticinandi magnam ei adscripserunt facultatem : non, quod Euripides dixit, ob debacchationes et furores; sed quod servilem metum et infidelitatem eximens, eaque animum liberans, homines inter se veritate dicendique libertate uti doceat.

ΣΥΜΠΟΣΙΑΚΩΝ

ΠΡΟΒΛΗΜΑΤΩΝ

ΒΙΒΛΙΟΝ ΟΓΔΟΟΝ.

ΠΡΟΟΙΜΙΟΝ.

CONVIVALIUM

DISPUTATIONUM

LIBER OCTAVUS.

PROŒMIUM.

I. Οἱ φιλοσοφίαν, ὦ Σόσσιε Σενεκίων, ἐκ τῶν συμποσίων ἐκβάλλοντες οὐ ταὐτὸ ποιοῦσι τοῖς τὸ φῶς ἀναιροῦσιν, ἀλλὰ χεῖρον, ὅσῳ λύχνου μὲν ἀρθέντος οἱ μέτριοι καὶ σώφρονες οὐδὲν ἔσονται κακίους, τὸ αἰδεῖσθαι τοῦ βλέπειν ἀλλήλους μεῖζον ἔχοντες· ἀμαθίας δὲ δὴ καὶ ἀμουσίας σὺν οἴνῳ παρούσης, οὐδὲ ὁ τῆς Ἀθηνᾶς χρυσοῦς λύχνος ἐκεῖνος εὔχαριν ἂν πότον καὶ κόσμιον παράσχοι. (2) Σιωπῶντας μὲν γὰρ ἐμπίπλασθαι μετ' ἀλλήλων, κομιδῇ συῶδες, καὶ ἴσως ἀδύνατον· ὁ δὲ λόγον μὲν ἀπολιπὼν ἐν συμποσίῳ, τὸ δὲ τεταγμένως χρῆσθαι λόγῳ καὶ ὠφελίμως οὐ προσιέμενος, πολὺ γελοιότερός ἐστι τοῦ πίνειν μὲν οἰομένου δεῖν καὶ τρώγειν τοὺς δειπνοῦντας, ἄκρατον δὲ τὸν οἶνον αὐτοῖς ἐγχέοντος, καὶ τοὖψον ἀνήδυντον καὶ ἀκάθαρτον παρατιθέντος. (3) Οὔτε γὰρ ποτὸν οὐδὲν οὔτ' ἐδεστὸν οὕτω ἀηδὲς καὶ βλαβερόν ἐστι μὴ θεραπευθὲν ὃν προσήκει τρόπον, ὡς λόγος ἀκαίρως καὶ ἀνοήτως ἐν συμποσίῳ περιφερόμενος. (4) Τὴν γοῦν μέθην οἱ λοιδοροῦντες φιλόσοφοι λήρησιν πάροινον ἀποκαλοῦσι· τὸ δὲ ληρεῖν οὐδέν ἐστιν ἀλλ' ἢ λόγῳ κενῷ χρῆσθαι καὶ φλυαρώδει· λαλιᾶς δ' ἀτάκτου καὶ φλυαρίας εἰς ἄκρατον ἐμπεσούσης, ὕβρις καὶ παροινία τέλος ἀμουσότατον καὶ ἀχαριστότατον. (5) Οὐ φαύλως οὖν καὶ παρ' ἡμῖν * ἐν τοῖς Ἀγριωνίοις τὸν Διόνυσον αἱ γυναῖκες ὡς ἀποδεδρακότα ζητοῦσιν· εἶτα παύονται, καὶ λέγουσιν ὅτι πρὸς τὰς Μούσας καταπέφευγε, καὶ κέκρυπται παρ' ἐκείναις· μετ' ὀλίγον δὲ, τοῦ δείπνου τέλος ἔχοντος, αἰνίγματα καὶ γρίφους ἀλλήλοις προβάλλουσι· (6) τοῦ μυστηρίου διδάσκοντος, ὅτι λόγῳ τε δεῖ χρῆσθαι παρὰ πότον θεωρίαν τινὰ καὶ μοῦσαν ἔχοντι, καὶ λόγου τοιούτου τῇ μέθῃ παρόντος, ἀποκρύπτεται τὸ ἄγριον καὶ μανικὸν, ὑπὸ τῶν Μουσῶν εὐμενῶς κατεχόμενον. (7) Ἃ τοίνυν ἐν τοῖς Πλάτωνος γενεθλίοις πέρυσι καὶ ἀκοῦσαι καὶ εἰπεῖν συνέτυχεν ἡμῖν, πρῶτα τοῦτο περιέχει τὸ βιβλίον. Ἔστι δὲ τῶν συμποσιακῶν ὄγδοον.

I. Qui philosophiam e conviviis ejiciunt, Sossi Senecio, non idem, sed pejus agunt quam qui lumen inde tollunt. Nam lucerna sublata, modesti ac pudici homines nihilo fient deteriores; quippe qui pluris faciant mutuo se revereri, quam invicem videre : at ubi inscitia et bonarum artium imperitia ad vinum accedit, jam ne aurea quidem illa Minervæ lucerna Modestum gratiosumque effecerit convivium. (2) Ut enim homines, qui convenerunt, silentes cibo impleantur, nimis quam est porcorum mori affine, atque haud scio an etiam fieri nequeat : qui vero sermonem quidem in convivio reliquit, ordinem vero et utilitatem colloquii inde excludit, multo est ineptior, quam si quis velit convivas semper edere et bibere, vinum autem iis merum infundat, et cibum inconditum et immundum apponat. (3) Nullus quippe cibus, nullus potus non quo convenit modo apparatus, ita insuavis, ita noxius est, ut sermo intempestive et stulte in convivio circumvagatus. (4) Ac philosophi quidem *ebrietatem* vituperantes, *delirationem e vino obortam* appellant : quid autem est delirare, quam inani et nugaci oratione uti? et quum garrulitas incomposita ac nugæ mero accedunt, finis inscitissimus ingratissimusque sequitur, contumeliæ et bacchatio. (5) Non itaque inepte apud nos Agrioniis festo mulieres Bacchum requirunt tanquam fugitivum, deinde finem quærendi faciunt, dicuntque eum ad Musas confugisse, atque apud eas latere occultatum; paulo post, cœna finita, ænigmata et griphos invicem proponunt : (6) docente id mysterio, inter pocula sermone utendum esse qui aliquid commentationis atque eruditionis habeat; qui si ebrietati adsit, ferocia et insania vini celatur a Musis benigne detenta. (7) Proinde quæ superiore anno in Platonis natalitiis nobis audire et dicere contigit, primo loco hic liber complectitur, qui est Convivalium Disputationum octavus.

ΠΡΟΒΛΗΜΑ Α'.

Περὶ ἡμερῶν ἐν αἷς γεγόνασί τινες τῶν ἐπιφανῶν· ἐν ᾧ καὶ περὶ τῆς λεγομένης ἐκ θεῶν γενέσεως.

ΠΡΟΣΩΠΑ ΤΟΥ ΔΙΑΛΟΓΟΥ.

ΔΙΟΓΕΝΙΑΝΟΣ, ΠΛΟΥΤΑΡΧΟΣ, ΦΛΩΡΟΣ, ΤΥΝΔΑΡΗΣ.

I. Τῇ ἕκτῃ τοῦ Θαργηλιῶνος ἱσταμένου τὴν Σωκράτους ἀγαγόντες γενέθλιον, τῇ ἑβδόμῃ τὴν Πλάτωνος ἤγομεν, καὶ τοῦτο πρῶτον λόγους ἡμῖν παρεῖχε τῇ συντυχίᾳ πρέποντας, ὧν κατῆρξε Διογενιανὸς ὁ Περγαμηνός. (2) Ἔφη γὰρ οὐ φαύλως εἰπεῖν Ἴωνα περὶ τῆς Τύχης, ὅτι πολλὰ τῆς σοφίας διαφέρουσα, πλεῖστα αὐτῇ ὅμοια ποιεῖ· τοῦτο μέντοι μουσικῶς ἔοικεν ἀπαυτοματίσαι τὸ μὴ μόνον οὕτω σύνεγγυς, ἀλλὰ καὶ πρότερον τῇ δόξῃ γεγονέναι τὸν πρεσβύτερον καὶ καθηγητήν. (3) Ἐμοὶ δὲ πολλὰ λέγειν ἐπῄει τοῖς παροῦσι τῶν εἰς ταὐτὸ καιροῦ συνδραμόντων· οἷον ἦν τὸ περὶ τῆς Εὐριπίδου γενέσεως καὶ τελευτῆς, γενομένου μὲν ἡμέρᾳ, καθ' ἣν οἱ Ἕλληνες ἐναυμάχουν ἐν Σαλαμῖνι πρὸς τὸν Μῆδον, ἀποθανόντος δὲ, καθ' ἣν ἐγεννήθη Διονύσιος ὁ πρεσβύτερος τῶν ἐν Σικελίᾳ τυράννων· ἅμα τῆς τύχης, ὡς Τίμαιος ἔφη, τὸν μιμητὴν ἐξαγούσης τῶν τραγικῶν παθῶν, καὶ τὸν ἀγωνιστὴν ἐπεισαγούσης. (4) Ἐμνήσθησαν δὲ καὶ τῆς Ἀλεξάνδρου τοῦ βασιλέως τελευτῆς, καὶ τῆς Διογένους τοῦ Κυνὸς ἡμέρᾳ μιᾷ γενομένης. (5) Καὶ τὸν μὲν Ἄτταλον ἐν τοῖς ἑαυτοῦ γενεθλίοις τὸν βασιλέα τελευτῆσαι συνεφωνεῖτο· Πομπήϊον δὲ Μάγνον οἱ μὲν ἐν τοῖς γενεθλίοις ἔφασαν, οἱ δὲ πρὸ μιᾶς ἡμέρας τῶν γενεθλίων ἀποθανεῖν περὶ Αἴγυπτον. (6) Ἧκε δὲ καὶ Πίνδαρος ἐπὶ μνήμην ἐν Πυθίοις γενόμενος πολλῶν καὶ καλῶν ὕμνων τῷ θεῷ χορηγός.

II. Ὁ δὲ Φλῶρος οὐδὲ Καρνεάδην ἀπαξιοῦν ἔφη μνήμης ἐν τοῖς Πλάτωνος γενεθλίοις, ἄνδρα τῆς Ἀκαδημείας εὐκλεέστατον ὀργιαστήν· Ἀπόλλωνος γὰρ ἀμφοτέρους ἑορτῇ γενέσθαι· τὸν μὲν γὰρ Θαργηλίοις Ἀθήνῃσι, τὸν δὲ Κάρνεια Κυρηναίων ἀγόντων· (2) ἑβδόμῃ δ' ἀμφοτέρας ἑορτάζουσι· καὶ τὸν θεόν, ὡς ταύτῃ γενόμενον, ὑμεῖς, εἶπεν, οἱ προφῆται καὶ (οἱ) ἱερεῖς Ἑβδομαγένη καλεῖτε. (3) Διὸ τοὺς Ἀπόλλωνι τὴν Πλάτωνος τέκνωσιν ἀνατιθέντας οὐκ ἂν οἶμαί τινα φάναι καταισχύνειν τὸν θεόν, ἐπὶ μείζονα πάθη καὶ νοσήματα τοῦτον ἡμῖν διὰ Σωκράτους ἰατρόν, ὥσπερ ἑτέρου Χείρωνος, ἀπειργασμένον. (4) Ἅμα δὲ τῆς λεγομένης Ἀρίστωνι, τῷ Πλάτωνος πατρί, γενέσθαι καθ' ὕπνον ὄψεως καὶ φωνῆς, ἀπαγορευούσης μὴ συγγενέσθαι τῇ γυναικὶ μηδὲ ἅψασθαι δέκα μηνῶν, ἐμνημόνευσεν.

III. Ὑπολαβὼν δὲ Τυνδάρης ὁ Λακεδαιμόνιος, Ἄξιον μέν ἐστιν, ἔφη, περὶ Πλάτωνος ᾄδειν καὶ λέγειν τό,

Οὐδὲ ἐῴκει
ἀνδρός γε θνητοῦ παῖς ἔμμεναι, ἀλλὰ θεοῖο·

(2) τοῦ γὰρ θείου δέδια μὴ δόξῃ τῷ ἀφθάρτῳ μάχεσθαι τὸ γεννῶν οὐχ ἧττον ἢ τὸ γεννώμενον· μεταβολὴ γάρ τις

QUÆSTIO I.

De diebus illustrium quorumdam virorum natalibus; simulque de his quos dii genuisse dicuntur.

PERSONÆ COLLOQUII.

DIOGENIANUS, PLUTARCHUS, FLORUS, TYNDARES.

I. Sexta die mensis Thargelionis quum natalem Socratis diem celebravissemus, postridie ejus diei Platonis natalitia egimus : eaque occasio primum nobis obiata disserendi fuit ea, quæ ad præsens tempus quadrarent. Princeps colloquii Diogenianus Pergamenus fuit, (2) ita fere locutus : Non male Ion de Fortuna pronunciavit, *eam, quum a sapientia differat plurimum, permulta hujus operum similia facere.* Hoc quidem illam scite fortuito lusu effecisse, ut horum philosophorum natales dies non modo ita contigui essent, sed prior etiam ejus qui gloria et ætate anteivisset, doctorque alterius fuisset. (3) Mihi vero multa occurrerunt quæ ad præsentes dicerem de iis, quæ in idem tempus inciderunt. Quale erat hoc de Euripide. Is natus ea die, qua ad Salaminem Græci cum Medis navali prœlio decertaverunt, mortuus est die natali [*prima regni*] Dionysii senioris, Siciliæ tyranni : quum quidem, ut Timæus ait, Fortuna simul et imitatorem tragicarum calamitatum subduxit, et actorem earum introduxit. (4) Mentio etiam facta est Alexandri Magni regis et Diogenis Cynici, qui una eademque die e vivis excesserunt. (5) Convenit quoque regem Attalum suis in natalitiis diem suum obiisse. Pompeium Magnum alii suo natali, alii pridie ejus, periisse apud Ægyptum aiebant. (6) In mentem venit porro et Pindarus, qui Pythiis natus, multos pulchrosque hymnos Apollini suppeditavit.

II. Florus autem Carneadem quoque nolebat præteriri in Platonis natalitiis, Academiæ nobilissimum antistitem : ambos enim natos festo Apollinis die, Platonem Athenis quum Thargelia agerentur, Carneadem Cyrenæ quum ibi Carnea celebrarentur. (2) Utrumque sacrificium in septimum diem incidit : et vos vates atque sacerdotes Apollinem ut ea die natum, Hebdomagenam (quasi Septimanatum) appellatis. (3) Itaque eos qui Apollinis filium faciunt Platonem, non puto quenquam dicturum deo ei contumeliam facere, qui nobis hunc majorum (quam quibus medetur Æsculapius) vitiorum et morborum medicum Socratis, tanquam alterius Chironis, opera paravit. (4) Simul etiam commemoravit somnium Aristoni, patri Platonis, et vocem una oblatam, quæ eum per decem menses concubitu et contactu uxoris abstinere juberet.

III. Sub hæc Tyndares Lacedæmonius, De Platone quidem, inquit, dignum est canere et dicere,

Non hic est visus mortali de patre natus,
sed genitore deo satus.

(2) Equidem tamen nonnihil vereor, ne gignere non minus repugnet divinæ naturæ perpetuitati, quam natum esse .

καὶ αὐτὴ, καὶ πάθος· ὥς που καὶ Ἀλέξανδρος ὑπενόησεν, εἰπὼν μάλιστα θνητὸν καὶ φθαρτὸν ἐπιγινώσκειν ἑαυτὸν ἐν τῷ συγγίνεσθαι γυναιξὶ καὶ καθεύδειν· (2) ὡς τὸν μὲν ὕπνον ἐνδόσει γινόμενον ὑπ' ἀσθενείας, γένεσιν δὲ πᾶσαν οἰκείου τινὸς εἰς ἕτερον ἔκστασιν καὶ φθορὰν οὖσαν. (4)* Ἀναθαρρῶ δὲ πάλιν αὐτοῦ Πλάτωνος ἀκούων πατέρα καὶ ποιητὴν τοῦ τε κόσμου καὶ τῶν ἄλλων γεννητῶν τὸν ἀγέννητον καὶ ἀΐδιον θεὸν ὀνομάζοντος, οὐ διὰ σπέρματος δήπου γενομένων, ἄλλῃ δὲ δυνάμει τοῦ θεοῦ τῇ ὕλῃ γόνιμον ἀρχὴν, ὑφ' ἧς ἔπαθε καὶ μετέβαλεν, ἐντεκόντος.

    (5) Πλήθουσι γάρ τοι κἀνέμων διέξοδαι
    θήλειαν ὄρνιν, πλὴν ὅταν παρῇ τόκος...

καὶ οὐθὲν οἴομαι δεινὸν, εἰ μὴ πλησιάζων ὁ θεὸς ὥσπερ ἄνθρωπος, ἀλλὰ ἑτέραις τισὶν ἁφαῖς δι' ἑτέρων καὶ ψαύσεσι τρέπει καὶ ὑποπίμπλησι θειοτέρας γονῆς τὸ θνητόν. (6) Καὶ οὐκ ἐμὸς ὁ μῦθος, εἶπεν, ἀλλ' Αἰγύπτιοι τόν τ' Ἆπιν οὕτω λοχεύεσθαί φασιν ἐπαφῇ τῆς σελήνης· καὶ ὅλως ἄρρενι θεῷ πρὸς γυναῖκα θνητὴν ἀπολείπουσιν ὁμιλίαν· (7) ἀνάπαλιν δ' οὐκ ἂν οἴονται θνητὸν ἄνδρα θηλείᾳ θεῷ τόκου καὶ κυήσεως ἀρχὴν παρασχεῖν, διὰ τὸ τὰς οὐσίας τῶν θεῶν ἐν ἀέρι καὶ πνεύμασι καὶ τισὶ θερμότησι καὶ ὑγρότησι τίθεσθαι.

ΠΡΟΒΛΗΜΑ Β'.

Πῶς Πλάτων ἔλεγε τὸν θεὸν ἀεὶ γεωμετρεῖν.

ΠΡΟΣΩΠΑ ΤΟΥ ΔΙΑΛΟΓΟΥ.

ΔΙΟΓΕΝΙΑΝΟΣ, ΤΥΝΔΑΡΗΣ, ΦΛΩΡΟΣ, ΑΥΤΟΒΟΥΛΟΣ.

    I. Ἐκ δὲ τούτου γενομένης σιωπῆς, πάλιν ὁ Διογενιανὸς ἀρξάμενος, Βούλεσθε, εἶπεν, ἐπεὶ λόγοι περὶ θεῶν γεγόνασιν, ἐν τοῖς Πλάτωνος γενεθλίοις αὐτὸν Πλάτωνα κοινωνὸν παραλάβωμεν, ἐπισκεψάμενοι τίνα λαβὼν γνώμην ἀπεφήνατο [ἀεὶ] γεωμετρεῖν τὸν θεόν; εἴ γε δὴ θετέον εἶναι τὴν ἀπόφασιν ταύτην Πλάτωνος. (2) Ἐμοῦ δὲ ταῦτ' εἰπόντος ὡς γέγραπται μὲν ἐν οὐδενὶ σαφῶς τῶν ἐκείνου βιβλίων, ἔχει δὲ πίστιν ἱκανὴν, καὶ τοῦ Πλατωνικοῦ χαρακτῆρός ἐστιν· (3) εὐθὺς ὑπολαβὼν ὁ Τυνδάρης, Οἴει γὰρ, εἶπεν, ὦ Διογενιανὲ, τῶν περιττῶν τι καὶ δυσθεωρήτων αἰνίττεσθαι τὸν λόγον, οὐχ ὅπερ αὐτὸς εἴρηκε καὶ γέγραφε πολλάκις, ὑμνῶν γεωμετρίαν, ὡς ἀποσπῶσαν προσισχομένους τῇ αἰσθήσει, καὶ ἀποστρέφουσαν ἐπὶ τὴν νοητὴν καὶ ἀΐδιον φύσιν, ἧς θέα τέλος ἐστὶ φιλοσοφίας, οἷον ἐποπτεία τελετῆς; (4) Ὁ γὰρ ἡδονῆς καὶ ἀλγηδόνος ἧλος, ὃς πρὸς τὸ σῶμα τὴν ψυχὴν προσηλοῖ, μέγιστον κακὸν ἔχειν ἔοικε, τὸ τὰ αἰσθητὰ ποιεῖν ἐναργέστερα τῶν νοητῶν, καὶ καταβιάζεσθαι (καὶ) πάθει μᾶλλον ἢ λόγῳ κρίνειν τὴν διάνοιαν· (5) ἐθιζομένη γὰρ ὑπὸ τοῦ σφόδρα πονεῖν καὶ ἥδεσθαι τῷ περὶ τὰ σώματα πλανητῷ καὶ μεταβλητῷ προσέχειν ὡς ὄντι, τοῦ ἀληθῶς ὄντος τυφλοῦται,

nam gignere etiam mutatio est quædam et affectio : idque significavit Alexander, quum diceret, se morti et interitui esse obnoxium sese tum maxime sentire, quando rem haberet cum muliere, et quum dormiret : (3) nempe quod somnus remissio quædam esset ab imbecillitate proficiscens, generatio autem quævis sui portiunculæ in alium transitus et perditio. (4) Recipio tamen animum, audiens ab ipso Platone deum non-natum et æternum nominari patrem opificemque mundi et aliarum rerum natarum ; non sane quod semine emittendo ista genuisset, sed alia quadam vi materiæ principium genitabile, quod affecerit et mutaverit eam, inseruisset.

    (5) Nimirum volucrem feminam venti quoque
    fœta replet meatus, in partu tamen...

Neque existimo absurdum esse, deum non humano more coeuntem, sed aliis quibusdam ansis per alias res contactibusque mulierem mortalem diviniore implere semine. (6) Et quidem mea non est hæc ratio, sed Ægyptiorum, qui Apin sic concipi aiunt lunæ contactu, omninoque mari deo cum mortali femina concedunt consuetudinem : (7) vicissim vero non existimant marem hominem feminæ deæ partus fœtusve principium posse præbere, qui a naturæ deorum in aere, ventis, caloribus, humoribusque certis ponuntur.

QUÆSTIO II.

Qua ratione dixerit Plato, deum semper geometriam tractare.

PERSONÆ COLLOQUII.

DIOGENIANUS, TYNDARES, FLORUS, AUTOBULUS.

    I. Secundum hæc facto silentio, Diogenianus denuo sic est orsus : Quandoquidem de diis facta est mentio, lubetne ipsum in suis natalitiis Platonem consortem adhibere, et considerare quonam consilio pronunciaverit deum semper geometriam exercere? si quidem hoc dictum Platonis esse existimandum est. (2) Ego quum subjecissem, non esse hoc diserte in ullo ipsius libro scriptum, tamen satis habere fidei et Platonicæ esse formæ : (3) statim excipiens sermonem Tyndares, Existimasne, inquit, Diogeniane, subtile obscurumque aliquid per ambages hac oratione significari, non id ipsum, quod tam sæpe idem dixit scripsitque laudibus celebrans geometriam, ea nos a sensibus quibus attenti sumus avelli, et averti ad naturæ sola mente percipiendæ atque sempiternæ contemplationem, quæ contemplatio finis est philosophiæ, non secus quam inspectio arcanorum sacrorum finis est initiationis? (4) Nam voluptatis et doloris ille clavus, quo animus corpori affigitur, id videtur maximum habere malum, quod sensilia facit intelligibilibus evidentiora, vimque facit intellectui, ut affectionem magis quam rationem in judicando sequatur. (5) Adsuescens enim ob vehementiam dolorum et voluptatum intentus esse vagis et mutabilibus corporis accidentibus tanquam ei quod vere sit,

καὶ τὸ μυρίων ἀντάξιον ὀμμάτων ὄργανον ψυχῆς καὶ φέγγος ἀπόλλυσιν, ᾧ μόνῳ θεατόν ἐστι τὸ θεῖον. (6) Πᾶσι μὲν οὖν τοῖς καλουμένοις μαθήμασιν, ὥσπερ ἀστραβέσι καὶ λείοις κατόπτροις, ἐμφαίνεται τῆς τῶν νοητῶν ἀληθείας ἴχνη καὶ εἴδωλα· μάλιστα δὲ γεωμετρία, κατὰ τὸν Φίλωνα, ἀρχὴ καὶ μητρόπολις οὖσα τῶν ἄλλων, ἐπανάγει καὶ στρέφει τὴν διάνοιαν, οἷον ἐκκαθαιρομένην καὶ ἀπολυομένην ἀτρέμα τῆς αἰσθήσεως. (7) Διὸ καὶ Πλάτων αὐτὸς ἐμέμψατο τοὺς περὶ Εὔδοξον καὶ Ἀρχύταν καὶ Μέναιχμον εἰς ὀργανικὰς καὶ μηχανικὰς κατασκευὰς τὸν τοῦ στερεοῦ διπλασιασμὸν ἀπάγειν ἐπιχειροῦντας (ὥσπερ πειρωμένους διὰ λόγου δύο μέσας ἀνάλογον μὴ παρείκοι λαβεῖν)· ἀπόλλυσθαι γὰρ οὕτω καὶ διαφθείρεσθαι τὸ γεωμετρίας ἀγαθὸν αὖθις ἐπὶ τὰ αἰσθητὰ παλινδρομούσης, καὶ μὴ φερομένης ἄνω, μηδ' ἀντιλαμβανομένης τῶν ἀϊδίων καὶ ἀσωμάτων εἰκόνων, πρὸς οἷσπερ ὢν ὁ θεὸς, ἀεὶ θεός ἐστι.

II. Μετὰ δὲ τὸν Τυνδάρην ὁ Φλῶρος, ἑταῖρος ὢν αὐτοῦ * καὶ προσποιούμενος ἀεὶ μετὰ παιδιᾶς ἐραστὴς εἶναι καὶ φάσκων, Ὤνησας, ἔφη, τὸν λόγον οὐ σεαυτοῦ ποιησάμενος, ἀλλὰ κοινόν· ἐλέγξαι γὰρ ἔδωκας αὐτὸν ἀποδεικνύοντα, μὴ θεοῖς οὖσαν ἀλλ' ἡμῖν ἀναγκαίαν τὴν γεωμετρίαν· (2) οὐ γάρ τι που καὶ θεὸς δεῖται μαθήματος, οἷον ὀργάνου στρέφοντος ἀπὸ τῶν γεννητῶν καὶ περιάγοντος ἐπὶ τὰ ὄντα τὴν διάνοιαν· ἐν αὐτῷ γάρ ἐστιν ἐκεῖνα, καὶ σὺν αὐτῷ, καὶ περὶ αὐτόν. (3) Ἀλλ' ὅρα, μή τι σοι προσῆκον ὁ Πλάτων καὶ οἰκεῖον αἰνιττόμενος λέληθεν, ἅτε δὴ τῷ Σωκράτει τὸν Λυκοῦργον ἀναμιγνὺς, οὐχ ἧττον ἢ τὸν Πυθαγόραν ᾤετο Δικαίαρχος. (4) Ὁ γὰρ Λυκοῦργος, οἶσθα δήπουθεν, ὅτι τὴν ἀριθμητικὴν ἀναλογίαν, ὡς δημοκρατικὴν καὶ ὀχλικὴν οὖσαν, ἐξέβαλεν ἐκ τῆς Λακεδαίμονος· ἐπεισήγαγε δὲ τὴν γεωμετρικὴν, ὀλιγαρχίᾳ σώφρονι καὶ βασιλείᾳ νομίμῃ πρέπουσαν· ἡ μὲν γὰρ ἀριθμῷ τὸ ἴσον, ἡ δὲ λόγῳ τὸ κατ' ἀξίαν ἀπονέμει· καὶ οὐ πάντα ὁμοῦ μίγνυσιν, ἀλλά ἐστι χρηστῶν καὶ πονηρῶν εὔσημος ἐν αὐτῇ διάκρισις, οὐ ζυγοῖς οὐδὲ κλήροις, ἀρετῆς δὲ καὶ κακίας διαφορᾷ τὸ οἰκεῖον ἀεὶ διαλαγχανόντων. (5) Ταύτην ὁ θεὸς ἐπάγει τὴν ἀναλογίαν τοῖς πράγμασι, δίκην καὶ νέμεσιν, ὦ φίλε Τυνδάρη, προσαγορευομένην, καὶ διδάσκουσαν ἡμᾶς, τὸ δίκαιον ἴσον, ἀλλὰ μὴ τὸ ἴσον δεῖν ποιεῖσθαι δίκαιον· (6) ἣν γὰρ οἱ πολλοὶ διώκουσιν ἰσότητα, πασῶν ἀδικιῶν οὖσαν μεγίστην, ὁ θεὸς ἐξαιρῶν ὡς ἀνυστόν ἐστι, τὸ κατ' ἀξίαν διαφυλάττει, γεωμετρικῶς τῷ κατὰ λόγον καὶ κατὰ νόμον ὁριζόμενος.

III. Ταῦτα ἡμεῖς ἐπῃνοῦμεν. Ὁ δὲ Τυνδάρης φθονεῖν ἔφασκε, καὶ παρεκάλει τὸν Αὐτόβουλον ἅψασθαι Φλώρου, καὶ κολάσαι τὸν λόγον. Ὁ δὲ τοῦτο μὲν ἀπεῖπεν, ἰδίαν δέ τινα δόξαν ἀντιπαρήγαγεν. (2) Ἔφη γὰρ οὔτε τὴν γεωμετρίαν ἄλλου τινὸς ἢ τῶν περὶ τὰ πέρατα συμπτωμάτων καὶ παθῶν εἶναι θεωρητικὴν, οὔτε θεὸν ἑτέρῳ τινὶ τρόπῳ κοσμοποιεῖν, ἢ περατοῦντα τὴν ὕλην ἄπειρον οὖσαν, οὐ μεγέθει καὶ πλήθει, διὰ δὲ ἀταξίαν καὶ

excæcatur, ut cernere id quod revera est non possit, instrumentumque animi et lumen innumeris præstantius oculis amittit, quo solo divina natura conspicitur. (6) Jam quum in omnibus mathematis, tanquam planis et lævibus speculis, intelligibilium veritatis vestigia et imagines appareant; maxime geometria, quam Philo reliquorum principem et metropolin vocat, excitat et convertit intellectum veluti repurgatum et paullatim a sensu liberatum. (7) Quamobrem Plato ipse reprehendit Eudoxum, Archytam et Menæchmum, qui cubi duplicationem aggrederentur in instrumenta et mechanica opera conjicere, [tentarentque hoc modo duas lineas medio loco datis duabus proportionales invenire] : hoc enim pacto aiebat corrumpi et perdi geometriæ bonum, rursum ad sensilia refugientis, neque sursum se efferentis, neque apprehendentis æternas et corporis expertes imagines : quibus deditus deus, semper deus est.

II. Post Tyndarem Florus socius ejus, et qui semper per jocum simularet diceretque amatorem se ejus esse, Bene abs te factum est, inquit, qui orationem non tuam feceris, sed in medium proposueris, refellendam ei qui velit ostendere, Platonem demonstrare non diis, sed nobis necessarium esse geometriæ usum. (2) Non enim profecto etiam deo opus est mathemate, tanquam instrumento, quod a rebus natis ad æternas ejus traducat intellectum : quum ea in ipso, cum ipso, et circa ipsum sint. (3) Verum hoc vide, an non te fefellerit, Platonem aliquid conveniens et domesticum hoc involucro significare voluisse : quippe Socrati non minus Lycurgum quam, quod putavit Dicæarchus, Pythagoram adjungens. (4) Nam Lycurgus, quod nosti, arithmeticam proportionem, ut popularem et turbæ aptam, Lacedæmone ejecit; geometricam, ut quæ paucorum modesto imperio et legitimo regno conveniret, introduxit. Quippe illa numero æquale omnibus tribuit, hæc ratione cuique id, quod meretur : neque omnia confundit, sed habet notabile bonorum et malorum discrimen, non qui sorte aut libra, sed discrimine virtutis et vitii suum quisque adipiscerentur. (5) Hanc deus proportionem rebus immittit, quæ, mi Tyndares, Justitia et Nemesis appellatur, ac nos docet justum pro æquali, non æquale pro justo esse ducendum. (6) Quam enim plerique sectantur æqualitatem, istam omnium injustitiarum maximam, eam deus tollens quantum omnino fieri potest, suum cuique pro eo atque dignus est conservat, geometrice id ratione ac lege definiens.

III. Quum nos hæc laudavissemus, Tyndares invidere se dixit, Autobulumque hortatus est ut Florum refelleret. Id hic renuit, sed peculiarem quandam protulit sententiam. (2) Neque geometria, aiebat, ullam rem aliam, quam extremitatum accidentia considerat; neque deus alio modo condit mundum, quam dum materiam definit, ex se infinitam, non hoc ob magnitudinem aut multitudinem, sed quia incomposita et imperfecta est, antiqui solebant eam

πλημμέλειαν αὐτῆς τὸ ἀόριστον καὶ ἀπερατώτατον, ἄπειρον εἰωθότων καλεῖν τῶν παλαιῶν. (3) Καὶ γὰρ ἡ μορφὴ καὶ τὸ σχῆμα πέρας ἐστὶ τοῦ μεμορφωμένου καὶ ἐσχηματισμένου παντός, ὦν στερήσει καθ' αὐτὴν ἄμορφος ἦν καὶ ἀσχημάτιστος· ἀριθμῶν δὲ καὶ λόγων ἐγγινομένων, οἷον δεθεῖσα καὶ περιληφθεῖσα γραμμαῖς, ἐκ δὲ τῶν γραμμῶν ἐπιπέδοις καὶ βαθέσιν, εἴδη τὰ πρῶτα καὶ διαφορὰς σωμάτων, ὥσπερ θεμελίων, παρέσχε πρὸς γένεσιν ἀέρος καὶ γῆς, ὕδατός τε καὶ πυρός. (4) Ὀκταέδρων γὰρ καὶ εἰκοσαέδρων, ἔτι δὲ πυραμίδων καὶ κύβων ἰσότητας ἐν πλευραῖς καὶ ὁμοιότητας ἐν γωνίαις καὶ ἁρμονίας ἀνασχεῖν ἐξ ὕλης ἀτάκτου καὶ πλανητῆς, ἄνευ τοῦ περιορίζοντος καὶ διαρθροῦντος ἕκαστα γεωμετρικῶς, ἄπορον ἦν καὶ ἀδύνατον. (5) Ὅθεν ἀπείρῳ πέρατος ἐγγενομένου, τὸ πᾶν ἡρμοσμένον καὶ κεκραμένον ἄριστα καὶ πεπερασμένον γέγονέ τε καὶ γίνεται· τῆς μὲν ὕλης ἀεὶ βιαζομένης εἰς τὸ ἀόριστον ἀναδῦναι, καὶ φευγούσης τὸ γεωμετρεῖσθαι· τοῦ δὲ λόγου καταλαμβάνοντος αὐτὴν καὶ περιγράφοντος, καὶ διανέμοντος εἰς ἰδέας καὶ διαφορὰς, ἐξ ὧν τὰ φυόμενα πάντα τὴν γένεσιν ἔσχε καὶ σύστασιν.

IV. Ἐπὶ τούτοις ῥηθεῖσιν ἠξίουν καὶ ἐμὲ συμβαλέσθαι τι πρὸς τὸν λόγον αὐτοῖς. Ἐγὼ δὲ τὰς μὲν εἰρημένας δόξας, ὡς ἰθαγενεῖς καὶ ἰδίας αὐτῶν ἐκείνων ἐπήνεσα, καὶ τὸ εἰκὸς, ἔφην, ἔχειν ἱκανῶς· (2) Ὅπως δὲ, εἶπον, ἑαυτῶν μὴ καταφρονῆτε, μηδ' ἔξω βλέπητε παντάπασιν, ἀκούσατε τὸν μάλιστα παρὰ τοῖς καθηγηταῖς ἡμῶν εὐδοκιμοῦντα περὶ τούτου λόγον. (3) * Ἔστι γὰρ ἐν τοῖς γεωμετρικωτάτοις θεωρήμασι, μᾶλλον δὲ προβλήμασι, τὸ, δυεῖν εἰδῶν δοθέντων ἄλλο τρίτον παραβάλλειν, τῷ μὲν ἴσον, τῷ δὲ ὅμοιον· ἐφ' ᾧ καὶ φασὶν ἐξευρεθέντι θῦσαι τὸν Πυθαγόραν. (4) Πολὺ γὰρ ἀμέλει γλαφυρώτερον τοῦτο καὶ μουσικώτερον ἐκείνου τοῦ θεωρήματος, ὃ τὴν ὑποτείνουσαν ἀπέδειξε ταῖς περὶ τὴν ὀρθὴν ἴσον δυναμένην. (5) Εὖ λέγεις, εἶπεν ὁ Διογενιανὸς, ἀλλὰ τί τοῦτο πρὸς τὸν λόγον; Εἴσεσθε ῥᾳδίως, εἶπον, ἀναμνήσαντες αὑτοὺς τῆς ἐν Τιμαίῳ διαιρέσεως, ᾗ διεῖλε τριχῇ τὰ πρῶτα, ὑφ' ὧν τὴν γένεσιν ὁ κόσμος ἔσχεν, ὧν τὸ μὲν θεὸν τῷ δικαιοτάτῳ τῶν ὀνομάτων, τὸ δὲ ὕλην, τὸ δὲ ἰδέαν καλοῦμεν. (6) Ἡ μὲν οὖν ὕλη, τῶν ὑποκειμένων ἀτακτότατόν ἐστιν· ἡ δ' ἰδέα, τῶν παραδειγμάτων κάλλιστον· ὁ δὲ θεός, τῶν αἰτίων ἄριστον. (7) Ἐβούλετο οὖν μηθὲν, ὡς ἀνυστὸν ἦν, ὑπολιπεῖν ὁριστὸν (καὶ) ἀόριστον, ἀλλὰ κοσμῆσαι λόγῳ καὶ μέτρῳ καὶ ἀριθμῷ τὴν φύσιν· ἕν τι ποιῶν ἐκ πάντων ὁμοῦ τῶν ὑποκειμένων, οἷον [ἡ] ἰδέα καὶ ὅσον ἡ ὕλη γενόμενον. (8) Διὸ τοῦτο πρόβλημα δοῦσα αὐτῷ, δυεῖν ὄντων, τρίτον ἐποίησε καὶ ποιεῖ, καὶ φυλάττει διαπαντὸς τὸ ἴσον τῇ ὕλῃ, καὶ ὅμοιον τῇ ἰδέᾳ τὸν κόσμον· (9) ἀεὶ γὰρ ὢν, διὰ τὴν σύμφυτον ἀνάγκην τοῦ σώματος, ἐν γενέσει καὶ μετατροπῇ καὶ πάθεσι παντοδαποῖς, ὑπὸ τοῦ πατρὸς καὶ δημιουργοῦ βοηθεῖται τῷ λόγῳ πρὸς τὸ παράδειγμα τὴν

---

infinitam et extremis carentem nominare. (3) Etenim forma et figura, omnis rei formatæ et figuratæ finis sunt sive terminus : quorum privatione materia suapte natura informis erat et infigurata : numeris et proportionibus in eam insertis, tanquam devincta et circumstricta lineis, et per lineas superficiebus ac crassitiebus, primas formas et discrimina corporum tanquam fundamentorum exhibuit, ad gignendaaerem, terram, aquam et ignem. (4) Octo enim bases, itemque viginti habentium corporum, tum cuborum et metarum æqualitates in lateribus, similitudines in angulis atque concinnitates edi ex materia incomposita atque vaga sine eo qui determinaret atque disponeret geometrice, nullo modo potuerunt. (5) Itaque quum infinito terminus esset impositus, Universum concinnatum ac contemperatum optime atque definitum factum est, et semper fit, materia semper vi ad infinitatem tendente et geometricam subterfugiente sui tractationem; ratione autem eam comprehendente ac circumscribente, et distribuente in formas et discrimina, unde omnia quæ nascuntur ortum statumque suum habent.

IV. His dictis, petebant ut ipse quoque aliquid ipsis de meo in medium conferrem. Ego autem collaudatis eorum sententiis ut propriis ac domi natis, et satis probabiliter propositis, (2) Tamen, inquam, ne earum vos pœniteat, neque omnino alio respiciatis, audite rationem quæ hac de re apud doctores nostros maxime probata est. (3) Inter maxime geometrica theoremata, aut potius problemata, est, Datis duabus figuris tertiam adjungere, alteri earum æqualem, alteri similem : quo invento ferunt Pythagoram sacrificasse. (4) Est enim haud dubie hoc multo splendidius et scitius illo, quo ostenditur anguli recti in triangulo subtendentem quadratum æquale quadratis eum continentium laterum posse. (5) Recte, inquit Diogenianus : sed quid hoc ad propositum? Facile, respondi, intelligetis, in memoriam revocata divisione, quæ in Timæo est, ubi prima ex quibus mundi origo est in tria dividit, quorum unum justissimo nomine deum, alterum materiam, tertium formam appellamus. (6) Materia proinde subjectorum ut quod maxime inordinatum et incompositum çst : idea, exemplorum pulcherrimum : deus, causarum præstantissima. (7) Is ergo nihil quod finiri posset voluit infinitum relinquere, quantum omnino res tulit; sed naturam rerum ornare ac digerere ratione et mensura numeroque; fecitque ex omnibus subjectis unam rem, magnitudine materiæ parem, forma ideæ similem. (8) Itaque istud problema sequens, quum duo essent, tertium fecit et facit, conservatque perpetuo mundum materiæ æqualem, ideæ similem. (9) Et quum hic ob innatam corporis necessitatem nunquam non ortibus, mutationibus, omnisque generis affectionibus sit obnoxius ; a patre et opifice ei succurritur, qui proportione ad exemplar substantiam definit. Unde

οὐσίαν ὁρίζοντος· ἢ καὶ κάλλιον τοῦ συμμέτρου τὸ περίμετρον τῶν ὄντων.

ΠΡΟΒΛΗΜΑ Γ'.

Διὰ τί τῆς ἡμέρας ἠχωδεστέρα ἡ νύξ.

ΠΡΟΣΩΠΑ ΤΟΥ ΔΙΑΛΟΓΟΥ.

ΑΜΜΩΝΙΟΣ, ΒΟΗΘΟΣ, ΠΛΟΥΤΑΡΧΟΣ, ΘΡΑΣΥΛΛΟΣ, ΑΡΙΣΤΟΔΗΜΟΣ.

I. Θόρυβός τις, ἑστιωμένων ἡμῶν Ἀθήνησι παρ' Ἀμμωνίῳ, τὴν οἰκίαν περιήχησεν, ἔξωθεν ἐπιβοωμένων τὸν στρατηγόν· ἐστρατήγει δὲ τὸ τρίτον ὁ Ἀμμώνιος. Ἐπεὶ δὲ πέμψας τῶν περὶ αὐτὸν τινὰς ἔπαυσε τὴν ταραχὴν, καὶ παρέπεμψαν τοὺς ἀνθρώπους, ἐζητοῦμεν ἡμεῖς, διὰ τί τῶν ἔξωθεν ὄντων συνεξακούουσιν οἱ ἐντός, οἱ δ' ἔξω τῶν ἐντὸς οὐχ ὁμοίως. (2) Καὶ ὁ Ἀμμώνιος ἔφη, τοῦτο μὲν ὑπ' Ἀριστοτέλους λελύσθαι· τὴν γὰρ φωνὴν τῶν ἔνδον ἔξω φερομένην εἰς ἀέρα πολὺν καὶ ἀναπεπταμένον εὐθὺς ἐξαμαυροῦσθαι καὶ διασπείρεσθαι· τὴν δ' ἔξωθεν εἴσω κατιοῦσαν οὐδὲν τοιοῦτο πάσχειν, ἀλλὰ συνέχεσθαι καὶ διαμένειν εὔσημον· (3) ἐκεῖνο δὲ μᾶλλον λόγου δεῖσθαι, τὸ νυκτὸς ἠχωδεστέρας εἶναι τὰς φωνάς, καὶ πρὸς τῷ μεγέθει τὴν τρανότητα καθαρῶς συνδιαφυλάττειν. (4) Ἐμοὶ μὲν οὖν, εἶπεν, οὐ φαύλως ἡ πρόνοια δοκεῖ μεμηχανῆσθαι τῇ ἀκοῇ σαφήνειαν, ὅτε τῆς ὄψεως οὐδὲν ἢ κομιδῇ τι μικρὸν ἔργον ἐστί. Σκοτεινὸς γὰρ ὢν ὁ ἀὴρ κατ' Ἐμπεδοκλέα

νυκτὸς ἐρημαίης ἀλαώπιδος,

ὅσον τῶν ὀμμάτων ἀφαιρεῖται τοῦ προαισθάνεσθαι, διὰ τῶν ὤτων ἀποδίδωσιν. (5) Ἐπεὶ δὲ δεῖ καὶ τὰ δι' ἀνάγκης φύσει περαινόμενα τῶν αἰτίων ἀνευρίσκειν, καὶ τοῦτο τοῦ φυσικοῦ ἴδιόν ἐστιν, ἢ πρὸς τὰς ὑλικὰς καὶ ὀργανικὰς ἀρχὰς πραγματεία· τίς ἂν, ἔφη, πρῶτος ἡμῶν εὐπορήσειε λόγου τὸ πιθανὸν ἔχοντος;

II. Ἡσυχίας δὲ γενομένης, Βόηθος ἔφη, νέος μὲν ὢν ἔτι καὶ σοφιστεύων ἀπὸ γεωμετρίας αἰτήμασι χρῆσθαι, καὶ λαμβάνειν ἀναποδείκτους ὑποθέσεις, νυνὶ δὲ χρήσεσθαί τισι τῶν προαποδεδειγμένων ὑπ' Ἐπικούρου. (2) Φέρεται τὰ ὄντα ἐν τῷ μὴ ὄντι· πολὺ γὰρ κενὸν ἐνδιέσπαρται καὶ μέμικται ταῖς τοῦ ἀέρος ἀτόμοις· ὅταν μὲν οὖν ᾖ διακεχυμένος, καὶ πλάτος ἔχων καὶ περιδρομὴν ὑπὸ μανότητος, μικρὰ καὶ λεπτὰ τὰ μεταξὺ τῶν μορίων κενὰ λείπεται, * καὶ πολλὴν αἱ ἄτομοι [ἐγ]κατεσπαρμένην χώραν ἐπέχουσιν· (3) ὅταν δὲ συσταλῇ καὶ πίλησις εἰς ὀλίγον αὐτῶν γένηται, καὶ συμπέσωσιν ἀποβιασθεῖσαι πρὸς ἀλλήλας, πολλὴν εὐρυχωρίαν ἔξω καὶ διασπάσεις μεγάλας ποιοῦσι· (4) τοῦτο δὲ γίνεται νυκτὸς ὑπὸ ψυχρότητος· ἡ γὰρ θερμότης χαλᾷ καὶ δίίστησι καὶ λύει τὰς πυκνώσεις· διὸ πλείονα τόπον τὰ ζέοντα καὶ μαλασσόμενα καὶ τηκόμενα τῶν σωμάτων ἐπιλαμβάνει· καὶ τοὐναντίον αὖ πάλιν τὰ πηγνύμενα

---

etiam pulchrius id quod rerum mensuram complectitur, quam id quod eam æquat.

QUÆSTIO III.

Cur nox sonos facilius reddat quam dies.

PERSONÆ COLLOQUII.

AMMONIUS, BOETHUS, PLUTARCHUS, THRASYLLUS, ARISTODEMUS.

I. Athenis cum Ammonio, qui tum ibi tertium erat prætor, nobis cœnantibus, tumultus domum circumsonavit foris prætorem inclamantium. Qui quum suorum ministrorum quibusdam missis turbam compescuisset, atque hi dimisissent illos homines, quæsivimus quidnam causæ esset, quod qui intus sunt, eorum qui foris sunt vocem exaudiunt, non pariter vero hi illorum. (2) Ammonius hoc ab Aristotele explicatum aiebat : vocem enim eorum qui intus sunt foras in aerem copiosum atque apertum elatam statim dissipari et evanescere; eorum qui foris sunt intro accidentem nihil tale pati, sed contineri atque permanere notabilem. (3) Id vero, aiebat, magis rationem exigit, cur noctu voces magis sint sonoræ, et simul cum magnitudine claritatem pure conservent. (4) Mihi quidem videtur Providentia non inepte hoc machinata, ut tum auditus clare sonos percipiat, quando visus aut nullum aut perexiguum usum habet. Quum enim aer sit tenebrosus

desertæ noctis cæcæque,

ut ait Empedocles, quantum videndi sensus amittit, tantum auditui redditur. (5) Sed quoniam etiam eorum quæ naturæ necessitate eveniunt causæ inquirendæ sunt, et materialium instrumentaliumque causarum tractatio propria physici est : quisnam nostrûm probabilem primus rationem invenerit?

II. Facto silentio, Boethus, Quum essem, inquit, etiamnum adolescens, doctrinarum institutionem factitans, postulatis utebar e geometria desumtis, et ea ponebam, quæ demonstratione carerent : nunc utar quibusdam jam ante ab Epicuro demonstratis. (2) Quæ sunt, in eo feruntur quod non est : multum enim inane sparsum est et immixtum aeris atomis. Is ergo ubi diffunditur in latitudinem, ac latam circumcursitationem nanciscitur propter tenuitatem, exigua fiunt et tenuia quæ particulæ interjacent inania, et atomi multum spatium insertum obtinent : (3) quando autem comprimuntur et in angustias densantur, vique inter se coguntur, foris ingens latumque relinquunt spatium, magnasque divulsiones. (4) Atque hoc nocte frigus efficit : nam calor laxat, divellit, solvitque densata : ideoque corpora quæ fervent, molliuntur, liquanturve, ampliorem occupant locum : contra vero quæ densantur aut refrigerantur, ea in

καὶ ψυχόμενα συγχωρεῖ πρὸς ἄλληλα καὶ συνάγεται, καὶ ἀπολείπει κενότητας ἐν τοῖς περιέχουσιν ἀγγείοις καὶ τόποις, ἐξ ὧν ὑποκεχώρηκεν. (5) Ἡ δὲ φωνὴ προσφερομένη καὶ προστυγχάνουσα σώμασι πολλοῖς καὶ ἀθρόοις, ἢ τυφλοῦται παντάπασιν, ἢ διασπάσματα λαμβάνει καὶ μεγάλας καὶ πολλὰς ἀντικρούσεις καὶ διατριβάς· ἐν δὲ κενῷ καὶ σωμάτων ἐρήμῳ διαστήματι λεῖον δρόμον ἔχουσα καὶ συνεχῆ καὶ ἄπταιστον ἐξικνεῖται πρὸς τὴν ἀκοήν, ὑπὸ τάχους ἅμα τῷ λόγῳ διασώζουσα τὴν σαφήνειαν. (6) Ὁρᾷς γὰρ ὅτι καὶ τῶν ἀγγείων τὰ κενὰ πληττόμενα, μᾶλλον ὑπακούει πληγαῖς καὶ τὸν ἦχον ἀποτείνει μακράν, πολλάκις δὲ καὶ κύκλῳ περιφερόμενον διαδίδωσι πολύν· τὸ δ' ἀγγεῖον ἐμπλησθὲν ἢ στερεοῦ σώματος ἤ τινος ὑγροῦ, παντάπασι γίνεται κωφὸν καὶ ἄναυδον, ὁδὸν οὐκ ἐχούσης οὐδὲ χώραν, ᾗ δίεισι, τῆς φωνῆς. (7) Αὐτῶν δὲ τῶν σωμάτων χρυσὸς μὲν καὶ λίθος ὑπὸ πληρότητος ἰσχνόφωνα καὶ δυσηχῆ, καὶ ταχὺ κατασβέννυσι τοὺς φθόγγους ἐν αὐτοῖς· (8) εὔφωνος δὲ καὶ λάλος ὁ χαλκὸς, ᾗ πολύκενος καὶ ὄγκον ἐλαφρὸς καὶ λεπτὸς, οὐ πολλοῖς συντεθλιμμένος ἐπαλλήλοις σώμασιν, ἀλλ' ἄφθονον ἔχων τὸ τῆς ἐπιεικοῦς καὶ ἀναφοῦς μεμιγμένον οὐσίας, ᾗ ταῖς τ' ἄλλαις κινήσεσιν εὐπορίαν δίδωσι, τήν τε φωνὴν εὐμενῶς ὑπολαμβάνουσα παραπέμπει· μέχρις ἂν ἁψάμενός τις ὥσπερ ἐν ὁδῷ καταλάβῃ καὶ τυφλώσῃ τὸ κενόν· ἐνταῦθα δ' ἔστη καὶ ἀπεπαύσατο τοῦ πρόσω χωρεῖν, διὰ τὴν ἀντίφραξιν. (9) Ταῦτα, ἔφη, δοκεῖ μοι τὴν νύκτα ποιεῖν ἠχώδη, τὴν δὲ ἡμέραν ἧττον θερμότητι καὶ διαλύσει τοῦ ἀέρος μακρὰ τὰ διαστήματα τῶν ἀτόμων ποιοῦσαν· μόνον, ἔφη, μηδεὶς ἐνιστάσθω πρὸς τὰς πρώτας ὑποθέσεις.

III. Κἀγὼ, τοῦ Ἀμμωνίου κελεύοντος εἰπεῖν τι πρὸς αὐτὸν, Αἱ μὲν πρῶταί σου τῶν ὑποθέσεων, ἔφην, ὦ φίλε Βόηθε, περὶ πολὺ τὸ κενὸν ἔχουσαι, μενέτωσαν· τῇ δὲ φωνῇ τὸ κενὸν οὐκ ὀρθῶς πρὸς σωτηρίαν καὶ κίνησιν ὑποτίθεσθε· (2) σιωπῆς γὰρ οἰκεῖον καὶ ἡσυχίας τὸ ἀναφὲς καὶ ἀπαθὲς καὶ ἄπληκτον· ἡ δὲ φωνή, πληγὴ σώματος διηχοῦς· διηχὲς δὲ τὸ συμπαθὲς αὐτῷ καὶ συμφυὲς, εὐκίνητον δὲ καὶ κοῦφον καὶ ὁμαλὸν καὶ ὑπήκοον τοῦ δι' εὐτονίαν καὶ συνέχειαν, οἷός ἐστι παρ' ἡμῖν ὁ ἀήρ. (3) Καὶ γὰρ ὕδωρ καὶ γῆ καὶ πῦρ, ἄφωνα καθ' ἑαυτὰ, φθέγγεται δὲ πνεύματος ἐμπεσόντος ἅπαντα, καὶ ψόφους καὶ πατάγους ἀναδίδωσι· χαλκῷ δὲ κενοῦ μὲν οὐδὲν μέτεστιν, ὁμαλῷ δὲ πνεύματι καὶ λείῳ κεκραμένος εὔπληκτός ἐστι καὶ ἠχώδης. (4) Εἰ δὲ δεῖ τῇ ὄψει τεκμαίρεσθαι, φαίνεται μᾶλλον ὁ σίδηρος ἔχων τι σαθρὸν καὶ πολύκενον καὶ τενθρηνῶδες· ἔστι δὲ κακόφωνος σφόδρα, καὶ τῶν μεταλλικῶν κωφότατος. (5) Οὐδὲν οὖν ἔδει τῇ νυκτὶ παρέχειν πράγματα, συσπῶντας αὐτῆς τὸν ἀέρα καὶ συντείνοντας, ἑτέρωθι δ' αὖ χώρας καὶ κενότητας ἀπολιπόντας, ὥσπερ ἐμποδὼν ὄντα τῇ φωνῇ τὸν ἀέρα καὶ φθείροντα τὴν οὐσίαν, ἧς αὐτὸς οὐσία καὶ σχῆμα καὶ δύναμίς ἐστιν. (6) Ἄνευ δὲ τούτων ἔδει δή που τὰς ἀνωμάλους νύκτας,

sese redeunt atque contrahuntur, vacuumque relinquunt in vasis quibus continentur, et locis quæ deseruerunt. (5) Jam vox si offeratur et occurrat corporibus multis atque frequentibus, aut omnino obtunditur, aut divulsiones patitur magnas, multasque relisiones et moras. At in inani et corporum vacuo intervallo, cursu lævi, continuo expeditoque ad auditum pervenit, ob celeritatem simul cum forma claritatem retinens. (6) Vides enim vasa quoque inania si pulsentur, facilius sonum reddere, ac longe resonare, sæpe etiam in orbem sonitum didere magnum : vas autem quod impletum est sive solido sive humido corpore, mutum omnino est, voce spatium non habente et viam qua exeat. (7) De ipsis vero corporibus aurum et lapis ob densitatem exiles sonos obscurosque edunt, vocesque in iis celeriter exstinguuntur : (8) æs vocale est et sonorum, quia multum habet vacui, et mole est levi atque tenui, non ex multis et continentibus compactum corporibus, sed abunde habens admixtum substantiæ cedentis et non cum alia consertæ : quæ quum aliorum motuum copiam facit, tum vocem facile excipiens transmittit, donec aliquis prehendens inani veluti in via obstructo eam hebetet ; ubi jam sonus subsistens desinat porro ire propter obturationem. (9) Hæc mihi videntur noctem resonabilem facere : diem eo minus hoc habere puto, quod calore et dissolutione aeris longa intervalla atomorum reddit : modo ne quis primo a nobis posita impugnet.

III. Tum ego, jubente Ammonio aliquid contradicere, Tuæ quidem, inquam, primæ suppositiones in multo inani versantes maneant. Enimvero hoc non recte ponitis, inane ad vocem conservandam et promovendam facere. (2) Quod enim tangi, affici, et ici non potest, silentio est quietique accommodatum : at vox ictus est corporis personantis : sonum transmittit ac personat id quod cognatum ei est et ab eo afficitur, motu facile, et leve atque æquabile, obsequensque ei quod valide et continenter fertur : qualis est noster aer. (3) Etenim aqua, terra, ignis, muta suapte natura, omnia tamen sonum edunt et fragorem ac strepitum spiritu illapso. Æs inane nihil in se habet ; sed æquabili lævique temperatum spiritu facile pulsatur ac resonat. (4) Quodsi visu ratiocinandum est, ferrum potius videtur aliquid habere fungosum, et inanitate multa patens, atque instar favorum capsulæ excavatum : et tamen admodum male sonat, omniumque metallorum est mutissimum. (5) Nihil ergo attinebat nocti molestiam exhibere, constringendo cogendoque ejus aere, alibi autem spatia et inanitates relinquendo : quasi vero aer voci impedimento esset ejusque naturam vitiaret, cujus ipse substantia, forma et vis est. (6) Præter hæc oportebat sane noctes intemperatas, quales

οἶον ὁμιχλώδεις καὶ δυσχειμέρους, ἠχωδεστέρας εἶναι
τῶν αἰθρίων καὶ κεκραμένων ὁμαλῶς, * διὰ τὸ δεῦρο
μὲν συνωθεῖν τὰς ἀτόμους, ἐκεῖ δὲ, ὅθεν μεθίστανται,
χώραν ἔρημον ἀπολιπεῖν σωμάτων· καὶ τὸ δὴ προχει-
5 ρότατον, ἡμέραν ψυχρὰν ἠχωδεστέραν εἶναι νυκτὸς
ἀλεεινῆς καὶ θερινῆς· ὧν οὐδέτερον ἀληθές ἐστι. (7)
Διὸ τὸν λόγον τοῦτον ἀπολελοιπὼς, ἐπιβάλλω τὸν Ἀναξαγόραν, ὑπὸ τοῦ ἡλίου λέγοντα κινεῖσθαι τὸν ἀέρα
κίνησιν τρομώδη καὶ παλμοὺς ἔχουσαν, ὡς δῆλόν ἐστι
10 τοῖς διὰ τοῦ φωτὸς ἀεὶ διάττουσι ψήγμασι μικροῖς καὶ
θραύμασιν, ἃ δή τινες τίλας καλοῦσιν· (8) ταῦτ᾽ οὖν
φησιν ὁ ἀνὴρ πρὸς τὴν θερμότητα σίζοντα καὶ ψοφοῦντα
δι᾽ ἡμέρας δυσηκόους τῷ ψόφῳ τὰς φωνὰς ποιεῖν, νυκτὸς δὲ φθίνεσθαι τὸν σάλον αὐτῶν καὶ τὸν ἦχον.

15   IV. Ἐμοῦ δὲ ταῦτ᾽ εἰπόντος, Ἀμμώνιος ἔφη· Γελοῖοι μὲν ἴσως φανούμεθα, καὶ Δημόκριτον ἐλέγχειν
οἰόμενοι, καὶ Ἀναξαγόραν ἐπανορθοῦσθαι θέλοντες· οὐ
μὴν [ἀλλ᾽] ἀφαιρετέον γε τῶν Ἀναξαγόρου σωμάτων
τὸν σιγμόν· οὔτε γὰρ πιθανὸς οὔτ᾽ ἀναγκαῖος, ἀλλ᾽ ὁ
20 τρόμος ἀρκεῖ τῶν σωμάτων, καὶ ἡ κίνησις ἐν τῷ φωτὶ
κλονουμένων τὰς φωνὰς διασπᾶν καὶ διαρρίπτειν πολλάκις. (2) Ὁ γὰρ ἀὴρ, ὥσπερ εἴρηται, σῶμα τῆς
φωνῆς καὶ οὐσίαν ἐμπαρέχων ἑαυτὸν, ἐὰν μὲν ᾖ σταθερὸς, εὐθύπορα καὶ λεῖα καὶ συνεχῆ τὰ τῶν ψόφων
25 μόρια καὶ κινήματα πόρρωθεν διαδίδωσι· (3) νηνεμία
γὰρ ἠχῶδες καὶ γαλήνη, καὶ τοὐναντίον, ὡς Σιμωνίδης φησὶν,

     Οὐδὲ γὰρ ἐννοσίφυλλος ἀήτα
     τότ᾽ ὦρτ᾽ ἀνέμων, ἅτις κατεκώλυε
30   κιδναμένα μελιαδέα γάρυν
     ἀραρεῖν ἀκοαῖσι βροτῶν·

(4) πολλάκις μὲν γὰρ οὐδὲ τὸ σχῆμα τῆς φωνῆς ὁ τοῦ
ἀέρος σάλος ἔναρθρον ἐᾷ πρὸς τὴν αἴσθησιν ἐξικνεῖσθαι
καὶ διαμεμορφωμένον, ἀεὶ μέντοι τι τοῦ πλήθους φέρει
35 καὶ τοῦ μεγέθους. (5) Ἡ μὲν οὖν νὺξ αὐτὴ καθ᾽ ἑαυτὴν οὐδὲν ἔχει κινητικὸν ἀέρος· ἡ δὲ ἡμέρα, μέγα, τὸν
ἥλιον, ὥσπερ αὐτὸς ὁ Ἀναξαγόρας εἴρηκεν.

     V. Ὑπολαβὼν δὲ Θράσυλλος, ὁ Ἀμμωνίου υἱός·
Εἶτα, ἔφη, τί παθόντες, ὦ πρὸς Διὸς, (εἶπας) τὰ θεω-
40 ρητὰ κινήματα τοῦ ἀέρος οἰόμεθα δεῖν αἰτιᾶσθαι, τὸν δ᾽
ἐμφανῆ σάλον καὶ σπαραγμὸν αὐτοῦ παρορῶμεν; (2)
Ὁ γὰρ δὴ μέγας ἡγεμὼν ἐν οὐρανῷ Ζεὺς οὗτος οὐ
λανθάνων, οὔτ᾽ ἀτρέμα διακινῶν τὰ σμικρότατα τοῦ
ἀέρος, ἀλλ᾽ εὐθὺς ἐκφανεὶς ἀνίστησι καὶ κινεῖ πάντα
45 πράγματα,

     δεξιὰ σημαίνων, λαοὺς δ᾽ ἐπὶ ἔργον ἐγείρων·

οἱ δὲ ἕπονται, καθάπερ ἐκ παλιγγενεσίας « νέα ἐφ᾽ ἡ-
μέρῃ φρονέοντες, » ὥς φησι Δημόκριτος, οὔτ᾽ ἀφώνοις
οὔτ᾽ ἀπράκτοις ἐνεργείαις· (3) ᾗ καὶ τὸν ὄρθρον ὁ Ἴβυ-
50 κος οὐ κακῶς κλυτὸν προσεῖπεν, ἐν ᾧ κλύειν ἤδη καὶ
φθέγγεσθαι συμβέβηκε· (4) τῆς δὲ νυκτὸς ἀκύμων τὰ
πολλὰ καὶ ἄκλυτος ὢν ὁ ἀὴρ, ἀναπαυομένων ἁπάντων,
εἰκότως τὴν φωνὴν ἄθραυστον ἀναπέμπει καὶ ἀκέραιον
πρὸς ἡμᾶς.

---

sunt caliginosæ et hibernæ, resonantiores esse serenis et
bene temperatis; quod huc compellantur atomi, ibi autem
ubi discedunt locum corporum inanem relinquant: et, quod
promtissimum est, frigidam diem nocte tepida et æstiva:
quorum neutrum est verum. (7) Itaque hac ratione
omissa, Anaxagoram produco, qui aerem a sole ait motu
tremulo et trepidante cieri; quod manifestum est ex minutis istis ramentis quæ perpetuo per lumen dissultant,
frustulisque, quas Græci quidam *tilas* (quasi flocculos)
vocant: (8) hæc ille ait ob calorem sibilantia et strepentia
facere sonitu suo, ut interdiu voces difficilius exaudiantur;
noctu eorum agitationem et sonum tolli.

IV. Hæc me fato, Ammonius, Ridiculi, inquit, fortasse
videbimur, quum et refellere Democritum, et corrigere
Anaxagoram aggredimur. Enimvero Anaxagoricis istis cor-
pusculis adimendus est sibilus certe, neque verisimilis ille,
neque necessarius; quum sufficiat tremor et motus eorum
in lumine exagitatorum sæpenumero ad divellendas et dis-
jiciendas voces. (2) Nam aer, corpus, ut dictum fuit, vocis et substantiam sese præbens, siquidem tranquillus sit,
recta proficiscentes, læves et continentes sonorum portiun-
culas earumque motum longe provehit: (3) tranquillitas
quippe aeris et malacia sonora est; et contra: ac sic etiam
dixit Simonides:

Nam neque tunc flatus ventorum increbruit ullus,
     arborum jactans comas;
qui, ne mortales mea vox penetraret ad aures,
     suave disjiceret melos.

(4) Sæpenumero quidem neque speciem ullam vocis aer
conturbatus articulatam sinit efformatamque ad aures pervenire; quanquam de multitudine semper aliquid et ma ni-
tudine perferat. (5) Ceterum ipsa per se nox nihil habet
quod aerem commoveat: dies magnum aliquid, solem nimirum, sicut ipse dixit Anaxagoras.

V. Hic in dicendi partes se sufficiens Thrasyllus Ammonii filius, Quidnam, inquit, per deos, nobis accidit, ut putemus causam conferendam in occultas et considerando
duntaxat perceptibiles aeris motiones, interim manifestam
ejus exagitationem et divulsionem negligentes? (2) Nam
magnus ille in cœlo ductor Jupiter, non latenter, neque
sensim minimas aeris particulas concitans, sed illico palam
sese in conspectu proferens excitat et commovet omnes
res,

     edit et a dextra signum, ad sua munera gentes

vocans, cæque sequuntur, et tanquam denuo renatæ *nova*
die nova consilia suscipiunt, ut ait Democritus, non mutis
aut inefficacibus actionibus. (3) Quo sensu etiam Ibycus
diluculum *klyton* haud male appellavit, a κλύειν (quod au-
dire est): tunc enim audire et loqui homines incipiunt.
(4) Nocturnus autem aer, tranquillus plerumque et silens,
utpote quiescentibus omnibus, vocem integram et sinceram haud abs re ad nos mittit.

VI. Παρὼν οὖν Ἀριστόδημος (πρὸς ἡμᾶς) ὁ Κύπριος, Ἀλλ' ὅρα, εἶπεν, ὦ Θράσυλλε, μὴ τοῦτο μὲν αἱ νυκτομαχίαι καὶ νυκτοπορεῖαι τῶν μεγάλων στρατοπέδων ἐλέγχωσιν, οὐδὲν ἧττον ἠχωδεστέρας ποιοῦσαι τὰς φωνάς, καίπερ ἐν ταραχῇ καὶ σάλῳ τοῦ ἀέρος ὄντος. (2) Ἔχει δέ τι καὶ τὸ παρ' ἡμᾶς αἴτιον· αὐτοὶ γὰρ ὧν φθεγγόμεθα νύκτωρ, τὰ πολλὰ θορυβώδη καὶ μετὰ πάθους ἐπείγοντος ἐγκελευόμενοί τισιν, ἢ διαπυνθανόμενοι, συντόνους ποιούμεθα τὰς γεγωνήσεις. (3) Τὸ γὰρ ἐν ᾧ μάλιστα καιρῷ πεφύκαμεν ἡσυχίαν ἄγειν, ἐξανιστᾶν ἡμᾶς ἐπὶ πράξεις καὶ λόγους, οὐ μικρὸν οὐδ' ἀτρεμαῖόν ἐστιν, ἀλλὰ μέγα καὶ μεγάλης τινὸς ἀνάγκη χρείας ἐπιταχυνόμενον, ὥστε καὶ τὰς φωνὰς φέρεσθαι σφοδροτέρας.

ΠΡΟΒΛΗΜΑ Δ'.

Διὰ τί τῶν ἱερῶν ἀγώνων ἄλλος ἄλλον ἔχει στέφανον, τὸν δὲ φοίνικα πάντες· ἐν ᾧ καί, διὰ τί τοὺς μεγάλους φοινικοβαλάνους νικολάους καλοῦσιν.

ΠΡΟΣΩΠΑ ΤΟΥ ΔΙΑΛΟΓΟΥ.

ΣΩΣΠΙΣ, ΗΡΩΔΗΣ, ΠΡΩΤΟΓΕΝΗΣ, ΠΡΑΞΙΤΕΛΗΣ, ΚΑΦΙΣΟΣ.

I. Ἰσθμίων ἀγομένων ἐν τῇ δευτέρᾳ τῶν Σώσπιδος ἀγωνοθεσιῶν τὰς μὲν ἄλλας ἑστιάσεις διεφύγομεν, ἑστιῶντος αὐτοῦ πολλοὺς μὲν ἅμα ξένους, πάντας δὲ πολλάκις τοὺς πολίτας· ἅπαξ δὲ τοὺς μάλιστα φίλους καὶ φιλολόγους οἴκοι δεχομένου, καὶ αὐτοὶ παρῆμεν. (2) Ἀπηρμένων δὲ τῶν πρώτων τραπεζῶν, ἧκέ τις Ἡρώδῃ τῷ ῥήτορι παρὰ γνωρίμου νενικηκότος ἐγκωμίῳ φοίνικα καὶ στέφανόν τινα τῶν πλεκτῶν κομίζων. (3) Ὁ δὲ ταῦτα μὲν δεξιωσάμενος, ἀπέπεμψε πάλιν, ἔφη δ' ἀπορεῖν, τί δήποτε τῶν ἀγώνων στέφανον ἄλλος ἄλλον ἔχει, τὸν δὲ φοίνικα κοινῇ πάντες. (4) Οὐ γὰρ ἐμὲ γοῦν, ἔφη, πείθουσιν οἱ τὴν ἰσότητα τῶν φύλλων, οἷον ἀντανισταμένων ἀεὶ καὶ συνεκτρεχόντων, ἀγῶνι καὶ ἁμίλλῃ παραπλήσιόν τι ποιεῖν φάσκοντες, αὐτήν τε τὴν νίκην παρὰ τὸ μὴ εἶκον ὠνομάσθαι· (5) καὶ γὰρ ἄλλα πάμπολλα μονονοὺ μέτροις τισὶ καὶ σταθμοῖς ἀκριβῶς τὴν τροφὴν διανέμοντα τοῖς ἀντιζύγοις πετάλοις ἰσότητα θαυμαστὴν καὶ τάξιν ἀποδίδωσιν· (6) ἐπεὶ πιθανώτεροι τούτων εἰσὶν οἱ τὸ κάλλος καὶ τὴν εὐφυΐαν ἀγαπῆσαι τοὺς παλαιούς, ὡς Ὅμηρον ἔρνεϊ φοίνικος ἀπεικάσαντα τὴν ὥραν τῆς Φαιακίδος ὑπονοοῦντες. (7) Οὐ γὰρ ἀγνοεῖτε δήπουθεν, ὅτι καὶ ῥόδοις, καὶ λυχνίσιν, ἔνιοι δὲ καὶ μήλοις καὶ ῥοιαῖς ἔβαλλον, ὡς καλοῖς γεραίροντες ἀεὶ τοὺς νικηφόρους. (8) Ἀλλὰ οὐδὲν οὕτως ἐπιφανῶς ἐκπρεπέστερον ἔχει τῶν ἄλλων ὁ φοῖνιξ, ἅτε μηδὲ καρπὸν ἐν τῇ Ἑλλάδι φέρων ἐδώδιμον, ἀλλ' ἀτελῆ καὶ ἄπεπτον. (9) Εἰ γὰρ, ὥσπερ ἐν Συρίᾳ καὶ ἐν Αἰγύπτῳ, παρεῖχε τὴν βάλανον, ὄψει τε θεαμάτων

VI. Aderat ibi Aristodemus Cyprius. Is, Vide, inquit, Thrasylle, ne hoc nocturnæ pugnæ et profectiones magnorum exercituum refellant, nihilo minus resonantibus vocibus tunc, quantumvis turbato exagitatoque aere. (2) Sed et penes nos aliquid est causæ. Quæ enim noctu loquimur ipsi, pleraque turbulente et cum aliqua animi commotione jubentes alios, aut interrogantes aliquid, contentius vociferamur. (3) Nam quod eo tempore, quo maxime solemus quiescere, surgimus ad agendum aut loquendum, id non exiguum aut placidum est, sed magnum, et urgente gravi aliqua necessitate; unde etiam voces feruntur vehementiores.

QUÆSTIO IV.

Cur sacrorum certaminum aliud aliam habeat coronam, palma omnibus sit communis. Inseritur etiam, cur magnas palmæ glandes appellent nicolaos.

PERSONÆ COLLOQUII.

SOSPIS, HERODES, PROTOGENES, PRAXITELES, CAPHISUS.

I. Isthmica festivitate quum Sospis iterum certamini præesset, cetera quidem convivia subterfugimus, quum is multos simul hospites, et sæpe universos cives invitaret; semel vero, ubi domi suæ convivium maxime amicis et literatis præbuit, ipsi quoque interfuimus. (2) Sublatis jam primis mensis, venit quidam ad Herodem rhetorem missam ei a discipulo palmam et coronam de consertarum genere afferens, quæ discipulus ille laudationis concertatione victor meruerat. (3) Ea Herodes amplexus remisit; dubitare autem se dixit, quanam de causa alia certamina álias habeant coronas, palmam communiter omnia. (4) Neque enim, aiebat, fidem mihi faciunt, qui foliorum æqualitatem causantur, ea dicentes quasi insurgere invicem atque concurrere, et sic quodammodo certamen luctamque referre : tum victoriam *nicen* dici a non concedendo, quod est μὴ εἴκειν. (5) Nam permulta alia tantum non mensura et pondere exacte oppositis inter se foliis alimentum distribuentia, admirabilem æqualitatem et ordinem ostentant. (6) Probabilius igitur hi, qui opinantur antiquos palmam ob pulchritudinem et germinandi venustatem dilexisse, qua ratione etiam Homerus Phæacidem virginem *germini palmæ* contulerit. (7) Neque ignoratis quosdam rosis, lychnidibus, malis, atque etiam punicis iis, victores petiisse, quasi pulchris rebus eos honorantes. (8) At enim palma nihil adeo evidenter pulchrius reliquis habet, quum in Græcia fructum quoque non ferat qui esui sit, sed imperfectum et immaturum. (9) Nam si, ut in Syria et Ægypto, glandem daret aspectu et suavitate omnia spectacula et bellaria superantem, non

καὶ γλυκύτητι τραγημάτων πάντων ἥδιστον, οὐκ ἂν
ἦν ἕτερον αὐτῷ παραβαλεῖν. (10) Ὁ γοῦν βασιλεύς,
ὥς φασιν, ἀγαπήσας διαφερόντως τὸν Περιπατητικὸν
φιλόσοφον, Νικόλαον, γλυκὺν ὄντα τῷ ἤθει, ῥαδινὸν δὲ
τῷ μήκει τοῦ σώματος, διάπλεων δὲ τὸ πρόσωπον ἐπι-
φοινίσσοντος ἐρυθήματος, τὰς μεγίστας καὶ καλλίστας
τῶν φοινικοβαλάνων Νικολάους ὠνόμαζε· καὶ μέχρι
νῦν οὕτως ὀνομάζονται.

II. Ταῦτ' εἰπὼν ὁ Ἡρώδης οὐκ ἀτερπέστερον ἐμβάλλειν ἔδοξε τοῦ ζητουμένου [τὸ] περὶ τοῦ Νικολάου. (2)
Διὸ καὶ μᾶλλον, ἔφη [ὁ Σῶσπις], προθυμητέον, ὡς ἕκαστος αὐτόν τις ἔπεισε, συνεισενεγκεῖν εἰς τὸ ζητούμενον. (3) Ἐγὼ δ' εἰσφέρω πρῶτος, ὅτι δεῖ τὴν τῶν νι-
κηφόρων δόξαν ἄφθιτον, ὡς δυνατόν ἐστι, καὶ ἀγήρω
διαμένειν· ὁ δὲ φοῖνιξ μακρόβιόν ἐστιν ἐν τοῖς μάλιστα
τῶν φυτῶν, ὥς που καὶ τὰ Ὀρφικὰ ταῦτα μεμαρτύ-
ρηκε·

> Ζῷον δ' ἴσον ἀκροκόμοισι
> φοινίκων ἔρνεσσι,

(4) μόνῳ δ' αὐτῷ σχεδὸν ὑπάρχει τὸ κατὰ πολλῶν ὡς
ἀληθῶς λεγόμενον· τί δὲ τοῦτ' ἔστι; τὸ ἐμπεδόφυλλον
εἶναι καὶ ἀείφυλλον· (5) οὔτε γὰρ δάφνην, οὔτ' ἐλαίαν,
οὔτε μυρσίνην, οὔτ' ἄλλο τι τῶν μὴ φυλλορροεῖν λεγομένων ὁρῶμεν ἀεὶ ταὐτὰ φύλλα διατηροῦν, ἀλλὰ τοῖς
πρώτοις ἀποῤῥέουσιν ἑτέρων ἐπιβλαστανόντων, ὥσπερ
πόλεις, ἕκαστον ἀεὶ ζωὸν διαμένει καὶ ἀμείλικτον· (6) ὁ
δὲ φοῖνιξ οὐθὲν ἀποβάλλων ἀφ' αὑτοῦ τῶν φυομένων,
βεβαίως ἀείφυλλές ἐστι· καὶ τοῦτο δὴ τὸ κράτος αὐτοῦ
μάλιστα τῆς νίκης τῷ ἰσχυρῷ συνοικειοῦσι.

III. Παυσαμένου δὲ τοῦ Σώσπιδος, Πρωτογένης ὁ
γραμματικός, ὀνόματι καλέσας Πραξιτέλην τὸν περιη-
γητήν, " Οὕτω δὴ τούτους, ἔφη, τοὺς ῥήτορας ἐάσομεν
περαίνειν τὸ οἰκεῖον, ἐξ εἰκότων καὶ πιθανῶν ἐπιχει-
ροῦντας· αὐτοὶ δ' ἀφ' ἱστορίας οὐδὲν ἂν ἔχοιμεν τῷ λόγῳ
συμβάλλεσθαι; (2) καίτοι δοκῶ μοι μνημονεύειν ἐν τοῖς
Ἀττικοῖς ἀνεγνωκὼς ἔναγχος, ὅτι πρῶτος ἐν Δήλῳ
Θησεὺς ἀγῶνα ποιῶν, ἀπέσπασε κλάδον τοῦ ἱεροῦ φοί-
νικος· ᾗ καὶ σπάδιξ ὠνομάσθη.

IV. Καὶ ὁ Πραξιτέλης, Ταῦτα, εἶπεν, ἄδηλα, καὶ
τοῦ Θησέως αὐτοῦ πυνθάνεσθαι [δεῖν] φήσουσιν, ᾧτινι
λόγῳ φοίνικος, οὐ δάφνης, οὐδ' ἐλαίας, κλάδον ἀπέσπα-
σεν ἀγωνοθετῶν. (2) Σκόπει δή, μὴ Πυθικόν ἐστι
τὸ νικητήριον, ὡς Ἀμφικτυόνος· κἀκεῖ πρῶτον ἐπὶ
τιμῇ τοῦ θεοῦ δάφνῃ καὶ φοίνικι τοὺς νικῶντας ἐκόσμη-
σαν, ἅτε δὴ καὶ τῷ θεῷ μὴ δάφνας μηδ' ἐλαίας, ἀλλὰ
φοίνικας ἀνατιθέντες· ὡς ἐν Δήλῳ Νικίας χορηγήσας
Ἀθηναίων, καὶ ἐν Δελφοῖς Ἀθηναῖοι, καὶ Κύψελος πρότερον Κορίνθιος· (3) ἐπεὶ καὶ φίλαθλος ἄλλως καὶ
φιλόνεικος ἡμῖν ὁ θεός, αὐτὸς ἐν κιθαρίσει καὶ ᾠδῇ καὶ
βολαῖς δίσκων, ὡς δ' ἔνιοι φασί, καὶ πυγμῇ ἁμιλλώμε-
νος· ἀνθρώποις δὲ προσαμύνων ἀγωνιζομένοις, (4) ὡς
Ὅμηρος ἐμαρτύρησε, τὸν μὲν Ἀχιλλέα λέγοντα ποιή-
σας·

erat sane quod cum ea compararetur. (10) Imperator quidem, ut narratur, Nicolaum philosophum Peripateticum
singulari prosequens amore, suavibus moribus hominem,
gracili et procero corpore, facie plenum emicantis punicei
ruboris; maximas et pulcherrimas palmulas *Nicolaos* no-
minabat : sicque etiamnum appellantur.

II. Hæc quum dixisset Herodes, quæstione ipsa non in-
jucundiorem visus est de Nicolao mentionem injecisse. (2)
Proinde, inquit Sospis, majore studio quivis, quod de
quæstione instituta sibi persuaserit, id ad eam solvendam
in medium conferat. (3) Primus ego hoc adfero, oportere
victoris gloriam, quantum omnino fieri potest, ab interitu
et senio esse immunem. Palma autem inter maxime lon-
gævas plantas vel præcipua est; quod etiam Orphica hæc
testantur :

> Palmæ germinibus vivebant alta comanti
> assimiles.

(4) Soli autem fere huic vere id adest plantæ, quod tanquam
verum de multis dicitur; quid illud est? folia firma et semper durantia habere. (5) Nam neque laurum, neque oleam,
neque myrtum, neque aliam ullam earum stirpium quæ
foliis negantur spoliari, videmus ita semper eadem folia
servare; sed prioribus defluentibus, et suppullulantibus
aliis, sicut urbes, semper viva manent, nec deficiunt : (6)
at palma nullum abjiciens ex se natum folium, constanter
foliis suis semper ornatur : quam ejus vim victoriæ robori
potissimum accommodant.

III. Ut finem dicendi Sospis fecit, Protogenes grammaticus, nominatim compellans Praxitelem monumentorum
enarratorem, Siccine, ait, patiemur oratores a signis et conjecturis argumenta ducentes propositum conficere? nos nihil ex historiis habemus quod conferamus ad hanc quæstionem? (2) Quamquam meminisse mihi videor nuper in
Atticis legere, Theseum primum in Delo certamen instituen-
tem avellisse (σπάσαι) frondem de sacra palma, inde etiam
spadicem dictam.

IV. Tum Praxiteles, Atqui dicent isti hæc obscura, et
ex ipso Theseo audiendum esse, qua de causa non lauri
vel oleæ, sed palmæ frondem avulserit, quum victoriæ
præmium statueret. (2) Vide ergo an non hoc præmium
sit Pythicum, ut Amphictyonis : atque ibi primum victores
in honorem Apollinis lauro ac palma coronaverunt; ut qui
deo non lauros, non oleas, sed palmas consecrarent : sicut
in Delo Nicias quum pro Atheniensibus sumtum in ludos
faceret, et Athenienses apud Delphos, et Cypselus ante
Corinthius. (3) Alioquin enim iste deus studiosus est certaminum, quum ipse certans cithara, cantu, disci jactu, et,
ut nonnulli putant, etiam pugilatu : tum hominibus certantibus opem ferens, (4) quod Homerus testatur; nam
Achillis hæc verba ponit,

Ἄνδρε δύω περὶ τῶνδε κελεύομεν ὥπερ ἀρίστω,
πὺξ μάλ' ἀνασχομένω πεπληγέμεν· ᾧ δέ κ' Ἀπόλλων
δώῃ καμμονίην......

τῶν δὲ τοξοτῶν, τὸν μὲν εὐξάμενον τῷ θεῷ, κατορ-
θῶσαι καὶ λαβεῖν τὰ πρωτεῖα· τὸν δὲ γαῦρον ἀστοχῆσαι
τοῦ σκοποῦ, μὴ εὐξάμενον. (5) Καὶ μὴν οὐδ' Ἀθηναίους εἰκός ἐστιν Ἀπόλλωνι καθιερῶσαι τὸ γυμνάσιον
ἀλόγως καὶ αὐτομάτως· ἀλλὰ παρ' οὗ τὴν ὑγίειαν ἔχομεν θεοῦ, τοῦτον εὐεξίαν τε διδόναι καὶ ῥώμην ἐπὶ
τοὺς ἀγῶνας ᾤοντο. (6) Κούφων δὲ καὶ βαρέων ἀγωνισμάτων ὄντων, πύκτῃ μὲν Ἀπόλλωνι Δελφούς, δρο-
μαίῳ δὲ Κρῆτας ἱστοροῦσι θύειν καὶ Λακεδαιμονίους.
(7) Σκύλων δὲ Πυθοῖ καὶ ἀκροθινίων καὶ τροπαίων
ἀναθέσεις ἆρ' οὐ συμμαρτυροῦσιν ὅτι τῆς εἰς τὸ νικᾶν
καὶ κρατεῖν δυνάμεως τῷ θεῷ τούτῳ πλεῖστον μέτεστιν;
V. Ἔτι δ' αὐτοῦ λέγοντος, ὑπολαβὼν Κάφισος ὁ
Θέωνος υἱός, Ἀλλὰ ταῦτά γε, εἶπεν, οὐχ ἱστορίας, οὔτε
περιηγητικῶν ὄζωδε βιβλίων, ἀλλ' ἐκ μέσων ἀνεσπα-
σμένα τῶν Περιπατητικῶν τόπων εἰς τὸ πιθανὸν ἐπικεχείρηται, καὶ προσέτι τραγικῶς μηχανὴν ἄραντες, ὦ
φίλοι, δεδίττεσθε τῷ θεῷ τοὺς ἀντιλέγοντας. (2) Ὁ
μὲν οὖν θεός, ὥσπερ προσήκει, πᾶσιν ἴσος ἐστὶ μετὰ
εὐμενείας· ἡμεῖς δὲ ἑπόμενοι Σώσπιδι (καλῶς γὰρ ὑφηγεῖται) πάλιν ἐχώμεθα τοῦ φοίνικος ἀμφιλαφεῖς τῷ
λόγῳ λαβὰς διδόντος. (3) Βαβυλώνιοι μὲν γὰρ ὑμνοῦσι
καὶ ᾄδουσιν ὡς ἑξήκοντα καὶ τριακόσια χρειῶν γένη
παρέχον αὐτοῖς τὸ δένδρον· ἡμῖν δὲ τοῖς Ἕλλησιν ἥκιστα μέν ἐστι χρειώδης, ἀθλητικῇ δὲ φιλοδοξίᾳ διὰ τὸ
ἄκαρπον ἀνείθη· (4) κάλλιστος γὰρ ὢν καὶ μέγιστος ὑπ'
εὐταξίας, οὐ γόνιμός ἐστι παρ' ἡμῖν, ἀλλὰ τὴν τροφὴν
ὥσπερ ἀθλητοῦ περὶ τὸ σῶμα τῆς εὐταξίας ἀναλισκού-
σης, σμικρὸν αὐτῷ καὶ φαῦλον εἰς σπέρμα περίεστιν.
(5) Ἴδιον δὲ παρὰ ταῦτα πάντα, καὶ μηδενὶ συμβεβηκὸς ἑτέρῳ τὸ μέλλον λέγεσθαι· φοίνικος γὰρ ξύλον ἂν
ἄνωθεν ἐπιθεὶς βάρη πιέζῃς, οὐ κάτω θλιβόμενον ἐνδίδωσιν, ἀλλὰ κυρτοῦται πρὸς τοὐναντίον, ὥσπερ ἀνθι-
στάμενον τῷ βιαζομένῳ· (6) τοῦτο δὴ καὶ περὶ τοὺς
ἀθλητικοὺς ἀγῶνας ἐστί· τοὺς μὲν γὰρ ὑπ' ἀσθενείας
καὶ μαλακίας εἴκοντας αὐτοῖς πιέζουσι κάμπτοντες, οἱ
δὲ ἐρρωμένως ὑπομένοντες τὴν ἄσκησιν, οὐ μόνον τοῖς
σώμασιν ἀλλὰ καὶ τοῖς φρονήμασιν ἐπαίρονται καὶ
αὐξοῦνται.

ΠΡΟΒΛΗΜΑ Ε΄.

Διὰ τί πρὸ ἡμέρας ἐκ τοῦ Νείλου οἱ πλέοντες ὑδρεύονται.

1. Αἰτίαν τις ἐζήτησε, δι' ἣν οἱ ναύκληροι τὰς
ὑδρείας ἐκ τοῦ Νείλου νυκτός, οὐχ ἡμέρας, ποιοῦνται.
(2) Καὶ τισὶ μὲν ἐδόκουν τὸν ἥλιον δεδιέναι, τῷ προ-
θερμαίνειν τὰ ὑγρὰ μᾶλλον εὔσηπτα ποιοῦντα· πᾶν
γὰρ τὸ θερμανθὲν καὶ χλιανθέν, ἀεὶ πρὸς μεταβολὴν
ἑτοιμότερόν ἐστι, καὶ προπέπονθεν ἀνέσει τῆς ποιότη-

Nunc prodire duos jubeo, certare paratos
ictibus infestis pugnorum : utrius Apollo
victricem manibus sortem concesserit ...

et de sagittariis eum qui vota Apollini fecisset victorem facit et præmiorum compotem; jactatorem et qui vovere neglexisset, a scopo aberrare. (5) Athenienses quoque apparet non temere aut sine ratione Apollini gymnasium dedicasse; nimirum enim a quo sanitas nobis est deo, eum firmam quoque corporis largiri constitutionem et robur in certamina censebant. (6) Porro quum et levia et gravia sint certamina, Apollini Pugili Delphos, Cursori Cretenses aiunt sacrificare et Lacedæmonios. (7) Spoliorum vero et manubiarum tropæorumque dedicationes Delphis nonne testantur, vim huic deo maximam esse ad concedendam victoriam?

V. Eo adhuc loquente, interrumpens sermonem Caphisus, Theonis filius, Hæc quidem, inquit, non redolent historicos aut enarratorios libros, sed ex mediis depromta Peripateticis locis probabiliter sunt argumentata : ac præterea tragœdorum more sublata machina deum introducitis, o boni, quo terreatis eos qui vobis repugnent. (2) Ac deus quidem, ut par est, omnibus æque benignum se præbet : nos autem secuti Sospidem (bene enim præivit) rursum de palma loquamur, amplas sermoni ansas præbente. (3) Babylonii eam celebrant atque decantant arborem, quod ipsis trecenta et sexaginta utilitatum genera præbeat : nobis autem Græcis minime est utilis; sed athletico gloriæ studio propter sterilitatem consecrata est. (4) Nam quum palma pulcherrima sit et maxima, ob egregiam partium proportionem, apud nos non fert fructum, sed ob illam, sicut athletæ faciunt, alimento in corpus insumto, parum ei idque vile superest ad semen creandum. (5) Peculiare autem præter hæc omnia est quod jam dicam, et cum nulla alia planta commune. Palmæ lignum, si superne onere imposito premas, non deorsum affligitur aut concedit, sed contra incurvatur, quasi vi renitens prementi. (6) Eodem modo res habet in athleticis certaminibus : qui enim ob imbecillitatem et mollitiem concedunt, ii flectuntur atque deprimuntur; at qui exercitationem fortiter sustinent, eorum non corpora modo, sed animi quoque eriguntur et augentu .

QUÆSTIO V.

Cur qui navigant, ante diem aquam e Nilo hauriunt.

1. Fuit qui quæreret quamobrem navicularii noctu, et non interdiu, e Nilo aquarentur. (2) Visum est nonnullis eos solem metuere, qui humida calefaciendo præveniens ad putrefactionem faceret prona : omne enim quod calefactum aut tepefactum est, semper ad mutationem est propensius, jam ante affectum qualitatis suæ remissione. (3) At frigus

τος· (3) ἡ δὲ ψυχρότης πιέζουσα, συνέχειν δοκεῖ καὶ
φυλάττειν ἕκαστον ἐν ᾧ πέφυκεν, οὐχ ἥκιστα δὲ τὸ
ὕδωρ· ὕδατος γὰρ ἡ ψυχρότης σχετικόν ἐστι φύσει·
δηλοῦσιν αἱ χιόνες, τὰ κρέα δύσσηπτα τηροῦσαι πολὺν χρόνον. (4) Ἡ δὲ θερμότης τά τ' ἄλλα καὶ τὸ μέλι
τῆς ἰδίας ποιότητος ἐξίστησι· φθείρεται γὰρ ἑψηθέν· ἂν
δ' ὠμὸν διαμένῃ, καὶ τοῖς ἄλλοις πρὸς τὸ μὴ φθείρεσθαι βοηθεῖ. (5) Μεγίστην δὲ τῇ αἰτίᾳ πίστιν παρεῖχε
τὰ λιμναῖα τῶν ὑδάτων· χειμῶνος γὰρ οὐδὲν διαφέροντα
τῶν ἄλλων ποθῆναι, τοῦ θέρους γίνεται πονηρὰ καὶ
νοσώδη· (6) διὸ χειμῶνι μὲν τῆς νυκτὸς ἀναλογεῖν δοκούσης, θέρει δὲ τῆς ἡμέρας, μᾶλλον οἴονται διαμένειν
ἄτρεπτον καὶ ἀπαθὲς τὸ ὕδωρ, ἂν νυκτὸς λαμβάνηται.
(7) Τούτοις ἐπιεικῶς οὖσι πιθανοῖς, ἐπανέκυψε λόγος
ὥσπερ ἀτέχνῳ πίστει ναυτικὴν βεβαιούμενος ἐμπειρίαν·
νυκτὸς γὰρ ἔφασαν λαμβάνειν τὸ ὕδωρ, ἔτι τοῦ ποταμοῦ
καθεστῶτος καὶ ἡσυχάζοντος, ἡμέρας δὲ πολλῶν ἀνθρώπων ὑδρευομένων καὶ πλεόντων, πολλῶν δὲ θηρίων
διαφερομένων ἀναταραττόμενον, γίνεσθαι παχὺ καὶ
γεῶδες· τὸ δὲ τοιοῦτον εὔσηπτον εἶναι· (8) πάντα γὰρ
τὰ μεμιγμένα τῶν ἀμίκτων ἐπισφαλέστερα πρὸς σῆψίν
ἐστι· ποιεῖ γὰρ ἡ μῖξις μάχην· ἡ δὲ μάχη μεταβολήν·
μεταβολὴ δέ τις ἡ σῆψις. (9) Διὸ τάς τε μίξεις τῶν χρωμάτων οἱ ζωγράφοι φθορὰς ὀνομάζουσι, καὶ τὸ βάψαι
μιῆναι κέκληκεν ὁ ποιητής, ἡ δὲ κοινὴ συνήθεια τὸ
ἄμικτον καὶ καθαρὸν, ἄφθαρτον καὶ ἀκήρατον. (10)
Μάλιστα δὲ γῆ μιχθεῖσα πρὸς ὕδωρ ἐξίστησι καὶ φθείρει τὸ πότιμον καὶ οἰκεῖον· ὅθεν εὔσηπτα μᾶλλόν ἐστι
τὰ στάσιμα καὶ κοῖλα, πολλῆς ἀναπιμπλάμενα γῆς, τὰ
δὲ ῥέοντα φεύγει καὶ διακρούεται τὴν προσφερομένην·
(11) καὶ καλῶς Ἡσίοδος ἐπήνεσε

    Κρήνης ἀενάου καὶ ἀπορρύτου, ἥ τ' ἀθόλωτος.

Ὑγιεινὸν γὰρ τὸ ἀδιάφθορον· ἀδιάφθορον δὲ τὸ ἄμικτον
καὶ καθαρόν. (12) Οὐχ ἥκιστα δὲ αἱ τῆς γῆς διαφοραὶ
τῷ λόγῳ μαρτυροῦσι· τὰ γὰρ ὀρεινὴν διεξιόντα γῆν καὶ
λιθώδη, στερρότερα τῶν ἑλείων καὶ πεδινῶν ἐστι· πολλὴν γὰρ οὐκ ἀποσπᾷ γῆν. (13) Ὁ δὲ Νεῖλος ὑπὸ μαλ-
θακῆς χώρας περιεχόμενος, μᾶλλον δὲ ὥσπερ αἷμα
σαρκὶ κεκραμένος, γλυκύτητος μὲν ἀπολαύει, καὶ χυμῶν ἀναπίμπλαται δύναμιν ἐμβριθῆ καὶ τρόφιμον ἐχόντων, συμμιγὴς δὲ φέρεται καὶ θολερός· (14) ἂν δ' ἀνατα-
ράττηται, καὶ μᾶλλον· ἡ γὰρ κίνησις ἀναμίγνυσι τῷ
ὑγρῷ τὸ γεῶδες· ὅταν δ' ἠρεμήσῃ, κάτω ῥέπον διὰ
βάρος ἄπεισιν. (15) Ὅθεν ὑδρεύονται τῆς νυκτὸς, ἅμα
καὶ τὸν ἥλιον προλαμβάνοντες, ἀφ' οὗ τὸ λεπτότατον
καὶ κουφότατον ἀεὶ τῶν ὑγρῶν αἰρόμενον διαφθείρεται.

---

quum alia in suo continere et servare statu videtur, tum vel
maxime aquam, quæ natura suapte per frigus conservatur :
ostendit hoc nix, qua carnes in multum tempus a putredine
vindicantur. (4) Calor autem quum alia, tum mel quoque
sua qualitate exuit : nam perditur elixando : verum si crudum
permanet, alia quoque a corruptela defendit. (5) Maximam huic causæ fidem conciliaverunt aquæ palustres : quæ
hieme potui non minus aliis aptæ, æstate vitiantur et mor-
bidæ fiunt. (6) Itaque quum nox hiemi respondere creda-
tur, æstati dies; existimant aquam minus obnoxiam fore
mutationibus, si noctu hauriatur. (7) Hæc satis verisimi-
lia quum haberentur, alia se prodidit ratio, nauticam experientiam argumento non artificioso confirmans. Noctu
enim dicebant aquam sumi, fluvio adhuc placido et quiescente : interdiu multis hominibus aquantibus et navigantibus, multis etiam bestiis in eo vagantibus, aquam conturbari statim, ac crassam et limosam fieri : quæ autem talis
est, facile putrescit. (8) Omnia enim mixta facilius sinceris
putrescunt, mixtione pugnant, hac mutationem inferente :
est autem putrefactio de mutationum genere; (9) ideoque
pictores colorum mixtiones *corruptelæ* nomine afficiunt,
et tingere Homerus *contaminandi* nomine extulit; communis autem consuetudo id quod sincerum est et purum, vocat
corruptionis expers et integrum. (10) Maxime autem terra
aquæ admixta eam vitiat, potuique facit incommodam. Itaque stantes aquæ et in cavitatibus inhærentes facile putrescunt, ob multum terræ admixtum; fluentes fugiunt et repellunt offerentem se iis terram. (11) Et Hesiodus recte
præcepit

    Jugis aquæ de fonte, et cui non turbida lympha
    defluat.

Salubris enim aqua est quæ non corrupta sit : hoc fit, si
non misceatur, sed pura maneat. (12) Huic rationi non
leve testimonium perhibent terrarum discrimina. Aquæ
enim montanam et lapidosam permeantes terram, quia non
multum terræ secum trahunt, validiores palustribus et in
plano fluentibus sunt. (13) Nilus vero molli solo contentus
aut potius velut sanguis carne mixtus et temperatus, dulcedine quidem fruitur et saporibus impletur vim efficacem
et nutrimento aptam habentibus; permixtus tamen terra,
turbidusque fluit : (14) idque magis etiam, si conturbetur;
nam motus humori terreas partes admiscet; quæ abscedunt
ob gravitatem suam ubi aqua quiescit. (15) Propterea noctu
aquantur, simul etiam solem antevertentes, qui tenuissimas
et levissimas aquæ partes semper attollens consumit.

ΠΡΟΒΛΗΜΑ ϛ΄.

Περὶ τῶν ὀψὲ παραγινομένων ἐπὶ τὸ δεῖπνον· ἐν ᾧ καὶ, πόθεν ἀκράτισμα καὶ ἄριστον καὶ δεῖπνον ὠνομάσθη.

ΠΡΟΣΩΠΑ ΤΟΥ ΔΙΑΛΟΓΟΥ.

ΟΙ ΠΛΟΥΤΑΡΧΟΥ ΥΙΟΙ, ΟΙ ΘΕΩΝΟΣ ΥΙΟΙ, ΘΕΩΝ, ΠΛΟΥΤΑΡΧΟΣ, ΣΩΚΛΑΡΟΣ.

I. Τῶν υἱῶν μου τοὺς νεωτέρους ἐν θεάτρῳ προσδιατρίψαντας ἀκροάμασι καὶ βράδιον ἐπὶ τὸ δεῖπνον ἐλθόντας οἱ Θέωνος υἱοὶ κωλυσιδείπνους καὶ ζοφοδόρπιδας, καὶ τοιαῦτα μετὰ παιδιᾶς ἔσκωπτον· οἱ δ᾽ ἀμυνόμενοι πάλιν ἐκείνους τρεχεδείπνους ἀπεκάλουν. (2) Καί τις εἶπε τῶν πρεσβυτέρων, τρεχέδειπνον εἶναι τὸν ὑστερίζοντα τοῦ δείπνου· θᾶττον γὰρ ἢ βάδην ἐπειγόμενον, ὅταν βραδύνῃ, φαίνεσθαι· (3) καὶ γὰρ Βάττου παρὰ Καίσαρι γελωτοποιοῦ χάριεν ἀπεμνημόνευσεν· ἐκεῖνος γὰρ ἐπιθυμοδείπνους ἐκάλει τοὺς ὀψὲ παραγινομένους ἐπὶ δεῖπνον· ἀσχολουμένους γὰρ αὐτοὺς, ὅμως διὰ τὸ φιλόδειπνον οὐκ ἀπολέγεσθαι τὰς κλήσεις.

II. Ἐγὼ δ᾽ εἶπον, ὅτι καὶ Πολύχαρμος, ἐν Ἀθήναις δημαγωγῶν καὶ τοῦ βίου διδοὺς ἀπολογισμὸν ἐν ἐκκλησίᾳ, « Ταῦτα, εἶπεν, ἄνδρες Ἀθηναῖοι, τἀμά· καὶ πρὸς τούτοις, οὐδέποτε, κληθεὶς ἐπὶ δεῖπνον, ὕστατος ἀφικόμην. » (2) Δημοτικὸν γὰρ εὖ μάλα δοκεῖ τὸ τοιοῦτο, καὶ τοὐναντίον οἱ ἄνθρωποι τοὺς ὀψὲ παραγινομένους ἀναγκαζόμενοι περιμένειν, ὡς ἀηδεῖς καὶ ὀλιγαρχικοὺς βαρύνονται.

III. Ὁ δὲ Σώκλαρος ὑπερδικῶν τῶν νεανίσκων, Ἀλλ᾽ οὐδὲ τὸν Πιττακὸν, ἔφη, ζοφοδορπίδαν ὁ Ἀλκαῖος, ὡς ὀψὲ δειπνοῦντα, λέγεται προσειπεῖν, ἀλλ᾽ ὡς ἀδόξοις τὰ πολλὰ καὶ φαύλοις ἡδόμενον συμπόταις· (2) τὸ μέντοι πρότερον δειπνεῖν ὄνειδος ἦν πάλαι, καὶ τὸ ἀκράτισμα φασὶν οὕτως λέγεσθαι διὰ τὴν ἀκρασίαν.

IV. Ὑπολαβὼν δὲ ὁ Θέων, Ἥκιστα, εἶπεν, εἰ δεῖ τοῖς τὸν ἀρχαῖον βίον διαμνημονεύουσι πιστεύειν. (2) Φασὶ γὰρ ἐκείνους, ἐργατικοὺς ἅμα καὶ σώφρονας ὄντας, ἕωθεν ἐσθίειν ἄρτον ἐν ἀκράτῳ, καὶ μηθὲν ἄλλο· διὸ τοῦτο μὲν, ἀκράτισμα καλεῖν, διὰ τὸν ἄκρατον· (3) ὄψον δὲ, τὸ παρασκευαζόμενον εἰς δεῖπνον αὐτοῖς· ὀψὲ γὰρ δειπνεῖν, ἀπὸ τῶν πράξεων γενομένους. (4) Ἐκ τούτου καὶ τὸ δεῖπνον καὶ τὸ ἄριστον, ἀφ᾽ ὅτου λάβοι τοὔνομα, ζήτησιν παρέσχε. (5) Καὶ τὸ μὲν ἄριστον ἐδόκει τῷ ἀκρατίσματι ταὐτὸν εἶναι, μάρτυρι τῷ Ὁμήρῳ, λέγοντι τοὺς περὶ τὸν Εὔμαιον

ἐντύνοντας ἄριστον ἅμ᾽ ἠοῖ φαινομένηφι·

καὶ πιθανὸν ἐδόκει, διὰ τὴν ἑωθινὴν ὥραν ἄριστον ὠνομάσθαι, καθάπερ τὸ αὔριον. (6) Τὸ δὲ δεῖπνον, ὅτι τῶν πόνων διαναπαύει· πράξαντες γάρ τι δειπνοῦσιν, ἢ μεταξὺ πράττοντες. (7) Ἔστι δὲ καὶ τοῦτο παρ᾽ Ὁμήρου λαβεῖν, λέγοντος·

Ἦμος δὲ δρυτόμος περ ἀνὴρ ὡπλίσσατο δεῖπνον.

QUÆSTIO VI.

De his qui sero ad cœnam veniunt; atque ibidem de vocabulis acratisma, ariston, deipnon.

PERSONÆ COLLOQUII.

FILII PLUTARCHI, FILII THEONIS, THEON, PLUTARCHUS, SOCLARUS.

I. Filios meos juniores, quum in theatro acroamatis intenti diutius hæsissent, tardiusque ad cœnam venirent, Theonis filii per lusum et jocum *cœnæ prohibitores* et *noctu cœnantes* appellabant, aliisque id genus verbis utebantur; illi defendentes, hos vicissim nominabant *adcurrecœnas*. (2) Tum aliquis natu majorum dixit, *adcurrecœnam* esse qui serius ad cœnam adesset : celerius enim quam lento gressu videri properare, quando moram traxit. (3) Et Batti, qui apud Cæsarem fuit sannio, jocum retulit, Cœnipetas vocantis eos qui non satis mature ad cœnam se contulissent; quod quantumvis occupati, tamen ob cœnandi cupiditatem non abnuissent invitati.

II. Ego autem dixi, Polycharmum Athenis in republica versantem oratorem, quum vitæ suæ rationem redderet, in concione dixisse : *Hæc, viri Athenienses, mea ratio est : præterea nunquam, vocatus ad cœnam, ultimus veni.* (2) Hoc enim videtur admodum populare, sicut contra quos tarde venientes præstolari coguntur, insuaves et imperiosos judicant, molesteque ferunt.

III. Soclarus vero ut patrocinaretur adolescentibus, Atqui, inquit, Pittacum Alcæus non ea de causa *zophodorpidam*, seu noctu-cœnantem, dicitur appellasse, quod sero cœnaret, sed quia plerumque obscuris et vitiosis uteretur convivis. (2) Antiquitus quidem cœnæ maturæ sive prandium vitio vertebatur, et ideo *acratisma* dictum aiunt, ab incontinentia (*acrasia*) ducto vocabulo.

IV. Ibi interpellans Theon, Nequaquam, inquit; si quidem fides adhibenda est iis qui vitæ rationem, qua prisci usi sunt, memoriæ prodiderunt. (2) Hi docent enim illos quum et laboribus dediti et temperantes essent, mane panem edisse mero intinctum, aliud nihil : et ob hanc rem illud dictum fuit *acratisma*, quum *acraton* sit merum. (3) *Opson* autem vocabatur quod parant in cœnam, quia ad eam sero (Græcis *opse*), negotiis jam defuncti, se conferent. (4) Ex hoc oborta est quæstio de vocabulis *ariston* et *deipnon*, undenam essent ducta. (5) Et *ariston* quidem idem quod *acratisma* videbatur, ob testimonium Homeri, apud quem Eumæus cum suis

simul aurora surgente instruxit *ariston;*

videbaturque hoc probabile, ut propter matutinam horam prandium diceretur *ariston*, quasi *aurion* (id est mane) factum. (6) *Deipnon* dictum censebatur, quod a laboribus requietem (διανάπαυσιν) præberet : cœnant enim vel peractis jam rebus, vel inter agendum. (7) Atque hoc etiam ex Homero potest deduci, hoc canente,

Tempore quo cœnam qui cædit ligna paravit.

(8) Εἰ μὴ νὴ Δία τὸ ἄριστον αὐτόθεν ἀπραγμόνως προσφερόμενοι, καὶ ῥᾳδίως ἀπὸ τῶν τυχόντων, τὸ δὲ δεῖπνον ἤδη παρεσκευασμένον, ἐκεῖνο μὲν ῥᾷστον, τοῦτο δὲ ὥσπερ διαπεπονημένον ἐκάλεσαν.

V. Ὑβριστὴς δ' ὢν καὶ φιλόγελως φύσει ὁ ἀδελφὸς ἡμῶν, Λαμπρίας, ἔφη μυρίῳ τὰ Ῥωμαϊκὰ δείξειν οἰκειότερα τῶν Ἑλληνικῶν ὀνόματα, τοσαύτης ἀδείας τοῦ φλυαρεῖν δεδομένης. (2) Τὸ μὲν γὰρ δεῖπνον φασὶ Κοῖνα διὰ τὴν κοινωνίαν καλεῖσθαι· καθ' ἑαυτοὺς γὰρ ἠρίστων ἐπιεικῶς οἱ πάλαι Ῥωμαῖοι, συνδειπνοῦντες τοῖς φίλοις. (3) Τὸ δ' ἄριστον ἐκλήθη [Πράνδιον] ἀπὸ τῆς ὥρας· ἔνδιον γὰρ τὸ δειλινὸν, καὶ τὴν μετ' ἄριστον ἀνάπαυσιν, ἐνδιάζειν· ἢ πρωϊνήν τινα σημαίνοντες ἐδωδὴν ἢ τροφήν, ᾗ χρῶνται πρὶν ἐνδεεῖς γενέσθαι. (4) Καὶ μὴν ἵνα ἀφῶ τὰ στρώματα, ἔφη, τὸν οἶνον, τὸ μέλι, τοὔλαιον, τὸ γεύσασθαι, τὸ προπιεῖν, ἕτερα πάμπολλα τοῖς αὐτοῖς ὀνόμασι καταφανῶς χρώμενα· τίς οὐκ ἂν εἴποι ἐπὶ κῶμον Ἑλληνικῶς Κωμεσσάτον λέγεσθαι; καὶ τὸ κεράσαι Μισχῆραι, καθ' Ὅμηρον.

Ἣ δ' αὖτ' ἐν κρητῆρι μελίρρονα οἶνον ἔμισγε·

(5) καὶ Μῆνσαν μὲν, τὴν τράπεζαν, ἀπὸ τῆς ἐν μέσῳ θέσεως· Πᾶνα δὲ, τὸν ἄρτον, ὡς ἀνιέντα τὴν πεῖναν· τὸν δὲ στέφανον, Κορώναν, ἀπὸ τῆς κεφαλῆς· ὡς Ὅμηρος τὸ κράνος εἴκασέ που στεφάνῃ· (6) * τὸ δὲ Καῖρε, δέρε· καὶ Δεντῆς, τοὺς ὀδόντας· καὶ Λάβρα, τὰ χείλη, ἀπὸ τοῦ λαμβάνειν τὴν βορὰν δι' αὐτῶν. (7) Ἢ καὶ τούτων οὖν ἀκουστέον ἀγελαστὶ λεγομένων, ἢ μηδ' ἐκείνοις εὐκόπως οὕτως διὰ τῶν ὀνομάτων, ὥσπερ τριγλίων, [ὧν] τὰ μὲν ἐκκόπτουσι μέρη, τὰ δὲ καθαιροῦσι, παραδύσεις δίδομεν.

ΠΡΟΒΛΗΜΑ Ζ'.

Περὶ συμβόλων Πυθαγορικῶν, ἐν οἷς παρεκελεύοντο χελιδόνα οἰκίᾳ μὴ δέχεσθαι, καὶ τὰ στρώματα συνταράττειν εὐθὺς ἀναστάντας.

ΠΡΟΣΩΠΑ ΤΟΥ ΔΙΑΛΟΓΟΥ.

ΣΥΛΛΑΣ, ΛΕΥΚΙΟΣ, ΠΛΟΥΤΑΡΧΟΣ, ΦΙΛΙΝΟΣ.

I. Σύλλας ὁ Καρχηδόνιος εἰς Ῥώμην ἀφικομένῳ μοι διὰ χρόνου, τὸ ὑποδεκτικὸν, ὡς Ῥωμαῖοι καλοῦσι, καταγγείλας δεῖπνον, ἄλλους τε τῶν ἑταίρων παρέλαβεν οὐ πολλούς, καὶ Μοδεράτου τινὰ τοῦ Πυθαγορικοῦ μαθητὴν, ὄνομα Λεύκιον, ἀπὸ Τυρρηνίας. (2) Οὗτος οὖν ὁρῶν Φιλῖνον τὸν ἡμέτερον ἐμψύχων ἀπεχόμενον, οἷον εἰκὸς, εἰς τοὺς Πυθαγόρου λόγους προήχθη· καὶ Τυρρηνὸν ἀπέφηνεν, οὐ πατρόθεν, ὥσπερ ἕτεροί τινες, ἀλλ' αὐτὸν ἐν Τυρρηνίᾳ καὶ γεγονέναι, καὶ τετράφθαι, καὶ πεπαιδεῦσθαι τὸν Πυθαγόραν· (3) ἰσχυριζόμενος οὐχ ἥκιστα τοῖς συμβόλοις, οἷόν ἐστι καὶ τὸ συνταράττειν ἀναστάντας ἐξ εὐνῆς τὰ στρώματα, καὶ χύτρας τύπον ἀρθείσης ἐν σποδῷ μὴ ἀπολιπεῖν, ἀλλὰ συγχεῖν, καὶ

---

(8) Nisi hercle *ariston* dicitur quasi optimum, quod promte quacunque e materia et sine negotio petitur : *deipnon* vero tanquam *diaponon*, quod apparatum esse oporteat et indigeat labore.

V. Hic Lamprias frater noster, ut erat dicax et risus captator, Ostendere, inquit, possim Græcis Latina vocabula millies hujusmodi rationibus affiniora esse, quando tanta nugandi licentia nobis datur. (2) Est enim Romanis *deipnon* cœna, quasi communio : quia antiquitus seorsum solebant prandere Romani, cœnare cum amicis. (3) *Prandium* autem ii dicunt *ariston*, ab hora, παρ' ἔνδιον; nam *endion* significat meridianum tempus, et meridiari ἐνδιάζειν : aut cibum matutinum voluerunt notare et nutrimentum quo uterentur priusquam indigerent, πρὸ τοῦ ἐνδεῖσθαι. (4) Atque ut omittam, inquit, *stragula, vinum, mel, oleum, gustare, propinare,* aliaque multa quæ manifesto Græcis vocibus Latini exprimunt : quis neget *comessatum* dici ex Græco usu, *ad Kómon?* et *miscere* itidem ex Græco, secundum illud Homericum,

Miscuit hæc laticem dulcem in cratere Lyæi :

(5) et *mensam*, quia in medio (*meso*) ponatur : *panem*, quia famem minuat, πεῖναν ἀνιέντα : *coronam*, a capite (*carene*), quum Homerus alicubi *stephanen* (*stephanos* autem sertum est) usurparit pro galea : (6) sed et *cœdere* est a δέρειν : et *dentes*, ὀδόντες : et *labra* a capiendo cibo (quod est λαβεῖν τὴν βορὰν) deducta. (7) Itaque aut hæc quum dicuntur, risus cohibendus est; aut ne illis quidem ita facilem aditum damus per vocabula, quorum partes, ut crines, alias exscindant, alias demittant.

QUÆSTIO VII.

De symbolis Pythagoricis, in quibus præcipitur hirundinem domo non esse recipiendam, et lectum, quando ex eo surgimus, conturbari debere.

PERSONÆ COLLOQUII.

SYLLA, LUCIUS, PLUTARCHUS, PHILINUS.

I. Quum aliquamdiu Roma abfuissem, eo me reversum Sylla Carthaginiensis, reditus gratulandi gratia, ut est Romani moris, ad convivium vocavit, ad quod etiam de sodalibus alios non multos adhibuit, inter quos Moderati quoque Pythagorici discipulum, Lucium nomine, ex Etruria oriundum. (2) Is quum videret Philinum nostrum animatorum esu abstinere, occasionem, ut fit, de Pythagora loquendi nactus, Etruscum fuisse affirmavit eum; non, ut alii quidam, quod majores ejus Tyrrheni fuissent; sed ipsum in Etruria et natum et educatum et institutum : (3) et argumentis utebatur ad eam rem non minimis, quæ a symbolis Pythagoræ sumebat; quale est, quod e lecto surgentes ille jubebat conturbare vestem stragulam; et, olla sublata, ejus vestigium in cinere non relinquere, sed confundere : et, hirundinem

χελιδόνας οἰκίᾳ μὴ δέχεσθαι, μηδὲ σάρον ὑπερβαίνειν, μηδὲ γαμψώνυχον οἴκοι τρέφειν· (4) ταῦτα γὰρ ἔφη τῶν Πυθαγορικῶν λεγόντων καὶ γραφόντων, μόνους ἔργῳ Τυῤῥηνοὺς ἐξευλαβεῖσθαι καὶ φυλάττειν.

II. Λεχθέντων δὲ τούτων ὑπὸ τοῦ Λευκίου, μάλιστα τὸ τῶν χελιδόνων ἀτοπίαν ἔχειν ἐδόκει, ζῷον ἀσινὲς καὶ φιλάνθρωπον εἴργεσθαι τοῖς γαμψωνύχοις ὁμοίως, ἀγριωτάτοις οὖσι καὶ φονικωτάτοις· (2) καὶ γὰρ ᾧ μόνῳ τινὲς τῶν παλαιῶν ᾤοντο λύειν τὸ σύμβολον, ὡς πρὸς τοὺς διαβόλους καὶ ψιθύρους τῶν συνήθων ᾐνιγμένον, οὐδ' αὐτὸς ὁ Λεύκιος ἐδοκίμαζεν· ψιθυρισμοῦ μὲν γὰρ ἥκιστα χελιδόνι μέτεστι, λαλιᾶς [δὲ] καὶ πολυφωνίας οὐ μᾶλλον, ἢ κίτταις καὶ πέρδιξι καὶ ἀλεκτορίσιν. (3) Ἀρ' οὖν, ὁ Σύλλας ἔφη, διὰ τὸν μῦθον τὸν περὶ τὴν παιδοφονίαν ἀφοσιοῦνται τὰς χελιδόνας, ἄποθεν ἡμᾶς πρὸς ἐκεῖνα τὰ πάθη διαβάλλοντες, ἐξ ὧν τὸν Τηρέα καὶ τὰς γυναῖκας, τὰ μὲν δρᾶσαι, τὰ δὲ παθεῖν ἄθεσμα καὶ σχέτλια λέγουσι, καὶ μέχρι νῦν Δαυλίδας ὀνομάζουσι τὰς ὄρνιθας; (4) Γοργίας δὲ, ὁ σοφιστής, χελιδόνος ἀφείσης ἐπ' αὐτὸν ἀπόπατον, ἀναβλέψας πρὸς αὐτὴν, Οὐ καλὰ ταῦτα, εἶπεν, ὦ Φιλομήλα. (5) Ἢ καὶ τοῦτο κενόν ἐστι· τὴν γὰρ ἀηδόνα, ταῖς αὐταῖς τραγῳδίαις ἔνοχον οὖσαν, οὐκ ἀπείργουσιν οὐδὲ ξενηλατοῦσιν.

III. Ἴσως, ἔφην ἐγώ, καὶ ταῦτα ἔχει λόγον, ὦ Σύλλα. Σκόπει δὲ, μὴ πρῶτον μὲν, ᾧ λόγῳ τὸ γαμψώνυχον οὐ προσίενται, τούτῳ καὶ ἡ χελιδὼν ἀδοξεῖ παρ' αὐτοῖς· (2) σαρκοφάγος γάρ ἐστι, καὶ μάλιστα τοὺς τέττιγας, ἱερούς καὶ μουσικοὺς ὄντας, ἀποκτίννυσι καὶ σιτεῖται· καὶ πρόσγειος αὐτῆς ἡ πτῆσίς ἐστι, τὰ μικρὰ καὶ λεπτὰ τῶν ζώων ἀγρεούσης, ὥς φησιν Ἀριστοτέλης· ἔπειτα μόνη τῶν ὁμωροφίων ἀσύμβολος ἐνοικεῖ, καὶ ἀτελὴς ἐνδιαιτᾶται. (3) Καίτοι ὅ γε πελαργὸς, οὔτε σκέπης μετέχων οὔτ' ἀλέας οὔτ' ἀδείας τινὸς ἢ βοηθείας παρ' ἡμῖν, ἐπίβαθρόν τι γῆς δίδωσι· τὰ γὰρ ἐπίβουλα καὶ πολέμια τῶν ἀνθρώπων, φρύνους καὶ ὄφεις, ἀναιρεῖ περιιών· ἡ δὲ πάντων τυχοῦσα τούτων, ὅταν ἐκθρέψῃ καὶ τελειώσῃ τοὺς νεοσσοὺς, * ἄπεισιν ἀχάριστος γενομένη καὶ ἄπυστος. (4) Ὃ δὲ δεινότατόν ἐσ[τι], μόνα τῶν συνοίκων μυῖα καὶ χελιδὼν οὐχ ἡμεροῦται πρὸς ἄνθρωπον, οὐδ' ἀνέχεται ψαῦσιν, οὐδ' ὁμιλίαν οὐδὲ κοινωνίαν ἔργου τινὸς ἢ παιδιᾶς· ἡ μὲν μυῖα, φοβουμένη, τῷ πάσχειν κακῶς καὶ διασοβεῖσθαι πολλάκις· ἡ δὲ χελιδὼν, τῷ φύσει μισάνθρωπος εἶναι, καὶ δι' ἀπιστίαν ἀτιθάσσευτος ἀεὶ καὶ ὕποπτος. (5) Εἴπερ οὖν δεῖ τὰ τοιαῦτα μὴ κατ' εὐθυωρίαν, ἀλλ' ἀνακλάσαντας, ὥσπερ ἐμφάσεις ἑτέρων ἐν ἑτέροις θεωρεῖν, παράδειγμα τὰς χελιδόνας τοῦ ἀβεβαίου καὶ ἀχαρίστου θέμενος, οὐκ ἐᾷ τοὺς ἕνεκα καιροῦ προσφερομένους καὶ ὑποδυομένους, ποιεῖσθαι συνήθεις ἐπὶ πλέον, ἑστίας καὶ οἴκου, καὶ τῶν ἁγιωτάτων μεταδιδόντας.

IV. Ταῦτα εἰπὼν ἐγώ μοι δοκῶ ποιῆσαι λόγων ἄδειαν· εὐθαρσῶς γὰρ ἤδη τοῖς ἄλλοις συμβόλοις προσῆγον, ἠθικὰς ἐπιεικῶς ποιούμενοι τὰς λύσεις αὐτῶν.

domo non recipere; neque supra scopas transire : neque alere domi quod ungues haberet curvos. (4) Hæc aiebat scribere quidem et disserere Pythagoreos, re autem ipsa solos observare et tenere Etruscos.

II. Quum hæc Lucius dixisset, maxime id visum fuit absurdum, quod ad hirundines attinet : nimirum animal innoxium et hominum amans perinde arcendum esse, atque curvunguia illa quæ ferissima et cædis sunt studiosissima. (2) Nam quod unicum nonnulli veterum attulerunt ad solvendum symbolum, moneri vitandam calumniatorum et susurronum consuetudinem, id ne ipse quidem Lucius probabat : minimum enim susurri habet hirundo, garrula et vocalis non magis est quam pica, perdix, gallina. (3) Numnam ergo, aiebat Sylla, ob prolis necem fabulis vulgatam, abominantur hirundines, ut nos eminus a tali flagitio deterreant? quando Tereum et mulieres impia ista et nefaria quum fecisse tum subiisse aiunt, et aves etiamnum Daulides appellant : (4) et Gorgias sophista, quum hirundo stercus in ipsum ejecisset, respiciens ad eam dixit, *Non probe hoc, o Philomela.* (5) An hoc quidem vanum est? nam lusciniam, quæ culpam earundem sustinet tragœdiarum, non arcent, non exigunt.

III. Fortassis, inquam tum ego, hæc aliquam habent rationem, Sylla. Verum hoc considera primum, an, quæ causa non admittat curvunguia, eadem etiam hirundines domibus illorum excludat. (2) Carnivora est enim hirundo, et maxime cicadas Musis sacras et canoras interficit, iisque vescitur : ac prope terram volitat, exigua venans animalcula, ut ait Aristoteles. Deinde sola contubernalium immunis nulloque dato symbolo inhabitat. (3) Enimvero ciconia, quanquam a nobis neque tegitur, neque fovetur, neque tutelam aut auxilium ullum accipit, persolvit tamen mercedem loci quem occupavit, dum infesta hominibus animalia, rubetas et angues, circumiens interficit : sed hirundo his omnibus potita, exclusis et educatis pullis suis, ingrata abit in terras quas ignoramus. (4) Porro, quod est gravissimum, de his quæ nobiscum habitant, sola hirundo et musca non cicurantur homini, neque tangi se patiuntur, neque consuetudinem aut societatem ullius operis ludive admittunt : quod musca facit metu incommodi, et quia subinde abigitur; hirundo autem, quia natura odit homines, et ob infidelitatem semper suspiciosa manet et cicurationis fugax. (5) Ergo si hæc non recta, sed reflexe, ut imagines aliorum in aliis, sunt consideranda, Pythagoras hirundinem exemplar inconstantiæ et animi ingrati ponens, non vult ut eos qui temporis sui gratia ad nos se applicant, seque insinuant, admodum familiares nobis faciamus, cumque iis larem, domum et sacra intima communicemus.

IV. Hæc ego fatus videbar dicendi licentiæ fenestram aperuisse : audacter enim jam reliqua symbola ceteri aggressi, morales iis accommodaverunt explicationes. (2) Ollæ fer-

(2) Τῆς μὲν γὰρ χύτρας τὸν τύπον, ἔφη Φιλῖνος, ἀφανίζειν αὐτοὺς, διδάσκοντας ὅτι δεῖ μηδὲν ὀργῆς ἔνδηλον ἀπολιπεῖν ἴχνος, ἀλλ' ὅταν ἀναζέσασα παύσηται καὶ καταστῇ, πᾶσαν ἐξηλεῖφθαι μνησικακίαν. (3) Ἡ δὲ τῶν στρωμάτων συντάραξις ἐνίοις μὲν ἐδόκει μηθὲν ἔχειν ἀποκεκρυμμένον, ἀλλ' αὐτόθεν φαίνεσθαι, τὸ μὴ πρέπον ἀνδρὶ, συγκεκοιμημένης γαμετῆς, χώραν ὁρᾶσθαι καὶ τύπον ὥσπερ ἐκμαγεῖον ἀπολειπόμενον. (4) Ὁ δὲ Σύλλας μᾶλλον εἴκαζε κοιμήσεως μεθημερινῆς ἀποτροπὴν εἶναι τὸ σύμβολον, ἀναιρουμένης ἕωθεν εὐθὺς τῆς πρὸς τὸν ὕπνον παρασκευῆς· ὡς νυκτὸς ἀναπαύεσθαι δεῖν, ἡμέρας δὲ πράττειν ἀναστάντας, καὶ μὴ περιορᾶν οἷον ἴχνος πτώματος· οὐδὲν γὰρ ἀνδρὸς ὄφελος καθεύδοντος, ὥσπερ οὐδὲ τεθνηκότος. (5) Τούτοις δὲ συμμαρτυρεῖν ἐδόκει καὶ τὸ παρεγγυᾶν τοὺς Πυθαγορικοὺς τοῖς ἑταίροις, μηδενὸς ἀφαιρεῖν βάρος, συνεπιτιθέναι δὲ καὶ συνεπιφορτίζειν, ὡς μηδεμίαν σχολὴν μηδὲ ῥαστώνην ἀποδεχομένους.

ΠΡΟΒΛΗΜΑ Η΄.

Διὰ τί μάλιστα οἱ Πυθαγορικοὶ ἐμψύχων τοὺς ἰχθῦς παρῃτοῦντο.

ΠΡΟΣΩΠΑ ΤΟΥ ΔΙΑΛΟΓΟΥ.

ΕΜΠΕΔΟΚΛΗΣ, ΣΥΛΛΑΣ, ΛΕΥΚΙΟΣ, ΤΥΝΔΑΡΗΣ, ΝΕΣΤΩΡ.

I. Ἐπεὶ δὲ τούτων λεγομένων ὁ Λεύκιος, οὔτε ψέγων οὔτ' ἐπαινῶν, ἀλλ' ἡσυχίαν ἄγων, σιγῇ δὲ καὶ καθ' ἑαυτὸν ὁρῶν ἤκουεν, ὀνομαστὶ καλέσας τὸν Σύλλαν ὁ Ἐμπεδοκλῆς, Λεύκιος, εἶπεν, ὁ ἑταῖρος, εἰ μὲν ἄχθεται τοῖς λεγομένοις, ὥρα πεπαῦσθαι καὶ ἡμᾶς· εἰ δὲ ταῦτα τῶν ὑπὸ τὴν ἐχεμυθίαν ἐστὶν, ἀλλ' ἐκεῖνό γε δοκῶ μήτ' ἄρρητον εἶναι, μήτ' ἀνέξοιστον πρὸς ἑτέρους, ὅτι δὴ μάλιστα τῶν ἰχθύων ἀπείχοντο· (2) καὶ γὰρ ἱστορεῖται τοῦτο περὶ τῶν παλαιῶν Πυθαγορικῶν· καὶ τοῦ καθ' ἡμᾶς Ἀλεξικράτους ἐνέτυχον μαθηταῖς, ἄλλα μὲν ἔστιν ὅτε μετρίως προσφερομένοις, καὶ νὴ Δία θύουσιν, ἰχθύος δὲ μὴ γεύσασθαι τὸ παράπαν ὑπομένουσιν. (3) Ἦν δὲ Τυνδάρης ὁ Λακεδαιμόνιος αἰτίαν [* *] ἔλεγε δὲ τῆς ἐχεμυθίας τοῦτο γέρας εἶναι, τοὺς ἰχθῦς καλεῖν [ἔλλοπας], οἷον ἰλλομένην τὴν ὄπα καὶ καθειργομένην ἔχοντας· καὶ τὸν ὁμώνυμον ἐμοὶ τῷ παυσαμένῳ Πυθαγορικῶς περαίνειν τὰ δόγματα, στέγουσαι φρενός, ἀλλ' ὅπερ ἐλάσσω, καὶ ὅλως θεὸν ἡγεῖσθαι τὴν σιωπὴν τοὺς ἄνδρας, ἅτε δὴ καὶ τῶν θεῶν ἔργοις καὶ πράγμασιν ἄνευ φωνῆς ἐπιδεικνυμένων ἃ βούλονται τοῖς ξυνετοῖς.

II. Τοῦ δὲ Λευκίου πρᾴως καὶ ἀφελῶς εἰπόντος, ὡς ὁ μὲν ἀληθὴς ἴσως λόγος καὶ νῦν ἀπόθετος καὶ ἀπόρρητος εἴη, τοῦ δὲ πιθανοῦ καὶ εἰκότος οὐ φθόνος ἀποπειρᾶσθαι· πρῶτος Θέων ὁ γραμματικὸς εἶπεν, ὅτι Τυρρηνὸν μὲν ἀποδεῖξαι Πυθαγόραν μέγα ἔργον εἴη καὶ

---

mam, aiebat Philinus, Pythagoricos, dum abolere mandant, docere nullum debere evidens reliuqui iræ vestigium; sed ubi ea deferbuerit, et consederit animus, omnem esse memoriam offensarum oblivione conterendam. (3) Lecti conturbatio quibusdam videbatur nihil habere occultum; sed statim apparere, indecorum esse ubi vir cum uxore concubuit, locum et quasi expressam imaginem relinqui. (4) At Sylla putabat hoc magis pertinere ad dehortandum a diurno somno, atque ideo a primo mane auferri apparatum ad somnum, ut intelligamus noctu dormiendum, interdiu, quum surrexerimus, agendum, et vestigium tanquam mortui corporis haud relinquendum: nullum enim usum esse viri dormientis, ut neque mortui. (5) Huic opinioni suffragari videbatur id etiam quod Pythagorici sociis præcipiunt, ne quem onere levent, sed in tollendo et subeundo juvent: scilicet omne otium, omnem segnitiam eo prohibentes.

QUÆSTIO VIII.

Quare Pythagorici de animalibus maxime pisces pro cibo sint aversati.

PERSONÆ COLLOQUII.

EMPEDOCLES, SYLLA, LUCIUS, TYNDARES, NESTOR.

I. Ut hæc dicta Lucius neque reprehendens neque laudans quiete tacitusque secum meditans audivit, Syllam nominatim vocans Empedocles, Si Lucius, inquit, socius noster, ægre fert quæ dicta sunt, tempus est ut nos quoque finem faciamus: si vero ad silentium legitimum hoc spectat, id saltem arbitror non esse dictu nefas, aut vetitum aliis explicari, cur piscibus maxime abstineant Pythagorici: (2) hoc enim et de antiquis narratur; et in discipulos incidi Alexicratis, qui nostro tempore vixit, reliquis nonnunquam mediocriter vescentes, et hercle etiam mactantes, piscem autem gustare omnino recusantes. (3) Cujus rei nobis hanc reddidit causam Tyndares Lacedæmonius, ut diceret hoc silentii præmium habere pisces, eosdemque vocari *ellopes*, quod vocem habeant devinctam (ἰλλομένην) et conclusam: et cognominem meum antiquum Empedoclem expulsum quendam e sodalitio Pythagoricorum monuisse, ut placita tegeret animo non secus ac piscis: et omnino silentium eos pro deo habere: quippe quum dii quoque sua opera et facta intelligentibus ubi volunt sine voce ostendant.

II. Ad hæc quum Lucius placide et simpliciter dixisset, veram rationem fortassis etiamnum reconditam esse et infandam; probabilia autem et veri similia fas esse experiri, primus Theon grammaticus, Arduum, inquit, puto et non facile esse, evincere Pythagoram Etruscum esse: verum in

οὐ ῥᾴδιον· * Αἰγυπτίων δὲ τοῖς σοφοῖς συγγενέσθαι
πολὺν χρόνον ὁμολογεῖται, ζηλῶσαί τε πολλὰ καὶ δοκιμάσαι μάλιστα τῶν περὶ τὰς ἱερατικὰς ἁγιστείας· (2)
οἷόν ἐστι καὶ τὸ τῶν κυάμων· οὔτε γὰρ σπείρειν, οὔτε
5 σιτεῖσθαι κύαμον Αἰγυπτίους, ἀλλ' οὐδὲ ὁρῶντας ἀνέ-
χεσθαί φησιν ὁ Ἡρόδοτος· ἰχθύων δὲ καὶ τοὺς ἱερεῖς
ἴσμεν ἔτι νῦν ἀπεχομένους· ἁγνεύοντες δὲ καὶ τὸν ἅλα
φεύγουσιν, ὡς μήτ' ὄψον προσφέρεσθαι μήτ' [ἄλλο τι]
ἅλεσι θαλαττίοις μεμιγμένον. (3) Ἄλλοι μὲν οὖν ἄλλας
10 αἰτίας φέρουσιν· ἔστι δ' ἀληθὴς μία, τὸ πρὸς τὴν θάλατταν ἔχθος, ὡς ἀσύμφυλον ἡμῖν καὶ ἀλλότριον, μᾶλλον
δὲ ὅλως πολέμιον τῇ φύσει τοῦ ἀνθρώπου στοιχεῖον. (4)
Οὐ γὰρ τρέφεσθαι τοὺς θεοὺς ἀπ' αὐτῆς, ὥσπερ οἱ Στωϊκοὶ τοὺς ἀστέρας, ὑπολαμβάνουσιν, ἀλλὰ τοὐναντίον
15 εἰς ταύτην ἀπόλλυσθαι τὸν πατέρα καὶ σωτῆρα τῆς
χώρας, ὃν Ὀσίριδος ἀπορροὴν ὀνομάζουσι· καὶ θρηνοῦν-
τες τὸν ἐν τοῖς ἀριστεροῖς μέρεσι γεννώμενον, ἐν τοῖς
δεξιοῖς φθειρόμενον, αἰνίττονται τὴν τοῦ Νείλου τελευτὴν καὶ φθορὰν ἐν τῇ θαλάττῃ γινομένην. (5) Ὅθεν
20 οὔτε τὸ ὕδωρ πότιμον αὐτῆς, οὔτε ὧν τρέφει τι καὶ γεννᾷ,
καθαρὸν ἡγοῦνται καὶ οἰκεῖον, οἷς μήτε πνεύματος κοινοῦ, μήτε συμφύλου νομῆς μέτεστιν, ἀλλὰ ὁ σώζων
πάντα τἄλλα καὶ τρέφων ἀὴρ, ἐκείνοις ὀλέθριός ἐστιν,
ὡς παρὰ φύσιν καὶ χρείαν γεγονόσι καὶ ζῶσιν. (6) Οὐ
25 δεῖ δὲ θαυμάζειν, εἰ τὰ ζῷα διὰ τὴν θάλατταν ἀλλότρια
καὶ οὐκ ἐπιτήδεια καταμίγνυσθαι εἰς αἷμα καὶ πνεῦμα
νομίζουσιν αὐτῶν, οἵ γε μηδὲ τοὺς κυβερνήτας ἀξιοῦσι
προσαγορεύειν ἀπαντῶντες, ὅτι τὸν βίον ἀπὸ θαλάττης
ἔχουσι.
30 III. Ταῦτ' ἐπαινέσας ὁ Σύλλας προσεῖπε περὶ τῶν
Πυθαγορικῶν, ὡς μάλιστα μὲν ἐγεύοντο τῶν ἱεροθύτων
ἀπαρχόμενοι τοῖς θεοῖς· ἰχθύων δὲ θύσιμος οὐδείς, οὐδὲ
ἱερεύσιμός ἐστιν. (2) Ἐγὼ δὲ, παυσαμένων ἐκείνων,
Αἰγυπτίοις μὲν, ἔφην, ὑπὲρ τῆς θαλάττης πολλοὺς μα-
35 χεῖσθαι καὶ φιλοσόφους καὶ ἰδιώτας, ἐκλογιζομένους
ὅσοις ἀγαθοῖς εὐπορώτερον καὶ ἡδίω τὸν βίον ἡμῶν πεποίηκεν. (3) Ἡ δὲ τῶν Πυθαγορικῶν πρὸς τὸν ἰχθῦν
ἐκεχειρία, διὰ τὸ μὴ σύμφυλον, ἄτοπος καὶ γελοῖος,
μᾶλλον δ' ἀνήμερος ὅλως, καὶ Κυκλώπειόν τι τοῖς ἄλ-
40 λοις γέρας νέμουσα τῆς συγγενείας καὶ τῆς οἰκειότητος,
ὀψοποιουμένοις καὶ ἀναλισκομένοις ὑπ' αὐτῶν. (4)
Καίτοι βόλον ἰχθύων πρίασθαί ποτε φασὶ τὸν Πυθαγόραν, εἶτ' ἀφεῖναι κελεῦσαι τὴν σαγήνην, οὐχ ὡς ἀλλοφύλων καὶ πολεμίων ἀμελήσαντα τῶν ἰχθύων, ἀλλ'
45 ὡς ὑπὲρ φίλων καὶ οἰκείων γεγονότων αἰχμαλώτων
λύτρα καταβαλόντα. (5) Διὸ τοὐναντίον, ἔφην, ὑπονοεῖν τῶν ἀνδρῶν [ἡ] ἐπιείκεια καὶ πρᾳότης δίδωσι,
μή ποτ' ἄρα μελέτης ἕνεκεν τοῦ δικαίου καὶ συνηθείας
ἐφείδοντο μάλιστα τῶν ἐναλίων, ὡς τἄλλα μὲν αἰτίαν
50 ἀμωσγέπως παρέχοντα τοῦ κακῶς πάσχειν τῷ ἀνθρώπῳ, τοὺς δ' ἰχθῦς οὐδὲν ἀδικοῦντας ἡμᾶς, οὐδ' ἂν πάνυ
πεφύκασι δυναμένους. (6) Πάρεστι δὲ τῶν τε λόγων
καὶ τῶν ἱερῶν εἰκάζειν τοῖς παλαιοῖς, ὡς οὐ μόνον ἐδωδὴν, ἀλλὰ καὶ φόνον ζῴου μὴ βλάπτοντος ἔργον ἐνα-

confesso est, diu eum cum sapientibus Ægyptiorum fuisse
versatum, æmulatumque multa et probasse, maxime de
sanctimoniis sacrificiorum : (2) quale est etiam illud de
fabis; nam Herodotus scribit, nec serere fabam neque edere
Ægyptios, atque etiam a conspectu ejus abhorrere : scimus
autem hodieque sacerdotes piscibus abstinere; qui quum
sanctimoniæ singulari student, etiam salem vitant, ne vel
obsonium vel cibum ullum marino sale conditum usurpent. (3) Hujus rei alias alii afferunt causas. Vera autem
hæc una est, quod mare oderunt ut alienum a nobis elementum, sive potius inimicum humanæ naturæ. (4) Neque enim deos, ut Stoici stellas, ex eo nutriri putant: sed
contra in id periisse patrem ac servatorem regionis, quem
Osiridis defluxum nominant, eumque deplorantes in læva
ortum regione, in dextra interemtum, Nili obscure significant in mare exeuntis interitum. (5) Itaque neque aquam
ejus bibendo aptam, neque quidquam eorum quæ gignit et
educat purum et accommodatum sibi putant; quum neque
communi spiritu alantur, neque cognati cum nostro alimenti
partem capiant; sed qui reliqua omnia servat nutritque aer,
iis perniciosus sit, utpote præter naturam usumque et ortis
et viventibus. (6) Neque mirum videri debet, si marina animalia aliena censent, et non idonea quæ suo sanguini spi-
rituique admisceant; quando gubernatores navium ne allo-
quio quidem dignantur obviam facti, quod victum hi e mari
quæritent.

III. His collaudatis Sylla addidit de Pythagoricis, eos
m xime gustasse victimas, dum diis sacrificarent : piscium
vero nullum immolari, nullo rem sacram fieri. (2) Ego autem, quum illi dicendi fecissent finem, Pro mari, inquam,
adversus Ægyptios propugnabunt multi et philosophi et indocti, reputantes quot commoditatibus vitam nostram faciliorem suavioremque reddiderit. (3) Pythagoricos vero a
piscibus ideo abstinere, quia sint alienæ gentis, ridiculum
est et absurdum; immo inhumanum prorsus, ut Cyclopi-
cum præmium cognationis illi præbuerint reliquis atque
adfinitatis, coquentes ea et absumentes. (4) Et quidem fertur capturam piscium emisse aliquando Pythagoras, et
captos ex reti dimitti jussisse; non qui tanquam alienigenas
et inimicos negligeret eos, sed ut pro amicis et familiaribus
captivis pretium liberationis persolveret. (5) Itaque contrarium, dixi, jubet istorum hominum nos suspicari man-
suetudo et humanitas : nimirum justitiæ meditandæ gratia
et usu discendæ eos a marinis potissimum abstinuisse;
quod reliqua animalia utcunque malorum causam hominibus præbent, pisces neque injuria nos afficiunt, neque afficere possunt quantumvis ad hoc a natura videantur instructi. (6) In promtu est autem quum e sermonibus, tum e
sacrificiis veterum ostendere, non esum modo, sed et cædem animalis innoxii eos pro facinore impio et nefario du-

γὲς καὶ ἄθεσμον ἐποιοῦντο· πλήθει δ' ἐπιχεομένῳ κα-
θειργόμενοι, καὶ χρησμοῦ τινος, ὥς φασιν, ἐκ Δελφῶν
ἐπικελευσαμένου τοῖς καρποῖς ἀρήγειν φθειρομένοις,
ἤρξαντο μὲν καθιερεύειν· (7) ἔτι δὲ ὅμως ταραττόμενοι καὶ δειμαίνοντες, ἔρδειν μὲν ἐκάλουν καὶ ῥέζειν, ὥς
τι μέγα δρῶντες τὸ θύειν ἔμψυχον· ἄχρι δὲ νῦν παραφυλάττουσιν ἰσχυρῶς τὸ μὴ σφάττειν, πρὶν ἐπινεῦσαι
κατασπενδόμενον· οὕτως εὐλαβεῖς πρὸς ἅπασαν ἀδικίαν
ἦσαν. (8) * Καίτοι, ἵνα τἄλλα ἐάσωμεν, εἰ μόνον ἀλεκτορίδων ἀπείχοντο πάντες ἢ δασυπόδων, οὐκ ἂν ἦν
χρόνου βραχέος ὑπὸ πλήθους οὔτε πόλιν οἰκεῖν οὔτε
καρπῶν ὄνασθαι· διὸ τῆς ἀνάγκης ἐπαγούσης τὸ πρῶτον, ἤδη καὶ δι' ἡδονὴν ἔργον ἐστὶ παῦσαι τὴν σαρκοφαγίαν. (9) Τὸ δὲ τῶν θαλαττίων γένος οὐ τὸν ἀέρα
τὸν αὐτὸν, οὔτε ὕδωρ ἀναλίσκον ἡμῖν, οὔτε καρποῖς
προσιὸν, ἀλλὰ ὥσπερ ἑτέρῳ κόσμῳ περιεχόμενον, καὶ
χρώμενον ὅροις ἰδίοις, οὓς ὑπερβαίνουσιν αὐτοῖς ἐπίκει-
ται δίκη ὁ θάνατος, οὔτε μικρὰν οὔτε μεγάλην τῇ γαστρὶ πρόφασιν κατ' αὐτῶν δίδωσιν· ἀλλὰ παντὸς ἰχθύος
ἄγρα καὶ σαγηνεία, λαιμαργίας καὶ φιλοψίας περιφανῶς ἔργον ἐστὶν, ἐπ' οὐδενὶ δικαίῳ ταραττούσης τὰ
πελάγη, καὶ καταδυομένης εἰς τὸν βυθόν. (10) Οὔτε
γὰρ τρίγλαν ἔστι δήπου ληϊβότειραν, οὔτε σκάρον τρυ-
γηφάγον, οὔτε κεστρεῖς τινας ἢ λάβρακας σπερμολό-
γους προσειπεῖν, ὡς τὰ χερσαῖα κατηγοροῦντες ὀνομά-
ζομεν· (11) ἀλλ' οὐδ' ὅσα γαλῆ καὶ μυίᾳ κατοικιδίῳ
μικρολόγως ἐγκαλοῦμεν, ἔχοι τις ἂν αἰτιάσασθαι τὸν
μέγιστον ἰχθῦν. (12) Ὅθεν ἀνείργοντες ἑαυτοὺς οὐ
νόμῳ μόνῳ τῆς πρὸς ἄνθρωπον ἀδικίας, ἀλλὰ καὶ φύσει τῆς πρὸς ἅπαν τὸ μὴ βλάπτον, ἥκιστα τῶν ὄψων
ἐχρῶντο τοῖς ἰχθύσιν, ἢ τὸ παράπαν οὐκ ἐχρῶντο·
καὶ γὰρ ἄνευ τῆς ἀδικίας ἀκρασίαν τινὰ καὶ λιχνείαν
ἐμφαίνειν ἔοικεν ἡ περὶ ταῦτα πραγματεία πολυτελὴς
οὖσα καὶ περίεργος. (13) Ὅθεν Ὅμηρος οὐ μόνον
τοὺς Ἕλληνας ἰχθύων ἀπεχομένους πεποίηκε περὶ τὸν
Ἑλλήσποντον στρατοπεδεύοντας, ἀλλ' οὐδὲ ἁβροβίοις
Φαίαξιν, οὐδὲ τοῖς ἀσώτοις μνηστῆρσιν, ἀμφοτέροις
οὖσι νησιώταις, θαλάττιον παρατέθεικεν ὄψον· (14)
οἱ δ' Ὀδυσσέως ἑταῖροι, τοσαύτην πλέοντες θάλατταν,
οὐδαμοῦ καθῆκαν ἄγκιστρον, οὐδὲ πόρκον, οὐδὲ δίκτυον, ἀλφίτων παρόντων·

  Ἀλλ' ὅτε δὴ νηὸς ἐξέφθιτο ἤϊα πάντα,

μικρὸν ἔμπροσθεν ἢ ταῖς τοῦ Ἡλίου βουσὶν ἐπιχειρεῖν,
ἰχθῦς ἀγρεύοντες, οὐκ ὄψον, ἀλλὰ τροφὴν ἀναγκαίαν
ἐποιοῦντο

  γναμπτοῖς ἀγκίστροισιν· ἔτειρε δὲ γαστέρα λιμός·

ὑπὸ τῆς αὐτῆς ἀνάγκης ἰχθύσι τε χρωμένων καὶ τὰς
τοῦ Ἡλίου βοῦς κατεσθιόντων. (15) Ὅθεν οὐ παρ' Αἰγυπτίοις μόνον οὐδὲ Σύροις, ἀλλὰ καὶ παρ' Ἕλλησι
γέγονεν ἁγνείας μέρος ἀποχὴ ἰχθύων, μετὰ τοῦ δικαίου
καὶ τὸ περίεργον, οἶμαι, τῆς βρώσεως ἀποδιοπομπου-
μένοις.

λisse; multitudine tamen superfusa oppressi, simulque
oraculo Delphico, ut aiunt, jubente opitulari frugibus quæ
perderentur, mactare aggressi sunt : (7) interim tamen
animis turbatis et meticulosis, *facere* hoc et *operari* nominaverunt, ut qui animato interficiendo magnum aliquod
facinus committere se arbitrarentur : et in hunc usque diem
id maximo opere observant, ne jugulent victimam nisi im-
molata annuat : adeo sibi ab omni caverunt injustitia. (8)
At enim, ne reliqua commemorem, si a solis cuniculis aut
gallinis omnes abstinuissent homines, eorum animalium
brevi tempore multitudo tanta fuerat exstitura, ut nulla
urbs habitari, nullus fructus percipi potuisset. Itaque carnium esum, quem initio necessitas introduxit, nunc vel ob
voluptatis studium tollere difficile est. (9) Sed marina animalia, neque aerem nobiscum neque aquam communem
absumentia, neque ad fruges terræ accedentia, sed veluti
peculiari contenta mundo, suisque circumscripta terminis,
quorum iis transgressio morte est sancita, neque parvam
neque magnam ventri adversus ipsa occasionem præbent :
quævis autem piscatio evidenter a gula et cupiditate obsonii
proficiscitur, nullo jure maria conturbante et profundum
subeunte. (10) Neque enim licet, opinor, mullum *frugi-
perdam*, aut scarum *uvivorum*, aut mugiles labracesve
seminilegos appellare : quæ nomina terrestribus imponi-
mus, maleficia eorum accusantes : (11) immo quæ minima
etiam consectantes de musca aut fele domesticis animalibus
conquerimur, horum de nullo accusare possis vel maximum
piscem. (12) Idcirco Pythagorei non lege tantum ab omnibus hominibus, sed natura etiam ab omni innoxio injuriam
abstinentes, minime, aut omnino nequaquam usi sunt piscibus inter obsonia; quum præter injustitiam piscatio
videatur intemperantiam quandam et gulæ incontinentiam
secum trahere, sumtuosa et curiosa. (13) Quamobrem
Homerus non tantum Græcos facit piscium esum vitantes,
quum quidem ad Hellespontum castra haberent; sed neque
delicatissimis illis Phæacibus, aut luxuriosis procis, insu-
lanis utrisque, cibum e mari petitum proposuit. (14)
Ulyssis vero socii quum tantum maris navigassent, nunquam hamum demiserunt, nunquam fundam aut rete,
quam diu farina adfuit :

  Sed cibus e navi consumtus ubi fuit omnis,

paullo ante quam Solis boves adorirentur, pisces non cibi
delicatioris, sed nutrimenti necessarii gratia venati sunt

  incurvis hamis, ventres urgente famis vi;

eadem necessitate et ad piscandum et ad cædendum Solis
boves adigente. (15) Itaque non apud Ægyptios duntaxat
et Syros, sed apud Græcos etiam sanctimoniæ pars est abstinere a piscibus; ritu non justitiam modo tuente, ut equidem existimo, sed curiositatem quoque cibi aversante.

IV. Ὑπολαβὼν δὲ ὁ Νέστωρ, Τῶν δ' ἐμῶν, ἔφη, πολιτῶν, ὥσπερ Μεγαρέων, οὐδεὶς λόγος· καίτοι πολλάκις ἀκήκοας ἐμοῦ λέγοντος, ὅτι ἀεὶ οἱ τοῦ Ποσειδῶνος ἱερεῖς, οὓς ἱερομνήμονας καλοῦμεν, ἰχθῦς οὐκ ἐσθίουσιν· ὁ γὰρ θεὸς λέγεται φυτάλμιος. (2) Οἱ δὲ, ἀφ' Ἕλληνος τοῦ παλαιοῦ, καὶ πατρογενείῳ Ποσειδῶνι θύουσιν, ἐκ τῆς ὑγρᾶς τὸν ἄνθρωπον οὐσίας φῦναι δόξαντες, ὡς καὶ Σύροι· διὸ καὶ σέβονται τὸν ἰχθῦν, ὡς ὁμογενῆ καὶ σύντροφον, ἐπιεικέστερον Ἀναξιμάνδρου φιλοσοφοῦντες· (3) οὐ γὰρ ἐν τοῖς αὐτοῖς ἐκεῖνος ἰχθῦς καὶ ἀνθρώπους, ἀλλ' ἐν ἰχθύσιν ἐγγενέσθαι τὸ πρῶτον ἀνθρώπους ἀποφαίνεται, καὶ τραφέντας, ὥσπερ οἱ παλαιοί, καὶ γενομένους ἱκανοὺς ἑαυτοῖς βοηθεῖν, ἐκβληθῆναι τηνικαῦτα, καὶ γῆς λαβέσθαι. (4) Καθάπερ οὖν τὸ πῦρ τὴν ὕλην, ἐξ ἧς ἀνήφθη, μητέρα καὶ πατέρα οὖσαν, ἤσθιεν, ὡς ὁ τὸν Κήϋκος γάμον εἰς τὰ Ἡσιόδου παρεμβαλὼν εἴρηκεν· οὕτως ὁ Ἀναξίμανδρος τῶν ἀνθρώπων πατέρα καὶ μητέρα κοινὸν ἀποφήνας τὸν ἰχθῦν, διέβαλε πρὸς τὴν βρῶσιν.

*ΠΡΟΒΛΗΜΑ Θ'.

Εἰ δυνατόν ἐστι συστῆναι νοσήματα καινά, καὶ δι' ἃς αἰτίας.

ΠΡΟΣΩΠΑ ΤΟΥ ΔΙΑΛΟΓΟΥ.

ΦΙΛΩΝ, ΔΙΟΓΕΝΙΑΝΟΣ, ΠΛΟΥΤΑΡΧΟΣ.

I. Φίλων ὁ ἰατρὸς διεβεβαιοῦτο, τὴν καλουμένην ἐλεφαντίασιν οὐ πρὸ πολλοῦ πάνυ χρόνου γνώριμον γεγονέναι· μηδένα γὰρ τῶν παλαιῶν ἰατρῶν τοῦ πάθους τούτου πεποιῆσθαι λόγον, εἰς ἕτερα μικρὰ καὶ γλίσχρα καὶ δυσθεώρητα τοῖς πολλοῖς ἐνταθέντας. (2) Ἐγὼ δὲ καὶ μάρτυν αὐτῷ παρεῖχον ἐκ φιλοσοφίας Ἀθηνόδωρον, ἐν τῷ προτέρῳ τῶν Ἐπιδημίων ἱστοροῦντα, πρῶτον ἐν τοῖς κατ' Ἀσκληπιάδην χρόνοις οὐ μόνον τὴν ἐλεφαντίασιν, ἀλλὰ καὶ τὸν ὑδροφόβαν ἐκφανῆ γενέσθαι. (3) Θαυμάζοντες οὖν οἱ παρόντες, εἰ νέα πάθη τότε πρῶτον ἔσχεν ἐν τῇ φύσει γένεσιν καὶ [σύ]στασιν, οὐχ ἧττον ᾤοντο θαυμάσιον εἶναι τὸ λαθεῖν τηλικαῦτα συμπτώματα χρόνον τοσοῦτον· (4) ἐρρύησαν δέ πως μᾶλλον οἱ πλείους ἐπὶ τὸ δεύτερον, ὡς ἀνθρώπινον μᾶλλον· ἥκιστα τὴν φύσιν ἔν γε τούτοις φιλόκαινον εἶναι, καὶ νέων πραγμάτων, ὥσπερ ἐν πόλει, τῷ σώματι δημιουργὸν ἀξιοῦντες.

II. Ὁ δὲ Διογενιανὸς ἔφη, καὶ τὰ τῆς ψυχῆς νοσήματα καὶ πάθη κοινήν τινα πάτριον ὁδὸν βαδίζειν. (2) Καίτοι παντοδαπὸν μέν, εἶπεν, ἡ μοχθηρία καὶ πολύτολμον, αὐτοκρατὲς δὲ ἡ ψυχὴ καὶ κύριον ὑπ' αὐτῆς, εἰ βούλοιτο, μεταβάλλειν καὶ τρέπεσθαι ῥᾳδίως· ἔχει δέ τινα τάξιν τὸ ἄτακτον αὐτῆς, καὶ τὰ μέτρα τηρεῖ τοῖς πάθεσιν, ὥσπερ ἡ θάλαττα ταῖς ὑπερεκχύσεσι, καὶ καινὸν οὐδὲν οὐδὲ τοῖς παλαιοῖς ἀνιστόρητον ἐξήνθηκε

IV. Sub hæc Nestor, Meos vero, inquit, cives, Megarensium instar, nullo in numero censetis? atqui sæpe ex me audivisti, sacerdotes Neptuni, qui nobis *hieromnemones* vocantur, nullum edere piscem : deus enim *phytalmius* dicitur (quasi genitabilis in mari). (2) Sed qui ab Hellene prisco genus suum ducunt, Primigenio sacrificant Neptuno, quod hominem ex humida ortum natura censent, ut etiam Syri : itaque piscem venerantur ut cognatum et una educatum, rectius Anaximandro philosophantes. (3) Is enim non in iisdem pisces et homines, sed homines in piscibus innatos principio asserit, quumque nutriti essent, et veluti educati, jam ad sese tuendum satis haberent virium, ejectos terram occupasse. (4) Ergo sicut ignis materiam in qua accensus fuit, matrem patremque suum, devoravit, ut ait is qui Hesiodi operibus carmen de Ceycis nuptiis inseruit : ita Anaximander hominum patrem matremque communiter pronuncians piscem, ab ejus esu dehortatus est.

QUÆSTIO IX.

Fierine possit ut novi exsistant morbi, et propter quas causas.

PERSONÆ COLLOQUII.

PHILON, DIOGENIANUS, PLUTARCHUS.

I. Contendebat Philon medicus, morbum qui Elephantiasis dicitur non ante multum adeo tempus ortum esse; nullum enim veterum medicorum de eo mentionem facere, quum quidem in alias res vel minutas, viles et obscuras multitudini disputationem studiose insumsissent. (2) Ego autem testem ei citavi e philosophia Athenodorum, qui in priore de Morbis popularibus libro narrat, primum Asclepiadis ætate non Elephantiasin modo, sed et Hydrophobam (qui est aquæ timor) innotuisse. (3) Hic quum qui una aderant mirum putarent, si novæ affectiones tunc demum in natura natæ exstitissent : non minorem admirationem mereri hoc visum est, si tam longo tempore tanta accidentia potuissent latere : (4) ad hoc enim plerique magis inclinabant, humaniorem rati eam esse sententiam, quæ naturam in talibus sane rebus minime studiosam novandi poneret, neque eam faceret in corpore humano, tanquam in civitate, res novas molientem.

II. Diogenianus autem aiebat, etiam animæ morbos affectionesque communi quadam et avita progredi via. (2) Et quidem multiplex, aiebat, est vitiositas, variaque audet : anima in sua ipsius est potestate, ut, si velit, a se ipsa mutari et verti facile queat : adeoque incompositi motus ejus ordine quodam et mensura continentur, sicut mari effusiones; nullumque novum aut veteribus non commemo-

κακίας εἶδος· (3) ἀλλὰ πολλαὶ μὲν ἐπιθυμιῶν διαφοραί, μυρία δὲ κινήματα φόβου καὶ σχήματα· τῆς δὲ λύπης καὶ ἡδονῆς μορφὰς ἔργον ἐστὶ μὴ ἀπειπεῖν ἐξαριθμούμενον·

Οὐ μήν τι νῦν γε κἀχθές, ἀλλ' ἀεί ποτε,
ζῇ ταῦτα, κοὐδεὶς οἶδεν, ἐξ ὅτου 'φάνη·

(4) πόθεν γε δὴ σώματι νόσημα καινὸν, ἢ πάθος ὀψίγονον; ἰδίαν μὲν, ὥσπερ ἡ ψυχὴ, κινήσεως ἀρχὴν οἴκοθεν οὐκ ἔχοντι, συνημμένῳ δὲ κοιναῖς πρὸς τὴν φύσιν αἰτίαις καὶ κεκραμένῳ κρᾶσιν, ἧς καὶ τὸ ἀόριστον ἐντὸς ὅρων πλανᾶται, καθάπερ πλοῖον ἐν περιδρόμῳ σαλεῦον. (5) Οὔτε γὰρ ἀναίτιος νόσου σύστασίς ἐστι, τὴν ἐκ μὴ ὄντος παρανόμως ἐπεισάγουσα γένεσιν [καὶ] δύναμιν τοῖς πράγμασιν· αἰτίαν τε καινὴν ἔργον ἐξευρεῖν, μὴ καινὸν ἀέρα, καὶ ξένον ὕδωρ, καὶ τροφὰς ἀγεύστους τοῖς πρότερον ἐξ ἑτέρων τινῶν κόσμων ἢ μετακοσμίων ἀποφήναντι δεῦρο νῦν πρῶτον ἐπιρρεούσας. (6) Ἐκ τούτων γὰρ νοσοῦμεν, οἷς καὶ ζῶμεν· ἴδια δὲ σπέρματα νόσων οὐκ ἔστιν· ἀλλ' αἱ τούτων μοχθηρίαι πρὸς ἡμᾶς, καὶ ἡμῶν περὶ ταῦτα πλημμέλειαι τὴν φύσιν ἐπιταράττουσιν· (7) αἱ δὲ ταραχαὶ διαφορὰς ἀϊδίους ἔχουσι πολλάκις νέοις χρωμένας ὀνόμασι· τὰ γὰρ ὀνόματα τῆς συνηθείας εἰσί, τὰ δὲ πάθη, τῆς φύσεως· ὅθεν ἀφωρισμένοις τούτοις ἐκεῖνα ποικιλλόμενα τὴν ἀπάτην πεποίηκεν. (8) Ὡς δὲ τοῖς τοῦ λόγου μορίοις καὶ ταῖς πρὸς ἄλληλα τούτων συντάξεσι καινὸν ἐγγενέσθαι βαρβαρισμὸν ἢ σολοικισμὸν ἐξαίφνης δυνατόν ἐστιν, οὕτως αἱ τοῦ σώματος κράσεις ὡρισμένας ἔχουσι τὰς ὀλισθήσεις καὶ παραβάσεις, τρόπον τινὰ τῇ φύσει καὶ τῶν παρὰ φύσιν ἐμπεριεχομένων. (9) Ταύτῃ γε κομψοὶ καὶ οἱ μυθογράφοι· τὰ γὰρ παντάπασιν ἔκφυλα καὶ τεράστια τῶν ζῴων γενέσθαι λέγουσιν ἐν τῇ γιγαντομαχίᾳ, τῆς σελήνης ἐκτρεπομένης καὶ τὰς ἀνατολὰς οὐχ ὅθεν εἴωθε ποιουμένης· (10) οἱ δὲ καὶ τὰ νοσήματα τὴν φύσιν, ὥσπερ τέρατα, γεννᾶν ἀξιοῦσι, * μήτε πιθανὴν, μήτ' ἀπίθανον αἰτίαν τῆς ἐξαλλαγῆς πλάσσοντες, ἀλλὰ τὸ ἄγαν καὶ τὸ μᾶλλον ἐνίων παθῶν καινότητα καὶ διαφορὰν ἀποφαίνοντες· οὐκ ὀρθῶς, ὦ μακάριε Φίλων· (11) ἐπίτασις γὰρ καὶ αὔξησις μέγεθος ἢ πλῆθος προστίθησι, τοῦ δὲ γένους οὐκ ἐκβιβάζει τὸ ὑποκείμενον· ὥσπερ οὐδὲ τὴν ἐλεφαντίασιν οἴομαι, σφοδρότητα τῶν ψωρικῶν τινος τούτων οὖσαν, οὐδὲ τὸν ὑδροφόβαν, τῶν στομαχικῶν ἢ τῶν μελαγχολικῶν. (12) Καίτοι τοῦτό γε θαυμαστὸν, εἰ μηδὲ Ὅμηρος ἀγνοῶν ἐλάνθανεν ὑμᾶς· τὸν γὰρ λυσσητῆρα κύνα δῆλός ἐστιν ἀπὸ τοῦ πάθους τούτου προσαγορεύων, ἀφ' οὗ καὶ ἄνθρωποι λυσσᾶν λέγονται.

ΙΙΙ. Ταῦτα τοῦ Διογενιανοῦ διελθόντος, ὁ Φίλων αὐτός τε μέτρια διελέχθη πρὸς τὸν λόγον αὐτοῦ, καί με συνειπεῖν παρεκάλει τοῖς ἀρχαίοις ἰατροῖς, ὡς ἀμελείας ἢ ἀγνοίας τῶν μεγίστων ὀφλισκάνουσιν, εἴ γε μὴ ταῦτα τὰ πάθη νεώτερα φαίνεται τῆς ἐκείνων ἡλικίας. (2) Πρῶτον οὖν ὁ Διογενιανὸς οὐκ ὀρθῶς ἀξιοῦν ἔδοξεν

---

ratum vitii genus erupit: (3) quamquam sunt multæ cupiditatum differentiæ, innumeri timoris motus habitusque: quæ autem doloris sunt atque voluptatis formæ, enarrando quis non defatigetur?

Nam non heri sunt ista, vel nunc edita:
semper fuere: quando exstiterint, quis tenet?

(4) unde igitur corpori novus morbus, aut sero orta affectio potuerit accidere? quod non habet, sicut anima, proprium atque a se movendi sui principium, sed cum natura communibus devinctum causis est, eaque temperatum temperie, cujus etiam infinitas intra terminos vagetur certos, veluti navis quæ in ancoris stans hac illac fluctuat. (5) Morbus enim gigni sine causa nullus potest, neque vis ulla ex nihilo contra leges naturæ produci et immitti rebus: ac difficulter nova invenietur causa, nisi novum aerem, peregrinamque aquam et non gustatos prioribus cibos ex aliis quibusdam mundis aut intermundiis pronunciemus nunc demum in nostrum hunc confluxisse. (6) Etenim ex iis morbi nobis contingunt, ex quibus vivimus: neque sunt peculiaria morborum semina, sed istorum ad nos vitia, nostraque in iis delicta naturam perturbant: (7) perturbationes autem discrimina habent sempiterna, quæ novis sæpenumero afficiuntur nominibus: nam nomina sunt consuetudinis, affectiones naturæ: unde quum hæ determinatæ sint, illa varientur, error est ortus. (8) Sicut autem in partibus orationis, earumque invicem constructionibus novus subito barbarismus aut solœcismus *non* potest exsistere: ita corporis temperamenta definitos habent lapsus et errores; in natura quodammodo iis quæ contra naturam sunt comprehensis. (9) In hac parte sciti sunt etiam fabularum scriptores, qui fingunt prorsus insolentia et monstrosa animalium nata esse in pugna gigantum, quum luna eversa non solito more et loco oriretur. (10) Qui vero naturam autumant morbos quoque tanquam monstra gignere, neque vero neque falso similem causam fingentes, eo errant, mi Philon, quod in morbis quibusdam pro novitate et differentia accipiunt quod in iis nimium est et solito majus. (11) Enimvero incrementum et contentio magnitudinem potest aut multitudinem apponere; sed subjectum de suo genere non ejicit: quod neque in elephantiasi factum esse censeo, ut quæ vehementia sit scabiei alicujus, neque in timore aquæ, intentione affectionis stomachicæ aut melancholicæ. (12) Mirum vero est non observasse vos, etiam Homero morbum hunc fuisse notum: *canem* enim *rabiosum* inde nominat, unde etiam homines rabidi appellantur.

III. Hæc Diogeniano locuto, mediocriter contra disputavit Philon; meque hortatus est, ut veterum medicorum causam defenderem, qui negligentiæ aut ignorationis maximarum rerum rei peragerentur, nisi isti morbi eorum ætate recentiores existimentur. (2) Primum, inquam, non recte mihi videtur hoc sumere Diogenianus, contentiones et remissio.

ἡμῖν, τὰς ἐπιτάσεις καὶ ἀνέσεις μὴ ποιεῖν διαφορὰς,
μηδὲ τοῦ γένους ἐκβιβάζειν· οὕτω γὰρ οὔτ' ὄξος ὀξίνου
φήσομεν διαφέρειν, οὔτε πικρότητα στρυφνότητος, οὔτε
πυρῶν αἶραν, οὔτε μίνθον ἡδυόσμων. (3) Καίτοι πε-
5 ριφανῶς ἐκστάσεις αὗται καὶ μεταβολαὶ ποιοτήτων
εἰσίν, αἱ μὲν ἀνέσεις μαραινομένων, αἱ δ' ἐπιτάσεις
σφοδρυνομένων· ἢ μηδὲ φλόγα πνεύματος λευκοῦ, μηδὲ
φλογὸς αὐγὴν, μηδὲ πάχνην δρόσου, μηδὲ χάλαζαν
ὄμβρου διαφέρειν λέγωμεν, ἀλλ' ἐπιτάσεις εἶναι ταῦτα
10 πάντα καὶ σφοδρότητας· (4) ὥρα δὲ καὶ τυφλότητα
μηθὲν ἀμβλυωπίας φάναι διαφέρειν, μηδὲ ναυτίας χο-
λέραν, ἀλλὰ τῷ μᾶλλον καὶ ἧττον παραλλάττειν. (5)
Καίτοι ταῦτα πρὸς λόγον οὐδέν ἐστιν· ἂν γὰρ αὐτὴν
λέγωσι δεξάμενοι τὴν ἐπίτασιν καὶ τὴν σφοδρότητα νῦν
15 γεγονέναι, πρῶτον, ἐν ποσῷ γινομένης τῆς καινότητος,
οὐκ ἐν ποιῷ, μένει τὸ παράδοξον ὁμοίως· (6) ἔπειτα,
τοῦ Σοφοκλέους ἐπὶ τῶν, ὅτι μὴ πρότερον ἦν, ἀπιστου-
μένων, εἰ γέγονε νῦν, οὐ φαύλως εἰπόντος,

Ἅπαντα τἀγέννητα πρῶτον ἦλθ' ἅπαξ,

20 δοκεῖ καὶ λόγον ἔχειν, τὸ μὴ [μετὰ] δρόμου, καθάπερ
ὕσπληγγος μιᾶς πεσούσης, ἐκδραμεῖν τὰ πάθη πρὸς τὴν
γένεσιν, ἄλλων δὲ ἄλλοις ἀεὶ κατόπιν ἐπιγινομένων,
ἕκαστον ἐν χρόνῳ τινὶ λαβεῖν τὴν πρώτην γένεσιν. (7)
Εἰκάσαι δ' ἄν τις, ἔφην ἐγὼ, τὰ μὲν ἀπ' ἐνδείας, ὅσα
25 τε καῦμα προσπῖπτον ἢ ψῦχος ἐμποιεῖ, ταῦτα πρῶτον
τοῖς σώμασι παραγενέσθαι· πλησμονὰς δὲ καὶ θρύψεις
καὶ ἡδυπαθείας ὕστερον ἐπελθεῖν μετ' ἀργίας καὶ σχολῆς δι' ἀφθονίαν τῶν ἀναγκαίων πολὺ περίττωμα
ποιούσας καὶ πονηρὸν, ἐν ᾧ ποικίλα νοσημάτων εἴδη,
30 παντοδαπάς τε τούτων ἐπιπλοκὰς πρὸς ἀλλήλας καὶ
μίξεις, ἀεί τι νεωτερίζειν. (8) Τὸ μὲν γὰρ κατὰ φύσιν
τέτακται καὶ διώρισται· τάξις γὰρ, ἢ τάξεως ἔργον, ἡ
φύσις· ἡ δὲ ἀταξία, καθάπερ ἡ Πινδαρικὴ ψάμμος,
ἀριθμὸν περιπέφευγε· καὶ τὸ παρὰ τὴν φύσιν εὐθὺς
35 ἀόριστον καὶ ἄπειρόν ἐστιν. (9) Ἀληθεύειν μὲν γὰρ,
ἁπλῶς, ψεύδεσθαι δὲ, ἀπειραχῶς παρέχει τὰ πράγματα·
καὶ ῥυθμοὶ καὶ ἁρμονίαι λόγους ἔχουσιν· ἃ δὲ πλημμε-
λοῦσιν ἄνθρωποι περὶ λύραν καὶ ᾠδὴν καὶ ὄρχησιν, οὐκ
ἄν τις περιλάβοι. (10) Καίτοι καὶ Φρύνιχος, ὁ τῶν
40 τραγῳδιῶν ποιητὴς, περὶ αὑτοῦ φησιν, ὅτι

Σχήματα δ' ὄρχησις τόσα μοι πόρεν, ὅσσ' ἐνὶ πόντῳ
κύματα ποιεῖται χείματι νὺξ ὀλοή.

(11) Καὶ Χρύσιππος τὰς ἐκ δέκα μόνων ἀξιωμάτων συμπλοκὰς πλήθει φησὶν ἑκατὸν μυριάδας ὑπερβάλλειν.
45 (12) Ἀλλὰ τοῦτο μὲν ἤλεγξεν Ἵππαρχος, ἀποδείξας ὅτι
τὸ μὲν καταφατικὸν περιέχει συμπεπλεγμένων μυριάδας
δέκα, καὶ πρὸς ταύταις χίλια τεσσαράκοντα ἐννέα· τὸ δ'
ἀποφατικὸν αὑτοῦ,* μυριάδας τριάκοντα μίαν, καὶ πρὸς
ταύταις ἐνακόσια πεντήκοντα δύο. (13) Ξενοκράτης δὲ
50 τὸν τῶν συλλαβῶν ἀριθμὸν, ὃν τὰ στοιχεῖα μιγνύμενα
πρὸς ἄλληλα παρέχει, μυριάδων ἀπέφηνεν εἰκοσάκις
καὶ μυριάκις μυρίων. (14) Τί δὴ θαυμαστόν ἐστιν, εἰ
τοσαύτας μὲν ἐν ἑαυτῷ τοῦ σώματος δυνάμεις ἔχοντος,

nes non facere differentiam, neque genus rei mutare. Hac
enim lege etiam dicemus acetum ab acescente vino non esse
diversum; neque amarorem ab acerbitate, neque loliginem
a tritico, neque mentham a menthastro differre. (3) Atqui
in his evidentes sunt inversiones et mutationes qualitatum,
quæ deminuendo elanguescunt, contentione vehementiores
fiunt: aut neque flammam aliud quam spiritum album,
splendorem quam flammam, pruinam quam rorem, grandinem quam imbrem esse affirmabimus: tantum vehementia et remissione ea omnia definiemus: (4) jamque
tempus erit ut cæcitatem nihil a visus imbecillitate, nauseam a cholera, nisi majore minoreve intentione, distare
pronunciemus. (5) Atqui hæc rationi non congruunt.
Nam si admittamus contentionem istam et remissionem
nunc accidisse, primum quia novitas est in quantitate,
non in qualitate, eodem laborabimus absurdo. (6) Deinde
quum Sophocles de his quæ esse non creduntur quia ante
non fuerint, haudquaquam inepte dixerit,

Omnium quæ non sunt, una est prima natio:

videtur id quoque probabile, non tanquam e carceribus
emissos morbos simul omnes procurrisse in rerum naturam: sed unum post alterum successione quadam, certo
quemque tempore primum fuisse natum. (7) Et suspicari
licet eos principio in corporibus morbos exstitisse, qui a
penuria, qui a calore vel frigore ingruentibus generantur:
postmodo repletiones, delicatum victum et voluptates
supervenisse, quæ cum otio et desidia ob abundantiam
rerum necessariarum nimium pravumque inducerent nutrimentum; in quo insint variæ species morborum, qui
omnimode inter se implicati et permixti semper aliquid
novi faciant. (8) Etenim quæ secundum naturam sunt,
eadem ordinata sunt ac definita, quum natura aut ordo
sit, aut ordinis opus: quod ordine caret, Pindaricæ instar
arenæ, numerum subterfugit: ideoque statim quod præter
naturam est, id fine terminoque destituitur. (9) Nam
uno modo verum, infinitis autem falsum res ostendit: et
rhythmi atque harmoniæ certa constant ratione; errata hominum in voce fidibusve et saltatione enumerari nequeunt.
(10) Sane Phrynichus, tragœdiæ scriptor, de se ipso sic
loquitur:

Tot mihi subjecit gratas saltatio formas,
hiberna fluctus quot mare nocte daret.

(11) Et Chrysippus complexiones quæ decem modo fiunt
enunciatis, multitudine ait millena millia excedere. (12)
Verum hoc refutavit Hipparchus, demonstrans affirmativam
continere complexarum centena millia atque insuper mille
et quadraginta novem: negantem millia trecena ac dena,
ulteriusque nonagena et duo supra quinquaginta. (13) Xenocrates syllabarum numerum, quas inter se compositæ
literæ faciunt, statuit myriadum centum centies millies et
insuper ducenties millies. (14) Quid ergo mirum est, quum
corpus in se ipso tot facultates habeat, totque subinde

τοσαύτας δὲ διὰ σίτων καὶ ποτῶν ἐπεισαγομένου ποιότητας ἑκάστοτε, χρωμένου δὲ κινήσεσι καὶ μεταβολαῖς,
μήτε καιρὸν ἕνα μήτε τάξιν ἀεὶ μίαν ἐχούσαις, αἱ πρὸς
ἀλλήλας συμπλοκαὶ τούτων ἁπάντων ἔστιν ὅτε καινὰ
καὶ ἀσυνήθη νοσήματα φέρουσιν;   (15) οἷον ὁ Θουκυδίδης ἱστορεῖ τὸν Ἀθήνησι λοιμὸν γενέσθαι, τεκμαιρόμενος αὐτοῦ τὸ μὴ σύντροφον μάλιστα τῷ τὰ σαρκοφάγα
μὴ γεύεσθαι τῶν νεκρῶν.   (16) Οἱ δὲ περὶ τὴν ἐρυθρὰν
θάλασσαν νοσήσαντες, ὡς Ἀγαθαρχίδας ἱστόρηκεν,
ἄλλοις τε συμπτώμασιν ἐχρήσαντο καινοῖς καὶ ἀνιστο-
ρήτοις, καὶ δρακόντια μικρὰ τὰς κνήμας διεσθίοντα
καὶ τοὺς βραχίονας ἐξέκυψεν, ἁψαμένων δ' αὖθις ἀνεδύετο, καὶ φλεγμονὰς ἀκαρτερήτους ἐνειλούμενα τοῖς
μυώδεσι παρεῖχεν· καὶ τοῦτο τὸ πάθος οὔτε πρότερον
οἶδεν οὐδεὶς, οὔτε ὕστερον ἄλλοις, ἀλλὰ ἐκείνοις γε μόνοις γενόμενον, ὡς ἕτερα πολλά.   (17) Καὶ γὰρ ἐν δυ-
σουρίᾳ τις γενόμενος πολὺν χρόνον ἐξέδωκε κριθίνην
καλάμην γόνατα ἔχουσαν.   (18) Καὶ τὸν ἡμέτερον ξένον
Ἔφηβον Ἀθήνησιν ἴσμεν ἐκβάλλοντα μετὰ πολλοῦ
σπέρματος θηρίδιον δασὺ καὶ πολλοῖς ποσὶ ταχὺ βαδίζον.
(19) Τὴν δὲ Τίμωνος ἐν Κιλικίᾳ τηθὴν Ἀριστοτέλης
ἱστόρηκε φωλεύειν τοῦ ἔτους ἑκάστου δύο μῆνας, μηδενὶ
πλὴν μόνῳ τῷ ἀναπνεῖν, ὅτι ζῇ, διάδηλον οὖσαν.   (20)
Καὶ μὴν ἔν γε τοῖς Μενωνείοις σημεῖον ἡπατικοῦ πάθους
ἀναγέγραπται, τὸ τοὺς κατοικιδίους μῦς ἐπιμελῶς παραφυλάττειν καὶ διώκειν· ὃ νῦν οὐδαμοῦ γινόμενον ὁρᾶται.   (21) Διὸ μὴ θαυμάζωμεν, ἂν γένηταί τι τῶν οὐ
πρότερον ὄντων, μηδ' ἄν τι τῶν πρότερον ὄντων ὕστερον ἐκλέλοιπεν· αἰτία γὰρ ἡ τῶν σωμάτων φύσις, ἄλλην
ἄλλοτε λαμβάνουσα κρᾶσιν.   (22) Τὸ μὲν οὖν ἀέρα
καινὸν ἐπεισάγειν, ἢ ξένον ὕδωρ, εἰ μὴ βούλεται Διογενιανὸς, ἐάσωμεν· καίτοι τούς γε Δημοκριτείους ἴσμεν
καὶ λέγοντας καὶ γράφοντας, ὅτι καὶ κόσμων ἐκτὸς
φθαρέντων, καὶ σωμάτων ἀλλοφύλων ἐκ τῆς ἀποῤῥοίας
ἐπιῤῥεόντων, ἐνταῦθα πολλάκις ἀρχαὶ παρεμπίπτουσι
λοιμῶν καὶ παθῶν οὐ συνήθων.   (23) Ἐάσωμεν δὲ καὶ
τὰς φθορὰς [τὰς] κατὰ μέρος παρ' ἡμῖν ὑπό τε σεισμῶν
καὶ αὐχμῶν καὶ ὄμβρων, αἷς καὶ τὰ πνεύματα καὶ τὰ
νάματα γηγενῆ φύσιν ἔχοντα συννοσεῖν ἀνάγκη καὶ
συμμεταβάλλειν.   (24) Ἀλλὰ περὶ τὰ σιτία καὶ τὰ ὄψα
καὶ τὰς ἄλλας διαίτας τοῦ σώματος ἐξαλλαγὴν, ὅση γέγονεν, οὐ παραλειπτέον· πολλὰ γὰρ τῶν ἀγεύστων καὶ
ἀβρώτων πρότερον, ἥδιστα νῦν γέγονεν, ὥσπερ οἰνόμελι
καὶ μήτρα·   (25) λέγουσι δὲ μηδὲ ἐγκέφαλον ἐσθίειν
τοὺς παλαιούς· διὸ καὶ Ὅμηρον εἰπεῖν,

          Τίω δέ μιν ἐν καρὸς αἴσῃ,

τὸν ἐγκέφαλον οὕτως, διὰ τὸ ῥίπτειν καὶ ἀποβάλλειν
μυσαττομένους, προσειπόντα·   (26) σικύου δὲ, πέπονος
καὶ μήλου Μηδικοῦ, καὶ πεπέρεως πολλοὺς ἴσμεν ἔτι
τῶν πρεσβυτέρων γεύσασθαι μὴ δυναμένους.   (27) Ὑπό
τε δὴ τούτων εἰκός ἐστι ξενοπαθεῖν τὰ σώματα καὶ παραλλάττειν ταῖς κράσεσιν ἡσυχῇ ποιότητα καὶ περίττωμα ποιούντων ἴδιον, τὴν δὲ τάξιν αὖ τῶν ἐδεστῶν

cibo ac potu introducantur qualitates, utatur autem motibus et mutationibus neque tempore neque ordine semper eodem constantibus, horum inter se complexiones nonnum-
quam novas et insolentes affectiones morborum gignere?
(15) qualem Thucydides scribit Athenis pestem exstitisse,
ex eo maxime colligens fuisse novam et insolitam, quod
carnivora animalia abstinerent esu cadaverum. (16) Circa
Rubrum vero mare morbo correpti, ut Agatharchidas narrat, quum aliis novis et inauditis accidentibus sunt vexati,
tum angues exigui nati intus exsertis capitibus suras et bra-
chia peredebant, et tacti rursum carnem subibant ac per
musculosa serpentes inflammationum vim intolerabilem ex-
citabant : idque morbi genus aut prius aut posterius ullis
aliis, præter solos istos, obtigisse nemo comperit, ut et multa
alia ;   (17) velut quidam quum diu laborasset urinæ difficultate, tandem culmum hordeaceum geniculatum excrevit.
(18) Hospitem autem nostrum novimus Athenis Ephebum
cum multo semine ejecisse bestiolam asperam, multis pedibus celeriter ambulantem. (19) Timonis in Cilicia aviam
Aristoteles refert quovis anno per duos menses in fovea
quadam se continuisse, sola respiratione ostendentem se
vivere.   (20) Et in Menoneis scriptum est, morbi jecino-
ris hoc esse indicium, quod eo laborans mures domesticos
accurate observet et consectetur : id vero nunc fieri nusquam
videmus.   (21) Ideo non debemus mirari, si quædam exsistant quæ olim non fuere, aut interciderint nunc, quæ
antiqui habuerunt. In causa est natura corporis quæ identidem aliam atque aliam sortitur temperiem. (22) Ceterum
aerem novum, aut alienigenam aquam introducere mittamus, quando ita videtur Diogeniano. Quanquam eos, qui
a secta Democriti sunt, novimus hoc dicere ac scribere,
mundis qui foris sunt pereuntibus, corporibusque alienige-
nis inde huc defluxu quodam perlatis, simul incidere principia sæpe pestilentiæ et morborum ignotorum.   (23) Mittamus etiam singulares corruptelas quæ apud nos ob terræ
motus, siccitates imbresve eveniunt ; quibus et spiritus et
aquæ, quum terrigenam habeant naturam, necesse est una
corrumpantur et mutentur.   (24) Mutationem autem ciborum et obsoniorum ac victus rationis, quanta ea facta sit,
non debemus præterire. Quippe multa eorum quæ gustari
olim et comedi non solebant, nunc pro suavissimis haberi
videmus ; qualia sunt mistum vino mel, et vulva :   (25)
quin et cerebrum antiquos non edisse aiunt : quare Homerum divisse,

          Hujus apud nos idem honor atque cerebri,

καρός, quia cerebrum abjici et negligi cum aversatione illis
in more fuerit.   (26) Novimus etiam adhuc multos seniorum
gustare cucumerem, peponem, malum Medicum, et piper
non sustinere.   (27) Proinde quum ob hæc probabile est
corpora insolito modo affici, et mutata temperie paullatim
alterare qualitatem, excrementumque peculiare conficere;

καὶ μετακόσμησιν, οὐ μικρὰν ἔχειν διαφοράν. (28) Αἱ γὰρ καλούμεναι ψυχραὶ τράπεζαι πρότερον, ὀστρέων, ἐχίνων, ὠμῶν λαχάνων, ὥσπερ ἔλεγεν ὁ Πλάτων, ἀπ' οὐρᾶς ἐπὶ στόμα μεταχθεῖσαι, τὴν πρώτην * ἀντὶ τῆς ἐσχάτης τάξιν ἔχουσι. (29) Μέγα δὲ καὶ τὸ τῶν καλουμένων προπομάτων· οὐδὲ γὰρ ὕδωρ οἱ παλαιοὶ, πρὶν ἐντραγεῖν, ἔπινον· οἱ δὲ νῦν ἄσιτοι προμεθυσθέντες, ἅπτονται τῆς τροφῆς διαβρόχῳ τῷ σώματι καὶ ζέοντι, λεπτὰ καὶ τομὰ καὶ ὀξέα προσφέροντες, ὑπέκκαυμα τῆς ὀρέξεως, εἶτα οὕτως ἐμφορούμενοι τῶν ἄλλων. (30) Οὐδενὸς δὲ πρὸς μεταβολὴν καὶ τὸ ποιῆσαι νοσημάτων καινῶν γένεσιν ἀσθενέστερόν ἐστιν ἢ περὶ τὰ λουτρὰ τῆς σαρκὸς πολυπάθεια, καθάπερ σιδήρου, πυρὶ μαλασσομένης καὶ ῥεούσης, εἶτα βαφὴν ὑπὸ ψυχροῦ καὶ στόμωσιν ἀναδεχομένης·

(31) Ἔνθα μὲν εἰς Ἀχέροντα Πυριφλεγέθων τε ῥέουσι·

τοῦτο γὰρ ἄν τις εἰπεῖν μοι δοκεῖ τῶν ὀλίγον ἡμῶν ἔμπροσθεν γεγονότων, βαλανείου θύρας ἀνοιχθείσης. (32) Ἐκεῖνοι γὰρ οὕτως ἀνειμένοις ἐχρῶντο καὶ μαλακοῖς, ὥστε Ἀλέξανδρος μὲν ὁ βασιλεὺς ἐν τῷ λουτρῶνι πυρέττων ἐκάθευδεν· αἱ δὲ Γαλατῶν γυναῖκες εἰς τὰ βαλανεῖα πόλτου χύτρας εἰσφέρουσαι, μετὰ τῶν παίδων ἤσθιον, ὁμοῦ λουόμεναι. (33) Νῦν δὲ λυττῶσιν ἔοικε τὰ βαλανεῖα, καὶ ὑλακτοῦσι καὶ σπαράττουσιν· ὁ δὲ ἑλκόμενος ἀὴρ ἐν αὐτοῖς, ὑγροῦ μῖγμα καὶ πυρὸς γεγονὼς, οὐδὲν ἐᾷ τοῦ σώματος ἡσυχίαν ἄγειν, ἀλλὰ πᾶσαν ἄτομον κλονεῖ καὶ ταράσσει καὶ μεθίστησιν ἐξ ἕδρας, μέχρι οὗ κατασβέσωμεν αὐτοὺς πεπυρωμένους καὶ ζέοντας. (34) Οὐδὲν οὖν, ἔφην, ὦ Διογενιανὲ, δεῖται ὁ λόγος αἰτιῶν ἐπεισοδίων ἔξωθεν, οὐδὲ μετακοσμίων· ἀλλ' αὐτόθεν ἡ περὶ τὴν δίαιταν μεταβολὴ, τὰ μὲν οὖν γεννᾶν, τὰ δ' ἀφανίζειν τῶν νοσημάτων, οὐκ ἀδύνατός ἐστι.

ΠΡΟΒΛΗΜΑ Ι.

Διὰ τί τοῖς φθινοπωρινοῖς ἐνυπνίοις ἥκιστα πιστεύομεν.

ΠΡΟΣΩΠΑ ΤΟΥ ΔΙΑΛΟΓΟΥ.

ΦΛΩΡΟΣ, ΠΛΟΥΤΑΡΧΟΣ, ΟΙ ΤΟΥ ΠΛΟΥΤΑΡΧΟΥ ΥΙΟΙ, ΦΑΒΩΡΙΝΟΣ.

Ι. Προβλήμασιν Ἀριστοτέλους φυσικοῖς ἐντυγχάνων Φλῶρος εἰς Θερμοπύλας κομισθεῖσιν, αὐτός τε πολλῶν ἀποριῶν, ὅπερ εἰώθασι πάσχειν ἐπιεικῶς αἱ φιλόσοφοι φύσεις, ὑπεπίμπλατο, καὶ τοῖς ἑταίροις μετεδίδου, μαρτυρῶν αὐτῷ τῷ Ἀριστοτέλει, λέγοντι τὴν πολυμάθειαν πολλὰς [ἀποριῶν] ἀρχὰς ποιεῖν. (2) Τὰ μὲν οὖν ἄλλα μεθ' ἡμέραν οὐκ ἄχαριν ἡμῖν ἐν τοῖς περιπάτοις διατριβὴν παρέσχε· τὸ δὲ λεγόμενον περὶ τῶν ἐνυπνίων, ὡς ἔστιν ἀβέβαια καὶ ψευδῆ μάλιστα περὶ τοὺς φυλλοχόους μῆνας, οὐκ οἶδ' ὅπως, ἑτέροις λόγοις πραγματευσαμένου τοῦ Φαβωρίνου μετὰ τὸ δεῖπνον, ἀνέκυψε.

---

tum ordo etiam ciborum immutatus non leve discrimen intulit. (28) Quas enim olim vocabant frigidas mensas, ostrea, echinos, crudam lactucam, ea nunc, ut Plato dicebat, a cauda ad caput traducta prima pro ultimis apponunt. (29) Magnum etiam illud de præpotationibus, quas vocant *propomata*. Nam antiqui ne aquam quidem biberunt antequam edissent : nunc ante cibum captum vino oppleti, humectato et fervente corpore cibum sumunt, tenuia et acuta vique incidendi prædita ad appetitum excitandum ingerentes, ac deinde demum aliis vescentes. (30) Verum nulli ad mutanda corpora novosque morbos creandos facultati cedit lavacrorum varietas, quibus corpus multis modis affectum, ferri instar emollitur igni ac fluit, et a frigore deinde duratur.

(31) Stagna Pyriplegethon subit hic Acherontia fervens,

dicturi erant, puto, qui paululum nos ætate antecessere, si balneum nostrum foribus apertis introspexissent. (32) Majores enim nostri ita lenibus atque tepidis usi sunt balneis, ut Alexander Magnus in balneo febricitans obdormiverit : Galatarum autem mulieres pultem lavacris illatam ex ollis inter lavandum cum suis pueris ederint. (33) Nunc rabiosis videntur similia balnea, et latrantibus, atque convellentibus laniantibusque : aer autem qui in iis hauritur, mixtum ex humore et igne quidpiam, nullam corporis partem sinit quiescere, sed omnem etiam individuam particulam conturbat suoque e statu dimovet; donec inflammatos nos et ferventes ipsi restinguamus. (34) Nihil ergo, Diogeniane, opus est huic disputationi extrinsecus adscitis causis, aut intermundiis : sed mutata victus ratio satis ipsa per se virium habet ad alios gignendos, alios abolendos morbos.

QUÆSTIO X.

Cur autumnalibus somniis minimum fidei adhibeamus.

PERSONÆ COLLOQUII.

FLORUS, PLUTARCHUS, PLUTARCHI FILII, FAVORINUS.

I. Florus quum faceret lectionem Quæstionum Aristotelis physicarum, ad ipsum Thermopylas allatarum, tum ipse multas animo dubitationes concepit, ut solent ingenia doctrinæ studiosa, tum sodales iis impertivit : testimonium ferens Aristoteli, qui dixit, multam sciendi cupiditatem multa facere principia (*quæstionum*). (2) Et sane reliquæ in ambulationibus diurnis quæstiones non insuaviter nos oblectaverunt : quod autem de insomniis fertur, ea maxime iis mensibus quibus defluunt folia, esse incerta et mendacia, nescio quomodo se rursum protulit, quum Favorinus

(3) Τοῖς μὲν οὖν σοῖς ἑταίροις, ἐμοῖς δὲ υἱοῖς ἐδόκει λελυκέναι τὴν ἀπορίαν Ἀριστοτέλης· καὶ οὐδὲν ᾦοντο δεῖν ζητεῖν οὐδὲ λέγειν, ἀλλ' ἢ τοὺς καρποὺς, ὥσπερ ἐκεῖνος, αἰτιᾶσθαι. (4) Νέοι γὰρ ὄντες ἔτι καὶ σφριγῶντες πολὺ πνεῦμα γεννῶσιν ἐν τῷ σώματι καὶ ταραχῶδες. (5) Οὐ γὰρ τὸν οἶνον εἰκός ἐστι μόνον ζεῖν καὶ ἀγανακτεῖν, οὐδὲ τοὔλαιον, ἂν ᾖ νεουργὸν, ἐν τοῖς λύχνοις ψόφον ἐμποιεῖν, ἀποχυματιζούσης τὸ πνεῦμα τῆς θερμότητος· ἀλλὰ καὶ τὰ σιτία τὰ πρόσφατα καὶ τὴν ὀπώραν ἅπασαν ὁρῶμεν ἐντεταμένην καὶ οἰδοῦσαν, ἄχρι ἂν ἀποπνεύσῃ τὸ φυσῶδες καὶ ἄπεπτον. (6) Ὅτι δέ ἐστι τῶν βρωμάτων ἔνια δυσόνειρα καὶ ταρακτικὰ τῶν καθ' ὕπνον ὄψεων, μαρτυρίοις ἐχρῶντο τοῖς τε κυάμοις καὶ τῇ κεφαλῇ τοῦ πολύποδος, ὧν ἀπέχεσθαι κελεύουσι τοὺς δεομένους τῆς διὰ τῶν ὀνείρων μαντικῆς.

II. Ὁ δὲ Φαβωρῖνος αὐτὸς τὰ μὲν ἄλλα δαιμονιώτατος Ἀριστοτέλους ἐραστής ἐστι, καὶ τῷ Περιπάτῳ νέμει μερίδα τοῦ πιθανοῦ πλείστην· τότε μέντοι λόγον τινὰ τοῦ Δημοκρίτου παλαιὸν, ὥσπερ ἐκ καπνοῦ καθελὼν ἠμαυρωμένον*, οἷος ἦν ἐκκαθαίρειν καὶ διαλαμπρύνειν· (2) ὑποθέμενος τοῦτο δὴ τοὐπιδήμιον, ὅ φησι Δημόκριτος, « ἐγκαταβυσσοῦσθαι τὰ εἴδωλα διὰ τῶν πόρων εἰς τὰ σώματα, καὶ ποιεῖν τὰς κατὰ τὸν ὕπνον ὄψεις ἐπαναφερόμενα· (3) φοιτᾶν δὲ ταῦτα πανταχόθεν ἀπιόντα καὶ σκευῶν καὶ ἱματίων καὶ φυτῶν, μάλιστα δὲ ζώων ὑπὸ σάλου πολλοῦ καὶ θερμότητος, οὗ μόνον ἔχοντα μορφοειδεῖς τοῦ σώματος ἐκμεμαγμένας ὁμοιότητας (ὡς Ἐπίκουρος οἴεται, μέχρι τούτου Δημοκρίτῳ συνεπόμενος, ἐνταῦθα δὲ προλιπὼν τὸν λόγον), (4) ἀλλὰ καὶ τῶν κατὰ ψυχὴν κινημάτων καὶ βουλευμάτων ἑκάστῳ καὶ ἠθῶν καὶ παθῶν ἐμφάσεις ἀναλαμβάνοντα συνεφέλκεσθαι, καὶ προσπίπτοντα μετὰ τούτων, ὥσπερ ἔμψυχα, φράζειν καὶ διαστέλλειν τοῖς ὑποδεχομένοις τὰς τῶν μεθιέντων αὐτὰ δόξας καὶ διαλογισμοὺς καὶ ὁρμὰς, ὅταν ἐνάρθρους καὶ ἀσυγχύτους φυλάττοντα προσμίξῃ τὰς εἰκόνας. » (4) Τοῦτο δὲ μάλιστα ποιεῖ δι' ἀέρος λείου τῆς φορᾶς γινομένης ἀκωλύτου καὶ ταχείας. (5) Ὁ δὲ φθινοπωρινὸς, ἐν ᾧ φυλλορροεῖ τὰ δένδρα, πολλὴν ἀνωμαλίαν ἔχων καὶ τραχύτητα, διαστρέφει καὶ παρατρέπει πολλαχῇ τὰ εἴδωλα, καὶ τὸ ἐναργὲς αὐτῶν ἐξίτηλον καὶ ἀσθενὲς ποιεῖ τῇ βραδυτῆτι τῆς πορείας ἀμαυρούμενον, ὥσπερ αὖ πάλιν πρὸς ὀργώντων καὶ διακαιομένων ἐκθρώσκοντα πολλὰ καὶ ταχὺ κομιζόμενα, τὰς ἐμφάσεις νεαρὰς καὶ σημαντικὰς ἀποδίδωσιν.

III. Εἶτα διαβλέψας πρὸς τοὺς περὶ τὸν Αὐτόβουλον, καὶ μειδιάσας, Ἀλλ' ὁρῶ, εἶπεν, ὑμᾶς οἵους τ' ὄντας ἤδη σκιαμαχεῖν πρὸς τὰ εἴδωλα, καὶ δόξῃ παλαιᾷ, καθάπερ γραφῇ, προσφέροντας ἀφὴν, οἴεσθαί τι ποιεῖν. (2) Καὶ ὁ Αὐτόβουλος, Παῦε ποικίλλων, ἔφη, πρὸς ἡμᾶς· οὐ γὰρ ἀγνοοῦμεν, ὅτι τὴν Ἀριστοτέλους δόξαν εὐδοκιμῆσαι βουλόμενος, ὥσπερ σκιὰν αὐτῇ τὴν Δημοκρίτου παραβέβληκας. (3) Ἐκείνην οὖν τρεψόμεθα, κἀκείνῃ μαχούμεθα κατηγορούσῃ τῶν νέων καρπῶν καὶ

a cœna res tractaret alias. (3) Tuis quidem sociis, meis filiis, videbatur solvisse nodum Aristoteles, neque aliud quærendum putabant, sed cum eo causam in fructus conferendam : (4) qui recentes et humore turgidi multum turbulentumque in corpore spiritum generent. (5) Non enim vinum duntaxat effervescere et insurgere, et oleum recens expressum in lucernis probabile est obstrepere, calore flatum, quasi fluctum quendam, edente : sed et frumentum novum, et pomorum genus omne videmus tumere atque distendi, donec flatus et cruditas eorum discutiatur. (6). Cibos porro quosdam esse qui difficiles somnos faciant, et animam perturbent, testatum fieri fabarum exemplo, et polypodis capite, quibus abstinere juberentur qui divinare per somnum cuperent.

II. Favorinus ibi, quanquam Aristotelis est impensissime studiosus, et Peripateticæ philosophiæ maximam verisimilitudinis tribuit partem; tamen tunc veterem quandam sententiam Democriti tanquam de fumo squalidam detrahens expurgare ac perpolire cœpit. (2) Id primo ponebat pervulgatum placitum Democriti, « visa per meatus in corpora subire et alte penetrare, ac dum sursum efferuntur, facere ut in somno appareant simulacra : (3) visa autem ista undiquaque ferri, delapsa a supellectile, vestimentis, plantis, maxime autem ab animalibus ob jactationem multam et calorem; eaque visa non modo habere expressas et formam referentes corporum similitudines (ut Epicurus sentit, eatenus Democritum sequens, atque exinde ab ejus desciscens doctrina), sed et motuum animi, consiliorum, et affectionum tam lenium quam vehementium imagines assumtas secum trahentia, una cum his ita accidere ad animum veluti animata; et significare ac velut transmittere ea excipientibus opiniones eorum a quibus sunt emissa, cogitationes, conatus; si quidem articulatas afferentia et inconfusas imagines occurrant. » (4) Id autem maxime fit, quando per aerem lævem motu feruntur expedito et celeri. (5) Autumnalis vero aer, quando folia defluunt, admodum est inæqualis et asper, ideoque visa varie disjicit, et eorum evidentiam tarditate lationis hebetatam, facit evanidam et imbecillam; sicut contra ab turgentibus et calidis excurrentia multa et velocia, notitias recentes et significantes exhibent.

III. Tum Autobulum leniter renidente ore intuens, Video, inquit, vos jam velut cum umbra pugnam contra istæc spectra meditari; et putare aliquid profecturos, si veteri placito, tanquam picturæ, tactu explorationem adhibuissetis. (2) Tu vero, aiebat Autobulus, desine simulare adversus nos : non enim nescimus te, quia sententiam Aristotelis probari cupis, tanquam umbram ei opinionem Democriti comparavisse. (3) Alio igitur nos vertamus, et Aristoteleam impugnemus, quæ novas fruges et cara poma im-

τῆς φίλης ὀπώρας οὐ προσηκόντως. (4) Τὸ γὰρ θέρος
αὐτοῖς μαρτυρεῖ καὶ τὸ μετόπωρον, ὅτε μάλιστα χλω-
ρὰν καὶ φλύουσαν, ὡς Ἀντίμαχος ἔφη, τὴν ὀπώραν
γεννωμένην ἄρτι προσφερόμενοι τοὺς καρποὺς, ἧττον
5 ἀπατηλοῖς καὶ ψεύδεσιν ἐνυπνίοις σύνεσμεν· (5) οἱ δὲ
φυλλοχόοι μῆνες ἤδη τῷ χειμῶνι παρασκηνοῦντες ἐν
πέψει τὰ σιτία, καὶ τὰ περιόντα τῶν ἀκροδρύων ἰσχνὰ
καὶ ῥυσὰ καὶ πᾶν ἀφεικότα τὸ πληκτίζον ἐκεῖνο καὶ
μανικὸν, ἔχουσι. (6) Καὶ μὴν οἴνου γε τὸν νέον οἱ
10 πρωϊαίτατα πίνοντες Ἀνθεστηριῶνι πίνουσι μηνὶ μετὰ
χειμῶνα· καὶ τὴν ἡμέραν ἐκείνην ἡμεῖς μὲν Ἀγαθοῦ
Δαίμονος, Ἀθηναῖοι δὲ Πιθοίγια προσαγορεύουσι·
γλεύκους δὲ ζέοντος ἀεὶ ἀφαιρεῖσθαι καὶ τοὺς ἐργάτας
δεδιότας δρῶμεν. (7) Ἀφέντες οὖν τὸ συκοφαντεῖν τὰ
15 τῶν θεῶν δῶρα, μετίωμεν ἑτέραν ὁδὸν, ἣν ὑφηγεῖται
τοὔνομα τοῦ χρόνου, καὶ τῶν ὑπηνεμίων καὶ ψευδῶν
ὀνείρων. (8) Φυλλοχόος γὰρ ὀνομάζεται, διὰ ψυχρότητα καὶ ξηρότητα τηνικαῦτα τῶν φύλλων ἀπορρεόν-
των· πλὴν εἴ τι θερμόν ἐστιν ἢ λιπαρὸν, ὡς ἐλαῖαι καὶ
20 δάφναι καὶ φοίνικες· ἢ διερὸν, ὡς μυρσίνη καὶ κιττός.
(9) Τούτοις γὰρ ἡ κρᾶσις βοηθεῖ, τοῖς δ' ἄλλοις οὔ· οὐ
γὰρ παραμένει τὸ ἐχέκολλον καὶ συνεκτικὸν, ἢ πυκνουμένης ψυχρότητι τῆς ἰκμάδος, ἢ ξηραινομένης δι' ἔνδειαν ἢ δι' ἀσθένειαν. (10) Ἔστι μὲν οὖν καὶ φυτοῖς
25 ὑγρότητι ἢ θερμότητι τεθηλέναι καὶ αὐξάνεσθαι, μᾶλλον δὲ τοῖς ζῴοις· καὶ τοὐναντίον, ἡ ψυχρότης καὶ ἡ
ξηρότης ὀλέθριον. (11) Διὸ χαριέντως Ὅμηρος εἴωθε
« διεροὺς βροτοὺς » καλεῖν, καὶ τὸ μὲν χαίρειν « ἰαίνε-
σθαι· » « ῥιγεδανὸν δὲ καὶ κρυερὸν, » τὸ λυπηρὸν καὶ τὸ
30 φοβερόν. (12) * Ὁ δ' ἀλίβας καὶ ὁ σκελετὸς, ἐπὶ τοῖς
νεκροῖς γέγονε, λοιδορουμένης τὰ ὀνόματα τῆς ξηρότητος. (13) Ἔτι τὸ μὲν αἷμα, κυριωτάτην τῶν ἐν ἡμῖν
ἔχον δύναμιν, ἅμα καὶ θερμόν ἐστι καὶ ὑγρόν· τὸ δὲ
γῆρας ἀμφοῖν ἐνδεές. (14) Ἔοικε δὲ τοῦ ἐνιαυτοῦ πε-
35 ριιόντος οἷον γῆρας εἶναι τὸ φθινόπωρον· οὔπω γὰρ ἥκει
τὸ ὑγρὸν, οὐκέτι δὲ τὸ θερμὸν ἔρρωται· δεῖγμα δὲ γεγονὸς ἀτεχνῶς ξηρότητος ἅμα καὶ ψυχρότητος, ἐπισφαλῆ
ποιεῖ τὰ σώματα πρὸς τὰς νόσους. (15) Τοῖς δὴ σώμασι τὰς ψυχὰς συμπαθεῖν ἀνάγκη, καὶ μάλιστα πα-
40 χνουμένου τοῦ πνεύματος ἀμαυροῦσθαι τὸ μαντικὸν, ὥσπερ κάτοπτρον ὀμίχλης ἀναπιμπλάμενον· (16) οὐδὲν
οὖν τρανὸν οὐδὲ ἔναρθρον οὐδ' εὔσημον ἐν ταῖς φαντασίαις ἀποδίδωσι, μέχρι οὗ παχὺ καὶ ἀλαμπὲς καὶ συν-
εσταλμένον ἐστίν.

ΣΥΜΠΟΣΙΑΚΩΝ

ΠΡΟΒΛΗΜΑΤΩΝ

ΒΙΒΛΙΟΝ ΕΝΝΑΤΟΝ.

ΠΡΟΟΙΜΙΟΝ.

45 1. Τὸ ἔννατον τῶν Συμποσιακῶν, ὦ Σόσσιε Σενεκίων,
περιέχει λόγους τοὺς Ἀθήνησιν ἐν τοῖς Μουσείοις γενο-

merito incusat : (4) quibus æstas et incipiens autumnus
patrocinatur, quando maxime vegetæ fruges et succo tur-
gentes, ut dicit Antimachus, et recentes in cibum usur-
patæ, minus fallacia et vana nobis somnia conciliant. (5)
Menses vero ii, quibus folia decidunt, jam hiemi propin-
qui, dum concoquunt frumentum et quod pomorum superest, gracilia ea reddunt ac rugosa, et quæ ad furorem divinum incitandi omnem jam amiserint aculeum. (6) Jam
vinum novum qui bibunt citissime, Anthesterione hoc faciunt mense, qui hiemem subsequitur, diemque illum quo
gustatur novum vinum, nos Boni Dæmonis, Athenienses
Pithœgia a doliis aperiundis appellant : videmus autem
de musto fervente adhuc ne operarios quidem haurire velle.
(7) Itaque dona deorum desinamus calumniari, et alia via
disquisitionem causæ ingrediamur, ad quam nos ducit temporis nomen, et ventosorum inaniumque somniorum. (8)
Autumni enim extremo nomen tribuitur hoc, ut folia dejicere
dicatur, quæ tum ob frigus et siccitatem plantarum defluunt:
nisi quæ calidæ sunt et pingues, ut oleæ, lauri, palmæ; aut
humectæ, ut myrtus et hedera. (9) His enim temperies opitulatur : reliquis non item ; non enim gluten quo folia continentur permanet, sed vel frigore humoris congelat, vel ob
inopiam et imbecillitatem exsiccatur. (10) Etenim vigent
adolescuntque plantæ etiam (licet animalia manifestius) ab
humore aut calore, contraque iis frigus et siccitas perniciem afferunt. (11) Itaque eleganter solet Homerus homines διερούς, id est, *humidos* sive *succulentos*, appellare ;
et gaudium ἰαίνεσθαι, quod est, *concalescere*, contra ριγεδα-
νόν et κρυερόν, quasi *rigoris efficax* et *frigoris*, quod triste
sit aut formidandum : (12) ἀλίβας autem et σκελετός de
mortuis dicuntur, quod ut *exsuccos* eos et *aridos* traducant.
(13) Porro sanguis, qui in nobis principem vim obtinet, simul
humidus est et calidus : senectutem utraque deficit qualitas.
(14) Videtur autem anni circumeuntis quasi senium esse
finis autumni : nondum enim humor appetiit, et tamen caloris vis abiit : itaque profecto veluti mixtura frigoris et
siccitatis facit corpora nostra ad morbos proclivia. (15)
Jam vero est necesse simul cum corporibus affici animos, et
maxime densato spiritu divinandi facultatem obscurari, qui
quasi speculum caligine oppleatur : (16) nihil ergo evidens,
nihil articulatum, nihil quod facile cognoscatur, visis offert ille, quamdiu crassus, tenebricosus et compressus
manet.

CONVIVALIUM

DISPUTATIONUM

LIBER IX.

PROŒMIUM.

I. Nonus Convivalium liber, Sossi Senecio, continet sermones Athenis habitos in Museis : quia novenarius numerus

μένους, [τῷ] καὶ μάλιστα τὴν ἐννεάδα ταῖς Μούσαις προσήκειν. (2) Ὁ δ' ἀριθμὸς ἂν ὑπερβάλλῃ τὴν συνήθη δεκάδα τῶν ζητημάτων, οὐ θαυμαστέον· ἔδει γὰρ πάντα ταῖς Μούσαις ἀποδοῦναι τὰ τῶν Μουσῶν, καὶ μηδὲν ἀφελεῖν, ὥσπερ ἀφ' ἱερῶν, πλείονα καὶ καλλίονα τούτων ὀφείλοντας αὐταῖς.

maxime Musis convenit. (2) Qui liber si plures denario hactenus usurpato quæstiones continet, mirum *videri non debet* : omnia enim Musis reddenda erant quæ ad ipsas pertinent, nihil ex iis tanquam sacrificiis auferendum ; quibus plura etiam ac pulchriora debemus, quam hæc sunt.

ΠΡΟΒΛΗΜΑ Α΄.

Περὶ στίχων εὐκαίρως ἀναπεφωνημένων, καὶ ἀκαίρως.

ΠΡΟΣΩΠΑ ΤΟΥ ΔΙΑΛΟΓΟΥ.

ΑΜΜΩΝΙΟΣ, ΠΛΟΥΤΑΡΧΟΣ, ΕΡΑΤΩΝ, ΔΙΔΑΣΚΑΛΟΙ, ΣΥΝΗΘΕΙΣ ΠΟΛΛΟΙ ΤΟΥ ΑΜΜΩΝΙΟΥ.

I. Ἀμμώνιος Ἀθήνησι στρατηγῶν ἀπόδειξιν ἔλαβε τῷ Διογενίῳ τῶν γράμματα καὶ γεωμετρίαν καὶ τὰ ῥητορικὰ καὶ μουσικὴν μανθανόντων ἐφήβων· καὶ τοὺς εὐδοκιμήσαντας τῶν διδασκάλων ἐπὶ δεῖπνον ἐκάλεσε. Παρῆσαν δὲ καὶ τῶν ἄλλων φιλολόγων συχνοί, καὶ πάντες ἐπιεικῶς οἱ συνήθεις. (2) Ὁ μὲν οὖν Ἀχιλλεὺς μόνοις τῶν ἀγωνιζομένων τοῖς μονομαχήσασι δεῖπνον κατήγγειλε, βουλόμενος, ὥς φασιν, εἴ τις ἐν τοῖς ὅπλοις ὀργὴ πρὸς ἀλλήλους καὶ χαλεπότης γένοιτο, ταύτην ἀφεῖναι καὶ καταθέσθαι τοὺς ἄνδρας ἑστιάσεως κοινῆς καὶ τραπέζης μετασχόντας· (3) τῷ δ' Ἀμμωνίῳ συνέβαινε τοὐναντίον· ἀκμὴν γὰρ ἡ τῶν διδασκάλων ἅμιλλα καὶ φιλονεικία σφοδροτέραν ἔλαβεν ἐν ταῖς κύλιξι γενομένων· ἤδη δὲ καὶ προτάσεις καὶ προκλήσεις ἦσαν ἄκριτοι καὶ ἄτακτοι.

II. Διὸ πρῶτον μὲν ἐκέλευσεν ᾆσαι τὸν Ἐράτωνα πρὸς τὴν λύραν· ᾄσαντος δὲ τὰ πρῶτα τῶν Ἔργων·

     Οὐκ ἄρα μοῦνον ἔην ἐρίδων γένος·

ἐπήνεσεν ὡς τῷ καιρῷ πρεπόντως ἁρμοσάμενον· (2) ἔπειτα περὶ στίχων εὐκαιρίας ἐνέβαλε λόγον, ὡς μὴ μόνον χάριν, ἀλλὰ καὶ χρείαν ἔστιν ὅτε μεγάλην ἐχούσης. (3) Καὶ ὁ μὲν ῥαψῳδὸς εὐθὺς ἦν διὰ στόματος πᾶσιν, ἐν τοῖς Πτολεμαίου γάμοις ἀγομένου τὴν ἀδελφήν, καὶ πρᾶγμα δρᾶν ἀλλόκοτον [νομιζ]ομένου καὶ ἄθεσμον, ἀρξάμενος ἀπὸ τῶν ἐπῶν ἐκείνων,

     Ζεὺς δ' Ἥρην ἐκάλεσσε κασιγνήτην ἄλοχόν τε·

(4) καὶ ὁ παρὰ τῷ Δημητρίῳ τῷ βασιλεῖ ἀπρόθυμος ὢν ᾄδειν μετὰ τὸ δεῖπνον, ὥς τε προσέπεμψεν αὐτῷ τὸν υἱὸν ἔτι παιδάριον ὄντα, τὸν Φίλιππον, ἐπιβαλὼν εὐθὺς

     Τὸν παῖδά μοι τόνδ' ἀξίως Ἡρακλέους
     ἡμῶν τε θρέψαι·

* (5) καὶ Ἀνάξαρχος ὑπ' Ἀλεξάνδρου μήλοις βαλλόμενος παρὰ δεῖπτον, ἐπαναστὰς καὶ εἰπών,

     Βεβλήσεταί τις θεῶν βροτησίᾳ χερί.

(6) Πάντων δ' ἄριστος Κορίνθιος παῖς αἰχμάλωτος, ὅτε ἡ πόλις ἀπώλετο, καὶ Μόμμιος ἐκ τῶν ἐλευθέρων τοὺς

QUÆSTIO I.

De versibus opportune, aut secus, pronunciatis.

PERSONÆ COLLOQUII.

AMMONIUS, PLUTARCHUS, ERATON, LUDIMAGISTRI, FAMILIARES MULTI AMMONII.

I. Ammonius prætaram Athenis gerens, in Diogenii gratiam instituerat probationem epheborum, qui literas, geometriam, rhetoricen, musicamque discebant ; atque magistros laudem consecutos ad cœnam vocavit. Aderant autem frequentes tum alii literati, tum familiares fere omnes. (2) Sane Achilles de iis qui certarent, solis iis, qui singulari pugna congressi essent, cœnam promisit ; volens, ut aiunt, si qua in armis ira invicem aut simultas concepta esset, hanc ab iis deponi in convivio mensæque communicatione : (3) Ammonio autem contrarium evenit ; nam magistrorum contentio inter pocula est facta multo vehementior ; jamque etiam propositiones et quæstiones confusæ et incompositæ fiebant.

II. Itaque Ammonius primum Eratonem canere ad lyram jussit. Is quum Hesiodi Operum exordium caneret ,

     Jam non unica erat contentio ,

laudavit eum ut qui attemperate id carmen cecinisset. (2) Deinde de versuum opportuna usurpatione intulit mentionem, quæ non gratiam modo, sed interdum utilitatem quoque habeat magnam. (3) Statimque in ore omnium fuit rhapsodus ille, qui in nuptiis Ptolemæi sororem ducentis uxorem, quod facinus videbatur insolens et nefarium, ab his esset orsus versibus :

     Jupiter alloquitur Junonem : *Nupta sororque,...*

(4) Et alius, qui apud Demetrium regem a cœna canere nolebat, sed quum filium Philippum adhuc puerulum misisset ad eum, prointe cecinit :

     Hunc filium tu mihi, ceu dignum est Hercule
     nobisque, cura educas.

(5) Et Anaxarchus in cœna malis petitus ab Alexandro surgens, dicensque,

     Aliquis manu ferietur mortali deus.

(6) Omnium optime Corinthius puer captivus, qui, quum patria ejus capta Mummius de ingenuis pueris eos, qui

ἐπισταμένους γράμματα παῖδας εὐθυσκοπῶν ἐκέλευσε γράψαι στίχον, ἔγραψε·

     Τρὶς μάκαρες Δαναοὶ καὶ τετράκις, οἳ τότ' ὄλοντο·

καὶ γὰρ παθεῖν τι τὸν Μόμμιόν φασι καὶ δακρῦσαι,
5 καὶ πάντας ἀφεῖναι ἐλευθέρους τοὺς τῷ παιδὶ προσήκοντας. (7) Ἐμνήσθη τε καὶ τῆς Θεοδώρου [τοῦ] τραγῳδοῦ γυναικὸς οὐ προσδεξαμένης αὐτὸν ἐν τῷ συγκαθεύδειν, ὑπογύου τοῦ ἀγῶνος ὄντος· ἐπεὶ δὲ νικήσας εἰσῆλθε πρὸς αὐτήν, ἀσπασαμένης καὶ εἰπούσης,

10   Ἀγαμέμνονος παῖ, νῦν ἐκεῖν' ἔξεστί σοι.

III. Ἐκ δὲ τούτου πολλὰ καὶ τῶν ἀκαίρων ἐνίοις ἐπῄει λέγειν, ὡς οὐκ ἄχρηστον εἰδέναι καὶ φυλάττεσθαι· (2) οἷον Πομπηΐῳ Μάγνῳ φασὶν ἀπὸ τῆς μεγάλης ἐπανήκοντι στρατείας τὸν διδάσκαλον τῆς θυγα-
15 τρὸς ἀπόδειξιν διδόντα, βιβλίου κομισθέντος ἐνδοῦναι τῇ παιδὶ τοιαύτην ἀρχήν,

     Ἦλθες ἐκ πολέμου· ὡς ὤφελες αὐτόθ' ὀλέσθαι.

(3) Κασσίῳ δὲ Λογγίνῳ λόγου προσπεσόντος ἀδεσπότου, τὸν υἱὸν ἐπὶ ξένης τεθνάναι, καὶ τὸ ἀληθὲς [οὐκ] ἔχοντι
20 εἰπεῖν, οὐδ' ἀνελεῖν τὸ ὕποπτον, εἰσελθὼν συγκλητικὸς ἀνὴρ πρὸς αὐτὸν ἤδη πρεσβύτερος, Οὐ καταφρονήσεις, ἔφη, Λογγῖνε, λαλιᾶς ἀπίστου καὶ κακοήθους φήμης, ὥσπερ οὐκ εἰδὼς οὐδ' ἀνεγνωκὼς τό,

     Φήμη δ' οὔ τις πάμπαν ἀπόλλυται;

25 (4) Ὁ δ' ἐν Ῥόδῳ στίχον αἰτήσαντι γραμματικῷ ποιουμένῳ δεῖξιν ἐν τῷ θεάτρῳ προτείνας,

     Ἔρρ' ἐκ νήσου θᾶσσον, ἐλέγχιστε ζωόντων·

ἄδηλον, εἴτε παίζων ἐφύβρισεν, εἴτ' ἄκων ἠστόχησε. Ταῦτα μὲν οὖν παρηγόρησεν ἀστείως τὸν θόρυβον.

ΠΡΟΒΛΗΜΑ Βʹ.

30 Τίς αἰτία δι' ἣν τὸ Ἄλφα προτάττεται τῶν στοιχείων.

ΠΡΟΣΩΠΑ ΤΟΥ ΔΙΑΛΟΓΟΥ.

ΑΜΜΩΝΙΟΣ, ΕΡΜΕΙΑΣ, ΠΡΩΤΟΓΕΝΗΣ.

I. Ἔθους δ' ὄντος ἐν τοῖς Μουσείοις κλήρους περιφέρεσθαι, καὶ τοὺς συλλαχόντας ἀλλήλοις προτείνειν φιλόλογα ζητήματα, φοβούμενος ὁ Ἀμμώνιος, μὴ τῶν ὁμοτέχνων τινὲς ἀλλήλοις συλλάχωσι, προσέταξεν ἄνευ
35 κλήρου γεωμέτρην γραμματικῷ προτείναι, καὶ ῥητορικῷ μουσικόν· εἶτ' ἔμπαλιν ἀναστρέφειν τὰς ἀνταποδόσεις.
II. Προύτεινεν οὖν Ἑρμείας ὁ γεωμέτρης Πρωτογένει τῷ γραμματικῷ πρῶτος αἰτίαν εἰπεῖν, δι' ἣν τὸ
40 ἄλφα προτάττεται τῶν γραμμάτων ἁπάντων. (2) Ὁ δὲ τὴν ἐν ταῖς σχολαῖς λεγομένην ἀπέδωκε· τὰ μὲν γὰρ φωνήεντα τῷ δικαιοτάτῳ λόγῳ πρωτεύειν τῶν ἀφώνων

---

literas scirent, se inspiciente versum scribere juberet, hunc ipse exaravit:

     Terque quaterque, Illi qui tum periere, beatos:

commotum enim ferunt nonnihil Mummium illacrimasse, liberosque dimisisse omnes pueri hujus propinquos. (7) Mentio etiam facta est uxoris Theodori tragœdi, quæ eum imminente, quod spoponderat, certamine secum concumbere non est passa; sed postquam intravit ad eam victoria potitus, amplexa, sicque allocuta est (*versu Sophocleo*),

     Agamemnonis propago, nunc licet tibi....

III. Exinde multa etiam intempestive dicta a nonnullis sunt commemorata, quod scire ea et cavere non esset inutile. (2) Quale est, quod narratur Pompeio Magno ab ingenti illa expeditione reverso, magistrum filiæ, ut specimen patri ederet eruditionis, libro allato eam hinc jussisse ordiri

     En redis e bello! melius sed ibi periisses.

(3) Cassio Longino quum allatus incerto auctore rumor esset de filii, qui peregre erat, morte, neque verum comperire, nec dubitationem amoliri posset; senator jam grandior natu eum adiit, et : *Cur*, inquit, *Longine, non còntemnis rumorem malignum et indignum fide? quum noris et legeris illud,*

     Fama quidem non tota perit vel decipit ulla.

(4) Qui vero Rhodi grammatico versum exigenti, quum in theatro is documentum suæ artis ederet, hunc protulit,

     Mox ex insula abi, neque enim te turpior alter:

obscurum est contumeliosene voluerit jocari, an imprudens errorem commiserit. Hæc quidem tumultum urbane sedaverunt.

QUÆSTIO II.

Cur A principem inter literas locum obtingat.

PERSONÆ COLLOQUII.

AMMONIUS, HERMEAS, PROTOGENES.

I. Ceterum quum moris esset in Museis, ut sortes circumferrentur, et qui eis inter se componerentur, alter alteri eruditas proponeret quæstiones; metuens Ammonius ne inter se committerentur qui eandem profiterentur artem, præcepit ut citra sortitionem geometra grammatico, rhetor musico proponeret, et deinde rursus versa vice.

II. Proinde princeps Hermeas geometra proposuit grammatico Protegoni hanc quæstionem: cur alpha primum inter literas omnes haberet locum. (2) Is causam attulit, quæ tradi in scholis solet, vocales optimo jure mutis et

57.

καὶ ἡμιφώνων· ἐν δὲ τούτοις τῶν μὲν μακρῶν ὄντων, τῶν δὲ βραχέων, τῶν δ' ἀμφοτέρων καὶ διχρόνων λεγομένων, ταῦτ' εἰκότως τῇ δυνάμει διαφέρειν· (3) αὐτῶν δὲ τούτων πάλιν ἡγεμονικωτάτην ἔχειν τάξιν, τὸ προτάττεσθαι τῶν ἄλλων δυοῖν, ὑποτάττεσθαι δὲ μηδετέρῳ πεφυκὸς, οἷόν ἐστι τὸ ἄλφα· τουτὶ γὰρ οὔτε τοῦ ἰῶτα δεύτερον, οὔτε τοῦ υ ταττόμενον ἐθέλειν ὁμολογεῖν οὐδὲ ὁ[μο]παθεῖν, ὥστε συλλαβὴν μίαν ἐξ ἀμφοῖν γενέσθαι, ἀλλ' ὥσπερ ἀγανακτοῦν καὶ ἀποπηδῶν ἰδίαν ἀρχὴν ζητεῖν ἀεί· (4) ἐκείνων δὲ ὁποτέρῳ βούλει προταττόμενον ἀκολουθοῦντι καὶ συμφωνοῦντι χρῆσθαι καὶ συλλαβὰς ὀνομάτων ποιεῖν, ὥσπερ τοῦ αὔριον, καὶ τοῦ αὐλεῖν, καὶ τοῦ Αἴαντος, * καὶ τοῦ αἰδεῖσθαι, καὶ μυρίων ἄλλων. (5) Διὸ ταῖς τρισὶν, ὥσπερ οἱ πένταθλοι, περίεστι καὶ νικᾷ, τὰ μὲν πολλὰ τῷ φωνᾶεν εἶναι, τὰ δ' αὖ φωνάεντα ἐν τῷ δίχρονον, ταῦτα δ' αὐτὰ τῷ πεφυκέναι καθηγεῖσθαι, δευτερεύειν δὲ μηδέποτε μηδ' ἀκολουθεῖν.

III. Παυσαμένου δὲ τοῦ Πρωτογένους, καλέσας με ὁ Ἀμμώνιος, Οὐδὲν, ἔφη, σὺ τῷ Κάδμῳ βοηθεῖς ὁ Βοιώτιος, ὅν φασι τὸ ἄλφα πάντων προτάξαι, διὰ τὸ Φοίνικας οὕτω καλεῖν τὸν βοῦν, [καὶ] οὐ δεύτερον, οὐδὲ τρίτον, ὥσπερ Ἡσίοδος, ἀλλὰ πρῶτον τίθεσθαι τῶν ἀναγκαίων; (2) Οὐδὲν, ἔφην ἐγώ· τῷ γὰρ ἐμῷ πάππῳ βοηθεῖν, εἴ τι δύναμαι, δίκαιός εἰμι μᾶλλον, ἢ τῷ τοῦ Διονύσου. (3) Λαμπρίας γὰρ ὁ ἐμὸς πάππος ἔλεγε, πρώτην φύσει φωνὴν τῶν ἐνάρθρων ἐκφέρεσθαι διὰ τῆς τοῦ ἄλφα δυνάμεως· (4) τὸ γὰρ ἐν τῷ στόματι πνεῦμα ταῖς περὶ τὰ χείλη μάλιστα πλάττεσθαι κινήσεσιν, ὧν πρώτην ἀνοιγομένων τὴν ἄνω διάστασιν οὖσαν ἐξιέναι τοῦτον τὸν ἦχον, ἁπλοῦν ὄντα κομιδῇ καὶ μηδεμιᾶς δεόμενον πραγματείας, μηδὲ τὴν γλῶτταν παρακαλοῦντα, μηδ' ὑπομένοντα, ἀλλὰ κατὰ χώραν ἀποκειμένης ἐκείνης ἐκπεμπόμενον· (5) ᾗ καὶ τὰ νήπια ταύτην πρώτην ἀφιέναι φωνήν· ὠνομάσθαι δὲ καὶ τὸ ἄειν ἐπὶ τῷ φωνῆς αἰσθάνεσθαι, καὶ πολλὰ τῶν ὁμοίων, ὥσπερ καὶ τὸ ᾄδειν, καὶ τὸ αὐλεῖν, καὶ τὸ ἀλαλάζειν. (6) Οἶμαι δὲ καὶ τὸ αἴρειν καὶ τὸ ἀνοίγειν οὐκ ἀπὸ τρόπου τῇ τῶν χειλῶν ἀνοίξει καὶ ἄρσει, καθ' ἣν οὗτος ἐκπίπτει τοῦ στόματος ὁ φθόγγος, ὠνομάσθαι. (7) Διὸ καὶ τὰ τῶν ἀφώνων γραμμάτων ὀνόματα, πλὴν ἑνὸς, ἅπαντα προσχρῆται τῷ ἄλφα, καθάπερ φωτὶ τῆς περὶ αὐτὰ τυφλότητος· τοῦ δὲ πι μόνον ἄπεστιν ἡ δύναμις αὕτη· τὸ γὰρ φι καὶ τὸ χι, τὸ μέν ἐστι πι, τὸ δὲ κάππα δασυνόμενον.

ΠΡΟΒΛΗΜΑ Γ'.

Κατὰ ποίαν ἀναλογίαν ὁ τῶν φωνηέντων καὶ ἡμιφώνων ἀριθμὸς συντέτακται.

ΠΡΟΣΩΠΑ ΤΟΥ ΔΙΑΛΟΓΟΥ.

ΕΡΜΕΙΑΣ, ΠΛΟΥΤΑΡΧΟΣ, ΖΩΠΥΡΙΟΝ.

I. Πρὸς ταῦτα τοῦ Ἑρμείου φήσαντος ἀμφοτέρους ἀποδέχεσθαι τοὺς λόγους, Τί οὖν, ἔφην, οὐ καὶ σὺ διῆλ-

---

semivocalibus anteire : vocalium alias longas , alias breves haberi, alias ancipites : de quibus ancipites haud dubie prærogativam habeant : (3) rursum de ancipitibus ordine eam esse reliquis facile principem, quæ utrique præponi, neutri postponi soleat : tale autem esse alpha; id enim neque post iota, neque post ypsilon collocatum in unam cum iis coire vult syllabam et sonare conjunctim, sed veluti indignans resilit, et suum usque quærit primordium : (4) istorum utri velis alpha præposueris, et consonabunt, unamque suo obsequio facient syllabam, ut in αὔριον (cras), αὐλεῖν (tibiis canere), Αἴας (Ajax), αἰδεῖσθαι, (revereri), et innumeris aliis. (5) Itaque tribus his tanquam quinquertio vincit : plerasque alias literas eo quod vocalis est ; vocales, quod anceps ; ancipites ipsas quod semper eas præcedit, nunquam subsequitur.

III. Desinente Protogene, me appellans Ammonius, Tu vero, inquit, homo Bœotus non opitularis Cadmo? quem ferunt ideo alpha primum literarum posuisse, quod bos ita Phœnicum lingua dicatur, quem non secundum, aut, ut Hesiodus, tertium, sed primum inter res necessarias existimant. (2) Nihil vero, inquam : si quid enim possum, meo potius quam Bacchi avo me patrocinari æquum est. (3) Lamprias enim avus meus aiebat, primam natura vocem articulatam facultate literæ A efferri. (4) Nam spiritum qui in ore est, maxime labiorum motibus fingi, quibus sursum versum diductis, primo exeat sonus iste simplex admodum et nullum exhibens negotium, neque linguæ operam flagitans vel exspectans, sed, ea suo se loco continente, emissus : (5) itaque etiam infantes hanc primum edere vocem : et ἄειν dici *audire*, id est, vocem sentire : et multa similiter alia, ut ᾄδειν (canere), αὐλεῖν (tibiis canere), ἀλαλάζειν (lætum clamorem edere). (6) Puto etiam αἴρειν (tollere) et ἀνοίγειν (aperire) haud abs re sic dicta, quod labiorum sublatione et apertione hæc vox ore excidit. (7) Quin et mutarum nomina literarum præter unam omnia hac tanquam illustratione suæ utuntur cæcitatis, ut Beta, Gamma, reliqua : solum Pi carere hac facultate, quum Phi et Chi non sint nisi Pi et Kappa aspiratum.

QUÆSTIO III.

Qua proportione numeri vocalium et semivocalium comparentur.

PERSONÆ COLLOQUII.

HERMEAS, PLUTARCHUS, ZOPYRION.

I. Quum ad hæc Hermeas diceret, utramque sibi rationem probari : Cur ergo, aiebam, non tu nobis jam explicas

θες ἡμῖν, εἴ τις ἐστὶ λόγος τοῦ ἀριθμοῦ τῶν στοιχείων; (2) ὥς γε μοι δοκεῖ· τεκμήριον δὲ ποιοῦμαι τὸ ΄μὴ κατὰ τύχην τῶν ἀφώνων καὶ ἡμιφώνων πρός τ᾽ ἄλληλα καὶ πρὸς τὰ φωνήεντα γεγονέναι τὸ πλῆθος, ἀλλὰ κατὰ τὴν πρώτην ἀναλογίαν, ἀριθμητικὴν δὲ καλουμένην ἀφ᾽ ἡμῶν. (3) Ἐννέα γὰρ ὄντων καὶ ὀκτὼ [καὶ ἑπτὰ], οὕτω τὸν μέσον ἀριθμὸν ὑπερέχειν καὶ ὑπερέχεσθαι συμβέβηκε· τῶν δ᾽ ἄκρων ὁ μέγιστος πρὸς τὸν ἐλάχιστον ἔχει λόγον, [ὃν] ὁ τῶν Μουσῶν πρὸς τὸν τοῦ Ἀπόλλωνος· (4) ἡ γὰρ ἐννεὰς δήπου ταῖς Μούσαις, ἡ δὲ ἑβδομὰς τῷ Μουσηγέτῃ προσκεκλήρωται· συντεθέντα δ᾽ ἀλλήλοις διπλασιάζει τὸν μέσον εἰκότως, ἐπεὶ καὶ τὰ ἡμίφωνα τῆς ἀμφοῖν τρόπον τινὰ κοινωνεῖ δυνάμεως.

II. Καὶ ὁ Ἑρμείας, Ἑρμῆς, ἔφη, λέγεται θεῶν ἐν Αἰγύπτῳ γράμματα πρῶτος εὑρεῖν· διὸ καὶ τὸ τῶν γραμμάτων Αἰγύπτιοι πρῶτον ἶβιν γράφουσιν, ὡς Ἑρμεῖ προσήκουσαν, οὐκ ὀρθῶς κατά γε τὴν ἐμὴν δόξαν, ἀναύδῳ καὶ ἀφθόγγῳ προεδρίαν ἐν γράμμασιν ἀποδόντες. (2) Ἑρμεῖ δὲ μάλιστα τῶν ἀριθμῶν ἡ τετρὰς ἀνάκειται· πολλοὶ δὲ καὶ τετράδι μηνὸς ἱσταμένου γενέσθαι τὸν θεὸν ἱστοροῦσι. (3) Τὰ δὲ δὴ πρῶτα καὶ Φοινίκεια διὰ Κάδμον ὀνομασθέντα, τετράκις ἡ τετρὰς γενομένη παρέσχε· καὶ τῶν αὖθις ἐφευρεθέντων δὲ Παλαμήδης τε πρότερος τέτταρα, καὶ Σιμωνίδης αὖθις ἄλλα τοσαῦτα προσέθηκε. (4) Καὶ μὴν ὁ πάντων ἀριθμῶν πρῶτος τέλειος, ἡ μὲν τριάς, ὡς ἀρχὴν καὶ μέσον ἔχουσα καὶ τέλος, ἡ δὲ ἑξάς, ὡς ἴση τοῖς αὑτῆς μέρεσι γινομένη δῆλόν ἐστι· τούτων τοίνυν ἡ μὲν ἑξὰς ὑπὸ τῆς τετράδος πολλαπλασιασθεῖσα, [ὑπὸ δὲ τοῦ] πρώτου κύβου πρῶτος τέλειος, τὸ τῶν τεττάρων καὶ εἴκοσι παρέσχηκε πλῆθος.

III. Ἔτι δ᾽ αὐτοῦ λέγοντος, ὁ γραμματιστὴς Ζωπυρίων δῆλος ἦν καταγελῶν, καὶ παρεφθέγγετο· παυσαμένου δὲ, οὐ κατέσχεν, ἀλλὰ φλυαρίαν τὰ τοιαῦτα πολλὴν ἀπεκάλει· (2) * μηδενὶ γὰρ λόγῳ, συντυχίᾳ δέ τινι, καὶ τὸ πλῆθος τῶν γραμμάτων γεγονέναι τοσοῦτον, καὶ τὴν τάξιν οὕτως ἔχουσαν, ὥσπερ, ἔφη, καὶ τὸ τῆς Ἰλιάδος τὸν πρῶτον στίχον τῷ τῆς Ὀδυσσείας ἰσοσύλλαβον εἶναι, καὶ πάλιν τῷ τελευταίῳ τὸν τελευταῖον ἐκ τύχης καὶ αὐτομάτως ἐπηκολουθηκέναι.

ΠΡΟΒΛΗΜΑ Δ΄.

Ποτέραν χεῖρα τῆς Ἀφροδίτης ἔτρωσεν ὁ Διομήδης.

ΠΡΟΣΩΠΑ ΤΟΥ ΔΙΑΛΟΓΟΥ.

ΕΡΜΕΙΑΣ, ΖΩΠΥΡΙΟΝ, ΜΑΞΙΜΟΣ.

I. Μετὰ δὲ ταῦτα τὸν μὲν Ἑρμείαν, βουλόμενόν τι προβαλεῖν τῷ Ζωπυρίωνι, ἀπεκωλύσαμεν· ὁ δὲ ῥήτωρ Μάξιμος ἄπωθεν ἠρώτησεν αὐτὸν ἐκ τῶν Ὁμήρου, ποτέραν χεῖρα τρώσειεν τῆς Ἀφροδίτης ὁ Διομήδης.

---

si qua sit ratio numeri literarum? (2) Mihi quidem esse videtur, idque colligo inde, quod non fortuito mutæ et semivocales inter se et cum vocalibus comparatæ suam habent multitudinem, sed secundum primam proportionem, quam nos hodie arithmeticam vocamus. (3) Quum enim sint novem, et octo, et septem, fit ut medius numerus æquali intervallo et superet et superetur. Extremorum autem maximi ad minimum proportio est, quæ est Musarum ad numerum Apollinis; (4) quum scilicet illis novenarius, Musagetæ septenarius sorte sit destinatus : et compositi extremi, duplum medii haud abs re faciunt; quum semivocales utrarumque quodam pacto vim participent.

II. Tum Hermeas, Atqui Mercurius, inquit, primus deorum in Ægypto traditur invenisse literas. Itaque Ibin Ægyptii signum primæ faciunt literæ, ut Mercurio affinem, non recte, meo quidem judicio, muto vocisque experti animali primum locum in literis deferentes. (2) Mercurio autem quaternio omnium maxime est consecratus, et multi sunt qui eum quarta mensis die natum ferant. (3) Primum autem inventas sedecim literas, quæ Phœniciæ propter Cadmum dicuntur, quaternio quater sumtus exhibet : et de his quæ postmodo repertæ sunt, quattuor prius Palamedes quattuor alias post eum Simonides addidit. (4) Jam omnium numerorum primus est perfectus ternarius, principio, medio et fine constans; senarius, quia omnibus sui partibus manifesto æquatur : de his igitur senarius, a quaternario multiplicatus, primus perfectus a primo quadrato, multitudinem viginti quattuor procreavit.

III. Adhuc eo loquente Zopyrion ludimagister haud obscure deridebat ac submurmurabat : cessante autem, se non continuit quin magnas istæc esse nugas diceret : (2) non enim ratione aliqua, sed fortuito casu numerum et ordinem literarum qualis est exstitisse, sicut hoc quoque temere evenerit, ut primus Iliadis versus totidem constet quot primus Odysseæ syllabis; quod ipsum extremis quoque eorum operum versibus forte fortuna contigerit et casu ita ferente.

QUÆSTIO IV.

Utram Veneris manum sauciarit Diomedes

PERSONÆ COLLOQUII.

HERMEAS, ZOPYRION, MAXIMUS.

Secundum hæc Hermeam aliquid proponere volentem Zopyrioni, nos prohibuimus : rhetor autem Maximus procul eum interrogavit, utram Veneris manum Diomedes vul-

(2) Ταχὺ δὲ τοῦ Ζωπυρίωνος ἀντερομένου, ποτέρῳ σκέλει χωλὸς ἦν ὁ Φίλιππος; Οὐχ ὅμοιον, εἶπεν ὁ Μάξιμος· οὐδε[μία]ν γὰρ ὁ Δημοσθένης ἀπολογίαν περὶ τούτου δέδωκε· σὺ δ' ἂν ἀπορεῖν ὁμολογήσῃς, ἕτεροι δείξουσιν ὅπου τὴν τετρωμένην χεῖρα φράζει τοῖς νοῦν ἔχουσιν ὁ ποιητής. (3) Ἔδοξεν οὖν ἡμῖν ὁ Ζωπυρίων διηπορῆσθαι, καὶ τὸν Μάξιμον, ἐκείνου σιωπῶντος, ἠξιοῦμεν ἐπιδεικνύναι.

II. Πρῶτον οὖν, ὁ Μάξιμος ἔφη, τῶν ἐπῶν οὕτως ἐχόντων,

Ἔνθ' ἐπορεξάμενος μεγαθύμου Τυδέος υἱὸς
ἄκρην οὔτασε χεῖρα, μετάλμενος ὀξέι δουρί,

δῆλόν ἐστιν, ὅτι τὴν [ἀριστερὰν] πατάξαι βουλόμενος, οὐκ ἐδεῖτο μετα[πη]δήσεως, ἐπεὶ κατὰ τὴν ἀριστερὰν τὴν δεξιὰν εἶχεν ἐξ ἐναντίου προσφερόμενος· (2) καὶ γὰρ εὔλογον ἦν, τὴν ἐρρωμενεστέραν χεῖρα καὶ μᾶλλον τοῦ Αἰνείου φερομένου περιεχομένην, ἐκεῖνόν τε τρῶσαι, καὶ τὴν τρωθεῖσαν προέσθαι τὸ σῶμα. (3) Δεύτερον, εἰς τὸν οὐρανὸν αὐτῆς ἀνακομισθείσης, καὶ τὴν Ἀθηνᾶν ἀναγελάσαι λέγουσαν·

Ἡ μάλα δή τινα Κύπρις Ἀχαιιάδων ἀνιεῖσα
Τρωσὶν ἅμα σπέσθαι, τοὺς νῦν ἔκπαγλα φίλησε,
Τῶν τινα καρρέζουσ' Ἀχαιιάδων βαθυκόλπων,
πρὸς χρυσῇ περόνῃ καταμύξατο χεῖρα ἀραιήν.

(4) Οἶμαι δὲ καὶ σέ, εἶπεν, ὦ βέλτιστε διδασκάλων, ὅταν τινὰ τῶν μαθητῶν φιλοφρονούμενος καταψᾷς καὶ καταρρέζῃς, μὴ τῇ ἀριστερᾷ χειρὶ τοῦτο ποιεῖν, ἀλλὰ τῇ δεξιᾷ· (5) καθάπερ εἰκός ἐστι καὶ τὴν Ἀφροδίτην, ἐπιδεξιωτάτην θεῶν οὖσαν, οὕτω φιλοφρονεῖσθαι τὰς ἡρωΐδας.

ΠΡΟΒΛΗΜΑ Ε'.

Διὰ τί Πλάτων εἰκοστὴν ἔφη τὴν Αἴαντος ψυχὴν ἐπὶ τὸν κλῆρον ἐλθεῖν.

ΠΡΟΣΩΠΑ ΤΟΥ ΔΙΑΛΟΓΟΥ.

ΥΔΑΣ, ΣΩΣΠΙΣ, ΑΜΜΩΝΙΟΣ, ΛΑΜΠΡΙΑΣ.

I. Ταῦτα τοὺς ἄλλους ἅπαντας ἡδίους ἐποίησε, μόνον δὲ τὸν γραμματικὸν Ὕλαν ὁ ῥήτωρ Σῶσπις ὁρῶν ἀποσιωπῶντα καὶ βαρυθυμούμενον (οὐ πάνυ γὰρ εὐημέρησεν ἐν ταῖς ἐπιδείξεσιν), ἀνεφώνησεν,

Οἴη δ' Αἴαντος ψυχὴ Τελαμωνιάδαο·

τὰ λοιπὰ μεῖζον φθεγγόμενος ἤδη πρὸς ἐκεῖνον ἐπέραινεν,

Ἀλλ' ἴθι δεῦρο, ἄναξ, ἵν' ἔπος καὶ μῦθον ἀκούσῃς
ἡμέτερον· δάμασον δὲ μένος καὶ ἀτειρέα θυμόν·

(2) ἔτι δὲ ἀνώμαλος ὢν ὑπ' ὀργῆς ὁ Ὕλας ἀπεκρίνατο σκαιῶς, τὴν μὲν Αἴαντος ἔφη ψυχὴν, εἰκοστὴν λαχοῦσαν ἐν ᾅδου διαμείψασθαι, κατὰ τὸν Πλάτωνα, φύσιν λέοντος· αὐτῷ δὲ πολλάκις παρίστασθαι καὶ τὰ τοῦ κωμικοῦ γέροντος·

neraverit. (2) Confestim vero vicissim interrogante Zopyrione, utro pede claudicaverit Philippus : Alia res est, inquit Maximus : nam de hoc quidem nullum argumentum præbuit Demosthenes : at tu si te ignorare fatearis, alii ostendent quo loco manum vulneratam indicet acutis Homerus. (3) Visus est nobis Zopyrion hærere : eoque tacente Maximum oravimus ut ostenderet.

II. Is ergo, Primum, inquit, quum versus illi hanc habeant sententiam,

Atque hinc magnanimus Tydides dirigit hastam,
transiliensque manum summam ære recludit acuto;

facile apparet, si voluisset lævam sauciare, nihil ei opus fuisse transilire, quum dextræ suæ lævam Veneris haberet ex adverso oppositam. (2) Tum probabile est voluisse eum validiorem manum et qua magis teneret Æneam quem ferebat, vulnerare, qua icta eum dimitteret. (3) Deinde quum in cœlum rediisset Venus, subsannasse eam Minerva narratur his verbis :

Haud dubie Cytherea alicui persuasit Achivæ,
ut Teucros, nimium quos diligit ipsa, sequatur :
dumque manu sponsam blande demulcet Achivam,
aurea in extrema signavit fibula vulnus.

(4) Existimo autem te quoque, optime magistrorum, quum aliquem discipulorum comiter demulces atque palpas, non sinistra id manu, sed dextra facere : (5) quo modo verisimile est etiam Venerem, quum sit dexterrima et scitissima dearum, heroinas contrectasse deliniendi gratia.

QUÆSTIO V.

Cur Plato dixerit vigesimo loco ad sortem venisse animam Ajacis.

PERSONÆ COLLOQUII.

HYLAS, SOSPIS, AMMONIUS, LAMPRIAS.

I. Hæc quum reliquos omnes fecissent hilariores, Sospis rhetor Hylam grammaticum videns mœstum tacere solum (non admodum enim feliciter ei cesserat res in exhibendo artis suæ specimine), exclamavit,

At Telamoniadæ sola hinc procul abstitit umbra;

et qui versus sequuntur, eos pronuncians, contentiore jam voce ultimos extulit,

Verum ades huc, adhibeque meis sermonibus aures,
et mentem compesce lubens animumque ferocem.

(2) Atque adhuc exæstuans Hylas ira sinistre respondebat. Ajacis, inquit, anima vigesimo loco ad sortitionem apud inferos ducta, suam cum leonina commutavit naturam : mihi vero sæpe ad animum accidunt verba comici senis hæc,

Ὄνον γενέσθαι κρεῖττον, ἢ τοὺς χείρονας
ὁρᾶν ἑαυτοῦ ζῶντας ἐπιφανέστερον.

(3) Καὶ ὁ Σῶσπις γελάσας· Ἀλλὰ ἕως μέλλομεν ἐνδύεσθαι τὸ κανθήλιον, * εἴ τι κήδει Πλάτωνος, δίδαξον
ἡμᾶς, ᾧτινι λόγῳ τὴν τοῦ Τελαμωνίου ψυχὴν πεποίηκεν ἀπὸ κλήρου βαδίζουσαν εἰκοστὴν ἐπὶ τὴν αἵρεσιν.
(4) Ἀποσκορακίσαντος τοῦ Ὕλα (χλευάζεσθαι γὰρ ᾤετο
δυσημερῶν), ὑπολαβὼν ὁ ἀδελφὸς ἡμῶν, Τί οὖν, εἶπεν,
οὐ δευτερεῖα μὲν ὁ Αἴας κάλλους καὶ μεγέθους καὶ
ἀνδρείας ἀεὶ φέρεται «μετ' ἀμύμονα Πηλείωνα;» τὰ
δ' εἴκοσι, δευτέρα δεκάς· ἡ δὲ δεκὰς ἐν τοῖς ἀριθμοῖς
κράτιστος, ὡς ἐν τοῖς Ἀχαιοῖς ὁ Ἀχιλλεύς. (5) Γελα-
σάντων δὲ ἡμῶν, Ταῦτα μέν, ὁ Ἀμμώνιος εἶπεν, ὦ
Λαμπρία, κείσθω σοι πεπαιγμένα πρὸς Ὕλαν· ἡμῖν δὲ
μὴ παίζων, ἀλλ' ἀπὸ σπουδῆς, ἐπεὶ τὸν λόγον ἑκὼν ἐξεδέ-
ξω, δίελθε περὶ τῆς αἰτίας.

II. Θορυβηθεὶς οὖν ὁ Λαμπρίας, εἶτα χρόνον οὐ
πολὺν ἐπισχών, ἔφη, πολλαχοῦ μὲν ἡμῖν τὸν Πλάτωνα
προσπαίζειν διὰ τῶν ὀνομάτων· ὅπου δὲ μῦθόν τινα τῷ
περὶ ψυχῆς λόγῳ μίγνυσι, χρῆσθαι μάλιστα τῷ νῷ.
(2) Τοῦ τε γὰρ οὐρανοῦ τὴν νοητὴν φύσιν ἅρμα καλεῖν
πτηνόν, τὴν ἐναρμόνιον τοῦ κόσμου περιφοράν, ἐνταῦθα δὲ τὸν αὐτάγγελον τῶν ἐν ᾅδου, Πάμφυλον γένος Ἁρμονίου πατρός, Ἦρα δ' αὐτὸν ὀνομάζειν, αἰνιτ-
τόμενον ὅτι γεννῶνται μὲν αἱ ψυχαὶ καθ' ἁρμονίαν καὶ
συναρμόττονται τοῖς σώμασιν, ἀπαλλαγεῖσαι δὲ συμ-
φέρονται πανταχόθεν εἰς τὸν ἀέρα· κἀκεῖθεν αὖθις ἐπὶ
τὰς δευτέρας γενέσεις τρέπονται. (3) Τί δὴ κωλύει
καὶ τὸ εἰκοστὸν εἰρῆσθαι πρὸς τὸ μὴ ἀληθές, ἀλλ' εἰκὸς τοῦ λόγου καὶ πλαττόμενον, ἢ πρὸς τὸν κλῆρον,
ὡς εἰκῆ καὶ κατὰ τύχην γινόμενον; (4) Ἀεὶ μὲν γὰρ
ἅπτεται τῶν τριῶν αἰτιῶν, ἅτε δὴ πρῶτος ἢ μάλιστα
συνιδὼν, ὅπῃ τὸ καθ' εἱμαρμένην τῷ κατὰ τύχην, αὖθίς
τε τὸ ἐφ' ἡμῖν ἑκατέρῳ καὶ συναμφοτέροις ἐπιμίγνυσθαι
καὶ συμπλέκεσθαι πέφυκε. (5) Νῦν δὲ θαυμαστῶς,
ἣν ἔχει δύναμιν τοῖς ἡμετέροις πράγμασιν ἕκαστον,
ὑποδεδήλωκε· τὴν μὲν αἵρεσιν τῶν βίων τῷ ἐφ' ἡμῖν
ἀποδιδούς· ἀρετὴ γὰρ ἀδέσποτον καὶ κακία· τὸ δ' εὖ
βιοῦν τοὺς ὀρθῶς ἑλομένους, καὶ τἀναντία τοὺς κακῶς,
εἱμαρμένης ἀνάγκῃ συνάπτων· (6) αἱ δὲ τῶν κλήρων
ἀτάκτως διασπειρομένων ἐπιπτώσεις τὴν τύχην παρεισάγουσι καὶ τροφαῖς καὶ πολιτείαις, ὧν ἕκαστοι λαγχά-
νουσι, πολλὰ τῶν ἡμετέρων προκαταλαμβάνουσαν·
(7) Ὅρα δή, μὴ τῶν κατὰ τύχην αἰτίαν ζητεῖν ἄλογόν
ἐστιν· ἂν γὰρ ἔν τινι λόγῳ φαίνηται γεγονὼς ὁ κλῆρος,
οὐκέτι γίνεται κατὰ τύχην οὐδ' αὐτομάτως, ἀλλ' ἐκ
τινος εἱμαρμένης καὶ προνοίας.

III. Ἔτι δὲ τοῦ Λαμπρίου λέγοντος, ὁ γραμματικὸς ἤδη Μάρκος ἐδόκει τι συλλογίζεσθαι καὶ διαριθμεῖν
πρὸς αὐτόν· ἔπειτα παυσαμένου, τῶν Ὁμηρικῶν,
[ἔφη, ψυχῶν] ὅσας ἐν Νεκυίᾳ κατωνόμακεν, ἡ μὲν Ἐλ-
πήνορος οὔπω καταμεμιγμένη ταῖς ἐν ᾅδου διὰ τὸ μὴ
τεθάφθαι τὸν νεκρόν, ὥσπερ ἐν μεθορίοις πλανᾶται

Vel asinum fieri præstat quam qui te minus
valent virtute, ut vivere videas lautius.

(3) Tum ridens Sospis, Enimvero, inquit, interim dum asinos induemur, si qua tibi cura Platonis est, expone nobis,
quanam ratione is Ajacis Telamonii animam vigesimo loco
a sortitione ad delectum ivisse scripserit. (4) Quum Hylas
abominaretur, ut qui subsannari se ob rem non satis feliciter gestam putaret; frater meus excipiens sermonem, Quid?
inquit, nonne Ajax semper *ab laudato Pelide* secundus habetur pulchritudine, magnitudine et fortitudine? est autem
viginti decurio secundus; decurio inter numeros primas
gerit, ut inter Græcos Achilles. (5) Nos quum rideremus,
Hæc, aiebat Ammonius, sint sane abs te, Lempria, Hylam
joco petendi causa dicta: sed quoniam in te munus rationem reddendi ultro suscepisti, causam nobis non ludens,
sed serio agens profer.

II. Turbatus hic Lamprias, post parvuli temporis silentium in hanc dixit sententiam. Plato quum in more hoc
habeat, ut per nomina ludat nobiscum, maxime id facit,
quando fabulam aliquam disputationi de anima admiscet.
(2) Ita cœli intelligibilem naturam currum vocat volucrem,
significans illam harmonia constantem mundi conversionem: et hic nuncium eorum quæ præsens apud inferos
vidisset, Erem facit Pamphylium gente, Harmonii filium,
his ambagibus indicans, nasci animas secundum harmoniam et compingi cum corporibus; digressas autem ab iis
undiquaque in aerem coire, indeque ad secundum ortum se
conferre. (3) Quid ergo impedit quominus εἰκοστὸν (quod
vigesimum significat) dixerit quasi εἰκὸς (quod est opinabile),
aut fictionem suam respiciens, aut sortem, quasi rem temere
(εἰκῆ) et fortuito cadentem? (4) Semper enim tres causas
Plato attingit, utpote quas vel primus, vel maxime animadvertit: nempe quatenus fatum cum fortuna, et arbitratus
noster soleant commisceri et conseri cum alterutro vel
utroque simul. (5) Nunc autem admirabiliter significavit
quam vim unumquodque nostris in rebus habeat: delectum vitæ nostro adscribens arbitrio; nam virtus et vitium
libera sunt: quod autem bene vivunt qui recte delegerunt,
contra qui male, id fatali necessitate devinciens: (6)
sortium autem absque ordine dispersarum accidentia
fortunam insinuat educatione et civili vita quæ cuique ob-
tingit, multa nostrorum præoccupantem. (7) Perpende
autem hoc, fortuitorum causam quærere esse a ratione
alienum: si enim ratione quadam sors videatur evenisse,
non jam fortunæ, non casui, sed fato cuidam et providentiæ imputari debet.

III. Loquente adhuc Lampria, apparebat Marcum grammaticum aliquid supputare et numerare secum: quum
autem dicendi finem ille fecisset, tum Marcus, Quas
Homerus, inquit, animas in Necyia recenset, de his anima
Elpenoris non est in numerum referenda, insepulto corpore
nondum reliquis permista manibus, sed in finibus etiam

(2) τὴν δὲ Τειρεσίου ταῖς ἄλλαις οὐκ ἄξιον δήπου συγκαταριθμεῖν,

  Ὦ καὶ τεθνειῶτι νόον πόρε Περσεφόνεια
  οἴῳ πεπνῦσθαι,

5 καὶ διαλέγεσθαι, καὶ ξυνιέναι τῶν ζώντων, πρὶν ἢ πιεῖν τοῦ αἵματος. (3) Ἂν οὖν ταύτας ὑπεξελόμενος, ὦ Λαμπρία, τὰς ἄλλας διαριθμῇς, αὐτὸ συμβαίνει, τὴν Αἴαντος εἰκοστὴν εἰς ὄψιν ἀφῖχθαι τοῦ Ὀδυσσέως· καὶ πρὸς τοῦτο παίζειν τὸν Πλάτωνα τῇ Ὁμηρικῇ νεκυίᾳ 10 προσαναχρωννύμενον.

ΠΡΟΒΛΗΜΑ ς'

Τί αἰνίττεται ὁ περὶ τῆς ἥττης τοῦ Ποσειδῶνος μῦθος· ἐν ᾧ καὶ, διὰ τί τὴν δευτέραν Ἀθηναῖοι τοῦ Βοηδρομιῶνος ἐξαιροῦσιν.

ΠΡΟΣΩΠΑ ΤΟΥ ΔΙΑΛΟΓΟΥ.

ΜΕΝΕΦΥΛΟΣ, ΥΛΑΣ, ΛΑΜΠΡΙΑΣ.

1. * Θορυβησάντων δὲ πάντων, Μενέφυλος ὁ Περι-15 πατητικὸς προσαγορεύσας τὸν Ὕλαν, Ὁρᾶτε, εἶπεν, ὡς οὐκ ἦν τὸ ἐρώτημα χλευασμὸς οὐδὲ ὕβρις· ἀλλ' ἀφεὶς, ὦ μακάριε, τὸν δυστράπελον Αἴαντα καὶ δυσώνυμον, ὡς φησὶ Σοφοκλῆς, γενοῦ μετὰ τοῦ Ποσειδῶνος, (2) ὃν αὐτὸς εἴωθας ἱστορεῖν ἡμῖν ἡττώμενον 20 πολλάκις, ἐνταῦθα μὲν ὑπὸ Ἀθηνᾶς, ἐν Δελφοῖς δὲ ὑπὸ τοῦ Ἀπόλλωνος, ἐν Ἄργει δὲ ὑπὸ τῆς Ἥρας, ἐν Αἰγίνῃ δὲ ὑπὸ τοῦ Διὸς, ἐν Νάξῳ δὲ ὑπὸ τοῦ Διονύσου, πρᾷον δὲ πανταχοῦ καὶ ἀμήνιτον ὄντα περὶ τὰς δυσημερίας· (3) ἐνταῦθα γοῦν καὶ νεὼ κοινωνεῖ μετὰ τῆς 25 Ἀθηνᾶς, ἐν ᾧ καὶ βωμός ἐστι Λήθης ἱδρυμένος. (4) Καὶ ὁ Ὕλας, ὥσπερ ἡδίων γενόμενος, Ἐκεῖνο δέ σε, εἶπεν, ὦ Μενέφυλε, λέληθεν, ὅτι καὶ τὴν δευτέραν τοῦ Βοηδρομιῶνος ἡμέραν ἐξαιροῦμεν οὐ πρὸς τὴν σελήνην, ἀλλ' ὅτι ταύτῃ δοκοῦσιν ἐρίσαι περὶ τῆς χώρας 30 οἱ θεοί. (5) Πάντα, εἶπεν ὁ Λαμπρίας, ὅσῳ τοῦ Θρασυβούλου γέγονε Ποσειδῶν πολιτικώτερος, εἰ μὴ κρατῶν, ὡς ἐκεῖνος, ἀλλ' ἡττώ * *

ΠΡΟΒΛΗΜΑ Ζ'.

Τίς αἰτία τῆς εἰς τριάδα διαιρέσεως τῶν μελῶν.

ΠΡΟΒΛΗΜΑ Η'.

Τίνι διαφέρει τὰ ἐμμελῆ διαστήματα τῶν συμφώνων.

ΠΡΟΒΛΗΜΑ Θ'.

35 Τίς αἰτία συμφωνήσεως· ἐν ᾧ καὶ, διὰ τί τῶν συμφώνων ὁμοῦ κρουομένων, τοῦ βαρυτέρου γίνεται τὸ μέλος.

---

num vagans; (2) Tiresiæ quoque anima reliquis sine dubio adnumeranda non est,

  Cui vita functo tribuit Proserpina mentem,
  ut solus saperet,

colloquereturque cum viventibus et eos intelligeret, priusquam biberet sanguinem. (3) His ergo subtractis si reliquas, Lampria, numeres, invenies illud ipsum, Ajacem vigesimum in conspectum venisse Ulyssis : et huc alludere Platonem, Homericæque Necyiæ velut colorem mutuasse.

QUÆSTIO VI.

Quid innual fabula de victo Neptuno : et simul, cur Athenienses secundam diem Boedromioni mensi eximant.

PERSONÆ COLLOQUII.

MENEPHYLUS, HYLAS, LAMPRIAS.

1. Oborto autem omnium tumultu, Menephylus Peripateticus Hylam alloquens, Videtis, inquit, quæstionem hanc non fuisse subsannandi contumeliæve causa propositam : sed tu, mi homo, *Ajace isto pertinace et infausti,* ut Sophocles appellat, *nominis* omisso, ad Neptunum te confer. (2) Hunc enim ipse nobis soles narrare sæpenumero victum : hic a Minerva, Delphis ab Apolline, Argis a Junone, in Naxo a Libero patre : et tamen ubique animo æquo tulisse suum infortunium. (3) Nam hic quidem adeo commune cum Minerva habet templum, in quo etiam ara Oblivionis est dedicata. (3) Tum Hylas, ut qui jam ad hilaritatem rediisset, Id vero, inquit, te, Menephyle, fefellit, quod secundam diem mensis Boedromionis nos eximimus, non propter lunam, sed quod ea die de Attica contentio Minervæ cum Neptuno creditur fuisse. (5) Omnino, aiebat Lamprias, quantum civilitate prior fuit Thrasybulo Neptunus, quando non victor, ut ille, sed victus * * * [*Lacuna.*]

QUÆSTIO VII.

Cur in tria genera divisa sit modulatio cantuum.

QUÆSTIO VIII.

Quid inter se differant modulata intervalla et consonantia.

QUÆSTIO IX.

Quæ sit causa consonantiæ; ubi disseritur etiam, cur, quando consonantibus sonis canitur, melodia ad eum pertineat, qui illorum est gravissimus.

ΠΡΟΒΛΗΜΑ Ι΄.

Διὰ τί, τῶν ἐκλειπτικῶν περιόδων ἡλίου καὶ σελήνης
ἰσαρίθμων ὄντων, ἡ σελήνη φαίνεται πλεονάκις ἐκλείπουσα τοῦ ἡλίου.

ΠΡΟΒΛΗΜΑ ΙΑ΄.

Περὶ τοῦ μὴ τοὺς αὐτοὺς μένειν ἡμᾶς, ἀεὶ τῆς οὐσίας
ῥεούσης.

ΠΡΟΒΛΗΜΑ ΙΒ΄.

Πότερόν ἐστι πιθανώτερον τὸ ἀρτίους εἶναι τοὺς σύμ-
παντας ἀστέρας ἢ περιττούς.

----

* * * ὅρκοις δ' ἄνδρας ἐξαπατητέον. Καὶ ὁ Γλαυκίας,
Ἐγὼ μὲν, ἔφη, κατὰ Πολυκράτους ἀκήκοα τοῦ τυράν-
10 νου λεγόμενον τὸν λόγον τοῦτον· εἰκὸς δὲ καὶ καθ' ἑτέρων λέγεσθαι· σὺ δὲ πρὸς τί τοῦτο ἐρωτᾷς; (2) Ὅτι
νὴ Δία, ὁ Σῶσπις ἔφη, τοὺς μὲν παῖδας ἀστραγάλοις
ὁρῶ, τοὺς δ' Ἀκαδημαϊκοὺς λόγοις ἀρτιάζοντας· οὐδὲν
γὰρ οἱ τοιοῦτοι στόμαχοι διαφέρουσι τῶν ἐρωτώντων,
15 πότερον ἄρτια τῇ χειρὶ συνειληφότες, ἢ περιττὰ, συν-
τείνουσιν. (3) Ἐπαναστὰς οὖν ὁ Πρωτογένης, καί με
καλέσας ἐξ ὀνόματος, Τί παθόντες, εἶπε, τοὺς ῥήτορας
τούτους τρυφᾶν ἐῶμεν, ἑτέρων καταγελῶντας, αὐτοὺς
δὲ μηδὲν ἐρωτωμένους, μηδὲ συμβολὰς λόγων τιθέντας;
20 εἰ μὴ νὴ Δία φήσουσι μηδὲν αὐτοῖς μετεῖναι τῆς ἐν
οἴνῳ κοινωνίας, Δημοσθένους ἐπαινέταις καὶ ζηλωταῖς
οὖσιν, ἀνδρὸς ἐν ἅπαντι τῷ βίῳ μηδέποτε πιόντος οἶνον. (4) Οὐκ αἴτιον, ἔφην ἐγὼ, τοῦτο τούτων, ἀλλ'
ἡμεῖς οὐδὲν αὐτοὺς ἠρωτήκαμεν· εἰ δὲ μή τι σὺ χρη-
25 σιμώτερον ἔχεις, ἐγώ μοι δοκῶ προβαλεῖν αὐτοῖς ἐκ
τῶν Ὁμήρου ῥητορικῶν θέσεων μίαν ἀντινομικήν.

ΠΡΟΒΛΗΜΑ ΙΓ΄.

Περὶ τοῦ ἐν τῇ τρίτῃ ῥαψῳδίᾳ τῆς Ἰλιάδος ἀντινομικοῦ
ζητήματος.

ΠΡΟΣΩΠΑ ΤΟΥ ΔΙΑΛΟΓΟΥ.

ΠΛΟΥΤΑΡΧΟΣ, ΠΡΩΤΟΓΕΝΗΣ, ΓΛΑΥΚΙΑΣ, ΣΩΣΠΙΣ.

I. Τίνα, ἔφη, ταύτην; Ἐγώ σοι φράσω, εἶπον, ἅμα
30 καὶ τούτοις προβάλλων· διὸ τὸν νοῦν ἤδη προσεχέτωσαν.
(2) Ὁ γὰρ Ἀλέξανδρος ἐπὶ ῥητοῖς δήπου πεποίηται τὴν
πρόκλησιν οὕτως·

Αὐτὰρ ἔμ' ἐν μέσσῳ καὶ ἀρηΐφιλον Μενέλαον
συμβάλετ' ἀμφ' Ἑλένῃ καὶ κτήμασι πᾶσι μάχεσθαι·
ὁππότερος δέ κε νικήσῃ κρείσσων τε γένηται,
κτήμαθ' ἑλὼν εὖ πάντα γυναῖκά τε οἴκαδ' ἀγέσθω·

QUÆSTIO X.

*Quum pari numero sint solis et lunæ circuitus ecliptici,
quare luna manifesto plures eclipses patiatur quam
sol.*

QUÆSTIO XI.

*De eo quod nos non manemus iidem, quoniam sub-
stantia semper fluit.*

QUÆSTIO XII.

*Utrum credibilius sit, stellarum summam pari numero
contineri, an impari.*

----

* * * jurejurando autem viros decipiendum. Et Glaucias,
Audivi, inquit, ego, hoc contra Polycratem tyrannum fuisse
dictum : fieri potest ut etiam in alios usurpatum fuerit : tu
vero cur hoc quæris? (2) Quia, inquit Sospis, pueros mehercle video par impar ludere talis, Academicos argumentis : nihil enim hujusmodi stomachi differunt ab illis qui
interrogant, parne sit an impar quod manu continent. (3)
Ibi surgens Protogenes, meque nominatim invocans, Quid
accidit nobis, inquit, qui patimur rhetores istos aliis irri-
dendis luxuriare, dum nihil ipsi disputant, neque symbo-
las sermonum conferunt? nisi forte dicent se communionis
inter pocula exsortes esse, qui sint Demosthenis laudato-
res atque imitatores, viri per totam vitam vinum non unquam bibentis. (4) Non hæc, inquam ego, horum est causa :
sed nos nihil ex ipsis quæsivimus. Et nisi habes aliquid
conducibilius, videor mihi ipsis propositurus unam de Ho-
mericis quæstionibus legum contrarietate constantem.

QUÆSTIO XIII.

Quæstio de legum contrarietate, ex Iliadis libro tertio.

PERSONÆ COLLOQUII.

PLUTARCHUS, PROTOGENES, GLAUCIAS, SOSPIS.

1. Quam? inquit ille. Dicam tibi, aiebam, illisque simul proponam : proinde animos attendant. (2) Nimirum
expressis conditionibus Alexander cum Menelao singulari
certamine se congressurum protestatur :

Me nunc in medium committite cum Menelao,
de cunctis opibus decertatum, et Jove nata.
Utrius nostrùm fuerit victoria, conjux
hunc Helena atque omnis mox gaza sequatur ad ædes.

(3) καὶ πάλιν ὁ Ἕκτωρ, ἀναγορεύων, καὶ τιθεὶς εἰς μέσον πᾶσι τὴν πρόκλησιν αὐτοῦ, μονονουχὶ τοῖς αὐτοῖς
ὀνόμασι κέχρηται·

  Ἄλλους μὲν κέλεται Τρῶας καὶ πάντας Ἀχαιοὺς
5   τεύχεα κάλ' ἀποθέσθαι ἐπὶ χθονὶ πουλυβοτείρῃ,
  αὐτὸν δ' ἐν μέσσῳ καὶ ἀρηΐφιλον Μενέλαον
  κτήμασι πᾶσι μάχεσθαι.
  Τῷ δέ κε νικήσαντι γυνὴ καὶ κτήμαθ' ἕποιτο.

(4) Δεξαμένου δὲ τοῦ Μενελάου, ποιοῦνται τὰς συνθή-
10 κας ἐνόρκους· ἐξάρχει δὲ ὁ Ἀγαμέμνων·

  * Εἰ μέν κεν Μενέλαον Ἀλέξανδρος καταπέφνῃ
  αὐτὸς ἔπειθ' Ἑλένην ἀγέτω καὶ κτήματα πάντα.
  Εἰ δέ κ' Ἀλέξανδρον κτείνει ξανθὸς Μενέλαος,
  κτήμαθ' ἑλὼν εὖ πάντα γυναῖκά τε οἴκαδ' ἀγέσθω.

15 (5) Ἐπεὶ τοίνυν ἐνίκησε μὲν, οὐκ ἀνεῖλε δὲ ὁ Μενέλαος,
μεταλαβόντες ἑκάτεροι τὴν ἀξίωσιν ἰσχυρίζονται τοῖς
τῶν πολεμίων· οἱ μὲν, ὡς νενικημένου τοῦ Πάριδος,
ἀπαιτοῦντες, οἱ δὲ, ὡς μὴ τεθνηκότος, οὐκ ἀποδιδόντες.   (6) Πῶς οὖν, ἔφην, τὴν δίκην ταύτην ἰθύντατα
20 εἴποι τις καὶ διαιτήσειεν τὴν ἀντινομίαν, οὐ φιλοσόφων
οὐδὲ γραμματικῶν, ἀλλὰ ῥητόρων ἔργον ἐστὶ φιλογραμ-
ματούντων, ὥσπερ ὑμεῖς, καὶ φιλοσοφούντων.

  II. Ὁ μὲν οὖν Σῶσπις ἔφη, κυριώτερον εἶναι τὸν
τοῦ προκεχλημένου λόγον, ὥσπερ νόμον· ἐκεῖνος γὰρ,
25 ἐφ' οἷς διαγωνιοῦνται, κατήγγειλεν· οἱ δὲ δεξάμενοι
καὶ ὑπακούσαντες οὐκέτι κύριοι προστιθέντες.   (2) Ἡ
δὲ πρόκλησις οὐ περὶ φόνου καὶ θανάτου γέγονεν, ἀλλὰ
περὶ νίκης καὶ ἥττης· καὶ μάλα δικαίως. Ἔδει γὰρ
τὴν γυναῖκα τοῦ κρείττονος εἶναι· κρείττων δὲ ὁ νι-
30 κῶν· ἀποθνήσκειν δὲ πολλάκις συμβαίνει καὶ ἀγαθοῖς
ὑπὸ κακῶν, ὡς ὕστερον Ἀχιλλεὺς ἀπέθανεν τοξευθεὶς
ὑπὸ Πάριδος· (3) καὶ οὐκ ἂν, οἶμαι, φαίημεν, Ἀχιλλέα
ἥττων γεγονέναι [διὰ] τὸν θάνατον, οὐδὲ νίκην, ἀλλ' ἄδικον εὐτυχίαν, τοῦ βάλλοντος.   (4) Ἀλλ' ὁ Ἕκτωρ ἥτ-
35 τητο καὶ πρὶν ἀποθνήσκειν, μὴ δεξάμενος, ἀλλὰ δείσας
καὶ φυγὼν ἐπερχομένου τοῦ Ἀχιλλέως· ὁ γὰρ ἀπειπά-
μενος καὶ φυγὼν, ἧτταν ἀπροφάσιστον ἥττηται, καὶ
συγκεχώρηκε κρείττονα τὸν ἀντίπαλον εἶναι.   (5) διὸ
πρῶτον μὲν ἡ Ἶρις ἐξαγγέλλουσα τῇ Ἑλένῃ φησὶ,

40   Μακρῇς ἐγχείῃσι μαχήσονται περὶ σεῖο·
  τῷ δέ κε νικήσαντι φίλη κεκλήσῃ ἄκοιτις·

(6) ἔπειτα ὁ Ζεὺς τῷ Μενελάῳ τῆς μάχης τὸ βραβεῖον
ἀπέδωκεν, εἰπὼν,

  Νίκη μὲν δὴ φαίνετ' ἀρηϊφίλου Μενελάου.

45 (7) Γελοῖον γὰρ, εἰ τὸν μὲν Ποδῆν ἐνίκησε πόρρωθεν
ἀκοντίσας μὴ προσδοκήσαντα μηδὲ φυλαξάμενον, τοῦ
δ' ἀπειπαμένου καὶ δραπετεύσαντος, καὶ καταδύντος
εἰς τοὺς κόλπους τῆς γυναικὸς ἐσκυλευμένου ζῶντος,
οὐκ ἄξιος ἦν τὰ νικητήρια φέρεσθαι, κατὰ τὴν αὐτοῦ
50 πρόκλησιν ἐκείνου κρείττων φανεὶς καὶ περιγενόμενος.

  III. Ὑπολαβὼν δὲ ὁ Γλαυκίας ἔφη, Πρῶτον μὲν
ἔν τε δόγμασι καὶ νόμοις, ἔν τε συνθήκαις καὶ ὁμολογίαις κυριώτερα τὰ (δὲ) ὕστερα νομίζεται καὶ βεβαιό-

---

(3) Rursumque Hector hanc ejus protestationem publice
omnibus exponens, tantum non iisdem utitur vocibus :

  Arma jubet Teucros alios, cunctosque Pelasgos
  ponere humi Paris : et se solum cum Menelao
  committi in medio, ferro ut decernere possint.
  Victori conjux Helena , omnis gazaque cedat.

(4) Conditionem accipiente Menelao, jurejurando pactum
sancitur, sic incipiente Agamemnone ;

  Si Paridi dabitur Menelaum sternere leto :
  tum gazam teneat, sitque illi Tyndaris uxor.
  Flavus Alexandrum si interficiat Menelaus,
  hunc Helena atque omnis mox gaza sequatur ad ædes.

(5) Jam quum vicerit quidem, non tamen interfecerit Alexandrum Menelaus, utrique habent quo se tueantur contra
adversarios : quum alteri reposcant, utpote victo Paride,
alteri reddituros negent, quia occisus non sit. (6) Hæc
controversia quomodo rectissime possit dijudicari , et legum
repugnantia tolli, non philosophorum est, non grammaticorum videre, sed rhetorum literatorum, quales vos estis,
et philosophiam tractantium.

II. Ad hæc Sospis , Potior, inquit, et majoris auctoritatis
est oratio ejus qui conditionem certaminis obtulit , legisque
vim habet; qui vero oblatam accipiunt eique obsequuntur,
hi jus addendi aliquid non habent.   (2) Conditio autem non
de cæde et morte fuit, sed de victoria : idque admodum
juste. Debuit enim uxor esse Helena præstantioris : is autem
est præstantior, qui vincit. Nam, alias sæpe melior a deteriore interficitur; ut postea Achilles periit sagitta ab Alexandro ictus, (3) quem nemo, arbitror, victum a Paride
propter mortem dixerit, neque victoriam esse ejus qui ja-
culum emisit, sed injustum fortunæ favorem. (4) Hector
autem ab Achille victus est etiam priusquam occideretur,
quum eum non sustineret, sed fugeret præ metu : qui enim
non subsistit, sed fugit, is palam et absque excusatione
victus est, fateturque adversarium sibi virtute præstare.
(5) Ideo primum Iris rem Helenæ nuncians inquit,

  De te proceris nunc decertabitur hastis :
  illius uxor eris, qui vincet Marte secundo :

(6) deinde Jupiter Menelao victoriam prœlii tribuit, his
dictis :

  Sane nunc pugna fortis vicit Menelaus.

(7) Ridiculum enim fuerit, victorem dici Menelaum qui
Poden hasta eminus nihil metuentem neque sibi caventem
prostraverit, non dignum autem esse qui victoriæ de Paride partæ præmium reportet, quum hic desperata pugna
profugerit, et armis viro detractis, in gremium mulieris sub-
iverit; et ex ipsa conditione, quam tulerat Paris, ille melior eo victorque probetur.

III. Tum Glaucias hæc subjecit : Primum in decretis,
legibus, fœderibus, pactis semper posteriora prioribus plus
valere majoremque habere auctoritatem censetur. Poste-

τερα τῶν πρώτων· δεύτεραι δὲ ἦσαν αἱ Ἀγαμέμνονος
ὁμολογίαι τέλος ἔχουσαι θάνατον, οὐχὶ ἧτταν τοῦ κρα-
τηθέντος. (2) Ἔπειτα ἐκείνη μὲν λόγοις, αὗται δὲ καὶ
μεθ' ὅρκων εἵποντο, καὶ προσῆσαν ἀραὶ τοῖς παραβαίνουσιν, οὐχ ἑνὸς ἀνδρὸς, ἀλλὰ πάντων ἀποδεχομένων
καὶ συνομολογούντων· ὥστε ταῦτα γεγονέναι κυρίως
ὁμολογίας, ἐκείνας δὲ μόνας προκλήσεις. (3) Μαρτυρεῖ
δὲ ὁ Πρίαμος, μετὰ τὰ ὅρκια τοῦ ἀγῶνος ἀπιὼν, καὶ,

> Ζεὺς μέν που τό γε οἶδε καὶ ἀθάνατοι θεοὶ ἄλλοι,
> ὁπποτέρῳ θανάτοιο τέλος πεπρωμένον ἐστίν·

ᾔδει γὰρ ἐπὶ τούτοις τὰς ὁμολογίας γεγενημένας· (4) διὸ
καὶ μετὰ μικρὸν ὁ Ἕκτωρ φησιν,

> Ὅρκια μὲν Κρονίδης ὑψίζυγος οὐκ ἐτέλεσσεν·

ἀτελὴς γὰρ ἔμεινεν ὁ ἀγὼν, καὶ πέρας ἀναμφισβήτητον
οὐκ εἶχε μηδὲ ἑτέρου πεσόντος. (5) Ὅθεν ἔμοιγε δοκεῖ
μηδ' ἀντινομικὸν γεγονέναι τὸ ζήτημα, ταῖς δευτέραις
ὁμολογίαις τῶν πρώτων ἐμπεριεχομένων· ὁ γὰρ ἀποκτείνας νενίκηκεν, οὐ μὴν ὁ νικήσας ἔκτεινεν. (6) Συν-
ελόντι δ' εἰπεῖν, Ἀγαμέμνων οὐκ ἔλυσε τὴν τοῦ Ἕκτορος πρόκλησιν, ἀλλὰ ἐσαφήνισεν· οὐδὲ μετέθηκεν, ἀλλὰ
προσέθηκε τὸ κυριώτατον, ἐν τῷ κτεῖναι τὸ νικῆσαι
θέμενος· * αὕτη γάρ ἐστι νίκη παντελής· αἱ δ' ἄλλαι
προφάσεις καὶ ἀντιλογίας ἔχουσιν, ὡς ἡ παρὰ Μενελάου
μήτε τρώσαντος μήτε διώξαντος. (7) Ὥσπερ οὖν ἐν
ταῖς ἀληθιναῖς ἀντινομίαις οἱ δικασταὶ τῷ μηδὲν ἀμφισβητήσιμον ἔχοντι προστίθενται, τὸν ἀσαφέστερον
ἐάσαντες· οὕτως ἐνταῦθα τὴν ἀπροφάσιστον καὶ γνώριμον τέλος ἄγουσαν ὁμολογίαν, βεβαιοτέραν χρὴ καὶ
κυριωτέραν νομίζειν. (8) Ὁ δὲ μέγιστόν ἐστιν, αὐτὸς
ὁ δοκῶν κρατεῖν, οὐκ ἀποστὰς φυγόντος οὐδὲ παυσάμενος, ἀλλὰ πανταχόσε φοιτῶν ἀν' ὅμιλον,

> Εἴ που ἐσαθρήσειεν Ἀλέξανδρον θεοειδέα,

μεμαρτύρηκεν ἄκυρον εἶναι καὶ ἀτελῆ τὴν νίκην ἐκείνου,
διαπεφευγότος· (9) οὐδ' ἠμνημόνει τῶν ὑπ' αὐτοῦ εἰρημένων,

> Ἡμέων δ' ὁπποτέρῳ θάνατος καὶ μοῖρα τέτυκται,
> τεθναίη, ἄλλοι δὲ διακρινθεῖτε τάχιστα.

(10) Διὸ ζητεῖν μὲν ἀναγκαῖον ἦν αὐτῷ τὸν Ἀλέξανδρον,
ὅπως ἀποκτείνας συντελέσῃ τὸ τοῦ ἀγῶνος ἔργον· μὴ
κτείνας δὲ μηδὲ λαβὼν, οὐ δικαίως ἀπῄτει τὸ νικητήριον. (11) Οὐδὲ γὰρ ἐνίκησεν, εἰ δεῖ τεκμήρασθαι τοῖς
ὑπ' αὐτοῦ λεγομένοις, ἐγκαλοῦντος τῷ Διὶ, καὶ τὰς
ἀποτεύξεις ὀδυρομένου·

> Ζεῦ πάτερ, οὔ τις σεῖο θεῶν ὀλοώτερος ἄλλος·
> ἦτ' ἐφάμην τίσασθαι Ἀλέξανδρον κακότητος,
> νῦν δέ μοι ἐν χείρεσσιν ἄγη ξίφος, ἐκ δέ μοι ἔγχος
> ἠΐχθη παλάμηφιν ἐτώσιον, οὐδ' ἔβαλόν μιν·

(12) αὐτὸς γὰρ ὁμολογεῖ, μηδὲν εἶναι τὸ διακόψαι τὸ
ἀσπίδιον καὶ λαβεῖν ἀπορρυὲν τὸ κράνος, εἰ μὴ βάλοι
μηδ' ἀποκτείνειε τὸν πολέμιον.

---

rior autem fuit conditio ab Agamemnone perhibita, mortem
victi exprimens, non fugam modo. (2) Deinde prior tantum
verbis, hæc altera jurejurando adhibito proposita fuit,
et exsecratione adjecta violatoris, non uno viro, sed universis consensu approbantibus : ut hoc verum et firmum fuerit
pactum, illud tantum provocatio. (3) Testatur etiam Pria-
mus, quum sacramento dicto discedens a certamine, tum
hæc dicens :

> Novit Juppiter hoc et cetera numina cœli,
> utrum Parcarum tristi vis destinet orco :

norat enim hac lege fœdus ictum. (4) Ideoque Hector paulo
post inquit,

> Fœdera nostra quidem Saturnius irrita fecit :

nam imperfectum manebat certamen, neutro mortuo. (5)
Itaque repugnantia quidem mihi videtur illorum pactorum
esse nulla, quum prius in posteriore comprehendatur : qui
enim interfecit, vicit; non statim interfecit, qui vicit. (6)
Et ut in summa dicam, Agamemno conditionem ab Hectore
propositam non abolevit, sed explicavit; neque mutavit,
sed adjecit quod erat potissimum, in necando victoriam
ponens : hæc enim est perfecta victoria, reliquæ excusatio-
nes et controversias habent, ut hæc Menelai, qui adversarium neque vulneravit neque occidit. (7) Ut ergo in veris
legum-repugnantiis judices id amplectuntur quod nihil habet controversiæ, obscuriore repudiato : ita hic id pactum censeamus potius esse et plus valere, quod finem
certaminis exprimit notum et nulli obnoxium præscriptioni.
(8) Et, quod maximum est argumentum, ille ipse qui videtur vicisse, non desinens fuga elapsum quærere, sed usquequaque per exercitum obambulans,

> Sicubi Alexandrum formosum cernere posset;

testatum fecit victoriam imperfectam esse, et non valere,
quum effugisset Paris; (9) et recordabatur se dixisse,

> De nobis utrum morti sors destinat atræ,
> is pereat : pace ast alii mox solvite bellum.

(10) Itaque necesse habuit Alexandrum quærere, ut eo interfecto certamen absolveret suo fine : quem quum non ne-
casset, non cepisset, nullo jure præmium victoriæ postula-
bat. (11) Et quidem non vicit : quod colligere ex verbis
ejus potest, Jovem incusantis, et irritos suos conatus de-
plorantis,

> Non est te, superûm genitor, crudelior ullus.
> Ulcisci jam posse Parin, data damnaque rebar :
> dissilit in manibus gladius mihi; missaque frustra
> exiit hostilis sine vulnere corporis hasta.

(12) Ipse enim fatetur nihil esse scutum pertundere et galeam delapsam hosti accipere, si eum non fericit et interfecerit.

ΠΡΟΒΛΗΜΑ ΙΔ'.

Περὶ τοῦ ἀριθμοῦ τῶν Μουσῶν ὅσα λέγεται μὴ κοινῶς.

ΠΡΟΣΩΠΑ ΤΟΥ ΔΙΑΛΟΓΟΥ.

ΗΡΩΔΗΣ, ΑΜΜΩΝΙΟΣ, ΛΑΜΠΡΙΑΣ, ΤΡΥΦΩΝ, ΔΙΟ-
ΝΥΣΙΟΣ, ΜΕΝΕΦΥΛΟΣ, ΠΛΟΥΤΑΡΧΟΣ.

I. Ἐκ τούτου σπονδὰς ἐποιησάμεθα ταῖς Μούσαις,
καὶ τῷ Μουσηγέτῃ Ἀπόλλωνι παιανίσαντες, συνήσα-
μεν τῷ Ἐράτωνι πρὸς τὴν λύραν ἐκ τῶν Ἡσιόδου τὰ
περὶ τὴν τῶν Μουσῶν γένεσιν. (2) Μετὰ δὲ τὴν ᾠδὴν
Ἡρώδης ὁ ῥήτωρ, Ἀκούετε, ἔφη, ὑμεῖς οἱ τὴν Καλλιόπην ἀποσπῶντες ἡμῶν, σὺν τοῖς βασιλεῦσιν αὐτὴν
παρεῖναί φασιν, οὐκ ἀναλύουσι δήπου συλλογισμοὺς,
οὐδ' ἐρωτῶσι μεταλλάττοντας, ἀλλὰ ταῦτα πράττουσιν,
ἃ ῥητόρων ἐστὶ καὶ πολιτικῶν ἔργα. (3) Τῶν δ' ἄλλων
ἥ τε Κλειὼ τὸ ἐγκωμιαστικὸν προσάγεται· κλέα γὰρ
ἐκάλουν τοὺς ἐπαίνους· ἥ τε Πολύμνια τὸ ἱστορικόν·
ἔστι γὰρ μνήμη πολλῶν· ἐνιαχοῦ δὲ καὶ πάσας, ὥσπερ
ἐν λείῳ, τὰς Μούσας Μνείας καλεῖσθαι λέγουσιν. (4)
Ἐγὼ δὲ μεταποιοῦμαί τι καὶ τῆς [Εὐ] τέρπης· εἴπερ,
ὥς φησι Χρύσιππος, αὐτὴ τὸ περὶ τὰς ὁμιλίας ἐπιτερπὲς εἴληχε καὶ κεχαρισμένον· ὁμιλητικὸς γὰρ οὐδὲν ἧττον ἢ δικανικὸς ὁ ῥήτωρ καὶ συμβουλευτικός· αἱ γὰρ
ἕξεις ἔχουσι καὶ εὐμενείας καὶ συνηγορίας καὶ ἀπολο-
γίας· (5) πλείστῳ δὲ τῷ ἐπαινεῖν χρώμεθα καὶ τῷ ψέγειν, ἐν τούτοις οὐ φαύλων οὐδὲ μικρῶν τυγχάνοντες,
ἂν τεχνικῶς τοῦτο πράττωμεν· ἂν δ' ἀπείρως καὶ ἀτεχνῶς, ἀστοχοῦντες· τὸ γὰρ

> Ὦ πόποι, ὡς ὅδε πᾶσι φίλος καὶ τίμιός ἐστιν
> ἀνθρώποις,

[οὐ βασιλεῦσι, ῥήτορσι] δὲ μᾶλλον, ὡς τὸ περὶ τὰς
ὁμιλίας εὐάρμοστον ἔχουσι, πειθὼ καὶ χάριν, οἶμαι
προσήκειν.

II. Καὶ ὁ Ἀμμώνιος, Οὐκ ἄξιον, ἔφη, σοι νεμεσᾷν,
ὦ Ἡρώδη, καὶ π[αχείῃ] χειρὶ τῶν Μουσῶν ἐπιδραττο-
μένῳ· κοινὰ γὰρ τὰ φίλων. (2) Καὶ διὰ τοῦτο πολλὰς
ἐγέννησε Μούσας ὁ Ζεὺς, ὅπως ᾖ πᾶσιν ἀρύσασθαι
τῶν καλῶν ἀφθόνως· οὔτε γὰρ κυνηγίας πάντες, οὔτε
στρατείας, οὔτε ναυτιλίας, οὔτε βαναυσουργίας, παιδείας δὲ καὶ λόγου δεόμεθα πάντες,

> Εὐρυεδοῦς ὅσοι καρπὸν αἰνύμεθα χθονός.

Ὅθεν Ἀθηνᾶν μίαν καὶ Ἄρτεμιν, καὶ Ἥφαιστον ἕνα,
Μούσας δὲ πολλὰς ἐποίησεν. (3) * Ὅτι δ' ἐννέα, καὶ
οὐκ ἐλάττους, οὐδὲ πλείους, ἆρα ἡμῖν φράσειας; οἶμαι
δέ σε πεφροντικέναι φιλόμουσον οὕτω καὶ πολύμουσον
ὄντα. (4) Τί δὲ τοῦτο σοφόν; εἶπεν ὁ Ἡρώδης· πᾶσι
γὰρ διὰ στόματός ἐστι καὶ πάσαις ὑμνούμενος τῆς ἐν-
νεάδος ἀριθμός, ὡς πρῶτος ἀπὸ πρώτου περισσοῦ τετράγωνος ὤν, καὶ περισσάκις περισσὸς, ἅτε δὴ τὴν
διανομὴν εἰς τρεῖς ἴσους λαμβάνων περισσούς. (5) Καὶ
ὁ Ἀμμώνιος ἐπιμειδιάσας, Ἀνδρικῶς ταυτὶ διεμνημό-

QUÆSTIO XIV.

*Quædam de numero Musarum haud vulgariter dispu-
tata.*

PERSONÆ COLLOQUII.

HERODES, AMMONIUS, LAMPRIAS, TRYPHON, DIO-
NYSIUS, MENEPHYLUS, PLUTARCHUS.

I. Post hæc Musis libavimus, quumque Apollini earum
duci pæanem cecinissemus, accinere libuit Eratoni lyram
pulsanti Hesiodea de Musarum ortu carmina. (2) Finito
cantu, Herodes rhetor, Audite vos, inquit, qui a nobis
avellitis Calliopam : cum regibus eam versari aiunt, non,
puto, syllogismos dissolventibus, aut Mutantes interro-
gantibus, sed ista agentibus, quæ oratorum et civilium
sunt virorum opera. (3) De ceteris autem Musis Clio en-
comiasticum genus sibi vindicat; nam *klea* sunt laudes;
Polymnia historiam; est enim *Pollónmncia*, id est memoria multarum rerum. Aliquando etiam omnes, tanquam
in...., Musas Mnias vocari dicunt. (4) Ego mihi Euterpes
etiam partem aliquam vindico : si quidem verum est,
quod dicit Chrysippus, ei sorte obtigisse gratiam et
oblectationem colloquii : non enim minus colloquia ,
quam causas forenses et deliberationes tractat orator ; quum
nostra ars habeat rationes benevolentiam captandi, patro-
cinandi, defendendi : (2) maxime autem laudationibus
utimur et vituperationibus; quas si artificiose usurpamus,
non vilia neque parva consequimur; sin imperite et sine
arte, excidimus. (5) Nam illud,

> Quam cunctis, proh numina, carus honoratusque
> hic mortalibus est!

non adeo regibus quam oratoribus, ut qui in colloquiis
concinnitatem habeant cum persuadendi facultate et venustate, arbitror convenire.

II. Tum Ammonius, Iniquum sit, Herodes, inquit, tibi
succensere, vel crassa manu Musas contrectanti. Amicorum enim res communes sunt. (2) Atque ideo multas
Musas genuit Jupiter, ut affatim omnibus bona haurire liceret. Neque enim venatu, militia, navigatione, aut ma-
nuariis artibus omnes indigemus : eruditione et sermone
opus habemus omnes,

> Quicunque terræ munere vescimur.

Itaque unam Minervam, unam Dianam, unum Vulcanum,
Musas fecit multas. (3) Cur vero novem, neque plures
aut pauciores fecerit, ecquid nobis edisseres? nam id arbitror tibi esse meditatum, ut cui tantum Musarum studium,
tanta multitudo sit. (4) Quid autem, inquit Herodes,
in hac re est reconditi? In ore omnes habent·et viri et feminæ novenarium numerum, et nemo non eum decantat :
ut qui primum sit primi imparis quadratum, et impariter
impar, scilicet quia in tres æquales dividatur impares. (5)
Et Ammonius in lenem solutus risum, Viriliter, inquit,

νεύσας· καὶ πρόσθες αὐτοῖς ἔτι τοσοῦτον, τὸν ἀριθμὸν
ἐκ δυεῖν τῶν πρώτων συνηρμόσθαι [κύβων], μονάδος
καὶ ὀγδοάδος, καὶ καθ' ἑτέραν αὖ πάλιν σύνθεσιν ἐκ
δυεῖν τριγώνων, τριάδος καὶ ἑξάδος, ὧν ἑκάτερος καὶ
5 τέλειός ἐστιν. (6) Ἀλλὰ τί ταῦτα ταῖς Μούσαις μᾶλλον ἢ τοῖς ἄλλοις θεοῖς προσῆκεν, ὅτι Μούσας ἔχομεν
ἐννέα, Δήμητρας δὲ καὶ Ἀθηνᾶς καὶ Ἀρτέμιδας οὐκ
ἔχομεν; οὐ γὰρ δήπου καὶ σὲ πείθει τὸ Μούσας γεγονέναι
τοσαύτας, ὅτι τοὔνομα τῆς μητρὸς αὐτῶν ἐκ τοσούτων
10 γραμμάτων ἐστίν. (7) Γελάσαντος δὲ τοῦ Ἡρώδου,
καὶ σιωπῆς γενομένης, προὔτρεπεν ἡμᾶς ἐπιχειρεῖν ὁ
Ἀμμώνιος.

III. Εἶπεν οὖν ὁ ἀδελφὸς, ὅτι τρεῖς ᾔδεσαν οἱ παλαιοὶ Μούσας· καὶ τούτου λέγειν ἀπόδειξιν, ὀψιμαθές
15 ἐστι καὶ ἄγροικον ἐν τοσούτοις καὶ τοιούτοις ἀνδράσιν.
(2) Αἰτία δ' οὐχ, ὡς ἔνιοι λέγουσι, τὰ μελῳδούμενα
γένη, τὸ διάτονον καὶ τὸ χρωματικὸν καὶ τὸ ἐναρμόνιον·
οὐδ' οἱ τὰ διαστήματα παρέχοντες ὅροι, νήτη καὶ μέση
καὶ ὑπάτη· καίτοι Δελφοί γε τὰς Μούσας οὕτως ὠνό-
20 μαζον, οὐκ ὀρθῶς ἑνὶ μαθήματι, μᾶλλον δὲ μορίῳ μαθήματος ἑνὸς τοῦ μουσικοῦ, τῷ γ' ἁρμονικῷ, προστε-
θέντες. (3) Ἁπάσας δὲ, ὡς ἐγὼ νομίζω, τὰς διὰ λόγου
περαινομένας ἐπιστήμας καὶ τέχνας οἱ παλαιοὶ κατα-
μαθόντες ἐν τρισὶ γένεσιν οὔσας, τῷ φιλοσόφῳ, καὶ τῷ
25 ῥητορικῷ, καὶ τῷ μαθηματικῷ, τριῶν ἐποιοῦντο δῶρα
καὶ χάριτας θεῶν, καὶ τρεῖς πᾶς Μούσας ὠνόμαζον.
(4) Ὕστερον δὲ καὶ καθ' Ἡσίοδον ἤδη μᾶλλον ἐκκαλυ-
πτομένων τῶν δυνάμεων, διαιροῦντες εἰς μέρη καὶ εἴδη,
τρεῖς πάλιν ἑκάστην ἔχουσαν ἐν αὑτῇ διαφορὰς ἑώρων·
30 (5) ἐν μὲν τῷ μαθηματικῷ τὸ περὶ μουσικήν ἐστι, καὶ
τὸ περὶ ἀριθμητικήν, καὶ τὸ περὶ γεωμετρίαν· ἐν δὲ τῷ
φιλοσόφῳ τὸ λογικὸν, καὶ τὸ ἠθικὸν, καὶ τὸ φυσικόν·
ἐν δὲ τῷ ῥητορικῷ τὸ ἐγκωμιαστικὸν πρῶτον γεγονέναι
λέγουσι, δεύτερον δὲ τὸ συμβουλευτικὸν, ἔσχατον δὲ
35 τὸ δικανικόν. (6) Ὧν μηδὲν ἄθεον μηδ' ἄμουσον εἶναι,
μηδ' ἄμοιρον ἀρχῆς κρείττονος καὶ ἡγεμονίας ἀξιοῦντες,
εἰκότως ἰσαρίθμους τὰς Μούσας οὐκ ἐποίησαν, ἀλλ' οὔσας ἀνεῦρον. (7) Ὥσπερ οὖν τὰ ἐννέα διαίρεσιν εἰς
τρεῖς λαμβάνει τριάδας, ὧν ἑκάστη πάλιν εἰς μονάδας
40 διαιρεῖται τοσαύτας· οὕτως ἓν μέν ἐστι καὶ κοινὸν, ἡ
τοῦ λόγου περὶ τὸ κύριον ὀρθότης, νενέμηνται δὲ σύν-
τρεῖς [εἰς] τῶν τριῶν γενῶν ἕκαστον· εἶτα πάλιν αὖ
μοναδικῶς ἑκάστη μίαν περιέπει λαχοῦσα, καὶ κοσμεῖ
δύναμιν. (8) Οὐ γὰρ οἶμαι τοὺς ποιηματικοὺς καὶ τοὺς
45 ἀστρολογικοὺς ἐγκαλεῖν ἡμῖν ὡς παραλείπουσι τὰς τέχνας αὐτῶν, εἰδότας οὐδὲν ἧττον ἡμῶν, ἀστρολογίαν
γεωμετρίᾳ, ποιητικὴν δὲ μουσικῇ συννεμομένην.

IV. Ὡς δὲ ταῦτ' ἐρρέθη, τοῦ ἰατροῦ Τρύφωνος εἰπόντος, τῇ δὲ [ἡμ]ετέρᾳ τέχνῃ τί παθὸν τὸ μουσεῖον
50 ἀποκέκλεικας; (2) ὑπολαβὼν Διονύσιος ὁ Μελιτεὺς,
Πολλούς, ἔφη, συμπαρακαλεῖς ἐπὶ τὴν κατηγορίαν·
καὶ γὰρ ἡμεῖς οἱ γεωργοὶ τὴν Θάλειαν οἰκειούμεθα, *
φυτῶν καὶ σπερμάτων εὐθαλούντων καὶ βλαστανόντων
ἐπιμέλειαν αὐτῇ καὶ σωτηρίαν ἀποδιδόντες. (3) Ἀλλ'

hæc memoria repetiisti : atque his id quoque adde,
numerum hunc e primis conflatum esse cubis, unitate et
octonario; rursumque alio modo e duobus triangulis, ter-
nario et senario, quorum uterque etiam perfectus est. (6)
Sed quid hoc ad Musas magis quam ad reliquos pertinet
deos, ut Musas habeamus novem, Cereres, Minervas,
Dianas non item? Non enim existimo id quoque tibi persuasum esse, Musas tot esse, quia matris earum nomen totidem constet literis (*Mnemosyne*). (7) Quum risisset Herodes,
et silentium factum esset, Ammonius nos hortatus est ut
causam quæreremus.

III. Itaque frater meus istæc dixit : Antiqui tres agno-
scebant Musas : hujusque rei afferre demonstrationem apud
tot tantosque viros, sero eruditi est et inurbani. (2) Causa
vero fuit, non quam nonnulli afferunt, quod cantus genera
tria sint, diatonon, chromaticum, et enharmonium; neque
quod tres sint termini intervalla continentes, ima nimirum,
media, et summa chorda : quamquam Delphi Musas sic appellaverunt, non recte uni scientiæ, aut portioni potius
scientiæ musicæ, harmonicæ inquam, id nomen accommo-
dantes. (3) Enimvero prisci, ut mea fert opinio, quum
observassent omnes scientias et artes quæ ratione et sermone absolvuntur, in tribus versari generibus, philosophico,
oratorio, et mathematico, dona hæc fecerunt trium deorum, quas Musas dixerunt. (4) Postea et sub ætatem Hesiodi quum jam facultates istæ in latiorem se conspectum
darent, in partes seu formas dividentes, animadverterunt
unamquamque rursus tria in se continere discrimina : (5) scilicet inesse in mathematica musicam, arithmeticam, geometriam; in philosophia disserendi vim, morum et vitæ rationem, naturæ considerationem; in oratoria primum ex-
ornationis exstitisse, deinde consultationis, ultimo judicia-
lem facultatem. (6) Quorum omnium quum censerent
nihil deo, Musa, meliorique principio et præside carere,
bona ratione totidem Musas non fecerunt, sed, quum exstiterint, agnoverunt. (7) Sicut ergo novenarius in tres dividitur terniones, quorum quivis denuo in tres unitates secatur : ita unicum et commune est, orationis circa veritatem rectitudo : tribuuntur autem Musæ trinæ in trium generum unumquodque : quarum rursus unaquæque sola unam
facultatem, quam sortita est, administrat et exornat. (8)
Non enim puto a poetis me et astrologis reprehensum iri,
quod earum artes omiserim; quum nobiscum hoc sciant,
astrologiam geometriæ, poeticam musicæ esse adjunctam.

IV. His dictis, Tryphon medicus, Qui, ait, factum est,
ut nostræ arti Museum occluderes? (2) Subjecit Dionysius
Melitensis, Multos tu excitas ad culpandum Lampriam :
nam et nos agricolæ Thaliam nobis vindicamus, plantarum
et seminum bene germinantium (hoc est θάλλειν) curam
ei conservationemque inscribentes. (3) Atqui, inquam tum

οὐ δίκαια, ἔφην ἐγὼ, ποιεῖτε· καὶ γὰρ ὑμῖν ἐστι Δημή-
τηρ ἀνησιδώρα, καὶ Διόνυσος

  δενδρέων νομὸν πολυ[γα]θὴς αὐξάνων,
  ἁγνὸν φέγγος ὀπώρας,

5 ὡς Πίνδαρός φησι· καὶ τοὺς ἰατροὺς Ἀσκληπιὸν ἔχοντας ἴσμεν ἡγεμόνα, καὶ Ἀπόλλωνι Παιᾶνι χρωμένους
πάντα, Μουσηγέτῃ μηθέν. (4) Πάντες γὰρ « ἄνθρωποι
θεῶν χατέουσι, » καθ' Ὅμηρον, οὐ πάντες δὲ πάντων.
Ἀλλ' ἐκεῖνο θαυμάζω, πῶς ἔλαθε Λαμπρίαν τὸ λεγό-
10 μενον ὑπὸ Δελφῶν. (5) Λέγουσι γὰρ οὐ φθόγγων οὐδὲ
χορδῶν ἐπωνύμους γεγονέναι τὰς Μούσας παρ' αὐτοῖς·
ἀλλὰ τοῦ κόσμου τριχῇ πάντα νενεμημένου, πρώτην
μὲν εἶναι τὴν τῶν ἀπλανῶν μερίδα, δευτέραν δὲ τὴν
τῶν πλανωμένων, ἐσχάτην δὲ τὴν τῶν ὑπὸ σελήνην·
15 (6) συνηρτῆσθαι δὲ πάσας καὶ συντετάχθαι κατὰ λόγους
ἐναρμονίους, ὧν ἑκάστης φύλακα Μοῦσαν εἶναι, τῆς
μὲν πρώτης ὑπάτην, τῆς δ' ἐσχάτης νεάτην, μέσην δὲ,
τὴν μεταξὺ συνέχουσαν ἅμα καὶ συνεπιστρέφουσαν, ὡς
ἀνυστόν ἐστι, τὰ θνητὰ τοῖς θεοῖς, καὶ τὰ περίγεια τοῖς
20 οὐρανίοις· (7) ὡς καὶ Πλάτων ᾐνίξατο τοῖς τῶν Μοιρῶν
ὀνόμασι, τὴν μὲν Ἄτροπον, τὴν δὲ Λάχεσιν, [τὴν δὲ
Κλωθὼ] προσαγορεύσας· ἐπεὶ ταῖς γε τῶν ὀκτὼ σφαιρῶν περιφοραῖς Σειρῆνας, οὐ Μούσας, ἰσαρίθμους ἐπέστησεν.
25   V. Ὑπολαβὼν δὲ Μενέφυλος ὁ Περιπατητικός, Τὰ
μὲν Δελφῶν, εἶπεν, ἄλλως γέ πως μετέχει πιθανότητος·
ὁ δὲ Πλάτων ἄτοπος, ταῖς μὲν ἀϊδίοις καὶ θείοις περιφοραῖς ἀντὶ τῶν Μουσῶν τὰς Σειρῆνας ἐνιδρύων, οὐ
πάνυ φιλανθρώπους οὐδὲ χρηστοὺς δαίμονας· τὰς δὲ
30 Μούσας ἢ παραλείπων παντάπασιν, ἢ τοῖς τῶν Μοιρῶν
ὀνόμασι προσαγορεύων, καὶ καλῶν θυγατέρας Ἀνάγκης.
(2) Ἄμουσον γὰρ ἡ Ἀνάγκη, μουσικὸν δὲ ἡ Πειθὼ, καὶ
« Μούσαις [ἐμ]φιλοδαμοῦσα » πολὺ μᾶλλον, οἶμαι, τῆς
Ἐμπεδοκλέους Χάριτος « στυγέει δύστλητον ἀνάγκην. »
35   VI. Πάνυ μὲν οὖν, ὁ Ἀμμώνιος ἔφη, τὴν ἐν ἡμῖν
ἀκούσιον αἰτίαν καὶ ἀπροαίτερον· ἡ δ' ἐν θεοῖς ἀνάγκη
δύστλητος οὐκ ἔστιν, οὐδὲ δυσπειθὴς, οὐδὲ βιαία, πλὴν
τοῖς κακοῖς, ὡς ἐστι νόμος ἐν πόλει τοῖς βελτίστοις τὸ
βέλτιστον αὐτῆς, ἀπαράτρεπτον καὶ ἀπαράβατον, οὐ τῷ
40 μὲν ἀδυνάτῳ, τῷ δ' ἀβουλήτῳ τῆς μεταβολῆς. (2) Αἵ
γε μὲν δὴ Ὁμήρου Σειρῆνες οὐ κατὰ λόγον ἡμᾶς τῷ
μύθῳ φοβοῦσιν, ἀλλὰ κἀκεῖνος ὀρθῶς ᾐνίττετο τὴν τῆς
μουσικῆς αὐτῶν δύναμιν οὐκ ἀπάνθρωπον οὐδ' ὀλέθριον
οὖσαν, ἀλλὰ ταῖς ἐντεῦθεν ἀπιούσαις ἐκεῖ ψυχαῖς, ὡς
45 ἔοικε, καὶ πλανωμέναις μετὰ τὴν τελευτὴν ἔρωτα πρὸς
τὰ οὐράνια καὶ θεῖα, λήθην δὲ τῶν θνητῶν, ἐμποιοῦσαν
κατέχειν καὶ κατάδειν θελγομένας· αἱ δὲ ὑπὸ χαρᾶς ἕπονται καὶ συμπεριπολοῦσιν. (3) Ἐνταῦθα δὲ πρὸς ἡμᾶς
ἀμυδρά τις οἷον ἠχὼ τῆς μουσικῆς ἐκείνης ἐξικνουμένη,
50 διὰ λόγων ἐκκαλεῖται καὶ ἀναμιμνήσκει τὰς ψυχὰς τῶν
τότε· (4) [τὰ δὲ ὦτα τῶν] μὲν πλείστων περιαλήλιπται
καὶ καταπέπλασται σαρκίνοις ἐμφράγμασι καὶ πάθεσιν,
οὐ κηρίνοις· (5) ἡ δὲ δι' εὐφυΐαν αἰσθάνεται καὶ μνη-

ego, non recte hoc facitis. Vobis quippe est Ceres *Ane-
sidora* et Bacchus *qui arborum germina lœtus auget, castum frugum splendorem*, ut ait Pindarus. Medicos etiam
habere Æsculapium præsidem scimus, et Apolline Pæane
uti ubique, nusquam Musarum principe. (4) Etenim verum
est quod Homerus ait, *omnes homines deorum indigere
ope* : at non omnes omnium. Verum hoc miror, quomodo
fefellerit Lampriam, quod Delphi dicunt; (5) nimirum
Musas apud ipsos non nervorum, non sonorum cognomines
haberi, sed quum trifariam omnino divisus sit mundus,
primam esse portionem stellarum inerrantium, secundam
errantium, tertiam eorum quæ infra lunam sunt : (6) has
omnes inter se esse consertas et compositas harmonicis
rationibus, et cuivis Musam custodiæ causa præpositam,
primæ *hypatam* (seu summam), imæ *neten* (sive infimam)
mediæ *mesen*, quæ iis interjecta continet, unaque circumducit, quantum fieri potest, mortalia cum diis, et terrena
cum cœlestibus. (7) Idque etiam Plato involuto sensu significat per nomina Parcarum, unam Atropon, alteram
Lachesin, tertiam Clotho dicens : nam octo sphærarum
conversionibus totidem, non Musas, sed Sirenes præfecit.

V. Ibi excipiens sermonem Menephylus Peripateticus,
Delphorum, inquit, ratio utcunque probabilis est : Plato
autem absurde, qui sempiternis et divinis circuitibus loco
Musarum Sirenes infixerit, genios non valde humanos aut
benignos; Musas vero aut plane omiserit, aut Parcarum
affecerit nominibus, filiasque Necessitatis appellaverit. (2)
Aliena est enim a Musis Necessitas, amica iis Suada, quæ
multo magis, puto, quam *Gratia* Empedoclis, *cum Musis
habitat et intolerabilem odit Necessitatem.*

VI. Omnino, aiebat Ammonius, odit Necessitatem illam,
quæ nos invitos et contra consilium animi cogit facere aliquid : at Necessitas quæ est apud deos, non est intolerabilis,
non refractaria, non violenta, nisi hominibus malis; sicut
lex in civitate ab optimis civibus optimum esse illius depu-
tatur, immutabile et ineluctabile, non quia mutare eam non
possunt, sed quia nolunt. (2) Ceterum Homericarum
Sirenum fabula præter rationem nos terret : nam poeta
quoque recte per ambages significavit musices earum vim
non inhumanam neque perniciosam illam, sed quæ hinc
istuc abeuntibus animis, ut apparet, et post mortem vagantibus ingeneret amorem cœlestium ac divinorum, oblivionem vero mortalium, detineatque et incantet oblectando
præ gaudio sequentes et una circumvolantes. (3) Nam huc
ad nos obscura quædam veluti echo musicæ illius perve-
niens, per philosophiam excitat et admonet animas earum
rerum quas illic quondam perceperunt. (4) Et plurimæ
quidem animæ, quia circumlitas et obstructas habent aures,
non quidem cereis, sed carneis sepimentis et affection bus,

μονεύει, καὶ τῶν ἐμμανεστάτων ἐρώτων οὐδὲν ἀποδεῖ τὸ πάθος αὐτῆς, γλιχομένης καὶ ποθούσης, λῦσαί τε μὴ δυναμένης ἑαυτὴν ἀπὸ τοῦ σώματος. (6) Οὐ μὴν ἔγωγε παντάπασι συμφέρομαι τούτοις· ἀλλά μοι δοκεῖ, Πλάτων ὡς ἀτράκτους καὶ ἠλακάτας, τοὺς ἄξονας, σφονδύλους δὲ τοὺς ἀστέρας, ἐξηλλαγμένως ἐνταῦθα καὶ τὰς Μούσας Σειρῆνας ὀνομάζει, ἐρεούσας τὰ θεῖα καὶ λεγούσας ἐν ᾅδου, καθάπερ Σοφοκλέους Ὀδυσσεὺς φησὶ Σειρῆνας εἰσαφικέσθαι

Φόρκου κόρας, θροοῦντε τοὺς Ἄδου νόμους.

(7) Μοῦσαι δέ εἰσιν ὀκτὼ καὶ συμπεριπολοῦσι ταῖς ὀκτὼ σφαίραις, μία δὲ τὸν περὶ γῆν εἴληχε τόπον. (8) Αἱ μὲν οὖν ὀκτὼ περιόδοις ἐφεστῶσαι τὴν τῶν πλανωμέ-νων ἄστρων πρὸς τὰ ἀπλανῆ καὶ πρὸς ἄλληλα συνέχουσι καὶ διασώζουσιν ἁρμονίαν· (9) μία δὲ τὸν μεταξὺ γῆς καὶ σελήνης τόπον ἐπισκοποῦσα καὶ περιπολοῦσα, τοῖς θνητοῖς, ὅσον αἰσθάνεσθαι καὶ δέχεσθαι πέφυκε, χαρί-των καὶ ῥυθμοῦ καὶ ἁρμονίας ἐνδίδωσι, διὰ λόγου καὶ ᾠδῆς πειθὼ πολιτικῆς καὶ κοινωνητικῆς συνεργὸν ἐπα-γουσα παραμυθουμένης καὶ κηλοῦσαν ἡμῶν τὸ ταρα-χῶδες, καὶ τὸ πλανώμενον ὥσπερ ἐξ ἀνοδίας ἀνακα-λουμένην ἐπιεικῶς καὶ καθιστᾶσαν.

Ὄσσα δὲ μὴ πεφίληκε
Ζεὺς, ἀτύζονται βοὰν
Πιερίδων ἀΐοντα,
κατὰ Πίνδαρον.

VII. Τούτοις ἐπιφωνήσαντος τοῦ Ἀμμωνίου τὰ τοῦ Ξενοφάνους, ὥσπερ εἰώθει,

Ταῦτα δεδοξάσθαι μὲν ἐοικότα τοῖς ἐτύμοισι·

καὶ παρακαλοῦντος ἀποφαίνεσθαι καὶ λέγειν τὸ δοκοῦν ἕκαστον, ἐγὼ μικρὸν διασιωπήσας ἔφην, (2) ὅτι καὶ Πλάτων αὐτὸς ὥσπερ ἴχνεσι τοῖς ὀνόμασι τῶν θεῶν ἀνευρίσκειν οἴεται τὰς δυνάμεις· καὶ ἡμεῖς ὁμοίως μὲν τιθῶμεν ἐν οὐρανῷ καὶ περὶ τὰ οὐράνια μίαν τῶν Μου-σῶν, ἣ Οὐρανία φαίνεται· (3) καὶ εἰκὸς ἐκεῖνα μὴ πολ-λῆς μηδὲ ποικίλης κυβερνήσεως δεῖσθαι, μίαν ἔχοντα καὶ ἁπλῆν αἴτιον φύσιν· ὅπου δὲ πολλαὶ πλημμέλειαι, πολλαὶ δ' ἀμετρίαι καὶ παραβάσεις, ἐνταῦθα τὰς ὀκτὼ μετοικιστέον, ἄλλην ἄλλο κακίας καὶ ἀναρμοστίας εἶδος ἐπανορθουμένας. (4) Ἐπεὶ δὲ τοῦ βίου τὸ μὲν σπουδῇ, τὸ δὲ παιδιᾷ μέρος ἐστὶ, καὶ δεῖται τοῦ μουσικῶς καὶ μετρίως, τὸ μὲν σπουδάζον ἡμῶν ἥ τε Καλλιόπη, καὶ ἡ Κλειὼ, καὶ ἡ Θάλεια τῆς περὶ θεοὺς ἐπιστήμης καὶ θέας ἡγεμὼν οὖσα, δόξουσιν ἐπιστρέφειν καὶ συγκα-τορθοῦν· (5) αἱ δὲ λοιπαὶ τὸ μεταβάλλον ἐφ' ἡδονὴν καὶ παιδιὰν, ὑπ' ἀσθενείας μὴ περιορᾶν ἀνιέμενον ἀκολά-στως καὶ θηριωδῶς, ἀλλ' ὀρχήσει καὶ ᾠδῇ καὶ χορείᾳ ῥυθμὸν ἐχούσῃ, καὶ ἁρμονίᾳ καὶ λόγῳ κεραννύμενον, εὐσχημόνως καὶ κοσμίως ἐκδέχεσθαι καὶ παραπέμπειν. (6) Ἐγὼ μέντοι, τοῦ Πλάτωνος ἐν ἑκάστῳ δύο πράξεων ἀπολείποντος ἀρχάς, τὴν μὲν, ἔμφυτον ἐπιθυμίαν ἡδο-νῶν, τὴν δὲ, ἐπείσακτον δόξαν ἐφιεμένην τοῦ ἀρίστου,

---

non exaudiunt illum cantum. (5) Quæ vero eum anima ob indolis bonitatem sentit et meminit, ita afficitur, ut ab insanissimo amore nihil differat ejus desiderium, perpe-tuo cupientis, neque tamen valentis sese corpore exsolvere. (6) Neque vero ego ista plane amplector : sed videtur mihi Plato, sicut axibus nomen fusi et coli, vertebræ stellis, ita Sirenum quoque hic vocabulum Musis insolenter impo-suisse, quasi *divina Manibus annunciantes* (θεῖα ἐρεού-σας): quemadmodum Sophoclis Ulysses ait venisse ad Sire-nas,

Phorci puellas, Manibus quæ jura dant.

(7) Musæ autem sunt octo, et comitantur octo sphærarum circuitum; una locum circa terram est sortita. (8) Quæ octo sphærarum revolutionibus præsunt, eæ errantium stel-larum adversus inerrantes et ipsarum invicem conservant harmoniam : (9) una quæ locum lunæ et terræ interjectum custodit atque obit, ea mortalibus gratiæ, rhythmi et har-moniæ, quantum horum ejus ipsos recipere natura sinit, indit facultatem ac rationem civilem persuadendi, qua so-cietas humani generis adjuvetur; demulcetque et sedat ani-morum tumultus, vagantesque veluti ex aviis revocat pla-cide et componit.

Sed quæ cara Jovi non sunt,
consternantur, ubi audiunt
Pieridum loquelam,
ut ait Pindarus.

VII. His quum acclamasset Ammonius more suo versum Xenophanis,

Ista probabiliter sunt dicta, propinquaque veris,

jussissetque unumquemque suam dicere sententiam, ego paululum moratus, (2) Sicut, inquam, ipse Plato nomi-nibus, tanquam vestigiis, deorum se facultates putat inve-nire : ita nos quoque similiter imponamus cœlo et rebus cœlestibus Musam unam, Uraniam, quæ quidem a cœlo nomen habet. (3) Et probabile est res cœlestes non multa aut varia opus habere gubernatione; quandoquidem iis unica et simplex causa est, natura : ubi vero multi errores, multa contra mensuram evenientia, multa delicta; eo jam octo Musæ sunt transferendæ, quarum alia alii vitio vel incongruentiæ medicetur. (4) Porro quum vitæ nostræ pars alia seriis, alia jocosis rebus transigatur, et utrique opus sit ut hoc concinne fiat atque moderate : seria nostra videntur Calliope, Clio, et Thalia, quæ nos ad notitiam et contemplationem deorum introducit, procurare, et ad bene gerendam rem auxilio esse : (5) reliquæ autem id quod ob imbecillitatem nostram ad immoderatum et ferum aliquid jam inclinat, non negligere, sed saltatione, cantilena, et chorea modos habente suos, harmoniaque et ratione tem-peratum modeste excipere, atque composita oblectatione prosequi. (6) Ego autem, quum Plato singularum actio-num in hominibus duo tantum statuat principia, insitam voluptatum appetentiam, et adscititiam exstrinsecus opinio-

καὶ τὸ μὲν λόγον, τὸ δὲ πάθος ἔστιν ὅτε καλοῦντος, ἑτέρας δ' αὖ πάλιν τούτων ἑκατέρου διαφορὰς ἔχοντος,
ἑκάστην ὁρῶ μεγάλης καὶ θείας ὡς ἀληθῶς παιδαγωγίας
δεομένην. (7) Αὐτίκα, τοῦ λόγου τὸ μὲν ἐστὶ πολιτικὸν
καὶ βασιλικόν, ἐφ' ᾧ τὴν Καλλιόπην τετάχθαι φησὶν
ὁ Ἡσίοδος· τὸ φιλότιμον δὲ ἡ Κλειὼ μάλιστα κυδαίνειν
καὶ συνεπιγαυροῦν εἴληχεν· ἡ δὲ Πολύμνια τοῦ φιλομαθοῦς ἐστι καὶ μνημονικοῦ τῆς ψυχῆς· διὸ καὶ Σι-
κυώνιοι τῶν τριῶν Μουσῶν μίαν Πολυμάθειαν καλοῦσιν·
(8) Εὐτέρπη δὲ πᾶς ἄν τις ἀποδοίη τὸ θεωρητικὸν τῆς
περὶ φύσιν ἀληθείας, οὔτε καθαρωτέρας οὔτε καλλίους
ἑτέρῳ γένει παραλιπὼν εὐπαθείας καὶ τέρψεις· (9) τῆς
δ' ἐπιθυμίας τὸ μὲν περὶ ἐδωδὴν καὶ πόσιν ἡ Θάλεια
κοινωνητικὸν ποιεῖ καὶ συμποτικὸν ἐξ [ἀπ]ανθρώπου
καὶ θηριώδους· διὸ τοὺς φιλόφρονως καὶ ἱλαρῶς συνιόν-
τας ἀλλήλοις ἐν οἴνῳ θαλιάζειν λέγομεν, οὐ τοὺς ὑβρίζοντας καὶ παροινοῦντας· (10) ταῖς δὲ περὶ συνουσίαν
σπουδαῖς ἡ Ἐρατὼ παροῦσα μετὰ πειθοῦς (ὡς) λόγον
ἐχούσης καὶ καιρόν, ἐξαιρεῖ καὶ κατασβέννυσι τὸ μανικὸν τῆς ἡδονῆς καὶ οἰστρῶδες, εἰς φιλίαν καὶ πίστιν, οὐχ
ὕβριν οὐδ' ἀκολασίαν τελευτώσης. (11) [Τελευταῖον
τὸ δι' ὤτων] καὶ ὀφθαλμῶν ἡδονῆς εἶδος, εἴτε τῷ λόγῳ
μᾶλλον εἴτε τῷ πάθει προσῆκον, εἴτε κοινὸν ἀμφοῖν
ἐστιν, αἱ λοιπαὶ δύο, Μελπομένη καὶ Τερψιχόρη, πα-
ραλαβοῦσαι κοσμοῦσιν· ὥστε τὴν μὲν εὐφροσύνην μὴ
κήλησιν εἶναι, τὸ δὲ μὴ γοητείαν, ἀλλὰ τέρψιν.

ΠΡΟΒΛΗΜΑ ΙΕ'.

Ὅτι τρία μέρη τῆς ὀρχήσεως, Φορά, καὶ Σχῆμα καὶ
Δεῖξις· καὶ τί ἕκαστον αὐτῶν, καὶ τίνα κοινὰ ποιητικῆς
καὶ ὀρχηστικῆς.

ΠΡΟΣΩΠΑ ΤΟΥ ΔΙΑΛΟΓΟΥ.

ΑΜΜΩΝΙΟΣ, ΘΡΑΣΥΒΟΥΛΟΣ.

I. Ἐκ τούτου πυραμοῦντος ἐπῆραν ** πᾶσι νικητήριον ὀρχήσεως· ἀπεδείχθη δὲ κριτὴς μετὰ Μενίσκου τοῦ
παιδοτρίβου Λαμπρίας ὁ ἀδελφός· ὠρχήσατο γὰρ πιθανῶς τὴν πυρρίχην, καὶ χειρονομῶν ἐν ταῖς παλαίστραις
ἐδόκει διαφέρειν τῶν παίδων. (2) Ὀρχουμένων δὲ πολλῶν προθυμότερον ἢ μουσικώτερον, δύο τοὺς εὐδοκίμους
καὶ βουλομένους ἀνασώζειν τὴν ἐμμέλειαν ἠξίουν τινὲς
ὀρχεῖσθαι φορὰν παρὰ φοράν. (3) Ἐπεζήτησεν οὖν ὁ
Θρασύβουλος Ἀμμωνίου, τί βούλεται τοὔνομα τῆς φορᾶς, καὶ παρέσχε τῷ Ἀμμωνίῳ περὶ τῶν μερῶν τῆς
ὀρχήσεως πλείονα διελθεῖν.

II. Ἔφη δὲ τρία εἶναι, τὴν φοράν, καὶ τὸ σχῆμα,
καὶ τὴν δεῖξιν. (2) Ἡ γὰρ ὄρχησις ἔκ τε κινήσεων καὶ
σχέσεων συνέστηκεν, ὡς τὸ μέλος τῶν φθόγγων καὶ
τῶν διαστημάτων· ἐνταῦθα δὲ αἱ μοναὶ πέρατα τῶν
κινήσεων εἰσί. (3) Φορὰς μὲν οὖν τὰς κινήσεις ὀνομά-

---

nem quæ bonum concupiscat; alterumque interdum affectum, alterum rationem appellet; quorum utrumque varias
rursus habeat differentias : ambo ista video magna et divina
prorsus moderatione opus habere. (7) Nam rationis statim
alia facultas est civilis et regia, cui Hesiodus Calliopen præ-
ficit : studium honorum Clio maxime solet collaudare et
ambitioni alacritatem addere : Polymnia discendi memoran-
dique facultati animæ præest; itaque Sicyonii etiam unam
de tribus Musis Polymathiam dixere (a multa discendi studio) : (8) Euterpæ nemo non considerationem veritatis de
rebus naturalibus adscripserit, quum nullas vel puriores
vel pulchriores ulli alii generi reliquerit voluptates et oblectationes : (9) quod ad cupiditates autem in esu et potu
positas attinet, Thalia hominem de fero et insociabili socia-
bilem facit et conviviis idoneum ; ideo qui amice et hilariter
compotant, eos θαλιάζειν dicimus, non eos qui per vinum
ad insolentiam prorumpunt : (10) studiis quæ tribuuntur
concubitui Erato adest, ut cum ratione et tempestive is fiat
persuadens, tollitque inde furorem voluptatis et obtundit
nimios stimulos, facitque ut in amicitiam et fidelitatem,
non in contumeliam et lasciviam res exeat. (11) Denique
aurium et oculorum oblectatio, sive rationi magis, sive affectioni subitæ congruit, sive communis amborum est, eam
reliquæ duæ, Melpomene et Terpsichore, acceptam ita
componunt, ut altera non sit incantatio quædam, sed lætitia, altera non præstigiæ, sed delectatio.

QUÆSTIO XV.

Tres esse saltationis partes, lationem, speciem, ostentationem : *tum quid sit unumquodque horum : et
quid poeticæ cum saltatione sit commune.*

PERSONÆ COLLOQUII.

AMMONIUS, THRASYBULUS.

I. Deinde placentæ, quæ pyramuntes dicuntur, affere-
bantur, præmia victoriæ saltantibus. Arbiter autem cum
Menisco pædotriba decernebatur Lamprias frater. Nam
pyrrhichen ille commode saltabat; et manibus gesticulans in
palæstra videbatur reliquos superare pueros. (2) Quum
autem saltarent multi alacrius quam artificio musico convenientius, duos qui probabantur, et concinnitatem studerent
servare, quidam rogaverunt ut *lationem unam ex altera*
saltarent. (3) Quæsivit ergo Thrasybulus ex Ammonio,
quidnam sibi vellet nomen *lationis*; occasionemque præbuit Ammonio plura de partibus saltationis disserendi.

II. Dicebat vero saltationis tres partes haberi, *phoran,
schema, dixin* (quæ latine Lationem, Speciem, Ostentationem dixeris). (2) Saltationem enim e motibus et habitibus
(*scheses* ipsi vocant) certis constare, ut cantilenam e sonis
et intervallis. Hic autem quies sive mansio finis est mo-

ζοοσι, σχήματα δὲ σχέσεις καὶ διαθέσεις, εἰς ἃς φερόμεναι τελευτῶσιν αἱ κινήσεις, ὅταν Ἀπόλλωνος, ἢ Πανὸς, ἢ τινος Βάκχης σχῆμα διαθέντες ἐπὶ τοῦ σώματος
γραφικῶς τοῖς εἴδεσιν ἐπιμένωσι· τὸ δὲ τρίτον, ἡ δεῖ-
ξις, οὐ μιμητικόν ἐστιν, ἀλλὰ δηλωτικὸν ἀληθῶς τῶν
ὑποκειμένων. (4) Ὡς γὰρ οἱ ποιηταὶ τοῖς κυρίοις
ὀνόμασι δεικτικῶς χρῶνται, τὸν Ἀχιλλέα καὶ τὸν
Ὀδυσσέα, καὶ τὴν γῆν καὶ τὸν οὐρανὸν ὀνομάζοντες,
ὡς ὑπὸ τῶν πολλῶν λέγονται· πρὸς δὲ τὰς ἐμφάσεις καὶ
τὰς μιμήσεις καὶ ὀνοματοποιίαις χρῶνται καὶ μεταφο-
ραῖς, « κελαρύζειν καὶ καχλάζειν » τὰ κλώμενα τῶν ῥευμάτων λέγοντες, καὶ τὰ βέλη φέρεσθαι « λιλαιόμενα
χροὸς ἆσαι » τὴν ἰσόρροπον μάχην, « ἴσας ὑσμίνη
κεφαλὰς ἔχεν. » (5) πολλὰς δὲ καὶ συνθέσεις τῶν ὀνομάτων κατὰ μέλη μιμητικῶς σχηματίζουσιν, ὡς Εὐριπίδης,

> Ὁ πετάμενος ἱερὸν ἀνὰ Διὸς αἰθέρα γοργοφόνος·

καὶ περὶ τοῦ ἵππου Πίνδαρος·

> Ὅτε παρ' Ἀλφεῷ σύτο δέμας
> ἀκέντητον ἐν δρόμοισι παρέχων·

καὶ Ὅμηρος ἐπὶ τῆς ἱπποδρομίας·

> Ἅρματα δ' αὖ χαλκῷ πεπυκασμένα κασσιτέρῳ τε
> ἵπποις ὠκυπόδεσσιν ἐπέτρεχον.

(6) Οὕτως ἐν ὀρχήσει, τὸ μὲν σχῆμα μιμητικόν ἐστι
μορφῆς καὶ ἰδέας, καὶ πάλιν ἡ φορὰ πάθους τινὸς ἐμφαντικὸν, ἢ πράξεως, ἢ δυνάμεως· ταῖς δὲ δείξεσι κυρίως αὐτὰ δηλοῦσι τὰ πράγματα, τὴν γῆν, τὸν οὐρανὸν,
αὐτοὺς τοὺς πλησίον· (7) ὃ δὴ τάξει μέν τινι καὶ ἀριθμῷ
γινόμενον ἔοικε τοῖς ἐν ποιητικῇ κυρίοις ὀνόμασι μετά
τινος κόσμου καὶ λειότητος ἐκφερομένοις, ὡς τὰ τοιαῦτα·

> Καὶ Θέμιν αἰδοίην, ἑλικοβλέφαρόν τ' Ἀφροδίτην,
> Ἥρην τε χρυσοστέφανον, καλήν τε Διώνην·

(8) καὶ,

> Ἕλληνος δ' ἐγένοντο θεμιστοπόλοι βασιλῆες,
> Δῶρός τε, Ξοῦθός τε, καὶ Αἴολος ἱππιοχάρμης·

(9) εἰ δὲ μὴ, τοῖς ἄγαν πεζοῖς καὶ κακομέτροις· ὡς τὰ
τοιαῦτα·

> Ἐγένοντο, τοῦ μὲν Ἡρακλῆς, τοῦ δ' Ἴφιτος·
> τῆς δὲ πατὴρ καὶ ἀνὴρ καὶ παῖς βασιλεῖς, καὶ ἀδελφοί.
> * καὶ πρόγονοι· κλήζει δ' Ἑλλὰς Ὀλυμπιάδα.

(10) Τοιαῦτα γὰρ ἁμαρτάνεται καὶ περὶ τὴν ὄρχησιν ἐν
ταῖς δείξεσιν, ἂν μὴ πιθανότητα μηδὲ χάριν μετ' εὐπρεπείας καὶ ἀφελείας ἔχωσι. (11) Καὶ ὅλως, ἔφη,
μετάθεσιν τὸ Σιμωνίδειον ἀπὸ τῆς ζωγραφίας ἐπὶ τὴν
ὄρχησιν σιωπῶσαν καὶ φθεγγομένην ὄρχησιν δὲ πάλιν
τὴν ποίησιν· ὅθεν εἶπεν οὔτε γραφικὴν εἶναι ποιητικῆς
οὔτε ποιητικὴν γραφῆς, οὐδὲ χρῶνται τοπαράπαν ἀλλήλαις. (12) Ὀρχηστικῇ δὲ καὶ ποιητικῇ κοινωνία πᾶσα
καὶ μέθεξις ἀλλήλων ἐστί, καὶ μάλιστα μιμούμεναι περὶ
τὸ ὑπορχημάτων γένος ἐνεργὸν ἀμφότεραι τὴν διὰ τῶν
σχημάτων καὶ τῶν ὀνομάτων μίμησιν ἀποτελοῦσι. (13)

---

tuum. (3) Motibus ergo nomen *lationum* tribuitur : habitus (sive dispositiones) *species* appellant, in quas motus isti desinunt, quando Apollinis, aut Panis, aut Bacchæ alicujus exprimentes formam corpore et ejus dispositione (quod artis est) sic conquiescunt. Tertium (sive demonstratio id est, sive ostentatio, *dixin* puta) non imitatio est, sed re vera interpretatio argumenti. (4) Nam et poetæ propriis nominibus demonstrative utuntur, quando Achillem, Ulyssem, cœlum, terram nominant, sicuti ea vulgo appellantur : ut autem majorem vim verbis concilient, et imitationem aliquam exprimant, novandis vocabulis et translationibus indulgent, quando aquas infractas scribunt κελαρύζειν et καχλάζειν (strepere et ebullire); et tela ferri *visceribus cupientia vesci*; et de pugna ubi in neutram partem inclinat victoria, *frontes sustinet æquas;* (5) multas etiam compositiones nominum carmini aptant imitatione aliqua constructorum; ut apud Euripidem,

> Gorgonicida volans sub Jovis æthera divum;

et de equo Pindarus : *Quando ad Alpheum ruit, corpus* (ἀκέντητον) *stimulo non compunctum in cursibus præbens :* et de curruum concertatione Homerus :

> Inde supervenit stanno munitus et ære
> currus equis pernicibus (ὠκυπόδεσσιν).

(6) Eodem modo in saltatione *species* formam imitatur et exemplar : *latio* autem significat aliquem animi motum, actionemve, aut facultatem : *ostentationes* adhibent ad res ipsas manifestandas, cœlum, terram, propinquos : (7) quod quum fit ordine quodam et numero, affinitatem habet cum nominibus propriis quæ in carminibus ornate et polite efferuntur, qualia hæc sunt,

> Et veneranda Themis, petulanti Cypris ocello,
> et redimita auro Juno, et speciosa Dione;

(8) et,

> Ex Hellene sati reges, qui jura ministrant,
> tres, Dorus, tum Xuthus, equis deinde Æolus acer.

(9) Nisi enim sic fiat, nimis pedestria referuntur et male dimensa carmina, qualia hæc sunt :

> Nati sunt, ex hoc Iphitus, ex illo Hercules.
> Hujus vir, pater et fratres et filius, omnes
> et proavi, reges : nomen Olympias est.

(10) Hujusmodi enim errores etiam in *ostentationibus* committuntur, si non probabilitatem et venustatem decoro simplicitatique adjunctam habeant. (11) Denique Simonidis huc potest transferri dictum, ut poesis loquens saltatio, hæc tacita nominetur poesis; quod ille in picturæ cum poesi usurpavit comparatione : quanquam profecto neque pictura poeticæ utitur opera mutua, neque poesis picturæ. (12) At saltatoriæ arti et poeticæ maxima conjunctio et inter se communicatio est; præcipue in carminibus quæ saltantibus accinuntur, ambæ efficacem figurarum et nominum imitationem conficiunt. (13) Videri autem potest, sicut in pictura

Δόξειε δ' ἄν, ὥσπερ ἐν γραφικῇ, τὰ μὲν ποιήματα ταῖς
χρώσεσιν ἐοικέναι, τὰ δὲ ὀρχήματα ταῖς γραμμαῖς, ὑφ'
ὧν ὁρίζεται τὰ εἴδη.　(14) Δηλοῖ δὲ ὁ μάλιστα κατωρ-
θωκέναι δόξας ἐν ὑπορχήμασι, καὶ γεγονέναι πιθανώτατος ἑαυτοῦ, τὸ δεῖσθαι τὴν ἑτέραν τῆς ἑτέρας·　(15) τὸ γὰρ

  'Απέλαστον ἵππον, ἢ κύν' 'Αμυκλαίαν
  ἀγωνιῶν ἑλελιζόμενος ποδὶ μίμεο
  καμπύλον μέλος διώκων·

ἢ τὸ

10 Οἷος ἀνὰ Δώτιον ἀνθεμόεν πεδίον πέταται
  θάνατον κεράσασα εὑρέμεν μανύω ἐλάφῳ·
  τὰν δ' ἐπ' αὐχένι στρέφοιαν ἕτερον κάρα πάντα ἕτοιμον

καὶ τὰ ἑξῆς μονονοῦ λέληθεν τὴν ἐν ὀρχήσει διάθεσιν τὰ ποιήματα καὶ παρακαλεῖν τὼ χεῖρε καὶ τὼ πόδε,
15 μᾶλλον δὲ ὅλον, ὥσπερ τισὶ μηρίνθοις ἕλκειν τὸ σῶμα
τοῖς μέλεσι καὶ ἐντείνειν, τούτων δὲ λεγομένων καὶ ᾀδο-
μένων, ἡσυχίαν ἄγειν μὴ δυναμένοις.　(16) Αὐτὸς γοῦν
ἑαυτὸν οὐκ αἰσχύνεται περὶ τὴν ὄρχησιν οὐχ ἧττον ἢ
τὴν ποίησιν ἐγκωμιάζων, « Ὅταν δὲ γηρῶσαι,

20 νῦν ἐλαφρὸν ὄρχημ' οἶδα ποδῶν μιγνύμεν,
  Κρῆτα μὲν καλέουσι τρόπον. »

(17) 'Αλλ' οὐδὲν οὕτως τὸ νῦν ἀπολέλαυκε τῆς κακομουσίας, ὡς ἡ ὄρχησις.　Διὸ καὶ πέπονθεν ὁ φοβηθεὶς 'Ίβυ-
κος ἐποίησε· Δέδοικα

25 Μή τι πὰρ θεοῖς ἀμπλακὼν τιμὰν πρὸς ἀνθρώπων ἀμείψω.

(18) Καὶ γὰρ αὕτη καὶ πάνδημόν τινα ποιητικὴν προσε-
ταιρισαμένη, τῆς δ' οὐρανίας ἐκπεσοῦσα ἐκείνης, τῶν
μὲν ἐμπληκτικῶν καὶ ἀνοήτων κρατεῖ θεάτρων, ὥσπερ
τύραννος ὑπήκοον ἑαυτῇ πεποιημένη μουσικὴν ὀλίγου
30 τὴν ἅπασαν, τὴν δὲ παρὰ τοῖς νοῦν ἔχουσι καὶ θείοις ἀνδράσιν ὡς ἀληθῶς τιμὴν ἀπολώλεκε.

Ταῦτα σχεδόν, ὦ Σόσσιε Σενεκίων, τελευταῖα τῶν
ἐν τοῖς μουσείοις τότε παρὰ 'Αμμωνίῳ τῷ ἀγαθῷ φιλο-
λογηθέντων.

———

ΕΡΩΤΙΚΟΣ.

---

35 I. ΦΛΑΟΥΙΑΝΟΣ. 'Εν 'Ελικῶνι φής, ὦ Αὐτόβουλε, τοὺς περὶ 'Ερωτος λόγους γενέσθαι, οὓς εἴτε γραψάμενος εἴτε καταμνημονεύσας τῷ πολλάκις ἐπανερέσθαι
τὸν πατέρα νυνὶ μέλλεις ἡμῖν δεηθεῖσιν ἀπαγγέλλειν.

ΑΥΤΟΒΟΥΛΟΣ. 'Εν 'Ελικῶνι παρὰ ταῖς Μού-
40 σαις, ὦ Φλαουϊανέ, τὰ 'Ερωτικὰ Θεσπιέων ἀγόντων·
ἄγουσι γὰρ ἀγῶνα πενταετηρικόν, ὥσπερ καὶ ταῖς Μούσαις, καὶ τῷ 'Ερωτι φιλοτίμως πάνυ καὶ λαμπρῶς.

ΦΛΑΟΥΙΑΝΟΣ. Οἶσθα οὖν ὃ σοῦ μέλλομεν δεῖσθαι πάντες οἱ πρὸς τὴν ἀκρόασιν ἥκοντες;

---

poemata similia esse coloribus, saltationem vero lineamentis
quibus circumscribuntur formæ.　(14) Ostendit autem is
qui videtur in hyporchematis maxime laudem sibi paravisse,
et se ipso superior fuisse in animis ducendis, alteram alterius opem requirere.　(15) Nam illud,

 Celerem sonipedem, aut canem Amyclæam,
 clamore læto imitare, pedum levitate vias
 persequens varias modorum ;

aut illud,

 veluti per Dotia florida prata volat
 canis interitum cornigeræ rapidus ferens
 cervæ : at in cervice ut illa alio jacit caput...

et quæ sequuntur, tantum non clamant, hæc poemata dispositionem saltationis habere et provocare pedes manusque,
atque adeo totum corpus quasi funiculis quibusdam cantu
suo trahere et intendere, quod his recitatis et cantatis quiescere et continere se non possit.　(16) Ipse quidem non ve-
retur se ipsum haud minus a saltatione quam a poesi laudare, dicens, *Quando...* [*in gyros agendus chorus?*]

 saltum facilem miscere pedum didici :
 Creticum vocitant modum.

(17) Verum nulla major depravatio musicæ ullam partem
occupavit nostra ætate, quam saltationem : ideoque ei id
accidit, quod metuens Ibycus dixit : *Metuo,*

 In deos delicta ne mortalium mi dent honores.

(18) Etenim saltatio, adscita ad sodalitium vulgari quadam
poetica, societate cœlestis illius poeseos amissa, in stultis
et attonitis theatris obtinet tanquam tyrannus, subjugata
sibi musica pæne tota, sed apud prudentes et divinos viros illum qui ex animo præstatur honorem plane perdidit.

Hæc fere, Sossi Senecio, sunt ultima eorum quæ tunc
in Museis apud bonum Ammonium fuere disputata.

———

AMATORIUS LIBER.

I. FLAVIANUS.　In Helicone ais, Autobule, sermones de
Amore fuisse habitos, quos vel conscriptos abs te vel memoria comprehensos, quod de iis subinde e patre quæsivi-
sti, nunc nobis rogatu nostro es enunciaturus.

AUTOBULUS.　In Helicone apud Musas, Flaviane, Amatoria
agentibus Thespiensibus : nam certamen quinquennale celebrant ut Musis, ita etiam Amori, magnifice admodum et
splendide.

FLAVIANUS.　Scisne quid petituri abs te simus, quotquot
ad audiendum confluximus?

ΑΥΤΟΒΟΥΛΟΣ. * Οὐκ · ἀλλὰ εἴσομαι λεγόντων.

ΦΛΑΟΥΙΑΝΟΣ. Ἄφελε τοῦ λόγου τὸ νῦν ἔχον ἐποποιῶν τε λειμῶνας καὶ σκιὰς καὶ ἅμα κιττοῦ τε καὶ σμιλάκων διαδρομὰς καὶ ὅσα ἄλλα τοιούτων τόπων ἐπιλαβόμενοι γλίχονται τὸν Πλάτωνος Ἰλισσὸν καὶ τὸν ἄγνον ἐκεῖνον καὶ τὴν ἠρέμα προσάντη πόαν πεφυκυῖαν προθυμότερον ἢ κάλλιον ἐπιγράφεσθαι.

ΑΥΤΟΒΟΥΛΟΣ. Τί δὲ δεῖται τοιούτων, ὦ ἄριστε Φλαουϊανὲ, προοιμίων ἡ διήγησις; εὐθὺς ἡ πρόφασις, ἐξ ἧς ὡρμήθησαν οἱ λόγοι, χορὸν αἰτεῖ τῷ πάθει, καὶ σκηνῆς δεῖται, τά τε ἄλλα δράματος οὐδὲν ἐλλείπει· μόνον εὐχώμεθα τῇ μητρὶ τῶν Μουσῶν, ἵλεω παρεῖναι καὶ συνανασώζειν τὸν μῦθον.

II. Ὁ γὰρ πατήρ, ἐπεὶ πάλαι, πρὶν ἡμᾶς γενέσθαι, τὴν μητέρα νεωστὶ κεκομισμένος ἐκ τῆς γενομένης τοῖς γονεῦσιν αὐτῶν διαφορᾶς καὶ στάσεως ἀφίκετο τῷ Ἔρωτι θύσων, ἐπὶ τὴν ἑορτὴν ἦγε τὴν μητέρα· καὶ γὰρ ἦν ἐκείνης ἡ εὐχὴ καὶ θυσία. (2) τῶν δὲ φίλων οἴκοθεν μὲν αὐτῷ παρῆσαν οἱ συνήθεις, ἐν δὲ Θεσπιαῖς εὗρε Δαφναῖον τὸν Ἀρχιδάμου, Λυσάνδρας ἐρῶντα τῆς Σίμωνος καὶ μάλιστα τῶν μνωμένων αὐτὴν εὐημεροῦντα, καὶ Σώκλαρον ἐκ Τιθόρας ἥκοντα τὸν Ἀριστίωνος· (3) ἦν δὲ καὶ Πρωτογένης ὁ Ταρσεὺς καὶ Ζεύξιππος ὁ Λακεδαιμόνιος, ξένοι· Βοιωτῶν δὲ ὁ πατὴρ ἔφη τῶν γνωρίμων τοὺς πλείστους παρεῖναι. (4) Δύο μὲν οὖν ἢ τρεῖς ἡμέρας κατὰ πόλιν, ὡς ἔοικεν, ἡσυχῇ πως φιλοσοφοῦντες ἐν ταῖς παλαίστραις καὶ διὰ τῶν θεάτρων ἀλλήλοις συνῆσαν· ἔπειτα φεύγοντες ἀργαλέον ἀγῶνα κιθαρῳδῶν, ἐντεύξεσι καὶ σπουδαῖς προειλημμένον, ἀνέζευξαν οἱ πλείους ὥσπερ ἐκ πολεμίας εἰς τὸν Ἑλικῶνα καὶ κατηυλίσαντο παρὰ ταῖς Μούσαις. (5) Ἕωθεν οὖν ἀφίκετο πρὸς αὐτοὺς Ἀνθεμίων καὶ Πεισίας ἄνδρες ἔνδοξοι, Βάκχωνι δὲ τῷ καλῷ λεγομένῳ προσήκοντες, καὶ τρόπον τινὰ δι' εὔνοιαν ἀμφότεροι τὴν ἐκείνου διαφερόμενοι πρὸς ἀλλήλους. (6) Ἦν γὰρ ἐν Θεσπιαῖς Ἰσμηνοδώρα γυνὴ πλούτῳ καὶ γένει λαμπρὰ καὶ νὴ Δία τὸν ἄλλον εὔτακτος βίον· ἐχήρωσε γὰρ οὐκ ὀλίγον χρόνον ἄνευ ψόγου, καίπερ οὖσα νέα καὶ ἱκανὴ τὸ εἶδος· (7) τῷ δὲ Βάκχωνι φίλης ὄντι καὶ συνήθους γυναικὸς υἱῷ πράττουσα γάμον κόρης κατὰ γένος προσηκούσης ἐκ τοῦ συμπαρεῖναι καὶ διαλέγεσθαι πολλάκις ἔπαθε πρὸς τὸ μειράκιον αὐτή· (8) καὶ λόγους φιλανθρώπους ἀκούουσα καὶ λέγουσα περὶ αὐτοῦ καὶ πλῆθος ὁρῶσα γενναίων ἐραστῶν, εἰς τὸ ἐρᾷν προήχθη καὶ διενοεῖτο μηδὲν ποιεῖν ἀγεννές, ἀλλὰ γημαμένη φανερῶς συγκαταζῆν τῷ Βάκχωνι. (9) Παραδόξου δὲ τοῦ πράγματος αὐτοῦ φανέντος, ἥ τε μήτηρ ὑφεωρᾶτο τὸ βάρος τοῦ οἴκου καὶ τὸν ὄγκον ὡς οὐ κατὰ τὸν ἐραστήν· τινὲς δὲ καὶ συγκυνηγοὶ τῷ μὴ καθ' ἡλικίαν τῆς Ἰσμηνοδώρας δεδιττόμενοι τὸν Βάκχωνα καὶ σκώπτοντες ἐργωδέστεροι τῶν ἀπὸ σπουδῆς ἐνισταμένων ἦσαν ἀνταγωνισταὶ πρὸς τὸν γάμον. (10) Ἠιδεῖτο γὰρ ἔφηβος ἔτι ὢν χήρᾳ συνοικεῖν· οὐ μὴν ἀλλὰ τοὺς ἄλλους ἐάσας παρεχώρησε τῷ Πεισίᾳ καὶ τῷ Ἀνθεμίωνι βουλεύσα-

---

AUTOBULUS. Non, sed novero ubi dixeritis.

FLAVIANUS. In præsentia noli sermoni inserere poetarum prata et umbras, hederæque et taxorum discursus, et quæcunque alia scriptores, ejusmodi locos aggressi, satagunt (ut hoc utar) Platonis Ilissum, et viticem illum, leniterque sursum emissam herbam, studiosius quam honestius sibi vindicare.

AUTOBULUS. Neque vero, mi Flaviane, narratio his opus habet exordiis. Ipsa statim occasio, unde cœpta fuit disputatio, chorum casui postulat, scenaque indiget, et reliqua nihil a dramate absunt. Precemur modo matrem Musarum, ut propitia adsit, nosque in sermone commemorando adjuvet.

II. Pater igitur, quum jam dudum, ante nos natos, matre recens ducta, ob dissidium quoddam et rixam quæ parentibus eorum inciderat, veniret Amori sacrificatum, matrem una ad festivitatem adduxit: hujus enim erat votum et sacrificium. (2) Domo secum comites habuit familiares: Thespiis autem invenit Daphnæum Archidami filium, qui Lysandram Simonis filiam amabat, omniumque procorum ejus gratia primus erat; Soclarum quoque Aristionis filium, Tithora qui venerat: (3) aderant etiam hospites, Protogenes Tarsensis, et Zeuxippus Lacedæmonius; præterea de Bœotis notabilium plurimos aiebat pater ibidem fuisse. (4) Biduum itaque aut triduum ea in urbe, ut facile intelligi potest, placide philosophando in palæstris et theatris una exegerunt: deinde fugientes molestum citharœdorum certamen, prensationibus et studiis præoccupatum, plerique tanquam ex hostico castra moventes in Heliconem se subduxerunt, et apud Musas deverterunt. (5) Prima luce venerunt ad eos Anthemion et Pisias, viri celebres, et uterque Bacchonis, qui formosus audiebat, necessarius, ac quodammodo ob benevolentiam ejus inter se discordes. (6) Res ita habet. Erat Thespiis mulier genere et opibus pollens Ismenodora, et quæ reliquo tempore sane pudice vixisset: nam satis diu vidua absque crimine manserat, quanquam ætate integra et forma non pœnitenda. (7) Ceterum evenit, ut cujusdam amicæ et familiaris mulieris filio Bacchoni Ismenodora uxorem ambiret puellam quandam cognatam; ergo quia sæpe cum eo colloquebatur et una erat, affecta nonnihil est amore adversum adolescentem: (8) quumque audiret de eo dici in bonam partem, et ipsa humaniter loqueretur, videretque multitudinem generosorum amatorum, amare eum cœpit: nihil vero indignum se ipsa facere cogitavit, sed palam contracto matrimonio vitam cum Bacchone degere. (9) Quæ res quum per se videretur insolens, tum mater quoque adolescentis suspectam habuit domus amplitudinem filio graviorem: quidam etiam æqualium et venationis sociorum, eo quod ætas Ismenodoræ non cum ipsius adolescentia congrueret, Bacchonem terrentes et dicteriis incessentes, difficiliores matrimonii oppugnatores iis ipsis fuere qui serio id dissuadebant. (10) Tamen Baccho, quamquam verecundabatur adolescens inire nuptias cum muliere vidua, aliis omissis, Pisiæ et Anthemioni

σθαι τὸ συμφέρον, ὧν ὁ μὲν ἀνεψιὸς αὐτοῦ ἦν πρεσβύτερος, ὁ δὲ Πεισίας αὐστηρότατος τῶν ἐραστῶν· (11)
διὸ καὶ πρὸς τὸν γάμον ἀντέπραττε καὶ καθῆπτετο τοῦ
Ἀνθεμίωνος ὡς προϊεμένου τῇ Ἰσμηνοδώρᾳ τὸ μειρά-
κιον· ὁ δὲ ἐκεῖνον οὐκ ὀρθῶς ἔλεγε ποιεῖν, ἀλλὰ τὰ
ἄλλα χρηστὸν ὄντα, μιμεῖσθαι τοὺς φαύλους ἐραστὰς
οἴκου καὶ γάμου καὶ πραγμάτων μεγάλων ἀποστε-
ροῦντα τὸν φίλον, ὅπως ἄθικτος αὐτῷ καὶ νεαρὸς ἀπο-
δύοιτο πλεῖστον χρόνον ἐν ταῖς παλαίστραις.

III. * Ἵνα οὖν μὴ παροξύνοντες ἀλλήλους κατὰ μικρὸν εἰς ὀργὴν προαγάγοιεν, ὥσπερ διαιτητὰς ἑλόμενοι
καὶ βραβευτὰς τὸν πατέρα καὶ τοὺς σὺν αὐτῷ παρεγέ-
νοντο· (2) καὶ τῶν ἄλλων φίλων, οἷον ἐκ παρασκευῆς,
τῷ μὲν ὁ Δαφναῖος παρῆν, τῷ δὲ ὁ Πρωτογένης· ἀλλὰ
οὗτος μὲν ἀνέδην ἔλεγε κακῶς τὴν Ἰσμηνοδώραν· (3)
ὁ δὲ Δαφναῖος, Ὦ Ἡράκλεις, ἔφη, τί οὐκ ἄν τις προσ-
δοκήσειεν, εἰ καὶ Πρωτογένης ἔρωτι πολεμήσων πάρεστιν; ᾧ καὶ παιδιὰ πᾶσα καὶ σπουδὴ περὶ Ἔρωτα
καὶ δι' Ἔρωτος,

Λήθη δὲ λόγων, λήθη δὲ πάτρας,

οὐχ ὡς τῷ Λαΐῳ πέντε μόνον ἡμερῶν ἀπέχοντι τῆς
πατρίδος· βραδὺς γὰρ ὁ ἐκείνου καὶ χερσαῖος Ἔρως·
(4) ὁ δὲ σὸς ἐκ Κιλικίας Ἀθήναζε

λαιψηρὰ κυκλώσας πτερὰ

διαπόντιος πέταται, τοὺς καλοὺς ἐφορῶν καὶ συμπλανώ-
μενος. Ἀμέλει γὰρ ἐξ ἀρχῆς ἐγεγόνει τοιαύτη τις αἰτία
τῷ Πρωτογένει τῆς ἀποδημίας.

IV. Γενομένου δὲ γέλωτος, ὁ Πρωτογένης, Ἐγὼ δέ
σοι δοκῶ, εἶπεν, Ἔρωτι νῦν πολεμεῖν, οὐχ ὑπὲρ Ἔρωτος
διαμάχεσθαι πρὸς ἀκολασίαν καὶ ὕβριν αἰσχίστοις
πράγμασι καὶ πάθεσιν εἰς τὰ κάλλιστα καὶ σεμνότατα
τῶν ὀνομάτων εἰσβιαζομένην; (2) Καὶ ὁ Δαφναῖος, Αἴσχιστον δὲ καλεῖς, ἔφη, γάμον καὶ σύνοδον ἀνδρὸς καὶ
γυναικός, ἧς οὐ γέγονεν οὐδ' ἔστιν ἱερωτέρα κατάζευ-
ξις; (3) Ἀλλὰ ταῦτα μὲν, εἶπεν ὁ Πρωτογένης, ἀναγκαῖα
πρὸς γένεσιν ὄντα, σεμνύνουσιν οὐ φαύλως οἱ νομοθέται
καὶ κατευλογοῦσι πρὸς τοὺς πολλούς· ἀληθινοῦ δὲ
Ἔρωτος οὐδ' ὁτιοῦν τῇ γυναικωνίτιδι μέτεστιν, οὐδ'
ἐρᾶν ὑμᾶς ἔγωγέ φημι τοὺς γυναιξὶ προσπεπονθότας
ἢ παρθένοις, ὥσπερ οὐδὲ μυῖα γάλακτος, οὐδὲ μέλιτται
κηρίων ἐρῶσιν, οὐδὲ σιτευταὶ καὶ μάγειροι φιλοφρονοῦσι
πιαίνοντες ὑπὸ σκότῳ μόσχους καὶ ὄρνιθας. (4) Ἀλλ'
ὥσπερ ἐπὶ σιτίον ἄγει καὶ ὄψον ἡ φύσις μετρίως καὶ
ἱκανῶς τὴν ὄρεξιν, ἡ δὲ ὑπερβολὴ πάθος ἐνεργασαμένη
λαιμαργία τις ἢ φιλοψία καλεῖται· οὕτως ἔνεστι τῇ
φύσει τὸ δεῖσθαι τῆς ἀπ' ἀλλήλων ἡδονῆς γυναῖκας καὶ
ἄνδρας, τὴν δὲ ἐπὶ τοῦτο κινοῦσαν ὁρμὴν σφοδρότητι
καὶ ῥώμῃ γενομένην πολλὴν καὶ δυσκάθεκτον οὐ προσηκόντως Ἔρωτα καλοῦσιν. (5) Ἔρως γὰρ εὐφυοῦς καὶ
νέας ψυχῆς ἁψάμενος εἰς ἀρετὴν διὰ φιλίας τελευτᾷ·
ταῖς δὲ πρὸς γυναῖκας ἐπιθυμίαις ταύταις, ἂν ἄριστα
πέσωσιν, ἡδονὴν περίεστι καρποῦσθαι καὶ ἀπόλαυσιν

---

quid ex re foret deliberandum dedit : quorum hic patruelis
senior ejus, Pisias amatorum acerrimus erat; (11) ideoque
nuptias pro virili impediebat, et Anthemionem culpabat qui
Ismenodoræ adolescentem proderet.   Contra Anthemio
eum male aiebat facere, et ceteroqui probum, hic æmulari
vitiosos amatores, dum domo, matrimonio rebusque magnis
amicum privaret, ut is intactus et recens ipsi diutissime in
palæstris se nudaret.

III. Ergo ne se invicem irritantes paulatim prorsus excan-
descerent, advenerunt arbitrium patri et qui cum eo erant
deferentes.   (2) De reliquis amicis, tanquam de composito,
Anthemioni Daphnæus patrocinabatur, Pisiæ Protogenes.
Qui quum effuse insectaretur Ismenodoram,   (3) O Hercules, inquit Daphnæus, quid non exspectemus, quando etiam
Protogenes adest bellum amori facturus? cui seria et joca
omnia circum Amorem et propter Amorem sunt,

oblito sermonum, patriæ,

a qua non quinque duntaxat dierum spatio abest Laii exemplo, qui tardus fuit et terrestris Amor :   (4) tuus vero,
Protogenes, Amor e Cilicia usque Athenas

alas præpetes rotans

trans mare advolavit, ut formosos visat, cumque iis
oberret.   Videbatur autem principio talis quædam causa
Protogeni suæ fuisse peregrinationis.

IV. Oborto risu, Protogenes, Ego vero, inquit, tibi videor nunc Amorem impugnare, non pro Amore propugnare
adversus intemperantiam et libidinem, quæ turpissimis
factis atque affectibus in honestissima se nomina intrudit?
(2) Turpissimum vero vocas, aiebat Daphnæus, nuptias et
viri cum muliere consuetudinem? qua nulla est aut fuit
unquam sanctior conjunctio.   (3) Hæc quidem, respondebat Protogenes, ad generationem necessaria non male laudibus vehunt legumlatores et apud multitudinem prædicant :
veri Amoris ne minima quidem particula in gynæceo exstat :
negoque ego vos erga mulieres aut virgines affectos amare ;
nam neque musca lac, neque favos apis amat ; neque sagi-
natores et coqui benevolentiæ causa vitulos et aves in tenebris saginant.   (4) Sed quemadmodum ad cibum natura
moderato et sufficiente ducit appetitu, nimius jam vitium
ingenerat et gulositas fere et helluatio vocatur : ita comparatum est natura, ut vir et mulier mutuo a se voluptatem
expetant ; quæ vero ad hoc movet concupiscentia, vehementior et effrenis, non convenienter Amor vocatur.   (5)
Amor enim, ubi generosam adolescentis attigit indolem, in
virtutem per amicitiam desinit : his autem cupiditatibus,
quibus mulier et vir se invicem avent, si res optime cadat,
licet corporis voluptate potiri et formæ ætatisque fructum
percipere : sicut Aristippus testatum fecit, qui Laidem apud

ὥρας καὶ σώματος, ὡς ἐμαρτύρησεν Ἀρίστιππος τῷ κα-
τηγοροῦντι Λαΐδος πρὸς αὐτὸν, ὡς οὐ φιλούσης, ἀποκρινάμενος ὅτι καὶ τὸν οἶνον οἴεται καὶ τὸν ἰχθὺν μὴ φιλεῖν
αὐτὸν, ἀλλ' ἡδέως ἑκατέρῳ χρῆται. (6) Τέλος γὰρ
5 ἐπιθυμίας ἡδονὴ καὶ ἀπόλαυσις· Ἔρως δὲ προσδοκίαν
φιλίας ἀποβαλὼν οὐκ ἐθέλει παραμένειν οὐδὲ θεραπεύειν
ἐφ' ὥρᾳ τὸ λυποῦν καὶ ἀκμάζον, εἰ καρπὸν ἤθους οἰκεῖον εἰς φιλίαν καὶ ἀρετὴν οὐκ ἀποδίδωσιν. (7) Ἀκούεις
δέ τινος τραγικοῦ γαμέτου λέγοντος πρὸς τὴν γυναῖκα,

10   Μισεῖς; ἐγὼ δὲ ῥᾳδίως μισήσομαι,
     πρὸς κέρδος ἕλκων τὴν ἐμὴν ἀτιμίαν.

(8) Τούτου γὰρ οὐδέν ἐστιν ἐρωτικώτερον ὁ μὴ διὰ κέρ-
δος, ἀλλ' ἀφροδισίων ἕνεκα καὶ συνουσίας ὑπομένων
γυναῖκα μοχθηρὰν καὶ ἄστοργον· ὥσπερ Στρατοκλεῖ
15 τῷ ῥήτορι Φιλιππίδης ὁ κωμικὸς ἐπεγγελῶν ἐποίησεν,

     Ἀποστρεφομένης τὴν κορυφὴν φιλεῖς μόλις.

(9) Εἰ δ' οὖν καὶ τοῦτο τὸ πάθος δεῖ καλεῖν Ἔρωτα,
θῆλυν καὶ νόθον ὥσπερ εἰς Κυνόσαργες συντελοῦντα τὴν
γυναικωνῖτιν· μᾶλλον δὲ ὥσπερ ἀετόν τινα λέγουσι
20 γνήσιον καὶ ὀρεινόν, * ὃν Ὅμηρος μέλανα καὶ θηρευτὴν προσεῖπεν, ἄλλα δὲ γένη νόθων ἐστὶν ἰχθῦς περὶ
ἕλη καὶ ὄρνιθας ἀργοὺς λαμβανόντων, ἀπορούμενοι δὲ
πολλάκις ἀναφθέγγονταί τι λιμῶδες καὶ ὀδυρτικόν· (10)
οὕτως Ἔρως ὁ γνήσιος ὁ παιδικός ἐστιν, οὗ « πόθῳ
25 « στίλβων, » ὡς ἔφη τὸν παρθένιον Ἀνακρέων, οὐδὲ
« μύρων ἀνάπλεως καὶ γεγανωμένος, » ἀλλὰ λιτὸν αὐτὸν ὄψει καὶ ἄθρυπτον ἐν σχολαῖς φιλοσόφοις ἢ που
περὶ γυμνάσια καὶ παλαίστρας, περὶ θήραν νέων ὀξὺ
μάλα καὶ γενναῖον ἐγκελευόμενον πρὸς ἀρετὴν τοῖς
30 ἀξίοις ἐπιμελείας· (11) τὸν δὲ ὑγρὸν τοῦτον καὶ οἰκουρὸν ἐν κόλποις διατρίβοντα καὶ κλινιδίοις γυναικῶν ἀεὶ
διώκοντα τὰ μαλθακὰ καὶ θρυπτόμενον ἡδοναῖς ἀνάν-
δροις καὶ ἀφίλοις καὶ ἀνενθουσιάστοις καταβάλλειν
ἄξιον, ὡς καὶ Σόλων κατέβαλε· δούλοις μὲν γὰρ ἐρᾶν
35 ἀρρένων παίδων ἀπεῖπε καὶ ξηραλοιφεῖν, χρῆσθαι δὲ
συνουσίαις γυναικῶν οὐκ ἐκώλυσε. (12) Καλὸν γὰρ ἡ φιλία καὶ ἀστεῖον· ἡ δὲ ἡδονὴ κοινὸν καὶ ἀνελεύθερον. Ὅθεν
οὐ δούλων ἐρᾶν παίδων ἐλευθέριόν ἐστιν οὐδὲ ἀστεῖον·
συνουσίας γὰρ οὗτος ὁ ἔρως, καθάπερ τῶν γυναικῶν.
40 V. Ἔτι δὲ πλείονα λέγειν προθυμουμένου τοῦ
Πρωτογένους, ἀντικρούσας ὁ Δαφναῖος, Εὖ γε νὴ Δία,
ἔφη, τοῦ Σόλωνος ἐμνήσθης καὶ χρηστέον αὐτῷ γνώ-
μονι τοῦ ἐρωτικοῦ ἀνδρός,

     Ἔσθ' ἥβης ἐρατοῖσιν ἐπ' ἄνθεσι παιδοφιλήσῃ
45   μηρῶν [ἱμείρων] καὶ γλυκεροῦ στόματος,

(2) Πρόσλαβε δὲ τῷ Σόλωνι καὶ τὸν Αἰσχύλον λέγοντα,

     Σέβας δὲ μηρῶν οὐ κατῃδέσω,
     ὦ δυσχάριστε τῶν πυκνῶν φιλημάτων.

50 (3) Ἕτεροι μὲν γὰρ καταγελῶσιν αὐτῶν, εἰ καθάπερ
θύτας καὶ μάντεις εἰς τὰ μηρία καὶ τὴν ὀσφὺν ἀποβλέ-

---

se vituperanti quod non amaret, respondit, *A vino quoque et pisce non puto amari me, tamen utroque libenter vescor.* (6) Nam finis concupiscentiæ voluptas est et fruitio : at Amor, exspectatione amicitiæ amissa, non vult permanere, neque colere formæ gratia id quod molestum est, neque id quod floret, si non fructum ingenii ad amicitiam et virtutem commodum efferat. (7) Audis tragicum quendam maritum hæc uxori dicentem :

     Odisti? at facile invisum me patiar tibi,
     lucro meamque ducam contumeliam.

(8) Nihilo magis hoc amator est, qui non ob lucrum, sed rei venereæ causa perfert uxorem pravam et inhumanam; sicut Philippides comicus Stratoclem oratorem deridens fecit,

     Aversæ retro verticem quam vix amas!

(9) Si tamen hic quoque affectus sit Amor nominandus, effeminatus et spurius, et in gynæceum tanquam in Cynosarges conferens : imo vero, sicuti aquilam quandam dicunt germanam et montanam, quam Homerus *nigram* et *venatricem* vocavit; alia autem sunt spuriarum genera, quæ circum paludes captant pisces et aves ignavas, et sæpe cibi egentes lugubrem edunt præ fame sonum : (10) sic germanus Amor est puerorum; non *fulgens desiderio*, ut de virgineo Anacreon ait, neque *unguentis delibutus* et *lætus* : sed nudum eum et absque mollitie videbis in scholis philosophorum aut circa palæstras et gymnasia, in venatione adolescentium acuta et generosa admodum voce ad virtutem eos exhortantem qui digni sunt accuratione : (11) mollem autem istum et domo affixum, invenies in mulierum gremiis et spondis versantem, semper mollia consectantem, et voluptatibus indulgentem a fortitudine, amicitia, instinctu animi divino alienis, dignum qui damnetur; ut Solon quoque damnavit, qui puerorum amore et sicca unctione servis interdixit, concubitu mulierum non interdixit. (12) Est amicitia de rebus pulchris et scitis : voluptas vulgare quippiam et illiberale. Ita liberale non est, servum amare puerum; nam hic amor ad coitum spectat, ut amor mulierum.

V. Plura dicere cupientem Protogenem repressit Daphnæus, Recte, inquiens, per Jovem, Solonis est a te facta mentio, eoque utemur judice amatoris :

     Annorum pueros in floribus expete amœnis,
     et femorum atque oris dulciculi cupiens.

(2) Adjunge etiam Soloni Æschylum, ita canentem,

     Femoris honorem non reveritus es tamen,
     ingrate mihi pro tot frequentibus osculis.

(3) Alii enim derident eos, si velut sacrificulos et ariolos amatores jubent in femora et coxam inspicere : ego autem

πειν τοὺς ἐραστὰς κελεύουσιν· ἐγὼ δὲ παμμέγεθες τοῦτο ποιοῦμαι σημεῖον ὑπὲρ τῶν γυναικῶν· (4) εἰ γὰρ ἡ παρὰ φύσιν ὁμιλία πρὸς ἄρρενας οὐκ ἀναιρεῖ τὴν ἐρωτικὴν εὔνοιαν οὐδὲ βλάπτει, πολὺ μᾶλλον εἰκός ἐστι τὸν γυναικῶν ἢ ἀνδρῶν ἔρωτα τῇ φύσει χρώμενον εἰς φιλίαν διὰ χάριτος ἐξικνεῖσθαι. (5) Χάρις γὰρ οὖν, ὦ Πρωτόγενες, ἡ τοῦ θήλεος ὕπειξις τῷ ἄρρενι κέκληται πρὸς τῶν παλαιῶν· ὡς καὶ Πίνδαρος ἔφη τὸν Ἥφαιστον «ἄνευ χαρίτων» ἐκ τῆς Ἥρας γενέσθαι· καὶ τὴν οὔπω γάμων ἔχουσαν ὥραν ἡ Σαπφὼ προσαγορεύουσά φησιν, ὅτι

> Σμικρά μοι πάϊς ἔμμεναι,
> [Ἄτθι,] φαίνεο κἄχαρις·

ὁ δὲ Ἡρακλῆς ὑπό τινος ἐρωτᾶται,

> Βίᾳ δὲ πράξας χάριτας, ἢ πείσας κόρην;

(6) Ἡ δὲ ἀπὸ τῶν ἀρρένων ἀκόντων, μετὰ βίας γενομένη καὶ λεηλασίας, ἂν δὲ ἑκουσίως, σὺν μαλακίᾳ καὶ θηλύτητι «βαίνεσθαι» κατὰ Πλάτωνα «νόμῳ τετράποδος καὶ παιδοσπορεῖσθαι» παρὰ φύσιν ἐνδιδόντων, [χάρις] ἄχαρις παντάπασι καὶ ἀσχήμων καὶ ἀναφρόδιτος. (7) Ὅθεν, οἶμαι, καὶ ὁ Σόλων ἐκεῖνα μὲν ἔγραψε νέος ὢν ἔτι καὶ «σπέρματος πολλοῦ μεστός,» ὡς ὁ Πλάτων φησί· ταυτὶ δὲ πρεσβύτης γενόμενος,

> Ἔργα δὲ Κυπρογενοῦς νῦν μοι φίλα καὶ Διονύσου,
> καὶ Μουσέων, ἃ τίθησ᾽ ἀνδράσιν εὐφροσύνας·

ὥσπερ ἐκ ζάλης καὶ χειμῶνος καὶ τῶν παιδικῶν ἐρώτων ἔν τινι γαλήνῃ τῇ περὶ γάμον καὶ φιλοσοφίαν θέμενος τὸν βίον. (8) Εἰ μὲν οὖν τὸ ἀληθὲς σκοποῦμεν, ὦ Πρωτόγενες, ἓν καὶ ταὐτόν ἐστι πρὸς παῖδας καὶ γυναῖκας πάθος τὸ τῶν Ἐρώτων· εἰ δὲ βούλοιο φιλονεικῶν διαιρεῖν, οὐ μέτρια δόξει ποιεῖν ὁ παιδικὸς οὗτος, ἀλλ᾽ ὥσπερ ὀψὲ γεγονὼς καὶ παρ᾽ ὥραν τῷ βίῳ νόθος καὶ σκότιος ἐξελαύνει τὸν γνήσιον Ἔρωτα καὶ πρεσβύτερον. (9) Ἐχθὲς γὰρ, ὦ ἑταῖρε, καὶ πρώην μετὰ τὰς ἀποδύσεις καὶ ἀπογυμνώσεις τῶν νέων παραδὺς εἰς τὰ γυμνάσια καὶ προσανατριβόμενος ἡσυχῇ καὶ προσεμβαλών, εἶτα κατὰ μικρὸν ἐν ταῖς παλαίστραις πτεροφυήσας οὐκέτι καθεκτός ἐστιν, * ἀλλὰ λοιδορεῖ καὶ προπηλακίζει τὸν γαμήλιον ἐκεῖνον καὶ συνεργὸν ἀθανασίας τῷ θνητῷ γένει, σβεννυμένην ἡμῶν τὴν φύσιν εὐθὺς ἐξανάπτοντα διὰ τῶν γενέσεων. (10) Οὗτος δὲ ἀρνεῖται τὴν ἡδονήν· αἰσχύνεται γὰρ καὶ φοβεῖται, δεῖ δέ τινος εὐπρεπείας ἁπτομένῳ καλῶν καὶ ὡραίων· πρόφασις οὖν φιλία καὶ ἀρετή· (11) κονίεται δὲ καὶ ψυχρολουτεῖ καὶ τὰς ὀφρῦς αἴρει, καὶ φιλοσοφεῖν φησι καὶ σωφρονεῖ ἔξω διὰ τὸν νόμον· εἶτα νύκτωρ καὶ καθ᾽ ἡσυχίαν

> γλυκεῖ᾽ ὀπώρα φύλακος ἐκλελοιπότος.

(12) Εἰ δὲ, ὥς φησι Πρωτογένης, οὐκ ἔστιν ἀφροδισίων παιδικῶν κοινωνία, πῶς Ἔρως ἐστίν, Ἀφροδίτης μὴ παρούσης, ἣν εἴληχε θεραπεύειν ἐκ θεῶν καὶ περιέπειν, τιμῆς τε μετέχειν καὶ δυνάμεως ὅσον ἐκείνη δίδωσιν;

---

huc permagnum pro mulieribus argumentum censeo. (4) Si enim consuetudo naturæ adversa cum viris nihil adimit amatoriæ benevolentiæ, neque eam lædit, multo magis probabile est, mulierum quam virorum amorem naturæ opera utentem per gratiam ad amicitiam pervenire. (5) Quod enim, Protogenes, mulier viro obsequium præstat, *gratia* fuit ab antiquis dictum : quo sensu Pindarus dicit, *Vulcanum e Junone sine gratiis natum* : et quæ nondum tempestiva nuptiis esset, eam sic compellat Sappho :

> Videbare puellula
> tu mihi, et sine gratiis;

et ex Hercule quidam quærit,

> Vi tu puellæ, an suasu, fruitu's gratiis?

(6) Masculorum autem concubitus, sive vi et cum invitis fiat et more prædonis, sive cum volentibus, conjunctus mollitiei muliebri, secundum Platonem *præbentibus se conscendi et conseri, modo quadrupedum et contra naturam;* omnino est ingratus, fœdus et nihil habens venustatis. (7) Itaque arbitror Solonem ista scripsisse juvenem adhuc et *semine turgentem,* ut idem Plato ait, provecta autem ætate hæc :

> Grata mihi Veneris nunc sunt et dona Lyæi,
> Musarumque : viris dant ea lætitiam :

quum jam veluti ex æstu et tempestate puerilium amorum vitam in tranquillitate matrimonii et philosophiæ collocasset. (8) Enimvero si verum quærimus, Protogenes, una et eadem est Amorum erga mulieres et pueros affectio. Si autem contendendi ductus studio divellere velis, gravis culpæ damnabitur puerilis hic Amor, qui quum tarde in vita et intempestive, quasi spurius et occultus, exstitisset, germanum Amorem expellat. (9) Heri enim, amice, aut nudiustertius, post denudationes corporum adolescentium, in gymnasia obrepens, taciteque se applicans et insinuans, paullatim deinde in palæstris pennas adeptus, non compesci porro potest, sed contumeliose circumscribit Amorem illum conjugalem, qui generi mortali immortalitatem parat, naturam nostram pessum euntem illico resuscitans generando. (10) Is vero masculorum Amor voluptatem inficiatur, pudore et metu compulsus : quumque opus ei sit aliqua præscriptione honesta, dum formosos consectatur, culpam amicitiæ ac virtutis prætextu velat. (11) Itaque in pulvere versatur, frigida lavit, supercilium attollit, philosophari se ait, et pudicitiam servat foris, legis scilicet metu : at noctu et per otium

> pomum remoto dulce custode eripit.

(12) Si vero, ut Protogenes ait, non est puerili Amori communicatio rei venereæ, quomodo Amor est, Venere absente, quam ut colat Amor a diis sortitus est, qui honorem et vim tantam omnino nanciscitur, quantam illa tribuit?

εἰ δ' ἔστι τις Ἔρως χωρὶς Ἀφροδίτης, ὥσπερ μέθη χωρὶς οἴνου πρὸς σύκινον πόμα καὶ κρίθινον, ἄκαρπον αὐτοῦ καὶ ἀτελὲς τὸ ταρακτικόν ἐστι καὶ πλήσμιον καὶ ἀψίκορον.

VI. Λεγομένων τούτων ὁ Πεισίας ἦν δῆλος ἀγανακτῶν καὶ παροξυνόμενος ἐπὶ τὸν Δαφναῖον· μικρὸν δὲ αὐτοῦ καταλιπόντος, Ὦ Ἡράκλεις, ἔφη, τῆς εὐχερείας καὶ θρασύτητος· ἀνθρώπους ὁμολογοῦντας ὥσπερ οἱ κύνες ἐκ [τῶν] μορίων συνηρτῆσθαι πρὸς τὸ θῆλυ μεθιστάναι καὶ μετοικίζειν τὸν θεὸν ἐκ γυμνασίων καὶ περιπάτων καὶ τῆς ἐν ἡλίῳ καθαρᾶς καὶ ἀναπεπταμένης διατριβῆς εἰς ματρυλεῖα καὶ κοπίδας καὶ φάρμακα καὶ μαγεύματα καθειργνύμενον ἀκολάστων γυναικῶν· ἐπεὶ ταῖς γε σώφροσιν οὔτε ἐρᾶν οὔτε ἐρᾶσθαι δή που προσῆκόν ἐστιν. (2) Ἐνταῦθα μέντοι καὶ ὁ πατὴρ ἔφη τοῦ Πρωτογένους ἐπιλαβέσθαι καὶ εἰπεῖν,

Τόδ' ἐξοπλίζει τοὔπος Ἀργεῖον λεών,

καὶ νὴ Δία Δαφναίῳ συνδίκους ἡμᾶς προστίθησιν οὐ μετριάζων ὁ Πεισίας, ἀλλὰ τοῖς γάμοις ἀνέραστον ἐπάγων καὶ ἄμοιρον ἐνθέου φιλίας κοινωνίαν, ἣν τῆς ἐρωτικῆς πειθοῦς καὶ χάριτος ἀπολιπούσης μονονοὺ ζυγοῖς καὶ χαλινοῖς ὑπ' αἰσχύνης καὶ φόβου μάλα μόλις συνεχομένην ὁρῶμεν. (3) Καὶ ὁ Πεισίας, Ἐμοὶ μὲν, εἶπεν, ὀλίγον μέλει τοῦ λόγου· Δαφναῖον δὴ ὁρῶ ταὐτὸν πάσχοντα τῷ χαλκῷ· καὶ γὰρ ἐκεῖνος οὐχ οὕτως ὑπὸ τοῦ πυρός, ὡς ὑπὸ τοῦ πεπυρωμένου χαλκοῦ καὶ ῥέοντος, ἂν ἐπιχέῃ τις, ἀνατήκεται καὶ ῥεῖ συνεξυγραινόμενος· καὶ τοῦτον οὐκ ἐνοχλεῖ τὸ Λυσάνδρας κάλλος, ἀλλὰ συνδιακεκαυμένῳ καὶ γέμοντι πυρὸς ἤδη πολὺν χρόνον πλησιάζων καὶ ἁπτόμενος ἀναπίμπλαται· καὶ δῆλός ἐστιν, εἰ μὴ ταχὺ φύγοι πρὸς ἡμᾶς, συντακησόμενος. (4) Ἀλλ' ὁρῶ, εἶπε, γινόμενον ὅπερ ἂν μάλιστα σπουδάσειεν Ἀνθεμίων, προσκρούοντα τοῖς δικασταῖς καὶ ἐμαυτόν, ὥστε παύομαι. (5) Καὶ ὁ Ἀνθεμίων, Ὤνησας, εἶπεν, ὡς ἔδει γε ἀπ' ἀρχῆς λέγειν τι πρὸς τὴν ὑπόθεσιν.

VII. Λέγω τοίνυν, ὁ Πεισίας ἔφη, προκηρύξας ἐμοῦ γε ἕνεκα πάσαις γυναιξὶν ἐραστήν, ὅτι τῆς γυναικὸς ὁ πλοῦτός ἐστι φυλακτέος τῷ νεανίσκῳ, μὴ συμμίξαντες αὐτὸν ὄγκῳ καὶ βάρει τοσούτῳ λάθοιμεν ὥσπερ ἐν χαλκῷ κασσίτερον ἀφανίσαντες. (2) Μέγα γὰρ ἂν ἐλαφρᾷ καὶ λιτῇ γυναικὶ μειρακίου συνελθόντος εἰς ταὐτὸν ἡ κρᾶσις οἴνου δίκην ἐπικρατήσει· ταύτην δὲ ὁρῶμεν ἄρχειν καὶ κρατεῖν δοκοῦσαν· οὐ γὰρ ἂν ἀπορρίψασα δόξας καὶ γένη τηλικαῦτα καὶ πλούτους, ἐμνᾶτο μειράκιον ἐκ χλαμύδος, ἔτι παιδαγωγεῖσθαι δεόμενον. (3) Ὅθεν οἱ νοῦν ἔχοντες αὐτοὶ προΐενται καὶ περικόπτουσιν ὥσπερ ὠκύπτερα τῶν γυναικῶν τὰ περιττὰ χρήματα, τρυφὰς ἐμποιοῦντα καὶ χαυνότητας ἀβεβαίους καὶ κενάς, ὑφ' ὧν ἐπαιρόμεναι πολλάκις ἀποπέτονται· κἂν μένωσι, χρυσαῖς ὥσπερ ἐν Αἰθιοπίᾳ πέδαις δεδέσθαι βέλτιον ἢ πλούτῳ γυναικός.

Sin est Amor sine Venere, tanquam ebrietas sine vino e ficulneo aut hordeaceo potu, is sine fructu et effectu turbabit fastidiosusque erit.

VI. Hæc dum dicebantur, præ se ferebat haud obscure Pisias, succensere se Daphnæo, et ejus sermonem iniquius ferre. Quumque is paullulum conticuisset, Proh Hercules, inquit Pisias, levitatem et audaciam! hominesne palam profiteri, se cum feminis tanquam canes ex pudendis devinciri, et Amorem e gymnasiis, ambulationibus, et illa sub dio pura atque aperta conversatione traducere atque includere in lupanaria, ad cultellos, medicamenta, veneficia lascivarum mulierum! nam pudicæ quidem neque amare convenit, neque amari. (2) Hoc loco pater aiebat se Protogene apprehenso dixisse,

Hæc verba Achivûm populum ad arma jam vocant :

etenim, per Jovem, Pisias facit ut Daphnæi causæ me adjungam, modum ille excedens, et nuptialis Amoris divinitusque insitæ amicitiæ societatem e matrimonio tollens : quæ si amatoria suadela et gratia privetur, quantum videmus, jugis et frenis a pudore et metu ægerrime continebitur. (3) Non magnæ mihi curæ est, aiebat Pisias, hæc causa. Daphnæum quidem video perinde atque æs affici : nam et æs non ita facile ab igni, ut a fluente et ignito ære, si quis affundat, colliquatur emollitumque fluit : et hunc non perturbat Lysandræ pulchritudo ; sed cum perusto jam et igni pleno dudum degens, ejus contagio afficitur ; neque obscurum est, nisi celeriter ad nos confugiat, colliquatum hominem iri. (4) Interim video id fore, quod maximo opere effectum vellet Anthemio, ut et ego offendam arbitros ; itaque desino. (5) Sane hoc ad rem conducit, aiebat Anthemio; nam ab initio statim aliquid de proposito argumento dicendum fuerat.

VII. Hic Pisias : Dico igitur, proclamans, Bacchoni per me quidem licere omnes amare mulieres, cavendum ei esse ab Ismenodoræ divitiis : ne, dum eum in tantum fastum molemque admiscemus, imprudentes tanquam in ære stannum aboleamus. (2) Magnopere enim, si adolescens cum muliere tenui et humili conjungitur, masculus sexus, ut vinum aqua dilutum, antecellet : atqui hæc imperatura et superior est futura, quantum apparet : non enim alias, projecta gloria tanta et nobilitate generis atque opibus, ambivisset adolescentulum a sumta chlamyde recentem, et cui adhuc pædagogis sit opus. (3) Itaque ii qui sapiunt, ipsi, tanquam alas, mulierum præcidunt et dimittunt nimias divitias, quæ luxuriam iis injiciunt atque ita inanes faciunt, inconstantes et leves, ut elatæ illis sæpe avolent. Alioqui, si maneant, præstat aureis compedibus ligatum manere, quod fit in Æthiopia, quam divitiis uxoriis.

VIII. Ἐκεῖνο δὲ οὐ λέγεις, Πρωτογένης εἶπεν, ὅτι κινδυνεύομεν ἀναστρέφειν ἀτόπως καὶ γελοίως τὸν Ἡσιόδειον ἐκεῖνον λόγον,

Μήτε τριηκόντων ἐτέων μάλα πόλλ' ἀπολείπων,
μήτ' ἐπιθεὶς μάλα πολλά· γάμος δέ τοι ὥριος οὗτος·
ἡ δὲ γυνὴ τέτορ' ἡβώοι, πέμπτῳ δὲ γαμοῖτο·

[εἰ] σχεδὸν ἡμεῖς ἔτεσι τοσούτοις γυναικὶ πρεσβυτέρᾳ, καθάπερ οἱ φοίνικες ἢ σῦκα [ἐρινάζονται, πρώθηβον] καὶ ἄωρον ἄνδρα περιάψομεν. (2) Ἐρᾶται γὰρ αὐτοῦ νὴ Δία καὶ κάεται· τίς οὖν ὁ κωλύων ἐστὶ κωμάζειν ἐπὶ θύρας, ᾄδειν τὸ παρακλαυσίθυρον, ἀναδεῖν τὰ εἰκόνια, παγκρατιάζειν πρὸς τοὺς ἀντεραστάς; ταῦτα γὰρ ἐρωτικά· καὶ καθείσθω τὰς ὀφρῦς, καὶ παυσάσθω τρυφῶσα, καὶ σχῆμα λαβοῦσα τῶν τοῦ πάθους οἰκείων. (3) Εἰ δὲ αἰσχύνεται καὶ σωφρονεῖ, κοσμίως οἴκοι καθήσθω περιμένουσα τοὺς μνωμένους καὶ σπουδάζοντας· ἐρᾶν δὲ φάσκουσαν γυναῖκα φυγεῖν τις ἂν ἔχοι καὶ βδελυχθείη, μήτι γε λάβοι γάμου ποιησάμενος ἀρχὴν τὴν τοιαύτην ἀκρασίαν.

IX. Παυσαμένου δὲ τοῦ Πρωτογένους, Ὁρᾷς, εἶπεν ὁ πατήρ, ὦ Ἀνθεμίων, ὅτι πάλιν κοινὴν ποιοῦσι τὴν ὑπόθεσιν καὶ τὸν λόγον ἀναγκαῖον ἡμῖν τοῖς οὐκ ἀρνουμένοις οὐδὲ φεύγουσι τοῦ περὶ γάμον Ἔρωτος εἶναι χορευταῖς; (2) Καὶ ναὶ μὰ Δία, εἶπεν ὁ Ἀνθεμίων, ἀμύνει διὰ πλειόνων νῦν αὐτοὺς ἐρᾶν· εἰ δὲ τῷ πλούτῳ βοηθήσων, ᾧ μάλιστα δεδίττεται Πεισίας ἡμᾶς. (3) Τί δέ, εἶπεν ὁ πατήρ, οὐκ ἂν ἔγκλημα γένοιτο γυναικός, εἰ δι' ἔρωτα καὶ πλοῦτον ἀποῤῥίψομεν Ἰσμηνοδώραν: βαρεῖα γὰρ καὶ πλουσία· τί δὲ ἡ καλὴ καὶ νέα; τί δὲ ἡ γένει σοβαρὰ καὶ ἔνδοξος; (4) αἱ δὲ σώφρονες οὐδὲ αὐστηρὸν καὶ κατεγρυπωμένον ἐπαχθὲς * * καὶ δυσκαρτέρητον ἔχουσι, καὶ ποινὰς καλοῦσιν αὐτάς, καὶ τοῖς ἀνδράσιν ὀργιζομένας, ὅτι σωφρονοῦσιν; (5) Ἆρα οὖν κράτιστον ἐξ ἀγορᾶς γαμεῖν Ἀβρότονόν τινα Θρῆσσαν, ἢ Βακχίδα Μιλησίαν ἔγγυον ἐπαγομένην δι' ὠνῆς καὶ καταγυσμάτων; (6) Ἀλλὰ καὶ ταύταις ἴσμεν οὐκ ὀλίγους αἴσχιστα δουλεύσαντας· αὐλητρίδες δὲ Σάμιαι καὶ ὀρχηστρίδες, Ἀριστονίκα καὶ τύμπανον ἔχουσα Οἰνάνθη καὶ Ἀγαθόκλεια διαδήμασι βασιλέων ἐπέβησαν. (7) Ἡ δὲ Σύρα Σεμίραμις οἰκότριβος μὲν ἦν βασιλικοῦ θεράπαινα παλλακευομένη· Νίνου δὲ τοῦ μεγάλου βασιλέως ἐντυχόντος αὐτῇ καὶ στέρξαντος, οὕτως ἐκράτησε καὶ κατεφρόνησεν, ὥστε ἀξιῶσαι καὶ μίαν ἡμέραν αὐτὴν περιιδεῖν ἐν τῷ θρόνῳ καθεζομένην, ἔχουσαν τὸ διάδημα καὶ χρηματίζουσαν· (8) δόντος δὲ ἐκείνου, καὶ κελεύσαντος πάντας ὑπηρετεῖν ὥσπερ αὐτῷ καὶ πείθεσθαι, μετρίως ἐχρῆτο τοῖς πρώτοις ἐπιτάγμασι, πειρωμένη τῶν δορυφόρων· ἐπεὶ δὲ ἑώρα μηδὲν ἀντιλέγοντας μηδὲ ὀκνοῦντας, ἐκέλευσε συλλαβεῖν τὸν Νῖνον, εἶτα δῆσαι, τέλος δὲ ἀποκτεῖναι· πραχθέντων δὲ πάντων, ἐβασίλευσε τῆς Ἀσίας ἐπιφανῶς πολὺν χρόνον. (9) Ἡ δὲ Βελεστίχη, πρὸς Διός, οὐ βάρβαρον ἐξ ἀγορᾶς γύναιον; ἧς ἱερὰ καὶ ναοὺς Ἀλεξανδρεῖς ἔχουσιν, ἐπιγράψαντες

VIII. Hoc vero non dicis, aiebat Protogenes, inepte et ridicule Hesiodi illud præceptum a nobis *inverti*,

Tum tibi conjugii mature fœdus initur,
quum triginta annos, vel paullo plusve minusve
impleris vitæ : pubescat quattuor annos
virgo, tum quinto ducatur.

si nos tot annis majori natu mulieri, quemadmodum palmulæ et ficus caprificantur, pubertatem vix assecutum et immaturum adhuc virum applicabimus. (2) Amat, dices, eum, et uritur. Quid vero prohibet, quin comessatum ad fores ejus ipsa eat, et clausis occentet canticum, imagunculas sertis ornet, omni conatu cum rivalibus decertet? hæc enim amatoria sunt; tum supercilia demittat, luxu abstineat, et formam induat huic morbo convenientem. (3) Si vero pudet et casta est, domi desideat modeste, exspectetque procos et studia ambientium ejus nuptias. Mulierem quidem amare profitentem recte fugias et abomineris, minime vero ducas, impudicitiam hanc faciens tui matrimonii principium.

IX. Postquam loqui desiit Protogenes, Videsne, inquit pater, mi Anthemio, rursum eos causam et materiem orationis communem ac necessariam facere nobis, qui non negamus, neque fugimus, quin conjugialis Amoris in choro simus? (2) Et profecto per Jovem, inquit Anthemio, defende Amorem longiore oratione, quippe ipse amans : vel certe adversus objectionem de divitiis agas, qua maxime nos terret Pisias. (3) Tum pater meus ista dixit : Quid tandem non dabitur mulieri vitio, si propter amorem et divitias Ismenodoram rejiciamus? Esto enim imperiosa et dives : quid vero? formosa et juvencula? quid nobilis et illustris; an talis repudiabitur? (4) At pudicæ nonne austeritatem et morositatem molestam et intolerabilem habent, dicunturque Pœnæ, quia præ pudicitia maritis iratæ sunt? (5) Num igitur optimum est e foro nuptum ducere Abrotonum aliquam Thracicam, aut Bacchidem Milesiam, pactam emtione et nucibus sparsis? (6) Sed tamen et harum nonnullis novimus viros turpissime servivisse : quando etiam tibicinæ Samiæ et saltatrices, Aristonica et tympanum gerens Œnanthe atque Agathoclia, regiis diadematibus insultaverunt. (7) Semiramis Syra ancilla fuit famuli regii, et pellex; quam quum Ninus rex ille magnus congressus dilexisset, adeo subegit eum atque contemsit mulier, ut postulaverit ab eo concedi sibi, uti per unum diem ipsa in solio regio sederet, daretque legatis responsa : (8) quod ubi rex concessit, imperavitque universis, ut Semiramidi perinde atque sibi obtemperarent et jussa capesserent; principio ea stipatorum pertentans animos moderate quædam jussit; at postquam vidit eos nihil refragari alacriterque obire mandata, capere eos Ninum, mox vincire, tandem necare jussit : quibus factis, ipsa regnum Asiæ splendide per multos annos gessit. (9) Belestiche vero, dii boni, nonne barbara et emta mulier fuit? cujus templa et fana Alexandrini habent, Veneris Belestichæ nomine, quod

δι' ἔρωτα τοῦ βασιλέως, Ἀφροδίτης Βελεστίχης; (10) Ἡ δὲ σύνναος μὲν ἐνταυθοῖ καὶ συνίερος τοῦ Ἔρωτος, ἐν Δελφοῖς κατάχρυσος δ' ἑστῶσα μετὰ τῶν βασιλέων καὶ βασιλειῶν, ποίᾳ προικὶ τῶν ἐραστῶν ἐκράτησεν; (11) Ἀλλ' ὥσπερ ἐκεῖνοι δι' ἀσθένειαν ἑαυτῶν καὶ μαλακίαν ἔλαθον [ἑαυτοὺς] γενόμενοι λεία γυναικῶν, οὕτω πάλιν ἄδοξοι καὶ πένητες ἕτεροι πλουσίαις γυναιξὶ καὶ λαμπραῖς συνελθόντες, οὐ διεφθάρησαν, οὐδὲ ὑφῆκάν τι τοῦ φρονήματος, ἀλλὰ τιμώμενοι καὶ κρατοῦντες μετ' εὐνοίας συγκατεβίωσαν. (12) Ὁ δὲ συστέλλων τὴν γυναῖκα καὶ συνάγων εἰς μικρὸν, ὥσπερ δακτυλίους δακτύλιον ἴχνος ὧν μὴ περιρρυῇ δεδιὼς, ὅμοιός ἐστι τοῖς ἀποκείρουσι τὰς ἵππους, εἶτα πρὸς ποταμὸν ἢ λίμνην ἄγουσι· καθορῶσαν γὰρ ἑκάστην τὴν εἰκόνα τῆς ὄψεως ἀκαλλῆ καὶ ἄμορφον, ἀφιέναι τὰ φρ[ιμά]γματα λέγεται καὶ προσδέχεσθαι τὰς τῶν ὄνων ἐπιβάσεις. (13) Πλοῦτον δὲ γυναικὸς αἱρεῖσθαι μὲν πρὸ ἀρετῆς ἢ γένους, ἀφιλότιμον καὶ ἀνελεύθερον· ἀρετῇ δὲ καὶ γένει προσόντα φεύγειν ἀβέλτερον. (14) Ὁ μὲν γὰρ Ἀντίγονος ὠχυρωμένῳ τὴν Μουνυχίαν τῷ φρουροῦντι γράφων ἐκέλευε ποιεῖν μὴ μόνον τὸν κλοιὸν ἰσχυρὸν, ἀλλὰ καὶ τὸν κύνα λεπτὸν, ὅπως ὑφαιρῇ τὰς εὐπορίας τῶν Ἀθηναίων· (15) ἀνδρὶ δὲ πλουσίας ἢ καλῆς οὐ προσήκει μηδὲ τὴν γυναῖκα ποιεῖν ἄμορφον ἢ πενιχρὰν, ἀλλ' ἑαυτὸν ἐγκρατείᾳ καὶ φρονήσει, καὶ τῷ μηδὲν ἐκπεπλῆχθαι τῶν περὶ ἐκείνην, ἴσον παρέχειν καὶ ἀδούλωτον, ὥσπερ ἐπὶ ζυγοῦ ῥοπὴν τῷ ἤθει προστιθέντα καὶ βάρος, ὑφ' οὗ κρατεῖται καὶ ἄγεται καλῶς ἅμα καὶ συμφερόντως. (16) Καὶ μὴν ἡλικία γε πρὸς γάμον καὶ ὥρα τὸ τίκτειν ἔχουσα καὶ τὸ γεννᾶν εὐάρμοστός ἐστιν· ἀκμάζειν δὲ τὴν γυναῖκα πυνθάνομαι· καὶ ἅμα τῷ Πεισίᾳ προσμειδιάσας, Οὐδενὸς γὰρ, ἔφη, τῶν ἀντεραστῶν πρεσβυτέρα, οὐδ' ἔχει πολιάς, ὥσπερ ἔνιοι τῶν Βάκχωνι προσαναχρωννυμένων. (17) Εἰ δὲ οὗτοι καθ' ὥραν ὁμιλοῦσι, τί κωλύει κἀκείνην ἐπιμεληθῆναι τοῦ νεανίσκου βέλτιον ἡστινοσοῦν νέας; (18) Δύσμικτα γὰρ τὰ νέα καὶ δυσκέραστα καὶ μόλις ἐν χρόνῳ πολλῷ τὸ φρύαγμα καὶ τὴν ὕβριν ἀφίησιν, ἐν ἀρχῇ δὲ κυμαίνει καὶ ζυγομαχεῖ καὶ μᾶλλον ἂν Ἔρως ἐγγένηται καὶ καθάπερ πνεῦμα κυβερνήτου μὴ παρόντος ἐτάραξε καὶ συνέχεε τὸν γάμον οὔτε ἄρχειν δυναμένων οὔτε ἄρχεσθαι βουλομένων. (19) Εἰ δὲ ἄρχει βρέφους μὲν ἡ τίτθη καὶ παιδὸς ὁ διδάσκαλος, ἐφήβου δὲ γυμνασίαρχος, ἐραστὴς δὲ μειρακίου, γενομένου δὲ ἐν ἡλικίᾳ νόμος καὶ στρατηγὸς, οὐδεὶς δὲ ἄναρχτος οὐδὲ αὐτοτελὴς, τί δεινὸν εἰ γυνὴ νοῦν ἔχουσα πρεσβυτέρα κυβερνήσει νέου βίον ἀνδρὸς, ὠφέλιμος μὲν οὖσα τῷ φρονεῖν μᾶλλον, ἡδεῖα δὲ τῷ φιλεῖν καὶ προσηνής; (20) Τὸ δὲ ὅλον, ἔφη, καὶ τὸν Ἡρακλέα Βοιωτοὺς ὄντας ἔδει σέβεσθαι καὶ μὴ δυσχεραίνειν τῷ παρ' ἡλικίαν τοῦ γάμου, γιγνώσκοντας ὅτι κἀκεῖνος τὴν ἑαυτοῦ γυναῖκα Μεγάραν Ἰολάῳ συνῴκισεν ἑκκαιδεκαέτει τότε ὄντι τρία καὶ τριάκοντα ἔτη γεγενημένην.

ob amorem rex inscripsit. (10) Quæ vero hic communi cum Cupidine templo et sacris fruitur, aureaque stat Delphis juxta reges et reginas, *Phryne,* quanam dote suos subegit amatores? (11) Verum sicut isti ob suam imbecillitatem et mollitiem imprudentes mulierum præda sunt facti, ita rursum alii ignobiles atque pauperes ductis divitibus splendidisque uxoribus, corrupti non sunt, neque de animi magnitudine quicquam dimiserunt, sed honorati et imperantes ipsi amice cum iis vixere. (12) Qui vero uxorem in arctum cogit et comprimit, veluti annulum coarctans, metu ne defluat, similis est eorum qui equas tondent, et deinde ad fluvium vel lacum adducunt : nam suam formam conspicientes fœdatam, ferociam dicuntur amittere, ac pati porro ab asinis se conscendi. (13) Illiberale est porro divitias uxoris virtute aut genere antiquiores ducere; junctas autem his rebus aversari, stultum. (14) Antigonus præfecto munitæ ab se Munychiæ scribens, jubebat non modo millum facere validum, sed et ipsum canem macerare; nimirum ut Atheniensium opes attereret : (15) at marito divitis vel formosæ mulieris non convenit, ut eam deformem pauperemve reddat; sed ut se ipsum continentia ac prudentia, nihilque eorum quæ uxor habet stupendo, æqualem ei suique juris præstet, moribusque suis veluti in trutina pondus momentumque sibi paret, quo uxorem deprimat et sibi obtemperantem habeat, simul utiliter et honeste. (16) Quin etiam ætas in utroque ad nuptias idonea est, et ad pariendum et generandum apta : audio enim in ipso Ismenodoram nunc ætatis vigore esse : simulque ad Pisiam arridens, Nullo enim, aiebat, rivalium grandior natu est, neque canos habet, ut nonnulli eorum qui cum Bacchone consuetudinem et familiaritatem habent : (17) quorum si tempestiva habetur consuetudo, quid impedit, quin ipsa quoque adolescentem tractare possit melius, quam quævis juvencula? (18) Difficulter enim commiscentur juvenes, et vix longo temporis decursu ferociam libidinemque exuunt : initio æstuant et jugum detrectant, maxime autem si quis amor exsistat, is, sicut ventus gubernatore absente navem, facile matrimonium conturbat atque confundit, quum juvenes invicem regere et parere non possint. (19) Jam si nutrix infantem, puerum magister, ephebum gymnasii præfectus, amator amasium, adultum lex et prætor regit, ac nemo sui prorsus juris et omnis imperii immunis est; quid mali habet res, si cordata mulier ætate minoris mariti juvenis gubernet vitam, utilis, quia prudentia eum superet, suavis autem et grata amando futura? (20) In summa vero venerari nos, qui Bœoti sumus, Herculem decet, et matrimonio ætate inæqualium non esse iniquos, quum sciamus, hunc Megaram uxorem suam annos natam tres supra triginta Iolao nuptum dedisse, annum tunc agenti sextum suprà decimum.

X. Τοιούτων λόγων, ὁ πατὴρ ἔφη, παρόντων αὐτοῖς, ἐλθεῖν τοῦ Πεισίου ἑταῖρον ἐκ πόλεως ἵππῳ θέοντα, πρᾶγμα θαυμαστὸν ἀπαγγέλλοντα τετολμημένον. (2) Ἡ γὰρ Ἰσμηνοδώρα, ὡς ἔοικεν, αὐτὸν μὲν οὐκ ἀηδῶς 5 ἔχειν οἰομένη τὸν Βάκχωνα πρὸς τὸν γάμον, αἰσχύνεσθαι δὲ τοὺς ἀποτρέποντας, ἔγνω μὴ προέσθαι τὸ μειράκιον· (3) τῶν οὖν φίλων τοὺς μάλιστα τοῖς βίοις νεαροὺς καὶ συνερῶντας αὐτῇ καὶ τῶν γυναικῶν τὰς συνήθεις μεταπεμψαμένη καὶ συγκροτήσασα, παρεφύ- 10 λαττε τὴν ὥραν, ἣν ὁ Βάκχων ἔθος εἶχεν ἀπιὼν εἰς παλαίστρας παρὰ τὴν οἰκίαν αὐτῆς παρεξιέναι κοσμίως· (4) ὡς οὖν τότε προσῄει μετὰ δυοῖν ἢ τριῶν ἑταίρων ἀληλιμμένος, αὐτὴ μὲν ἐπὶ τὰς θύρας ἀπήντησεν ἡ Ἰσμηνοδώρα καὶ τῆς χλαμύδος ἔθιγε μόνον, οἱ δὲ φίλοι 15 καλὸν καλῶς ἐν τῇ χλαμύδι καὶ τῇ διβολίᾳ συναρπάσαντες εἰς τὴν οἰκίαν παρήνεγκαν ἀθρόοι καὶ τὰς θύρας εὐθὺς ἀπέκλεισαν· (5) ἅμα δὲ αἱ μὲν γυναῖκες ἔνδον αὐτοῦ τὸ χλαμύδιον ἀφαρπάσασαι περιέβαλον ἱμάτιον νυμφικόν· οἰκέται δὲ περικύκλῳ δραμόντες ἀνέστεφον 20 ἐλαίᾳ καὶ δάφνῃ τὰς θύρας οὐ μόνον τὰς τῆς Ἰσμηνοδώρας, ἀλλὰ καὶ τὰς τοῦ Βάκχωνος· ἡ δὲ αὐλητρὶς αὐλοῦσα διεξῆλθε τὸν στενωπόν. (6) Τῶν δὲ Θεσπιέων καὶ τῶν ξένων οἱ μὲν ἐγέλων, οἱ δὲ ἠγανάκτουν καὶ τοὺς γυμνασιάρχους παρώξυνον· ἄρχουσι γὰρ ἰσχυρῶς τῶν 25 ἐφήβων καὶ προσέχουσι τὸν νοῦν σφόδρα τοῖς ὑπ᾽ αὐτῶν πραττομένοις· (7) ἦν δὲ λόγος οὐδεὶς τῶν ἀγωνιζομένων, ἀλλ᾽ ἀφέντες τὸ θέατρον ἐπὶ τῶν θυρῶν τῆς Ἰσμηνοδώρας ἐν λόγοις ἦσαν καὶ φιλονεικίαις πρὸς ἀλλήλους.

XI. Ὡς οὖν ὁ τοῦ Πεισίου φίλος ὥσπερ ἐν πολέμῳ 30 προσελάσας τὸν ἵππον αὐτὸ τοῦτο τεταραγμένος εἶπεν, ὅτι Βάκχωνα ἥρπακεν Ἰσμηνοδώρα, τὸν μὲν Ζεύξιππον ὁ πατὴρ ἔφη γελάσαι καὶ εἰπεῖν, ἅτε δὴ καὶ φιλευριπίδην ὄντα,

 Πλούτῳ χλιδῶσα θνητὰ δ᾽, ὦ γύναι, φρονεῖς·

35 (2) τὸν δὲ Πεισίαν ἀναπηδήσαντα βοᾶν, Ὦ θεοὶ, τί πέρας ἔσται τῆς ἀνατρεπούσης τὴν πόλιν ἡμῶν ἐλευθερίας; ἤδη γὰρ εἰς ἀνομίαν τὰ πράγματα διὰ τῆς αὐτονομίας βαδίζει· (3) καίτοι γελοῖον ἴσως ἀγανακτεῖν περὶ νόμων καὶ δικαίων, ἡ γὰρ φύσις παρανομεῖται γυ- 40 ναικοκρατουμένη· τί τοιοῦτον ἡ Λῆμνος; (4) Ἴωμεν ἡμεῖς, ἴωμεν, εἶπεν, ὅπως καὶ τὸ γυμνάσιον ταῖς γυναιξὶ παραδῶμεν καὶ τὸ βουλευτήριον, εἰ παντάπασιν ἡ πόλις ἐκνενεύρισται. (5) Προάγοντος οὖν τοῦ Πεισίου, ὁ μὲν Πρωτογένης οὐκ ἀπελείπετο τὰ μὲν συνα- 45 γανακτῶν, τὰ δὲ πραΰνων ἐκεῖνον· ὁ δὲ Ἀνθεμίων, Νεανικὸν μὲν, ἔφη, τὸ τόλμημα καὶ Λήμνιον ὡς ἀληθῶς, αὐτοὶ γάρ ἐσμεν, σφόδρα ἐρώσης γυναικός. (6) Καὶ ὁ Σώκλαρος ὑπομειδιῶν, Οἴει γὰρ ἁρπαγὴν, ἔφη, γεγονέναι καὶ βιασμὸν, οὐκ ἀπολόγημα καὶ στρατήγημα 50 τοῦ νεανίσκου νοῦν ἔχοντος, ὅτι τὰς τῶν ἐραστῶν ἀγκάλας διαφυγὼν ἐξηυτομόληκεν εἰς χεῖρας καλῆς καὶ πλουσίας γυναικός; (7) Μὴ λέγε ταῦτα, εἶπεν, ὦ Σώκλαρε, μηδ᾽ ὑπονόει ἐπὶ Βάκχωνος, ὁ Ἀνθεμίων·

X. Dum hæc illi inter se colloquuntur, Pisiæ socius (sic enim narrabat pater) equo citato ex urbe venit, mirum renuncians audaxque facinus. (2) Etenim Ismenodora, existimans, ut erat probabile, ipsum Bacchonem neutiquam a nuptiis abhorrere, tantum eos vereri qui dehortabantur; statuerat adolescentem non dimittere. (3) Itaque accitis qui amicorum maxime erant audaces, ejusque amori favebant, et mulieribus familiaribus, re cum iis composita, horam exspectavit, qua Baccho erat de more in palæstras præter domum ipsius iturus. (4) Qui ut eo venit unctus, cum duobus aut tribus sodalibus, ipsa sub fores ei occurrit Ismenodora, et chlamydem modo ejus attigit : amici autem pulchrum pulchre in chlamyde ipsa et dibolia arreptum frequentes intra domum pertulerunt, statimque fores occluserunt. (5) Simul et mulieres intus Bacchoni chlamydem deripuerunt, et nuptialem injecerunt vestem : servi autem circumcursitantes olea lauroque fores non Ismenodoræ modo, sed Bacchonis etiam redimiverunt : et tibicina canens per vicum transivit. (6) Thespiensium vero et hospitum alii risere, alii indignati sunt, ac gymnasii præfectos instigaverunt, quorum est validum in ephebos imperium, et valde diligenter attendunt eorum facta : (7) sed qui certabant, nihil istos morati, theatro relicto, ad fores Ismenodoræ accurrerunt, ibique inter se collocuti et altercati sunt.

XI. Postquam ergo Pisiæ amicus tanquam in bello advenit concitati equi cursu, idque ipsum perturbatus renunciavit, raptum esse ab Ismenodora Bacchonem; Zeuxippum aiebat pater risisse, utque erat Euripidis studiosus, versum hunc pronunciasse,

 Opibus luxurians, mulier, agis humanitus :

(2) Pisiam vero exsilientem clamasse, Proh deûm fidem, quis finis erit evertentis civitatem nostram licentiæ? jam enim libertas nostra in violationem legum excedit : (3) quanquam ridiculum fortasse est ob leges et jus indignari, quum ipsi naturæ vis fiat, injuste sub mulierum redactæ imperium : quid Lemnus tale habuit? (4) Eamus nos (subjecit), eamus, ut gymnasium quoque et curiam mulieribus tradamus, si omnino enervata est civitas. (5) Ergo præeuntem Pisiam Protogenes comitatus est, partim socius indignationis, partim eum demitigans. Anthemion autem, Audax profecto, inquit, facinus hoc est, et re vera Lemnium (soli enim sumus, ut ex animi sententia loqui possimus), mulieris vehementer amantis. (6) Tum renidens Soclarus, Putas vero, inquit, raptionem vimque factam esse, non defensionem et callidum artificium astuti adolescentis, qui ex ulnis amatorum profugerit in manus pulchræ et formosæ uxoris? (7) Noli hæc, aiebat Anthemion, dicere, Soclare, aut suspicari de Bacchone, qui, etiamsi non

καὶ γὰρ εἰ μὴ φύσει τὸν τρόπον ἁπλοῦς ἦν καὶ ἀφελής,
ἐμέ γ' οὐκ ἂν ἀπεκρύψατο, τῶν τ' ἄλλων μεταδιδοὺς
ἁπάντων, ἔν τε τούτοις ὁρῶν προθυμότατον ὄντα τῆς
Ἰσμηνοδώρας βοηθόν· (8) Ἔρωτι δὲ μάχεσθαι χαλεπὸν, οὐ θυμῷ, καθ' Ἡράκλειτον· ὅ, τι γὰρ ἂν θελήσῃ,
καὶ ψυχῆς ὠνεῖται καὶ χρημάτων καὶ δόξης. (9)
Ἐπεὶ τί κοσμιώτερον Ἰσμηνοδώρας ἐν τῇ πόλει; πότε
δὲ εἰσῆλθεν ἢ λόγος αἰσχρὸς ἢ πράξεως ὑπόνοια φαύλης
ἔθιγε τῆς οἰκίας; ἀλλ' ἔοικε θεία τις ὄντως εἰληφέναι
τὴν ἄνθρωπον ἐπίπνοια, καὶ κρείττων ἀνθρωπίνου λογισμοῦ.

XII. Καὶ ὁ Πεμπτίδης ἐπιγελάσας, Ἀμέλει καὶ σώματός τις, ἔφη, νόσος ἐστὶν, ἣν ἱερὰν καλοῦσιν· οὐδὲν
οὖν ἄτοπον εἰ καὶ ψυχῆς τὸ μανικώτατον πάθος καὶ
μέγιστον, ἱερὸν καὶ θεῖον ἔνιοι προσαγορεύουσιν. (2)
Εἶτα ὥσπερ ἐν Αἰγύπτῳ ποτὲ γείτονας ἑώρων δύο διαμ-
φισβητοῦντας, ὄφεως προσερπύσαντος εἰς τὴν ὁδὸν, ἀμφοτέρων μὲν ἀγαθὸν δαίμονα καλούντων, ἑκατέρου δ'
ἔχειν ἀξιοῦντος ὡς ἴδιον· οὕτως ὁρῶν ὑμῶν ἄρτι τοὺς μὲν
εἰς τὴν ἀνδρωνῖτιν ἕλκοντας τὸν Ἔρωτα, τοὺς δ' εἰς
τὴν γυναικωνῖτιν, ὑπερφυὲς καὶ θεῖον ἀγαθὸν, οὐκ ἐθαύ-
μαζον, εἰ τηλικαύτην δύναμιν ἔσχε καὶ τιμὴν τὸ πάθος,
οἷς ἦν προσῆκον ἐξελαύνειν αὐτὸ πανταχόθεν καὶ κολούειν, ὑπὸ τούτων αὐξανόμενον καὶ σεμνυνόμενον. (3)
Ἄρτι μὲν οὖν ἡσυχίαν ἦγον· ἐν γὰρ ἰδίοις μᾶλλον ἢ
κοινοῖς ἑώρων τὴν ἀμφισβήτησιν οὖσαν· * νυνὶ δὲ ἀπηλλαγμένος Πεισίου, ἡδέως ἂν ὑμῶν ἀκούσαιμι πρὸς τί
βλέψαντες ἀπεφήναντο τὸν Ἔρωτα θεὸν οἱ πρῶτοι τοῦτο
λέξαντες.

XIII. Παυσαμένου δὲ τοῦ Πεμπτίδου καὶ τοῦ πατρὸς ἀρξαμένου τι περὶ τούτων λέγειν, ἕτερος ἧκεν ἐκ
πόλεως, τὸν Ἀνθεμίωνα μεταπεμπομένης τῆς Ἰσμηνο-
δώρας· ἐπέτεινε γὰρ ἡ ταραχὴ, καὶ τῶν γυμνασιαρχῶν
ἦν διαφορά, τοῦ μὲν οἰομένου δεῖν τοῦ Βάκχωνα ἀπαιτεῖν, τοῦ δὲ πολυπραγμονεῖν οὐκ ἐῶντος. (2) Ὁ μὲν
οὖν Ἀνθεμίων ἀναστὰς ἐβάδιζεν· ὁ δὲ πατὴρ τὸν Πεμπτίδην ὀνομαστὶ προσαγορεύσας, Μεγάλου μοι δοκεῖς
ἅπτεσθαι, εἶπεν, καὶ παραβόλου πράγματος, ὦ Πεμ-
τίδη, μᾶλλον δὲ ὅλως τὰ ἀκίνητα κινεῖν τῆς περὶ θεῶν
δόξης ἣν ἔχομεν, περὶ ἑκάστου λόγον ἀπαιτῶν καὶ ἀπό-
δειξιν· (3) ἀρκεῖ γὰρ ἡ πάτριος καὶ παλαιὰ πίστις, ἧς
οὐκ ἔστιν εἰπεῖν οὐδ' ἀνευρεῖν τεκμήριον ἐναργέστερον,

οὐδ' εἰ δι' ἄκρας τὸ σοφὸν εὕρηται φρενός,

ἀλλ' ἕδρα τις αὕτη καὶ βάσις ὑφεστῶσα κοινὴ πρὸς εὐσέβειαν, ἐὰν ἐφ' ἑνὸς ταράττηται καὶ σαλεύηται τὸ βέβαιον αὐτῆς καὶ νενομισμένον, ἐπισφαλὴς γίνεται πᾶσι
καὶ ὕποπτος. (4) Ἀκούεις δὲ δήπου τὸν Εὐριπίδην,
ὡς ἐθορυβήθη ποιησάμενος ἀρχὴν τῆς Μελανίππης ἐκείνης,

Ζεὺς, [ὅστις ὁ Ζεὺς,] οὐ γὰρ οἶδα πλὴν λόγῳ,

μεταλαβὼν δὲ χορὸν ἄλλον (ἐθάρρει [γὰρ], ὡς ἔοικε, τῷ

---

fuisset natura simplex et candidus, tamen me hoc non ce-
lasset, cui et alia sua arcana credebat omnia, et sciebat me
hac in re promtissimum esse Ismenodoræ adjutorem. (8)
Amori autem, non iræ, ut aiebat Heraclitus, repugnare difficile est, qui quod cupit, et vita et pecunia et fama redimit.
(9) Nam quid modestius Ismenodora in urbe fuit? quando
aut turpis de ea sermo auditus est, aut suspicio facti inho-
nesti ejus domum attigit? Sed videtur profecto mulier divino aliquo instinctu, qui humanam excedat rationem,
impulsa fuisse.

XII. Ibi Pemptides arridens, Nimirum, aiebat, corporis
quidam est morbus, qui sacer dicitur; ut absurdum non
sit, morbum animi furiosissimum et maximum a quibusdam sacrum et divinum appellari. (2) Ceterum sicut in
Ægypto aliquando vidi vicinos duos litigantes, quum ser-
pens in limite arrepsisset, ambos eum bonum genium
vocare, et utrumque sibi eum vindicare : ita non sum
miratus, videns Amorem, ingens ac divinum bonum, a vestrûm aliis in virorum conclavia, ab aliis in gynæceum trahi,
quando tanta vis, tantus honor est Amori, ut a quibus
omnino expelli debebat et opprimi, ii cum amplificent atque
prædicent. (3) Et adhuc quidem me continui, quod de re
propria magis quam communi videbam esse disceptationem : nunc autem, Pisia digresso, libenter ex vobis audi-
vero, quonam respexerint ii, qui primi nomen dei Amori
fecerunt.

XIII. Postquam conticuit Pemptides, et pater cœpit aliquid de hac re dicere, alius ex urbe venit, qui verbis Ismenodoræ Anthemionem arcesseret. Nam tumultus cresce-
bat, et gymnasii præfectis inter se non conveniebat, quum
alter reposcendum Bacchonem censeret, alter negotio non
necessario supersedendum duceret. (2) Proinde surrexit
Anthemion, et abiit. Pater autem Pemptiden nominatim
alloquens, Videre, inquit, rem mihi tentare magnam, audaxque facinus, Pemptide, atque adeo *immobilia*, quod
dicitur, *movere*, causam postulans reddi ac demonstrari
nostrarum de diis opinionum. (3) Sufficit enim antiqua
et a majoribus ad nos propagata persuasio, qua nullum
evidentius dici atque adeo inveniri potest argumentum,

etiam si eruerit mens acris sapientiam :

sed fundamentum quoddam et basis pietati communis est
posita, cujus si uno in loco labefactetur et concutiatur stabi-
litas ac firmitas, ab omnibus habebitur caducum et ruinam
minans. (4) Audivisti haud dubie quo tumultu exceptus
fuerit Euripides, quum hoc fecisset illius Melanippæ principium,

Diespiter, quicumque est, ex fama modo
mihi cognitus,

sumto alio choro, videlicet fidens tragœdiæ diligentissime et

δράματι γεγραμμένῳ πανηγυρικῶς καὶ περιττῶς, ἤλλαξε τὸν στίχον ὡς νῦν γέγραπται,

Ζεὺς, ὡς λέλεκται τῆς ἀληθείας ὕπο.

(5) Τί οὖν διαφέρει τὴν περὶ τοῦ Διὸς δόξαν ἢ τῆς Ἀθηνᾶς ἢ τοῦ Ἔρωτος εἰς ἀμφίβολον τῷ λόγῳ θέσθαι; ἢ
καὶ ἄδηλον; οὐ γὰρ νῦν αἰτεῖ πρῶτον βωμὸν ὁ Ἔρως
καὶ θυσίαν, οὐδὲ ἔπηλυς ἔκ τινος βαρβαρικῆς δεισιδαιμονίας, ὥσπερ Ἄτται τινὲς καὶ Ἀδώνιοι λεγόμενοι,
δι' ἀνδρογύνων καὶ γυναικῶν παραδύεται, καὶ κρύφα
10 τιμὰς οὐ προσηκούσας καρπούμενος, ὥστε παρεισγρα-
φῆς δίκην φεύγειν καὶ νοθείας τῆς ἐν θεοῖς. (6) Ἀλλ'
ὅταν Ἐμπεδοκλέους ἀκούσῃς λέγοντος, ὦ ἑταῖρε,

Καὶ φιλότης ἐν τοῖσιν ἴση μῆκός τε πλάτος τε,
τὴν σὺ νόῳ δέρκου, μηδ' ὄμμασιν ἧσο τεθηπώς·

15 ταῦτα οἴεσθαι χρὴ λέγεσθαι περὶ Ἔρωτος· οὐ γάρ ἐστιν
ὁρατός, ἀλλὰ δοξαστὸς ἡμῖν ὁ θεὸς οὗτος ἐν τοῖς πάνυ
παλαιοῖς· (7) ὧν ἂν περὶ ἑκάστου τεκμήριον ἀπαιτῇς,
παντὸς ἁπτόμενος ἱεροῦ καὶ παντὶ βωμῷ σοφιστικὴν
ἐπάγων πεῖραν, οὐδὲν ἀσυκοφάντητον οὐδὲ ἀβασάνιστον
20 ἀπολείψεις· (8) πόρρω γὰρ οὐκ ἄπειμι,

Τὴν δ' Ἀφροδίτην οὐχ ὁρᾷς ὅση θεός;
ἥδ' ἐστὶν ἡ σπείρουσα καὶ διδοῦσ' Ἔρων,
οὗ πάντες ἐσμὲν οἱ κατὰ χθόν' ἔκγονοι.

Ζείδωρον γὰρ αὐτὴν Ἐμπεδοκλῆς, Εὔκαρπον δὲ Σο-
25 φοκλῆς ἐμμελῶς πάνυ καὶ πρεπόντως ὠνόμασαν. (9)
Ἀλλ' ὅμως τὸ μέγα τοῦτο καὶ θαυμαστὸν Ἀφροδίτης
μὲν ἔργον, Ἔρωτος δὲ πάρεργόν ἐστιν Ἀφροδίτῃ συμ-
παρόντος· μὴ συμπαρόντος δὲ κομιδῇ τὸ γινόμενον
ἄζηλον ἀπολείπεται καὶ ἄτιμον καὶ ἄφιλον. (10)
30 Ἀνέραστος γὰρ ὁμιλία, καθάπερ πεῖνα καὶ δίψα,
πλησμονὴν ἔχουσα πέρας, εἰς οὐδὲν ἐξικνεῖται καλόν·
ἀλλ' ἡ θεὸς Ἔρωτι τὸν κόρον ἀφαιροῦσα τῆς ἡδονῆς,
φιλότητα ποιεῖ καὶ σύγκρασιν. (11) Διὸ Παρμενίδης
μὲν ἀποφαίνει τὸν Ἔρωτα τῶν Ἀφροδίτης ἔργων πρε-
35 σβύτατον, ἐν τῇ Κοσμογονίᾳ γράφων,

Πρώτιστον μὲν Ἔρωτα θεῶν μητίσατο πάντων.

(12) Ἡσίοδος δὲ φυσικώτερον ἐμοὶ δοκεῖ ποιεῖν Ἔρωτα
πάντων προγενέστατον, ἵνα πάντα δι' ἐκεῖνον μετάσχῃ
γενέσεως. (13) Ἂν οὖν τὸν Ἔρωτα τῶν νενομισμένων
40 τιμῶν ἐκβάλλωμεν, οὐδὲ τῆς Ἀφροδίτης κατὰ χώραν
μενοῦσιν. * Οὐδὲ γὰρ τοῦτ' ἐστὶν εἰπεῖν, ὅτι τῷ μὲν
Ἔρωτι λοιδοροῦνταί τινες, ἀλλὰ ἀπέχονται ἐκείνης·
ἀλλὰ ἀπὸ μιᾶς σκηνῆς ἀκούομεν,

Ἔρως γὰρ ἀργὸν κἀπὶ τοιούτοις ἔφυ·

45 καὶ πάλιν,

Ὦ παῖδες, [ἦ τοι Κύπρις] οὐ Κύπρις μόνον,
ἀλλ' ἐστι πολλῶν ὀνομάτων ἐπώνυμος.
Ἔστιν μὲν ᾅδης, ἔστι δ' ἄφθιτος βία,
ἔστιν δὲ λύσσα μαινάς· ·

ὥσπερ οὐδὲ τῶν ἄλλων θεῶν σχεδὸν ἀλοιδόρητος οὐ-
50 δεὶς ἐκπέφευγε τὴν εὐλοιδόρητον ἀμαθίαν. (14) Σχό-

---

ad publicos conventus accommodate populariterque scriptæ,
mutavit versum ita uti nunc legitur,

Diespiter, ut appellat ipsa veritas.

(5) Neque vero refert, utrum de Jove vel Minerva, an vero
de Amore quæ perhibentur, in dubium voces. Num incertæ
originis est? Non enim nunc primum aram et hostiam Cupido exigit, neque ab aliqua barbarica superstitione advena
est, sicut Attæ quidam et Adonii qui dicuntur, ab semima-
ribus et mulieribus introductus, ut cultu quodam furtivo
fruatur, et merito tanquam spurius et dolo inter deos relatus ad causam dicendam citetur. (6) Enimvero Empe-
doclea ista si audis, amice,

Est in eis et amor, longusque et latus eadem :
hunc tu cerne animo; nam frustra lumine quæras
corporeo,

intelligendum est hæc de Amore dici. Neque enim visu
deus, sed intelligentia a nobis cernitur iste, unus de antiquissimis : (7) de quorum singulis si certum indicium quæras, omnia templa pervagans, et quamvis aram sophisticum
sub examen vocans, nihil calumniæ et inquisitionis relin-
ques immune. (8) Ne procul abeam,

At illam Venerem, quanta dea sit non vides?
hæc est quæ hominibus inserit Cupidinem,
cuius omnes, qui terram incolimus, proles sumus.

Venerem sane *Zeidoron*, id est vitæ largitricem, Empedocles; *Frugiferam* Sophocles scite et convenienter appellaverunt. (9) Tamen magnum illud et admirandum, opus est
Veneris, sed quod Amor adjuvet præsens : quo absente, res
venerea neque expetendum aliquid est, et omni honore et
amicitia vacat. (10) Coitus enim sine amore, sicut fames
et sitis, implenda finitus cupiditate in nihil pulchrum desinit :
sed Venus per Amorem fastidium abolens, amicitiam ingenerat et animos contemperat. (11) Itaque Parmenides
Amorem ostendit Veneris operum esse antiquissimum, in
libro de Ortu mundi sic scribens,

Ante omnes alios superos generavit Amorem.

(12) Hesiodus autem naturæ congruentius mihi videtur
Amorem facere omnium antiquissimum, ut per eum omnia
nascantur. (13) Ergo si Amorem decretis ei honoribus spoliamus, ne Veneris quidem cultus suo loco manebit : non
enim hoc dici potest, quosdam Amorem conviciis exagitare, abstinere a Venere : sed ex eadem scena audiuntur
hæc,

Amor otiosus, otiosorum comes :

et rursum,

Pueri, Venus quæ dicta, non tantum est Venus,
sed multorum una nominum vim possidet :
eademque Dis est, visque non superabilis,
eadem furor lymphatus :

sicut et reliquorum fere deorum nullus irreprehensus effugit maledicta inscitiæ ad conviciandum facilis. (14) Con-

πει δὲ τὸν Ἄρην καθάπερ ἐν πίνακι χαλκῷ τὴν ἀντικειμένην ἐκ διαμέτρου τῷ Ἔρωτι χώραν ἔχοντα,
πηλίκας εἴληχε τιμὰς ὑπ' ἀνθρώπων, καὶ πάλιν ὅσα
κακῶς ἀκούει,

5   Τυφλὸς γὰρ, ὦ γυναῖκες, οὐδ' ὁρῶν Ἄρης
    συὸς προσώπῳ πάντα τυρβάζει κακά.

Καὶ « μιαιφόνον » Ὅμηρος αὐτὸν καλεῖ καὶ « ἀλλο-
πρόσαλλον. » (15) Ὁ δὲ Χρύσιππος ἐξηγούμενος τοὔνομα τοῦ θεοῦ κατηγορίαν ποιεῖ καὶ διαβολήν· ἀναιρέ-
10 την γὰρ εἶναι τὸν Ἄρην φησίν, ἀρχὰς διδοὺς τοῖς τὸ
μαχητικὸν ἐν ἡμῖν καὶ διάφορον καὶ θυμοειδὲς Ἄρην
κεκλῆσθαι νομίζουσιν. (16) Ἕτεροι δ' αὖ φήσουσι τὴν
Ἀφροδίτην ἐπιθυμίαν εἶναι καὶ τὸν Ἑρμῆν λόγον καὶ
τέχνας τὰς Μούσας καὶ φρόνησιν τὴν Ἀθηνᾶν. (17)
15 Ὁρᾷς δήπου τὸν ὑπολαμβάνοντα βυθὸν ἡμᾶς ἀθεότητος, ἂν εἰς πάθη καὶ δυνάμεις καὶ ἀρετὰς διαγράφωμεν
ἕκαστον τῶν θεῶν;
    XIV. Ὁρῶ, εἶπεν ὁ Πεμπτίδης, ἀλλ' οὔτε πάθη
τοὺς θεοὺς ποιεῖν ὅσιον, οὔτε αὖ πάλιν τὰ πάθη θεοὺς
20 νομίζειν. (2) Καὶ ὁ πατήρ, Τί οὖν, ἔφη, τὸν Ἄρην
θεὸν εἶναι νομίζεις, ἢ πάθος ἡμέτερον; (3) Ἀποκριναμένου δὲ τοῦ Πεμπτίδου, θεὸν ἡγεῖσθαι τὸν Ἄρην
κοσμοῦντα τὸ θυμοειδὲς ἡμῶν καὶ ἀνδρῶδες· (4) ἀνα-
κραγὼν ὁ πατήρ, Εἶτα, ἔφη, τὸ μὲν παθητικόν, ὦ
25 Πεμπτίδη, καὶ πολεμικὸν καὶ ἀντίπαλον θεὸν ἔχει, τὸ
δὲ φιλητικὸν καὶ κοινωνικὸν καὶ συνελευστικὸν ἄθεόν
ἐστι; (5) καὶ κτείνοντας μὲν ἄρα καὶ κτεινομένους ἀνθρώπους ὅπλα τε καὶ βέλη καὶ τειχομαχίας καὶ λεηλασίας ἐστί τις ἐφορῶν καὶ βραβεύων θεὸς Ἐνυάλιος καὶ
30 Στράτιος· πάθους δὲ γάμου καὶ φιλότητος εἰς ὁμοφρο-
σύνην καὶ κοινωνίαν τελευτώσης οὐδεὶς θεῶν μάρτυς
οὐδ' ἐπίσκοπος, οὐδὲ ἡγεμὼν ἢ συνεργὸς ἡμῖν γέγονεν;
(6) Ἀλλὰ δορκάδας μὲν θηρεύουσι καὶ λαγωοὺς καὶ
ἐλάφους ἀγρότερός τις συνεπιθωΰσσει καὶ συνεξορμᾷ
35 θεός, εὔχονται δ' Ἀρισταίῳ δολοῦντες ὀρύγμασι καὶ
βρόχοις λύκους καὶ ἄρκτους,

    Ὃς πρῶτος θήρεσσιν ἔπηξε ποδάγρας·

(7) ὁ δὲ Ἡρακλῆς ἕτερον θεὸν παρακαλεῖ μέλλων ἐπὶ
τὸν ὄρνιν αἴρεσθαι τὸ τόξον, ὡς Αἰσχύλος φησίν,

40   Ἀγρεὺς δ' Ἀπόλλων ὀρθὸν ἰθύνοι βέλος·

ἀνδρὶ δὲ τὸ κάλλιστον ἐπιχειροῦντι θήραμα φιλίαν
ἑλεῖν, οὔτε θεὸς οὔτε δαίμων ἀπευθύνει καὶ συνεφάπτεται τῆς ὁρμῆς; (8) Ἐγὼ μὲν γὰρ οὐδὲ δρυὸς, οὐδὲ
μορίας οὐδ' ἣν Ὅμηρος « ἡμερίδα » σεμνύνων προσεῖ-
45 πεν, ἀκαλλέστερον ἔρνος οὐδὲ φαυλότερον ἡγοῦμαι φυτὸν ἄνθρωπον, ὦ φίλε Δαφναῖε, βλαστήσεως ὁρμὴν
ἔχοντα διαφαίνουσαν ὥραν καὶ κάλλος ἅμα σώματος
καὶ ψυχῆς.
    XV. Καὶ ὁ Δαφναῖος, Τίς δὲ ἄλλως, εἶπεν, ὦ πρὸς
50 τῶν θεῶν; Οὗτοι νὴ Δία, ἔφη, πάντες, ὁ πατήρ, οἱ
νομίζοντες ἀρότου καὶ σπόρου καὶ φυτείας ἐπιμέλειαν
θεοῖς προσήκειν. (2) Ἢ γὰρ οὐ νύμφαι τινὲς αὐτοῖς
δρυάδες εἰσὶν

---

sidera enim Martem veluti in ærea tabula Amori e regione
et ad lineam oppositum, quantos et honores ei detulerint
homines, et qualibus vicissim impetant conviciis,

    Nam cæcus Mavors, mulieres, et nil videns
    similis apro quæcunque conturbat mala.

Et Homerus eum *homicidiis pollutum* vocat atque *allo-
prosallon*, quod subinde ab una parte ad alteram desciscat.
(14) Chrysippus nomen Martis Ἄρης ducens ab ἀναιρεῖν, id
est interimere, accusat ac reprehendit, ut ansam dederit
iis, qui nostræ indolis partem rationi repugnantem, in qua
irarum ardores exsistunt, putent Martis voce notari. (16)
Sic alii dicent, Venerem esse concupiscentiam, Mercurium
sermonem, artes Musas, Minervam sapientiam. (17) Vides, opinor, quantum nos maneat impietatis profundum, si
singulos deos in affectiones, facultates et virtutes transcri-
bamus?

XIV. Video, aiebat Pemptides; sed neque deos mutari
in affectiones animi fas est, neque has pro diis putare. (2)
Quid ergo? inquit pater; Mars utrum videtur tibi deus, an
affectio humana?(3) Respondit Pemptides, Martem sibi deum
videri eum, qui partem animi nostri irascentem et virilem
componat. (4) Tum exclamans pater, Ergone, inquit,
quod nos perturbat, Pemptida, quod pugnax est et adversarium, deum habet; quod amoris, societatis et congressus
est efficax, eo caret? (5) Est igitur deus, qui homicidia,
arma, jacula, murorum oppugnationes, prædationes inspi-
ciat et gubernet, Enyalius et Stratius inde dictus : affectio
animi et amicitia in nuptias et communitatem desinens,
nullum deorum testem, inspectorem, ducem adjutoremque
habet? (6) Sed capreas quidem qui venantur et lepores et
cervos, silvestre quoddam numen est quod præsens exhor-
tetur et adjuvet; et Aristæo vota faciunt, foveis actis aut la-
queis positis qui lupis aut ursis insidiantur,

    Ille feris primus pedicas quia tendere cœpit :

(7) et Hercules, quum esset sagittam avi intentaturus,
alterius dei auxilium implorat, ut est apud Æschylum,

    Venator Apollo telum recta dirigat :

viri autem pulcherrimam amicitiæ venationem molientis,
neque deus neque genius ullus conatum adjuvat? (8) Ego
quidem neque quercus, neque oleæ sacræ, neque labruscæ,
quam Homerus prædicans ἡμερίδα ob teneritatem vocat,
germine deformius aut deterius germen hominem censeo,
mi Daphnæe, quum ejus pullulatio progressum habeat
pulchritudine quum corporis tum animi splendentem.

XV. Estne, inquit Daphnæus, per deos, qui secus sentiat? Ii, aiebat pater, mehercle, qui opinantur arationis,
sationis, plantationis curam diis convenire. (2) An non
enim Nymphæ quædam illis sunt *Dryades*, eundem cum

Ἰσοδένδρου τέκμαρ αἰῶνος λαχοῦσαι·
δενδρέων δὲ νομὸν Διόνυσος πολυγαθὴς αὐξάνει,
ἁγνὸν φέγγος ὀπώρας,

κατὰ Πίνδαρον· (3) μειρακίων δ' ἄρα καὶ παίδων ἐν
ὥρᾳ καὶ ἄνθει πλαττομένων καὶ ῥυθμιζομένων τροφαὶ
καὶ αὐξήσεις οὐδενὶ θεῶν ἢ δαιμόνων προσήκουσιν;
οὐδ' ἔστιν ᾧ μέλει φυόμενον ἄνθρωπον εἰς ἀρετὴν ὀρθὸν
ἐλθεῖν, * καὶ μὴ παρατραπῆναι μηδὲ κλασθῆναι τὸ
γενναῖον, ἐρημίᾳ κηδεμόνος ἢ κακίᾳ τῶν προστυγχα-
νόντων; (4) Ἢ καὶ τὸ λέγειν ταῦτα δεινόν ἐστι καὶ
ἀχάριστον, ἀπολαύοντάς γε τοῦ θείου τοῦ φιλανθρώπου
πανταχόσε νενεμημένου καὶ μηδαμοῦ προλείποντος ἐν
χρείαις· ὧν ἀναγκαιότερον ἔνιαι τὸ τέλος ἢ κάλλιον
ἔχουσιν; (5) Ὥσπερ εὐθὺς ἡ περὶ τὴν γένεσιν ἡμῶν,
οὐκ εὐπρεπὴς οὖσα δι' αἵματος καὶ ὠδίνων, ὅμως ἔχει
θείαν ἐπίσκοπον Εἰλείθυιαν καὶ Λοχείαν· ἢν δέ που μὴ
γίνεσθαι κρεῖττον ἢ γενέσθαι κακόν, ἁμαρτάνοντα κηδεμόνος ἀγαθοῦ καὶ φύλακος. (6) Οὐ μὴν οὐδὲ νοσοῦντος ἀνθρώπου θεὸς ἀποστατεῖ τὴν περὶ τοῦτο χρείαν
καὶ δύναμιν εἰληχώς, ἀλλὰ οὐδὲ ἀποθανόντος· ἔστι δέ
τις ἐκεῖ κομιστὴρ ἐνθένδε καὶ ἀρωγὸς ἐν τέλει γενομένων κατευναστὴς καὶ ψυχοπομπός, ὥσπερ οὗτος,

Οὐ γάρ με Νὺξ ἔτικτε δεσπότην λύρας,
οὐ μάντιν οὐδ' ἰατρόν, ἀλλὰ [**]
θνητῶν ἅμα ψυχαῖς.

(7) Καὶ τὰ τοιαῦτα πολλὰς ἔχει δυσχερείας· ἐκείνου δ'
οὐκ ἔστιν εἰπεῖν ἔργον ἱερώτερον οὐδὲ ἅμιλλαν ἑτέραν
οὐδὲ ἀγῶνα θεῷ πρέπειν μᾶλλον ἐφορᾶν καὶ βραβεύειν
ἢ τὴν περὶ τοὺς καλοὺς καὶ ὡραίους ἐπιμέλειαν τῶν
ἐρώντων καὶ δίωξιν· (8) οὐδὲν γάρ ἐστιν αἰσχρὸν οὐδ'
ἀναγκαῖον, ἀλλὰ πειθὼ καὶ χάρις ἐνδιδοῦσα « πόνον
ἡδὺν » ὡς ἀληθῶς « κάματόν [τ' εὐκάματον] » ὑφηγεῖται πρὸς ἀρετὴν καὶ φιλίαν, οὔτε ἄνευ θεοῦ τὸ προσῆκον
τέλος λαμβάνουσαν, οὔτε ἄλλον ἔχουσαν ἡγεμόνα καὶ
δεσπότην θεόν, ἀλλὰ τὸν Μουσῶν καὶ Χαρίτων καὶ
Ἀφροδίτης ἑταῖρον, Ἔρωτα.

(9) Γλυκὺ γὰρ θέρος ἀνδρὸς ὑποσπείρων πραπίδων πόθῳ,

κατὰ τὸν Μελανιππίδην, τὰ ἥδιστα μίγνυσι τοῖς καλλί-
στοις· ἢ πῶς, ἔφη, λέγομεν, ὦ Ζεύξιππε;

XVI. Κἀκεῖνος, Οὕτως, ἔφη, νὴ Δία, παντὸς μᾶλ-
λον· ἄτοπον γὰρ ἀμέλει τοὐναντίον. (2) Ἐκεῖνο δέ, ὁ
πατήρ, οὐκ ἄτοπον, εἶπεν, εἰ τέσσαρα γένη τῆς φιλίας
ἐχούσης, ὥσπερ οἱ παλαιοὶ διώρισαν, τὸ φυσικὸν πρῶτον, εἶτα τὸ συγγενικὸν ἐπὶ τούτῳ, καὶ τρίτον τὸ ἑται-
ρικόν, καὶ τελευταῖον τὸ ἐρωτικόν, ἔχει τούτων ἕκαστον
ἐπιστάτην θεὸν ἢ φίλιον ἢ ξένιον ἢ ὁμόγνιον καὶ πα-
τρῷον· μόνον δὲ τὸ ἐρωτικὸν ὥσπερ δυσιεροῦν, ἀνόσιον
καὶ ἀδέσποτον ἀφεῖται, καὶ ταῦτα πλείστης ἐπιμελείας
καὶ κυβερνήσεως δεόμενον; (3) Ἔχει καὶ ταῦτα, ὁ
Ζεύξιππος εἶπεν, οὐ μικρὰν ἀλογίαν. Ἀλλὰ μήν, ὁ
πατὴρ ἔφη, τά γε τοῦ Πλάτωνος ἐπιλάβοιτ' ἂν τοῦ λόγου καὶ παρεξιόντος. (4) Μανία γὰρ ἡ μὲν ἀπὸ σώματος
ἐπὶ ψυχὴν ἀνεσταλμένη δυσκρασίαις τισὶν ἢ συμμίξεσιν

*arbore finem ævi sortitæ : et Bacchus arborum arva ju-
cunditatis plenus, nutrit autumni castum splendorem,* ut est apud Pindarum : (3) adolescentium vero et
puerorum in flore ætatis formandorum componendorumque
nutritio atque incrementa nulli deorum aut geniorum curæ
erunt? neque est qui procuret, ut natus homo ad virtutem
recta feratur, neque indoles ejus generosa avertatur et fran-
gatur, destituta ductore, aut ob pravitatem eorum cum quibus vivit? (4) An potius dirum hoc ingratumque dictu
utique habendum sit; præsertim quum numinis humanitatem percipiamus quaquaversum diffusam nulloque in usu
deficientem nostro; etiam eorum quorum finis necessarius
magis est quam pulcher? (5) Ita statim partus noster, sane
non speciosus, ut qui doloribus et sanguine conficiatur,
tamen habet divinam inspectricem Ilithyiam et Lucinam.
Nimirum autem præstabat non nasci, quam nasci malum
inopia curatoris et custodis. (6) Jam ne ægrotantem quidem hominem deus deserit, qui istis est præfectus usibus,
neque adeo morientem : sed est quidam illic, qui animas hinc
abducat, et auxiliarius morientium, qui somnum conciliet,
et animam ad manes deducat, sicut ille deus (Apollo), de
quo hæc poeta,

Non Nox enim me genuit principem lyræ,
vatemve, aut medicum; sed mortalium simul
animarum deductorem.

(7) Et quidem hæc talia multas habent difficultates : nullum
vero sanctius dici potest studium, neque certamen, ullamve
curam et consectationem arbitrio suo gubernare magis convenit deo, quam pulchrorum et formosorum : (8) nihil
enim habet turpe, nihil coactum; sed persuadendo et gratia
labor vere *dulcis* factus ducit ad virtutem et amicitiam,
quæ neque sine deo potest ad debitum finem pervenire,
neque alium habet ducem et præsidem de diis, quam Amorem, Musarum, Gratiarum et Veneris sodalem. (9) Nam

Segetem inspergens animi dulcem tacito desiderio viri,

ut ait Melanippides, suavissima pulcherrimis permiscet.
Aut quomodo aliter dicemus, Zeuxippe?

XVI. Omnino sic potissimum, ait hic : contrarium enim
aperte absurdum est. (2) Tum pater, Nonne, inquit, absurdum et hoc sit, quum amicitiæ quattuor sint genera, sicut
antiqui distinxerunt, primum naturale, secundum cognationis, tertium societatis, quartum amoris, et quodvis reliquorum habeat deum aliquem sibi præfectum, sive Amicitiæ patronum, sive Hospitalem, sive Gentilem aut Pater-
num : solum quartum, quasi impium, absque deo præside et
procuratore relinquatur? quum quidem plurimum curæ et
gubernationis desideret. (3) Id quoque, aiebat ille, non
parum a ratione alienum est. Enimvero, intulit pater, Platonis quoque sententia disputationi nostræ vel præterire
volenti manum injiciat. (4) Furor enim a corpore in animam immissus intemperie aliqua, aut commixtione, aut

ἢ πνεύματος βλαβεροῦ περιφερομένου τραχεῖα καὶ χαλεπὴ καὶ νοσώδης· (5) ἑτέρα δ' ἐστὶν οὐκ ἀθείαστος οὐδὲ οἰκογενής, ἀλλ' ἔπηλυς ἐπίπνοια καὶ παρατροπὴ τοῦ λογιζομένου καὶ φρονοῦντος ἀρχὴν κρείττονος δυνάμεως ἀρχὴν ἔχουσα καὶ κίνησιν, ἧς τὸ μὲν κοινὸν ἐνθουσιαστικὸν καλεῖται πάθος· (6) ὡς γὰρ ἔμπνουν τὸ πνεύματος πληρωθὲν, ἔμφρον δὲ τὸ φρονήσεως, οὕτως ὁ τοιοῦτος σάλος ψυχῆς ἐνθουσιασμὸς ὠνόμασται, μετοχῇ καὶ κοινωνίᾳ θειοτέρας δυνάμεως· (7) ἐνθουσιασμοῦ δὲ τὸ μαντικὸν ἐξ Ἀπόλλωνος ἐπιπνοίας καὶ κατοχῆς· τὸ δὲ βακχεῖον ἐκ Διονύσου,

    Κἀπὶ Κυρβάντεσι χορεύσατε,

φησὶ Σοφοκλῆς· τὰ γὰρ μητρῷα καὶ πανικὰ κοινωνεῖ τοῖς βακχικοῖς ὀργιασμοῖς. (8) Τρίτη δὲ ἀπὸ Μουσῶν λαβοῦσα ἁπαλὴν καὶ ἄβατον ψυχὴν τὸ ποιητικὸν καὶ μουσικὸν ἐξώρμησε καὶ ἀνερρίπισεν. (9) Ἡ δὲ ἀρειμάνιος αὕτη λεγομένη καὶ πολεμικὴ παντὶ δῆλον ὅτῳ θεῷ ἀνίεται καὶ βακχεύεται

    ἄχαριν ἀκίθαριν δακ[ρυο]γόνον Ἄρ[η
    βοάν] τ' ἔνδημον ἐξοπλίζουσα.

(10) * Λείπεται δὲ τῆς ἐξαλλαγῆς ἐν ἀνθρώπῳ καὶ παρατροπῆς οὐκ ἀμαυρὸν οὐδὲ ἡσυχαῖον, ὦ Δαφναῖε, μόριον, ὑπὲρ οὗ βούλομαι τουτονὶ Πεμπτίδην ἐρέσθαι, * *

    Τί[ς καλλί]καρπον θύρσον ἀνασείει θεῶν,

τὸν φιλητικὸν τοῦτον περὶ παῖδας ἀγαθοὺς καὶ σώφρονας γυναῖκας ἐνθουσιασμὸν πολὺ δριμύτατον ὄντα καὶ θερμότατον; (11) Ἦ γὰρ οὐχ ὁρᾷς, ὡς ὁ μὲν στρατιώτης τὰ ὅπλα θεὶς πέπαυται τῆς πολεμικῆς μανίας,

               Τοῦ μὲν ἔπειτα
γηθόσυνοι θεράποντες ἀπ' ὤμων τεύχε' ἕλοντο,

καὶ κάθηται τῶν ἄλλων ἀπόλεμος θεατής; (2) ταυτὶ δὲ τὰ βακχικὰ καὶ κορυβαντικὰ σκιρτήματα, τὸν ῥυθμὸν μεταβάλλοντες ἐκ τροχαίου καὶ τὸ μέλος ἐκ Φρυγίου πραΰνουσι καὶ καταπαύουσιν· ὡς δ' αὕτως ἡ Πυθία τοῦ τρίποδος ἐκβᾶσα καὶ τοῦ πνεύματος ἐν γαλήνῃ καὶ ἡσυχίᾳ διατελεῖ. (13) Τὴν δὲ ἐρωτικὴν μανίαν τοῦ ἀνθρώπου καθαψαμένην ἀληθῶς καὶ διακαύσασαν, ᾗ οὐ Μοῦσά τις, οὐκ ἐπῳδὴ θελκτήριος, οὐ τόπου μεταβολὴ καθίστησιν· ἀλλὰ καὶ παρόντες ἐρῶσι καὶ ἀπόντες ποθοῦσι καὶ μεθ' ἡμέραν διώκουσι καὶ νύκτωρ θυραυλοῦσι, καὶ νήφοντες καλοῦσι τοὺς καλοὺς καὶ πίνοντες ᾄδουσι. (14) Καὶ οὐχ, ὥς τις εἶπεν, αἱ ποιητικαὶ φαντασίαι διὰ τὴν ἐνάργειαν ἐγρηγορότων ἐνύπνιά εἰσιν, ἀλλὰ μᾶλλον αἱ τῶν ἐρώντων, διαλεγομένων ὡς πρὸς παρόντας, ἀσπαζομένων, ἐγκαλούντων. (15) Ἡ γὰρ ὄψις ἔοικε τὰς μὲν ἄλλας φαντασίας ἐφ' ὑγροῖς ζωγραφεῖν, ταχὺ μαραινομένας καὶ ἀπολειπούσας τὴν διάνοιαν· αἱ δὲ τῶν ἐρωμένων εἰκόνες ὑπ' αὐτῆς οἷον ἐν ἐγκαύμασι γραφόμεναι διὰ πυρὸς εἴδωλα ταῖς μνήμαις ἐναπολείπουσι κινούμενα καὶ ζῶντα καὶ φθεγγόμενα καὶ παραμένοντα

noxii spiritus illapsu, morbus est asper ac difficilis : (5) alius est autem non expers divini instinctus, neque indigena, sed advena afflatus et conturbatio rationis, ejusque principium et motus a meliore est facultate : ejus communis affectio vocatur *enthusiasmus*, qui est furor divinitus immissus : (6) prouti enim ἔμπνουν vocatur, quod spiritu est repletum, et ἔμφρον, quod prudentia : ita hujusmodi exagitatio et fluctuatio animæ *enthusiasmus* dicitur, ob communicationem divinioris facultatis. (7) Enthusiasmorum porro genus divinationi conjunctum, fit Apolline inspirante : cum bacchatione, a Libero est patre :

Et cum Corybantibus saltabitis,

inquit Sophocles : nam Magnæ Matris et Panici furores Bacchi cum orgiis conveniunt. (8) Tertium genus a Musis est, quod excitatum in tenera anima atque integra, poeticam et musicam vim exsuscitat. (9) Arimanius autem ille et bellicosus enthusiasmus satis notum est cui debeatur deo, cui bacchetur, *sine gratiis, sine cithara, lacrimas gignentem Martem et clamorem inter cives excitans.* (10) Restat autem furoris, quo ratio in homine conturbatur, non obscurum aut tranquillum, Daphnæe, genus : de quo ex Pemptida hoc quæram,

Thyrsum florentem fructu quis deûm quatit,

amicitiæ illum inquam effectorem furorem, qui circa pueros præclaros et pudicas feminas cernitur, longe acerrimum illum et calidissimum? (11) Nonne enim vides, bellatorem armis positis liberari bellico furore ;

Illius ex humeris læti mox arma ministri
detraxere ;

spectatque deinde reliquos ipse bello defunctus? (12) Bacchicas quoque has et Corybanticas saltationes modulatione e trochæo, et cantu e Phrygio modo emoto sedant ; eodemque modo Pythia a tripode et spiritu digressa placide conquiescit. (13) Furorem autem amatorium, ubi is hominem plane invasit atque inflammavit, non Musa aliqua, non demulcens incantatio, non loci mutatio compescit : sed et præsentes amant, et absentes desiderant, et interdiu sectantur, et noctu ad fores excubant, et sobrii vocant pulchros, et bibentes canunt. (14) Et non, ut quidam dixit, visa poetarum ob efficacitatem somnia sunt vigilantium ; sed de visis amantium hoc est verum : loquuntur tanquam ad præsentes, salutant, incusant. (15) Etenim visus videtur cetera simulacra in humido depingere facile evanescentia et intellectum destituentia ; at visa amantium, quasi vi ignis inscripta per encausin, imagines in memoria relinquunt, motu, vita, sermone prædita, et in omne tempus per-

τὸν ἄλλον χρόνον. (16) Ὁ μὲν γὰρ Ῥωμαῖος Κάτων ἔλεγε τὴν ψυχὴν τοῦ ἐρῶντος ἐνδιαιτᾶσθαι [ἐν] τῇ τοῦ ἐρωμένου· [οἶμαι δὲ] καὶ τὸ εἶδος καὶ τὸ ἦθος καὶ ὁ βίος καὶ αἱ πράξεις, ὑφ᾽ ὧν ἀγόμενος ταχὺ συναιρεῖ πολλὴν ὁδὸν, ὥσπερ οἱ Κυνικοὶ λέγουσι σύντονον ὁμοῦ καὶ σύντομον εὑρηκέναι πορείαν ἐπ᾽ ἀρετήν· καὶ γὰρ ἐπὶ τὴν φιλίαν * * * καθάπερ ἐπὶ κύματος τοῦ πάθους ἅμα θεῷ φερομένη· (17) λέγω δὴ κεφάλαιον, ὡς οὔτε ἀθείαστον ὁ τῶν ἐρώντων ἐνθουσιασμός ἐστιν, οὔτε ἄλλον ἔχει θεὸν ἐπιστάτην καὶ ἡνίοχον ἢ τοῦτον, ᾧ νῦν ἑορτάζομεν καὶ θύομεν. (18) Ὅμως δ᾽ ἐπεὶ δυνάμει καὶ ὠφελείᾳ μάλιστα θεοῦ * * καθότι καὶ τῶν ἀνθρωπίνων ἀγαθῶν δύο ταῦτα, βασιλείαν καὶ ἀρετὴν, θειότατα καὶ νομίζομεν καὶ ὀνομάζομεν, ὥρα σκοπεῖν πρότερον, εἴ τινι θεῶν ὁ Ἔρως ὑφίεται δυνάμεως. (19) Καίτοι

Μέγα μὲν σθένος ἁ Κύπρις ἐκφέρεται νίκας,

ὥς φησι καὶ Σοφοκλῆς· μεγάλη δὲ ἡ τοῦ Ἄρεος ἰσχύς· καὶ τρόπον τινὰ τῶν ἄλλων θεῶν νενεμημένην δίχα τὴν δύναμιν ἐν τούτοις δρῶμεν· ἡ μὲν γὰρ οἰκειωτικὴ πρὸς τὸ καλὸν, ἡ δ᾽ ἀντιτακτικὴ πρὸς τὸ αἰσχρὸν ἀρχῆθεν ἐγγέγονε ταῖς ψυχαῖς, ὥς που καὶ Πλάτων * * τὰ εἴδη. (20) Σκοπῶμεν οὖν εὐθὺς, ὅτι τῆς Ἀφροδίτης τὸ ἔργον [ἄνευ] Ἔρωτος ὤνιόν ἐστι δραχμῆς, καὶ οὔτε πόνον οὐδεὶς οὔτε κίνδυνον ἀφροδισίων ἕνεκα μὴ ἐρῶν ὑπέμεινε. (21) Καὶ ὅπως ἐνταῦθα μὴ Φρύνην ὀνομάζωμεν, ὦ ἑταῖρε, ἢ Λαΐδα τιν᾽, ἢ Γναθαίνιον

Ἑφέσπερον δαίουσα λαμπτῆρος σέλας

ἐκδεχομένη καὶ καλοῦσα παροδεύεται πολλάκις·

Ἐλθὼν δ᾽ ἐξαπίνης ἄνεμος

σὺν ἔρωτι πολλῷ καὶ πόθῳ ταὐτὸ τοῦτο τῶν Ταντάλου λεγομένων ταλάντων καὶ τῆς αὐτοῦ ἀρχῆς ἀντάξιον ἐποίησεν. Οὕτως ἀσθενὴς καὶ ἀψίκορός ἐστιν ἡ τῆς Ἀφροδίτης χάρις, Ἔρωτος μὴ ἐπιπνεύσαντος. (22) Ἔτι δὲ μᾶλλον κἀκεῖθεν ἂν συνίδοις· πολλοὶ γὰρ ἀφροδισίων ἑτέροις ἐκοινώνησαν, οὐ μόνον ἑταίρας, ἀλλὰ καὶ γαμετὰς προαγωγεύοντες· ὥσπερ καὶ ὁ Ῥωμαῖος ἐκεῖνος, ὦ ἑταῖρε, Κάββας εἱστία Μαικήναν, * ὡς ἔοικεν, εἶτα ὁρῶν διαπληκτιζόμενον ἀπὸ νευμάτων πρὸς τὸ γύναιον, ἀπέκλινεν ἡσυχῇ τὴν κεφαλὴν, ὡς δὴ καθεύδων· (23) ἐν τούτῳ δὴ τῶν οἰκετῶν τινος προσρυέντος ἔξωθεν τῇ τραπέζῃ, καὶ τὸν οἶνον ὑφαιρουμένου, διαβλέψας, « Κακόδαιμον », εἶπεν, « οὐκ οἶσθα, ὅτι μόνῳ Μαικήνᾳ καθεύδω; » τοῦτο μὲν οὖν ἴσως [οὐ] δεινόν ἐστιν· ἦν γὰρ ὁ Κάββας γελωτοποιός. (24) Ἐν δὲ Ἄργει Νικόστρατος ἀντεπολιτεύσατο πρὸς Φάϋλλον· ἐπιδημήσαντος οὖν Φιλίππου τοῦ βασιλέως, ἐπίδοξος ἦν διὰ τῆς γυναικὸς ὁ Φάϋλλος ἐκπρεποῦς οὔσης, εἰ συγγένοιτο τῷ Φιλίππῳ, διαπράξασθαί τινα δυναστείαν αὑτῷ καὶ ἀρχήν· (25) αἰσθομένων δὲ τῶν περὶ Νικόστρατον τοῦτο, καὶ παρὰ τὰς θύρας τῆς οἰκίας περιπατούντων, ὁ Φάϋλλος ὑποδήσας τὴν γυναῖκα κρηπῖσι, καὶ χλα-

---

manentia. (16) Cato quidem Romanus dicebat amantis animam degere in anima amati : sed puto etiam speciem , et mores , et vitam , et actiones : quibus ductus amatus celeriter conficit magnum iter, ut Cynici aiunt se compendiosam simul et continuam invenisse viam ad virtutem. Etenim ad amicitiam [*et virtutem eadem est animæ via per Amorem*,] in affectu , tanquam in fluctu, una cum deo invehenti. (17) Dico autem summam rei : enthusiasmum amantium neque divino afflatu carere, neque alium habere deum præsidem et aurigam quam eum, cui nunc rem sacram facimus diemque festum agimus. (18) Enimvero quum a potentia maxime et utilitate *metiamur numina*, sicut de humanis etiam bonis duo hæc, regnum et virtutem, divinissima censemus atque appellamus, tempus est ut consideremus, an ulli deorum Amor potentia cedat. (19) Sane *magnam vim victoriæ effert Venus*, ut Sophocles ait : magna vis Martis : et quodammodo reliquorum deorum facultatem in hæc duo vidimus dividi. Nam Veneris facultas ad conciliandum bono, Martis ad resistendum malo, principio animis nostris est indita, et fere ita Plato quoque has formas constituit. (20) Hoc igitur initio perpendamus, rem veneream amoris expertem denario prostare, neque ejus gratia quenquam non amantem vel laborem pertulisse, vel periculum adiisse ullum. (21) Ac, ne hic Phrynen nominemus, amice, aut Laidem aliquam, Gnathænium

.

Sub vesperam lucernæ succendens jubar,

sæpenumero exspectans et vocans præteritur :

At subito exoriens ventus

magnum amorem ac desiderium afferens, concubitum ejus reddidit pretio Tantali talentis, quod dicitur, atque adeo ejus amplo imperio comparabilem. Adeo imbecillis et fastidiosa est Veneris gratia, Amore non adspirante. (22) Idque hoc argumento magis etiam cognosces. Multi concubitus socios passi sunt esse alios, non cum scortis modo, sed etiam uxores iis suas prostituentes : ut Cabbas ille Romanus, qui quum, ut fertur, Mæcenatem exciperet, et cum nutibus videret ad suam uxorem alludere, sensim capite inclinato somnum simulavit : (23) quum autem interim servorum quidam ad mensam accessisset extrinsecus, ac vinum suffuraretur, apertis oculis, Perdite, inquit, an nescis me soli dormire Mæcenati? Hoc quidem indignum est facinus fortasse : et erat quoque Cabbas sannio. (24) At Argis contentio erat Nicostrato et Phayllo de republica : eoque quum venisset Philippus rex , apparebat hunc, si uxorem, quæ erat insigni forma, regi abutendam præberet, magistratum aliquem sibi et principatum impetraturum : (25) quumque sentiret hoc Nicostratus cum suis, et circa fores domus obambularet, Phayllus uxori crepidas subligavit, chlamydeque et causia

μύδα περιθεὶς καὶ καυσίαν Μακεδονικὴν, ὡς ἕνα τῶν
βασιλικῶν νεανίσκων παρεισέπεμψε λαθοῦσαν.   (26)
Ἄρ'οὖν, ἐραστῶν τοσούτων γεγονότων καὶ ὄντων, οἶσθα
ἐπὶ ταῖς τοῦ Διὸς τιμαῖς προαγωγὸν ἐρωμένου γενόμενον; ἐγὼ μὲν οὐκ οἶμαι· πόθεν γάρ; ὅπου καὶ τοῖς τυράννοις ἀντιλέγων μὲν οὐδεὶς οὔτε ἀντιπολιτευόμενός
ἐστιν, ἀντερῶντες δὲ πολλοὶ καὶ φιλοτιμούμενοι περὶ
τῶν καλῶν καὶ ὡραίων·   (27) ἀκούετε γὰρ ὅτι καὶ
Ἀριστογείτων ὁ Ἀθηναῖος καὶ Ἀντιλέων Μεταποντῖνος
καὶ Μελάνιππος Ἀκραγαντῖνος οὐ διεφέροντο τοῖς τυράννοις, πάντα τὰ πράγματα λυμαινομένους καὶ πα-
ροινοῦντας ὁρῶντες· ἐπεὶ δὲ τοὺς ἐρωμένους αὐτῶν ἐπεί-
ρων, ὥσπερ ἱεροῖς ἀσύλοις καὶ ἀθίκτοις ἀμύνοντες,
ἠφείδησαν ἑαυτῶν.   (28) Λέγεται καὶ Ἀλέξανδρος
ἐπιστεῖλαι Θεοδώρῳ, Πρωτέου ἀδελφῷ, Πέμψον μοι
τὴν μουσουργὸν δέκα τάλαντα λαβὼν, εἰ μὴ ἐρᾷς αὐ-
τῆς· ἑτέρου δὲ τῶν ἑταίρων Ἀντιπατρίδου μετὰ ψαλτρίας ἐπικωμάσαντος, ἡδέως διατεθεὶς πρὸς τὴν ἄνθρωπον, ἐρέσθαι τὸν Ἀντιπατρίδην, Οὐ δήπου σὺ τυγ-
χάνεις ἐρῶν ταύτης; τοῦ δὲ, Καὶ πάνυ, φήσαντος,
εἰπὼν, Ἀπόλοιο τοίνυν κακὸς κακῶς, ἀποσχέσθαι καὶ
μὴ θιγεῖν τῆς γυναικός.

XVII. Σκόπει τοίνυν αὖθις, ἔφη, τοῖς ἀρηΐοις ἔργοις ὅσον Ἔρως περίεστιν, οὐκ ἀργὸς ὢν, ὡς Εὐριπίδης ἔλεγεν, οὐδὲ ἀστράτευτος, οὐδ'

> Ἐν μαλακαῖσιν [ἐννυχεύ] ων παρειαῖς νεανίδων.

(2) Ἀνὴρ γὰρ ὑποπλησθεὶς Ἔρωτος, οὐδὲν Ἄρεος δεῖται μαχόμενος πολεμίοις, ἀλλὰ τὸν αὑτοῦ θεὸν ἔχων
συνόντα,

> Πῦρ καὶ θάλασσαν καὶ πνοὰς τὰς αἰθέρος
> περᾷν ἕτοιμος

ὑπὲρ τοῦ φίλου, οὗπερ ἂν κελεύῃ.   (3) Τῶν μὲν γὰρ
τοῦ Σοφοκλέους Νιοβιδῶν βαλλομένων καὶ θνησκόντων
ἀνακαλεῖταί τις οὐδένα βοηθὸν ἄλλον οὐδὲ σύμμαχον,
ἢ τὸν ἐραστὴν,

> Ὦ * * * ἀμφ' ἐμοῦ στεῖλαι.

(4) Κλεόμαχον δὲ τὸν Φαρσάλιον ἴστε δήπουθεν ἐξ ἧς
αἰτίας ἐτελεύτησεν ἀγωνιζόμενος; Οὐχ ἡμεῖς γοῦν· οἱ
περὶ Πεμπτίδην ἔφασαν· ἀλλ' ἡδέως ἂν πυθοίμεθα.   (5)
Καὶ γὰρ ἄξιον, ἔφη ὁ πατήρ. Ἧκεν ἐπίκουρος Χαλ-
κιδεῦσι [μετὰ] τοῦ Θεσσαλικοῦ, πολέμου πρὸς Ἐρετριεῖς ἀκμάζοντος· καὶ τὸ μὲν πεζὸν ἐδόκει τοῖς Χαλκιδεῦσιν ἐρρῶσθαι, τοὺς δ' ἱππέας μέγα ἔργον ἦν ὤσα-
σθαι τῶν πολεμίων·   (6) παρεκάλουν δὴ τὸν Κλεόμαχον ἄνδρα λαμπρὸν ὄντα τὴν ψυχὴν οἱ σύμμαχοι,
πρῶτον ἐμβάλλειν εἰς τοὺς ἱππέας· ὁ δὲ ἠρώτησε παρόντα τὸν ἐρώμενον, εἰ μέλλει θεᾶσθαι τὸν ἀγῶνα·
φήσαντος δὲ τοῦ νεανίσκου, καὶ φιλοφρόνως αὐτὸν ἀσπα-
σαμένου καὶ τὸ κράνος ἐπιθέντος, ἐπιγαυρωθεὶς ὁ
Κλεόμαχος καὶ τοὺς ἀρίστους τῶν Θεσσαλῶν συναγαγὼν περὶ αὑτὸν, ἐξήλασε λαμπρῶς καὶ προσέπεσε τοῖς
πολεμίοις, ὥστε συνταράξαι καὶ τρέψασθαι τὸ ἱππικόν·

Macedonica ornatam, tanquam unum de pueris regiis,
ignotam aliis regi submisit. (26) An vero, quum tot fuerint sintque amatores, ullum nosti qui vel Jovis munera
et honores sibi depactus amasium prostituisset? equidem
non puto : unde enim? quando etiam tyrannorum qui se
dictis aut factis in republica opponat, nemo est; multi autem qui de amore formosorum et bonorum adversus eos
certamina susceperint. (27) Audivistis enim Aristogitonem
Atheniensem, Antileontem Metapontinum, Melanippum
Agrigentinum non contendisse cum tyrannis, etsi eos viderent omnia vastare, et violentæ indulgere libidini : postquam autem tyranni eorum tentarunt amasios, tanquam
asyla et sacrosancta defensuri cum capitis periculo illis
restiterunt. (28) Fertur etiam Alexander Theodoro, Pro-
teæ fratri, scripsisse, *Mitte mihi musicam tuam, et pro
ea talenta decem accipe, nisi ipse eam amas :* et rursus,
quum unus de sociis Antipatridas ad ipsum cum psaltria
comessatum venisset, et ea perplacuisset, quæsivisse ex
Antipatrida, numnam amaret psaltriam : quumque is ad
modum a se eam diligi respondisset, fatum, *Male ergo
pereas malus,* abstinuisse etiam contactu mulieris.

XVII. Porro autem considera, quantum Amor excellat
in operibus Martiis, non *ignavus,* ut Euripides vocat non
mollis, nec

> mollibus in puellarum excubans genis.

(2) Vir enim Amoris instinctu repletus nihil indiget Marte
pugnaturus in hostem, sed sui dei fretus præsentia,

> Per ignes, per mare, per ventorum turbines
> promtu 'st transire

amici gratia, quocunque is jusserit. (3) Etenim de Niobæ
filiis apud Sophoclem, quum ii sagittis petiti necarentur,
unus nullum alium auxiliarium sibi inclamat, quam amasium,

> O * * * circum me ponere.

(4) Scitis vero, Cleomachus Pharsalius qua de causa in
pugna perierit? Mihi sane, inquit Pemptidas, ignotum est;
sed audire pervelim. (5) Et profecto cognitione digna res
est, aiebat pater. Flagrante inter Chalcidenses et Eretrienses bello, Chalcidensibus auxilio venerat cum Thessalorum
copiis Cleomachus. Videbantur autem Chalcidenses pedi-
tatu satis valere, sed equites hostium pellere magni erat
arduique res laboris : (6) itaque Cleomachum socii hor-
tabantur, magno virum animo, ut primus equitatum hosti-
lem invaderet. Is ex amasio qui una aderat quæsivit,
spectatorne esse certaminis vellet : quumque affirmasset
juvenis, blandeque exosculatus galeam ei imposuisset,
elato jam animo Cleomachus, Thessalorum optimis ad
se collectis, alacriter in hostem irruit, ita ut equitatum
eorum conturbaret atque disjiceret : (7) fugaque exinde

(7) ἐκ δὲ τούτου καὶ τῶν ὁπλιτῶν φυγόντων, * ἐνίκησαν
κατὰ κράτος οἱ Χαλκιδεῖς· τὸν μέντοι Κλεόμαχον ἀποθανεῖν συνέτυχε· τάφον δ' αὐτοῦ δεικνύουσιν ἐν ἀγορᾷ
Χαλκιδεῖς, ἐφ' οὗ μέχρι νῦν ὁ μέγας ἐφέστηκε κίων·
καὶ τὸ παιδεραστεῖν πρότερον ἐν ψόγῳ τιθέμενοι, τότε
μᾶλλον ἑτέρων ἠγάπησαν καὶ ἐτίμησαν. (8) Ἀριστοτέλης δὲ τὸν μὲν Κλεόμαχον ἄλλως ἀποθανεῖν φησι,
κρατήσαντα τῶν Ἐρετριέων τῇ μάχῃ· τὸν δὲ ὑπὸ τοῦ
ἐρωμένου φιληθέντα, τῶν ἀπὸ Θράκης Χαλκιδέων γενέσθαι, πεμφθέντα τοῖς ἐν Εὐβοίᾳ Χαλκιδεῦσιν ἐπί-
κουρον· (9) ὅθεν ᾄδεσθαι παρὰ τοῖς Χαλκιδεῦσιν,

Ὦ παῖδες, οἳ χαρίτων τε καὶ πατέρων λάχετ' ἐσθλῶν,
μὴ φθονεῖθ' ὥρας ἀγαθοῖσιν ὁμιλίαν·
σὺν γὰρ ἀνδρείᾳ καὶ ὁ λυσιμελὴς Ἔρως
ἐπὶ Χαλκιδέων θάλλει πόλεσιν.

Ἄντων ἦν ὄνομα τῷ ἐραστῇ, τῷ δὲ ἐρωμένῳ Φίλιστος,
ὡς ἐν τοῖς Αἰτίοις Διονύσιος ὁ ποιητὴς ἱστόρησε. (10)
Παρ' ὑμῖν δὲ, ὦ Πεμπτίδη, τοῖς Θηβαίοις, οὐ πανο-
πλίᾳ ὁ ἐραστὴς ἐδωρεῖτο τὸν ἐρώμενον ἐς ἄνδρας ἐγγρα-
φόμενον; ἤλλαξε δὲ καὶ μετέθηκε τάξιν τῶν ὁπλιτῶν
ἐρωτικὸς ἀνὴρ Παμμένης, Ὅμηρον ἐπιμεμψάμενος
ὡς ἀνέραστον, ὅτι κατὰ φῦλα καὶ φρήτρας συνελόχιζε
τοὺς Ἀχαιοὺς, οὐκ ἐρώμενον ἔταττε παρὰ ἐραστὴν, ἵν'
οὕτω γένηται τὸ,

Ἀσπὶς δ' ἀσπίδ' ἔρειδε, κόρυς δὲ κόρυν,

μόνον ἀήττητον ὄντα τῶν στρατηγῶν. (11) Καὶ γὰρ
φυλέτας καὶ οἰκείους καὶ νὴ Δία γονεῖς καὶ παῖδας
ἐγκαταλείπουσιν· ἐραστοῦ δὲ καὶ ἐρωμένου μέσος οὐδεὶς
πώποτε διεξῆλθε πολέμιος, οὐδὲ διεξήλασεν· ὅπου καὶ
μηδὲν δεομένοις [ἐπῄει] ἐπιδεικνύναι τὸ φιλοκίνδυνον
καὶ [οὐ] φιλόψυχον· (12) ὡς Θήρων ὁ Θεσσαλὸς προσ-
βαλὼν τὴν χεῖρα τῷ τοίχῳ τὴν εὐώνυμον, καὶ σπα-
σάμενος τὴν μάχαιραν, ἀπέκοψε τὸν ἀντίχειρα προκαλούμενος τὸν ἀντεραστήν. (13) Ἕτερος δέ τις ἐν
μάχῃ πεσὼν ἐπὶ πρόσωπον, ὡς ἔμελλε παίσειν αὐτὸν ὁ
πολέμιος, ἐδεήθη περιμεῖναι μικρὸν, [μὴ] ὁ ἐρώμενος
ἴδῃ κατὰ νώτου τετρωμένον. (14) Οὐ μόνον τοίνυν τὰ
μαχιμώτατα τῶν ἐθνῶν ἐρωτικώτατα, Βοιωτοὶ καὶ
Λακεδαιμόνιοι καὶ Κρῆτες, ἀλλὰ καὶ τῶν παλαιῶν,
ὁ Μελέαγρος, ὁ Ἀχιλλεὺς, ὁ Ἀριστομένης, ὁ Κίμων,
Ἐπαμινώνδας· (15) καὶ γὰρ οὗτος ἐρωμένους ἔσχεν
Ἀσώπιχον καὶ Καφισόδωρον, ὃς αὐτῷ συναπέθανεν ἐν
Μαντινείᾳ καὶ τέθαπται πλησίον. (16) Τὸν δὲ μω **
φοβερώτερον γενόμενον τοῖς πολεμίοις, καὶ δεινότατον
ὁ πρῶτος ὑποστὰς καὶ πατάξας Εὔκναμος Ἀμφισσεὺς,
ἡρωϊκὰς ἔσχε τιμὰς παρὰ Φωκεῦσιν. (17) Ἡρακλέους
δὲ τοὺς μὲν ἄλλους ἔρωτας ἔργον ἐστὶν εἰπεῖν διὰ πλῆ-
θος· Ἰόλαον δὲ νομίζοντες ἐρώμενον αὐτοῦ γεγονέναι,
μέχρι νῦν σέβονται καὶ τιμῶσιν, ἔρωτος ὅρκους τε
καὶ πίστεις ἐπὶ τοῦ τάφου παρὰ τῶν ἐρωμένων λαμβάνοντες. (18) Λέγεται δὲ καὶ τὴν Ἄλκηστιν ἰατρικὸς
ὢν ἀπεγνωσμένην σῶσαι τῷ Ἀδμήτῳ χαριζόμενος,
ἐρῶντι μὲν αὐτῷ τῆς γυναικὸς, ἐρωμένου δὲ αὐτοῦ γε-

etiam gravis armaturæ militum facta, vi Chalcidenses victoriam obtinuerunt, Cleomacho tamen in pugna interfecto.
Ejus sepulchrum in foro monstrant Chalcidenses, cui etiamnum magna insistit columna; quumque antea masculum
amorem vituperassent, tum aliis magis amplexi sunt atque
honoraverunt. (8) Alioquin Aristoteles Cleomachum quidem esse mortuum scribit, quum pugna vicisset Eretrienses : eum vero, cui osculum amasius dederit, fuisse de
Chalcidensibus e Thracia, missum auxilio Chalcidensibus
Eubœensibus : (9) itaque cani apud Chalcidenses :

O gratia patribusque fortibus quibus obligit nitere,
vestrum nolite bonis negare florem :
nam cum virtute simul Cythereius
celebrat puer urbes Chalcidicas.

Dionysius poeta in Ætiis, Antonem amatoris, amasii nomen
Philistum prodit. (10) Apud vos autem, Pemptida, Thebanos, nonne amator amasium armatura donabat, quando
in virorum censum referebatur? mutavit vero ordinem
gravis armaturæ Pammenes, amatorius homo, et Homerum culpavit ut amoris ignarum, qui secundum tribus et
curias institueret manipulos Achivorum, neque amatorem
juxta amasium collocasset, ut sic illud fieret, quod ipse
dixit,

Scutum
fulcibat scutum, galeam galea, atque virum vir,

quæ sola est invicta acies. (11) Nam tribules profecto,
familiares, adeoque parentes etiam et liberos sunt qui
deserant : per medios amatorem et amasium nullus unquam
penetravit hostis aut perrupit : qui etiam nulla cogente
necessitate ostentant audaciam suam et vitæ contemtum.
(12) Sic Thero Thessalus sinistram parieti applicuit, et
ense dextra stricto pollicem amputavit, provocans ad hoc
æmulandum rivalem. (13) Alius quidam, quum in pugna
cecidisset in faciem, ab hoste jam icturo petiit, ut exspe-
ctaret tantisper (dum se converteret), ne amasius eum
videret in tergo vulneratum. (14) Non modo itaque belli-
cosissimæ gentes amori sunt deditissimæ, Bœoti, Lacedæmonii, Cretenses, sed et de veteribus Meleager, Achilles,
Aristomenes, Cimon, Epaminondas : (15) nam et h'c
amasios habuit Asopichum, et Caphisodorum, qui cum eo
apud Mantineam occubuit ac juxta sepultus est : (16) et
Mo * terribiliorem hostibus factum et vehementissimum,
quod primus substitisset et feriisset Eucnamus Amphissen-
sis, heroicis honoribus est a Phocensibus ornatus. (17)
Herculis vero amores enumerare est ob multitudinem molestum : at Iolaum existimantes fuisse amasium ejus,
etiamnum venerantur et colunt, amoremque amantibus amasii jurejurando apud sepulchrum ejus firmare solent. (18)
Fertur etiam, rei medicæ peritus quum esset, Alcestidem
jam desperatam Admeto restituisse conjugis amatori, suo

νομένου· καὶ γὰρ τὸν Ἀπόλλωνα μυθολογοῦσιν ἐραστὴν γενόμενον

Ἀδμήτῳ παραθητεῦσαι μέγαν εἰς ἐνιαυτόν.

(19) Εὖ δέ πως ἐπὶ μνήμην ἦλθεν ἡμῖν Ἄλκηστις. Ἄρεος γὰρ οὐ πάνυ μέτεστι γυναικὶ, ἡ δ᾽ ἐξ Ἔρωτος κατοχὴ προάγεταί τι τολμᾶν παρὰ φύσιν καὶ ἀποθνήσκειν. (20) Εἰ δήπου τι καὶ μύθων πρὸς πίστιν ὄφελός ἐστι, δηλοῖ τὰ περὶ Ἄλκηστιν, καὶ Πρωτεσίλεων, καὶ Εὐρυδίκην τὴν Ὀρφέως, ὅτι μόνῳ θεῶν ὁ Ἅδης Ἔρωτι ποιεῖ τὸ προσταττόμενον· καίτοι πρός γε τοὺς ἄλλους, ὥς φησι Σοφοκλῆς, ἅπαντας « οὔτε τὸ ἐπιεικὲς οὔτε τὴν χάριν οἶδε, μόνην δὲ στέρξαι τὴν ἁπλῶς δίκην· » αἰδεῖται δὲ τοὺς ἐρῶντας, καὶ μόνοις τούτοις οὐκ ἔστιν ἀδάμαστος οὐδ᾽ ἀμείλιχος. (21) Ὅθεν ἀγαθὸν μὲν, ὦ ἑταῖρε, τῆς ἐν Ἐλευσῖνι τελετῆς μετασχεῖν· ἐγὼ δὲ ὁρῶ τοῖς Ἔρωτος ὀργιασταῖς καὶ μύσταις ἐν Ἅδου βελτίονα μοῖραν οὖσαν, * οὔτι τοῖς μύθοις πειθόμενος, οὐ μὴν οὐδὲ ἀπιστῶν παντάπασιν· (22) εὖ γὰρ δὴ λέγουσι, καὶ θείᾳ τινὶ τύχῃ ψαύουσι τοῦ [ἀληθοῦς] λέγοντες ἐξ Ἅδου τοῖς ἐρωτικοῖς ἄνοδον εἰς φῶς ὑπάρχειν· ὅπη δὲ καὶ ὅπως, ἀγνοοῦσιν, ὥσπερ ἀτραποῦ διαμαρτόντες, ἣν πρῶτος ἀνθρώπων διὰ φιλοσοφίας Πλάτων κατεῖδε· (23) καίτοι λεπταί τινες ἀπόρροιαι καὶ ἀμυδραὶ τῆς ἀληθείας ἔνεισι ταῖς Αἰγυπτίων ἐνδιεσπαρμέναι μυθολογίαις, ἀλλὰ ἰχνηλάτου δεινοῦ δέονται καὶ μεγάλα μικροῖς ἐλεῖν δυναμένου. (24) Διὸ ταῦτα μὲν ἐῶμεν, μετὰ δὲ τὴν ἰσχὺν τοῦ Ἔρωτος οὖσαν τοσαύτην, ἤδη τὴν πρὸς ἀνθρώπους εὐμένειαν καὶ χάριν ἐπισκοπῶ, οὐκ εἰ πολλὰ τοῖς χρωμένοις ἀγαθὰ περιποιεῖ (δῆλα γάρ ἐστι ταῦτά γε πᾶσιν), ἀλλ᾽ εἰ πλείονα καὶ μείζονα τοὺς ἐρῶντας αὐτοῦ ὀνίνησιν· (25) ἐπεὶ, καίπερ ὢν ἐρωτικὸς ὁ Εὐριπίδης, τὸ σμικρότατον ἀπεθαύμασεν, εἰπὼν,

Ποιητὴν ἄρα
Ἔρως διδάσκει, κἂν ἄμουσος ᾖ τὸ πρίν.

(26) Συνετόν τε γὰρ ποιεῖ, κἂν ῥάθυμος ᾖ τὸ πρίν· καὶ ἀνδρεῖον, ᾗ λέλεκται, τὸν ἄτολμον, ὥσπερ οἱ τὰ ξύλα πυρακτοῦντες ἐκ μαλακῶν ἰσχυρὰ ποιοῦσι. (26) Δωρητικὸς δὲ καὶ ἁπλοῦς καὶ μεγαλόφρων γίνεται πᾶς ἐραστής, κἂν γλίσχρος ᾖ πρότερον, τῆς μικρολογίας καὶ φιλαργυρίας δίκην σιδήρου διὰ πυρὸς ἀνιεμένης· ὥστε χαίρειν τοῖς ἐρωμένοις διδόντας, ὡς παρ᾽ ἑτέρων οὐ χαίρουσιν αὐτοὶ λαμβάνοντες. (27) Ἴστε γὰρ δήπου, ὡς Ἀνύτῳ Ἀνθεμίωνος, ἐρῶντι μὲν Ἀλκιβιάδου, ξένους δὲ ἑστιῶντι φιλοτίμως καὶ λαμπρῶς, ἐπεκώμασεν ὁ Ἀλκιβιάδης καὶ λαβὼν ἀπὸ τῆς τραπέζης εἰς ἥμισυ τῶν ἐκπωμάτων ἀπῆλθεν· ἀχθομένων δὲ τῶν ξένων καὶ λεγόντων, Ὑβριστικῶς σοι κέχρηται καὶ ὑπερηφάνως τὸ μειράκιον· Φιλανθρώπως μὲν οὖν, ὁ Ἄνυτος εἶπε· πάντα γὰρ ἐνῆν αὐτῷ λαβεῖν, ὁ δὲ κἀμοὶ τοσαῦτα καταλέλοιπεν.

XVIII. Ἡσθεὶς οὖν ὁ Ζεύξιππος, Ὦ Ἡράκλεις, εἶπεν, ὡς ὀλίγου διελύσατο πρὸς Ἄνυτον τὴν ἀπὸ Σω-

---

amasio. Quin et Apollinem Admeti fuisse amatorem fabulæ aiunt, ideoque

Admeto magnum servisse per annum.

(19) Commodum autem nobis incidit Alcestidis mentio. Nam cum Marte quidem non multum est mulieribus rei : furor autem amatorius ad audendum aliquid præter naturam atque etiam ad moriendum impellit. (20) Quodsi quid ad veritatem fabulæ conducunt, Alcestis, Protesilaus, et Orphei Eurydice ostendunt, soli Amori Plutonem esse dicto audientem : quanquam hic adversus alios omnes, ut est apud Sophoclem, *neque æquitatem curat, neque gratiam, soloque jure simpliciter stricto utitur :* tamen amantes reveretur, iisque solis non est implacabilis neque indomitus. (21) Proinde bonum quidem est, amice, sacris initiatum esse Eleusiniis : ego autem Amoris orgia agentibus ejusque mystis video meliorem esse apud manes conditionem, neque fidem fabulis adhibens, neque omnem tamen derogans : (22) bene enim dicunt, et divina quadam fortuna veritatem attingunt, dicentes, Amori deditis reditum ab inferis in lucem concedi : quorsum autem, et quomodo, ignorant, veluti a semita qui aberraverint, quam primus hominum Plato philosophiæ auxilio perspexit. (23) Sunt quidem etiam in Ægyptiorum fabulis exilia quædam et obscura veritatis vestigia, sed indagatorem desiderant acutum, et qui magna e parvis venari queat. (24) Itaque ea missa faciamus : ceterum post vim Amoris tantam, jam nunc considerabo ejus erga homines benignitatem et gratiam ; non, an multa amatis bona paret, quum hæc omnibus sint manifesta, sed an pluribus ac majoribus commoditatibus amatores suos afficiat. (25) Nam Euripides quidem, quanquam amatorius, minimum hoc admiratus prædicavit,

Amor
vatem concinnat quamlibet rudem prius.

Ille vero et socordem ante, prudentem facit, et fortem, ut supra diximus, qui prius inaudax erat, quomodo adurendo ligna de mollibus dura reddunt : (26) munificus autem et ingenuus et liberalis fit omnis amans, quanquam adhuc fuerit tenax, avaritia ista et pusillanimitate, quasi ferro igne, emollita ; ita ut magis jam gaudeant dantes amasiis, quam ab aliis accipientes. (27) Nostis enim, quomodo ad Anytum Anthemionis filium, quum splendido convivio hospites excepisset, comessatum venerit Alcibiades amasius ejus, et dimidio fere poculorum ablato discesserit, hospitibusque moleste ferentibus, superbeque et contumeliose Anytum ab adolescente tractatum esse dicentibus, responderit Anytus, *Immo humaniter sane, qui, quum licuerit ei omnia auferre, tam multa tamen mihi reliquerit.*

XVIII. His delectatus Zeuxippus, Dii boni, inquit, quam parum abest quin a majoribus ad nos propagatum Anyti

κράτους καὶ φιλοσοφίας πατρικὴν ἔχθραν, εἰ πρᾶος ἦν οὕτω περὶ ἔρωτα καὶ γενναῖος. (2) Εἶεν, εἶπεν ὁ πατήρ· ἐκ δὲ δυσκόλων καὶ σκυθρωπῶν τοῖς συνοῦσιν εὖ ποιεῖ φιλανθρωποτέρους καὶ ἡδίους.

> Αἰθομένου γὰρ πυρὸς γεραρώτερον οἶκον ἰδέσθαι,

καὶ ἄνθρωπον, ὡς ἔοικε, φαιδρότερον ὑπὸ τῆς ἐρωτικῆς θερμότητος. (3) Ἀλλ' οἱ πολλοὶ παράλογόν τι πεπόνθασιν· ἂν μὲν ἐν οἰκίᾳ νύκτωρ σέλας ἴδωσι, θεῖον ἡγοῦνται καὶ θαυμάζουσι· ψυχὴν δὲ μικρὰν καὶ ταπεινὴν καὶ ἀγεννῆ ὁρῶντες ἐξαίφνης ὑποπιμπλαμένην φρονήματος, ἐλευθερίας, φιλοτιμίας, χάριτος, ἀφειδίας, οὐκ ἀναγκάζονται λέγειν, ὡς ὁ Τηλέμαχος,

> Ἦ μάλα τις θεὸς ἔνδον.

(4) Ἐκεῖνο δέ, εἶπεν ὁ Δαφναῖος, πρὸς Χαρίτων οὐ δαιμόνιον; ὅτι τῶν ἄλλων ὁ ἐρωτικὸς ὀλίγου δεῖν ἁπάντων περιφρονῶν, οὐ μόνον ἑταίρων καὶ οἰκετῶν, ἀλλὰ καὶ νόμων καὶ ἀρχόντων καὶ βασιλέων, φοβούμενος δὲ μηδὲν μηδὲ θαυμάζων μηδὲ θεραπεύων, ἀλλὰ καὶ τὸν « αἰχματὰν κεραυνὸν » οἷος ὢν ὑπομένειν, ἅμα τῷ τὸν καλὸν ἰδεῖν,

> Ἔπτηξ' ἀλέκτωρ δοῦλον ὡς κλίνας πτερόν,

καὶ τὸ θράσος ἐκκέκλασται καὶ κατακέκοπταί οἱ τὸ τῆς ψυχῆς γαῦρον. (5) Ἄξιον δὲ Σαπφοῦς παρὰ ταῖς Μούσαις μνημονεῦσαι· τὸν μὲν γὰρ Ἡφαίστου παῖδα Ῥωμαῖοι Κᾶκον ἱστοροῦσι πῦρ καὶ φλόγας ἀφιέναι διὰ τοῦ στόματος ἔξω ῥεούσας· αὕτη δ' ἀληθῶς μεμιγμένα πυρὶ φθέγγεται, καὶ διὰ τῶν μελῶν ἀναφέρει τὴν ἀπὸ τῆς καρδίας θερμότητα, « Μούσαις εὐφώνοις ἰωμένη τὸν ἔρωτα, » κατὰ Φιλόξενον. (6) Ἀλλ' εἰ μὴ διὰ Λυσάνδραν, * ὦ Δαφναῖε, τῶν παλαιῶν ἐκλέλησαι παιδικῶν, ἀνάμνησον ἡμᾶς, ἐνοῖς ἡ καλὴ Σαπφὼ λέγει, τῆς ἐρωμένης ἐπιφανείσης, τήν τε φωνὴν ἴσχεσθαι καὶ φλέγεσθαι τὸ σῶμα, καὶ καταλαμβάνειν ὠχρότητα καὶ πλάνον αὐτὴν καὶ ἴλιγγον. (7) Λεχθέντων οὖν ὑπὸ τοῦ Δαφναίου τῶν μελῶν ἐκείνων, ὡς * * * ὑπολαβὼν ὁ πατήρ, Ταῦτα, εἶπεν, ὦ πρὸς τοῦ Διὸς, θεοληψία καταφανής· οὗτος οὐ δαιμόνιος σάλος τῆς ψυχῆς; τί τοσοῦτον ἡ Πυθία πέπονθεν ἀψαμένη τοῦ τρίποδος; τίνα τῶν ἐνθεαζομένων οὕτως ὁ αὐλὸς καὶ τὰ μητρῷα καὶ τὸ τύμπανον ἐξίστησιν; (8) Ἡμῖν τὸ αὐτὸ σῶμα πολλοὶ καὶ τὸ αὐτὸ κάλλος ὁρῶσιν, εἴληπται δ' εἷς ὁ ἐρωτικός· διὰ τίνα αἰτίαν; οὐ γὰρ μανθάνομεν γέ που τοῦ Μενάνδρου λέγοντος, οὐδὲ συνίεμεν·

> Καιρός ἐστιν ἡ νόσος
> ψυχῆς· ὁ πληγεὶς δ' ⟦εἰς ὁδὶ⟧ τιτρώσκεται·

ἀλλὰ ὁ θεὸς αἴτιος, τοῦ μὲν καθαψάμενος, τὸν δὲ ἐάσας. (9) Ὁ τοίνυν ἐν ἀρχῇ καιρὸν εἶχε ῥηθῆναι μᾶλλον, οὐδὲ νῦν, « ἐπεί γ' οὖν ἦλθεν ἐπὶ στόμα, » κατ' Αἰσχύλον, ἄρρητον ἐάσειν μοι δοκῶ· καὶ γάρ ἐστι παμμέγεθες. (10) Ἴσως μὲν γὰρ, ὦ ἑταῖρε, καὶ τῶν

---

propter Socratem et philosophiam odium ille aboleret, siquidem ita placidus in amore et generosus fuit! (2) Esto, inquit pater. Præterea autem e morosis et tristibus in convictu humaniores reddit atque suaviores; nam sicut

> Fit domus accensi flammis illustrior ignis,

ita hominem quoque calor amoris facit luculentiorem. (3) At plurimis aliquid plane rationi adversun. accidit : qui, si in ædibus noctu fulgorem videant, divinum hoc deputant atque admirantur; quum vero animum abjectum et humilem subito impleri vident elatione, libertate, magnificentiæ studio, venustate, largitate, non subit iis re ipsa coactis Telemachi illud dicere,

> Omnino est aliquis deus intus.

(4) Illud vero, aiebat Daphnæus, nonne divinum est, quod amator reliqua omnia contemnens fere, non sodales modo et familiares, sed leges etiam, magistratus, reges, nihilque metuens aut demirans aut demerens, atque etiam *cuspidatum fulmen* audens subsistere, simul atque formosum vidit,

> Ut gallus alam servam demittens pavet,

omnisque ejus audacia et ferocia animi penitus concidit? (5) Est vero apud Musas non indigna quæ commemoretur Sappho. Nam Romani quidem Cacum Vulcani filium aiunt ignem et flammas ex ore evomuisse : ipsa autem vere igni mixta loquitur, et per carmina calorem corde conceptum emittit, *suave sonantibus Musis amori medicans suo*, ut ait Philoxenus. (6) Sed nisi ob Lysandræ amorem oblitus es, Daphnæe, veterum deliciarum, in memoriam reduc nobis elegantes illos Sapphûs versus, ubi ait, *repente visa sibi amasia vocem inhibitam, arsisse corpus, seque pallore, delirio et vertigine correptam.* (7) Quum id carmen recitassset Daphnæus, ut * * * excipiens sermonem pater, Annon, inquit, hæc aperte ostendunt a deo occupatum animum? non hic animi æstus divinus? quid tale aut tantum accidit Pythiæ, quum tripodem attigit? quemnam orgia agentium tibia, et Magnæ Matris carmina atque tympanum sic animo abalienaverunt? (8) Idem corpus, eandem pulchritudinem multis cernentibus, solus amatorius homo capitur. Qua tandem de causa? non enim intelligimus ex his Menandri verbis, neque discimus,

> Morbus animi occasio est :
> hæc si quem feriit, unus hic vulnus trahit :

imo in causa est deus, alium tangens, alium præteriens. (9) Quod autem initio tempestivum dicere fuit, id ne nunc quidem, *in os veniens,* ut ait Æschylus, puto omittendum : est enim valde magnum. (10) Fortassis enim, amice, re-

ἄλλων ἁπάντων, ὅσα μὴ δι' αἰσθήσεως ἡμῖν εἰς ἔννοιαν
ἥκει, τὰ μὲν μύθῳ, τὰ δὲ νόμῳ, τὰ δὲ λόγῳ πίστιν ἐξ
ἀρχῆς ἔσχηκε· τῆς δ' οὖν περὶ θεῶν δόξης καὶ παντάπασιν ἡγεμόνες καὶ διδάσκαλοι γεγόνασιν ἡμῖν οἵ τε
5 ποιηταί, καὶ οἱ νομοθέται, καὶ τρίτον οἱ φιλόσοφοι· τὸ
μὲν οὖν εἶναι θεούς, ὁμοίως τιθέμενοι, πλήθους δὲ πέρι
καὶ τάξεως αὐτῶν, οὐσίας τε καὶ δυνάμεως, μεγάλα
διαφερόμενοι πρὸς ἀλλήλους. (11) Ἐκεῖνοι μὲν γὰρ
οἱ τῶν φιλοσόφων,

10 Ἄνοσοι καὶ ἀγήραοι
πόνων τ' ἄπειροι, βαρυβόαν
πορθμὸν πεφευγότες Ἀχέροντος·

ὅθεν οὐδὲ προσίενται ποιητικὰς Ἔριδας, οὐ Λιτάς, οὐ
Δεῖμον, οὐδὲ Φόβον ἐθέλουσι θεοὺς εἶναι [ἢ] παῖδας
15 Ἄρεος ὁμολογεῖν· (12) μάχονται δὲ περὶ πολλῶν καὶ
τοῖς νομοθέταις, ὥσπερ Ξενοφάνης Αἰγυπτίους ἐκέλευσε τὸν Ὄσιριν, εἰ θνητὸν νομίζουσι, μὴ τιμᾶν ὡς
θεόν, εἰ δὲ θεὸν ἡγοῦνται, μὴ θρηνεῖν. (13) Αὖθις δὲ
ποιηταὶ καὶ νομοθέται, φιλοσόφων ἰδέας τινὰς καὶ
20 ἀριθμοὺς μονάδας τε καὶ πνεύματα θεοὺς ποιουμένων,
οὔτε ἀκούειν ὑπομένουσιν, οὔτε συνιέναι δύνανται.
Πολλὴν δὲ ὅλως ἀνωμαλίαν ἔχουσιν αἱ δόξαι καὶ διαφοράν. (14) Ὥσπερ οὖν ἦσαν ποτὲ τρεῖς στάσεις
Ἀθήνησι, Παράλων, Ἐπακρίων, Πεδιέων, χαλεπῶς
25 ἔχουσαι καὶ διαφερόμεναι πρὸς ἀλλήλας· ἐπεὶ δὲ πάντες ἐν ταὐτῷ γενόμενοι, καὶ τὰς ψήφους λαβόντες
ἤνεγκαν πάσας Σόλωνι, καὶ τοῦτον εἵλοντο κοινῇ διαλλακτὴν καὶ ἄρχοντα καὶ νομοθέτην, ὃς ἔδοξε τῆς ἀρετῆς
ἔχειν ἀδηρίτως τὸ πρωτεῖον· οὕτως αἱ τρεῖς στάσεις αἱ
30 περὶ θεῶν διχοφρονοῦσαι, καὶ ψῆφον ἄλλην ἄλλη φέρουσαι, καὶ μὴ δεχόμεναι ῥᾳδίως τὸν ἐξ ἑτέρας, περὶ
ἑνὸς βεβαίως ὁμογνωμονοῦσι, καὶ κοινῇ τὸν Ἔρωτα
συνεγγράφουσιν εἰς θεοὺς ποιητῶν οἱ κράτιστοι καὶ
νομοθετῶν καὶ φιλοσόφων « ἀθρόᾳ φωνᾷ μέγα ἐπαι-
35 νέοντες, » ὥσπερ ἔφη τὸν Πιττακὸν ὁ Ἀλκαῖος αἱρεῖσθαι τοὺς Μιτυληναίους τύραννον. (15) Ἡμῖν δὲ
βασιλεὺς καὶ ἄρχων καὶ ἁρμοστὴς ὁ Ἔρως ὑπὸ Ἡσιόδου καὶ Πλάτωνος καὶ Σόλωνος ἀπὸ τοῦ Ἑλικῶνος εἰς
τὴν Ἀκαδημίαν ἐστεφανωμένος κατάγεται, καὶ κεκο-
40 σμημένος εἰσελαύνει, πολλαῖς συνωρίσι φιλίας καὶ
κοινωνίας, οὐχ οἵαν Εὐριπίδης φησίν,

ἀχαλκεύ[τοις] ἐζεῦχθαι πέδαις,

ψυχρὰν οὗτός γε καὶ βαρεῖαν ἐν χρείᾳ περιβαλὼν ὑπ'
αἰσχύνης ἀνάγκην, ἀλλ' ὑπὸ πτεροῦ φερομένης ἐπὶ τὰ
45 κάλλιστα τῶν ὄντων καὶ θειότερα, περὶ ὧν ἑτέροις εἴρηται βέλτιον.
XIX. * Εἰπόντος δὲ ταῦτα τοῦ πατρός, ὁ Σώκλαρος, Ὁρᾷς, εἶπεν, ὅτι δεύτερον ἤδη τοῖς αὐτοῖς περι-
πεσών, οὐκ οἶδα ὅπως βίᾳ σαυτὸν ἀπάγεις καὶ ἀποστρέ-
50 φεις, οὐ δικαίως χρεωκοπῶν, εἴ γε δεῖ τὸ φαινόμενον εἰπεῖν, ἱερὸν ὄντα τὸν λόγον; καὶ γὰρ ἄρτι τοῦ Πλάτωνος
ἅμα καὶ τῶν Αἰγυπτίων ὥσπερ ἄκων ἀψάμενος παρῆλ-
θες, καὶ νῦν ταῦτα ποιεῖς. (2) Τὰ μὲν οὖν « ἀριζήλως

liqua etiam omnia, quæ sensu nullo a nobis percipiuntur,
alia per fabulas, alia legibus, alia denique ratione fidem
principio invenerunt : certe, ut de diis hanc conciperemus,
quæ obtinet, opinionem, omnino auctores nobis ducesque
fuerunt poetæ et legumlatores : adde his tertio loco philosophos. Omnes hoc uno dicunt ore, esse deos : de numero
autem eorum, ordine, natura, et potestate, maximæ sunt
inter ipsos dissensiones. (11) Quos enim philosophi deos
agnoscunt, ii *morborum, senii, laborumque expertes* perhibentur, qui, ut ille ait, *late sonantem Acherontis effugere trajectum.* Itaque etiam philosophi poetarum istas
Eridas, Litas (id est Preces) non admittunt, neque Terro-
rem et Metum volunt deos aut filios Martis esse : (12) in
multis autem rebus etiam legum conditoribus repugnant;
ut Xenophanes, qui Ægyptiis præcipiebat, *si Osirin mortalem crederent ne eum colerent; si deum, ne deplora-
rent.* (13) Rursum poetæ et legumlatores neque audire
philosophos, neque intelligere possunt, quando hi ideas quasdam, et numeros, et unitates, et spiritus, pro diis ponunt.
Denique maxima est sententiarum diversitas et repugnantia. (14) Ergo sicut olim fuerunt Athenis tres factiones,
Paralorum, Epacriorum, Pedieorum, inter se discordes et
animis abalienatis; quæ tamen in unum coeuntes, communibus suffragiis Solonem compositorem, arbitrum et legumlatorem delegerunt, qui citra controversiam omnibus aliis
virtute videbatur anteire : sic tres illæ sectæ de diis dissen-
tientes, aliaque aliud suffragium ferentes, neque facile una
alterius sententiæ subscribentes, de uno Amore consentiunt,
eumque unanimes in deorum numero ponunt poetarum,
philosophorum, legislatorumque maximi, *consonis collaudantes vocibus prolixe,* ut Pittacum Alcæus ait a Mitylenæis consensu creatum tyrannum. (15) Nobis autem rex,
princeps et moderator ab Hesiodo, Platone et Solone in
Academiam ex Helicone deducitur Amor, coronatusque et
exornatus invehitur cum multis amicitiæ societatisque bigis : non ejusmodi amicitiæ, qualem ait Euripides

Sine ære facta contineri compede,

frigidam ille et molestam ad usum præ turpitudine præ-
texens amori necessitatem; sed ejusmodi, quæ alis feratur
ad res pulcherrimas et diviniores, de quibus alii melius
dixerunt.
XIX. Hæc locuto patre, Soclarus, Vides, inquit, iterum
te eandem incurrere culpam? qui nescio quomodo vi te
subducis et avertis, injusteque (liceat enim dicere quod
sentio) debita nos defraudas sacri sermonis explicatione :
nam et modo Platonis Ægyptiorumque quasi invitus mentionem quum fecisses, deinde eos præteriisti; et nunc idem
facis. (2) Sane quæ Plato, aut potius opera Platonis deæ

εἰρημένα » Πλάτωνι, μᾶλλον δὲ ταῖς θεαῖς ταύταις διὰ Πλάτωνος, ὦγαθέ, μηδ' ἂν κελεύωμεν, εἴπῃς· ἢ δὲ ὑπηνίξω τὸν Αἰγυπτίων μῦθον εἰς ταὐτὰ τοῖς Πλατωνικοῖς συμφέρεσθαι περὶ Ἔρωτος, οὐκ ἔστι σοι μὴ διακαλύψαι μηδὲ διαφῆναι πρὸς ἡμᾶς· ἀγαπήσομεν δὲ, κἂν μικρὰ περὶ μεγάλων ἀκούσωμεν. (2) Δεομένων δὲ καὶ τῶν ἄλλων, ἔφη ὁ πατήρ, ὡς Αἰγύπτιοι δύο μὲν Ἕλλησι παραπλησίως Ἔρωτας, τόν τε πάνδημον καὶ τὸν οὐράνιον, ἴσασι, τρίτον δὲ νομίζουσιν Ἔρωτα τὸν ἥλιον, Ἀφροδίτην ἔχουσι μάλα σεβάσμιον. (3) Ἡμεῖς δὲ πολλὴν μὲν Ἔρωτος ὁμοιότητα πρὸς [τὸν ἥλιον, πολλὴν δὲ καὶ Ἀφροδίτης πρὸς] τὴν σελήνην ὁρῶμεν οὖσαν· πῦρ μὲν γὰρ οὐδέτερόν ἐστιν, ὥσπερ οἴονταί τινες· αὐγὴ δὲ καὶ θερμότης γλυκεῖα καὶ γόνιμος, ἡ μὲν ἀπ' ἐκείνου φερομένη, σώματι παρέχει τροφὴν καὶ φῶς καὶ αὔξησιν, ἡ δὲ ἀπὸ τούτου, ψυχαῖς. (4) Ὡς δὲ ἥλιος ἐκ νεφῶν καὶ μεθ' ὁμίχλην θερμότερος, οὕτως Ἔρως μετ' ὀργῆς καὶ ζηλοτυπίας ἐρωμένου διαλλαγέντος ἡδίων καὶ δριμύτερος· ἔτι δὲ, ὥσπερ ἥλιον ἅπτεσθαι καὶ σβέννυσθαι δοκοῦσιν ἔνιοι, ταὐτὰ καὶ περὶ Ἔρωτος ὡς θνητοῦ καὶ ἀβεβαίου διανοοῦνται. (5) Καὶ μὴν οὔτε σώματος ἀγύμναστος ἕξις ἥλιον, οὔτε Ἔρωτα δύναται φέρειν ἀλύπως τρόπος ἀπαιδεύτου ψυχῆς· ἐξίσταται δ' ὁμοίως ἑκάτερον καὶ νοσεῖ, τὴν τοῦ θεοῦ δύναμιν, οὐ τὴν αὐτοῦ μεμφόμενον ἀσθένειαν. (6) Πλὴν ἐκείνη γε δόξειεν ἂν διαφέρειν, ᾗ δείκνυσιν ἥλιος μὲν ἐπὶ γῆς τὰ καλὰ καὶ τὰ αἰσχρὰ τοῖς ὁρῶσιν· Ἔρως δὲ μόνων τῶν καλῶν φέγγος ἐστὶ, καὶ πρὸς ταῦτα μόνα τοὺς ἐρῶντας ἀναπείθει βλέπειν καὶ στρέφεσθαι, τῶν δ' ἄλλων πάντων περιορᾶν. (7) Σελήνην δὲ κατ' οὐδὲν Ἀφροδίτην καλοῦντες ἅπτονταί τινος ὁμοιότητος· καὶ γὰρ θεία καὶ οὐρανία καὶ μίξεως χώρα τοῦ ἀθανάτου πρὸς τὸ θνητὸν, ἀδρανὴς δὲ καθ' ἑαυτὴν καὶ σκοτώδης ἡλίου μὴ προσλάμποντος, ὥσπερ Ἀφροδίτη μὴ παρόντος Ἔρωτος. (8) Ἐοικέναι μὲν οὖν Ἀφροδίτῃ σελήνην, ἥλιον δὲ Ἔρωτι, τῶν ἄλλων θεῶν μᾶλλον εἰκός ἐστιν, οὐ μὴν εἶναί γε παντάπασι τοὺς αὐτούς· οὐ γὰρ ψυχῇ σῶμα ταὐτόν, ἀλλ' ἕτερον· ὥσπερ ἥλιον μὲν, ὁρατὸν, Ἔρωτα δὲ, νοητόν. (9) Εἰ δὲ μὴ δόξει πικρότερον λέγεσθαι, καὶ τἀναντία φαίη τις ἂν ἥλιον Ἔρωτι ποιεῖν· ἀποστρέφει γὰρ ἀπὸ τῶν νοητῶν ἐπὶ τὰ αἰσθητὰ τὴν διάνοιαν, χάριτι καὶ λαμπρότητι τῆς ὄψεως γοητεύων καὶ ἀναπείθων ἐν ἑαυτῷ καὶ περὶ αὐτὸν αἰτεῖσθαι τά τε ἄλλα καὶ τὴν ἀλήθειαν, ἑτέρωθι δὲ μηδέν·

(10) Δυσέρωτες δὴ φαινόμεθ' ὄντες
[τοῦδ', ὅ, τι τοῦτο στίλβει] κατὰ γῆν,

ὡς Εὐριπίδης φησὶ,

δι' ἀπειροσύνην ἄλλου βιότου·

μᾶλλον δὲ λήθην, ὧν ὁ Ἔρως ἀνάμνησίς ἐστιν. (11) Ὥσπερ γὰρ εἰς φῶς πολὺ καὶ λαμπρὸν ἀνεγρομένων ἐξοίχεται πάντα τῆς ψυχῆς τὰ καθ' ὕπνους φανέντα καὶ διαπέφευγεν, οὕτω τῶν γενομένων ἐνταῦθα καὶ μετα-

istæ *elocutæ sunt diserte*, ne jubentibus quidem nobis, o bone, narra : quod vero obscure significasti, Ægyptiorum fabulam de Amore cum Platonis sententiis eodem redire, id omnino tibi explicandum et apud nos edisserendum est : erimus autem contenti, etiam si pauca de rebus magnis audiamus. (2) Rogantibus simul etiam aliis, pater sic disseruit. Ægyptii, eodem quo Græci modo, duos faciunt Cupidines, vulgarem unum, alterum cœlestem; tertium autem censent esse Solem : et Venerem valde venerantur. (3) Nos autem videmus magnam esse Cupidinis cum Sole similitudinem; magnam Veneris cum Luna. Ignis enim neutrum est, quod putaverunt quidam; sed fulgor et calor dulcis et genitabilis : qui si a Sole defertur, corporibus præbet nutrimentum, lumen et incrementum; si ab Amore venit, animis. (4) Ut autem Sol per nubes et caliginem calidiores radios mittit : sic Amor cum ira et æmulatione, reconciliato amasio, suavior fit et acrior. Et sicut Solem accendi exstinguique putant nonnulli : sic etiam de Amore tanquam mortali et instabili cogitant. (5) Jam neque corporis constitutio non exercitati Solem, neque Amorem ferre potest animus non eruditus liberaliter : utrumque eodem pacto statu suo movetur, morboque corripitur, dei vim, non suam culpans imbecillitatem. (6) Hoc tamen interest, quod Sol pulchra et turpia ostendit in terra intuentibus : Amor pulchrorum tantummodo curat splendorem, et in hæc sola inspicere atque intentos esse sinit, reliqua omnia jubet contemnere. (7) Lunam autem dum Veneris afficiunt vocabulo, certum nihil secuti, tamen similitudinem quandam assequuntur : etenim divina est ac cœlestis, et immortale cum mortali in ea miscetur; sed per se sola inefficax est ac tenebrosa, Sole non affulgente; sicut Venus, absente Amore. (8) Probabile est itaque, Lunam Veneri, Solem Cupidini assimilem esse, potius quam ullis aliis e numero deorum; non esse tamen prorsus eosdem : non enim idem atque anima est corpus, sed ab eo diversum : sicut Sol etiam oculis, Amor sola mente cernitur. (9) Quodsi non videatur dictum hoc acerbius, contraria etiam pronunciavero esse Solis et Amoris effecta. Avertit enim Sol animum ab intelligibilibus ad sensilia, venustate et splendore aspectus illiciens, persuadensque ut semper in se et circa se versari putet quum reliqua bona tum veritatem, alibi autem nihil.

(10) Nimius sed nos Amor hujus habet
supra terræ quod sola fulget,

ut est apud Euripidem,

vitæ alterius bona inexpertos,
atque ignaros quid condat humus :

aut potius eorum oblitos, quorum Amor est recordatio. (11) Sicut enim quum a sopore excitati in copiosam et splendidam lucem prodimus, omnia, quæ animo per somnium oblata fuere, evanescunt : ita animorum, qui ex illa in hanc

βαλόντων ἐκπλήττειν ἔοικε τὴν μνήμην καὶ φαρμάτ-
τειν τὴν διάνοιαν ὁ ἥλιος, ὑφ' ἡδονῆς καὶ θαύματος
ἐκλανθανομένων ἐκείνων. (12) Καίτοι τό γε ὕπαρ ὡς
ἀληθῶς ἐκεῖ καὶ περὶ ἐκεῖνα τῆς ψυχῆς ἐστι, δευρὶ δὲ
[γενομένη ὄναρ] τῶν ἐνυπνίων ἀσπάζεται καὶ τέθηπε τὸ
κάλλιστον καὶ θειότατον.

(13) Ἀμφὶ δέ οἱ δολόεντα φιλόφρονα χεῦεν ὄνειρα,

πᾶν ἐνταῦθα πειθομένη τὸ καλὸν εἶναι καὶ τίμιον, ἂν
μὴ τύχῃ θείου καὶ σώφρονος Ἔρωτος ἰατροῦ καὶ σωτῆρος, * * [ὃς] διὰ σωμάτων ἀφικόμενος ἀγωγὸς ἐπὶ
τὴν ἀλήθειαν * ἐξ Ἅδου καὶ τὸ ἀληθείας πεδίον, οὗ τὸ
πολὺ καὶ καθαρὸν καὶ ἀψευδὲς ἵδρυται κάλλος, ἀσπάσασθαι καὶ συγγενέσθαι διὰ χρόνου ποθοῦντας, ἐξανα-
φέρων καὶ ἀναπέμπων εὐμενὴς οἷον ἐν τελετῇ παρέστη
μυσταγωγός, ἐνταῦθα πάλιν πεμπομένων. (14) Αὐτῇ
μὲν [οὖν] οὐ πλησιάζει ψυχῇ καθ' ἑαυτήν, ἀλλὰ διὰ
σώματος· ὡς δὲ γεωμέτραι παισὶν οὔπω δυναμένοις
ἐφ' ἑαυτῶν τὰ νοητὰ μυηθῆναι τῆς ἀσωμάτου καὶ ἀπαθοῦς οὐσίας εἴδη, πλάττοντες ἁπτὰ καὶ ὁρατὰ μιμήματα σφαιρῶν καὶ κύβων καὶ δωδεκαέδρων προτείνου-
σιν· οὕτως ἡμῖν ὁ οὐράνιος Ἔρως ἔσοπτρα καλῶν
καλά, θνητὰ μέντοι θεῶν παθητὰ καὶ νοητῶν αἰσθητὰ
μηχανώμενος ἔν τε σχήμασι καὶ χρώμασι καὶ εἴδεσι
νέων ὥρᾳ στίλβοντα δείκνυσι, καὶ κινεῖ τὴν μνήμην
ἀτρέμα διὰ τούτων ἀναφλεγομένην τὸ πρῶτον. (15)
Ὅθεν διὰ σκαιότητος ἔνιοι φίλων καὶ οἰκείων, σβεννύναι πειρωμένων βίᾳ καὶ ἀλόγως τὸ πάθος, οὐδὲν
ἀπέλαυσαν αὐτοῦ χρηστόν, ἀλλ' ἢ καπνοῦ καὶ ταραχῆς
ἐνέπλησαν ἑαυτούς, ἢ πρὸς ἡδονὰς σκοτίους καὶ παρα-
νόμους ῥυέντες ἀκλινῶς ἐμαράνθησαν. (16) Ὅσοι δὲ
σώφρονι λογισμῷ μετ' αἰδοῦς οἷον ἀτεχνῶς πυρὸς ἀφεῖ-
λον τὸ μανικόν, αὐγὴν δὲ καὶ φῶς ἀπέλιπον τῇ ψυχῇ
μετὰ θερμότητος, οὐ σεισμόν, ὥς τις εἶπε, κινούσης
ἐπὶ σπέρμα καὶ ὄλισθον ἀτόμων ὑπὸ λειότητος καὶ γαρ-
γαλισμοῦ θλιβομένων, διάχυσιν δὲ θαυμαστὴν καὶ γόνιμον ὥσπερ ἐν φυτῷ βλαστάνοντι καὶ τρεφομένῳ, καὶ
πόρους ἀνοίγουσαν εὐπειθείας καὶ φιλοφροσύνης, οὐκ
ἂν ὁ πολὺς χρόνος, ἐν ᾧ τό τε σῶμα τὸ τῶν ἐρωμένων
παρελθόντες ἔσω φέρονται, καὶ ἅπτονται τοῦ ἤθους,
ἐκκεκαλυμμένοι [τε] τὰς ὄψεις, καθορῶσι καὶ συγγίνον-
ται διὰ λόγων πολλὰ καὶ πράξεων ἀλλήλοις, ἂν περί-
κομμα τοῦ καλοῦ καὶ εἴδωλον ἐν ταῖς διανοίαις ἔχωσιν·
(17) εἰ δὲ μή, χαίρειν ἐῶσι, καὶ τρέπονται πρὸς
ἑτέρους, ὥσπερ αἱ μέλιτται πολλὰ τῶν χλωρῶν καὶ
ἀνθηρῶν, μέλι δὲ οὐκ ἐχόντων, ἀπολιπόντες· ὅπου δ'
ἂν ἔχωσιν ἴχνος τι τοῦ θείου καὶ ἀπορροὴν καὶ ὁμοιότητα σαίνουσαν, ὑφ' ἡδονῆς καὶ θαύματος ἐνθουσιῶντες
καὶ περισπῶντες, εὐπαθοῦσι τῇ μνήμῃ καὶ ἀναλάμπουσι
πρὸς ἐκεῖνο τὸ ἐράσμιον ἀληθῶς καὶ μακάριον καὶ φίλιον
ἅπασι καὶ ἀγαπητόν.
    XX. Τὰ μὲν οὖν πολλὰ ποιηταὶ προσπαίζοντες ἐοί-
κασι τῷ θεῷ γράφειν περὶ αὐτοῦ καὶ ᾄδειν ἐπικωμά-
ζοντες, ὀλίγα δὲ εἴρηται μετὰ σπουδῆς αὐτοῖς, εἴτε

vitam veniunt ac mutantur, memoriam percellere Sol et
inficere solet intelligentiam, quum ob voluptatem et admirationem illorum obliviscuntur. (12) Et quidem res ipsa
ac veritas et animi vigilia illic est in altera vita : in hac vita,
ut in somno, Solem ut somnii visum pulcherrimum divinissi-
mumque amplectitur ac stupet.

(13) Somnia nos fudit fallacia dulcia circum :

quum credat falso animus, hic esse omnia honesta et pretiosa, nisi obtingat divinus et modestus Amor, qui errore
isto eum liberet, veluti medicus et servator, per corpora
veniens dux ad veritatem ex inferis et ad campum veritatis,
ubi posita est copiosa, pura sinceraque pulchritudo, post
longum temporis intervallum fruenda amplectendaque ab
animis desiderantibus : illum igitur in campum animos efferens sursumque emittens, benigne iis adstat, sicut my-
steriorum in sacris praemonstrator, huc rursum missis. (14)
Ipsi quidem per se animo non congreditur, sed per corpus.
Sicut autem geometrae pueris, qui nondum initiari per se
possunt formarum corporis et passionis expertium contemplationi, tactilia et visibilia effingentes exempla sphaerarum,
cuborum, dodecaedrorum proponunt : sic nobis coelestis
Amor pulchrorum pulchra specula, mortalia et motibus
obnoxia divinorum et sola mente cernendorum machinatus,
in figuris, coloribus formisque adolescentium splendentia ea
nobis exhibet, memoriamque his initio inflammatam sensim
excitat. (15) Unde nonnulli amantes, ob pravitatem amicorum et familiarium exstinguere conantium vi et sine ratione animi istam affectionem, nullum ejus fructum perceperunt utilem, sed fumo sese et tumultu oppleverunt, aut
ad voluptates tenebrosas et illegitimas recta ruentes conta-
buerunt. (16) Qui autem sana ratione verecunde tanquam furorem ei igni ademerunt, et in animo reliquerunt
lumen atque fulgorem cum calore, (cum calore, inquam,
movente non concussionem, ut quidam dixit, ad semen, et
lapsum atomorum ob tenuitatem et titillationem elisarum,
sed diffusionem mirabilem et foecundam, tanquam in planta
germinante et augescente, meatusque aperientem obsequii
et benevolentiae,) ii parvo temporis spatio corpus amasiorum praetereuntes intus feruntur, indolemque attingentes
eorum, quam aperto jam evolutoque visu intuentur, invicem in actionibus et sermonibus jam agunt; si quidem
reliquias et simulacra pulchri in animis habeat amatus :
(17) sin vero, eo valere jusso, alio se conferunt, apis in
morem, quae multa viridia et florentia praeterit, quia iis nihil mellis inest ; ubi vero vestigium aliquod divinitatis, de-
fluxumque et similitudinem adblandientem nacti sunt, jam
prae voluptate et admiratione extra se rapti eam amplectuntur, suntque suavissime affecti ejus memoria et reficiuntur
ad illud vere omnibus amabile, beatum, diligendumque.

XX. Poetae quidem pleraque ita de Amore scribunt, ut
ad eum alludere et inter comessandum ista canere videantur; pauca de eo serio dicunt, sive prudentes hoc et dedita

κατὰ νοῦν καὶ λογισμὸν, εἴτε σὺν θεῷ τῆς ἀληθείας
ἀψαμένοις· (2) ὧν ἕν ἐστι καὶ τὸ περὶ τῆς γενέσεως,

Δεινότατον θεῶν
ἐγείνατ' εὐπέδιλος Ἶρις
χρυσοκόμᾳ Ζεφύρῳ μιχθεῖσα·

εἰ μή τι καὶ ὑμᾶς ἀναπεπείκασιν οἱ γραμματικοί, λέγοντες πρὸς τὸ ποικίλον τοῦ πάθους καὶ τὸ ἀνθηρὸν γεγονέναι τὴν εἰκασίαν. (3) Καὶ ὁ Δαφναῖος, Πρὸς τί
γὰρ, ἔφη, ἕτερον; Ἀκούετε, εἶπεν ὁ πατήρ· οὕτω γὰρ
βιάζεται τὸ φαινόμενον λέγειν. (4) Ἀνάκλασις δή που
τὸ περὶ τὴν ἶριν ἐστὶ τῆς ὄψεως πάθος, ὅταν ἡσυχῇ νο-
τερῷ, λείῳ δὲ καὶ μέτριον πάχος ἔχοντι προσπεσοῦσα
νέφει τοῦ ἡλίου ψαύσῃ κατ' ἀνάκλασιν, καὶ τὴν περὶ
ἐκεῖνον αὐγὴν ὁρῶσα καὶ τὸ φῶς, δόξαν ἡμῖν ἐνεργάση-
ται τοῦ φαντάσματος ὡς ἐν τῷ νέφει ὄντος. (5) Τοῦτο
δὴ τὸ ἐρωτικὸν μηχάνημα καὶ σόφισμα περὶ τὰς εὐφυεῖς
καὶ φιλοκάλους ψυχὰς ἀνάκλασιν ποιεῖ τῆς μνήμης
ἀπὸ τῶν ἐνταῦθα φαινομένων καὶ προσαγορευομένων
καλῶν, εἰς τὸ θεῖον καὶ ἐράσμιον καὶ μακάριον ὡς
ἀληθῶς ἐκεῖνο καὶ θαυμάσιον καλόν. (6) Ἀλλ' οἱ πολλοὶ μὲν ἐν παισὶ καὶ γυναιξὶν, ὥσπερ ἐν κατόπτροις,
εἴδωλον αὐτοῦ φανταζόμενον διώκοντες καὶ ψηλαφῶν-
τες, * οὐδὲν ἡδονῆς μεμιγμένης λύπῃ δύνανται λαβεῖν
βεβαιότερον· ἀλλ' οὗτος ἔοικεν ὁ τοῦ Ἰξίονος ἵλιγγος
εἶναι καὶ πλάνος, ἐν νέφεσι κενὸν ὥσπερ σκιαῖς θηρω-
μένου τὸ ποθούμενον· ὥσπερ οἱ παῖδες προθυμούμενοι
τὴν ἶριν ἑλεῖν ταῖν χεροῖν, ἑλκόμενοι πρὸς τὸ φαινόμενον. (7) Εὐφυοῦς δὲ ἐραστοῦ καὶ σώφρονος ἄλλος τρό-
πος· ἐκεῖ γὰρ ἀνακλᾶται πρὸς τὸ θεῖον καὶ νοητὸν κα-
λόν· ὁρατοῦ δὲ σώματος ἐντυχὼν κάλλει, καὶ χρώμενος
οἷον ὀργάνῳ τινὶ τῆς μνήμης, ἀσπάζεται καὶ ἀγαπᾷ,
καὶ συνὼν καὶ γεγηθὼς ἔτι μᾶλλον ἐκφλέγεται τὴν διά-
νοιαν· (8) καὶ οὔτε μετὰ σωμάτων ὄντες ἐνταῦθα τουτὶ
τὸ φῶς ἐπιποθοῦντες κάθηνται καὶ θαυμάζοντες· οὔτ'
ἐκεῖ γινόμενοι μετὰ τὴν τελευτὴν, δεῦρο πάλιν στρεφό-
μενοι καὶ δραπετεύοντες ἐν θύραις νεογάμων καὶ δω-
ματίοις κυλινδοῦνται, δυσόνειρα φαντασμάτια φιληδό-
νων καὶ φιλοσωμάτων ἀνδρῶν καὶ γυναικῶν οὐ δικαίως
ἐρωτικῶν προσαγορευομένων. (9) Ὁ γὰρ ὡς ἀληθῶς
ἐρωτικὸς ἐκεῖ γενόμενος καὶ τοῖς καλοῖς ὁμιλήσας, ᾗ θέμις, ἐπτέρωται καὶ κατωργίασται καὶ διατελεῖ περὶ τὸν
αὑτοῦ θεὸν ἄνω χορεύων καὶ συμπεριπολῶν, ἄχρις οὗ
πάλιν εἰς τοὺς Σελήνης καὶ Ἀφροδίτης λειμῶνας
ἐλθὼν καὶ καταδαρθὼν ἑτέρας ἄρχηται γενέσεως. (10)
Ἀλλὰ ταῦτα μὲν, ἔφη, μείζονας ἔχει τῶν παρόντων λόγων ὑποθέσεις. Τῷ δὲ Ἔρωτι καὶ τοῦτο, καθάπερ τοῖς
ἄλλοις θεοῖς « ἔνεστιν, » ὡς Εὐριπίδης φησὶ, « τιμωμένῳ χαίρειν ἀνθρώπων ὕπο », καὶ τοὐναντίον· εὐμενέ-
στατος γάρ ἐστι τοῖς δεχομένοις ἐμμελῶς αὐτὸν, βαρὺς
δὲ τοῖς ἀπαυθαδισαμένοις. (11) Οὔτε γὰρ ξένων καὶ
ἱκετῶν ἀδικίας ὁ Ξένιος, οὔτε γονέων ἀρὰς ὁ Γενέθλιος
οὕτω διώκει καὶ μέτεισι ταχὺ, ὡς ἐρασταῖς ἀγνωμονη-
θεῖσιν ὁ Ἔρως ὀξὺς ὑπακούει, τῶν ἀπαιδεύτων καὶ

---

opera, sive deo ad veritatem ducente. (2) De his est etiam,
quod de natalibus ejus dicunt :

Iris valentem peperit deum,
pulchris inclyta calceis,
auricomo mixta Favonio :

nisi forte grammatici fidem vobis fecerunt, qui hanc comparationem ad affectus hujus varietatem floridam tendere
aiunt. (3) Quorsum enim alio? aiebat Daphnæus. Audite,
inquit pater. Sic grammaticos cogit loqui species, quæ videtur
et apparet. (4) Iris quidem affectio est visus, ejusque refractio quædam, quando sensim roridæ, lævi autem et mediocriter profundæ nubi is incidens, solem refractis radiis
ejusque lumen intuetur, opinionemque nobis hanc facit,
quasi vero id quod videmus in ipsa insit nube. (5) Sic et Amoris callidum commentum in generosis pulchrique amantibus quandam efficit refractionem memoriæ ab iis, quæ
foris apparent et dicuntur pulchra, ad divinum illud, amabile vereque beatum et admirandum pulchrum. (6) Verum plerique in pueris et mulieribus tanquam speculis
expressam ejus imaginem consectantes et apprehendentes,
nihil stabilius voluptate dolori permixta possunt adipisci,
videturque ea vertigo, is error Ixionis eos pervertere, qui
in nubibus tanquam umbris inane captet desiderium, puerorum in morem, qui arcum cœlestem manibus volunt ar-
ripere, id quod apparet ipsis captantes. (7) Alio modo se ingenuus et modestus gerit amator : illuc enim refrangitur ad
divinam et sola mente contuendam pulchritudinem; et pulchritudine oblata visibilis corporis, eo uti tanquam memoriæ
instrumento satis habet, et in ejus consuetudine lætitiaque
inde percepta magis etiam intellectus ipsius inflammatur.
(8) Itaque neque hic cum corpore degentes lucem illam desiderantes et admirantes desident; neque post mortem illuc delati, huc rursum profugientes ad fores et cubicula recens
maritatorum corporum obversantur, somniorum similes et
inanes umbræ virorum et mulierum voluptati et corpori deditorum, et quibus nullo jure amantium nomen tribuatur.
(9) Qui enim vere est amatorius, illuc profectus, et, quantum
fas est, pulchrorum usus consuetudine, alatus est, et orgiis
initiatus semper circa suum deum versatur, sursum choreas
ducens atque una circumvectus, donec rursus in Lunæ et
Veneris prata veniens et obdormiens, novum ortum auspi-
cetur. (10) Sed hæc majoris sunt sermone proposito argumenti. Ceterum Amori id quoque adest, quod reliquis
diis adesse Euripides dixit,

Ab hominibus se gaudet honoribus coli :

et contra : est enim benignissimus iis, qui scite eum suscipiunt; gravis, contumaciter eum aversantibus : (11) nam
neque hospitum supplicumque injurias tam celeriter Jupiter Hospitalis, neque parentum imprecationem Genitalis
persequitur atque ulciscitur, quam prompte amatores indigna passos Cupido exaudit, rudium et superborum homi-

ὑπερηφάνων κολαστής. (12) Τί γὰρ ἂν λέγοι τις Εὐ-
ξύνθετον καὶ Λευκομάντιδα τὴν ἐν Κύπρῳ Παρακύ-
πτουσαν ἔτι νῦν προσαγορευομένην; (13) Ἀλλὰ τὴν
Γοργοῦς ἴσως ποινὴν οὐκ ἀκηκόατε τῆς Κρήσσης, παραπλήσια τῇ Παρακυπτούσῃ παθούσης· πλὴν ἐκείνη
μὲν ἀπελιθώθη, παρακύψασα τὸν ἐραστὴν ἰδεῖν ἐκκομι-
ζόμενον· τῆς δὲ Γοργοῦς Ἄσανδρός τις ἠράσθη, νέος
ἐπιεικὴς καὶ γένει λαμπρός, ἐκ δὲ λαμπρῶν εἰς ταπεινὰ
πράγματα καὶ εὐτελῆ ἀφιγμένος, ὅμως αὐτὸν οὐδενὸς
ἀπηξιοῦτο, ἀλλὰ τὴν Γοργώ, διὰ πλοῦτον, ὡς ἔοικε, πε-
ριμάχητον οὖσαν καὶ πολυμνήστευτον, ᾔτει γυναῖκα
συγγενὴς ὤν, πολλοὺς ἔχων καὶ ἀγαθοὺς συνερῶντας
αὐτῷ, πάντας δὲ τοὺς περὶ τὴν κόρην ἐπιτρόπους καὶ
οἰκείους πεπεικὼς [* *]

XXI. [**] ἔτι τοίνυν ἃς λέγουσιν αἰτίας καὶ γενέσεις Ἔρωτος, ἴδιαι μὲν οὐδετέρου γένους εἰσί, κοιναὶ
δὲ ἀμφοτέρων· καὶ γὰρ εἴδωλα δήπουθεν ἐνδυόμενα
τοῖς ἐρωτικοῖς καὶ διατρέχοντα, κινεῖν καὶ γαργαλί-
ζειν τὸν ὄγκον εἰς σπέρμα συνολισθαίνοντα τοῖς ἄλλοις
σχηματισμοῖς, οὐ δυνατὸν μὲν ἀπὸ παίδων, ἀδύνατον
δὲ ἀπὸ γυναικῶν· (2) καὶ τὰς καλὰς ταύτας καὶ ἱερὰς
ἀναμνήσεις καλοῦμεν ἡμεῖς ἐπὶ τὸ θεῖον καὶ ἀληθινὸν
καὶ ὀλύμπιον ἐκεῖνο κάλλος, αἷς ψυχὴ πτεροῦται, τί
** κωλύει γίνεσθαι μὲν ἀπὸ παίδων καὶ ἀπὸ νεανίσκων,
γίνεσθαι δὲ ἀπὸ παρθένων καὶ γυναικῶν, ὅταν ἦθος
ἁγνὸν καὶ κόσμιον ἐν ὥρᾳ καὶ χάριτι μορφῆς διαφανὲς
γένηται; (καθάπερ ὄρθιον ὑπόδημα δείκνυσι ποδὸς εὐφυΐαν, ὡς Ἀρίστων ἔλεγεν·) ὅταν ἐν εἴδεσι καλοῖς καὶ
καθαροῖς σώμασιν ἴχνη λαμπρὰ κείμενα ψυχῆς ὀρθὰ
καὶ ἄθρυπτα κατίδωσιν οἱ δεινοὶ τῶν τοιούτων αἰσθάνεσθαι. (3) Οὐ γὰρ ὁ μὲν φιλήδονος, ἐρωτηθείς, εἰ

    πρὸς θῆλυ νεύει μᾶλλον, ἢ 'πὶ τἄῤῥενα,

* καὶ ἀποκρινάμενος,

    Ὅπου προσῇ τὸ κάλλος, ἀμφιδέξιος,

ἔδοξεν οἰκείως ἀποκρίνασθαι τῆς ἐπιθυμίας· ὁ δὲ φιλόκαλος καὶ γενναῖος οὐ πρὸς τὸ καλὸν οὐδὲ τὴν εὐφυΐαν,
ἀλλὰ μορίων διαφορὰς ποιεῖται τοὺς ἔρωτας; (4) καὶ
φίλιππος μὲν ἀνὴρ οὐδὲν ἧττον ἀσπάζεται τοῦ Ποδάρ-
γου τὴν εὐφυΐαν, ἢ Αἴθην τὴν Ἀγαμεμνονέην· καὶ θη-
ρατικὸς οὐ τοῖς ἄρρεσι χαίρει μόνον, ἀλλὰ καὶ Κρήσ-
σας τρέφει καὶ Λακαίνας σκύλακας· ὁ δὲ φιλόκαλος καὶ
φιλάνθρωπος οὐχ ὁμαλός ἐστιν οὐδὲ ὅμοιος ἀμφοτέροις
τοῖς γένεσιν, ἀλλ' ὥσπερ ἱματίων οἰόμενος εἶναι διαφορὰς ἐρώντων γυναικῶν καὶ ἀνδρῶν; (5) Καίτοι τὴν
γε ὥραν ἄνθος ἀρετῆς εἶναι λέγουσι· μὴ φάναι δὲ ἀν-
θεῖν τὸ θῆλυ μηδὲ ποιεῖν ἔμφασιν εὐφυΐας πρὸς ἀρετήν,
ἄτοπόν ἐστι· καὶ γὰρ Αἰσχύλος ὀρθῶς ἐποίησε,

    Νέας γυναικὸς οὔ με μὴ λάθῃ φλέγων
    ὀφθαλμός, ἥτις ἀνδρὸς ᾖ γεγευμένη.

(6) Πότερον οὖν ἰταμοῦ μὲν ἤθους καὶ ἀκολάστου καὶ
διεφθορότος σημεῖα τοῖς εἴδεσι τῶν γυναικῶν ἐπιτρέ-

---

num vindex. (12) Quid enim referam Euxynthetum et
Leucomantidem, quæ in Cypro *Parakyptusa*, id est pros-
piciens, etiamnum appellatur? (13) Vos autem fortasse non
audivistis pœnam Gorgûs Cretensis, cui idem fere usu venit, quod Parakyptusæ. Nam hæc quidem caput exserens
ut amatorem suum efferri videret, in lapidem est conversa :
Gorgonem adamavit Asander, juvenis probus, et qui illustri
natus genere e re lauta ad tenuem redactus fortunam, tamen nusquam de se ipso desperaret; sed Gorgonem, quæ ob
divitias, uti apparebat, a multis certatim petebatur, uxorem sibi dari postulavit, cognatus ipse quidem, et qui suam
causam omnibus puellæ tutoribus ac necessariis probasset,
multos tamen et egregios haberet rivales * *

XXI. * * Porro quas dicunt causas et generationes Amoris, neutrius sunt sexus propriæ, sed communes utriusque.
Neque enim ita se res habet, ut imagines, quæ ad amorem
propensos subeunt ac discurrunt, moventque et titillant
corpus ad semen prolabens aliis figurationibus, proficisci
possint a pueris, a feminis non possint. (2) Et pulchræ illæ
sacræque recordationes ac revocationes ad divinam, veram ac cœlestem illam pulchritudinem, quibus quasi alis
animus sublevatur, quid impedit quominus proficiscantur,
ut a pueris et adolescentulis, ita et a mulieribus, quando
indoles casta et modesta in ætate florente et venustate formæ
elucescit? (quomodo rectum calceum pedis pulchritudinem monstrare dixit Aristo :) quum in forma honesta et
corpore puro vestigia animæ erecta conspiciunt ii, qui istæc
anidmadvertere callent. (3) Non enim voluptatum quidem
studiosus, interrogatus utrum

    ad mulieres inclinet, an potius mares,

quum responderet,

    In partem utramque pulchritudo me movet

videbatur convenienter suæ cupiditati respondisse : amator
autem formæ et generosus, genitalium discrimine, non
pulchritudine et indole, suos amores moderabitur? (4)
Sane equorum studiosus non minus amplectetur Podargi
celeritatem, quam Ætham Agamemnoneam; venationique
deditus non masculis tantum canibus gaudet, sed etiam
Cretenses Spartanasque caniculas alit : pulchritudinis vero
et humanitatis amans non erit æquus et idem adversus
utrumque sexum, sed, tanquam vestium, discrimen statuet
inter amores puellarum et juvenum? (5) Atqui formam virtutis esse florem dicunt (Stoici) : absurdum vero dictu est,
mulieres non florere, neque indolem ad virtutem aptam
ostendere : nam recte Æschylus scripsit,

    Flagrans ocellus mulieris juvenculæ
    me neutiquam latebit expertæ virum.

(6) Ergo in forma mulieris, ingenii procacis, impudici et
corrupti indicia exstant, modesti et pudici nullum lumen

χει, κοσμίου δὲ καὶ σώφρονος οὐδὲν ἔπεστι τῇ μορφῇ
φέγγος; [ἢ] πολλὰ μὲν ἔπεστι καὶ συνεπιφαίνεται, κινεῖ δὲ οὐδὲν οὐδὲ προσκαλεῖται τὸν ἔρωτα; (7) Οὐδέτερον γὰρ εὔλογον οὐδὲ ἀληθές, ἀλλὰ κοινῶς, ὥσπερ
5 δέδεικται, τοῖς γένεσι πάντων ὑπαρχόντων, ὥσπερ κοινοῦ συστάντος ** ὦ Δαφναῖε, πρὸς ἐκείνους μαχόμεθα
τοὺς λόγους, οὓς ὁ Ζεύξιππος ἀρτίως διῆλθεν, ἐπιθυμίᾳ τὸν Ἔρωτα ταὐτὸ ποιῶν ἀκαταστάτῳ καὶ πρὸς τὸ
ἀκόλαστον ἐκφερούσῃ τὴν ψυχήν· οὐκ αὐτὸς οὕτω πε-
10 πεισμένος, ἀκηκοὼς δὲ πολλάκις ἀνδρῶν δυσκόλων καὶ
ἀνεράστων· (8) [ὧν] οἱ μὲν ἄθλια γύναια προικιδίοις
ἐφελκόμενα μετὰ χρημάτων εἰς οἰκονομίαν καὶ λογισμοὺς ἐμβάλλοντες ἀνελευθέρους, ζυγομαχοῦντες ὁσημέραι διὰ χειρὸς ἔχουσιν· οἱ δὲ, παίδων δεόμενοι μᾶλ-
15 λον ἢ γυναικῶν, ὥσπερ οἱ τέττιγες εἰς σκίλλαν ἤ τι
τοιοῦτο τὴν γονὴν ἀφιᾶσιν, οὕτω διὰ τάχους οἷς ἔτυχε
σώμασιν ἐναπογεννήσαντες καὶ καρπὸν ἀράμενοι χαίρειν ἐῶσιν ἤδη τὸν γάμον, ἢ μένοντος οὐ φροντίζουσιν,
οὐδὲ ἀξιοῦσιν ἐρᾶν οὐδὲ ἐρᾶσθαι· στέργεσθαι δὲ καὶ
20 στέργειν ἑνί μοι δοκεῖ γράμματι τοῦ στέγειν παραλλάτ-
τον, εὐθὺς ἐμφαίνειν τὴν ὑπὸ χρόνου καὶ συνηθείας
ἀνάγκῃ μεμιγμένην εὔνοιαν. (9) Ὧ δ' ἂν Ἔρως ἐπι-
σκήψῃ καὶ ἐπιπνεύσῃ, πρῶτον μὲν ἐκ τῆς Πλατωνικῆς
πόλεως τὸ ἐμὸν οὐχ ἕξει καὶ τὸ οὐκ ἐμόν· οὐ γὰρ ἁπλῶς
25 κοινὰ τὰ φίλων ** ἀλλ' ἢ τοῖς σώμασιν ὁριζόμενοι τὰς
ψυχὰς βίᾳ συνάγουσι καὶ συντήκουσι, μήτε βουλόμενοι δύο εἶναι, μήτε νομίζοντες· (10) ἔπειτα σωφροσύνη
πρὸς ἀλλήλους, ἧς μάλιστα δεῖται γάμος, ἡ μὲν ἔξωθεν καὶ νόμῳ ** πλέον ἔχουσα τοῦ ἑκουσίου τὸ βεβια-
30 σμένον, ὑπ' αἰσχύνης καὶ φόβων,

    Πολλῶν χαλινῶν ἔργον οἰάκων θ' ἅμα,

διὰ χειρός ἐστιν ἀεὶ τοῖς συνοῦσιν· (11) Ἔρωτι δ'
ἐγκρατείας τοσοῦτον καὶ κόσμου καὶ πίστεως μέτεστιν,
ὥστε, κἂν ἀκολάστου ποτὲ θίγῃ ψυχῆς, ἀπέστρεψε
35 τῶν ἄλλων ἐραστῶν, ἐκκόψας δὲ τὸ θράσος, καὶ κατα-
κλάσας τὸ σοβαρὸν καὶ ἀνάγωγον, ἐμβαλὼν αἰδῶ καὶ
σιωπὴν καὶ ἡσυχίαν, καὶ σχῆμα περιθεὶς κόσμιον, ἑνὸς
ἐπήκοον ἐποίησεν. (12) Ἴστε δήπουθεν ἀκοῇ Λαΐδα
τὴν ἀοίδιμον ἐκείνην καὶ πολυήρατον, ὡς ἐπέφλεγε
40 πόθῳ τὴν Ἑλλάδα, μᾶλλον δὲ ταῖς δυσὶν ἦν περιμάχη-
τος θαλάσσαις· ἐπεὶ δὲ Ἔρως ἔθιγεν αὐτῆς Ἱππολόχου
τοῦ Θεσσαλοῦ, τὸν

    Ὕδατι χλωρῷ κατακλυζόμενον προλιποῦσ'
    Ἀκροκόρινθον,

45 καὶ ἀποδρᾶσα τῶν ἄλλων ἐραστῶν κρύφα ** μέγαν
στρατὸν ᾤχετο κοσμίως· * (13) ἐκεῖ δὲ αὐτὴν αἱ γυναῖκες ὑπὸ φθόνου καὶ ζήλου διὰ τὸ κάλλος εἰς ἱερὸν
Ἀφροδίτης προαγαγοῦσαι κατέλευσαν καὶ διέφθειραν·
ὅθεν, ὡς ἔοικεν, ἔτι νῦν τὸ ἱερὸν Ἀφροδίτης ἀνδροφόνου
50 καλοῦσιν. (14) Ἴσμεν δὴ καὶ θεραπαινίδια δεσποτῶν
φεύγοντα συνουσίας, καὶ βασιλίδων ὑπερορῶντας ἰδιώτας, ὅταν Ἔρωτα δεσπότην ἐν ψυχῇ κτήσωνται. (15)
Καθάπερ γὰρ ἐν Ῥώμῃ φασὶ τοῦ καλουμένου δικτάτω-

---

effulgebit? aut, multa quidem inerunt et apparebunt, nullum tamen movebit et amorem alliciet? (7) Neutrum profecto horum veritati et rationi congruit: sed communiter,
sicut demonstratum est, omnibus in utroque inhærentibus
sexu, veluti re conventa, ** mi Daphnæe, illas impugnamus
rationes, quas modo retulit Zeuxippus, Amorem idem faciens atque incompositam cupiditatem, et quæ animum ad
lasciviam impellat: non quod ita sentiret ipse, sed sæpenumero audiisset morosos et amoris rudes viros: (8) quorum alii miseras mulierculas cum dote attractas quum in
rei familiaris administrationem et ratiocinationes illiberales conjecerunt, quotidie cum iis delitigant; alii pueros
potius quam mulieres sectantes, quomodo cicadæ in scil-
lam aut aliud tale suum semen dimittunt, ita celeriter libidine exsaturata in quovis corpore, aut valedicunt matrimonio, aut id ut maneat curæ non habent, neque operam
dant ut ament et amentur: sed ipsum verbum στέργεσθαι
(amari) et στέργειν (amare), una modo litera differens a
verbo στέγειν (continere), prima fronte ostendere videtur
benevolentiam tempore et consuetudine necessitati permixtam. (9) Cui vero conjugio Amor adspiraverit, primum
tanquam a Platonica civitate ejicit voces *meum, tuum*:
non enim simpliciter *communia amicorum*, sed in iis tantummodo, qui corporibus disjuncti animas vi conducunt
et colliquant; quum neque velint duo esse, neque duo se
esse censeant. (10) Deinde mutua reverentia, qua maxime
opus habet conjugium, externa quidem illa et lege ** necessitate magis quam voluntate constricta, ob pudorem et
metum,

Frenorum multorum et gubernaclorum opus,
semper occupat una viventes: (11) verum Amori tantum
adest continentiæ, modestiæ, fidelitatis, ut etiam si quando
libidinosum attigerit animum, eum ab aliis amoribus avertat, ferociaque et protervitate et ruditate excisis, verecundiam, taciturnitatem, tranquillitatem, modestiamque
conciliet, unique amatori faciat morigerum. (12) Inaudi-
vistis haud dubie quid Laidi obtigerit. Nobilis illa, et tam
multis amata viris, quæ sui desiderio Græciam inflammavit, atque adeo de qua duo maria certaverunt: eam postquam Hippolochi Thessali amor invasit,

Acrocorinthum, quam cœruleo lambit mare fluctu,

relinquens, magnum ceterorum amatorum clam subterfugiens exercitum, ex composito (in Thessaliam abiit): (13)
ibi vero eam mulieres invidia pulchritudinis et æmulatione
impulsæ in templum Veneris adductam lapidibus obruerunt: unde, ut probabile est, hodieque *Veneris Homicidæ*
templum dicitur. (14) Novimus etiam ancillulas, quæ he-
rorum concubitum fugerint, et privatos, qui reginas spre-
verint, quando cor eorum dominio suo Amor occupaverat.
(15) Sicut enim Romæ dictatore creato reliqui magistratus

ρος ἀναγορευθέντος ἀποτίθεσθαι τὰς ἄλλας ἀρχὰς τοὺς ἔχοντας, οὕτως οἷς ἂν Ἔρως κύριος ἐγγένηται, τῶν ἄλλων δεσποτῶν καὶ ἀρχόντων ἐλεύθεροι καὶ ἄφετοι καθάπερ ἱερόδουλοι διατελοῦσιν. (16) Ἡ δὲ γενναία γυνὴ πρὸς ἄνδρα νόμιμον συγκραθεῖσα δι' Ἔρωτος, ἄρκτων ἂν ὑπομείνειε καὶ δρακόντων περιβολὰς μᾶλλον, ἢ ψαῦσιν ἀνδρὸς ἀλλοτρίου καὶ συγκατάκλισιν.

XXII. Ἀφθονίας δὲ παραδειγμάτων οὔσης πρός γε ὑμᾶς τοὺς ὁμοχόρους τοῦ θεοῦ καὶ θιασώτας, ὅμως τὸ περὶ Κάμμαν οὐκ ἄξιόν ἐστι τὴν Γαλατικὴν παρελθεῖν. (2) Ταύτης γὰρ ἐκπρεπεστάτης τὴν ὄψιν γενομένης, Σινάτῳ δὲ τῷ τετράρχῃ γαμηθείσης, Σινόριξ ἐρασθείς, δυνατώτατος Γαλατῶν, ἀπέκτεινε τὸν Σίνατον, ὡς οὔτε βιάσασθαι δυνάμενος, οὔτε πεῖσαι τὴν ἄνθρωπον, ἐκείνου ζῶντος. (3) Ἦν δὲ τῇ Κάμμῃ καταφυγὴ καὶ παραμυθία τοῦ πάθους, ἱερωσύνη πατρῷος Ἀρτέμιδος· καὶ τὰ πολλὰ παρὰ τῇ θεῷ διέτριβεν, οὐδένα προσιεμένη, μνωμένων πολλῶν βασιλέων καὶ δυναστῶν αὐτήν. (4) Τοῦ μέντοι Σινόριγος τολμήσαντος ἐντυχεῖν περὶ γάμου, τὴν πεῖραν οὐκ ἔφυγεν, οὐδὲ ἐμέμψατο περὶ τῶν γεγονότων, ὡς δι' εὔνοιαν αὐτῆς καὶ πόθον, οὐκ ἄλλῃ τινὶ μοχθηρίᾳ προαχθέντος τοῦ Σινόριγος. (5) Ἧκεν οὖν πιστεύσας ἐκεῖνος, καὶ ᾔτει τὸν γάμον· ἡ δὲ ἀπήντησε, καὶ δεξιωσαμένη καὶ προσαγαγοῦσα τῷ βωμῷ τῆς θεᾶς, ἔσπεισεν ἐκ φιάλης μελίκρατον, ὡς ἔοικε, πεφαρμακωμένον· εἶτα ὅσον ἥμισυ μέρος αὐτὴ προεκπιοῦσα, παρέδωκε τῷ Γαλάτῃ τὸ λοιπόν· (6) ὡς δὲ εἶδεν ἐκπεπωκότα, λαμπρὸν ἀνωλόλυξε, καὶ φθεγξαμένη τοὔνομα τοῦ τεθνεῶτος, Ταύτην, εἶπεν, ἐγὼ τὴν ἡμέραν, ὦ φίλτατε ἄνερ, προσμένουσα σοῦ χωρὶς ἔζων ἀνιαρῶς· νῦν δὲ κόμισαί με χαίρων· ἠμυνάμην γὰρ ὑπὲρ σοῦ τὸν κάκιστον ἀνθρώπων, σοὶ μὲν βίου, τούτῳ δὲ θανάτου κοινωνὸς ἡδέως γενομένη. (7) Ὁ μὲν οὖν Σινόριξ ἐν φορείῳ κομιζόμενος, μετὰ μικρὸν ἐτελεύτησεν· ἡ δὲ Κάμμα, τὴν ἡμέραν ἐπιβιώσασα καὶ τὴν νύκτα, λέγεται μάλα εὐθαρσῶς καὶ ἱλαρῶς ἀποθανεῖν.

XXIII. Πολλῶν δὲ τοιούτων γεγονότων καὶ παρ' ἡμῖν καὶ παρὰ τοῖς βαρβάροις, τίς ἀνάσχοιτο τῶν τὴν Ἀφροδίτην λοιδορούντων, ὡς Ἔρωτι προσθεμένη καὶ παροῦσα κωλύει φιλίαν γενέσθαι; (2) Τὴν μὲν πρὸς ἄρρενα ἄρρενος ὁμιλίαν, μᾶλλον δὲ ἀκρασίαν καὶ ἐπιπήδησιν εἴποι τις ἂν ἐννοήσας,

> Ὕβρις τάδ', οὐχὶ Κύπρις ἐξεργάζεται.

(3) Διὸ τοὺς μὲν ἡδομένους τῷ πάσχειν εἰς τὸ χείριστον τιθέμενοι γένος κακίας, οὔτε πίστεως μοῖραν, οὔτε αἰδοῦς, οὔτε φιλίας νέμομεν, ἀλλ' ὡς ἀληθῶς κατὰ τὸν Σοφοκλέα,

> Φίλων τοιούτων οἱ μὲν ἐστερημένοι
> χαίρουσιν, οἱ δ' ἔχοντες εὔχονται φυγεῖν.

(4) Ὅσοι δὲ μὴ κακοὶ πεφυκότες ἐξηπατήθησαν ἢ κατεβιάσθησαν ἐνδοῦναι καὶ παρασχεῖν ἑαυτούς, οὐδένα μᾶλλον ἀνθρώπων ἢ τοὺς διαθέντας ὑφορώμενοι

---

abdicantur omnes : sic quos Amor dominus invasit, illi a reliquis omnibus dominis liberi et manumissi, tanquam sacris addicti servi, postmodo degunt. (16) Mulier autem ingenua, vi Amoris cum suo contemperata marito, amplexus ursarum et draconum potius sustinebit, quam contrectationem et concubitum alieni viri.

XXII. Cujus rei quum abunde exemplorum sit apud vos Amoris socios atque cultores, tamen par est Cammæ, Galaticæ mulieris, facinus referre. (2) Hæc quum esset forma venustissima, uxor Sinati Galatiæ reguli, adamata fuit a Sinorige, Galatarum potentissimo : qui, quum marito vivente neque persuasurum se mulieri adulterium, neque vim inferre posse videret, Sinatum interfecit. (3) Erat Cammæ refugium et solamen calamitatis, sacerdotium Dianæ avitum, in cujus æde plerumque commorabatur, neminem admittens, quanquam multi ipsam reges et dynastæ ambibant. (4) Quum autem Sinorix ausus esset eam de nuptiis appellare, non subterfugit, neque facinus ejus culpavit, ad quod scilicet non alia eum pravitas, sed amor ipsius et desiderium impulisset. (5) Ergo Sinorix fidens Cammæ, venit eam in matrimonium petitum. Occurrit mulier, dataque dextra ad aram Dianæ hominem adduxit. Ibi quum de mulso, quod veneno, ut apparuit, infecerat, e patera libavisset, dimidium ipsa ebibit, reliquumque Sinorigi ebibendum propinavit : (6) postquam ebibisse vidit, alte sublato ejulatu, nomine maritum defunctum invocans, *Hanc ego,* inquit, *diem præstolans adhuc sine te, Sinate carissime, vitam acerbam toleravi : nunc vero lætus me accipe, ultam tui gratia scelestissimum virum, utque tibi vitæ, ita huic mortis sociam perlibenter factam.* (7) Ac Sinorix quidem lectica vectus, paullo post vivendi finem fecit : Cammam ferunt diem illam noctemque supervixisse, valdeque alacrem et hilarem decessisse.

XXIII. Talia multa quum sint facta et apud nos et apud barbaros, quis eos ferat, qui Venerem maledictis incessunt, negantque eam Amori adjunctam posse amicitiæ auctorem fieri? (2) Maris quidem cum mare consuetudinem, potius vero intemperantiam et lasciviam aliquis considerans, dicere possit,

> Non Veneris hæc sunt opera, sed libidinis.

(3) Itaque qui corpus suum libenter prostituunt, eos omnium deterrimos censemus, nullamque iis fidem, nullam reverentiam, nullum amicitiæ usum tribuimus ; sed vere, ut est apud Sophoclem,

> Tales amicos quisquis amittit, solet
> gaudere : quique habent, cupiunt amittere.

(4) Qui vero non mala indole præditi decepti aut vim passi sunt, neminem hominum magis oderunt quam auctores sceleris, eosque semper suspectos et invisos habent, et

καὶ μισοῦντες διατελοῦσι, καὶ πικρῶς ἀμύνονται καιροῦ παραδόντος. (5) Ἀρχέλαόν τε γὰρ ἀπέκτεινε
Κρατέας ἐρώμενος γεγονώς· καὶ τὸν Φεραῖον Ἀλέξανδρον Πυθόλαος. Περίανδρος δὲ ὁ Ἀμβρακιωτῶν τύραννος ἠρώτα τὸν ἐρώμενον, εἰ μήπω κύει, κἀκεῖνος πα-
ροξυνθεὶς ἀπέκτεινεν αὐτόν. * (6) Ἀλλὰ γυναιξί γε
γαμεταῖς ἀρχαὶ ταῦτα φιλίας, ὥσπερ ἱερῶν μεγάλων
κοινωνήματα. (7) Καὶ τὸ τῆς ἡδονῆς μικρόν· ἡ δὲ ἀπὸ
ταύτης ἀναβλαστάνουσα καθ᾽ ἡμέραν τιμὴ καὶ χάρις
καὶ ἀγάπησις ἀλλήλων καὶ πίστις, οὔτε Δελφοὺς ἐλέγχει ληροῦντας, ὅτι τὴν Ἀφροδίτην Ἅρμα καλοῦσιν,
οὔτε Ὅμηρον φιλότητα τὴν τοιαύτην προσαγορεύοντα
συνουσίαν· (8) τόν τε Σόλωνα μαρτυρεῖ γεγονέναι τῶν
γαμικῶν ἐμπειρότατον νομοθέτην, κελεύσαντα μὴ ἔλαττον ἢ τρὶς κατὰ μῆνα τῇ γαμετῇ πλησιάζειν, οὐχ
ἡδονῆς ἕνεκα· πόθεν; ἀλλ᾽ ὥσπερ αἱ πόλεις διὰ χρόνου
σπονδὰς ἀνανεοῦνται πρὸς ἀλλήλας, οὕτως ἄρα βουλόμενον ἀνανεοῦσθαι τὸν γάμον ἐκ τῶν ἑκάστοτε συλλε-
γομένων δυσχερασμάτων ἐν τῇ τοιαύτῃ φιλοφροσύνῃ.
(9) Ἀλλὰ πολλὰ φαῦλα καὶ μανικὰ τῶν γυναικῶν ἐρώτων. Τί δὲ οὐχὶ πλείονα τῶν παιδικῶν;

    Οἰκειότητος ἐμβλέπων ὠλίσθανον·
    Ἀγένειος ἁπαλὸς καὶ νεανίας καλός,
    ἐμφύντ᾽ ἀποθανεῖν κἀπιγράμματος τυχεῖν.

Ἀλλ᾽ ὥσπερ τοῦτο παιδομανία τὸ πάθος, οὐδέτερον δὲ
Ἔρως ἐστίν. (10) Ἄτοπον οὖν τὸ γυναιξὶν ἀρετῆς
φάναι μηδ᾽ ἄλλης μετεῖναι· τί δὲ δεῖ λέγειν περὶ σωφροσύνης καὶ συνέσεως αὐτῶν, ἔτι δὲ πίστεως καὶ δικαιοσύνης, ὅπου καὶ τὸ ἀνδρεῖον καὶ τὸ θαρραλέον καὶ
τὸ μεγαλόψυχον ἐν πολλαῖς ἐπιφανὲς γέγονε; [φάναι]
δὲ πρὸς τὰ ἄλλα καλὰ τὴν φύσιν αὐτῶν, ἀλλ᾽ ἢ ψέ-
γοντας εἰς μόνην φιλίαν ἀνάρμοστον ἀποφαίνειν παντάπασι δεινόν. (11) Καὶ γὰρ φιλότεχνοι καὶ φίλανδροι, καὶ
τὸ στερκτικὸν ὅλως ἐν αὐταῖς, ὥσπερ εὐφυὴς χώρα καὶ
δεκτικὴ φιλίας, οὔτε πειθοῦς οὔτε χαρίτων ἄμοιρον
ὑπόκειται. (12) Καθάπερ δὲ λόγῳ ποίησις ἡδύσματα
μέλη καὶ μέτρα καὶ ῥυθμοὺς ἐφαρμόσασα, καὶ τὸ παι-
δεῦον αὐτοῦ κινητικώτερον ἐποίησε, καὶ τὸ βλάπτον
ἀφυλακτότερον· οὕτως ἡ φύσις γυναικὶ περιθεῖσα χάριν
ὄψεως καὶ φωνῆς πιθανότητα καὶ μορφῆς ἐπαγωγὸν εἶδος, τῇ μὲν ἀκολάστῳ πρὸς ἡδονὴν καὶ ἀπάτην, τῇ δὲ
σώφρονι πρὸς εὔνοιαν ἀνδρὸς καὶ φιλίαν, μεγάλα συνήρ-
γησεν. (13) Ὁ μὲν οὖν Πλάτων τὸν Ξενοκράτη, τἄλλα
γενναῖον ὄντα καὶ μέγαν, αὐστηρότατον δὲ τῷ ἤθει,
παρεκάλει θύειν ταῖς Χάρισι· χρηστῇ δὲ ἄν τις γυναικὶ
καὶ σώφρονι παραινέσειε τῷ Ἔρωτι θύειν, ὅπως εὐμενὴς
συνοικουρῇ τῷ γάμῳ καὶ ἡδὺς * * γυναικείοις, καὶ μὴ
πρὸς ἑτέραν ἀποῤῥυεὶς ὁ ἀνὴρ ἀναγκάζηται τὰς ἐκ τῆς
κωμῳδίας λέγειν φωνάς·

    Οἵαν ἀδικῶ γυναῖχ᾽ ὁ δυσδαίμων ἐγώ.

(14) Τὸ γὰρ ἐρᾷν ἐν γάμῳ τοῦ ἐρᾶσθαι μεῖζον ἀγαθόν
ἐστι· πολλῶν γὰρ ἁμαρτημάτων ἀπαλλάττει, μᾶλλον δὲ
παν:ων, ὅσα διαφθείρει καὶ λυμαίνεται τὸν γάμον.

---

oblata occasione injuriam graviter ulciscuntur. (5) Nam
Archelaum Crateas, quem is amasium habuerat, interfecit:
et Alexandrum Pheræum Pytholaus : et amasius Perian-
drum Ambraciotarum tyrannum necavit, ægre ferens se ab
eo interrogatum, *Ecquid uterum ferret.* (6) At uxoribus
initia sunt amicitiæ, tanquam magnorum sacrorum, hæc
communicationes. (7) Et voluptatis quidem exigua est
portio : sed qui hinc quotidie pullulat honor, gratia, Amor
mutuus, atque fides, ostendit Delphos nequaquam delirasse,
qui Venerem *Arma* (quasi conjunctionem) nominaverunt;
neque Homerum, qui conjugum concubitum *amicitiæ* voce
ornavit : (8) tum Solonem peritissimum fuisse conjugia-
lium legum conditorem, qui ter minimum quovis mense
maritum cum uxore coire jussit, non sane voluptatis causa :
sed sicut civitates inter se fœdera temporis aliquo intervallo
renovant, ita volens amicitiam matrimonii ex molestiis subinde collectis his gaudiis instaurari. (9) Atqui multa,
inquies, male et furiose agunt mulieres amantes. Nonne
vero plura masculus amor habet fœda?

    * * * aspectus huc me depulit :
    O juvenem pulchrum, tenerum, sine lanugine!
    inscribar tumulo in huius obiisse amplexibus.

Sed quemadmodum ea affectio furor adversum pueros, ita
neutrum Amor est. (10) Ceterum omnem mulieribus detrahere virtutem, rationi repugnat. Et quid opus est de earum pudicitia, et prudentia, de fide, justitia verba facere,
quum et fortitudo et audacia et magnanimitas in multis
elucescat insignis? concedere autem naturam earum ad alia
omnia officia idoneam esse, in sola tamen amicitia eam vituperare et ad hanc nihil ei esse concinnitatis affirmare, id
vero prorsus ineptum est. (11) Nam et virorum suorum et
liberorum amantes sunt natura mulieres, et naturales
illas diligendi affectiones, tanquam uber aliquis ager,
in se habent, facileque recipiunt Amorem, neque a Gratiis
neque a Suadela alienæ. (12) Quo autem modo poesis sermoni condimenta quædam modulorum, mensurarum, rhythmorum accommodans, quum ea quæ ad docendum faciunt efficaciora, tum ea quæ nocent cautu minus facilia
reddit : sic natura mulieri accommodans venustatem aspectus et illecebram vocis formæque, impudicæ ad luxuriam
et dolos, honestæ ad benevolentiam viri parandam, multum
contulit adjumenti. (13) Plato Xenocratem, alias generosum et magnanimum, sed interim moribus austerissimis,
hortatus est ut Gratiis rem sacram faceret : probam autem
et pudicam mulierem aliquis jubeat non inepte Amori im-
molare, ut et ipse propitius matrimonio adsit, et vir libenter cum uxore habitet, neque ad aliam se conferens, cogatur dicere istæc comœdiæ verba,

    Qualem habeo indigne feminam ego miserrimus!

(14) Etenim in conjugio amare quam amari majus est bonum : utpote abolens multa, imo omnia delicta, quæ matrimonium corrumpunt atque dissipant.

XXIV. Τὸ δὲ ἐμπαθὲς ἐν ἀρχῇ καὶ δάκνον, ὦ μακάριε Ζεύξιππε, μὴ φοβηθῇς, ὡς ἕλκος ἢ ὀδαξησμόν· καίτοι καὶ μεθ' ἕλκους ἴσως οὐδὲν ἦν δεινὸν ὥσπερ τὰ δένδρα συμφυῆ γενέσθαι πρὸς γυναῖκα χρηστήν· ἑλκωσις δὲ καὶ κυήσεως ἀρχή· μῖξις γὰρ οὐκ ἔστι τῶν μὴ πρὸς ἄλληλα πεπονθότων. (2) Ταράττει δὲ καὶ μαθήματα παῖδας ἀρχομένους καὶ φιλοσοφία νέους· ἀλλ' οὔτε τούτοις ἀεὶ παραμένει τὸ δηκτικόν, οὔτε τοῖς ἐρῶσιν, ἀλλ' ὥσπερ ὑγρῶν πρὸς ἄλληλα συμπεσόντων, ποιεῖν τινα δοκεῖ ζέσιν ἐν ἀρχῇ καὶ τάραξιν ὁ Ἔρως, εἶτα χρόνῳ καταστήσας καὶ καθαιρεθεὶς τὴν βεβαιοτάτην διάθεσιν παρέσχεν. (3) Αὕτη γάρ ἐστιν ὡς ἀληθῶς ἡ δι' ὅλων λεγομένη κρᾶσις, ἡ τῶν ἐρώντων· [ἡ δὲ τῶν] ἄλλως συμβιούντων ταῖς κατ' Ἐπίκουρον ἀφαῖς καὶ περιπλοκαῖς ἔοικε, συγκρούσεις λαμβάνουσα καὶ ἀποπηδήσεις, ἑνότητα δὲ οὐ ποιοῦσα τοιαύτην, οἵαν Ἔρως ποιεῖ, γαμικῆς κοινωνίας ἐπιλαβόμενος. (4) Οὔτε γὰρ ἡδοναὶ μείζονες ἀπ' ἄλλων, * οὔτε χρεῖαι συνεχέστεραι πρὸς ἄλλους, οὔτε φιλίας τὸ καλὸν ἑτέρας ἔνδοξον οὕτω καὶ ζηλωτόν,

> Ὡς ὅθ' ὁμοφρονέοντε νοήμασιν οἶκον ἔχητον
> ἀνὴρ ἠδὲ γυνή·

καὶ γὰρ ὁ νόμος βοηθεῖ, καὶ γεννήσεως κοινῆς καὶ τοὺς θεοὺς Ἔρωτος ἡ φύσις ἀποδείκνυσι δεομένους. (5) Οὕτω γὰρ « ἐρᾶν μὲν ὄμβρου γαῖαν » οἱ ποιηταὶ λέγουσι καὶ γῆς οὐρανόν, ἐρᾶν δὲ ἥλιον σελήνης οἱ φυσικοί, καὶ συγγίνεσθαι καὶ κυεῖσθαι· καὶ γῆν δὲ ἀνθρώπων μητέρα καὶ ζώων καὶ φυτῶν ἁπάντων γένεσιν, οὐκ ἀναγκαῖον ἀπολέσθαι ποτὲ καὶ σβεσθῆναι παντάπασιν, ὅταν ὁ δεινὸς Ἔρως ἢ ἵμερος τοῦ θεοῦ τὴν ὕλην ἀπολίπῃ, καὶ παύσηται ποθοῦσα καὶ διώκουσα τὴν ἐκεῖθεν ἀρχὴν καὶ κίνησιν; (6) Ἀλλ' ἵνα μὴ μακρὰν ἀποπλανᾶσθαι δοκῶμεν ἢ κομιδῇ φλυαρεῖν, οἶσθα τοὺς παιδικοὺς ἔρωτας ὡς εἰς ἀβεβαιότητα πολλὰ λέγουσι καὶ σκώπτουσι λέγοντες, ὥσπερ ᾠὸν αὐτῶν τριχὶ διαιρεῖσθαι τὴν φιλίαν, αὐτοὺς δὲ νομάδων δίκην ἐνεαρίζοντας τοῖς τεθηλόσι καὶ ἀνθηροῖς, εὐθὺς ἐκ τῆς πολεμίας ἀναστρατοπεδεύειν· (7) ἔτι δὲ φορτικώτερον ὁ σοφιστὴς Βίων τὰς τῶν καλῶν τρίχας Ἁρμοδίους ἐκάλει καὶ Ἀριστογείτονας, ὡς ἅμα καλῆς τυραννίδος ἀπαλλαττομένους ὑπ' αὐτῶν τοὺς ἐραστάς. (8) Ταῦτα μὲν οὐ δικαίως κατηγορεῖται τῶν γνησίων ἐραστῶν· τὰ δὲ ὑπὸ Εὐριπίδου ῥηθέντα ἐστὶ κομψά· ἔφη γὰρ Ἀγάθωνα τὸν καλὸν ἤδη γενειῶντα περιβάλλων καὶ κατασπαζόμενος, ὅτι τῶν καλῶν καὶ τὸ μετόπωρον [καλόν. (9) * *] ἐκδέχεται [οὐ] μόνον [ἐν γήρᾳ] οὐδ' ἐν πολιαῖς ἀκμάζων καὶ ῥυτίσιν, ἀλλ' ἄχρι τάφων καὶ μνημάτων παραμένει· καὶ συζυγίας ὀλίγας ἔστι παιδικῶν, μυρίας δὲ γυναικείων ἐρώτων καταριθμήσασθαι, πάσης πίστεως κοινωνίαν πιστῶς ἅμα καὶ προθύμως συνδιαφερούσας· βούλομαι δ' ἕν τι τῶν καθ' ἡμᾶς ἐπὶ Καίσαρος Οὐεσπασιανοῦ γεγονότων διελθεῖν.

XXV. Ἰούλιος γάρ, ὁ τὴν ἐν Γαλατίᾳ κινήσας ἀπόστασιν, ἄλλους τε πολλούς, ὡς εἰκός, ἔσχε κοινω

XXIV. Jam vehementes illas animi commotiones et morsus, mi Zeuxippe, qui initio connubii interveniunt, non est quod vereare tanquam ulcus aut laniationem : quanquam ne hoc quidem est reformidandum, cum proba muliere etiam accepto vulnere connasci; quomodo etiam arbores inter se coalescunt : est autem exulceratio fœtus producendi initium : non enim permiscentur, quæ se invicem non affecerunt. (2) Perturbant etiam mathemata pueros, quum ad ea se primum conferunt; et philosophia adolescentes : at neque his semper adhærescit illa acerbitas, neque morsus amantibus; sed quemadmodum fit liquoribus in unum confusis, principio effervescentiam quandam et conturbationem Amor efficere videtur : paullo post tempore subsidens et sedatus stabilissimam affectionem gignit. (3) Nam amantium est re vera totorum per tota mixtio : at mixtio conjugum non amantium, similis Epicureis contactibus istis et complexionibus, videtur collisiones percipere et resultus, unitionem autem tantam non efficere, quantam Amor præstat, ad societatem conjugum sese applicans. (4) Nam neque in alia quacunque amicitia majorem alter alteri voluptatem aut magis perpetuas utilitates præbere potest, neque honestas illustrior æmulandaque magis exstat,

Unanimes quam quum didicere maritus et uxor
incoluisse domum :

quum et lex eis adstipuletur, et ipsos deos ad communis prolis procreationem indigere Amoris opera ostendat natura. (5) Sic enim poetæ aiunt, *terram imbris amore teneri, et cœlum terræ*, physici autem, Solem Lunæ amore teneri; et coire, ac fœtu impleri : et terram, hominum matrem et animalium atque stirpium originem, nonne necesse est aliquando plane perire et exstingui, ubi acris Amor vel ignis dei materiem deseret, cessabitque ipsa desiderare et persequi motum principiumque divinum? (6) Sed ne longe videamur evagari, aut omnino nugari, nosti amores puerorum instabilissimos vulgo dici, et salse de iis hoc jactari, istam amicitiam ovi instar crine dividi; et amatores Nomadum instar, quum in floridis et virentibus ver consumserint, statim tanquam ex hostico castra movere : (7) vehementius etiam Bion sophista formosorum crines Harmodios vocavit atque Aristogitones, quod iis enatis pulchra tyrannide amatores sese abdicare cogantur. (8) Hæc non recte intentantur crimina germanis amatoribus. Scita sunt autem quæ ab Euripide dicuntur : is enim Agathonem formosum, cui jam lanugo genas vestire inciperet, amplectens et deosculans dixit, *pulchrorum etiam autumnum esse pulchrum.* (9) [Sed amor honestarum castarumque mulierum non solum in senectute] et canis viget et rugis, sed usque ad sepulturam monumentumque perdurat. Ac puerilium amorum paria pauca possunt, uxoriorum amorum multa enumerari millia, quæ firmiter omnem communionis et fidelitatis societatem ad finem usque vitæ conservaverint. Unum ego referam, quod mea ætate, imperante Vespasiano, accidit.

XXV. Julius, qui in Gallia defectionis auctor fuit, quum alios multos habuit, ut fieri solet, sui conatus socios, tum

νοὺς, καὶ Σαβῖνον, ἄνδρα νέον οὐκ ἀγεννῆ, πλούτῳ δὲ καὶ δόξῃ ἀνθρώπων πάντων ἐπιφανέστατον. (2) Ἀψάμενοι δὲ πραγμάτων μεγάλων ἐσφάλησαν, καὶ δίκην δώσειν προσδοκῶντες, οἱ μὲν αὑτοὺς ἀνήρουν, οἱ δὲ φεύγοντες ἡλίσκοντο. (3) Τῷ δὲ Σαβίνῳ τὰ μὲν ἄλλα πράγματα ῥᾳδίως παρεῖχεν ἐκποδὼν γενέσθαι καὶ καταφυγεῖν εἰς τοὺς βαρβάρους· ἦν δὲ γυναῖκα πασῶν ἀρίστην ἡγμένος, ἣν ἐκεῖ μὲν Ἐμπονὴν ἐκάλουν, Ἑλληνιστὶ δ' ἄν τις Ἡρωΐδα προσαγορεύσειεν· [ἣν] οὔτε ἀπολιπεῖν δυνατὸς ἦν, οὔτε μεθ' ἑαυτοῦ κομίζειν. (4) Ἔχων οὖν κατ' ἀγρὸν ἀποθήκας χρημάτων ὀρυκτὰς ὑπογείους, ἃς δύο μόνοι τῶν ἀπελευθέρων συνῄδεισαν, τοὺς μὲν ἄλλους ἀπήλλαξεν οἰκέτας, ὡς μέλλων φαρμάκοις ἀναιρεῖν ἑαυτόν, δύο δὲ πιστοὺς παραλαβὼν εἰς τὰ ὑπόγεια κατέβη· (5) πρὸς δὲ τὴν γυναῖκα Μαρτάλιον ἔπεμψεν ἀπελεύθερον ἀπαγγελοῦντα τεθνάναι μὲν ὑπὸ φαρμάκων, συμπεφλέχθαι δὲ μετὰ τοῦ σώματος τὴν ἔπαυλιν· ἐβούλετο γὰρ τῷ ** τῆς γυναικὸς ἀληθινῶς πρὸς πίστιν τῆς λεγομένης τελευτῆς. (6) Ὃ καὶ συνέβη· ῥίψασα γὰρ, ὅπως ἔτυχε, τὸ σῶμα μετὰ [οἴκτων] καὶ ὀλοφυρμῶν ἡμέρας τρεῖς καὶ νύκτας ἄσιτος διεκαρτέρησε. (7) Ταῦτα δὲ ὁ Σαβῖνος πυνθανόμενος καὶ φοβηθείς, μὴ διαφθείρῃ παντάπασιν ἑαυτήν, ἐκέλευσε φράσαι κρύφα τὸν Μαρτάλιον πρὸς αὐτήν, ὅτι ζῇ καὶ κρύπτεται, δεῖται δὲ αὐτῆς ὀλίγον ἐμμεῖναι τῷ πένθει, * καὶ μηδὲ ** πιθανὴν ἐν τῇ προσποιήσει γενέσθαι. (8) Τὰ μὲν οὖν ἄλλα παρὰ τῆς γυναικὸς ἐναγωνίως συνετραγῳδεῖτο τῇ δόξῃ τοῦ πάθους· ἐκεῖνον δ' ἰδεῖν ποθοῦσα νυκτὸς ᾤχετο, καὶ πάλιν ἐπανῆλθεν. (9) Ἐκ δὲ τούτου λανθάνουσα τοὺς ἄλλους, ὀλίγον ἀπέδει συζῆν ἐν ᾅδου τῷ ἀνδρὶ πλέον ἑξῆς ἑπτὰ μηνῶν· (10) ἐν οἷς κατασκευάσασα τὸν Σαβῖνον ἐσθῆτι καὶ κουρᾷ καὶ καταδέσει τῆς κεφαλῆς ἄγνωστον, εἰς Ῥώμην ἐκόμισε μεθ' ἑαυτῆς ἐλπίδων τινῶν ἐνδεδομένων. (11) Πράξασα δὲ οὐδὲν αὖθις ἐπανῆλθε, καὶ τὰ μὲν πολλὰ ἐκείνῳ συνῆν ὑπὸ γῆς, διὰ χρόνου δὲ εἰς πόλιν ἐφοίτα ταῖς φίλαις ὁρωμένη καὶ οἰκείαις γυναιξί. (12) Τὸ δὲ πάντων ἀπιστότατον, ἔλαθε κύουσα λουομένη μετὰ τῶν γυναικῶν· τὸ γὰρ φάρμακον, ᾧ τὴν κόμην αἱ γυναῖκες ἐναλειφόμεναι ποιοῦσι χρυσοειδῆ καὶ πυρράν, ἔχει λίπασμα σαρκοποιὸν ἢ χαυνωτικὸν σαρκός, ὥστε οἷον διάχυσίν τινα ἢ διόγκωσιν ἐμποιεῖν· ἀφθόνῳ δὴ χρωμένη τούτῳ πρὸς τὰ λοιπὰ μέρη τοῦ σώματος, αἰρόμενον καὶ ἀναπιμπλάμενον ἀπέκρυπτε τὸν τῆς γαστρὸς ὄγκον. (13) Τὰς δὲ ὠδῖνας αὐτὴ καθ' ἑαυτὴν διήνεγκεν, ὥσπερ ἐν φωλεῷ λέαινα καταδῦσα πρὸς τὸν ἄνδρα, καὶ τοὺς γενομένους ὑπεθρέψατο σκύμνους ἄρρενας· δύο γὰρ ἔτεκε. (14) Τῶν δὲ υἱῶν ὁ μὲν ἐν Αἰγύπτῳ πεσὼν ἐτελεύτησεν, ὁ δὲ ἕτερος ἄρτι καὶ πρώην γέγονεν ἐν Δελφοῖς παρ' ἡμῖν, ὄνομα Σαβῖνος. (15) Ἀποκτείνει μὲν οὖν αὐτὴν ὁ Καῖσαρ· ἀποκτείνας δὲ δίδωσι δίκην, ἐν ὀλίγῳ χρόνῳ τοῦ γένους παντὸς ἄρδην ἀναιρεθέντος. (16) Οὐδὲν γὰρ ἤνεγκεν ἡ τότε ἡγεμονία σκυθρωπότερον, οὐδὲ μᾶλλον ἑτέραν εἰκὸς ἦν καὶ θεοὺς καὶ δαίμο-

---

Sabinum quoque, hominem juvenem non degenerem, et qui divitiis gloriaque omnes facile vinceret. (2) Hi rebus arduis tentatis, successu caruerunt : quumque supplicia se daturos præsentirent, partim se ipsos e vita eduxerunt, partim in fuga capti sunt. (3) Sabino autem ceteroqui facile licebat fuga ad barbaros facta saluti suæ consulere : sed uxorem duxerat optimam, apud populares nomine Emponam (Græce Heroidem diceres). Hanc quum neque ducere secum posset, neque deserere sustineret, (4) et ruri haberet sub terra effossas cameras, in quas reponi res utiles possent, duobus tantum notas libertis; reliquos famulos omnes dimisit, se veneno sibi mortem consciturum simulans : duos, quos fideles norat, assumsit, et in specus istas subterraneas descendit; (5) misso ad uxorem liberto Martiali, qui patronum veneno exstinctum, et casam villæ cum eo concrematam esse renunciaret. Volebat enim luctu uxoris fidem facere sui, quem fingebat, interitus. (6) Idque etiam evenit. Nam ea, ut erat, accepto nuncio, lamentans et ejulans in terram projecit sese, tresque dies ac totidem noctes sine cibo ita exegit. (7) Quod ubi rescivit Sabinus, metuens ne se prorsus vita exsolveret; occulte Martialem ei significare jussit, vivere se etiamnum, et occultari : rogare autem ut adhuc aliquantulum in lugendo perseveret, accurateque mariti interitum simulet. (8) Tragœdiam hujus calamitatis uxor admodum artificiose egit : tamen noctu desiderio visendi ad maritum ventitabat, et redibat. (9) Sic, nemine observante, tantum non apud inferos cum eo consuevit per septem amplius menses integros. (10) Postea, facta spe impetrandæ veniæ, veste, tonsura, et capitis redimiculo per illud tempus ignotum obviis redditum Romam perduxit. (11) Sed re infecta, in suam is specum rediit; ipsaque cum eo majorem temporis partem sub terra exigens, interdum Romam ivit, amicis et necessariis mulieribus se visendam præbens. (12) Et, quod creditu difficillimum est, cum iis lavans fefellit uterum gerens. Nam medicamentum, quo mulieres comam inungentes faciunt auri in morem rutilam et fulvam, pinguedinem habet, qua caro sive fit grandior sive laxior, itaque diffunditur quasi et major fit ejus moles : hoc illa in ceteris membris usa affatim, attollens se et turgidum celavit ventris onus. (13) Partus vero dolores sola ipsa pertulit leænæ in morem, ad maritum in foveam sese abdens, natosque duos, ut sic loquar, catulos educavit : peperit enim filios duos; (14) quorum alter in Ægypto occubuit, alter nuper admodum Delphis nobiscum fuit, nomine Sabinus. (15) Ipsam Cæsar interfecit, sed cædis pœnas dedit, exiguo temporis spatio tota stirpe ipsius funditus interemta. (16) Nullam enim rem hoc facto tristiorem istud tulit imperium, neque fuit cur ullius rei aspe-

νας ὄψιν ἀποστραφῆναι· καίτοι τὸν οἶκτον ἐξῆρει τῶν
θεωμένων τὸ θαρραλέον αὐτῆς καὶ μεγαλήγορον, ᾧ καὶ
μάλιστα παρώξυνε τὸν Οὐεσπασιανόν, ὡς ἀπέγνω τῆς
σωτηρίας πρὸς αὐτὸν ἀλλαγὴν κελεύουσα· βεβιωκέναι
γὰρ ὑπὸ σκότῳ καὶ κατὰ γῆς ἥδιον, ἢ βασιλεύων ἐκεῖνος.

XXVI. Ἐνταῦθα μὲν ὁ πατὴρ ἔφη, τὸν περὶ Ἔρωτος αὐτοῖς τελευτῆσαι λόγον, τῶν Θεσπιῶν ἐγγὺς οὖ-
σιν· ὀφθῆναι δὲ προσιόντα θᾶττον ἢ βάδην πρὸς αὐτοὺς
ἕνα· τῶν Πεισίου ἑταίρων Διογένη· (2) τοῦ δὲ Σωκλά-
ρου πρὸς αὐτὸν ἔτι πόρρωθεν εἰπόντος, Οὐ πόλεμόν
γε, ὦ Διόγενες, ἀπαγγέλλων, ἐκεῖνον, Οὐκ εὐφημή-
σετε, φάναι, γάμων ὄντων, καὶ προάξετε θᾶσσον, ὡς
ὑμᾶς τῆς θυσίας περιμενούσης; (3) Πάντας μὲν οὖν
ἡσθῆναι, τὸν δὲ Ζεύξιππον ἐρέσθαι, [εἰ] ἔτι χαλεπός
ἐστι. (4) Πρῶτος μὲν οὖν, ὡς ἐνέστη, συνεχώρησε
τῇ Ἰσμηνοδώρᾳ· καὶ νῦν ἑκὼν στέφανον καὶ λευκὸν
ἱμάτιον λαβών, οἷός ἐστιν ἡγεῖσθαι δι᾽ ἀγορᾶς πρὸς τὸν
θεόν. (5) Ἀλλ᾽ ἴωμεν, ναὶ μὰ Δία, τὸν πατέρα εἰπεῖν,
ἴωμεν, ὅπως ἐπεγγελάσωμεν τῷ ἀνδρί, καὶ τὸν θεὸν
προσκυνήσωμεν· δῆλος γάρ ἐστι χαίρων καὶ παρὼν
εὐμενὴς τοῖς πραττομένοις.

ΕΡΩΤΙΚΑΙ ΔΙΗΓΗΣΕΙΣ.

A.

1. Ἐν Ἁλιάρτῳ τῆς Βοιωτίας κόρη τις γίνεται κάλλει διαπρέπουσα, ὄνομα Ἀριστόκλεια· θυγάτηρ δὲ ἦν
Θεοφάνους. Ταύτην μνῶνται Στράτων Ὀρχομένιος
καὶ Καλλισθένης Ἁλιάρτιος. (2) Πλουσιώτερος δ᾽ ἦν
Στράτων, καὶ μᾶλλόν τι τῆς παρθένου ἡττημένος·
ἐτύγχανε γὰρ ἰδὼν αὐτὴν ἐν Λεβαδείᾳ λουομένην ἐπὶ
τῇ κρήνῃ τῇ Ἑρκύνῃ· ἔμελλε γὰρ τῷ Διὶ τῷ βασιλεῖ
κανηφορεῖν. (3) * Ἀλλ᾽ ὁ Καλλισθένης γε πλέον ἐφέ-
ρετο· ἦν γὰρ καὶ γένει προσήκων τῇ κόρῃ. (4) Ἀπορῶν
δὲ τῷ πράγματι ὁ Θεοφάνης, ἐδεδίει γὰρ τὸν Στρά-
τωνα, πλούτῳ τε καὶ γένει σχεδὸν ἁπάντων διαφέροντα
τῶν Βοιωτῶν, τὴν αἵρεσιν ἐβούλετο τῷ Τροφωνίῳ ἐπι-
τρέψαι· (5) καὶ ὁ Στράτων, ἀνεπέπειστο γὰρ ὑπὸ
τῶν τῆς παρθένου οἰκετῶν, ὡς πρὸς αὐτὸν μᾶλλον
ἐκείνη ῥέποι, ἠξίου ἐπ᾽ αὐτῇ ποιεῖσθαι τῇ γαμουμένῃ
τὴν ἐκλογήν. (6) Ὡς δὲ τῆς παιδὸς ὁ Θεοφάνης ἐπυνθάνετο ἐν ὄψει πάντων, ἡ δὲ τὸν Καλλισθένην προΰ-
κρινεν, εὐθὺς μὲν ὁ Στράτων δῆλος ἦν βαρέως φέρων
τὴν ἀτιμίαν· ἡμέρας δὲ διαλιπὼν δύο, προσῆλθε τῷ
Θεοφάνει καὶ τῷ Καλλισθένει, ἀξιῶν τὴν φιλίαν αὐτῷ
πρὸς αὐτοὺς διαφυλάττεσθαι, εἰ καὶ τοῦ γάμου ἐφθονήθη ὑπὸ δαιμονίου τινός. (7) Οἱ δὲ ἐπῄνουν τὰ λεγόμενα, ὥστε καὶ ἐπὶ τὴν ἑστίασιν τῶν γάμων παρεκάλουν αὐτόν. (8) Ὁ δὲ παρεσκευασμένος ἑταίρων ὄχλον,

---

ctum magis et dii et genii aversarentur. Miserationem
quidem spectantibus ipsa exemit magnanimitate sua et gran-
diloquentia, quibus etiam maxime irritavit Vespasianum :
desperata enim salute, ei nunciari jussit, *suavius sibi
fuisse in tenebris et sub terra vivere, quam ipsi imperio potiri.*

XXVI. Hic aiebat pater finem disputationi de Amore
fuisse impositum in vicinia Thespiensium. Visum enim
fuisse quendam de Pisiæ sociis Diogenem, qui concitato
gressu accederet. (2) Tum Soclarum dixisse adhuc eminus venienti, Non sane puto, Diogenes, bellum nunciaturus
ades. Illum vero respondisse, Bona verba : quin vos nuptiis jam conceptis pergitis celerius, sacrificium absentia
vestra morantes? (3) Ibi omnibus exhilaratis Zeuxippum
quæsivisse, an Pisias adhuc succenseret. (4) Imo, inquit
Diogenes, ut antea reluctatus est, ita nunc primus concessit Ismenodoræ : nuncque ultro coronatus et alba veste indutus, ei ad deum accedenti per forum ductor est. (5)
Eamus ergo, aiebat pater, eamus, ut rideamus hominem,
et deo supplicemus ; non enim obscurum est, quin præsens
lætusque adsit iis quæ aguntur.

AMATORIÆ NARRATIONES.

I.

1. Haliarti, quæ urbs est Bœotiæ, puella fuit pulchritudine
eximia, nomine Aristoclea, filia Theophanis. Hanc ambive-
runt Strato Orchomenius, et Callisthenes Haliartius. (2)
De his Strato quum opulentior erat, tum magis amore virginis victus : viderat enim eam lavantem apud Lebadeam
in fonte Hercyne, canistrum sacrificio gestaturam Jovis
regis. (3) Callisthenes tamen præferebatur : quod etiam
generis propinquitate puellam attingeret. (4) Theophanes
in hac re animi dubius, ut qui Stratonem metueret opibus
ac nobilitate omnes pæne Bœotos superantem, rem voluit
Trophonio dijudicandam permittere. (5) Strato, cui virginis famuli persuasissent, eam magis ad ipsum inclinare,
ipsam puellam voluit optione sua deligere utrum vellet.
(6) Filia in omnium conspectu a patre interrogata, Callisthenem præferebat. Statim præ se tulit Strato, iniquo se animo
hunc contemptum ferre : tamen duabus interpositis diebus
convenit Theophanem et Callisthenem, petiitque ut, quando
nuptias ipsi numen aliquod invidisset, tamen sibi cum ipsis
amicitiam paterentur esse integram. (7) Hi non tantum
approbaverunt ipsius verba, sed etiam ad festivitatem nuptiarum invitaverunt hominem. (8) Strato, sociorum ca-

καὶ πλῆθος οὐκ ὀλίγον θεραπόντων, διεσπαρμένους παρὰ τούτοις, καὶ λανθάνοντας, ἕως ἡ κόρη κατὰ τὰ πάτρια ἐπὶ τὴν Κισσόεσσαν καλουμένην κρήνην κατῄει ταῖς νύμφαις τὰ προτέλεια θύσουσα, τότε δὴ συνδραμόντες πάντες οἱ λοχῶντες ἐκείνῳ συνελάμβανον αὐτήν. (9) Καὶ ὁ Στράτων γε εἴχετο τῆς παρθένου· ἀντελαμβάνετο δὲ, ὡς εἰκὸς, ὁ Καλλισθένης ἐν μέρει, καὶ οἱ σὺν αὐτῷ, ἕως ἔλαθεν ἡ παῖς ἐν χερσὶ τῶν ἀνθελκόντων διαφθαρεῖσα. (10) Ὁ Καλλισθένης μὲν οὖν παραχρῆμα ἀφανὴς ἐγένετο, εἴτε διαχρησάμενος ἑαυτὸν, εἴτε φυγὰς ἀπελθὼν ἐκ τῆς Βοιωτίας· οὐκ εἶχε δ᾽ οὖν τις εἰπεῖν ὅ,τι καὶ πεπόνθοι. Ὁ δὲ Στράτων φανερῶς ἐπικατέσφαξεν ἑαυτὸν τῇ παρθένῳ.

B.

1. Φίδων τις τῶν Πελοποννησίων ἐπιτιθέμενος ἀρχῇ, τὴν Ἀργείων πόλιν, τὴν πατρίδα τὴν ἑαυτοῦ, ἡγεμονεύειν τῶν λοιπῶν βουλόμενος, πρῶτον ἐπεβούλευσε Κορινθίοις· (2) πέμψας γὰρ ᾔτει παρ᾽ αὐτῶν νεανίας χιλίους, τοὺς ἀκμῇ διαφέροντας καὶ ἀνδρείᾳ· οἱ δὲ πέμπουσι τοὺς χιλίους, στρατηγὸν αὐτῶν ἀποδείξαντες Δέξανδρον. (3) Ἐν νῷ δ᾽ ἔχων ὁ Φίδων ἐπιθέσθαι τούτοις, ἵν᾽ ἔχοι Κόρινθον ἀτονωτέραν, καὶ τῇ πόλει χρήσαιτο, προτείχισμα γὰρ τοῦτο ἐπικαιρότατον ἔσεσθαι τῆς ὅλης Πελοποννήσου, τὴν πρᾶξιν ἀνέθετο τῶν ἑταίρων τισίν. (4) Ἦν δὲ καὶ Ἄβρων ἐν αὐτοῖς· οὗτος δὲ ξένος ὢν τοῦ Δεξάνδρου, ἔφρασεν αὐτῷ τὴν ἐπιβουλήν. (5) Καὶ οὕτως οἱ μὲν Φλιάσιοι πρὸ τῆς ἐπιθέσεως εἰς τὴν Κόρινθον ἐσώθησαν· Φίδων δὲ ἀνευρεῖν ἐπειρᾶτο τὸν προδόντα καὶ ἐπιμελῶς ἐζήτει. (6) Δείσας δ᾽ ὁ Ἄβρων φεύγει εἰς Κόρινθον, ἀναλαβὼν τὴν γυναῖκα καὶ τοὺς οἰκέτας, ἐν Μελίσσῳ, κώμῃ τινὶ τῆς Κορινθίων χώρας· ἔνθα καὶ παῖδα γεννήσας Μέλισσον προσηγόρευσεν, ἀπὸ τοῦ τόπου θέμενος τοὔνομα αὐτῷ. (7) Τούτου δὴ τοῦ Μελίσσου υἱὸς Ἀκταίων γίνεται, κάλλιστος καὶ σωφρονέστατος τῶν ὁμηλίκων, οὗ πλεῖστοι μὲν ἐγένοντο ἐρασταὶ, διαφερόντως δὲ Ἀρχίας, γένους μὲν ὢν τοῦ τῶν Ἡρακλειδῶν, πλούτῳ δὲ καὶ τῇ ἄλλῃ δυνάμει λαμπρότατος Κορινθίων. (8) Ἐπεὶ δὲ πείθειν οὐκ ἠδύνατο τὸν παῖδα, ἔγνω βιάσασθαι καὶ συναρπάσαι τὸ μειράκιον, ἐπεκώμασεν ἐπὶ τὴν οἰκίαν τοῦ Μελίσσου, πλῆθος ἐπαγόμενος καὶ φίλων καὶ οἰκετῶν, καὶ ἀπάγειν τὸν παῖδα ἐπειρᾶτο· ἀντιποιουμένου δὲ τοῦ πατρὸς καὶ τῶν φίλων, ἐπεκδραμόντων δὲ καὶ τῶν γειτόνων καὶ ἀνθελκόντων, ἀνθελκόμενος ὁ Ἀκταίων διεφθάρη· * καὶ οἱ μὲν οὕτως ἀπεχώρουν. (9) Μέλισσος δὲ τὸν νεκρὸν τοῦ παιδὸς εἰς τὴν ἀγορὰν τῶν Κορινθίων παρακομίσας, ἐπεδείκνυε, δίκην ἀπαιτῶν παρὰ τῶν ταῦτα πραξάντων· οἱ δὲ πλέον οὐδὲν ἢ τὸν ἄνδρα ἠλέουν. (10) Ἄπρακτος δὲ ἀναχωρήσας παρεφύλασσε τὴν πανήγυριν τοῦ Ἰσθμίου· ἀναβάς τε ἐπὶ τὸν τοῦ Ποσειδῶνος νεὼν, κατεβόα τῶν Βακχιαδῶν, καὶ τὴν τοῦ πατρὸς Ἄβρωνος εὐεργεσίαν ὑπεμίμνησκε· τούς τε θεοὺς ἐπικαλεσάμενος, ῥίπτει ἑαυτὸν κατὰ τῶν πε-

terva subornata, multisque famulorum suorum submissis qui sparsim apud istos abderentur, in insidiis latuit, dum virgo ad fontem Cissoessam majorum more descendens protelia, quæ initiativa nuptiarum sunt sacra, Nymphis faceret. Ibi concursu ex insidiis facto eam corripuere, (9) ipso virginem tenente Stratone. Ab altera parte Callisthenes cum suis manum injecit, quod cogitatu facile est : at puella inter eam concertationem, non observantibus qui hac illac raptabant, periit. (10) Callisthenes subito amissus fuit, neque dicere quisquam potuit quid ei accidisset; sive mortem sibi ipse conscivit, sive exilii causa Bœotiam deseruit. Strato palam super virgine se ipsum jugulavit.

II.

1. Phido quidam Argivus, quum hoc moliretur, qut patria ipsius Argi in alias omnes Peloponnesi civitates imperium obtineret, primum insidias tetendit Corinthiis. (2) Itaque misit qui ab iis peterent adolescentes mille, vigore et fortitudine præstantes : iique hos miserunt, duce eorum constituto Dexandro. (3) In animo habebat Phido istos per fraudem opprimere, ut Corinthum viribus diminutam eo facilius occuparet, opportunissimam eam munitionem totius Peloponnesi futuram deputans : et rem cum quibusdam sociis suis communicavit, (4) inter quos erat Abro. Hic Dexandro, hospitio ipsius utenti, rem aperuit. (5) Sic *mille* isti ante tempus opprimendis ipsis constitutum, Corinthum evaserunt. Phido autem magno studio inquirebat, quis consilium hoc ipsius prodidisset. (6) Ideo sibi metuens Abro, Corinthum profugit, assumta uxore et servis, inque pago quodam Corinthiaco consedit, cui nomen erat Melissus. Ibi sibi filium natum a loco Melissum dixit. (7) Hujus ergo Melissi filius Actæon formæ venustate et pudicitia omnes suos æquales superabat; amatusque est a plurimis, maxime Archia, qui genus ab Heraclidis ducens, opibus et potentia reliquis anteibat Corinthiis. (8) Is quum Actæon non persuaderet ut sibi se daret, vi rapere puerum aggressus, comessatum venit ad Melissi domum, amicorum et servorum turba stipatus; reluctantibus autem patre et amicis, ac vicinis quoque accurrentibus et eripere puerum nitentibus, Actæon, dum utraque pars ad se eum trahit, interit : Archias cum suis abeunt. (9) Melissus cadaver filii in Corinthiorum forum quum attulisset atque ostentasset, et a flagitii auctoribus ut pœnæ exigerentur petiisset, a magistratu nihil aliud quam quod est ejus miseritum, abstulit. (10) Re ergo infecta digressus, Isthmicum conventum exspectavit : ibi conscensa Neptuni ara, Bacchiadas insectatus verbis, patrisque sui Abronis beneficio commemorato, deos comprecatus, de saxis sese projecit. (11)

τρῶν. (11) Μετ' οὐ πολὺ δὲ αὐχμὸς καὶ λοιμὸς κατε-
λάμβανε τὴν πόλιν· καὶ τῶν Κορινθίων περὶ ἀπαλλα-
γῆς χρωμένων, ὁ θεὸς ἀνεῖλε, μῆνιν εἶναι Ποσειδῶνος,
οὐκ ἀνήσοντος, ἕως ἂν τὸν Ἀκταίωνος θάνατον μετέλ-
5 θοιεν. (12) Ταῦτα πυθόμενος Ἀρχίας, αὐτὸς γὰρ
θεωρὸς ἦν, εἰς μὲν τὴν Κόρινθον ἑκὼν οὐκ ἐπανῆλθε,
πλεύσας δ' εἰς τὴν Σικελίαν, Συρακούσας ἔκτισε· πατὴρ δὲ γενόμενος ἐνταῦθα θυγατέρων δυεῖν, Ὀρτυγίας
τε καὶ Συρακούσης, ὑπὸ τοῦ Τηλέφου δολοφονεῖται,
10 ὃς ἐγεγόνει μὲν αὐτοῦ παιδικὰ, νεὼς δὲ ἀφηγούμενος
συνέπλευσεν εἰς Σικελίαν.

Γ.

1. Ἀνὴρ πένης, Σκέδασος τοὔνομα, κατῴκει Λεῦ-
κτρα· ἔστι δὲ κώμιον τῆς τῶν Θεσπιέων χώρας· τούτῳ
θυγατέρες γίνονται δύο· ἐκαλοῦντο δὲ Ἱππὼ καὶ Μι-
15 λητία, ἢ, ὥς τινες, Θεανὼ καὶ Εὐξίππη· ἦν δὲ χρηστὸς ὁ Σκέδασος καὶ τοῖς ξένοις ἐπιτήδειος, καίπερ οὐ
πολλὰ κεκτημένος. (2) Ἀφικομένους οὖν πρὸς αὐτὸν
δύο Σπαρτιάτας νεανίας ὑπεδέξατο προθύμως· οἱ δὲ
τῶν παρθένων ἡττώμενοι, διεκωλύοντο πρὸς τὴν τόλμαν
20 ὑπὸ τῆς τοῦ Σκεδάσου χρηστότητος. (3) Τῇ δ' ὑστεραίᾳ Πυθώδε ἀπῄεσαν· αὕτη γὰρ αὐτοῖς προὔκειτο ἡ
ὁδός· καὶ τῷ θεῷ χρησάμενοι, περὶ ὧν ἐδέοντο, πάλιν
ἐπανήεσαν οἴκαδε, καὶ χωροῦντες διὰ τῆς Βοιωτίας,
ἐπέστησαν πάλιν τῇ τοῦ Σκεδάσου οἰκίᾳ. (4) Ὁ δὲ
25 ἐτύγχανεν οὐκ ἐπιδημῶν τοῖς Λεύκτροις, ἀλλ' αἱ θυγατέρες αὐτοῦ ὑπὸ τῆς συνήθους ἀγωγῆς τοὺς ξένους
ὑπεδέξαντο. (5) Οἱ δὲ καταλαβόντες ἐρήμους τὰς κόρας, βιάζονται· ὁρῶντες δὲ αὐτὰς καθ' ὑπερβολὴν τῇ
ὕβρει χαλεπαινούσας ἀπέκτειναν, καὶ ἐμβαλόντες ἔς τι
30 φρέαρ ἀπηλλάγησαν. (6) Ἐπανελθὼν δὲ ὁ Σκέδασος
τὰς μὲν κόρας οὐχ ἑώρα, πάντα δὲ τὰ καταλειφθέντα
εὑρίσκει σῶα, καὶ τῷ πράγματι ἠπόρει, ἕως τῆς κυνὸς
κνυζωμένης, καὶ πολλάκις μὲν προστρεχούσης πρὸς αὐτὸν, ἀπὸ δὲ αὐτοῦ εἰς τὸ φρέαρ ἐπανιούσης, εἴκασεν,
35 ὅπερ ἦν, καὶ τῶν θυγατέρων τὰ νεκρὰ οὕτως ἀνιμή-
σατο. (7) Πυθόμενος δὲ παρὰ τῶν γειτόνων, ὅτι ἴδοιεν
τῇ χθὲς ἡμέρᾳ τοὺς καὶ πρώην καταχθέντας ἐπ' αὐτοὺς
Λακεδαιμονίους εἰσιόντας, συνεβάλετο τὴν πρᾶξιν ἐκείνων, ὅτι καὶ πρώην συνεχῶς ἐπῄνουν τὰς κόρας, μακα-
40 ρίζοντες τοὺς γαμήσοντας. (8) Ἀπῄει εἰς Λακεδαίμονα, τοῖς Ἐφόροις ἐντευξόμενος· γενόμενος δὲ ἐν τῇ
Ἀργολικῇ, νυκτὸς καταλαμβανούσης, εἰς πανδοκεῖόν τι
κατήχθη· (9) κατὰ τὸ αὐτὸ δὲ καὶ πρεσβύτης τις ἕτερος, τὸ γένος ἐξ Ὠρεοῦ πόλεως τῆς Ἑστιαιάτιδος· οὗ
45 στενάξαντος καὶ Λακεδαιμονίων ἀρὰς ποιουμένου ἀκούσας ὁ Σκέδασος, ἐπυνθάνετο τί κακὸν ὑπὸ Λακεδαιμονίων πεπονθὼς εἴη. (10) Ὁ δὲ διηγεῖτο, ὡς ὑπήκοος
μέν ἐστι τῆς Σπάρτης, πεμφθεὶς δὲ εἰς Ὠρεὸν Ἀριστόδημος ἁρμοστὴς παρὰ Λακεδαιμονίων, ὠμότητα καὶ
παρανομίαν ἐπιδείξαιτο πολλήν. (11) ἐρασθεὶς γὰρ,
50 ἔφη, τοῦ ἐμοῦ παιδὸς, ἐπειδὴ πείθειν ἀδύνατος ἦν,
ἐπεχείρει βιάσασθαι καὶ ἀπάγειν αὐτὸν τῆς παλαί-

Paullo post Corinthiorum urbem siccitas et pestis invasit :
quumque consuluissent de liberatione mali oraculum, misso
ad eam rem ipso Archia, respondit deus, iram esse Neptuni, non cessaturam, donec Actæonis mortem ulcisceren-
tur. (12) Hoc ubi, qui ipse consultor erat, audivit Archias,
ultro sibi exilium a Corintho indixit, et in Siciliam navigavit, ac Syracusas condidit. Ibi quum duas filias genuisset, Ortygiam et Syracusam, per fraudem a Telepho necatus est, quo abusus ad fœdam fuerat libidinem, et qui
navi præfectus una in Siciliam navigaverat.

III.

1. Pauper quidam homo, nomine Scedasus, Leuctris ha-
bitavit, qui est Thespiensis regionis exiguus vicus. Filiæ
huic fuerunt duæ, Hippo et Miletia; ab aliis Theano et Eu-
xippa nominantur. Ipse Scedasus vir erat bonus et hospitalis, quanquam tenui fortuna. (2) Ergo ad se venientes
duos Spartanos juvenes comiter hospitio excepit; qui amore
puellarum correpti, audere tamen aliquid bonitate Scedasi
fuerunt prohibiti. (3) Postridie ad Pythium oraculum, quo
iter instituerant, profecti sunt : quumque deum de iis quæ
statuerant consuluissent, rursum per Bœotiam itinere facto
in Scedasi domo deverterunt. (4) Aberat tum Leuctris Scedasus : ejus filiæ, sicut consueverant, hospites exceperunt.
(5) Ii solas nacti puellas, per vim vitiaverunt : quumque
eas viderent hanc contumeliam iniquissime ferre, interfe-
ctas in puteum quendam abjecerunt, itaque discesserunt.
(6) Domum reversus Scedasus, filias nusquam videns, omnia
alia quæ reliquerat salva inveniens, expedire se ex hac re
nequibat : tandem cane mussitante et subinde ad ipsum ac-
currente, atque ab ipso ad puteum redeunte, id quod res
erat, suspicatus, inventa ibi filiarum cadavera exhausit.
(7) Quumque e vicinis cognovisset, visos pridie fuisse in
domum ipsius intrantes Lacedæmonios eos, quibus etiam
pridem hospitium dedisset, conjecit hoc ipsorum esse facinus; quod tunc etiam perpetuo puellas laudassent, beatos-
que prædicassent quibus eæ nupturæ essent. (8) Ergo
Spartam contendit, Ephoris rem significaturus. Quum in
Argolicam pervenisset, nocte ingruente in cauponam quandam devertit. (9) Eodem tum venit etiam quidam senex,
Orei Hestiæatidis in Eubœa civis. Hic quum ingemuisset,
diraque Lacedæmoniis esset imprecatus; Scedasus hoc audiens, quæsivit quidnam mali a Spartanis accepisset. (10)
Tum senex ita rem narravit. Sum, inquit, Spartanorum
subditus; sed missus ab eis Aristodemus, qui Oreum gubernaret, crudeliter admodum ac nefarie egit. (11) Nam
amore filii mei captus, quum ei persuadere vitium nequiret, vim inferre aggressus est eumque e palæstra abripere :

στρας· κωλύοντος δὲ τοῦ παιδοτρίβου καὶ νεανίσκων πολλῶν ἐκβοηθούντων, παραχρῆμα ὁ Ἀριστόδημος ἀπε-
χώρησε· (12) τῇ δ' ὑστεραίᾳ πληρώσας τριήρη,
συνήρπασε τὸ μειράκιον, καὶ ἐξ Ὠρεοῦ διαπλεύσας εἰς
5 τὴν περαίαν, ἐπεχείρει ὑβρίσαι, οὐ συγχωροῦντα δ'
αὐτὸν ἀπέσφαξεν. * Ἐπανελθὼν δὲ εἰς τὴν Ὠρεὸν εὐω-
χεῖτο· (13) ἐγὼ δὲ [οὐκ] ἔφθην τὸ πραχθὲν πυθόμενος,
καὶ τὸ σῶμα κηδεύσας, παρεγενόμην εἰς τὴν Σπάρτην,
καὶ τοῖς Ἐφόροις ἐνετύγχανον· οἱ δὲ λόγον οὐκ ἐποιοῦντο.
10 (14) Σκέδασος δὲ ταῦτα ἀκούων, ἀθύμως διέκειτο,
ὑπολαμβάνων ὅτι οὐδ' αὐτοῦ λόγον τινὰ ποιήσονται οἱ
Σπαρτιᾶται· ἐν μέρει τε τὴν οἰκείαν διηγήσατο συμφορὰν τῷ ξένῳ· ὁ δὲ παρεκάλει αὐτὸν μηδὲ ἐντυχεῖν
τοῖς Ἐφόροις, ἀλλ' ὑποστρέψαντα εἰς τὴν Βοιωτίαν
15 κτίσαι τῶν θυγατέρων τὸν τάφον. (15) Οὐκ ἐπείθετο
δὲ ὅμως ὁ Σκέδασος, ἀλλ' εἰς τὴν Σπάρτην ἀφικόμενος, τοῖς Ἐφόροις ἐντυγχάνει· ὧν μηδὲν προσεχόντων,
ἐπὶ τοὺς βασιλέας ἵεται, καὶ ἀπὸ τούτων ἑκάστῳ τῶν
δημοτῶν προσιὼν ὠδύρετο· (16) μηδὲν δὲ πλέον ἀνύων,
20 ἔθει διὰ μέσης τῆς πόλεως, ἀνατείνων πρὸς ἥλιον τὼ
χεῖρε, αὖθις δὲ τὴν γῆν τύπτων ἀνεκαλεῖτο τὰς Ἐρινύας, καὶ τέλος αὐτὸν τοῦ ζῆν μετέστησεν. (17) Ὑστέρῳ γε μὴν χρόνῳ δίκας ἔδοσαν οἱ Λακεδαιμόνιοι·
ἐπειδὴ γὰρ τῶν Ἑλλήνων ἁπάντων ἦρχον καὶ τὰς πό-
25 λεις φρουραῖς κατειλήφεσαν, Ἐπαμεινώνδας ὁ Θηβαῖος
πρῶτον μὲν τὴν παρ' αὐτῷ φρουρὰν ἀπέσφαξε· (18)
Λακεδαιμονίων δὲ ἐπὶ τούτῳ πόλεμον ἐξενεγκάντων,
ἀπήντων οἱ Θηβαῖοι ἐπὶ τὰ Λεῦκτρα, αἰσιούμενοι τὸ
χωρίον, ὅτι καὶ πρότερον ἐνταῦθα ἠλευθερώθησαν, ὅτε
30 Ἀμφικτύων ὑπὸ Σθενέλου φυγὰς ἐλαθεὶς εἰς τὴν Θηβαίων ἀφίκετο πόλιν, καὶ Χαλκιδεῦσιν ὑποφόρους λαβὼν, ἔπαυσε τὸν δασμὸν, Χαλκώδοντα, τὸν βασιλέα
τῶν Εὐβοέων, ἀποκτείνας. (19) Συνέβη δὲ Λακεδαιμονίων ἧτταν παντελῆ γενέσθαι περὶ αὐτὸ τὸ μνῆμα
35 τῶν Σκεδάσου θυγατέρων. (20) Φασὶ δὲ πρὸ τῆς μάχης Πελοπίδῃ, ἑνὶ τῶν στρατηγῶν τοῦ Θηβαϊκοῦ στρατεύματος, ἐπὶ σημείοις τισὶν οὐ καλῶς κρινομένοις θο-
ρυβουμένῳ, Σκέδασον ἐπιστῆναι κατὰ τοὺς ὕπνους,
θαῤῥεῖν κελεύοντα· παραγίνεσθαι γὰρ εἰς Λεῦκτρα Λα-
40 κεδαιμονίους, αὐτῷ τε καὶ ταῖς θυγατράσι δώσοντας
δίκας, πρὸ μιᾶς δ' ἡμέρας ἢ συμβαλεῖν τοῖς Λακεδαιμονίοις, πῶλον ἐκέλευεν ἵππου λευκὸν ἕτοιμον παρὰ
τῷ τάφῳ τῶν παρθένων σφαγιάσασθαι· (21) τὸν δὲ
Πελοπίδαν, ἔτι τῶν Λακεδαιμονίων στρατευομένων ἐν
45 Τεγέᾳ, εἰς Λεῦκτρα πέμψαι τοὺς ἐξετάσοντας περὶ τοῦ
τάφου τούτου, καὶ πυθόμενον παρὰ τῶν ἐγχωρίων,
θαῤῥοῦντα τὴν στρατιὰν ἐξαγαγεῖν καὶ νικῆσαι.

Δ.

1. Φῶκος Βοιώτιος μὲν ἦν τῷ γένει· ἦν γὰρ ἐκ
Κλείσαντος· πατὴρ δὲ Καλλιῤῥόης, κάλλει τε καὶ σω-
50 φροσύνῃ διαφερούσης. (2) Ταύτην ἐμνηστεύοντο
νεανίαι τριάκοντα εὐδοκιμώτατοι ἐν Βοιωτίᾳ· ὁ δὲ Φῶκος ἄλλας ἐξ ἄλλων ἀναβολὰς τῶν γάμων ἐποιεῖτο,

---

resistente autem pædotriba, et multis adolescentibus ad
opem filio ferendam accurrentibus, tunc quidem discessit :
(12) postridie autem triremi instructa filium illum meum
arreptum in ulteriorem continentem trajecit ; ibique libidini
ipsius reluctantem quum jugulasset, Orcum reversus convivium celebravit. (13) Ego, simul ac quid actum esset
resciveram, corpus filii humavi, Spartamque profectus, rem
ad Ephoros retuli : sed illi facinoris ejus nullam habuerunt
rationem. (14) Hæc narratio Scedasi animo mœstitiam attulit, suspicanti suam quoque causam Spartanis curæ non
futuram : interim calamitatem suam vicissim hospiti narravit. Is ei hoc consilii dedit, neutiquam appellaret Ephoros,
sed in Bœotiam reversus, filiabus sepulchrum conderet.
(15) Scedasus non obtemperavit, sed Spartam profectus
rem ad Ephoros detulit ; iisque animum non advertentibus,
ad reges accessit, atque ab his digressus quemvis popularium accedens, suam miseriam deploravit. (16) Tandem
quum nihil ageret, per mediam discurrit urbem, manusque
ad solem intendens, ac rursum terram iis feriens, evoca-
vit Furias, ac sibi denique mortem conscivit. (17) Verum
enimvero postea pœnas luerunt Lacedæmonii. Quum enim
in omnes Græcos imperium occupavissent et urbibus præsidia imposuissent, primum apud suos collocatum præsidium Epaminondas Thebanus interfecit : (18) deinde, quum
ea de causa Lacedæmonii bellum intulissent, occurrerunt
ad Leuctra Thebani, moti omine loci : nam et ante ibi fuerant liberati, quo tempore Amphictyon (Amphitryon?) extorris a Sthenelo factus Thebas venit, eosque inveniens
Chalcidensibus stipendiarios, interfecto rege Eubœensium
Chalcodonte, a tributo absolvit. (19) Evenit autem, ut
omnino succumberent in prælio Lacedæmonii apud ipsum
filiarum Scedasi monumentum. (20 Traditum est etiam,
ante illum conflictum Pelopidæ, uni de ductoribus Thebani
exercitus, ob quædam ostenta quæ ipsi non admodum viderentur prospera, de auspicum sententiis perturbato, in
somnis astitisse Scedasum, hortantem ut bono esset animo :
nam Lacedæmonios ad Leuctra venire, ut Scedaso ejusque
filiabus pœnas pendant : et jussisse, ut ea die quæ pugnam
esset antegressura, pullum equinum album ad virginum sepulchrum immolaret : (21) Pelopidam, adhuc Lacedæmoniis apud Tegeam castra habentibus, misisse qui de eo se-
pulchro explorarent : quumque rem ita habere ex ejus loci
incolis accepisset, confirmato animo exercitum in aciem
produxisse, victoriaque esse potitum.

IV.

1. Phocus Bœotius erat, Clisante urbe natus. Habuit is
filiam Callirrhoen et pulchritudine et pudicitia præstantem.
(2) Hujus conjugium expetebant triginta juvenes e tota
Bœotica juventute nobilissimi. Phocus quum alias ex aliis
dilationes nuptiarum fecisset, a vi sibi metuens, tandem,

φοβούμενος μὴ βιασθείη, τέλος δὲ λιπαρούντων ἐκείνων, ἠξίου ἐπὶ τῷ Πυθίῳ ποιήσασθαι τὴν αἵρεσιν. (3) Οἱ δὲ πρὸς τὸν λόγον ἐχαλέπηναν, καὶ ὁρμήσαντες ἀπέκτειναν τὸν Φῶκον· ἐν δὲ τῷ θορύβῳ ἡ κόρη φυγοῦσα ἵετο διὰ τῆς χώρας· ἐδίωκον δὲ αὐτὴν οἱ νεανίαι. (4) Ἡ δὲ ἐντυχοῦσα γεωργοῖς ἐν ἅλῳ σῖτον συντιθεῖσι, σωτηρίας ἔτυχε παρ' αὐτῶν· ἀπέκρυψαν γὰρ αὐτὴν οἱ γεωργοὶ ἐν τῷ σίτῳ. Καὶ οὕτω παρῆξαν μὲν οἱ διώκοντες· (5) ἡ δὲ διασωθεῖσα ἐφύλαξε τὴν τῶν Παμβοιωτίων ἑορτὴν, καὶ τότε εἰς Κορώνειαν ἐλθοῦσα, ἱκέτις καθέζεται ἐπὶ τῷ βωμῷ τῆς Ἰτωνίας Ἀθηνᾶς, καὶ τῶν μνηστήρων τὴν παρανομίαν διηγεῖτο, τό τε ἑκάστου ὄνομα καὶ τὴν πατρίδα σημαίνουσα. (6) Ἠλέουν οὖν οἱ Βοιωτοὶ τὴν παῖδα, καὶ τοῖς νεανίαις ἠγανάκτουν· οἱ δὲ, ταῦτα πυθόμενοι, εἰς Ὀρχομενὸν καταφεύγουσιν. (7) Οὐ δεξαμένων δὲ αὐτοὺς τῶν Ὀρχομενίων, πρὸς Ἱππότας εἰσώρμησαν· * κώμη δὲ ἦν παρὰ τῷ Ἑλικῶνι, κειμένη μεταξὺ Θήβης καὶ Κορωνείας· οἱ δὲ ὑποδέχονται αὐτούς. (8) Εἶτα πέμπουσι Θηβαῖοι ἐξαιτοῦντες τοὺς Φώκου φονεῖς· τῶν δὲ οὐ διδόντων, ἐστράτευσαν μὲν μετὰ τῶν ἄλλων Βοιωτῶν, στρατηγοῦντος Φοίδου, ὃς τότε τὴν ἀρχὴν τῶν Θηβαίων διεῖπε· (9) πολιορκήσαντες δὲ τὴν κώμην ὀχυρὰν οὖσαν, δίψει δὲ τῶν ἔνδον κρατηθέντων, τοὺς μὲν φονεῖς ληφθέντας κατέλευσαν, τοὺς δ' ἐν τῇ κώμῃ ἐξηνδραποδίσαντο· κατασκάψαντες δὲ τὰ τείχη καὶ τὰς οἰκίας, διένειμαν τὴν χώραν Θηβαιεῦσί τε καὶ Κορωνεῦσι. (10) Φασὶ δὲ νυκτὸς, πρὸ τῆς ἁλώσεως τῶν Ἱπποτῶν, φωνὴν ἐκ τοῦ Ἑλικῶνος πολλάκις ἀκουσθῆναι λέγοντός τινος, Πάρειμι· τοὺς δὲ μνηστῆρας τοὺς τριάκοντα τόδε τὸ φώνημα γνωρίζειν, ὅτι Φώκου εἴη. (11) Ἡ δὲ ἡμέρᾳ κατελεύσθησαν, τὸ ἐν Κλείσαντι μνῆμα τοῦ γέροντος κρόκῳ φασὶ ῥεῦσαι· Φοίδῳ δὲ, τῷ Θηβαίων ἄρχοντι καὶ στρατηγῷ, ἐκ τῆς μάχης ἐπανιόντι, ἀγγελθῆναι θυγατέρα γεγενημένην, αἰσιούμενον προσαγορεῦσαι Νικοστράτην.

Ε.

1. Ἄλκιππος τὸ μὲν γένος Λακεδαιμόνιος ἦν· γήμας δὲ Δαμοκρίταν, πατὴρ θυγατέρων γίνεται δύο· (2) συμβουλεύων τε τῇ πόλει κράτιστά τε καὶ πράττων, ὅτου δέοιντο Λακεδαιμόνιοι, ἐφθονήθη ὑπὸ τῶν ἀντιπολιτευομένων, οἳ τοὺς Ἐφόρους ψευδέσι λόγοις παραγαγόντες, ὡς τοῦ Ἀλκίππου βουλομένου τοὺς νόμους καταλῦσαι, φυγῇ περιέβαλον τὸν ἄνδρα. (3) Καὶ ὁ μὲν ὑπεξῆλθε τῆς Σπάρτης, Δαμοκρίταν δὲ τὴν γυναῖκα μετὰ τῶν θυγατέρων βουλομένην ἕπεσθαι τἀνδρὶ ἐκώλυον, ἀλλὰ καὶ τὴν οὐσίαν αὐτοῦ ἐδήμευσαν, ἵνα μὴ εὐπορῶσι προικὸς αἱ παρθένοι. (4) Ἐπεὶ δὲ καὶ ὡς ἐμνηστεύοντό τινες τὰς παῖδας διὰ τὴν τοῦ πατρὸς ἀρετὴν, ἐκώλυσαν οἱ ἐχθροὶ διὰ ψηφίσματος μὴ μνηστεύεσθαί τινας τὰς κόρας, λέγοντες ὡς ἡ μήτηρ αὐτῶν Δαμοκρίτα πολλάκις εὔξατο τὰς θυγατέρας ταχέως γεννῆσαι παῖδας, τιμωροὺς τῷ πατρὶ γενησομένους.

illis urgentibus, Apollini Pythio judicium sponsi filiæ deligendi permittere decrevit. (3) Illi indigne ferentes hanc ejus orationem, facto impetu Phocum interfecerunt. Virgo in eo tumultu effugit, ac per regionem istam se proripuit, insequentibus ipsam juvenibus: (4) quum autem incidisset in rusticos frumentum in horreo componentes, ab iis servata est: occultaverunt enim eam in frumento: itaque ii qui insequebantur, transvecti sunt cursu. (5) Sic servata, præstolata est tempus solemnis omnium Bœotorum conventus, quæ Pambœotia vocantur: quod ubi appulit, Coroneam profecta, supplex consedit in ara Itoniæ Minervæ, ac de scelere procorum conquesta est, nomine et patria singulorum indicatis. (6) Miserati puellam Bœoti, succensuerunt procis. Hi, eo comperto, Orchomenum confugerunt: (7) exclusique ab oppidanis, Hippotas contenderunt, quod est oppidulum ad Heliconem inter Thebas et Coroneam situm. Ibi ergo fuerunt recepti. (8) Miserunt deinde Thebani qui dedi percussores Phoci juberent: quumque non dederentur, expeditionem in Hippotas una cum ceteris Bœotis fecerunt, duce Phœdo tum Thebanorum prætore: (9) obsessoque oppidulo, quod munitum erat, siti hostes in potestatem redegerunt. Proinde comprehensos homicidas lapidibus obruerunt; reliquos Hippotenses in servitutem abduxerunt, murisque et domibus destructis, agrum inter Thebanos et Coronenses diviserunt. (10) Ea nocte autem, quæ Hippotarum excidium præcessit, vocem ex Helicone crebro auditam tradunt dicentis, *Adsum;* et procos illos triginta intellexisse eam Phoci esse vocem: (11) qua vero die lapidibus sunt obruti, monumentum senis Phoci Clisante positum, crocum stillasse; Phœdo etiam a pugna reverso nuncium allatum de nata ipsi filiola, cui omnis gratia Nicostratæ nomen fecerit.

V.

1. Alcippus Lacedæmonius ex uxore Damocrita duas filias suscepit. (2) Is quum optime consuleret reipublicæ Spartanæ remque ex ejus usu gereret, ab adversæ factionis hominibus per invidiam apud Ephoros delatus est, iisque persuasum mendaci oratione, Alcippum leges convellere instituisse. (3) Jussus itaque solum vertere, Sparta abiit: uxorem autem, cum filiabus sequi maritum volentem, magistratus retinuerunt, publicatis insuper Alcippi bonis, ne dos esset filiabus. (4) Quum vero nihilominus essent qui eas ob patris virtutem ambirent, inimici edictum de non ambiendis eis impetraverunt, hoc causæ prætendentes, Damocritam sæpenumero optavisse ut quamprimum filiæ ipsius filios parerent, ultores paternæ injuriæ futuros.

(5) Πανταχόθεν δὲ ἡ Δαμοκρίτα περιελαυνομένη, ἐτήρησέ τινα πάνδημον ἑορτήν, ἐν ᾗ γυναῖκες ἅμα παρθένοις καὶ οἰκείοις καὶ νηπίοις ἑώρταζον, αἱ δὲ τῶν ἐν τέλει καθ' ἑαυτὰς ἐν ἀνδρῶνι μεγάλῳ διεπαννύχιζον· (6) ξίφος τε ὑποζωσαμένη, καὶ τὰς κόρας λαβοῦσα νυκτὸς ἦλθεν εἰς τὸ ἱερὸν παραφυλάξασα, ἐν ᾧ πᾶσαι τὸ μυστήριον ἐπετέλουν ἐν τῷ ἀνδρῶνι· (7) καὶ κεκλεισμένων τῶν εἰσόδων, ξύλα ταῖς θύραις πολλὰ προσνήσασα (ταῦτα δὲ ἦν εἰς τὴν τῆς ἑορτῆς θυσίαν ὑπ' ἐκείνων παρεσκευασμένα), πῦρ ἐνῆκε· συνθεόντων δὲ τῶν ἀνδρῶν ἐπὶ τὴν βοήθειαν, ἡ Δαμοκρίτα τὰς θυγατέρας ἀπέσφαξε, καὶ ἐπ' ἐκείναις ἑαυτήν. (8) Οὐκ ἔχοντες δὲ οἱ Λακεδαιμόνιοι, ὅπη τὸν θυμὸν ἀπερείσονται, ἐκτὸς ὅρων ἔῤῥιψαν τῆς τε Δαμοκρίτας καὶ τῶν θυγατέρων τὰ σώματα. Ἐφ' ᾧ μηνίσαντος τοῦ θεοῦ, τὸν μέγαν ἱστοροῦσι Λακεδαιμονίοις σεισμὸν ἐπιγενέσθαι.

ΠΕΡΙ ΤΟΥ ΟΤΙ ΜΑΛΙΣΤΑ ΤΟΙΣ ΗΓΕΜΟΣΙ ΔΕΙ ΤΟΝ ΦΙΛΟΣΟΦΟΝ ΔΙΑΛΕΓΕΣΘΑΙ.

I. Σωρκανὸν ἐγκολπίσασθαι καὶ φιλίαν τι[μᾶν καὶ] μετιέναι καὶ προσδέχεσθαι καὶ γεωργεῖν, πολλοῖς μὲν ἰδίᾳ, πολλοῖς δὲ καὶ δημοσίᾳ χρήσιμον καὶ ἔγκαρπον γενησομένην, φιλοκάλων ἐστὶ καὶ πολιτικῶν παὶ φιλανθρώπων, οὐχ, ὡς ἔνιοι νομίζουσι, φιλοδόξων· (2) ἀλλὰ [καὶ] τοὐναντίον, φιλόδοξός ἐστι καὶ ψοφοδεὴς ὁ φεύγων καὶ φοβούμενος ἀκοῦσαι λιπαρὴς τῶν ἐν ἐξουσίᾳ καὶ θεραπευτικός. (3) Ἐπεὶ τί φήσει ἀνὴρ θεραπεύσεως καὶ φιλοσοφίας δεόμενος; Σίμων δὲ γένωμαι ὁ σκυτοτόμος, ἢ Διονύσιος ὁ γραμματιστὴς, ἐκ Περικλέους ἢ Κάτωνος, ἵνα μοι προσδιαλέγηται καὶ προσκαθίζῃ ὁ Σωκράτης [ὡς] ἐκείνοις. (4) Καὶ Ἀρίστων μὲν, ὁ Χῖος, ἐπὶ τῷ πᾶσι διαλέγεσθαι τοῖς βουλομένοις, ὑπὸ τῶν σοφιστῶν κακῶς ἀκούων, Ὤφειλεν, εἶπε, καὶ τὰ θηρία λόγων συνιέναι κινητικῶν πρὸς ἀρετήν· ἡμεῖς δὲ φευξούμεθα τοῖς δυνατοῖς καὶ ἡγεμονικοῖς, ὥσπερ ἀγρίοις καὶ ἀνημέροις, γίνεσθαι συνήθεις; (5) Οὐκ « ἀνδριαντοποιός » ἐστιν ὁ τῆς φιλοσοφίας λόγος, « ὥστ' ἐλιννύοντα ποιεῖν ἀγάλματα ἐπ' αὐτᾶς βαθμίδος ἑσταότα, » κατὰ Πίνδαρον· ἀλλ' ἐνεργὰ βούλεται ποιεῖν ὧν ἂν ἅψηται, καὶ πρακτικὰ καὶ ἔμψυχα, καὶ κινητικὰς ὁρμὰς ἐπιτίθησι καὶ κρίσεις ἀγωγοὺς ἐπὶ τὰ ὠφέλιμα, καὶ προαιρέσεις φιλοκάλους, καὶ φρόνημα καὶ μέγεθος μετὰ πραότητος καὶ ἀσφαλείας, δι' ὧν τοῖς ὑπερέχουσι καὶ δυνατοῖς ὁμιλοῦσιν οἱ πολιτικοὶ προθυμότερον. (6) Καὶ γὰρ ἂν ἰατρὸς ᾖ φιλόκαλος, ἥδιον ὀφθαλμὸν ἰάσεται τὸν ὑπὲρ πολλῶν βλέποντα καὶ πολλοὺς φυλάσσοντα· καὶ φιλόσοφος ψυχῆς ἐπιμεληθήσεται προθυμότερον, ἣν ὑπὲρ πολλῶν φροντίζουσαν ὁρᾷ, καὶ πολλοῖς φρονεῖν καὶ φιλοσοφεῖν καὶ δικαιοπραγεῖν ὀφείλουσαν. (7) Καὶ γὰρ εἰ δεινὸς ἦν περὶ ζήτησιν ὑδάτων καὶ συναγωγὴν, ὥσπερ ἱστοροῦσι τὸν Ἡρακλέα καὶ

(5) Ita undequaque circumscripta Damocrita publicam exspectavit solemnitatem, qua de more mulieres una cum virginibus, domesticis et infantibus conveniebant, matronae autem procerum seorsum in androne magno, conclavi quodam, noctem festivam ducebant. (6) Tum gladio succincta, una cum filiabus in templum se contulit, observavitque id tempus, quo universae in androne mysteria peragebant. (7) Ibi aditibus occlusis, multa ad fores ligna congessit, quae fuerant ad ejus festivitatis sacrificium comparata, ignemque immisit. Viris autem ad restinguendum incendium accurrentibus, Damocrita filias, seque super eas jugulavit. (8) Lacedaemonii quum non haberent in quem desaevirent, cadavera Damocritae et filiarum extra fines projecerunt. Ob quod facinus irato deo, magnum illum terrae motum Lacedaemoniis immissum fuisse narrant.

MAXIME CUM PRINCIPIBUS VIRIS PHILOSOPHO ESSE DISSERENDUM.

I. Sorcanum in sinu habere [?] et amicitiam quaerere, amplecti et colere, quae multis privatim, multis etiam publice sit utilis atque frugifera futura; res est honestatis reipublicae humanitatisque studiosorum hominum, non, ut nonnulli opinantur, ambitiosorum. (2) Imo hoc potius verum est, ambitiosum esse et meticulosum eum, qui fugit vereturque dici adhaerere iis qui in aliqua potestate sunt constituti, et eos demereri. (3) Nam homo ingenii culturae et philosophiae cupiens quidni dicat: Utinam Simo fierem cerdo, aut Dionysius literator de Pericle vel Catone, ut mihi sicut illis adsideret ac colloqueretur Socrates? (4) Aristo sane Chius a sophistis impetitus maledictis, quod cum omnibus qui hoc vellent dissereret, optare se, dixit, ut etiam bruta animalia intelligere possent verba ad virtutem incitantia: nos vero potentium et principum virorum consuetudinem, tanquam agrestium et ferorum animalium, vitabimus? (5) Non *statuaria* est philosophiae oratio, ut *simulacra*, quod est apud Pindarum, *faciat quiescentia, in sua perpetuo haerentia basi*: sed quidquid attingit, id industrium vult reddere, efficax atque animatum, impetusque ingenerat, et judicia quibus id ad utilia incitetur, consilia honestatem respicientia, altitudinemque animi cum mansuetudine et cautione conjunctam. Atque haec causa est, cur libentius cum eminentibus ac potentia praestantibus consuescant viri civiles. (6) Quippe et medicus honestatis studiosus malit oculum sanare qui pro multis videat multosque custodiat; et philosophus promtior erit ad curandum animum, quem pro multis procurare videt, et qui debeat multis sapere, philosophari ac justitiam colere. (7) Nam qui peritus esset aquae inveniendae et conducendae, quod de Hercule et multis veteribus narratur, is profecto

πολλοὺς τῶν πάλαι, οὐκ ἂν ἔχαιρε φρεωρυχῶν ἐν ἐσχα-
τιᾷ παρὰ Κόρακος πέτρῃ τὴν συβοτικὴν ἐκείνην
Ἀρέθουσαν, ἀλλὰ ποταμοῦ τινος ἀεννάους πηγὰς ἀνα-
καλύπτων πόλει τε καὶ στρατοπέδοις καὶ φυτείαις βασιλέων καὶ ἄλσεσιν. (8) Ἀκούομεν δὴ Ὁμήρου τὸν
Μίνω « θεοῦ ὀαριστὴν » ἀποκαλοῦντος· τοῦτο δέ ἐστιν,
ὥς φησιν ὁ Πλάτων, ὁμιλητὴν καὶ μαθητήν· οὐδὲ γὰρ
ἰδιώτας, οὐδ' οἰκουροὺς, οὐδ' ἀπράκτους, ἠξίουν εἶναι
θεῶν μαθητάς, ἀλλὰ βασιλεῖς, οἷς εὐβουλίας ἐγγενομένης καὶ δικαιοσύνης καὶ χρηστότητος καὶ μεγαλοφρο-
σύνης, πάντες ἔμελλον ὠφεληθήσεσθαι καὶ ἀπολαύσειν
οἱ χρώμενοι. (9) Τὸ ἐρύγγιον, τὸ βοτάνιον, λέγουσι
μιᾶς αἰγὸς εἰς τὸ στόμα λαβούσης, αὐτήν τε πρῶτον
ἐκείνην καὶ τὸ λοιπὸν αἰπόλιον ἵστασθαι, μέχρις ἂν ὁ
αἰπόλος ἐξέλῃ προσελθών· τοιαύτην ἔχουσιν αἱ ἀπόρροιαι τῆς δυνάμεως ὀξύτητα, πυρὸς δίκην ἐπινεμομένην τὰ γειτνιῶντα καὶ κατασκιδναμένην. (10) Καὶ
μὴν ὁ τοῦ φιλοσόφου λόγος, ἐὰν μὲν ἰδιώτην ἕνα λάβῃ,
χαίροντα ἀπραγμοσύνῃ, καὶ περιγράφοντα ἑαυτὸν ὡς
κέντρῳ καὶ διαστήματι γεωμετρικῷ, ταῖς περὶ τὸ σῶμα
χρείαις, * οὐ διαδίδωσιν εἰς ἑτέρους, ἀλλ' ἐν ἑνὶ ποιήσας ἐκείνῳ γαλήνην καὶ ἡσυχίαν, ἀπεμαράνθη καὶ συν-
εξέλιπεν· (11) ἂν δ' ἄρχοντος ἀνδρὸς καὶ πολιτικοῦ
καὶ πρακτικοῦ καθάψηται, καὶ τοῦτον ἀναπλήσῃ κα-
λοκαγαθίας, πολλοὺς δι' ἑνὸς ὠφέλησεν, ὡς Ἀναξαγόρας Περικλεῖ συγγενόμενος, καὶ Δίωνι Πλάτων, καὶ
Πυθαγόρας τοῖς πρωτεύουσιν Ἰταλιωτῶν. (12) Κάτων
δ' αὐτὸς ἔπλευσεν ἀπὸ στρατιᾶς ἐπ' Ἀθηνόδωρον· καὶ
Σκηπίων μετεπέμψατο Παναίτιον, ὅτε αὐτὸν ἡ σύγκλητος ἐξέπεμψεν,

> Ἀνθρώπων ὕβριν τε καὶ εὐνομίην ὑφορώμενον,

ὥς φησι Ποσειδώνιος. (13) Τί οὖν ἔδει λέγειν τὸν Παναίτιον; Εἰ μὲν ἦς ἢ Βάτων ἢ Πολυδεύκης, ἤ τις ἄλλος ἰδιώτης, τὰ μέσα τῶν πόλεων ἀποδιδράσκειν βουλόμενος, ἐν γωνίᾳ τινὶ καθ' ἡσυχίαν ἀναλύων συλλογισμοὺς καὶ περιπλέκων φιλοσόφων, ἄσμενος ἄν σε
προσεδεξάμην καὶ συνῆν· (14) ἐπεὶ δὲ υἱὸς Αἰμιλίου
[Παύλου] τοῦ δισυπάτου γέγονας, υἱωνὸς δὲ Σκηπίωνος
τοῦ Ἀφρικανοῦ, τοῦ νικήσαντος τὸν Ἀννίβαν τὸν Καρ-
χηδόνιον, οὐκ ἄν σοι διαλέξομαι.

II. [**] Τὸ δὲ λέγειν, ὅτι δύο λόγοι εἰσίν, ὁ μὲν ἐν-
διάθετος, ἡγεμόνος Ἑρμοῦ δῶρον, ὁ δ' ἐν προφορᾷ,
διάκτορος καὶ ὀργανικὸς, ἕωλόν ἐστι, καὶ ὑποπι-
πτέτω τῷ,

> Τουτὶ μὲν ᾔδειν, πρὶν Θέογνιν γεγονέναι.

(2) Ἐκεῖνο δ' οὐκ ἐνοχλήσειεν, ὅτι καὶ τοῦ ἐνδιαθέτου
λόγου καὶ τοῦ προφορικοῦ φιλία τέλος ἐστί, τοῦ μὲν
πρὸς ἑαυτὸν, τοῦ δὲ πρὸς ἕτερον. (3) Ὁ μὲν γὰρ εἰς
ἀρετὴν διὰ φιλοσοφίας τελευτῶν, σύμφωνον ἑαυτῷ καὶ
ἄμεμπτον ὑφ' ἑαυτοῦ καὶ μεστὸν εἰρήνης καὶ φιλοφροσύνης τῆς πρὸς ἑαυτὸν ἀεὶ παρέχεται τὸν ἄνθρωπον·

> Οὐ στάσις, οὐ δῆρις ἀναίσιμος ἐν μελέεσσιν·

non oblectaret se in aliqua agri extremitate aperiendo fonte,
qualis illa subulci est ad Corvi saxum Arethusa, sed flu-
minis alicujus perennes fontes eruendo ad urbes, castra,
agros regum cultos atque lucos rigandos. (8) Homerum
audimus, qui Minoem Jovis *oaristam* appellat, hoc est
Platone interprete, familiarem atque discipulum. Non
enim privatos homines, aut domi desidentes, otiososve,
deorum esse voluerunt discipulos; sed reges, qui prudentiam, justitiam, bonitatem ac magnanimitatem consecuti,
ea ad omnium essent utilitatem conversuri. (9) Eryngium
herbam aiunt si una capella in os sumat, ipsam primum,
mox totum gregem subsistere, donec accedens pastor ori
eam eximat : tantam vim celeritatis habet materia ex ea
effluens, ignis in morem se in proxima quæque dissipans
atque iis se inserens. (10) At enim philosophica doctrina,
si in privatum unum incidat, qui otio gaudeat, et corporis
sui usibus se tanquam geometrico circulo ducto circum-
scribat, non propagatur ad alios, sed in illo solo tranquillitate ac quiete facta evanescit. (11) Si vero in principem,
virum et in republica versantem rebusque gerendis deditum
illabatur, eumque studio virtutis impleat, multis per unum
prodest. Tales fuerunt Pericles Anaxagora, et Platone
Dion præceptore usus, ac Pythagora principes Italorum.
(12) Cato quidem ipse ab exercitu ad Athenodorum
navigavit; et Scipio Panætium arcessivit, quum esset legatus a Senatu, ut, quemadmodum Posidonius ait,

> Inspiceret mores hominum pravosque bonosque.

(13) Quid, putas, fuit dicendum Panætio? Si esses Bato,
aut Pollux, aut alius quidam idiota, qui e medio urbis te
subducens per otium in aliquo angulo syllogismos philosophorum resolveres, et necteres alios, libenter me tibi da-
rem, tecumque essem : (14) nunc quia Æmilii Pauli
filius es, ejus qui duos gessit consulatus, nepos Scipionis
Africani, a quo Annibal Carthaginiensis victus est, nolo
tecum philosophari.

II. * * Quod autem dicitur, orationem esse duplicem,
unam intus contentam (*mente conceptam*), Mercurii munus
principis, alteram quæ enunciatur, internunciam ministram
et instrumentalem; frivolum est, ac subjiciatur huic dicto,

> Hæc, antequam oreretur Theognis, noveram.

(2) Id autem nihil molestiæ afferat, et intus contentæ orationis, et enunciatæ finem esse amicitiam, illius cum se
ipso, hujus cum alio. (3) Quem enim philosophia ad virtutem perducit, is homo redditur sibi ipsi concinens, nunquam se culpans, paceque secum et amore perpetuo fruens;

> Non est seditio in membris, contentio nulla est;

οὐ πάθος λόγῳ δυσπειθές, οὐχ ὁρμῆς μάχη πρὸς ὁρ-
μήν, οὐ λογισμοῦ πρὸς λογισμὸν ἀντίβασις, οὐχ ὥσπερ
ἐν μεθορίῳ τοῦ ἐπιθυμοῦντος καὶ τοῦ μετανοοῦντος,
τὸ τραχὺ καὶ ταραχῶδες καὶ τὸ ἡδόμενον, ἀλλ' εὐμενῆ
πάντα καὶ φίλα, καὶ ποιοῦντα πλείστων τυγχάνειν
ἀγαθῶν [καὶ] ἑαυτῷ χαίρειν ἕκαστον. (4) Τοῦ δὲ προφορικοῦ τὴν Μοῦσαν ὁ Πίνδαρος οὐ φιλοκερδῆ φησιν
οὐδ' ἐργάτιν εἶναι πρότερον, οἶμαι δὲ μηδὲ νῦν, ἀλλ'
ἀμουσίᾳ καὶ ἀπειροκαλίᾳ τὸν κοινὸν Ἑρμῆν ἐμπολαῖον
καὶ ἔμμισθον γενέσθαι. (5) Οὐ γὰρ ἡ μὲν Ἀφροδίτη
ταῖς τοῦ προσπόλου θυγατράσιν ἐμήνιεν, ὅτι

    πρῶται μίσεα μηχανήσαντο καταχέειν νεανίσκων·

ἡ δ' Οὐρανία καὶ Καλλιόπη καὶ ἡ Κλειὼ χαίρουσι τοῖς
ἐν ἀργυρίῳ διαδεχομένοις τὸν λόγον. (6) Ἀλλ' ἔμοιγε
δοκεῖ τὰ τῶν Μουσῶν ἔργα καὶ δῶρα μᾶλλον, ἢ τὰ τῆς
Ἀφροδίτης, φιλοτήσια εἶναι. (7) Καὶ γὰρ τὸ ἔνδοξον,
ὃ τινὲς τοῦ λόγου ποιοῦνται τέλος, ὡς ἀρχὴ καὶ σπέρμα
φιλίας ἠγαπήθη· μᾶλλον δ' ὅλως οἵ γε πολλοὶ κατ'
εὔνοιαν τὴν δόξαν τίθενται, νομίζοντες ἡμᾶς (μὴ) μόνον ἐπαινεῖν οὓς φιλοῦμεν. (8) Ἀλλ' οὗτοι μέν, ὡς ὁ
Ἰξίων διώκων τὴν Ἥραν ὤλισθεν εἰς τὴν νεφέλην, οὕτως ἀντὶ τῆς φιλίας εἴδωλον ἀπατηλὸν καὶ πανηγυρικὸν καὶ περιφερόμενον ὑπολαμβάνουσιν. (9) Ὁ δὲ νοῦν
ἔχων, ἂν [ἐν] πολιτείαις καὶ πράξεσιν ἀναστρέφηται, δε-
ήσεται δόξης [τοσαύτης], ὅση δύναμιν περὶ τὰς πράξεις
ἐκ τοῦ πιστεύεσθαι δίδωσιν· (10) οὔτε γὰρ ἡδὺ μὴ βουλομένους οὔτε ῥᾴδιον ὠφελεῖν· βούλεσθαι δὲ ποιεῖ τὸ
πιστεύειν· ὥσπερ τὸ φῶς μᾶλλόν ἐστιν ἀγαθὸν τοῖς βλέ-
πουσιν ἢ τοῖς βλεπομένοις, οὕτως ἡ δόξα τοῖς αἰσθανο-
μένοις ἢ τοῖς μὴ παρορωμένοις. (11) Ὁ δ' ἀπηλλαγμένος τοῦ τὰ κοινὰ πράττειν, καὶ συνὼν ἑαυτῷ, καὶ
τἀγαθὸν ἐν ἡσυχίᾳ καὶ ἀπραγμοσύνῃ τιθέμενος, τὴν
μὲν ἐν ὄχλοις καὶ θεάτροις πάνδημον καὶ ἀναπεπταμένην δόξαν οὗτος, * ὡς τὴν Ἀφροδίτην ὁ Ἱππόλυτος
«ἄπωθεν ἁγνὸς ὢν ἀσπάζεται», τῆς δέ γε τῶν ἐπιεικῶν
καὶ ἐλλογίμων οὐδ' αὐτὸς καταφρονεῖ· (12) πλοῦτον δὲ
καὶ δόξαν ἡγεμονικὴν καὶ δύναμιν ἐν φιλίαις οὐ διώκει,
οὐ μὴν οὐδὲ φεύγει ταῦτα προσόντα μετρίῳ ἤθει· οὐδὲ
γὰρ τοὺς καλοὺς τῶν νέων διώκει καὶ ὡραίους, ἀλλὰ
τοὺς εὐαγώγους καὶ κοσμίους καὶ φιλομαθεῖς· οὐδὲ οἷς
ὥρα καὶ χάρις συνέπεται καὶ ἄνθος δεδίττεται τὸν φιλόσοφον, οὐδ' ἀποσοβεῖ καὶ ἀπελαύνει τῶν ἀξίων ἐπιμελείας τὸ κάλλος. (13) Οὕτως οὖν ἀξίας ἡγεμονικῆς
καὶ δυνάμεως ἀνδρὶ μετρίῳ καὶ ἀστείῳ προσούσης,
οὐκ ἀφέξεται τοῦ φιλεῖν καὶ ἀγαπᾷν, οὐδὲ φοβηθήσεται
τὸ αὐλικὸς ἀκοῦσαι καὶ θεραπευτικός·

    Οἱ γὰρ Κύπριν φεύγοντες ἀνθρώπων ἄγαν
    νοσοῦσιν ὁμοίως τοῖς ἄγαν θηρωμένοις·

καὶ οἱ πρὸς ἔνδοξον οὕτως καὶ ἡγεμονικὴν φιλίαν ἔχοντες. (14) Ὁ μὲν οὖν ἀπράγμων φιλόσοφος οὐ φεύξεται
τοὺς τοιούτους, ὁ δὲ πολιτικὸς καὶ περιέξεται αὐτῶν,
ἄκουσι [μὲν] οὐκ ἐνοχλῶν, οὐδ' ἐπισταθμεύων τὰ ὦτα

---

non rationi refragans animi motus, non cupiditatum inter
se concertatio, non cogitationi contraria cogitatio, non tanquam in confinio concupiscentiæ et pœnitentiæ asperum
ac tumultuosum gaudium : sed pacata omnia et amica, ac
plurimorum bonorum fertilia, efficientiaque ut se ipso quis
gaudeat. (4) Musam vero enunciatæ orationis præsidem
neque ante Pindarus dixit lucri cupidam esse atque opera-
riam, neque, puto, nunc diceret : sed ob inscitiam atque
imperitiam honesti communem Mercurium factum fuisse
mercenarium atque venalem. (5) Non enim Venus quidem
administri sui filiabus succensuit,

    Quod primæ juvenes in fraudem inducere turpi
    instituere lucro :

Urania autem, Calliope et Clio gaudeant iis, qui pecuniæ
gratia doctrinam profiteantur. (6) Sed mihi videntur
Musarum opera et dona magis etiam quam Veneris, amicitiæ ergo data ac gratuita esse. (7) Etenim gloria, quam
nonnulli finem orationis faciunt, tanquam semen et initium amicitiæ in pretio fuit : imo omnino plerique gloriam pro benevolentia tribuunt, putantes eos duntaxat a
nobis laudari, quos diligimus. (8) Verum hi quidem, quo
modo Ixion Junonem persequens in nubem delapsus est,
ita loco amicitiæ simulacrum fallax, et ad pompam compositum, atque instabile amplectuntur. (9) Sana mente præditus autem, si in republica ac rebus gerendis versetur,
tantam captabit existimationem, quanta ob fidem quæ ei
habetur, potentiam ipsius actionibus conciliet. (10) Nam
neque jucundum est neque facile nolentibus prodesse : ut
velint, fides faciet. Sicut enim lumen melius est videntibus, quam visis; ita gloria magis conducit sentientibus
quam animadversis. (11) Qui vero omissa reipublicæ tractatione secum vivit, felicitatem in otio et quiete ponens,
is eam quidem gloriam, quæ in hominum turba theatrisque
publica prostat, ita ut Hippolytus Venerem, eminus, ipse
castus, salutabit; bonorum tamen ac celebrium virorum
de se opinionem nequaquam negliget : (12) divitias antem
et principe dignam gloriam ac potentiam in amicitiis neque
sectabitur, neque, si cum modesto animo conjuncta sunt,
aversabitur. Nam neque formosos adolescentes sectatur,
sed modestos, compositos et discendi cupidos; neque, quibus forma, flos ætatis et venustas adest, eos philosophus
reformidat, neque culturæ dignos ob pulchritudinem rejicit
et arcet. (13) Ita dignitate et potentia principe digna præditum virum civilem ac moderatum non recusabit diligere
et cum eo philosophari, nec verebitur aulicus appellari
et blandus : nam

    Qui dona Veneris spernit, animi contumax,
    nimium sequente non magis culpa vacat :

itidem errant gloriam et gratiam apud principes fugiendo.
(14) Philosophus ergo rebus gerendis abstinens tales non fu-
giet : civilis etiam amplectetur eos, nihil turbans nolentes,
neque aures intempestivis atque sophisticis collocutionibus

διαλέξεσιν ἀκαίροις καὶ σοφιστικαῖς, βουλομένοις δὲ χαίρων καὶ διαλεγόμενος καὶ σχολάζων καὶ συνὼν προθύμως.

III. Σπείρω δ' ἄρουραν δώδεχ' ἡμερῶν ὁδὸν
5   Βερέκυντα χῶρον·

οὗτος εἰ μὴ μόνον φιλογεωργὸς, ἀλλὰ καὶ φιλάνθρωπος [ἦν,] ἥδιον ἂν ἔσπειρε τὴν τοσούτους τρέφειν δυναμένην, ἢ τὸ Ἀντισθένους ἐκεῖνο χωρίδιον, ὃ μόλις Αὐτολύκῳ [εἰς] πάλην ἂν ἤρκεσε· εἰ δέ σε ἠρόμην τὴν οἰκου- 10 μένην ἅπασαν ἐπιστρέφειν παραιτοῦμαι. (2) Καίτοι Ἐπίκουρος τἀγαθὸν ἐν τῷ βαθυτάτῳ τῆς ἡσυχίας, ὥσπερ ἐν ἀκλύστῳ λιμένι καὶ κωφῷ, τιθέμενος, τοῦ εὖ πάσχειν τὸ εὖ ποιεῖν οὐ μόνον κάλλιον ἀλλὰ καὶ ἥδιον εἶναί φησι. (3) Χαρᾶς γὰρ οὐδὲν οὕτω γόνιμόν ἐστιν 15 ὡς χάρις· ἀλλὰ σοφὸς ἦν ὁ ταῖς Χάρισι τὰ ὀνόματα θέμενος, Ἀγλαΐην, καὶ Εὐφροσύνην, καὶ Θάλειαν· τὸ γὰρ ἀγαλλόμενον καὶ τὸ χαῖρον ἐν τῷ διδόντι τὴν χάριν πλεῖόν ἐστι καὶ καθαρώτερον. (4) Διὸ τῷ πάσχειν εὖ αἰσχύνονται πολλάκις, ἀεὶ δ' ἀγάλλονται τῷ εὖ ποιεῖν· 20 εὖ δὲ ποιοῦσι πολλοὺς οἱ ποιοῦντες ἀγαθοὺς ὧν πολλοὶ δέονται· καὶ τοὐναντίον, οἱ ἀεὶ διαφθείροντες ἡγεμόνας ἢ βασιλεῖς ἢ τυράννους διάβολοι καὶ συκοφάνται καὶ κόλακες, ὑπὸ πάντων ἐλαύνονται καὶ κολάζονται, καθάπερ οὐκ εἰς μίαν κύλικα φάρμακον ἐμβάλλοντες θανά- 25 σιμον, ἀλλ' εἰς πηγὴν δημοσίᾳ ῥέουσαν, ᾗ χρωμένους πάντας ὁρῶσιν. (5) Ὥσπερ οὖν τοὺς Καλλίου κωμῳδουμένους κόλακας γελῶσιν, [οὓς]« οὐ πῦρ, οὐ σίδηρος οὐδὲ χαλκὸς εἴργει μὴ φοιτᾷν ἐπὶ δεῖπνον, » κατὰ τὸν Εὔπολιν· τοὺς δ' Ἀπολλοδώρου τοῦ τυράννου καὶ Φαλά- 30 ριδος καὶ Διονυσίου φίλους καὶ συνήθεις ἀπετυμπάνιζον, ἐστρέβλουν καὶ ἐνεπίμπρασαν, ἐναγεῖς ἐποιοῦντο [καὶ] καταράτους, ὡς ἐκείνων μὲν ἀδικούντων ἕνα, τούτων δὲ πολλοὺς δι' ἑνὸς τοῦ ἄρχοντος· (6) οὕτως οἱ μὲν ἰδιώταις συνόντες, αὐτοὺς ἐκείνους ποιοῦσιν ἑαυτοῖς 35 ἀλύπους καὶ ἀβλαβεῖς καὶ προσηνεῖς· ὁ δ' ἄρχοντος ἦθος ἀφαιρῶν μοχθηρὸν, ἢ γνώμην ἐφ' ὃ δεῖ συγκατευθύνων, τρόπον τινὰ δημοσίᾳ φιλοσοφεῖ καὶ τὸ κοινὸν ἐπανορθοῦται, ᾧ πάντες διοικῶνται. (7) Τοῖς ἱερεῦσιν αἰδῶ καὶ τιμὴν αἱ πόλεις νέμουσιν, ὅτι τἀγαθὰ παρὰ 40 τῶν θεῶν οὐ μόνον αὑτοῖς καὶ φίλοις καὶ οἰκείοις, ἀλλὰ κοινῇ πᾶσιν αἰτοῦνται τοῖς πολίταις· καίτοι τοὺς θεοὺς οἱ ἱερεῖς οὐ ποιοῦσιν ἀγαθῶν δοτῆρας, ἀλλὰ τοιούτους ὄντας παρακαλοῦσι· (8) τοὺς δ' ἄρχοντας οἱ συνόντες τῶν φιλοσόφων δικαιοτέρους ποιοῦσι καὶ μετριωτέρους 45 καὶ προθυμοτέρους εἰς τὸ εὖ ποιεῖν, ὥστε καὶ χαίρειν εἰκός ἐστι μᾶλλον.

IV. * Ἐμοὶ δὲ δοκεῖ καὶ λυροποιὸς ἀνὴρ ἥδιον λύραν ἐργάσασθαι καὶ προθυμότερον, μαθὼν ὡς ὁ ταύτην κτησόμενος τὴν λύραν μέλλει τὸ Θηβαίων ἄστυ τειχί- 50 ζειν, ὡς ὁ Ἀμφίων, ἢ τὴν Λακεδαιμονίων στάσιν παύειν ἐπάδων καὶ παραμυθούμενος, ὡς Θαλῆς· (2) καὶ τέκτων ὁμοίως, πηδάλιον δημιουργῶν ἡσθῆναι, πυθόμενος ὅτι τοῦτο τὴν Θεμιστοκλέους ναυαρχίδα κυβερνήσαι

---

interpellans; sed volentibus illis disserere gaudens, colloquens, vacans, et libenter conversans.

III. « Bis sex dierum consero viæ solum,
Berecyntiam-regionem : »

is, si non tantum agriculturæ studiosus, sed etiam humanitatis fuisset, maluisset profecto conserere agrum tot alendis sufficientem, quam Antisthenis illum agellum qui vix Autolyco, in quo luctaretur, satis magnus erat. Equidem arando terrarum orbem subvertere recusem [?]. (2) Quanquam Epicurus bonum in altissima quiete, tanquam in portu ab undis tuto ac silente collocans, beneficium dare non modo pulchrius, sed etiam jucundius esse ait quam accipere. (3) Nihil enim tam est ferax gaudii, quam gratia; et sapuit, qui Gratiis nomina imposuit Aglaiæ, Euphrosynes et Thaliæ : major enim et purior est lætitia dantis quod gratum est. (4) Itaque sæpe pudet accipere beneficium; semper cum gaudio gratificamur aliis. Bene autem multis faciunt, qui eos bonos reddunt, quorum opera multi indigent; sicut contra qui principes, reges, tyrannosque solent corrumpere, sycophantæ, calumniatores atque adulatores, ab omnibus profligantur atque puniantur, ut qui letale venenum non in unum aliquem injecerunt calicem, sed in fontem publicum et quo universos uti norint. (5) Sicut igitur Calliæ illos in comœdiis traductos adulatores, *quos non ignis*, ut scripsit Eupolis, *non ferrum, non æs arcet quominus commetent ad cœnam,* illos, inquam, rident modo; verum Apollodori tyranni, et Phalaridis et Dionysii amicos atque familiares ad necem verberarunt, tormentis excruciarunt, combusserunt, dirisque devoverunt et exsecrati sunt, quod illi unum injuria afficerent, hi per unum principem multos læderent : (6) ita qui cum privato consuescit philosophus, efficit ut is se ipsum nulla molestia, nullo damno afficiat, placideque vivat; qui vero principis alicujus malos mores corrigit, animumque ad officium dirigit, is quodammodo publice philosophatur, optimumque publicum emendat, quo omnes recte gubernentur. (7) Sacerdotibus civitates honorem habent, eosque venerantur, quod bona ii a diis non sibi tantum suisque amicis et familiaribus, sed in commune omnibus civibus precantur; et vero ii deos non faciunt bonorum largitores, sed quum tales suapte sint natura, eos obsecrant : (8) at principes philosophi cum iis versantes justiores faciunt, moderatiores et ad beneficentiam propensiores, ut par sit eos in majore etiam honore haberi.

IV. Mihi quidam faber lyram quoque eo libentius videtur alacriusque fabricaturus, si sciret eum, qui habiturus eam esset, canendo Thebas muris circumdaturum, ut fecit Amphion, aut Lacedæmoniorum seditionem pacaturum, ut fecit Thales; (2) itemque faber gubernaculum conficiens gavisurus, si gubernatorem eo intelligeret usurum ad regendam

προπολεμοῦσαν τῆς Ἑλλάδος, ἢ τὴν Πομπηίου τὰ πει-
ρατικὰ καταναυμαχοῦντος· (3) τί οὖν οἴει περὶ τοῦ
λόγου τὸν φιλόσοφον, διανοούμενον ὡς ὁ τοῦτον παραλαβὼν πολιτικὸς ἀνὴρ καὶ ἡγεμονικὸς κοινὸν ὄφελος
5 ἔσται, δικαιοδοτῶν, νομοθετῶν, κολάζων τοὺς πονηρούς,
αὔξων τοὺς ἐπιεικεῖς καὶ ἀγαθούς; (4) Ἐμοὶ δὲ δοκεῖ
καὶ ναυπηγὸς ἀστεῖος ἥδιον ἐργάσασθαι πηδάλιον, πυθόμενος ὅτι τοῦτο τὴν Ἀργὼ κυβερνήσει τὴν « πᾶσι μέ-
λουσαν· » καὶ τεκτονικὸς οὐκ ἂν οὕτω κατασκευάσαι
10 ἄροτρον προθύμως ἢ ἄμαξαν, ὡς τοὺς ἄξονας, οἷς ἔμελλε
Σόλων τοὺς νόμους ἐγχαράξειν. (5) Καὶ μὴν οἱ λόγοι
τῶν φιλοσόφων, ἐὰν ψυχαῖς ἡγεμονικῶν καὶ πολιτικῶν
ἀνδρῶν ἐγγραφῶσι βεβαίως καὶ κρατήσωσι, νόμων δύναμιν λαμβάνουσιν· (6) ᾗ καὶ Πλάτων εἰς Σικελίαν
15 ἔπλευσεν, ἐλπίζων τὰ δόγματα νόμους καὶ ἔργα ποιήσειν ἐν τοῖς Διονυσίου πράγμασιν· ἀλλ' εὗρε Διονύσιον,
ὥσπερ βιβλίον παλίμψηστον, ἤδη μολυσμῶν ἀνάπλεων,
καὶ τὴν βαφὴν οὐκ ἀνιέντα τῆς τυραννίδος, ἐν πολλῷ
χρόνῳ δευσοποιὸν οὖσαν καὶ δυσέκπλυτον· δρομαίους
20 δ' ὄντας ἔτι δεῖ τῶν χρηστῶν ἀντιλαμβάνεσθαι λόγων.

———

ΠΡΟΣ ΗΓΕΜΟΝΑ ΑΠΑΙΔΕΥΤΟΝ.

I. Πλάτωνα Κυρηναῖοι παρεκάλουν νόμους τε γρα-
ψάμενον αὐτοῖς ἀπολιπεῖν, καὶ διακοσμῆσαι τὴν πολι-
τείαν· ὁ δὲ παρῃτήσατο, φήσας χαλεπὸν εἶναι Κυρη-
ναίοις νομοθετεῖν οὕτως εὐτυχοῦσιν.

25   Οὐδὲν γὰρ οὕτω γαῦρον
καὶ τραχὺ καὶ δύσαρκτον,
        ὡς ἀνὴρ ἔφυ

εὐπραγίας δοκούσης ἐπιλαμβανόμενος. (2) Διὸ τοῖς ἄρχουσι χαλεπόν ἐστι σύμβουλον περὶ ἀρχῆς γενέσθαι·
30 τὸν γὰρ λόγον ὥσπερ ἄρχοντα παραδέξασθαι φοβοῦνται,
μὴ τῆς ἐξουσίας αὐτῶν τὸ ἀγαθὸν κολούσῃ τῷ καθήκοντι
δουλωσάμενος. (3) Οὐ γὰρ ἴσασι τὰ Θεοπόμπου τοῦ
Σπαρτιατῶν βασιλέως, ὃς πρῶτος ἐν Σπάρτῃ τοῖς βα-
σιλεύουσι καταμίξας τοὺς Ἐφόρους, εἶτ' ὀνειδιζόμενος
35 ὑπὸ τῆς γυναικός, εἰ τοῖς παισὶν ἐλάττονα παραδώσει
τὴν ἀρχὴν ἧς παρέλαβε, Μείζονα μὲν οὖν, εἶπεν, ὅσῳ
καὶ βεβαιοτέραν. Τὸ γὰρ σφοδρὸν ἀνεὶς καὶ ἄκρατον
αὐτῆς, ἅμα τῷ φθόνῳ διέφυγε τὸν κίνδυνον. (4) Καίτοι Θεόπομπος μὲν εἰς ἑτέρους τὸ τῆς ἀρχῆς ὥσπερ
40 ῥεύματος μεγάλου [ῥεῖθρον] παροχετευσάμενος, ὅσον
ἄλλοις ἔδωκεν, αὑτοῦ περιέκοψεν· ὁ δ' ἐκ φιλοσοφίας τῷ
ἄρχοντι πάρεδρος καὶ φύλαξ ἐγκατοικισθεὶς λόγος, ὥσπερ εὐεξίας, τῆς δυνάμεως τὸ ἐπισφαλὲς ἀφαιρῶν, ἀπολείπει τὸ ὑγιαῖνον.
II. Ἀλλὰ νοῦν οὐκ ἔχοντες οἱ πολλοὶ τῶν βασιλέων
45 καὶ ἀρχόντων μιμοῦνται τοὺς ἀτέχνους ἀνδριαντοποιούς,
οἳ νομίζουσι μεγάλους καὶ ἁδροὺς φαίνεσθαι τοὺς κολοσ-
σούς, ἂν διαβεβηκότας σφόδρα καὶ διατεταμένους καὶ

Themistoclis prætoriam navem propugnantem pro Græcia,
Pompeiive prædones maritimos exscindentis. (3) Nonne putas
eodem modo affectum esse de sua doctrina philosophum, si
reputet, ea imbutum res gerentem atque principem virum
in publicum utilem futurum, jus dicendo, leges condendo,
malos puniendo, bonos et æquos augendo? (4) Equidem
navium opificem cordatum majore cum voluptate arbitror
clavum fabricaturum, si audiat eo gubernandam Argo navem illam *ab omnibus celebratam* : neque tam alacriter
carpentarius aratrum currumve construet, ut axones in quos
Solon suas sit leges inscripturus. (5) Et quidem doctrina
philosophica ubi in animum principis ac civitatem admi-
nistrantis viri inscripta hæsit, vim legis adipiscitur. (6)
Atque eo nomine in Siciliam navigavit Plato, sperans se
id consecuturum, ut Dionysius in agendo decretis philosophiæ tanquam legibus uteretur, eaque factis repræsentaret :
sed Dionysium invenit instar libri, in quo quæ scripta erant,
rursus sunt expuncta, jam sordibus et maculis refertum,
neque tyrannidis tincturam dimittentem, quam temporis
longinquitas penetrabilem jam et indelebilem reddiderat.
Oportet autem tales', dum in motu adhuc sunt nequedum
resederunt, bonas amplecti disputationes.

———

AD PRINCIPEM INERUDITUM.

I. Plato a Cyrenæis evocatus, ut leges ipsis scriptas relinqueret, rempublicamque constitueret, recusavit, quod diceret, *difficulter Cyrenæis leges posse poni, rebus eorum
ita lætis.* Ac profecto,

    Nihil usquam videas petulans æque,
ferox, atque imperio reluctans,
        atque est homo

qui rebus videtur secundis frui. (2) Itaque difficile est
imperantibus consilium de imperio dare : verentur enim
doctrinam, utpote imperaturam ipsis, admittere, ne potentiæ ipsori in præstantiam ea, officii se rationibus subjugans,
deminuat. (3) Quippe ignorant isti Theopompi Spartanorum
regis dictum, qui quum primus Spartæ regibus Ephoros
adjunxisset, exprobranti uxori, quod filiis regnum minus
quam accepisset ipse relicturus esset, respondit, *tanto se id
majus esse relicturum, quanto firmius :* nimia enim vehementia et inmoderata regni potentia remissa, simul cum
invidia periculum declinavit. (4) Et tamen Theopompus
imperio tanquam magno fluvio ad alios derivato, quantum
iis dedit, tantum sibi ipse ademit : doctrina vero philosophica in principe habitans, ejusque custos et tanquam consiliarius, potentiæ veluti nimis habiti corporis majorem
justo vim detrahens, id relinquit quod est sanum.

II. Sed plerique principum atque regum ob amentiam
imitantur imperitos statuarios, qui putant magnos ac vali-
dos visum iri colossos, si eos admodum divaricatis cruribus,

κεχηνότας πλάσωσι· (2) * καὶ γὰρ οὗτοι βαρύτητι
φωνῆς, καὶ βλέμματος τραχύτητι, καὶ δυσκολίᾳ τρόπων, καὶ ἀμιξίᾳ διαίτης, ὄγκον ἡγεμονίας καὶ σεμνότητα μιμεῖσθαι δοκοῦσιν, οὐδ' ὁ, τιοῦν τῶν κολοσσικῶν
διαφέροντες ἀνδριάντων, οἳ τὴν ἔξωθεν ἡρωϊκὴν καὶ
θεοπρεπῆ μορφὴν ἔχοντες, ἐντός εἰσι γῆς μεστοὶ καὶ
λίθου καὶ μολίβδου· (3) πλὴν ὅτι τῶν μὲν ἀνδριάντων
ταῦτα τὰ βάρη τὴν ὀρθότητα μόνιμον καὶ ἀκλινῆ διαφυλάττει, οἱ δ' ἀπαίδευτοι στρατηγοὶ καὶ ἡγεμόνες ὑπὸ
τῆς ἐντὸς ἀγνωμοσύνης πολλάκις σαλεύονται καὶ περι-
τρέπονται· βάσει γὰρ οὐ κειμένῃ πρὸς ὀρθὰς ἐξουσίαν
ἐποικοδομοῦντες ὑψηλὴν συναπονεύουσι. (4) Δεῖ δὲ,
ὥσπερ ὁ κανὼν αὐτός, ἀστραβὴς γενόμενος καὶ ἀδιά-
στροφος, οὕτως ἀπευθύνει τὰ λοιπὰ τῇ πρὸς αὐτὸν
ἐφαρμογῇ καὶ παραθέσει συνεξομοιῶν, παραπλησίως
τὸν ἄρχοντα πρῶτον [αὐτὸν τὴν] ἀρχὴν κτησάμενον ἐν
ἑαυτῷ καὶ κατευθύναντα τὴν ψυχήν, καὶ καταστησάμε-
νον τὸ ἦθος, οὕτω συναρμόττειν τὸ ὑπήκοον· (5) οὔτε
γὰρ πίπτοντός ἐστιν ὀρθοῦν, οὔτε διδάσκειν ἀγνοοῦντος,
οὔτε κοσμεῖν ἀκοσμοῦντος, ἢ τάττειν ἀτακτοῦντος, ἢ
ἄρχειν μὴ ἀρχομένου· (6) ἀλλ' οἱ πολλοὶ κακῶς φρο-
νοῦντες οἴονται πρῶτον ἐν τῷ ἄρχειν ἀγαθὸν εἶναι τὸ
μὴ ἄρχεσθαι, καὶ ὅ γε Περσῶν βασιλεὺς πάντας ἡγεῖτο
δούλους, πλὴν τῆς αὑτοῦ γυναικός, ἧς μάλιστα δεσπό-
της ὤφειλεν εἶναι.

III. Τίς οὖν ἄρξει τοῦ ἄρχοντος; ὁ νόμος, ὁ πάντων
βασιλεὺς θνητῶν τε καὶ ἀθανάτων, ὡς ἔφη Πίνδαρος,
οὐκ ἐν βιβλίοις ἔξω γεγραμμένος, οὐδέ τισι ξύλοις,
ἀλλ' ἔμψυχος ὢν ἐν αὐτῷ λόγος, ἀεὶ συνοικῶν καὶ παραφυλάττων, καὶ μηδέποτε τὴν ψυχὴν ἐῶν ἔρημον ἡγεμονίας. (2) Ὁ μὲν γὰρ Περσῶν βασιλεὺς ἕνα τῶν κατευ-
ναστῶν εἶχε πρὸς τοῦτο τεταγμένον, ὥστε ἔωθεν εἰσιόντα
λέγειν πρὸς αὐτόν, Ἀνάστα, ὦ βασιλεῦ, καὶ φρόντιζε
πραγμάτων, ὧν σε φροντίζειν ὁ Μεσορομάσδης ἠθέλησε·
τοῦ δὲ πεπαιδευμένου καὶ σωφρονοῦντος ἄρχοντος ἐντός
ἐστιν ὁ τοῦτο φθεγγόμενος ἀεὶ καὶ παρακελευσάμενος.
(3) Πολέμων γὰρ ἔλεγε τὸν Ἔρωτα εἶναι θεῶν ὑπηρε-
σίαν εἰς νέων ἐπιμέλειαν· ἀληθέστερον δ' ἄν τις εἴποι,
τοὺς ἄρχοντας ὑπηρετεῖν θεῷ πρὸς ἀνθρώπων ἐπιμέλειαν
καὶ σωτηρίαν, ὅπως ὧν θεὸς δίδωσιν ἀνθρώποις καλῶν
καὶ ἀγαθῶν τὰ μὲν νέμωσι, τὰ δὲ φυλάττωσιν.

> (4) Ὁρᾷς τὸν ὑψοῦ τόνδ' ἄπειρον αἰθέρα,
> καὶ γῆν πέριξ ἔχονθ' ὑγραῖς [ἐν] ἀγκάλαις;

ὁ μὲν καθίησιν ἀρχὰς σπερμάτων προσηκόντων, γῆ δ'
ἀναδίδωσιν· αὔξεται δὲ τὰ μὲν ὄμβροις, τὰ δ' ἀνέμοις,
τὰ δ' ἄστροις ἐπιθαλπόμενα καὶ σελήνη· κοσμεῖ δὲ
ἥλιος ἅπαντα, καὶ πᾶσι τοῦτο δὴ τὸ παρ' αὐτοῦ φίλ-
τρον ἐγκεράννυσιν. (5) Ἀλλὰ τῶν τοσούτων καὶ τηλικούτων, ἃ θεοὶ χαρίζονται, δώρων καὶ ἀγαθῶν οὐκ ἔστιν
ἀπόλαυσις, οὐδὲ χρῆσις ὀρθὴ δίχα νόμου καὶ δίκης καὶ
ἄρχοντος. (6) Δίκη μὲν οὖν νόμου τέλος ἐστίν· νόμος
δὲ, ἄρχοντος ἔργον· ἄρχων δὲ, εἰκὼν θεοῦ τοῦ πάντα κο-
σμοῦντος· οὐ Φειδίου δεόμενος πλάττοντος, οὐδὲ Πολυ-

---

distentosque et hiantes fingant. (2) Sic enim et ipsi vocis
gravitate, et torvitate vultus, morumque importunitate, et
aversatione convictus videntur majestatem imperii præ se
ferre, nihil omnino differentes a colossicis istis statuis, quæ
foris heroica et divina ornatæ forma, intus terra, lapidibus
et plumbo sunt repletæ. (3) Hoc interest, quod statua-
rum istarum moles rectitudinem servat perpetuam sine inclinatione, ineruditi autem principes ab interna sua inscitia
sæpenumero labefactantur atque subvertuntur; basi enim
non sitæ ad lineam et angulos rectos potestatem superstruentes excelsam, una vergunt. (4) Enimvero sicut necesse
est primo omnium ipsam regulam rectam et firmam esse,
atque ita deinde ea, quibus applicatur, ipsa quoque sui similia facere atque ad rectitudinem perducere : ita oportet
principem prius in se ipso imperium moresque recte constituere atque dirigere, postea iis accommodare subditos :
(5) nam neque cadentis est erigere, neque docere indocti,
neque componere incompositi, neque ordinare inordinati,
neque imperare nulli imperio subditi. (6) Sed plerique
inepta decepti sententia, primum hoc putant esse in imperio bonum, nulli subesse imperio : atque adeo rex Persarum omnes pro servis habuit, excepta sua uxore, cujus
maxime debebat esse dominus.

III. Quis ergo imperabit principi? Lex, *rex omnium
mortalium atque immortalium*, ut ait Pindarus, non ea
foris scripta in libris, aut lignis insculpta, sed viva in ipsius corde ratio, semper una habitans atque excubans, et
animum non unquam sinens esse principatus vacuum. (2)
Sane Persarum rex unum de cubiculariis ad hoc habebat
constitutum, ut mane ad regem ingrediens diceret, *Surge,
o rex, et curam rerum gere, quas te curare Oromasdes
voluit* : eruditus et cordatus princeps intus habet qui hoc
identidem occinat et admoneat. (3) Etenim Polemo deorum administrum esse dicebat Amorem, ad adolescentium
procurationem destinatum : verius autem hoc dixeris,
principes dei esse administros ad tutandam hominum salutem, ut quæ dii bona hominibus largiuntur, ea partim dis-
tribuant, partim conservent.

> (4) Vides sublime fusum immoderatum ætherem,
> qui tenero terram circumvectu amplectitur?

Is quidem principia demittit seminum convenientium, terra
autem ea vegetat : augentur alia imbribus, alia ventis, alia
calore siderum lunæque fovente : omnia autem ea sol ornat,
et illum quem ferunt amoris illicem ab se indit. (5) Et
tamen istis tot tantisque donis, quæ dii largiuntur, sine
lege, justitia et principe frui non est permissum. (6) Etenim justitia legis est finis; lex principis opus; princeps dei
imago omnia digerentis, neque is opus habet Phidia qui fin-

κλείτου καὶ Μύρωνος, ἀλλ' αὐτὸς αὑτὸν εἰς ὁμοιότητα
θεῷ δι' ἀρετῆς καθιστάς, καὶ δημιουργῶν ἀγαλμάτων
τὸ ἥδιστον ὀφθῆναι καὶ θεοπρεπέστατον. (7) Οἷον δὲ
ἥλιον ἐν οὐρανῷ περικαλλὲς εἴδωλον ἑαυτοῦ καὶ σελήνην
ὁ θεὸς ἐνίδρυσε, τοιοῦτον ἐν πόλεσι μίμημα καὶ φέγγος
ἄρχων,

> ὥστε θεουδὴς
> εὐδικίας ἀνέχῃσι·

τουτέστι θεοῦ λόγον ἔχων διάνοιαν, οὐ σκῆπτρον, οὐδὲ
κεραυνὸν, οὐδὲ τρίαιναν, ὡς ἔνιοι πλάττουσιν ἑαυτοὺς καὶ
γράφουσι, τῷ ἀνεφίκτῳ ποιοῦντες ἐπίφθονον τὸ ἀνόητον·
(8) νεμεσᾷ γὰρ ὁ θεὸς τοῖς ἀπομιμουμένοις βροντὰς καὶ
κεραυνοὺς καὶ ἀκτινοβολίας. * τοὺς δὲ τὴν ἀρετὴν
ζηλοῦντας αὐτοῦ, καὶ πρὸς τὸ καλὸν καὶ φιλάνθρωπον
ἀφομοιοῦντας ἑαυτούς, ἡδόμενος αὔξει, καὶ μεταδίδωσι
τῆς περὶ αὑτὸν εὐνομίας καὶ δίκης καὶ ἀληθείας καὶ
πραότητος· ὧν θειότερον οὐ πῦρ ἐστιν, οὐ φῶς, οὐχ ἡλίου
δρόμος, οὐκ ἀνατολαὶ καὶ δύσεις ἄστρων, οὐ τὸ ἀίδιον
καὶ ἀθάνατον. (9) Οὐ γὰρ χρόνῳ ζωῆς ὁ θεὸς εὐδαί-
μων, ἀλλὰ τῆς ἀρετῆς τῷ ἄρχοντι· τοῦτο γὰρ θεῖόν
ἐστι, καλὸν δ' αὐτῆς καὶ τὸ ἀρχόμενον.

IV. Ἀνάξαρχος μὲν οὖν ἐπὶ τῷ Κλείτου φόνῳ δει-
νοπαθοῦντα παραμυθούμενος Ἀλέξανδρον, ἔφη καὶ τῷ
Διὶ τὴν Δίκην εἶναι καὶ τὴν Θέμιν παρέδρους, ἵνα πᾶν
πραττόμενον ὑπὸ βασιλέως θεμιτὸν δοκῇ καὶ δίκαιον·
οὐκ ὀρθῶς, οὐδ' ὠφελίμως, τὴν ἐφ' οἷς ἥμαρτε μετάνοιαν αὐτοῦ τῷ πρὸς τὰ ὅμοια θαρρύνειν ἰώμενος. (2)
Εἰ δὲ δεῖ ταῦτα εἰκάζειν, ὁ μὲν Ζεὺς οὐκ ἔχει τὴν Δίκην
πάρεδρον, ἀλλ' αὐτὸς Δίκη καὶ Θέμις ἐστὶ, καὶ νόμων
ὁ πρεσβύτατος καὶ τελειότατος. (3) Οἱ παλαιοὶ οὕτω
λέγουσι καὶ γράφουσι καὶ διδάσκουσιν, ὡς ἄνευ δίκης
ἄρχειν μηδὲ τοῦ Διὸς καλῶς δυναμένου· ἡ δέ γε παρθένος ἐστὶ, καθ' Ἡσίοδον, ἀδιάφθορος, αἰδοῦς καὶ σωφροσύνης καὶ ἀφελείας σύνοικος· (4) ὅθεν αἰδοίους προσαγορεύουσι τοὺς βασιλεῖς· μάλιστα γὰρ αἰδεῖσθαι
προσήκει τοῖς ἥκιστα φοβουμένοις. (5) Φοβεῖσθαι δὲ
δεῖ τὸν ἄρχοντα τοῦ παθεῖν κακῶς μᾶλλον τὸ ποιῆσαι·
τοῦτο γὰρ αἴτιόν ἐστιν ἐκείνου, καὶ οὗτός ἐστιν ὁ φόβος
τοῦ ἄρχοντος φιλάνθρωπος καὶ οὐκ ἀγεννής, ὑπὲρ τῶν
ἀρχομένων δεδιέναι, μὴ λάθωσι βλαβέντες,

> Ὡς δὲ κύνες περὶ μῆλα δυσωρήσονται ἐν αὐλῇ,
> Θηρὸς ἀκούσαντες κρατερόφρονος,

οὐχ ὑπὲρ αὐτῶν, ἀλλ' ὑπὲρ τῶν φυλαττομένων. (6) Ὁ
δ' Ἐπαμεινώνδας εἰς ἑορτήν τινα καὶ πότον ἀνειμένως
τῶν Θηβαίων ῥυέντων, μόνος ἐφώδευε τὰ ὅπλα καὶ τὰ
τείχη, νήφειν λέγων καὶ ἀγρυπνεῖν, ὅπως ἐξῇ τοῖς ἄλλοις μεθύειν καὶ καθεύδειν. (7) Καὶ Κάτων ἐν Ἰτύκῃ
τοὺς ἄλλους ἅπαντας ἀπὸ τῆς ἥττης ἐκήρυττε πέμπειν
ἐπὶ θάλατταν· καὶ ἐμβιβάσας, εὔπλοιαν εὐξάμενος ὑπὲρ
αὐτῶν, εἰς οἶκον ἐπανελθών, ἑαυτὸν ἀπέσφαξε· διδάξας,
ὑπὲρ τίνων δεῖ τὸν ἄρχοντα τῷ φόβῳ χρῆσθαι, καὶ τίνων δεῖ τὸν ἄρχοντα καταφρονεῖν. (8) Κλέαρχος δὲ,
ὁ Ποντικὸς τύραννος, εἰς κιβωτὸν ἐνδυόμενος, ὥσπερ

---

gat, aut Polycleto, vel Myrone : sed virtutis opera se ipsum deo quam simillimum facit, jucundissimumque spectatu opus et diis dignissimum efformat. (7) Quale vero elegantissimum in cœlo simulachrum sui deus Solem atque Lunam infixit, tale in civitatibus ejus exemplum est atque lumen princeps,

Jura dei similis qui dat mortalibus æqua :

scilicet dei mentem in sua expressam habens, non sceptrum, non fulmen, non tridentem, quomodo nonnulli se pingi ac fingi jubentes, stultitiam suam invidiæ exposuerunt, dum affectant ea quæ consequi nequeunt. (8) Succenset enim deus tonitrua et fulmina radiorumque projectus imitantibus : qui vero virtutem ipsius æmulantur, et honestate humanitateque ipsum referre conantur, hos studio eorum delectatus auget, suaque eos æquitate, justitia, veritate ac mansuetudine impertit : quibus nihil est divinius, non ignis, non lumen, non solis cursus, non siderum ortus atque obitus, non ipsa perpetuitas atque æternitas. (9) Non enim ob tempus vitæ beatus est deus, sed virtutis principatu : id enim divinum est, et pulchrum id ipsum, quod ab ea regitur.

IV. Sane Anaxarchus Alexandrum consolans ob Cliti cædem animi se angentem, An ignoras, aiebat, Jus et Fas Jovi assidere, ut quidquid rex agat, id fas justumque putetur? non recte ille neque utiliter pœnitentiam delicti animo ad alia audendum similia exhortando ejus amoliens. (2) Quodsi conjecturis hæc sunt examinanda, non profecto Jovi Justitia assidet, sed ipse Jus et Fas est, et omnium legum antiquissima et perfectissima. (3) Atque propterea veteres istæc finxerunt docueruntque, ut ostenderent sine justitia ne Jovem quidem recte potuisse imperare : illa autem virgo est, ut ait Hesiodus, incorrupta, verecundiæ, pudicitiæ et simplicitatis contubernalis. (4) Atque hinc reges vocantur αἰδοῖοι (quod est et *verecundus* et *venerandus*) : maximam enim verecundiam habere oportet qui minime metuunt. (5) Debet autem princeps magis metuere ne quid faciat mali, quam ne quid patiatur : illud enim hujus est causa. Atque hic metus humanus est principis et non degener, timere subditis, ne quod imprudentibus accidat malum :

Qualis propter oves canibus metus acris in aula
Incidit, audita est ubi fors fera;

non pro se, sed pro custodiæ suæ commissis. (6) Epaminondas quidem, quum festo quodam die Thebani effusius se compotationi dedissent, solus circumiens arma et muros lustrabat, sobrium se esse ac vigilare dicens, ut aliis ebriis esse ac dormire liceret. (7) Et Cato Uticæ quum reliquos a clade universos per præconem ad mare convocasset, inque naves imposuisset, felicem iis precatus navigationem, domum rediens se ipse interfecit, docens, pro quibus princeps metum gerere, quæ debeat contemnere. (8) At Clearchus Ponticus tyrannus, in cistam irrepens anguis in morem dor-

ὄψις, ἐκάθευδε. Καὶ Ἀριστόδημος, ὁ Ἀργεῖος, εἰς ὑπερῷον οἴκημα θύραν ἔχον ἐπιρρακτὴν, ἧς ἐπάνω τιθεὶς τὸ κλινίδιον, ἐκάθευδε μετὰ τῆς ἑταίρας· ἡ δὲ μήτηρ ἐκείνης ὑφεῖλκε κάτωθεν τὸ κλιμάκιον, εἶτα ἡμέρας πάλιν προσετίθει φέρουσα. (9) Πῶς οὗτος, οἴεσθε, τὸ θέατρον ἐπεφρίκει, καὶ τὸ ἀρχεῖον, τὸ βουλευτήριον, τὸ συμπόσιον, ὁ τὸν θάλαμον ἑαυτῷ δεσμωτήριον πεποιηκώς; (10) τῷ γὰρ ὄντι δεδίασιν οἱ βασιλεῖς ὑπὲρ τῶν ἀρχομένων, οἱ δὲ τύραννοι τοὺς ἀρχομένους· διὸ τῇ δυνάμει τὸ δέος συναύξουσι· πλειόνων γὰρ ἄρχοντες πλείονας φοβοῦνται.

V. Οὐ γὰρ εἰκὸς οὐδὲ πρέπον, ὥσπερ ἔνιοι φιλόσοφοι λέγουσι, τὸν θεὸν ἐν ὕλῃ πάντα πασχούσῃ καὶ πράγμασι μυρίας δεχομένοις ἀνάγκας καὶ τύχας καὶ μεταβολὰς, ὑπάρχειν ἀναμεμιγμένον· ἀλλ' ὁ μὲν ἄνω που περὶ τὴν ἀεὶ κατὰ ταυτὰ οὕτω φύσιν ἔχουσαν ἱδρυμένος ἐν βάθροις ἁγίοις, ᾗ φησι Πλάτων, εὐθείᾳ περαίνει κατὰ φύσιν περιπορευόμενος· (2) οἷον δὲ ἥλιον ἐν οὐρανῷ μήνυμα τὸ περικαλλὲς αὐτοῦ δι' ἐσόπτρου εἴδωλον ἀναφαίνεται τοῖς ἐκεῖνον ἐνορᾶν δι' αὐτοῦ δυνατοῖς, οὕτω τὸ ἐν πόλεσι φέγγος εὐδικίας καὶ λόγου τοῦ περὶ αὐτὸν ὥσπερ εἰκόνα κατέστησεν, * ἣν οἱ μακάριοι καὶ σώφρονες ἐκ φιλοσοφίας ἀπογράφονται, πρὸς τὸ κάλλιστον τῶν πραγμάτων πλάττοντες ἑαυτούς. (3) Ταύτην δ' οὐδὲν ἐμποιεῖ τὴν διάθεσιν, ἢ λόγος ἐκ φιλοσοφίας παραγενόμενος· ἵνα μὴ πάσχωμεν τὸ τοῦ Ἀλεξάνδρου, ὃς ἐν Κορίνθῳ Διογένην θεασάμενος καὶ δι' εὐφυΐαν ἀγαπήσας καὶ θαυμάσας τὸ φρόνημα καὶ τὸ μέγεθος τοῦ ἀνδρός, εἶπεν, Εἰ μὴ Ἀλέξανδρος ἤμην, Διογένης ἂν ἤμην· (4) ὀλίγου δέων εἰπεῖν, τὴν περὶ αὐτὸν εὐτυχίαν καὶ λαμπρότητα καὶ δύναμιν ὡς κώλυσιν ἀρετῆς καὶ ἀσχολίαν βαρυνόμενος, καὶ ζηλοτυπῶν τὸν τρίβωνα καὶ τὴν πήραν, ὅτι τούτοις ἦν ἀνίκητος καὶ ἀνάλωτος Διογένης, οὐχ, ὡς ἐκεῖνος, ὅπλοις καὶ ἵπποις καὶ σαρίσαις. (5) Ἐξῆν οὖν φιλοσοφοῦντα καὶ τῇ διαθέσει γίνεσθαι Διογένην, καὶ τῇ τύχῃ μένειν Ἀλέξανδρον, καὶ διὰ τοῦτο γενέσθαι Διογένην μᾶλλον, ὅτι ἦν Ἀλέξανδρος, ὡς πρὸς τύχην μεγάλην πολὺ πνεῦμα καὶ σάλον ἔχουσαν, ἕρματος πολλοῦ καὶ κυβερνήτου μεγάλου δεόμενον.

VI. Ἐν μὲν γὰρ τοῖς ἀσθενέσι καὶ τοῖς ταπεινοῖς καὶ ἰδιώταις, τῷ ἀδυνάτῳ μιγνύμενον τὸ ἀνόητον εἰς τὸ ἀναμάρτητον [τελευτᾷ], ὥσπερ ὀνείρασι φαύλοις τοῖς πάθεσι τὴν ψυχὴν διαταράττει, συνεξαναστῆναι ταῖς ἐπιθυμίαις μὴ δυναμένην· (2) ἡ δ' ἐξουσία παραλαβοῦσα τὴν κακίαν, νεῦρα τοῖς πάθεσι προστίθησι· καὶ τὸ τοῦ Διονυσίου ἀληθές ἐστιν· ἔφη γὰρ ἀπολαύειν μάλιστα τῆς ἀρχῆς, ὅταν ταχέως ἃ βούλεται ποιῇ. (3) Μέγας οὖν ὁ κίνδυνος, βούλεσθαι ἃ μὴ δεῖ τὸν ἃ βούλεται ποιεῖν δυνάμενον.

Αὐτίκ' ἔπειτά γε μῦθος ἔην, τετέλεστο δὲ ἔργον.

(1) Ὀξὺν ἡ κακία διὰ τῆς ἐξουσίας δρόμον ἔχουσα, πᾶν πάθος ἐξωθεῖ, ποιοῦσα τὴν ὀργὴν φόνον, τὸν ἔρωτα μοιχείαν, τὴν πλεονεξίαν δήμευσιν.

miebat; et Aristodemus [Aristippus], Argivorum tyrannus, sponda in sublimi conclavi posita supra januam pensilem, cum amica dormiebat, et amicæ mater, ubi ascendissent, scalas removebat, rursumque luce facta apponebat. (9) Quomodo, putas, hic prætorium, theatrum, curiam, convivium metuebat, qui de cubili suo carcerem fecerat? (10) Re enim vera principes subditis, tyranni subditos metuunt: itaque horum cum potentia crescit metus, et quo pluribus imperant, eo plures timent.

V. Non enim probabile est, neque convenit, quod nonnulli philosophorum putant, deum permixtum esse materiæ omnia sustinenti, et infinitas rerum necessitates, casus mutationesque perpetienti : sed is quidem supra alicubi apud naturam sempiternam eodemque semper modo affectam collocatus supra sacra, ut ait Plato, fundamenta, recta secundum naturam proficiscens ad finem pergit. (2) Sicut autem in cœlo pulcherrimum sui documentum posuit, solem, in quo tanquam speculo gnaris se cernendum præbet : ita in civitatibus justitiæ splendor quandam divinæ sapientiæ imaginem reddit, quam beati et prudentes e philosophia describunt, ad rei pulcherrimæ normam se componentes. (3) Ceterum hanc animi affectionem nihil aliud efficit quam doctrina philosophica : ne idem nobis usu veniat, quod Alexandro, qui quum esset Diogenem Corinthi contemplatus, miratus amplexusque hominis ingenium magnanimitatemque, dixit, *Nisi Alexander essem, Diogenes esse vellem :* (4) tantum non dicens, oneratus felicitate, splendore ac potentia sua tanquam impedimentis virtutis atque otii, æmulansque pallium et peram, *His inexpugnabilem et invictum se præstat Diogenes, non ut Alexander, armis et equis ac sarissis.* (5) Atqui licebat ei philosophanti et animo fieri Diogenem, et fortuna manere Alexandrum, eoque magis fieri Diogenem, quia erat Alexander, cui ad magnam fortunam multisque ventis et fluctibus agitatam opus erat valido firmamento atque gubernatore.

VI. Apud humiles enim et plebeios imbecillitati admixta stultitia peccandi occasione destituitur; et affectionibus tanquam somniis vitiosis animum exagitat, quum non habeat tantum virium ut cupiditatibus obsequatur. (2) At potentiæ ubi pravitas accessit, robur motibus animi additur : et verum est illud Dionysii, qui *tum maxime se frui imperio* aiebat, *quum celeriter faceret quæ vellet.* (3) Valde autem magnum periculum est, ne cui licet facere quod vult, is velit quod non debet.

Nam simul ac dictum verbum est, factum ilicet exstat.

(4) Pravitas a potentia celerem nacta cursum, omnes animi motus in facta expellit : de ira cædem, de amore adulterium, de avaritia publicationem alienorum bonorum facit.

Αὐτίκ' ἔπειθ' ἅμα μῦθος ἔην,

καὶ ἀπόλωλεν ὁ προσκρούσας· ὑπόνοια, καὶ τέθνηκεν
ὁ διαβληθείς. (5) Ἀλλ' ὥσπερ οἱ φυσικοὶ λέγουσι, τὴν
ἀστραπὴν τῆς βροντῆς ὑστέραν μὲν ἐκπίπτειν, ὡς αἷμα
τραύματος, προτέραν δὲ φαίνεσθαι, τὸν μὲν ψόφον
ἐκδεχομένης τῆς ἀκοῆς, τῷ δὲ φωτὶ τῆς ὄψεως ἀπαν-
τώσης· οὕτως ἐν ταῖς ἀρχαῖς φθάνουσιν αἱ κολάσεις τὰς
κατηγορίας, καὶ προεκπίπτουσιν αἱ καταδίκαι τῶν
ἀποδείξεων.

(6) Ἐκεῖ γὰρ ἤδη θυμὸς οὐκ ἔτ' ἀντέχει,
θινῶδες ὡς ἄγκιστρον ἀγκύρας σάλον,

ἂν μὴ βάρος ἔχων ὁ λογισμὸς ἐπιθλίβῃ καὶ πιέζῃ τὴν
ἐξουσίαν, μιμουμένου τὸν ἥλιον τοῦ ἄρχοντος, ὃς ὅταν
ὕψωμα λάβῃ μέγιστον, ἐξαρθεὶς ἐν τοῖς βορείοις, ἐλάχιστα κινεῖται, τῷ σχολαιοτέρῳ τὸν δρόμον εἰς ἀσφαλὲς
καθιστάμενος.

VII. Οὐδὲ γὰρ λαθεῖν οἷόν τε τὰς κακίας ἐν ταῖς
ἐξουσίαις· ἀλλὰ τοὺς μὲν ἐπιληπτικοὺς, ἂν ἐν ὕψει τινὶ
γένωνται καὶ περιενεχθῶσιν, ἴλιγγος ἴσχει καὶ σάλος,
ἐξελέγχων τὸ πάθος αὐτῶν, τοὺς δ' ἀπαιδεύτους καὶ
ἀμαθεῖς ἡ τύχη μικρὸν ἐκκουφίσασα πλούτοις τισὶν ἢ
δόξαις ἢ ἀρχαῖς μετεώρους γενομένους, εὐθὺς ἐπιδείκνυσι
πίπτοντας· (2) μᾶλλον δὲ, ὥσπερ τῶν κενῶν ἀγγείων
οὐκ ἂν διαγνοίης τὸ ἀκέραιον καὶ πεπονηκός, ἀλλ' ὅταν
ἐγχέῃς, φαίνεται τὸ ῥέον· οὕτως αἱ σαθραὶ ψυχαὶ τὰς
ἐξουσίας μὴ στέγουσαι, ῥέουσιν ἔξω ταῖς ἐπιθυμίαις,
ταῖς ὀργαῖς, ταῖς ἀλαζονείαις, ταῖς ἀπειροκαλίαις. (3)
Καὶ τί δεῖ ταῦτα λέγειν; ὅπου καὶ τὰ σμικρότατα τῶν
ἐλλειμμάτων περὶ τοὺς ἐπιφανεῖς καὶ ἐνδόξους συκοφαν-
τεῖται. (4) Κίμωνος ἦν ὁ οἶνος διαβολή· Σκιπίωνος ὁ
ὕπνος· Λεύκολλος ἐπὶ τῷ δειπνεῖν πολυτελέστερον, ἤκουε
κακῶς.

ΕΙ ΠΡΕΣΒΥΤΕΡΩ ΠΟΛΙΤΕΥΤΕΟΝ.

I. Ὅτι μὲν, ὦ Εὔφανες, ἐπαινέτης ὢν Πινδάρου,
πολλάκις ἔχεις διὰ στόματος, ὡς εἰρημένον εὖ καὶ πιθανῶς ὑπ' αὐτοῦ,

Τιθεμένων ἀγώνων πρόφασις
ἀρετὰν ἐς αἰπὺν ἔβαλε σκότον,

οὐκ ἀγνοοῦμεν. (2) Ἐπειδὴ δὲ πλείστας αἱ πρὸς τοὺς
πολιτικοὺς ἀγῶνας ἀποκνήσεις καὶ μαλακίαι προφάσεις
ἔχουσαι, τελευταίαν ὥσπερ τὴν ἀφ' ἱερᾶς ἐπάγουσιν
ἡμῖν τὸ γῆρας, καὶ μάλιστα δὴ τούτῳ τὸ φιλότιμον
ἀμβλύνειν καὶ δυσωπεῖν δοκοῦσαι, πείθουσιν εἶναί τινα
πρέπουσαν οὐκ ἀθλητικῆς μόνον, ἀλλὰ καὶ πολιτικῆς
περιόδου κατάλυσιν· οἶμαι δεῖν, ἃ πρὸς ἐμαυτὸν ἑκάστοτε λογίζομαι, καὶ πρὸς σὲ διελθεῖν περὶ τῆς πρεσβυτικῆς πολιτείας· (3) ὅπως μηδέτερος ἀπολείψει τὴν
μακρὰν συνοδίαν μέχρι δεῦρο κοινῇ προερχομένην,

Nam simul ac dictum est,

periit qui offenderat : simul ac suspicio incidit, interficitur
qui delatus fuit. (5) Ac sicut physici dicunt fulgur tonitru
posterius erumpere, ut sanguis vulnus sequitur, prius tamen conspici, auditu sonum exspectante, visu lumini occurrente : sic in imperiis supplicia accusationibus antever-
tunt, et damnatio criminis demonstrationem : (6) nam
tum

correptus animus non potest, ut ancorae
litoreus uncus, fluctui resistere,

nisi gravitate praepedita ratio compescat reprimatque potentiam; ut scilicet solem imitetur princeps, qui ad summam
evectus altitudinem in partibus septentrionalibus, lentissime
movetur, tarditate cursum tutum reddens.

VII. Nam ne latere quidem vitia potentium possunt : sed
sicut morbo comitiali laborantes si in alto loco versentur,
vertigine corripiuntur et agitatione morbum eorum ar-
guente; ita fortuna ubi ineruditos et ineptos homines ali-
quantulūm opibus, gloria, aut principatu extulit, statim
eorum ruinam demonstrat. (2) Atque adeo sicut inter vacua vasa non facile discernere possis, quod eorum integrum,
quod sit vitiosum; ubi aliquid infuderis, statim apparet
quod perfluat : ita animae rimis fatiscentes infusam potentiam non continent, sed foras diffluunt cupiditatibus suis,
iris, arrogantiis, ineptiis. (3) Et quid attinet istaec dicere?
quando etiam minima vitia illustrium ac celebrium virorum
calumniis impetuntur. Cimoni vinum vitio dabatur; Scipioni somnus; Lucullus male audiebat quod coenaret sum-
tuosius. [Desunt aliqua.]

AN SENI RESPUBLICA GERENDA SIT.

I. Novimus te, mi Euphanes, Pindari, cujus laudator
es, dictum illud tanquam probabiliter ac recte enunciatum
in ore frequenter habere, *Instituto certamine praetextus
aliquis virtutem in altas tenebras dejecerit.* (2) Quando
autem cunctatio et mollities a certaminibus nos avocantes
civilibus quum plurimas alias praescriptiones usurpant,
tum ultimam hanc quasi a sacra, quod dicitur, linea adducunt, senectutis excusationem, eaque cumprimis ho-
nestos nostros conatus retundere atque deterrere nituntur,
dum persuadere volunt quendam esse convenientem non
athletici tantum, sed etiam civilis decursus terminum atque
conclusionem : quae mecum identidem de senili reipublicae
administratione ratiocinor, ea tecum quoque mihi commu-
nicanda sum arbitratus; (3) ut neuter nostrum quem
hactenus una longum tenuimus cursum deserat ; neve civi-

μηδὲ τὸν πολιτικὸν βίον, ὥσπερ ἡλικιώτην καὶ συνήθη
φίλον ἀπορρίψας, μεταβαλεῖται πρὸς ἄλλον ἀσυνήθη
καὶ χρόνον οὐκ ἔχοντα συνήθη γενέσθαι καὶ οἰκεῖον·
(4) ἀλλ' ἐμμενοῦμεν οἷς ἀπ' ἀρχῆς προειλόμεθα, ταυτὸ
τοῦ ζῆν καὶ τοῦ καλῶς ζῆν ποιησάμενοι πέρας· εἴ γε δὴ
μὴ μέλλοιμεν ἐν βραχεῖ τῷ λειπομένῳ τὸν πολὺν ἐλέγχειν χρόνον, ὡς ἐπ' οὐδενὶ καλῷ μάτην ἀνηλωμένον.
(5) Οὐ γὰρ ἡ τυραννὶς, ὥς τις εἶπε Διονυσίῳ, καλὸν
ἐντάφιον· ἀλλ' ἐκείνῳ γε τὴν μοναρχίαν μετὰ τῆς
ἀδικίας τό γε μὴ παύσασθαι, συμφορὰν τελεωτέραν
ἐποίησε· καὶ καλῶς Διογένης ὕστερον ἐν Κορίνθῳ τὸν
υἱὸν αὐτοῦ θεασάμενος ἰδιώτην ἐκ τυράννου γεγενημένον, Ὡς ἀναξίως, ἔφη, Διονύσιε, σεαυτοῦ πράττεις·
οὐ γὰρ ἐνταῦθά σε μεθ' ἡμῶν ἔδει ζῆν ἐλευθέρως καὶ
ἀδεῶς, ἀλλ' ἐκεῖ τοῖς τυραννείοις ἐγκατῳκοδομημέ-
νον, ὥσπερ ὁ πατήρ, ἄχρι γήρως ἐγκαταβιῶσαι. (6)
Πολιτεία δὲ δημοκρατικὴ καὶ νόμιμος ἀνδρὸς εἰθισμέ-
νου παρέχειν αὐτὸν οὐχ ἧττον ἀρχόμενον ὠφελίμως ἢ
ἄρχοντα, καλὸν ἐντάφιον ὡς ἀληθῶς τὴν ἀπὸ τοῦ βίου
δόξαν τῷ θανάτῳ προστίθησι· (7) τοῦτο γὰρ

> Ἔσχατον δύεται κατὰ γᾶς,

ὡς φησι Σιμωνίδης, πλὴν ὧν προαποθνήσκει τὸ φιλάνθρωπον καὶ φιλόκαλον, καὶ προαπαυδᾷ τῆς τῶν ἀναγκαίων ἐπιθυμίας ὁ τῶν καλῶν ζῆλος, ὡς τὰ πρακτικὰ
μέρη καὶ θεῖα τῆς ψυχῆς ἐξιτηλότερα τῶν παθητικῶν
καὶ σωματικῶν ἐχούσης· (8) ὅπερ οὐδὲ λέγειν καλόν·
οὐδ' ἀποδέχεσθαι [δεῖ] τῶν λεγόντων, ὡς κερδαίνοντες
μόνον οὐ κοπιῶμεν· ἀλλὰ καὶ τὸ [τοῦ] Θουκυδίδου πα-
ράγειν ἐπὶ τὸ βέλτιον, μὴ τὸ φιλότιμον ἀγήρω μόνον
ἡγουμένους, ἀλλὰ μᾶλλον τὸ κοινωνικὸν καὶ πολιτικόν·
ὃ καὶ μύρμηξιν ἄχρι τέλους παραμένει καὶ μελίτταις·
(9) οὐδεὶς γὰρ [πώποτε] εἶδεν ὑπὸ γήρως κηφῆνα γενομένην μέλιτταν, ὥσπερ ἔνιοι τοὺς πολιτικοὺς ἀξιοῦσιν,
ὅταν παρακμάσωσιν, οἴκοι σιτουμένους καθῆσθαι καὶ
ἀποκεῖσθαι, καθάπερ ἰῷ σίδηρον, ὑπ' ἀργίας τὴν πρακτικὴν ἀρετὴν σβεννυμένην περιορῶντας. (10) * Ὁ γὰρ
Κάτων ἔλεγεν, ὅτι πολλὰς [ἰδίας] ἔχοντι τῷ γήρᾳ κῆρας
οὐ δεῖ τὴν ἀπὸ [τῆς] κακίας ἑκόντας ἐπάγειν αἰσχύνην·
(11) Πολλῶν δὲ κακῶν οὐδεμιᾶς ἧττον ἀπραξία καὶ δειλία καὶ μαλακία καταισχύνουσιν ἄνδρα πρεσβύτην, ἐκ
πολιτικῶν ἀρχείων καταδυόμενον εἰς οἰκουρίαν γυναικῶν
ἢ κατ' ἀγρὸν ἐφορῶντα καλαμητρίας καὶ θεριστάς·

> Ὁ δ' Οἰδίπους ποῦ καὶ τὰ κλείν' αἰνίγματα;

(12) Τὸ μὲν γὰρ ἐν γήρᾳ πολιτείας ἄρχεσθαι, καὶ μὴ
πρότερον, ὥσπερ Ἐπιμενίδην λέγουσι κατακοιμηθέντα
νεανίαν, ἐξεγρέσθαι γέροντα μετὰ πεντήκοντα ἔτη· εἶτα
οὕτω μακρὰν καὶ συμπεφυκυῖαν ἡσυχίαν ἀποθέμενον,
ἐμβαλεῖν ἑαυτὸν εἰς ἀγῶνας καὶ ἀσχολίας, ἀήθη καὶ
ἀγύμναστον ὄντα, καὶ μήτε πράγμασιν ἐνωμιληκότα πολιτικοῖς, μήτ' ἀνθρώποις, ἴσως ἂν αἰτιωμένῳ τινὶ παράσχοι τὸ τῆς Πυθίας εἰπεῖν, (13) « Ὀψέ (μ') ἦλθες »
ἀρχὴν καὶ δημαγωγίαν διζήμενος, καὶ παρ' ὥραν στρα-

lem vitam, quasi æqualem et consuetudine nobis devinctum amicum, omittat, ad aliamque transeat inusitatam, et cujus consuetudini ac familiaritati parandæ tempus non suppetat : (4) sed in eo ut persistamus quod a principio institueramus, eundemque vivendi et honeste vivendi finem faciamus : nisi quidem velimus in exiguo quod superest vitæ spatio ostendere, longam, quam exegimus, ætatem a nobis fuisse nulla præclara in re consumtam. (5) Non recte enim is, qui Dionysio dixit, *tyrannidem pulchrum esse vestimentum funebre :* sed illi injustitia diuturnitatem monarchiæ effecit miseriam tanto perfectiorem; et pulchre Diogenes, quum postea temporis filium ejus Corinthi videret privatum de tyranno factum : *Quam indignam,* aiebat, *te ipso, Dionysi, vitam agis : non enim hic te nobiscum libere ac tuto vivere conveniebat, sed in patria arci tyrannicæ inclusum, exemplo patris tui, consenescere.* (6) At respublica popularis ac legitima viro, qui ita eam gerit, ut non minus pareat utiliter quam imperet, pulchrum revera ornamentum gloriam vivendo partam morti ac funeri addit. (7) Ea enim, ut Simonides ait, *ultima subit terram :* nisi qui sunt quorum ante corpus emoritur humanitatis honestatisque studium, priusque elanguescit pulchri æmulatio, quam necessariarum rerum appetitio; ac si animus facultatem ad agendum destinatam ac divinam corporeâ et affectibus obnoxiâ habeat imbecilliorem. (6) Quod ne dictu quidem honestum est. Neque magis audiendi sunt, qui omnibus aliis rebus, *solo lucro faciendo nos non defatigari* aiunt : sed et Thucydidis sententia in meliorem partem accipienda est; itaque statuendum, non modo *honoris studium non consenescere,* sed multo minus communitatis atque reipublicæ; quod apes etiam et formicæ conservant usque ad finem. (9) Nemo enim unquam vidit apem senectute in fucum degenerasse : quod a civilibus quidam viris exigunt, ut vigore ætatis præterlapso domi desideant et se pascant, otioque patiantur virtutem agendi, tanquam rubigine ferrum, absumi. (10) Cato quidem dicebat, *senectuti, quæ ex sese multa haberet incommoda, non debere turpitudinem ex vitiis sponte contractam superaddi.* (11) Atqui quum multa sint vitia, nullo minus est otium, ignavia et mollities, quæ viro seni dedecus afferunt, e publica curia se in muliebrem domus curationem includenti, aut in agro messores et lectrices stipularum inspicienti :

> At OEdipus ubi, nobiliaque ænigmata?

(12) Etenim qui in senectute ad rempublicam se conferat, nunquam ante in ea versatus (sicut Epimenidem dicunt, quum adolescens obdormivisset, post quinquaginta annos evigilasse jam senem) : tam longinquo igitur secumque aucto otio relicto qui in certamina se et occupationes conjiciat insuetum atque inexercitatum, et neque in rebus civilibus, neque inter homines rempublicam administrantes versatum, eum reprehensurus aliquis Pythiæ illud objicere possit, (13) *Sero venisti,* magistratum et populi gubernationem

τηγίου κόπτεις θύραν, ὥσπερ τις ἀτεχνῶς γέρων νύκτωρ ἐπίκωμος ἀφιγμένος, ἢ ξένος, οὐ τόπον οὐδὲ χώραν, ἀλλὰ βίον, οὗ μὴ πεπείρασαι, μεταλλάττειν. (14)
Τὸ γὰρ,

     Πόλις ἄνδρα διδάσκει,

κατὰ Σιμωνίδην, ἀληθές ἐστιν ἐπὶ τῶν ἔτι χρόνον ἐχόντων μεταδιδαχθῆναι καὶ μεταμαθεῖν μάθημα, διὰ πολλῶν ἀγώνων καὶ πραγμάτων μόλις ἐκπονούμενον, ἅπερ
ἐν καιρῷ φύσεως ἐπιλάβηται καὶ πόνον ἐνεγκεῖν καὶ
δυσημερίαν εὐκόλως δυναμένης. (15) Ταῦτα δόξει τις
μὴ κακῶς λέγεσθαι πρὸς τὸν ἀρχόμενον ἐν γήρᾳ πολιτείας.

II. Καίτοι τοὐναντίον δρῶμεν ὑπὸ τῶν νοῦν ἐχόντων τὰ μειράκια καὶ τοὺς νέους ἀποτρεπομένους τοῦ τὰ
κοινὰ πράττειν· καὶ μαρτυροῦσιν οἱ νόμοι διὰ τοῦ κήρυκος ἐν ταῖς ἐκκλησίαις, οὐκ Ἀλκιβιάδας οὐδὲ Πυθέας
ἀνιστάντες ἐπὶ τὸ βῆμα πρώτους, ἀλλὰ τοὺς ὑπὲρ
πεντήκοντα ἔτη γεγονότας λέγειν καὶ συμβουλεύειν
παρακαλοῦντες· (2) οὐ γὰρ τοσοῦτον ἀήθεια τόλμης
καὶ τριβῆς ἔνδεια καὶ προτρόπαιον ἑκάστῳ στρατιωτῶν [**] (3) Ὁ δὲ Κάτων, μετ' ὀγδοήκοντα ἔτη δίκην
ἀπολογούμενος, ἔφη χαλεπὸν εἶναι, βεβιωκότα μετ'
ἄλλων, ἐν ἄλλοις ἀπολογεῖσθαι. (4) Καίσαρος δὲ τοῦ
καταλύσαντος Ἀντώνιον οὔτι μικρῷ βασιλικώτερα καὶ
δημωφελέστερα γενέσθαι πολιτεύματα πρὸς τῇ τελευτῇ
πάντες ὁμολογοῦσιν· αὐτὸς δὲ τοὺς νέους ἔθεσι καὶ νόμοις αὐστηρῶς σωφρονίζων, ὡς ἐθορυβήθησαν, Ἀκούσατε, εἶπε, νέοι γέροντος, οὗ νέου γέροντες ἤκουον.
(5) Ἡ δὲ Περικλέους πολιτεία τὸ μέγιστον ἐν γήρᾳ
κράτος ἔσχεν, ὅτε καὶ τὸν πόλεμον ἄρασθαι τοὺς Ἀθηναίους ἔπεισε· καὶ προθυμουμένων οὐ κατὰ καιρὸν μάχεσθαι πρὸς ἑξακισμυρίους ὁπλίτας, ἐνέστη καὶ διεκώ-
λυσε, μονονοὺ τὰ ὅπλα τοῦ δήμου καὶ τὰς κλεῖς τῶν
πυλῶν ἀποσφραγισάμενος. (6) Ἀλλὰ μὴν ἅ γε Ξενοφῶν
περὶ Ἀγησιλάου γέγραφεν, αὐτοῖς ὀνόμασιν ἄξιόν ἐστι
παραθέσθαι· « Ποίας γὰρ, φησί, νεότητος οὐ κρεῖττον
τὸ ἐκείνου γῆρας ἐφάνη; τίς μὲν γὰρ τοῖς ἐχθροῖς ἀκμάζων οὕτω φοβερὸς ἦν, ὡς Ἀγησίλαος τὸ μήκιστον τοῦ
αἰῶνος ἔχων; τίνος δ' ἐκποδὼν γενομένου μᾶλλον ἤσθη-
σαν οἱ πολέμιοι, ἢ Ἀγησιλάου, καίπερ γηραιοῦ τελευτήσαντος; (7) τίς δὲ συμμάχοις θάρσος παρέσχεν, ἢ
Ἀγησίλαος, καίπερ ἤδη πρὸς τὸ τέρμα τοῦ βίου ὤν;
τίνα δὲ νέον οἱ φίλοι πλέον ἐπόθησαν, ἢ Ἀγησίλαον
γηραιὸν ἀποθανόντα; »

III. Εἶτ' ἐκείνους μὲν τηλικαῦτα πράττειν ὁ χρόνος
οὐκ ἐκώλυεν, ἡμεῖς δὲ οἱ νῦν τρυφῶντες ἐν πολιτείαις,
μὴ τυραννίδα, μὴ πόλεμόν τινα, μὴ πολιορκίαν ἐχούσαις, ἀπολέμους δὲ ἁμίλλας καὶ φιλοτιμίας νόμῳ τὰ
πολλὰ καὶ λόγῳ μετὰ δίκης περαινομένας, ἀποδειλιῶ-
μεν; (2) οὐ μόνον στρατηγῶν τῶν τότε * καὶ δημαγωγῶν, ἀλλὰ καὶ ποιητῶν καὶ σοφιστῶν καὶ ὑποκριτῶν
ὁμολογοῦντες εἶναι κακίους· εἴγε Σιμωνίδης μὲν ἐν γήρᾳ
χοροῖς ἐνίκα, καὶ τοὐπίγραμμα δηλοῖ τοῖς τελευταίοις
ἔπεσιν·

quærens; intempestive pulsas prætorii januam, velut in ultima senectute aliquis noctu comessabundus accedens, aut
hospes non locum aut regionem mutare, sed vitam, cujus
es imperitus, inire cupiens. (14) Quod enim Simonides
dixit, *Civitas virum docet,* verum est de his, quibus adhuc
tempus est dediscendi sua, et addiscendi scientiam, quæ
multis certaminibus atque rebus ægre elaboratur, ubi tempestive ingenium apprehendit, quod labores difficultatesque facile ferre possit. (15) Hæc videntur non male in eum dici,
qui in senectute incipiat rempublicam gerere.

II. Atqui contra videmus a prudentibus adolescentes et
juvenes a tractandis publicis negotiis arceri, testanturque
hoc leges, ubi præco in concione non Alcibiadas aut Pytheas
ad suggestum progredi primos jubet, sed qui annum ætatis
quinquagesimum excesserint, ad dicendum et consulendum
exhortatur. (2) Non enim insolentia audaciæ et imperitia
et impulsio unicuique militum ** (3) At Cato octogenario
major quum diceret causam, *Difficile est,* inquit, *eum qui
cum aliis vixit, coram aliis causam suam dicere.* (4)
Cæsaris vero Augusti actiones sub finem vitæ nihilo reliquis
minus imperatore dignas, et in publicum utiles fuisse in
confesso est : et ipse quum juvenes moribus legibusque
austere corrigeret, iique tumultuarentur : *Audite,* aiebat,
juvenes senem, quem senes juvenem audiverunt. (5) Periclis quoque administratio reipublicæ plurimum in senectute virium habuit, quum et bellum ut susciperent persuasit Atheniensibus; et, quum alieno tempore confligere cum
sexaginta millibus armaturæ gravis militum vellent, obsti-
tit ac prohibuit, tantum non arma populi et claves portarum
sigillo suo muniens. (6) Quæ autem Xenophon de Agesilao scripsit, operæ pretium est ipsius verbis referri. *Qua,
inquit, juventute non fuit præstantior ejus senectus?
quis enim ætate vigens tanto terrori hostibus fuit,
quanto Agesilaus prope finem vitæ? quo sublato magis
gavisi sunt hostes, quam Agesilao, quamquam gravis
annis decessit?* (7) *quis sociis animos addidit, nisi
Agesilaus, quamquam ei jam mors imminebat? quem
juvenem amici majore sunt prosecuti desiderio, quam
Agesilaum senem mortuum?*

III. Ergo illos a tantis rebus gerendis ætas non abstinuit : nos in republica luxuriantes, nullam tyrannidem,
nullum bellum, nullam obsidionem sustinentes, certamina
duntaxat et contentiones quæ legibus plerumque, orationibus et judicio finiantur, ob ignaviam subterfugimus? (2)
scilicet non prætoribus modo et oratoribus priscis, sed et
poetis, et sophistis, et histrionibus fatentes nos esse deteriores : siquidem senex Simonides choris victoriam reportavit,
idque inscriptio testatur his extremis versibus,

**Ἀμφὶ διδασκαλίῃ δὲ Σιμωνίδῃ ἕσπετο κῦδος
ὀγδωκονταέτει, παιδὶ Λεωπρέπεος.**

(3) Σοφοκλῆς δὲ λέγεται μὲν ὑπὸ παίδων παρανοίας
δίκην φεύγων, ἀναγνῶναι τὴν ἐν Οἰδίποδι τῷ ἐπὶ Κο-
5 λωνοῦ πάροδον, ἧ ἐστιν ἀρχή·

Εὐίππου, ξένε, τάσδε χώρας
ἵκου τὰ κράτιστα γᾶς ἔπαυλα,
τὸν ἀργῆτα Κολωνόν, ἔνθ'
ἁ λίγεια μινύρεται
10 θαμίζουσα μάλιστ' ἀηδὼν
χλωραῖς ὑπὸ βάσσαις·

(4) θαυμαστοῦ δὲ τοῦ μέλους φανέντος, ὥσπερ ἐκ θεάτρου, τοῦ δικαστηρίου προπεμφθῆναι μετὰ κρότου καὶ
βοῆς τῶν παρόντων. (5) Τουτὶ δὲ ὁμολογουμένως Σο-
15 φοκλέους ἐστὶ τὸ ἐπιγραμμάτιον·

Ὠδὴν Ἡροδότῳ τεῦξεν Σοφοκλῆς ἐτέων ὢν
πεντ' ἐπὶ πεντήκοντα.

(6) Φιλήμονα δὲ τὸν κωμικὸν καὶ Ἄλεξιν ἐπὶ τῆς σκηνῆς ἀγωνιζομένους καὶ στεφανουμένους ὁ θάνατος κα-
20 τέλαβε. (7) Πῶλον δὲ τὸν τραγῳδὸν Ἐρατοσθένης
καὶ Φιλόχορος ἱστοροῦσιν ἑβδομήκοντα ἔτη γεγενημένον, ὀκτὼ τραγῳδίας ἐν τέτταρσιν ἡμέραις διαγωνίσασθαι μικρὸν ἔμπροσθεν τῆς τελευτῆς.

IV. Ἆρ' οὖν οὐκ αἰσχρόν ἐστι, τῶν ἀπὸ σκηνῆς γε-
25 ρόντων τοὺς ἀπὸ τοῦ βήματος ἀγεννεστέρους ὁρᾶσθαι,
καὶ τῶν ἱερῶν ὡς ἀληθῶς ἐξισταμένους ἀγώνων, ἀποτίθεσθαι τὸ πολιτικὸν πρόσωπον, οὐκ οἶδα ὁποῖον ἀντι-
μεταλαμβάνοντας; (2) Καὶ γὰρ τὸ τῆς γεωργίας ἐκ
βασιλικοῦ, ταπεινόν· ὅπου γὰρ ὁ Δημοσθένης φησὶν
30 ἀνάξια πάσχειν τὴν Πάραλον ἱερὰν οὖσαν τριήρη, ξύλα
καὶ χάρακας καὶ βοσκήματα τῷ Μειδίᾳ παρακομίζου-
σαν, ἢ που πολιτικὸς ἀνὴρ ἀγωνοθεσίας καὶ βοιωταρχίας
καὶ τὰς ἐν Ἀμφικτύοσι προεδρίας ἀπολιπὼν, εἶτα ὁρώ-
μενος ἐν ἀλφίτων καὶ στεμφύλων διαμετρήσει, καὶ
35 πόκοις προβάτων, οὐ παντάπασι δόξει τοῦτο δὴ τὸ καλούμενον Ἵππου γῆρας ἐπάγεσθαι, μηδενὸς ἀναγκάζοντος; (3) Ἐργασίας γε μὴν βαναύσου καὶ ἀγοραίας
ἅπτεσθαι μετὰ πολιτείας, ὅμοιόν ἐστι τῷ γυναικὸς
ἐλευθέρας καὶ σώφρονος ἔνδυμα περισπάσαντα καὶ πε-
40 ρίζωμα δόντα, συνέχειν ἐπὶ καπηλείου· καὶ γὰρ τῆς
πολιτικῆς ἀρετῆς οὕτως ἀπόλλυται τὸ ἀξίωμα καὶ τὸ
μέγεθος πρός τινας οἰκονομίας καὶ χρηματισμοὺς ἀγο-
μένης. (4) Ἂν δὲ, ὅπερ λοιπόν ἐστι, ῥαστώνας καὶ
ἀπολαύσεις τὰς ἡδυπαθείας καὶ τὰς τρυφὰς ὀνομάζον-
45 τες, ἐν ταύταις μαραινόμενον ἡσυχῇ παρακαλῶσι γηράσκειν τὸν πολιτικόν, οὐκ οἶδα ποτέρᾳ δυεῖν εἰκόνων
αἰσχρῶν πρέπειν δόξει μᾶλλον ὁ βίος αὐτοῦ· (5) πότερον
ἀφροδίσια ναύταις ἄγουσι, πάντα τὸν λοιπὸν ἤδη χρόνον οὐκ ἐν λιμένι τὴν ναῦν ἔχουσιν, ἀλλ' ἔτι πλέουσαν
50 ἀπολείπουσιν· (6) ἢ καθάπερ ἔνιοι τὸν Ἡρακλέα παίζοντες οὐκ εὖ γράφουσιν, ἐν Ὀμφάλης κροκωτοφόρον
ἐνδιδόντα Λυδαῖς θεραπαινίσι ῥιπίζειν καὶ παραπλέκειν
ἑαυτόν· οὕτω τὸν πολιτικὸν ἐκδύσαντες τὴν λεοντῆν καὶ

Octoginta annos, Simonida, jam tibi nato
gloria doctrinā est parta Leoprepidæ.

(3) Sophocles fertur, quum, ut desipiens, esset a filiis in
judicium vocatus, recitasse ex Œdipo Coloneo chori in scenam progredientis carmen, cujus est hoc initium,

Venisti, hospes, equûm feracis
hujus ad stabula alta terræ,
Colono ubi in albicante
mittit assiduos querens
cantus luscinia arbutorum
sub viridante tecto.

(4) Quod quum admirationem excitasset, e foro tanquam
e theatro cum plausu et clamore eorum qui aderant deductus est. (5) Hanc quidem constat Sophoclis esse inscriptionem,

Herodotum Sophocles celebrat hoc carmine, natus
annos undecies quinos.

(6) Philemonem autem comicum et Alexidem in scena cer-
tantes et dum coronarentur, mors occupavit. (7) Polum
vero tragœdum Eratosthenes et Philochorus scripserunt
annos septuaginta natum, octo tragœdias quatriduo egisse
in certamine scenico paucis ante obitum diebus.

IV. Nonne autem turpe est senibus scenicis concionales
senes videri turpiores, et desertores sacrorum revera certaminum, deposita civili persona, nescio quam ejus loco in-
duere? (2) Nam de rege agricolam fieri, nimis est humile.
Quando enim Demosthenes ait injuriam Paralo navi fieri,
quæ sacra erat triremis, quod ligna, vallos et pecudes co-
geretur Midiæ vehere: nonne vir civilis post præmiorum in
certaminibus tribuendorum et Bœotarchiæ et inter Amphictyones primi in consessu loci obitam functionem, si his relictis videatur occupatus farinarum aut fracium dimensione,
vel lanæ ovillæ negotiatione, videbitur plane id quod proverbio jactatur *equi senium* sibi nulla coactus necessitate
inducere? (3) Atqui illiberale opificium et forense sectari
ab administratione reipublicæ, non est aliud, quam si ma-
tronæ liberali et pudicæ vestibus suis detractis cincturam
coquinariam circumdes, eamque in caupona colloces: eodem quippe modo civilis virtutis majestas atque dignitas
pessumdatur, ubi ad rei familiaris procurationem et quæstum faciendum pertrahitur. (4) Quodsi, id quod restat,
oblectationes et saginationes istas nomine quietis atque
fruitionis commodorum velantes, in his paullatim tabescen-
tem consenescere jubent civilem virum, nescio de duabus
turpibus imaginibus utri similior sit futura ejus vita: (5)
nautisne Veneris sacra agentibus, jam per reliquum omne
tempus navem non in portu subductam, sed adhuc in alto
fluctuantem deserentibus: (6) an quemadmodum nonnulli
joci causa Herculem inepte pingunt apud Omphalen in veste
crocota sedentem, seque ventilandum et comendum ancillis
Lydiis præbentem: ita civilem virum posito leonis exuvio ad

κατακλίναντες, εὐωχήσομεν ἀεὶ καταψαλλόμενον καὶ καταυλούμενον; (7) οὐδὲ τῇ τοῦ Πομπηΐου Μάγνου φωνῇ διατραπέντες τῇ πρὸς Λεύκολλον (ἣν εἶπεν) αὐτὸν μὲν εἰς λουτρὰ καὶ δεῖπνα καὶ συνουσίας μεθημερινὰς καὶ πολλὴν ἄλυν καὶ κατασκευὰς οἰκοδομημάτων νεοπρεπεῖς μετὰ τὰς στρατείας καὶ πολιτείας ἀφεικότα, τῷ δὲ Πομπηΐῳ φιλαρχίαν ἐγκαλοῦντα καὶ φιλοτιμίαν παρ' ἡλικίαν· ἔφη γὰρ ὁ Πομπήϊος, ἀωρότερον εἶναι γέροντι τὸ τρυφᾷν ἢ τὸ ἄρχειν· (8) * ἐπεὶ δὲ νοσοῦντι συνέταξε κίχλην ὁ ἰατρός, ἣν δὲ δυσπόριστον καὶ παρ' ὥραν, ἔφη δέ τις, εἶναι παρὰ Λευκόλλῳ πολλὰς τρεφομένας, οὐκ ἔπεμψεν οὐδ' ἔλαβεν, εἰπὼν, Οὐκοῦν, εἰ μὴ Λεύκολλος ἐτρύφα, Πομπήϊος οὐκ ἂν ἔζησε;

V. Καὶ γὰρ εἰ ζητεῖ πάντως ἡ φύσις τὸ ἡδὺ καὶ τὸ χαίρειν, τὸ μὲν σῶμα τῶν γερόντων ἀπείρηκε πρὸς πάσας, πλὴν ὀλίγων τῶν ἀναγκαίων, τὰς ἡδονάς, καὶ οὐχ « ἡ Ἀφροδίτη τοῖς γέρουσιν ἄχθεται » μόνον, ὡς Εὐριπίδης φησὶν, ἀλλὰ καὶ τὰς περὶ πόσιν καὶ βρῶσιν ἐπιθυμίας ἀπημβλυμένας τὰ πολλὰ καὶ νωδὰς κατέχοντες, μόλις οἷον ἐπιθήγουσι καὶ χαράττουσιν· (2) ἐν δὲ τῇ ψυχῇ παρασκευαστέον ἡδονὰς οὐκ ἀγεννεῖς οὐδ' ἀνελευθέρους, ὡς Σιμωνίδης ἔλεγε πρὸς τοὺς ἐγκαλοῦντας αὐτῷ φιλαργυρίαν, ὅτι τῶν ἄλλων ἀπεστερημένος διὰ τὸ γῆρας ἡδονῶν, ὑπὸ μιᾶς ἔτι γηροβοσκεῖται τῆς ἀπὸ τοῦ κερδαίνειν. (3) Ἀλλ' ἡ πολιτεία καλλίστας μὲν ἡδονὰς ἔχει καὶ μεγίστας, αἷς καὶ τοὺς θεοὺς εἰκός ἐστιν ἢ μόναις ἢ μάλιστα χαίρειν· αὗται δέ εἰσιν, ἃς τὸ εὖ ποιεῖν καὶ καλόν τι πράττειν ἀναδίδωσιν. (4) Εἰ γὰρ Νικίας ὁ ζωγράφος οὕτως ἔχαιρε τοῖς τῆς τέχνης ἔργοις, ὥστε τοὺς οἰκέτας ἐρωτᾷν πολλάκις, εἰ λέλουται καὶ ἠρίστηκεν· (5) Ἀρχιμήδην δὲ τῇ σανίδι προσκείμενον ἀποσπῶντες βίᾳ καὶ ἀποδύοντες ἤλειφον οἱ θεράποντες, ὁ δ' ἐπὶ τοῦ σώματος ἀληλιμμένου διέγραφε τὰ σχήματα· (6) Κανὸς δὲ ὁ αὐλητής, ὃν καὶ σὺ γινώσκεις, ἔλεγεν ἀγνοεῖν τοὺς ἀνθρώπους, ὅσῳ μᾶλλον αὐτὸν αὐλῶν, ἢ ἑτέρους, εὐφραίνει· λαμβάνειν γὰρ ἂν μισθὸν, οὐ διδόναι τοὺς ἀκούειν ἐθέλοντας· (7) ἆρ' οὐκ ἐπινοοῦμεν, ἡλίκας ἡδονὰς αἱ ἀρεταὶ τοῖς χρωμένοις ἀπὸ τῶν καλῶν πράξεων καὶ τῶν κοινωνικῶν ἔργων καὶ φιλανθρώπων παρασκευάζουσιν; οὐ κνῶσαι οὐδὲ θρύπτουσαι, ὥσπερ αἱ εἰς σάρκα λεῖαι καὶ προσηνεῖς γινόμεναι κινήσεις· ἀλλ' αὗται μὲν οἰστρώδεις καὶ ἀβέβαιον καὶ μεμιγμένον σφυγμῷ τὸ γαργαλίζον ἔχουσιν· (8) αἱ δ' ἐπὶ τοῖς καλοῖς ἔργοις, οἵων δημιουργὸς ὁ πολιτευόμενος ὀρθῶς ἐστιν, οὐ ταῖς Εὐριπίδου χρυσαῖς πτέρυξιν, ἀλλὰ τοῖς Πλατωνικοῖς ἐκείνοις καὶ οὐρανίοις πτεροῖς ὅμοια τὴν ψυχὴν μέγεθος καὶ φρόνημα μετὰ γήθους λαμβάνουσαν ἀναφέρουσιν.

VI. Ὑπομίμνησκε δὲ σεαυτὸν, ὧν πολλάκις ἀκήκοας. Ὁ μὲν γὰρ Ἐπαμεινώνδας ἐρωτηθείς, τί ἥδιστον αὐτῷ γέγονεν, ἀπεκρίνατο τὸ, τοῦ πατρός ἔτι ζῶντος καὶ τῆς μητρός, νικῆσαι τὴν ἐν Λεύκτροις μάχην. (2) Ὁ δὲ Σύλλας, ὅτε τῶν ἐμφυλίων πολέμων τὴν Ἰταλίαν καθήρας προσέμιξε τῇ Ῥώμῃ πρῶτον, οὐδὲ μικρὸν ἐν τῇ νυκτὶ κατέδαρθεν, ὑπὸ γήθους καὶ χαρᾶς

---

mensam reclinabimus, ut semper epuletur ac tibiis barbitisque perstrepatur? (7) nec pudorem nobis vox ista Pompeii Magni incutiet, in Lucullum conjecta? qui post res domi militiæque gestas balneis, cœnis ac quotidianis conviviis, otio dissoluto ac splendidissimorum ædificiorum constructioni indulgebat, Pompeio autem intempestivam tanto natu ambitionem honorum et magistratus gerendi objectabat : huic igitur respondit Pompeius *magis esse intempestivum luxuriare senem, quam rempublicam gubernare.* (8) Idem quum ægrotanti sibi medicus turdi esum mandasset, et tunc is per anni tempus haberi vix posset, ac quidam multos turdos apud Lucullum ali significaret ; non misit petitum, *Quid?* inquiens, *nisi Lucullus luxuriaret, non viveret Pompeius?*

V. Nam ut maxime natura voluptatem et delectationem desideret, tamen senum corpora fere ad omnes voluptates, paucis iisque necessariis exceptis, facta jam sunt inepta : non modo enim

Venus aversatur senes,

ut ait Euripides, sed etiam ciborum ac potus suavitas iis hebes et quasi edentula est, et quam ægre exacuant atque incitent. (2) In animo itaque parare sibi voluptates debent, non ignobiles eas aut illiberales, ut Simonides, qui se ob avaritiam culpantibus respondit *per senectutem reliquis spoliatum voluptatibus, unica lucrandi oblectatione gravem recreare ætatem.* (3) Sed reipublicæ administratio pulcherrimas habet maximasque voluptates, quibus aut solis aut præcipuis frui deos probabile est : eæ sunt autem, quæ a bonis actionibus honestisque factis proficiscuntur.(4) Si enim Nicias pictor ita artis suæ operibus gavisus est, ut sæpenumero e servis quæsiverit, *Lavine? pransusne sum?* (5) et Archimedem vi a tabula cui inhærebat avellentes atque vestibus exuentes ungebant famuli, ille autem in uncto corpore figuras geometricas pingebat : (6) Canus quoque tibicen, quem tu etiam nosti, dicebat *nescire homines, quanto se ipsum magis quam alios delectaret canens : alioquin audire volentes mercedem non daturos ipsi, sed exacturos :* (7) nos non intelligimus quantas virtus honestis et ad societatem humanitatemque facientibus actionibus voluptates ea utentibus conciliet? non titillantes illas aut emollientes, sicut in carne faciunt lenes ac suaves motiones, quæ pruritum habent furiosum et instabilem ac magna cum exagitatione conjunctum : (8) sed præclara facta, quorum opifex est qui recte rempublicam tractat, non *aureis* Euripidis, sed Platonicis illis ac divinis alis animum elatione et gaudio præditum evehunt.

VI. In memoriam tibi redige, quæ sæpe audivisti. Epaminondas interrogatus, quid ipsi jucundissimum accidisset, respondit, *quod patre ac matre viventibus Leuctricam victoriam reportasset.* (2) Et Sylla quum liberata civilibus bellis Italia Romam pervenit, prima nocte ne tantillum quidem dormivit, præ lætitia ingentique gaudio, tanquam

μεγάλης, ὥσπερ πνεύματος, ἀναφερόμενος τὴν ψυχήν·
καὶ ταῦτα περὶ αὑτοῦ ἔγραφεν ἐν τοῖς ὑπομνήμασιν. (3)
Ἄκουσμα μὲν γὰρ ἔστω μηδὲν ἥδιον ἐπαίνου, κατὰ τὸν
Ξενοφῶντα· θέαμα δὲ καὶ μνημόνευμα καὶ διανόημα
τῶν ὄντων οὐδέν ἐστιν ὃ τοσαύτην φέρει χάριν, ὅσην
πράξεων ἰδίων ἐν ἀρχαῖς καὶ πολιτείαις, ὥσπερ ἐν τόποις λαμπροῖς καὶ δημοσίοις, ἀναθεώρησις. (4) Οὐ μὴν
ἀλλὰ καὶ χάρις εὐμενὴς ἡ μαρτυροῦσα τοῖς ἔργοις, καὶ
συναμιλλώμενος ἔπαινος, εὐνοίας δικαίας ἡγεμών, οἷόν
τι φῶς καὶ γάνωμα τῷ χαίροντι τῆς ἀρετῆς προστίθησι·
(5) καὶ δεῖ μὴ περιορᾶν, ὥσπερ ἀθλητικὸν στέφανον, ἐν
γήρᾳ ξηρὰν γενομένην τὴν δόξαν, ἀλλὰ καινὸν ἀεί τι
καὶ πρόσφατον ἐπιφέροντα, τὴν τῶν παλαιῶν χάριν
ἐγείρειν, καὶ ποιεῖν ἀμείνω καὶ μόνιμον· (6) ὥσπερ
οἱ [τεχνῖται, οἷς ἐπέκειτο φροντίζειν σῶον εἶναι] τὸ Δη-
λιακὸν πλοῖον, ἀντὶ τῶν πονούντων [ξύλων] ἐμβάλλοντες ἄλλα καὶ συμπηγνύντες, ἀΐδιον ἐκ τῶν τότε χρόνων
καὶ ἄφθαρτον ἐδόκουν διαφυλάττειν. (7) * *Ἔστι δὲ
καὶ δόξης καὶ φλογὸς οὐ χαλεπὴ σωτηρία καὶ τήρησις,
ἀλλὰ μικρῶν ὑπεκκαυμάτων δεομένη· κατασβεσθὲν δὲ
καὶ ὑποψυγθὲν οὐδέτερον ἄν τις ἀπραγμόνως πάλιν
ἐξάψειεν. (8) Ὡς δὲ Λάμπις ὁ ναύκληρος, ἐρωτηθεὶς
πῶς ἐκτήσατο τὸν πλοῦτον, Οὐ χαλεπῶς, ἔφη, τὸν
μέγαν, τὸν δὲ βραχὺν ἐπιπόνως καὶ βραδέως· οὕτω τῆς
πολιτικῆς δόξης καὶ δυνάμεως ἐν ἀρχῇ τυχεῖν οὐ ῥᾴδιόν
ἐστι· τὸ δὲ συναυξῆσαι καὶ [δια]φυλάξαι μεγάλην γενομένην ἀπὸ τῶν τυχόντων ἕτοιμον. (9) Οὔτε γὰρ
φίλος ὅταν γένηται, πολλὰς λειτουργίας ἐπιζητεῖ καὶ
μεγάλας, ἵνα μένῃ φίλος, μικροῖς δὲ σημείοις τὸ ἐνδελεχὲς ἀεὶ διαφυλάττει τὴν εὔνοιαν· ἥ τε δήμου φιλία
καὶ πίστις οὐκ ἀεὶ δεομένη χορηγοῦντος, οὐδὲ προδι-
κοῦντος, οὐδ' ἄρχοντος, αὐτῇ τῇ προθυμίᾳ συνέχεται,
καὶ τῷ μὴ προαπολείποντι μηδὲ ἀπαγορεύοντι τῆς ἐπιμελείας καὶ φροντίδος. (10) Οὐδὲ γὰρ αἱ στρατεῖαι
παρατάξεις ἀεὶ καὶ μάχας καὶ πολιορκίας ἔχουσιν, ἀλλὰ
καὶ θυσίας ἔστιν ὅτε καὶ συνουσίας διὰ μέσου, καὶ σχολὴν ἄφθονον ἐν παιδιαῖς καὶ φλυαρίαις δέχονται· (11)
πόθεν γε δὴ τὴν πολιτείαν φοβητέον, ὡς ἀπαραμύθητον
καὶ πολύπονον καὶ βαρεῖαν, ὅπου καὶ θέατρα καὶ πομ-
παὶ καὶ νεμήσεις καὶ χοροὶ καὶ μοῦσα καὶ ἀγλαΐα, καὶ
θεοῦ τινος ἀεὶ τιμὴ τὰς ὀφρῦς λύουσα παντὸς ἀρχείου
καὶ συνεδρίου, πολλαπλάσιον τὸ ἐπιτερπὲς καὶ κεχαρισμένον ἀποδίδωσιν;

VII. Ὁ τοίνυν μέγιστον κακὸν ἔχουσιν αἱ πολιτεῖαι,
τὸν φθόνον, ἥκιστα διερείδεται πρὸς τὸ γῆρας· κύνες
γὰρ καὶ βαΰζουσιν ὃν ἂν μὴ γινώσκωσι, καθ' Ἡρά-
κλειτον· (2) καὶ πρὸς τὸ ἀρχόμενον, ὥσπερ ἐν θύραις
τοῦ βήματος, μάχεται καὶ πάροδον οὐ δίδωσι· τὴν δὲ
σύντροφον καὶ συνήθη δόξαν οὐκ ἀγρίως οὐδὲ χαλεπῶς,
ἀλλὰ πράως ἀνέχεται. (3) Διὸ τὸν φθόνον ἔνιοι τῷ καπνῷ παρεικάζουσι· πολὺς γὰρ ἐν τοῖς ἀρχομένοις διὰ
τὸ φλέγεσθαι προεκπίπτων, ὅταν ἐκλάμψωσιν, ἀφανί-
ζεται. (4) Καὶ ταῖς μὲν ἄλλαις ὑπεροχαῖς προσμάχονται καὶ διαμφισβητοῦσιν ἀρετῆς καὶ γένους καὶ φι-

vento animo incitante, atque hoc ipse de se in commentariis scripsit. (3) Esto enim, ut Xenophon ait, *nulla suavior
auditio laude :* spectaculum quidem et recordatio atque
consideratio nullius rei tam est grata, quam propriarum
actionum in magistratu et republica tanquam illustribus
et publicis locis contemplatio. (4) Enimvero gratia benigna, factis testimonium perhibens, ac laus cum virtute
certans, dux et auctor justæ benevolentiæ, tanquam lumen
et nitorem aliquem gaudio de virtute concepto adjiciunt.
(5) Neque est gloria, veluti corona athletica, negligenda,
committendumve ut in senectute exarescat, sed semper
novi aliquid ac recens proferendum, quo veterum rerum
gratia excitetur, augeatur, stabiliatur : (6) sicut Deliacam
navem, lignis quæ vitium concepissent identidem submo-
tis, aliisque eorum loco insertis, crediti sunt homines [quibus
eam conservandi munus datum erat] ab antiquissimo tempore in hanc usque ætatem pertulisse, et quasi æternitati
asseruisse. (7) Accedit quod gloria, ut flamma, non difficulter conservatur, sed alimentum seu fomitem haud magnum
requirit : exstinctam neutram facile et sine labore rursum
incenderis atque excitaveris. (8) Ut autem Lampis navi-
cularius, interrogatus quo modo divitias consecutus esset,
respondit, *Magnas non difficulter, parvas cum ærumna
et tarde :* sic ab initio gloriam in republica et potentiam sibi
parare, non est facile; augere partam et amplificatam conservare, quibusvis actionibus in promtu est. (9) Nam neque qui amicus factus est, multa aut magna desiderat ministeria, ut retineatur, sed assiduitas etiam exiguorum signorum benevolentiam conservat : et populi amicitia ac fides
non semper requirit sumtus publice facientem, aut defen-
dentem, aut magistratus perpetuo gerentem, sed sola alacritate retinetur, dum is reipublicæ curam non deserit neque
defatigatur. (10) Nam ne bellum quidem semper conflictus,
prœlia et obsidiones habet, sed sacrificia nonnunquam intercedunt, et induciæ, et otii copia, quod in jocis et ludis
transigitur. (11) Unde igitur fiat ut reipublicæ administratio pro tristi et tetrica, laboriosa ac difficili debeat haberi;
quum et theatra, et pompæ, et diribitiones, et chori, et
musica, et lætitia, semper honor aliquis alicui deo habitus
frontem exporrigant in curiis et consessibus, multoque ampliorem molestiis delectationem et gratiam afferant?

VII. Jam invidia, quod maximum habet reipublicæ administratio malum, minime in senes incumbit. *Canes quidem,* ut aiebat Heraclitus, *quem non agnoscunt latratu
excipiunt obscuro :* (2) sic invidia in principiis, tanquam præ foribus suggestûs, accessuro repugnat, adi-
tumque negat; consuetam autem et familiarem gloriam non
difficulter aut ægre fert, sed placide tolerat. (3) Ideo invidiam nonnulli fumo comparaverunt, qui quum initio adeun-
tibus ad rempublicam quasi incensis largus efferatur, postquam effulsere, evanescit. (4) Ac reliquis quidem excel-
lentiis, ut virtutis, nobilitatis, ambitionis, solent repugnare

λοτιμίας, ὡς ἀφαιροῦντες αὐτῶν ὅσον ἄλλοις ὑφίενται·
τὸ δ' ἀπὸ τοῦ χρόνου πρωτεῖον, ὃ καλεῖται κυρίως πρε-
σβεῖον, ἀζηλοτύπητόν ἐστι καὶ παραχωρούμενον· οὐδεμιᾷ γὰρ οὕτω τιμῇ συμβέβηκε τὸν τιμῶντα μᾶλλον ἢ τὸν
τιμώμενον κοσμεῖν, ὡς τῇ τῶν γερόντων. (5) Ἔτι τὴν
μὲν ἀπὸ τοῦ πλούτου δύναμιν, ἢ λόγου δεινότητος, ἢ
σοφίας, οὐ πάντες αὐτοῖς γενήσεσθαι προσδοκῶσιν· ἐφ'
ἣν δὲ προάγει τὸ γῆρας αἰδῶ καὶ δόξαν, οὐδεὶς ἀπελπί-
ζει τῶν πολιτευομένων. (6) Οὐδὲν οὖν διαφέρει κυβερνήτου πρὸς ἐναντίον κῦμα καὶ πνεῦμα πλεύσαντος
ἐπισφαλῶς, εὐδίας δὲ καὶ εὐαερίας γενομένης ὁρμίσα-
σθαι ζητοῦντος, ὁ τῷ φθόνῳ διαναυμαχήσας πολὺν
χρόνον, εἶτα παυσαμένου καὶ στορεσθέντος, ἀνακρουό-
μενος ἐκ τῆς πολιτείας, καὶ προϊέμενος ἅμα ταῖς πράξεσι τὰς κοινωνίας καὶ τὰς ἑταιρείας. (7) Ὅσῳ γὰρ
χρόνος γέγονε πλείων, καὶ φίλους πλείονας καὶ συνα-
γωνιστὰς πεποίηκεν, οὓς οὔτε συνεξάγειν ἑαυτῷ πάντας
ἐνδέχεται, καθάπερ διδασκάλῳ χορὸν, οὔτ' ἐγκαταλιπεῖν δίκαιον· (8) ἀλλ', ὥσπερ τὰ παλαιὰ δένδρα, τὴν
μακρὰν πολιτείαν οὐ ῥᾴδιόν ἐστιν ἀνασπάσαι, πολύρ-
ριζον οὖσαν καὶ πράγμασιν ἐμπεπλεγμένην, ἃ πλείονας
παρέχει ταραχὰς καὶ σπαραγμοὺς ἀπερχομένοις, ἢ μέ-
νουσιν. (9) Εἰ δέ τι καὶ περίεστι φθόνου λείψανον ἢ
φιλονεικίας πρὸς τοὺς γέροντας ἐκ τῶν πολιτικῶν ἀγώνων, κατασβεστέον τοῦτο τῇ δυνάμει μᾶλλον, ἢ δοτέον
τὰ νῶτα, γυμνοὺς καὶ ἀνόπλους ἀπιόντας· οὐ γὰρ οὕτως
ἀγωνιζομένοις φθονοῦντες, ὡς ἀπειπαμένοις καταφρο-
νήσαντες ἐπιτίθενται.

VIII. * Μαρτυρεῖ δὲ καὶ τὸ λεχθὲν ὑπ' Ἐπαμει-
νώνδα τοῦ μεγάλου πρὸς τοὺς Θηβαίους, ὅτε χειμῶνος
ὄντος οἱ Ἀρκάδες παρεκάλουν αὐτοὺς ἐν ταῖς οἰκίαις διαι-
τᾶσθαι παρελθόντας εἰς τὴν πόλιν· οὐ γὰρ εἴασεν, ἀλλὰ,
(2) Νῦν μὲν, ἔφη, θαυμάζουσιν ὑμᾶς καὶ θεῶνται πρὸς
τὰ ὅπλα γυμναζομένους καὶ παλαίοντας· ἂν δὲ πρὸς τῷ
πυρὶ καθημένους ὁρῶσι τὸν κύαμον κόπτοντας, οὐδὲν
αὐτῶν ἡγήσονται διαφέρειν. (3) Οὕτω δὴ σεμνόν ἐστι
θέαμα πρεσβύτης λέγων τι καὶ πράττων καὶ τιμώμε-
νος· ὁ δ' ἐν κλίνῃ διημερεύων ἢ καθήμενος ἐν γωνίᾳ
στοᾶς φλυαρῶν καὶ ἀπομυττόμενος, εὐκαταφρόνητος.
(4) Τοῦτο δ' ἀμέλει καὶ Ὅμηρος διδάσκει τοὺς ὀρθῶς
ἀκούοντας· ὁ μὲν γὰρ Νέστωρ στρατευόμενος ἐν Τροίᾳ
σεμνὸς ἦν καὶ πολυτίμητος· ὁ δὲ Πηλεὺς καὶ ὁ Λαέρτης
οἰκουροῦντες ἀπερρίφησαν καὶ κατεφρονήθησαν. (5) Οὐδὲ
γὰρ ἡ τοῦ φρονεῖν ἕξις ὁμοίως παραμένει τοῖς μεθεῖσιν
αὐτούς, ἀλλ' ὑπ' ἀργίας ἐξανιεμένη καὶ ἀναλυομένη
κατὰ μικρὸν, ἀεί τινα ποθεῖ φροντίδος μελέτην, τὸ λογιστικὸν καὶ πρακτικὸν ἐγειρούσης καὶ διακαθαιρούσης.

  Λάμπει γὰρ ἐν χρείαισιν, ὥσπερ εὐπρεπὴς
  χαλκός.

(6) [Οὐ γὰρ τόσον] σώματος ἀσθένεια κακὸν πρόσεστι
ταῖς πολιτείαις τῶν παρ' ἡλικίαν ἐπὶ τὸ βῆμα καὶ τὸ
στρατήγιον βαδιζόντων, ὅσον ἔχουσιν ἀγαθὸν τὴν εὐλάβειαν καὶ τὴν φρόνησιν, καὶ τὸ μὴ φαινόμενον, ἀλλὰ

ac de iis litem movere, quod quantum in his concedimus
aliis, tantum nobis videmur detrahere : sed honor senectutis, quod proprie *presbion* Græci ab ea ætate deflexo
verbo dicunt, obtrectationis securus est et conceditur ultro :
nullus enim alius honor ita eum qui habet magis quam cui
habetur cohonestat, ut qui senibus defertur. (5) Ad hæc,
honorem divitiis, eloquentia, aut sapientia partum non
quivis se quoque sperat consecuturum : ad quam autem
senectus producit reverentiam et existimationem, eam quilibet in republica agentium exspectat. (6) Plane igitur similis est gubernatori, qui ubi adverso fluctu et vento periculose navigavit, tranquillitate et bona aeris constitutione
oborta navem in stationem velit subducere, ille qui quum diu
adversus invidiam depugnaverit, ea desinente et pacata se
e republica recipiat, simulque eum actionibus communitates
societatesque deserat. (7) Quanto enim diutius in republica aliquis fuit versatus, tanto plures etiam amicos et
conatuum certaminumque socios sibi paraverit, quos neque
educere secum omnes, ut chorum magister, potest, et relinquere injustum est. (8) Sed sicut vetustæ arbores, ita
antiqua reipublicæ tractatio difficulter evelli potest, quam
multas egerit radices, sitque negotiis implicata, quæ abeuntibus quam manentibus plus exhibeant turbarum et occu-
pationum. (9) Tum si quæ etiam reliquiæ supersunt invidiæ in senes ob civilia certamina susceptæ : magis eæ sunt
opprimendæ potentia parta, quam tergum dandum, si nudi
inermesque discedamus; non enim tam certantibus invidi
instant, quam ob contemtum insultant animum desponden-
tibus.

VIII. Testatur hoc illud magni Epaminondæ ad Thebanos
dictum, quum hieme Arcades ab ipsis peterent, ut urbem
ipsorum ingressi in ædibus una habitarent : prohibuit enim,
ac dixit, (2) *Nunc Arcadibus nos sumus admirationi,*
quum nos spectant in armis corpora exercentes atque lu-
ctantes; si autem videant nos ad ignem desidere et fabas
tundere, nihilo ipsis præstantiores nos putabunt. (3) Ita
præclarum sane est spectaculum senex orans, agens aliqui d
rei, et honore affectus : qui vero dies ad mensam exigit, aut
in angulo porticus desidens nugatur et emungitur, is facile
contemnitur. (4) Nimirum autem Homerus hoc quoque docet eos, qui ipsum recte intelligunt. Etenim Nestor in bello
versans Trojano suspiciebatur, inque summo erat honore;
Peleus autem et Laertes domi desidentes, abjecti erant ac
spreti. (5) Neque enim habitus prudentiæ qualis fuerat
manet in iis, qui sese otio dederunt : sed ignavia eum paulatim solvit ac dissipat; quum ad illum requiratur subinde
cura aliqua et meditatio, quæ ratiocinatricem et actiones
gubernantem animi facultatem excitet atque repurget. Nam

  Ratio splendescit, æs ut nobile, usibus.

(6) Ceterum imbecillitas corporis non tantum affert incommodi iis, qui confecta jam prope ætate ad tribunal et
prætorium se conferunt, quantum utilitatis eorum ipsorum
cautio atque prudentia secum trahit : usu qui rerum instru-

τὰ μὲν ἐσφαλμένα, τὸ δὲ ὑπὸ δόξης κενῆς προσπίπτειν πρὸς τὰ κοινὰ καὶ συνεφέλκεσθαι τὸν ὄχλον, ὥσπερ θάλατταν ὑπὸ πνευμάτων ἐκταραττόμενον, ἀλλὰ πράως κεχρῆσθαι καὶ μετρίως τοῖς ἐντυγχάνουσιν. (7) Ὅθεν αἱ πόλεις, ὅταν πταίσωσιν ἢ φοβηθῶσι, πρεσβυτέρων ποθοῦσιν ἀρχὴν ἀνθρώπων· καὶ πολλάκις ἐξ ἀγροῦ κατάγουσαι γέροντα, μὴ δεόμενον μηδὲ βουλόμενον ἠνάγκασαν, ὥσπερ οἰάκων ἐφαψάμενον, εἰς ἀσφαλὲς καταστῆσαι τὰ πράγματα, παρωσάμεναί τε στρατηγοὺς καὶ δημαγωγοὺς, βοᾶν μέγα καὶ λέγειν ἀπνευστὶ, καὶ νὴ Δία τοῖς πολεμίοις διαβάντας εὖ μάχεσθαι δυναμένους· (8) οἷον οἱ ῥήτορες Ἀθήνησι Τιμοθέῳ καὶ Ἰφικράτει Χάρητα τὸν Θεοχάρους ἐπαποδύοντες ἀκμάζοντα τῷ σώματι καὶ ῥωμαλέον, ἠξίουν τοιοῦτον εἶναι τὸν [τῶν] Ἀθηναίων στρατηγόν· ὁ δὲ Τιμόθεος, Οὐ μὰ τοὺς θεοὺς, εἶπεν, ἀλλὰ τοιοῦτον μὲν εἶναι τὸν μέλλοντα τῷ στρατηγῷ τὰ στρώματα κομίζειν· τὸν δὲ στρατηγὸν « ἅμα πρόσσω καὶ ὀπίσσω » τῶν πραγμάτων ὁρῶντα, καὶ μηδενὶ πάθει τοὺς περὶ τῶν συμφερόντων λογισμοὺς ἐπιταραττόμενον. (9) Ὁ γὰρ Σοφοκλῆς, ἄσμενος, ἔφη, τὰ ἀφροδίσια γεγηρακὼς ἀποπεφευγέναι, καθάπερ ἄγριον καὶ λυσσῶντα δεσπότην· ἐν δὲ ταῖς πολιτείαις οὐχ ἕνα δεῖ δεσπότην, ἔρωτα παίδων ἢ γυναικῶν, ἀποφεύγειν, ἀλλὰ πολλοὺς [καὶ] μανικωτέρους τούτου, φιλονεικίαν, φιλοδοξίαν, τὴν τοῦ πρῶτον εἶναι καὶ μέγιστον ἐπιθυμίαν, γονιμώτατον φθόνου νόσημα καὶ ζηλοτυπίας καὶ διχοστασίας· (10) ὧν τὰ μὲν ἀνίησι καὶ παραμβλύνει, τὰ δὲ ὅλως ἀποσβέννυσι καὶ καταψύχει τὸ γῆρας, οὐ τοσοῦτον τῆς πρακτικῆς ὁρμῆς παραιρούμενον, ὅσον τῶν ἀκράτων καὶ διαπύρων ἀπερύκει παθῶν, ὥστε νήφοντα καὶ καθεστηκότα τὸν λογισμὸν ἐπάγειν ταῖς φροντίσιν.

IX. Οὐ μὴν ἀλλ' ἔστω καὶ δοκείτω διατρεπτικὸς εἶναι λόγος πρὸς τὸν ἀρχόμενον ἐν πολιαῖς νεανιεύεσθαι λεγόμενος, καὶ καθαπτόμενος ἐκ μακρᾶς οἰκουρίας, ὥσπερ νοσηλείας, ἐξανισταμένου καὶ κινουμένου γέροντος ἐπὶ στρατηγίαν ἢ πραγματείαν·

Μέν', ὦ ταλαίπωρ', ἀτρέμα σοῖς ἐν δεμνίοις·

(2) * ὁ δὲ τὸν ἐμβεβιωκότα πολιτικαῖς πράξεσι καὶ διηγωνισμένον οὐκ ἐῶν ἐπὶ τὴν δᾷδα καὶ τὴν κορωνίδα τοῦ βίου προελθεῖν, ἀλλ' ἀνακαλούμενος καὶ κελεύων ὥσπερ ἐξ ὁδοῦ μακρᾶς μεταβαλέσθαι, παντάπασιν ἀγνώμων καὶ μηδὲν ἐκείνῳ προσεοικώς ἐστιν. (3) Ὥσπερ γὰρ ὁ γαμεῖν παρασκευαζόμενον γέροντα ἐστεφανωμένον καὶ μυριζόμενον ἀποτρέπων, καὶ λέγων τὰ πρὸς τὸν Φιλοκτήτην,

Τίς δ' ἄν σε νύμφη, τίς δὲ παρθένος νέα
δέξαιτ' ἄν; εὖ γ' οὖν ὡς γαμεῖν ἔχεις τάλας,

οὐκ ἄτοπός ἐστι· καὶ γὰρ αὐτοὶ πολλὰ τοιαῦτα παίζουσιν εἰς ἑαυτούς·

Γαμῶ γέρων, εὖ οἶδα, καὶ τοῖς γείτοσιν·

(4) ὁ δὲ τὸν πάλαι συνοικοῦντα καὶ συμβιοῦντα πολὺν

---

cti, non vana ambitione impulsi, rempublicam capessunt; neque populum vi secum rapiunt tanquam mare ventis exagitatum : sed placide ac moderate cum iis agunt, cum quibus res est. (7) Itaque civitates, ubi aliqua adversitas aut metus incidit, gubernari a senibus cupiunt et sæpe ex agro senem aliquem nihil tale desiderantem invitumque tanquam ad clavum reipublicæ pertrahunt, eique rerum in tuto collocandarum munus dant, repudiatis prætoribus et oratoribus, qui magnum clamare, et uno spiritu perorare, imo etiam cum hostibus gnaviter diductis cruribus depugnare calleant. (8) Sic in locum Timothei et Iphicratis oratores Athenienses Charetem Theocharis filium subornantes, valido et vigenti viribus corpore virum, talem autumabant debere esse ducem Atheniensium. Ibi Timotheus, *Non mehercle*, inquit, *ducem talem oportet esse ; sed eum, qui ducis stragula sit portaturus : imperatorem autem eum esse necesse est, qui « et futura et præterita « animo cernens, » nulla perturbatione sibi rationes simul eorum quæ sunt in rem futura excuti sinat.* (9) Sophocles quidem dixit, *lubenter se a re venerea profugisse tanquam a fero et rabioso domino :* at in republica gerenda non unus tantum dominus fugiendus est, amor mulierum aut puerorum, sed plures et hoc multo insaniores, studium contentionis, ambitio, primi et eximii loci appetentia, qui morbus invidiæ est et obtrectationis ac dissidiorum feracissimus. (10) Horum vitiorum alia senectus retundit atque diminuit, alia omnino abolet atque restinguit; non tantum de incitationibus animi ad agendum detrahens, quantum ab impotentibus ac fervidis revellens motibus, ut sobria ac composita ratione cogitationes possint suscipi.

IX. Veruntamen habeat, videaturque habere momentum hæc oratio ad movendum cohibendumque eum, qui jam canescens ad rempublicam se juvenili conatu conferre incipit, inhibeatque a longa rei domesticæ procuratione veluti diuturno morbo exsurgentem senem et ad præturam se aut negotiationem efferentem :

Miser, tuis te placide in stratis contine :

(2) ea quidem certe iniqua est, nihilque cum illa simile habet, quæ eum, qui in administratione reipublicæ ac certaminibus civilibus vitam exegerit, non sinit ad facem ac coronidem vitæ progredi, sed revocat, jubetque tanquam e longo itinere alio se convertere. (3) Sicut enim qui senem nuptias meditantem coronatumque et unctum dehortans, et ea occinens quæ in Philoctetam dicta sunt,

Quæ te puella, virgo quæ juvencula
te recipiet? quas nuptias paras miser?

nihil facit absurdi : quando ipsi quoque in se ipsos multa ludunt talia,

Uxorem duco, novi, vicinis quoque :

(4) qui vero per longum tempus cum uxore vixerit com-

χρόνον ἀμέμπτως, οἰόμενος δεῖν ἀφεῖναι διὰ τὸ γῆρας τὴν γυναῖκα, καὶ ζῆν καθ' ἑαυτόν, ἢ παλλακίδιον ἀντὶ τῆς γαμετῆς ἐπισπάσασθαι, σκαιότητος ὑπερβολὴν οὐκ ἀπολέλοιπεν· (5) οὕτως ἔχει τινὰ λόγον τὸ προσιόντα δήμῳ πρεσβύτην, ἢ Χλίδωνα τὸν γεωργόν, ἢ Λάμπωνα τὸν ναύκληρον, ἤ τινα τῶν ἐκ τοῦ κήπου φιλοσόφων, νουθετῆσαι καὶ κατασχεῖν ἐπὶ τῆς συνήθους ἀπραγμοσύνης· (6) ὁ δὲ Φωκίωνος, ἢ Κάτωνος, ἢ Περικλέους ἐπιλαβόμενος, καὶ λέγων, Ὦ ξένε Ἀθηναῖε, ἢ Ῥωμαῖε, ἀζαλέῳ γήρᾳ κατανθιδῶν κήδη, γραψάμενος ἀπόλευψιν τῇ πολιτείᾳ, καὶ τὰς περὶ τὸ βῆμα καὶ τὸ στρατήγιον ἀφεὶς διατριβὰς καὶ τὰς φροντίδας, εἰς ἀγρὸν ἐπείγου, σὺν ἀμφιπόλῳ τῇ γεωργίᾳ συνεσόμενος, ἢ πρὸς οἰκονομίᾳ τινὶ καὶ λογισμοῖς διαθησόμενος τὸν λοιπὸν χρόνον, ἄδικα πείθει καὶ ἀχάριστα πράττειν τὸν πολιτικόν.

X. Τί οὖν; φήσαι τις ἄν, οὐκ ἀκούομεν ἐν κωμῳδίᾳ στρατιώτου λέγοντος,

> Λευκή με θρὶξ ἀπόμισθον ἐντεῦθεν ποιεῖ;

(2) Πάνυ μὲν οὖν, ὦ ἑταῖρε· τοὺς γὰρ Ἄρεος θεράποντας ἡβᾶν πρέπει καὶ ἀκμάζειν, οἷα δὴ « πόλεμον πολέμοιό τε μέρμερα ἔργα διέποντας, » ἐν οἷς τοῦ γέροντος κᾶν τὸ κράνος ἀποκρύψῃ τὰς πολιάς, « ἀλλά τε λάθρη γυῖα βαρύνεται, » καὶ προαπολείπει τῆς προθυμίας ἡ δύναμις· (3) τοὺς δὲ τοῦ Βουλαίου καὶ Ἀγοραίου καὶ Πολιέως Διὸς ὑπηρέτας, οὐ ποδῶν ἔργα καὶ χειρῶν ἀπαιτοῦμεν, ἀλλὰ βουλῆς καὶ προνοίας καὶ λόγου, μὴ ῥαχίαν ποιοῦντος ἐν δήμῳ καὶ ψόφον, ἀλλὰ νοῦν ἔχοντος καὶ φροντίδα πεπνυμένην καὶ ἀσφάλειαν· (4) οἷς ἡ γελωμένη πολιὰ καὶ ῥυτὶς, ἐμπειρίας μάρτυς ἐπιφαίνεται, καὶ πειθοῦς συνεργὸν αὐτῷ (καὶ) δόξαν ἤθους προστίθησι. (5) Πειθαρχικὸν γὰρ ἡ νεότης, ἡγεμονικὸν δὲ τὸ γῆρας, καὶ μάλιστα σώζεται πόλις,

> Ἔνθα βουλαὶ [μὲν] γερόντων, καὶ νέων ἀνδρῶν ἀριστεύουσιν αἰχμαί·

καὶ τὸ,

> Βουλὴν δὲ πρῶτον μεγαθύμων ἷζε γερόντων
> Νεστορέῃ παρὰ νηΐ,

θαυμαστῶς ἐπαινεῖται. (6) Διὸ τὴν μὲν ἐν Λακεδαίμονι παραζευχθεῖσαν ἀριστοκρατίαν τοῖς βασιλεῦσιν ὁ Πύθιος Πρεσβυγενέας, ὁ δὲ Λυκοῦργος ἄντικρυς Γέροντας ὠνόμασεν· ἡ δὲ Ῥωμαίων σύγκλητος ἄχρι νῦν γερουσία καλεῖται· (7) καὶ καθάπερ ὁ νόμος τὸ διάδημα καὶ τὸν στέφανον, οὕτω τὴν πολιὰν ἡ φύσις ἔντιμον ἡγεμονικοῦ σύμβολον ἀξιώματος ἐπιτίθησι· (8) καὶ τὸ γέρας, οἶμαι, καὶ τὸ γεραίρειν ὄνομα, σεμνὸν ἀπὸ τῶν γερόντων γενόμενον διαμένει, οὐχ ὅτι θερμολουτοῦσι καὶ καθεύδουσι μαλακώτερον, ἀλλ' ὡς βασιλικὴν ἐχόντων τάξιν ἐν ταῖς πόλεσι κατὰ τὴν φρόνησιν, ἧς, καθάπερ ὀψικάρπου φυτοῦ, τὸ οἰκεῖον ἀγαθὸν καὶ τέλειον ἐν γήρᾳ μόλις ἡ φύσις ἀποδίδωσι. (9) Τὸν γοῦν βασιλέα τῶν βασιλέων εὐχόμενον τοῖς θεοῖς,

---

mode, cum jubens, hac dimissa propter senectutem, solum vivere, aut pellice adscita in uxoris locum, nihil is ad extremam perversitatem sibi fecerit reliquum : (5) sic ratione non caret, si quis accedentem ad populi gubernationem senem, aut Chlidonem agricolam, aut Lamponem navicularium, aut aliquem ex Horto philosophum, redhibeat inque otio usitato contineat : (6) at Phocionem, vel Periclem, vel Catonem prehendens manu et ita compellans, « Heus hospes Atheniensis, aut Romane, arida confecte senectute, missam jam nunc rempublicam fac, ac versari circa tribunal et procurare praetorium desinens rus propera, ibi cum vetula ancilla agriculturae vacaturus, aut in rei familiaris administratione reliquum vitae consumturus ; » is iniqua suadet et injuria virum civilem afficit.

X. Quid vero? (dicet aliquis) nonne audimus militem in comoedia dicentem,

> Albus capillus jam me donavit rude?

(2) Omnino, amice! nam famulos Martis vigere viribus aetateque convenit, utpote qui tractent

> Bella manu, bellique opera ardua;

in quibus ut etiam canos senis galea occultet,

> Robore membra tamen paullatim destituuntur,

alacritatemque vires produnt : (3) at a Consiliarii, Forensis, Urbicique Jovis administris, non pedum manuumve opera exigimus, sed consilii, providentiae, rationis, non tumultum et strepitum in turba excitantis, sed prudenter, sapienter ac tuto consulentis : (4) unde elucescat canities et ruga rideri solita, testis peritiae, auxiliatricem ad persuadendum afferens existimationem usus et morum. (5) Nam ad parendum juvenilis, ad imperandum senilis aetas accommodata est : ac maxime salva est civitas, *ubi* (ut est apud Pindarum) *consilia senum, et juvenum arma excellunt :* laudaturque majorem in modum istuc. :

> Primum aetate graves, et forti pectore claros
> Nestoream ad navem conductos dicere jussit,
> consiliumque dare.

(6) Atque ideo optimatum magistratum Spartanae civitatis regibus adjunctum Apollo *Presbygeneas,* id est, magno natu praeditos, Lycurgus diserte *Gerontes,* id est senes, nominavit; et Romanorum Senatus in hunc usque diem a senio nomen gerit : (7) atque ut lex coronam ac diadema, ita canos natura venerabile dignitatis et principatus signum fecit. (8) Et *geras,* quod eximium honorem, ac γεραίρειν, quod venerari significat, a senectute ejusque praestantia Graecis retinentur : quae sane non in eo consistit, quod calida lavantur, et mollius dormiunt; sed quod ob prudentiam in civitatibus regio sunt in honore, quae instar sero fructum reddentis plantae suum et perfectum bonum in senectute demum, ita natura comparante, profert. (9) Certe regem illum regum a diis hoc petentem,

Τοιοῦτοι δέκα μοι συμφράδμονες εἶεν Ἀχαιῶν,

οἷος ἦν ὁ Νέστωρ, * οὐδεὶς ἐμέμψατο « τῶν ἀρηΐων
καὶ μένεα πνεόντων Ἀχαιῶν, » ἀλλὰ συνεχώρουν ἅπαντες οὐκ ἐν πολιτείᾳ μόνον, ἀλλὰ καὶ ἐν πολέμῳ μεγάλην ἔχειν ῥοπὴν τὸ γῆρας.

(10) Σοφὸν γὰρ ἓν βούλευμα τὰς πολλὰς χέρας
νικᾷ,

καὶ μία γνώμη λόγον ἔχουσα καὶ πειθώ, τὰ κάλλιστα
καὶ μέγιστα διαπράττεται τῶν κοινῶν.

XI. Ἀλλὰ μὴν ἥ γε βασιλεία, τελεωτάτη πασῶν
οὖσα καὶ μεγίστη τῶν πολιτειῶν, πλείστας φροντίδας
ἔχει καὶ πόνους καὶ ἀσχολίας· (2) τὸν γοῦν Σέλευκον
ἑκάστοτε λέγειν ἔφασαν, εἰ γνοῖεν οἱ πολλοί, τὸ γράφειν μόνον ἐπιστολὰς τοσαύτας καὶ ἀναγινώσκειν ὡς
ἐργῶδές ἐστιν, ἐρριμμένον οὐκ [ἂν] ἀνελέσθαι διάδημα·
(3) τὸν δὲ Φίλιππον, ἐν καλῷ χωρίῳ μέλλοντα κατα-
στρατοπεδεύειν, ὡς ἤκουσεν ὅτι χόρτος οὐκ ἔστι τοῖς
ὑποζυγίοις, Ὦ Ἡράκλεις, εἰπεῖν, οἷος ἡμῶν ὁ βίος, εἰ
καὶ πρὸς τὸν τῶν ὄνων καιρὸν ὀφείλομεν ζῆν. (4) Ὥρα
τοίνυν καὶ βασιλεῖ παραινεῖν πρεσβύτῃ γεγενημένῳ, τὸ
μὲν διάδημα καταθέσθαι καὶ τὴν πορφύραν, ἱμάτιον
δ' ἀναλαβόντα καὶ καμπύλην ἐν ἀγρῷ διατρίβειν, μὴ
δοκῇ περίεργα καὶ ἄωρα πράττειν ἐν πολιαῖς βασιλεύων.
(5) Εἰ δ' οὐκ ἄξιον ταῦτα λέγειν περὶ Ἀγησιλάου, καὶ
Νουμᾶ, καὶ Δαρείου, μηδὲ τῆς ἐξ Ἀρείου πάγου βουλῆς Σόλωνα, μηδὲ τῆς συγκλήτου Κάτωνα διὰ τὸ γῆρας ἐξάγωμεν, οὔκουν μηδὲ Περικλεῖ συμβουλεύωμεν
ἐγκαταλιπεῖν τὴν δημοκρατίαν· (6) οὐδὲ γὰρ ἄλλως
λόγον ἔχει, νέον ὄντα κατασκιρτῆσαι τοῦ βήματος,
εἶτ' ἐκχέαντα τὰς μανικὰς ἐκείνας φιλοτιμίας καὶ ὁρμὰς
εἰς τὸ δημόσιον, ὅταν ἡ τὸ φρονεῖν ἐπιφέρουσα δι'
ἐμπειρίαν ἡλικία παραγένηται, προέσθαι καὶ καταλιπεῖν, ὥσπερ γυναῖκα, τὴν πολιτείαν καταχρησάμε-
νον.

XII. Ἡ μὲν γὰρ Αἰσώπειος ἀλώπηξ τὸν ἐχῖνον οὐκ
εἴα τοὺς κρότωνας αὐτῆς ἀφαιρεῖν βουλόμενον· ἂν γὰρ
τούτους, ἔφη, μεστοὺς ἀπαλλάξῃς, ἕτεροι προσίασι
πεινῶντες· (2) τὴν δὲ πολιτείαν ἀεὶ τοὺς γέροντας ἀπο-
βάλλουσαν, ἀναπίμπλασθαι νέων ἀνάγκη διψώντων
δόξης καὶ δυνάμεως, νοῦν δὲ πολιτικὸν οὐκ ἐχόντων·
πόθεν γάρ, εἰ μηδενὸς ἔσονται μαθηταὶ μηδὲ θεαταὶ
πολιτευομένου γέροντος; (3) ἢ πλοίων μὲν ἄρχοντας οὐ
ποιεῖ γράμματα κυβερνητικά, μὴ πολλάκις γενομένους
ἐν πρύμνῃ θεατὰς τῶν πρὸς κῦμα καὶ πνεῦμα καὶ νύκτα
χειμέριον ἀγώνων,

Ὅτε Τυνδαριδᾶν ἀδελφῶν ἅλιον ναύταν πόθος βάλλει·

πόλιν δὲ μεταχειρίσασθαι καὶ πεῖσαι δῆμον ἢ βουλὴν
δύναιτ' ἂν ὀρθῶς νέος ἀναγνοὺς βίβλον, ἢ σχολὴν περὶ
πολιτείας ἐν Λυκείῳ γραψάμενος, ἂν μὴ παρ' ἡνίαν
καὶ παρ' οἴακα πολλάκις στάς, δημαγωγῶν καὶ στρατηγῶν ἀγωνιζομένων ἐμπειρίαις ἅμα καὶ τύχαις συνα-
ποκλίνων ἐπ' ἀμφότερα, μετὰ κινδύνων καὶ πραγμά-

O consultores mihi sint bis quinque Pelasgi,
tales consilio, qualis Nelida senex est!
nemo de *bellicosis* istis *et robur spirantibus Achivis* reprehendit, sed concesserunt hoc universi, non in pace modo,
sed in bello etiam magnum esse senectutis momentum.

(10) Sapiens enim consilium plurimas manus
superat vel unum;

et unica sententia ad persuadendum apta atque ratione ni-
tens, pulcherrima ac summa reipublicæ negotia potest conficere.
XI. Enimvero regium imperium, quæ est perfectissima
et amplissima reipublicæ forma, plurimis curis, laboribus,
occupationibus distinetur. (2) Seleucum quidem perhibent
identidem dixisse, *si plerique scirent, quantum molestiæ
vel hoc haberet, tot scribere et legere epistolas, humi
abjectum diadema non esse sublaturos.* (3) Et Philippum, quum castra in opportuno positurus loco audivisset
pabulum ibi jumentis defuturum: *Qualis, dii boni, vita
nostra est, qui cogimur eam vel asinorum commodita
tibus adaptare!* (4) Decet igitur, ut regi quoque, qui ad
grande ævum processerit, suadeamus, deposito diademate
ac purpura, tunicam pedumque sumat, et ruri degat, ne
canus regnans res supervacaneas et intempestivas videatur
agere. (5) Quodsi hoc indignum est Agesilaum, Numam,
aut Darium juberi : ex Areopagitico concilio Solonem, e
Senatu Catonem itidem non expellamus ob senectam; neque
Pericli suadeamus, ut popularem reipublicæ formam desc-
rat. (6) Nam alias quoque absurdum est, ut qui juvenis ad
tribunal per lasciviam prosiluerit, is postquam furiosas suas
ambitiones atque impetus in publicum profuderit, ubi ætas
peritiam ac prudentiam attulerit, rempublicam omittat
atque destituat, quasi mulierculam qua ad suam libidinem
explendam fuerit abusus.

XII. Æsopi illa vulpecula a ricinis infestata, abigere eos
volentem echinum non sinebat, dicens, *his qui jam essent
saturi remotis, alios esurientes successuros:* (2) ita rempublicam quoque, quæ subinde senes dimittat, necesse est
occupari a juvenibus gloriæ et potentiæ cupidis, pruden-
tiæque civilis imperitis : unde enim paraverint, qui nullius
senis rempublicam gerentis discipuli ac spectatores fuerint?
(3) nisi forte navis rectorem de arte gubernandi scriptus
liber facere non potest eum, qui non sæpe in puppi spectaverit certamina adversum fluctus, et ventos, ac noctem
tempestuosam,

Quando in profundo Tyndaridas mari
votis nauta vocat :

civitatem autem regere, populumque aut senatum suadendo
ducere poterit juvenis, lecto libro aut schola in Lyceo de
republica scripta, qui non sæpenumero frena moderantibus
clavumque tenentibus adstiterit oratoribus atque ducibus
peritia simul fortunaque certantibus adjutrice, et cum iis
in utramque partem inclinando non sine periculis et negotiis

τῶν λάβῃ τὴν μάθησιν; οὐκ ἔστιν εἰπεῖν· (4) ἀλλ' εἰ διὰ μηδὲν ἄλλο τῷ γέροντι, παιδείας ἕνεκα τῶν νέων καὶ διδασκαλίας πολιτευτέον ἐστίν. (5) Ὡς γὰρ οἱ γράμματα καὶ μουσικὴν διδάσκοντες, αὐτοὶ προανακρούονται καὶ προαναγινώσκουσιν, ὑφηγούμενοι τοῖς μανθάνουσιν· οὕτως ὁ πολιτικὸς, οὐ λέγων μόνον οὐδὲ ὑπαγορεύων ἔξωθεν, ἀλλὰ πράττων τὰ κοινὰ καὶ διοικῶν, ἐπευθύνει τὸν νέον, ἔργοις ἅμα καὶ λόγοις πλαττόμενον ἐμψύχως καὶ κατασχηματιζόμενον. (6) Ὁ γὰρ τοῦτον ἀσκηθεὶς τὸν τρόπον, οὐκ ἐν παλαίστραις καὶ κηρώμασιν ἀκινδύνοις εὐρύθμων σοφιστῶν, ἀλλ' ὡς ἀληθῶς ἐν Ὀλυμπιακοῖς καὶ Πυθικοῖς ἀγῶσιν,

Ἄθηλος ἵππῳ πῶλος ὡς ἅμα τρέχει,

κατὰ Σιμωνίδην· (7) ὡς Ἀριστείδης Κλεισθένει, καὶ Κίμων Ἀριστείδῃ, καὶ Φωκίων Χαβρίᾳ, καὶ Κάτων Μαξίμῳ Φαβίῳ, καὶ Σύλλα Πομπήϊος, καὶ Φιλοποίμενι Πολύβιος· (8) νέοι γὰρ ὄντες πρεσβυτέροις ἐπιβάλλοντες, εἶτα οἷον παραβλαστάνοντες καὶ συνεξανιστάμενοι ταῖς ἐκείνων πολιτείαις καὶ πράξεσιν, ἐμπειρίαν καὶ συνήθειαν ἐκτῶντο πρὸς τὰ κοινὰ μετὰ δόξης καὶ δυνάμεως.

XIII. Ὁ μὲν οὖν Ἀκαδημαϊκὸς Αἰσχίνης, σοφιστῶν τινῶν λεγόντων, ὅτι προσποιεῖται γεγονέναι Καρνεάδου, μὴ γεγονὼς, μαθητὴς, Ἀλλὰ τότε γε, εἶπεν, ἐγὼ Καρνεάδου διήκουον, ὅτε τὴν ῥαχίαν καὶ τὸν ψόφον ἀφεικὼς ὁ λόγος αὐτοῦ διὰ τὸ γῆρας, εἰς τὸ χρήσιμον συνῆκτο καὶ κοινωνικόν· (2) τῆς δὲ πρεσβυτικῆς πολιτείας οὐ τῷ λόγῳ μόνον, ἀλλὰ καὶ ταῖς πράξεσιν ἀπηλλαγμένης πανηγυρισμοῦ καὶ δοξοκοπίας (ὥσπερ τὴν Ἶριν λέγουσιν, ὅταν παλαιὰ γενομένη, τὸ βρομῶδες ἀποπνεύσῃ καὶ θολερὸν, εὐωδέστερον τὸ ἀρωματικὸν ἴσχειν)· οὕτως οὐδέν ἐστι δόγμα γεροντικὸν οὐδὲ βούλευμα τεταραγμένον, ἀλλ' ἐμβριθῆ πάντα καὶ καθεστῶτα. (3) Διὸ καὶ τῶν νέων ἕνεκα δεῖ, καθάπερ εἴρηται, πολιτεύεσθαι τὸν πρεσβύτην, ἵνα, ὃν τρόπον φησὶ Πλάτων ἐπὶ τοῦ μιγνυμένου πρὸς ὕδωρ ἀκράτου, μαινόμενον θεὸν ἑτέρῳ θεῷ νήφοντι σωφρονίζεσθαι κολαζόμενον, οὕτως εὐλάβεια γεροντικὴ, κεραννυμένη πρὸς ζέουσαν ἐν δήμῳ νεότητα, βακχεύουσαν ὑπὸ δόξης καὶ φιλοτιμίας, ἀφαιρῇ τὸ μανικὸν καὶ λίαν ἄκρατον.

XIV. Ἄνευ δὲ τούτων ἁμαρτάνουσιν οἱ [οἷον] τὸ πλεῦσαι καὶ τὸ στρατεύσασθαι, τοιοῦτον ἡγούμενοι καὶ τὸ πολιτεύσασθαι πρὸς ἄλλο τι πραττόμενον, εἶτα καταλῆγον ἐν τῷ τυχεῖν ἐκείνου· (2) λειτουργία γὰρ οὐκ ἔστιν ἡ πολιτεία τὴν χρείαν ἔχουσα πέρας, ἀλλὰ βίος ἡμέρου καὶ πολιτικοῦ καὶ κοινωνικοῦ ζῴου καὶ πεφυκότος ὅσον χρὴ χρόνον πολιτικῶς καὶ φιλοκάλως καὶ φιλανθρώπως ζῆν. (3) Διὸ πολιτεύεσθαι καθῆκόν ἐστιν, οὐ πεπολιτεῦσθαι· καθάπερ ἀληθεύειν, οὐκ ἀληθεῦσαι· καὶ δικαιοπραγεῖν, οὐ δικαιοπραγῆσαι· καὶ φιλεῖν, οὐ φιλῆσαι τὴν πατρίδα καὶ τοὺς πολίτας. (4) Ἐπὶ ταῦτα γὰρ ἡ φύσις ἄγει, καὶ ταύτας ὑπαγορεύει τὰς φωνὰς τοῖς μὴ διεφθορόσι τελείως ὑπ' ἀργίας καὶ μαλακίας·

gerere didicerit rempublicam? Nequaquam hoc concessero. (4) Imo si nulla alia seni sit causa, docendorum formandorumque juvenum causa gerere rempublicam debet. (5) Sicut enim qui literas et musicam docent, ipsi prælegunt ac præeunt canendo discipulis; ita vir civilis non dicens modo dictansve foris, sed agens ac publica negotia administrans juvenem instituit, simul et verbis et factis animum ejus intus formans atque fingens. (6) Et qui hoc modo fuerit exercitatus, non in palæstra aut ceromate umbratico concinnorum sophistarum sine periculo, sed in veris quasi Olympicis ac Pythicis certaminibus

Lactens equam ceu pullus propter cursitat, ut ait Simonides. (7) Ita sectatus est Clisthenem Aristides, hunc Cimon, Chabriam Phocio, Cato Fabium Maximum, Syllam Pompeius, Philopœmenem Polybius: (8) qui quum ipsi essent adolescentes, senibus se adjungentes, deinceps tanquam efflorescentes et crescentes in ipsa illorum reipublicæ administratione atque factis, peritiam reipublicæ gerendæ cum gloria et potentia sibi paraverunt.

XIII. Æschines Academicus, sophistis quibusdam dicentibus eum fingere se Carneadis fuisse, quum non fuerit, discipulum, *Ego vero*, inquit, *Carneadem tunc audivi, quum oratio ipsius contentione et strepitu ob senectutem omissis in utilia et communicationi idonea se contraxit.* (2) Senilis autem reipublicæ administratio quum non verbis duntaxat, sed ipsis etiam actionibus jam ab ambitione et ostentatione abstineat (sicut Irin aiunt, quum vetus est facta, exhalatis virosis et turbidis partibus odoratiorem habere aromaticam virtutem), nullum jam senile decretum, nullum consilium cum tumultu est conjunctum, sed gravia omnia et firma. (3) Quapropter, ut diximus, juvenum gratia senibus est in republica versandum; ut quo modo Plato de vino aqua diluto ait, *insanum deum alio sobrio coerceri atque temperari:* ita cautio senilis cum fervente in populo juvenum ac bacchante gloriæ et honorum studio commixta, insaniam et nimiam vehementiam eorum reprimat.

XIV. Jam præter hæc peccant, qui ut navigandi et militandi, ita etiam rempublicam tractandi finem aliquem ad aliud extra eam actionem relatum statuunt, ad quem ubi perventum sit, actio ipsa desinat. (2) Non enim reipublicæ tractatio ministerium est aliquod, cujus terminus et finis sit utilitas: sed est vita mansueti, civilis et ad societatem facti animalis, quod a natura habet, ut omne tempus vitæ civiliter, honestatisque et humanitatis studiose vivat. (3) Itaque convenit non gessisse, sed gerere rempublicam: sicut esse, non fuisse veracem; colere; non coluisse justitiam; non amavisse, sed amare patriam ac cives. (4) Huc enim natura ducit, ac tales suggerit voces iis, qui non plane ignavia mollitieque sunt corrupti:

Πολλοῦ σε θνητοῖς ἄξιον τίκτει πατήρ·
καί,

Μή τι παυσαίμεσθα δρῶντες εὖ βροτούς.

XV. Οἱ δὲ τὰς ἀρρωστίας προβαλλόμενοι καὶ τὰς ἀδυναμίας, νόσου καὶ πηρώσεως μᾶλλον ἢ γήρως κατηγοροῦσι· καὶ γὰρ νέοι πολλοὶ νοσώδεις, καὶ ῥωμαλέοι γέροντες· ὥστε δεῖ μὴ τοὺς γέροντας, ἀλλὰ τοὺς ἀδυνάτους ἀποτρέπειν, μηδὲ τοὺς νέους παρακαλεῖν, ἀλλὰ τοὺς δυναμένους. (2) Καὶ γὰρ καὶ Ἀριδαῖος ἦν νέος, γέρων δ᾽ Ἀντίγονος· ἀλλ᾽ ὁ μὲν ἅπασαν ὀλίγου δεῖν κατεκτήσατο τὴν Ἀσίαν· ὁ δὲ, ὥσπερ ἐπὶ σκηνῆς δορυφόρημα κωφὸν, ἦν ὄνομα βασιλέως καὶ πρόσωπον ὑπὸ τῶν ἀεὶ κρατούντων παροινούμενον. (3) Ὥσπερ οὖν ὁ Πρόδικον τὸν σοφιστὴν, ἢ Φιλήταν τὸν ποιητὴν, ἀξιῶν πολιτεύεσθαι, νέους μὲν, ἰσχνοὺς δὲ καὶ νοσώδεις καὶ τὰ πολλὰ κλινοπετεῖς δι᾽ ἀρρωστίαν ὄντας, ἀβέλτερός ἐστιν· οὕτως ὁ κωλύων ἄρχειν καὶ στρατηγεῖν τοιούτους γέροντας, οἷος ἦν Φωκίων, οἷος ἦν Μασανάσσης ὁ Λίβυς, οἷος Κάτων ὁ Ῥωμαῖος. (4) Ὁ μὲν γὰρ Φωκίων, ὡρμημένων πολεμεῖν ἀκαίρως τῶν Ἀθηναίων, παρήγγειλε τοὺς ἄχρι ἑξήκοντα ἐτῶν ἀκολουθεῖν ὅπλα λαβόντας· ὡς δ᾽ ἠγανάκτουν, Οὐδὲν, ἔφη, δεινόν· ἐγὼ γὰρ ἔσομαι μεθ᾽ ὑμῶν ὁ στρατηγὸς ὑπὲρ ὀγδοήκοντα ἔτη γεγονώς. (5) Μασανάσσην δ᾽ ἱστορεῖ Πολύβιος ἐνενήκοντα μὲν ἐτῶν ἀποθανεῖν, τετράετες καταλιπόντα παιδάριον ἐξ αὑτοῦ γεγεννημένον, ὀλίγῳ δ᾽ ἔμπροσθεν τῆς τελευτῆς μάχῃ νικήσαντα [μεγάλῃ] Καρχηδονίους, * ὀφθῆναι τῇ ὑστεραίᾳ πρὸ τῆς σκηνῆς ῥυπαρὸν ἄρτον ἐσθίοντα, καὶ πρὸς τοὺς θαυμάζοντας εἰπεῖν, ὅτι τοῦτο ποιεῖ [**]

(6) Λάμπει γὰρ ἐν χρείαισιν, ὥσπερ εὐπρεπὴς
χαλκός· χρόνῳ δ᾽ ἀργῆσαν ἤμυσε στέγος,

ὥς φησι Σοφοκλῆς· ὡς δὲ ἡμεῖς φαμέν, ἐκεῖνο τῆς ψυχῆς τὸ γάνωμα καὶ τὸ φέγγος, ᾧ λογιζόμεθα καὶ μνημονεύομεν καὶ φρονοῦμεν.

XVI. Διὸ καὶ τοὺς βασιλεῖς φασὶ γίνεσθαι βελτίονας ἐν τοῖς πολέμοις καὶ ταῖς στρατείαις, ἢ σχολὴν ἄγοντας. (2) Ἄτταλον γοῦν τὸν Εὐμένους ἀδελφὸν, ὑπ᾽ ἀργίας μακρᾶς καὶ εἰρήνης ἐκλυθέντα κομιδῇ, Φιλοποίμην, εἷς τῶν ἑταίρων, ἐποίμαινεν ἀτεχνῶς πιαινόμενον· ὥστε καὶ τοὺς Ῥωμαίους παίζοντας ἑκάστοτε διαπυνθάνεσθαι παρὰ τῶν ἐξ Ἀσίας πλεόντων, εἰ δύναται παρὰ τῷ Φιλοποίμενι βασιλεύς. (3) Λευκόλλου δὲ Ῥωμαίων οὐ πολλοὺς ἄν τις εὕροι δεινοτέρους στρατηγοὺς, ὅτε τῷ πράττειν τὸ φρονεῖν συνεῖχεν· ἐπεὶ δὲ μεθῆκεν ἑαυτὸν εἰς βίον ἄπρακτον καὶ δίαιταν οἰκουρὸν καὶ ἄφροντιν, ὥσπερ οἱ σπόγγοι, ταῖς γαλήναις ἐννεκρωθεὶς καὶ καταμαρανθεὶς, εἶτα Καλλισθένει τινὶ τῶν ἀπελευθέρων βόσκειν καὶ τιθασεύειν παρέχων τὸ γῆρας, ἐδόκει καταφαρμακεύεσθαι φίλτροις ὑπ᾽ αὐτοῦ καὶ γοητεύμασιν, ἄχρις οὗ Μάρκος ὁ ἀδελφὸς, ἀπελάσας τὸν ἄνθρωπον, αὐτὸς ᾠκονόμει καὶ ἐπαιδαγώγει τὸν λοιπὸν αὐτοῦ βίον, οὐ πολὺν γενόμενον. (4) Ἀλλὰ Δαρεῖος, ὁ Ξέρξου πατὴρ, ἔλεγεν αὐτὸς αὑτοῦ παρὰ τὰ

Magno aestimandum te pater mortalibus
creavit;
Nec desinamus facere bene mortalibus.

XV. Qui vero imbecillitatem corporis excusationi pratendunt, ii non tam senectutem, quam morbum et mutilationem corporis accusant. Quippe multi valetudinarii adolescentes, multi robusti senes inveniuntur; ut par sit a republica non senes, sed viribus destitutos arcere; ad eamque capessendam non juvenes cohortari, sed qui praeesse valeant. (2) Etenim adolescens fuit Aridaeus, senex Antigonus: et tamen hic universam paene Asiam subegit, ille, velut satelles in scena, mutam personam gerebat, nihil nisi nomen regis, et eorum semper qui revera valebant expositus ludibriis. (3) Ergo sicut stultus sit, qui Prodicum sophistam, aut Philetam poetam jubeat rempublicam gubernare, integra quidem aetate, verum graciles, morbis obnoxios, et ob infirmitatem valetudinis crebro decumbentes: ita is quoque, qui magistratum bellumve gerere vetet tales senes, qualis fuit Phocion, qualis Masinissa Afer, qualis Cato Romanus. (4) De his Phocion, quum Athenienses intempestive ad bellum suscipiendum ruerent, ad sexagenarios usque arma capere omnes cives jussit, et se sequi: quumque rem indignam putarent, *Nihil*, inquit, *est injuriae, quum ego imperator sim vobiscum futurus, octogenario major.* (5) Masinissam vero Polybius scribit ex vita decessisse annos natum nonaginta, relicto quem ipse genuerat quattuor annorum filiolo: paulloque ante obitum, quum magno proelio vicisset Carthaginienses, postridie pro tentorio conspectum fuisse pane vescentem sordido: *idque mirantibus dixisse facere se* ***

(6) Namque aes velut decorum splendet usibus:
tectum ruit desertum longo tempore,

ut ait Sophocles; ut nos autem dicimus, inerti otio occidit illa animi lux et splendor, quo ratiocinamur, meminimus et cogitamus.

XVI. Itaque reges etiam meliores fuisse traduntur in bellis et expeditionibus, quam in otio. (2) Attalum sane Eumenis fratrem longo otio et pace dissolutum Philopoemen, amicorum unus, quasi pascebat, pinguem ignavia redditum: ita ut Romani subinde per jocum quaererent ex his qui ex Asia navigabant, *rexne apud Philopoemenem aliquid posset.* (3) Inter Romanos non invenies multos Lucullo meliores imperatores, dum is rebus gerendis mentem applicabat: ubi vero sese in vitam otiosam domi delitescens et curis vacuus demisit, spongiarum instar, tranquillitate enecatus et contabescens, deinde Callistheni libertorum uni se alendum suamque senectutem cicurandam tradens, creditus fuit ab eo veneficiis et amatoriis poculis corruptus: donec Marcus frater, hoc remoto, ipse reliquam fratris vitam, non multam illam, paedagogi in morem curavit. (4) At vero Darius Xerxis pater dicebat, *se sibi ipsi in rebus ar-*

δεινὰ γίνεσθαι φρονιμώτερος· ὁ δὲ Σκύθης Ἀτέας, μηδὲν οἴεσθαι τῶν ἱπποκόμων διαφέρειν ἑαυτὸν, ὅτε σχολάζοι· Διονύσιος δὲ ὁ πρεσβύτερος πρὸς τὸν πυθόμενον, εἰ σχολάζει, Μηδέποτε, εἶπεν, ἐμοὶ τοῦτο συμβαίη. (5) Τόξον μὲν γὰρ, ὥς φασιν, ἐπιτεινόμενον ῥήγνυται, ψυχὴ δὲ, ἀνιεμένη. (6) Καὶ γὰρ ἁρμονικοὶ τὸ κατακούειν ἡρμοσμένου, καὶ γεωμέτραι τὸ ἀναλύειν, καὶ ἀριθμητικοὶ τὴν ἐν τῷ λογίζεσθαι συνέχειαν ἐκλιπόντες, ἅμα ταῖς ἐνεργείαις ἀμαυροῦσι ταῖς ἡλικίαις τὰς ἕξεις, καίπερ οὐ πρακτικὰς, ἀλλὰ θεωρητικὰς τέχνας ἔχοντες· (7) ἡ δὲ τῶν πολιτικῶν ἕξις, εὐβουλία καὶ φρόνησις καὶ δικαιοσύνη, πρὸς δὲ τούτοις ἐμπειρία στοχαστικὴ καιρῶν καὶ λόγων, πειθοῦς δημιουργὸς δύναμις οὖσα, τῷ λέγειν ἀεί τι, καὶ πράττειν, καὶ λογίζεσθαι, καὶ δικάζειν συνέχεται· (8) καὶ δεινὸν, εἰ τούτων ἀποδρᾶσα περιόψεται τηλικαύτας ἀρετὰς καὶ τοσαύτας ἐκρυείσας τῆς ψυχῆς· καὶ γὰρ τὸ φιλάνθρωπον εἰκός ἐστιν ἀπομαραίνεσθαι, καὶ τὸ κοινωνικὸν, καὶ τὸ εὐχάριστον, ὧν οὐδεμίαν εἶναι δεῖ τελευτὴν οὐδὲ πέρας.

XVII. Εἰ γοῦν πατέρα τὸν Τιθωνὸν εἶχες, ἀθάνατον μὲν ὄντα, χρείαν δ' ἔχοντα διὰ γῆρας ἀεὶ πολλῆς ἐπιμελείας, οὐκ ἂν οἶμαί σε φυγεῖν οὐδ' ἀπείπασθαι τὸ θεραπεύειν καὶ προσαγορεύειν καὶ βοηθεῖν, ὡς λελειτουργηκότα πολὺν χρόνον· (2) ἡ δὲ πατρὶς καὶ μητρὶς, ὡς Κρῆτες καλοῦσι, πρεσβύτερα καὶ μείζονα δίκαια γονέων ἔχουσα, πολυχρόνιος μέν ἐστιν, οὐ μὴν ἀγήρως οὐδ' αὐτάρκης, ἀλλ' ἀεὶ πολυωρίας δεομένη καὶ βοηθείας καὶ φροντίδος ἐπισπᾶται καὶ κατέχει τὸν πολιτικὸν,

Εἰανοῦ ἁπτομένη, καὶ τ' ἐσσύμενον κατερύκει.

(3) Καὶ μὴν οἶσθά με τῷ Πυθίῳ λειτουργοῦντα πολλὰς πυθιάδας· ἀλλ' οὐκ ἂν εἴποις, Ἱκανά σοι, ὦ Πλούταρχε, τέθυται καὶ πεπόμπευται καὶ κεχόρευται, νῦν δὲ ὥρα πρεσβύτερον ὄντα τὸν στέφανον ἀποθέσθαι, καὶ τὸ χρηστήριον ἀπολιπεῖν διὰ τὸ γῆρας. (4) Οὐκοῦν μηδὲ σεαυτὸν οἴου δεῖν, τῶν πολιτικῶν ἱερῶν ἔξαρχον ὄντα καὶ προφήτην, ἀφεῖναι τὰς τοῦ Πολιέως καὶ Ἀγοραίου τιμὰς Διὸς, ἔκπαλαι κατωργιασμένον αὐταῖς.

XVIII. * Ἀλλ' ἀφέντες, εἰ βούλει, τὸν ἀποσπῶντα τῆς πολιτείας λόγον, ἐκεῖνο σκοπῶμεν ἤδη καὶ φιλοσοφῶμεν, ὅπως μηδὲν ἀπρεπὲς μηδὲ βαρὺ τῷ γήρᾳ προσάξωμεν ἀγώνισμα, πολλὰ μέρη τῆς πολιτείας ἐχούσης ἁρμόδια καὶ πρόσφορα τοῖς τηλικούτοις. (2) Ὥσπερ γὰρ, εἰ καθῆκον ἦν ᾄδοντας διατελεῖν, ἔδει, πολλῶν τόνων καὶ τρόπων ὑποκειμένων φωνῆς, οὓς ἁρμονίας οἱ μουσικοὶ καλοῦσι, μὴ τὸν ὀξὺν ἅμα καὶ σύντονον διώκειν γέροντας γενομένους, ἀλλ' ἐν ᾧ τὸ ῥᾴδιον ἔπεστι μετὰ τοῦ πρέποντος ἤθους· (3) οὕτως, ἐπεὶ τὸ πράττειν καὶ λέγειν μᾶλλον ἀνθρώποις, ἢ κύκνοις τὸ ᾄδειν, μέχρι τελευτῆς κατὰ φύσιν ἐστὶν, οὐκ ἀρετέον τὴν πρᾶξιν, ὥσπερ τινὰ λύραν σύντονον,

---

duis prudentia præstantem fieri : et Ateas Scytha, *se nihilo equisonibus meliorem videri, si otiaretur* : denique Dionysius major, interroganti an esset otiosus, respondit, *Absit ut hoc mihi unquam contingat.* (5) Nimirum arcus, ut fertur, nimium si intendatur rumpitur, at anima laxando perit. (6) Etenim musici si concentus audiendi, geometræ demonstrationes resolvendi, arithmetici ratiocinandi assiduitatem si omittant, una cum exercitatione etiam ipsos habitus progressu ætatis diminuunt, quanquam non in agendo, sed in considerando positos: (7) at civilium habitus virorum, consilii facultas, prudentia et justitia, tum peritia conjectrix opportunitatis et orationum convenientium, persuasionis effectrix facultas, semper aliquid loquendo, agendo, ratiocinando, et judicando continetur; (8) ut indignum sit facinus, cum hæc subterfugiendo committere, ut tot tantæque virtutes ex animo effluant, simul etiam humanitatis, societatis et beneficentiæ studio haud dubie elanguescentibus, quarum nullus finis, nullus terminus debuit esse.

XVII. Quodsi pater tibi esset Tithonus, immortalis quidem, sed qui tamen senectutis causa multa identidem indigeret curatione: non puto te detrectaturum aut gravate subiturum esse laborem ejus curandi, compellandi et adjuvandi, qui tam longo tibi inservivisset tempore. (2) At enim patria et, Cretensium more ut loquar, *matria,* antiquior est et plus in te quam parentes tui jus habet, diuturna quidem, non tamen a senectute immunis aut sibi ipsa sufficiens : itaque semper procurationis et opitulationis indiga ad se trahit et revocat civilem virum,

Injectaque manu vesti tenet ire volentem.

(3) Atqui novisti me Apollini Pythio multis jam Pythicis solemnitatibus operam navasse : neque tamen hoc mihi diceres, *Satis abs te, o Plutarche, sacrificatum est et pompæ choreæque ductum : jam tempus est ut provectæ ætatis rationem habens coronam deponas, atque oraculum relinquas.* (4) Proinde tu quoque existimare noli tibi sacrorum civilium principi atque interpreti deserendos esse Forensis atque Urbium protectoris Jovis honores, quibus curandis jam pridem es consecratus.

XVIII. Sed, si ita videtur, repudiata ea disputatione, quæ a publicis munerum functionibus senem abstrahit, id nunc deliberemus, quo modo nullum indecorum aut grave senectuti injungamus certamen, quum quidem respublica multas habeat partes senibus aptas et convenientes. (2) Nam quemadmodum si decuisset nos ad extremum usque vitæ diem canere, quum multæ sint vocis contentiones, modi multi in promtu, quas musici vocant harmonias, oportebat jam ætate ingravescente non acutum nos et arduum consectari tonum, sed eum qui decoram haberet facilitatem : (3) ita, quum hominis naturæ magis consentaneum sit, ut ad mortem usque agat et dicat, quam oloris ut canat, non dimittenda est actio, tanquam lyra acriter tensa, sed remittenda, et ad fa-

ἀλλ᾽ ἀνετέον ἐπὶ τὰ κοῦφα καὶ μέτρια καὶ προσῳδὰ
πρεσβύταις πολιτεύματα μεθαρμοζομένους. (4) Οὐδὲ
γὰρ τὰ σώματα παντελῶς ἀκίνητα καὶ ἀγύμναστα
περιορῶμεν, ὅτε μὴ δυνάμεθα σκαφείοις μηδὲ ἁλτῆρσι
χρῆσθαι, μηδὲ δισκεύειν μηδὲ ὁπλομαχεῖν, ὡς καὶ πρότερον, ἀλλ᾽ αἰώραις καὶ περιπάτοις, ἔνιοι δὲ καὶ σφαίρᾳ
προσπαλαίοντες ἐλαφρῶς, καὶ διαλεγόμενοι, κινοῦσι
τὸ πνεῦμα, καὶ τὸ θερμὸν ἀναρριπίζουσι· (5) μήτε
δὴ τελέως ἐκπαγέντας ἑαυτοὺς καὶ καταψυχθέντας
ἀπραξίᾳ περιίδωμεν, μήτε αὖ πάλιν πᾶσαν ἀρχὴν
ἐπαιρόμενοι, καὶ παντὸς ἐπιδραττόμενοι πολιτεύματος,
ἀναγκάζωμεν τὸ γῆρας ἐξελεγχόμενον ἐπὶ τοιαύτας
φωνὰς καταφέρεσθαι·

Ὦ δεξιὰ χείρ, ὡς ποθεῖς λαβεῖν δόρυ·
ἐν δ᾽ ἀσθενείᾳ τὸν πόθον διώλεσας. ✓

(6) Οὐδὲ γὰρ ἀκμάζων καὶ δυνάμενος ἀνὴρ ἐπαινεῖται,
πάντα συλλήβδην ἀνατιθεὶς ἑαυτῷ τὰ κοινὰ πράγματα
καὶ μηδὲν ἑτέρῳ παριέναι βουλόμενος, ὥσπερ οἱ Στωϊκοὶ τὸν Δία λέγουσιν, εἰς πάντα παρενείρων καὶ πᾶσι
καταμιγνὺς ἑαυτὸν ἀπληστίᾳ δόξης, ἢ φθόνῳ τῶν με-
ταλαμβανόντων ἀμωσγέπως τιμῆς τινος ἐν τῇ πόλει
καὶ δυνάμεως· (7) πρεσβύτῃ δὲ κομιδῇ κἂν τὸ ἄδοξον
φέλῃς, ἐπίπονος καὶ ταλαίπωρος ἡ πρὸς πᾶν μὲν ἀεὶ
κληρωτήριον ἀπαντῶσα φιλαρχία, παντὶ δὲ ἐφεδρεύουσα
δικαστηρίου καιρῷ καὶ συνεδρίου πολυπραγμοσύνη,
πᾶσαν δὲ πρεσβείαν καὶ προδικίαν ὑφαρπάζουσα φιλοτιμία. (8) Καὶ γὰρ ταῦτα πράττειν καὶ μετ᾽ εὐνοίας,
βαρὺ παρ᾽ ἡλικίαν· συμβαίνει δέ [γε] τἀναντία· μι-
σοῦνται μὲν γὰρ ὑπὸ τῶν νέων, ὡς οὐ προϊέμενοι
πράξεων αὐτοῖς ἀφορμάς, μηδ᾽ εἰς μέσον ἐῶντες προ-
ελθεῖν· ἀδοξεῖ δὲ παρὰ τοῖς ἄλλοις τὸ φιλόπρωτον αὐτῶν
καὶ φίλαρχον οὐχ ἧττον, ἢ τὸ φιλόπλουτον ἑτέρων γερόντων καὶ φιλήδονον.

XIX. Ὥσπερ οὖν τὸν Βουκέφαλον ὁ Ἀλέξανδρος
πρεσβύτερον ὄντα μὴ βουλόμενος πιέζειν, ἑτέροις
ἐπωχεῖτο πρὸ τῆς μάχης ἵπποις, ἐφοδεύων τὴν φάλαγγα καὶ καθιστὰς [εἰς] τὴν τάξιν· εἶτα δοὺς τὸ σύν-
θημα, καὶ μεταβὰς ἐπ᾽ ἐκεῖνον, εὐθὺς ἐπῆγε τοῖς πολεμίοις καὶ διεκινδύνευεν· (2) οὕτως ὁ πολιτικός,
ἂν ἔχῃ νοῦν, αὐτὸς αὑτὸν ἡνιοχῶν πρεσβύτην γενόμενον, ἀφέξεται τῶν οὐκ ἀναγκαίων, καὶ παρήσει
τοῖς ἀκμάζουσι χρῆσθαι πρὸς τὰ μικρότερα τὴν πόλιν,
ἐν δὲ τοῖς μεγάλοις αὐτὸς ἀγωνιεῖται προθύμως. (3)
Οἱ μὲν γὰρ ἀθληταὶ τὰ σώματα τῶν ἀναγκαίων πόνων
ἄθικτα τηροῦσι καὶ ἀκέραια πρὸς τοὺς ἀχρήστους·
ἡμεῖς δὲ τοὐναντίον, ἐῶντες τὰ μικρὰ καὶ φαῦλα, τοῖς
ἀξίοις σπουδῆς φυλάξομεν ἑαυτούς. (4) Νέῳ μὲν γὰρ
ἴσως ἐπέοικε, καθ᾽ Ὅμηρον, πάντα· καὶ δέχονται καὶ
ἀγαπῶσι, τὰ μὲν μικρὰ καὶ πολλὰ πράττοντα, δημοτικὸν καὶ φιλόπονον· τὰ δὲ λαμπρὰ καὶ σεμνά, * γενναῖον καὶ μεγαλόφρονα καλοῦντες· ἔστι δ᾽ ὅπου καὶ τὸ
φιλόνεικον καὶ παράβολον ὥραν ἔχει τινὰ καὶ χάριν
ἐπιπρέπουσαν τοῖς τηλικούτοις· (5) ὁ πρεσβύτης δὲ

ciliora, moderata, senibusque congruentia reipublicæ argumenta accommodanda. (4) Neque enim patimur corpora omni prorsus motu atque exercitatione vacare,
quando non possumus ligonibus aut ponderum libratio-
nibus uti, vel discum jacere, et in armis depugnare, ut
quondam; sed gestationibus et ambulationibus, nonnulli
pilæ lusu leni, aut disserendo spiritum movemus, caloremque refocillamus. (5) Itaque neque refrigerari omnino nos
atque congelare ignavo otio sinamus; neque omni magistratu suscipiendo, omni publico negotio capessendo, coga-
mus senium imbecillitatis convictum in hujusmodi delabi
voces,

O dextra manus, ut gestis hastam prendere!
at desiderium oppressit imbecillitas :

(6) quando ne vigens quidem ætate et viribus probatur vir,
qui omnia in universum publica in se recipit munia, nec
quicquam aliis volens relinquere, omnibus se rebus, quod
Jovem facere Stoici autumant, ingerens et immiscens, sive
inexsaturabili gloriæ cupiditate actus, sive invidia adversum eos, qui utcumque in civitate in partem gloriæ aut
potentiæ venerunt. (7) Atqui seni grandævo, ut absit infamia rei, usquequaque laboriosa et misera est ad quævis
comitia præsentatio ob principatus appetentiam, et omnibus insidians tribunalium et consiliorum temporibus ambitio
curiosa, omnem legationem, omne patrocinium ad se rapiens arrogantia. (8) Hæc enim agere, etiam faventibus
aliis, aliena jam ætate, difficile est : quin contra evenit : juvenum odia incurrunt, utpote quibus nullas relinquant
rem gerendi occasiones, neque eos in medium progredi
sinant : et apud alios non minus male audit eorum primi
loci ac principatus, quam aliorum senum divitiarum et voluptatum appetitio.

XIX. Ergo sicut Alexander Bucephalum jam annis graviorem nolens premere, ante pugnam aliis vehebatur equis,
obiens exercitum et ordines instruens : deinde illum data
tessera conscendebat, ac statim in hostes ducebat, ac de-
certabat : (2) ita vir civilis, si quidem sapit, senectutem
assecutus moderabitur sibi ipse, ac non necessariis negotiis
abstinebit, junioribusque uti civitatem in rebus minoribus
sinens, ipse in gravioribus alacriter elaborabit. (3) Athletæ
quidem corpora sua a laboribus necessariis immunia atque
integra servant, ut inutiles sustineant : nos contra exiguis
et levibus negotiis omissis, seriis nosmet servabimus. (4)
Fortasse enim *juvenem*, ut est apud Homerum, *decent
omnia:* civesque eum probant ubique et amplectuntur, ob
exiguas et crebras actiones popularem et ad labores impigrum, ob splendidas et magnificas generosum et alto animo
præditum appellantes : interdum etiam contentio et teme-
ritas eorum tempestiva et grata videtur. (5) Senex autem

ἀνὴρ ἐν πολιτείᾳ διακονικὰς λειτουργίας ὑπομένων, οἷα τελῶν πράσεις καὶ λιμένων ἐπιμελείας καὶ ἀγορᾶς, ἔτι δὲ πρεσβείας καὶ ἀποδημίας πρὸς ἡγεμόνας καὶ δυνάστας ὑποτρέχων, ἐν αἷς ἀναγκαῖον οὐδὲν οὐδὲ σεμνὸν ἔνεστιν, ἀλλὰ θεραπεία καὶ τὸ πρὸς χάριν, ἐμοὶ μὲν οἰκτρὸν, ὦ φίλε, φαίνεται καὶ ἄζηλον, ἑτέροις δ' ἴσως καὶ ἐπαχθὲς φαίνεται καὶ φορτικόν.

XX. Οὐδὲ γὰρ ἐν ἀρχαῖς τὸν τηλικοῦτον ὥρα φέρεσθαι, πλὴν ὅσαι γε μέγεθός τε κέκτηνται καὶ ἀξίωμα·
καθάπερ ἣν σὺ νῦν Ἀθήνῃσι μεταχειρίζῃ τῆς ἐξ Ἀρείου πάγου βουλῆς ἐπιστασίαν, καὶ νὴ Δία τὸ πρόσχημα τῆς Ἀμφικτυονίας, ἥν σοι διὰ τοῦ βίου παντὸς ἡ πατρὶς ἀνατέθεικε, « πόνον ἡδὺν κάματόν τ' εὐκάματον » ἔχουσαν. (2) Δεῖ [δὲ] καὶ ταύτας μὴ διώκειν τὰς
τιμάς, ἀλλὰ φεύγοντας ἄρχειν, μηδ' αἰτουμένους, ἀλλὰ παραιτουμένους, μηδὲ ὡς αὑτοῖς τὸ ἄρχειν λαμβάνοντας, ἀλλ' ὡς αὑτοὺς τῷ ἄρχειν ἐπιδιδόντας. (3) Οὐ γάρ, ὡς Τιβέριος ὁ Καῖσαρ ἔλεγε, τὸ τὴν χεῖρα τῷ ἰατρῷ προτείνειν ὑπὲρ ἑξήκοντα ἔτη γεγονότας,
αἰσχρόν ἐστιν· ἀλλὰ μᾶλλον τὸ τὴν χεῖρα τῷ δήμῳ προτείνειν, ψῆφον αἰτοῦντας ἢ φωνὴν ἀρχαιρεσιάζουσαν· ἀγεννὲς γὰρ τοῦτο καὶ ταπεινόν· (4) ὡς τοὐναντίον ἔχει τινὰ σεμνότητα καὶ κόσμον, αἱρουμένης τῆς πατρίδος καὶ καλούσης καὶ περιμενούσης, κατιόντα μετὰ τιμῆς καὶ φιλοφροσύνης, γεραρὸν ὡς ἀληθῶς καὶ περίβλεπτον ἀσπάσασθαι καὶ δεξιώσασθαι τὸ γέρας.

XXI. Οὕτω δέ πως καὶ λόγῳ χρηστέον ἐν ἐκκλησίᾳ πρεσβύτην γενόμενον, μὴ ἐπιπηδῶντα συνεχῶς τῷ βή-
ματι, μηδ' ἀεὶ δίκην ἀλεκτρυόνος ἀντάδοντα τοῖς φθεγγομένοις, μηδὲ τῷ συμπλέκεσθαι καὶ διερεθίζειν ἀποχαλινοῦντα τὴν πρὸς αὐτὸν αἰδῶ τῶν νέων, μηδὲ μελέτην ἐμποιοῦντα καὶ συνήθειαν ἀπειθείας καὶ δυσηκοΐας, ἀλλὰ καὶ παριέντα ποτὲ καὶ διδόντα πρὸς δόξαν
ἀναχαιτίσαι καὶ θρασύνεσθαι, μηδὲ παρόντα μηδὲ πολυπραγμονοῦντα, ὅπου [γε] μὴ μέγα τὸ κινδυνευόμενόν ἐστι πρὸς σωτηρίαν κοινήν, ἢ τὸ καλὸν καὶ πρέπον. (2) Ἐκεῖ δὲ χρὴ καὶ μηδενὸς καλοῦντος ὠθεῖσθαι δρόμῳ παρὰ δύναμιν, ἀναθέντα χειραγωγοῖς αὑτὸν,
ἢ φοράδην κομιζόμενον· ὥσπερ ἱστοροῦσιν [ἐν Ῥώμῃ] Κλαύδιον Ἄππιον· (3) ἡττημένων γὰρ ὑπὸ Πύρρου μάχῃ μεγάλῃ, πυθόμενος τὴν σύγκλητον ἐνδέχεσθαι λόγους περὶ σπονδῶν καὶ εἰρήνης, οὐκ ἀνασχετὸν ἐποιήσατο, καίπερ ἀμφοτέρας ἀποβεβληκὼς τὰς ὄψεις, ἀλλὰ
ἧκε δι' ἀγορᾶς φερόμενος πρὸς τὸ βουλευτήριον· (4) εἰσελθὼν δὲ καὶ καταστὰς εἰς μέσον, ἔφη πρότερον μὲν ἄχθεσθαι τῷ τῶν ὀμμάτων στέρεσθαι, νῦν δ' ἂν εὔξασθαι μηδ' ἀκούειν οὕτως αἰσχρὰ καὶ ἀγεννῆ βουλευομένους καὶ πράττοντας ἐκείνους. Ἐκ δὲ τούτου τὰ μὲν
καθαψάμενος αὐτῶν, τὰ δὲ διδάξας καὶ παρορμήσας, ἔπεισεν εὐθὺς ἐπὶ τὰ ὅπλα χωρεῖν, καὶ διαγωνίζεσθαι περὶ τῆς Ἰταλίας πρὸς τὸν Πύρρον. (5) Ὁ δὲ Σόλων, τῆς Πεισιστράτου δημαγωγίας, ὅτι τυραννίδος ἦν μηχάνημα, φανερᾶς γενομένης, μηδενὸς ἀμύνεσθαι μηδὲ

---

in republica ministri officia sustinens, ut vectigalium locationes, portuum procurationes ac fori, item legationes et profectiones ad principes et regulos obitans, in quibus necessarium aut splendidum inest nihil, tantum ministerium et captatio gratiæ; mihi quidem, mi Euphanes, miser et æmulatione indignus, aliis fortassis etiam insolens importunusque videtur.

XX. Senem enim ne cum magistratu quidem esse tempestivum est, nisi qui et amplitudine et dignitate præstet : qualis est, quam tu nunc Athenis geris, Areopagitici consilii præfectura, et mehercle Amphictyonici muneris excellentia, quod tibi patria per totam vitam administrandum tribuit, cum grato et felici labore conjunctum. (2) Sed et hos honores non affectare debet senex, verum recusans et quasi refugiens suscipere, non petens, neque eos tam sumere sibi, quam se ipsum isti officio largiri. (3) Non recte enim Tiberius Cæsar dixit, *turpe esse ei, qui sexagesimum ætatis annum excesserit, manum medico porrigere :* imo hoc eum magis dedecet, manum populo porrigere in comitiis suffragium petentem. Est enim hoc animi degeneris et abjecti : (4) sicut contra decus majestatemque aliquam conciliat, patria deligente, vocante et exspectante, descendere venerandum et gratiosum, et honorem revera honorificum ac conspicuum suscipere et amplecti.

XXI. Hoc modo etiam in concione senex oratione utetur, non identidem ad suggestum prosiliens, neque semper galli in morem loquentibus reclamans, neque colluctando et irritando verecundiam ipsi a junioribus debitam effrenans, neque iis studium ingenerans et consuetudinem refragandi : sed nonnunquam iis suam sententiam dimittens et impugnandæ ejus facultatem concedens, absens ipse et nihil curiose inquirens; si quidem id de quo disputatur non habet magnum momentum ad communem salutem vel honestatem et decorum. (2) Sin vero, jam etiam nemine vocante præter vires cursu in publicum se proripere, aut manu se eo ducendum vel humeris gestandum præbere debet; quale est quod de Appio narratur Claudio. (3) Is quum audivisset Senatum, quod Romani a Pyrrho magna erant pugna victi, de conditionibus pacis ineundæ consultare, impatientia compulsus, quanquam utrumque amiserat oculum, per forum in curiam delatus venit : (4) ingressusque, et in medio assistens, *ante se ægre tulisse* dixit, *quod captus esset luminibus; nunc optare, ut audire etiam nequiret, Senatum tam turpia et indigna consultare et agere :* porro autem qua reprehendendis Patribus, qua docendis et excitandis, persuasit ut rectà arma caperent, et de Italia cum Pyrrho decertarent. (5) Et Solon, ubi deprehensum fuit Pisistratum gratiam popularem captando tyrannidem moliri, nemine resistere, nemine libertatem defendere au-

κωλύειν τολμῶντος, αὐτὸς ἐξενεγκάμενος τὰ ὅπλα καὶ
πρὸ τῆς οἰκίας θέμενος, ἠξίου βοηθεῖν τοὺς πολίτας·
(6) πέμψαντος δὲ τοῦ Πεισιστράτου πρὸς αὐτὸν, καὶ
πυνθανομένου, τίνι πεποιθὼς ταῦτα πράττει; Τῷ γήρᾳ,
5 εἶπεν.

XXII. Ἀλλὰ τὰ μὲν οὕτως ἀναγκαῖα καὶ τοὺς ἀπε-
σβηκότας κομιδῇ γέροντας, ἂν μόνον ἐμπνέωσιν, ἐξά-
πτει καὶ διανίστησιν· (2) ἐν δὲ τοῖς ἄλλοις ποτὲ μὲν,
ὥσπερ εἴρηται, παραιτούμενος ἐμμελὴς ἔσται τὰ γλί-
10 σχρα καὶ διακονικά, * καὶ μείζονας ἔχοντα τοῖς πράττουσιν ἀσχολίας, ἢ δι᾽ οὓς πράττεται χρείας καὶ ὠφε-
λείας· ἔστι δὲ ὅπου περιμένων καλέσαι, καὶ ποθῆσαι
καὶ μετελθεῖν οἴκοθεν τοὺς .πολίτας, ἀξιοπιστότερος
δεομένοις κάτεισι. (3) Τὰ δὲ πλεῖστα καὶ παρὼν
15 σιωπῇ τοῖς νεωτέροις λέγειν παρίησιν, οἷον βραβεύων
φιλοτιμίας πολιτικῆς ἅμιλλαν· (4) ἐὰν δὲ ὑπερβάλλῃ
τὸ μέτριον, καθαπτόμενος ἠπίως, καὶ μετὰ εὐμενείας
ἀφαιρῶν φιλονεικίας καὶ βλασφημίας καὶ ὀργάς, ἐν δὲ
ταῖς γνώμαις τὸν ἁμαρτάνοντα παραμυθούμενος ἄνευ
20 ψόγου καὶ διδάσκων, ἐπαινῶν δ᾽ ἀφόβως τὸν κατορ-
θοῦντα, καὶ νικώμενος ἑκουσίως καὶ προϊέμενος τὸ
πεῖσαι καὶ περιγενέσθαι πολλάκις, ὅπως αὐξάνωνται
καὶ θαρσῶσιν, ἐνίοις δὲ καὶ συναναπληρῶν μετ᾽ εὐφη-
μίας τὸ ἐλλεῖπον, (5) ὡς ὁ Νέστωρ·

25   Οὔτις τοι τὸν μῦθον ὀνόσσεται, ὅσσοι Ἀχαιῶν,
    οὐδὲ πάλιν ἐρέει· ἀτὰρ οὐ τέλος ἵκεο μύθων.
    Ἦ μὴν καὶ νέος ἐσσί, ἐμὸς δέ κε καὶ πάϊς εἴης.

XXIII. Τούτου δὲ πολιτικώτερον, μὴ μόνον ἐμφανῶς μηδὲ δημοσίᾳ ὀνειδίζειν ἄνευ δηγμοῦ σφόδρα κο-
30 λούοντος καὶ ταπεινοῦντος, ἀλλὰ μᾶλλον ἰδίᾳ τοῖς εὖ
πεφυκόσι πρὸς πολιτείαν ὑποτιθέμενος καὶ συνεισ-
ηγούμενος εὐμενῶς λόγους τε χρηστοὺς καὶ πολιτεύματα,
συνεξορμῶν πρὸς τὰ καλὰ καὶ συνεπιλαμπρύνων τὸ
φρόνημα, καὶ παρέχων, ὥσπερ οἱ διδάσκοντες ἱππεύειν,
35 ἐν ἀρχῇ χειροήθη καὶ πρᾷον ἐπιβῆναι τὸν δῆμον· (2)
εἰ δέ τι σφαλείη, μὴ περιορῶν ἐξαθυμοῦντα τὸν νέον,
ἀλλ᾽ ἀνιστὰς καὶ παραμυθούμενος, ὡς Ἀριστείδης Κίμωνα, καὶ Μνησίφιλος Θεμιστοκλέα, δυσχεραινομέ-
νους καὶ κακῶς ἀκούοντας ἐν τῇ πόλει τὸ πρῶτον, ὡς
40 ἰταμοὺς καὶ ἀκολάστους, ἐπῆραν καὶ ἀνεθάρρυναν. (3)
Λέγεται δὲ καὶ Δημοσθένους ἐκπεσόντος ἐν τῷ δήμῳ
καὶ βαρέως φέροντος, ἅψασθαι παλαιόν τινα γέροντα
τῶν ἀκηκοότων Περικλέους, καὶ εἰπεῖν, ὡς ἐκείνῳ τἀνδρὶ προσεοικὼς τὴν φύσιν, οὐ δικαίως αὑτοῦ κατέγνω-
45 κεν. (4) Οὕτω δὲ καὶ Τιμόθεον Εὐριπίδης συριττό-
μενον ἐπὶ τῇ καινοτομίᾳ, καὶ παρανομεῖν εἰς τὴν
μουσικὴν δοκοῦντα, θαρρεῖν ἐκέλευσεν, ὡς ὀλίγου χρόνου
τῶν θεάτρων ὑπ᾽ αὐτῷ γενησομένων.
XXIV. Καθόλου δὲ, ὥσπερ ἐν Ῥώμῃ ταῖς Ἑστιάσι
50 παρθένοις τοῦ χρόνου διώρισται τὸ μὲν μανθάνειν, τὸ
δὲ ὁρᾶν τὰ νενομισμένα, τὸ δὲ τρίτον ἤδη διδάσκειν·
καὶ τῶν ἐν Ἐφέσῳ περὶ τὴν Ἄρτεμιν, ὁμοίως ἑκάστην
Μελλιέρην τοπρῶτον, εἶτα Ἱέρην, τὸ δὲ τρίτον Παριέ-
ρην καλοῦσιν· (2) οὕτως ὁ τελέως πολιτικὸς ἀνήρ, τὰ

---

dente, ipse sua arma extulit, et ante domum proposuit,
auxiliumque cives poposcit : (6) quumque ad eum mitteret Pisistratus qui interrogarent, *cujusnam fiducia rei
ista faceret,* respondit, *senectute se esse fretum.*

XXII. Verum tantæ necessitates etiam confectos plane
senio viros, modo spiritus supersit, accendunt et erigunt.
(2) Aliis autem in rebus interdum, ut dixi, eam adhibebit
accurationem, ut recuset vilia et servilia munera, quæ ob-
eunti plus molestiarum, quam iis, quorum gratia fiunt,
utilitatis atque commodi afferunt : aliquando exspectando
dum desideratus ad ea vocetur ab civibus e domo, deinde
descendet cum majore apud petentes fide et auctoritate. (3) Sed pleraque etiam præsens junioribus dicenda
relinquet, tanquam arbiter civilis de honore certaminis :
(4) et ubi aliquid ultra modum fuerit actum, benigne repre-
hendet, ac comiter contentiones, maledicta et iras auferet;
si quid in sententia erratum fuerit, corriget absque vitu-
peratione, et docebit : bene autem dicentem laudabit libere : quin et victoriam interdum ultro concedet, ac se in
diversam perduci sententiam sinet, ut animos juvenibus
addat : quibusdam etiam cum collaudatione implebit id,
in quo defecerant, (5) ut Nestor Diomedi,

Sane hunc sermonem nemo culpabit Achivûm,
nec dicet contra : sed non oratio fine
est abs te conclusa suo, non omnia dixti :
es juvenis tamen, et posses mihi filius esse.

XXIII. Illud vero civilius est, non modo aperte et publice reprehendere sine morsu qui animos nimium reprimat
atque dejiciat : sed multo magis privatim iis qui ad rempublicam gerendam apto sunt ingenio subjicere comiter bona
præcepta et consilia, et excitare ad res pulchras, animisque
eorum alacritatem addere; ac, quod solent facere qui docent equitare, populum illis ita parare, ut ad primum ac-
cessum eorum mansuetum is se facilemque præbeat : (2)
tum si quid juvenis initio impegerit, non pati ut animo is
concidat, sed consolari et erigere. Sic Aristides Cimonem,
et Mnesiphilus Themistoclem, initio a civibus male excep-
tos et protervitatis atque intemperantiæ nomine eorum sermonibus vapulantes, erexerunt et animo confirmaverunt.
(3) Demosthenem quoque, quum defecisset in populo et
esset mœstus, accessisse dicitur quidam senex, qui Periclem olim audiverat, et monuisse, *injuste ipsum agere, qui
indole Pericli similis ita de se ipso desperaret.* (4) Sic
etiam Euripides Timotheum exsibilatum ob novitatem artificii, et peccasse in leges musicæ creditum, bono esse animo
jussit, ut qui paullo post sub se habiturus esset theatra.

XXIV. Denique, sicut Romæ Vestalibus tempus distin-
ctum fuit, ita ut prima ejus parte sacra discerent, secunda
facerent, tertia alias docerent; et similiter sacerdotes Dianæ
apud Ephesum primum Mellieren, id est futuram sacerdotem, deinde Hieren, ut jam sacerdotem, postremo Parieren
vocant, quasi defunctam sacerdotio : (2) sic vir perfecte

μὲν πρῶτα μανθάνων ἔτι πολιτεύεται καὶ μυούμενος,
τὰ δ' ἔσχατα, διδάσκων καὶ μυσταγωγῶν. (3) Τὸ μὲν
γὰρ ἐπιστατεῖν ἀθλοῦσιν ἑτέροις, οὐκ ἔστιν αὐτὸν ἀθλεῖν·
ὁ δὲ παιδοτριβῶν νέον ἐν πράγμασι κοινοῖς [καὶ] δημοσίοις ἀγῶσι, καὶ παρασκευάζων τῇ πατρίδι

Μύθων τε ῥητῆρ' ἔμεναι πρηκτῆρά τε ἔργων,

ἐν οὐ μικρῷ μέρει πολιτείας οὐδὲ φαύλῳ χρήσιμός ἐστιν,
ἀλλ' εἰς ὃ μάλιστα καὶ πρῶτον ὁ Λυκοῦργος ἐντείνας
ἑαυτὸν, εἴθισε τοὺς νέους παντὶ πρεσβύτῃ, καθάπερ
νομοθέτῃ, πειθομένους διατελεῖν. (4) Ἐπεὶ πρὸς τί
βλέψας ὁ Λύσανδρος εἶπεν, ὡς ἐν Λακεδαίμονι κάλλιστα
γηρῶσιν; ἆρ' ὅτι γε ἀργεῖν ἔξεστι μάλιστα τοῖς πρεσβυτέροις ἐκεῖ, καὶ δανείζειν, ἢ κυβεύειν συγκαθεζο-
μένους, ἢ πίνειν ἐν ὥρᾳ κυβεύοντας; οὐκ ἂν εἴποις· (5)
ἀλλ' ὅτι τρόπον τινὰ πάντες οἱ τηλικοῦτοι τάξιν ἀρχόντων ἢ τινῶν πατρονόμων ἢ παιδαγωγῶν ἔχοντες, οὐ
τὰ κοινὰ μόνον ἐπισκοποῦσιν,* ἀλλὰ καὶ τῶν νέων
ἕκαστα ἀεὶ περί τε τὰ γυμνάσια καὶ παιδιὰς καὶ διαίτας
καταμανθάνουσιν οὐ παρέργως, φοβεροὶ μὲν ὄντες τοῖς
ἁμαρτάνουσιν, αἰδεστοὶ δὲ τοῖς ἀγαθοῖς καὶ ποθεινοί·
(6) θεραπεύουσι γὰρ ἀεὶ καὶ διώκουσιν αὐτοὺς οἱ νέοι,
τὸ κόσμιον καὶ τὸ γενναῖον αὔξοντας καὶ συνεπιγαυ-
ροῦντας ἄνευ φθόνου.

XXV. Τοῦτο γὰρ τὸ πάθος, οὐδενὶ χρόνῳ πρέπον
ἡλικίας, ὅμως ἐν νέοις εὐπορεῖ χρηστῶν ὀνομάτων,
ἅμιλλα καὶ ζῆλος καὶ φιλοτιμία προσαγορευόμενον· ἐν
δὲ πρεσβύταις παντελῶς ἄωρόν ἐστι καὶ ἄγριον καὶ
ἀγεννές. (2) Διὸ δεῖ πορρωτάτω τοῦ φθονεῖν ὄντα τὸν
πολιτικὸν γέροντα, μὴ, καθάπερ τὰ βάσκανα γεράν-
δρυα, τῶν παραβλαστανόντων καὶ ὑποφυομένων σαφῶς
ἀφαιρεῖσθαι [καὶ κολούειν] τὴν βλάστην καὶ τὴν αὔξησιν, ἀλλ' εὐμενῶς προσδέχεσθαι καὶ παρέχειν τοῖς ἀν-
τιλαμβανομένοις καὶ προσπλεκομένοις ἑαυτὸν ὀρθοῦντα
καὶ χειραγωγοῦντα καὶ τρέφοντα, μὴ μόνον ὑφηγήσεσι
καὶ συμβουλίαις ἀγαθαῖς, ἀλλὰ καὶ παραχωρήσεσι πο-
λιτευμάτων τιμὴν ἐχόντων καὶ δόξαν, ἤ τινας ὑπουργίας
ἀβλαβεῖς μὲν, ἡδείας δὲ τοῖς πολλοῖς καὶ πρὸς χάριν
ἐσομένας· (3) ὅσα δέ ἐστιν ἀντίτυπα καὶ προσάντη,
καὶ, καθάπερ τὰ φάρμακα, δάκνει παραχρῆμα καὶ
λυπεῖ, τὸ δὲ καλὸν καὶ λυσιτελὲς ὕστερον ἀποδίδωσι,
μὴ τοὺς νέους ἐπὶ ταῦτα προσάγοντα, μηδὲ ὑποβάλ-
λοντα θορύβοις, ὄχλων ἀγνωμονούντων ἀήθεις ὄντας,
[ἀλλ'] αὐτὸν ἐκδεχόμενον τὰς ὑπὲρ τῶν συμφερόντων
ἀπεχθείας. (4) Τούτῳ γὰρ εὐνουστέρους τε ποιήσει τοὺς
νέους καὶ προθυμοτέρους ἐν ταῖς ἄλλαις ὑπηρεσίαις.

XXVI. Παρὰ πάντα δὲ ταῦτα χρὴ μνημονεύειν, ὡς
οὐκ ἔστι πολιτεύεσθαι μόνον τὸ ἄρχειν, καὶ πρεσβεύειν,
καὶ μέγα βοᾶν ἐν ἐκκλησίᾳ, καὶ περὶ τὸ βῆμα βακ-
χεύειν λέγοντας ἢ γράφοντας, ἃ οἱ πολλοὶ τοῦ πολιτεύεσθαι νομίζουσιν, ὥσπερ ἀμέλει καὶ φιλοσοφεῖν τοὺς
ἀπὸ τοῦ δίφρου διαλεγομένους, καὶ σχολὰς ἐπὶ βιβλίοις
περαίνοντας· ἡ δὲ συνεχὴς ἐν ἔργοις καὶ πράξεσιν ὁρωμένη καθ' ἡμέραν ὁμαλῶς πολιτεία καὶ φιλοσοφία λέ-

civilis rempublicam geret, primum quidem dum initiatur
ac discit, deinde initians ipse ac docens. (4) Nam qui præest
aliis certantibus, is ipse interim certare non potest : qui
vero juvenem in negotiis communibus et certaminibus publicis instituit, patriæque eum ita format, ut possit

Ore loqui docto, et rebus clarere gerendis,

is ad non exiguam aut vilem reipublicæ partem conducit;
sed ad eam, ad quam primum ac potissimum Lycurgus contendens, assuefecit adolescentes, ut cuivis seni tanquam
legislatori constanter obtemperarent. (4) Nam quo putas
Lysandrum respexisse, quum diceret *homines Spartæ pulcherrime senescere?* an quia senibus ibi maxime licet otium
colere, fœnerari, talis ludere, potare una? non profecto :
(5) sed quia quivis senex quodammodo vices magistratus
alicujus, aut tutoris, aut pædagogi gerens, non rempublicam modo inspectant, sed singula etiam singulorum adolescentium facta in gymnasiis, ludis et victu quotidiano per-
sequuntur, idque non obiter, sed ita ut et peccantibus sint
terrori, et probi eos revereantur ac desiderent : (6) colunt
enim eos et sectantur adolescentes, quorum elegantia et generosa indoles ab iis provehitur et alacritate imbuitur absque ulla invidia.

XXV. Hoc enim vitium quanquam nulli ætati convenit,
tamen apud adolescentes speciosis nominibus certaminis,
æmulationis, et honorum studii velatur : sed in sene
omnino est intempestivum, ferum et indecorum. (2) Oportet itaque civilem senem quam longissime ab invidentia abesse : neque, velut invidi illi veteres trunci, juxta viventia
et succrescentia succo privare, eorumque impedire incrementa; sed benigne recipere ad se eos qui se adjungunt
atque sectantur, eosque dirigere, manu ducere, et educare
non præceptis modo et consiliis bonis, sed et concedenda
iis facultate res ad publicum pertinentes gerendi, unde honor aliquis et gloria ad eos possit redire; aut ministeriorum
obeundorum, quæ nullo cum reipublicæ damno, grata
multitudini sint futura, ipsisque gratiam conciliatura. (3)
Quæ vero adversarios habent causæ, et sunt arduæ, ac
medicamentorum instar morsum principio molestiamque
inferunt, bonum et utilitatem postmodo suo tempore alla-
turæ : ad has juvenem tractandas nequaquam producet,
neque eum rerum imperitum in turbas hominum conjiciet
male sentientium, sed ipse potius in se recipiet odia de reipublicæ emolumentis subeunda. (4) Hoc pacto juvenum
erga se benevolentiam augebit, eosque ad alia ministeria reddet alacriores.

XXVI. Præter hæc quæ diximus omnia, illud memoria
tenendum est, reipublicæ administrationem non in hoc solo
consistere, ut imperes, legationes obeas, in concione vehementer vocifereris, et ad suggestum baccheris, dicendoque
et scribendo grasseris : quibus rebus nonnulli reipublicæ
administrationem definiunt; sicut et philosophari hos duntaxat putant, qui in cathedra disserunt, aut libris conscriptis
scholas suas complectuntur : interim eos fallit, quæ quotidie

λήθεν αὐτούς. (2) Καὶ γὰρ τοὺς ἐν ταῖς στοαῖς ἀνα-
κάμπτοντας περιπατεῖν φασὶν, ὡς ἔλεγε Δικαίαρχος,
οὐκέτι δὲ τοὺς εἰς ἀγρὸν ἢ πρὸς φίλον βαδίζοντας.
Ὅμοιον δ' ἐστὶ τῷ φιλοσοφεῖν τὸ πολιτεύεσθαι. (3)
5 Σωκράτης γοῦν οὔτε βάθρα θεὶς, οὔτ' εἰς θρόνον κα-
θίσας, οὔτε ὥραν διατριβῆς ἢ περιπάτου τοῖς γνωρίμοις τεταγμένην φυλάττων, ἀλλὰ καὶ [συμ]παίζων, ὅτε
τύχοι, καὶ συμπίνων, καὶ συστρατευόμενος ἐνίοις, καὶ
συναγοράζων, τέλος δὲ καὶ συνδεδεμένος καὶ πίνων τὸ
10 φάρμακον, ἐφιλοσόφει· πρῶτος ἀποδείξας τὸν βίον ἅπαντι
χρόνῳ καὶ μέρει καὶ πάθεσι καὶ πράγμασιν ἁπλῶς
ἅπασι φιλοσοφίαν δεχόμενον. (4) Οὕτω δὴ διανοητέον
καὶ περὶ πολιτείας, ὡς τοὺς μὲν ἀνοήτους, οὐδ' ὅταν
στρατηγῶσιν ἢ γραμματεύωσιν ἢ δημηγορῶσι, πολι-
15 τευομένους, ἀλλ' ὀχλοκοποῦντας ἢ πανηγυρίζοντας ἢ
στασιάζοντας ἢ λειτουργοῦντας ἀναγκαίως· * (5) τὸν δὲ
κοινωνικὸν καὶ φιλάνθρωπον καὶ φιλόπολιν καὶ κηδεμονικὸν καὶ πολιτικὸν ἀληθῶς, κἂν μηδέποτε τὴν χλαμύδα περιθῆται, πολιτευόμενον ἀεὶ τῷ παρορμᾶν τοὺς
20 δυναμένους, ὑφηγεῖσθαι τοῖς δεομένοις, συμπαρεῖναι
τοῖς βουλευομένοις, διατρέπειν τοὺς κακοπραγμονοῦν-
τας, ἐπιρρωννύναι τοὺς εὐγνώμονας, φανερὸν εἶναι μὴ
παρέργως προσέχοντα τοῖς κοινοῖς, μηδὲ ὅπου σπουδή
τις ἢ παράκλησις, διὰ τὸ πρωτεῖον εἰς τὸ θέατρον βα-
25 δίζοντα καὶ τὸ βουλευτήριον, ἄλλως δὲ διαγωγῆς χάριν
ὡς ἐπὶ θέαν ἢ ἀκρόασιν, ὅταν ἐπέλθῃ,* παραγινόμενον,
ἀλλά, κἂν μὴ παραγένηται τῷ σώματι, παρόντα τῇ
γνώμῃ, καὶ τῷ πυνθάνεσθαι τὰ μὲν ἀποδεχόμενον, τοῖς
δὲ δυσχολαίνοντα τῶν πραττομένων.

30 XXVII. Οὐδὲ γὰρ Ἀθηναίων Ἀριστείδης, οὐδὲ
Ῥωμαίων Κάτων ἦρξε πολλάκις, ἀλλὰ πάντα τὸν αὐτῶν βίον ἐνεργὸν ἀεὶ ταῖς πατρίσι παρέσχον. (2) Ἐπαμεινώνδας δὲ πολλὰ μὲν καὶ μεγάλα κατώρθωσε στρατηγῶν, οὐκ ἔλαττον δ' αὐτοῦ μνημονεύεται μηδὲ στρα-
35 τηγοῦντος μηδ' ἄρχοντος ἔργον περὶ Θετταλίαν, ὅτε
τῶν στρατηγῶν εἰς τόπους χαλεποὺς ἐμβαλόντων τὴν
φάλαγγα, καὶ θορυβουμένων (ἐπέκειντο γὰρ οἱ πολέμιοι
βάλλοντες), ἀνακληθεὶς ἐκ τῶν ὁπλιτῶν, πρῶτον μὲν
ἔπαυσε θαρρύνας τὸν τοῦ στρατεύματος τάραχον καὶ
40 φόβον, ἔπειτα διατάξας καὶ διαρμοσάμενος τὴν φάλαγγα
συγκεχυμένην, ἐξήγαγε ῥᾳδίως, καὶ κατέστησεν ἐναντίαν τοῖς πολεμίοις, ὥστ' ἀπελθεῖν ἐκείνους μεταβα-
λομένους. (3) Ἄγιδος δὲ τοῦ βασιλέως ἐν Ἀρκαδίᾳ
τοῖς πολεμίοις ἐπάγοντος ἤδη τὸ στράτευμα συντετα-
45 γμένον εἰς μάχην, τῶν πρεσβυτέρων τις Σπαρτιατῶν
ἐπεβόησεν, ὅτι διανοεῖται κακὸν κακῷ ἰάσασθαι, δηλῶν
τῆς ἐξ Ἄργους εὐπετοῦς ἀναχωρήσεως τὴν παροῦσαν
ἄκαιρον προθυμίαν ἀνάληψιν βουλόμενον εἶναι, ὡς ὁ
Θουκυδίδης φησίν· (4) ὁ δ' Ἄγις ἀκούσας ἐπείσθη, καὶ
50 ἀνεχώρησε μὲν, ἐκράτει δέ· καὶ δίφρος ἔκειτο καθ' ἡμέραν παρὰ ταῖς θύραις τοῦ ἀρχείου, καὶ πολλάκις ἀνι-
στάμενοι πρὸς αὐτὸν οἱ Ἔφοροι διεπυνθάνοντο καὶ
συνεβουλεύοντο περὶ τῶν μεγίστων. (5) Ἐδόκει γὰρ
ἔμφρων ἀνὴρ εἶναι, καὶ συνετὸς ἱστορεῖσθαι· διὸ καὶ

in factis actionibusque continuatur, æquabili modo, philosophia atque civilis ratio. (2) Nam sicut Dicæarchus refert,
eos aiebant ambulare, qui in porticibus spatia sursum deorsumque conficerent, non qui in agrum aut ad amicos irent.
At enim eadem est philosophandi ratio, quæ rempublicam
tractandi. (3) Nam Socrates, quum neque poneret sub-
sellia, neque cathedram conscenderet, neque discipulis
scholæ aut deambulationis ullam certam constitueret horam:
sed cum aliis ludens, cum aliis, ut res dabat, bibens, militans, in foro versans, ad extremum etiam in carcere vinctus
et venenum bibens, philosophabatur: primusque ostendit
vitæ omne tempus, partem omnem, casus omnes, negotium
omne aptum esse studio sapientiæ. (4) Quod cogitandum
mehercle est etiam de gubernatione civitatis: scilicet stolidos, sive ii prætores sint, sive scribæ, sive oratores, nunquam gerere rempublicam; sed vel popularem captare
laudem, vel sese conventui ostentare, vel moliri dissidia,
vel necessitati in obeundo aliquo ministerio inservire: (5)
eum vero, qui civilis societatis, humanitatis, reipublicæque
serio sit studiosus ac vere horum curam gerat, etiamsi nunquam chlamydem induat, semper tamen rempublicam
gerere, dum excitat rem gerere valentes; dum ducem se
præbet quibus opus est; dum consultantibus adest, pudorem incutit male agentibus, confirmat eos qui recte
sentiunt, ostendit se non obiter animum reipublicæ adver-
tere, neque ubi advocatur ipse aut negotii necessitas urget,
non ideo se venire in theatrum curiamve, ut in primo
loco se jactet, sed animi gratia tanquam ad spectaculum aut
auditionem, ubi ita libuerit, accedere, ceterum absentem
etiam corpore, sua coram esse sententia; in audiendoque alia
eorum quæ aguntur probare, alia improbare.

XXVII. Profecto enim neque apud Athenienses Aristides, neque apud Romanos Cato sæpe magistratum summum
gessit; sed tota tamen vita semper patriæ efficacitatem
industriamque suam navarunt. (2) Et Epaminondæ, ubi
exercitum duxit, multæ ac magnæ memorantur res præclare gestæ; id tamen ejus facinus, quod sine omni prorsus quum esset magistratu fecit, cuivis earum potest æquari:
apud Thessaliam, quum duces exercitum in loca iniqua ac
difficilia conjecissent et milites tumultuarentur, urgentibus
ac telis impetentibus hostibus, ipse de gravi armatura
evocatus, primum verbis animos suorum confirmando perturbationem et metum depulit, deinde phalangem contur-
batam in ordinem componens, non magno negotio e difficultate locorum eduxit, hostibusque adversam constituit;
ita quidem ut ii mutata sententia retro cederent. (3) Quum
Agis Spartanorum rex in Arcadia instructum jam ad pugnam
exercitum in hostes duceret, quidam de senioribus Spartanis inclamavit, *velle eum malo aliud malum remedii loco
adhibere;* quasi diceret, Agidem temerariæ ex Argis disces-
sioni in præsentia alacritate ad pugnandum intempestiva
mederi velle, ut ait Thucydides; (4) Agis, hoc audito,
obtemperavit, et receptui cecinit: vicit tamen, et quotidie
ei sella ante archivi fores posita est: ac sæpenumero de
concilio surgentes Ephori ad ipsum exibant, de maximis
rebus consilium ejus sciscitantes: (5) vir enim fuisse cor-

παντάπασιν ἤδη τὴν τοῦ σώματος ἐξημαυρωμένος δύναμιν, καὶ τὰ πολλὰ κλινήρης διημερεύων, μεταπεμπο-
μένων εἰς ἀγορὰν τῶν Ἐφόρων, ὥρμησε μὲν ἐξαναστὰς
βαδίζειν, μόλις δὲ καὶ χαλεπῶς προερχόμενος, εἶτα
παιδαρίοις ἐντυχὼν καθ᾽ ὁδὸν, ἠρώτησεν, εἴ τι γινώσκουσιν ἀναγκαιότερον ὂν τοῦ πείθεσθαι δεσπότῃ· τῶν
δὲ φησάντων, Τὸ μὴ δύνασθαι, τοῦτο τῆς ὑπουργίας
λογισάμενος πέρας, ἀνέστρεψεν οἴκαδε. (6) Δεῖ γὰρ
μὴ προαπολιπεῖν τὴν προθυμίαν τῆς δυνάμεως, ἐγκα-
ταλειφθεῖσαν δὲ μὴ βιάζεσθαι. (7) Καὶ μὴν Γαΐῳ
Λαιλίῳ Σκιπίων ἐχρῆτο συμβούλῳ, στρατηγῶν ἀεὶ
καὶ πολιτευόμενος· ὥστε καὶ λέγειν ἐνίους, ὑποκριτὴν
τῶν πράξεων Σκιπίωνα, ποιητὴν δὲ τὸν Γάϊον [εἶναι].
(8) Κικέρων δ᾽ αὐτὸς ὡμολόγει τὰ κάλλιστα καὶ μέγιστα τῶν συμβουλευμάτων, οἷς ὥρθωσεν ὑπατεύων τὴν
πατρίδα, μετὰ Ποπλίου Νιγιδίου τοῦ φιλοσόφου συνθεῖναι.

XXVIII. Οὕτω διὰ πολλῶν τρόπων τῆς πολιτείας
οὐθὲν ἀποκωλύει τοὺς γέροντας ὠφελεῖν τὸ κοινὸν ἀπὸ
τῶν βελτίστων, λόγου καὶ γνώμης, καὶ παῤῥησίας, καὶ
φροντίδος πινυτῆς, ὡς δὴ ποιηταὶ λέγουσιν. (2) Οὐ
γὰρ αἱ χεῖρες ἡμῶν, οὐδὲ οἱ πόδες, οὐδὲ ἡ τοῦ σώματος
ῥώμη, κτῆμα καὶ μέρος ἐστὶ τῆς πόλεως μόνον, ἀλλὰ
πρῶτον ἡ ψυχὴ, καὶ τὰ τῆς ψυχῆς κάλλη, δικαιοσύνη,
καὶ σωφροσύνη, καὶ φρόνησις· (3) ὧν ὀψὲ καὶ βραδέως
τὸ οἰκεῖον ἀπολαμβανόντων, ἄτοπόν ἐστι, τὴν μὲν οἰκίαν καὶ τὸν ἀγρὸν ἀπολαύειν καὶ τὰ λοιπὰ χρήματα
καὶ κτήματα, κοινῇ δὲ τῇ πατρίδι καὶ τοῖς πολίταις
μηκέτι χρησίμους εἶναι διὰ τὸν χρόνον, οὐ τοσοῦτον
τῶν ὑπηρετικῶν παραιρούμενον δυνάμεων, ὅσον ταῖς
ἡγεμονικαῖς καὶ πολιτικαῖς προστίθησι. (4) Διὸ καὶ
τῶν Ἑρμῶν τοὺς πρεσβυτέρους, ἄχειρας καὶ ἄποδας,
ἐντεταμένους δὲ τοῖς μορίοις δημιουργοῦσιν, αἰνιττό-
μενοι, τῶν γερόντων ἐλάχιστα δεῖσθαι διὰ τοῦ σώματος
ἐνεργούντων, ἐὰν τὸν λόγον ἐνεργὸν, ὡς προσήκει, καὶ
γόνιμον ἔχωσιν.

<hr>

ΠΟΛΙΤΙΚΑ ΠΑΡΑΓΓΕΛΜΑΤΑ.

I. Εἰ πρὸς ἄλλο τι χρήσασθαι καλῶς ἐστιν ἔχον, ὦ
Μενέμαχε, τῷ

    Οὔ τις τοι τὸν μῦθον ὀνόσσεται ὅσσοι Ἀχαιοὶ,
    οὐδὲ πάλιν ἐρέει· ἀτὰρ οὐ τέλος ἵκεο μύθων·

καὶ πρὸς τοὺς προτρεπομένους τῶν φιλοσόφων, διδάσκοντας δὲ μηδὲν, μηδὲ ὑποτιθεμένους· ὅμοιοι γάρ εἰσι
τοῖς τοὺς λύχνους προμύττουσιν, ἔλαιον δὲ μὴ ἐγχέου-
σιν. (2) Ὁρῶν οὖν σε παρωρμημένον ὑπὸ τοῦ λόγου
πρὸς πολιτείαν, καὶ βουλόμενον ἀξίως τῆς εὐγενείας ἐν
τῇ πατρίδι

    Μύθων τε ῥητῆρ᾽ ἔμεναι πρηκτῆρά τε ἔργων,

ἐπειδὴ χρόνον οὐκ ἔχεις ἀνδρὸς φιλοσόφου βίον ὕπαιθρον

---

datus et prudens in responsis perhibetur. Itaque ille ipse
Agis jam plane exhaustis corporis viribus, quum plerumque
in lecto decumberet, in forum ab Ephoris evocatus, conatus est lecto relicto ire; quumque ægre et difficulter incederet, inque pueros in via incideret, quæsivit ex-iis, scirentne
aliquid magis necessarium, quam obedientiam domino
præstandam : qui ubi responderunt, *ab imbecillitate majorem imponi necessitatem;* hunc ratus sui ministerii finem
esse, domum rediit. (6) Voluntatem scilicet non oportet
deponere, viribus suppetentibus : viribus deficientibus, vis
non est inferenda corpori. (7) Sane Scipio etiam in bello
ac pace gerendis rebus consiliarium adhibuit C. Lælium;
ita quidem, ut non defuerint qui poetam actionum ejus
Lælium, Scipionem actorem dicerent. (8) Cicero autem
ipse confessus est, se in pulcherrimis ac maximis suis consiliis, quibus in suo consulatu patriam servavit, opera au-
xilioque Publii Nigidii philosophi usum concipiendis.

XXVIII. Usque adeo multis modis expeditum est senibus rempublicam adjuvare, optima utentibus re, ratione,
inquam, sententia, libertate dicendi, et prudentia *cata*,
ut loquuntur poetæ. (2) Non enim manus nostræ aut pedes
aut robur corporis tantummodo civitatis sunt bona et partes : sed ipse inprimis animus, ejusque ornamenta, justitia videlicet, temperantia, prudentia : (3) quæ quum tarde
seroque maturitatem nanciscantur suam, absurdum est domum et agrum reliquasque opes et pecuniam iis frui per
ætatem; per eandem vero publice, patriæ civibusque nihil
nos prodesse : quum quidem de facultate obeundorum ministeriorum non tantum nobis detraxerit senectus, quantum
civili et gubernatrici peritiæ adjecit. (4) Eam ob causam
etiam Mercurios seniores sine manibus et pedibus, rigente
fascino fingunt : hoc ænigmate indicantes, minime hoc a
senibus requiri, ut corpore servitia obeant; modo iis ratio,
ut convenit, efficax sit et fœcunda.

<hr>

PRÆCEPTA GERENDÆ REIPUBLICÆ.

I. Quod apud Homerum ille dicit,

    Sane hunc sermonem nemo culpabit Achivûm,
    nec dicet contra : sed non oratio fine
    est abs te conclusa suo, non omnia dixti :

id sicubi alias recte usurpari, commode in eos philosophos
verti potest, qui adhortantur quidem, nihil tamen docent,
neque præceptis instruunt. Similes videlicet eorum sunt,
qui lucernas emungunt quidem, sed oleum non affundunt.
(2) Itaque te, mi Menemache, cernens mente ad capessendam rempublicam concitatum, cupere nobilitati tuæ
convenienter in patria

    Ore loqui docto, et virtutem ostendere factis :

quando tibi non vacat philosophi viri vitam sub dio ver-

ἐν πράξεσι πολιτικαῖς καὶ δημοσίοις ἀγῶσι κατανοῆσαι,
καὶ γενέσθαι παραδειγμάτων ἔργῳ, μὴ λόγῳ, περαινομένων θεατής, ἀξιοῖς δὲ παραγγέλματα λαβεῖν πολιτικά·
(3) τὴν μὲν ἄρνησιν οὐδαμῶς ἐμαυτῷ προσήκουσαν
εἶναι νομίζω, τὸ δ' ἔργον εὔχομαι καὶ τῆς σῆς ἄξιον
σπουδῆς καὶ τῆς ἐμῆς προθυμίας γενέσθαι· τοῖς δὲ παραδείγμασι ποικιλωτέροις, ὥσπερ ἠξίωσας, ἐχρησά-
μην.

II. Πρῶτον μὲν οὖν ὑποκείσθω πολιτείᾳ, καθάπερ
ἔδαφος βέβαιον καὶ ἰσχυρὸν, ἡ προαίρεσις ἀρχὴν ἔχουσα
κρίσιν καὶ λόγον, ἀλλὰ μὴ πτοίαν ὑπὸ δόξης κενῆς, ἢ
φιλονεικίας τινὸς, ἢ πράξεων ἑτέρων ἀπορίας. (2)
Ὥσπερ γὰρ οἷς οὐδέν ἐστιν οἴκοι χρηστὸν, ἐν ἀγορᾷ
διατρίβουσι, κἂν μὴ δέωνται, τὸν πλεῖστον χρόνον·
οὕτως ἔνιοι, τῷ μηδὲν ἔχειν ἴδιον πράττειν ἄξιον σπουδῆς, ἐμβάλλουσιν ἑαυτοὺς εἰς δημόσια πράγματα, τῇ
πολιτείᾳ διαγωγῇ χρώμενοι. (3) Πολλοὶ δὲ ἀπὸ [τῆς]
τύχης ἁψάμενοι τῶν κοινῶν καὶ ἀναπλησθέντες, οὐκέτι
ῥᾳδίως ἀπελθεῖν δύνανται, ταὐτὸ τοῖς ἐμβᾶσιν εἰς
πλοῖον αἰώρας χάριν, εἶτ' ἀποσπασθεῖσιν εἰς πέλαγος,
πεπονθότες, ἔξω βλέπουσι ναυτιῶντες καὶ ταραττόμενοι, μένειν δὲ καὶ χρῆσθαι τοῖς παροῦσιν ἀνάγκην
ἔχοντες, « Λευκᾶς καθύπερθε γαλάνας εὐπρόσωποι σφᾶς
παρήισαν ἔρωτες ναίας κληΐδος χαράζει πόντου δαι-
μονίαν ἐς ὕβριν. » (4) Οὗτοι καὶ μάλιστα διαβάλλουσι
τὸ πρᾶγμα τῷ μετανοεῖν καὶ ἀσχάλλειν, ὅταν ἢ δόξαν
ἐλπίσαντες, ἀδοξίᾳ περιπέσωσιν, ἢ φοβεροὶ προσδοκή-
σαντες ἑτέροις ἔσεσθαι διὰ δύναμιν, εἰς πράγματα κινδύνους ἔχοντα καὶ ταραχὰς ἄγωνται. (5) Ὁ δ' ὡς
μάλιστα προσῆκον ἑαυτῷ καὶ κάλλιστον ἔργον ἀπὸ
γνώμης [καὶ] λογισμῷ τὰ κοινὰ πράσσειν ἀρξάμενος,
ὑπ' οὐδενὸς ἐκπλήττεται τούτων, οὐδ' ἀναστρέφεται τὴν
γνώμην. (6) Οὐδὲ γὰρ ἐπ' ἐργασίᾳ καὶ χρηματισμῷ
προσιτέον τοῖς κοινοῖς, ὡς οἱ περὶ Στρατοκλέα καὶ
Δρομοκλείδην ἐπὶ τὸ χρυσοῦν θέρος, τὸ βῆμα μετὰ
παιδιᾶς οὕτως ὀνομάζοντες, ἀλλήλους παρεκάλουν· (7)
οὔτε οἷον ἐπιλήπτους ὑπὸ πάθους ἄφνω γενομένους,
ὡς Γάιος Γράχχος ἐπὶ θερμοῖς τοῖς περὶ τὸν ἀδελφὸν
ἀτυχήμασιν ἀπωτάτω τῶν κοινῶν τὸν βίον θέμενος,
εἶτα ὕβρει τινῶν καὶ λοιδορίᾳ πρὸς αὐτὸν ἀναφλεχθεὶς
ὑπ' ὀργῆς, ἐνέπεσε τοῖς κοινοῖς· καὶ ταχὺ μὲν ἐπλήσθη
πραγμάτων καὶ δόξης, ζητῶν δὲ παύσασθαι, καὶ δεόμενος μεταβολῆς καὶ ἡσυχίας, οὐχ εὗρε καταθέσθαι
τὴν δύναμιν αὐτοῦ διὰ μέγεθος, ἀλλὰ προαπώλετο·
(8) τούς τε πρὸς ἅμιλλαν ἢ δόξαν ὥσπερ ὑποκριτὰς
εἰς θέατρον ἀναπλάττοντας ἑαυτοὺς, ἀνάγκη μετανοεῖν,
ἢ δουλεύοντας, ὧν ἄρχειν ἀξιοῦσιν, ἢ προσκρούοντας,
οἷς ἀρέσκειν ἐθέλουσιν. (9) Ἀλλ' ὥσπερ εἰς φρέαρ,
οἶμαι, τὴν πολιτείαν, τοὺς μὲν ἐμπίπτοντας αὐτομάτως
καὶ παραλόγως ταράττεσθαι καὶ μετανοεῖν, τοὺς δὲ
καταβαίνοντας ἐκ παρασκευῆς καὶ λογισμοῦ καθ' ἡσυχίαν, χρῆσθαί τε τοῖς πράγμασι μετρίως, καὶ πρὸς
μηδὲν δυσκολαίνειν, ἅτε δὴ τὸ καλὸν αὐτὸ καὶ μηδὲν
ἄλλο τῶν πράξεων ἔχοντας τέλος.

---

santis ex actionibus civilibus publicisque certaminibus
perspicere, contemplarique exempla factis, non verbis,
repræsentata, petis autem præcepta tibi tradi civilia; (3)
detrectationem quidem plane me indignam judico; quod
autem sum aggressus, id ut et studio tuo et meæ animi
promtitudini satisfaciat opto. Usus sum autem, quod po-
stulaveras, exemplorum varietate aliquanto majore.

II. Jam primum administrationi reipublicæ soli instar
firmi ac validi substratum sit institutum animi a judicio
et ratione profectum, non a levi quodam animi impulsu,
vanæ gloriæ aut contendendi studio, vel aliarum actionum
penuria excitati. (2) Quemadmodum enim quibus domi
nihil est boni, ii in foro maximam temporis partem nulla
etiam de causa exigunt; ita nonnulli, quia nihil habent
quod agere sit operæ pretium, in publica sese ingerunt negotia, ac reipublicæ tractationem animi ludique gratia usurpant. (3) Multi autem quum forte fortuna rempublicam atti-
gerint, saturi earum rerum, discedere inde non facile possunt : quibus idem usu venit, quod iis qui vectationis
causa navigium ingressi, deinde a terra avulsi in altum
abripiuntur, ac foras prospiciunt nauseantes atque contur-
bati, interim necesse habentes manere ac præsentem ferre
fortunam. (*Alba super malacia formosi eos prætierierunt
Amores, navis clavo ... maris magnum in furorem.*)
(4) Hi maxime reipublicæ administrationem in odium adducunt sua pœnitentia, atque indignatione animi, quum vel
gloriæ spe inducti in ignominiam inciderunt, aut ob potentiam se aliis terrori uturos rati, in res periculis ac tur-
bis obnoxias devenerunt. (5) Qui vero, ut sibi convenientissimum et præstantissimum negotium, reipublicæ
tractationem ratione consilioque ductus aggreditur, eum
nihil istorum percellit aut de sententia deturbat. (6) Nam
neque capturæ quæstusque gratia accedendum est ad rempublicam; quomodo Stratocles et Dromoclidas ad *auream
messem* (sic enim tribunal per jocum nominabant) se invicem sunt cohortati : (7) neque subito quodam animi motu perculsi ac quasi furore correpti conferre nos eo debemus; quod C. Graccho contigit, qui quum, recente adhuc
fratris exitio, longissime a reipublicæ cura vitæ suæ institutum abduxisset, deinde injuria et in illum contumeliis quorundam acriter irritatus, conjecit sese in reipublicæ administrationem : moxque rerum gestarum et gloriæ satur,
desistere cupiens, mutationemque et otium quærens, potentiam suam præ magnitudine quomodo deponeret non
reperit, sed, antequam posset, interiit. (8) Jam qui contentione vel ambitione ducti se veluti histriones ad theatrum fingunt, eos necesse est consilii pœnitere sui, quum
vel serviunt his quibus volebant imperare, vel offendunt
eos, quibus placere studebant. (9) Enimvero sic statuo,
sicut qui in puteum, ita etiam qui in rempublicam fortuito
et de improviso incidunt, eos perturbari ac pœnitudine capi :
qui vero eo sensim descendunt præmeditati ac præparati,
eos et mediocriter ferre quæ eveniunt, et nulla re graviter
affici, quippe quibus actionum finis præter ipsam honestatem nullus sit propositus.

III. Οὕτω δὴ τὴν προαίρεσιν ἀπερείσαντας ἐν ἑαυτοῖς καὶ ποιήσαντας ἄτρεπτον καὶ δυσμετάθετον, τρέπεσθαι χρὴ πρὸς κατανόησιν τοῦ ἤθους τῶν πολιτῶν, ὃ μάλιστα συγκραθὲν ἐκ πάντων ἐπιφαίνεται καὶ ἰσχύει. (2) Τὸ μὲν γὰρ εὐθὺς αὐτὸν ἐπιχειρεῖν ἠθοποιεῖν καὶ μεθαρμόττειν τοῦ δήμου τὴν φύσιν, οὐ ῥᾴδιον οὐδ' ἀσφαλές, ἀλλὰ καὶ χρόνου δεόμενον πολλοῦ καὶ μεγάλης δυνάμεως. (3) Δεῖ δέ, ὥσπερ οἶνος ἐν ἀρχῇ μὲν ὑπὸ τῶν ἠθῶν κρατεῖται τοῦ πίνοντος, ἡσυχῇ δὲ διαθάλπων καὶ κατακεραννύμενος αὐτὸς ἠθοποιεῖ τὸν πίνοντα καὶ μεθίστησιν, οὕτω τὸν πολιτικόν, ἕως ἂν ἰσχὺν ἀγωγὸν ἐκ δόξης καὶ πίστεως κατασκευάσηται, τοῖς ὑποκειμένοις ἤθεσιν εὐάρμοστον εἶναι, [κατανοεῖν] καὶ στοχάζεσθαι τούτων, ἐπιστάμενον οἷς χαίρειν ὁ δῆμος καὶ ὑφ' ὧν ἄγεσθαι πέφυκεν· (4) οἷον ὁ Ἀθηναίων εὐκίνητός ἐστι πρὸς ὀργήν, εὐμετάθετος πρὸς ἔλεον, μᾶλλον ὀξέως ὑπονοεῖν ἢ διδάσκεσθαι καθ' ἡσυχίαν βουλόμενος· ὥσπερ τῶν ἀνδρῶν τοῖς ἀδόξοις καὶ ταπεινοῖς βοηθεῖν προθυμότερος, οὕτω τῶν λόγων τοὺς παιγνιώδεις καὶ γελοίους ἀσπάζεται καὶ προτιμᾷ· (5) τοῖς μὲν ἐπαινοῦσιν αὐτὸν μάλιστα χαίρει, τοῖς δὲ σκώπτουσιν ἥκιστα δυσχεραίνει· φοβερός ἐστιν ἄχρι τῶν ἀρχόντων, εἶτα φιλάνθρωπος ἄχρι τῶν πολεμίων. (6) Ἕτερον ἦθος τοῦ Καρχηδονίων δήμου, πικρόν, σκυθρωπόν, ὑπήκοον τοῖς ἄρχουσι, βαρὺ τοῖς ὑπηκόοις, ἀγεννέστατον ἐν φόβοις, ἀγριώτατον ἐν ὀργαῖς, ἐπίμονον τοῖς γνωσθεῖσι, πρὸς παιδιὰν καὶ χάριν ἀνήδυντον καὶ σκληρόν· (7) οὐκ ἂν οὗτοι, Κλέωνος ἀξιοῦντος αὐτούς, ἐπεὶ τέθυκε καὶ ξένους ἑστιᾶν μέλλει, τὴν ἐκκλησίαν ὑπερθέσθαι, γελάσαντες ἂν καὶ κροτήσαντες ἀνέστησαν· (8) οὐκ Ἀλκιβιάδῃ, ὄρτυγος ἐν τῷ λέγειν διαφυγόντος ἐκ τοῦ ἱματίου, φιλοτίμως συνθηρεύσαντες ἀπέδωκαν· ἀλλὰ καὶ ἀπέκτειναν ἄν, ὡς ὑβρίζοντας καὶ τρυφῶντας· (9) ὅπου καὶ Ἄννωνα λέοντι χρώμενον σκευοφόρῳ παρὰ τὰς στρατείας, αἰτιασάμενοι τυραννικὰ φρονεῖν, ἐξήλασαν. (10) Οἶμαι δ' ἂν ἔγωγε μηδὲ Θηβαίους ἀποσχέσθαι γραμμάτων πολεμίων κυρίους γενομένους, ὡς Ἀθηναῖοι Φιλίππου γραμματοφόρους λαβόντες ἐπιστολὴν ἐπιγεγραμμένην Ὀλυμπιάδι κομίζοντας, οὐκ ἔλυσαν, οὐδ' ἀπεκάλυψαν ἀπόρρητον ἀνδρὸς ἀποδήμου πρὸς γυναῖκα φιλοφροσύνην· (11) οὐδέ γ' αὖ πάλιν Ἀθηναίους, Ἐπαμεινώνδου πρὸς τὴν κατηγορίαν ἀπολογεῖσθαι μὴ θέλοντος, ἀλλ' ἀναστάντος ἐκ τοῦ θεάτρου, καὶ διὰ τῆς ἐκκλησίας εἰς τὸ γυμνάσιον ἀπιόντος, εὐκόλως ἐνεγκεῖν τὴν ὑπεροψίαν καὶ τὸ φρόνημα τοῦ ἀνδρός· (12) πολλοῦ δ' ἂν ἔτι καὶ Σπαρτιάτας δεῆσαι τὴν Στρατοκλέους ὕβριν ὑπομεῖναι καὶ βωμολοχίαν, πείσαντος μὲν αὐτοὺς εὐαγγέλια θύειν, ὡς νενικηκότας, ἐπεὶ δέ, τῆς ἥττης ἀληθῶς ἀπαγγελθείσης, ἠγανάκτουν, ἐρωτῶντος τὸν δῆμον * τί ἠδίκηται, τρεῖς ἡμέρας δι' αὐτὸν ἡδέως γεγονώς. (13) Οἱ μὲν οὖν αὐλικοὶ κόλακες, ὥσπερ ὀρνιθοθῆραι, μιμούμενοι τῇ φωνῇ καὶ συνεξομοιοῦντες ἑαυτοὺς ὑποδύονται μάλιστα καὶ προσάγουσι δι' ἀπάτης τοῖς βασιλεῦσι· τῷ δὲ πολιτικῷ μιμεῖσθαι μὲν οὐ προσήκει

III. Hoc pacto animi institutum ubi firmatum fuerit, penitusque fixum et immobile redditum, conferendus est ad contemplandum civium ingenium, quale ex tota multitudine maxime contemperatum apparet atque præcellit. (2) Qui enim ipsi statim conantur fingere mores populi, ejusque indolem mutare, rem ii tentant neque facilem neque tutam, ad quam præterea et temporis multum et magna requiratur potentia. (3) Sed quemadmodum vinum initio libentis ingenio obsequitur, deinde sensim calorem diffundens ac corporis temperiem occupans bibentem jam mutat, ingeniumque ejus fingit : ita qui ad rempublicam se contulit, is donec gloria sua fideque vim sibi ad ducendos populi animos sufficientem conciliet, interim se eorum quales tum cummaxime sunt moribus accommodare, hos spectare et ad eos sua referre debet, gnarus eorum quibus populus gaudet, quibusque duci assolet. (4) Verbi gratia : Athenienses ad iram facile provocantur, et ad misericordiam non magno negotio traducuntur, maluntque celeriter suspicari quippiam, quam per otium de re doceri : utque promtius obscuris et humilibus viris subveniunt, ita sermonis jocosum et facetum genus maxime amplectuntur : (5) laudari se apprime gaudent, æquissimo animo salse in se ipsos dicta ferunt : metuendi ipsis etiam magistratibus, ne hostes quidem sua humanitate dedignantur. (6) Diversum Carthaginiensis populi ingenium, morosum, tetricum, magistratibus obsequens, subditis grave, abjectissimum dum metuit, sævissimum ubi irascitur, perstans in decretis, durum adversus jocos et blanditias : (7) non illi, Cleone concionem differri petente, quod sacrificasset ipse et excepturus convivio esset hospites, risu sublato datoque plausu concionem solvissent ; (8) neque coturnicem, quæ Alcibiade concionante e veste ejus avolarat, certatim venati reddidissent : quin imo eos interfecissent ut lascivientes et ipsis insultantes : (9) quando Annoni exilium etiam indixerunt, affectari ab eo tyrannidem causati, quod militiæ impedimentorum bajulo uteretur leone. (10) Neque vero, nisi fallor, Thebani ab hostilium literarum, si quæ in eorum pervenissent manus, lectione abstinuissent : quum Athenienses, captis Philippi tabellariis epistolam Olympiadi inscriptam ferentibus, non solverint eam, neque patefecerint mariti peregre absentis uxori missam salutationem. (11) Neque vicissim Athenienses fastum Epaminondæ æquo animo tolerassent, quum is crimine oblato causam dicere nolens e theatro discessit, ac per mediam concionem in gymnasium abiit. (12) Nullo vero pacto arbitror Spartanos toleraturos fuisse Stratoclis scurrilem insultationem, qui Atheniensibus ut ob lætum partæ victoriæ nuncium acceptum sacrificarent persuasit : quumque ii de accepta clade vero allato nuncio succenserent, populum interrogavit, *quid injuriæ passi essent, qui ipsius opera triduum suaviter vixissent.* (13) Enimvero adulatores aulici aucupum more vocem suam ad imitationem regum componunt, itaque eos subeunt et decipiunt : rempublicam autem gerenti non convenit mores populi imitari, sed nosse eos eaque

τοῦ δήμου τὸν τρόπον, ἐπίστασθαι δὲ καὶ χρῆσθαι πρὸς
ἕκαστον, οἷς ἁλώσιμός ἐστιν· (14) ἡ γὰρ ἄγνοια τῶν
ἠθῶν ἀστοχίας φέρει καὶ διαπτώσεις οὐχ ἥττονας ἐν
ταῖς πολιτείαις, ἢ ταῖς φιλίαις τῶν βασιλέων.

5 IV. Τὸ μὲν οὖν τῶν πολιτῶν ἦθος ἰσχύοντα δεῖ καὶ
πιστευόμενον ἤδη πειρᾶσθαι ῥυθμίζειν ἀτρέμα πρὸς τὸ
βέλτιον ὑπάγοντα καὶ πράως μεταχειριζόμενον· ἐργώ-
δης γὰρ ἡ μετάθεσις τῶν πολλῶν. (2) Αὐτὸς δὲ, ὥσπερ
ἐν θεάτρῳ λοιπὸν ἀναπεπταμένῳ βιωσόμενος, ἐξάσκει
10 καὶ κατακόσμει τὸν τρόπον· εἰ δὲ μὴ ῥᾴδιον ἀπαλλάξαι παντάπασι τῆς ψυχῆς τὴν κακίαν, ὅσα γοῦν ἐπαν-
θεῖ μάλιστα καὶ προσπίπτει τῶν ἁμαρτημάτων, ἀφαιρῶν καὶ κολούων. (3) Ἀκούεις γὰρ, ὅτι καὶ Θεμιστοκλῆς ἅπτεσθαι τῆς πολιτείας διανοούμενος, ἀπέστησε
15 τῶν πότων καὶ τῶν κώμων ἑαυτόν, ἀγρυπνῶν δὲ καὶ
νήφων καὶ πεφροντικῶς, λέγει πρὸς τοὺς συνήθεις, ὡς
οὐκ ἐᾷ καθεύδειν αὐτὸν τὸ Μιλτιάδου τρόπαιον· (4)
Περικλῆς δὲ καὶ περὶ τὸ σῶμα καὶ τὴν δίαιταν ἐξήλλα-
ξεν ἑαυτὸν ἠρέμα βαδίζειν, καὶ πράως διαλέγεσθαι,
20 καὶ τὸ πρόσωπον ἀεὶ συνεστηκὸς ἐπιδεικνύναι, καὶ
τὴν χεῖρα συνέχειν ἐντὸς τῆς περιβολῆς, καὶ μίαν
ὁδὸν πορεύεσθαι τὴν ἐπὶ τὸ βῆμα καὶ τὸ βουλευτήριον.
(5) Οὐ γὰρ εὐμεταχείριστον οὐδὲ ῥᾴδιον ἁλῶναι τὴν
σωτήριον ἅλωσιν ὑπὸ τοῦ τυχόντος ὄχλον, ἀλλ' ἀγα-
25 πητὸν, εἰ μήτ' ὄψει, μήτε φωνῇ πτυρόμενος, ὥσπερ
θηρίον ὕποπτον καὶ ποικίλον, ἐνδέχοιτο τὴν ἐπιστασίαν. (6) [Ὅπ]ου τοίνυν οὐδὲ τούτων ἐπιμελητέον ἐστὶ
παρέργως· ἦπου τῶν περὶ τὸν βίον καὶ τὸ ἦθος ἀμε-
λητέον, ὅπως ᾖ ψόγου καθαρὰ καὶ διαβολῆς ἁπάσης;
30 (7) Οὐ γὰρ ὧν λέγουσιν ἐν κοινῷ καὶ πράττουσιν οἱ
πολιτευόμενοι μόνον εὐθύνας διδόασιν, ἀλλὰ καὶ δεῖπνον αὐτῶν πολυπραγμονεῖται, καὶ κοίτη, καὶ γάμος,
καὶ παιδιά, καὶ σπουδὴ πᾶσα. (8) Τί γὰρ δεῖ λέγειν
Ἀλκιβιάδην; ὃν περὶ τὰ κοινὰ πάντων ἐνεργέστατον
35 ὄντα καὶ στρατηγὸν ἀήττητον, ἀπώλεσεν ἡ περὶ τὴν
δίαιταν ἀναγωγία καὶ θρασύτης, καὶ τῶν ἄλλων ἀγαθῶν αὐτοῦ τὴν πόλιν ἀνόνητον ἐποίησε διὰ τὴν πολυτέλειαν καὶ τὴν ἀκολασίαν· (9) ὅπου καὶ Κίμωνος οὗτοι τὸν οἶνον, καὶ Ῥωμαῖοι Σκιπίωνος, οὐδὲν ἄλλο
40 ἔχοντες λέγειν, τὸν ὕπνον ᾐτιῶντο· Πομπήϊον δὲ Μάγνον ἐλοιδόρουν οἱ ἐχθροὶ, παραφυλάξαντες ἑνὶ δα-
κτύλῳ τὴν κεφαλὴν κνώμενον. (10) Ὡς γὰρ ἐν τῷ προσώπῳ φακὸς καὶ ἀκροχορδὼν δυσχεραίνεται μᾶλλον, ἢ
στίγματα καὶ κολοβότητες καὶ οὐλαὶ τοῦ λοιποῦ σώμα-
45 τος, οὕτω τὰ μικρὰ φαίνεται μεγάλα τῶν ἁμαρτημάτων,
ἐν ἡγεμονικοῖς καὶ πολιτικοῖς δρώμενα βίοις, διὰ δόξαν ἣν οἱ πολλοὶ περὶ ἀρχῆς καὶ πολιτείας ἔχουσιν,
ὡς πράγματος μεγάλου καὶ καθαρεύειν ἀξίου πάσης
ἀτοπίας καὶ πλημμελείας. (11) Εἰκότως οὖν Λιούϊος
50 Δροῦσος, ὁ δημαγωγὸς, εὐδοκίμησεν, ὅτι, τῆς οἰκίας
αὐτοῦ πολλὰ μέρη κάτοπτα τοῖς γειτνιῶσιν ἐχούσης,
καὶ τῶν τεχνιτῶν τινος ὑπισχνουμένου ταῦτ' ἀποστρέ-
ψειν καὶ μεταθήσειν ἀπὸ πέντε μόνων ταλάντων,
" Δέκα, ἔφη, λαβὼν, ὅλην μου ποίησον τὴν οἰκίαν

se iis ratione accommodare, qua capi singulos posse cernit,
operæ est. (14) Morum enim ignoratio non minus impedit irritaque facit consilia in civilibus negotiis quam in amicitiis regum.

IV. Ergo civium mores potentia jam ac fide instructus
formare conaberis, sensim eos ad meliora subducens, ac
placide tractans : operosa enim est multitudinis mutatio.
(2) Ipse autem ita ut deinceps in aperto victurus theatro,
mores tuos compone atque orna : quodsi non facile sit
omnia arcere animo vitia, ea tamen amolire omnino aut di-
minue, quæ maxime in promtu ac conspectu sunt. (3)
Audis enim Themistoclem etiam, quum animum ad gerendam rempublicam appulisset, a potationibus se et comessationibus abstraxisse, vigilantemque jam et sobrium ac seriis deditum curis dixisse ad amicos, *tropæum Miltiadis
sibi somnum adimere :* (4) et Periclem corporis quoque
gestum ac vitæ rationem mutasse, ut et incederet tardius,
et placide colloqueretur, vultumque semper constantem gereret, et manum intra amiculum contineret, unamque eam
viam, qua ad tribunal et curiam itur, tereret. (5) Non
enim ita tractabilis est multitudo, ut cujusvis sit, salutare
ei frenum injicere : immo in aliqua felicitatis parte ponendum, si, ut est bellua suspiciosa et inconstans, nullo visu
audituve consternata rectorem admittat. (6) Quodsi ne
hæc quidem negligenter observanda sunt, quanto magis
vitæ morumque ratio habenda erit, ut omnis sint reprehensionis et criminis expertes! (7) Non enim, qui rempublicam gerunt, iis tantum de publice dictis factisque ratio est
reddenda; sed et in cœnam eorum inquiritur, et cubile, et
matrimonium, et quidquid serii jocive agunt. (8) Quid
enim attinet Alcibiadem dicere? qui quum in republica gerenda esset summa præditus efficacitate, et imperator invictus, vitæ ratione effreni atque ferocia sua periit, et ut
utilitatis nihil ex reliquis quæ in eo erant bonis percipere
posset civitas, luxuria ejus atque prodigalitas fecerunt :
(9) quum et Cimonis Athenienses vinum, et somnum,
quia aliud nihil inveniebant, Scipionis Romani culpave-
rint; et Pompeio Magno inimici vitio verterint, quod caput
uno digito scabentem animadvertissent. (10) Sicut enim
in facie lens et verruca molestiores sunt, quam reliqui corporis maculæ, mutilationes et cicatrices; sic exigua peccata, ubi in principis et rempublicam moderantis viri cernuntur vita, pro magnis habentur, propter opinionem eam,
quam vulgo de principatu et republica gerunt, rem eam
esse magnam, et quæ vacare debeat omni abnormitate atque
vitio. (11) Idcirco non injuria celebri est laude in republica
Livius Drusus, qui, quum domus ipsius multæ partes vicinis
essent perspicuæ, ac faber quidam polliceretur se eas im-
pendio quinque modo talentorum aversurum et mutaturum,
Immo, ait, *decem abs me aufer talenta lege hac, ut totam
domum meam reddas omnium inspectui patentem, quo*

καταφανῆ, ἵνα πάντες ὁρῶσιν οἱ πολῖται, πῶς διαιτῶ-
μαι. » Καὶ γὰρ ἦν ἀνὴρ σώφρων καὶ κόσμιος. (12)
Ἴσως δὲ ταύτης οὐδὲν ἔδει τῆς καταφανείας αὐτῷ· διο-
ρῶσι γὰρ οἱ πολλοὶ καὶ τὰ πάνυ βαθέως περιαμπέ-
χεσθαι δοκοῦντα τῶν πολιτευομένων * ἤθη καὶ βουλεύ-
ματα, καὶ πράξεις καὶ βίους· οὐχ ἧττον ἀπὸ τῶν ἰδίων
ἢ τῶν δημοσίων ἐπιτηδευμάτων, τὸν μὲν φιλοῦντες καὶ
θαυμάζοντες, τὸν δὲ δυσχεραίνοντες καὶ καταφρονοῦντες. (13) Τί οὖν δή; οὐχὶ καὶ τοῖς ἀσελγῶς καὶ τε-
θρυμμένως ζῶσιν αἱ πόλεις χρῶνται; καὶ γὰρ αἱ κιτ-
τῶσαι λίθους, καὶ οἱ ναυτιῶντες ἁλμυρίδας καὶ τοιαῦτα
βρώματα διώκουσι πολλάκις, εἶτ᾽ ὀλίγον ὕστερον ἐξέ-
πτυσαν καὶ ἀπεστράφησαν· (14) οὕτω δὴ καὶ οἱ δῆμοι
διὰ τρυφὴν καὶ ὕβριν, ἢ βελτιόνων ἀπορίᾳ δημαγωγῶν,
χρῶνται τοῖς ἐπιτυχοῦσι, βδελυττόμενοι καὶ καταφρονοῦντες, εἶτα χαίρουσι τοιούτων εἰς αὐτοὺς λεγομένων,
οἷα Πλάτων ὁ κωμικὸς τὸν δῆμον αὐτὸν λέγοντα
ποιεῖ,

    Λαβοῦ, λαβοῦ τῆς χειρὸς ὡς τάχιστά μου,
    μέλλω στρατηγὸν χειροτονεῖν Ἀγύρριον·

(15) καὶ πάλιν αἰτοῦντα λεκάνην καὶ πτερὸν, ὅπως ἐμέ-
σῃ, λέγοντα,

    Προσίσχεταί μου πρὸς τὸ βῆμα μαντίλη,

καὶ

    Βόσκει δυσώδη Κέφαλον, αἰσχίστην νόσον.

(16) Ὁ δὲ Ῥωμαίων δῆμος, ὑπισχνουμένου τι Κάρβω-
νος, καὶ προστιθέντος ὅρκον δή τινα καὶ ἀρὰν, ἀντώ-
μοσεν ὁμοῦ μὴ πιστεύειν. (17) Ἐν δὲ Λακεδαίμονι
τινὸς Δημοσθένους, ἀνδρὸς ἀκολάστου, γνώμην εἰπόντος ἁρμόζουσαν, ἀπέῤῥιψεν ὁ δῆμος, οἱ δ᾽ Ἔφοροι
κληρώσαντες ἕνα τῶν γερόντων, ἐκέλευσαν εἰπεῖν τὸν
αὐτὸν λόγον ἐκεῖνον, ὥσπερ εἰς καθαρὸν ἀγγεῖον ἐκ
ῥυπαροῦ μετεράσαντες, ὅπως εὐπρόσδεκτος γένηται
τοῖς πολλοῖς. Οὕτω μεγάλην ἔχει ῥοπὴν ἐν πολιτείᾳ
πίστις ἤθους, καὶ τοὐναντίον.

    V. Οὐ μὴν ἀμελητέον γε διὰ τοῦτο τῆς περὶ τὸν λό-
γον χάριτος καὶ δυνάμεως, ἐν ἀρετῇ θεμένους τὸ σύμπαν, ἀλλὰ τὴν ῥητορικὴν νομίσαντας μὴ δημιουργόν,
ἀλλά (τοι) συνεργὸν εἶναι πειθοῦς, ἐπανορθωτέον τὸ
τοῦ Μενάνδρου·

    Τρόπος ἔσθ᾽ ὁ πείθων τοῦ λέγοντος, οὐ λόγος·

καὶ γὰρ ὁ τρόπος καὶ ὁ λόγος· (2) εἰ μὴ νὴ Δία φήσει
τις, ὡς τὸν κυβερνήτην ἄγειν τὸ πλοῖον, οὐ τὸ πηδάλιον, καὶ τὸν ἱππέα στρέφειν τὸν ἵππον, οὐ τὸν χαλι-
νὸν, οὕτω πόλιν πείθειν, οὐ λόγῳ, ἀλλὰ τρόπῳ χρωμένην, ὥσπερ οἴακι καὶ χαλινῷ, τὴν πολιτικὴν ἀρετήν,
ὅπερ εὐστροφώτατον ζῷον, ὥς φησι Πλάτων, οἷον ἐκ
πρύμνης ἁπτομένην καὶ κατευθύνουσαν. (3) Ὅπου
γὰρ οἱ μεγάλοι βασιλεῖς ἐκεῖνοι καὶ διογενεῖς, ὡς
Ὅμηρός φησιν, ἁλουργίσι καὶ σκήπτροις καὶ δορυ-
φόροις καὶ θεῶν χρησμοῖς ἐξογκοῦσιν αὑτούς, καὶ δου-

---

*universi cives cernere possint, qua utar vitæ degendæ
ratione.* Erat enim vir temperans et modestus. (12) Ac nihil quidem fortassis opus ei erat hac perspicuitate. Plerique enim mores et consilia, actionesque et vitæ rationem
gerentium rempublicam, quæ vel maxime abdita putantur,
perspiciunt : neque minus ob privata quam ob publica studia alios amant et admirantur, alios oderunt atque despiciunt. (13) Quid ergo? inquies, non etiam iis, quorum
impudica est et mollis vita, civitates utuntur? Sane : quomodo gravidæ quum pica vexantur, lapides, et qui nauseant, salsuginem aliosque id genus cibos appetunt sæpenumero, paulo post exsputuri et aversaturi. (14) Sic enim
et populi ob luxuriam aut petulantiam, vel inopia meliorum ductorum, quibuscumque oblatis utuntur, abominantes
eos et contemnentes; deinde gratum ipsis est, quum in
istos talia dicuntur, qualia Plato comicus ipsum populum
dicere fingit,

    Manum istam prende, prende jam quantocius;
    ducem nam cupio designare Agyrrhium :

(15) rursumque pelvim poscentem et pennam ut vomat,
ac dicentem,

    Hic ad tribunal matula fœtorem objicit;

et,

    Alit fœtentem Cephalum, pessimam luem.

(16) Et populus Romanus, Carbone aliquid promittente, ac
dejerante dirasque devotiones addente, contra uno ore
juravit se non crediturum. (17) Spartæ quum Demosthenes quidam, homo intemperans, sententiam commodam dixisset, eam populus rejecit : Ephori autem sorte lecto cuidam senum eam ipsam dicendam dederunt, tanquam ex
sordido vase in sincerum eam diffundentes, quo grata fieret
multitudini. Tantum in utramque partem in republica momenti habet persuasio de ingenio hominis concepta.

    V. Neque tamen propterea ita negligenda est orationis
elegantia ac facultas, ut omnia virtuti ascribantur : sed ut
non opificem persuasionis censeamus esse rhetoricam, adjutricem tamen censeamus, corrigamusque illud Menandri,

    Mores movent dicentis, haud oratio.

Etenim et mores persuadent, et oratio: (2) nisi quis hercle intelligat ita : sicut navem agit non clavus sed gubernator, equesque equum versat, non frenum : ita a civili virtute
urbem duci non oratione, sed moribus loco freni aut guber-
naculi adhibitis, eamque veluti a puppi aggredi et dirigere
urbem, animal, ut Plato ait, maxime versatile. (3) At vero
magni illi reges, et *a Jove,* ut Homerus ait, *prognati,*
purpuris, sceptris, stipatoribus, deorumque oraculis se
ipsos extollentes ubi majestate sua tanquam præstantioris

λούμενοι τῇ σεμνότητι τοὺς πολλούς, ὡς κρείττονες,
ὅμως ἐβούλοντο « μύθων τε ῥητῆρες » εἶναι, καὶ οὐκ
ἠμέλουν τῆς τοῦ λέγειν χάριτος,

    Οὐδ' ἀγορέων, ἵνα τ' ἄνδρες ἀριπρεπέες τελέθουσιν,

5 οὐδὲ Διὸς Βουλαίου μόνου ἔχρηζον, οὐδ' Ἄρεος Ἐνυα-
λίου καὶ Στρατίας Ἀθηνᾶς, ἀλλὰ καὶ τὴν Καλλιόπην
παρεκάλουν,

    ἡ δὴ βασιλεῦσιν ἅμ' αἰδοίοισιν ὀπηδεῖ,

πραΰνουσα πειθοῖ καὶ κατάδουσα τῶν δήμων τὸ αὐθα-
10 δες καὶ βίαιον· (4) ἢ που δυνατόν, ἄνθρωπον ἰδιώτην
ἐξ ἱματίου καὶ σχήματος δημοτικοῦ πόλιν ἄγειν βουλόμενον, ἐξισχῦσαι καὶ κρατῆσαι τῶν πολλῶν, εἰ μὴ λόγον ἔχοι συμπείθοντα καὶ προσαγόμενον; (5) Οἱ μὲν
οὖν τὰ πλοῖα κυβερνῶντες, ἑτέροις χρῶνται κελευσταῖς·
15 ὁ δὲ πολιτικὸς ἐν ἑαυτῷ μὲν ὀφείλει τὸν κυβερνῶντα
νοῦν ἔχειν, ἐν ἑαυτῷ δὲ τὸν ἐγκελευόμενον λόγον, ὅπως
μὴ δέηται φωνῆς ἀλλοτρίας, μηδ', ὥσπερ Ἰφικράτης,
ὑπὸ τῶν περὶ Ἀριστοφῶντα καταρρητορευόμενος,
λέγῃ, Βελτίων μὲν ὁ τῶν ἀντιδίκων ὑποκριτής, δρᾶμα
20 δὲ τοὐμὸν ἄμεινον· (6) μηδὲ πολλάκις δέηται τῶν
Εὐριπιδείων ἐκείνων·

    Εἴθ' ἦν ἄφωνον σπέρμα δυστήνων βροτῶν·
καὶ
    Φεῦ, φεῦ, τὸ μὴ τὰ πράγματ' ἀνθρώποις ἔχειν
25   φωνήν, ἵν' ἦσαν μηδὲν οἱ δεινοὶ λέγειν.

(7) Ταῦτα μὲν γὰρ ἴσως Ἀλκαμένει, καὶ Νησιώτῃ, καὶ
Ἰκτίνῳ, καὶ πᾶσι τοῖς βαναύσοις καὶ χειρώναξι τὸ
δύνασθαι λέγειν ἀπομυόμενοις, δοτέον ἀποδιδράσκειν·
ὥσπερ Ἀθήνησιν ἀρχιτεκτόνων ποτὲ δυεῖν ἐξεταζομέ-
30 νων πρὸς δημόσιον ἔργον, ὁ μὲν αἱμύλος καὶ κομψὸς
εἰπεῖν, λόγον τινὰ διελθὼν περὶ τῆς κατασκευῆς μεμε-
λετημένον, ἐκίνησε τὸν δῆμον· ὁ δὲ βελτίων τῇ τέχνῃ,
λέγειν δ' ἀδύνατος, παρελθὼν [εἰς μέσον] εἶπεν, Ἄνδρες Ἀθηναῖοι, ὡς οὗτος εἴρηκεν, ἐγὼ ποιήσω. (8)
35 Τὴν γὰρ Ἐργάνην οὗτοι μόνον θεραπεύουσιν, ὥς φησι
Σοφοκλῆς, οἱ παρ' ἄκμονι τυπάδι βαρείᾳ καὶ πληγαῖς
ὑπακούουσαν ὕλην ἄψυχον δημιουργοῦντες. (9) Ὁ
δὲ τῆς Πολιάδος Ἀθηνᾶς καὶ τῆς Βουλαίας Θέμιδος,

40   Ἥ τ' ἀνδρῶν ἀγορὰς ἠμὲν λύει ἠδὲ καθίζει,

προφήτης, ἑνὶ χρώμενος ὀργάνῳ τῷ λόγῳ, τὰ μὲν
πλάττων καὶ συναρμόττων, τὰ δ' ἀντιστατοῦντα πρὸς
τὸ ἔργον, ὥσπερ ὄζους τινὰς ἐν ξύλῳ καὶ διπλόας ἐν
σιδήρῳ, μαλάσσων καὶ καταλεαίνων, κοσμεῖ τὴν πόλιν.
45 (10) Διὰ τοῦτο ἡ κατὰ Περικλέα πολιτεία λόγῳ μὲν,
ὥς φησι Θουκυδίδης, δημοκρατία, ἔργῳ δὲ ὑπὸ τοῦ
πρώτου ἀνδρὸς ἀρχὴ διὰ τὴν τοῦ λόγου δύναμιν. (11)
Ἐπεὶ καὶ Κίμων ἀγαθὸς ἦν, καὶ Ἐφιάλτης, καὶ Θου-
κυδίδης· ἀλλ' ἐρωτηθεὶς οὗτος ὑπ' Ἀρχιδάμου, βασι-
50 λέως τῶν Σπαρτιατῶν, πότερον αὐτός, ἢ Περικλῆς,
παλαίει βέλτιον· Οὐκ ἂν εἰδείη τις, εἶπεν· ὅταν γὰρ
ἐγὼ καταβάλω παλαίων, ἐκεῖνος λέγων μὴ πεπτωκέναι.

ipsi naturæ vulgus sibi subjecerunt, voluerunt tamen oratores esse, neque dicendi elegantiam neglexerunt, sed curæ
fuit eis

    Concio, qua decus eximium facundia gignit :

neque solum Jovem Consiliarium, Martemve Homicidam,
et Militarem Minervam coluerunt, sed et Calliopen invoca-
verunt,

    Quæ comes usque solet venerandis regibus esse,

facundia sua demulcens et ad verecundiam redigens contumaciam violentiamque populi. (4) Quod quum ita sit,
quonam pacto privatus aliquis a toga et habitu plebeio ad
regendam urbem se conferens multitudinem in sua potestate
habere queat, nisi oratione instructus in persuadendo et
alliciendo administra? (5) Qui naves gubernant, ii quidem
munus remigum admonendorum aliis mandant : at rempublicam qui gerit, non gubernatrice modo mente præditus
esse, sed in se ipso habere debet facultatem admonendi, qua
imperia tradat, ne aliena opus habeat voce, neve id ei usu
veniat quod Iphicrati, qui, quum Aristophon eum oratione
premeret, *adversariorum histrionem meliorem, suam
autem causam potiorem esse,* dixit : (6) neve sæpius uti
cogatur Euripideis istis,

    Utinam esset expers vocis humanum genus;
et,
    Cur non, malum, vox rebus data mortalium est,
    nullo diserti ut essent in pretio viri?

(7) Hæc enim fortassis Alcameni, Nesiotæ, Ictino, aliisque
illiberalibus et manu victum quærentibus, facundianique
ejurantibus concedantur effugia : cujus generis est quod
Athenis aliquando contigit, quum duo architecti de condu-
cendo publico opere contenderent, alter disserendi copia et
elegantia instructus, quum de apparatu operis oratione
usus meditata populum movisset, alter arte præstantior,
sed dicendi ignarus, in medium progressus, *Viri,* inquit,
Athenienses, quemadmodum iste dixit, ego efficiam.
(8) Nam Erganen, id est opificem, hi tantum colunt Minervam, ut ait Sophocles, qui *ad incudem gravi malleo et
ictibus obedientem materiam inanimam fabricantur.* (9)
At Minervæ, quæ quod urbibus præsit Polias dicitur, et
Consiliariæ Themidis, cui a jure nomen, et quæ

    Conventus hominum cogitque eademque resolvit,

interpres, unico utens orationis instrumento, atque alia
fingens et concinnans, alia quæ operi impedimento sunt,
velut nodos quosdam in ligno, aut abscessus in ferro, mol-
liens atque lævigans, urbem exornat. (10) Itaque administratio reipublicæ, qua usus fuit Pericles, verbo quidem,
teste Thucydide, populi fuit, re ipsa autem, ob eloquentiæ
ipsius potentiam, principis viri potestas. (11) Nam et Cimon bonus erat, et Ephialtes, et Thucydides : verum interrogatus hic ab Archidamo Spartæ rege, ipsene an Pericles
melius luctaretur : *Incertum est,* respondit; *quum enim
ego eum dejicio, negando se cecidisse vincit, idque spe-*

νικᾷ καὶ πείθει τοὺς θεωμένους. (12) Τοῦτο δ' οὐκ αὐτῷ μόνῳ ἐκείνῳ δόξαν, ἀλλὰ καὶ τῇ πόλει σωτηρίαν ἔφερε· πειθομένῃ γὰρ αὐτῷ τὴν ὑπάρχουσαν εὐδαιμονίαν ἔσωζε, τῶν δ' ἐκτὸς ἀπείχετο. (13) Νικίας δὲ τὴν αὐτὴν προαίρεσιν ἔχων, πειθοῦς δὲ τοιαύτης ἐνδεὴς ὤν, καὶ καθάπερ ἀμβλεῖ χαλινῷ τῷ λόγῳ πειρώμενος ἀποστρέφειν τὸν δῆμον, οὐ κατέσχεν οὐδ' ἐκράτησεν, ἀλλ' ᾤχετο βίᾳ φερόμενος εἰς Σικελίαν καὶ συνεκτραχηλιζόμενος. (14) Τὸν μὲν οὖν λύκον οὔ φασι τῶν ὤτων κρατεῖν· δῆμον δὲ καὶ πόλιν ἐκ τῶν ὤτων ἄγειν δεῖ μάλιστα, μή, καθάπερ ἔνιοι τῶν ἀγυμνάστων περὶ λόγον λαβὰς ἀμούσους καὶ ἀτέχνους ζητοῦντες ἐν τοῖς πολλοῖς, τῆς γαστρὸς ἕλκουσιν εὐωχοῦντες, ἢ τοῦ βαλλαντίου διδόντες, ἢ πυῤῥίχας τινὰς ἢ μονομάχων θεάματα παρασκευάζοντες ἀεὶ δημαγωγοῦσι, μᾶλλον δὲ δημοκοποῦσι. (15) Δημαγωγία γὰρ ἢ διὰ λόγου πειθομένων ἐστίν· αἱ δὲ τοιαῦται τιθασεύσεις τῶν ὄχλων, οὐδὲν ἀλόγων ζῴων ἄγρας καὶ βουκολήσεως διαφέρουσιν.

VI. Ὁ μέντοι λόγος ἔστω τοῦ πολιτικοῦ μήτε νεαρὸς καὶ θεατρικὸς, ὥσπερ πανηγυρίζοντος καὶ στεφανηπλοκοῦντος ἐξ ἁπαλῶν καὶ ἀνθηρῶν ὀνομάτων· μήτ' αὖ πάλιν, ὡς ὁ Πυθέας τὸν Δημοσθένους ἔλεγεν, ἐλλυχνίων ὄζων καὶ σοφιστικῆς περιεργίας ἐνθυμήμασι πικροῖς καὶ περιόδοις πρὸς κανόνα καὶ διαβήτην ἀπηκριβωμέναις· (2) ἀλλ' ὥσπερ οἱ μουσικοὶ τὴν θίξιν ἀξιοῦσι τῶν χορδῶν ἠθικὴν καταφαίνεσθαι, μὴ κρουστικὴν, οὕτω τῷ λόγῳ τοῦ πολιτευομένου καὶ συμβουλεύοντος καὶ ἄρχοντος ἐπιφαινέσθω μὴ δεινότης, μηδὲ πανουργία, μηδ' εἰς ἔπαινον αὐτοῦ τιθέσθω τὸ ἑκτικῶς, ἢ τεχνικῶς, ἢ διαιρετικῶς, ἀλλ' ἤθους ἀπλάστου καὶ φρονήματος ἀληθινοῦ, καὶ παῤῥησίας πατρικῆς, καὶ προνοίας, καὶ συνέσεως κηδομένης * ὁ λόγος ἔστω μεστὸς, ἐπὶ τῷ καλῷ τὸ κεχαρισμένον ἔχων καὶ ἀγωγὸν ἔκ τε σεμνῶν ὀνομάτων καὶ νοημάτων ἰδίων καὶ πιθανῶν. (3) Δέχεται δὲ ὁ πολιτικὸς λόγος δικανικοῦ μᾶλλον καὶ γνωμολογίας, καὶ ἱστορίας, καὶ μύθους, καὶ μεταφοράς, αἷς μάλιστα κινοῦσιν οἱ χρώμενοι μετρίως καὶ κατὰ καιρόν· (4) ὡς ὁ εἰπὼν, Μὴ ποιήσητε ἑτερόφθαλμον τὴν Ἑλλάδα· καὶ Δημάδης, τὰ ναυάγια λέγων πολιτεύεσθαι τῆς πόλεως· καὶ ὁ Ἀρχίλοχος,

    Μηδ' ὁ Ταντάλου λίθος
    τῆσδ' ὑπὲρ νήσου κρεμάσθω·

(5) καὶ Περικλῆς τὴν λήμην τοῦ Πειραιῶς ἀφελεῖν κελεύων· καὶ Φωκίων ἐπὶ τῆς Λεωσθένους νίκης, καλὸν τὸ στάδιον εἶναι, δεδιέναι δὲ τοῦ πολέμου τὸν δόλιχόν. (6) Καθόλου δὲ ὁ μὲν ὄγκος καὶ τὸ μέγεθος τῷ πολιτικῷ μᾶλλον ἁρμόττει· παράδειγμα δὲ οἵ τε Φιλιππικοὶ, καὶ τῶν Θουκυδίδου δημηγοριῶν ἡ Σθενελαΐδα τοῦ Ἐφόρου, καὶ Ἀρχιδάμου τοῦ βασιλέως ἐν Πλαταιαῖς, καὶ Περικλέους ἡ μετὰ τὸν λοιμόν· (7) ἐπὶ δὲ τῶν Ἐφόρου καὶ Θεοπόμπου καὶ Ἀναξιμένους ῥητορειῶν καὶ περιόδων, ἃς περαίνουσιν ἐξοπλίσαντες τὰ στρατεύματα καὶ παρατάξαντες, ἔστιν εἰπεῖν,

ctatoribus persuadet. (12) Atque ea quidem res non gloriam tantum Pericli, sed et urbi salutem attulit : dum enim ei paruit, felicitatem jam partam servavit, abstinuitque ab exteris negotiis. (13) Sed Nicias quum idem sequeretur propositum, neque tantum haberet ad persuadendum virium, atque oratione veluti freno laxo uteretur in dehortando populum, non obtinuit neque pervicit; sed in Siciliam abiit vi actus, et obtorto quasi collo multitudinis impetu eo abreptus. (14) Lupum quidem auribus teneri posse negant : populum vero et civitatem vel maxime auribus ducere oportet; neque sequi eos, qui exercitatione dicendi destituti, multitudinis ducendæ ansas quærunt elegantiæ artisque vacuas, et aut ventre trahunt epulis præbendis, vel marsupio largientes, aut saltationes aut gladiatorum spectacula crebra exhibentes populi favorem captant, aut potius per vim auferunt. (15) Captant enim favorem populi, eumque ducunt, qui dicendo persuadent : at istiusmodi cicurationes, nihil a brutorum illectatione et captura habent diversi.

VI. Sit autem versantis in republica viri oratio non juvenilis aut ad theatrum conformata, veluti corollam ex delicatis ac floridis vocabulis undequaque colligentis; neque rursum, qualem Demosthenis dicebat Pytheas, lucernam redolens, et sophistica diligentiæ abundantia, argumentis constans acribus, et circuitionibus ad normam ac circinum accuratissime exactis : (2) sed quemadmodum musici nervos tangi volunt moribus convenienter, non pulsu; ita oratio rempublicam gerentis, consulentis ac regentis præ se ferre non debet vim dicendi aut calliditatem; neque laudi sibi ducat, si existinetur dixisse *ex habitu,* aut *secundum artem,* aut *in partitione,* sed plena esse debet ingenuitatis, et veræ animi magnitudinis, et paternæ libertatis ac providentiæ et sapientiæ suorum curam gerentis, in bono proposito gratiosam adhibens et ad persuadendum aptam rationem ex verborum majestate, et sententiarum proprietate ac probabilitate. (3) Admittit autem civilis oratio facilius quam judicialis sententias communes, historias, fabulas, et translationes, quibus maxime moventur animi hominum, modice et opportune usurpatis : (4) quale fuit ejus, qui dixit, *Nolite Græciam altero oculo privare :* et Demadis, qui se naufragia reipublicæ aiebat *tractare :* et Archilochi istuc,

    Neve Tantali lapis
    huic immineat insulæ:

(5) et ut Pericles *lemam Pirei auferri* jussit; et de Leosthenis victoria pronunciavit Phocion, *stadium decursum sibi probari, sed metuere quomodo ejus belli dolichus absolvatur.* (6) In universum autem majestas et altitudo civili orationi magis congruit : exemplo sunt Philippicæ, et apud Thucydidem conciones Sthenelaidæ Ephori, Archidami regis ad Platæas, et Periclis post pestem habita. (7) Sed de Ephori, Theopompi et Anaximenis oratiunculis ac comprehensionibus sententiarum, quibus utuntur in armandis et in aciem educendis exercitibus, licet effari,

Οὐδεὶς σιδήρου ταῦτα μωραίνει πέλας.

VII. Οὐ μὴν ἀλλὰ καὶ σκῶμμα καὶ γελοῖον ἔστιν ὅτε γίνεται πολιτικοῦ λόγου μέρος, εἰ μὴ πρὸς ὕβριν ἢ βωμολοχίαν, ἀλλὰ χρησίμως ἐπιπλήττοντος ἢ διασύροντος λέγοιτο. (2) Μάλιστα δ᾽ εὐδοκιμεῖ τὰ τοιαῦτα περὶ τὰς ἀμείψεις καὶ τὰς ἀπαντήσεις. Τὸ γὰρ ἐκ παρασκευῆς καὶ κατάρχοντα, γελωτοποιοῦντός ἐστι, καὶ δόξα κακοηθείας πρόσεστιν· (3) ὡς προσῆν τοῖς Κικέρωνος σκώμμασι, καὶ τοῖς Κάτωνος τοῦ πρεσβυτέρου, καὶ Εὐξιθέου τοῦ Ἀριστοτέλους συνήθους· οὗτοι γὰρ ἔσκωπτον πολλάκις ἀρχόμενοι. (4) Ἀμυνομένῳ δὲ συγγνώμην ἅμα καὶ χάριν ὁ καιρὸς δίδωσι· καθάπερ Δημοσθένει πρὸς τὸν αἰτίαν ἔχοντα κλέπτειν, χλευάζοντα δ᾽ αὐτοῦ τὰς νυκτογραφίας· Οἶδα, ὅτι σε λυπῶ λύχνον καίων· καὶ πρὸς Δημάδην βοῶντα, Δημοσθένης ἐμὲ βούλεται διορθοῦν, ἢ ὗς τὴν Ἀθηνᾶν· Αὕτη μέντοι πέρυσιν ἡ Ἀθηνᾶ μοιχεύουσα ἐλήφθη. (5) Χάριεν δὲ καὶ τὸ Ξεναινέτου πρὸς τοὺς πολίτας λοιδοροῦντας αὐτόν, ὅτι στρατηγὸς ὢν πέφευγε· Μεθ᾽ ὑμῶν γε, ὦ φίλαι κεφαλαί. (16) Τὸ δ᾽ ἄγαν φυλακτέον ἐν τῷ γελοίῳ, καὶ τὸ λυποῦν ἀκαίρως τοὺς ἀκούοντας, ἢ τὸν λέγοντα ποιοῦν ἀγεννῆ καὶ ταπεινόν, ὥσπερ τὰ Δημοκράτους· (7) ἀναβαίνων μὲν γὰρ εἰς τὴν ἐκκλησίαν, ἔφη, καθάπερ ἡ πόλις, μικρὸν ἰσχύειν καὶ μέγα φυσᾶν· (8) ἐν δὲ τοῖς Χαιρωνικοῖς παρελθὼν εἰς τὸν δῆμον, Οὐκ ἂν ἐβουλόμην κακῶς οὕτω πεπραχέναι τὴν πόλιν, ὥστε κἀμοῦ συμβουλεύοντος ὑμᾶς ἀκούειν· καὶ γὰρ καὶ τοῦτο μικροῦ, κἀκεῖνο μανικοῦ, πολιτικῷ δ᾽ οὐδ᾽ ἕτερον ἁρμόζον. (9) Φωκίωνος δὲ καὶ τὴν βραχυλογίαν ἐθαύμαζον· ὁ γοῦν Πολύευκτος ἀπεφαίνετο, ῥήτορα μέγιστον εἶναι Δημοσθένην, δεινότατον δ᾽ εἰπεῖν Φωκίωνα· πλεῖστον γὰρ αὐτοῦ τὸν λόγον ἐν λέξει βραχυτάτῃ νοῦν περιέχειν. (10) Καὶ ὁ Δημοσθένης τῶν ἄλλων καταφρονῶν, εἰώθει λέγειν, ἀνισταμένου Φωκίωνος, Ἡ τῶν ἐμῶν λόγων κοπὶς ἀνίσταται.

VIII. Μάλιστα μὲν οὖν ἐσκεμμένῳ πειρῶ καὶ μὴ διακένῳ τῷ λόγῳ χρῆσθαι πρὸς τοὺς πολλούς, μετ᾽ ἀσφαλείας, εἰδὼς ὅτι καὶ Περικλῆς ἐκεῖνος ηὔχετο πρὸ τοῦ δημηγορεῖν μηδὲ ῥῆμα μηδὲν ἀλλότριον τῶν πραγμάτων ἐπελθεῖν αὐτῷ. (2) Δεῖ δὲ ὅμως καὶ πρὸς τὰς ἀπαντήσεις τὸν λόγον εὔστροφον ἔχειν * καὶ γεγυμνασμένον· ὀξεῖς γὰρ οἱ καιροὶ καὶ πολλὰ φέροντες ἐν ταῖς πολιτείαις αἰφνίδια. (3) Διὸ καὶ Δημοσθένης ἠλάττουτο πολλῶν, ὥς φασι, παρὰ τὸν καιρὸν ἀναδυόμενος καὶ κατοκνῶν· Ἀλκιβιάδην δὲ [ὁ] Θεόφραστος ἱστορεῖ, μὴ μόνον ἃ δεῖ λέγειν, ἀλλὰ καὶ ὡς δεῖ βουλευόμενον, πολλάκις ἐν αὐτῷ τῷ λέγειν ζητοῦντα καὶ συντιθέντα τὰς λέξεις, ἐνίσχεσθαι καὶ διαπίπτειν. (4) Ὁ δ᾽ ἀπὸ τῶν πραγμάτων αὐτῶν ἀνιστάμενος καὶ ὑπὸ τῶν καιρῶν, ἐκπλήττει μάλιστα καὶ προσάγεται τοὺς πολλοὺς καὶ μετατίθησιν· (5) οἷον ὁ Βυζάντιος Λέων ἧκε δή ποτε τοῖς Ἀθηναίοις στασιάζουσι διαλεξόμενος· ὀφθεὶς δὲ μικρὸς καὶ γελασθείς, Τί δέ, εἶπεν, εἰ τὴν γυναῖκά μου θεάσαισθε μόλις ἐξικνουμένην πρὸς τὸ γόνυ; πλείων

Quis inter arma locu' sit his ineptiis?

VII. Veruntamen et salse dicta et ridicula nonnunquam in partem orationis civilis admittuntur; quum non petulanter aut scurriliter, sed ab eo, qui utiliter increpet aut subsannet, proferuntur. (2) Maxime autem probantur ista in responsionibus et objectionibus. Nam subsannare de industria, idque non provocatus, qui volet, risum captare putabitur, neque sine suspicione malignitatis : (3) quod vitium inerat Ciceronis, Catonis majoris, Euxitheique salibus, ejus qui Aristotelis fuit familiaris : ii enim sæpenumero verbis mordebant, nulla lacessiti aliorum dicacitate. (4) At qui se salibus defendit aut ulciscitur, ei opportunitas et veniam conciliat et gratiam : quale est responsum Demosthenis, ei datum qui furti suspectus lucubrationes ipsius exagitabat, *Novi me ægre tibi facere, qui lucernam uram* : et Demadi ab eodem, vociferanti, *Corrigere me vult Demosthenes, sus Minervam : Illa quidem Minerva superiore anno est in adulterio deprehensa.* (5) Illud quoque Xenæneti venustum, qui civibus ei fugam tum factam ab ipso, quum ductor esset exercitus, exprobrantibus, *Fugi,* respondit, *sed vobiscum, o suavissima capita.* (6) Verum in ridiculis cavendum est, ne quid ultra modum sit; tum, ne quid excidat, quod vel offendat audientes alieno tempore, vel dicti auctorem ostendat esse ignobili aut abjecto animo. Exemplo sunt Democratis dicta. (7) Nam is in concionem ascendens dixit, *se itidem ut civitatem parum posse, et magnos edere flatus.* (8) Et clade Chæronensi accepta ad populum progressus, *Nollem,* inquit, *tali fortuna usam esse civitatem, ut ego adeo consiliarius vobis essem audiendus* : quorum dictorum hoc abjecti animi fuit, illud insani, civili homini neutrum conveniens. (9) Brevitas autem dictorum Phocionis ipsa quoque admirationi fuit : eam ob rem Polyeuctus pronunciavit, *maximum oratorem esse Demosthenem, Phocionem autem dicendi vi omnibus antecellere, quod hujus oratio brevissimis verbis plurimum sententiæ complecteretur.* (10) Et Demosthenes, reliquorum contemtor, dicere solebat Phocione ut diceret surgente, *Meorum dictorum securis surgit.*

VIII. Inprimis autem danda est tibi opera, ut ad multitudinem oratione utaris meditata caute, non inani, quum scias etiam magnum illum Periclem, antequam in publico verba faceret, precari solitum, ne vel unum sibi verbum ab re alienum incideret. (2) Interim tamen oportet orationem ad ea quæ occurrunt versatilem exercitamque habere : præcipites enim sunt occasiones, multaque ferunt in negotiis publicis repentina. (3) Itaque et Demosthenes multis fuit inferior, ut aiunt, quum urgente occasione tergiversaretur : et Alcibiadem narrat Theophrastus, quum non tantum quæ, sed et quomodo dicenda essent, meditaretur, sæpe inter orandum verba conquirentem atque componentem hæsisse atque excidisse. (4) Qui vero ab ipsis rebus et oblatis occasionibus excitatur ad dicendum, is maxime percellit multitudinem atque permovet. (5) Sic Leo Byzantius, quum ad Athenienses seditione exagitatos verba facturus processisset, et ob staturæ brevitatem risu exciperetur, *Quid,* inquit, *si meam rideritis uxorem, quæ vix genu mihi*

οὖν ἐγένετο γέλως· Ἀλλ' ἡμᾶς, ἔφη, μικροὺς οὕτως ὄντας, ὅταν διαφερώμεθα πρὸς ἀλλήλους, ἡ Βυζαντίων
πόλις οὐ χωρεῖ. (6) Πυθέας δὲ ὁ ῥήτωρ, ὅτε πρὸς τὰς
Ἀλεξάνδρου τιμὰς ἀντέλεγεν, εἰπόντος τινός, Οὕτω σὺ
νέος ὢν περὶ πραγμάτων τολμᾷς λέγειν τηλικούτων;
Καὶ μὴν Ἀλέξανδρος, εἶπεν, ἐμοῦ νεώτερός ἐστιν, ὃν
ψηφίζεσθε θεὸν εἶναι.

IX. Δεῖ δὲ καὶ φωνῆς εὐεξίᾳ καὶ πνεύματος ῥώμῃ
πρὸς οὐ φαῦλον, ἀλλὰ πάμμαχον ἀγῶνα τὸν τῆς πολιτείας ἠθληκότα κομίζειν τὸν λόγον, ὡς μὴ πολλάκις
ἀπαγορεύοντα καὶ σβεννύμενον ὑπερβάλλοι τις αὐτὸν

    Ἅρπαξ κεκράκτης, κυκλοβόρου φωνὴν ἔχων.

(2) Κάτων δέ, περὶ ὧν οὐκ ἤλπιζε πείσειν, τῷ προκα-
τέχεσθαι χάρισι καὶ σπουδαῖς τὸν δῆμον ἢ τὴν βουλήν,
ἔλεγε τὴν ἡμέραν ὅλην ἀναστάς, καὶ τὸν καιρὸν οὕτως
ἐξέκρουε. (3) Περὶ μὲν οὖν τῆς τοῦ λόγου παρασκευῆς
καὶ χρείας ἱκανὰ ταῦτα τῷ δυναμένῳ τὸ ἀκόλουθον
προσεξευρίσκειν.

X. Εἰσβολαὶ δὲ καὶ ὁδοὶ δύο τῆς πολιτείας εἰσίν, ἡ
μὲν ταχεῖα καὶ λαμπρὰ πρὸς δόξαν, οὐ μὴν ἀκίνδυνος·
ἡ δὲ πεζοτέρα καὶ βραδυτέρα, τὸ δ' ἀσφαλὲς ἔχουσα
μᾶλλον. (2) Οἱ μὲν γὰρ εὐθύς, ὥσπερ ἐξ ἄκρας πελαγίου, πράξεως ἐπιφανοῦς καὶ μεγάλης, ἐχούσης δὲ
τόλμαν, ἄραντες ἀφῆκαν ἐπὶ τὴν πολιτείαν, ἡγούμενοι
λέγειν ὀρθῶς τὸν Πίνδαρον, ὡς

    Ἀρχομένους ἔργου πρόσωπον
    χρὴ θέμεν τηλαυγές·

(3) καὶ γὰρ δέχονται προθυμότερον οἱ πολλοὶ κόρῳ τινὶ
καὶ πλησμονῇ τῶν συνήθων τὸν ἀρχόμενον, ὥσπερ
ἀγωνιστὴν θεαταί, καὶ τὸν φθόνον ἐκπλήττουσιν αἱ
λαμπρὰν ἔχουσαι καὶ ταχεῖαν αὔξησιν ἀρχαὶ καὶ δυνάμεις. (4) Οὔτε γὰρ πῦρ φησὶν ὁ Ἀρίστων καπνὸν
ποιεῖν, οὔτε δόξαν φθόνον, ἢν εὐθὺς ἐκλάμψῃ καὶ ταχέως, ἀλλὰ τῶν κατὰ μικρὸν αὐξανομένων καὶ σχο-
λαίως, ἄλλον ἀλλαχόθεν ἐπιλαμβάνεσθαι. Διὸ πολλοί, πρὶν ἀνθῆσαι περὶ τὸ βῆμα, κατεμαράνθησαν. (5)
Ὅπου δέ, ὥσπερ ἐπὶ τοῦ Λάδα λέγουσιν,

    Ὁ ψόφος ἦν ὕσπληγος ἐν οὔασιν,

ἔνθα καὶ ἐστεφανοῦτο, πρεσβεύων, ἢ θριαμβεύων, ἢ
στρατηγῶν ἐπιφανῶς, οὔτε οἱ φθονοῦντες, οὔτε οἱ καταφρονοῦντες ὁμοίως ἐπὶ τοιούτων ἰσχύουσιν. (6)
Οὕτω παρῆλθεν εἰς δόξαν Ἄρατος, ἀρχὴν ποιησάμενος
πολιτείας τὴν Νικοκλέους τοῦ τυράννου κατάλυσιν·
οὕτως Ἀλκιβιάδης, τὰ Μαντινικὰ συστήσας ἐπὶ Λακεδαιμονίους. (7) Πομπήϊος δὲ καὶ θριαμβεύειν ἠξίου
μήπω παριὼν εἰς σύγκλητον· οὐκ ἐῶντος δὲ Σύλλα,
Πλείονες, ἔφη, τὸν ἥλιον ἀνατέλλοντα προσκυνοῦσιν,
ἢ δυόμενον· καὶ Σύλλας ὑπεῖξε, τοῦτο ἀκούσας. (8)
Καὶ Σκιπίωνα δὲ Κορνήλιον, οὐκ ἀφ' ἧς ἔτυχεν ἀρχῆς
ὁ Ῥωμαίων δῆμος ἀγορανομίαν μετερχόμενον, ἐξαίφνης ὕπατον ἀπέδειξε παρὰ τὸν νόμον, * ἀλλὰ καὶ θαυμάσας αὐτοῦ, μειρακίου μὲν ὄντος, τὴν ἐν Ἰβηρίᾳ

---

attingit? hinc majore oborto risu, *Atqui*, inquit, *nos ita
parvos, ubi invicem dissentimus, Byzantium non capit.*
(6) Et Pytheas rhetor, quum contra honores Alexandro de-
cernendos dissereret dicente, quodam, *Tune, quum adeo sis
juvenis, tantis de rebus audes dicere?* respondit, *Atqui
Alexander, quem vos decreto vestro in deorum refertis
numerum, me natu minor est.*

IX. Oportet etiam bono vocis habitu ac robore spiritus
exercitatam atque firmatam orationem afferre ad reipublicæ
non vilia, sed acerrima certamina; ne aliquando defatiga-
tum dicendo atque exstinctum superet aliquis

    Rapax clamator, Cyclobori vocem gerens.

(2) Cato, quum se, gratia ac studiis præoccupato senatu
populove, obtinere causam non posse videret, totam diem
dicendo exegit, itaque occasionem adversariis præripuit.
(3) Ac de orationis quidem apparatu usuque dicta hæc
sufficiunt ei, qui porro id, quod horum est consequens,
inveniendo addere potest.

X. Ceterum ad rempublicam duo sunt aditus et quasi
viæ: altera brevis et ad gloriæ splendorem expedita, non
tamen periculi expers; altera, ut magis pedestris ac tardior,
ita tutior. (2) Sunt enim qui a splendido aliquo et magno
facinore, quod non fiat sine audacia, veluti a promontorio
quodam in altum procurrente solventes, in rempublicam
dant vela, existimantes recte dictum a Pindaro, *Opus*

    incipiens appone frontem
    late conspicuam :

(3) sic enim ordientem plerique consuetorum satietate ac
tædio promtius excipiunt, quemadmodum spectatores certa-
torem, invidiamque absterret splendido ac celeri incremento
constans potentia. (4) Nam, ut ait Aristo, *neque fumum
ignis gignit, neque invidiam gloria, si subito ac celeriter
effulgeat: sed qui paullatim extolluntur et tarde, iis alii
aliunde manus injiciunt.* Unde factum, ut multi circa tribunal ante florem emarcuerint. (5) Ubi autem, quemadmodum
Ladam ferunt *carcerum funiculo adhuc in auribus so-
nante*, jam decurso stadio coronam reportasse, subito aliquis legatione obita, triumpho ducto, aut summo potitus magistratu efflorescit: in eum neque invidia, neque contemtus
quicquam facile possunt. (6) Hac via Aratus ad gloriam contendit, initium gerendæ reipublicæ a Nicoclis tyranni excidio
faciens : sic Alcibiades, Mantinense contra Lacedæmonios
bellum conflando. (7) Pompeius etiam triumphum postulavit, nondum senator factus, et Sylla negante, *plures
esse dixit qui orientem, quam qui occidentem solem adorent :* quo audito concessit Sylla. (8) Cornelium quoque
Scipionem, quum ædilitatem peteret, subito consulem
præter leges designavit populus Romanus, non sane levia
secutus principia; sed quod et victoriam ejus, quam adolescens etiamnum in Hispania singulari prælio obtinuerat,

μονομαχίαν καὶ νίκην, μικρὸν δὲ ὕστερον τὰ πρὸς Καρχηδόνι χιλιαρχοῦντος ἔργα, περὶ ὧν καὶ Κάτων ὁ πρεσβύτερος ἀνεφώνησεν;

> Οἶος πέπνυται, τοὶ δὲ σκιαὶ ἀΐσσουσιν.

5 (9) Νῦν οὖν ὅτε τὰ πράγματα τῶν πόλεων οὐκ ἔχει πολέμων ἡγεμονίας, οὐδὲ τυραννίδων καταλύσεις, οὐδὲ
συμμαχικὰς πράξεις, τίνα ἄν τις ἀρχὴν ἐπιφανοῦς λάβοι καὶ λαμπρᾶς πολιτείας; αἱ δίκαι γε λείπονται αἱ
δημόσιαι, καὶ πρεσβεῖαι πρὸς αὐτοκράτορα, ἀνδρὸς
10 διαπύρου καὶ θάρσος ἅμα καὶ νοῦν ἔχοντος δεόμεναι.
(10) Πολλὰ δέ ἐστι καὶ τῶν παρειμένων ἐν ταῖς πόλεσι
καλῶν ἀναλαμβάνοντα, καὶ τῶν ἐξ ἔθους φαύλου πα-
ραδυομένων ἐπ' αἰσχύνῃ τινὶ τῆς πόλεως ἢ βλάβῃ με-
θιστάντα πρὸς αὑτὸν ἐπιστρέφειν. (11) Ἤδη δὲ καὶ
15 δίκη μεγάλη καλῶς δικασθεῖσα, καὶ πίστις ἐν συνηγορίᾳ πρὸς ἀντίδικον ἰσχυρὸν ὑπὲρ ἀσθενοῦς, καὶ παρρησία πρὸς ἡγεμόνα μοχθηρὸν ὑπὲρ τοῦ δικαίου, κατέστησεν ἐνίους εἰς ἀρχὴν πολιτείας ἔνδοξον. (12) Οὐκ
ὀλίγοι δὲ καὶ δι' ἔχθρας ηὐξήθησαν, ἐπιχειρήσαντες
20 ἀνθρώποις ἐπίφθονον ἔχουσιν ἀξίωμα καὶ φοβερόν· εὐθὺς γὰρ ἡ τοῦ καταλυθέντος ἰσχὺς τῷ κρατήσαντι
μετὰ βελτίονος δόξης ὑπάρχει. (13) Τὸ μὲν γὰρ ἀνδρὶ
χρηστῷ καὶ δι' ἀρετὴν πρωτεύοντι προσμάχεσθαι κατὰ
φθόνον, ὡς Περικλεῖ Σιμμίας, Ἀλκμαίων δὲ Θεμιστο-
25 κλεῖ, Πομπηΐῳ δὲ Κλώδιος, Ἐπαμεινώνδᾳ δὲ Μενε-
κλείδης ὁ ῥήτωρ, οὔτε πρὸς δόξαν καλὸν, οὔτ' ἄλλως
συμφέρον· ὅταν γὰρ ἐξαμαρτόντες οἱ πολλοὶ πρὸς ἄνδρα
χρηστὸν, εἶτα, ὃ γίνεται, ταχέως ἐπ' ὀργῇ μετανοή-
σωσι, [πρὸς τοῦτο] τὴν ῥᾴστην ἀπολογίαν δικαιοτάτην
30 νομίζουσιν, ἐπιτρῖψαι τὸν ἀναπείσαντα καὶ καταρξάμε-
νον. (14) Τὸ μέντοι φαῦλον ἄνθρωπον, ἀπονοίᾳ δὲ καὶ
δεινότητι πεποιημένον ὑφ' αὑτῷ τὴν πόλιν, οἷος ἦν
Κλέων Ἀθήνησι καὶ Κλειτοφῶν, ἐπαναστάντα ταπει-
νῶσαι καὶ καθελεῖν, λαμπρὰν ποιεῖται τὴν πάροδον,
35 ὥσπερ δράματος, τῆς πολιτείας. (15) Οὐκ ἀγνοῶ δὲ,
ἔτι καὶ βουλὴν τινὲς ἐπαχθῆ καὶ ὀλιγαρχικὴν κολού-
σαντες, ὥσπερ Ἐφιάλτης Ἀθήνησι, καὶ Φορμίων παρ'
Ἠλείοις, δύναμιν ἅμα καὶ δόξαν ἔσχον· ἀλλὰ μέγας
ἀρχομένῳ πολιτείας οὗτος ὁ κίνδυνός ἐστι. (16) Διὸ
40 βελτίονα Σόλων ἔλαβεν ἀρχήν, διεστώσης ἐς τρία μέρη
τῆς πόλεως, τὸ τῶν Διακρίων λεγομένων, καὶ τὸ τῶν
Πεδιέων, καὶ τὸ τῶν Παραλίων· οὐδενὶ γὰρ ἐμμίξας
ἑαυτὸν, ἀλλὰ κοινὸς ὢν πᾶσι, καὶ πάντα λέγων καὶ
πράττων πρὸς ὁμόνοιαν, ᾑρέθη νομοθέτης ἐπὶ τὰς δια-
45 λύσεις, καὶ κατέστησεν οὕτω τὴν ἀρχήν. Ἡ μὲν οὖν
ἐπιφανεστέρα πάροδος εἰς τὴν πολιτείαν τοσαύτας ἔχει
καὶ τοιαύτας ἀρχάς.

XI. Τὴν δ' ἀσφαλῆ καὶ σχολαίαν εἵλοντο πολλοὶ
τῶν ἐνδόξων, Ἀριστείδης, Φωκίων, Παμμένης ὁ Θη-
50 βαῖος, Λεύκολλος ἐν Ῥώμῃ, Κάτων, Ἀγησίλαος ὁ
Λακεδαιμόνιος· (2) τούτων γὰρ ἕκαστος, ὥσπερ οἱ
κιττοὶ τοῖς ἰσχύουσι τῶν δένδρων περιπλεκόμενοι συν-
εξανίστανται, προσδραμὼν καὶ ἀνδρὶ πρεσβυτέρῳ ἔτι

et paulo post res ab eo tribuno militum ad Carthaginem gestas admirabatur, de quibus etiam Cato major exclamavit,

> Tanquam umbræ volitant alii, solus sapit iste.

(9) Nostra vero tempestate, quum civitates bellicis imperiis, tyrannorum excidiis, aut confœderatis actionibus careant, quodnam aliquis principium illustris in republica versationis possit sumere? Restant utique judicia publica, et ad Imperatorem legationes, quæ virum acrem atque audacia simul et consilio instructum flagitant. (10) Multa etiam in urbibus præclara negliguntur, quibus restituendis; multa cum dedecore damnove urbium ex prava consuetudine introducta sunt, quibus corrigendis animos multitudinis in te convertas. (11) Quin et nonnullis magna in judicio recte disceptata controversia, aut fidele patrocinium impotentis contra adversarium potentem, et libera justitiæ adversus principem injustum defensio, primum in republica locum cum splendore paraverunt. (12) Alios inimicitiæ extulerunt, qui homines dominationem invisam atque formidolosam gerentes adorti sunt : statim enim potentia dejecti, cum meliore existimatione in eum, qui dejecit, transit. (13) Sane ob invidiam se opponere viro bono, et quem sua virtus ad summa evexit, qualis fuit in Periclem Simmias, in Themistoclem Alcmæon, Clodius in Pompeium, Meneclides rhetor in Epaminondam, neque ad gloriam facit, neque omnino utile est : quum enim populus aliquid in bonum virum commisit culpæ, ubi primum, quod celeriter fit, iræ pœnituit, expeditissimam sui excusandi delicti rationem, tanquam justissimam, arripit, ut auctorem injuriæ bono viro factæ ac suasorem pessumdet. (14) Qui vero contra improbum hominem, ac qui sua audacia et calliditate civitatem subegit, quales erant Athenis Cleon et Clitophon, insurgens eum opprimit, is progressum, tanquam fabulæ in scenam, in rempublicam splendidum sibi conficit. (25) Non sum autem nescius, quosdam senatu etiam, molesto et paucis imperium vindicante, dejecto potentiam et gloriam adeptos, ut Athenis Ephialten, apud Eleos Phormionem : verum in hoc magnum est ei, qui tum primum se ad rempublicam confert, periculum. (16) Hinc meliore usus est principio Solon, qui, civitate in tres divisa factiones, Diacriorum, Pedicorum, Paralorum, nulli harum se immiscens, sed communem omnibus præbens, omniaque dicta ac facta sua ad concordiam dirigens, legumlator ad tollenda dissidia delectus rempublicam constituit. Hæc tot ac talia sunt principia splendidioris ad capessendam rempublicam aditus '

XI. Tutum autem et tardum illum multi nobiles viri secuti sunt, Aristides, Phocion, Pammenes Thebanus, Roma⟩ Lucullus, Cato, Agesilaus Spartanus : (2) horum unusquisque imitatus hederam, quæ valida amplexa arborem simul attollitur, seni alicui juvenis, et illustri obscurus se

νέος, καὶ ἄδοξος ἐνδόξῳ, κατὰ μικρὸν αἰρόμενος ὑπὸ τῆς περὶ ἐκεῖνον δυνάμεως, καὶ συναυξανόμενος, ἤρεισε καὶ κατερρίζωσεν ἑαυτὸν εἰς τὴν πολιτείαν. (3) Ἀριστείδην μὲν γὰρ ηὔξησε Κλεισθένης, καὶ Φωκίωνα Χαβρίας, Λεύκολλον δὲ Σύλλας, Κάτωνα δὲ Μάξιμος, Ἐπαμεινώνδαν δὲ Παμμένης, καὶ Λύσανδρος Ἀγησίλαον· (4) ἀλλ' οὗτος μὲν φιλοτιμίας ἀκαίρου καὶ ζηλοτυπίας δόξαν ὑβρίσας, ἀπέρριψε ταχὺ τὸν καθηγεμόνα τῶν πρακτέων· οἱ δ' ἄλλοι καλῶς καὶ πολιτικῶς καὶ ἄχρι τέλους * ἐθεράπευσαν καὶ συνεπεκόσμησαν, ὥσπερ τὰ πρὸς ἥλιον ὑφιστάμενα σώματα, τὸ λαμπρύνον αὐτοὺς πάλιν ἀφ' ἑαυτῶν αὔξοντες καὶ συνεκφωτίζοντες. (5) Οἱ γοῦν Σκιπίωνι βασκαίνοντες ὑποκριτὴν αὐτὸν ἀπεφαίνοντο τῶν πράξεων, ποιητὴν δὲ Λαίλιον τὸν ἑταῖρον· ὁ δὲ Λαίλιος ὑπ' οὐδενὸς ἐπήρθη τούτων, ἀλλ' ἀεὶ διετέλεσε τῇ Σκιπίωνος ἀρετῇ καὶ δόξῃ συμφιλοτιμούμενος. (6) Ἀφράνιος δὲ, Πομπηίου φίλος, εἰ καὶ πάνυ ταπεινὸς ἦν, ὅμως ἐπίδοξος ὢν ὕπατος αἱρεθήσεσθαι, Πομπηίου σπουδάζοντος ἑτέροις, ἀπέστη τῆς φιλοτιμίας, εἰπών, οὐκ ἂν οὕτω λαμπρὸν αὐτῷ γενέσθαι τὸ τυχεῖν ὑπατείας, ὡς ἀνιαρὸν ἅμα καὶ δυσχερές, εἰ Πομπηίου μὴ θέλοντος μηδὲ συμπράττοντος· ἐνιαυτὸν οὖν ἀνασχόμενος μόνον οὔτε τῆς ἀρχῆς ἀπέτυχε, καὶ τὴν φιλίαν διετήρησε. (7) Τοῖς δὲ οὕτω χειραγωγουμένοις ὑφ' ἑτέρων ἐπὶ δόξαν ἅμα συμβαίνει ἐν ἑνὶ χαρίζεσθαί τε πολλοῖς, κἄν τι συμβαίνῃ δύσκολον, ἧττον ἀπεχθάνεσθαι· (8) διὸ καὶ Φίλιππος Ἀλεξάνδρῳ παρῄνει κτᾶσθαι φίλους, ἕως ἔξεστι βασιλεύοντος ἑτέρου πρὸς χάριν ὁμιλοῦντα καὶ φιλοφρονούμενον.

XII. Αἱρεῖσθαι δὲ δεῖ τὸν ἀρχόμενον πολιτείας ἡγεμόνα, μὴ ἁπλῶς τὸν ἔνδοξον καὶ δυνατόν, ἀλλὰ καὶ τὸν δι' ἀρετὴν τοιοῦτον. (2) Ὡς γὰρ οὐ πᾶν δένδρον ἐθέλει προσίεσθαι καὶ φέρειν περιπλεκομένην τὴν ἄμπελον, ἀλλ' ἔνια καταπνίγει καὶ διαφθείρει τὴν αὔξησιν αὐτῆς· οὕτως ἐν ταῖς πόλεσιν οἱ μὴ φιλόκαλοι, φιλότιμοι δὲ καὶ φίλαρχοι μόνον, οὐ προῖενται τοῖς νέοις πράξεων ἀφορμάς, ἀλλ' ὥσπερ τροφὴν ἑαυτῶν τὴν δόξαν ἀφαιρουμένους, πιέζουσιν ὑπὸ φθόνου καὶ καταμαραίνουσιν· (3) ὡς Μάριος ἐν Λιβύῃ, καὶ πάλιν ἐν Γαλατίᾳ, πολλὰ διὰ Σύλλα κατορθώσας, ἐπαύσατο χρώμενος, ἀχθεσθεὶς μὲν αὐτοῦ τῇ αὐξήσει, πρόφασιν δὲ τὴν σφραγῖδα ποιησάμενος, ἀπέρριψεν· (4) ὁ γὰρ Σύλλας, ὅτε τῷ Μαρίῳ στρατηγοῦντι συνῆν ταμιεύων ἐν Λιβύῃ, πεμφθεὶς ὑπ' αὐτοῦ πρὸς Βῶκχον, ἤγαγεν Ἰογόρθαν αἰχμάλωτον· οἷα δὲ νέος φιλότιμος, ἄρτι δόξης γεγευμένος, οὐκ ἤνεγκε μετρίως τὸ εὐτύχημα, γλυψάμενος δ' εἰκόνα τῆς πράξεως ἐν σφραγῖδι, τὸν Ἰογόρθαν αὐτῷ παραδιδόμενον, ἐφόρει· καὶ τοῦτο ἐγκαλῶν ὁ Μάριος ἀπέρριψεν αὐτόν· (5) ὁ δὲ πρὸς Κάτουλον καὶ Μέτελλον ἄνδρας ἀγαθοὺς καὶ Μαρίῳ διαφόρους μεταστάς, ταχὺ τὸν Μάριον ἐξήλασε καὶ κατέλυσε τῷ ἐμφυλίῳ πολέμῳ μικροῦ δεήσαντα τὴν Ῥώμην ἀνατρέψαι. (6) Σύλλας μέντοι καὶ Πομπήϊον ἐκ νέου μὲν ἦρεν ὑπεξανιστάμενος αὐτῷ, καὶ

applicuit, ejusque potentiæ paulatim sese subjiciens atque una augescens radices in rempublicam egit. (3) Nam Aristidem auxit Clisthenes, Phocionem Chabrias, Lucullum Sylla, Catonem Fabius Maximus, Epaminondam Pammenes, Lysander Agesilaum : (4) verum hic quidem intempestivo contentionis studio et opinione æmulationis irritatus, brevi suum agendi præceptorem abjecit : reliqui præclare, et civiliter, et ad finem usque coluerunt suos et exornarunt, quemadmodum solent objecta soli corpora, id quod ipsos illustravit vicissim ex se augentes et cum splendore repercutientes. (5) Certe qui Scipioni invidebant, histrionem eum vocabant actionum, quarum auctorem esse Lælium ipsius socium : nec Lælium tamen quicquam istorum inflavit, sed perrexit suo studio virtutem et gloriam Scipionis amplificare. (6) Afranius autem Pompeii amicus, quanquam plane humili loco ortus, tamen quum se consulem designatum iri certo crederet, ubi intellexit Pompeium aliis cupere, petitione destitit, dicens, *consulatum adepto sibi non tantum accessurum splendoris, quantum molestiæ ac difficultatis, si Pompeio neque volente neque adjuvante consul crearetur* : itaque uno tantum anno quum supersedisset, deinde neque repulsam est passus, et amicitiam conservavit. (7) Porro qui hoc modo quasi manu ducuntur ab aliis ad gloriam, ii, dum uni gratificantur, simul et multitudini grati sunt, minusque versantur in odio, si quid incommodi accidit. (8) Itaque et Philippus Alexandrum hortabatur, ut dum liceret, alio regnante, amicos sibi obsequiis et officiis suis pararet.

XII. Deligendus est autem dux ad rempublicam non simpliciter gloriosus et potens, sed et qui ob virtutem talis sit. (2) Nam sicut non quævis arbor patitur educitque circumplicatam sibi vitem, sed quædam suffocant et incrementis ejus officiunt : ita in rebus publicis qui non sunt studiosi bonorum, sed tantum honorum et potentiæ cupidi, nullas concedunt juvenibus actionum occasiones, sed gloriam sibi eos quasi alimentum præripientes invidia premunt et efflorescentiæ eorum obstant. (3) Sic Marius quum in Africa, ac rursum in Galatia, multa operā Syllæ feliciter gessisset, progressus ad gloriam ejus ægre ferens, uti ipso desiit, planeque abjecit, sigilli usus prætextu. (4) Etenim Sylla quum esset Marii prætoris in Africa quæstor, missus ab eo ad Bocchum, adduxit Jugurtham captivum, eumque successum, utpote ambitiosus juvenis, et qui recens gloria gustum percepisset, non tulit mediocriter ; sed imaginem rei in annulo insculptam, Jugurtham sibi traditum, pro sigillo gestavit : idque ei vitio vertens Marius, hominem abjecit : (5) at Sylla ad Catulum Metellumque, viros bonos et Mario inimicos, transiit, moxque Marium exegit ac dejecit civili bello, quum is præne Romam evertisset. (6) Sane Sylla Pompeium quoque jam inde ab adolescentia extulit, assur-

τὴν κεφαλὴν ἀποκαλυπτόμενος ἐπιόντι, καὶ τοῖς ἄλλοις
νέοις πράξεων ἡγεμονικῶν μεταδιδοὺς ἀφορμάς, ἐνίους
δὲ καὶ παροξύνων ἄκοντας, ἐνέπλησε φιλοτιμίας καὶ
ζήλου τὰ στρατεύματα· καὶ πάντων ἐκράτησε, βουλόμενος εἶναι μὴ μόνος, ἀλλὰ πρῶτος καὶ μέγιστος ἐν
πολλοῖς καὶ μεγάλοις. (7) Τούτων οὖν ἔχεσθαι δεῖ τῶν
ἀνδρῶν, καὶ τούτοις ἐμφύεσθαι, μή, καθάπερ ὁ Αἰσώπου
βασιλίσκος, ἐπὶ τῶν ὤμων τοῦ ἀετοῦ κομισθείς, αἰφνί-
διον ἐξέπτη καὶ προέφθασεν, οὕτω τὴν ἐκείνων δόξαν
ὑφαρπάζοντας αὐτούς, ἀλλὰ παρ' ἐκείνων ἅμα μετ'
εὐνοίας καὶ φιλίας λαμβάνοντας· ὡς οὐδ' ἄρξαι καλῶς
τοὺς μὴ πρότερον ὀρθῶς δουλεύσαντας, ᾗ φησιν ὁ
Πλάτων, δυναμένους.

XIII. Ἕπεται δὲ τούτοις ἡ περὶ φίλων κρίσις, μήτε
τὴν Θεμιστοκλέους ἐπαινοῦσα, μήτε τὴν Κλέωνος διάνοιαν. (2) Ὁ μὲν γὰρ Κλέων, ὅτε πρῶτον ἔγνω τῆς
πολιτείας ἅπτεσθαι, τοὺς φίλους συναγαγὼν εἰς ταὐτό,
διελύσατο τὴν φιλίαν πρὸς αὐτούς, ὡς πολλὰ τῆς ὀρθῆς καὶ δικαίας προαιρέσεως μαλάσσουσαν ἐν τῇ πολιτείᾳ καὶ παράγουσαν. (3) ἄμεινον δ' ἂν ἐποίησε
τὴν φιλοπλουτίαν ἐκβαλὼν τῆς ψυχῆς * καὶ τὴν φιλονεικίαν, καὶ φθόνου καὶ κακοηθείας καθήρας αὑτόν· οὐ
γὰρ ἀφίλων αἱ πόλεις ἀνδρῶν καὶ ἀνεταίρων, ἀλλὰ
χρηστῶν καὶ σωφρόνων δέονται· (4) νυνὶ δὲ τοὺς μὲν
φίλους ἀπήλασεν,

Ἑκατὸν δὲ κύκλῳ κεφαλαὶ κολάκων οἰμωξομένων ἐλιχμῶντο

περὶ αὐτόν, ὡς οἱ κωμικοὶ λέγουσι· καὶ τραχὺς ὢν
πρὸς τοὺς ἐπιεικεῖς καὶ βαρύς, αὖθις ὑπέβαλλε τοῖς
πολλοῖς πρὸς χάριν ἑαυτὸν

Γερονταγωγῶν, κἀναμισθαρνεῖν διδούς,

καὶ τὸ φαυλότατον καὶ τὸ νοσοῦν μάλιστα τοῦ δήμου
προσεταιριζόμενος ἐπὶ τοὺς ἀρίστους. (6) Ὁ δὲ Θεμιστοκλῆς πάλιν πρὸς τὸν ἀποφηνάμενον, ὡς ἄρξει καλῶς ἴσον ἅπασι παρέχων ἑαυτόν· Μηδέποτε, εἶπεν, εἰς
τοιοῦτον ἐγὼ καθίσαιμι θρόνον, ἐν ᾧ πλέον οὐχ ἕξουσιν
οἱ φίλοι παρ' ἐμοὶ τῶν μὴ φίλων· οὐδὲ οὗτος ὀρθῶς τῇ
φιλίᾳ κατεπαγγελλόμενος τὴν πολιτείαν, καὶ τὰ κοινὰ
καὶ δημόσια ταῖς ἰδίαις χάρισι καὶ σπουδαῖς ὑφιέμε-
νος· (8) καίτοι γε καὶ πρὸς Σιμωνίδην ἀξιοῦντά τι
τῶν μὴ δικαίων, Οὔτε ποιητής, ἔφη, σπουδαῖός ἐστιν
ᾄδων παρὰ μέλος, οὔτ' ἄρχων ἐπιεικής, παρὰ τὸν νόμον χαριζόμενος. (7) Δεινὸν γὰρ ὡς ἀληθῶς καὶ σχέ-
τλιον, εἰ ναύτας μὲν ἐκλέγεται κυβερνήτης, καὶ κυβερνήτην ναύκληρος,

Εὖ μὲν ἐνὶ πρύμνῃ οἰήϊον, εὖ δὲ χεραίην
εἰδότας ἐντείνασθαι ἐπορνυμένου ἀνέμοιο·

καί τις ἀρχιτέκτων ὑπουργοὺς καὶ χειροτέχνας, οἳ μὴ
διαφθεροῦσιν αὐτοῦ τὸ ἔργον, ἀλλ' ἄριστα συνεκπονή-
σουσιν· (8) ὁ δὲ πολιτικός, ἀριστοτέχνας τις ὢν κατὰ Πίνδαρον, καὶ δημιουργὸς εὐνομίας καὶ δίκης, οὐκ
εὐθὺς αἱρήσεται φίλους ὁμοιοπαθεῖς, καὶ ὑπηρέτας,
καὶ συνενθουσιῶντας αὐτῷ πρὸς τὸ καλόν, ἀλλὰ ἀλ-

---

gens accedenti caputque detegens; reliquisque juvenibus
actionum principe dignarum subministrans occasiones, quosdam etiam invitos instigans, gloriæ studio et æmulatione
implevit exercitus, omnesque sub se habuit, ut qui non solus, sed primus et maximus esse inter multos et magnos
cuperet. (7) Tales ergo viri tenendi sunt, iisque adhæren-
dum; nec, quomodo regulus Æsopi, humeris aquilæ vectus,
subito evolavit et antevertit, ita eorum debemus suffurari
gloriam; sed ab iis amice et cum benevolentia accipere:
quando qui non ante recte servivere, dominari recte non
possunt, ut ait Plato.

XIII. Sequitur de amicis judicium, quo neque Themistoclis probamus, neque Cleonis sententiam. (2) Cleon enim
ad rempublicam se collaturus, conductis in unum amicis
suis, amicitiæ eorum renunciavit, quod ea in republica
persæpe a recta et justa voluntate animum averteret atque
emolliret. (3) Rectius hic divitiarum et contendendi cupiditatem animo ejecisset, eumque ab invidia et perversitate
purgasset: non enim hominibus amicorum et sodalium
exsortibus, sed bonis indiget respublica ac temperantibus.
(4) Nunc ille amicos quidem repudiavit, sed

Perdita parasitorum centum capita illum semper adulant,

ut aiunt Comici: et qui asperum se præberet ac molestum
bonis, rursum multitudini gratiæ captandæ causa se sub-
mittebat,

Ductans senes, mercede rursum serviens,

plebisque perditissimam ac vitiosissimam partem adversus
optimates sibi adsciscens amicam. (5) Contra Them-
stocles cuidam monenti, optime ipsum reipublicæ præ-
futurum, si se omnibus æqualem præberet, respondit,
*Absit ut ego tali insideam solio, unde non plus a me ad
amicos quam ad inimicos perveniat utilitatis.* Ne hic quidem recte, qui civitatem amicitiæ addiceret, resque publicas privato favori ac studio submitteret: (6) at enim Simo-
nidi abs se aliquid injustum petenti idem ipse respondit,
*neque poetam probum esse, qui præter cantilenæ mo-
dum cantet, neque magistratum probum, qui præter
leges gratificetur.* (7) Indignum enim revera est ac mise-
randum, quum nautas quidem eligat gubernator, et gubernatorem navis magister,

Qui recte in puppi norit defigere clavum,
et recte antennas surgente intendere vento;

quumque architectus ministros et operarios conducat, non
qui corrumpant opus, sed qui in eo quam rectissime absol-
vendo adjuvent: (8) civilem vero virum, qui *optimæ* sit,
ut Pindarus loquitur, *artis magister*, opifexque justitiæ et
juris, non statim ab initio deligere amicos eodem modo
affectos, et ministros eodem ad honestatem animi instinctu

λους πρὸς ἄλλην ἀεὶ χρείαν κάμπτοντας αὐτὸν ἀδίκως
καὶ βιαίως· (9) οὐδέν γε ὀφθήσεται διαφέρων οἰκοδό-
μου τινὸς ἢ τέκτονος ἀπειρίᾳ καὶ πλημμελείᾳ γωνίαις
χρωμένου καὶ κανόσι καὶ στάθμαις, ὑφ' ὧν διαστρέφεσθαι τὸ ἔργον ἔμελλεν· ὄργανα γὰρ οἱ φίλοι ζῶντα καὶ
φρονοῦντα τῶν πολιτικῶν ἀνδρῶν εἰσι, καὶ οὐ δεῖ συνολισθαίνειν αὐτοῖς παραβαίνουσιν, ἀλλὰ προσέχειν ὅπως
μηδ' ἀγνοούντων αὐτῶν ἐξαμαρτάνωσι. (10) Τοῦτο
γὰρ καὶ Σόλωνα κατήσχυνε καὶ διέβαλε πρὸς τοὺς
πολίτας· ἐπεὶ γὰρ ἐν νῷ λαβὼν τὰ ὀφλήματα κου-
φίσαι, καὶ τὴν σεισάχθειαν (τοῦτο δ' ἦν ὑποκόρισμα
χρεῶν ἀποκοπῆς) εἰσενεγκεῖν, ἐκοινώσατο τοῖς φίλοις·
οἱ δ' ἔργον ἀδικώτατον ἔπραξαν· ἐδανείσαντο γὰρ ὑπο-
φθάσαντες ἀργύριον πολύ, καὶ μετ' ὀλίγον χρόνον εἰς
φῶς τοῦ νόμου προαχθέντος, οἱ μὲν ἐφάνησαν οἰκίας τε
λαμπρὰς καὶ γῆν συνεωνημένοι πολλὴν ἐξ ὧν ἐδανείσαντο χρημάτων· ὁ δὲ Σόλων αἰτίαν ἔσχε συναδικεῖν
ἠδικημένος. (11) Ἀγησίλαος δὲ περὶ τὰς τῶν φίλων
σπουδὰς αὐτὸς αὑτοῦ γιγνόμενος ἀσθενέστατος καὶ τα-
πεινότατος, ὥσπερ ὁ Εὐριπίδου Πήγασος,

Ἔπτηξ' ὑπείκων μᾶλλον ἢ (μᾶλλον) 'θέλοι,

καὶ ταῖς ἀτυχίαις προθυμότερον βοηθῶν τοῦ δέοντος
ἐδόκει συνεξομοιοῦσθαι ταῖς ἀδικίαις· (12) καὶ γάρ τοι
Φοιβίδαν κρινόμενον ἔσωσεν ἐπὶ τῷ τὴν Καδμείαν καταλαβεῖν ἄνευ προστάγματος, φήσας τὰ τοιαῦτα δεῖν αὐ-
τοματίζειν· (13) καὶ Σφοδρίαν ἐπ' ἔργῳ παρανόμῳ
καὶ δεινῷ φεύγοντα δίκην (ἐνέβαλε γὰρ εἰς τὴν Ἀττι-
κὴν φίλων ὄντων καὶ συμμάχων), ἀφεθῆναι διεπράξατο, δεήσεσιν ἐρωτικαῖς τοῦ παιδὸς μαλαχθείς· (14) καὶ
πρός τινα δυνάστην ἐπιστόλιον αὐτοῦ τοιοῦτον φέρεται·
* Νικίαν, εἰ μὲν οὐκ ἀδικεῖ, ἄφες· εἰ δ' ἀδικεῖ, ἐμοὶ
ἄφες· πάντως δ' ἄφες. (15) Ἀλλὰ Φωκίων οὐδὲ τῷ
γαμβρῷ Χαρίκλῳ, δίκην ἔχοντι περὶ τῶν Ἁρπαλείων,
συνεισῆλθεν· ἀλλ', Ἐγώ σε, φήσας, ἐπὶ πᾶσι τοῖς δικαίοις ἐποιησάμην κηδεστήν, ᾤχετο ἀπιών. (16) Καὶ
Τιμολέων ὁ Κορίνθιος τὸν ἀδελφὸν ἐπεὶ διδάσκων καὶ
δεόμενος οὐκ ἀπέστησε τῆς τυραννίδος, συνεπράξατο
τοῖς ἀνελοῦσι. (17) Δεῖ γὰρ οὐκ ἄχρι τοῦ βωμοῦ φίλον εἶναι τῷ μὴ συνεπιορκεῖν, ὡς ποτε Περικλῆς εἶπεν, ἀλλ' ἄχρι παντὸς νόμου καὶ δικαίου καὶ συμφέροντος, ὃ παροφθὲν εἰς μεγάλην βλάβην ἀναφέρει καὶ
κοινήν, ὡς ἀνέφερε τὸ μὴ δοῦναι δίκην Σφοδρίαν καὶ
Φοιβίδαν· οὗτοι γὰρ οὐχ ἥκιστα τὴν Σπάρτην ἐνέβα-
λον εἰς τὸν Λευκτρικὸν πόλεμον. (18) Ἐπεὶ τοῖς γε
μετρίοις ἁμαρτήμασι τῶν φίλων ἐπεμβαίνειν βαρὺν ὁ
πολιτικὸς οὐκ ἀναγκάζει λόγος· ἀλλὰ καὶ δίδωσιν,
εἰς ἀσφαλὲς θεμένους τὰ μέγιστα τῶν κοινῶν, ἐκ πε-
ριουσίας βοηθεῖν τοῖς φίλοις, καὶ παρίστασθαι καὶ συν-
εκπονεῖν ὑπὲρ αὐτῶν. (19) Εἰσὶ δὲ καὶ χάριτες ἀνε-
πίφθονοι, συλλαβέσθαι πρὸς ἀρχὴν τῷ φίλῳ μᾶλλον,
ἐγχειρίσαι τινὰ διοίκησιν ἔνδοξον, ἢ πρεσβείαν φιλάνθρωπον, οἷον ἡγεμόνος τιμὰς ἔχουσαν, ἢ πρὸς πόλιν
ὑπὲρ φιλίας καὶ ὁμονοίας ἔντευξιν· (20) ἂν δὲ ᾖ τις ἐρ-

excitatos : sed eos adhibere, qui alii subinde ad alios usus
eum injuste ac violenter detorqueant. (9) Nihil profecto is
differet ab opifice, qui per imperitiam et inscitiam normis
utatur regulisque et libellis iis, ob quas pravum fieri opus
necesse sit. Etenim civilium virorum viva et intelligentia
instrumenta sunt amici : neque is peccantibus iis socium se
lapsus praebere, imo operam dare debet, ne se inscio etiam
illi delinquant. (10) Quae res Soloni dedecus attulit, et calumniis civium fecit eum obnoxium. Quum enim in animum induxisset aeris alieni diminutionem, et *sisachthiæ*
(sic novæ tabulae mitiori voce ab oneribus excutiendis ducta
appellabantur) in republica institutionem, rem cum amicis
communicavit : ii autem indignissimum fecerunt facinus;
magnam enim praecepto tempore pecuniam sumserunt mutuam; ac paulo post prolata in lucem Solonis lege, apparuit eos mutuo sumta pecunia splendidas domos multumque agri coemisse; Solon autem insimulatus fuit, tanquam
injustum id facinus, quo quidem facto ipsi fiebat injuria,
aliqua ex parte ipsi esset imputandum. (11) Agesilaus autem nulla in re impotentior atque animi demissioris fuit,
quam in studiis erga amicos; ac veluti Euripidis Pegasus,

Mage quam volebat se submisit obsequens :

alacriusque amicorum calamitatibus subveniens quam officium ferebat, creditus est eorum flagitiis esse similis : (12)
nam et Phœbidam servavit, in judicio accusatum, quod sine
mandato Cadmeam occupasset, fatus *id genus negotia vel
injussu esse conficienda :* (13) et Sphodriam injusti atrocis-
que facinoris reum, quod in Atticam impressionem fecisset,
sociis tum et confœderatis Spartanorum Atheniensibus, dam-
nationi subtraxit, amatoriis filii mollitus precibus : (14) et fertur ejus ad quendam potentem (Idrieum, regulum Cariæ) tale
epistolium : *Niciam, si insons est, dimitte : sin vero, mei
causa dimitte : omnino autem dimitte.* (15) At vero Phocion
ne genero quidem suo Charicli, quum is de Harpalea pecunia reus esset factus, in judicio adfuit : sed hoc fatus, *Ego
te mihi generum ad omnia justa allegi,* ab eo discessit.
(16) Et Timoleon Corinthius quum fratrem suum monendo
et deprecando a tyrannide non deduceret, cædem ejus consilio suo adjuvit. (17) Oportet enim non modo *usque ad
aram amicum esse,* neque se perjurii socium facere, ut aliquando Pericles dixit; sed et usque ad omnem legem, jus
atque utilitatem, quod neglectum in magnum atque publicum exit damnum : quo exiit etiam Sphodriæ ac Phœ-
bidæ impunitas, qui non minima causa fuerunt Spartanis,
cur in Leuctricum conjicerentur bellum. (18) Alioqui mediocribus amicorum delictis graviter insultare civilis ratio
non cogit; sed concedit, maxima reipublicæ parte in tuto
collocata, ex eo quod superest opitulari amicis, iisque ad-
stare, et pro ipsis elaborare. (19) Gratificari etiam licet
amicis citra invidiam, eisque potissimum ad magistratum
consequendum adjumento esse, administrationem aliquam
splendidam iis demandando, aut legationem in rebus paca-
tis et lætis, velut ubi præsidi provinciæ honores exhiben-
tur, aut cum urbe aliqua de pace et concordia mutua agitur :
(20) quum vero difficilis aliqua, sed eadem illustris ac ma-

γῶδης, ἐπιφανὴς δὲ καὶ μεγάλη πρᾶξις, αὐτὸν ἐπὶ ταύτην τάξαντα πρῶτον, εἶτα προσελέσθαι τὸν φίλον, ὡς
ὁ Διομήδης·

> Εἰ μὲν δὴ ἕταρόν γε κελεύετ' ἐμαυτὸν ἑλέσθαι,
> πῶς ἂν ἔπειτ' Ὀδυσῆος ἐγὼ θείοιο λαθοίμην;

κἀκεῖνος αὖ πάλιν ἀνταποδίδωσιν οἰκείως τὸν ἔπαινον.

> Ἵπποι [δ' οἵ]δε, γεραιέ, νεήλυδες, οὓς ἐρεείνεις,
> Θρηΐκιοι, τὸν δέ σφιν ἄνακτ' ἀγαθὸς Διομήδης
> ἔκτανε, πὰρ δ' ἑτάρους δυοκαίδεκα πάντας ἀρίστους.

(21) Αὕτη γὰρ ἡ πρὸς τοὺς φίλους ὕφεσις οὐχ ἧττον
ἐπικοσμεῖ τῶν ἐπαινουμένων τοὺς ἐπαινοῦντας· ἡ δ'
αὐθάδεια, φησὶν ὁ Πλάτων, ἐρημίᾳ σύνοικος. (22)
Ἔτι τοίνυν ταῖς καλαῖς καὶ φιλανθρώποις χάρισι δεῖ
τοὺς φίλους συνεισποιεῖν, καὶ κελεύειν τοὺς εὖ παθόν-
τας ἐκείνους ἐπαινεῖν καὶ ἀγαπᾶν, ὡς αἰτίους ἅμα καὶ
συμβούλους γεγενημένους· τὰς δὲ φαύλας καὶ ἀτόπους
ἀξιώσεις ἀποτρίβεσθαι, μὴ πικρῶς, ἀλλὰ πράως, διδάσκοντα καὶ παραμυθούμενον, ὡς οὐκ ἄξιαι τῆς ἐκείνων ἀρετῆς εἰσι καὶ δόξης. (23) Ἄριστα δ' ἀνθρώπων
ὁ Ἐπαμεινώνδας, ἀρνησάμενος δεηθέντι τῷ Πελοπίδᾳ
τὸν κάπηλον ἐκ τῆς εἰρκτῆς ἀφεῖναι, καὶ μετ' ὀλίγον
τῆς ἐρωμένης δεηθείσης ἀφεὶς, Τοιαύτας, ἔφη, χάριτας, ὦ Πελοπίδα, λαμβάνειν ἑταιριδίοις, οὐ στρατηγοῖς, πρέπον ἐστίν. (24) Ὁ δὲ Κάτων βαρέως καὶ
αὐθαδῶς, ἐπεὶ Κάτλος ὁ τιμητής, φίλος ὢν ἐν τοῖς μάλιστα καὶ συνήθης, ἐξητεῖτό τινα τῶν κρινομένων ὑπ'
αὐτοῦ ταμιεύοντος, Αἰσχρόν ἐστιν, ἔφη, σὲ, τὸν ὀφεί-
λοντα τοὺς νέους ἡμᾶς σωφρονίζειν, ὑπὸ τῶν ἡμετέρων
ὑπηρετῶν ἐκβάλλεσθαι. (25) Τῷ γὰρ ἔργῳ τὴν χάριν
ἐξῆν ἀπειπάμενον, ἀφελεῖν τοῦ λόγου τὴν τραχύτητα
καὶ πικρίαν, ὡς μηδὲ τῇ πράξει τὸ λυπηρὸν ἑκουσίως,
ἀλλ' ἀναγκαίως ἐπιφέροντα διὰ τὸν νόμον καὶ τὸ δίκαιον. (26) Εἰσὶ δὲ καὶ πρὸς χρηματισμὸν οὐκ ἀγεννεῖς ἐν πολιτείᾳ τοῖς δεομένοις τῶν φίλων αἱ συλλή-
ψεις· οἷον ὁ Θεμιστοκλῆς, μετὰ τὴν μάχην ἰδὼν νεκρὸν
στρεπτὰ χρυσᾶ καὶ μανιάκην περικείμενον, αὐτὸς μὲν
παρῆλθεν, ἐπιστραφεὶς δὲ πρὸς τὸν φίλον, Ἄνελοῦ ταῦτα, εἶπεν· οὐ γὰρ καὶ σὺ Θεμιστοκλῆς γέγονας. (27)
Δίδωσι γὰρ καὶ τοῦτο πολλάκις τῷ πολιτικῷ τὰ
πράγματα πρὸς τοὺς φίλους. Οὐ γὰρ δὴ Μενέμαχοι
πάντες εἰσί· τῷ μὲν ἐγχείρισον συνηγορίαν ἔμμισθον
ὑπὲρ τοῦ δικαίου, τῷ δὲ σύστησον πλούσιον ἐπιμελείας
καὶ προστασίας δεόμενον· ἄλλῳ δ' εἰς ἐργολαβίαν τινὰ
σύμπραξον, ἢ μίσθωσιν ὠφελείας ἔχουσαν. (28) Ἐπαμεινώνδας δὲ καὶ πλουσίῳ τινὶ προσελθόντα φίλον αἰτεῖν ἐκέλευσεν (ἓν) τάλαντον, ὡς αὐτοῦ δοῦναι κελεύ-
σαντος· ἐπεὶ δὲ ὁ αἰτηθεὶς ἐλθὼν ἐπυνθάνετο τὴν αἰτίαν,
Ὅτι χρηστός, εἶπεν, οὗτος [ὢν πένης] ἐστί· σὺ δὲ
πλουτεῖς πολλὰ τῆς πόλεως νενοσφισμένος. (29) Καὶ
τὸν Ἀγησίλαον ὁ Ξενοφῶν ἀγάλλεσθαί φησι πλουτίζοντα
τοὺς φίλους, αὐτὸν ὄντα κρείττονα χρημάτων.

XIV. Ἐπεὶ δὲ πάσαις κορυδαλλίσι, κατὰ Σιμωνί-

---

gna, impendet actio; eam civilis vir primum ipse suscipiet,
tum ad ejus societatem adsciscet amicum, quemadmodum
Diomedes,

> Quodsi me socium mihi vos adsciscere vultis
> divini quonam pacto obliviscar Ulyssis?

vicissimque Ulysses ei convenienter laudem facinoris attribuit:

> Quæris equi, Nestor, modo quos adduximus, isti
> unde adsint? Thraces bello adduxere feroces;
> rex quorum, et bis sex, fortissima corpora, juxta
> Tydidæ manibus socii cecidere peremti.

(21) Hujus enim modi concessio, qua amicis laudem defe-
rimus, non minus laudantem exornat quam laudatum:
quando se ipsum duntaxat probare, vitium est, ut ait
Plato, *solitudini contubernale*. (22) Præterea vero hone-
storum humaniterque a nobis exhibitorum officiorum pars
amicis est ascribenda; et quibus benefactum est, ii jubendi
amicos nostros laudare atque diligere, ut qui causam et
consilium nostro officio in ipsos conferendo præbuerint.
Quæ vero amicorum sunt ineptæ et absurdæ petitiones,
eæ non acerbe, sed mansuete sunt rejiciendæ, dehortandi-
que sunt, et ostendendum istas virtute existimationeque
ipsorum non esse dignas. (23) Optime omnium hominum
Epaminondas, qui quum cauponem e carcere ad depreca-
tionem Pelopidæ dimittere abnuisset, paullo post eundem
amasia precibus intercedente missum fecit, *Hujusmodi*,
inquiens, *beneficia accipere meretriculas par est, non
prætores*. (24) Morose Cato et insolenter, qui, quum Ca-
tulus censor, summus ejus amicus et familiaris, depreca-
retur pro quodam, qui ab ipso tum quæsturam gerente
judicabatur, *Turpe*, ait, *est, te qui nobis adolescentes debes bene moratos reddere, a meis ejici famulis*. (25)
Licebat enim re ipsa officium hoc denegantem, asperam
dicti acerbitatem prætermittere, ut videretur facti quoque
amico molesti causa non voluntas ipsi, sed legum et justitiæ necessitas fuisse. (26) Sunt et ad juvandos in pa-
randa pecunia amicos in administratione reipublicæ rationes
nequaquam illiberales: ut Themistocles quum a pugna
videret cadaver aureis torquibus et monili insigne, præteriit ipse, et ad amicum conversus, *Aufer*, inquit, *hæc:
non enim tu quoque es Themistocles*. (27) Nam talia amicis
præstandi res ipsæ versanti in republica sæpenumero occasionem præbent. Non enim omnes sunt Menemachi;
proinde huic patrocinium justæ causæ cum præmio conjunctum demanda, alteri divitem commenda procuratione et
defensione indigentem, alium in conductione aliqua quæ
stuosa adjuva. (28) Epaminondas quidem amico cuidam
suo mandavit, ut divitem quempiam accederet et ab eo
talentum posceret, ita se imperasse dicens: quumque
dives accessisset, causam sciscitans: *Quia*, inquit, *hic vir
bonus eget, tu dives es, qui multa civitatis bona in rem
tuam vertisti*. (29) Et Agesilaum Xenophon scribit læta-
tum fuisse quoties amicum ditaret, quum quidem ipse
divitias despiceret.

XIV. Ceterum quoniam *omnibus*, ut ait Simonides,

δην, χρὴ λόφον ἐγγενέσθαι, καὶ πᾶσα πολιτεία φέρει τινὰς ἔχθρας καὶ διαφορὰς, οὐχ ἥκιστα προσήκει καὶ περὶ τούτων ἐσκέφθαι τὸν πολιτικόν. (2) Οἱ μὲν οὖν πολλοὶ τὸν Θεμιστοκλέα καὶ τὸν Ἀριστείδην ἐπαινοῦσιν, ἐπὶ τῶν ὅρων τὴν ἔχθραν ἀποτιθεμένους, ὁσάκις ἐπὶ πρεσβείαν ἢ στρατηγίαν ἐξίοιεν, εἶτα πάλιν ἀναλαμβάνοντας. (3) Ἐνίοις δὲ καὶ τὸ Κρητίνου τοῦ Μάγνητος ὑπερφυῶς ἀρέσκει· Ἑρμείᾳ γὰρ ἀντιπολιτευόμενος, ἀνδρὶ οὐ δυνατῷ, φιλοτίμῳ δὲ καὶ λαμπρῷ τὴν ψυχὴν, ἐπεὶ κατέσχεν ὁ Μιθριδατικὸς πόλεμος, τὴν πόλιν ὁρῶν κινδυνεύουσαν, ἐκέλευσε τὸν Ἑρμείαν τὴν ἀρχὴν παραλαβόντα, χρῆσθαι τοῖς πράγμασιν, αὐτοῦ μεταστάντος· εἰ δὲ βούλεται στρατηγεῖν ἐκεῖνον, αὐτὸν ἐκποδὼν ἀπελθεῖν, μὴ φιλοτιμούμενοι πρὸς ἀλλήλους ἀπολέσειαν τὴν πόλιν. (4) Ἤρεσεν ἡ πρόκλησις τῷ Ἑρμείᾳ, καὶ φήσας, ἑαυτοῦ πολεμικώτερον εἶναι τὸν Κρητίναν, ὑπεξῆλθε μετὰ παίδων καὶ γυναικός· ὁ δὲ Κρητίνας ἐκεῖνόν τε προὔπεμψε, τῶν ἰδίων χρημάτων ἐπιδοὺς ὅσα φεύγουσιν ἦν ἢ πολιορκουμένοις χρησιμώτερα· καὶ τὴν πόλιν ἄριστα στρατηγήσας, παρ' οὐδὲν ἐλθοῦσαν ἀπολέσθαι, περιεποίησεν ἀνελπίστως. (5) Εἰ γὰρ εὐγενὲς καὶ φρονήματος μεγάλου τὸ ἀναφωνῆσαι,

> Φιλῶ τέκν', ἀλλὰ πατρίδ' ἐμὴν μᾶλλον φιλῶ·

πῶς οὐκ ἐκεῖνο προχειρότερον εἰπεῖν ἑκάστῳ· Μισῶ τὸν δεῖνα, καὶ βούλομαι ποιῆσαι κακῶς, ἀλλὰ πατρίδα ἐμὴν μᾶλλον φιλῶ; τὸ γὰρ μὴ θέλειν διαλυθῆναι πρὸς ἐχθρὸν, ὧν ἕνεκα δεῖ [καὶ] φίλον προέσθαι, δεινῶς ἄγριον καὶ θηριῶδες. (6) Οὐ μὴν ἀλλὰ βέλτιον οἱ περὶ Φωκίωνα καὶ Κάτωνα, μηδὲ ὅλως ἔχθραν τινὰ πρὸς πολιτικὰς τιθέμενοι διαφορὰς, ἀλλὰ δεινοὶ καὶ ἀπαραίτητοι μόνον ἐν τοῖς δημοσίοις ἀγῶσιν ὄντες μὴ προέσθαι τὸ συμφέρον, ἐν δὲ τοῖς ἰδίοις ἀμηνίτως καὶ φιλανθρώπως χρώμενοι τοῖς ἐκεῖ διαφερομένοις. (7) Δεῖ γὰρ ἐχθρὸν μηδένα νομίζειν πολίτην, ἂν μή τις, οἷος Ἀριστίων, ἢ Νάβις, ἢ Κατιλίνας, νόσημα καὶ ἀπόστημα πόλεως ἐγγένηται· τοὺς δ' ἄλλως ἀπᾴδοντας, ὥσπερ ἁρμονικὸν, ἐπιτείνοντα καὶ χαλῶντα πρᾴως εἰς τὸ ἐμμελὲς ἄγειν, μὴ τοῖς ἁμαρτάνουσι σὺν ὀργῇ καὶ πρὸς ὕβριν ἐπιφυόμενον, ἀλλ' ὡς Ὅμηρος, ἠθικώτερον·

> Ὦ πέπον, ἦτ' ἐφάμην σὲ περὶ φρένας ἔμμεναι ἄλλων·

καὶ,

> Οἶσθα καὶ ἄλλον μῦθον ἀμείνονα τοῦδε νοῆσαι·

(8) ἄν τέ τι χρηστὸν εἴπωσιν ἢ πράξωσι, μὴ τιμαῖς ἀχθόμενον αὐτῶν, μηδὲ λόγων εὐφήμων ἐπὶ καλοῖς φειδόμενον· οὕτω γὰρ ὅ τε ψόγος, ὅπου δεῖ, πίστιν ἕξει, καὶ πρὸς τὴν κακίαν διαβαλοῦμεν αὐτοὺς, αὔξοντες τὴν ἀρετὴν, καὶ ταῦτα παραβάλλοντες ἐκείνοις ὡς ἄξια καὶ πρέποντα μᾶλλον. (9) * Ἐγὼ δὲ καὶ μαρτυρεῖν ἀξιῶ τὰ δίκαια καὶ τοῖς διαφόροις τὸν πολιτικὸν ἄνδρα, καὶ βοηθεῖν κρινομένοις πρὸς τοὺς συκοφάντας, καὶ ταῖς διαβολαῖς ἀπιστεῖν, ἂν ὦσιν ἀλλότριαι τῆς προαιρέσεως αὐτῶν·

---

cassilis necesse est cristam innasci, et similiter nulla reipublicæ administratio non fert inimicitias aliquas et dissensiones; non minimum refert etiam hanc rem præmeditatum esse eum, qui in republica gerenda versari instituit. (2) Laudant plerique Themistoclem et Aristidem, qui quoties ad obeundam legationem, aut ducendum exercitum proficiscerentur, inimicitiam in finibus patriæ deposuerunt, reversique domum eam resumserunt. (3) Nonnullis etiam factum Cretinæ Magnetis majorem in modum placet. Is quum in reipublicæ tractatione adversaretur Hermiæ, viro non potenti quidem, sed honorum tamen percupido, animique elati, cernens sub initium belli Mithridatici civitatem in discrimine versari, optionem hanc Hermiæ detulit, ut vel is, se in exilium profecto, urbem gubernaret, vel, si ita videretur, ipse solum vertens sibi imperium relinqueret; ne sua contentione civitatem pessundarent. (4) Placuit oblata conditio Hermiæ, fassusque bello gerendo præstare sibi Cretinam, cum liberis et uxore urbe excessit: et Cretinas, quum eum deduxit de suo largitus quæ exulantibus essent quam obsessis commodiora, tum re optime gesta urbem contra omnium exspectationem a præsente exitio conservavit. (5) Si enim nobilis est magnique animi vox ista,

> Amo liberos, sed patriam magis amo meam :

cur non cuivis promtius sit dicere, Odi hunc et cupio lædere, sed majore patriæ amore detineor? Nolle enim cum inimico in gratiam redire eam ob causam, ob quam vel amicus sit dimittendus, nimis quam immane est et efferati animi. (6) Veruntamen rectius Phocion et Cato, qui nullas prorsus inimicitias cum reipublicæ administratione privatim conjunxerunt : sed quum in publicis certaminibus pro utilitate reipublicæ acres se et propositi tenacissimos gererent, in rebus privatis pacate et humaniter iis usi sunt qui in publica dissentirent. (7) Nullus enim civis pro inimico habendus est, nisi quis est Aristionis instar, aut Nabidis, aut Catilinæ, morbus et vomica veluti reipublicæ. Qui vero alias discrepant, eos instar musici debet reipublicæ moderator vel relaxando placide vel intendendo ad concentum reducere; neque peccantes iracunde aut contumeliose incessere, sed placide objurgare : cujus generis sunt Homerica ista,

> Nugator, te plus allis ego mente valere
> credideram;

et,

> Rectius his aliquid poteras depromere verbis :

(8) rursumque ubi recte aliquid dixerint aut fecerint, neque honori eorum invidere, neque faustis acclamationibus parcere. Ita fiet, ut et reprehensioni suæ sit in loco auctoritas, et a vitio eos avertamus virtutem augendo, et probe facta ac dicta, tanquam ipsis digniora, delictis comparando. (9) Ego vero versantem in republica virum et inimicis justa in causa testimonium perhibere jubeo, et in judicio eos contra calumniatores tueri, alienisque ab eorum animi instituto criminibus fidem denegare : (10)

(10) ὥσπερ ὁ Νέρων ἐκεῖνος ὀλίγον ἔμπροσθεν ἢ κτεῖναι τὸν Θρασέαν μάλιστα μισῶν καὶ φοβούμενος, ὅμως ἐγκαλοῦντός τινος, ὡς κακῶς κεκριμένου καὶ ἀδίκως, Ἐβουλόμην ἄν, ἔφη, Θρασέαν οὕτως ἐμὲ φιλεῖν, ὡς ὁ δικαστὴς ἄριστός ἐστι. (11) Οὐ χεῖρον δὲ καὶ πρὸς ἐπίπληξιν ἑτέρων φύσει πονηρῶν μᾶλλον ἁμαρτανόντων, ἐχθροῦ μνησθέντα κομψοτέρου τὸ ἦθος εἰπεῖν, Ἀλλ' ἐκεῖνος οὐκ ἄν τοῦτο εἶπεν, οὐδ' ἐποίησεν. (10) Ὑπομνηστέον δὲ καὶ πατέρων ἀγαθῶν ἐνίους, ὅταν ἐξαμαρτάνωσιν· [ὡς] Ὅμηρος·

Ἦ ὀλίγον οἱ παῖδα ἐοικότα γείνατο Τυδεύς·

καὶ πρὸς Σκιπίωνα τὸν Ἀφρικανὸν Ἄππιος ἐν ἀρχαιρεσίαις διαγωνιζόμενος, Ἡλίκον ἄν, εἶπεν, ὦ Παῦλε, στενάξειας ὑπὸ γῆς, αἰσθόμενος ὅτι σοι τὸν υἱὸν ἐπὶ τιμητικὴν ἀρχὴν καταβαίνοντα Φιλόνεικος ὁ τελώνης δορυφορεῖ. (13) Τὰ γὰρ τοιαῦτα νουθετεῖ τοὺς ἁμαρτάνοντας ἅμα, καὶ κοσμεῖ τοὺς νουθετοῦντας. Πολιτικῶς δὲ καὶ ὁ Νέστωρ ὁ τοῦ Σοφοκλέους ἀποκρίνεται λοιδορούμενος ὑπὸ τοῦ Αἴαντος,

Οὐ μέμφομαί σε· δρῶν γὰρ εὖ, κακῶς λέγεις.

(14) Καὶ Κάτων, διενεχθεὶς πρὸς τὸν Πομπήϊον, ἐν οἷς ἐβιάζετο τὴν πόλιν μετὰ Καίσαρος, ἐπεὶ κατέστησαν εἰς πόλεμον, ἐκέλευσε Πομπηΐῳ παραδοῦναι τὴν ἡγεμονίαν, ἐπείπὼν ὅτι τῶν αὐτῶν ἐστι, καὶ ποιεῖν τὰ μεγάλα κακὰ καὶ παύειν. (15) Ὁ γὰρ μεμιγμένος ἐπαίνῳ ψόγος οὐκ ἔχων ὕβριν, ἀλλὰ παρρησίαν, οὐδὲ θυμόν, ἀλλὰ δηγμὸν καὶ μετάνοιαν ἐμποιῶν, εὐμενὴς φαίνεται καὶ θεραπευτικός· αἱ δὲ λοιδορίαι τοῖς πολιτικοῖς ἥκιστα πρέπουσιν. (16) Ὅρα δὲ τὰ πρὸς Αἰσχίνην ὑπὸ Δημοσθένους εἰρημένα, καὶ τὰ πρὸς τοῦτον ὑπ' Αἰσχίνου καὶ πάλιν ἃ πρὸς Δημάδην γέγραφεν Ὑπερείδης, εἰ Σόλων ἄν εἶπεν, ἢ Περικλῆς, ἢ Λυκοῦργος ὁ Λακεδαιμόνιος, ἢ Πιττακὸς ὁ Λέσβιος· καίτοι γε καὶ Δημοσθένης ἐν τῷ δικανικῷ τὸ λοίδορον ἔχει μόνῳ, οἱ δὲ Φιλιππικοὶ καθαρεύουσι καὶ σκώμματος καὶ βωμολοχίας ἁπάσης· (17) τὰ γὰρ τοιαῦτα τῶν ἀκουόντων μᾶλλον αἰσχύνει τοὺς λέγοντας, ἔτι [δὲ] καὶ σύγχυσιν ἀπεργάζεται τῶν πραγμάτων, καὶ διαταράττει τὰ βουλευτήρια καὶ τὰς ἐκκλησίας. (18) Ὅθεν ἄριστα ὁ Φωκίων ὑπεκστὰς τῷ λοιδοροῦντι, καὶ παυσάμενος τοῦ λέγειν, ἐπεὶ μόλις ἐσιώπησεν ὁ ἄνθρωπος, αὖθις παρελθών, Οὐκοῦν, ἔφη, περὶ μὲν τῶν ἱππέων καὶ τῶν ὁπλιτῶν ἀκηκόατε, λείπεται δέ μοι περὶ τῶν ψιλῶν καὶ πελταστῶν διελθεῖν. (19) Ἀλλ' ἐπεὶ πολλοῖς δυσκάθεκτόν ἐστι τὸ πρᾶγμα, καὶ πολλάκις οὐκ ἀχρήστως οἱ λοιδοροῦντες ἐπιστομίζονται ταῖς ἀπαντήσεσιν, ἔστω βραχεῖα τῇ λέξει, καὶ μὴ θυμὸν ἐμφαίνουσα μηδ' ἀκραχολίαν, ἀλλὰ πρᾳότητα μετὰ παιδιᾶς καὶ χάριτος ἀμωσγέπως δάκνουσα[ν]· αἱ δ' ἀντεπιστρέφουσαι μάλιστα τοιαῦται. (20) Καθάπερ γὰρ τῶν βελῶν ὅσα πρὸς τὸν βαλόντα φέρεται πάλιν, ῥώμῃ τινὶ δοκεῖ καὶ στερεότητι τοῦ πληγέντος ἀνακρουόμενα τοῦτο πάσχειν· οὕτω τὸ λεχθὲν ὑπὸ ῥώμης καὶ συνέ-

quemadmodum Nero ille, paullo ante quam Thraseam interficeret, quem maxime oderat ac metuebat, tamen, quodam conquerente iniquam in sua causa a Thrasea latam fuisse sententiam, *Utinam vero*, inquit, *ita me amaret Thrasea, ut optimus est judex.* (11) Non abs re est etiam, objurgandi causa eos, qui vitio quodam naturæ ad peccandum sunt procliviores, proferre inimicum eorum melioribus præditum moribus, ac dicere, Atqui hic non erat ita locuturus sive acturus. (12) Nonnullis peccantibus parentum præclarorum est objicienda mentio : sic apud Homerum,

Haud similem natum tibi, Tydeu magne, dedisti :

et Appius in comitiis ad magistratus creandos cum Africano Scipione contendens, *Quam* inquit, *ingemisceres, Paule, apud manes, si sentires filium tuum censuræ petendæ gratia in campum descendentem a Philonico publicano stipari.* (13) Hujusmodi enim dicta et peccantes emendant, et correctores decorant. Civiliter etiam Nestor apud Sophoclem respondet convicianti Ajaci,

Non culpo : bonis cum factis loquere perperam.

(14) Et Cato quum Pompeio restitisset, Cæsari in vi reipublicæ facienda socium se præbenti, exorto inter hos bello, Pompeium summæ rerum jussit præfici, *ejusdem esse,* inquiens, *magna mala ciere et amoliri.* (15) Permixta enim laudationi reprehensio, non contumeliam, sed libertatem in se habens, neque iram, sed morsum et pœnitentiam excitans, benigna videtur et ad corrigendum apta : convicia vero civiles minime decent. (16) Tuum enim facio judicium, an quæ Æschines et Demosthenes alter in alterum scripserunt, aut quæ adversus Demadem Hyperides, Solon, aut Pericles, aut Lycurgus Spartanus, aut Pittacus Lesbius fuissent usurpaturi : quanquam Demosthenes in judiciali tantum oratione usus est maledictis, Philippicæ omnis et dicacitatis et scurrilitatis sunt puræ. (17) Nam id quidem genus dicteria dicentibus quam in quos dicuntur plus afferunt dedecoris ; ac præterea confusionem secum trahunt negotiorum, conturbantque deliberationes et conciones. (18) Optime itaque Phocion, qui quum cessisset convicianti, ac dicere destitisset, postquam homo ille tandem conticuit, rursum in concionem progressus, *Ergo,* inquit, *de equitibus et gravis armaturæ militibus audivistis : reliquum est mihi de levis armaturæ militibus et cetratis disserere.* (19) Verum quia plerique in hoc negotio continere se non possunt, ac sæpenumero non inutiliter maledicentium ora responsis obturantur : esto responsio brevis, neque iram præ se aut stomachum ferat, sed mansuetudinem cum joco et gratia tamen utcunque mordentem : quales maxime sunt quæ dictum retorquent. (20) Sicut enim tela in eum qui misit redeuntia, vi quadam et soliditate impetiti iis retro averti videntur : ita maledictum robore et

σεως τοῦ λοιδορηθέντος, ἐπὶ τοὺς λοιδορήσαντας ἀναστρέφειν ἔοικεν· (21) ὡς τὸ Ἐπαμεινώνδου πρὸς Καλ-
λίστρατον, ὀνειδίζοντα Θηβαίοις καὶ Ἀργείοις τὴν Οἰ-
δίποδος πατροκτονίαν καὶ τὴν Ὀρέστου μητροκτονίαν,
ὅτι Τοὺς ταῦτα ποιήσαντας ἡμῶν ἐκβαλόντων, ὑμεῖς
ἐδέξασθε· (22) καὶ τὸ Ἀνταλκίδου τοῦ Σπαρτιάτου
πρὸς τὸν Ἀθηναῖον τὸν φήσαντα, Πολλάκις ὑμᾶς ἀπὸ
τοῦ Κηφισοῦ ἐδιώξαμεν· Ἀλλ' ἡμεῖς γε ὑμᾶς ἀπὸ τοῦ
Εὐρώτα οὐδέποτε· (23) * χαριέντως δὲ καὶ ὁ Φωκίων,
τοῦ Δημάδου κεκραγότος, Ἀθηναῖοί σε ἀποκτενοῦσιν·
Ἄν γε μανῶσιν, ἔφη, σὲ δὲ, ἂν σωφρονῶσι. (24) Καὶ
Κράσσος ὁ ῥήτωρ, Δομετίου πρὸς αὐτὸν εἰπόντος, Οὐ
σὺ μυραίνης ἐν κολυμβήθρα σοι τρεφομένης, εἶτ' ἀποθανούσης, ἔκλαυσας; ἀντηρώτησεν, Οὐ σὺ τρεῖς γυναῖκας θάψας οὐκ ἐδάκρυσας; Ταῦτα μὲν οὖν ἔχει χρείαν
τινὰ καὶ πρὸς τὸν ἄλλον βίον.

XV. Πολιτείας δὲ οἱ μὲν εἰς ἅπαν ἐνδύονται μέρος,
ὥσπερ ὁ Κάτων, οὐδεμιᾶς ἀξιοῦντες εἰς δύναμιν ἀπολείπεσθαι φροντίδος οὐδ' ἐπιμελείας τὸν ἀγαθὸν πολί-
την· (2) καὶ τὸν Ἐπαμεινώνδαν ἐπαινοῦσιν, ὅτι φθόνῳ
καὶ πρὸς ὕβριν ἀποδειχθεὶς τελέαρχος ὑπὸ τῶν Θηβαίων, οὐκ ἠμέλησεν, ἀλλ' εἰπὼν ὡς οὐ μόνον ἀρχὴ
ἄνδρα δείκνυσιν, ἀλλὰ καὶ ἀρχὴν ἀνήρ, εἰς μέγα καὶ
σεμνὸν ἀξίωμα προήγαγε τὴν τελεαρχίαν, οὐδὲν οὖσαν
πρότερον, ἀλλ' ἢ περὶ τοὺς στενωποὺς ἐκβολῆς κοπρίων
καὶ ῥευμάτων ἀποτροπῆς ἐπιμέλειάν τινα. (3) Κἀγὼ
δ' ἀμέλει παρέχω γέλωτα τοῖς παρεπιδημοῦσιν, ὁρώ-
μενος ἐν δημοσίῳ περὶ τὰ τοιαῦτα πολλάκις· ἀλλὰ
βοηθεῖ μοι τὸ τοῦ Ἀντισθένους μνημονευόμενον. Θαυμάσαντος γάρ τινος, εἰ δι' ἀγορᾶς αὐτὸς φέρει τάριχον·
Ἐμαυτῷ γε, εἶπεν· (4) ἐγὼ δ' ἀνάπαλιν πρὸς τοὺς
ἐγκαλοῦντας, εἰ κεράμῳ παρέστηκα διαμετρουμένῳ,
καὶ φυράμασι καὶ λίθοις παρακομιζομένοις, Οὐκ
ἐμαυτῷ γε, φημί, ταῦτ' οἰκονομεῖν, ἀλλὰ τῇ πατρίδι.
(5) Εἰς γὰρ ἄλλα πολλὰ μικρὸς ἄν τις εἴη καὶ γλίσχρος
αὑτῷ διοικῶν, καὶ δι' αὐτὸν πραγματευόμενος· εἰ δὲ
δημοσίᾳ καὶ διὰ τὴν πόλιν, οὐκ ἀγεννής, ἀλλὰ μεῖζον
τὸ μέχρι μικρῶν ἐπιμελὲς καὶ πρόθυμον. (6) Ἕτεροι
δὲ σεμνότερον οἴονται καὶ μεγαλοπρεπέστερον εἶναι τὸ
τοῦ Περικλέους· ὧν καὶ Κριτόλαός ἐστιν ὁ Περιπατητικός, ἀξιῶν, ὥσπερ ἡ Σαλαμινία ναῦς Ἀθήνησι καὶ ἡ
Πάραλος οὐκ ἐπὶ πᾶν ἔργον, ἀλλ' ἐπὶ τὰς ἀναγκαίας
καὶ μεγάλας κατεσπῶντο πράξεις, οὕτως ἑαυτῷ πρὸς τὰ
κυριώτατα καὶ μέγιστα χρῆσθαι, ὡς ὁ τοῦ κόσμου βασιλεύς,

Τῶν ἄγαν γὰρ ἅπτεται
θεὸς, τὰ μικρὰ δ' εἰς τύχην ἀνεὶς ἐᾷ,

κατὰ τὸν Εὐριπίδην. (7) Οὐδὲ γὰρ τοῦ Θεαγένους τὸ
φιλότιμον ἄγαν καὶ φιλόνεικον ἐπαινοῦμεν, ὃς οὐ μόνον
τὴν περίοδον νενικηκὼς, ἀλλὰ καὶ πολλοὺς ἀγῶνας,
οὐ πραγκρατίῳ μόνον, ἀλλὰ καὶ πυγμῇ καὶ δολιχῷ,
τέλος ἡρῷα δειπνῶν ἐπιταφίου τινὸς, ὥσπερ εἰώθει,
προτεθείσης ἅπασι τῆς μερίδος, ἀναπηδήσας, διεπρ-

prudentia ejus in quem jactum' fuit in auctorem reverti
apparet. (21) Quale est, quod Epaminondas Callistrato
exprobranti Thebanis, Œdipi, qui patrem, et Argivis,
Orestis, qui matrem interfecit, facinora, respondit, *Atqui
vos hos ipsos a nobis ejectos recepistis.* (22) Et Antalcidæ
Spartani ad Atheniensem dicentem, *Vos sæpe a nobis estis
a Cephiso in fugam acti,* responsum, *At vos a nobis nunquam estis ab Eurota fugati.* (23) Eleganter etiam Phocion, Demade vociferante, *Athenienses te interficient;
Ubi quidem cœperint insanire,* respondit; *te vero, ubi
sapere cœperint.* (24) Et Crassus orator Domitio objicienti, *Nonne tu mortuam murænam, quam alueras in
piscina, deflevisti?* reddidit, *Nonne tu nullam lacrimam trium uxorum sepulturæ impendisti?* Atque hæc
quidem etiam in reliqua vita suam habent utilitatem.

XV. Sunt porro qui nullam non partem publici muneris
subeunt, ut Cato, existimantes bono civi nullam curam
aut industriam omittendam, quæ ad potentiam conciliandam
conducat. (2) Laudantque hi Epaminondam, quod quum
eum Thebani invidia ducti et contumeliæ faciendæ causa Te-
learcham [ædilem] designassent, non detrectavit : sed fatus,
*non modo magistratu virum, sed etiam viro magistratum
qualis sit demonstrari,* Telearchiam ad magnam dignitatem
ac majestatem evexit : quum ante is magistratus non fuisset
nisi stercorum ex angiportis ejiciendorum et aquarum de-
rivandarum procuratio quædam. (3) Atque ipse quoque
nimirum peregre huc advenientibus risum moveo, quum
talia videor frequenter in publico tractare : sed tuetur me
Antisthenis dictum memoriæ proditum, qui miranti cuidam,
quod salsamentum per forum ipse gestaret, respondit,
Mihi quidem ipse fero. (4) Atque ego vicissim incusan-
tibus quod dimensioni testarum asto, ac cæmenti et lapidum
vecturæ, respondeo, *non mihi me, sed patriæ ista admi-
nistrare.* (5) Ut enim sordidus haberi potest, qui multa id
genus sibi ipsi tractat, suique causa administrat : ita quum
publice ista et commodo civitatis tractat, nequaquam illiberalis est, sed magna etiam ad exigua hæc se demittentis
procuratio et officii promtitudo. (6) Alii Periclis institutum
magnificentius ac splendidius judicant, in quorum numero
est Critolaus quoque Peripateticus. Volebat enim, quemadmodum Athenis Salaminia navis et Paralus non cujusvis negotii, sed necessariorum tantum ac magnorum causa
deducerentur in mare, ita se quoque non nisi ad summam
rerum continentes maximasque adhiberi actiones, exemplo
regis Universi, qui, ut est ab Euripide scriptum,

Summa procurat modo
deus, minora Forti Fortunæ dedit.

(7) Neque enim nimium honoris ac contendendi studium
in Theagene probamus : qui quum non solum circuitum
vicisset, sed et multa certamina alia, non tantum pancratio, sed et pugillatione et longa decursione, ad extremum
quum funebribus quibusdam heroicis ludis cœnaret, proposita de more cuivis portione prosiluit . ac pancratio decer-

κρατίασεν, ὡς οὐδένα νικᾷν δέον αὐτοῦ παρόντος· ὅθεν ἤθροισε χιλίους καὶ διακοσίους στεφάνους, ὧν συρφετὸν ἄν τις ἡγήσαιτο τοὺς πλείστους. (8) Οὐδὲν οὖν τούτου διαφέρουσιν οἱ πρὸς πᾶσαν ἀποδυόμενοι πολιτικὴν πρᾶξιν, ἀλλὰ ποιοῦσι μεμπτοὺς ἑαυτοὺς τοῖς πολλοῖς, ἐπαχθεῖς τε γίνονται καὶ κατορθοῦντες ἐπίφθονοι, κἂν σφαλῶσιν, ἐπίχαρτοι, καὶ τὸ θαυμαζόμενον αὐτῶν ἐν ἀρχῇ τῆς ἐπιμελείας εἰς χλευασμὸν ὑπονοστεῖ καὶ γέλωτα. (9) Τοιοῦτον [τὸ],

Μητίοχος μὲν [γὰρ] στρατηγεῖ, Μητίοχος δὲ τὰς ὁδούς,
Μητίοχος δ' ἄρτους ἐποπτᾷ, Μητίοχος δὲ τἄλφιτα,
Μητιόχῳ δὲ πάντα κεῖται, Μητίοχος δ' οἰμώξεται.

Τῶν Περικλέους οὗτος εἷς ἦν ἑταίρων, τῇ δι' ἐκεῖνον, ὡς ἔοικε, δυνάμει χρώμενος ἐπιφθόνως καὶ κατακόρως. (10) Δεῖ δέ, ὥς φασιν, ἐρῶντι τῷ δήμῳ τὸν πολιτικὸν προσφέρεσθαι, καὶ μὴ παρόντος ἑαυτοῦ πόθον ἐναπολείπειν· ὃ καὶ Σκιπίων ὁ Ἀφρικανὸς ἐποίει, πολὺν χρόνον ἐν ἀγρῷ διαιτώμενος, * ἅμα καὶ τοῦ φθόνου τὸ βάρος ἀφαιρῶν, καὶ διδοὺς ἀναπνοὴν τοῖς πιέζεσθαι δοκοῦσιν ὑπὸ τῆς ἐκείνου δόξης. (11) Τιμησίας δὲ ὁ Κλαζομένιος τὰ μὲν ἄλλα ἦν περὶ τὴν πόλιν ἀνὴρ ἀγαθός, τῷ δὲ πάντα πράσσειν δι' ἑαυτοῦ φθονούμενος ἠγνόει καὶ μισούμενος, ἕως αὐτῷ συνέβη τι τοιοῦτον· (12) ἔτυχον ἐν ὁδῷ παῖδες ἐκ λάκκου τινὸς ἀστράγαλον ἐκκύπτοντες, ἐκείνου παριόντος· ὧν οἱ μὲν ἔφασκον μένειν· ὁ δὲ πατάξας, Οὕτως, εἶπεν, ἐκκόψαιμι Τιμησίου τὸν ἐγκέφαλον, ὡς οὗτος ἐκκέκοπται. (13) Τοῦτο ὁ Τιμησίας ἀκούσας, καὶ συνεὶς τὸν διήκοντα διὰ πάντων αὐτοῦ φθόνον, ἀναστρέψας ἔφρασε τὸ πρᾶγμα τῇ γυναικί, καὶ κελεύσας ἕπεσθαι συνεσκευασμένην εὐθὺς ἀπὸ τῶν θυρῶν ᾤχετο ἀπιὼν ἐκ τῆς πόλεως. (14) Ἔοικε δὲ καὶ Θεμιστοκλῆς, τοιούτου τινὸς ἀπαντῶντος αὐτῷ παρὰ τῶν Ἀθηναίων, εἰπεῖν, Τί, ὦ μακάριοι, κοπιᾶτε πολλάκις εὖ πάσχοντες; (15) Αὐτῶν δὲ τούτων τὰ μὲν ὀρθῶς, τὰ δ' οὐκ εὖ λέλεκται. Τῇ μὲν γὰρ εὐνοίᾳ καὶ κηδεμονίᾳ δεῖ μηδενὸς ἀφεστάναι τῶν κοινῶν, ἀλλὰ πᾶσι προσέχειν καὶ γινώσκειν ἕκαστα, μηδ', ὥσπερ ἐν πλοίῳ, σκεῦος ἱερὸν ἀποκεῖσθαι τὰς ἐσχάτας περιμένοντα χρείας τῆς πόλεως καὶ τύχας· (16) ἀλλ' ὡς οἱ κυβερνῆται τὰ μὲν ταῖς χερσὶ δι' αὑτῶν πράττουσι, τὰ δ' ὀργάνοις ἑτέροις δι' ἑτέρων ἄπωθεν καθήμενοι περιάγουσι καὶ στρέφουσι, χρῶνται δὲ καὶ ναύταις καὶ πρωρεῦσι καὶ κελευσταῖς, καὶ τούτων ἐνίους ἀνακαλούμενοι πολλάκις εἰς πρύμναν ἐγχειρίζουσι τὸ πηδάλιον· (17) οὕτω τῷ πολιτικῷ προσήκει παραχωρεῖν μὲν ἑτέροις ἄρχειν καὶ προκαλεῖσθαι πρὸς τὸ βῆμα μετ' εὐμενείας καὶ φιλανθρωπίας, κινεῖν δὲ μὴ πάντα τὰ τῆς πόλεως τοῖς αὑτοῦ λόγοις καὶ ψηφίσμασιν ἢ πράξεσιν, ἀλλ' ἔχοντα πιστοὺς καὶ ἀγαθοὺς ἄνδρας, ἕκαστον ἑκάστῃ χρείᾳ κατὰ τὸ οἰκεῖον προσαρμόττειν· (18) ὡς Περικλῆς Μενίππῳ μὲν ἐχρῆτο πρὸς τὰς στρατηγίας, δι' Ἐφιάλτου δὲ τὴν ἐξ Ἀρείου πάγου βουλὴν ἐταπείνωσε, διὰ δὲ Χαρίνου τὸ κατὰ Μεγαρέων ἐκύρωσε ψήφισμα, Λάμπωνα δὲ Θουρίων οἰκιστὴν ἐξέ-

Metiochus gerit præturam, Metiochus præest viis,
Metiochus panes inspectat, Metiochus farraginem;
Metiocho offunduntur cuncta, Metiocho infortunium.

Fuit hic unus de sociis Periclis, et, ut apparet, potentia, qua propter hunc erat præditus, odiose et cum fastidio civium abusus. (10) Oportet autem, uti dicunt, civilem virum ad populum amore ipsius captum accedere, suique etiam absentis desiderium in animis civium relinquere : quod fecit Scipio Africanus, multum temporis ruri degens, ut et invidiæ minueret onus, et respirandi facultatem concederet iis, qui gloria ipsius premi videbantur. (11) Contra Timesias Clazomenius, vir alioqui de republica bene meritus, non animadvertit se propterea quod omnia solus ageret, in invidia esse et odio apud suos, donec tale ei quippiam usu venit : (12) in via pueri astragalum plantam e fossa excutiebant, Timesia prætereunte : eorum alii dicebant non excussum iri; qui vero cum excutiebat, *Utinam*, inquit, *ita Timesiæ cerebrum excutiam, ut hunc astragalum excussero.* (13) Hoc audito Timesias, intelligensque odium sui omnium animos pervagari, domum revertit, et uxori re exposita mandavit, ut rebus convasatis se sequeretur, rectaque a foribus digressus urbe exivit. (14) Apparet etiam Themistocli aliquid simile ab Atheniensibus evenisse, quum diceret, *Quid defatigamini, o felices, crebra accipiendo beneficia?* (15) Horum autem quædam recte dicta sunt, quædam secus. Nam quod ad studium et procurationem attinet, nulla pars reipublicæ civili viro deserenda, curandæ cognoscendæque sunt omnes : neque debet, veluti in navi sacra ancora, se ipsum ad extremas civitatis necessitates et casus reservare : (16) sed quemadmodum gubernator alia suis ipse peragit manibus, alia instrumentis ac manibus aliorum eminus ipse sedens versat, utiturque nautis, proretis et remigum magistris, quorum sæpe nonnullis in puppim evocatis clavum tradit : (17) sic civilis viri est officium, ut aliis quoque imperium concedat, eosque humaniter et benigne ad tribunal invitet, neque omnes civitatis res suis unius orationibus, decretis atque actionibus administret, sed fidos habeat bonosque viros, quorum unumquemque peculiari alicui negotio accommodet tractando. (18) Sic Pericles Menippo usus est ad gerenda bella, Ephialtæ opera concilium Areopagiticum depressit, per Charinum legem contra Megarenses pertulit, Lamponem Thurios conditum emi-

πεμψεν. (19) Οὐ γὰρ μόνον, τῆς δυνάμεως εἰς πολλοὺς διανέμεσθαι δοκούσης, ἧττον ἐνοχλεῖ τὸν φθόνον τὸ μέγεθος, ἀλλὰ καὶ τὰ τῶν χρειῶν ἐπιτελεῖται μᾶλλον. (20) Ὡς γὰρ ὁ τῆς χειρὸς εἰς τοὺς δακτύλους μερισμὸς οὐκ ἀσθενῆ πεποίηκεν, ἀλλὰ τεχνικὴν καὶ ὀργανικὴν αὐτῆς τὴν χρῆσιν, οὕτως ὁ πραγμάτων ἑτέροις ἐν πολιτείᾳ μεταδιδοὺς, ἐνεργοτέραν ποιεῖ τῇ κοινωνίᾳ τὴν πρᾶξιν· (21) ὁ δ᾽ ἀπληστίᾳ δόξης ἢ δυνάμεως πᾶσαν αὐτῷ τὴν πόλιν ἀνατιθεὶς, καὶ πρὸς ὃ μὴ πέφυκε μηδ᾽ ἤσκηται, προσάγων αὐτὸν, ὡς Κλέων πρὸς τὸ στρατηγεῖν, Φιλοποίμην δὲ πρὸς τὸ ναυαρχεῖν, Ἀννίβας δὲ πρὸς τὸ δημηγορεῖν, οὐκ ἔχει παραίτησιν ἁμαρτάνων· ἀλλὰ προσακούει τὸ τοῦ Εὐριπίδου,

Τέκτων γὰρ ὢν ἔπραττες οὐ ξυλουργικά·

λέγειν ἀπίθανος ὢν ἐπρέσβευες, ἢ ῥάθυμος ὢν ᾠκονόμεις, ψήφων ἄπειρος ἐταμίευες, ἢ γέρων καὶ ἀσθενὴς ἐστρατήγεις. (22) Περικλῆς δὲ καὶ πρὸς Κίμωνα διενείματο τὴν δύναμιν, αὐτὸν μὲν ἄρχειν ἐν ἄστει, τὸν δὲ, πληρώσαντα τὰς ναῦς τοῖς βαρβάροις πολεμεῖν· ἦν γὰρ ὁ μὲν πρὸς πολιτείαν, ὁ δὲ πρὸς πόλεμον εὐφυέστερος. (23) Ἐπαινοῦσι δὲ καὶ τὸν Ἀναφλύστιον Εὔβουλον, ὅτι πίστιν ἔχων ἐν τοῖς μάλιστα καὶ δύναμιν, οὐδὲν τῶν Ἑλληνικῶν ἔπραξεν, οὐδ᾽ ἐπὶ στρατηγίαν ἦλθεν, ἀλλ᾽ ἐπὶ τὰ χρήματα τάξας ἑαυτὸν, ηὔξησε τὰς κοινὰς προσόδους, καὶ μεγάλα τὴν πόλιν [ἀπὸ τούτων] ὠφέλησεν. (24) Ἰφικράτης δὲ καὶ μελέτας λόγων ποιούμενος ἐν οἴκῳ, πολλῶν παρόντων, ἐχλευάζετο· "καὶ γὰρ εἰ λογεὺς ἀγαθὸς, ἀλλὰ μὴ φαῦλος ἦν, ἔδει τὴν ἐν τοῖς ὅπλοις δόξαν ἀγαπῶντα, τῆς σχολῆς ἐξίστασθαι τοῖς σοφισταῖς.

XVI. Ἐπεὶ δὲ παντὶ δήμῳ τὸ κακόηθες καὶ φιλαίτιον ἔνεστι πρὸς τοὺς πολιτευομένους, καὶ πολλὰ τῶν χρησίμων, ἂν μὴ στάσιν ἔχῃ μηδ᾽ ἀντιλογίαν, ὑπονοοῦσι πράττεσθαι συνωμοτικῶς, καὶ τοῦτο διαβάλλει μάλιστα τὰς ἑταιρείας καὶ φιλίας· ἀληθινὴν μὲν ἔχθραν ἢ διαφορὰν οὐδεμίαν ἑαυτοῖς ὑπολειπτέον, ὡς ὁ τῶν Χίων δημαγωγὸς, Ὀνομάδημος, οὐκ εἴα τῇ στάσει κρατήσας, πάντας ἐκβάλλειν τοὺς ὑπεναντίους, Ὅπως, ἔφη, μὴ πρὸς τοὺς φίλους ἀρξώμεθα διαφέρεσθαι, τῶν ἐχθρῶν παντάπασιν ἀπαλλαγέντες. (2) Τοῦτο μὲν γὰρ εὔηθες· ἀλλ᾽ ὅταν ὑπόπτως ἔχωσιν οἱ πολλοὶ πρός τι πρᾶγμα καὶ μέγα καὶ σωτήριον, οὐ δεῖ πάντας, ὥσπερ ἀπὸ συντάξεως ἥκοντας, τὴν αὐτὴν λέγειν γνώμην, ἀλλὰ καὶ δύο καὶ τρεῖς διαστάντας ἀντιλέγειν ἠρέμα τῷ φίλῳ, εἶτα ὥσπερ ἐξελεγχομένους μετατίθεσθαι· συνεφέλκονται γὰρ οὕτω τὸν δῆμον, ὑπὸ τοῦ συμφέροντος ἄγεσθαι δόξαντες. (3) Ἐν μέντοι τοῖς ἐλάττοσι καὶ πρὸς μέγα μηδὲν διήκουσιν, οὐ χεῖρόν ἐστι καὶ ἀληθῶς ἐᾶν διαφέρεσθαι τοὺς φίλους, ἕκαστον ἰδίῳ λογισμῷ χρώμενον, ὅπως περὶ τὰ κυριώτατα καὶ μέγιστα φαίνωνται πρὸς τὸ βέλτιστον οὐκ ἐκ παρασκευῆς ὁμοφρονοῦντες.

XVII. Φύσει μὲν οὖν ἄρχων ἀεὶ πόλεως ὁ πολιτι-

---

sit. (19) Non enim tantum minus obnoxia est invidiæ ob magnitudinem potentia, quæ in multos distributa videtur : sed et rectius negotia conficiuntur. (20) Sicut enim manus in digitos divisio non imbecillum ejus reddidit, sed artificiosum et instrumentis expeditum usum : ita qui in republica aliis munera publica committit, actiones efficit ob societatem efficaciores. (21) At qui insatiabili gloriæ potentiæve studio totam sibi imponit rempublicam et ea quoque aggreditur, ad quæ vel a natura vel ab exercitatione est imparatus (ut quum Cleon ad ducendum exercitum, Philopœmen ad regendam classem, Annibal ad concionandum se contulit), ejus ubi quid peccatum est, non habet locum excusatio, sed occinitur præterea ei Euripideum hoc,

Faber eras : sed tractasti non fabrilia,

scilicet legationem obiisti artis persuadendi rudis, aut annonam procurasti socors, aut quæsturam gessisti ignarus calculi, aut senex vel imbecillus exercitum duxisti. (22) Pericles vero etiam cum Cimone potentiam divisit, ut ipse in urbe imperaret, Cimon classem instructam adversus barbaros duceret : erat enim hic ad bellum, ad civiles res ille natura aptior. (23) Laudatur etiam Eubulus Anaphlystius : qui quum fide esset summa atque potentia, nihil rerum Græcarum gessit, neque ad præturam bellicam se contulit ;, sed administrationem ærarii amplexus, publicos auxit reditus, magnoque fuit patriæ emolumento. (24) Iphicrates contra domi multis præsentibus declamans risui fuit, quia etsi fuisset, quod minime erat, orator bellus, tamen contentus esse bellica gloria et decedere schola sophistis debebat.

XVI. Præterea quoniam omnes populi ea laborant animorum perversitate, ut de iis maligne sentiant qui rempublicam regunt, utque ansas eos culpandi captent, multaque utilia quæ citra dissidium aut altercationem aguntur in suspicionem vocent, tanquam per conjurationem gesta, eaque res maxime sodalitia et amicitias calumniis objicit : non debet sane vir civilis veram inimicitiam ullam aut dissensionem sibi facere reliquam ; quantumvis Onomademus, Chiorum populi ductor, quum in seditione victor exstitisset, non passus fuerit omnes ejici adversarios, quod *vereri se diceret, ne inimicis omnino liberati cum amicis dissentire inciperent.* (2) Hoc quidem fatuum est. Verum quum multitudini suspecta est actio aliqua magna et salutaris, non expedit universos tanquam ex composito ad unam eandemque dicendam sententiam venire ; sed duo vel tres, facta discessione, placide contra amicum dicant, ac tandem veluti convicti a sua sententia discedant : sic enim una in sententiam propositam populus ab iis perducitur, dum eos utilitate moveri existimat. (3) In exiguis quidem causis et ad nullam magnam rem perducentibus nihil impedit, quin re etiam vera sinas amicos dissentire, unoquolibet suas secuto rationes : ut in negotiis principalibus atque maximis videantur optimi publici causa, non dedita in hoc prius opera, consentire.

XVII. Enimvero civilis vir naturæ ratione semper prin-

κὸς, ὥσπερ ἡγεμὼν ἐν μελίτταις· καὶ τοῦτο χρὴ διανοούμενον, ἔχειν τὰ δημόσια διὰ χειρός· ἃς δ᾽ ὀνομάζουσιν ἐξουσίας καὶ χειροτονοῦσιν ἀρχάς, μήτ᾽ ἄγαν
διώκειν καὶ πολλάκις· οὐ γὰρ σεμνόν, οὐδὲ δημοτικόν,
5 ἢ φιλαρχία· μήτ᾽ ἀπωθεῖσθαι, τοῦ δήμου κατὰ νόμον
διδόντος καὶ καλοῦντος· (2) ἀλλὰ κἂν ταπεινότεραι
τῆς δόξης ὦσι, δέχεσθαι καὶ συμφιλοτιμεῖσθαι· δίκαιον
γάρ, ὑπὸ τῶν μειζόνων κοσμουμένους ἀρχῶν, ἀντικο-
σμεῖν τὰς ἐλάττονας· (3) καὶ τῶν μὲν βαρυτέρων,
10 οἷον στρατηγίας Ἀθήνησι, καὶ πρυτανείας ἐν Ῥόδῳ,
καὶ Βοιωταρχίας παρ᾽ ἡμῖν, ὑφίεσθαί τι καὶ παρενδι-
δόναι μετριάζοντά· ταῖς δὲ μικροτέραις ἀξίωμα προσ-
τιθέναι καὶ ὄγκον· ὅπως μήτε περὶ ταύτας εὐκαταφρό-
νητοι, μήτ᾽ ἐπίφθονοι περὶ ἐκείνας ὦμεν. (4) Εἰσιόντα
15 δ᾽ εἰς ἅπασαν ἀρχήν, οὐ μόνον ἐκείνους δεῖ προχειρί-
ζεσθαι τοὺς λογισμούς, οὓς ὁ Περικλῆς αὑτὸν ὑπεμί-
μνησκεν ἀναλαμβάνων τὴν χλαμύδα· Πρόσεχε, Περί-
κλεις· ἐλευθέρων ἄρχεις, Ἑλλήνων ἄρχεις, πολιτῶν
Ἀθηναίων· ἀλλὰ κἀκεῖνο λέγειν πρὸς ἑαυτόν· Ἀρχόμε-
20 νος ἄρχεις, ὑποτεταγμένης πόλεως ἀνθυπάτοις, ἐπιτρό-
ποις Καίσαρος· οὐ ταῦτα λόγχη πεδιάς, οὐδὲ αἱ παλαιαὶ
Σάρδεις, οὐδὲ ἡ Λυδῶν ἐκείνη δύναμις· (5) εὐσταλε-
στέραν δεῖ τὴν χλαμύδα ποιεῖν, καὶ βλέπειν ἀπὸ τοῦ
στρατηγίου πρὸς τὸ βῆμα, καὶ τῷ στεφάνῳ μὴ πολὺ
25 φρόνημα [περιάπτειν μηδὲ] πιστεύειν, ὁρῶντα τοὺς
καλτίους ἐπάνω τῆς κεφαλῆς· ἀλλὰ μιμεῖσθαι τοὺς
ὑποκριτάς, πάθος μὲν ἴδιον καὶ ἦθος καὶ ἀξίωμα τῷ
ἀγῶνι προστιθέντας, τοῦ δὲ ὑποβολέως ἀκούοντας, καὶ
μὴ παρεκβαίνοντας τοὺς ῥυθμοὺς καὶ τὰ μέτρα τῆς
30 διδομένης ἐξουσίας ὑπὸ τῶν κρατούντων. (6) Ἡ γὰρ
ἔκπτωσις οὐ φέρει συριγμὸν οὐδὲ χλευασμόν, ἀλλὰ πολλοῖς μὲν ἐπέβη

     Δεινὸς κολαστὴς πέλεκυς αὐχένος τομεύς,

ὡς τοῖς περὶ Παρδάλαν τὸν ὑμέτερον, ἐκλαθομένοις τῶν
35 ὅρων· ὁ δέ τις ἐκριφεὶς εἰς νῆσον γέγονε, κατὰ τὸν Σόλωνα,

     Φολεγάνδριος, ἢ Σικινίτης,
    * ἀντί γ᾽ Ἀθηναίου πατρίδ᾽ ἀμειψάμενος.

(7) Τὰ μὲν γὰρ μικρὰ παιδία τῶν πατέρων ὁρῶντες ἐπι-
40 χειροῦντα τὰς κρηπῖδας ὑποδεῖσθαι καὶ τοὺς στεφάνους
περιτίθεσθαι μετὰ παιδιᾶς, γελῶμεν· οἱ δ᾽ ἄρχοντες ἐν
ταῖς πόλεσιν ἀνοήτως τὰ τῶν προγόνων ἔργα καὶ φρο-
νήματα καὶ πράξεις ἀσυμμέτρους τοῖς παροῦσι καιροῖς
καὶ πράγμασιν οὔσας μιμεῖσθαι κελεύοντες, ἐξαίρουσι
45 τὰ πλήθη, γελοῖά τε ποιοῦντες, οὐκέτι γέλωτος ἄξια
πάσχουσιν, ἂν μὴ πάνυ καταφρονηθῶσι. (8) Πολλὰ
γάρ ἐστιν ἄλλα τῶν πρότερον Ἑλλήνων διεξιόντα τοῖς
νῦν, ἠθοποιεῖν καὶ σωφρονίζειν· ὡς Ἀθήνησιν ὑπομι-
μνήσκοντα μὴ τῶν πολεμικῶν, ἀλλ᾽ οἷόν ἐστι τὸ ψή-
50 φισμα τὸ τῆς ἀμνηστίας ἐπὶ τοῖς τριάκοντα· (9) καὶ
τὸ ζημιῶσαι Φρύνιχον, τραγῳδίᾳ διδάξαντα τὴν Μιλήτου ἅλωσιν· καὶ ὅτι Θήβας Κασάνδρου κτίζοντος,
ἐστεφανηφόρησαν· τὸν δ᾽ ἐν Ἄργει πυθόμενοι σκυταλι-

---

ceps est civitatis, ut rex inter apes : idque cogitantem oporte
reipublicæ gubernacula in manibus habere; reliquos magistratus qui a populo præbentur neque admodum capessere,
neque sæpe : nam magistratuum gerendorum cupiditas neque cum majestate, neque cum populari gratia convenit :
neque rursum aversari eos deferente et invitante populo;
(2) sed tametsi inferiores gloria ipsius sint, in iis capessen-
dis studium multitudinis comprobare : æquum est enim,
ut ex superioribus magistratibus ornamenta adeptus, inferiores vicissim exornet : (3) et in majoribus illis dignitati-
bus, qualis est Athenis prætura, Rhodi prytania, et apud
nos Bœotarchia, ea moderatione versari, ut nonnihil de
eorum majestate ultro remittat, minoribus aliquid dignitatis
atque amplitudinis conciliet; quo in his a contemtu se, sic
in illis ab invidia tutum præstet. (4) Porro qualemcumque
magistratum occipienti non eæ modo in promtu sunt ha-
bendæ rationes, quibus Pericles se ipsum officii commone-
faciebat, quoties chlamydem sumeret, *Animum adverte,
Pericles, liberis præes, Græcis præes, civibus Atheniensibus*: sed et hæc secum commemoranda, Imperas subditus,
urbi præfectus, quæ proconsulibus, quæ procuratoribus
Cæsaris est subjecta : non hic *lancea campestris est*, nec
priscæ Sardes, neque Lydorum illa potentia : (5) gestanda
est tibi chlamys levior, et a prætorio oculi in tribunal con-
vertendi, neque multum fiduciæ in corona ponendum, quum
supra caput tuum calceos cernas : sed imitandi sunt histriones, suo modo actioni affectus gestusque et ornamenta adhibentes, interim verba suggerenti aures præbentes, neque
extra modum et mensuram ab eo cujus summa est potestas
præscriptam muneri concesso egredientes. (6) Hoc enim
loco error non sibilos aut sannas affert; sed multos arripuit

     Vindex securis atrox cervicem amputans,

quod evenit Pardalæ vestro, potestatis suæ finium oblito :
alius in insulam relegatus, factus est, juxta illud Solonis,

     Pholegandrius, aut Sicinita,
    extorris patriæ limine Cecropiæ.

(7) Etenim quum videmus puerulos parentum crepidas conari subligare sibi, aut coronas eorum capitibus suis imponere per jocum, ridemus : at urbani magistratus, majorum
opera, arduos conatus, et facta præsentibus temporibus ac
rebus non congruentia stulte jubentes imitari, multitudinem
concitant; et quum ridicula sunt moliti, non risu jam digna
patiuntur, nisi plane sint contemti. (8) Sunt sane multa
priscorum Græcorum facta, quibus recensendis nostrorum
possimus formare et corrigere mores : ut si quis Athenis
non bello gestas res, sed, verbi gratia, decretum de conte-
rendis oblivione injuriis factum post dejectos triginta tyrannos referat; (9) et quod Phrynichum multaverunt, qui
tragœdiam de capta Mileto docuisset; quod Cassandro
Thebas instaurante, coronas gestaverunt; quod audito scyta-

σμὸν, ἐν ᾧ πεντακοσίους καὶ χιλίους ἀνῃρήκεσαν ἐξ
αὐτῶν οἱ Ἀργεῖοι, περιενεγκεῖν καθάρσιον περὶ τὴν
ἐκκλησίαν ἐκέλευσαν· ἐν δὲ τοῖς Ἀρπαλείοις τὰς οἰκίας
ἐρευνῶντες, μόνην τὴν τοῦ γεγαμηκότος νεωστὶ πα-
5 ρῆλθον. (10) Ταῦτα γὰρ ἔξεστι καὶ νῦν ζηλοῦντας,
ἐξομοιοῦσθαι τοῖς προγόνοις· τὸν δὲ Μαραθῶνα, καὶ
τὸν Εὐρυμέδοντα, καὶ τὰς Πλαταιάς, καὶ ὅσα τῶν
παραδειγμάτων οἰδεῖν ποιεῖ καὶ φρυάττεσθαι διακενῆς
τοὺς πολλούς, ἀπολιπόντας ἐν ταῖς σχολαῖς τῶν σοφι-
10 στῶν.

XVIII. Οὐ μόνον δὲ δεῖ παρέχειν αὐτόν τε καὶ τὴν
πατρίδα πρὸς τοὺς ἡγουμένους ἀναίτιον, ἀλλὰ καὶ φίλον
ἔχειν ἀεί τινα τῶν ἄνω δυνατωτάτων, ὥσπερ ἕρμα τῆς
πολιτείας βέβαιον· [τοι]οῦτοι γάρ εἰσι Ῥωμαῖοι, πρὸς
15 τὰς πολιτικὰς σπουδὰς προθυμότατοι τοῖς φίλοις· (2)
καὶ καρπὸν (οὐκ) ἐκ φιλίας ἡγεμονικῆς λαμβάνοντας,
οἷον ἔλαβε Πολύβιος καὶ Παναίτιος, τῇ Σκιπίωνος
εὐνοίᾳ πρὸς αὐτοὺς μεγάλα τὰς πατρίδας ὠφελήσαντες,
εἰς [δημοσίαν] εὐδαιμονίαν ἐξενέγκασθαι καλόν. (3)
20 Ἄρειόν τε Καῖσαρ, ὅτε τὴν Ἀλεξάνδρειαν εἷλε, διὰ
χειρὸς ἔχων καὶ μόνῳ προσομιλῶν τῶν συνήθων, συν-
εισήλασεν, εἶτα τοῖς Ἀλεξανδρεῦσι τὰ ἔσχατα προσδοκῶσι καὶ δεομένοις, ὁ Αὔγουστος ἔφη, διαλλάττεσθαι,
διά τε τὸ μέγεθος τῆς πόλεως, καὶ διὰ τὸν οἰκιστὴν
25 Ἀλέξανδρον, καὶ τρίτον, ἔφη, τῷ φίλῳ μου τούτῳ χαριζόμενος. (4) Ἆρά γ' ἄξιον τῇ χάριτι ταύτῃ παραβαλεῖν τὰς πολυταλάντους ἐπιτροπὰς καὶ διοικήσεις
τῶν ἐπαρχιῶν, ἃς διώκοντες οἱ πολλοὶ γηράσκουσι πρὸς
ἀλλοτρίαις θύραις, τὰ οἴκοι προλιπόντες; ἢ τὸν Εὐρι-
30 πίδην ἐπανορθωτέον, ᾄδοντα καὶ λέγοντα, ὡς Εἴπερ
ἀγρυπνεῖν χρὴ καὶ φοιτᾶν ἐπ' αὐλὴν ἑτέρου, καὶ ὑπο-
βάλλειν ἑαυτὸν ἡγεμονικῇ συνηθείᾳ, πατρίδος πέρι
κάλλιστον ἐπὶ ταῦτα χωρεῖν, τὰ δ' ἄλλα τὰς ἐπὶ τοῖς
ἴσοις καὶ δικαίοις φιλίας ἀσπάζεσθαι καὶ διώκειν.
35 XIX. Ποιοῦντα μέντοι καὶ παρέχοντα τοῖς κρατοῦ-
σιν εὐπειθῆ τὴν πατρίδα, δεῖ μὴ προσεκταπεινοῦν,
μηδέ, τοῦ σκέλους δεδεμένου, προσυποβάλλειν καὶ τὸν
τράχηλον, ὥσπερ ἔνιοι, καὶ μικρὰ καὶ μείζω φέροντες
ἐπὶ τοὺς ἡγεμόνας, ἐξονειδίζουσι τὴν δουλείαν, μᾶλλον
40 δὲ ὅλως τὴν πολιτείαν ἀναιροῦσι, κατάπληγα καὶ πε-
ριδεῆ καὶ πάντων ἄκυρον ποιοῦντες. (2) Ὥσπερ γὰρ
οἱ χωρὶς ἰατροῦ μήτε δειπνεῖν μήτε λούεσθαι συνεθι-
σθέντες, οὐδ' ὅσον ἡ φύσις δίδωσι, χρῶνται τῷ ὑγιαίνειν·
οὕτως οἱ παντὶ δόγματι καὶ συνεδρίῳ καὶ χάριτι καὶ
45 διοικήσει προσάγοντες ἡγεμονικὴν κρίσιν, ἀναγκάζουσιν
ἑαυτῶν μᾶλλον * ἢ βούλονται δεσπότας εἶναι τοὺς
ἡγουμένους. (3) Αἰτία δὲ τούτου μάλιστα πλεονεξία
καὶ φιλονεικία τῶν πρώτων· ἢ γὰρ ἐν οἷς βλάπτουσι
τοὺς ἐλάττονας ἐκβιάζονται φεύγειν τὴν πόλιν, ἢ περὶ
50 ὧν διαφέρονται πρὸς ἀλλήλους, οὐκ ἀξιοῦντες ἐν τοῖς
πολίταις ἔχειν ἔλαττον, ἐπάγονται τοὺς κρείττονας· ἐκ
τούτου δὲ καὶ βουλὴ καὶ δῆμος καὶ δικαστήρια καὶ
ἀρχὴ πᾶσα τὴν ἐξουσίαν ἀπόλλυσι. (4) Δεῖ δὲ τοὺς
μὲν ἰδιώτας ἰσότητι, τοὺς δὲ δυνατοὺς ἀνθυπείξει

lismo (seditione in baculorum verbera *et cædes desinente*),
in quo Argivi millenos et quingenos cives suos interfecerant,
concionem lustrare jusserunt : quod ob Harpali pecunias
domos perscrutantes eam solam eximiam habuerunt, in
qua novus maritus agebat. (10) His enim etiamnum imitandis licet majorum similes fieri : Marathon autem, Eu-
rymedon, Platææ, et quæ alia exempla animos multitudinis inflant, inanique ferocia extollunt, in rhetorum scholis
sunt relinquenda.

XVIII. Non modo autem se et patriam civilis vir incul-
patam apud principes præstare debet, sed præterea semper aliquem ex potentissimis in aula habere amicum, veluti
fulcrum reipublicæ stabile. Eo enim sunt Romani ingenio,
ut in officiis civilibus promtissimos se amicis exhibeant.
(2) Est sane decorum, ex principum familiaritate talem
percipere utilitatem, qualem perceperunt Polybius et Panæ-
tius, Scipionis adjuti favore, quo patriæ uterque suæ magnum attulit adjumentum, eamque ad publicam felicitatem
referre. (3) Et Cæsar Augustus quum Alexandriam cepisset, Arium manu tenens, cumque eo familiarium solo colloquens, in eam urbem est invectus : metuentibusque extrema Alexandrinis ac deprecantibus, *veniam se dare,*
respondit, *quum ob urbis amplitudinem, tum ob conditorem ejus Alexandrum, ac tertio in Arii amici sui gratiam.* (4) Numnam hujusmodi beneficio comparari merentur
procurationes illæ et administrationes provinciarum pecu-
niosissimæ, quas plerique sectantes, rebus domi relictis,
consenescunt ad alienas fores? nonne potius Euripides cor-
rigendus? ut canat et dicat, Si pervigilandum est, et aula
alterius frequentanda, submittendumque sese principis familiaritati, patriæ causa hæc rectissime subeas, ceteroqui
æquis et justis conditionibus amicitiæ parandæ et ample-
ctendæ sunt.

XIX. Interim qui patriam principibus obsequentem reddit, non debet ei opprimendæ socium se præbere, neque,
ligato crure, subjicere etiam cervices; sicut nonnulli omnia
et parva et magna ad principes dum deferunt, patriæ servitutem probrosam reddunt, imo totam potius rempublicam
abolent, pavidam eam et formidolosam, nulliusque rei
compotem reddentes. (2) Quo enim pacto qui sine medico
neque cœnare neque lavare sunt adsueti, ne tantum quidem, quantum natura concessit, sanitate fruuntur: eodem,
qui cuivis decreto, concilio, muneri, administrationi principis auctoritatem inducunt, cogunt principes magis quam
ii vellent ipsorum dominos esse. (3) In causa est præcipue
procerum avaritia et contendendi studium : nam aut in his
quæ cum damno inferiorum agunt, operam dant ut civium
judicium subterfugiant, aut de quibus inter se altercantur,
dum non ferunt se inter cives posteriores ferre, ea ut consequantur, potentiores introducunt : inde fit, ut et senatus,
et populus, et judicia, et magistratus omnis auctoritatem
suam amittat. (4) Est autem civilis viri, plebeios æqualitate, potentes mutuis obsequiis demulcere et negotia intra

πραΰνοντα, κατέχειν ἐν τῇ πολιτείᾳ καὶ διαλύειν τὰ
πράγματα, πολιτικήν τινα ποιούμενον αὐτῶν ὥσπερ
νοσημάτων ἀπόρρητον ἰατρείαν, αὐτόν τε μᾶλλον ἡτ-
τᾶσθαι βουλόμενον ἐν τοῖς πολίταις, ἢ νικᾶν ὕβρει καὶ
καταλύσει τῶν οἴκοι δικαίων, τῶν τ' ἄλλων ἑκάστου
δεόμενον καὶ διδάσκοντα τὴν φιλονεικίαν ὅσον ἐστὶ κα-
κόν· (5) νῦν δὲ ὅπως μὴ πολίταις καὶ φυλέταις οἴκοι
καὶ γείτοσι καὶ συνάρχουσιν ἀνθυπείξωσι μετὰ τιμῆς
καὶ χάριτος, ἐπὶ ῥητόρων θύρας καὶ πραγματικῶν χεῖρας ἐκφέρουσι σὺν πολλῇ βλάβῃ καὶ αἰσχύνῃ τὰς διαφοράς. (6) Οἱ μὲν γὰρ ἰατροὶ τῶν νοσημάτων ὅσα μὴ
δύνανται παντάπασιν ἀνελεῖν, ἔξω τρέπουσιν εἰς τὴν
ἐπιφάνειαν τοῦ σώματος· ὁ δὲ πολιτικός, ἂν μὴ δύνηται τὴν πόλιν ἀπράγμονα παντελῶς διαφυλάττειν, ἐν
αὐτῇ γε πειράσεται τὸ ταρασσόμενον αὐτῆς καὶ στα-
σιάζον ἀποκρύπτων ἰᾶσθαι καὶ διοικεῖν, ὡς ἂν ἥκιστα
τῶν ἐκτὸς ἰατρῶν καὶ φαρμάκων δέοιτο. (7) Ἡ μὲν
γὰρ προαίρεσις ἔστω τοῦ πολιτικοῦ τῆς ἀσφαλείας ἐχο-
μένη, καὶ φεύγουσα τὸ ταρακτικὸν τῆς κενῆς δόξης καὶ
μανικόν, ὡς εἴρηται· τῇ μέντοι διαθέσει φρόνημα καὶ

μένος πολυθαρσὲς ἐνέστω
ἄτρομον, οἷόν τ' ἄνδρας ἐπέρχεται, οἳ περὶ πάτρης
ἀνδράσι δυσμενέεσσι

καὶ πράγμασι δυσκόλοις καὶ καιροῖς ἀντερείδουσι καὶ
διαμάχονται. (8) Δεῖ γὰρ οὐ ποιεῖν χειμῶνας αὐτόν,
ἀλλὰ μὴ προλιπεῖν, ἐπιπεσόντων, οὐδὲ κινεῖν τὴν πόλιν
ἐπισφαλῶς, σφαλλομένῃ δὲ καὶ κινδυνευούσῃ βοηθεῖν,
ὥσπερ ἄγκυραν ἱερὰν ἀράμενον ἐξ αὐτοῦ τὴν παρρησίαν ἐπὶ τοῖς μεγίστοις· (9) οἷα Περγαμηνοὺς ἐπὶ
Νέρωνος κατέλαβε πράγματα, καὶ Ῥοδίους ἔναγχος
ἐπὶ Δομετιανοῦ, καὶ Θεσσαλοὺς πρότερον ἐπὶ τοῦ
Σεβαστοῦ, Πετραῖον ζῶντα κατακαύσαντας.

(10) Ἔνθ' οὐκ ἂν βρίζοντα ἴδοις

οὐδὲ καταπτώσσοντα τὸν ἀληθῶς πολιτικόν, οὐδ' αἰ-
τιώμενον ἑτέρους, αὐτὸν δὲ τῶν δεινῶν ἔξω τιθέμενον,
ἀλλὰ καὶ πρεσβεύοντα, καὶ πλέοντα, καὶ λέγοντα πρῶτον, οὐ μόνον,

Ἥκομεν οἱ κτείναντες, ἀπότρεπε λοιγὸν, Ἄπολλον·

ἀλλὰ κἂν τῆς ἁμαρτίας μὴ μετάσχῃ τοῖς πολλοῖς, τοὺς
κινδύνους ὑπὲρ αὐτῶν ἀναδεχόμενον. (11) Καὶ γὰρ
καλὸν τοῦτο, καὶ πρὸς τῷ καλῷ πολλάκις ἑνὸς ἀνδρὸς
ἀρετὴ καὶ φρόνημα θαυμασθὲν ἠμαύρωσε τὴν πρὸς
πάντας ὀργήν, καὶ διεσκέδασε τὸ φοβερὸν καὶ πικρὸν
τῆς ἀπειλῆς· (12) οἷα καὶ πρὸς Βοῦλιν ἔοικε καὶ
Σπέρχιν τοὺς Σπαρτιάτας παθεῖν ὁ Πέρσης, καὶ πρὸς
Σθένωνα Πομπήϊος ἔπαθεν, ὅτε, Μαμερτίνους μέλλοντος αὐτοῦ κολάζειν διὰ τὴν ἀπόστασιν, οὐκ ἔφη δίκαια
πράξειν αὐτὸν ὁ Σθένων, εἰ πολλοὺς ἀναιτίους ἀπολεῖ
δι' ἕνα τὸν αἴτιον· ὁ γὰρ ἀποστήσας τὴν πόλιν, αὐτὸς
εἶναι τοὺς μὲν φίλους πείσας, τοὺς δ' ἐχθροὺς βιασά-
μενος· οὕτω ταῦτα διέθηκε τὸν Πομπήϊον, ὥστε καὶ
τὴν πόλιν ἀφεῖναι, καὶ τῷ Σθένωνι χρήσασθαι φιλαν-

reipublicæ fines hac ratione contenta transigere, iisque
civilem quandam tanquam morborum et arcanam medicinam facere; ut et ipse potius inter cives cadere causa di-
gnetur, quam cum contumelia et corruptela patriæ legum
victoriam consequi : et reliquos singulos ad idem precibus
cohortabitur, docendo quantum in pervicacia sit mali. (5)
Nunc vero, ne domi civibus ac tribulibus, vicinis ac collegis cum honore et gratia mutuo concedant, magno cum
damno ac dedecore lites suas ad rhetorum fores et in causi-
dicorum manus deferunt. (6) Ac medici quidem morbos,
quos plane abolere non possunt, foras in superficiem corporum avertunt : sed civilis vir, si non potest efficere ut omnibus litibus careat civitas, at saltem in ipsa civitate conabi-
tur id quod turbas dat ac dissidia excitat, occultatum sanare
et componere, ut quam minimum externis medicis atque
medicamentis habeat opus. (7) Esto enim viri civilis institutum tenax eorum quæ tuta sunt, fugiatque inanis gloriæ
tumultuatricem istam, de qua verba fecimus, ac furiosam
cupiditatem : interim illius affectioni insit elatio quædam
animi,

et confidentia valde
intrepida, et qualis subeat fiducia civem
pro patria

inimicis ac rebus difficilibus durisque tempestatibus renitens atque decertans. (8) Non enim oportet ipsum causam
præbere tempestatibus; sed incidentibus iis, ei non est
reipublicæ navis deserenda : neque exagitare urbem periculose ipsius est, sed quassatæ ac periclitanti subvenire, ac
tanquam sacram ancoram jacere suam in agendo libertatem,
ubi res in summum fuerint discrimen adductæ : (9) in
quales difficultates incidit Pergamena civitas sub Nerone,
et nuper Rhodii sub Domitiano, atque olim Thessali sub
Augusto, quum Petræum vivum cremassent.

(10) Non hic dormitantem videas

nec formidantem vere civilem virum, neque incusantem
alios, dum ipse periculis sese eximat : sed et legationes ob-
euntem, et navigantem, primumque omnium dicentem,
non hoc tantum,

Adsumus en cædem ituri : lenis, Apollo,
averte exitium;

sed etiam si culpæ multitudinis particeps non sit, tamen
pro ea subeuntem pericula. (11) Est enim hoc honestum :
acceditque ad honestatem, quod sæpenumero unius viri virtus et magnanimitas admirationi habita iram, quæ concepta
fuerat in universos, demitigavit, comminationisque terro-
rem et acerbitatem dissipavit. (12) Id videtur Persarum
regi usu venisse, Buli et Sperchi Spartanis oblatis ei; et
Pompeio, quum in Sthenonem incidisset. Ubi enim Ma-
mertinos ob defectionem afficere supplicio Pompeius statuerat, *Injuste,* aiebat Stheno, *agis, qui ob unum sontem
multos innoxios decrevisti perdere : ego enim civitati
auctor defectionis fui, amicis persuadendo, inimicis
cogendo ad eam faciendam adactis :* qua oratione ita fuit
affectus Pompeius, ut et civitati veniam largiretur, et Sthe-

θρώπως. (13) Ὁ δὲ Σύλλα ξένος ὁμοίᾳ μὲν ἀρετῇ, πρὸς οὐχ ὅμοιον δὲ, χρησάμενος, εὐγενῶς ἐτελεύτησεν· ἐπεὶ γὰρ ἑλὼν Πραίνεστον ὁ Σύλλας ἔμελλε τοὺς ἄλλους ἅπαντας ἀποσφάττειν, ἕνα δ' ἐκεῖνον ἠφίει διὰ τὴν ξενίαν, εἰπὼν, ὡς οὐ βούλεται σωτηρίας χάριν εἰδέναι τῷ φονεῖ τῆς πατρίδος, ἀνέμιξεν ἑαυτὸν καὶ συγκατεκόπη τοῖς πολίταις. Τοιούτους μὲν οὖν καιροὺς ἀπεύχεσθαι χρή, καὶ τὰ βελτίονα προσδοκᾶν.

XX. Ἱερὸν δὲ χρῆμα καὶ μέγα πᾶσαν ἀρχὴν οὖσαν καὶ ἄρχοντα δεῖ μάλιστα τιμᾶν. Τιμὴ δ' ἀρχῆς ὁμοφροσύνη καὶ φιλία πρὸς συνάρχοντας πολλῷ μᾶλλον, ἢ στέφανοι καὶ χλαμὺς περιπόρφυρος. (2) Οἱ δὲ τὸ συστρατεύσασθαι καὶ συνεφηβεῦσαι φιλίας ἀρχὴν τιθέμενοι, τὸ δὲ συστρατηγεῖν καὶ συνάρχειν ἔχθρας αἴτιον λαμβάνοντες, ἓν τῶν τριῶν κακῶν οὐ διαπεφεύγασιν· ἢ γὰρ ἴσους ἡγούμενοι τοὺς συνάρχοντας αὐτοὶ στασιάζουσιν, ἢ κρείττονας φθονοῦσιν, ἢ ταπεινοτέρους καταφρονοῦσι. (3) Δεῖ δὲ καὶ θεραπεύειν τὸν κρείττονα, καὶ κοσμεῖν τὸν ἥττονα, καὶ τιμᾶν τὸν ὅμοιον, ἀσπάζεσθαι δὲ καὶ φιλεῖν ἅπαντας, ὡς οὐ διὰ τραπέζης ἢ κώθωνος οὐδὲ ἐφ' ἑστίας, ἀλλὰ κοινῇ καὶ δημοσίᾳ [ψήφῳ] φίλους γεγονότας, καὶ τρόπον τινὰ πατρῴαν τὴν ἀπὸ τῆς πατρίδος εὔνοιαν ἔχοντας. (4) Ὁ γοῦν Σκιπίων ἤκουσε[ν ἐν Ῥώμῃ] κακῶς, ὅτι φίλους ἑστιῶν ἐπὶ τῇ καθιερώσει τοῦ Ἡρακλείου, τὸν συνάρχοντα Μόμμιον οὐ παρέλαβε· καὶ γὰρ, εἰ τἆλλα μὴ φίλους ἐνόμιζον ἑαυτούς, ἔν γε τοῖς τοιούτοις ἠξίουν τιμᾶν καὶ φιλοφρονεῖσθαι διὰ τὴν ἀρχήν. (5) Ὅπου τοίνυν ἀνδρὶ τἆλλα θαυμασίῳ, τῷ Σκιπίωνι, μικρὸν οὕτω φιλανθρώπευμα παραλειφθὲν ὑπεροψίας ἤνεγκε δόξαν, ἦπου κολούων ἄν τις ἀξίωμα συνάρχοντος, ἢ πράξεσιν ἐχούσαις φιλοτιμίαν ἐπηρεάζων, ἢ πάντα συλλήβδην ἀνατιθεὶς ἅμα καὶ περιάγων ὑπ' αὐθαδείας εἰς ἑαυτὸν, ἐκείνου δ' ἀφαιρούμενος, ἐπιεικὴς ἂν φανείη καὶ μέτριος; (6) Μέμνημαι νέον ἐμαυτὸν ἔτι πρεσβευτὴν μεθ' ἑτέρου πεμφθέντα πρὸς ἀνθύπατον, ἀπολειφθέντος δέ πως ἐκείνου, μόνον ἐντυχόντα καὶ διαπραξάμενον· ὡς οὖν ἔμελλον ἐπανελθὼν ἀποπρεσβεύειν, ἀναστὰς ὁ πατὴρ κατ' ἰδίαν ἐκέλευσε μὴ λέγειν, ᾠχόμην, ἀλλ', ᾠχόμεθα· μηδὲ, εἶπον, ἀλλ', εἴπομεν, καὶ τἆλλα συνεφαπτόμενον οὕτω καὶ κοινούμενον ἀπαγγέλλειν. Οὐ γὰρ μόνον ἐπιεικὲς τὸ τοιοῦτο καὶ φιλάνθρωπόν ἐστιν, ἀλλὰ καὶ τὸ λυποῦν, τὸν φθόνον ἀφαιρεῖ τῆς δόξης. (7) Ὅθεν οἱ μεγάλοι καὶ δαίμονα καὶ τύχην τοῖς κατορθώμασι συνεπιγράφουσιν, ὡς Τιμολέων, ὁ τὰς ἐν Σικελίᾳ καταλύσας τυραννίδας, Αὐτοματίας ἱερὸν ἱδρύσατο· καὶ Πύθων ἐπὶ τῷ Κότυν ἀποκτεῖναι θαυμαζόμενος καὶ τιμώμενος ὑπὸ τῶν Ἀθηναίων, Ὁ θεὸς, ἔφη, ταῦτ' ἔπραξε, τὴν χεῖρα παρ' ἐμοῦ χρησάμενος. (8) Θεόπομπος δὲ, ὁ βασιλεὺς τῶν Λακεδαιμονίων, πρὸς τὸν εἰπόντα, σώζεσθαι τὴν Σπάρτην διὰ τοὺς βασιλεῖς ἀρχικοὺς ὄντας, [ἔφη,] Διὰ τοὺς πολλοὺς πειθαρχικοὺς ὄντας μᾶλλον.

XXI. Γίνεται μὲν οὖν δι' ἀλλήλων ἀμφότερα ταῦτα.

nonem tractaret humaniter. (13) At Syllae hospes, eadem virtute apud dissimilem usus virum, nobili leto extremum diem vitae confecit. Quum enim, Praeneste capta, statuisset oppidanos omnes Sylla interficere, at soli isti ob hospitii usum parcere, tantum fatus, *nolle se patriae suae interfectori salutis datae gratiam habere,* permiscuit se popularibus, atque una cum illis est trucidatus. Atque hujusmodi quidem tempora deprecari par est, et meliora sperare.

XX. Proinde summopere in honore habere oportet omnem tam magistratum, quam qui eum gerit, rem quippe sacrosanctam et excellentem. Honor autem is est ut cum collegis consensio atque amicitia colatur, longe magis congruens quam corona et vestis purpura oras praetexta. (2) Qui vero pro amicitiae initio habent una militiae esse, una pubescere, iidemque una magistratus gerere pro exordio inimicitiarum deputant, unum ex his tribus malis non evitaverunt : aut enim collegas pro aequalibus habentes, ipsis obturbant; aut pro potioribus dum habent, iis invident; aut ut humiliores contemnunt. (3) Atqui convenit, et praestantiores colere, et inferiores ornare, et aequales in honore habere, universos autem amplecti atque amare, ut quos non mensa, aut poculum, vel convivium amicos conciliarit, sed respublica, quodammodo haereditaria ob patriae communitatem benevolentia junctos. (4) Propterea male audivit Romae Scipio, quod in dedicatione Herculei fani convivium amicis praebens, Mummium collegam ei non adhibuisset : ut enim aliis in rebus amicitiam non colerent, in hoc tamen genere collegae ob magistratum erat honor habendus et benevolentia exhibenda. (5) Quando igitur Scipionem, virum alioqui admirabilem, tam exiguae comitatis neglectio aliorum despicientiae suspectum reddidit : is qui de dignitate collegae detrahat, aut splendidis actionibus malitiose officiat, aut prae fastu omnia sibi uni arroget ademta socio, aequus haberi et moderatus numnam poterit? (6) Memini me, quum juvenis adhuc ad proconsulem essem legatus cum collega missus, hoc nescio qua de causa in itinere subsistente, solum rem coram confecisse : quum autem reversus rationem obitae legationis essem redditurus, seorsum mihi pater assistens monuit, ne dicerem, *Profectus sum,* sed, *Profecti sumus,* et *Diximus,* non *Dixi,* eodemque modo reliqua omnia cum socio inter referendum communicarem. Talis enim ratio est non modo benigna humanaque, sed et a molestia et invidia tutam gloriam praestat. (7) Quamobrem etiam magni viri rebus praeclare gestis Genium et Fortunam secum ut auctores inscribunt : sicut Timoleon, excisis in Sicilia tyrannidibus, Casui fanum dedicavit : et Python, quum Athenienses eum ob Cotyis necem admirarentur atque venerarentur, *deum,* dixit, *haec egisse, sua autem manu usum.* (8) Etiam Theopompus, Lacedaemoniorum rex, dicenti *Spartam servari regum imperandi peritia,* respondit, *magis ideo hoc fieri, quod cives imperio essent obsequentes.*

XXI. Atque horum quidem duorum alterum ab altero

Λέγουσι δὲ οἱ πλεῖστοι καὶ νομίζουσι, πολιτικῆς παιδείας ἔργον εἶναι τὸ καλῶς ἀρχομένους παρασχεῖν· (2)
καὶ γὰρ πλέον ἐστὶ τοῦ ἄρχοντος ἐν ἑκάστῃ πόλει τὸ
ἀρχόμενον· καὶ χρόνον ἕκαστος ἄρχει βραχύν, ἄρχεται
δὲ τὸν ἅπαντα χρόνον ἐν δημοκρατίᾳ πολιτευόμενος·
ὥστε κάλλιστον εἶναι μάθημα καὶ χρησιμώτατον, τὸ
πειθαρχεῖν τοῖς ἡγουμένοις, κἂν ὑποδεέστεροι δυνάμει
καὶ δόξῃ τυγχάνωσιν ὄντες. (3) Ἄτοπον γάρ ἐστι, τὸν
μὲν ἐν τραγῳδίᾳ πρωταγωνιστήν, Θεόδωρον ἢ Πῶλον
ὄντα, μισθωτῷ τῷ τὰ τρίτα λέγοντι πολλάκις ἕπεσθαι
καὶ προσδιαλέγεσθαι ταπεινῶς, ἂν ἐκεῖνος ἔχῃ τὸ διάδημα * καὶ τὸ σκῆπτρον· ἐν δὲ πράξεσιν ἀληθιναῖς καὶ
πολιτείᾳ τὸν πλούσιον καὶ ἔνδοξον ὀλιγωρεῖν καὶ καταφρονεῖν ἄρχοντος ἰδιώτου καὶ πένητος, ἐνυβρίζοντα
καὶ καθαιροῦντα τῷ περὶ αὐτὸν ἀξιώματι τὸ τῆς πόλεως, ἀλλὰ μὴ μᾶλλον αὔξοντα καὶ προστιθέντα τὴν
ἀπ' αὐτοῦ δόξαν καὶ δύναμιν τῇ ἀρχῇ· (4) καθάπερ ἐν
Σπάρτῃ τοῖς Ἐφόροις οἵ τε βασιλεῖς ὑπεξανίσταντο,
καὶ τῶν ἄλλων ὁ κληθεὶς οὐ βάδην ὑπήκουσεν, ἀλλὰ
δρόμῳ καὶ σπουδῇ δι' ἀγορᾶς θέοντες, ἐπεδείκνυντο τὴν
εὐπείθειαν τοῖς πολίταις, ἀγαλλόμενοι τῷ τιμᾶν τοὺς
ἄρχοντας· (5) οὐχ ὥσπερ ἔνιοι τῶν ἀπειροκάλων καὶ
σολοίκων, οἷον ἰσχύος ἑαυτῶν καλλωπιζόμενοι περιουσίᾳ, βραβευτὰς ἐν ἀγῶσι προπηλακίζουσι, καὶ χορη-
γοὺς ἐν Διονυσίοις λοιδοροῦσι, καὶ στρατηγῶν καὶ
γυμνασιαρχῶν καταγελῶσιν, οὐκ εἰδότες οὐδὲ μανθάνοντες, ὅτι τοῦ τιμᾶσθαι τὸ τιμᾶν πολλάκις ἐστὶν ἐν-
δοξότερον. (6) Ἀνδρὶ γάρ, ἐν πόλει δυναμένῳ μέγα,
μείζονα φέρει κόσμον ἄρχων δορυφορούμενος ὑπ' αὐτοῦ
καὶ προπεμπόμενος, ἢ δορυφορῶν καὶ προπέμπων·
μᾶλλον δὲ τοῦτο μὲν ἀηδίαν καὶ φθόνον, ἐκεῖνο δὲ τὴν
ἀληθινὴν φέρει [καὶ] τὴν ἀπ' εὐνοίας δόξαν· ὀφθεὶς δ'
ἐπὶ θύραις ποτὲ καὶ πρότερος ἀσπασάμενος, καὶ λαβὼν
ἐν περιπάτῳ μέσον, οὐδὲν ἀφαιρούμενος ἑαυτοῦ, τῇ
πόλει κόσμον περιτίθησι.

XXII. Δημοτικὸν δὲ καὶ βλασφημίαν ἐνεγκεῖν καὶ
ὀργὴν ἄρχοντος, ἢ τὸ τοῦ Διομήδους ὑπειπόντα,

    Τούτῳ μὲν γὰρ κῦδος ἅμ' ἕψεται·

ἢ τὸ τοῦ Δημοσθένους, ὅτι νῦν οὐκ ἔστι Δημοσθένης
μόνον, ἀλλὰ καὶ θεσμοθέτης, ἢ χορηγός, ἢ στεφανηφό-
ρος. (2) Ἀναθετέον οὖν τὴν ἄμυναν εἰς τὸν [οἰκεῖον]
χρόνον· ἢ γὰρ ἐπέξιμεν ἀπαλλαγέντι τῆς ἀρχῆς, ἢ κερ-
δανοῦμεν ἐν τῷ περιμένειν, τὸ παύσασθαι τῆς ὀργῆς.

XXIII. Σπουδῇ μέντοι καὶ προνοίᾳ περὶ τὰ κοινὰ
καὶ φροντίδι πρὸς ἅπασαν ἀρχὴν ἀεὶ διαμιλλητέον· ἂν
μὲν ὦσι χαρίεντες, αὐτὸν ὑφηγούμενον ἃ δεῖ καὶ φράζοντα
καὶ διδόντα χρῆσθαι τοῖς βεβουλευμένοις ὀρθῶς, καὶ τὸ
κοινὸν εὐδοκιμεῖν ὠφελοῦντα· (2) ἐὰν δ' ἐνῇ τις ἐκείνοις ὄκνος ἢ μέλλησις ἢ κακοήθεια πρὸς τὴν πρᾶξιν,
οὕτω χρὴ παρεῖναι καὶ λέγειν αὐτὸν εἰς τοὺς πολλούς,
καὶ μὴ παραμελεῖν, μηδὲ ὑφίεσθαι τῶν κοινῶν, ὡς οὐ
προσῆκον, ἄρχοντος ἑτέρου, πολυπραγμονεῖν καὶ πα-
ραδιοικεῖν. (3) Ὁ γὰρ νόμος ἀεὶ τῷ τὰ δίκαια πράσ-

---

proficiscitur. Plerique tamen dicunt et sentiunt, civilis
institutionis opus esse, efficere ut cives bene pareant; (2)
plures enim in unaquavis civitate sunt qui reguntur, quam
qui regunt: et præest quivis exiguum temporis, totam ætatem in reipublicæ forma populari regitur degens. Itaque
pulcherrima est et utilissima disciplina, parere magistratibus, etiamsi minus instructi a potentia et gloria sint. (3)
Absurdum enim sit principem in tragœdia actorem Theo-
dorum vel Polum sæpenumero mercede conducto histrioni
tertiario obsequi et humiliter cum eo colloqui, nimirum
diadema et sceptrum gerenti: in rebus autem seriis ac publicis divitem ac gloria insignem parvi facere.plebeium aliquem et pauperem qui cum magistratu sit, quum hac ratione dives suo splendore dignitatem urbis contumelia afficiat atque deprimat: ubi potius magistratum exornare suæ
gloriæ ac potentiæ accommodatione debeat: (4) quomodo
Spartæ reges Ephoris de via decedebant, et reliquorum ut
quisque vocatus erat, non lento gradu, sed cursim per forum se proripiens, obedientiam suam civibus ostentabant,
exsultantes ob habitum magistratibus honorem: (5) non
ut honestatis rudes atque barbari quidam, se jactantes
veluti comti suæ potentiæ abundantia, in certaminibus arbitros ac præmiorum collatores circumscribunt, choragis
in Liberalibus conviciantur, prætores ac gymnasiorum præ-
sides derident; neque scientes neque discentes honorare
esse interdum quam honorari gloriosius. (6) Viro enim in
republica largiter potenti plus ornamenti affert stipatus ab
eo magistratus ac deductus, quam stipans et deducens:
imo hoc invidiam et molestiam, illud veram parat et a benevolentia profectam gloriam: quumque fores ejus visere
aliquando, salutatumque prior venire cernitur, mediumque
ei inter deambulandum cedere locum, nihil sibi ipsi demens,
civitati ornamentum confert.

XXII. Populare est etiam interdum convicium et iram
magistratus ferre, vel Diomedis illud subjicientem,

    Scilicet ejus in hac re gloria vertitur:

aut illud Demosthenis, *non ipsum nunc esse Demosthenem
duntaxat, sed et legumlatorem, et choragum, et coronam gestare.* (2) Defensionem autem suo tempori com-
mendabimus: ita aut persequemur injuriam nobis factam,
ubi ejus auctor magistratu abierit, aut id lucri habebimus,
quod exspectando iram dimisimus.

XXIII. Omni quidem studio ac providentia in curandis
reipublicæ commodis certandum est viro civili cum quovis
magistratu, et, si quidem homo aptus est qui eum gerit,
monere eum debet, et probe consultata recte perficiendi
occasiones suppeditare et in reipublicæ gloria et utilitate
augenda adjuvare: (2) ubi vero magistratum a re gerenda
vel ignavia, vel cunctatio, vel malitia abstinet, ipse ad populum debet eo de negotio referre, neque rempublicam eo
nomine negligere aut destituere, quod alio reipublicæ præfecto ipsum non convenit curiosum esse et in alienam se

σοντι καὶ γινώσκοντι τὰ συμφέροντα τὴν πρώτην τάξιν ἐν τῇ πολιτείᾳ δίδωσιν. « Ἦν δέ τις, » φησὶν, « ἐν τῷ στρατεύματι Ξενοφῶν, οὔτε στρατηγὸς, οὔτε λοχαγὸς, » ἀλλὰ τῷ φρονεῖν τὰ δέοντα καὶ τολμᾶν αὐτὸν εἰς τὸ ἄρχειν καταστήσας, διέσωσε τοὺς Ἕλληνας. (4) Καὶ τῶν Φιλοποίμενος ἔργων ἐπιφανέστατόν ἐστι, τὸ, Ἄγιδος Μεσσήνην καταλαβόντος, οὐκ ἐθέλοντος δὲ τοῦ στρατηγοῦ τῶν Ἀχαιῶν βοηθεῖν, ἀλλ' ἀποδειλιῶντος, αὐτὸν ὁρμήσαντα μετὰ τῶν προθυμοτάτων ἄνευ δόγματος, ἐξελέσθαι τὴν πόλιν. (5) Οὐ μὴν διὰ μικρὰ δεῖ καὶ τὰ τυχόντα καινοτομεῖν, ἀλλ' ἐπὶ τοῖς ἀναγκαίοις, ὡς [ὁ] Φιλοποίμην· ἢ τοῖς καλοῖς, ὡς Ἐπαμεινώνδας, ἐπιβαλὼν τέτταρας μῆνας τῇ Βοιωταρχίᾳ παρὰ τὸν νόμον, ἐν οἷς εἰς τὴν Λακωνικὴν ἐνέβαλε, καὶ τὰ περὶ Μεσσήνην ἔπραξεν· (6) ὅπως κἂν ἀπαντᾷ τις ἐπὶ τούτῳ κατηγορία καὶ μέμψις, ἀπολογίαν τῆς αἰτίας τὴν ἀνάγκην ἔχωμεν, ἢ παραμυθίαν τοῦ κινδύνου, τὸ μέγεθος τῆς πράξεως καὶ τὸ κάλλος.

XXIV. Ἰάσονος, τοῦ Θεσσαλῶν μονάρχου, γνώμην ἀπομνημονεύουσιν, ἐφ' οἷς ἐβιάζετο καὶ παρηνώχλει τινὰς, ἀεὶ λεγομένην, * ὡς ἀναγκαῖον ἀδικεῖν τὰ μικρὰ τοὺς βουλομένους τὰ μεγάλα δικαιοπραγεῖν. (2) Τοῦτον μὲν οὖν ἄν τις εὐθὺς καταμάθοι τὸν λόγον, ὡς ἔστι δυναστευτικός· ἐκεῖνο δὲ πολιτικώτερον παράγγελμα, τὸ τὰ μικρὰ τοῖς πολλοῖς προΐεσθαι χαριζόμενον, ἐπὶ τῷ τοῖς μείζοσιν ἐνίστασθαι καὶ κωλύειν ἐξαμαρτάνοντας. (3) Ὁ γὰρ περὶ πάντα λίαν ἀκριβὴς καὶ σφοδρὸς, οὐδὲν ὑποχωρῶν οὐδὲ ὑπείκων, ἀλλὰ τραχὺς ἀεὶ καὶ ἀπαραίτητος, ἀντιφιλονεικεῖν τὸν δῆμον αὐτῷ καὶ προσδυσκολαίνειν ἐθίζει·

    (4) Μικρὸν δὲ ποδὸς χαλάσαι μεγάλη
    κύματος ἀλκῇ,

τὰ μὲν αὐτὸν ἐνδιδόντα καὶ συμπαίζοντα κεχαρισμένως, οἷον ἐν θυσίαις καὶ ἀγῶσι καὶ θεάτροις, τὰ δὲ ὥσπερ ἐν οἰκίᾳ νέων ἁμαρτήματα προσποιούμενον παρορᾶν καὶ παρακούειν, ὅπως ἡ τοῦ νουθετεῖν καὶ παρρησιάζεσθαι δύναμις, ὥσπερ φαρμάκου, μὴ κατακεχρημένη μηδὲ ἔωλος, ἀλλ' ἀκμὴν ἔχουσα καὶ πίστιν, ἐν τοῖς μείζοσι μᾶλλον καθάπτηται καὶ δάκνῃ τοὺς πολλούς. (5) Ἀλέξανδρος μὲν γὰρ, ἀκούσας τὴν ἀδελφὴν ἐγνωκέναι τινὰ τῶν καλῶν καὶ νέων, οὐκ ἠγανάκτησεν, εἰπὼν ὅτι κἀκείνῃ τι δοτέον ἀπολαῦσαι τῆς βασιλείας· οὐκ ὀρθῶς τὰ τοιαῦτα συγχωρῶν, οὐδ' ἀξίως ἑαυτοῦ· δεῖ γὰρ τῆς ἀρχῆς τὴν κατάλυσιν καὶ ὕβριν, ἀπόλαυσιν μὴ νομίζειν. (6) Δήμῳ δὲ ὕβριν μὲν οὐδεμίαν εἰς πολίτας, οὐδὲ δήμευσιν ἀλλοτρίων, οὐδὲ κοινῶν διανέμησιν, ὁ πολιτικὸς ἐφήσει κατὰ δύναμιν, ἀλλὰ πείθων καὶ διδάσκων καὶ δεδιττόμενος, διαμαχεῖται ταῖς τοιαύταις ἐπιθυμίαις, οἵας οἱ περὶ Κλέωνα βόσκοντες καὶ αὔξοντες, πολὺν, ὥς φησιν ὁ Πλάτων, κηφῆνα τῇ πόλει κεκεντρωμένον ἐνεποίησαν. (7) Ἐὰν δὲ ἑορτὴν πάτριον οἱ πολλοὶ καὶ θεοῦ τιμὴν πρόφασιν λαβόντες ὁρμήσωσι πρός τινα θέαν, ἢ νέμησιν ἐλαφρὰν,

ingerere administrationem. (3) Lex enim semper *ei qui* justa facit et utilia cognoscit, primum in republica locum tribuit. *Erat*, inquit, *Xenophon quidam in exercitu, neque imperator, neque cohortis alicujus dux;* sed qui quæ opus erat intelligendo audendoque se ipsum reliquis ducem creasset, itaque Græcos servavit. (4) Atque inter facinora Philopœmenis illustrissimum est illud, quod quum *Nabis* Messenam occupasset, et Achæorum prætor subvenire nollet præ formidine, ipse sine decreto, adscito promtissimo quoque, erupit, urbemque eam liberavit. (5) Neque tamen novæ res levibus aut qualibuscunque de causis tentandæ sunt : sed vel necessitate urgente, ut Philopœmen fecit : vel præclaræ rei gratia, ut Epaminondas, qui prorogata sibi contra legem Bœotarchia in quattuor menses, eo tempore in Laconicam irrupit, et Messenam condidit. (6) Ita fiet ut si propterea accusetur et culpetur, necessitatis præscriptione crimen amoliri, aut consolationem periculi habere possit magnitudinem ac pulchritudinem facti.

XXIV. Memoratur Iasonis, Thessalorum tyranni, dictum hoc, ab eo, quum multis vim faceret importuneque molestus esset, pronunciatum, *necesse esse ut in minutis rebus injuste agant, qui in magnis justitiam velint servare.* (2) Quam quidem vocem nemo non statim agnoscat ejus esse, qui sibi potestatem omnem usurpet. Ad rem civilem magis congruit hæc præceptio, ut quæ levia sunt, iis omittendis vulgo gratificere, quo in momenti alicujus rebus eidem te opponas, neque patiare eos delinquere. (3) Qui enim omnibus in rebus nimis est accuratus et vehemens, nihilque concedit aut dissimulat, is dum se ubique asperum et implacabilem gerit, multitudinem ad certamen mutuæ contentionis ac morositatis adsuefacit. (4) Itaque interdum debet, ut est apud poetam,

    Clavi modicum magno impetui
    concedere fluctus;

aliquando ipse veniam dans, ac ludendi se socium placide præbens, ut in sacrificiis, certaminibus et spectaculis : nonnunquam, sicuti in familiis fit, in puerorum peccatis, simulans se non observare quæ delinquuntur, ac surda aure prætermittens, ut facultas castigandi et libera oratione increpandi, tanquam medicamentum, non usu jam debilitata et inefficax, sed viribus suis prædita atque auctoritate, in majoribus negotiis magis percellat atque mordeat multitudinem. (5) Etenim Alexander quum esset certior factus sororem suam cum formoso quodam juvene rem habuisse, non est indignatus, sed *dandum hoc sorori* esse dixit, *ut regni aliquem et ipsa fructum perciperet :* non recte ille, neque sibi convenienter talia permittens : neque enim petulantiam et imperii subversionem pro fructu ejus duci par est. (6) At civilis vir contumeliam in cives nullam suis, neque publicationem alienorum, aut distributionem publicorum bonorum, quantum omnino præstare potest, concedere debet; sed hujusmodi rerum affectationes suadendo, docendo, perterrendoque debellare, quas Cleon nutriens atque augens, *multos,* ut ait Plato, *aculeatos fucos in rempublicam introduxit.* (7) Si vero festivitatem aliquam a majoribus institutam populus, aut dei veneratio-

ἢ χάριν τινὰ φιλάνθρωπον, ἢ φιλοτιμίαν, ἔστω πρὸς
τὰ τοιαῦτα ἡ τῆς ἐλευθερίας ἅμα καὶ τῆς εὐπορίας
ἀπόλαυσις αὐτοῖς. (8) Καὶ γὰρ τοῖς Περικλέους πολι-
τεύμασι καὶ τοῖς Δημητρίου πολλὰ τοιαῦτα ἔνεστι·
καὶ Κίμων ἐκόσμησε τὴν ἀγορὰν πλατάνων φυτείαις
καὶ περιπάτοις· Κάτων δὲ, τὸν δῆμον ὑπὸ Καίσαρος
ὁρῶν ἐν τοῖς περὶ Κατιλίναν διαταρασσόμενον καὶ
πρὸς μεταβολὴν τῆς πολιτείας ἐπισφαλῶς ἔχοντα, συν-
έπεισε τὴν βουλὴν ψηφίσασθαι νεμήσεις τοῖς πένησι,
καὶ τοῦτο δοθὲν ἔστησε τὸν θόρυβον καὶ κατέπαυσε τὴν
ἐπανάστασιν. (9) Ὡς γὰρ ἰατρὸς, ἀφελὼν πολὺ τοῦ
διεφθορότος αἵματος, ὀλίγον ἀβλαβοῦς τροφῆς προσή-
νεγκεν, οὕτως ὁ πολιτικὸς ἀνὴρ, μέγα τι τῶν ἀδόξων ἢ
βλαβερῶν παρελόμενος, ἐλαφρᾷ πάλιν χάριτι καὶ φιλανθρώπῳ τὸ δυσκολαῖνον καὶ μεμψιμοιροῦν παρηγόρησεν.

XXV. Οὐ χεῖρον δὲ καὶ μετάγειν ἐπ' ἄλλα χρειώδη
τὸ σπουδαζόμενον, ὡς ἐποίησε Δημάδης, ὅτε τὰς προσόδους εἶχεν ὑφ' ἑαυτῷ τῆς πόλεως· ὡρμημένων γὰρ
ἐκπέμπειν τριήρεις βοηθοὺς τοῖς ἀφισταμένοις Ἀλεξάνδρου, καὶ χρήματα κελευόντων παρέχειν ἐκεῖνον,
Ἔστιν ὑμῖν, ἔφη, χρήματα· παρεσκευασάμην γὰρ εἰς
τοὺς χόας, ὥσθ' ἕκαστον ὑμῶν λαβεῖν ἡμιμναῖον· εἰ
δ' εἰς ταῦτα βούλεσθε μᾶλλον, αὐτοὶ καταχρῆσθε τοῖς
ἰδίοις. (2) Καὶ τοῦτον τὸν τρόπον, ὅπως μὴ στεροῖντο
τῆς διανομῆς, ἀφέντων τὸν ἀπόστολον, ἔλυσε τὸ πρὸς
Ἀλέξανδρον ἔγκλημα τοῦ δήμου. (3) Πολλὰ γὰρ ἀπ'
εὐθείας οὐκ ἔστιν ἐξῶσαι τῶν ἀλυσιτελῶν, ἀλλὰ δεῖ
τινος ἀμωσγέπως καμπῆς καὶ περιαγωγῆς· * οἷα καὶ
Φωκίων ἐχρῆτο, κελευόμενος εἰς Βοιωτίαν ἐμβαλεῖν
παρὰ καιρόν· ἐκήρυξε γὰρ εὐθὺς ἀκολουθεῖν ἀφ' ἥβης
τοὺς μέχρι ἐτῶν ἑξήκοντα· καὶ θορύβου τῶν πρεσβυτέρων γενομένου, Τί δεινόν; εἶπεν· ἐγὼ γὰρ ὁ στρατηγὸς,
ὀγδοήκοντα γεγονὼς ἔτη, μεθ' ὑμῶν ἔσομαι. (4) Τούτῳ
δὴ τῷ τρόπῳ καὶ πρεσβείας διακοπτέον ἀκαίρους, συγ-
καταλέγοντα πολλοὺς τῶν ἀνεπιτηδείως ἐχόντων· καὶ
κατασκευὰς ἀχρήστους, κελεύοντα συνεισφέρειν· καὶ
δίκας ἀπρεπεῖς, ἀξιοῦντα συμπαρεῖναι καὶ συναποδη-
μεῖν· (5) πρώτους δὲ τοὺς γράφοντας τὰ τοιαῦτα καὶ
παροξύνοντας ἕλκειν δεῖ καὶ παραλαμβάνειν· ἢ γὰρ
ἀναδυόμενοι αὐτοὶ τὴν πρᾶξιν διαλύειν δόξουσιν, ἢ
μεθέξουσι τῶν δυσχερῶν παρόντες.

XXVI. Ὅπου μέντοι μέγα δεῖ περανθῆναί [τι] καὶ
χρήσιμον, ἀγῶνος δὲ πολλοῦ καὶ σπουδῆς δεόμενον,
ἐνταῦθα πειρῶ τῶν φίλων αἱρεῖσθαι τοὺς κρατίστους, ἢ
τῶν κρατίστων τοὺς πραοτάτους· ἥκιστα γὰρ ἀντιπρά-
ξουσιν οὗτοι, καὶ μάλιστα συνεργήσουσι, τὸ φρονεῖν
ἄνευ τοῦ φιλονεικεῖν ἔχοντες. (2) Οὐ μὴν ἀλλὰ καὶ
τῆς ἑαυτοῦ φύσεως ἔμπειρον ὄντα δεῖ, πρὸς ὃ χείρων
ἑτέρου πέφυκας, αἱρεῖσθαι τοὺς μᾶλλον δυναμένους
ἀντὶ τῶν ὁμοίων· ὡς ὁ Διομήδης ἐπὶ τὴν κατασκοπὴν
μεθ' ἑαυτοῦ τὸν φρόνιμον εἵλετο, τοὺς ἀνδρείους παρελθών. (3) Καὶ γὰρ αἱ πράξεις μᾶλλον ἰσορροποῦσι,
καὶ τὸ φιλόνεικον οὐκ ἐγγίνεται πρὸς ἀλλήλους τοῖς ἀφ'

nem pro occasione arripiens ad spectaculum aut divisionem
pecuniæ modicam animo feratur, aliamve appetat aliquam
rem quam largiri sit humanum aut honestum : hic iis liceat
et liberalitate et copia perfrui. (8) Nam in Periclis et Demetrii Phalerei administrationibus reipublicæ multa insunt
talia : et Cimon exornavit forum platanorum constitutione
ac deambulationibus : Cato etiam in Catilinaria actione populum videns a Cæsare conturbatum, et civitatem in discrimen novarum rerum adductam, senatui persuasit, ut
in pauperes largitionem decerneret ; eaque munificentia
tumultum sedavit ac seditionem inhibuit. (9) Sicut enim
medicus multum corrupti sanguinis ubi subduxit ; modicum
innoxii alimenti suggerit : sic vir civilis magna aliqua re,
quæ ad dedecus aut damnum spectabat, sublatâ, vicissim
exiguo aliquo et accepto hominibus munere animos a reprehensionibus et quiritationibus avertit.

XXV. Expedit etiam id, cui populus studet, ad utilem
aliquam rem traducere, sicut fecit Demades, quo tempore
urbis reditus in sua habuit potestate. Quum enim adjecis-
sent animum Athenienses ad mittendum triremes, quæ
auxilium his ferrent qui ab Alexandro defecerant, et ipsum
pecuniam præbere juberent, dixit, *in promtu ipsis esse
pecuniam : se enim ita eam ad Choas* (sacrificium id erat
solenne) *comparasse, ut civium quivis acciperet dimidium minæ ; quodsi in classem id pecuniæ vellent im-
pendi, ad Choas quisque de suo conferret.* (2) Atque
hoc modo illis, ne divisione ista spoliarentur, classis mis-
sionem omittentibus, effecit ne Alexander haberet quo nomine populum juste culparet. (3) Sunt enim multa inutilia,
quæ rectâ non possis amoliri, sed ad hoc requiritur aliquis
utcumque flexus et circumductio : quali etiam Phocion est
usus ; qui quum juberetur in Bœotiam facere alieno tempore
impressionem, statim edixit, ut omnes se a pubertate usque
ad sexagenarios sequerentur ; ac tumultuantibus senioribus,
Quid indigne fertis ? inquit ; *ego enim dux, octoginta
annos natus, vobiscum ero.* (4) Hoc pacto etiam intempestivæ legationes sunt disjiciendæ, allectis in numerum
legatorum multis qui ad eam rem non sunt parati : et apparatus inutiles impedies, mandando ut eorum auctores
pecuniam eo conferant : et judicia indecora, jubens suaso-
res una adesse, et cum arbitris proficisci. (5) Maxime autem
eos, qui primi talia suadent atque urgent, oportet in societatem rei agendæ trahere : ita enim aut ipsi tergiversando
irritam rem facere videbuntur, aut partem molestiarum una
perferent.

XXVI. Ceterum ubi res aliqua magna et utilis conficienda est, sed quæ magnum certamen ac studium vehemens requirat, ibi conare aut optimos amicorum, aut optimorum placidissimos asciscere : hi enim minime in diversum nitentur, maxime adjutores negotii peragendi erunt,
sine contendendi cupiditate prudentia prædditi. (2) Veruntamen tuæ quoque te naturæ peritum. oportet ad ea, in
quibus minus ipse a natura vales, non tui similes, sed qui
præstare id quod tibi deest rectius possint, deligere ; quemadmodum Diomedes ad speculandum, fortibus præteritis, prudentem sibi socium assumsit. (3) Hoc enim modo
et actionum magis æqualia dividuntur inter socios mo-

ἑτέρων ἀρετῶν καὶ δυνάμεων φιλοτιμουμένοις. (4)
Λάμβανε δὴ καὶ δίκης συνεργὸν καὶ πρεσβείας κοινωνόν,
ἂν λέγειν μὴ δυνατὸς ᾖς, τὸν ῥητορικὸν, ὡς Πελοπίδας
Ἐπαμεινώνδαν· κἂν ἀπίθανος πρὸς ὁμιλίαν πλήθους
καὶ ὑψηλός, ὡς Καλλικρατίδας, τὸν εὔχαριν καὶ θερα-
πευτικόν· κἂν ἀσθενὴς τὸ σῶμα καὶ δύσεργος, τὸν φιλόπονον καὶ ῥωμαλέον, ὡς Νικίας Λάμαχον. (5) Οὕτω
γὰρ [ἂν] ἦν ὁ Γηρυόνης ζηλωτός, ἔχων σκέλη πολλὰ
καὶ χεῖρας καὶ ὀφθαλμούς, εἰ πάντα μιᾷ ψυχῇ διώκει.
10 (6) Τοῖς δὲ πολιτικοῖς ἔξεστι, μὴ σώματα μηδὲ χρήματα μόνον, ἀλλὰ καὶ τύχας καὶ δυνάμεις καὶ ἀρετὰς,
ἂν ὁμονοῶσιν, εἰς μίαν χρείαν συντιθέντας, μᾶλλον
εὐδοκιμεῖν ἄλλου περὶ τὴν αὐτὴν πρᾶξιν· οὐχ ὥσπερ οἱ
Ἀργοναῦται τὸν Ἡρακλέα καταλιπόντες ἠναγκάζοντο
15 διὰ τῆς γυναικωνίτιδος καταδόμενοι καὶ καταφαρμα-
κευόμενοι, σώζειν ἑαυτοὺς καὶ κλέπτειν τὸ νάκος. (7)
Χρυσὸν μὲν εἰς ἔνια τῶν ἱερῶν εἰσιόντες ἔξω καταλεί-
πουσι· σίδηρον δὲ, ὡς ἁπλῶς εἰπεῖν, εἰς οὐδὲν συνεισ-
φέρουσιν· ἐπεὶ δὲ κοινόν ἐστιν ἱερὸν τὸ βῆμα Βουλαίου
20 τε Διὸς καὶ Πολιέως, καὶ Θέμιδος καὶ Δίκης, αὐτόθεν
μὲν ἤδη φιλοπλουτίαν καὶ φιλοχρηματίαν, ὥσπερ σίδηρον, καὶ μεστὸν ἰοῦ νόσημα, τῆς ψυχῆς ἀποδυσάμενος εἰς ἀγορὰς καπήλων ἢ δανειστῶν ἀπόρριψον·

Αὐτὸς δ' ἀπονόσφι τραπέσθαι,

25 τὸν ἀπὸ δημοσίων χρηματιζόμενον ἡγούμενος ἀφ' ἱερῶν
κλέπτειν, ἀπὸ τάφων, ἀπὸ φίλων, ἐκ προδοσίας, ἀπὸ
ψευδομαρτυρίας, σύμβουλον ἄπιστον εἶναι, δικαστὴν
ἐπίορκον, ἄρχοντα δωροδόκον, οὐδεμιᾶς ἁπλῶς καθαρὸν
ἀδικίας. Ὅθεν οὐ δεῖ πολλὰ περὶ τούτων λέγειν.
30 XXVII. Ἡ δὲ φιλοτιμία, καίπερ οὖσα σοβαρωτέρα
τῆς φιλοκερδείας, οὐκ ἐλάττονας ἔχει κῆρας ἐν πολιτείᾳ. (2) Καὶ γὰρ τὸ τολμᾶν αὐτῇ πρόσεστι μᾶλλον·
ἐμφύεται γὰρ οὐκ ἀργαῖς οὐδὲ ταπειναῖς, ἀλλ' ἐρρω-
μέναις μάλιστα καὶ νεανικαῖς προαιρέσεσι· καὶ τὸ παρὰ
35 τῶν ὄχλων ῥόθιον πολλάκις συνεξαῖρον αὐτὴν καὶ συν-
εξωθοῦν τοῖς ἐπαίνοις, * ἀκατάσχετον ποιεῖ καὶ δυσ-
μεταχείριστον. (3) Ὥσπερ οὖν ὁ Πλάτων ἀκουστέον
εἶναι τοῖς νέοις ἔλεγεν ἐκ παίδων εὐθὺς, ὡς οὔτε περικεῖσθαι χρυσὸν αὐτοῖς ἔξωθεν, οὔτε κεκτῆσθαι θέμις,
40 οἰκεῖον ἐν τῇ ψυχῇ συμμεμιγμένον ἔχοντας, αἰνιττόμενος, οἶμαι, τὴν ἐκ γένους διατείνουσαν εἰς τὰς φύσεις
αὐτῶν ἀρετήν· οὕτω παραμυθώμεθα τὴν φιλοτιμίαν,
λέγοντες ἐν ἑαυτοῖς χρυσὸν ἔχειν ἀδιάφθορον καὶ ἀκήρατον καὶ ἄχραντον ὑπὸ φθόνου καὶ μώμου τιμήν, ἅμα
45 λογισμῷ καὶ παραθεωρήσει τῶν πεπραγμένων ἡμῖν
καὶ πεπολιτευμένων αὐξανόμενον· (4) διὸ μὴ δεῖσθαι
γραφομένων τιμῶν ἢ πλαττομένων ἢ χαλκοτυπουμέ-
νων, ἐν αἷς καὶ τὸ εὐδοκιμοῦν ἀλλότριόν ἐστιν. Ἐπαινεῖται γὰρ οὐχ ᾧ γέγονεν, ἀλλ' ὑφ' οὗ γέγονεν ὁ σαλ-
50 πιγκτὴς καὶ ὁ δορυφόρος. (5) Ὁ δὲ Κάτων, ἤδη ποτὲ
τῆς Ῥώμης ἀναπιμπλαμένης ἀνδριάντων, οὐκ ἐῶν
αὑτοῦ γενέσθαι, Μᾶλλον, ἔφη, βούλομαι πυνθάνεσθαί
τινας, διὰ τί μου ἀνδριὰς οὐ κεῖται, ἢ διὰ τί κεῖται.

---

menta; et a diversis virtutibus profecta gloriæ cupiditas
contentionibus non est obnoxia. (4) Ergo in obeundo judicio aut legatione, si ipse non sis facundus, arte dicendi
instructum tibi adjunge, ut Epaminondam Pelopidas; et
si ad persuadendum multitudini ineptus sis, atque elatior,
qualis fuit Callicratidas, gratiosum aliquem et demerendi
populi gnarum; si corpus imbecillum et laboris impatiens
sit, laborum tolerantem ac robustum aliquem, ut Nicias
Lamachum. (5) Sic enim in admiratione fuisset Geryones,
habens crura multa, et manus, et oculos, si omnes has
partes regere potuisset animo uno. (6) Datur autem civilibus hoc, ut non corpora tantum et pecunias, sed et fortunas, et potentiam, et virtutem, si quidem concordes ipsi
sint, in communem usum conferre, ac majore quam unus
aliquis alius cum gloria rem gerere possint : quod contra
Argonautis evenit, qui, Hercule deserto, coacti sunt ad
gynæceum confugere, magicisque incantationibus et veneficiis subditi vitam suam servare, vellusque furtim auferre.
(7) Aurum quidem in quædam fana intrantes foris relinquunt; ferrum autem omnino in nullum important templum : quando igitur tribunal commune quoddam est
templum Consultoris atque Urbitenentis Jovis, ac Themidis
et Justitiæ; jam inde ab initio divitiarum et pecuniæ cupiditatem, tanquam ferrum et morbum animi æruginis plenum
exuens, in cauponum aut fœneratorum fora abjice,

longeque avertere ab illis :

atque sic habe, eum qui quæstum e publico captat, furari
de sacris, de bustis, de amicis, proditione, falsi testimonii
dictione lucrum quærere, infidum esse consiliarium, perju-
rum judicem, magistratum dona captantem, denique nullo
non genere injustitiæ obstrictum. Ut hac de re non sit
multis opus verbis.

XXVII. Ambitio autem, quanquam sit cupiditate quæstus splendidior, tamen non pauciores in republica gignit
pestes. (2) Magis enim ei adest audacia, quippe non ignavis
aut abjectis, sed acribus maxime et præcipitibus animis in-
hærenti : eamque plerumque popularis impetus evehens
laudibus atque incitans effrenam reddit atque intractabilem.
(3) Quemadmodum igitur Plato præcipit adolescentibus a
tenera statim ætate inculcandum, non esse eis fas foris aurum
appositum gestare, neque omnino possidere, quum in animis
suum aurum peculiare habeant admixtum; significans nimirum virtutem, quæ a genere in ingenia eorum propagatur :
sic ab ambitione etiam nos animum abducamus, monendo
habere nos in nobis aurum corruptelæ expers, sincerum, et
illæsum ab invidia et reprehensionibus honorem, qui simul
cum ratiocinatione et contemplatione factorum a nobis et
in republica gestorum augetur : (4) ideoque nihil opus esse
honoribus pictis, fictis, aut ex ære ductis, in quibus etiam
id quod præclarum habetur, alienum est. Non enim cui,
sed is a quo factus est Tubicen aut Stipator, laudatur. (5) Et
Cato, quum jam tum statuis Roma oppleretur, nullam
sibi passus est poni, quod diceret *malle quæri cur non*,
quam cur ipsi statua esset collocata. (6) Sunt enim id

(6) Καὶ γὰρ φθόνον ἔχει τὰ τοιαῦτα, καὶ νομίζουσιν οἱ πολλοὶ τοῖς μὴ λαβοῦσιν αὐτοὶ χάριν ὀφείλειν, τοὺς δὲ λαβόντας αὐτοῖς καὶ βαρεῖς εἶναι, οἷον ἐπὶ μισθῷ τὰς χρείας ἀπαιτοῦντες. (7) Ὥσπερ οὖν ὁ παραπλεύσας τὴν Σύρτιν, εἶτ' ἀνατραπεὶς περὶ τὸν πορθμόν, οὐθὲν μέγα πεποίηκεν οὐδὲ σεμνόν· οὕτως ὁ τὸ ταμιεῖον φυλαξάμενος καὶ τὸ δημοσιώνιον, ἁλοὺς δὲ περὶ τὴν προεδρίαν ἢ τὸ πρυτανεῖον, ὑψηλῷ [μὲν] προσέπταισεν ἀκρωτηρίῳ, βαπτίζεται δὲ ὁμοίως. (8) Ἄριστος μὲν οὖν ὁ μηδενὸς δεόμενος τῶν τοιούτων, ἀλλὰ φεύγων καὶ παραιτούμενος· ἂν δὲ ᾖ μὴ ῥᾴδιον δήμου τινὰ χάριν ἀπώσασθαι καὶ φιλοφροσύνην πρὸς τοῦτο ῥυέντος, ὥσπερ οὐκ ἀργυρίτην οὐδὲ δωρίτην ἀγῶνα πολιτείας ἀγωνιζομένοις, ἀλλὰ ἱερὸν ὡς ἀληθῶς καὶ στεφανίτην, ἐπιγραφή τις ἀρκεῖ, καὶ πινάκιον, καὶ ψήφισμα, καὶ θαλλός, ὡς Ἐπιμενίδης ἔλαβεν ἐξ ἀκροπόλεως, καθήρας τὴν πόλιν. (9) Ἀναξαγόρας δὲ τὰς διδομένας ἀφεὶς τιμάς, ᾐτήσατο, τὴν ἡμέραν ἐκείνην, καθ' ἣν ἂν τελευτήσῃ, τοὺς παῖδας ἀφιέναι παίζειν καὶ σχολάζειν ἀπὸ τῶν μαθημάτων. (10) Τοῖς δὲ τοὺς Μάγους ἀνελοῦσιν ἑπτὰ Πέρσαις, ἔδωκαν αὐτοῖς καὶ τοῖς ἀπ' αὐτῶν γενομένοις εἰς τοὐμπροσθεν τῆς κεφαλῆς τὴν τιάραν φορεῖν· τοῦτο γὰρ ἐποιήσαντο σύμβολον, ὡς ἔοικε, χωροῦντες ἐπὶ τὴν πρᾶξιν. (11) Ἔχει δέ τι καὶ ἡ τοῦ Πιττακοῦ τιμὴ πολιτικόν· ἧς γὰρ ἐκτήσατο χώρας τοῖς πολίταις, γῆν, ἣν ἂν ἐθέλοι, λαβεῖν κελευσθείς, ἔλαβε τοσαύτην, ὅσην ἐπῆλθε τὸ ἀκόντιον, αὐτοῦ βαλόντος· ὁ δὲ Ῥωμαῖος Πόπλιος, ἣν ἡμέρᾳ μιᾷ χωλὸς ὢν περιήροσεν. (12) Οὐ γὰρ μισθὸν εἶναι δεῖ τῆς πράξεως, ἀλλὰ σύμβολον, τὴν τιμήν, ἵνα καὶ διαμένῃ πολὺν χρόνον, ὥσπερ ἐκεῖναι διέμειναν. (13) Τῶν δὲ Δημητρίου τοῦ Φαληρέως τριακοσίων ἀνδριάντων οὐδεὶς ἔσχεν ἰὸν οὐδὲ πίνον, ἀλλὰ πάντες ἔτι ζῶντος προανῃρέθησαν· τοὺς δὲ Δημάδου κατεχώνευσαν εἰς ἀμίδας· καὶ πολλαὶ τοιαῦτα τιμαὶ πεπόνθασιν, οὐ μοχθηρίᾳ τοῦ λαβόντος μόνον, ἀλλὰ καὶ μεγέθει τοῦ δοθέντος δυσχερανθεῖσαι. (14) Διὸ κάλλιστον καὶ βεβαιότατον εὐτέλεια τιμῆς φυλακτήριον· αἱ δὲ μεγάλαι καὶ ὑπέρογκοι καὶ βάρος ἔχουσαι, παραπλησίως τοῖς ἀσυμμέτροις ἀνδριάσι, ταχὺ περιτρέπονται.

XXVIII. Ὀνομάζω δὲ νῦν τιμάς, ἃς οἱ πολλοὶ κατ' Ἐμπεδοκλέα

ἣ θέμις [οὐ] καλέουσιν, ὅμως ἐπίφημι καὶ αὐτός·

ἐπεὶ τήν γε ἀληθινὴν τιμὴν καὶ χάριν ἱδρυμένην ἐν εὐνοίᾳ καὶ διαθέσει τῶν μεμνημένων οὐχ ὑπερόψεται πολιτικὸς ἀνήρ, * οὐδέ γε δόξαν ἀτιμάσει, φεύγων τὸ τοῖς πέλας ἀνδάνειν, ὡς ἠξίου Δημόκριτος. (2) Οὐδὲ γὰρ κυνῶν ἀσπασμός, οὐδὲ ἵππων εὔνοια, θηραταῖς καὶ ἱπποτρόφοις ἀπόβλητον, ἀλλὰ καὶ χρήσιμον καὶ ἡδύ, συντρόφοις καὶ συνήθεσι ζῴοις τοιαύτην ἐνεργάσασθαι διάθεσιν πρὸς αὐτόν, οἵαν ὁ Λυσιμάχου κύων ἐπεδείκνυτο, καὶ τῶν Ἀχιλλέως ἵππων ὁ ποιητὴς διηγεῖται περὶ τὸν Πάτροκλον· (3) οἶμαι δ' ἂν καὶ τὰς

---

genus res invidiæ expositæ, ac plerique censent gratiam se iis debere, quibus tale dederint nihil; qui acceperint autem, eos sibi etiam molestos esse, qui veluti mercede suam locent operam. (7) Ergo sicut qui Syrti evitata navem ad fretum subvertit, nihil præclarum aut memorabile præstitit: sic qui ærario et redemturis publicis quum abstinuisset, vincitur autem prima in consessu dignitate aut prytaneo, is sublimi quidem impingit promontorio, nihilo tamen minus mergitur. (8) Optime itaque cum eo agitur, cui nihil cum ulla tali re est negotii, sed fugit ac recusat omnia. Quodsi populi huc acriter propendentis gratiam ac studium non facile sit repudiare: in republica, ut certamine de præmio non argenteo aut pecuniario, sed plane sacro et coronario, inscriptio aliqua sufficiet, et tabella, et decretum, et germen, sicut ex arce accepit Epimenides, quum urbem lustrasset. (9) Et Anaxagoras, honoribus qui offerebantur recusatis, postulavit ut ea qua decessisset e vivis die, pueris vacatio scholarum et discendi concederetur. (10) Et septem Persis qui Magos interfecerunt, eorumque posteris concessum est ut tiaram in anteriorem capitis partem obverterent: constat enim eos, quum rem eam aggrederentur, hac fuisse usos tessera. (11) Habet etiam Pittaci honor civile quippiam: jussus enim de agro, quem civibus suis acquisiverat, sumere sibi quantam vellet portionem, tantum accepit, quantum misso a se jaculo consequebatur: ut *Cocles* Romanus sumsit, quantum una die claudus ipse circumaravit. (12) Debet enim honor non merces facinoris esse, sed signum: ut et diu perduret, sicuti illi duraverunt. (13) At de trecentis statuis Demetrii Phalerei nullam cepit ærugo aut robigo, sed omnes vivente ipso eversæ sunt: Demadis statuæ conflatæ sunt in matulas. Multaque talia honoribus contigerunt, non tantum ob ejus cui decreti essent pravitatem, sed etiam ob molem suam in odium adductis. (14) Itaque tenuitas sumtuum in eos expensorum optime ac firmissime eos custodit: magni vero et immodici honores, et molesti, itidem ut statuæ non respondentes proportioni, cito subvertuntur.

XXVIII. Voco autem nunc honores, quos vulgus, ut cum Empedocle loquar,

nec recte dicunt, tamen his assentior ipse:

nam verum honorem, gratiamque fundatam in benevolentia animique memorum affectione non despiciet vir civilis, neque gloriam contemnet, *fugiens proximis placere*, ut volebat Democritus. (2) Nam neque canum salutatio, neque equorum benevolentia, venatoribus et qui equos alunt videtur aspernanda: imo utile est ac jucundum in animalibus familiaribus et una viventibus hujusmodi affectionem erga se generasse, qualem Lysimachi canis demonstravit, et de Achillis equis erga Patroclum poeta refert. (3) Existima

μελίττας ἀπαλλάττειν βέλτιον, εἰ τοὺς τρέφοντας καὶ
θεραπεύοντας ἀσπάζεσθαι καὶ προσίεσθαι μᾶλλον ἢ
κεντεῖν καὶ χαλεπαίνειν ἐβούλοντο· νυνὶ δὲ ταύτας μὲν
καπνῷ κολάζουσιν· ἵππους δὲ ὑβριστὰς καὶ κύνας
5 ἀποστάτας κλοιοῖς καὶ χαλινοῖς ἄγουσιν ἠναγκασμένους·
ἄνθρωπον δ' ἀνθρώπῳ χειροήθη καὶ πρᾷον ἑκουσίως
οὐδὲν, ἀλλ' ἢ πίστις εὐνοίας καὶ καλοκἀγαθίας δόξα
καὶ δικαιοσύνης παρίστησιν. (4) Ἢ καὶ Δημοσθένης
ὀρθῶς μέγιστον ἀποφαίνεται πρὸς τοὺς τυράννους φυ-
10 λακτήριον, ἀπιστίαν, ταῖς πόλεσι· τοῦτο γὰρ μάλιστα
τῆς ψυχῆς τὸ μέρος, ᾧ πιστεύομεν, ἁλώσιμόν ἐστιν.
(5) Ὥσπερ οὖν τῆς Κασάνδρας ἀδοξούσης ἀνόνητος ἦν
ἡ μαντικὴ τοῖς πολίταις·

    Ἄκραντα γάρ με (φησὶν) ἔθηκε θεσπίζειν θεὸς,
15   καὶ πρὸς παθόντων κἂν κακοῖσι κειμένων
    σοφὴ κέκλημαι, πρὶν παθεῖν δὲ μαίνομαι·

οὕτως ἡ πρὸς Ἀρχύταν πίστις, καὶ πρὸς Βάττον εὔνοια
τῶν πολιτῶν μεγάλα τοὺς χρωμένους αὐτοῖς διὰ τὴν
δόξαν ὠφέλησε. (6) Καὶ τοῦτο μὲν πρῶτον καὶ μέγι-
20 στον ἔνεστι τῇ δόξῃ τῇ τῶν πολιτικῶν ἀγαθῶν, ἡ πάροδον ἐπὶ τὰς πράξεις διδοῦσα πίστις· δεύτερον δέ, ὅτι
πρὸς τοὺς βασκάνους καὶ πονηροὺς ὅπλον ἡ παρὰ τῶν
πολλῶν εὔνοια τοῖς ἀγαθοῖς ἐστιν,

    Ὡς ὅτε μήτηρ
25   παιδὸς ἐέργει μυῖαν, ὅθ' ἡδέι λέξεται ὕπνῳ,

ἀπερύκουσα τὸν φθόνον καὶ πρὸς τὰς δυνάμεις ἐπανι-
σοῦσα τὸν ἀγενῆ τοῖς εὐπατρίδαις, καὶ τὸν πένητα τοῖς
πλουσίοις, καὶ τὸν ἰδιώτην τοῖς ἄρχουσι· καὶ ὅλως ὅταν
ἀλήθεια καὶ ἀρετὴ προσγένηται, φορόν ἐστι πνεῦμα καὶ
30 βέβαιον ἐπὶ τὴν πολιτείαν. (7) Σκόπει δὲ τὴν ἐναντίαν καταμανθάνων διάθεσιν ἐν τοῖς παραδείγμασι.
Τοὺς μὲν γὰρ Διονυσίου παῖδας καὶ τὴν γυναῖκα κατα-
πορνεύσαντες οἱ περὶ τὴν Ἰταλίαν ἀνεῖλον, εἶτα [κατα]-
καύσαντες τὰ σώματα, τὴν τέφραν κατέσπειραν ἐκ
35 πλοίου κατὰ τῆς θαλάττης. (8) Μενάνδρου δέ τινος ἐν
Βάκτροις ἐπιεικῶς βασιλεύσαντος, εἶτ' ἀποθανόντος
ἐπὶ στρατοπέδου, τὴν μὲν ἄλλην ἐποιήσαντο κηδείαν
κατὰ τὸ κοινὸν αἱ πόλεις, περὶ δὲ τῶν λειψάνων αὐτοῦ
καταστάντες εἰς ἀγῶνα, μόλις συνέβησαν, ὥστε νειμά-
40 μενοι μέρος ἴσον τῆς τέφρας ἀπελθεῖν, καὶ γενέσθαι
μνημεῖα παρὰ πᾶσι τοῦ ἀνδρός. (9) Αὖθις Ἀκραγαν-
τῖνοι μὲν, ἀπαλλαγέντες Φαλάριδος, ἐψηφίσαντο μηδένα φορεῖν ἱμάτιον γλαύκινον· οἱ γὰρ ὑπηρέται τοῦ
τυράννου γλαυκίνοις ἐχρῶντο περιζώμασι. (10) Πέρσαι
45 δ', ὅτι γρυπὸς ἦν ὁ Κῦρος, ἔτι καὶ νῦν ἐρῶσι τῶν γρυ-
πῶν, καὶ καλλίστους ὑπολαμβάνουσιν.

XXIX. Οὕτως ἁπάντων ἐρώτων ἰσχυρότατος ἅμα
καὶ θειότατός ἐστιν ὁ πόλεσι καὶ δήμοις πρὸς ἕνα δι'
ἀρετῆς ἐγγινόμενος· αἱ δ' ἀπὸ θεάτρων ἢ νεμήσεων ἢ
50 μονομάχων ψευδώνυμοι τιμαὶ καὶ ψευδομάρτυρες ἑται-
ρικαῖς ἐοίκασι κολακείαις ὄχλων, ἀεὶ τῷ διδόντι καὶ
χαριζομένῳ προσμειδιώντων ἐφήμερόν τινα καὶ ἀβέβαιον δόξαν. (2) εὖ μὲν οὖν ὁ, Πρώτως, εἰπὼν, κατα-

---

etiam cum apibus melius actum iri, si eos, a quibus nutriuntur et curantur, admittere potius et adblandiri, quam abigere
et pungere vellent; nunc eas fumo puniunt : equos autem
petulantes, et infidos canes invitos numellis agunt ac frenis.
At hominem homini obsequentem ultro cicuremque nihil
aliud facit, quam fides benevolentiæ, integritatisque et justitiæ opinio. (4) Quo nomine Demosthenes recte pronunciavit *nullam civitatibus adversus tyrannos meliorem esse
diffidentia cautionem* : maxime enim ea pars animi, qua
fidem adhibemus, capi potest. (5) Sicuti ergo Cassandræ
vaticinium civibus inutile erat, quod fides vati derogaba-
tur : ut ipsa dixit,

    Incassum et frustra ut vaticiner, fecit deus :
    sapere enim videor mersis infortunio
    vocorque vates; furere dicor antea :

sic civium erga Archytam fides, et in Battum benevolentia,
ob existimationem eorum plurimum conduxit his qui opera
ipsorum uterentur. (6) Atque hic primus est et maximus
civilium virorum existimationis usus, quod auctoritas iis
aditum ad res gerendas conficit : alter est, quod multitudinis benevolentia adversus invidos ac malignos teli instar
est bonis viris,

    Ut quum filioli, somno sua membra soluti,
    a cute mordacem pellit matercula muscam,

invidiam arcens, et æqualem potentiâ reddens ignobilem pa-
triciis, pauperem divitibus, et privatum magistratibus : denique accedentibus veritate et virtute, existimatio secundus
nec fallax est ad reipublicæ administrationem tendentibus
ventus. (7) Jam contrariam affectionem consideratis exemplis perpende. Dionysii liberos et uxorem, libidinose corporibus tractatis, Itali necaverunt, et crematis cadaveribus
cinerem e navi in mare disperserunt. (8) At Menandri
cujusdam, qui Bactris regnum moderate gesserat, in castris mortui civitates funus quum pro consuetudine procu-
rassent, de reliquiis in certamen pervenerunt, ægreque pax
hac conditione coiit, ut singulæ, parte cinerum ablata
æquali, discederent, atque ita monumentum ei viro apud se
quæque ponerent. (9) Rursus Agrigentini, Phalaride exo-
nerati, decreto sanxerunt, ne quis glauca veste uteretur,
quia famuli tyranni glaucis subligaculis fuissent usi. (10)
At Persæ, quia Cyrus adunco fuit naso, etiamnum tales
amant, ac pro formosissimis habent.

XXIX. Adeo omnium amorum quum validissimus est,
tum divinissimus, is quem civitates et populi erga unum
aliquem ob virtutem ejus concipiunt. Falso autem sic
dicti honores, ac falsa testimonia, quæ propter spectacula,
diribitiones ac ludos gladiatorios deferuntur a multitudine,
similes sunt meretriciarum adulationum, plebe subinde ei
qui dat ac gratificatur arridente, quæ est unius diei et

λυθῆναι δῆμον ὑπὸ τοῦ πρώτου δεκάσαντος, συνεῖδεν ὅτι τὴν ἰσχὺν ἀποβάλλουσιν οἱ πολλοί, τοῦ λαμβάνειν ἥττονες γενόμενοι· (3) * δεῖ δὲ καὶ τοὺς δεκάζοντας οἴεσθαι καταλύειν ἑαυτούς, ὅταν ἀναλωμάτων μεγά-
5 λων ὠνούμενοι τὴν δόξαν, ἰσχυροὺς ποιῶσι καὶ θρασεῖς τοὺς πολλούς, ὡς μέγα τι καὶ ἀφελέσθαι καὶ δοῦναι κυρίους ὄντας.

XXX. Οὐ μὴν διὰ τοῦτο μικρολογητέον ἐν τοῖς νενομισμένοις φιλοτιμήμασι, τῶν πραγμάτων εὐπο-
10 ρίαν παρεχόντων· ὡς μᾶλλον οἱ πολλοὶ μὴ μεταδιδόντα τῶν ἰδίων πλούσιον, ἢ πένητα τῶν δημοσίων κλέπτοντα, δι' ἔχθρας ἔχουσι, ὑπεροψίαν τοῦτο καὶ περιφρόνησιν αὐτῶν, ἐκεῖνο δ' ἀνάγκην ἡγούμενοι. (2) Γιγνέσθωσαν οὖν αἱ μεταδόσεις πρῶτον μὲν ἀντὶ μηδενός· οὕτω γὰρ
15 ἐκπλήττουσι καὶ χειροῦνται μᾶλλον τοὺς λαμβάνοντας· ἔπειτα σὺν καιρῷ, πρόφασιν ἀστείαν καὶ καλὴν ἔχοντι· μετὰ τιμῆς θεοῦ πάντως ἀγούσης πρὸς εὐσέβειαν· (3) ἐγγίνεται γὰρ ἅμα τοῖς πολλοῖς ἰσχυρὰ διάθεσις καὶ δόξα τοῦ τὸ δαιμόνιον εἶναι μέγα καὶ σεμνόν, ὅταν, οὓς
20 αὐτοὶ τιμῶσι καὶ μεγάλους νομίζωσιν, οὕτως ἀφειδῶς καὶ προθύμως περὶ τὸ θεῖον ὁρῶσι φιλοτιμουμένους. (4) Ὥσπερ οὖν ὁ Πλάτων ἀφεῖλε τῶν παιδευομένων νέων τὴν ἁρμονίαν τὴν Λύδιον καὶ τὴν Φρύγιον, τὴν μέν, τὸ θρηνῶδες καὶ φιλοπενθὲς ἡμῶν ἐγείρουσαν τῆς
25 ψυχῆς, τὴν δέ, τὸ πρὸς ἡδονὰς ὀλισθηρὸν καὶ ἀκόλα-στον αὔξουσαν· οὕτω σὺ τῶν φιλοτιμιῶν ὅσαι τὸ φονι-κὸν καὶ θηριῶδες ἢ τὸ βωμολόχον καὶ ἀκόλαστον ἐρε-θίζουσι καὶ τρέφουσι, μάλιστα μὲν ἐξέλαυνε τῆς πόλεως, εἰ δὲ μή, φεῦγε, καὶ διαμάχου τοῖς πολλοῖς αἰτουμέ-
30 νοις τὰ τοιαῦτα θεάματα· (5) χρηστὰς δὲ καὶ σώφρονας ἀεὶ ποιοῦ τῶν ἀναλωμάτων ὑποθέσεις, τὸ καλὸν ἢ τὸ ἀναγκαῖον ἐχούσας τέλος, ἢ τὸ γοῦν ἡδὺ καὶ κεχαρισμέ-νον ἄνευ βλάβης καὶ ὕβρεως προσούσης.

XXXI. Ἂν δ' ᾖ τὰ τῆς οὐσίας μέτρια καὶ κέντρῳ
35 καὶ διαστήματι περιγραφόμενα πρὸς τὴν χρείαν, οὔτ' ἀγεννὲς οὔτε ταπεινὸν οὐδέν ἐστι, πενίαν ὁμολογοῦντα ταῖς τῶν ἐχόντων ἐξίστασθαι φιλοτιμίαις, καὶ μὴ δα-νειζόμενον, οἰκτρὸν ἅμα καὶ καταγέλαστον εἶναι περὶ τὰς λειτουργίας· (2) οὐ γὰρ λανθάνουσιν ἐξασθενοῦντες,
40 ἢ φίλοις ἐνοχλοῦντες, ἢ θωπεύοντες δανειστάς, ὥστε μὴ δόξαν αὐτοῖς μηδ' ἰσχύν, ἀλλὰ μᾶλλον αἰσχύνην καὶ καταφρόνησιν ἀπὸ τῶν τοιούτων ἀναλωμάτων ὑπάρ-χειν. (3) Διὸ χρήσιμον ἀεὶ πρὸς τὰ τοιαῦτα μεμνῆσθαι τοῦ Λαμάχου καὶ τοῦ Φωκίωνος· οὗτος μὲν γάρ,
45 ἀξιούντων αὐτὸν ἐν θυσίᾳ τῶν Ἀθηναίων ἐπιδοῦναι, καὶ κροτούντων πολλάκις, Αἰσχυνοίμην ἄν, εἶπεν, ὑμῖν μὲν ἐπιδιδούς, Καλλικλεῖ δὲ τούτῳ μὴ ἀποδιδούς· δεί-ξας τὸν δανειστήν· (4) Λάμαχος δ' ἐν τοῖς τῆς στρατη-γίας ἀεὶ προσέγραφεν ἀπολογισμοῖς ἀργύριον εἰς κρη-
50 πῖδας αὑτῷ καὶ ἱμάτιον· Ἕρμωνι δὲ Θεσσαλοί, φεύγοντι τὴν ἀρχὴν ὑπὸ πενίας, ἐψηφίσαντο λάγυνον οἴνου κατὰ μῆνα διδόναι καὶ μέδιμνον ἀλφίτων ἀφ' ἑκάστης τετρά-δος. (5) Οὕτως οὔτ' ἀγεννές ἐστι πενίαν ὁμολογεῖν, οὔτε λείπονται πρὸς δύναμιν ἐν πόλεσι τῶν ἑστιώντων

instabilis gloria. (2) Recte dixit ille, quicunque fuit, *populum ab eo primum fuisse enervatum, qui eum largitione inescasset primus* : intellexit enim multitudinem robur suum amittere, dum accipiendo fit imbecillior. (3) Sed et hoc sentiendum est, largitores istos suam quoque ipsorum vim evertere, quando gloriam magnis impensis mercati, validam ac ferocem reddunt plebem, quæ se magni alicujus et dandi et adimendi potestate præditam existimat.

XXX. Neque tamen interea sordide agendum est largitionibus secundum leges faciendis, ubi copia rerum suppeditat. Etenim vulgo magis invisus est dives de suo nihil largiens, quam pauper publica depeculans : hoc enim necessitati, illud superbiæ et contemtui sui imputant. (2) Primum ergo largitiones gratuitæ sint. Sic enim eos qui accipiunt facilius permovent atque devinciunt. Deinde per occasionem fiant, quæ prætextum habeat elegantem atque honestum, conjunctum cum cultu dei omnino ad pietatem ducente : (3) sic enim simul in animis multorum excitatur et confirmatur opinio, numen esse magnum aliquid ac venerandum; quum, quos ipsi colunt et in magnis viris censent, eos ita liberaliter atque alacriter sumtus in venerationem deorum facere cernunt. (4) Quo igitur pacto ab adolescentibus qui liberali instituerentur doctrina, prohibuit Plato Lydiam et Phrygiam harmoniam, quod altera animi facultatem ad lugendum et dolendum proclivem excitaret, altera propensam ad voluptatem et libidines partem impelleret : sic tu eas largitiones, quæ belluinum et trucem, aut scurrilem et intemperantem motum animorum efficiunt atque fovent, omnino ex civitate profliga : sin vero, fuge et repugna multitudini hujusmodi spectacula deposcenti : (5) bona autem semper et modesta sumtuum argumenta facito, quæ ad finem honestum aut necessarium spectent, aut eam saltem voluptatem ac gratiam, a qua damnum ac petulantia absit.

XXXI. Quodsi facultates sint mediocres, et ad usus vitæ quasi circino circumscriptæ, nequaquam indecorum est, neque abjecti animi confessum suam paupertatem eorum quibus res est liberalitati locum concedere, neque in publicis actionibus æs alienum contrahendo simul et miserabilem fieri et ridiculum : (2) non enim ignorantur qui re sua destituuntur, et vel amicis sunt molesti, vel fœneratores demerentur adulando : ut plane hujusmodi impensis non gloriam aut potentiam, sed dedecus potius et contemtum sibi parent. (3) Itaque utile semper est in tali re exemplorum Lamachi ac Phocionis meminisse : quorum hic in sacrificio quodam poscentibus Atheniensibus aliquid ut contribueret, sæpiusque plausum dantibus, *At vero*, inquit, *pudeat me vobis dare; et huic Callicli* (simul fœneratorem cui debebat ostendens) *non reddere* : (4) at Lamachus in præturæ suæ militaris rationibus semper ascripsit argentum quod pro se in calceos et vestem impendisset : Hermoni quoque Thessalo magistratus administrationem paupertatis causa detrectanti, populares in mensem decrevere lagenam vini, et modium farinæ in singulos dies quartos decadum. (5) Ita nec servile est paupertatem suam præ se ferre, neque in civitatibus posteriores cœnas et ludos exhibentibus habentur pauperes, si sua

καὶ χορηγούντων οἱ πένητες, ἂν παῤῥησίαν ἀπ' ἀρετῆς
καὶ πίστιν ἔχωσι. (6) Δεῖ δὲ μάλιστα κρατεῖν ἑαυτῶν
ἐν τοῖς τοιούτοις, καὶ μήτ' εἰς πεδία καταβαίνειν πεζὸν
ἱππεῦσι μαχούμενον, μήτ' ἐπὶ στάδια καὶ θυμέλας καὶ
τραπέζας πένητα πλουσίοις ὑπὲρ δόξης καὶ δυναστείας
διαγωνιζόμενον· ἀλλ' ἀπ' ἀρετῆς καὶ φρονήματος ἀεὶ
μετὰ λόγου πειρωμένοις ἄγειν τὴν πόλιν, οἷς οὐ μόνον
τὸ καλὸν καὶ τὸ σεμνὸν, * ἀλλὰ καὶ τὸ κεχαρισμένον
καὶ τὸ ἀγωγὸν ἔνεστι, « Κροισείων αἱρετώτερον στατή-
ρων. » (7) Οὐ γὰρ αὐθάδης οὐδ' ἐπαχθὴς ὁ χρηστὸς, οὐδ'
αὐθέκαστός ἐστιν ὁ σώφρων ἀνὴρ, [καὶ]

     Στείχει πολίταις ὄμμ' ἔχων ἰδεῖν πικρόν·

ἀλλὰ πρῶτον μὲν εὐπροσήγορος καὶ κοινὸς ὢν πελάσαι
καὶ προσελθεῖν ἅπασιν, οἰκίαν τε παρέχων ἄκλειστον,
ὡς λιμένα φύξιμον ἀεὶ τοῖς χρῄζουσι, καὶ τὸ κηδεμονικὸν καὶ φιλάνθρωπον οὐ χρείαις οὐδὲ πράξεσι μόνον,
ἀλλὰ καὶ τῷ συναλγεῖν πταίουσι, καὶ κατορθοῦσι
συγχαίρειν, ἐπιδεικνύμενος· (8) οὐδαμῇ δὲ λυπηρὸς, οὐδ'
ἐνοχλῶν οἰκετῶν πλήθει περὶ λουτρὸν, ἢ καταλήψεσι
τόπων ἐν θεάτροις, οὐδὲ τοῖς εἰς τρυφὴν καὶ πολυτέλειαν
ἐπιφθόνοις παράσημος· ἀλλ' ἴσος καὶ ὁμαλὸς ἐσθῆτι
καὶ διαίτῃ καὶ τροφαῖς παίδων καὶ θεραπείᾳ γυναικὸς,
οἷον ὁμοδημεῖν καὶ συνανθρωπεῖν τοῖς πολλοῖς βουλόμενος. (9) Ἔπειτα σύμβουλον εὔνουν καὶ συνήγορον
ἄμισθον καὶ διαλλακτὴν εὐμενῆ πρὸς γυναῖκας ἀνδρῶν,
καὶ φίλων πρὸς ἀλλήλους, παρέχων ἑαυτὸν, οὐ μικρὸν
ἡμέρας μέρος ἐπὶ τοῦ βήματος ἢ τοῦ λογείου πολιτευόμενος, εἶτ' ἤδη παρὰ πάντα τὸν ἄλλον βίον

     Ἕλκων ἐφ' ἑαυτὸν, ὥστε Καικίας νέφη,

τὰς χρείας καὶ τὰς οἰκονομίας πανταχόθεν· (10) ἀλλὰ
δημοσιεύων ἀεὶ ταῖς φροντίσι, καὶ τὴν πολιτείαν βίον
καὶ πρᾶξιν, οὐκ ἀσχολίαν, ὥσπερ οἱ πολλοὶ, καὶ λει-
τουργίαν ἡγούμενος, πᾶσι τούτοις καὶ τοῖς τοιούτοις
ἐπιστρέφει καὶ προσάγεται τοὺς πολλοὺς, νόθα καὶ
κίβδηλα τὰ τῶν ἄλλων θωπεύματα καὶ δελεάσματα
πρὸς τὴν τούτου κηδεμονίαν καὶ φρόνησιν ὁρῶντας.
(11) Οἱ μὲν γὰρ Δημητρίου κόλακες οὐκ ἠξίουν βασιλεῖς τοὺς ἄλλους προσαγορεύειν, ἀλλὰ τὸν μὲν Σέλευκον ἐλεφαντάρχην, τὸν δὲ Λυσίμαχον γαζοφύλακα, τὸν
δὲ Πτολεμαῖον ναύαρχον ἐκάλουν, τὸν δὲ Ἀγαθοκλέα
νησιάρχην· (12) οἱ δὲ πολλοὶ, κἂν ἐν ἀρχῇ τὸν ἀγαθὸν
καὶ φρόνιμον ἀποῤῥίψωσιν, ὕστερον καταμανθάνοντες
αὐτοῦ τὴν ἀλήθειαν καὶ τὸ ἦθος, τοῦτον ἡγοῦνται μόνον πολιτικὸν καὶ δημοτικὸν καὶ ἄρχοντα, τῶν δ'
ἄλλων, τὸν μὲν χορηγὸν, τὸν δὲ ἑστιάτορα, τὸν δὲ
γυμνασίαρχον καὶ νομίζουσι καὶ καλοῦσιν. (13) Εἶτα
ὥσπερ ἐν τοῖς συμποσίοις, Καλλίου δαπανῶντος ἢ
Ἀλκιβιάδου, Σωκράτης ἀκούεται, καὶ πρὸς Σωκράτην
πάντες ἀποβλέπουσιν, οὕτως ἐν ταῖς ὑγιαινούσαις πόλεσιν Ἰσμηνίας μὲν ἐπιδίδωσι, καὶ δειπνίζει Λίχας,
καὶ χορηγεῖ Νικήρατος, Ἐπαμεινώνδας δὲ καὶ Ἀριστείδης καὶ Λύσανδρος (καὶ) ἄρχουσι καὶ πολιτεύονται καὶ

---

sibi virtute libertatem dicendi fidemque paraverint.
(6) Oportet tamen quammaxime in talibus rebus se ipsum
continere, ut ne pedester in campum descendat contra
equitem pugnaturus, neu in stadia, scenæ apparatus, aut
epulas sese det pauper, cum divitibus de gloria potentiave
contendens; sed ut semper a virtute, prudentia ac facundia urbem temperandi conatum petat : quibus rebus non
modo honestas atque majestas, sed gratia etiam adest et ad
pelliciendum vis, *Crœsi optabilior stateribus.* (7) Vir
enim bonus non insolens neque moleste odiosus est, neque
vir modestus sua tantum probat, et

     Incedit ore invisus civibus suis,

sed primum facilem se compellatu præbet omnibus, nemi-
nemque non admittit ad suum colloquium, domum suam
tanquam portum perfugii identidem omnibus habens apertam, suamque humanitatem et pro civibus procurationem,
non operam navando tantum et agendo, sed et adversa patientibus socium se doloris exhibendo, et gratulando iis qui
successibus utuntur bonis, demonstrat; (8) neque uspiam
molestus est multitudine famulorum in balneo, aut occupatione locorum in theatris, neque iis insignis quæ invidiæ
ob luxum et sumtuum magnitudinem sunt obnoxia : sed
æqualis vestitu ac victus ratione et liberorum educatione
ac muliebri familia reliquis, ut qui simul cum aliis unam
eandemque popularem tenere rationem, utque alii homines
degere velit. (9) Deinde consiliarium se et advocatum
nulla mercede conductum, benignumque arbitrum præstat
virorum uxoribus reconciliandorum, amicorumque in gratiam reponendorum; neque, exiguam diei partem in tribu-
nali aut concione rempublicam tractans, inde reliquo vitæ
tempore

     ad se trahens, ut cogens nubes Cæcias,

undequaque usus civium et procurationes : (10) sed curis
semper suis publico est intentus, et reipublicæ administrationem vitam sibi opusque, non negotium et servitutem,
ut faciunt multi, deputans, his omnibus eorumque similibus in se convertit sibique conciliat multitudinem, quæ aliorum adulationes et illecebras cum hujus procuratione et
providentia comparatas animadvertat adulterina esse et fu-
cata irritamenta. (11) Etenim Demetrii adulatores reliquos
non dignabantur nomine regis, sed Seleucum elephantorum magistrum, Lysimachum gazæ custodem, Ptolemæum
classis præfectum, Agathoclem insulæ præsidem appellabant : (12) at multitudo, etiamsi initio bonum ac prudentem virum rejiciat, tamen postea temporis ejus deprehendens veritatem atque ingenium, hunc solum judicat civilem, popularem atque principem esse; reliquos, alium
choragum, alium epuli præbitorem, alium gymnasiarcham
et putant et nominant. (13) Ad hæc, sicuti in conviviis,
Callia (ut hoc utar) rege aut Alcibiade, Socrates tamen auditur, in eumque sunt omnium oculi conversi : sic in recte
habentibus rebuspublicis sumtus facit Ismenias, et Lichas
cœnas præbet, chorum instruit Niceratus, Epaminondas
vero et Aristides et Lysander imperant, rempublicam ac

στρατηγοῦσι. (14) Πρὸς ἃ χρὴ βλέποντα μὴ ταπει-
νοῦσθαι, μηδ' ἐκπεπλῆχθαι τὴν ἐκ θεάτρων καὶ ὀπτανείων καὶ πολυανδρίων προσισταμένην τοῖς ὄχλοις δόξαν, ὡς ὀλίγον χρόνον ἐπιζῶσαν, καὶ τοῖς μονομάχοις
5 καὶ ταῖς σκηναῖς ὁμοῦ συνδιαλυομένην, ἔντιμον δὲ μηδὲν, μηδὲ σεμνὸν ἔχουσαν.

XXXII. Οἱ μὲν [οὖν] ἔμπειροι θεραπείας καὶ τροφῆς μελιττῶν, τὸν μάλιστα βομβοῦντα τῶν σίμβλων
καὶ θορύβου μεστὸν, τοῦτον εὐθηνεῖν καὶ ὑγιαίνειν νομί-
10 ζουσιν· ᾧ δὲ τοῦ λογικοῦ καὶ πολιτικοῦ σμήνους ἐπιμέλειαν ἔχειν ὁ θεὸς ἔδωκεν, ἡσυχίᾳ μάλιστα καὶ πραότητι δήμου τεκμαιρόμενος εὐδαιμονίαν, τὰ μὲν ἄλλα
τοῦ Σόλωνος ἀποδέξεται καὶ μιμήσεται κατὰ δύναμιν,
ἀπορήσει δὲ καὶ θαυμάσει, τί παθὼν ἐκεῖνος ὁ ἀνὴρ
15 ἔγραψεν, ἄτιμον εἶναι τὸν ἐν στάσει πόλεως μηδετέροις
προσθέμενον. (2)* Οὔτε γὰρ ἐν σώματι νοσοῦντι
γίνεται μεταβολῆς ἀρχὴ πρὸς τὸ ὑγιαίνειν ἀπὸ τῶν
συννοσούντων μερῶν, ἀλλ' ὅταν ἡ παρὰ τοῖς ἐρρωμέ-
νοις ἰσχύσασα κρᾶσις ἐκστήσῃ τὸ παρὰ φύσιν· ἔν τε
20 δήμῳ στασιάσαντι μὴ δεινὴν μηδ' ὀλέθριον στάσιν, ἀλλὰ
παυσομένην ποτὲ, δεῖ τὸ ἀπαθὲς καὶ τὸ ὑγιαῖνον ἐγκε-
κρᾶσθαι πολὺ, καὶ παραμένειν καὶ συνοικεῖν· ἐπιρρεῖ
γὰρ τούτῳ τὸ οἰκεῖον ἐκ τῶν σωφρονούντων, καὶ δίεισι
διὰ τοῦ νενοσηκότος· (3) αἱ δὲ δι' ὅλων ἀναταραχθεῖ-
25 σαι πόλεις κομιδῇ διεφθάρησαν, ἂν μή τινος ἀνάγκης
ἔξωθεν τυχοῦσαι καὶ κολάσεως, ὑπὸ κακῶν βίᾳ σωφρο-
νήσωσιν. (4) Οὐ μὴν ἀναίσθητον οὐδ' ἀνάλγητον ἐν
στάσει καθῆσθαι προσήκει τὴν περὶ αὐτὸν ἀταραξίαν
ὑμνοῦντα καὶ τὸν ἀπράγμονα βίον καὶ μακάριον, ἐν
30 ἑτέροις ἐπιτερπόμενον ἀγνωμονοῦσιν· ἀλλ' ἐνταῦθα δεῖ
μάλιστα τὸν Θηραμένους κόθορνον ὑποδούμενον, ἀμφοτέροις ὁμιλεῖν, καὶ μηδετέροις προστίθεσθαι· (5) δό-
ξεις γὰρ οὐχὶ τῷ μὴ συναδικεῖν ἀλλότριος, ἀλλὰ τῷ
βοηθεῖν κοινὸς εἶναι πάντων· καὶ τὸ μὴ συνατυχεῖν οὐχ
35 ἕξει φθόνον, ἂν πᾶσι φαίνῃ συναλγῶν ὁμοίως. (6) Κράτιστον δὲ, προνοεῖν ὅπως μηδέποτε στασιάζωσι, καὶ
τοῦτο τῆς πολιτικῆς ὥσπερ τέχνης μέγιστον ἡγεῖσθαι
καὶ κάλλιστον. (7) Ὅρα γὰρ, ὅτι τῶν μεγίστων ἀγαθῶν ταῖς πόλεσιν, εἰρήνης, ἐλευθερίας, εὐετηρίας,
40 εὐανδρίας, ὁμονοίας, πρὸς μὲν εἰρήνην οὐδὲν οἱ δῆμοι
τῶν πολιτικῶν ἔν γε τῷ παρόντι χρόνῳ δέονται· πέφευγε
γὰρ ἐξ ἡμῶν καὶ ἠφάνισται πᾶς μὲν Ἕλλην, πᾶς δὲ
βάρβαρος πόλεμος· (8) ἐλευθερίας δὲ, ὅσον οἱ κρατοῦντες νέμουσι τοῖς δήμοις, μέτεστι, καὶ τὸ πλέον
45 ἴσως οὐκ ἄμεινον· (9) εὐφορίαν δὲ γῆς ἄφθονον εὐμενῆ
τε κρᾶσιν ὡρῶν, καὶ τίκτειν γυναῖκας « ἐοικότα τέκνα
γονεῦσι, » [καὶ] σωτηρίαν τοῖς γεννωμένοις, εὐχόμενος ὅ
γε σώφρων αἰτήσεται παρὰ θεῶν τοῖς αὑτοῦ πολίταις.
(10) Λείπεται δὴ τῷ πολιτικῷ μόνον ἐκ τῶν ὑποκειμέ-
50 νων ἔργων, ὃ μηδενὸς ἔλαττόν ἐστι τῶν ἀγαθῶν, ὁμόνοιαν
ἐμποιεῖν καὶ φιλίαν πρὸς ἀλλήλους ἀεὶ τοῖς συνοικοῦσιν,
ἔριδας δὲ καὶ διχοφροσύνας καὶ δυσμένειαν ἐξαιρεῖν
ἅπασαν, ὥσπερ ἐν φίλων διαφοραῖς, τὸ μᾶλλον οἰόμε-
νον ἀδικεῖσθαι μέρος ἐξομιλοῦντα πρότερον καὶ συναδι-

bella gerunt. (14) In quæ intuentem minime convenit
submittere animum, neque terreri ea existimatione, quæ
plebi ex theatris, cauponis ac cœtibus hominum frequentibus ad satietatem adest : quum ea perexiguo duret tempore, simulque cum gladiatoriis et scenicis ludis dissipetur, honore aut veneratione dignum habeat nihil.

XXXII. Qui apum curæ atque educationis periti sunt,
eum alveum maxime sanas et feliciter agentes apes putant
habere, ad quem strepitus est tumultusque plurimum : at
vero is, cui deus ratione donati ac civilis examinis curam
imposuit, tranquillitate præcipue et placiditate populi felicitatem æstimans, Solonis reliqua et probabit, et pro viribus imitabitur : id tamen in dubium vocabit, mirabitur-
que, quid in mentem viro illi venerit ut legem ferret, qua
qui seditione in civitate exorta neutri parti se adjunxisset,
infamia notaretur. (2) Nam neque in corpore e morbo ad sanitatem redeundi initium fit ab una correptis morbo membris, sed tum, quum recte valentium partium temperies
prævalens id quod naturæ repugnabat depellit : et in populo non atroci neque exitiosa seditione conturbato, sed
quæ componatur aliquando, maxime necesse est, ut quod
incorruptum ac sanum mansit, multum contemperetur, adsit atque una habitet : ad hoc enim confluit quidquid sanorum hominum est idem sentiens, eorumque vis etiam per
eos diffunditur qui vitiati fuerant. (3) At civitates in universum seditionibus conturbatæ funditus perierunt, nisi
aliqua foris ingruente necessitate, malisque castigatæ vi
ad sanitatem redigerentur. (4) Neque vero decet in seditione nullo mali sensu, nullo dolore perculsum sedere, ac
suam perturbationis vacuitatem, vitamque otiosam et beatam prædicare, interim aliorum erroribus delectari : sed
hic maxime Theramenis induendus est cothurnus, itaque
utraque cum parte conferendus sermo, ut neutri te aggre-
ges. (5) Existimaberis enim non eo, quod nullius faciendæ
injuriæ socium te geras, alienus a civibus, sed ob auxilii
lationem omnibus esse communis : neque invidebitur tibi si
non venias in partem calamitatis, quum videare omnium ex
æquo sortem dolere. (6) Est autem præclarissimum, in id
operam dare, nulla ut unquam oriatur seditio : idque artis
quasi civilis opus maximum est et pulcherrimum existiman-
dum. (7) Hoc enim considera, quum maxima quæ civitatibus contingere possunt bona, sint pax, libertas, ubertas,
hominum copia et bonitas, concordia : ad pacem quidem in
præsentia certe nihil est quod operam civilium virorum requirant populi, omni et Græcanico et barbarico bello penitus sublato : (8) libertatis quoque tantum est civitatibus,
quantum imperatores concedunt : neque expediret fortasse
amplius : (9) tum ut sit terræ ubertas, ac frugum copia
abundans, annique temporum constitutio salubris, ut :

Nupta virum faciat simili sibi prole parentem,

ut proli vita et salus constet, a diis precabitur pro civibus
suis prudens. (10) Ergo ex officio civilis viri subjectis rebus
hoc unum ei restat, quod nulli alteri bono præstantia cedit,
ut cives suos concordia mutuaque amicitia inter sese uti
doceat, lites, discordias, inimicitiasque omnes aboleat.
Qua in re idem aget, quod in amicorum dissensionibus :
cum ea parte, quæ injuria se affici opinatur, primum ita
colloquetur, ut ipse quoque particeps injuriæ acceptæ indi-

κεῖσθαι δοκοῦντα καὶ συναγανακτεῖν, εἶτα οὕτως ἐπιχει-
ροῦντα πραΰνειν, καὶ διδάσκειν ὅτι τῶν βιάζεσθαι καὶ
νικᾶν ἐριζόντων οἱ παρέντες, οὐκ ἐπιεικείᾳ καὶ ἤθει
μόνον, ἀλλὰ καὶ φρονήματι καὶ μεγέθει ψυχῆς διαφέρουσι, καὶ μικρὸν ὑφιέμενοι νικῶσιν ἐν τοῖς καλλίστοις
καὶ μεγίστοις· (11) ἔπειτα καὶ καθ' ἕνα καὶ κοινῇ διδάσκοντα καὶ φράζοντα τὴν τῶν Ἑλληνικῶν πραγμάτων ἀσθένειαν, ἧς ἐναπολαῦσαι ἄμεινόν ἐστι τοῖς εὖ
φρονοῦσι, καὶ μεθ' ἡσυχίας καὶ ὁμονοίας καταβιῶναι,
μηδὲν ἐν μέσῳ τῆς τύχης ἄθλον ὑπολελοιπυίας. (12)
Τίς γὰρ ἡγεμονία, τίς δόξα τοῖς περιγενομένοις; ποία
δύναμις; ἣν μικρὸν ἀνθυπάτου διάταγμα κατέλυσεν, ἢ
μετέστησεν εἰς ἄλλον, οὐδέν, οὐδ' ἂν παραμένῃ, σπουδῆς ἄξιον ἔχουσαν. (13) Ἐπεὶ δέ, ὥσπερ ἐμπρησμὸς
οὐ πολλάκις ἐκ τόπων ἱερῶν ἄρχεται καὶ δημοσίων,
ἀλλὰ λύχνος τις ἐν οἰκίᾳ παραμεληθείς, ἢ συρφετὸς
διακαεὶς ἀνῆκε φλόγα πολλήν, καὶ δημοσίαν φθορὰν
ἀπεργάζεται· οὕτως οὐκ ἀεὶ στάσιν πόλεως αἱ περὶ τὰ
κοινὰ φιλονεικίαι διακαίουσιν, * ἀλλὰ πολλάκις ἐκ πραγμάτων καὶ προσκρουσμάτων ἰδίων εἰς δημόσιον αἱ διαφοραὶ προελθοῦσαι συνετάραξαν ἅπασαν τὴν πόλιν. (14)
Οὐδενὸς ἧττον τῷ πολιτικῷ προσήκει ταῦτ' ἰᾶσθαι καὶ
προκαταλαμβάνειν, ὅπως τὰ μὲν οὐδὲ ὅλως ἔσται, τὰ
δὲ παύσεται ταχέως, τὰ δ' οὐ λήψεται μέγεθος, οὐδὲ
ἅψεται τῶν δημοσίων, ἀλλ' ἐν αὐτοῖς μενεῖ τοῖς διαφερομένοις, αὐτόν τε προσέχοντα καὶ φράζοντα τοῖς ἄλλοις,
ὡς ἴδια κοινῶν καὶ μικρὰ μεγάλων αἴτια καθίσταται,
παροφθέντα καὶ μὴ τυχόντα θεραπείας ἐν ἀρχῇ μηδὲ
παρηγορίας· (15) οἷον ἐν Δελφοῖς ὁ μέγιστος λέγεται
γενέσθαι νεωτερισμὸς ὑπὸ Κράτητος, οὗ μέλλων θυγατέρα γαμεῖν Ὀργίλαος ὁ Φάλιδος, εἶτα τοῦ κρατῆρος
αὐτομάτως ἐπὶ ταῖς σπονδαῖς μέσου ῥαγέντος, οἰωνισά-
μενος, καὶ καταλιπὼν τὴν νύμφην, ἀπῆλθε μετὰ τοῦ
πατρός· (16) ὁ δὲ Κράτης ὀλίγον ὕστερον θύουσιν αὐτοῖς ὑποβαλὼν χρυσίον τι τῶν ἱερῶν, κατεκρήμνισε τὸν
Ὀργίλαον καὶ τὸν ἀδελφὸν ἀκρίτους, καὶ πάλιν τῶν
φίλων τινὰς καὶ οἰκείων, ἱκετεύοντας ἐν τῷ ἱερῷ τῆς
Προναίας, ἀνεῖλε· πολλῶν δὲ τοιούτων γενομένων,
ἀποκτείναντες οἱ Δελφοὶ τὸν Κράτητα καὶ τοὺς συστα-
σιάσαντας, ἐκ τῶν χρημάτων, ἐναγικῶν προσαγορευ-
θέντων, τοὺς κάτω ναοὺς ἀνῳκοδόμησαν. (17) Ἐν δὲ
Συρακούσαις δυοῖν νεανίσκων συνήθων, ὁ μὲν τὸν ἐρώμενον τοῦ ἑτέρου λαβὼν φυλάσσειν, διέφθειρεν ἀποδη-
μοῦντος· ὁ δ' ἐκείνῳ πάλιν ὥσπερ ἀνταποδιδοὺς ὕβριν,
ἐμοίχευσε τὴν γυναῖκα· τῶν δὲ πρεσβυτέρων τις εἰς
βουλὴν παρελθών, ἐκέλευσεν ἀμφοτέρους ἐλαύνειν, πρὶν
ἀπολαῦσαι καὶ ἀναπλησθῆναι τὴν πόλιν ἀπ' αὐτῶν τῆς
ἔχθρας· οὐ μὴν ἔπεισεν, ἀλλὰ [καὶ] ἐκ τούτου στασιά-
σαντες, ἐπὶ συμφοραῖς μεγάλαις τὴν ἀρίστην πολιτείαν
ἀνέτρεψαν. (18) Ἔχεις δὲ δήπου καὶ αὐτὸς οἰκεῖα
παραδείγματα, τὴν Παρδάλου πρὸς Τυρρηνὸν ἔχθραν,
ὡς ὀλίγου ἐδέησεν ἀνελεῖν τὰς Σάρδεις, ἐξ αἰτιῶν μικρῶν καὶ ἰδίων εἰς ἀπόστασιν καὶ πόλεμον ἐμβαλοῦσα.
(19) Διὸ χρὴ μὴ καταφρονεῖν τὸν πολιτικόν, ὥσπερ ἐν

gnationisque videatur; deinde animum placare ejus conabi-
tur, ac docere, eos qui injurias dimittunt quibus sunt affecti,
his qui contendere et vincere litigando instituerunt, non
æquitate modo et placiditate, sed et animi magnitudine
potiores esse; et quum de suo jure paullum remiserint, in
pulcherrimis maximisque rebus victoriam reportare : (11)
post et singulos et universos de imbecillitate rerum Græcarum edocebit, qua perfrui cordatus quisque satius arbitretur, et in pace et concordia inter suos vita defungi, quam
certamen, cujus nullum fortuna præmium fecerit reliquum, obire. (12) Quis enim principatus, quæ gloria manet victorem, quæ potentia? talis quam leve aliquod pro-
consulis edictum vel abolere possit, vel in alium transferre,
nihil studio dignum habentem, ne si quidem perduraret.
(13) Quoniam autem, sicuti incendium non sæpe a sacris et
publicis exoritur locis, sed plerumque neglecta in domo
aliqua lucerna, aut inflammatæ quisquiliæ ingentem ediderunt ignem, ac publicum detrimentum attulere : sic non
semper civitatis seditionem contentiones de publicis negotiis excitant; sed sæpenumero ex rebus et offensis privatis
in publicum propagatæ lites totam exagitant civitatem. (14)
Civili viro in hoc non minor, quam ulla in alia re, ponenda
est industria, ut his occurrat medeaturque mature, ut aliæ
quidem lites omnino ne exsistant quidem, aliæ mox sopian-
tur, aliæ non faciant incrementum, neque ad rempublicam
pertingant, sed penes ipsos maneant adversarios : et quum
ipse animum debet his rebus attendere, tum alios docere,
privata publicis, parva magnis causam præbere si negligan-
tur, neque ab initio iis medicina et correctio adhibeatur.
(15) Quo quidem modo Crates, ut narratur, apud Delphos
maximam periculosæ rerum mutationi occasionem suppeditavit. Erat filiam hujus ducturus uxorem Orgilaus Pha-
lidis filius; quumque in ipsis sponsalibus cratera media
crepuisset, eo casu in omen tracto, derelicta sponsa, cum
patre discesserat. (16) His paullo post Crates sacrificantibus vas aureum eorum quæ sacra sunt subdidit, indictaque
causa Orgilaum cum fratre de saxo præcipitavit, rursumque amicorum familiarium quosdam supplicantes in fano
Minervæ Pronææ interfecit. Ac talia quum multa essent perpetrata, Delphi Cratetem et seditionis socios necaverunt, et e pecuniis, quas nefastas appellabant, templa
exædificaverunt inferiora. (17) Syracusis de duobus familiaribus adolescentibus, alter amasium alterius suæ custodiæ
a peregre proficiscente creditum absente illo vitiavit : reversus, ut vicem rependeret, adulteravit alterius uxorem :
tum quidam seniorum in concilium progressus consuluit
esse utrumque ejiciendum, priusquam in suam inimicitiam
urbem pertraxissent totam : neque tamen is persuasit, sed
orta ex hac occasione seditio maximis cum calamitatibus
optimam reipublicæ formam pessumdedit. (18) Habes
nimirum et ipse domestica exempla, Pardali cum Tyrrheno
inimicitiam, quæ parum abfuit quin Sardes perderet, ab
exiguis et privatis initiis defectione et bello conflatis. (19)
Non itaque sunt negligendæ viro civili offensæ, quæ, veluti

σώματι, προσκρουσμάτων διαδρομὰς ὀξείας ἐχόντων·
ἀλλ' ἐπιλαμβάνεσθαι καὶ πιέζειν καὶ βοηθεῖν· προσοχῇ
γὰρ, ὥς φησιν ὁ Κάτων, καὶ τὸ μέγα γίνεται μικρὸν,
καὶ τὸ μικρὸν εἰς τὸ μηθὲν ἄγεται. (20) Μηχανὴ δ'
ἐπὶ ταῦτα πειθοῦς οὐκ ἔστι μείζων, ἢ τὸ παρέχειν ἑαυτὸν ἐν ταῖς ἰδίαις διαφοραῖς ἥμερον διαλλακτὴν, ἀμήνιτον ἐπὶ τῶν πρώτων αἰτιῶν μένοντα, καὶ μηδενὶ προστιθέντα φιλονεικίαν μηδ' ὀργὴν, μηδ' ἄλλο πάθος
ἐμποιοῦν τραχύτητα καὶ πικρίαν τοῖς ἀναγκαίοις ἀμφισ-
βητήμασι. (21) Τῶν μὲν γὰρ ἐν ταῖς παλαίστραις
διαμαχομένων ἐπισφαίροις περιδέουσι τὰς χεῖρας, ὅπως
εἰς ἀνήκεστον ἡ ἄμιλλα μηθὲν ἐκπίπτῃ, μαλακὴν
ἔχουσα τὴν πληγὴν καὶ ἄλυπον· ἐν δὲ ταῖς κρίσεσι καὶ
ταῖς δίκαις πρὸς τοὺς πολίτας, ἄμεινόν ἐστι, καθαραῖς
καὶ ψιλαῖς ταῖς αἰτίαις χρώμενον ἀγωνίζεσθαι, καὶ μὴ,
καθάπερ βέλη, τὰ πράγματα χαράσσοντα καὶ φαρμάσ-
σοντα ταῖς βλασφημίαις καὶ ταῖς κακοηθείαις καὶ ταῖς
ἀπειλαῖς, ἀνήκεστα καὶ μεγάλα καὶ δημόσια ποιεῖν.
(22) Ὁ γὰρ οὕτω προσφερόμενος τοῖς καθ' αὑτὸν, ὑπη-
κόους ἕξει καὶ τοὺς ἄλλους· αἱ δὲ περὶ τὰ δημόσια φιλο-
τιμίαι, τῶν ἰδίων ὑφαιρουμένων ἀπεχθειῶν, εὐτελεῖς
γίνονται, καὶ δυσχερὲς οὐδὲν οὐδ' ἀνήκεστον ἐπιφέρουσιν.

---

* ΠΕΡΙ ΜΟΝΑΡΧΙΑΣ ΚΑΙ ΔΗΜΟΚΡΑΤΙΑΣ ΚΑΙ ΟΛΙΓΑΡΧΙΑΣ.

I. [**] Εἰς τοῦτο δὴ τὸ δικαστήριον καὶ αὐτὸς εἰσά-
γων τὴν γενομένην μοι πρὸς ὑμᾶς διάλεξιν ἐχθὲς, ᾤμην
τῆς πολιτικῆς ἀρετῆς ὕπαρ, οὐκ ὄναρ, ἀκοῦσαι λεγούσης,

Κεκρότηται χρυσέα κρηπὶς ἱεραῖσιν ἀοιδαῖς·

[δ] προτρεπόμενος καὶ διαίρων ἐπὶ πολιτείαν βέβληται
λόγος· (2) ἐκτίνωμεν ἤδη τὴν ὀφειλομένην ἐποικοδομοῦντες τῇ προτροπῇ διδασκαλίαν, ὀφείλεται δὲ τῷ παρα-
δεδεγμένῳ τὴν ἐπὶ τὸ πράττειν τὰ κοινὰ προτροπὴν
καὶ ὁρμὴν, ἑξῆς ἀκοῦσαι καὶ λαβεῖν παραγγέλματα
πολιτείας, οἷς χρώμενος, ὡς ἀνυστόν ἐστιν ἀνθρώπῳ,
δημωφελὴς ἔσται, μετ' ἀσφαλείας ἅμα καὶ τιμῆς δικαίας εὖ τιθέμενος τὸ οἰκεῖον. (3) Ὁ δὲ προὔργου μέν
ἐστιν εἰς τὰ μέλλοντα, τοῖς δὲ προλελεγμένοις ἕπεται,
σκεπτέον, ἥτις ἀρίστη πολιτεία. (4) Καθάπερ γὰρ
ἀνθρώπου βίοι πλέονες, ἔστι καὶ δήμου [ἢ] πολιτεία
βίος· ὥστε λαβεῖν τὴν ἀρίστην ἀναγκαῖον· ἢ γὰρ ἐκ
πασῶν αἱρήσεται ταύτην ὁ πολιτικὸς, ἢ τῶν λοιπῶν
τὴν ὁμοιοτάτην, εἰ ταύτην ἀδύνατον.

II. Λέγεται μὲν δὴ πολιτεία καὶ μετάληψις τῶν ἐν
πόλει δικαίων· ὡς φαμὲν Ἀλεξάνδρῳ πολιτείαν Μεγαρεῖς ψηφίσασθαι· τοῦ δ' εἰς γέλωτα θεμένου τὴν σπουδὴν αὐτῶν, εἰπεῖν ἐκείνους, ὅτι μόνῳ πρότερον τὴν
πολιτείαν Ἡρακλεῖ καὶ μετ' ἐκεῖνον αὐτῷ ψηφίσαιντο·
τὸν δὲ θαυμάσαντα δέξασθαι, τὸ τίμιον ἐν τῷ σπανίῳ
τιθέμενον. (2) Λέγεται δὲ καὶ βίος ἀνδρὸς πολιτικοῦ

DE UNIUS IN REPUBLICA DOMINATIONE, POPULARI STATU ET PAUCORUM IMPERIO.

uno in corpore, discursus habent celeres, sed injicienda manus, opprimendæque sunt, et facienda medicina : nam, ut ait Cato, *attentione et magna in parva, et parva in nihilum rediguntur.* (20) Ad hanc rem non alia major est persuadendi etefficacior machina, quam se ipsum præstare in propriis dissidiis placidum pacificatorem, sine ira in-primis causis persistentem, nullique adhibentem contendendi vehementiam, aut iram, aut alium affectum aliquem, qui necessariis disceptationibus asperitatem acerbitatemque ingerat. (21) Etenim eorum qui in palæstra decertant manibus globos quosdam præligant, ne certamen in plagam aliquam atrociorem et letalem desinat, sed in molli et dolorem non allatura contineatur : at in disceptationibus causarum et judiciis inter cives præstat nudis purisque causæ fundamentis rem gerere, neque res tanquam jacula acuendo conviciisque, malignitate et minis veluti veneno imbuendo, magnas, publicas, insanabiles reddere. (22) Qui enim quo dixi modo eos quibuscum ipsi res est tractat, alios quoque sibi habebit obtemperantes : ac contentiones de publicis negotiis, ubi privatæ inimicitiæ fuerint detractæ, tenues fiunt, neque magnum ullum aut atrox malum inferunt.

I. ** In hoc igitur judicium quum et ipse, quam heri vobiscum habui disputationem, adducam, visus sum mihi non per somnium, sed re ipsa civilem virtutem audire dicentem,

Nunc jacta fundamenta sacris aurea sunt camœnis :

ita hortans et ad rempublicam incitans oratio, ut fundamentum, jacta est : (2) absolvamus reliqua, debitam doctrinam exhortationi superstruentes : debetur autem ei qui exhortationem ad capessendam rempublicam recepit, deinceps audienda proponere præcepta, quibus acceptis utens, quantum humana fert conditio, utilis in publicum sit tuto simul et cum honore merito suas res recte componens. (3) Quod autem ad sequentia maxime conducit, et ab his pendet, quæ jam dicta sunt, consideremus, nimirum quæ reipublicæ forma sit optima. (4) Sicut enim homo plures vitæ degendæ rationes habet propositas, ita et de formis reipublicæ, quæ sunt quasi vita civitatis, deligere oportet optimam. Hanc vero civilis homo aut ex omnibus formis deliget, aut si non possit eam ipsam, simillimam saltem ejus præferet reliquis.

II. Civilis ratio (sic enim *politiam* liceat exprimere) dicitur etiam communicatio juris quod in aliqua est republica : quo modo dicuntur Megarenses Alexandro jus civitatis decrevisse ; quumque is studium ipsorum pro ridiculo haberet, respondisse ipsos, *nemine se hunc honorem unquam nisi olim Herculi, nunc Alexandro habuisse :* itaque Alexandrum admiratum raritatem, quæ honorem secum traheret, boni æquique id decretum consuluisse. (2) Vita

καὶ τὰ κοινὰ πράττοντος πολιτεία· καθὸ τὴν Περικλέους πολιτείαν ἐπαινοῦμεν καὶ τὴν Βίαντος, ψέγομεν δὲ τὴν Ὑπερβόλου καὶ Κλέωνος. (3) Ἔνιοι δὲ καὶ μίαν πρᾶξιν εὔστοχον εἰς τὰ κοινὰ καὶ λαμπρὰν, πολιτείαν προσαγορεύουσιν, οἷον χρημάτων ἐπίδοσιν, διάλυσιν πολέμου, ψηφίσματος εἰσήγησιν· καθὸ καὶ πολιτεύσασθαι τὸν δεῖνα σήμερον λέγομεν, εἰ τύχοι τι διαπραξάμενος ἐν κοινῷ τῶν δεόντων.

III. Παρὰ πάντα ταῦτα λέγεται πολιτεία, τάξις καὶ κατάστασις πόλεως διοικοῦσα τὰς πράξεις· καθά φασι τρεῖς εἶναι πολιτείας, μοναρχίαν, καὶ ὀλιγαρχίαν, καὶ δημοκρατίαν· ὧν καὶ Ἡρόδοτος ἐν τῇ τρίτῃ σύγκρισιν πεποίηται, καὶ δοκοῦσι γενικώταται εἶναι. (2) Τὰς γὰρ ἄλλας, ὥσπερ ἐν τοῖς μουσικοῖς διαγράμμασι τῶν πρώτων τρόπων ἀνιεμένων ἢ ἐπιτεινομένων, συμβέβηκε παρακρούσεις καὶ διαφθορὰς κατ' ἔλλειψιν καὶ ὑπερβολὴν εἶναι. (3) Ταύτας δὲ αἱ πλεῖστον καὶ μέγιστον ἐν ἡγεμονίαις δυνηθεῖσαι τῶν ἐθνῶν ἀπεκληρώσαντο τὰς πολιτείας· Πέρσαι μὲν αὐτοκρατῆ βασιλείαν καὶ ἀνυπεύθυνον, Σπαρτιᾶται δ' ἀριστοκρατικὴν ὀλιγαρχίαν καὶ αὐθέκαστον, Ἀθηναῖοι δ' αὐτόνομον καὶ ἄκρατον δημοκρατίαν. (4) Ὧν ἁμαρτανομένων παρατροπαὶ καὶ ὑπερχύσεις εἰσὶν αἱ λεγόμεναι τυραννίδες, καὶ δυναστεῖαι, καὶ ὀχλοκρατίαι· * ὅταν βασιλεία μὲν ὕβριν ἐντέκῃ [τὸ] ἀνυπεύθυνον· ὀλιγαρχία δὲ ὑπερφροσύνην καὶ τὸ αὔθαδες· δημοκρατία δ' ἀναρχίαν, ἰσότης ἀμετρίαν, πᾶσαι δὲ τὸ ἀνόητον.

IV. Ὥσπερ οὖν ὁ ἁρμονικὸς καὶ μουσικὸς ἀνὴρ παντὶ μὲν ὀργάνῳ χρήσεται προσῳδῷ τεχνικῶς ἁρμοσάμενος, καὶ λόγῳ κρούων ἕκαστον, ὡς πέφυκεν ἐμμελὲς ὑπηχεῖν· ἤδη μέντοι συμβούλῳ Πλάτωνι χρησάμενος, πηκτίδας, σαμβύκας καὶ ψαλτήρια πολύφθογγα, καὶ βαρβίτους, καὶ τρίγωνα παραπέμψας, τὴν λύραν καὶ τὴν κιθάραν προτιμήσει· (2) τὸν αὐτὸν τρόπον ὁ πολιτικὸς ἀνὴρ εὖ μὲν ὀλιγαρχίαν Λακωνικὴν καὶ Λυκούργειον μεταχειριεῖται, συναρμοσάμενος αὐτῷ τοὺς ἰσοκρατεῖς καὶ ὁμοτίμους ἄνδρας, ἡσυχῇ προσβιαζόμενος· (3) εὖ δὲ πολυφθόγγῳ καὶ πολυχόρδῳ συνοίσεται δημοκρατίᾳ, τὰ μὲν ἀνιεὶς, τὰ δ' ἐπιτείνων τῆς πολιτείας, χαλάσας τ' ἐν καιρῷ, καὶ καρτερῶς αὖθις ἐμφὺς, ἀντιβῆναι καὶ ἀντισχεῖν ἐπιστάμενος· (4) εἰ δ' αἵρεσις αὐτῷ δοθείη, καθάπερ ὀργάνων, τῶν πολιτειῶν, οὐκ ἂν ἄλλην ἕλοιτο, πλὴν τὴν μοναρχίαν, Πλάτωνι πειθόμενος, τὴν μόνην δυναμένην τὸν ἐντελῆ καὶ ὄρθιον ἐκεῖνον ὡς ἀληθῶς τῆς ἀρετῆς τόνον ἀνασχέσθαι, καὶ μήτε πρὸς ἀνάγκην μήτε πρὸς χάριν ἁρμόσαι τοῦ συμφέροντος. (5) Αἱ μὲν γὰρ ἄλλαι πολιτεῖαι τρόπον τινὰ κρατούμεναι κρατοῦσι, καὶ φερόμεναι φέρουσι τὸν πολιτικὸν, οὐκ ἔχοντα τὴν ἰσχὺν βέβαιον ἐπὶ τούτους, παρ' ὧν ἔχει τὸ ἰσχύον, ἀλλὰ πολλάκις ἀναγκαζόμενον τὸ Αἰσχύλειον ἀναφωνεῖν, ᾧ πρὸς τὴν τύχην ἐχρῆτο Δημήτριος ὁ Πολιορκητής, ἀποβαλὼν τὴν ἡγεμονίαν,

Σύ τοι μ' ἐφύσας, σύ με καταίθειν [μοι] δοκεῖς. * * *

quoque hominis civilis et qui rem administrat publicam, *politia* dicitur: ut quum Periclis aut Biantis in gerenda republica occupationem (*politiam*) laudamus, Hyperboli et Cleonis vituperamus. (3) Sunt qui unicam illustrem et reipublicæ causa susceptam actionem, quæ scopum attigerit, *politiam* appellent; ut pecuniæ elargitionem in cives, belli in pacem mutationem, decreti alicujus promulgationem: quomodo dicimus, hunc vel illum hodie gessisse rempublicam, sive tractavisse *politiam*, si quid eorum confecerit, quæ in re publica agenda sunt.

III. Præter hæc omnia *politia* appellatur etiam ordo et constitutio civitatis, ad quam diriguntur actiones: quomodo tres *politiæ*, id est formæ reipublicæ, dicuntur, Monarchia, quæ unius est dominatio; Oligarchia, quæ paucorum; Democratia, quæ penes populum summam gubernationis ponit. Has etiam Herodotus libro tertio inter se comparavit, videnturque esse præcipuæ. (2) Reliquæ enim, ex intentione aut remissione harum ortæ, vitia potius sunt et corruptelæ quam formæ reipublicæ; quomodo in musico concentu modis seu tonis principibus nimium aut non satis contentis error incidit. (3) Has formas rerum publicarum delegerunt illi inter gentium principatus, qui maximum plurimumque valuerunt: Persæ regnum cum propria potestate nulli obnoxia judicio; Spartani paucorum optimatum liberam dominationem; Athenienses suis legibus contentam meram populi administrationem. (4) Hæ formæ ubi vitiantur, depravatus fit et confusus reipublicæ status: quales sunt quæ vocantur tyrannis, paucorum potentia, plebis licentia: existunt enim et in regno, quando id libidinem ingenerat nullis subjectam judiciis; et in paucorum dominatione, quando ea contemtum aliorum et fastum parit: et in populari statu, quando æqualitas imperia magistratuum labefactavit et immoderatam potentiam peperit: in omnibus, quando mentis insania obtinet.

IV. Ergo quemadmodum vir musicæ peritus quovis instrumento oblato uti artificiose, idque tractare affabre novit, ut pro sua conditione vocem concinnam reddat: nihilominus tamen Platonis consilio parens, omissis pectidibus, sambucis, psalteriis, barbitis, triquetris, aliis instrumentis quæ varias edunt voces, lyram et citharam iis præferet: (2) sic civilis vir probe administrabit oligarchiam Laconicam, qualis a Lycurgo instituta fuit, æquales dignitate et potentia viros placide sibi concilians et ad societatem gerendæ reipublicæ invitans: (3) probe etiam se accommodabit democratiæ, tanquam variis admodum nervis et sonis instructo instrumento, aliquando remittens, interdum intendens, tempestiveque frena laxans, et rursum contrahens, bene gnarus, ubi sit resistendum et obluctandum multitudini: (4) attamen, si ei detur optio formam reipublicæ tanquam musicum instrumentum suo arbitratu capessendi, nullam profecto delegerit aliam quam monarchiam, Platonis fidem secutus. Ea enim sola potest perfectum istum et *orthium* sive rectum virtutis tonum et contentionem sustinere, et utilitatem neque necessitatis neque gratiæ causa inflectere. (5) Reliquæ enim id habent, ut fere is qui imperat, sub imperio et potestate sit, et qui gerit eas, ipse geratur feraturque, quod non habet vim solidam et stabilem in eos, a quibus imperium ipsi commissum est: sed sæpe cogitur Æschyleum illud exclamare, quo usus est Demetrius Poliorcetes, amisso imperio Fortunam allocutus,

Tu me extulisti, tu fers exitium mihi. * * *

ΠΕΡΙ ΤΟΥ ΜΗ ΔΕΙΝ ΔΑΝΕΙΖΕΣΘΑΙ.

I. Ὁ Πλάτων ἐν τοῖς Νόμοις οὐκ ἐᾷ μεταλαμβάνειν
ὕδατος ἀλλοτρίου τοὺς γείτονας, ἂν μὴ παρ' αὐτοῖς
ὀρύξαντες ἄχρι τῆς κεραμίτιδος καλουμένης γῆς, ἄγονον εὕρωσι νάματος τὸ χωρίον· ἡ γὰρ κεραμῖτις, φύ-
5 σιν ἔχουσα λιπαρὰν καὶ πυκνήν, στέγει παραλαβοῦσα
τὸ ὑγρόν, καὶ οὐ διίησι· δεῖν δὲ μεταλαμβάνειν τοῦ ἀλλοτρίου τοὺς ἴδιον κτήσασθαι μὴ δυναμένους· ἀπορίᾳ
γὰρ βοηθεῖν τὸν νόμον. (2) Ἆρ' οὐ δὴ ἔδει καὶ περὶ
χρημάτων εἶναι νόμον, ὅπως μὴ δανείζωνται παρ' ἑτέ-
10 ρων, μηδ' ἐπ' ἀλλοτρίας πηγὰς βαδίζωσι, μὴ πρότερον
οἴκοι τὰς αὐτῶν ἀφορμὰς ἐξελέγξαντες, καὶ συναγαγόντες, ὥσπερ ἐκ λιβάδων, τὸ χρήσιμον καὶ ἀναγκαῖον αὑτοῖς; (3) Νυνὶ δὲ ὑπὸ τρυφῆς καὶ μαλακίας ἢ πολυτελείας οὐ χρῶνται τοῖς ἑαυτῶν, ἔχοντες, ἀλλὰ λαμβά-
15 νουσιν ἐπὶ πολλῷ παρ' ἑτέρων, μὴ δεόμενοι· τεκμήριον
δὲ μέγα· τοῖς γὰρ ἀπόροις οὐ δανείζουσιν, ἀλλὰ βουλομένοις εὐπορίαν τινὰ ἑαυτοῖς κτᾶσθαι καὶ μάρτυρα
δίδωσι καὶ βεβαιωτὴν ἄξιον, ὅτι ἔχει πιστεύεσθαι, δέον
ἔχοντα μὴ δανείζεσθαι.

20 II. Τί θεραπεύεις τὸν τραπεζίτην, ἢ πραγματευτήν;
ἀπὸ τῆς ἰδίας δάνεισαι τραπέζης· * ἐκπώματα ἔχεις,
παροψίδας ἀργυρᾶς, λεκανίδας· ὑπόθου ταῦτα τῇ χρείᾳ·
τὴν δὲ τράπεζαν ἡ καλὴ Αὐλὶς ἢ Τένεδος ἀντικοσμή-
σει τοῖς κεραμεοῖς, καθαρωτέροις οὖσι τῶν ἀργυρῶν·
25 (2) οὐκ ὄζει τόκου βαρὺ καὶ δυσχερές, ὥσπερ ἰοῦ καθ'
ἡμέραν ἐπιρρυπαίνοντος τὴν πολυτέλειαν· οὐδ' ἀναμνήσει τῶν καλανδῶν καὶ τῆς νουμηνίας, ἣν ἱερωτάτην
ἡμερῶν οὖσαν, ἀποφράδα ποιοῦσιν οἱ δανεισταὶ καὶ
στύγιον. (3) Τοὺς μὲν γὰρ ἀντὶ τοῦ πωλεῖν τιθέντας
30 ἐνέχυρα τὰ αὐτῶν, οὐδ' ἂν ὁ θεὸς σώσειεν ὁ Κτήσιος·
αἰσχύνονται τιμὴν λαμβάνοντες, οὐκ αἰσχύνονται τόκον τῶν ἰδίων διδόντες. (4) Καίτοι ὅ γε Περικλῆς
ἐκεῖνος τὸν τῆς θεᾶς κόσμον, ἄγοντα τάλαντα τεσσαράκοντα χρυσίου ἀπέφθου, περιαιρετὸν ἐποίησεν, ὅπως,
35 ἔφη, χρησάμενοι πρὸς τὸν πόλεμον, αὖθις ἀποδῶμεν
μὴ ἔλαττον· οὐκοῦν καὶ ἡμεῖς, ὥσπερ ἐν πολιορκίᾳ,
ταῖς χρείαις μὴ παραδεχώμεθα φρουρὰν δανειστοῦ πο-
λεμίου, μηδὲ ὁρᾶν τὰ αὐτῶν ἐπὶ δουλείᾳ διδόμενα· (5)
ἀλλὰ τῆς τραπέζης περιελόντες τὰ μὴ χρήσιμα, τῆς
40 κοίτης, τῶν ὀχημάτων, τῆς διαίτης, ἐλευθέρους διαφυ-
λάττωμεν ἑαυτούς, ὡς ἀποδώσοντες αὖθις, ἐὰν εὐτυχή-
σωμεν.

III. Αἱ μὲν οὖν Ῥωμαίων γυναῖκες εἰς ἀπαρχὴν τῷ
Πυθίῳ Ἀπόλλωνι τὸν κόσμον ἐπέδωκαν, ὅθεν ὁ χρυσοῦς
45 κρατὴρ εἰς Δελφοὺς ἐπέμφθη· αἱ δὲ Καρχηδονίων γυναῖκες ἐκείραντο τὰς κεφαλάς, καὶ ταῖς θριξὶν ἐντεῖναι
τὰς μηχανὰς καὶ τὰ ὄργανα παρέσχον ὑπὲρ τῆς πατρί-
δος· (2) ἡμεῖς δὲ τὴν αὐτάρκειαν αἰσχυνόμενοι, κα-
ταδουλοῦμεν ἑαυτοὺς ὑποθήκαις καὶ συμβολαίοις, δέον
50 εἰς αὐτὰ τὰ χρήσιμα συσταλέντας καὶ συσπειραθέντας,
ἐκ τῶν ἀχρήστων καὶ περιττῶν κατακοπέντων ἢ πρα-

DE VITANDO ÆRE ALIENO.

I. Plato in Legibus vicinos alienæ aquæ participes fieri
non sinit, nisi ubi apud se domi solo usque ad terram cera-
mitidem (ita argillam vocat) exhausto, aquæ id sterile de-
prehenderint : argilla enim , quum sit pingui ac densa natura, humorem acceptum continet, neque dimittit extra
se : eos autem vult alienorum in partem venire, qui propria
parare nequeunt, inopiæ opitulante lege. (2) Nonne igitur
etiam de re pecuniaria legem esse oportebat, ne ab aliis
mutuum sumant, alienosque fontes adeant, non ante domi
suis copiis examinatis, et quasi guttatim collecto quod usibus et necessitati eorum suppeditet? (3) Nunc luxu, mollitie et prodigalitate adducti non utuntur suis, quum possint, sed magno fœnore ab aliis accipiunt, nulla necessitate
compulsi. Magnumque est hujus rei argumentum, quod
egeno pecuniam nemo credit, sed iis qui sibi copiam aliquam
parare volunt ; hi testem et sponsorem dant esse se quibus
tuto mutuum committatur : quum debuerit, cui res est,
mutuum nihil sumere.

II. Quid mensarium aut negotiatorem demereris? quin
tu a tua mensa petis mutuum? pocula habes et paropsides
et pelves argenteas : hæc usibus tuis adhibe : mensam
grata Aulis aut Tenedus vicissim ornabunt figlinis purioribus
bus quam sint argentea ista : (2) non enim exhalant gravem istum ac molestum fœnoris odorem tanquam æruginis
quotidie contaminantis luxum , neque kalendarum et novi-
lunii admonebunt, quam, sacratissimam dierum, fœneratores atram et abominandam faciunt. (3) Atqui eos, qui
potius quam vendant, pignori sua opponunt, ne Juppiter
quidem Ctesius (a possidendo dictus) servare possit : pudet
pretium suarum rerum accipere, usuras persolvere non pudet. (4) At enim Pericles mundum Minervæ, pendentem
auri excocti talenta quadraginta, ita composuit ut detrahi
posset : *hac de causa*, aiebat, *ut, si eo auro Athenienses
aliquando ad bellum simus usi, postmodo restituamus
æquale*. Ergo et nos tanquam in obsidione usibus nostris
inservientes, non patiamur nobis ab hoste fœneratore præsidium imponi, neque sustineamus res nostras mancipio
duci : (5) sed a mensa auferendo quorum usus necessarius
non est, a sponda, a vehiculis, de victus ratione detrahendo,
libertatem nostram tueamur ; otiosa ista reparaturi ubi res
secundæ affluxerint.

III. Sic Romanæ mulieres mundum suum Apollini Pythio
dederunt primitiarum loco, ex quo aureus crater confectus
Delphos venit ; Carthaginienses autem mulieres capita to-
tonderunt pro patria, ut crinibus earum machinæ et instrumenta bellica intenderentur : (2) verum nos, dum contentos
esse nostris rebus pudet, dandis pignoribus contractibusque
subeundis in servitutem nosmet damus ; ubi par erat con-
tractis ad utilia cupiditatibus, inutilia nos et otiosa conci-

θεντων, ἐλευθερίας αὐτοῖς ἱερὸν ἱδρύσασθαι, καὶ τέκνοις καὶ γυναιξίν. (3) Ἡ μὲν γὰρ Ἄρτεμις ἡ ἐν Ἐφέσῳ τοῖς χρεώσταις, ὅταν καταφύγωσιν εἰς τὸ ἱερὸν αὐτῆς, ἀσυλίαν παρέχει καὶ ἄδειαν ἀπὸ τῶν δανείων· τὸ δὲ τῆς εὐτελείας, καὶ ἄσυλον καὶ ἄβατον, πανταχοῦ τοῖς σώφροσιν ἀναπέπταται, πολλῆς σχολῆς εὐρυχωρίαν παρέχον ἱλαρὰν καὶ ἐπίτιμον. (4) Ὡς γὰρ ἡ Πυθία τοῖς Ἀθηναίοις περὶ τὰ Μηδικὰ τεῖχος ξύλινον διδόναι τὸν θεὸν ἔφη, κἀκεῖνοι τὴν χώραν καὶ τὴν πόλιν καὶ τὰ κτήματα καὶ τὰς οἰκίας ἀφέντες, εἰς τὰς ναῦς κατέφυγον ὑπὲρ τῆς ἐλευθερίας, οὕτως ἡμῖν ὁ θεὸς δίδωσι ξυλίνην τράπεζαν, καὶ κεραμεᾶν λεκάνην, καὶ τραχὺ ἱμάτιον, ἐὰν ἐλεύθεροι ζῆν ἐθέλωμεν.

(5) Μηδὲ σύ γ' ἱπποσύνας τε μένειν,

μηδ' ὀχήματα ζευκτὰ κερασφόρα καὶ κατάργυρα, ἃ τόκοι ταχεῖς καταλαμβάνουσι καὶ παρατρέχουσι· ἀλλ' ὄνῳ τινὶ τῷ τυχόντι καὶ καβάλλῃ χρώμενος, φεῦγε πολέμιον καὶ τύραννον δανειστήν, οὐ γῆν αἰτοῦντα καὶ ὕδωρ, ὡς ὁ Μῆδος, ἀλλὰ τῆς ἐλευθερίας ἁπτόμενον, καὶ προσγράφοντα τὴν ἐπιτιμίαν. (6) κἂν μὴ διδῷς, ἐνοχλοῦντα· κἂν ἔχῃς, μὴ λαμβάνοντα· κἂν πωλῇς, ἐπευωνίζοντα· κἂν μὴ πωλῇς, ἀναγκάζοντα· κἂν δικάζῃς, ἐντυγχάνοντα· κἂν ὁμόσῃς, ἐπιτάττοντα· κἂν βαδίζῃς ἐπὶ θύρας, ἀποκλείοντα· κἂν οἴκοι μένῃς, ἐπισταθμεύοντα καὶ θυροκοποῦντα.

IV. Τί γὰρ ὤνησε Σόλων Ἀθηναίους ἀπαλλάξας τοῦ ἐπὶ τοῖς σώμασιν ὀφείλειν; δουλεύουσι γὰρ ἅπασι τοῖς ἀφανισταῖς, μᾶλλον δ' [οὐδ'] αὐτοῖς· τί γὰρ ἦν τὸ δεινόν; ἀλλὰ δούλοις ὑβρισταῖς καὶ βαρβάροις καὶ ἀγρίοις, ὥσπερ οὓς ὁ Πλάτων φησὶ καθ' ᾅδου διαπύρους κολαστὰς καὶ δημοκοίνους ἐφεστάναι τοῖς ἠσεβηκόσι· (2) καὶ γὰρ οὗτοι τὴν ἀγορὰν ἀσεβῶν χώραν ἀποδείξαντες τοῖς ἀθλίοις χρεώσταις, * γυπῶν δίκην ἔσθουσι καὶ ὑποκείρουσιν αὐτούς, « δέρτρον ἔσω δύνοντες, » τοὺς δὲ ὥσπερ Ταντάλους ἐφεστῶτες εἴργουσι γεύσασθαι τῶν ἰδίων, τρυγῶντας καὶ συγκομίζοντας. (3) Ὡς δὲ Δαρεῖος ἐπὶ τὰς Ἀθήνας ἔπεμψε Δᾶτιν καὶ Ἀρταφέρνην, ἐν ταῖς χερσὶν ἁλύσεις ἔχοντας καὶ δεσμὰ κατὰ τῶν αἰχμαλώτων, παραπλησίως οὗτοι τῶν χειρογράφων καὶ συμβολαίων, ὥσπερ πεδῶν, ἐπὶ τὴν Ἑλλάδα κομίζοντες ἀγγεῖα μεστά, τὰς πόλεις ἐπιπορεύονται καὶ διελαύνουσι, σπείροντες οὐχ ἥμερον καρπόν, ὡς ὁ Τριπτόλεμος, ἀλλ' ὀφλημάτων ῥίζας πολυπόνους καὶ πολυτόκους καὶ δυσεκλείπτους τιθέντες, αἳ κύκλῳ νεμόμεναι καὶ περιβλαστάνουσαι, κάμπτουσι καὶ ἄγχουσι τὰς πόλεις. (4) Τοὺς μὲν γὰρ λαγὼς λέγουσι τίκτειν ἅμα καὶ τρέφειν ἕτερα καὶ ἐπικυΐσκεσθαι πάλιν· τὰ δὲ τῶν μαστιγιῶν τούτων καὶ βαρβάρων χρέα, πρὶν ἢ συλλαβεῖν, τίκτει· διδόντες γὰρ εὐθὺς ἀπαιτοῦσι, καὶ τιθέντες αἴρουσι, καὶ δανείζουσιν ὃ λαμβάνουσιν ὑπὲρ τοῦ δανεῖσαι.

V. Λέγεται μὲν παρὰ Μεσσηνίοις,

---

dere aut divendere, itaque nobis ac familiæ fanum libertatis exstruere. (3) Nimirum Diana quæ *Ephesi colitur, debitores,* qui ad ipsius templum confugiunt, tutos a creditoribus et intactos præstat : at frugalitatis templum, quod nec invaditur nec spoliatur, ubique patet temperantibus, cum multo otio amplitudinem parans hilarem atque honorificam. (4) Sicut enim bello Medico Pythia Atheniensibus ligneum murum divinitus dari quum dixisset, illi regione, urbe, opibus et domibus relictis, libertatis servandæ causa in naves confugerunt : ita nobis concedit deus ligneam mensam, pelvim figlinam, et vestem asperam, si liberi vivere volumus.

(5) Non tu cornipedes exspecta,

non bigas cornutas [*purpura?*] atque argento ornatas, quæ celeribus fœnoribus deprehenduntur et antevertuntur : sed quovis asino aut caballo utens, fuge hostem et tyrannum fœneratorem, qui non terram et aquam, ut Xerxes olim, poscit, sed libertatem invadit tuam, et insuper dignitatem tuam prostituit : (6) si nihil des, obturbat; si habes, non accipit; si quid vendis, pretium diminuit; si nihil vendis, ut vendas cogit; si eum in jus vocas, te convenit; si juras, imperat; si ad fores ejus venis, excludit; si domi manes, ostium servat atque pulsitat.

IV. Nam quid profuit Atheniensibus Solon, lege lata ne corpora debitorum obligarentur? serviunt etenim fœneratoribus quibuscunque debent; imo ne ipsis quidem serviunt . quid enim mali esset? sed servis eorum contumeliosis, barbaris, sævis, eorumque similibus, quos apud inferos Plato ait ignitos pœnarum exactores sceleratis adsistere. (2) Hi sunt qui miseris debitoribus forum instar loci flagitiosorum pœnis destinati reddiderunt; vulturum modo eos edentes et laniantes, et

Altius inserto tundentes viscera rostro,

aliis tanquam Tantalis instant, vetantque eorum quicquam gustare quæ colligunt. (3) Sicut autem Darius Athenas misit Datin et Artaphernen, catenas et vincula manibus gestantes ad vinciendum captivos; ita hi syngrapharum et tabularum tanquam compedum plena vasa Græciæ importantes, circum urbes ambulant easque transeunt, non, ut Triptolemus, mitem frugem serentes, sed debitorum radices figentes laboriosas et fœcundas atque inextricabiles : quæ circumquaque succrescentes et germina proferentes, premunt atque suffocant civitates. (4) Lepores ferunt simul eodemque tempore et parere, et alere, et alios concipere fœtus : at verberonum istorum et barbarorum debita pariunt antequam concipiant; nam simul atque dederunt, reposcunt, ac ponendo tollunt, et in fœnore collocant ipsum fœnus.

V. Fertur apud Messenios,

Ἔστι Πύλος πρὸ Πύλοιο, Πύλος γε μέν ἐστι καὶ ἄλλος·

λεχθήσεται δὲ πρὸς τοὺς δανειστάς·

Ἔστι τόκος πρὸ τόκοιο, τόκος γε μέν ἐστι καὶ ἄλλος.

(2) Εἶτα τῶν φυσικῶν δήπου καταγελῶσι, λεγόντων μηδὲν ἐκ τοῦ μὴ ὄντος γενέσθαι· παρὰ τούτοις γὰρ ἐκ τοῦ μηδ' ἔτ' ὄντος, μηδὲ ὑφεστῶτος, γεννᾶται τόκος· καὶ τὸ τελωνεῖν ὄνειδος ἡγοῦνται, τοῦ νόμου διδόντος· αὐτοὶ παρανόμως δανείζουσι τελωνοῦντες, μᾶλλον δὲ, εἰ δεῖ τἀληθὲς εἰπεῖν, ἐν τῷ δανείζειν χρεωκοποῦντες· ὁ γὰρ οὗ γράφει λαμβάνων ἔλαττον χρεωκοπεῖται. (3) Καίτοι Πέρσαι γε τὸ ψεύδεσθαι δεύτερον ἡγοῦνται τῶν ἁμαρτημάτων, πρῶτον δὲ τὸ ὀφείλειν· ὅτι καὶ τὸ ψεύδεσθαι τοῖς ὀφείλουσι συμβαίνει πολλάκις· ψεύδονται δὲ μᾶλλον οἱ δανείζοντες, καὶ ῥᾳδιουργοῦσιν ἐν ταῖς ἑαυτῶν ἐφημερίσι, γράφοντες ὅτι τῷ δεῖνι τοσοῦτον διδόασιν, ἔλαττον διδόντες· (4) καὶ τὸ ψεῦδος αἰτίαν ἔχει πλεονεξίαν, οὐκ ἀνάγκην, οὐδ' ἀπορίαν, ἀλλ' ἀπληστίαν, ἧς ἀναπόλαυστόν ἐστιν αὐτοῖς τὸ τέλος καὶ ἀνωφελὲς, ὀλέθριον δὲ τοῖς ἀδικουμένοις. (5) Οὔτε γὰρ ἀγροὺς, οὓς ἀφαιροῦνται, τῶν χρεωστῶν γεωργοῦσιν, οὔτ' οἰκίας αὐτῶν, ἐκβαλόντες ἐκείνους, οἰκοῦσιν, οὔτε τραπέζας παρατίθενται, οὔτ' ἐσθῆτας ἐκείνων· ἀλλὰ πρῶτός τις ἀπόλωλε, καὶ δεύτερος κυνηγετεῖται ὑπ' ἐκείνου δελεαζόμενος. (6) Νέμεται γὰρ ὡς πῦρ τὸ ἄγριον αὐξόμενον ὀλέθρῳ καὶ φθορᾷ τῶν ἐμπεσόντων, ἄλλον ἐξ ἄλλου καταναλίσκον· ὁ δὲ τοῦτο ῥιπίζων καὶ τρέφων ἐπὶ πολλοὺς δανειστὴς, οὐδὲν ἔχει πλέον, ἢ διὰ χρόνου λαβὼν ἀναγνῶναι, πόσους πέπρακε, καὶ πόσους ἐκβέβληκε, καὶ πόθεν που κυλινδόμενον καὶ σωρευόμενον διαβέβηκε τὸ ἀργύριον.

VI. Καὶ ταῦτα μή με οἴεσθε λέγειν πόλεμον ἐξενηνοχότα πρὸς τοὺς δανειστάς·

Οὐ γὰρ πώποτ' ἐμὰς βοῦς ἤλασαν, οὐδὲ μὲν ἵππους·

ἀλλ' ἐνδεικνύμενον τοῖς προχείρως δανειζομένοις, ὅσην ἔχει τὸ πρᾶγμα αἰσχύνην καὶ ἀνελευθερίαν, καὶ ὅτι τὸ δανείζεσθαι τῆς ἐσχάτης ἀφροσύνης καὶ μαλακίας ἐστίν. (2) Ἔχεις; μὴ δανείσῃ· οὐ γὰρ ἀπορεῖς. Οὐκ ἔχεις; μὴ δανείσῃ· οὐ γὰρ ἐκτίσεις. Κατ' ἰδίαν δὲ οὕτως ἑκάτερα σκοπῶμεν. (3) Ὁ Κάτων πρός τινα πρεσβύτην πονηρευόμενον, Ὦ ἄνθρωπε, τί τῷ γήρᾳ, ἔφη, πολλὰ κακὰ ἔχοντι, τὴν ἐκ τῆς πονηρίας αἰσχύνην προστίθης; οὐκοῦν καὶ σὺ τῇ πενίᾳ, πολλῶν κακῶν προσόντων, * μὴ ἐπισώρευε τὰς ἐκ τοῦ δανείζεσθαι καὶ ὀφείλειν ἀμηχανίας, μηδ' ἀφαιροῦ τῆς πενίας, ᾧ μόνῳ τοῦ πλούτου διαφέρει, τὴν ἀμεριμνίαν. (4) Ἐπεὶ τὸ τῆς παροιμίας ἔσται γελοῖον·

Οὐ δύναμαι τὴν αἶγα φέρειν, ἐπί μοι θέτε τὸν βοῦν.

Πενίαν φέρειν μὴ δυνάμενος, δανειστὴν ἐπιτίθης σεαυτῷ, φορτίον καὶ πλουτοῦντι δύσοιστον. (5) Πῶς οὖν διατραφῶ; Τοῦτ' ἐρωτᾷς, ἔχων χεῖρας, ἔχων πόδας, ἔχων φωνὴν, ἄνθρωπος ὤν, ᾧ τὸ φιλεῖν ἐστι καὶ φιλεῖσθαι,

Est Pylus ante Pylum, Pylus atque alius tamen exstat ·

in fœneratorem autem recte sic torseris,

Fœnus præcedit fœnus, superest quoque fœnus.

(2) Et rident proinde isti physicos, qui ex *ex eo, quod non sit, exsistere quicquam posse* negant : nam apud ipsos ex eo quod necdum est nec subsistit, nascitur fœnus. Et quum publicanum esse pro dedecore ducant, quod tamen leges permittunt, ipsi contra leges fœnerando sibi homines vectigales faciunt, aut potius, ut verum dicam, inter fœnerandum defraudantes : qui enim minus accipit quam in tabulas accepti retulit, is circumscribitur. (3) At enim Persæ secundum locum inter peccata assignant mendacio, primum æri alieno. Nam plerumque mendacium comitatur debito. Magis autem mentiuntur qui dant quam qui accipiunt : mala enim fraude in suis adversariis solent plus scribere quam dederint. (4) Cujus mendacii causam habent avaritiam, non necessitatem, non inopiam, sed insatiabilitatem, cujus finis ipsis non datur fruendus, neque quicquam utilitatis eis affert, pernicie interim stat eorum quos illi premunt. (5) Non enim agros eorum, quibus eos adimunt, colunt; neque domus debitorum, ipsis ejectis, inhabitant; neque mensas spoliatorum apponunt, aut vestes usurpant, sed statim uno pessundato, alium venantur atque inescant. (6) Serpit enim ignis instar malum cum pernicie et exitio eorum quos arripit, unum post alium consumens. Ignem autem hunc qui exsuscitavit atque aluit fœnerator, nihil amplius habet, quam ut interdum suas rationes relegens notet quam multos ad auctionem bonorum faciendam adegerit, quam multos domo exegerit, unde et ubi volutatum argentum creverit.

VI. Neque hoc me dicere putetis, quasi qui bellum fœneratoribus indixerim :

Nam nemo illorum de nostris bobus equisve
avertit prædam :

hoc specto, ut iis qui faciles sunt ad pecuniam fœnore sumendam, demonstrem, quantum ea res turpitudinis habeat, quantum illiberalitatis; denique quam sit extremæ tum dementiæ tum mollitiei. (2) Habes? noli te ære alieno obstringere, quum non indiges. Non habes? ne sumito mutuum; non es enim solvendo. Verum hæc singulatim perpendamus. (3) Cato cuidam seni male se gerenti, *Heus homo*, dixit, *cur senectuti multis alioqui malis laboranti, malitiæ dedecus superimponis?* Et tu, dicerem pauperi, noli paupertati, multis alioquin onustæ incommodis, difficultates mutuum petendi et ære alieno te obligandi accumulare; nec id, quo uno divitiis præstat paupertas, et aufer, vacuitatem inquam sollicitudinum. (4) Nam illuc quidem ridiculum est, quod proverbio jactatur :

Non possum portare capram : heus, imponite taurum.

Paupertatem ferre non potes, et fœneratorem in cervices tuas imponis, onus cui ferendo difficulter etiam dives sufficiat. (5) Dices, At quomodo alar? Hoccine, inquam, te rogare æquum est, qui habeas manus, pedes, vocem? qui

καὶ τὸ χαρίζεσθαι καὶ τὸ εὐχαριστεῖν; γράμματα διδάσκων, καὶ παιδαγωγῶν, καὶ θυρωρῶν, πλέων, παρα-
πλέων; οὐδέν ἐστι τούτων αἴσχιον οὐδὲ δυσχερέστερον
τοῦ ἀκοῦσαι, Ἀπόδος.

VII. Ὁ Ῥουτίλιος ἐκεῖνος ἐν Ῥώμῃ τῷ Μουσωνίῳ
προσελθὼν, Μουσώνιε, εἶπεν, ὁ Ζεὺς ὁ σωτήρ, ὃν σὺ
μιμῇ καὶ ζηλοῖς, οὐ δανείζεται. Καὶ ὁ Μουσώνιος μειδιάσας εἶπεν, Οὐδὲ δανείζει. Ὁ γὰρ Ῥουτίλιος, δανείζων
αὐτός, ὠνείδιζεν ἐκείνῳ δανειζομένῳ. (2) Στωϊκή τις
αὕτη τυφομανία· τί γάρ σε δεῖ τὸν Δία τὸν σωτῆρα
κινεῖν; αὐτόθεν ὑπομνῆσαι τοῖς φαινομένοις ἐνόν· οὐ
δανείζονται χελιδόνες, οὐ δανείζονται μύρμηκες, οἷς ἡ
φύσις οὐ χεῖρας, οὐ λόγον, οὐ τέχνην δέδωκεν· ἄνθρωποι δὲ περιουσίᾳ συνέσεως, διὰ τὸ εὐμήχανον, ἵππους
παρατρέφουσι, κύνας, πέρδικας, [λαγωοὺς,] κολοιούς·
(3) τί οὖν γε σεαυτοῦ κατέγνωκας, ἀπιθανώτερος ὢν
κολοιοῦ, καὶ ἀφωνότερος πέρδικος, καὶ κυνὸς ἀγεννέστερος, ὥστ' ἀπ' ἀνθρώπου μηδενὸς ὠφελεῖσθαι, πε-
ριέπων, ψυχαγωγῶν, φυλάττων, προμαχόμενος; (4)
Οὐχ ὁρᾷς, ὡς πολλὰ μὲν γῆ παρέχει, πολλὰ δὲ θάλαττα;

Καὶ μὴν Μίκκυλον εἰσεῖδον,

φησὶν ὁ Κράτης,

τῶν ἐρίων ξαίνοντα, γυναῖκά τε συγξαίνουσαν,
τὸν λιμὸν φεύγοντας ἐν αἰνῇ δηϊοτῆτι.

(5) Κλεάνθη δὲ ὁ βασιλεὺς Ἀντίγονος ἠρώτα, διὰ χρόνου θεασάμενος ἐν ταῖς Ἀθήναις, Ἀλεῖς ἔτι, Κλέανθες;
Ἀλῶ, φησίν, ὦ βασιλεῦ· ὃ ποιῶ ἕνεκα τοῦ ζῆν· μόνος
δ' ἀποστῆναι μηδὲ φιλοσοφίας. (6) Ὅσον τὸ φρόνημα
τοῦ ἀνδρός, ἀπὸ τοῦ μύλου καὶ τῆς μάκτρας πεττούσῃ
χειρὶ καὶ ἀλούσῃ γράφειν περὶ θεῶν, καὶ σελήνης, καὶ
ἄστρων, καὶ ἡλίου. (7) Ἡμῖν δὲ δουλικὰ δοκεῖ ταῦτα
ἔργα. Τοιγαροῦν ἵν' ἐλεύθεροι ὦμεν δανεισάμενοι,
κολακεύομεν οἰκότριβας ἀνθρώπους καὶ δορυφοροῦμεν
καὶ δειπνίζομεν, καὶ δῶρα καὶ φόρους ὑποτελοῦμεν,
οὐ διὰ τὴν πενίαν (οὐδεὶς γὰρ δανείζει πένητι), ἀλλὰ
διὰ τὴν πολυτέλειαν. (8) Εἰ γὰρ ἠρκούμεθα τοῖς ἀναγκαίοις πρὸς τὸν βίον, οὐκ ἂν ἦν γένος δανειστῶν, ὥσπερ
οὐδὲ Κενταύρων ἐστίν, οὐδὲ Γοργόνων· ἀλλ' ἡ τρυφὴ
δανειστὰς ἐποίησεν, οὐχ ἧττον ἢ χρυσοχόους καὶ ἀργυ-
ροκόπους καὶ μυρεψοὺς καὶ ἀνθοβάφους. (9) Οὐ γὰρ
ἄρτων οὐδ' οἴνου τιμὴν ὀφείλομεν, ἀλλὰ χωρίων καὶ
ἀνδραπόδων καὶ ἡμιόνων καὶ τρικλίνων καὶ τραπεζῶν,
καὶ χορηγοῦντες ἐκλελυμένως πόλεσι, φιλοτιμούμενοι
φιλοτιμίας ἀκάρπους καὶ ἀχαρίστους. (10) Ὁ δὲ ἅπαξ
ἐνειληθείς, μένει χρεώστης διαπαντός, ἄλλον ἐξ ἄλλου
μεταλαμβάνων ἀναβάτην, ὥσπερ ἵππος ἐγχαλινωθείς·
ἀποφυγὴ δ' οὐκ ἔστιν ἐπὶ τὰς νομὰς ἐκείνας καὶ τοὺς
λειμῶνας, ἀλλὰ πλάζονται, καθάπερ οἱ θεήλατοι καὶ
οὐρανοπετεῖς ἐκεῖνοι τοῦ Ἐμπεδοκλέους δαίμονες·

Αἰθέριον [μὲν] γάρ σφε μένος πόντονδε διώκει,
πόντος δ' ἐς χθονὸς οὔδας ἀνέπτυσε· γαῖα δ' ἐς αὐγὰς
Ἡελίου ἀκάμαντος· ὁ δ' αἰθέρος ἔμβαλε δίναις·

---

homo sis, qui et amare possis et amari, beneficium accipere, et agere gratias? ale te literis docendis, pueros liberaliter formando, janitoris munus obeundo, navigando, vel
alii nautæ socium te adjungendo: nihil horum turpius aut
molestius quam audire hanc vocem, *Persolve quod debes.*

VII. Rutilius ille Romæ quum accessisset ad Musônium,
Musoni, inquit, *Juppiter Servator, quem tu imitare atque
æmularis, non sumit pecuniam mutuam :* respondit Muso-
nius subridens, *Idem neque mutuo dat.* Nam Rutilius
fœnus mutuo danda pecunia quærens, ei exprobrabat quod
mutuam acciperet pecuniam. (2) Insana mehercle fuit
hæc Stoici fastus affectatio. Quid enim attinebat Jovem
Servatorem huc adduci, quum ex iis quæ semper ante oculos sunt, licuerit ita monere, *Hirundines non mutuantur,
non mutuantur formicæ, quibus neque rationem, neque
manus, neque artem natura dedit.* Atqui homines
abundantia quadam calliditatis, juxta se alunt equos, canes,
perdices, graculos. (3) Cur itaque animum ita despondisti?
dicerem: an minus ad persuadendum habes graculo virium?
an mutior es perdice? an cane minus generosus? ita ut a nullo
homine speres posse te juvari, si famuli, pædagogi, oblecta-
toris, custodis, propugnatoris munus obeas? (4) Non
vides quam multas terra, multas mare occasiones et mate-
rias tibi tui alendi suggerat? Audi Cratetem:

Miccylon hic etiam vidi [mala magna ferentem],
vellera carpentem, pensum carpebat et uxor,
evitare famem ut possent ita tempore duro.

(5) Cleanthem Antigonus rex quum longo interposito tempore vidisset Athenis, interrogavit, *Etiamnumne molis,
Cleanthe?* ille respondit, *Ego vero, o rex, idque vitæ tole-
randæ gratia facio, facturus quidvis aliud, dum ne avel-
lar a philosophia.* (6) En tibi ingentem viri animum, qui a
pistrino et alveo pistorio digressus, ea ipsa manu, qua mo-
lam versaverat, aut farinam coquendo pani subegerat, de
diis, luna, sole, sideribus scriberet. (7) Atqui ista nobis
videntur servilia opera. Itaque ergo libertatis retinendæ
causa æs alienum contrahentes, adulamur vernas, stipa-
mus, cœnas præbemus, dona pensionesque damus; non
hoc paupertate cogente (nemo enim pauperi pecuniam credit), sed prodigalitate impellente. (8) Nam si contenti vo-
luissemus esse rebus ad vitam necessariis, tam non esset
fœneratorum genus, quam non est Centaurorum aut Gor-
gonum. Ceterum luxus ut aurarios argentariosque fabros,
et unguentarios ac pretiosorum colorum tinctores, ita fœneratores etiam produxit. (9) Non enim panis aut vini
pretium debemus, sed prædiorum, mancipiorum, mulorum,
tricliniorum, mensarum, et eorum quæ effuse in publicum
faciendo sumtu, aut ambitiose magnificentiam affectando sine
fructu et gratia prodegimus. (10) Jam qui semel involutus
est debitis, is semper manet obæratus, alium ex alio sesso-
rem frenati in modum equi suscipiens; neque datur effugere
in pascua illa et prata, sed vagantur sicut illi Empedoclei
dæmones sive genii deorum ira impulsi ac cælo deturbati:

Ætheris hos almi vis in maris abjicit undas;
in terram eructat pontus; Titanis ad orbem
subvectat tellus: in vasta volumina magni
ætheris impellit Titan:

* ἄλλος δ' ἐξ ἄλλου δέχεται τοκιστὴς ἢ πραγματευτὴς Κορίνθιος, εἶτα Πατρεὺς, εἶτ' Ἀθηναῖος, ἄχρις ἂν ὑπὸ πάντων περικρουόμενος εἰς τόκους διαλυθῇ καὶ κατακερματισθῇ. (11) Καθάπερ γὰρ ἀναστῆναι δεῖ τὸν πεπηλωμένον ἢ μένειν, ὁ δὲ στρεφόμενος καὶ κυλινδούμενος ὑγρῷ τῷ σώματι καὶ διαβρόχῳ προσπεριβάλλεται πλείονα μολυσμόν· οὕτως ἐν ταῖς μεταγραφαῖς καὶ μεταπτώσεσι τῶν δανείων τοὺς τόκους προσαναλαμβάνοντες αὐτοῖς καὶ προσπλάττοντες, ἀεὶ βαρύτεροι γίνονται, καὶ τῶν χολερικῶν οὐδὲν διαφέρουσιν, (12) οἳ θεραπείαν μὲν οὐ προσδέχονται, τὸ δὲ προστεταγμένον ἐξερῶντες, εἶτα πλέον αὖθις συλλέγοντες ἀεὶ διατελοῦσι· καὶ γὰρ οὗτοι καθαρθῆναι μὲν οὐ θέλουσιν, ἀεὶ δὲ, ὅσαι τοῦ ἔτους ὧραι, μετ' ὀδύνης καὶ σπαραγμῶν τὸν τόκον ἀναφέροντες, ἐπιρρέοντος εὐθὺς ἑτέρου καὶ προσισταμένου, πάλιν ναυτιῶσι καὶ καρηβαροῦσι· δέον ἀπαλλαγέντας, εἰλικρινεῖς καὶ ἐλευθέρους γίνεσθαι.

VIII. Ἤδη γάρ μοι πρὸς τοὺς εὐπορωτέρους καὶ μαλακωτέρους ὁ λόγος ἐστί, τοὺς λέγοντας, Ἄδουλος οὖν γένωμαι καὶ ἀνέστιος καὶ ἄοικος; ὥσπερ εἰ λέγοι πρὸς ἰατρὸν ἄρρωστος ὑδρωπιῶν καὶ ᾠδηκὼς, Ἰσχνὸς οὖν γένωμαι καὶ κενός; (2) Τί δ' οὐ μέλλεις, ἵνα ὑγιαίνῃς; καὶ σὺ γενοῦ ἄδουλος, ἵνα μὴ δοῦλος ᾖς· καὶ ἀκτήμων, ἵνα μὴ κτῆμα ᾖς ἄλλου. (3) Καὶ τὸν τῶν γυπῶν λόγον ἄκουσον· ἐμοῦντος τοῦ ἑτέρου καὶ λέγοντος τὰ σπλάγχνα ἐκβάλλειν, ἕτερος παρών, Καὶ τί δεινόν; εἶπεν· οὐ γὰρ τὰ σεαυτοῦ σπλάγχνα ἐκβάλλεις, ἀλλὰ τοῦ νεκροῦ, ὃν ἄρτι ἐσπαράττομεν. Καὶ τῶν χρεωστῶν οὐ πωλεῖ ἕκαστος τὸ ἑαυτοῦ χωρίον, οὐδὲ τὴν ἰδίαν οἰκίαν, ἀλλὰ τὴν τοῦ δανείσαντος, ὃν τῷ νόμῳ κύριον αὐτῶν πεποίηκε. (4) Νὴ Δία, φησίν, ἀλλ' ὁ πατήρ μου τὸν ἀγρὸν τοῦτον κατέλιπε. Καὶ γὰρ καὶ τὴν ἐλευθερίαν καὶ τὴν ἐπιτιμίαν ὁ πατὴρ ἔδωκεν, ὧν σε δεῖ λόγον ἔχειν πλείονα. Καὶ τὸν πόδα καὶ τὴν χεῖρα ὁ γεννήσας ἐποίησεν· ἀλλ' ὅταν σαπῇ, μισθὸν δίδως τῷ ἀποκόπτοντι. (5) Τῷ δ' Ὀδυσσεῖ τὴν ἐσθῆτα ἡ Καλυψὼ περιέθηκεν, « εἵματ' ἀμφιέσασα εὐώδεα χρωτὸς ἀθανάτου πνέοντα », δῶρα καὶ μνημόσυνα τῆς φιλίας ὄντα τῆς ἐκείνης· ἀλλ' ἐπεὶ περιτραπεὶς καὶ βυθισθεὶς μόλις ἀνέσχε, τῆς ἐσθῆτος γενομένης διαβρόχου καὶ βαρείας, ἐκείνην μὲν ἔρριψεν ἀποδυσάμενος, κρηδέμνῳ δέ τινι γυμνὸν ὑποζώσας τὸ στέρνον,

> Νῆχε παρὲξ ἐς γαῖαν ὁρώμενος

καὶ διασωθεὶς, οὔτ' ἐσθῆτος οὔτε τροφῆς ἠπόρησε. (6) Τί οὖν; οὐ γίνεται χειμὼν περὶ τοὺς χρεώστας, ὅταν ἐπιστῇ διὰ χρόνου δανειστὴς, λέγων, Ἀπόδος;

> Ὡς εἰπὼν, σύναγεν νεφέλας, ἐτάραξε [δὲ] πόντον·
> σὺν δ' εὖρός τε νότος τ' ἔπεσε ζέφυρός τε δυσαής,

τόκων τόκοις ἐπικυλισθέντων· ὁ δὲ συγκλυζόμενος ἀντέχεται τῶν βαρυνόντων, ἀπονήξασθαι καὶ φυγεῖν μὴ

---

ita alius ex alio excipit fœnerator aut negotiator, jam Corinthius, modo Patrensis, mox Atheniensis, donec ab omnibus oppressus vi fœnorum, tandem dissipetur et in minutias quasi discerpatur. (11) Sicut enim qui in cœnum lapsus est, aut surgere debet aut manere, versans autem ac volutans se madefacto corpore majorem in se contaminationem recipit: sic in versuris solvendis debitores alia super alia contrahentes debita, magis magisque sensim gravantur, ac persimiles fiunt bile flava laborantium, (12) qui curationem nullam admittentes, tantummodo id quod erant jussi egerentes, deinceps amplius choleræ colligere pergunt: nam eodem modo hi quoque expurgare malum nolunt, sed singulis anni portionibus cum dolore et afflictatione fœnus pendentes, statim imminente solvendi alterius tempore, rursum nausea et capitis gravedine vexantur, quum debuerint semel omnibus excussis id genus oneribus integros se ac liberos præstare.

VIII. Jam enim ad locupletiores istos mea et molliores se convertit oratio, qui dicerent, *Ergone servis carebo, et foco domoque?* quod perinde est, ac si infirmus et intercute aqua tumens medico diceret, *Ergo gracilem me vis inanemque fieri?* (2) Responderit sane medicus, *Quidni, ut sanitatem recuperes?* Tu quoque, inquam, servis care, ne fias servus; et possessionibus care, ne ab alio possidearis. (3) Atque adeo fabulam de vulturibus audi Vomente uno, et ejicere se intestina dicente, alter astans, *Quid*, inquit, *mali est? non enim tua egeris viscera, sed cadaveris quod recens laniavimus.* Ita etiam æs habentium alienum quilibet non suam villam, non domum vendit suam, sed creditoris, quem illarum dominum juxta leges ipse fecit. (4) Dices, *At hercle agrum hunc pater mihi hæreditario reliquit.* Etiam libertatem is tibi et dignationem tradidit, quarum rerum major est ducenda ratio. Idem pedem et manum tibi fecit: sed si quid horum computrescat, mercede conducis qui abscindat. (5) Ulyssi vero Calypso circumdederat *vestes fragrantes divini corporis odorem,* sui amoris monumentum: verum ubi de rate in profundum præcipitatus ægre emersit, veste madente ac gravi facta, exuit eam atque abjecit nudumque pectus vittæ cuidam insternens

> In terram enavit spectans,

servatusque e mari, neque veste, neque cibo deinde caruit. (6) Quid? an non etiam debitoribus tempestas oboritur, quum interjecto temporis spatio fœnerator invadens, *Persolve,* inquit?

> Sic fatus, nimbos conduxit cœrula turbans:
> una Eurusque Notusque ruunt, Zephyrique tumultus,

fœnora super fœnora illuvie obruentibus: et qui sic obruitur, is reluctatur quidem aggravantibus, sed quum non

δυνάμενος· ἀλλ' ὠθεῖται κατὰ βυθοῦ, μετὰ τῶν ἐγγυ-
ησαμένων φίλων ἀφανιζόμενος. (7) Κράτης δὲ ὁ Θηβαῖος, ὑπ' οὐδενὸς ἀπαιτούμενος οὐδ' ὀφείλων, αὐτὰς
δὲ τὰς οἰκονομίας καὶ φροντίδας καὶ περισπασμοὺς δυσχεραίνων, ἀφῆκεν οὐσίαν ὀκτὼ ταλάντων, καὶ τρίβωνα καὶ πήραν ἀναλαβὼν εἰς φιλοσοφίαν καὶ πενίαν
κατέφυγεν. (8) Ἀναξαγόρας δὲ τὴν χώραν κατέλιπε
μηλόβοτον. Καὶ τί δεῖ τούτους λέγειν; ὅπου Φιλόξενος
ὁ μελοποιὸς ἐν ἀποικίᾳ Σικελικῇ, κλήρου μετασχὼν
καὶ βίου καὶ οἴκου πολλὴν εὐπορίαν ἔχοντος, ὁρῶν δὲ
τρυφὴν καὶ ἡδυπάθειαν καὶ ἀμουσίαν ἐπιχωριάζουσαν,
Μὰ τοὺς θεούς, εἶπεν, ἐμὲ ταῦτα τὰ ἀγαθὰ οὐκ ἀπολεῖ, ἀλλ' ἐγὼ ταῦτα· καὶ καταλιπὼν ἑτέροις τὸν κλῆρον, ἐξέπλευσεν. (9) * Οἱ δ' ὀφείλοντες ἀπαιτούμενοι,
δασμολογούμενοι, δουλεύοντες, ὑπαργυρεύοντες ἀνέ-
χονται, καρτεροῦσιν, ὡς ὁ Φινεὺς, Ἁρπυίας τινὰς
ὑποπτέρους βόσκοντες, αἳ φέρουσι τὴν τροφὴν καὶ διαρ-
πάζουσιν, οὐ καθ' ὥραν, ἀλλὰ πρὶν θερισθῆναι τὸν σῖτον ὠνούμενοι, καὶ πρὶν ἢ πεσεῖν τὴν ἐλαίαν, ἀγορά-
ζοντες τοὔλαιον· καὶ τὸν οἶνον ἔχω, φησί, τοσούτου,
καὶ πρόσγραφον ἔδωκε τῆς τιμῆς· ὁ δὲ βότρυς κρέμαται
καὶ προσπέφυκεν ἔτι τὸν ἀρκτοῦρον ἐκδεχόμενος.

ΒΙΟΙ ΤΩΝ ΔΕΚΑ ΡΗΤΟΡΩΝ.

Α'. ΑΝΤΙΦΩΝ.

1. Ἀντιφῶν Σοφίλου μὲν ἦν πατρός, τῶν δὲ δήμων
Ῥαμνούσιος· μαθητεύσας δὲ τῷ πατρὶ (ἦν γὰρ σοφιστής,
ᾧ καὶ Ἀλκιβιάδην φασὶν ἔτι παῖδα ὄντα φοιτῆσαι), καὶ
δύναμιν λόγων κτησάμενος, ὥς τινες νομίζουσιν, ἀπ'
οἰκείας φύσεως, ὥρμησε μὲν πολιτεύεσθαι· (2) διατριβὴν δὲ συνέστησε, καὶ Σωκράτει τῷ φιλοσόφῳ διεφέρετο
τὴν ὑπὲρ τῶν λόγων διαφοράν, οὐ φιλονείκως, ἀλλ'
ἐλεγκτικῶς, ὡς Ξενοφῶν ἱστόρηκεν ἐν τοῖς Ἀπομνη-
μονεύμασι. (3) Καί τινας λόγους οἷς δεομένοις τῶν
πολιτῶν συνέγραφεν εἰς τοὺς ἐν τοῖς δικαστηρίοις ἀγῶνας, πρῶτος ἐπὶ τοῦτο τραπείς, ὥσπερ τινές φασι. (4)
τῶν γοῦν πρὸ αὐτοῦ γενομένων οὐδενὸς φέρεται δικανικὸς λόγος, ἀλλ' οὐδὲ τῶν κατ' αὐτόν, διὰ τὸ μηδέπω
ἐν ἔθει τοῦ συγγράφειν εἶναι· οὐ Θεμιστοκλέους, οὐκ
Ἀριστείδου, οὐ Περικλέους, καίτοι πολλὰς ἀφορμὰς καὶ
ἀνάγκας παρασχόντων αὐτοῖς τῶν καιρῶν· καὶ γὰρ οὐ
δι' ἀσθένειαν ἀπελείποντο τοῦ συγγράφειν, ὡς δῆλον ἐκ
τῶν εἰρημένων παρὰ τοῖς συγγραφεῦσι περὶ ἑνὸς ἑκάστου
τῶν προειρημένων ἀνδρῶν. (5) Ὅσους μέντοι ἔχομεν
ἐπὶ τὸ παλαιότατον ἀναφέροντες ἀπομνημονεῦσαι τὴν
ἰδέαν τῶν λόγων ταύτην μεταχειρισαμένους, τούτους
εὕροι τις ἂν ἐπιβεβληκότας Ἀντιφῶντι, πρεσβύτῃ ἤδη
ὄντι, οἷον Ἀλκιβιάδην, Κριτίαν, Λυσίαν, Ἀρχῖνον.
(6) Πρῶτος δὲ καὶ ῥητορικὰς τέχνας ἐξήνεγκε, γενόμενος ἀγχίνους· διὸ καὶ Νέστωρ ἐπεκαλεῖτο. (7) Καικί-

---

possit enatare et fugere, in fundum deprimitur, atque una
cum amicis, qui suam pro eo obligaverunt fidem, pessumdatur. (7) Contra Thebanus Crates, quum nemo ab ipso
exigeret, quum nemini quidquam deberet, ipsam rei familiaris dispensationem, curasque et occupationes aversatus,
rem octo talentorum deseruit, sumtisque palliolo et pera,
ad philosophiam et paupertatem confugit. (8) Anaxagoras agrum ovibus pascendum reliquit. Sed quid necesse
est hos commemorare? quando etiam Philoxenus, odarum
conditor, in colonia Siciliensi hæreditatem, rem domumque instructissimam adeptus, quum videret luxuriam, luxum
et inscitiam vulgo obtinere, *Per deos*, inquiens, *bona hæc
me non perdent, sed ego ista* : relicta aliis hæreditate,
ex insula solvit. (9) At qui debent, dum exiguntur, tributum postulantur, serviunt, adulterina moneta circumve-
niuntur, omnia ista perferunt atque tolerant, instar Phinei,
harpyias quasdam alatas nutrientes, quæ victum eorum
diripiunt alieno tempore, ante messem frumentum venden-
tes, oleum antequam olivæ decutiantur. Habeo vinum, emtor
ait, tanti; et pretii syngrapham dedit, interim adhuc pen-
dente uva et viti adhærente atque Arcturum exspectante.

X ORATORUM VITÆ.

I. ANTIPHON.

1. Antiphon, Sophili filius, tribu Rhamnusius, patrem
audivit : is enim sophista fuit, cujus opera etiam Alcibiades adolescens usus in discendo est, ut nonnulli tradunt.
Sic facultatem dicendi adeptus (quidam suopte ingenio eam
consecutum existimant), animum quidem ad rempublicam
appulit : (2) tamen prius ad scholam habendam se convertit et cum Socrate philosopho de ratione disserendi disputavit, non studio contendendi, sed industria redarguendi
usus : ita enim Xenophon in libris de Dictis et Factis Socratis scripsit. (3) Præterea civibus quibusdam id petentibus
orationes scripsit, quibus causas in judicio suas tuerentur :
idque primus ipse aggressus a nonnullis dicitur. (4) Sane
eorum, quos ipse ætate subsecutus est, nullius ulla judicialis
exstat oratio : ac ne æqualium quidem ejus; quod nondum
consuetudo invaluisset orationes literis mandandi : neque igitur orationes exstant Themistoclis, Aristidis, Periclis; quum
quidem tempora his et occasionum satis offerrent, et necessitatis imponerent. Neque vero hos imbecillitas a scribendo detinuit : quod satis docent ea quæ de singulis historiarum conditores memoriæ prodiderunt : (5) et quos-
cumque memorare possumus qui id genus orationis tracta-
verint, omniumque habentur antiquissimi, eos invenies An-
tiphonte jam sene subsecutos esse : Alcibiadem inquam,
Critiam, Lysiam, Archinoum. (6) Primus etiam oratoriæ
artis præcepta edidit. Promto fuit ingenio, ideoque No-

λιος δ' ἐν τῷ περὶ αὐτοῦ συντάγματι Θουκυδίδου τοῦ συγγραφέως μαθητὴν τεκμαίρεται γεγονέναι ἐξ ὧν ἐπαινεῖται παρ' αὐτῷ ὁ Ἀντιφῶν. (8) Ἔστι δ' ἐν τοῖς λόγοις ἀκριβὴς καὶ πιθανός, καὶ δεινὸς περὶ τὴν εὕρεσιν, καὶ ἐν τοῖς ἀπόροις τεχνικός, καὶ ἐπιχειρῶν ἐξ ἀδήλου, καὶ ἐπὶ τοὺς νόμους καὶ τὰ πάθη τρέπων τοὺς λόγους, τοῦ εὐπρεποῦς μάλιστα στοχαζόμενος. (9) Γέγονε δὲ κατὰ τὰ Περσικὰ καὶ Γοργίαν τὸν σοφιστὴν, ὀλίγῳ νεώτερος αὐτοῦ· καὶ παρατέταχεν ἕως καταλύσεως τῆς δημοκρατίας ὑπὸ τῶν τετρακοσίων γενομένης, ἣν αὐτὸς δοκεῖ συγκατασκευάσαι, ὁτὲ μὲν δυσὶ τριηραρχῶν ναυσὶν, ὁτὲ δὲ στρατηγῶν, καὶ πολλαῖς μάχαις νικῶν, καὶ συμμαχίας μεγάλας αὐτοῖς προσαγόμενος, καὶ τοὺς ἀκμάζοντας ὁπλίζων, καὶ τριήρεις πληρῶν ἑξήκοντα, καὶ πρεσβεύων δὲ ἑκάστοτε ὑπ' αὐτῶν εἰς Λακεδαίμονα, ἡνίκα ἐτετείχιστο Ἠετιωνεία. (10) * Μετὰ δὲ τὴν κατάλυσιν τῶν τετρακοσίων εἰσαγγελθεὶς σὺν Ἀρχεπτολέμῳ, ἑνὶ τῶν τετρακοσίων, ἑάλω, καὶ τοῖς περὶ τῶν προδοτῶν ἐπιτιμίοις ὑπαχθεὶς, ἄταφος ἐρρίφη, καὶ σὺν τοῖς ἐκγόνοις ἄτιμος ἐνεγράφη. (11) Οἱ δὲ ὑπὸ τῶν τριάκοντα ἀνῃρῆσθαι αὐτὸν ἱστοροῦσιν, ὥσπερ Λυσίας ἐν τῷ ὑπὲρ τῆς Ἀντιφῶντος θυγατρὸς λόγῳ· ἐγένετο γὰρ αὐτῷ θυγάτριον, οὗ Κάλλαισχρος ἐπεδικάσατο. (12) Ὅτι δὲ ὑπὸ τῶν τριάκοντα ἀπέθανεν, ἱστορεῖ καὶ Θεόπομπος ἐν τῇ πεντεκαιδεκάτῃ τῶν Φιλιππικῶν· ἀλλ' οὗτός γ' ἂν εἴη ἕτερος, Λυσιδωνίδου πατρός, καὶ Κρατῖνος ἐν Πυτίνῃ ὡς πονηροῦ μνημονεύει· πῶς [γὰρ] ἂν ὁ προτεθνεὼς καὶ ἀναιρεθεὶς ὑπὸ τῶν τετρακοσίων, πάλιν ἐπὶ τῶν τριάκοντα εἴη; (13) Ἔστι δὲ καὶ ἄλλος λόγος περὶ τῆς τελευτῆς αὐτοῦ. Πρεσβευτὴν γὰρ ὄντα αὐτὸν εἰς Συρακούσας πλεῦσαι, ἡνίκα ἤκμαζεν ἡ τοῦ προτέρου Διονυσίου τυραννίς· γενομένης δὲ παρὰ πότον ζητήσεως, τίς ἄριστός ἐστι χαλκός, καὶ τῶν πολλῶν διαφερομένων, αὐτὸν εἰπεῖν, ἄριστον εἶναι ἐξ οὗ Ἁρμόδιος καὶ Ἀριστογείτων πεποίηνται· (14) τοῦτο δ' ἀκούσαντα τὸν Διονύσιον, καὶ ὑπονοήσαντα προτροπὴν εἰς ἐπίθεσιν εἶναι τὸ ῥηθὲν, προστάξαι ἀναιρεθῆναι αὐτόν· οἱ δὲ, ὅτι τὰς τραγῳδίας αὐτοῦ διέσυρε, χαλεπήναντα. (15) Φέρονται δὲ τοῦ ῥήτορος λόγοι ἑξήκοντα, ὧν κατεψευσμένους φησὶ Καικίλιος εἶναι τοὺς εἰκοσιπέντε. (16) Κεκωμῴδηται δ' εἰς φιλαργυρίαν ὑπὸ Πλάτωνος ἐν Πεισάνδρῳ. (17) Λέγεται δὲ τραγῳδίας συνθεῖναι, καὶ ἰδίᾳ καὶ σὺν Διονυσίῳ τῷ τυράννῳ. (18) Ἔτι δ' ὢν πρὸς τῇ ποιήσει, τέχνην ἀλυπίας συνεστήσατο, ὥσπερ τοῖς νοσοῦσιν ἡ παρὰ τῶν ἰατρῶν θεραπεία ὑπάρχει· ἐν Κορίνθῳ τε κατεσκευασμένος οἴκημά τι παρὰ τὴν ἀγορὰν, προέγραψεν ὅτι δύναται τοὺς λυπουμένους διὰ λόγων θεραπεύειν· καὶ πυνθανόμενος τὰς αἰτίας, παρεμυθεῖτο τοὺς κάμνοντας. (19) Νομίζων δὲ τὴν τέχνην ἐλάττω ἢ καθ' αὑτὸν εἶναι, ἐπὶ ῥητορικὴν ἀπετράπη. (20) Εἰσὶ δ' οἳ καὶ τὸ Γλαύκου τοῦ Ῥηγίνου περὶ ποιητῶν βιβλίον εἰς Ἀντιφῶντα ἀναφέρουσιν. (21) Ἐπαινεῖται δ' αὐτοῦ μάλιστα ὁ περὶ Ἡρώδου, καὶ [ὁ] πρὸς Ἐρασίστρατον περὶ τῶν ἰδεῶν, καὶ ὁ περὶ τῆς [εἰσ]αγγελίας,

stor cognominatus. (7) Cæcilius in commentario quem de eo scripsit, fuisse conjicit discipulum [*magistrum*] Thucydidis historici, ex iis quæ hic in laudem Antiphontis prodidit. (8) Accuratissimus est in suis orationibus, probabilis, in inveniendo callidus, in perplexis rebus artificiosus, ex improviso argumenta intentans, sermonemque ad leges et motus • animi convertens, maxime decori studiosus. (9) Vixit tempore Persici belli, ac Gorgiæ sophistæ, hoc paullum minor natu : produxitque vitam usque ad popularis status in republica mutationem Quadringentis factam : cujus quidem ipse fuisse auctor putatur, interdum duabus triremibus, quas ornarat, præfectus, interdum præturam gerens; et qui magnis potitus victoriis multos belli socios eis adjunxisset, ætate florentes armasset, sexaginta triremes implevisset, identidemque ipsorum nomine legatus Lacedæmonem ivisset, quo tempore Eetionia fuit munita. (10) Ceterum dejectis Quadringentis istis, una cum Archeptolemo, qui unus de eorum numero fuit, in jus vocatus condemnatusque, et pœna proditoribus constituta de eo sumta, interfecti corpus insepultum abjectum, et cum tota posteritate inter infames relatus est. (11) Sunt qui a Triginta tyrannis interfectum narrent, ut Lysias in oratione pro filia Antiphontis : reliquit enim filiolam, quam lege propinquitatis Callæschrus sibi sponsam vindicavit. (12) Theopompus quoque quinto decimo Philippicorum libro scribit, a Triginta istis eum trucidatum. Sed hic quidem alius fuerit, Lysidonida ortus patre : et Cratinus in Pytina ejus ut mali meminit : quomodo enim jam ante occisus a Quadringentis, denuo sub Triginta tyrannis vixerit? (13) Fertur alius etiam sermo de obitu ejus. Legatum eum Syracusas navigasse, florente tum Dionysii prioris tyrannide : ibi quum inter vina quæstio incidisset, *ecquod æs optimum esset*, diverse aliis respondentibus, ipsum dixisse, *id æs optimum esse, e quo statuæ Harmodio et Aristogitoni essent factæ :* (14) id tyrannum, quum audivisset, quasi exhortationem ad se insidiis petendam excepisse, et jussisse interfici Antiphontem : alii, quod inique ferret suas ab eo tragœdias exsibilari. (15) Hujus oratoris feruntur sexaginta orationes, quarum viginti quinque spurias perhibet esse Cæcilius. (16) Plato comœdiarum scriptor in Pisandro eum tanquam avarum traducit. (17) Tragœdias fertur composuisse et seorsum, et cum Dionysio tyranno. (18) Quum adhuc poeticæ esset deditus, artem dolorum abolendorum condidit, qualem medici ægrotantibus curationem promittunt : et Corinthi prope forum exstructa taberna proscripsit, *se eos qui in mœrore essent, posse verbis sublevare :* auditisque ægritudinum causis, consolabatur ægros. (19) Istam tamen artem se non satis dignam esse arbitratus, ad oratoriam se contulit. (20) Sunt etiam qui Glauci Rhegini de Poetis librum ad Antiphontem referant. (21) Maxime laudantur ipsius hæ orationes, de Herode, adversus Erasistratum de *Paronibus*, et quam pro se scripsit postulatus

δν ὑπὲρ ἑαυτοῦ γέγραφε, καὶ ὁ πρὸς Δημοσθένη τὸν στρατηγὸν παρανόμων. (22) Ἔγραψε δὲ καὶ κατὰ Ἱπποκράτους τοῦ (ἰατροῦ) στρατηγοῦ λόγον, καὶ εἷλεν αὐτὸν ἐξ ἐρήμου.

23. Ψήφισμα ἐπὶ Θεοπόμπου ἄρχοντος, ἐφ' οὗ οἱ τετρακόσιοι κατελύθησαν, (ψήφισμα) καθ' ὃ ἔδοξεν Ἀντιφῶντα κριθῆναι, ὃ Καικίλιος παρατέθειται· « Ἔδοξε τῇ βουλῇ μιᾷ καὶ εἰκοστῇ τῆς πρυτανείας· Δημόνικος Ἀλωπεκῆθεν ἐγραμμάτευε, Φιλόστρατος Παλληνεὺς ἐπεστάτει· (24) Ἄνδρων εἶπε περὶ τῶν ἀνδρῶν, οὓς ἀποφαίνουσιν οἱ στρατηγοὶ πρεσβευομένους εἰς Λακεδαίμονα ἐπὶ κακῷ τῆς πόλεως τῆς Ἀθηναίων, καὶ ἐκ τοῦ στρατοπέδου πλεῖν ἐπὶ πολεμίας νεὼς, καὶ πεζεῦσαι διὰ Δεκελείας, Ἀρχεπτόλεμον καὶ Ὀνομακλέα καὶ Ἀντιφῶντα συλλαβεῖν καὶ ἀποδοῦναι εἰς τὸ δικαστήριον, ὅπως δῶσι δίκην· (25) παρασχόντων δ' αὐτοὺς οἱ στρατηγοὶ, καὶ ἐκ τῆς βουλῆς οὕστινας ἂν δοκῇ τοῖς στρατηγοῖς, προσελομένοις μέχρι δέκα, ὅπως ἂν περὶ παρόντων γένηται ἡ κρίσις. (26) Προσκαλεσάσθωσαν δ' αὐτοὺς οἱ θεσμοθέται ἐν τῇ αὔριον ἡμέρᾳ, καὶ εἰσαγόντων, ἐπειδὰν αἱ κλήσεις ἐξήκωσιν εἰς τὸ δικαστήριον, περὶ προδοσίας κατηγορεῖν τοὺς ᾑρημένους συνηγόρους καὶ τοὺς στρατηγοὺς, καὶ ἄλλους, ἄν τις βούληται· ὅτου δ' ἂν καταψηφίσηται τὸ δικαστήριον, περὶ αὐτοῦ ποιεῖν κατὰ τὸν νόμον, ὃς κεῖται περὶ τῶν προδόντων. »

27. * Τούτῳ ὑπογέγραπται τῷ δόγματι ἡ καταδίκη. « Προδοσίας ὦφλον Ἀρχεπτόλεμος Ἱπποδάμου Ἀγρύληθεν παρών, Ἀντιφῶν Σοφίλου Ῥαμνούσιος παρών· τούτοιν ἐτιμήθη, τοῖς ἕνδεκα παραδοθῆναι, καὶ τὰ χρήματα δημόσια εἶναι, καὶ τῆς θεοῦ τὸ ἐπιδέκατον, καὶ τὼ οἰκία κατασκάψαι αὐτῶν, καὶ ὅρους θεῖναι τοῖν οἰκοπέδοιν, ἐπιγράψαντας· ΑΡΧΕΠΤΟΛΕΜΟΥ ΚΑΙ ΑΝΤΙΦΩΝΤΟΣ ΤΟΙΝ ΠΡΟΔΟΝΤΟΙΝ. (28) Τὸ δὲ δημάρχῳ ἀποφῆναι τὼ οἰκία [αὐτοῖν], καὶ μὴ ἐξεῖναι θάψαι Ἀρχεπτόλεμον καὶ Ἀντιφῶντα Ἀθήνησι, μηδ' ὅσης Ἀθηναῖοι κρατοῦσι· καὶ ἄτιμον εἶναι Ἀρχεπτόλεμον καὶ Ἀντιφῶντα, καὶ γένος τὸ ἐκ τούτοιν, καὶ νόθους καὶ γνησίους· καὶ ἐὰν ποιήσηταί τινα ἐξ Ἀρχεπτολέμου καὶ Ἀντιφῶντος, ἄτιμος ἔστω ὁ ποιησάμενος. (29) Ταῦτα δὲ γράψαι ἐν στήλῃ χαλκῇ [καὶ] ᾗπερ ἀνάκειται τὰ ψηφίσματα τὰ περὶ Φρυνίχου, καὶ τοῦτο θέσθαι. »

Βʹ. ΑΝΔΟΚΙΔΗΣ.

1. Ἀνδοκίδης Λεωγόρου μὲν ἦν πατρὸς, [τοῦ Ἀνδοκίδου] τοῦ θεμένου ποτὲ πρὸς Λακεδαιμονίους εἰρήνην Ἀθηναίοις, τῶν δήμων δὲ Κυδαθήναιος, ἢ Θορεύς, γένους εὐπατριδῶν, ὡς δὲ Ἑλλάνικος, καὶ ἀπὸ Ἑρμοῦ καθήκει γὰρ εἰς αὐτὸν τὸ κηρύκων γένος· (2) διὸ καὶ προεχειρίσθη ποτὲ μετὰ Γλαύκωνος σὺν ναυσὶν εἴκοσι Κερκυραίοις βοηθήσων, διαφερομένοις πρὸς Κορινθίους. (3) Μετὰ δὲ ταῦτα αἰτιαθεὶς ἀσεβεῖν, ὡς καὶ αὐτὸς τοὺς Ἑρμᾶς περικόψας, καὶ εἰς τὰ τῆς Δήμητρος ἁμαρτὼν μυστήρια, (διὰ

---

delicti gravissimi, et in Demosthenem prætorem de publico flagitio. (22) Scripsit accusationem etiam in Hippocratem prætorem, eumque reum peregit, quum quidem is vadimonium deseruisset.

23. Decretum archonte Theopompo, cujus in magistratu Quadringentorum potestas deleta est, secundum quod placuit Antiphontem judicari; quod Cæcilius retulit : « Die vicesimo primo Prytaneæ placuit Senatui. Demonicus Alopecensis scribæ munus obibat, præerat cognitioni Philostratus Pellenensis, (24) retulit Andron; viros, qui a prætoribus pronunciantur legati ivisse Spartam damno reipublicæ Atheniensis, et e castris navigasse vecti hostili nave, ac per Deceleam terra ivisse, Archeptolemum, Onomaclem et Antiphontem, comprehendendos esse, et in curia sistendos, ut causam dicant. (25) Sistant eos prætores et alii de Senatu usque ad decem, quos videbitur prætoribus asciscere, ut de præsentibus fiat judicium. (26) Advocent eos thesmothetæ ad crastinam diem, producantque; quando in judicium adducti aderunt, tum actores delectos, et prætores, ac si qui alii voluerint, reos proditionis accusent : qui in judicio damnatus fuerit, in eum animadvertendum ex præscripto legis in proditores latæ. »

27. Huic decreto subscripta est hæc sententia. « Damnati sunt proditionis Archeptolemus Hippodami filius Agrylensis, præsens : Antiphon Sophili filius Rhamnusius, præsens. Iis hæc pœna constituta est, ut Undecimviris dedantur, bona eorum publicentur, decima portione *Minervæ* consecrata : utque eorum ædes solo æquentur, et in areis termini ponantur, cum hac inscriptione, ARCHEPTOLEMI ET ANTIPHONTIS PRODITORUM. (28) Præfecti autem populi indicem proponunto domuum eorum; neque permittitor, ut Archeptolemus et Antiphon Athenis aut in terra Atheniensium imperio subdita sepeliantur. Porro quum ipsos infames haberi debere Archeptolemum et Antiphontem, tum qui ex iis sive spurii sive legitimi nascantur; infamem etiam eum, qui ex Archeptolemi et Antiphontis progenie aliquem adoptaverit. (29) Hæc inscribenda esse columnæ æneæ, eamque ibi ponendam, ubi ea sita est, quæ decreta de Phrynicho continet. »

II. ANDOCIDES.

1. Andocides Leogoræ filius, [nepos Andocidæ] ejus qui aliquando Atheniensibus pacem adversus Lacedæmonios composuit, pago Cydatheniensis, aut Thorensis, gente patricia, adeoque, si Hellanico credimus, a Mercurio propagata ortus : nam ad ipsum pertinet præconum progenies. (2) Itaque aliquando fuit cum Glaucone delectus populi suffragiis, ut cum viginti navibus opem ferret Corcyræis, quibus adversum Corinthios lis erat. (3) Postmodo violatæ religionis postulatus, quod et ipse de eorum esset censu, qui statuas Mercurii truncassent, et arcana Cereris vulgassent :

τὸ πρότερον ἀκόλαστον ὄντα, νύκτωρ κωμάσαντα, θραῦ-
σαί τι τῶν ἀγαλμάτων τοῦ θεοῦ, καὶ εἰσαγγελθέντα,
ἐπειδὴ οὐκ ἠβουλήθη, ὃν ἐξήτουν οἱ κατήγοροι, δοῦλον
ἐκδοῦναι, διαβληθῆναι, καὶ πρὸς τὴν αἰτίαν τῆς δευτέρας
5 γραφῆς ὕποπτον γενέσθαι· (4) ἣν μετ' οὐ πολὺν χρόνον
τοῦ ἐπὶ Σικελίαν στόλου συνέβη γενέσθαι· Κορινθίων
εἰσπεμψάντων Λεοντίνους τε καὶ Αἰγεσταίους ἄνδρας,
οἵ, διαμελλόντων βοηθεῖν αὐτοῖς τῶν Ἀθηναίων, νύκτωρ
τοὺς περὶ τὴν ἀγορὰν Ἑρμᾶς περιέκοψαν, ὡς Κράτιπ-
10 πός φησι· πρὸς Ἁμαρτῶν μυστήρια·) κριθεὶς ἐπὶ
τούτοις, ἀπέφυγεν ἐπὶ τῷ μηνύσειν τοὺς ἀδικοῦντας·
(5) σπουδὴν δὲ πᾶσαν εἰσενεγκάμενος, ἐξεῦρε τοὺς περὶ
τὰ ἱερὰ ἁμαρτόντας, ἐν οἷς καὶ τὸν αὐτοῦ πατέρα ἐμή-
νυσε· καὶ τοὺς μὲν ἄλλους πάντας ἐλέγξας ἐποίησεν
15 ἀπολέσθαι, τὸν δὲ πατέρα ἐρρύσατο, καίτοι δεδεμένον
ἤδη, ὑποσχόμενος πολλὰ λυσιτελήσειν αὐτὸν τῇ πόλει.
(6) Καὶ οὐκ ἐψεύσατο· ἤλεγξε γὰρ ὁ Λεωγόρας πολλοὺς
δημόσια χρήματα σφετεριζομένους καὶ ἄλλα τινὰ ἀδι-
κοῦντας· καὶ διὰ μὲν ταῦτα ἀφείθη τῆς αἰτίας. (7) [Οὐκ]
20 εὐδοκιμῶν δὲ ὁ Ἀνδοκίδης ἐπὶ τοῖς πολιτευομένοις,
ἐπέθετο ναυκληρίᾳ, καὶ τοῖς τε Κυπρίων βασιλεῦσι καὶ
πολλοῖς ἄλλοις δοκίμοις ἐπεξενώθη· ὅτε καὶ μίαν τῶν
πολιτίδων, Ἀριστείδου θυγατέρα, ἀνεψιὰν οὖσαν αὐτῷ,
λάθρα τῶν οἰκείων ἐξαγαγών, ἔπεμψε δῶρον τῷ Κυπρίων
25 βασιλεῖ. (8) Μέλλων δ' ἐπὶ τούτοις εἰς δικαστήριον
εἰσάγεσθαι, πάλιν αὐτὴν ἐξέκλεψεν ἀπὸ τῆς Κύπρου,
καὶ ληφθεὶς ὑπὸ τοῦ βασιλέως ἐδέθη· διαδρὰς δὲ ἧκεν εἰς
τὴν πόλιν, καθ' ὃν χρόνον οἱ τετρακόσιοι διεῖπον τὰ πρά-
γματα· δεθεὶς δὲ ὑπὸ τούτων καὶ διαφυγών, αὖθις ὁπότε
30 κατελύθη ἡ ὀλιγαρχία, [**] ἐξέπεσε τῆς πόλεως, τῶν τριάκοντα τὴν ἀρχὴν παραλαβόντων· (9) οἰκήσας δὲ τὸν τῆς
φυγῆς χρόνον ἐν Ἤλιδι, * κατελθόντων τῶν περὶ Θρα-
σύβουλον, καὶ αὐτὸς ἧκεν εἰς τὴν πόλιν· πεμφθεὶς δὲ περὶ
τῆς εἰρήνης εἰς Λακεδαίμονα, καὶ δόξας ἀδικεῖν ἔφυγε.
35 (10) Δηλοῖ δὲ περὶ πάντων ἐν τοῖς λόγοις οἷς συγγέγρα-
φεν· οἱ μὲν γὰρ ἀπολογουμένου περὶ τῶν μυστηρίων εἰσίν, οἱ δὲ καθόδου δεομένου. (11) Σώζεται δ' αὐτοῦ
καὶ ὁ περὶ τῆς ἐνδείξεως λόγος, καὶ ἀπολογία πρὸς
Φαίακα, καὶ περὶ τῆς εἰρήνης. (12) Καὶ ἤκμακε μὲν
40 κατὰ τοῦτον τὸν χρόνον ἅμα Σωκράτει τῷ φιλοσόφῳ·
ἀρχὴ δ' αὐτῷ τῆς γενέσεως ὀλυμπιὰς μὲν ἑβδομηκοστὴ
ὀγδόη, ἄρχων δ' Ἀθήνησι Θεογενίδης· ὥστ' εἶναι πρεσβύτερον αὐτὸν Λυσίου ἔτεσί που ἑκατόν. (13) Τούτου
δ' ἐπώνυμός ἐστι καὶ Ἑρμῆς ὁ Ἀνδοκίδου καλούμενος,
45 ἀνάθημα μὲν ὢν φυλῆς Αἰγηΐδος, ἐπικληθεὶς δ' Ἀνδοκίδου διὰ τὸ πλησίον παροικῆσαι τὸν Ἀνδοκίδην. (14)
Καὶ αὐτὸς δ' ἐχορήγησε κυκλίῳ χορῷ τῇ αὐτοῦ φυλῇ
ἀγωνιζομένῃ διθυράμβῳ, καὶ νικήσας ἀνέθηκε τρίποδα
ἐφ' ὑψηλοῦ, ἀντικρυς τοῦ πωρίνου Σειληνοῦ. (15) Ἔστι
50 δὲ ἁπλοῦς καὶ ἀκατάσκευος ἐν τοῖς λόγοις, ἀφελής τε
καὶ ἀσχημάτιστος.

[cui accusationi ansam præbuit, quod is homo alioqui intemperans noctu per comessationem aliquando quandam
Mercurii fregisset statuam : et quum servum eum, quem
actores ad quæstionem exposcebant, dedere noluisset, male
ex ea re audiret, itaque secundo crimini occasionem exhi-
beret : (4) quæ posterior actio adversus eum suscepta est
parvo tempore ab expeditione classis in Siciliam ab Atheniensibus missæ. Quum enim Corinthii submisissent
Leontinos et Ægestæos, et cunctarentur iis opem ferre
Athenienses, noctu Mercurios, qui apud forum erant collo-
cati, mutilaverunt, ut ait Cratippus :] ob hæc Andocides in
judicium pertractus, ita absolutus est, quod professus est se
indicium de iis delatorum qui sacra violassent. (5) In qua
re conficienda quum nihil industriæ sibi fecisset reliquum,
sontes conquisivit, atque inter eos etiam patris nomen commemoravit : ac reliquos quidem omnes reos peregit, exi-
tiumque eis concivit ; patrem, tametsi jam vinctum, eripuit
neci, pollicens ejus operam multis in rebus utilem civitati
futuram. (6) Neque vero in hoc mentitus est ; multos enim
peculatores, aliisque flagitiis obligatos Leogoras coarguit :
eaque de causa absolutus suo est crimine. (7) Ceterum
Andocides quum ob ea quæ in republica gereret, *non* probaretur, animum ad naviculariam mercaturam adjecit ; et
cum regibus Cypriorum, aliisque multis viris illustribus
hospitii jus contraxit. Quo quidem tempore etiam conso-
brinam suam quandam civem, Aristidis filiam, suis clam
subductam dono misit Cypriorum regi : (8) ac sentiens se
eo nomine in jus pertractum iri, rursus eandem e Cypro
suffuratus, comprehensusque in facinore, in vincula datus a rege fuit : elapsusque Athenas repetiit, Quadringentis
viris tum rempublicam obtinentibus : a quibus in vincula
conjectus, rursumque fuga elapsus, quando paucorum in
republica concidit potestas, [Athenas rediit : sed denuo]
solum vertere coactus est, summa rerum ad Triginta tyrannos delata, (9) atque hujus exilii tempus in Elide transe-
git : Thrasybulo demum cum suis in urbem reverso, ipse
etiam in patriam rediit. Postea de pace Lacedæmonem
missus et suspectus rei mala fide gestæ, in exilium abiit.
(10) Horum omnium ipse argumenta in orationibus a se
compositis reliquit. Aliæ enim sunt crimen de violata abs
se religione propulsantis ; aliæ reditum flagitantis. (11) Exstat ejus etiam de Indicio delato alia, et ad Phæacem defensio,
et de Pace. (12) Floruit autem illo tempore, eodem quo Socrates philosophus, natus olympiade octava et septuagesima,
archonte Athenis Theogenida : ita ut Lysiam præcesserit
ætate annis fere *decem*. (13) Nomen ab eo habuit etiam Mercurii simulacrum Andocideum, a tribu Ægeide dedicatum
proxime domum Andocidæ, unde dictum Andocideum. (14)
Sumtus etiam suppeditavit choro cyclico in tribus suæ gratiam ad certamen dithyrambicum : victoriaque potitus tripodem dedicavit loco sublimi, e regione Sileni e poro facti.
(15) In orationibus simplex est, apparatuque caret et figurarum ornamentis.

Γ΄. ΛΥΣΙΑΣ.

Ι. Λυσίας υἱὸς ἦν Κεφάλου τοῦ Λυσανίου τοῦ Κεφάλου, Συρακουσίου μὲν γένος, μεταναστάντος δ᾽ εἰς Ἀθήνας ἐπιθυμίᾳ τε τῆς πόλεως, καὶ Περικλέους τοῦ Ξανθίππου πείσαντος αὐτὸν, φίλον ὄντα καὶ ξένον, πλούτῳ διαφέροντα· ὡς δέ τινες, ἐκπεσόντα τῶν Συρακουσῶν, ἡνίκα ὑπὸ Γέλωνος ἐτυραννοῦντο. (2) Γενόμενος Ἀθήνησιν ἐπὶ Φιλοκλέους ἄρχοντος τοῦ μετὰ Φρασικλῆ, κατὰ τὸ δεύτερον ἔτος τῆς ὀγδοηκοστῆς (καὶ δευτέρας) ὀλυμπιάδος, τὸ μὲν πρῶτον συνεπαιδεύετο τοῖς ἐπιφανεστάτοις Ἀθηναίων· (3) ἐπεὶ δὲ τὴν εἰς Σύβαριν ἀποικίαν, τὴν ὕστερον Θουρίους μετονομασθεῖσαν, ἔστελλεν ἡ πόλις, ᾤχετο σὺν τῷ πρεσβυτάτῳ ἀδελφῶν, Πολεμάρχῳ (ἦσαν γὰρ αὐτῷ καὶ ἄλλοι δύο, Εὔδιδος καὶ Βράχυλλος), τοῦ πατρὸς ἤδη τετελευτηκότος, ὡς κοινωνήσων τοῦ κλήρου, ἔτη γεγονὼς πεντεκαίδεκα, ἐπὶ Πραξιτέλους ἄρχοντος, κἀκεῖ διέμεινε παιδευόμενος παρὰ Τισίᾳ καὶ Νικίᾳ τοῖς Συρακουσίοις, κτησάμενός τ᾽ οἰκίαν καὶ κλήρου τυχὼν ἐπολιτεύσατο, ἕως Κλεάρχου τοῦ Ἀθήνησιν ἄρχοντος, ἔτη ἑξήκοντα τρία. (4) Τῷ δὲ ἑξῆς [**] Καλλίᾳ, ὀλυμπιάδι ἐνενηκοστῇ δευτέρᾳ τῶν τατὰ Σικελίαν συμβάντων Ἀθηναίοις, καὶ κινήσεως γενομένης τῶν τ᾽ ἄλλων συμμάχων, καὶ μάλιστα τῶν τὴν Ἰταλίαν οἰκούντων, αἰτιαθεὶς ἀττικίζειν, ἐξέπεσε μετ᾽ ἄλλων τρι[ακοσί]ων. (5) Παραγενόμενος δ᾽ Ἀθήνησιν ἐπὶ Καλλίου, τοῦ μετὰ Κλεόκριτον ἄρχοντος, ἤδη τῶν τετρακοσίων κατεχόντων τὴν πόλιν, διέτριβεν αὐτόθι. (6) Τῆς δ᾽ ἐν Αἰγὸς ποταμοῖς ναυμαχίας γενομένης, καὶ τῶν τριάκοντα παραλαβόντων τὴν πόλιν, ἐξέπεσεν ἑπτὰ ἔτη [μείνας], ἀφαιρεθεὶς τὴν οὐσίαν καὶ τὸν ἀδελφὸν Πολέμαρχον· αὐτὸς δὲ διαδρὰς ἐκ τῆς οἰκίας ἀμφιθύρου οὔσης, ἐν ᾗ ἐφυλάσσετο ὡς ἀπολούμενος, διῆγεν ἐν Μεγάροις. (7) Ἐπιθεμένων δὲ τῶν ἀπὸ Φυλῆς τῇ καθόδῳ, ἐπεὶ χρησιμώτατος ἁπάντων ὤφθη, χρήματά τε παρασχὼν δραχμὰς δισχιλίας καὶ ἀσπίδας διακοσίας, πεμφθείς τε σὺν Ἑρμᾶνι ἐπικούρους ἐμισθώσατο τριακοσίους, δύο τε ἔπεισε τάλαντα δοῦναι Θρασύλαιον τὸν Ἠλεῖον, ξένον αὐτῷ γεγονότα. (8) Ἐφ᾽ οἷς γράψαντος αὐτῷ Θρασυβούλου πολιτείαν μετὰ τὴν κάθοδον ἐπ᾽ ἀναρχίας τῆς πρὸ Εὐκλείδου, ὁ μὲν δῆμος ἐκύρωσε τὴν δωρεάν, ἀπενεγκαμένου δ᾽ Ἀρχίνου γραφὴν παρανόμων διὰ τὸ ἀπροβούλευτον εἰσαχθῆναι, * ἑάλω τὸ ψήφισμα· (9) καὶ οὕτως ἀπελαθεὶς τῆς πολιτείας, τὸν λοιπὸν ᾤκησε χρόνον ἰσοτελὴς ὤν, καὶ ἐτελεύτησεν αὐτόθι ὀγδοήκοντα τρία ἔτη βιοὺς, ἢ, ὥς τινες, ἓξ καὶ ἑβδομήκοντα, ἢ, ὥς τινες, ὑπὲρ ὀγδοήκοντα, ἰδὼν Δημοσθένη μειράκιον ὄντα. Γεννηθῆναι δὲ φασὶν ἐπὶ Φιλοκλέους ἄρχοντος. (10) Φέρονται δ᾽ αὐτοῦ λόγοι τετρακόσιοι εἰκοσιπέντε· τούτων γνησίους φασὶν οἱ περὶ Διονύσιον καὶ Καικίλιον εἶναι διακοσίους τριάκοντα [καὶ τρεῖς], ἐν οἷς δὶς μόνον ἡττῆσθαι λέγεται. (11) Ἔστι δ᾽ αὐτοῦ καὶ ὁ ὑπὲρ τοῦ ψηφίσματος [ὃ] ἐγράψατο Ἀρχῖνος, τὴν πολιτείαν αὐτοῦ

III. LYSIAS.

1. Lysias Cephali filius, Lysaniæ nepos, Cephali pronepos fuit : patris quidem Syracusani domo, sed qui Athenas commigrasset, quum urbis desiderio ejus adactus, tum Periclis Xanthippi filii suasionibus obtemperans, quo amico atque hospite utebatur, homo prædives : alii expulsum Syracusis eum fuisse aiunt, quum eam urbem Gelo tyrannus teneret. (2) Natus est Lysias Athenis, Philocle archonte qui Phrasicli successit, anno secundo olympiadis octogesimæ. Initio inter nobilissimos Atheniensium instituebatur. (3) Quum autem civitas coloniam ad Sybarin mitteret, cui postea Thuriorum nomen factum fuit, eo una profectus est cum fratrum natu maximo, qui nominabatur Polemarchus (habuit etiam alios duos fratres, Eudidum [Euthydemum] et Brachyllum), mortuo jam patre, ut in partem sortis veniret. Actum hoc anno ætatis ejus quinto supra decimum, archonte Praxitele. Ibi ergo mansit, et formandum se Tisiæ atque Niciæ Syracusanis præbuit : domoque parta, et hereditate sua potitus, rempublicam gessit usque ad id tempus, quo archon erat Athenis Clearchus [Cleocritus], per *triginta* tres annos. (4) Proximo anno, Callia archonte, olympiade nonagesima et secunda, quum in Sicilia cladem accepissent Athenienses, commotique essent et alii socii, et præcipue qui Italiam incolebant, culpatus quod Atticis rebus faveret, cum aliis trecentis ejectus est; (5) venitque Athenas Callia post Cleocritum archonte, quum jam Quadringenti viri urbi imperarent, ibique commoratus est. (6) Pugna porro apud Ægospotamos facta, quum Triginta tyranni urbem occupassent, et ipse jam septem annos Athenis degisset, relegatus, bonis suis multatus est, amisso fratre Polemarcho : ipse per posticum domus, in qua asservabatur ad supplicium, elapsus Megaram venit, ibique interea degit. (7) Quum autem cives a Phyla reditum molirentur, maximo omnium usui ipse fuit ; nam et duo millia drachmarum suppeditavit, et scuta ducenta, et cum Hermane missus trecentos milites mercede conduxit, ac Thrasylæo Eleo hospiti suo persuasit ut duo talenta conferret. (8) Thrasybulus idcirco ei post reditum decrevit civitatem, in magistratuum vacatione ante Euclidem. Quod donum quum ratum esse jussisset populus, Archino id contra leges factum referente ad judices, quia sine auctoritate senatus scitum fuisset, rescissum est. (9) Ita repulsus a publico munere Lysias privatus reliquam ætatem exegit inter eos inquilinos, qui quasi cives habebantur ; mortuusque est Athenis, annos natus tres et octoginta, aut, ut alii volunt, sex et septuaginta : alii annos vixisse ultra octoginta aiunt, ab eoque Demosthenem adolescentulum visum fuisse. Natus perhibetur archonte Philocle. (10) Orationes ejus feruntur viginti et quinque supra quadringentas : de quibus germanas affirmant Dionysius et Cæcilius esse triginta (et tres) supra ducentas : quarum in duabus tantum victus dicitur. (11) Est etiam oratio ejus pro decreto, quod Archinus reprehendit, ne Lysias civitatem acciperet :

περιελὼν, καὶ κατὰ τῶν τριάκοντα ἕτερος. (12) Ἐγένετο δὲ πιθανώτατος καὶ βραχύτατος, τοῖς ἰδιώταις τοῖς πολλοῖς λόγους ἐκδούς. (13) Εἰσὶ δ' αὐτῷ καὶ Τέχναι ῥητορικαὶ πεποιημέναι, καὶ Δημηγορίαι, Ἐπιστολαί τε καὶ Ἐγκώμια, καὶ Ἐπιτάφιοι, καὶ Ἐρωτικοὶ, καὶ Σωκράτους ἀπολογία ἐστοχασμένη τῶν δικαστῶν. (14) Δοκεῖ δὲ κατὰ τὴν λέξιν εὔκολος εἶναι, δυσμίμητος ὤν. (15) Δημοσθένης δ' ἐν τῷ κατὰ Νεαίρας λόγῳ ἐραστὴν αὐτόν φησι γεγονέναι Μετανείρας, ὁμοδούλου τῇ Νεαίρᾳ· ὕστερον δ' ἔγημε Βραχύλλου τοῦ ἀδελφοῦ θυγατέρα. (16) Μνημονεύει δ' αὐτοῦ καὶ Πλάτων ἐν τῷ Φαίδρῳ ὡς δεινοτάτου εἰπεῖν καὶ Ἰσοκράτους πρεσβυτέρου. (17) Ἐποίησε δὲ καὶ εἰς αὐτὸν ἐπίγραμμα Φιλίσκος, ὁ Ἰσοκράτους μὲν γνώριμος, ἑταῖρος δὲ Λυσίου, δι' οὗ φανερὸν ὡς προέλαβε τοῖς ἔτεσιν, [ὃ] καὶ ἐκ τῶν ὑπὸ Πλάτωνος εἰρημένων ἀποδείκνυται· (18) ἔχει δὲ οὕτως·

[Νῦν] ὦ Καλλιόπης θύγατερ, πολυηγόρε Φρόντι,
　δείξεις εἴ τι φρονεῖς καί τι περισσὸν ἔχεις·
τὸν γὰρ ἐς ἄλλο σχῆμα μεθαρμοσθέντα καὶ ἄλλοις
　ἐν κόσμοισι βίου σῶμα λαβόνθ' ἕτερον,
δεῖ σ' ἀρετῆς κήρυκα τεκεῖν τινα Λυσίᾳ ὕμνον,
　δόντα καταφθιμένων καὶ σοφῷ ἀθάνατον·
ὃς τό τ' ἐμῆς ψυχῆς δεῖξαι φιλέταιρον ἅπασι,
　καὶ τὴν τοῦ φθιμένου πᾶσι βροτοῖς ἀρετήν.

(19) Συνέγραψε δὲ λόγῳ καὶ Ἰφικράτει, τὸν μὲν πρὸς Ἁρμόδιον, τὸν δὲ, προδοσίας κρίνοντι Τιμόθεον· καὶ ἀμφοτέρους ἐνίκα· ἀναδεξαμένου δ' Ἰφικράτους τὰς [τοῦ] Τιμοθέου πράξεις, ταῖς εὐθύναις ἀναλαβὼν τὴν τῆς προδοσίας αἰτίαν, ἀπολογεῖται διὰ τοῦ Λυσίου λόγου· καὶ αὐτὸς μὲν ἀπελύθη, ὁ δὲ Τιμόθεος ἐζημιώθη πλείστοις χρήμασιν. (20) Ἀνέγνω δὲ καὶ ἐν τῇ Ὀλυμπιακῇ πανηγύρει λόγον μέγιστον, διαλλαγέντας τοὺς Ἕλληνας καταλῦσαι Διονύσιον.

Δ΄. ΙΣΟΚΡΑΤΗΣ.

1. Ἰσοκράτης Θεοδώρου μὲν ἦν παῖς τοῦ Ἐρχιέως, τῶν μετρίων πολιτῶν, θεράποντας αὐλοποιοὺς κεκτημένου, καὶ εὐπορήσαντος ἀπὸ τούτων, ὡς καὶ χορηγῆσαι καὶ παιδεῦσαι τοὺς υἱούς· ἦσαν γὰρ αὐτῷ καὶ ἄλλοι, Τελέσιππος καὶ Διόμνηστος· ἦν δὲ καὶ θυγάτριον· ὅθεν εἰς τοὺς αὐλοὺς κεκωμῴδηται ὑπ' Ἀριστοφάνους καὶ Στράττιδος. (2) Γενόμενος δὲ κατὰ τὴν ὀγδοηκοστὴν ἕκτην ὀλυμπιάδα Λυσιμάχου [ἄρχοντος, νεώτερος] μὲν Λυσίου δυσὶ καὶ εἴκοσιν ἔτεσι, πρεσβύτερος δὲ Πλάτωνος ἑπτὰ, παῖς μὲν ὢν ἐπαιδεύετο οὐδενὸς ἧττον Ἀθηναίων, ἀκροώμενος Προδίκου τε τοῦ Κείου, καὶ Γοργίου τοῦ Λεοντίνου, καὶ Τισίου τοῦ Συρακουσίου, καὶ Θηραμένους τοῦ ῥήτορος· (3) οὗ καὶ συλλαμβανομένου ὑπὸ τῶν τριάκοντα, καὶ φυγόντος ἐπὶ τὴν Βουλαίαν Ἑστίαν, ἁπάντων καταπεπληγμένων, μόνος ἀνέστη βοηθήσων, καὶ πολὺν χρόνον ἐσίγησε κατ' ἀρ-

---

et alia adversus Triginta tyrannos. (12) Vim ad persuadendum habuit maximam, summaque est usus brevitate. Orationes privatis hominibus vulgo dedit. (13) Sunt etiam ejus Præcepta artis oratoriæ, et Conciones, atque Epistolæ, Laudationes, Funebres orationes, et Amatoriæ : item Defensio Socratis, ingeniis judicum accommodata. (14) Videtur dictio ejus facilis esse, quanquam est imitatu difficilis. (15) Demosthenes in oratione contra Neæram ait eum amatorem fuisse Metaniræ, quæ Neæræ fuerit conserva : post autem duxit filiam Brachylli fratris sui. (16) Plato in Phædro mentionem ejus facit, ut summa vi dicendi præditi, et qui ætate Isocratem anteiverit. (17) Philiscus ipsius socius, et Isocratis auditor, carmen composuit de eo : unde idem potest cognosci quod ex Platone diximus, antiquiorem esse Isocrate. (18) Ejus sententia hæc est :

Filia Calliopes, Phrontis diserta, age monstra
　quid subtile tibi, quidve siet sapiens.
Namque aliam nactum formam, mundique in alius
　diverso latebris corpore conspicuum
Lysida virtutis laude exornabis et hymno,
　cujus apud manes gloria sit celebris :
qui nostræ ardorem demonstret mentis amicæ
　virtutemque viri post obitum celebret.

(19) Conscripsit etiam orationes duas Iphicrati, quarum altera est in Harmodium, altera qua proditionis accusaret Timotheum : vicit ambabus. Quum autem postea Timothei actiones in se recepisset Iphicrates, et in rationibus reddendis proditionis crimini se implicaret, oratione usus est ad sui defensionem a Lysia conscripta, estque absolutus, Timotheus vero maxima multatus pecunia. (20) Recitavit etiam in solenni Olympico conventu longissimam orationem, in qua ostendit Græcos hoc maximum facturos, si inter se instaurata gratia Dionysium dejiciant.

IV. ISOCRATES.

1. Isocrates Theodori filius fuit Erchiensis, unius de mediocribus civibus, et qui famulos haberet qui tibias conficerent, atque inde tantum rei faceret, ut et choro sumtus suppeditaret, et filios liberaliter institueret : nam præter Isocratem etiam alios habuit, Telesippum ac Diomnestum ; præterea filiolam : itaque tibiarum gratia eum traduxere Aristophanes atque Strattis comici. (2) Natus est sub sextam et octogesimam olympiadem, archonte Lysimacho, Lysia posterior annis viginti et duobus, Platone prior annis septem. Puer institutus est ita ingenue, ut quisquam alius Atheniensium ; audivitque Prodicum Ceum, Gorgiam Leontinum, Tisiam Syracusanum, Theramenem rhetorem. (3) Huic, quum Triginta tyranni eum comprehendi jussissent, et ad aram Curiæ ille confugisset, consternatis omnibus, solus Isocrates surrexit opitulaturus : et aliquamdiu initio tacuit ;

γὰς, ἔπειτα ὑπ' αὐτοῦ παρῃτήθη, * εἰπόντος ὀδυνηρό-
τερον αὐτῷ συμβήσεσθαι, εἴ τις τῶν φίλων ἀπολαύσει
τῆς συμφορᾶς· καὶ ἐκείνου τινὰς οὔσας τέχνας αὐτῷ
φασὶ συμπραγματεύσασθαι, ἡνίκα ἐν τοῖς δικαστηρίοις
5 ἐσυκοφαντεῖτο, αἵ εἰσιν ἐπιγεγραμμέναι Βότωνος. (4)
Ἐπεὶ δ' ἠνδρώθη, τῶν μὲν πολιτικῶν πραγμάτων ἀπέσχετο, ἰσχνόφωνός τ' ὢν καὶ εὐλαβὴς τὸν τρόπον, καὶ
τὰ πατρῷα ἀποβεβληκὼς ἐν τῷ πρὸς Λακεδαιμονίους
πολέμῳ· ἄλλοις δὲ μεμελετηκὼς φαίνεται, ἕνα δὲ μό-
10 νον εἰπὼν λόγον, τὸν περὶ τῆς ἀντιδόσεως. (5) Διατριβὴν δὲ συστησάμενος, ἐπὶ τὸ φιλοσοφεῖν καὶ γράφειν [ἃ] διανοηθείη ἐτράπετο, καὶ τόν τε πανηγυρικὸν
λόγον, καί τινας ἄλλους τῶν συμβουλευτικῶν, οὓς μὲν
αὐτὸς γράφων ἀνεγίνωσκεν, οὓς δὲ ἑτέροις παρεσκεύαζεν,
15 ἡγούμενος οὕτως ἐπὶ τὸ τὰ δέοντα φρονεῖν τοὺς Ἕλληνας προτρέψασθαι. (6) Διαμαρτάνων δὲ τῆς προαιρέσεως, τούτων μὲν ἀπέστη, σχολῆς δὲ ἡγεῖτο, ὥς τινές
φασι, πρῶτον ἐπὶ Χίου, μαθητὰς ἔχων ἐννέα· ὅτε καὶ
ἰδὼν τὸν μισθὸν ἀριθμούμενον, εἶπε δακρύσας ὡς
20 Ἐπέγνων ἐμαυτὸν νῦν τούτοις πεπραμένον. (7) Ὡμίλει
δὲ τοῖς βουλομένοις, χωρίσας πρῶτος τοὺς ἐριστικοὺς
λόγους τῶν πολιτικῶν, περὶ οὓς ἐσπούδασε. (8) Καὶ
ἀρχὰς δὲ καὶ περὶ τὴν Χίον κατέστησε καὶ τὴν αὐτὴν
τῇ πατρίδι πολιτείαν· ἀργύριόν τε ὅσον οὐδεὶς σοφιστῶν
25 εὐπόρησεν, ὡς καὶ τριηραρχῆσαι. (9) Ἀκροαταὶ δ'
αὐτοῦ ἐγένοντο εἰς ἑκατόν, ἄλλοι τε πολλοί, καὶ Τιμόθεος ὁ Κόνωνος, σὺν ᾧ καὶ πολλὰς πόλεις ἐπῆλθε,
συντιθεὶς τὰς πρὸς Ἀθηναίους ὑπὸ Τιμοθέου πεμπομέ-
νας ἐπιστολάς· ὅθεν ἐδωρήσατο αὐτῷ τάλαντον τῶν ἀπὸ
30 Σάμου περιγενομένων. (10) Ἐμαθήτευσε δ' αὐτῷ καὶ
Θεόπομπος ὁ Χῖος, καὶ Ἔφορος ὁ Κυμαῖος, καὶ Ἀσκληπιάδης ὁ τὰ τραγῳδούμενα συγγράψας, καὶ Θεοδέκτης
ὁ Φασηλίτης, ὁ τὰς τραγῳδίας ὕστερον γράψας, οὗ
ἐστὶ τὸ μνῆμα ἐπὶ τὴν Κυαμῖτιν πορευομένοις κατὰ
35 τὴν ἱερὰν ὁδὸν τὴν ἐπ' Ἐλευσῖνα, τὰ νῦν κατερηρειμ-
μένον· ἔνθα καὶ τοὺς ἐνδόξους τῶν ποιητῶν ἀνέστησε
σὺν αὐτῷ, ὧν Ὅμηρος ὁ ποιητὴς σώζεται μόνος· (11)
Λεώδαμός τ' Ἀθηναῖος, καὶ Λάκριτος ὁ νομοθέτης
Ἀθηναίοις· ὡς δέ τινές φασι, καὶ Ὑπερείδης, καὶ
40 Ἰσαῖος. (12) Καὶ Δημοσθένη δὲ ἔτι ῥητορεύοντι φασὶ
μετὰ σπουδῆς προσελθεῖν αὐτῷ, καὶ χιλίας μὲν, ἃς
(μόνας) εἰσεπράττετο, οὐκ ἔχειν φάναι παρασχεῖν, διακοσίας δὲ [μόνας] δώσειν, ἐφ' ᾧ τε τὸ πέμπτον μέρος ἐκ-
μάθοι· (13) τὸν δ' ἀποκρίνασθαι ὡς Οὐ τεμαχίζομεν,
45 ὦ Δημόσθενες, τὴν πραγματείαν· ὥσπερ δὲ τοὺς καλοὺς
ἰχθῦς ὅλους πωλοῦμεν, οὕτω κἀγώ σοι, εἰ βούλοιο μα-
θητεύειν, ὁλόκληρον ἀποδώσομαι τὴν τέχνην. (14)
Ἐτελεύτα δὲ ἐπὶ Χαιρώνδου ἄρχοντος, ἀπαγγελθέντων
τῶν περὶ Χαιρώνειαν ἐν τῇ Ἱπποκράτους παλαίστρᾳ
50 πυθόμενος, ἐξαγαγὼν αὐτὸν τοῦ βίου τετράσιν ἡμέραις
διὰ τοῦ σιτίων ἀποσχέσθαι, προειπὼν τρεῖς ἀρχὰς δραμάτων Εὐριπίδου·

Δαναὸς ὁ πεντήκοντα θυγατέρων πατήρ·
Πέλοψ ὁ Ταντάλειος εἰς Πῖσαν μολών·

deinde ipse cum dehortatus est Theramenes, quod diceret auctum sibi iri dolorem, si suae calamitatis amicorum aliquis fieret particeps. Sed et praecepta artis quaedam a Theramene facta hunc ferunt usurpasse, quum in judicio impeteretur calumniis : quae praecepta inscribuntur Botoni [*Cothurnus?*] (4) Postquam virilem aetatem attigit Isocrates, civilibus abstinuit rebus : quod et gracili esset voce, et ingenio timido, et paterna bona bello contra Lacedaemonios perdidisset. Apparet autem aliis eum orationes composuisse, unicam ipsum dixisse, illam quae est de Permutatione. (5) Quum scholam instituisset, animum ad philosophandum ac scribendum quae meditatus esset applicuit : scripsitque orationem Panegyricam, et alias quasdam quae in consulendo versantur, quas partim ipse recitavit a se scriptas, partim aliis declamandas dedit, opinans ita se Graecos ad curam rerum necessariarum suscipiendam excitaturum. (6) Sed conatu eo ad irritum cadente, omisso hoc instituto, ludo praefuit, ut quidem narrant, in Chio primum, novem discipulorum : quum quidem ferunt eum, ut numerari mercedem vidit, flentem dixisse, *Nunc intelligo me his esse venditum.* (7) Ad sui consuetudinem omnes admisit, qui uti ea vellent. Primus contentiosas orationes a civilibus, quibus operam dabat, segregavit. (8) Quin et magistratus in Chio constituit, et similem Atheniensis formam reipublicae. Argenti quantum nemo alius sophistarum confecit : ita quidem, ut etiam triremes suo sumtu instrueret. (9) Auditores ejus fuerunt ad centum numero, inter quos et alii multi, et Timotheus Cononis filius, cum quo multas obivit urbes, epistolas componens eas, quas Timotheus ad Athenienses misit : qui eam ob rem talento ex iis quae a Samo erat adeptus ipsum donavit. (10) Discipuli Isocratis fuerunt etiam Theopompus Chius, Ephorus Cumaeus, Asclepiades qui tragoediarum argumenta conscripsit, et Theodectes Phaselita, qui postmodo tragoedias scripsit, et cujus monumentum est ad Cyamitidem euntibus via sacra quae Eleusinem ducit, nunc quidem destructum : ibi etiam cum sua, statuas nobilium poetarum excitavit, de quibus solius Homeri superest : (11) praeterea Leodamas Atheniensis, et Lacritus, *et Eunomus, et Lysithides, Athenienses.* Sunt qui Hyperiden et Isaeum addant. (12) Sed et Demosthenem studiose aiunt se ei etiamnum docenti artem adjunxisse, et quia mille drachmas (tanti is docebat) solvendo non esset, ducenas modo obtulisse, ut quintam partem disceret : (13) ac respondisse Isocratem : *At vero nos, o Demosthenes, non in frusta tribuimus artem, sed eorum more qui bonos pisces totos vendunt agimus ; tibi, si discere est animus, totam tradituri artem.* (14) Mortuus est Chaeronda archonte, quum in Hippocratis palaestra nuncium de Chaeronensi clade accepisset : nam quatriduana inedia se ipsum e vita eduxit, praefatus tria initia Euripidearum fabularum :

Danaus natarum quinquies decem pater,
Pisas petens prognatus Tantalo Pelops;

Σιδώνιόν ποτ' ἄστυ Κάδμος ἐκλιπών·

δκτὼ καὶ ἐνενήκοντα ἔτη βιοὺς, ἢ, ὥς τινες, ἑκατὸν, οὐχ ὑπομείνας τετράκις ἰδεῖν τὴν Ἑλλάδα καταδουλουμένην· πρὸ ἐνιαυτοῦ, ἢ, ὥς τινες, πρὸ τεσσάρων ἐτῶν τῆς τελευτῆς συγγράψας τὸν Παναθηναϊκόν. (15) Τὸν δὲ Πανηγυρικὸν ἔτεσι δέκα συνέθηκεν, οἱ δὲ δεκαπέντε λέγουσιν, ὃν μετενηνοχέναι ἐκ τοῦ Γοργίου τοῦ Λεοντίνου καὶ Λυσίου· τὸν δὲ περὶ τῆς ἀντιδόσεως, δύο καὶ ὀγδοήκοντα ἔτη γεγονώς· τοὺς δὲ πρὸς Φίλιππον, ὀλίγῳ πρότερον τοῦ θανάτου. (16) * Ἐγένετο δ' αὐτῷ καὶ παῖς Ἀφαρεὺς πρεσβύτῃ ὄντι ἐκ Πλαθάνης τῆς Ἱππίου τοῦ ῥήτορος ποιητός, τῶν δὲ τῆς γυναικὸς τριῶν παίδων ὁ νεώτατος. (17) Εὐπόρησεν ἱκανῶς, οὐ μόνον ἀργύριον εἰσπράττων τοὺς γνωρίμους, ἀλλὰ καὶ τὰ παρὰ Νικοκλέους τοῦ Κυπρίων βασιλέως, ὃς ἦν υἱὸς Εὐαγόρου, εἴκοσι τάλαντα λαβὼν ὑπὲρ τοῦ πρὸς αὐτὸν γραφέντος λόγου· (18) ἐφ' οἷς φθονηθεὶς τρὶς προεβλήθη τριήρ ** καὶ (τὸ) δὶς μὲν ἀσθένειαν σκηψάμενος, διὰ τοῦ παιδὸς παρῃτήσατο, τὸ δὲ τρίτον ὑποστάς, ἀνήλωσεν οὐκ ὀλίγα. (19) Πρὸς δὲ τὸν εἰπόντα πατέρα, ὡς οὐδὲν ἀλλ' ἢ ἀνδράποδον συνέπεμψε τῷ παιδίῳ, Τοιγαροῦν, ἔφη, ἄπιθι· δύο γὰρ ἀνθ' ἑνὸς ἕξεις ἀνδράποδα. (20) Ἠγωνίσατο δὲ καὶ τὸν ἐπὶ Μαυσώλῳ τεθέντα ὑπ' Ἀρτεμισίας ἀγῶνα· τὸ δ' ἐγκώμιον οὐ σώζεται. (21) Ἐποίησε δὲ καὶ εἰς Ἑλένην ἐγκώμιον, καὶ Ἀρεοπαγιτικόν. (22) Ἐξελθεῖν δὲ τοῦ βίου οἱ μὲν ἐναταῖόν φασι σίτων ἀποσχόμενον, οἱ δὲ τεταρταῖον, ἅμα ταῖς ταφαῖς τῶν ἐν Χαιρωνείᾳ πεσόντων. (23) Συνέγραψε δ' αὐτοῦ καὶ ὁ παῖς Ἀφαρεὺς λόγους. (24) Ἐτάφη δὲ μετὰ τῆς συγγενείας, πλησίον Κυνοσάργους ἐπὶ τοῦ λόφου [ἐν] ἀριστερᾷ, αὐτός τε, καὶ ὁ πατὴρ αὐτοῦ, Θεόδωρος, καὶ ἡ μήτηρ αὐτοῦ· ταύτης τ' ἀδελφή, τηθὶς τοῦ ῥήτορος, Ἀνακώ, καὶ ὁ ποιητὸς υἱὸς Ἀφαρεύς, καὶ ὁ ἀνεψιὸς αὐτοῦ Σωκράτης, μητρὸς Ἰσοκράτους ἀδελφῆς Ἀνακοῦς υἱὸς ὤν, ὅ τ' ἀδελφὸς αὐτοῦ ὁμώνυμος τοῦ πατρὸς Θεόδωρος, καὶ οἱ υἱωνοὶ [αὐτοῦ,] τοῦ ποιηθέντος αὐτῷ παιδὸς Ἀφαρέως. (Ἀφαρεὺς ** καὶ ὁ τούτου πατὴρ Θεόδωρος, ἥ τε γυνὴ Πλαθάνη, μήτηρ δὲ τοῦ ποιητοῦ Ἀφαρέως.) (25) Ἐπὶ μὲν οὖν τούτων τράπεζαι ἐπῆσαν ἕξ, αἳ νῦν οὐ σώζονται· αὐτῷ δ' Ἰσοκράτει ἐπὶ τοῦ μνήματος ἐπῆν κιὼν τριάκοντα πηχῶν, ἐφ' οὗ σειρὴν πηχῶν ἑπτὰ συμβολικῶς, ὃς νῦν οὐ σώζεται. (26) Ἦν δὲ καὶ αὐτοῦ τράπεζα πλησίον, ἔχουσα ποιητάς τε καὶ τοὺς διδασκάλους αὐτοῦ, ἐν οἷς καὶ Γοργίαν εἰς σφαῖραν ἀστρολογικὴν βλέποντα, αὐτόν τε τὸν Ἰσοκράτην παρεστῶτα. (27) Ἀνάκειται δ' αὐτοῦ καὶ ἐν Ἐλευσῖνι εἰκὼν χαλκῆ, ἔμπροσθεν τοῦ προστῴου, ὑπὸ Τιμοθέου τοῦ Κόνωνος, καὶ ἐπιγέγραπται·

> Τιμόθεος φιλίας τε χάριν, ξύνεσίν τε προτιμῶν
> Ἰσοκράτους εἰκὼ τήνδ' ἀνέθηκε θεαῖς·

Λεωχάρους ἔργον. (28) Φέρονται δ' αὐτοῦ λόγοι ἑξήκοντα, ὧν εἰσι γνήσιοι κατὰ μὲν Διονύσιον εἰκοσιπέντε, κατὰ δὲ Καικίλιον εἰκοσιοκτώ, οἱ δὲ ἄλλοι κατεψευ-

---

Cadmus reliquit olim urbem Sidoniam :

postquam vixerat annos octo supra nonaginta, aut, ut alii tradunt, centum, non sustinens videre Græciam quartum in servitutem redactam. Anno (sunt qui quattuor annos dicant) ante mortem, Panathenaicam scripserat orationem : (15) Panegyricam annis decem, aut, si aliis credendum sit, quindecim composuit, quam e Gorgiæ Leontini et Lysiæ scriptis fertur transtulisse : eam quæ est de Permutatione, annos natus duos supra octoginta scripsit; orationes ad Philippum, paullo ante obitum. (16) Jam senex Plathanes, quam Hippiæ oratoris ante uxorem duxerat, filium de tribus natu minimum Aphareum adoptavit. (17) Satis dives fuit: quod non tantum mercedem a discipulis exigeret, sed etiam a Nicocle Cypriorum rege, Evagoræ filio, viginti talenta pro oratione ad ipsum scripta accepisset. (18) Inde invidiæ obnoxius, ter delectus est ad instruendam triremem : quod quum valetudine adversa præscripta bis per filium excusasset, tertio rem suscepit, sumtusque fecit haud exiguos. (19) Patri, qui diceret se filio neminem excepto uno mancipio adjunxisse, *Abi ergo*, inquit, *habiturus loco unius duo mancipia.* (20) Obivit etiam certamen in honorem Mausoli ab Artemisia institutum : sed ea laudatio periit. (21) Fecit et Helenæ laudationem, et Areopagiticum. (22) Vita excessisse aiunt alii quum novem, alii quum quattuor diebus cibo abstinuisset; ut obitus ejus inciderit in exsequias eorum qui ad Chæroneam oppetierant. (23) Orationes conscripsit etiam filius ejus Aphareus. (24) Sepultus est cum gentilibus suis prope Cynosarges ad lævam in tumulo : ibi enim conditi sunt Isocrates ipse, et pater ejus Theodorus, et mater ejus [Hedyto], hujusque soror Anaco, matertera oratoris, et adoptivus ejus filius Aphareus, et Socrates matruelis, Anacûs materteræ oratoris filius, et Isocratis frater idem cum patre Theodoro nomen gerens, et nepotes Isocratis ex Aphareo adoptivo ejus filio nati. [Aphareus, ** ejusque pater Theodorus et uxor Plathane, mater Apharei adoptati.] (25) Horum monumentis impositæ erant mensæ sex, quæ hodie perierunt. In ipsius autem Isocratis cippo posita fuit columna cubitorum triginta, eique incubuit Siren cubitorum septem : quod indicium fuit ipsius eloquentiæ : neque exstat amplius. (26) Fuit etiam prope mensa, habens poetas et magistros ejus, interque eos Gorgiam, qui in globum cœlestem intueretur, astante Isocrate. (27) Eleusine etiam statua ei ærea dedicata est a Timotheo Cononis filio, ante vestibulum porticus, cum hac inscriptione :

> Dedicat Isocratis statuam sacratque deabus
> doctrinæ et studii nomine Timotheus.

Opus Leocharis. (28) Orationes ipsius feruntur sexaginta : de quibus germanæ sunt, si Dionysium sequimur, quinque et viginti; si Cæcilium, octo et viginti : reliquæ

σμένοι. (29) Εἶχε δ' ἀλλοτρίως πρὸς ἐπίδειξιν· ὡς ἀφικομένων ποτὲ πρὸς αὐτὸν τριῶν ἐπὶ τὴν ἀκρόασιν, τοὺς μὲν δύο κατασχεῖν, τὸν δὲ τρίτον ἀπολῦσαι, φάμενος εἰς τὴν ἐπιοῦσαν ἥξειν· νῦν γὰρ αὐτῷ τὸ θέατρον εἶναι ἐν ἀκροατηρίῳ. (30) Εἰώθει δὲ καὶ πρὸς τοὺς γνωρίμους αὐτοῦ λέγειν, ὡς αὐτὸς μὲν δέκα μνῶν διδάσκοι, τῷ δ' αὐτὸν διδάξαντι τόλμαν καὶ εὐφωνίαν δώσειν δεκακισχιλίας. (31) Καὶ πρὸς τὸν ἐρόμενον, διότι οὐκ ὢν αὐτὸς ἱκανός, ἄλλους ποιεῖ, εἶπεν, ὅτι καὶ αἱ ἀκόναι αὐταὶ μὲν τεμεῖν οὐ δύνανται, τὸν δὲ σίδηρον τμητικὸν ποιοῦσιν. (32) Εἰσὶ δ' οἳ καὶ τέχνας αὐτὸν λέγουσι συγγεγραφέναι· οἱ δ' οὐ μεθόδῳ, ἀλλ' ἀσκήσει χρήσασθαι. (33) Πολίτην δ' οὐδέποτ' εἰσέπραξε μισθόν. (34) Προσέταττε δὲ τοῖς γνωρίμοις εἰς τὰς ἐκκλησίας ἀπαντῶσιν, ἀναφέρειν αὐτῷ τὰ εἰρημένα. (35) Ἐλυπήθη δὲ καὶ οὐ μετρίως ἐπὶ τῷ Σωκράτους θανάτῳ, καὶ μελανειμονῶν τῇ ὑστεραίᾳ προῆλθε. (36) Πάλιν δ' ἐρομένου τινὸς αὐτόν, τί ῥητορική, εἶπε· Τὰ μὲν μικρὰ μεγάλα, τὰ δὲ μεγάλα μικρὰ ποιεῖν. (37) Ἑστιώμενος δέ ποτε παρὰ Νικοκρέοντι τῷ Κύπρου τυράννῳ, προτρεπομένων αὐτὸν τῶν παρόντων διαλεχθῆναι, ἔφη· Οἷς μὲν ἐγὼ δεινός, οὐχ ὁ νῦν καιρός, οἷς δὲ ὁ νῦν καιρός, οὐκ ἐγὼ δεινός. (38) Σοφοκλέα δὲ τὸν τραγικὸν θεασάμενος ἑπόμενον ἐρωτικῶς παιδί, εἶπεν· Οὐ μόνον δεῖ,* Σοφόκλεις, τὰς χεῖρας ἔχειν παρ' αὑτῷ, ἀλλὰ καὶ τοὺς ὀφθαλμούς. (39) Τοῦ δὲ Κυμαίου Ἐφόρου ἀπράκτου τῆς σχολῆς ἐξελθόντος, καὶ πάλιν ὑπὸ τοῦ πατρὸς Δημοφίλου πεμφθέντος ἐπὶ δευτέρῳ μισθῷ, παίζων Δίφορον αὐτὸν ἐκάλει· ἐσπούδασε μέντοι ἱκανῶς περὶ τὸν ἄνδρα, καὶ τὴν ὑπόθεσιν τῆς χρείας αὐτὸς ὑπεθήκατο. (40) Ἐγένετο δὲ καὶ πρὸς τὰ ἀφροδίσια καταφερής, ὡς ὑποπάστῳ παρειλκυσμένῳ ἐν τῇ κοίτῃ χρῆσθαι, κρόκῳ διάβροχον ἔχοντα τὸ προσκεφάλαιον· καὶ νέον μὲν ὄντα μὴ γῆμαι, γηράσαντα δὲ ἑταίρᾳ συνεῖναι, ᾗ ὄνομα ἦν Λαγίσκη, ἐξ ἧς ἔσχε θυγάτριον, ὃ γενόμενον ἐτῶν δώδεκα, πρὸ γάμων ἐτελεύτησεν. (41) Ἔπειτα Πλαθάνην τὴν Ἱππίου τοῦ ῥήτορος γυναῖκα, ἠγάγετο, τρεῖς παῖδας ἔχουσαν, ὧν τὸν Ἀφαρέα, ὡς προείρηται, ἐποιήσατο, ὃς καὶ εἰκόνα αὐτοῦ χαλκῆν ἀνέθηκε πρὸς τῷ Ὀλυμπιείῳ, ὡς ἐπὶ κίονος καὶ ἐπέγραψεν·

Ἰσοκράτους Ἀφαρεὺς πατρὸς εἰκόνα τήνδ' ἀνέθηκε
Ζηνί, θεούς τε σέβων καὶ γονέων ἀρετήν.

(42) Λέγεται δὲ καὶ κερητίσαι ἔτι παῖς ὤν· ἀνάκειται γὰρ ἐν ἀκροπόλει χαλκοῦς ἐν τῇ σφαιρίστρᾳ τῶν Ἀρρηφόρων κερητίζων ἔτι παῖς ὤν, ὡς εἶπόν τινες. (43) Δύο δ' ἐν ἅπαντι τῷ βίῳ συνέστησαν αὐτῷ ἀγῶνες· πρότερος μὲν, εἰς ἀντίδοσιν προκαλεσαμένου αὐτὸν Μεγακλείδου, πρὸς ὃν οὐκ ἀπήντησε διὰ νόσον, τὸν δὲ υἱὸν πέμψας Ἀφαρέα ἐνίκησε· (44) δεύτερος δὲ, Λυσιμάχου αὐτὸν προκαλεσαμένου περὶ τριηραρχίας εἰς ἀντίδοσιν· ἡττηθεὶς δὲ τὴν τριηραρχίαν ὑπέστη. (45) Ἦν δ' αὐτοῦ καὶ γραπτὴ εἰκὼν ἐν τῷ Πομπείῳ.

adulterinæ. (29) Alienus fuit a declamatione publica : itaque de tribus ad ipsum audiendum aliquando venientibus, duos retinuit, tertio in posterum diem rejecto : quod diceret *sibi nunc concionem esse in auditorio.* (30) Solebat etiam discipulis suis dicere, *se docere decem minarum mercede : sed ei qui ipsum audacem ac vocalem docendo redderet, decem millia minarum daturum.* (31) Interrogatus cur quum ipse ad dicendum non satis esset instructus, alios tamen instrueret, respondit : *cotes etiam non habere facultatem secandi, habere autem vim ferri acuendi.* (32) Sunt qui eum præcepta artis oratoriæ etiam scripsisse dicant : alii non via ac ratione usum, sed sola exercitatione, tradunt. (33) A cive nunquam ullo mercedem exegit. (34) Discipulis ad concionem abeuntibus injunxit, ut quæ ibi orationes habitæ essent, eas ad se referrent. (35) Morte Socratis haud mediocrem cepit dolorem : atque adeo atratus postridie processit. (36) Interrogatus quæ vis esset rhetoricæ, respondit, *de parvis magna, de magnis parva facere.* (37) Conviva aliquando apud Nicocreontem Cypri tyrannum, quum ad disserendum ab una accumbentibus invitaretur, respondit : *De iis rebus, in quibus valeo, nunc dicere non est tempestivum; de quibus autem dicere jam est tempestivum, de iis nihil valeo eloqui.* (38) Sophoclem tragœdiæ scriptorem videns amatorie puero cuidam comitari dixit, *Non manus modo te, o Sophocles, tecum continere, sed etiam oculos oportet.* (39) Quum Ephorus Cumæus re infecta discederet e schola ipsius, denuoque a patre Demophilo mitteretur secundam mercedem afferens, joci gratia eum Diphorum (hoc est *bis ferentem*) appellavit. Magnam tamen homini impendit operam, ita sane, ut etiam argumentum ei subjecerit operis historici. (40) Pronus porro fuit in venerem, ut substrato prolixo [?] uteretur in lecto, cervical croco humectatum usurpans. Integra ætate non duxit uxorem, senex cum scorto consuevit, cui Lagiscæ nomen fuit : ex eoque filiolam suscepit, quæ anno ætatis suæ duodecimo ante nuptias diem obiit. (41) Duxit postea Plathanam, Hippiæ rhetoris uxorem, quæ tres habebat filios : quorum natu minimum Aphareum adoptavit, sicut ante diximus : isque imaginem ejus æream ad Olympicum posuit, uti etiam in columna inscripsit :

Isocratis Aphareus patris hoc posuit simulacrum,
divos atque Jovem venerans, meritosque parentes.

(42) Fertur etiamnum puer equo celere certavisse : ac tali statura celere equo vehens æreus in sphæristerio arcis quod Arrephororum dicitur (erant autem hi Minervæ sacrificuli) dedicatus fuisse a nonnullis perhibetur. (43) Duæ omnem ei per vitam lites sunt intentatæ : una, quum eum ad permutationem Megaclides provocaret, ad cujus disceptationem morbo impeditus non comparuit, sed misso filio Aphareo vicit : (44) altera, quum eum ad munus sumtuum in triremem pro republica faciendorum de bonorum permutatione postularet Lysimachus : tum quidem sumtus illos, quod cecidisset causa, in se recepit. (45) Sed et picta ejus fuit in

(46) Ὁ δ' Ἀφαρεὺς συνέγραψε μὲν λόγους, οὐ πολλοὺς δὲ, δικανικούς τε καὶ συμβουλευτικούς· ἐποίησε δὲ καὶ τραγῳδίας περὶ ἑπτὰ καὶ τριάκοντα, ὧν ἀντιλέγονται δύο. (47) Ἀρξάμενος δ' ἀπὸ Λυσιστράτου διδάσκειν, ἄχρι Σωσιγένους, ἐν ἔτεσιν εἰκοσιοκτὼ διδασκαλίας ἀστικὰς καθῆκεν ἕξ, καὶ δὶς ἐνίκησε διὰ Διονυσίου καθείς, καὶ δι' ἑτέρων ἑτέρας δύο Ληναϊκάς. (48) Τῆς δὲ μητρὸς αὐτῶν Ἰσοκράτους καὶ Θεοδώρου, καὶ τῆς ταύτης ἀδελφῆς Ἀνακοῦς εἰκόνες ἀνέκειντο ἐν ἀκροπόλει· (49) ὧν ἡ τῆς μητρὸς παρὰ τὴν Ὑγείαν νῦν κεῖται μετεπιγεγραμμένη· ἡ δὲ Ἀνακοῦς οὐ σώζεται. (50) Ἔσχε δὲ υἱούς, Ἀλέξανδρον μὲν ἐκ Κοινοῦς, Λυσικλέα δ' ἐκ Λυσίου.

Pompeo effigies. (46) Scripsit etiam Aphareus orationes, non multas quidem, tam judiciales quam deliberativas : sed tragœdias etiam ad septem et triginta scripsit ; de quarum duabus est controversia. (47) Orsus sub Lysistrato docere fabulas usque ad Sosigenem perrexit annos octo et viginti : ac sexies Urbanis Dionysiis fabulas suas in certamen dedit, unde duas retulit victorias agente Dionysio : duas ex Lenaicis Dionysiis reportavit victorias, actoribus aliis. (48) Matris, eorum, Isocratis et Theodori, et materteræ Anacûs simulacra in arce fuerunt dedicata. (49) Matris nunc juxta Salutis visitur, mutata inscriptione; Anacûs intercidit. (50) Filios habuit, Alexandrum e Cœno (?), Lysiclem ex Lysia.

Ε'. ΙΣΑΙΟΣ.

V. ISÆUS.

1. Ἰσαῖος Χαλκιδεὺς μὲν ἦν τὸ γένος, παραγενόμενος δ' εἰς Ἀθήνας, καὶ σχολάσας [Ἰσοκράτει, ἔοικε μάλιστα] Λυσίᾳ κατά τε τὴν τῶν ὀνομάτων ἁρμονίαν, καὶ τὴν ἐν τοῖς πράγμασι δεινότητα, ὥστ' εἰ μή τις ἔμπειρος πάνυ τοῦ χαρακτῆρος τῶν ἀνδρῶν εἴη, οὐκ ἂν διαγνοίη πολλοὺς τῶν λόγων ῥᾳδίως, ὁποτέρου τῶν ῥητόρων εἰσίν. (2) Ἤκμασε δὲ μετὰ τὸν Πελοποννησιακὸν πόλεμον, ὡς ἔστι τεκμήρασθαι ἐκ λόγων αὐτοῦ, καὶ μέχρι τῆς Φιλίππου ἀρχῆς παρέτεινε. (3) Καθηγήσατο δὲ Δημοσθένους, ἀποστὰς τῆς σχολῆς, ἐπὶ δραχμαῖς μυρίαις· διὸ καὶ μάλιστα ἐπιφανὴς ἐγένετο. (4) Αὐτὸς δὲ καὶ τοὺς ἐπιτροπικοὺς λόγους συνέταττε τῷ Δημοσθένει, ὥς τινες εἶπον. (5) Καταλέλοιπε δὲ λόγους ἑξήκοντα τέσσαρας, ὧν εἰσι γνήσιοι πεντήκοντα, καὶ ἰδίας τέχνας. (6) Πρῶτος δὲ καὶ σχηματίζειν ἤρξατο, καὶ τρέπειν ἐπὶ τὸ πολιτικὸν τὴν διάνοιαν· ὃ μάλιστα μεμίμηται Δημοσθένης. (7) Μνημονεύει δ' αὐτοῦ Θεόπομπος ὁ κωμικὸς ἐν τῷ Θησεῖ.

1. Isæus, Chalcidensis patria, quum se Athenas contulisset, operam dedit [Isocrati, atque adeo similis evasit] Lysiæ in vocabulorum concinnatione, et vi in causis tractandis, ut qui non apprime peritus sit generum dicendi, quod uterque sectatus pro se est, de multis orationibus judicare facile non possit utrum habeant auctorem. (2) Floruit post bellum Peloponnesiacum, ut est conjicere ex ipsius orationibus : et usque ad Philippi imperium duravit. (3) Demosthenem docuit, a schola deductus, mercede drachmarum decem millium : qua re maxime inclaruit. (4) Sunt qui eum dicant Demostheni orationes composuisse, quas habuit ille contra suos tutores. (5) Reliquit orationes quattuor et sexaginta, de quibus quinquaginta sunt germanæ; deinde Præcepta peculiaria artis oratoriæ. (6) Primus etiam figuris uti cœpit, et ad res civiles animum adjecit : quod maxime imitatus est Demosthenes. (7) Mentionem ejus facit Theopompus comœdiarum scriptor in Theseo.

ς'. ΑΙΣΧΙΝΗΣ.

VI. ÆSCHINES.

1. Αἰσχίνης Ἀτρομήτου, φυγόντος μὲν ἐπὶ τῶν τριάκοντα, συγκαταγαγόντος δὲ τὸν δῆμον, καὶ Γλαυκοθέας· τῶν δὲ δήμων Κοθωκίδης, οὔτε κατὰ γένος τῶν ἐπιφανῶν, οὔτε κατὰ περιουσίαν χρημάτων. (2) Νέος δ' ὢν καὶ ἐῤῥωμένος τῷ σώματι, περὶ τὰ γυμνάσια ἐπόνει· λαμπρόφωνος δ' ὢν, μετὰ ταῦτα τραγῳδίαν ἤσκησεν· ὡς δὲ Δημοσθένης φησὶν, ὑπογραμματεύων καὶ τριταγωνιστῶν Ἀριστοδήμῳ ἐν τοῖς Διονυσίοις διετέλει, ἀναλαμβάνων ἐπὶ σχολῆς τὰς παλαιὰς τραγῳδίας, καὶ ἔτι παῖς ὢν ἐδίδασκε γράμματα σὺν τῷ πατρί· καὶ μειράκιον ὢν ἐστρατεύετο ἐν τοῖς πολλοῖς. (3) Ἀκροατὴς δὲ γενόμενος, ὡς μέν τινες λέγουσιν, Ἰσοκράτους καὶ Πλάτωνος, ὡς δὲ Καικίλιος, Λεωδάμαντος, καὶ πολιτευόμενος οὐκ ἀφανῶς ἐκ τῆς ἐναντίας μερίδος τοῖς περὶ Δημοσθένη, ἐπρέσβευσεν ἄλλας τε

1. Æschines, Atrometi filius (ejus qui sub Triginta tyrannis in exilium pulsus reducendo Athenas populo cum aliis operam dedit) et Glaucotheæ; tribu Cothocides, neque natalibus fuit, neque opibus præstans. (2) Is adolescens quum esset robusto corpore, in gymnasiis operam suam posuit : et ob vocis claritatem, postea in tragœdiis agendis ; quodsi Demostheni credimus, Aristodemo in Bacchanalibus inservivit describendo, tertiasque partes agendo, repetens in schola veteres tragœdias. Eodem Demosthene auctore, puer etiamnum docuit literas cum patre, et adultus inter vulgares militavit. (3) Quum vero audivisset Isocratem et Platonem, ut quidam dicunt; ut Cæcilius, Leodamantem [Alcidamantem?], et in republica versatus contrariam Demosthenicæ partem non obscure gereret; quum alias multas

πρεσβείας πολλάς, καὶ πρὸς Φίλιππον ὑπὲρ τῆς εἰρή-
νης· (4) ἐφ' ᾗ κατηγορηθεὶς ὑπὸ Δημοσθένους [ὡς]
ἀνῃρημένου τοῦ Φωκέων ἔθνους, ἔτι δὲ ὡς πόλεμον
ἐξάψας, ἡνίκα πυλαγόρας ᾑρέθη Ἀμφικτύοσι πρὸς
Ἀμφισσεῖς τοὺς τὸν λιμένα ἐργαζομένους· (5) ἐξ οὗ
συνέβη τοὺς Ἀμφικτύονας Φιλίππῳ προσφυγεῖν, τὸν δὲ
ὑπὸ τοῦ Αἰσχίνου συνεργούμενον ἐπιθέσθαι τοῖς πράγμασι, καὶ τὴν Φωκίδα λαβεῖν· ἀλλὰ συνειπόντος αὐτῷ
Εὐβούλου τοῦ Σπινθάρου, Προβαλλουσίου, δημαγω-
γοῦντος, τριάκοντα ψήφοις ἀπέφυγεν. (6) Εἰσὶ δ' οἳ
φασι συγγράψαι μὲν τοὺς ῥήτορας τοὺς λόγους· ἐμποδὼν δὲ γενομένων τῶν περὶ Χαιρώνειαν, μηκέτι τὴν
δίκην εἰσελθεῖν. (7) Χρόνῳ δ' ὕστερον, Φιλίππου μὲν
τετελευτηκότος, Ἀλεξάνδρου δὲ διαβαίνοντος εἰς τὴν
Ἀσίαν, ἐγράψατο Κτησιφῶντα παρανόμων ἐπὶ ταῖς
Δημοσθένους τιμαῖς· οὗ μεταλαβὼν δὲ τὸ πέμπτον
μέρος τῶν ψήφων, ἔφυγεν εἰς τὴν Ῥόδον, χιλίας δραχμὰς ὑπὲρ τῆς ἥττης οὐ βουληθεὶς καταθέσθαι. (8)
Οἱ δ' ἀτιμίας αὐτῷ προστιμηθῆναι λέγουσιν, οὐ θέ-
λοντι ἐξελθεῖν τῆς πόλεως, καὶ ἐλθεῖν εἰς Ἔφεσον ὡς
Ἀλέξανδρον. (9) Τοῦ δὲ τελευτήσαντος, ταραχῆς οὔσης,
ἀπάρας εἰς τὴν Ῥόδον, ἐνταῦθα σχολὴν καταστησάμενος
ἐδίδασκεν. (10) Ἀνέγνω τε τοῖς Ῥοδίοις τὸν κατὰ
Κτησιφῶντος λόγον, ἐπιδεικνύμενος· θαυμαζόντων δὲ
πάντων εἰ ταῦτ' εἰπὼν ἡττήθη, Οὐκ ἄν, ἔφη, ἐθαυμά-
ζετε, Ῥόδιοι, εἰ πρὸς ταῦτα Δημοσθένους λέγοντος
ἠκούσατε. (11) Σχολήν τ' ἐκεῖ προσκατέλιπε, τὸ
Ῥοδιακὸν διδασκαλεῖον κληθέν. Ἔπειτα πλεύσας εἰς
Σάμον, καὶ διατρίβων ἐπὶ τῆς νήσου, ὀλίγον ὕστερον
ἐτελεύτησεν. (12) Ἐγένετο δ' εὔφωνος, ὡς δῆλον ἔκ
τε ὧν φησι Δημοσθένης, καὶ ἐκ τοῦ Δημοχάρους λόγου.
(13) Φέρονται δ' αὐτοῦ λόγοι τέσσαρες, ὅ τε κατὰ Τι-
μάρχου, καὶ ὁ τῆς παραπρεσβείας, καὶ ὁ κατὰ Κτησιφῶντος, οἳ καὶ μόνοι εἰσὶ γνήσιοι. (14) Ὁ γὰρ
ἐπιγραφόμενος Δηλιακὸς οὐκ ἔστιν Αἰσχίνου· ἀπεδείχθη
μὲν γὰρ ἐπὶ τὴν κρίσιν τὴν περὶ τοῦ ἱεροῦ τοῦ ἐν Δήλῳ
συσταθεὶς συνήγορος· οὐ μὴν εἶπε τὸν λόγον· ἐχειροτονήθη γὰρ Ὑπερείδης ἀντ' αὐτοῦ, ὥς φησι Δημοσθένης.
(15) Ἔσχε δὲ καὶ ἀδελφοὺς, ὥς φησιν αὐτός, Ἄφοβον
καὶ Δημοχάρη. (16) Ἀπήγγειλε δὲ καὶ τὴν ἐν Ταμύ-
ναις νίκην πρῶτος Ἀθηναίοις, ἐφ' ᾧ καὶ ἐστεφανώθη
τὸ δεύτερον. (17) Οἱ δ' εἶπον, μηδὲ μαθητεῦσαι τισὶ
τὸν Αἰσχίνην, ἀλλ' ἐκ τῆς ὑπογραμματείας ἀρθῆναι,
ἐν τοῖς δικαστηρίοις τότε διάγοντα· πρῶτον δ' εἰπεῖν
ἐν τῷ δήμῳ κατὰ Φιλίππου, εὐδοκιμήσαντά τε,
πρεσβευτὴν χειροτονηθῆναι πρὸς Ἀρκάδας· πρὸς οὓς
ἀφικόμενον, συστῆσαι τοὺς μυρίους ἐπὶ Φίλιππον.
(18) * Ἐγράψατο δὲ καὶ Τίμαρχον ἑταιρήσεως· ὁ δὲ,
ἐκλιπὼν τὸν ἀγῶνα, αὐτὸν ἀνήρτησεν, ὥς που φησὶ
Δημοσθένης. (19) Ἐχειροτονήθη δὲ πρεσβευτὴς ὡς
Φίλιππον μετὰ Κτησιφῶντος καὶ Δημοσθένους περὶ
τῆς εἰρήνης· ἐν ᾗ ἄμεινον τοῦ Δημοσθένους ἠνέχθη·
τὸ δεύτερον δέκατος ὤν, κυρώσας ὅρκοις τὴν εἰρήνην,
κριθεὶς ἀπέφυγεν, ὡς προείρηται.

legationes obivit, tum ad Philippum, de pace. (4) Ob eam
Demosthenes ei actionem intendit, Phocensium exitii causam eum, bellique inflammatorem arguens, quo tempore
ab Amphictyonibus Pylagoras seu disceptator adversum
Amphissenses delectus fuisset portum molientibus : (5)
unde factum fuerit, ut Amphictyones ad Philippum confu-
gerint, isque ab Æschine adjutus, res aggressus gerere,
Phocidem occupaverit. Verum Æschines patrocinio Eu-
buli usus, qui Spinthari filius tribu Probalisius tum ad
populum orabat, triginta suffragiis est absolutus. (6) Sunt
qui dicant fuisse quidem orationes ab oratoribus conscriptas,
sed interveniente Chæronensi clade, in judicium controversiam non esse deductam. (7) Aliquanto post, quum
Alexander, Philippo patre mortuo, in Asiam trajecisset,
Ctesiphontem Æschines contra leges commissi facinoris
accusavit, quod is Demostheni honores decrevisset. Sed
quum quintam suffragiorum partem pro se non obtinuisset,
neque mille drachmas vellet, ubi cecidisset causa, deponere, Rhodum in exsilium abiit. (8) Alii infamia ulterius
notatum aiunt, quum nollet urbe excedere : et venisse
Ephesum ad Alexandrum. (9) Quo mortuo quum turbæ
fierent, Rhodum abiit, ibique scholam aperuit, atque docebat. (10) Ibi ostentandi gratia postquam Rhodiis suam
in Ctesiphontem orationem recitavisset, universis admirantibus quod tali habita oratione succubuisset, dixit : *Non
admiraremini, si contra hæc orantem Demosthenem
audivissetis.* (11) Ac Rhodi quidem scholam reliquit,
qui ludus Rhodiacus dicitur. Navigavit deinde Samum,
paululumque in ea commoratus insula, vitam cum morte
commutavit. (12) Vocalem fuisse et ex verbis Demosthenis, et ex Democharis oratione liquet. (13) Quattuor ipsius
feruntur orationes : quarum in Timarchum, de Male obita
Legatione, contra Ctesiphontem, solæ sunt germanæ. (14)
Quæ enim Deliaca inscribitur, non est Æschinis : nam designatus quidem fuerat, ut causam de templo in Delo oraret; sed non habuit orationem, quia in locum ipsius delectus est Hyperides, ut ait Demosthenes. (15) Habuit etiam
fratres Aphobum [Aphobetum] et Democharem [Philocha-
rem], ut ipse ait. (16) Primus etiam victoriam apud Tamy-
nas partam Atheniensibus annunciavit : qua de causa etiam
est coronatus secunda vice. (17) Quidam neminis fuisse discipulum Æschinem tradunt : sed quum in judiciis scribæ
munere fungeretur, inde ad oratoriam elatum artem : primumque ipsum ad populum contra Philippum dixisse; et
quum placuisset, publice legatum ad Arcades designatum, eo
autem profectum eorum commune *decem millia* dictos
adversus Philippum concitasse. (18) Timarcho etiam scor-
tationis dicam impegit : qui deserta causa dictione sese
suspendit, ut alicubi Demosthenes inquit. (19) Legatus
ad Philippum de pace delectus cum Ctesiphonte et Demosthene, hoc priores tulit. Deinde cum novem aliis jurejurando pacem sanxit; et in jus vocatus, evasit, sicut diximus.

Ζ΄. ΛΥΚΟΥΡΓΟΣ.

VII. LYCURGUS.

1. Λυκοῦργος πατρὸς μὲν ἦν Λυκόφρονος τοῦ Λυκούργου, ὃν οἱ τριάκοντα τύραννοι ἀπέκτειναν, αἰτίου αὐτῷ τῆς ἀναιρέσεως γενομένου Ἀριστοδήμου Βατῆθεν, ὃς καὶ Ἑλληνοταμίας γενόμενος, ἔφυγεν ἐν τῇ δημοκρατίᾳ· τῶν δήμων δὲ Βουτάδης, γένους τοῦ τῶν Ἐτεοβουταδῶν. (2) Ἀκροατὴς δὲ γενόμενος Πλάτωνος τοῦ φιλοσόφου, ταπρῶτα ἐφιλοσόφησεν· εἶτα καὶ Ἰσοκράτους τοῦ ῥήτορος γνώριμος γενόμενος, ἐπολιτεύσατο ἐπιφανῶς, καὶ λέγων καὶ πράττων, καὶ δὴ πιστευσάμενος τὴν διοίκησιν τῶν χρημάτων· (3) ταμίας γὰρ ἐγένετο ἐπὶ τρεῖς πενταετηρίδας ταλάντων μυρίων τετρακισχιλίων, ἤ, ὥς τινες, μυρίων ὀκτακισχιλίων ἑξακοσίων πεντήκοντα (καὶ ὁ τὰς τιμὰς αὐτῷ ψηφιζόμενος Στρατοκλῆς ὁ ῥήτωρ), τὸ μὲν πρῶτον αἱρεθεὶς αὐτός, ἔπειτα τῶν φίλων ἐπιγραψάμενός τινα, αὐτὸς ἐποιεῖτο τὴν διοίκησιν διὰ τὸ φθάσαι νόμον εἰσενεγκεῖν, μὴ πλείω πέντε ἐτῶν διέπειν τὸν χειροτονηθέντα ἐπὶ τὰ δημόσια χρήματα, ἀεί τ' ἐφεστὸς τοῖς ἔργοις διετέλεσε, καὶ θέρους καὶ χειμῶνος. (4) Καὶ ἐπὶ τὴν τοῦ πολέμου παρασκευὴν χειροτονηθείς, πολλὰ τῆς πόλεως ἐπηνώρθωσε· καὶ τριήρεις παρεσκεύασε τῷ δήμῳ τετρακοσίας· καὶ τὸ ἐν Λυκείῳ γυμνάσιον ἐποίησε καὶ ἐφύτευσε, καὶ τὴν παλαίστραν ᾠκοδόμησε, καὶ τὸ ἐν Διονύσου θέατρον ἐπιστατῶν ἐτελεύτησε. (5) Πιστευσάμενος δ' ἐν παρακαταθήκη παρὰ τῶν ἰδιωτῶν διακόσια πεντήκοντα τάλαντα ἐφύλαξε· πομπεῖά τε χρυσᾶ καὶ ἀργυρᾶ τῇ πόλει κατεσκεύασε, καὶ νίκας χρυσᾶς. (6) Πολλὰ δὲ ἡμίεργα παραλαβὼν ἐξετέλεσε, καὶ νεωσοίκους, καὶ τὴν σκευοθήκην· καὶ τῷ σταδίῳ τῷ Παναθηναϊκῷ τὴν κρηπῖδα περιέθηκεν, ἐξεργασάμενος τοῦτό τε καὶ τὴν χαράδραν ὁμαλὴν ποιήσας, Δεινίου τινός, ὃς ἐκέκτητο τοῦτο τὸ χωρίον, ἀνέντος τῇ πόλει, προσειπόντος αὐτὸ χαρίσασθαι Λυκούργῳ. (7) Ἔσχε δὲ καὶ τοῦ ἄστεος τὴν φυλακήν, καὶ τῶν κακούργων τὴν σύλληψιν, οὓς ἐξήλασεν ἅπαντας, ὡς καὶ τῶν σοφιστῶν ἐνίους λέγειν, Λυκοῦργον οὐ μέλανι, ἀλλὰ θανάτῳ χρίοντα τὸν κάλαμον κατὰ τῶν πονηρῶν, οὕτω συγγράφειν. Ὅθεν ἐξαιτηθέντα αὐτὸν ὑπ' Ἀλεξάνδρου τοῦ βασιλέως ὁ δῆμος οὐ προήκατο. (8) Καθ' ὃν δὲ χρόνον ἐπολέμει Φίλιππος πρὸς Ἀθηναίους τὸν δεύτερον πόλεμον, ἐπρέσβευε μετὰ Πολυεύκτου καὶ Δημοσθένους εἴς τε Πελοπόννησον καί τινας ἑτέρας πόλεις. (9) Διετέλεσέ τε τὸν ἅπαντα χρόνον εὐδοκιμῶν παρὰ τοῖς Ἀθηναίοις καὶ δίκαιος εἶναι νομιζόμενος, ὥστε καὶ ἐν τοῖς δικαστηρίοις τὸ φῆσαι Λυκοῦργον, ἐδόκει βοήθημα εἶναι τῷ συναγορευομένῳ. (10) Εἰσήνεγκε δὲ καὶ νόμους, τὸν μὲν περὶ τῶν κωμῳδῶν, ἀγῶνα τοῖς Χύτροις ἐπιτελεῖν ἐφάμιλλον ἐν τῷ θεάτρῳ, καὶ τὸν νικήσαντα εἰς ἄστυ καταλέγεσθαι, πρότερον οὐκ ἐξόν, ἀναλαμβάνων τὸν ἀγῶνα ἐκλελοιπότα· (11) τὸν δέ, ὡς χαλκᾶς εἰκόνας ἀναθεῖναι τῶν ποιητῶν, Αἰσχύλου, Σοφοκλέους, Εὐριπίδου, καὶ τὰς

1. Lycurgus, Lycophronis filius, Lycurgi nepos, ejus quem Triginta tyranni interfecerunt, causam necis præbente Aristodemo Batensi : qui etiam Græcorum quæstor (hic est Hellanotamias) factus, exulavit populo rempublicam gubernante. Populo Lycurgus fuit Butades, genere ortus Eteobutadarum. (2) Initio philosophatus est, auditor Platonis philosophi. Postea discipulus Isocratis oratoris factus, exinde rempublicam orando agendoque gessit. Commissa ei etiam fuit pecuniæ administratio : (3) nam quæstor per tria quadriennia dispensavit talentorum millia quattuordecim, aut, ut alii perhibent, duodeviginti millia, sexcentena insuper et quinquagena : [et qui ei hunc honorem decrevit Stratocles rhetor :] ipse primum ad hoc delectus, deinde amicorum aliquem præscribens ipse pecuniam publicam administravit : fuerat enim lex lata, ne quis quæsturam eam quinque [*quattuor*] annis amplius curaret. Ceterum Lycurgus assiduus fuit in procuratione rerum conficiendarum et æstate et hieme. (4) Ad apparatum bellicum suffragiis populi destinatus, multas urbis res correxit, populo triremes quadringenas confecit, gymnasium in Lyceo paravit ac plantavit, palæstram ædificavit ; et præfectus ædificando theatro Bacchi, opus absolvit. (5) Idem depositum privatorum civium, talenta ducenta et quinquaginta, custodivit. Urbi pomparum vasa aurea et argentea, victoriasque aureas adornavit : (6) multa etiam imperfecta quæ acceperat, ipse absolvit, et navalia, et armamentarium : stadio Panathenaico crepidinem circumposuit, et convallem complanavit, Dinia quodam, qui locum illum sibi comparaverat, Lycurgo concedente potestatem ex ipsius bonis civitatem demerendi. (7) Urbis etiam custodia ei mandata fuit, et maleficorum comprehensio : quos quidem omnes expulit ; adeo ut sophistarum quidam dicerent. *Lycurgum ita contra malos scribere, ut qui calamum non atramento sed morte imbueret.* Itaque quum ab Alexandro postularetur, populus eum non dedidit. (8) Quo tempore Philippus secundum contra Athenienses bellum gessit, legatus ipse cum Polyeucto et Demosthene in Peloponnesum et circum alias urbes profectus est. (9) Omni tempore in magna fuit apud Athenienses existimatione et justitiæ opinione : ita sane, ut in judiciis dicta ejus magnam patrocinii vim haberent. (10) Legum quoque auctor fuit : quarum una est *de comœdis, ut ii Chytris certamen theatricum æmulum peragerent, victorque in Astu reciperetur* : quod ante non licebat : eo pacto certamen jam obsolescens renovavit. (11) Alia, *ut æreæ imagines ponerentur poetis Æschylo, Sophocli, Euripidi, eorumque tragœdiæ*

τραγῳδίας αὐτῶν ἐν κοινῷ γραψαμένους φυλάττειν, καὶ τὸν τῆς πόλεως γραμματέα παραναγινώσκειν τοῖς ὑποκρινομένοις, οὐκ ἐξεῖναι γὰρ ἄλλως ὑποκρίνεσθαι. (12) Καὶ τρίτον, μηδενὶ ἐξεῖναι Ἀθηναίων * μηδὲ τῶν οἰκούντων Ἀθήνησιν, ἐλεύθερον σῶμα πρίασθαι ἐπὶ δουλείᾳ ἐκ τῶν ἁλισκομένων, ἄνευ τῆς τοῦ προτέρου δεσπότου γνώμης. (13) Ἔτι δὲ, ὡς τοῦ Ποσειδῶνος ἀγῶνα ποιεῖν ἐν Πειραιεῖ, κυκλίων χορῶν οὐκ ἔλαττον τριῶν, [καὶ] δίδοσθαι μὲν τοῖς νικῶσιν οὐκ ἔλαττον δέκα μνᾶς, τοῖς δὲ δευτέροις, ὀκτώ, ἓξ δὲ τοῖς τρίτοις κριθεῖσιν. (14) [Ἔτι δ',] ἐπὶ ζεύγους μὴ ἀπιέναι γυναῖκα Ἐλευσίναδε, ὅπως μὴ ἐλαττῶνται [αἱ δημοτικαὶ] ὑπὸ τῶν πλουσίων· εἰ δέ τις φωραθείη, ἀποτίνειν δραχμὰς ἑξακισχιλίας. (15) Τῆς δὲ γυναικὸς αὐτοῦ μὴ πεισθείσης, τῶν συκοφαντῶν φωρασάντων, τάλαντον αὐτοῖς ἔδωκε· κατηγορούμενος δ' ἐν ὑστέρῳ ἐν τῷ δήμῳ, ἔφη· Ἀλλ' οὖν ἐγὼ μὲν διδοὺς, οὐ λαμβάνων ἑώραμαι. (16) Τελώνου δέ ποτ' ἐπιβαλόντος Ξενοκράτει τῷ φιλοσόφῳ τὰς χεῖρας, καὶ πρὸς τὸ μετοίκιον αὐτὸν ἀπάγοντος, ἀπαντήσας ῥάβδῳ τε κατὰ τῆς κεφαλῆς τοῦ τελώνου κατήνεγκε, καὶ τὸν μὲν Ξενοκράτην ἀπέλυσε, τὸν δὲ, ὡς οὐ τὰ πρέποντα δράσαντα, εἰς τὸ δεσμωτήριον κατέκλεισεν· ἐπαινουμένου δ' ἐπὶ τῇ πράξει, μεθ' ἡμέρας τινὰς συντυχὼν ὁ Ξενοκράτης τοῖς παισὶ τοῦ Λυκούργου, ἔφη· Ταχέως γε τῷ πατρὶ ὑμῶν ἀπέδωκα, ὦ παῖδες, τὴν χάριν· ἐπαινεῖται γὰρ ὑπὸ πολλῶν ἐπὶ τῷ βοηθῆσαι μοί. (17) Εἰσήνεγκε δὲ καὶ ψηφίσματα Εὐκλείδῃ τινὶ Ὀλυνθίῳ χρώμενος ἱκανωτάτῳ περὶ τὰ ψηφίσματα. (18) Εὔπορος δ' ὢν, ἱμάτιον ἓν καὶ ταυτὸ ἐφόρει τοῦ χειμῶνος καὶ τοῦ θέρους, καὶ ὑπεδέδετο ταῖς ἀναγκαίαις ἡμέραις. (19) Ἐμελέτα δὲ καὶ νυκτὸς καὶ ἡμέρας, οὐκ εὖ πρὸς τὰ αὐτοσχέδια πεφυκὼς, κλινιδίου δ' αὐτῷ ὑποκειμένου, ἐφ' ᾧ μόνον ἦν κώδιον καὶ προσκεφάλαιον, ὅπως ἐγείροιτο ῥᾳδίως καὶ μελετῴη. (20) Ἐγκαλοῦντος δ' αὐτῷ τινος, ὅτι μισθοὺς σοφισταῖς δίδωσι περὶ λόγους διατρίβων, Ἀλλ' εἴ τις γε ἐπαγγέλλοιτο, ἔφη, τοὺς υἱοὺς ἀμείνους αὐτῷ ποιήσειν, οὐ χιλίας, ἀλλὰ τὰ ἡμίση τῆς οὐσίας προέσθαι. (21) Ἦν δὲ καὶ παρρησιαστὴς διὰ τὴν εὐγένειαν· Ἀθηναίων γέ τοι ποτὲ οὐκ ἀνεχομένων αὐτοῦ δημηγοροῦντος, ἀνέκραγεν ἐκβαλλόμενος, Ὦ Κερκυραία μάστιξ, ὡς πολλῶν ταλάντων εἶ ἀξία. (22) Πάλιν δὲ θεὸν ἀναγορευόντων Ἀλέξανδρον, Καὶ ποδαπὸς ἂν [εἴη], εἶπεν, ὁ θεὸς, οὗ τὸ ἱερὸν ἐξιόντας δεήσει περιρραίνεσθαι; (23) Ἀποθανόντος δ' αὐτοῦ, παρέδωκαν τοὺς παῖδας τοῖς ἔνδεκα, Μενεσαίχμου μὲν κατηγορήσαντος, γραψαμένου δὲ Θρασυκλέους· Δημοσθένους δὲ, καθ' ὃν ἔφυγε χρόνον, ἐπιστείλαντος τοῖς Ἀθηναίοις, ὡς κακῶς ἀκούοιεν ἐπὶ τοῖς Λυκούργου παιδίοις, μετενόησαν, καὶ ἀφῆκαν αὐτοὺς, Δημοκλέους τοῦ Θεοφράστου μαθητοῦ ὑπὲρ αὐτῶν ἀπολογησαμένου. (24) Ἐτάφη δ' αὐτὸς καὶ τῶν ἐκγόνων τινὲς δημοσίᾳ· καὶ ἔστιν αὐτῶν τὰ μνήματα ἄντικρυς τῆς Παιωνίας Ἀθηνᾶς ἐν τῷ Μελανθίου τοῦ φιλοσόφου κήπῳ, τράπεζαι πεποιημέναι, αὐτοῦ τε τοῦ Λυκούργου

exscriptæ publice asservarentur, easque scriba civitatis legeret dum agerentur, verba histrionum in scripto sequens : aliter eas agi non licere. (12) Tertia : *non licere cuiquam Atheniensi aut Athenis habitanti liberum corpus captum in servitutem vendere sine prioris domini consensu.* (13) Præterea, *Neptuno certamen in Piræo faciundum, tribus circularibus choris, non paucioribus ; et victoribus dandas decem minas, non infra ; iis qui secundi judicarentur, octo ; iis qui tertii, sex.* (14) Et, *mulierem non debere in bigis Eleusinem ire, ne a divitibus populares feminæ superentur : quæ contra fecisse deprehenderetur, multandam drachmarum sex millibus.* (15) Quam legem quum uxor ipsius violasset, delatoribus qui id resciverant talentum dedit : eoque nomine accusatus postmodo apud populum, *Ergo,* dixit, *ego dedisse, non accepisse inventus sum.* (16) Publicano qui Xenocrati philosopho manus injecisset, eumque abduceret ob non solutum inquilini tributum, obviam factus baculum in caput inflixit, eumque, liberato Xenocrate, in carcerem inclusit, ut qui indecenter egisset. Quumque id ejus factum laudaretur, post aliquot dies Xenocrates Lycurgi filiis occurrens, *Celeriter,* inquit, *o pueri, gratiam vestro patri retuli : nam ob auxilium mihi latum a multis laudatur.* (17) Decreta etiam fecit, opera usus Euclidis cujusdam Olynthii ad eam rem aptissimi. (18) Quamquam autem erat satis dives, tamen eandem tunicam æstate atque hieme gestabat, calceosque necessariis modo diebus subligabat. (19) Meditabatur dies noctesque, non satis idoneus ad extemporalem dictionem. Lectulo substrato usus est, cui tantum pellis villosa et cervical incumberent : ut eo facilius excitaretur ad meditandum. (20) Culpanti cuidam, quod orationi studens mercedem sophistis penderet, respondit, *si quis promitteret se filios ipsi meliores redditurum, ei se non mille drachmas, sed dimidium bonorum daturum.* (21) Libertate etiam dicendi usus est ob nobilitatem : ita quum aliquando concionantem Athenienses non ferrent exturbarentque, exclamavit, *O Corcyræa scutica, quam multorum talentorum æquas pretium!* (22) Rursus iis Alexandrum in deos referentibus, *Qualis vero,* aiebat, *iste sit deus, cujus e templo exeuntes opus habeant aqua se lustrali conspergere!* (23) Mortui Lycurgi filii Undecimviris traditi sunt, Menesæchmo accusante, dica a Thrasycle scripta : sed quum Demosthenes tum exulans scripsisset Atheniensibus, male ipsos audire propter liberos Lycurgi, mutata sententia eos absolverunt, Democle Theophrasti discipulo eos defendente. (24) Publice sepultus est Lycurgus, et quidam ex ejus posteris : suntque eorum monumenta e regione Minervæ Pæonicæ in horto Melanthii philosophi, mensæ factæ, et Lycurgo libe-

καὶ τῶν παίδων αὐτοῦ ἐπιγεγραμμέναι, καὶ εἰς ἡμᾶς ἔτι σωζόμεναι. (25) Τὸ μέγιστον, χίλια διακόσια τάλαντα προσόδου τῇ πόλει κατέστησε, πρότερον ἑξήκοντα προσιόντων. (26) Μέλλων δὲ τελευτήσειν, εἰς τὸ μητρῷον καὶ τὸ βουλευτήριον ἐκέλευσεν αὐτὸν κομισθῆναι, βουλόμενος εὐθύνας δοῦναι τῶν πεπολιτευμένων· οὐδενὸς δὲ κατηγορῆσαι τολμήσαντος, πλὴν Μενεσαίχμου, τὰς διαβολὰς ἀπολυσάμενος, εἰς τὴν οἰκίαν ἀπεκομίσθη, καὶ ἐτελεύτησεν, ἐπιεικὴς νομισθεὶς παρὰ πάντα τὸν βίου χρόνον, καὶ ἐν λόγοις ἐπαινεθείς· καὶ μηδένα ἀγῶνα ἁλούς, καίτοι πολλῶν κατηγορησάντων. (27) Ἔσχε δὲ τρεῖς παῖδας ἐκ Καλλιστοῦς, τῆς Ἅβρωνός μὲν θυγατρός, Καλλίου δὲ τοῦ Ἅβρωνος Βατῆθεν ἀδελφῆς, τοῦ ταμιεύσαντος στρατιωτικῶν ἐπὶ Χαιρώδου ἄρχοντος· * περὶ δὲ τῆς κηδείας ταύτης λέγει ὁ Δείναρχος ἐν τῷ κατὰ Παστίου. (28) Κατέλιπε δὲ παῖδας Ἅβρωνα, Λυκοῦργον, Λυκόφρονα· ὧν ὁ Ἅβρων καὶ ὁ Λυκοῦργος ἄπαιδες μετήλλαξαν· ἀλλ' ὅ γε Ἅβρων καὶ πολιτευσάμενος ἐπιφανῶς μετήλλαξε, Λυκόφρων δὲ, γήμας Καλλιστομάχην Φιλίππου Αἰξωνέως ἐγέννησε Καλλιστώ. (29) Ταύτην δὲ γήμας Κλεόμβροτος Δεινοκράτους Ἀχαρνεύς, ἐγέννησε Λυκόφρονα· τοῦτον δὲ ὁ πάππος εἰσεποιήσατο Λυκόφρων· οὗτος δ' ἐτελεύτησεν ἄπαις· μετὰ δὲ τὴν Λυκόφρονος τελευτήν, ἔγημε τὴν Καλλιστὼ Σωκράτης, καὶ ἔσχεν υἱὸν Σύμμαχον· (30) τοῦ δ' ἐγένετο Ἀριστώνυμος· τοῦ δὲ Χαρμίδης· τοῦ δὲ Φιλίππη· ταύτης δὲ καὶ Λυσάνδρου Μήδειος, ὁ καὶ ἐξηγητὴς ἐξ Εὐμολπιδῶν γενόμενος· τούτου δὲ καὶ Τιμοθέας τῆς Γλαύκου παῖδες, Λαοδάμεια καὶ Μήδειος, ὃς τὴν ἱερωσύνην Ποσειδῶνος Ἐρεχθέως εἶχε, καὶ Φιλίππη, ἥτις ἱεράσατο τῆς Ἀθηνᾶς ὕστερον· πρότερον δ' αὐτὴν γήμας Διοκλῆς ὁ Μελιττεύς, ἐγέννησε Διοκλέα, τὸν ἐπὶ τοὺς ὁπλίτας στρατηγήσαντα· γήμας δ' οὗτος Ἡδίστην Ἅβρωνος, Φιλιππίδην καὶ Νικοστράτην ἐγέννησε· γήμας δὲ τὴν Νικοστράτην Θεμιστοκλῆς ὁ Θεοφράστου, ὁ δᾳδοῦχος, ἐγέννησε Θεόφραστον καὶ Διοκλέα· διετάξατο δὲ καὶ τὴν ἱερωσύνην τοῦ Ποσειδῶνος Ἐρεχθέως. (31) Φέρονται δὲ τοῦ ῥήτορος λόγοι δεκαπέντε. Ἐστεφανώθη δὲ ὑπὸ τοῦ δήμου πολλάκις, καὶ εἰκόνων ἔτυχεν· ἀνάκειται δ' αὐτοῦ χαλκῆ εἰκὼν ἐν Κεραμεικῷ κατὰ ψήφισμα, ἐπ' Ἀναξικράτους ἄρχοντος· (32) ἐφ' οὗ ἔλαβε καὶ σίτησιν ἐν πρυτανείῳ αὐτός τε (καὶ) ὁ Λυκοῦργος, καὶ ὁ πρεσβύτατος αὐτοῦ τῶν ἐκγόνων κατὰ τὸ αὐτὸ ψήφισμα· ἀποθανόντος δὲ Λυκούργου, ὁ πρεσβύτατος τῶν παίδων, Λυκόφρων, ἠμφισβήτησε τῆς δωρεᾶς. (33) Εἶπε δὲ καὶ περὶ ἱερῶν πολλάκις, γραψάμενος Αὐτόλυκον τὸν Ἀρεοπαγίτην, καὶ Λυσικλέα τὸν στρατηγὸν, καὶ Δημάδη τὸν Δημέου, καὶ Μενέσαιχμον, ἄλλους τε πολλούς, καὶ πάντας εἷλεν. (34) Ἔκρινε δὲ καὶ Δίφιλον, ἐκ τῶν ἀργυρίων μετάλλων τοὺς μεσοκρινεῖς, οἳ ἐβάσταζον τὰ ὑπερκείμενα βάρη, ὑφελόντα, καὶ ἐξ αὐτῶν πεπλουτηκότα παρὰ τοὺς νόμους· καὶ θανάτου ὄντος ἐπιτιμίου, ἁλῶναι ἐποίησε, καὶ πεντήκοντα δρα-

risque ejus inscriptæ, quæ hodieque exstant. (25) Id maximum est, quod reditus urbis, qui prius erant sexaginta talenta, ad mille et ducenta talenta auxit. (26) Moriturus, in Metroum et curiam se jussit portari, rationem volens reddere administratæ reipublicæ: nemine autem extra unum Menesæchmum accusare auso, dilutis calumniis reportatus est domum, supremumque vitæ diem morte confecit. Toto vitæ tempore probus est habitus, orationesque ejus laudatæ, et quanquam a multis accusatus, nunquam causa cecidit. (27) Tres habuit liberos e Callistone Habronis filia, et Calliæ Habronis, populo Batensis, sorore, ejus qui Chæronda archonte quæstor bellicam pecuniam tractavit. De hac affinitate loquitur Dinarchus in oratione contra Pastium [Pistium?]. (28) Filios reliquit Habronem, Lycurgum, Lycophronem: de his Habron et Lycurgus sine prole decesserunt, quum quidem Habron in republica præclare fuisset versatus. Lycophron ducta Callistomacha, filia Philippi Æxonensis, genuit Callistonem: (29) hæc nupsit Cleombroto Dinocratis filio Acharnensi, et ei Lycophronem peperit, qui ab avo Lycophrone adoptatus, sine sobole mortem obiit. Eo mortuo, Callistonem duxit Socrates, filiumque ex ea sustulit Symmachum. (30) Ex eo natus est Aristonymus [alii codd. Aristodemus], ex hoc Charmides, qui Philippæ pater fuit: ex hac et Lysandro natus est Medius, qui et interpres sacrorum erat, oriundus ab Eumolpidis: hujus et Timotheæ Glauci filiæ liberi fuere Laodamia et Medius, qui sacerdotium Neptuni Erechthiensis gessit, et Philippa, quæ Minervæ postea fuit sacerdos: ante enim eam duxerat Diocles Melittensis, genuitque ex ea Dioclem, qui gravis armaturæ dux fuit: hic uxorem duxit Hedistam Habronis filiam, ac procreavit Philippidem ac Nicostratam: hæc nupsit Themistocli Theophrasti filio, facigero in mysteriis, et peperit Theophrastum ac Dioclem; constituit etiam sacerdotium Neptuni Erechthiensis. (31) Orationes Lycurgi feruntur quindecim. A populo coronatus est aliquoties, et statuis donatus. Imago ejus ærea posita est in Ceramico, ex decreto, archonte Anaxicrate: (32) quo eodem ei etiam, ac filiorum natu maximo decretus est in Prytaneo victus. Mortuo ipso, Lycophroni liberorum maximo lis fuit de ea donatione. (33) Multas etiam de sacris habuit orationes Lycurgus: accusavitque Autolycum Areopagitam, Lysiclem prætorem, Demadem Demeæ filium, Menesæchmum, aliosque complures, quos omnes reos peregit. (34) Item Diphilum adduxit in judicium, qui e metallis argentariis subduxerat columnas, quibus substruebantur moles, indeque injuste divitias paraverat, fecitque ut morte damnatus puniretur, ac quinquaginta drachmas ex opibus ejus cuivis civium dedit; summa donationis cen-

χμὰς ἐκ τῆς οὐσίας αὐτοῦ ἑκάστῳ τῶν πολιτῶν διένει-
με, τῶν πάντων συναχθέντων ταλάντων ἑκατὸν ἑξήκον-
τα· ἢ, ὥς τινες, μνᾶν. (35) Ὁ δὲ εὐθύνας Ἀριστογείτονα καὶ Λεωκράτην καὶ Αὐτόλυκον δειλίας. (36)
ὁ Ἐπεκαλεῖτο δὲ ὁ Λυκοῦργος [Ἴβις, **]

    Ἴβις Λυκούργῳ, Χαιρεφῶντι νυκτερίς.

(37) Κατῆγον δὲ τὸ γένος ἀπὸ Βούτου καὶ Ἐρεχθέως
τοῦ Γῆς καὶ Ἡφαίστου· τὰ δ' ἐγγυτάτω ἀπὸ Λυκομή-
δους καὶ Λυκούργου, οὓς ὁ δῆμος ταφαῖς ἐτίμησε δη-
μοσίᾳ· (38) καὶ ἔστιν αὕτη ἡ καταγωγὴ τοῦ γένους τῶν
ἱερασαμένων τοῦ Ποσειδῶνος ἐν πίνακι τελείῳ, ὃς
ἀνάκειται ἐν Ἐρεχθείῳ, γεγραμμένος ὑπ' Ἰσμηνίου
τοῦ Χαλκιδέως· (39) καὶ εἰκόνες ξύλιναι τοῦ τε Λυκούργου, καὶ τῶν υἱῶν αὐτοῦ, Ἅβρωνος, Λυκούργου, Λυκόφρονος, ἃς εἰργάσαντο Τίμαρχος καὶ Κηφισόδοτος,
οἱ Πραξιτέλους υἱεῖς· τὸν δὲ πίνακα ἀνέθηκεν Ἅβρων
ὁ παῖς αὐτοῦ, λαχὼν ἐκ τοῦ γένους τὴν ἱερωσύνην,
καὶ παραχωρήσας τῷ ἀδελφῷ Λυκόφρονι· καὶ διὰ τοῦτο πεποίηται ὁ Ἅβρων προσδιδοὺς αὐτῷ τὴν τρίαιναν.
(40) Πάντων δὲ ὧν διῴκησεν ἀναγραφὴν ποιησάμενος, ἀνέθηκεν ἐν στήλῃ πρὸ τῆς ὑπ' αὐτοῦ κατασκευασθείσης παλαίστρας, σκοπεῖν τοῖς βουλομένοις· οὐδεὶς
μέντοι ἐδυνήθη ἐλέγξαι τὸν ἄνδρα νοσφισμοῦ. (41)
Ἔγραψε δὲ καὶ Νεοπτόλεμον Ἀντικλέους στεφανῶσαι,
καὶ εἰκόνα ἀναθεῖναι, ὅτι ἐπηγγείλατο χρυσώσειν τὸν
βωμὸν τοῦ Ἀπόλλωνος ἐν ἀγορᾷ, * κατὰ τὴν μαντείαν
τοῦ θεοῦ. (42) Ἐψηφίσατο δὲ καὶ Διοτίμῳ Διοπείθους
Εὐωνυμεῖ τιμὰς ἐπὶ Κτησικλέους ἄρχοντος.

Η'. ΔΗΜΟΣΘΕΝΗΣ.

1. Δημοσθένης Δημοσθένους καὶ Κλεοβούλης τῆς
[Γύλωνος] θυγατρός, τῶν δὲ δήμων Παιανιεύς, κατα-
λειφθεὶς ὑπὸ τοῦ πατρὸς ἐτῶν ἑπτά, μετ' ἀδελφῆς πεν-
ταετίδος, τὸν μὲν τῆς ὀρφανίας χρόνον παρὰ τῇ μητρὶ
διῆγε, σχολάζων Ἰσοκράτει, ὥς τινες ἔφασαν, ὡς δὲ οἱ
πλεῖστοι, Ἰσαίῳ τῷ Χαλκιδεῖ, ὃς ἦν Ἰσοκράτους μαθητής, διάγοντι ἐν Ἀθήναις, ζηλῶν Θουκυδίδην καὶ Πλάτωνα τὸν φιλόσοφον, ᾧ τινες εἶπον προηγουμένως αὐτὸν
σχολάσαι. (2) Ὡς δὲ Ἡγησίας ὁ Μάγνης φησίν, ἐδεήθη
τοῦ παιδαγωγοῦ, ἵνα Καλλιστράτου, Ἐμπαίδου, Ἀφι-
δναίου, ῥήτορος δοκίμου καὶ ἱππαρχήσαντος καὶ ἀνα-
θέντος τὸν βωμὸν τῷ Ἑρμῇ τῷ ἀγοραίῳ, μέλλοντος ἐν
τῷ δήμῳ λέγειν, ἀκούσῃ· ἀκούσας δέ, ἐραστὴς ἐγένετο
τῶν λόγων· (3) καὶ τούτου μὲν ἐπ' ὀλίγον ἤκουσεν,
ἕως ἐπεδήμει· ἐπειδὴ δὲ ὁ μὲν ἔφυγεν εἰς Θρᾴκην, ὁ
δ' ἐγεγόνει ἐξ ἐφήβων, τηνικαῦτα παρέβαλεν Ἰσοκράτει
καὶ Πλάτωνι· (4) εἶτα καὶ Ἰσαῖον ἀναλαβὼν εἰς τὴν
οἰκίαν, τετραετῆ χρόνον αὐτὸν διεπόνησε, μιμούμενος
αὐτοῦ τοὺς λόγους. (5) Ὡς δὲ Κτησίβιός φησιν ἐν τῷ
περὶ Φιλοσοφίας, διὰ Καλλίου τοῦ Συρακουσίου πορίσας
τοὺς Ζήθου τοῦ Ἀμφιπολίτου λόγους, διὰ δὲ Χαρικλέους

tum et sexaginta talenta æquante; alii minam viritim da-
tam asserunt. (35) In jus pertraxit Aristogitonem, Leocra-
tem, et Autolycum accusavit, quod militiam subterfugerat.
(36) Cognominabatur autem Lycurgus [Ibis, ut est apud
Aristophanem in Avibus :]

    Ibis Lycurgo, Chærephonti noctua.

(37) Genus autem deduxerunt a Buto et Erechtheo, qui
fuit Terræ et Vulcani filius, proxime autem a Lycomede et
Lycurgo : quos populus publica sepultura honoravit. (38)
Est eorum generis successio, sacerdotio Neptuni functo-
rum, in tabula totam complectente, quæ dedicata est in
sacrario Erechthei, picta ab Ismenio Chalcidensi : (39) et
imagines ligneæ Lycurgi, ejusque filiorum Habronis, Lycurgi et Lycophronis, quas fecerunt Timarchus et Cephiso-
dotus, filii Praxitelis. Tabulam dedicavit Habron filius
ejus, qui natalium jure adeptus sacerdotium, id fratri Lycophroni concessit, ideoque in ea pictus est tridentem illi
tradens. (40) Ceterum Lycurgus descriptionem omnium
abs se gestarum rerum fecit, et in columna suspendit ante
palæstram a se factam, ut qui vellent, inspicere possent :
nemo tamen virum arguere peculatus potuit. (41) Retulit
etiam de Neoptolemo Anticlis filio coronando, eique statua
dedicanda, quod promiserat se aram Apollinis in foro ob-
ducturum auro, ut dei oraculum jubebat. (42) Decrevit
etiam Diotimo Diopithis filio Euonymensi honores, archonte
Ctesicle.

VIII. DEMOSTHENES.

1. Demosthenes Demosthenis filius e Cleobula uxore Gy-
lonis filia, populo Pæaniensis, a patre fuit relictus pupillus
annos natus septem, cum sorore annorum quinque. Or-
bitatis tempore apud matrem vivens, operam dedit Isocrati; ita enim quidam sentiunt : plures aiunt Isæo Chalcidensi, qui discipulus erat Isocratis, et Athenis tunc de-
gebat Thucydidis et Platonis erat studiosus : ac philosopho quidem nonnulli ferunt eum apprime dedisse operam.
(2) Hegesias Magnes scribit, precibus eum a pædagogo
impetrasse, ut sibi licet audire Callistratum, Empædi
[Callicratis] filium Aphidnæi, oratorem nobilem, et qui
aliquando equitum magister fuisset, ac Mercurio forensi
aram dedicasset, verba tum ad populum facturum. Quem
ubi audivit, amore dicendi est captus; (3) et huic se per
tempus non multum, quamdiu Athenis ille fuit, discipulum
præbuit : sed Callistrato in Thraciam profugo, tum ex
ephebis egressus Isocrati se atque Platoni adjunxit. (4) Postea
Isæum in domum suam recepit, ac per annos quattuor elabo-
ravit in ejus orationibus imitandis. (5) Ctesibius in libro
de Philosophia perhibet, eum Calliæ Syracusani opera
Zethi [Zoili] Amphipolitæ, per Chariclem Carystium Alcida-

τοῦ Καρυστίου τοὺς Ἀλκιδάμαντος, διέλαβεν αὐτούς.
(6) Τελειωθεὶς δὲ, ἐλάττω παρὰ τῶν ἐπιτρόπων παραλαβὼν, ἔκρινεν αὐτοὺς ἐπιτροπῆς ἐπὶ Τιμοκράτους
ἄρχοντος, τρεῖς ὄντας, Ἄφοβον, Θηριππίδην, Δημο-
φῶντα ἢ Δημέαν· καὶ μάλιστα τούτου κατηγόρησεν ἀδελφοῦ τῆς μητρὸς ὄντος, δέκα τάλαντα τίμημα ἑκάστη
τῶν δικῶν ἐπιγραψάμενος· (7) καὶ εἷλεν αὐτούς· τῆς δὲ
καταδίκης οὐδὲν ἐπράξατο, τοὺς μὲν [ἀφεὶς] ἀργυρίου,
τοὺς δὲ καὶ χάριτος. (8) Ἀριστοφῶντος δ' ἤδη τὴν
προστασίαν διὰ γῆρας καταλιπόντος, καὶ χορηγὸς ἐγένετο. (9) Μειδίαν δὲ τὸν Ἀναγυράσιον, πλήξαντα αὐτὸν ἐν τῷ θεάτρῳ χορηγοῦντα, εἰς κρίσιν καταστήσας,
λαβὼν τρισχιλίας ἀφῆκε τῆς δίκης. (10) Λέγουσι δὲ
αὐτὸν ἔτι νέον ὄντα εἰς σπήλαιον ἀπιέναι, κἀκεῖ φιλο-
λογεῖν τὸ ἥμισυ τῆς κεφαλῆς ξυράμενον, ἵνα μὴ προέρ-
χοιτο· καὶ ἐπὶ στενῆς κλίνης κοιμᾶσθαι, ἵνα διὰ ταχέων
ἀνίστηται· (11) τό τε ῥῶ μὴ δυνάμενον λέγειν ἐκπονῆ-
ται, καὶ τὸν ὦμον ἐν τῷ μελετᾶν κινοῦντα ἀπρεπῶς
καταπαῦσαι, παραρτήσαντα ὀβελίσκον, ἢ, ὥς τινες,
ξιφίδιον ἐκ τῆς ὀροφῆς, ἵνα φοβούμενος ἠρεμοίη· (12)
προβαίνοντα δὴ κατὰ τὴν τῶν λόγων ἰσχὺν, ἔσοπτρον
ἰσομέγεθες αὑτῷ κατασκευάσαι, καὶ πρὸς τοῦτο ἀφο-
ρῶντα μελετᾶν, ἵνα ἐπανορθώσηται τὰ ἐλλείποντα· (13)
καὶ κατιόντα ἐπὶ τὸ Φαληρικὸν, πρὸς τὰς τῶν κυμάτων
ἐμβολὰς τὰς σκέψεις ποιεῖσθαι, ἵν', εἴ ποτε θορυβοίη ὁ
δῆμος, μὴ ἐκσταίη· (14) τοῦ δὲ πνεύματος αὐτῷ ἐνδέον-
τος, Νεοπτολέμῳ τῷ ὑποκριτῇ μυρίας δοῦναι, ἵνα ὅλας
περιόδους ἀπνεύστως λέγῃ. (15) Ἐπεὶ δὲ τῷ πολιτεύεσθαι προσῆλθεν, εἰς δύο διῃρημένων τῶν ἐν τῇ πόλει,
καὶ τῶν μὲν φιλιππιζόντων, τῶν δὲ ὑπὲρ τῆς ἐλευθερίας
δημηγορούντων, τὴν τῶν ἀντιπολιτευομένων Φιλίππῳ
τάξιν εἵλετο· καὶ παντὸς τοῦ χρόνου διετέλεσε συμβουλεύων τοῖς κινδυνεύουσιν ὑπὸ Φιλίππῳ γενέσθαι βοηθεῖν,
συμπολιτευόμενος Ὑπερείδῃ, Ναυσικλεῖ, Πολυεύκτῳ,
Διοτίμῳ· (16)* διὸ καὶ συμμάχους τοῖς Ἀθηναίοις ἐποίησε
Θηβαίους, Εὐβοεῖς, Κερκυραίους, Κορινθίους, Βοιωτοὺς, καὶ πολλοὺς ἄλλους πρὸς τούτοις. (17) Ἐκπεσὼν
δέ ποτ' ἐπὶ τῆς ἐκκλησίας καὶ ἀθυμῶν, ἐβάδιζεν οἴκοι·
συντυχὼν δ' αὐτῷ Εὔνομος ὁ Θριάσιος, πρεσβύτης ἤδη
ὤν, προετρέψατο τὸν Δημοσθένη· μάλιστα δὲ ὑποκριτὴς
Ἀνδρόνικος, εἰπὼν ὡς οἱ μὲν λόγοι καλῶς ἔχοιεν, λείποι
δὲ αὐτῷ τὰ τῆς ὑποκρίσεως· ἀπεμνημόνευσέ τε τῶν ἐπὶ
τῆς ἐκκλησίας ὑπ' αὐτοῦ λελεγμένων· καὶ δὴ πιστεύ-
σαντα τὸν Δημοσθένη παραδοῦναι αὐτὸν τῷ Ἀνδρονίκῳ.
(18) Ὅθεν ἐρομένου αὐτόν [τινος] τί πρῶτον ἐν ῥητορικῇ,
εἶπεν, Ὑπόκρισις· καὶ τί δεύτερον· Ὑπόκρισις· καὶ τί
τρίτον· Ὑπόκρισις. (19) Προελθὼν δὲ πάλιν εἰς τὰς
ἐκκλησίας, νεωτερικῶς τινα λέγων, διεσύρετο· ὡς κω-
μῳδηθῆναι αὐτὸν ὑπ' Ἀντιφάνους, καὶ Τιμοκλέους·

Μὰ γῆν, μὰ κρήνας, μὰ ποταμοὺς, μὰ νάματα·

ὁμόσας δὲ τοῦτον τὸν τρόπον ἐν τῷ δήμῳ, θόρυβον ἐκίνησεν. (20) Ὤμνυε δὲ καὶ τὸν Ἀσκληπιὸν, προπαρο-
ξύνων Ἀσκλήπιον· καὶ παρεδείκνυεν αὐτὸν ὀρθῶς λέγον-

---

mantis orationes nactum, eas esse commentatum. (6) Virilem ætatem adeptus, tutores suos, quod ab iis minus
æquo accepisset, male administratæ tutelæ accusavit,
Timocrate archonte : erant autem tres, Aphobus, Therip-
pides, et Demophon sive Demeas : atque hunc avunculum
suum, magis quam alios : et unamquamvis actionem decem talentis æstimavit : (7) quum autem reos peregis-
set, multam non exegit : aliis pecuniam, aliis etiam
gratiam remittens. (8) Aristophonte autem jam ob senectutem præfecturam deserente, etiam choragus factus
est. (9) Midiam Anagyrasium, qui ipsum in theatro chorum instruentem percusserat, in judicium pertraxit : sed
acceptis tribus drachmarum millibus missum fecit. (10)
Ferunt Demosthenem etiamnum adolescentem in antrum
abivisse, ibique meditari solitum orationes rasa dimidia
capitis parte, ne exiret : inque angusta cubuisse sponda, ut
cito expergisceretur : (11) quumque literam R non posset
pronunciare, labore consecutum ut proferret : et quum
inter declamandum movere soleret humerum inconvenienter, id desuevisse, suspenso e culmine veru, aut, quod alii
dicunt, gladio, ut ejus metu se contineret : (12) deinde
quum jam auctus esset vi dicendi, speculum fecisse sibi
æquale, inque id inspicientem se exercuisse, ut corrigeret
vitia : (13) descendisse etiam ad Phalericum litus, et adversus undas obstrepentes declamasse, ut si quando populus obturbaret, hoc sibi non esset terrori : (14) quumque
eum spiritus deficeret, Neoptolemi histrionis opera decem
drachmarum millibus conducta didicisse uno spiritu integras
circuitiones efferre. (15) Postquam se ad rempublicam
contulit, diviso in duas factiones populo, quarum altera
Philippo faveret, altera pro libertate ageret, Philippo
adversantibus se addidit, omnique tempore civibus suasit
ut iis auxilium ferrent, quos a Philippo oppressum iri periculum erat; socios sui instituti habuit Hyperidem, Nau-
siclem, Polyeuctum, Diotimum. (16) Ideoque etiam Atheniensibus fœdere junxit Thebanos, Euboenses, Corcyren-
ses, Corinthios, Bœotos, multosque alios. (17) Quodam
tempore, quum exagitatus in concione, mœstus domum
abiret, Eunomus ei Thriasius occurrit jam senex, atque
cohortatus est; maxime autem confirmatus est ab Andronico histrione, dicente *orationes ipsius bene habere, sed
actionem iis deesse;* et recordabatur ille eorum quæ in
concione ab ipso erant dicta. Quare Demosthenes fidit
et commisit se Andronico. (18) Itaque interrogatus quid
primum, quid secundum, quid tertium in arte esset oratoria, subinde ter respondit, *Actio.* (19) Rursus in conciones progressus, quum nove quædam diceret, exagitatus
est, ut etiam comici Antiphanes et Timocles eum vexave-
rint :

Vos juro, terra, fontes, latices, flumina :

nam quum hoc modo apud populum jurasset, tumultu est
exceptus. (20) Quin et Asclepium (is Æsculapius Latinis
est) juravit, contra morem acuta syllaba *scle*, docuitque su

τα· εἶναι γὰρ τὸν θεὸν ἤπιον· καὶ ἐπὶ τούτῳ πολλάκις ἐθορυβήθη. (21) Σχολάσας δ᾽ Εὐβουλίδῃ τῷ διαλεκτικῷ Μιλησίῳ, ἐπηνωρθώσατο πάντα. (23) Γενόμενος δὲ καὶ ἐν τῇ Ὀλυμπιακῇ πανηγύρει, καὶ ἀκούσας Λαμάχου τοῦ Τερειναίου, Φιλίππου καὶ Ἀλεξάνδρου ἐγκώμιον ἀναγινώσκοντος, Θηβαίων δὲ καὶ Ὀλυνθίων κατατρέχοντος, παραναστὰς ἀρχαίων ποιητῶν μαρτυρίας προηνέγκατο περὶ τῶν Θηβαίοις καὶ Ὀλυνθίοις καλῶς πραχθέντων, ὡς παύσασθαί τε τὸ λοιπὸν τὸν Λάμαχον, καὶ φυγεῖν ἐκ τῆς πανηγύρεως. (24) Φίλιππον δὲ πρὸς τοὺς ἀναφέροντας αὐτῷ τὰς κατ᾽ αὐτοῦ δημηγορίας, εἰπεῖν ὅτι Καὶ αὐτὸς ἂν ἀκούων λέγοντος Δημοσθένους ἐχειροτόνησα τὸν ἄνδρα πρὸς τὸν κατ᾽ ἐμοῦ πόλεμον. (25) Ἐκάλει δὲ τοὺς μὲν αὐτοῦ λόγους ὁμοίους τοῖς στρατιώταις διὰ τὴν πολεμικὴν δύναμιν, τοὺς δ᾽ Ἰσοκράτους, τοῖς ἀθληταῖς· τέρψιν γὰρ παρέχειν αὐτοὺς θεατρικήν. (26) Ἑπτὰ δὲ καὶ τριάκοντα ἔτη γεγονὼς, λογιζομένοις ἀπὸ Δεξιθέου εἰς Καλλίμαχον, ἐφ᾽ οὗ πρὸς Ὀλυνθίων ἧκε πρεσβεία περὶ τῆς βοηθείας, ἐπεὶ ἐπιέζοντο ὑπὸ Φιλίππου τῷ πολέμῳ, ἔπεισεν ἐκπέμψαι τὴν βοήθειαν· τῷ δὲ ἑξῆς, ἐφ᾽ οὗ Πλάτων ἐτελεύτησε, Φίλιππος Ὀλυνθίους κατεστρέψατο. (27) Ἔγνω δ᾽ αὐτὸν καὶ Ξενοφῶν ὁ Σωκρατικὸς ἢ ἀρχόμενον ἢ ἀκμάζοντα· τῷ μὲν γὰρ τὰ Ἑλληνικὰ ἐτελεῖτο [εἰς] τὰ περὶ τὴν ἐν Μαντινείᾳ μάχην, ἄρχοντα δὲ Χαρικλείδην· ὁ δὲ πρότερον ἐπὶ Τιμοκράτους εἷλε τοὺς ἐπιτρόπους. (28) Φεύγοντος δ᾽ Αἰσχίνου μετὰ τὴν καταδίκην, ἵππῳ κατεδίωξεν αὐτόν· τοῦ δ᾽ οἰηθέντος αὐτὸν συλλαμβάνεσθαι, καὶ προσπεσόντος καὶ συγκαλυψαμένου, ἀναστήσας αὐτὸν παρεμυθήσατο, καὶ τάλαντον ἔδωκεν ἀργυρίου. (29) Καὶ συνεβούλευσε δὲ τῷ δήμῳ ξενικὸν ἐν Θάσῳ τρέφειν, καὶ ἐπὶ τούτῳ τριηράρχης ἐξέπλευσε. (30) Σιτώνης δὲ γενόμενος, καὶ κατηγορηθεὶς κλοπῆς, ἀφείθη. (31) Φιλίππου δ᾽ Ἐλάτειαν καταλαβομένου, καὶ αὐτὸς τοῖς ἐν Χαιρωνείᾳ μαχεσομένοις συνεξῆλθεν· ὅτε καὶ δοκεῖ τὴν τάξιν λιπεῖν, φεύγοντος δ᾽ αὐτοῦ βάτου ἐπιλαβέσθαι τῆς χλαμύδος, τὸν δ᾽ ἐπιστραφέντα εἰπεῖν· Ζώγρει. Εἶχε δὲ καὶ ἐπίσημον ἐπὶ τῆς ἀσπίδος Ἀγαθῇ τύχῃ. (32) Εἶπε μέντοι τὸν ἐπιτάφιον ἐπὶ τοῖς πεσοῦσι. (33) Μετὰ δὲ ταῦτα πρὸς τὴν ἐπισκευὴν τῆς πόλεως τῇ ἐπιμελείᾳ προσελθών, καὶ τῶν τειχῶν ἐπιμελητὴς χειροτονηθείς, ἀπὸ τῆς ἰδίας οὐσίας εἰσήνεγκε τὸ ἀναλωθὲν ἀργύριον, μνᾶς ἑκατόν· * ἐπέδωκε δὲ καὶ θεωροῖς μυρίας· τριήρους τ᾽ ἐπιβάς, περιέπλευσε τοὺς συμμάχους ἀργυρολογῶν. (34) Ἐφ᾽ οἷς πολλάκις ἐστεφανώθη, πρότερον μὲν ὑπὸ Δημομελοῦς, Ἀριστονίκου, Ὑπερείδου χρυσῷ στεφάνῳ, τελευταῖον δὲ ὑπὸ Κτησιφῶντος· καὶ γραφέντος τοῦ ψηφίσματος παρανόμων ὑπὸ Διοδότου καὶ Αἰσχίνου, ἀπολογούμενος ἐνίκησεν, ὥστε τὸ πέμπτον μέρος τῶν ψήφων τὸν διώκοντα μὴ μεταλαβεῖν. (35) Ὕστερον δ᾽ Ἀλεξάνδρου ἐπὶ τὴν Ἀσίαν στρατευομένου, καὶ φυγόντος Ἁρπάλου μετὰ χρημάτων εἰς Ἀθήνας, τὸ μὲν πρῶτον ἐκώλυσεν αὐτὸν εἰσδεχθῆναι· ἐπειδὴ δ᾽ εἰσέπλευσε, λαβὼν Δαρεικοὺς χιλίους μετετάξατο· βου-

hoc recte facere; esse enim deum *epium* sive mitem. Quo nomine sæpe ei obturbatum est. (21) Sed omnia ista emendavit, quum vacasset Eubulidæ dialectico Milesio. (23) Quum venisset in solemnem conventum apud Olympiam, audivissetque Lamachum Terinæum recitantem Philippi Alexandrique laudationem, Thebanosque et Olynthios perstringentem, contra ad dicendum surrexit, veterumque poetarum testimoniis prolatis de præclaris Thebanorum atque Olynthiorum factis effecit, ut Lamachus porro quiesceret, eque conventu profugeret. (24) Philippus autem iis, qui orationes a Demosthene contra ipsum habitas referebant sibi, respondisse dicitur, *Etiam ipsemet, si audivissem dicentem Demosthenem, bello contra me suspiciendo eum ducem elegissem.* (25) Idem orationes Demosthenis militibus ob vim comparabat : Isocraticas athletis, quod delectationem exhiberent theatricam. (26) Annos natus triginta et septem (a Dexitheo enim supputo usque ad Callimachum, sub quo legatio ab Olynthiis venit auxilium petentibus, quos Philippus bello premebat) suasit ut mitterentur Olynthiis suppetiæ. Anno postero, in quem mors Platonis incidit, Philippus Olynthios subegit. (27) Noverat Demosthenem etiam Xenophon Socratis discipulus, sive incipientem, sive jam florentem : res enim Græcæ ei in Mantinensem pugnam et archontem Chariclidam desinunt ; noster jam ante sub Timocrate tutores reos peregit. (28) Æschinem in exilium proficiscentem a damnatione, equo est persecutus : quumque is se comprehensum iri putans ad pedes ei accidisset capite velato, erexit hominem, consolatusque talento argenti donavit. (29) Auctor fuit populo, ut milites mercenarios in Thaso aleret, et in eam rem navigavit ipse triremibus præfectus. (30) Coemendi frumenti gesto munere, accusatus peculatus, absolutusque est. (31) Quum Philippus Elateam occupasset, ipse etiam cum iis egressus est in bellum, qui ad Chæroneam pugnaturi erant : atque ibi eum ordines deseruisse aiunt, et quum fugientis chlamydem rubus apprehendisset, se convertisse, ac clamavisse, *Vivum cape.* Clypei insigne habuit, *Bona Fortuna.* (32) Orationem tamen funebrem habuit de iis qui tum ceciderunt. (33) Secundum hæc cura ad urbem exornandam conversa, quum publice esset murorum procurator delectus, impensam ei rei pecuniam de sua persolvit pecunia, minas centum : impendit etiam decies mille drachmas iis qui publice ad sacras res conficiendas mittebantur (theoros Græci appellant) ; et conscensa triremi circumvectus, a sociis pecuniam collegit. (34) Itaque ob hæc sæpius coronatus fuit, a Demomele, Aristonico, Hyperide, coronis aureis : tandem a Ctesiphonte. Cujus decretum quum ut contra leges factum accusarent Diodorus et Æschines, ipse defendens vicit : adeo ut actor quintam suffragiorum partem non obtineret. (35) Postea temporis quum Alexander expeditionem in Asiam fecisset, atque Harpalus cum pecunia Athenas fugisset ; initio, ne reciperetur, egit. Sed postquam ille navi advenit, acceptis mille Daricis sententiam mutavit : quumque Harpalum Athe-

λομένων τ' Ἀθηναίων Ἀντιπάτρῳ παραδοῦναι τὸν ἄνθρωπον, ἀντεῖπεν, ἔγραψέ τ' ἀποθέσθαι τὰ χρήματα εἰς
ἀκρόπολιν μηδὲ τῷ δήμῳ τὸν ἀριθμὸν εἰπόντα· (36)
φήσαντος δὲ Ἁρπάλου ἑπτακόσια [τάλαντα συγκα-
5 τακομίσαι τὰ ἀνενεχθέντα εἰς τὴν ἀκρόπολιν, εὑρέθη
τριακόσια] καὶ πεντήκοντα, ἢ ὀλίγῳ πλείονα, ὥς φησι
Φιλόχορος· μετὰ δὲ ταῦτα φυγόντος Ἁρπάλου ἐκ τοῦ
δεσμωτηρίου, ἐν ᾧ ἐφυλάσσετο, μέχρις ἂν ἀφίκηταί
τις παρ' Ἀλεξάνδρου, καὶ πορευθέντος εἰς τὴν Κρή-
10 την, ἢ, ὡς ἔνιοι, ἐπὶ Ταίναρον τῆς Λακωνικῆς, αἰτίαν ἔσχεν ὁ Δημοσθένης δωροδοκίας, καὶ διὰ τοῦτο
μήτε τὸν ἀριθμὸν τῶν ἀνακομισθέντων μεμηνυκὼς,
μήτε τὴν τῶν φυλασσόντων ἀμέλειαν. (37) Εἰσα-
χθεὶς δ' εἰς δικαστήριον ὑπὸ Ὑπερείδου, Πυθέου,
15 Μενεσαίχμου, Ἱμεραίου, Πατροκλέους, οἳ ἐποίησαν καταγνῶναι αὐτοῦ τὴν ἐξ Ἀρείου πάγου βουλὴν,
καὶ ἁλοὺς ἔφυγε, πενταπλασίονα ἀποτῖσαι μὴ δυνάμενος (εἶχε δ' αἰτίαν τριάκοντα τάλαντα λαβεῖν), ἢ,
ὡς ἔνιοι, οὐχ ὑπομείνας τὴν κρίσιν. (38) Μετὰ δὲ τοῦ-
20 τον τὸν χρόνον τῶν Ἀθηναίων Πολύευκτον πεμψάντων
πρεσβευτὴν πρὸς τὸ κοινὸν τῶν Ἀρκάδων, ὥστ' ἀποστῆναι αὐτοὺς τῆς τῶν Μακεδόνων συμμαχίας, καὶ τοῦ
Πολυεύκτου πεῖσαι μὴ δυναμένου, ἐπιφανεὶς Δημοσθένης καὶ συνειπὼν ἔπεισεν. (39) Ἐφ' ᾧ θαυμασθεὶς μετὰ
25 χρόνον τινὰ κάθοδον εὕρατο, ψηφίσματος γραφέντος
[καὶ] τριήρους ἀποσταλείσης. Τῶν δ' Ἀθηναίων ψηφισαμένων εἰς ἃ ὤφειλε τριάκοντα [τάλαντα κοσμῆσαι] αὐτὸν
τὸν βωμὸν τοῦ σωτῆρος Διὸς ἐν Πειραιεῖ, καὶ ἀφεῖ-
σθαι, τοῦτο γράψαντος τὸ ψήφισμα Δήμωνος Παιανιέως,
30 ὃς ἦν ἀνεψιὸς αὐτῷ, πάλιν ἐπὶ τούτοις ἦν πολιτευόμενος. (40) Ἀντιπάτρου δ' εἰς Λάμειαν ὑπὸ τῶν Ἑλλήνων
συγκλεισθέντος, τῶν Ἀθηναίων εὐαγγέλια θυόντων,
πρός τινα τῶν ἑταίρων, Ἀγησίστρατον, ἔφη οὐ τὴν αὐτὴν γνώμην ἔχειν τοῖς ἄλλοις περὶ τῶν πραγμάτων·
35 ἐπίσταμαι γάρ, εἰπεῖν, τοὺς Ἕλληνας στάδιον μὲν
πολεμεῖν καὶ εἰδότας καὶ δυναμένους, δόλιχον δ' οὐκέτι.
(41) Φάρσαλον δὲ ἑλόντος Ἀντιπάτρου καὶ πολιορκή-
σειν ἀπειλοῦντος Ἀθηναίους, εἰ μὴ τοὺς ῥήτορας ἐκδοίη-
σαν, καταλιπὼν ὁ Δημοσθένης τὴν πόλιν ἔφυγε, πρῶτον
40 μὲν εἰς Αἴγιναν ἐπὶ τὸ Αἰάκειον καθεδούμενος, φοβηθεὶς δ' εἰς Καλαυρίαν μετέστη. (42) Ἐκδιδόναι δὲ τοὺς
ῥήτορας τῶν Ἀθηναίων ψηφισαμένων κἀκεῖνον, καθέ-
ζετο ἱκέτης ἐν τῷ τοῦ Ποσειδῶνος ἱερῷ· ἐλθόντος δ' ἐπ'
αὐτὸν Ἀρχίου τοῦ Φυγαδοθήρου ἐπικαλουμένου, ὃς
45 παρέβαλεν Ἀναξιμένει τῷ ῥήτορι, καὶ πείθοντος αὐτὸν
ἀναστῆναι, ὡς φίλον Ἀντιπάτρῳ γενησόμενον, εἶπεν
ὅτι Οὔτε, ὅτε ἐτραγῴδεις, ἔπειθές με, οὔτε νῦν πείσεις
συμβουλεύων· (43) τοῦ δ' ἐπιχειροῦντος βιάζεσθαι, ἐκώλυσαν αὐτὸν οἱ κατὰ τὴν πόλιν· καὶ Δημοσθένης ἔφη· Οὐ
50 σωτηρίας δεόμενος κατέφυγον εἰς Καλαυρίαν, ἀλλ' ὡς
ἐλέγξων Μακεδόνας καὶ (κα)τὰ τῶν θεῶν βιασομένους·
(44) αἰτήσας τε γραμματεῖον, ἔγραψεν, * ὡς μὲν Δημήτριος ὁ Μάγνης φησὶ, τὸ ἐπὶ τῆς εἰκόνος αὐτοῦ ἐλεγεῖον,
ἐπιγεγραμμένον ὑπὸ τῶν Ἀθηναίων ὕστερον·

nienses dedere Antipatro statuissent, reclamavit : pecuniam-
que promulgato decreto in arce deponi jussit, summa populo
non indicata : (36) sed quum Harpalus dixisset se septin-
genta [talenta ex Asia detulisse eaque in arce esse deposita,
inventa sunt trecenta] et quinquaginta aut non multo plura
talenta, ut est apud Philochorum : post quum e carcere pro-
fugisset Harpalus, in quo tantisper asservandus fuerat, donec
aliquis ab Alexandro veniret, ac se in Cretam, vel Tænarum
Laconiæ (nam et hoc quidam dicunt) contulisset; vitio datum est Demostheni, quod muneribus se passus corrumpi,
neque numerum relatæ pecuniæ edidisset, neque custodum
incuriam indicasset. (37) Itaque in judicium pertractus ab
Hyperide, Pythea, Menesæchmo, Himeræo, Patrocle, a
concilio Areopagitico damnatus in exilium abiit, quum
quintuplum persolvere non posset : etenim triginta talenta
accepisse culpabatur : alii eum subire judicii aleam noluisse
dicunt. (38) Secundum hanc tempestatem, quum Athenienses Polyeuctum ad rempublicam Arcadum misissent legatum, ut eos a societate Macedonum abstraheret, isque
persuadere iis nequiret, supervenit Demosthenes, patroci-
nansque causæ civium persuasit. (39) Hoc ei admirationem
peperit : et aliquanto post tempore decreto populi et missa
triremi est revocatus in patriam. Deinde quum Athenienses, Damone Pæaniensi, consobrino Demosthenis, auctore,
scivissent ut culpa solveretur, modo de triginta quæ debebat talentis exornaret aram Jovis Servatoris in Piræeo, hoc
pacto ad rempublicam rediit. (40) Ceterum Antipatro in
Lamiam a Græcis concluso, et Atheniensibus ob faustum
nuncium sacrificantibus, cuidam sociorum, Agesistrato,
dixit *se de rebus hisce non idem cum ceteris sentire; scire
enim se, Græcos stadium conficere belligerando posse,
dolichum non posse.* (41) Ut Antipater Pharsalo capta mi-
natus est se Athenas obsessurum, nisi oratores dederent;
urbe relicta Demosthenes fugit, primum Æginam, ut in
Æaci templo sessurus; deinde metu compulsus, in Calauriam transiit : (42) quumque decrevissent Athenienses una
cum aliis oratoribus ipsum quoque esse dedendum, supplex in fano Neptuni desedit. Ubi eo venit Archias, qui a
conquirendis ad supplicium exsulibus nomen Phygadotheræ
invenit, discipulusque fuit Anaximenis oratoris, suasitque
ut progrederetur, amicus Antipatro futurus, *Neque ante,
inquit, tragœdias agens mihi quæ agebas persuasisti,
neque nunc consulendo persuadebis.* (43) Quumque vim
Archias moliretur, prohibuere oppidani : Demosthenes autem
dixit, *Non salutis cupiditate Calauriam confugi : verum
ut demonstrarem etiam sacrosancta a Macedonibus vio-
latum iri.* (44) Poposcit deinde tabellam; eique, si De-
metrio Magneti credimus, inscripsit elegiacum hoc, quod
postmodo ipsius simulacro inscribi curavere Athenienses :
cujus hæc est sententia :

Εἴπερ ἴσην ῥώμην γνώμῃ, Δημόσθενες, ἔσχες,
     οὔποτ' ἂν Ἑλλήνων ἦρξεν Ἄρης Μακεδών.

(45) Κεῖται δὲ [ἡ] εἰκὼν πλησίον τοῦ περισχοινίσματος καὶ τοῦ βωμοῦ τῶν δώδεκα θεῶν, ὑπὸ Πολυεύκτου πεποιημένη. (46) Ὡς δ' ἔνιοί φασι, τοῦτο εὑρέθη γεγραμμένον· «Δημοσθένης Ἀντιπάτρῳ χαίρειν.» (47) Ἀποθανεῖν δ' αὐτὸν Φιλόχορος μέν φησι φάρμακον πιόντα· Σάτυρος δὲ ὁ συγγραφεὺς, τὸν κάλαμον πεφαρμάχθαι, ᾧ γράφειν ἤρξατο τὴν ἐπιστολὴν, οὗ γευσάμενον ἀποθανεῖν· (48) Ἐρατοσθένης δὲ, ἐκ πολλοῦ δεδοικότα Μακεδόνας, περὶ τῷ βραχίονι κρίκον περικεῖσθαι πεφαρμαγμένον· εἰσὶ δ' οἵ φασι, συσχόντα αὐτὸν τὸ πνεῦμα ἀποθανεῖν· οἱ δ' εἶπον, τοῦ κατὰ τὴν σφραγῖδα φαρμάκου γευσάμενον. (49) [Ἐβίω δὲ, ὡς μὲν οἱ τὰ πλείω λέγουσιν, ἔτη ἑβδομήκοντα· ὡς δὲ οἱ τὰ ἐλάττω, ἑπτὰ καὶ ἑξήκοντα. Ἐπολιτεύσατο] δὲ δύο καὶ εἴκοσιν. (50) Ἡνίκα δὲ Φίλιππος ἐτεθνήκει, λαμπρὰν ἐσθῆτα προῆλθεν ἔχων, καίτοι τῆς θυγατρὸς αὐτοῦ νεωστὶ τετελευτηκυίας, ἐφηδόμενος τῷ τοῦ Μακεδόνος θανάτῳ. (51) Συνήργησε [δὲ] καὶ Θηβαίοις πρὸς Ἀλέξανδρον πολεμοῦσι, καὶ τοὺς ἄλλους Ἕλληνας ἐπέρρωσεν ἀεί· διόπερ Θήβας κατασκάψας, ἐξῄτει παρ' Ἀθηναίων Ἀλέξανδρος αὐτὸν, ἀπειλῶν, εἰ μὴ δοίησαν. (52) Στρατευομένῳ δ' αὐτῷ ἐπὶ Πέρσας καὶ αἰτοῦντι ναυτικὸν παρ' Ἀθηναίων, ἀντεῖπεν, ἄδηλον εἰπὼν, εἰ οὐ κατὰ τῶν παρασχόντων χρήσεται. (53) Κατέλιπε δὲ δύο παῖδας ἐκ μιᾶς γυναικὸς τῶν εὐδοκίμων, Ἡλιοδώρου τινὸς θυγατρός· θυγατέρα δὲ μίαν ἔσχεν, ἣ παῖς ἔτι οὖσα, πρὸ γάμου ἐτελεύτησεν· εἶχε δὲ καὶ ἀδελφὴν, ἐξ ἧς καὶ Λάχου Λευκονοέως ἀδελφιδοῦς αὐτῷ Δημοχάρης ἐγένετο, ἀνὴρ καὶ κατὰ πόλεμον ἀγαθὸς, καὶ κατὰ τοὺς πολιτικοὺς λόγους οὐδενὸς χείρων. (54) Ἔστι δ' αὐτοῦ εἰκὼν ἐν τῷ πρυτανείῳ εἰσιόντων πρὸς τὴν ἑστίαν δεξιᾷ [ὁ πρῶτος] περιεζωσμένος ἅμα τῷ ἱματίῳ καὶ ξίφος· οὕτω γὰρ δημηγορῆσαι λέγεται, ἡνίκα Ἀντίπατρος ἐξῄτει τοὺς ῥήτορας. (55) Χρόνῳ δὲ ὕστερον Ἀθηναῖοι σίτησίν τ' ἐν πρυτανείῳ τοῖς συγγενέσι τοῦ Δημοσθένους ἔδοσαν, καὶ αὐτῷ τετελευτηκότι τὴν εἰκόνα ἀνέθεσαν ἐν ἀγορᾷ, ἐπὶ Γοργίου ἄρχοντος, αἰτησαμένου αὐτῷ τὰς δωρεὰς τοῦ ἀδελφιδοῦ Δημοχάρους· (56) ᾧ καὶ αὐτῷ πάλιν ὁ υἱὸς Λάχης Δημοχάρους Λευκονοεὺς ᾐτήσατο δωρεὰς, ἐπὶ Πυθαράτου ἄρχοντος, δεκάτῳ ὕστερον ἔτει, εἰς τὴν τῆς εἰκόνος στάσιν ἐν ἀγορᾷ, καὶ σίτησιν ἐν πρυτανείῳ, αὐτῷ τε καὶ ἐγγόνων ἀεὶ τῷ πρεσβυτάτῳ, καὶ προεδρίαν ἐν ἅπασι τοῖς ἀγῶσι· (57) καὶ ἔστι τὰ ψηφίσματα ὑπὲρ ἀμφοτέρων ἀναγεγραμμένα· ἡ δ' εἰκὼν τοῦ Δημοχάρους εἰς τὸ πρυτανεῖον μετεκομίσθη, περὶ ἧς προείρηται. (58) Φέρονται δ' αὐτοῦ λόγοι γνήσιοι ἑξήκοντα πέντε. (59) Φασὶ δέ τινες, καὶ ἀσώτως αὐτὸν βιῶναι, γυναικείαις τ' ἐσθῆσι χρώμενον, καὶ κωμάζοντα ἑκάστοτε, ὅθεν Βάταλον ἐπικληθῆναι· οἱ δὲ ὑποκοριστικῶς ἀπὸ τοῦ ὀνόματος τῆς τροφοῦ λέγουσιν αὐτὸν οὕτω λελοιδορῆσθαι. (60) Διογένης δὲ ὁ κύων θεασάμενος αὐ-

Si tibi vis animo, Demosthenes, æqua fuisset,
     non Macetum ferret Græcia victa jugum.

(45) Situm est illud simulacrum prope septum et aram duodecim deorum, a Polyeucto factum. (46) Alii hoc aiunt fuisse scriptum inventum, *Demosthenes Antipatro salutem.* (47) Mortuum eum esse tradit Philochorus epoto veneno : Satyrus autem historiarum scriptor, veneno imbutum fuisse calamum, quo scribere epistolam cœperit, eoque gustato ipsum periisse : (48) Eratosthenes, jam pridem sibi a Macedonibus metuentem, armillam veneno infectam gestasse circa brachium. Sunt qui dicant contento spiritu mortem sibi parasse : alii, venenum hausisse, quod in sigillo habebat. (49) Vixit, ut qui plurimum dicunt, septuaginta annos; ut qui minimum, septem supra sexaginta. Rempublicam tractavit duo et viginti. (50) Mortuo Philippo, nitida indutus veste prodiit in publicum, gaudens morte istius : quanquam ipse nuper filiam amiserat. (51) Thebanis quoque contra Alexandrum bellantibus adjumento fuit, ac reliquos Græcos subinde animavit. Itaque Alexander quum Thebas everteret, hunc ab Atheniensibus postulavit, additis, nisi dederent, minis. (52) Huic in Persas ducenti et navale subsidium petenti ab Atheniensibus, Demosthenes contradixit; *incertum esse* inquiens, *an non contra præbentes id usurus eo esset.* (53) Duos reliquit filios ex una uxore, Heliodori cujusdam probati civis filia. Unicam habuit filiam, quæ puella, antequam nuberet, e vivis excessit. Soror etiam illi fuit, ex qua et Lachete Leuconoensi consobrinus ipsi natus est Demochares, vir et bellicis rebus probatus et orationibus civilibus nemini secundus. (54) Statua ei posita in Prytaneo exstat, ad dextram introitus partem prima, non tantum tunica, sed etiam gladio accincta : hoc enim habitu concionatus dicitur, quo tempore Antipater oratores ut dederentur postulavit. (55) Postea temporis Athenienses cognatis Demosthenis alimenta in Prytaneo dederunt, ipsique mortuo statuam quæ est in foro posuerunt, Gorgia archonte ; quum hos honores ei flagitasset Demochares sorore ipsius natus. (56) Cui et ipsi filius Laches Democharis Leuconoensis dona impetravit, decennio post, Pytharato archonte : nempe ut statua in foro poneretur ; ut tam ipse, quam posterorum semper qui natu maximus esset, cibum in Prytaneo haberent, primamque sessionem in omnibus certaminum spectaculis. (57) Hæc de utrisque decreta infra perscripta leges. Statua Democharis, quam memoravimus, in Prytaneum est translata e foro. (58) Feruntur orationes Demosthenis germanæ sexaginta et quinque. (59) Quidam eum et impudice victitasse narrant, et vestitu usum subinde muliebri, ac comessationibus ; unde *Batalus* fuerit cognominatus : alii diminutive a nutricis nomine ferunt sic per contumeliam vocatum. (60) Diogenes, qui Canis usurpatus fuit, quum eum aliquando

τόν ποτ' ἐν καπηλείῳ αἰσχυνόμενον καὶ ὑποχωροῦντα, εἶπεν, Ὅσῳ μᾶλλον ὑποχωρεῖς, τοσούτῳ μᾶλλον ἐν τῷ καπηλείῳ ἔσῃ. (61) Ἔλεγε δ' αὐτὸν παρασκώπτων ἐν μὲν τοῖς λόγοις Σκύθην εἶναι, ἐν δὲ ταῖς μάχαις ἀστικόν. (62) Ἔλαβε καὶ παρὰ Ἐφιάλτου χρυσίον, ἑνὸς τῶν δημαγωγῶν, ὃς πρεσβεύσας πρὸς βασιλέα χρήματα φέρων ἧκε λάθρα, ὅπως διανείμας τοῖς δημαγωγοῖς, τὸν πρὸς Φίλιππον ἐξάψῃ πόλεμον· καὶ ἰδίᾳ αὐτὸν δωροδοκῆσαι παρὰ βασιλέως φασὶ * δαρεικοὺς τρισχιλίους. (63) Ἀναξίλαν δέ τινα Ὠρείτην, ξένον αὐτοῦ γεγονότα, συλλαβὼν ἐβασάνιζεν ὡς κατάσκοπον, οὐδὲν δ' ἐξειπόντα ἐψηφίσατο τοῖς ἕνδεκα παραδοῦναι. (64) Λέγειν δέ ποτε κωλυόμενος ὑπ' Ἀθηναίων ἐν ἐκκλησίᾳ, βραχὺ ἔφη βούλεσθαι πρὸς αὐτοὺς εἰπεῖν· τῶν δὲ σιωπησάντων, « Νεανίας, εἶπε, θέρους ὥρᾳ ἐμισθώσατο ἐξ ἄστεος ὄνον Μεγάραδε· μεσούσης δὲ τῆς ἡμέρας, καὶ σφοδρῶς φλέγοντος τοῦ ἡλίου, ἑκάτερος αὐτῶν ἐβούλετο ὑποδύεσθαι ὑπὸ τὴν σκιάν· εἶργον δ' ἀλλήλους, ὁ μὲν μεμισθωκέναι τὸν ὄνον, οὐ τὴν σκιάν, λέγων· ὁ δὲ μεμισθωμένος, τὴν πᾶσαν ἔχειν ἐξουσίαν· » καὶ ταῦτ' εἰπὼν, ἀπῄει. (65) Τῶν δ' Ἀθηναίων ἐπισχόντων, καὶ δεομένων πέρας ἐπιθεῖναι [τῷ λόγῳ], « Εἶθ' ὑπὲρ μὲν ὄνου σκιᾶς, ἔφη, βούλεσθε ἀκούειν, λέγοντος δὲ ὑπὲρ σπουδαίων πραγμάτων οὐ βούλεσθε; » (66) Πώλου δέ ποτε τοῦ ὑποκριτοῦ πρὸς αὐτὸν εἰπόντος, ὅτι δυσὶν ἡμέραις ἀγωνισάμενος τάλαντον λάβοι μισθὸν, Ἐγὼ δὲ, εἶπε, πέντε τάλαντα, μίαν ἡμέραν σιωπήσας. (67) Παραφθαρεὶς δὲ τὴν φωνὴν ἐν ἐκκλησίᾳ καὶ θορυβηθείς, τοὺς ὑποκριτὰς ἔφη δεῖν κρίνειν ἐκ τῆς φωνῆς, τοὺς δὲ ῥήτορας ἐκ τῆς γνώμης. (68) Ὀνειδίσαντος δ' αὐτὸν Ἐπικλέους, ὅτι ἀεὶ σκέπτοιτο, Αἰσχυνοίμην γὰρ [ἂν], εἶπεν, εἰ τηλικούτῳ δήμῳ συμβουλεύων αὐτοσχεδιάζοιμι. (69) Ἱστοροῦσι δὲ ὡς οὐδὲ λύχνον ἔσβεσεν, ἄχρι πεντήκοντα ἐτῶν ἐγένετο, διακριβῶν τοὺς λόγους. Αὐτὸς δέ φησιν ὑδροποσίᾳ χρήσασθαι. (70) Ἔγνω δ' αὐτὸν καὶ Λυσίας ὁ ῥήτωρ, καὶ Ἰσοκράτης εἶδε πολιτευόμενον ἄχρι τῆς ἐν Χαιρωνείᾳ μάχης, καί τινες τῶν Σωκρατικῶν φιλοσόφων. (71) Τοὺς δὲ πλείστους λόγους εἶπεν αὐτοσχεδιάσας, εὖ πρὸς αὐτὸ πεφυκώς. (72) Πρῶτος δ' ἔγραψε στεφανωθῆναι αὐτὸν χρυσῷ στεφάνῳ Ἀριστόνικος Νικοφάνους Ἀναγυράσιος, ὑπωμόσατο δὲ Διώνδας.

Θ'. ΥΠΕΡΕΙΔΗΣ.

Ι. Ὑπερείδης Γλαυκίππου μὲν ἦν πατρὸς τοῦ Διονυσίου, τὸν δὲ δῆμον Κολλυτεύς. (2) Ἔσχε δὲ υἱὸν ὁμώνυμον τῷ πατρὶ Γλαύκιππον, ῥήτορα καὶ λόγους συγγράψαντα· οὗ πάλιν Ἀλφίνους ἐγένετο. (3) Ἀκροατὴς δὲ Πλάτωνος γενόμενος τοῦ φιλοσόφου ἅμα Λυκούργῳ καὶ Ἰσοκράτους τοῦ ῥήτορος, ἐπολιτεύσατο Ἀθήνησι, καθ' ὃν χρόνον Ἀλέξανδρος τῶν Ἑλληνικῶν ἥπτετο πραγμάτων· (4) καὶ περὶ τῶν στρατηγῶν ὧν ᾔτει παρ' Ἀθηναίων, ἀντεῖπε, καὶ περὶ τῶν τριήρων

---

in caupona conspexisset, pudore commoto et intro recedenti, *Quanto magis*, inquit, *intro te recipies, tanto magis in caupona eris.* (61) Eundem salse cavillans, *in orationibus* aiebat *esse Scytham, in præliis urbanum.* (62) Accepit etiam ab Ephialte aurum, uno popularium oratorum, qui legatus ad regem Persarum missus, clam attulerat pecuniam, qua inter oratores Athenienses distributa, horum opera bellum contra Philippum inflammaret : ac Demosthenem a rege nominatim dono Daricorum ter mille corruptum autumant. (63) Anaxilam Oriten hospitem suum comprehendit, et ut exploratorem torsit : nihilque confitentem, Undecimviris tradi, facto decreto, jussit. (64) Quum aliquando in concione Athenienses eum non sinerent orare, breve quippiam se iis velle dicere professus est; factoque silentio ita est fatus : *Adolescens quidam æstate asinum conduxit ex astu Megaram, eo usurus. Meridie quum solis æstus esset vehemens, tam ipse, quam asini dominus in umbra jumenti cubare volentes, alter alterum pellebat, quum dominus non umbram a se, sed asinum esse locatum; conductor in sua potestate esse omnia contenderet.* His dictis ille abire cœpit. (65) Atheniensibus autem retinentibus, utque orationem pertexeret rogantibus, *Ergo*, inquit, *de asini umbra audire vultis, de rebus seriis disserentem audire recusatis?* (66) Polo histrioni aliquando dicenti ad ipsum, *bidui certamine se talentum pro mercede retulisse*, respondit, *Ego quinque talentis unius diei silentium vendidi.* (67) Aliquando in concione voce ipsum deficiente quum obturbaretur, *de histrionibus,* dixit, *e voce, de oratoribus e sententia judicium esse petendum.* (68) Exprobranti continentem meditationem Epicli, *Ego vero*, inquit, *dedecori hoc ducerem, si tanto populo consulens aliquid subito ad animum mihi allapsum pronunciarem.* (69) Lucernam ab eo nunquam exstinctam perhibent, ad annum ætatis quinquagesimum, orationes summa cura elaborante. Ipse ait se aqua usum ad potum. (70) Novit eum etiam Lysias orator, et Isocrates in republica versantem vidit usque ad pugnam Chæronensem, et quidam Socraticorum philosophorum. (71) Plerasque orationes ex tempore dixit, a natura ad hoc factus. (72) Primus de eo aurea corona donando retulit Aristonicus Nicophanis filius Anagyrasius : quanquam Diondas jurejurando dato intercessit.

IX. HYPERIDES.

1. Hyperides Glaucippi filius, Dionysii nepos, de populo Collytensi fuit. (2) Habuit filium cognominem avo Glaucippum oratorem, qui etiam orationes conscripsit, filiumque habuit Alphinoum. (3) Sed Hyperides quum fuisset Platonis philosophi auditor, una cum Lycurgo, et Isocratis oratoris, Athenis rempublicam gessit, quo tempore Alexander res Græcas est aggressus : (4) cui etiam postulanti prætores Atheniensium, et triremes, dicendo restitit. Consilium

συνεβούλευσε δὲ καὶ τὸ ἐπὶ Ταινάρῳ ξενικὸν μὴ διαλῦ-
σαι, οὗ Χάρης ἡγεῖτο, εὐνόως πρὸς τὸν στρατηγὸν διακείμενος. (5) Τὸ δὲ πρῶτον μισθοῦ δίκας ἔλεγε. Δόξας δὲ κεκοινωνηκέναι τῶν Περσικῶν χρημάτων
5 Ἐφιάλτῃ, τριήραρχός τε αἱρεθείς, ὅτε Βυζάντιον ἐπο-
λιόρκει Φίλιππος, βοηθὸς Βυζαντίοις ἐκπεμφθείς, κατὰ
τὸν ἐνιαυτὸν τοῦτον ὑπέστη χορηγῆσαι, τῶν ἄλλων
λειτουργίας πάσης ἀφειμένων. (6) Ἔγραψε δὲ καὶ
Δημοσθένους τιμάς, καὶ τοῦ ψηφίσματος ὑπὸ Διώνδα
10 παρανόμων γραφέντος, ἀπέφυγε. (7) Φίλος δ’ ὢν τοῖς
περὶ Δημοσθένη καὶ Λυσικλέα καὶ Λυκοῦργον, οὐκ
ἐνέμεινε μέχρι τέλους· ἀλλ’ ἐπεὶ Λυσικλῆς μὲν καὶ
Λυκοῦργος ἐτεθνήκεισαν, Δημοσθένης δὲ ὡς παρὰ Ἁρπάλου δωροδοκήσας ἐκρίνετο, προχειρισθεὶς ἐξ ἁπάν-
15 των (μόνος γὰρ ἔμεινεν ἀδωροδόκητος), κατηγόρησεν
αὐτοῦ. (8) Κριθεὶς δὲ ὑπὸ τοῦ Ἀριστογείτονος παρανόμων ἐπὶ τῷ γράψαι μετὰ Χαιρώνειαν τοὺς μετοί-
κους πολίτας ποιήσασθαι, * τοὺς δὲ δούλους ἐλευθέρους,
ἱερὰ δὲ καὶ παῖδας καὶ γυναῖκας εἰς τὸν Πειραιᾶ ἀποθέ-
20 σθαι, ἀπέφυγεν. (9) Αἰτιωμένων δέ τινων αὐτὸν ὡς
παριδόντα πολλοὺς νόμους ἐν τῷ ψηφίσματι, Ἐπεσκό-
τει, ἔφη, μοι τὰ Μακεδόνων ὅπλα, [καὶ] οὐκ ἐγὼ τὸ
ψήφισμα ἔγραψα, ἢ δ’ ἐν Χαιρωνείᾳ μάχη. (10) Μετὰ
μέντοι τοῦτο νεκρῶν ἔδωκεν ἀναίρεσιν ὁ Φίλιππος φο-
25 6ηθείς, πρότερον οὐ δοὺς τοῖς ἐλθοῦσιν ἐκ Λεβαδίας
κήρυξιν. (11) Ὕστερον δὲ μετὰ τὰ περὶ Κράνωνα
συμβάντα ἐξαιτηθεὶς ὑπ’ Ἀντιπάτρου, καὶ μέλλων ἐκ-
δίδοσθαι ὑπὸ τοῦ δήμου, ἔφυγεν ἐκ τῆς πόλεως εἰς Αἴγιναν, ἅμα τοῖς κατεψηφισμένοις· καὶ συμβαλὼν Δη-
30 μοσθένει καὶ περὶ τῆς διαφορᾶς ἀπολογησάμενος,
ἀπαλλαγεὶς ἐκεῖθεν, ὑπ’ Ἀρχίου τοῦ Φυγαδοθήρου
ἐπικληθέντος, Θουρίου μὲν τὸ γένος, ὑποκριτοῦ δὲ τὰ
πρῶτα, τότε δὲ τῷ Ἀντιπάτρῳ βοηθοῦντος, ἐλήφθη
πρὸς βίαν ἐν τῷ ἱερῷ τοῦ Ποσειδῶνος, ἐχόμενος ἀγάλ-
35 ματος· (12) καὶ ἀχθεὶς πρὸς Ἀντίπατρον εἰς Κόρινθον, ἔπειτα βασανιζόμενος, διέφαγε τὴν γλῶτταν,
ὥστε μηδὲν ἐξειπεῖν τῶν τῆς πόλεως ἀπορρήτων δυνη-
θῆναι· καὶ οὕτως ἐτελεύτησε, Πυανεψιῶνος ἐνάτῃ ἱσταμένου. (13) Ἕρμιππος δέ φησιν, αὐτὸν γλωττοτο-
40 μηθῆναι εἰς Μακεδονίαν ἐλθόντα καὶ ῥιφῆναι ἄταφον,
Ἀλφίνουν δέ, ἀνεψιὸν ὄντα αὐτῷ, ἤ, ὥς τινες, Γλαυκίππου (τινὸς) τὸν υἱὸν διὰ Φιλοπείθους τινὸς ἰατροῦ
λαβόντα ἐξουσίαν τοῦ σώματος, καῦσαι αὐτόν, καὶ τὰ
ὀστᾶ κομίσαι εἰς Ἀθήνας τοῖς προσήκουσι, παρὰ τὰ
45 [τῶν] Ἀθηναίων καὶ Μακεδόνων δόγματα· οὐ μόνον
γὰρ κελεῦσαι αὐτοὺς φυγεῖν, ἀλλὰ μηδ’ ἐν τῇ οἰκείᾳ
ταφῆναι. (14) Οἱ δ’ ἐν Κλεωναῖς ἀποθανεῖν αὐτὸν λέγουσιν, ἀπαχθέντα μετὰ τῶν ἄλλων, ὅπου γλωττοτο-
μηθῆναι καὶ διαφθαρῆναι ὃν προείρηται τρόπον· τοὺς
50 δ’ οἰκείους τὰ ὀστᾶ λαβόντας, θάψαι τε ἅμα τοῖς γονεῦσι πρὸ τῶν Ἱππάδων πυλῶν, ὥς φησιν Ἡλιόδωρος
ἐν τῷ τρίτῳ περὶ Μνημάτων. (15) Νυνὶ δὲ κατερήρει-
πται τὸ μνῆμα, καὶ ἔστιν ἄδηλον. (16) Πάντων δὲ
κατὰ τὴν δημηγορίαν διενεγκεῖν λέγεται· τέτακται δὲ

etiam dedit de non dimittendo mercenariorum militum
praesidio, quod erat Taenaro impositum, duce Charete,
idque visus fuit facere ob benevolentiam, qua eorum ducem
complectebatur. (5) Initio mercede conductus causas ora-
vit. Creditus est cum Ephialte particeps fuisse regiarum
pecuniarum : igitur triremes exornare jussus suffragiis populi, quo tempore Philippus Byzantium oppugnavit, missus
ad ferendam ei urbi opem, illo anno sustinuit chorum suis
sumtibus instruere, quum alii omni publico ministerio so-
luti essent. (6) Rogationem etiam tulit de honoribus Demostheni deferendis : quumque illud decretum Diondas
ut contra leges factum intercessione jurata impugnaret,
absolutus est. (7) In amicitia Demosthenis, *Nausiclis* et
Lycurgi non usque ad finem permansit. Nam, his duobus
vita defunctis, Demosthene in jus vocato quod ab Harpalo
corruptus pecunia diceretur, ex omnibus ipse designatus
(solus enim corruptelam non admiserat), eum accusavit.
(8) Postulatus violatarum legum, quod post pugnam Chae-
roneae commissam lege promulgata jussisset inquilinos in
civium numerum referri, servos libertate donari, sacra,
liberos et uxores in Piraeum deponi, absolutus est : (9)
ac quibusdam culpantibus, quod eo in decreto multas leges quasi non videns eas praeterivisset, *arma*, respondit,
*Macedonum sibi tenebras offudisse; neque a se id de-
cretum, sed a Chaeronensi pugna fuisse confectum.* (10)
Tamen Philippus postmodo corpora tolli caesorum permisit
metu ipsi illato, quum id antea *profectis a Lebadia legatis*
denegasset. (11) Denique post cladem ad Cranonem acceptam quum postularetur ab Antipatro, populusque eum
esset dediturus, una cum aliis damnatis Aeginam ex astu
profugit : congressusque cum Demosthene purgavit se de
dissensione. Inde profectus, ab Archia (qui cognomento
Phygadotheras, Thurius patria, olim histrio, tunc Antipatro inserviebat) in templo Neptuni (Hermionensi) comprehensus, et vi a simulacro quod complectebatur abreptus,
(12) ad Antipatrum est Corinthum perductus : ibi inter tormenta quaestionis linguam suam dentibus concidit, ne
quod patriae arcanum posset eloqui. Itaque mortuus est,
mensis Pyanepsionis nona die. (13) Hermippus ait, eum
quum in Macedoniam esset perlatus, lingua fuisse mutila-
tum, insepultumque abjectum : sed Alphinoum, consobrinum ejus, sive, ut alii, filium Glaucippi, opera Philopithis
cujusdam medici, corpore oratoris potitum, id cremasse, ossaque Athenas ad cognatos pertulisse, contra et Atheniensium
et Macedonum edicta : nam non exilium modo ei imperave-
rant, sed etiam vetabant ne in patria sepeliretur. (14) Alii
apud Cleonas eum aiunt, eo cum aliis abductum, lingua trun-
catum periisse, eo quo dictum est modo : cognatos autem
ossa abstulisse, atque humavisse juxta parentum reliquias,
ante portam Hippadem sive equestrem : auctor Heliodo-
rus [Diodorus?] libro de Monumentis tertio. (15) Nunc
illud monumentum ignotum est vetustate collapsum. (16)
In dicendo ad populum fertur omnibus aliis praestitisse.

ὑπ᾽ ἐνίων πρὸ Δημοσθένους. (17) Φέρονται δ᾽ αὐτοῦ
λόγοι ἑβδομήκοντα ἑπτά, ὧν γνήσιοί εἰσι πεντήκοντα
δύο. (18) Ἐγένετο δὲ καὶ πρὸς τὰ ἀφροδίσια καταφερής, ὡς ἐκβαλεῖν μὲν τὸν υἱόν, εἰσαγαγεῖν δὲ Μυρρί-
νην, τὴν πολυτελεστάτην ἑταίραν· ἐν Πειραιεῖ δ᾽ ἔχειν
Ἀρισταγόραν· ἐν Ἐλευσῖνι δ᾽ ἐν τοῖς ἰδίοις κτήμασι
Φίλτην Θηβαίαν, εἴκοσι μνῶν λυτρωσάμενος. (19)
Ἐποιεῖτό τε τὸν περίπατον ἐν τῇ ἰχθυοπώλιδι ὁσημέραι. (20) Ὡς εἰκὸς δέ, καὶ δίκῃ Φρύνῃ τῇ ἑταίρᾳ
ἀσεβεῖν κρινομένῃ συνεξητάσθη· αὐτὸς γὰρ τοῦτο ἐν
ἀρχῇ τοῦ λόγου δηλοῖ· μελλούσης δ᾽ αὐτῆς ἁλίσκεσθαι,
παραγαγὼν εἰς μέσον καὶ περιρρήξας τὴν ἐσθῆτα, ἐπέ-
δειξε τὰ στέρνα τῆς γυναικός· καὶ τῶν δικαστῶν εἰς
τὸ κάλλος ἀπιδόντων, ἀφείθη. (21) Συνετίθει δὲ ἡσυχῇ
κατὰ τοῦ Δημοσθένους ἐγκλήματα, ὡς καὶ φωραθῆναι·
νοσοῦντος γὰρ τοῦ Ὑπερείδου, ἥκοντα εἰς τὴν οἰκίαν
τὸν Δημοσθένη ὡς ἐπισκεψόμενον, καταλαβεῖν κατέχοντα τὸ κατ᾽ αὐτοῦ βιβλίον· τούτου δ᾽ ἀγανακτοῦν-
τος, εἶπε· Φίλον μὲν ὄντα οὐδὲν λυπήσει, ἐχθρὸν δὲ
γενόμενον κωλύσει τι κατ᾽ ἐμοῦ πρᾶξαι. (22) Ἐψηφίσατο δὲ [καὶ τιμὰς] Ἰόλᾳ τῷ δο[κοῦ]ντι Ἀλεξάνδρῳ
τὸ φάρμακον δοῦναι. (23) Ἐκοινώνησε δὲ καὶ Λεω-
σθένει τοῦ Λαμιακοῦ πολέμου, καὶ ἐπὶ τοῖς πεσοῦσιν
εἶπε τὸν ἐπιτάφιον θαυμασίως. (24) Φιλίππου δὲ
πλεῖν ἐπ᾽ Εὐβοίας παρεσκευασμένου, καὶ τῶν Ἀθηναίων εὐλαβῶς ἐχόντων, τεσσαράκοντα τριήρεις ἤθροι-
σεν ἐξ ἐπιδόσεως, καὶ πρῶτος ὑπὲρ αὐτοῦ καὶ τοῦ παιδὸς ἐπέδωκε δύο τριήρεις. (25) Συστάντος δὲ πρὸς
Δηλίους ἀμφισβητήματος, ποτέρους δεῖ προΐστασθαι
τοῦ ἱεροῦ, αἱρεθέντος Αἰσχίνου συνειπεῖν, ἡ ἐξ Ἀρείου
πάγου βουλὴ Ὑπερείδην ἐχειροτόνησεν· καὶ ἔστιν ὁ
λόγος Δηλιακὸς ἐπιγεγραμμένος. (26) Ἐπρέσβευσε δὲ
καὶ πρὸς Ῥοδίους. Ἡκόντων δὲ καὶ παρὰ Ἀντιπάτρου
πρέσβεων, ἐπαινούντων τὸν Ἀντίπατρον ὡς χρηστόν,
ἀπαντήσας αὐτοῖς εἶπεν· Οἴδαμεν ὅτι χρηστὸς ὑπάρχει, ἀλλ᾽ ἡμεῖς γ᾽ οὐ δεόμεθα χρηστοῦ δεσπότου.
(27) Λέγεται δ᾽ ἄνευ ὑποκρίσεως δημηγορῆσαι,
καὶ μόνον διηγεῖσθαι τὰ πραχθέντα, καὶ τούτοις οὐκ ἐνοχλεῖν τοὺς δικαστάς. (28) Ἐπέμφθη δὲ
καὶ πρὸς Ἠλείους ἀπολογησόμενος ὑπὲρ Καλλίππου
τοῦ ἀθλητοῦ, ἔχοντος αἰτίαν φθεῖραι τὸν ἀγῶνα· καὶ
ἐνίκησε. (29) Γραψάμενος δὲ καὶ τὴν Φωκίωνος δωρεάν, ἣν εἶπε Μειδίας Μειδίου Ἀναγυράσιος ἐπὶ Ξε-
νίου ἄρχοντος, Γαμηλιῶνος ἑβδόμῃ φθίνοντος, ἡττήθη.

Γʹ. ΔΕΙΝΑΡΧΟΣ.

1. Δείναρχος Σωκράτους, ἢ Σωστράτου, ὡς μέν τινες, ἐγχώριος, ὡς δέ τισι δοκεῖ, Κορίνθιος, ἀφικόμενος
εἰς Ἀθήνας ἔτι νέος, καθ᾽ ὃν χρόνον Ἀλέξανδρος ἐπῄει
τὴν Ἀσίαν, κατοικήσας αὐτόθι, ἀκροατὴς μὲν ἐγένετο
Θεοφράστου τοῦ διαδεξαμένου τὴν Ἀριστοτέλους διατριβήν. (2) ὡμίλησε δὲ καὶ Δημητρίῳ τῷ Φαληρεῖ· μά-

Sunt qui eum Demostheni præferant. (17) Orationes i-
psius feruntur septuaginta et septem, quarum germanæ sunt
duæ supra quinquaginta. (18) Fuit etiam in rem veneream proclivis, ita quidem ut filio ejecto introduxerit in
domum suam scortum sumtuosissimum Myrrhinam; in
Piræeo habuerit Aristagoram; Eleusine in suis prædiis Phil-
tam Thebanam, viginti minis redemtam. (19) Deambula-
bat quotidie in foro piscario. (20) Conjectura fert, in eum
etiam una cum Phryna meretrice impietatis accusata fuisse
inquisitum: id enim ipse initio orationis significat. Illam,
quum jamjam in eo esset ut damnaretur, in medium produxit, ac derepta veste pectus mulieris ostentavit: ita judicibus pulchritudinem respicientibus ea absoluta est. (21)
Composuit paullatim crimina, quæ Demostheni intentaret:
nec fefellit: quum enim ægrotantem ipsum Demosthenes
visendi gratia accessisset, deprehendit eum tenentem librum in se scriptum: quumque indignaretur, respondit
Hyperides, *Hic liber amicum minime lædet, inimicum
autem factum prohibebit quicquam adversus me agere.*
(22) Honores etiam decrevit Iolæ, qui Alexandro venenum
dedisse ferebatur. (23) Socius fuit Leostheni in Lamiaco
bello conflando: in eoque occisos funebri oratione admirabili celebravit. (24) Quum Philippus classem instruxisset ad petendam Eubœam, et Athenienses sibi metuerent,
Hyperides quadraginta triremes comparavit, privatim con-
tribuentibus civibus; primusque pro se et filio duas contulit in publicum triremes. (25) Controversia cum Deliis orta
Atheniensibus, utri sacris præesse deberent, Æschine de-
lecto ut causæ Atheniensium patrocinaretur, senatus Areo-
pagitarum Hyperidem negotio ei destinavit: exstatque oratio ejus, *Deliaca* inscripta. (26) Legationem quoque ad
Rhodios obivit. Quum ab Antipatro legati venissent, lau-
darentque eum a bonitate, occurrens iis dixit, *Scimus Antipatrum esse bonum, sed nobis quidem bono domino
opus non est.* (27) Dicitur absque gestu ad populum
orasse: et rebus ut erant gestæ narrandis contentum, judices non perturbasse. (28) Missus est etiam ad Eleos,
excusandi Calliæ athletæ causa, qui certaminis corrupti
insimulabatur: et obtinuit causam. (29) Quum autem
sententiam de donando Phocione a Midia Midiæ filio Ana-
gyrasio latam accusasset, succubuit: actum hoc archonte
Xenio [?], Gamelionis mensis die quarta et vigesima.

X. DINARCHUS.

1. Dinarchus, Socratis sive Sostrati filius, a quibusdam
Atheniensis perhibitus, ab aliis Corinthi natus, adolescens
etiamnum Athenas se contulit, ibique sedem posuit, quo
tempore Alexander Asiam peragravit. Auditor fuit Theophrasti, ejus qui Aristoteli in schola successit. (2) Usus
est etiam consuetudine Demetrii Phalerei: maxime in ge-

λιστα δὲ [προσῄει] τῷ πολιτεύεσθαι μετὰ τὴν Ἀντιπάτρου τελευτήν, τῶν μὲν ἀνῃρημένων ῥητόρων, τῶν
δὲ πεφευγότων. (3) Φίλος δὲ Κασάνδρῳ γενόμενος,
ὡς ἐπιπλεῖστον προέκοψε χρήματα τῶν λόγων εἰσ-
πραττόμενος, οὓς τοῖς δεομένοις συνέγραφεν· (4) ἀντε-
τάξατο δὲ πρὸς τοὺς ἐπιφανεστάτους τῶν ῥητόρων, οὐκ
εἰς δῆμον παριών· οὐ γὰρ οἷόστ' ἦν· ἀλλὰ τοῖς ἐναντιου-
μένοις λόγους συγγράφων· καὶ ἐπεὶ Ἅρπαλος διέδρα,
πλείους λόγους συνέγραφε κατὰ τῶν αἰτίαν λαβόντων
δωροδοκῆσαι, καὶ τούτους τοῖς κατηγόροις ἐξέδωκε. (5)
Χρόνῳ δὲ ὕστερον αἰτιαθεὶς εἰς λόγους παραγίνεσθαι
Ἀντιπάτρῳ καὶ Κασάνδρῳ περὶ τὴν κατάληψιν τῆς
Μουνυχίας, ἡνίκα ὑπ' Ἀντιγόνου καὶ Δημητρίου ἐφρου-
ρήθη ἐπ' Ἀναξικράτους ἄρχοντος, ἐξαργυρισάμενος
τὰ πλεῖστα τῆς οὐσίας, ἔφυγεν εἰς Χαλκίδα. (6) Δια-
τρίψας δ' ἐπὶ τῆς φυγῆς ὡς πεντεκαίδεκα ἔτη, καὶ πολλὴν οὐσίαν κτησάμενος, κατῆλθε, πραξάντων αὐτῷ τὴν
κάθοδον τῶν περὶ Θεόφραστον ἅμα τοῖς ἄλλοις φυγάσι.
(7) Καταλύσας δὲ παρὰ Προξένῳ, ἑταίρῳ αὐτοῦ, καὶ τὸ
χρυσίον ἀπολέσας, ἤδη γηραιὸς ὢν, καὶ τὰς ὁράσεις
ἀσθενὴς, [οὐ] βουλομένου τοῦ Προξένου ἀναζητεῖν,
λαγχάνει αὐτῷ δίκην, καὶ τότε πρῶτον εἶπεν ἐν δικα-
στηρίῳ. Σώζεται δ' αὐτοῦ καὶ ὁ λόγος. (8) Φέρονται
δ' αὐτοῦ λόγοι γνήσιοι ἑξήκοντα τέσσαρες· τούτων ἔνιοι
παραλαμβάνονται ὡς Ἀριστογείτονος. (9) Ζηλωτὴς δ'
ἐγένετο Ὑπερείδου, ἢ, ὥς τινες, διὰ τὸ παθητικὸν, Δημοσθένους, καὶ τὸ σφοδρόν· τῶν σχημάτων δ' αὐτοῦ
μιμητὴς ὑπάρχει.

ΨΗΦΙΣΜΑΤΑ.

Α'.

1. Τιμοχάρης Λάχητος Λευκονοεὺς αἰτεῖ Δημοσθένει
τῷ Δημοσθένους Παιανιεῖ δωρεὰν εἰκόνα χαλκῆν ἐν
ἀγορᾷ, καὶ σίτησιν ἐν πρυτανείῳ, καὶ προεδρίαν αὐτῷ,
καὶ ἐγγόνων ἀεὶ τῷ πρεσβυτάτῳ· εὐεργέτῃ καὶ συμβούλῳ γεγονότι πολλῶν καὶ καλῶν τῷ δήμῳ τῶν Ἀθηναίων, καὶ τήν τε οὐσίαν εἰς τὸ κοινὸν καθεικότι τὴν
ἑαυτοῦ, καὶ ἐπιδόντι τάλαντα ὀκτὼ καὶ τριήρη, ὅτε ὁ
δῆμος ἠλευθέρωσεν Εὔβοιαν· καὶ ἑτέραν, [ὅτε εἰς Ἑλλήσποντον Κηφισόδωρος ἐξέπλευσε· * καὶ ἑτέραν, ὅτε
Χάρης καὶ Φωκίων στρατηγοὶ ἐξεπέμφθησαν] εἰς Βυζάντιον ὑπὸ τοῦ δήμου· (2) καὶ λυτρωσαμένῳ πολλοὺς
τῶν ἁλόντων ἐν Πύδνῃ καὶ Μεθώνῃ καὶ Ὀλύνθῳ ὑπὸ
Φιλίππου· καὶ χορηγίαν ἀνδράσιν ἐπιδόντι, ὅτε ἐκλι-
πόντων τῶν Πανδιονιδῶν τοῦ χορηγεῖν ἐπέδωκε, καὶ
καθώπλισε τοὺς πολίτας τῶν ἐλλειπόντων· (3) καὶ εἰς
τὴν τειχοποιίαν ἀνάλωσε χειροτονηθεὶς ὑπὸ τοῦ δήμου,
ἐπιδόντος αὐτοῦ τρία τάλαντα· καὶ ἃς ἐπέδωκε δύο τά-
φρους περὶ τὸν Πειραιᾶ ταφρεύσας· καὶ μετὰ τὴν ἐν
Χαιρωνείᾳ μάχην ἐπέδωκε τάλαντον· καὶ εἰς τὴν σι-
τωνίαν ἐπέδωκεν ἐν τῇ σιτοδείᾳ τάλαντον· (4) καὶ ὅτε

---

renda republica post mortem Antipatri versatus, quum oratorum alii necati essent, alii exularent. (3) Amicus autem
Cassandri quum esset, plurimum profecit pecunias pro orationibus exigendo, quas requirentibus conscribebat. (4)
Adversabatur autem nobilissimis oratoribus, non ad populum dicendi causa procedens; neque enim poterat; sed
orationes eorum adversariis componens. Et postquam
Harpalus profugit, complures scripsit orationes in eos,
qui munerum acceptorum et corruptelæ rei habebantur,
easque accusatoribus utendas commisit. (5) Postea temporis, objecto sibi crimine, quod cum Antipatro et Cassandro in occupanda Munychia consilia communicasset,
quando eam Antigonus et Demetrius præsidio tenuerunt,
Anaxicrate archonte, maxima bonorum parte in pecuniam
conversa, Chalcidem profugit: (6) inque exilio ad quindecim
annos commoratus, reque aucta, in patriam rediit, Theophrasto ei aliisque exulibus redeundi potestatem impetrante.
(7) Usus vero tum hospitio Proxeni amici sui, aurum amisit
jam senex et visu debilitato: Proxenum, quod is inquirere
de furto recusaret, in jus vocavit: tuncque primum in
curia dixit: exstat etiam illa oratio. (8) Feruntur orationes
ejus germanæ sexaginta et quattuor : quarum quædam
putantur esse Aristogitonis. (9) Æmulatus est Hyperidem;
aut, ut nonnulli, ex animi gravioribus motibus, vehementia
ac figuris, quas imitatus est, colligunt, Demosthenem.

DECRETA.

I.

1. *Demochares* Lachetis filius Leuconoensis postulat, Demostheni Demosthenis filio Pæaniensi dari hoc donum : ut
ærea ei ponatur in foro statua, cibus detur in Prytaneo,
ac princeps in consessu locus ipsi, et posterorum subinde
ei qui natu est maximus. Multa enim et præclara beneficia in populum Atheniensem contulit, sæpe consilio eum
juvit, patrimoniumque suum in rempublicam contulit : talenta octo et triremem suppeditavit, quando Populus Atheniensis liberavit Eubœam : iterum triremem, quando Ce-
phisodorus in Hellespontum navigavit : aliam, quando
Chares et Phocion prætores a Populo Byzantium sunt missi : (2) redemit pretio multos Pydnæ, Methonæ et Olyntho
captos a Philippo : sumtus in chorum virorum fecit, quum
Pandionidis deficientibus ea res cessaret : tum igitur sumtus largitus est; et armavit cives indigos : (3) in muri confectionem sumtus fecit, ad hoc munus a Populo delectus, de
suo trium talentorum ; iterum de suo insumsit, quum duabus fossis Piræeum cingeret, Post Chæronensem pugnam
talentum in publicum contulit ; aliud in frumentationem,
in penuria. (4) Benefaciendo, consulendo, persuadendo ad

εἰς συμμαχίαν τῷ δήμῳ προσηγάγετο πείσας, καὶ εὐερ-
γέτης γενόμενος καὶ σύμβουλος, δι' ὧν ἔπεισε Θηβαίους, Εὐβοεῖς, Κορινθίους, Μεγαρεῖς, Ἀχαιοὺς,
Λοκροὺς, Βυζαντίους, Μεσσηνίους, καὶ δυνάμεις ἃς
5 συνεστήσατο τῷ δήμῳ καὶ τοῖς συμμάχοις, πεζοὺς μὲν
μυρίους, ἱππέας δὲ χιλίους, καὶ σύνταξιν χρημάτων,
ἣν ἔπεισε πρεσβεύσας διδόναι, τοὺς μὲν συμμάχους εἰς
τὸν πόλεμον πλείω [πεντακοσίων] ταλάντων· (5) καὶ ὡς
ἐκώλυσε Πελοποννησίους ἐπὶ Θήβας Ἀλεξάνδρῳ βοη-
10 θῆσαι, χρήματα δούς, καὶ αὐτὸς πρεσβεύσας· καὶ ἄλλων
πολλῶν καὶ καλῶν τῷ δήμῳ συμβούλῳ γεγονότι, καὶ
πεπολιτευμένῳ τῶν καθ' ἑαυτὸν πρὸς ἐλευθερίαν καὶ δημοκρατίαν ἄριστα· (6) φυγόντι δὲ δι' ὀλιγαρχίαν, καταλυθέντος τοῦ δήμου, καὶ τελευτήσαντος αὐτοῦ ἐν Κα-
15 λαυρίᾳ, διὰ τὴν πρὸς τὸν δῆμον εὔνοιαν, πεμφθέντων
στρατιωτῶν ἐπ' αὐτὸν ὑπὸ Ἀντιπάτρου, διαμείναντι ἐν
τῇ πρὸς τὸ πλῆθος εὐνοίᾳ καὶ οἰκειότητι, καὶ οὔτε ὑπο-
χειρίῳ γενομένῳ τοῖς ἐχθροῖς, οὔτε [τι] ἀνάξιον ἐν τῷ
κινδύνῳ πράξαντι τοῦ δήμου.

20 Β'.

1. Ἄρχων Πυθάρατος· Λάχης Δημοχάρους Λευκονοεὺς
αἰτεῖ δωρεὰν τὴν βουλὴν καὶ τὸν δῆμον τῶν Ἀθηναίων
Δημοχάρει Λάχητος Λευκονοεῖ, εἰκόνα χαλκῆν ἐν ἀγορᾷ
καὶ σίτησιν ἐν πρυτανείῳ [αὐτῷ] καὶ τῶν ἐγγόνων ἀεὶ τῷ
25 πρεσβυτάτῳ, καὶ προεδρίαν ἐν πᾶσι τοῖς ἀγῶσιν, εὐεργέτῃ
καὶ συμβούλῳ γεγονότι ἀγαθῷ τῷ δήμῳ τῶν Ἀθηναίων,
καὶ εὐεργετηκότι τὸν δῆμον τάδε· (2) πρεσβεύοντι καὶ
γράφοντι καὶ πολιτευομένῳ, [**] οἰκοδομὴν τειχῶν, καὶ
παρασκευὴν ὅπλων καὶ βελῶν καὶ μηχανημάτων, καὶ
30 ὀχυρωσαμένῳ τὴν πόλιν ἐπὶ τοῦ τετραετοῦς πολέμου,
καὶ εἰρήνην καὶ ἀνοχὰς καὶ συμμαχίαν ποιησαμένῳ
πρὸς Βοιωτούς· (3) ἀνθ' ὧν ἐξέπεσεν ὑπὸ τῶν καταλυ-
σάντων τὸν δῆμον· καὶ ὡς κατῆλθεν ἐπὶ Διοκλέους ἄρχοντος ὑπὸ τοῦ δήμου, συστείλαντι τὴν διοίκησιν
35 πρώτῳ, καὶ φεισαμένῳ τῶν ὑπαρχόντων, καὶ πρεσβεύσαντι πρὸς Λυσίμαχον, καὶ λαβόντι τῷ δήμῳ τριάκοντα
τάλαντα ἀργυρίου, καὶ πάλιν ἕτερα ἑκατόν· καὶ γρά-
ψαντι πρεσβείαν πρὸς Πτολεμαῖον εἰς Αἴγυπτον, καθ'
ἣν ἐκπλεύσαντες πεντήκοντα ἐκόμισαν τάλαντα ἀργυ-
40 ρίου τῷ δήμῳ· (4) καὶ πρὸς Ἀντίπατρον πρεσβεύσαντι
καὶ λαβόντι εἴκοσι τάλαντα ἀργυρίου, καὶ Ἐλευσῖνάδε
κομισαμένῳ τῷ δήμῳ, καὶ ταῦτα πείσαντι ἑλέσθαι τὸν
δῆμον καὶ πράξαντι, καὶ φυγόντι μὲν ὑπὲρ δημοκρατίας, μετεσχηκότι δὲ οὐδεμιᾶς ὀλιγαρχίας, οὐδὲ ἀρχὴν
45 οὐδεμίαν ἠρχότι καταλελυκότος τοῦ δήμου· (5) καὶ μόνῳ
Ἀθηναίων τῶν κατὰ τὴν αὐτὴν ἡλικίαν πολιτευσαμένων
μὴ μεμελετηκότι τὴν πατρίδα κινεῖν ἑτέρῳ πολιτεύματι
ἢ δημοκρατίᾳ· καὶ τὰς κρίσεις, καὶ τοὺς νόμους, καὶ
τὰ δικαστήρια, καὶ τὰς οὐσίας πᾶσιν Ἀθηναίοις ἐν
50 ἀσφαλεῖ ποιήσαντι διὰ τῆς αὐτοῦ πολιτείας, καὶ μηδὲν ὑπεναντίον τῇ δημοκρατίᾳ πεπραχότι μήτε λόγῳ
μήτε ἔργῳ.

---

societatem populi Atheniensis pertraxit Thebanos, Euboenses, Corinthios, Megarenses, Achæos, Locros, Byzantios, Messenios: copias Populo ac sociis contraxit, peditum decem millia, equitum mille. Item pecuniæ collationem ad bellum legatus impetravit a sociis, amplius quingentis talentis: (5) legatus ipse data pecunia obtinuit a Peloponnesiis, ne Alexandro ad Thebas auxilia mitterent. Multa alia præclara et utilia præstitit consulendo et rempublicam gerendo, ita ut nemo æqualium de libertate et imperio Populi tantum sit promeritus. (6) Quumque imperio Populi everso ob paucorum in republica potentiam exularet, mortuus est in Calauria, ob benevolentiam erga Populum, immissis ei ab Antipatro militibus, perseverans in studio et amicitia Populi; et neque in manus pervenit hostium, neque in extremo periculo quicquam Populo indignum fecit.

II.

1. Archon Pytharatus. Laches Democharis filius Leuconoensis a Senatu et Populo Atheniensium postulat dari hoc donum Demochari Lachetis filio Leuconoensi: ut ærea ei in foro ponatur statua, cibus in Prytaneo ipsi et subinde posteritatis ejus natu maximo, primus consessus locus in omnibus certaminibus præbeatur: quia bene et fecit et consuluit Populo Atheniensium, hæcque in eum beneficia contulit: (2) legationes obivit, rogationes tulit, rempublicam gessit, murum refecit, arma, tela machinasque paravit, munivit urbem sub bellum quattuor annorum; pacem, inducias, societatemque cum Bœotis composuit. (3) Ob hæc ejectus urbe fuit ab iis qui Populi potestatem everterunt. Reversus archonte Diocle, Populo revocante, primus contraxit sumtus publicos, iisque parsimonia consuluit; Lysimachum legatus adiit, Populo triginta argenti talenta impetravit, ac rursus centum: auctor fuit legationis ad Ptolemæum in Ægyptum mittendæ, qua functi populo quinquaginta argenti talenta attulerunt: (4) legatus ad Antipatrum ivit, ac viginti argenti talenta confecit, et Eleusinem Populo attulit. Hæc omnia egit consensu Populi, et propter hujus in republica imperium exulavit, nihil cum ulla paucorum dominatione commune habuit, neque Populo oppresso ullum gessit magistratum: (5) solus omnium sua ætate Atheniensium qui rempublicam gessissent, nulla alia quam populari administratione rempublicam commovit, judicia, leges, bona, omnibus Atheniensibus in tuto collocavit sua administratione: neque contra Populi in republica principatum quidquam facto dictove egit.

Γ´.

1. Λυκόφρων Λυκούργου Βουτάδης ἀπεγράψατο
αὐτῷ εἶναι σίτησιν ἐν πρυτανείῳ κατὰ τὴν δοθεῖσαν δωρεὰν ὑπὸ τοῦ δήμου Λυκούργῳ Βουτάδῃ. * Ἐπὶ Ἀναξικράτους ἄρχοντος, ἐπὶ τῆς Ἀντιοχίδος ἕκτης πρυτανείας,
5 Στρατοκλῆς Εὐθυδήμου Διομειεὺς εἶπεν. (2) Ἐπειδὴ
Λυκοῦργος Λυκόφρονος Βουτάδης παραλαβὼν παρὰ
τῶν ἑαυτοῦ προγόνων οἰκείαν ἐκ παλαιοῦ τὴν πρὸς τὸν
δῆμον εὔνοιαν, καὶ οἱ πρόγονοι οἱ Λυκούργου, Διομήδης τε καὶ Λυκοῦργος, καὶ ζῶντες ἐτιμῶντο ὑπὸ τοῦ
10 δήμου, καὶ τελευτήσασιν αὐτοῖς δι' ἀνδραγαθίαν ἔδωκεν
ὁ δῆμος δημοσίας ταφὰς ἐν Κεραμεικῷ· (3) καὶ Λυκοῦργος αὐτὸς πολιτευόμενος νόμους τε πολλοὺς καὶ καλοὺς ἔθηκε τῇ πατρίδι, καὶ γενόμενος τῆς κοινῆς προσόδου ταμίας τῇ πόλει, ἐπὶ τρεῖς πενταετηρίδας, καὶ
15 διανείμας ἐκ τῆς κοινῆς προσόδου μύρια καὶ ὀκτακισχί-
λια καὶ ἐνακόσια τάλαντα· πολλὰ δὲ τῶν ἰδιωτῶν διὰ
πίστεως λαβὼν, καὶ προδανείσας καὶ εἰς τοὺς τῆς πόλεως καιροὺς καὶ τοῦ δήμου τὰ πάντα ἑξακόσια καὶ
πεντήκοντα τάλαντα * *· (4) δόξας δὲ ἅπαντα ταῦτα
20 δικαίως διῳκηκέναι, πολλάκις ἐστεφανώθη ὑπὸ τῆς
πόλεως· ἔτι δὲ αἱρεθεὶς ὑπὸ τοῦ δήμου, χρήματα πολλὰ
συνήγαγεν εἰς τὴν ἀκρόπολιν, καὶ παρασκευάσας τῇ θεῷ
κόσμον, νίκας τε ὁλοχρύσους, πομπεῖά τε χρυσᾶ καὶ
ἀργύρεα, καὶ κόσμον χρυσοῦν εἰς ἑκατὸν κανηφόρους·
25 (5) χειροτονηθεὶς δὲ ἐπὶ τῆς τοῦ πολέμου παρασκευῆς,
ὅπλα μὲν πολλὰ καὶ βελῶν μυριάδας πέντε ἀνήνεγκεν
εἰς τὴν ἀκρόπολιν, τετρακοσίας τριήρεις πλωΐμους κατεσκεύασε, τὰς μὲν ἐπισκευάσας, τὰς δὲ ἐξ ἀρχῆς ναυ-
πηγησάμενος· πρός τε τούτοις, ἡμίεργα παραλαβὼν
30 τούς τε νεωσοίκους καὶ τὴν σκευοθήκην, καὶ τὸ θέατρον
τὸ Διονυσιακὸν ἐξειργάσατο, καὶ ἐπετέλεσε τό τε στάδιον τὸ Παναθηναϊκὸν καὶ τὸ γυμνάσιον κατὰ τὸ Λύκειον κατεσκεύασε, καὶ ἄλλαις πολλαῖς κατασκευαῖς
ἐκόσμησε τὴν πόλιν· (6) Ἀλεξάνδρου τε τοῦ βασιλέως
35 ἅπασαν μὲν τὴν Ἀσίαν κατεστραμμένου, κοινῇ δὲ πᾶσι
τοῖς Ἕλλησιν ἐπιτάττειν ἀξιοῦντος, ἐξαιτήσαντος Λυκοῦργον, ὡς ἐναντία πράττοντος αὐτῷ, οὐκ ἐξέδωκεν ὁ
δῆμος παρ' Ἀλεξάνδρου φόβον· (7) καὶ διδοὺς εὐθύνας
πολλάκις τῶν πεπολιτευμένων ἐν ἐλευθέρᾳ καὶ δημο-
40 κρατουμένῃ τῇ πόλει, διετέλεσεν ἀνεξέλεγκτος καὶ
ἀδωροδόκητος τὸν ἅπαντα χρόνον· ὅπως ἂν εἰδῶσι πάντες διότι τοὺς προαιρουμένους ὑπὲρ τῆς δημοκρατίας
καὶ τῆς ἐλευθερίας δικαίως πολιτεύεσθαι, καὶ ζῶντας
μὲν περὶ πλείστου ποιεῖται, καὶ τελευτήσασι δὲ ἀπο-
45 δίδωσι χάριτας ἀειμνήστους· (8) ἀγαθῇ τύχῃ δεδόχθαι
τῷ δήμῳ, ἐπαινέσαι μὲν Λυκοῦργον Λυκόφρονος Βου-
τάδην ἀρετῆς ἕνεκα καὶ δικαιοσύνης, καὶ στῆσαι αὐτοῦ
τὸν δῆμον χαλκῆν εἰκόνα ἐν ἀγορᾷ, πλὴν εἴ που ὁ νόμος ἀπαγορεύει μὴ ἱστάναι, δοῦναι δὲ σίτησιν ἐν πρυ-
50 τανείῳ τῶν ἐγγόνων ἀεὶ τῶν Λυκούργου τῷ πρεσβυτάτῳ εἰς ἅπαντα τὸν χρόνον, καὶ εἶναι κύρια πάντα
τὰ ψηφίσματα αὐτοῦ, ἀναθεῖναι δὲ τὸν γρμματέα τοῦ

III.

1. Lycophron Lycurgi filius Butades retulit de cibo sibi
in Prytaneo dando, secundum donum quo Populus ornavit
Lycurgum Butaden. Anaxicrate archonte, in præsidio sexto
(*vel* nono) Antiochidis tribus, Stratocles Euthydemi filius
Diomiensis pronunciavit. (2) Quandoquidem Lycurgus Lycophronis filius Butades a majoribus suis propagatam suscepit
erga Populum benevolentiam; ejusque majores, *Lycomedes*
et Lycurgus, quum vivi in honore apud Populum fuerunt, tum
mortuis ob virtutem Populus publicam in Ceramico sepulturam concessit: (3) et Lycurgus ipse rempublicam gerens,
multas bonasque patriæ leges tulit, et publicorum redituum
quæstor factus per tria quadriennia eos procuravit, dispen-
savitque e communibus reditibus duodeviginti millia et insuper noningenta talenta: multam etiam privatorum pecuniam fide mutuoque accepit opportuno urbis et civium tempore, in universum sexcenta et quinquaginta talenta, (4)
omnia creditus est juste dispensasse, ideoque aliquoties coronatus est a civitate: præterea delectus a Populo, multum
pecuniæ in arcem conduxit, Deæque apparavit ornatum,
victorias ex solido auro, pomparum vasa aurea et argentea,
mundumque aureum in Canephoros centum: (5) præfectus
etiam bellico apparatui arma multa, et jaculorum quinquaginta millia in arcem retulit, quadringentas triremes ad na-
vigandum instruxit, aliis adornatis, aliis de integro fabrica-
tis: porro quum imperfecta invenisset navalia, armamentarium, ac Liberi patris theatrum, absolvit ea: nec non stadium
perfecit Panathenaicum, et gymnasium ad Lyceum exstruxit;
multisque aliis structuris urbem exornavit. (6) Quum vero
Alexander rex, tota Asia subacta, imperium in omnes Græcos sibi sumens, Lycurgum sibi dedi juberet, ut qui contra
ipsum egisset, Populus non dedidit eum metu Alexandri.
(7) Sæpenumero etiam rationem reipublicæ gestæ reddens
in libera civitate et in qua summa rerum penes Populum
esset, nunquam ullius fraudis aut corruptelæ compertus
est: Ergo ut omnibus constaret eos qui pro principatu Populi et libertate juste volunt rempublicam gerere, quum vivos maximi fieri, tum mortuis honores haberi ad omnem
memoriam duraturos; (8) quod felix faustumque sit, sciscat
Populus laudandum esse Lycurgum Lycophronis filium
Butaden virtutis ac justitiæ causa: eique a Populo statuen-
dam æream imaginem in foro, nisi sicubi lex eam stare vetat: dandumque in Prytaneo cibum ad omnem posteritatem
quovis tempore ei qui ipsius de propagine nato sit maximus: omnia ejus decreta rata habenda, et a scriba civitatis

δήμου ἐν στήλαις λιθίναις, καὶ στῆσαι ἐν ἀκροπόλει
πλησίον τῶν ἀναθημάτων· εἰς δὲ τὴν ἀναγραφὴν τῶν
στηλῶν δοῦναι τὸν ταμίαν τοῦ δήμου πεντήκοντα δραχμὰς ἐκ τῶν εἰς τὰ [κατὰ] ψηφίσματα ἀναλισκομένων
τῷ δήμῳ.

* ΣΥΓΚΡΙΣΕΩΣ

ΑΡΙΣΤΟΦΑΝΟΥΣ ΚΑΙ ΜΕΝΑΝΔΡΟΥ

ΕΠΙΤΟΜΗ.

1. Ὡς μὲν κοινῶς καὶ καθόλου εἰπεῖν, πολλῷ προ-
κρίνει τὸν Μένανδρον· ὡς δ' ἐπὶ μέρους καὶ ταῦτα προσ-
τίθησι· (2) τὸ φορτικόν φησιν ἐν λόγοις καὶ θυμελικὸν
καὶ βάναυσον ὅς ἐστιν Ἀριστοφάνει, Μενάνδρῳ δ' οὐδαμῶς. Καὶ γὰρ ὁ μὲν ἀπαίδευτος καὶ ἰδιώτης, οἷς
ἐκεῖνος λέγει, ἁλίσκεται· ὁ δὲ πεπαιδευμένος, δυσχε-
ρανεῖ· λέγω δὲ τὰ ἀντίθετα καὶ ὁμοιόπτωτα καὶ παρω-
νυμίας. (3) Τούτοις γὰρ ὁ μὲν μετὰ τοῦ προσήκοντος
λόγου καὶ ὀλιγάκις χρῆται, ἐπιμελείας αὐτὰ ἀξιῶν· ὁ
δὲ καὶ πολλάκις, καὶ οὐκ εὐκαίρως, καὶ ψυχρῶς· ἐπαινεῖται γάρ, φησιν, ὅτι τοὺς ταμίας ἐβάπτισεν, οὐχὶ ταμίας, ἀλλὰ Λαμίας ὄντας· (4) καὶ,

Οὗτος ἤτοι καικίας ἢ συκοφαντίας πνεῖ·
καὶ,

Γάστριζε καὶ τοῖς ἐντέροις καὶ τοῖς κόλοις :
καὶ,

Ὑπὸ [τοῦ] γέλωτος εἰς (τὸ) Γέλαν ἀφίξομαι·
καὶ,

Τί δ[ῆτά] σοι δράσω, κακόδαιμον, ἀμφορεὺς
ἐξοστρακισθείς;
καὶ,

Ἄγρια γὰρ ἡμᾶς, ὦ γυναῖκες, δρᾷ κακά,
ἅτ' ἐν ἀγρίοις τοῖσι λαχάνοις αὐτὸς τραφείς·
[καὶ,]

Ἀλλ' αἱ τριχόβρωτες τὸν λόφον μου κατέφαγον·
καὶ,

Φέρε δεῦρο γοργόνωτον ἀσπίδος κύκλον.
Κἀμοὶ πλακοῦντος τυρόνωτον δὸς κύκλον·

καὶ πολλὰ τοιαῦτα. (5) Ἔνεστι μὲν οὖν ἐν τῇ κατα-
σκευῇ τῶν ὀνομάτων αὐτῷ τὸ τραγικόν, τὸ κωμικόν, τὸ
σοβαρόν, τὸ πεζόν, ἀσάφεια, κοινότης, ὄγκος καὶ δίαρ-
μα, σπερμολογία καὶ φλυαρία ναυτιώδης. (6) Καὶ
τοσαύτας διαφορὰς ἔχουσα καὶ ἀνομοιότητας ἡ λέξις,
οὐδὲ τὸ πρέπον ἑκάστῃ καὶ οἰκεῖον ἀποδίδωσιν· οἷον
λέγω βασιλεῖ τὸν ὄγκον, ῥήτορι τὴν δεινότητα, γυναικὶ
τὸ ἁπλοῦν, ἰδιώτῃ τὸ πεζόν, ἀγοραίῳ τὸ φορτικόν· ἀλλ'
ὥσπερ ἀπὸ κλήρου ἀπονέμει τοῖς προσώποις τὰ προσ-
τυχόντα τῶν ὀνομάτων, καὶ οὐκ ἂν διαγνοίης, εἴτε
υἱός ἐστιν, εἴτε πατὴρ, εἴτ' ἄγροικος, εἴτε θεός, εἴτε
γραῦς, εἴτε ἥρως, ὁ διαλεγόμενος.

---

insculpta in lapideas columnas debere dedicari in arce, ac
poni prope donaria : ad columnarum inscriptionem quæ-
storem Populi debere pendere quinquaginta drachmas, ex
ea pecunia quam Populus in sumtus pro re nata decernen-
dos impendit.

DE COMPARATIONE

ARISTOPHANIS ET MENANDRI

EPITOME.

1. Universe et summatim ut dicam, multo præfert Menandrum. Singulatim autem hæc quoque adjicit: (2) Genus dicendi tumidum, scurrile atque illiberale Aristophanes usurpavit, Menander neutiquam. Indoctus enim et plebeius
illius oratione capitur, doctus offenditur : loquor de antithe-
tis, similiter cadentibus, et paronymiis: (3) quibus Menander raro et cum ratione utitur atque accurate : alter crebro,
et intempestive ac frigide. Laudatur enim, inquit', quod
tamias submersit, non tamiæ, id est quæstores, sed *la-
miæ* seu striges quod essent : (4) atque

En hic jam spirat Cæcias Calumniasve ventus;
et,

Huic tunde tuis ventrem intestinis et colis :
et,

Præ risu perveniam ad Gelan :
et,

Quid tibi vis faciam exostracissata amphora?
et,

Agrestia nobis, mulieres, infert mala,
quippe ipse in agrestibus nutritus oleribus :
et,

Sed crinivori cristas meas exederunt :
(id est, pediculi verticem meum exederunt). Item,
A. Fer Gorgonitergum huc aspidis mihi circulum
B. Mihi placentæ caseitergum orbem cedo,

multaque id genus alia. (5) Habet nimirum in apparatu
verborum aliquid tragicum, comicum, protervum, pede-
stre, obscuritatem, communitatem, fastum, elationem, loquacitatem, nugas quæ nauseam cieant. (6) Ac dictio
ejus quum tantum habeat dissimilitudinis et inæqualitatis,
ne decorum quidem singulis generibus et suum accommo-
davit habitum : verbi gratia, regi fastum, oratori vim dicendi, mulieri simplicitatem, pedestrem sermonem plebeio,
insolentem forensi : sed, veluti sorte, personis vocabula,
ut occurrebat unumquodque, attribuit; ut dignoscere non
possis filiusne loquatur, an pater, aut rusticus, aut deus,
aut anus, aut heros.

II. Ἡ δὲ Μενάνδρου φράσις οὕτω συνέξεσται καὶ συμπέπνευκε κεκραμένη πρὸς ἑαυτήν, ὥστε διὰ πολλῶν ἀγομένη παθῶν καὶ ἠθῶν, καὶ προσώποις ἐφαρμόττουσα παντοδαποῖς, μία τε φαίνεσθαι, καὶ τὴν ὁμοιότητα τηρεῖν ἐν τοῖς κοινοῖς καὶ συνήθεσι καὶ ὑπὸ τὴν χρείαν ὀνόμασιν· ἐὰν δέ τινος ἄρα τερατείας εἰς τὸ πρᾶγμα καὶ ψόφου δεήσῃ, καθάπερ αὐλοῦ πάντρητον ἀνασπάσας, ταχὺ πάλιν καὶ πιθανῶς ἐπέβαλε καὶ κατέστησε τὴν φωνὴν εἰς τὸ οἰκεῖον. (2) Πολλῶν δὲ γεγονότων εὐδοκίμων τεχνιτῶν, οὔτε ὑπόδημα δημιουργός, οὔτε προσωπεῖον σκευοποιός, οὔτε τις ἱμάτιον ἅμα ταὐτὸν ἀνδρὶ καὶ γυναικὶ καὶ μειρακίῳ καὶ γέροντι καὶ οἰκότριβι πρέπον ἐποίησεν· ἀλλὰ Μένανδρος οὕτως ἔδειξε τὴν λέξιν, ὥστε πάσῃ καὶ φύσει καὶ διαθέσει καὶ ἡλικίᾳ σύμμετρον εἶναι, καὶ ταῦτα νέος μὲν ἔτι τοῦ πράγματος ἁψάμενος, ἐν ἀκμῇ δὲ τοῦ ποιεῖν καὶ διδάσκειν τελευτήσας, ὅτε μάλιστα καὶ πλείστην ἐπίδοσιν, ὡς Ἀριστοτέλης φησί, λαμβάνει τὰ περὶ τὴν λέξιν τοῖς γράφουσιν. (3) Εἰ οὖν πρὸς τὰ πρῶτα τῶν Μενάνδρου δραμάτων τὰ μέσα καὶ τὰ τελευταῖα παραβάλοι τις, ἐξ αὐτῶν ἐπιγνώσεται, ὅσα ἔμελλεν, εἰ ἐπεβίω, καὶ τούτοις ἕτερα προσθήσειν.

III. * Ὅτι τῶν διδασκόντων οἱ μὲν πρὸς τὸν ὄχλον καὶ τὸν δῆμον γράφουσιν, οἱ δὲ τοῖς ὀλίγοις· τὸ δ' ἐν ἀμφοῖν ἁρμόττον τοῖς γένεσιν οὐ ῥᾴδιον ὅτῳ τῶν πάντων ὑπῆρξεν εἰπεῖν. (2) Ἀριστοφάνης μὲν οὖν οὔτε οἷς πολλοῖς ἀρεστός, οὔτε τοῖς φρονίμοις ἀνεκτός, ἀλλ' ὥσπερ ἑταίρας τῆς ποιήσεως παρηκμακυίας, εἶτα μιμουμένης γαμετήν, οὔτε οἱ πολλοὶ τὴν αὐθάδειαν περιμένουσιν, οἵ τε σεμνοὶ βδελύττονται τὸ ἀκόλαστον καὶ ἀκόηθες. (3) Ὁ δὲ Μένανδρος μετὰ χαρίτων μάλιστα ἑαυτὸν αὐτάρκη παρέσχηκεν, ἐν θεάτροις, ἐν διατριβαῖς, ἐν συμποσίοις, ἀνάγνωσμα καὶ μάθημα καὶ ἀγώνισμα κοινότατον ὧν ἡ Ἑλλὰς ἐνήνοχε καλῶν παρέχων τὴν ποίησιν, δεικνὺς, ὅ τι δὴ καὶ ὁποῖον ἦν ἄρα δεξιότης λόγου, ἐπιὼν ἁπανταχόσε μετὰ πειθοῦς ἀφύκτου, καὶ χειρούμενος ἅπασαν ἀκοὴν καὶ διάνοιαν Ἑλληνικῆς φωνῆς. (4) Τίνος γὰρ ἄξιον ἀληθῶς εἰς θέατρον ἐλθεῖν ἄνδρα πεπαιδευμένον, ἢ Μενάνδρου ἕνεκα; πότε δὲ θέατρα πίμπλαται ἀνδρῶν φιλολόγων, (ἢ) κωμικοῦ προσώπου δειχθέντος; ἐν δὲ συμποσίοις τίνι δικαιότερον ἢ τράπεζα παραχωρεῖ, καὶ τόπον ὁ Διόνυσος δίδωσι; (5) Φιλοσόφοις δὲ καὶ φιλοπόνοις, ὥσπερ ὅταν οἱ γραφεῖς ἐκπονηθῶσι τὰς ὄψεις, ἐπὶ τὰ ἀνθηρὰ καὶ ποώδη χρώματα τρέπουσιν, ἀνάπαυλα τῶν ἀκράτων καὶ συντόνων ἐκείνων Μένανδρός ἐστιν, οἷον εὐανθεῖ λειμῶνι καὶ σκιερῷ καὶ πνευμάτων μεστῷ δεχόμενος τὴν διάνοιαν.

IV. Ὅτι κωμῳδίας ὑποκριτὰς τοῦ χρόνου τούτου πολλοὺς καὶ ἀγαθοὺς τῆς πόλεως ἐνεγκούσης, [**] αἱ Μενάνδρου κωμῳδίαι ἀφθόνων ἁλῶν καὶ ἱερῶν μετέχουσιν, ὥσπερ ἐξ ἐκείνης γεγονότων τῆς θαλάττης, ἐξ ὧν Ἀφροδίτη γέγονεν. (2) Οἱ δ' Ἀριστοφάνους ἅλες, πικροὶ καὶ τραχεῖς ὄντες, ἑλκωτικὴν δριμύτητα καὶ

II. At Menandri ita dolata est, itaque in se conspirat contemperata dictio, ut quum per tam varios omnis generis motus animorum moresque ducatur, et omnigenis accommodetur personis, una tamen videatur, æquabilitatemque perservet suam in vulgatis usitatisque vocabulis. Quodsi alicubi res præstigiarum aliquid strepitusve requirat, tibicines solertes imitatur, qui tibiæ *pantretum* (partem foraminibus patentem) tollunt, sed mox reponunt morate et vocem in suam restituunt sedem. (2) Tametsi autem multi fuerunt præclari opifices, nullus tamen aut calceum, aut larvam, aut vestem fecit, quæ simul viro, mulieri, adolescenti, seni ac vernæ conveniret : verum Menander tali est sermone usus, qui congrueret cuivis naturæ, statui, ætati : quum quidem et juvenis se ad eam rem contulisset, et in ipso vigore scribendi ac docendi fabulas mortuus sit ; quando maxime scribentes incrementa facere ad elocutionis virtutem Aristoteles testatur. (3) Si quis vero primas Menandri fabulas cum mediis et ultimis comparet, judicare poterit, quanta fuisset etiam alia additurus, si diutius vixisset.

III. Item. Poetarum comicorum alios, in scribendo, populo et multitudini se accommodare, alios paucis : non facile autem ex omnibus inveniri, qui utrique generi se applicuerit. (2) Sed Aristophanes neque plebi placere, neque ferri a prudentibus potuit : nam poesis ejus similis est meretricis, ætate jam ultra vigorem progressæ, matronam imitantis, cujus neque insolentiam vulgus fert, et impudicitiam malitiamque graves homines abominantur. (3) Contra Menander cum venustate ubique se gratum aptumque exhibuit, in theatris, colloquiis, conviviis ; suamque poesin ita composuit, ut esset communissimum omnium quæ Græcia tulit bonorum, quod legeretur, disceretur, et certatim ageretur : ostenditque adeo quanta res esset dexteritas dicendi, ubique vi persuadendi inevitabili incedens, omnemque auditum et intelligentiam Græcæ linguæ sibi subjugans. (4) Cujus enim rei gratia vir recte institutus venire dignaretur in theatrum quam propter Menandrum ? quando alias implentur theatra viris eruditionem amantibus, quum comica ostenditur persona ? cui in conviviis justius mensa cedit, locumque Bacchus dat ? (5) Jam sicut pictores oculis defessis ad floridos et virides se avertunt colores, ita philosophis et laboriosis requies gravium atque continentium meditationum est Menander, tanquam prato pulchre florenti et opaco atque auræ pleno excipiens animum.

IV. Item. Quum ætate illa actores comœdiarum multos bonosque urbs ferret ; ** Menandri comœdiæ plurimos habent sacrosque sales, tanquam eo natos mari quod Venerem protulit. (2) Aristophanis autem sales amari et asperi, acrem et mordentem, adeoque exulcerantem vim habent, ut ne-

δηκτικὴν ἔχουσι· καὶ οὐκ οἶδα, ἐν οἷς ἐστιν ἡ θρυλου-
μένη δεξιότης ὑπ᾽ αὐτοῦ, ἐν λόγοις ἢ προσώποις· ἀμέλει καὶ τὰ μεμιμημένα πρὸς τὸ χεῖρον μεμίμηται· (3)
τὸ γὰρ πανοῦργον, οὐ πολιτικὸν, ἀλλὰ κακόηθες· καὶ τὸ
5 ἄγροικον, οὐκ ἀφελὲς, ἀλλ᾽ ἠλίθιον· καὶ τὸ γελοῖον, οὐ
παιγνιῶδες, ἀλλὰ καταγέλαστον· καὶ τὸ ἐρωτικὸν, οὐχ
ἱλαρὸν, ἀλλ᾽ ἀκόλαστον.   (4) Οὐδενὶ γὰρ ὁ ἄνθρωπος
ἔοικε μετρίῳ τὴν ποίησιν γεγραφέναι, ἀλλὰ τὰ μὲν
αἰσχρὰ καὶ ἀσελγῆ τοῖς ἀκολάστοις, τὰ βλάσφημα δὲ
10 καὶ πικρὰ τοῖς βασκάνοις καὶ κακοήθεσιν.

ΠΕΡΙ ΤΗΣ

ΗΡΟΔΟΤΟΥ ΚΑΚΟΗΘΕΙΑΣ.

I. Τοῦ Ἡροδότου ** πολλοὺς μὲν, ὦ Ἀλέξανδρε, καὶ
ἡ λέξις, ὡς ἀφελὴς καὶ δίχα πόνου καὶ ῥᾳδίως ἐπι-
15 τρέχουσα τοῖς πράγμασιν, ἐξηπάτηκε· πλείονες δὲ τοῦτο
πρὸς τὸ ἦθος αὐτοῦ πεπόνθασιν.   (2) Οὐ γὰρ μόνον, ὡς
φησιν ὁ Πλάτων, τῆς ἐσχάτης ἀδικίας, μὴ ὄντα δοκεῖν
εἶναι δίκαιον· ἀλλὰ καὶ κακοηθείας ἄκρας ἔργον, εὐκολίαν μιμούμενον καὶ ἀπλότητα, δυσφώρατον εἶναι. (3)
20 [Ἐπειδὴ δὲ κακοηθείᾳ] μάλιστα πρός τε Βοιωτοὺς καὶ
Κορινθίους κέχρηται, μηδὲ τῶν ἄλλων τινὸς ἀπεσχη-
μένος, οἶμαι προσήκειν ἡμῖν ἀμυνομένοις ὑπὲρ τῶν
προγόνων ἄμα καὶ τῆς ἀληθείας, [**] κατ᾽ αὐτὸ τοῦτο
τῆς γραφῆς τὸ μέρος· ἐπεὶ τά γ᾽ ἄλλα ψεύσματα καὶ
25 πλάσματα βουλομένοις ἐπ[ιδι]εξιέναι, πολλῶν ἂν βιβλίων δεήσειεν.   (4) Ἀλλὰ

   Δεινὸν τὸ τᾶς πειθοῦς πρόσωπον,

ὥς φησιν ὁ Σοφοκλῆς, * μάλιστα δὲ, ὅταν ἐν λόγῳ χάριν ἔχοντι καὶ δύναμιν τοσαύτην ἐγγένηται, τάς τ᾽ ἄλ-
30 λας ἀτοπίας καὶ τὸ ἦθος ἀποκρύπτειν τοῦ συγγραφέως.
(5) Ὁ μὲν γὰρ Φίλιππος ἔλεγε πρὸς τοὺς ἀφισταμένους
Ἕλληνας αὐτοῦ, καὶ τῷ Τίτῳ προστιθεμένους, ὅτι
λειότερον μὲν, μακρότερον δὲ κλοιὸν μεταλαμβάνουσιν·
ἡ δὲ Ἡροδότου κακοήθεια λειοτέρα μέν ἐστιν ἀμέλει
35 καὶ μαλακωτέρα τῆς Θεοπόμπου, καθάπτεται δὲ καὶ
λυπεῖ μᾶλλον, ὥσπερ οἱ κρύφα διὰ στενοῦ παραπνέον-
τες ἄνεμοι τῶν διακεχυμένων.   (6) Δοκεῖ δέ μοι βέλτιον εἶναι, τύπῳ τινὶ λαβόντας ὅσα κοινῇ μὴ καθαρᾶς
μηδ᾽ εὐμενοῦς ἐστιν, ἀλλὰ κακοήθους οἷον ἴχνη καὶ
40 γνωρίσματα διηγήσεως, εἰς ταῦτα τῶν ἐξεταζομένων
ἕκαστον, ἂν ἐναρμόττῃ, τίθεσθαι.

II. Πρῶτον μὲν οὖν ὁ τοῖς δυσχερεστάτοις ὀνόμασι
καὶ ῥήμασιν, ἐπιεικεστέρων παρόντων, ἐν τῷ λέγειν τὰ
πεπραγμένα χρώμενος (ὥσπερ εἰ θειασμῷ προσκείμενον
45 ἄγαν ἐξὸν εἰπεῖν τὸν Νικίαν, ὁ δὲ θεόληπτον προσεί-
ποι· ἢ θρασύτητα καὶ μανίαν Κλέωνος μᾶλλον, ἢ κου-
φολογίαν), οὐκ εὐμενής ἐστιν, ἀλλ᾽ οἷον ἀπολαύων πως
τῷ σοβαρῶς διηγεῖσθαι τοῦ πράγματος. .

III. Δεύτερον, ὅτῳ κακὸν πρόσεστιν ἄλλως, τῇ δ᾽
50 ἱστορίᾳ μὴ προσῆκον, ὁ δὲ συγγραφεὺς ἐπιδράττεται

---

sciam ubi sit illa ab ipso decantata dexteritas, in verbisne an
personis. Quin etiam quæ imitatus est, corrupit. (3) Nam
calliditatem facit non civilem, sed malitiosam; rusticitatem
non simplicem, sed fatuam; jocos non qui rideantur, sed
derideantur : amores non hilares, sed impudicos. (4) Nulli
enim moderato videtur is homo suum poema scripsisse :
sed turpia et libidinosa intemperantibus, maledica et acerba
invidis atque malignis hominibus.

DE

HERODOTI MALIGNITATE.

I. Herodoti multos, Alexander, et dictio ut simplex, et nullo
labore ac facile rebus sese applicans, decepit : plures tamen
ingenium ejus animusque fefellit. (2) Non enim modo *extremæ est*, ut Plato ait, *injustitiæ, videri justum quum
non sis* : sed etiam summæ malignitatis, facilitatem et simplicitatem ita imitari, ut ficta simulatio ægre deprehendatur.
(3) Quandoquidem vero malignitate maxime adversus Bœotos et Corinthios usus est, neque aliis ullis parcens, existimo decere nos patrocinium suscipere et majorum, et
ipsius veritatis, in hac ipsa operis parte : nam qui alia ejus
mendacia et figmenta velit recensere, multis opus habuerit
libris. (4) Sed, quod ait Sophocles,

   Persuasionis vultus evalet,

maxime in oratione tantam gratiam et vim habente, quum
alia absurda, tum indolem animumque scriptoris occultare.
(5) Philippus quidem Græcis ab ipso ad Titum Quinctium
deficientibus dicebat, *eos læviori sane, sed longiori jugo
colla submisisse.* At Herodoti malignitas est sane lævior et
mollior quam Theopompi; magis autem attingit et lædit,
sicut venti per angustias occulte spirantes molestiores sunt
apertis. (6) Videtur autem commodum fore, ut strictim
delineemus quæ communiter non puræ aut benevolæ, sed
malignæ narrationis quasi vestigia et notæ sint; deinde singula eorum quæ examinabimus eo collocaturi quo pertinent.

II. Primum si quis in re narranda aliqua odiosissimis nominibus utitur, quum in promtu sint molliora : ut si quis
Niciam *divino furore percitum* dicat, quum *nimis deditum divinationi* dicere liceat; aut Cleonis *ferociam et insaniam*, quum possit *futilitatem :* is non æquus est, sed
fruitur ac delectatur quodammodo re per insolentem narrationem.

III. Deinde si quid vitii inest alias, quod ad historiam
nihil facit, id scriptor arripiens et argumento minime po-

τούτου, καὶ παρεμβάλλει τοῖς πράγμασιν οὐδὲν δεομένοις, ἀλλὰ τὴν διήγησιν ἐπεξάγων καὶ κυκλούμενος,
ὅπως ἐμπεριλάβῃ ἀτύχημά τινος ἢ πρᾶξιν ἄτοπον καὶ
οὐ χρηστήν, δῆλός ἐστιν ἡδόμενος τῷ κακολογεῖν. (2)
5 Ὅθεν ὁ Θουκυδίδης οὐδὲ τῶν Κλέωνος ἁμαρτημάτων,
ἀφθόνων ὄντων, ἐποιήσατο σαφῆ τὴν διήγησιν· Ὑπερβόλου τε τοῦ δημαγωγοῦ θιγὼν ἑνὶ ῥήματι, καὶ μοχθηρὸν ἄνθρωπον προσειπών, ἀφῆκε· Φίλιστος δὲ καὶ
Διονυσίου τῶν πρὸς τοὺς βαρβάρους ἀδικιῶν, ὅσαι μὴ
10 συνεπλέκοντο τοῖς Ἑλληνικοῖς πράγμασιν, ἁπάσας παρέλιπεν. (3) Αἱ γὰρ ἐκβολαὶ καὶ παρατροπαὶ τῆς
ἱστορίας μάλιστα τοῖς μύθοις δίδονται καὶ ταῖς ἀρχαιο-
λογίαις, ἔτι δὲ πρὸς τοὺς ἐπαίνους· ὁ δὲ παρενθήκην·
λόγου τὸ βλασφημεῖν καὶ ψέγειν ποιούμενος, ἔοικεν εἰς
15 τὴν τραγικὴν ἐμπίπτειν κατάραν,

    Θνητῶν ἐκλέγων τὰς συμφοράς.

IV. Καὶ μὴν τό γ' ἀντίστροφον τούτῳ παντὶ δῆλον
ὡς καλοῦ τινος καὶ ἀγαθοῦ παράλειψίς ἐστιν, ἀνυπεύθυνον δοκοῦν πρᾶγμα εἶναι, γινόμενον δὲ κακοήθως,
20 ἄνπερ ἐμπίπτῃ τὸ παραλειφθὲν εἰς τόπον προσήκοντα
τῇ ἱστορίᾳ· τὸ γὰρ ἀπροθύμως ἐπαινεῖν τοῦ ψέγοντα
χαίρειν οὐκ ἐπιεικέστερον, ἀλλὰ πρὸς τῷ μὴ ἐπιεικέστερον, ἴσως καὶ χεῖρον.

V. Τέταρτον τοίνυν τίθεμαι σημεῖον οὐκ εὐμενοῦς
25 ἐν ἱστορίᾳ τρόπου, τὸ, δυοῖν ἢ πλειόνων περὶ ταυτοῦ
λόγων ὄντων, τῷ χείρονι προστίθεσθαι. (2) Τοῖς γὰρ
σοφισταῖς ἐφεῖται πρὸς ἐργασίαν ἢ δόξαν ἔστιν ὅτε τῶν
λόγων κοσμεῖν τὸν ἥττονα παραλαμβάνοντας· οὐ γὰρ
ἐμποιοῦσι πίστιν ἰσχυρὰν περὶ τοῦ πράγματος, οὐδ'
30 ἀρνοῦνται πολλάκις εἰς τὸ παράδοξον ἐπιχειρεῖν ὑπὲρ
τῶν ἀπίστων· ὁ δὲ ἱστορίαν γράφων, ἃ μὲν οἶδεν ἀληθῆ, λέγειν δίκαιός ἐστι, τῶν δ' ἀδήλων τὰ βελτίονα
δοκεῖν ἀληθῶς λέγεσθαι μᾶλλον ἢ τὰ χείρονα. (3) Πολλοὶ δὲ ὅλως τὰ χείρονα παραλείπουσιν· ὥσπερ ἀμέλει
35 περὶ Θεμιστοκλέους Ἔφορος μὲν εἰπών, ὅτι τὴν Παυ-
σανίου προδοσίαν ἔγνω καὶ τὰ πρασσόμενα πρὸς τοὺς
βασιλέως στρατηγούς, ἀλλ' οὐκ ἐπείσθη, φησίν, οὐδὲ
προσεδέξατο κοινουμένου καὶ παρακαλοῦντος αὐτὸν ἐπὶ
τὰς ἐλπίδας· Θουκυδίδης δὲ καὶ τοπαράπαν τὸν λόγον
40 τοῦτον, ὡς κατεγνωκώς, παρῆκεν.

VI. Ἔτι τοίνυν ἐπὶ τῶν ὁμολογουμένων πεπρᾶχθαι,
τὴν δ' αἰτίαν, ἀφ' ἧς πέπρακται, καὶ τὴν διάνοιαν ἐχόντων ἄδηλον, ὁ πρὸς τὸ χεῖρον εἰκάζων, δυσμενής ἐστι
καὶ κακοήθης· ὥσπερ οἱ κωμικοὶ τὸν πόλεμον ὑπὸ τοῦ
45 Περικλέους ἐκκεκαῦσθαι δι' Ἀσπασίαν ἢ διὰ Φειδίαν
ἀποφαίνοντες, οὐ φιλοτιμίᾳ τινὶ καὶ φιλονεικίᾳ μᾶλλον
στορέσαι τὸ φρόνημα Πελοποννησίων, καὶ μηδενὸς ὑφεί-
σθαι Λακεδαιμονίων ἐθελήσαντος. (2) Εἰ μὲν γάρ τις
εὐδοκιμοῦσιν ἔργοις καὶ πράγμασιν ἐπαινουμένοις αἰ-
50 τίαν φαύλην ὑποτίθησι, καὶ κατάγεται ταῖς διαβολαῖς
εἰς ὑποψίας ἀτόπους περὶ τῆς ἐν ἀφανεῖ προαιρέσεως
τοῦ πράξαντος αὐτοῦ, τὸ πεπραγμένον ἐμφανῶς οὐ δυνάμενος ψέγειν (ὥσπερ οἱ τὸν ὑπὸ Θήβας Ἀλεξάνδρου

stulanti admiscens, narrationem extendit et per ambages
circumducit, ut calamitatem alicujus aut flagitium vel actionem illaudabilem inserat, satis ostendit se maledicendo
oblectari. (2) Itaque Thucydides ne Cleonis quidem peccata, quæ plurima erant, perspicue recensuit : et Hyper-
bolum popularem oratorem uno verbo attingens, *homi-
nemque malum* appellans, missum fecit. Philistus etiam
Dionysii in barbaros injurias, quæ cum Græcis rebus con-
nexæ non essent, universas præteriit. (3) Digressiones
enim e narratione fabulis maxime permittuntur et antiquitatis explicationi; interdum ad laudandum fiunt : qui vero
additamentum sermoni facit maledicta et vituperationes,
videtur in tragicam incidere exsecrationem,

(Pereas,) qui calamitates hominum colligis.

IV. Jam ab altera parte huic respondet, ut nemo non
videt, reticentia boni alicujus et honesti facti : quæ quidem
impune fieri plerumque putatur, sed tamen malitiose fit,
quando quod omittitur in locum incidit qui ad historiam pertinet. Illibenter enim laudare non modo non est melioris
animi quam libenter vituperare, immo præterea fortasse
etiam deterioris.

V. Quartum ergo signum pono ingenii in historia scribenda parum æqui, quum duo aut plures una de re sermones feruntur, deteriorem amplecti. (2) Sophistis quidem
concessum est lucri aut gloriæ causa sententiam pejorem
aliquando sumere defendendam : non enim fidem validam
faciunt de rebus, et plerumque non negant se absurdis et
incredibilibus probabilitatem conciliatum ire. Qui vero
historiam scribit, debet quæ vera scit scribere : de incertis
meliora putare rectius quam pejora prodi. (3) Et hæc sunt
qui omnino prætermittant. Verbi gratia, de Themistocle
Ephorus scribit, *eum Pausaniæ proditionem et quæ cum
regiis ducibus tractaret scivisse, non tamen passum
sibi hoc persuaderi, neque admisisse Pausaniam, a quo,
re communicata, ad spei societatem vocabatur :* hoc
autem Thucydides ut damnatum falsi, plane omisit.

VI. Porro de rebus quas gestas constat, causa autem et
institutum actionis in obscuro est, malignus est et iniquus
qui in deteriorem partem conjecturas facit : ut Comici bel
lum a Pericle propter Aspasiam vel Phidiam incensum fuisse
dicentes; non animi potius magnitudine quadam et studio contendendi, illo retundere fastum Peloponnesiorum,
et nulla in re concedere Lacedæmoniis volente. (2) Si quis
enim præclaris et laudatis factis atque rebus causam subjicit vitiosam, calumniandoque in sinistras abducit suspiciones de latente ejus qui rem gessit consilio, quando ipsum
factum palam vituperare non potest (ut qui cædem Alexan-

τοῦ τυράννου φόνον οὐ μεγαλονοίας, οὐδὲ μισοπονηρίας,
ζήλου δέ τινος ἔργον καὶ πάθους γυναικείου τιθέμενοι·
καὶ Κάτωνα λέγοντες ἑαυτὸν ἀνελεῖν δείσαντα τὸν μετ᾽
αἰκίας θάνατον ὑπὸ Καίσαρος), εὔδηλον ὅτι φθόνου καὶ
κακοηθείας ὑπερβολὴν οὐ λέλοιπε.

VII. Δέχεται δὲ καὶ παρὰ τὸν τρόπον τοῦ ἔργου
διήγησις ἱστορικὴ κακοήθειαν, ἂν χρήμασι φάσκῃ, μὴ
δι᾽ ἀρετῆς, κατειργάσθαι τὴν πρᾶξιν, ὡς Φίλιππον
ἔνιοι φάσκουσιν· ἂν σὺν οὐδενὶ πόνῳ καὶ ῥᾳδίως, ὡς
Ἀλέξανδρον· ἂν μὴ φρονίμως, ἀλλ᾽ εὐτυχῶς, ὡς Τιμόθεον οἱ ἐχθροί, γράφοντες [ἐν] πίναξιν εἰς κύρτον τινὰ
τὰς πόλεις αὐτάς, ἐκείνου καθεύδοντος, ὑποδυομένας.
(2) Δῆλον γὰρ ὅτι τῶν πράξεων ἐλαττοῦσι τὸ μέγεθος
καὶ τὸ κάλλος οἱ τὸ γενναίως καὶ φιλοπόνως καὶ κατ᾽
ἀρετὴν καὶ δι᾽ αὐτῶν ἀφαιροῦντες.

VIII. Ἔστι τοίνυν τοῖς ἀπ᾽ εὐθείας οὓς βούλονται
κακῶς λέγουσι δυσκολίαν ἐπικαλεῖν, καὶ θρασύτητα,
καὶ μανίαν, ἐὰν μὴ μετριάζωσιν· οἱ δὲ πλαγίως οἷον
ἐξ ἀφανοῦς βέλεσι χρώμενοι ταῖς διαβολαῖς, εἶτα περιιόντες ὀπίσω καὶ ἀναδυόμενοι, τῷ φάσκειν ἀπιστεῖν,
ἃ πάνυ πιστεύεσθαι θέλουσιν, ἀρνούμενοι κακοήθειαν,
ἀνελευθερίαν τῇ κακοηθείᾳ προσοφλισκάνουσιν.

IX. Ἐγγὺς δὲ τούτων εἰσὶν οἱ τοῖς ψόγοις ἐπαίνους
τινὰς παρατιθέντες· ὡς ἐπὶ Σωκράτους Ἀριστόξενος,
ἀπαίδευτον καὶ ἀμαθῆ καὶ ἀκόλαστον εἰπών, ἐπήνεγ-
κεν· « Ἀδικία δ᾽ οὐ προσῆν. » (2) Ὥσπερ γὰρ οἱ σύν
τινι τέχνῃ καὶ δεινότητι κολακεύοντες, ἔστιν ὅτε πολλοῖς καὶ μακροῖς ἐπαίνοις ψόγους παραμιγνύουσιν ἐλα-
φρούς, οἷον ἥδυσμα τῇ κολακείᾳ τὴν παῤῥησίαν ἐμβάλλοντες, οὕτω τὸ κακόηθες εἰς πίστιν ὧν ψέγει προαπο-
τίθεται τὸν ἔπαινον.

X. Ἦν δὲ καὶ πλείονας καταριθμεῖσθαι τῶν χαρα-
κτήρων· ἀρκοῦσι δὲ οὗτοι κατανόησιν τοῦ ἀνθρώπου τῆς
προαιρέσεως καὶ τοῦ τρόπου παρασχεῖν.

XI. Πρῶτα δὴ πάντων ὥσπερ ἀφ᾽ ἑστίας ἀρξάμενος Ἰοῦς, τῆς Ἰνάχου θυγατρός, ἣν πάντες Ἕλληνες
ἐκτεθειῶσθαι νομίζουσι ταῖς τιμαῖς ὑπὸ τῶν βαρβάρων,
καὶ καταλιπεῖν ὄνομα πολλαῖς μὲν θαλάτταις, πορθμῶν
δὲ τοῖς μεγίστοις ἀφ᾽ αὐτῆς διὰ τὴν δόξαν, ἀρχὴν δὲ
καὶ πηγὴν τῶν ἐπιφανεστάτων καὶ βασιλικωτάτων γενῶν παρασχεῖν· ταύτην ὁ γενναῖος ἐπιδοῦναί φησιν
ἑαυτὴν Φοίνιξι φορτηγοῖς, ὑπὸ τοῦ ναυκλήρου διαφθα-
ρεῖσαν ἑκουσίως, καὶ φοβουμένην μὴ κύουσα φανερὰ
γένηται. (2) Καὶ καταψεύδεται Φοινίκων, ὡς ταῦτα
περὶ αὐτῆς λεγόντων. Περσῶν δὲ τοὺς λογίους μαρτυρεῖν φήσας, ὅτι [τὴν Ἰοῦν] μετ᾽ ἄλλων γυναικῶν οἱ
Φοίνικες ἀφαρπάσειαν, εὐθὺς ἀποφαίνεται γνώμην, τὸ
κάλλιστον ἔργον καὶ μέγιστον τῆς Ἑλλάδος ἀβελτερίᾳ
τὸν Τρωϊκὸν πόλεμον γενέσθαι διὰ γυναῖκα φαύλην.
« Δῆλον γάρ, φησίν, ὅτι, εἰ μὴ αὐταὶ ἐβούλοντο, οὐκ
ἂν ἡρπάζοντο. » (3) Καὶ τοὺς θεοὺς τοίνυν ἀβέλτερα
ποιεῖν λέγωμεν, ὑπὲρ τῶν Λεύκτρου θυγατέρων βιασθεισῶν μηνίοντας Λακεδαιμονίοις, καὶ κολάζοντας Αἴαντα
διὰ τὴν Κασάνδρας ὕβριν· δῆλα γὰρ δή, καθ᾽ Ἡρόδοτον,

---

dri tyranni a Theba perpetratam non magnanimitati et odio
malorum, sed iræ et affectui cuidam muliebri imputant,
Catonemque aiunt mortem sibi conscivisse, quod metueret
ne Cæsar ipsum turpi morte afficeret); hunc liquet ad summam invidentiam et nequitiam nihil sibi fecisse reliquum.

VII. Etiam in modo agendi tradendo narratio historica
malignitatem admittit : ut si pecunia quis, non virtute rem
confecisse dicatur, quod de Philippo nonnulli perhibent :
si nullo labore et facile, ut de Alexandro : non prudentia,
sed per felicitatem, ut Timotheum inimici in tabulis pinge-
bant dormientem, et urbes ultro in retia ejus ingredientes.
(2) Nam haud dubie magnitudinem et pulchritudinem actionum deminuunt, qui generose, laboriose, per virtutem et
sua ipsorum opera auctores earum egisse infitiantur.

VIII. Porro qui aperte maledicunt quibuscumque volunt,
eos morosos appellare licet, feroces etiam et insanos, nisi
modum servent : qui vero oblique et quasi ex abdito calumniis tanquam sagittis impetunt, deinde pedem referentes,
eo se velant, quod non credere dicunt quæ omnino credi
volunt, hi ergo dum malignitatem negant, ulterius etiam
illiberalitatis sese obligant.

IX. Quibus affines sunt qui vituperationibus laudationes
aliquas apponunt : at Aristoxenus, qui quum Socratem
ineruditum, inscium et libidinosum dixisset, addidit, *Injustitia tamen aberat.* (2) Sicut enim qui ex arte et cal-
lide adulantur, aliquando multis et longis laudationibus
vituperationes admiscent leviculas, veluti condimentum
adulationi libertatem oris immittentes : ita malignitas, ut
fidem criminibus faciat, laudem simul ponere festinat.

X. Licebat autem plures etiam notas enumerare, sed hæ
sufficiunt ad ingenium moresque Herodoti, qualia fuerint,
declaranda.

XI. Primum itaque a Vesta, quod aiunt, orsus, Io Ina-
chi filiam, quam omnes Græci a barbaris cultam divinis
honoribus, reliquisse multis maribus et fretis maximis nomen a se ob gloriam censent, fontemque et principium no-
bilissimarum ac regiarum prosapiarum præbuisse : præclarus iste negotiatoribus Phœnicibus se dedidisse ait, vitia-
tam a nauclero non invitam, et metuentem ne deprehenderetur a suis gravida. (2) Mentiturque Phœnices hæc de ea
tradidisse : et Persarum doctiores dicens testari, esse illam
a Phœnicibus una cum aliis raptam mulieribus, mox sententiam fert de pulcherrimo et maximo Græciæ facinore,
inquiens bellum Trojanum fuisse susceptum per stultitiam
propter malam mulierem : *Manifestum est enim*, inquit,
nisi ipsæ voluissent, futurum non fuisse ut raperentur.
(3) Proinde dicamus deos etiam stulte fecisse, qui Spartanos ob violatas Leuctri (Scedasi) filias puniverunt, et Ajacem ob vim Cassandræ factam. Manifestum est enim, si
Herodoto credimus, nisi ipsæ voluissent, non fuisse futu-

ὅτι, εἰ μὴ αὐταὶ ἐβούλοντο, οὐκ ἂν ὑβρίζοντο. (4) Καίτοι καὶ Ἀριστομένη φησὶν αὐτὸς ὑπὸ Λακεδαιμονίων ζῶντα συναρπασθῆναι· καὶ Φιλοποίμην ὕστερον, ὁ τῶν Ἀχαιῶν στρατηγός, τὸ αὐτὸ τοῦτο ἔπαθε· καὶ Ῥηγοῦλον ἐχειρώσαντο Καρχηδόνιοι τὸν Ῥωμαίων ὕπατον· ὧν ἔργον εὑρεῖν μαχιμωτέρους καὶ πολεμικωτέρους ἄνδρας. (5) Ἀλλὰ θαυμάζειν οὐκ ἄξιον, ὅπου καὶ παρδάλεις ζώσας καὶ τίγρις συναρπάζουσιν ἄνθρωποι· Ἡρόδοτος δὲ κατηγορεῖ τῶν βιασθεισῶν γυναικῶν, ἀπολογούμενος ὑπὲρ τῶν ἁρπασάντων.

XII. Οὕτω δὲ φιλοβάρβαρός ἐστιν, ὥστε Βούσιριν ἀπολύσας τῆς λεγομένης ἀνθρωποθυσίας καὶ ξενοκτονίας, καὶ πᾶσιν Αἰγυπτίοις θειότητα πολλὴν καὶ δικαιοσύνην μαρτυρήσας, ἐφ' Ἕλληνας ἀναστρέφει τὸ μύσος τοῦτο καὶ τὴν μιαιφονίαν. (2) Ἐν γὰρ τῇ δευτέρᾳ βίβλῳ, « Μενέλαον, φησί, παρὰ Πρωτέως ἀπολαβόντα τὴν Ἑλένην, καὶ τιμηθέντα δωρεαῖς μεγάλαις, ἀδικώτατον ἄνθρωπον γενέσθαι καὶ κάκιστον· ὑπὸ γὰρ ἀπλοίας συνεχόμενον, ἐπιτεχνήσασθαι πρᾶγμα οὐχ ὅσιον, καὶ λαβόντα δύο παιδία ἀνδρῶν ἐπιχωρίων, ἔντομά σ[φεα] ποιῆσαι· μισηθέντα δ' ἐπὶ τούτῳ καὶ διωκόμενον, οἴχεσθαι φεύγοντα νηυσὶν ἰθὺ ἐπὶ Λιβύης. » (2) Τοῦτον δὲ τὸν λόγον οὐκ οἶδα ὅστις Αἰγυπτίων εἴρηκεν· ἀλλὰ τἀναντία πολλαὶ μὲν Ἑλένης, πολλαὶ δὲ Μενελάου τιμαὶ διαφυλάττονται παρ' αὐτοῖς.

XIII. Ὁ δὲ συγγραφεὺς ἐπιμένων, « Πέρσας μὲν, φησί, παισὶ μίσγεσθαι παρ' Ἑλλήνων μαθόντας· » καίτοι πῶς Ἕλλησι Πέρσαι διδασκάλια ταύτης ὀφείλουσι τῆς ἀκολασίας, παρ' οἷς ὀλίγου δεῖν ὑπὸ πάντων ὁμολογεῖται παῖδας ἐκτετμῆσθαι, πρὶν Ἑλληνικὴν ἰδεῖν θάλασσαν; (2) « Ἕλληνας δὲ μαθεῖν παρ' Αἰγυπτίων πομπὰς καὶ πανηγύρεις, καὶ τούτους [τοὺς] δώδεκα θεοὺς σέβεσθαι· Διονύσου δὲ καὶ τοὔνομα παρ' Αἰγυπτίων Μελάμποδα μαθεῖν, καὶ διδάξαι τοὺς ἄλλους Ἕλληνας· μυστήρια δὲ καὶ τὰς περὶ Δήμητραν τελετὰς ὑπὸ τῶν Δαναοῦ θυγατέρων ἐξ Αἰγύπτου κομισθῆναι· (3) καὶ τύπτεσθαι μὲν Αἰγυπτίους, φησί, καὶ πενθεῖν, [τίνας δὲ] οὐ βούλεσθαι αὐτὸς ὀνομάζειν, ἀλλ' εὐστόμως κεῖσθαι περὶ τῶν θείων. » [Περὶ] Ἡρακλέα δὲ καὶ Διόνυσον, οὓς μὲν Αἰγύπτιοι ἀποφαίνονται θεοὺς, Ἕλληνες δὲ ἀνθρώπους καταγεγηρακότας, οὐδαμοῦ ταύτην προύθετο τὴν εὐλάβειαν· (4) καίτοι καὶ τὸν Αἰγύπτιον Ἡρακλέα τῶν δευτέρων θεῶν γενέσθαι λέγει, καὶ τὸν Διόνυσον τῶν τρίτων, ὡς ἀρχὴν ἐσχηκότας γενέσεως, καὶ οὐκ ὄντας ἀϊδίους· ἀλλ' ὅμως ἐκείνους μὲν ἀποφαίνει θεοὺς, τούτοις δὲ, ὡς φθιτοῖς καὶ ἥρωσιν, ἐναγίζειν δεῖν οἴεται, ἀλλὰ μὴ θύειν, ὡς θεοῖς. (5) Τὰ αὐτὰ καὶ περὶ Πανὸς εἴρηκε, ταῖς Αἰγυπτίων ἀλαζονείαις καὶ μυθολογίαις τὰ σεμνότατα καὶ ἁγνότατα τῶν Ἑλληνικῶν ἱερῶν ἀνατρέπων.

XIV. Καὶ οὐ τοῦτο δεινόν· ἀλλ' ἀναγαγὼν εἰς Περσέα τὸ Ἡρακλέους γένος, Περσέα μὲν Ἀσσύριον γεγονέναι λέγει κατὰ τὸν Περσῶν λόγον· « Οἱ δὲ Δωριέων, φησίν, ἡγεμόνες φαίνοιντ' ἂν Αἰγύπτιοι ἰθαγενέες ἐόν-

rum ut violarentur. (4) Atqui ipse ait, Aristomenem vivum fuisse a Spartanis correptum : idemque postmodo Philopœmeni accidit Achæorum prætori; et Carthaginienses ceperunt Regulum, consulem Romanorum; quibus non facile inveneris viros pugnaciores et bellicosiores. (5) Neque mirum hoc, quando pantheræ etiam vivæ et tigres abripiuntur ab hominibus : Herodotus vero vim passas mulieres accusat, et raptoribus patrocinatur.

XII. Ita autem favet barbaris, ut Busiridem sacrificiis istis, quæ feruntur, humanis, et hospitum nece absolvens, omnibusque Ægyptiis multum divinitatis et justitiæ suo quidem testimonio deferens, abominandum illud scelus atque scelesta parricidia in Græcos conetur avertere. (2) Nam in secundo libro, *Menelaum*, ait, *quum a Proteo recepisset Helenam, magnisque esset affectus muneribus, injustitia omnes superasse homines et improbitate : quum enim navigandi facultate destitueretur, commentum esse rem impiam, arreptisque duobus puerulis incolarum, eos immolasse ad exta inspicienda : ob hoc quum laboraret invidia, et essent qui persequerentur, profugum navibus recta in Africam fuisse avectum.* (2) Hæc narratio cujusnam sit Ægyptiorum, equidem haud novi : nam contra apud Ægyptios multi Helenæ, multi Menelao honores etiamnum habentur.

XIII. Idem Herodotus, ut sibi similis maneret, *Persas*, ait, *a Græcis violationem masculi sexus didicisse :* at qui Græcis Persæ hujus impuritatis minerval debent? apud quos fere omnes alii scriptores consentiunt mares fuisse exsectos, antequam Græcum illi attigissent mare : (2) *Græcos autem didicisse ab Ægyptiis pompas, solennes festivitates, et cultum horum duodecim deorum. Dionysi nomen quoque* (is est Bacchus) *Melampodem ab Ægyptiis didicisse, et ceteros Græcos docuisse : mysteria quoque, et Cereris sacrorum initiationes ex Ægypto a Danai filiabus allatas : (3) et planctum luctumque agere Ægyptios in honorem deorum : se vero nomina eorum nolle edere, sed de numinibus os compescere.* De Hercule autem et Baccho, quos Ægyptii deos appellant, Græci, homines qui consenuerint, nusquam adhibuit istam cautionem; (4) quamquam Herculem quoque Ægyptium in diis secundis ponit, Bacchum in tertiis : ut qui aliquod ortus sui principium habuerint, neque æterni fuerint : sed tamen *illos deos esse* pronunciat, *his ut defunctis et heroibus parentandum* putat, *non sacrificandum ut diis.* (5) Eadem de Pane etiam dixit, Ægyptiorum superbis nugis et fabulis sacra Græcorum maxime veneranda et casta subvertens.

XIV. Neque hoc satis atrox. Quin et Herculis genus in Perseum referens, *Perseum*, inquit, *Assyrium fuisse Persæ aiunt : Doriensium autem majores videri possunt a prima origine indigenæ Ægyptii, si quis eos re-

τες, καταλέγοντι τοὺς ἄνω [ἀπὸ] Δανάης καὶ Ἀκρισίου
πατέρας. » (2) Τὸν γὰρ Ἔπαφον, καὶ τὴν Ἰὼ, καὶ
τὸν Ἴασον, καὶ τὸν Ἄργον ὅλως ἀφῆκε, φιλοτιμούμενος
μὴ μόνον ἄλλους Ἡρακλεῖς Αἰγυπτίους καὶ Φοίνικας
ἀποφαίνειν, ἀλλὰ καὶ τοῦτον, ὃν αὐτὸς τρίτον γεγονέναι
5 φησίν, εἰς βαρβάρους ἀποξενῶσαι τῆς Ἑλλάδος. (3)
Καίτοι τῶν παλαιῶν καὶ λογίων ἀνδρῶν οὐχ Ὅμηρος,
οὐχ Ἡσίοδος, οὐκ Ἀρχίλοχος, οὐ Πείσανδρος, οὐ Στησίχορος, οὐκ Ἀλκμάν, οὐ Πίνδαρος, Αἰγυπτίου ἔσχον
λόγον Ἡρακλέους, ἢ Φοίνικος, ἀλλ' ἕνα τοῦτον ἴσασι
10 πάντες Ἡρακλέα τὸν Βοιώτιον ὁμοῦ καὶ Ἀργεῖον.

XV. Καὶ μὴν τῶν ἑπτὰ σοφῶν, οὓς αὐτὸς σοφιστὰς
προσεῖπε, τὸν μὲν Θάλητα Φοίνικα τῷ γένει τὸ ἀνέκαθεν ἀποφαίνεται βάρβαρον· (2) τοῖς δὲ θεοῖς λοιδορούμενος ἐν τῷ Σόλωνος προσωπείῳ ταῦτ' εἴρηκεν·
15 « Ὦ Κροῖσε, ἐπιστάμενόν με τὸ θεῖον πᾶν ἐὸν φθονερόν
τε καὶ ταραχῶδες; * ἐπειρωτᾷς ἀνθρωπηίων περὶ πραγμάτων; » ἃ γὰρ αὐτὸς ἐφρόνει περὶ τῶν θεῶν τῷ Σόλωνι προστριβόμενος, κακοήθειαν τῇ βλασφημίᾳ προσ-
τίθησι· (3) Πιττακῷ τοίνυν εἰς μικρὰ καὶ οὐκ ἄξια
20 λόγου χρησάμενος, ὃ μέγιστόν ἐστι τῶν πεπραγμένων
τῷ ἀνδρὶ καὶ κάλλιστον, ἐν ταῖς πράξεσι γενόμενος παρῆκε. (4) Πολεμούντων γὰρ Ἀθηναίων καὶ Μιτυληναίων περὶ Σιγείου, καὶ Φρύνωνος τοῦ στρατηγοῦ τῶν
Ἀθηναίων προκαλεσαμένου τὸν βουλόμενον εἰς μονομα-
25 χίαν, ἀπήντησεν ὁ Πιττακός, καὶ δικτύῳ περιβαλὼν
τὸν ἄνδρα, ῥωμαλέον ὄντα καὶ μέγαν, ἀπέκτεινε· τῶν
δὲ Μιτυληναίων δωρεὰς αὐτῷ μεγάλας διδόντων, ἀκοντίσας τὸ δόρυ, τοῦτο μόνον τὸ χωρίον ἠξίωσεν ὅσον
ἐπέσχεν ἡ αἰχμή· καὶ καλεῖται μέχρι νῦν Πιττάκιον.
30 (5) Τί οὖν ὁ Ἡρόδοτος, κατὰ τὸν τόπον γενόμενος τοῦτον; ἀντὶ τῆς Πιττακοῦ ἀριστείας τὴν Ἀλκαίου διηγήσατο τοῦ ποιητοῦ φυγὴν ἐκ τῆς μάχης, τὰ ὅπλα ῥίψαν-
τος· τῷ τὰ μὲν χρηστὰ μὴ γράψαι, τὰ δ' αἰσχρὰ μὴ
παραλιπεῖν, μαρτυρήσας τοῖς ἀπὸ μιᾶς κακίας καὶ τὸν
35 φθόνον φύεσθαι καὶ τὴν ἐπιχαιρεκακίαν λέγουσι.

XVI. Μετὰ ταῦτα τοὺς Ἀλκμαιωνίδας, ἄνδρας γενομένους καὶ τὴν πατρίδα τῆς τυραννίδος ἐλευθερώσαν-
τας, εἰς αἰτίαν ἐμβαλὼν προδοσίας, « δέξασθαί φησι
τὸν Πεισίστρατον ἐκ τῆς φυγῆς, καὶ συγκαταγαγεῖν
40 ἐπὶ τῷ γάμῳ τῆς Μεγακλέους θυγατρός· τὴν δὲ παῖδα
πρὸς τὴν μητέρα φράσαι τὴν ἑαυτῆς, ὅτι Ὦ μαμμί-
διον, ὁρᾷς, οὐ μίγνυταί μοι κατὰ νόμον Πεισίστρατος.
Ἐπὶ τούτῳ δὲ τοὺς Ἀλκμαιωνίδας τῷ παρανομήματι
σχετλιάσαντας ἐξελάσαι τὸν τύραννον. »
45 XVII. Ἵνα τοίνυν μηδ' οἱ Λακεδαιμόνιοι τῶν Ἀθηναίων ἔλαττον ἔχωσι τῆς κακοηθείας, τὸν ἐν αὐτοῖς
μάλιστα θαυμαζόμενον καὶ τιμώμενον ὅρα πῶς διαλε-
λύμανται, τὸν Ὀθρυάδαν· « Τὸν δὲ ἕνα, φησί, τὸν περι-
λειφθέντα τῶν τριηκοσίων αἰσχυνόμενον ἀπονοστέειν
50 ἐς Σπάρτην, τῶν συλλοχιτέων διεφθαρμένων, αὐτοῦ μιν
ἐν τῇσι Θυρέαισι καταχώσασθαι ἑωυτόν. » (2) Ἄνω
μὲν γὰρ ἀμφοτέραις ἐπίδικον εἶναι τὸ νίκημά φησιν,
ἐνταῦθα δὲ τῇ αἰσχύνῃ τοῦ Ὀθρυάδου ἥτταν τῶν Λα-

---

censeat qui ante Danaen et Acrisium fuerunt majores.
(2) Nam Epaphum, Io, Iasum, Argum, aliosque omnino
omisit, hoc sibi studio ducens, non modo ut alios Hercules
Ægyptios et Phœnicios faceret; sed etiam ut tertium hunc
e Græcia patria ejectum in barbaros deportaret. (3) At enim
de priscis et doctis hominibus, neque Homerus, neque Hesiodus, neque Archilochus, neque Pisander, neque Stesichorus, neque Alcman, neque Pindarus ullam habent mentionem Ægyptii aut Phœnicii Herculis : sed unum illum
norunt omnes Herculem simul Bœotium et Argivum.

XV. Jam de septem sapientibus, quos ille *sophistas* nominat, *Thaletem a Phœnicibus oriundum ac barbarum
genere* pronunciat. (2) Diis autem maledicens sub persona
Solonis, *Me,* inquit, *o Crœse, gnarum omne numen invidum esse ac tumultuosum, de rebus humanis interrogas.* Suam enim de diis Soloni tribuens sententiam, malignitatem impio sermoni adjunxit. (3) Pittaco idem in paucis et memoratu indignis usus, maximum illius viri factum
ac pulcherrimum omisit, quum in eum historiæ locum venisset. (4) Atheniensibus enim et Mitylenæis de Sigeo bellum gerentibus, Phrynoni Atheniensium duci ad singulare
certamen provocanti si quis congredi vellet, occurrit, reti-
que circumjiciens hominem robustum ac magnum interfecit : ac Mitylenæis magna ei dona offerentibus, conjecta
hasta, id duntaxat agri petiit, quo cuspis pertigisset : lo-
cusque is etiamnum Pittacium dicitur. (5) Quid Herodotus, quum eo loci pervenisset? Pro re a Pittaco bene gesta
fugam Alcæi poetæ ponit, arma in prœlio abjicientis : bene
facta non scribendo, turpiter acta non prætermittendo testimonium perhibens iis qui ex eadem malitia nasci et invidiam et malevolentiam alienis gaudentem incommodis aiunt.

XVI. Secundum hæc Alcmæonidas, qui viros se præstiterunt, patriamque tyrannide liberaverunt, proditionis in-
simulans ait, *recepisse ab exsilio Pisistratum, et reduxisse in patriam pactis filiæ Megaclis nuptiis : puellam
autem matri narrasse, a Pisistrato se non ut fas est
cognosci : hoc scelus Alcmæonidas indigne tulisse, ac
tyrannum ejecisse.*

XVII. Ne autem malignitas ejus minus in Spartanos quam
in Athenienses redundaret, vide ut Othryadam, in summa
apud illos admiratione et honore habitum, fœdet. *Unum
autem,* inquit, *de trecentis superstitem (Othryadam)
ferunt turpe ratum Spartam redire sociis amissis, ibi
ad Thyreas se ipsum defodisse.* (2) Supra enim quum
incertam fuisse utrimque diceret *victoriam,* hic pudore

κεδαιμονίων κατεμαρτύρησεν· ἡττηθέντα μὲν γὰρ ζῆν αἰσχρὸν ἦν, περιγενέσθαι δὲ νικῶντι κάλλιστον.

XVIII. Ἐῶ τοίνυν ὅτι τὸν Κροῖσον ἀμαθῆ καὶ ἀλαζόνα καὶ γελοῖον φήσας ἐν πᾶσιν, ὑπὸ τούτου φησίν, αἰχμαλώτου γενομένου, καὶ παιδαγωγεῖσθαι καὶ νουθετεῖσθαι τὸν Κῦρον, ὃς φρονήσει καὶ ἀρετῇ καὶ μεγαλονοίᾳ πολὺ πάντων δοκεῖ πεπρωτευκέναι τῶν βασιλέων· (2) τῷ δὲ Κροίσῳ μηδὲν ἄλλο καλὸν, ἢ τὸ τιμῆσαι τοὺς θεοὺς ἀναθήμασι πολλοῖς καὶ μεγάλοις, μαρτυρήσας, αὐτὸ τοῦτο πάντων ἀσεβέστατον ἀποδείκνυσιν ἔργον. (3) Ἀδελφὸν γὰρ αὐτῷ Παντολέοντα περὶ τῆς βασιλείας αὐτῷ διαφέρεσθαι, ζῶντος ἔτι τοῦ πατρός· τὸν οὖν Κροῖσον, ὡς εἰς τὴν βασιλείαν κατέστη, τῶν ἑταίρων καὶ φίλων τοῦ Παντολέοντος ἕνα τῶν γνωρίμων ἐπὶ γνάφου διαφθεῖραι καταξαινόμενον, ἐκ δὲ τῶν χρημάτων αὐτοῦ ποιησάμενον ἀναθήματα τοῖς θεοῖς ἀποστεῖλαι. (4) Δηϊόκην δὲ τὸν Μῆδον ἀρετῇ καὶ δικαιοσύνῃ κτησάμενον τὴν ἡγεμονίαν, οὐ φύσει γενέσθαι φησὶ τοιοῦτον, ἐρασθέντα δὲ τυραννίδος, ἐπιθέσθαι προσποιήματι δικαιοσύνης.

XIX. Ἀλλ' ἀφίημι τὰ τῶν βαρβάρων· ἀφθονίαν γὰρ αὐτὸς ἐν τοῖς Ἑλληνικοῖς πεποίηκεν. (2) « Ἀθηναίους τοίνυν, καὶ τοὺς πολλοὺς τῶν ἄλλων Ἰώνων, ἐπαισχύνεσθαι τῷ ὀνόματι τούτῳ, μὴ βουλομένους, ἀλλὰ φεύγοντας Ἴωνας κεκλῆσθαι, τοὺς δὲ νομίζοντας αὐτῶν γενναιοτάτους εἶναι, καὶ ὁρμηθέντας ἀπὸ τοῦ πρυτανηίου τῶν Ἀθηναίων, ἐκ βαρβάρων παιδοποιήσασθαι γυναικῶν, πατέρας αὐτῶν καὶ [ἄνδρας καὶ] παῖδας φονεύσαντας· διὸ τὰς γυναῖκας νόμον θέσθαι, ὅρκους ἐπελάσαι καὶ παραδοῦναι ταῖς θυγατράσι, μήποτε ὁμοσιτῆσαι τοῖς [γε] ἀνδράσι, μηδ' ὀνομαστὶ βοῆσαι τὸν αὑτῆς ἄνδρα, καὶ τοὺς νῦν ὄντας Μιλησίους * ἐξ ἐκείνων γεγονέναι τῶν γυναικῶν· » (3) ὑπειπὼν δὲ, καθαρῶς Ἴωνας γεγονέναι τοὺς Ἀπατούρια ἄγοντας ἑορτὴν, « Ἄγουσι δὲ πάντες, φησὶ, πλὴν Ἐφεσίων καὶ Κολοφωνίων. » Τούτους μὲν οὕτως ἐκκέκλεικε τῆς εὐγενείας.

XX. « Πακτύην δ' ἀποστάντα Κύρου φησὶ Κυμαίους [**] καὶ Μιτυληναίους ἐκδιδόναι παρασκευάζεσθαι τὸν ἄνθρωπον ἐπὶ μισθῷ· οὐ γὰρ ἔχω γ' εἰπεῖν ἀτρεκέως· » (εὖ τὸ μὴ διαβεβαιοῦσθαι, πόσος ἦν ὁ μισθός· τηλικοῦτο δὲ Ἑλληνίδι πόλει προσβαλεῖν ὄνειδος, ὡς δὴ σαφῶς εἰδότα·) « Χίους μέντοι τὸν Πακτύην κομισθέντα πρὸς αὐτοὺς ἐξ ἱροῦ Ἀθηναίης Πολιούχου ἐκδοῦναι, καὶ ταῦτα ποιῆσαι τοὺς Χίους, τὸν Ἀταρνέα μισθὸν λαβόντας. » (3) Καίτοι Χάρων ὁ Λαμψακηνὸς, ἀνὴρ πρεσβύτερος, ἐν τοῖς περὶ Πακτύην λόγοις γενόμενος, τοιοῦτον οὐδὲν οὔτε Μιτυληναίοις οὔτε Χίοις ἄγος προστέτριπται· ταυτὶ δὲ κατὰ λέξιν γέγραφε· « Πακτύης δὲ ὡς ἐπύθετο προσελαύνοντα τὸν στρατὸν τὸν Περσικὸν, ᾤχετο φεύγων ἄρτι μὲν εἰς Μιτυλήνην, ἔπειτα δὲ εἰς Χίον· καὶ αὐτοῦ ἐκράτησε Κῦρος. »

XXI. Ἐν δὲ τῇ τρίτῃ τῶν βίβλων διηγούμενος τὴν Λακεδαιμονίων ἐπὶ Πολυκράτη τὸν τύραννον στρατείαν,

Othryadæ arguit victos fuisse Lacedæmonios. Turpe enim fuit ei vivere victo : at victori, servari pulcherrimum.

XVIII. Mitto nunc, quod Crœsum hominem indoctum, gloriosum et ridiculum in omnibus faciens, ab eo capto Cyrum, qui prudentia et virtute ac magnanimitate facile omnes reges præcelluisse creditur, institutum atque officii admonitum scribit. (2) Quumque de Crœso nihil aliud laudabile testetur, quam multis eum ac magnis donariis deos esse veneratum : hoc ipsum facinus impiissimum fuisse monstrat. (3) *Vivo enim patre, Pantoleontem fratrem cum Crœso de regno contendisse : eo potitum Crœsum, unum de sociis et familiaribus fratris nobilibus super carduos fullonios tractum enecasse, donariaque ex ejus pecunia facta diis misisse.* (4) Refert etiam Medum Deiocem, qui virtute et justitia regnum in Medos sibi paravit, *non a natura talem fuisse, sed captum cupidine tyrannidis eam invasisse simulatione justitiæ.*

XIX. Sed mitto barbara, quando magnam exemplorum copiam res Græcæ sufficiunt. (2) *Athenienses, et plerosque alios Iones*, ait, *nolle se Ionum nomine dehonestari, sed id fugere : qui vero se nobilissimos putarent, et ex ipso Prytaneo Athenis profectos, eos prolem e barbaris procreasse uxoribus, quarum parentes, maritos et liberos interfecissent : ideoque hàs legem tulisse, et filiabus quoque suis servandam injunxisse, ne unquam cum marito cibum sumerent, aut eum nominatim compellarent : et qui nunc sint Milesii, eos ex istis ortos mulieribus.* (3) Postea subjiciens, *Iones puros esse eos qui Apaturia celebrant : Agunt autem*, ait, *omnes, Ephesiis demtis et Colophoniis.* Hos ergo sic nobilitate spoliat sua.

XX. Porro *Pactyam, qui a Cyro defecerat, profugum Cumas, Cumæos ablegasse Mitylenam, Mitylenæos, ut dederent*, ait, *pretium pactos egisse : quantum, se ignorare.* Scilicet præclarum est, quum fatearis te pretium ignorare, interim quasi probe comperta re tantam urbi Græcæ infamiam impingere. *Chios*, ait, *Pactyam ad se delatum ex Minervæ Poliuchi fano avulsum tradidisse, Atarneumque mercedis loco accepisse.* (2) At Charo Lampsacenus, ætate prior, ubi de Pactya ei sermo est, nullum tale neque Mitylenæis neque Chiis flagitium imputat. Hæc autem sunt ipsa ejus verba: *Pactyas, audito exercitum Persicum appropinquare, profugit primo Mitylenam, deinde in Chium : eumque cepit Cyrus.*

XXI. In tertio deinde libro Herodotus narrans Lacedæmoniorum adversus Polycratem tyrannum expeditionem,

« αὐτοὺς μὲν οἴεσθαί φησι καὶ λέγειν Σαμίους, ὡς χάριν ἐκτίνοντες αὐτοῖς τῆς ἐπὶ Μεσσήνης βοηθείας στρατεύ-
σειαν, τούς τε φεύγοντας κατάγοντες τῶν πολιτῶν, καὶ
τῷ τυράννῳ πολεμοῦντες· ἀρνεῖσθαι δὲ τὴν αἰτίαν ταύτην
5 Λακεδαιμονίους, καὶ λέγειν, ὡς οὐ βοηθοῦντες, οὐδ'
ἐλευθεροῦντες, ἀλλὰ τιμωρούμενοι Σαμίους στρατεύ-
σαιντο, κρατῆρά τινα πεμπόμενον Κροίσῳ παρ' αὐτῶν,
καὶ θώρακα πάλιν παρ' Ἀμάσιδος κομιζόμενον αὐτοῖς
ἀφελομένους. » (2) Καίτοι πόλιν ἐν τοῖς τότε χρόνοις
10 οὔτε φιλότιμον οὕτως, οὔτε μισοτύραννον ἴσμεν, ὡς τὴν
Λακεδαιμονίων γενομένην· ποίου γὰρ ἕνεκα θώρακος ἢ
τίνος κρατῆρος ἑτέρου Κυψελίδας μὲν ἐξέβαλον ἐκ Κορίνθου καὶ Ἀμπρακίας, ἐκ δὲ Νάξου Λύγδαμιν, ἐξ Ἀθηνῶν δὲ τοὺς Πεισιστράτου παῖδας, ἐκ δὲ Σικυῶνος
15 Αἰσχίνην, ἐκ Θάσου δὲ Σύμμαχον, ἐκ δὲ Φωκέων Αὖ-
λιν, ἐκ Μιλήτου δ' Ἀριστογένη, τὴν δ' ἐν Θετταλοῖς
δυναστείαν ἔπαυσαν, Ἀριστομήδη καὶ Ἄγγελον καταλύσαντες διὰ Λεωτυχίδου τοῦ βασιλέως; περὶ ὧν ἐν
ἄλλοις ἀκριβέστερον γέγραπται· (3) κατὰ δὲ Ἡρόδοτον,
20 οὔτε κακίας οὔτ' ἀβελτερίας ὑπερβολὴν λελοίπασιν, εἰ
τὴν καλλίστην καὶ δικαιοτάτην τῆς στρατείας ἀρνούμενοι πρόφασιν, ὡμολόγουν διὰ μνησικακίαν καὶ μικρολογίαν ἐπιτίθεσθαι δυστυχοῦσιν ἀνθρώποις καὶ κακῶς
πράττουσιν.
25 XXII. Οὐ μὴν ἀλλὰ Λακεδαιμονίους μὲν ἀμωσγέπως
ὑποπεσόντας αὐτοῦ τῷ γραφείῳ προσέχρωσε· τὴν δὲ
Κορινθίων πόλιν, ἐκτὸς δρόμου κατὰ τοῦτον οὖσαν τὸν
τόπον, ὅμως προσπεριλαβών, ὁδοῦ, φασί, πάρεργον,
ἀνέπλησεν αἰτίας δεινῆς καὶ μοχθηροτάτης διαβολῆς.
30 (2) « Συνεπελάβοντο γάρ, φησί, τοῦ στρατεύματος [τοῦ]
ἐπὶ Σάμον, ὥστε γενέσθαι, Κορίνθιοι προθύμως, ὕβρί-
σματος εἰς αὐτοὺς ὑπὸ Σαμίων πρότερον ὑπάρξαντος·
ἦν δὲ τοιοῦτο· Κερκυραίων παῖδας τριακοσίους τῶν πρώτων Περίανδρος, ὁ Κορίνθου τύραννος, ἐπ' ἐκτομῇ
35 παρ' Ἀλυάττην ἔπεμπε· τούτους ἀποβάντας εἰς τὴν
νῆσον οἱ Σάμιοι διδάξαντες ἐν ἱερῷ Ἀρτέμιδος ἱκέτας
καθίζεσθαι, καὶ τρωκτὰ προτιθέντες αὐτοῖς ὁσημέραι
σησάμου καὶ μέλιτος, περιεποίησαν. » (3) Τοῦτο ὕ-
βρισμα Σαμίων εἰς Κορινθίους ὁ συγγραφεὺς προσαγο-
40 ρεύει, καὶ διὰ τοῦτο φησὶ συμπαροξῦναι Λακεδαιμονίους
κατ' αὐτῶν ἔτεσιν οὐκ ὀλίγοις ὕστερον, ἔγκλημα ποιη-
σαμένους, ὅτι τριακοσίους παῖδας Ἑλλήνων ἐφύλαξαν
ἄνδρας. (4) Ὁ δὲ τοῦτο Κορινθίοις προστριβόμενος
τοὔνειδος, ἀποφαίνει τοῦ τυράννου μοχθηροτέραν τὴν
45 πόλιν· ἐκεῖνος μὲν γὰρ τὸν υἱὸν αὐτοῦ Κερκυραίους ἀνε-
λόντας ἠμύνατο· Κορίνθιοι δὲ τί παθόντες ἐτιμωροῦντο
Σαμίους * ἐμποδὼν στάντας ὠμότητι καὶ παρανομίᾳ
τοσαύτῃ; καὶ ταῦτα μετὰ τρεῖς γενεὰς ὀργὴν καὶ μνησικακίαν ἀναφέροντες ὑπὲρ τυραννίδος, ἧς καταλυθείσης
50 πᾶν τε μνῆμα καὶ πᾶν ἴχνος ἐξαλείφοντες καὶ ἀφανί-
ζοντες οὐκ ἐπαύοντο, χαλεπῆς καὶ βαρείας αὐτοῖς γενομένης. (5) Ἀλλὰ δὴ τὸ μὲν ὕβρισμα τοιοῦτον ἦν τὸ
Σαμίων εἰς Κορινθίους· τὸ δὲ τιμώρημα ποῖόν τι τὸ
Κορινθίων εἰς Σαμίους; εἰ γὰρ ὄντως ὠργίζοντο Σαμίοις,

scribit, *Samios existimare et dicere, Spartanos eam expeditionem suscepisse ipsis gratiam rependentes pro auxilio quondam iis adversus Messenios lato, ideoque et
exsules reducere Samios, et in tyrannum bellum movere. Lacedæmonios autem id negare, ac dicere se
non opitulandi, aut liberandi, sed ulciscendi Samios
causa eam suscepisse expeditionem, qui missum ab
ipsis Crœso craterem, rursumque ab Amaside sibi thoracem, surripuissent.* (2) Atqui nullam ea tempestate
urbem ita et magnificam et tyrannis infensam novimus, ut
fuit Sparta. Cujus enim thoracis causa aut crateris alterius
Cypselidas ejecerunt Corintho et Ambracia, Lygdamin
Naxo, Pisistrati filios Athenis, Sicyone Æschinem, Thaso
Symmachum, Phocide Aulin, Mileto Aristogenem, dominationem in Thessalis everterunt, Aristomede et Angelo
opera Leotychidæ regis dejectis? de quibus alibi copiosius
scriptum est. (3) Si autem Herodoto credimus, nihil sibi
malitiæ, nihil stultitiæ fecerunt reliquum, qui pulcherrimam
et justissimam expeditionis causam abnegantes, fassi sunt
se ob acceptæ injuriæ memoriam, reique vilis magnam
æstimationem miseros homines afflictosque adoriri.

XXII. Enimvero Lacedæmonios utcumque tum sub sty-
lum suum venientes ibi pupugit : Corinthum autem, quæ
hic quidem extra cursum narrationis erat, tamen obiter
quoque arripiens turpissimo crimine et calumnia pessima
conspersit : (2) *Hæc,* inquit, *expeditio in Samum ut fieret, studiose Corinthii adjuverunt, quibus ipsis quoque
contumelia erat olim a Samiis facta : res ita habet :
Corcyræorum pueros trecentos primarios Periander
Corinthi tyrannus ad Alyattem misit castrandos : hos,
quum in ipsorum insulam exscensionem fecissent, docue-
runt Samii in fano Dianæ supplices sedere, ac placentas
e sesamo et melle ad edendum quotidie proponentes con-
servaverunt.* (3) Hoc contumeliam Samiorum in Corinthios
appellat scriptor, ideoque hos stimulos Lacedæmoniis addidisse adversus Samios multis postea annis, crimini dantes
iis nimirum quod trecentos filios Græcorum mares relinqui
obtinuissent. (4) Quod scelus Corinthiis ille tribuens, urbem ipso tyranno flagitiosiorem facit. Is quidem ultus fuit
Corcyræos, qui filium ipsius interfecerant : quid autem evenit
Corinthiis, ut a Samiis pœnas expeterent, quod ii crudelitati
et improbitati tantæ impedimento fuerunt? idque adeo
post tres ætates, ut tum memoriam acceptæ injuriæ reno-
varent in ejus gratiam tyrannidis, cujus, ut quæ gravissima
ipsis fuisset, exstinctæ omnia monumenta et vestigia abo-
lendi finem nullum faciebant. (5) Talis ergo fuit Samiorum
in Corinthios injuria : qualis vero pœna Corinthiorum de
Samiis expetitur? Atqui, si vere irascebantur Samiis, non.

οὐ παροξύνειν, ἀποτρέπειν δὲ μᾶλλον αὐτοῖς ἦν προσῆκον Λακεδαιμονίους ἐπὶ Πολυκράτη στρατευομένους,
ὅπως μὴ, τοῦ τυράννου καταλυθέντος, ἐλεύθεροι Σάμιοι γένοιντο, καὶ παύσαιντο δουλεύοντες. (6) Ὁ δὲ
μέγιστόν ἐστι, τί δήποτε Κορίνθιοι Σαμίοις μὲν ὠργίζοντο βουληθεῖσι σῶσαι καὶ μὴ δυνηθεῖσι τοὺς Κερκυραίων
παῖδας, Κνιδίοις δὲ τοῖς σώσασι καὶ ἀποδοῦσιν οὐκ ἐνε-
κάλουν; καίτοι Κερκυραῖοι Σαμίων μὲν ἐπὶ τούτῳ λόγον
οὐ πολὺν ἔχουσι, Κνιδίων δὲ μέμνηνται, καὶ Κνιδίοις
εἰσὶ τιμαὶ καὶ ἀτέλειαι καὶ ψηφίσματα παρ' αὐτοῖς·
οὗτοι γὰρ ἐπιπλεύσαντες ἐξήλασαν ἐκ τοῦ ἱεροῦ τοὺς
Περιάνδρου φύλακας, αὐτοὶ δ' ἀναλαβόντες τοὺς παῖδας
εἰς Κέρκυραν διεκόμισαν, ὡς Ἀντήνωρ [ἐν] τοῖς Κρη-
τικοῖς ἱστόρηκε, καὶ Διονύσιος ὁ Χαλκιδεὺς ἐν ταῖς
Κτίσεσιν. (7) Ὅτι δ' οὐ τιμωρούμενοι Σαμίους, ἀλλ'
ἐλευθεροῦντες ἀπὸ τοῦ τυράννου καὶ σώζοντες, ἐστράτευσαν οἱ Λακεδαιμόνιοι, Σαμίοις αὐτοῖς ἐστι χρήσασθαι
μάρτυσιν. Ἀρχίᾳ γὰρ, ἀνδρὶ Σπαρτιάτῃ, λαμπρῶς
ἀγωνισαμένῳ τότε, καὶ πεσόντι, τάφον εἶναι δημοσίᾳ
κατεσκευασμένον ἐν Σάμῳ, καὶ τιμώμενον ὑπ' αὐτῶν,
λέγουσι· διὸ καὶ τοὺς ἀπογόνους τοῦ ἀνδρὸς ἀεὶ διατελεῖν Σαμίοις οἰκείως καὶ φιλανθρώπως προσφερομένους,
ὡς αὐτὸς Ἡρόδοτος ταῦτα γοῦν ἀπομεμαρτύρηκεν.

XXIII. Ἐν δὲ τῇ πέμπτῃ, τῶν ἀρίστων Ἀθήνησι
καὶ πρώτων ἀνδρῶν « Κλεισθένη μὲν ἀναπεῖσαί φησι
τὴν Πυθίαν ψευδόμαντιν γενέσθαι, προφέρουσαν ἀεὶ
Λακεδαιμονίοις, ἐλευθεροῦν ἀπὸ τῶν τυράννων (ἀεὶ) τὰς
Ἀθήνας·» καλλίστῳ μὲν ἔργῳ καὶ δικαιοτάτῳ προσά-
πτων ἀσεβήματος διαβολὴν τηλικούτου καὶ ῥαδιουργή-
ματος, ἀφαιρούμενος δὲ τοῦ θεοῦ μαντείαν καλὴν καὶ
ἀγαθὴν καὶ τῆς λεγομένης συμπροφητεύειν Θέμιδος ἀξίαν.
(2) « Ἰσαγόραν δὲ τῆς γαμετῆς ὑφίεσθαι Κλεομένει φοι-
τῶντι παρ' αὐτήν·» ὡς δ' εἰώθει, παραμιγνὺς πίστεως
ἕνεκα τοῖς ψόγοις ἐπαίνους τινάς, « Ἰσαγόρης δὲ, φησὶν,
ὁ Τισάνδρου, οἰκίης μὲν ἦν δοκίμου, ἀτὰρ τὰ ἀνέκαθεν
οὐκ ἔχω φράσαι· θύουσι δὲ οἱ συγγενεῖς αὐτοῦ Διὶ Κα-
ρίῳ. » (3) Εὐρυθμός γε καὶ πολιτικὸς ὁ μυκτὴρ τοῦ
συγγραφέως, εἰς Κᾶρας, ὥσπερ εἰς κόρακας, ἀποδιο-
πομπουμένου τὸν Ἰσαγόραν. (4) Ἀριστογείτονα μέντοι
οὐκέτι κύκλῳ (καὶ κακῶς), ἀλλ' ἄντικρυς διὰ πυλῶν
εἰς Φοινίκην ἐξελαύνει, « Γεφυραῖον γεγονέναι λέγων
ἀνέκαθεν· τοὺς δὲ Γεφυραίους οὐκ ἀπ' Εὐβοίας, οὐδ'
Ἐρετριεῖς, ὥσπερ οἴονταί τινες, ἀλλὰ Φοίνικας εἶναί
φησιν, αὐτὸς οὕτω πεπυσμένος. » (5) Ἀφελέσθαι τοίνυν
Λακεδαιμονίους μὴ δυνάμενος τὴν Ἀθηναίων ἐλευθέ-
ρωσιν ἀπὸ τῶν τυράννων, αἰσχίστῳ πάθει κάλλιστον
ἔργον οἷός τ' ἐστὶν ἀφανίζειν καὶ καταισχύνειν· « ταχὺ
γὰρ μετανοῆσαί φησιν αὐτούς, ὡς οὐ ποιήσαντας ὀρθῶς,
ὅτι κιβδήλοισι μαντηίοισιν ἐπαρθέντες ἄνδρας ξείνους
ὄντας αὐτοῖσι, καὶ ὑποσχομένους ὑποχειρίας παρέξειν
τὰς Ἀθήνας, ἐξήλασαν ἐκ τῆς πατρίδος τοὺς τυράννους,
καὶ δήμῳ ἀχαρίστῳ παρέδωκαν τὴν πόλιν. (6) Εἶτα
μεταπεμψαμένους Ἱππίαν ἀπὸ Σιγείου κατάγειν εἰς
τὰς Ἀθήνας· ἀντιστῆναι δὲ Κορινθίους αὐτοῖς, καὶ ἀπο-

instigare, sed dehortari potius Lacedæmonios ab expeditione
in Polycratem debuerunt; ne, tyranno dejecto, Samii unquam libertatem recipere possent. (6) Quod autem maximum est, cur tandem Corinthii Samiis irascebantur qui
voluerunt, nec tamen potuerunt servare Corcyræorum pueros; Cnidios vero, qui servarunt eos et reddiderunt, non
culpabant? Et quidem hac in re Corcyræi non magnam habent Samiorum rationem : Cnidiorum meminerunt, hisque
sunt apud ipsos honores, immunitates et decreta; nam hi
navibus advecti, custodes Periandri e templo expulerunt,
puerosque ad se receptos Corcyram pervexerunt, ut Antenor
in Rebus Creticis narravit, ac Dionysius Chalcidensis in libro de Originibus Urbium. (7) Non autem ulciscendi Samios, sed a tyranno liberandi causa Spartanos expeditionem
suscepisse, ipsis Samiis testibus potest doceri. Tradunt
enim, Archiæ Spartano, quum is fortissime tum pugnans
cecidisset, sepulchrum in Samo publice factum, idque a se
honoribus affici :· ideoque posteros etiam ejus semper cum
Samiis familiariter atque humaniter agere : nam ipse quidem Herodotus hoc certe testatus est.

XXIII. Idem libro quinto, de præstantissimis Atheniensium ac principibus viris *Clisthenem*, ait, *Pythiæ persuasisse, ut Spartanis semper falsa oracula redderet,
quibus juberentur Athenas a tyrannis liberare :* facto
pulcherrimo et justissimo tantam sceleris et imposturæ an-
nectens calumniam; deoque adimens vaticinium bonum atque verum, et dignum Themide quæ ei adsidere dicitur.
(2) Ait præterea, *conjugis suæ abusum permisisse Isagoram Cleomeni ad eam ventilanti :* et more suo fidei
parandæ gratia admiscens vituperationibus laudes aliquas,
Isagoras, inquit, *Tisandri filius, familia fuit natus
nobili, sed originem ejus non habeo dicere : cognati quidem ejus Jovi Cario sacrificant.* (3) O hominem versuto
et civili naso, qui ad Cares tanquam corvos Isagoram abo-
minando rejiciat! (4) Aristogitonem vero non oblique jam,
sed recta portis ejectum in Phœniciam proturbat, *a Gephy-
ræis originem eum trahere* inquiens : *esse autem Gephy-
ræos non ex Eubœa aut Eretrienses, sed Phœnices, ut
quidem ipse auditu acceperit.* (5) Sed quum Atheniensium a tyrannis liberationem adimere Lacedæmoniis non
posset, audet turpissimo affectu pulcherrimum facinus
obruere et conspurcare. *Mox enim, ait, Spartanos correptos fuisse pænitentia, quod adulterinis moti oraculis viros hospitio sibi junctos, promittentesque ipsis
Athenas in potestatem tradituros, e patria expulissent
tyrannos, ingratoque populo urbem restituissent.* (6)
*Voluisse deinde eos Hippiam a Sigeo revocatum Athenas
perducere : sed Corinthios iis obstitisse, Sosicle nar-

στρέψαι, Σω[σι]κλέους διελθόντος, ὅσα Κύψελος καὶ Περίανδρος κακὰ τὴν Κορινθίων πόλιν εἰργάσαντο τυραννοῦντες. » (7) *Καίτοι Περιάνδρου σχετλιώτερον οὐδὲν
οὐδ' ὠμότερον ἔργον ἱστορεῖται τῆς ἐκπομπῆς τῶν τριακοσίων ἐκείνων, οὓς ἐξαρπάσασι καὶ διακωλύσασι παθεῖν ταῦτα Σαμίοις ὀργίζεσθαί φησι καὶ μνησικακεῖν
Κορινθίους ὥσπερ ὑβρισθέντας. (8) Τοσαύτης ἀναπίμπλησι ταραχῆς καὶ διαφωνίας τὸ κακόηθες αὐτοῦ τὸν
λόγον, ἐξ ἁπάσης τῇ διηγήσει προφάσεως ὑποδυόμενον.

XXIV. Ἐν δὲ τοῖς ἐφεξῆς τὰ περὶ Σάρδεις διηγούμενος, ὡς ἐνῆν μάλιστα διέλυσε καὶ διελυμήνατο τὴν
πρᾶξιν· ἃς μὲν Ἀθηναῖοι ναῦς ἐξέπεμψαν Ἴωσι τιμωροὺς, ἀποστᾶσι βασιλέως, ἀρχεκάκους τολμήσας προσειπεῖν, ὅτι τοσαύτας πόλεις καὶ τηλικαύτας Ἑλληνίδας
ἐλευθεροῦν ἐπεχείρησαν ἀπὸ τῶν βαρβάρων, Ἐρετριέων
δὲ κομιδῇ μνησθεὶς ἐν παρέργῳ, καὶ παρασιωπήσας
μέγα κατόρθωμα καὶ ἀοίδιμον. (2) Ἤδη γὰρ ὡς ** περὶ
τὴν Ἰωνίαν συγκεχυμένην, καὶ στόλου βασιλικοῦ προσ-
πλέοντος, ἀπαντήσαντες ἔξω Κυπρίους ἐν τῷ Παμφυ-
λίῳ πελάγει κατεναυμάχησαν· εἶτ' ἀναστρέψαντες ὀπίσω, καὶ τὰς ναῦς ἐν Ἐφέσῳ καταλιπόντες, ἐπέθεντο
Σάρδεσι, καὶ Ἀρταφέρνην ἐπολιόρκουν, εἰς τὴν ἀκρόπολιν καταφυγόντα, βουλόμενοι τὴν Μιλήτου λῦσαι
πολιορκίαν· καὶ τοῦτο μὲν ἔπραξαν, καὶ τοὺς πολεμίους
ἀνέστησαν ἐκεῖθεν, ἐν φόβῳ θαυμαστῷ γενομένους· πλήθους δ' ἐπιχυθέντος αὐτοῖς, ἀπεχώρησαν. (3) Ταῦτα
δ' ἄλλοι τε καὶ Λυσανίας ὁ Μαλλώτης ἐν τοῖς περὶ
Ἐρετρίας εἴρηκε· καὶ καλῶς εἶχεν, εἰ καὶ διὰ μηδὲν
ἄλλο, τῇ γοῦν ἁλώσει καὶ φθορᾷ τῆς πόλεως ἐπειπεῖν
τὸ ἀνδραγάθημα τοῦτο καὶ τὴν ἀριστείαν· ὁ δὲ καὶ
κρατηθέντας αὐτοὺς ὑπὸ τῶν βαρβάρων φησὶν εἰς τὰς
ναῦς καταδιωχθῆναι, μηδὲν τοιοῦτο τοῦ Λαμψακηνοῦ
Χάρωνος ἱστοροῦντος, ἀλλὰ ταυτὶ γράφοντος, κατὰ
λέξιν· (4) « Ἀθηναῖοι δὲ εἴκοσι τριήρεσιν ἔπλευσαν,
ἐπικουρήσοντες τοῖς Ἴωσι, καὶ εἰς Σάρδεις ἐστρατεύ-
σαντο, καὶ εἶλον τὰ περὶ Σάρδεις ἅπαντα, χωρὶς τοῦ
τείχους τοῦ βασιληΐου· ταῦτα δὲ ποιήσαντες ἐπαναχω-
ροῦσιν εἰς Μίλητον. »

XXV. Ἐν δὲ τῇ ἕκτῃ διηγησάμενος περὶ Πλαταιέων, ὡς « σφᾶς αὐτοὺς ἐδίδοσαν Σπαρτιάταις, οἱ
δὲ μᾶλλον ἐκέλευσαν πρὸς Ἀθηναίους τρέπεσθαι πλη-
σιοχώρους ἐόντας αὐτοῖς, καὶ τιμωρέειν οὐ κακούς· »
προστίθησιν, οὐ καθ' ὑπόνοιαν οὐδὲ δόξαν, ἀλλ' ὡς
ἀκριβῶς ἐπιστάμενος, ὅτι « ταῦτα συνεβούλευον οἱ
Λακεδαιμόνιοι οὐ κατ' εὔνοιαν [οὕτω] τῶν Πλαταιέων,
ὡς βουλόμενοι τοὺς Ἀθηναίους ἔχειν πόνον συνεστῶτας
Βοιωτοῖς. » (2) Οὐκοῦν εἰ μὴ κακόηθης Ἡρόδοτος,
ἐπίβουλοι μὲν καὶ κακοήθεις Λακεδαιμόνιοι, ἀναίσθητοι δ' Ἀθηναῖοι παρακρουσθέντες, Πλαταιεῖς δ' οὐ κατ'
εὔνοιαν οὐδὲ τιμὴν, ἀλλὰ πολέμου πρόφασις εἰς μέσον
ἐρρίφησαν.

XXVI. Καὶ μὴν τὴν πανσέληνον ἤδη σαφῶς ἐξε-
λήλεγκται Λακεδαιμονίων καταψευδόμενος, ἥν φησι
περιμένοντας αὐτοὺς εἰς Μαραθῶνα μὴ βοηθῆσαι τοῖς

---

*rante mala quanta perpetrassent Cypselus et Periander
Corinthi tyrannidem gerentes.* (7) Atqui nullum atro-
cius aut crudelius Periandri facinus memoratur, quam ista
trecentorum emissio : quos quia eripuissent Samii, ac ne
castrarentur prohibuissent, ideo iis ut contumelia affectos
iratos fuisse Corinthios dixerat. (8) Tanto tumultu ac dissensione malignitas ejus historiam implet, in narrationes
quacumque passim se insinuans occasione.

XXIV. In sequentibus, Sardibus gesta narrans, quantum
potuit rem debilitavit atque corrupit : naves, quas Athenienses Ionibus qui a Rege defecerant tutandis miserunt,
ausus *malorum* vocare *initium*, quod tot tantasque Græcas urbes a barbaris liberare conarentur : Eretriensium autem obiter admodum faciens mentionem, magnumque eorum et præclarum facinus reticens ac memorabile. (2)
Jam enim ut turbatis Ioniæ rebus, classe regia adnavigante,
foras obviam euntes, Cyprios in mari Pamphylio pugna navali devicerunt. Post hæc retro conversi, navibus apud
Ephesum relictis, Sardes adorti sunt, et Artaphernem, qui
in arcem confugerat, obsederunt, ut Miletum obsidione li-
berarent : quod et consecuti sunt, hostesque mirabili terrore perculsos inde amoverunt : ipsi, multitudine obrutum
se iri videntes, recesserunt. (3) Hæc quum alii, tum Lysa-
nias Mallotes in opere de Eretria scripserunt : et conveni-
bat, si nulla alia de causa, saltem excidio urbis ejus et
interitui accinere memorandum istuc et præclarum facinus.
Herodotus vero etiam *victos a barbaris eos in naves* ait
confugisse insequente hoste : quum nihil tale Lampsacenus
prodiderit Charo, cujus hæc sunt verba : (4) *Athenienses
autem viginti triremibus navigarunt, ut auxilium ferrent Ionibus, et ad Sardes expeditione facta, omnia
circa eam urbem ceperunt, excepta munitione regia :
his actis Miletum reverterunt.*

XXV. Porro in sexto libro Herodotus narrans quomodo
*Platæenses Spartanis sese dediderint, illi vero eos ad
Athenienses ablegaverint, utpote finitimos, et defenso-
res minime malos,* addit non quasi suspicionem aut opinionem, sed tanquam rem sibi compertam, *Lacedæmonios
istud consilium non tam benevolentia erga Platæenses, quam studio laborem Atheniensibus incutiendi,
rem cum Bœotis habituris, dedisse.* (2) Proinde, nisi
malignus est Herodotus, insidiatores fuerunt et maligni
Spartani ; stulti autem Athenienses, ita sibi imponi qui sinerent : Platæenses vero non honoris aut benevolentiæ
causa, sed ut belli futuri ansa, in medium projecti sunt.

XXVI. Jam vero manifesti convincitur mendacii de illo
plenilunio, cujus exspectatione Lacedæmonios Atheniensibus ad Marathoniam pugnam non venisse auxiliatum scri-

Ἀθηναίοις· οὐ γὰρ μόνον ἄλλας μυρίας ἐξόδους καὶ
μάχας πεποίηνται μηνὸς ἱσταμένου, μὴ περιμείναντες
τὴν πανσέληνον, ἀλλὰ καὶ ταύτης τῆς μάχης, ἕκτῃ
Βοηδρομιῶνος ἱσταμένου γενομένης, ὀλίγον ἀπελείφθη-
σαν, ὥστε καὶ θεάσασθαι τοὺς νεκροὺς ἐπελθόντας ἐπὶ
τὸν τόπον. (2) Ἀλλ' ὅμως ταῦτα περὶ τῆς πανσελήνου
γέγραφεν· « Ἀδύνατα δέ σφι τὸ παραυτίκα ποιέειν
ταῦτα, οὐ βουλομένοισι λύειν τὸν νόμον· ἦν γὰρ ἱσταμένου τοῦ μηνός [ἐνάτη]· ἐνάτη δ' οὐκ ἐξελεύσεσθαι
ἔφασαν, οὐ πλήρεος ἐόντος τοῦ κύκλου. Οὗτοι μὲν
οὖν τὴν πανσέληνον ἔμενον. » (3) Σὺ [δὲ] μεταφέρεις
τὴν πανσέληνον εἰς ἀρχὴν μηνός, [οὖσαν] διχομηνίας,
καὶ τὸν οὐρανὸν ὁμοῦ καὶ τὰς ἡμέρας καὶ πάντα
πράγματα συνταράσσεις· καὶ [ταῦτα] τὰ τῆς Ἑλλάδος * ἐπαγγελλόμενος γράφειν. *** (4) Ἐσπουδακὼς
δὲ περὶ τὰς Ἀθήνας διαφερόντως, οὐδὲ τὴν πρὸς Ἄγρας
πομπὴν ἱστόρηκας, ἣν πέμπουσιν ἔτι νῦν τῇ Ἑκάτῃ
χαριστήρια τῆς νίκης ἑορτάζοντες. Ἀλλὰ τοῦτό γε
βοηθεῖ τῷ Ἡροδότῳ πρὸς ἐκείνην τὴν διαβολήν, ἣν
ἔχει κολακεύσας τοὺς Ἀθηναίους, ἀργύριον πολὺ λαβεῖν
παρ' αὐτῶν. (5) Εἰ γὰρ ἀνέγνω ταῦτ' Ἀθηναίοις, οὐκ
ἂν εἴασαν οὐδὲ περιεῖδον, ἐνάτῃ τὸν Φιλιππίδην παρακαλοῦντα Λακεδαιμονίους ἐπὶ τὴν μάχην ἐκ τῆς μάχης
γεγενημένον, καὶ ταῦτα, δευτεραῖον εἰς Σπάρτην ἐξ
Ἀθηνῶν, ὡς αὐτός φησιν, ἀφιγμένον· εἰ μὴ μετὰ τὸ
νικῆσαι τοὺς πολεμίους Ἀθηναῖοι μετεπέμποντο τοὺς
συμμάχους. (6) Ὅτι μέντοι δέκα τάλαντα δωρεὰν
ἔλαβεν ἐξ Ἀθηνῶν Ἀνύτου τὸ ψήφισμα γράψαντος,
ἀνὴρ Ἀθηναῖος οὐ τῶν παρημελημένων ἐν ἱστορίᾳ,
Δίυλλος, εἴρηκεν. (7) Ἀπαγγείλας δὲ τὴν ἐν Μαραθῶνι μάχην ὁ Ἡρόδοτος, ὡς μὲν οἱ πλεῖστοι λέγουσι,
καὶ τῶν νεκρῶν τῷ ἀριθμῷ καθεῖλε τὸ ἔργον. Εὐξα-
μένους γὰρ, φασὶ, τοὺς Ἀθηναίους τῇ Ἀγροτέρᾳ θύσειν
χιμάρους ὅσους ἂν τῶν βαρβάρων καταβάλωσιν, εἶτα
μετὰ τὴν μάχην ἀναρίθμου πλήθους τῶν νεκρῶν ἀνα-
φανέντος, παραιτεῖσθαι ψηφίσματι τὴν θεὸν, ὅπως
καθ' ἕκαστον ἐνιαυτὸν ἀποθύωσι πεντακοσίας τῶν χι-
μάρων.

XXVII. Οὐ μὴν ἀλλὰ τοῦτο ἐάσαντες, ἴδωμεν
[τὰ] μετὰ τὴν μάχην· « Τῆσι δὲ λοιπῆσιν οἱ βάρβαροι ἐξανακρουσάμενοι, καὶ ἀναλαβόντες ἐκ τῆς νήσου
ἐν ᾗ ἔλιπον τὰ ἐξ Ἐρετρίης ἀνδράποδα, περιέπλεον
Σούνιον, βουλόμενοι φθῆναι τοὺς Ἀθηναίους ἀφικόμε-
νοι εἰς τὸ ἄστυ· αἰτίην δ' ἔσχον Ἀθηναίοισιν ἐξ Ἀλ-
κμαιωνιδέων μηχανῆς αὐτοὺς ταῦτα ἐπινοηθῆναι· τούτους γὰρ συνθεμένους τοῖσι Πέρσῃσιν ἀναδεῖξαι ἀσπίδα
ἐοῦσιν ἤδη ἐν τῇσι νηυσί· οὗτοι μὲν δὴ περιέπλεον
Σούνιον. » (2) Ἐνταῦθα τὸ μὲν τοὺς Ἐρετριέας ἀνδράποδα προσειπεῖν, οὔτε τόλμαν Ἑλλήνων οὐδενὸς
οὔτε φιλοτιμίαν ἐνδεεστέραν παρασχομένους, καὶ πα-
θόντας ἀνάξια τῆς ἀρετῆς, ἀφείσθω· διαβεβλημένων
δὲ τῶν Ἀλκμαιωνιδῶν, ἐν οἷς οἱ μέγιστοί τε τῶν οἴκων
καὶ δοκιμώτατοι τῶν ἀνδρῶν ἦσαν, ἐλάττων λόγος·
(3) Ἀνατέτραπται δὲ τῆς νίκης τὸ μέγεθος, καὶ τὸ τέ-

bit. Non enim modo sexcenties alias illi exercitum eduxerunt et signa contulerunt initio mensis, non præstolati plenilunium : sed et parum abfuit quin ad hanc pugnam, sexta
Boedromionis die commissam, venirent; adeo ut cadavera
etiam spectaverint ad locum prælii jam præsentes. (2) Et
tamen Herodotus de plenilunio ista scripsit : *Non poterant
vero isto hæc tempore facere illi, quia violare legem
nolebant : erat enim nona mensis dies : qua die exire
sibi licere negabant, orbe lunæ non pleno : itaque plenilunium operiebantur.* (3) Tu quidem, Herodote, plenilunium, quod est medio mense, transfers in mensem
ineuntem; unoque conatu cœlum, tempora, et res omnes
conturbas; et quidem professus te res Græcas scribere. * *
(4) Maxime autem Atticis rebus operam impendens, ne
pompam quidem cognovisti, quam solemnem etiamnum
Athenienses ad Agras mittunt, gratias Hecatæ pro victoria
agentes. Verum hoc quidem facit pro Herodoto adversus
crimen quod ei objicitur, magnam eum ab Atheniensibus
propter adulationem accepisse pecuniam. (5) Si enim his
ista recitasset, non omisissent aut neglexissent locum de
Philippida, qui nona mensis die e pugna veniens Lacedæmonios ad pugnam vocaret, biduo quidem, ut ipse ait,
Athenis Spartam profectus : nisi forte Athenienses devictis
demum hostibus ad pugnam socios vocaverunt. (6) Sane
decem talenta Athenis dono venisse ipsi, Anyto rogationis
auctore, Diyllus scripsit Atheniensis, homo in historia non
contemnendus. (7) Narranda porro Marathonia pugna
Herodotus, ut plerique aiunt, ipso occisorum numero rei
magnitudinem evertit. Scribunt enim Athenienses Dianæ
Agroteræ seu Agresti vovisse tot hædorum victimam, quot
barbarorum corpora stravissent : post pugnam autem,
quum immensus videretur occisorum numerus, decreto
hoc deam placasse, ut quotannis quingentos se immolatu-
ros promitterent.

XXVII. Verum his omissis, videamus acta post pugnam.
Reliquis, inquit, *navibus retro actis barbari, receptis
ex insula ubi reliquerant mancipiis Eretriensibus,
Sunium flexerunt, cupientes Athenienses suo in astu
advenin antevertere. Suspicabantur autem Athenienses id fieri Alcmæonidarum machinatione, qui de composito scutum Persis ostendissent, quum jam essent in
navibus. Hi ergo flectebant Sunium.* (2) Hoc loco id
dissimulemus, quod Eretrienses *mancipia* nominat, quibus
nemo Græcorum majore audacia ac studio rem gessit, indigna passos sua virtute : neque adeo magnam habeamus
rationem calumniæ Alcmæonidis intentatæ, ex quibus et
familiæ maximæ constabant, et nobilissimi viri celebrantur.
(3) Ipsius certe victoriæ de magnitudine artum est finisque

λος εἰς οὐδὲν ἥκει περιβοήτου κατορθώματος, οὐδ' ἀγών τις ἔοικεν οὐδ' ἔργον γεγονέναι τοσοῦτον, ἀλλὰ πρόσκρουσμα βραχὺ τοῖς βαρβάροις ἀποβᾶσιν, ὥσπερ οἱ διασύροντες καὶ βασκαίνοντες λέγουσιν, εἰ μετὰ τὴν μάχην οὐ φεύγουσι κόψαντες τὰ πείσματα τῶν νεῶν, τῷ φέροντι προσωτάτω τῆς Ἀττικῆς ἀνέμῳ παραδόντες αὑτούς· (4) ἀλλ' αἴρεται μὲν ἀσπὶς αὐτοῖς προδοσίας σημεῖον, ἐπιπλέουσι δὲ ταῖς Ἀθήναις ἐλπίζοντες αἱρήσειν, καὶ καθ' ἡσυχίαν Σούνιον κάμψαντες ὑπεραιροῦνται Φαλήρων, οἱ δὲ πρῶτοι καὶ δοκιμώτατοι τῶν ἀνδρῶν * * * ἀπεγνωκότες τὴν πόλιν· καὶ γὰρ ἀπολύων ὕστερον Ἀλκμαιωνίδας, ἑτέροις τὴν προδοσίαν ἀνατίθησιν· « Ἀνεδείχθη μὲν γὰρ ἀσπὶς, καὶ τοῦτο οὐκ ἔστιν ἄλλως εἰπεῖν, » φησὶν, αὐτὸς ἰδών. (5) Τοῦτο δ' ἀμήχανον μὲν ἦν γενέσθαι, νενικηκότων κατὰ κράτος τῶν Ἀθηναίων· γενόμενον δ' οὐκ ἂν ὑπὸ τῶν βαρβάρων συνώφθη, φυγῇ καὶ πόνῳ πολλῷ καὶ τραύμασι καὶ βέλεσιν εἰς τὰς ναῦς ἐλαυνομένων, καὶ ἀπολιπόντων τὸ χωρίον, ὡς ἕκαστος τάχους εἶχεν. (6) Ἀλλ' ὅταν γε πάλιν ὑπὲρ τῶν Ἀλκμαιωνιδῶν ἀπολογεῖσθαι προσποιούμενος, ἃ πρῶτος ἀνθρώπων ἐπενήνοχεν ἐγκλήματα, εἴπῃ, « [Θώϋμα δέ μοι,] καὶ οὐκ ἐνδέχομαι τὸν λόγον, Ἀλκμαιωνίδας ἄν ποτε ἀναδεῖξαι Πέρσῃσιν ἐκ συνθήματος ἀσπίδα, βουλομένους γε εἶναι Ἀθηναίους ὑπὸ Ἱππίῃ· » κόμματός τινος ἀναμιμνήσκομαι παροιμιακοῦ·

Μένε, καρκίνε, καί σε μεθήσω·

τί γὰρ ἐσπούδακας καταλαβεῖν, εἰ καταλαβὼν μεθιέναι μέλλεις; (7) * Καὶ σὺ κατηγορεῖς, εἶτ' ἀπολογῇ· καὶ γράφεις κατ' ἐπιφανῶν ἀνδρῶν διαβολὰς, ἃς πάλιν ἀναιρεῖς· ἀπιστῶν δὲ σεαυτῷ δηλονότι· σεαυτοῦ γὰρ ἀκήκοας λέγοντος, Ἀλκμαιωνίδας ἀνασχεῖν ἀσπίδα νενικημένοις καὶ φεύγουσι τοῖς βαρβάροις. (8) Καὶ μὴν ἐν οἷς περὶ Ἀλκμαιωνιδῶν ἀπολογῇ, σεαυτὸν ἀποφαίνεις συκοφάντην· εἰ γὰρ « μᾶλλον ἢ ὁμοίως Καλλίῃ τῷ Φαινίππου, Ἱππονίκου δὲ πατρὶ, φαίνονται μισοτύραννοι ἐόντες, » ὡς ἐνταῦθα γράφεις, Ἀλκμαιωνίδαι, ποῦ θήσεις αὐτῶν ἐκείνην τὴν συνωμοσίαν, ἣν ἐν τοῖς πρώτοις γέγραφας; ὡς ἐπιγαμίαν ποιησόμενοι Πεισιστράτῳ κατήγαγον αὐτὸν ἀπὸ τῆς φυγῆς ἐπὶ τὴν τυραννίδα, καὶ οὐκ ἂν ἐξήλασαν αὖθις, ἕως διεβλήθη παρανόμως τῇ γυναικὶ μιγνύμενος. (9) Ταῦτα μὲν οὖν τοιαύτας ἔχει ταραχάς· ** τῆς Ἀλκμαιωνιδῶν διαβολῆς καὶ ὑπονοίας τοῖς Καλλίου τοῦ Φαινίππου χρησάμενος ἐπαίνοις, καὶ προσάψας αὐτῷ τὸν υἱὸν Ἱππόνικον, ὃς ἦν καθ' Ἡρόδοτον ἐν τοῖς πλουσιωτάτοις Ἀθηναίων, ὡμολόγησεν, ὅτι μηδὲν τῶν πραγμάτων δεομένων, ἀλλὰ θεραπείᾳ καὶ χάριτι τοῦ Ἱππονίκου τὸν Καλλίαν παρενέβαλεν.

XXVIII. Ἐπεὶ δ' Ἀργείους ἅπαντες ἴσασιν οὐκ ἀπειπαμένους τοῖς Ἕλλησι τὴν συμμαχίαν, ἀξιώσαντας δὲ ὡς ἂν μὴ Λακεδαιμονίοις, ἐχθίστοις καὶ πολεμιωτάτοις οὖσι, ποιοῦντες ἀεὶ τὸ προστασσόμενον ἕπωνται, καὶ τοῦτο ἄλλως οὐκ ἦν, αἰτίαν κακοηθεστάτην ὑποβάλ-

---

tam decantati facinoris ad nihilum redit, neque videtur certamen fuisse aut magnum aliquod opus : sed barbaris, quod invidi aiunt, rem istam traducentes, abeuntibus levis quædam accidisse offensio et exiguum incommodum; si quidem a pugna non fugerunt præcisis retinaculis, vento se quam longissime ab Attica provehenti dantes : (4) sed sublato scuto, proditionis tessera, Athenas classe petunt spe capiendi, et per otium Sunio circumnavigato, supra Phalerum in alto naves detinent : primi autem et illustrissimi viri, [aut alii, quicumque tandem ii fuerunt, cum Persis pacisci student], urbe desperata. Nam paullo post crimine Alcmæonidas solvit, aliosque proditionis reos facit : *nam scutum sublatum certe fuit : neque aliter dicere licet :* hoc ac si ipse vidisset, dicit Herodotus. (5) Fieri autem potuit nullo modo, quum Athenienses solidam obtinuissent victoriam : et si factum fuisset, conspici a barbaris non potuit, fuga magnoque labore inter vulnera et tela in naves se proripientibus, et locum quanta quisque celeritate poterat deserentibus. (6) Sed ubi rursum Alcmæonidas a se excusari simulans iis de criminibus, quæ primus ipse hominum ipsis objecit, sic loquitur, *Ego autem miror, et hunc sermonem non admitto, Alcmæonidas Persis de composito clypeum extulisse, ac voluisse Athenienses in (barbarorum et) Hippiæ potestatem dedere :* cujusdam recordor versus proverbialis,

Exspecta, cancer, et te dimittam!

Nam quid studes deprehendere, si deprehensum dimittere vis? (7) Ita tu accusas, mox patrocinaris : calumniasque de viris illustribus perscribis, quas rursum diluis : ipse tu tibi nimirum non credens. Nam ex te ipso audiveras Alcmæonidas victis et fugientibus barbaris clypeum ostendisse. (8) Quin etiam in his ipsis quæ pro Alcmæonidis abs te dicuntur, sycophantam te esse ostendis : quippe si tibi *aut magis, aut non minus infensi tyrannis* videntur *Alcmæonidæ quam fuerit Callias Phænippi filius, Hipponici pater;* quo loco pones illam conjurationem eorum, de qua in primis scripseras? eos suam gentem matrimonio cum Pisistrato juncturos, eum ab exsilio ad tyrannidem reduxisse, neque ante exturbasse, quam is cum uxore non ut fas est rem habere culpatus fuit. (9) Hæc ergo hujusmodi habent turbas. At inter crimina Alcmæonidis intentata atque suspiciones Calliam Phænippi filium laudans, eique filium Hipponicum adjungens, qui, ipso teste, fuit unus de ditissimis Atheniensium, fassus est se non re quicquam istuc exigente, sed Hipponici demerendi gratia, Calliam narrationi ingessisse.

XXVIII. Quum autem nemo nesciat Argivos societatem et auxilia Græcis nequaquam denegasse, quando petiverunt ne semper Lacedæmoniorum, quos habebant sibi infestissimos et hostes, cogerentur dicto esse audientes, si sequerentur : causam Herodotus malignissime excogitatam sub-

λεται, γράφων· « Ἐπεὶ δὲ σφέας παραλαμβάνειν τοὺς Ἕλληνας οὕτω δὴ ἐπισταμένους, ὅτι οὐ μεταδώσουσι τῆς ἀρχῆς Λακεδαιμόνιοι, μεταιτέειν, ἵν' ἐπὶ προφάσεως ἡσυχίαν ἄγωσι. » (2) Τούτων δὲ ὕστερον ἀναμνῆσαι φησὶν Ἀρταξέρξην ἀναβάντας εἰς Σοῦσα πρέσβεις Ἀργείων, κἀκεῖνον εἰπεῖν, ὡς « οὐδεμίαν νομίζοι πόλιν Ἄργεος φιλιωτέρην· » εἶτα ὑπειπὼν, ὥσπερ εἴωθε, καὶ ἀναδυόμενος, « οὐκ εἰδέναι φησὶ περὶ τούτων ἀτρεκέως, εἰδέναι δ', ὅτι πᾶσιν ἀνθρώποις ἐστὶν ἐγκλήματα, καὶ οὐκ Ἀργείοισιν αἴσχιστα πεποίηται. Ἐγὼ δὲ λέγειν ὀφείλω τὰ λεγόμενα, πείθεσθαί γε μὴν οὐ παντάπασιν ὀφείλω, καί μοι τὸ ἔπος τοῦτο ἐχέτω ἐς πάντα τὸν λόγον· ἐπεὶ καὶ ταῦτα λέγεται, ὡς ἄρα Ἀργεῖοι ἦσαν οἱ ἐπικαλεσάμενοι τὸν Πέρσην ἐπὶ τὴν Ἑλλάδα, ἐπειδή σφι πρὸς τοὺς Λακεδαιμονίους κακῶς ἡ αἰχμὴ ἑστήκει, [πᾶν] δὴ βουλόμενοι σφίσι προεῖναι τῆς παρούσης λύπης. » (3) Ἀρ' οὖν οὐχ, ὅπερ αὐτὸς τὸν Αἰθίοπα φησὶ πρὸς τὰ μύρα καὶ τὴν πορφύραν εἰπεῖν, ὡς δολερὰ μὲν τὰ ἀλείμματα, δολερὰ δὲ τὰ εἵματα τῶν Περσέων ἐστί, τοῦτο ἄν τις εἴποι πρὸς αὐτὸν, ὡς δολερὰ μὲν τὰ ῥήματα, δολερὰ δὲ τὰ σχήματα τῶν Ἡροδότου λόγων,

Ἑλικτὰ κοὐδὲν ὑγιὲς, ἀλλὰ πᾶν πέριξ;

ὥσπερ οἱ ζωγράφοι τὰ λαμπρὰ τῇ σκιᾷ τρανότερα ποιοῦσιν, οὕτω ταῖς ἀρνήσεσι τὰς διαβολὰς ἐπιτείνοντος αὐτοῦ, καὶ τὰς ὑπονοίας ταῖς ἀμφιβολίαις βαθυτέρας ποιοῦντος. (4) Ἀργεῖοι δ' ὅτι μὲν οὐ συναράμενοι τοῖς Ἕλλησιν, ἀλλὰ διὰ τὴν ἡγεμονίαν καὶ τῆς ἀρετῆς Λακεδαιμονίοις ἐκστάντες, κατῄσχυναν (ἂν) τὸν Ἡρακλέα καὶ τὴν εὐγένειαν, οὐδ' ἔστιν ἀντειπεῖν. [Ὑπὸ] Σιφνίοις γὰρ ἦν καὶ Κυθνίοις ἄμεινον ἐλευθεροῦν τοὺς Ἕλληνας, ἢ Σπαρτιάταις φιλονεικοῦντας ὑπὲρ ἀρχῆς ἐγκαταλιπεῖν τοσούτους καὶ τοιούτους ἀγῶνας. (5) Εἰ δ' αὐτοὶ ἦσαν οἱ ἐπικαλεσάμενοι τὸν Πέρσην ἐπὶ τὴν Ἑλλάδα, διὰ τὴν κακῶς ἑστῶσαν αὐτοῖς αἰχμὴν πρὸς Λακεδαιμονίους, πῶς οὐκ ἐμήδιζον ἀναφανδὸν ἥκοντος, οὐδ', εἰ μὴ συστρατεύειν ἐβούλοντο βασιλεῖ, τὴν γοῦν Λακωνικὴν ὑπολειπόμενοι κακῶς ἐποίουν, ἢ Θυρέας ἥπτοντο πάλιν, ἢ τρόπον ἄλλον ἀντελαμβάνοντο καὶ παρηνώχλουν Λακεδαιμονίοις; * μέγα βλάψαι δυνάμενοι τοὺς Ἕλληνας, εἰ μὴ παρῆκαν εἰς Πλαταιὰς ἐκείνους ἐκστρατεῦσαι τοσούτοις ὁπλίταις.

XXIX. Ἀλλ' Ἀθηναίους γε μεγάλους ἐνταῦθα τῷ λόγῳ πεποίηκε, καὶ σωτῆρας ἀνηγόρευκε τῆς Ἑλλάδος· ὀρθῶς γε ποιῶν καὶ δικαίως, εἰ μὴ πολλὰ καὶ βλάσφημα προσῆν τοῖς ἐπαίνοις. (2) Νῦν δὲ « προδοθῆναι μὲν ἂν, λέγων, ὑπὸ τῶν ἄλλων Ἑλλήνων Λακεδαιμονίους, μονωθέντας δ' ἂν καὶ ἀποδειξαμένους ἔργα μεγάλα ἀποθανεῖν γενναίως, ἢ πρὸ τούτου δρῶντας καὶ τοὺς Ἕλληνας μηδίζοντας, ὁμολογίη ἂν χρήσασθαι πρὸς Ξέρξεα, » δῆλός ἐστιν οὐ τοῦτο λέγων εἰς τὸν Ἀθηναίων ἔπαινον, ἀλλ' Ἀθηναίους ἐπαινῶν, ἵνα κακῶς εἴπῃ τοὺς ἄλλους ἅπαντας. (3) Τί γὰρ ἄν τις ἔτι δυσχεραίνοι, Θηβαίους ἀεὶ καὶ Φωκέας πικρῶς αὐτοῦ καὶ κατακόρως

---

jicit, sic scribens : *Postquam vero se in societatem ascisci viderunt a Græcis Argivi, tum recusaverunt, ut quiescendi prætextum haberent, quum satis scirent a Spartanis se in partem imperii admissum non iri.* (2) Et ait, *Artaxerxem postea temporis ab Argivorum legatis, quum ad eum Susa venissent, hac de re fuisse admonitum, eumque dixisse, nullam se urbem magis sibi amicam censere, quam Argos.* Postea subjiciens more suo aliquam tergiversationem, ait *nihil se certi hac de re scire : hoc scire, neminem sine crimine vivere, neque Argivos esse omnium deterrimos. Ego autem dicere hæc,* inquit, *debeo quæ dicuntur : eaque mihi ratio valeat in totum historiæ opus. Nam et hoc dicitur : ab Argivis, quum adversus Lacedæmonios bellum male sustinerent, arcessitum in Græciam fuisse Persam, quidquid potius tolerandum ratos quam præsentem molestiam.* (3) Nonne autem, sicut ipse Æthiopem ait de unguento et purpura dixisse, *dolosa unguenta, dolosas vestes esse Persarum* : ita aliquis de ipso pronunciaverit, *dolosas esse dictiones, dolosas dictionis Herodoteæ figuras,*

Perplexa, nilque sani, ambages omnia?

qui, sicut pictores umbris adjectis splendidiora faciunt quæ apparere debent, ita negando ipsas intendit calumnias, ambigendoque efficit ut suspiciones altius insideant. (4) Argivi quidem quod ob contentionem cum Lacedæmoniis de principatu iis cum principatu etiam virtutem cesserunt, neque Græcis se adjunxerunt, non potest negari quin indignos se Hercule gesserint et sua nobilitate. Præstabat enim Argivis vel sub ductu Siphniorum et Cythniorum Græciam liberare, quam cum Spartanis contendendo de imperio, tot tantaque certamina subterfugere. (5) Sin autem ipsi sunt qui Persam contra Græcos acciverunt, quod bellum ipsis contra Lacedæmonios non satis commode succederet; qui factum est ut Xerxe veniente non palam Medis se adjunxerint? aut, si in regis castra se noluerunt conferre, cur non Laconicam incursionibus vexarunt, ipsi domi suæ relicti, aut Thyreas denuo tentaverunt, aut quovis alio modo Lacedæmonios adorti sunt et conturbaverunt? quum sane magnum Græciæ damnum inferre potuissent, his impeditis ne cum tanto gravis armaturæ exercitu ad Plataeas irent.

XXIX. Sed Athenienses quidem hoc loco verbis Herodotus effert, servatoresque Græciæ appellat : recte hoc et merito : nisi eorum laudibus multa maledicta admiscuisset. (2) Nunc quum dicit, *nisi Athenienses fortes se præstitissent, hunc belli eventum futurum fuisse, ut Lacedæmonii a reliquis Græcis deserti magnis editis facinoribus pugnando generose occumberent, vel, videntes reliquos se Græcos Persis dedisse, pacificationem cum Xerxe potius inirent :* hoc ergo quum dicit, ostendit se non hæc laudandorum Atheniensium gratia dicere, sed Athenienses ideo laudare, ut reliquis omnibus Græcis malediceret. (3) Quid vero attinet indignari, ubi acerbe, idque ad nauseam usque, Thebanos et Phocenses subinde

ἐξονειδίζοντος, ὅπου καὶ τῶν προκινδυνευσάντων ὑπὲρ
τῆς Ἑλλάδος, τὴν οὐ [γεγενημένην μὲν,] γενομένην δ’
ἂν, ὡς αὐτὸς εἰκάζει, καταψηφίζεται προδοσίαν; αὐτοὺς
δὲ Λακεδαιμονίους ἐν ἀδήλῳ θέμενος ἐπηπόρησεν, εἴτ’
5 ἔπεσον ἂν μαχόμενοι τοῖς πολεμίοις, εἴτε παρέδωκαν
ἑαυτοὺς, μικροῖς γε νὴ Δία τεκμηρίοις αὐτῶν ἀπιστή-
σας τοῖς περὶ Θερμοπύλας.

XXX. Διηγούμενος δὲ συμπεσοῦσαν ναυαγίαν ταῖς
βασιλικαῖς ναυσὶ, καὶ ὅτι « πολλῶν χρημάτων ἐκπε-
10 σόντων, Ἀμεινοκλῆς ὁ Κρησίνεω, Μάγνης ἀνὴρ, ὠφε-
λήθη μεγάλως, χρυσία ἄφατα καὶ χρήματα περιβαλό-
μενος· » οὐδὲ τοῦτο ἄδηκτον παρῆκεν, « ἀλλ’ ὁ μὲν
τἄλλα, φησὶν, οὐκ εὐτυχέων, εὑρήμασι μέγα πλούσιος
ἐγένετο· ἦν γάρ τις καὶ τοῦτον ἄχαρις συμφορὴ λυ-
15 πεῦσα παιδοκτόνος]. »   (2) Τοῦτο μὲν οὖν παντὶ δῆλον,
ὅτι τὰ χρυσᾶ χρήματα, καὶ τὰ εὑρήματα, καὶ τὸν
ἐκβρασσόμενον ὑπὸ τῆς θαλάσσης πλοῦτον ἐπεισήγαγε
τῇ ἱστορίᾳ, χώραν καὶ τόπον ποιῶν, ἐν ᾧ θήσεται τὴν
Ἀμεινοκλέους παιδοφονίαν.

20 XXXI. Ἀριστοφάνους δὲ τοῦ Βοιωτοῦ γράψαντος,
ὅτι χρήματα μὲν αἰτήσας οὐκ ἔλαβε παρὰ Θηβαίων,
ἐπιχειρῶν δὲ τοῖς νέοις διαλέγεσθαι καὶ συσχολάζειν,
ὑπὸ τῶν ἀρχόντων ἐκωλύθη δι’ ἀγροικίαν αὐτῶν καὶ
μισολογίαν, ἄλλο μὲν οὐδέν ἐστι τεκμήριον· ὁ δὲ Ἡρό-
25 δοτος τῷ Ἀριστοφάνει μεμαρτύρηκε, δι’ ὧν τὰ μὲν
ψευδῶς, τὰ δὲ διὰ * *, τὰ δὲ ὡς μισῶν καὶ διαφερόμε-
νος τοῖς Θηβαίοις ἐγκέκληκε.   (2) Θεσσαλοὺς μὲν γὰρ
ὑπ’ ἀνάγκης ἀποφαίνεται μηδίσαι τὸ πρῶτον, ἀληθῆ
λέγων· καὶ περὶ τῶν ἄλλων Ἑλλήνων μαντευόμενος, ὡς
30 προδόντων ἂν Λακεδαιμονίους, ὑπεῖπεν, ὡς οὐχ ἑκόν-
των, ἀλλ’ ὑπ’ ἀνάγκης, ἁλισκομένων κατὰ πόλεις.   (3)
Θηβαίοις δὲ τῆς αὐτῆς ἀνάγκης οὐ δίδωσι τὴν αὐτὴν
συγγνώμην, καίτοι πεντακοσίους μὲν εἰς τὰ Τέμπη καὶ
Μναμίαν στρατηγὸν ἔπεμψαν, εἰς δὲ Θερμοπύλας ὅσους
35 ᾔτησε Λεωνίδας· οἳ καὶ μόνοι σὺν Θεσπιεῦσι παρέμειναν
αὐτῷ, τῶν ἄλλων ἀπολιπόντων μετὰ τὴν κύκλωσιν·
ἐπεὶ δὲ τῶν παρόδων κρατήσας ὁ βάρβαρος ἐν τοῖς ὅροις
ἦν, καὶ Δημάρατος ὁ Σπαρτιάτης διὰ ξενίαν εὔνους ὢν
Ἀτταγίνῳ τῷ προεστῶτι τῆς ὀλιγαρχίας, διεπράξατο
40 φίλον βασιλέως γενέσθαι καὶ ξένον, οἱ δὲ Ἕλληνες ἐν
ταῖς ναυσὶν ἦσαν, πεζῇ δ’ οὐδεὶς προσήλαυνεν, οὕτω
προσεδέξαντο τὰς διαλύσεις, ὑπὸ τῆς μεγάλης ἀνάγκης
ἐγκαταληφθέντες.   (4) Οὔτε γὰρ θάλασσα καὶ νῆες αὐτοῖς παρῆσαν ὡς Ἀθηναίοις, οὔτ’ ἀπωτάτω κατῴκουν
45 ὡς Σπαρτιᾶται τῆς Ἑλλάδος ἐν μυχῷ, μιᾶς δὲ ἡμέρας
ὁδὸν καὶ ἡμισείας ἀπέχοντι τῷ Μήδῳ συστάντες ἐπὶ
τῶν στενῶν καὶ διαγωνισάμενοι μετὰ μόνων Σπαρτιατῶν καὶ Θεσπιέων ἠτύχησαν.   (5) * Ὁ δὲ συγγραφεὺς
οὕτως ἐστὶ δίκαιος, ὥστε « Λακεδαιμονίους μὲν μονω-
50 θέντας καὶ γενομένους συμμάχων ἐρήμους, τυχὸν ἂν
φησιν ὁμολογίῃ χρῆσθαι πρὸς Ξέρξεα· » Θηβαίοις δὲ
τὸ αὐτὸ διὰ τὴν αὐτὴν ἀνάγκην παθοῦσι λοιδορεῖται.
(6) Τὸ δὲ μέγιστον καὶ κάλλιστον ἔργον ἀνελεῖν μὴ δυ-
νηθεὶς, ὡς οὐ πραχθὲν αὐτοῖς, αἰτίῃ φαύλῃ καὶ ὑπονοίᾳ

exagitat, quando etiam iis qui pro Græcia periculum pugnæ
vitæque susceperunt, exprobrat proditionem, non factam
illam, sed eam quam, ut ipse suspicatur, facturi fuissent?
et de Lacedæmoniis pro incerto ponit, maluissentne cadere
in pugna adversus hostes, an vero hosti se dedere : exiguis
mehercle indiciis, eorum ad Thermopylas gestis non credens.

XXX. Secundum hæc quum naufragium narraret, quod
accidit classi regiæ, utque *Aminocles Cresinei filius Ma-*
gnes magnum ex ea calamitate emolumentum percepe-
rit, auri et pecuniæ immensam vim nactus : ne hoc
quidem a morsu suo immune prætermisit : *Verum,* inquiens, *iste quidem alias parum fortunatus, repertis*
opibus majorem in modum locupletatus est : acciderat
enim ei quædam ingrata et doloris plena calamitas
quæ liberos ejus peremerat. (2) Quis non videat, eum
aureas istas inventas opes, ejectasque ad litus a mari divitias propterea in historiam introduxisse, ut locum faceret in
quo Aminoclis cædem prolis collocaret?

XXXI. Quum autem Aristophanes Bœotus scripserit,
Herodotum pecunias petentem a Thebanis nihil impetrasse;
aggresso autem cum pueris disserere et scholam instituere,
a magistratibus fuisse interdictum ob rusticitatem eorum et
odium literarum : aliud quidem certum rei nullum exstat
argumentum.   Sed Aristophani Herodotus testimonium
tulit, dum alia falso, alia per (injustitiam), alia tanquam
exosus Thebanos et adversum eos jurgans vituperat.   (2)
Thessalos ait ab initio necessitate compulsos ad Medos
inclinasse; vere hoc, ut et quum ariolatus de aliis Græcis
futurum fuisse ut proderentur ab iis Spartani, subjecit,
Non volentibus quidem, sed necessitate coactis, una
post alteram capta urbe. (3) Thebanis tamen ejusdem
necessarii facti veniam non itidem facit.   At enim Thebani
quingentos viros duce Mnamia in Tempe miserunt, et ad
Thermopylas tot quot poposcit Leonidas : qui et soli cum
Thespiensibus perseveraverunt apud hunc, reliquis post
circumventionem deserentibus : ubi vero barbarus aditibus
occupatis intra fines pervenit, et Demaratus Spartanus ob
hospitium favens Attagino, tum paucorum in republica
dominationis præsidi, effecit ut is amicus et hospes regis
fieret; Græci autem in navibus erant, neque terra quisquam
accedebat : ita demum conditiones pacis acceperunt deserti,
magna eos urgente necessitate.   (4) Nam neque mare et
naves iis ad manum erant, ut Atheniensibus ; neque procul
dissiti erant, ut Spartani penetralia Græciæ incolentes :
quumque sesquidiei itineris spatio ab ipsis absenti Medo
cum solis Lacedæmoniis et Thespiensibus se in faucibus
angustiarum opposuissent, succubuerant.   (5) Verum hic
scriptor ea est æquitate, ut quum dixisset *Lacedæmonios ab*
omnibus destitutos sociis fortasse pactum inituros fuisse
cum hoste; Thebanos tamen, quibus ob causam eandem
eadem res accidit, conviciis prosequitur.   (6) At eorum maximum et pulcherrimum facinus obliterare prorsus aut adimere
iis quia non poterat, tamen veluti vitiosa causa et suspectione

διαλυμαινόμενος, ταῦτ᾽ ἔγραφεν· « Οἱ μέν νυν ξύμμα-
χοι [οἱ] ἀποπεμπόμενοι ᾤχοντό τε ἀπιόντες, καὶ ἐπεί-
θοντο Λεωνίδῃ· Θεσπιέες δὲ καὶ Θηβαῖοι κατέμειναν
μοῦνοι παρὰ Λακεδαιμονίοισι· τούτων δὲ Θηβαῖοι μὲν
ἀέκοντες ἔμενον, καὶ οὐ βουλόμενοι· κατεῖχε γὰρ σφέας
5 Λεωνίδης ἐν ὁμήρων λόγῳ ποιεύμενος· Θεσπιέες δὲ
ἑκόντες μάλιστα, οἳ οὐδαμᾶ ἔφασαν ἀπολιπόντες Λεωνίδην καὶ τοὺς μετὰ τούτου ἀπαλλάξεσθαι. » (7) Εἶτ᾽
οὐ δῆλός ἐστιν ἰδίαν τινὰ πρὸς Θηβαίους ἔχων ὀργὴν
καὶ δυσμένειαν, ὑφ᾽ ἧς οὐ μόνον διέβαλε ψευδῶς καὶ
10 ἀδίκως τὴν πόλιν, ἀλλ᾽ οὐδὲ τοῦ πιθανοῦ τῆς διαβολῆς
ἐφρόντισεν, οὐδὲ ὅπως αὐτὸς ἑαυτῷ τὰ ἐναντία λέγων
παρ᾽ ὀλίγους ἀνθρώπους οὐ φανεῖται συνειδώς; (8)
προειπὼν γάρ, ὡς « ὁ Λεωνίδης ἐπείτ᾽ ᾔσθετο τοὺς
συμμάχους ἐόντας ἀπροθύμους καὶ οὐκ ἐθέλοντας συγ-
15 κινδυνεύειν, κελεῦσαι σφέας ἀπαλλάττεσθαι· » πάλιν
μετ᾽ ὀλίγον λέγει τοὺς Θηβαίους ἄκοντας αὐτὸν κατασχεῖν, οὓς εἰκὸς ἦν ἀπελάσαι καὶ (μὴ) βουλομένους παραμένειν, εἰ μηδίζειν αἰτίαν εἶχον. Ὅπου γὰρ οὐκ
ἐδεῖτο τῶν μὴ προθύμων, τί χρήσιμον ἦν, ἀναμεμίχθαι
20 μαχομένοις ἀνθρώπους ὑπόπτους; (9) Οὐ γὰρ δὴ φρένας εἶχε τοιαύτας ὁ τῶν Σπαρτιατῶν βασιλεὺς καὶ τῆς
Ἑλλάδος ἡγεμών, ὥστε κατέχειν ἐν ὁμήρων λόγῳ τοῖς
τριακοσίοις τοὺς τετρακοσίους ὅπλα ἔχοντας, καὶ προσ-
κειμένων ἔμπροσθεν ἤδη καὶ ὄπισθεν ἅμα τῶν πολε-
25 μίων· καὶ γὰρ εἰ πρότερον ἐν ὁμήρων λόγῳ ποιούμενος
ἦγεν αὐτούς, ἔν γε τοῖς ἐσχάτοις εἰκὸς ἦν καιροῖς ἐκείνους τε Λεωνίδα μηδὲν φροντίσαντας ἀπαλλαγῆναι, καὶ
Λεωνίδαν δεῖσαι τὴν ὑπ᾽ ἐκείνων μᾶλλον ἢ τῶν βαρβάρων κύκλωσιν. (10) Ἄνευ δὲ τούτων, πῶς οὐ γελοῖος
30 ὁ Λεωνίδας, τοὺς μὲν ἄλλους Ἕλληνας ἀπιέναι κελεύων,
ὡς αὐτίκα μάλα τεθνηξόμενος, Θηβαίους δὲ κωλύων,
ὡς ὑπ᾽ αὐτοῦ φυλάττοιντο τοῖς Ἕλλησιν ἀποθνήσκειν
μέλλοντος; εἰ γὰρ ὡς ἀληθῶς ἐν ὁμήρων λόγῳ, μᾶλλον
δ᾽ ἀνδραπόδων, περιῆγε τοὺς ἄνδρας, οὐ κατέχειν ὤφει-
35 λεν αὐτοὺς μετὰ τῶν ἀπολουμένων, ἀλλὰ παραδοῦναι
τοῖς ἀπιοῦσι τῶν Ἑλλήνων. (11) Ὁ δὲ λοιπὸν ἦν τῶν
αἰτίων εἰπεῖν, Ἴσως δὲ ἀπολουμένους κατεῖχε, καὶ τοῦτο
ἀνῄρηκεν ὁ συγγραφεύς, οἷς περὶ τῆς φιλοτιμίας τοῦ
Λεωνίδου κατὰ λέξιν [γράφει]· « Ταῦτα δὲ δὴ ἐπιλεγό-
40 μενον Λεωνίδην, καὶ βουλόμενον καταθέσθαι κλέος μού-
νων Σπαρτιητέων, ἀποπέμψαι τοὺς συμμάχους μᾶλλον,
ἢ τῇσι γνώμῃσι διενεχθέντας. » Ὑπερβολὴ γὰρ εὐη-
θείας ἦν, ἧς ἀπήλαυνε δόξης τοὺς συμμάχους κατέχειν
μεθέξοντας τοὺς πολεμίους. (12) Ὅτι τοίνυν οὐ διεβέ-
45 βλητο τοῖς Θηβαίοις ὁ Λεωνίδας, ἀλλὰ καὶ φίλους ἐνόμιζε βεβαίους, ἐκ τῶν πεπραγμένων δῆλόν ἐστι. Καὶ
γὰρ παρῆλθεν εἰς Θήβας ἄγων τὸ στράτευμα, καὶ
δεηθεὶς ἔτυχεν οὗ μηδὲ εἷς ἄλλος, ἐν τῷ ἱερῷ κατακοι-
μηθῆναι τοῦ Ἡρακλέους, καὶ τὴν ὄψιν ἣν εἶδεν ὄναρ
50 ἐξήγγειλε τοῖς Θηβαίοις· (13) ἔδοξε γὰρ ἐν θαλάσσῃ,
πολὺν ἐχούσῃ καὶ τραχὺν κλύδωνα, τὰς ἐπιφανεστάτας
καὶ μεγίστας πόλεις τῆς Ἑλλάδος ἀνωμάλως διαφέρεσθαι καὶ σαλεύειν, τὴν δὲ Θηβαίων ὑπερέχειν τε πα-

corrumpens, ita scripsit : *Socii igitur qui missi erant, Leonidæ consilium sequentes abierant : soli apud Lacedæmonios remanserunt Thespienses ac Thebani; hi quidem inviti et nolentes : sed eos obsidum loco Leonidas retinebat. Thespienses vero admodum volentes, et qui nusquam se a Leonida discessuros dicerent et iis quos secum habebat.* (7) An vero non prodit liquido se peculiari aliquo Thebanorum odio affectum? quo impulsus non modo urbem falso et injuria vituperavit, sed etiam probabilitatem calumniæ aliquam parare, et curare ne omnibus hominibus videretur secum pugnantia dicere, sibique mendacii esse conscius, posthabuit. (8) Nam quum dixisset *Leonidam, quod sentiret non esse bene animatos neque paratos ad subeundum periculum socios, jussisse discedere :* paullo post subjicit, *Thebanos invitos ab eo fuisse detentos :* quos, si ad Medos inclinare animis credebat, etiam manere volentes debuit abigere : ubi enim nulli usui sibi fore censuit non alacres, quid attinebat pugnantibus permisceri homines suspectos? (9) Neque vero rex Spartanorum idemque Græciæ dux ita stultus fuit, ut trecentis suis quadringentos Thebanos armis instructos obsidum loco sibi putaret detinendos, hostibus maxime a fronte jam et tergo imminentibus. Nam ut prius eos obsidum loco habens secum duxerit, certe ad extremum probabile erat eos contemto Leonida fuisse discessuros, et Leonidam magis veriturum ne ab his quam ne a barbaris circumveniretur. (10) Præter hæc qui non sit ridiculus Leonidas, si reliquos Græcos abire jubens ut mortem sibi impendere præsentem intelligens, Thebanos detinuit, scilicet Græcis eos servaturus, jamjam moriens ipse? nam si vere pro obsidibus hos, aut potius mancipiis circumduxit, non debuit inter perituros detinere, sed discedentibus Græcis eos tradere. (11) Quæ una restabat causa, cur Thebanos Leonidas noluisse dimittere diceretur, nempe ut una secum eos perderet : hanc quoque Herodotus ipse sustulit, de ambitione Leonidæ sic scribens : *Hæc reputans Leonidas, volensque gloriam hanc solis Spartanis parare, socios dimisit : magis ob hoc, quam quod eorum diversæ essent sententiæ.* Extremæ vero stultitiæ fuit, a qua gloria socios arceret, in ejus societatem pertrahere invitos hostes. (12) Ceterum non fuisse suspectos malæ fidei Thebanos Leonidæ, sed pro amicis habitos constantibus, res gestæ demonstrant. Nam et Thebas venit exercitum ducens, et orans id impetravit, quod nemo alius, ut in fano Herculis dormiret : et visum in somnis divinitus oblatum Thebanis exposuit. (13) Imaginatus est enim in mari se videre multis et asperis exagitato undis illustrissimas et maximas Græciæ urbes inæqualiter differri atque fluctuare, Thebas supra omnes alias ferri, et sublimes ad cœlum extolli, ac post

σῶν, καὶ μετέωρον ἀρθῆναι πρὸς τὸν οὐρανὸν, εἶτ᾽ ἐξαίφνης ἀφανῆ γενέσθαι· καὶ ταῦτα μὲν ἦν ὅμοια τοῖς ὕστερον χρόνῳ πολλῷ συμπεσοῦσι περὶ τὴν πόλιν.

XXXII. Ὁ δὲ Ἡρόδοτος ἐν τῇ διηγήσει τῆς μάχης καὶ τοῦ Λεωνίδου τὴν μεγίστην ἡμαύρωκε πρᾶξιν, αὐτοῦ πεσεῖν πάντας εἰπὼν ἐν τοῖς στενοῖς περὶ τὸν Κολωνόν· ἐπράχθη δ᾽ ἄλλως. (2) Ἐπεὶ γὰρ ἐπύθοντο νύκτωρ τὴν περίοδον τῶν πολεμίων, ἀναστάντες ἐβάδιζον ἐπὶ τὸ στρατόπεδον καὶ τὴν σκηνὴν ὀλίγου δεῖν βασιλέως, ὡς ἐκεῖνον αὐτὸν ἀποκτενοῦντες, καὶ περὶ ἐκείνῳ τεθνηξόμενοι· μέχρι μὲν οὖν τῆς σκηνῆς, ἀεὶ τὸν ἐμποδὼν φονεύοντες, τοὺς δ᾽ ἄλλους τρεπόμενοι, προῆλθον· ἐπεὶ δ᾽ οὐχ ηὑρίσκετο Ξέρξης, ζητοῦντες ἐν μεγάλῳ καὶ ἀχανεῖ στρατεύματι, καὶ πλανώμενοι, μόλις ὑπὸ τῶν βαρβάρων πανταχόθεν περιχυθέντων διεφθάρησαν. (3) Ὅσα μὲν οὖν ἄλλα πρὸς τούτῳ τολμήματα καὶ ῥήματα τῶν Σπαρτιατῶν καταλέλοιπεν, ἐν τῷ Λεωνίδου βίῳ γραφήσεται· μικρὰ δ᾽ οὐ χεῖρόν ἐστι καὶ νῦν διελθεῖν. (4) Ἀγῶνα μὲν γὰρ ἐπιτάφιον αὐτῷ ἠγωνίσαντο πρὸ τῆς ἐξόδου, καὶ τοῦτον ἐθεῶντο πατέρες αὐτῶν καὶ μητέρες· αὐτὸς δὲ ὁ Λεωνίδας πρὸς μὲν τὸν εἰπόντα, παντελῶς ὀλίγους ἐξάγειν αὐτὸν ἐπὶ τὴν μάχην, Πολλοὺς μὲν ἔφη τεθνηξομένους. (5) Πρὸς δὲ τὴν γυναῖκα, πυνθανομένην ἐξιόντος εἴ τι λέγοι, μεταστραφεὶς εἶπεν, Ἀγαθοῖς γαμεῖσθαι, καὶ ἀγαθὰ τίκτειν. (6) Ἐν δὲ Θερμοπύλαις, μετὰ τὴν κύκλωσιν, δύο τῶν ἀπὸ γένους ὑπεξελέσθαι βουλόμενος, ἐπιστολὴν ἐδίδου [τῷ] ἑτέρῳ, καὶ ἔπεμπεν· ὁ δ᾽ οὐκ ἐδέξατο, φήσας μετ᾽ ὀργῆς· Μαχατάς τοι, οὐκ ἀγγελιαφόρος, εἱπόμαν· τὸν δὲ ἕτερον ἐκέλευεν εἰπεῖν τι πρὸς τὰ τέλη τῶν Σπαρτιατῶν· ὁ δὲ ἀπεκρίνατο τῷ πράγματι, καὶ τὴν ἀσπίδα λαβὼν εἰς τάξιν κατέστη. (7) Ταῦτα οὐκ ἄν τις ἐπετίμησεν, ἄλλου παραλιπόντος· ὁ δὲ τὴν Ἀμάσιδος ἀποψόφησιν, καὶ τὴν τῶν ὄνων τοῦ κλέπτου προσέλασιν, καὶ τὴν τῶν ἀσκῶν ἐπίδοσιν, καὶ πολλὰ τοιαῦτα συναγαγὼν καὶ διαμνημονεύων, οὐκ ἀμελείᾳ δόξειεν ἂν καὶ ὑπεροψίᾳ προΐεσθαι καλὰ μὲν ἔργα, καλὰς δὲ φωνὰς, ἀλλ᾽ οὐκ εὐμενὴς ὢν πρὸς ἐνίους οὐδὲ δίκαιος.

XXXIII. Τοὺς δὲ Θηβαίους πρῶτον μέν φησι «μετὰ τῶν Ἑλλήνων ἐόντας μάχεσθαι ὑπ᾽ ἀνάγκης ἐχομένους·» οὐ γὰρ μόνον Ξέρξης, ὡς ἔοικεν, ἀλλὰ καὶ Λεωνίδας μαστιγοφόρους εἶχεν ἑπομένους, ὑφ᾽ ὧν οἱ Θηβαῖοι παρὰ γνώμην ἠναγκάζοντο μαστιγούμενοι μάχεσθαι. (2) Καὶ τίς ἂν ὠμότερος τούτου γένοιτο συκοφάντης; ὃς μάχεσθαι μὲν ὑπ᾽ ἀνάγκης φησὶ τοὺς ἀπελθεῖν καὶ φεύγειν δυναμένους, μηδίσαι δὲ ἑκόντας, εἷς οὐδεὶς παρῆν βοηθῶν. (3) Ἑξῆς δὲ τούτοις γέγραφεν, ὅτι « Τῶν ἄλλων ἐπειγομένων ἐπὶ τὸν Κολωνὸν, ἀποσχισθέντες οἱ Θηβαῖοι χεῖράς τε προέτειναν, καὶ ἤισαν ἆσσον τῶν βαρβάρων, λέγοντες τὸν ἀληθέστατον τῶν λόγων, ὡς μηδίσειαν, καὶ γῆν τε καὶ ὕδωρ ἔδοσαν [ἂν]·βασιλεῖ, ὑπὸ δ᾽ ἀνάγκης ἐχόμενοι εἰς Θερμοπύλας ἀπικέατο, καὶ ἀναίτιοι εἶεν τοῦ τρώματος τοῦ γενομένου βασιλεῖ· ταῦτα λέγοντες περιεγένοντο· εἶχον γὰρ καὶ

---

subito evanescere. Atque hæc quidem similia erant eorum, quæ multo post tempore Thebis evenerunt.

XXXII. In pugnæ autem narratione Herodotus Leonidæ etiam maximum facinus obscuravit, omnes ibi dicens in angustiis juxta Colonum cecidisse. Sed res aliter gesta est. (2) Quum enim noctu se circumventos a barbaris esse accepissent, recta in hostium castra agmen moverunt suum, et fere ipsum regis tentorium, ut eo interfecto juxta ipsum mortem oppeterent, venerunt ergo usque ad tentorium regis, obvios subinde trucidantes aut in fugam vertentes: quum autem Xerxes in tentorio non inveniretur, quærentes eum in vastissimis castris ac vagantes, vix tandem a barbaris undique circumfusis sunt occidione cæsi. (3) Quos alios conatus et quæ alia dicta Spartanorum Herodotus prætermiserit, scribemus in Vita Leonidæ: nihil tamen impedit quin hic etiam pauca quædam ponamus. (4) Certamen funebre Spartani Leonidæ egressuro in istud bellum egerunt, patribus et matribus una proficiscentium spectantibus. Ipse Leonidas dicenti, Perpaucos tecum ad pugnam educis, *Multos vero*, inquit, *utpote morituros*. (5) Uxori interroganti proficiscentem ecquid mandaret, conversus, *Bonis*, inquit, *nubere, et bonos liberos parere te jubeo*. (6) In Thermopylis jam cinctus ab hoste, cupiens duos genere sibi junctos servare, alteri epistolam dedit et emisit, alterum amandavit magistratibus Spartæ aliquid nunciaturum: sed et ille literas rejiciens cum stomacho, *Pugnator*, aiebat, *veni, non tabellarius*: et hic facto respondens, scuto sumto in acie astitit. (7) Hæc si quis alius omisisset, fortasse reprehensione posset carere: at, qui Amasidis crepitum, advectionem asinorum furis, utrium largitionem, multaque talia conduxisset et commemorasset, certe videri potest ille non incuria aut contemtu præterivisse pulchre facta atque dicta; sed quod quibusdam male vellet, essetque in eos injurius.

XXXIII. Thebanos autem ait primum *cum Græcis conjunctos necessitate compulsos pugnavisse*: credo, quia non Xerxes modo, sed etiam Leonidas haberet flagelliferos in suo comitatu, a quibus Thebani contra animi sententiam cogebantur pugnare. (2) Et quis exstiterit hoc sycophanta acerbior, qui pugnasse quidem invitos ait, quum discedere potuerint et fugere; ultro autem ad Medos inclinasse, quibus nullus aderat auxiliarius? (3) Post hæc scribit, *reliquis ad Colonum contendentibus, Thebanos ab iis se avellisse, manusque intendisse ad barbaros, acclamasse accedentes voce verissima, se Medorum rebus studuisse, regique aquam et terram præbituros fuisse; nunc necessitate adactos ad Thermopylas venisse, et extra culpam esse de vulnere regi inflicto. Hæc eos fatos salutem impetrasse, quum Thessali etiam testimonium

Θεσσαλοὺς μάρτυρας τούτων τῶν λόγων. » (4) Ὅρα διὰ τοσούτων ἐν βαρβάροις κραυγαῖς καὶ παμμιγέσι θορύβοις καὶ φυγαῖς καὶ διώξεσιν ἀκουομένην δικαιολογίαν, καὶ μαρτύρων ἀνάκρισιν, καὶ Θεσσαλοὺς μεταξὺ τῶν φονευομένων καὶ πατουμένων ὑπ' ἀλλήλων παρὰ τὰ στενὰ Θηβαίοις συνδικοῦντας, ὅτι τῆς Ἑλλάδος αὐτοὺς κρατοῦντας ἄχρι Θεσπιέων ἔναγχος ἐξήλασαν μάχῃ περιγενόμενοι, καὶ τὸν ἄρχοντα Λατταμύαν ἀποκτείναντες. (5) Ταῦτα γὰρ ὑπῆρχε Βοιωτοῖς τότε καὶ Θετταλοῖς πρὸς ἀλλήλους, ἐπιεικὲς δὲ καὶ φιλάνθρωπον οὐδέν. Ἀλλὰ δὴ τῶν Θεσσαλῶν μαρτυρούντων, πῶς περιεγένοντο Θηβαῖοι; « Τοὺς μὲν αὐτῶν ἀπέκτειναν οἱ βάρβαροι προσιόντας, » ὡς αὐτὸς εἴρηκε· « τοὺς δ' ἔτι πλεῦνας κελεύσαντος Ξέρξεω, ἔστιξαν στίγματα βασιλήϊα, ἀρξάμενοι ἀπὸ τοῦ στρατηγοῦ Λεοντιάδεω. » (6) * Οὔτε Λεοντιάδης ἐν Θερμοπύλαις ἦν στρατηγὸς, ἀλλ' Ἀνάξανδρος, ὡς Ἀριστοφάνης ἐκ τῶν κατὰ ἄρχοντας ὑπομνημάτων ἱστόρησε, καὶ Νίκανδρος ὁ Κολοφώνιος· οὔτε γινώσκει τις ἀνθρώπων πρὸ Ἡροδότου στιχθέντας ὑπὸ Ξέρξου Θηβαίους. (7) Ἐπεὶ μέγιστον ἦν ἀπολόγημα τῆς διαβολῆς, καὶ καλῶς εἶχε τὴν πόλιν ἀγάλλεσθαι τοῖς στίγμασιν ἐκείνοις, ὡς Ξέρξου δικάσαντος ἐχθίστοις χρήσασθαι Λεωνίδῃ καὶ Λεοντιάδῃ· τοῦ μὲν γὰρ ᾐκίσατο πεπτωκότος τὸ σῶμα· τοῦ δὲ ζῶντος ἔστιξεν. (8) Ὁ δὲ τὴν μὲν εἰς Λεωνίδαν ὠμότητα δήλωμα ποιούμενος, ὅτι μάλιστα δὴ ἀνδρῶν ὁ βάρβαρος ἐθυμώθη ζῶντι Λεωνίδῃ, Θηβαίους δὲ καὶ μηδίζοντας λέγων ἐν Θερμοπύλαις στιχθῆναι, καὶ στιχθέντας αὖθις ἐν Πλαταιαῖς μηδίζειν προθύμως, δοκεῖ μοι, καθάπερ Ἱπποκλείδης, ὁ τοῖς σκέλεσι χειρονομῶν ἐπὶ τῆς τραπέζης, εἰπεῖν ἄν, ἐξορχούμενος τὴν ἀλήθειαν, Οὐ φροντὶς Ἡροδότῳ.

XXXIV. Ἐν δὲ τῇ ὀγδόῃ « τοὺς Ἕλληνάς φησι καταδειλιάσαντας ἀπὸ τοῦ Ἀρτεμισίου δρησμὸν βουλεύεσθαι ἔσω εἰς τὴν Ἑλλάδα, καὶ τῶν Εὐβοέων δεομένων ὀλίγον ἐπιμεῖναι χρόνον, ὅπως ὑπεκθοῖντο γενεάς καὶ τὸ οἰκετικόν, ὀλιγωρεῖν, ἄχρις οὗ Θεμιστοκλῆς ἀργύριον λαβὼν Εὐρυβιάδῃ τε μετέδωκε καὶ Ἀδειμάντῳ τῷ Κορινθίων στρατηγῷ· τότε δὲ μεῖναι καὶ διαναυμαχῆσαι πρὸς τοὺς βαρβάρους. » (2) Ὁ μὲν Πίνδαρος, οὐκ ὢν συμμάχου πόλεως, ἀλλὰ μηδίζειν αἰτίαν ἐχούσης, ὅμως τοῦ Ἀρτεμισίου μνησθεὶς ἐπιπεφώνηκε,

> Ὅθι παῖδες Ἀθηναίων ἐβάλοντο φαεννὰν
> κρηπῖδ' ἐλευθερίας.

Ἡρόδοτος δὲ, ὑφ' οὗ κεκοσμῆσθαί τινες ἀξιοῦσι τὴν Ἑλλάδα, δωροδοκίας καὶ κλοπῆς ἔργον ἀποφαίνει τὴν νίκην ἐκείνην γενομένην, καὶ τοὺς Ἕλληνας ἀκουσίως ἀγωνισαμένους, ὑπὸ τῶν στρατηγῶν ἐξαπατηθέντας ἀργύριον λαβόντων. (3) Καὶ τοῦτο πέρας οὐ γέγονεν αὐτῷ τῆς κακοηθείας· ἀλλὰ πάντες μὲν ἄνθρωποι σχεδὸν ὁμολογοῦσι, ταῖς ναυμαχίαις αὐτόθι κρατοῦντας τοὺς Ἕλληνας, ὅμως ὑφέσθαι τοῦ Ἀρτεμισίου τοῖς βαρβάροις, τὰ περὶ Θερμοπύλας ἀκούσαντας· οὐδὲ γὰρ

---

ipsis perhiberent. (4) En tibi tot verbis inter barbaricas conclamationes, omnigenos tumultus, fugas, insecutiones, exauditam causæ dictionem, et testium examen, et Thessalos inter cædes et conculcationes mutuas in tantis angustiis, Thebanis patrocinantes : nimirum quod hos Græcia usque ad Thespias potitos Thebani nuper pugna superatos ejecerunt, occiso eorum duce Lattamya : (5) ita enim tum inter Thessalos et Thebanos res erat, amicitia nulla aut benevolentia. Sed tamen Thessalis testimonio juvantibus, quomodo Thebani evaserunt? *Alii eorum*, inquit, *accedentes a barbaris sunt obtruncati : plures etiam mandato Xerxis notis regiis compuncti sunt, initio facto a duce eorum Leontiada.* (6) Atqui non fuit Leontiades dux Thebanorum in Thermopylis, sed Anaxander, ut Aristophanes e commentariis ad magistratuum ordinem digestis docuit, et Nicander Colophonius : neque agnoscit quisquam hominum ante Herodotum compunctos a Xerxe Thebanos. (7) Alioqui maxima hæc adversus calumniam erat futura defensio, debebantque gloriari ob istas notas Thebæ, quod Xerxes statuisset ut inimicissimos sibi tractare Leonidam et Leontiadem : siquidem hujus mortui corpus Xerxes contumeliose habuit, illius vivum compunxit. (8) Sed enim qui e crudelitate in Leonidam demonstrat maxime omnium hominum Leonidæ viventi iratum fuisse Xerxem; Thebanos autem dicens Medorum rebus studentes et apud Thermopylas fuisse notis compunctos, et tamen postea apud Platæas Medis alacriter favisse : is videtur mihi, in morem Hippoclidis istius, pedibus in mensa gesticulantis, veritati illudens dicturus, *Non curat hoc Herodotus.*

XXXIV. Libro octavo ait *Græcos metu captos fugam ab Artemisio in Græciam meditatos, Euboensium orantium ut exiguum temporis spatium manerent, dum familiam exponerent, nullam habuisse rationem : donec Themistocles accepta ab Euboensibus pecunia Eurybiadem et Adimantum Corinthiorum ducem impertiit: hac ratione factum ut manerent et cum barbaris navali pugna decertarent.* (2) Pindarus quidem, non sociæ urbis, sed Medis favere suspectæ civis, tamen Artemisii facta mentione exclamat :

> Ubi filii Atheniensium splendidum jecere
> libertatis fundamentum.

Herodotus autem, a quo nonnulli exornatam volunt Græciam, victoriam illam captorum munerum et furti opus facit, deceptos a ducibus argento corruptis Græcos contra animi sententiam pugnasse dicens. (3) Neque hic malignitati finem statuit. Fatentur omnes homines fere, Græcos, etsi navalibus præliis victoriam obtinerent, tamen Artemisio barbaris cessisse, audita clade ad Thermophylas accepta : neque enim expediebat ibi morari et mare custodire, quum

ἦν ὄφελος ἐνταῦθα καθημένους φρουρεῖν τὴν θάλασσαν, ἐντὸς Πυλῶν τοῦ πολέμου γεγονότος, καὶ Ξέρξου τῶν παρόδων κρατοῦντος. (4) Ἡρόδοτος δὲ, πρὶν ἀπαγγελῆναι τὸν Λεωνίδου θάνατον, ἤδη ποιεῖ τοὺς Ἕλληνας βουλευομένους ἀποδιδράσκειν· λέγει δὲ οὕτως· « Τρηχέως δὲ περιενεχθέντες, καὶ οὐχ ἥκιστα Ἀθηναῖοι, τῶν αἱ ἡμίσειαι τῶν νεῶν τετρωμέναι ἦσαν, δρησμὸν ἐβούλευον εἰς τὴν Ἑλλάδα. » (5) Καίτοι τὴν πρὸ τοῦ ἀγῶνος ἀναχώρησιν οὕτως ὀνομάσαι, μᾶλλον δ᾽ ὀνειδίσαι, δεδόσθω· ὁ δὲ καὶ πρότερον δρασμὸν εἶπεν, καὶ νῦν δρασμὸν ὀνομάζει, καὶ μετ᾽ ὀλίγον πάλιν ἐρεῖ δρασμόν· οὕτω πικρῶς τῷ ῥήματι προσπέφυκε. (6) « Τοῖς δὲ βαρβάροισιν αὐτίκα μετὰ ταῦτα πλοίῳ ἦλθεν ἀνὴρ Ἑστιαιεὺς, ἀγγέλλων τὸν δρησμὸν τὸν [ἀπ᾽] Ἀρτεμισίου (τὸν) τῶν Ἑλλήνων· οἱ δὲ ὑπὸ ἀπιστίης τὸν μὲν ἀγγέλλοντα εἶχον ἐν φυλακῇ, νέας δὲ ταχείας ἀπέστειλαν προκατοψομένας. » Τί σὺ λέγεις; ἀποδιδράσκειν ὡς κεκρατημένους, οὓς οἱ πολέμιοι μετὰ τὴν μάχην ἀπιστοῦσι φεύγειν, ὡς πολὺ κρατοῦντας; (7) Εἶτα πιστεύειν ἄξιον τούτῳ γράφοντι περὶ ἀνδρὸς ἢ πόλεως μιᾶς, ὃς ἑνὶ ῥήματι τὸ νίκημα τῆς Ἑλλάδος ἀφαιρεῖται, καὶ τὸ τρόπαιον καθαιρεῖ καὶ τὰς ἐπιγραφὰς, ἃς ἔθεντο παρὰ τῇ Ἀρτέμιδι τῇ Προσ[ηῴᾳ] κόμπον ἀποφαίνει καὶ ἀλαζονείαν; (8) Ἔχει δὲ οὕτω τὸ ἐπίγραμμα·

Παντοδαπῶν ἀνδρῶν γενέας Ἀσίας ἀπὸ χώρας
παῖδες Ἀθηναίων τῷδε ποτ᾽ ἐν πελάγει
ναυμαχίᾳ δαμάσαντες, ἐπεὶ στρατὸς ὤλετο Μήδων,
σήματα ταῦτ᾽ ἔθεσαν παρθένῳ Ἀρτέμιδι.

(9) Ἐν μὲν οὖν ταῖς μάχαις οὐκ ἔταξε τοὺς Ἕλληνας, οὐδ᾽ ἐδήλωσεν, ἣν ἑκάστη πόλις ἔχουσα χώραν ἐναυμάχησε· κατὰ δὲ τὸν ἀπόπλουν, ὃν αὐτὸς δρασμὸν προσαγορεύει᾽, πρώτους φησὶ Κορινθίους πλεῖν, ὑστάτους δ᾽ Ἀθηναίους.

XXXV. Ἔδει μὲν οὖν μηδὲ τοῖς μηδίσασιν Ἑλλήνων ἄγαν ἐπεμβαίνειν, καὶ ταῦτα Θούριον μὲν ὑπὸ τῶν ἄλλων νομιζόμενον, αὐτὸν δὲ Ἁλικαρνασέων περιεχόμενον, οἳ Δωριεῖς ὄντες μετὰ τῆς γυναικωνίτιδος ἐπὶ τοὺς Ἕλληνας ἐστράτευσαν· ὁ δὲ τοσοῦτον ἀποδεῖ τοῦ πρότερον ὀνομάζειν τὰς τῶν μηδισάντων ἀνάγκας, ὥστε περὶ Θετταλῶν διηγησάμενος, ὅτι Φωκεῦσιν, ἐχθροῖς καὶ πολεμίοις οὖσι, προσέπεμψαν, ἐπαγγελλόμενοι τὴν χώραν αὐτῶν ἀβλαβῆ διαφυλάξειν, εἰ πεντήκοντα τάλαντα μισθὸν λάβοιεν, ταῦτα περὶ Φωκέων γέγραφεν αὐτοῖς ὀνόμασιν· « Οἱ γὰρ Φωκεῖς μοῦνοι τῶν ταύτῃ ἀνθρώπων οὐκ ἐμήδιζον, [κατ᾽ ἄλλο μὲν οὐδὲν, ὡς] ἐγὼ συμβαλλόμενος εὑρίσκω, κατὰ δὲ τὸ ἔχθος τὸ Θεσσαλῶν· εἰ δὲ Θεσσαλοὶ τὰ Ἑλλήνων ηὖξον, ὡς ἐμοὶ δοκεῖ, ἐμήδιζον ἂν οἱ Φωκεῖς. » (2) Καίτοι μετὰ μικρὸν αὐτὸς ἐρεῖ, τρισκαίδεκα πόλεις τῶν Φωκέων ὑπὸ τοῦ βαρβάρου κατακεκαῦσθαι, διεφθάρθαι τὴν χώραν, ἐμπεπρῆσθαι τὸ ἐν Ἄβαις ἱερὸν, ἄνδρας ἀπολωλέναι καὶ γυναῖκας, ὅσοι μὴ διαφυγόντες ἔφθησαν εἰς τὸν Παρνασόν. (3) Ἀλλ᾽ ὅμως τοὺς τὰ ἔσχατα παθεῖν ἐπὶ τῷ μὴ προέσθαι τὸ καλὸν ὑπομείναντας, εἰς τὴν αὐτὴν ἔθετο

---

bellum jam intra Pylas grassaretur, Xerxe aditus tenente. (4) Herodotus tamen Græcos facit nondum audita Leonidæ morte fugam molientes, his adeo verbis: *Male autem accepti, et haud minime Athenienses, quorum navium dimidium erat confractum, fugam in Græciam meditabantur.* (5) Liceat sane ei discessionem ante conflictum sic appellare, aut potius hoc probro afficere : at ille odiose adeo huic vocabulo inhæret, ut et ante᾽, et nunc, et mox rursum *fugam* nominet. (6) *Ad barbaros*, inquit, *statim secundum hæc navi venit vir Hestiæensis, fugam Græcorum ab Artemisio factam nuncians. Illi, quod incredibilis res videbatur, nuncio in custodiam dato, naves celeres speculatum miserunt.* Quid ais tandem? fugere tanquam victos dicis, quos post pugnam hostis non credit fugere, sciens superiores multo fuisse? (7) Jam par est homini huic credi de viro aliquo aut urbe scribenti, qui uno verbo victoriam Græcis adimit, tropæumque dejicit, et inscriptiones quas illi posuerunt apud Orientalem Dianam, fastum pronunciat esse inanemque jactantiam? (8) Epigrammatis hæc sunt verba :

Cecropia hoc quondam in pelago cum classe juventus
devicit populos omnigenos Asiæ,
Medorum periitque exercitus : ista tropæa
protinus erexit, virgo Diana, tibi.

(9) Porro in præliis non indicans ordinem Græcorum, et quem quæque civitas in pugna navali tenuisset locum, discessu, quem ipse *fugam* appellat, primos ait navigasse Corinthios, ultimos Athenienses.

XXXV. Oportebat profecto non nimis insultare Græcis Medorum partes amplexis hominem qui, ab aliis Thurius habitus, ipse se inter Halicarnassenses refert; qui quum essent Dorienses, una cum gynæceo in bellum contra Græcos sunt profecti. Ille vero tantum abest ut necessitates prius recenseat eorum qui ad barbaros defecerunt, ut quum de Thessalis narraverit, *misisse eos ad Phocenses, quibus cum illis inimicitiæ et bella intercedebant, pollicitosque regionem ipsorum ab omni damno immunem præstituros, mercede quinquaginta talentorum accepta,* hæc deinde his ipsis verbis scripserit de Phocensibus : *Soli enim Phocenses omnium istis in locis hominum non inclinabant ad Medos, nulla alia de causa, quantum ipse conjectura assequor, quam quia oderant Thessalos : qui si Græcorum rebus studuissent, arbitror Phocenses Medis se adjuncturos fuisse.* (2) Atqui paullo post ipse dicet, *duodecim Phocicas urbes a barbaro fuisse combustas, evastatum agrum, incensum quod Abis erat templum, viros et mulieres interfectos, nisi qui fuga in Parnassum evasissent.* (3) Et tamen eos qui sustinuerunt extrema, ne proderent honestatem, eodem ponit turpitudinis loco cum iis qui

κακίαν τοῖς προθυμότατα μηδίσασι· καὶ τὰ ἔργα τῶν
ἀνδρῶν ψέξαι μὴ δυνηθείς, αἰτίας ἐκάθητο φαύλας καὶ
ὑπονοίας ἐπὶ τοῦ γραφείου συντιθεὶς κατ᾽ αὐτῶν, καὶ κελεύων, οὐκ ἀφ᾽ ὧν ἔπραξαν, [ἀλλ᾽ ἀφ᾽ ὧν ἔπραξαν ἄν,]
5 εἰ μὴ ταῦτα Θεσσαλοῖς ἔδοξε, κρίνεσθαι τὴν διάνοιαν
αὐτῶν, ὥσπερ χώρας ἀντειλημμένης ὑφ᾽ ἑτέρων, τῆς
προδοσίας ἀπολειφθέντας. (4) Εἰ τοίνυν Θεσσαλούς τις
ἐπιχειρεῖ τοῦ μηδισμοῦ παραιτεῖσθαι, λέγων ὡς οὐ
ταῦτ᾽ ἐβούλοντο, τῇ δὲ πρὸς Φωκέας διαφορᾷ, τοῖς
10 Ἕλλησι προστιθεμένους ὁρῶντες, αὐτοὶ παρὰ γνώμην
ἐμήδισαν, ἆρ᾽ οὐκ ἂν αἴσχιστα κολακεύειν ἔδοξε καὶ
πρὸς ἑτέρων χάριν αἰτίας χρηστὰς ἐπὶ πράγμασι φαύλοις πορίζων διαστρέφειν τὴν ἀλήθειαν; ἐγὼ μὲν οἶμαι.
(5) Πῶς οὖν οὐ περιφανέστατα δόξει συκοφαντεῖν ὁ μὴ
15 δι᾽ ἀρετὴν τὰ βέλτιστα Φωκεῖς ἑλομένους ἀποφαινόμενος, ἀλλ᾽ ὅτι τἀναντία Θεσσαλοὺς ἔγνωσαν φρονοῦντας;
οὐδὲ γὰρ εἰς ἑτέρους, ὥσπερ εἴωθεν, ἀνάγει τὴν διαβολὴν, ἀκηκοέναι λέγων, ἀλλ᾽ αὐτὸς εὑρίσκειν συμβαλλόμενος. (6) Εἰπεῖν οὖν ἔδει τὰ τεκμήρια, δι᾽ ὧν ἐπείσθη
20 τοὺς ὅμοια πράττοντας τοῖς ἀρίστοις, τὰ αὐτὰ τοῖς φαυ-
λοτάτοις διανοηθῆναι· τὸ γὰρ τῆς ἔχθρας γελοῖόν ἐστιν·
οὔτε γὰρ Αἰγινήτας ἐκώλυσεν ἡ πρὸς Ἀθηναίους διαφορά, καὶ Χαλκιδεῖς ἡ πρὸς Ἐρετριέας, καὶ Κορινθίους
ἡ πρὸς Μεγαρέας, τῇ Ἑλλάδι συμμαχεῖν· οὐδ᾽ αὖ πάλιν
25 Θεσσαλοὺς μηδίζοντες οἱ πολεμιώτατοι Μακεδόνες τῆς
πρὸς τὸν βάρβαρον φιλίας ἀπέστρεψαν· (7) τὰς γὰρ
ἰδίας ἀπεχθείας ὁ κοινὸς ἀπέκρυψε κίνδυνος, ὥστε τῶν
ἄλλων παθῶν ἐκπεσόντας, ἢ τῷ καλῷ δι᾽ ἀρετὴν, ἢ
τῷ συμφέροντι δι᾽ ἀνάγκην προστίθεσθαι τὴν γνώμην.
30 (8) Οὐ μὴν ἀλλὰ καὶ μετὰ τὴν ἀνάγκην ἐκείνην, ᾗ
κατελήφθησαν ὑπὸ Μήδοις γενέσθαι, πάλιν μετεβά-
λοντο πρὸς τοὺς Ἕλληνας οἱ ἄνδρες, καὶ Λακράτης
μὲν αὐτοῖς ὁ Σπαρτιάτης ἄντικρυς ἐμαρτύρησεν· αὐτὸς δὲ ὁ Ἡρόδοτος, ὥσπερ ἐκβιασθείς, ἐν τοῖς Πλαται-
35 ικοῖς ὁμολογεῖ καὶ Φωκέας παραγενέσθαι τοῖς Ἕλλησιν.

XXXVI. Οὐ δεῖ δὲ θαυμάζειν, εἰ τοῖς ἀτυχήσασιν
ἔγκειται πικρῶς, ὅπου καὶ τοὺς παραγενομένους καὶ
συγκινδυνεύσαντας * εἰς τὴν τῶν πολεμίων μερίδα καὶ
40 προδοτῶν μετατίθησι. (2) « Νάξιοι γὰρ τρεῖς ἔπεμψαν
τριήρεις συμμάχους τοῖς βαρβάροις, εἷς δὲ τῶν τριηράρχων Δημόκριτος ἔπεισε τοὺς ἄλλους ἑλέσθαι τὰ τῶν
Ἑλλήνων. » Οὕτως οὐδ᾽ ἐπαινεῖν ἄνευ τοῦ ψέγειν
οἶδεν, ἀλλ᾽ ἵν᾽ εἷς ἀνὴρ ἐγκωμιασθῇ, πόλιν ὅλην δεῖ
45 κακῶς ἀκοῦσαι καὶ δῆμον. (3) [Ἀντι]μαρτυρεῖ δ᾽ αὐτῷ
τῶν μὲν πρεσβυτέρων Ἑλλάνικος, τῶν δὲ νεωτέρων Ἔφορος, ὁ μὲν ἕξ, ὁ δὲ πέντε ναυσὶ τοὺς Να-
ξίους ἐλθεῖν τοῖς Ἕλλησι βοηθοῦντας ἱστορήσας.
Αὐτὸς δὲ καὶ παντάπασιν ἑαυτὸν ὁ Ἡρόδοτος ἐξ-
50 ελέγχει ταῦτα πλαττόμενον. (4) Οἱ μὲν γὰρ Ναξίων
ὡρογράφοι λέγουσι, καὶ πρότερον Μεγαβάτην ἀπώσασθαι ναυσὶ διακοσίαις ἐπιπλεύσαντα τῇ νήσῳ, καὶ
Δᾶτιν αὖθις τὸν στρατηγὸν ἐξελάσαι καταπρήσαντα
ποιῆσαι κακόν. (5) Εἰ δὲ, ὡς Ἡρόδοτος εἴρηκεν ἀλλα-

promtissime Medum secuti sunt : et quum Phocensium
facta non posset culpare, causas *malas et suspiciones stylo
fingens adversus illos sedet*, jubens eorum consilium æsti-
mari non ex iis quæ fecerunt, sed ex iis quæ facturi fuissent, nisi hoc Thessalis placuisset, qui Phocensibus proditionem præripuissent, ægre exclusis tanquam a loco jam ab
aliis occupato. (4) Jam si quis Thessalorum ad Medos defectionem aggressus excusare, diceret non sua voluntate
eos ita egisse, sed odio Phocensium, quos viderent Græcis se adjungere, ipsos præter animi sententiam Medi partes fuisse secutos; nonne turpissime is adulari videretur, et
in aliorum gratiam malis factis bonas causas affingendo veritatem pervertere? Equidem puto. (5) Qui ergo non aperte
calumniari putetur, qui non ob virtutem Phocenses optima
delegisse ait, sed quia contrarium sentire Thessalos viderent? neque enim ad alios hoc commentum, ut alias solet,
auctores refert, sed *ipsum se hoc* ait *conjiciendo invenisse.* (6) Oportebat ergo certa argumenta proferre,
quibus ipsi persuasum fuisset eos qui similia optimorum
factis edunt, eadem cum pessimis fovere consilia. Nam
quod de inimicitiis affert, ridiculum est : neque enim
Æginetas cum Atheniensibus, neque Chalcidenses cum
Eretriensibus, neque Corinthios cum Megarensibus discordia a societate Græcorum abstinuit : neque rursum
Thessalos infestissimi Macedones barbaro faventes ab amicitia cum barbaro averterunt. (7) Nam privatas inimicitias
commune obruebat periculum, ut reliquis animi affectionibus excussis, aut honestati virtutis studio, aut utili necessitatis impulsu quisque animum adjungeret. (8) Enimvero
post necessitatem illam, quæ ipsos coegerat Medis parere,
rursum ad Græcos se contulere Phocenses; idque de iis
Laocrates Spartanus palam testatus est : atque ipse Herodotus, veluti vi adactus, in Plataica re fatetur Phocenses
etiam Græcis adfuisse

XXXVI. Neque mirum videri debet, eum acerbe insectari eos qui adversam pertulerunt fortunam : quando etiam
hos qui interfuerunt rei gerendæ, unaque cum Græcis salutem suam periclitati sunt, inter hostes et proditores nu-
merat. (2) *Naxios ait tres naves barbaris auxilio misisse, unum autem de triremium præfectis Democritum
persuasisse civibus, ut reliqui Græcorum causam am-
plecterentur.* Adeo laudare sine vituperio non potest Herodotus; ut, quo unum hominem laudet, male audire totam
civitatem aut populum oporteat. (3) Testimonium contra
eum dicunt de vetustioribus Hellanicus, de recentioribus
Ephorus, alter sex, alter quinque navibus ipsos Naxios auxilio venisse Græcis scribentes. Et ipse adeo Herodotus planissime arguit hæc a se fingi. (4) Nam Naxiorum annalium
scriptores aiunt, *ante quoque Megabaten fuisse ab iis repulsum, quum ad insulam cum ducentis navibus accederet : et Datin postea ducem profligatum ab iis, quum
incendio ipsis malefecisset.* (5) Quodsi, ut alibi Herodotus

χόθι, τὴν μὲν πόλιν αὐτῶν ἐμπρήσαντες διέφθειραν,
οἱ δ' ἄνθρωποι καταφυγόντες εἰς τὰ ὄρη διεσώθησαν,
ἤπου καλὴν αἰτίαν εἶχον τοῖς ἀπολέσασι τὴν πατρίδα
πέμπειν βοήθειαν, ἀλλὰ μὴ τοῖς ἀμυνομένοις ὑπὲρ τῆς
κοινῆς ἐλευθερίας ἀμύνειν. (6) Ὅτι δ' οὐκ ἐπαινέσαι
βουληθεὶς Δημόκριτον, ἀλλ' ἐπ' αἰσχύνῃ Ναξίων συν-
έθηκε τὸ ψεῦδος, δῆλός ἐστι τῷ παραλιπεῖν ὅλως καὶ
παρασιωπῆσαι τὸ Δημοκρίτου κατόρθωμα καὶ τὴν ἀρι-
στείαν, ἣν ἐπιγράμματι Σιμωνίδης ἐδήλωσε·

Δημόκριτος τρίτος ἦρξε μάχης, ὅτε πὰρ Σαλαμῖνα
  Ἕλληνες Μήδοις σύμβαλον ἐν πελάγει·
πέντε δὲ νῆας ἕλεν δηίων, ἕκτην δ' ὑπὸ χεῖρα
  ῥύσατο βαρβαρικὴν Δωρίδ' ἁλισκομένην.

XXXVII. Ἀλλὰ τί ἄν τις ἀγανακτοίη περὶ Ναξίων; εἰ γάρ εἰσιν ἀντίποδες ἡμῶν, ὥσπερ ἔνιοι λέγουσι, τῆς γῆς τὰ κάτω περιοικοῦντες, οἶμαι μηδ'
ἐκείνους ἀνηκόους εἶναι Θεμιστοκλέους καὶ τοῦ Θεμιστοκλέους βουλεύματος, ὃ βουλεύσας τῇ Ἑλλάδι ναυμαχῆσαι πρὸ τῆς Σαλαμῖνος, ἱδρύσατο ναὸν [Ἀριστο]-
βούλης Ἀρτέμιδος ἐν Μελίτῃ, τοῦ βαρβάρου καταπο-
λεμηθέντος. (2) Τοῦτο μὲν τοῦ Θεμιστοκλέους ὁ χαρίεις συγγραφεὺς, ὅσον ἐφ' ἑαυτῷ, παραιρούμενος, καὶ
τὴν δόξαν εἰς ἕτερον μεταφέρων, ταῦτα γράφει κατὰ
λέξιν· « Ἐνταῦθα δὲ Θεμιστοκλέα, ἀφικόμενον ἐπὶ
τὴν νέα, εἴρετο Μνησίφιλος, ἀνὴρ Ἀθηναῖος, ὅ τι σφιν
εἴη βεβουλευμένον· πυθόμενος δὲ πρὸς αὐτοῦ, ὡς ἐστὶ
δεδογμένον ἀνάγειν τὰς νέας πρὸς τὸν Ἰσθμὸν καὶ πρὸ
τῆς Πελοποννήσου ναυμαχέειν, [εἶπε·] Οὐκ ἄρα, ἢν
ἀπαίρωσι τὰς νέας ἀπὸ Σαλαμῖνος, οὐδὲ περὶ μιῆς ἔτι
πατρίδος ναυμαχήσεις· κατὰ γὰρ πόλεις ἕκαστοι τρέ-
ψονται. » (3) Καὶ μετ' ὀλίγον· « Ἀλλὰ εἴ τις ἐστὶ μηχανή, ἴθι τε καὶ πειρῶ διαχέαι τὰ βεβουλευμένα, ἤν
κως δύνῃ ἀναγνῶσαι Εὐρυβιάδεα μεταβουλεύσασθαι,
ὥστε αὐτοῦ μενεῖν. » Εἶτα ὑπειπὼν ὅτι « κάρτα τῷ
Θεμιστοκλεῖ ἤρεσεν ἡ ὑποθήκη, καὶ οὐδὲν πρὸς ταῦτα
ἀμειψάμενος, ἀφίκετο πρὸς τὸν Εὐρυβιάδην, » πάλιν
αὐταῖς λέξεσι γέγραφεν· « Ἐνταῦθα δὲ Θεμιστοκλῆς
[παρι]ζόμενός [οἱ] καταλέγει κεῖνά τε ἃ ἤκουσε Μνησιφίλου, ἑωυτοῦ ποιεύμενος, καὶ ἄλλα προστιθείς. » (4)
Ὁρᾷς ὅτι κακοηθείας προστρίβεται τῷ ἀνδρὶ δόξαν,
ἴδιον αὐτοῦ βούλευμα ποιεῖσθαι τὸ τοῦ Μνησιφίλου
λέγων;

XXXVIII. Ἔτι δὲ μᾶλλον τῶν Ἑλλήνων καταγελῶν, Θεμιστοκλέα μὲν οὔτε φησὶ φρονῆσαι τὸ συμφέρον, ἀλλὰ παριδεῖν, ὃς Ὀδυσσεὺς ἐπωνομάσθη διὰ τὴν
φρόνησιν· Ἀρτεμισίαν δὲ, τὴν Ἡροδότου πολῖτιν, μηδενὸς διδάξαντος, αὐτὴν ἀφ' ἑαυτῆς ἐπινοήσασαν, Ξέρξῃ
προσειπεῖν, ὡς « Οὐχ οἷοί τε πολλὸν χρόνον ἔσονταί τοι
ἀντέχειν οἱ Ἕλληνες, ἀλλὰ σφέας διασκεδᾷς, κατὰ
πόλεις δὲ ἕκαστοι φεύξονται· » καὶ οὐκ εἰκὸς αὐτοὺς,
ἢν σὺ ἐπὶ τὴν Πελοπόννησον ἐλαύνῃς τὸν πεζὸν στρατὸν, ἀτρεμήσειν, οὐδέ σφιν μελήσειν πρὸ τῶν Ἀθηναίων ναυμαχέειν· ἢν δὲ αὐτίκα ἐπειχθῇς ναυμαχῆσαι,
δειμαίνω μὴ ὁ ναυτικὸς στρατὸς κακωθεὶς καὶ τὸν

dixit, urbem ipsorum barbari combusserunt, hominibus
fuga in montes salutem consecutis, nimirum justam causam
habuerunt Naxii auxilium mittendi iis qui patriam ipsorum
perdidissent, non potius adjuvandi eos qui publicam libertatem protegebant. (6) Non laudandi autem Democriti, sed
Naxiis infamiam parandi causa, hoc mendacium eum composuisse inde apparet, quod Democriti præclarum facinus
remque pulcherrime gestam ita præteriit, ut ne verbo quidem uno attingeret : quam Simonides hoc epigrammate illustravit :

Tempore quo Graiûm robur Salamina sub amplam
  cum Medis pugnam substitit in pelago,
tertius ante alios ductor Democritus ivit,
  barbaricas victor quinque ratesque tulit :
Dorida dein sextam, quam barbarus impete grandi
  ceperat, infestis de manibus rapuit.

XXXVII. Sed quis pro Naxiis indignetur? equidem, si
sunt, quod nonnulli aiunt, antipodes inferiorem terræ partem versis adversus nostra vestigiis incolentes, ne illis quidem puto inauditum esse Themistoclem et consilium Themistoclis, quo quum Græcis persuasisset ut ante Salamina
navali prælio decernerent, victo barbaro in Melita templum
Consulentis Dianæ dedicavit. (2) Hoc Themistocli scitus iste
scriptor quantum in ipso fuit adimens, gloriamque in alium
transferens, in hæc verba scribit : *Hic Themistoclem, quum
in navem venisset, interrogavit Mnesiphilus, vir Atheniensis, quidnam constituissent : quumque audiret decretum esse ut naves ad Isthmum reducerentur, ac navale prælium ante Peloponnesum committeretur, dixit :
Non ergo tu, Themistocles, si illi naves a Salamine abdu-
cent, unquam pro una patria propugnabis : quivis enim
suam urbem petent.* (3) Et paullo post : *Sed si quid
restat consilii, ito, et quæ decreta sunt confundere conare; si qua ratione Eurybiadi possis persuadere ut
maneat mutato instituto.* Deinde subjiciens, Themistocli perplacuisse hanc admonitionem, nulloque eum dato responso, ad Eurybiadem illico abiisse, his ipsis
verbis sic loquitur : *Proinde adsidens ei Themistocles
exponit quæ e Mnesiphilo audiverat, sua esse ea fingens, et alia addens.* (4) Vides ut Themistoclem impro-
bitatis notet, sibi eum arrogare dicens quod esset Mnesi-
phili ?

XXXVIII. Amplius etiam deridens Græcos, *Themistoclem
ait non perspexisse quid in rem esset, sed prætervidisse :*
quum quidem ob prudentiam ei nomen Ulyssis factum fuerit : Artemisiam autem, Herodoti civem, nemine docente
ipsam sua sponte re excogitata sic Xerxem monuisse :
*Non diu poterunt tibi Græci resistere, sed dissipabis
eos, diffugientque per oppida : neque verisimile est,
eos, te pedestres copias in Peloponnesum adducente,
quieturos, aut in eam curam incubituros, ut pro Atheniensibus navale prælium obeant : si vero confestim
properes navale prælium committere, metuo ne clas-
siarii tui, detrimentum passi, etiam pedestribus simul*

[πεζὸν] προσδηλήσηται. » (2) Ταῦτα μὲν οὖν μέτρων ἐνδεῖ τῷ Ἡροδότῳ, Σίβυλλαν ἀποφῆναι τὴν Ἀρτεμισίαν τὰ μέλλοντα προθεσπίζουσαν οὕτως ἀκριβῶς. Διὸ καὶ Ξέρξης αὐτῇ παρέδωκε τοὺς ἑαυτοῦ παῖδας ἀπάγειν εἰς Ἔφεσον· ἐπελέληστο γὰρ ἐκ Σούσων, ὡς ἔοικεν, ἄγειν γυναῖκας, εἰ γυναικείας ἐδέοντο παραπομπῆς οἱ παῖδες.

XXXIX. Ἀλλ' ὃ μὲν ἔψευσται, λόγος ἡμῖν οὐδείς· ἃ δὲ τ * * * ψεῦσται μόνον ἐξετάζομεν. (2) Φησὶ τοίνυν « Ἀθηναίους λέγειν, ὡς Ἀδείμαντος, ὁ Κορινθίων στρατηγός, ἐν χερσὶ τῶν πολεμίων γενομένων, ὑπερεκπλαγεὶς καὶ καταδείσας ἔφευγεν· οὐ πρύμναν κρουσάμενος, οὐδὲ διαδὺς ἀτρέμα διὰ τῶν μαχομένων, ἀλλὰ λαμπρῶς ἐπαιρόμενος τὰ ἱστία, καὶ τὰς ναῦς ἁπάσας ἀποστρέψας· εἶτα μέντοι κέλης ἐλαυνόμενος αὐτῷ συνέτυχε περὶ τὰ λήγοντα τῆς Σαλαμινίας, ἐκ δὲ τοῦ κέλητος ἐφθέγξατό τις· Σὺ μὲν, ὦ Ἀδείμαντε, φεύγεις καταπροδοὺς τοὺς Ἕλληνας· οἱ δὲ καὶ δὴ νικῶσι, καθάπερ ἠρῶντο ἐπικρατῆσαι τῶν ἐχθρῶν. » (3) Ὁ δὲ κέλης οὗτος ἦν, ὡς ἔοικεν, οὐρανοπετής· τί γὰρ ἔδει φείδεσθαι μηχανῆς τραγικῆς, ἐν πᾶσι τοῖς ἄλλοις ὑπερπαίοντα τοὺς τραγῳδοὺς ἀλαζονείᾳ; (4) Πιστεύσας οὖν ὁ Ἀδείμαντος « ἐπανῆλθεν εἰς τὸ στρατόπεδον [ἐπ'] ἐξειργασμένοις· αὕτη φάτις ἔχει ὑπὸ Ἀθηναίων· οὐ μέντοι Κορίνθιοι ὁμολογέουσιν, ἀλλὰ ἐν πρώτοισι σφέας αὐτοὺς τῆς ναυμαχίης νομίζουσι γενέσθαι· μαρτυρεῖ δέ σφι καὶ ἡ ἄλλη Ἑλλάς. » (5) Τοιοῦτός ἐστιν ἐν πολλοῖς ὁ ἄνθρωπος· ἑτέρας καθ' ἑτέρων διαβολὰς καὶ κατηγορίας κατατίθησιν, ὥστε μὴ διαμαρτεῖν τοῦ φανῆναί τινα πάντως πονηρόν· ὥσπερ ἐνταῦθα περίεστιν αὐτῷ, πιστευομένης μὲν τῆς διαβολῆς, Κορινθίους ἀδοξεῖν, ἀπιστουμένης δὲ, Ἀθηναίους, ἣν οἶμαι μηδὲ Κορινθίων Ἀθηναίους, ἀλλὰ τοῦτον ἀμφοτέρων ὁμοῦ καταψεύδεσθαι. (6) Θουκυδίδης γοῦν ἀντιλέγοντα ποιῶν τῷ Κορινθίῳ τὸν Ἀθηναῖον ἐν Λακεδαίμονι, καὶ πολλὰ περὶ τῶν Μηδικῶν λαμπρυνόμενον ἔργον, καὶ περὶ τῆς ἐν Σαλαμῖνι ναυμαχίας, οὐδεμίαν αἰτίαν προδοσίας ἢ λειποταξίας ἐπενήνοχε Κορινθίοις· (7) οὐδὲ γὰρ εἰκὸς ἦν Ἀθηναίους ταῦτα βλασφημεῖν περὶ τῆς Κορινθίων πόλεως, ἣν τρίτην μὲν ἑώρων μετὰ Λακεδαιμονίους καὶ μετ' αὐτοὺς ἐγχαραττομένην τοῖς ἀπὸ τῶν βαρβάρων ἀναθήμασιν· ἐν δὲ Σαλαμῖνι παρὰ τὴν πόλιν ἔδωκαν αὐτοῖς θάψαι τε τοὺς ἀποθανόντας, ὡς ἄνδρας ἀγαθοὺς γενομένους, (8) [καὶ] ἐπιγράψαι τόδε τὸ ἐλεγεῖον·

> Ὦ ξένε, εὔυδρόν ποτ' ἐναίομεν ἄστυ Κορίνθου,
>   νῦν δ' ἄμμ' Αἴαντος νᾶσος ἔχει Σαλαμίς.
> Ἐνθάδε Φοινίσσας νῆας καὶ Πέρσας ἑλόντες
>   καὶ Μήδους, ἱερὰν Ἑλλάδα ῥυόμεθα.

(9) Τὸ δ' ἐν Ἰσθμῷ κενοτάφιον ἐπιγραφὴν ἔχει ταύτην·

> Ἀκμᾶς ἑστακυῖαν ἐπὶ ξυροῦ Ἑλλάδα πᾶσαν
>   ταῖς αὑτῶν ψυχαῖς κείμεθα ῥυσάμενοι.

(10) Διοδώρου δέ τινος τῶν Κορινθίων τριηράρχων ἐν

---

graviter incommodent. (2) Nihil præter versuum mensuram defuit Herodoto, quin ex Artemisia Sibyllam faceret, ita exacte vaticinantem futura. Itaque Xerxes etiam liberos suos ei Ephesum deducendos tradidit, oblitus, quantum apparet, Susis mulieres secum abducere, siquidem muliebri comitatu ii indigebant.

XXXIX. Verum de Herodoti mendaciis non est nobis rationes ineundi propositum : in ea duntaxat inquirimus, quæ mentitus eo est, ut alienæ gloriæ detraheret. (2) *Ab Atheniensibus* ait *narrari, Adimantum Corinthiorum ducem, jam cum hoste manus conserturum, tanto fuisse metu perculsum, ut non prora obversa retrorsum, aut paullatim per pugnantes se subducens, sed aperte sublatis velis profugerit, aversis secum omnibus suis navibus : huic jam sub finem oræ Salaminiæ occurrisse navem uniremem, et quendam ex ea sic locutum fuisse, Tu quidem, Adimante, fugis proditis Græcis : illi tamen vincunt, et ex voto hostibus sunt superiores.* (3) Haud dubie navicula illa de cœlo fuit delata. Quid enim impediebat, quin tragicam machinam attolleret, qui omnibus aliis in rebus tragicos sua jactantia superaret? (4) Ergo fidem habens Adimantus, *ad classem rediit, quum jam res confecta esset. Hic,* inquit, *rumor ab Atheniensibus est diditus : Corinthii negant, seque in navali pugna inter primos ponunt, testimonio illos juvante reliqua Græcia.* (5) Talis est multis etiam aliis in rebus Herodotus : diversa de diversis crimina et calumnias spargit, ne id non assequatur, ut certe aliquis malus videatur. Ita hic quidem id sibi reservavit, ut calumnia credita Corinthii, repudiata Athenienses male audirent. Quam equidem calumniam non ab Atheniensibus in Corinthios, sed ab isto in utrosque ementitam arbitror. (6) Certe Thucydides Spartæ faciens Atheniensem legatum Corinthio respondentem, et multa de Medico bello splendide jactantem ac Salaminio navali prælio, nullum proditionis aut deserti ordinis crimen Corinthiis infert. (7) Neque enim probabile erat hæc Athenienses objicere Corinthiorum reipublicæ flagitia, quum, secundum Spartanos et ipsos, eam tertio loco viderent insculptam donariis quæ erant de barbaris dedicata; et in Salamine concessissent Athenienses, ut Corinthii prope urbem suorum cadavera humarent, tanquam hominum qui se præclare gessissent; (8) inscriptione etiam hac posita :

> Hospes, aquosa olim nobis est culta Corinthus :
>   Ajacis nostros insula habet cineres.
> Hic Pœnum naves, Persas, Medosque prementes,
>   tutati bene te, Græcia diva, sumus.

(9) Et honorarium in Isthmo sepulchrum sic est inscriptum :

> Nos sitam in extremo discriminis Hellada cunctam
>   tutati nostris condimur hic animis.

(10) Quin et Diodori Corinthiorum de trierarchis unus

ἱερῷ Λητοῦς ἀναθήμασι κειμένοις καὶ τοῦτο ἐπιγέ-
γραπται·

 Ταῦτ' ἀπὸ δυσμενέων Μήδων ναῦται Διοδώρου
 ὅπλ' ἀνέθεν Λατοῖ, μνάματα ναυμαχίης.

5 (11) Αὐτός γε μὴν ὁ Ἀδείμαντος, ᾧ πλεῖστα λοιδορούμενος Ἡρόδοτος διατελεῖ, καὶ λέγων « μοῦνον ἀπαίρειν
τῶν στρατηγῶν, ὡς φευξόμενον ἀπ' Ἀρτεμισίου, καὶ
μὴ περιμενοῦντα, » σκόπει τίνα δόξαν εἶχεν·

 Οὗτος Ἀδειμάντου κείνου τάφος, ὃν διὰ πᾶσα
10 Ἑλλὰς ἐλευθερίας ἀμφέθετο στέφανον.

(12) * Οὔτε γὰρ τελευτήσαντι τοιαύτην εἰκὸς ἦν ἀνδρὶ
δειλῷ καὶ προδότῃ γενέσθαι τιμήν, οὔτ' ἂν ἐτόλμησε
τῶν θυγατέρων ὄνομα θέσθαι τῇ μὲν Ναυσινίκην, τῇ δ'
Ἀκροθίνιον, τῇ δ' Ἀλεξιβίαν, Ἀριστέα δὲ καλέσαι τὸν
15 υἱόν, εἰ μή τις ἦν ἐπιφάνεια καὶ λαμπρότης περὶ αὐτὸν
ἀπὸ τῶν ἔργων ἐκείνων. (13) Καὶ μὴν ὅτι μόναι τῶν
Ἑλληνίδων αἱ Κορίνθιαι γυναῖκες εὔξαντο τὴν καλὴν
ἐκείνην καὶ δαιμόνιον εὐχήν, ἔρωτα τοῖς ἀνδράσι· τῆς
πρὸς τοὺς βαρβάρους μάχης ἐμβαλεῖν τὴν θεόν, οὐχ
20 ὅπως [τοὺς] περὶ τὸν Ἡρόδοτον ἀγνοῆσαι πιθανὸν ἦν,
ἀλλ' οὐδὲ τὸν ἔσχατον Καρῶν· (14) διεβοήθη γὰρ τὸ
πρᾶγμα, καὶ Σιμωνίδης ἐποίησεν ἐπίγραμμα, χαλκῶν
εἰκόνων ἀνασταθεισῶν ἐν τῷ ναῷ τῆς Ἀφροδίτης, ὃν
ἱδρύσασθαι Μήδειαν λέγουσιν, οἱ μὲν αὐτὴν παυσαμέ-
25 νην τοῦ ἀνδρός, οἱ δ' ἐπὶ τῷ τὸν Ἰάσονα τῆς Θέτιδος
ἐρῶντα παῦσαι τὴν θεόν. (15) Τὸ δ' ἐπίγραμμα τοῦτό
ἐστιν·

 Αἵδ' ὑπὲρ Ἑλλάνων τε καὶ ἰθυμάχων πολιητᾶν
 ἔσταθεν εὐξάμεναι Κύπριδι δαιμόνιαι.
30 Οὐ γὰρ τοξοφόροισιν ἐμήδετο δῖ' Ἀφροδίτα
 Μήδοις Ἑλλάνων ἀκρόπολιν προδόμεν.

Ταῦτ' ἔδει γράφειν καὶ τούτων μεμνῆσθαι μᾶλλον, ἢ
τὴν Ἀμεινοκλέους ἐμβαλεῖν * * παιδοφονίαν.

XL. Τῶν τοίνυν αἰτιῶν τῶν κατὰ Θεμιστοκλέους
35 ἀνέδην ἐμφορηθείς, ἐν οἷς κλέπτοντα καὶ πλεονεκτοῦντα
λάθρα τῶν ἄλλων στρατηγῶν οὔ φησι παύσασθαι περὶ
τὰς νήσους· τέλος αὐτῶν Ἀθηναίων τὸν στέφανον ἀφε-
λόμενος, Αἰγινήταις ἐπιτίθησι, γράφων ταῦτα· (2)
« Πέμψαντες ἀκροθίνια οἱ Ἕλληνες εἰς Δελφοὺς, ἐπη-
40 ρώτων τὸν θεὸν κοινῇ, εἰ λελάβηκε πλήρεα καὶ ἀρεστὰ
ἀκροθίνια· ὁ δὲ παρ' Ἑλλήνων μὲν τῶν ἄλλων ἔφησεν
ἔχειν, παρ' Αἰγινητέων δ' οὔ· ἀλλ' ἀπαίτεε αὐτοὺς τὰ
ἀριστεῖα τῆς ἐν Σαλαμῖνι ναυμαχίας. » (3) Οὐκ ἔτι
Σκύθαις, οὐδὲ Πέρσαις, οὐδ' Αἰγυπτίοις τοὺς ἑαυτοῦ
45 λόγους ἀνατίθησι πλάττων, ὥσπερ Αἴσωπος κόραξι καὶ
πιθήκοις, ἀλλὰ τῷ τοῦ Πυθίου προσώπῳ χρώμενος,
ἀπωθεῖ τῶν [ἐν] Σαλαμῖνι πρωτείων τὰς Ἀθήνας. (4)
Θεμιστοκλεῖ δὲ τῶν δευτερείων ἐν Ἰσθμῷ γενομένων,
διὰ τὸ τῶν στρατηγῶν ἕκαστον αὐτῷ μὲν τὸ πρω-
50 τεῖον, ἐκείνῳ δὲ τὸ δευτερεῖον ἀποδοῦναι, καὶ τέλος
τῆς κρίσεως μὴ λαβούσης, δέον αἰτιάσασθαι τὴν φιλοτιμίαν τῶν στρατηγῶν, « πάντας ἀποπλεῦσαί φησι
τοὺς Ἕλληνας ὑπὸ φθόνου, μὴ βουληθέντας ἀναγο-
ρεῦσαι τὸν ἄνδρα πρῶτον. »

---

in fano Latonæ repositis donariis hoc est inscriptum :

 Arma hæc Latonæ, pugnæ monumenta marinæ,
 dedicat ; a Medis hæc Diodorus habet.

(11) Ipse quidem Adimantus, quem Herodotus crebro insectatur, *solumque omnium imperatorum* ait *fugiendi
causa ab Artemisio avectum, neque hostes subsistere
voluisse,* vide in quanta sit gloria :

 Cujus sese opera redimivit Græcia serto
 libero, Adimantus conditur hoc tumulo.

(12) Nam neque mortuo probabile est homini timido et pro-
ditori tantum honoris habiturum quenquam fuisse ; neque
filiabus suis ausus fuisset nomina ponere Nausinicam, Acro-
thinium, Alexibiam, filio autem Aristeum ; nisi quid ipse in
ea pugna illustre et memorabile egisset. (13) Jam solas
Corinthiorum mulieres præclarum illud et divinum fecisse
votum Veneri, quo petierunt ut dea maritis ipsorum amorem pugnæ adversus barbaros immitteret ; non est probabile vel extremo Carum, nedum Herodoto fuisse ignotum.
(14) Pervulgata enim res mansit : et Simonides inscriptionem
fecit, æneis imaginibus positis in fano Veneris, quod Medea
condidisse perhibetur, ab aliis, petens ut mariti amore
ipsam Venus solveret, ab aliis, ut Iasonem Venus amore
Thetidis liberaret. (15) Inscriptio hæc est,

 Has Veneri matres statuas posuere Ephyreæ,
 pro Græcis, forti proque suo populo.
 Nam non arciferis Medis Venus Hellados arcem
 prodere, sic votis rite vocata, volet.

Hæc potius scribere oportebat et commemorare, quam Aminoclis cædem proli suæ illatam inculcare.

XL. Postquam igitur abunde criminibus Themistocli ia-
tentatis satiatus utcumque fuit, dum illum clam aliis ducibus ait nullum fecisse furandi et compilandi insulas finem,
tandem coronam victoriæ ipsis palam abstrahens Atheniensibus, Æginetis imponit ita scribens : (2) *Græci quum Delphos mitterent manubiarum primitias, communiter e deo
quæsiverunt, an eas plenas et placentes accepisset : ille
respondit, se talia habere a reliquis Græcis, sed non item
ab Æginetis : ab iis enim se præcipuum donarium exspectare, ut qui rem Salaminio prælio omnium gessissent optime.* (3) Ecce autem, non jam Scythis, aut Persis, aut Ægyptiis sua figmenta inscribit, sicut Æsopus solet corvis et simiis : sed personam Apollinis Pythii induens, Athenas a præcipua rei ad Salamina gestæ laude detrudit. (4) Idem quum in
Isthmo Themistocli secundus inter optime re gesta laudan-
dos deferretur ab omnibus aliis ducibus locus, quod horum
quivis sibi primas, Themistocli secundas assignaret partes,
et judicium absolvi non posset : quum deberet ambitionem
imperatorum reprehendere, *omnes* ait *Græcos inde solvisse, quod ob invidiam nollent Themistocli primas deferre.*

XLI. Ἐν δὲ τῇ ἐνάτῃ καὶ τελευταίᾳ τῶν βίβλων, ὅσον ἦν ὑπόλοιπον ἐν τῇ πρὸς Λακεδαιμονίους αὐτῷ δυσμενείᾳ, ἐκχέαι σπεύδων, τὸ παρ' αὐτὸν ἀφείλετο τὴν ἀοίδιμον νίκην καὶ τὸ περιβόητον Πλαταιᾶσι κατόρθωμα τῆς πόλεως· (2) γέγραφε γὰρ ὡς « Πρότερον μὲν ὠῤῥώδουν τοὺς Ἀθηναίους μὴ πεισθέντες ὑπὸ Μαρδονίου τοὺς Ἕλληνας ἐγκαταλείπωσιν· τοῦ δ' Ἰσθμοῦ τειχισθέντος ἐν ἀσφαλεῖ θέμενοι τὴν Πελοπόννησον, ἠμέλουν ἤδη τῶν ἄλλων καὶ περιεώρων, ἑορτάζοντες οἴκοι, καὶ τοὺς πρέσβεις τῶν Ἀθηναίων κατειρωνευόμενοι καὶ διατρίβοντες. » (3) Πῶς οὖν ἐξῆλθον εἰς Πλαταιὰς πεντακισχίλιοι Σπαρτιᾶται, περὶ αὐτὸν ἔχων ἀνὴρ ἕκαστος ἑπτὰ εἵλωτας; ἢ πῶς κίνδυνον ἀράμενοι τοσοῦτον, ἐκράτησαν, καὶ κατέβαλον μυριάδας τοσαύτας; (4) Ἄκουσον αἰτίας πιθανῆς. « Ἔτυχε, φησὶν, ἐν Σπάρτῃ παρεπιδημῶν ἐκ Τεγέας ἀνὴρ, ὄνομα Χείλεως, ᾧ φίλοι τινὲς καὶ ξένοι τῶν Ἐφόρων ἦσαν· οὗτος οὖν ἔπεισεν αὐτοὺς ἐκπέμψαι τὸ στράτευμα, λέγων ὅτι τοῦ διατειχίσματος οὐδὲν ὄφελός ἐστι Πελοποννησίοις, ἂν Ἀθηναῖοι Μαρδονίῳ προσγένωνται. » (5) Τοῦτο Παυσανίαν ἐξήγαγεν εἰς Πλαταιὰς μετὰ τῆς δυνάμεως· * εἰ δέ τι κατέσχεν οἰκεῖον ἐν Τεγέᾳ πρᾶγμα τὸν Χείλεων ἐκεῖνον, οὐκ ἂν ἡ Ἑλλὰς περιεγένετο.

XLII. Πάλιν δὲ τοῖς Ἀθηναίοις οὐκ ἔχων ὅ, τι χρήσαιτο, [ποτὲ μὲν αἴρει,] ποτὲ δὲ καταβάλλει τὴν πόλιν ἄνω καὶ κάτω μεταφέρων, οὓς Τεγεάταις μὲν εἰς ἀγῶνα λέγει περὶ τῶν δευτερείων καταστάντας, Ἡρακλειδῶν τε μεμνῆσθαι, καὶ τὰ πρὸς Ἀμαζόνας πραχθέντα προφέρειν, ταφάς τε Πελοποννησίων τῶν ὑπὸ τῇ Καδμείᾳ πεσόντων· καὶ τέλος, εἰς τὸν Μαραθῶνα καταβαίνειν τῷ λόγῳ φιλοτιμουμένους, καὶ ἀγαπῶντας ἡγεμονίας τυχεῖν τοῦ ἀριστεροῦ κέρως· ὀλίγον δὲ ὕστερον αὐτοῖς Παυσανίαν καὶ Σπαρτιάτας τῆς ἡγεμονίας ὑφίεσθαι, καὶ παρακαλεῖν ὅπως, κατὰ Πέρσας ἀντιταχθῶσι τὸ δεξιὸν κέρας παραλαβόντες, αὐτοῖς δὲ παραδόντες τὸ εὐώνυμον, ὡς ἀηθείᾳ τὴν πρὸς τοὺς βαρβάρους μάχην ἀπολεγομένους. (2) Καίτοι γελοῖον, εἰ μὴ συνήθεις εἶεν οἱ πολέμιοι, μάχεσθαι μὴ θέλειν. Ἀλλὰ τούς γε ἄλλους Ἕλληνας εἰς ἕτερον ὑπὸ τῶν στρατηγῶν ἀγομένους στρατόπεδον, « ὡς ἐκινήθησαν, φησὶ φεύγειν ἀσμένως τὴν ἵππον πρὸς τὴν τῶν Πλαταιέων πόλιν· φεύγοντας δ' ἀφικέσθαι πρὸς τὸ Ἡραῖον. » Ἐν ᾧ καὶ ἀπείθειαν καὶ λειποταξίαν καὶ προδοσίαν ὁμοῦ τι πάντων κατηγόρησε. (3) Τέλος δὲ « μόνους φησὶ τοῖς μὲν βαρβάροις Λακεδαιμονίους καὶ Τεγεάτας, τοῖς δὲ Θηβαίοις Ἀθηναίους συμπεσόντας διαγωνίσασθαι » τὰς δ' ἄλλας πόλεις ὁμαλῶς ἁπάσας τοῦ κατορθώματος ἀπεστέρηκε· « οὐδένα συνεφάψασθαι τοῦ ἀγῶνος, ἀλλὰ καθημένους πάντας ἐπὶ τῶν ὅπλων ἐγγὺς καταλιπεῖν καὶ προδοῦναι τοὺς ὑπὲρ αὐτῶν μαχομένους· ὀψὲ δὲ Φλιασίους καὶ Μεγαρέας πυθομένους νικῶντα Παυσανίαν, προσφερομένους καὶ ἐμπεσόντας εἰς τὸ Θηβαῖον ἱππικὸν, οὐδενὶ λόγῳ διαφθαρῆναι· Κορινθίους δὲ τῇ μὲν μάχῃ μὴ παραγενέσθα, μετὰ

XLI. Restat nonus, isque ultimus liber, in quo omne suum reliquum in Lacedæmonios odium effundere properans, quantum in ipso erat, eos defraudavit celebrata illa victoria et nobilissima ad Platæas parta gloria. (2) Scribit enim, *initio Spartanos metuisse, ne Mardonium sibi hoc sinerent persuadere Athenienses, ut ipsos desererent. Isthmo autem munito, eos jam omnia Peloponnesi in tuto esse ratos, reliquos etiam facile contemsisse, domique dies agitasse festos, et Atheniensium legatis illusisse, eosque per jocum detinuisse.* (3) Quomodo ergo factum est, ut Sparta ad Platæas proficiscerentur viri quinquies mille, quorum quisque secum Helotas septem duceret? aut quomodo tam grandi periculo se objicientes, vicerunt, dejeceruntque tot hominum millia? (4) Audi vero causas probabiles. *Forte*, inquit, *Spartæ tum peregrinabatur homo Tegeates nomine Chileos, cui amicitia et jus hospitii cum Ephoris quibusdam intercedebat: is ergo Spartanis persuasit, ut exercitum emitterent; monens istam Isthmi munitionem, qua Peloponnesum intercepissent, nullius illis fore momenti, si Mardonio se Athenienses adjunxissent.* (5) Hoc ergo consilium Pausaniam cum exercitu ad Platæas eduxit. Verum si Chileon istum Tegeæ aliquod privatum negotium occupasset, actum scilicet erat de Græcia.

XLII. Rursus quia nesciebat quo modo ageret cum Atheniensibus, modo extollit, modo deprimit, sursum deorsumque jactans eam civitatem. Ait, eos de secundo loco cum Tegeatis in contentionem ingressos, mentionem Heraclidarum fecisse, et acta adversus Amazonas protulisse, utque sepelierint Peloponnesios qui sub Cadmea occubuissent: denique etiam ad Marathonem usque sermone descendisse, quum ambitiose ista proferentes, tamen contentos se fore ostenderent sinistri cornu præfectura. Paullo post, Pausaniam iis et Spartanos de principatu concessisse, hortatosque fuisse ut in dextro cornu contra Persas pugnarent, sinistrumque ipsis darent, quasi præ imperitia pugnam adversus barbaros detrectarent. (2) Est vero ridiculum non velle pugnare in hostem aliquem, nisi cum eo pugnare consueveris. Ceterum *reliquos Græcos in alia a ducibus translatos castra, quum essent fusi, equitatum* ait *non sine lætitia fugisse ad Platæensium urbem, itaque fugiendo ad Heræum pervenisse.* Quo quidem loco et contumaciam, et ordinum desertionem, et proditionem universis fere objicit. (3) Ad extremum inquit, *solos Lacedæmonios et Tegeatas cum barbaris, Athenienses cum Thebanis congressos, depugnasse:* reliquas civitates ex æquo omnes laude victoriæ defraudans, dum pronunciat *neminem certamini socium se addidisse, sed armatos desedisse omnes, proditis et desertis qui pro ipsis depugnabant. Sero tandem Phliasios et Megarenses, audito Pausaniam vincere, accurrisse, quumque in equitatum incidissent Thebanorum, temere periisse: Corinthios pugnæ quidem non interfuisse, sed parta victoria*

δὲ τὴν νίκην ἐπειγομένους διὰ τῶν λόφων, μὴ περιπεσεῖν τοῖς ἱππεῦσι τῶν Θηβαίων· » οἱ γὰρ Θηβαῖοι,
τῆς τροπῆς γενομένης, προϊππεύοντες τῶν βαρβάρων,
προθύμως παρεβοήθουν φεύγουσιν αὐτοῖς, δηλονότι
τῶν ἐν Θερμοπύλαις στιγμάτων χάριν ἀποδιδόντες.
(4) Ἀλλὰ Κορινθίους γε καὶ τάξιν ἣν ἐμάχοντο τοῖς
βαρβάροις, καὶ τέλος ἡλίκον ὑπῆρξεν αὐτοῖς ἀπὸ τοῦ
Πλαταιᾶσιν ἀγῶνος, ἔξεστι Σιμωνίδου πυθέσθαι, γράφοντος ἐν τούτοις·

Μέσσοι δ' οἵ τ' Ἐφύραν πολυπίδακα ναιετάοντες,
     παντοίης ἀρετῆς ἴδριες ἐν πολέμῳ,
οἵ τε πόλιν Γλαύκοιο Κορίνθιον ἄστυ νέμοντες,
     οἵ * * κάλλιστον μάρτυν ἔθεντο πόνων
χρυσοῦ τιμήεντος ἐν αἰθέρι· καί σφιν ἀέξει
     αὐτῶν τ' εὐρεῖαν κληδόνα καὶ πατέρων.

(5) Ταῦτα γὰρ οὐχ οἷον ἐν Κορίνθῳ διδάσκων, οὐδ' ᾆσμα
ποιῶν εἰς τὴν πόλιν, ἄλλως δὲ τὰς πράξεις ἐκείνας,
ἐλεγεῖα γράφων, ἱστόρηκεν. (6) Ὁ δὲ προλαμβάνων
τὸν ἔλεγχον τοῦ ψεύσματος τῶν ἐρησομένων, Πόθεν οὖν
πολυάνδρια, καὶ θῆκαι τοσαῦται καὶ μνήματα νεκρῶν,
ἐν οἷς ἐναγίζουσιν ἄχρι νῦν Πλαταιεῖς τῶν Ἑλλήνων
συμπαρόντων * * αἴσχιον, ὡς οἴομαι, τῆς προδοσίας
τῶν γενεῶν κατηγόρηκεν ἐν τούτοις· (7) « Τῶν δὲ ἄλλων ὅσοι καὶ φαίνονται ἐν Πλαταιῇσιν ἐόντες τάφοι,
τούτους δὲ, ὡς ἐγὼ πυνθάνομαι, αἰσχυνομένους τῇ ἀπε-
[στοὶ] τῆς μάχης ἑκάστους χώματα χῶσαι κεινὰ, τῶν
ἐπιγινομένων εἵνεκ' ἀνθρώπων. » (8) Ταύτην [τὴν]
ἀπε[στὼ] τῆς μάχης προδοσίαν οὖσαν Ἡρόδοτος ἀνθρώπων μόνος ἁπάντων ἤκουσε· Παυσανίαν δὲ καὶ Ἀριστείδην, καὶ Λακεδαιμονίους καὶ Ἀθηναίους ἔλαθον οἱ
Ἕλληνες * ἐγκαταλιπόντες τὸν κίνδυνον· καὶ οὔτ' Αἰγινήτας Ἀθηναῖοι, διαφόρους ὄντας, εἶρξαν τῆς ἐπιγραφῆς, οὔτε Κορινθίους ἤλεγξαν, οὓς πρότερον νικῶν-
τες φεύγειν ἀπὸ Σαλαμῖνος, ἀντιμαρτυρούσης αὐτοῖς
τῆς Ἑλλάδος. (9) Καίτοι Κλεάδας ἦν (ὁ) Πλαταιεύς,
[ὃς] ἔτεσι δέκα ὕστερον τῶν Μηδικῶν Αἰγινήταις χαριζόμενος, ὥς φησιν Ἡρόδοτος, ἐπώνυμον ἔχωσεν αὐτῶν
πολυάνδριον. (10) Ἀθηναῖοι δὲ καὶ Λακεδαιμόνιοι τί
παθόντες εὐθὺς τότε πρὸς μὲν ἀλλήλους ὀλίγον ἐδέησαν
εἰς χεῖρας ἐλθεῖν περὶ τοῦ τροπαίου τῆς ἀναστάσεως·
τοὺς δὲ Ἕλληνας ἀποδειλιάσαντας καὶ ἀποδράσαντας
οὐκ ἀπήλαυνον τῶν ἀριστείων, ἀλλ' ἐνέγραφον τοῖς
τροπαίοις καὶ τοῖς κολοσσοῖς, καὶ μετεδίδοσαν τῶν λα-
φύρων; (11) τέλος δὲ τῷ βωμῷ τὸ ἐπίγραμμα τοῦτο
γράφοντες ἐνεχάραξαν;

    Τόνδε ποθ' Ἕλληνες νίκης κράτει, ἔργῳ Ἄρηος,
      [εὐτόλμῳ ψυχῆς λήματι πειθόμενοι,]
    Πέρσας ἐξελάσαντες, ἐλευθέρᾳ Ἑλλάδι κοινὸν
      ἱδρύσαντο Διὸς βωμὸν Ἐλευθερίου·

μὴ καὶ τοῦτο Κλεάδας, ἤ τις ἄλλος, ὦ Ἡρόδοτε, κο-
λακεύων τὰς πόλεις ἐπέγραψε; (12) Τί οὖν ἐδέοντο
τὴν γῆν ὀρύσσοντες διακενῆς ἔχειν (τὰ) πράγματα,
καὶ ῥᾳδιουργεῖν χώματα καὶ μνήματα, τῶν ἐπιγινομένων ἕνεκ' ἀνθρώπων κατασκευάζοντες, ἐν τοῖς ἐπι-

---

dum per colles properant, evitassse Thebanorum equites.
Nam Thebani fusis barbaris equitatu suo præcedentes,
promte fugientibus opem ferebant : nimirum ut pro impressis apud Thermopylas notis gratiam iis referrent. (4)
Ceterum Corinthii in Platæensi adversus barbaros pugna,
quales, quo loco fuerint, quem finem consecuti, audire licet Simonidem sic canentem :

In medioque Ephyre quos misit dives aquarum
    fontibus, et belli munera gnara manus :
quique urbem Glauci pulchram tenuere Corinthum,
    indicium antlati grande laboris habent
auri quod miramur in æthere : at decus ipsis
    et fama augetur nominis et generis.

(5) Hæc enim non Corinthi docens, aut carmen in urbis
laudem condens; sed obiter facinora ista, elegias scribens,
memoriæ mandavit. (6) Sed Herodotus, dum antevertere
vult hanc objectionem, qua aliusvis interrogando utens
mendacium ejus evinceret, quærens, *unde tot polyandria,
arcæ, et monumenta mortuorum, ubi etiamnum Platæenses in præsentia Græcorum parentant?* Herodotus
igitur Græcis multo turpius, nisi fallor, quam proditionis,
crimen eo modo impegit. Sic enim loquitur : (7) *Reliquorum quæ visuntur apud Platæas sepulchra, audivi
ego, turpitudine motos, quod e pugna abfuissent, unumquemque inanem condidisse tumulum, posteritatis
causa.* (8) Hanc a pugna absentiam fuisse proditionem
solus hominum omnium inaudivit Herodotus. Pausaniam
enim, et Aristidem, et Athenienses, et Lacedæmonios, fe-
fellerunt Græci, qui se subduxissent e periculo : ac neque
Æginetas, ipsis adversarios, inscriptione excluserunt
Athenienses : neque Corinthios arguerunt, quod prius ... a
Salamine fugissent; contra testimonium Græcia perferente.
(9) Atqui Cleadas Platæensis, decem post Medicum bellum
annis gratificans, ut ait Herodotus, Æginetis, polyandrium
aggeravit ab iis nomen habens. (10) At vero qui factum
est, ut de tropæi erectione statim a bello confecto Athenienses et Spartani pæne etiam manibus consertis litem
transegerint, et tamen Græcos fuga a prælio deterritos non
arcuerint ab honore eorum qui rem optime gessissent? sed
et in tropæa ac colossos eos inscripserint, et de spoliis
partem concesserint? (11) denique aræ hanc insculpserint
inscriptionem?

Hanc quondam Græci superatis hostibus aram,
    libertas patriæ quum sua tuta stetit,
et profligatis servata est Græcia Persis,
    munus Eleutherio constituere Jovi.

Num hoc quoque Cleadas, Herodote, aut alius aliquis adulando civitates demerens inscripsit? (12) Quid ergo necesse habuerunt terram fodiendo inanem laborem impendere, tumulos ludere et monumenta, posteritatis causa
statuentes, quum viderent gloriam suam in illustrissimis e

φανεστάτοις καὶ μεγίστοις ἀναθήμασι τὴν δόξαν αὐτῶν καθιερουμένην ὁρῶντες; (13) Καὶ μὴν Παυσανίας,
ὡς λέγουσιν, ἤδη τυραννικὰ φρονῶν, ἐπέγραψεν ἐν Δελφοῖς,

5 Ἑλλήνων ἀρχηγὸς ἐπεὶ στρατὸν ὤλεσε Μήδων
  Παυσανίας, Φοίβῳ μνῆμ' ἀνέθηκε τόδε,

κοινούμενος ἁμωσγέπως τοῖς Ἕλλησι τὴν δόξαν, ὧν
ἑαυτὸν ἀνηγόρευσεν ἡγεμόνα· (14) τῶν δὲ Ἑλλήνων
οὐκ ἀνασχομένων, ἀλλ' ἐγκαλούντων, πέμψαντες εἰς
10 Δελφοὺς Λακεδαιμόνιοι, τοῦτο μὲν ἐξεκόλαψαν, τὰ δ'
ὀνόματα τῶν πόλεων, ὥσπερ ἦν δίκαιον, ἐνεχάραξαν.
(15) Καίτοι πῶς εἰκός ἐστιν, ἢ τοὺς Ἕλληνας ἀγανακτεῖν τῆς ἐπιγραφῆς μὴ μετασχόντας, εἰ συνῄδεσαν
ἑαυτοῖς τὴν ἀπόλειψιν τῆς μάχης; ἢ Λακεδαιμονίους
15 τὸν ἡγεμόνα καὶ στρατηγὸν ἐκχαράξαντας, ἐπιγράψαι
τοὺς ἐγκαταλιπόντας καὶ περιιδόντας τὸν κίνδυνον;
(16) Ὡς δεινότατόν ἐστιν, εἰ Σωφάνης μὲν καὶ Ἀείμνη-
στος, καὶ πάντες οἱ διαπρεπῶς ἀγωνισάμενοι τὴν μάχην ἐκείνην, οὐδὲ Κυθνίων ἐπιγραφομένων τοῖς τρο-
20 παίοις οὐδὲ Μηλίων ἠχθέσθησαν· Ἡρόδοτος δὲ τρισὶ
μόναις πόλεσιν ἀναθεὶς τὸν ἀγῶνα, τὰς ἄλλας πάσας
ἐκχαράττει τῶν τροπαίων καὶ τῶν ἱερῶν.

XLIII. Τεσσάρων δ' ἀγώνων τότε πρὸς τοὺς βαρβάρους γενομένων, ἐκ μὲν Ἀρτεμισίου τοὺς Ἕλληνας
25 ἀποδρᾶναί φησιν· ἐν δὲ Θερμοπύλαις, τοῦ στρατηγοῦ
καὶ βασιλέως προκινδυνεύοντος, οἰκουρεῖν καὶ ἀμελεῖν
Ὀλύμπια καὶ Κάρνεια πανηγυρίζοντας· τὰ δ' ἐν Σαλαμῖνι διηγούμενος, τοσούτους περὶ Ἀρτεμισίας λόγους γέγραφεν, ὅσοις ὅλην τὴν ναυμαχίαν οὐκ ἀπήγ-
30 γελκε· (2) τέλος δὲ, καθημένους ἐν Πλαταιαῖς ἀγνοῆσαι
μέχρι τέλους τὸν ἀγῶνα τοὺς Ἕλληνας, ὥσπερ βατρα-
χο[μυο]μαχίας γινομένης, [ἣν] Πίγρης ὁ Ἀρτεμισίας ἐν
ἔπεσι παίζων καὶ φλυαρῶν ἔγραψε, σιωπῇ διαγωνίσασθαι συνθεμένων, ἵνα λάθωσι τοὺς ἄλλους, αὐτοὺς δὲ
35 Λακεδαιμονίους ἀνδρείᾳ μὲν οὐδὲν κρείττονας γενέσθαι
τῶν βαρβάρων, ἀνόπλοις δὲ καὶ γυμνοῖς μαχομένους
κρατῆσαι. (3) Ξέρξου μὲν γὰρ αὐτοῦ παρόντος, ὑπὸ
μαστίγων μόλις ὄπισθεν ὠθούμενοι προσεφέροντο τοῖς
Ἕλλησιν, ἐν δὲ Πλαταιαῖς, ὡς ἔοικεν, " ἑτέρας ψυχὰς
40 μεταλαβόντες, « λήματι μὲν καὶ ῥώμῃ οὐκ ἥσσονες
ἦσαν· ἡ δὲ ἐσθὴς, ἔρημος οὖσα ὅπλων, πλεῖστον ἐδηλή-
σατο σφέας· πρὸς γὰρ ὁπλίτας ἐόντες γυμνῆται ἀγῶνα
ἐποιέοντο. » (4) Τί οὖν περίεστιν ἔνδοξον ἢ μέγα τοῖς
Ἕλλησιν ἀπ' ἐκείνων τῶν ἀγώνων, εἰ Λακεδαιμόνιοι
45 μὲν ἀόπλοις ἐμάχοντο, τοὺς δ' ἄλλους ἡ μάχη παρόντας ἔλαθε, κεινὰ δὲ πολυάνδρια τιμώμενα ἑκάστοις,
ψευδῶν δὲ γραμμάτων μεστοὶ τρίποδες ἑστᾶσι καὶ βωμοὶ παρὰ τοῖς θεοῖς, μόνος δὲ τἀληθὲς Ἡρόδοτος ἔγνω,
τοὺς δ' ἄλλους ἅπαντας ἀνθρώπους, ὅσοι λόγον Ἑλλή-
50 νων ἔχουσιν, ἐξηπάτηκεν ἡ φήμη τῶν τότε κατορθωμάτων, ὡς ὑπερφυῶν γενομένων; (5) Τί δῆτα; γραφι-
κὸς [ὁ] ἀνήρ, καὶ ἡδὺς ὁ λόγος, καὶ χάρις ἔπεστι καὶ
δεινότης καὶ ὥρα τοῖς διηγήμασι·

  Μῦθον δ' ὡς ὅτ' ἀοιδὸς, ἐπισταμένως

---

maximis donariis consecratam? (13) Pausanias quidem,
quum jam ad tyrannidem aspiraret, Delphis hoc inscripsit :

 Istuc Pausanias Phœbo posuit monumentum,
  Medos Græcorum dux quia perdiderat :

quodammodo cum Græcis gloriam communicans, quorum
se ducem profiteretur. (14) Quum autem id Græci non
ferrent, sed vitio verterent Spartanis, hi Delphos miserunt, qui exscinderent illud epigramma, et civitatum nomina, uti justum erat, insculperent. (15) At enim quomodo probabile est, aut Græcos indigne tulisse in inscriptione sui non fieri mentionem, siquidem sibi conscii erant
desertionis? aut Lacedæmonios, ducis sui nomine eraso,
desertores inscripsisse et eos qui se periculo communi
subduxissent? (16) Enimvero indignissimum fuit, Sopha-
nem, Aimnestum, et alios omnes, qui se eo in prælio præclarissime gesserunt, æquo animo ferre ut Cythnii etiam et
Melii inscriberentur tropæis : Herodotum tribus dumtaxat
civitatibus certamen illud ascribentem, omnes e tropæis
et sacris donariis eradere.

XLIII. Ceterum, quum quater sit tunc adversus barbaros
pugnatum, ab Artemisio profugisse Græcos ait; ad Thermopylas Lacedæmonios, rege ipsorum discrimen mortis
adeunte, domi securos desedisse, Olympia et Carnea cele-
brantes : rem vero ad Salamina gestam narrans, plura de
Artemisia verba fecit, quam de toto prælio : (2) denique
apud Plataeas Græcos desedisse otiosos, et ad finem usque
ignorasse pugnam, veluti ranarum quodam et murium
duello facto, quale Pigres Artemisiæ civis in suo carmine
jocans et nugans fingit; quum de composito tacite pugnarent,
ut fallerent ceteros : ipsos Lacedæmonios fortitudine nihil
præstitisse barbaris, sed vicisse, quia adversus nudos et
inermes pugnarent. (3) Nimirum Xerxe ipso præsente ægre
a tergo flagellis impulsi cum Græcis congressi sunt barbari :
ad Plataeas, aliis, ut apparet, animis sumtis, *audacia quidem*, inquit Herodotus, *et robore inferiores non erant,
sed vestis armorum expers ipsis maxime nocuit, quum
nudi adversus gravis armaturæ hostem pugnarent.*
(4) Quid ergo relinquitur magnum aut memorabile Græcis
ex istis certaminibus? quando Lacedæmonii cum inermibus
pugnaverunt, reliquos præsentes prælium fefellit, et eorum
quibusque culta stant inania polyandria, stant mendacium
inscriptionum pleni tripodes, plenæ aræ coram diis : denique solus Herodotus veritatem habet cognitam; reliquos
omnes homines, quicumque aliquam Græcorum rationem
habent, decepit fama istorum facinorum, ut præclaras et
admirandas res gestas putarent. (5) Quidni? Homo est
scribendi gnarus, oratio jucunda, venustate et vi quadam
prædita, et narrationibus inest elegantia, ac

 Sermonem, veluti cantor, scite

μὲν οὔ, λιγυρῶς δὲ καὶ γλαφυρῶς ἠγόρευκεν. (6) Ἀμέλει ταῦτα καὶ κηλεῖ καὶ προσάγεται πάντας· ἀλλ' ὥσπερ ἐν ῥόδοις δεῖ κανθαρίδα φυλάττεσθαι τὴν βλασφημίαν αὐτοῦ καὶ κακολογίαν, λείοις καὶ ἀπαλοῖς σχήμασιν ὑποδεδυκυῖαν, ἵνα μὴ λάθωμεν ἀτόπους καὶ ψευδεῖς περὶ τῶν ἀρίστων καὶ μεγίστων τῆς Ἑλλάδος πόλεων καὶ ἀνδρῶν δόξας λαβόντες.

quidem non adeo, sed tamen suaviter et modulate proposuit. (6) Hæc profecto cunctos et deliniunt et alliciunt. Verum sicut in rosa cantharides, ita hic cavendæ sunt calumniæ ejus et invidentia, sub lævibus et teneris latentes figuris verborum; ne per imprudentiam absurdas et falsas de præstantissimis atque maximis Græciæ civitatibus et viris opiniones concipiamus.

ΠΕΡΙ ΤΩΝ ΑΡΕΣΚΟΝΤΩΝ
ΤΟΙΣ ΦΙΛΟΣΟΦΟΙΣ
ΒΙΒΛΙΑ ΠΕΝΤΕ.

DE PLACITIS
PHILOSOPHORUM
LIBRI QUINQUE.

ΒΙΒΛΙΟΝ ΠΡΩΤΟΝ.

1. Μέλλοντες τὸν φυσικὸν παραδώσειν λόγον, ἀναγκαῖον ἡγούμεθα εὐθὺς ἐν ἀρχαῖς διελέσθαι τὴν τῆς φιλοσοφίας πραγματείαν· ἵν' εἰδῶμεν, τί ἐστι, καὶ πόστον μέρος αὐτῆς ἡ φυσικὴ διέξοδος. (2) Οἱ μὲν οὖν Στωϊκοὶ ἔφασαν, τὴν μὲν σοφίαν εἶναι θείων τε καὶ ἀνθρωπίνων ἐπιστήμην· τὴν δὲ φιλοσοφίαν, ἄσκησιν τέχνης ἐπιτηδείου· ἐπιτήδειον δ' εἶναι μίαν καὶ ἀνωτάτω, τὴν ἀρετήν· ἀρετὰς δὲ τὰς γενικωτάτας τρεῖς, φυσικὴν, ἠθικὴν, λογικήν· δι' ἣν αἰτίαν καὶ τριμερής ἐστιν ἡ φιλοσοφία, ἧς τὸ μὲν, φυσικὸν, τὸ δὲ, ἠθικὸν, τὸ δὲ, λογικόν· (3) καὶ φυσικὸν μὲν, ὅταν περὶ κόσμου ζητῶμεν καὶ τῶν ἐν κόσμῳ· ἠθικὸν δὲ, τὸ κατησχολημένον περὶ τὸν ἀνθρώπινον βίον· λογικὸν δὲ, τὸ περὶ τὸν λόγον, ὃ καὶ διαλεκτικὸν καλοῦσιν. (4) Ἀριστοτέλης δὲ καὶ Θεόφραστος, καὶ σχεδὸν πάντες οἱ Περιπατητικοί, διεῖλον τὴν φιλοσοφίαν οὕτως· ἀναγκαῖον τὸν τέλειον ἄνδρα καὶ θεωρητικὸν εἶναι τῶν ὄντων, καὶ πρακτικὸν τῶν δεόντων· τοῦτο δ' ἔξεστι καὶ ἐκ τούτων συνιδεῖν· οἷον, ζητεῖται εἰ ζῶον ἢ μὴ ζῶον ὁ ἥλιος, εἴπερ ὁρᾶται· ὁ τοῦτο δὲ ζητῶν, θεωρητικός ἐστιν· οὐδὲ γάρ τι πλέον θεωρεῖται ἢ τὸ ὄν· ζητεῖται ὁμοίως, εἰ ἄπειρος ὁ κόσμος ἐστὶ, καὶ εἰ ἔξω τι τοῦ κόσμου ἐστί· ταῦτα γὰρ πάντα θεωρητικά· (4) ζητεῖται πάλιν, πῶς βιοτεύειν, καὶ πῶς προΐστασθαι τέκνων προσήκει, καὶ πῶς ἄρχειν, καὶ πῶς νομοθετεῖν· ταῦτα γὰρ πάντα ἕνεκα τοῦ πρᾶξαι ζητεῖται· καὶ ἔστιν ὁ τοιοῦτος πρακτικὸς ἀνήρ.

Α'. Τί ἐστι φύσις.

1. Ἐπειδὴ πρόκειται ἡμῖν τὰ φυσικὰ θεωρῆσαι, ἀναγκαῖον ἡγοῦμαι δηλῶσαι, τί ποτέ ἐστιν ἡ φύσις· ἄτοπον γὰρ, πειρᾶσθαι μὲν φυσιολογεῖν, ἀγνοεῖν δ' αὐτὸ τοῦτο, τὴν τῆς φύσεως δύναμιν. (2) Ἔστιν οὖν, κατὰ τὸν Ἀριστοτέλην, φύσις, ἀρχὴ κινήσεως καὶ ἠρεμίας, ἐν ᾧ πρώτως ἐστὶ καὶ οὐ κατὰ συμβεβηκός· πάντα γὰρ τὰ ὁρώμενα, ὅσα μήτε ὑπὸ τύχης, μήτε ὑπ' ἀνάγκης, μήτε ἐστὶ θεῖα, μήτε τοιαύτην αἰτίαν ἔχει, φυσικὰ λέ-

LIBER PRIMUS.

1. Quum instituerimus Naturalem Philosophiæ partem explicare, ipsam rem hoc flagitare censuimus, ut principio statim Philosophiæ totam tractationem in suas divideremus partes, ut liquere possit, quid sit, et quota ejus pars sit Physica, seu naturæ rerum enarratio. (2) Stoici pronunciarunt, Sapientiam esse rerum divinarum humanarumque scientiam : Philosophiam, quod est sapientiæ studium, exercitationem esse artis ad sapientiam accommodatæ : talem autem esse artem unam ac supremam, Virtutem. Virtutes quæ suo complexu latissime pateant, tres esse : naturalem, moralem, et disserendi : itaque etiam Philosophiam habere tres partes, Naturalem, Moralem et Disserendi. (3) Naturalem esse quum de mundo, et iis quæ in mundo sunt, disputamus : Moralem, quæ occupatur vitæ humanæ rationibus : Logicam (sic enim Græci rationem disserendi appellant,) quæ in oratione versatur, eademque ab ipsis Dialectica dicitur. (3) Aristoteles et Theophrastus, omnesque fere Peripatetici, hac ratione Philosophiam distribuerunt. Virum perfectum, inquiunt, necesse est esse et contemplatorem eorum quæ sunt, et actorem eorum quæ decent. Patet hoc exemplis propositis. Quæritur, *sol animal sit, necne, siquidem videtur :* hoc qui quærit, in contemplatione versatur : nihil enim aliud considerat, quam quid sit. Quæritur itidem *de infinitate mundi, aut an extra universum aliquid exstet.* Ista omnia sunt contemplationis. (4) Rursum quæritur quomodo vita sit instituenda, quomodo liberi regendi, quomodo gerendus magistratus, quo pacto leges ponendæ. Omnia hæc agendi causa quæruntur ; et qui hæc tractat, vir agendis rebus intentus (sive actuosus) dicitur.

I. *Quid sit Natura.*

1. Quoniam rerum Naturalium consideratio nobis proposita est, necessarium duco explanare quid sit Natura. Absurdum est enim aggredi dissertationem de natura rerum, quum nondum sit explicatum, quid valeat Natura vocabulum. (2) Est itaque Natura, si Aristotelem audimus, principium motus et quietis in illa re, in qua inest primo, et non per accidens. Omnia enim quæ sub conspectum veniunt nostrum, quæ neque fortuito fiunt, neque necessario, neque divina sunt aut divinitus effecta, Naturales res di-

γεται, καὶ φύσιν ἰδίαν ἔχει· οἷον γῆ, πῦρ, ὕδωρ, ἀὴρ, φυτά, ζῷα· ἔτι δὲ ταῦτα τὰ γινόμενα, ὄμβροι, χάλαζαι, κεραυνοί, πρηστῆρες, ἄνεμοι· (3) ταῦτα γὰρ ἀρχὴν ἔχει τινά· οὐ γὰρ ἐξ αἰῶνος ἕκαστον τούτων ἐστὶν, ἀλλ' ἀπό τινος ἀρχῆς γίνεται· καὶ ταῦτα μέντοι, οἷον ζῷα, φυτά, ἀρχὴν γενέσεως ἔχει· ἐν δὲ τούτοις ἡ φύσις ἀρχὴ τὸ πρῶτόν ἐστι, καὶ οὐ μόνον κινήσεως, ἀλλὰ καὶ ἠρεμίας· ὅσα γὰρ ἀρχὴν κινήσεως ἔλαβε, ταῦτα δύναται λαβεῖν καὶ τελευτήν. Διὰ τοῦτο οὖν ἡ φύσις ἀρχὴ κινήσεώς ἐστι καὶ ἠρεμίας.

Β'. Τίνι διαφέρει ἀρχὴ καὶ στοιχεῖον.

1. Οἱ μὲν οὖν περὶ Ἀριστοτέλην καὶ Πλάτωνα διαφέρειν ἡγοῦνται ἀρχὴν καὶ στοιχεῖα· Θαλῆς δὲ ὁ Μιλήσιος ταυτὸν νομίζει ἀρχὴν καὶ στοιχεῖα· πλεῖστον δὲ ὅσον διαφέρει ἀλλήλων· (2) τὰ μὲν γὰρ στοιχεῖα ἐστὶ σύνθετα· τὰς δ' ἀρχὰς φαμὲν εἶναι οὔτε συνθέτους, οὔτε ἀποτελέσματα· οἷον, στοιχεῖα μὲν καλοῦμεν, γῆν, ὕδωρ, ἀέρα, πῦρ· ἀρχὰς δὲ λέγομεν διὰ τοῦτο, ὅτι οὐκ ἔχει τι πρότερον ἐξ οὗ γεννᾶται, ἐπεὶ οὐκ ἔσται ἀρχὴ τοῦτο, ἀλλ' ἐκεῖνο, ἐξ οὗ γεγέννηται. (3) Τῆς δὲ γῆς καὶ τοῦ ὕδατός ἐστί τινα πρότερα, ἐξ ὧν γέγονεν· ἡ ὕλη, ἄμορφος οὖσα καὶ ἀειδής· καὶ τὸ εἶδος, ὃ καλοῦμεν ἐντελέχειαν· καὶ ἡ στέρησις. Ἁμαρτάνει οὖν ὁ Θαλῆς, στοιχεῖον καὶ ἀρχὴν λέγων τὸ ὕδωρ.

Γ'. Περὶ τῶν ἀρχῶν, [τί εἰσιν].

1. Θαλῆς ὁ Μιλήσιος ἀρχὴν τῶν ὄντων ἀπεφήνατο τὸ ὕδωρ. Δοκεῖ δὲ ὁ ἀνὴρ οὗτος ἄρξαι τῆς φιλοσοφίας, καὶ ἀπ' αὐτοῦ ἡ Ἰωνικὴ αἵρεσις προσηγορεύθη· ἐγένοντο γὰρ πλεῖσται διαδοχαὶ φιλοσοφίας. Φιλοσοφήσας δ' ἐν Αἰγύπτῳ ἦλθεν εἰς Μίλητον πρεσβύτερος. (2) Ὃς ἐξ ὕδατος φησὶ πάντα εἶναι, καὶ εἰς ὕδωρ πάντα ἀναλύεσθαι· στοχάζεται δ' ἐκ τούτου πρῶτον, ὅτι πάντων τῶν ζῴων ἡ γονὴ ἀρχή ἐστιν, ὑγρὰ οὖσα· οὕτως εἰκὸς καὶ τὰ πάντα ἐξ ὑγροῦ τὴν ἀρχὴν ἔχειν. (3) δεύτερον, ὅτι πάντα τὰ φυτὰ ὑγρῷ τρέφεται καὶ καρποφορεῖ, ἀμοιροῦντα δὲ, ξηραίνεται· τρίτον, ὅτι καὶ αὐτὸ τὸ πῦρ τοῦ ἡλίου, καὶ τὸ τῶν ἄστρων, ταῖς τῶν ὑδάτων ἀναθυμιάσεσι τρέφεται, καὶ αὐτὸς ὁ κόσμος· διὰ τοῦτο καὶ Ὅμηρος ταύτην τὴν γένεσιν ὑποτίθεται, περὶ τοῦ ὕδατος [εἰπὼν],

Ὠκεανός, ὅσπερ γένεσις πάντεσσι τέτυκται.

4. Ἀναξίμανδρος δὲ ὁ Μιλήσιός φησι τῶν ὄντων τὴν ἀρχὴν εἶναι τὸ ἄπειρον· ἐκ γὰρ τούτου πάντα γίνεσθαι, καὶ εἰς τοῦτο πάντα φθείρεσθαι· διὸ καὶ γεννᾶσθαι ἀπείρους κόσμους, καὶ πάλιν φθείρεσθαι εἰς τὸ ἐξ οὗ γίνεται. Λέγει οὖν, διὰ τί ἄπειρόν ἐστιν; ἵνα μηδὲν ἐλλείπῃ ἡ γένεσις ἡ ὑφισταμένη. (5) * Ἁμαρτάνει δὲ οὗτος, μὴ λέγων τί ἐστι τὸ ἄπειρον, πότερον ἀήρ ἐστιν, ἢ ὕδωρ, ἢ γῆ, ἢ ἄλλα τινὰ σώματα. Ἁμαρτάνει οὖν, τὴν μὲν ὕλην ἀποφαινόμενος, τὸ δὲ ποιοῦν αἴτιον ἀναιρῶν· τὸ γὰρ ἄπειρον οὐδὲν ἄλλο ἢ ὕλη ἐστίν· οὐ δύ-

---

cuntur, suamque habent propriam naturam, ut terra, ignis, aqua, aer, stirpes, animalia : præterea, hæc quæ fieri cernimus, imbres, grandines, fulmina, procellæ, venti. (3) Habent enim hæc principium quoddam, quum eorum quodque non sit æternum, sed quodam a primordio natum. Atque hæc quidem, ut animalia, ut stirpes, initium habent sui ortus : primumque in iis principium est Natura, non motus modo, sed etiam quietis : quæ enim principium motus nacta sunt, eadem finiri etiam possunt. Itaque et motus et quietis principium est Natura.

II. *Discrimen Principii et Elementi.*

1. Aristoteles ac Plato, et qui ab eorum sunt secta, differre a Principio Elementum dicunt; sed Thales Milesius pro eodem utrumque habet; quum quidem longissime a se invicem dissideant ista : (2) Elementum enim omne compositum est : Principia vero neque composita sunt neque effecta. Verbi gratia, Elementa vocamus terram, aquam, aerem, ignem. Principia ideo dicuntur, quod nihil est iis prius ex quo nascantur; non enim Principii nomen ei debebitur, quod natum est alicunde : sed huic potius, ex quo id est natum. (3) Terrà autem et aquà ortu prior est materia ex qua exstiterunt, forma carens ipsa et specie : tum ipsa forma quam vocamus *entelechiam :* tertium privatio. Falsa itaque est Thaletis sententia, qui aquam elementum simul dicit et principium.

III. *Quæ sint Principia.*

1. Thales principium rerum esse dixit aquam. Fertur autem princeps philosophiæ hic fuisse, et ab eo secta Ionica nomen duxit. Plurimæ enim fuerunt successiones philosophorum. Hic quum in Ægypto philosophiæ operam dedisset, Miletum rediit ætate jam grandior. (2) Quod autem ex aqua omnia orta sint, inque eam omnia suo interitu resolvantur; id ex eo primum conjecit, quod semen, omnium animalium principium, humidum est; inde fit probabile, omnia ex humore nasci tanquam principio. (3) Deinde, quia omnes stirpes humido aluntur, idque suæ fœcunditatis causam habent, eoque destituta exarescunt. Tertio, quoniam ipse solis stellarumque ignis aquæ exhalationibus aluntur, ipseque adeo mundus. Itaque enim Homerus aquæ omnium rerum primordium tribuit, hoc versu,

Oceanus, cunctis præbens primordia rebus.

4. Anaximander, Milesius et ipse, principium rerum Infinito tribuit, ex quo omnia fiant, et in quod omnia dissolvantur : ideoque etiam nasci infinitos mundos, et interitu suo ad id redigi ex quo erant orti tradit : additque Infinitum propterea esse, ne in ulla re aliquando ortus rerum, qui nunc est, deficiat. (5) Peccat autem in eo, quod non exprimit quid sit Infinitum, aerne, an aqua, an terra, aut alia quædam corpora. In hoc igitur peccat, quod materia exponenda effectricem causam abolet : Infinitum enim

ναται δὲ ἡ ὕλη εἶναι [ἐν] ἐνεργείᾳ, ἂν μὴ τὸ ποιοῦν ὑποκέηται.

5. Ἀναξιμένης δὲ ὁ Μιλήσιος ἀρχὴν τῶν ὄντων ἀέρα ἀπεφήνατο· ἐκ γὰρ τούτου τὰ πάντα γίνεσθαι, καὶ εἰς αὐτὸν πάλιν ἀναλύεσθαι, οἷον ἡ ψυχὴ, φησὶν, ἡ ἡμετέρα, ἀὴρ οὖσα, συγκρατεῖ ἡμᾶς, καὶ ὅλον τὸν κόσμον πνεῦμα καὶ ἀὴρ περιέχει· λέγεται δὲ συνωνύμως ἀὴρ καὶ πνεῦμα. (7) Ἁμαρτάνει δὲ καὶ οὗτος, ἐξ ἁπλοῦ καὶ μονοειδοῦς ἀέρος καὶ πνεύματος δοκῶν συνεστάναι τὰ ζῶα· ἀδύνατον γὰρ, ἀρχὴν μίαν τὴν ὕλην τῶν ὄντων, ἐξ ἧς τὰ πάντα, ὑποστῆναι· ἀλλὰ καὶ τὸ ποιοῦν αἴτιον χρὴ ὑποτιθέναι· οἷον, οὐκ ἄργυρος ἀρκεῖ πρὸς τὸ ἔκπωμα γενέσθαι, ἂν μὴ καὶ τὸ ποιοῦν ᾖ, τουτέστιν ὁ ἀργυροκόπος· ὁμοίως καὶ ἐπὶ τοῦ χαλκοῦ καὶ τοῦ ξύλου καὶ τῆς ἄλλης ὕλης.

8. Ἀναξαγόρας ὁ Κλαζομένιος ἀρχὰς τῶν ὄντων τὰς ὁμοιομερείας ἀπεφήνατο· ἐδόκει γὰρ αὐτῷ ἀπορώτατον εἶναι, πῶς ἐκ τοῦ μὴ ὄντος δύναταί τι γίνεσθαι, ἢ φθείρεσθαι εἰς τὸ μὴ ὄν· τροφὴν γοῦν προσφερόμεθα ἁπλῆν καὶ μονοειδῆ, οἷον τὸν Δημήτρειον ἄρτον, τὸ ὕδωρ πίνοντες· καὶ ἐκ ταύτης τῆς τροφῆς τρέφεται θρὶξ, φλὲψ, ἀρτηρία, νεῦρα, ὀστᾶ, καὶ τὰ λοιπὰ μόρια. (9) Τούτων οὖν γινομένων, ὁμολογητέον ἐστὶν ὅτι ἐν τῇ τροφῇ τῇ προσφερομένῃ πάντα ἐστὶ τὰ ὄντα, καὶ ἐκ τῶν ὄντων πάντα αὔξεται, καὶ ἐν ἐκείνῃ ἐστὶ τῇ τροφῇ μόρια αἵματος γεννητικὰ, καὶ νεύρων, καὶ ὀστέων, καὶ τῶν ἄλλων· ἃ ἦν λόγῳ θεωρητὰ μόρια. Οὐ γὰρ δεῖ πάντα ἐπὶ τὴν αἴσθησιν ἀνάγειν, ὅτι ἄρτος καὶ τὸ ὕδωρ ταῦτα κατασκευάζει, ἀλλ᾿ ἐν τούτοις ἐστὶ λόγῳ θεωρητὰ μόρια. (10) Ἀπὸ τοῦ οὖν ὅμοια τὰ μέρη εἶναι ἐν τῇ τροφῇ τοῖς γεννωμένοις ὁμοιομερείας αὐτὰς ἐκάλεσε, καὶ ἀρχὰς τῶν ὄντων ἀπεφήνατο· καὶ τὰς μὲν ὁμοιομερείας, ὕλην, τὸ δὲ ποιοῦν αἴτιον, τὸν νοῦν, τὸν τὰ πάντα διαταξάμενον. (11) Ἄρχεται δὲ οὕτως· « Ὁμοῦ πάντα χρήματα ἦν, νοῦς δ᾿ αὐτὰ διῆρε καὶ διεκόσμησε· » χρήματα λέγων τὰ πράγματα. Ἀποδεκτέος οὖν ἐστιν, ὅτι τῇ ὕλῃ τὸν τεχνίτην προσέζευξεν.

12. Ἀρχέλαος Ἀπολλοδώρου Ἀθηναῖος, ἀέρα ἄπειρον, καὶ τὴν περὶ αὐτὸν πυκνότητα καὶ μάνωσιν· τούτων δὲ τὸ μὲν εἶναι πῦρ, τὸ δὲ ὕδωρ.

13. Οὗτοι μὲν οὖν ἐφεξῆς ἀλλήλοις ταῖς διαδοχαῖς γενόμενοι, τὴν λεχθεῖσαν Ἰωνικὴν συμπληροῦσι φιλοσοφίαν ἀπὸ Θάλητος.

14. Πάλιν δ᾿ ἀπ᾿ ἄλλης ἀρχῆς Πυθαγόρας Μνησάρχου Σάμιος, ὁ πρῶτος φιλοσοφίαν τούτῳ τῷ ῥήματι προσαγορεύσας, ἀρχὰς τοὺς ἀριθμοὺς καὶ τὰς συμμετρίας τὰς ἐν τούτοις, ἃς καὶ ἁρμονίας καλεῖ· τὰ δ᾿ ἐξ ἀμφοτέρων σύνθετα, στοιχεῖα, καλούμενα δὲ γεωμετρικά· (15) πάλιν δὲ τὴν μονάδα καὶ τὴν ἀόριστον δυάδα ἐν ταῖς ἀρχαῖς. Σπεύδει δ᾿ αὐτῷ τῶν ἀρχῶν ἡ μὲν ἐπὶ τὸ ποιητικὸν αἴτιον καὶ εἰδικὸν, ὅπερ ἐστὶ νοῦς ὁ θεὸς, ἡ δ᾿ ἐπὶ τὸ παθητικόν τε καὶ ὑλικὸν, ὅπερ ἐστὶν ὁ ὁρατὸς κόσμος· (16) εἶναι δὲ τὴν φύσιν τοῦ ἀριθμοῦ

---

aliud nihil est, quam materia : quæ nisi efficiens causa accedat, rem creare nullam potest.

6. Horum civis Anaximenes principium rerum pronunciavit esse Aerem, ex quo omnia nascantur, suoque in eum redeant interitu. *Ita*, inquit, *anima nostra, quæ aer est, nos continet : totumque mundum spiritus et aer complectuntur.* Est vero eadem significatio nominum Aeris et Spiritus. (7) Peccat autem hic quoque, ex simplici et unius formæ aere ac spiritu putans constare animalia. Neque enim potest sola materia, ut principium omnium rerum, subsistere, ex eaque nasci omnia, sed et effectrix causa ponenda est : veluti, argentum non sufficit ad poculi ortum, nisi etiam faber accedat argentarius, qui id conficiat : idem de ære, ligno, et alia quavis intellige materia.

8. Anaxagoras Clazomenius Homœomerias, id est similares partes, principia rerum statuit : nulla enim ei ratione explicari posse videbatur, qui ex eo quod non esset fieri aliquid, aut quod esset, in nihilum redigi posset. Sane cibum sumimus simplicem atque uniformem, ut quum pane Cereali vescimur, et aquam bibimus : illo tamen alimento nutritur crinis, vena, arteria, nervi, ossa, omnes denique partes. (9) Quæ quum fiant, fatendum est in alimento istas omnes naturas inesse, singulisque singula augeri, inesseque in eo particulas sanguini gignendo aptas, itemque suas nervis et ossibus aptas, et reliquis : quæ quidem particulæ mente cernantur. Non enim ad sensum omnia sunt referenda, ut panis et aqua istæc conficiant : sed in his ipsis insunt particulæ mente intelligendæ ; (10) quas similares partes alimento insitas, ut inde nascentibus sint primordium, Homœomerias (quasi dicas similares partes) appellavit ille, et rerum principia esse dixit ; ita quidem, ut materiæ locum obtineant. Efficientem quoque causam, et quæ disponeret universa, prodidit Mentem. (11) Opus suum sic orsus est : *Confusa in unum erant omnia : Mens ea divisit et in ordinem composuit.* Hic approbandus est, quia materiæ artificem adjunxit.

12. Archelaus, Apollodori filius, Atheniensis, Aerem et Infinitum, eique raritatem et densationem additas, quorum hoc terra, illud ignis sit, principia ponit.

13. Hi se deinceps subsecuti a Thalete Ionicam philosophiæ sectam consummarunt.

14. Ab alio rursum initio Pythagoras, Mnesarchi filius, Samius, is qui primus Philosophiam hoc nomine appellavit, rerum principia censuit esse Numeros, eorumque inter se sive proportiones sive concinnitates (Harmonias appellat), et ex utrisque composita, Elementa, quæ geometrica dicuntur. (15) Rursus Unitatem, et indefinitum Binarium, in principiis ponit. Tendunt autem principia ejus, alterum ad effectricem causam ac formantem, quæ est deus, Mens videlicet : alterum ad perpessionibus subjectam et materialem, quæ est Mundus aspectabilis. (16)

δεκάδα· μέχρι γὰρ τῶν δέκα πάντες Ἕλληνες, πάντες
βάρβαροι ἀριθμοῦσιν, ἐφ' ἃ ἐλθόντες, πάλιν ἀναποδοῦ-
σιν ἐπὶ τὴν μονάδα· καὶ τῶν δέκα πάλιν, φησὶν, ἡ
δύναμίς ἐστιν ἐν τοῖς τέσσαρσι καὶ τῇ τετράδι· (17)
τὸ δ' αἴτιον, εἴ τις ἀπὸ τῆς μονάδος (ἀναποδῶν) κατὰ
πρόσθεσιν τιθείη τοὺς ἀριθμούς, ἄχρι τῶν τεσσάρων
προελθὼν ἐκπληρώσει τὸν δέκα ἀριθμόν· ἐὰν δὲ ὑπερ-
βάληται τὸν τῆς τετράδος, * καὶ τῶν δέκα ὑπερεκπε-
σεῖται· οἷον, εἴ τις θείη ἕν, καὶ δύο προσθείη, καὶ τρία,
καὶ τούτοις τέσσαρα, τὸν τῶν δέκα πληρώσει ἀριθμόν·
ὥστε ὁ ἀριθμὸς κατὰ μὲν μονάδα ἐν τοῖς δέκα, κατὰ
δὲ δύναμιν ἐν τοῖς τέσσαρσι. (18) Διὸ καὶ ἐφθέγγοντο
οἱ Πυθαγόρειοι, ὡς μεγίστου ὅρκου ὄντος τῆς τετράδος,

     Οὐ μὰ τὸν ἁμετέρᾳ ψυχᾷ παραδόντα τετρακτὺν
     παγὰν ἀενάου φύσιος ῥίζωμά τ' ἔχουσαν.

(19) Καὶ ἡ ἡμετέρα ψυχή, φησίν, ἐκ τετράδος σύγκειται·
εἶναι γὰρ νοῦν, ἐπιστήμην, δόξαν, αἴσθησιν, ἐξ ὧν πᾶσα
τέχνη καὶ ἐπιστήμη, καὶ αὐτοὶ λογικοί ἐσμέν. (20)
Νοῦς μὲν οὖν ἡ μονάς ἐστιν· ὁ γὰρ νοῦς κατὰ μονάδα
θεωρεῖται· οἷον, πολλῶν ὄντων ἀνθρώπων, οἱ μὲν ἐπὶ
μέρους εἰσὶν ἀναίσθητοι, ἀπερίληπτοι καὶ ἄπειροι, ἀλλ'
αὐτὸ τοῦτο, ἄνθρωπον ἕνα μόνον, νοοῦμεν, ᾧ οὐθεὶς
ἔτυχεν ὅμοιος· καὶ ἵππον ἕνα μόνον νοοῦμεν, οἱ δ' ἐπὶ
μέρους, εἰσὶν ἄπειροι. (21) Τὰ γὰρ εἴδη ταῦτα πάντα
καὶ γένη κατὰ μονάδας εἰσί· διὸ καὶ ἐπὶ ἑνὸς ἑκάστου
αὐτῶν τοῦτον ὅρον ἀποδιδόντες, λέγουσι, ζῷον λογικὸν, ἢ ζῷον χρεμετιστικὸν (ῥητέον). (22) Διὰ τοῦτο
οὖν νοῦς ἡ μονάς, ᾧ ταῦτα νοοῦμεν, καὶ ἡ δυὰς δὲ ἡ
ἀόριστος ἡ ἐπιστήμη εἰκότως· πᾶσα γὰρ ἀπόδειξις καὶ
πᾶσα πίστις ἐπιστήμης, πρὸς δὲ καὶ πᾶς συλλογισμὸς
ἔκ τινων ὁμολογουμένων τὸ ἀμφισβητούμενον συνάγει,
καὶ ῥαδίως ἀποδείκνυται ἕτερον· ὧν ἡ ἐπιστήμη κατά-
ληψίς ἐστι, διὸ εἴη ἂν δυάς. (23) Ἡ δὲ δόξα τριάς,
ἐκ καταλήψεώς ἐστιν, εὐλόγως, ὅτι πολλῶν ἐστιν ἡ
δόξα· ἡ δὲ τριάς, πλῆθος, ὡς,

     Τρισμάκαρες Δαναοί.

Διὰ τοῦτο οὖν ἐγκρίνει τὴν τριάδα [**] (24) Ἡ δὲ τούτων
αἵρεσις Ἰταλικὴ προσηγορεύθη, διὰ τὸ τὸν Πυθαγόραν
ἐν Ἰταλίᾳ σχολάσαι· μετέστη γὰρ ἀπὸ Σάμου τῆς πατρίδος, τῇ Πολυκράτους τυραννίδι δυσαρεστήσας.

25. Ἡράκλειτος καὶ Ἵππασος ὁ Μεταποντῖνος, ἀρχὴν τῶν ὅλων τὸ πῦρ· ἐκ πυρὸς γὰρ τὰ πάντα γίνεσθαι,
καὶ εἰς πῦρ πάντα τελευτᾶν λέγουσι· τούτου δὲ κατα-
σβεννυμένου, κοσμοποιεῖσθαι τὰ πάντα. (26) Πρῶτον
μὲν γὰρ τὸ παχυμερέστατον αὐτοῦ εἰς αὐτὸ συστελλόμενον γῆν γίνεσθαι, ἔπειτα ἀναχαλωμένην τὴν γῆν ὑπὸ
τοῦ πυρός, φύσει ὕδωρ ἀποτελεῖσθαι, ἀναθυμιώμενον δὲ, ἀέρα γίνεσθαι· πάλιν δὲ τὸν κόσμον καὶ πάντα
τὰ σώματα ὑπὸ πυρὸς ἀναλοῦσθαι ἐν τῇ ἐκπυρώσει.
(27) Ἀρχὴ οὖν τὸ πῦρ, ὅτι ἐκ τούτου τὰ πάντα· τέλος δὲ,
ὅτι καὶ εἰς τοῦτο ἀναλύεται τὰ πάντα.

Porro docebat, naturam numeri esse denarium : nam ad
decem usque numerando progrediuntur omnes et Græci et
barbari, atque hinc rursus pedem ad unitatem referunt.
Rursum denarii numeri vis et natura in quaternione inest :
(17) nam ab unitate usque ad quattuor inclusum colligendo
numerorum summam conficies decem unitatum : unum
quippe, duo, tria, et quattuor, omnia conjuncta summam
decem conficiunt : si tamen quattuor terminis amplius sumas, etiam summa denarium excedet. Ergo numeri natura
unitatum ratione in denario, facultatis ratione in quaternario invenitur. (18) Itaque sanctissimum jusjurandum Pythagorei quaternario sunt complexi, quam *tetractyn* vocant :

     Per tibi nostræ animæ præbentem tetrada juro
     naturæ fontemque et firmamenta perennis.

(19) Quin et animam nostram Pythagorici aiunt quaternione
constare : esse enim hæc quattuor, Mentem, Scientiam,
Opinionem, Sensum : unde omnes artes ac scientiæ profectæ
sunt, ipsique ratione prædita propterea sumus. (20) Mens
enim est unitas : quod Mens quæ percipit, unitatis in morem percipit : exempli causa, multi sunt homines : horum
singuli (singulares et *individuos* dicimus) percipi et definiri ob infinitatem non possunt, sed illud ipsum, hominem,
mente concipimus, unum modo, cui alius nullus par est :
sic equum unum modo cogitamus, singuli autem sunt infiniti. (21) Formæ enim sive species, itemque genera omnia,
rationem habent unitatis : itaque singula eorum definientes,
dicunt *animal ratione præditum, animal hinniens.*
(22) Hæc causa est, cur Mens, quæ formas rerum percipit,
unitatis afficiatur nomine. Sed et hoc consentaneum est
rationi, quod binarius, infinitatis socius, Scientiæ accom-
modatur. Omnis enim demonstratio, omnis ratiocinatio
quæ scientiæ fidem parat, adeoque omnis in universum
ratiocinatio, ex quibusdam in confesso positis, id de quo
disceptatur concludit, aliudque e præmissis colligit : quorum apprehensio quum sit scientiæ, eam binario æquum
est comparari. (23) Opinio autem ternarius est, perceptio
scilicet, probabiliter quia multarum sane est rerum : nam
multitudinem ternarius notat, ut,

     O ter felices Danaos !

Itaque Pythagoras ternarium recipit. ** (24) Horum secta
Italica est appellata, quia Pythagoras in Italia scholam ape-
ruerat : e Samo enim, patria sua, abierat ob Polycratis
tyrannidem, quæ ipsi displicuit.

25. Heraclitus, et Hippasus Metapontinus, Ignem omnium
esse rerum principium perhibuerunt : omnia enim dicunt
ex igne nasci et in ignem resolvi, et ignis exstinctione Universum hoc creatum esse. (26) Primum enim crassissimas
ejus partes in sese coeundo, terram constituisse : deinde vi
ignis laxatam terram, aquam ex se edidisse : hanc exhalando aeri ortum præbuisse. Porro mundum et omnia corpora igni consumtum iri in conflagratione Universi. (27)
Ita ignem et principium esse ex quo exsistant omnia, et finem, quia in eundem omnia recidant.

28. Ἐπίκουρος Νεοκλέους Ἀθηναῖος, κατὰ Δημό-κριτον φιλοσοφήσας, ἔφη τὰς ἀρχὰς τῶν ὄντων, σώματα λόγῳ θεωρητά, ἀμέτοχα κενοῦ, ἀγέννητα, ἀΐδια, ἄφθαρτα, οὔτε θραυσθῆναι δυνάμενα, οὔτε διαπλασμὸν ἐκ τῶν μερῶν λαβεῖν, οὔτ' ἀλλοιωθῆναι· εἶναι δ' αὐτὰ λόγῳ θεωρητά· ταῦτα μέντοι κινεῖσθαι ἐν τῷ κενῷ καὶ διὰ τοῦ κενοῦ· εἶναι δὲ [καὶ] αὐτὸ τὸ κενὸν ἄπειρον, καὶ τὰ σώματα ἄπειρα. (29) Συμβεβηκέναι δὲ τοῖς σώμασι τρία ταῦτα, σχῆμα, μέγεθος, βάρος. Δημόκριτος μὲν γὰρ ἔλεγε δύο, μέγεθός τε καὶ σχῆμα· ὁ δ' Ἐπίκουρος τούτοις καὶ τρίτον, τὸ βάρος, ἐπέθηκεν· ἀνάγκη γάρ, φησί, κινεῖσθαι τὰ σώματα τῇ τοῦ βάρους πληγῇ· ἐπεὶ οὐ κινηθήσεται. (30) Εἶναι δὲ τὰ σχήματα τῶν ἀτό-μων ἀπερίληπτα οὐκ ἄπειρα· μὴ γὰρ εἶναι μήτ' ἀγκι-στροειδῆ, μήτε τριαινοειδῆ, μήτε κρικοειδῆ· ταῦτα γὰρ τὰ σχήματα εὔθραυστά ἐστιν· αἱ δ' ἄτομοι, ἀπαθεῖς, ἄθραυστοι, ἴδια δ' ἔχειν σχήματα λόγῳ θεωρητά. (31) Καὶ εἴρηται ἄτομος, οὐχ ὅτι ἐστὶν ἐλαχίστη, ἀλλ' ὅτι οὐ δύναται τμηθῆναι, ἀπαθὴς οὖσα καὶ ἀμέτοχος κενοῦ· ὥστε, ἐὰν εἴπῃ ἄτομον, ἄθραυστον λέγει καὶ ἀπαθῆ, ἀμέτοχον κενοῦ. (32) Ὅτι δὲ ἐστιν ἄτομος, σαφές· καὶ γάρ ἐστι στοιχεῖα ἀεὶ ὄντα, καὶ ζῷα κενά, καὶ ἡ μονάς.

33. * Ἐμπεδοκλῆς Μέτωνος Ἀκραγαντῖνος τέτταρα μὲν λέγει στοιχεῖα, πῦρ, ἀέρα, ὕδωρ, γῆν· δύο δ' ἀρ-χικὰς δυνάμεις, φιλίαν τε καὶ νεῖκος· ὧν ἡ μέν ἐστιν ἑνωτική, τὸ δὲ διαιρετικόν. (34) Φησὶ δὲ οὕτως·

Τέσσαρα τῶν πάντων ῥιζώματα πρῶτον ἄκουε.
Ζεὺς ἀργὴς, Ἥρη τε φερέσβιος, ἠδ' Ἀϊδωνεὺς,
Νῆστίς θ', ἣ δακρύοις τέγγει κρούνωμα βρότειον.

(35) Δία μὲν γὰρ λέγει τὴν ζέσιν καὶ τὸν αἰθέρα· Ἥρην δὲ φερέσβιον, τὸν ἀέρα· τὴν δὲ γῆν, τὸν Ἀϊδωνέα· Νῆ-στιν δὲ καὶ κρούνωμα βρότειον, οἱονεὶ τὸ σπέρμα καὶ τὸ ὕδωρ.

36. Σωκράτης Σωφρονίσκου Ἀθηναῖος, καὶ Πλάτων Ἀρίστωνος Ἀθηναῖος· αἱ γὰρ αὐταὶ περὶ παντὸς ἑκατέ-ρου δόξαι· τρεῖς ἀρχάς, τὸν θεόν, τὴν ὕλην, τὴν ἰδέαν. (37) Ἔστι δὲ ὁ θεὸς ὁ νοῦς· ὕλη δὲ τὸ ὑποκείμενον πρῶτον γενέσει καὶ φθορᾷ· ἰδέα δ' οὐσία ἀσώματος ἐν τοῖς νοήμασι καὶ ταῖς φαντασίαις τοῦ θεοῦ· ὁ δὲ θεὸς νοῦς ἐστι τοῦ κόσμου.

38. Ἀριστοτέλης δὲ Νικομάχου Σταγειρίτης, ἀρχὰς μὲν ἐντελέχειαν, ἤτοι εἶδος, ὕλην, στέρησιν· στοιχεῖα δὲ τέτταρα, πέμπτον δέ τι σῶμα αἰθέριον ἀμετάβλη-τον.

39. Ζήνων Μνασέου Κιτιεὺς, ἀρχὰς μὲν τὸν θεόν, καὶ τὴν ὕλην, ὧν ὁ μέν ἐστι τοῦ ποιεῖν αἴτιος, ἡ δὲ τοῦ πάσχειν, στοιχεῖα δὲ τέτταρα.

Δ'. Πῶς συνέστηκε ὁ κόσμος.

1. Ὁ τοίνυν κόσμος συνέστη περικεκλασμένῳ σχή-ματι ἐσχηματισμένος τὸν τρόπον τοῦτον. Τῶν ἀτό-μων σωμάτων ἀπρονόητον καὶ τυχαίαν ἐχόντων τὴν

---

28. Epicurus, Neoclis filius, Atheniensis, Democriti in philosophia sectator, omnium rerum principia statuit cor-pora mente percepta, expertia vacui, sempiterna, inter-itus secura, et quæ deleri aut confringi non possint, neque deformationem partium admittant, neque alterationem, et sola mente cernantur, moveantur in vacuo et per inane : esse autem ipsum inane infinitum, et corpora infinita. (29) Tria autem hæc accidere illis corporibus, figuram, magni-tudinem, pondus : quorum hoc tertium duobus prioribus, quæ sola Democritus perhibuerat, ab Epicuro est adjectum : quod hic motum corporum fore nullum sentiebat, nisi gra-vitate perculsa moverentur. (30) Figuras Atomorum esse incompreusibiles, non infinitas : neque enim esse vel unci-natas, vel tridentiformes, vel armillares, quæ figuræ sint collisioni obnoxiæ : quum atomi sint perpessionis ac contri-tionis exsortes, propriamque habeant formam, quæ mente percipi possit. (31) Dictam *atomum*, non quod sit mini-ma, sed quod secari non possit, aut conteri, sitque im-munis a perpessionibus et inanis expers : *insecabile* igitur appellans, intelligit corpus frangi aut ullo modo affici nescium, et inanis expers. (32) Esse autem atomum, li-quere : esse enim elementa semper durantia, et animalia inania [?], et unitatem.

33. Empedocles, Metonis filius, Agrigentinus, quattuor di-cit elementa, ignem, aerem, aquam, terram : duo autem principia, Amicitiam et Discordiam, quorum hoc uniat res, alterum discernat. (34) Sic autem ait :

Radices primum rerum tibi quattuor edam.
Candens Juppiter, et Juno vitalis, ad hos Dis,
et Nestis, lacrimis humanos quæ rigat alveos.

(35) Jovis enim nomine ignem intelligit atque ætherem ; Junonis vitalis, aerem; Ditis vel Plutonis, terram ; Nestis et humanorum alveorum, quasi semen et aquam.

36. Socrates Sophronisci filius Atheniensis, et Plato Ari-stonis filius civis ejus (ambo enim idem de Universo sen-serunt), tria statuunt principia, Deum, Materiam, Ideam. (37) Mens est, quod Deum nominant : Materia primum re-bus orientibus et intereuntibus subjectum : Idea, natura corporis expers, in conceptis mentis et imaginationibus Dei : Deus autem mens est mundo.

38. Aristoteles, Nicomachi filius, domo Stagirita, principia designavit, Formam quam *entelechiam* dixit, Materiam, Privationem, Elementa quattuor : quintum, Corpus quod-dam æthereum immutabile.

39. Zeno, Mnaseæ filius, patria Citiensis, Deum efficiendi, Materiam perpetiendi principium posuit : tum Elementa quattuor.

IV. *Quomodo coaluerit mundus.*

1. Mundus undequaque confracta forma concrevit, hoc modo. Quum insectilia corpuscula (sic nunc *atomos* voco) fortuito moverentur, nulla motum gubernante providentia,

κίνησιν, συνεχῶς τε καὶ τάχιστα κινουμένων εἰς τὸ αὐτό, πολλὰ σώματα συνηθροίσθη, καὶ διὰ τοῦτο ποικιλίαν ἔχοντα καὶ σχημάτων καὶ μεγεθῶν. (2) Ἀθροιζομένων δ᾽ ἐν ταυτῷ τούτων, τὰ μὲν, ὅσα μείζονα ἦν καὶ βαρύτατα, πάντως ὑπεκάθιζεν· ὅσα δὲ μικρὰ καὶ περιφερῆ καὶ λεῖα καὶ εὐόλισθα, ταῦτα καὶ ἐξεθλίβετο κατὰ τὴν τῶν σωμάτων σύνοδον, εἴς τε τὸ μετέωρον ἀνεφέρετο. (3) Ὡς δ᾽ οὖν ἐξέλιπε μὲν ἡ πληκτικὴ δύναμις μετεωρίζουσα, οὐκέτι δ᾽ ἦγεν ἡ πληγὴ πρὸς τὸ μετέωρον, ἐκωλύετο δὲ ταῦτα κάτω φέρεσθαι, ἐπιέζετο πρὸς τοὺς τόπους τοὺς δυναμένους δέξασθαι· οὗτοι δ᾽ ἦσαν οἱ πέριξ, καὶ πρὸς τούτοις τὸ πλῆθος τῶν σωμάτων περιεκλᾶτο, περιπλεκόμενα δ᾽ ἀλλήλοις κατὰ τὴν περίκλασιν τὸν οὐρανὸν ἐγέννησαν· (4) τῆς δ᾽ αὐτῆς ἐχόμεναι φύσεως [αἱ] ἄτομοι, ποικίλαι οὖσαι, καθὼς εἴρηται, πρὸς τὸ μετέωρον ἐξωθούμεναι, τὴν τῶν ἀστέρων φύσιν ἀπετέλουν· τὸ δὲ πλῆθος τῶν ἀναθυμιωμένων σωμάτων ἔπληττε τὸν ἀέρα, καὶ τοῦτον ἐξέθλιβε· πνευματούμενος δὲ οὗτος κατὰ τὴν κίνησιν, καὶ συμπεριλαμβάνων τὰ ἄστρα, συμπεριῆγε ταῦτα, καὶ τὴν νῦν περιφορὰν αὐτῶν μετέωρον ἐφύλαττε. (5) Κἄπειτα ἐκ μὲν τῶν ὑποκαθιζόντων ἐγεννήθη ἡ γῆ, ἐκ δὲ τῶν μετεωριζομένων οὐρανός, πῦρ, ἀήρ. (6) Πολλῆς δὲ ὕλης ἔτι περιειλημμένης ἐν τῇ γῇ, πυκνουμένης τε ταύτης κατὰ τὰς ἀπὸ τῶν πνευμάτων πληγὰς καὶ τὰς ἀπὸ τῶν ἀστέρων αὔρας, προσεθλίβετο πᾶς ὁ μικρομερὴς σχηματισμὸς ταύτης, καὶ τὴν ὑγρὰν φύσιν ἐγέννα· ῥευστικῶς δὲ αὕτη διακειμένη κατεφέρετο πρὸς τοὺς κοίλους τόπους καὶ δυναμένους χωρῆσαί τε καὶ στέξαι, ἢ καθ᾽ αὑτὸ τὸ ὕδωρ ὑποστὰν, ἐκοίλανε τοὺς ὑποκειμένους τόπους. Τὰ μὲν οὖν κυριώτατα μέρη τοῦ κόσμου τὸν τρόπον τοῦτον ἐγεννήθη.

* Ε΄. Εἰ ἓν τὸ πᾶν.

1. Οἱ μὲν ἀπὸ τῆς Στοᾶς ἕνα κόσμον ἀπεφήναντο, ὃν δὴ καὶ τὸ πᾶν ἔφασαν εἶναι καὶ τὸ σωματικόν.

2. Ἐμπεδοκλῆς δὲ, κόσμον μὲν ἕνα, οὐ μέντοι τὸ πᾶν εἶναι τὸν κόσμον, ἀλλ᾽ ὀλίγον τι τοῦ παντὸς μέρος, τὸ δὲ λοιπὸν ἀργὴν εἶναι (τὴν) ὕλην.

3. Πλάτων δὲ τεκμαίρεται τὸ δοκοῦν, ὅτι εἷς ὁ κόσμος, καὶ ἓν τὸ πᾶν, ἐκ τριῶν· ἐκ τοῦ μὴ εἶναι τέλειον, ἐὰν μὴ πάντα περιέχῃ· ἐκ τοῦ μὴ ἔσεσθαι ὅμοιον τῷ παραδείγματι, ἐὰν μὴ μονογενὴς ᾖ· ἐκ τοῦ μὴ ἔσεσθαι αὐτὸν ἄφθαρτον, ἐὰν ᾖ τι ἐξωτέρω αὐτοῦ. (4) Πρὸς δὴ τὸν Πλάτωνα ῥητέον, ὅτι οὐ τέλειος ὁ κόσμος· οὐ γὰρ πάντα περιέχει· ([**] καὶ γὰρ ὁ ἄνθρωπος εἰ τέλειος, ἀλλ᾽ οὐ πάντα περιέχει· καὶ πολλὰ παραδείγματά ἐστιν, ὥσπερ ἐπ᾽ ἀνδριάντων καὶ οἰκιῶν καὶ ζωγραφιῶν). Πῶς δὲ τέλειος, εἴπερ ἔξωθέν τι αὐτοῦ περιδινεῖσθαι δύναται; Ἄφθαρτος δ᾽ οὐκ ἔστιν, οὐδὲ δύναται εἶναι, γεννητὸς ὤν.

5. Μητρόδωρος δέ φησιν, ἄτοπον εἶναι, ἐν μεγάλῳ πεδίῳ ἕνα στάχυν γεννηθῆναι, καὶ ἕνα κόσμον ἐν τῷ ἀπείρῳ. (6) Ὅτι δ᾽ ἄπειρος κατὰ τὸ πλῆθος, δῆλον

---

continenterque et celerrime eodem agitarentur; multa in unum collecta sunt corpora, ob eamque causam magna iis fuit et figurarum et quantitatis varietas. (2) Sic illis in unum coactis, quæ majora erant et gravissima, utique subsederunt : quæ minora, rotunda, lævia ac lubrica fuere, elisa in concursu corporum, in sublime subvecta sunt. (3) Inde postquam elanguit vis impellens atque in sublime protrudens, reliqua, quum sursum efferri desiissent, neque deorsum ferri quirent, compulsa sunt ad loca recipiendo apta, nimirum ea quæ sunt in ambitu; ad hæc multitudo corporum reflexa est : quumque inter se cohærescerent inter reflectendum, cœlum genuerunt. (4) Atomi autem eandem appetentes naturam, ac variæ, sicut dictum est, compulsæ in sublime, astra confecerunt. Jam multitudo corporum exhalando sursum elatorum aerem percussit, eoque eliso, quum is motu in ventum esset redactus, complexus astra secum circumduxit, et eam sublimium corporum circumagitationem, quæ adhuc durat, effecit. (5) Deinde ex corporibus subsidentibus terra exstitit, ex subvectis in altum effecta sunt cœlum, ignis, aer. (6) Quum autem multum materiæ etiamnum in terra esset comprehensum, et ictibus ventorum condensaretur, aurisque ab astris venientibus, omnis terræ figura exiguis constans partibus compressa fuit, humidamque produxit naturam. Hæc quum esset fluida, in cava defluxit loca, quæ capere illa et continere possent; aut ipsa per se aqua consistens, subjecta loca excavavit. Hoc modo principes mundi partes ortæ sunt.

V. *An unicum sit Universum.*

1. Stoici unum Mundum esse pronunciaverunt, quem et *universum* appellant et *corporeum.*

2. Empedocles unum quidem Mundum, sed hunc non esse idem cum Universo, verum exiguam Universi partem : reliquum esse otiosam materiam.

3. Plato id quod existimatur, unum esse Mundum, et unum Universum, ex tribus argumentis conjicit : quod perfectus non esset, si non contineret omnia : quod non similis exemplari, si non unigenitus : quod non in sempiternum duraturus, si quid extra ipsum exstaret. (4) Platoni vero objici potest, mundum non esse perfectum; non enim eum omnia complecti : ([ceterum potest esse perfectus, nec tamen continere omnia :] nam homo quoque si dicitur perfectus, non tamen ideo omnia continet : et multa ejus rei exempla suppeditant statuæ, domus, picturæ :) qui autem perfectus sit, extra quem aliquid circumagitari possit? Interitui vero neque non est, neque potest non esse obnoxius, quum sit ortus.

5. Metrodorus absurdum esse ait in magno agro unicam nasci spicam, et in infinito unicum mundum exstitisse, perinde absurdum. (6) Esse autem infinitos numero mundos

ἐκ τοῦ ἄπειρα τὰ αἴτια εἶναι· εἰ γὰρ ὁ μὲν κόσμος πε-
περασμένος, τὰ δ' αἴτια πάντα ἄπειρα, ἐξ ὧν ὅδε ὁ κόσμος γέγονεν, ἀνάγκη ἀπείρους εἶναι. Ὅπου γὰρ τὰ
πάντα γέγονεν αἴτια, ἐκεῖ καὶ τὰ ἀποτελέσματα· αἴτια
5 δὲ, ἤτοι αἱ ἄτομοι, ἢ τὰ στοιχεῖα.

ς'. Πόθεν ἔννοιαν ἔσχον θεοῦ ἄνθρωποι.

1. Ὁρίζονται δὲ τὴν τοῦ θείου οὐσίαν οἱ Στωϊκοὶ οὕ-
τω· πνεῦμα νοερὸν καὶ πυρῶδες, οὐκ ἔχον μὲν μορφὴν,
μεταβάλλον δ' εἰς ἃ βούλεται, καὶ συνεξομοιούμενον
10 πᾶσιν. (2) Ἔσχον δ' ἔννοιαν τούτου πρῶτον μὲν ἀπὸ
τοῦ κάλλους τῶν ἐμφαινομένων προσλαμβάνοντες· οὐδὲν
γὰρ τῶν καλῶν εἰκῇ καὶ ὡς ἔτυχε γίνεται, ἀλλὰ μετά
τινος τέχνης δημιουργούσης. Καλὸς δὲ ὁ κόσμος· δῆλον δ' ἐκ τοῦ σχήματος, καὶ τοῦ χρώματος, καὶ τοῦ
15 μεγέθους, καὶ τῆς περὶ τὸν κόσμον τῶν ἀστέρων ποικιλίας. (3) Σφαιροειδὴς δὲ ὁ κόσμος· ὃ πάντων τῶν
σχημάτων πρωτεύει· μόνον γὰρ τοῦτο τοῖς ἑαυτοῦ μέρεσιν ὁμοιοῦται· περιφερὴς δ' ὢν, ἔχει τὰ μέρη περιφερῆ·
διὰ τοῦτο γὰρ, κατὰ τὸν Πλάτωνα, ἐν τῇ κεφαλῇ τὸ
20 ἱερώτατον συνέστηκε, νοῦς. (4) Καὶ τὸ χρῶμα δὲ κα-
λόν· κυανώσει γὰρ κέχρωσται, ὃ πορφύρας μέν ἐστι
μελάντερον, στίλβουσαν δ' ἔχει τὴν ποιότητα· καὶ διὰ
ταύτην τὴν αἰτίαν τῷ τῆς χροιᾶς συντόνῳ διακόπτων
τηλικαύτην τοῦ ἀέρος ἀπόστασιν, ἐκ τοσούτων διαστη-
25 μάτων θεωρεῖται. (5) Καὶ ἐκ τοῦ μεγέθους καλός·
πάντων γὰρ τῶν ὁμογενῶν τὸ περιέχον, καλὸν, ὡς ζῷον
καὶ δένδρον. (6) Ἐπιτελεῖ τὸ κάλλος τοῦ κόσμου καὶ
τὰ φαινόμενα· ὃ μὲν γὰρ λοξὸς κύκλος ἐν οὐρανῷ διαφόροις εἰδώλοις πεποίκιλται·

30   Τῷ δ' ἐπὶ καρκίνος ἐστὶ, λέων δ' ἐπὶ τῷ, μετὰ δ' αὐτὸν
     παρθένος, ἠδ' ἐπί οἱ χηλαὶ, καὶ σκορπίος αὐτὸς,
     τοξευτήρ τε καὶ αἰγόκερως· ἐπὶ δ' αἰγοκέρωτι
     ὑδροχόος· δύο δ' αὐτὸν ἐπ' ἰχθύες ἀστερόεντες·
     τοὺς δὲ μέτα κριὸς, ταῦρος δ' ἐπὶ τῷ, δίδυμοί τε.

35 (7) Μυρία δ' ἄλλα καθ' ὁμοίους τοῦ κόσμου περικλάσεις
πεποίηκεν· ὅθεν καὶ Εὐριπίδης φησί·

     Τό τ' ἀστερωπὸν οὐρανοῦ σέλας,
     Χρόνου καλὸν ποίκιλμα, τέκτονος σοφοῦ.

(8) Ἐλάβομεν δ' ἐκ τούτου ἔννοιαν θεοῦ· ἀεί τε γὰρ ὁ
40 ἥλιος καὶ [ἡ] σελήνη καὶ τὰ λοιπὰ τῶν ἄστρων τὴν
ὑπόγειον φορὰν ἐνεχθέντα, ὅμοια μὲν ἀνατέλλει τοῖς
χρώμασιν, ἴσα δὲ τοῖς μεγέθεσι, καὶ κατὰ τόπους καὶ
κατὰ χρόνους τοὺς αὐτούς. (9) Διόπερ οἱ τὸν περὶ τῶν
θεῶν παραδόντες σεβασμὸν, διὰ τριῶν ἡμῖν ἐξέθηκαν
45 εἰδῶν, πρῶτον μὲν τοῦ φυσικοῦ, δεύτερον δὲ τοῦ μυθι-
κοῦ, * τρίτον δὲ τοῦ τὴν μαρτυρίαν ἐκ τῶν νόμων εἰλη-
φότος, [**] διοικεῖσθαι· διδάσκεται δὲ τὸ μὲν φυσικὸν
ὑπὸ τῶν φιλοσόφων, τὸ δὲ μυθικὸν ὑπὸ τῶν ποιητῶν, τὸ
δὲ νομικὸν ὑφ' ἑκάστης ἀεὶ πόλεως συνίσταται. (10)
50 Διαιρεῖται μὴν πᾶσα διδαχὴ εἰς εἴδη ἑπτά· καὶ πρῶτον
μὲν, τὸ ἐκ τῶν φαινομένων καὶ μετεώρων· θεοῦ γὰρ

---

inde constare, quod infinitae sunt causae. Nam si finitus
esset mundus, causae tamen infinitae ex quibus hic mundus
constat, necesse est infinitos esse. Ubi enim omnigenae
adsunt causae, ibi necesse est etiam effectus ejusmodi esse :
causae autem sunt vel atomi, vel elementa.

VI. *Unde Dei notitiam homines habuerint.*

1. Dei naturam Stoici definiunt spiritum intelligentia
praeditum, igneum, formae expertem, et in quam velit speciem se mutantem, ac rebus quibusvis assimilantem. (2)
Notionem Dei suggessit primum conspecta eorum quae in
mundo insunt pulchritudo : nihil enim pulchri temere et
fortuito nascitur, sed ab arte aliqua efficitur. Mundum
pulchrum esse, figura, color, magnitudo, et astrorum cir-
cumpositorum varietas arguunt. (3) Globi forma est mundo,
omnium facile praestantissima, quod sola omnibus sui partibus est similis : quumque rotundus sit, partes quoque
habet rotundas : ideoque, secundum Platonem, mens, res
divinissima, in capite sedem habet. (4) Color quoque coeli
pulcher est : nam caeruleum purpura nigrius est, et natura
sua fulget : atque ob eum fulgorem et vehementiam coloris
tantum aeris intervallum vi penetrans coelum, tam procul
dissitum tamen ab nobis conspicitur. (5) Pulchritudinem
etiam magnitudo ei conciliat. Nam in quovis genere id quod
reliqua cognata in se continet, pulchrum est, ut animal et
arbor. (6) Ea quoque ad pulchritudinem mundi faciunt,
quae nobis in eo apparent. Obliquus enim in coelo circulus,
quem Zodiacum seu signiferum appellant, diversis est simulacris distinctus :

     Cancer inest illi, post hunc Leo, Virgo deinde,
     Chelae, Scorpius, Arcitenens, Capricornus, aquai
     post illos Fusor, nitidi duo sidera Pisces,
     mox Aries, Taurus sequitur, fratresque Gemelli.

(7) Innumera autem alia similes reflectiones in mundo effecerunt. Unde et Euripides dicit :

     Coeli renidens pulchris sideribus jubar,
     Temporis opus pulchrum et varium, artificis cati.

(8) Id quoque nos ad Dei cognitionem deduxit, quod quum
sol, luna, et reliquae stellae infra terram deferuntur, eadem
rursus magnitudine, eodem colore, locis temporibusque
iisdem oriuntur. (9) Itaque ii qui cultum deorum nobis
tradiderunt, eum exposuerunt nobis per tres formas, naturalem, fabulosam, per testimonium legum ....atque naturalem philosophi, fabulosam poetae docent, leges suas singulae
constituunt civitates. (10) Dividitur autem tota doctrina
in septem partes. Prima est eorum quae in coelo et sublimi
fiunt observatio : homines enim coeperunt Deum agnoscere,

ἔννοιαν ἔσχον ἀπὸ τῶν φαινομένων ἀστέρων, ὁρῶντες τούτους μεγάλης συμφωνίας ὄντας αἰτίους, καὶ τεταγμένας ἀνατολάς τε καὶ δυσμὰς, ἡμέρας τε καὶ νύκτας, χειμῶνά τε καὶ θέρος, καὶ τὰ ὑπὸ τῆς γῆς ζωογονούμενα 5 καὶ καρπογονούμενα. (11) Διὸ πατὴρ μὲν ἔδοξεν αὐτοῖς ὁ οὐρανὸς ὑπάρχειν, μήτηρ δὲ (τούτων) ἡ γῆ· τούτων δὲ ὁ μὲν ἀὴρ, πατήρ, διὰ τὸ τὰς τῶν ὑδάτων ἐκχύσεις σπερμάτων ἔχειν τάξιν· ἡ δὲ γῆ μήτηρ, διὰ τὸ δέχεσθαι ταῦτα καὶ τίκτειν· βλέποντες δ' ἀεὶ τοὺς ἀστέρας θέον- 10 τας, αἰτίους τε τοῦ θεωρεῖν ἡμᾶς ἥλιόν τε καὶ σελήνην, θεοὺς προσηγόρευσαν. (12) Εἰς δεύτερον δὲ καὶ τρίτον τόπον τοὺς θεοὺς διεῖλον, εἴς τε τὸ βλάπτον καὶ τὸ ὠφελοῦν· καὶ τοὺς μὲν ὠφελοῦντας, Δία, Ἥραν, Ἑρμῆν, Δήμητραν· τοὺς δὲ βλάπτοντας Ποινὰς, Ἐρινύας, Ἄρην, 15 τούτους ἀποσιούμενοι χαλεποὺς ὄντας καὶ βιαίους. (13) Τέταρτον καὶ πέμπτον προστεθείκασι τοῖς πράγμασι καὶ τοῖς πάθεσι, καθάπερ Ἔρωτα, Ἀφροδίτην, Πόθον· πραγμάτων δὲ, Ἐλπίδα, Δίκην, Εὐνομίαν. (14) Ἕκτον δὲ τόπον προσέλαβε τὸ ὑπὸ τῶν ποιητῶν πεπλασμένον· 20 Ἡσίοδος γὰρ, βουλόμενος τοῖς γεννητοῖς θεοῖς πατέρας συστῆσαι, εἰσήγαγε τοιούτους αὐτοῖς γεννήτορας,

     Κοῖόν τε, Κρεῖόν θ', Ὑπερίονά τ', Ἰαπετόν τε·

διὰ τοῦτο καὶ μυθικὸν κέκληται. (15) Ἕβδομον δὲ καὶ ἐπὶ πᾶσι, τὸ διὰ τὰς εἰς τὸν κοινὸν βίον εὐεργεσίας 25 ἐκτετιμημένον, ἀνθρωπίνως δὲ γεννηθέντας, ὡς Ἡρακλέα, ὡς Διοσκόρους, ὡς Διόνυσον. (16) Ἀνθρωποει- δεῖς δ' αὐτοὺς ἔφασαν εἶναι, διότι τῶν μὲν ἁπάντων τὸ θεῖον κυριώτατον, τῶν δὲ ζώων ἄνθρωπος κάλλιστον, καὶ κεκοσμημένον ἀρετῇ διαφόρως κατὰ τὴν τοῦ νοῦ 30 σύστασιν, τὸ κράτιστον. Τοῖς οὖν ἀριστεύουσι τὸ κράτιστον ὁμοίως καὶ καλῶς ἔχειν διενοήθησαν.

Ζ'. Τίς [ἐστιν] ὁ θεός.

1. Ἔνιοι τῶν φιλοσόφων, καθάπερ Διαγόρας ὁ Μή- λιος, καὶ Θεόδωρος ὁ Κυρηναῖος, καὶ Εὐήμερος ὁ 35 Τεγεάτης, καθόλου φασὶ μὴ εἶναι θεούς· τὸν δ' Εὐή- μερον καὶ Καλλίμαχος ὁ Κυρηναῖος αἰνίττεται ἐν τοῖς Ἰάμβοις, γράφων·

     Εἰς τὸ πρὸ τείχευς ἱερὸν ἀλέες δεῦτε,
     οὗ τὸν πάλαι χάλκεον ὁ πλάσας Ζᾶνα
40   γέρων ἀλαζὼν ἄδικα βιβλία ψῆχε·

ταῦτ' ἔστι τὰ περὶ τοῦ μὴ εἶναι θεούς. (2) Καὶ Εὐ- ριπίδης ὁ τραγῳδοποιὸς ἀποκαλύψασθαι μὲν οὐκ ἠθέ- λησε, δεδοικὼς τὸν Ἄρειον πάγον· ἐνέφηνε δὲ τοῦτον τὸν τρόπον· τὸν γὰρ Σίσυφον εἰσήγαγε προστάτην ταύ- 45 της τῆς δόξης, καὶ συνηγόρευσεν αὐτοῦ ταύτῃ τῇ γνώμῃ·

     « Ἦν (γὰρ) χρόνος (φησὶν) ὅτ' ἦν ἄτακτος ἀνθρώπων βίος,
     καὶ θηριώδης, ἰσχύος θ' ὑπηρέτης·

ἔπειτα φησὶ τὴν ἀνομίαν λυθῆναι νόμων εἰσαγωγῇ· 50 ἐπεὶ γὰρ ὁ νόμος τὰ φανερὰ τῶν ἀδικημάτων εἴργειν ἐδύνατο, κρύφα τ' ἠδίκουν πολλοὶ, τότε τις σοφὸς ἀνὴρ

quum viderent stellas tantam concinnitatem efficere, ac dies noctesque, æstate et hieme suos servare *statos ortus et obitus*: indeque terram ex se animantia et fructus proferre. (11) Itaque pro patre Cœlum, pro matre Terram acceperunt: patrem nimirum aerem, quod aquam instar seminis effunderet, matrem autem terram, quod conciperet et pareret. Quumque viderent stellas perpetuo moveri, et in causa nobis esse, ut solem et lunam contemplaremur, deorum iis nomen fecerunt a currendo (θέειν) ductum. (12) Secundo et tertio loco deos distinxerunt in utiles, et damnosos: utiles, ut Jovem, Junonem, Mercurium, Cererem; damnosos, Diras, Furias, Martem, quos ut violentos et sævos placant sacris atque avertunt. (13) Quartum et quintum genus rebus assignaverunt et motibus animi, ut Amorem, Venerem, Desiderium; rebus, Spem, Justitiam, Æquitatem. (14) Sextum locum commenta poetarum occupaverunt. Hesiodus enim quum genitis diis vellet patres dare, ejusmodi deorum genitores protulit,

     Cœumque, Induperantem, Hyperionaque, Iapetumque.

Itaque hic locus fabulosus dicitur. (15) Septimus et ultimus iis est tributus, qui ob beneficia in usum communis vitæ collata honoribus divinis sunt affecti, humano nati more, ut Hercules, ut Castor et Pollux, ut Bacchus. (16) Formam humanam diis ascripserunt, quia omnium rerum principatus est penes Numen, omnium autem animalium pulcherrimum est homo, et præstantissimum idem, quippe eximie ornatum virtute propter Mentis dotem. Itaque censuerunt, similiter deos, ut principes virtute, decere præstantissimam formam, id est humanam.

VII. *Quid sit Deus.*

1. Philosophorum quidam, ut Diagoras Melius, et Theodorus Cyrenæus, et Evemerus Tegeata, omnino negaverunt esse deos: et Evemerum etiam Callimachus Cyrenæus significavit, in Iambis scribens:

     Ite huc frequentes ante muros in fanum,
     ubi qui Jovem formavit olim *Panchæum*
     senex ventosus impios libros scripsit,

hos dicit libros, in quibus Evemerus docet non esse deos. (2) Et Euripides tragicus poeta aperte quidem profiteri hanc sententiam non est ausus, metuens Areopagiticum judicium: indicavit tamen hac ratione: Sisyphum introduxit, qui eam quasi auctor proferret, ipseque ei patrocinatus est, dicens,

     « Incondita olim vita fuit mortalium,
     et belluina, viribusque serviens:

legibus deinde positis, ait, injustitiam fuisse repressam: sed quum hæc aperta possent flagitia prohibere, multi autem occulte scelera perpetrarent, tum quendam callidum

ἐπέστησεν, ὡς δεῖ [ἀεὶ] ψευδεῖ λόγῳ τυφλῶσαι τὴν
ἀλήθειαν, καὶ πεῖσαι τοὺς ἀνθρώπους,

    'Ως ἔστι δαίμων ἀφθίτῳ θάλλων βίῳ,
     ὃς ταῦτ' ἀκούει καὶ βλέπει, φρονεῖ τ' ἄγαν. »

5 (3) Ἀναιρείσθω γὰρ, φησὶν, ὁ ποιητικὸς λῆρος, σὺν
Καλλιμάχῳ τῷ λέγοντι·

       Εἰ θεὸν οἶσθα,
   ἴσθ', ὅτι καὶ ῥέξαι δαίμονι πᾶν δυνατόν·

οὐδὲ γὰρ ὁ θεὸς δύναται πᾶν ποιεῖν· ἐπεί τοι γε, εἰ θεός
10 ἐστι, ποιείτω τὴν χιόνα μέλαιναν, τὸ δὲ πῦρ ψυχρὸν,
τὸ δὲ καθήμενον ὀρθὸν, * καὶ τὸ ἐναντίον. (4) Καὶ γὰρ
Πλάτων ὁ μεγαλόφωνος εἰπὼν, « Ὁ θεὸς ἔπλασε τὸν
κόσμον πρὸς ἑαυτὸν ὑπόδειγμα » ὄζει λήρου βεκκεσε-
λήνου, κατά γε τοὺς τῆς ἀρχαίας κωμῳδίας ποιητάς·
15 πῶς γὰρ αὐτῷ ἀτενίζων ἔπλασεν; ἢ πῶς σφαιροειδῆ
τὸν θεὸν ὄντα [**] ταπεινότερον ἀνθρώπου; (5) Ὁ δ'
Ἀναξαγόρας φησὶν, ὡς « εἱστήκει κατ' ἀρχὰς τὰ σώματα, νοῦς [δὲ] αὐτὰ διεκόσμησε θεοῦ, καὶ τὰς γενέσεις
τῶν ὅλων ἐποίησεν. » (6) Ὁ δὲ Πλάτων οὐχ ἑστηκότα
20 ὑπέθετο τὰ πρῶτα σώματα, ἀτάκτως δὲ κινούμενα·
« διὸ καὶ ὁ θεὸς, φησὶν, ἐπιστήσας ὡς τάξις ἀταξίας
ἐστὶ βελτίων, διεκόσμησε ταῦτα. » (7) Κοινῶς οὖν
ἁμαρτάνουσιν ἀμφότεροι, ὅτι τὸν θεὸν ἐποίησαν ἐπι-
στρεφόμενον τῶν ἀνθρωπίνων, ἢ καὶ τούτου χάριν τὸν
25 κόσμον κατασκευάζοντα· τὸ γὰρ μακάριον καὶ ἄφθαρτον ζῷον, συμπεπληρωμένον τε πᾶσι τοῖς ἀγαθοῖς, καὶ
κακοῦ παντὸς ἄδεκτον, ὅλον ὂν περὶ τὴν συνοχὴν τῆς
ἰδίας εὐδαιμονίας καὶ ἀφθαρσίας, ἀνεπιστρεφές ἐστι
τῶν ἀνθρωπίνων πραγμάτων· κακοδαίμων δ' ἂν εἴη,
30 ἐργάτου δίκην καὶ τέκτονος, ἀχθοφορῶν καὶ μεριμνῶν
εἰς τὴν τοῦ κόσμου κατασκευήν. (8) Καὶ πάλιν ὁ θεὸς
ὃν λέγουσιν, ἤτοι τὸν ἔμπροσθεν αἰῶνα οὐκ ἦν, ὅτ'
ἦν ἀκίνητα τὰ σώματα, ἢ ἀτάκτως ἐκινεῖτο, ἢ ἐκοιμᾶτο, ἢ ἐγρηγόρει, ἢ οὐδέτερον τούτων. Καὶ οὔτε
35 τὸ πρῶτόν ἐστι δέξασθαι· ὁ γὰρ θεὸς αἰώνιος· οὔτε τὸ
δεύτερον· εἰ γὰρ ἐκοιμᾶτο ἐξ αἰῶνος ὁ θεὸς, ἐτεθνήκει,
αἰώνιος γὰρ ὕπνος ὁ θάνατός ἐστιν· ἀλλ' οὐδὲ δεκτικὸς
ὕπνου θεός· τὸ γὰρ ἀθάνατον τοῦ θεοῦ, καὶ τὸ ἐγγὺς
θανάτου, πολὺ κεχώρισται. (9) Εἰ δ' ἦν ὁ θεὸς ἐγρη-
40 γορὸς, ἤτοι ἐνέλειπεν εἰς εὐδαιμονίαν, ἢ ἐπεπλήρωτο
ἐν μακαριότητι· καὶ οὔτε κατὰ τὸ πρῶτον μακάριός
ἐστιν ὁ θεός· τὸ γὰρ ἐλλεῖπον εἰς εὐδαιμονίαν οὐ μακά-
ριον· οὔτε κατὰ τὸ δεύτερον· μηδὲν γὰρ ἐλλείπων,
κεναῖς ἔμελλεν ἐπιχειρεῖν πράξεσι. (10) Πῶς δὲ,
45 εἴπερ ὁ θεός ἐστι, καὶ τῇ τούτου φροντίδι τὰ κατ'
ἄνθρωπον οἰκονομεῖται, τὸ μὲν κίβδηλον εὐτυχεῖ, τὸ δ'
ἀστεῖον τἀναντία πάσχει; Ἀγαμέμνων τε γὰρ,

    Ἀμφότερον, βασιλεύς τ' ἀγαθὸς, κρατερός τ' αἰχμητὴς,

ὑπὸ μοιχοῦ καὶ μοιχάδος ἡττηθεὶς ἐδολοφονήθη· καὶ
50 ὁ τούτου δὲ συγγενὴς, Ἡρακλῆς, πολλὰ τῶν ἐπιλυμαι-
νομένων τὸν ἀνθρώπινον βίον καθάρας, ὑπὸ Δηϊανείρας
φαρμακευθεὶς ἐδολοφονήθη.

---

virum prodiisse, qui docuerit veritati tenebras mendacio
offundendas, hominibusque persuadendum esse,

    Quod sit perenni vita aliquis vigens Deus,
     qui cernat ista, et audiat, atque intelligat. »

(3) Sed valeant nugæ, ut aliquis inquit, poetarum una cum
Callimacho, cujus hoc est :

    Esse Deum si credis, et hoc te scire necesse est,
     nil non hunc etiam posse Deum facere.

Non enim potest omnia Deus facere : aut faciat, si est Deus,
nivem nigram, ignem frigidum, rectum eum qui sedet,
vel contra. (4) Nam Plato etiam vocalis ille quum dicit
Deum se ipso usum exemplari condidisse mundum, *nænias
redolet* priscæ antiquitatis obsoletas, *becceselenas*, ut eas
vetus comœdia vocat. Quomodo enim finxit in se ipsum
intuens? aut qui globosus est Deus, et homine inferior?
(5) Anaxagoras dixit *initio constitisse corpora, Dei autem mentem ea digessisse, itaque omnium rerum ortus
effecisse.* (6) At Plato posuit prima corpora non stetisse,
sed sine ordine fuisse mota : *Deus autem*, inquit, *ordinem
animadvertens confusioni præstare, ea composuit.* (7)
Communis ambobus hic est error, quod Deum faciunt res
humanas curantem, et ea de causa mundum adornantem.
Beatum enim interitusque expers animal, omnibusque
bonis perfecte cumulatum, neque ullius capax mali, totum
in sua beatitate atque perpetuitate occupatum, non convertit se ad curam rerum humanarum : miser quippe fuerit
Deus, si opificis aut fabri in morem onera subeat, solli-
citusque sit de mundo apparando. (8) Rursum is quem perhibent Deus, aut non fuit priore illo seculo, quo corpora
sive immobilia erant, sive nullo ordine ciebantur : aut
dormivit tum ; aut vigilavit ; aut neutrum horum. Primum
admitti non potest : est enim Deus æternus. Neque secundum : si enim dormivit ab æterno, mortuus fuit ; æternus
quippe somnus mors est : sed ne capax quidem somni Deus
est : magno enim intervallo divisa sunt immortalitas Dei,
et res vicina morti. (9) Quodsi vigilavit ; aut defuit ei aliquid ad felicitatem, aut perfecte fuit beatus. Prius enim
felicem esse non sineret : cui enim aliquid deest, felix non
est. Absurdum quoque est posterius : si enim nihil ei
deerat, inanis fuit rerum supervacanearum aggressio. (10)
Jam si Deus est, et ejus curis res humanæ temperantur, qui
fit, quod malis bene est, bonis male? nam Agamemno
quidem,

    Rex bonus, atque idem clarus bellator in armis,

a mœcho et adultera per insidias est occisus : ejusque
gentilis Hercules quum multa mala humanam vitam infe-
stantia abolevisset, Deianiræ veneficio et fraude periit.

11. Θαλῆς, νοῦν τοῦ κόσμου θεόν.

12. Ἀναξίμανδρος, τοὺς ἀστέρας οὐρανίους θεούς.

13. Δημόκριτος, νοῦν τὸν θεὸν ἐν πυρὶ [σφαιρο]ειδεῖ, τὴν τοῦ κόσμου ψυχήν.

14. Πυθαγόρας, τῶν ἀρχῶν τὴν μὲν μονάδα θεόν, καὶ τἀγαθὸν, ἥτις ἐστὶν ἡ τοῦ ἑνὸς φύσις, αὐτὸς ὁ νοῦς· τὴν δ' ἀόριστον δυάδα, δαίμονα καὶ τὸ κακὸν, περὶ ἥν ἐστι τὸ ὑλικὸν πλῆθος, ἔστι δὲ καὶ ὁ ὁρατὸς κόσμος.

15. Σωκράτης καὶ Πλάτων, τὸ ἕν, τὸ μονοφυὲς καὶ αὐτοφυὲς, τὸ μοναδικὸν, τὸ ὄντως ἀγαθόν· πάντα δὲ ταῦτα τῶν ὀνομάτων εἰς τὸν νοῦν σπεύδει· νοῦς οὖν ὁ θεὸς, χωριστὸν εἶδος, τουτέστι τὸ ἀμιγὲς πάσης ὕλης, μηδενὶ παθητῷ συμπεπλεγμένον.

16. Ἀριστοτέλης, τὸν μὲν ἀνωτάτω θεὸν, εἶδος χωριστὸν, ἐπιβεβηκότα τῇ σφαίρᾳ τοῦ παντὸς, ἥτις ἐστὶν αἰθέριον σῶμα, τὸ πέμπτον ὑπ' αὐτοῦ καλούμενον· διῃρημένου δὲ τούτου κατὰ σφαίρας, τῇ μὲν φύσει συναφεῖς, τῷ λόγῳ δὲ κεχωρισμένας, ἑκάστην οἴεται τῶν σφαιρῶν ζῷον εἶναι σύνθετον ἐκ σώματος καὶ ψυχῆς, ὧν τὸ μὲν σῶμα ἐστὶν αἰθέριον, κινούμενον κυκλοφορικῶς, ἡ ψυχὴ δὲ, λόγος ἀκίνητος, αἴτιος τῆς κινήσεως κατ' ἐνέργειαν.

17. Οἱ Στωϊκοὶ κοινότερον θεὸν ἀποφαίνονται, πῦρ τεχνικὸν ὁδῷ βαδίζον ἐπὶ γενέσει κόσμου, ἐμπεριειληφός τε πάντας τοὺς σπερματικοὺς λόγους, καθ' οὓς ἕκαστα καθ' εἱμαρμένην γίνεται· καὶ πνεῦμα μὲν διῆκον δι' ὅλου τοῦ κόσμου, τὰς δὲ προσηγορίας μεταλαμβάνον διὰ τὰς τῆς ὕλης, δι' ἧς κεχώρηκε, παραλλάξεις· θεὸν δὲ καὶ τὸν κόσμον καὶ τοὺς ἀστέρας καὶ τὴν γῆν· τόν τ' ἀνωτάτω πάντων, νοῦν ἐν αἰθέρι.

18. Ἐπίκουρος, ἀνθρωποειδεῖς μὲν πάντας τοὺς θεοὺς, λόγῳ δὲ πάντας τούτους θεωρητοὺς διὰ τὴν λεπτομέρειαν τῆς τῶν εἰδώλων φύσεως· ὁ δ' αὐτὸς ἄλλας τέσσαρας φύσεις κατὰ γένος ἀφθάρτους τάσδε, τὰ ἄτομα, τὸ κενὸν, τὸ ἄπειρον, τὰς ὁμοιότητας· αὗται δὲ λέγονται ὁμοιομέρειαι καὶ στοιχεῖα.

Η'. Περὶ δαιμόνων καὶ ἡρώων.

1. Παρακειμένως δὲ τῷ περὶ θεῶν λόγῳ τὸν περὶ δαιμόνων καὶ ἡρώων ἱστορητέον.

2. Θαλῆς, Πυθαγόρας, Πλάτων, οἱ Στωϊκοί, δαίμονας ὑπάρχειν οὐσίας ψυχικάς· εἶναι δὲ καὶ ἥρωας τὰς κεχωρισμένας ψυχὰς τῶν σωμάτων· καὶ ἀγαθοὺς μὲν τὰς ἀγαθάς, κακοὺς δὲ τὰς φαύλας.

3. Ἐπίκουρος δὲ οὐδὲν τούτων ἐγκρίνει.

Θ'. Περὶ ὕλης.

1. Ὕλη ἐστὶ τὸ ὑποκείμενον πρῶτον γενέσει καὶ φθορᾷ καὶ ταῖς ἄλλαις μεταβολαῖς.

2. Οἱ ἀπὸ Θάλεω καὶ Πυθαγόρου καὶ οἱ Στωϊκοί, τρεπτὴν καὶ ἀλλοιωτὴν καὶ μεταβλητὴν καὶ ῥευστὴν ὅλην δι' ὅλου τὴν ὕλην.

3. Οἱ ἀπὸ Δημοκρίτου, ἀπαθῆ τὰ πρῶτα, τὴν ἄτομον, καὶ τὸ κενὸν, καὶ τὸ ἀσώματον.

11. Thales mentem mundi statuit Deum.

12. Anaximander, stellas coelestes deos.

13. Democritus, mentem Deum in igne globoso, mundi animam.

14. Pythagoras, de principiis unitatem Deum, ac bonum, quae sit Unius natura, ipsa mens : infinitam autem Binarii naturam, genium et malum, unde est multitudo materiae, et visui expositus mundus.

15. Socrates et Plato, Unum, quod est singularis et per se subsistentis naturae ac solitarium, re vera bonum : omnia autem haec nomina ad Mentem referuntur. Mens ergo est Deus, species separata, sincera ab omni materiae admixtione et perpessionibus obnoxii.

16. Aristoteles supremum Deum ait esse speciem separatam, quae insistat globo Universi, qui globus corpus est aethereum, quintum ab eo nuncupatum : quod quum in orbes seu sphaeras sit divisum naturâ contiguas, ratione sejunctas; harum quamvis existimat esse animal ex anima et corpore compositum : quorum corpus aethereum sit, et in orbem circumducatur; anima autem ratio immobilis, motum actu efficiens.

17. Stoici communius Deum pronunciant esse ignem artificiosum via ingredientem ad mundi procreationem, qui ignis in se contineat omnes seminales formas, ex quibus singula fato nascantur. Ac spiritum quidem per totum penetrare mundum, nomina autem pro materiae, quam pervadit, sumere mutationibus. Ad haec : Deum esse mundum, stellas, terram : supremum autem omnium deorum esse Mentem quae est in aethere.

18. Epicurus omnibus diis humanam formam tribuit, solaque eos ait cerni ratione, ob tenues partes et naturam simulacrorum. Idem alias quattuor naturas prodidit interitus expertes : Atomos, Inane, Infinitum, Partes Similares; quae postremae etiam Homoeomeriae et Elementa vocantur.

VIII. *De Geniis et Heroibus.*

1. Tractationi de Diis adjiciamus narrationem de Geniis et Heroibus.

2. Thales, Pythagoras, Plato, Stoici, esse aiunt Genios, substantias anima praeditas : Heroes quoque esse animas a corporibus separatas, bonos, si bonae; malos, si malae sint.

3. Epicurus nihil horum admittit.

IX. *De Materia.*

1. Materia est primum ortus interitusque subjectum, aliarumque mutationum.

2. Qui Thaletem et Pythagoram sequuntur, et Stoici, variabilem, mutabilem fluxamque totam suapte naturâ per Universum eam statuunt.

3. Democriti sectatores non affici prima, nimirum atomum, inane, et incorporeum.

4. Ἀριστοτέλης καὶ Πλάτων, τὴν ὕλην σωματοειδῆ, καὶ ἄμορφον, ἀνείδεον, ἀσχημάτιστον, ἄποιον μὲν, ὅσον ἐπὶ τῇ ἰδίᾳ φύσει, δεξαμενὴν δὲ τῶν εἰδῶν, οἷον τιθηνὴν καὶ ἐκμαγεῖον καὶ μητέρα γενέσθαι. (5) Οἱ δὲ ὕδωρ λέγοντες, ἢ γῆν, ἢ πῦρ, ἢ ἀέρα, τὴν ὕλην, οὐκέτι ἄμορφον αὐτὴν λέγουσιν, ἀλλὰ σῶμα· οἱ δὲ τὰ ἀμερῆ, καὶ τὰς ἀτόμους, ἄμορφον.

Ι'. Περὶ ἰδέας.

1. Ἰδέα ἐστὶν οὐσία ἀσώματος, αὐτὴ μὲν μὴ ὑφεστῶσα καθ' αὑτήν, εἰκονίζουσα δὲ τὰς ἀμόρφους ὕλας, καὶ αἰτία γινομένη τῆς τούτων δείξεως.

2. Σωκράτης καὶ Πλάτων χωριστὰς τῆς ὕλης οὐσίας τὰς ἰδέας ὑπολαμβάνει ἐν τοῖς νοήμασι καὶ [ἐν] ταῖς φαντασίαις τοῦ θεοῦ, τουτέστι τοῦ νοῦ, ὑφεστώσας.

3. Ἀριστοτέλης δ' εἴδη μὲν ἀπέλιπε καὶ ἰδέας, οὐ μὴν κεχωρισμένας τῆς ὕλης, ὃ ἐξ ὧν γεγονὸς τὸ ὑπὸ τοῦ θεοῦ.

4. Οἱ ἀπὸ Ζήνωνος Στωϊκοὶ ἐννοήματα ἡμέτερα τὰς ἰδέας ἔφασαν.

ΙΑ'. Περὶ αἰτίων.

1. Αἴτιόν ἐστι [δι' ὃ] τὸ ἀποτέλεσμα, ἢ δι' ὃ συμβαίνει τι.

2. Πλάτων τριχῶς τὸ αἴτιον· φησὶ γάρ, ὑφ' οὗ, ἐξ οὗ, πρὸς ὅ· κυριώτερον δὲ ἡγεῖται τὸ ὑφ' οὗ· τὸ δ' ἦν τὸ ποιοῦν, ὅ ἐστι νοῦς.

3. Πυθαγόρας ([καὶ] Ἀριστοτέλης), τὰ μὲν πρῶτα αἴτια, ἀσώματα· τὰ δὲ κατὰ μετοχὴν ἢ κατὰ συμβεβηκὸς, τῆς σωματικῆς ὑποστάσεως· ὥστ' εἶναι τὸν κόσμον σῶμα.

4. Οἱ Στωϊκοί, πάντα τὰ αἴτια, σωματικά· πνεύματα γάρ.

ΙΒ'. Περὶ σωμάτων.

1. Σῶμά ἐστι τὸ τριχῇ διαστατόν, πλάτει· βάθει, μήκει· ἢ ὄγκος ἀντίτυπος, ὅσον ἐφ' ἑαυτῷ· ἢ τὸ κατέχον τόπον.

2. Πλάτων, ὃ μήτε βαρὺ, μήτε κοῦφόν ἐστι τῇ φύσει, ἔν γε τῷ οἰκείῳ τόπῳ ὑπάρχον· ἐν δέ γε τῷ ἀλλοτρίῳ γενόμενον, τότε νεῦσιν ἴσχειν· ἐκ δὲ τῆς νεύσεως ῥοπὴν * ἤτοι πρὸς βαρύτητα ἢ κουφότητα.

3. Ἀριστοτέλης, βαρύτατον μὲν εἶναι τὴν γῆν ἁπλῶς, κουφότατον δὲ τὸ πῦρ· ἀέρα δὲ καὶ ὕδωρ ἄλλοτ' ἄλλως.

4. Οἱ Στωϊκοί, δύο μὲν ἐκ τῶν τεσσάρων στοιχείων κοῦφα, πῦρ καὶ ἀέρα· δύο δὲ βαρέα, ὕδωρ καὶ γῆν· κοῦφον γὰρ ὑπάρχει φύσει, ὃ νεύει ἀπὸ τοῦ ἰδίου μέσου· βαρὺ δὲ, τὸ εἰς μέσον· βαρὺ δ' οὐκ ἔστι τὸ μέσον.

5. Ἐπίκουρος δὲ, ἀπερίληπτα εἶναι τὰ σώματα· καὶ τὰ πρῶτα δὲ, ἁπλᾶ, τά τ' ἐξ ἐκείνων συγκρίματα, πάντα βάρος ἔχειν· κινεῖσθαι δὲ τὰ ἄτομα, τὸ μὲν κατὰ

---

4. Aristoteles et Plato Materiam esse corpoream, formæ specieique expertem ac figuræ, qualitatis etiam suapte natura vacuam : sed formarum receptaculum, tanquam nutricem et subjectum in quo rerum imagines impressæ referantur, ac matricem. (5) Qui vero pro Materia aquam, terram, ignem, aeremve ponunt, ii jam non informem materiam, sed corpus ponunt : informem, qui individua corpora sive atomos statuunt.

X. *De Idea.*

1. Idea substantia est corporis expers, quæ quum per sese ipsa quidem non subsistit, tamen formæ expertem materiam informat, iisque rebus causam præbet ut exsistant ac monstrari possint.

2. Socrates et Plato Ideas putaverunt a materia secretas, in intellectu atque imaginatione Dei, id est Mente, subsistere.

3. Aristoteles formas atque Ideas reliquit : non tamen a materia secretas, neque exempla rerum a Deo factarum.

4. Stoici, cujus sectæ Zeno princeps fuit, nostræ mentis conceptus Idearum nomine intelligunt.

XI. *De Causis.*

1. Causa est, cujus effectus est, aut a qua aliquid proficiscitur.

2. Plato triplicem facit causam, Efficientem, Materiam, Finem : principatum tamen Efficienti defert, quæ est Mens.

3. Pythagoras (et Aristoteles) primas causas facit corporis exsortes ; alias, participatione aut per accidens, substantiæ corporeæ; ita ut mundus sit corpus.

4. Stoici omnes causas statuunt corporeas : dicunt enim esse spiritus.

XII. *De Corporibus.*

1. Corpus est quod tres habet dimensiones, latitudinem, profunditatem, longitudinem : aut moles sensui per se renitens : aut quod locum occupat.

2. Platoni, quod neque grave est suapte natura, neque leve, dum suo proprio est in loco : quum vero est in alieno, tum id inclinari, inclinandoque momentum aut ad gravitatem aut ad levitatem adipisci.

3. Aristotelis sententia est, terram simpliciter esse gravissimum, ignem levissimum ; aerem et aquam alias aliter habere.

4. Stoici, duo de quattuor elementis levia esse, aerem et ignem ; duo gravia, aquam et terram. Leve enim esse natura sua, quod fertur a medio suo ; grave, quod ad medium : ipsum enim medium non est grave.

5. Epicurus, incomprehensibilia esse corpora : atque adeo prima, simplicia, quæque ex his concreta sint, omnia esse gravia : atomos moveri, alias ad perpendiculum, alias

στάθμην, τὸ δὲ κατὰ παρέγκλισιν, τὰ δ' ἄνω κινούμενα, κατὰ πληγὴν, κατὰ παλμόν.

ΙΓ'. Περὶ ἐλαχίστων.

1. Ἐμπεδοκλῆς, πρὸ τῶν τεσσάρων στοιχείων θραύσματα ἐλάχιστα, οἱονεὶ στοιχεῖα (πρὶν) στοιχείων, ὁμοιομερῆ, ὅ ἐστι στρογγύλα.

2. Ἡράκλειτος, ψηγμάτιά τινα ἐλάχιστα καὶ ἀμερῆ εἰσάγει.

ΙΔ'. Περὶ σχημάτων.

1. Σχῆμά ἐστιν ἐπιφάνεια καὶ περιγραφὴ καὶ πέρας σώματος.

2. Οἱ ἀπὸ Πυθαγόρου, σφαιρικὰ τὰ σώματα τῶν τεττάρων στοιχείων, μόνον δὲ τὸ ἀνώτατον πῦρ, κωνοειδές.

ΙΕ'. Περὶ χρωμάτων.

1. Χρῶμά ἐστι ποιότης σώματος ὁρατή.

2. Οἱ Πυθαγορικοὶ χροιὰν ἐκάλουν τὴν ἐπιφάνειαν τοῦ σώματος.

3. Ἐμπεδοκλῆς, τὸ τοῖς πόροις τῆς ὄψεως ἐναρμότ-τον.

4. Πλάτων, φλόγα ἀπὸ τῶν σωμάτων, σύμμετρα μόρια ἔχουσαν πρὸς τὴν ὄψιν.

5. Ζήνων ὁ Στωϊκὸς, τὰ χρώματα πρώτους εἶναι σχηματισμοὺς τῆς ὕλης.

6. Οἱ ἀπὸ Πυθαγόρου, τὰ γένη τῶν χρωμάτων, λευκόν τε καὶ μέλαν, ἐρυθρὸν, ὠχρόν· τὰς δὲ διαφορὰς τῶν χρωμάτων παρὰ τὰς ποιὰς μίξεις τῶν στοιχείων· τὰς δὲ τῶν ζώων, καὶ παρὰ τὰς ποικιλίας τῶν τροφῶν καὶ τῶν ἀέρων.

Ις'. Περὶ τομῆς σωμάτων.

1. Οἱ ἀπὸ Θάλεω καὶ Πυθαγόρου, παθητὰ σώματα καὶ τμητὰ εἰς ἄπειρον.

2. Οἱ τὰς ἀτόμους ἢ τὰ ἀμερῆ, ἵστασθαι, καὶ μὴ εἰς ἄπειρον εἶναι τὴν τομήν.

3. Ἀριστοτέλης, δυνάμει μὲν εἰς ἄπειρον, ἐντελεχείᾳ δ' οὐδαμῶς.

ΙΖ'. Περὶ μίξεως καὶ κράσεως.

1. Οἱ μὲν ἀρχαῖοι, τὰς τῶν στοιχείων μίξεις κατ' ἀλλοίωσιν.

2. Οἱ δὲ περὶ Ἀναξαγόραν καὶ Δημόκριτον, κατὰ παράθεσιν.

3. Ἐμπεδοκλῆς δ' ἐκ μικροτέρων ὄγκων τὰ στοιχεῖα συγκρίνει, ἅπερ ἐστὶν ἐλάχιστα, καὶ οἱονεὶ στοιχεῖα στοιχείων.

4. Πλάτων, τὰ μὲν τρία σώματα (οὐ γὰρ θέλει κυρίως αὐτὰ εἶναι στοιχεῖα, ἢ προσονομάζειν) τρεπτὰ εἰς ἄλληλα, πῦρ, ἀέρα, ὕδωρ· τὴν δὲ γῆν, εἴς τι τούτων ἀμετάβλητον.

deflexione quadam : quæ sursum ferantur, alias ictu, alias vibratione.

XIII. *De Minimis.*

1. Empedocles ante quattuor elementa ponit quædam minutissima fragmenta, tanquam elementa elementorum, similarium partium, hoc est teretia.

2. Heraclitus ramenta quædam minima et divisionem non admittentia introducit.

XIV. *De Figuris.*

1. Figura superficies est et circumscriptio atque terminus corporis.

2. Pythagorici quattuor elementorum corpora globosa esse aiunt, igne demto, cui, ut supremo, turbinis formam tribuunt.

XV. *De Coloribus.*

1. Color qualitas corporis est, quæ visu potest percipi.

2. Pythagorici colorem appellaverunt superficiem corporis.

3. Empedocles, id quod congruit meatibus visui inservientibus.

4. Plato, flammam a corporibus emicantem, cujus partes pro portione respondere visui.

5. Zeno Stoicus colores primam materiæ figurationem esse dixit.

6. Pythagorici coloris genera faciunt album, nigrum, rubrum, pallidum : discrimina colorum deducunt a certis mixtionibus elementorum : in animalibus, etiam a varietatibus alimentorum atque aeris.

XVI. *De Sectione Corporum.*

1. Thaletis et Pythagoræ sectatores, in infinitum progredi tractationem et sectionem corporum.

2. Qui atomos seu individua statuunt, volunt divisionem subsistere nec in infinitum fieri.

3. Aristoteles facultate infinitam esse docet sectionem corporum, sed actu nequaquam.

XVII. *De mixtione et Temperatione.*

1. Veteres qualitatum mutatione censuerunt elementa misceri.

2. Anaxagoras, et Democritus, eorumque asseclæ, juxta se invicem positione.

3. Empedocles ex minoribus molibus coalescere statuit elementa, quæ sint minimæ, ac tanquam elementorum elementa.

4. Plato, tria quidem corpora (non enim vult ea esse elementa, aut appellare) inter se commutari, ignem, aerem, aquam : terram in horum ullum non posse permutari.

ΙΗ΄. Περὶ κενοῦ.

1. Οἱ ἀπὸ Θάλεω φυσικοὶ πάντες μέχρι Πλάτωνος τὸ κενὸν ἀπέγνωσαν.

2. Ἐμπεδοκλῆς.

5   Οὐδέ τι τοῦ παντὸς κενεὸν πέλει, οὐδὲ περισσόν.

3. Λεύκιππος, Δημόκριτος, Δημήτριος, Μητρόδωρος, Ἐπίκουρος, τὰ μὲν ἄτομα, ἄπειρα τῷ πλήθει, τὸ δὲ κενὸν, ἄπειρον τῷ μεγέθει.

4. Οἱ Στωϊκοί, ἐντὸς τοῦ κόσμου οὐδὲν εἶναι κενόν, 10 ἔξωθεν δ᾽ αὐτοῦ ἄπειρον.

5. Ἀριστοτέλης, τοσοῦτον εἶναι τὸ κενὸν ἐκτὸς τοῦ κόσμου, ὥστ᾽ ἀναπνεῖν τὸν οὐρανόν· εἶναι γὰρ αὐτὸν πύρινον.

* ΙΘ΄. Περὶ τόπου.

15   1. Πλάτων, τὸ μεταληπτικὸν τῶν εἰδῶν, ὅπερ εἴρηκε μεταφορικῶς τὴν ὕλην, καθάπερ τινὰ τιθηνὴν καὶ δεξαμενήν.

2. Ἀριστοτέλης, τὸ ἔσχατον τοῦ περιέχοντος συνάπτον τῷ περιεχομένῳ.

20   Κ΄. Περὶ χώρας.

Οἱ Στωϊκοὶ καὶ Ἐπίκουρος, διαφέρειν κενόν, τόπον, χώραν· καὶ τὸ μὲν κενὸν εἶναι ἐρημίαν σώματος· τὸν δὲ τόπον, τὸ ἐχόμενον ὑπὸ τοῦ σώματος· τὴν δὲ χώραν, τὸ ἐκ μέρους ἐχόμενον, ὥσπερ ἐπὶ τῆς τοῦ οἴνου πι-
25 θάκνης.

ΚΑ΄. Περὶ χρόνου.

1. Πυθαγόρας, τὸν χρόνον τὴν σφαῖραν τοῦ περιέχοντος εἶναι.

2. Πλάτων, αἰῶνος εἰκόνα κινητήν, ἢ διάστημα τῆς 30 τοῦ κόσμου κινήσεως.

3. Ἐρατοσθένης, τὴν τοῦ ἡλίου πορείαν.

ΚΒ΄. Περὶ οὐσίας χρόνου.

1. Πλάτων, οὐσίαν χρόνου τὴν τοῦ οὐρανοῦ κίνησιν.

2. Οἱ πλείους τῶν Στωϊκῶν, αὐτὴν τὴν κίνησιν. 35 Καὶ οἱ μὲν πλείους, ἀγέννητον τὸν χρόνον· Πλάτων δὲ, γεννητὸν κατ᾽ ἐπίνοιαν.

ΚΓ΄. Περὶ κινήσεως.

1. Πυθαγόρας, Πλάτων· Κίνησίς ἐστι διαφορά τις, ἢ ἑτερότης ἐν ὕλῃ.

40   2. Ἀριστοτέλης, ἐντελέχεια κινητοῦ.

3. Δημόκριτος, ἓν γένος τῆς κινήσεως, τὸ κατὰ παλμόν.

4. Ἐπίκουρος, δύο εἴδη τῆς κινήσεως, τὸ κατὰ στάθμην, καὶ τὸ κατὰ παρέγκλισιν.

45   5. Ἡρόφιλος, κινήσεως τὴν μὲν λόγῳ θεωρητήν, τὴν δ᾽ αἰσθητήν.

6. Ἡράκλειτος ἠρεμίαν μὲν καὶ στάσιν ἐκ τῶν ὅλων ἀνῄρει· ἔστι γὰρ τοῦτο τῶν νεκρῶν· κίνησιν δ᾽ ἀΐδιον μὲν τοῖς ἀϊδίοις, φθαρτὴν δὲ τοῖς φθαρτοῖς.

XVIII. *De Inani.*

1. A Thalete ad Platonem usque omnes philosophi naturam scrutantes Inane esse negaverunt.

2. Empedocles sic :

In mundo vacuum nihil est, nihil est quod abundet.

3. Leucippus, Democritus, Demetrius, Metrodorus, Epicurus corpora sectionem non admittentia dixerunt multitudine infinita, Inane autem magnitudine esse infinitum.

4. Stoici censuerunt nullum intra mundum esse Inane, sed extra mundum esse infinitum.

5. Aristoteles [*imo* Pythagoras] tantum esse Inane extra mundum, ut respirare possit coelum : esse enim hoc igneum.

XIX. *De Loco.*

1. Plato id Locum vocavit, quod in se admitteret formas : idem translatione vocans materiam, quæ quasi nutrix quædam sit atque receptaculum.

2. Aristoteles, extremitatem corporis continentis, contiguam contento.

XX. *De Spatio.*

Stoici et Epicurus differre volunt Inane, Locum, Capacitatem : et definiunt Inane vacuitatem corporis; Locum, id quod a corpore occupetur; Capacitatem, quod partim a corpore impletur, ut dolium a vino.

XIX. *De Tempore.*

1. Pythagoras sensit, Tempus esse globum extremi ambientis.

2. Plato, mobilem æternitatis imaginem, aut motus mundi intervallum.

3. Eratosthenes, solis motum.

XXII. *De natura seu substantia Temporis.*

1. Eam Plato dicebat esse motum cœli.

2. Plerique Stoicorum, ipsum motum. Plurimi philosophorum, temporis nullum fuisse exordium : Plato, intelligentiâ genitum.

XXIII. *De Motu.*

1. Pythagoras ac Plato Motum esse differentiam quandam aut diversitatem in materia dixerunt.

2. Aristoteles, actum (ipsius vox est *entelechia*) rei mobilis.

3. Democritus unum genus Motui dedit, secundum plagam.

4. Epicurus, duas esse Motus species, ad perpendiculum, ad declinationem.

5. Herophilus, Motum alium sola mente intelligi, alium sentiri.

6. Heraclitus quietem et statum prorsus e rerum natura sustulit, hunc mortuorum esse dicens ; Motum autem sempiternum tribuit sempiternis, periturum perituris.

ΚΔ'. Περὶ γενέσεως καὶ φθορᾶς.

1. Παρμενίδης, Μέλισσος, Ζήνων, ἀνήρουν γένεσιν καὶ φθορὰν, διὰ τὸ νομίζειν τὸ πᾶν ἀκίνητον.

2. Ἐμπεδοκλῆς δὲ καὶ Ἐπίκουρος, καὶ πάντες ὅσοι κατὰ συναθροισμὸν τῶν λεπτομερῶν σωμάτων κοσμοποιοῦσι, συγκρίσεις μὲν καὶ διακρίσεις εἰσάγουσι, γενέσεις δὲ καὶ φθορὰς οὐ κυρίως· οὐ γὰρ κατὰ ποιὸν ἐξ ἀλλοιώσεως, κατὰ δὲ ποσὸν ἐκ συναθροισμοῦ ταύτας γίνεσθαι.

3. Πυθαγόρας, καὶ πάντες ὅσοι παθητὴν τὴν ὕλην ὑποτίθενται, κυρίως γένεσιν καὶ φθορὰν γίνεσθαι· ἐκ γὰρ ἀλλοιώσεως στοιχείων καὶ τροπῆς καὶ ἀναλύσεως ταῦτα γίνεσθαι.

ΚΕ'. Περὶ ἀνάγκης.

1. Θαλῆς· Ἰσχυρότατον ἀνάγκη· κρατεῖ γὰρ τοῦ παντός.

2. Πυθαγόρας ἀνάγκην ἔφη περικεῖσθαι τῷ κόσμῳ.

3. Παρμενίδης καὶ Δημόκριτος, πάντα κατ' ἀνάγκην· τὴν αὐτὴν δ' εἶναι καὶ εἱμαρμένην, καὶ δίκην, καὶ πρόνοιαν, καὶ κοσμοποιόν.

Κϛ'. Περὶ οὐσίας ἀνάγκης.

1. Πλάτων τὰ μὲν εἰς πρόνοιαν ἄγει, τὰ δ' εἰς ἀνάγκην.

2. Ἐμπεδοκλῆς, οὐσίαν ἀνάγκης, αἰτίαν χρηστικὴν τῶν ἀρχῶν καὶ τῶν στοιχείων.

3. Δημόκριτος, τὴν ἀντιτυπίαν καὶ τὴν φορὰν καὶ πληγὴν τῆς ὕλης.

4. Πλάτων, ὁτὲ μὲν τὴν ὕλην, ὁτὲ δὲ τὴν τοῦ ποιοῦντος πρὸς τὴν ὕλην σχέσιν.

ΚΖ'. Περὶ εἱμαρμένης.

1. Ἡράκλειτος, πάντα καθ' εἱμαρμένην, τὴν δ' αὐτὴν ὑπάρχειν καὶ ἀνάγκην.

2. Πλάτων ἐγκρίνει μὲν τὴν εἱμαρμένην ἐπὶ τῶν ἀνθρωπίνων ψυχῶν καὶ βίων, * συνεισάγει δὲ καὶ τὴν παρ' ἡμᾶς αἰτίαν.

3. Οἱ Στωϊκοὶ Πλάτωνι ἐμφερῶς, καὶ τὴν μὲν ἀνάγκην ἀνίκητόν φασιν αἰτίαν καὶ βιαστικήν· τὴν δὲ εἱμαρμένην, συμπλοκὴν αἰτιῶν τεταγμένην, ἐν ᾗ συμπλοκῇ καὶ τὸ παρ' ἡμᾶς, ὥστε τὰ μὲν εἱμάρθαι, τὰ δ' ἀνειμάρθαι.

ΚΗ'. Περὶ οὐσίας εἱμαρμένης.

1. Ἡράκλειτος, οὐσίαν εἱμαρμένης, λόγον τὸν διὰ τῆς οὐσίας τοῦ παντὸς διήκοντα· αὕτη δέ ἐστι τὸ αἰθέριον σῶμα, σπέρμα τῆς τοῦ παντὸς γενέσεως.

2. Πλάτων, λόγον ἀΐδιον καὶ νόμον ἀΐδιον τῆς τοῦ παντὸς φύσεως.

3. Χρύσιππος, δύναμιν πνευματικὴν τάξει τοῦ παντὸς διοικητικήν· καὶ πάλιν ἐν τοῖς Ὅροις· « Εἱμαρμένη ἐστιν ὁ τοῦ κόσμου λόγος, ἢ νόμος τῶν ὄντων ἐν τῷ

XXIV. *De Ortu et Interitu.*

1. Parmenides, Melissus, Zeno, quum omnia motus expertia esse opinarentur, Ortum et Interitum prorsus negaverunt.

2. Empedocles, Epicurus, denique quotquot mundum e minutis construunt particulis, ii concretiones quidem ac secretiones quasdam introducunt, Ortus et Interitus proprie esse negant : hos enim non exsistere mutatione qualitatis, sed coacervatione (vel decessione) quantitatis.

3. Pythagoras, et quotquot materiam perpessionibus obnoxiam ponunt, ii proprie Ortus et Interitus esse affirmant : res enim alteratione, mutatione et resolutione elementorum fieri.

XXV. *De Necessitate.*

1. Thaletis est : Validissima omnium rerum est Necessitas; omnia enim ei subsunt.

2. Pythagoras aiebat mundo circumdatam esse Necessitatem.

3. Parmenides et Democritus, omnia fieri ex Necessitate, eandemque esse Fatum, Justitiam, Providentiam, mundi effectricem.

XXVI. *De natura sive substantia Necessitatis.*

1. Plato quaedam ad providentiam, quaedam ad Necessitatem revocat.

2. Empedocles naturam Necessitatis esse ait causam, quae utatur principiis et elementis.

3. Democritus, renisum, lationem et percussionem materiae.

4. Plato, alias materiam, alias effectricis causae habitum ad materiam.

XXVII. *De Fato.*

1. Heraclitus omnia Fato fieri dixit : idque idem esse ac Necessitatem.

2. Plato admittit quidem Fatum in humana vita atque actionibus : addit tamen causas a nobis profectas.

3. Stoici, hac in re Platonis similes, necessitatem aiunt causam esse invictam et violentam : Fatum vero connexum esse causarum ordine contentum, quo etiam includantur ea quae sunt in potestate nostra; ita ut alia fatalia debeant haberi, alia non fatalia.

XXVIII. *De natura Fati.*

1. Heraclitus Fati substantiam esse ait rationem quae per Universi naturam transeat : haec est autem aethereum corpus, semen procreationis universi.

2. Plato, rationem legemque aeternam naturae Universi.

3. Chrysippus, facultatem spiritalem, quae totum mundum ordine disponat. Idem in Definitionibus, *Fatum,* inquit, *mundi est ratio, aut lex eorum quae sunt in*

κόσμῳ, προνοίᾳ διοικουμένων· ἢ λόγος, καθ' ὃν τὰ μὲν γεγονότα γέγονε, τὰ δὲ γινόμενα γίνεται, τὰ δὲ γενησόμενα γενήσεται. »

4. Οἱ Στωϊκοὶ, εἱρμὸν αἰτιῶν, τουτέστι τάξιν καὶ
5 ἐπισύνδεσιν ἀπαράβατον.

5. Ποσειδώνιος, τρίτην ἀπὸ Διός· πρῶτον μὲν γὰρ εἶναι τὸν Δία, δεύτερον τὴν φύσιν, τρίτον δὲ τὴν εἱμαρμένην. »

ΚΘ'. Περὶ τύχης.

1. Πλάτων, αἰτίαν ἐν προαιρετικοῖς κατὰ συμβεβηκὸς καὶ παρακολούθημα.

2. Ἀριστοτέλης, αἰτίαν κατὰ συμβεβηκὸς ἐν τοῖς καθ' ὁρμὴν ἕνεκά τινος γινομένοις, ἄδηλον καὶ ἄστατον. (3) Διαφέρειν δὲ τῆς τύχης τὸ αὐτόματον· τὸ μὲν γὰρ
15 ἀπὸ τύχης καὶ ταυτομάτου εἶναι ἐν τοῖς πρακτέοις πάντως· τὸ δ' αὐτόματον, οὐκ ἀπὸ τύχης· ἐν γὰρ τοῖς ἔξω πράξεως· καὶ τὴν μὲν τύχην, τῶν λογικῶν· τὸ δ' αὐτόματον, καὶ τῶν λογικῶν καὶ τῶν ἀλόγων ζῴων καὶ τῶν ἀψύχων σωμάτων.
20 4. Ἐπίκουρος, ἀσύστατον αἰτίαν προσώποις, χρόνοις, τρόποις.

5. Ἀναξαγόρας καὶ οἱ Στωϊκοὶ, ἄδηλον αἰτίαν ἀνθρωπίνῳ λογισμῷ· ἃ μὲν γὰρ εἶναι κατ' ἀνάγκην, ἃ δὲ καθ' εἱμαρμένην, ἃ δὲ κατὰ προαίρεσιν, ἃ δὲ κατὰ τύχην,
25 ἃ δὲ κατὰ τὸ αὐτόματον.

Λ'. Περὶ φύσεως.

1. Ἐμπεδοκλῆς φύσιν μηδὲν εἶναι, μίξιν δὲ τῶν στοιχείων καὶ διάστασιν. Γράφει γὰρ οὕτως ἐν τῷ πρώτῳ Φυσικῷ·

30 Ἄλλο δέ τοι ἐρέω· φύσις οὐδεν[ός] ἐστιν ἁπάντων
θνητῶν, οὐδέ τις οὐλομένου θανάτοιο τελευτὴ,
ἀλλὰ μόνον μίξις τε διάλλαξίς τε μιγέντων
ἐστί, φύσις δὲ βροτοῖς ὀνομάζεται ἀνθρώποισιν.

2. Ἀναξαγόρας ὁμοίως τὴν φύσιν, σύγκρισιν καὶ διά
35 κρισιν, τουτέστι γένεσιν καὶ φθοράν.

----

* ΠΕΡΙ ΤΩΝ ΑΡΕΣΚΟΝΤΩΝ

ΤΟΙΣ ΦΙΛΟΣΟΦΟΙΣ

ΒΙΒΛΙΟΝ ΔΕΥΤΕΡΟΝ.

Τετελεκὼς τοίνυν τὸν περὶ ἀρχῶν καὶ στοιχείων καὶ
40 τῶν συνεδρευόντων αὐτοῖς λόγον, τρέψομαι πρὸς τὸν περὶ τῶν ἀποτελεσμάτων, ἀπὸ τοῦ περιεκτικωτάτου πάντων ἐνστησάμενος.

---

mundo ac providentia administrantur : aut ratio, secundum quam et quæ fuere, facta sunt, et fiunt quæ fiunt, et fient ea quæ erunt.

4. Stoici, seriem causarum, id est, ordinem et nexum inviolabilem.

5. Posidonius tertium ei ab Jove locum tribuit : primum enim Jovis esse, secundum Naturæ, tertium Fati.

XXIX. *De Fortuna.*

1. Hanc Plato ait causam per accidens esse et consequi inopinato in iis, quæ consilio institutoque hominum suscipiuntur.

2. Aristoteles, causam per accidens in his, quæ, appetitu movente, finis causa aguntur; incertam eam, et instabilem. (3) Porro Fortunam a Casu differre : quum illa in actionibus locum habeat dumtaxat, casumque admittat : Casus autem Fortunæ locum non det semper, nec sit in agendo; quippe quum Casus et in ratione præditis, et in brutis, adeoque etiam inanimatis locum habeat; Fortuna non, nisi ubi ratio inest.

4. Epicurus causam esse dixit instabilem, ob mutationem personarum, temporum, morum.

5. Anaxagoras et Stoici causam dicunt esse quæ humana ratiocinatione cognosci nequeat. Fieri enim alia necessario, alia fato, alia instituto animi, alia forte fortuna, alia casu.

XXX. *De Natura.*

1. Empedocli visum fuit, nihil esse Naturam nisi permixtionem et divulsionem elementorum. Sic enim scribit in primo libro de Naturali Philosophia :

Dicam aliud tibi : non mortem Natura, vel ortum
humano præbet generi : nam mixtio tantum,
mixtorumque subest quædam secretio rebus,
idque homines vulgo Naturam dicere suerunt.

2. Itidem Anaxagoras concretionem et secretionem, id est ortum et interitum, Naturæ nomine intelligebat.

DE PLACITIS

PHILOSOPHORUM

LIBER SECUNDUS.

Absoluta relatione de principiis, elementis et aliis quæ ad eandem pertinent classem, ad effecta proinde me convertam, ordiarque ab eo quod omnia reliqua continet.

Α΄. Περὶ κόσμου.

1. Πυθαγόρας πρῶτος ὠνόμασε τὴν τῶν ὅλων περιοχὴν κόσμον, ἐκ τῆς ἐν αὐτῷ τάξεως.

2. Θαλῆς καὶ οἱ ἀπ᾽ αὐτοῦ, ἕνα τὸν κόσμον.

3. Δημόκριτος, καὶ Ἐπίκουρος, καὶ ὁ τούτου μαθητὴς Μητρόδωρος, ἀπείρους κόσμους ἐν τῷ ἀπείρῳ κατὰ πᾶσαν περίστασιν.

4. Ἐμπεδοκλῆς, τὴν τοῦ ἡλίου περιδρομὴν εἶναι περιγραφὴν τοῦ κόσμου, καὶ τοῦτο πέρας αὐτοῦ.

5. Σέλευκος, ἄπειρον τὸν κόσμον.

6. Διογένης, τὸ μὲν πᾶν ἄπειρον, τὸν δὲ κόσμον πεπεράνθαι.

7. Οἱ Στωϊκοὶ διαφέρειν τὸ πᾶν καὶ τὸ ὅλον· πᾶν μὲν γὰρ εἶναι τὸ σὺν κενῷ ἄπειρον, ὅλον δὲ χωρὶς τοῦ κενοῦ κόσμον· ὥστε (οὐ) τὸ αὐτὸ εἶναι τὸ ὅλον καὶ τὸν κόσμον.

Β΄. Περὶ σχήματος κόσμου.

1. Οἱ μὲν Στωϊκοί, σφαιροειδῆ τὸν κόσμον, ἄλλοι δὲ κωνοειδῆ, οἱ δὲ ᾠοειδῆ.

2. Ἐπίκουρος δέ, ἐνδέχεσθαι μὲν εἶναι σφαιροειδεῖς τοὺς κόσμους, ἐνδέχεσθαι δὲ καὶ ἑτέροις σχήμασι κεχρῆσθαι.

Γ΄. Εἰ ἔμψυχος ὁ κόσμος καὶ προνοίᾳ διοικούμενος.

1. Οἱ μὲν ἄλλοι πάντες, ἔμψυχον τὸν κόσμον καὶ προνοίᾳ διοικούμενον.

2. Δημόκριτος δὲ καὶ Ἐπίκουρος, καὶ ὅσοι τὰ ἄτομα εἰσηγοῦνται καὶ τὸ κενόν, οὔτ᾽ ἔμψυχον, οὔτε προνοίᾳ διοικεῖσθαι, φύσει δέ τινι ἀλόγῳ.

3. Ἀριστοτέλης, οὔτ᾽ ἔμψυχον ὅλον δι᾽ ὅλων, οὔτε μὴν αἰσθητικόν, οὔτε λογικόν, οὔτε νοερόν, οὔτε προνοίᾳ διοικούμενον· τὰ μὲν γὰρ οὐράνια τούτων ἁπάντων κοινωνεῖν· σφαίρας γὰρ περιέχειν ἐμψύχους καὶ ζωτικάς· τὰ δὲ περίγεια μηδενὸς αὐτῶν, τῆς δ᾽ εὐταξίας κατὰ συμβεβηκός, οὐ προηγουμένως μετέχειν.

Δ΄. Εἰ ἄφθαρτος ὁ κόσμος.

1. Πυθαγόρας [καὶ Πλάτων] καὶ οἱ Στωϊκοί, γενητὸν ὑπὸ θεοῦ τὸν κόσμον· καὶ φθαρτὸν μέν, ὅσον ἐπὶ τῇ φύσει, αἰσθητὸν γὰρ εἶναι διὰ τὸ σωματικόν· οὐ μὴν φθαρησόμενόν γε, προνοίᾳ καὶ συνοχῇ θεοῦ.

2. Ἐπίκουρος, φθαρτόν, ὅτι καὶ γενητόν, ὡς ζῷον, ὡς φυτόν.

3. Ξενοφάνης, ἀγένητον καὶ ἀΐδιον καὶ ἄφθαρτον τὸν κόσμον.

4. Ἀριστοτέλης, τὸ ὑπὸ τὴν σελήνην τοῦ κόσμου μέρος παθητόν, ἐν ᾧ καὶ τὰ περίγεια κηραίνεται.

Ε΄. Πόθεν τρέφεται ὁ κόσμος.

1. Ἀριστοτέλης· Εἰ τρέφεται ὁ κόσμος, καὶ φθαρήσεται· ἀλλὰ μὴν οὐδεμιᾶς τινος ἐπιδεῖται τροφῆς· διὰ τοῦτο καὶ ἀΐδιος.

I. De Mundo.

1. Pythagoras primus complexum *Universi* affecit *Mundi* nomine, propter ordinem qui in eo est. Græca enim vox *Kosmos*, ordinem ornatumque significat.

2. Thales et ejus sectatores, unum censuerunt esse Mundum.

3. Democritus, Epicurus, et hujus discipulus Metrodorus, infinitos Mundos in infinito, secundum omnes circumstantias.

4. Empedocles solis conversione Mundum circumscribi ait, huncque esse ejus finem.

5. Seleucus, infinitum Mundum.

6. Diogenes, Universum infinitum, Mundum autem finitum.

7. Stoici discrimen statuunt inter Universum et Totum. Universum enim esse infinitum adjuncto inani; Totum autem esse Mundum seorsum ab inani : itaque [non] idem esse totum et Mundum.

II. De Figura Mundi.

1. Stoici globi figuram Mundo assignant, alii turbinis, ovi quidam.

2. Epicurus, posse Mundos esse globosos, posse etiam alia esse figura.

III. An Mundus animatus sit et a Providentia gubernetur.

1. Reliqui omnes sentiunt Mundum animatum esse et providentia gubernari.

2. Democritus autem, Epicurus, et qui præter hos Inane et Atomos introducunt, et animæ expertem Mundum faciunt, neque providentia, sed natura quadam bruta, administrari aiunt.

3. Aristoteles neque animatum totum per omnes partes dicit, neque sensu, aut ratione, aut mente præditum, neque a providentia temperari. Nam cœlestibus quidem hæc omnia adesse, quod orbibus contineantur animatis atque animalibus : terrestria autem omnibus istis carere ; et ordinem per accidens iis, non per se aut a causa antegressa contingere.

IV. An expers interitus sit Mundus.

1. Pythagoras, (Plato) et Stoici Mundum a Deo factum arbitrati sunt, et quod ad naturam attinet, obnoxium interitui, quia corporeus, ideoque sensibus sit expositus : non autem periturum, providentia eum et Deo continente.

2. Epicurus, caducum, quia et ortus, ut animal, ut stirpem.

3. Xenophanes, neque ortum, et sempiternum, ac nunquam interiturum esse Mundum.

4. Aristoteles, partem Mundi quæ infra lunam est, affectionibus obnoxiam, in qua parte etiam terrestria suas patiuntur mutationes.

V. Unde alatur Mundus.

1. Aristoteles sic : Si alitur Mundus, etiam perihit : at nullo indiget nutrimento ; est ergo sempiternus.

2. * Πλάτων, αὐτὸν αὑτῷ τὸν κόσμον ἐκ τοῦ φθίνοντος κατὰ μεταβολὴν τὸ τρέφον παρέχεσθαι.

3. Φιλόλαος, διττὴν εἶναι τὴν φθοράν, τοτὲ μὲν ἐξ οὐρανοῦ πυρὸς ῥυέντος, τοτὲ δ' ἐξ ὕδατος σεληνιακοῦ περιστροφῇ τοῦ ἀέρος ἀποχυθέντος· καὶ τούτων εἶναι τὰς ἀναθυμιάσεις τροφὰς τοῦ κόσμου.

ς'. Ἀπὸ ποίου στοιχείου ἤρξατο κοσμοποιεῖν ὁ θεός.

1. Οἱ φυσικοὶ ἀπὸ γῆς ἄρξασθαι φασὶ τὴν γένεσιν τοῦ κόσμου, καθάπερ ἀπὸ κέντρου· ἀρχὴ δὲ σφαίρας τὸ κέντρον.

2. Πυθαγόρας, ἀπὸ πυρὸς καὶ τοῦ πέμπτου στοιχείου.

3. Ἐμπεδοκλῆς, τὸν μὲν αἰθέρα πρῶτον διακριθῆναι· δεύτερον δὲ τὸ πῦρ· ἐφ' ᾧ τὴν γῆν· ἐξ ἧς ἄγαν περισφιγγομένης τῇ ῥύμῃ τῆς περιφορᾶς, ἀναβλύσαι τὸ ὕδωρ· ἐξ οὗ [ἀπο]θυμιαθῆναι τὸν ἀέρα, καὶ γενέσθαι τὸν μὲν οὐρανὸν ἐκ τοῦ αἰθέρος, τὸν δὲ ἥλιον ἐκ τοῦ πυρός, πιληθῆναι δ' ἐκ τῶν ἄλλων τὰ περίγεια.

4. Πλάτων, τὸν ὁρατὸν κόσμον γεγονέναι πρὸς παράδειγμα τοῦ νοητοῦ κόσμου· τοῦ δὲ ὁρατοῦ κόσμου προτέραν μὲν εἶναι τὴν ψυχήν, μετὰ δὲ ταύτην τὸ σωματοειδές, τὸ ἐκ πυρὸς μὲν καὶ γῆς πρῶτον, ὕδατος καὶ ἀέρος δεύτερον.

5. Πυθαγόρας, πέντε σχημάτων ὄντων στερεῶν, ἅπερ καλεῖται καὶ μαθηματικά, ἐκ μὲν τοῦ κύβου φησὶ γεγονέναι τὴν γῆν, ἐκ δὲ τῆς πυραμίδος τὸ πῦρ, ἐκ δὲ τοῦ ὀκταέδρου τὸν ἀέρα, ἐκ δὲ τοῦ εἰκοσαέδρου τὸ ὕδωρ, ἐκ δὲ τοῦ δωδεκαέδρου τὴν τοῦ παντὸς σφαῖραν.

6. Πλάτων δὲ καὶ ἐν τούτοις πυθαγορίζει.

Ζ'. Περὶ τάξεως τοῦ κόσμου.

1. Παρμενίδης, στεφάνας εἶναι περιπεπλεγμένας, ἐπαλλήλους, τὴν μὲν ἐκ τοῦ ἀραιοῦ, τὴν δ' ἐκ τοῦ πυκνοῦ· μικτὰς δὲ ἄλλας ἐκ φωτὸς καὶ σκότους, μεταξὺ τούτων· καὶ τὸ περιέχον δὲ πάσας, τείχους δίκην στερεὸν ὑπάρχειν.

2. Λεύκιππος καὶ Δημόκριτος χιτῶνα κύκλῳ καὶ ὑμένα περιτείνουσι τῷ κόσμῳ.

3. Ἐπίκουρος, ἐνίων μὲν κόσμων ἀραιὸν τὸ πέρας, ἐνίων δὲ πυκνόν· καὶ τούτων τὰ μέν τινα κινούμενα, τὰ δ' ἀκίνητα.

4. Πλάτων, πῦρ πρῶτον, εἶτ' αἰθέρα, μεθ' ὃν ἀέρα, ἐφ' ᾧ ὕδωρ, τελευταίαν δὲ γῆν· ἐνίοτε δὲ τὸν αἰθέρα τῷ πυρὶ συνάπτει.

5. Ἀριστοτέλης, πρῶτον μὲν αἰθέρα ἀπαθῆ, πέμπτον δή τι σῶμα· μεθ' ὃ παθητά, πῦρ, ἀέρα, ὕδωρ· τελευταίαν δὲ γῆν. Τούτων δὲ τοῖς μὲν οὐρανίοις ἀποδεδόσθαι τὴν κυκλικὴν κίνησιν· τῶν δὲ ὑπ' ἐκεῖνα τεταγμένων, τοῖς μὲν κούφοις, τὴν ἄνω· τοῖς δὲ βαρέσι, τὴν κάτω.

6. Ἐμπεδοκλῆς μὴ διὰ παντὸς ἑστῶτας, μηδ' ὡρι-

---

2. Plato, ipsum Mundum sibi mutatione eorum quæ intereunt suppeditare nutrimentum.

3. Philolaus, duplicem esse interitum, unum igne cœlitus defluente, alterum lunari aqua per revolutionem aeris effusa : atque horum exhalationes esse alimentum Mundi.

VI. *A quo elemento Mundi opificium sit orsus Deus.*

1. Physici a terra inchoasse aiunt Mundi ortum tanquam e centro. Est enim centrum, globi initium.

2. Pythagoras [*imo* Stoici], ab igne et quinto elemento.

3. Empedocles, primo fuisse secretum ætherem, deinde ignem, post terram, qua nimis in arctum coacta ob impetum circumagitationis, aqua ebullierit : ex hac aerem exhalasse : ac cœlum quidem ex æthere natum, solem ex igne : reliqua circa terram quæ sunt, condensata coiisse ex reliquis.

4. Plato ait, visibilem Mundum factum ad exemplum ejus qui in mente fuit : ejus visibilis Mundi priorem tempore partem exstitisse animam, post corporea, quæ primo ex igni et terra, posteriore loco ex aqua et aere coaluerint.

5. Pythagoras, quum sint quinque formæ solidorum corporum (*mathematica* etiam hæc vocantur), e cubo ortam ait terram, e pyramide ignem, ex octo basium corpore aerem, e viginti basium forma aquam, e duodecim basium solido globum Universi.

6. Plato in his quoque Pythagoram imitatur.

VII. *De ordine Mundi.*

1. Parmenides corollas ait esse crebras inter se consertas, unam ex raro, alteram e denso : his interjectas alias, ex lumine et tenebris mixtas : esse autem solidum quidpiam instar muri, quod istas omnes corollas contineat.

2. Leucippus et Democritus Mundo in orbem tunicam atque membranam circumtendunt.

3. Epicurus quorumdam mundorum extrema rara, quorumdam densa, et mobilia alia, alia immobilia statuit.

4. Plato ignem primo loco statuit, proximo ætherem, deinde aerem, post hunc aquam, postremo terram : interdum ætherem igni conjungit.

5. Aristoteles primo ætherem omnis exsortem perpessionis ponit, quintum scilicet corpus : deinceps obnoxia affectionibus, ignem, aerem, aquam, denique terram. Horum cœlestibus motum circularem assignatum esse : inferioribus, quæ quidem levia sunt, sursum; quæ gravia, deorsum lationem.

6. Empedocles non perpetuo aut definitis locis reposita

εμένους τοὺς τόπους τῶν στοιχείων, ἀλλὰ πάντα τοὺς ἀλλήλων μεταλαμβάνειν.

Η΄. Τίς ἡ αἰτία τοῦ τὸν κόσμον ἐγκεκλίσθα

1. Διογένης [καὶ] Ἀναξαγόρας, μετὰ τὸ συστῆναι τὸν κόσμον, καὶ τὰ ζῷα ἐκ τῆς γῆς ἐξαγαγεῖν, ἐγκλιθῆναί πως τὸν κόσμον ἐκ τοῦ αὐτομάτου ἐς τὸ μεσημβρινὸν αὐτοῦ μέρος· ἴσως ὑπὸ προνοίας, ἵνα ἃ μέν τινα ἀοίκητα γένηται, ἃ δ' οἰκητὰ μέρη τοῦ κόσμου, κατὰ ψῦξιν, καὶ ἐκπύρωσιν; καὶ εὐκρασίαν.

2. Ἐμπεδοκλῆς, τοῦ ἀέρος εἴξαντος τῇ τοῦ ἡλίου ὁρμῇ, ἐγκλιθῆναι τὰς ἄρκτους, καὶ τὰ μὲν βόρεια ὑψωθῆναι, τὰ δὲ νότια ταπεινωθῆναι, καθ' ὃ καὶ τὸν ὅλον κόσμον.

Θ΄. Περὶ τοῦ ἐκτὸς τοῦ κόσμου, εἰ ἔστι κενόν.

1. Οἱ μὲν ἀπὸ Πυθαγόρου, ἐκτὸς εἶναι τοῦ κόσμου κενὸν, εἰς ὃ ἀναπνεῖ ὁ κόσμος, καὶ ἐξ οὗ.

2. * Οἱ δὲ Στωϊκοὶ, εἰς ὃ κατὰ τὴν ἐκπύρωσιν ἀναλύεται τὸ ἄπειρον.

3. Ποσειδώνιος, οὐκ ἄπειρον, ἀλλ' ὅσον αὔταρκες εἰς τὴν διάλυσιν, ἐν τῷ πρώτῳ περὶ Κενοῦ.

4. Ἀριστοτέλης, μηδὲν εἶναι κενόν.

5. Πλάτων, μήτ' ἐκτὸς τοῦ κόσμου μήτ' ἐντὸς μηδὲν εἶναι κενόν.

Ι΄. Τίνα δεξιὰ τοῦ κόσμου καὶ τίνα ἀριστερά.

1. Πυθαγόρας, Πλάτων, Ἀριστοτέλης, δεξιὰ τοῦ κόσμου τὰ ἀνατολικὰ μέρη, ἀφ' ὧν ἡ ἀρχὴ τῆς κινήσεως, ἀριστερὰ δὲ τὰ δυτικά.

2. Ἐμπεδοκλῆς, δεξιὰ μὲν τὰ κατὰ τὸν θερινὸν τροπικόν· ἀριστερὰ δὲ, τὰ κατὰ τὸν χειμερινόν.

ΙΑ΄. Περὶ οὐρανοῦ, τίς ἡ τούτου οὐσία.

1. Ἀναξιμένης, τὴν περιφορὰν τὴν ἐξωτάτω [τῆς] γῆς εἶναι.

2. Ἐμπεδοκλῆς, στερέμνιον εἶναι τὸν οὐρανὸν, ἐξ ἀέρος συμπαγέντος ὑπὸ πυρὸς κρυσταλλοειδῶς, τὸ πυρῶδες καὶ ἀερῶδες ἐν ἑκατέρῳ τῶν ἡμισφαιρίων περιέχοντα.

3. Ἀριστοτέλης, ἐκ πέμπτου σώματος (πυρὸς), ἢ ἐκ θερμοῦ καὶ ψυχροῦ μίγματος.

ΙΒ΄. Περὶ διαιρέσεως οὐρανοῦ, εἰς πόσους κύκλους διαιρεῖται.

1. Θαλῆς, Πυθαγόρας, οἱ ἀπ' αὐτοῦ, μεμερίσθαι τὴν τοῦ παντὸς οὐρανοῦ σφαῖραν εἰς κύκλους πέντε, οὕστινας προσαγορεύουσι ζώνας· καλεῖται δὲ ὁ μὲν αὐτῶν ἀρκτικός τε καὶ ἀειφανής· ὁ δὲ, θερινὸς τροπικός· ὁ δὲ, ἰσημερινός· ὁ δὲ, χειμερινὸς τροπικός· ὁ δὲ, ἀνταρκτικός τε καὶ ἀφανής· (2) λοξὸς δὲ τοῖς τρισὶ μέσοις ὁ καλούμενος ζωδιακὸς ὑποβέβληται, παρεπιψαύων τῶν μέσων τριῶν· πάντας δ' αὐτοὺς ὁ μεσημβρινὸς πρὸς ὀρθὰς ἀπὸ τῶν ἄρκτων ἐπὶ τὸ ἀντίξουν τέμνει.

---

elementa dicit, sed quodvis in cujusvis locum succedere.

VIII. *Quæ causa sit inclinationis Mundo.*

1. Diogenes et Anaxagoras, postquam Mundus constitutus fuit, et e terra produxit animalia, quodammodo inclinatum Mundum fortuito censent in austrinas partes : fortassis providentia sic satagente, ut Mundi partes quædam habitari, aliæ non possent, ratione gelu, ardoris, commodæ temperiei.

2. Empedocles, aere cedente solis impetui, septentriones docet declinasse, ita ut partes iis vicinæ in sublime attollerentur, deprimerentur austrinæ : atque hanc inclinationem toti proinde Mundo accidisse.

IX. *De eo quod est extra Mundum, an id vacuum sit.*

1. Pythagorici extra Mundum inane esse putant, in quod, et e quo Mundus respiret.

2. Stoici, inane esse, in quod quidem conflagratione sua infinitus mundus dissolutum eat.

3. Posidonius, non infinitum inane, sed quantum dissolutioni sufficiat, in libro primo de Inani.

4. Aristoteles affirmat nullum esse inane.

5. Plato negat ullum esse, vel extra, vel intra mundum, inane.

X. *Quæ partes Mundi dextræ sint, quæ sinistræ.*

1. Pythagoras, Plato, Aristoteles, dextras mundi partes faciunt quæ ad ortum sunt, unde motus initium : sinistras, quæ ad occasum.

2. Empedocles dextra vocat quæ sunt ad circulum æstivæ solis conversionis, sinistra quæ ad hibernum.

XI. *De Cœlo, quæ sit ejus natura.*

1. Anaximenes dicit rotationem esse extremam orbis.

2. Empedocles, Cœlum esse solidum, glaciei in modum ab igne ex aere compactum, quod ignitam aeneamque naturam in utroque globi semisse contineat.

3. Aristoteles, e quinto corpore, [igne,] vel calidi cum frigido mixtione.

XII. *In quot orbes Cœlum dividatur.*

1. Thales, Pythagoras et hujus sectatores Cœlum in circulos quinque dividunt : ipsi Zonas, id est cingula, appellant. Nomina eorum sunt : Septentrionalis, qui semper est conspicuus; Solstitii æstivi circulus; Æquinoctialis, Brumæ circulus; Arctico oppositus, semper nobis occultatus. (2) Horum tribus mediis substernitur obliquus, singulos medios attingens, cui signifer, seu Zodiacus, nomen est. Omnes autem isti a meridiano per septentriones in oppositam ducto partem finduntur.

3. Πυθαγόρας πρῶτος ἐπινενοηκέναι λέγεται τὴν λόξωσιν τοῦ ζωδιακοῦ κύκλου, ἥντινα Οἰνοπίδης ὁ Χῖος ὡς ἰδίαν ἐπίνοιαν σφετερίζεται.

Γ΄. Τίς ἡ οὐσία τῶν ἀστέρων, καὶ πῶς συνεστήκασιν.

1. Θαλῆς, γεώδη μὲν, ἔμπυρα δὲ τὰ ἄστρα.

2. Ἐμπεδοκλῆς, πύρινα ἐκ τοῦ πυρώδους, ὅπερ ὁ αἰθὴρ ἐν ἑαυτῷ περιέχων ἐξέθλιψε κατὰ τὴν πρώτην διάκρισιν.

3. Ἀναξαγόρας, τὸν περικείμενον αἰθέρα πύρινον μὲν εἶναι κατὰ τὴν οὐσίαν, τῇ δ’ εὐτονίᾳ τῆς περιδινήσεως ἀναρπάζοντα πέτρους ἐκ τῆς γῆς, καὶ καταφλέξαντα τούτους ἠστερικέναι.

4. Διογένης, κισσηρώδη τὰ ἄστρα, διαπνοὰς δ’ αὐτὰ νομίζει τοῦ κόσμου· πάλιν δ’ ὁ αὐτὸς ἀφανεῖς μὲν λίθους, πίπτοντας δὲ πολλάκις ἐπὶ τὴν γῆν σβέννυσθαι, καθάπερ τὸν ἐν Αἰγὸς ποταμοῖς πυροειδῶς κατενεχθέντα ἀστέρα πέτρινον.

5. Ἐμπεδοκλῆς, τοὺς μὲν ἀπλανεῖς ἀστέρας συνδεδέσθαι τῇ κρυστάλλῳ, τοὺς δὲ πλάνητας ἀνεῖσθαι.

6. Πλάτων, ἐκ μὲν τοῦ πλείστου μέρους, πυρίνους, μετέχοντας δὲ καὶ τῶν ἄλλων στοιχείων κόλλης δίκην.

7. Ξενοφάνης, ἐκ νεφῶν πεπυρωμένων, σβεννυμένους δὲ καθ’ ἑκάστην ἡμέραν, ἀναζωπυρεῖν νύκτωρ, καθάπερ τοὺς ἄνθρακας· τὰς γὰρ ἀνατολὰς καὶ τὰς δύσεις, ἐξάψεις εἶναι καὶ σβέσεις.

8. Ἡρακλείδης καὶ οἱ Πυθαγόρειοι, ἕκαστον τῶν ἀστέρων κόσμον ὑπάρχειν, γῆν περιέχοντα, ἀέρα τε καὶ αἰθέρα, ἐν τῷ ἀπείρῳ αἰθέρι· ταῦτα δὲ τὰ δόγματα ἐν τοῖς Ὀρφικοῖς φέρεται· κοσμοποιοῦσι γὰρ ἕκαστον τῶν ἀστέρων.

9. Ἐπίκουρος οὐδὲν ἀπογινώσκει τούτων, ἐχόμενος τοῦ ἐνδεχομένου.

ΙΔ΄. Περὶ σχήματος ἀστέρων.

1. Οἱ Στωϊκοί, σφαιρικοὺς τοὺς ἀστέρας, καθάπερ τὸν κόσμον καὶ ἥλιον καὶ σελήνην.

2. Κλεάνθης, κωνοειδεῖς.

3. Ἀναξιμένης, ἥλων δίκην καταπεπηγέναι τῷ κρυσταλλοειδεῖ.

4. Ἔνιοι δὲ πέταλα εἶναι πύρινα, ὥσπερ ζωγραφήματα.

ΙΕ΄. Περὶ τάξεως ἀστέρων.

1. Ξενοκράτης κατὰ μιᾶς ἐπιφανείας οἴεται κινεῖσθαι τοὺς ἀστέρας.

2. Οἱ δ’ ἄλλοι Στωϊκοί, πρὸ τῶν ἑτέρων τοὺς ἑτέρους ἐν ὕψει καὶ βάθει.

3. Δημόκριτος, τὰ μὲν ἀπλανῆ πρῶτον, μετὰ δὲ ταῦτα τοὺς πλάνητας, ἐφ’ οἷς Ἥλιον, Φωσφόρον, Σελήνην.

4. Πλάτων μετὰ τὴν τῶν ἀπλανῶν θέσιν, πρῶτον Φαίνοντα λεγόμενον, τὸν τοῦ Κρόνου· δεύτερον Φαέθοντα, τὸν τοῦ Διός· τρίτον Πυρόεντα, τὸν τοῦ Ἄρεος·

---

3. Primus Pythagoras invenisse dicitur Signiferi obliquitatem, quam Œnopides Chius tamen ut abs se excogitatam sibi vindicat.

XIII. *Quæ Stellarum natura sit, ac quomodo conflatæ sint.*

1. Thales censuit terrestres quidem esse stellas, sed ignitas tamen.

2. Empedocles, igneas, eo ex igne, quem in se continens æther in prima secretione eliserit.

3. Anaxagoras, ætherem circumsitum ignea quidem esse natura, circumvolutionis autem vehementia abripuisse lapides e terra, eosque adussisse, et sic in stellas convertisse.

4. Diogenes pumicum instar esse stellas censet, exspirationes mundi exhalantis : idem, circumferri cum illis lapides non conspicuos, qui sæpe in terram delapsi exstinguantur : quomodo ad Ægos flumen sub ignis forma decidit stella saxea.

5. Empedocles inerrantes stellas crystallo ait alligatas, errones ab eo solutas.

6. Plato, majori ex parte igneæ naturæ esse stellas, sed ita, ut glutinis loco reliquorum etiam elementorum partes admittant.

7. Xenophanes, nasci ex inflammatis nubibus stellas, quæ quotidie exstinguantur, nocte quavis rursus carbonum instar accendantur : ortus quippe et occasus, nihil esse aliud quam accendi et exstingui.

8. Heraclides et Pythagorei quamvis stellam dixerunt esse mundum in æthere infinito, qui terram, aerem, ætheremque contineat. Hæc opinio etiam in Orphicis perhibetur : nam Orphei sectatores singulas stellas esse mundos dicunt.

9. Epicurus horum nihil improbat, ei quod fieri potest inhærens.

XIV. *De figura Stellarum.*

1. Stoici, globosas esse stellas, ut mundum quoque, ut solem, ut lunam.

2. Cleanthes, metæ seu turbinis forma.

3. Anaximenes, clavorum instar infixos esse crystallo.

4. Alii, laminas esse igneas, tanquam picturas.

XV. *Ex ordine Stellarum.*

1. Xenocrates in una superficie stellas moveri autumavit.

2. Reliqui Stoici, alias aliis esse humiliores atque altiores.

3. Democritus hoc ordine collocat : primo fixas stellas, deinde errones, in quibus Solem, Luciferum, Lunam.

4. Plato, postquam inerrantium locos memoravit, proximam facit stellam Saturni, quæ ei Phænon dicitur, nos fulgidam (puto) possemus; tum Phaethontem, id est niten.

τέταρτον Ἑωσφόρον, τὸν τῆς Ἀφροδίτης· πέμπτον
Στίλβοντα, τὸν τοῦ Ἑρμοῦ· ἕκτον Ἥλιον· ἕβδομον Σελήνην.

5. Τῶν Μαθηματικῶν τινὲς μέν, ὡς Πλάτων· τινὲς
δὲ, μέσον πάντων τὸν Ἥλιον.

6. Ἀναξίμανδρος, καὶ Μητρόδωρος ὁ Χῖος, καὶ Κράτης, ἀνωτάτω μὲν πάντων τὸν Ἥλιον τετάχθαι, μετ'
αὐτὸν δὲ τὴν Σελήνην, ὑπὸ δ' αὐτούς, τὰ ἀπλανῆ τῶν
ἀστέρων καὶ τοὺς πλανήτας.

ΙϚ'. Περὶ τῆς τῶν ἀστέρων φορᾶς καὶ κινήσεως.

1. Ἀναξαγόρας, Δημόκριτος, Κλεάνθης, ἀπ' ἀνατολῶν ἐπὶ δυσμὰς φέρεσθαι πάντας τοὺς ἀστέρας.

2. Ἀλκμαίων καὶ οἱ Μαθηματικοί, τοὺς πλανήτας
τοῖς ἀπλανέσιν ἐναντίους· ἀπὸ γὰρ δυσμῶν ἐπ' ἀνατολὰς ἀντιφέρεσθαι.

3. Ἀναξίμανδρος, ὑπὸ τῶν κύκλων καὶ τῶν σφαιρῶν,
ἐφ' ὧν ἕκαστος βέβηκε, φέρεσθαι.

4. Ἀναξιμένης, ὁμοίως ὑπὸ τὴν γῆν καὶ περὶ αὐτὴν
στρέφεσθαι τοὺς ἀστέρας.

5. Πλάτων καὶ οἱ Μαθηματικοί, ἰσοδρόμους εἶναι
τὸν Ἥλιον, τὸν Ἑωσφόρον, τὸν Στίλβοντα.

ΙΖ'. Πόθεν φωτίζονται οἱ ἀστέρες.

1. Μητρόδωρος, ἅπαντας τοὺς ἀπλανεῖς καὶ πλάνητας ὑπὸ τοῦ ἡλίου προσλάμπεσθαι.

2. Ἡράκλειτος καὶ οἱ Στωϊκοί, τρέφεσθαι τοὺς
ἀστέρας ἐκ τῆς ἐπιγείου ἀναθυμιάσεως.

3. Ἀριστοτέλης, μὴ δεῖσθαι τὰ οὐράνια τροφῆς· οὐ
γὰρ φθαρτά, ἀλλ' ἀΐδια.

4. Πλάτων καὶ οἱ Στωϊκοί, ὡς ὅλον τὸν κόσμον, καὶ
τὰ ἄστρα ἐξ αὑτῶν τρέφεσθαι.

ΙΗ'. Περὶ τῶν ἀστέρων τῶν καλουμένων Διοσκούρων.

1. Ξενοφάνης, τοὺς ἐπὶ τῶν πλοίων φαινομένους οἷον
ἀστέρας, νεφέλεια εἶναι κατὰ τὴν ποιὰν κίνησιν παρα-
λάμποντα.

2. Μητρόδωρος, τῶν ὁρώντων ὀφθαλμῶν μετὰ δέους
καὶ καταπλήξεως εἶναι στιλβηδόνας.

ΙΘ'. Περὶ ἐπισημασίας ἀστέρων, καὶ πῶς γίνεται χειμὼν καὶ θέρος.

1. Πλάτων, τὰς ἐπισημασίας τάς τε θερινὰς καὶ τὰς
χειμερινὰς κατὰ τὰς τῶν ἀστέρων ἐπιτολάς τε καὶ δυσμὰς γίνεσθαι, ἡλίου τε καὶ σελήνης, καὶ τῶν ἄλλων
πλανήτων καὶ ἀπλανῶν.

2. Ἀναξιμένης δὲ, διὰ μὲν ταῦτα μηδὲν τούτων,
διὰ δὲ τὸν ἥλιον μόνον.

3. Εὔδοξος, Ἄρατος, κοινῶς διὰ πάντας τοὺς ἀστέρας, ἐν οἷς φησίν·

> Αὐτὸς γὰρ τάδε σήματ' ἐν οὐρανῷ ἐστήριξεν,
> ἄστρα διακρίνας· ἐσκέψατο δ' εἰς ἐνιαυτὸν
> ἀστέρας, οἵ κε μάλιστα τετυγμένα σημαίνοιεν.

tem, qui est Juppiter; ab hoc proximum, Pyroenta, id est
igneum, stellam Martis; inde Luciferum, qui Veneri tribuitur; quintum, Mercurii sidus, quod Stilbon appellat, quasi
rutilans; sextum, Solem; septimam, Lunam.

5. Mathematicorum quidam Platoni subscribunt : alii
Solem in medio reponunt.

6. Anaximander, Metrodorus Chius, Crates summum
locum Soli deferunt, proximeque Lunam ei subjiciunt : sub
his fixa et vaga etiam sidera collocant.

XVI. *De latione et motu Stellarum.*

1. Anaxagoras, Democritus, Cleanthes, ab ortu versus
occasum ferri omnes stellas.

2. Alcmæon et Mathematici, planetas fixis ex adverso,
hoc est ab occasu ad ortum, citari.

3. Anaximander, a circulis et orbibus, quibus quævis
insistit, ferri.

4. Anaximenes, similiter sub terram, ac circa eam rotari
stellas.

5. Plato et Mathematici æqualem cursum assignant
Soli, Lucifero et Stilbonti sive Mercurio.

XVII. *Unde illuminentur Stellæ.*

1. Metrodorus omnes stellas fixas et errantes a sole illustrari ab eoque suum lumen accipere dixit.

2. Heraclitus et Stoici, stellas ali eo quod a terra sursum
evaporat.

3. Aristoteles, cælestia non indigere alimento, quia interitui non sint obnoxia, sed sempiterna.

4. Plato et Stoici, ut universum mundum, ita etiam
stellas nutrimentum ex se ipsis habere.

XVIII. *De Stellis quæ dicuntur Castores.*

1. Xenophanes istas quasi stellas, quæ supra naves apparent, parvas putavit esse nubeculas, ob certum affulgentes
motum.

2. Metrodorus, micationes esse, a videntium oculis,
quos terror et consternatio teneat, profectas.

XIX. *Quid denuncient stellæ, et quomodo fiant hiems atque æstas.*

1. Plato indicationes æstatis atque hiemis fieri solis,
lunæ, aliarumque fixarum et vagarum stellarum ortu atque
occasu tradit.

2. Anaximenes, per hæc nihil fieri iudicationis, sed per
unum solem.

3. Eudoxus et Aratus omnibus communiter accepta istæc
stellis ferunt. Arati verba subjecimus :

> Ipse hæc Altitonans in celso infixit olympo,
> et totum prudens distinxit signa per annum,
> eximia ut rebus de certis astra monerent

Κ΄. Περὶ οὐσίας ἡλίου.

1. Ἀναξίμανδρος, κύκλον εἶναι ὀκτωκαιεικοσαπλασίονα τῆς γῆς, ἁρματείου τροχοῦ τὴν ἀψῖδα παραπλήσιον ἔχοντα κοίλην, πλήρη πυρός· ἧς κατά τι μέρος ἐκφαίνειν διὰ στομίου τὸ πῦρ, ὥσπερ διὰ πρηστῆρος αὐλοῦ· καὶ τοῦτ' εἶναι τὸν ἥλιον.

2. Ξενοφάνης, ἐκ πυριδίων τῶν συναθροιζομένων μὲν ἐκ τῆς ὑγρᾶς ἀναθυμιάσεως, συναθροιζόντων δὲ τὸν ἥλιον· ἢ νέφος πεπυρωμένον.

3. Οἱ Στωϊκοί, ἄναμμα νοερὸν ἐκ θαλάττης.

4. Πλάτων, ἐκ πλείστου πυρός.

5. Ἀναξαγόρας, Δημόκριτος, Μητρόδωρος, μύδρον, ἢ πέτρον διάπυρον.

6. Ἀριστοτέλης, σφαῖραν ἐκ τοῦ πέμπτου σώματος.

7. Φιλόλαος ὁ Πυθαγόρειος, ὑαλοειδῆ, δεχόμενον μὲν τοῦ ἐν τῷ κόσμῳ πυρὸς τὴν ἀνταύγειαν, διηθοῦντα δὲ πρὸς ἡμᾶς τὸ φῶς, ὥστε προσεοικέναι ἡλίῳ τὸ ἐν τῷ οὐρανῷ πυρῶδες, τό τε δὴ ἀπ' αὐτοῦ [πυροειδὲς] καὶ ἐσοπτροειδές· καὶ τρίτον, τὴν ἀπὸ [τοῦ] ἐσόπτρου κατ' ἀνάκλασιν διασπειρομένην πρὸς ἡμᾶς αὐγήν· καὶ γὰρ ταύτην προσαγορεύομεν ἥλιον, οἱονεὶ εἴδωλον εἰδώλου.

8. Ἐμπεδοκλῆς δύο ἡλίους, τὸν μὲν ἀρχέτυπον, πῦρ ἐν τῷ ἑτέρῳ ἡμισφαιρίῳ τοῦ κόσμου, πεπληρωκὸς τὸ ἡμισφαίριον, ἀεὶ καταντικρὺ τῇ ἀνταυγείᾳ ἑαυτοῦ τεταγμένον· τὸν δὲ φαινόμενον, ἀνταύγειαν ἐν τῷ ἑτέρῳ ἡμισφαιρίῳ τῷ τοῦ ἀέρος τοῦ θερμομιγοῦς πεπληρωμένῳ, ἀπὸ κυκλοτεροῦς τῆς αὐγῆς κατ' ἀνάκλασιν ἐγγινομένης εἰς τὸν ἥλιον τὸν κρυσταλλοειδῆ, συμπεριελκομένην δὲ τῇ κινήσει τοῦ πυρίνου· ὡς δὲ βραχέως εἰρῆσθαι συντεμόντα, ἀνταύγειαν εἶναι τοῦ περὶ τὴν γῆν πυρὸς τὸν ἥλιον.

9. Ἐπίκουρος, γήϊνον πύκνωμα κισσηροειδὲς ταῖς κατατρήσεσιν ὑπὸ τοῦ πυρὸς ἀνημμένον.

ΚΑ΄. Περὶ μεγέθους ἡλίου.

1. Ἀναξίμανδρος, τὸν μὲν ἥλιον ἴσον τῇ γῇ εἶναι, τὸν δὲ κύκλον, ἀφ' οὗ τὴν ἐκπνοὴν ἔχει, καὶ ἐφ' οὗ φέρεται, ἑπτακαιεικοσαπλασίονα τῆς γῆς.

2. Ἀναξαγόρας, πολλαπλασίονα Πελοποννήσου.

3. Ἡράκλειτος, εὖρος ποδὸς ἀνθρωπείου.

4. Ἐπίκουρος πάλιν φησὶν ἐνδέχεσθαι τὰ προειρημένα πάντα, ἢ τηλικοῦτον ἡλίκος φαίνεται, [ἢ] μικρῷ μείζω, ἢ ἐλάττω.

ΚΒ΄. Περὶ σχήματος ἡλίου.

1. Ἀναξιμένης, πλατὺν, ὡς πέταλον, τὸν ἥλιον.

2. Ἡράκλειτος, σκαφοειδῆ, ὑπόκυρτον.

3. Οἱ Στωϊκοί, σφαιροειδῆ, ὡς τὸν κόσμον καὶ τὰ ἄστρα.

4. Ἐπίκουρος, ἐνδέχεσθαι τὰ προειρημένα πάντα.

XX. *Quæ Solis natura sit.*

1. Anaximander Solem dixit esse circulum, cujus duodetrigesima pars terræ molem æquet; orbita præditum qualis fere est rotis curruum, ignis plena, qui quadam ex parte ejus effulgeat per orificium, tanquam per fistulæ foramen (?) : eumque ignem esse Solem.

2. Xenophanes, ex igniculis (qui appareant), collectis ex humida exhalatione, et Solem cogentibus : aut nubem ignitam.

3. Stoici, incendium mente præditum e mari.

4. Plato, e plurimo igne.

5. Anaxagoras, Democritus, Metrodorus, massam aut lapidem igni candentem.

6. Aristoteles, globum e quinta natura.

7. Philolaus Pythagoreus, discum vitreum qui resplendentiam mundani ignis recipiat lumenque ad nos retorqueat : ut tria sint in Sole, primum ignis cœlestis; deinde ejus resplendentia et specularis reflectio; tertium radii solis, qui per reflexionem a speculo per terram nostram disperguntur : quam reflexionem nos vocamus Solem, tanquam simulacri simulacrum.

8. Empedocles duos Soles facit, unum primigenium ignem in altero globi mundi semisse, qui eum semissem impleat, semper ex adverso situs suæ repercussioni splendoris : alterum qui ab nobis conspicitur, in altero semisphærio resplendentiam illius, quod semisphærium impleatur aere cum calida natura permixto, ab splendore rotundo, qui per reflexum cadit in solem crystallinum; et cum motu ignei elementi circumtrahi illam resplendentiam : utque verbo dicam breviter, esse resplendentiam ignis Solem qui est circa terram.

9. Epicurus, e terra compactam molem, ac pumicis (spongiæve) modo pertusam, ab igne accensam.

XXI. *De magnitudine Solis.*

1. Anaximander, Solem terræ æqualem esse, circuli autem, a quo erumpit halitu, et in quo fertur, quantitate molem terræ vicies septies contineri.

2. Anaxagoras, multiplici ad Peloponnesum proportione Solem esse.

3. Heraclitus, latitudine vestigii humani.

4. Epicurus rursum ait, posse omnia ista vera esse, aut tantum esse, quantus et qualis videatur, aut majorem paullo vel minorem.

XXII. *De forma Solis.*

1. Anaximenes, folii instar latum esse.

2. Heraclitus, scaphæ in formam, subcurvum.

3. Stoici, globi forma, qua et mundus et stellæ.

4. Epicurus, fieri posse istæc omnia.

ΚΓ΄. Περὶ τροπῶν ἡλίου.

1. Ἀναξιμένης, ὑπὸ πεπυκνωμένου ἀέρος καὶ ἀντιτύπου ἐξωθεῖσθαι τὰ ἄστρα.

2. Ἀναξαγόρας, ἀνταπώσει τοῦ πρὸς ταῖς ἄρκτοις ἀέρος, ὃν αὐτὸς συνωθῶν ἐκ τῆς πυκνώσεως ἰσχυροποιεῖ.

3. Ἐμπεδοκλῆς, ὑπὸ τῆς περιεχούσης αὐτὸν σφαίρας κωλυόμενον ἄχρι παντὸς εὐθυπορεῖν, καὶ ὑπὸ τῶν τροπικῶν κύκλων.

4. Διογένης, ὑπὸ τοῦ ἀντιπίπτοντος τῇ θερμότητι ψύχους σβέννυσθαι τὸν ἥλιον.

5. Οἱ Στωϊκοὶ, κατὰ τὸ διάστημα τῆς ὑποκειμένης τροφῆς διέρχεσθαι τὸν ἥλιον· ὠκεανὸς δέ ἐστιν ἡ γῆ, ἧς τὴν ἀναθυμίασιν ἐπινέμεται.

6. Πλάτων, Πυθαγόρας, Ἀριστοτέλης, παρὰ τὴν λόξωσιν τοῦ ζωδιακοῦ κύκλου, δι' οὗ φέρεται λοξοπορῶν ὁ ἥλιος, καὶ κατὰ δορυφορίαν τῶν τροπικῶν κύκλων· ταῦτα δὲ πάντα καὶ ἡ σφαῖρα δείκνυσιν.

ΚΔ΄. Περὶ ἐκλείψεως ἡλίου.

1. Θαλῆς πρῶτος ἔφη ἐκλείπειν τὸν ἥλιον, τῆς σελήνης αὐτὸν ὑποτρεχούσης κατὰ κάθετον, οὔσης φύσει γεώδους· βλέπεσθαι δὲ τοῦτο κατοπτρικῶς ὑποτιθεμένῳ τῷ δίσκῳ.

2. Ἀναξίμανδρος, τοῦ στομίου τῆς τοῦ πυρὸς διεκπνοῆς ἀποκλειομένου.

3. Ἡράκλειτος, κατὰ τὴν τοῦ σκαφοειδοῦς στροφήν· ὥστε τὸ μὲν κοῖλον ἄνω γίνεσθαι, τὸ δὲ κυρτὸν κάτω πρὸς τὴν ἡμετέραν ὄψιν.

4. Ξενοφάνης, κατὰ σβέσιν· ἕτερον δὲ πάλιν πρὸς ταῖς ἀνατολαῖς γίνεσθαι· * παριστόρηκε δὲ καὶ ἔκλειψιν ἡλίου ἐφ' ὅλον μῆνα, καὶ πάλιν ἔκλειψιν ἐντελῆ, ὥστε τὴν ἡμέραν νύκτα φανῆναι.

5. Ἔνιοι, νεφῶν πύκνωσιν τῶν ἀοράτως ἐπερχομένων τῷ δίσκῳ.

6. Ἀρίσταρχος τὸν ἥλιον ἵστησι μετὰ τῶν ἀπλανῶν, τὴν δὲ γῆν κινεῖ περὶ τὸν ἡλιακὸν κύκλον, καὶ κατὰ τὰς ταύτης ἐγκλίσεις σκιάζεσθαι τὸν δίσκον.

7. Ξενοφάνης, πολλοὺς εἶναι ἡλίους καὶ σελήνας κατὰ κλίματα τῆς γῆς, καὶ ἀποτομὰς καὶ ζώνας· κατά τινα δὲ καιρὸν ἐμπίπτειν τὸν δίσκον εἴς τινα ἀποτομὴν τῆς γῆς οὐκ οἰκουμένην ὑφ' ἡμῶν, καὶ οὕτως ὥσπερ κενεμβατοῦντα ἔκλειψιν ὑπομένειν. Ὁ δ' αὐτὸς τὸν ἥλιον εἰς ἄπειρον μὲν προϊέναι, δοκεῖν δὲ κυκλεῖσθαι διὰ τὴν ἀπόστασιν.

ΚΕ΄. Περὶ οὐσίας σελήνης.

1. Ἀναξίμανδρος κύκλον εἶναι ἐννεακαιδεκαπλασίονα τῆς γῆς, ὥσπερ τὸν τοῦ ἡλίου πλήρη πυρός· ἐκλείπειν δὲ κατὰ τὰς ἐπιστροφὰς τοῦ τροχοῦ· ὅμοιον γὰρ εἶναι ἁρματείῳ τροχῷ κοίλην ἔχοντι τὴν ἀψῖδα καὶ πλήρη πυρός, ἔχοντι μίαν ἐκπνοήν.

2. Ξενοφάνης, νέφος εἶναι πεπιλημένον.

XXIII. *De conversionibus Solis.*

1. Anaximenes censuit, astra impelli a condensato et renitente aere.

2. Anaxagoras, aeris, qui ad septentriones est, impulsione in diversam partem, quem aerem ipse stipando cogens faciat validum.

3. Empedocles, ne in directum semper progrediatur, impediri a continente ipsum globo et a tropicis, hoc est solstitiorum circulis.

4. Diogenes, a frigore calori occurrente exstingui Solem.

5. Stoici, secundum intervallum alimenti subjecti progredi Solem. Oceanus autem vel terra est cujus vaporem exhalantem depascitur.

6. Plato, Pythagoras, Aristoteles Solem obliquum cursum conficere aiunt propter Signiferi, in quo movetur, inclinationem, stipati solstitialibus circulis : quæ omnia in sphæra artificio elaborata proponuntur ad spectandum.

XXIV. *De Solis defectu.*

1. Thales primus docuit Solem deficere, quando Luna ad lineam infra eum fertur, quæ natura est terrestri : idque in speculis cerni, subjici Soli discum Lunæ.

2. Anaximander, obturato foramine, per quod ignis exspirat.

3. Heraclitus, inversione corporis Solis, quod scaphæ simile eum ponere diximus, ita ut cavum sursum, curvum deorsum versus nostrum visum obvertatur.

4. Xenophanes, exstinctione : rursum autem nasci in ortu alium. Narrationem porro adjecit de quodam Solis defectu, qui totum duraverit mensem, et alio perfecto, qui diem in noctem mutaverit.

5. Quidam nubium condensationem causantur, quæ, visu non cernente eas, disco Solis obducantur.

6. Aristarchus Solem fixis stellis adjungit, terram [al. lunam] autem moveri ait circum Solis orbem, et suis inclinationibus umbram disco inferre.

7. Xenophanes, multos esse Soles, multas Lunas, secundum terræ diversa climata, segmenta ac zonas : quodam autem tempore Solis discum incidere in quandam terræ portionem a nobis non habitatam, et sic tanquam in vacuum delato, deliquium ei accidere. Idem, Solem in infinitum progredi; nobis autem videri eum rotari, ob distantiam.

XXV. *De natura Lunæ.*

1. Anaximander, circulum esse novemdecuplum proportione terræ, itidem ut Solem ignis plenum, ac luminis defectum ei accidere secundum inversiones rotæ; similem enim esse rotæ currus, quæ habeat orbitam concavam igne impletam, unoque exspirandi foramine præditam.

2. Xenophanes, nubem esse constipatam.

3. Οἱ Στωϊκοὶ, μικτὴν ἐκ πυρὸς καὶ ἀέρος.

4. Πλάτων, ἐκ πλείονος τοῦ γεώδους.

5. Ἀναξαγόρας, Δημόκριτος, στερέωμα διάπυρον, ἔχον ἐν ἑαυτῷ πεδία καὶ ὄρη καὶ φάραγγας.

6. Ἡράκλειτος, γῆν ὁμίχλῃ περιειλημμένην.

7. Πυθαγόρας, κατοπτροειδὲς σῶμα τῆς σελήνης.

ΚΣ'. Περὶ μεγέθους σελήνης.

1. Οἱ Στωϊκοὶ μείζονα τῆς γῆς ἀποφαίνονται, ὡς καὶ τὸν ἥλιον.

2. Παρμενίδης, ἴσην τῷ ἡλίῳ, καὶ ἀπ' αὐτοῦ φωτίζεσθαι.

ΚϚ'. Περὶ σχήματος σελήνης.

1. Οἱ Στωϊκοὶ, σφαιροειδῆ εἶναι, ὡς τὸν ἥλιον.

2. Ἐμπεδοκλῆς, δισκοειδῆ.

2. Ἡράκλειτος, σκαφοειδῆ.

4. Ἄλλοι, κυλινδροειδῆ.

ΚΗ'. Περὶ φωτισμῶν σελήνης.

1. Ἀναξίμανδρος, ἴδιον αὐτὴν ἔχειν φῶς, ἀραιότερον δέ πως..

2. Ἀντιφῶν, ἰδίῳ φέγγει λάμπειν τὴν σελήνην, τὸ δ' ἀποκρυπτόμενον περὶ αὐτὴν ὑπὸ τῆς προσβολῆς τοῦ ἡλίου ἀμαυροῦσθαι· πεφυκότος τοῦ ἰσχυροτέρου πυρὸς τὸ ἀσθενέστερον ἀμαυροῦν· ὃ δὴ συμβαίνειν καὶ περὶ τὰ ἄλλα ἄστρα.

3. Θαλῆς καὶ οἱ ἀπ' αὐτοῦ, ὑπὸ τοῦ ἡλίου φωτίζεσθαι τὴν σελήνην.

4. Ἡράκλειτος, τὸ αὐτὸ πεπονθέναι τὸν ἥλιον καὶ τὴν σελήνην· σκαφοειδεῖς γὰρ ὄντας τοῖς σχήμασι τοὺς ἀστέρας, δεχομένους δὲ τὰς ἀπὸ τῆς ὑγρᾶς ἀναθυμιάσεως αὐγὰς φωτίζεσθαι πρὸς τὴν φαντασίαν· λαμπρότερον μὲν τὸν ἥλιον, ἐν καθαρωτέρῳ γὰρ ἀέρι φέρεσθαι· τὴν δὲ σελήνην ἐν θολερωτέρῳ, διὰ τοῦτο καὶ ἀμαυροτέραν φαίνεσθαι.

ΚΘ'. Περὶ ἐκλείψεως σελήνης.

1. Ἀναξίμανδρος, τοῦ στομίου τοῦ περὶ τὸν τροχὸν ἐπιφραττομένου.

2. Βηρωσσὸς, κατὰ τὴν πρὸς ἡμᾶς ἐπιστροφὴν τοῦ ἀπυρώτου μέρους.

3. Ἡράκλειτος, κατὰ τὴν τοῦ σκαφοειδοῦς συστροφήν.

4. Τῶν Πυθαγορείων τινὲς, ἀνταύγειαν καὶ ἐπίφραξιν, τὸ μὲν, τῆς γῆς, τὸ δὲ, τῆς ἀντίχθονος· οἱ δὲ νεώτεροι, κατ' ἐπινέμησιν φλογὸς κατὰ μικρὸν ἐξαπτομένης τεταγμένως, ἕως ἂν τὴν τελείαν πανσέληνον ἀποδῷ, καὶ πάλιν ἀναλόγως μειουμένης μέχρι τῆς συνόδου, καθ' ἣν τελείως σβέννυται.

5. Πλάτων, Ἀριστοτέλης, οἱ Στωϊκοὶ, οἱ Μαθηματικοὶ, συμφώνως, τὰς μὲν μηνιαίους ἀποκρύψεις συνοδεύουσαν αὐτὴν τῷ ἡλίῳ καὶ περιλαμπομένην ποιεῖσθαι,

3. Stoici, mixtam ex igne et aere.

4. Plato, majorem ejus partem esse terream.

5. Anaxagoras, Democritus, firmamentum ignitum, quod in se contineat planities, montes, convalles.

6. Heraclides, terram caliginosa nube contentam.

7. Pythagoras, corpus Lunæ simile esse speculi.

XXVI. *De magnitudine Lunæ.*

1. Stoici eam, sicut et Solem, majorem terra pronunciant.

2. Parmenides, æqualem Soli, a quo etiam illuminetur.

XXVII. *De forma Lunæ.*

1. Stoicis, ut et Sol, globosa est.

2. Empedocles, disci forma.

3. Heraclitus, scaphæ.

4. Alii cylindri ei tribuunt formam.

XXVIII. *De illuminatione Lunæ.*

1. Anaximander tradit, eam proprium habere lumen, sed rarius.

2. Antipho, suo fulgore nitere Lunam : qui quum occultatur, fieri hoc appulsu Solis; quia natura sic comparatum sit, ut ignis validior imbecilliorem obscuret : quod idem aliis quoque stellis evenire.

3. Thales, et qui ejus sequuntur decreta, a Sole illustrari Lunam.

4. Heraclitus, eodem modo affici Lunam, quo Solem. Scaphæ enim figuram esse sideribus hisce : quumque humidi excipiant splendorem vaporis, illustrari sicut videntur : clarius quidem Solem, ut qui in puriore feratur aere ; Lunam obscurius, quia in turbidiore.

XXIX. *De Lunæ defectu.*

1. Anaximander, osculo rotæ obstructo.

2. Berossus, obversa nobis parte ignis experte.

3. Heraclitus, scaphæ inversione.

4. Pythagorei nonnulli esse resplendentiam et obstructionem profectam a terra, et ea, quam *antichthonem*, quasi oppositam terram, dicunt. Recentiores, secundum consumtionem ignis ordinate incensi paullatim, donec perfectum plenilunium præstet, ac deinde sensim proportione servata decrescat usque ad coitum, ubi plane exstinguitur.

5. Plato, Aristoteles, Stoici, Mathematici, in hoc consentiunt, menstruas occultationes Lunæ obtingere a Sole cum quo coit, et ejus radiis obruitur : defici autem lumine,

τὰς δ' ἐκλείψεις εἰς τὸ σκίασμα τῆς γῆς ἐμπίπτουσαν, μεταξὺ μὲν ἀμφοτέρων τῶν ἀστέρων γινομένης, μᾶλλον δὲ τῇ σελήνῃ ἀντιφραττομένης.

*Λ'. Περὶ ἐμφάσεως αὐτῆς, διὰ τί γεώδης φαίνεται.

1. Οἱ Πυθαγόρειοι, γεώδη φαίνεσθαι τὴν σελήνην, διὰ τὸ περιοικεῖσθαι αὐτὴν, καθάπερ τὴν παρ' ἡμῖν γῆν, μείζοσι ζῴοις καὶ φυτοῖς καλλίοσιν· εἶναι γὰρ πεντεκαιδεκαπλασίονα τὰ ἐπ' αὐτῆς ζῷα τῇ δυνάμει, μηδὲν περιττωματικὸν ἀποκρίνοντα· καὶ τὴν ἡμέραν τοσαύτην τῷ μήκει.

2. Ἀναξαγόρας, διὰ ἀνωμαλότητα τοῦ συγκρίματος, διὰ τὸ ψυχρομιγὲς ἅμα καὶ γεῶδες· παραμεμίχθαι γὰρ τῷ πυροειδεῖ τὸ ζοφῶδες· ὅθεν ψευδοφαῆ λέγεσθαι τὸν ἀστέρα.

3. Οἱ Στωϊκοὶ, διὰ τὸ ἑτεροειδὲς τῆς οὐσίας μὴ εἶναι αὐτῆς ἀκήρατον τὸ σύγκριμα.

ΛΑ'. Περὶ ἀποστήματος τῆς σελήνης, ὃ ἀφέστηκε τοῦ ἡλίου.

1. Ἐμπεδοκλῆς, διπλάσιον ἀπέχειν τὴν σελήνην ἀπὸ τοῦ ἡλίου, ἤπερ ἀπὸ τῆς γῆς.

2. Οἱ ἀπὸ τῶν μαθηματικῶν, ὀκτωκαιδεκαπλάσιον.

3. Ἐρατοσθένης, τὸν ἥλιον ἀπέχειν τῆς γῆς σταδίων [μυριάδων μυριάδας τετρακοσίας καὶ στάδια ὀκτάκις μύρια· τὴν δὲ σελήνην ἀπὸ τῆς γῆς] μυριάδας ἑβδομήκοντα ὀκτώ.

ΛΒ'. Περὶ ἐνιαυτοῦ, πόσος ἑκάστου τῶν πλανωμένων· καὶ τίς ὁ μέγας ἐνιαυτός.

1. Ἐνιαυτός ἐστι Κρόνου μὲν, ἐνιαυτῶν περίοδος λ'· Διὸς δὲ, ιβ'. Ἄρεος, δυεῖν· Ἡλίου, ιβ' μῆνες· οἱ δ' αὐτοὶ Ἑρμοῦ καὶ Ἀφροδίτης· ἰσόδρομοι γάρ· Σελήνης ἡμέραι λ'· οὗτος γὰρ ὁ τέλειος μὴν ἀπὸ φάσεως εἰς σύνοδον.

2. Τὸν δὲ μέγαν ἐνιαυτὸν οἱ μὲν ἐν τῇ ὀκταετηρίδι τίθενται, οἱ δ' ἐν τῇ ἐννεακαιδεκαετηρίδι, οἱ δ' ἐν τοῖς ἑξήκοντα ἑνὸς δέουσιν. Ἡράκλειτος, ἐκ μυρίων ὀκτακισχιλίων ἡλιακῶν. Διογένης, ἐκ πέντε καὶ ἑξήκοντα καὶ τριακοσίων ἐνιαυτῶν τοσούτων ὅσων ὁ κατὰ Ἡράκλειτον ἐνιαυτός. Ἄλλοι δὲ δι' ἑπτακισχιλίων ψοζ'.

ΠΕΡΙ ΤΩΝ ΑΡΕΣΚΟΝΤΩΝ

ΤΟΙΣ ΦΙΛΟΣΟΦΟΙΣ

ΒΙΒΛΙΟΝ ΤΡΙΤΟΝ.

Περιωδευκὼς ἐν τοῖς προτέροις ἐν ἐπιτομῇ τὸν περὶ τῶν οὐρανίων λόγων, σελήνη δ' αὐτῶν τὸ μεθόριον, τρέψομαι ἐν τῷ τρίτῳ πρὸς τὰ μετάρσια· ταῦτα δ' ἐστὶ

---

quum in umbram terræ incidit, utriusque sideris in medio constitutæ; aut potius quum ejus officitur illuminationi a terra.

XXX. *De aspectu Lunæ, et cur terrestris videatur.*

1. Pythagorei aiunt terrestrem videri, quia, sicut et nostra terra, circumhabitatur, a majoribus quidem animalibus, et pulchrioribus plantis; illis quinquies decies nostrorum quantitatem continentibus, neque ullum excrementum dejicientibus : tanta item diei longitudine.

2. Anaxagoras causam inæqualitatis accersit a concretione frigidorum et terrrestrium : admixtas enim esse igneis partes caliginosas : itaque Lunam dici *falso vultu apparentem.*

3. Stoici ob diversarum formarum concretionem negant ejus naturæ compagem esse interitus securam.

XXXI. *Quanto intervallo Luna a Sole absit.*

1. Empedocles, duplam Lunæ a Sole distantiam esse ejus, quæ Lunæ a terra est.

2. Mathematici, octodecuplam.

3. Eratosthenes, Solem a terra dissitum (stadiorum millibus octingenties millibus ac quater : Lunam autem a terra) millibus septingentis octoginta.

XXXII. *Quantus cuique planetarum sit suæ circumitionis annus : et quantus magnus annus.*

1. Saturnus ambitum cœli suum conficit annis solaribus triginta : Juppiter, duodecim : Mars, duobus : Sol, mensibus duodecim : totidem Mercurius et Venus, nam æquales his cursus : Luna, triginta diebus; hic enim est perfectus mensis ab apparitione Lunæ ad congressum cum Sole.

2. Magnum annum alii octennio definiunt : alii undeviginti annis : alii quinquaginta et novem. Heraclitus annorum solarium millibus duodeviginti. Diogenes, trecentis sexaginta quinque annis tantis, quantus unus est Heraclito. Alii septem millibus septingentis septuaginta septem.

DE PLACITIS

PHILOSOPHORUM

LIBER TERTIUS.

Præcedentibus libris compendio percurri cœlestium rerum enarrationem, quarum confinium Luna est. Hoc tertio libro ad ea me conferam, quæ infra eam in sublimi sunt, ac

τὰ ἀπὸ τοῦ κύκλου τῆς σελήνης καθήκοντα μέχρι πρὸς
τὴν θέσιν τῆς γῆς, ἥντινα κέντρου τάξιν ἐπέχειν τῇ πε-
ριοχῇ τῆς σφαίρας νενομίκασιν. Ἄρξομαι δ' ἐντεῦθεν.

Α'. Περὶ γαλαξίου κύκλου.

1. Κύκλος ἐστὶ νεφελοειδὴς, ἐν μὲν τῷ ἀέρι διαπαντὸς
φαινόμενος, διὰ δὲ τὴν λευκόχροιαν γαλαξίας ὀνομαζό-
μενος.

2. Τῶν Πυθαγορείων οἱ μὲν ἔφασαν, ἀστέρος εἶναι
διάκαυσιν, ἐκπεσόντος μὲν ἀπὸ τῆς ἰδίας ἕδρας, δι' οὗ
δ' ἐπέδραμε χωρίου κυκλοτερῶς αὐτὸ καταφλέξαντος,
ἐπὶ τοῦ κατὰ Φαέθοντα ἐμπρησμοῦ· (3) οἱ δὲ τὸν ἡλιακὸν ταύτῃ φασὶ κατ' ἀρχὰς γεγονέναι δρόμον.

4. Τινὲς δὲ, κατοπτρικὴν εἶναι φαντασίαν, τοῦ ἡλίου
τὰς αὐγὰς πρὸς τὸν οὐρανὸν ἀνακλῶντος, ὅπερ καὶ ἐπὶ
τῆς ἴριδος καὶ ἐπὶ τῶν νεφῶν συμβαίνει.

5. Μητρόδωρος, διὰ τὴν πάροδον τοῦ ἡλίου· τοῦτον
γὰρ εἶναι τὸν ἡλιακὸν κύκλον.

6. Παρμενίδης, τὸ τοῦ πυκνοῦ καὶ ἀραιοῦ μίγμα
γαλακτοειδὲς ἀποτελέσαι χρῶμα.

7. * Ἀναξαγόρας, τὴν σκιὰν τῆς γῆς κατὰ τοῦτο τὸ
μέρος ἵστασθαι τοῦ οὐρανοῦ, ὅταν ὑπὸ τὴν γῆν ὁ ἥλιος
γινόμενος μὴ πάντα φωτίζῃ.

8. Δημόκριτος, πολλῶν καὶ μικρῶν καὶ συνεχῶν
ἀστέρων συμφωτιζομένων ἀλλήλοις συναυγασμὸν, διὰ
τὴν πύκνωσιν.

9. Ἀριστοτέλης, ἀναθυμιάσεως ξηρᾶς ἔξαψιν, πολλῆς τε καὶ συνεχοῦς· καὶ οὕτω κόμην πυρὸς ὑπὸ τὸν
αἰθέρα, κατωτέρω τῶν πλανητῶν.

10. Ποσειδώνιος, πυρὸς σύστασιν ἄστρου μὲν μανο-
τέραν, αὐγῆς δὲ πυκνοτέραν.

Β'. Περὶ κομητῶν, καὶ διαττόντων, καὶ δοκίδων.

1. Τῶν ἀπὸ Πυθαγόρου τινὲς μὲν ἀστέρα φασὶν εἶναι
τὸν κομήτην τῶν οὐκ ἀεὶ φαινομένων, διά τινος δὲ ὡρι-
σμένου χρόνου περιοδικῶς ἀνατελλόντων· (2) ἄλλοι δὲ,
ἀνάκλασιν τῆς ἡμετέρας ὄψεως πρὸς τὸν ἥλιον, παραπλησίως ταῖς κατοπτρικαῖς ἐμφάσεσιν.

3. Ἀναξαγόρας, Δημόκριτος, σύνοδον ἀστέρων δυεῖν,
ἢ καὶ πλειόνων, κατὰ συναυγασμόν.

4. Ἀριστοτέλης, τὴν ἐκ τῆς ξηρᾶς ἀναθυμιάσεως
διάπυρον σύστασιν.

5. Στράτων, ἄστρου φῶς περιληφθὲν νέφει πυκνῷ,
καθάπερ ἐπὶ τῶν λαμπτήρων γίνεται.

6. Ἡρακλείδης ὁ Ποντικὸς, νέφος μετάρσιον ὑπὸ
μεταρσίου φωτὸς καταυγαζόμενον. Ὁμοίως δ' αἰτιο-
λογεῖ πωγωνίαν, ἅλω, δοκίδα, κίονα, καὶ τὰ συγγενῆ
τούτοις, καθάπερ ἀμέλει πάντες οἱ Περιπατητικοί,
παρὰ τοὺς τοῦ νέφους ταυτὶ γίνεσθαι σχηματισμούς.

7. Ἐπιγένης, πνεύματος ἀναφορὰν γεωμιγοῦς πεπυρωμένου.

8. Βόηθος, ἀέρος ἀνημμένου φαντασίαν.

9. Διογένης, ἀστέρας εἶναι τοὺς κομήτας.

Meteora proinde Græcis dicuntur, sita a Lunæ orbe usque
ad terræ positum, quam centri locum in Universo censuerunt obtinere. Hinc autem exordiar.

1. De Lacteo Circulo.

1. Lacteus circulus nebulosus est, semperque in aere
cernitur, et ob albedinem coloris lacteus dicitur.

2. Pythagoreorum alii dixerunt stellæ ardore effectum,
quæ suo loco delapsa tempore incendii a Phaethonte excitati, quidquid loci circulari decursu peragravit, adusserit :
(3) alii, solis cursum initio hac fuisse.

4. Quidam speculare visum esse putant, splendore Solis
in cœlum reflectente, quod idem in iride fit et nubibus.

5. Metrodorus, ob transitum Solis : hunc enim esse Solis
circulum.

6. Parmenides, densi ac rari mixtione lacteum colorem
confici.

7. Anaxagoras, umbram terræ ea in parte cœli insistere,
quum Sol infra terram delatus non totum illuminat.

8. Democritus, splendoris collectionem et densationem,
a multis, iisque parvis et continentibus stellis collucenti-
bus profecti.

9. Aristoteles, incendium vaporis sicci, multique et continui : itaque crinitum etiam ignem fieri infra ætherem, sub
planetis.

10. Posidonius, ignis compagem, stella rariorem, splendore densiorem.

II. De Cometis, Trajicientibus, ac Trabibus.

1. Pythagoreorum quidam Cometam putant esse stellam
ex earum numero, quæ non semper videantur, sed statis
temporibus, ambitu certo peracto exoriantur : (2) alii, reflectionem nostri visus ad Solem; quomodo in speculis
quædam apparent.

3. Anaxagoras, Democritus, coitum stellarum duarum,
aut plurium, fulgorem suum conjungentium.

4. Aristoteles, igneam coagmentationem ex vapore sicco
enatam.

5. Strato, lumen sideris nube comprehensum densa,
sicut fit in lucernis.

6. Heraclides Ponticus, nubem in sublimi a sublimi lumine illustratam. Eandem etiam *pogoniæ*, hoc est barbatæ
stellæ, causam assignat : item areæ, trabiformi, colum-
nari, aliisque cognatis formis stellarum, ut Peripatetici
prope omnes, pro ratione figuræ in quam nubes conformetur, fieri statuens.

7. Epigenes, elationem, in sublime spiritus terra permixti et accensi.

8. Boethus, imaginem ab aere incenso oblatam.

9. Diogeni visum fuit, crinitas istas apparitiones, qui
Cometæ dicuntur, esse stellas.

10. Ἀναξαγόρας, τοὺς καλουμένους διάττοντας, ἀπὸ τοῦ αἰθέρος σπινθήρων δίκην καταφέρεσθαι· διὸ καὶ παραυτίκα κατασβέννυσθαι.

11. Μητρόδωρος, τὴν εἰς τὰ νέφη τοῦ ἡλίου βιαίαν ἔμπτωσιν σπινθηρίζειν.

12. Ξενοφάνης, πάντα τὰ τοιαῦτα τῶν νεφῶν πεπυρωμένων συστήματα, ἢ κινήματα.

Γ'. Περὶ βροντῶν, ἀστραπῶν, κεραυνῶν, πρηστήρων καὶ τυφώνων.

1. Ἀναξίμανδρος, ἐκ τοῦ πνεύματος ταυτὶ πάντα συμβαίνειν· ὅταν γὰρ περιληφθὲν νέφει παχεῖ βιασάμενον ἐκπέσῃ τῇ λεπτομερείᾳ καὶ τῇ κουφότητι, τότε ἡ μὲν ῥῆξις τὸν ψόφον, ἡ δὲ διαστολὴ παρὰ τὴν μελανίαν τοῦ νέφους τὸν διαυγασμὸν ἀποτελεῖ.

2. Μητρόδωρος, ὅταν εἰς νέφος πεπηγὸς ὑπὸ πυκνότητος ἐμπέσῃ πνεῦμα, τῇ μὲν θραύσει τὸν κτύπον ἀποτελεῖ, τῇ δὲ πληγῇ καὶ τῷ σχισμῷ διαυγάζει· τῇ δ' ὀξύτητι τῆς φορᾶς προσλαμβάνον τὴν ἀπὸ τοῦ ἡλίου θερμότητα, κεραυνοβολεῖ· τοῦ δὲ κεραυνοῦ τὴν ἀσθένειαν εἰς πρηστῆρα περιίστησιν.

3. Ἀναξαγόρας, ὅταν τὸ θερμὸν εἰς [τὸ] ψυχρὸν ἐμπέσῃ, τοῦτο δ' ἐστὶν αἰθέριον μέρος εἰς ἀερῶδες, τῷ μὲν ψόφῳ τὴν βροντὴν ἀποτελεῖ, τῷ δὲ παρὰ τὴν μελανίαν τοῦ νεφώδους χρώματι τὴν ἀστραπὴν, τῷ δὲ πλήθει καὶ μεγέθει τοῦ φωτὸς τὸν κεραυνόν, τῷ δὲ πολυσωματωτέρῳ πυρὶ τὸν τυφῶνα, τῷ δὲ νεφελοειδεῖ τὸν πρηστῆρα.

4. Οἱ Στωϊκοὶ βροντὴν μὲν συγκρουσμὸν νεφῶν, ἀστραπὴν δ' ἔξαψιν ἐκ παρατρίψεως, κεραυνὸν δὲ σφοδροτέραν ἔλλαμψιν, πρηστῆρα δὲ, νωχελεστέραν.

5. Ἀριστοτέλης, ἐξ ἀναθυμιάσεως καὶ τὰ τοιαῦτα γίνεσθαι τῆς ξηρᾶς· ὅταν οὖν ἐντύχῃ μὲν τῇ ὑγρᾷ, παραβιάζηται δὲ τὴν ἔξοδον, τῇ μὲν παρατρίψει καὶ τῇ ῥήξει τὸν ψόφον τῆς βροντῆς γίνεσθαι, τῇ δ' ἐξάψει τῆς ξηρότητος, τὴν ἀστραπήν· πρηστῆρας δὲ καὶ τυφῶνας τῷ πλεονασμῷ τῆς ὕλης, ἣν ἑκάτερος αὐτῶν συνεφέλκεται, θερμοτέραν μὲν ὁ πρηστήρ, παχυτέραν δὲ ὁ τυφών.

* Δ'. Περὶ νεφῶν, ὑετῶν, χιόνων, χαλαζῶν.

1. Ἀναξιμένης, νέφη μὲν γίνεσθαι παχυνθέντος ἐπὶ πλεῖστον τοῦ ἀέρος, μᾶλλον δ' ἐπισυναχθέντος ἐκθλίβεσθαι τοὺς ὄμβρους· χιόνα δ', ἐπειδὰν τὸ καταφερόμενον ὕδωρ παγῇ· χάλαζαν δὲ, ὅταν συμπεριληφθῇ τῷ ὑγρῷ πνεύματι.

2. Μητρόδωρος, ἀπὸ τῆς ὑδατώδους ἀναφορᾶς συνίστασθαι τὰ νέφη.

3. Ὁ δ' Ἐπίκουρος, ἀπὸ τῶν ἀτμῶν· στρογγυλαίνεσθαι δὲ τὴν χάλαζαν καὶ τὸν ὑετὸν ἀπὸ τῆς μακρᾶς καταφορᾶς ὑποπεπλασμένον.

Ε'. Περὶ ἴριδος.

1. Τῶν μεταρσίων παθῶν τὰ μὲν καθ' ὑπόστασιν γίνεται, οἷον ὄμβρος, χάλαζα· τὰ δὲ κατ' ἔμφασιν, ἰδίαν

---

10. Anaxagoras *diattontas*, hoc est ignes trajicientes, ab aethere scintillarum instar deferri : quae etiam causa sit, ut statim exstinguantur.

11. Metrodorus, elici scintillas violenta Solis in nubem impressione.

12. Xenophanes, omnia id genus compactum aliquid aut motum esse nubium ignitarum.

III. *De Tonitrubus, Fulguribus, Fulminibus, Presteribus, Typhonibus.*

1. Anaximander, ista omnia gigni ab aere. Quum enim is densa comprehensus nube vi erumpit ob suam partium tenuitatem ac levitatem, ea ruptura sonitum edi; divulsione juxta nigredinem nubis, fulgorem.

2. Metrodorus : quum in nubem crassitie concretam ventus incidit, eum perfractione nubis sonitum edere; ictu autem et scissione, fulgorem; celeritate vero motus calorem a Sole sumere, et Fulmen jacere : Fulminis imbecillitatem in Presterem, hoc est ignitam procellam, abire.

3. Anaxagoras : quando calidum in frigidum incidit, scilicet aetherea pars in aeream, eam fragore Tonitru edere; colore autem, qui est ad nigredinem nebulosae partis, Fulgur; multitudine ac magnitudine luminis, Fulmen; igni denique corpulentiore, Typhonem, hoc est Vorticem, nebuloso, Presterem efficere.

4. Stoici, Tonitru esse collisionem nubium; Fulgorem, ortum ex ea allisione incendium; Fulmen, fulgorem vehementiorem; Presterem, languidiorem.

5. Aristoteles haec quoque fieri e sicca exhalatione docet : quae quum in humidum illapsa vaporem vi exitum sibi conficit, allisione et perruptione Tonitrus sonitum nasci, sicci autem accensione, Fulgur : Presteres et Typhones multiplicatione materiae, quam utrique attrahunt, calidiorem Prester, crassiorem Typho.

IV. *De Nubibus, Pluviis, Nive, Grandine.*

1. Anaximenes, Nubes exsistere aere quam maxime densato; quae quum magis comprimantur, Pluviam elici : Nivem, quando aqua delabens congelatur : Grandinem, si humido vento comprehendatur.

2. Metrodorus, humido vapore sursum elato coire Nubes.

3. Epicurus, exhalationibus : teretem vero et rotundam fingi Grandinem et Pluviam ob delapsus longinquitatem.

V. *De Iride, qui est Arcus Caelestis.*

1. Quae in sublimi fiunt, partim per se subsistunt, ut Pluvia, ut Grando : partim videntur dumtaxat esse, quam

οὐκ ἔχοντα ὑπόστασιν· αὐτίκα γοῦν, πλεόντων ἡμῶν
ἡ ἤπειρος κινεῖσθαι δοκεῖ· ἔστιν οὖν κατ' ἔμφασιν ἡ
ἶρις.

2. Πλάτων φησὶ, Θαύμαντος αὐτὴν γενεαλογῆσαι
τοὺς ἀνθρώπους, διὰ τὸ θαυμάσαι ταύτην. Ὅμηρος,

　　Ἠΰτε πορφυρέην ἶριν θνητοῖσι τανύσσει.

Διὸ καὶ ἐμυθεύσαντό τινες, αὐτὴν ταύρου κεφαλὴν
ἔχουσαν ἀναρροφεῖν τοὺς ποταμούς.

3. Πῶς οὖν γίνεται ἶρις; Ὁρῶμεν δὴ κατὰ γραμ-
μάς, ἢ κατ' εὐθείας, ἢ κατὰ καμπύλας, ἢ κατ' ἀνα-
κλωμένας γραμμὰς ἀδήλους, λόγῳ θεωρητὰς καὶ ἀσω-
μάτους. (4) Κατὰ μὲν οὖν εὐθείας ὁρῶμεν τὰ ἐν ἀέρι
καὶ τὰ διὰ τῶν λίθων τῶν διαυγῶν καὶ κεράτων· λε-
πτομερῆ γὰρ ταῦτα πάντα. (5) Καμπύλας δὲ γραμμὰς
καθ' ὕδατος βλέπομεν γινομένας· κάμπτεται γὰρ ἡ
ὄψις βίᾳ διὰ τὴν πυκνοτέραν τοῦ ὕδατος ὕλην· διὸ καὶ
τὴν κώπην ἐν τῇ θαλάσσῃ μακρόθεν καμπτομένην
ὁρῶμεν. (6) Τρίτος τρόπος τοῦ βλέπειν τὰ ἀνακλώ-
μενα, ὡς τὰ κατοπτρικά· ἔστιν οὖν τὸ τῆς ἴριδος πάθος
τοιοῦτον. Δεῖ γὰρ ἐπινοῆσαι τὴν ὑγρὰν ἀναθυμίασιν
εἰς νέφος μεταβάλλουσαν, εἶτ' ἐκ τοῦ κατὰ βραχὺ εἰς
μικρὰς ῥανίδας νοτιζούσας· ὅταν οὖν ὁ ἥλιος γένηται
εἰς δυσμάς, ἀνάγκη πᾶσαν ἶριν ἄντικρυς ἡλίου φαίνεσθαι, ὅτε ἡ ὄψις προσπεσοῦσα ταῖς ῥανίσιν ἀνακλᾶται,
ὥστε γίνεσθαι τὴν ἶριν. (7) Εἰσὶ δὲ αἱ ῥανίδες, οὐ
σχήματος μορφῇ, ἀλλὰ χρώματος· καὶ ἔχει τὸ μὲν
πρῶτον φοινικοῦν· τὸ δὲ δεύτερον, ἀλουργές καὶ πορφυ-
ρουν· τὸ δὲ τρίτον, κυάνεον καὶ πράσινον. (8) Μήποτ'
οὖν τὸ μὲν φοινίκεον, ὅτι ἡ λαμπρότης τοῦ ἡλίου προσπεσοῦσα, καὶ ἡ ἀκραιφνὴς λαμπηδὼν ἀνακλωμένη,
ἐρυθρὸν ποιεῖ καὶ φοινικοῦν τὸ χρῶμα· τὸ δὲ δεύτερον
μέρος ἐπιθολούμενον καὶ ἐκλυόμενον μᾶλλον τῆς λαμπηδόνος διὰ τὰς ῥανίδας, ἀλουργές· ἄνεσις γὰρ τοῦ ἐρυ-
θροῦ τοῦτο. Ἔτι δὲ μᾶλλον ἐπιθολούμενον τὸ διορί-
ζον, εἰς τὸ πράσινον μεταβάλλει. (9) Ἔστιν οὖν
τοῦτο δοκιμάσαι δι' ἔργων· εἰ γάρ τις ἄντικρὺ τῶν ἡλίου
ἀκτίνων λάβῃ ὕδωρ καὶ πτύσῃ, αἱ δὲ ῥανίδες ἀνάκλασιν
πρὸς τὸν ἥλιον λάβωσιν, εὑρήσει γινομένην ἶριν· καὶ οἱ
ὀφθαλμιῶντες δὲ τοῦτο πάσχουσιν, ὅταν εἰς τὸν λύχνον
ἀποβλέψωσιν.

10. Ἀναξιμένης, ἶριν γίνεσθαι κατ' αὐγασμὸν ἡλίου
πρὸς νέφει πυκνῷ καὶ παχεῖ καὶ μέλανι, παρὰ τὸ μὴ
δύνασθαι τὰς ἀκτῖνας εἰς τὸ πέραν διακόψαι ἐπισυνι-
σταμένας αὐτῷ.

11. Ἀναξαγόρας, ἀνάκλασιν ἀπὸ νέφους πυκνοῦ τῆς
ἡλιακῆς περιφεγγείας, καταντικρὺ δὲ τοῦ κατοπτρίζον-
τος αὐτὸ ἀστέρος διαπαντὸς ἵστασθαι. Παραπλησίως
δὲ φυσιολογεῖ καὶ τὰ καλούμενα παρήλια, γινόμενα δὲ
κατὰ τὸν Πόντον.

12. Μητρόδωρος, ὅταν διὰ νεφῶν ἥλιος διαλάμψῃ,
τὸ μὲν νέφος κυανίζειν, τὴν δ' αὐγὴν ἐρυθραίνεσθαι.

---

non subsistant per se, quomodo, exempli causa, moveri
terra nobis navigantibus videtur. Iris quoque tantum species apparens est.

2. Plato ait, homines ei Thaumantem patrem fecisse,
quod eam admirarentur : admirari *thaumazein* Græcis est.
Homerus :

Ut quum purpuream pangit mortalibus Irim

Ideoque fabulati sunt quidam , capite eam tauri præditam
exhaurire flumina.

3. Quomodo ergo fit Iris? Videmus aut secundum rectam lineam, aut secundum curvam, aut secundum reflexam,
quæ sensui occulta et corporis expers sola ratione percipitur. (4) Rectis lineis cernimus quæ in aere sunt , et per lapides pellucidos et cornua : omnia enim ista tenuium sunt
partium. (5) Linea autem visus incurvatur in aqua, vi
crassitiei ejus : itaque remum in mari eminus cernentes,
fractum putamus. (6) Tertius modus est videndi reflexa,
ut quæ in speculis contemplamur : ac talis est iridis species. Intelligendum est enim humidum vaporem in nubem
mutari, quæ deinde sensim in parvas guttulas dissolvatur.
Sole itaque ad occasum accedente, necesse est ex adverso
Solis omnem arcum cœlestem apparere, quum visus guttu-
lis incidens reflectitur, ut Iris fiat. (7) Sunt autem stillæ
istæ non figuræ forma, sed coloris. Habet autem Iris colores, primum puniceum, secundum purpureum, tertium
cæruleum et viridem. (8) Causæ esse videntur, quod
splendor Solis occurrens, fulgorque integer refractus, rubrum ac puniceum parit colorem. Secunda autem pars
turbidior, splendore ob guttas elanguescente : hoc est purpureum, quæ rubri coloris est imminutio : quumque etiam
turbidius fit objectum, in viridem transit. (9) Hoc ipsis
rebus probare licet. Si quis enim e regione radiorum Solis aquam exspuat, ita ut guttulæ refractionem radiorum
Solis excipiant, inveniet Iridem fieri : quin et ex oculis laborantes hoc experiuntur, quum in lucernam intuentur.

10. Anaximenes, Iridem fieri Sole illuminante nubem
densam, crassam , ac nigram, in qua cogantur Solis radii,
quum non possint ultra eam penetrare.

11. Anaxagoras, Solis splendorem reflecti in nube
densa, semper e regione astri posita, quod in ea tanquam
speculo exprimitur. Hoc modo etiam causam explicat pa-
reliorum, qui sunt quum plures Soles apparent, ut fit in
Ponto.

12. Metrodorus ait, quum Solis splendor nubem penetrat, nubem cæruleo colore apparere, splendorem rubro.

ζ'. Περὶ ῥάβδων.

Τὰ κατὰ τὰς ῥάβδους καὶ ἀνθηλίους συμβαίνοντα, μίξει τῆς ὑποστάσεως καὶ ἐμφάσεως ὑπάρχειν, * τῶν μὲν νεφῶν ὁρωμένων, οὐ κατ' οἰκεῖον δὲ χρῶμα, ἀλλ' ἕτερον, ὅπερ κατὰ τὴν ἔμφασιν φαίνεται. Ἐν δὲ τούτοις πᾶσι τά τε κατὰ φύσιν καὶ κατ' ἐπίκτησιν ὅμοια συμβαίνει πάθη.

Ζ'. Περὶ ἀνέμων.

1. Ἀναξίμανδρος, ἄνεμον εἶναι ῥύσιν ἀέρος, τῶν λεπτοτάτων ἐν αὐτῷ καὶ ὑγροτάτων ὑπὸ τοῦ ἡλίου κινουμένων ἢ τηκομένων.

2. Οἱ Στωϊκοί, πᾶν πνεῦμα ἀέρος εἶναι ῥύσιν, ταῖς τῶν τόπων δὲ παραλλαγαῖς τὰς ἐπωνυμίας παραλλάττουσαν· οἷον, ἀπὸ τοῦ ζόφου καὶ τῆς δύσεως, ζέφυρον· ἀπὸ τῆς ἀνατολῆς καὶ τοῦ ἡλίου, ἀπηλιώτην· τὸν δ' ἀπὸ τῶν ἄρκτων, εἶναι βορέαν· τὸν δ' ἀπὸ τῶν νοτίων, λίβα.

3. Μητρόδωρος, ὑδατώδους ἀναθυμιάσεως διὰ τὴν ἡλιακὴν ἔκκαυσιν γίνεσθαι ὁρμὴν πνευμάτων (θείων)· τοὺς δ' ἐτησίας πνεῖν, τοῦ πρὸς ταῖς ἄρκτοις παχυνθέντος ἀέρος, ὑποχωροῦντι τῷ ἡλίῳ κατὰ τὴν θερινὴν τροπὴν ἐπισυρρέοντας.

Η'. Περὶ χειμῶνος καὶ θέρους.

1. Ἐμπεδοκλῆς καὶ οἱ Στωϊκοί, χειμῶνα μὲν γίνεσθαι, τοῦ ἀέρος ἐπικρατοῦντος τῇ πυκνώσει καὶ εἰς τὸ ἀνωτέρω βιαζομένου· θέρος δὲ, τοῦ πυρὸς, ὅταν εἰς τὸ κατωτέρω βιάζηται.

2. Περιγεγραμμένων δέ μοι τῶν μεταρσίων, ἐφοδευθήσεται καὶ τὰ πρόσγεια.

Θ'. Περὶ γῆς, καὶ τίς ἡ οὐσία αὐτῆς καὶ πόση.

1. Θαλῆς καὶ οἱ ἀπ' αὐτοῦ, μίαν εἶναι τὴν γῆν.

2. Ἱκέτης ὁ Πυθαγόρειος, δύο, ταύτην καὶ τὴν ἀντίχθονα.

3. Οἱ Στωϊκοί, τὴν γῆν μίαν [καὶ] πεπερασμένην.

4. Ξενοφάνης, ἐκ τοῦ κάτω μέρους εἰς ἄπειρον βάθος ἐρριζῶσθαι, ἐξ ἀέρος δὲ καὶ πυρὸς συμπαγῆναι.

5. Μητρόδωρος, τὴν μὲν γῆν ὑπόστασιν εἶναι καὶ τρύγα τοῦ ὕδατος· τὸν δὲ ἥλιον, τοῦ ἀέρος.

Ι'. Περὶ σχήματος γῆς.

1. Θαλῆς καὶ οἱ Στωϊκοὶ καὶ οἱ ἀπ' αὐτῶν, σφαιροειδῆ τὴν γῆν.

2. Ἀναξίμανδρος, λίθῳ κίονι τὴν γῆν προσφερῆ τῶν ἐπιπέδων.

3. Ἀναξιμένης, τραπεζοειδῆ.

4. Λεύκιππος, τυμπανοειδῆ.

5. Δημόκριτος, δισκοειδῆ μὲν τῷ πλάτει, κοίλην δὲ τὸ μέσον.

ΙΑ'. Περὶ θέσεως γῆς.

1. Οἱ ἀπὸ Θάλεω, τὴν γῆν μέσην.

VI. *De Virgis.*

Has et Soles Soli oppositos aiunt mixtum habere quippiam ex substantia et apparitione : quod nubes videantur, non suo tamen colore, sed alio qui visui exhibetur. In his omnibus similes affectiones accidunt et naturæ, et additioni, id est, ei parti quam rebus naturalibus nostra ipsi affectione adjungimus.

VII. *De Ventis.*

1. Anaximander, Ventum esse fluxionem aeris, motis in eo a Sole aut colliquatis partibus tenuissimis humidissimisque.

2. Stoici, omnem Ventum esse fluxum, sed nomina mutare pro locorum rationibus : ut a Zopho, id est caligine, et occasu, Zephyrum, qui nobis est Favonius : a sole et ortu, Subsolanum : a septentrione, Aquilonem : a meridie, Africum.

3. Metrodorus, aqueæ exhalationis incendium a Sole factum, excitare [divinos] flatus. Etesias, qui sunt venti anniversarii, spirare aere, qui ad septentriones est, densato, una cum Sole, qui a solstitio æstivo a nostris recedere incipit partibus, se prorumpentes.

VIII. *De Hieme et Æstate.*

1. Empedocles et Stoici, Hiemem fieri, quum aer sua densitate obtinet et sursum vi eluctatur : Æstatem, quando ignis obtinet, deorsum vi tendens.

2. Sed sublimibus descriptis, ad ea me conferam explicanda, quæ cum Terra cohærent.

IX. *De Terra, tum quæ natura ejus, quæ quantitas.*

1. Thales et sectatores ejus statuunt unicam esse Terram.

2. Hicetes Pythagoreus, duas : nostram, et ei oppositam quam *antichthona* vocat.

3. Stoici, Terram unicam et finitam.

4. Xenophanes, ex inferiori parte radices eam egisse in infinitam profunditatem, compactam autem esse ex aere et igne.

5. Metrodorus, Terram esse fæcem ac subsedimentum aquæ ; Solem, aeris.

X. *De figura Terræ.*

1. Thales, Stoici, et qui hos sequuntur, globi formam tribuunt terræ.

2. Anaximander, planæ columnæ lapideæ similem esse.

3. Anaximenes, mensæ.

4. Leucippus, tympani.

5. Democritus, disci in superficie, in medio cavam.

XI. *De Terræ situ.*

1. Qui Thaletem sequuntur, in medio Terram collocant.

2. Ξενοφάνης, πρώτην, εἰς ἄπειρον [γὰρ] ἐῤῥιζῶσθαι.

3. Φιλόλαος ὁ Πυθαγόρειος, τὸ μὲν πῦρ μέσον· τοῦτο γὰρ εἶναι τοῦ παντὸς ἑστίαν· δευτέραν δὲ τὴν ἀντίχθονα· τρίτην δὲ, ἣν οἰκοῦμεν γῆν ἐξ ἐναντίας κειμένην τε καὶ περιφερομένην τῇ ἀντίχθονι· παρ' ὃ καὶ μὴ ὁρᾶσθαι ὑπὸ τῶν ἐν τῇδε τοὺς ἐν ἐκείνῃ.

4. Παρμενίδης πρῶτος ἀφώρισε τῆς γῆς τοὺς οἰκουμένους τόπους ὑπὸ ταῖς δυσὶ ζώναις ταῖς τροπικαῖς.

ΙΒ'. Περὶ ἐγκλίσεως γῆς.

1. Λεύκιππος, παρεκπεσεῖν τὴν γῆν εἰς τὰ μεσημβρινὰ μέρη, διὰ τὴν ἐν τοῖς μεσημβρινοῖς ἀραιότητα, ἅτε δὴ πεπηγότων τῶν βορείων, διὰ τὸ κατεψῦχθαι τοῖς κρυμοῖς, τῶν δ' ἀντιθέτων πεπυρωμένων.

2. Δημόκριτος, διὰ τὸ ἀσθενέστερον εἶναι τὸ μεσημβρινὸν τοῦ περιέχοντος, αὐξομένην τὴν γῆν κατὰ τοῦτο ἐγκλιθῆναι· τὰ γὰρ βόρεια ἄκρατα, τὰ δὲ μεσημβρινὰ κέκραται· ὅθεν κατὰ τοῦτο βεβάρηται, ὅπου περισσή ἐστι τοῖς καρποῖς καὶ τῇ αὐξήσει.

ΙΓ'. Περὶ κινήσεως γῆς.

1. Οἱ μὲν ἄλλοι, μένειν τὴν γῆν.

2. Φιλόλαος δὲ ὁ Πυθαγόρειος, κύκλῳ περιφέρεσθαι περὶ τὸ πῦρ κατὰ κύκλου λοξοῦ, ὁμοιοτρόπως ἡλίῳ καὶ σελήνῃ.

3. Ἡρακλείδης ὁ Ποντικὸς καὶ Ἔκφαντος ὁ Πυθαγόρειος κινοῦσι μὲν τὴν γῆν, οὐ μήν γε μεταβατικῶς, τροχοῦ [δὲ] δίκην ἐνιζομένην, ἀπὸ δυσμῶν ἐπ' ἀνατολὰς, περὶ τὸ ἴδιον αὐτῆς κέντρον.

4. Κατ' ἀρχὰς μὲν πλάζεσθαι τὴν γῆν, φησὶν ὁ Δημόκριτος, διά τε μικρότητα καὶ κουφότητα, πυκνωθεῖσαν δὲ τῷ χρόνῳ καὶ βαρυνθεῖσαν καταστῆναι.

ΙΔ'. Περὶ διαιρέσεως γῆς, πόσαι αὐτῆς εἰσὶ ζῶναι.

Πυθαγόρας τὴν γῆν ἀναλόγως τῇ τοῦ παντὸς οὐρανοῦ σφαίρᾳ διῃρῆσθαι εἰς πέντε ζώνας, ἀρκτικὴν, θερινὴν, χειμερινὴν, ἰσημερινὴν, ἀνταρκτικήν· ὧν ἡ μέση τὸ μέσον τῆς γῆς ὁρίζει, παρ' αὐτὸ τοῦτο διακεκαυμένη καλουμένη· ἡ δὲ οἰκητή(ριόν) ἐστιν, ἡ μέση τῆς θερινῆς καὶ χειμερινῆς, εὔκρατός τις οὖσα.

ΙΕ'. Περὶ σεισμῶν γῆς.

1. Θαλῆς μὲν καὶ Δημόκριτος ὕδατι τὴν αἰτίαν τῶν σεισμῶν προσάπτουσιν.

2. Οἱ δὲ Στωϊκοί φασι, Σεισμός ἐστι τὸ ἐν τῇ γῇ ὑγρὸν εἰς ἀέρα διακρινόμενον καὶ ἐκπῖπτον.

3. Ἀναξιμένης, ξηρότητα καὶ ὑγρότητα τῆς γῆς, αἰτίαν τῶν σεισμῶν, ὧν τὴν μὲν αὐχμοὶ γεννῶσι, τὴν δ' ἐπομβρίαι.

4. Ἀναξαγόρας, ἀέρος ὑποδύσει, τῇ μὲν πυκνότητι τῆς ἐπιφανείας προσπίπτοντος, τῷ δ' ἔκκρισιν λαβεῖν μὴ δύνασθαι, τρόμῳ τὸ περιέχον κραδαίνοντος.

5. Ἀριστοτέλης, διὰ τὴν τοῦ ψυχροῦ πανταχόθεν ἀντιπερίστασιν, κάτωθεν καὶ ἄνωθεν αὐτῇ περιστάντος·

---

2. Xenophanes primum assignat locum, quod radices egerit in altitudinem infinitam.

3. Philolaus Pythagoricus igni medium defert locum, quod sit quasi focus Universi : secundum *antichthoni* : tertium ei in qua nos degimus Terræ, sitæ ex adverso illi et contrario motu circumvertenti ; unde fiat ut qui in una sunt Terra, ab iis qui constituti in altera sunt, non cernantur.

4. Princeps Parmenides Terræ habitata loca discrevit partibus quæ sub solstitialibus jacent zonis.

XII. *De inclinatione Terræ.*

1. Leucippus Terram in partes austrinas prolabi putat ob istarum raritatem ; quippe ob gelu concretis partibus ad septentrionem vergentibus, dum oppositæ interim ardent.

2. Democritus, quia ambitus pars austrina sit imbecillior, ideo Terram mole auctam eo declinare. Partes enim septentrionales inæqualiter, meridionales æqualiter esse temperatas : eo itaque inclinasse Terram, ubi fructibus et incrementis abunde suppeditat materia.

XIII. *De Motu terræ.*

1. Alii immotam manere terram sentiunt.

2. Philolaus Pythagoreus, in orbem eam circumferri circum ignem, obliquo circulo, in morem Solis et Lunæ.

3. Heraclides Ponticus, et Ecphantus Pythagoreus motum Terræ tribuunt : non ut loco suo excedat, sed ut rotæ instar ab occasu versus ortum circa suum centrum moveatur.

4. Democritus, initio errasse Terram ob parvitatem et levitatem ; successu autem temporis densatam atque degravatam subsedisse.

XIV. *In quot zonas distincta sit Terra.*

Pythagoræ opinio est, Terram eadem qua totius cœli globum proportione in quinque esse divisam partes, septentrionalem, æstivam, hibernam, æquinoctialem, antarcticam : quarum media Terræ mediam regionem definiat, hac ipsa de causa nomine *adustæ* seu *torridæ* prædita. Eam quæ incoli potest, in medio jacere æstivæ atque hibernæ, temperatam.

XV. *De Terræ Motibus.*

1. Thales ac Democritus Terræ Motuum causam aquæ imputant.

2. Stoici dicunt Terræ Motum esse, quum humor in Terra inclusus excernitur, inque aerem excidit.

3. Anaximenes, siccitatem et humiditatem Terræ, ejus concussionis causam, quorum illam quidem æstus, hanc nimiæ pluviæ gignant.

4. Anaxagoras, aerem Terram subire volentem ; qui quum incidit in densitatem superficiei Terræ, neque excerni potest, tremore circumjacentes locos succutit.

5. Aristoteles, propter frigidum Terram undequaque circumstans, superne atque inferne. Calidum enim ob levita.

τὸ γὰρ θερμὸν ἀνωτέρω γενέσθαι σπεύδει, ἅτε δὴ κοῦφον ὄν· διὰ τοῦτο ἐν ἀπολήψει γινομένης τῆς ξηρᾶς ἀναθυμιάσεως, τῇ σφηνώσει καὶ τοῖς ἀντελιγμοῖς διαταράτ-
τεσθαι.

6. Μητρόδωρος, μηδὲν ἐν τῷ οἰκείῳ τόπῳ σῶμα κινεῖσθαι, εἰ μή τις προώσειεν, ἢ καθελκύσειε κατ' ἐνέρ-
γειαν· διὸ μηδὲ τὴν γῆν, ἅτε δὴ κειμένην φυσικῶς,
κινεῖσθαι, τόπους δέ τινας αὐτῆς νοστεῖν τοῖς ἄλλοις.

7. Παρμενίδης, Δημόκριτος, διὰ τὸ πανταχόθεν
ἴσον ἀφεστῶσαν μένειν ἐπὶ τῆς ἰσορροπίας, οὐκ ἔχουσαν
αἰτίαν, δι' ἣν δεῦρο μᾶλλον ἢ ἐκεῖσε ῥέψειεν ἄν· διὰ
τοῦτο μόνον μὲν κραδαίνεσθαι, μὴ κινεῖσθαι δέ.

8. Ἀναξιμένης, διὰ τὸ πλάτος ἐποχεῖσθαι τῷ ἀέρι.

9. Οἱ δὲ φασὶν, ἐφ' ὕδατος, καθάπερ τὰ πλατανώδη
καὶ σανιδώδη ἐπὶ τῶν ὑδάτων, διὰ τοῦτο κινεῖσθαι.

10. Πλάτων, πάσης μὲν κινήσεως ἓξ εἶναι περιστά-
σεις, ἄνω, κάτω, ἐπὶ τὰ δεξιὰ καὶ θάτερα, ἔμπροσθεν
καὶ ὄπισθεν· κατ' οὐδεμίαν δὲ τούτων ἐνδέχεσθαι τὴν
γῆν κινεῖσθαι, ἐν τῷ πανταχόθεν κατωτάτην κειμένην·
μένειν μὲν [οὖν] ἀκίνητον, μηδὲν ἔχουσαν ἐξαίρετον εἰς
τὸ ῥέπειν μᾶλλον [**], τόπους δ' αὐτῆς κατ' ἀραιότητα
σαλεύεσθαι.

11. Ἐπίχουρος, ἐνδέχεσθαι μὲν ὑπὸ πάχους τοῦ ἀέρος
ὑποκειμένου, ὑδατώδους ὄντος, ἀνακρουομένην αὐτὴν,
καὶ οἷον ὑποτυπτομένην, κινεῖσθαι· ἐνδέχεσθαι δὲ καὶ
σηραγγώδη τοῖς κατωτέρω μέρεσι καθεστῶσαν ὑπὸ τοῦ
διασπειρομένου πνεύματος εἰς τὰς ἀντροειδεῖς κοιλότητας
ἐμπίπτοντος σαλεύεσθαι.

ις'. Περὶ θαλάσσης, πῶς συνέστη καὶ πῶς ἐστι πικρά.

1. Ἀναξίμανδρος τὴν θάλασσάν φησιν εἶναι τῆς πρώτης ὑγρασίας λείψανον, ἧς τὸ μὲν πλεῖον μέρος ἀνεξή-
ρανε τὸ πῦρ, τὸ δὲ ὑπολειφθὲν διὰ τὴν ἔκκαυσιν μετέβαλεν.

2. Ἀναξαγόρας, τοῦ κατ' ἀρχὴν λιμνάζοντος ὑγροῦ
περικαέντος ὑπὸ τῆς ἡλιακῆς περιφορᾶς, καὶ τοῦ λιπα-
ροῦ ἐξατμισθέντος, * εἰς ἁλυκίδα καὶ πικρίαν τὸ λοιπὸν
ὑποστῆναι.

3. Ἐμπεδοκλῆς, ἱδρῶτα τῆς γῆς ἐκκαιομένης ὑπὸ
τοῦ ἡλίου διὰ τὴν ἐπὶ τὸ πλεῖον πίλησιν.

4. Ἀντιφῶν, ἱδρῶτα θερμοῦ, ἐξ οὗ τὸ περιληφθὲν
ὑγρὸν ἀπεκρίθη, τῷ καθεψηθῆναι παραλυκίσαν, ὅπερ
ἐπὶ παντὸς ἱδρῶτος συμβαίνει.

5. Μητρόδωρος, (διὰ) τὸ διηθῆσαν διὰ τῆς γῆς με-
τειληφέναι τοῦ περὶ αὐτὴν πάχους, καθάπερ τὰ διὰ
τῆς τέφρας ὑλιζόμενα.

6. Οἱ ἀπὸ Πλάτωνος, τοῦ στοιχειώδους ὕδατος τὸ
μὲν ἐξ ἀέρος κατὰ περίψυξιν συνιστάμενον, γλυκὺ γίνεσθαι, τὸ δ' ἀπὸ γῆς κατὰ περίκαυσιν καὶ ἐκπύρωσιν
ἀναθυμιώμενον, ἁλμυρόν.

ΙΖ'. Πῶς ἀμπώτιδες γίνονται καὶ πλημμῦραι.

1. Ἀριστοτέλης, Ἡρακλείδης, ὑπὸ τοῦ ἡλίου, τὰ (γὰρ)
πλεῖστα τῶν πνευμάτων κινοῦντος καὶ συμπεριφέρον-

---

tem suam sursum nititur : itaque siccam exhalationem sursum evadendi via interclusa, Terram, ex qua cuneo quasi
acto eluctari contendit, contrariis invicem revolutionibus
exagitare.

6. Metrodorus, nullum corpus in suo proprio loco moveri, nisi quid sit a quo impellatur aut detrahatur efficaciter : ita ne Terram quidem, utpote suo naturali sitam loco,
moveri ; partes duntaxat ejus quasdam hoc pati.

7. Parmenides ac Democritus, Terram undique æqualiter
distantem, æquilibrioque suspensam, quod causam non
habeat, cur huc potius quam illuc vergat, concuti tantum,
non moveri.

8. Anaximenes, eam ob latitudinem vectari aere cui incumbit.

9. Alii, aquæ innatare instar platani foliorum aut asse-
rum, ideoque moveri.

10. Plato motuum sex circumstantias perhibet, sursum,
deorsum, dextrorsum, sinistrorsum, prorsum, retrorsum :
horum motuum nullum Terræ posse accidere, quum undequaque ima sit; manere igitur immotam, quod nihil eximium sit ob quod in hanc vel illam partem momentum faciat : partes tamen ejus raritatis causa concuti

11. Epicurus, fieri posse ut Terra aeris subjecti, qui
aquosus est, crassitie impulsa ac quasi succussa moveatur :
fieri etiam posse, ut infimis sui partibus cavernosa quum
sit, aere qui per eam dispergitur, in cavitates antrorum
similes incidente quassetur.

XVI. *De Mari, quæ ejus origo, et qui sit amarum.*

1. Anaximander Mare ait primi humoris esse reliquias,
quarum major pars ab igni exsiccata, reliquum ob ardorem
mutatum sit.

2. Anaxagoras, quum humor ab initio stagnans a solari
motu esset adustus, exhalassetque ejus pinguedo, reliquum
salsugine et amarore infectum substitisse.

3. Empedocli mare est sudor terræ, adustæ a sole, eumque sudorem compressione majore emittentis.

4. Antiphon, sudorem calidi, a quo excretum est quod
supererat humidi, elixando in salsuginem conversum, quod
in quovis fit sudore.

5. Metrodorus, Mare percolatum per Terram, crassitiem
ejus participasse, sicut evenit iis quæ per cinerem colantur.

6. Platonici, aquæ elementaris partem aliam ex aere frigore coactam exstitisse dulcem ; aliam quæ a terra ex ardore
et incendio exhalasset, salsam.

XVII. *De causis Æstus Maris.*

1. Aristoteles et Heraclides a Sole fieri aiunt, qui plerosque spiritus moveat, secumque circumducat : quibus inci-

τος· ὑφ' ὧν ἐμβαλλόντων μὲν, προωθουμένην ἀνοιδεῖν τὴν Ἀτλαντικὴν θάλασσαν, καὶ παρασκευάζειν τὴν πλημμύραν, καταληγόντων δ' ἀντιπερισπωμένην ὑποβαίνειν, ὅπερ εἶναι τὴν ἄμπωτιν.

2. Πυθέας ὁ Μασσαλιώτης, τῇ πληρώσει τῆς σελήνης τὰς πλημμύρας γίνεσθαι, τῇ δὲ μειώσει τὰς ἀμπώτιδας.

3. Πλάτων ἐπὶ τὴν αἰώραν φέρεται τῶν ὑδάτων· εἶναι γάρ τινα αἰώραν διά τινος (στομίου) τρήματος περιφέρουσαν παλίρροιαν, ὑφ' ἧς ἀντικυμαίνεσθαι τὰ πελάγη.

4. Τίμαιος τοὺς ἐμβάλλοντας ποταμοὺς εἰς τὴν Ἀτλαντικὴν διὰ τῆς Κελτικῆς ὀρεινῆς αἰτιᾶται, προωθοῦντας μὲν ταῖς ἐφόδοις καὶ πλημμύραν ποιοῦντας, ὑφέλκοντας δὲ ταῖς ἀναπαύλαις, καὶ ἀμπώτιδας κατασκευάζοντας.

5. Σέλευκος ὁ μαθηματικὸς, κινῶν καὶ οὗτος τὴν γῆν, ἀντικόπτειν αὐτῆς τῇ δίνῃ φησὶ καὶ τῇ κινήσει τὴν περιστροφὴν τῆς σελήνης· τοῦ δὲ μεταξὺ ἀμφοτέρων τῶν σωμάτων ἀντιπερισπωμένου πνεύματος καὶ ἐμπίπτοντος εἰς τὸ Ἀτλαντικὸν πέλαγος, κατὰ λόγον αὐτῷ συγκυκᾶσθαι τὴν θάλασσαν.

ΙΗ'. Περὶ ἅλω.

Ἡ δὲ ἅλως οὑτωσὶ ἀποτελεῖται· μεταξὺ τῆς σελήνης, ἤ τινος ἄλλου ἄστρου, καὶ τῆς ὄψεως, ἀὴρ παχὺς καὶ ὁμιχλώδης ἵσταται· εἶτ' ἐν τούτῳ τῆς ὄψεως κατακλωμένης καὶ εὐρυνομένης, καθ' οὕτω τῷ κύκλῳ τοῦ ἄστρου προσπιπτούσης κατὰ τὴν ἔξω περιφέρειαν, κύκλος δοκεῖ περὶ τὸ ἄστρον φαίνεσθαι· ὃς κύκλος φαινόμενος ἅλως καλεῖται, ὅτι ἐστὶν ἅλως προσεχῶς ἐκεῖ ἰοχοῦντος τοῦ φάσματος γίνεσθαι, ἔνθα συνέπεσε τὸ πάχος τῆς ὄψεως.

———

ΠΕΡΙ ΤΩΝ ΑΡΕΣΚΟΝΤΩΝ
ΤΟΙΣ ΦΙΛΟΣΟΦΟΙΣ

ΒΙΒΛΙΟΝ ΤΕΤΑΡΤΟΝ.

———

Περιωδευμένων δὲ τῶν τοῦ κόσμου μερῶν, διαβήσομαι πρὸς τὰ κατὰ μέρος.

Α'. Περὶ Νείλου ἀναβάσεως.

1. Θαλῆς τοὺς ἐτησίας ἀνέμους οἴεται πνέοντας τῇ Αἰγύπτῳ ἀντιπροσώπους ἐπαίρειν τοῦ Νείλου τὸν ὄγκον, διὰ τὸ τὰς ἐκροὰς αὐτοῦ τῇ παροιδήσει τοῦ ἀντιπαρήκοντος πελάγους ἀνακόπτεσθαι.

2. Εὐθυμένης ὁ Μασσαλιώτης, ἐκ τοῦ Ὠκεανοῦ καὶ τῆς ἔξω θαλάσσης γλυκείας κατ' αὐτὴν οὔσης νομίζει πληροῦσθαι τὸν ποταμόν.

dentibus propellatur mare Atlanticum, intumescatque et affluxum maris efficiat; iisdemque desinentibus, retro abstrahatur ac recedat, quo pacto resorbeatur mare.

2. Pytheas Massiliensis, Lunæ implemento affluxum, decremento defluxum fieri.

3. Plato libramentum quoddam aquarum statuere mavult, quod ex foramine seu orificio quodam circumagitet æstum: hinc vicissim maria intumescere.

4. Timæus causam imputat fluminibus, quæ ex montibus Gallicis in Atlanticum procurrentia mare, id excursu suo propellant atque augeant, rursumque subsistentia retrahant atque deminuant.

5. Seleucus Mathematicus, ipse quoque motum Terræ tribuens, ejus revolutioni ac motui Lunam adversam ire ait: quumque ventus, qui intra duo ista corpora intercipitur, in diversas partes hoc pacto agitetur, eo in Atlanticum mare incidente hoc quoque secundum ejus motus concitari.

XVIII. *De Area*, *quæ* halos *dicitur.*

Sic ea fit. Inter lunam, aut aliud sidus, ac visum nostrum aer crassus et nebulosus exstat, in quo quum visus noster reflectitur ac dilatatur, itaque ad externam circumferentiam circuli astri fertur, circulus circa illud esse videtur, qui *halos*, id est, Area, dicitur : videturque ista apparitio proxime ibi fieri, ubi visus in crassitiem incidit.

———

DE PLACITIS
PHILOSOPHORUM
LIBER QUARTUS.

———

Quum peragraverimus Mundi partes, ad ea nunc veniamus, quæ sunt singularia.

I. *De Nili incremento.* [Adde libro III.]

1. Thales censet Etesiarum, qui venti Ægypto adversi spirant, flatu Nili aquas attolli, quod ostia ipsius, quibus se exonerat, maris obtrusi tumore obturentur.

2. Euthymenes Massiliensis, ex Oceano, marique externo, quod sua natura [*al.* αὐτόν, in fluvii regione] dulce est, eum impleri.

3. Ἀναξαγόρας, ἐκ τῆς χιόνος τῆς ἐν τῇ Αἰθιοπίᾳ, τηκομένης μὲν ἐν τῷ θέρει, ψυχομένης δὲ τῷ χειμῶνι.

4. *Δημόκριτος, τῆς χιόνος τῆς ἐν τοῖς πρὸς ἄρκτον μέρεσιν ὑπὸ θερινὰς τροπὰς ἀναλυομένης τε καὶ διαχεομένης, νέφη μὲν ἐκ τῶν ἀτμῶν πιλοῦσθαι· τούτων δ' ἀπελαυνομένων πρὸς μεσημβρίαν καὶ τὴν Αἴγυπτον ὑπὸ τῶν ἐτησίων ἀνέμων, ἀποτελεῖσθαι ῥαγδαίους ὄμβρους, ὑφ' ὧν ἀναπίμπλασθαι τάς τε λίμνας καὶ τὸν Νεῖλον ποταμόν.

5. Ἡρόδοτος ὁ συγγραφεὺς, ἴσον μὲν ἐκ τῶν πηγῶν φέρεσθαι χειμῶνος καὶ θέρους, φαίνεσθαι δ' ἐλάττονα τοῦ χειμῶνος, διὰ τὸ ἐν τούτῳ τῷ καιρῷ πλησίον ἰόντα τὸν ἥλιον τῆς Αἰγύπτου ἐξατμίζειν τὰ νάματα.

6. Ἔφορος ὁ ἱστοριογράφος κατὰ θέρος φησὶν ἀναχαλᾶσθαι τὴν ὅλην Αἴγυπτον, καὶ οἱονεὶ ἐξιδροῦν τὸ πολὺ νᾶμα· συνδίδωσι δ' αὐτῇ καὶ ἡ Ἀραβία καὶ ἡ Λιβύη παρὰ τὸ ἀραιὸν καὶ ὑπόψαμμον.

7. Εὔδοξος τοὺς ἱερεῖς φησι λέγειν τὰ ὄμβρια τῶν ὑδάτων καὶ τὴν ἀντιπερίστασιν τῶν ὡρῶν, ὅταν παρ' ἡμῖν ᾖ θέρος τοῖς ὑπὸ τὸν θερινὸν τροπικὸν οἰκοῦσιν, τότε τοῖς ὑπὸ τὸν χειμερινὸν τροπικὸν ἀντοίκοις χειμών ἐστιν, ἐξ ὧν τὸ πλημμυροῦν ὕδωρ καταρρήγνυται.

Β'. Περὶ ψυχῆς.

1. Θαλῆς ἀπεφήνατο πρῶτος τὴν ψυχὴν, φύσιν ἀεικίνητον, ἢ αὐτοκίνητον.

2. Πυθαγόρας, ἀριθμὸν ἑαυτὸν κινοῦντα· τὸν δ' ἀριθμὸν ἀντὶ τοῦ νοῦ παραλαμβάνει.

3. Πλάτων, οὐσίαν νοητὴν, ἐξ ἑαυτῆς κινητὴν, κατ' ἀριθμὸν ἐναρμόνιον κινουμένην.

4. Ἀριστοτέλης, ἐντελέχειαν πρώτην σώματος φυσικοῦ ὀργανικοῦ, δυνάμει ζωὴν ἔχοντος· τὴν δ' ἐντελέχειαν ἀκουστέον ἀντὶ τῆς ἐνεργείας.

5. Δικαίαρχος, ἁρμονίαν τῶν τεσσάρων στοιχείων.

6. Ἀσκληπιάδης ὁ ἰατρός, συγγυμνασίαν τῶν αἰσθήσεων.

Γ'. Εἰ σῶμα ἡ ψυχή, καὶ τίς ἡ οὐσία αὐτῆς.

1. Οὗτοι πάντες οἱ προτεταγμένοι ἀσώματον τὴν ψυχὴν ὑποτίθενται, φύσει λέγοντες αὐτοκίνητον καὶ οὐσίαν νοητὴν, καὶ τοῦ φυσικοῦ ὀργανικοῦ ζωὴν ἔχοντος ἐντελέχειαν.

2. Οἱ δ' ἀπ' Ἀναξαγόρου ἀεροειδῆ ἔλεγόν τε καὶ σῶμα.

3. Οἱ Στωϊκοί, πνεῦμα θερμόν.

4. Δημόκριτος, πυρῶδες σύγκριμα ἐκ τῶν λόγῳ θεωρητῶν, σφαιρικὰς μὲν ἐχόντων τὰς ἰδέας, πυρίνην δὲ τὴν δύναμιν, ὅπερ σῶμα εἶναι.

5. Ἐπίκουρος, κρᾶμα ἐκ τεσσάρων, ἐκ ποιοῦ πυρώδους, ἐκ ποιοῦ ἀερώδους, ἐκ ποιοῦ πνευματικοῦ· ἐκ τετάρτου τινὸς ἀκατονομάστου, ὃ ἦν αὐτῷ αἰσθητικόν.

6. Ἡράκλειτος, τὴν μὲν τοῦ κόσμου ψυχὴν, ἀναθυμίασιν ἐκ τῶν ἐν αὐτῷ ὑγρῶν· τὴν δ' ἐν τοῖς ζῴοις, ἀπὸ τῆς ἐκτὸς καὶ τῆς ἐν αὐτοῖς ἀναθυμιάσεως, ὁμογενῆ.

---

3. Anaxagoras, nive Æthiopica, quæ hieme frigens, æstate liquetur.

4. Democritus, nive in partibus ad Septentriones sitis sub solstitium æstivum resoluta atque diffusa, densari ex vaporibus nubes; quæ compulsæ versus meridiem et ad Ægyptum ab Etesiis ventis, in magnos ac vehementes dissolvantur imbres, quibus tum paludes, tum Nilus impleantur.

5. Herodotus, historiæ scriptor, æqualem a fontibus fluere Nilum hieme æstateque perhibet; minorem autem hieme videri, quia tum sol Ægypto vicinior in vaporem aquas redigat.

6. Ephorus historicus æstate ait relaxari totam Ægyptum, ac quasi exsudare copiosam aquam : conferre ad hoc etiam Arabiam et Africam ob raritatem et sabulosum solum.

7. Eudoxus ait, sacerdotes imbribus et oppositis temporum anni rationibus rem imputare : quando enim apud nos æstas est, qui sub æstivo habitamus tropico, tum iis qui e regione sub brumæ circulo degunt, hiemem esse, a quibus tum exundans aqua prorumpat.

II. *De Anima.*

1. Primus Thales Animam dixit naturam esse quæ semper, aut a se ipsa moveatur.

2. Pythagoras, numerum qui se ipsum moveat : numerum autem sumit pro mente.

3. Plato, substantiam mente præditam, a se ipsa mobilem, et quæ moveatur secundum numerum harmonicum.

4. Aristoteles, actum (ipse dicit *entelechian*) primum corporis naturalis et instrumentis apti, vivendi facultatem habentis.

5. Dicæarchus, harmoniam quattuor elementorum.

6. Asclepiades medicus, coexercitationem sensuum.

III. *Anima corpus an sit, et quæ ejus substantia.*

1. Omnes hi, quos nominavi, corporis expertem Animam statuunt, naturam ei tribuentes quæ moveatur a sese ipsa et mente sit instructa, et continuitatem, seu actum substantiæ naturalis, instrumentis præditæ, vitam habentis.

2. Anaxagorei corpus esse censuerunt, idque aereæ naturæ.

3. Stoici, spiritum calidum.

4. Democritus, igneam compagem partium mente sola perceptarum, quæ formis sint globosis, ignea vi, denique corpus.

5. Epicurus, temperatum quippiam ex quattuor qualitatibus, ignea, aerea, aquea, et quarta, cui nomen non sit positum, quæ ei erat vis sentiendi.

6. Heraclitus, Animam Mundi, exhalationem esse humidarum ejus partium : animalium autem, esse ab externa et interna exhalatione, illi cognatam.

Δ'. Περὶ μερῶν ψυχῆς.

1. Πυθαγόρας, Πλάτων, κατὰ μὲν τὸν ἀνωτάτω λόγον, διμερῆ τὴν ψυχήν· τὸ μὲν γὰρ ἔχει λογικὸν, τὸ δ' ἄλογον· κατὰ δὲ τὸ προσεχὲς καὶ ἀκριβὲς, τριμερῆ· τὸ γὰρ ἄλογον διαιροῦσιν εἴς τε τὸ θυμικὸν καὶ τὸ ἐπιθυμητικόν.

2. Οἱ Στωϊκοὶ ἐξ ὀκτὼ μερῶν φασι συνεστάναι, πέντε μὲν τῶν αἰσθητικῶν, ὁρατικοῦ, ἀκουστικοῦ, ὀσφρητικοῦ, γευστικοῦ, ἁπτικοῦ, ἕκτου δὲ φωνητικοῦ, ἑβδόμου σπερματικοῦ, ὀγδόου αὐτοῦ τοῦ ἡγεμονικοῦ, ἀφ' οὗ ταῦτα πάντα ἐπιτέτακται διὰ τῶν οἰκείων ὀργάνων προσφερῶς ταῖς τοῦ πολύποδος πλεκτάναις.

3. Δημόκριτος, Ἐπίκουρος, διμερῆ τὴν ψυχὴν, τὸ μὲν λογικὸν ἔχουσαν ἐν τῷ θώρακι καθιδρυμένον, τὸ δ' ἄλογον καθ' ὅλην τὴν σύγκρισιν τοῦ σώματος διεσπαρμένον.

4. Ὁ δὲ Δημόκριτος πάντα μετέχειν φησὶ ψυχῆς ποιᾶς, καὶ τὰ νεκρὰ τῶν σωμάτων· διότι ἀεὶ διαφανῶς τινος θερμοῦ καὶ αἰσθητικοῦ μετέχει, τοῦ πλείονος διαπνεομένου.

* Ε'. Τί τὸ τῆς ψυχῆς ἡγεμονικὸν, καὶ ἐν τίνι ἐστίν.

1. Πλάτων, Δημόκριτος, ἐν ὅλῃ τῇ κεφαλῇ.

2. Στράτων, ἐν μεσοφρύῳ.

3. Ἐρασίστρατος, περὶ τὴν μήνιγγα τοῦ ἐγκεφάλου, ἣν ἐπικρανίδα λέγει.

4. Ἡρόφιλος, ἐν τῇ τοῦ ἐγκεφάλου κοιλίᾳ, ἥτις ἐστὶ καὶ βάσις.

5. Παρμενίδης, ἐν ὅλῳ τῷ θώρακι, καὶ Ἐπίκουρος.

6. Οἱ Στωϊκοὶ πάντες, ἐν ὅλῃ τῇ καρδίᾳ, ἢ τῷ περὶ καρδίαν πνεύματι.

7. Διογένης, ἐν τῇ ἀρτηριακῇ κοιλίᾳ τῆς καρδίας, ἥτις ἐστὶ καὶ πνευματική.

8. Ἐμπεδοκλῆς, ἐν τῇ τοῦ αἵματος συστάσει.

9. Οἱ δὲ, ἐν τῷ τραχήλῳ τῆς καρδίας.   (10) Οἱ δὲ, ἐν τῷ περὶ καρδίαν ὑμένι.   (11) Οἱ δὲ, ἐν τῷ διαφράγματι.   (12) Τῶν νεωτέρων δέ τινες, διήκειν ἀπὸ κεφαλῆς μέχρι τοῦ διαφράγματος.

13. Πυθαγόρας, τὸ μὲν ζωτικὸν περὶ τὴν καρδίαν, τὸ δὲ λογικὸν καὶ νοερὸν περὶ τὴν κεφαλήν.

Ϛ'. Περὶ κινήσεως ψυχῆς.

1. Πλάτων, ἀεικίνητον μὲν τὴν ψυχὴν, τὸν δὲ νοῦν ἀκίνητον, πάσης μεταβατικῆς κινήσεως.

2. Ἀριστοτέλης, ἀκίνητον τὴν ψυχὴν πάσης κινήσεως προηγουμένης, τῆς δὲ κατὰ συμβεβηκὸς μετέχειν, καθάπερ τὰ εἴδη τῶν σωμάτων.

Ζ'. Περὶ ἀφθαρσίας ψυχῆς.

1. Πυθαγόρας, Πλάτων, ἄφθαρτον εἶναι τὴν ψυχήν· ἐξιοῦσαν γὰρ εἰς τὴν τοῦ παντὸς ψυχὴν ἀναχωρεῖν πρὸς τὸ ὁμογενές.

2. Οἱ Στωϊκοὶ, ἐξιοῦσαν τῶν σωμάτων ὑποφέρεσθαι,

IV. *De Animæ partibus.*

1. Pythagoras, Plato, secundum primam distributionem duas partes ei assignant, quarum una ratione sit prædita, altera, ejus expers, sive bruta : secundum strictam autem et subtiliorem rationem, tres : dividunt enim brutam in iræ, et in cupiditatibus deditam.

2. Stoici ex octo partibus componunt Animam : quinque Sensibus, Visu, Auditu, Olfactu, Gustatu, Tactu : sexta, vocali : septima, seminea : octava, ea quæ principatum obtinet, et a qua reliquæ omnes dispositæ sunt suis quæque instrumentis, convenienter flagellis polypi.

3. Democritus, Epicurus, bimembrem faciunt Animam, cujus pars rationis compos in pectore sita sit, bruta per totam corporis concretionem diffusa.

4. Democritus porro omnia ait quandam habere Animam, etiam corpora mortua ; quod hæc semper perspicue aliquid obtineant caloris et sensus, majore parte exspirata.

V. *De principe Animæ parte, et ubi sita sit.*

1. Inesse hanc aiunt Plato et Democritus in toto capite.

2. Strato, in superciliorum intercapedine.

3. Erasistratus, circa membranam cerebri, quam *epicranida* nominat.

4. Herophilus, in cavo seu fundo cereb

5. Parmenides, in toto pectore.   Sic et Epicurus.

6. Stoici omnes, in universo corde, aut in spiritu qui est circa cor.

7. Diogenes, in arteriosa cordis cavea, quæ est etiam spiritualis.

8. Empedocles, in sanguinis substantia.

9. Alii, in collo cordis.   (10) Alii, in membrana cor ambiente.   (11) Alii, in septo transverso.   (12) Nonnulli recentiorum, a capite pertingere usque ad septum transversum.

13. Pythagoras, vitalem Animæ partem circa cor, Rationem et Mentem circa caput.

VI. *De motu Animæ.*

1. Plato, semper moveri Animam, Mentem autem non unquam moveri a loco ad alium.

2. Aristoteles, Animam immobilem, omnis motus præcipui per se exsortem : per accidens autem moveri, ut et formas corporum.

VII. *De Animæ immortalitate.*

1. Pythagoras et Plato, interitus expertem Animam : quum enim exit, pervenire in cognatam sibi Animam Mundi.

2. Stoici, exeuntem e corpore aliquamdiu circumferri ;

την μὲν ἀσθενεστέραν ἅμα τοῖς συγκρίμασι γενέσθαι, ταύτην δ' εἶναι τῶν ἀπαιδεύτων· τὴν δ' ἰσχυροτέραν, οἷα ἐστὶ περὶ τοὺς σοφούς, καὶ μέχρι τῆς ἐκπυρώσεως.

3. Δημόκριτος, Ἐπίκουρος, φθαρτὴν, τῷ σώματι συνδιαφθειρομένην.

4. Πυθαγόρας, Πλάτων, τὸ μὲν λογικὸν ἄφθαρτον· καὶ γὰρ τὴν ψυχὴν οὐ θεόν, ἀλλ' ἔργον τοῦ ἀϊδίου θεοῦ ὑπάρχειν· τὸ δ' ἄλογον φθαρτόν.

Η'. Περὶ αἰσθήσεων καὶ αἰσθητῶν.

1. Οἱ Στωϊκοὶ ὁρίζονται οὕτω τὴν αἴσθησιν· Αἴσθησίς ἐστιν ἀντίληψις [αἰσθητοῦ δι'] αἰσθητηρίου, ἢ κατάληψις. Πολλαχῶς δὲ λέγεται ἡ αἴσθησις· ἥ τε γὰρ ἕξις, καὶ ἡ δύναμις, καὶ ἡ ἐνέργεια, καὶ ἡ φαντασία ἡ καταληπτικὴ δι' αἰσθητηρίου γίνονται, καὶ αὐτὸ τὸ ὄγδοον ἡγεμονικὸν, ἀφ' οὗ συνίσταται. Πάλιν δ' αἰσθητήρια λέγεται πνεύματα νοερὰ, ἀπὸ τοῦ ἡγεμονικοῦ ἐπὶ τὰ ὄργανα τεταμένα.

2. Ἐπίκουρος· Τὸ μόριόν ἐστιν ἡ αἴσθησις, ἥτις ἐστὶν ἡ δύναμις· καὶ τὸ ἐπαίσθημα, ὅπερ ἐστὶ τὸ ἐνέργημα· ὥστε διχῶς παρ' αὐτοῦ λέγεσθαι, αἴσθησιν μὲν τὴν δύναμιν, αἰσθητικὸν δὲ τὸ ἐνέργημα.

3. Πλάτων τὴν αἴσθησιν ἀποφαίνεται ψυχῆς καὶ σώματος κοινωνίαν πρὸς τὰ ἐκτός· ἡ μὲν γὰρ δύναμις, ψυχῆς· τὸ δ' ὄργανον, σώματος· ἄμφω δὲ διὰ φαντασίας ἀντιληπτικὰ τῶν ἔξωθεν γίνονται.

4. Λεύκιππος, Δημόκριτος, τὴν αἴσθησιν καὶ τὴν νόησιν γίνεσθαι, εἰδώλων ἔξωθεν προσιόντων· μηδενὶ γὰρ ἐπιβάλλειν μηδετέραν χωρὶς τοῦ προσπίπτοντος εἰδώλου.

Θ'. Εἰ ἀληθεῖς αἱ αἰσθήσεις καὶ αἱ φαντασίαι.

1. Οἱ Στωϊκοὶ, τὰς μὲν αἰσθήσεις ἀληθεῖς· τῶν δὲ φαντασιῶν τὰς μὲν ἀληθεῖς, τὰς δὲ ψευδεῖς.

2. Ἐπίκουρος, πᾶσαν αἴσθησιν καὶ πᾶσαν φαντασίαν ἀληθῆ· τῶν δὲ δοξῶν τὰς μὲν ἀληθεῖς, τὰς δὲ ψευδεῖς· καὶ ἡ μὲν αἴσθησις μοναχῶς ψευδοποιεῖται, τὰ κατὰ τὰ νοητά, ἡ δὲ φαντασία διχῶς· καὶ γὰρ αἰσθητῶν ἐστι φαντασία καὶ νοητῶν.

3. Ἐμπεδοκλῆς, Ἡρακλείδης, παρὰ τὰς συμμετρίας τῶν πόρων τὰς κατὰ μέρος αἰσθήσεις γίνεσθαι, τοῦ οἰκείου τῶν αἰσθητῶν ἑκάστη ἁρμόζοντος.

* Ι'. Πόσαι εἰσὶν αἱ αἰσθήσεις.

1. Οἱ Στωϊκοὶ, πέντε τὰς ἰδικὰς αἰσθήσεις, ὅρασιν, ἀκοήν, ὄσφρησιν, γεῦσιν, ἁφήν.

2. Ἀριστοτέλης ἕκτην μὲν οὐ λέγει, κοινὴν δ' αἴσθησιν τὴν τῶν συνθέτων εἰδῶν κριτικὴν, εἰς ἣν πᾶσαι συμβάλλουσιν αἱ ἁπλαῖ τὰς ἰδίας ἑκάστη φαντασίας· ἐν ᾗ τὸ μεταβατικὸν ἀφ' ἑτέρου πρὸς ἕτερον, οἱονεὶ σχήματος καὶ κινήσεως, δείκνυται.

3. Δημόκριτος, πλείους εἶναι αἰσθήσεις περὶ τὰ ἄλογα ζῷα, καὶ περὶ τοὺς θεοὺς καὶ σοφούς.

---

eam scilicet quæ sit imbecillior, una cum concretis esse; quales sunt ineruditorum animæ. Validiores, quales sunt sapientum, durare usque ad conflagrationem.

3. Democritus et Epicurus, caducam esse, et simul cum corpore interire.

4. Pythagoras, Plato, ratione præditam partem non interire; esse quippe Animam non deum, sed opificium æterni Dei : brutam esse obnoxiam interitui.

VIII. *De Sensibus et sensilibus.*

1. Stoici Sensum definiunt apprehensionem aut comprehensionem quæ fit sentiendi instrumento. Varie autem dicitur Sensus : nam et habitus, et facultas, et actus, et imaginatio apprehendens sensus instrumento fiunt, ipsaque etiam octava pars princeps a quo pendet. Rursum instrumenta sentiendi sunt spiritus intelligentes, a principe parte ad instrumenta corporea pertinentes.

2. Epicurus : Pars, seu membrum sensorium est Sensus, quæ est facultas : et ipsa item sensatio, seu sentiendi effectus. Ergo Sensum dupliciter accipit, pro facultate et pro actu sentiendi.

3. Plato Sensum definit animæ et corporis communionem cum externis : vis enim sentiendi est in anima, instrumentum in corpore; ambo autem per phantasiam, id est, imaginationem, externa apprehendunt.

4. Leucippus, Democritus, Sensum et intelligentiam munus suum obire visis, sive imaginibus, foris oblatis : his enim non accidentibus, neutrum istorum quicquam moliri.

IX. *Verine sint Sensus, veræ imaginationes.*

1. Stoici Sensus non falli judicant : Visorum alia vera esse, alia falsa.

2. Epicurus et Sensibus et Visis omnibus veritatem attribuit. Opinionum autem alias veras esse, alias falsas. Sensum uno tantum modo falli, quum suum de rebus mente cernendis interponit judicium : Phantasiam duobus, quum et sensilium sit, et intelligibilium.

3. Empedocles, Heraclides, pro meatuum concinnitate Sensum fieri, quum quodvis sensile suo sensui accommodetur.

X. *Quot sint Sensus.*

1. Stoici quinque numerant Sensus, quibus formæ apprehendantur, Visum, Auditum, Olfactum, Gustatum, Tactum.
2. Aristoteles sextum quidem non dicit, ponit tamen communem Sensum qui dijudicet inter compositas species, in quem singuli conjiciant Sensus simplices sua visa : in quo ostenditur transitus ab uno ad aliam quasi speciem, sub forma motus.
3. Democritus, plures esse Sensus, brutorum animalium, deorum, sapientum.

ΙΑ'. Πῶς γίνεται ἡ αἴσθησις καὶ ἡ ἔννοια καὶ ὁ κατὰ διάθεσιν λόγος.

1. Οἱ Στωϊκοί φασιν· Ὅταν γεννηθῇ ὁ ἄνθρωπος, ἔχει τὸ ἡγεμονικὸν μέρος τῆς ψυχῆς ὥσπερ χάρτης, ἐνεργῶν εἰς ἀπογραφήν. Εἰς τοῦτο μίαν ἑκάστην τῶν ἐννοιῶν ἐναπογράφεται. (2) Πρῶτος δὲ ὁ τῆς ἀναγραφῆς τρόπος, ὁ διὰ τῶν αἰσθήσεων· αἰσθανόμενοι γάρ τινος, οἷον λευκοῦ, ἀπελθόντος αὐτοῦ μνήμην ἔχουσιν· ὅταν δὲ ὁμοειδεῖς πολλαὶ μνῆμαι γένωνται, τότε φασὶν ἔχειν ἐμπειρίαν· ἐμπειρία γάρ ἐστι τὸ τῶν ὁμοειδῶν πλῆθος. (3) Τῶν δ' ἐννοιῶν αἱ μὲν φυσικαὶ γίνονται κατὰ τοὺς εἰρημένους τρόπους καὶ ἀνεπιτεχνήτως· αἱ δ' ἤδη δι' ἡμετέρας διδασκαλίας καὶ ἐπιμελείας· αὗται μὲν οὖν ἔννοιαι καλοῦνται μόναι, ἐκεῖναι δὲ καὶ προλήψεις. (4) Ὁ δὲ λόγος, καθ' ὃν προσαγορευόμεθα λογικοί, ἐκ τῶν προλήψεων συμπληροῦσθαι λέγεται, κατὰ τὴν πρώτην ἑβδομάδα. Ἔστι δὲ νόημα, φάντασμα διανοίας λογικοῦ ζώου· τὸ γὰρ φάντασμα, ἐπειδὰν λογικῇ προσπίπτῃ ψυχῇ, τότε ἐννόημα καλεῖται, εἰληφὸς τοὔνομα παρὰ τὸν νοῦν. (5) Διόπερ τοῖς ἄλλοις ζώοις οὐ προσπίπτει φαντάσματα· ὅσα δὲ καὶ τοῖς θεοῖς, καὶ ἡμῖν γε, ταῦτα φαντάσματα μόνον ἐστίν· ὅσα δὲ ἡμῖν, ταῦτά καὶ φαντάσματα κατὰ γένος, καὶ ἐννοήματα κατ' εἶδος· ὥσπερ τὰ δηνάρια καὶ οἱ στατῆρες, αὐτὰ μὲν καθ' αὑτὰ ὑπάρχει δηνάρια, [καὶ] στατῆρες· ἐὰν δ' εἰς πλοίου δοθῇ μίσθωσιν, τηνικαῦτα, πρὸς τῷ δηνάρια εἶναι, καὶ ναῦλα λέγεται.

ΙΒ'. Τίνι διαφέρει φαντασία, φανταστόν, φανταστικόν, φάντασμα.

1. Χρύσιππος διαφέρειν ἀλλήλων φησὶ τέτταρα ταῦτα. Φαντασία μὲν οὖν ἐστι πάθος ἐν τῇ ψυχῇ γινόμενον, ἐνδεικνύμενον ἑαυτό τε καὶ τὸ πεποιηκός· οἷον, ἐπειδὰν δι' ὄψεως θεωρῶμεν τὸ λευκόν, ἐστὶ πάθος τὸ ἐγγεγενημένον διὰ τῆς ὁράσεως ἐν τῇ ψυχῇ· καὶ [κατὰ] τοῦτο τὸ πάθος εἰπεῖν ἔχομεν, ὅτι ὑπόκειται λευκὸν, κινοῦν ἡμᾶς. Ὁμοίως καὶ διὰ τῆς ἁφῆς καὶ τῆς ὀσφρήσεως. (2) Εἴρηται δὲ φαντασία ἀπὸ τοῦ φωτός· καθάπερ γὰρ τὸ φῶς αὑτὸ δείκνυσι, καὶ τὰ ἄλλα τὰ ἐν αὐτῷ περιεχόμενα, καὶ ἡ φαντασία δείκνυσιν ἑαυτὴν καὶ τὸ πεποιηκὸς αὐτήν. (3) Φανταστὸν δὲ, τὸ ποιοῦν τὴν φαντασίαν· οἷον τὸ λευκὸν, καὶ τὸ ψυχρὸν, καὶ πᾶν ὅ τι ἂν δύνηται κινεῖν τὴν ψυχήν, τοῦτ' ἐστι φανταστόν. (4) Φανταστικὸν δέ ἐστι διάκενος ἑλκυσμός, πάθος ἐν τῇ ψυχῇ ἀπ' οὐδενὸς φανταστοῦ γινόμενον· καθάπερ ἐπὶ τοῦ σκιαμαχοῦντος καὶ κενοῖς ἐπιφέροντος τὰς χεῖρας· τῇ γὰρ φαντασίᾳ ὑπόκειταί τι φανταστόν, τῷ δὲ φανταστικῷ οὐδέν. (5) Φάντασμα δέ ἐστιν, ἐφ' ὃ ἑλκόμεθα κατὰ τὸν φανταστικὸν διάκενον ἑλκυσμόν· ταῦτα δὲ γίνεται ἐπὶ τῶν μελαγχολώντων καὶ μεμηνότων. Ὁ γοῦν τραγικὸς Ὀρέστης, ὅταν λέγῃ

XI. *Quomodo sentiamus, Notionem animo, Rationemque concipiamus.*

1. Stoici dicunt : Quando in lucem prognatus est homo, habet principem partem animi veluti chartæ, actuosus ad inscribendum in ea. In ea singulas quasque notiones inscriptas deponit. (2) Primum inscriptionis modum esse a sensibus : ubi enim Sensu aliquid percipimus, ut album, eo sublato memoriam tamen ejus retinemus : post, quum ejusdem generis multæ concurrerint formæ, Experientiam adepti dicimur; hæc enim definitur, multitudo ejusdem generis notionum. (3) Jam Notionum quæ naturales sunt, eo quo dictum est modo fiunt, nullaque artis industria : aliæ doctrina porro nostra accurationeque parantur. Hæ tantum Notitiæ dicuntur, istæ etiam Anticipationes sive Prænotiones. (4) Ratio præterea, a qua rationis dicimur compotes, istis anticipatis notionibus dicitur absolvi, primo septenario. Est autem Conceptus Mentis, visum intelligentiæ ratiocinantis in animali rationem habente. Visum enim ubi ad talem accidit animam, tunc Conceptus Mentis dicitur. (5) Itaque visa, quæ Græci *phantasmata* dicunt, reliquis animalibus non accidunt : quæ diis simul et nobis, hæc tantum phantasmata dicuntur : quæ nobis, et in genere ea sunt phantasmata, et in specie notiones : sicut denarii et stateres ipsi per se id sunt, quod nomine referunt; sin provectura navali penduntur, hoc iis accedit, ut etiam portorium dicantur.

XII. *Quid inter se differant Phantasia, Phantaston, Phantasticum, Phantasma.*

1. Chrysippus istæc quattuor sic distinguit. Phantasia affectio est in animo oborta, rem perceptam simul cum percipiente repræsentans : ut quum percipimus visu albedinem, affectio oritur in animo nostro a visu profecta, cujus subjectum nominare possumus albedinem. Idem de reliquis dico Sensibus. (2) Græca origine Phantasiæ vox ad lumen redit : nam sicut lumen et se ostendit et ea quæ ipso comprehenduntur, ita phantasia et sese, et id unde effecta est, demonstrat. (3) Phantaston (quasi si *phantasia perceptibile* dicerem) est quod phantasiam efficit : ut album, ut frigidum, et quidquid animam movere potest. (4) Phantasticum (quod *inanis imaginationis efficax* posse videor interpretari) inanis prorsus est animi tractus, quando exagitatur ejus imaginatio nulla re imaginanda (sic *phantaston* refero) oblata : quale videmus in iis qui cum umbra depugnant, et inani aeri manus inferunt. Imaginationi euim, sive Phantasiæ, objicitur aliquod imaginabile : imaginationem inanem cienti, hoc est Phantastico, nullum. (5) Phantasma (id intellige *vanam imaginationem*) est ad quod trahimur inani tractu phantasticæ motionis. Accidunt hæc atra bile laborantibus, et furentibus. Itaque Orestes in tragœdia hæc dicens,

   Ὦ μῆτερ, ἱκετεύω σε, μὴ 'πίσειέ μοι
τὰς αἱματωπούς καὶ δρακοντώδεις κόρας·
* αὗται γάρ, αὗται πλησίον θρώσκουσί μου·

λέγει μὲν αὐτὰ ὡς μεμηνὸς, ὁρᾷ δ' οὐδὲν, ἀλλὰ δοκεῖ
5 μόνον·   (a) διὸ καί φησιν αὐτῷ Ἠλέκτρα·

   Μέν', ὦ ταλαίπωρ', ἀτρέμα σοῖς ἐν δεμνίοις·
ὁρᾷς γὰρ οὐδὲν ὧν δοκεῖς σάφ' εἰδέναι.

Ὡς καὶ παρ' Ὁμήρῳ Θεοκλύμενος.

ΙΓ'. Περὶ ὁράσεως, καὶ πῶς ὁρῶμεν.

10   1. Δημόκριτος, Ἐπίκουρος κατ' εἰδώλων εἰσκρίσεις
ᾤοντο τὸ ὁρατικὸν συμβαίνειν, καὶ κατά τινων ἀκτίνων
εἴσκρισιν, μετὰ τὴν πρὸς τὸ ὑποκείμενον ἔνστασιν πάλιν ὑποστρεφουσῶν πρὸς τὴν ὄψιν.

   2. Ἐμπεδοκλῆς τοῖς εἰδώλοις τὰς ἀκτῖνας ἀνέμιξε,
15 προσαγορεύσας τὸ γιγνόμενον ἀκτῖνας εἰδώλου συνθέ-
τως.

   3. Ἵππαρχος ἀκτῖνάς φησιν ἀφ' ἑκατέρων τῶν
ὀφθαλμῶν ἀποτεινομένας τοῖς πέρασιν αὐτῶν, οἷον χειρῶν ἐπαφαῖς περικαθαπτούσαις τοῖς ἐκτὸς σώμασι τὴν
20 ἀντίληψιν αὐτῶν πρὸς τὸ ὁρατικὸν ἀποδιδόναι.

   4. Πλάτων, κατὰ συναύγειαν, τοῦ μὲν ἐκ τῶν ὀφθαλμῶν φωτὸς ἐπὶ ποσὸν ἀπορρέοντος εἰς τὸν ὁμογενῆ ἀέρα·
τοῦ δ' ἀπὸ (μὲν) τῶν σωμάτων [ἀντι]φερομένου· τοῦ δὲ
περὶ τὸν μεταξὺ ἀέρα, εὐδιάχυτον ὄντα καὶ εὐτρεπτον,
25 συνεκτεινομένου τῷ πυρώδει τῆς ὄψεως.   Αὕτη λέγεται Πλατωνικὴ συναύγεια.

ΙΔ'. Περὶ κατοπτρικῶν ἐμφάσεων.

   1. Ἐμπεδοκλῆς, κατ' ἀπορροίας τὰς συνισταμένας
μὲν ἐπὶ τῆς ἐπιφανείας τοῦ κατόπτρου, τελειουμένας
30 δὲ ὑπὸ τοῦ ἐκκρινομένου ἐκ τοῦ κατόπτρου πυριώδους,
καὶ τὸν προκείμενον ἀέρα, εἰς ὃν φέρεται τὰ ῥεύματα,
συμμεταφέροντος.

   2. Δημόκριτος, Ἐπίκουρος, τὰς κατοπτρικὰς ἐμφάσεις γίνεσθαι κατ' εἰδώλων ὑποστάσεις, ἅτινα φέ-
35 ρεσθαι μὲν ἀφ' ἡμῶν, συνίστασθαι δ' ἐπὶ τοῦ κατόπτρου,
κατὰ [τὴν] ἀντιπεριστροφήν.

   3. Οἱ ἀπὸ Πυθαγόρου, κατ' ἀντανακλάσεις τῆς
ὄψεως· φέρεσθαι μὲν γὰρ τὴν ὄψιν τεταμένην ὡς ἐπὶ
τὸν χαλκὸν, στείχουσαν δὲ πυκνῷ καὶ λείῳ πληχθεῖσαν
40 ὑποστρέφειν αὐτὴν ἐφ' ἑαυτήν, ὅμοιόν τι πάσχουσαν τῇ
ἐκτάσει τῆς χειρὸς καὶ τῇ ἐπὶ τὸν ὦμον ἀντεπιστροφῇ.

   4. Δύναταί τις πᾶσι τούτοις τοῖς κεφαλαίοις χρῆσθαι
ἐπὶ τοῦ πῶς ὁρῶμεν.

ΙΕ'. Εἰ ὁρατὸν τὸ σκότος.

45   1. Οἱ Στωϊκοὶ, ὁρατὸν εἶναι τὸ σκότος· ἐκ γὰρ τῆς
ὁράσεως προχεῖσθαί τινα εἰς αὐτὸ αὐγήν· καὶ οὐ ψεύδεται ἡ ὅρασις· βλέπεται γὰρ ταῖς ἀληθείαις, ὅτι ἐστὶ
σκότος.

   2. Χρύσιππος, κατὰ τὴν συνέντασιν τοῦ μεταξὺ

   O mater, obsecro te, ne incutias mihi
has sanguinolentas et colubrinas virgines,
quæ pone me discurrunt, mater, pone me,

furens ista dicit, neque videt quicquam, putat modo. (6)
Itaque etiam Electra dicit ei :

   Tuo quietus, miser, in lectulo mane,
cernens eorum, quæ cernere putas, nihil.

Sic et apud Homerum Theoclymenus.

XIII. *De Visu, quomodo videamus.*

   1. Democritus, Epicurus, imaginum insertione putaverunt nos videre, et radiorum quorundam receptione, qui
postquam objectæ rei infixi fuerunt, rursum ad oculum re-
vertantur.

   2. Empedocles imaginibus radios adjunxit, id quod fit
appellans *radios imaginis*, conjunctim.

   3. Hipparchus radios ait ab utroque oculo porrectos extremitatibus suis tanquam manibus apprehendere corpora
extra oculos posita, apprehensionemque eorum visui reddere.

   4. Plato, splendoris conjunctione seu concursu, quod
synaugiam Platonicam appellant, lumen ab oculo per
aliquantum spatium profluere in cognatum aerem, aliudque
contra a corporibus : aeris autem qui in medio est, diffusu
ac conversu facilis, lumen uná agere cum visus vi ignea.

XIV. *De imaginibus quæ in speculis videntur.*

   1. Empedocles apparere eas dicit ob effluxus qui in superficie speculi coeant, perficianturque ab ignea vi quæ a speculo excernitur, propositumque aerem in quem effluentia
feruntur simul circumagat.

   2. Democritus, Epicurus, res in speculis cerni imaginum
subsistentia, quæ a nobis ferantur, et subsistant in speculo, secundum motum retrogradum.

   3. Pythagorei, reflexione visus : qui quum intentus feratur ad æs, denso lævique corpori occurrens, ab eo reper-
cutiatur et in se redeat : ut simile quippiam ei accidat atque
manui, quæ extenditur et ad humerum rursus reducitur.

   4. His omnibus capitulis uti licet in explicanda visionis
ratione.

XV. *Viderine possint tenebræ.*

   1. Videri censuerunt Stoici : ex visu enim in tenebras
profundi quendam fulgorem : et non mentiri visum; cerni
enim revera quod sint tenebræ.

   2. Chrysippus, secundum intentionem intermedii aeris

ἀέρος ὁρᾷν ἡμᾶς, νυγέντος μεν ὑπὸ τοῦ ὁρατικοῦ πνεύματος, ὅπερ ἀπὸ τοῦ ἡγεμονικοῦ μέχρι τῆς κόρης διή-
κει, κατὰ δὲ τὴν πρὸς τὸν παρακείμενον ἀέρα ἐπιβολὴν
ἐντείνοντος αὐτὸν κωνοειδῶς, ὅταν ᾖ ὁμογενὴς ὁ ἀήρ.
Προχέονται δ' ἐκ τῆς ὄψεως ἀκτῖνες πύριναι, οὐχὶ μέ-
λαιναι καὶ ὀμιχλώδεις· διόπερ ὁρατὸν εἶναι τὸ σκότος.

ΙϚ'. Περὶ ἀκοῆς.

1. Ἐμπεδοκλῆς, τὴν ἀκοὴν γίνεσθαι κατὰ πρόσπτωσιν πνεύματος τῷ κοχλιώδει, ὅπερ φησὶν ἐξηρτῆσθαι
ἐντὸς τοῦ ὠτὸς, κώδωνος δίκην αἰωρούμενον καὶ τυπτό-
μενον.

2. Ἀλκμαίων, ἀκούειν ἡμᾶς τῷ κενῷ τῷ ἐντὸς τοῦ
ὠτός· τοῦτο γὰρ εἶναι τὸ διηχοῦν κατὰ τὴν τοῦ πνεύ-
μανος ἐμβολήν· πάντα γὰρ τὰ κενὰ ἠχεῖ.

3. Διογένης, τοῦ ἐν τῇ κεφαλῇ ἀέρος ὑπὸ τῆς φωνῆς
τυπτομένου καὶ κινουμένου.

4. Πλάτων καὶ οἱ ἀπ' αὐτοῦ, πλήττεσθαι τὸν ἐν τῇ
κεφαλῇ ἀέρα· τοῦτον δ' ἀνακλᾶσθαι εἰς τὰ ἡγεμονικά,
καὶ γίνεσθαι τῆς ἀκοῆς τὴν αἴσθησιν.

ΙΖ'. Περὶ ὀσφρήσεως.

1. Ἀλκμαίων, ἐν τῷ ἐγκεφάλῳ εἶναι τὸ ἡγεμονικόν·
τούτῳ οὖν ὀσφραίνεσθαι ἕλκοντι διὰ τῶν ἀναπνοῶν τὰς
ὀσμάς.

2. Ἐμπεδοκλῆς, ταῖς ἀναπνοαῖς ταῖς ἀπὸ τοῦ πνεύμονος συνεισκρίνεσθαι τὴν ὀδμήν· ὅταν γοῦν ἡ ἀναπνοὴ
βαρεῖα γένηται, κατὰ τραχύτητα μὴ συναισθάνεσθαι,
ὡς ἐπὶ τῶν ῥευματιζομένων.

ΙΗ'. Περὶ γεύσεως.

1. Ἀλκμαίων, τῷ ὑγρῷ καὶ τῷ χλιαρῷ τῷ ἐν τῇ
γλώττῃ πρὸς τῇ μαλακότητι διακρίνεσθαι τοὺς χυμούς.

2. Διογένης, τῇ ἀραιότητι τῆς γλώττης καὶ τῇ
μαλακότητι, καὶ διὰ τὸ συνάπτειν τὰς ἀπὸ τοῦ σώματος εἰς αὐτὴν φλέβας, διαχεῖσθαι τοὺς χυμοὺς ἑλκομέ-
νους ἐπὶ τὴν αἴσθησιν καὶ τὸ ἡγεμονικὸν, καθάπερ ἀπὸ
σπογγιᾶς.

ΙΘ'. Περὶ φωνῆς.

1. Πλάτων τὴν φωνὴν ὁρίζεται, πνεῦμα διὰ στόματος ἀπὸ διανοίας ἠγμένον, καὶ πληγὴν ὑπὸ ἀέρος δι'
ὤτων καὶ ἐγκεφάλου καὶ αἵματος μέχρι ψυχῆς διαδι-
δομένην. Λέγεται δὲ καὶ καταχρηστικῶς ἐπὶ τῶν
ἀλόγων ζῴων φωνή, καὶ τῶν ἀψύχων, ὡς χρεμετισμοὶ
καὶ ψόφοι· κυρίως δὲ φωνὴ ἡ ἔναρθρός ἐστιν, ὡς φωτί-
ζουσα τὸ νοούμενον.

2. Ἐπίκουρος, τὴν φωνὴν εἶναι ῥεῦμα ἐκπεμπόμενον ἀπὸ τῶν φωνούντων, ἢ ἠχούντων, ἢ ψοφούντων·
τοῦτο δὲ τὸ ῥεῦμα εἰς ὁμοιοσχήμονα θρύπτεσθαι
θραύσματα· ὁμοιοσχήμονα δὲ λέγεται τὰ στρογγύλα τοῖς
στρογγύλοις, καὶ σκαληνὰ καὶ τρίγωνα τοῖς ὁμοιογε-
νέσι· τούτων δ' ἐμπιπτόντων ταῖς ἀκοαῖς, ἀποτελεῖσθαι

---

videre nos, icto quidem et perfosso a spiritu visui destinato,
qui a principe animi parte usque ad pupillam pertinet : sed
post appulsum ad vicinum aerem, is si specie congruit, intendente se ipsum turbinis in formam. Profunduntur autem
ex oculo radii ignei, non nigri aut caliginosi : itaque cerni
possunt tenebræ.

XVI. *De Auditu.*

1. Empedocles auditionem fieri dicit, aere accidente ad
auris partem quæ cochleæ instar in gyros contorta, intra
aurem suspensa tintinnabuli instar percutiatur.

2. Alcmæo, audire nos inani quod intra aurem est : id
enim personare appellente aere : omnia enim vacua sonant.

3. Diogenes, aere qui in capite continetur icto et moto a
sono.

4. Plato et qui eum sequuntur, percuti aerem qui in capite est, eumque reflecti ad partem principem, sensumque
auditus sic fieri.

XVII. *De Olfactu.*

1. Alcmæo, in cerebro esse partem animæ principem : ea
sentiri odores spirando ab ea attractos.

2. Empedocles, cum respiratione pulmonis odores quasi
incerni : quum igitur difficulter spiratur, ut fit in humorum
defluxu, tum ob asperitatem non sentiri odores.

XVIII. *De Gustatu.*

1. Alcmæo, tum humiditate et tepore qui in lingua est,
tum mollitie discerni sapores.

2. Diogenes, raritate et mollitie linguæ, et quod ad eam
pertinent a corpore venæ, diffundi sapores attractos ad sensum et principem partem tanquam a spongia.

XIX. *De Voce.*

1. Plato Vocem definit, spiritum per os ab animo edu-
ctum et ictum aeris, qui per aures, cerebrum et sanguinem
usque ad animam diditur. Improprie etiam brutis et anima
prorsus carentibus rebus tribuitur vox : et hac appellatione
complectimur etiam hinnitum et strepitum. Proprie autem
vox articulata est, *phone* ab illustrando (*photizein*) mentis conceptu dicta.

2. Epicurus, Vocem esse fluxum emissum a rebus vocalibus, aut sonantibus, aut strepentibus : eum fluxum in
frusta confringi ejusdem formæ : conformia autem dicuntur teretia teretibus, inæqualium laterum et triangula
cum sui generis formis comparata. His conformibus frustis

τὴν αἴσθησιν τῆς φωνῆς· φανερὸν δὲ τοῦτο γίνεσθαι ἀπὸ τῶν ἀσκῶν ἐκρεόντων, καὶ τῶν ἐμφυσώντων κναφέων τοῖς ἱματίοις.

3. Δημόκριτος καὶ τὸν ἀέρα φησὶν εἰς ὁμοιοσχήμονα θρύπτεσθαι σώματα, καὶ συγκαλινδεῖσθαι τοῖς ἐκ τῆς φωνῆς θραύσμασι· « κολοιὸς γὰρ παρὰ κολοιὸν ἱζάνει· » καὶ,

Αἰεὶ τὸν ὅμοιον ἄγει θεὸς ὡς τὸν ὅμοιον.

Καὶ γὰρ ἐν τοῖς αἰγιαλοῖς αἱ ὅμοιαι ψῆφοι κατὰ τοὺς αὐτοὺς τόπους ὁρῶνται, κατ' ἄλλο μὲν αἱ σφαιροειδεῖς, κατ' ἄλλο δὲ αἱ ἐπιμήκεις· καὶ ἐπὶ τῶν κοσκινευόντων δ' ἐπὶ τὸ αὐτὸ συναλίζεται τὰ ὁμοιοσχήμονα, ὥστε χωρὶς εἶναι τοὺς κυάμους καὶ ἐρεβίνθους. (4) Ἔχοι δ' ἄν τις πρὸς τούτους εἰπεῖν· Πῶς ὀλίγα θραύσματα πνεύματος μυρίανδρον ἐκπληροῖ θέατρον;

5. Οἱ δὲ Στωϊκοί φασι τὸν ἀέρα 'μὴ συγκεῖσθαι ἐκ θραυμάτων, ἀλλὰ συνεχῆ [εἶναι], δι' ὅλου μηδὲν κενὸν ἔχοντα· ἐπειδὰν δὲ πληγῇ πνεύματι, κυματοῦσθαι κατὰ κύκλους ὀρθοὺς εἰς ἄπειρον, ἕως πληρώσῃ τὸν περικείμενον ἀέρα, ὡς ἐπὶ τῆς κολυμβήθρας τῆς πληγείσης λίθῳ· καὶ αὕτη μὲν κυκλικῶς κινεῖται, ὁ δ' ἀὴρ σφαιρικῶς.

6. Ἀναξαγόρας, τὴν φωνὴν γίνεσθαι πνεύματος ἀντιπεσόντος μὲν στερεμνίῳ ἀέρι, τῇ δ' ὑποστροφῇ τῆς πλήξεως μέχρι τῶν ἀκοῶν προσενεχθέντος· καθὸ καὶ τὴν λεγομένην ἠχὼ γίνεσθαι.

Κ'. Εἰ ἀσώματος ἡ φωνή, καὶ πῶς ἠχὼ γίνεται.

1. Πυθαγόρας, Πλάτων, Ἀριστοτέλης, ἀσώματον· οὐ γὰρ τὸν ἀέρα, ἀλλὰ τὸ σχῆμα τὸ περὶ τὸν ἀέρα καὶ τὴν ἐπιφάνειαν κατὰ ποιὰν πλῆξιν γίνεσθαι φωνήν· πᾶσα δ' ἐπιφάνεια, ἀσώματος. Συγκινεῖται μὲν γὰρ τοῖς σώμασιν, αὐτὴ δ' ἀσώματος πάντως καθέστηκεν· ὥσπερ ἐπὶ τῆς καμπτομένης ῥάβδου, ἡ μὲν ἐπιφάνεια οὐδὲν πάσχει, ἡ δὲ ὕλη ἐστὶν ἡ καμπτομένη.

2. Οἱ δὲ Στωϊκοί, σῶμα τὴν φωνήν· πᾶν γὰρ τὸ δρώμενον, ἢ καὶ ποιοῦν, σῶμα· ἡ δὲ φωνὴ ποιεῖ καὶ δρᾷ· ἀκούομεν γὰρ αὐτῆς, καὶ αἰσθανόμεθα προσπιπτούσης τῇ ἀκοῇ, καὶ ἐκτυπούσης, * καθάπερ δακτύλιον εἰς κηρόν. (3) Ἔτι πᾶν τὸ κινοῦν καὶ ἐνοχλοῦν, σῶμά ἐστι· κινεῖ δὲ ἡμᾶς ἡ εὐμουσία, ἐνοχλεῖ δὲ ἡ ἀμουσία. (4) Ἔτι πᾶν τὸ κινούμενον, σῶμά ἐστι· κινεῖται δὲ ἡ φωνή, καὶ ἐμπίπτει εἰς τοὺς λείους τόπους καὶ ἀντανακλᾶται, καθάπερ ἐπὶ τῆς σφαίρας τῆς βαλλομένης εἰς τοῖχον· ἐν γοῦν ταῖς κατ' Αἴγυπτον πυραμίσιν ἔνδον φωνὴ μία ῥηγνυμένη τέτταρας ἢ καὶ πέντε ἤχους ἀπεργάζεται.

ΚΑ'. Πόθεν αἰσθητικὴ γίνεται ἡ ψυχή, καὶ τί αὐτῆς τὸ ἡγεμονικόν.

1. Οἱ Στωϊκοί φασιν, εἶναι τῆς ψυχῆς [τὸ] ἀνώτατον μέρος τὸ ἡγεμονικόν, τὸ ποιοῦν τὰς φαντασίας, καὶ τὰς συγκαταθέσεις, καὶ αἰσθήσεις, καὶ ὁρμάς· καὶ

---

ad aures accidentibus, sentiri vocem. Hoc manifestum fieri ex utribus qui perfluunt, et fullonibus qui vestes inflant.

3. Democritus aerem quoque comminui ait in conformia corpora, simulque cum vocis frustis volutari : *graculum* enim *graculo assidere*, quod est in proverbiis, et (ut Homerus dicit) :

Semper agit similem ad similem deus

nam etiam in litoribus similes calculi eodem apparent in loco, alio globosi collecti, alio oblongi : et inter cribrandum congregantur quæ sunt ejusdem generis, ita ut a ciceribus fabæ secernantur. (4) Adversus eos dicere aliquis possit : Quomodo exigua frustula aeris implere possunt theatrum aliquot hominum millibus refertum?

5. Stoici dicunt, aerem non esse compositum ex frustis, sed totum esse continuum, nihil habentem in se inane. Eum vero perculsum vento fluctuare in infinitum porrectis rectis circulis, donec impleatur aer circumsitus, sicut fit in piscinam lapide conjecto : nisi quod aer sphærice, circulariter talis aqua movetur.

6. Anaxagoras, vocem edi, si spiritus occurrat solido aeri, et aversus retro ob ictum usque ad aures referatur : quomodo etiam fiat Echo, quæ est quum sonus percutitur.

XX. *An Vox sit corporis expers, et quomodo fiat Echo.*

1. Pythagoras, Plato, Aristoteles, corporis expertem : non enim aerem, sed aeris figuram et superficiem certo ictu fieri vocem : porro nullam superficiem corpore præditam esse. Tametsi enim corporis motum sequitur, ipsa tamen prorsus caret corpore; sicut quum flectitur virga, nihil patitur superficies ejus, materia duntaxat flectitur.

2. Stoici vocem dicunt esse corpus : quidquid enim agat, aut vim efficiendi habeat, id esse corpus : atqui hoc esse vocis : audimus enim et sentimus, ipsa auribus accidente, et formam imprimente, quomodo annulus ceræ sigillum imprimit. (3) Rursum : Quidquid movet et molestiam exhibet, corpus est : movet autem nos concinnitas sonorum, offendit discrepantia. (4) Iterum : Quod movetur, corpus est : vox autem movetur et refringitur illapsa in lævia loca, sicut quum pila in parietem conjecta reliditur. Itaque ergo in pyramidibus Ægypti intus una voce edita, quattuor aut quinque soni redduntur.

XXI. *Unde sensus Animæ obtingat, et quæ pars sit ejus princeps.*

1. Stoici dicunt supremam partem animi esse Principem, effectricem imaginum, assensionis, sensus, appetitus : principem autem illam partem vocant Ratiocinatio-

τοῦτο λογισμὸν καλοῦσιν. (2) Ἀπὸ δὲ τοῦ ἡγεμονικοῦ ἑπτὰ μέρη εἰσὶ τῆς ψυχῆς ἐκπεφυκότα καὶ ἐκτεινόμενα εἰς τὸ σῶμα, καθάπερ αἱ ἀπὸ τοῦ πολύποδος πλεκτάναι· τῶν δὲ ἑπτὰ μερῶν τῆς ψυχῆς πέντε μέν εἰσι τὰ αἰσθητήρια, ὅρασις, ὄσφρησις, ἀκοή, γεῦσις, καὶ ἀφή· (3) ὧν ἡ μὲν ὅρασις ἐστὶ πνεῦμα διατεῖνον ἀπὸ [τοῦ] ἡγεμονικοῦ μέχρις ὀφθαλμῶν· ἀκοὴ δὲ, πνεῦμα διατεῖνον ἀπὸ τοῦ ἡγεμονικοῦ μέχρις ὤτων· ὄσφρησις δὲ, πνεῦμα διατεῖνον ἀπὸ τοῦ ἡγεμονικοῦ μέχρι μυκτήρων (λεπτῦνον)· γεῦσις δὲ, πνεῦμα διατεῖνον ἀπὸ τοῦ ἡγεμονικοῦ μέχρι γλώττης· ἀφὴ δὲ, πνεῦμα διατεῖνον ἀπὸ τοῦ ἡγεμονικοῦ μέχρις ἐπιφανείας εἰς θίξιν εὐαίσθητον προπιπτόντων. (4) Τῶν δὲ λοιπῶν τὸ μὲν λέγεται σπέρμα, ὅπερ καὶ αὐτὸ πνεῦμά ἐστι διατεῖνον ἀπὸ τοῦ ἡγεμονικοῦ μέχρι τῶν παραστατῶν· τὸ δὲ φωνᾶεν ὑπὸ τοῦ Ζήνωνος εἰρημένον, ὃ καὶ φωνὴν καλοῦσιν, ἔστι πνεῦμα διατεῖνον ἀπὸ τοῦ ἡγεμονικοῦ μέχρι φάρυγγος καὶ γλώττης καὶ τῶν οἰκείων ὀργάνων. (5) Αὐτὸ δὲ τὸ ἡγεμονικὸν ὥσπερ ἐν κόσμῳ κατοικεῖ ἐν τῇ ἡμετέρᾳ σφαιροειδεῖ κεφαλῇ.

KB'. Περὶ ἀναπνοῆς.

1. Ἐμπεδοκλῆς, τὴν πρώτην ἀναπνοὴν τοῦ (πρώτου) ζώου γίνεσθαι, τῆς ἐν τοῖς βρέφεσιν ὑγρασίας ἀποχώρησιν λαμβανούσης· πρὸς δὲ τὸ παρακενωθὲν ἐπεισόδου (τῆς) ἔξωθεν τοῦ ἐκτὸς ἀερώδους γινομένης εἰς τὰ παρανοιχθέντα τῶν ἀγγείων· τὸ δὲ μετὰ τοῦτο ἤδη τοῦ ἐμφύτου θερμοῦ τῇ πρὸς τὸ ἐκτὸς ὁρμῇ τὸ ἀερῶδες ὑπαναθλίβοντος, τὴν ἐκπνοὴν, τῇ δ' εἰς τὸ ἐντὸς ἀνθυποχωρήσει τῷ ἀερώδει τὴν ἀντεπείσοδον παρεχομένου, τὴν εἰσπνοήν. (2) Τὴν δὲ νῦν κατέχουσαν φερομένου τοῦ αἵματος ὡς πρὸς τὴν ἐπιφάνειαν, καὶ τὸ ἀερῶδες διὰ τῶν ῥινῶν ταῖς ἑαυτοῦ ἐπιρροίαις ἀναθλίβοντος, κατὰ τὴν ἐκχώρησιν αὐτοῦ γίνεσθαι τὴν ἐκπνοήν· παλινδρομοῦντος δὲ, καὶ τοῦ ἀέρος ἀντεπεισαχθέντος εἰς τὰ διὰ τοῦ αἵματος ἀραιώματα, τὴν εἰσπνοήν. Ὑπομιμνήσκει δ' αὐτὸ ἐπὶ τῆς κλεψύδρας.

3. Ἀσκληπιάδης τὸν μὲν πνεύμονα χώνης δίκην συνίστησιν, αἰτίαν δὲ τῆς ἀναπνοῆς τὴν ἐν τῷ θώρακι λεπτομέρειαν ὑποτίθεται, πρὸς ἣν τὸν ἔξωθεν ἀέρα ῥεῖν τε καὶ φέρεσθαι παχυμερῆ ὄντα, πάλιν δ' ἀπωθεῖσθαι, μηκέτι τοῦ θώρακος οἵουτ' ὄντος μήτ' ἐπεισδέχεσθαι, μήθ' ὑστερεῖν· ὑπολειπομένου δέ τινος ἐν τῷ θώρακι λεπτομεροῦς ἀεὶ βραχέος (οὐ γὰρ ἅπαν ἐκκρίνεται), πρὸς τοῦτο πάλιν τὸ εἴσω ὑπομένον βαρύτητα τοῦ ἐκτὸς ἀντεπεισφέρεσθαι. (4) Ταῦτα δὲ ταῖς σικύαις παρεικάζει· τὴν δὲ κατὰ προαίρεσιν ἀναπνοὴν γίνεσθαί φησι, συναγομένων τῶν ἐν τῷ πνεύμονι λεπτοτάτων πόρων, καὶ τῶν βραγχίων στενουμένων· τῇ γὰρ ἡμετέρᾳ ταῦθ' ὑπακούει προαιρέσει.

5. Ἡρόφιλος δυνάμεις ἀπολείπει περὶ τὰ σώματα τὰς κινητικὰς, ἐν νεύροις, ἐν ἀρτηρίαις, ἐν μυσί· τὸν οὖν πνεύμονα νομίζει μόνον ὀρέγεσθαι διαστολῆς τε καὶ συστολῆς φυσικῶς· εἶτα δὲ καὶ τἆλλα· ἐνέργειαν μὲν

---

nem. (2) Ceterum ab hac principe parte septem esse enatas animi partes, quæ instar polypi acetabulorum per corpus extendantur. De his septem partibus quinque sunt Sensus isti, Visus, Auditus, Gustatus, Olfactus, Tactus: (3) quorum Visus quidem est spiritus a Principe ad oculos usque pertingens: Auditus est spiritus ab eodem usque ad aures: Olfactus, indidem spiritus usque ad nares: Gustatus, ab eodem Principe spiritus usque ad linguam: Tactus, ab eodem spiritus propagatus usque ad superficiem, ut facile sentiat occurrentia. (4) Reliquarum partium altera dicitur Semen: quæ ipsa quoque est a principe parte spiritus usque ad testiculorum astites deductus. Altera est quam Vocalem Zeno, Vocem alii usurpant, spiritus a Principe pertingens usque ad guttur et linguam aliaque loquelæ peculiaria instrumenta. (5) Ipsa autem illa princeps Animi pars in globo nostri capitis, tanquam in mundo, habitat.

XXII. *De Respiratione.*

1. Empedocles primam putat fieri primi animalis respirationem, in fœtu edito nacta abscessionem humiditate, in cujus locum extrinsecus succedat aer in vasa corporis aperta. Postmodo autem quum jam innatus calor foras erumpens una elideret aerem, exspirationem; eodemque introrsum recedente, et aeri vicissim ingressum præbente, inspirationem. (2) At enim nunc, quum sanguis feratur versus superficiem, suoque accursu aerem per nares foras pellat, hujus elisione fieri exspirationem; recurrente autem illo, et aere illabente per loca quæ calor rara et pervia fecit, inspirationem. Eandem rem in clepsydra fieri memorat.

3. Asclepiades pulmones infundibuli instar statuit: causam respirationis ponit tenuitatem partium in pectore sitarum, ad quam externus aer feratur fluatque, crassis constans partibus, rursumque extrudatur, quum pectus non possit amplius vel intro admittere, vel capere: semper tamen aliquid, quod sit tenuium partium, in pectore superesse: non enim totum excerni; ad hoc igitur, quod intus est et resident, exterius aliquid ob gravitatem irruere. (4) Hæc autem cucurbitulis comparat. Eam porro respirationem, quæ dedita opera institutoque animi fit, fieri dicit contractione tenuissimorum in pulmone meatuum, branchiisque in arctum coactis: hæc enim nostræ obedire voluntati.

5. Herophilus facultates relinquit corporibus motus efficaces, in nervis, arteriis, musculis: pulmonem autem existimat suapte natura solum indigere dilatatione et contractione: deinde etiam alia: actionem igitur pulmonis esse,

εἶναι τοῦ πνεύμονος, * τὴν ἔξωθεν τοῦ πνεύματος ὁλκήν· ὑπὸ δὲ τῆς πληρώσεως τῆς θύραθεν γινομένης ἐφέλκεται· (8) παρακειμένως δὲ διὰ τὴν δευτέραν ὄρεξιν ἐπ' αὐτὸν ὁ θώραξ τὸ πνεῦμα μετοχετεύων, πληρωθεὶς δὲ, καὶ μηκέτι ἐφέλκεσθαι δυνάμενος, πάλιν εἰς τὸν πνεύμονα τὸν περιττὸν ἀντιμεταῤῥεῖ, δι' οὗ πρὸς τὰ ἐκτὸς τὰ τῆς ἀποκρίσεως γίνεται, τῶν σωματικῶν μερῶν ἀντιπασχόντων ἀλλήλοις. (7) Ὅτε μὲν γὰρ διαστολὴ γίνεται πνεύμονος ταῖς ἀλλήλων ἀντιμεταλήψεσι, πληρώσεώς τε καὶ κενώσεως γινομένης, ὡς τέσσαρας μὲν γίνεσθαι κινήσεις περὶ τὸν πνεύμονα· τὴν μὲν πρώτην, καθ' ἣν ἔξωθεν ἀέρα δέχεται· τὴν δὲ δευτέραν, καθ' ἣν τοῦθ' ὅπερ ἐδέξατο θύραθεν, ἐντὸς αὐτοῦ πρὸς τὸν θώρακα μεταῤῥεῖ· τὴν δὲ τρίτην, καθ' ἣν τὸ ἀπὸ τοῦ θώρακος συστελλόμενον, αὖθις εἰς αὐτὸν ἐκδέχεται· τὴν δὲ τετάρτην, καθ' ἣν καὶ τὸ ἐξ ὑποστροφῆς ἐν αὐτῷ γινόμενον, θύραζε ἐξερᾷ. (8) Τούτων δὲ τῶν κινήσεων δύο μὲν εἶναι διαστολὰς, τήν τ' ἔξωθεν, τήν τ' ἀπὸ τοῦ θώρακος· δύο δὲ συστολὰς, τὴν μὲν, ὅταν ὁ θώραξ ὑπ' αὐτὸν τὸ πνευματικὸν ἐλκύσῃ, τὴν δὲ, ὅταν αὐτὸς εἰς τὸν ἐκτὸς ἀέρα ἀποκρίνῃ· δύο γὰρ μόναι γίνονται περὶ τὸν θώρακα· διαστολὴ μὲν, ὅταν ἀπὸ τοῦ πνεύμονος ἐφέλκηται· συστολὴ δὲ, ὅταν αὐτὸ πάλιν ἀνταποδιδῷ.

ΚΓ'. Περὶ παθῶν σωματικῶν, καὶ εἰ συναλγεῖ τούτοις ἡ ψυχή.

1. Οἱ Στωϊκοὶ, τὰ μὲν πάθη ἐν τοῖς πεπονθόσι τόποις, τὰς δ' αἰσθήσεις ἐν τῷ ἡγεμονικῷ.

2. Ἐπίκουρος, καὶ τὰ πάθη καὶ τὰς αἰσθήσεις ἐν τοῖς πεπονθόσι τόποις· τὸ γὰρ ἡγεμονικὸν ἀπαθές.

3. Στράτων, καὶ τὰ πάθη τῆς ψυχῆς καὶ τὰς αἰσθήσεις ἐν τῷ ἡγεμονικῷ, οὐκ ἐν τοῖς πεπονθόσι τόποις, συνίστασθαι. Ἐν γὰρ ταύτῃ κεῖσθαι τὴν ὑπομονὴν, ὥσπερ ἐπὶ τῶν δεινῶν καὶ ἀλνεινῶν καὶ ὥσπερ ἐπὶ ἀνδρείων καὶ δειλῶν.

─◆◦◦◦◆─

ΠΕΡΙ ΤΩΝ ΑΡΕΣΚΟΝΤΩΝ

ΤΟΙΣ ΦΙΛΟΣΟΦΟΙΣ

ΒΙΒΛΙΟΝ ΠΕΜΠΤΟΝ.

Α'. Περὶ μαντικῆς.

1. Πλάτων καὶ οἱ Στωϊκοὶ τὴν μαντικὴν εἰσάγουσι κατὰ τὸ ἔνθεον, ὅπερ ἐστὶν ἐνθουσιαστικόν· (κατὰ θειότητα τῆς ψυχῆς, ὅπερ εἶπεν ἐνθουσιαστικόν·) καὶ τὸ ὀνειροπολικόν. Οὗτοι τὰ πλεῖστα μέρη τῆς μαντικῆς ἐγκρίνουσι.

2. Ξενοφάνης καὶ Ἐπίκουρος ἀναιροῦσι τὴν μαντικήν.

---

attractionem spiritus extrinsecus : is autem propterea attrahitur a pulmone, quia foris plena sunt omnia : (6) vicinitatis ratione thorax secundo appetitu in se derivat spiritum : impletusque ita ut amplius attrahere non possit, rursus in pulmones abundantem aerem transfundit, indeque foras protrudit, vicissim sese afficientibus corporis partibus. (7) Aliquando enim diducitur pulmo, aliorum participatione acta vel impletione, vel evacuatione ; ita ut quattuor sint motus pulmonis : primus, quo externum haurit aerem ; secundus, quo quicquid externarum rerum recepit, intus in pectus devolvit ; tertius, quo id quod coactum est a pectore, rursum in se recipit ; quartus, quo id ipsum foras evomit. (8) Horum motuum duos esse dilatationes, quum scilicet vel externum attrahit in se aerem, vel redditum a pectore in se admittit : reliquos esse contractiones, quando scilicet pectus spiritum in se trahit, vel foras pulmo a pectore traditum expellit. Pectoris enim duo tantum sunt motus, unus dilatatio, quum a pulmone spiritum ad se trahit ; alter contractio, quum ei superfluum reddit.

XXIII. *De Affectionibus Corporis, et an in Animam eae redundent.*

1. Stoici Affectus ponunt in locis affectis ; Sensus autem in principe parte.

2. Epicurus, tam Affectus quam Sensus in locis affectis : quod statuit partem principem omnis esse affectionis expertem.

3. Strato et Affectus animi, et Sensus in principe parte collocat, non in affectis locis. In hac enim parte esse sitam tolerantiam, ut in terribilibus et dolorem afferentibus, utque in fortibus et timidis.

─◆◦◦◦◆─

DE PLACITIS

PHILOSOPHORUM

LIBER QUINTUS.

I. *De Divinatione.*

I. Plato et Stoici Divinationem introduxerunt, quae sit divinus mentis instinctus, secundum Animi divinitatem. Huc etiam divinationem ex insomniis referunt : denique plurimas divinandi rationes probant.

3. Xenophanes et Epicurus Divinationem rejiciunt.

3. Πυθαγόρας δὲ μόνον τὸ θυτικὸν οὐκ ἐγκρίνει.

4. Ἀριστοτέλης καὶ Δικαίαρχος τὸ κατ᾽ ἐνθουσιασμὸν μόνον παρεισάγουσι καὶ τοὺς ὀνείρους, ἀθάνατον μὲν εἶναι οὐ νομίζοντες τὴν ψυχήν, θείου δέ τινος μετέχειν αὐτήν.

Β΄. Πῶς ὄνειροι γίνονται.

1. Δημόκριτος, τοὺς ὀνείρους γίνεσθαι κατὰ τὰς τῶν εἰδώλων παραστάσεις.

2. Στράτων, ἀλόγῳ φύσει τῆς διανοίας ἐν τοῖς ὕπνοις αἰσθητικωτέρας μέν πως γινομένης, παρ᾽ αὐτὸ δὲ τοῦτο τῷ γνωστικῷ κινουμένης.

3. Ἡρόφιλος, τοὺς ὀνείρους τοὺς θεοπνεύστους κατ᾽ ἀνάγκην γίνεσθαι· τοὺς δὲ φυσικούς, ἀνειδωλοποιουμένης ψυχῆς τὸ συμφέρον αὐτῇ καὶ τὸ πρὸς τούτοις ἐσόμενον· τοὺς δὲ συγκραματικούς, ἐκ τοῦ αὐτομάτου κατ᾽ εἰδώλων πρόσπτωσιν, ὅταν ἃ βουλόμεθα βλέπωμεν, ὡς ἐπὶ τῶν τὰς ἐρωμένας ἔχειν [οἰομένων] ἐν ὕπνῳ γίνεται.

Γ΄. Τίς ἡ οὐσία τοῦ σπέρματος.

1. Ἀριστοτέλης· Σπέρμα ἐστὶ τὸ δυνάμενον κινεῖν ἐν ἑαυτῷ εἰς τὸ ἀποτελέσαι τι τοιοῦτον, οἷόν ἐστι τὸ ἐξ οὗ συνεκρίθη.

2. Πυθαγόρας, ἀφρὸν τοῦ χρηστοτάτου αἵματος τὸ σπέρμα, περίττωμα τῆς τροφῆς, ὥσπερ τὸ αἷμα καὶ μυελόν.

3. Ἀλκμαίων, ἐγκεφάλου μέρος.

4. Πλάτων, μυελοῦ τοῦ νωτιαίου ἀπόρροιαν.

5. Ἐπίκουρος, ψυχῆς καὶ σώματος ἀπόσπασμα.

6. Δημόκριτος· Ἀφ᾽ ὅλων τῶν σωμάτων καὶ τῶν κυριωτάτων μερῶν ὁ γόνος, [ὡς] τῶν σαρκικῶν, [ὀστῶν,] ἰνῶν.

Δ΄. Εἰ σῶμα τὸ σπέρμα.

1. Λεύκιππος καὶ Ζήνων, σῶμα· ψυχῆς γὰρ εἶναι ἀπόσπασμα.

2. Πυθαγόρας, Πλάτων, Ἀριστοτέλης, ἀσώματον μὲν εἶναι τὴν δύναμιν τοῦ σπέρματος, ὥσπερ νοῦν τὸν κινοῦντα· σωματικὴν δὲ τὴν ὕλην τὴν προχεομένην.

3. Στράτων καὶ Δημόκριτος, καὶ τὴν δύναμιν σῶμα· πνευματικὴ γάρ.

Ε΄. Εἰ καὶ αἱ θήλειαι προΐενται σπέρμα.

1. Πυθαγόρας, Ἐπίκουρος, Δημόκριτος, καὶ τὸ θῆλυ προΐεσθαι σπέρμα· ἔχει γὰρ παραστάτας ἀπεστραμμένως· διὰ τοῦτο καὶ ὄρεξιν ἔχει παρὰ τὰς χρήσεις.

2. Ἀριστοτέλης καὶ Ζήνων, ὕλην μὲν ὑγρὰν προΐεσθαι, οἱονεὶ ἀπὸ τῆς συγγυμνασίας ἱδρῶτας, οὐ μὴν σπερμαντικόν.

3. Ἵππων, προΐεσθαι μὲν σπέρμα τὰς θηλείας οὐχ ἥκιστα τῶν ἀρρένων, μὴ μέντοι γ᾽ εἰς ζωογονίαν τοῦτο συμβάλλεσθαι, διὰ τὸ ἐκτὸς πίπτειν τῆς ὑστέρας· ὅθεν

---

3. Pythagoras eam duntaxat partem improbat, quæ constat sacrificiis.

4. Aristoteles et Dicæarchus eas solum Divinationes admittunt quæ furore divinitus immisso, et quæ insomniis fiunt : animam non immortalem esse, sed divina quadam re impertiri tamen sentientes.

II. *Quæ sit Insomniorum ratio.*

1. Democritus accessu imaginum ea fieri putavit.

2. Strato, quod animi bruta natura in somnis aliquo modo plus sensus nanciscatur, itaque a mente cieatur.

3. Herophilus, somnia *divinitus inspirata* necessario fieri : *naturalia*, imaginando sibi anima repræsentante quod expediat et eventurum sit : *mixta*, fortuito et appulsu imaginum, quum videmus per quietem quæ volumus : quo modo amicarum complexu somno potiri se putant nonnulli.

III. *Quæ sit Seminis natura.*

1. Aristoteli Semen est id quod præditum est facultate movendi, donec tale aliquid absolvat, quale est unde ipsum fuit excretum.

2. Pythagoras, spumam utilissimi sanguinis, excretam ex alimento, sicut sanguinem et medullam.

3. Alcmæo, partem cerebri.

4. Plato, a medulla dorsi derivatum numerem.

5. Epicurus, particulam corpori et animæ avulsam.

6. Democritus, a totis corporibus et præcipuis partibus semen genitale est, ut a carneis, ossibus, venis.

IV. *An Semen sit corpus.*

1. Leucippo et Zenoni corpus est : esse enim aliquid ab anima avulsum.

2. Pythagoras, Plato, Aristoteles, vim seminis incorpoream dicunt, sicut mentem moventem, corpoream autem materiam quæ profunditur.

3. Strato et Democritus, ipsam quoque vim corpus esse, quippe spiritum.

V. *An feminæ etiam semen promittant.*

1. Affirmant hoc Pythagoras, Epicurus, Democritus : habere enim astites testiculares, sed inverso modo; ideoque eas etiam præter usum appetere.

2. Aristoteles et Zeno, humidam materiam emitti ab iis, sicut ab exercitatione sudores eliciuntur : non tamen vim habere seminalem.

3. Hippon, haud minus semen eas, quam mares, emittere, sed id non facere ad prolem generandam, quia extra uterum excidat : ideoque quasdam sæpenumero absque

[οὐκ] ὀλίγας προΐεσθαι πολλάκις δίχα τῶν ἀνδρῶν σπέρμα, καὶ μάλιστα τὰς χηρευούσας. Καὶ εἶναι τὰ μὲν ὀστᾶ παρὰ τοῦ ἄρρενος, τὰς δὲ σάρκας παρὰ τῆς θηλείας.

ς'. Πῶς αἱ συλλήψεις γίνονται.

1. Ἀριστοτέλης, τὰς μὲν συλλήψεις γίνεσθαι προανελκομένης μὲν ὑπὸ τῆς καθάρσεως τῆς μήτρας, τῶν δὲ καταμηνίων συνεπισπωμένων ἀπὸ τοῦ παντὸς ὄγκου μέρος τι τοῦ καθαροῦ αἵματος, ᾧ συμβαίνειν τὸν τοῦ ἄρρενος γόνον· (2) μὴ γίνεσθαι δὲ τὰς κυήσεις παρ' ἀκαθαρσίαν τῆς μήτρας, ἢ ἐμπνευμάτωσιν, ἢ φόβον, ἢ λύπην, ἢ ἀσθένειαν τῶν γυναικῶν, ἢ δι' ἀτονίαν τῶν ἀνδρῶν.

Ζ'. Πῶς ἄρρενα γεννᾶται καὶ θήλεα.

1. Ἐμπεδοκλῆς, ἄρρενα καὶ θήλεα γίνεσθαι παρὰ θερμότητα καὶ ψυχρότητα· ὅθεν ἱστορεῖται, τοὺς μὲν πρώτους ἄρρενας πρὸς ἀνατολῇ καὶ μεσημβρίᾳ γεγενῆσθαι μᾶλλον ἐκ τῆς γῆς, τὰς δὲ θηλείας πρὸς ταῖς ἄρκτοις.

2. Παρμενίδης ἀντιστρόφως· τὰ μὲν πρὸς ταῖς ἄρκτοις ἄρρενα βλαστῆσαι· τοῦ γὰρ πυκνοῦ μετέχειν πλείονος· τὰ δὲ πρὸς ταῖς μεσημβρίαις, θήλεα, παρὰ τὴν ἀραιότητα.

3. Ἵππων, παρὰ τὸ συνεστὸς καὶ ἰσχυρὸν, ἢ παρὰ τὸ ῥευστικόν τε καὶ ἀσθενέστερον σπέρμα.

4. Ἀναξαγόρας, Παρμενίδης, τὰ μὲν ἐκ τῶν δεξιῶν καταβάλλεσθαι εἰς τὰ δεξιὰ μέρη τῆς μήτρας, τὰ δ' ἐκ τῶν ἀριστερῶν εἰς τὰ ἀριστερά· εἰ δ' ἐναλλαγῇ τὰ τῆς καταβολῆς, γίνεσθαι θήλεα.

5. Κλεοφάνης, οὗ μέμνηται Ἀριστοτέλης, τὰ μὲν ἐκ τοῦ δεξιοῦ διδύμου, τὰ δ' ἐκ τοῦ ἀριστεροῦ.

6. Λεύκιππος, διὰ τὴν παραλλαγὴν τῶν μορίων, καθ' ἣν ὁ μὲν καυλὸν, ἡ δὲ μήτραν ἔχει· τοσοῦτον [γὰρ] μόνον λέγει.

7. Δημόκριτος, τὰ μὲν κοινὰ μέρη, ἐξ ὁποτέρου ἂν τύχῃ· τὰ δ' ἰδιάζοντα, καὶ κατ' ἐπικράτειαν.

8. Ἵππων, εἰ μὲν ἡ γονὴ κρατήσειεν, ἄρρεν· εἰ δ' ἡ τροφή, θῆλυ.

Η'. Πῶς τέρατα γίνεται.

1. Ἐμπεδοκλῆς, τέρατα γίνεσθαι παρὰ πλεονασμὸν σπέρματος, ἢ παρ' ἔλλειψιν, ἢ παρὰ τὴν τῆς κινήσεως ταραχὴν, ἢ παρὰ τὴν εἰς πλείω διαίρεσιν, ἢ παρὰ τὸ ἀπονεύειν· * οὕτω προειληφὼς φαίνεται σχεδόν τι πάσας τὰς αἰτιολογίας.

2. Στράτων, παρὰ πρόσθεσιν, ἢ ἀφαίρεσιν, ἢ μετάθεσιν, ἢ πνευμάτωσιν.

3. Τῶν ἰατρῶν τινες, παρὰ τὸ διαστρέφεσθαι τότε τὴν μήτραν ἐμπνευματουμένην.

Θ'. Διὰ τί γυνὴ ἡ πολλάκις συνουσιάζουσα οὐ συλλαμβάνει.

1. Διοκλῆς ὁ ἰατρός, ἢ παρὰ τὸ μηδ' ὅλως ἐνίας

---

viris semen effundere, maxime viduas. Et ossa a mare, carnes a mulieribus originem habere.

VI. *Quomodo Conceptio fiat*

1. Aristoteles, conceptionem fieri matrice sursum attracta a purgatione, menstruisque attrahentibus ab universa mole aliquid puri sanguinis, quocum se conjungit semen maris. (2) Non concipi, ob impuritatem vulvæ, aut inflationem, metum, ægritudinem, infirmitatemve mulierum: aut quia viri languent.

VII. *Quomodo mares nascantur, quomodo feminæ.*

1. Empedocles causam qua mares nascantur feminæve, calori et frigori tribuit: itaque narrant, primos homines e terra enatos, ad ortum solis et meridiem sitis in partibus exstitisse fere mares, feminas in septentrionalibus.

2. Parmenides contra hæc, in septentrionalibus exstitisse mares, quia plus his densitatis inest; in meridionalibus autem feminas, ob raritatem.

3. Hippon, pro eo atque semen vel consistat et validum sit, vel diffluat et infirmius sit.

4. Anaxagoras, Parmenides, semen a dextra parte in dextram uteri partem conjici, a sinistra in sinistram: quod si secus fiat, feminas concipi.

5. Cleophanes, cujus Aristoteles meminit, illos e dextro testiculo, has e sinistro seminari.

6. Leucippus, secundum variationem membrorum, quod mas colem, matricem femina habet: tantum enim duntaxat dicit.

7. Democritus, communes partes promiscue ex utro contigerit; peculiares, prout alter prævaluerit.

8. Hippon, si semen prævaluerit, marem; si alimentum (ex utero matris), feminam fieri.

VIII. *Monstra ut nascantur.*

1. Empedocles, Monstra nasci vel abundantia vel defectu seminis, aut a motus perturbatione, aut divisione in plura, aut quod alio vergat; sic videtur fere omnes causas complexus.

2. Strato, propter additionem, aut deminutionem, transpositionemve, aut inflationem.

3. Medicorum quidam, quod tunc matrix flatibus illapsis pervertatur.

IX. *Cur mulier sæpius concumbens non concipiat.*

1. Diocles medicus causam esse putat, quod vel omnino

σπέρμα προΐεσθαι, ἢ παρὰ τὸ, ἔλαττον τοῦ δέοντος, ἢ
διὰ τὸ τοιοῦτον, ἐν ᾧ τὸ ζωοποιητικὸν οὐκ ἔστιν· ἢ διὰ
θερμασίας, ἢ ψύξεως, ἢ ὑγρασίας, ἢ ξηρότητος [πλεο-
νασμὸν ἢ] ἔνδειαν, ἢ κατὰ παράλυσιν τῶν μορίων.

2. Οἱ δὲ Στωϊκοὶ, κατὰ λοξότητα τοῦ καυλοῦ, μὴ
δυναμένου τὸν γόνον εὐθυβολεῖν· ἢ παρὰ τὸ ἀσύμμε-
τρον τῶν μορίων, ὡς πρὸς τὴν ἀπόστασιν τῆς μήτρας.

3. Ἐρασίστρατος, παρὰ τὴν μήτραν, ὅταν τύλους
ἔχῃ, καὶ σαρκώδης, ἢ ἀραιοτέρα ἢ τοῦ κατὰ φύσιν, ἢ
μικροτέρα.

Γ΄. Πῶς δίδυμα καὶ τρίδυμα γίνεται.

1. Ἐμπεδοκλῆς, δίδυμα καὶ τρίδυμα γίνεσθαι κατὰ
πλεονασμὸν καὶ περισχισμὸν τοῦ σπέρματος.

2. Ἀσκληπιάδης, παρὰ τὴν τῶν σπερμάτων διαφορὰν, ὥσπερ τὰς κριθὰς δισίχους καὶ τριστίχους· εἶναι
γὰρ σπέρματα γονιμώτατα.

3. Ἐρασίστρατος, διὰ τὰς ἐπισυλλήψεις, ὥσπερ ἐπὶ
τῶν ἀλόγων ζῴων· ὅταν γὰρ ἡ μήτρα εἴη κεκαθαρμένη,
τότε ἐπισύλληψιν δέχεται.

4. Οἱ Στωϊκοὶ, παρὰ τοὺς ἐν τῇ μήτρᾳ τόπους· ὅταν
[γὰρ] εἰς πρῶτον καὶ δεύτερον ἐμπέσῃ [τὸ] σπέρμα,
τότε γίνεσθαι τὰς ἐπισυλλήψεις καὶ τὰ τρίδυμα.

ΙΑ΄. Πόθεν γίνονται τῶν γονέων [αἱ] ὁμοιώσεις καὶ τῶν προγόνων.

1. Ἐμπεδοκλῆς, ὁμοιότητα γίνεσθαι κατ᾽ ἐπικράτειαν τῶν σπερματικῶν γόνων· ἀνομοιότητας δὲ, τῆς
ἐν τῷ σπέρματι θερμασίας ἐξατμισθείσης.

2. Παρμενίδης, ὅταν μὲν ἀπὸ τοῦ δεξιοῦ μέρους τῆς
μήτρας ὁ γόνος ἀποκριθῇ, τοῖς πατράσιν· ὅταν δ᾽ ἀπὸ
τοῦ ἀριστεροῦ, ταῖς μητράσιν.

3. Οἱ Στωϊκοὶ, ἀπὸ τοῦ σώματος ὅλου καὶ τῆς ψυχῆς φέρεσθαι τὰ σπέρματα, καὶ τὰς ὁμοιότητας ἀνα-
πλάττεσθαι ἐξ αὐτῶν, τῶν γενῶν τοὺς τύπους καὶ τοὺς
χαρακτῆρας, ὡσπερανεὶ ζωγράφον ἀπὸ ὁμοίων χρωμάτων εἰκόνα τοῦ βλεπομένου· (4) προΐεσθαι δὲ καὶ τὴν
γυναῖκα σπέρμα· κἂν μὲν ἐπικρατήσῃ τὸ τῆς γυναικὸς,
ὅμοιον εἶναι τὸ γεννώμενον τῇ μητρί· ἐὰν δὲ τὸ τοῦ
ἀνδρὸς, τῷ ἀνδρί.

ΙΒ΄. Πῶς ἄλλοις γίνονται ὅμοιοι, καὶ οὐ τοῖς γο-νεῦσιν.

1. Οἱ μὲν πλεῖστοι τῶν ἰατρῶν, τυχικῶς καὶ αὐτομάτως ἐκ τοῦ ὅταν διαψυχθῇ τὸ σπέρμα καὶ τὸ τοῦ
ἀνδρὸς καὶ τὸ τῆς γυναικὸς, ἀνόμοια γίνεσθαι τὰ παιδία.

2. Ἐμπεδοκλῆς, τῇ κατὰ τὴν σύλληψιν φαντασίᾳ
τῆς γυναικὸς μορφοῦσθαι τὰ βρέφη· πολλάκις γὰρ εἰκόνων καὶ ἀνδριάντων ἠράσθησαν γυναῖκες, καὶ ὅμοια
τούτοις ἀπέτεκον.

3. Οἱ Στωϊκοὶ, συμπαθείᾳ τῆς διανοίας, κατὰ ῥευμάτων εἰσκρίσεις καὶ ἀκτίνων, οὐκ εἰδώλων, γίνεσθαι
τὰς ἀλλήλων ὁμοιότητας.

nullum, vel justo minus semen emittat, aut tale, cui prolis
gignendæ vis non insit; aut ob calorem, aut frigus, aut humiditatem, aut siccitatem vel nimiam vel deficientem, aut
ob resolutionem partium.

2. Stoici, obliquitatem veretri, quod non possit recta
ejaculari semen : aut quia membra coeuntium non sint inter
se legitima proportione condita ad matricis distantiam.

3. Erasistratus, ubi vulva callos contraxerit, aut carno-
sior, rariorve, aut minor fuerit quam natura exigat.

X. *Quomodo gemini et tergemini nascantur*

1. Empedocles, geminos et tergeminos gigni ob abundantiam et divisionem seminis.

2. Asclepiades, ob seminum excellentiam, sicut hordei
spicæ exsistunt duobus aut etiam tribus granorum ordinibus :
esse enim semina fœcundissima.

3. Erasistratus, ob superfœtationes, ut in brutis : quum
enim matrix purgata est, tunc superfœtationem admittit.

4. Stoici, ob loca quæ sunt in utero : quum enim in primum simul et secundum inciderit semen, tunc fieri superfœtationem et tergeminos nasci.

XI. *Quæ causa, quod proles parentum aut etiam pro-genitorum similitudinem refert.*

1. Empedocles similitudinem defert semini prævalenti,
dissimilitudinem evaporationi caloris qui in semine erat.

2. Parmenides, si a dextra vulvæ parte semen excernatur,
patrum; si a sinistra, matrum similes nasci.

3. Stoici, a toto corpore et anima ferri semen, exprimi-
que ex iis similitudines, nimirum imagines et effigies gentium, perinde atque si pictor rei conspectæ similitudinem
coloribus similibus referat :   (4) præterea a muliere quoque
semen emitti : quod si prævaleat, matri; si viri, patri similem nasci fœtum.

XII. *Quomodo aliorum, non parentum, forma similes fiant.*

1. Medicorum plerique fortuito casu, nimirum refrigeratis maris et feminæ seminibus, dissimilem gigni prolem putant.

2. Empedocles, imaginatione mulieris inter concipiendum
formari fœtum : sæpe enim imagines etiam et statuæ sunt
a mulieribus adamatæ, similisque earum proles in lucem
edita.

3. Stoici, ob consensum quendam ac similem animi affectionem, fluxuum et radiorum, non imaginum, insertione
similitudines effici.

ΙΓʹ. Πῶς στεῖραι γίνονται γυναῖκες, καὶ ἄγονοι ἄνδρες.

1. Οἱ ἰατροὶ, στείρας γίνεσθαι παρὰ τὴν μήτραν, ἢ
παρὰ τὸ πυκνοτέραν εἶναι, ἢ παρὰ τὸ ἀραιοτέραν, ἢ
παρὰ τὸ σκληροτέραν, ἢ παρά τινας ἐπιπωρώσεις, ἢ
σαρκώσεις, ἢ παρὰ μικροθυμίαν, ἢ παρ' ἀτροφίαν, ἢ
παρὰ καχεξίαν, ἢ παρὰ τὸ διαστρέφεσθαι τὸν σχηματισμὸν, ἢ διὰ παρασπασμόν.

2. Διοκλῆς, ἀγόνους τοὺς ἄνδρας, ἢ παρὰ τὸ μηδ'
ὅλως ἐνίους σπέρμα προΐεσθαι, ἢ παρὰ τὸ, ἔλαττον τοῦ
δέοντος· ἢ παρὰ τὸ ἄγονον εἶναι τὸ σπέρμα, ἢ κατὰ
παράλυσιν τῶν μορίων,* ἢ κατὰ λοξότητα τοῦ καυλοῦ,
μὴ δυναμένου τὸν γόνον εὐθυβολεῖν, ἢ παρὰ τὸ ἀσύμ-
μετρον τῶν μορίων, πρὸς τὴν ἀπόστασιν τῆς μήτρας.

3. Οἱ Στωϊκοὶ αἰτιῶνται τὰς ἀσυμφύλους εἰς ἑκάτερον τῶν πλησιαζόντων δυνάμεις τε καὶ ποιότητας· αἷς
ὅταν συμβῇ χωρισθῆναι μὲν ἀπ' ἀλλήλων, συνελθεῖν
δὲ ἑτέροις ὁμοφύλοις, συνεκράθη τὸ κατὰ φύσιν, καὶ
βρέφος τελεσιουργεῖται.

ΙΔʹ. Διὰ τί αἱ ἡμίονοι στεῖραι.

1. Ἀλκμαίων, τῶν ἡμιόνων τοὺς μὲν ἄρρενας ἀγόνους, παρὰ τὴν λεπτότητα τῆς θορῆς, ὅ ἐστι σπέρματος ψυχρότητα· τὰς δὲ θηλείας, παρὰ τὸ μὴ ἀναχάσκειν
τὰς μήτρας, ὅ ἐστιν ἀναστομοῦσθαι· οὕτω γὰρ αὐτὸς
εἴρηκεν.

2. Ἐμπεδοκλῆς, διὰ τὴν σμικρότητα καὶ ταπεινότη-
τα καὶ στενότητα τῆς μήτρας, κατεστραμμένως προσ-
πεφυκυίας τῇ γαστρὶ, μήτε τοῦ σπέρματος εὐθυβολοῦν-
τος εἰς αὐτὴν, μήτε, εἰ καὶ φθάσειεν, αὐτῆς ἐκδεχομένης.

3. Διοκλῆς δὲ μαρτυρεῖ αὐτῷ, λέγων· Ἐν ταῖς ἀνα-
τομαῖς πολλάκις ἑωράκαμεν τοιαύτην μήτραν τῶν
ἡμιόνων· καὶ ἐνδέχεσθαι διὰ τοιαύτας αἰτίας καὶ τὰς
γυναῖκας εἶναι στείρας.

ΙΕʹ. Εἰ τὸ ἔμβρυον ζῷον.

1. Πλάτων, ζῷον τὸ ἔμβρυον· καὶ γὰρ κινεῖσθαι ἐν
τῇ γαστρὶ, καὶ τρέφεσθαι.

2. Οἱ Στωϊκοὶ, μέρος εἶναι αὐτὸ τῆς γαστρὸς, οὐ
ζῷον· ὥσπερ γὰρ τοὺς καρποὺς μέρη τῶν φυτῶν ὄντας
πεπαινομένους ἀπορρεῖν, οὕτω καὶ τὸ ἔμβρυον.

3. Ἐμπεδοκλῆς, μὴ εἶναι μὲν ζῷον τὸ ἔμβρυον,
ἀλλ' ἔμπνουν ὑπάρχειν ἐν τῇ γαστρί· πρώτως δ' ἀναπνοὴν τοῦ ζῴου γίνεσθαι κατὰ τὴν ἀποκύησιν, τῆς μὲν
ἐν τοῖς βρέφεσιν ὑγρασίας ἀποχώρησιν λαμβανούσης,
πρὸς δὲ τὸ παρακενωθὲν ἐπεισόδου τοῦ ἐκτὸς ἀερώδους
γενομένης εἰς τὰ παρανοιχθέντα τῶν ἀγγείων.

4. Διογένης, γεννᾶσθαι μὲν τὰ βρέφη ἄψυχα, ἐν
θερμασίᾳ δέ· ὅθεν τὸ ἔμφυτον θερμὸν εὐθέως, προχυ-
θέντος τοῦ βρέφους, εἰς τὸν πνεύμονα ἐφέλκεται.

5. Ἡρόφιλος κίνησιν ἀπολείπει φυσικὴν τοῖς ἐμ-
βρύοις, οὐ πνευματικήν· τῆς δὲ κινήσεως αἴτια νεῦρα·

XIII. *Quomodo tam mulieres, quam viri steriles reddantur.*

1. Sterilitatis in muliere causas Medici utero imputant, si aliquid horum ei accidat : puta, ut fiat densior, rarior, durior, obstruatur forte callo, aut carnea mole : item ob animi languorem, defectum nutritionis, corporis vitiosam constitutionem, perversionem figuræ, aut devulsionem.

2. Diocles, steriles mares fieri, sive quod omnino nullum emittant semen, aut minus justa quantitate ; aut quia semen sit sterile, aut ob resolutionem membri, aut obliquitatem colis recta semen ejaculari non valentis, aut ob mensuram partium invicem non respondentem, propter matricis distantiam.

3. Stoici causantur dissimilitudinem naturæ et qualitatum in his qui corpora commiscent : nam quando separantur, et cum suæ naturæ familiaribus coeunt, tum naturalem mixtionem perfici ac fœtum procreari.

XIV. *Cur mulæ steriles.*

1. Alcmæo mulos steriles esse dicit ob seminis tenuitatem, id est frigiditatem : mulas autem, quia matrices earum non hient, id est aperiantur.

2. Empedocles, ob exilitatem, humilitatem, angustiamque vulvæ, inverse ventri annatæ, ut neque recta ad eam semen ejiciatur, neque vel si id fiat, excipiatur.

3. Huic Diocles testimonium perhibet, tales se matrices mularum in dissectionibus sæpenumero deprehendisse inquiens : ac fieri posse, ut iisdem de causis mulieres quoque sint steriles.

XV. *An Fœtus in utero sit animal.*

1. Plato animal esse censet, quia et moveatur in utero et alatur.

2. Stoici, partem ventris esse, non animal : utque fructus, qui stirpium partes sunt, ubi maturuere, defluunt, ita rem quoque habere de fœtu.

3. Empedocles, fœtum non esse quidem animal, spiritu tamen præditum in utero : primam autem animalis respirationem fieri, quum partu editur, decedente humore qui est in fœtu, et in exhausti locum succedente in vasa reserata aere externo.

4. Diogenes, inanimata nasci animalia, sed cum calore : atque insitum calorem, simul atque natum est animal, animam in pulmones attrahere.

5. Herophilus naturalem fœtui in utero, non animalem motum permittit, motusque causam edit nervos : animalia

τότε δὲ ζῷα γίνεσθαι, ὅταν προχυθέντα προσλάβῃ τι τοῦ ἀέρος.

Ις΄. Πῶς τρέφεται τὰ ἔμβρυα.

1. Δημόκριτος, Ἐπίκουρος, τὸ ἔμβρυον ἐν τῇ μήτρᾳ διὰ τοῦ στόματος τρέφεσθαι· ὅθεν εὐθέως γεννηθὲν ἐπὶ τὸν μαστὸν φέρεται τῷ στόματι· εἶναι γάρ τινας καὶ ἐν τῇ μήτρᾳ θηλὰς καὶ στόματα, δι' ὧν τρέφονται.

2. Οἱ Στωϊκοὶ, διὰ τοῦ χορίου καὶ τοῦ ὀμφαλοῦ· ὅθεν τοῦτον εὐθέως ἀποδεῖν τὰς μαιουμένας, καὶ ἀνευρύνειν τὸ στόμα, ἵνα γένηται ἡ μελέτη τῆς τροφῆς ἑτέρα.

3. Ἀλκμαίων, δι' ὅλου τοῦ σώματος τρέφεσθαι· ἀναλαμβάνειν γὰρ αὐτὸ, ὥσπερ σπογγιὰν, τὰ ἀπὸ τῆς τροφῆς θρεπτικά.

ΙΖ΄. Τί πρῶτον τελεσιουργεῖται ἐν τῇ γαστρί.

1. Οἱ Στωϊκοὶ, τοῖς πολλοῖς γίνεσθαι.
2. Ἀριστοτέλης, πρῶτον τὴν ὀσφὺν, ὡς τρόπιν νεώς.
3. Ἀλκμαίων, τὴν κεφαλὴν, ἐν ᾗ ἐστι τὸ ἡγεμονικόν.
4. Οἱ ἰατροὶ, τὴν καρδίαν, ἐν ᾗ φλέβες καὶ ἀρτηρίαι.
5. Οἱ δὲ, τὸν μέγαν δάκτυλον τοῦ ποδός.
6. Ἄλλοι δὲ, τὸν ὀμφαλόν.

ΙΗ΄. Διὰ τί τὰ ἑπταμηνιαῖα γόνιμα.

1. Ἐμπεδοκλῆς, ὅτε ἐγεννᾶτο τὸ τῶν ἀνθρώπων γένος ἐκ τῆς γῆς, τοσαύτην γενέσθαι τῷ μήκει τοῦ χρόνου, διὰ τὸ βραδυπορεῖν τὸν ἥλιον, τὴν ἡμέραν, ὁπόση νῦν ἐστιν ἡ δεκάμηνος· προϊόντος δὲ τοῦ χρόνου, τοσαύτην γενέσθαι τὴν ἡμέραν, ὁπόση νῦν ἐστιν ἡ ἑπτάμηνος· διὰ τοῦτο καὶ τὰ δεκάμηνα γόνιμα καὶ τὰ ἑπτάμηνα, τῆς φύσεως τοῦ κόσμου οὕτω μεμελετηκυίας, αὔξεσθαι ἐν μιᾷ ἡμέρᾳ ᾗ τίθεται νυκτὶ τὸ βρέφος.

2. Τίμαιος δ' οὐ δέκα μῆνάς φησιν, ἐννέα δὲ νομίζεσθαι παρὰ τὰς ἐπισχέσεις τῶν μηνιαίων τῆς πρώτης συλλήψεως· οὕτω καὶ τὰ ἑπτάμηνα νομίζεσθαι, οὐκ ὄντα ἑπτάμηνα· ἔγνωτε γὰρ καὶ μετὰ τὴν σύλληψιν πόσαι καθάρσεως.

3. * Πόλυβος, Διοκλῆς, οἱ Ἐμπειρικοὶ, καὶ τὸν ὄγδοον μῆνα ἴσασι γόνιμον, ἀτονώτερον δέ πως, τῷ πολλάκις διὰ τὴν ἀτονίαν πολλοὺς φθείρεσθαι· καθολικώτερον δὲ, μηδένα βούλεσθαι τὰ ὀκτάμηνα τρέφειν, γεγενῆσθαι δὲ πολλοὺς ὀκταμηνιαίους ἄνδρας.

4. Ὁ δ' Ἀριστοτέλης καὶ Ἱπποκράτης φασὶν, ἐὰν ἐκπληρωθῇ ἡ μήτρα ἐν τοῖς ἑπτὰ μησὶ, τότε προκύπτειν καὶ γεγεννῆσθαι γόνιμα· ἐὰν δὲ προκύψῃ μὲν, μὴ τρέφηται δὲ, ἀσθενοῦντος τοῦ ὀμφαλοῦ διὰ τὸ ἐπίπονον αὐτῷ γεγενῆσθαι τὸ κύημα, τότε ἔμβρυον ἄτροφον εἶναι· ἐὰν δὲ μείνῃ τοὺς ἐννέα μῆνας ἐν τῇ μήτρᾳ, προκύψαν τότε ὁλόκληρόν ἐστι.

5. Πόλυβος, ἑκατὸν ὀγδοήκοντα δύο καὶ ἥμισυ ἡμέρας γίνεσθαι εἰς τὰ γόνιμα· εἶναι γὰρ ἑξάμηνον, ὅτι καὶ

---

autem tum demum fieri, quum ex utero effusa aliquid aeris accipiunt.

XVI. *Quomodo alatur Fœtus.*

1 Democritus, Epicurus, fœtum in utero per os ali : itaque statim atque natus est, ore ad mammam ferri : nam in utero quoque esse ubera quædam et oscula quibus alatur.

2. Stoici, per secundinam et umbilicum : itaque hunc statim ab obstetricibus a partu ligari, et os infanti aperiri, ut de alio cogitet alimento.

3. Alcmæo, ali per totum corpus, quod spongiæ in morem recipiat quæ alendo sunt idonea.

XVII. *Quid primum in utero absolvatur.*

1. Stoici, *simul totum* formari.
2. Aristoteles, primum lumbos, tanquam carinam navis.
3. Alcmæo, caput, in quo est pars animæ princeps.

4. Medici, cor, in quo sunt venæ et arteriæ.
5. Alii, magnum pedis digitum.
6. Alii, umbilicum.

XVIII. *Cur Fœtus qui septimo mense in lucem editur vitalis sit.*

1. Empedocles, quo tempore humanum genus e terra est enatum, propter tarditatem motus solis, tantam fuisse longitudinem unius diei, quanta nunc est decem mensium : progressu temporis eandem contractam fuisse ad quantitatem septem mensium : itaque et decimo mense et septimo editos fœtus vitales esse, natura mundi hoc meditata, ut in una die, qua nocte satus sit, infans augescat.

2. Timæus non decem inquit menses, sed novem censeri ab inhibitione menstruorum, postquam conceptus est fœtus : sic etiam septimestria censeri quæ non sint, quum aliquando mulier post conceptum menstruis purgetur.

3. Polybus, Diocles, Empirici, etiam octavum mensem aptum partui agnoscunt : sed fœtum esse tum imbecilliorem; nam ob eam imbecillitatem multos perire : ac tametsi fere in universum nemo octavo mense natam prolem alendam censet, tamen multos sic natos in viros evasisse.

4. Aristoteles et Hippocrates dicunt, si uterus impleatur septem mensibus, tunc fœtum se exserere, atque in lucem edi vitalem : quodsi se exserens non alatur ob umbilici languorem, cui fœtus nimio sit labori, tunc eum non nutriri : si vero novem menses in utero maneat, tunc se promere, integrumque nasci.

5. Polybus, vitalem prolem nasci diebus post conceptum centum octoginta duobus cum dimidio : hoc enim esse sex

τὸν ἥλιον ἀπὸ τροπῶν ἐν τοσούτῳ χρόνῳ παραγίνεσθαι·
λέγεσθαι δὲ ἑπταμηνιαίους, διὰ τὸ τὰς ἐλλειπούσας
ἡμέρας τούτου τοῦ μηνὸς ἐν τῷ ἑπτὰ προσλαμβάνεσθαι·
(6) τὰ δ' ὀκταμηνιαῖα μὴ ζῆν, ὅταν προκύψῃ μὲν τῆς
μήτρας τὸ βρέφος, ἐπὶ πλεῖον δὲ ὁ ὀμφαλὸς βασανι-
σθῇ· ἄτροφος γὰρ γίνεται, ὡς τοῦ τρέφοντος αἴτιος.

7. Οἱ δὲ μαθηματικοὶ τοὺς ὀκτὼ μῆνας ἀσυνδέτους
φασὶν εἶναι πάσης γενέσεως, τοὺς δὲ ἑπτὰ συνδετικούς·
τὰ δ' ἀσύνδετα ζῴδιά ἐστιν, ἐὰν τῶν οἰκοδεσποτούντων
ἀστέρων τυγχάνῃ· ἐὰν γάρ τις τούτων τὴν ζωὴν καὶ
τὸν βίον κληρώσηται, δυστυχεῖς καὶ ἀχρόνους σημαίνει·
(8) ἀσύνδετα δέ ἐστι ζῴδια, ὀκτὼ ἀριθμούμενα, οἷον
κριὸς πρὸς σκορπίον ἀσύνδετος, ταῦρος πρὸς τοξότην
ἀσύνδετος, δίδυμοι πρὸς αἰγόκερων, καρκίνος πρὸς
ὑδροχόον, λέων πρὸς ἰχθύας, παρθένος πρὸς κριόν· διὰ
τοῦτο καὶ τὰ ἑπτάμηνα ὄντα καὶ δεκάμηνα, γόνιμα
εἶναι· τὰ δ' ὀκτάμηνα, διὰ τὸ ἀσύνδετον τοῦ κόσμου,
φθείρεσθαι.

ΙΘ'. Περὶ ζῴων γενέσεως, πῶς ἐγένοντο ζῷα, καὶ εἰ
φθαρτά.

1. Καθ' οὓς μὲν γενητὸς ὁ κόσμος, γενητὰ τὰ ζῷα
καὶ φθαρτά εἰσιν.

2. Οἱ περὶ Ἐπίκουρον, καθ' οὓς ἀγένητος, ἐκ μεταβολῆς τῆς ἀλλήλων γεννᾶσθαι τὰ ζῷα· μέρη γὰρ εἶναι
τοῦ κόσμου τούτου. (3) Ὡς καὶ Ἀναξαγόρας, καὶ
Εὐριπίδης· « Θνήσκει [δ' οὐδὲν,] μεταμειβόμενα δὲ ἄλλο
πρὸς ἄλλο, μορφὰς ἔδειξεν. »

4. Ἀναξίμανδρος, ἐν ὑγρῷ γεννηθῆναι τὰ πρῶτα
ζῷα, φλοιοῖς περιεχόμενα ἀκανθώδεσι· προβαινούσης
δὲ τῆς ἡλικίας ἀποβαίνειν ἐπὶ τὸ ξηρότερον, καὶ πε-
ριρρηγνυμένου τοῦ φλοιοῦ, ἐπ' ὀλίγον χρόνον μετα-
βιῶναι.

5. Ἐμπεδοκλῆς, τὰς πρώτας γενέσεις τῶν ζῴων
καὶ φυτῶν μηδαμῶς ὁλοκλήρους γενέσθαι, ἀσυμφυέσι
δὲ τοῖς μορίοις διεζευγμένας· τὰς δὲ δευτέρας, συμφυο-
μένων τῶν μερῶν εἰδωλοφανεῖς· τὰς δὲ τρίτας, τῶν
ἀλληλοφυῶν· τὰς δὲ τετάρτας, οὐκ ἔτι ἐκ τῶν ὁμοίων,
οἷον ἐκ γῆς καὶ ὕδατος, ἀλλὰ δι' ἀλλήλων ἤδη, τοῖς
μὲν (τοῖς ζῴοις) πυκνωθείσης τῆς τροφῆς, τοῖς δὲ τῆς
εὐμορφίας τῶν γυναικῶν ἐπερεθισμὸν τοῦ σπερματικοῦ
κινήματος ἐμποιησάσης. (6) Τῶν δὲ ζῴων πάντων τὰ
γένη διακριθῆναι διὰ τὰς ποιὰς κράσεις· τὰ μὲν οἰκειο-
τέραν εἰς τὸ ὕδωρ τὴν ὁρμὴν ἔχειν, τὰ δ' εἰς ἀέρα ἀναπνεῖν, ὅσ' ἂν πυρῶδες ἔχῃ τὸ πλέον, τὰ δὲ βαρύτερα
ἐπὶ τὴν γῆν, τὰ δ' ἰσόμοιρα τῇ κράσει, πᾶσι τοῖς θώ-
ραξι πεφωνηκέναι.

Κ'. Πόσα γένη ζῴων, καὶ εἰ πάντα αἰσθητὰ καὶ λογικά.

1. Ἔστι πραγματεία Ἀριστοτέλους, ἐν ᾗ τέσσαρα
γένη ζῴων φησί, χερσαῖα, ἔνυδρα, πτηνά, οὐράνια· καὶ
γὰρ τὰ [ἄστρα] ζῷα λέγεσθαι καὶ [τὸν] κόσμον καὶ
τὸν θεὸν ζῷον λογικὸν ἀθάνατον.

---

mensium tempus, quando etiam sol a tropico ad tropicum
eodem temporis spatio decurrat. Dici autem septimestrem,
quum dies qui huic sexto mensi desunt, a septimo assu-
muntur. (6) Octavo autem mense nata non vivere, quando
foetus ex utero se exserens gravius umbilicum affligit, ut
ab eo nutriri non possit.

7. Mathematici octo menses ad quemvis partum insocia-
biles aiunt, septem sociabiles. Signa porro cœli insociabilia sunt, quæ incidant in stellas domibus cœlestibus domi-
nantes, et sub se natis vitam infelicem ac non longævam
portendunt. (8) Sunt autem insociabilia quorum unum ab
altero octavum numeratur, velut Aries ad Scorpium, Tau-
rus ad Sagittarium, Gemini ad Capricornum, Cancer ad
Aquarium, Leo ad Pisces, Virgo ad Arietem. Hinc fieri
ut septimo et decimo mense edita in lucem vitalia sint :
octavo nata ob dissidium mundi pereant.

XIX. *De ortu Animalium, quomodo exstiterint, et an*
caduca.

1. Qui mundum statuunt ortum, iis orta etiam habentur
Animalia, atque interitura.

2. Epicurei, quibus non videtur natus mundus, mutua
permutatione nasci ea censent; partes enim esse hujus
mundi. (3) Quod item sensit Anaxagoras, et Euripides .

           Moritur nihil,
mutationum sed vicissitudine
aliis subinde formis illa prodeunt.

4. Anaximander, prima animalia in humore nata, corti-
cibus contenta spinosis; adultiora autem facta, ad siccitatem descivisse, ruptoque cortice non multum temporis supervixisse.

5. Empedocles, primo animalia ac plantas nequaquam
integro ortu exstitisse, sed membris quæ nondum coaluis-
sent : deinde partes coaluisse, ita ut spectri formam compages referret : tertium ortum fuisse *solidis animalium
figuris :* quartum non jam ex *elementis,* ut ex terra et
aqua, sed jam ipsis inter se congressis, quum aliorum
(animalium) alimentum esset densatum, aliis (hominibus
puta) mulierum formæ venustas incitamentum emittendi
seminis attulisset. (6) Animalium porro omnium genera
discreta fuisse certorum ratione temperamentorum : ob
quam alia aquam ut aptum sibi elementum expetant, alia
aerem *petant,* quæ quidem plus ignei habeant : alia quæ
graviora sint, ad terram suo appetitu ferantur; quæ autem
æquabili sunt temperamento, ea omnibus locis convenire.

XX. *Genera Animantium quot sint, et an omnia sensu*
ac ratione prædita.

1. Est opus Aristotelis, quo in opere quattuor statuit
animalium genera, Terrestria, Aquatica, Volucria, Cœlestia : nam et stellas dici animalia, et mundum ac deum
adeo animal dici ratione præditum, immortale.

2. Δημόκριτος, Ἐπίκουρος, τὰ οὐράνια.

3. Ἀναξαγόρας, πάντα ζῷα λόγον ἔχειν τὸν ἐνεργη-τικὸν, τὸν δ᾽ οἱονεὶ νοῦν μὴ ἔχειν τὸν παθητικὸν, τὸν λεγόμενον τοῦ νοῦ ἑρμηνέα.

4. * Πυθαγόρας, Πλάτων, λογικὰς μὲν εἶναι καὶ τῶν ἀλόγων ζῴων καλουμένων τὰς ψυχὰς, οὐ μὴν λο-γικῶς ἐνεργούσας παρὰ τὴν δυσκρασίαν τῶν σωμάτων καὶ τὸ μὴ ἔχειν τὸ φραστικὸν, ὥσπερ ἐπὶ τῶν πιθήκων καὶ τῶν κυνῶν· λαλοῦσι μὲν γὰρ οὗτοι, οὐ φράζουσι δέ.

5. Διογένης, μετέχειν μὲν αὐτὰ τοῦ νοητοῦ καὶ ἀέρος, διὰ δὲ τὸ τὰ μὲν πυκνότητι, τὰ δὲ πλεονασμῷ τῆς ὑγρασίας [* *] μήτε διανοεῖσθαι, μήτ᾽ αἰσθάνεσθαι, προσφερῶς δ᾽ αὐτὰ διακεῖσθαι τοῖς μεμηνόσι, παρε-πταικότος τοῦ ἡγεμονικοῦ.

ΚΑ΄. Ἐν πόσῳ χρόνῳ μορφοῦται τὰ ζῷα ἐν τῇ γαστρὶ ὄντα.

1. Ἐμπεδοκλῆς, ἐπὶ μὲν τῶν ἀνθρώπων ἄρχεσθαι τῆς διαρθρώσεως ἀπὸ ἕκτης καὶ τριακοστῆς, τελειοῦσθαι δὲ τοῖς μορίοις ἀπὸ πεντηκοστῆς μιᾶς δεούσης.

2. Ἀσκληπιάδης, ἐπὶ μὲν τῶν ἀρρένων, διὰ τὸ θερ-μότατα εἶναι, τὴν διάρθρωσιν γίνεσθαι ἀπὸ ἕκτης καὶ εἰκοστῆς, πολλὰς δὲ καὶ ἐνδοτέρω· πληροῦσθαι δ᾽ ἐντὸς τῆς πεντηκοστῆς [τοῖς] μορίοις· (3) ἐπὶ δὲ τῶν θηλυ-κῶν ἐν διμήνῳ διαρθροῦσθαι, ἐν τετραμήνῳ δὲ τελειοῦ-σθαι, διὰ τὸ ἐνδεῖν τοῦ θερμοῦ· τὰ δὲ τῶν ἀλόγων ζῴων, ὁλοτελῆ παρὰ τὰς συγκράσεις τῶν στοιχείων.

ΚΒ΄. Ἐκ ποίων συνίσταται στοιχείων ἕκαστον τῶν ἐν ἡμῖν γενικῶν μορίων.

Ἐμπεδοκλῆς, τὰς μὲν σάρκας γεννᾶσθαι ἐκ τῶν ἴσων τῇ κράσει τεττάρων στοιχείων· τὰ δὲ νεῦρα [ἐκ] πυρὸς [καὶ] γῆς, [οἷς ὕδατος] τὰ διπλασίονα μιχθέντα· τοὺς δ᾽ ὄνυχας τοῖς ζῴοις γεννᾶσθαι, τῶν νεύρων, καθὸ τῷ ἀέρι συνέτυχε, περιψυχθέντων· ὀστᾶ δὲ δυεῖν μὲν ὕδα-τος, καὶ τῶν ἴσων ἀέρος, τεττάρων δὲ πυρὸς, [καὶ] γῆς τ[οσ]ούτων συγκραθέντων μερῶν· ἱδρῶτα καὶ δάκρυον γίνεσθαι τοῦ σωματικοῦ οὕτως [**]

ΚΓ΄. Πῶς ὕπνος γίνεται ἢ θάνατος.

1. Ἀλκμαίων ἀναχωρήσει τοῦ αἵματος εἰς τὰς ὁμόρ-ρους φλέβας ὕπνον γίνεσθαί φησι· τὴν δ᾽ ἐξέγερσιν, διά-χυσιν· τὴν δὲ παντελῆ ἀναχώρησιν, θάνατον.

2. Ἐμπεδοκλῆς, τὸν μὲν ὕπνον καταψύξει τοῦ ἐν τῷ αἵματι θερμοῦ συμμέτρῳ γίνεσθαι, τῇ παντελεῖ [δὲ] θάνατον.

3. Διογένης, εἰ ἐπὶ πᾶν τὸ αἷμα διαχεόμενον, πλη-ρώσει μὲν τὰς φλέβας, τὸν δ᾽ ἐν αὐταῖς περιεχόμενον ἀέρα ὤσει εἰς τὰ στέρνα καὶ τὴν ὑποκειμένην γαστέρα, ὕπνον γεγενῆσθαι, καὶ θερμότερον ὑπάρχειν τὸν θώρακα· ἐὰν δὲ ἅπαν τὸ ἀερῶδες ἐκ τῶν φλεβῶν ἐκλίπῃ, θάνα-τον τυγχάνειν.

4. Πλάτων, οἱ Στωϊκοὶ, τὸν μὲν ὕπνον γίνεσθαι ἀνέσει τοῦ αἰσθητικοῦ πνεύματος, οὐ κατ᾽ ἀναχαλα-

---

2. Democritus, Epicurus, cœlestibus rationem tribuunt.

3. Anaxagoras, omnia animalia habere mentem agen-tem, non item patientem, qui mentis vocatur interpres.

4. Pythagoras, Plato, animas omnium, etiam bruta quæ dicuntur, animalium esse rationis compotes, non tamen omnes agere secundum rationem : idque fieri ob incom-modum corporis temperamentum, et quia loquela desti-tuuntur : quod in canibus et simiis appareat, vocem, non articulatam tamen eam, emittentibus.

5. Diogenes, rationis et aeris partem ea percipere, sed vel ob crassitiem, vel ob abundantiam humoris neque in-telligere neque sentire, ac fere affecta esse eo modo quo sunt insanientes, qui de mentis exiverunt potestate.

XXI. *Quantum tempus ad formandum in utero ani-malis fœtum requiratur.*

1. Empedocles hominum membra incipere conformari ait die trigesima sexta, perfici membra die undequinqua-gesima.

2. Asclepiades masculorum, quod sint calidissimi, initium vigesimæ sextæ diei defert, nonnullis etiam maturius po-nit : perfici autem membra intra diem quinquagesimam. (3) Femellis initium fingendorum membrorum esse bimestre : finem conformationis, exitum quarti mensis, ob inopiam caloris. Brutorum ita perfici fœtus, ut ipsa ad contempera-tionem elementorum habent.

XXII. *Quibus ex elementis constet in nobis uniuscujus-que generis membrum.*

1. Empedocles arbitratur carnes nasci ex æquali quattuor elementorum contemperatione : nervos ex igni et terra, duplici portione aquæ admixta : ungues, e nervis ubi aeri oc-currerunt refrigeratis : ossa ex duabus portionibus aquæ, totidem aeris, quattuor ignis totidemque terræ, commixtis. Sudorem et lacrimas fieri, corporeis partibus [liquefactis denuo, iisdemque extenuando diffusis].

XXIII. *Quæ causæ sint Somni et Mortis.*

1. Alcmæo Somnum exsistere ait sanguinis in concursum venarum receptu : ejusdemque diffusione nos evigilare : plenum autem abscessum, Mortis esse causam.

2. Empedocles, moderata caloris qui in sanguine inest refrigeratione Somnum, perfecta Mortem accidere.

3. Diogenes, si universus sanguis in venas diffusus contentum in iis aerem in pectus subjectumque ei ventrem contrudat, Somnum fieri, ac thoracem incalescere : quodsi universus aer venas deserat, Mortem consequi.

4. Plato et Stoici, Somnum fieri remissione sensitivi spiritus, non relaxatione, sicut in terra : sed quum is de

σμόν, καθάπερ ἐπὶ τῆς γῆς, φερομένου δὲ ὡς ἐπὶ τὸ ἡγεμονικὸν μεσόφρυον· ὅταν δὲ παντελῶς γένηται ἡ ἄνεσις τοῦ αἰσθητικοῦ πνεύματος, τότε γεγενῆσθαι θάνατον.

ΚΔ΄. Πότε καὶ πῶς ἄρχεται ὁ ἄνθρωπος τῆς τελειότητος.

1. Ἡράκλειτος, καὶ οἱ Στωϊκοὶ, ἄρχεσθαι τοὺς ἀνθρώπους τελειότητος περὶ τὴν δευτέραν ἑβδομάδα, περὶ ἣν ὁ σπερματικὸς κινεῖται ὀρρός· τὰ γὰρ δένδρα ἄρχεται τότε τελειότητος, ὅταν ἄρχηται γεννᾶν τὰ σπέρματα, ἀτελῆ δέ ἐστι καὶ ἄωρα (καὶ) ἄκαρπα ὄντα. (2) Τέλειος οὖν τότε ἄνθρωπος· περὶ δὲ τὴν δευτέραν ἑβδομάδα ἔννοια γίνεται καλοῦ τε καὶ κακοῦ, καὶ τῆς διδασκαλίας αὐτῶν.

ΚΕ΄. Ποτέρου ἐστὶν ὕπνος ἢ θάνατος, ψυχῆς, ἢ σώματος.

1. Ἀριστοτέλης, κοινὸν μὲν τὸν ὕπνον σώματος καὶ ψυχῆς· ἔστι δὲ [αἴτιον] αὐτοῦ τὸ ἀναθυμιαθὲν ὑγρὸν ἀπὸ τοῦ θώρακος εἰς τοὺς περὶ τὴν κεφαλὴν τόπους, καὶ τῆς ὑποκειμένης τροφῆς τὸ ἐν τῇ καρδίᾳ παραψυχθὲν θερμόν· τὸν δὲ θάνατον εἶναι παντελῆ κατάψυξιν. (2) Θάνατον δ' εἶναι μόνου τοῦ σώματος, οὐ ψυχῆς· ταύτης γὰρ οὐχ ὑπάρχει θάνατος.

3. * Ἀναξαγόρας δὲ, [κατὰ κόπον] τῆς σωματικῆς ἐνεργείας γίνεσθαι τὸν ὕπνον· σωματικὸν γὰρ εἶναι τὸ πάθος, οὐ ψυχικόν· εἶναι δὲ καὶ ψυχῆς θάνατον τὸν διαχωρισμόν.

4. Λεύκιππος, οὐ μόνον σώματος γίνεσθαι, ἀλλὰ κράσει τοῦ λεπτομεροῦς πλείονι τῆς ἐκκράσεως τοῦ ψυχικοῦ θερμοῦ, τὸν πλεονασμὸν αἰτίαν θανάτου· ταῦτα δ' εἶναι πάθη σώματος, οὐ ψυχῆς.

5. Ἐμπεδοκλῆς, τὸν θάνατον γεγενῆσθαι διαχωρισμὸν τοῦ πυρώδους [καὶ γεώδους], ἐξ ὧν ἡ σύγκρισις τῷ ἀνθρώπῳ συνεστάθη· ὥστε κατὰ τοῦτο κοινὸν εἶναι τὸν θάνατον σώματος καὶ ψυχῆς· ὕπνον δὲ γίνεσθαι διαχωρισμόν [τινα] τοῦ πυρώδους.

Κϛ΄. Πῶς ηὐξήθη τὰ φυτὰ, καὶ εἰ ζῷα.

1. Πλάτων, Ἐμπεδοκλῆς, καὶ τὰ φυτὰ ἔμψυχα καὶ ζῷα· φανερὸν δὲ καὶ ἀπὸ τοῦ σαλεύεσθαι, καὶ ἐντεταμένους ἔχειν τοὺς κλάδους, καὶ ἐν ταῖς ἐπαναγωγαῖς εἴκειν, καὶ πάλιν σφοδρῶς ἀναχαλᾶσθαι· ὥστε καὶ συνέλκειν βάρη.

2. Ἀριστοτέλης, ἔμψυχα μὲν, οὐ μὴν καὶ ζῷα· τὰ γὰρ ζῷα ὁρμητικὰ εἶναι, καὶ αἰσθητικὰ καὶ λογικά.

3. Οἱ Στωϊκοὶ δὲ καὶ οἱ Ἐπικούρειοι, οὐκ ἔμψυχα· τινὰ γὰρ ψυχῆς ὁρμητικῆς εἶναι καὶ ἐπιθυμητικῆς· τινὰ δὲ καὶ λογικῆς· τὰ δὲ φυτὰ αὐτομάτως πως κεκινῆσθαι, οὐ διὰ ψυχῆς.

4. Ἐμπεδοκλῆς πρῶτα τὰ δένδρα τῶν ζῴων ἐκ γῆς ἀναδῦναί φησι, πρὶν τὸν ἥλιον περιαπλωθῆναι, καὶ πρὶν ἡμέραν καὶ νύκτα διακριθῆναι· διὰ δὲ [τῆς] συμ-

intervallum superciliorum, id est partem principem, fertur : qui spiritus si omnino remittatur, Mortem subsequi.

XXIV. *Quando et quomodo incipiat homo perfici.*

1. Heraclitus et Stoici, incipere sub annum decimum quartum, quum jam etiam genitale serum movetur : nam arbores tum incipere perfici, quum gignere semina incipiunt ; immaturas ante esse et imperfectas, dum fructu carent. (2) Tum igitur perfectus est homo. Ceterum circa *primum* septennium jam in notitiam boni ac mali venit, eorumque disciplinæ capax exsistit.

XXV. *Ad animamne, an ad corpus pertineant Somnus et Mors.*

1. Aristoteles Somnum corpori cum anima facit communem : produci autem evaporatione humidi e pectore in caput, et refrigeratione caloris in corde ab alimento subjecto : Mortem esse absolutam refrigerationem. (2) Porro mortem esse solius corporis, non etiam animæ, quæ est immortalis.

3. Anaxagoras Somnum accidere putat functionibus corporis fatigatis; non enim animæ esse, sed corporis affectionem : Mortem esse animæ divulsionem.

4. Leucippus, solius corporis esse Somnum : quumque ob tenuitatem partium plus justo excernitur animati caloris, eo Mortem effici : corporis hæc esse, non animæ affectiones.

5. Empedocles, Mortem esse igneæ naturæ secretionem ab terrea, ex quibus homo coaluit; ideoque communem esse animæ corporique mortem : Somnum autem evenire secretione quadam naturæ igneæ.

XXVI. *De Plantarum incremento, et an sint animalia.*

1. Plato, Empedocles, stirpes quoque anima præditas esse, et in animalium numero censent : eo argumento, quod et nutent, et ramos habeant directos, qui inflexi cedant, et si remittantur, suum repetant locum atque rectitudinem cum vehementia, ut pondera adeo secum auferant.

2. Aristoteles vivere dicit, animalia esse negat, quod animalia appetitu, sensu, ratione sint prædita.

3. Stoici et Epicurei animam iis derogant : quod animata alia appetant, concupiscentiaque incitentur, alia etiam ratione utantur : plantas autem fortuito moveri, non animæ effectione.

4. Empedocles primo inter animalia loco arbores a terra enatas ait, antequam sol circumpenderetur, noxque a die discerneretur, et ob concinnitatem temperamenti sexus ma-

μετρίας τῆς κράσεως τὸν τοῦ ἄῤῥενος καὶ τοῦ θήλεος περιέχειν λόγον· αὔξεσθαι δ' ἀπὸ τοῦ ἐν τῇ γῇ θερμοῦ διαιρουμένου, ὥστε γῆς εἶναι μέρη, καθάπερ καὶ τὰ ἔμβρυα τὰ ἐν τῇ γαστρὶ, τῆς μήτρας μέρη· (5) τοὺς δὲ καρποὺς περιττεύματα εἶναι ἐν τοῖς φυτοῖς ὕδατος καὶ πυρός· καὶ τὰ μὲν ἐλλιπὲς ἔχοντα τὸ ὑγρὸν, ἐξικμα-ζομένου αὐτοῦ τῷ θέρει, φυλλοῤῥοεῖν, τὰ δὲ πλεῖον, πα-ραμένειν, ὥσπερ ἐπὶ τῆς δάφνης, καὶ τῆς ἐλαίας, καὶ τοῦ φοίνικος· (6) τὰς δὲ διαφορὰς τῶν χυμῶν, παραλ-λαγὰς τῆς πολυμερείας καὶ τῶν αἰτίων γίνεσθαι, δια-φόρους ἐχόντων τὰς ἀπὸ τοῦ τρέφοντος ὁμοιομερείας, ὥσπερ ἐπὶ τῶν ἀμπέλων· οὐ γὰρ αἱ διαφοραὶ τούτων χρηστικὸν οἶνον ποιοῦσιν, ἀλλ' [αἱ] ἐκ τοῦ τρέφοντος ἐδάφους.

ΚΖ'. Περὶ τροφῆς καὶ αὐξήσεως.

1. Ἐμπεδοκλῆς, τρέφεσθαι μὲν τὰ ζῷα διὰ τὴν ὑπό-στασιν τοῦ οἰκείου, αὔξεσθαι δὲ διὰ τὴν παρουσίαν τοῦ θερμοῦ, μειοῦσθαι δὲ καὶ φθίνειν διὰ τὴν ἔκλειψιν ἑκα-τέρων· τοὺς δὲ νῦν ἀνθρώπους, τοῖς πρώτοις συμβαλλο-μένους, βρεφῶν ἐπέχειν τάξιν.

2. Ἀναξαγόρας, τρέφεσθαι μὲν ***

ΚΗ'. Πόθεν αἱ ὀρέξεις γίνονται τοῖς ζῴοις καὶ ἡδο-ναί.

Ἐμπεδοκλῆς, τὰς μὲν ὀρέξεις γίνεσθαι τοῖς ζῴοις κατὰ τὰς ἐλλείψεις τῶν ἀποτελούντων ἕκαστα στοιχείων, τὰς δὲ ἡδονὰς ἐξ ὑγροῦ, καὶ τὰς τῶν κινδύνων καὶ ὁμοίων κινήσεις, τὰς δ' ὀχλήσεις καὶ τὰς ***.

ΚΘ'. Πῶς γίνεται ὁ πυρετός, καὶ εἰ ἐπιγέννημά ἐστι.

1. Ἐρασίστρατος ὁρίζεται τὸν πυρετὸν οὕτω· Πυρετός ἐστι κίνημα αἵματος παρεμπεπτωκὸς εἰς τὰ τοῦ πνεύ-ματος ἀγγεῖα ἀπροαιρέτως γινόμενον· καθάπερ γὰρ ἐπὶ τῆς θαλάττης, ὅταν μηδὲν αὐτὴν κινῇ, ἠρεμεῖ, ἀνέμου δ' ἐμπνέοντος βιαίου παρὰ φύσιν, τότε ἐξ ὅλης κυκλεῖ-ται, οὕτω καὶ ἐν τῷ σώματι, ὅταν κινηθῇ τὸ αἷμα, τότε ἐμπίπτει μὲν εἰς τὰ ἀγγεῖα τῶν πνευμάτων, πυ-ρούμενον δὲ θερμαίνει ὅλον τὸ σῶμα. Ἀρέσκει δ' αὐτῷ καὶ ἐπιγέννημα εἶναι ὁ πυρετός.

2. Διοκλῆς δέ φησιν· Ὄψεις ἀδήλων τὰ φαινόμενα· ἐπὶ δὲ τοῖς φαινομένοις ὁρᾶται ὁ πυρετὸς ἐπιγενόμενος, [οἷά ἐστι] τραύματα καὶ φλεγμοναὶ καὶ βουβῶνες.

* Λ'. Περὶ ὑγείας, καὶ νόσου καὶ γήρως.

1. Ἀλκμαίων, τῆς μὲν ὑγείας εἶναι συνεκτικὴν ἰσο-νομίαν τῶν δυνάμεων, ὑγροῦ, θερμοῦ, ξηροῦ, ψυχροῦ, πικροῦ, γλυκέος, καὶ τῶν λοιπῶν· τὴν δ' ἐν αὐτοῖς μο-ναρχίαν, νόσου ποιητικήν· φθοροποιὸν γὰρ ἑκατέρου μοναρχία· (2) καὶ νόσων αἰτία, ὡς μὲν ὑφ' ἧς, ὑπερβολὴ θερμότητος, ἢ ψυχρότητος· ὡς δ' ἐξ ἧς, διὰ πλῆθος, ἢ ἔνδειαν· ὡς δ' ἐν οἷς, αἷμα ἐνδέον, ἢ ἐγκέφαλος· τὴν δὲ ὑγείαν σύμμετρον τῶν ποιῶν τὴν κρᾶσιν.

---

sculi ac feminei rationem continuisse : incrementum iis obtigisse a caloris terræ inclusi distributione; itaque terræ esse partes, sicut fœtus in utero sunt matricis partes. (5) Fructus excrementa esse plantarum terra et igne abundantium : et quæ humoris satis non habeant, per æstatem illo evaporato, earum defluere folia : quæ eo abundant, durare, ut laurum, oleam, palmam. (6) Discrimina succorum esse ob diversitatem partium et causarum varietatem, quum diversas in se contineant sui particulas ob nutrimenti diversitatem, velut in vitibus; non enim harum differentiæ vinum vino præstantius efficiunt, sed soli, quo aluntur, diversitas.

XXVII. *De nutritione et incremento.*

1. Empedocles, animalia nutriri subsidente eo quod iis est natura accommodatum; crescere ob caloris præsentiam : decrescere et tabescere utriusque defectu : nostræ ætatis homines priscis comparatos, infantium instar esse.

2. Anaxagoras, nutriri ***

XXVIII. *Unde appetitus animalia, et voluptas inces-sat.*

Appetitum Empedocles animalibus obtingere defectu elementorum quibus conficiuntur : voluptates autem ex humiditate, et periculorum [?] similiumque motus : interturbationes autem et ***

XXIX. *Febris ut fiat, et an ea sit affectio alius affe-ctionis appendix.*

1. Erasistratus Febrim sic definit : Febris motio est sanguinis illapsi in pulmonis vasa, non proficiscens a nostra voluntate : sicut enim mare nulla re commovente quiescit, vento autem contra naturam incidente violento totum exagitatur inque circulos torquetur; sic et in corpore, ubi commotus fuerit sanguis, incidit in vasa spiritui destinata, ibique excandescens calorem toti corpori affert. Placet autem ei febrim morbi esse appendicem.

2. Diocles inquit : Quæ videntur, conspectui nobis exhibent ea quæ in obscuro sunt : apparent autem hæc, quibus febris comitatur, quæ sunt vulnera, ardentes abscessus, et bubones.

XXX. *De Sanitate, Morbo et Senectute.*

1. Alcmæo sentit, causam bonæ valetudinis continentem esse æquabilitatem facultatum; ut humidi, calidi, sicci, frigidi, amari, dulcis, ac reliquarum qualitatum : contra, si qua harum qualitatum sola prævaleat ceteris, morbum gigni : nam perniciem effici a singulari alterutrius generis imperio. (2) Et causam Morborum a qua, seu efficientem, esse abundantiam caloris vel frigoris : causam ex qua, seu materiam, esse nimium vel parum : causam in qua, seu locum, esse sanguinem, *viscera*, cerebrum : sed Sanitatem esse temperiem qualitatum concinnam, hoc est certa invicem proportione invicem respondentium.

3. Διοκλῆς δὲ, πλείστας τῶν νόσων δι' ἀνωμαλίαν τῶν ἐν σώματι στοιχείων καὶ τοῦ καταστήματος [ἀέρος].

4. Ἐρασίστρατος, τὰς νόσους διὰ πλῆθος τροφῆς καὶ ἀπεψίας καὶ φθορᾶς· τὴν δ' εὐταξίαν καὶ αὐτάρκειαν, εἶναι ὑγείαν.

5. Οἱ Στωϊκοὶ συμφώνως, τὸ γῆρας γεγενῆσθαι διὰ τὴν τοῦ θερμοῦ ἔλλειψιν· οἱ γὰρ αὐτοῦ πλέον ἔχοντες (τὸ θερμὸν), ἐπὶ πλεῖον γηρῶσιν.

6. Ἀσκληπιάδης Αἰθίοπάς φησι ταχέως γηράσκειν, ἔτει τριακοστῷ, διὰ τὸ ὑπερθερμαίνεσθαι τὰ σώματα, ὑπὸ τοῦ ἡλίου διαφλεχθέντας· ἐν Βρεττανίᾳ ἑκατὸν εἴκοσιν ἐτῶν γηρᾶν διὰ τὸ κατεψῦχθαι μὲν τοὺς τόπους, ἐν ἑαυτοῖς δὲ στέγειν τὸ πυρῶδες· (7) τὰ μὲν γάρ εἰσιν ἀραιότερα τῶν Αἰθιόπων σώματα διὰ τὸ ἀναχαλᾶσθαι ὑπὸ τοῦ ἡλίου, τὰ δ' ἀπὸ τῶν ἄρκτων πυκνὰ, διὰ τοῦτο οὖν καὶ πολυχρόνια.

———◦◦◦———

ΑΙΤΙΑΙ ΦΥΣΙΚΑΙ.

Α′.

Διὰ τί τὸ θαλάττιον ὕδωρ οὐ τρέφει τὰ δένδρα;

1. Πότερον δι' ἣν αἰτίαν οὐδὲ τῶν ζῴων τὰ χερσαῖα; ζῷον γὰρ ἔγγειον τὸ φυτὸν εἶναι, οἱ περὶ Πλάτωνα καὶ Ἀναξαγόραν καὶ Δημόκριτον οἴονται· (2) οὐ γὰρ διότι τοῖς ἐναλίοις φυτοῖς τρόφιμόν ἐστι καὶ πότιμον, ὥσπερ τοῖς ἰχθύσιν, ἤδη καὶ τὰ ἐν τῇ χέρσῳ φυτά τε καὶ δένδρα τρέφει· οὔτε γὰρ ἐνδύεται ταῖς ῥίζαις ὑπὸ πάχους, οὔτ' ἀναφέρεται ὑπὸ τοῦ βάρους· ὅτι δ' ἐμβριθές ἐστι καὶ γεῶδες, ἄλλοις τε πολλοῖς ἀποδείκνυται, καὶ τῷ μᾶλλον ἀνέχειν καὶ ὑπερείδειν τὰ πλοῖα καὶ τοὺς κολυμβῶντας· (3) ἢ μάλιστα μὲν βλάπτεται ξηρότητι τὰ δένδρα, ξηραντικὸν δὲ τὸ τῆς θαλάσσης ὕδωρ, ὅθεν πρός γε τὰς σήψεις οἱ ἅλες βοηθοῦσι· καὶ τὰ σώματα τῶν λουσαμένων ἐν θαλάττῃ ξηρὰν εὐθὺς ἴσχει καὶ τραχεῖαν τὴν ἐπιφάνειαν. (4) Ἢ τὸ μὲν ἔλαιον τοῖς φυτοῖς πολέμιον, καὶ φθείρει τὰ προσαλειφόμενα; μετέχει δὲ πολλῆς ἡ θάλαττα λιπαρότητος· διὸ συνεξάπτει, καὶ παραινοῦμεν εἰς τὰς φλόγας μὴ ἐμβάλλειν θαλάττιον ὕδωρ. (5) Ἢ γέγονεν ἄποτον καὶ πικρὸν τὸ ὕδωρ, ὡς Ἀριστοτέλης φησὶν, ἀναμίξει κατακεκαυμένης γῆς; καὶ γὰρ ἡ κονία γίνεται, γλυκέος ὕδατος εἰς τέφραν ἐμπεσόντος, ἡ δὲ διάλυσις ἐξίστησι καὶ φθείρει τὸ χρηστὸν καὶ πότιμον, ὡς ἐν ἡμῖν οἱ πυρετοὶ τὸ ὑγρὸν εἰς χολὴν τρέπουσιν. (6) Ἃ δ' ἱστοροῦσιν ἐν τῇ ἐρυθρᾷ θαλάσσῃ βλαστάνειν ὑλήματα καὶ φυτά, καρπὸν μὲν οὐδένα φέρει, τρέφεται δὲ τοῖς ποταμοῖς πολλὴν ἐμβάλλουσιν ἰλύν· ὅθεν οὐ πρόσω τῆς γῆς, ἀλλὰ πλησίον, ἔχει τὴν γένεσιν.

---

3. Diocles plerosque Morborum exsistere ait ob inæqualitatem elementorum corporis, et habitum (aeris).

4. Erasistratus, Morbos ob multitudinem alimenti, cruditatem, et corruptionem exsistere : victus rationem moderatam et sufficientem corpori, esse Sanitatem.

5. Stoici uno ore dicunt Senectutem accidere ob caloris defectum : quibus enim plus est caloris, ii senectuti moram longiorem producunt.

6. Asclepiades ait Æthiopas celerius senescere, anno scilicet trigesimo : idque propterea, quod eorum corpora nimio solis æstu exurantur : in Britannia contra senium ad vigesimum supra centesimum produci annum, quod corpora ob frigiditatem istarum regionum igneam in sese contineant naturam : (7) et corpora Æthiopum rariora esse, quod relaxentur calore solis; in septentrionalibus regionibus corpora esse densiora, ideoque etiam vivaciora.

———◦◦◦———

QUÆSTIONES NATURALES.

I.

Quid causæ est, quod arbores aqua marina non aluntur?

1. An eadem est, ob quam terrestria animalia non alit marina aqua? nam Plato, Anaxagoras et Democritus putant, plantas animalia esse terrestria. (2) Non enim quia aqua marina alimento est ut piscibus, ita etiam stirpibus marinis : continuo etiam terrestres plantas animaliaque nutriet, quum neque penetrare possit ob crassitiem suam radices, neque sursum efferri ob sui gravitatem : gravem esse autem aquam marinam ac terrestrem, et alia multa demonstrant, et quod facilius sustinet naves, et natatores. (3) Aut quia siccitas maxime officit arboribus, vim autem siccandi habet aqua marina? quæ causa est cur adversus putredinem sales valeant : et eorum qui in mari lavant corpora statim siccam habent asperamque superficiem. (4) Vel quod pinguedo iis quorum stirpes terra continentur est inimica, et inuncta perdit? multum autem pinguedinis adest marinæ aquæ, adeo ut etiam una exardescat, soleamusque hortari, *ne in flammam ea injiciatur.* (5) Aut quod aqua marina potui inepta et amara est facta, ut Aristoteles ait, admixtione terræ adustæ? nam et lixivium fit dulci aqua in cinerem incidente, dissolutio autem ejicit corrumpitque id quod bonum erat et potabile, sicut in nobis febres humorem in bilem convertunt. (6) Quæ autem in Rubro mari narrant silvestria et plantas germinare, ea fructum nullum ferunt, aluntur autem a fluviis multum cœni ingerentibus, itaque etiam non procul a terra, sed prope eam nascuntur.

B'.

Διὰ τί μᾶλλον ὑπὸ τῶν ὑετίων ἢ τῶν ἐπιρρύτων ὑδάτων τὰ δένδρα καὶ τὰ σπέρματα πέφυκε τρέφεσθαι;

1. Πότερον, ὡς Λάϊτος ἔλεγε, τῇ πληγῇ τὰ ὄμβρια διιστάντα τὴν γῆν πόρους ποιεῖ, καὶ διαδύεται μᾶλλον εἰς τὴν ῥίζαν; (2) ἢ τοῦτο μὲν οὐκ ἀληθές, ἀλλ' ἔλαθε τὸν Λάϊτον, ὅτι καὶ τὰ λιμναῖα φυτά, * τύφη καὶ φλέων καὶ θρύον, ἀναυξῆ καὶ ἀβλαστῆ μένει, μὴ γενομένων ὄμβρων καθ' ὥραν· τὸ δὲ τοῦ Ἀριστοτέλους ἀληθές, ὅτι πρόσφατόν ἐστι καὶ νέον ὕδωρ τὸ δόμενον, ἕωλον δὲ καὶ παλαιὸν τὸ λιμναῖον; (3) ἢ καὶ τοῦτο πιθανὸν μᾶλλον ἢ ἀληθές ἐστι; τὰ γὰρ πηγαῖα καὶ ποτάμια νάματα πρόσφατα μέν ἐστι καὶ νεογενῆ· ποταμοῖς γὰρ δὶς τοῖς αὐτοῖς οὐκ ἂν ἐμβαίης, ὥς φησιν Ἡράκλειτος· ἕτερα γὰρ ἐπιρρεῖ ὕδατα· τρέφει δὲ καὶ ταῦτα τῶν ὀμβρίων χεῖρον. (4) Ἆρ' οὖν κοῦφόν ἐστι τὸ ἐκ Διὸς ὕδωρ καὶ ἀερῶδες, καὶ πνεύματι μεμιγμένον ὁδηγεῖταί τε καὶ ἀναπέμπεται ταχέως εἰς τὸ φυτὸν ὑπὸ λεπτότητος; διὸ καὶ πομφόλυγας ποιεῖ τῇ ἀναμίξει τοῦ ἀέρος. (5) Ἢ τρέφει μὲν μάλιστα κρατούμενον ὑπὸ τοῦ τρεφομένου; τοῦτο γάρ ἐστι πέψις· ἀπεψία δὲ τοὐναντίον, ὅταν ἰσχυροτέρα τοῦ παθεῖν ᾖ· καὶ μεταβάλλει τὰ λεπτὰ καὶ ἁπλᾶ καὶ ἄχυμα μᾶλλον, οἷόν ἐστι τὸ ὄμβριον ὕδωρ· γεννώμενον γὰρ ἐν ἀέρι καὶ πνεύματι, καθαρὸν καὶ ἀμιγὲς κάτεισι· (6) τὰ δὲ πηγαῖα, καὶ τῇ γῇ καὶ τοῖς τόποις ὁμοιούμενα δι' ὧν ἔξεισι, πολλῶν ἀναπίμπλαται ποιοτήτων, δι' ἃς ἧττόν ἐστιν εὔτρεπτα, καὶ βράδιον αὐτὰ παρέχει τῇ πέψει μεταβάλλειν εἰς τὸ τρεφόμενον· (7) τῶν δ' ὀμβρίων τὸ εὔτρεπτον αἱ σήψεις κατηγοροῦσιν, εὐσηπτότερα γάρ ἐστι τῶν ποταμίων καὶ φρεατιαίων· ἡ δὲ πέψις ἔοικεν εἶναι σῆψις, ὡς Ἐμπεδοκλῆς μαρτυρεῖ, λέγων,

Οἶνος ἀπὸ φλοιοῦ πέλεται σαπὲν ἐν ξύλῳ ὕδωρ.

(8) Ἢ πάντων ἑτοιμότατόν ἐστι καὶ ῥᾷστον αἰτιάσασθαι τὸ γλυκὺ τῶν ὀμβρίων καὶ χρηστόν, ἐκπεμπόμενον εὐθὺς ὑπὸ τοῦ πνεύματος; διὸ καὶ τὰ θρέμματα τούτου ἀπολαύει προθυμότερον, καὶ οἱ βάτραχοι προσδοκῶντες ὄμβρον, ἐπιλαμπρύνουσι τὴν φωνὴν ὑπὸ χαρᾶς, ὥσπερ ἥδυσμα τοῦ λιμναίου τὸ ὑέτιον προσδεχόμενοι, καὶ σπέρμα τῆς ἐκείνων γλυκύτητος· ἓν γὰρ καὶ τοῦτο ποιεῖται σημεῖον ὑετοῦ μέλλοντος Ἄρατος, εἰπών,

Ἢ μάλα δείλαιαι γενεαί, ὕδροισιν ὄνειαρ,
αὐτόθεν ἐκ λίμνης πατέρες βοόωσι γυρίνων.

Γ'.

Διὰ τί παραβάλλουσι τοῖς θρέμμασιν ἅλας οἱ νομεῖς;

1. Πότερον, ὡς οἱ πολλοὶ νομίζουσι, πλήθους τροφῆς ἕνεκα καὶ τοῦ παχύνειν; τήν τε γὰρ ὄρεξιν ἡ δριμύτης ἐκκαλεῖται, καὶ τοὺς πόρους ἀναστομοῦσα, μᾶλλον ὁδοποιεῖ τῇ τροφῇ πρὸς τὴν ἀνάδοσιν· (2) διὸ καὶ τοὺς ἰσχνοὺς καὶ τοὺς ἀτρόφους Ἀπολλώνιος ὁ Ἡροφίλου ἐκέλευε μὴ γλυκεῖ μηδὲ χονδρῷ τρέφειν, ἀλλὰ τοῖς ταριχευτοῖς καὶ ὑφαλμυρίζουσιν, ὧν ἡ λεπτότης, ὥσπερ

B.

Cur a pluviis aquis potius quam a fluentibus arbores et semina assolent nutriri?

1. An quia, ut Laito visum, imbres terram suo ictu divellentes, meatus efficiunt, per quos aqua facilius ad radicem penetret? (2) An hoc verum non est, sed ignoravit Laitus etiam palustres stirpes, ut sunt typha, phleon, et ulva, neque germinare neque augescere ubi imbres suo tempore non decidunt; sed potius verum est quod Aristoteles dixit, novam et recentem esse aquam pluviam, veterem et exoletam lacuum? (3) Quid si hoc quoque probabile magis est, quam verum? nam et fontium et fluminum aquæ semper sunt recentes, subinde novis affluentibus: ideoque ait Heraclitus *bis in eundem fluvium neminem posse descendere.* Et tamen hæ ipsæ deterius alunt, quam pluviæ aquæ. (4) An igitur aqua cœlestis levis est atque aerea, spirituque mixta, et celerius ob tenuitatem deducitur atque elevatur in plantam? qua re etiam bullas effert ex mixtione cum aere ortas. (5) An ideo maxime alit, quod a re alenda subigitur? id enim est concoctio: contra, defectus concoctionis, quando alimentum validius est, quam ut ab alendo affici possit. Jam tenuia, simplicia et insipida facilius mutantur: quorum de censu est etiam aqua pluvia: quæ in aere nata et vento, pura ac sincera decidit. (6) Fontana autem et terræ et locis assimilata per quæ emanat, multis impletur qualitatibus, ob quas ad alendum minus fit commoda, quum tardius mutandam se corpori nutriendo exhibeat. (7) Imbrium contra aquas facile mutari, argumento id est, quod citius quam fontanæ aut fluviales putrescunt: concoctio autem videtur esse putrefactio, sicut Empedocles testatur, dicens,

Vinum est putrescens sub ligni cortice lympha.

(8) Quid si nulla promtius et facilius afferri potest causa, quam quod dulcis est imbris aqua et mitis, ubi statim a vento emittitur? itaque et pecus eam bibit libentius, et ranæ imbrem exspectantes vocem præ gaudio clariorem faciunt, tanquam lacustris aquæ condimentum pluviam præstolantes, et semen dulcedinis quæ aquæ in stagno insit. Nam et hoc signum pluviæ imminentis Aratus ponit in his versibus:

Aut quum gens misera, atque hydris immanibus esca,
ranarum patres ex undis voce coaxant.

III.

Cur pecori pastores salem proponunt?

1. An, ut plerique putant, ut eo amplius alantur atque crassescant? nam et appetitum cibi acuit salis acrimonia, et meatus reserando cibum facilius deducit ad digestionem. (2) Itaque etiam graciles et qui parum nutrirentur, Herophili discipulus Apollonius dulcibus vesci et alica nolebat, sed salsamentis et salsuginem habentibus pro cibo uti jubebat: quorum tenuitas, pilorum ad instar confertim penetrantium,

ἐντρίχωμα γενομένη, τὰ σιτία τοῖς σώμασι διὰ τῶν πόρων προστίθησιν. (3) Ἤ μᾶλλον ὑγείας ἕνεκα καὶ συγκοπῆς πλήθους τὸν ἅλα λείχειν ἐθίζουσι τὰ βοσκήματα; νοσεῖ γὰρ ἄγαν πιαινόμενα· τὴν δὲ πιμελὴν τήκουσιν οἱ ἅλες καὶ διαχέουσιν· (4) ὅθεν εὐμαρῶς καὶ ῥᾳδίως ἀποδέρουσιν αὐτὰ σφάξαντες· ἡ γὰρ κολλῶσα καὶ συνδέουσα τὸ δέρμα πιμελή, λεπτὴ καὶ ἀσθενὴς γέγονεν ὑπὸ τῆς δριμύτητος· λεπτύνεται δὲ καὶ τὸ αἷμα τῶν τὸ ἅλας λειχόντων, οὐδὲ πήγνυται τὰ ἐντὸς, ἁλῶν μιγέντων. (5) Σκόπει δὲ, μὴ καὶ γονιμώτερα, καὶ προθυμότερα πρὸς τὰς συνουσίας· καὶ γὰρ αἱ κύνες κύουσι ταχέως, τάριχος ἐπεσθίουσαι· καὶ τὰ ἀληγὰ τῶν πλοίων πλείους τρέφει μῦς, διὰ τὸ πολλάκις συμπλέκεσθαι.

Δʹ.

Διὰ τί τῶν ὀμβρίων ὑδάτων εὐαρδέστερα τοῖς σπέρμασι τὰ μετὰ βροντῶν καὶ ἀστραπῶν; ἃ δὴ καὶ ἀστραπαῖα καλοῦσι.

1. Πότερον ὅτι πνευματώδη, διὰ τὴν τοῦ ἀέρος ταραχὴν καὶ ἀνάμιξιν; τὸ δὲ πνεῦμα τὴν ὑγρότητα κινοῦν μᾶλλον ἀναπέμπει καὶ ἀναδίδωσιν. (2) Ἤ βροντὰς μὲν καὶ ἀστραπὰς ποιεῖ τὸ θερμὸν * ἐν τῷ ἀέρι πρὸς τὸ ψυχρὸν μαχόμενον; διὸ χειμῶνος ἥκιστα βροντᾷ, μάλιστα δ' ἔαρος καὶ φθινοπώρου διὰ τὴν ἀνωμαλίαν τῆς κράσεως· ἡ δὲ θερμότης πέπτουσα τὸ ὑγρὸν προσφιλὲς ποιεῖ τοῖς βλαστάνουσι καὶ ὠφέλιμον. (3) Ἤ μάλιστα μὲν ἔαρος βροντᾷ καὶ ἀστράπτει, διὰ τὴν εἰρημένην αἰτίαν· τὰ δ' ἐαρινὰ τῶν ὑδάτων ἀναγκαιότερα τοῖς σπέρμασι πρὸ τοῦ θέρους; ὅθεν ἡ πλεῖστον ὑομένη τοῦ ἔαρος χώρα, καθάπερ ἡ ἐν Σικελίᾳ, πολλοὺς καὶ ἀγαθοὺς καρποὺς ἀναδίδωσιν.

Εʹ.

Διὰ τί τῶν χυμῶν, ὀκτὼ τῷ γένει ὄντων, ἕνα μόνον, τὸν ἁλμυρὸν, ἀπ' οὐδενὸς καρποῦ γεννώμενον ὁρῶμεν; καίτοι καὶ τὸν πικρὸν ἡ ἐλαία φέρει πρῶτον, καὶ τὸν ὀξίνην ὁ βότρυς, εἶτα μεταβάλλων, ὁ μὲν γίνεται λιπαρὸς, ὁ δ' οἰνώδης· μεταβάλλει δὲ καὶ ὁ στρυφνὸς ἐν ταῖς φοινικοβαλάνοις, καὶ ὁ αὐστηρὸς ἐν ταῖς ῥόαις, εἰς τὸν γλυκύν· ἔνιαι δὲ ῥόαι καὶ μῆλα τὸν ὀξίνην ἁπλῶς φέρουσιν· ὁ δὲ δριμὺς ἐν ταῖς ῥίζαις καὶ σπέρμασι πολύς ἐστι.

1. Πότερον οὖν οὐκ ἔστιν ἁλμυροῦ γένεσις, ἀλλὰ φθορὰ τῶν ἄλλων τὸ ἁλμυρόν; διὸ καὶ πᾶσιν ἄτροφον τοῖς ἀπὸ φυτῶν καὶ σπερμάτων τρεφομένοις, ἥδυσμα δ' ἐνίοις γίνεται τῷ τὸ πλήσμιον ἀφαιρεῖν τῶν τρεφόντων. (2) Ἤ, καθάπερ τῆς θαλάττης ἕψοντες ἀφαιροῦσι τὸ ἁλυκὸν καὶ δηκτικὸν, ἐν τοῖς θερμοῖς ὑπὸ θερμότητος ἐξαμαυροῦται τὸ ἁλμυρόν; (3) Ἤ χυμὸς μέν ἐστιν, ὡς Πλάτων εἶπεν, ὕδωρ ἠθημένον διὰ φυτοῦ· διηθουμένη δὲ καὶ θάλαττα τὸ ἁλμυρὸν ἀποβάλλει; γεῶδες γὰρ καὶ παχυμερές ἐστιν· (4) ὅθεν ὀρύττοντες παρὰ τὸν αἰγιαλὸν, ἐντυγχάνουσι ποτίμοις λιβαδίοις· πολλοὶ δὲ καὶ κηρίνοις ἀγγείοις ἀναλαμβάνουσιν ἐκ τῆς θαλάττης ὕδωρ γλυκὺ διηθούμενον, ἀποκρινομένου τοῦ ἁλυκοῦ καὶ γεώδους· ἡ δὲ δι' ἀργίλου προδιαγωγὴ παντάπασι τὴν θάλατταν

---

alimentum per meatus corpori apponeret. (3) Aut valetudinis potius gratia, et ut abundantia incideretur nutrimenti, ad lingendum salem oves assuefaciunt? ægrotant enim pinguedine nimia contracta : eam vero sales colliquant ac diffundunt : (4) idcirco etiam tale pecus mactatum facilius excoriatur; quæ enim agglutinat et constringit cutem pinguedo, tenuis infirmaque redditur ab acrimonia. Tenuatur etiam sanguis salem lingentium ; neque constipantur interiores partes, salibus admixtis. (5) Quin et hoc considera, num magis fœcundum fiat inde pecus, et ad coitum pronius : nam canes quoque salsamento eso celerius concipiunt; et naves, quibus sal vehitur, plures alunt mures, ob frequentiorem coitum.

IV.

Cur aquæ imbrium, qui inter tonitrua et fulgura decidunt, ad semina riganda sunt aptiores? astrapæa inde, id est fulgurales, eæ dicuntur.

1. An quia multum spiritus continent, ob conturbationem et admixtionem aeris? spiritus autem humorem movens, magis eum sursum emittit ac digerit. (2) An quia tonitrua et fulgura efficit calor in aere contra frigus pugnans? unde fit ut hieme minimum tonet, vere plurimum et autumno ob inæqualitatem temperiei : calor autem humorem coquens germinibus eum amicum commodumque reddit. (3) An quod vere plurima tonitrua et fulgura fiunt ob causam dictam; vernis autem aquis admodum opus habent semina ante æstatem? itaque regio quæ vere plurima pluvia rigatur, ut Siciliensis, multum bonumque fructum producit.

V.

Qui fit quod, quum sint octo species saporum, solum salsum videmus in nullo fructu nasci? Sane amarum olea primum fert, et acidum uva, qui deinde in pinguem alter, alter in vinosum mutantur : sed et acerbus in glandibus palmæ ubit, et austerus in malis punicis, in dulcem : quædam quum punica tum alia mala acidum saporem simpliciter obtinent : acris in radicibus et seminibus frequens habetur.

1. An quia salsus sapor non nascitur, sed exsistit reliquis corruptis? itaque etiam stirpibus et seminibus quæ nutriuntur, a salso nihil alimenti apponitur : tantum nonnullis condimenti loco est, dum abundantiam alimenti aufert. (2) An, sicut mari elixando salsuginem et mordacitatem adimunt, ita in calidis a calore salsugo aboletur? (3) An sapor quidem est, ut Plato ait, aqua per plantam colata ; et aqua etiam marina dum colatur, salsuginem amittit? terrestre est enim et crassarum partium. (4) Itaque juxta mare fodientes, incidunt in latices potui aptos : multi etiam cereis vasis aquam marinam haurientes, excipiunt dulcem ac potabilem, percolato quod salsum erat et terrestre : nam et per argillam deductio omnino percolatam marinam aquam potabilem fa-

διηθουμένην, πότιμον ἀποδίδωσι, τῷ κατέχειν ἐν ἑαυτῇ καὶ μὴ διιέναι τὸ γεῶδες. (5) Οὕτω δὲ τούτων ἐχόντων, εἰκός ἐστι τὰ φυτὰ μήτ' ἔξωθεν ἀναλαμβάνειν ἁλμυρίδα, μήτ' ἂν ἐν αὐτοῖς λάβῃ γένεσιν, ἐκκρίνειν εἰς τὸν καρπόν· οἱ γὰρ πόροι διὰ λεπτότητα τὸ γεῶδες καὶ παχυμερὲς οὐ διηθοῦσιν. (6) Ἢ τῆς πικρότητος εἶδος τὴν ἁλμυρότητα θετέον ; ὡς Ὅμηρος,

> Στόματος δ' ἐξέπτυσεν ἅλμην
> πικρὴν, ἥ οἱ πολλὸν ἀπὸ κρατὸς κελάρυζε.

(7) Καὶ ὁ Πλάτων φησὶν, ἀμφοτέρους ῥύπτειν καὶ ἀποτήκειν τοὺς χυμοὺς, ἧττον δὲ ταῦτα ποιεῖν τὸν ἁλυκὸν, καὶ οὐ τραχὺν εἶναι· δόξει δὲ τὸ πικρὸν τοῦ ἁλυκοῦ ξηρότητος ὑπερβολῇ διαφέρειν, ἐπεὶ ξηραντικόν ἐστι καὶ τὸ ἁλυκόν.

ϛ'.

Διὰ τί τοῖς συνεχῶς διὰ τῶν δεδροσισμένων δένδρων βαδίζουσι λέπραν ἴσχει τὰ ψαύοντα τῆς ὕλης μόρια τοῦ σώματος ;

1. Πότερον, ὡς Λάϊτος ἔλεγε, τῇ λεπτότητι τὸ δροσῶδες ὑγρὸν ἀποξύει τοῦ χρωτός; (2) ἢ, καθάπερ ἐρυσίβη (ἣ) τοῖς ὑγραινομένοις ἐγγίνεται σπέρμασιν, οὕτως ὑπὸ τῆς δρόσου τῶν ἐπιπολῆς χλωρῶν καὶ ἁπαλῶν ἀναχαρασσομένων καὶ ἀποτηκομένων, ἄχνη τις ἀπιοῦσα τοῦ σίνοντος ἀναπίμπλησι προσχεομένη τοῖς ἀναιμοτάτοις μέρεσι τῆς σαρκὸς, οἷα κνῆμαι καὶ πόδες, ἀμύσσει [τε] καὶ δάκνει τὴν ἐπιφάνειαν; (3) ὅτι γὰρ φύσει τι δηκτικὸν ἔνεστι τῇ δρόσῳ, μαρτυρεῖ τὸ τοὺς πίονας ἰσχνοτέρους ποιεῖν· αἱ γοῦν πίονες γυναῖκες ἱματίοις ἢ ἐρίοις ἁπαλοῖς ἀναλαμβάνουσαι τῆς δρόσου, δοκοῦσι συντήκειν τὴν πολυσαρκίαν.

Ζ'.

Διὰ τί τὰ πλοῖα χειμῶνος ἐν τοῖς ποταμοῖς πλεῖ βράδιον, ἐν δὲ τῇ θαλάττῃ οὐ παραπλησίως ;

1. Πότερον ὁ ποτάμιος ἀὴρ ἀεὶ δυσκίνητος ὢν καὶ βαρὺς, ἐν δὲ χειμῶνι μᾶλλον παχυνόμενος διὰ τὴν περίψυξιν, ἐμποδών ἐστι τοῖς πλέουσιν; (2) ἢ τοῦτο μᾶλλον τοῦ ἀέρος πάσχουσιν οἱ ποταμοί; * ἐλαύνουσα γὰρ ἡ ψυχρότης τὸ ὕδωρ, ποιεῖ βαρὺ καὶ σωματῶδες, ὡς ἔστιν ἐν ταῖς κλεψύδραις καταμαθεῖν· βράδιον γὰρ ἕλκουσι χειμῶνος ἢ θέρους· (3) ἐν δὲ Θρᾴκῃ περὶ τὸ Πάγγαιον ἱστορεῖ Θεόφραστος εἶναι κρήνην, ἀφ' ἧς ταυτὸ γέμον ὕδατος [ἀγγεῖον] ἱστάμενον χειμῶνος, ἕλκειν διπλάσιον σταθμὸν ἢ θέρους. (4) Ὅτι δὲ ἡ πυκνότης τοῦ ὕδατος τὴν βραδυτῆτα ποιεῖ τοῦ πλοῦ, δῆλόν ἐστι τῷ πλείονα γόμον φέρειν τὰ ποτάμια πλοῖα τοῦ χειμῶνος· τὸ γὰρ ὕδωρ μᾶλλον ἀντερείδει πυκνότερον καὶ βαρύτερον γινόμενον, τὴν δὲ θάλατταν ἡ θερμότης κωλύει πυκνοῦσθαι, δι' ἣν οὐδὲ πήγνυται· μαλκὴ γὰρ ἔοικεν εἶναι ἡ πύκνωσις.

---

cit, quum argilla in se contineat et non dimittat terrestres partes. (5) Hæc quum ita sint, probabile est stirpes neque extrinsecus salsuginem admittere, neque si recipiant, in fructum excernere : meatus enim ob tenuitatem terrestria et crassis partibus constantia non percolant. (6) Aut amaroris species censenda est salsugo ? sic enim Homerus :

> Evomit ore suo salsuginem amaram
> quæ madido capitis de vertice larga fluebat.

(7) Plato etiam ait, utrumque saporem abstergendi vim habere et colliquandi : sed salsum id minus facere, neque esse asperum. Videbitur autem amarum a salso abundantia siccitatis differre : quandoquidem salsum quoque vim exsiccandi habet.

VI.

Qua de causa fit ut si quis crebro per roscidas arbores transeat, membra materiam tangentia lepra corripiantur?

1. An, sicut Laitus dicebat, roris humor ob tenuitatem de cute aliquid stringit? (2) Aut, sicut rubigo humectatis seminibus incidit, ita a rore viridibus ac tenuibus quæ in superficie sunt morsis et colliquatis, aspergo quædam noxia defertur, et affusa corporis partibus quæ maxime sunt exsangues, ut sunt tibiæ et pedes, earum superficiem mordet atque lancinat? (3) Nam rori natura inesse quandam rodendi vim, satis ex eo liquet, quod pingues graciliores facit : et pingues mulieres tenuibus vestimentis aut lanis rorem excipientes, videntur eo nimias carnes consumere.

VII.

Quamobrem hieme navigia in fluviis tardius incedunt, in mari non item?

1. An aer fluvialis semper alioqui gravis et lentus, hieme ob frigus circumstans magis etiam densatus navigantibus obstat? (2) An fluviis potius hoc quam aeri accidit? aquam enim densans frigus gravem facit et crassam; quod in clepsydris licet observare ; tardius enim trahunt hieme quam æstate. (3) In Thracia apud Pangæum narrat Theophrastus fontem esse, cujus aquâ idem vas impletum hieme bis tantum pendat atque æstate. (4) Porro crassitiem aquæ in causa esse ut tardius eant naves, ex eo liquet, quod naves fluviales hieme majora portant onera; aqua enim densior graviorque facta magis renititur : mare autem ne densetur, calor prohibet, qui in causa est quod hieme non constringitur. Videtur enim densatio esse causa , ut res obrigescat.

Η'.

Διὰ τί, τῶν ἄλλων ὑγρῶν ἐν τῷ κινεῖσθαι καὶ στρέφεσθαι ψυχο-
μένων, τὴν θάλατταν ὁρῶμεν ἐν τῷ κυματοῦσθαι θερμοτέραν
γινομένην;

1. Ἢ τῶν μὲν ἄλλων ὑγρῶν ἐπεισόδιον οὖσαν καὶ ἀλλοτρίαν ἐξίστησιν ἡ κίνησις τὴν θερμότητα, καὶ διαφορεῖ, τὴν δὲ τῆς θαλάττης σύμφυτον οὖσαν ἐκριπίζουσι μᾶλλον οἱ ἄνεμοι καὶ τρέφουσι; (2) μαρτυρία δὲ τῆς θερμότητος ἡ διαύγεια, καὶ τὸ μὴ πήγνυσθαι, καίπερ οὖσαν γεώδη καὶ βαρεῖαν.

Θ'.

Διὰ τί τοῦ χειμῶνος ἧττον πικρὰ γίνεται γευομένοις ἡ θάλαττα;
τοῦτο γάρ φασι καὶ Διονύσιον ἱστορεῖν τὸν ὑδραγωγόν.

1. [Ἢ] ὅτι παντελῶς μὲν ἔρημος οὐκ ἔστι γλυκύτητος οὐδ' ἄμοιρος ἡ πικρότης, ἅτε δὴ ποταμοὺς τοσούτους ὑποδεχομένης τῆς θαλάττης· τοῦ δὲ ἡλίου τὸ γλυκὺ καὶ πότιμον ἐξαιροῦντος ὑπὸ κουφότητος (τὸ) ἐπιπολάζον, καὶ μᾶλλον ἐν τῷ θέρει τοῦτο ποιοῦντος, ἐν δὲ τῷ χειμῶνι μαλακώτερον ἁπτομένου δι' ἀσθένειαν θερμότητος, ὑπολειπομένη μοῖρα πολλῆς γλυκύτητος ἀνίησι τὸ ἀκράτως πικρὸν καὶ φαρμακῶδες; (2) τοῦτο δ' ἡσυχῇ καὶ τοῖς ποτίμοις συμβέβηκε· θέρους γὰρ πονηρότερα γίνεται, τὸ κουφότατον καὶ γλυκύτατον τοῦ θερμοῦ διαφοροῦντος, ἐν δὲ χειμῶνι, νέον ἐπιρρεῖ καὶ πρόσφατον, οὗ μετέχειν ἀνάγκη καὶ τὴν θάλατταν, σειομένην ἅμα καὶ τῶν ποταμῶν ἐπιδιδόντων.

Ι'.

Διὰ τί τῷ οἴνῳ θάλασσαν παραχέουσι, καὶ χρησμόν τινα λέγουσιν ἁλιεῖς κομισθῆναι προστάττοντα βαπτίζειν τὸν Διόνυσον πρὸς τὴν θάλατταν· οἱ δὲ πόρρω θαλάττης ἐμβάλλουσι γύψον Ζακυνθίαν ὀπτήσαντες;

1. Πότερον ἡ θερμότης βοηθεῖ πρὸς τὴν περίψυξιν; (2) ἢ αὐτὴ ἐξίστησι μάλιστα τὸν οἶνον ἀποσβεννύουσα καὶ φθείρουσα τὴν δύναμιν; (3) ἢ τὸ ὑδατῶδες καὶ πνευματῶδες τοῦ οἴνου, πρὸς μεταβολὴν ἐπισφαλέστατα ἔχον(τος), ἵστησι τὰ γεώδη, πεφυκότα στύφειν καὶ κατισχναίνειν; οἱ δὲ ἅλες μετὰ τῆς θαλάττης λεπτύνοντες καὶ ἀποτήκοντες τὸ ἀλλότριον καὶ περιττὸν, οὐκ ἐῶσι δυσωδίαν οὐδὲ σῆψιν ἐγγίνεσθαι; (4) πρὸς δὲ τούτοις, ὅσον ἐστὶ παχὺ καὶ γεῶδες ἐμπλεκόμενον τοῖς βαρυτέροις καὶ συγκατασπώμενον, ὑποστάθμην ποιεῖ καὶ τρύγα, τὸν δ' οἶνον ἀπολείπει καθαρόν.

ΙΑ'.

Διὰ τί μᾶλλον ναυτιῶσι τὴν θάλατταν πλέοντες, ἢ τοὺς ποταμούς, κἂν ἐν γαλήνῃ πλέωσι;

1. [Ἢ ὅτι] μάλιστα ναυτίαν κινεῖ τῶν αἰσθήσεων ἡ ὄσφρησις, τῶν δὲ παθῶν ὁ φόβος; καὶ γὰρ τρέμουσι καὶ φρίττουσι, καὶ κοιλίας ἐξυγραίνονται, φαντασίαν κινδύνου λαβόντες· τούτων δ' οὐδέτερον ἐνοχλεῖ τοῖς διὰ ποταμοῦ πλέουσιν· ἡ γὰρ ὄσφρησις παντὶ ποτίμῳ καὶ γλυκεῖ συνήθης ἐστίν, ὁ δὲ πλοῦς ἀκίνδυνος· (2) ἐν δὲ τῇ θαλάττῃ τήν τ' ὀσμὴν ἀηθείᾳ δυσχεραίνουσι, καὶ φοβοῦνται, μὴ πιστεύοντες τῷ παρόντι περὶ τοῦ μέλ-

---

VIII.

Cur, quum alii humores, dum commoventur et versantur, fiant frigidiores, mare videmus, dum fluctibus exagitatur, incalescere?

1. An quod aliorum humorum calorem, utpote ascititiam rem et ab eorum natura alienam, motus expellit atque differt; maris vero calorem nativum exsuscitant potius venti atque augent? (2) Caloris argumentum est pelluciditas maris, et quod non densatur, quanquam terrestris sit et gravis.

IX.

Cur per hiemem minus amarum est gustatu mare? hoc enim etiam Dionysium aiunt referre aquatorem.

1. An amaror maris non plane est expers dulcedinis, ut quod tot fluvios recipiat? sol autem quum dulcem ac potabilem ejus aquam ob levitatem in superficie versantem conficit, idque æstate magis quam hieme, quando mollius eam tangit ob caloris imbecillitatem; relinquitur tum portio multæ dulcedinis, quæ nimiam et virosam temperet atque mitiget amaritudinem? (2) Idque nonnihil etiam aquis potabilibus contingit : æstate enim sunt deteriores, sole quod levissimum est et dulcissimum dissipante; hieme autem recens nascitur dulcedo, cujus necesse est mare etiam fieri particeps, dum exagitatur et in ipsum fluvii se evolvunt.

X.

Cur vino aquam marinam affundunt? et ferunt piscatoribus oraculum datum, quo juberentur Bacchum mari immergere; qui procul a mari absunt, gypsum Zacynthiam tostam injiciunt?

1. Utrum calor remedio est adversus refrigerationem? (2) Aut potius ille magis mutat vinum, restinguendo et vi ejus corrumpenda? (3) An vero quod in vino est aqueum et aereum, ideoque ad mutationem admodum proclive, sistitur terrenis injectis, quorum natura est stipare et densare? sales porro cum aqua marina attenuantes ac colliquantes quod alienum est et supervacaneum, non sinunt fœtorem aut putredinem ingenerari? (4) Ad hæc, crassa et terrestria gravioribus implicata unaque deorsum tracta sedimentum seu fæcem faciunt, vinumque ita purum reddunt.

XI.

Cur magis nauseant qui in mari navigant, quam qui in fluviis, etiam cœlo tranquillo?

1. An quia sensuum maxime olfactus nauseam movet, et animi de motibus metus? nam et tremunt, et horrent, et alvi humectantur iis, qui imaginando periculum concipiunt. Horum neutrum molestum est navigantibus in flumine : nam odor omni dulci ac potabili aquæ familiaris est, navigatio ipsa sine periculo. (2) In mari contra et odor insolens molestiam affert, et metuunt sibi, præsenti de futuro fidem non

λοντος· οὐδὲν οὖν ὄφελος τῆς ἔξω γαλήνης, ἀλλὰ καὶ ἡ ψυχὴ σάλον ἔχουσα καὶ θορυβουμένη, συγκινεῖ καὶ ἀναπίμπλησι τὸ σῶμα τῆς ταραχῆς.

IB'.

Διὰ τί τῆς θαλάττης ἐλαίῳ καταρραινομένης γίνεται καταφά-νεια καὶ γαλήνη;

1. Πότερον, ὡς Ἀριστοτέλης φησὶ, τὸ πνεῦμα τῆς λειότητος ἀπολισθαῖνον, οὐ ποιεῖ πληγὴν οὐδὲ σάλον; (2) ἢ τοῦτο μὲν πιθανῶς * εἴρηται πρὸς τὰ ἐκτός; ἐπεὶ δέ φασι καὶ τοὺς κατακολυμβῶντας, ὅταν ἔλαιον εἰς τὸ στόμα λαβόντες ἐκφυσήσωσιν, ἐν τῷ βυθῷ φέγγος ἴσχειν καὶ δίοψιν, οὐκ ἔστιν ἐκεῖ πνεύματος ὄλισθον αἰτιάσασθαι· (3) σκόπει δὴ μὴ τὴν θάλατταν, γεώδη καὶ ἀνώμαλον οὖσαν, ἐξωθεῖ καὶ διαστέλλει τῇ πυκνότητι τὸ ἔλαιον, εἶτ' ἀνατρεχούσης εἰς αὐτὴν καὶ συστελλομένης ἀπολείπονται πόροι μεταξὺ ταῖς ὄψεσι διαύγειαν καὶ καταφάνειαν διδόντες. (4) Ἢ φύσει μέν ἐστι φωτεινὸς ὑπὸ θερμότητος ὁ τῇ θαλάττῃ καταμεμιγμένος ἀὴρ, γίνεται δὲ ταραχθεὶς ἀνώμαλος καὶ σκιώδης· ὅταν οὖν τὴν ἀνωμαλίαν ἐπιλεάνῃ πυκνότητι τὸ ἔλαιον, ἀπολαμβάνει τὴν ὁμαλότητα καὶ τὴν διαύγειαν;

IΓ'.

Διὰ τί χειμῶνος μᾶλλον ἢ θέρους τὰ τῶν ἁλιέων σήπεται δίκτυα; καίτοι τά γ' ἄλλα μᾶλλον ἐν τῷ θέρει τοῦτο πάσχει.

1. Πότερον, ὡς Θεόφραστος οἴεται, τῷ ψυχρῷ τὸ θερμὸν ὑποχωροῦν ἀντιπερίστασαι, καὶ θερμότερα ποιεῖ τὰ ἐν βάθει τῆς θαλάττης, ὥσπερ τῆς γῆς; διὸ καὶ τὰ πηγαῖα τῶν ὑδάτων χλιαρώτερα τοῦ χειμῶνός εἰσι, καὶ μᾶλλον ἀτμίζουσιν αἱ λίμναι καὶ οἱ ποταμοί· κατακλείεται γὰρ εἰς βάθος ἡ θερμότης ὑπὸ τοῦ ψυχροῦ κρατήσαντος. (2) Ἢ σῆψις μὲν οὐκ ἔστι τῶν δικτύων, ὅταν δὲ φρίξῃ καὶ παγῇ διὰ τὸ ψῦχος ἀναξηραινόμενα καὶ θρυπτόμενα μᾶλλον ὑπὸ τοῦ κλύδωνος, σήψει τινὶ καὶ μυδήσει πάσχει παραπλήσιον; καὶ γὰρ πονεῖ μᾶλλον ἐν κρύει, καθάπερ τὰ νεῦρα συντεινόμενα σπαράττεται, πλεονάκις ἐκταραττομένης διὰ τὸν χειμῶνα τῆς θαλάττης· (3) διὸ καὶ στύφουσιν αὐτὰ ταῖς βαφαῖς καὶ πυκνοῦσι, φοβούμενοι τὰς ἀναλύσεις· ἐπεὶ μὴ βαφέντα μηδὲ χρισθέντα, μᾶλλον ἂν ἐλάνθανε τοὺς ἰχθῦς· ἐνάερον γὰρ τὸ τοῦ λίνου χρῶμα καὶ ἀπατηλὸν ἐν θαλάττῃ.

IΔ'.

Διὰ τί Δωριεῖς εὔχονται κακὴν χόρτου συγκομιδήν;

1. Ἢ κακῶς μὲν συγκομίζεται χόρτος ὑόμενος; κόπτεται γὰρ οὐ ξηρὸς, ἀλλὰ χλωρὸς, ὥστε σήπεται ταχὺ διάβροχος γενόμενος· (2) ὑόμενος δὲ πρὸ τοῦ θέρους ὁ σῖτος βοηθεῖται πρὸς τὰ θερμὰ καὶ νότια πνεύματα· ταῦτα γὰρ οὐκ ἐᾷ πυκνωθῆναι συνιστάμενον ἐν τῷ στάχυϊ τὸν καρπὸν, ἀλλ' ἐξίστησι καὶ διαχέει τῇ θερμότητι τὴν πῆξιν, ἂν μὴ βεβρεγμένης τῆς γῆς ὑγρότης παραμένῃ ψύχουσα καὶ νοτίζουσα τὸν στάχυν.

---

habentes. Itaque tranquillitas foris nihil prodest, dum animus æstuans ac perturbatus corpus quoque tumultu opplet.

XII.

Cur mare oleo conspersum pellucidum fit et tranquillum?

1. An, ut Aristoteles inquit, spiritus a lævitate delabens, ictum nullum infert, neque fluctum ciet? (2) Aut hoc probabiliter dictum est, ratione externorum? verum urinatores etiam dicuntur oleum in os sumere, eoque efflato lucem in fundo habere, ac pellucidam reddere aquam; ubi lapsum spiritus pro causa adducere, non est integrum: (3) cogitandum ergo, num mare, quod terrenum est atque inæquale, oleum sua densitate cogat atque complanet: ac subinde mare in se coactum relinquat meatus et pelluciditatem visui penetrabilem. (4) Aut quia natura aer mari permixtus lucidus est, conturbandoque inæqualis fit et umbrosus: oleo igitur inæqualitatem sua densitate lævigante, æquabilitatem pelluciditatemque recuperat?

XIII.

Quamobrem hieme magis quam æstate piscatorum retia putrescunt? quum aliis rebus hoc æstate magis eveniat.

1. An ea est causa quam Theophrastus affert? calorem nimirum frigori cedere, et contrarium locum occupare, et calidiora reddere profunda maris, ut et terræ. Itaque etiam fontanæ aquæ tepidiores sunt per hiemem, magisque vaporant lacus et flumina: nam calor in imum concluditur a prævalente frigore. (2) Aut putredo nulla retibus accidit tum temporis; sed frigore concreta et exsiccata, quum ab undis eo facilius rumpuntur, aliquid patiuntur simile putrefactionis et corruptionis ab uditate profectæ? magis enim laborant in gelu, sicut et nervi intenti tum lacerantur; quia tunc frequentius mare tempestatibus exagitatur. (3) Ideo retia piscatores stipant tincturis atque densant, metuentes dissolutionem. Nam alioqui nulla re tinctum rete aut inunctum, facilius falleret pisces, quum lini color sit aereus, et in mari facile lateat.

XIV.

Quare Dorienses optant malam fœni congestionem?

1. An male convehitur fœnum complutum? secatur enim non arida herba, sed viridis: unde mox putrescit aqua pluvia rigata. (2) Quum autem compluitur ante messem frumentum, id ei auxilio est adversus calidos et austrinos ventos; qui alias non sinerent densari in spica fructum, sed sua caliditate impedirent coalitionem ac dissiparent, nisi terrâ rigatâ humor adesset qui spicam refrigeraret atque humectaret.

ΙΕ΄.

Διὰ τί πυροφόρος ἡ πίων καὶ βαθεῖα χώρα, κριθοφόρος δὲ μᾶλλον ἡ λεπτόγεως;

1. Ἢ ὅτι τῶν σπερμάτων τὰ ἰσχυρὰ πλείονος τροφῆς δεῖται, τὰ δ' ἀσθενῆ λεπτῆς καὶ ἐλαφρᾶς; ἀσθενέστερον δὲ ἡ κριθὴ καὶ μανότερον· ὅθεν οὐ φέρει τὴν πολλὴν τροφὴν καὶ βαρεῖαν· (2) μαρτυρεῖ δὲ τῷ λόγῳ τούτῳ, πυροῦ τὸν τρίμηνον ἐν τοῖς ὑποξήροις φύεσθαι βέλτιον, ἀνοστότερον ὄντα καὶ τροφῆς ἐλάττονος δεόμενον· διὸ καὶ συντελεῖται τάχιον.

Ις΄.

Διὰ τί λέγεται,

Σῖτον ἐν πηλῷ φυτεύετε, τὴν δὲ κριθὴν ἐν κόνει;

1. Πότερον, ὡς εἰρήκαμεν, ὁ μὲν δύναται πλείονος τροφῆς κατακρατεῖν, ἡ δὲ οὐ φέρει τὸ πολὺ καὶ κατακλύζον; (2) ἢ πυκνὸς ὢν ὁ πυρὸς καὶ ξυλώδης, φύεται βέλτιον ἐν ὑγρῷ, μαλαττόμενος καὶ χυλούμενος· τῇ δὲ κριθῇ διὰ μανότητα σύμφορον ἐν ἀρχῇ τὸ ξηρότερον; (3) ἢ διὰ θερμότητα σύμμετρος καὶ ἀβλαβὴς ἡ κρᾶσις, ψυχρότερον δὲ κριθή; (4) ἢ φοβοῦνται τὸν πυρὸν ἐν ξηρῷ τρίβειν διὰ τοὺς μύρμηκας; εὐθὺς γὰρ ἐπιτίθενται· εἰς δὲ κριθὰς ἧττον φέρονται· δυσβάστακτοι γάρ εἰσι καὶ δυσπαρακόμιστοι διὰ μέγεθος.

ΙΖ΄.

Διὰ τί τῶν ἀῤῥένων ἵππων μᾶλλον ἢ τῶν θηλειῶν τὰς τρίχας εἰς τὴν ὁρμιὰν λαμβάνουσι;

1. Πότερον ὡς τοῖς ἄλλοις τὸ ἄῤῥεν τοῦ θήλεος μέρεσι, καὶ ταῖς θριξὶν εὐτονώτερόν ἐστιν; (2) * ἢ μᾶλλον διὰ τὸ οὖρον οἴονται τὰς τρίχας τῶν θηλειῶν βρεχομένας γίνεσθαι χείρονας;

ΙΗ΄.

Διὰ τί τευθὶς φαινομένη σημεῖόν ἐστι μεγάλου χειμῶνος;

1. Ἢ πάντα φύσει τὰ μαλάκια δύσριγα, διὰ γυμνότητα τῆς σαρκὸς καὶ ψιλότητα, μήτ' ὀστράκῳ μήτε δέρματι μήτε λεπίδι σκεπομένης, ἀλλ' ἐντὸς ἐχούσης τὸ σκληρὸν καὶ ὀστεῶδες; διὸ καὶ κέκληται μαλάκια. (2) Ταχὺ δὴ προαισθάνεται δι' εὐπάθειαν τοῦ χειμῶνος· ὅθεν ὁ μὲν πολύπους εἰς γῆν ἀνατρέχει, καὶ τῶν πετριδίων ἀντιλαμβανόμενος σημεῖόν ἐστι πνεύματος ὅσον οὔπω παρόντος· (3) ἡ δὲ τευθὶς ἐξάλλεται, φεύγουσα τὸ ψῦχος καὶ τὴν ἐν βάθει ταραχὴν τῆς θαλάττης· καὶ γὰρ ἔχει μάλιστα τῶν μαλακίων εὔθρυπτον καὶ ἁπαλὸν τὸ σαρκῶδες.

ΙΘ΄.

Διὰ τί τὴν χροιὰν ὁ πολύπους ἐξαλλάττει;

1. Πότερον, ὡς Θεόφραστος ᾤετο, δειλόν ἐστι φύσει ζῷον; ὅταν οὖν ταραχθῇ τρεπόμενον τῷ πνεύματι, συμμεταβάλλει τὸ χρῶμα, καθάπερ ἄνθρωπος· διὸ καὶ λέλεκται·

Τοῦ μὲν γάρ τε κακοῦ τρέπεται χρώς.

(2) Ἢ τοῦτο πρὸς τὴν μεταβολὴν πιθανῶς λέλεκται,

XV.

Quapropter pinguis et profunda terra tritici est ferax, hordei ea potius quæ tenuior est?

1. An quia seminum validiora ampliore indigent alimento; infirmiora levi et tenui? Est autem hordeum tritico imbecillius et laxius : itaque etiam non admodum large et solide nutrit. (2) Testimonium huic rationi inde suggeritur, quod triticum istud, cui a proventu trimestri nomen est, in aliquantum siccis agris facilius provenit, quum minus sit almum et minori indigeat nutrimento, ideoque facilius ad perfectionem veniat.

XVI.

Cur dicunt,

Triticum in cœno seratis hordeumque in pulvere?

1. An quia, ut diximus, triticum conficere plus alimenti potest; hordeum non fert ejus copiam, sed ea obruitur? (2) Aut triticum, quum sit densum et lignosum, melius provenit in humido, emollitur et succum ducit; hordeo autem ob raritatem ab initio commodum est siccius? (3) Aut quia ob calorem congruit temperies et innoxia est; frigidius autem est hordeum? (4) Aut verentur in sicco triticum serere, formicarum causa, quæ statim ei insidiantur? hordeum autem non ita impetunt, quia facile portare ac differre non possunt, quum sit grandiusculum.

XVII.

Cur equorum potius quam equarum setis utuntur ad funiculum unde hamus suspenditur?

1. An ut aliis in partibus, ita hic quoque robustiora sunt mascula femineis? (2) Aut quia equarum setæ lotio subinde madefactæ existimantur deteriores?

XVIII.

Quare loligo conspecta, signum est magnæ tempestatis?

1. An quia omnes pisces, qui de mollium sunt genere (Græci *malacia* vocant), frigus difficulter ferunt, ob carnis nuditatem et tenuitatem? nam neque testa, neque cute, neque squama integuntur, intusque duras habent osseasque partes : unde et nomen iis factum. (2) Ergo facile sentiunt tempestatem futuram, quum tam cito a frigore afficiantur. Itaque polypus in terram excurrens, et calculos flagellis amplectens, indicium est venti jamjam prorupturi. (3) Loligo autem exsilit fugiens frigus, ac tumultum qui in profundo maris est : nam præ ceteris malaciis ille piscis teneram habet carnem et attritu facilem.

XIX.

Cur colorem mutat polypus?

1. An, ut Theophrastus opinabatur, quia natura timidum est animal, ideo perturbatus una cum spiritu etiam colorem mutat, æque ut homo? ideo quoque dictum est ·

Namque mali color immutatur.

(2) Quid si hoc ad mutationem probabiliter dictum, non

πρὸς δὲ τὴν ἐξομοίωσιν οὐχ ἱκανῶς; μεταβάλλει γὰρ
οὕτως, ὥστε τὴν χροιάν, αἷς ἂν πλησιάζῃ, πέτραις
ὁμοιοῦν· πρὸς ὃ καὶ Πίνδαρος ἐποίησε,

    Ποντίου θηρὸς χρωτὶ μάλιστα νόον
5   προσφέρων πάσαις πολίεσσιν ὁμίλει·

καὶ Θέογνις·

    Πουλύποδος νόον ἴσχε πολυχρόου, ὃς ποτὶ πέτρῃ,
    τῇ προσομιλήσῃ, τοῖος ἰδεῖν ἐφάνη.

Τοῦτο δὴ καὶ τοὺς πανουργίᾳ καὶ δεινότητι ὑπερφέ-
10 ροντας ἔχειν τὸ ἐπιτήδευμα λέγουσιν, ὡς ὑπὲρ τοῦ λαθεῖν καὶ διαφυγεῖν τοὺς πλησίον, ἑαυτοὺς ἀεὶ ἀπεικάζειν
πολύποδι· ὃν καθάπερ ἐσθῆτι τῇ χροιᾷ νομίζουσι χρῆσθαι, ῥᾳδίως οὕτως, ᾗ βούλεται, μετενδυόμενον. (3)
Ἆρ’ οὖν τὴν μὲν ἀρχὴν αὐτὸς ἐνδίδωσι τοῦ πάθους δεί-
15 σας, τὰ δὲ κύρια τῆς αἰτίας ἐν ἄλλοις ἐστί; σκόπει δή,
κατ’ Ἐμπεδοκλέα

    Γνοὺς ὅτι πάντων εἰσὶν ἀπόρροαι, ὅσσ’ ἐγένοντο·

οὐ γὰρ ζώων μόνον, οὐδὲ φυτῶν, οὐδὲ γῆς καὶ θαλάττης, ἀλλὰ καὶ λίθων ἄπεισιν ἐνδελεχῶς πολλὰ ῥεύματα,
20 καὶ χαλκοῦ καὶ σιδήρου· (4) καὶ γὰρ φθείρεται πάντα
καὶ ὄδωδε, τῷ ῥεῖν ἀεί τι καὶ φέρεσθαι συνεχῶς· καὶ
γὰρ ἕλξεις ἢ ἐπιπηδήσεις ποιοῦσι ταῖς ἀπορροίαις, οἱ
μὲν ἐμπλοκὰς αὐτῶν, οἱ δὲ πληγάς, οἱ δ’ ὤσεις τινὰς
καὶ περιελεύσεις ὑποτιθέμενοι. (5) Μάλιστα δὲ τῶν
25 παράλων πετρῶν ἐπιρραινομένων καὶ ψηχομένων ὑπὸ
τῆς θαλάττης, ἀπιέναι ʼμέρη καὶ θραύσματα πολλὰ
καὶ λεπτὰ [εἰκὸς] συνεχῶς, ἃ τ[οῖς χρώμασιν ἀλλήλων διαφέροντα, τοῖς μὲν ἄλ]λοις οὐ προσ[ίσχεται] σώ-
μα[σιν], ἀλλὰ λανθάνει περιολισθαίνοντα τῶν πυκνο-
30 τέρους ἐχόντων πόρους, ἢ διεκθέοντα τῶν μανοτέρους.
(6) Ὁ δὲ πολύπους τήν τε σάρκα προσιδεῖν αὐτόθεν
ἀνθρηνιώδης, καὶ πολύπορος, καὶ δεκτικὸς ἀπορροιῶν
ἐστιν· ὅταν δὲ δείσῃ, τῷ πνεύματι τρεπόμενος καὶ τρέπων, οἷον ἔσφιγξε τὸ σῶμα καὶ συνήγαγεν, ὥστε προσ-
35 δέχεσθαι καὶ στέγειν ἐπιπολῆς τὰς τῶν ἐγγὺς ἀπορ-
ροίας· (7) καὶ γὰρ ἡ τραχύτης μετὰ τῆς μαλακότη-
τος ἕλικας παρέχουσα τοῖς ἐπιφερομένοις μέρεσι μὴ
σκεδαννυμένοις, ἀλλ’ ἀθροιζομένοις καὶ προσμένουσι,
σύγχροο[ν αὐτοῦ] τὴν ἐπιφάνειαν [τοῖς ἐγγύ]τατα [οὖ-
40 σιν ἀπεργάζεται]. (8) Τεκμήριον δὲ τῆς αἰτίας μέγα,
τὸ μήτε τοῦτον πᾶσιν ἐξομοιοῦσθαι τοῖς πλησίον, μήτε
τὸν χαμαιλέοντα τοῖς λευκοῖς χρώμασιν, ἀλλὰ μόνοις
ἑκάτερον, ὧν ταῖς ἀπορροίαις πόρους συμμέτρους ἔχουσιν.

Κ΄.

45 Διὰ τίνα αἰτίαν τὸ τῶν ἀγρίων συῶν δάκρυον ἡδύ, τὸ δὲ τῶν
    ἐλάφων ἁλμυρόν ἐστι καὶ φαῦλον;

1. * Αἰτία δὲ θερμότης καὶ ψυχρότης τούτων, καὶ
ψυχρὸν μὲν ὁ ἔλαφος, περίθερμον δὲ καὶ πυρῶδες ὁ
σῦς· ὅθεν τὸ μὲν φεύγει, τὸ δ’ ἀμύνεται τοὺς ἐπιόντας,
50 ὅτε καὶ μάλιστα διὰ τὸν θυμὸν ἐκβάλλει τὸ δάκρυον·
πολλῆς γὰρ ἐπὶ τὰ ὄμματα θερμότητος φερομένης, ὡς
εἴρηται,

---

sufficit autem ad id etiam, quod omnes colores refert? sic
enim colorem mutat polypus, ut eum similem faciat cujusvis saxi colori ad quod accedit. Hinc illud Pindari :

    Marinæ bestiæ colori
    adverte mentem, et sic vafer omnibus
    versare in urbibus;

et Theognidis :

    Polypodis fac morem imiteris versicoloris :
    cui subit is, semper fit similis lapidi.

Atque hoc versutia et calliditate præstantes aiunt studio
habere, ut fallendi eos gratia quibuscum agunt, semper
polypum æmulentur : quem censent cute tanquam veste
uti, ita facile eam ubi vult mutando. (3) Quid si polypus
huic affectioni principium metu suo suppeditat ipse, causæ
autem propriæ in aliis sunt? Cogita enim quod Empedocles
dixit,

    Hoc noris, rebus defluxus omnibus esse :

non enim animalia modo et stirpes, et terra, et mare, sed
etiam lapides a se continenter dimittunt multos defluxus,
et æs etiam atque ferrum. (4) Nam corrumpuntur omnia et
pereunt, quia semper fluunt et feruntur. Et philosophi tractiones aut insultationes faciunt defluxibus, alii complexus
eorum, alii ictus, alii impulsiones quasdam et circuitiones
supponentes. (5) Maxime autem saxorum marinorum,
quando mari ea asperguntur et raduntur, verisimile est assiduo abradi multa ac tenuia ramenta, quæ aliis atque aliis
coloribus insignia, non accidant ad alia corpora, sed vel
dilabantur ob meatuum densitatem, vel excidant per rariores. (6) Polypi autem caro, quod aspectus ipse possit judicare, est cavernosa, meatuum plena, defluxuumque capax. Is ergo quando sibi timet, mutato spiritu sese mutans, tanquam constringit corpus contrahitque, ut recipiat
contineatque in superficie vicinos defluxus. (7) Quippe
asperitas una cum mollitie sinuosos flexus præbens recipiendis particulis quæ offeruntur et non dissipantur, sed
congregantur et inhærent, superficiem ei efficit ejusdem
coloris cujus sunt proxima quæque corpora. (8) Argumentum causæ permagnum est, quod neque polypus quarumvis
imitatur rerum colorem, quibus appropinquat, neque chamæleon albarum : sed uterque iis tantum assimilatur, quarum defluxibus meatus proportione habet respondentes.

XX.

*Quid est causæ, quod lacrima silvestrium suum dulcis est
cervi salsa et vitiosa?*

1. Videtur in caussa esse horum animalium calor et frigus : nam frigidus est cervus, aper admodum calidus et
igneus; itaque ille fugit; hic se defendit adversus insectan-
tes, quum quidem maxime excandescentia ei lacrimas exprimit. Multo enim accidente ad oculos calore, sicut fertur illud dictum,

Φρίξας εὖ λοφιὴν, πῦρ ὀφθαλμοῖσι δεδορκώς,

γλυκὺ γίνεται τὸ ἀποτηκόμενον. (2) Ἔνιοι δέ φασιν, ὥσπερ γάλακτος ὀρρόν, τοῦ αἵματος ταραχθέντος, ἐκκρούεσθαι τὸ δάκρυον, ὡς Ἐμπεδοκλῆς· ἐπεὶ τοίνυν τραχὺ καὶ μέλαν τὸ τῶν κάπρων αἷμα διὰ θερμότητα, λεπτὸν δὲ καὶ ὑδαρὲς τὸ τῶν ἐλάφων, εἰκότως καὶ τὸ ἀποκρινόμενον ἐν τοῖς θυμοῖς καὶ τοῖς φόβοις ἑκατέρου, τοιοῦτον.

ΚΑ΄.

Διὰ τί τῶν ὑῶν αἱ μὲν ἥμεροι πλεονάκις τίκτουσι, καὶ κατ' ἄλλον ἄλλαι χρόνον, αἱ δ' ἄγριαι καὶ ἅπαξ καὶ περὶ τὰς αὐτὰς ἅπασαι σχεδὸν ἡμέρας; αὗται δέ εἰσιν, ἀρχομένου θέρους· διὸ καὶ λέλεκται,

Μηκέτι νυκτὸς ὕειν, ἤ κεν τέκῃ ἀγροτέρη σῦς.

1. Ἢ διὰ πλῆθος τροφῆς, ὄντως « ἐν πλησμονῇ κύπρις »; ἀφθονία γὰρ τροφῆς τὸ γόνιμον περίττωμα ποιεῖ καὶ φυτοῖς καὶ ζῴοις· αἱ μὲν οὖν ἄγριαι δι' αὐτῶν καὶ μετὰ φόβου τὴν τροφὴν ζητοῦσι, ταῖς δὲ ἡμέροις ὑπάρχει διαπαντός, ἡ μὲν αὐτοφυής, ἡ δ' ἐκ παρασκευῆς. (2) Ἢ τὸ τῆς σχολῆς καὶ ἀσχολίας ἅμα συμμένον; αἱ μὲν γὰρ ἀργοῦσι, μὴ βουλόμεναι πόρρω πλανᾶσθαι τῶν συφορβῶν, αἱ δὲ ὀρειβατοῦσαι καὶ περιθέουσαι, τὴν τροφὴν διαφοροῦσι καὶ καταναλίσκουσιν εἰς τὸ σῶμα πᾶσαν· (3) ὥστε [ἢ] διὰ τὸ ἀεὶ συνεῖναι, ἢ μὴ γίνεσθαι περίττωμα, ἢ καὶ τὸ συντρέφεσθαι καὶ συναγελάζεσθαι τὰ θήλεα τοῖς ἄρρεσιν, ἀνάμνησιν ποιεῖ τῶν ἀφροδισίων, καὶ συνεκκαλεῖται τὴν ὄρεξιν· ὡς ἐπ' ἀνθρώπων Ἐμπεδοκλῆς ἐποίησε,

Τῷ δέ τι καὶ πόθος εἶτε διὰ πέψεως ἀμμίσγων·

ἐν δὲ τοῖς ἀγρίοις, ἀποτρόφοις οὖσιν ἀλλήλων, τὸ ἄστοργον καὶ δυσεπίμικτον ἀμβλύνει καὶ ἀνασβέννυσι τὰς ὁρμάς. (4) Ἢ καὶ τὸ λεγόμενον ὑπ' Ἀριστοτέλους ἀληθὲς ἐστιν, ὅτι χλούνην Ὅμηρος ὠνόμασε σῦν τὸν μόνορχιν; τῶν γὰρ πλείστων φησὶ προσκνωμένων τοῖς στελέχεσι θρύπτεσθαι τοὺς ὄρχεις.

ΚΒ΄.

Διὰ τί τῆς ἄρκτου φασὶ τὴν χεῖρα γλυκυτάτην ἔχειν σάρκα καὶ φαγεῖν ἡδίστην;

[Ἢ] ὅτι τὰ πέττοντα τὴν τροφὴν μάλιστα τοῦ σώματος παρέχει τὸ κρέας ἥδιστον; πέττει δὲ κάλλιστα τὸ διαπνέον, κινούμενον μάλιστα καὶ συγγυμναζόμενον, ὥσπερ ἡ ἄρκτος τῷ μέρει τούτῳ πλεῖστα κινεῖται· καὶ γὰρ ὡς ποσὶ τοῖς ἐμπροσθίοις βαδίζουσα χρῆται καὶ τρέχουσα, καὶ ὡς χερσὶν ἀντιλαμβανομένη.

ΚΓ΄.

Διὰ τί δυστίβευτος ἡ τοῦ ἔαρος ὥρα;

1. Πότερον αἱ κύνες, ὥς φησιν Ἐμπεδοκλῆς,

Κέμματα θηρείων μελέων μυκτῆρσιν ἐρευνῶσαι,

τὰς ἀπορροίας ἀναλαμβάνουσιν, ἃς ἐναπολείπει τὰ θηρία τῇ ὕλῃ, ταύτας δὲ τοῦ ἔαρος ἐξαμαυροῦσι καὶ συγχέουσιν αἱ πλεῖσται τῶν φυτῶν καὶ τῶν ὑλημάτων ὀσμαί,

---

Igne oculos ardens, setisque horrentibus asper,

id quod eliquatur, dulce redditur. (2) Quidam in sententiam Empedoclis concedunt, qui a sanguine conturbato excerni lacrimam putavit, quo modo serum a lacte agitato. Quum itaque aprorum sanguis ob calorem asper sit et niger, tenuis et aquosus cervorum; consentaneum est, tale esse quod ira concitatum alterum, timore consternatum alterum animalium excernit.

XXI.

Qua de causa sues domesticæ sæpe pariunt, aliæque alio tempore, silvestres semel, et fere sub idem omnes tempus, nimirum diebus ineuntis æstatis? unde illud quoque dictum est:

Non jam nocte pluet, qua sævi uxor parit apri.

1. An ob alimenti multitudinem? ut verum sit illud dictum, *Saturitatis est socia Venus:* alimenti enim abundantia excrementum fœcundum et stirpibus et animalibus parit. Jam porcæ silvestres suapte opera, idque cum metu, quærunt pastum: domesticis semper suppeditant alia nativa, alia comparata alimenta. (2) An potius otio et exercitationi simul illud tribuendum? etenim domesticæ quiescunt, neque procul evagari volunt a subulcis; agrestes in montes sese conferunt, ac circumcursitant, qua ratione etiam nutrimentum differunt inque totum corpus insumunt. (3) Proinde sive ob perpetuam consuetudinem, sive ob excrementi abundantiam, sive quia una pascuntur gregatim feminæ cum maribus, domesticæ sues mentionem coitus afferunt libidinemque concitant: quod de hominibus scripsit Empedocles,

Hinc hominum generi ex aspectu nascitur ardor.

Agrestium autem, quia seorsum pascuntur, concupiscentia hebetatur atque exstinguitur amoris et consuetudinis vacuitate. (4) An et id verum est quod Aristoteles dicit, aprum ab Homero *clunem* dictum, quod unicum haberet testem? plerorumque enim aprorum, dum truncis sese adfricant, elidi testes.

XXII.

Cur ursæ manus est suavissima et esu jucundissima?

An quia quæ partes corporis maxime concoquunt alimentum, earum dulcissima fit caro? optime autem concoquit, quod transpirat, dum maxime movetur et exercetur. Ursa autem creberrime movet anteriora crura: nam ut pedibus iis utitur ad eundum et currendum, et quasi manibus ad contrectandum.

XXIII.

Quare verno tempore vestigia ferarum difficulter indagantur?

1. An quia canes, ut ait Empedocles,

Naribus indagant vestigia certa ferarum,

defluxus iis haurientes, quos feræ in solo relinquunt; eos autem obscurant vere ac confundunt plerique odores plantarum et germinum vestigiis sese supersternentium, faci-

ὑπὲρ τὴν ἄνθησιν ὑπερχεόμεναι καὶ κεραννύμεναι, πε-
ριποτῶσι καὶ διαπλανῶσι τὰς κύνας τῆς τῶν θηρίων
ὀσμῆς ἐπιλαβέσθαι;   (2) Διὸ περὶ τὴν Αἴτνην ἐν Σικελίᾳ φασὶ μηδένα κυνηγεῖν· πολὺ γὰρ ἀναφύεσθαι καὶ
τεθηλέναι δι' ἔτους ἴον ὀρεινὸν ἐν τοῖς λειμῶσι, καὶ [τὴν]
τὸν τόπον εὐωδίαν ἀεὶ κατέχουσαν ἁρπάζειν τὰς τῶν
θηρίων ἀναπνοάς.   (3) Λέγεται δὲ μῦθος, ὡς τὴν Κόρην ἐκεῖθεν ἀνθολογοῦσαν ὁ Πλούτων ἀφαρπάσειε, καὶ
διὰ τοῦτο τιμῶντες καὶ σεβόμενοι τὸ χωρίον ὡς ἄσυλον,
οὐκ ἐπιτίθενται τοῖς ἐκεῖ νεμομένοις.

ΚΔ'.

Διὰ τί περὶ τὰς πανσελήνους ἥκιστα ταῖς ἰχνοσκοπίαις ἐπιτυγ-
χάνουσιν;

Ἢ διὰ τὴν εἰρημένην αἰτίαν; δροσοβόλοι γὰρ αἱ
πανσέληνοι· * διὸ καὶ τὴν δρόσον ὁ Ἀλκμὰν Διὸς θυγατέρα καὶ Σελήνης προσεῖπε, ποιήσας,

Διὸς θυγάτηρ Ἔρσα τρέφει καὶ Σελάνας δίας·

ἡ γὰρ δρόσος ἀσθενής ἐστι καὶ ἀδρανὴς ὄμβρος· ἀσθενὲς
δὲ καὶ τὸ τῆς σελήνης θερμόν· ὅθεν ἕλκει μὲν ἀπὸ γῆς,
ὥσπερ ὁ ἥλιος· ἄγειν δ' εἰς ὕψος μὴ δυναμένη, μηδ'
ἀναλαμβάνειν, μεθίησιν.

ΚΕ'.

Διὰ τί τὸ δρόσιμον γενόμενον διὰ τοῦ ψύχους δυστίθευτον;

1. Πότερον ὅτι τὰ θηρία πόρρω τῶν κοιτῶν ὀκνοῦντα
προϊέναι διὰ τὸ κρύος, οὐ πολλὰ ποιεῖ σημεῖα; διὸ καὶ
φασὶν αὐτὰ φείδεσθαι τῶν πλησίον, ὅπως μὴ κακο-
παθῇ πλανώμενα μακρὰν τοῦ χειμῶνος, ἀλλ' ἀεὶ ἐγγύθεν ἔχῃ νέμεσθαι.   (2) Ἢ δεῖ μὴ μόνον ἔχειν ἴχνη τὸν
στιβευόμενον τόπον, ἀλλὰ κινεῖν τὴν ὄσφρησιν; κινεῖ δὲ
λυόμενα καὶ χαλώμενα μαλακῶς ὑπὸ θερμότητος· ἡ δ'
ἄγαν περίψυξις πηγνύουσα τὰς ὀσμάς, οὐκ ἐᾷ ῥεῖν οὐδὲ
κινεῖν τὴν αἴσθησιν.   (3) Ὅθεν καὶ τὰ μύρα καὶ τὸν
οἶνον ἧττον ὄζειν ψύχους καὶ χειμῶνος λέγουσιν· ὁ γὰρ
ἀὴρ πηγνύμενος ἵστησι τὰς ὀσμὰς ἐν αὑτῷ, καὶ οὐκ ἐᾷ
ἀναδίδοσθαι.

Κϛ'.

Διὰ τί τὰ ζῷα τὰς βοηθούσας δυνάμεις, ὅταν ἐν πάθει γένηται,
ζητεῖ καὶ διώκει, καὶ χρώμενα πολλάκις ὠφελεῖται; καθάπερ αἱ κύνες ἐσθίουσι πόαν, ἵνα τὴν χολὴν ἐξεμῶσιν· αἱ δὲ
ὕες ἐπὶ τοὺς ποταμίους καρκίνους φέρονται, βοηθοῦνται γὰρ
ἐσθίουσαι πρὸς κεφαλαλγίαν· ἡ δὲ χελώνη, φαγοῦσα τὴν
σάρκα τοῦ ἔχεως, ὀρίγανον ἐπεσθίει· τὴν δ' ἄρκτον λέγουσιν
ἀσωμένην, τοὺς μύρμηκας ἀναλαμβάνειν τῇ γλώττῃ, καὶ κα-
ταπίνουσαν ἀπαλλάττεσθαι· τούτων δ' οὔτε πεῖρα καὶ περί-
πτωσις γέγονεν αὐτοῖς.

1. Πότερον οὖν, ὥσπερ τὰ κηρία τὴν μέλιτταν τῇ
ὀσμῇ, καὶ τὰ κενέβρεια τὸν γῦπα κινεῖ καὶ προσάγεται
πόρρωθεν, οὕτως οὖν καὶ σῦς οἱ καρκίνοι, καὶ τὴν χελώνην ἡ ὀρίγανος, αἱ δὲ μυρμηκιαὶ τὴν ἄρκτον ὀσμαῖς
καὶ ῥεύμασι προσφερέσι καὶ οἰκείοις ἕλκουσιν, οὐ λο-

---

untque ut ab odorandis iis canes aberrent?   (2) Itaque apud
Ætnam in Sicilia nemo canes ad venandum educit : quod
ibi multum floreat ac toto anno pullulet montana viola, lo-
cique assiduus odor bonus abripiat ferarum vestigia.   (3)
Fabula etiam fertur, Proserpinam ibi quum flores legeret,
raptam a Plutone fuisse : ideoque illum locum venerantes
tanquam asylum, non insidiari pascentibus ibi animalibus.

XXIV.

Cur circa plenilunia minime indagantur e vestigiis feræ?

An ob dictam modo causam? nam plenilunia rorem spar-
gunt. Itaque Alcman rorem Jovis et Lunæ filiam in carmine
dixit :

Ros alit Jovis et filia Lunæ potentis.

Est enim ros pluvia imbecillis ac languida, ut et calor lunæ
parum est validus; itaque trahit e terra ut sol, sed in altum
evehere et pertrahere quum non possit, rursum dimittit.

XXV.

Cur indagationem difficilem reddit pruina?

1. An quod feræ procul e lustris suis prodire ob frigus
cessantes, non multa edunt signa? ideo etiam aiunt ea vicinis
locis parcere, ne ipsæ affligantur longe vagantes per hiemem,
sed semper in vicinia possint pascere.   (2) Aut quia locum
indagini aptum oportet non vestigia tantum, sed etiam odorem exhibere? movent autem olfactum quæ a calore sol-
vuntur molliter atque laxantur : at nimium frigus objectum
odores constringit, neque fluere et ad sensum accidere sinit.
(3) Itaque etiam unguenta ac vinum minus olere hieme et
in frigore aiunt : aer enim tunc concretus in se odores continet, neque patitur differri.

XXVI.

Quid rei est quod bruta animalia suis morbis remedia quæ-
runt atque sectantur, et eorum usu plerumque adjuvantur?
velut canes herbam edunt evomendæ bilis causa, sues can-
cros fluviales appetunt, quorum esu capitis dolori meden-
tur; testudo ubi carnem viperæ edit, origano deinde ve-
scitur; ursam aiunt quando fastidio et nausea incipit re-
pleri, lingua formicas excipere, iisque devoratis sanari.
Hæc quidem neque experientia istis, neque fortuito usu
sunt cognita.

1. Num igitur, sicut apem cera odore suo, et vulturem
cadavera movent eminusque alliciunt, ita suem cancri, origanum testudinem, formicæ ursam odoribus ac defluxibus
ad eorum naturam accommodatis trahunt : non sensus,

γισμῷ τοῦ συμφέροντος ἀγούσης τῆς αἰσθήσεως; (2) ἢ τὰς ὀρέξεις ἐπιφέρουσι τοῖς ζῴοις αἱ τῶν σωμάτων κράσεις, ἃς [αἱ] νόσοι ποιοῦσι, διαφόρους δριμύτητας, ἢ γλυκύτητας, ἤ τινας ἄλλας ἐντίκτουσαι ποιότητας ἀήθεις καὶ ἀτόπους, τῶν ὑγρῶν τρεπομένων; ὡς δῆλόν ἐστιν ἐπὶ τῶν γυναικῶν, ὅταν κύωσι, καὶ λίθους καὶ γῆν προσφερομένων· (3) διὸ καὶ τῶν νοσούντων ταῖς ὀρέξεσιν οἱ χαρίεντες ἰατροὶ προΐσασι τοὺς ἀσώτως ἢ σωτηρίως ἔχοντας· ἱστορεῖ γοῦν Μνησίθεος ἰατρὸς, ἐν ἀρχῇ πνευμονίας τὸν ἐπιθυμήσαντα κρομμύων, σώζεσθαι· τὸν δὲ σύκων, ἀπόλλυσθαι· διὰ τὸ ταῖς κράσεσι τὰς ὀρέξεις, τὰς δὲ κράσεις τοῖς πάθεσιν ἕπεσθαι. (4) Πιθανὸν οὖν ἐστι καὶ τῶν θηρίων τὰ μὴ παντελῶς ὀλεθρίοις μηδ' ἀναιρετικοῖς περιπίπτοντα νοσήμασι, ταύτην τὴν διάθεσιν καὶ κρᾶσιν ἴσχειν, ὑφ' ἧς ἐπὶ τὰ σώζοντα φέρεται καὶ ἄγεται ταῖς ὀρέξεσιν ἕκαστον αὐτῶν.

KZ'.

Διὰ τί τὸ γλεῦκος, ἂν ὑπὸ ψύχους περιέχηται τὸ ἀγγεῖον, γλυκὺ διαμένει πολὺν χρόνον;

1. Πότερον ὅτι πέψις ἐστὶ τοῦ γλεύκους ἡ εἰς τὸ οἰνῶδες μεταβολή, κωλύει δὲ τὴν πέψιν ἡ ψυχρότης; ὑπὸ θερμοῦ γὰρ ἡ πέψις. (2) Ἢ τοὐναντίον, οἰκεῖός ἐστι τῆς σταφυλῆς χυμὸς ὁ γλυκύς; διὸ καὶ πεπαίνεσθαι λέγεται τὸ γλυκὺ κιρνώμενον· ἡ δὲ ψυχρότης, οὐκ ἐῶσα διαπνεῖν, ἀλλὰ συνέχουσα τὸ θερμὸν, τὴν γλυκύτητα διατηρεῖ τοῦ γλεύκους· (3) Αὕτη δέ ἐστιν αἰτία καὶ τῶν τρυγωμένων ὄμβρῳ τὸ γλεῦκος ἧττον ἀναζεῖν· ἡ γὰρ ζέσις ὑπὸ θερμότητος, τὴν δὲ θερμότητα κατέχει καὶ συστέλλει τὸ ψυχρόν.

KH'.

Διὰ τί τῶν θηρίων ἡ ἄρκτος ἥκιστα διεσθίει τὰ δίκτυα, καίτοι καὶ λύκοι καὶ ἀλώπεκες διεσθίουσι;

1. Πότερον ἐνδοτάτω τοὺς ὀδόντας ἔχουσα τοῦ χάσματος ἥκιστα πρὸς τὰ λίνα ἐξικνεῖται; προσεμπίπτει γὰρ τὰ χείλη διὰ πάχος καὶ μέγεθος. (2) * Ἢ μᾶλλον ἰσχύουσα ταῖς χερσὶ, ῥήγνυσι καὶ διασπᾷ τὸν βρόχον; (3) ἢ καὶ ταῖς χερσὶν ἅμα χρῆται καὶ τῷ στόματι, ταῖς μὲν διασπῶσα τὸ λίνον, τῷ δ' ἀμυνομένη τοὺς διώκοντας; (4) Οὐδενὸς δὲ ἧττον αὐτῇ βοηθοῦσιν αἱ περικαλινδήσεις· διὸ μᾶλλον ἢ διασπᾶν τὰ λίνα πραγματευομένη, πολλάκις ἐκκυβιστᾷ καὶ σώζεται, ** ἀμὴ καὶ δέοι ἡ τῶν ὀδόντων.

KΘ'.

Τίς ἡ αἰτία, δι' ἣν τὰ ψυχρὰ τῶν ὑδάτων οὐ θαυμάζομεν, ἀλλὰ τὰ θερμά; καίτοι δῆλον ὅτι θερμότης αἰτία τούτων, ὡς ψυχρότης, ἐκείνων.

1. Οὐ γὰρ, ὡς ἔνιοι νομίζουσιν, ἡ μὲν θερμότης δύναμίς ἐστιν, ἡ δὲ ψυχρότης στέρησις θερμότητος· ἐπεὶ πλεόνων αἴτιον ἐφαίνετο τὸ μὴ ὂν τοῦ ὄντος. (2) Ἀλλ' ἔοικε τῷ σπανίῳ τὸ θαυμάσιον ἡ φύσις νέμουσα, πῶς γίνεται ζητεῖν τὸ μὴ πολλάκις γινόμενον.

Ὁρᾷς τὸν ὑψοῦ τόνδ' ἄπειρον αἰθέρα,
καὶ γῆν πέριξ ἔχονθ' ὑγραῖς ἐν ἀγκάλαις;

---

utilitatis ratione habita, agit? (2) An potius temperamenta corporum suas animalibus afferunt appetitiones? temperamenta autem oriuntur e morbis, qui corpori ingenerant diversas acrimonias, dulcedines, et alias qualitates insolentes atque absurdas, mutatis humoribus : quod liquet in gravidis mulieribus, quæ lapides et terram edunt. (3) Itaque etiam medici periti ex appetitionibus ægrotantium de eorum vel salute vel interitu præsagiunt : et narrat Mnesitheus medicus, initio morbi pulmonum eum qui cæpas appetat, servari; qui ficus, perire : quod temperamentum affectui, affectui appetitus sit consequens. (4) Probabile est igitur etiam bestias, quæ non plane in letales incidunt morbos, ita affici ac temperari, ut temperiem sequendo appetitu ferantur ad sua quæque remedia.

XXVII.

Quamobrem mustum, si vas a frigore ambiatur, dulce permanet longo tempore?

1. An quia coctio est musti in vinum mutatio, coctioni autem obstat frigus, quia calore ea fit? (2) Aut contra proprius est uvæ sapor dulcis, ideoque maturuisse dicitur quando dulcedo est æqualiter per eam diffusa? frigus antem non sinens exhalare calorem uvæ, sed continens intus, conservat dulcedinem musti. (3) Atque eadem est causa quod, ubi per pluviam fit vindemia, mustum minus fervet; nam effervescentia a calore est, quem inhibet frigus.

XXVIII.

Cur de feris omnium minime ursa retia corrodit, quanquam corrodunt et lupi et vulpes?

1. An quia dentes intime in rictu habens lina iis non attingit, labiis ante ob crassitiem et magnitudinem coeuntibus? (2) Aut potius robore freta manibus ea rumpit, laqueosque divellit? (3) Aut simul et manibus utitur et ore, illis casses diripiens, hoc se defendens adversus venatores? (4) Maximum vero est ei præsidium in volutatione, ideoque potius quam moliatur lina divellere, sæpe se evolvit, itaque salutem consequitur, nihil dentium auxilio opus habens.

XXIX.

Quænam est causa, quod frigidas aquas non admiramur, admiramur calidas? quum constet ut harum causa est calor, ita illarum esse frigus.

1. Non enim probanda est quorundam opinio, qui calorem esse vim, frigus non nisi ejus privationem censent. Ita enim id quod non est plurium rerum esset causa, quam id quod est. (2) Sed videtur natura admirationem rebus raris attribuisse, ut quæratur quo pacto fiat quod raro fit.

Vides sublime hunc fusum immoderatum æthera,
qui tenero terram circumvectu amplectitur?

ὅσα μὲν ἔρχεται φέρων θεάματα νυκτός, ὅσον δὲ μεθ'
ἡμέραν κάλλος ἀναδείκνυσιν· οἱ [δὲ] πολλοὶ [**] τὴν
τούτων φύσιν· ἴριδες δὲ καὶ ποικίλματα νεφῶν ἡμέρας
καὶ σέλα ῥηγνύμενα πομφόλυγος δίκην [νυκτὸς * *]
5 κεκόσμηται.

Λ'.

Διὰ τί τῶν ἀμπέλων τὰς ἀκάρπους, [τοῖς δὲ ἀκρέ]μοσι [καὶ
ἔρνεσι]ν εὐτρο[φούς]ας τραγᾷν [λέγο]μεν;

1. Ἢ ὅτι τῶν τράγων οἱ σφόδρα πίονες ἧττόν εἰσι
10 γόνιμοι, καὶ μόλις ὑπὸ πιμελῆς ὀχεύουσι; τὸ γὰρ σπέρμα
περίττωμα τῆς τροφῆς ἐστι (καὶ) τῆς τῷ σώματι προσ-
τιθεμένης· (2) ὅταν οὖν ἢ ζῷον, ἢ δένδρον, εὐεκτῇ
καὶ παχύνηται, τοῦτο σημεῖόν ἐστι τοῦ τὴν τροφὴν ἐν
ἑαυτῷ καταναλισκομένην μηθὲν ἢ μικρόν τι καὶ ἀγεννὲς
15 περίττωμα ποιεῖν.

ΛΑ'.

Διὰ τί ἄμπελος οἴνῳ ῥαινομένη, μάλιστα τῷ ἐξ αὐτῆς, ἀναξη-
ραίνεται;

1. Πότερον, ὥσπερ ἐν τοῖς πολυπόταις γίνεται φαλά-
20 κρωσις, ὑπὸ θερμότητος τοῦ οἴνου τὸ ὑγρὸν ἐξατμίζον-
τος; (2) ἢ φύ * * τὸ οἰνῶδές ἐστιν, ὥς φησιν Ἐμπεδοκλῆς,
« οἶνον ἀπὸ φλοιοῦ πέλεσθαι σαπὲν ἐν ξύλῳ ὕδωρ; »
Ὅταν οὖν ἔξωθεν οἴνῳ βρέχηται, γίνεται πῦρ [τῇ]
ἀμπέλῳ, καὶ τοῦ τρέφοντος * * δύναμιν ἐξίστησιν ἡ
25 κρᾶσις. (3) Ἢ στυπτικὴν φύσιν ἔχων ὁ ἄκρατος ἐνδύεται ταῖς ῥίζαις, καὶ τοὺς πόρους συναγαγὼν καὶ
πυκνώσας, οὐ διίησι τὸ ὕδωρ εἰς τὸ φυτόν, [ᾧ] εὐθαλεῖν
καὶ βλαστάνειν πέφυκεν; (4) ἢ καὶ τοῦτο μᾶλλον εἶναι
τῇ ἀμπέλῳ παρὰ φύσιν, τὸ ἐξ αὐτῆς ἀπιὸν εἰς αὐτὴν
30 ἐπανιὸν πάλιν δέχεσθαι; τῆς γὰρ ἐν τοῖς φυτοῖς ὑγρότητος ἤνθει καί τι τρέφειν μηδὲ προστίθεσθαι μηδὲ
μέρος εἶναι τοῦ φυ * *

Λείπει.

quam is multa noctu spectacula exhibet, quantam interdiu
pulchritudinem? plerique tamen horum naturam [non miran-
tur]: at iidem mirantur arcus cœlestes, et picturas nubium jucundas die, noctu fulgores bullarum in modum erumpentes.

XXX.

Cur vites steriles , sed ramis et frondibus vigentes , dicimus
τραγᾷν;

1. An quia capri (Græcis τράγοι) nimis pingues minus
sunt ad procreandum apti, et præ adipe vix coeunt? semen
enim abundantia est alimenti quod corpori exhibetur. (2)
Quum itaque vel animal vel planta corporis constitutionem
validam adipiscitur, et crassescit, id indicio est, intus nutrimentum omne consumi, et excrementum vel nullum, vel
exiguum et vile relinqui.

XXXI.

*Cur vitis vino , maxime quod ex ipsa natum sit , madefacta
arefit?*

1. An, sicut calvities accidit multum vini potantibus,
hoc fit calore vini humorem evaporante. (2) Aut [putrefa-
ciendi vim] habet id quod vinosum est, sicut ait Empedocles :

Vinum est putrescens sub ligni cortice lympha?
Quum ergo extrinsecus vino vitis rigetur, id quasi ignis viti
fit, vimque nutrientem [abolet; prouti contra,] vim vini corrumpit mixtura aquæ. (3) Aut, quia mero vis est sti-
pandi, radicibus quum subit, meatus constringit, nec permittit humori transitum in plantam, quo alatur et vigeat?
(4) An id magis etiam contra naturam videtur, ut in vitem
redeat quod ex ea abiit, et rursus recipiatur? Nam humor
qui in stirpe florenti exsistit, alere quidem potest, verum
postea neque apponi, neque pars ejus amplius fieri.

Desunt reliqua.

Addimus quæstiones quæ desunt octo ex translatione *Gyberti Longolii*, hæc notantis : « Hucusque
Aldinum exemplar sumus secuti : quæ sequuntur, ex Mediolanensi sunt exemplari. »

XXXII. *Palma arborum una contra pondus adsurgit.*
*Cur inter omnes arbores sola palma contra imposi-
tum onus adsurgit?* Utrum quod ignea et spirabilis facultas, qua maxime pollet, quum tentatur et irritatur, sese
exercens magis et magis erigit? An quoniam pondus ramos
subito urgens, aerem omnem qui in his est, oppressum
cedere retro cogat, qui deinde resumptis paullo viribus,
adversum onus acrius rursus instat? An molles et teneræ
virgæ impetum non sustinentes, quum onus quiescit, paullatim se erigunt, et speciem, quasi contra illud adsurgant,
præbent?
XXXIII. *Aqua de puteis hausta minus alit quam cœlestis aut fontana.*
*Quare aqua de puteis hausta minus alit quam quæ
de fonte aut cœlo manat?* An quia frigidior magis sit, et
parum quoque aeris habeat? An quod salis multum immixta
sibi de terra habeat; sal autem maciem, si quid aliud, facit? An quod pigra, nec cursu exercitata, qualitatem aliquam malam adquirat, quæ stirpibus et animantibus contraria, in causa est quod nec bene concoquatur, nec nutrire
quicquam possit? Hinc et stagnantes aquæ minus probæ
censentur, quod injurias quas vel ab aeris mala qualitate,
vel a terra accipiunt, digerere nequeant.
XXXIV. *Zephyrus ventorum omnium celerrimus.*
*Cur Zephyrus ventorum omnium celerrimus vulgo
fertur, et Homerus :*
Nos quoque cum Zephyri curramus flatibus una?
An quod aere perpurgato, et minime nebuloso, flare soleat?
aeris enim densitas et impuritas ventorum cursum non mediocriter impedit. An quod sol radiis suis flatum frigidum
perstringens, quo velocius feratur, auctor est? Quicquid
enim frigidi ventorum vi contrahitur, id a calore veluti hoste
superatum, longius et citius propelli credendum est.

XXXV. *Apibus fumus hostis.*

Cur apes fumum ferre nequeunt? Quod meatus spiritus vitalis sane quam angustos habeant. At is fumo interceptus et conclusus, angit, et propemodum ad mortem apes adigit. An acredo amaritudoque fumi in causa est? gaudent enim dulcibus apes, neque alio nutrimento aluntur : itaque ut contrariam et noxiam rem propter amaritudinem, fumum detestantur. Qua de causa mellarii quum fumum abigendis apibus faciunt, amaras herbas, ut cicutam et centaurium, incendere solent.

XXXVI. *Apes aculeo in mœchos sœviunt.*

Cur apes citius pungunt qui stuprum dudum fecerunt? An quod animal est munditiæ et elegantiæ perquam studiosum; præterea olfactus sensu valet plurimum? Quum itaque impuri congressus propter impudicitiam et immoderatam libidinem soleant esse immundiores : et citius ab apibus deprehenduntur, et odium vehementius adversus illos concipiunt. Unde apud Theocritum jocose Venus ad Anchisen a pastore ablegatur, uti apum aculeis propter adulterium commissum pungatur :

> Te confer ad Idam,
> confer ad Anchisen, ubi quercus atque cypirus
> crescit, apum strepit atque domus mellifiua bombis.

Et Pindarus : « Parvula favorum fabricatrix, quæ Rhœcum pupugisti aculeo, domans illius perfidiam. »

XXXVII. *Canes relicto homine lapidem insectantur.*

Quare canes relicto homine qui jecit, lapidem morsu insectantur? An quia neque cogitatione comprehendere quicquam, nec reminisci (quibus solus homo virtutibus valet) potest? itaque quum mente non discernat a quo injuria fuerit illata, id tantum quod ob oculos minaciter versatur, inimicum esse existimat, deque eo vindictam sumere parat. An lapidem, dum per terram mittitur, feram aliquam

esse autumans, pro ingenio hanc prius capere conatur, deinde quum viderit se opinione sua frustrari, hominem rursus invadit? An quod ad id quod missum fuerit, et hominem ipsum æqualiter odit, et id quod proximius est, insectatur?

XXXVIII. *Lupæ omnes certo anni tempore pariunt.*

Cur lupæ certo anni tempore omnes intra duodecim dies pariunt? Antipater in libro de Animalibus partum lupas projicere adserit, quum glandiferæ arbores florem abjiciunt, quo gustato, uteri illarum reserantur : quum ejus copia non est, partum in ipso corpore emori, nec in lucem venire posse : præterea regiones illas a lupis non vastari, quæ glandium quercuumque feraces non sunt. Quidam ad fabulam Latonæ referunt, quæ quum uterum ferret, nec uspiam tuta præ Junone esse posset, duodecim diebus, quibus in Delum proficiscebatur, in lupum a Jove mutata, ut deinceps omnes lupæ eo ipso tempore parere possint, impetravit.

XXXIX. *Aqua in superficie alba, in fundo nigra.*

Cur aqua in summa parte alba, in fundo vero nigra spectatur? An quod profunditas nigredinis mater est, ut quæ solis radios prius quam ad eam descendant, obtundat et labefactet? Superficies autem, quoniam continuo a sole afficitur, candorem luminis recipiat oportet. Quod ipsum et Empedocles approbat :

> Et niger in fundo fluvii color exstat ab umbra,
> atque cavernosis itidem spectatur in antris.

An limo plerumque oppletus fluminum marisque fundus, talem de se colorem per solis reflexum parit, quali utique is præditus est? An probabilius est, aquam minime, quæ illis est, puram et sinceram esse, sed terrea qualitate (utpote quæ continuo, qua currit vel agitatur, aliquid ex ea advehat) imbutam, quum ad fundum residet, turbidiorem et minus perspicuam effici?

---

* ΠΕΡΙ ΤΟΥ

ΕΜΦΑΙΝΟΜΕΝΟΥ ΠΡΟΣΩΠΟΥ

ΤΩ ΚΥΚΛΩ ΤΗΣ ΣΕΛΗΝΗΣ.

ΠΡΟΣΩΠΑ ΤΟΥ ΔΙΑΛΟΓΟΥ.

ὁ ΛΑΜΠΡΙΑΣ. ΑΠΟΛΛΩΝΙΔΗΣ. ΛΕΥΚΙΟΣ. ΦΑΡΝΑΚΗΣ. ΣΥΛΛΑΣ. ΑΡΙΣΤΟΤΕΛΗΣ. ΘΕΩΝ.

1. ** Ὁ μὲν οὖν Σύλλας, Ταῦτα, εἶπε, τῷ γ' ἐμῷ μύθῳ προσήκει, κἀκεῖθέν ἐστι· ἀλλ' εἰ δή τι πρὸς τὰς ἀνὰ χεῖρα ταύτας καὶ διὰ στόματος πᾶσι δόξας περὶ τοῦ προσώπου τῆς σελήνης προσανεκρούσασθε, πρῶτον ἡδέως ἄν μοι δοκῶ πυθέσθαι. (2) Τί δ' οὐκ ἐμέλ-

DE FACIE

QUÆ IN ORBE LUNÆ APPARET.

PERSONÆ COLLOQUII.

LAMPRIAS. APOLLONIDES. LUCIUS. PHARNACES. SYLLA. ARISTOTELES. THEON.

1. ** Hæc, inquit Sylla, meæ fabulæ conveniunt, indeque desumta sunt. Sed si quid contra illas in promtu sitas et omnium ore celebratas opiniones de facie lunæ ex antiquis attulistis, hoc primum libenter mihi videor audire. (2) Sane, inquam ego, attulimus; quippe ex harum

λομεν, εἶπον, ὑπὸ τῆς ἐν τούτοις ἀπορίας ἐπ' ἐκείνους
ἀπωσθέντες; ὡς γὰρ οἱ ἐν νοσήμασι χρονίοις πρὸς τὰ
κοινὰ βοηθήματα καὶ τὰς συνήθεις διαίτας ἀπειπόντες,
ἐπὶ καθαρμοὺς καὶ περίαπτα καὶ ὀνείρους τρέπονται,
5 οὕτως ἀναγκαῖον ἐν δυσθεωρήτοις καὶ ἀπόροις σκέψεσιν,
ὅταν οἱ κοινοὶ καὶ ἔνδοξοι καὶ συνήθεις λόγοι μὴ πείθωσι,
πειρᾶσθαι τῶν ἀτοπωτέρων, καὶ μὴ καταφρονεῖν, ἀλλ'
ἐπᾴδειν ἀτεχνῶς ἑαυτοῖς τὰ τῶν παλαιῶν, καὶ διὰ
πάντων τἀληθὲς ἐξελέγχειν.

10 II. Ὁρᾷς γὰρ εὐθύς, ὡς ἄτοπος ὁ λέγων τὸ φαινόμενον εἶδος ἐν τῇ σελήνῃ πάθος εἶναι τῆς ὄψεως, ὑπει-
κούσης τῇ λαμπρότητι δι' ἀσθένειαν, ὃ ** καλοῦμεν·
οὐ συνορῶν ὅτι πρὸς τὸν ἥλιον ἔδει τοῦτο γίνεσθαι
μᾶλλον, ὀξὺν ἀπαντῶντα καὶ πλήκτην· ὥς που καὶ
15 Ἐμπεδοκλῆς τὴν ἑκατέρων ἀποδίδωσιν οὐκ ἀηδῶς διαφοράν,

Ἥλιος ὀξυβελής, ἠδ' ἱλάειρα σελήνη,

τὸ ἐπαγωγὸν αὐτῆς καὶ ἱλαρὸν καὶ ἄλυπον οὕτω προσ-
αγορεύσας· (2) ἔπειτα λόγον ἀποδιδούς, καθ' ὃν αἱ
20 ἀμυδραὶ καὶ ἀσθενεῖς ὄψεις οὐδεμίαν διαφορὰν ἐν τῇ
σελήνῃ μορφῆς ἐνορῶσιν, ἀλλὰ λεῖος αὐταῖς ἀντιλάμπει
καὶ περίπλεως αὐτῆς ὁ κύκλος, οἱ δ' ὀξὺ καὶ σφοδρὸν
ὁρῶντες, ἐξακριβοῦσι μᾶλλον καὶ διαστέλλουσιν ἐκτυ-
πούμενα τὰ εἴδη τοῦ προσώπου, καὶ τῆς διαφορᾶς
25 ἅπτονται σαφέστερον· (3) ἔδει γάρ, οἶμαι, τοὐναντίον, εἴπερ ἡττωμένου πά[θος] ὄμματος ἐποίει τὴν
φαντασίαν, ὅπου τὸ πάσχον ἀσθενέστερον, [σαφέστε-
ρον] εἶναι τὸ φαινόμενον. (4) Ἡ δ' ἀνωμαλία καὶ
παντάπασιν ἐλέγχει τὸν λόγον· οὐ γάρ ἐστι συνεχοῦς
30 σκιᾶς καὶ συγκεχυμένης ὄψις· ἀλλ' οὐ φαύλως ὑπογρά-
φων ὁ Ἀγησιάναξ εἴρηκε,

Πᾶσα μὲν ἥδε πέριξ πυρὶ λάμπεται, ἐν δ' ἄρα μέσσῃ
γλαυκότερον κυάνοιο φαείνεται ἠΰτε κούρης
ὄμμα, καὶ ὑγρὰ μέτωπα· τὰ δὲ ῥέθει ἄντα ἔοικεν·

35 ὄντως γὰρ ὑποδύεται περιιόντα τοῖς λαμπροῖς τὰ
σκιερά, καὶ πιέζει πάλιν ὑπ' αὐτῶν καὶ ἀποκοπτόμενα·
καὶ ὅλως πέπλεκται δι' ἀλλήλων· [ὥστε] γραφικὴν τὴν
δια [τύπωσιν] εἶναι τοῦ σχήματος· (5) [ὅθεν αὐτὸ
τοῦτο] καὶ πρὸς Κλέαρχον, ὦ Ἀριστότελες, οὐκ ἀπιθά-
40 νως ἐδόκει λέγεσθαι τὸν ὑμέτερον· ὑμέτερος γὰρ ὁ
ἀνήρ, Ἀριστοτέλους τοῦ παλαιοῦ γεγονὼς συνήθης, εἰ
καὶ πολλὰ τοῦ Περιπάτου παρέτρεψεν.

III. Ὑπολαβόντος δὲ τοῦ Ἀπολλωνίδου τὸν λόγον,
καί, τίς ἦν ἡ δόξα τοῦ Κλεάρχου, διαπυθομένου,
45 Παντὶ μᾶλλον, ἔφην, ἀγνοεῖν, ἢ σοί, προσῆκόν ἐστι
λόγον, ὥσπερ ἀφ' ἑστίας τῆς γεωμετρίας ὁρμώμενον·
(2) λέγει γὰρ ἀνήρ, εἰκόνας ἐσοπτρικὰς εἶναι καὶ εἴδωλα τῆς μεγάλης θαλάσσης ἐμφαινόμενα τῇ σελήνῃ
τὸ καλούμενον πρόσωπον· * ἥ τε γὰρ ἴτυς ἀνακλωμένη
50 πολλαχόθεν ἅπτεσθαι τῶν οὐ κατ' εὐθυωρίαν ὁρωμένων
πέφυκεν, ἥ τε πανσέληνος αὐτὴ πάντων ἐσόπτρων ὁμαλότητι καὶ στιλπνότητι κάλλιστόν ἐστι καὶ καθαρώτατον. (3) Ὥσπερ οὖν τὴν Ἶ[ριν] οἴεσθε ὑμεῖς ἀνακλω-

(quas vulgo proferunt) opinionum difficultatibus ad antiquos compulsi. Sicut enim diuturnis vexati morbis, quando
de usitatis remediis et consueta victus ratione desperave-
runt, ad lustrationes, amuleta et somnia se convertunt: ita
necesse est in quæstionibus difficiles explicatus habentibus,
quando communes, probatæ vulgo et receptæ rationes non
faciunt fidem, reconditiores tentare, neque eas contemnere,
sed veterum commenta palam in medium producere, veritatemque ex omnibus inquirere.

II. Vides nimirum statim, quam absurde quidam dixerit, *formam quæ in luna cernitur, affectionem esse
visus, præ imbecillitate splendori cedentis, quod* [μα-
ραυγεῖν] *dicimus.* Non enim animadvertit ille, id potius
debuisse accidere in solem intuentibus, qui acris et vehemens nobis offertur (sicut etiam ab Empedocle non invenuste discrimen utriusque indicatur:

Sol radiis acer, lumen lunæque benignum:

nam *hilaïram* lunam dicit, quod lumen ejus blande alliciat ac citra molestiam conspiciatur): (2) *neque* rationem
reddit, cur hebetes et imbecilles oculi nullam differentiam
formæ in luna videant, sed lævis et plenus iis ejus orbis
refulgeat; qui vero acute vident, magis subtiliter discernant
faciei formas, et discrimen liquidius notent. (3) Oportebat enim contra, nisi fallor, si quidem victi affectio oculi
visionem faciebat, ubi id quod afficitur est imbecillius,
visionem effici fortiorem. (4) Inæqualitas vero plane eam
redarguit rationem: non enim continuam umbram et confusam percipit visus. Et Agesianax non inepte hoc significavit scribens,

Hanc circum totam lux funditur ignea: in orb
splendet ut ingenuæ cyano mage glaucus ocellus
virginis, et refert frons vultus mobilitatem:

omnino enim abduntur umbrosa circumfusis lucidis, vicissimque ea premunt abscissa: prorsusque inter se implican-
tur; ut fere conformatio exstet pictoria figuræ: (5) quod
et adversus Clearchum, mi Aristoteles, videtur vestrum
non inconvenienter vero dictum fuisse: vester enim est
Clearchus, Aristotelis antiqui familiaris, quanquam multa
Peripateticæ philosophiæ decreta pervertit.

III. Quum Apollonides orationem interrumpens quæreret, quænam Clearchi fuisset opinio: Nemo, inquam ego,
omnium est, quem minus ignorare deceat, atque te, ejus
sententiam, quasi e penatibus accitam a geometria. (2)
Dicit enim eam quæ vocatur facies, simulacra esse specu-
laria et imagines magni maris in luna apparentes. Nam et
orbis quum reflectitur, ex multis partibus attingere solet
ea quæ per rectam lineam non videntur: et plena luna
ipsa est omnium speculorum æquabilitate et splendore purissimum. (3) Itaque sicut arcum cœlestem vos putatis
visu ad solem refracto in nube conspici, cui humida sensim

μένης ἐπὶ τὸν ἥλιον τῆς ὄψεως ἐνορᾶσθαι τῷ νέφει λαβόντι νοτερὰν ἡσυχῇ λειότητα καὶ [σύντη]ξιν, οὕτως ἐκεῖνος ἐνορᾶσθαι τῇ σελήνῃ τὴν ἔξω θάλασσαν, οὐκ ἐφ' ἧς ἐστι χώρας, ἀλλὰ ὅθεν ἡ κλάσις ἐποίησε τῇ ὄψει τὴν ἐπαφὴν αὐτῆς καὶ τὴν ἀνταύγειαν· (4) ὥς που ὁ Ἀγησιάναξ εἴρηκεν·

Ἡ πόντου μέγα κῦμα καταντία κυμαίνοντος
δείκελον ἰνδάλλοιτο πυριφλεγέθοντος ἐσόπτρου.

IV. Ἡσθεὶς οὖν ὁ Ἀπολλωνίδης, Ὡς ἴδιον, εἶπε, καὶ καινὸν ὅλως τὸ σκευώρημα τῆς δόξης, τόλμαν δέ τινα καὶ μοῦσαν ἔχοντος ἀνδρός· ἀλλὰ πῇ τὸν ἔλεγχον αὐτῷ προσῆγε; (2) Πρῶτον μὲν, εἶπον, ᾗ μία φύσις τῆς ἔξω θαλάσσης ἐστί, σύρρουν καὶ συνεχὲς ** πέλαγος, ἡ δ' ἔμφασις οὐ μία τῶν ἐν τῇ σελήνῃ μελασμάτων, ἀλλ' οἷον ἰσθμοὺς ἔχουσα, τοῦ λαμπροῦ διαιροῦντος καὶ διορίζοντος τὸ σκιερόν· ὅθεν ἑκάστου τόπου χωρισθέντος καὶ πέρας ἴδιον ἔχοντος, αἱ τῶν φωτεινῶν ἐπιβολαὶ τοῖς σκοτεινοῖς ὕψους εἰκόνα καὶ βάθους λαμβάνουσαι τὰς περὶ τὰ ὄμματα καὶ τὰ χείλη εἰκόνας φαινομένας ὁμοιότατα διετύπωσαν· (3) ὥστ' ἢ πλείονας ἔξω θαλάσσας ὑποληπτέον ἰσθμοῖς τισι καὶ ἠπείροις ἀπολαμβανομένας, ὅπερ ἐστὶν ἄτοπον καὶ ψεῦδος, ἢ μιᾶς οὔσης, οὐ πιθανὸν εἰκόνα διεσπασμένην οὕτως ἐμφαίνεσθαι. (4) Ἐκεῖνο μὲν γὰρ ἐρωτᾶν ἀσφαλέστερόν ἐστιν, ἢ ἀποφαίνεσθαι σοῦ παρόντος, εἰ, τῆς οἰκουμένης εὖρος ἐχούσης καὶ μῆκος, ἐνδέχεται πᾶσιν ὡσαύτως ἀπὸ τῆς σελήνης ὄψιν ἀνακλωμένην ἐπιθιγγάνειν τῆς θαλάσσης [**] καὶ τοῖς ἐν αὐτῇ τῇ μεγάλῃ θαλάττῃ πλέουσι νὴ Δία καὶ οἰκοῦσιν, ὥσπερ Βρεττανοῖς, καὶ ταῦτα δὲ δὴ τῆς γῆς, ὡς φατὲ, πρὸς τὴν σφαῖραν τῆς σελήνης κέντρου λόγον ἐπεχούσης. (5) Τουτὶ μὲν οὖν, ἔφην, σὸν ἔργον ἐπισκοπεῖν· τὴν δὲ πρὸς τὴν σελήνην τῆς ὄψεως κλάσιν, οὐκέτι σόν, οὐδὲ Ἱππάρχου· καίτοι γε, φίλε πρίαμ ** ἀλλὰ πολλοῖς οὐκ ἀρέσκει φυσιολογῶν περὶ τῆς ὄψεως, αὐγῇ ὁμοπαθῆ κρᾶσιν ἴσχειν καὶ σύμπηξιν εἰκός ἐστι μᾶλλον, ἢ πληγάς τινας καὶ ἀποπηδήσεις, οἵας ἔπλαττε τῶν ἀτόμων Ἐπίκουρος. (6) Οὐκ ἐθελήσει δὲ, οἶμαι, τὴν σελήνην ἐμβριθὲς ὑποθέσθαι σῶμα καὶ στερεὸν ὑμῖν ὁ Κλέαρχος, ἀλλ' ἄστρον αἰθέριον καὶ φωσφόρον, ὡς φατέ· τοιαύτη [δὲ] τὴν ὄψιν θραύειν προσήκει καὶ ἀποστρέφειν, ὥστ' οἴχεσθαι τὴν ἀνάκλασιν. (7) Εἰ δὲ προσδεῖταί τι ἡμᾶς, ἐρησόμεθα πῶς μόνον πρόσωπόν ἐστιν ἐν τῇ σελήνῃ τὸ τῆς θαλάσσης ἔσοπτρον, ἄλλῳ δ' οὐδενὶ τῶν τοσούτων ἀστέρων ἐνορᾶται· καίτοι τό γ' εἰκὸς ἀπαιτεῖ πρὸς ἅπαντας ἢ πρὸς μηθένα τοῦτο πάσχειν τὴν ὄψιν. (8) Ἀλλ[ὰ σύ γε], πρὸς τὸν Λεύκιον ἔφην ἀποβλέψας, ὃ πρῶτον ἐλέχθη τῶν ἡμετέρων ὑπόμνησον.

V. Καὶ ὁ Λεύκιος, Ἀλλὰ μὴ δόξωμεν, ἔφη, κομιδῇ προπηλακίζειν τὸν Φαρνάκην, οὕτω τὴν Στωϊκὴν δόξαν ἀπροσαύδητον ὑπερβαίνοντες, εἰπὲ δή τι πρὸς τὸν ἄνδρα πάντως, ἀέρος μῖγμα καὶ μαλακοῦ πυρὸς ὑποτιθέμενον τὴν σελήνην, εἶτα οἷον ἐν γαλήνῃ φρίκης ὑποτρε-

---

lævitas et colliquatio inest : ita ille existimavit mare exterum in luna conspici, non eo, quo est situm, loco, sed quo visui radii refracti resplendentiam et tactum illius maris præbent ; (4) sicut rursum Agesianax scripsit :

Aut maris immensi opposita sub parte frementis
in speculo ardenti repræsentatur imago.

IV. His delectatus Apollonides, Peculiare, inquit, profecto et novum hoc opinionis commentum est, hominis neque insciti, et audacis : sed a qua parte refellebatur? (2) Primum, inquam, ab ea parte, quod mare exterum unius est naturæ, continuum scilicet et in se confluens; atræ autem in luna apparentes maculæ non unius naturæ, sed quasi isthmis quibusdam a splendore umbrosa dividente ita distinguuntur, ut avulsa a se et suis finibus circumscripta sint, et lucidorum in umbrosa penetratio altitudinis et profunditatis cujusdam figuram efficiat, unde oculorum et labiorum forma similitudine summa exprimitur. (3) Oportet igitur aut plura maria extera opinari esse, quæ isthmis quibusdam et continentibus dirimantur, quod et falsum est, et absurdum : aut, si unicum sit, non sane credibile est ejus imaginem ita divulsam in luna apparere. (4) Nam hoc quidem tutius est interrogare quam pronunciare de eo te præsente, an, orbis terrarum et longus et latus quum sit, possit omnibus hominibus eodem modo visus a luna refractus mare contingere, [tam aliis] quam iis etiam qui in ipso Oceano navigant aut habitant, ut Brjtanni : præsertim quum, ut ipsi dicitis, terra ad lunæ globum centri rationem obtineat. (5) Atque hoc quidem, aiebam, considerare tui est muneris : refractio vero visus ad lunam non jam tuum est aut Hipparchi : quanquam amicus est vir, sed multis non probat se de natura visus disputans : quem probabilius est habere similis cum luce modi temperiem et concretionem, quam ictus esse quosdam et resultationes, quales atomis Epicurus affinxit. (6) Non volet autem, puto, lunæ corpus vobis perhibere Clearchus mole præditum ac solidum ; sed astrum æthereum et luciferum, ut vos statuitis : ejusmodi vero naturæ convenit, visum percutere ac repellere ; itaque actum erit de refractione. (7) Si tamen quid a nobis requirit, quæremus, cur in sola luna maris imago faciei specie appareat ut in speculo, in nullo alio ex tot numero astris. Atqui ratio hoc exigebat, ut visus sic vel ab omnibus, vel a nullo afficeretur. (8) Sed tu, ad Lucium respiciens dicebam, reminiscere eorum quæ primo sunt a nobis dicta loco.

V. Et Lucius, Verum, inquit, ne nimis videamur contumeliosi in Pharnacem, Stoicorum opinionem nulla adhibita refutatione prætereuntes, dic omnino aliquid adversus eum, qui aeris et mollis ignis mixturam ponit esse lunam : deinde veluti in tranquillitate oborto horrore dicit aere ni

χούσης φάσκοντα τοῦ ἀέρος διαμελαίνοντος ἔμφασιν
γίνεσθαι μορφοειδῆ ** (2) Χρηστῶς γε, εἶπον, ὦ Λεύκιε, τὴν ἀτοπίαν εὐφήμοις περιαμπέχεις ὀνόμασιν· οὐχ
οὕτω δὲ ὁ ἑταῖρος ἡμῶν, ἀλλ', ὅπερ ἀληθὲς ἦν, ἔλεγεν,
5 ὑπωπιάζειν αὐτοὺς τὴν σελήνην, σπίλων καὶ μελασμῶν
ἀναπιμπλάντας, * ὁμοῦ μὲν Ἄρτεμιν καὶ Ἀθηνᾶν ἀνα-
καλοῦντας, ὁμοῦ δὲ σύμμιγμα καὶ φύραμα ποιοῦντας
ἀέρος ζοφεροῦ καὶ πυρὸς ἀνθρακώδους, οὐκ ἔχουσαν
ἔξαψιν οὐδ' αὐγὴν οἰκείαν, ἀλλὰ δυσκρινές τι σῶμα,
10 τυφόμενον ἀεὶ καὶ πυρίκαυστον· ὥσπερ τῶν κεραυνῶν
τοὺς ἀλαμπεῖς καὶ ψολόεντας ὑπὸ τῶν ποιητῶν προσαγορευομένους. (3) Ὅτι μέντοι πῦρ ἀνθρακῶδες, οἷον
οὗτοι τὸ τῆς σελήνης ποιοῦσιν, οὐκ ἔχει διαμονὴν οὐδὲ
σύστασιν ὅλως, ἐὰν μὴ στερεᾶς ὕλης καὶ στεγούσης ἅμα
15 καὶ τρεφούσης ἐπιλάβηται, βέλτιον οἶμαι συνορᾷν
ἐνίων φιλοσόφων τοὺς ἐν παιδιᾷ λέγοντας, τὸν Ἥφαιστον εἰρῆσθαι χωλόν, ὅτι τὸ πῦρ ξύλων χωρὶς, ὥσπερ
οἱ χωλοὶ βακτηρίας, οὐ πρόεισιν. (4) Εἰ οὖν ἡ σελήνη
πῦρ ἐστι, πόθεν αὐτῇ τοσοῦτος ἐγγέγονεν ἀήρ; ὁ γὰρ
20 ἄνω καὶ κύκλῳ φερόμενος οὑτοσὶ τόπος, οὐκ ἀέρος,
ἀλλὰ κρείττονος οὐσίας, καὶ πάντα λεπτύνειν καὶ συν-
εξάπτειν φύσιν ἐχούσης ἐστίν· εἰ δὲ γέγονε, πῶς οὐκ
οἴχεται μεταβάλλων εἰς ἕτερον εἶδος, ὑπὸ τοῦ πυρὸς
ἐξαιθερωθεὶς, ἀλλὰ σώζεται καὶ συνοικεῖ πυρὶ τοσοῦτον
25 χρόνον, ὥσπερ ἧλος ἀραρὼς τοῖς αὐτοῖς ἀεὶ μέρεσι καὶ
συγγεγομφωμένος; (5) ἀραιῷ μὲν γὰρ ὄντι καὶ συγ-
κεχυμένῳ, μὴ μένειν, ἀλλὰ σφάλλεσθαι προσήκει·
συμπεπηγέναι δ' οὐ δυνατὸν ἀναμεμιγμένον πυρί, καὶ
μήτε ὑγροῦ μετέχοντα, μήτε γῆς, οἷς μόνοις ἀὴρ συμ-
30 πήγνυσθαι πέφυκεν· ἡ δὲ ῥύμη καὶ τὸν ἐν λίθοις ἀέρα,
καὶ τὸν ἐν ψυχρῷ μολίβδῳ, συνεκκάει· μήτι γε δὴ τὸν
ἐν πυρὶ δινούμενον μετὰ τάχους τοσούτου. (6) Καὶ
γὰρ Ἐμπεδοκλεῖ δυσκολαίνουσι, πάγον ἀέρος χαλα-
ζώδη ποιοῦντι τὴν σελήνην, ὑπὸ τῆς τοῦ πυρὸς σφαί-
35 ρας περιεχόμενον· αὐτοὶ δὲ τὴν σελήνην σφαῖραν οὖσαν
πυρός, ἀέρα φασὶν ἄλλον ἄλλῃ διεσπασμένον περιέχειν,
καὶ ταῦτα, μήτε ῥήξεις ἔχουσαν ἐν ἑαυτῇ, μήτε βάθη
καὶ κοιλότητας, ἅπερ οἱ γεώδη ποιοῦντες ἀπολείπουσιν, ἀλλὰ ἐπιπολῆς δηλονότι τῇ κυρτότητι ἐπικείμε-
40 νον· (7) τοῦτο δ' ἐστὶ καὶ πρὸς διαμονὴν ἄλογον, καὶ
πρὸς θέαν ἀδύνατον ἐν ταῖς πανσελήνοις· διωρίσθαι
γὰρ οὐκ ἔδει μέλαν(α) καὶ σκιερὸν, ἀλλ' ἀμαυροῦσθαι
κρυπτόμενον, ἢ συνεκλάμπειν, ὑπὸ τοῦ ἡλίου καταλαμ-
βανομένης τῆς σελήνης. (8) Καὶ γὰρ παρ' ἡμῖν ὁ
45 μὲν ἐν βάθεσι καὶ κοιλώμασι τῆς γῆς, οὗ μὴ δίεισιν
αὐγή, διαμένει σκιώδης καὶ ἀφώτιστος· ὁ δ' ἔξωθεν τῇ
γῇ περικεχυμένος, φέγγος ἴσχει καὶ χρόαν αὐγοειδῆ·
πρὸς πᾶσαν μὲν γάρ ἐστι ποιότητα καὶ δύναμιν εὐχέ-
ραστος ὑπὸ μανότητος, μάλιστα δὲ φωτὸς, ἂν ἐπιψαύσῃ
50 μόνον, ὡς φατὲ, καὶ θίγῃ, διόλου τρεπόμενος ἐκφωτί-
ζεται. (9) Ταὐτὸ οὖν τοῦτο κεῖ τοῖς εἰς βάθη τινὰ
καὶ φάραγγας συνωθοῦσιν ἐν τῇ σελήνῃ τὸν ἀέρα παγ-
καλῶς ἔοικε βοηθεῖν, ὑμᾶς γε δὴ ἐξελέγχει τοὺς ἐξ ἀέρος
καὶ πυρὸς οὐκ οἶδα ὅπως μιγνύντας αὐτῆς καὶ συναρ-

gredine perfuso fieri visum formæ simile vultus. (2)
Probe, inquam ego, Luci, honestis verbis res absurdas ve-
las. Non autem sic socius noster, sed quod verum est
dixit, sugillare illos lunam, quam nævis et nigris maculis
opplent : simul Dianam ac Minervam appellantes, et mixturam confusionemque aeris caliginosi et ignis, similis igni
carbonum, et quæ non ex sese accendatur, propriamve
habeat lucem, sed obscurum quoddam sit corpus, semper
fumigans et igne ustum : qualia sunt fulmina quæ *splendoris expertia* et *fuliginosa* a poetis dicuntur. (3) Jam
quod ignis carbonarius, qualem illi tribuunt lunæ, neque
constare neque perdurare ullo modo possit, nisi materiam
solidam ipsumque sustinentem simul et nutrientem corri-
piat; arbitror rectius, quam a nonnullis est factum philosophis, eos animadvertisse, qui jocantes, Mulciberum dicunt claudum ideo cognominatum fuisse, quod ignis sine
ligno non magis progreditur, quam claudus sine scipione.
(4) Porro si luna ignis est, unde ei tantum aeris subiit?
nam supremus quidem hic et in orbem assiduo agitatus
motu locus non aeris est, sed præstantioris alicujus naturæ,
quæ omnia tenuia reddere, et accendere vi sua soleat : aut
si natus ibi aer est, quomodo non mutatur ab igne in ætherem pristina exutus forma, sed tanto tempore cum igni
manet incolumis, clavi instar eodem in loco constanter infixi? (5) quum enim rarus sit et confusus, non permansio
ei, sed mutatio congruit. Neque vero concretus esse aer
iste potest, igni admixtus, et humoris omnis terræque expers, cum quibus solis concrescere aerem sua sinit natura.
Tum motus suo impetu et in lapidibus et in plumbo qui
inest aerem accendit : nedum eum, qui in igni tanta cum
celeritate circumagitatur. (6) Empedoclem sane reprehendunt, qui lunam aeris concreti in morem grandinis massam facit, quæ a globo ignis contineatur : at ipsi lunam,
quæ globus igneus sit, aerem in se multum hinc inde dispersum aiunt continere; quum quidem non habeat ea in se
vel rupturas, vel profunda, sive cavitates, qualia ei tribuunt qui terrestrem statuunt, sed aer nimirum in superficie curvitatis ejus incumbat. (7) Id vero et a permansionis
ratione est alienum; et fieri non posse, pleniluniorum contemplatio docet : non enim debebant nigra ista et umbrosa
distincte cerni, sed aut deminui et occultari; aut una effulgere, sole lunam occupante. (8) Etenim apud nos aer qui
in profundo et cavis terræ est, qua lux non penetrat,
obscurus et luminis egens manet : qui foris terræ circumfunditur, colore quodam et luce illustratur. Nam aer quum
ob raritatem suam facile quasvis recipiat qualitates, maxime
a luce, ut vos dicitis, tantum etiam attingente, totus mutatus illuminatur. (9) Hæc ergo ut iis qui in cavernas
quasdam et profunda lunæ aerem compellunt, videntur
probe opitulari : ita vos redarguunt, qui ex aere et igne

μόζοντας τὴν σφαῖραν· (10) οὐ γὰρ οἷόν τε λείπεσθαι σκιὰν ἐπὶ τῆς ἐπιφανείας, ὅταν ὁ ἥλιος ἐπιλάμπῃ τῷ φωτὶ πᾶν, ὁπόσον καὶ ἡμεῖς ἀποτεμνόμεθα τῇ ὄψει τῆς σελήνης.

VI. Καὶ ὁ Φαρνάκης, ἔτι μου λέγοντος, Τοῦτο ἐκεῖνο πάλιν, εἶπεν, ἐφ' ἡμᾶς ἀφῖκται τὸ περίακτον ἐκ τῆς Ἀκαδημείας, ἐν τῷ πρὸς ἑτέρους λέγειν διατρίβοντας ἑκάστοτε μὴ παρέχειν ἔλεγχον ὧν αὐτοὶ λέγουσιν, ἀλλ' ἀπολογουμένοις ἀεὶ χρῆσθαι, μὴ κατηγοροῦσιν, ἂν ἐντυγχάνωσιν· (2) ἐμὲ δ' οὖν οὐκ ἐξάξεσθε τήμερον εἰς τὸ διδόναι λόγον ὧν ἐπικαλεῖτε τοῖς Στωϊκοῖς, πρὶν εὐθύνας λαβεῖν παρ' ὑμῶν, ἄνω τὰ κάτω τοῦ κόσμου ποιούντων. (3) Καὶ ὁ Λεύκιος γελάσας, Μόνον, εἶπεν, ὦ τᾶν, μὴ κρίσιν ἡμῖν ἀσεβείας ἐπαγγείλῃς, * ὥσπερ Ἀρίσταρχον ᾤετο δεῖν Κλεάνθης τὸν Σάμιον ἀσεβείας προσκαλεῖσθαι τοὺς Ἕλληνας, ὡς κινοῦντα τοῦ κόσμου τὴν ἑστίαν, ὅτι [τὰ] φαινόμενα σώζειν ἀνὴρ ἐπειρᾶτο, μένειν τὸν οὐρανὸν ὑποτιθέμενος, ἐξελίττεσθαι δὲ κατὰ λοξοῦ κύκλου τὴν γῆν, ἅμα καὶ περὶ τὸν αὐτῆς ἄξονα δινουμένην. (4) Ἡμεῖς μὲν οὖν οὐδὲν αὐτοὶ παρ' αὐτῶν λέγομεν· οἱ δὲ γῆν ὑποτιθέμενοι τὴν σελήνην, ὦ βέλτιστε, τί μᾶλλον ὑμῶν ἄνω τὰ κάτω ποιοῦσι, τὴν γῆν ἱδρυόντων ἐνταῦθα μετέωρον ἐν τῷ ἀέρι, πολλῷ τινι μείζονα τῆς σελήνης οὖσαν; ὡς ἐν τοῖς ἐκλειπτικοῖς πάθεσιν οἱ μαθηματικοὶ καὶ ταῖς διὰ τοῦ σκιάσματος παρόδοις τῆς ἐποχῆς τὸ μέγεθος ἀναμετροῦσιν. (5) Ἥ τε γὰρ σκιὰ τῆς γῆς ἐλάττων ὑπὸ μείζονος τοῦ φωτίζοντος ἀνατείνει, καὶ τῆς σκιᾶς αὐτῆς λεπτὸν ὂν τὸ ἄνω καὶ στενὸν οὐδ' Ὅμηρον, ὥς φασιν, ἔλαθεν, ἀλλὰ τὴν νύκτα θοὴν ὀξύτητι τῆς σκιᾶς προσηγόρευσεν· ὑπὸ τούτου δ' ὅμως ἁλισκομένη [ἐν] ταῖς ἐκλείψεσιν ἡ σελήνη τρισὶ μόλις τοῖς αὐτῆς μεγέθεσιν ἀπαλλάττεται. (6) Σκόπει δή, πόσων ἡ γῆ σελήνων ἐστίν, εἰ σκιὰν ἀφίησιν τὴν βραχυτάτην πλάτος τρισέληνον. (7) Ἀλλ' ὅμως ὑπὲρ τῆς σελήνης, μὴ πέσῃ, δεδοίκατε· περὶ δὲ τῆς γῆς ἴσως Αἰσχύλος ὑμᾶς πέπεικεν, ὡς ὁ Ἄτλας

·Ἕστηκε, κίον' οὐρανοῦ τε καὶ χθονὸς
ὤμοις ἐρείδων, ἄχθος·οὐκ εὐάγκαλον·

(8) εἰ τῇ μὲν σελήνῃ κοῦφος ἀὴρ ὑποτρέχει καὶ στερεὸν ὄγκον οὐκ ἐχέγγυος ἐνεγκεῖν, τὴν δὲ γῆν κατὰ Πίνδαρον « ἀδαμαντοπέδιλοι κίονες περιέχουσι· » καὶ διὰ τοῦτο Φαρνάκης αὐτὸς μὲν ἐν ἀδείᾳ τοῦ πεσεῖν τὴν γῆν ἐστιν, οἰκτείρει δὲ τοὺς ὑποκειμένους τῇ μεταφορᾷ τῆς σελήνης Αἰθίοπας ἢ Ταπροβηνούς, μὴ βάρος αὐτοῖς ἐμπέσῃ τοσοῦτον. (9) Καίτοι τῇ μὲν σελήνῃ βοήθεια πρὸς τὸ μὴ πεσεῖν ἡ κίνησις αὐτὴ καὶ τὸ ῥοιζῶδες τῆς περιαγωγῆς, ὥσπερ ὅσα ταῖς σφενδόναις ἐντεθέντα τῆς καταφορᾶς κώλυσιν ἴσχει τὴν κύκλῳ περιδίνησιν· ἄγει γὰρ ἕκαστον ἡ κατὰ φύσιν κίνησις, ἂν ὑπ' ἄλλου μηδενὸς ἀποστρέφηται. (10) Διὸ τὴν σελήνην οὐκ ἄγει τὸ βάρος, ὑπὸ τῆς περιφορᾶς τὴν ῥοπὴν ἐκκρουόμενον. Ἀλλὰ μᾶλλον ἴσως λόγον εἶχε θαυμάζειν μένουσαν αὐτὴν παντάπασιν, ὥσπερ ἡ γῆ, καὶ ἄτρεπτο[ν οὖ]σαν. (11)

---

nescio quomodo ejus compingitis globum. (10) Fieri enim non potest, ut umbra in superficie relinquatur lunæ, quando sol omnem ejus eam partem illustrat, quam nos nostro visu stringimus.

VI. Me adhuc loquente, Pharnaces, Hoc, inquit, illud nobis usu venit ex Academia deductum, ut quum adversus alios dicunt nostri, subinde eorum quæ affirmant ipsi, non afferant demonstrationem, et qui nobiscum disputare velit, ei defendenda sua, non nostra sint impugnanda. (2) Me tamen hodie nunquam eo adducetis, ut ea defendam quæ vos Stoicis crimina intentatis; nisi prius a vobis mihi satisfiat hac de commissa culpa, quod imas mundi partes supremo collocatis loco. (3) Tum Lucius ridens, Heus tu, inquit, noli saltem nos impietatis reos facere, eo pacto quo Aristarchum Samium putavit Cleanthes violatæ religionis a Græcis debuisse postulari, tanquam Universi lares Vestamque loco movisset : quod is homo conatus ea, quæ in cœlo apparent, tutari certis ratiocinationibus, posuisset cœlum quiescere, terram per obliquum evolvi circulum, et circa suum versari interim axem. (4) Nos quidem nihil de hac re ex nostra ipsi sententia statuimus : qui vero terram ponunt esse lunam, quo tandem modo ii, mi homo, magis inferiora superiora faciunt quam vos, qui terram hic sublimem in aere suspenditis, longe illam majorem luna? sicut in defectibus et mora lunæ in umbra quantitatem ejus metiuntur Mathematici. (5) Nam umbra terræ decrescens a majore illuminante corpore projicitur : cujus umbræ in summo exilitas ne Homerum quidem, ut aiunt, fefellit, qui a mucrone ejus noctem θοὴν, id est, *acutam*, denominavit. Et tamen ab hoc mucrone luna in defectu occupata, triplum suæ quantitatis spatium ad emergendum desiderat. (6) Cogita ergo quot lunis terra æqualis sit, si ejus umbra, qua est minima, tres lunas æquat. (7) Et tamen de luna vos solliciti estis ne cadat : de terra fortasse Æschylus vobis persuasit, de Atlante sic scribens :

Terræ polique stat columnas fulciens,
humerisque pondus ingens sustinet suis.

(8) Ergo lunam tenuis aer suffusus gestat, solidum onus portare non sufficiens : *Terram adamante subnixæ columnæ fulciunt*, ut est apud Pindarum : atque ideo ne terra cadat, non metuit sibi Pharnaces, miseratur autem lunæ conversioni suppositos Æthiopes aut Taprobanos, ne in eos tanta moles decidat sollicitus. (9) Atqui lunæ auxilio est ne cadat motus ipse et circumagitationis vehemens rapiditas, quomodo quæ fundis imposita in orbem rotata delabi non sinuntur. Nam motus naturæ conveniens unamquamque rem agit, si non ab alia aliqua re alio avertatur. (10) Itaque lunam non aufert gravitas, quippe cujus proclivitatem et lapsum excutit circularis motus. Sed magis fortasse rationi erat consentaneum, mirari si illa eodem semper maneret loco, sicut manet terra. (11) Nunc vero

Νῦν δὲ σελήνη μὲν ἔχει μεγάλην αἰτίαν τοῦ δεῦρο μὴ
φέρεσθαι· τὴν δὲ γῆν, ἑτέρας κινήσεως ἄμοιρον οὖσαν,
εἰκὸς ἦν μόνῳ τῷ βαρύνοντι κινεῖν· βαρυτέρα δέ ἐστι
τῆς σελήνης, οὐχ ὅσῳ μείζων, ἀλλ' ἔτι μᾶλλον, ἅτε δὴ
διὰ θερμότητα καὶ πύρωσιν ἐλαφρᾶς γεγενημένης. (12)
Ὅλως δ' ἔοικεν ἐξ ὧν λέγεις ἡ σελήνη μᾶλλον, εἰ πῦρ
ἐστι, γῆς δεῖσθαι καὶ ὕλης, ἐν ᾗ βέβηκε καὶ προσπέφυκε, καὶ συνέχει καὶ ζωπυρεῖ τὴν δύναμιν· οὐ γάρ
ἐστι πῦρ χωρὶς ὕλης διανοηθῆναι σωζόμενον· γῆν δὲ
φατὲ ὑμεῖς ἄνευ βάσεως καὶ ῥίζης διαμένειν. (13)
Πάνυ μὲν οὖν, εἶπεν ὁ Φαρνάκης, τὸν μέσον τόπον
ἔχουσαν, ὥσπερ αὐτῇ οἰκεῖον καὶ κατὰ φύσιν· οὗτος
γάρ ἐστι, περὶ ὃν ἀντερείδει πάντα τὰ βάρη ῥέποντα,
καὶ φέρεται, καὶ συννεύει πανταχόθεν· (14) ἡ δ' ἄνω
χώρα πᾶσα, κἄν ι δέξηται γεῶδες ὑπὸ βίας ἀναρριφὲν,
εὐθὺς ἐκθλίβει δεῦρο, μᾶλλον δ' ἀφίησιν, ᾗ πέφυκεν
οἰκείᾳ ῥοπῇ καταφερόμενον.

VII. Πρὸς τοῦτ' ἐγὼ τῷ Λευκίῳ χρόνον ἐγγενέσθαι
βουλόμενος ἀναμιμνησκομένῳ, τὸν Θέωνα καλέσας·
Τίς, ἔφην, ὦ Θέων, εἴρηκε τῶν τραγικῶν, ὡς ἰατροὶ

    Πικρὰν πικροῖς κλύζουσι φαρμάκοις χολήν;

(2) Ἀποκριναμένου δὲ τοῦ Θέωνος, ὅτι Σοφοκλῆς·
Καὶ δοτέον, εἶπον, ὑπ' ἀνάγκης ἐκείνοις· φιλοσόφων
δ' οὐκ ἀκουστέον, ἂν τὰ παράδοξα παραδόξοις ἀμύνεσθαι βούλωνται, καὶ μαχόμενοι πρὸς τὰ θαυμάσια τῶν
δογμάτων, ἀτοπώτερα καὶ θαυμασιώτερα πλάττωσιν·
* ὥσπερ οὗτοι τὴν ἐπὶ τὸ μέσον φορὰν εἰσάγουσιν. (3)
Ἢ τί παράδοξον οὐκ ἔνεστιν; οὐχὶ τὴν γῆν σφαῖραν
εἶναι, τηλικαῦτα βάθη καὶ ὕψη καὶ ἀνωμαλίας ἔχουσαν; οὐκ ἀντίποδας οἰκεῖν, ὥσπερ θρῖπας ἢ γαλεώτας,
τραπέντα ἄνω τὰ κάτω τῇ γῇ προσισχομένους; ἡμᾶς
δ' αὐτοὺς μὴ πρὸς ὀρθὰς βεβηκότας, ἀλλὰ πλαγίους
ἐπιμένειν ἀπονεύοντας, ὥσπερ οἱ μεθύοντες; (4) οὐ
μύδρους χιλιοταλάντους διὰ βάθους τῆς γῆς φερομέ-
νους, ὅταν ἐξίκωνται πρὸς τὸ μέσον, ἵστασθαι, μηδενὸς ἀπαντῶντος μηδὲ ὑπερείδοντος; εἰ δὲ ῥύμῃ κάτω
φερόμενοι τὸ μέσον ὑπερβάλλοιεν, αὖθις ὀπίσω στρέφεσθαι καὶ ἀνακάμπτειν ἀπ' αὐτῶν; (5) οὐ τμήματα
δοκῶν ἀποπρισθέντα τῆς γῆς ἑκατέρωθεν μὴ φέρεσθαι
κάτω διαπαντός, ἀλλὰ προσπίπτοντα πρὸς τὴν γῆν
ἔξωθεν ἔσω διωθεῖσθαι καὶ ἀποκρύπτεσθαι περὶ τὸ
μέσον; (6) οὐ ῥεῦμα λάβρον ὕδατος κάτω φερόμενον
εἰ πρὸς τὸ μέσον ἔλθοι σημεῖον, ὅπερ αὐτοὶ λέγουσιν
ἀσώματον, ἵστασθαι περικρεμάμενον [ἢ] κύκλῳ περιπολεῖν, ἄπαυστον αἰώραν καὶ ἀκατάπαυστον αἰωρούμενον; οὐδὲ γὰρ ψευδῶς ἔνια τούτων βιάσαιτο ἄν τις
αὐτὸν εἰς τὸ δυνατὸν τῇ ἐπινοίᾳ καταστῆσαι. (7)
Τοῦτο γάρ ἐστι τὰ ἄνω κάτω, καὶ πάντα τραπέντα
[τἄμ]παλιν εἶναι, τῶν ἄχρι τοῦ μέσου κάτω, τῶν δὲ
ὑπὸ τὸ μέσον αὖ πάλιν ἄνω γινομένων· ὥστ', εἴ τις
συμπαθείᾳ τῆς γῆς τὸ μέσον αὐτῆς ἔχων σταίη περὶ
τὸν ὀμφαλὸν, ἅμα καὶ τὴν κεφαλὴν ἄνω, καὶ τοὺς
πόδας ἄνω ἔχειν τὸν αὐτόν· κἂν μὲν διασκάπτῃ τὸν

---

quod luna huc non fertur, id magnam habet causam : terram,
quæ omni alio caret motu, probabile est solo suo pondere
cieri. Est namque terra quam luna gravior, non modo
quia major, sed quod præterea luna ob calorem et inflammationem levior est reddita. (12) Omnino autem apparet
ex iis quæ dixisti, lunam, siquidem ignis est, magis indigere terra et materie cui insistat et inhæreat, et qua contineatur ac tanquam fomite alatur vis ipsius : non potest
enim cogitari ignis, qui sine materia conservetur. Terram
autem vos dicitis sine fundamento et radice perdurare.
(13) Plane, inquit Pharnaces, quum medium ut proprium
sibi et a natura destinatum obtineat locum : is est enim,
quo omnia gravia undique vergentia feruntur et subsistunt.
(14) Superior autem regio omnis, etiam si suscipiat terrenum
aliquid violento motu sursum elatum, id elidit deorsum,
aut dimittit potius naturali momento hac declinans.

VII. Ad hoc ego, ut qui vellem Lucio tempus remini-
scendi dari, Theonem vocans, Quis, inquam, tragicorum
poetarum dixit medicos

    Eluere amaro amaram bilem remedio?

(2) Quum respondisset Theon, Sophoclis hoc esse : Necessitas, inquam, cogit, hoc illis ut concedatur : verum philosophi audiendi non sunt, quando absurda absurdis volunt
evertere, impugnantque mirabiles sententias, fingendis
mirabilioribus aliis et a ratione magis etiam alienis : quemadmodum hi nunc lationem ad medium introducunt. (3)
Cui quid non inest absurdi? nonne sequitur inde terram
esse globum, quæ tot altitudines, profunda, inæqualitates
habet? nonne habitari eam ab antipodibus, qui instar te-
redinum aut stellionum, imis corporum partibus sursum
obversis, terræ adhærescant? nonne nos ipsos non ad lineam et angulos rectos ei insistere, sed obliquos et incli-
natos ebriorum instar? (4) nonne massas quæ mille talenta pendant per profundum terræ delatas, ubi ad medium pervenerint, nulla re occurrente aut sustinente, tamen
subsistere? aut si motus ad ima ferentis vehementia medium fuerint prætervectæ, ultro ad id reverti rursus? (5)
nonne segmenta trabium ab utraque terræ parte abscissa,
non semper deorsum ferri, sed foris ad terram accidentia
pertrudi intro ad medium, ibique collidi? (6) nonne rapidus aquæ fluxus delapsus, ubi ad medium pervenerit,
quod est ipsorum sententia punctum corporis expers, sub-
sistet suspensus, aut gyro circumvolvetur perpetuo li-
brabiturque sublimis? quorum quædam talia sunt, ut ne
tum quidem si velit in falsa persuasione acquiescere, in
animum quisquam ea queat inducere ut possibilia. (7) Hoc
vero ipsum est inferiora facere superiora, et omnia inver-
tere : nimirum quæ sunt usque ad centrum, deorsum, quæ
infra illud, sursum ponere. Ergo si quis in terram depres-
sus, in medio ejus steterit, umbilico ad centrum locato,
fiat ut simul et caput sursum, et pedes sursum habeat : et si
locus in oppositam regionem effodiatur, partem aliam supra,

ἐπέκεινα τόπον, ἀνακύπτον αὐτοῦ το * * εἶναι καὶ κάτω ἄνωθεν ἕλκεσθαι τὸν ἀνασκαπτόμενον· εἰ δὲ δὴ τούτῳ τις ἀντιβεβηκὼς νοοῖτο, τοὺς ἀμφοτέρων ἅμα πόδας ἄνω γίνεσθαι καὶ λέγεσθαι.

5 VIII. Τοιούτων μέντοι καὶ τοσούτων παραδοξολογιῶν οὐ μὰ Δία πήραν, ἀλλὰ θαυματοποιοῦ τινος ἀποσκευὴν καὶ πυλαίαν κατανωτισάμενοι καὶ παρέλκοντες, ἑτέρους φασὶ γελοιάζειν ἄνω τὴν σελήνην, γῆν οὖσαν, ἐνιδρύοντας οὐχ ὅπου τὸ μέσον ἐστί. (2) Καί- 10 τοι γε εἰ πᾶν σῶμα ἐμβριθὲς εἰς τὸ αὐτὸ συννεύει, καὶ πρὸς τὸ αὐτοῦ μέσον ἀντερείδει πᾶσι τοῖς μορίοις, οὐχ ὡς μέσον οὖσα τοῦ παντὸς ἡ γῆ μᾶλλον, ἢ ὡς ὅλον, οἰκειώσεται μέρη αὐτῆς ὄντα τὰ βάρη· καὶ τεκμήριον * * ἔσται τῶν ῥεπόντων, οὐ τῇ τῆς μεσότητος πρὸς τὸν 15 κόσμον, ἀλλὰ πρὸς τὴν γῆν κοινωνίας τινὸς καὶ συμφυίας τοῖς ἀπωσμένοις αὐτῆς, εἶτα πάλιν καταφερομένοις. (3) Ὡς γὰρ ὁ ἥλιος εἰς ἑαυτὸν ἐπιστρέφει τὰ μέρη ἐξ ὧν συνέστηκε, καὶ ἡ γῆ τὸν λίθον, ὥσπερ [ἴδιον καὶ] προσήκοντα δέχεται, καὶ φέρει πως ἐκεῖνον· ὅθεν 20 ἑνοῦται τῷ χρόνῳ καὶ συμφύεται πρὸς αὐτὴν τῶν τοιούτων ἕκαστον. (4) Εἰ δέ τι τυγχάνει σῶμα τῇ γῇ μὴ προσνενεμημένον ἀπ᾽ ἀρχῆς, μηδ᾽ ἀπεσπασμένον, ἀλλά που καθ᾽ αὑτὸ σύστασιν ἔσχεν ἰδίαν καὶ φύσιν, ὡς φαῖεν ἂν ἐκεῖνοι τὴν σελήνην, τί κωλύει 25 χωρὶς εἶναι καὶ μένειν περὶ αὑτό, τοῖς αὑτοῦ πεπιεσμένον μέρεσι καὶ συμπεπεδημένον; οὔτε γὰρ ἡ γῆ μέσον οὖσα δείκνυται τοῦ παντός, ἥ τε πρὸς τὴν γῆν τῶν ἐνταῦθα συναίρεσις καὶ σύστασις ὑφηγεῖται τὸν τρόπον, ᾧ μένειν τὰ ἐκεῖ συμπεσόντα πρὸς τὴν σε- 30 λήνην εἰκός ἐστιν. (5) Ὁ δὲ πάντα τὰ γεώδη καὶ βαρέα συνελαύνων εἰς μίαν χώραν, καὶ μέρη ποιῶν ἑνὸς σώματος, οὐχ ὁρῶ διὰ τί τοῖς κούφοις τὴν αὐτὴν ἀνάγκην οὐκ ἀνταποδίδωσιν, ἀλλ᾽ ἐᾷ χωρὶς εἶναι συστάσεις πυρὸς τοσαύτας, καὶ οὐ πάντας εἰς ταὐτὸ συν- 35 άγων τοὺς ἀστέρας σαφῶς οἴεται δεῖν καὶ σῶμα κοινὸν εἶναι τῶν ἀνωφερῶν καὶ φλογοειδῶν ἁπάντων.

IX. * Ἀλλ᾽ ἥλιον μὲν ἀπλέτους μυριάδας ἀπέχειν τῆς ἄνω περιφορᾶς φατέ, εἶπον, ὦ φίλε Ἀπολλωνίδη, καὶ Φωσφόρον ἐπ᾽ αὐτῷ, καὶ Στίλβοντα, καὶ τοὺς 40 ἄλλους πλάνητας, ὑφιεμένους τε τῶν ἀπλανῶν, καὶ πρὸς ἀλλήλους ἐν διαστάσεσι μεγάλαις φέρεσθαι· τοῖς δὲ βαθέσι καὶ γεώδεσιν οὐδεμίαν οἴεσθε τὸν κόσμον εὐρυχωρίαν παρέχειν ἐν ἑαυτῷ καὶ διάστασιν. (2) Ὁρᾶτε ὅτι γελοῖόν ἐστιν, εἰ γῆν οὐ φήσομεν εἶναι τὴν σελήνην, 45 ὅτι τῆς κάτω χώρας ἀφέστηκεν, ἄστρον δὲ φήσομεν, ὁρῶντες ἀπωσμένην τῆς ἄνω περιφορᾶς μυριάσι σταδίων τοσαύταις ὥσπερ [εἰς] βυθόν τινα καταδεδυκυῖαν· (3) τῶν μέν γ᾽ ἄστρων κατωτέρω τοσοῦτόν ἐστιν, ὅσον οὐκ ἄν τις εἴποι μέτρον, ἀλλ᾽ ἐπιλείπουσιν ὑμᾶς τοὺς 50 μαθηματικοὺς ἐκλογιζομένους οἱ ἀριθμοί· τῆς δὲ γῆς τρόπον τινὰ ψαύει καὶ περιφερομένη πλησίον,

"Ἅρματος ὥσπερ ἂν᾽ ἴχνος ἑλίσσεται,

φησὶν Ἐμπεδοκλῆς,

ἥ τε περὶ ἄκραν * *

aliam infra habeat, atque effossus ex superiore in inferiorem locum trahatur : et si alius contrariis vestigiis stare intelligatur, utriusque pedes sursum tendere dicantur.

VIII. Tot igitur taliumque a communi sensu abhorrentium opinionum non peram, sed præstigiatoris alicujus circulatorisve apparatum ac tabernam a tergo trahentes ipsi, alios risum captare dicunt qui lunam, quæ terra sit, non in medio, sed in sublimi collocant. (2) At enim si omne corpus grave eodem fertur, et ad centrum suum omnibus partibus vergit, terra non ut centrum Universi potius, quam ut totum, sibi omnia gravia ut suas partes vindicabit. Argumentum in promtu est, vergentibus non medium mundi causam esse suorum momentorum, sed communionem quandam et cognationem cum terra, a qua vi revulsa, rursum ad eam se conferunt. (3) Sicut enim sol omnes partes, ex quibus constat, ad se convertit; sic et lapidem terra ut sibi convenientem ac proprium accipit et aufert quodammodo. Itaque horum unumquodque temporis progressu unitur cum ea et coalescit. (4) Quodsi quod est corpus ab initio terræ non attributum, neque ab ea revulsum, sed peculiari fere natura pro sese constat, qualem isti lunam faciunt, quid obstat quin seorsum id subsistat suis compactum propriis ac constrictum partibus? nam neque demonstratur terram esse medium mundi; et eorum quæ hic sunt corporum ad terram nixus et conjunctio ratione ducit nos ad intelligentiam modi, quo ea, quæ ad lunam istic se conglobarunt, permanere sit probabile. (5) Qui autem omnia terrena et gravia in unum compellit locum, facitque omnia partes unius corporis, non video cur non eadem necessitate levia devinciat; sed sinat tot ignes seorsum consistere, neque universas in unum corpus stellas cogat; quum quidem aperte statuat necesse esse ut commune sit corpus levium et igneorum omnium.

IX. Sed solem quidem vos, mi Apollonida, innumeris stadiorum millibus abesse a summo cœlo dicitis, ac Luciferum supra eum, et Mercurium aliosque planetas inferiores stellis inerrantibus, et qui magnis inter se spatiis divisi motus suos conficiant : corporibus vero quæ infra ferantur et sunt terrena, nullam putatis in mundo inter se distantiam, nullum spatium tribui. (2) Videtis ridiculum esse, negare lunam esse terram, quia distat ab inferiori regione ; et dicere stellam eam esse, quum tot stadiorum millibus a superiore cœlo depressa, et quasi in fundum quendam demersa sit : (3) tanto quidem inferior astris est, ut mensura intervalli non possit exprimi, et vos Mathematicos in ea ratiocinanda numeri deficiant : atque adeo terram quodammodo attingit, ac prope eam circumvecta,

Currus velut orbita circumvolvitur,

ut ait Empedocles,

quæ circum summam * * *

(4) Οὐδὲ γὰρ τὴν σκιὰν αὐτῆς ὑπερβάλλει πολλάκις ἐπὶ μικρὸν αἰρομένην, τῷ παμμέγεθες εἶναι τὸ φωτίζον· ἀλλ' οὕτως ἔοικεν ἐν χρῷ καὶ σχεδὸν ἐν ἀγκάλαις τῆς γῆς περιπολεῖν, ὥστ' ἀντιφράττεσθαι πρὸς τὸν ἥλιον ὑπ' αὐτῆς, μὴ ὑπεραίρουσα τὸν σκιερὸν καὶ χθόνιον καὶ νυκτέριον τοῦτον τόπον, ὃς γῆς κλῆρός ἐστι. (5) Διὸ λεκτέον οἶμαι θαρροῦντας, ἐν τοῖς τῆς γῆς ὅροις εἶναι τὴν σελήνην ὑπὸ τῶν ἄκρων αὐτῆς ἐπιπροσθουμένην.

X. Σκόπει δὲ τοὺς ἄλλους ἀφεὶς ἀπλανεῖς καὶ πλάνητας, ἃ δείκνυσιν Ἀρίσταρχος ἐν τῷ περὶ μεγεθῶν καὶ ἀποστημάτων, ὅτι τὸ τοῦ ἡλίου ἀπόστημα τοῦ ἀποστήματος τῆς σελήνης, ὃ ἀφέστηκεν ἡμῶν, πλέον μὲν ἢ ὀκτωκαιδεκαπλάσιον, ἔλαττον δὲ ἢ εἰκοσαπλάσιόν ἐστι· (2) καίτοι ὁ τὴν σελήνην ἐπὶ μήκιστον αἴρων, ἀπέχειν φησὶν ἡμῶν ἓξ καὶ πεντηκονταπλάσιον τῆς ἐκ τοῦ κέντρου τῆς γῆς· αὕτη δ' ἐστὶ τεσσάρων μυριάδων, (καὶ) κατὰ τοὺς μέσως ἀναμετροῦντας· καὶ ἀπὸ ταύτης συλλογιζομένοις, ἀπέχει ὁ ἥλιος τῆς σελήνης πλέον ἢ τετρακισχιλίας τριάκοντα μυριάδας. (3) Οὕτως ἀπῴ- κισται τοῦ ἡλίου διὰ βάρος, καὶ τοσοῦτο τῇ γῇ προσ- κεχώρηκεν, ὥστε, εἰ τοῖς τόποις τὰς οὐσίας διαιρετέον, ἡ γῆς μοῖρα καὶ ὥρα προσκαλεῖται σελήνην, καὶ τοῖς περὶ γῆν πράγμασι καὶ σώμασιν ἐπίδικός ἐστι κατ' ἀγχιστείαν καὶ γειτνίασιν. (4) Καὶ οὐθέν, οἶμαι, πλημμελοῦμεν, ὅτι τοῖς ἄνω προσαγορευομένοις βάθος τοσοῦτο καὶ διάστημα διδόντες ἀπολείπομέν τινα καὶ τῷ κάτω περιδρομὴν καὶ πλάτος, ὅσον ἐστὶν ἀπὸ γῆς ἐπὶ σελήνην· οὔτε γὰρ ὁ τὴν ἄκραν ἐπιφάνειαν τοῦ οὐρανοῦ μόνην ἄνω, τἄλλα δὲ κάτω προσαγορεύων ἅπαντα, μέτριός ἐστιν· οὔτε ὁ τῇ γῇ, μᾶλλον δὲ ὁ τῷ κέντρῳ τὸ κάτω περιγράφων ἀνεκτός· (5) ἀλλὰ καὶ κινητικο * * ταύτῃ διάστημα τὸ δέον ἐπιχωροῦντος τοῦ κόσμου διὰ μέγεθος. Πρὸς δὲ τὸν ἀξιοῦντα πᾶν εὐθὺς ἄνω καὶ μετέωρον εἶναι τὸ ἀπὸ τῆς γῆς, ἕτερος ἀντηχεῖ πάλιν, εὐθὺς εἶναι κάτω τὸ ἀπὸ τῆς ἀπλανοῦς περιφορᾶς.

XI. Ὅλως δὲ πῶς λέγεται, καὶ τίνος ἡ γῆ μέση κεῖται; τὸ γὰρ πᾶν ἄπειρόν ἐστι· τῷ δ' ἀπείρῳ, μήτ' ἀρχὴν ἔχοντι μήτε πέρας, οὐ προσήκει μέσον ἔχειν· πέρας γάρ τι καὶ τὸ μέσον· ἡ δ' ἀπειρία, περάτων στέρησις. (2) Ὁ δὲ μὴ τοῦ παντός, ἀλλὰ τοῦ κόσμου, μέσην εἶναι τὴν γῆν ἀποφαινόμενος ἡδύς ἐστιν, εἰ μὴ καὶ τὸν κόσμον αὐτὸν ἐνέχεσθαι ταῖς αὐταῖς ἀπορίαις νομίζει· τὸ γὰρ πᾶν, οὐδὲ τούτῳ μέσην ἀπέλιπεν, ἀλλ' ἀνέστιος καὶ ἀνίδρυτός ἐστιν ἐν ἀπείρῳ κενῷ φερόμενος πρὸς οὐδὲν οἰκεῖον, ἢ ἄλλην τινὰ τοῦ μένειν αἰτίαν εὑράμενος ἕστηκεν, οὐ κατὰ τὴν τοῦ τόπου φύσιν. (3) Ὅμοια καὶ περὶ γῆς καὶ περὶ σελήνης εἰκάζειν τινὶ πάρεστιν, ὡς ἑτέρᾳ τινὶ ψυχῇ καὶ φύσει μᾶλλον * * διαφορᾷ τῆς μὲν ἀτρεμούσης ἐνταῦθα, τῆς δὲ καὶ φε- ρομένης. (4) Ἄνευ δὲ τούτων, ὅρα μὴ μέγα τι λέληθεν αὐτούς. Εἰ γὰρ ὅ τι ἂν καὶ ὁπωσοῦν ἐκτὸς γένηται τοῦ κέντρου τῆς γῆς, ἄνω ἐστίν, οὐθέν ἐστι τοῦ κόσμου κάτω μέρος, ἀλλ' ἄνω καὶ ἡ γῆ καὶ τὰ ἐπὶ γῆς, καὶ πᾶν ἁπλῶς σῶμα τὸ κέντρῳ περιεστηκὸς ἢ περικείμενον

(4) Non enim umbram ejus superat quamvis multoties im- minutam discessu a terra ob solis illustrantis magnitudi- nem : sed ita videtur proxime et fere in ulnis terræ circum- agi, ut terra lumen solis ei obstruat, quando non attollit sese supra umbrosam hanc, terrestrem et nocturnam regio- nem, quæ est terræ sorte concessa. (5) Itaque arbitror nobis audacter dicendum, in terræ terminis esse lunam ; ideoque ab hujus extremis lumini lunæ offici.

X. Considera porro, omissis aliis inerrantibus et vagis, quæ demonstrat Aristarchus libro de Magnitudinibus et Intervallis : solis scilicet a luna distantiæ ad intervallum quo a nobis ea abest majorem esse rationem octodecupla, minorem vicecupla : (2) et tamen is qui lunæ minimam altitudinem tribuit, facit tantam, ut lunæ a nobis distantia terræ semidiametrum quinquagies sexies contineat : est autem linea a centro ad superficiem terræ quadraginta mil- lium, si eos sequimur, qui medium tenuerunt in assignandis mensuris : unde ratiocinari licet, solem a luna amplius quam quadragies millena stadia et trecenta millia abesse stadiorum. (3) Tam longe est a sole remota luna ob gra- vitatem, et tam prope ad terram collocata. Quare si locis dividendæ sunt naturæ, profecto terræ portio et regio lunam sibi vindicat, hancque ea sibi et res terrenæ jure cognationis et vicinitatis petunt propriam. (4) Neque vero arbitror nos peccare quicquam, si iis quæ superiora vocantur corpo- ribus tantum spatium et intervallum tribuentes, inferioribus quoque spatium aliquod suæ conversionis concedimus, quantum est a terra ad lunam usque. Nam et is modum egreditur, qui solam cœli superficiem extremam supra, reliqua omnia infra esse dicit : neque tolerari potest, qui terra, atque adeo centro ejus inferiorem locum circumscri- bit. (5) Sed [oportet ordinem inducere eum qui maxime ad motum efficiendum et ad diuturnitatem valeat;] intervallum debitum concedente ob magnitudinem mundo. Qui vero postulat ut omne sursum esse dicatur et sublime quod est supra terram, ei alius occinet statim, hac lege deorsum debere haberi quidquid est infra stellarum fixarum globum.

XI. Denique quo pacto dicitur, et cujus tandem rei terra in medio jacet? Nam Universum quidem infinitum est : infinito, neque principium neque finem quum habeat, non convenit habere medium : nam ipsum quoque centrum extremitas quædam sive terminus est : infinitas porro pri- vatio est terminorum. (2) Qui autem non Universi, sed mundi medium putat terram, facetus est, si non censet mundum eadem teneri difficultate : nam ne huic quidem media est ab Universo relicta, quum lare et fundamento carens in infinito feratur inani ad nihil quod naturæ ipsius sit accommodatum : aut si subsistat, aliam manendi causam invenerit quam loci naturam. (3) Eadem licet et de terra et de luna conjicere, alia potius, et animali quam naturali [aut locali] differentia, alteram hic quiescere, alteram in motu versari. (4) Præter hæc vero considera, an non magna res ipsos fugerit. Si enim quidquid quocumque modo extra centrum terræ est, dici oportet supra esse, nulla pars mundi infra erit ; sed supra fuerit et terra et omnia quæ ei incumbunt, et simpliciter quodvis corpus centro circumpo-

ἄνω γίνεται· κάτω δὲ μόνον ὂν ἕν, τὸ ἀσώματον σημεῖον ἐκεῖνο, ὃ πρὸς πᾶσαν ἀντικεῖσθαι τὴν τοῦ κόσμου
φύσιν ἀναγκαῖον· εἴ γε δὴ τὸ κάτω πρὸς τὸ ἄνω κατὰ
φύσιν ἀντίκειται. (5) Καὶ οὐ τοῦτο μόνον τὸ ἄτοπον,
ἀλλὰ καὶ τὴν αἰτίαν ἀπόλλυσι τὰ βάρη, δι' ἣν δεῦρο
καταῤῥέπει καὶ φέρεται· σῶμα μὲν γὰρ οὐθέν ἐστι
κάτω, πρὸς ὃ κινεῖται· τὸ δ' ἀσώματον οὔτ' εἰκὸς οὔτε
βούλονται τοσαύτην ἔχειν δύναμιν, ὥστε πάντα κατατείνειν ἐφ' αὑτὸ, καὶ περὶ αὑτὸ συνέχειν. (6) Ἀλλ'
ὅλως ἄλογον εὑρίσκεται καὶ μαχόμενον τοῖς πράγμασι,
τὸ ἄνω τὸν κόσμον ὅλον εἶναι, τὸ δὲ κάτω μηθὲν, ἀλλ'
ἢ πέρας ἀσώματον καὶ ἀδιάστατον· ἐκεῖνο δ' εὔλογον,
ὡς λέγομεν ἡμεῖς, τῷ τ' ἄνω χώραν καὶ τῷ κάτω
πολλὴν καὶ πλάτος ἔχουσαν διῃρῆσθαι.

XII. Οὐ μὴν ἀλλὰ θέντες, εἰ βούλει, παρὰ φύσιν
ἐν οὐρανῷ τοῖς γεώδεσι τὰς κινήσεις ὑπάρχειν, ἀτρέμα,
μὴ τραγικῶς, ἀλλὰ πρᾴως σκοπῶμεν, ὅτι τοῦτο τὴν
σελήνην οὐ δείκνυσι γῆν μὴ οὖσαν, ἀλλὰ γῆν, ὅπου μὴ
πέφυκεν, οὖσαν· (2) ἐπεὶ καὶ τὸ πῦρ τὸ Αἰτναῖον ὑπὸ
γῆν παρὰ φύσιν ἐστὶν, ἀλλὰ πῦρ ἐστι· καὶ τὸ πνεῦμα
τοῖς ἀσκοῖς περιληφθὲν, ἔστι μὲν ἀνωφερὲς φύσει καὶ
κοῦφον, ἥκει δὲ, ὅπου μὴ πέφυκεν, ὑπ' ἀνάγκης. (3)
Αὐτὴ δὲ ἡ ψυχὴ, πρὸς Διὸς, εἶπον, οὐ παρὰ φύσιν τῷ
σώματι συνείρκται βραδεῖ ταχεῖα, καὶ ψυχρῷ πυρώδης,
ὥσπερ ὑμεῖς φατὲ, καὶ ἀόρατος αἰσθητῷ; διὰ τοῦτο
οὖν σώματι ψυχὴν μὴ λέγωμεν εἶναι, μηδὲ νοῦ χρῆμα
θεῖον ὑπὸ βρίθους ἢ πάχους οὐρανόν τε πάντα καὶ γῆν
καὶ θάλασσαν ἐν ταυτῷ περιπολοῦντα καὶ διιπτάμενον,
εἰς σάρκας ἥκειν καὶ νεῦρα καὶ μυελοὺς καὶ παθέων
μυρίων μεστὰς ὑγρότητας. (4) Ὁ δὲ Ζεὺς ἡμῖν
οὗτος, οὐ τῇ μὲν αὑτοῦ φύσει χρώμενος ἕν ἐστι μέγα
πῦρ καὶ συνεχὲς, νυνὶ δὲ ὑφεῖται καὶ κέκαμπται καὶ
διεσχημάτισται, πᾶν χρῶμα γεγονὼς καὶ γινόμενος ἐν
ταῖς μεταβολαῖς; (5) Ὥστε ὅρα καὶ σκόπει, δαιμόνιε,
μὴ μεθιστὰς καὶ ἀπάγων ἕκαστον, ὅπου πέφυκεν εἶναι,
διάλυσίν τινα κόσμου φιλοσοφῇς, καὶ τὸ νεῖκος ἐπάγῃς
τὸ Ἐμπεδοκλέους τοῖς πράγμασι· μᾶλλον δὲ τοὺς
παλαιοὺς κινῇς Τιτᾶνας ἐπὶ τὴν φύσιν, καὶ Γίγαντας,
καὶ τὴν μυθικὴν ἐκείνην καὶ φοβερὰν ἀκοσμίαν καὶ
πλημμέλειαν ἐπιδεῖν ποθῇς, χωρὶς τὸ βαρὺ πᾶν, καὶ
χωρὶς * * τὸ κοῦφον,

> Ἔνθ' οὔτ' ἠελίοιο δεδίσκεται ἀγλαὸν εἶδος,
>   οὐδὲ μὲν οὐδ' αἴης λάσιον γένος, οὐδὲ θάλασσα,

ὥς φησιν Ἐμπεδοκλῆς· (6) οὐ γῆ θερμότητος μετεῖχεν,
οὐχ ὕδωρ πνεύματος, οὐκ ἄνω τι τῶν βαρέων, οὐ κάτω
τι τῶν κούφων, ἀλλ' ἄκρατοι καὶ ἄστοργοι καὶ μονάδες
αἱ τῶν ὅλων ἀρχαὶ, μὴ προσιέμεναι σύγκρισιν ἑτέρου
πρὸς ἕτερον, μηδὲ κοινωνίαν, ἀλλὰ φεύγουσαι καὶ
ἀποστρεφόμεναι, καὶ φερόμεναι φορὰς ἰδίας καὶ αὐθά-
δεις, οὕτως εἶχον, ὡς ἔχει πᾶν οὗ θεὸς ἄπεστι, κατὰ
Πλάτωνα, τουτέστιν, ὡς ἔχει τὰ σώματα, νοῦ καὶ
ψυχῆς ἀπολιπούσης· (7) ἄχρις οὗ τὸ ἱμερτὸν ἧκεν
ἐπὶ τὴν φύσιν ἐκ προνοίας, φιλότητος ἐγγενομένης,

<hr>

situm, supra erit : infra autem unicum illud corporis expers
punctum, atque hoc necesse erit omni mundi naturæ opponi : si quidem superum et inferum naturæ ratione invicem
opponuntur. (5) Neque hoc duntaxat est in hac re absurdum : sed causam quoque gravia perdunt, ob quam deorsum
vergant atque ferantur, quum nullum sit infra corpus ad
quod moveantur : nam quod corporeum non est, id neque
probabile est, neque ipsi volunt, tanta esse vi præditum,
ut omnia ad se trahat et circa se contineat. (6) Interim
ergo rationi hoc et ipsis rebus repugnans manebit, totum
mundum supra esse, infra nihil, excepto corporis et divisionis experte termino : illud vero consentaneum est quod
nos dicimus, superis et inferis regionibus satis ampla esse
spatia tributa.

XII. Sed tamen, si ita vis, ponamus contra naturam in
cœlo terrestribus motum tribui : sensim jam, non tragice,
sed leniter, agedum hoc consideremus, hinc non demonstrari lunam non esse terram, sed terram alieno a sua natura loco sitam : (2) quandoquidem ignis etiam Ætnæus
contra naturam infra terram est, ignis tamen est ; et utribus
contentus aer natura levis est, sursumque effertur, necessario tamen eo cogitur, quo ultro non ferretur. (3) Ipsa autem, dii boni, inquam, anima an non contra suam naturam
inclusa tenetur corpori tardo et frigido, celeris et ignea ipsa,
vobis auctoribus, et sensu nullo videnda corpori sensibus
perceptibili? neque tamen idcirco dicamus corpus habere
animam, aut mentis substantiam divinam quæ totum cœlum,
terram omnem mareque pervagetur et pervolet, *liberam a*
gravitate et crassitie, devenisse in carnes, ossa et medul-
las, denique in humores infinitarum perpessionum plenos. (4) Jam ille noster Juppiter nonne sua natura est
unus et continuus ignis? et tamen nunc se demisit, atque
inflexit, omniumque colorum formam accipit in se per
omnigenas mutationes. (5) Proinde vide tu, homo belle,
ne transferens et abducens unumquodque inde, ubi natura
illi locum videtur assignasse, quandam dissolutionem
mundi commenteris, et litem Empedocleam rebus immittas :
aut potius priscos illos excites contra naturam Titanes et
Gigantes, fabulosamque illam et terribilem confusionem
atque errores inspicere cupias, seorsum omne grave,
omne leve seorsum ponens :

> Non hic jam solis species formosa coruscat,
>   non terræ hirsutum genus, aut salsi maris unda,

ut ait Empedocles : (6) quo tempore non terra caloris erat
particeps, non aqua spiritus ; nihil gravium sursum, levium
deorsum movebatur ; sed mixtionem fugientes et ab omni
conjunctione abhorrentes res, solitariæque eæ, quæ principia rerum censentur, non admittentes ullam contemperationem altera alterius, omnem communicationem aversantes,
suisque peculiaribus et contumacibus contentæ motibus,
eo modo habebant, quomodo se habet quidquid a quo deus
abest, ut Plato dixit : hoc est, sicut se habent corpora
animis destituta et mente : (7) donec desiderabilis facultas

* καὶ Ἀφροδίτης, καὶ Ἔρωτος, ὡς Ἐμπεδοκλῆς λέγει
καὶ Παρμενίδης καὶ Ἡσίοδος, ἵνα καὶ τόπους ἀμεί-
ψαντα, καὶ δυνάμεις ἀπ' ἀλλήλων μεταλαβόντα, καὶ
τὰ μὲν κινήσεως, τὰ δὲ μονῆς ἀνάγκαις ἐνδεθέντα, καὶ
5 καταβιασθέντα πρὸς τὸ βέλτιον, ἐξ οὗ πέφυκεν, ἐνδοῦναι καὶ μεταστῆναι * * ἁρμονίαν καὶ κοινωνίαν ἀπερ-
γάσηται τοῦ παντός.

XIII. Εἰ μὲν γὰρ οὐδ' ἄλλο τι τῶν τοῦ κόσμου
μερῶν παρὰ φύσιν ἔσχεν, ἀλλ' ἕκαστον ᾗ πέφυκε, κεῖ-
10 ται, μηδεμιᾶς μεθιδρύσεως μηδὲ μετακοσμήσεως
δεόμενον, μηδ' ἐν ἀρχῇ δεηθὲν, ἀπορῶ τί τῆς προνοίας
ἔργον ἐστὶν, ἢ τίνος γέγονε ποιητὴς καὶ πατὴρ δημιουργὸς ὁ Ζεὺς ὁ ἀριστοτέχνας. (2) Οὐ γὰρ ἐν στρατοπέδῳ
τακτικῶν ὄφελος, εἴπερ εἰδείη τῶν στρατιωτῶν ἕκαστος
15 ἀφ' ἑαυτοῦ τάξιν τε καὶ χώραν καὶ καιρὸν οὗ δεῖ λαβεῖν
καὶ διαφυλάσσειν· οὐδὲ κηπουρῶν, οὐδ' οἰκοδόμων, εἰ
πῇ μὲν αὐτὸ τὸ ὕδωρ ἀφ' αὑτοῦ πέφυκεν ἐπιέναι τοῖς
δεομένοις καὶ κατάρδειν ἐπιῤῥέον, πῇ δὲ πλίνθοι καὶ
ξύλα καὶ λίθοι ταῖς κατὰ φύσιν χρώμενα ῥοπαῖς καὶ
20 νεύσεσιν ἐξ ἑαυτῶν, καταλαμβάνειν τὴν προσήκουσαν
ἁρμονίαν καὶ χώραν. (3) Εἰ δὲ οὗτος μὲν ἀντικρὺς
ἀναιρεῖ τὴν πρόνοιαν ὁ λόγος, τῷ θεῷ δὲ ἡ τάξις τῶν
ὄντων προσήκει καὶ [τὸ] διαιρεῖν, τί θαυμαστὸν οὕτω
τετάχθαι καὶ διηρμόσθαι τὴν φύσιν, ὡς ἐνταῦθα μὲν
25 πῦρ, ἐκεῖ δ' ἄστρα, καὶ πάλιν ἐνταῦθα μὲν γῆν, ἄνω
δὲ σελήνην ἱδρῦσθαι, βεβαιοτέρῳ τοῦ κατὰ φύσιν τῷ
κατὰ λόγον δεσμῷ περιληφθεῖσαν; (4) ὡς, εἴ γε πάντα
δεῖ ταῖς κατὰ φύσιν ῥοπαῖς χρῆσθαι καὶ φέρεσθαι καθ'
ὃ πέφυκε, μηδ' ἥλιος κυκλοφορείσθω, μήτε φωσφόρος,
30 μηδὲ τῶν ἄλλων ἀστέρων μηδείς· ἄνω γὰρ, οὐ κύκλῳ,
τὰ κοῦφα καὶ πυροειδῆ κινεῖσθαι πέφυκεν. (5) Εἰ δὲ
τοιαύτην ἐξαλλαγὴν ἡ φύσις ἔχει παρὰ τὸν τόπον,
ὥστ' ἐνταῦθα μὲν ἄνω φαίνεσθαι φερόμενον τὸ πῦρ,
ὅταν δ' εἰς τὸν οὐρανὸν παραγένηται, τῇ δίνῃ συμπε-
35 ριστρέφεσθαι, τί θαυμαστὸν εἰ καὶ τοῖς βαρέσι καὶ
γεώδεσιν ἐκ[εῖ] γενομένοις συμβέβηκεν ὡσαύτως εἰς
ἄλλο κινήσεως εἶδος ὑπὸ τοῦ περιέχοντος ἐκνενικῆσθαι;
(6) οὐ γὰρ δὴ τῶν μὲν ἐλαφρῶν τὴν ἄνω φορὰν ἀφαιρεῖσθαι τῷ οὐρανῷ κατὰ φύσιν ἐστὶ, τῶν δὲ βαρέων
40 καὶ κάτω ῥεπόντων οὐ δύναται κρατεῖν, ἀλλ' ᾗ ποτ'
ἐκεῖνα δυνάμει καὶ ταῦτα μετακοσμήσας, ἐχρήσατο τῇ
φύσει αὐτῶν ἐπὶ τὸ βέλτιον.

XIV. Οὐ μὴν ἀλλ' εἴ γε δεῖ τὰς καταδεδουλωμένας
ἕξει (* *) δόξας ἀφέντας ἤδη τὸ φαινόμενον ἀδεῶς λέ-
45 γειν, οὐδὲν ἔοικεν ὅλου μέρος αὐτὸ καθ' ἑαυτὸ τάξιν ἢ
θέσιν ἢ κίνησιν ἰδίαν ἔχειν, ἣν ἄν τις ἁπλῶς κατὰ
φύσιν προσαγορεύσειεν· ἀλλ' ὅταν ἕκαστον, οὗ χάριν
γέγονε, καὶ πρὸς ὃ πέφυκεν ἢ πεποίηται, τούτῳ παρέχῃ χρησίμως καὶ οἰκείως κινούμενον ἑαυτὸ, καὶ
50 πάσχον ἢ ποιοῦν ἢ διακείμενον, ὡς ἐκείνῳ πρὸς σωτηρίαν ἢ κάλλος ἢ δύναμιν ἐπιτήδειόν ἐστι, τότε δοκεῖ
τὴν κατὰ φύσιν χώραν ἔχειν καὶ κίνησιν καὶ διάθεσιν.
(2) Ὁ γοῦν ἄνθρωπος, ὡς εἴ τι τῶν ὄντων ἕτερον κατὰ
φύσιν γεγονὼς, ἄνω μὲν ἔχει τὰ ἐμβριθῆ καὶ γεώδη

---

a providentia venit in naturam, amicitiamque iis, Venerem,
et Amorem indidit, ut Empedocles, Parmenides, Hesiodus
cecinerunt; ut locum mutantes res, et una alterius facultate impertita, aliæ mansionis, aliæ motus necessitatibus
illigatæ, et ex naturali ad meliorem statum adactæ concedere atque mutari, concentum quendam societatemque
Universi conficerent.

XIII. Etenim si nulla mundi pars præter naturam fuit
affecta, sed unumquodque ita jacet ut natum est, nulla
translatione, nulla mutatione indigens, quibus ne initio
quidem opus habuerit; miror quodnam sit munus Providentiæ, aut quid fecerit et procreaverit pater ille, et princeps opifex, Juppiter. (2) Non enim in exercitu opus esset
scientia ordines instruendi, si sua sponte quivis militum
novisset suum locum, ordinem et stationem, quam quando
oporteat debeat accipere et tueri : neque usus erit hortula-
nis aut qui domos ædificent, si ibi aqua ultro affluat plantis
rigatione indigentibus; hic lateres, ligna et lapides naturalibus motionibus per se in locum concinnitatemque deside-
ratam coeant. (3) Sin est ut hæc ratio palam tollat Providentiam, deo autem rerum dispositio et divisio convenit :
quid mirum sic ordinatam esse et concinnatam naturam,
ut hic ignis, ibi astra, rursumque hic terra, superius luna
sit collocata, arctiore rationis quam naturæ vinculo constricta? (4) Alioqui, si omnia naturalibus debent ferri momentis, neque sol jam in orbem revolvatur, neque Lucifer,
neque aliorum ullum astrorum : sursum enim, non secundum circulum ferri levia et ignea naturæ instinctus jubet.
(5) Si vero hanc natura admittit varietatem in locorum
mutatione, ut hic ignis cernatur suo motu sursum tendere,
quando autem cœlum attigerit, cum ejus rotatione circum-
agitetur; quid mirum si etiam illuc delata gravia et
terrena in aliud motus genus coerceantur ab ambiente ea
cœlo? (6) Non enim profecto id fert natura cœli, ut levia
sursum ferri prohibeat, gravia et deorsum inclinantia compescere nequeat : sed utrorumque natura in transformando
ita utitur, ut eam in melius convertat.

XIV. Verum enimvero, si quod videtur nobis impavide
est dicendum, omissis iis opinionibus quorum habitus serva
nostra fecit judicia; apparet nullam Universi partem ipsam
a se ordinem, situm motumve habere ita propria, ut absolute naturalia possint dici : sed quando unumquodque,
cujus rei gratia vel usui ortum factumve est, ei se convenienter et utiliter movendum accommodet, et vel ad
agendum, vel ad patiendum et afficiendum ita se præbeat,
ut ejus saluti, pulchritudini et facultati congruit, tunc
videbitur naturæ convenienter collocari, moveri, affici.
(2) Etenim homo, quo non ulla· alia res magis juxta
naturam est facta, in sublimi habet maxime gravia et ter-

μάλιστα περὶ τὴν κεφαλὴν, ἐν δὲ τοῖς μέσοις τὰ θερμὰ
καὶ πυρώδη· τῶν δ' ὀδόντων οἱ μὲν ἄνωθεν, οἱ δὲ κάτωθεν ἐκφύονται, καὶ οὐδέτεροι παρὰ φύσιν ἔχουσιν·
οὐδὲ τοῦ πυρὸς τὸ μὲν ἄνω περὶ τὰ ὄμματα ἀποστίλβον
5 κατὰ φύσιν ἐστὶ, τὸ δ' ἐν κοιλίᾳ καὶ καρδίᾳ παρὰ
φύσιν, ἀλλ' ἕκαστον οἰκείως καὶ χρησίμως τέτακται.

(3) Ναὶ τὴν κηρύκων τε λιθοῤῥίνων χελύων τε

καὶ παντὸς ὀστρέου φύσιν, ὥς φησιν ὁ Ἐμπεδοκλῆς,
καταμανθάνων

10   Ἔνθ' ὄψει χθόνα χρωτὸς ὑπέρτατα ναιετάουσαν·

καὶ οὐ πιέζει τὸ λιθῶδες οὐδὲ καταθλίβει τὴν ἕξιν ἐπι-
κείμενον, * οὐδέ γε πάλιν τὸ θερμὸν ὑπὸ κουφότητος
εἰς τὴν ἄνω χώραν ἀποπτάμενον οἴχεται· μέμικται δέ
πως πρὸς ἄλληλα καὶ συντέτακται κατὰ τὴν ἑκάστου
15 φύσιν·

XV. ὥσπερ εἰκὸς ἔχειν καὶ τὸν κόσμον, εἴ γε δὴ
ζῷόν ἐστι, πολλαχοῦ γῆν ἔχοντα, πολλαχοῦ δὲ πῦρ
καὶ ὕδωρ καὶ πνεῦμα, οὐκ ἐξ ἀνάγκης ἀποτεθλιμμένον,
ἀλλὰ λόγῳ διακεκοσμημένον. (2) Οὐδὲ γὰρ ὀφθαλμὸς
20 ἐνταῦθα τοῦ σώματός ἐστιν ὑπὸ κουφότητος ἐκπιεσθείς,
οὐδὲ ἡ καρδία τῷ βάρει ὀλισθοῦσα πέπτωκεν εἰς τὸ
στῆθος, ἀλλ' ὅτι βέλτιον ἦν οὕτως ἑκάτερον τετάχθαι.
(3) Μὴ τοίνυν μηδὲ τῶν τοῦ κόσμου μερῶν νομίζωμεν
μήτε γῆν ἐνταῦθα κεῖσθαι συμπεσοῦσαν διὰ βάρος,
25 μήτε τὸν ἥλιον, ὡς ᾤετο Μητρόδωρος ὁ Χῖος, εἰς τὴν
ἄνω χώραν ἀσκοῦ δίκην ὑπὸ κουφότητος ἐκτεθλῖφθαι,
μήτε τοὺς ἄλλους ἀστέρας ὥσπερ ἐν ζυγοσταθμοῦ διαφορᾷ ῥέψαντας, ἐν οἷς εἰσι, γεγονέναι τόποις· (4) ἀλλὰ
τοῦ κατὰ λόγον κρατοῦντος, οἱ μὲν ὥσπερ ὄμματα φωσ-
30 φόρα τῷ προσώπῳ τοῦ παντὸς ἐνδεδεμένοι περιπο-
λοῦσιν· ἥλιος δὲ, καρδίας ἔχων δύναμιν, ὥσπερ αἷμα
καὶ πνεῦμα διαπέμπει καὶ διασκεδάννυσιν ἐξ ἑαυτοῦ
θερμότητα καὶ φῶς· γῇ δὲ καὶ θαλάσσῃ χρῆται κατὰ
φύσιν ὁ κόσμος, ὅσα κοιλίᾳ καὶ κύστει ζῷον. (5) Σε-
35 λήνη δὲ ἡλίου μεταξὺ καὶ γῆς, ὥσπερ καρδίας καὶ κοιλίας ἧπαρ, ἤ τι μαλθακὸν ἄλλο σπλάγχνον, ἐγκειμένη,
τήν τ' ἄνωθεν ἀλέαν ἐνταῦθα διαπέμπει, καὶ τὰς ἐντεῦθεν ἀναθυμιάσεις πέψει τινὶ καὶ καθάρσει λεπτύνουσα
περὶ ἑαυτὴν ἀναδίδωσιν· εἰ δὲ καὶ πρὸς ἄλλα τὸ γεῶδες
40 αὐτῆς καὶ στερέμνιον ἔχει τινὰ πρόσφορον χρείαν,
ἄδηλον ἡμῖν. (6) Ἐν παντὶ δὲ κρατεῖ τὸ βέλτιον τοῦ
κατηναγκασμένου. Τί γὰρ οὕτω λάβωμεν, ἐξ ὧν ἐκεῖνοι λέγουσι, τὸ εἰκός; λέγουσι δὲ, τοῦ αἰθέρος τὸ μὲν
αὐγοειδὲς καὶ λεπτὸν ὑπὸ μανότητος οὐρανὸν γεγονέναι·
45 τὸ δὲ πυκνωθὲν καὶ συνειληθὲν, ἄστρα· τούτων δὲ τὸ
νωθρότατον εἶναι τὴν σελήνην καὶ θολερώτατον. (7)
Ἀλλ' ὅμως ὁρᾶν πάρεστιν οὐκ ἀποκεκριμένην τοῦ αἰθέρος τὴν σελήνην, ἀλλ' ἔτι πολλῷ (ἐν) τῷ περὶ αὐτὴν
ἐμφερομένην, πολλὴν δὲ ὑφ' ἑαυτὴν ἔχουσαν ἀνέμων
50 * * δινεῖσθαι καὶ κομήτας. Οὕτως οὐ ταῖς ῥοπαῖς σε-
σήκωται κατὰ βάρος καὶ κουφότητα τῶν σωμάτων
ἕκαστον, ἀλλ' ἑτέρῳ λόγῳ κεκόσμηται.

restria, circa caput; in mediis calida et ignita : dentium
superne alii, alii inferne enascuntur, neutri contra naturam :
neque ignis, qui supra ex oculis emicat, secundum naturam
est, contra naturam is qui in corde et ventriculo : sed
quodvis horum congrue est utiliterque ordinatum. (3)
Quin omnium ostreorum considera naturam, atque, ut utar
verbis Empedoclis,

Inspice tergigraves conchas quandoque marinas ;
buccinos exemploque obducta chelys tibi saxo
esse potest, summo ut videas in corpore terram :

neque lapidea opprimunt aut affligunt habitum corporis cui
incumbunt, neque contra calor levitate sua sursum evolans
abit : sed omnia sunt commixta, inter seque composita,
pro rei cujusvis natura.

XV. Quo modo probabile est mundum etiam, si quidem
animal est, multis in partibus terram habere, in multis
aquam, ignem, aerem : non necessitate aliqua elisa hæc
eo, sed ratione ita disponente. (2) Nam neque oculus istac
in parte corporis est, levitate eo compulsus sua, neque cor
sua gravitate in pectus delapsum est : sed utrumque ita
collocatum, quia hoc modo erat conducibilius. (3) Non
ergo putemus de mundi partibus terram huc pondere suo
prolapsam, aut solem, ut putabat Metrodorus Chius, utris
in morem sursum levitate sua elisum, aut reliquas stellas
veluti in bilance momento facto ea in quibus sunt loca oc-
cupavisse. (4) Etenim ratione prævalente, stellæ, tanquam
luciferi oculi, in facie Universi insertæ circumferuntur; sol
autem qui cordis habet vim, ex sese calores et lumen tanquam sanguinem diffundit; terra et mari natura mundi
utitur, sicut animal ventriculo et vesica. (5) Luna soli
et terræ interposita, sicut jecur inter cor et ventriculum,
aut aliud molle viscus insitum, qui in alto est calorem huc
demittit, et quæ hinc exhalantur coquendo purgandoque
ad se extollit : an ejus terreæ partes et soliditas etiam ad
alia habeant accommodatam rationem, nobis non constat.
(6) Universitas rerum ita se habet, ut ratio melioris necessitatem sibi subjectam habeat. Quid enim ex illorum dictis
probabile eliciemus? Dicunt autem ætheris partes lucidas
et tenues ob raritatem esse coelum factas; densatas et coa-
ctas, astra, quorum ignavissimum et turbidissimum sit
luna. (7) Et tamen videre licet, lunam non esse ex aere
secretam : sed etiamnum in multo qui circa ipsam est moveri, magnamque habere infra se ventorum [vim, qua et
aliis contingit] volvi, et cometis. Adeo non momentis gravitatis aut levitatis unumquodque corpus penditur, sed alia
ratione disposita atque ordinata sunt.

XVI. Λεχθέντων δὲ τούτων, κἀμοῦ τῷ Λευκίῳ τὸν
λόγον παραδιδόντος, ἐπὶ τὰς ἀποδείξεις βαδίζοντος τοῦ
δόγματος, Ἀριστοτέλης μειδιάσας, Μαρτύρομαι, εἶπεν,
ὅτι τὴν πᾶσαν ἀντιλογίαν πεποίησαι πρὸς τοὺς αὐτὴν
μὲν ἡμίπυρον εἶναι τὴν σελήνην ὑποτιθεμένους, κοινῇ
δὲ τῶν σωμάτων τὰ μὲν ἄνω, τὰ δὲ κάτω ῥέπειν
ἐξ ἑαυτῶν φάσκοντας· (2) εἰ δ' ἔστι τις ὁ λέγων,
κύκλῳ τε κινεῖσθαι κατὰ φύσιν τὰ ἄστρα, καὶ πολὺ
παρηλλαγμένης οὐσίας εἶναι τῶν τεττάρων, οὐδ' ἀπὸ
τύχης ἦλθεν ἐπὶ μνήμην ἡμῖν, ὥστ' ἐμέ τε πραγμάτων
ἀπηλλάχθαι καὶ ⟦σὲ, ὦ Λεύκιε.⟧ (3) Καὶ ὁ Λεύκιος,
⟦Οὐκ,⟧ ὦ 'γαθέ, εἶπεν, ἀλλὰ τὰ ἄλλα μὲν ἴσως ἄστρα
καὶ τὸν ὅλον οὐρανὸν εἰς τινα φύσιν καθαρὰν καὶ εἰ-
λικρινῆ, καὶ τῆς κατὰ πάθος ἀπηλλαγμένην μεταβολῆς
τιθεμένοις ὑμῖν καὶ κύκλον ἄγουσιν ἀΐδιου καὶ ἀτελευ-
τήτου περιφορᾶς * * οὐκ ἄν τις ἔν γε τῷ νῦν διαμάχοιτο,
καίτοι μυρίων οὐσῶν ἀποριῶν· (4) ὅταν δὲ καταβαίνων
ὁ λόγος οὕτω θίγῃ τῆς σελήνης, οὐκ ἔτι φυλάττει τὴν
ἀπάθειαν ἐν αὐτῇ, καὶ τὸ κάλλος ἐκεῖνο τοῦ σώματος·
ἀλλ' ἵνα τὰς ἄλλας ἀνωμαλίας καὶ διαφορὰς ἀφῶμεν,
αὐτὸ τοῦτο τὸ διαφαινόμενον πρόσωπον πάθει τινὶ τῆς
οὐσίας, ἢ ἀναμίξει πως ἑτέρας ἐπιγέγονε· πάσχει δέ τι
καὶ τὸ μιγνύμενον· ἀποβάλλει γὰρ τὸ εἰλικρινές, * βίᾳ
τοῦ χείρονος ἀναπιμπλάμενον. (5) Αὐτῆς δὲ νωθείαν
καὶ τάχους ἀμβλύτητα, καὶ τὸ θερμὸν ἀδρανὲς καὶ ἀμαυρὸν, ⟦ᾧ,⟧ κατὰ τὸν Ἴωνα,

 μέλας οὐ πεπαίνεται βότρυς,

εἰς τί θησόμεθα, πλὴν ἀσθένειαν αὐτῆς καὶ πάθος, εἰ
πάθους ἀϊδίῳ σώματι καὶ ὀλυμπίῳ μέτεστιν; (6) Ὅλως
γὰρ, ὦ φίλε Ἀριστότελες, γῆ μὲν οὖσα πάγκαλόν τι
χρῆμα καὶ σεμνὸν ἀναφαίνεται καὶ κεκοσμημένον· ὡς
δ' ἄστρον, ἢ φῶς, ἤ τι σῶμα θεῖον καὶ οὐράνιον, δέδια
μὴ ἄμορφος ἦ καὶ ἀπρεπὴς, καὶ καταισχύνουσα τὴν
καλὴν ἐπωνυμίαν· εἴ γε τῶν ἐν οὐρανῷ τοσούτων τὸ
πλῆθος ὄντων μόνη φωτὸς ἀλλοτρίου δεομένη περίεισι,
κατὰ Παρμενίδην,

 Αἰεὶ παπταίνουσα πρὸς αὐγὰς ἠελίοιο.

(7) Ὁ μὲν οὖν ἑταῖρος ἐν τῇ διατριβῇ τοῦτο δὴ τὸ Ἀναξαγόρειον ἀποδεικνὺς, ὡς « ἥλιός ἐντίθησι τῇ σελήνῃ
τὸ λαμπρὸν, » ηὐδοκίμησεν· ἐγὼ δὲ ταῦτα μὲν οὐκ ἐρῶ,
ἃ παρ' ὑμῶν ἢ μεθ' ὑμῶν ἔμαθον, ἑκὼν δὲ πρὸς τὰ
λοιπὰ βαδιοῦμαι. (8) Φωτίζεσθαι τοίνυν τὴν σελήνην,
οὐχ ὡς ὕελον ἢ κρύσταλλον, ἐλλάμψει καὶ διαφαύσει
τοῦ ἡλίου, πιθανόν ἐστιν· οὔτ' αὖ κατὰ σύλλαμψίν τινα
καὶ συναυγασμὸν, ὥσπερ αἱ δᾷδες αὐξομένου τοῦ φωτός·
(9) οὕτω γὰρ οὐδὲν ἧττον ἐν νουμηνίαις ἢ διχομηνίαις
ἔσται πανσέληνος ἡμῖν, εἰ μὴ στέγει μηδ' ἀντιφράττει
τὸν ἥλιον, ἀλλὰ δίεισιν ὑπὸ μανότητος, ἢ κατὰ σύγκρασιν εἰσλάμπει καὶ συνεξάπτει περὶ αὐτὴν τὸ φῶς. (10)
Οὐ γάρ ἐστιν ἐκκλίσεις οὐδ' ἀποστροφὰς αὐτῆς, ὥσπερ
ὅταν ᾖ διχότομος καὶ ἀμφίκυρτος ἢ μηνοειδὴς, αἰτιᾶσθαι
περὶ τὴν σύνοδον· ἀλλὰ κατὰ στάθμην, φησὶ Δημόκριτος,

XVI. His ego dictis, quum Lucio successionem disserendi
mandassem, jam ad demonstrationes tendente disputatione,
Aristoteles subridens, Testor, inquit, totam tuam disputationem fuisse contra eos qui lunam semiigneam faciunt,
communiter autem contra illos qui corpora alia sursum,
alia deorsum vergere suapte sponte ponunt. (2) Id autem
ne fortuito quidem nobis venit in memoriam, esse qui dicat
astra quum in orbem natura sua revolvi, tum diversæ a
quattuor elementis esse naturæ, ut et mihi et tibi, Luci,
supersedere labore liceat. (3) Tum Lucius, Minime, inquit, o bone : nam reliqua fortassis astra et totum cœlum
vobis ponentibus natura esse pura et sincera, omnisque
mutationis et affectionis vacua, ac motu circulari prædita,
ideoque et nunquam desinente conversione, nemo in præsentia quidem repugnaverit, quanquam innumeræ sunt
difficultates : (4) quando autem ista ratio deorsum traducta
lunam attigerit, non jam immunitatem perpessionum in ea
tueri, ejusque corporis pulchritudinem potest : sed, ut
reliquas inæqualitates et discrimina omittamus, ipsa illa
in luna apparens facies, affectione quadam substantiæ, aut
admixtione qualicumque alterius naturæ accidit. Patitur
autem aliquid omne quod miscetur, dum suam amittit sinceritatem, ac vi a deteriore natura occupatur. (5) Ipsius
porro lunæ tarditatem, et celeritatis retusionem, tum caloris inefficacitatem et obscuritatem, *quo*, ut Ion ait,

 uva non maturatur nigra,

quid aliud quam imbecillitatem dicemus et affectionem, si
quidem affectio corpori sempiterno et cœlesti accidit? (6)
Omnino, mi Aristoteles, terra quatenus est, res pulcherrima, admiranda, et probe ornata videtur esse luna : sin ut
astrum eam, aut lumen, corpusve divinum ac cœleste con-
sideras, metuo ne deformis atque turpis sit, et pulchram
appellationem dedecoret : siquidem in cœlo tam multis
astris hærentibus, sola ipsa alieno indigens lumine vagatur,
ut ait Parmenides,

 Et semper solis radios adversa tuetur.

(7) Ac socius quidem noster in disputatione quum illud
Anaxagoreum demonstrasset, *solem lunæ suum splendorem impertiri*, laudatus est. Ego autem hæc non dicam,
quæ a vobis, aut una vobiscum didici : sed dedita opera
ad id quod reliquum est me conferam. (8) Probabile est
ergo lunam non vitri aut crystalli in morem illuminari,
sole eam suo perlucente et illustrante lumine : neque rursus
quadam fulgoris et luminis coitione, ut quum faces lumine
augentur. (9) Sic enim non minus in novilunio quam quum
dimidius orbis nobis illustratus apparet, toto orbe refulgens
nobis videatur; si non cohibet neque obstruit solis radios,
sed is ob raritatem transit, aut per commixtionem illucet
in illam, illiusque lucem accendit. (10) Non enim, ut quum
diviaduo, aut utrimque gibbo orbe luna cernitur, declinationes ejus et aversiones pro causa possunt poni, ita hoc etiam

ἱσταμένη τοῦ φωτίζοντος ὑπολαμβάνει καὶ δέχεται τὸν
ἥλιον· ὥστ' αὐτήν τε φαίνεσθαι καὶ διαφαίνειν ἐκεῖνον
εἰκὸς ἦν. (11) Ἡ δὲ πολλοῦ δεῖ τοῦτο ποιεῖν· αὐτή τε
γὰρ ἄδηλός ἐστι τηνικαῦτα, κἀκεῖνον ἀπέκρυψε καὶ
5 ἠφάνισε πολλάκις,

Ἀπεσκέδασεν δέ οἱ αὐγάς,

ὥσπερ φησὶν Ἐμπεδοκλῆς,

ἐς γαῖαν καθύπερθεν, ἀπεσκνίφωσε δὲ γαίης
τόσσον, ὅσον τ' εὖρος γλαυκώπιδος ἔπλετο μήνης,

10 καθάπερ εἰς νύκτα καὶ σκότος, οὐκ εἰς ἄστρον ἕτερο * *
τοῦ φωτὸς ἐμπεσόντος. (12) Ὁ δὲ λέγει Ποσειδώνιος,
ὡς ὑπὸ βάθους τῆς σελήνης οὐ περαιοῦται δι' αὐτῆς τὸ
τοῦ ἡλίου φῶς πρὸς ἡμᾶς, ἐλέγχεται καταφανῶς. Ὁ
γὰρ ἀὴρ, ἄπλετος ὤν, καὶ βάθος ἔχων πολλαπλάσιον
15 τῆς σελήνης, ὅλος ἐξηλιοῦται καὶ καταλάμπεται ταῖς
αὐγαῖς. (13) Ἀπολείπεται τοίνυν τὸ τοῦ Ἐμπεδοκλέους,
ἀνακλάσει τινὶ τοῦ ἡλίου πρὸς τὴν σελήνην γίνεσθαι
τὸν ἐνταῦθα φωτισμὸν ἀπ' αὐτῆς. Ὅθεν οὐδὲ θερμὸν
οὐδὲ λαμπρὸν ἀφικνεῖται πρὸς ἡμᾶς, ὥσπερ ἦν εἰκὸς,
20 ἐξάψεως καὶ μίξεως * * φώτων γεγενημένης. (14) Ἀλλ'
οἷον αἵ τε φωναὶ κατὰ τὰς ἀνακλάσεις ἀμαυροτέραν ἀνα-
φαίνουσι τὴν ἠχὼ τοῦ φθέγματος, αἵ τε πληγαὶ τῶν
ἀφαλλομένων βελῶν μαλακώτεραι προσπίπτουσιν·

Ὡς αὐγὴ τύψασα σεληναίης κύκλον εὐρὺν,

25 ἀσθενῆ καὶ ἀμυδρὰν ἀνάρροιαν ἴσχει πρὸς ἡμᾶς, διὰ
τὴν κλάσιν ἐκλυομένης τῆς δυνάμεως.
XVII. Ὑπολαβὼν δὲ ὁ Σύλλας, Ἀμέλει ταῦτα,
εἶπεν, ἔχει τινὰς πιθανότητας· ὃ δ' ἰσχυρότατόν ἐστι
τῶν ἀντιπιπτόντων, πότερον ἔτυχε τινὸς παραμυθίας,
30 ἢ παρῆλθεν ἡμῶν τὸν ἑταῖρον; (2) Τί τοῦτο λέγεις, ἔφη
ὁ Λεύκιος, ἢ τὸ πρὸς τὴν διχότομον ἀπορούμενον; (3)
Πάνυ μὲν οὖν, ὁ Σύλλας εἶπεν· ἔχει γάρ τινα λόγον τὸ,
πάσης ἐν ἴσαις γωνίαις γινομένης ἀνακλάσεως, ὅταν ἡ
σελήνη διχότομ[ος] οὖσα μεσουρανῇ, μὴ φέρεσθαι τὸ
35 φῶς ἐπὶ γῆς ἀπ' αὐτῆς, ἀλλ' ὀλισθαίνειν ἐπέκεινα τῆς
γῆς· (4) ὁ γὰρ ἥλιος, ἐπὶ τοῦ ὁρίζοντος ὤν, * ἅπτεται
τῇ ἀκτῖνι τῆς σελήνης· διὸ καὶ κλασθεῖσα πρὸς ἴσα,
ἐπὶ θάτερον ἐκπεσεῖται πέρας, καὶ οὐκ ἀφήσει δεῦρο
τὴν αὐγήν· ἡ διαστροφὴ μεγάλη καὶ παράλλαξις ἔσται
40 τῆς γωνίας, ὅπερ ἀδύνατόν ἐστιν. (5) Ἀλλὰ νὴ Δία,
εἶπεν ὁ Λεύκιος, καὶ τοῦτο ἐρρήθη· καὶ πρός γε Μενέλαον ἀποβλέψας ἐν τῷ διαλέγεσθαι τὸν μαθηματικὸν,
Αἰσχύνομαι μὲν, ἔφη, σοῦ παρόντος, ὦ φίλε Μενέλαε,
θέσιν ἀναιρεῖν μαθηματικὴν, ὥσπερ θεμέλιον τοῖς κα-
45 τοπτρικοῖς ὑποκειμένην πράγμασιν· (6) ἀνάγκη δὲ εἰπεῖν
ὅτι τὸ πρὸς τὰς ἴσας τείνεσθαι γωνίας ἀνάκλασιν πᾶσαν,
οὔτε φαινόμενον αὐτόθεν, οὔτε ὁμολογούμενόν ἐστιν·
ἀλλὰ διαβάλλεται μὲν ἐπὶ τῶν κυρτῶν κατόπτρων, ὅταν
ἐμφάσεις ποιῇ μείζονας ἑαυτῶν πρὸς ἓν τὸ τῆς ὄψεως
50 σημεῖον· διαβάλλεται δὲ τοῖς διπτύχοις κατόπτροις,
ὧν ἐπικλιθέντων πρὸς ἄλληλα, καὶ γωνίας ἐντὸς γινο-

in novilunio facere licebit; quum tunc *ad amussim*, ut ait
Democritus, subjecta illustranti, excipiat solis lumen. Itaque tum et fulgere ipsa debebat, et sol per eam perlucere :
(11) quod tantum abest ut fiat, ut quum ipsa in coitu obscura sit, tum sæpenumero solem quoque abscondat :

Dissipat in terram radios quum desuper ejus,
et terræ spatium tam latum lumine privat,
quam latum glaucæ lunæ complectitur orbis,

ut ait Empedocles : perinde ac si in noctem et tenebras,
non in aliud astrum, lumen solis incidisset. (12) Quod
autem dicit Posidonius, *lunæ profunditatem in causa
esse, cur per eam solis lumen non penetret*, id evidenter
refellitur. Aer enim quantumvis immensus, et qui multis
modis quam luna est profundior, totus tamen solaribus radiis illustratur. (13) Relinquitur ergo Empedoclis sententia : nempe reflexione luminis solaris ad lunam, hic ab illa
res illuminari : unde fit, ut neque calidum neque splendidum ad nos lumen perveniat : quod futurum videbatur, si
inflammatio et permixtio luminis fieret. (14) Sed quemadmodum reculsæ voces obscuriorem soni echo faciunt et ictus
a resultantibus telis languidiores accidunt :

Sic lunæ fugiens fulgor Titanius orbem,

imbecillum hebetemque defluxum ad nos dimittit, ob in-
fractionem vi ejus debilitata.

XVII. Sub hæc Sylla, Sane, inquit, aliquam hæc verisimilitudinem habent : quod vero validissimum est eorum
quæ contra objiciuntur, an jam est aliquo pacto explicatum,
an vero fefellit socium nostrum? (2) Quid, inquit Lucius,
aliud dicis, quam quod de Luna dimidia quæritur? (3) Hoc
ipsum, aiebat Sylla : habet enim rationem, ut, quum omnis
reflexio fiat ad æqualem angulum, a luna dimidia medium
œli tenente, lumen non feratur in terram, sed ad latus ejus
delabatur. (4) Sol enim in horizonte constitutus, radiis
suis lunam tangit : itaque is fractus ad æquales angulos,
in alterum relidetur extremum, neque huc splendorem
dimittet : alioqui oportet magnam diversitatem anguli fieri,
quod est nefas. (5) At mehercle, inquit Lucius, et hoc dictum est a socio nostro, et inter disserendum Menelaum
mathematicum intuens, Vereor, inquit, mi Menelae, thesin
mathematicam istam evertere, quæ fundamenti instar ca-
toptricæ subjacet de speculorum causis et rationibus doctrinæ : (6) necesse tamen est ut dicam, omnem reflexionem
fieri ad æquales angulos, nec sensui apparere, neque esse in
confesso : sed primum in curvis speculis hæc positio impro-
batur, quum res majores quam sunt videntur, reflexione
facta ad unum visus punctum. Refellitur deinde etiam in duplicibus speculis, quum duobus inter se consertis ad angulum, utraque superficies duplam speciem reddit; fiuntque

μένης, ἑκάτερον τῶν ἐπιπέδων διττὴν ἔμφασιν ἀποδίδωσι, καὶ ποιεῖ τέτταρας εἰκόνας ἀφ' ἑνὸς προσώπου,
δύο μὲν ἀντιστρόφους [ἐν] τοῖς ἔξωθεν (ἀριστεροῖς) μέρεσι, δύο δὲ δεξιοφανεῖς ἀμαυρὰς ἐν βάθει τῶν κατόπτρων.
5 (7) Ὧν τῆς γενέσεως τὴν αἰτίαν Πλάτων ἀποδίδωσιν.
Εἴρηκε γὰρ ὅτι, τοῦ κατόπτρου ἔνθεν καὶ ἔνθεν ὕψος
λαβόντος, ὑπαλλάττουσιν αἱ ὄψεις τὴν ἀνάκλασιν ἀπὸ
τῶν ἑτέρων ἐπὶ θάτερα μεταπίπτουσαν. (8) Εἴπερ
οὖν τῶν ὄψεων αἱ μὲν εὐθὺς πρὸς ἡμᾶς * * ἀνατρέχουσιν,
10 αἱ δ' ἐπὶ θάτερα μέρη τῶν κατόπτρων ὀλισθαίνουσαι,
πάλιν ἐκεῖθεν ἀναφέρονται πρὸς ἡμᾶς, οὐ δυνατόν ἐστιν
ἐν ἴσαις γωνίαις γίνεσθαι πάσας ἀνακλάσεις, ὅσας ὁμόσε
χωροῦ[* *]ντες ἀξιοῦσιν αὐτοῖς τοῖς ἀπὸ τῆς σελήνης
ἐπὶ γῆν φερομένοις ῥεύμασι τὴν ἰσότητα τῶν γωνιῶν
15 ἀναιρεῖν, πολλῷ τοῦτο ἐκείνου πιθανώτερον εἶναι νομίζοντες. (9) Οὐ μὴν ἀλλ' εἰ δεῖ τοῦτο χαρίζεσθαι τῇ
πολλὰ δὴ φίλῃ γεωμετρίᾳ καὶ δοῦναι, πρῶτον μὲν ἀπὸ
τῶν ἠκριβωμένων ταῖς λειότησι συμπίπτειν ἐσόπτρων
εἰκός ἐστιν· ἡ δὲ σελήνη πολλὰς ἀνωμαλίας ἔχει καὶ
20 τραχύτητας, ὥστε τὰς αὐγὰς ἀπὸ σώματος μεγάλου
προσφερομένας ὕψεσιν ἀξιολόγοις, ἀντιλάμψεις καὶ
διαδόσεις ἀπ' ἀλλήλων λαμβάνουσιν, ἀνακλᾶσθαί τε
παντοδαπῶς καὶ περιπλέκεσθαι, καὶ συνάπτειν αὐτὴν
ἑαυτῇ τὴν ἀνταύγειαν, οἷον ἀπὸ πολλῶν φερομένην πρὸς
25 ἡμᾶς κατόπτρων. (10) Ἔπειτα κἂν πρὸς αὐτῇ τῇ
σελήνῃ τὰς ἀντανακλάσεις ἐν ἴσαις γωνίαις ποιῶμεν,
οὐκ ἀδύνατον φερομένας ἐν διαστήματι τοσούτῳ τὰς
αὐγάς, κλάσεις ἴσχειν καὶ περιολισθήσεις, ὡς συγχεῖσθαι καὶ λάμπειν τὸ φῶς. (11) Ἔνιοι δὲ καὶ δεικνύουσι
30 γράφοντες, ὅτι πολλὰ τῶν φώτων αὐγὴν ἀφίησι κατὰ
γραμμὴν ὑπὸ τὴν κεκλιμένην ὑποταθεῖσαν· σκευωρεῖ-
σθαι δὲ ἅμα λέγοντι διάγραμμα, καὶ ταῦτα πρὸς πολλούς, οὐκ ἐνῆν.

XVIII. Τὸ δ' ὅλον, ἔφη, θαυμάζω πῶς τὴν διχό-
35 τομον ἐφ' ἡμᾶς κινοῦσιν, ἐμπίπτουσαν μετὰ τῆς ἀμφι-
κύρτου καὶ τῆς μηνοειδοῦς. (2) Εἰ γὰρ αἰθέριον ὄγκον
ἢ πύρινον ὄντα τὸν τῆς σελήνης ἐφώτιζεν ὁ ἥλιος, οὐκ
ἂν ἀπέλειπεν αὐτῆς σκιερὸν ἀεὶ καὶ ἀλαμπὲς ἡμισφαίριον πρὸς αἴσθησιν, ἀλλ' εἰ καὶ κατὰ μικρὸν ἔψαυε πε-
40 ριιών, ὅλην ἀναπίμπλασθαι καὶ δι' ὅλης τρέπεσθαι τῷ
φωτὶ πανταχόσε χωροῦντι δι' εὐπετείας, ἣν προσῆκον.
(3) Ὅπου γὰρ οἶνος ὕδατος θιγὼν κατὰ πέρας, καὶ σταγὼν αἵματος εἰς ὑγρὸν ἐμπεσόντος, ἀνέχρωσε πᾶν ἅμα
(**) φοινιχθέν· αὐτὸν δὲ τὸν ἀέρα λέγουσιν, οὐκ ἀπορ-
45 ροίαις τισὶν οὐδ' ἀκτῖσι μεμιγμέναις, ἀλλὰ τροπῇ καὶ
μεταβολῇ κατὰ νύξιν ἢ ψαῦσιν ἐξηλιοῦσθαι· πῶς ἄστρον
ἄστρου καὶ φῶς φωτὸς ἁψάμενον οἴονται μὴ κεράννυσθαι μηδὲ σύγχυσιν ποιεῖν δι' ὅλου καὶ μεταβολήν,
* ἀλλ' ἐκεῖνα φωτίζειν μόνον, ὧν ἅπτεται κατὰ τὴν ἐπι-
50 φάνειαν; (4) Ὃν γὰρ ὁ ἥλιος περιιὼν κύκλον ἄγει καὶ
περιστρέφει πρὸς τὴν σελήνην, νῦν μὲν ἐπιπίπτοντα τῷ
διορίζοντι τὸ ὁρατὸν αὐτῆς καὶ τὸ ἀόρατον, νῦν δ'
ἀνιστάμενον πρὸς ὀρθάς, ὥστε τέμνειν ἐκεῖνο ὑπ'
ἐκείνου τε τέμνεσθαι, [καὶ] ἄλλαις κλίσεσι καὶ σχέσεσι

quattuor imagines ab una facie, duæ dexteræ, duæ sinistræ,
ex utroque illo genere duæ adversæ in exterioribus partibus, duæ obscuræ in profundo speculorum. (7) Quæ cur
fiant, Plato causam reddidit. Dixit enim, speculo hinc
inde elevato visus reflexionem variare, ab una in alteram
parte recidentem. (8) Si ergo imagines partim ad nos
recta recurrunt, partim in alteram speculi partem delabuntur, et rursum inde ad nos feruntur; fieri non potest ut
omnes reflexiones quæ simul visu recipiuntur, ad æquales
accidant angulos. * * [Alii] contendunt, defluxibus, qui a
luna in terram feruntur, æqualitatem angulorum tolli, hoc
illo censentes multo esse probabilius. (9) Enimvero ut hoc
demus et gratificemur percaræ nobis geometriæ; primum
fieri id par est in speculis ad unguem lævigatis : at luna
multas habet inæqualitates, asperitates multas; ut fulgores,
qui a magno corpore accidunt altitudinibus non exiguis,
invicem resplendere possint, et omnimode reflecti, impli-
cari, resplendentiamque inter se continuare, quasi a multis
ea ad nos ferretur speculis. (10) Deinde, ut reflexionem
ponamus ad ipsam lunam fieri æqualibus angulis; tamen
fieri potest ut radii per tantum spatium delati frangantur
et delabantur, ut lumen componatur et splendeat. (11)
Sunt qui etiam ostendant descriptione quadam figuræ,
multa lumina splen lorem dimittere ad lineam sub inclinata
subtensam; inter dicendum autem delineationem moliri,
idque apud multos, non licebat.

XVIII. Omnino autem, dicebat, miror cur contra nos
allegent dimidiam lunam, quum hæc eadem ratione pereat
cum gibbosa et cum falcata. (2) Nam si ætheream molem
aut igneam lunæ (siquidem talis esset) sol illuminaret, non
profecto relinqueret semper umbrosam ad nostrum sensum
et luminis expertem alteram ejus globi partem; sed si vel
paululum attigisset eam ambiens, impleri eam lumine to-
tamque mutari usquequaque ob agilitatem prodeunte, conveniebat. (3) Si enim vinum aquæ extremitatem attingens,
aut gutta sanguinis in humorem incidens, totum inficit et
rubore tingit; ipsum vero aerem aiunt non defluxionibus
quibusdam radiisve permixtis, sed totum conversione et
mutatione per appulsum tactumque lenem facta, solis natura repleri : quonam pacto stella stellam, et lux lucem si
attingat, arbitrantur nullam confusionem, nullam per tota
mixtionem fieri aut mutationem, sed ea duntaxat a sole illustrari, quorum attingit superficiem? (4) Quippe is circulus, quem suo circuitu sol in luna describit, qui modo incidat in lineam qua lunæ visibilis pars ab invisibili distinguitur, alias ad rectos insistat angulos et dividat utramque
partem mediam, mox aliis atque aliis inclinationibus pro-

τοῦ λαμπροῦ πρὸς τὸ σκιερὸν, ἀμφικύρτους καὶ μηνοει-
δεῖς ἀποδιδόντα μορφὰς ἐν αὐτῇ, παντὸς μᾶλλον ἐπιδείκνυσιν οὐ σύγκρασιν, ἀλλ' ἐπαφὴν, οὐδὲ σύλλαμψιν,
ἀλλὰ περιλαμψιν αὐτῆς ὄντα τὸν φωτισμόν. (5) Ἐπεὶ
δ' οὐκ αὐτὴ φωτίζεται μόνον, ἀλλὰ καὶ δεῦρο τῆς αὐγῆς
ἀναπέμπει τὸ εἴδωλον, ἔτι καὶ μᾶλλον ἰσχυρίσασθαι
τῷ λόγῳ περὶ τῆς οὐσίας δίδωσιν. (6) Αἱ γὰρ ἀνακλάσεις γίνονται πρὸς οὐδὲν ἀραιὸν οὐδὲ λεπτομερές· οὐδέ
ἐστι φῶς ἀπὸ φωτός, ἢ πῦρ ἀπὸ πυρὸς ἀπαλλόμενον (ἢ)
νοῆσαι ῥᾴδιον· ἀλλὰ δεῖ τὸ ποιῆσον ἀντιτυπίαν τινὰ
καὶ κλάσιν ἐμβριθὲς εἶναι καὶ πυκνὸν, ἵνα πρὸς αὐτὸ
πληγὴ καὶ ἀπ' αὐτοῦ φορὰ γένηται. (7) Τὸν γοῦν αὐτὸν ἥλιον ὁ μὲν ἀὴρ διίησιν, οὐ παρέχων ἀνακοπάς,
οὐδ' ἀντερείδων, ἀπὸ δὲ ξύλων καὶ λίθων καὶ ἱματίων
εἰς φῶς τιθεμένων πολλὰς ἀντιλάμψεις καὶ περιλάμψεις
ἀποδίδωσιν. (8) Οὕτω δὲ καὶ τὴν γῆν ὁρῶμεν ὑπ' αὐτοῦ φωτιζομένην· οὐ γὰρ εἰς βάθος, ὥσπερ ὕδωρ, οὐδὲ
δι' ὅλης, ὥσπερ ἀὴρ, διίησι τὴν αὐγήν· ἀλλ' οἷος τὴν σελήνην περιστείχει κύκλος αὐτοῦ, καὶ ὅσον ὑποτέμνεται
μέρος ἐκείνης, τοιοῦτος ἕτερος περίεισι τὴν γῆν, καὶ
τοσοῦτον φωτίζων ἀεὶ, καὶ ἀπολείπων ἕτερον ἀφώτι-
στον· ἡμισφαιρίου γὰρ ὀλίγῳ δοκεῖ μεῖζον εἶναι τὸ περιλαμπόμενον ἑκατέρας. (9) Δότε δή μοι γεωμετρικῶς
εἰπεῖν πρὸς ἀναλογίαν, ὡς εἰ, τριῶν ὄντων οἷς τὸ ἀφ'
ἡλίου φῶς πλησιάζει, γῆς, σελήνης, ἀέρος, ὁρῶμεν
οὐχ ὡς ὁ ἀὴρ μᾶλλον, ἢ ὡς ἡ γῆ, φωτιζομένην τὴν σελήνην, ἀνάγκη φύσιν ἔχειν ὁμοίαν, ἃ τὰ αὐτὰ πάσχειν
ὑπὸ τοῦ αὐτοῦ πέφυκε.

XIX. Ἐπεὶ δὲ πάντες ἐπῄνησαν τὸν Λεύκιον, Εὖ
γε, ἔφην, ὅτι καλῷ λόγῳ καλὴν ἀναλογίαν προσέθηκας·
οὐ γὰρ ἀποστερητέον σε τῶν ἰδίων. (2) Κἀκεῖνος ἐπιμειδιάσας, Οὐκοῦν, ἔφη, καὶ δεύτερον ἀναλογίᾳ προσ-
χρηστέον, ὅπως μὴ [τῷ] τὰ αὐτὰ πάσχειν ὑπὸ τοῦ
αὐτοῦ μόνον, ἀλλὰ καὶ τῷ ταὐτὰ ποιεῖν ταὐτὸν, ἀπο-
δείξωμεν τῇ γῇ τὴν σελήνην προσεοικυῖαν. (3) Ὅτι
μὲν γὰρ οὐδὲν οὕτως τῶν περὶ τὸν ἥλιον γινομένων
ὅμοιόν ἐστιν, ὡς ἔκλειψις ἡλίου δύσει, δότε μοι, ταύτης ἔναγχος τῆς συνόδου μνησθέντες, ἢ πολλὰ μὲν ἄ-
στρα πολλαχόθεν τοῦ οὐρανοῦ διέφηνεν εὐθὺς ἐκ μεσημ-
βρίας ἀρξαμένη, κρᾶσιν δὲ, οἵαν τὸ λυκαυγὲς, τῷ ἀέρι
παρέσχεν· (4) εἰ δὲ μὴ, Θέων ἡμῖν οὗτος τὸν Μίμνερμον ἐπάξει καὶ τὸν Κυδίαν καὶ τὸν Ἀρχίλοχον, πρὸς
δὲ τούτοις τὸν Στησίχορον καὶ τὸν Πίνδαρον, ἐν ταῖς
ἐκλείψεσιν ὀλοφυρομένους « τὸν φανερώτατον [θεὸν]
κλεπτόμενον, » καὶ « μέσῳ ἄματι νύκτα γινομένην, »
καὶ τὴν ἀκτῖνα τοῦ ἡλίου « σκότους ἀτραπὸν ** »
φάσκοντας· ἐπὶ πᾶσι δὲ τὸν Ὅμηρον, « νυκτὶ καὶ ζόφῳ
τὰ πρόσωπα κατέχεσθαι τῶν ἀνθρώπων » λέγοντα,
καὶ « τὸν ἥλιον ἐξαπολωλέναι τοῦ οὐρανοῦ » περὶ τὴν
σελήνην καὶ ** τοῦτο γίνεσθαι πέφυκε « τοῦ μὲν φθίνοντος μηνός, τοῦ δὲ ἱσταμένου. » (5) Τὰ λοιπὰ δ' οἴ-
μαι ταῖς μαθηματικαῖς ἀκριβείαις εἰς τὸν [ἀσφαλῆ λό-
γον] ἐξῆχθαι καὶ βέβαιον, ὡς ἥ γε νύξ ἐστι σκιὰ γῆς,
ἡ δ' ἔκλειψις τοῦ ἡλίου, σκιὰ σελήνης, ὅταν ἡ ὄψις ἐν

portiones varias splendidæ partis ad umbrosam efficiat, lunæque formas utrimque curvas, aut falcatas exhibeat : planissime omnium demonstrat eam quæ dicitur lunæ illumi-
nationem, non contemperationem, sed contactum, neque
luminis confluxum, sed circumfusionem esse. (5) Quando
autem non illuminatur tantum ipsa, sed huc etiam luminis
simulacrum mittit; fit etiam acrius ut contendamus de ratione quæ de ejus substantia fuit allata. (6) Reflexiones
enim fiunt non ad ullam rem raram et tenuibus partibus
constantem; neque facile imagineris ignem ab igne resilien-
tem, aut lumen a lumine : sed oportet solidum densumque
esse id, a quo recelli et reflecti aliud debeat; ut in id ictus
incumbat, indeque referatur. (7) Ipsum adeo solem aer
transmittit non impediens aut relidens radios ejus : a lignis,
lapidibus et vestibus in sole positis multæ resplendentiæ et
circumfulgentiæ exsistunt. (8) Sic et terram videmus ab
eo illuminari : non enim in profundum, ut aqua, nec per
totam, ut aer, dimittit radios : sed sicut circulus lunam
ambit, partemque ejus illuminandam describit; ita alius
terram circuit, partemque ejus definit; quam sol subinde
illustret, reliquo luminis experte : videtur enim aliquanto
major utriusque portio quæ illuminatur quam est semissis
globi. (9) Concedite vero mihi, ut hoc geometrice loquar ex
proportionum collatione. Si tria sunt quibus a sole lumen
accidit, terra, luna, aer, videmus tamen lunam non ut aerem, sed magis ut terram illuminari; necesse est similis esse
naturæ, quæ ab eadem re affici eodem modo solent.

XIX. Hic omnibus laudantibus Lucium, Præclare, inquam ego, qui pulchræ rationi pulchram adjecisti proportionem : non enim tuis et propriis laudibus es defraudandus.
(2) Tum subridens Lucius, Proinde, ait, denuo proportione
utamur, demonstrabimusque lunam terræ esse cognatam,
non eo tantum quia eadem a re eadem eodem afficiuntur
modo, sed et quia eandem rem eodem modo afficiunt. (3)
Etenim nihil eorum quæ circa solem fiunt, ita simile esse ejus
occasui, atque est defectus ipsius, conceditis, puto, mihi,
memores ejus coitus solis cum luna, qui nuper fuit, qui
statim sub meridiem incipiens, stellas in multis passim cœli
partibus lucentes ostendit; aerisque eam fecit temperiem,
qualis est incerta lux crepusculi : (4) si non concedetis,
Theon hic noster Mimnermum allegabit, et Cydiam, et
Archilochum, et præter hos Stesichorum ac Pindarum, qui
deplorant in defectibus *splendidissimum sibi eripi deum*,
et quasi *in medio die factam esse noctem*, radiosque solis
tenebroso (ferri) tramite : super omnes Homerum, qui
facies hominum nocte et caligine occupari ait, *solemque
et lunam de cœlo periisse* : idque fieri *alio mense desinente, alio incipiente*. (5) Reliqua puto subtilibus ex mathematica argumentis in perspicuam rationem deducta esse,
noctem esse umbram terræ, et defectum solis esse umbram
lunæ, quando visus noster in eam incidit. (6) Nam solem,

αὐτῇ γένηται. (6) Δυόμενος γάρ, ὑπὸ τῆς γῆς ἀντι-
φράττεται πρὸς τὴν ὄψιν· ἐκλιπὼν δέ, ὑπὸ τῆς σελήνης·
ἀμφότεραι δέ εἰσιν ἐπισκοτήσεις· * ἀλλ' ἡ μὲν δυτικὴ,
τῆς γῆς· ἡ δ' ἐκλειπτικὴ, τῆς σελήνης, τῇ σκιᾷ καταλαμβανούσης τὴν ὄψιν. (7) Ἐκ δὲ τούτων εὐθεώρητον
τὸ γινόμενον. Εἰ γὰρ ὅμοιον τὸ πάθος, ὅμοια τὰ
ποιοῦντα· τῷ γὰρ αὐτῷ τὰ αὐτὰ συμβαίνειν ὑπὸ τῶν
αὐτῶν ἀναγκαῖόν ἐστιν. (8) Εἰ δ' οὐχ οὕτω τὸ περὶ
τὰς ἐκλείψεις σκότος βύθιόν ἐστιν, οὐδὲ ὁμοίως τῇ νυκτὶ
πιέζει τὸν ἀέρα, μὴ θαυμάζωμεν· οὐσία μὲν γὰρ ἡ
αὐτὴ τοῦ τὴν νύκτα ποιοῦντος καὶ τοῦ τὴν ἔκλειψιν
σώματος. Μέγεθος δ' οὐκ ἴσον. (9) Ἀλλ' Αἰγυπτίους
μὲν ἑβδομηκοστόδυον οἶμαι φάναι μόριον εἶναι τὴν σελήνην, Ἀναξαγόραν δέ, ὅση Πελοπόννησος· Ἀρίσταρχος δὲ τὴν διάμετρον τῆς σελήνης λόγον ἔχουσαν ἀποδείκνυσιν, ὃς ἐλάττων μὲν ἢ ἑξήκοντα πρὸς δεκαεννέα,
μείζων δέ πως ἑκατὸν ὀκτὼ πρὸς τεσσαράκοντα τρία
ἐστίν. (10) Ὅθεν ἡ μὲν γῆ παντάπασι τῆς ὄψεως
τὸν ἥλιον ἀφαιρεῖται διὰ μέγεθος· μεγάλη γὰρ ἡ ἐπιπρόσθησις, καὶ χρόνον ἔχουσα τὸν τῆς νυκτός· ἡ δὲ
σελήνη κἂν ὅλον ποτὲ κρύψῃ τὸν ἥλιον, οὐκ ἔχει χρόνον οὐδὲ πλάτος ἡ ἔκλειψις, ἀλλὰ περιφαίνεταί τις αὐγὴ περὶ τὴν ἴτυν, οὐκ ἐῶσα βαθεῖαν γενέσθαι τὴν σκιὰν
καὶ ἄκρατον. (11) Ἀριστοτέλης δὲ ὁ παλαιὸς αἰτίαν
τοῦ πλεονάκις τὴν σελήνην ἐκλείπουσαν ἢ τὸν ἥλιον
καθορᾶσθαι, πρὸς ἄλλαις τισὶ καὶ ταύτην ἀποδίδωσιν·
ἥλιον γὰρ ἐκλείπειν σελήνης ἀντιφράξει, σελήνην δὲ **
(12) Ὁ δὲ Ποσειδώνιος ὁρισάμενος οὕτως τόδε τὸ πάθος, « ἔκλειψίς ἐστιν ἡλίου σύνοδος σκιᾶς σελήνης, ἧς
τὴν ἔκλειψιν ** » ἐκείνοις γὰρ μόνοις ἔκλειψίς ἐστιν, ὧν
ἂν ἡ σκιὰ τῆς σελήνης καταλαβοῦσα τὴν ὄψιν ἀντι-
φράξαι πρὸς τὸν ἥλιον· ὁμολογῶν δὲ σκιὰν τῆς σελήνης
φέρεσθαι πρὸς ἡμᾶς, οὐκ οἶδα ὅ τι λέγειν ἑαυτῷ κατα-
λέλοιπεν· ἄστρου δὲ σκιὰν ἀδύνατον γενέσθαι· τὸ γὰρ
ἀφώτιστον σκιὰ λέγεται· τὸ δὲ φῶς οὐ ποιεῖ σκιάν, ἀλλ'
ἀναιρεῖν πέφυκεν.

XX. Ἀλλὰ τί δὴ, ἔφη, μετὰ τοῦτο τῶν τεκμηρίων
ἐλέχθη; Κἀγὼ, Τὴν αὐτὴν, ἔφην, ἐλάμβανεν ἡ σελήνη ἔκλειψιν. (2) Ὀρθῶς, εἶπεν, ὑπέμνησας· ἀλλὰ δὴ
πότερον ὡς πεπεισμένων ὑμῶν, καὶ τιθέντων ἐκλείπειν
τὴν σελήνην ὑπὸ τοῦ σκιάσματος ἁλισκομένην, ἤδη
τρέπωμαι πρὸς τὸν λόγον, ἢ βούλεσθε μελέτην ποιήσω-
μαι καὶ ἀπόδειξιν ὑμῖν τῶν ἐπιχειρημάτων ἕκαστον
ἀπαριθμήσας; (3) Νὴ Δία, εἶπεν ὁ Θέων, τούτοις καὶ
ἐμμελέτησον· ἐγὼ δὲ καὶ πειθούς τινος δέομαι, ταύτῃ
μόνον ἀκηκοὼς, ὡς, ἐπὶ μίαν (μὲν) εὐθεῖαν τῶν τριῶν
σωμάτων γινομένων, γῆς καὶ ἡλίου καὶ σελήνης, αἱ
ἐκλείψεις συντυγχάνουσιν· ἡ γὰρ γῆ τῆς σελήνης, ἢ
πάλιν ἡ σελήνη τῆς γῆς ἀφαιρεῖται τὸν ἥλιον· ἐκλείπει
γὰρ οὗτος μὲν σελήνης, σελήνη δὲ γῆς ἐν μέσῳ τῶν
τριῶν ἱσταμένης· ὧν γίνεται τὸ μὲν ἐν συνόδῳ,
τὸ δ' ἐν διχομηνίᾳ. (4) Καὶ ὁ Λεύκιος ἔφη· Σχεδὸν μέντοι τῶν λεγομένων κυριώτατα ταῦτ' ἔστι· πρόσλαβε δὲ πρῶτον, εἰ βούλει, τὸν ἀπὸ τοῦ σχήματος

---

postquam occidit, videre ne possimus, terra interposita luminibus nostris officit : quum deficit, luna nostro visui aditum obstruit. Horum utrumque obscuratio est : sed occi-
duam terra, defectum luna facit, umbra sua visum tegendo.
(7) Ex his autem quid consequatur, facile potest intelligi.
Si enim similia sunt effecta, similes etiam sunt causæ ea efficientes : eidem enim eadem accidere ab iisdem, necessarium est. (8) Quod autem tenebræ in defectibus non sunt
ita profundæ, neque aer perinde atque noctu occupatur iis,
non est quod miremur. Est enim eadem substantia ejus
quod noctem, et ejus quod defectum efficit, corporis; magnitudine differunt. (9) Nam Ægyptii, nisi fallor, septua-
gies et bis contineri in terræ quantitate lunæ quantitatem
censent : Anaxagoras tantam pronunciavit lunam esse, quanta est Peloponnesus : Aristarchus proportionem diametri lunæ facit minorem quam sint sexaginta ad undeviginti, majorem aliquanto quam sint centum et octo ad quadraginta
et tria. (10) Unde fit ut terra prorsus solem conspectui
nostro subtrahat ob magnitudinem : magna est enim obstructio, et nocturno tempore durat. Luna autem, etiam si
totum aliquando occultet solem, tamen is defectus latitudine et tempore caret : sed quidam elucet splendor circa
orbitam, non sinens altam nimiamque fieri umbram. (11)
Aristoteles vero antiquus ille, cur luna sæpius quam sol deficere cernatur, causam inter alias etiam hanc posuit : quod
sol lunæ interjectu obscuretur, luna [terræ ; quæ quum multo major illa sit, sæpius illam obscurari]. (12) Posidonius autem sic definiens hanc affectionem, *Defectus est solis, coi-*
tus umbræ lunæ, cujus defectum ** his enim solis defectus est quorum inter visum et solem umbra lunæ interjici-
tur. Fatens autem umbram lunæ ad nos ferri, nescio quid
sibi ad dicendum reliqui fecerit : repugnans quippe est, a-
stri umbram exsistere : quum umbra dicatur id quod lumine
caret; at lumen umbram non facit, sed abolet suapte natura.

XX. Sed quodnam, inquit, post hæc fuit argumentum
allatum? Et ego, Eandem, inquam, luna defectus causam
accepit. (2) Recte, aiebat, admonuisti. Sed utrum, quasi
vobis persuasum ac decretum sit lunam deficere ab umbra
captam, jam ad propositam me convertam orationem? an
vultis ut, quasi exercitatione dicendi instituta, singulis recensendis argumentis demonstrationes proferam? (3)
Omnino, dicebat Theon, de his exercitationem institue.
Mihi vero etiam opus aliquo est qui persuadeat, quum id
duntaxat inaudiverim, quando in una linea sint tria corpora,
terra, sol, et luna, defectus contingere : tum enim aut terram lunæ aut vicissim lunam terræ solem adimere : hunc
lunâ, lunam terrâ in medio trium constitutâ deficere : illud
novæ tempore lunæ, hoc medio mense fieri. (4) Tum Lucius, Fere, inquit, hæc de dictis sunt potissima. Verum si
lubet, primo loco rationem ex umbræ figura ductam accipe.

τῆς σκιᾶς λόγον· ἔστι γὰρ κῶνος, ἅτε καὶ μεγάλου πυρὸς ἢ φωτὸς σφαιροειδοῦς ἐλάττονα, σφαιροειδῆ δὲ, περιβάλλοντος ὄγκον· (5) ὅθεν ἐν ταῖς ἐκλείψεσι τῆς σελήνης αἱ περιγραφαὶ τῶν μελαινομένων πρὸς τὰ λαμπρὰ τὰς ἀποτομὰς περιφερεῖς ἴσχουσιν· ἃς γὰρ ἂν στρογγύλον στρογγύλῳ προσμίξαν ἢ δέξηται τομὰς ἢ παράσχῃ, πανταχόσε χωροῦσαι, δι' ὁμοιότητα γίνονται κυκλοτερεῖς. (6) Δεύτερον οἶμαί σε γινώσκειν, ὅτι σελήνης μὲν ἐκλείπει πρῶτα μέρη τὰ πρὸς ἀπηλιώτην, ἡλίου δὲ τὰ πρὸς δύσιν, κινεῖται δὲ ἡ μὲν σκιὰ τῆς γῆς ἐπὶ τὴν ἑσπέραν ἀπὸ τῶν ἀνατολῶν, ἥλιος δὲ καὶ σελήνη τοὐναντίον ἐπὶ τὰς ἀνατολάς· * ταῦτα γὰρ ἰδεῖν τε παρέχει τῇ αἰσθήσει τὰ φαινόμενα, κἀκ λόγων οὐ πάνυ τι μακρῶν μαθεῖν ἐστιν· ἐκ δὲ τούτων ἡ αἰτία βεβαιοῦται τῆς ἐκλείψεως. (7) Ἐπεὶ γὰρ ἥλιος μὲν ἐκλείπει καταλαμβανόμενος, σελήνη δ' ἀπαντῶσα τῷ ποιοῦντι τὴν ἔκλειψιν, εἰκότως, μᾶλλον δ' ἀναγκαίως, ὁ μὲν ὄπισθεν ἁλίσκεται πρῶτον, ἡ δ' ἔμπροσθεν· (8) ἄρχεται γὰρ ἐκεῖθεν ἡ ἐπιπρόσθησις, ὅθεν πρῶτον (μὲν) ἐπιβάλλει τὸ ἐπιπροσθοῦν· ἐπιβάλλει δ' ἐκείνῳ μὲν ἀφ' ἑσπέρας ἡ σελήνη πρὸς αὐτὸν ἁμιλλωμένη, ταύτῃ δ' ἀπὸ τῶν ἀνατολῶν, ὡς πρὸς τοὐναντίον ὑποφερομένη. (9) Τρίτον τοίνυν ἔτι τὸ τοῦ χρόνου λάβε καὶ τὸ τοῦ μεγέθους τῶν ἐκλείψεων αὐτῆς. Ὑψηλὴ μὲν ἐκλείπουσα καὶ ἀπόγειος ὀλίγον ἀποκρύπτεται χρόνον, πρόσγειος δὲ καὶ ταπεινὴ αὐτὸ τοῦτο παθοῦσα, σφόδρα πιέζεται, καὶ βραδέως ἐκ τῆς σκιᾶς ἄπεισι· καίτοι ταπεινὴ μὲν οὖσα, τοῖς μεγίστοις χρῆται κινήμασιν, ὑψηλὴ δὲ τοῖς ἐλαχίστοις. (10) Ἀλλὰ τὸ αἴτιον ἐν τῇ σκιᾷ τῆς διαφορᾶς ἐστιν· εὐρυτάτη γὰρ οὖσα περὶ τὴν βάσιν, ὥσπερ οἱ κῶνοι, συστελλομένη τε κατὰ μικρὸν, εἰς ὀξὺ τῇ κορυφῇ καὶ λεπτὸν ἀπολήγει πέρας. (11) Ὅθεν ἡ σελήνη ταπεινὴ μὲν ἐμπεσοῦσα, τοῖς μεγίστοις λαμβάνεται κύκλοις ὑπ' αὐτῆς, καὶ διαπερᾷ τὸ βύθιον καὶ σκοτωδέστατον· ἄνω δὲ, οἷον ἐν τενάγει, διὰ λεπτότητα τοῦ σκιεροῦ χρανθεῖσα, ταχέως ἀπαλλάττεται. (12) Παρίημι δὲ ὅσα χωρὶς ἰδίᾳ πρὸς τὰς βάσεις καὶ τὰς διαφορήσεις ἐλέχθη· καὶ γὰρ ἐκεῖναι μέχρι γε τοῦ ἐνδεχομένου προσίενται τὴν αἰτίαν· ἀλλὰ ἐπανάγω πρὸς τὸν ὑποκείμενον λόγον, ἀρχὴν ἔχοντα τὴν αἴσθησιν. (13) Ὁρῶμεν γὰρ ὅτι πῦρ ἐκ τόπου σκιεροῦ διαφαίνεται καὶ διαλάμπει μᾶλλον, εἴτε παχύτητι τοῦ σκοτώδους ἀέρος, οὐ δεχομένου τὰς ἀποῤῥεύσεις καὶ διαχύσεις, ἀλλὰ συνέχοντος ἐν ταυτῷ τὴν οὐσίαν καὶ σφίγγοντος· εἴτε τῆς αἰσθήσεως τοῦτο πάθος ἐστὶν, ὡς τὰ θερμὰ παρὰ τὰ ψυχρὰ θερμότερα, καὶ τὰς ἡδονὰς παρὰ τοὺς πόνους σφοδροτέρας, οὕτω τὰ λαμπρὰ φαίνεσθαι παρὰ τὰ σκοτεινὰ φανερὰ, τοῖς διαφόροις πάθεσιν ἀντεπιτείνοντα τὴν φαντασίαν. (14) Ἔοικε δὲ πιθανώτερον εἶναι τὸ πρότερον· ἐν γὰρ ἡλίῳ πᾶσα πυρὸς φύσις οὐ μόνον τὸ λαμπρὸν ἀπόλλυσιν, ἀλλὰ τῷ εἴκειν γίνεται δύσεργος καὶ ἀμβλυτέρα· σκίδνησι γὰρ ἡ θερμότης καὶ διαχέει τὴν δύναμιν. (15) Εἴπερ οὖν ἡ σελήνη πυρὸς εἴληχε βληχροῦ καὶ ἀδρανοῦς, ἄστρον οὖσα θολερώτερον, ὥσ-

---

Est enim conus sive turbo ; quippe quum magnus ignis lumenve globi formam habens, *minorem, sed ipsam quoque* globosam amplectatur molem. (5) Itaque in defectibus lunæ circumscriptiones eorum quæ obscurantur, quibus a lucidis distinguuntur, circulares sunt : nam quascumque teres tereti accidens præbuerit, aut ab eo acceperit, sectiones, quaquaversum ductæ, sunt omnes rotundæ ob similitudinem. (6) Secundo loco id te arbitror intelligere, lunæ partes eas primum lumine destitui, quæ ad subsolanum spectant; solis eas, quæ ad occasum ; moveri autem umbram terræ ab ortu versus occasum, solem et lunam, contra, versus ortum. Hæc et sensus deprehendere potest in iis quæ apparent, et rationibus haud prolixis queunt perdisci. Ex his autem causa defectuum confirmatur. (7) Quoniam enim sol deficit deprehensus, luna autem occurrens ei, quod ipsam lumine privat : convenienter, imo autem necessario, ille a posteriore parte primum invaditur, hæc a priore : (7) hinc enim incipit obstructio, unde primum ingruit id quod obstruit lumini. Ingruit autem soli luna ab occasu, in eodem itinere cum illo certans, lunæ umbra ab ortu, ut in oppositam tendenti partem. (9) Tertium jam accipito temporis et magnitudinis defectuum rationem. Etenim luna quando sublimis et a terra longius distans deficit, non diu hæret in tenebris : quum vero humilis et terræ vicina in umbram incidit, admodum premitur et tarde ex ea emergit. Et quidem humilis celerius ; sublimis tardius movetur. (10) Sed causa discriminis in umbra est : quæ latissima circa basin seu fundum, quippe conus, paullatimque se in verticem acuens, in exilem desinit apicem. (11) Itaque luna humilis in eam incidens, maximis ejus circulis capitur, profundamque et caliginosissimam partem pertransit : superne autem veluti in vado ob tenuitatem umbræ stricta, celeriter discedit. (12) Omitto autem quæ seorsum et peculiariter de basi et transitu dicta sunt : quanquam, quoad ejus fieri potest, rationem admittunt : sed refero me ad propositam orationem, cujus principium a sensibus profectum est. (13) Videmus enim ignem ex umbroso loco magiseffulgere ac lucere : sive ob crassitiem aeris caliginosi, qui splendorem diffluere et dissipari non sinit, sed ejus substantiam continet atque cohibet : sive ea sensus est affectio, quomodo calida frigidis apposita calidiora, et voluptates juxta dolores fiunt vehementiores ; ita splendida juxta tenebrosa magis fulgeant, ob diversas affectiones in contrarias partes intenta imaginatione. (14) Videtur autem prius illud esse probabilius. In sole enim omnis natura ignis non modo fulgorem suum amittit, sed concedendo etiam languidior et obtusior fit : dissipat enim calor ac diffundit ejus vim. (15) Si ergo luna ignem sortita est imbecillum et inefficacem, utpote stella, ut ipsi aiunt, turbidior ; nihil eorum

περ αὐτοὶ λέγουσιν, οὐθὲν ὧν πάσχουσα φαίνεται νῦν,
ἀλλὰ τὰ ἐναντία πάντα πάσχειν αὐτὴν προσῆκόν ἐστι,
ραίνεσθαι μὲν ὅτε κρύπτεται, κρύπτεσθαι δὲ ὁπηνίκα
φαίνεται· τουτέστι, κρύπτεσθαι μὲν τὸν ἄλλον χρόνον
5 ὑπὸ τοῦ περιέχοντος αἰθέρος ἀμαυρουμένην, ἐκλάμπειν
δὲ καὶ γίνεσθαι καταφανῆ δι' ἓξ μηνῶν, καὶ πάλιν διὰ
πέντε τῇ σκιᾷ τῆς γῆς ὑποδυομένην. (16) Αἱ γὰρ πέντε
καὶ ἑξήκοντα καὶ τετρακόσιαι περίοδοι τῶν ἐκλειπτικῶν
πανσελήνων, τὰς τέσσαρας καὶ τετρακοσίας ἑξαμήνους
10 ἔχουσι, τὰς δ' ἄλλας πενταμήνους. (17) Ἔδει τοίνυν
διὰ τοσούτων χρόνων φαίνεσθαι τὴν σελήνην ἐν τῇ σκιᾷ
λαμπρυνομένην· ἡ δὲ ἐν [τῇ σκιᾷ] μὲν ἐκλείπει καὶ
ἀπόλλυσι τὸ φῶς, ἀναλαμβάνει δ' αὖθις, ὅταν ἐκφύγῃ
τὴν σκιάν, καὶ φαίνεταί γε πολλάκις ἡμέρας, ὡς πάν-
15 τα μᾶλλον ἢ πύρινον οὖσα σῶμα καὶ ἀστεροειδές.

XXI. Εἰπόντος δὲ τοῦτο τοῦ Λευκίου, συνεξέδρα-
μον ἅμα πως τῷ [λόγῳ] ὅ τε Φαρνάκης καὶ ὁ Ἀπολ-
λωνίδης· εἶτα τοῦ Ἀπολλωνίδου παρέντος, ὁ Φαρνάκης
εἶπεν, ὅτι τοῦτο καὶ μάλιστα τὴν σελήνην δείκνυσιν
20 ἄστρον ἢ πῦρ οὖσαν· οὐ γάρ ἐστι παντελῶς ἄδηλος ἐν
ταῖς ἐκλείψεσιν, ἀλλὰ διαφαίνει τινὰ χρόαν ἀνθρακώδη
καὶ βλοσυράν, ἥτις ἴδιός ἐστιν αὐτῆς. (2) Ὁ δ' Ἀπολλωνίδης ἐνέστη περὶ τῆς σκιᾶς· ἀεὶ γὰρ οὕτως ὀνομάζειν τοὺς μαθηματικοὺς τὸν ἀλαμπῆ τόπον, σκιάν τε μὴ
25 δέχεσθαι τὸν οὐρανόν. (3) * Ἐγὼ δὲ τοῦτο μὲν, ἔφην,
πρὸς τοὔνομα μᾶλλον ἐριστικῶς, ἢ πρὸς τὸ πρᾶγμα
φυσικῶς καὶ μαθηματικῶς ἐνισταμένου· τὸν γὰρ ἀντι-
φραττόμενον ὑπὸ τῆς γῆς τόπον εἰ μὴ σκιάν τις ἐθέλοι
καλεῖν, ἀλλ' ἀφεγγὲς χωρίον, ὅμως ἀναγκαῖον ἐν αὐτῷ
30 τὴν σελήνην γενομένην ** (4) Καὶ ὅλως, ἔφην, εὔηθές
ἐστιν, ἐκεῖ μὴ φάναι τῆς γῆς ἐξικνεῖσθαι τὴν σκιάν,
[ὅπου] ἡ σκιὰ τῆς σελήνης ἐπιπίπτουσα τῇ ὄψει, καὶ
[διήκουσα] πρὸς τὴν γῆν, ἔκλειψιν ἡλίου ποιεῖ. (5)
Πρὸς σὲ δὲ, ὦ Φαρνάκη, τρέψομαι· τὸ γὰρ ἀνθρακῶ-
35 δες ἐκεῖνο καὶ διακαὲς χρῶμα τῆς σελήνης, ὃ φῂς ἴδιον
αὐτῆς εἶναι, σώματός ἐστι πυκνότητα καὶ βάθος ἔχον-
τος· οὐθὲν γὰρ ἐθέλει τοῖς ἀραιοῖς ὑπόλειμμα φλογὸς
οὐδ' ἴχνος ἐμμένειν, οὐδ' ἔστιν ἄνθρακος γένεσις, οὗ μὴ
στερέμνιον σῶμα, δεξάμενον διὰ βάθους τὴν πύρωσιν
40 καὶ σῶζον· ὅς που καὶ Ὅμηρος εἴρηκεν,

> Αὐτὰρ ἐπεὶ πυρὸς ἄνθος ἀπέπτατο, παύσατο δὲ φλόξ
> ἀνθρακιὴν στορέσασα.

(6) Ὁ γὰρ ἄνθραξ ἔοικεν οὐ πῦρ ἀλλὰ σῶμα πεπυρωμένον εἶναι, καὶ πεπονθὸς ὑπὸ πυρός, στερεῷ καὶ ῥίζαν
45 ἔχοντι προσμένοντος ὄγκῳ καὶ προσδιατρίβοντος· αἱ δὲ
φλόγες ἀραιᾶς εἰσὶν ἔξαψις καὶ ῥεύματα τροφῆς καὶ
ὕλης, ταχὺ δι' ἀσθένειαν ἀναλυομένης· ὥστ' οὐδὲν ἂν
ὑπῆρχε τοῦ γεώδη καὶ πυκνὴν εἶναι τὴν σελήνην ἕτερον
οὕτως ἐναργὲς τεκμήριον, εἴπερ αὐτῆς ἴδιον ἦν, ὡς
50 χρῶμα, τὸ ἀνθρακῶδες. (7) Ἀλλ' οὐκ ἔστιν, ὦ φίλε
Φαρνάκη· πολλὰς γὰρ ἐκλείπουσα χρόας ἀμείβει, καὶ
διαιροῦσιν αὐτὰς οὕτως οἱ μαθηματικοὶ κατὰ χρόνον
καὶ ὥραν ἀφορίζοντες· ἂν ἀφ' ἑσπέρας ἐκλείπῃ, φαίνεται

---

quæ accidere ei videmus, sed contraria omnia evenire par
fuit : nimirum ut videretur, quando nunc occultatur; occul-
taretur, quando apparet : hoc est, reliquo tempore occultari
debebat, ab æthere continente obscurata, effulgere autem
et splendere per sex menses, rursumque alios quinque,
quando sub umbram terræ subit. (16) Nam illi quadringenti sexaginta et quinque circuitus eclipticorum pleniluniorum, quadringentos et quattuor habent sex mensibus singulos, reliquos quinque mensibus constantes. (17) Post
tanta igitur temporum intervalla oportebat lunam apparere
in umbra splendentem. At ea in umbra quidem lumen
suum amittit; recuperat autem illud, postquam umbram
effugit. Et sane interdiu sæpenumero apparet : ut quidvis
potius quam igneum et sidereum corpus existimari debeat.

XXI. Hoc ubi dixit Lucius, provolaverunt simul quodammodo ad impugnanda istæc Pharnaces et Apollonides. Et
concedente dicendi partes Apollonide, Pharnaces : Hoc
ipsum, inquit, maxime ostendit lunam astrum esse, aut
ignem. Non enim prorsus latet in defectibus, sed effulget
colore quodam prunam referente et terribili, qui ejus est
proprius. (2) Apollonides autem instabat adversus umbram,
inquiens sic semper a mathematicis dici locum qui nulla illustratur luce : tum umbram a cælo non admitti. (3) Hoc vero,
aiebam, est contra nomen potius sophistice, quam in rem
physice aut mathematice disputantis. Eum enim infra terram locum, ad quem aditus lumini est obstructus, si umbram quis dicere nolit, sed luminis vacuam regionem, tamen
necesse est lunam quando eo pervenit [obscurari]. (4) Atque
omnino, dicebam, fatuum est negare umbram terræ eo
pertingere, quum tamen umbra lunæ incidens visui, et
pertingens ad terram, defectum solis faciat. (5) Nunc me
ad te, Pharnaca, convertam. Color enim illæ prunæ similis et ardens lunæ, quem ejus proprium esse inquis, corporis est densitate et profunditate præditi : nullæ enim reliquiæ, nullum vestigium flammæ in raris permanet corporibus, nec prunæ fiunt, ubi non aliquod solidum corpus subjicitur, quod vim ignis alte admissam servet : sicut et Homerus alicubi ait :

> Exstincto postquam sed flamma evanuit igne,
> substravit prunas.

(6) Non enim ignis, sed corpus ignitum videtur pruna, ab
igni affecta res, qui in corpore solido et radicem habente
permaneat ac duret : flammæ autem, rari nutrimenti, et
materiæ celeriter ob infirmitatem consumtæ, incendium ac
fluxus sunt. Itaque lunam terrenam esse et densam vix
ullo alio æque evidenti argumento ostendi poterat : si quidem pruneus ille color ejus esset proprius. (7) Sed non
est, mi Pharnaca : videmus enim lunam deficientem alias
alium colorem sumere ; quos mathematici temporis ratione
sic discernunt : si sub vesperam luna deficit, horribiliter

μέλαινα δεινῶς ἄχρι τρίτης ὥρας καὶ ἡμισείας· ἂν δὲ
μέσῃ, τοῦτο δὴ τὸ ἐπιφοινίσσον ἵησι (καὶ πῦρ)καὶ πυ-
ρωπόν· ἀπὸ δὲ ἑβδόμης ὥρας καὶ ἡμισείας, ἀνίσταται
τὸ ἐρύθημα· καὶ τέλος ἤδη πρὸς ἕω λαμβάνει χρόαν κυ-
ανοειδῆ καὶ χαροπὴν, ἀφ' ἧς δὴ καὶ μάλιστα Γλαυκῶ-
πιν αὐτὴν οἱ ποιηταὶ καὶ Ἐμπεδοκλῆς ἀνακαλοῦνται.
(8) Τοσαύτας οὖν χρόας ἐν τῇ σκιᾷ τὴν σελήνην λαμβάνουσαν ὁρῶντες, οὐκ ὀρθῶς ἐπὶ μόνον καταφέρονται
τὸ ἀνθρακῶδες, ὃ μάλιστα φήσαι τις ἂν ἀλλότριον αὐτῆς εἶναι, καὶ μᾶλλον ὑπόμιγμα καὶ λεῖμμα τοῦ φωτὸς
διὰ τῆς σκιᾶς περιλάμποντος· ἴδιον δὲ τὸ μέλαν καὶ
γεῶδες. (9) Ὅπου δὲ πορφυρίσιν ἐνταῦθα καὶ φοινι-
κίσι, λίμναις τε καὶ ποταμοῖς δεχομένοις ἥλιον ἐπίσκια
χωρία γειτνιῶντα συγχρώζεται καὶ περιλάμπεται, διὰ
τὰς ἀνακλάσεις ἀποδιδόντα πολλοὺς καὶ διαφόρους ἀπαυ-
γασμούς, τί θαυμαστὸν εἰ ῥεῦμα πολὺ σκιᾶς ἐμβάλλον
ὥσπερ εἰς πέλαγος οὐράνιον οὐ σταθεροῦ φωτὸς οὐδ'
ἠρεμοῦντος, ἀλλὰ μυρίοις ἄστροις ἐλαυνομένου, μίξεις
τε παντοδαπὰς καὶ μεταβολὰς λαμβάνοντος, ἄλλην
ἄλλοτε χρόαν ἐκματτόμενον ἀπὸ τῆς σελήνης ἐνταῦθα
ἀποδίδωσιν; (10) Ἄστρον μὲν γὰρ ἢ πῦρ οὐκ ἂν ἐν
σκιᾷ διαφανείη μέλαν, ἢ γλαυκὸν ἢ κυανοειδές· ὄρεσι
δὲ καὶ πεδίοις καὶ θαλάσσαις πολλαὶ μὲν ἀφ' ἡλίου
μορφαὶ χρωμάτων ἐπιτρέχουσι, καὶ σκιαῖς καὶ ὁμίχλαις, οἵας φαρμάκοις γραφικοῖς μιγνύμενον ἐπάγει
βαφὰς τὸ λαμπρόν· (11) ὧν τὰ μὲν τῆς θαλάττης ἐπι-
κεχείρηκεν ἀμωσγέπως ἐξονομάζειν Ὅμηρος, ἰοειδέα
καλῶν καὶ οἴνοπα πόντον, αὖθις δὲ πορφύρεον κῦμα,
γλαυκήν τ' ἄλλως θάλασσαν, καὶ λευκὴν γαλήνην· τὰς
δὲ περὶ τὴν γῆν διαφορὰς τῶν ἄλλοτε ἄλλως ἐπιφαινο-
μένων χρωμάτων παρῆκεν, ὡς ἀπείρους τὸ πλῆθος οὔσας. (12) Τὴν δὲ σελήνην οὐκ εἰκὸς, ὥσπερ τὴν θάλασσαν, μίαν ἔχειν ἐπιφάνειαν, ἀλλ' ἐοικέναι μάλιστα
τῇ γῇ τὴν φύσιν, ἣν ἐμυθολόγει Σωκράτης ὁ παλαιός,
εἴτε δὴ ταύτην αἰνιττόμενος, * εἴτε δὴ ἄλλην τινὰ διη-
γούμενος· οὐ γὰρ ἄπιστον οὐδὲ θαυμαστὸν, εἰ μηδὲν
ἔχουσα διεφθορὸς [ἐν] ἑαυτῇ μηδ' ἰλυῶδες, ἀλλὰ φῶς τε
καρπουμένη καθαρὸν ἐξ οὐρανοῦ, καὶ θερμότητος οὐ
διακαοῦς οὐδὲ μανικοῦ πυρὸς, ἀλλὰ νοτεροῦ καὶ ἀβλαβοῦς καὶ κατὰ φύσιν ἔχοντος οὖσα πλήρης, κάλλη τε
θαυμαστὰ κέκτηται τόπων, ὄρη τε φλογοειδῆ, καὶ
ζώνας ἁλουργοὺς ἔχει, χρυσόν τε καὶ ἄργυρον, οὐκ ἐν
βάθει διεσπαρμένον, ἀλλὰ πρὸς τοῖς πεδίοις ἐξανθοῦντα
πολὺν, ἢ πρὸς ὕψεσι λείοις περιφερόμενον. (13) Εἰ
δὲ τούτων ὄψις ἀφικνεῖται διὰ τῆς σκιᾶς ἄλλοτε ἄλλη
πρὸς ἡμᾶς, ἐξαλλαγῇ καὶ διαφορᾷ τινι τοῦ περιέχοντος,
τό γε μὴν τίμιον οὐκ ἀπόλλυσι τῆς δόξης οὐδὲ τὸ θεῖον
ἡ σελήνη, ἥτις ** ἱερὰ πρὸς ἀνθρώπων νομιζομένη,
μᾶλλον ἢ πῦρ θολερὸν, ὥσπερ οἱ Στωϊκοὶ λέγουσι, καὶ
τρυγῶδες. (14) Πῦρ μέν γε παρὰ Μήδοις καὶ Ἀσσυ-
ρίοις βαρβαρικὰς ἔχει τιμὰς, οἳ φόβῳ τὰ βλάπτοντα
θεραπεύουσι πρὸ τῶν σεμνῶν ἀφοσιούμενοι· τὸ δὲ γῆς
ὄνομα παντί που φίλον Ἕλληνι καὶ τίμιον, καὶ πατρῷον
ἡμῖν ὥσπερ ἄλλον τινὰ θεὸν σέβεσθαι. (15) Πολλοῦ δὲ

nigra apparet usque ad horam tertiam et supra semissem
horæ; si media nocte, tunc istum puniceum et igneum sive
igni similem colorem edit; a septima hora et semisse rubor
ostenditur; versus auroram jam cæruleum cæsiumque vultum sumit, a quo eam potissimum poetæ et Empedocles
glaucopin, id est cæsiam, appellant. (8) Proinde quum
videant lunam in umbra tot colores asciscere, non recte illi
arripiunt pruneum: quem potissimum aliquis alienum ab
ea esse dixerit, ac mixturam potius luminis deficientis et
per umbram enitentis: proprium vero, nigrum et terrestrem. (9) Jam quum hic solis radios excipientibus purpu-
reis aut puniceis vestibus, paludibus item et fluviis, umbrosa viciniæ loca colorem istorum æmulentur, et ob omnigenas reflexiones multiplicibus illustrentur splendoribus,
quid mirum res habet, si copiosus umbræ fluxus veluti in
pelagus cœleste incidens non stabilis aut quiescentis luminis,
sed ab innumeris exagitati astris, variasque mixtiones et
mutationes in se admittentis, alium alias colorem a luna
expressum huc refert? (10) Stella enim, aut ignis in umbra
nunquam videbitur nigro, glauco, aut cæruleo colore: montibus vero, et campis ac maribus multæ a sole colorum formæ inferuntur, umbrisque et nebulis, eum fere in modum
quo pictorum coloribus tincturas affert admistus candor.
(11) Et maris quidem colores conatus est Homerus utcumque nominibus exponere, mare *violæ*, vinique *rubri specie*
præditum dicens, et alibi *glaucum*, undam *purpuream*,
tranquillitatem *album*: quæ vero terræ accidunt diversitates colorum, alias aliter accidentium, omisit; quod nimirum
immensus eorum esset numerus. (12) Ceterum lunam probabile non est eandem ac mare habere superficiem; sed
natura terræ cognatissimam esse ei, quam priscus iste Socrates fabulose protulit, sive per ambages lunam significans,
sive de alia quadam mentionem faciens. Nihil enim vel incredibile est, vel mirabile, si luna quum nihil in se corruptum, nihil cœnosum habeat, et ex cœlo luminis puri fructum, caloremque non immodicum aut sævum percipiat,
sed humectum et innoxium et ipsius naturæ convenientem,
in se pulchritudines locorum admirabiles, montes flam-
meos, ac cingula habet purpurea, aurumque et argentum
non in profundo dispersa, sed quæ in planitiebus copiose
efflorescant, aut in collibus lævibus circumferantur. (13)
Quodsi horum deinde simulacra ad nos per umbram alias
alia continentis aeris mutatione diverse efferantur; non tamen idcirco divinitatis opinionem et venerationem luna
amittit: quæ semper sacra ab hominibus habita est potius
quam fæculentus, de sententia Stoicorum, ignis et turbidus.
(14) Ignis quidem apud Medos et Assyrios barbaricis colitur
honoribus: qui damnosa potius præ metu venerantur quam
venerabilia, non ex animo facientes rem sacram. At vero
Terræ nomen nemini non Græcorum habetur carum et venerabile: et avitum nobis est ei, ut aliis quoque diis, divinos
honores deferre. (15) Longe vero ab eo absumus, nimirum

δέομεν ἄνθρωποι τὴν σελήνην, γῆν οὖσαν ὀλυμπίαν, ἄψυχον ἡγεῖσθαι σῶμα καὶ ἄνουν καὶ ἄμοιρον ὧν θεοῖς ἀπάρχεσθαι προσήκει, νόμῳ τε τῶν ἀγαθῶν ἀμοιβὰς τίνοντας, καὶ κατὰ φύσιν σεβομένους τὸ κρεῖττον ἀρετῇ
5 καὶ δυνάμει καὶ τιμιώτερον. (16) Ὥστε μηδὲν οἰόμεθα πλημμελεῖν γῆν αὐτὴν θέμενοι, τὸ δὲ φαινόμενον τουτὶ πρόσωπον αὐτῆς, ὥσπερ ἡ παρ' ἡμῖν ἔχει γῆ κόλπους τινὰς μεγάλους, οὕτως ἐκείνην ἀνεπτύχθαι βάθεσι μεγάλοις καὶ ῥήξεσιν ὕδωρ ἢ ζοφερὸν ἀέρα περιέχουσιν,
10 ὧν ἐντὸς οὐ καθίησιν οὐδ' ἐπιψαύει τὸ τοῦ ἡλίου φῶς, ἀλλ' ἐκλείπει, καὶ διεσπασμένην ἐνταῦθα τὴν ἀνάκλασιν ἀποδίδωσιν.

XXII. Ὑπολαβὼν δὲ ὁ Ἀπολλωνίδης, Εἶτα, ὦ πρὸς αὐτῆς, ἔφη, τῆς σελήνης, δυνατὸν εἶναι δοκεῖ ὑμῖν,
15 ῥηγμάτων τινῶν ἢ φαράγγων εἶναι σκιάς, κἀκεῖθεν ἀφικνεῖσθαι δεῦρο πρὸς τὴν ὄψιν, ἢ τὸ συμβαῖνον οὐ λογίζεσθε, κἀγὼ τουτὶ εἴπω; ἀκούοιτε δὲ, καίπερ οὐκ ἀγνοοῦντες. (2) Ἡ μὲν διάμετρος τῆς σελήνης δυοκαίδεκα δακτύλους ἔχει, τὸ φαινόμενον ἐν τοῖς μέσοις
20 ἀποστήμασι μέγεθος· τῶν δὲ μελάνων καὶ σκιερῶν ἕκαστον ἡμιδακτυλίου φαίνεται μεῖζον, ὥστε τῆς διαμέτρου μεῖζον ἢ εἰκοστοτέταρτον εἶναι. (3) Καὶ μὴν, εἰ μόνων ὑποθοίμεθα τὴν περίμετρον τῆς σελήνης τρισμυρίων σταδίων, μυρίων δὲ τὴν διάμετρον, κατὰ τὸ
25 ὑποκείμενον, οὐκ ἔλαττον ἂν εἴη πεντακοσίων σταδίων ἐν αὐτῇ τῶν σκιερῶν ἕκαστον. (4) Ὅρα δὴ πρῶτον, ἂν ᾖ δυνατόν, τῇ σελήνῃ τηλικαῦτα βάθη καὶ τηλικαύτας εἶναι τραχύτητας, ὥστε σκιὰν ποιεῖν τοσαύτην· ἔπειτα πῶς οὖσαι τηλικαῦται τὸ μέγεθος ὑφ' ἡμῶν οὐχ
30 ὁρῶνται. (5) Κἀγὼ μειδιάσας πρὸς αὐτόν, Εὖγε, ἔφην, ὅτι τοιαύτην ἐξεύρηκας ἀπόδειξιν, ὦ Ἀπολλωνίδη, δι' ἧς κἀμὲ καὶ σαυτὸν ἀποδείξεις τῶν Ἀλωαδῶν ἐκείνων μείζονας εἶναι, οὐκ ἐν ἅπαντι μέντοι χρόνῳ τῆς ἡμέρας, ἀλλὰ πρωῒ μάλιστα καὶ δείλης, εἰ οἴει, τὰς
35 σκιὰς ἡμῶν τοῦ ἡλίου ποιοῦντος ἠλιβάτους, τὸν καλὸν τοῦτο αἰσθήσει παρέχειν συλλογισμόν, ὡς, εἰ μέγα τὸ σκιαζόμενον, ὑπερμέγεθες τὸ σκιάζον. (6) Ἐν Λήμνῳ μὲν οὐδέτερος ἡμῶν εὖ οἶδ' ὅτι γέγονε, τουτὶ μέντοι τὸ τεθρυλημένον ἰαμβεῖον ἀμφότεροι πολλάκις ἀκηκόα-
40 μεν,

     Ἄθως καλύψει πλευρὰ Λημνίας βοός·

ἐπιβάλλει γὰρ ἡ σκιὰ τοῦ ὄρους, ὡς ἔοικε, χαλκέῳ τινὶ βοϊδίῳ, * μῆκος ἀποτείνουσα διὰ τῆς θαλάττης οὐκ ἔλαττον ἑπτακοσίων σταδίων, [**] τὸ κατασκιάζον ὕψος
45 εἶναι διὰ τὴν αἰτίαν· ὅτι πολλαπλασίους αἱ τοῦ φωτὸς ἀποστάσεις τῶν σωμάτων τὰς σκιὰς ποιοῦσι. (7) Δεῦρο δὴ θεῶ καὶ τῆς σελήνης· ὅτε πάμμηνός ἐστι καὶ μάλιστα τὴν ἰδέαν ἔναρθρον τοῦ προσώπου βαθύτητι τῆς σκιᾶς ἀποδίδωσι, τὸ μέγιστον ἀπέχοντα διάστημα τὸν
50 ἥλιον· ἡ γὰρ ἀπόστασις τοῦ φωτὸς αὐτὴ τὴν σκιὰν μεγάλην, οὐ τὰ μεγέθη τῶν ὑπὲρ τὴν σελήνην ἀνωμαλιῶν, πεποίηκε. (8) Καὶ μὴν οὐδὲ τῶν ὀρῶν τὰς ὑπεροχὰς ἐῶσι μεθ' ἡμέραν αἱ περιαυγαὶ τοῦ ἡλίου καθορᾶσθαι,

homines, ut lunam, quæ cœlestis est terra, existimemus animæ mentisque et eorum exsortem, propter quæ diis primitias convenit offerri : sed et, secundum leges ei beneficiorum gratiam rependimus, et jure naturæ veneramur id quod virtute, potentia ac dignitate humanam excedit conditionem. (16) Quare nihil nos peccare arbitramur, dum eam terream statuimus ; et faciem apparentem exsistere inde, quod, sicut nostra terra sinus habet quosdam magnos, ita luna quoque profunditatibus et rupturis magnis sit aperta, aquam aut aerem caliginosum continentibus, in quas sol suo lumine non penetret, sed eas deserens, reflexionem dissipatam huc deferat.

XXII. Excipiens hic sermonem Apollonides, Ergone, inquit, per ipsam vos obtestor Lunam, fieri hoc vobis videtur posse ut rupturarum quarumdam aut convallium umbræ sint, quæ huc et usque ad nostrum visum pertingant? aut non ratiocinamini quid inde sequatur? an vero id vobis ego dicam? Audiatis igitur, quanquam non ignoratis ipsi. (2) Lunæ diameter duodecim digitorum magnitudine apparet in mediis distantiis : nigrarum autem et umbrosarum macularum unaquælibet semisse digiti major videtur, ita ut amplius sit quam semuncia diametri. (3) Jam si circuitum ponamus lunæ duntaxat triginta millia stadiorum, diametrum decem millia ; ex proposito, in ea unumquodque umbrosorum diametrum habebit quingentis stadiis ampliorem. (4) Primum ergo vide an in luna possint tanti hiatus, tantæ asperitates esse, ut tantam umbram faciant : deinde tantæ quum sint, cur a nobis non cernantur. (5) Ego hic renidens, Bene tu, inquam, Apollonida, qui talem nobis inveneris demonstrationem, qua et me et te evincas majores Aloidis esse istis; non quidem quovis diei tempore, sed mane potissimum ac vesperi, quum sol umbras nostras facit immensas, si putas illud hanc præclaram subjicere nostro sensui ratiocinationem, *si magnum est quod umbra tegitur, ingens est quod umbram creat.* (6) In Lemno neutrum nostrûm fuisse, liquido novi : tamen ambo pervulgatum hoc iambicum sæpe audivimus,

     Athos obumbrat terga Lemniæ bovis :

incidit enim, ut perhibetur, montis umbra buculæ æneæ, per mare in longum porrecta haud paucioribus septingentis stadiis. [Tu igitur potius] obumbrantis altitudinem esse in causa putabis, quam obliquam distantiam luminis, quæ corporum umbras multis partibus augeat. (7) Id ergo hic etiam in luna contemplare, quando in plenilunio maxime expressam faciei imaginem exhibet ob profunditatem umbræ, longissime tunc a sole dissita : nam obliqua distantia luminis ipsa, non magnitudo inæqualitatum, quæ sunt in luna, magnam umbram efficit. (8) Quin etiam montium eminentias solis radii non sinunt interdiu conspici, quum

τὰ μέντοι βαθέα καὶ κοῖλα φαίνεται καὶ σκιώδη πόρρωθεν. Οὐδὲν οὖν ἄτοπον, εἰ καὶ τῆς σελήνης τὴν ἀντίληψιν καὶ τὸν ἐπιφωτισμὸν οὐκ ἔστι καθορᾶν ἀκριβῶς,
αἱ δὲ τῶν σκιερῶν παραθέσεις παρὰ τὰ λαμπρὰ τῇ
5 διαφορᾷ τὴν ὄψιν οὐ λανθάνουσιν.

XXIII. Ἀλλ' ἐκεῖνο μᾶλλον, ἔφην, ἐλέγχειν δοκεῖ
τὴν λεγομένην ἀνάκλασιν ἀπὸ τῆς σελήνης, ὅτι τοὺς
ἐν ταῖς ἀνακλωμέναις αὐγαῖς ἑστῶτας οὐ μόνον συμβαίνει τὸ φωτιζόμενον ὁρᾶν, ἀλλὰ καὶ τὸ φωτίζον. (2)
10 Ὅταν γὰρ, αὐγῆς ἀφ' ὕδατος πρὸς τοῖχον ἁλλομένης,
ὄψις ἐν αὐτῷ τῷ πεφωτισμένῳ κατὰ τὴν ἀνάκλασιν
τόπῳ γένηται, τὰ τρία καθορᾷ, τήν τ' ἀνακλωμένην
αὐγὴν, καὶ τὸ ποιοῦν ὕδωρ τὴν ἀνάκλασιν, καὶ τὸν
ἥλιον αὐτὸν, ἀφ' οὗ τὸ φῶς τῷ ὕδατι προσπῖπτον ἀνα-
15 κέκλασται. (3) Τούτων δὲ ὁμολογουμένων καὶ φαινομένων, κελεύουσι τοὺς ἀνακλάσει φωτίζεσθαι τὴν γῆν
ὑπὸ τῆς σελήνης ἀξιοῦντας, ἐπιδεικνύναι νύκτωρ ἐμ-
φαινόμενον τῇ σελήνῃ τὸν ἥλιον, ὥσπερ ἐμφαίνεται τῷ
ὕδατι μεθ' ἡμέραν, ὅταν ἀνάκλασις ὑπ' αὐτοῦ γένηται·
20 μὴ φαινομένου δὲ τούτου, κατ' ἄλλον οἴονται τρόπον,
οὐκ ἀνακλάσει, γίνεσθαι τὸν φωτισμόν· εἰ δὲ μὴ τοῦτο,
μηδὲ γῆν εἶναι τὴν σελήνην. (4) Τί οὖν, ἔφη, πρὸς
αὐτοὺς λεκτέον, ὁ Ἀπολλωνίδης; κοινὰ γὰρ ἔοικε καὶ
πρὸς ἡμᾶς εἶναι τὰ τῆς ἀνακλάσεως. (5) Ἀμέλει τρό-
25 πον τινὰ, ἔφην ἐγὼ, κοινά, τρόπον δ' ἄλλον οὐδὲ κοινά·
πρῶτον δὲ ὅρα τὰ τῆς εἰκόνος, ὡς ἄνω ποταμῶν καὶ
τραπὲν πάλιν λαμβάνουσιν. (6) Ἐπὶ γῆς γάρ ἐστι καὶ
κάτω τὸ ὕδωρ· ὑπὲρ γῆς δὲ σελήνη καὶ μετέωρος· ὅθεν
ἀντίστροφον αἱ κεκλασμέναι τὸ σχῆμα τῆς γωνίας
30 ποιοῦσι, τῆς μὲν ἄνω, πρὸς τῇ σελήνῃ, τῆς δὲ κάτω,
πρὸς τῇ γῇ τὴν κορυφὴν ἐχούσης· μὴ ἅπασαν οὖν ἰδέαν
κατόπτρων, μηδ' ἐκ πάσης ἀποστάσεως ὁμοίαν ἀνάκλασιν ποιεῖν ἀξιούτωσαν, ἐπεὶ μάχονται πρὸς τὴν
ἐνάργειαν. (7) Οἱ δὲ σῶμα μὴ λεπτὸν μηδὲ λεῖον,
35 ὥσπερ ἐστὶ τὸ ὕδωρ, ἀποφαίνοντες τὴν σελήνην, ἀλλ'
ἐμβριθὲς καὶ γεῶδες, οὐκ οἶδα ὅπως ἀπαιτοῦνται τοῦ
ἡλίου τὴν ἔμφασιν ἐν αὐτῇ πρὸς τὴν ὄψιν· οὐδὲ γὰρ
τὸ γάλα τοὺς τοιούτους ἐσοπτρισμοὺς ἀποδίδωσιν, οὐδὲ
ποιεῖ τῆς ὄψεως ἀνακλάσεις διὰ τὴν ἀνωμαλίαν καὶ
40 τραχύτητα τῶν μορίων· πόθεν γε τὴν σελήνην δυνατόν
ἐστιν ἀναπέμπειν ἀφ' ἑαυτῆς τὴν ὄψιν, ὥσπερ ἀναπέμπει τὰ λειότερα τῶν ἐσόπτρων; (8) Καίτοι καὶ ταῦτα
δήπουθεν ἐὰν ἀμυχή τις ἢ ῥύπος ἢ τραχύτης καταλάβῃ
τὸ σημεῖον (ἂν) ἀφ' οὗ πέφυκεν ἡ ὄψις ἀνακλασθῆναι,
45 τυφλοῦται, καὶ βλέπεται μὲν αὐτὰ, τὴν δ' ἀνταύγειαν
οὐκ ἀποδίδωσιν. (9) Ὁ δ' ἀξιῶν ἢ καὶ τὴν ὄψιν ἡμῶν
ἐπὶ τὸν ἥλιον, ἢ μηδὲ τὸν ἥλιον ἐφ' ἡμᾶς ἀνακλᾶν ἀφ'
ἑαυτῆς τὴν σελήνην, ἡδύς ἐστι τὸν ὀφθαλμὸν ἥλιον
ἀξιῶν εἶναι, φῶς δὲ τὴν ὄψιν, οὐρανὸν δὲ τὸν ἄνθρωπον.
50 (10) Τοῦ μὲν γὰρ ἡλίου δι' εὐτονίαν καὶ λαμπρότητα
πρὸς τῇ σελήνῃ γινομένην μετὰ πληγῆς τὴν ἀνάκλασιν
φέρεσθαι πρὸς ἡμᾶς εἰκός ἐστιν· ἡ δ' ὄψις, ἀσθενὴς
οὖσα, λεπτὴ καὶ ὀλιγοστὴ, τί θαυμαστὸν εἰ μήτε
πληγὴν ἀνακρουστικὴν ποιεῖ, μήτ' ἀφαλλομένης τηρεῖ

---

cernantur valles et quæ in profundo sunt atque umbrosa,
idque eminus. Non est ergo absurdum, si luna quoque ut
illuminetur, radiosque solis in se recipiat, videre nequimus
ita exacte; sed umbrosa splendidis apposita per suum discrimen visum non fallunt.

XXIII. Verum id, dicebam, magis refellere videtur eam
quæ perhibetur a luna reflectionem : quod qui in reflexis
stant radiis, iis non tantum id quod illuminatur contingit
videre, sed etiam id quod illuminat. (2) Quando enim,
splendore ab aqua in parietem reculso, visus in ipso fuerit
loco, ubi fit reflexio : tunc tria ista cernit, reflexum splendorem, aquam in qua radii recelluntur, ipsumque solem, a
quo lumen in aquam incidens reflectitur. (3) His et in confesso positis et sensu perceptis, postulant ab iis qui reflexione radiorum illustrari a luna terram asserunt, ut ostendant noctu apparentem in luna solem; sicut interdiu in
aqua cernitur, quando hæc ejus radios reflectit : quod quum
non appareat, aliter eam, quam reflexione, illuminari censent : ac proinde lunam non esse terram. (4) Quid ergo
adversum eos dicendum est? aiebat Apollonides : nam
istæc de reflexione ratio etiam ad nos pertinet. (5) Sane,
inquam ego, quodammodo communis ea est ratio, quodammodo non communis. Primum autem vide quale sit id
quod de imagine dicitur, quam sit perversum, et, quod
aiunt, sursum versum flumina. (6) Aqua enim in terra est
et infra; supra terram luna et in sublimi : itaque etiam
anguli reflexionum diverse fiunt, quum alia sursum ad
lunam, alia deorsum ad terram vertice suo tendat. Non
ergo postulent quamvis speciem ibi specularem et quovis
intervallo æqualem fieri reflexionem : nam evidentiæ hoc
repugnat. (7) Qui vero dicunt lunam non esse corpus tenue et læve, ut est aqua, sed solidum et terrenum, nescio
quare ab iis ratio exigatur, cur ab illa ad visum nostrum
imago solis non remittatur. Nam neque lac hujusmodi spe-
culares reddit imagines, neque visum reflectit ob inæqualitatem et asperitatem partium : nedum luna possit emittere
ase visa talia, sicut specula læviora faciunt. (8) Sed in his
si qua rima, aut sordes, aut asperitas incidat in punctum a
quo solet visus reflexus efformari; ista videntur quidem,
sed resplendentiam non exhibent. (9) Qui autem contendit
consentaneum esse ut a luna aut noster item visus in solem,
aut ne sol quidem ad nos, reflectatur, festivus sane est,
oculo tribuens vim solis, visui lucis, homini cœli. (10)
Est enim verisimile solis ob vehementiam et splendorem
cum ictu factam in luna reflexionem ad nos ferri : at visus
imbecillis quum sit et tenuis, minima adeo particula, quid
mirum si neque ictum repellentem infert, neque resiliens

 DE FACIE IN ORBE LUNÆ.

τὴν συνέχειαν, ἀλλὰ θρύπτεται καὶ ἀπολείπει, πλῆθος οὐκ ἔχουσα φωτός, * ὥστε μὴ διασπᾶσθαι περὶ τὰς ἀνωμαλίας καὶ τραχύτητας; (11) Ἀπὸ μὲν γὰρ ὕδατος καὶ τῶν ἄλλων ἐσόπτρων ἰσχύουσαν ἔτι τῆς ἀρχῆς ἐγγὺς οὖσαν ἐπὶ τὸν ὀφθαλμὸν ἄλλεσθαι τὴν ἀνάκλασιν, οὐκ ἀδύνατόν ἐστιν· ἀπὸ δὲ τῆς σελήνης, κἂν γίνωνταί τινες ὀλισθήσεις αὐτῆς, ἀσθενεῖς ἔσονται καὶ ἀμυδραί, καὶ προαπολείπουσαι διὰ τὸ μῆκος τῆς ἀποστάσεως. (12) Καὶ γὰρ ἄλλως τὰ μὲν κοῖλα τῶν ἐσόπτρων εὐτονωτέραν ποιεῖ τῆς προηγουμένης αὐγῆς τὴν ἀνακλωμένην, ὥστε καὶ φλόγας ἀναπέμπειν πολλάκις· τὰ δὲ κυρτὰ καὶ τὰ σφαιροειδῆ, τῷ μὴ πανταχόθεν ἀντερείδειν, ἀσθενῆ καὶ ἀμαυράν. ** (13) Ὁρᾶται δήπουθεν, ὅταν ἴριδες δύο φανῶσι, νέφους νέφος ἐμπεριέχοντος, ἀμαυρὰν ποιοῦσαν καὶ ἀσαφῆ τὰ χρώματα τὴν περιέχουσαν· τὸ γὰρ ἐκτὸς νέφος, ἀπωτέρω τῆς ὄψεως κείμενον, οὐκ εὔτονον οὐδ' ἰσχυρὰν τὴν ἀνάκλασιν ἀποδίδωσι. (14) Καὶ τί δεῖ πλείονα λέγειν; ὅπου γὰρ τὸ τοῦ ἡλίου φῶς, ἀνακλώμενον ἀπὸ τῆς σελήνης, τὴν μὲν θερμότητα πᾶσαν ἀποβάλλει, τῆς δὲ λαμπρότητος αὐτοῦ λεπτὸν ἀφικνεῖται μόλις πρὸς ἡμᾶς καὶ ἀδρανὲς λείψανον· ἤπου τῆς ὄψεως τὸν ἴσον φερομένης δίαυλον, ἐνδέχεται μόριον ὁτιοῦν λείψανον ἐξικέσθαι πρὸς τὸν ἥλιον ὑπὸ τῆς σελήνης; ἐγὼ μὲν οὐκ οἶμαι. (15) Σκοπεῖτε δέ, εἶπον, καὶ ὑμεῖς· εἰ τὰ αὐτὰ πρὸς τὸ ὕδωρ καὶ τὴν σελήνην ἔπασχεν ἡ ὄψις, ἔδει καὶ γῆς καὶ φυτῶν καὶ ἀνθρώπων καὶ ἄστρων ἐμφάσεις ποιεῖν τὴν πανσέληνον, οἵας τὰ λοιπὰ ποιεῖται τῶν ἐσόπτρων· εἰ δ' οὐ γίνονται πρὸς ταῦτα τῆς ὄψεως ἀνακλάσεις, δι' ἀσθένειαν αὐτῆς ἢ τραχύτητα τῆς σελήνης, μηδὲ πρὸς τὸν ἥλιον ἀπαιτῶμεν.

XXIV. Ἡμεῖς μὲν οὖν, ἔφην, ὅσα μὴ διαπέφευγε τὴν μνήμην τῶν ἐκεῖ λεχθέντων, ἀπηγγέλκαμεν· ὥρα δὲ καὶ Σύλλαν παρακαλεῖν, μᾶλλον δ' ἀπαιτεῖν τὴν διήγησιν, οἷον ἐπὶ ῥητοῖς ἀκροατὴν γεγενημένον· ὥστε, εἰ δοκεῖ, καταπαύσαντες τὸν περίπατον, καὶ καθίσαντες ἐπὶ τῶν βάθρων, ἑδραῖον αὐτῷ παράσχωμεν ἀκροατήριον. (2) Ἔδοξε δὴ ταῦτα· καὶ καθισάντων ἡμῶν, ὁ Θέων, Ἐγώ τοι, ὦ Λαμπρία, εἶπεν, ἐπιθυμῶ μὲν οὐδενὸς ἧττον ὑμῶν ἀκοῦσαι τὰ λεχθησόμενα, πρότερον δ' ἂν ἡδέως ἀκούσαιμι περὶ τῶν οἰκεῖν λεγομένων ἐπὶ τῆς σελήνης, οὐκ εἰ κατοικοῦσί τινες, ἀλλ' εἰ δυνατὸν ἐκεῖ κατοικεῖν· εἰ γὰρ οὐ δυνατόν, ἄλογον καὶ τὸ γῆν εἶναι τὴν σελήνην· (3) δόξει γὰρ πρὸς οὐθέν, ἀλλὰ μάτην γεγονέναι, μήτε καρποὺς ἐκφέρουσα, μήτ' ἀνθρώποις τισὶν ἕδραν παρέχουσα καὶ γένεσιν καὶ δίαιταν· ὧν ἕνεκα καὶ ταύτην γεγονέναι φαμέν, κατὰ Πλάτωνα, τροφὸν ἡμετέραν, ἡμέρας τε καὶ νυκτὸς ἀτρεκῆ φύλακα καὶ δημιουργόν. (4) Ὁρᾷς δὲ ὅτι πολλὰ λέγεται καὶ σὺν γέλωτι καὶ μετὰ σπουδῆς περὶ τούτων· τοῖς μὲν γὰρ ὑπὸ τὴν σελήνην οἰκοῦσιν, ὥσπερ Ταντάλοις, ὑπὲρ κεφαλῆς ἐκκρέμασθαί φασι, τοὺς δ' οἰκοῦντας αὖ πάλιν ἐπ' αὐτῆς, ὥσπερ Ἰξίονας, ἐνδεδεμένους ῥύμῃ τοσ[αύτῃ δινεῖσθαι]· (5) καίτοι μίαν οὐ κινεῖται κίνη-

continuitatem servat, sed frangitur ac deficit, quum tanta ei non sit copia luminis, ut non divellatur, inæqualitatibus et asperitatibus occurrens? (11) Non est enim abhorrens a rerum natura, ut ab aqua et aliis speculis reflexio, cujus in propinquo adhuc tenetur principium, valida resiliat ad oculum : sed a luna etiam si aliquæ delabantur, infirmæ erunt ac languidæ, et quæ ob intervalli magnitudinem prius deficiant quam ad nos perveniant. (12) Alioquin etiam cava speculorum validius reflectunt solis radios, ita quidem, ut flammas quoque sæpenumero edant : curva et globosa, quia non undique renituntur, imbecillem et obscuram. (13) Videtis scilicet, quando duæ irides apparent, nubem nube continente, continentem nubem reddere iridem obscuram et incertis coloribus : nam exterior nubes longius a visu distans reflexionem reddit invalidam. (14) Et quid attinet plura dicere? quando enim solis lumen a luna reflexum, omnem amittit calorem, et splendoris ejus ægre ad nos perferuntur tenues atque languidæ reliquiæ; poteritne visus noster eodem tam longo permeato spatio solaris qualemcumque portiunculam imaginis de luna reportare? Ego quidem non puto. (15) Considerate vero, aiebam, etiam vos, an non ita se res habeat, ut, si idem accidat visui nostro a luna et ab aqua, debeat terræ, plantarum, et hominum siderumque imagines lunæ plena repræsentare, sicut faciunt alia specula : sin visus acies ad hæc non reflectitur ob imbecillitatem suam, aut asperitatem lunæ, ne ad solem ut reflectatur requiramus.

XXIV. Ac nos quidem, dicebam, quæ ibi dicta sunt, nisi si quid memoriam fefellit, retulimus. Tempus est autem ut Syllam quoque exhortemur, adeoque poscamus ab eo narrationem, ut qui certa conditione auditor interfuerit. Proinde, si ita vobis videtur, ambulandi finem faciamus, et considentes in sedilibus, fixum ei præbeamus auditorium. (2) Placuit hoc : et quum consedissemus, Theon, Ipse quidem, inquit, non minore quam ullus vestrûm audiendi quæ dicentur desiderio teneor : ante tamen, Lampria, de iis qui lunam dicuntur inhabitare, pervellem aliquid audire; non utrum habitent aliqui, sed an habitari possit : hoc enim si nequit, a ratione alienum erit eam esse terram : (3) nam videbitur ad nullum usum et frustra exstitisse, quum neque fructus edat, neque hominibus quibusdam sedem, ortum et vitæ degendæ locum præbeat : quarum rerum causa hanc nostram terram exstitisse, de Platonis sententia, dicimus, *nutricem nostram, dieique et noctis fidelem custodem atque opificem.* (4) Vides autem de hoc argumento multa et serio disputari et joco. Lunam enim aiunt eorum qui infra degunt tanquam Tantalorum imminere capitibus : rursumque eos qui ipsam incolunt, Ixionum instar illigatos tanto impetu volvi ac revolvi. (5) Et quidem non unico motu luna versatur, sed est, ut solent appellare, *Trivia* :

σιν, ἀλλ', ὥς που καὶ λέγεται, Τριοδῖτίς ἐστιν, ἅμα μῆκος ἐπὶ τοῦ ζωδιακοῦ καὶ πλάτος ἐπιφερομένη καὶ βάθος· ὧν τὴν μὲν, περιδρομὴν, τὴν δὲ, ἕλικα, τὴν δ' οὐκ οἶδα πῶς ἀνωμαλίαν ὀνομάζουσιν οἱ μαθηματικοί, καίπερ οὐδεμίαν [**] ὁμαλὴν οὐδὲ τεταγμένην ταῖς ἀποκαταστάσεσιν ὁρῶντες ἔχουσαν. (6) Οὐκ[οῦν] εἰ λέων τις ἔπεσεν ὑπὸ ῥύμης εἰς Πελοπόννησον, ἄξιόν ἐστι θαυμάζειν· ἀλλ' ὅπως οὐ μυρία ὁρῶμεν ἀεὶ πεσήματα ἀνδρῶν καὶ ἀπολακτισμοὺς βίων ἐκεῖθεν οἷον ἐκκυβιστώντων* καὶ περιτρεπόντων. Καὶ [μὴν] γελοῖον, περὶ μονῆς τῶν ἐκεῖ διαπορεῖν, εἰ μὴ γένεσιν μηδὲ σύστασιν ἔχειν δύνανται. (7) Ὅπου γὰρ Αἰγύπτιοι καὶ Τρωγλοδῦται, οἷς ἡμέρας μιᾶς ἀκαρὲς ἵσταται κατὰ κορυφὴν ὁ ἥλιος ἐν τροπαῖς, εἶτ' ἄπεισιν, ὀλίγον ἀπέχουσι τοῦ κατακεκαῦσθαι ξηρότητι τοῦ περιέχοντος· ἦπου τοὺς ἐπὶ τῆς σελήνης εἰκός ἐστι δώδεκα θερείας ὑπομένειν ἔτους ἑκάστου, κατὰ μῆνα τοῦ ἡλίου πρὸς κάθετον αὐτοῖς ἐφισταμένου καὶ στηρίζοντος, ὅταν ᾖ πανσέληνος; (8) πνεύματά γε μὴν καὶ νέφη καὶ ὄμβρους, ὧν χωρὶς οὔτε γένεσις φυτῶν ἐστιν, οὔτε σωτηρία γενομένοις, ἀμήχανον ἐκεῖ διανοηθῆναι συνιστάμενα διὰ θερμότητα καὶ λεπτότητα τοῦ περιέχοντος· οὐδὲ γὰρ ἐνταῦθα τῶν ὀρῶν τὰ ὑψηλὰ δέχεται τοὺς ἀγρίους καὶ ἐναντίους χειμῶνας· ἀλλ' ** ἤδη καὶ σάλον ἔχων ὑπὸ κουφότητος ὁ ἀὴρ ἐκφεύγει τὴν σύστασιν ταύτην καὶ πύκνωσιν· (9) εἰ μὴ νὴ Δία φήσομεν, ὥσπερ ἡ Ἀθηνᾶ τῷ Ἀχιλλεῖ νέκταρός τι καὶ ἀμβροσίας ἐνέσταξε, μὴ προσιεμένῳ τροφήν, οὕτω τὴν σελήνην, Ἀθηνᾶν λεγομένην καὶ οὖσαν, τρέφειν τοὺς ἄνδρας, ἀμβροσίαν ἀνιεῖσαν αὐτοῖς ἐφημέριον, ὡς Φερεκύδης ὁ παλαιὸς οἴεται σιτεῖσθαι αὐτοὺς [τοὺς] θεούς. (10) Τὴν μὲν γὰρ Ἰνδικὴν ῥίζαν, ἥν φησι Μεγασθένης τοὺς [μήτ' ἐσθίοντας] μήτε πίνοντας, ἀλλ' εὐστόμους ὄντας ὑποτύφειν καὶ θυμιᾷν, καὶ τρέφεσθαι τῇ ὀσμῇ, πόθεν ἄν τις ἐκεῖ φυομένην λάβοι, μὴ βρεχομένης τῆς σελήνης;

XXV. Ταῦτα τοῦ Θέωνος εἰπόντος, [Κάλλιστά] γε, ἔφην, καὶ ἄριστα τῇ παιδιᾷ τοῦ λόγου τὰς ὀφρῦς [ἡμῶν ἀνῆκας, δι'] ἃ καὶ θάρσος ἡμῖν ἐγγίνεται πρὸς τὴν ἀπόκρισιν, μὴ πάνυ πικρὰν μηδ' αὐστηρὰν εὐθύνην προσδοκῶσι· (2) καὶ γὰρ ὡς ἀληθῶς τῶν σφόδρα πεπεισμένων τὰ τοιαῦτα διαφέρουσιν [οὐδὲν] οἱ σφόδρα δυσκολαίνοντες αὐτοῖς καὶ διαπιστοῦντες, ἀλλὰ μὴ πράως τὸ δυνατὸν καὶ τὸ ἐνδεχόμενον ἐθέλοντες ἐπισκοπεῖν. (3) Εὐθὺς οὖν τοπρῶτον, οὐκ ἀναγκαῖόν ἐστιν, εἰ μὴ κατοικοῦσιν ἄνθρωποι τὴν σελήνην, μάτην γεγονέναι καὶ πρὸς μηθέν. Οὐδὲ γὰρ τήνδε τὴν γῆν δι' ὅλης ἐνεργὸν οὐδὲ προσοικουμένην ὁρῶμεν, ἀλλὰ μικρὸν αὐτῆς μέρος, ὥσπερ ἄκροις τισὶν ἢ χερρονήσοις ἀνέχουσιν ἐκ βυθοῦ γόνιμόν ἐστι ζῴων καὶ φυτῶν, τῶν δ' ἄλλων τὰ μὲν ἔρημα καὶ ἄκαρπα χειμῶσι καὶ αὐχμοῖς, τὰ δὲ πλεῖστα κατὰ τῆς μεγάλης δέδυκε θαλάσσης. (4) Ἀλλὰ σύ, τὸν Ἀρίσταρχον ἀγαπῶν ἀεὶ καὶ θαυμάζων, οὐκ ἀκούεις Κράτητος ἀναγινώσκοντος,

Ὠκεανὸς, ὅσπερ γένεσις πάντεσσι τέτυκται

---

in Zodiaco simul in longum et latum et profundum circummeans : primum motum *circuitionem*, secundum *rotulationem*, tertium nescio qui *inæqualitatem* vocant Mathematici ; quanquam nullam in ea inæqualitatem, sed motiones ejus constitutis certisque finibus includi vident. (6) Mirum igitur non est, si impetu agitationis leo in Peloponnesum decidit : sed illud potius mirum quod non innumeros quotidie videmus hominum casus, et vitas quasi calcitrando projectas, istinc in caput hac devolutorum. Imo ridiculum est dubitare an ibi mansio sit, si ortui locus nullus datur. (7) Nam quum Ægyptii et Troglodytæ, quorum uno die quotannis sol per momentum temporis in solstitio capitibus imminet, mox discedens, tantum non comburantur ob aeris siccitatem ; an credibile est eos qui in luna sunt quotannis duodecim perferre posse solstitia, singulis mensibus sole in plenilunio supra capita eorum insistente? (8) Jam flatus, nubes, imbresque, sine quibus neque nasci neque natæ durare possunt plantæ, ibi coire, ne cogitari quidem potest, in tanto calore, tanta tenuitate ambientis; quando ne apud nos quidem altorum montium vertices feris istis *annuis*que tanguntur tempestatibus : sed aer ibi jam [tenuis] motuque suo præditus ob levitatem coitionem istam et densationem effugit. (9) Nisi, mehercle, dicere velimus, quo modo Achillem Minerva, nutrimentum respuentem, nectare et ambrosia instillatis aluit, ita lunam quoque, ut quæ Minerva dicitur atque est, quotidie ambrosiam exhibendo istos homines nutrire; quemadmodum ipsos deos Pherecydes ille priscus pasci putavit. (10) Nam Indica illa radix, quam ait Megasthenes eos qui nihil edant bibantque, sed ore prorsus casto puroque sint, suffire, itaque odore vitam tueri suam, unde nata illic sumatur, quum nulla lunam riget pluvia?

XXV. Quum hæc Theon dixisset, Recte, dicebam, et optime joco sermonis supercilia nobis in hilaritatem solvisti: unde et audacia nos subit ad respondendum animans, quam non admodum acerbum austerumve exspectemus judicium. (2) Profecto enim in eadem sunt culpa cum iis qui nimiam hujusmodi rebus adhibent, illi qui nimis offenduntur iis, omnemque derogant fidem, neque animo æquo volunt quid fieri possit, quid contingat, dispicere. (3) Statim itaque a principio, illud non est necessarium, si homines lunam non inhabitent, frustra eam et nullius rei gratia factam. Nam hanc ipsam nostram quoque terram videmus non totam feracem et habitatam esse, cujus exigua quædam pars quasi cacuminibus aut peninsulis e profundo exstantibus animalia gignit ac plantas : cetera aut ob hiemes et siccitatem deserta ac sterilia sunt, aut, quæ multo maxima est terræ portio, sub magnum demersa mare. (4) Sed tu, qui Aristarchum semper diligis atque admiraris, non audis Cratetem, quando is sic legit,

Præbuit Oceanus cunctis primordia divis,

ἀνδράσιν ἠδὲ θεοῖς, πλείστην ἐπὶ γαῖαν ἵησιν.

(5) Ἀλλὰ πολλοῦ δεῖ μάτην ταῦτα γεγονέναι· καὶ γὰρ
ἀναθυμιάσεις ἡ θάλασσα μαλακὰς ἀνίησι, καὶ τῶν πνευμάτων τὰ ἥδιστα, θέρους ἀκμάζοντος, ἐκ τῆς ἀοικήτου καὶ
5 κατεψυγμένης αἱ χιόνες ἀτρέμα διατηκόμεναι χαλῶσι
καὶ διασπείρουσιν· ἡμέρας τε καὶ νυκτὸς ἕστηκεν ἀτρεκὴς
ἐν μέσῳ φύλαξ, κατὰ Πλάτωνα, καὶ δημιουργός. (6)
Οὐδὲν οὖν κωλύει καὶ τὴν σελήνην ζώων μὲν ἔρημον
εἶναι, παρέχειν δ' ἀνακλάσεις τε τῷ φωτὶ περὶ αὐτὴν
10 διαχεομένῳ, καὶ συρροὴν ταῖς τῶν ἀστέρων αὐγαῖς ἐν
αὐτῇ καὶ σύγκρασιν, ᾗ συνεκπέττει τε τὰς ἀπὸ τῆς γῆς
ἀναθυμιάσεις, ἅμα τε καὶ τῷ ἡλίῳ τὸ ἔμπυρον ἄγαν
καὶ σκληρὸν ἀφίησι. (7) Καί πού τι καὶ παλαιᾷ φήμῃ
διδόντες, Ἄρτεμιν αὐτὴν νομισθῆναι φήσομεν, ὡς παρ-
15 θένον καὶ ἄγονον, ἄλλως δὲ βοηθητικὴν καὶ ὠφέλιμον·
ἐπεὶ τῶν γ' εἰρημένων οὐδὲν, ὦ φίλε Θέων, ἀδύνατον
δείκνυσι τὴν λεγομένην ἐπ' αὐτῆς οἴκησιν. (8) Ἥ τε
γὰρ δίνη, πολλὴν ἔχουσα πρᾳότητα καὶ γαλήνην, ἐπι-
λεαίνει τὸν ἀέρα καὶ διανέμει συγκατακοσμούμενον,
20 ὥστε μηδὲν εἶναι δέος * ἐκπεσεῖν καὶ ἀποσφαλῆναι
τοὺς ἐκεῖ βεβιωκότας. (9) Ἥ δὲ μεταλλαγὴ καὶ τὸ
ποικίλον τοῦτο τῆς φορᾶς καὶ πεπλανημένον οὐκ ἀνωμαλίας οὐδὲ ταραχῆς ἐστιν, ἀλλὰ θαυμαστὴν ἐπιδείκνυνται τάξιν ἐν τούτοις καὶ πορείαν οἱ ἀστρολόγοι,
25 κύκλοις τισὶ περὶ κύκλους ἑτέρους ἐξελιττομένοις συνάγοντες αὐτήν, οἱ μὲν ἀτρεμοῦσαν, οἱ δὲ λείως καὶ ὁμαλῶς ἀεὶ τάχεσι τοῖς αὐτοῖς ἀνθυποφερομένην· (10) αὗται
γὰρ αἱ τῶν κύκλων ἐπιβάσεις καὶ περιαγωγαὶ καὶ
σχέσεις πρὸς ἀλλήλους καὶ πρὸς ἡμᾶς, τὰ φαινόμενα
30 τῆς κινήσεως ὕψη καὶ βάθη, καὶ τὰς κατὰ πλάτος πα-
ραλλάξεις, ἅμα ταῖς κατὰ μῆκος αὐτῆς περιόδοις ἐμ-
μελέστατα συμπεραίνουσι. (11) Τὴν δὲ πολλὴν θερμότητα καὶ συνεχῆ πύρωσιν ὑπὸ ἡλίου (οὐ) παύσῃ
φοβούμενος, ἂν πρῶτον μὲν ἀντιθῇς ταῖς ἕνδεκα θερι-
35 ναῖς συνόδοις τὰς πανσελήνους, εἶτα δὲ τὸ συνεχὲς τῆς
μεταβολῆς ταῖς ὑπερβολαῖς χρόνον οὐκ ἐχούσαις πολὺν
ἐμποιεῖν κρᾶσιν οἰκείαν, καὶ τὸ ἄγαν ἑκατέρας ἀφαιρεῖν, τὰ μέσα δὲ τούτων, ὡς εἰκός, ὥραν ἔαρι προσφο-
ρωτάτην ἔχουσιν. (12) Ἔπειτα πρὸς μὲν ἡμᾶς καθίησι
40 δι' ἀέρος θολεροῦ, καὶ συνεπερείδον [τις] θερμότητα
ταῖς ἀναθυμιάσεσι τρεφομένην· ἐκεῖ δὲ λεπτὸς ὢν καὶ
διαυγὴς ὁ ἀὴρ σκίδνησι καὶ διαχεῖ τὴν αὐγήν, ὑπέκκαυμα καὶ σῶμα μηδὲν ἔχουσαν. (13) Ὕλην δὲ καὶ
καρποὺς αὐτοῦ μὲν ὄμβροι τρέφουσιν, ἑτέρωθι δέ, ὥσ-
45 περ ἄνω περὶ Θήβας παρ' ὑμῖν καὶ Συήνην, οὐκ ὄμβριον ὕδωρ, ἀλλὰ γηγενὲς ἡ γῆ πίνουσα, καὶ χρωμένη
πνεύμασι καὶ δρόσοις, οὐκ ἂν ἐθελήσειεν, οἶμαι, τῇ
πλεῖστον ὑομένῃ πολυκαρπίᾳ συμφέρεσθαι, δι' ἀρετήν
τινα καὶ κρᾶσιν. (14) Τὰ δ' αὐτὰ φυτὰ τῷ γένει, παρ'
50 ἡμῖν μὲν, εἰ σφόδρα πιεσθῇ χειμῶσιν, ἐκφέρει πολὺν καὶ
καλὸν καρπόν· ἐν δὲ Λιβύῃ, καὶ παρ' ὑμῖν ἐν Αἰγύπτῳ,
δύσριγα κομιδῇ καὶ δειλὰ πρὸς χειμῶνας ἐστί. (15)
Τῆς δὲ Γεδρωσίας καὶ Τρωγλοδύτιδος, ἣ καθήκει πρὸς
τὸν ὠκεανὸν, ἀφόρου διὰ ξηρότητα καὶ ἀδένδρου παν-

atque hominum generi, et terram tegit undique late.
(5) Longe vero abest, ut hæc frustra dicantur exstitisse.
Etenim mare exhalationes molles edit, et jucundissimos
flatus, vere adulto, ex inculta et gelida terra nives paullatim liquatæ diffundunt : *dieique et noctis stat fidelis in
medio custos atque opifex,* ut ait Plato. (6) Nihil ergo
obstat quin luna etiam animantium vacua præbeat reflexiones lumini circa ipsam diffuso, et confluxum radiis astrorum ac contemperationem, quo adjuta concoquat exhalationes e terra elatas, simulque solis nimium fervorem mitiget. (7) Et nimirum etiam aliquid antiquæ tribuentes fa-
mæ, Dianam eam dictam statuemus, utpote virginem et infœ-
cundam, alias auxiliarem et utilem. Nam eorum, quæ
abs te, mi Theon, allata sunt, nihil est quod ostendat fieri
non posse ut in luna quis habitet. (8) Quippe circumagi-
tatio ista multam habens lenitatem et tranquillitatem, aerem
circa lunam collectum demulcet atque distribuit : ut nullus
sit metus excidendi ac præcipitationis iis qui ibi degunt.
(9) Tum ipsa motus ejus varietas vagæque conversiones non
ab inæqualitate sunt aut conturbatione : sed admirabilem
Astrologi demonstrant in his ordinem, circulis eam accommo-
dantes circa alios circulos sese evolventibus, alii quiescentem
ipsam, alii placide et æqualiter eadem semper celeritate sese
moventem : (10) hæ enim circulorum ascensiones, et circum-
ductiones, atque inter se et ad nos habitus, eas quæ in motu
lunæ animadvertuntur altitudines, profunditates, et latitudi-
num diversitates, simul cum conversione secundum longitudinem exactissime conficiunt. (11) Magnum autem illum
et continentem æstum solis metuere desines, primum si
undecim istis æstivis coitibus totidem plenilunia opponas;
deinde continuitatem mutationis opponas exsuperantiæ caloris non multum habenti temporis, commodum utrimque
temperamentum efficientem, auferentem id quod in utroque
nimium est, largientem utriusque medium quod constat
tempestate simillima vernæ. (12) Præterea solis lumen ad
nos defertur per aerem turbidum, qui in nos infligit calorem exhalationibus nutritum : illic autem tenuis est aer et
pellucidus, diffunditque et dissipat splendorem nullo fomite, nullo corpore sustentatum. (13) Materiam porro et
fruges hisce in locis alunt pluviæ : alibi autem, ut apud
vos in superiore Ægypto ad Thebas et Syenen, non pluviam aquam, sed e terra natam bibens ager, ventis ac rore
utens, virtute sua ac temperie fretus, comparari se, opinor,
cum terra plurimis irrigua pluviis, ubertatis causa, non
patiatur. (14) Jam ejusdem generis stirpes apud nos, si
vehementer affligantur hibernis tempestatibus, pulchrum et
multum fructum producunt : in Africa, et apud vos in Æ-
gypto, admodum sunt frigoris et hiemis impatientes. (15)
Gedrosiæ etiam et Troglodyticæ regionis ea pars quæ ad
Oceanum pertingit, sterilis omnino est ob siccitatem, et

τάπασιν οὔσης, ἐν τῇ παρακειμένῃ καὶ περικεχυμένῃ
θαλάττῃ θαυμαστὰ μεγέθη φυτῶν τρέφεται, καὶ
κατὰ βυθοῦ τέθηλεν· ὧν τὰ μὲν ἐλαίας, τὰ δὲ δάφνας, τὰ δ' Ἴσιδος τρίχας καλοῦσιν. Οἱ δ' ἀνακαμ-
ψέρωτες οὗτοι προσαγορευόμενοι, τῆς γῆς ἐξαιρεθέν-
τες, οὐ μόνον ζῶσι κρεμάμενοι χρόνον ὅσον βούλεταί
τις, ἀλλὰ βλαστάνουσιν. ** (16) Σπείρεται δὲ τὰ μὲν
πρὸς χειμῶνος, τὰ δὲ θέρους ἀκμάζοντος, ὥσπερ σή-
σαμον καὶ μελίνη· τὸ δὲ θύμον ἢ τὸ κενταύριον ἂν εἰς
ἀγαθὴν καὶ πίονα σπαρῇ χώραν, καὶ βρέχηται καὶ
ἄρδηται, τῆς κατὰ φύσιν ἐξίσταται ποιότητος καὶ ἀποβάλλει τὴν δύναμιν, αὐχμῷ δὲ χαίρει, καὶ πρὸς τὸ
οἰκεῖον ἐπιδίδωσιν· (17) εἰ δὲ, ὥς φασιν, οὐδὲ τὰς δρόσους ἀνέχεται, καθάπερ τὰ πλεῖστα τῶν Ἀραβικῶν,
ἀλλ' ἐξαμαυροῦται διαινόμενα καὶ φθείρεται, τί δὴ
θαυμαστόν ἐστιν εἰ γίνονται περὶ τὴν σελήνην ῥίζαι
καὶ σπέρματα καὶ ὕλαι μηθὲν ὑετῶν δεόμενα μήτε
χιόνων, ἀλλὰ πρὸς θερινὸν ἀέρα καὶ λεπτὸν εὐφυῶς
ἔχουσαι; (18) Πῶς δ' οὐκ εἰκὸς ἀνιέναι τε πνεύματα θαλπόμενα τῇ σελήνῃ, καὶ τῷ σάλῳ τῆς περιφορᾶς αὔρας τε παρομαρτεῖν ἀτρέμα, καὶ δρόσους καὶ
ὑγρότητας ἐλαφρὰς περιεχούσας καὶ διασπειρομένας
ἐπαρκεῖν τοῖς βλαστάνουσιν, αὐτὴν δὲ τῇ κράσει μὴ
πυρώδη μηδ' αὐχμηρὰν, ἀλλὰ μαλακὴν καὶ ὑδροποιὸν
εἶναι; (19) ξηρότητος μὲν γὰρ οὐδὲν ἀφικνεῖται πάθος ἀπ'
αὐτῆς πρὸς ἡμᾶς, ὑγρότητος δὲ πολλὰ καὶ θηλύτητος,
αὐξήσεις φυτῶν, σήψεις κρεῶν, τροπαὶ καὶ ἀνέσεις οἴνων,
μαλακότητες ξύλων, εὐτοκίαι γυναικῶν. (20) Δέδοικα
δὲ ἡσυχάζοντα Φαρνάκην * αὖθις ἐρεθίζειν καὶ κινεῖν,
ὠκεανοῦ τε πλημμύρας, ὡς λέγουσιν αὐτοί, καὶ πορθμῶν ἐπιδόσεις, διαχεομένων καὶ αὐξανομένων ὑπὸ τῆς
σελήνης τῷ ἀνυγραίνεσθαι, παρατιθέμενος. (21) Διὸ
πρὸς σὲ τρέψομαι μᾶλλον, ὦ φίλε Θέων· λέγεις γὰρ
ὑμῖν ἐξηγούμενος ταῦτα τὰ Ἀλκμᾶνος,

. [Διὸς] θυγάτηρ, Ἔρσα, τρέφει καὶ Σελάνας [δίας],

ὅτι νῦν τὸν ἀέρα καλεῖ Δία, καί φησιν αὐτὸν ὑπὸ τῆς
σελήνης καθυγραινόμενον εἰς δρόσους τρέπεσθαι. (22)
Κινδυνεύει γάρ, ὦ ἑταῖρε, πρὸς τὸν ἥλιον ἀντιπαθῆ
φύσιν ἔχειν· εἴγε μὴ μόνον, ὅσα πυκνοῦν καὶ ξηραίνειν
ἐκεῖνος, αὐτὴ μαλάσσειν καὶ διαχεῖν πέφυκεν, ἀλλὰ
καὶ τὴν ἀπ' ἐκείνου θερμότητα καθυγραίνειν καὶ καταψύχειν προσπίπτουσαν αὐτῇ καὶ συμμιγνυμένην. (23)
Οἵ τε δὴ τὴν σελήνην ἔμπυρον σῶμα καὶ διακαὲς εἶναι
νομίζοντες ἁμαρτάνουσιν· οἵ τε τοῖς ἐκεῖ ζῴοις, ὅσα
τοῖς ἐνταῦθα πρὸς γένεσιν καὶ τροφὴν καὶ δίαιταν
ἀξιοῦντες ὑπάρχειν, ἐοίκασιν ἀθέατοι τῶν περὶ τὴν
φύσιν ἀνωμαλιῶν, ἐν αἷς μείζονάς ἐστι καὶ πλέονας
πρὸς ἄλληλα τῶν ζῴων, ἢ πρὸς τὰ μὴ ζῷα, διαφορὰς
καὶ ἀνομοιότητας εὑρεῖν. (24) Καὶ εὔστομοι μὲν ἄνθρωποι καὶ ὀσμαῖς τρεφόμενοι μὴ ἔστωσαν, εἰ μὴ **
μὴ δοκοῦσι τήν τε Ἄμμωνος ἡμῖν αὐτὸς ἐξηγεῖτο δύναμιν, ἠνίξατο μὲν Ἡσίοδος, εἰπών,

Οὐδ' ὅσον ἐν μαλάχῃ τε καὶ ἀσφοδέλῳ μέγ' ὄνειαρ·

---

arboribus caret : at in mari vicino quo alluitur, inusitatæ
magnitudinis plantæ nascuntur, et ex profundo pullulant;
quarum alias oleas, alias lauros, alias crines Isidis nominant : et qui vocantur *anacampserotes* (quasi amorem
postliminio reducentes dicas), e terra evulsi, non modo
vivunt suspensi quanto quis velit tempore, sed etiam germinant. (16) Seminantur autem alia quidem hieme, alia
vigente æstate, ut sesamum et panicum; allium vero aut
centaurium, si seratur in bonam et pinguem terram, ac rigetur, vim qualitatemque suam naturalem amittit, siccitate
gaudet, inque ea suam naturam servat. (17) Quodsi, ut
aiunt, ne rorem quidem tolerant, ut pleraque Arabicorum,
sed simul atque humectata sunt, pereunt; quid jam miri
est, si in luna radices, semina plantæque nascuntur nihil
pluviarum ope indigentes aut nivium; sed æstivo et tenero
aere, ad naturam ipsorum accommodato, contentæ? (18)
Qui autem non sit probabile emitti spiritus qui a luna calore afficiantur? et conversionis ejus agitationi comitari
sensim auras, levesque rores et humores, qui circumfusi
alimentum plantis sufficiant? quum quidem ipsius lunæ
temperies non sit ignea, non squalida, sed mollis et aquosa.
(19) Nam ad nos a luna nulla pervenit siccitatis effectio, multæ
humiditatis et femineæ ubertatis : ut sunt plantarum incrementa, putrefactiones carnium, mutationes et ad vappam
inclinationes vini, lignorum putredo, fertilitas mulierum.
(20) Vereor autem quiescentem Pharnacen rursus irritare
et commovere, si Oceani æstum, ut ipsi dicunt, fretorum-
que incrementa adducam, humore a luna submisso crescen-
tium ac se diffundentium. (21) Itaque ad te potius me
convertam, mi Theon. Tu enim nobis Alcmanica ista exponens,

Nutrit Jovis et filia Lunæ potentis, Ros,

Jovis nomine aerem dicis intelligi, qui a luna humectatus in
rorem vertatur. (22) Eo enim, amice, reditura res videtur,
ut luna adversam plane soli naturam habere censeatur;
siquidem non modo quæ densare ille et siccare solet, ipsa
relaxat atque humectat; sed calorem quoque ab eo profectum in ipsam eamque penetrantem humore et frigore mutare possit. (23) Enimvero et hi errant, qui lunam ignitum
corpus esse atque ardere putant; neque ii, qui eadem animalibus in luna ad ortum et victum necessaria putant quæ
nostratia requirunt, videntur unquam considerasse diversitatem naturæ : quæ quidem major est ac numerosior inter
ipsa animalia, quam sunt discrimina animalium et vitæ
expertium. (24) Ac demus sane non esse homines qui ore
intacto, unice vivant odoribus : [ut profecto ne esse qui-
dem] videntur. Quam vero Ammonius nobis ipse medicam vim enarravit, eandem obscure etiam significavit Hesiodus his verbis :

Nec quanta asphodeli aut quæ sint compendia malvæ;

ἔργῳ δ' ἐμφανῆ παρέσχεν Ἐπιμενίδης, διδάξας ὅτι μικρῷ παντάπασιν ἡ φύσις ὑπεκκαύματι ζωπυρεῖ καὶ συνέχει τὸ ζῷον, ἂν ὅσον ἐλαίας μέγεθος λάβῃ, μηδεμιᾶς ἔτι τροφῆς δεόμενος. (25) Τοὺς δ' ἐπὶ τῆς σελήνης, εἴπερ εἰσὶν, εὐσταλεῖς εἶναι τοῖς σώμασι, καὶ διαρκεῖς ὑπὸ τῶν τυχόντων τρέφεσθαι πιθανόν ἐστι· καὶ γὰρ αὐτὴν τὴν σελήνην, ὥσπερ τὸν ἥλιον, ζῷον ὄντα πύρινον, καὶ τῆς γῆς ὄντα πολλαπλάσιον, ἀπὸ τῶν ὑγρῶν φασι τῶν ἀπὸ τῆς γῆς τρέφεσθαι', καὶ τοὺς ἄλλους ἀστέρας, ἀπείρους ὄντας· οὕτως ἐλαφρὰ καὶ λιτὰ τῶν ἀναγκαίων φέρειν ζῷα τὸν ἄνω τόπον ὑπολαμβάνουσιν. (26) Ἀλλ' οὔτε ταῦτα συνορῶμεν, οὔτε ὅτι καὶ χώρα καὶ φύσις καὶ κρᾶσις ἄλλη πρόσφορός ἐστιν αὐτοῖς· (27) ὥσπερ οὖν, εἰ, τῇ θαλάττῃ μὴ δυναμένων ἡμῶν προσελθεῖν μηδὲ ἅψασθαι, μόνον δὲ τὴν θέαν αὐτῆς πόρρωθεν ἀφορώντων, καὶ πυνθανομένων ὅτι πικρὸν καὶ ἄποτον καὶ ἁλμυρὸν ὕδωρ ἐστὶν, ἔλεγέ τις ὡς ζῷα πολλὰ καὶ μεγάλα καὶ παντοδαπὰ ταῖς μορφαῖς τρέφει κατὰ βάθους, καὶ θηρίων ἐστὶ πλήρης ὕδατι χρωμένων, ὅσαπερ ἡμεῖς ἀέρι, μύθοις ἂν ὅμοια καὶ τέρασιν ἐδόκει περαίνειν· οὕτως ἐοίκαμεν ἔχειν καὶ ταὐτὸ πάσχειν πρὸς τὴν σελήνην, ἀπιστοῦντες ἐκεῖ τινας ἀνθρώπους κατοικεῖν. (28) Ἐκείνους δ' ἂν οἴομαι πολὺ μᾶλλον ἀποθαυμάσαι τὴν γῆν, ἀφορῶντας οἷον ὑποστάθμην καὶ ἰλὺν τοῦ παντὸς ἐν ὑγροῖς καὶ ὁμίχλαις καὶ νέφεσι διαφαινομένην ἀλαμπὲς καὶ ταπεινὸν καὶ ἀκίνητον χωρίον, εἰ ζῷα φύει καὶ τρέφει, μετέχοντα κινήσεως, ἀναπνοῆς, θερμότητος· κἂν εἰ ποθὲν αὐτοῖς ἐγγένοιτο τῶν Ὁμηρικῶν τούτων ἀκοῦσαι,

Σμερδαλέ', εὐρώεντα, τά τε στυγέουσι θεοί περ,

καὶ,

Τόσσον ἔνερθ' ἀΐδαο, ὅσον οὐρανός ἐστ' ἀπὸ γαίης,

ταῦτα φήσουσιν ἀτεχνῶς περὶ τοῦ χωρίου τούτου λέγεσθαι, καὶ τὸν ᾅδην ἐνταῦθα καὶ τὸν τάρταρον ἀπῳκίσθαι, γῆν δὲ μίαν εἶναι τὴν σελήνην, ἴσον ἐκείνων τῶν ἄνω καὶ τῶν κάτω τούτων ἀπέχουσαν.

XXVI. Ἔτι δέ μου σχεδὸν λέγοντος, ὁ Σύλλας ὑπολαβὼν, Ἐπίσχες, εἶπεν, ὦ Λαμπρία, καὶ παραβαλοῦ τὸ θυρίον τοῦ λόγου, μὴ λάθῃς τὸν μῦθον ὥσπερ εἰς γῆν'ἐξοκείλας, καὶ συγχέῃς τὸ δρᾶμα τοὐμὸν ἑτέραν ἔχον σκηνὴν καὶ διάθεσιν. (2) * Ἐγὼ μὲν οὖν ὑποκριτής εἰμι, πρότερον δ' αὐτοῦ φράσω τὸν ποιητὴν ὑμῖν· [ἢ] εἰ μή τι κωλύει καθ' Ὅμηρον ἀρξάμενον,

Ὠγυγίη τις νῆσος ἀπόπροθεν εἰν ἁλὶ κεῖται,

δρόμον ἡμερῶν πέντε Βρεττανίας ἀπέχουσα πλέοντι πρὸς ἑσπέραν· ἕτεραι δὲ τρεῖς ἴσον ἐκείνης ἀφεστῶσαι καὶ ἀλλήλων, πρόκεινται μάλιστα κατὰ δυσμὰς ἡλίου θερινάς· (3) ὧν ἐν μιᾷ τὸν Κρόνον οἱ βάρβαροι καθεῖρχθαι μυθολογοῦσιν ὑπὸ τοῦ Διός, τὸν δὲ, ὡς υἱὸν ἔχοντα φρουρὸν, τῶν τε νήσων ἐκείνων καὶ τῆς θαλάτ-

---

re ipsa autem planam fecit Epimenides, docens exiguo admodum fomento naturam sustentare animal, si nutrimentum vel olivæ quantitate sumat, nullo præterea indigens. (25) Qui vero lunam inhabitant, si quidem sunt, credibile est graciles esse corporibus et quovis alimento sustentari posse : quando ipsam etiam lunam, ut et solem, qui est corpus igneum et multis modis quam terra major, ab humoribus terrestribus ali aiunt, ac reliquas etiam stellas, numero immensas. Ita facilia ac tenuia et minimo indigentia corpora superiori ascribunt regioni. (26) Sed neque ista, neque hoc saltem attendimus, regionem, naturam temperiemque aliam lunaribus istis hominibus esse accommodatam. (27) Ergo sicut, si non possemus ad mare accedere neque id attingere, sed tantum eminus aspiceremus, nobisque diceret aliquis, aquam ejus amaram, salsam potuique incommodam esse, magna autem et multa animalia in profundo alere, et belluarum esse plenum, ita aqua, ut nos aere, fruentium, fabulas et monstrorum similia dici arbitraremur : ita videmur hic quoque affecti, dum non credimus esse qui in luna degant. (28) Ego autem istos qui in luna incolunt multo magis mirari existimo, quum terram intuentur tanquam fæcem et cœnum Universi, per tot humores, nubes nebulasque apparentem, locum obscurum, humilem, immobilem, posse eam animalia producere et nutrire, motu, respiratione et calore prædita. Et sicubi illis contingat audire Homerica istæc,

Tetra, situque oppleta, deis horrenda vel ipsis,
    Tartarus,
item,
    Bis patet in præceps tantum, tenditque sub umbras,
    quantus ad æthereum cœli suspectus Olympum,
haud dubie censebunt de terra hæc dici, et hic situm esse Orcum et Tartarum, solam lunam esse terram, æquali spatio a superioribus istis, et his inferioribus dissitam.

XXVI. Nondum plane finieram sermonem, quum Sylla interpellans, Desine, inquit, Lampria, et sermoni fores obde : ne imprudens fabulam ut navim quasi in terram expellas, et drama confundas meum, quod alium habitum, aliam scenam habet. (2) Ego autem, qui actoris partes sustineo, principio auctorem fabulæ vobis nominabo : aut, nisi quid impedit, Homerice ordiar :

Ogygia hinc longe vasto jacet insula ponto,

quinque dierum navigatione distans a Britannia versus occasum : tres aliæ eodem spatio inter se et ab illa dissitæ ante eam jacent, maxime versus occasum solis æstivum : (3) in harum una barbari Saturnum fabulantur fuisse a Jove inclusum : sed sedes potius habere, ut cui filius adsit custos, ultra insulas illas et ultra mare istud quod Cronium sive Sa-

της, ἣν Κρόνιον πέλαγος ὀνομάζουσι, πέραν κατῳκί-
σθαι. (4) Τὴν δὲ μεγάλην ἤπειρον, ὑφ᾽ ἧς ἡ μεγάλη
περιέχεται κύκλῳ θάλαττα, τῶν μὲν ἄλλων ἔλαττον
ἀπέχειν, τῆς δ᾽ Ὠγυγίας περὶ πεντακισχιλίους σταδίους
κωπήρεσι πλοίοις κομιζομένῳ· βραδύπορον γὰρ εἶναι
καὶ πηλῶδες ὑπὸ πλήθους ῥευμάτων τὸ πέλαγος· τὰ δὲ
ῥεύματα τὴν μεγάλην ἐξιέναι γῆν, καὶ γίνεσθαι προσ-
χώσεις ἀπ᾽ αὐτῶν, καὶ βαρεῖαν εἶναι καὶ γεώδη τὴν
θάλατταν, ᾗ καὶ πεπηγέναι δόξαν ἔσχε. (5) Τῆς δ᾽
ἠπείρου τὰ πρὸς τῇ θαλάττῃ κατοικεῖν Ἕλληνας περὶ
κόλπον οὐκ ἐλάττονα τῆς Μαιώτιδος, οὗ τὸ στόμα τῷ
στόματι τοῦ Κασπίου πελάγους μάλιστα κατ᾽ εὐθεῖαν
κεῖσθαι· καλεῖν δὲ καὶ νομίζειν ἐκείνους, ἠπειρώτας
μὲν αὐτούς, [νησιώτας δὲ τοὺς] ταύτην τὴν γῆν κατοικοῦντας, ὡς καὶ κύκλῳ περίρρυτον οὖσαν ὑπὸ τῆς θα-
λάσσης· (6) οἴεσθαι δὲ τοῖς Κρόνου λαοῖς ἀναμιχθέντας
ὕστερον τοὺς μεθ᾽ Ἡρακλέους παραγενομένους καὶ ὑπο-
λειφθέντας, ἤδη σβεννύμενον τὸ Ἑλληνικὸν ἐκεῖ καὶ
κρατούμενον, γλώττῃ τε βαρβαρικῇ καὶ νόμοις καὶ
διαίταις, οἷον ἀναζωπυρῆσαι πάλιν ἰσχυρὸν καὶ πολὺ
γενόμενον· διὸ τιμὰς ἔχειν πρώτας τὸν Ἡρακλέα,
δευτέρας δὲ τὸν Κρόνον. (7) Ὅταν οὖν ὁ τοῦ Κρόνου
ἀστήρ, ὃν Φαίνοντα μὲν ἡμεῖς, ἐκείνους δὲ Νυκτοῦρον
ἔφη καλεῖν, εἰς ταῦρον παραγένηται δι᾽ ἐτῶν τριάκοντα,
παρασκευασαμένους ἐν χρόνῳ πολλῷ τὰ περὶ τὴν θυσίαν
καὶ τὸν ἀ[πόπλουν] ἐκπέμπειν κλήρῳ λαχόντας ἐν
πλοίοις τοσούτοις θεραπείαν τε πολλὴν καὶ παρασκευὴν
ἀναγκαίαν μέλλουσι πλεῖν πέλαγος τοσοῦτον εἰρεσίᾳ, καὶ
χρόνον ἐπὶ ξένης βιοτεύειν πολύν, ἐμβαλλομένους· (8)
ἀναχθέντας οὖν χρῆ[σθαι] τύχαις, ὡς εἰκός, ἄλλους
ἄλλαις· τοὺς δὲ διασωθέντας ἐκ τῆς θαλάττης, πρῶτον
μὲν ἐπὶ τὰς προκειμένας νήσους, οἰκουμένας δὲ ὑφ᾽
Ἑλλήνων κατίσχειν, καὶ τὸν ἥλιον ὁρᾶν κρυπτόμενον
ὥρας μιᾶς ἔλαττον ἐφ᾽ ἡμέρας τριάκοντα· καὶ νύκτα
τοῦτο εἶναι, σκότος ἔχουσαν ἐλαφρὸν καὶ λυκαυγὲς ἀπὸ
δυσμῶν περιλαμπόμενον. (9) Ἐκεῖ δὲ διατρίψαντας
ἡμέρας ἐνενήκοντα, μετὰ τιμῆς καὶ φιλοφροσύνης ἱεροὺς νομιζομένους καὶ προσαγορευομένους, ὑπὸ πνευμάτων ἤδη περαιοῦσθαι· μηδ᾽ ἄλλους τινὰς ἐνοικεῖν, ἢ
σφᾶς τ᾽ αὐτούς, καὶ τοὺς πρὸ αὐτῶν ἀποπεμφθέντας·
ἐξεῖναι μὲν γὰρ ἀποπλεῖν οἴκαδε τοὺς τῷ θεῷ τρισκαίδεκα ἔτη συλλατρεύσαντας, αἱρεῖσθαι δὲ τοὺς πλείστους
ἐπιεικῶς αὐτόθι κατοικεῖν, τοὺς μὲν ὑπὸ συνηθείας,
τοὺς δέ, ὅτι πόνου δίχα καὶ πραγμάτων ἄφθονα πάρεστι πάντα πρὸς θυσίαις καὶ χορηγίαις, ἢ περὶ λόγους
τινὰς ἀεὶ καὶ φιλοσοφίαν διατρίβουσι. (10) Θαυμαστὴν
γὰρ εἶναι τῆς τε νήσου τὴν φύσιν, καὶ τὴν πρᾳότητα
τοῦ περιέχοντος ἀέρος, ἐνίοις δὲ καὶ τὸ θεῖον ἐμποδὼν
γίνεσθαι διανοηθεῖσιν ἀποπλεῖν ὥσπερ συνήθεσι καὶ
φίλοις ἐπιδεικνύμενον· οὐκ ὄναρ μόνον οὐδὲ διὰ συμβόλων, ἀλλὰ καὶ φανερῶς ἐντυγχάνειν πολλοὺς ὄψεσι
δαιμόνων καὶ φωναῖς. (11) Αὐτὸν μὲν γὰρ τὸν Κρόνον
ἐν ἄντρῳ βαθεῖ περιέχεσθαι [ἐπὶ] πέτρας χρυσοειδοῦς
καθεύδοντα, τὸν γὰρ ὕπνον αὐτῷ μεμηχανῆσθαι δεσμὸν

turnium appellatur. (4) Magnam vero continentem, a
qua magnum mare in orbem cingitur, a reliquis minus distare, ab Ogygia autem ad stadia quina millena, quum quidem remigio aptis navibus eo sit eundum : esse enim lentum
trajectum maris et cœnosum ob fluminum multitudinem,
quæ a magna terra emittantur, humumque aggerent, ac
mare crassum et terrenum efficiant : unde etiam opinio in-
valuerit, esse ipsum gelu concretum. (5) Continentis porro
partes ad mare habitari a Græcis circa sinum Mæotico haud
minorem, cujus fauces ori Caspii maris e regione maxime
jaceant et ad rectam lineam. Hos in ea esse opinione, ipsos
continentem incolere, hanc autem nostram terram esse insulam, ut quæ in orbem a mari circum alluatur. (6) Existimare autem eos, Saturnio populo posterioribus temporibus
Herculis comites se admiscuisse, ibique relictos, jam exstinctum ferme et lingua, legibus victuque barbaricis oppressum
Græcum morem quasi resuscitasse, atque auxisse : ideo
etiam primos honores Herculi apud eos, proximos Saturno
haberi. (7) Quando igitur Saturni stella, quam Græci *Phæ-
nontem*, quasi lucidam, ipsi *Nycturum*, ut aiebat, ceu
noctis custodem appellant, in Taurum ingreditur, quod trigesimo quoque fit anno, tum eos jam dudum a multo tempore
ad hoc paratis rebus sacrificio et profectioni accommodatis,
emittere sorte ad hoc lectos in totidem navibus cum famu-
tio multo et apparatu necessario navigaturis tantum pelagus
remigio, ac longum tempus peregre moraturis. (8) Avectos
porro, ut consentaneum est, non eadem omnes uti fortuna :
qui vero incolumes mare superaverunt, primum ad præpo-
sitas appellere insulas, quas Græci inhabitant : ac videre
solem per triginta dies minus etiam temporis unica hora
occidere : noctemque hanc tenebras habere tenues, et lucem
crepusculi instar ab occasu. (9) Ibi quum fuerint commo-
rati dies nonaginta, honorifice comiterque tractati, et sacri
crediti atque appellati, porro a ventis trajici eos deinceps.
Ceterum neminem istas incolere insulas, nisi ipsos, et quos
in coloniam ante eodem miserint. Licere enim navigio inde
avehi, postquam deo decimum tertium [30?] annum rite sacra
fecerint; plerosque tamen malle ibi manere : quosdam, quia
adsueverint; alios, quia citra laborem et occupationem ullam
omnia vitæ subsidia abunde suppeditantur hominibus otium
traducentibus vel in sacrificiis et chororum instructione,
vel in literis et philosophia. (10) Mirabilem esse enim insulæ
naturam, et lenitatem aeris ambientis. Quibusdam etiam,
quum avehi in animum induxissent, Genium loci impedimento esse; ostendentem eis se tanquam familiaribus et amicis : non enim per somnia modo aut signa, sed multos palam
per visum et auditum consuescere cum Geniis. (11) Ipsum
enim Saturnum in profundo antro contineri, saxo aureæ spe-
ciei indormientem : nam somnum ei loco compedum esse
a Jove destinatum : et in vertice saxi esse aves, quæ

ὑπὸ τοῦ Διὸς, ὄρνιθας δὲ τῆς πέτρας κατὰ κορυφὴν,
ους, πετομένους ἀμβροσίαν ἐπιφέρειν αὐτῷ, καὶ τὴν
νῆσον εὐωδίᾳ κατέχεσθαι πᾶσαν, ὥσπερ ἐκ πηγῆς σκι-
δναμένη τῆς πέτρας· (12) * τοὺς δὲ δαίμονας ἐκείνους
περιέπειν καὶ θεραπεύειν τὸν Κρόνον, ἑταίρους αὐτῷ
γενομένους, ὅτε δὴ θεῶν καὶ ἀνθρώπων ἐβασίλευσε·
καὶ πολλὰ μὲν ἀφ᾽ ἑαυτῶν μαντικοὺς ὄντας προλέγειν,
τὰ δὲ μέγιστα καὶ περὶ τῶν μεγίστων, ὡς ὀνείρατα τοῦ
Κρόνου, κατιόντας ἐξαγγέλλειν· (13) ὅσα γὰρ ὁ Ζεὺς
προδιανοεῖται, ταῦτ᾽ ὀνειροπολεῖν τὸν Κρόνον· εἶναι
δ᾽ ἀνάστασιν τὰ τιτανικὰ πάθη καὶ κινήματα τῆς ψυχῆς
ἐν αὐτῷ παντάπασιν ὁ ὕπνος ** καὶ γένηται τὸ βασιλικὸν καὶ θεῖον αὐτὸ καθ᾽ ἑαυτὸ καθαρὸν καὶ ἀκήρατον. (14) Ἐνταῦθα δὴ κομισθεὶς, ὡς ἔλεγεν, ὁ ξένος
καὶ θεραπεύων τὸν θεὸν ἐπὶ σχολῆς, ἀστρολογίας μὲν
ἐφ᾽ ὅσον (**) γεωμετρήσαντι πορρωτάτω προελθεῖν δυνατόν ἐστιν, ἐμπειρίαν ἔσχε, φιλοσοφίας δὲ τῆς ἄλλης
τῷ φυσικῷ χρώμενος. (15) Ἐπιθυμίαν δέ τινα καὶ
πόθον ἔχων γενέσθαι τῆς μεγάλης νήσου θεατής· οὕτω
γὰρ, ὡς ἔοικε, τὴν παρ᾽ ἡμῖν οἰκουμένην ὀνομάζουσιν·
ἐπεὶ δὲ τὰ τριάκοντα ἔτη διῆλθεν, ἀφικομένων τῶν
διαδόχων οἴκοθεν, ἀσπασάμενος τοὺς φίλους ἐξέπλευσε,
τὰ μὲν ἄλλα κατεσκευασμένος εὐσταλῶς, ἐφόδιον δὲ
συχνὸν ἐν χρυσοῖς ἐκπώμασι κομίζων. (16) Ἃ μὲν οὖν
ἔπαθε, καὶ ὅσους ἀνθρώπους διῆλθεν, ἱεροῖς τε γράμμασιν ἐντυγχάνων, ἐν τελεταῖς πάσαις τελούμενος, οὐ
μιᾶς ἡμέρας ἔργον ἐστὶ διελθεῖν, ὡς ἐκεῖνος ἡμῖν ἀπήγ-
γελλεν, εὖ μάλα καὶ καθ᾽ ἕκαστον ἀπομνημονεύων·
ὅσα δ᾽ οἰκεῖα τῆς ἐνεστώσης διατριβῆς ἐστιν, ἀκούσατε.
(17) Πλεῖστον γὰρ ἐν Καρχηδόνι χρόνον διέτριψεν, ἅτε
δὴ παρ᾽ ἡμῖν μεγάλας ἔχοντος [**] καὶ τινὰς, ὅτε ἡ
προτέρα πόλις ἀπώλλυτο, διφθέρας ἱερὰς ὑπεκκομισθεί-
σας κρύφα καὶ διαλαθούσας πολὺν χρόνον ἐν γῇ κειμέ-
νας ἐξευρὼν, τῶν τε φαινομένων θεῶν ἔφη χρῆναι καί
μοι παρεκελεύετο τιμᾷν διαφερόντως τὴν σελήνην, ὡς
τοῦ βίου κυριωτάτην οὖσαν ** ἐχομένην.

XXVII. Θαυμάζοντος δέ μου ταῦτα καὶ δεομένου
σαφέστερον ἀκοῦσαι, Πολλὰ, εἶπεν, ὦ Σύλλα, περὶ
θεῶν, οὐ πάντα δὲ καλῶς λέγεται παρ᾽ Ἕλλησιν. (2)
Οἷον εὐθὺς ὀρθῶς Δήμητραν καὶ Κόρην ὀνομάζοντες,
οὐκ ὀρθῶς ὁμοῦ καὶ περὶ τὸν αὐτὸν ἀμφοτέρας εἶναι
τόπον νομίζουσιν· ἡ μὲν γὰρ ἐν γῇ καὶ κυρία τῶν περὶ
γῆν ἐστιν, ἡ δ᾽ ἐν σελήνῃ καὶ τῶν περὶ σελήνην· (3)
Κόρη δὲ καὶ Φερσεφόνη κέκληται, τὸ μὲν, ὡς φωσφόρος οὖσα, Κόρη δὲ, ὅτι καὶ τοῦ ὄμματος, ἐν ᾧ τὸ εἴδωλον ἀντιλάμπει τοῦ βλέποντος, ὥσπερ τὸ ἡλίου
φέγγος ἐνορᾶται τῇ σελήνῃ, κόρην προσαγορεύομεν.
(4) Τοῖς τε περὶ τὴν πλάνην καὶ τὴν ζήτησιν αὐτῶν λεγομένοις ἔνεστι[ν ἐπιεικῶς σὺν τῷ μυθώδει καὶ] τὸ
ἀληθές· ἀλλήλων γὰρ ἐφίενται χωρὶς οὖσαι, καὶ συμπλέκονται περὶ τὴν σκιὰν πολλάκις· τὸ δὲ νῦν μὲν ἐν
οὐρανῷ καὶ φωτί, νῦν δ᾽ ἐν σκότῳ καὶ νυκτὶ γενέσθαι
(περὶ) τὴν Κόρην, ψεῦδος μὲν οὐκ ἔστιν, ὁ δὲ χρόνος τῷ
ἀριθμῷ πλάνην παρέσχηκεν. (5) Οὐ γὰρ ἓξ μῆνας,

advolantes ei ambrosiam afferant : totam insulam suavi fragrantia oppleri, quæ e saxo illo tanquam fonte diffundatur.
(12) Genios autem illos Saturni famulos esse atque administros, qui circa ipsum versentur assiduo, et tunc ejus
fuerint socii, quum in homines ac deos regnum gessit.
Eos, utpote suapte natura divinos, multa vaticinari ; maxima
autem et de summis rebus quando prædicant, ea tanquam
somnia Saturni renunciare : (13) huic enim in somnis obver-
sari, quicquid Jupiter provide meditetur : Saturno experge-
facto, exsistere animi motus casusque Titanicos, quos somnus [mulcet, donec] regia illa ac divina facultas ipsa seorsum
pura atque incontaminata exsistat. (14) Huc ergo delatus,
ut ipse narrabat, hospes, deumque per otium demeritus,
astrologiæ tantam paraverat sibi peritiam, quantam geometria fretus aliquis et longissime procedens adipiscatur ;
de reliquis partibus philosophiæ naturalem fuit amplexus.
(15) Cupiditate ergo quadam et desiderio captus spectandæ
magnæ insulæ istius : sic enim, ut diximus, nostram illi
continentem nominant : circumactis triginta illis annis, quum
successores venissent domo, salutatis amicis avectus est,
modico alioquin et levi apparatu, sed qui ingens viaticum
in aureis poculis secum portaret. (16) Quæ ei evenerint,
per quos homines iter fecerit, ut sacras in literas inciderit,
ut omnis generis sacris initiatus fuerit, recensere non est unius
diei opera ; quomodo quidem ille nobis retulit, singula perquam accurate commemorans. Quæ vero ad præsentem pertinent disputationem, audite. (17) Carthagine permultum
temporis extraxit, quod apud nos in magno est [Saturnus
honore :] invenit etiam membranas quasdam sacras, sub
excidium prioris urbis clam exportatas et humi per longum
tempus abditas latentesque, et dixit de diis in Universo
apparentibus præcipuam venerationem Lunæ deberi, ut quæ
plurimum juris in vitam nostram haberet : meque ut eam
studiosius quam alia numina colerem, hortatus est : [proxi-
mo secundum illam loco Terram haberem].

XXVII. Hæc ego quum mirarer et planius mihi explicari
cuperem, Multa, inquit, o Sylla, de diis apud Græcos, non
omnia tamen recte dicuntur. (2) Quale initio statim hoc
occurrit, quod Cererem et Proserpinam recte nominantes,
non recte simul, et circa eundem locum versari ambas
censent. Ceres enim in terra est, et terrestrium effectorum
potestate prædita : Proserpina in luna est, et rebus præest
lunaribus : (3) *Persephones* vero nomen et *Cores*, quod
est puellæ, gerit Proserpina : illud, quia lucifera est ; hoc,
quod etiam pupilla oculi ita Græcis appellatur ; quia visa
res in ea conspicitur repercussa, haud secus quam solis lumen in luna. (4) Atque illis quoque de erroribus Proserpinæ, utque fuerit a Cerere quæsita, fabulis, cum fabuloso
veri aliquid inest : nam se invicem desiderant disjunctæ, et
in umbra se mutuo sæpe complectuntur. Et quod Proserpina modo in cœlo et lumine, modo in tenebris et nocte
dicitur esse, id mendacium non est ; sed tempus errori ansam suo præbuit numero. (5) Non enim sex menses, sed

ἀλλὰ παρ' ἓξ μῆνας ὁρῶμεν αὐτὴν ὑπὸ τῆς γῆς, ὥσπερ
ὑπὸ τῆς μητρός, τῇ σκιᾷ λαμβανομένην, ὀλιγάκις δὲ
τοῦτο διὰ πέντε μηνῶν παθοῦσαν· ἐπεὶ τόν γε ᾅδην
ἀπολιπεῖν ἀδύνατόν ἐστιν αὐτήν, τοῦ ᾅδου πέρ[ας] οὖσαν, ὥσπερ καὶ Ὅμηρος ἐπικρυψάμενος, οὐ φαύλως
τοῦτο εἶπεν·

Ἀλλ' εἰς ἠλύσιον πεδίον καὶ πείρατα γαίης

ὅπου γὰρ ἡ σκιὰ ἐπινεμομένη παύεται, τοῦτο τέρμα
τῆς γῆς ἔθετο καὶ πέρας· (6) εἰς δὲ τοῦτο φαῦλος μὲν
οὐδεὶς οὐδ' ἀκάθαρτος ἄνεισιν, οἱ δὲ χρηστοὶ μετὰ τὴν
τελευτὴν κομισθέντες αὐτόθι, ῥᾷστον μὲν οὕτω βίον, οὐ
μὴν μακάριον οὐδὲ θεῖον ἔχοντες, ἄχρι τοῦ δευτέρου
θανάτου διατελοῦσι.

XXVIII. Τίς δὲ οὗτός ἐστιν, ὦ Σύλλα; Μὴ περὶ
τούτων ἔρῃ, μέλλω γὰρ αὐτὸς διηγεῖσθαι. * Τὸν ἄνθρωπον οἱ πολλοὶ σύνθετον μὲν ὀρθῶς, ἐκ δυοῖν δὲ μόνων σύνθετον οὐκ ὀρθῶς ἡγοῦνται· μόριον γὰρ εἶναί πως
ψυχῆς οἴονται τὸν νοῦν, οὐδὲν ἧττον ἐκείνων ἁμαρτά-
νοντες οἷς ἡ ψυχὴ δοκεῖ μόριον εἶναι τοῦ σώματος· (2)
νοῦς γὰρ ψυχῆς, ὅσῳ ψυχὴ σώματος, ἄμεινόν ἐστι καὶ
θειότερον· ποιεῖ δὲ ἡ μὲν ψυχῆς σύνοδος [**] λόγον,
ὧν τὸ μὲν ἡδονῆς ἀρχὴ καὶ πόνου, τὸ δ' ἀρετῆς καὶ
κακίας. (3) Τριῶν δὲ τούτων συμπαγέντων, τὸ μὲν
σῶμα ἡ γῆ, τὴν δὲ ψυχὴν ἡ σελήνη, τὸν δὲ νοῦν ὁ ἥλιος
παρέσχεν εἰς τὴν γένεσιν, ** ὥσπερ αὖ τῇ σελήνῃ τὸ
φέγγος. (4) Ὃν δ' ἀποθνήσκομεν θάνατον, ὁ μὲν
ἐκ τριῶν δύο ποιεῖ τὸν ἄνθρωπον, ὁ δὲ ἓν ἐκ δυοῖν· καὶ
ὁ μέν ἐστιν ἐν τῇ τῆς Δήμητρος ** ἐν αὐτῇ τελεῖν, καὶ
τοὺς νεκροὺς Ἀθηναῖοι Δημητρείους ὠνόμαζον τὸ πα-
λαιόν· (5) ὁ δ' ἐν τῇ σελήνῃ τῆς Φερσεφόνης· καὶ σύν-
οικός ἐστι, τῆς μὲν χθονίος ὁ Ἑρμῆς, τῆς δ', οὐρά-
νιος· λύει δ' αὐτὴ μὲν ταχὺ καὶ μετὰ βίας τὴν ψυχὴν
ἀπὸ τοῦ σώματος, ἡ δὲ Φερσεφόνη πράως καὶ χρόνῳ
πολλῷ τὸν νοῦν ἀπὸ τῆς ψυχῆς, καὶ διὰ τοῦτο μονογενὴς κέκληται· μόνον γὰρ γίνεται τὸ βέλτιστον τοῦ ἀνθρώπου διακρινόμενον [ὑπ'] αὐτῆς. (6) Συντυγχάνει
δὲ οὕτως κατὰ φύσιν ἑκάτερον. Πᾶσαν ψυχήν, ἄνουν
τε καὶ σὺν νῷ, σώματος ἐκπεσοῦσαν, εἱμαρμένον ἐστὶ
τῷ μεταξὺ γῆς καὶ σελήνης χωρίῳ πλανηθῆναι χρόνον
οὐκ ἴσον. (7) ἀλλ' αἱ μὲν ἄδικοι καὶ ἀκόλαστοι δίκας
τῶν ἀδικημάτων τίνουσι· τὰς δ' ἐπιεικεῖς, ὅσον ἀπα-
γνεῦσαι καὶ ἀποπνεῦσαι [τοὺς] ἀπὸ τοῦ σώματος, ὥσπερ
ἀτμοῦ πονηροῦ, μιασμούς, ἐν τῷ πραοτάτῳ τοῦ ἀέρος, ὃν
λειμῶνας ᾅδου καλοῦσι, δεῖ γίνεσθαι χρόνον τινὰ τετα-
γμένον· εἶτα, οἷον ἐξ ἀποδημίας ἀνακομιζόμεναι φυ-
γαδικῆς εἰς πατρίδα, γεύονται χαρᾶς, οἵαν οἱ τελού-
μενοι μάλιστα θορύβῳ καὶ πτοήσει συγκεκραμένῃ μετ'
ἐλπίδος ἰδίας ἔχουσι· (8) πολλὰς γὰρ ἐξωθεῖ καὶ ἀπο-
κυματίζει γλιχομένας ἤδη τῆς σελήνης, ἐνίας δὲ καὶ
τῶν ἐκεῖ περὶ [τὰ] κάτω τερπομένας, οἷον εἰς βυθὸν
αὖθις ὁρῶσι καταδυομένας. (9) Αἱ δ' ἄνω γενόμεναι,
καὶ βεβαίως ἱδρυθεῖσαι, πρῶτον μέν, ὥσπερ οἱ νικηφό-
ροι, περίίασιν ἀναδούμενοι στεφάνοις πτερῶν εὐσταθείας

sexto mense videmus eam a terra tanquam matre sub umbra
detineri : idque raro quinto mense fieri. Nam fieri nequit
ut Plutonem relinquat, cujus est ipsa terminus : quod Homerus occulte quidem, sed non inepte significavit :

Elysium in campum, qua terrae terminus exstat,
te ducent superi :

ubi enim umbra desinit ingruere, cum terminum et finem
terrae posuit. (6) In illum vero campum nemo improbus
aut impurus venit : boni post mortem eo delati, facillimam
quidem, non tamen beatam aut divinam vitam agunt usque
ad secundam mortem.

XXVIII. Quae vero, o Sylla, haec est? aiebam. Tum
ille, Noli, inquit, de his quaerere : sum enim ipse narraturus.
Hominem plerique compositum statuunt, recte hoc : non
recte, quod e duabus tantum partibus constare putrnt,
mentem partem quodammodo animae esse opinantes : non leviore illi errore lapsi iis, qui animam partem corporis esse
putant. (2) Etenim mens tanto est praestantior quam anima
ac divinior, quanto anima praestat corpori. Facit autem
coitus animae [cum corpore, affectum ; cum mente] rationem :
quorum alterum voluptatis et doloris est principium, alterum
virtutis et vitii. (3) His tribus compactis, terra corpus,
animam luna, mentem sol creando homini praebuit, ** sicuti lunae splendorem. (4) Mors autem, quam obimus, alia ex
tribus duo facit hominem, alia unum e duobus : et altera
est in Cereris [ditione, seu terra, unde initiandi et moriendi
cognata sunt nomina Graecis, τελευτᾷν et] τελεῖν : mortuos
Athenienses *Demetreos*, hoc est Cereales, dixerunt antiquitus. (5) Mors in luna subest Proserpinae : et illius quidem contubernalis est Mercurius terrestris, hujus coelestis.
Solvit autem Ceres celeriter ac vi animam a corpore : mentem ab anima leniter et longo temporis decursu Proserpina,
ideoque Unigenita appellatur ; unica enim fit hominis melior
pars, ab ea secreta. (6) Evenit autem sic secundum naturam utrumque. Omnis anima, sive praedita sive carens
mente, ubi primum e corpore exiit, fati lege ad tempus
vagatur ea in regione quae terram et lunam interjacet : verum non idem est omnibus tempus praescriptum. (7) Impiae enim et intemperantes animae poenas flagitiorum luunt :
piae certum tempus, quantum ad lustrandum et corporis,
ut mali halitus, pollutiones abolendum sufficit, in aeris
purissima parte degunt, quam *prata Ditis* appellant :
deinde veluti ab exsilio in patriam reductae, gaudium degustant, quale maxime percipiunt qui sacris initiantur,
trepidatione et terrore cum suavi spe permixtis. (8) Multas enim extrudit, aestuandoque projicit luna jam attingere
eam affectantes : nonnullas etiam quae jam eo pervenerint,
vident delectatas in regionibus ejus inferioribus, tanquam
in profundum denuo deferri. (9) Quae autem sursum evaserunt, ac firmiter sunt collocatae, primum, ut solemni
certamine victores, obeunt coronatae *pennis*, quae *constan*

λεγομένοις, ὅτι τῆς ψυχῆς τὸ ἄλογον καὶ τὸ παθητικὸν,
εὐήνιον ἐπιεικῶς τῷ λόγῳ καὶ κεκοσμημένον ἐν τῷ βίῳ
παρέσχοντο. (10) Δεύτερον, ἀκτῖνι τὴν ὄψιν ἐοικυῖαι,
πυρὶ δὲ τὴν ψυχὴν ἄνω κουφιζομένην, ὥσπερ ἐνταῦθα,
5 τῷ περὶ τὴν σελήνην αἰθέρι, καὶ τόνον ἀπ' αὐτοῦ καὶ
δύναμιν, οἷον τὰ στομούμενα βαφὴν ἴσχουσι· τὸ γὰρ
ἀραιὸν ἔτι καὶ διακεχυμένον ῥώννυται, καὶ γίνεται
σταθερὸν καὶ διαυγὲς, ὥστε ὑπὸ τῆς τυχούσης ἀναθυμιάσεως τρέφεσθαι· καὶ καλῶς Ἡράκλειτος εἶπεν ὅτι
10 « αἱ ψυχαὶ ὀσμῶνται καθ' ᾅδην. »

XXIX. Ἐφορῶσι δὲ πρῶτον μὲν αὐτῆς σελήνης τὸ
μέγεθος, καὶ τὸ κάλλος, καὶ τὴν φύσιν οὐχ ἁπλῆν
οὐδ' ἄμικτον, ἀλλ' οἷον ἄστρου σύγκραμα καὶ γῆς οὖ-
σαν· (2) ὡς γὰρ ἡ γῆ πνεύματι μεμιγμένη καὶ ὑγρῷ
15 (* *) μαλακὴ γέγονε, καὶ τὸ αἷμα τῇ σαρκὶ παρέχει τὴν
αἴσθησιν ἐγκεκραμένον· οὕτω τῷ αἰθέρι λέγουσι τὴν
σελήνην ἀνακεκραμένην διὰ βάθους, ἅμα μὲν ἔμψυχον
εἶναι καὶ γόνιμον, ἅμα δ' ἰσόῤῥοπον ἔχειν τὴν πρὸς τὸ
βαρὺ συμμετρίαν τῆς κουφότητος. Καὶ γὰρ αὐτὸν
20 οὕτω τὸν κόσμον ἐκ τῶν ἄνω καὶ τῶν κάτω φύσει φερομένων συνηρμοσμένον, ἀπηλλάχθαι παντάπασι τῆς
κατὰ τόπον κινήσεως. (3) Ταῦτα δὲ καὶ Ξενοκράτης
ἔοικεν ἐννοῆσαι θείῳ τινὶ λογισμῷ, τὴν ἀρχὴν λαβὼν παρὰ
Πλάτωνος. Πλάτων γάρ ἐστιν ὁ καὶ τῶν ἀστέρων ἕκαστον
25 ἐκ γῆς καὶ πυρὸς συνηρμόσθαι διὰ τῶν (* *) μεταξὺ φύ-
σεων ἀναλογίᾳ δοθεισῶν ἀποφηνάμενος· οὐδὲν γὰρ εἰς
αἴσθησιν ἐξικνεῖσθαι, ᾧ μή τι γῆς ἐμμέμικται καὶ φωτός. (4) Ὁ δὲ Ξενοκράτης τὰ μὲν ἄστρα καὶ τὸν ἥλιον
ἐκ πυρός φησι καὶ τοῦ πρώτου πυκνοῦ συγκεῖσθαι,
30 τὴν δὲ σελήνην ἐκ τοῦ δευτέρου πυκνοῦ καὶ τοῦ ἰδίου
ἀέρος, τὴν δὲ γῆν ἐξ ὕδατος καὶ πυρὸς καὶ τοῦ τρίτου
τῶν πυκνῶν· ὅλως δὲ μήτε τὸ πυκνὸν αὐτὸ καθ' αὑτὸ,
μήτε τὸ μανὸν, εἶναι ψυχῆς δεκτικόν. (5) Καὶ ταῦτα
μὲν περὶ οὐσίας σελήνης. Εὖρος δὲ καὶ μέγεθος, οὐχ
35 ὅσον οἱ γεωμέτραι λέγουσιν, ἀλλὰ μεῖζον πολλάκις ἐστί·
καταμετρεῖ δὲ τὴν σκιὰν τῆς γῆς ὀλιγάκις τοῖς ἑαυτῆς
μεγέθεσιν, οὐχ ὑπὸ σμικρότητος, ἀλλὰ θερμότητος, ᾖ
ἐπείγει τὴν κίνησιν ὅπως ταχὺ διεκπερᾷ τὸν σκο-
τώδη τόπον ὑπεκφέρουσα [τὰς] τῶν ἀγαθῶν ψυχὰς
40 σπευδούσας καὶ βοώσας· οὐκ ἔτι γὰρ ἐξακούουσιν
ἐν τῇ σκιᾷ γενόμεναι τῆς περὶ τὸν οὐρανὸν ἁρμονίας·
(6) ἅμα δὲ καὶ κάτωθεν αἱ τῶν κολαζομένων ψυχαὶ τηνικαῦτα διὰ τῆς σκιᾶς ὀδυρόμεναι [καὶ] ἀλαλάζουσαι
προσφέρονται· διὸ καὶ κροτεῖν ἐν ταῖς ἐκλείψεσιν εἰώ-
45 θασιν οἱ πλεῖστοι χαλκώματα, καὶ ψόφον ποιεῖν καὶ
πάταγον ἐπὶ τὰς ψυχάς· ἐκφοβεῖ δ' αὐτὰς καὶ τὸ καλούμενον πρόσωπον, ὅταν ἐγγὺς γένωνται, βλοσυρόν τι καὶ
φρικῶδες ὁρώμενον. (7) Ἔστι δ' οὐ τοιοῦτον· ἀλλ'
ὥσπερ ἡ παρ' ἡμῖν ἔχει γῆ κόλπους βαθεῖς καὶ μεγά-
50 λους, ἕνα μὲν ἐνταῦθα διὰ στηλῶν Ἡρακλείων ἀνα-
χεόμενον εἴσω πρὸς ἡμᾶς, ἔξω δὲ τὸν Κάσπιον καὶ τοὺς
περὶ τὴν Ἐρυθρὰν θάλατταν, οὕτω βάθη ταῦτα τῆς
σελήνης ἐστὶ καὶ κοιλώματα· (8) καλοῦσι δ' αὐτῶν τὸ
μὲν μέγιστον Ἑκάτης μυχὸν, ὅπου καὶ δίκας διδόασιν

tiæ dicuntur; quia animæ vim brutam et motibus vagis
obnoxiam in vita rationi obsequentem compositamque habuerint. (10) Deinde visus eorum radiis est similis, anima
igni, quippe sursum elata, prouti et hac in terra ignis sursum fertur, in lunari æthere, ab eoque vim quandam et robur
accipiunt, ut ferrum candens aquæ immersum : quod enim
rarum adhuc est et diffusum, roboratur fitque stabile et
pellucidum, ita ut a quavis exhalatione nutriatur. Et præclare dixit Heraclitus, *animas in Orco odorari.*

XXIX. Conspiciunt autem primum ipsius lunæ magnitudinem et pulchritudinem ac naturam : non simplicem aut
sinceram eam, sed aliquid e terra et stella contemperatum.
(2) Sicut enim terra, spiritu mixta et humore, mollis est
facta, et sanguis carni admixtus sensum præbet : ita ætheri
aiunt lunam profunde permixtam, simul et animatam esse
ac fœcundam, et gravitatis levitatisque æqualia momenta
habere. Nam ipsum quoque mundum ex iis quæ sursum
natura sua, et iis quæ deorsum feruntur, contemperatum,
ab omni mutatione loci esse liberum. (3) Hæc etiam Xenocrates divina quadam ratiocinatione videtur deprehendisse, a
Platone sumto principio. Plato enim est qui stellarum quoque unam quamlibet ex terra et igne concinnatam pronunciavit, per intermedias naturas proportione datas; nihil enim
sentiri, cui nihil terræ et luminis sit admixtum. (4) Xenocrates autem stellas et solem ex igne, ait, et primo denso
compositas; lunam autem ex secundo denso, et peculiari
aere : terram ex aqua, igne, et tertio denso : omnino autem
neque densum ipsum per se, neque rarum esse capax
animæ. (5) Atque hæc quidem de substantia lunæ. Latitudinem autem ejus et magnitudinem non quantam geometræ
dicunt, sed multoties majorem : dimetitur autem umbram
terræ paucies suis magnitudinibus, non ob parvitatem, sed
calorem, quo motum suum concitat, ut celeriter perambu-
let umbrosum locum, simul efferens animas bonorum festinantes et vociferantes : nam quum in umbra sunt, exaudire
desinunt harmoniam cœli : (6) simul etiam animæ quæ
infra sunt supplicia luentium, tunc per umbram lamen-
tantes et conclamantes afferuntur. Ideo in defectibus plerique solent æra pulsare, ac sonitum fragoremque
adversus animas edere. Terret eas etiam ea quæ dicitur Facies, quando propius accedunt, horrenda eis et
terribilis apparens. (7) Non est autem talis : sed sicut nostra terra sinus habet profundos ac magnos, quorum unus
per columnas Herculis hac ad nos infunditur, alter foris est
maris Caspii ac Rubri : sic in luna etiam cavernæ sunt et
profunda. (8) Cavernarum ejus maximam *Penetralia
Hecates* vocant, ubi animæ jam genii factæ, injuriarum

αἱ ψυχαὶ καὶ λαμβάνουσιν, ὧν ἂν ἤδη γεγενημέναι δαί-
μονες ἢ πάθωσιν, ἢ δράσωσι· τὰ δὲ δύο, μακρά· πε-
ραιοῦνται γὰρ αἱ ψυχαὶ δι' αὐτῶν, νῦν μὲν εἰς τὰ πρὸς
οὐρανὸν τῆς σελήνης, νῦν δὲ πάλιν εἰς τὰ πρὸς γῆν·
(9) ὀνομάζεσθαι δὲ τὰ μὲν πρὸς οὐρανὸν τῆς σελήνης,
Ἠλύσιον πεδίον· τὰ δ' ἐνταῦθα, Φερσεφόνης (οὐκ)
ἀντίχθονος.

XXX. Οὐκ ἀεὶ δὲ διατρίβουσιν ἐπ' αὐτῇ οἱ δαίμο-
νες, ἀλλὰ χρηστηρίων δεῦρο κατίασιν ἐπιμελησόμενοι,
καὶ ταῖς ἀνωτάτω συμπάρεισι καὶ συνοργιάζουσι τῶν
τελετῶν, κολασταί τε γίνονται καὶ φύλακες ἀδικημάτων,
καὶ σωτῆρες ἔν τε πολέμοις καὶ κατὰ θάλατταν ἐπιλάμ-
πουσιν· (2) ὅ τι δ' ἂν μὴ καλῶς περὶ ταῦτα πράξωσιν,
ἀλλὰ ὑπ' ὀργῆς ἢ πρὸς ἄδικον χάριν ἢ φθόνῳ, δίκην
τίνουσιν· ὠθοῦνται γὰρ αὖθις ἐπὶ γῆν συρρηγνύμενοι
σώμασιν ἀνθρωπίνοις. (3) Ἐκ δὲ τῶν βελτιόνων ἐκείνων οἵ τε περὶ τὸν Κρόνον ὄντες ἔφασαν αὐτοὺς εἶναι,
καὶ πρότερον ἐν τῇ Κρήτῃ τοὺς Ἰδαίους Δακτύλους, ἔν
τε Φρυγίᾳ τοὺς Κορύβαντας γενέσθαι, καὶ τοὺς περὶ
Βοιωτίαν ἐν Οὐδώρᾳ Τροφωνιάδας, καὶ μυρίους ἄλλους
πολλαχόθι τῆς οἰκουμένης· ὧν ἱερὰ καὶ τιμαὶ καὶ προσ-
ηγορίαι διαμένουσιν· αἱ δὲ δυνάμεις ἐνίων [ἀπολεί-
πουσιν], εἰς ἕτερον τόπον τῆς ἀρίστης ἐξαλλαγῆς τυγ-
χανόντων. (4) Τυγχάνουσι δὲ οἱ μὲν πρότερον, οἱ δὲ
ὕστερον, ὅταν ὁ νοῦς ἀποκριθῇ τῆς ψυχῆς· ἀποκρίνεται
δ' ἔρωτι τῆς περὶ τὸν ἥλιον εἰκόνος, δι' ἧς ἐπιλάμπει
τὸ ἐφετὸν καὶ καλὸν καὶ θεῖον καὶ μακάριον, οὗ πᾶσα
φύσις, ἄλλη δ' ἄλλως, ὀρέγεται. Καὶ γὰρ αὐτὴν τὴν
σελήνην ἔρωτι τοῦ ἡλίου περιπολεῖν ἀεί, καὶ συγγίνεσθαι ὀρεγομένην, ἀπ' αὐτοῦ τὸ γονιμώτατον * * (5)
Λείπεται δὲ ἡ τῆς ψυχῆς φύσις ἐπὶ τὴν σελήνην, οἷον
ἴχνη τινὰ βίου καὶ ὀνείρατα διαφυλάττουσα· καὶ περὶ
ταύτης ὀρθῶς ἡγοῦ λελέχθαι τό,

Ψυχὴ δ' ἠΰτ' ὄνειρος ἀποπταμένη πεπότηται·

οὐδὲ γὰρ εὐθύς, οὐδὲ τοῦ σώματος ἀπαλλαγεῖσα, τοῦτο
πέπονθεν, ἀλλὰ ὕστερον, ὅταν ἔρημος καὶ μόνη τοῦ νοῦ
ἀπαλλαττομένη γένηται. (6) Καὶ Ὅμηρος ὧν εἶπε
πάντων μάλιστα δὴ κατὰ θεὸν εἰπεῖν ἔοικε περὶ τῶν
καθ' ᾅδου·

Τὸν δὲ μετ' εἰσενόησα βίην Ἡρακληείην,
εἴδωλον· αὐτὸς δὲ μετ' ἀθανάτοισι θεοῖσιν·

αὐτός τε γὰρ ἕκαστος ἡμῶν οὐ θυμός ἐστιν, οὐδὲ φόβος,
οὐδ' ἐπιθυμία, καθάπερ οὐδὲ σάρκες οὐδὲ ὑγρότητες,
ἀλλ' ᾧ διανοούμεθα καὶ φρονοῦμεν, * ἥ τε ψυχὴ τυπου-
μένη μὲν ὑπὸ τοῦ νοῦ, τυποῦσα δὲ τὸ σῶμα καὶ περι-
πτύσσουσα πανταχόθεν ἐκμάττεται τὸ εἶδος· ὥστε κἂν
πολὺν χρόνον χωρὶς ἑκατέρου γένηται, διατηροῦσα τὴν
ὁμοιότητα καὶ τὸν τύπον, εἴδωλον ὀρθῶς ὀνομάζεται.
(7) Τούτων δὲ ἡ σελήνη, καθάπερ εἴρηται, στοιχεῖόν
ἐστιν· ἀναλύονται γὰρ εἰς ταύτην, ὥσπερ εἰς τὴν γῆν
τὰ σώματα τῶν νεκρῶν, ταχὺ μὲν αἱ σώφρονες, μετὰ
σχολῆς ἀπράγμονα καὶ φιλόσοφον στέρξασαι βίον· ἀφε-

quum acceptarum pœnas repetunt, tum illatarum luunt :
duæ aliæ *longæ* dicuntur, quia per eas transmittuntur animæ
alias in partem lunæ obversam terræ, alias in cœlo obversam. (9) Appellantur autem partes lunæ cœlo obversæ
Elysius campus : huc pertinentes, *Proserpinæ Anti-
chthonis*, id est terræ oppositæ.

XXX. Non semper autem in luna morantur genii, sed huc
descendunt ut oracula procurent; et supremis adsunt orgiis
atque sacrificiis, puniunt flagitia, salutaresque in bellis et
mari affulgent. (2) Quodsi quid horum non recte gerant,
sed pro libidine, aut injusta gratia, vel odio, pœnas pendunt:
detruduntur enim rursus in terram, et cum corporibus humanis conflictantur. (3) Ex meliorum geniorum censu illi
qui cum Saturno fuere, se dixerunt esse, et antiquitus in
Creta Idæos Dactylos, in Phrygia Corybantas, et apud
Lebadiam Bœotiæ Trophoniadas, atque innumeros alios
passim per orbem terrarum : quorum sacra, honores et
nomina etiamnum manent: facultates quorumdam, optimam
nactæ mutationem, alio transiverunt. (4) Nanciscuntur
autem alii prius, alii posterius, mente ab animo secreta :
secernitur vero amore solaris imaginis, per quam effulget id quod expetendum, pulchrum, divinum, beatum-
que est bonum, quod omnis natura, sed alia alio modo,
appetit. Nam ipsam quoque lunam amore solis assiduo revolvi et cum eo coire, ac fœcunditatem ab eo captare. (5)
Animæ porro natura ad lunam tendit, veluti vestigia quædam vitæ et somnia reservans : ac de hac recte istud esse
dictum existimato,

Ast anima, ut somnus, pernicibus avolat alis :

non enim statim atque a corpore soluta est, hoc facit, sed
postmodo, quando deserta et sola est, mente separata. (6)
Homerus ex omnibus quæ dixit de Inferis, maxime secundum deum videtur hæc pronunciasse :

Post hos Alcidæ mihi sese objecit imago :
ipse inter superos etenim lætum exigit ævum.

Nam unusquisque nostrûm ipse non iracundia est, neque
timor, neque cupiditas, ut neque caro, neque humores,
sed id quo cogitamus et intelligimus : et anima a mente ef-
fingitur, formatque ipsa corpus et undiquaque amplectitur,
et ab eo formam ipsius sibi imprimit; ut etiam diu ab utroque separata, similitudinem tamen ejus effugiemque retineat, et *imago* recte dicatur. (7) Horum autem, sicut diximus, elementum est luna : in quam animæ resolvuntur,
sicut mortuorum corpora in terram, celeriter quidem castæ,
quæ otium et philosophicam fuerunt amplexæ vitam : quæ,

θεῖσαι γὰρ ὑπὸ τοῦ νοῦ, καὶ πρὸς οὐθὲν ἔτι χρώμεναι τοῖς πάθεσιν, ἀπομαραίνονται· (8) τῶν δὲ φιλοτίμων καὶ πρακτικῶν, ἐρωτικῶν τε περὶ σώματα, καὶ θυμοειδῶν, αἱ μὲν οἷον ἐν ὕπνῳ ταῖς τοῦ βίου μνημοσύναις ὀνείρασι χρώμεναι διαφέρονται, καθάπερ ἡ τοῦ Ἐνδυμίωνος· ἐπεὶ δ' αὐτὰς τὸ ἄστατον καὶ τὸ ἀπαθὲς ἐξίστησι, καὶ ἀφέλκει τῆς σελήνης πρὸς ἄλλην γένεσιν, οὐκ ἐᾷ ** ἀλλ' ἀνακαλεῖται καὶ καταθέλγει. (9) Μικρὸν γὰρ οὐδὲν οὐδὲ ἥσυχον, οὐδὲ ὁμολογούμενον ἔργον ἐστὶν, ὅταν ἄνευ νοῦ τῷ παθητικῷ σώματος ἐπιλάβωνται. Τιτυοὶ δὲ καὶ Τυφῶνες, ὅ τε Δελφοὺς κατασχὼν καὶ συνταράξας τὸ χρηστήριον ὕβρει καὶ βίᾳ Τυφὼν, ἐξ ἐκείνων ἄρα τῶν ψυχῶν ἦσαν, ἔρημοι λόγῳ καὶ τύφῳ πλανηθέντι τῷ παθητικῷ χρησαμένων. (10) Χρόνῳ δὲ κἀκείνας κατεδέξατο εἰς αὑτὴν ἡ σελήνη καὶ κατεκόσμησεν, εἶτα τὸν νοῦν αὖθις ἐπισπείραντος τοῦ ἡλίου, τῷ ζωτικῷ δεχομένη, νέας ποιεῖ ψυχάς· ἡ δὲ γῆ τρίτον σῶμα παρέσχεν. (11) Οὐδὲν γὰρ αὕτη δίδωσι [** ἀλλ' ἀποδίδωσι] μετὰ θάνατον, ὅσα λαμβάνει πρὸς γένεσιν· ἥλιος δὲ λαμβάνει μὲν οὐδὲν, ἀπολαμβάνει δὲ τὸν νοῦν διδούς· (12) σελήνη δὲ καὶ λαμβάνει καὶ δίδωσι, καὶ συντίθησι καὶ διαιρεῖ, κατὰ ἄλλην καὶ ἄλλην δύναμιν, ὧν Εἰλείθυια μὲν, ᾗ συντίθησιν, Ἄρτεμις δὲ, ᾗ διαιρεῖ, καλεῖται. (13) Καὶ τριῶν Μοιρῶν ἡ μὲν Ἄτροπος περὶ τὸν ἥλιον ἱδρυμένη, τὴν ἀρχὴν ἐνδίδωσι τῆς γενέσεως· ἡ δὲ Κλωθὼ, περὶ τὴν σελήνην φερομένη, συνδεῖ καὶ μίγνυσιν· ἐσχάτη δὲ συνεφάπτεται περὶ γῆν ἡ Λάχεσις, ᾗ πλεῖστον τύχης μέτεστι. (14) Τὸ γὰρ ἄψυχον, ἄκυρον αὐτὸ καὶ παθητὸν ὑπ' ἄλλων· ὁ δὲ νοῦς, ἀπαθὴς καὶ αὐτοκράτωρ· μικτὸν δὲ καὶ μέσον ἡ ψυχὴ, καθάπερ ἡ σελήνη τῶν ἄνω καὶ κάτω σύμμιγμα καὶ μετακέρασ[μα] ὑπὸ τοῦ θεοῦ γέγονε, τοῦτον ἄρα πρὸς ἥλιον ἔχουσα τὸν λόγον, ὃν ἔχει [ἡ] γῆ πρὸς σελήνην.

15. Ταῦτ', εἶπεν ὁ Σύλλας, ἐγὼ μὲν ἤκουσα τοῦ ξένου διεξιόντος· ἐκείνῳ δὲ οἱ τοῦ Κρόνου κατευνασταὶ καὶ θεράποντες, ὡς ἔλεγεν αὐτὸς, ἐξήγγειλαν· ὑμῖν δὲ, ὦ Λαμπρία, χρῆσθαι τῷ λόγῳ πάρεστιν ᾗ βούλεσθε.

<hr>

ΠΕΡΙ ΤΟΥ

ΠΡΩΤΩΣ ΨΥΧΡΟΥ.

I. Ἔστι τις ἄρα τοῦ ψυχροῦ δύναμις, ὦ Φαβωρῖνε, πρώτη καὶ οὐσία, καθάπερ τοῦ θερμοῦ τὸ πῦρ, ἧς παρουσίᾳ τινὶ καὶ μετοχῇ γίνεται τῶν ἄλλων ἕκαστον ψυχρόν; ἢ μᾶλλον ἡ ψυχρότης στέρησίς ἐστι θερμότητος, ὥσπερ τοῦ φωτὸς τὸ σκότος λέγουσι, καὶ τῆς κινήσεως τὴν στάσιν; (2) ἐπεὶ καὶ τὸ ψυχρὸν ἔοικε στάσιμον εἶναι, κινητικὸν δὲ τὸ θερμόν. * αἵ τε τῶν θερμῶν καταψύξεις οὐδεμιᾶς παρουσίᾳ γίνονται δυνάμεως, ἀλλ'

---

dimissæ a mente, et motibus ad nihil porro utentes, evanescunt. (8) At vero animæ ambitiosorum, rebus gerendis, aut amori corporum deditorum, itemque iracundorum, aliæ, veluti in somno, recordatione rerum in vita gestarum tanquam somniis utuntur, ut Endymionis anima : posteaquam autem eas inconstantia et mobilitas exturbat, trahitque a luna ad alium ortum, non sinit ** sed revocat et demulcet. (9) Exiguum enim aut placidum aut constans nullum est opus, quando absque mente vis variis exagitata motibus corpus arripit. Tityi quidem, Typhones, et is Typhon qui Delphis occupatis oraculum vi et libidine sua conturbavit, e numero istarum erant animarum, mentis expertes et superbi, ac tantum vagis incitati cupiditatibus. (10) Aliquanto post tempore eas quoque animas in se recepit luna, atque composuit; deinde mentem rursus adseminante sole, vitali eam vi excipiens, novas facit animas : tertio loco terra corpus præbuit. (11) Nihil enim hæc præbet [ad animam et mentem, sed reddit] post mortem quæ ad generationem accipit. Sol autem accipit quidem nihil; recipit autem mentem quam dat. (12) Luna et accipit et dat, et componit et dividit, alia atque alia facultate; Lucina, quum componit; Diana, quum dividit dicta. (13) Et de tribus Parcis, Atropos circa solem collocata, initium ortus præbet; Clotho circa lunam vecta, colligat et miscet; ultima Lachesis circa terram occupatur, eique plurimum fortunæ est admixtum. (14) Quod enim animæ est expers, id sui juris non est, sed alteri se afficiendum præbet : mens imperium obtinet, neque aliunde afficitur : mixtum est quippiam et medium anima, sicut luna etiam ex superis et inferis mixta a deo est, hanc ad solem habens rationem, quam terra ad lunam.

15. Hæc, aiebat Sylla, ego audivi narrante hospite : ei autem exposuerunt Saturni famuli atque cubicularii, ut quidem ipse referebat. Vos, Lampria, vestro arbitratu sermonem hunc in quam lubebit partem accipietis.

<hr>

DE PRIMO FRIGIDO.

I. Estne aliqua Frigidi vis, Phavorine, princeps atque natura, sicut Calidi ignis, cujus præsentia quadam et participatione reliquorum unumquodque fiat frigidum? aut potius Frigiditas caloris privatio est, ut tenebras lucis dicunt, et motus quietem? (2) Etenim frigiditas statui seu quieti videtur accommodata, sicut contra calor movendi facultatem habere : et calidorum frigefactio nullius præsentia facultatis agentis fit, sed discessu caloris : simul enim hic conter-

ἐκστάσει θερμότητος· ἅμα γὰρ ἀπιοῦσα πολλὴ φαίνεται, καὶ ψύχεται τὸ ὑπολειπόμενον· (3) ὁ γὰρ ἀτμὸς,
ὃν τὰ ζέοντα τῶν ὑδάτων μεθίησιν, ἀπιόντι τῷ θερμῷ
συνεκπίπτει· διὸ καὶ μειοῖ τὸ πλῆθος ἡ περίψυξις, ἐκ-
κρίνουσα τὸ θερμὸν, ἑτέρου μηδενὸς ἐπεισιόντος.

II. Ἡ πρῶτον μὲν ἄν τις ὑπίδοιτο τοῦ λόγου τούτου, τὸ πολλὰς τῶν ἐμφανῶν ἀναιρεῖν δυνάμεων, ὡς
οὐ ποιότητας οὐδὲ ἕξεις, ἕξεων δὲ καὶ ποιοτήτων στερήσεις; βαρύτητα μὲν κουφότητος, καὶ σκληρότητα μα-
λακότητος, τὸ μέλαν δὲ τοῦ λευκοῦ, καὶ τὸ πικρὸν τοῦ
γλυκέος, καὶ ὧν ἕκαστον ἑκάστῳ πέφυκεν ἀντικεῖσθαι
κατὰ δύναμιν, οὐχ ὡς ἕξει στέρησις; (2) Ἔπειθ' ὅτι
πᾶσα στέρησις ἀργόν ἐστι καὶ ἄπρακτον, ὡς τυφλότης,
καὶ κωφότης, καὶ σιωπὴ, καὶ θάνατος· ἐκστάσεις γάρ
εἰσιν εἰδῶν καὶ ἀναιρέσεις οὐσιῶν, οὐ φύσεις τινὲς οὐδ'
οὐσίαι καθ' ἑαυτάς· ἡ δὲ ψυχρότης οὐκ ἐλάττονα τῆς
θερμότητος ἐγγινομένη τοῖς σώμασι πάθη καὶ μεταβολὰς ἐνεργάζεσθαι πέφυκε· (3) καὶ γὰρ πήγνυται πολλὰ
τῷ ψυχρῷ καὶ συγκρίνεται καὶ πυκνοῦται· καὶ τὸ στάσιμον αὐτῷ καὶ δυσκίνητον οὐκ ἀργόν ἐστιν, ἀλλ' ἐμβριθὲς καὶ βέβαιον, ὑπὸ ῥώμης συνερειστικὸν καὶ συνεκτικὸν ἐχούσης τόνον. (4) Ὅθεν ἡ μὲν στέρησις
ἔκλειψις γίνεται καὶ ὑποχώρησις τῆς ἀντικειμένης δυνάμεως, ψύχεται δὲ πολλὰ, πολλῆς αὐταῖς θερμότητος
ἐνυπαρχούσης· ἔνια δὲ καὶ μᾶλλον ἢ ψυχρότης, ἂν λάβῃ
θερμότερα, πήγνυσι καὶ συνάγει, καθάπερ τὸν βαπτό-
μενον σίδηρον· (5) οἱ δὲ Στωϊκοὶ καὶ τὸ πνεῦμα λέγουσιν
ἐν τοῖς σώμασι τῶν βρεφῶν τῇ περιψύξει στομοῦσθαι,
καὶ μεταβάλλον ἐκ φύσεως γίνεσθαι ψυχήν· ἀλλὰ τοῦτο
μὲν ἀμφισβητήσιμον· ἑτέρων δὲ πολλῶν τὴν ψυχρότητα
φαινομένην δημιουργόν, οὐκ ἄξιον ἡγεῖσθαι στέρησιν.

III. Ἔτι στέρησις μὲν οὐδεμία δέχεται τὸ μᾶλλον
καὶ τὸ ἧττον, οὐδ' ἂν εἴποι τις, ἕτερον ἑτέρου μᾶλλον
πεπηρῶσθαι τῶν μὴ βλεπόντων, ἢ σιωπᾶν τῶν μὴ φθεγγομένων, ἢ τεθνάναι τῶν μὴ ζώντων· (2) ἐν δὲ τοῖς ψυχροῖς πολὺ τὸ μᾶλλον καὶ τὸ ἧττον ἔνεστι, καὶ τὸ λίαν
καὶ τὸ μὴ λίαν, καὶ ὅλως ἐπίτασις καὶ ἄνεσις, ὥσπερ
ἐν τοῖς θερμοῖς, διὰ τὸ τὴν ὕλην πῇ μὲν σφόδρα, πῇ
δ' ἠρέμα πάσχουσαν ὑπὸ τῶν ἐναντίων δυνάμεων, ἕτερα
μᾶλλον ἑτέρων καὶ θερμότερα καὶ ψυχρότερα παρέχειν
ἐξ ἑαυτῆς. (3) Καὶ γὰρ ἕξεως μὲν οὐκ ἔστι μῖξις πρὸς
στέρησιν, οὐδ' ἀναδέχεται δύναμις οὐδεμία τὴν ἀντικειμένην αὐτῇ στέρησιν ἐμποιοῦσαν, οὐδὲ ποιεῖ κοινωνόν,
ἀλλ' ἀντεξίσταται· θερμὰ δὲ ἐστιν ἄχρις οὗ κεραννύμενα
ψυχροῖς ὑπομένει, καθάπερ μέλανα λευκοῖς, καὶ βαρέ-
σιν ὀξέα, καὶ γλυκέσιν αὐστηρά, παρέχοντα τῇ κοινωνίᾳ ταύτῃ καὶ ἁρμονίᾳ χρωμάτων τε καὶ φθόγγων καὶ
φαρμάκων καὶ ὄψων προσφιλεῖς πολλὰς καὶ φιλανθρώπους γενέσεις. (4) Ἡ μὲν γὰρ κατὰ στέρησιν καὶ ἕξιν
ἀντίθεσις, πολεμικὴ καὶ ἀσύμβατός ἐστιν, οὐσίαν θατέρου τὴν θατέρου φθορὰν ἔχοντος· τῇ δὲ κατὰ τὰς ἐναντίας δυνάμεις καιροῦ τυχούσῃ πολλὰ μὲν αἱ τέχναι
χρῶνται, πλεῖστα δὲ ἡ φύσις ἔν τε ταῖς ἄλλαις γενέσεσι
καὶ ταῖς περὶ τὸν ἀέρα τροπαῖς, καὶ ὅσα διακοσμῶν

---

tim abiit, apparet frigus, et friget id quod relinquitur : (3)
ac vapor quem aqua fervens emittit, una discedente calore
elabitur : quo fit, ut frigefactio quantitati aliquid detrahat,
calorem elidens, nihilo in ejus locum succedente.

II. Quid si hoc primum nomine istæc ratiocinatio sit falsi
suspecta, quod multas illustres facultates prorsus tollit,
easque non qualitates et habitus, sed habituum et qualitatum facit privationes? gravitatem puta levitatis, duritiem
mollitiei, nigredinem albedinis, amarorem dulcedinis, et quæ
aliæ qualitates ob vim suam sibi invicem opponuntur, non
ut habitui privatio. (2) Deinde, quod omnis privatio otiosum
quippiam est et inefficax, ut cæcitas, surditas, silentium,
mors : formarum enim discessus sunt, et naturarum aboli-
tiones, non naturæ et substantiæ per se. At vero frigus in
corporibus obortum non minores quam calor affectiones
motusque efficit suapte natura. (3) Coguntur enim multa
frigore, stipantur atque densantur, et quies stabilitasve ejus
non otiosa est, sed gravis atque constans, ob vim ejus suf-
fulciendi atque continendi robore præditam. (4) Itaque
privatio quidem defectus est et discessio oppositæ facultatis :
at frigescunt multa multo intus calore inhærente : multa
etiam frigus, quo magis calida corripit, tanto magis cogit
atque densat, ut quum candens ferrum in aquam intingitur.
(5) Stoici quoque spiritum aiunt in corporibus infantium refrigeratione acui, mutatumque ex natura in animam verti :
verum hoc quidem controversia non caret ; sed quum frigus
appareat opificem esse multarum rerum aliarum, haud par
est id pro privatione haberi.

III. Præterea, nulla privatio comparationem secundum
plus aut minus admittit : neque eorum quæ visu orbata
sunt, aliud alio magis minusve cæcum dixerit quisquam ;
nec quæ loqui non possunt, aliud alio magis tacere ; neque
quæ vitam amiserunt, aliud alio magis esse mortuum. (2)
At inter frigida, non minus quam calida, gradus isti sunt,
ut aliud alio magis minusve, hoc admodum, illud non adeo,
sit frigidum, et omnino utriusque sit intentio et remissio ;
propterea quod materia alias vehementius, alias languidius
affecta a contrariis facultatibus, alia aliis magis calida frigi-
dave ex sese exhibet. (3) Etenim habitus cum privatione misceri non potest, neque admittit in se ulla vis privationem sibi
adversam, aut sociam in subjecto asciscit, sed ea subeunte
cedit. Calida tamen aliquo usque manent frigido admixto,
ut nigra albis, gravibus acuta, dulcibus austera : quæ quidem communicatio et concinnitas colorum, sonorum, medicamentorum, ciborum gratos multos amicosque ortus
præstat. (4) Nam quæ est privationis adversus habitum
oppositio, hostilis est, et pacti exsors, quum unius natura
alteram perimat : ea vero, qua adversæ facultates opponuntur, tempestive si fiat, quum multæ artes utuntur, tum vero natura plurimum, et in aliis gignendis rebus, et maxime

καὶ βραβεύων ὁ θεὸς ἁρμονικὸς καλεῖται καὶ μουσικὸς, οὐ βαρύτητας συναρμόττων καὶ ὀξύτητας, οὐδὲ λευκὰ καὶ μέλανα συμφώνως ὁμιλοῦντα παρέχων ἀλλήλοις, ἀλλὰ τὴν τῆς θερμότητος καὶ ψυχρότητος ἐν κόσμῳ
5 κοινωνίαν καὶ διαφορὰν, ὅπως συνοίσονταί τε μετρίως καὶ διοίσονται πάλιν, ἐπιτροπεύων, καὶ τὸ ἄγαν ἑκατέρας ἀφαιρῶν, εἰς τὸ δέον ἀμφοτέρας καθίστησι.

IV. * Καὶ μὴν ψυχροῦ μὲν αἴσθησίς ἐστιν, ὥσπερ καὶ θερμοῦ· στέρησις δὲ οὔτε ὁρατὸν, οὔτ᾽ ἀκουστὸν,
10 οὔτε ἁπτὸν, οὔτε ταῖς ἄλλαις αἰσθήσεσι γνωστόν. (2) Οὐσίας γάρ τινος αἴσθητις ἦν· ὅπου δὲ οὐσία μὴ φαίνεται, νοεῖται στέρησις, οὐσίας ἀπόφασις οὖσα, καθάπερ ὄψεως τυφλότης, καὶ φωνῆς σιωπὴ, καὶ σώματος ἐρημία καὶ κενόν. (3) Οὔτε γὰρ κενοῦ δι᾽ ἀφῆς αἴσθησίς
15 ἐστιν, ἀλλ᾽ ὅπου μὴ γίνεται σώματος ἁφὴ, κενοῦ γίνεται νόησις· οὔτε σιγῆς ἀκούομεν, ἀλλὰ κἂν μηδενὸς ἀκούωμεν, σιγὴν νοοῦμεν· ὡς δ᾽ αὕτως καὶ τυφλῶν καὶ γυμνῶν καὶ ἀνόπλων οὐκ αἴσθησίς ἐστιν, ἀλλ᾽ αἰσθήσεως ἀποφάσει νόησις. (4) Ἔδει τοίνυν μὴ γίνεσθαι
20 ψυχρῶν αἴσθησιν, ἀλλ᾽ ὅπου τὸ θερμὸν ἐπιλείπει, νοεῖσθαι τὸ ψυχρὸν, εἴπερ ἦν θερμοῦ στέρησις· εἰ δ᾽, ὥσπερ τὸ θερμὸν ἀλέᾳ καὶ διακρίσει τῆς σαρκὸς, οὕτω συγκρίσει καὶ πυκνώσει τὸ ψυχρὸν αἰσθητόν ἐστι, δῆλον ὅτι καὶ ψυχρότητος ἰδία τις ἐστὶν ἀρχὴ καὶ πηγὴ,
25 καθάπερ θερμότητος.

V. Ἔτι τοίνυν ἕν τι καὶ ἁπλοῦν ἡ περὶ ἕκαστον εἶδος στέρησις, αἱ δ᾽ οὐσίαι πλείονας διαφορὰς καὶ δυνάμεις ἔχουσι· μονοειδὲς γὰρ ἡ σιωπὴ, ποικίλον δὲ ἡ φωνὴ, νῦν μὲν ἐνοχλοῦσα, νῦν δὲ τέρπουσα τὴν αἴσθη-
30 σιν. (2) Ἔχει δὲ τοιαύτας καὶ τὰ χρώματα καὶ τὰ σχήματα διαφορὰς, ἐν αἷς ἄλλοτε ἄλλως τὸν προστυγχάνοντα διατίθησι· τὸ δ᾽ ἀναφὲς καὶ ἄχρωστον, καὶ ὅλως ἄποιον, οὐκ ἔχει διαφορὰν, ἀλλ᾽ ὅμοιόν ἐστιν.

VI. Ἆρ᾽ οὖν ἔοικε τοῖς στερητικοῖς τούτοις τὸ ψυ-
35 χρὸν, ὥστε μὴ ποιεῖν ἐν τοῖς πάθεσι διαφοράν; ἢ τοὐναντίον ἡδοναί τε μεγάλαι καὶ ὠφέλιμοι τοῖς σώμασιν ἀπὸ ψυχρῶν ὑπάρχουσι, καὶ βλάβαι πάλιν νεανικαὶ καὶ πόνοι καὶ βαρύτητες; ὑφ᾽ ὧν οὐκ ἀεὶ φεύγει καὶ ἀπολείπει τὸ θερμὸν, ἀλλὰ πολλάκις ἐγκαταλαμβανόμενον
40 ἀνθίσταται καὶ μάχεται, τῇ μάχῃ δ᾽ αὐτῶν ὄνομα φρίκη καὶ τρόμος, ἡττωμένῳ δὲ τῷ θερμῷ τὸ πήγνυσθαι καὶ ναρκᾶν ἐπιγίνεται, κρατοῦν δὲ τοῦ ψυχροῦ, διάχυσιν παρέχει καὶ ἀλέαν τῷ σώματι μεθ᾽ ἡδονῆς, ὅπερ Ὅμηρος ἰαίνεσθαι κέκληκεν. (2) Ἀλλὰ ταῦτά γε παντὶ δῆ-
45 λα· καὶ τούτοις οὐχ ἥκιστα τοῖς πάθεσιν ἐνδείκνυται τὸ ψυχρὸν, ὅτι πρὸς τὸ θερμὸν ὡς οὐσία πρὸς οὐσίαν, ἢ πάθος πρὸς πάθος, οὐχ ὡς ἀπόφασις ἀντίκειται καὶ στέρησις, οὐδὲ φθορά τις ἐστὶ τοῦ θερμοῦ καὶ ἀναίρεσις, ἀλλὰ φθαρτικὴ φύσις καὶ δύναμις· (3) ἢ καὶ τὸν χει-
50 μῶνα τῶν ὡρῶν, καὶ τὰ βόρεια τῶν πνευμάτων ἐξέλωμεν, ὡς στερήσεις ὄντα τῶν θερμῶν καὶ νοτίων, ἰδίαν δ᾽ ἀρχὴν οὐκ ἔχοντα.

VII. Καὶ μὴν τεττάρων γε τῶν πρώτων ὄντων ἐν τῷ παντὶ σωμάτων, ἃ διὰ πλῆθος καὶ ἁπλότητα καὶ

in aeris mutationibus, iisque effectis, quæ quia temperat atque dispensat deus, harmonicus et musicus appellatur : non sane quod gravia acutis, aut nigris alba accommodet, interque ea consonantiam efficiat; sed quod caloris et frigoris in mundo societatem dissidiumque ita gubernet, ut et coeant et discessionem faciant moderate, et nimia utrique vehementia ademta, in rectum ea modum componat.

IV. Jam frigus perinde atque calor sentitur : privatio autem non visu, non auditu, non tactu, denique nullo plane sensu percipitur. (2) Sentiri enim est substantiæ : ubi substantia nulla apparet, ibi privatio intelligitur, quæ substantiæ est negatio, ut cæcitas est negatio visus, vocis silentium, corporis inane. (3) Nam neque inane tangendo sentimus, sed ubi nullum corpus tactui occurrit, vacuum animo concipitur : neque silentium audimus, sed quando nihil audimus, silentium intelligimus : eodemque modo cæcorum, nudorum et inermium non est sensio, sed sensus negatione noscuntur. (4) Ergo frigus, si quidem caloris esset privatio, non sentiri oportebat; sed ea intelligi frigida, ubi calor abesset. Sin, ut calor corporis tepore et laxitate, ita frigus ejusdem concretione atque densatione sentitur; hujus jam quoque constat, ut et caloris, suum esse peculiare principium atque fontem.

V. Accedit quod uniuscujusque formæ privatio unica est et simplex, substantiæ vero plura discrimina, complures facultates habent. Unius modi est silentium : vox res varia, modo offendens sensum, alias oblectans. (2) Ac tales sunt etiam colorum figurarumque differentiæ, alias aliter afficientes sentientem : quod autem tangi non potest, et quod colore, denique quod qualitate caret, nullo discrimine est præditum, sed sui simile.

VI. Videturne ergo frigus privationum istarum de genere esse, nulloque discrimine afficere? an contra, magnæ utilesque voluptates corpori a frigore afferuntur; ac vicissim vehementia damna, dolores ac prægravationes? quando non semper cedit et corpus deserit calor, sed sæpe intus inclusus reluctatur atque pugnat, cui pugnæ nomen est *horror* atque *tremor*, et victo calore congelatio et torpor succedunt; calore autem frigus superante corpus intepescit ac relaxatur, quod ἰαίνεσθαι vocat Homerus. (2) Verum hæc omnibus sunt manifesta, hisque maxime affectionibus ostenditur frigus calori ut substantiam substantiæ, vel qualitatem qualitati repugnare, non ut negationem aut privationem : neque interitum esse caloris, sed naturam vi ejus perimendi præditam. (3) Alioquin et hiemem tempestatibus anni, et aquilonem ventorum numero eximemus, ut æstatis et austri privationes, quæ proprium nullum habeant principium.

VII. At enim quum in Universo sint quattuor prima corpora, quæ ob numerum, simplicitatem et vim plerique ele-

δύναμιν οἱ πλεῖστοι στοιχεῖα τῶν ἄλλων ὑποτίθενται
καὶ ἀρχάς, πυρὸς καὶ ὕδατος καὶ ἀέρος καὶ γῆς, ἀναγκαῖόν ἐστι καὶ ποιότητας εἶναι τὰς πρώτας καὶ ἁπλᾶς
τοσαύτας. Τίνες οὖν εἰσιν αὗται, πλὴν θερμότης καὶ
5 ψυχρότης καὶ ξηρότης καὶ ὑγρότης, αἷς τὰ στοιχεῖα
πάσχειν ἅπαντα καὶ ποιεῖν πέφυκεν; (2) Ὡς δὲ τῶν
ἐν γραμματικῇ στοιχείων βραχύτητές εἰσι καὶ μακρό-
τητες, τῶν δ' ἐν μουσικῇ βαρύτητες καὶ ὀξύτητες, οὐ
θάτερα τῶν ἑτέρων στέρησις, οὕτως ἐν τοῖς φυσικοῖς
10 σώμασιν ἀντιστοιχίαν ὑποληπτέον ὑγρῶν πρὸς ξηρὰ
καὶ ψυχρῶν πρὸς θερμά, τὸ κατὰ λόγον ἅμα καὶ τὰ
φαινόμενα διαφυλάττοντας· (3) ἢ, καθάπερ Ἀναξιμένης ὁ παλαιὸς ᾤετο, μήτε τὸ ψυχρὸν ἐν οὐσίᾳ, μήτε
τὸ θερμὸν ἀπολείπωμεν, ἀλλὰ πάθη κοινὰ τῆς ὕλης
15 ἐπιγινόμενα ταῖς μεταβολαῖς· τὸ γὰρ συστελλόμενον
αὐτῆς καὶ πυκνούμενον, ψυχρὸν εἶναι φησι· τὸ δὲ ἀραιὸν
καὶ τὸ χαλαρόν, οὕτω πως ὀνομάσας καὶ τῷ ῥήματι,
θερμόν. (4) ὅθεν οὐκ ἀπεικότως λέγεσθαι τὸ καὶ θερμὰ τὸν ἄνθρωπον ἐκ τοῦ στόματος καὶ ψυχρὰ μεθιέναι·
20 * ψύχεται γὰρ ἡ πνοὴ πιεσθεῖσα καὶ πυκνωθεῖσα τοῖς
χείλεσιν, ἀνειμένου δὲ τοῦ στόματος ἐκπίπτουσα γίνεται θερμὸν ὑπὸ μανότητος. (5) Τοῦτο μὲν οὖν ἀγνόημα ποιεῖται τοῦ ἀνδρὸς ὁ Ἀριστοτέλης· ἀνειμένου γὰρ
τοῦ στόματος, ἐκπνεῖσθαι τὸ θερμὸν ἐξ ἡμῶν αὐτῶν,
25 ὅταν δὲ συστρέψαντες τὰ χείλη φυσήσωμεν, οὐ τὸν ἐξ
ἡμῶν, ἀλλὰ τὸν ἀέρα τὸν πρὸ τοῦ στόματος ὠθεῖσθαι
ψυχρὸν ὄντα καὶ προσεμπίπτειν.

VIII. Εἰ δ' ἀπολειπτέον οὐσίαν ψυχροῦ καὶ θερμοῦ,
προάγωμεν ἐπὶ τὸ ἑξῆς τὸν λόγον, ἥτις ἐστὶν οὐσία καὶ
30 ἀρχὴ καὶ φύσις ψυχρότητος, ζητοῦντες. (2) Οἱ μὲν οὖν
τῶν σκαληνῶν καὶ τριγωνοειδῶν σχηματισμῶν ἐν τοῖς
σώμασι κειμένων, τὸ ῥιγοῦν καὶ τρέμειν καὶ φρίττειν
καὶ ὅσα συγγενῆ τοῖς πάθεσι τούτοις, ὑπὸ τραχύτητος
ἐγγίνεσθαι λέγοντες, εἰ καὶ τοῖς κατὰ μέρος διαμαρτά-
35 νουσι, τὴν [γοῦν] ἀρχὴν ὅθεν δεῖ λαμβάνουσι· δεῖ γάρ,
ὥσπερ ἀφ' ἑστίας, τῆς τῶν ὅλων οὐσίας, ἄρχεσθαι τὴν
ζήτησιν. (3) Ὧ καὶ μάλιστα δόξειεν ἂν ἰατροῦ καὶ
γεωργοῦ καὶ αὐλητοῦ διαφέρειν ὁ φιλόσοφος. Ἐκείνοις
μὲν γὰρ ἐξαρκεῖ τὰ ἔσχατα τῶν αἰτίων θεωρῆσαι· τὸ
40 γὰρ ἐγγυτάτω τοῦ πάθους αἴτιον ἂν συνοφθῇ, πυρετοῦ
μὲν ἔντασις ἢ παρέμπτωσις, ἐρυσίβης δὲ ἥλιοι πυρι-
φλεγεῖς ἐπ' ὄμβρῳ, βαρύτητος δὲ κλίσις αὐλῶν καὶ συν-
αγωγὴ πρὸς ἀλλήλους, ἱκανόν ἐστι τῷ τεχνίτῃ πρὸς
τὸ οἰκεῖον ἔργον. (4) Τῷ δὲ φυσικῷ, θεωρίας ἕνεκα
45 μετιόντι τἀληθές, ἡ τῶν ἐσχάτων γνῶσις οὐ τέλος ἐστίν,
ἀλλ' ἀρχὴ τῆς ἐπὶ τὰ πρῶτα καὶ ἀνωτάτω πορείας.
(5) Διὸ καὶ Πλάτων ὀρθῶς καὶ Δημόκριτος, αἰτίαν θερμότητος καὶ βαρύτητος ζητοῦντες, οὐ κατέπαυσαν ἐν γῇ
καὶ πυρὶ τὸν λόγον, ἀλλ' ἐπὶ τὰς νοητὰς ἀναφέροντες
50 ἀρχὰς τὰ αἰσθητά, μέχρι τῶν ἐλαχίστων, ὥσπερ σπερμάτων, προῆλθον.

IX. Οὐ μὴν ἀλλὰ καὶ τὰ αἰσθητὰ ταυτὶ προαναχι-
νῆσαι βέλτιόν ἐστιν, ἐν οἷς Ἐμπεδοκλῆς τε καὶ Στράτων καὶ οἱ Στωϊκοὶ τὰς οὐσίας τίθενται τῶν δυνάμεων,

---

menta reliquorum et principia statuunt, ignis inquam,
aqua, aer, et terra; necesse est etiam totidem esse primas
ac simplices qualitates, illis respondentes. Quæ vero sint,
nisi Calor, Frigus, Siccitas, Humiditas, quibus elementa
per naturam suam et agunt omnia et patiuntur? (2) Ut
autem in Grammatica elementorum sunt brevitates et longitudines, in Musica grave et acutum, non unum alterius
privatio : ita in naturalibus quoque rebus eandem elementorum oppositionem statuere debemus calidorum frigidis,
et humidorum siccis; si quidem et rationi et iis, quæ in
natura visuntur effecta, consentire volumus. (3) Nisi si
placet sequi Anaximenem illum antiquum, et neque frigidum in substantia, neque calidum relinquere, sed ea facere
communes affectiones quæ materiæ mutationibus comiten-
tur. Is enim materiæ contractionem atque densationem appellabat Frigus; laxationem ejus et raritatem, Calorem :
(4) ideoque non inepte dici, calida hominem ex ore et frigida emittere : halitum enim compressum labiis atque densatum fieri frigidum, emissum aperto ore ob raritatem
calescere. (5) Quem quidem ejus errorem ignorationi tribuit
Aristoteles : aperto enim ore ex nobis ipsis calidum efflari;
quum vero flamus compressis labiis, non nos ex nobis ex-
spirare aerem, sed eum qui ante os est impelli et rebus incidere.

VIII. Enimvero si substantia caloris frigorisque concedenda esse videtur, progrediamur disputando, et quæ substantia, quod principium, quæ natura sit frigoris, investi-
gemus. (2) Ii qui, scalenis ac triangularibus figuris in
corporibus sitis, rigere nos, tremere, horrere, aliaque id
genus pati ob asperitatem eorum dicunt, quanquam in particularibus errant, principium tamen inde sumunt unde petendum fuit. Oportet enim, tanquam a Vesta, a substantia
Universi quæstionem inchoari. (3) Qua in re maxime videatur philosophus a medico, rustico, tibicine differre. His
enim sufficit extremarum causarum consideratio. Nam si
proximam causam morbi perspexerint, ut febris causa est
intentio aut humoris in locum alienum illapsus; rubiginis
frugum, ardores solis post imbrem; gravis soni, fistularum
inter se inclinatio : satis hoc artifici est ad suum opus. (4)
Physico autem, qui veritatem scientiæ gratia contemplatur,
ultimorum cognitio non finis est, sed initium ad prima su-
premaque proficiscendi. (5) Itaque recte Plato et Democritus causam caloris et gravitatis quærentes, disputationem
non ad mentionem ignis et terræ finiverunt, sed sensilibus
ad mente solâ cernenda principia revocandis, usque ad minima tanquam semina progressi sunt.

IX. Verumtamen prius etiam hæc sensilia tractare expedit, in quibus Empedocles, Strato et Stoici substantias facultatum ponunt, Stoici primum frigidum aeri tribuentes,

οἱ μὲν Στωϊκοὶ τῷ ἀέρι τὸ πρώτως ψυχρὸν ἀποδιδόντες, Ἐμπεδοκλῆς δὲ καὶ Στράτων τῷ ὕδατι· τὴν δὲ γῆν ἴσως ἂν ἕτερος φανείη ψυχρότητος οὐσίαν ὑποτιθέμενος. (2) Πρότερον δὲ τὰ ἐκείνων σκοπῶμεν. Ἐπεὶ τὸ πῦρ θερμὸν ἅμα καὶ λαμπρόν ἐστι, δεῖ τὴν ἀντικειμένην τῷ πυρὶ φύσιν ψυχράν τ᾽ εἶναι καὶ σκοτεινήν· ἀντίκειται γὰρ, ὡς τῷ λαμπρῷ τὸ ζοφερὸν, οὕτω τῷ θερμῷ τὸ ψυχρόν· ἔστι γὰρ, ὡς ὄψεως τὸ σκοτεινὸν, οὕτω τὸ ψυχρὸν ἁφῆς συγχυτικόν· ἡ δὲ θερμότης διαχεῖ τὴν αἴσθησιν τοῦ ἁπτομένου, καθάπερ ἡ λαμπρότης, τοῦ ὁρῶντος. (3) Τὸ ἄρα πρώτως σκοτεινὸν ἐν τῇ φύσει, πρώτως καὶ ψυχρόν ἐστιν. Ὅτι δ᾽ ἀὴρ τὸ πρώτως σκοτεινόν ἐστιν, οὐδὲ τοὺς ποιητὰς λέληθεν· ἀέρα γὰρ τὸ σκότος καλοῦσιν·

     Ἀὴρ γὰρ παρὰ νηυσὶ βαθὺς ἦν, οὐδὲ σελήνη
     οὐρανόθεν προὔφαινεν·

καὶ πάλιν,

     Αὐτίκα δ᾽ ἠέρα μὲν σκέδασεν καὶ ἀπῶσεν ὁμίχλην,
     ἥλιος δ᾽ ἐπέλαμψε· μάχη δ᾽ ἐπὶ πᾶσι φαάνθη.

(4) Καὶ γὰρ κνέφας τὸν ἀφώτιστον ἀέρα καλοῦσι, κενὸν, ὡς ἔοικε, φάους ὄντα· καὶ νέφος ὁ συμπεσὼν καὶ πυκνωθεὶς ἀὴρ ἀποράσει φωτὸς κέκληται· καλεῖται δὲ καὶ ἀχλὺς καὶ ὁμίχλη, καὶ ὅσα τοῦ φωτὸς οὐ παρέχει τῇ αἰσθήσει δίοψιν, ἀέρος εἰσὶ διαφοραί· καὶ τὸ ἀειδὲς αὐτοῦ καὶ ἄχρωστον Ἄδης καὶ Ἀχέρων ἐπίκλησιν ἔσχεν. (5) Ὥσπερ οὖν αὐγῆς ἐπιλιπούσης σκοτεινὸς ἀὴρ, οὕτω θερμοῦ μεταστάντος, τὸ ἀπολειπόμενον ἀὴρ ψυχρὸς, ἄλλο δ᾽ οὐδέν ἐστι· διὸ καὶ Τάρταρος οὗτος ὑπὸ ψυχρότητος κέκληται· δηλοῖ δὲ καὶ Ἡσίοδος, εἰπὼν,

     Τάρταρον ἠερόεντα·

καὶ τὸ ῥιγοῦντα πάλλεσθαι καὶ τρέμειν, ταρταρίζειν. Ταῦτα μὲν οὖν τοιοῦτον ἔχει λόγον.

X. Ἐπεὶ δὲ ἡ φθορὰ μεταβολή τις ἐστὶ τῶν φθειρομένων εἰς τοὐναντίον ἑκάστῳ, * σκοπῶμεν εἰ καλῶς εἴρηται τὸ « πυρὸς θάνατος, ἀέρος γένεσις. » Θνήσκει γὰρ καὶ πῦρ, ὥσπερ ζῷον, ἢ βίᾳ σβεννύμενον, ἢ δι᾽ αὐτοῦ μαραινόμενον. (2) Ἡ μὲν οὖν σβέσις ἐμφανεστέραν ποιεῖ τὴν εἰς ἀέρα μεταβολὴν αὐτοῦ· καὶ γὰρ ὁ καπνὸς ἀέρος ἐστὶν εἶδος, καὶ ἡ, κατὰ Πίνδαρον, « ἀέρα κνισᾶντι λακτίζουσα καπνῷ » λιγνὺς καὶ ἀναθυμίασις. (3) Οὐ μὴν ἀλλὰ καὶ φθινούσης ἀτροφίᾳ φλογὸς ἰδεῖν ἐστιν, ὥσπερ ἐπὶ τῶν λύχνων, τὸ ἄκρον εἰς ἀέρα καὶ γνοφώδη καὶ ζοφερὸν ἀποχεόμενον. (4) Ἱκανῶς δὲ καὶ ὁ τῶν μετὰ λουτρὸν ἢ πυρίαν περιχεαμένων ψυχρὸν ἀνιὼν ἀτμὸς ἐνδείκνυται τὴν εἰς ἀέρα τοῦ θερμοῦ φθειρομένου μεταβολὴν, ὡς φύσει πρὸς τὸ πῦρ ἀντικείμενον· ᾧ τὸ πρώτως τὸν ἀέρα σκοτεινὸν εἶναι καὶ ψυχρὸν ἠκολούθει.

XI. Καὶ μὴν, ἁπάντων γε τῶν γινομένων ὑπὸ ψυχρότητος τοῖς σώμασι, σφοδρότατον καὶ βιαιότατον ἡ πῆξις οὖσα, πάθος μέν ἐστιν ὕδατος, ἔργον δ᾽ ἀέρος· αὐτὸ μὲν γὰρ καθ᾽ ἑαυτὸ τὸ ὕδωρ εὐδιάχυτον καὶ ἀπα-

---

Empedocles et Strato aquæ. Fortasse etiam fuerit qui terram substantiæ frigidi subjiciat. (2) Verum prius illorum sententias consideremus. Quoniam ignis et calidus est et splendidus, oportet naturam ei oppositam frigidam esse et tenebrosam : ut enim splendido tenebrosum, sic calido frigidum opponitur : quia sicut tenebræ visum, ita frigus tactum confundit; et calor tactum, ut splendor visum diffundit. (3) Ergo quod primum in natura tenebrosum est, primum etiam frigidum erit. Aerem autem primum esse tenebrosum, ne poetas quidem fefellit : tenebras enim *aeris* nomine afficiunt :

     Aer crassus apud naves erat : haud ibi luna
     effulsit cœlo;

et iterum :

     Aere disjecto et pulsa caligine, solem
     reddidit; ut pugnam posset jam quisque videre.

(4) Aerem quoque luminis expertem *cnephas* dicunt, quasi *cenon phaüs*, id est, inanem lucis : et *nephos* (quasi *non-lux*), nubes, aer coactus densatusque appellatur : *cnecis* etiam et *achlys* et *homichla* (quæ vocabula caliginem et nubeculam notant) et quæ alia luminis sensum impediunt, aeris sunt differentiæ : cujus id quod videri non potest et colore vacat, *Hades*, id est Pluto, et *Acheron* nominatur. (5) Sicut ergo splendore deficiente tenebrosus fit aer; ita calore deserente quod restat, nihil aliud est quam aer frigidus : itaque etiam *tartarus* dicitur a frigore : quod etiam Hesiodus docuit, *tartarum* appellans *aerosum :* et qui horrore tremunt ac quassantur, Græco verbo a *tartaro* ducto, *tartarizein* dicuntur. Horum ergo hæc est ratio.

X. Jam quoniam interitus rei, mutatio ejus est in contrarium, videamus rectene hoc dictum sit, *Ignis mortem esse ortum aeris.* Ignis enim moritur ipse etiam sicut animal, vel vi exstinctus, vel sua sponte emarcescens. (2) Exstinctio autem illustriorem facit ejus in aerem transmutationem : nam fumus aeris est species, et quæ, secundum Pindarum, *aerem nidoroso fumo rumpit,* fuligo, et vapor. (3) Veruntamen etiam flamma ob inopiam alimenti tabescente, ut in lucernis, cernere licet summum ejus in caliginosum ac tenebrosum aerem abire. (4) Vapor quoque qui a balneo, vel quum ad ignem calefacti sumus, affusa frigida effertur, satis demonstrat calorem pereuntem in aerem mutari, ut naturæ ordine oppositum igni : unde sequebatur, aerem primum tenebrosum esse et frigidum.

XI. Porro omnium quæ a frigore in corporibus efficiuntur, vehementissima et violentissima res congelatio in aqua a frigore efficitur. Ipsa enim suapte natura aqua facillime diffunditur, instabilisque est, et a concretione aliena : ab

γὲς καὶ ἀσύστατόν ἐστιν, ἐντείνεται δὲ καὶ συνάγεται τῷ ἀέρι σφιγγόμενον ὑπὸ ψυχρότητος. (2) Διὸ καὶ λέλεκται,

Εἰ δὲ νότος βορέην προκαλέσσεται, αὐτίκα νίφει·

5 τοῦ γὰρ νότου καθάπερ ὕλην τὴν ὑγρότητα παρασκευάσαντος, ὁ βόρειος ἀὴρ ὑπολαβὼν ἔπηξε. (3) Καὶ δῆλόν ἐστι μάλιστα περὶ τὰς χιόνας· ἀέρα γὰρ μεθεῖσαι καὶ προαναπνεύσασαι λεπτὸν καὶ ψυχρόν, οὕτω ῥέουσιν. Ἀριστοτέλης δὲ καὶ τὰς ἀκόνας τοῦ μολίβδου τήκεσθαί 10 φησι καὶ ῥεῖν ὑπὸ κρύους καὶ χειμῶνος, ὕδατος μόνου πλησιάζοντος αὐταῖς· ὁ δ᾽ ἀήρ, ὡς ἔοικε, συνελαύνων τὰ σώματα τῇ ψυχρότητι, καταθραύει καὶ ῥήγνυσιν.

XII. Ἔτι τοίνυν τὰ μὲν ἀποσπασθέντα τῆς πηγῆς ὕδατα μᾶλλον πήγνυται· μᾶλλον γὰρ ὁ ἀὴρ ἐπικρατεῖ 15 τοῦ ἐλάττονος. (2) Ἂν δέ τις ψυχρὸν ἐκ φρέατος ὕδωρ λαβὼν ἐν ἀγγείῳ, καὶ καθεὶς αὖθις εἰς τὸ φρέαρ, ὥστε μὴ ψαύειν τοῦ ὕδατος τὸ ἀγγεῖον, ἀλλ᾽ ἐν τῷ ἀέρι κρέμασθαι, περιμείνῃ χρόνον οὐ πολύν, ἔσται ψυχρότερον τὸ ὕδωρ· ᾧ μάλιστα δηλοῦται τὸ μὴ τοῦ ὕδατος εἶναι 20 τὴν πρώτην αἰτίαν τῆς ψυχρότητος, ἀλλὰ τοῦ ἀέρος. (3) Τῶν γε μὴν μεγάλων ποταμῶν οὐδεὶς πήγνυται διὰ βάθους· οὐ γὰρ καθίησιν εἰς ὅλον ὁ ἀήρ, ἀλλὰ ὅσα τῇ ψυχρότητι περιλαμβάνει ψαύων καὶ πλησιάζων, ταῦτα ἵστησιν· (4) ὅθεν οἱ βάρβαροι διαβαίνουσι πεζῇ, προ 25 βαλόντες ἀλώπεκας· ἂν γὰρ μὴ πολὺς ἀλλ᾽ ἐπιπόλαιος ὁ πάγος ᾖ, αἰσθανόμεναι τῷ ψόφῳ τοῦ ὑπορρέοντος ὕδατος, ἀναστρέφουσιν. Ἔνιοι δὲ καὶ θηρεύουσιν ἰχθῦς, ὕδατι θερμῷ τοῦ πάγου παραλύοντες καὶ χαλῶντες τό γε τὴν ὁρμιὰν δεξόμενον. (5) Οὕτως οὐδὲν ὑπὸ τοῦ 30 ψυχροῦ τὸ ἐν βάθει πέπονθε. Καίτοι τῶν ἄνω τοσαύτη γίνεται μεταβολὴ διὰ τὴν πῆξιν, ὥστε συντρίβειν τὰ πλοῖα τὸ ὕδωρ ἀποβιαζόμενον εἰς ἑαυτὸ καὶ συνθλιβόμενον, ὡς ἱστοροῦσιν οἱ νῦν μετὰ τοῦ Καίσαρος ἐπὶ τοῦ Ἴστρου διαχειμάσαντες. (6) Οὐ μὴν ἀλλὰ καὶ τὸ περὶ 35 ἡμᾶς συμβαῖνον ἱκανὴν μαρτυρίαν δίδωσι· μετὰ γὰρ τὰ λουτρὰ καὶ τὰς ἐξιδρώσεις περιψυχόμεθα μᾶλλον, τοῖς σώμασιν ἀνειμένοις καὶ διακεχυμένοις πολλὴν ψυχρότητα μετὰ τοῦ ἀέρος καταδεχόμενοι. (7) Τὸ δ᾽ αὐτὸ τοῦτο καὶ τὸ ὕδωρ πάσχει· ψύχεται γάρ, ἂν προθερ 40 μανθῇ, μᾶλλον, εὐπαθέστερον τῷ ἀέρι γενόμενον· ὅσοι τε τὰ ζέοντα τῶν ὑδάτων ἀναρύτοντες καὶ μετεωρίζοντες, οὐδὲν ἄλλο δήπου ποιοῦσιν, ἢ πρὸς ἀέρα πολὺν ἀνακεραννύουσιν. (8) Ὁ μὲν οὖν τῷ ἀέρι τὴν πρώτην ἀποδιδοὺς τῆς ψυχρότητος δύναμιν, ὦ Φαβωρῖνε, λόγος 45 ἐν τοιαύταις ἐστὶ πιθανότησιν.

XIII. Ὁ δὲ τῷ ὕδατι, λαμβάνει μὲν καὶ αὐτὸς ἀρχὰς ὁμοίως, οὕτω πως τοῦ Ἐμπεδοκλέους λέγοντος,

Ἥλιον μὲν λαμπρὸν ὅρα καὶ θερμὸν ἁπάντη,
ὄμβρον δ᾽ ἐν πᾶσι δνοφόεντά τε ῥιγαλέον τε·

50 τῷ γὰρ θερμῷ τὸ ψυχρόν, ὡς τῷ λαμπρῷ τὸ μέλαν, ἀντιτάξας, συλλογίσασθαι δέδωκεν, ὅτι τῆς αὐτῆς οὐσίας ἐστὶ τὸ μέλαν καὶ τὸ ψυχρόν, ὡς τῆς αὐτῆς τὸ

---

aere autem propter ejus frigiditatem constricta crassescit et cogitur. (2) Ideo dictum est :

Continuo ninget, Boream si provocet Auster.

Austro enim, tanquam materiam, præparante humorem, eum succedens Aquilo astringit. (3) Et maxime hoc nives docent : aerem enim quum edidere et tenuem atque frigidum spiritum emisere, ita deinde diffluunt. Aristoteles etiam cotes plumbi colliquari scribit ac fluere præ gelu et hieme, sola aqua accedente. Aer autem, ut apparet, cogit corpora frigore, itaque dissipat et rumpit.

XII. Præterea aqua a fonte avulsa facilius concrescit; magis enim aer obtinet vi sua adversus minorem rem. (2) Quodsi quis frigidam ex puteo aquam in vase exceptam rursum in puteum demittet, ita ut aquam vas non attingat, sed in aere pendeat : paullo post temporis spatio eam quam ante frigidiorem sentiet. Quod quidem maximo est argumento, primam frigoris causam non esse tribuendam aquæ, sed aeri. (3) Porro, magnorum fluviorum nullus profunde gelu coit; non enim ad imum penetrat aer, sed ea tantum astringit, quæ frigore suo amplectitur propius pertingens. (4) Itaque barbari pedites eos transeunt, præmissis vulpibus; nam si crassa non sit glacies, sed tantum superficiem duraverit, animadvertentes illæ hoc ex strepitu infra profluentis aquæ, retro abeunt. Sunt etiam qui pisces tum captant partem glaciei aqua solventes calida, quæ sufficiat ad funiculum hami demittendum. (5) Adeo nihil in profundo agit frigus. At vero quæ in summo sunt, ita a concretione ista mutantur, ut aqua in se coacta atque compressa naves collidat atque perfringat : ut testantur qui nostra memoria cum Cæsare ad Istrum in hibernis fuerunt. (6) Quanquam id ipsum quod nobis usu venit, satis locuples testimonium perhibet. Nam postquam loti sumus et desudavimus, tunc magis refrigeramur; corporibus laxatis multum frigoris una cum aere recipientes. (7) Idem hoc aquæ accidit : nam facilius frigescit, si calefiat prius; quod sic facilius ab aere potest affici : et qui ferventes aquas sursum tollunt, inque sublime agitant, nihil nimirum agunt aliud nisi eas multo permiscent aere. (8) Atque his quidem, Favorine, probabilitatibus nititur ea oratio, quæ principem frigidi facultatem aeri vindicat.

XIII. Qui vero eam aquæ defert, non dissimilibus utitur principiis : nempe hoc ipsum quoque auctore Empedocle :

Splendentem et calidum cernes equidem undique solem :
ast imbrem prorsus tenebrosumque horribilemque.

Quum enim calido frigidum ita, ut splendido nigrum, opposuerit, hoc nobis colligendum dedit, ita ejusdem substantiæ esse nigredinem et frigus, ut ejusdem sunt splendor et

*λαμπρὸν καὶ τὸ θερμόν. (2) Ὅτι δ' οὐ τοῦ ἀέρος τὸ μέλαν, ἀλλὰ τοῦ ὕδατός ἐστιν, ἡ αἴσθησις ἐπιμαρτυρεῖ, τῷ μὲν ἀέρι μηδενὸς ὡς ἁπλῶς εἰπεῖν μελαινομένου, τῷ δὲ ὕδατι πάντων. (3) Ἂν γὰρ τὸ λευκότατον ἐμβάλῃς ἔριον εἰς ὕδωρ, ἢ ἱμάτιον, ἀναφαίνεται μέλαν καὶ διαμένει, μέχρις ἂν ὑπὸ θερμότητος ἐξικμασθῇ τὸ ὑγρόν, ἤ τισι στρέβλαις καὶ βάρεσιν ἐκπιεσθῇ· τῆς τε γῆς ὕδατι ῥαινομένης, διαμελαίνουσιν οἱ καταλαμβανόμενοι ταῖς σταγόσι τόποι, τῶν ἄλλων ὁμοίων μενόντων. (4) Αὐτοῦ μὲν οὖν τοῦ ὕδατος σκοτεινότατον ὑπὸ πλήθους φαίνεται τὸ βαθύτατον, οἷς δὲ ἀὴρ πλησιάζει, ταῦτα περιλάμπεται καὶ διαγελᾷ. (5) Τῶν δ' ἄλλων ὑγρῶν διαφανὲς μάλιστα τοὔλαιόν ἐστι, πλείστῳ χρώμενον ἀέρι· τούτου δὲ τεκμήριον ἡ κουφότης, δι' ἣν ἐπιπολάζει πᾶσιν, ὑπὸ τοῦ ἀέρος ἀναφερόμενον. Ποιεῖ δὲ καὶ (τὴν) γαλήνην ἐν τῇ θαλάττῃ, τοῖς κύμασιν ἐπιρραινόμενον, οὐ διὰ τὴν λειότητα τῶν ἀνέμων ἀπολισθαινόντων, ὡς Ἀριστοτέλης ἔλεγεν· ἀλλὰ παντὶ μὲν ὑγρῷ τὸ κῦμα διαχεῖται πληττόμενον· ἰδίως δὲ τοὔλαιον αὐγὴν καὶ καταφάνειαν ἐν βυθῷ παρέχει, διαστελλομένων τῷ ἀέρι τῶν ὑγρῶν· οὐ γὰρ μόνον ἐπιπολῆς τοῖς διανυκτερεύουσιν, ἀλλὰ καὶ κάτω τοῖς σπογγοθήραις διαφυσώμενον ἐκ τοῦ στόματος ἐν τῇ θαλάττῃ φέγγος ἐνδίδωσιν. (6) Οὐ μᾶλλον οὖν τῷ ἀέρι τοῦ μέλανος ἢ τῷ ὕδατι μέτεστιν, ἧττον δὲ τοῦ ψυχροῦ. Τὸ γοῦν ἔλαιον, ἀέρος πλείστου τῶν ὑγρῶν μετέχον, ἥκιστα ψυχρόν ἐστι, καὶ πήγνυται μαλακῶς· ὁ γὰρ ἀὴρ ἐγκεκραμένος οὐκ ἐᾷ σκληρὰν γενέσθαι τὴν πῆξιν· βελόνας δὲ καὶ πόρπας σιδηρᾶς καὶ τὰ λοιπὰ τῶν ἔργων οὐχ ὕδατι βάπτουσιν, ἀλλ' ἐλαίῳ, τὴν ἄγαν ψυχρότητα φοβούμενοι τοῦ ὕδατος ὡς διαστρέφουσιν. (7) Ἀπὸ τούτων γὰρ δικαιότερόν ἐστιν ἐξετάζεσθαι τὸν λόγον, οὐκ ἀπὸ τῶν χρωμάτων· ἐπεὶ καὶ χιὼν καὶ χάλαζα καὶ κρύσταλλος ἅμα λαμπρότατα γίνεται καὶ ψυχρότατα· καὶ πάλιν πίττα θερμότερόν ἐστι μέλιτος καὶ σκοτωδέστερον.

XIV. Ὅμως δὲ θαυμάζω τῶν ἀξιούντων τὸν ἀέρα ψυχρὸν εἶναι διὰ τὸ καὶ σκοτεινὸν, εἰ μὴ συνορῶσιν ἑτέρους ἀξιοῦντας θερμὸν εἶναι διὰ τὸ κοῦφον. (2) Οὐ γὰρ οὕτω τῷ ψυχρῷ τὸ σκοτεινὸν, ὡς τὸ βαρὺ καὶ στάσιμον, οἰκεῖόν ἐστι καὶ συγγενές· πολλὰ γὰρ, ἄμοιρα θερμότητος ὄντα, μετέχει λαμπηδόνος, ἐλαφρὸν δὲ καὶ κοῦφον καὶ ἀνωφερὲς οὐδέν ἐστι τῶν ψυχρῶν. (3) Ἀλλὰ καὶ τὰ νέφη, μέχρι μὲν ἀέρος οὐσίᾳ μᾶλλον προσήκει, μετεωρίζεται· μεταβαλόντα δ' εἰς ὑγρὸν, εὐθὺς ὀλισθαίνει, καὶ τὸ κοῦφον οὐχ ἧττον ἢ τὸ θερμὸν ἀποβάλλει, ψυχρότητος ἐγγινομένης· καὶ τοὐναντίον ὅταν θερμότης ἐπέλθῃ, πάλιν ἀναστρέφει τὴν κίνησιν, ἅμα τῷ μεταβαλεῖν εἰς ἀέρα, τῆς οὐσίας ἄνω φερομένης. (4) Καὶ μὴν οὐδὲ τὸ τῆς φθορᾶς ἀληθές ἐστιν· οὐ γὰρ εἰς τοὐναντίον, ἀλλ' ὑπὸ τοῦ ἐναντίου φθείρεται τῶν ἀπολλυμένων ἕκαστον, ὥσπερ τὸ πῦρ ὑπὸ τοῦ ὕδατος εἰς τὸν ἀέρα. Τὸ γὰρ ὕδωρ ὁ μὲν Αἰσχύλος, εἰ καὶ τραγικῶς, ἀλλ' ἀληθῶς, εἶπε,

Calor. (2) Nigredinem vero non ad aerem, sed ad aquam pertinere, sensus testatur. Nulla enim plane res ab aere nigra, ab aqua omnes nigræ redduntur. (3) Si enim candidissimam lanam vel vestem in aquam injicies, nigra apparens inde eximetur, colorque is manebit tantisper, dum vel calor liquorem exsiccet, vel prælum aut pondus superimpositum elidat. Et quum terra conspergitur aqua, nigricant loca guttis occupata, reliquis pristinum colorem conservantibus. (4) Ipsiusque adeo aquæ, si copiosa sit, quod imum est, obscurissimum est : quum partes aeri propinquæ pelluceant atque niteant. (5) Ad hæc de reliquis humoribus maxime pellucidum est oleum, quia plurimum in se habet aeris : cui rei certo est argumento levitas, ob quam omnibus innatat humoribus, ab aere sursum elatum. Quin et in fluctus marinos si invergatur, tranquillitatem facit : non ventis, ob levitatem ejus, inde delabentibus, quod Aristoteles putavit ; sed quia et quovis humore ictus subsidat fluctus, et hoc oleo peculiare est, quod splendorem et perspicuitatem in fundo aquæ præstat, aere humorem dissipante : non enim duntaxat in superficie iis qui noctu navigant, sed iis etiam qui urinando spongias in profundo maris consectantur, ex ore efflatum, lumen præbet. (6) Non plus igitur nigredinis aeri quam *oleo*, minus vero frigidi inest. Nam oleum, quo nullus humorum plus in se habet aeris, minime frigidum est, molliterque coit ; quia aer in ejus temperie contentus, non patitur id duriter astringi. Acus quoque et fibulas ferreas et reliqua instrumenta similia non aqua tingunt, sed oleo, veriti ne aqua ob nimiam suam frigiditatem ea pervertat. (7) Nimirum enim ab his æquius est judicium peti, quam a coloribus : quandoquidem nix, grando, glacies, simul et nitidissima sunt et frigidissima : et rursum pix quum opacior est, tum calidior melle.

XIV. Ceterum hoc etiam miror, eos qui aerem propterea quod sit tenebrosus, frigidum statuunt, non animadvertere eum ab aliis propterea calidum haberi, quia sit levis. (2) Nam tenebrosum istuc non tam familiariter congruit frigido, quam grave et in statu persistens. Multa quippe caloris inania, splendorem tamen habent : leve, et quod sponte sursum efferatur, nihil est eorum quæ sunt frigida. (3) Ipsæ quidem nubes, dum aeream servant naturam, in sublime feruntur ; deinde vero in humidum mutatæ, statim deorsum labuntur : et frigore recepto non minus levitatem quam calorem amittunt : ac, vice versa, calore in eas incidente, ad superas regiones revertuntur, simul et aeream recuperantes naturam, et sursum enitentes. (4) Id quoque argumentum, quod de interitu afferebatur, vanum est. Non enim in contrarium abit quidquid interit, sed a contrario corrumpitur. Sic ignis ab aqua dum perimitur, in aerem mutatur. Nam Æschylus non tam tragice quam vere dixit,

Παῦ' ὕδωρ, δίκην πυρός·

"Ομηρος δὲ τῷ ποταμῷ τὸν "Ηφαιστον, καὶ τῷ Ποσειδῶνι τὸν Ἀπόλλωνα κατὰ τὴν μάχην φυσικῶς μᾶλλον ἢ μυθικῶς ἀντέταξεν. (5) Ὁ δ' Ἀρχίλοχος ἐπὶ τῆς τἀναντία φρονούσης οὐ κακῶς εἶπε,

Τῇ μὲν ὕδωρ ἐφόρει
δολοφρονεῦσα χειρί, θἠτέρῃ δὲ πῦρ.

Ἐν δὲ Πέρσαις τῶν ἱκετευμάτων μέγιστον ἦν καὶ ἀπαραίτητον, εἰ πῦρ λαβὼν ὁ ἱκετεύων καὶ ἐν ποταμῷ βεβηκὼς ἀπειλοίη μὴ τυχὼν τὸ πῦρ εἰς τὸ ὕδωρ ἀφήσειν· ἐτύγχανε μὲν γὰρ ὧν ἐδεῖτο, τυχὼν δ' ἐκολάζετο διὰ τὴν ἀπειλὴν ὡς παρὰ νόμον καὶ κατὰ τῆς φύσεως γενομένην. (6) Καὶ τοῦτο δὴ τὸ πρόχειρον ἅπασι, πῦρ ὕδατι μιγνύναι, τὸ παροιμιαζόμενον ἐν τοῖς ἀδυνάτοις, μαρτυρεῖν ἔοικεν ὅτι τῷ πυρὶ τὸ ὕδωρ πολέμιόν ἐστι, καὶ ὑπὸ τούτου φθείρεται καὶ κολάζεται σβεννύμενον, * οὐχ ὑπὸ τοῦ ἀέρος τεῖον ὡς ὑπολαμβάνει τὴν οὐσίαν αὐτοῦ καὶ δέχεται μεταβάλλοντος. (7) Εἰ γὰρ αἰτία εἰς ὃ μεταβάλλει τὸ φθειρόμενον ἐναντίον ἐστί, τί μᾶλλον τῷ ἀέρι τὸ πῦρ, ἢ τὸ ὕδωρ, ἐναντίον φανεῖται; μεταβάλλει γὰρ εἰς ὕδωρ, συνιστάμενος· εἰς δὲ πῦρ, διακρινόμενος· ὥσπερ αὖ πάλιν τὸ ὕδωρ διακρίσει μὲν εἰς ἀέρα φθείρεται, συγκρίσει δ' εἰς γῆν· ὡς μὲν ἐγὼ νομίζω, δι' οἰκειότητα τὴν πρὸς ἀμφότερα καὶ συγγένειαν, οὐχ ὡς ἐναντίον ἑκατέρῳ καὶ πολέμιον. (8) Ἐκεῖνοι δὲ, ὁποτέρως ἂν εἴπωσι, τὸ ἐπιχείρημα διαφθείρουσι. Πήγνυσθαί γε μὴν ὑπὸ τοῦ ἀέρος φάναι ὕδωρ, ἀλογώτατόν ἐστιν, αὐτὸν τὸν ἀέρα μηδαμοῦ πηγνύμενον δρῶντας. (9) Νέφη γὰρ καὶ ὁμίχλαι καὶ κνηκίδες, οὐ πήξεις εἰσὶν, ἀλλὰ συστάσεις καὶ παχύτητες ἀέρος διεροῦ καὶ ἀτμώδους· ὁ δ' ἄνικμος καὶ ξηρὸς οὐδ' ἄχρι ταύτης τὴν κατάψυξιν ἐνδέχεται τῆς μεταβολῆς. (10) Ἔστι γὰρ ἃ τῶν ὀρῶν οὐ λαμβάνει νέφος οὐδὲ δρόσον οὐδὲ ὁμίχλην, εἰς καθαρὸν ἀέρα καὶ ἄμοιρον ὑγρότητος ἐξικνούμενα τοῖς ἄκροις· ᾧ μάλιστα δῆλόν ἐστιν ὡς ἡ κάτω πύκνωσις καὶ σύστασις τῷ ἀέρι συμμεμιγμένον ὑγρὸν καὶ ψυχρὸν ἐνδίδωσι.

XV. Τὰ δὲ κάτω τῶν μεγάλων ποταμῶν οὐ πήγνυνται κατὰ λόγον. Τὰ γὰρ ἄνω παγέντα τὴν ἀναθυμίασιν οὐ διίησιν, ἀλλ' ἐγκαθειργνυμένη καὶ ἀποστρεφομένη θερμότητα παρέχει τοῖς διὰ βάθους ὑγροῖς· ἀπόδειξις δὲ τούτου, τὸ, λυομένου τοῦ πάγου, πάλιν ἀτμὸν πολὺν ἐκ τῶν ὑγρῶν ἀναφέρεσθαι. Διὸ καὶ τὰ τῶν ζῴων σώματα χειμῶνός ἐστι θερμότερα, τῷ συνέχειν τὸ θερμὸν ἐν ἑαυτοῖς, ὑπὸ τῆς ἔξωθεν ψυχρότητος εἴσω συνελαυνόμενον. (2) Αἱ δ' ἀναρρύσεις καὶ μετεωρίσεις οὐ μόνον τὸ θερμὸν ἐξαιροῦσι τῶν ὑδάτων, ἀλλὰ καὶ τὸ ψυχρόν· ὅθεν ἥκιστα τὰς χιόνας καὶ τὸ συνθλιβόμενον ὑγρὸν ἀπ' αὐτῶν οἱ σφόδρα ψυχροῦ δεόμενοι κινοῦσιν· ἐκστατικὸν γὰρ ἀμφοῖν ἡ κίνησις. (3) Ὅτι δ' οὐκ ἀέρος ἐστὶν ἀλλ' ὕδατος ἡ τοιαύτη δύναμις, οὕτως ἄν τις ἐξ ὑπαρχῆς ἐπέλθοι. Πρῶτον μὲν οὐκ εἰκός ἐστιν ἀέρα, τῷ αἰθέρι γειτνιῶντα καὶ ψαύοντα τῆς περιφο-

Compesce aquam, ignis supplicium;

et Homerus fluvio Vulcanum, Neptuno Apollinem in pugna, physice magis quam fabulose, opposuit. (5) Et Archilochus de muliere contrarium sentiente non male dixit,

Nectens illa dolos
aquam ferebat altera manu, altera ignem.

Apud Persas vero supplicandi genus erat acerrimum et repulsæ securum, si supplex cum igne in fluvium descendens, minaretur ignem se in eum abjecturum nisi impetraret quod petebat : fiebat enim compos voti, sed puniebatur propter comminationem, utpote injustam et naturæ contrariam. (6) Illud quoque tritum, *Ignem aquæ misces*, usurpatum in eos qui vi conantur efficere quod fieri est nefas, testari videtur igni aquam esse hostem, ab eaque illum perimi et exstinguendo multari : non ab aere, in quem suo interitu mutatur. (7) Si enim id in quod quidvis mutatur contrarium est : quare magis adversabitur aeri ignis quam aqua? mutatur enim in aquam, dum coit ; in ignem, quum dissipatur : sicut rursum aqua dissipando in aerem, coeundo in terram abit : ut ego arbitror ob familiaritatem et cognationem cum utroque, non quod alteri eorum contraria sit atque inimica. (8) Illi utro modo dixerint, argumen'am corrumpunt. Absurdissimum vero dictu est, ab aere aquam cogi, quum ipsum aerem nusquam videamus concrescere. (9) Nubes enim, nebulæ et nubeculæ, congelatio non sunt, sed coitio quædam et crassities humidi ac vaporibus repleti aeris : quum siccus aer ne ad eam quidem usque mutationem refrigeretur. (10) Sunt enim montes qui neque nubem, neque rorem; neque nubeculam admittunt, verticibus eorum in aerem purum humorisque expertem penetrantibus : unde liquet vel in primis, inferioris aeris coitionem et densationem aeri humoris et frigoris admixtionem quandam præbere.

XV. Rationi autem consentaneum est, quod magnorum fluminum ima non constringuntur gelu. Superiora enim congelata exhalationem non transmittunt ; eaque intus contenta et relisa calorem præbet humori qui in profundo est : quod eo demonstratur, quia glacie soluta multum vaporem aquæ emittunt. Hinc et animalium corpora per hiemem sunt calidiora, quod calorem a foris circumstante frigore intró compulsum intus cohibent. (2) Illæ vero sursum exhaustiones aquæ et in sublime elationes non tantum calorem aquis auferunt, sed et frigiditatem : itaque minime nivem aut ex hac expressum humorem movent, qui valde frigidam requirunt ; motus enim utrumque amolitur. (3) Hanc autem vim non aeris esse sed aquæ, sic licet de integro ratiocinari. Principio probabile non est aerem, qui ætheri appropinquat, superficiemque ejus contingens, ah

ρᾶς, καὶ ψαυόμενον οὐσίας πυρώδους, τὴν ἐναντίαν ἔχειν δύναμιν· οὔτε γὰρ ἄλλως δυνατὸν ἁπτόμενα καὶ συνεχῆ τοῖς πέρασιν ὄντα σώματα μὴ πάσχειν ὑπ' ἀλλήλων, εἰ δὲ πάσχειν, μὴ ἀναπίμπλασθαι τῆς τοῦ κρείτονος δυνάμεως τὸ ἦ[ττον]· οὔτε τὴν φύσιν ἔχει λόγον ἐφεξῆς τῷ φθείροντι τάξαι τὸ φθειρόμενον, ὥσπερ οὐ κοινωνίας οὖσαν οὐδ' ἁρμονίας, ἀλλὰ πολέμου καὶ μάχης δημιουργόν. (4) Χρῆται μὲν γὰρ ἐναντίοις εἰς τὰ ὅλα πράγμασι· χρῆται δ' οὐκ ἀκράτοις οὐδ' ἀντιτύποις, ἀλλ' ἐναλλάξ τινα θέσιν καὶ τάξιν, οὐκ ἀναιρετικήν, ἀλλὰ κοινωνικὴν δι' ἑτέρων καὶ συνεργὸν ἐν μέσῳ παραπλεκομένην ἔχουσι· (5) καὶ ταύτην εἴληφεν ὁ ἀὴρ, ὑποκεχυμένος τῷ πυρὶ πρὸ τοῦ ὕδατος, καὶ διαδιδοὺς ἐπ' ἀμφότερα καὶ συνάγων, οὔτε θερμὸς ὢν αὐτὸς οὔτε ψυχρὸς, ἀλλὰ ψυχροῦ καὶ θερμοῦ μετακέρασμα καὶ κοινώνημα, μιγνυμένων ἐν αὐτῷ μῖξιν ἀβλαβῆ καὶ μαλακῶς ἀνιεῖσαν καὶ δεχομένην τὰς ἐναντίας ἀκρότητας.

XVI. Ἔπειτα πανταχοῦ μέν ἐστιν ἀὴρ ἴσος, οὐ πανταχοῦ δὲ χειμὼν ὅμοιος οὐδὲ ψυχρός. Ἀλλὰ ταῦτα μὲν τὰ μέρη ψυχρὰ καὶ κάθυγρα, ταῦτα δὲ ξηρὰ καὶ θερμὰ τῆς οἰκουμένης, οὐ κατὰ τύχην, ἀλλὰ τῷ μίαν οὐσίαν ψυχρότητος καὶ ὑγρότητος εἶναι. (2) Λιβύης μὲν γὰρ ἔνθερμος ἡ πολλὴ καὶ ἄνυδρος· Σκυθίαν δὲ καὶ Θράκην καὶ Πόντον οἱ πεπλανημένοι λίμνας τε μεγάλας ἔχειν καὶ ποταμοῖς διαρρεῖσθαι βαθέσι καὶ πολλοῖς ἱσταροῦσιν· αὐτῶν τε τῶν ἐν μέσῳ τόπων τὰ παράλιμνα καὶ ἑλώδη ψῦχος ἔχει μάλιστα, διὰ τὰς ὑπὸ τῶν ὑγρῶν ἀναθυμιάσεις. (3) Ποσειδώνιος δὲ τῆς ψυχρότητος αἰτίαν εἰπὼν τὸ πρόσφατον εἶναι τὸν ἕλειον ἀέρα καὶ νοτερὸν, οὐκ ἔλυσε τὸ πιθανὸν, ἀλλὰ πιθανώτερον ἐποίησεν· οὐ γὰρ ἂν ἐφαίνετο τοῦ ἀέρος ὁ πρόσφατος ἀεὶ ψυχρότερος, εἰ μὴ τὸ ψυχρὸν ἐν τοῖς ὑγροῖς τὴν γένεσιν εἶχε. (4) Βέλτιον οὖν Ὅμηρος εἰπὼν,

    * Αὔρη δ' ἐκ ποταμοῦ ψυχρὴ [πνέει] ἠῶθι πρὸ,

τὴν πηγὴν τῆς ψυχρότητος ἔδειξεν. Ἔτι τοίνυν ἡ μὲν αἴσθησις πολλάκις ἡμᾶς ἐξαπατᾷ, ὅταν ἱματίων ἢ ἐρίων ψυχρῶν θιγγάνωμεν, οἰομένους ὑγρῶν θιγγάνειν, διὰ τὸ κοινὴν ἀμφοτέροις οὐσίαν ὑπάρχειν καὶ τὰς φύσεις σύνεγγυς εἶναι καὶ οἰκείας. (5) Ἐν δὲ τοῖς δυσχειμέροις κλίμασι πολλὰ ῥηγνύει τὸ ψῦχος ἀγγεῖα καὶ χαλκᾶ καὶ κεραμεᾶ· κενὸν δ' οὐδὲν, ἀλλὰ πάντα πλήρη, βιαζομένου τῇ ψυχρότητι τοῦ ὕδατος. (6) Καίτοι φησὶ Θεόφραστος τὸν ἀέρα ῥηγνύναι τὰ ἀγγεῖα, τῷ ὑγρῷ καθάπερ ἥλῳ χρώμενον· ὅρα δὲ μὴ τοῦτο κομψῶς μᾶλλον ἢ ἀληθῶς εἰρημένον ᾖ· ἔδει γὰρ τὰ πίττης γέμοντα μᾶλλον ῥήγνυσθαι ὑπὸ τοῦ ἀέρος, καὶ τὰ γάλακτος. (7) Ἀλλ' ἔοικε τὸ ὕδωρ ἐξ ἑαυτοῦ ψυχρὸν εἶναι καὶ πρώτως· ἀντίκειται γὰρ τῇ ψυχρότητι πρὸς τὴν θερμότητα τοῦ πυρὸς, ὥσπερ τῇ ὑγρότητι πρὸς τὴν ξηρότητα, καὶ τῇ βαρύτητι πρὸς τὴν κουφότητα. (8) Καὶ ὅλως τὸ μὲν πῦρ διαστατικόν ἐστι καὶ διαιρετικὸν, τὸ δὲ ὕδωρ κολλητικὸν καὶ σχετικὸν, τῇ ὑγρότητι συνέχον καὶ πῆττον· ᾖ καὶ παρέσχεν Ἐμπεδοκλῆς ὑπόνοιαν, ὡς τὸ μὲν πῦρ

ignea tangitur substantia, vi esse præditum contraria. Nam neque alias id fieri potest, ut corpora invicem et tangentia et suis terminis continuata, non a se invicem afficiantur : neque si afficiuntur, fieri porro potest, ut non deterius repleatur facultate præstantioris. Et rationi non convenit, naturam deinceps a corrumpente posuisse eique contiguum fecisse id quod corrumpatur ; tanquam ea non communicationis et consonantiæ, sed pugnæ esset effectrix. (4) Nam in tuendo Universo natura utitur illa quidem rebus contrariis : at iis non utitur meris et repugnantibus, sed habentibus alternam posituram, et ordinem non destruentem, sed ipsas inter se contrarias res per alias communicantem, adjuvantem et in illarum medio connexam. (5) Talis est aeris natura, qui inter ignem et aquam interjectus, et utrumque eorum contingens et jungens, neque calidus ipse est, neque frigidus, sed frigidi calidique particeps ac temperamentum, mixtorum in ipso mixtione innocua et leniter laxante ac recipiente contrarias extremitates.

XVI. Porro aer ubique est æqualis : non tamen omnibus in locis hibernalis et frigidus. Nam aliæ partes orbis terrarum frigidæ sunt et humidæ, aliæ siccæ et calidæ, non fortuito quidem hoc, sed quod una est frigoris et humidi natura. (2) Africæ enim major pars calida est et aquarum expers : Scythiam, Thraciam, et Pontum qui pervagati sunt, lacus habere magnos aiunt ac fluminibus permeari profundis et magnis : et quæ in medio sunt palustria et lacuum similia, maxime frigent ob exhalationes humorum. (3) Posidonius dum frigoris causam facit, quod aer palustris recens sit et humidus, nostram opinionem magis etiam probabilem facit, tantum abest ut fidem ei deroget : non enim aer ut recentior quisque est, ita videretur frigidior, nisi in humidis origo inesset frigoris. (4) Rectius ergo Homerus his verbis,

    Frigida de lymphis spirabat fluminis aura,

fontem frigoris indicavit. Præterea vero sensus nos sæpenumero fallit, ut vestem aut lanam tangentes frigidam, humidam nos tangere putemus : quippe quia utriusque est qualitatis communis substantia, naturæque vicinæ et familiares. (5) In gelidis porro regionibus multa rumpit frigus vasa ærea et figlina : nullum tamen inane, sed plena omnia, frigore vim aquæ faciente. (6) Sane ait Theophrastus, aerem vasa rumpere, usum humore tanquam clavo. Sed vide ne elegantius quam verius hoc ille dixerit : nam hac ratione ea oportuit magis ab aere rumpi, quæ pice aut lacte essent repleta. (7) Sed videtur aqua suapte natura et primo esse frigida : opponitur enim, ratione frigoris, calori ignis, ut siccati humiditatis, et gravitatis levitati. (8) Denique ignis naturam habet dissipandi et dividendi ; aqua glutinandi et continendi, frigore constringens et cogens : quod etiam notans Empedocles, subinde ignem *Litem per-*

« νεῖκος οὐλόμενον, » « σχεδύνην δὲ φιλότητα » τὸ ὑγρὸν
ἑκάστοτε προσαγορεύων. (9) Ἐπεὶ τροφὴ μὲν πυρὸς
τὸ μεταβάλλον εἰς πῦρ, μεταβάλλει δὲ τὸ συγγενὲς καὶ
οἰκεῖον, τὸ δ' ἐναντίον δυσμετάβλητον, ὡς τὸ ὕδωρ· καὶ
αὐτὸ μέν, ὡς ἔπος εἰπεῖν, ἄκαυστόν ἐστιν, ὕλην δὲ καὶ
πόαν νοτερὰν καὶ ξύλα βεβρεγμένα δυσκαῆ παρέχει,
καὶ φλόγα ζοφερὰν καὶ ἀμβλεῖαν ὑπὸ χλωρότητος ἀναδίδωσι, τῷ ψυχρῷ μαχόμενον πρὸς τὸ θερμὸν ὡς φύσει
πολέμιον.

XVII. Σκόπει δὴ καὶ ταῦτα παραβάλλων ἐκείνοις.
Ἐπειδὴ καὶ Χρύσιππος οἰόμενος τὸν ἀέρα πρώτως
ψυχρὸν εἶναι, διότι καὶ σκοτεινὸν, ἐμνήσθη μόνον τῶν
πλέον ἀφεστάναι τὸ ὕδωρ τοῦ αἰθέρος ἢ τὸν ἀέρα λεγόντων, καὶ πρὸς αὐτούς τι βουλόμενος εἰπεῖν, Οὕτω μὲν
ἂν, ἔφη, καὶ τὴν γῆν ψυχρὰν εἶναι πρώτως λέγοιμεν,
ὅτι τοῦ αἰθέρος ἀφέστηκε πλεῖστον· ὡς ἀδόκιμόν τινα
παντελῶς τοῦτον καὶ ἄτοπον ἀποῤῥίψας τὸν λόγον· ἐγώ
μοι δοκῶ μηδὲ τὴν γῆν ἄμοιρον εἰκότων καὶ πιθανῶν
ἀποφαίνειν, ποιησάμενος ἀρχὴν ᾧ μάλιστα Χρύσιππος
ὑπὲρ τοῦ ἀέρος κέχρηται. (2) Τί δὲ τοῦτό ἐστι; τὸ
σκοτεινὸν ὄντα πρώτως. Εἰ γὰρ δύο λαβὼν οὗτος ἀν-
τιθέσεις δυνάμεων, οἴεται τῇ ἑτέρᾳ καὶ τὴν ἑτέραν ἐξ
ἀνάγκης ἕπεσθαι, μυρίαι δήπουθέν εἰσιν ἀντιτάξεις καὶ
ἀντιπάθειαι πρὸς τὸν αἰθέρα τῆς γῆς, αἷς καὶ ταύτην
ἄν τις ἀκολουθεῖν ἀξιώσειεν. (3) Οὐ γὰρ ὡς βαρεῖα πρὸς
κοῦφον, καὶ καταῤῥεπὴς πρὸς ἀνωφερὲς ἀντίκειται μόνον, οὐδὲ ὡς πυκνὴ πρὸς ἀραιὸν, οὐδὲ ὡς βραδεῖα
καὶ στάσιμος πρὸς ὀξύῤῥοπον καὶ κινητικὸν, ἀλλ' ὡς
βαρυτάτη πρὸς κουφότατον, καὶ πυκνοτάτη πρὸς ἀραιό-
τατον, καὶ τέλος ὡς ἀκίνητος ἐξ ἑαυτῆς πρὸς αὐτοκίνητον, καὶ τὴν μέσην χώραν ἐπέχουσα πρὸς ἀεὶ κυκλοφο-
ρούμενον. Οὐκ ἄτοπον οὖν, τηλικαύταις καὶ τοσαύταις
ἀντιτάξεσι καὶ τὴν τῆς ψυχρότητος καὶ θερμότητος
ἕπεσθαι. (4) Ναί· ἀλλὰ τὸ πῦρ λαμπρόν ἐστιν. Οὔτι
μὴν σκοτεινὸν ἡ γῆ; σκοτεινότατον μὲν οὖν ἁπάντων
καὶ ἀφεγγέστατον. Ἀέρι μέν γε μετοχὴ φωτός ἐστι
πρώτῳ, καὶ τάχιστα τρέπεται, καὶ ἀναπλησθεὶς διανέμει πανταχοῦ τὴν λαμπρότητα, σῶμα παρέχων τῆς
αὐγῆς ἑαυτόν· (5) ὁ γὰρ ἥλιος ἀνίσχων, ὥς τις εἶπε τῶν
διθυραμβοποιῶν,

Εὐθὺς ἀνέπλησεν ἀεροβατᾶν μέγαν οἶκον ἀνέμων·

ἐκ τούτου δὲ καὶ λίμνη καὶ θαλάττη μοῖραν αὐγῆς κατιὼν ἐνίησι, καὶ βυθοὶ ποταμῶν διαγελῶσιν, ὅσον ἀέρος ἐξικνεῖται πρὸς αὐτούς. (6) Μόνη δὲ ἡ γῆ τῶν
σωμάτων ἀεὶ ἀφώτιστός ἐστι καὶ ἄτρωτος ὑφ' ἡλίου καὶ
σελήνης τῷ φωτίζοντι, θάλπεται δὲ ὑπ' αὐτῶν, καὶ
παρέχει χλιαίνειν ἐπ' ὀλίγον βάθος ἐνδυομένῳ τῷ θερμῷ·
* τὸ δὲ λαμπρὸν οὐ παρίησιν ὑπὸ στερεότητος, ἀλλ' ἐπιπολῆς περιφωτίζεται, τὰ δ' ἐντὸς ὀρφνη καὶ χάος καὶ
ᾅδης ὀνομάζεται· καὶ τὸ ἔρεβος τοῦτο ἦν ἄρα τὸ χθόνιον
καὶ ἔγγαιον σκότος. (7) Τὴν δὲ νύκτα ποιηταὶ μὲν ἐκ
γῆς γεγονέναι μυθολογοῦσι· μαθηματικοὶ δὲ σκιὰν γῆς
οὖσαν ἀποδεικνύουσιν ἀντιφραττούσης πρὸς τὸν ἥλιον· ὁ

---

niciosam, aquam *Amicitiam continentem* appellavit.
(9) Etenim igni quidem alimentum est id quod mutari in
ignem potest: mutatur autem, quod familiare ei est: sicut
mutari id nequit, quod ejus est contrarium, ut aqua: nam
et hæc, ut simpliciter dicam, neque uri potest, et facit ut
materia, herba, lignum, humida difficulter urantur, et ob
virorem flammam edant languidam ac caliginosam, humore
calori ob naturalem inimicitiam repugnante.

XVII. Atque hæc tu cum illorum argumentis comparando
perpende. Quandoquidem Chrysippus quoque censens
aerem primo frigidum esse, eo quod tenebrosus est, mentionem fecit duntaxat eorum, qui longius distare aquam ab
æthere quam aerem dicerent: et contra eos aliquid dicturus,
Hoc pacto, inquit, *etiam terram diceremus primo esse
frigidam, quia longissime abest ab æthere;* itaque hanc
rationem tanquam plane absurdam repudiat atque rejicit:
equidem videor mihi pro terra quoque afferre posse probabilia argumenta, quibus eam primo frigidam esse fides fiat.
Idque primum ponam, quo Chrysippus pro aere usus est
præcipuo. (2) Quodnam? Quod aer primum sit tenebrosus.
Nam si duas ille sumens facultatum oppositiones, ex una
alteram necessario sequi arbitratur: sexcentæ nimirum jam
terræ adversus ætherem oppositiones et adversationes possunt proferri, quibus etiam hanc, de qua agimus, esse con-
sequentem asseramus. (3) Non enim opponitur tantum
terra ætheri ut gravis levi, deorsum vergens sursum se
efferenti, aut ut densa raro, tarda et stabilis velocibus prædito momento: sed ut gravissima levissimo, densissima
rarissimo, denique ut immobilis omnino suapte natura ei
qui sponte sua citatur motibus, et medium obtinens locum
ei qui semper in orbem circumvolvitur. Non est itaque
absurdum his tot ac tantis oppositionibus etiam calidi ac
frigidi contentionem comitari. (4) Non sane absurdum est,
inquit: at splendidus est ignis! Nonne vero terra tenebricosa est? Imo autem tenebricosissima omnium rerum, lu-
minisque vacuissima. Aer quidem primum particeps est
luminis, mutaturque celerrime, impletusque splendore,
eum usquequaque differt, se ipsumque corpus lucis præbet.
(5) Sol enim surgens, ut quidam scriptor dithyramborum
cecinit,

Statim implet magnam ventorum per aerem ingredientium domum :

ex hoc et lacui et mari portio luminis immittitur, renident-
que flumina, quatenus aer ea attingit. (6) Sola omnium
corporum terra semper luminis expers est, neque radiis
solis et lunæ illuminantibus percellitur: fovetur quidem ab
iis, et a calore per paullum tamen spatium subeunte patitur
tepefieri: sed ob soliditatem suam lumen non admittens
intro, tantum in superficie circumillustratur: interiora
tenebræ, chaos, et *inferi* nominantur, et *erebus* nihil est
aliud, quam tenebræ in terræ corpore. (7) Porro noctem
poetæ terra natam fabulantur: mathematici ostendunt umbram esse terræ aversi solis lumini officientem: aer enim

γὰρ ἀὴρ ἀναπίμπλαται σκότους ὑπὸ γῆς, ὡς φωτὸς ὑφ᾽ ἡλίου· καὶ τὸ ἀφώτιστον αὐτοῦ, μῆκός ἐστι νυκτὸς, ὅσον ἡ σκιὰ τῆς γῆς ἐπινέμεται. (8) Διὸ τῷ μὲν ἐκτὸς ἀέρι, καὶ νυκτὸς οὔσης, ἄνθρωποί τε χρῶνται καὶ θηρία πολλὰ νομὰς ποιούμενα διὰ σκότους, ἀμωσγέπως ἴχνη φωτὸς καὶ ἀποῤῥοὰς αὐγῆς ἐνδιεσπαρμένας ἔχοντος· ὁ δ᾽ οἰκουρὸς καὶ ὑπωρόφιος, ἅτε δὴ τῆς γῆς πανταχόθεν περιεχούσης, κομιδῇ τυφλός ἐστι καὶ ἀφώτιστος. (9) Ἀλλὰ μὴν καὶ δέρματα καὶ κέρατα ζῴων ὅλα μὲν αὐγὴν οὐ διίησιν ὑπὸ στερεότητος, ὅταν δὲ πρισθῇ καὶ καταξεσθῇ, γίνεται διαφανῆ, παραμιχθέντος αὐτοῖς τοῦ ἀέρος. (10) Οἶμαι δὲ καὶ μέλαιναν ἑκάστοτε τὴν γῆν ὑπὸ τῶν ποιητῶν καλεῖσθαι διὰ τὸ σκοτῶδες καὶ τὸ ἀφώτιστον· ὥστε καὶ τὴν πολυτίμητον ἀντίθεσιν τοῦ σκοτεινοῦ πρὸς τὸ λαμπρὸν ἐπὶ τῆς γῆς μᾶλλον ἢ τοῦ ἀέρος ὑπάρχειν.

XVIII. Ἀλλ᾽ αὕτη μὲν ἀπήρτηται τοῦ ζητουμένου· πολλὰ γὰρ δέδεικται ψυχρὰ τῶν λαμπρῶν ὄντα καὶ θερμὰ τῶν ἀμαυρῶν καὶ σκοτεινῶν. (2) Ἐκεῖναι δὲ συγγενέστεραι δυνάμεις ψυχρότητός εἰσι, τὸ ἐμβριθές, τὸ μόνιμον, τὸ πυκνὸν, τὸ ἀμετάβλητον· ὧν ἀέρι μὲν οὐδεμιᾶς, γῇ δὲ μᾶλλον ἢ ὕδατι πασῶν μέτεστι. (3) Καὶ μὴν ἐν τοῖς μάλιστα τὸ ψυχρὸν αἰσθητῶς σκληρόν ἐστι καὶ σκληροποιὸν καὶ ἀντίτυπον. Ἰχθῦς μὲν γὰρ ἱστορεῖ Θεόφραστος ὑπὸ ῥίγους πεπηγότας, ἂν ἀφεθῶσιν ἐπὶ τὴν γῆν, κατάγνυσθαι καὶ συντρίβεσθαι δίκην ὑέλων ἢ κεραμεῶν σωμάτων. (4) Ἐν δὲ Δελφοῖς αὐτὸς ἤκουες ὅτι τῶν εἰς τὸν Παρνασὸν ἀναβάντων βοηθῆσαι ταῖς Θυάσιν, ἀπειλημμέναις ὑπὸ πνεύματος χαλεποῦ καὶ χιόνος, οὕτως ἐγένοντο διὰ τὸν πάγον σκληραὶ καὶ ξυλώδεις αἱ χλαμύδες, ὡς καὶ θραύεσθαι διατεινομένας καὶ ῥήγνυσθαι. (5) Ποιεῖ δὲ καὶ νεῦρα δυσκαμπῆ καὶ γλῶτταν ἄναυδον ἀκινησίᾳ καὶ σκληρότητι τὸ ἄγαν ψῦχος, ἐκπηγνύον τὰ ὑγρὰ καὶ μαλακὰ τοῦ σώματος.

XIX. Ὧν βλεπομένων, σκόπει τὸ γινόμενον οὕτω. Πᾶσα δήπου δύναμις, ἂν περιγένηται, πέφυκε μεταβάλλειν καὶ τρέπειν εἰς ἑαυτὴν τὸ νικώμενον· τὸ μὲν γὰρ ὑπὸ θερμοῦ κρατηθὲν ἐκπυροῦται· τὸ δ᾽ ὑπὸ πνεύματος, ἐξαεροῦται· τὸ δ᾽ εἰς ὕδωρ ἐμπεσὸν, ἂν μὴ διαφύγῃ, καθυγραίνεται συνδιαχεόμενον. (2) Ἀνάγκη δὴ καὶ τὰ ψυχόμενα κομιδῇ μεταβάλλειν εἰς τὸ πρώτως ψυχρόν· ἔστι δὲ ὑπερβολὴ ψύξεως πῆξις· πῆξις δ᾽ εἰς ἀλλοίωσιν τελευτᾷ καὶ λίθωσιν, ὅταν, παντάπασι τοῦ ψυχροῦ κρατήσαντος, ἐκπαγῇ μὲν τὸ ὑγρὸν, ἐκθλιβῇ δὲ τὸ θερμόν. (3) Ὅθεν ἡ μὲν ἐν βάθει γῆ πάγος ἐστὶν, ὡς εἰπεῖν, καὶ κρύσταλλος ἅπασα· τὸ γὰρ ψυχρὸν ἄκρατον οἰκουρεῖ καὶ ἀμάλακτον ἀπεωσμένον ἐκεῖ τοῦ αἰθέρος ἀπωτάτω· (4) ταυτὶ δὲ τὰ ἐμφανῆ, κρημνοὺς καὶ σκοπέλους καὶ πέτρας, Ἐμπεδοκλῆς μὲν ὑπὸ τοῦ πυρὸς οἴεται τοῦ ἐν βάθει τῆς γῆς ἑστάναι καὶ ἀνέχεσθαι διερειδόμενα φλεγμαίνοντος· (5) ἐμφαίνεται δὲ μᾶλλον, ὅσων τὸ θερμὸν ἐξεθλίβη καὶ διέπτατο, πάντα ταῦτα παντάπασιν ὑπὸ τῆς ψυχρότητος παγῆναι· διὸ καὶ πάγοι καλοῦνται· καὶ τὰ ἄκρα πολλῶν

tenebris impletur a terra, ut lumine a sole : et quæ non illuminatur pars aeris, noctis est ea quantitas, quantam umbra terræ obtinet. (8) Itaque exteriore aere etiam per noctem homines ac bruta animalia utuntur, ambulantque in eo per tenebras, in quibus utcumque vestigia quædam lucis atque reliquiæ dispersæ sunt : intra domos autem et tectis parietibusque inclusus, omnino cæcus est et luminis expers, terra scilicet circumquaque ambiente. (9) Quin et tergora et cornua animalium integra ob soliditatem lumen non transmittunt, dissecta autem et polita aeris participatione fiunt pellucida. (10) Existimo terram quoque a poetis *nigram* ea semper ratione appellari, quia tenebricosa est et luminis expers : ut pretiosa illa tenebrosi cum splendido contentio, terræ magis quam aeri congruat.

XVIII. Verum ea ad propositam quæstionem nihil facit; quum ostenderimus, multa frigida esse splendida, calida multa obscura et tenebricosa. (2) Illæ vero frigoris magis cognatæ sunt facultates, grave esse, permanens, densum, immobile : quarum aeri nulla, terræ omnes magis quam aquæ insunt. (3) Et quidem præcipue frigidum, sensu judice, durum est, ac duritiei efficax, et resistens. Nam Theophrastus narrat pisces gelu concretos, si in terram dejiciantur, frangi ac conteri vitrorum instar aut fictilium vasorum. (4) Apud Delphos ipse audivisti, eorum qui Parnassum conscenderant opitulatum Thyadibus a vehementi vento et nive circumventis, ita gelu duratas ligni in morem diriguisse chlamydes, ut distentæ etiam rumperentur ac confringerentur. (5) Quin et nervis et linguæ motum eripit, duritiemque infert nimium frigus, congelans humidas et molles partes corporis.

XIX. Quæ quum sint in conspectu, rem nunc sic consideremus. Omnis nimirum facultas, quando prævalet, eâ est naturâ ut mutet, sibique simile faciat id quod ab ipsa est victum : ita quod ab igne vincitur, incendi; quod a spiritu, in aerem verti; quod in aquam incidit, nisi effugiat, videmus penitus humectari colliquefactum. (2) Est ergo necesse, ut quæ valde frigore afficiuntur, mutentur in id quod primo est frigidum : frigefactionis vero exsuperantia est congelatio, quæ ad extremum adeo rem mutat, ut in lapidem convertat, ubi frigore prorsus obtinente humor congelavit eliso calore. (3) Itaque terra in profundo concretum aliquid frigore, et, ut sic dicam, glacies est : frigus enim merum et nulla alia qualitate emollitum ibi habitat, longissime ab æthere repulsum. (4) Ista autem conspicua, præcipitia, scopulos, saxa, Empedocles censet ab igne qui in medio terræ ardeat edita erigi et sustentari : (5) magis tamen apparet, quorum elisus est prorsusque abiit calor, cuncta illa omnino a frigore constringi et indurari : unde et *pagi* ab indurando (παγῆναι) Græcis dicuntur : multorumque extrema denigrata, qua ignis excidit, igne

ἐπιμελανθέντων, ἢ τὸ θερμὸν ἐξέπεσε, πυρικαύστοις
ἰδεῖν προσέοικε· πήγνυσι γὰρ τὸ ψυχρόν, τὰ μὲν μᾶλλον,
τὰ δὲ ἧττον, μάλιστα δὲ οἷς πρώτως ἐνυπάρχειν πέ-
φυχεν. (6) * Ὥσπερ γάρ, εἰ θερμοῦ τὸ κουφίζειν,
θερμότατόν ἐστι τὸ κουφότατον· εἰ δὲ ὑγροῦ τὸ μαλάσσειν, ὑγρότατον τὸ μαλακώτατον· οὕτως, εἰ καὶ ψυχροῦ τὸ πηγνύειν, ἀνάγκη καὶ ψυχρότατον εἶναι τὸ μάλιστα πεπηγός, οἷον ἡ γῆ· τὸ δὲ ψυχρότατον, φύσει
δήπου καὶ πρώτως ψυχρόν· ὥστε πρώτως καὶ φύσει
ψυχρὸν ἡ γῆ. (7) Τοῦτο δ' ἀμέλει καὶ τῇ αἰσθήσει
δῆλόν ἐστι· καὶ γὰρ πηλὸς ὕδατος ψυχρότερος, καὶ τὸ
πῦρ γῆν ἐπιφοροῦντες ἀφανίζουσιν· οἱ δὲ χαλκεῖς τῷ
πυρουμένῳ καὶ ἀνατηκομένῳ σιδήρῳ μάρμαρον καὶ λα-
τύπην παραπάσσουσι, τὴν πολλὴν ῥύσιν ἐφιστάντες
καὶ καταψύχοντες· ψύχει δὲ καὶ τὰ τῶν ἀθλητῶν ἡ
κόνις σώματα, καὶ κατασβέννυσι τοὺς ἱδρῶτας.

XX. Ἡ δὲ καθ' ἕκαστον ἐνιαυτὸν ἡμᾶς μετάγουσα
καὶ μετοικίζουσα χρεία, τί βούλεται, χειμῶνος μὲν
ἀπωτάτω φεύγουσα τῆς γῆς εἰς μετέωρα καὶ ἀπόγεια,
θέρους δὲ πάλιν ἀντεχομένη τῶν κάτω, καὶ ὑποδυο-
μένη καὶ διώκουσα προσφόρους καταφυγάς, τιθεμένη
τὴν δίαιταν ἐν ἀγκάλαις γῆς ἀγαπητῶς; ἆρ' οὐχὶ ταῦτα
ποιοῦμεν ἐπὶ τὴν γῆν ὑπὸ ψυχρότητος ὁδηγούμενοι τῇ
αἰσθήσει, καὶ τὸ πρώτως φύσει ψυχρὸν ἐπιγινώσκον-
τες; (2) Αἱ γοῦν παράλιοι χειμῶνος δίαιται τρόπον
τινὰ γῆς φυγαί εἰσιν, ὡς ἄνυστὸν ἀπολειπόντων διὰ
κρύος αὐτὴν, τὸν δ' ἔναλον ἀέρα καὶ πελάγιον θερμὸν
ὄντα περιβαλλομέν[ων]· εἶτ' αὖθις ἐν θέρει τὸν γηγενῆ
καὶ χερσαῖον ὑπὸ καύματος ποθοῦμεν, οὐκ αὐτὸν ὄντα
ψυχρόν, ἀλλὰ τοῦ φύσει ψυχροῦ καὶ πρώτως ἀποβλα-
στάνοντα, καὶ βεβαμμένον ὑπὸ τῆς ἐν γῇ δυνάμεως,
ὥσπερ βαφῇ σίδηρον. (3) Καὶ γὰρ τῶν ῥυτῶν ὑδάτων τὰ πετραῖα καὶ ὀρεινὰ ψυχρότατα, καὶ τῶν φρεα-
τιαίων τὰ κοιλότατα· τούτοις μὲν γὰρ οὐκέτι μίγνυται
διὰ βάθους ἔξωθεν ὁ ἀήρ, ἐκεῖνα δ' ἐκπίπτει διὰ [τῆς]
γῆς ἀμίκτου καὶ καθαρᾶς, ὡς τὸ περὶ Ταίναρον, ὃ δὴ
Στυγὸς ὕδωρ καλοῦσιν, ἐκ πέτρας γλίσχρως συλλειβό-
μενον οὕτω ψυχρόν ἐστιν, ὥστε μηδὲν ἀγγεῖον ἄλλο,
μόνην δὲ ὁπλὴν ὄνου στέγειν· τὰ δ' ἄλλα διακόπτει καὶ
ῥήγνυσιν.

XXI. Ἔτι γε μὴν τῶν ἰατρῶν ἀκούομεν, ὡς πᾶσα
γῆ τῷ γένει στύφειν καὶ ψύχειν πέφυκε· καὶ πολλὰ τῶν
μεταλλευομένων καταριθμοῦσι στυπτικὴν αὐτοῖς παρέχοντα καὶ σχετικὴν εἰς τὰς φαρμακείας δύναμιν· (2)
καὶ γὰρ τὸ στοιχεῖον αὐτῆς οὐ τμητικὸν, οὐδὲ κινητικὸν, οὐδὲ λεῖπον, οὐδ' ἔχον ὀξύτητας, οὐδὲ μαλθακὸν,
οὐδ' εὐπερίχυτον γέγονεν· ἀλλ' ἑδραῖον, ὡς ὁ κύβος,
καὶ συνερειστικόν. (3) Ὅθεν αὐτή τε βρῖθος ἔσχε,
καὶ τὸ ψυχρόν, ὅπερ ἦν δύναμις αὐτῆς, τῷ πυκνοῦν
καὶ συνωθεῖν καὶ ἀποθλίβειν τὰ ὑγρὰ, φρίκας καὶ τρό-
μους διὰ τὴν ἀνωμαλίαν ἐνεργάζεται τοῖς σώμασιν· ἂν
δ' ἐπικρατήσῃ, παντάπασι τοῦ θερμοῦ φυγόντος ἢ
σβεσθέντος, ἔστησε τὴν ἕξιν ἐκπαγεῖσαν καὶ νεκρωθεῖ-
σαν. (4) Ὅθεν οὐδὲ καίεται γῆ τὸ παράπαν, ἢ καίεται

adusta videntur intuentibus. Frigus enim alia magis, alia
minus congelat, maxime ea quibus primo inest. (6) Sicut
enim quando caloris est leve reddere, quod calidissimum,
idem et levissimum est; et quia humiditas mollit, quod
humidissimum, simul etiam mollissimum est : ita, si frigoris est cogere, frigidissimum quod est, erit etiam con-
cretissimum, videlicet terra. Quod autem natura est frigidissimum, id utique etiam primo erit frigidum : unde conficitur, terram primo et naturâ esse frigidam. (7) Id nimirum etiam sensu deprehenditur. Nam et lutum aqua
est frigidius ; et ignem terra ingesta exstinguunt. Fabri quoque ferro candenti et emollito marmorum scobem seu ramenta inspergunt, nimium fluxum hoc modo inhibentes ac
refrigerantes. Pulvis etiam athletarum corpora refrigerat,
sudoresque exstinguit.

XX. Quid vero sibi vult nostra quotannis instituta mi-
gratio, dum hieme longissime a terra nos in sublimia sub-
ducimus aedificia, aestate autem rursum inferiora et hu-
milia petentes et apta quaerentes confugia, suavem in ulnis
terrae habitationem colimus? nonne id facimus, quia frigus
sectantes, sensu ad terram deducimur, eamque primum natura frigidum agnoscimus? (2) Certe illae ad mare per hiemem habitationes, fuga quodammodo terrae sunt relinquen-
tium ob gelu eam quantum omnino fieri potest, aeremque
maritimum, utpote calidum, amicientium : at aestate terrigenam rursum et mediterraneum aerem propter ardores
desideramus : qui non frigidus ipse est, sed ex eo quod
primum et natura frigidum est editus, terrae virtute imbu-
tus est, tanquam ferri quadam tinctura. (3) Nam fluentium
quoque aquarum eae sunt frigidissimae, quae de montibus
aut saxis manant, et putealium aquarum quae in profun-
dissimis sunt puteis : his enim ob profunditatem non amplius admiscetur exterior aer : illae ex pura sinceraque terra
erumpunt : qualis est apud Taenarum, quam Stygis aquam
appellant, e saxo parcis scaturiginibus confluens, ita frigida,
ut omnia vasa rumpat et frangat, sola asini ungula possit
contineri.

XXI. Atque etiam medicos audimus omni universe terrae
facultatem refrigerandi et astringendi naturalem tribuere,
multaque ab iis fossilia recenseri, quibus in medicina vis
insit obturandi atque cohibendi. (2) Quippe elementum
terrae non ad secandum, aut movendum natura aptum est,
...neque acumina habet, neque molliri aut facile circumfundi
potest; sed cubi in morem firma est ac stabilis. (3) Itaque
et gravitate praedita est; et frigore, in quo ejus vis posita
est, densans, compingens, elidens humorem, horrores et
tremores in corporibus efficit ob inaequalitatem : quodsi superet omnino calore fugiente aut exstincto, habitum constituit plane congelatum atque exanimem. (4) Itaque terra

γλίσχρως καὶ μόλις. Ἀὴρ μὲν [γὰρ] ἐξ ἑαυτοῦ πολλάκις φλόγας ἀναδίδωσι, καὶ ῥεῖ καὶ ἀστράπτει πυρού-
μενος· τῷ δὲ ὑγρῷ τροφῇ χρῆται τὸ θερμόν· οὐ γὰρ τὸ
στερεὸν ἀλλὰ τὸ νοτερὸν τοῦ ξύλου καυστόν ἐστιν· ἰ-
5 κμασθέντος δὲ τούτου, τὸ στερεὸν καὶ ξηρὸν ἀπολείπεται, τέφρα γενόμενον. (5) Οἱ δὲ καὶ τοῦτο φιλοτιμούμενοι μεταβάλλον ἀποδεῖξαι καὶ καταναλισκόμενον,
ἀναδεύοντες πολλάκις ἐλαίῳ καὶ στέατι φύροντες, οὐδὲν περαίνουσιν, ἀλλ' ὅταν ἐκκαῇ τὸ λιπαρόν, περίεστι
10 πάντως καὶ διαμένει τὸ γεῶδες· (6) ὅθεν οὐ κατὰ χώραν μόνον, ἐξ ἕδρας ἀκίνητον οὖσαν αὐτήν, ἀλλὰ καὶ
κατ' οὐσίαν ἀμετάβλητον, Ἑστίαν, ἅτε δὴ μένουσαν ἐν
θεῶν οἴκῳ, κλίττα προσηγόρευσαν οἱ παλαιοί, διὰ τὴν
στάσιν καὶ πῆξιν· ἧς [ἡ] ψυχρότης δεσμός ἐστιν, ὡς
15 Ἀρχέλαος ὁ φυσικὸς εἶπεν, οὐδενὸς χαλῶντος αὐτὴν
οὐδὲ μαλάττοντος, ἅτε θερομένην καὶ ἀλεαινομένην
οὖσαν. (7) * Οἱ δὲ πνεύματος μὲν αἰσθάνεσθαι ψυχροῦ καὶ ὕδατος, γῆς δὲ ἧττον οἰόμενοι, τὴν ἔγγιστα
γῆν ὁρῶσιν ἀέρων καὶ ὑδάτων καὶ ἡλίου καὶ θερμότη-
20 τος ἀνάπλεων σύμμιγμα καὶ συμφόρημα γεγενημένην·
καὶ οὐδὲν διαφέρουσι τῶν μὴ τὸν αἰθέρα φύσει καὶ
πρώτως θερμόν, ἀλλὰ τὸ ζέον ὕδωρ ἢ τὸν διάπυρον σίδηρον ἀποφαινομένων· ὅτι τούτων μὲν ἅπτονται καὶ
προστυγχάνουσι, τοῦ δὲ πρώτου καθαροῦ καὶ οὐρανίου
25 πυρὸς αἴσθησιν δι' ἁφῆς οὐ λαμβάνουσιν, (8) ὥσπερ
οὐδὲ οὗτοι τῆς ἐν βάθει γῆς, ἣν μάλιστα γῆν ἄν τις
νοήσειεν αὐτὴν καθ' αὑτὴν ἀποκεκριμένην τῶν ἄλλων·
δεῖγμα δ' αὐτῆς ἐστι κἀνταῦθα περὶ τὰς πέτρας· πολὺ
γὰρ ἐκ βάθους καὶ οὐ ῥᾴδιον ἀνασχέσθαι προβάλλουσι
30 κρύος· (9) οἱ δὲ ψυχροτέρου ποτοῦ δεόμενοι, χάλικας
ἐμβάλλουσιν εἰς τὸ ὕδωρ· γίνεται γὰρ οὐλότερον, καὶ
στομοῦται παρὰ τὴν ἀπὸ τῶν λίθων ψυχρότητα, πρόσφατον καὶ ἄκρατον ἀναφερομένην.

XXII. Τοὺς οὖν πάλαι σοφοὺς καὶ λογίους ἄμικτα
35 θέσθαι τὰ ἐπίγεια καὶ τὰ οὐράνια χρὴ νομίζειν, οὐ τοῖς
τόποις, ὥσπερ ἐπὶ ζυγοῦ, πρὸς τὰ κάτω καὶ ἄνω βλέ-
ποντας, ἀλλὰ τῇ διαφορᾷ τῶν δυνάμεων, τὰ μὲν θερμὰ
καὶ λαμπρὰ καὶ ταχέα καὶ κοῦφα, τῇ ἀθανάτῳ καὶ
ἀϊδίῳ φύσει προσνέμοντας, τὰ δὲ σκοτεινὰ καὶ ψυχρὰ
40 καὶ βραδέα, φθιτῶν καὶ ἐνέρων οὐκ εὐδαίμονα κλῆρον
ἀποφήναντας. (2) Ἐπεὶ καὶ τὸ σῶμα τοῦ ζῴου, μέχρι μὲν ἔμπνουν ἐστὶ καὶ θαλερόν, ὡς οἱ ποιηταὶ λέγουσι, θερμότητι χρῆται καὶ ζωῇ· γενόμενον δὲ τούτων ἔρημον, καὶ ἀπολειφθὲν ἐν μόνῃ τῇ τῆς γῆς μοίρᾳ,
45 ψυχρότης εὐθὺς ἴσχει καὶ κρύος, ὡς ἐν παντὶ μᾶλλον ἢ
τῷ γεώδει κατὰ φύσιν θερμότητος ἐνυπαρχούσης.

XXIII. Ταῦτα, ὦ Φαβωρῖνε, τοῖς εἰρημένοις ὑφ'
ἑτέρων παράβαλλε· κἂν μήτε λείπηται τῇ πιθανότητι,
μήτε ὑπερέχῃ πολύ, χαίρειν ἔα τὰς δόξας, τὸ ἐπέχειν
50 ἐν τοῖς ἀδήλοις τοῦ συγκατατίθεσθαι φιλοσοφώτερον
ἡγούμενος.

prorsum non ardescit, aut lente admodum atque ægre uritur. Aer sæpe ex se ipso flammam edit, fluitque et fulgurat
accensus : humore autem alimenti loco utitur calor : non
enim solidæ, sed humidæ ligni partes cremando sunt ido-
neæ : quo exsiccato, solidum et siccum relinquitur, in cinerem redactum. (5) Neque ii quicquam agunt, qui hunc
quoque mutari et consumi contendentes, sæpe oleo aut
adipe humectantes incendunt : quum rursus ac denuo pinguedine exusta, omnino tamen superet ac permaneat quod
est terrenum. (6) Itaque terram, quod non tantum locum
suum et sedem perpetuo servet, sed etiam substantia sit
immutabili, ac semper in deorum maneat domicilio, a
stando *Hestiam* seu Vestam nominaverunt prisci ob statum
et concretionem : cujus vinculum est frigus, ut Archelaus
physicus aiebat, nulla eam re laxante, nulla molliente, ut
quæ calefieri aut tepescere nesciret. (7) Ii autem, qui
aerem et aquam frigida se cognovisse aiunt, terram negant ;
respiciunt ad proximam terram, aere, spiritibus, aqua et
calore plenam mixturam atque congeriem : nihil vero differunt ab iis, qui non ætherem primo et natura calidum, sed
aquam ferventem aut candens ferrum, pronuncient; quod
hæc tangunt et contrectant, primum purum cœlestemque
ignem tactu non sentiunt : (8) ut hi quoque terram in imo
latentem non vident, quæ maxime terra intelligenda est,
ab omnibus aliis secreta : cujus tamen indicium etiam hic
sunt saxa, quæ e profundo magnum et toleratu difficile
frigus emittunt. (9) Qui autem potum frigidiorem facere
volunt, ii silices in aquam injiciunt; fit enim spissior, et vis
ejus intenditur frigore quod a lapidibus recens et sincerum
in eam emittitur.

XXII. Veteres ergo sapientes ac doctos censendum est
statuisse, cœlestia terrestribus non permisceri : non quod
velut in trutina ad inferiora loco et superiora respexerint,
sed ad facultatum differentiam : quippe calida, splendida,
velocia, levia, immortali ac sempiternæ naturæ ascripserunt; tenebrosa, frigida, tarda, mortalium et inferorum sortem parum beatam arbitrantes. (2) Quando corpus etiam
animalis dum spirat, et, ut poetæ dicunt, *viret*, tantisper
etiam calore vitaque fruitur : his privatum, et jam solis
terrestribus restantibus partibus, statim frigore et gelu
corripitur : scilicet quod in quavis potius quam terrena re
secundum naturam calor insit.

XXIII. Hæc tu, Phavorine, cum iis compone, quæ ab
aliis sunt dicta : quæ si non multum vincant vincanturve
probabilitate, valere jube opiniones, et existima, philosophi magis esse in rebus dubiis assensionem cohibere, quam
aliquid tanquam certum probare.

ΠΕΡΙ ΤΟΥ

ΠΟΤΕΡΟΝ ΥΔΩΡ Η ΠΥΡ ΧΡΗΣΙΜΩΤΕΡΟΝ.

I. Ἄριστον μὲν ὕδωρ, ὁ δὲ χρυσὸς, αἰθόμενον πῦρ,

φησὶν ὁ Πίνδαρος· ὥστε οὗτος μὲν δευτέραν ἄντικρυς
τῷ πυρὶ χώραν ἔδωκε· συμφωνεῖ δὲ καὶ Ἡσίοδος, εἰπών,

Ἤτοι μὲν πρώτιστα χάος γένετο·

τοῖς πλείστοις γὰρ ὠνομακέναι δοκεῖ τὸ ὕδωρ τοῦτον
τὸν τρόπον παρὰ τὴν χύσιν. (2) Ἀλλὰ τὸ μὲν τῶν
μαρτύρων ἑκατέρῳ ἴσον· ἐπεὶ καὶ τὸ πῦρ εἰσὶν οἱ τοῦ
παντὸς ἀρχὴν ἀποφαινόμενοι, καὶ οἷον σπέρμα τοῦτο
ἐξ ἑαυτοῦ τε πάντα ποιεῖν, καὶ εἰς ἑαυτὸ ἐκλαμβάνειν
κατὰ τὴν ἐκπύρωσιν. (3) Ἀφέμενοι δὲ τῶν ἀνδρῶν,
σκεψώμεθα τοὺς εἰς ἑκάτερα λόγους, πῇ μᾶλλον ἄγουσιν ἡμᾶς.

II. Ἆρ' οὖν οὐ χρησιμώτερον ἐκεῖνο, οὗ πάντοτε καὶ
διηνεκῶς δεόμεθα καὶ πλείστου, καθάπερ ἐργαλεῖον
καὶ ὄργανον, καὶ, νὴ Δία, φίλος ὁ πάσης ὥρας καὶ
παντὸς καιροῦ παρὼν ἕτοιμος; (2) Καὶ μὴν τὸ μὲν
πῦρ οὐ πάντοτε χρήσιμον, ἔστι δὲ ὅτε καὶ βαρυνόμεθα
καὶ ἀποσπώμεθα· τοῦ δὲ ὕδατος χρεία καὶ χειμῶνος καὶ
θέρους, καὶ νοσοῦσι καὶ ὑγιαίνουσι, * νυκτὸς καὶ μεθ'
ἡμέραν· καὶ οὐκ ἔστιν ὅτε ἄνθρωπος οὐ δεῖται· ἀμέλει
καὶ τοὺς ἀποθανόντας ἀλίβαντας καλοῦσιν, ὡς ἐνδεεῖς
λιβάδος, τουτέστιν ὑγρότητος, καὶ παρὰ τοῦτο στερου-
μένους τοῦ ζῆν. (3) Καὶ ἄνευ μὲν πυρὸς ἦν πολλά,
ὕδατος δ' οὐδέποτ' ἄνθρωπος. Ἔστι [δὲ] τὸ ἐξ ἀρχῆς
καὶ ἅμα τῇ πρώτῃ καταβολῇ τῶν ἀνθρώπων, χρησιμώτερον τοῦ ὕστερον εὑρεθέντος· δῆλον γὰρ ὡς τὸ μὲν
ὄντως ἀναγκαῖον ἡ φύσις ἔδωκε· τὸ δὲ περιουσίᾳ τῆς
χρήσεως, τύχη καὶ μηχανή τις εὗρεν. (4) Ὕδωρ μὲν
οὖν οὐκ ἔστιν εἰπεῖν ὅτε οὐκ ἦν ἀνθρώποις, οὐδέ τις εὑρετὴς λέγεται θεῶν ἢ ἡρώων· σχεδὸν γὰρ γενομένων
εὐθὺς ὑπῆρχε, καὶ τὸ γεγενῆσθαι παρεῖχεν· ἡ δὲ πυρὸς χρῆσις ἐχθὲς φασὶ καὶ πρώην ὑπὸ Προμηθέως [**]
βίος πυρὸς, οὐκ ἄνευ δὲ ὕδατος ἦν. (3) Καὶ τὸ μὲν
πλάσμα τοῦτο μὴ εἶναι ποιητικὸν ἀποδείκνυσιν ὁ καθ'
ἡμᾶς βίος· ἔστι γὰρ ἀνθρώπων γένη τινὰ χωρὶς πυρὸς
ποιούμενα τὴν δίαιταν, ἄοικα καὶ ἀνέστια καὶ ὑπαίθρια·
(6) καὶ Διογένης δὲ ὁ κύων ἥκιστα προσεχρῆτο πυρί,
ὥστε καὶ πολύποδα καταπιὼν ὠμόν, Οὕτως ὑπὲρ ὑμῶν,
εἶπεν, ὦ ἄνδρες, παραβάλλομαι. Χωρὶς δὲ ὕδατος
οὔτε καλόν τις ἐνόμισε ζῆν, οὔτε δυνατόν.

III. Καὶ τί μικρολογοῦμαι, τὴν τῶν ἀνθρώπων
ἐπεργόμενος φύσιν, πολλῶν παρόντων, μᾶλλον δ' ἀπείρων γενῶν; τὸ τῶν ἀνθρώπων σχεδὸν μόνον οἶδε πυρὸς
χρῆσιν, τὰ δὲ λοιπὰ ἀπύροις χρῆται διαίταις καὶ τροφαῖς, καὶ βίος αὐτοῖς νεμομένοις, ἱπταμένοις, ἕρπου-
σιν, ἀπὸ ῥιζῶν καὶ καρπῶν καὶ σαρκῶν ἄνευ πυρός·
(2) ὕδατος δὲ χωρὶς οὐκ ἔναλον, οὐδὲ γερσαῖον, οὐδ'
αἰθέριον· καὶ γὰρ τὰ σαρκοβόρα τῶν ζῴων, ὧν ἔνιά

AQUANE AN IGNIS SIT UTILIOR.

I. Aqua est optima rerum, aurum sed lucidus ignis,

inquit Pindarus : is ergo palam posteriorem locum igni assignavit. Astipulatur huic Hesiodus, ita scribens,

Principio factum Chaos est :

nam voce Chaos plerique eum existimant expressisse
aquam, ob diffusionem, quæ est Græcis *chysis* a verbo
cheo. (2) Ceterum testium in utramque partem æqualia
sunt momenta. Sunt enim qui ignem universi principium
esse pronuncient, eumque tanquam semen et gignere ex
sese omnia, et in sese facta conflagratione recepturum. (3)
Sed nos omissis auctoribus, rationes ipsas consideremus
in utram nos partem inclinent.

II. Nonne autem id utilius est, quo semper continenterque indigemus, et quidem plurimo? quomodo supellex, aut
instrumentum, atque adeo amicus aliis præfertur, qui nobis quavis hora et ad quasvis occasiones utendi præsto est.
(2) Atqui ignis non semper utilis est : et aliquando eum
moleste ferimus atque amolimur. Aquæ et hieme et æstate,
tam sanis quam ægrotis, noctu dieque, denique nunquam
non usus est et opus : nimirum enim mortui hinc *alibantes*
dicuntur, quod humore (Græcis *libadi*) careant, ideoque vita
sint privati. (3) Deinde sine igne fuit homo longo tempore,
sine aqua nunquam. Est vero id quod initio statim et ab ipso
ortu hominum exstitit, utilius eo quod postea temporis inventum fuit; liquet enim illud naturam nobis ut rem necessariam dedisse, hoc ob usus supervacaneos studio machina-
tioneque partum esse. (4) At vero dici non potest quando
aqua caruerint homines : neque ejus inventor deorum aliquis aut heroum perhibetur : nam fere in ipso eorum ortu
aderat, atque ortum illis præbuit. Ignis usus nuper adeo,
ut aiunt, a Prometheo [est repertus : ita sine] igne, non absque aqua vita fuit. (5) Et non esse hoc a poetis confictum,
nostra demonstrat vita. Sunt enim quædam hominum
gentes sine igne vitam degentes, domibus focisque carentes, et sub divo agentes. (6) Quin et Diogenes Cynicus
minime igne est usus; qui etiam polypum crudum degluttiens, *Tantum*, dixit, *pro vobis adeo periculum*. Sine
aqua autem neque commodam, neque omnino tolerabilem
quisquam putavit vitam.

III. Quanquam, cur in has me conjicio angustias, de hominis natura loquens, quum infinitæ sint aliæ naturæ? Fere solus homo ignis usum novit : cetera animalia sine igne
nutriuntur et vivunt, pascentia, volantia, repentia, aluntur-
que radicibus, fructibus, carnibus, sine igne : (2) sine
aqua autem nullum vivit neque marinum, neque aereum,
neque terrestre : et ipsa illa carnivora animalia, quæ libere

φησι μὴ πίνειν Ἀριστοτέλης, τῷ δὲ ὄντως ὑγρῷ χρώμενα διαζῇ. (3) Τοῦτο οὖν χρησιμώτερον, οὗ μηδεμία
ζωῆς φύσις ἄνευ ἵσταται καὶ διαμένει.

IV. Μετίωμεν ἀπὸ τῶν χρωμένων ἐπὶ ταῦτα οἷς
χρώμεθα, φυτὰ καὶ καρπούς. Τούτων ἃ μὲν οὐδὲ
ὅλως θερμοῦ μετείληφεν, ἃ δὲ ἥκιστα καὶ ἀδήλως· ἡ
δὲ ὑγρὰ φύσις βλαστάνοντα πάντα παρέχεται, αὐξανό-
μενα καὶ καρποφοροῦντα· (2) καὶ τί με δεῖ καταριθμεῖσθαι οἶνον καὶ ἔλαιον, καὶ τὰ λοιπὰ πάντα ὅσα
τρυγῶμεν καὶ ἀμέλγομεν καὶ βλίττομεν ἐν φανερῷ
κείμενα, ὅπου γε καὶ ὁ πυρὸς, δοκῶν εἶναι τῆς ξηρᾶς
τροφῆς, μεταβολῇ καὶ σήψει καὶ διαχύσει τοῦ ὑγροῦ
γίνεται.

V. Καὶ μὴν καὶ χρησιμώτερον ὃ μηδέποτε βλάπτει. Πῦρ μὲν οὖν ῥᾴδιον ὀλεθριώτατον, ἡ δὲ ὕδατος
φύσις οὐδέποτε βλαβερά. (2) Καὶ ἐν δυσὶν ὠφελιμώτερον τὸ εὐτελέστερον, καὶ χωρίς τινος παρασκευῆς τὴν
ἐξ αὐτοῦ παρέχον ὠφέλειαν· ἡ μὲν οὖν ἀπὸ τοῦ πυρὸς,
χορηγίας δεῖται καὶ ὕλης· διὰ τοῦτο μετέχουσιν αὐτοῦ
πλέον πλούσιοι πενήτων, βασιλεῖς ἰδιωτῶν· (3) τὸ δὲ
ὕδωρ καὶ τοῦτο ἔχει φιλάνθρωπον, τὴν ἰσότητα, τὸ
ὅμοιον· οὐ δεῖται γὰρ ὀργάνων οὐδ' ἐργαλείων, ἀπροσ-
δεὲς, αὐτοτελὲς ἀγαθόν.

VI. Ἔτι μὴν, ὃ πολυπλασιαζόμενον τὴν ὠφέλειαν
ἀπόλλυσιν, ἀχρηστότερον· τοιοῦτον δὲ τὸ πῦρ, οἷον θηρίον παμφάγον καὶ δάπανον τῶν παρακειμένων, καὶ
μεθόδῳ καὶ τέχνῃ μᾶλλον καὶ μετριότητι, [ἢ] τῇ αὐτοῦ φύσει, ὠφέλιμον· τὸ δὲ ὕδωρ, οὐδέποτε φοβερόν.
(2) Καὶ μὴν δυεῖν τὸ μετὰ τοῦ ἑτέρου χρησιμώτερον·
πῦρ μὲν οὖν οὐκ ἐπιδέχεται τὸ ὑγρὸν, οὐδὲ τῇ δι' αὐτοῦ κοινωνίᾳ χρήσιμον· ὕδωρ δέ ἐστι μετὰ πυρὸς ὠφέ-
λιμον· τὰ γοῦν θερμὰ τῶν ὑδάτων, ἀκέσιμα, καὶ πρὸς
θεραπείαν εὐαίσθητα· (3) καὶ πῦρ μὲν ὑγρὸν οὐκ ἄν
τις εὕροι, ὕδωρ δὲ, ὡς ψυχρὸν, οὕτω καὶ θερμὸν, ὠφέλιμον ἀνθρώπῳ.

VII. Καὶ μὴν, τεττάρων ὄντων τῶν στοιχείων, τὸ
ὕδωρ ἐξ ἑαυτοῦ πέμπτον, ὡς ἄν τις εἴποι, πεποίηκε
στοιχεῖον, τὴν θάλασσαν, * οὐδὲν ἧττον ἐκείνων ὠφέλιμον, τῶν τ' ἄλλων ἕνεχεν, καὶ μάλιστα τῆς ἐπιμιξίας·
(2) ἄγριον οὖν ἡμῶν ὄντα καὶ ἀσύμβολον τὸν βίον τοῦτο
τὸ στοιχεῖον συνῆψε, καὶ τέλειον ἐποίησε, διορθούμε-
νον ταῖς παρ' ἀλλήλων ἐπικουρίαις, καὶ ἀντιδόσεσι
κοινωνίαν ἐργαζόμενον καὶ φιλίαν. (3) Ἡράκλειτος
μὲν οὖν, « Εἰ μὴ ἥλιος, φησίν, ἦν, εὐφρόνη ἂν ἦν· »
ἔστι δ' εἰπεῖν, ὡς, εἰ μὴ θάλαττα ἦν, πάντων ἀγριώτατον ζῷον καὶ ἀναιδέστατον ὁ ἄνθρωπος ἦν. (4) Νυνὶ
δὲ τοῦτο μὲν παρ' Ἰνδῶν ἄμπελον τοῖς Ἕλλησιν, ἐκ
δὲ τῆς Ἑλλάδος καρπῶν χρῆσιν τοῖς ἐπέκεινα τῆς θαλάσσης ἔδωκεν, ἐκ Φοινίκης δὲ γράμματα μνημόσυνα
λήθης ἐκόμισε, [καὶ] ἄοινον καὶ ἄκαρπον καὶ ἀπαίδευτον ἐκώλυσεν εἶναι τὸ πλεῖστον ἀνθρώπων γένος.
Πῶς οὖν οὐ χρησιμώτερον ὕδωρ στοιχείῳ περιττεῦον;

VIII. Ἡ πρὸς τοὐναντίον ἄν τις (ἐντεῦθεν) ἔχων
λέγοι; διότι τέτταρα μὲν στοιχεῖα θεῷ, καθάπερ τε-

Aristoteles negat, mero tamen humore vitam sustentant.
(3) Est autem omnino id utilius, sine quo nulla constat
aut perdurat natura.

IV. Transeamus nunc ab his quæ utuntur, ad ea quibus
nos utimur, stirpes inquam et fructus. Horum alia prorsus expertia sunt caloris, quædam exiguam ejus et obscuram habent partem. Humor autem omnibus, quorum
stirpes terra continentur, nascendi, augescendi fructumque
ferendi suum causa est. (2) Jam quid attinet me enumerare
vinum, oleum, cetera quæcumque vindemia nobis suggerit,
aut quæ mulgemus, aut ex alvearibus depromimus, quæ
omnibus in promtu sunt sita? quando ipsum quoque triticum, quod alimentum siccum putatur, mutatione, putrefactione, diffusioneque humoris nascitur.

V. Porro autem utilius hoc est, quod nunquam nocet.
Ignis vero sæpe perniciem maximam affert : aquæ natura
nusquam est damnosa. (2) Inter duo id quoque utilius
censetur, quod minimo apparatu suum exhibet usum.
Atqui ignis usus sumtum materiamque desiderat : ideoque
magis eo divites et reges utuntur, quam pauperes et privati.
(3) Habet autem aqua id quoque humanis usibus commodum, quod æqualiter omnibus prostat; nam non indiget
instrumentis, non supellectile, nihil extra sese desiderat,
bonum est in se ipso perfectum.

VI. Ad hæc, minus utile est, quod multiplicatum suam
utilitatem amittit : quod sane igni accidit tanquam feræ
voraci et objecta omnia consumenti, et quia arte magis
scitaque moderatione quam suapte natura sit utilis. Ab
aqua nihil unquam timendum est. (2) Præterea de duobus
illud utilius judicatur, quod cum altero conjungi potest.
Sed ignis non recipit aquam, neque ejus communione prodest : aqua autem igne ascito conducibilis est; nam aquæ
suapte natura calidæ remedium habent adversus morbos
ipsis etiam sensibus manifestum. (3) Et ignem profecto
humidum nusquam reperies, aqua autem tam calida quam
frigida, humanis apta est usibus.

VII. Adde quod, quum quattuor sint elementa, aqua
quintum, ut sic loquar, ex se produxit elementum, mare
puta, quod utilitate illis inferius non est, quum alias ob
res, tum ob hominum commercia. (2) Vitam enim nostram agrestem alioqui et commerciorum expertem hoc elementum conjunxit ac perfecit, mutuis adjuvans auxiliis,
ac permutationibus communitatem amicitiasque concilians. (3) Heracliti est, *Si sole careremus, noctem nobis
futuram perpetuam* : licet autem nobis eodem modo dicere : Absque mare fuisset, animal fuisset homo omnium
animalium ferissimum et egentissimum. (4) Nunc mare
ab Indis vitem Græcis advexit, et transmarinis frugum
usum e Græcia attulit, et e Phœnicia literas memoriæ adversus oblivionem remedium accivit, providens ne sine
vino major hominum pars, neu sine frugibus et institutione
mentis viveret. Quomodo ergo non sit utilior aqua, quæ
elemento excedit ignem

VIII. An vero potius in contrariam partem aliquis hæc
proferat argumenta? Quattuor elementa deus Universi con-

χνίτῃ, πρὸς τὴν τῶν ὅλων ἐργασίαν ὑποκείμενα, τούτων δ' αὖ πάλιν ἀλλήλοις διαφορά, πλὴν γῆ μὲν καὶ
ὕδωρ ὑποβέβληται δίκην ὕλης ποιούμενα καὶ πλαττό-
μενα, καὶ μετέχοντα κόσμου καὶ τάξεως, καὶ τοῦ φύειν
5 γέ φασι καὶ γεννᾷν, ὅσον ἂν μεταλάβῃ παρ' ἑτέρων,
πνεῦμα μὲν καὶ πῦρ ποιούντων καὶ δημιουργούντων,
καὶ κείμενα νεκρὰ τέως, ἐπὶ τὴν γένεσιν ἀνιστάντων·
τῶν δὲ δυεῖν τούτων, αὖθις τὸ πῦρ ἄρχει καὶ ἡγεμο-
νεύει. (2) Δῆλον δ' ἐκ τῆς ἐπαγωγῆς· γῆ τε γὰρ ἄνευ
10 θερμῆς οὐσίας, ἄγονος καὶ ἄκαρπος· τὸ δὲ πῦρ ἐκρυὲν
καὶ διαχέαν παρίστησιν εἰς τὴν γένεσιν ὀργῶντα· οὐδεμίαν γὰρ αἰτίαν εὕροι τις ἂν, δι' ἣν ἄγονοι πέτραι καὶ
τὰ κατεσκληκότα τῶν ὀρῶν, ἢ ὅτι πυρὸς οὐδ' ὅλως ἢ
ὀλίγου μετέσχηκε.

15 IX. Τὸ δὲ ὅλον τοσοῦτον ἀπέχει πρὸς σωτηρίαν ἢ
ἑτέρων γένεσιν τὸ ὕδωρ αὐτοτελὲς εἶναι, ὥστε καὶ αὐτῷ
φθορὰ πυρὸς ἔνδεια· συνέχει γὰρ ἡ θερμότης ἕκαστον
ἐν τῷ εἶναι, καὶ ἐπὶ τῆς ἰδίας οὐσίας φυλάττει, καθάπερ καὶ τἄλλα, καὶ τὸ ὕδωρ· ἀπέχοντος δὲ καὶ ἐνδεή-
20 σαντος, σήπεται, καὶ θάνατος ὕδατι καὶ ὄλεθρος ἐπί-
λειψις θερμότητος. (2) Ἀμέλει τὰ λιμναῖα, καὶ ὅσα
στάσιμα τῶν ὑδάτων, καί τινα ἐν ἀδιεξόδοις ἐγκαθήμενα
κοιλότησι, μοχθηρά, καὶ τελευτῶντα σήπεται τῷ κινήσεως ἥκιστα μετέχειν, ἢ τὸ θερμὸν ἐν ἑκάστοις ῥι-
25 πίζουσα τηρεῖ περὶ τὰ μάλιστα φερόμενα καὶ ῥέοντα
τῶν ὑδάτων, διὰ τὴν κίνησιν συνεχομένης τῆς θερμότητος, οὕτω καὶ προσαγορεύομεν, ζῆν λέγοντες. (3)
Πῶς τοίνυν δυεῖν οὐκ ὠφελιμώτερον, ὃ τῷ ἑτέρῳ τὴν
αἰτίαν τοῦ εἶναι παρέσχηκε, καθάπερ τὸ πῦρ τῷ ὕδατι;
30 Καὶ μήν, οὗ παντάπασιν ἀπαλλαγέντος φθείρεται τὸ
ζῶον, τοῦτο ὠφελιμώτερον· δῆλον γὰρ ὡς τὸ οὗ στε-
ρούμενον οὐκ ἔστιν εἶναι, τοῦτο καὶ τὴν αἰτίαν παρέσχηκεν, ὅτε ἦν. (4) Ὑγρότης μὲν οὖν καὶ τοῖς τεθνηκόσι πάρεστι, καὶ οὐκ ἐξήρηται παντάπασιν· ἐπεὶ οὐκ
35 ἂν ἐσήπετο τὰ ὑγρὰ τῶν σωμάτων, τῆς σήψεως εἰς
ὑγρὸν οὔσης ἐκ ξηροῦ μεταβολῆς, μᾶλλον δὲ ὑγρῶν ἐν
σαρκὶ φθορᾶς. (5) Θάνατος δ' οὐκ ἄλλο τι, πλὴν ἔκλειψις θερμοῦ παντελής· ψυχρότατοι τοίνυν οἱ νεκροί· καὶ
τὰς ἀκμὰς εἴ τις ἐπιχρίει τῶν ξυρῶν, ἀπαμβλύνουσι δι'
40 ὑπερβολὴν ψυχρότητος. (6) Καὶ ἐν αὐτῷ δὲ τῷ ζῴῳ
τὰ ἥκιστα μετέχοντα πυρὸς ἀναισθητότατα, καθάπερ
ὀστᾶ καὶ τρίχες, καὶ τὰ πόρρωθεν ἀφεστῶτα τῆς καρ-
δίας· σχεδὸν γὰρ ἡ πρὸς τὰ μείζω (τῶν) ἐκ τῆς τοῦ
πυρὸς γίνεται [ἀπουσίας, ὑγροῦ δὲ] παρουσίας διαφθορά·
45 (7) φυτὰ μὲν γὰρ καὶ καρποὺς οὐχὶ ἡ ὑγρότης ἀναδίδωσιν, ἀλλ' ἡ θερμὴ ὑγρότης· ἀμέλει τὰ ψυχρὰ τῶν
ὑδάτων ἧττον, ἢ οὐδ' ὅλως γόνιμα. (8) Καίτοι γε εἰ
τῇ αὑτοῦ φύσει τὸ ὕδωρ καρποφόρον, δεῖ πάντοτε καὶ
καθ' αὑτὸ ἀναφέρειν καρπούς· τὸ δὲ τοὐναντίον, καὶ
50 βλαβερόν ἐστιν.

X. Ἀπ' ἄλλης ἀρχῆς. Πρὸς μὲν τὴν [τοῦ] πυρός,
ὡς πυρός, χρῆσιν, ὕδατος οὐ προσδεόμεθα, ἀλλὰ τοὐναντίον ἐμποδὼν γίνεται· κατασβέννυσι γὰρ καὶ δια-
φθείρει· (2) ὕδατος δὲ τοῖς πλείστοις χρῆσις οὐκ ἔστιν

ditor ad omnium rerum effectionem constituit : quæ elementa rursum hoc ipso differunt, quod aqua et terra materiæ instar subjiciuntur effectioni, ac finguntur : eoque
ornatum et ordinem, adeoque ut sint et procreent, consequuntur, quod ab aere et igne tanquam artificibus forman-
tur, et, quum antea tanquam mortua jacerent, ab his ortus
sui initium habent. Ignis vero in efficientibus causis principatum et imperium tenet. (2) Quod dixi, inductione
potest intelligi. Terra enim sine calore, sterilis est et in-
frugifera : ignis sua eruptione et vi diffundendi materiam
turgentem fertilem reddit. Quam enim aliam afferes causam, cur saxa, et aridiores montium partes, steriles sint,
quam quod ignis vel nihil, vel parum nactæ sint?

IX. In universum autem tantum abest ut aqua ex sese
sufficiat aliis rebus generandis aut conservandis, ut ipsa
quoque igne destituta pereat. Calor est enim qui, quemadmodum ceterarum rerum formam naturamque, ita
aquæ etiam conservat : et igne remoto et deficiente, putrescit aqua; ita ut aquæ interitus ac quasi mors sit penuria caloris. (2) Nimirum enim palustres aquæ, et aliæ quæ
non profluunt, aut exitu carentibus in cavitatibus inclusæ
tenentur, vitiosæ sunt, et ad extremum putrescunt : quod
motum, cujus agitatione calor in rebus omnibus fovetur atque conservatur, habent nullum. Quare aquas quæ maxime
feruntur atque concitantur, *vivas* vocamus, quod in iis calorem motus continet. (3) Quomodo autem duabus rebus
ratione utilitatis comparatis, hæc non præferatur, quæ efficit ut sit altera? quod quidem ignis aquæ confert. Enimvero utilius est id, quo prorsus summoto animal perit :
liquet enim id, quo sublato res interit, causam fuisse ei
subsistendi, quando erat in natura. (4) At humor etiam
cadaveribus adest, neque omnis aboletur : alioqui non pu-
trescerent humida corpora, quum putrefactio sit sicci in
humidum mutatio, aut potius humidi in carne corruptio.
(5) Tum ipsa mors nihil est aliud, quam omnis caloris privatio; unde fit ut frigidissima sint cadavera, adeo ut sua
frigiditate hebetent acies novacularum admotas. (6) Quin
etiam in ipso animali quæ minimum sortita sunt caloris,
minus etiam habent sensus : ut, verbi gratia, ossa et capilli, et quæ a corde absunt longius. Fere enim in maximis
pernicies exsistit ex ignis [absentia, humoris] præsentia.
(7) Stirpes quidem et semina minime producit humor,
sed calidus humor : frigidæ enim aquæ aut minus sunt
frugiferæ, aut prorsus steriles. (8) Quodsi suapte natura
fertilis esset aqua, omnino oportebat ipsam quoque ex
sese proferre fructus : illa vero plane contra, etiam fructibus nocet.

X. Jam alio sumto initio sic ratiocinemur. Ad ignis,
quatenus ignis est, usum aqua nihil indigemus : imo aqua
usum ignis impedit, eumque exstinguit atque abolet : (2)
in plerisque autem rebus aqua nisi igne adjuvante usui non

ἄνευ πυρός· θερμανθὲν γὰρ, ὠφελιμώτερον, οὕτω δὲ
βλαβερόν· ὥστε δυεῖν ἄμεινον, ὃ ἀφ' ἑαυτοῦ παρέχεται
χρείαν, τοῦ ἑτέρου μὴ προσδεόμενον. (3) Ἔτι ὕδωρ
μὲν μοναχῶς ὠφέλιμον κατὰ θίξιν, λουσαμένοις, ἢ
ἁψαμένοις· τὸ δὲ πῦρ, διὰ πάσης αἰσθήσεως· καὶ γὰρ
διὰ τῆς ἁφῆς καὶ πόρρωθεν δρώμενον, ὥστε προσεῖναι
τοῖς ἄλλοις τῆς χρείας αὐτοῦ καὶ τὴν πολυτέλειαν.

XI. Τὸ γὰρ λέγειν ὡς ἔστι ποτὲ ὁ ἄνθρωπος [* *]
ἄνευ πυρὸς οὐδὲ ὅλως δύναται γενέσθαι ὁ ἄνθρωπος.
(2) Διαφοραὶ δέ εἰσιν ἐν γένει, καθάπερ καὶ ἐν ἄλλοις.
Καὶ τὴν θάλατταν ἡ θερμότης ὠφελιμωτέραν ἐποίησεν,
ὡς μᾶλλον καταθέρει τῶν ὑδάτων, ἐπεὶ κατ' αὐτό γε
τῶν λοιπῶν οὐδὲν διέφερε. (3) Καὶ οἱ μὴ προσδεόμε-
νοι δὲ τοῦ ἔξωθεν πυρός, οὐχ ὡς ἀπροσδεεῖς τοῦτο πάσχουσιν, ἀλλὰ περιουσίᾳ καὶ πλεονασμῷ τοῦ ἐν αὐτοῖς
θερμοῦ· ὥστε καὶ κατὰ τοῦτο ὑπερέχειν τὴν τοῦ πυρὸς
χρείαν, ὡς εἰκός. Τὸ μὲν ὕδωρ οὐδέποτε τοιοῦτον,
ὥστε μὴ δεῖσθαι τῶν ἐκτός, τὸ δὲ πῦρ ὑπ' ἀρετῆς πολλῆς, καὶ αὐταρκες. (4) Ὡς οὖν στρατηγὸς ἀμείνων ὁ
παρασκευάσας τὴν πόλιν μὴ δεῖσθαι τῶν ἔξωθεν συμμάχων, οὕτω καὶ στοιχεῖον τὸ τῆς ἔξωθεν ἐπικουρίας
παρέχον πολλάκις μὴ δεόμενον, ὑπερέχον· τοῦτο ῥητέον
καὶ περὶ τῶν ἄλλων ζῴων, ὅσα μὴ πυρὸς δεῖται. (5)
Καίτοι γ' εἰς τοὐναντίον λάβοι τις ἄν, τὸ χρησιμώτερον
εἶναι τοῦτο, ᾧ χρώμεθα μόνοι, [οἳ] καὶ μάλιστα τὸ
βέλτιον ἐκ λογισμοῦ λαβεῖν δυνάμενοι· ἐπεὶ τί λόγου
χρησιμώτερον ἢ μᾶλλον ἀνθρώποις ἀλυσιτελέστερον; (6) Ἀλλ' οὐ πάρεστι τοῖς ἀλόγοις. Τί οὖν, διὰ
τοῦτο ἧττον ὠφέλιμον ἐκ τῆς προνοίας τοῦ βελτίονος
εὑρεθέν;

XII. Ἐπεὶ δὲ κατὰ τοῦτο τοῦ λόγου γεγόναμεν, τί
τέχνης τῷ βίῳ λυσιτελέστερον; τέχνας δὲ πάσας καὶ
ἀνεῦρε τὸ πῦρ καὶ σώζει· διὸ καὶ τὸν Ἥφαιστον ἀρχη-
γὸν αὐτῶν ποιοῦσι. (2) Καὶ μὴν ὀλίγου χρόνου καὶ
βίου τοῖς ἀνθρώποις δεδομένου, ὁ μὲν Ἀρίστων φησὶν,
ὅτι ὁ ὕπνος, οἷον τελώνης, τὸ ἥμισυ ἀφαιρεῖ τούτου·
ἐγὼ δ' ἂν εἴποιμι, ὅτι [τὸ] σκότος· [ἦν γὰρ] ἐγρηγο-
ρέναι διὰ νυκτός. Ἀλλ' οὐδὲν ὄφελος τῆς ἐγρηγόρσεως,
εἰ μὴ τὸ πῦρ τὰ τῆς ἡμέρας ἡμῖν παρεῖχεν ἀγαθὰ, καὶ
τὴν ἡμέρας καὶ νυκτὸς ἐξῄρει διαφοράν. (3) Εἰ τοίνυν
τοῦ ζῆν οὐδὲν ἀνθρώποις λυσιτελέστερον, καὶ τοῦτο
πολλαπλασιάζει τὸ πῦρ, πῶς οὐκ ἂν εἴη πάντων ὠφε-
λιμώτατον;

XIII. Καὶ μὴν, οὗ πλείστου κρᾶσις ἡ τῶν αἰσθήσεων μετείληφε, τοῦτ' ἂν εἴη λυσιτελέστερον. (2) Οὐχ
ὁρᾷς οὖν ὡς τῇ μὲν ὑγρᾷ φύσει οὐδεμία τῶν αἰσθήσεων
κατ' αὐτὴν προσχρῆται, χωρὶς πνεύματος ἢ πυρὸς
ἐγκεκραμένου; τοῦ δὲ πυρὸς ἅπασα μὲν αἴσθησις, οἷον
τὸ ζωτικὸν ἐνεργαζομένου, μετείληφεν, ἐξαιρέτως δὲ ἡ
ὄψις, ἥτις ὀξυτάτη τῶν διὰ σώματός ἐστιν αἰσθήσεων,
πυρὸς ἔξαμμα οὖσα, καὶ ὅτι θεῶν πίστιν παρέσχηκεν ἔτι τε, ἣ Πλάτων φησὶ, δυνάμεθα κατασχημα-
τίζειν πρὸς τὰς τῶν ἐν τῷ οὐρανῷ κινήσεις τὴν ψυχὴν
διὰ τῆς ὄψεως.

est. Aqua enim calida aptior usibus est, alioqui damnosa.
Est vero inter duo illud utilius, quod seorsum suos præbet usus, neque altero indiget. (3) His accedit quod solo
tactu utilis est aqua lavantibus aut contrectantibus : ignis
per omnes sensus suam utilitatem spargit; non solo tactu,
sed procul etiam visus prodest : ut accedat reliquis ejus
utilitatibus multitudo emolumentorum.

XI. Ceterum id falsum est quod dicitur, olim hominem
sine igne fuisse. In universum enim carere eo nullus homo
potest. (2) Sed discrimina in hoc genere, ut et aliis in rebus, fatemur esse. Mare ut esset utilius, a calore est consecutum :quoniam magis quam aliæ aquæ a calore afficitur : in se enim nihil a reliquis differebat aquis. (3) Qui
vero ignem foris adhiberi sibi non requirunt, non eo id faciunt, quod nihil opus habeant calore; sed ob abundantiam
ipsis insiti caloris hoc fit : ut hac quoque in parte ignis
priores merito ferat; quandoquidem aqua nunquam ea est
conditione ut non indigeat externis, virtus sua ignem se ipso
facit contentum. (4) Sicut ergo ducem præstantiorem
censemus, qui urbem ita instruit, ut externis non indigeat
auxiliis : ita hoc quoque elementum dicemus potius, quod
efficit ut plerisque in rebus extra nos nihil desideremus.
Quod idem dicendum de ceteris quoque animalibus quæ
caloris externi non indigent. (5) Atqui in contrariam sententiam sic possumus argumentari : Melius id esse, quo nos
soli utimur, quippe qui ejus bonitatem ratione percipiamus.
Nam ratione quid conducibilius est homini, quid utilius?
(6) Dices : Atqui eo carent bruta. Quid? inquam; an
propterea minus utilis est, inventus ex providentia præstantioris naturæ?

XII. Denique quoniam huc nos oratio deduxit, scire velim quid arte in conferendis ad vitam commoditatibus sit præstantius. Ignis vero et reperit omnes, et conservat artes :
itaque etiam Vulcanum principem ac ducem artium faciunt.
(2) Verum quum tempus ad vitam exiguum hominibus datum sit, dixit Aristo, *somnum, quasi vectigalis exacto-
rem, dimidiam ejus auferre partem.* Ego autem sic
dico : tenebras hoc facere; quippe vigilare possumus per
noctem. At nullus foret hujus vigiliæ fructus, nisi ignis
bona nobis diei præberet, noctisque et diei discrimen aboleret. (3) Itaque si nihil homo habet cui ratione utilitatis
vitam postponat, ignis, qui vitam multiplicat, quomodo
non mereatur omnibus anteferri rebus?

XIII. Denique cujus temperiem sensus omnes maxime
participant, id haud dubie arbitrari debemus esse utilissi-
mum. (2) Nonne autem animadvertis humore nullum per
se uti sensum, nisi in ejus temperie spiritus aut ignis sit
admixtus? omnis autem sensus cum igne, utpote vitalem
ingenerante facultatem, habet communionem : maxime
omnium visus, qui acutissimus est sensuum corporis, ignea
quædam natura exsiliens quum sit, et qui fidem nobis fecit
esse deos : quo accedat, quod a Platone est dictum, visu
animum hoc consequi, ut ad cœlestium corporum motuum-
que ordinem se ipse componere possit.

* ΠΟΤΕΡΑ ΤΩΝ ΖΩΩΝ ΦΡΟΝΙΜΩΤΕΡΑ, ΤΑ ΧΕΡΣΑΙΑ Η ΤΑ ΕΝΥΔΡΑ.

I. ΑΥΤΟΒΟΥΛΟΣ. Τὸν Τυρταῖον ὁ Λεωνίδας
ἐρωτηθεὶς ποῖόν τινα νομίζοι, « Ἀγαθὸν ποιητὴν, ἔφη,
νέων ψυχὰς κακκονεῖν· » ὡς τοῖς νέοις διὰ τῶν ἐπῶν
ὁρμὴν ἐμποιοῦντα μετὰ θυμοῦ καὶ φιλοτιμίας, ἐν ταῖς
μάχαις ἀφειδοῦσαν αὐτῶν. (2) Δέδια δὴ, ὦ φίλοι, μὴ
καὶ τὸ τῆς κυνηγεσίας ἐγκώμιον, ἐχθὲς ἀνεγνωσμένον,
ἐπάρῃ τοῦ μετρίου πέρα τοὺς φιλοθήρους ἡμῖν νεανίσκους, ὥστε τἄλλα πάρεργα καὶ τὸ μηδὲν ἡγεῖσθαι,
πρὸς τοῦτο παντάπασι ῥυέντας· (3) ὅπου δοκῶ μοι καὶ
αὐτὸς ἐκ νέας αὖθις ἀρχῆς παρ' ἡλικίαν ἐμπαθέστερος
γεγονέναι, καὶ ποθεῖν, ὥσπερ ἡ Εὐριπίδου Φαίδρα,

 Κυσὶ θωΰξαι
 βαλιαῖς ἐλάφοις ἐγχριμπτόμενος·

οὕτως ἔθιγέ μου πυκνὰ καὶ πιθανὰ τῶν ἐπιχειρημάτων
ἐπάγων ὁ λόγος.

4. ΣΩΚΛΑΡΟΣ. Ἀληθῆ λέγεις, ὦ Αὐτόβουλε· καὶ
γὰρ ἐκεῖνος ἔδοξέ μοι τὸ ῥητορικὸν ἐγεῖραι διὰ χρόνου,
χαριζόμενος καὶ συννεαρίζων τοῖς μειρακίοις· (5) μάλιστα δὲ ἥσθην τοὺς μονομάχους αὐτοῦ παραθέντος, ὡς
οὐχ ἥκιστα τὴν θηρευτικὴν ἄξιον ἐπαινεῖν, ὅτι τοῦ πεφυκότος ἐν ἡμῖν ἢ μεμαθηκότος χαίρειν μάχαις ἀνδρῶν
πρὸς ἀλλήλους διὰ σιδήρου τὸ πολὺ δεῦρο τρέψασα,
καθαρὰν παρέχει θέαν, ἅμα τέχνης καὶ τόλμης νοῦν
ἐχούσης πρὸς ἀνόητον ἰσχὺν καὶ βίαν ἀντιταττομένης,
καὶ ἐπαινούσης τὸ Εὐριπίδειον,

 Ἡ βραχύ τοι σθένος ἀνέρος·
 ἀλλὰ ποικιλίαις πραπίδων
 δαμνᾷ φῦλα πόντου
 χθονίων τ' ἐανά τε παιδεύματα.

II. ΑΥΤΟΒΟΥΛΟΣ. Καὶ μὴν ἐκεῖθεν, ὦ φίλε Σώκλαρε, φασὶν ἥκειν ἐπ' ἀνθρώπους τὴν ἀπάθειαν καὶ
τὴν ἀγριότητα γευσαμένην φόνου, καὶ προεθισθεῖσαν
ἐν ταῖς ἄγραις καὶ τοῖς κυνηγεσίοις, αἷμα καὶ τραύματα ζώων μὴ δυσχεραίνειν, ἀλλὰ χαίρειν σφαττομέ-
νοις καὶ ἀποθνήσκουσιν. (2) Εἶθ' ὥσπερ ἐν Ἀθήναις
πρῶτός τις ὑπὸ τῶν Τριάκοντα συκοφάντης ἀποθανὼν
ἐπιτήδειος ἐλέχθη, καὶ δεύτερος ὁμοίως καὶ τρίτος· ἐκ
τούτου δὲ κατὰ μικρὸν ἤδη προϊόντες, ἥπτοντο τῶν
ἐπιεικῶν, καὶ τέλος οὐδὲ τῶν ἀρίστων ἀπέσχοντο πο-
λιτῶν· (3) οὕτως ὁ πρῶτος ἄρκτον ἀνελὼν ἢ λύκον,
εὐδοκίμησε· καὶ βοῦς τις ἢ σῦς αἰτίαν ἔσχε προκειμένων ἱερῶν γευσάμενος, ἐπιτήδειος ἀποθανεῖν· ἔλαφοι
δὲ τοὐντεῦθεν ἤδη καὶ λαγωοὶ καὶ δόρκες ἐσθιόμενοι,
προβάτων καὶ κυνῶν ἐνιαχοῦ καὶ ἵππων κρέα προὐξέ-
νησαν· (4) « τιθασὸν δὲ χῆνα καὶ περιστερὰν, ἐφέστιον
οἰκέτιν » τε Σοφοκλῆς, οὐχ ὡς γαλαῖ καὶ αἴλουροι
τροφῆς ἕνεκα διὰ λιμὸν, ἀλλ' ἐφ' ἡδονῇ καὶ ὄψῳ
διασπῶντες καὶ κατακόπτοντες, ὅσον ἐστὶ τῇ φύσει

TERRESTRIANE AN AQUATILIA ANIMALIA SINT CALLIDIORA.

I. Autobulus. Leonidas interrogatus quid de Tyrtæo sentiret, respondit *se eum existimare poetam esse bonum ad acuendos adolescentum animos;* quod suis carminibus in his excitaret studium quoddam laudis cum excandescentia conjunctum, et mortis contemtu. (2) Vereor itaque, amici, ne recitata heri venationis laudatio ultra modum excitet venandi studiosos de nostris adolescentes; ita ut reliqua omnia obiter tantum et tanquam nullius momenti agenda putent posthac, et huic uni studio se penitus addicant : (3) quando ipse etiam denuo, idque præter ætatem, animo ad eam rem factus commotior mihi videor, et cupere cum Phædra Euripidea

inclamare canes, insectari
cervas diversicolores :

ita me exacuit oratio tam crebris et probabilibus usa argumentationibus.
4. Soclarus. Vera dicis, Autobule : videtur enim ille mihi artem dicendi longo post tempore resuscitasse in gratiam adolescentum, et cum iis juveniliter luxuriasse. (5) Maxime autem me affecit commemoratio gladiatorum : quum ostenderet haud exiguam laudem deberi venationi, quæ vim animi nostri eam quæ pugnis et ferro inter se commissis hominum certaminibus gaudet (sive natura eam sive disciplina indidit) majori ex parte ad se trahens, purum præbet spectaculum artis audaciæque cum prudentia conjunctæ, quæ robori mentis experti opponatur; collaudetque illud Euripideum,

Exiguæ vires hominis;
sed calliditas animi
belluas maris domat
terræque et sobolem aeris.

II. Autobulus. Enimvero, mi Soclare, inde ferunt inhumanitatem et sævitiam ad homines venisse, quum ii se adsuefecissent, semel gustu cædium percepto in venationibus, ad sanguinem et vulnera animantium æquo animo ferenda gaudendumque iis trucidandis et morientibus. (2) Deinde, ut Athenis primum aliquis sycophanta a triginta tyrannis necatus, dignus supplicio est habitus, itemque secundus ac tertius : paullatim deinde ii progressi, etiam probos arripuerunt, et ad extremum ne ab optimis quidem civibus abstinuerunt injuriam : (3) ita qui primus interfecit ursum aut lupum, laudem invenit : deinde bos aut sus, quod proposita sibi sacra gustasset, causam suæ necis præbuit : hinc jam cervi, lepores, capreæ esui haberi cœperunt, feceruntque ut oves etiam, et canes adeo alicubi, equique comederentur : (4) denique *cicurem anserem, et columbam, contubernalem famulam,* ut Sophoclis verbis utar, non alimenti causa et famis sedandæ, sicut feles et æluri, sed voluptati obsonantes quum dilaniarent, quidquid in natura est truculentum et efferum, roboraverunt, et ri-

φονικὸν καὶ θηριῶδες ἔρρωσαν καὶ πρὸς οἶκτον ἀκαμ-
πὲς ἀπειργάσαντο, τοῦ δὲ ἡμέρου τὸ πλεῖστον ἀπήμ-
βλυναν· (5) ὥσπερ αὖ πάλιν οἱ Πυθαγορικοὶ τὴν πρὸς
τὰ θηρία πραότητα μελέτην ἐποιήσαντο πρὸς τὸ φιλάνθρωπον καὶ φιλοίκτιρμον. Ἡ γὰρ συνήθεια δεινὴ
τοῖς κατὰ μικρὸν * ἐνοικειουμένη πάθεσι πόρρω προαγαγεῖν τὸν ἄνθρωπον. (6) Ἀλλ' οὐκ οἶδ' ὅπως ἐν λόγοις γεγονότες λελήθαμεν οὔτε τῶν χθὲς ἡμῖν γεγονότων
οὔτε τῶν τάχα δὴ γενησομένων σήμερον ἀπηρτημένοις.
(7) Καὶ γὰρ [τοῖς] ἐχθὲς, ὡς οἶσθα, μετέχειν ἀμωσγέπως πάντα τὰ ζῷα διανοίας καὶ λογισμοῦ, παρέσχο-
μεν οὐκ ἄμουσον οὐδὲ ἄχαριν τοῖς θηρατικοῖς νεανίσκοις περὶ συνέσεως θηρίων ἐνάλων τε καὶ πεζῶν ἅμιλλαν, ἣν σήμερον, ὡς ἔοικε, βραβεύσομεν, ἄν γε δὴ ταῖς
προκλήσεσιν οἱ περὶ Ἀριστότιμον καὶ Φαίδιμον ἐμ-
μείνωσιν· ἐκείνων γὰρ ὁ μὲν, τῆς γῆς ὡς διαφέροντα
τῷ φρονεῖν ζῷα γεννώσης, ἐπεδίδου τοῖς ἑταίροις συνήγορον ἑαυτόν, ὁ δὲ, τῆς θαλάττης.

8. ΣΩΚΛ. Ἐμμένουσιν, ὦ Αὐτόβουλε, καὶ ὅσον
οὔπω πάρεισι· συντασσομένους γὰρ αὐτοὺς ἕωθεν ἑώρων. Ἀλλά, εἰ βούλει, πρὸ τοῦ ἀγῶνος ὅσα τοῖς ἐ-
χθὲς λόγοις προσήκοντα λεχθῆναι καιρὸν οὐκ ἔσχεν, ἢ
σὺν οἴνῳ καὶ παρὰ πότον οὐ μετὰ σπουδῆς ἐλέχθη,
πρὸς αὐτοὺς ἀναλάβωμεν. (9) Ἐδόκει γάρ τι πρα-
γματικῶς οἷον ἀντηχεῖν ἐκ τῆς Στοᾶς, ὡς τῷ θνητῷ τὸ
ἀθάνατον ἀντίκειται, καὶ τῷ φθαρτῷ τὸ ἄφθαρτον, καὶ
σώματί γε τὸ ἀσώματον· οὕτως ὑπάρχοντι τῷ λογικῷ
χρῆναι τὸ ἄλογον ἀντικεῖσθαι καὶ ἀνθυπάρχειν, καὶ μὴ
μόνην ἐν τοσαῖσδε συζυγίαις ἀτελῆ τήνδε λείπεσθαι καὶ
πεπηρωμένην.

III. ΑΥΤ. Τίς δὲ, ὦ φίλε Σώκλαρε, τοῦτ' ἠξίωσεν, ὄντος ἐν τοῖς πράγμασι τοῦ λογικοῦ, μὴ εἶναι τὸ
ἄλογον; πολὺ γάρ ἐστι καὶ ἄφθονον ἐν πᾶσι τοῖς ψυχῆς
ἀμοιροῦσι, καὶ οὐδ' ἔτι ἑτέρας δεόμεθα πρὸς τὸ λογικὸν
ἀντιθέσεως, ἀλλὰ πᾶν εὐθὺς τὸ ἄψυχον ὡς ἄλογον καὶ
ἀνόητον ἀντίκειται τῷ μετὰ ψυχῆς λόγον ἔχοντι καὶ
διάνοιαν. (2) Εἰ δέ τις ἀξιοῖ μὴ κολοβὸν εἶναι τὴν
φύσιν, ἀλλὰ τὴν ἔμψυχον φύσιν ἔχειν, τὸ μὲν, λογικὸν,
τὸ δ', ἄλογον· ἕτερος ἀξιώσει τὴν ἔμψυχον φύσιν ἔχειν,
τὸ μὲν, φανταστικόν, τὸ δὲ, ἀφαντασίωτον, καὶ τὸ μὲν,
αἰσθητικόν, τὸ δ', ἀναίσθητον· ἵνα δὴ τὰς ἀντιζύγους
ταύτας καὶ ἀντιθέτους ἕξεις καὶ στερήσεις περὶ ταὐτὸν
ἡ φύσις ἔχοι γένος οἷον ἰσορροπούσας. (3) Εἰ δ' ἄτοπος ὁ ζητῶν τοῦ ἐμψύχου τὸ μὲν, αἰσθητικόν, τὸ δ',
ἀναίσθητον εἶναι, καὶ τὸ μὲν, φαντασιούμενον, τὸ δ',
ἀφαντασίωτον, ὅτι πᾶν τὸ ἔμψυχον αἰσθητικὸν εὐθὺς εἶναι καὶ φανταστικὸν πέφυκεν· οὐδὲ οὗτος ἐπιεικῶς ἀπαι-
τήσει τὸ μὲν λογικὸν εἶναι τοῦ ἐμψύχου, τὸ δ' ἄλογον,
πρὸς ἀνθρώπους διαλεγόμενος μηδὲ ἓν οἰομένους αἰσθήσεως μετέχειν, ὃ μὴ καὶ συνέσεως, μηδ' εἶναι ζῷον, ᾧ
μὴ δόξα τις καὶ λογισμός, ὥσπερ αἴσθησις καὶ ὁρμὴ
κατὰ φύσιν πάρεστιν. (4) Ἡ γὰρ φύσις, ἣν ἕνεκά του
καὶ πρός τι πάντα ποιεῖν ὀρθῶς λέγουσιν, οὐκ ἐπὶ ψιλῷ
τῷ πάσχον τι αἰσθάνεσθαι τὸ ζῷον αἰσθητικὸν ἐποίησεν·

---

gidum atque ad misericordiam non flexile reddiderunt; humanitatem autem maxima ex parte hebetarunt. (5) Contra
Pythagorei, ut homines ad miserationem et humanitatem
condocefacerent, mansuetudinem erga bestias meditandam
præceperunt. Magnam enim vim consuetudo habet, insinuans se per leves affectiones et paullatim, hominem longe
producendi. (6) Verum nescio quo modo in sermones im-
prudenter inciderimus ejusmodi qui nihil differant ab iis
quos et heri habuimus, et hodie quoque, ut videtur, habebimus. (7) Heri enim quum dixissemus, ut nosti, omnia
quodammodo rationis participia esse animalia, venandi studiosis juvenibus non insciti neque invenusti certaminis materiam præbuimus de calliditate marinorum et terrestrium
animalium : quod hodie, puto, nobis erit dijudicandum,
si quidem pactis stare volent Aristotimus et Phædimus :
quorum alter terram solertiora proferre animalia se demon-
straturum sociis promisit, alter eam laudem se mari adsci-
turum.

8. Soclarus. Illi vero persistunt, o Autobule, in eo quod
in se receperunt, ac statim aderunt; prima enim luce vidi
eos se parare. Sed si placet, ante illud certamen, ea quæ
heri, licet conjuncta cum disputationis argumento, tamen
vel tempestive dici non potuerunt, vel inter pocula minus
serio tractata sunt, jam inter nos repetamus. (9) Videbatur enim quidpiam e Stoa quasi resonare et occlamari
efficaciter, *Mortali ut opponitur immortale, et interitus
capaci interitus expers, corpori incorporeum; ita,
quum sit ratione præditum aliquid, debere etiam opponi brutum aliquid; ne de tot seriebus contrariorum
inter se comparatorum hæc sola imperfecta maneat
atque mutila.*

III. Autobulus. Quis vero, mi Soclare, hoc postulavit,
ut quum sit ratione præditum in rebus, negetur esse aliquid ratione carens? brutarum enim rerum abunde est in
omnibus animæ expertibus, neque alia indigemus re , quam
opponamus ratione præditæ; quum omne, quod anima caret ac mente, adversum ei collocare liceat quod cum anima
rationem est nactum. (2) Quodsi quis postulet , ne natura
sit manca, debere animatorum alia rationem habere, alia
esse bruta; invenietur qui eodem jure flagitet, animalium
alia debere esse vi imaginandi prædita, alia ea carere; alia
sensum habere , alia non habere : scilicet ut oppositas habitibus istis privationes in eodem genere æqualibus veluti
momentis exactas natura habeat. (3) Quodsi absurdus est
qui postulat ut animalium alia sensum habeant, non habeant alia; porro imaginandi vi alia esse prædita, alia carere, quum quodvis animal natura sua simul et sentiendi
et imaginandi vim nanciscatur; ne is quidem recte postula-
bit qui volet esse animalium alia ratione prædita, alia
bruta: idque ab iis hominibus qui nihil sentire putent, quod
non etiam intelligat; neque animal censeant, cui non ut
sensus et appetentia, ita etiam opinandi et ratiocinandi vis
insit. (4) Etenim natura, quam isti ob certam causam et
finis certi gratia omnia facere probe dicunt, non eo animal
sentiens creavit, ut duntaxat afficeretur sentiendo : sed,

ἀλλ' ὄντων μὲν οἰκείων πρὸς αὐτὸ πολλῶν, ὄντων δ' ἀλλοτρίων, οὐδ' ἀκαρὲς ἦν περιεῖναι μὴ μαθόντι τὰ μὲν
φυλάττεσθαι, τοῖς δὲ συμφέρεσθαι. (5) Τὴν μὲν οὖν
γνῶσιν ἀμφοῖν ὁμοίως ἡ αἴσθησις ἑκάστῳ παρέχει· τὰς
δὲ ἑπομένας τῇ αἰσθήσει τῶν μὲν ὠφελίμων λήψεις καὶ
διώξεις, διακρούσεις δὲ καὶ φυγὰς τῶν ὀλεθρίων καὶ
λυπηρῶν, οὐδεμία μηχανὴ [παρεῖναι] τοῖς μὴ λογίζε-
σθαί τι καὶ κρίνειν καὶ μνημονεύειν καὶ προσέχειν πε-
φυκόσιν· ἀλλὰ ὧν ἂν ἀφέλῃς παντάπασι προσδοκίαν,
μνήμην, πρόθεσιν, παρασκευήν, τὸ ἐλπίζειν, τὸ δεδοι-
κέναι, τὸ ἐπιθυμεῖν, τὸ ἀσχάλλειν, οὔτ' ὀμμάτων ὄφελος οὐδὲν αὐτοῖς παρόντων, οὔτ' ὤτων· αἰσθήσεώς τε
πάσης καὶ φαντασίας, τὸ χρώμενον οὐκ ἐχούσης,
ἀπηλλάχθαι βέλτιον, ἢ πονεῖν καὶ λυπεῖσθαι καὶ ἀλγεῖν, * ᾧ διακρούσεται ταῦτα μὴ παρόντος. (6) Καίτοι Στράτωνός γε τοῦ φυσικοῦ λόγος ἐστίν, ἀποδεικνύων
ὡς οὐδ' αἰσθάνεσθαι τοπαράπαν ἄνευ τοῦ νοεῖν ὑπάρ-
χει· καὶ γὰρ γράμματα πολλάκις ἐπιπορευομένους τῇ
ὄψει, καὶ λόγοι προσπίπτοντες τῇ ἀκοῇ διαλανθάνουσιν
ἡμᾶς καὶ διαφεύγουσι πρὸς ἑτέροις τὸν νοῦν ἔχοντας·
εἶτ' αὖθις ἐπανῆλθε καὶ μεταθεῖ καὶ (μετα)διώκει τῶν
προϊεμένων ἕκαστον ἀναλεγόμενος· (7) ᾗ καὶ λέλεκται·

Νοῦς ὁρῇ καὶ νοῦς ἀκούει, τἆλλα κωφὰ καὶ τυφλά·

ὡς τοῦ περὶ τὰ ὄμματα καὶ ὦτα πάθους, ἂν μὴ παρῇ
τὸ φρονοῦν, αἴσθησιν οὐ ποιοῦντος. (8) Διὸ καὶ Κλεομένης ὁ βασιλεύς, παρὰ πότον εὐδοκιμοῦντος ἀκροάμα-
τος, ἐρωτηθεὶς εἰ μὴ φαίνεται σπουδαῖον, ἐκέλευσεν
ἐκείνους σκοπεῖν, αὐτὸν γὰρ ἐν Πελοποννήσῳ τὸν νοῦν
ἔχειν. Ὅθεν ἀνάγκη πᾶσιν, οἷς τὸ αἰσθάνεσθαι,
καὶ τὸ νοεῖν ὑπάρχειν, εἰ τῷ νοεῖν αἰσθάνεσθαι πεφύκαμεν. (9) Ἔστω δὲ μὴ δεῖσθαι τοῦ νοῦ τὴν αἴσθησιν
πρὸς τὸ αὑτῆς ἔργον, ἀλλ' ὅταν γε τῷ ζῴῳ πρὸς τὸ
οἰκεῖον καὶ τὸ ἀλλότριον ἡ αἴσθησις ἐνεργασαμένη διαφορὰν ἀπέλθῃ, τί τὸ μνημονεῦόν ἐστιν ἤδη, καὶ δεδιὸς
τὰ λυποῦντα, καὶ ποθοῦν τὰ ὠφέλιμα, καί, μὴ παρόντων, ὅπως παρέσται μηχανώμενον ἐν αὐτοῖς, καὶ παρασκευαζόμενον ὁρμητήρια καὶ καταφυγάς, καὶ θήρα-
τρα πάλιν αὖ τοῖς ἁλωσομένοις, καὶ ἀποδράσεις τῶν
ἐπιτιθεμένων; (10) Καὶ ταυτί γε κἀκεῖνοι λέγοντες
ἀποκναίουσιν, ἐν ταῖς εἰσαγωγαῖς ἑκάστοτε τὴν πρόθεσιν
ὁριζόμενοι σημείωσιν ἐπιτελειώσεως, τὴν δ' ἐπιβολὴν
ὁρμὴν πρὸ ὁρμῆς, παρασκευὴν δὲ πρᾶξιν πρὸ πράξεως,
μνήμην δὲ κατάληψιν ἀξιώματος παρεληλυθότος, οὗ
τὸ παρὸν ἐξ αἰσθήσεως κατελήφθη· τούτων γὰρ οὐδὲν
ὅ τι μὴ λογικόν ἐστι, καὶ πάντα τοῖς ζῴοις ὑπάρχει
πᾶσιν· ὥσπερ ἀμέλει καὶ τὰ περὶ τὰς νοήσεις, ἃς ἐνα-
ποκειμένας μὲν ἐννοίας καλοῦσι, κινουμένας δὲ διανοή-
σεις. (11) Τὰ δὲ πάθη σύμπαντα κοινῶς κρίσεις φαύλας καὶ δόξας ὁμολογοῦντες εἶναι, θαυμαστὸν ὅτι δὴ
παρορῶσιν ἐν τοῖς θηρίοις ἔργα καὶ κινήματα, πολλὰ
μὲν θυμῶν, πολλὰ δὲ φόβων, καὶ ναὶ μὰ Δία φθόνων
καὶ ζηλοτυπιῶν· αὐτοὶ δὲ καὶ κύνας ἁμαρτάνοντας καὶ
ἵππους κολάζουσιν, οὐ διακενῆς, ἀλλ' ἐπὶ σωφρονισμῷ,

quum multa sint naturæ ejus convenientia, multa adversa;
non poterat vel momentum temporis incolumitatem suam
tueri, nisi quædam fugere, alia consectari nosset. (5)
Utrorumque porro cognitionem sensus unicuique animalium
perinde præbet : quæ vero sequuntur sensum appetitiones
et apprehensiones utilium, perniciosorumque et molesto-
rum aversationes, nullo pacto cadere in ea queunt, quæ
ratiocinari, judicare, meminisse et animadvertere non
possunt. Imo quibus. exspectationem, memoriam, propositum, apparationem, spem, metum, cupiditatem, moleste
ferre, prorsus ademeris; iis nullo usui erant oculi et aures;
atque adeo sensus omnes, omnem imaginationem, quum
non habeant qui utantur iis, ab ipsis abesse præstabat, quam
laboribus, doloribus et molestia affici, quum non sit hæc declinandi instrumentum. (6) Stratonis etiam Physici exstat
ratiocinatio, qua *sine intelligentia sentiri omnino nihil
posse* demonstrat : nam sæpenumero dum scripturam aliquam oculis percurrimus, sermones adeo nobis ad aures
accidunt, non animadvertimus, sed fallunt et effugiunt,
animo nostro in aliud intento : deinde redit animus ac re-
petit et insequitur, quæ ante erant prætermissa : (7) unde
etiam dictum est,

Mens videt, mens audit, cæca et surda relicua omnia :

scilicet quia affectio aurium et oculorum nullum affert sensum intelligentia absente. (8) Itaque Cleomenes rex, quum
in convivio laudaretur quoddam carmen, interrogatus an
non ei videretur esse præclarum, *Vos*, aiebat, *videritis
istuc, mihi animus erat in Peloponneso.* Proinde si
natura ita est comparatum, ut intelligendo sentiamus; necesse est omnia quæ sentiunt intelligere. (9) Atque etiam,
ut demus hoc, sensum ad suum munus perficiendum intelligentia opus non habere; ubi præteriit sentiendi actio
posteaquam animal ita movit, ut ejus aliquid intersit inter
res vel congruentes cum natura ipsius vel ab ea alienas;
quid porro est quod memoria id retineat, quod metuat ei
a nocituris, desideret profutura, consecteturque ea, si ab-
sint, iisque paret receptacula, suffugia, tum eorum quæ capi possint indagines moliatur, et declinationes insidiantium?
(10) Atqui hæc ipsa in Introductionibus quas vocant suis illi
ad satietatem usque inculcant subinde, *propositum* esse in-
dicationem perfectionis definientes; *aggressionem*, impetum
ante impetum; *apparatum*, actionem quæ actioni antecedat; *memoriam*, comprehensionem præteriti alicujus pro-
nunciati, quod præsens sensu fuerit conceptum. Hæc
vero omnia cum intelligentia sunt conjuncta, omniaque
omnibus conveniunt animalibus : sicut nimirum etiam notiones, quas, intus repositæ dum sunt, *notitias*, ubi in
motu sunt, *intelligentias* vocant. (11) Jam quum fateantur animi perturbationes omnino omnes esse falsas opiniones et prava judicia; mirari subit, ab iis præteriri animalium acta et motus, quorum multi sunt iræ, metus, adeoque
invidiæ etiam atque rivalitatis : quid quod canes ipsi equos-
que peccantes plectunt? non quidem frustra, sed castigandi

λύπην δι' ἀλγηδόνος ἐμποιοῦντες αὐτοῖς, ἣν μετάνοιαν
ὀνομάζομεν. (12) Ἡδονῆς δὲ τῷ μὲν δι' ὤτων ὄνομα
κήλησίς ἐστι, τῷ δὲ δι' ὀμμάτων γοητεία· χρῶνται
δὲ ἑκατέροις ἐπὶ τὰ θηρία· κηλοῦνται μὲν ἔλαφοι καὶ
5 ἵπποι σύριγξι καὶ αὐλοῖς, καὶ τοὺς παγούρους ἐκ τῶν
χηραμῶν ἀνακαλοῦνται βιαζόμενοι ταῖς φώτιγξι, καὶ
τὴν θρίσσαν ᾀδόντων καὶ κροτούντων ἀναδύεσθαι καὶ
προϊέναι λέγουσιν· (13) ὁ δ' ὦτος αὖ πάλιν ἁλίσκεται
γοητευόμενος, ὀρχουμένων ἐν ὄψει μεθ' ἡδονῆς ἅμα
10 ῥυθμῷ γλιχόμενος τοὺς ὤμους εὖ διαφέρειν. (14) Οἱ
δὲ περὶ τούτων ἀβελτέρως λέγοντες μήτε ἤδεσθαι,
μήτε θυμοῦσθαι, μήτε φοβεῖσθαι, μήτε παρασκευάζεσθαι (τὴν ἀηδόνα), μήτε μνημονεύειν, [ἀλλ' ὡσανεὶ
μνημονεύειν] τὴν μέλιτταν, καὶ ὡσανεὶ [παρασκευά-
15 ζεσθαι τὴν χελιδόνα, καὶ ὡσανεὶ] θυμοῦσθαι τὸν λέοντα,
καὶ ὡσανεὶ φοβεῖσθαι τὴν ἔλαφον, οὐκ οἶδα τί χρήσον-
ται τοῖς λέγουσι μηδὲ βλέπειν μηδ' ἀκούειν, ἀλλ' ὡσανεὶ βλέπειν αὐτὰ καὶ ὡσανεὶ ἀκούειν· μηδὲ φωνεῖν,
ἀλλ' ὡσανεὶ φωνεῖν· μηδὲ ὅλως ζῆν, ἀλλ' ὡσανεὶ ζῆν·
20 ταῦτα γὰρ οὐ μᾶλλον ἐκείνων ἐστὶ λεγόμενα παρὰ τὴν
ἐνάργειαν, ὡς ἐγὼ πείθομαι.

IV. ΣΩΚΛ. Κἀμὲ τοίνυν, ὦ Αὐτόβουλε, ταῦτά γε
τίθει πειθόμενον· τῷ δὲ τοῖς ἀνθρωπίνοις ἤθεσι καὶ
βίοις καὶ πράξεσι καὶ διαίταις * τὰ τῶν ζῴων παρατι-
25 θέναι ἄλλην τε πολλὴν ἐνορῶ φλαυρότητα, καὶ τῆς
ἀρετῆς, πρὸς ἣν ὁ λόγος γέγονε, μηδὲν ἐμφῆναι στοχασμὸν αὐτῶν μηδὲ προκοπὴν μηδ' ὄρεξιν· ἀπορῶ [οὖν]
πῶς ἡ φύσις ἔδωκε τὴν ἀρχὴν αὐτοῖς, ἐπὶ τὸ τέλος ἐξικέσθαι μὴ δυναμένοις.

30 2. ΑΥΤ. Ἀλλὰ τοῦτο μὲν οὐδ' αὐτοῖς ἐκείνοις, ὦ
Σώκλαρε, τοῖς ἀνδράσιν ἄτοπον εἶναι δοκεῖ· τὴν γοῦν
πρὸς τὰ ἔκγονα φιλοστοργίαν, ἀρχὴν μὲν ἡμῖν κοινωνίας καὶ δικαιοσύνης τιθέμενοι, πολλὴν δὲ τοῖς ζῴοις
καὶ ἰσχυρὰν ὁρῶντες παροῦσαν, οὔ φασιν αὐτοῖς οὐδ'
35 ἀξιοῦσι μετεῖναι δικαιοσύνης· ἡμιόνοις δὲ τῶν γεννητι-
κῶν μορίων οὐδὲν ἐνδεῖ· καὶ γὰρ αἰδοῖα καὶ μήτρας
καὶ τὸ χρῆσθαι μεθ' ἡδονῆς τούτοις ἔχουσαι, πρὸς τὸ
τέλος οὐκ ἐξικνοῦνται τῆς γενέσεως. (3) Σκόπει δ'
ἄλλως, μὴ καὶ καταγέλαστόν ἐστι τοὺς Σωκράτεις καὶ
40 τοὺς Πλάτωνας οὐδὲν ἐλαφροτέρᾳ κακίᾳ τοῦ τυχόντος
ἀνδραπόδου συνεῖναι φάσκοντας, ἀλλ' ὁμοίως ἄφρονας
εἶναι καὶ ἀκολάστους καὶ ἀδίκους, εἶτα τῶν θηρίων αἰτιᾶσθαι τὸ μὴ καθαρὸν μηδ' ἀπηκριβωμένον πρὸς ἀρετήν, ὡς στέρησιν, οὐχὶ φαυλότητα λόγου καὶ ἀσθένειαν,
45 καὶ ταῦτα κακίαν ὁμολογοῦντας εἶναι λογικήν, ἧς πᾶν
θηρίον ἀναπέπλησται· καὶ γὰρ δειλίαν πολλοῖς καὶ
ἀκολασίαν, ἀδικίαν τε καὶ κακοήθειαν ὁρῶμεν [ἐν]υ-
πάρχουσαν. (4) Ὁ δ' ἀξιῶν τὸ μὴ πεφυκὸς ὀρθότητα
λόγου δέχεσθαι, μηδὲ λόγον δέχεσθαι φύσει, πρῶτον
50 μὲν οὐδὲν διαφέρει τοῦ μήτε πίθηκον αἴσχους φύσει
μετέχειν μήτε χελώνην βραδυτῆτος ἀξιοῦντος, ὅτι
μηδὲ κάλλους ἐπιδεκτικὰ μηδὲ τάχους ἐστίν· ἔπειτα
τὴν διαφορὰν ἐμποδὼν οὖσαν οὐ συνορᾷ· (5) λόγος
μὲν γὰρ ἐγγίνεται φύσει, σπουδαῖος δὲ λόγος καὶ τέλειος

gratia, dolore iis ægritudinem inserentes quam *pœnitentiam*
vocamus. (12) Porro voluptas quæ auribus percipitur, *delectatio* est seu *pellacia*; quæ oculis, *præstigiæ*: utroque
interim genere adversum animalia utuntur. Illiciuntur enim
ac deliniuntur cervi et equi fistulis atque tibiis; et paguros
vi e saxorum cavernis eliciunt vascæ tibiæ cantu; ac thris-
sam (sive trichiam pisciculum) cantando plaudendoque protrahi et in conspectum venire aiunt. (13) Rursum præstigiis otus capitur, videns saltantes coram homines in numerum, et ipse gestiens suas scapulas belle jactare. (14) Ceterum qui stolide his de rebus loquentes, neque delectari,
neque irasci, neque metuere, neque parare se, neque recordari animalia dicunt, sed *velut recordari* apem, *velut se
parare* hirundinem, *velut irasci* leonem, et *velut metuere sibi* cervam : nescio quid responsuri sint iis, qui
animalia etiam non videre, non audire, non vocem emittere, sed *veluti videre, veluti audire, veluti vocem emittere* denique omnino non vivere, sed duntaxat *veluti vivere* dicerent : nam, ut ego sentio, hæc non magis evidentiæ quam ista repugnant.

IV. SOCLARUS. Me itaque, Autobule, hæc ita sentientem
pone. At humanis moribus, vitis, studiis, vivendi rationibus bruta comparari, quum ob alias multas rationes ineptum esse video, tum quod nihil omnino significat inesse
animalibus appetentiam aut progressionem ad virtutem, ad
quam adipiscendam ipsa ratio spectat : hæc igitur animadvertens, dubito an natura illis dederit principium, id est
rationem, quum ad finem, id est virtutem, pervenire nequeant.

2. AUTOB. Enimvero, mi Soclare, hoc ne ipsi quidem illi pro
absurdo habent. Nam quum id statuant, dilectionem prolis
nostram principium societatis humanæ et justitiæ esse;
reliquis animalibus, in quibus esse vehementem eam affectionem vident, nihilominus pernegant justitiæ quicquam
inesse : et mulis nulla ad procreationem facientia desunt
membra, quum genitalia uterosque habeant, et in coitu
voluptatem etiam persentiant : neque tamen illi genus suum
propagant. (3) Sed et hoc consideres velim, an non ridiculi sint, qui Socratem et Platonem et ejusmodi viros non
in minore esse vitio pronunciantes quam quodvis manci-
pium ac tantundem stultos, intemperantes, injustos : porro
animalium culpant naturam ut non satis puram, neque absolute ad virtutes elaboratam, privationi, non pravitati et
imbecillitati rationis hoc tribuentes, quum quidem esse
fateantur vitia rationis, quibus plena sunt omnia animalia :
nam multorum timiditas, intemperantia, injustitia, et malitia in sensus nostros incurrunt. (4) Qui vero statuit, id,
quod natura non sit capax rectæ rationis, ne rationis quidem esse capax naturâ; is primum perinde facit, ac si simiæ
turpitudinem, testudini tarditatem neget a natura ingenitam,
quia pulchritudinis illa, hæc celeritatis non est capax : deinde
discrimen in promtu situm non animadvertit : (5) nam ratio
naturâ inest; perfecta ratio et virtute prædita, per industriam

ἐξ ἐπιμελείας καὶ διδασκαλίας· διὸ τοῦ λογικοῦ πᾶσι
τοῖς ἐμψύχοις μέτεστιν· ἣν δὲ ζητοῦσιν ὀρθότητα καὶ
σοφίαν, οὐδ' ἄνθρωπον εἰπεῖν κεκτημένον ἔχουσιν.
(6) Ὡς γὰρ ὄψεώς ἐστι πρὸς ὄψιν διαφορά, καὶ πτήσεως πρὸς πτῆσιν· οὐ γὰρ ὁμοίως ἱέρακες βλέπουσι καὶ
τέττιγες, οὐδ' ἀετοὶ πέτανται καὶ πέρδικες· οὕτως οὐδὲ
παντὶ λογικῷ μέτεστιν ὡσαύτως τῆς εὑρομένης τὸ
ἄκρον εὐστροφίας καὶ ὀξύτητος· ἐπεὶ δείγματά γε πολλὰ
κοινωνίας καὶ ἀνδρείας καὶ τοῦ πανούργου περὶ τοὺς
πορισμοὺς καὶ τὰς οἰκονομίας, ὥσπερ αὖ καὶ τῶν ἐναντίων, ἀδικίας, δειλίας, ἀβελτερίας ἔνεστιν αὐτοῖς. (7)
Καὶ μαρτυρεῖ τὸ νυνὶ πεποιηκὸς ἐν τοῖς νεανίσκοις τὴν
ἅμιλλαν· ὡς γὰρ οὔσης τινὸς διαφορᾶς, οἱ μὲν τὰ χερ-
σαῖά φασιν, οἱ δὲ τὰ θαλάσσια μᾶλλον προῆχθαι φύσει
πρὸς ἀρετήν· (8) ὃ δὴ καὶ δῆλόν ἐστι, παραβαλλομέ-
νων πελαργοῖς ἵππων ποταμίων· οἱ μὲν γὰρ τρέφουσι
τοὺς πατέρας, οἱ δ' ἀποκτιννύουσιν, ἵνα τὰς μητέρας
ὀχεύωσι· (9) καὶ περιστεραῖς περδίκων· οἱ μὲν γὰρ
ἀφανίζουσι τὰ ᾠὰ καὶ διαφθείρουσι, τῆς θηλείας, ὅταν
ἐπωάζωσιν, οὐ προσδεχομένης τὴν ὀχείαν, οἱ δὲ καὶ
διαδέχονται τὴν ἐπιμέλειαν, ἐν μέρει θάλποντες τὰ ᾠὰ,
καὶ ψωμίζουσι πρότεροι τὰ νεοττία, καὶ τὴν θήλειαν,
ἐὰν πλείονα χρόνον ἀποπλανηθῇ, κόπτων ὁ ἄρρην εἰσελαύνει πρὸς τὰ ᾠὰ καὶ τοὺς νεοττούς. (10) Ὄνοις δὲ
καὶ προβάτοις Ἀντίπατρος ἐγκαλῶν ὀλιγωρίαν καθαριό-
τητος, οὐκ οἶδα πῶς παρῆλθε τὰς λύγγας καὶ τὰς χελιδόνας, ὧν αἱ μὲν ἐκτοπίζουσι παντάπασι κρύπτουσαι
καὶ ἀφανίζουσαι τὸ λυγγούριον· αἱ δὲ χελιδόνες ἔξω
στρεφομένους διδάσκουσι τοὺς νεοττοὺς ἀφιέναι τὸ πε-
ρίττευμα. (11) Καίτοι διὰ τί δένδρον δένδρου οὐ λέγομεν ἀμαθέστερον, ὡς κυνὸς πρόβατον; οὐδὲ λαχάνου
λάχανον ἀνανδρότερον, ὡς ἔλαφον λέοντος; * ἢ καθάπερ ἐν τοῖς ἀκινήτοις ἕτερον ἑτέρου βραδύτερον οὐκ
ἔστιν, οὐδὲ μικροφωνότερον ἐν τοῖς ἀναύδοις, οὕτως
οὐδὲ δειλότερον οὐδὲ νωθρότερον οὐδ' ἀκρατέστερον, οἷς
μὴ φύσει πᾶσιν ἡ τοῦ φρονεῖν δύναμις, ἄλλοις δ' ἄλλως
κατὰ τὸ μᾶλλον καὶ ἧττον παροῦσα, τὰς ὁρωμένας διαφορὰς πεποίηκεν;
V. ΣΩΚΛ. Ἀλλὰ θαυμαστὸν ὅσον ἄνθρωπος εὐμα-
θείᾳ καὶ ἀγχινοίᾳ καὶ τοῖς περὶ δικαιοσύνην καὶ κοινωνίαν διαφέρει τῶν ζῴων.
2. ΑΥΤ. Καὶ γὰρ ἐκείνων, ὦ ἑταῖρε, πολλὰ, τοῦτο
μὲν μεγέθει καὶ ποδωκείᾳ, τοῦτο δ' ὄψεως ῥώμῃ καὶ
ἀκοῆς ἀκριβείᾳ πάντας ἀνθρώπους ἀπολέλοιπεν· ἀλλ'
οὐ διὰ τοῦτο τυφλὸς, οὐδ' ἀδύνατος, οὐδ' ἄωτος ὁ ἄνθρωπός ἐστιν· ἀλλὰ καὶ χειρῶν καὶ σωμάτων ἰσχύος τε
καὶ μεγέθους ἡ φύσις ἡμᾶς οὐκ ἀπεστέρησεν, καίτοι τὸ
μηδὲν ἐν τούτοις πρὸς ἐλέφαντα καὶ κάμηλον ὄντας.
(3) Οὐκοῦν ὁμοίως μηδὲ τὰ θηρία λέγωμεν, εἰ νωθρότερον φρονεῖ καὶ κάκιον διανοεῖται, μὴ διανοεῖσθαι, μηδὲ
φρονεῖν ὅλως, μηδὲ κεκτῆσθαι λόγον, ἀσθενῆ δὲ καὶ
θολερὸν κεκτῆσθαι, ὥσπερ ὀφθαλμὸν ἀμβλυώττοντα
καὶ τεταραγμένον. (4) Εἰ δὲ μὴ πολλὰ τοὺς νεανίσκους
αὐτίκα δὴ μάλα προσεδόκων, τὸν μὲν ἐκ γῆς, τὸν δ' ἐκ

---

ac disciplinam : quare unumquodque animal aliquid habet
rationis. Quam vero isti requirunt ejus rectitudinem ac
sapientiam, nullus etiam homo est in quo eam esse queant
dicere. (6) Verum ut visus visui, volatus volatui praestat;
(non enim accipiter et cicada aeque vident, neque ita aqui-
lae volant ut perdices;) ita etiam non omne rationis particeps perinde summam calliditatem atque celeritatem intelligendi nanciscitur. Alioqui documenta in animalibus
exstant multa societatis, fortitudinis, et in parandis rebus
necessariis ac tutanda familia versutiae; sicut et contra in-
justitiae, timiditatis, fatuitatis. (7) Atque hoc testatur
causa quae nostris adolescentibus sui certaminis exstitit :
quod, ut exstante discrimine aliquo, alii terrena, alii
aquatilia animalia contenderent a natura plus ad virtutem
adjumenti accepisse. (8) Quod sane liquet, si cum ciconiis
compares fluviales equos : illae enim patres suos alunt; hi,
ut cum matribus coire possint, eos necant: (9) item columbas cum perdicibus; nam alterius generis mares ova
perdunt et frangunt, femellis non admittentibus marem
dum incubant; alteri partem curae in se recipiunt fovendis
ovis, primique pullos cibant, et femellam, si diutius evagetur, mas rostro tundens ad ova et pullos compellit. (10)
Antipater vero ovibus et asinis neglectionem munditiae exprobrans, nescio cur lynces praeterierit et hirundines; nam
lynces lyncurium suum plane e medio removent occultant-
que, hirundines pullos suos docent foras aversos excernere.
(11) Et vero quid causae est, cur arborem arbore non dicamus minus docilem, ut ovem cane? neque olus olere timidius, ut cervum leone? annon quod sicut de immobilibus
aliud alio tardius, aut de mutis aliud alio minus vocale non
habetur; ita timidius, segnius, intemperantius aliud alio
non reputatur, ubi intelligendi vim natura non est largita,
quae in aliis aliter, ac vel magis vel minus insita, discrimina fecit ea quae cernimus?

V. Soclarus. Sed mirum dictu est quantum homo prudentia, solertia, justitia et societatis procuratione reliquis
praestet animalibus.

2. Autobulus. Atqui, amice, etiam haec partim magnitudine, pedum celeritate, partim acumine visus, auditus
subtilitate, aliis alia, homines universos longe superant :
neque tamen propterea homo est caecus, viribus, auribus
carens : neque manuum et corporum vi et magnitudine nos
natura privavit; etsi nihil hic sumus cum elephanto aut
camelo comparati. (3) Proinde etiam animalia cetera,
quia tardius intelligunt minusque recte ratiocinantur quam
homo, non dicemus omni ratione atque intelligentia carere;
sed eam possidere imbecillam atque turbidam, sicut oculum lusciosum et distortum. (4) Ac nisi adolescentes nostros jam nunc sperarem, qua sunt eruditione et in humanioribus studiis diligentia, plurima terrestrium unum,

θαλάττης ἐνταῦθα συνερανίσειν, φιλολόγους καὶ φιλο-
γραμμάτους ὄντας, οὐκ ἂν ἀπεσχόμην σου μυρία μὲν
εὐμαθείας, μυρία δ' εὐφυίας παραδείγματα θηρίων
διηγούμενος, ὧν ἄμαις καὶ σκάφαις ἡμῖν ἐκ τῶν βασιλικῶν ἀρύσασθαι θεάτρων ἡ καλὴ Ῥώμη παρέσχηκε.
(5) Ταῦτα μὲν οὖν ἐκείνοις νεαρὰ καὶ ἄθικτα πρὸς τὸν
λόγον ἐγκαλλωπίσασθαι καταλείπωμεν· βούλομαι δὲ
μικρόν τι μετὰ σοῦ σκέψασθαι καθ' ἡσυχίαν. (6) Οἶμαι γὰρ ἰδίαν τινὰ μέρους ἑκάστου καὶ δυνάμεως φαυλότητα καὶ πήρωσιν εἶναι καὶ νόσον, ὥσπερ ὀφθαλμοῦ
τυφλότητα, καὶ σκέλους χωλότητα, καὶ ψελλότητα
γλώσσης, ἄλλου δὲ μηδενός· οὐ γάρ ἐστι τυφλότης μὴ
πεφυκότος ὁρᾶν, οὐδὲ χωλότης μὴ πεφυκότος βαδίζειν,
ψελλόν τε τῶν ἀγλώσσων, ἢ τῶν ἀναύδων φύσει τραυ-
λὸν, οὐδὲν ἂν προσείποις· (7) οὐκοῦν οὐδὲ παραπαῖον,
ἢ παραφρονοῦν, ἢ μαινόμενον, ᾧ μὴ τὸ φρονεῖν ἢ λογίζεσθαι καὶ διανοεῖσθαι κατὰ φύσιν ὑπῆρχεν· οὐ γάρ
ἐστιν ἐμπαθὲς γενέσθαι, μὴ κεκτημένον δύναμιν, ἧς τὸ
πάθος ἢ στέρησις, ἢ πήρωσις, ἤ τις ἄλλη κάκωσις ἦν.
(8) Ἀλλὰ μὴν ἐντετύχηκάς γε λυττώσαις κυσὶν, ἐγὼ δὲ
καὶ ἵπποις· ἔνιοι δέ φασι καὶ βοῦς μαίνεσθαι καὶ ἀλώ-
πεκας· ἀρκεῖ δὲ τὸ τῶν κυνῶν, ὃ ἀναμφισβήτητόν ἐστι,
καὶ μαρτυρεῖ λόγον ἔχειν καὶ διάνοιαν οὐ φαύλην τὸ
ζῶον, ἧς ταραττομένης καὶ συγχεομένης ἡ λεγομένη
λύττα καὶ μανία πάθος ἐστίν· οὔτε γὰρ ὄψιν ἀλλοιουμέ-
νην αὐτῶν, οὔτ' ἀκοὴν ὁρῶμεν. (9) Ἀλλὰ ὥσπερ ἀνθρώπου μελαγχολῶντος ἢ παρακόπτοντος ὁ μὴ λέγων
ἐξεστάναι καὶ διεφθορέναι τὸ φρονοῦν καὶ λογιζόμενον
καὶ μνημονεῦον, ἄτοπός ἐστι· καὶ γὰρ ἡ συνήθεια ταῦτά
γε κατηγορεῖ τῶν παραφρονούντων μὴ εἶναι παρ' αὐτοῖς, ἀλλ' ἐκπεπτωκέναι τῶν λογισμῶν· οὕτως ὁ τοὺς
λυττῶντας κύνας ἄλλο τι πεπονθέναι νομίζων, ἀλλ'
οὐχὶ τῷ φρονεῖν πεφυκότι καὶ λογίζεσθαι καὶ μνημονεύειν ἀναπεπλησμένους ταραχῆς καὶ παραπεπαικότας,
ἀγνοεῖν τὰ φίλτατα πρόσωπα, καὶ φεύγειν τὰς συντρό-
φους διαίτας, ἢ παρορᾶν τὸ φαινόμενον ἔοικεν, ἢ συνορῶν τὸ γινόμενον ἐξ αὐτοῦ, φιλονεικεῖν πρὸς τὴν ἀλήθειαν.

VI. ΣΩΚΛ. Ὀρθῶς μοι δοκεῖς ὑπονοεῖν· οἱ γὰρ
ἀπὸ τῆς Στοᾶς καὶ τοῦ Περιπάτου μάλιστα πρὸς τοὐναντίον ἐντείνονται τῷ λόγῳ, τῆς δικαιοσύνης ἑτέραν
γένεσιν οὐκ ἐχούσης, ἀλλὰ παντάπασιν ἀσυστάτου καὶ
ἀνυπάρκτου γινομένης, * εἰ πᾶσι τοῖς ζῴοις λόγου μέ-
τεστι· γίνεται γὰρ ἢ τὸ ἀδικεῖν ἀναγκαῖον ἡμῖν ἀφει-
δοῦσιν αὐτῶν, ἢ μὴ χρωμένων αὐτοῖς, τὸ ζῆν ἀδύνατον
καὶ ἄπορον· καὶ τρόπον τινὰ θηρίων βίον βιωσόμεθα,
τὰς ἀπὸ τῶν θηρίων προέμενοι χρείας· ἀφίημι γὰρ Νομάδων καὶ Τρωγλοδυτῶν ἀνεξευρέτους ἀριθμῷ μυριάδας, οἳ τροφὴν σάρκας, ἄλλο δ' οὐδὲν ἴσασιν· (2) ἀλλὰ
ἡμῖν τοῖς ἡμέρως καὶ φιλανθρώπως ζῆν δοκοῦσι, ποῖον
ἔργον ἀπολείπεται γῆς, ποῖον ἐν θαλάττῃ, τίς ἐν ὄρει
τέχνη, τίς κόσμος διαίτης, ἂν, ὡς προσήκει, λογικοῖς
καὶ ὁμοφύλοις πᾶσι τοῖς ζῴοις οὖσιν ἀβλαβῶς καὶ μετὰ
εὐλαβείας προσφέρεσθαι μάθωμεν, ἔργον ἐστὶν εἰπεῖν.

alterum marinorum exempla conducta in medium prola-
turos; non abstinuissem sexcentis docilitatis, sexcentis
naturæ bonitatis speciminibus in animalium natura tibi recensendis : quorum nobis copiam e theatris imperatoriis
affatim hauriendam pulchra Roma præbuit. (5) Sed hæc
nos illis integra atque intacta relinquamus, quibus suam
exornent disputationem. Interim tecum quidpiam volo per
otium considerare. (6) Arbitror egô peculiarem cuique
parti aut facultati suam esse mutilationem, suam deprava-
tionem, suum morbum, quæ in aliud nihil cadant: quomodo
visui cæcitas, pedi claudicatio, linguæ balbuties soli accidit :
non enim cæcum dicitur id quod natura ad videndum non
fuerat comparatum; aut claudum, cui eadem gradiendi
omnem negaverat facultatem; neque balbum aut blæsum
habetur quod suapte natura linguæ est vocisque expers. (7)
Ergo delirare etiam, desipere aut insanire non censebimus
id, cujus naturæ sapere, intelligere, ratiocinari non est accommodatum. Affici quippe non potest, quod nulla est facultate præditum, cui affectio aliqua, aut privatio aut muti-
latio, aut læsio accidere queat. (8) Nimirum vidisti rabidos
canes aliquando : ipse etiam equos vidi rabidos : et sunt
qui boves quoque furere, et vulpes dicant. Sed nobis sufficit canum exemplum controversia carens : quod testatur
animal hoc ratione non contemnenda præditum esse : quæ
conturbata furore isto, qui dicitur rabies, afficitur; nam
neque visui eorum, neque auditui quidquam accidere mutationis tum cernimus. (9) Enimvero sicut ineptus sit,
qui hominis melancholia laborantis et insanientis neget alie-
nātam corruptamque esse vim intelligendi, ratiocinandi
ac memoriæ : quum ita receptum sit consuetudine, ut sic
affectum *non esse apud se*, ac *mente excidisse* dicamus :
ita qui rabido cani aliud accidisse aliquid putet, quam quod
vi intelligendi, ratiocinandi ac memorandi perturbata, desipiens ignoret carissimas personas, fugiatque consuetam a
prima ætate vitæ rationem, videtur mihi aut non anidvertere
rem manifestam, aut animadvertens id quod ex ea consequitur, contentiose veritatem impugnare.

VI. SOCLARUS. Recte, mea sententia, judicas. Etenim
Stoici et Peripatetici contrarium hac maxime probant ratione, quod justitiæ esse nullam originem posse dicunt,
nullamque omnino fore justitiam, si omnia animalia ratione
sint prædita. Effici enim, ut aut injuste faciamus iis ve-
scendis utendisque, aut usu eorum omisso vel vivere omnino
nequeamus, vel vita inops futura sit et quodammodo bel
luina. Neque dicam de Nomadum et Troglodytarum innumeris millibus, qui præter carnes cibum alium nullum norunt : (2) nobis quidem, qui mansuete videmur et humaniter vivere, si discamus bruta omnia pro ratione præditis
nobisque cognatis habere, ac proinde sine ullo eorum
damno et cum cantione iis uti, difficile dictu est quod opus
in terra, in mari, in montibus, quæ ars, qui vitæ ornatus

(3) Οὐδὲν οὖν φάρμακον οὐδ' ἴαμα τῆς ἢ τὸν βίον ἀναι-
ρούσης ἢ τὴν δικαιοσύνην ἀπορίας (οὐδὲν) ἔχομεν, ἂν μὴ
τὸν ἀρχαῖον ὅρον καὶ νόμον φυλάττωμεν, ᾧ, καθ' Ἡ-
σίοδον, ὁ τὰς φύσεις διελὼν καὶ θέμενος ἰδίᾳ τῶν γενῶν
ἑκάτερον,

> Ἰχθύσι μὲν καὶ θηρσὶ καὶ οἰωνοῖς πετεηνοῖς
> ἔσθειν ἀλλήλους, ἐπεὶ οὐ δίκη ἐστὶ μετ' αὐτοῖς,
> ἀνθρώποισι δ' ἔδωκε δίκην

πρὸς ἀλλήλους.   (4) Οἷς δ' οὐκ ἔστι [τὸ] δικαιοπραγεῖν
πρὸς ἡμᾶς, οὐδ' ἡμῖν πρὸς ἐκεῖνα γίνεται τὸ ἀδικεῖν· ὡς
οἵ γε τοῦτον προέμενοι τὸν λόγον, οὔτ' εὐρεῖαν ἄλλην οὔτε
λιτὴν τῇ δικαιοσύνῃ παρεισελθεῖν ὁδὸν ἀπολελοίπασι.
VII. ΑΥΤ. Ταῦτα μὲν, ὦ φίλε, ἀπὸ καρδίας τῶν
ἀνδρῶν ἐξείρηκας· οὐ μὴν δοτέον, ὥσπερ δυστοκούσαις
γυναιξὶ, περιάψασθαι τοῖς φιλοσόφοις ὠκυτόκιον, ἵνα
ῥᾳδίως καὶ ἀταλαιπώρως τὸ δίκαιον ἡμῖν ἀποτέκωσιν.
(2) Οὐδὲ γὰρ αὐτοὶ τῷ Ἐπικούρῳ διδόασιν ὑπὲρ τῶν
μεγίστων, σμικρὸν οὕτω πρᾶγμα καὶ φαῦλον, οἶμαι,
ἄτομον παρεγκλῖναι μίαν ἐπὶ τοὐλάχιστον, ὅπως ἄστρα
καὶ ζῶα καὶ τύχη παρεισέλθῃ, καὶ τὸ ἐφ' ἡμῖν μὴ
ἀπόληται· δεικνύναι δὲ τὸ ἄδηλον ἢ λαμβάνειν τι τῶν
προδήλων καὶ προσήκει τὸ περὶ τῶν ζῴων ὑποτίθεσθαι
πρὸς τὴν δικαιοσύνην, εἰ μήθ' ὁμολογεῖται, μήτ' ἄλλως
ἀποδεικνύουσιν.   (3) Ἔχει γὰρ ἑτέραν ὁδὸν ἐκεῖ τὸ δίκαιον, οὐ σφαλερὰν καὶ παράκρημνον οὕτω καὶ διὰ
τῶν ἐναργῶν ἀνατρεπομένων φέρουσαν, ἀλλὰ ἣν, Πλάτωνος ὑφηγουμένου, δείκνυσιν οὑμὸς υἱὸς, ὦ Σώκλαρε,
σὸς δὲ ἑταῖρος, τοῖς μὴ φιλομαχεῖν, ἕπεσθαι δὲ καὶ
μανθάνειν βουλομένοις.   (4) Ἐπεὶ τό γε μὴ παντάπασι καθαρεύειν ἀδικίας τὸν ἄνθρωπον οὕτω τὰ ζῶα
μεταχειριζόμενον, Ἐμπεδοκλῆς καὶ Ἡράκλειτος ὡς
ἀληθὲς προσδέχονται, πολλάκις ὀδυρόμενοι καὶ λοιδοροῦντες τὴν φύσιν, ὡς ἀνάγκην καὶ πόλεμον οὖσαν, ἀμιγὲς δὲ μηδὲν μηδ' εἰλικρινὲς ἔχουσαν, ἀλλὰ διὰ πολλῶν
κἀδίκων παθῶν περαινομένην· ὅπου καὶ τὴν γένεσιν
αὐτὴν ἐξ ἀδικίας συντυγχάνειν λέγουσι, τῷ θνητῷ συν-
ερχομένου τοῦ ἀθανάτου, καὶ τέρπεσθαι τὸ γενόμενον
παρὰ φύσιν μέλεσι τοῦ γεννήσαντος ἀποσπωμένοις.   (5)
Οὐ μὴν ἀλλὰ ταῦτα μὲν ἄκρατα καὶ πικρὰ φαίνεται
κατακόρως· ἑτέρα δ' ἐστὶν ἐμμελὴς παρηγορία, μήτε
τῶν ζῴων τὸν λόγον ἀφαιρουμένη καὶ σώζουσα χρωμένων αὐτοῖς ὡς προσήκει τὸ δίκαιον· ἣν τῶν σοφῶν καὶ
παλαιῶν εἰσαγόντων, συστᾶσα λαιμαργία μεθ' ἡδυπαθείας ἐξέβαλε καὶ ἠφάνισεν, αὖθις δὲ Πυθαγόρας ἀνε-
λάμβανε, διδάσκων ὠφελεῖσθαι μὴ ἀδικοῦντας·   (6)
οὐ γὰρ ἀδικοῦσιν οἱ τὰ μὲν ἄμικτα καὶ βλαβερὰ κομιδῇ
κολάζοντες καὶ ἀποκτιννύοντες, τὰ δὲ ἥμερα καὶ φιλάνθρωπα ποιούμενοι τιθασὰ καὶ συνεργὰ χρείας, πρὸς ἣν
ἕκαστον εὖ πέφυκεν,

> Ἵππων ὄνων τ' ὀχεῖα, καὶ ταύρων γονάς,

ὧν ὁ Αἰσχύλου Προμηθεὺς δοῦναι ἡμῖν φησιν

> * ἀντίδουλα καὶ πόνων ἐκδέκτορα·

κυσὶ δὲ χρώμενοι προφυλάττουσιν, αἶγάς τε καὶ οἶς

---

sit futurus reliquus.   (3) Nullum proinde remedium adhiberi huic difficultati potest, quæ aut vitam aut justitiam
abolet, quam ut sequamur veterem terminum ac legem dei
illius, qui, ut est apud Hesiodum, naturas distinguens, ac
genera seorsum unumquodque ponens,

> Pisces atque feras jubet aereasque volucres,
> istæc justitiæ nulla quum lege ligentur,
> alterum in alterius prædam demittier alvum :
> humano generi sed mutua jura dicavit.

(4) Scilicet ut quum bruta nobiscum juste agere non
queant, nos quoque injuste in ipsa agere non possimus :
quam rationem qui dimittunt, alium non ullum justitiæ
neque latum neque angustum aditum relinquunt.

VII. AUTOBULUS. Hæc quidem tu, amice, plane e sententia illorum dixisti.   Verum non convenit philosophis, tanquam difficulter fœtum enitentibus mulieribus, appendere
medicamentum partum accelerans, ut facile et absque
ærumna justitiam nobis pariant.   (2) Nam ipsi quoque non
concedunt Epicuro maximarum rerum causa exilem adeo
atque nullius pretii rem, inclinationem scilicet unam atomi
levissimam, qua is astra, animalia et fortunam volebat introducere, et libertatem voluntatis nostræ tueri.   At qui
obscurum quid patefacere ac demonstrare vult, debet manifestum quid sumere unde demonstrationem ducat; neque
proinde tanquam fundamentum demonstrationi supponere
dictum ejusmodi de brutis, quod de brutis quidem neque
hominum consensu probetur, neque ipse præterea demonstret, sed accommodatum sit ad justitiæ originem inducen-
dam.   (3) Etenim alia via ad stabiliendam justitiam perve-
niri potest, non ita lubrica et per præcipitia ducente, et
evidentia evertente : sed quam Platone auctore meus, Soclare, filius, tuus socius, monstrat non contendendi cupidis, verum sequi et discere volentibus.   (4) Sane non sine
omni injustitia fieri, quod homo sic agit cum brutis, id
tanquam verum sumserunt Empedocles et Heraclitus, sæpenumero deplorantes atque incusantes naturam, ut quæ
necessitas sit ac bellum, nihil purum nec sincerum habeat,
multisque injustis affectionibus ad finem suum perveniat :
quando ipse etiam ortus hominis ab injustitia sit, re immortali cum mortali coeunte; *alatur*que id, quod nascitur,
partibus generantis contra naturam a toto avulsis.   (5) Verum hæc nimis acerba videtur esse et libera insectatio. Alia
est autem concinna excusatio, quæ neque eripit animalibus
rationem, et convenienter utentibus hominibus justitiam
conservat : quam a veteribus et sapientibus introductam,
gulositas ac voluptatum studium, coitione facta, exturbavit :
Pythagoras autem revocavit, docens quomodo citra injustitiam utilitatem percipere possemus.   (6) Non enim agunt
injuste, qui animalia quæ cicurari prorsus non possunt,
vel damnosa omnino sunt, plectunt atque interficiunt;
mansueta autem humanaque cicurando ad eas operas condocefaciunt, quæ uniuscujusque naturæ conveniunt :

> Vecturam equorum et asinorum, et boum genus,

quos Æschyli Prometheus nobis se dedisse ait

> pro servis, subeant ut nostris laboribus;

item qui canibus utuntur custodibus, capras ovesque mul-

ἀμελγόμενα καὶ κειρόμενα νέμοντες. (7) Οὐ γὰρ ἀναιρεῖται τὸ ζῆν, οὐδὲ βίος ἀπόλλυται τοῖς ἀνθρώποις, ἂν
μὴ λοπάδας ἰχθύων, μηδὲ ἥπατα χηνῶν ἔχωσι, μηδὲ
βοῦς μήτ' ἐρίφους κατακόπτωσιν ἐπ' εὐωχίᾳ, μηδ'
ἀλύοντες ἐν θεάτροις, μηδὲ παίζοντες ἐν θήραις, τὰ μὲν
ἀναγκάζωσι τολμᾶν ἄκοντα καὶ μάχεσθαι, τὰ δὲ μηδ'
ἀμύνεσθαι πεφυκότα διαφθείρωσι. (8) Τὸν γὰρ παίζοντα καὶ τερπόμενον [τερπομένοις] οἶμαι [τοῖς] συμ-
παίζουσι δεῖν χρῆσθαι καὶ ἱλαροῖς, οὐχ ὥσπερ ὁ Βίων
ἔλεγε τὰ παιδάρια παίζοντα τῶν βατράχων τοῖς λίθοις
ἐφίεσθαι, τοὺς δὲ βατράχους μηκέτι παίζοντας, ἀλλ'
ἀληθῶς ἀποθνήσκειν, οὕτως κυνηγεῖν καὶ ἁλιεύειν, ὀδυ-
νωμένοις τερπομένους καὶ ἀποθνήσκουσι, τοῖς δ' ἀπὸ
σκύμνων καὶ νεοσσῶν ἐλεεινῶς ἀγομένοις. Οὐ γὰρ οἱ
χρώμενοι ζῴοις ἀδικοῦσιν, ἀλλ' οἱ χρώμενοι βλαβερῶς
καὶ ὀλιγώρως καὶ μετ' ὠμότητος.

VIII. ΣΩΚΛ. Ἐπίσχες, ὦ Αὐτόβουλε, καὶ παραβαλοῦ [τὸ θυρίον] τῆς κατηγορίας· ἐγγὺς γὰρ οἵδε προσ-
ιόντες πολλοί, καὶ θηρατικοὶ πάντες, οὓς οὔτε μετα-
θεῖναι ῥᾴδιον, οὔτε λυπεῖν ἀναγκαῖον.

2. ΑΥΤ. Ὀρθῶς παραινεῖς· ἀλλ' Εὐβίωτον μὲν εὖ
οἶδα, καὶ τὸν ἐμὸν ἀνεψιὸν Ἀρίστωνα, τούς τε Διονυσίου παῖδας ἀπὸ Δελφῶν, Αἰακίδην καὶ Ἀριστότιμον
τοῦτον, εἶτα Νίκανδρον τὸν Εὐθυδάμου, χερσαίας
« δαήμονας ἄγρας, » ὡς Ὅμηρος ἔφη, καὶ διὰ τοῦτο
[πρὸς] Ἀριστότιμον γενησομένους· ὥσπερ αὖ πάλιν
τούσδε τοὺς νησιώτας καὶ παραλίους, Ἡρακλέωνα τὸν
Μεγαρόθεν, καὶ Φιλόστρατον τὸν Εὐβοέα,

> Τοῖσίν τε θαλάσσια ἔργα μέμηλε,

Φαίδιμος ἔχων περὶ αὐτὸν βαδίζει.

> (3)Τυδείδην δ' οὐκ ἂν γνοίης ποτέροισι μετείη,

τουτονὶ τὸν ἡμέτερον ἡλικιώτην Ὀπτάτον, ὃς πολλοῖς
μὲν ἐνάλου, ὀρείου [δὲ] πολλοῖς ἄγρας ἀκροθινίοις
ἀγλαΐσας τὴν Ἀγροτέραν ἅμα θεὸν καὶ Δίκτυνναν,
ἐνταῦθα δῆλός ἐστι πρὸς ἡμᾶς βαδίζων, ὡς μηδετέροις προσθήσων ἑαυτόν· (4) ἢ φαύλως εἰκάζομεν,
ὦ φίλε Ὀπτάτε, κοινόν σε καὶ μέσον ἔσεσθαι τῶν
νεανίσκων βραβευτήν;

5. ΟΠΤΑΤΟΣ. Πάνυ μὲν οὖν ὀρθῶς ὑπονοεῖς, ὦ
Αὐτόβουλε· πάλαι γὰρ ὁ Σόλωνος ἐκλέλοιπε νόμος,
τοὺς ἐν στάσει μηδετέρῳ μέρει προσγενομένους κολάζων.

6. ΑΥΤ. Δεῦρο δὴ καθίζου πρὸς ἡμᾶς, ὅπως, εἰ
δεήσει μάρτυρος, μὴ τοῖς Ἀριστοτέλους πράγματα βιβλίοις παρέχωμεν, ἀλλὰ σοὶ δι' ἐμπειρίαν ἑπόμενοι,
τοῖς λεγομένοις ἀληθῶς τὴν ψῆφον ἐπιφέρωμεν.

7. ΣΩΚΛ. Εἶεν, ὦ ἄνδρες νέοι, γέγονέ τις ὑμῖν ὁμο-
λογία περὶ τάξεως;

8. ΦΑΙΔΙΜΟΣ. Γέγονεν, ὦ Σώκλαρε, πολλὴν παρασχοῦσα φιλονεικίαν· εἶτα, κατ' Εὐριπίδην,

> Ὁ τῆς τύχης παῖς κλῆρος ἐπὶ τούτῳ ταγείς,

---

gendas tondendasque pascunt. (7) Non enim vita hominibus eripitur, si non apponantur patinæ piscium plenæ, aut
jecinora anserum, neque boves aut hœdos in convivia ma-
ctent; neque fallendi temporis causa, aut animi gratia in
theatris ac venationibus alias bestias invitas cogant resistere
et pugnare, alias quas natura non armavit interficiant. (8)
Qui enim ludit et se oblectat, iis qui una ludunt ita debet
uti ut ludentibus et oblectatis : non, quemadmodum de
pueris dicebat Bion, *eos ludendo ranas saxis petere,
ranas autem non ludendo sed serio mori*, ita venari et
piscari, ut voluptatem capiat bestiarum cruciatibus et
mortibus, aut iis miserabiliter a pullis catulisve abreptis
gaudeat. Non illi enim injuste faciunt qui utuntur animalibus, sed ii qui hoc faciunt damnose, contemtim, et cum
crudelitate.

VIII. SOCLARUS. Claude jam, Autobule, januam accusa-
tionis. Prope enim adsunt huc accedentes multi, omnes
venandi studio dediti : quos neque facile sit ab instituto suo
deducere, et nihil attinet offendere.

2. AUTOBULUS. Probe mones. Sed Eubiotum quidem satis
scio, et consobrinum meum Aristonem, tum Dionysii Del-
phici filios Æaciden et Aristotimum huncce, necnon Nican-
drum Euthydami filium, gnaros esse terrestris venationis,
ideoque a partibus Aristotimi futuros : sicut ab altera parte
Phædimus adducit insulares istos et marinos, Heracleonem
Megarensem, Philostratumque Euboensem, ut Homerice
dicam,

> Cura marinorum quibus est operum.

(3) Hunc autem nostrum æqualem Optatum

> Utris annumeres, non est dignoscere promptum :

qui agrestem simul silvestremque Dianam et marinam deam
Dictynnam utriusque generis prædæ primitiis multis sæpe
veneratus, ita accedit, ut neutris videatur se adjuncturus.
(4) Numnam male conjicimus, mi Optate, communem te
fore et qui medium ferias in adolescentum arbitrio?

5. OPTATUS. Rectissime conjicis, Autobule : jamdudum
enim Solonis lex obsolevit, quæ puniri jubet qui in seditione
neutri se parti adjunxisset.

6. AUTOBULUS. Huc ergo nobis adside, ut, si quid incidat
teste indigens, non Aristotelis libri excutiendi sint, sed
tibi ob peritiam assentientes, sententiam feramus certam
de juvenum contrariis orationibus.

7. SOCLARUS. Agedum juvenes, convenitne inter vos de
ordine?

8. PHÆDIMUS. Actum est de eo inter nos magna quidem
contentione : tandem, ut ait Euripides,

> Fortunæ proles sors tulit sententiam;

τὰ χερσαῖα προεισάγει δίκαια τῶν ἐνάλων.

9. ΣΩΚ. Καιρὸς οὖν, ὦ Ἀριστότιμε, σοὶ μὲν ἤδη λέγειν, ἡμῖν δ' ἀκούειν.

IX. ΑΡΙΣΤΟΤΙΜΟΣ. Ἡ μὲν ἀγορὰ τοῖς δικαζομένοις [***] τὰ δὲ τὸν γόνον ἀναλίσκει περὶ τὰς ἀποκυήσεις ἐπιτρέχοντα τοῖς θήλεσι· (2) κεστρέως δὲ γένος, οὓς παρδίας καλοῦσιν, ἀπὸ τῆς μύξης τρέφονται τῆς ἑαυτῶν· ὁ δὲ πολύπους αὑτὸν ἐσθίων κάθηται χειμῶνος

Ἐν [τ'] ἀπύρῳ οἴκῳ καὶ ἐν ἤθεσι λευγαλέοισιν·

οὕτως ἀργός, ἢ ἀναίσθητος, ἢ γαστρίμαργος, ἢ πᾶσι τούτοις ἔνοχός ἐστι. (3) Διὸ καὶ Πλάτων αὖ πάλιν ἀπεῖπε νομοθετῶν, μᾶλλον δ' ἀπεύξατο, τοὺς νέους θαλαττίου θήρας ἔρωτα λαβεῖν· οὐδὲν γὰρ ἀλκῆς γυμνάσιον, οὐδὲ μελέτημα σοφίας, οὐδ' ὅσα πρὸς ἰσχὺν, ἢ τάχος, ἢ κινήσεις διαπονοῦσι, τοῖς πρὸς λάβρακας, ἢ γόγγρους, ἢ σκάρους, ἀγῶσιν· (4) * ὥσπερ ἐνταῦθα, τὰ μὲν θυμοειδῆ τὸ φιλοκίνδυνον καὶ τὸ ἀνδρεῖον ἀσκεῖ τῶν μαχομένων· τὰ δὲ πανοῦργα, τὸ φροντιστικὸν καὶ συνετὸν τῶν ἐπιτιθεμένων· τὰ δὲ ποδώκη, τὸ ῥωμαλέον καὶ φιλόπονον τῶν διωκόντων· καὶ ταῦτα τὸ κυνηγεῖν καλὸν πεποίηκε. (5) Τὸ δὲ ἁλιεύειν ἀπ' οὐδενὸς ἔνδοξον· οὐδέ γε θεῶν τις ἠξίωσεν, ὦ ἑταῖρε, γογγροκτόνος, ὥσπερ ὁ Ἀπόλλων λυκοκτόνος, οὐδὲ τριγλοβόλος, ὡς ἐλαφηβόλος ἢ Ἄρτεμις, λέγεσθαι. (6) Καὶ τί θαυμαστόν, ὅπου καὶ ἀνθρώπῳ σῦν μόνον καὶ ἔλαφον καὶ δόρκα καὶ λαγωὸν ἑλεῖν κάλλιον ἢ πρίασθαι, θύννον δὲ καὶ κάραβον καὶ ἀμίαν σεμνότερόν ἐστιν αὐτὸν ὀψωνεῖν ἢ ἁλιεύειν; τὸ γὰρ ἀγεννὲς καὶ ἀμήχανον ὅλως καὶ ἀπάνουργον αὐτῶν, αἰσχρὸν καὶ ἄζηλον καὶ ἀνελεύθερον τὴν ἄγραν πεποίηκε.

X. Καθόλου δέ, ἐπεὶ δι' ὧν οἱ φιλόσοφοι δεικνύουσι τὸ (τε) μετέχειν λόγου τὰ ζῷα, προθέσεις εἰσὶ καὶ παρασκευαί, καὶ μνῆμαι, καὶ πάθη, καὶ τέκνων ἐπιμέλειαι, καὶ χάριτες εὖ παθόντων, καὶ μνησικακίαι πρὸς τὸ λυπῆσαν, ἔτι δ' εὑρέσεις τῶν ἀναγκαίων, ἐμφάσεις ἀρετῆς, οἷον ἀνδρείας, κοινωνίας, ἐγκρατείας, μεγαλοφροσύνης· σκοπῶμεν τὰ ἔναλα, εἰ τούτων ἐκεῖνα μὲν οὐδέν, ἤ που τι παντελῶς ἀμαυρὸν αἴθυγμα καὶ δυσθέατον ἐνιδεῖν μάλα μόλις τεκμαιρομένῳ δίδωσιν· ἐν δὲ τοῖς πεζοῖς καὶ γηγενέσι λαμπρὰ καὶ ἐναργῆ καὶ βέβαια παραδείγματα τῶν εἰρημένων ἑκάστου λαμβάνειν ἐστὶ καὶ θεᾶσθαι. (2) Πρῶτον οὖν ὅρα προθέσεις καὶ παρασκευὰς ταύρων ἐπὶ μάχῃ κονιομένων, καὶ κάπρων θηγόντων ὀδόντας· Ἐλέφαντες δέ, τῆς ὕλης, ἣν ὀρύττοντες ἢ κείροντες ἐσθίουσιν, ἀμβλὺν τὸν ὀδόντα ποιούσης ἀποτριβόμενον, τῷ ἑτέρῳ πρὸς ταῦτα χρῶνται, τὸν δ' ἕτερον ἔπακμον ἀεὶ καὶ ὀξὺν ἐπὶ τὰς ἀμύνας φυλάττουσιν. (3) Ὁ δὲ λέων ἀεὶ βαδίζει συνεστραμμένοις τοῖς ποσίν, ἐντὸς ἀποκρύπτων τοὺς ὄνυχας, ἵνα μὴ τριβόμενοι τὴν ἀκμὴν ἀπαμβλύνωσι, μήτε καταλίπωσιν εὐπορίαν τοῖς στιβεύουσιν· οὐ γὰρ ῥᾳδίως εὑρίσκεται ὄνυχος λεοντείου σημεῖον, ἀλλὰ μικροῖς καὶ τυφλοῖς ἴχνεσιν ἐντυγχάνου-

---

jussitque terrestrium causam prius quam marinorum dici.

9. SOCLARUS. Tempus ergo est, Aristotime, ut tu jam nunc dicas, nos audiamus.

IX. ARISTOTIMUS. Forum controvertentibus apertum est, *** alii fœtum perimunt, in ipso partus tempore insilientes femellis. (2) Genus est mugilum, quos *pardias* appellant: ii e suo vivunt muco. Polypus se ipsum depascens per hiemem desidet

Igne carente domo, pravo contentus in antro,

adeo vel ignavus est, vel stupidus, vel gulæ deditus, vel omnibus iis culpis simul obligatus. (3) Itaque rursum Plato in Legibus prohibuit, aut potius voto hoc petiit, *ne marinam adolescentes venationem unquam amarent.* Nulla enim roboris exercitatio, nulla sapientiæ meditatio, neque quidquam ad vires celeritatemve conducens agilitatemve inest in certaminibus, quæ adversus labraces, congros, aut scaros suscipiuntur. (4) At in terrestri venatione, ferocia animalia congredientium exercent audaciam et fortitudinem; versuta, insidiantium calliditatem: velocia, robur et laborum tolerantiam apud insequentes. Atque hæc bona pulchræ venationi accepta feruntur. (5) Piscatio nulla re est nobilis. Neque sane deorum quisquam, mi amice, dignum se *congricidæ* putavit titulo, quum *Lycoctonos* voluerit dici Apollo: aut *mullicidæ*, quum sit *Elaphebolos* Diana: ille a lupis, hæc a cervis occidendis. (6) Quid vero miri hoc? quum etiam homini aprum duntaxat, cervum, capream, leporem capere honestius sit quam emere; thynnum, carabum, amiam obsonari quam capere sit magis decorum. Omnino enim piscatio propterea turpis, nullo studio digna, illiberalis credita est, quod nihil habent ingeniosum, nullas machinas, nullam versutiam usurpant pisces.

X. In universum vero, quando quibus demonstrant philosophi animalia ratione esse prædita, hæc sunt: proposita, apparatus, memoriæ, animorum motus, pro sobole procuratio, gratiarum actio pro acceptis beneficiis, meditatio ultionis in ea quæ læserunt, inventiones rerum necessariarum, indicia virtutis alicujus, ut fortitudinis, societatis, continentiæ, magnanimitatis; consideremus nihil horum marina, aut obscuram modo eorum notationem involutam ita, ut vix conjecturis solertibus possit percipi, habere: in pedestribus autem et terrenis documenta istorum omnium exstare splendida, evidentia, stabilia. (2) Ac primum mihi contemplare proposita et apparatus taurorum ad pugnam se pulvere conspergentium; atque aprorum, dentes acuentium. Elephanti, quia materia quam alimenti sui causa effodiunt aut excidunt, dentem hebetat deterendo, altero tantum ad hanc rem utuntur, alterum semper acutum ac recentem sui defendendi gratia servantes. (3) Leo semper ambulat pedibus introrsum reductis, itaque ungues occulit, ne attritu aciem amittant, aut investigantibus occasionem inveniendi exhibeant: non enim facile invenitur vestigium unguis leonini, sed in exigua et cæca incidentes signa, aberrant ve-

τες, ἀποπλανῶνται καὶ διαμαρτάνουσιν. (4) Ὁ δ'
ἰχνεύμων ἀκηκόατε δήπουθεν ὡς οὐθὲν ἀπολείπει θω-
ρακιζομένου πρὸς μάχην ὁπλίτου· τοσοῦτον ἰλύος περι-
βάλλεται καὶ περιπήγνυσι τῷ σώματι χιτῶνα, μέλλων
5 ἐπιτίθεσθαι τῷ κροκοδείλῳ. (5) Τὰς δὲ χελιδόνων
πρὸ τῆς τεκνοποιίας παρασκευὰς ὁρῶμεν, ὡς εὖ τὰ στερεὰ κάρφη προϋποβάλλονται δίκην θεμελίων, εἶτα πε-
ριπλάττουσι τὰ κουφότερα· κἂν πηλοῦ τινος ἐγκόλλου
δεομένην αἴσθωνται τὴν νεοττιάν, λίμνης ἢ θαλάττης
10 ἐν χρῷ παραπετόμεναι ψαύουσι τοῖς πτίλοις ἐπιπολῆς,
ὅσον νοτεραί, μὴ βαρεῖαι γενέσθαι τῇ ὑγρότητι, συλλα-
βοῦσαι δὲ κονιορτόν, οὕτως ἐξαλείφουσι καὶ συνδέουσι
τὰ χαλῶντα καὶ διολισθαίνοντα· (6) τῷ δὲ σχήματι
τὸ ἔργον οὐ γωνιῶδες οὐδὲ πολύπλευρον, ἀλλὰ ὁμαλὸν
15 ὡς ἔνεστι μάλιστα καὶ σφαιροειδὲς ἀποτελοῦσι· καὶ γὰρ
μόνιμον καὶ χωρητικὸν τὸ τοιοῦτο, καὶ τοῖς ἐπιβου-
λεύουσι θηρίοις ἔξωθεν ἀντιλήψεις οὐ πάνυ δίδωσι. (7)
Τὰ δ' ἀράχνης ἔργα κοινὸν ἱστῶν γυναιξὶ καὶ θήρας
σαγηνευταῖς ἀρχέτυπον, οὐ καθ' ἓν ἄν τις θαυμάσειε·
20 καὶ γὰρ ἡ τοῦ νήματος ἀκρίβεια, καὶ τῆς ὑφῆς τὸ μὴ διε-
χὲς μηδὲ στημονῶδες, ἀλλὰ λείου συνέχειαν ὑμένος, καὶ
κόλλησιν ὑπό τινος ἀδήλως παραμεμιγμένης γλισχρότητος ἀπειργασμένον, ἥ τε βαφὴ τῆς χρόας ἐνάερον καὶ
ἀχλυώδη ποιοῦσα τὴν ἐπιφάνειαν ὑπὲρ τοῦ λαθεῖν, αὐτή
25 τε μάλιστα πάντων ἡ τῆς μηχανῆς αὐτῆς ἡνιοχεία καὶ
κυβέρνησις, ὅταν ἐνσχεθῇ τι τῶν ἁλωσίμων, ὥσπερ
δεινοῦ σαγηνευτοῦ, ταχὺ συναιρεῖν εἰς ταὐτὰ καὶ συνάγειν τὸ θήρατρον, * αἰσθανομένης καὶ φρονούσης τῇ
καθ' ἡμέραν ὄψει καὶ θέᾳ τοῦ γινομένου, πιστὸν ἔσχε
30 τὸν λόγον. (8) Ἄλλως δ' ἂν ἐδόκει μῦθος· ὥσπερ ἡμῖν
ἐδόκει τὸ τῶν ἐν Λιβύῃ κοράκων, οἳ ποτοῦ δεόμενοι,
λίθους ἐμβάλλουσιν ἀναπληροῦντες καὶ ἀνάγοντες τὸ
ὕδωρ, μέχρις ἂν ἐν ἐφικτῷ γένηται· (9) εἶτα μέντοι
κύνα θεασάμενος ἐν πλοίῳ, τῶν ναυτῶν μὴ παρόντων, εἰς
35 ἔλαιον ἀμφορέως ἀποδεοῦς ἐμβάλλοντα τῶν χαλίκων,
ἐθαύμασα πῶς νοεῖ καὶ συνίησι τὴν γινομένην ἔκθλιψιν
ὑπὸ τῶν βαρυτέρων τοῖς κουφοτέροις ὑφισταμένων. (10)
Ὅμοια δὲ καὶ τὰ τῶν Κρητικῶν μελισσῶν, καὶ τὰ τῶν
ἐν Κιλικίᾳ χηνῶν· ἐκεῖναι μὲν γὰρ ἀνεμῶδές τι μέλλου-
40 σαι κάμπτειν ἀκρωτήριον, ἑρματίζουσιν ἑαυτάς, ὑπὲρ
τοῦ μὴ παραφέρεσθαι, μικροῖς λιθιδίοις· οἱ δὲ χῆνες τοὺς
ἀετοὺς δεδοικότες, ὅταν ὑπερβάλλωσι τὸν Ταῦρον, εἰς
τὸ στόμα λίθον εὐμεγέθη λαμβάνουσιν, οἷον ἐπιστομί-
ζοντες αὑτῶν καὶ χαλινοῦντες τὸ φιλόφωνον καὶ λάλον,
45 ὅπως λάθωσι σιωπῇ παρελθόντες. (11) Τῶν δὲ γεράνων καὶ τὸ περὶ τὴν πτῆσιν εὐδοκιμεῖ· πέτανται γάρ,
ὅταν ᾖ πνεῦμα πολὺ καὶ τραχὺς ἀήρ, οὐχ, ὥσπερ
εὐδίας οὔσης, μετωπηδὸν ἢ κόλπῳ μηνοειδοῦς περιφε-
ρείας, ἀλλ' εὐθὺς εἰς τρίγωνον συνάγουσαι σχίζουσι τῇ
50 κορυφῇ τὸ πνεῦμα περιρρέον, ὥστε μὴ διασπᾶσθαι τὴν
τάξιν· (12) ὅταν δὲ κατάρωσιν ἐπὶ γῆν, αἱ προφυλακὴν ἔχουσαι νυκτὸς ἐπὶ θατέρου σκέλους ὀχοῦνται τὸ
σῶμα, τῷ δ' ἑτέρῳ ποδὶ λίθον περιλαβοῦσαι κρατοῦσι·
συνέχει γὰρ ὁ τῆς ἁφῆς τόνος ἐν τῷ μὴ καθεύδειν πολὺν

natores. (4) Ichneumon autem, quod auditum vobis puto,
parum differt ab induto thoracem ad prælium milite : tantum sibi cœni circumdat, tamque densam sibi circumfigit
tunicam, aggressurus crocodilum. (5) Hirundo, antequam
fœtum excludat suum, videmus quo modo nidum adornet;
quam belle fundamenti loco festucas subjiciat solidiores,
iisque affigat deinde tenuiores; et, si glutinis loco cœnum
desideret nidus, quo pacto super lacum aut mare ita voli-
tet, ut superficiem ejus tangens alis, eas udas, non tamen
graviores faciat; iisque deinde pulverem apprehendens, eo
illinat atque constringat laxas dilapsurasque partes : (6)
opus ipsum figura fingit angulis et multitudine laterum
carente, æquabile et, quantum potest fieri, rotundum in
globi morem : sic enim et stabile atque capax fit, et non
temere ansam præbet foris insidiantibus bestiis. (7) Araneæ
textum, commune exemplar telæ mulieribus, et retium venatoribus, non una de causa admirationem sui præbet. Nam
et fili subtilitas, et textura non dejuncta aut staminis in
morem divulsa, sed continens tenuis in morem membranæ,
et quodam glutinoso humore obscure admixto conserta,
tum color aeream et caliginosam reddens superficiem fallendi causa, atque ipsa adeo maxime totius machinæ guber-
natio, quod callidi instar venatoris, si quid reti ipsius se
implicuit, illico sentiens, casses suos arcte contrahit, præ-
damque constringit; hæc quotidie se conspectui nostro
offerentia, certum et indubitatum fecerunt, eam sentire et
cogitare. (8) Alioquin fabulosum haberetur : uti equidem
ipse fabulosam existimavi illam corvorum in Africa solertiam; qui potu indigentes, lapidibus injectis in aquam, eo
usque eam, impleto cavo continente, elevant, dum rostro
attingere liceat. (9) Deinde autem quum vidissem canem
in navi, nautis absentibus, lapillos in amphoram oleo non
repletam injicere; miratus sum quomodo intelligeret a gravioribus immissis leviora sursum elidi. (10) Similes sunt
Cretensium apum, et anserum in Cilicia artes. Illæ enim
ventosum aliquod circumvolaturæ promontorium, ne a via
sua depellantur, se ipsas exiguis lapillis comprehensis quasi
saburrant : hi quando Taurum trajiciunt, animalia alioqui
vocalia et obstrepera, tunc metu aquilarum, in os justæ
magnitudinis lapide sumto, taciturnitatem sibi imperant,
ut fallere in transitu eas possint. (11) Gruum etiam in vo-
lando nobilis est cautio. Nam quum ventus est largus, et
aer asperior, non, ut in tranquillitate, volant fronte recta
aut in lunæ formam sinuata; sed statim in triquetram formam conducto agmine, cuspide ejus figuræ scindunt cir-
cumfluum aerem, ne ordines rumpi ab eo possint. (12)
Ubi se in terram demiserunt, eæ quæ noctu excubias agunt,
corpus, uni insistentes cruri, librant, altero pede lapidem
prehensum tenent : quæ nervorum intentio vigiles servat

χρόνον· ὅταν δ' ἀνῶσιν, ἐκπεσὼν ὁ λίθος ταχὺ διήγειρε τὴν προεμένην· (13) ὥστε μὴ πάνυ θαυμάζειν τοῦ Ἡρακλέους, εἰ

> τόξα μασχάλῃ
> ὑποθεὶς (καὶ) κραταιῷ περιβαλὼν βραχίονι,
> 5 εὕδει πιέζων χειρὶ δεξιᾷ ξύλον·

μηδ' αὖ πάλιν τοῦ πρώτου ὑπονοήσαντος ὀστρέου μεμυχότος ἀνάπτυξιν, ἐντυγχάνοντα τοῖς ἐρωδιῶν σοφίσμασιν· (14) ὅταν γὰρ τὴν κόγχην καταπίῃ μεμυκυῖαν, ἐνοχλούμενος ἐγκαρτερεῖ, μέχρις ἂν αἴσθηται
10 μαλασσομένην καὶ χαλῶσαν ὑπὸ τῆς θερμότητος· τότε δ' ἐκβαλὼν κεχηνυῖαν καὶ ἀπεσπασμένην, ἐξεῖλε τὸ ἐδώδιμον.

XI. Τὰς δὲ μυρμήκων οἰκονομίας καὶ παρασκευὰς ἐκφράσαι μὲν ἀκριβῶς, ἀμήχανον, ὑπερβῆναι δὲ παν
15 τελῶς, ὀλίγωρον· οὐδὲν γὰρ οὕτω μικρὸν ἡ φύσις ἔχει μειζόνων καὶ καλλιόνων κάτοπτρον, ἀλλ' ὥσπερ ἐν σταγόνι καθαρᾷ πάσης ἔνεστιν ἀρετῆς ἔμφασις,

> Ἔνθ' ἔνι μὲν φιλότης,

τὸ κοινωνικόν· ἔνι δ' ἀνδρείας εἰκὼν, τὸ φιλόπονον·
20 ἔνεστι δὲ πολλὰ μὲν ἐγκρατείας σπέρματα, πολλὰ δὲ φρονήσεώς καὶ δικαιοσύνης. (5) Ὁ μὲν οὖν Κλεάνθης ἔλεγε, καίπερ οὐ φάσκων μετέχειν λόγου τὰ ζῷα, τοιαύτῃ θεωρίᾳ παρατυχεῖν· (3) μύρμηκας ἐλθεῖν ἐπὶ μυρμηκιὰν ἑτέραν μύρμηκα νεκρὸν φέροντας· ἀνιόν
25 τας οὖν ἐκ τῆς μυρμηκιᾶς ἑτέρους, οἷον ἐντυγχάνειν αὐτοῖς καὶ πάλιν κατέρχεσθαι· καὶ τοῦτο δὶς ἢ τρὶς γενέσθαι· τέλος δὲ, τοὺς μὲν κάτωθεν ἀνενεγκεῖν ὥσπερ λύτρα τοῦ νεκροῦ σκώληκα, τοὺς δ' ἐκεῖνον ἀραμένους, ἀποδόντας δὲ τὸν νεκρὸν οἴχεσθαι. (4) Τῶν δὲ πᾶσιν
30 ἐμφανῶν ἥ τε περὶ τὰς ἀπαντήσεις ἐστὶν εὐγνωμοσύνη, τῶν μηδὲν φερόντων τοῖς φέρουσιν ἐξισταμένων ὁδοῦ καὶ παρελθεῖν διδόντων· αἵ τε τῶν δυσφόρων καὶ δυσπαρακομίστων διαβρώσεις καὶ διαιρέσεις, ὅπως εὐβάστακτα πλείοσι γένηται. (5) Τὰς δὲ τῶν σπερμάτων
35 διαθέσεις καὶ διαψύξεις ἐκτὸς, ὑετοῦ ποιεῖται σημεῖον ὁ Ἄρατος·

> Ἢ κοίλης μύρμηκες ὀχῆς ἐξ ὤεα πάντα
> θᾶσσον ἀνηνέγκαντο·

καί τινες οὐκ ὠὰ γράφουσιν, ἀλλ' ἤϊα, [ὡς] τοὺς ἀπο
40 κειμένους καρπούς, * ὅταν εὐρῶτα συνάγοντας αἴσθωνται, καὶ φοβηθῶσι φθορὰν καὶ σῆψιν, ἀναφερόντων. (6) Ὑπερβάλλει δὲ πᾶσαν ἐπίνοιαν συνέσεως ἡ τοῦ πυροῦ τῆς βλαστήσεως προκατάληψις· οὐ γὰρ δὴ παραμένει ξηρὸς οὐδ' ἄσηπτος, ἀλλὰ διαχεῖται καὶ γαλακτοῦται
45 μεταβάλλων εἰς τὸ φύειν· ἵνα οὖν μὴ γενόμενος σπέρμα τὴν σιτίου χρείαν διαφθείρῃ, παραμένῃ δ' αὐτοῖς ἐδώδιμος, ἐξεσθίουσι τὴν ἀρχὴν, ἀφ' ἧς τὸν βλαστὸν ὁ πυρὸς ἀφίησιν. (7) Τοὺς δὲ τὰς μυρμηκιὰς αὐτῶν ἐπὶ τῷ καταμαθεῖν ὥσπερ ἐξ ἀνατομῆς ποιοῦντας οὐκ ἀπο
50 δέχομαι· λέγουσι δ' οὖν, οὐκ εὐθεῖαν εἶναι τὴν ἀπὸ τῆς ὀπῆς κάθοδον, οὐδ' εὔπορον ἄλλῳ θηρίῳ διεξελθεῖν, ἀλλὰ

longo tempore : obrepente somno, lapis decidens illico excitat eam quæ dimisit. (13) Ut jam eo minus mirer Herculem, si arcum

alæ subjectum valido amplexus brachio,
ducit soporem, dextera lignum premens :

neque eum etiam qui primus apertionem ostrei quod conniveret faciendam deprehendit ; quum observaverim arcere technam : (14) ea enim ubi a concha, quam deglutiit conniventem, vexatur, tantisper tolerat, dum a calore laxatam apertamque sensit ; tumque evomens hiantem et diductam, id quod esui est eximit.

XI. Ceterum formicarum apparatus et dispositiones exacte enarrare supra nostras est vires ; omnes autem præterire, nimiæ socordiæ. Nullum enim ita exiguum habet natura magnarum et pulchrarum rerum speculum ; sed tanquam in pura gutta insunt omnium effigies virtutum :

Intus amicitiæ simulacrum est,

nempe cultura societatis : inest etiam fortitudinis imago, laborum tolerantia : insunt multa continentiæ semina, multa prudentiæ et justitiæ. (2) Cleanthes, tametsi negabat animalia ratione prædita esse, nihilominus in tale se narrat incidisse spectaculum : (3) venisse formicas ad aliam formicarum cavernam, formicam portantes mortuam ; ex hac ascendisse alias formicas tanquam ad colloquium, rursumque descendisse : id bis terve factum : tandem has sursum extulisse vermem, tanquam redemitionis pretium pro mortua : hoc illas accepto, et reddito formicæ cadavere, discessisse. (4) Sed inter ea quæ manifesta sunt omnibus, est in occurrendo æquitatis studium, quum nihil gestantes gestantibus aliquid decedunt de via, et rerum portatu difficilium corrosiones atque partitiones, ut a pluribus possint ferri in particulas divulsæ. (5) Quod autem grana aliquando foras efferunt formicæ et frigori exponunt, hoc Aratus pluviam præmonstrari asserit :

Sæpius et tectis penetralibus extulit ova
angustum formica terens iter.

Quidam non ὤεα, id est, *ova,* sed ἤϊα, *fructus,* poetam scripsisse affirmant : quod nimirum formicæ eos fructus quos reconditos habent, metu rubiginis ac putredinis, quam præsentiant imminentem, exitioque futuram, foras efferre soleant. (6) Omnem vero de earum calliditate opinionem superat præsensio tritici germinationis : non enim manet aridum, aut putredinis exsors, sed humectatur, et lactescit, quum jam eo tendit ut in herbam mutetur ; ne igitur seminis vim nactum, cibi naturam perdat ipsisque inutile fiat esui, exedunt illud principium seu acumen grani, e quo germen emitti tritico solet. (7) Non probo autem eos, qui quasi corporis dissectionem æmulantes, earum cavernas rei perspiciendæ causa lustrant. Ii quidem dicunt, a foramine non esse re

καμπαῖς καὶ στρεβλότησι κεκλασμένας ὑποπορεύσεις
καὶ ἀνατρήσεις ἐχούσαις εἰς τρεῖς κοιλότητας ἀποτελευ-
τῶσαν, ὧν τὴν μὲν ἐνδιαίτημα κοινὸν αὐτοῖς εἶναι, τὴν
δὲ τῶν ἐδωδίμων ταμεῖον, εἰς δὲ τὴν τρίτην ἀποτίθεσθαι
5 τοὺς θνήσκοντας.

XII. Οἶμαι δὲ μὴ ἄκαιρος ὑμῖν φανεῖσθαι, τοῖς μύρμηξιν ἐπεισάγων τοὺς ἐλέφαντας, ἵνα τοῦ νοῦ τὴν φύσιν ἔν τε τοῖς μικροτάτοις ἅμα καὶ μεγίστοις σώμασι
κατανοήσωμεν, μήτε τούτοις ἐναφανιζομένην, μήτ᾽
10 ἐκείνοις ἐνδέουσαν. (2) Οἱ μὲν οὖν ἄλλοι θαυμάζουσι τοῦ ἐλέφαντος ὅσα μανθάνων καὶ διδασκόμενος
ἐν [τοῖς] θεάτροις ἐπιδείκνυται σχημάτων εἴδη καὶ
μεταβολάς, ὧν οὐδ᾽ ἀνθρωπίναις μελέταις τὸ ποικίλον καὶ περιττὸν ἐν μνήμῃ καὶ καθέξει γενέσθαι πάνυ
15 ῥᾴδιόν ἐστιν· ἐγὼ δὲ μᾶλλον ἐν τοῖς ἀφ᾽ αὐτοῦ καὶ
ἀδιδάκτοις τοῦ θηρίου πάθεσι καὶ κινήμασιν, ὥσπερ
ἀκράτοις καὶ ἀπαραχύτοις, ἐμφαινομένην ὁρῶ τὴν σύνεσιν. (3) Ἐν Ῥώμῃ μὲν γὰρ οὐ πάλαι πολλῶν προ-
διδασκομένων στάσεις τινὰς ἵστασθαι παραβόλους, καὶ
20 κινήσεις δυσεξελίκτους ἀνακυκλεῖν, εἰς ὃ δυσμαθέστα-
τος ἀκούων κακῶς ἑκάστοτε καὶ κολαζόμενος πολλάκις,
ὤφθη νυκτὸς αὐτὸς ἀφ᾽ ἑαυτοῦ πρὸς τὴν σελήνην ἀνα-
ταττόμενος τὰ μαθήματα καὶ μελετῶν. (4) Ἐν δὲ
Συρίᾳ πρότερον Ἄγνων ἱστορεῖ, τρεφομένου κατ᾽ οἰκίαν
25 ἐλέφαντος τὸν ἐπιστάτην λαβόντα κριθῶν μέτρον ὑφαι-
ρεῖν καὶ χρεωκοπεῖν μέρος ἥμισυ καθ᾽ ἡμέραν· ἐπεὶ
δὲ, τοῦ δεσπότου παρόντος ποτὲ καὶ θεωμένου, πᾶν τὸ
μέτρον κατήρασεν, ἐμβλέψαντα καὶ διαγαγόντα τὴν
προβοσκίδα, τῶν κριθῶν ἀποδιαστῆσαι καὶ διαχωρίσαι
30 τὸ μέρος, ὡς ἐνῆν λογιώτατα κατειπόντα τοῦ ἐπιστάτου
τὴν ἀδικίαν· (5) ἄλλον δὲ, ταῖς κριθαῖς λίθους καὶ
γῆν εἰς τὸ μέτρον τοῦ ἐπιστάτου καταμιγνύοντος,
ἑψομένων κρεῶν, δραξάμενον τῆς τέφρας ἐμβαλεῖν εἰς
τὴν χύτραν. (6) Ὁ δὲ ὑπὸ τῶν παιδαρίων προπηλακισθεὶς
35 ἐν Ῥώμῃ τοῖς γραφείοις τὴν προβοσκίδα κεντούντων,
ὃν συνέλαβε μετέωρον ἐξάρας, ἐπίδοξος ἦν ἀποτυμπανί-
σειν· κραυγῆς δὲ τῶν παρόντων γενομένης, ἀτρέμα πρὸς
τὴν γῆν πάλιν ἀπηρείσατο καὶ παρῆλθεν, ἀρκοῦσαν ἡγούμενος δίκην τῷ τηλικούτῳ φοβηθῆναι. (7) Περὶ δὲ τῶν
40 ἀγρίων καὶ αὐτονόμων ἄλλα τε θαυμάσια καὶ τὰ περὶ
τὰς διαβάσεις τῶν ποταμῶν ἱστοροῦσι· προδιαβαίνει
γὰρ ἐπιδοὺς αὑτὸν ὁ νεώτατος καὶ μικρότατος· οἱ δὲ ἑ-
στῶτες ἀποθεωροῦσιν, ὡς, ἂν ἐκεῖνος ὑπεραίρῃ τῷ μεγέθει τὸ ῥεῦμα, πολλὴν τοῖς μείζοσι πρὸς τὸ θαρρεῖν
45 περιουσίαν τῆς ἀσφαλείας οὖσαν.

XIII. Ἐνταῦθα τοῦ λόγου γεγονώς, οὐ δοκῶ μοι
παρήσειν δι᾽ ὁμοιότητα τὸ τῆς ἀλώπεκος. Οἱ μὲν οὖν
μυθολόγοι τῷ Δευκαλίωνί φασι περιστερὰν ἐκ τῆς λάρ-
νακος ἀφιεμένην, δήλωμα γενέσθαι, χειμῶνος μὲν,
50 εἴσω πάλιν ἐνδυομένην, εὐδίας δὲ, ἀποπτᾶσαν· (2) οἱ δὲ
Θρᾷκες ἔτι νῦν, ὅταν παγέντα ποταμὸν διαβαίνειν ἐπι-
χειρῶσιν, ἀλώπεκα ποιοῦνται * γνώμονα τῆς τοῦ πάγου
στερρότητος· ἡσυχῇ γὰρ ὑπάγουσα παραβάλλει τὸ οὖς·
κἂν μὲν αἴσθηται ψόφῳ τοῦ ῥεύματος ἐγγὺς ὑποφερο-

---

ctum in eam descensum, aut quem alia bestia facile posset
perrepere, sed anfractibus atque flexibus cuniculisque varie
interceptum in tres desinere cavitates: quarum una commune
sit omnium domicilium, secunda penus rerum ad victum
pertinentium, in tertiam mortuæ reponantur.

XII. Puto autem non intempestivum vobis visum iri,
si post formicas elephantum producam: ut mentis vim et in
minimis et in maximis corporibus contemplemur, neque illis
non sufficientem, neque his deficientem. (2) Alii in ele-
phante hæc admirantur, quæ discens et condocefactus in
theatris ostentat; figurarum formas, inquam, et immuta-
tiones, tanta varietate et subtilitate, non facile ut humana
meditatione, retentione ac memoria possint æquari. Ego
vero magis ex his, quos a sua natura et nulla a disciplina
habet hoc animal, motibus quum animi tum corporis, tanquam sinceris et meris, intellectum ei inesse animadverto.
(3) Romæ non ita pridem, quum multi docerentur institiones admirabiles, gyrosque explicatu difficiles, quidam reliquis omnibus minus docilis, ob idque crebro increpatus et
castigatus, deprehensus est noctu sua sponte ad lunam se
exercens atque discens. (4) In Syria scribit Agno quondam
in domo quadam elephantum fuisse nutritum: quem quum
magister hordei demensi quotidie dimidio defraudaret, et
aliquando idem, domino præsente et inspiciente, totum
demensum affunderet; elephantum hoc viso, proboscide
porrecta semissem separasse, itaque ingeniosissime fraudem
præfecti sui prodidisse. (5) Alium, quum in mensuram
alimenti terram et lapides ingereret magister, et carnes
juxta elixarentur, cineres arreptos in ollam conjecisse. (6)
Alius Romæ a pueris vexatus, proboscidem ejus stylis qui
pungebant, unum ex iis comprehensum sublimem extulit,
videbaturque enecaturus: sed, oborto astantium clamore,
paullatim ad terram demisit, ac discessit; metum parvulo
satis esse pœnæ arbitratus. (7) De feris autem et seorsum
pascentibus quum alia multa mirabilia narrantur, tum quo
modo flumina tranare soleant. Primus se committit fluvio
qui ætate et quantitate est reliquis minor omnibus: illi autem stantes in ripa spectant: quod, si ille suo corpore supra
aquam exstet, jam fiduciam trajiciendi indubitatam sibi
sciunt esse concipiendam.

XIII. Huc usque provectus oratione, videor mihi propter
similitudinem non debere præterire vulpis astutiam. Sane
qui fabulas narrant, ii columbam aiunt ex arca emissam
Deucalioni certum indicium detulisse tempestatis, quum
rursus ingrederetur; serenitatis, quum avolasset. (2) Sed
Thraces in hunc usque diem quando concretum gelu
fluvium volunt transire, vulpe utuntur ad soliditatem
glaciei explorandam: sensim enim accedens, aurem
admovet: et, si strepitu oblato sentiat aquam prope sub-

μένου, τεκμαιρομένη μὴ γεγονέναι διὰ βάθους τὴν πῆξιν, ἀλλὰ λεπτὴν καὶ ἀβέβαιον, ἵσταται, κἂν ἐᾷ τις,
ἐπανέρχεται· τῷ δὲ μὴ ψοφεῖν θαρροῦσα διῆλθε. (3)
Καὶ τοῦτο μὴ λέγωμεν αἰσθήσεως ἄλογον ἀκρίβειαν,
ἀλλ' ἐξ αἰσθήσεως συλλογισμόν, ὅτι τὸ ψοφοῦν κινεῖται,
τὸ δὲ κινούμενον οὐ πέπηγε, τὸ δὲ μὴ πεπηγὸς ὑγρόν
ἐστι, τὸ δὲ ὑγρὸν ἐνδίδωσιν. (4) Οἱ δὲ διαλεκτικοὶ
φασί, τὸν κύνα τῷ διὰ πλειόνων διεζευγμένῳ χρώμενον
ἐν ταῖς πολυσχιδέσιν ἀτραποῖς, συλλογίζεσθαι πρὸς
ἑαυτὸν « ἤτοι τήνδε τὸ θηρίον ὥρμηκεν, ἢ τήνδε, [ἢ
τήνδε]· ἀλλὰ μὴν οὔτε τήνδε, οὔτε τήνδε· τήνδε λοιπὸν
ἄρα· » τῆς μὲν αἰσθήσεως οὐδὲν ἢ τὴν πρόσληψιν δι-
δούσης, τοῦ δὲ λόγου τὰ λήμματα, καὶ τὸ συμπέρασμα
τοῖς λήμμασιν ἐπιφέροντος. (5) Οὐ μὴν δεῖταί γε τοιαύτης μαρτυρίας ὁ κύων· ψευδὴς γάρ ἐστι καὶ κίβδηλος·
ἡ γὰρ αἴσθησις αὐτὴ τοῖς ἴχνεσι καὶ τοῖς πνεύμασι τοῦ
θηρίου τὴν φυγὴν ἐπιδείκνυσι, χαίρειν λέγουσα διεζευ-
γμένοις ἀξιώμασι καὶ συμπεπλεγμένοις. (6) Δι' ἄλλων
δὲ πολλῶν ἔργων καὶ παθῶν καὶ καθηκόντων, οὔτ'
ὀσφραντῶν οὔτε ὁρατῶν, ἀλλὰ διανοίᾳ καὶ λόγῳ μόνον
πρακτῶν καὶ θεατῶν ὄντων, κατιδεῖν ἐστι τὴν κυνὸς
φύσιν· οὗ τὰς μὲν ἐν ἄγραις ἐγκρατείας καὶ πειθαρχίας
καὶ ἀγχινοίας, γελοῖος ἔσομαι λέγων πρὸς ὑμᾶς τοὺς
ὁρῶντας αὐτὰ καθ' ἡμέραν καὶ μεταχειριζομένους· (7)
[Κάλβ]ου δὲ τοῦ Ῥωμαίου, σφαγέντος ἐν τοῖς ἐμφυλίοις
πολέμοις, οὐδεὶς ἐδυνήθη τὴν κεφαλὴν ἀποτεμεῖν πρότερον, πρὶν ἢ τὸν κύνα τὸν φυλάττοντα καὶ προμαχόμενον
αὐτοῦ κατακεντῆσαι περιστάντας. (8) Πύρρος δὲ ὁ
βασιλεὺς ὁδεύων ἐνέτυχε κυνὶ φρουροῦντι σῶμα πεφονευ-
μένου, καὶ πυθόμενος τρίτην ἡμέραν ἐκείνην ἄσιτον
παραμένειν καὶ μὴ ἀπολιπεῖν, τὸν μὲν νεκρὸν ἐκέλευσε
θάψαι, τὸν δὲ κύνα μεθ' ἑαυτοῦ κομίζειν ἐπιμελουμέ-
νους. (9) Ὀλίγαις δὲ ὕστερον ἡμέραις ἐξέτασις ἦν τῶν
στρατιωτῶν, καὶ πάροδος καθημένου τοῦ βασιλέως, καὶ
παρῆν ὁ κύων ἡσυχίαν ἔχων· ἐπεὶ δὲ τοὺς φονέας τοῦ
δεσπότου παριόντας εἶδεν, ἐξέδραμεν μετὰ φωνῆς καὶ
θυμοῦ ἐπ' αὐτούς, καὶ καθυλάκτει πολλάκις μεταστρε-
φόμενος εἰς τὸν Πύρρον· ὥστε μὴ μόνον ἐκείνῳ δι'
ὑποψίας ἀλλὰ καὶ πᾶσι τοῖς παροῦσι τοὺς ἀνθρώπους
γενέσθαι· διὸ συλληφθέντες εὐθὺς καὶ ἀνακρινόμενοι,
μικρῶν τινῶν τεκμηρίων ἔξωθεν προσγενομένων, ὁμο-
λογήσαντες τὸν φόνον, ἐκολάσθησαν. (10) Ταῦτα δὲ
καὶ τὸν Ἡσιόδου κύνα τοῦ σοφοῦ δρᾶσαι λέγουσι, τοὺς
Γανύκτορος ἐξελέγξαντα τοῦ Ναυπακτίου παῖδας, ὑφ'
ὧν ὁ Ἡσίοδος ἀπέθανεν. (11) Ὃ δὲ οἱ πατέρες ἡμῶν
ἔγνωσαν αὐτοὶ σχολάζοντες Ἀθήνησιν, ἐναργέστερόν
ἐστι τῶν εἰρημένων· παραρρυεὶς γὰρ ἄνθρωπος εἰς τὸν
νεὼν τοῦ Ἀσκληπιοῦ, τὰ εὔογκα τῶν ἀργυρῶν καὶ
χρυσῶν ἔλαβεν ἀναθημάτων, καὶ λεληθέναι νομίζων
ὑπεξῆλθεν· ὁ δὲ φρουρὸς κύων, ὄνομα Κάππαρος, ἐπεὶ
μηδεὶς ὑλακτοῦντι τῶν νεωκόρων ὑπήκουσεν αὐτῷ,
φεύγοντα τὸν ἱερόσυλον ἐπεδίωκε· καὶ πρῶτον μὲν βαλλόμενος λίθοις οὐκ ἀπέστη· γενομένης δὲ ἡμέρας, ἐγγὺς
οὐ προσιών, ἀλλ' ἀπ' ὀφθαλμοῦ παραφυλάττων εἵπετο,

---

terlabi, ratiocinatur non in profundum et firme congelasse
aquam, ideoque subsistit, et, nisi prohibeat aliquis, retro
abit : si nullum sonitum percipiat, jam audacter transit. (3)
Neque est quod hoc dicamus sensus brutam esse subtilitatem, sed ratiocinationem, cui sensus præbuerit principium :
ea autem est talis : *quod sonitum edit, movetur : quod
movetur, non congelavit : quod non congelavit, humidum
est : quod humidum, id subsidere solet.* (4) Dialectici
aiunt canem in triviis ea uti argumentatione, quæ e pluribus disjunctis enunciatis conficitur : sic enim secum colligere : *Fera aut hac, aut hac, aut illa institit via : nec
hac, nec hac : ergo illa quæ superest :* sensu nisi assum-
tionem nihil suppeditante, ratione prænotionem, iisque conclusionem inferente. (5) Neque vero canis hoc indiget testimonio, falsum quum sit et adulterinum : nam ipse sensus
cani vestigiis et eorum exhalationibus persequendis fera quo
fugerit demonstrat, valere jussis istis disjunctis aut copula-
tis effatis. (6) Alioqui vero e multis factis, affectionibus et
officiis canis, quæ neque olfactui neque visui obvia, sola
intelligentia agi et considerari queunt, natura ejus perspici
potest : cujus animalis in venatione continentiam, obedientiam atque solertiam vobis narrans, ridiculus sim, quotidie ista videntibus et tractantibus. (7) Calvo Romano,
in bellis civilibus jugulato, caput amputare nemo potuit,
nisi prius canem, qui dominum custodiebat ac pro eo propu-
gnabat, circumfusi confodissent. (8) Pyrrhus rex iter faciens incidit in canem qui interfecti hominis corpus asserva-
bat, cognitoque eum tertium jam diem cibi expertem
assidere, neque cadaver deserere tamen ; illud quidem hu-
mari, canem autem attente secum duci jussit. (9) Paucis
post diebus militum habita fuit lustratio, ita ut singuli rege
sedente transirent. Ibi canis qui aderat, atque adhuc quietus fuerat, ut vidit domini sui percussores transire, fremens
procurrit, eosque allatravit, subinde se ad Pyrrhum obver-
tens ; ita quidem ut non rex modo, sed qui aderant omnes
suspicionem de iis conciperent : ergo comprehensi et exa-
minati, levibus quibusdam signis aliunde accedentibus, fassi
homicidium, pœnas dederunt. (10) Idem fecisse aiunt Hesiodi illius sapientis canem, qui Ganyctoris Naupactii filios
prodiderit, a quibus Hesiodus interfectus fuerat. (11) Quod
autem parentes nostri Athenis, quum ibi bonis literis vacarent, comperere, id dictis evidentius est. Quidam quum
in templum Æsculapii occulte intrasset, argenteorum et
aureorum donariorum quæ mediocris essent ponderis arripuit, cumque iis abiit, latuisse se putans. Sed custos canis, nomine Capparus, quum nemo ædituorum latrantem
exaudiret, fugientem sacrilegum insecutus est ; et initio quidem saxis petitus, non abstitit ; luce autem facta, eminus
eum est secutus, tanto spatio ut videre hominem semper

καὶ τροφὴν προβάλλοντος, οὐκ ἐλάμβανεν· ἀναπαυο-
μένῳ δὲ παρενυκτέρευε, καὶ βαδίζοντος, πάλιν ἐπηκο-
λούθει ἀναστάς, τοὺς δ' ἀπαντῶντας ὁδοιπόρους ἔσαι-
νεν, ἐκείνῳ δ' ἐφυλάκτει καὶ προσέκειτο. (12) Ταῦτα δὲ
οἱ διώκοντες πυνθανόμενοι παρὰ τῶν ἀπαντώντων ἅμα
καὶ τὸ χρῶμα φραζόντων καὶ τὸ μέγεθος τοῦ κυνός,
προθυμότερον ἐχρήσαντο τῇ διώξει, καὶ καταλαβόντες
τὸν ἄνθρωπον, * ἀνήγαγον ἀπὸ Κρομμυῶνος· ὁ δὲ κύων
ἀναστρέψας προηγεῖτο γαῦρος καὶ περιχαρής, οἷον ἑαυτοῦ ποιούμενος ἄγραν καὶ θήραμα τὸν ἱερόσυλον. (13)
Ἐψηφίσαντο δὴ σῖτον αὐτῷ δημοσίᾳ μετρεῖσθαι, καὶ
παρεγγυᾶσθαι τοῖς ἱερεῦσιν εἰς ἀεὶ τὴν ἐπιμέλειαν· ἀπο-
μιμησάμενοι τὸ πρὸς τὸν ἡμίονον φιλανθρώπευμα τῶν
παλαιῶν Ἀθηναίων. (14) Τὸν γὰρ ἑκατόμπεδον νεὼν
Περικλέους ἐν ἀκροπόλει κατασκευάζοντος, ὡς εἰκός,
λίθοι προσήγοντο πολλοῖς ζεύγεσι καθ' ἡμέραν· τῶν
οὖν συνειργασμένων μὲν προθύμως, ἤδη δὲ διὰ γῆρας
ἀφειμένων ὀρέων εἷς κατερχόμενος εἰς Κεραμεικόν, καὶ
τοῖς ἀνάγουσι ζεύγεσι τοὺς λίθους ὑπαντῶν, ἀεὶ συνα-
νέστρεφε καὶ συμπαρετρόχαζεν, οἷον ἐγκελευόμενος
καὶ παρορμῶν· διὸ θαυμάσας αὐτοῦ τὴν φιλοτιμίαν ὁ
δῆμος ἐκέλευσε δημοσίᾳ τρέφεσθαι, καθάπερ ἀθλητῇ
σίτησιν ὑπὸ γήρως ἀπειρηκότι ψηφισάμενος.

XIV. Διὸ τοὺς λέγοντας, ὡς ἡμῖν οὐδὲν πρὸς τὰ ζῷα
δίκαιόν ἐστι, ῥητέον εὖ λέγειν, ἄχρι τῶν ἐνάλων καὶ
βυθίων· ἄμικτα γὰρ ἐκεῖνα κομιδῇ πρὸς χάριν καὶ
ἄστοργα, καὶ πάσης ἄμοιρα γλυκυθυμίας· καὶ καλῶς
Ὅμηρος εἶπε,

    Γλαυκὴ δέ σ' ἔτικτε θάλασσα,

πρὸς τὸν ἀνήμερον εἶναι δοκοῦντα καὶ ἄμικτον, ὡς
μηδὲν τῆς θαλάσσης εὐνοϊκὸν μηδὲ πρᾷον φερούσης. (2)
Ὁ δὲ καὶ πρὸς τὰ χερσαῖα τῷ λόγῳ τούτῳ χρώμενος,
ἀπηνὴς καὶ θηριώδης· ἢ μηδὲ Λυσιμάχῳ τι γεγονέναι
φήσει πρὸς τὸν κύνα τὸν Ὑρκανὸν δίκαιον, ὃς νεκρῷ τε
μόνος παρέμεινεν αὐτῷ, καὶ καομένου τοῦ σώματος,
ἐνδραμὼν αὐτὸς ἑαυτὸν ἐπέρριψε. (3) Τὰ δ' αὐτὰ καὶ
τὸν Ἄστον δρᾶσαι λέγουσιν, ὃν Πύρρος, οὐχ ὁ βασιλεύς,
ἀλλὰ ἕτερός τις ἰδιώτης, ἔθρεψεν· ἀποθανόντος γὰρ αὐτοῦ περὶ τὸ σῶμα διατρίβων, καὶ περὶ τὸ κλινίδιον αἰω-
ρούμενος ἐκφερομένου, τέλος εἰς τὴν πυρὰν στειλάμενος
ἀφῆκεν ἑαυτὸν καὶ συγκατέκαυσε. (4) Πώρου δὲ τοῦ
βασιλέως ὁ ἐλέφας, ἐν τῇ πρὸς Ἀλέξανδρον μάχῃ κα-
τατετρωμένου, πολλὰ τῶν ἀκοντισμάτων ἀτρέμα καὶ
φειδόμενος ἐξῆρει τῇ προβοσκίδι, καὶ κακῶς ἤδη διακείμενος αὐτός, οὐ πρότερον ἐνέδωκεν ἢ τοῦ βασιλέως
ἐξαίμου γενομένου καὶ περιρρέοντος αἰσθόμενος, καὶ
φοβηθεὶς μὴ πέσῃ, πρᾴως ὑφῆκε, παρέχων ἐκείνῳ τὴν
ἀπόκλισιν ἄλυπον. (5) Ὁ δὲ Βουκεφάλας γυμνὸς μὲν
ὢν παρεῖχεν ἀναβῆναι τῷ ἱπποκόμῳ, κοσμηθεὶς δὲ τοῖς
βασιλικοῖς προκοσμίοις καὶ περιδεραίοις οὐδένα προσ-
ίετο, πλὴν αὐτὸν Ἀλέξανδρον· τοῖς δ' ἄλλοις, εἰ πειρώμενοι προσίοιεν, ἐναντίος ἐπιτρέχων ἐχρεμέτιζε μέγα καὶ
συνήλλετο, καὶ κατεπάτει τοὺς μὴ πρόσω ἵεσθαι μηδ'
ἀποφεύγειν φθάσαντα.·

posset oculis eum observans : cibum ab eo projectum
respuit , juxta dormientem excubavit , rursum surgentem
subsecutus est , obviis viatoribus adblandiens, illum allatravit atque ursit. (12) Hæc quum ii qui sacrilegum perseque-
bantur ex occurrentibus audivissent, simul colorem et
magnitudinem canis exponentibus, alacrius perrexerunt,
deprehensumque sacrilegum a Crommyone reduxerunt;
cane in revertendo præeunte, lætitiaque exsultante, ut qui
sibi capti sacrilegi laudem vindicaret. (13) Athenienses
decreverunt , ut cibus ei publice demensus daretur, et sacerdotibus ea cura semper demandaretur. Qua in re imitati sunt priscorum Atheniensium humanitatem erga mulum.
(14) Quum enim Pericles Hecatompedum templum in arce
ædificaret, atque, ut fieri assolet, quotidie lapides multis
sarracis eo subveherentur : mulorum unus qui alacriter
quidem opus adjuverat, sed jam ob ætatem vacatione fuerat donatus, in Ceramicum descendens, ac lapides vectan-
tibus plaustris occurrens, perpetuo una versabatur atque
cursitabat, veluti exhortans alios et incitans ; itaque populus ejus studium miratus, tanquam athletæ ob senectutem
rude donato, publice alimenta decrevit.

XIV. Dicendum est ergo, eos qui negant quidquam nobis adversus animalia juris esse, hactenus recte loqui, si
hoc de marinis et in profundo degentibus accipi velint, quæ
nullo nobis commercio, nulla gratia, nullo amore conjuncta, omnis expertia sunt jucunditatis : et recte dicitur apud
Homerum,

    Sed te genuit mare glaucum,

in hominem immitem et insociabilem, quod nimirum mare
nihil benevolum, nihil mansuetum proferat. (2) Qui vero hoc
etiam de terrestribus affirmat, immanis est et ferus : nisi forte
nihil juris fuisse Lysimacho asseramus adversus Hyrcanum
canem, qui et cadaveri solus assedit, et quum id cremaretur, .
accurrens in ignem sese conjecit. (3) Idem etiam Astum fecisse
ferunt, canem a Pyrrho, non rege illo, sed alio quodam privato, enutritum : nam et circa cadaver mortui moram traxit, et
quum efferretur, lecticæ assultavit, et in rogum denique in-
siluit, estque una combustus. (4) Poro rege in pugna contra Alexandrum vulneribus confecto elephantus sensim et
leniter multa spicula proboscide extraxit : et ipse jam male
affectus, non prius tamen procubuit, quam sensit regem
exsanguem delabi : tum demum, ne corrueret, paullatim
sese demisit, ut rex sine dolore ad solum se inclinare posset. (5) Bucephalus nudus conscendendum se equisoni suo
præbebat : ornatus autem regiis phaleris et bullis, neminem
excepto Alexandro admittebat : ceterorum si quis accederet
tentandi gratia, adversus occurrens magno cum hinnitu in-
siliebat et conculcabat, nisi quis fuga saluti consuluisset.

XV. Οὐκ ἀγνοῶ δὲ, ὅτι [τὸ] τῶν παραδειγμάτων ὑμῖν φανεῖταί τι ποικίλον· οὐκ ἔστι δὲ ῥᾳδίως τῶν εὐφυῶν ζώων πρᾶξιν εὑρεῖν μιᾶς ἔμφασιν ἀρετῆς ἔχουσαν· ἀλλ' ἐμφαίνεται καὶ τῷ φιλοστόργῳ τὸ φιλότιμον αὐτῶν, καὶ τῷ γενναίῳ τὸ θυμόσοφον, ἥ τε πανουργία καὶ τὸ συνετὸν οὐκ ἀπήλλακται τοῦ θυμοειδοῦς καὶ ἀνδρώδους. (2) Οὐ μὴν ἀλλὰ βουλομένοις διαιρεῖν καὶ διορίζειν καθ' ἕκαστον, ἡμέρου μὲν ἔμφασιν ὁμοῦ καὶ ὑψηλοῦ φρονήματος ποιοῦσιν οἱ κύνες, ἀποτρεπόμενοι τῶν συγκαθεζομένων· ὥς που καὶ ταῦτ' εἴρηται·

Οἱ μὲν κεκλήγοντες ἐπέδραμον· αὐτὰρ Ὀδυσσεὺς
Ἕζετο κερδοσύνῃ, σκῆπτρον δέ οἱ ἔκπεσε χειρός·

οὐκέτι γὰρ προσμάχονται τοῖς ὑποπεσοῦσι καὶ γεγονόσι ταπεινοῖς τὰς ἕξεις ὁμοίοις. (3) Φασὶ δὲ καὶ τὸν πρωτεύοντα κύνα τῶν Ἰνδικῶν καὶ μαχεσθέντα πρὸς Ἀλέξανδρον, ἐλάφου ἀφιεμένου καὶ κάπρου καὶ ἄρκτου, ἡσυχίαν ἔχοντα κεῖσθαι καὶ περιορᾶν· ὀφθέντος δὲ λέοντος, εὐθὺς ἐξαναστῆναι καὶ διακονίεσθαι, * καὶ φανερὸν εἶναι αὐτοῦ ποιούμενον ἀνταγωνιστὴν, τῶν δ' ἄλλων ὑπερφρονοῦντα πάντων. (4) Οἱ δὲ τοὺς δασύποδας διώκοντες, ἐὰν μὲν αὐτοὶ κτείνωσιν, ἥδονται διασπῶντες, καὶ τὸ αἷμα λάπτουσι προθύμως· ἐὰν δ' ἀπογνοὺς ἑαυτὸν ὁ λαγωὸς, ὃ γίνεται πολλάκις, ὅσον ἔχει πνεύματος εἰς τὸν ἔσχατον ἀναλώσας δρόμον ἐκλίπῃ, νεκρὸν καταλαβόντες οὐχ ἅπτονται τοπαράπαν, ἀλλ' ἵστανται τὰς οὐρὰς κινοῦντες, ὡς οὐ κρεῶν χάριν, ἀλλὰ νίκης καὶ φιλονεικίας ἀγωνιζόμενοι.

XVI. Πανουργίας δὲ πολλῶν παραδειγμάτων ὄντων, ἀφεὶς ἀλώπεκας καὶ λύκους, καὶ τὰ γεράνων σοφίσματα καὶ κολοιῶν, ἔστι γὰρ δῆλα, μάρτυρι χρησόμεθα Θαλῇ τῷ παλαιοτάτῳ τῶν σοφῶν, ὃν οὐχ ἥκιστα θαυμασθῆναι λέγουσιν ὀρέως τέχνῃ περιγενόμενον. (2) Τῶν γὰρ ἁληγῶν ἡμιόνων εἷς ἐμβαλὼν εἰς ποταμὸν ὤλισθεν αὐτομάτως, καὶ τῶν ἁλῶν διατακέντων, ἀναστὰς ἐλαφρὸς, ᾔσθετο τὴν αἰτίαν καὶ κατεμνημόνευσεν· ὥστε διαβαίνων ἀεὶ τὸν ποταμὸν, ἐπίτηδες ὑφιέναι καὶ βαπτίζειν τὰ ἀγγεῖα, συγκαθίζων καὶ ἀπονεύων εἰς ἑκάτερον μέρος· (3) ἀκούσας οὖν ὁ Θαλῆς, ἐκέλευσεν ἀντὶ τῶν ἁλῶν ἐρίων τὰ ἀγγεῖα καὶ σπόγγων ἐμπλήσαντας καὶ ἀναθέντας, ἐλαύνειν τὸν ἡμίονον· ποιήσας οὖν τὸ εἰωθὸς καὶ ἀναπλήσας ὕδατος τὰ φορτία, συνῆκεν ἀλυσιτελῆ σοφιζόμενος ἑαυτῷ, καὶ τὸ λοιπὸν οὕτω προσέχων καὶ φυλαττόμενος διέβαινε τὸν ποταμὸν, ὥστε μηδ' ἄκοντος αὐτοῦ τῶν φορτίων παραψαῦσαι τὸ ὑγρόν. (4) Ἄλλην δὲ πανουργίαν ὁμοῦ μετὰ τοῦ φιλοστόργου πέρδικες ἐπιδεικνύντες, τοὺς μὲν νεοττοὺς ἐθίζουσι μηδέπω φεύγειν δυναμένους, ὅταν διώκωνται, καταβαλόντας ὑπτίους ἑαυτοὺς, βῶλόν τινα ἢ συρφετὸν ἄνω προΐσχεσθαι τοῦ σώματος, οἷον ἐπηλυγαζομένους· αὐταὶ δὲ τοὺς διώκοντας ὑπάγουσιν ἄλλῃ καὶ περισπῶσιν εἰς ἑαυτὰς, ἐμποδὼν διαπετόμεναι καὶ κατὰ μικρὸν ἐξανιστάμεναι, μέχρις ἂν οὕτως ἁλισκομένων δόξαν ἐνδιδοῦσαι, μακρὰν

XV. Non nescio hæc exempla vobis visum iri varietate aliqua constare. Non potest autem facile ingeniosi animalis factum aliquod inveniri, in quo unius duntaxat virtutis insit indicium : sed elucescit in amore eorum erga prolem simul studium laudis et alacritas, in fortitudine sapientia iræ moderans, et prudentia atque astutia non est absque virili audacia. (2) Si tamen libeat dividere et distinguere singula, mansueti simul et excelsi animi imaginem proponunt canes, qui avertuntur a subsidentibus in terram : quo hæc pertinent,

Cum clangore canes tunc irruere : hic sed Ulysses
astu subsedit, baculumque abjecit :

non enim porro impetunt canes eos qui se demiserunt, humiliumque animo similes sunt facti. (3) Ferunt etiam præcipuum de Indicis canibus qui ad Alexandrum adducti sunt, emissis cervo, apro et urso, quietum jacuisse, eosque sprevisse, viso autem leone statim surrexisse, et ad certamen se parasse, palam ostendentem hunc se sibi adversarium, contemtis reliquis omnibus, deligere. (4) Canes vero qui lepores venantur, si ipsi eos interficiunt, gaudent iis dilacerandis ac sanguine eorum potando : si vero lepus desperata salute, ut sæpe fit, quidquid habet reliquum spiritus in extremum insumens cursum concidit; mortuum nactus canis non tangit omnino, sed astat caudam movens : significans nimirum se non carnis, sed victoriæ causa certasse.

XVI. Versutiæ autem quum sint multa exempla, omissis vulpium, luporum, gruum, graculorumque commentis callidis (sunt enim nota), testem laudabo Thaletem antiquissimum sapientum : quem ferunt non minimam laudem eo invenisse, quod mulum arte superasset. (2) Salem portantium mulorum quidam fluvium ingressus, fortuito concidit, ac sale in aqua colliquato, quum surgens onere se animadverteret levatum, causam sensit ac memoriæ mandavit : et quoties per amnem transiret, dedita porro opera se dimisit, et in utramque partem versavit ut vasa in aquam demergerentur. (3) Quod ubi Thales audivit, jussit loco salis lana et spongiis vasa impleri, iisque oneratum agi mulum : qui quum pro more suo egisset, et aqua onus suum implevisset, sentiens suas sibi argutias male cessisse, posthac ita caute fluvium transiit, ut ne invito quidem ipso vasa aqua tangerentur. (4) Alium astum cum fœtus amore conjunctum perdices usurpant. Assuefaciunt enim pullos suos, qui nondum volare possunt, urgente aucupe supinos jacere, et glebam aliquam aut quisquilias corpori injicere ac prætendere, tanquam umbraculum aut tegumentum quoddam : ipsæ interim persequentem aliorsum abducunt atque circumagunt hinc inde coram ipsis volitantes, paullatimque loco cedentes, donec ita lactatum spe capiendi

ἀποσπάσωσι τῶν νεοττῶν. (5) Οἱ δὲ δασύποδες πρὸς
εὐνὴν ἐπανιόντες ἄλλον ἀλλαχῇ κομίζουσι τῶν λαγι-
δέων, καὶ πλέθρου διάστημα πολλάκις ἀλλήλων ἀπέχοντας, ὅπως ἂν ἄνθρωπος ἢ κύων ἐπίῃ, μὴ πάντες
ἅμα συγκινδυνεύωσιν· αὐτοὶ δὲ πολλαχόθι ταῖς μετα-
δρομαῖς ἴχνη θέντες, τὸ δ' ἔσχατον ἅλμα μέγα καὶ
μακρὰν τῶν ἰχνῶν ἀποσπάσαντες, οὕτω καθεύδουσιν.
(6) Ἡ δ' ἄρκτος ὑπὸ τοῦ πάθους, ὃ καλοῦσι φωλίαν,
καταλαμβανομένη, πρὶν ἢ παντάπασι ναρκῆσαι καὶ
γενέσθαι βαρεῖα καὶ δυσκίνητος, τόν τε τόπον ἀνακα-
θαίρει, καὶ μέλλουσα καταδύεσθαι, τὴν μὲν ἄλλην
πορείαν ὡς ἐνδέχεται μάλιστα ποιεῖται μετέωρον καὶ
ἐλαφρὰν, ἄκροις ἐπιθιγγάνουσα τοῖς ἴχνεσι, τῷ νώτῳ
δὲ τὸ σῶμα προσάγει, καὶ παρακομίζει πρὸς τὸν
φωλεόν. (7) Τῶν ἐλάφων [δ'] αἱ θήλειαι μάλιστα
τίκτουσι παρὰ τὴν ὁδόν, ὅπου τὰ σαρκοβόρα θηρία μὴ
πρόσεισιν· οἵ τ' ἄρρενες, ὅταν αἰσθωνται βαρεῖς ὑπὸ
πιμελῆς καὶ πολυσαρκίας ὄντες, ἐκτοπίζουσι, σώζοντες
αὑτοὺς τῷ λανθάνειν, ὅτε τῷ φεύγειν οὐ πεποίθασιν.
(8) Τῶν δὲ χερσαίων ἐχίνων ἡ μὲν ὑπὲρ αὑτῶν ἄμυνα
καὶ φυλακὴ παροιμίαν πεποίηκε,

    Πόλλ' οἶδ' ἀλώπηξ, ἀλλ' ἐχῖνος ἓν μέγα·

προσιούσης γὰρ αὐτῆς, ὥς φησιν ὁ Ἴων,

    Στρόβιλος ἀμφ' ἄκανθαν εἰλίξας δέμας,
    κεῖται θιγεῖν τε καὶ δακεῖν ἀμήχανος.

(9) Γλαφυρωτέρα δ' ἐστὶν ἡ περὶ τῶν σκυμνίων πρό-
νοια· μετοπώρου γὰρ ὑπὸ τὰς ἀμπέλους ὑποδυόμενος,
καὶ τοῖς ποσὶ τὰς ῥᾶγας ἀποσείσας τοῦ βότρυος χαμᾶζε,
καὶ περικυλισθείς, * ἀναλαμβάνει ταῖς ἀκάνθαις· καὶ
παρέσχε ποτὲ πᾶσιν ἡμῖν ὁρῶσιν ὄψιν ἑρπούσης ἢ
βαδιζούσης σταφυλῆς· οὕτως ἀνάπλεως ἐχώρει τῆς
ὀπώρας· εἶτα καταδὺς εἰς τὸν φωλεόν, τοῖς σκύμνοις
χρῆσθαι καὶ λαμβάνειν ἀπ' αὐτοῦ ταμιευομένοις πα-
ραδίδωσι. (10) Τὸ δὲ κοιταῖον αὐτῶν ὀπὰς ἔχει δύο,
τὴν μὲν πρὸς νότον, τὴν δὲ πρὸς βοῤῥᾶν βλέπουσαν·
ὅταν δὲ προαίσθωνται τὴν διαφορὰν τοῦ ἀέρος, ὥσπερ
ἱστίον κυβερνῆται μεταλαμβάνοντες ἐμφράσσουσι τὴν
κατ' ἄνεμον, τὴν δὲ ἑτέραν ἀνοίγουσι. Καὶ τοῦτό τις
ἐν Κυζικῷ καταμαθὼν, δόξαν ἔσχεν ὡς ἀφ' αὑτοῦ τὸν
μέλλοντα πνεῖν ἄνεμον προαγορεύων.

XVII. Τό γε μὴν κοινωνικὸν μετὰ τοῦ συνετοῦ τοὺς
ἐλέφαντας ἀποδείκνυσθαί φησιν ὁ Ἰόβας. Ὀρύγματα
γὰρ αὐτοῖς οἱ θηρεύοντες ὑπεργασάμενοι λεπτοῖς φρυ-
γάνοις καὶ φορυτῷ κούφῳ κατερέφουσιν· ὅταν οὖν εἰς
ὀλισθῇ, πολλῶν ὁμοῦ πορευομένων, οἱ λοιποὶ φοροῦντες
ὕλην καὶ λίθους ἐμβάλλουσιν, ἀναπληροῦντες τὴν κοιλότητα τοῦ ὀρύγματος, ὥστε ῥᾳδίαν ἐκείνῳ γενέσθαι
τὴν ἔκβασιν. (2) Ἱστορεῖ δὲ καὶ εὐχῇ χρῆσθαι θεῶν
τοὺς ἐλέφαντας ἀδιδάκτως, ἁγνιζομένους τε τῇ θαλάσσῃ, καὶ τὸν ἥλιον ἐκφανέντα προσκυνοῦντας, ὥσπερ
χειρὸς ἀνατάσει τῆς προβοσκίδος. Ὅθεν καὶ θεοφι-
λέστατόν ἐστι τὸ θηρίον, ὡς Πτολεμαῖος ὁ Φιλοπάτωρ

longe a pullis avellant. (5) Lepores in cubiculum suum
redeuntes, catulorum alium alio ponunt, sæpe jugeri intervallo unum ab alio locantes; ne si homo aut canis
superveniat, omnes simul periclitentur : ipsi quum hac
illac discurrentes varia vestigia reliquerint, ad extremum
saltu magno longe a vestigiis se subducentes, ita dormiunt.
(6) Ursa quando gravedine, quam *pholian* appellant, corripitur, priusquam omnino torpeat, gravisque et immobilis
fiat, locum receptui destinatum expurgat : eumque subitura
incedit quam potest maxime suspensis gressibus, summis
insistens vestigiis; tandem corpore in tergum conjecto in
antrum suum sese infert. (7) Cervæ potissimum juxta
vias pariunt, quo carnivora animalia non accedunt. Cervi
quando se graves ob pinguedinem et carnium abundantiam
sentiunt, subducunt se alio; ut quod fugiendo consequi
non possunt, latendo impetrent. (8) Terrestrium echino-
rum (quos erinaceos etiam et ericios appellant) sui defensio
et custodia etiam proverbium genuit,

    Scit multa vulpes, magnum echinus unum habet :

nam accedente, ut ait Ion, vulpe, ipse

    Corpus convolvens pineæ in morem nucis
    spinis riget, horrens, ne vel morderi queat,
    vel tangier.

(9) Elegantior tamen est ejus pro catulis procuratio. Autumni enim tempore sub vites obrepens uvarum baccas
pedibus decutit in terram, easque, circumvolutans se,
spinis suis excipit : ac nobis aliquando omnibus hoc spectantibus speciem exhibuit ambulantis uvæ : adeo plenus
baccis vadebat : deinde in cavernam suam descendens,
catulis eas a se decerpendas præbet. (10) Cubile ejus duo
habet foramina : unum versus meridiem, alterum versus
septentriones. Quum ergo præsentit mutationem aeris,
instar gubernatoris vela mutantis, obturat id quod vento
est oppositum, alterum aperit. Quod quum Cyzici quidam
observasset, creditus est a se prædicere posse ventum qui
esset spiraturus.

XVII. Societatis tuendæ ac prudentiæ exempla Juba
scribit ab elephantis exhiberi. Venatores enim fossas quas
ad ipsos capiendos faciunt, levibus sarmentis et festucis
injectis obtegunt. Quum ergo elephantorum unus (nam
multi simul ambulant) in fossam incidit, reliqui materiam
congerunt, et lapides ingerunt, ut illapsus facile exire possit. (2) Scribit etiam elephantos diis vota facere, quum
se, nemine docente, mari lustrent, solemque orientem
adorent, proboscide manus loco sursum erecta. Itaque
etiam hoc animal diis est carissimum, ut Ptolemæus Philo.

ἐμαρτύρησε. (3) Κρατήσας γὰρ Ἀντιόχου, καὶ βουλόμενος ἐκπρεπῶς τιμῆσαι τὸ θεῖον, ἄλλα τε πάμπολλα κατέθυσεν ἐπινίκια τῆς μάχης, καὶ τέσσαρας ἐλέφαντας· εἶτα νύκτωρ ὀνείρασιν ἐντυχών, ὡς τοῦ θεοῦ μετ' ὀργῆς ἀπειλοῦντος αὐτῷ διὰ τὴν ἀλλόκοτον ἐκείνην θυσίαν, ἱλασμοῖς τε πολλαῖς ἐχρήσατο, καὶ χαλκοῦς ἐλέφαντας ἀντὶ τῶν σφαγέντων ἀνέστησε τέσσαρας. (4) Οὐχ ἧττον δὲ κοινωνικὰ τὰ τῶν λεόντων. Οἱ γὰρ νέοι τοὺς βραδεῖς καὶ γέροντας ἤδη συνεξάγουσιν ἐπὶ θήραν· ὅπου δ' ἂν ἀπαγορεύσωσιν, οἱ μὲν κάθηνται περιμένοντες, οἱ δὲ θηρεύουσι· κἂν λάβωσιν ὁτιοῦν, ἀνακαλοῦνται, μόσχου μυκήματι τὸ βρύχημα ποιοῦντες ὅμοιον· οἱ δ' εὐθὺς αἰσθάνονται, καὶ παραγενόμενοι κοινῇ τὴν ἄγραν ἀναλίσκουσιν.

XVIII. Ἔρωτες δὲ πολλῶν, οἱ μὲν ἄγριοι καὶ περιμανεῖς γεγόνασιν· οἱ δ' ἔχοντες οὐκ ἀπάνθρωτον ὡραϊσμὸν οὐδ' ἀναφρόδιτον ὁμιλίαν. (2) Οἷος ἦν ὁ τοῦ ἐλέφαντος ἐν Ἀλεξανδρείᾳ, τοῦ ἀντερῶντος Ἀριστοφάνει τῷ γραμματικῷ· τῆς γὰρ αὐτῆς ἥρων στεφανοπώλιδος, καὶ οὐχ ἧττον ἦν ὁ ἐλέφας διάδηλος· ἔφερε γὰρ αὐτῇ τῆς ὀπώρας ἀεὶ πρατήρια παραπορευόμενος, καὶ χρόνον πολὺν ὑφίστατο, καὶ τὴν προβοσκίδα τῶν χιτωνίων ἐντός, ὥσπερ χεῖρα, παραβαλών, ἀτρέμα τῆς περὶ τὸ στῆθος ὥρας ἔψαυεν. (3) Ὁ δὲ δράκων ὁ τῆς Αἰτωλίδος ἐρασθεὶς ἐφοίτα νύκτωρ πρὸς αὐτήν, καὶ τοῦ σώματος ὑποδυόμενος ἐν χρῷ, καὶ περιπλεκόμενος, οὐδὲν οὔτε ἑκὼν οὔτ' ἄκων ἔβλαψεν, ἀλλὰ [καὶ] κοσμίως ἀεὶ περὶ τὸν ὄρθρον ἀπηλλάττετο· συνεχῶς δὲ τοῦτο ποιοῦντος αὐτοῦ, μετῴκισαν οἱ προσήκοντες ἀπωτέρω τὴν ἄνθρωπον· (4) ὁ δὲ τρεῖς μὲν ἢ τέτταρας [**] οὐκ ἦλθεν, ἀλλ', ὡς ἔοικε, περιῄει ζητῶν καὶ πλανώμενος· μόλις δέ πως ἐξανευρών, καὶ περιπεσὼν οὐ πράως, ὥσπερ εἰώθει, ἀλλὰ τραχύτερος, τῷ μὲν ἄλλῳ σπειράματι τὰς χεῖρας αὐτῆς ἔδησε πρὸς τὸ σῶμα, τῷ δ' ἀπολήγοντι τῆς οὐρᾶς ἐμαστίγου τὰς κνήμας, ἐλαφράν τινα καὶ φιλόστοργον καὶ πλέον ἔχουσαν τοῦ κολάζοντος τὸ φειδόμενον ὀργὴν ἀποδεικνύμενος. (5) Τὸν δ' ἐν Αἰγύπτῳ παιδεραστοῦντα χῆνα, καὶ τὸν ἐπιθυμήσαντα Γλαύκης τῆς κιθαρῳδοῦ κριόν· περιβόητοι γάρ εἰσι, καὶ πολλῶν οἶμαι διηγημάτων τοιούτων διακορεῖς ὑμᾶς εἶναι· διὸ ταῦτα μὲν ἀφίημι.

XIX. Ψάρες δὲ καὶ κόρακες καὶ ψιττακοὶ μανθάνοντες διαλέγεσθαι, καὶ τὸ τῆς φωνῆς πνεῦμα τοῖς διδάσκουσιν εὔπλαστον οὕτω καὶ μιμηλὸν ἐξαριθμεῖν καὶ ῥυθμίζειν παρέχοντες, ἐμοὶ δοκοῦσι * προδικεῖν καὶ συνηγορεῖν τοῖς ἄλλοις ζῴοις ἐν τῷ μανθάνειν, τρόπον τινὰ διδάσκοντες ἡμᾶς, ὅτι καὶ προφορικοῦ λόγου καὶ φωνῆς ἐνάρθρου μέτεστιν αὐτοῖς· (2) ᾗ καὶ πολὺς κατάγελως τὸ πρὸς ταῦτα καταλιπεῖν ἐκείνοις σύγκρισιν, οἷς οὐδὲ ὅσον ὠρύσασθαι μέτεστιν, οὐδ' ὅσον στενάξαι, φωνῆς· τούτων δὲ καὶ τοῖς αὐτοφυέσι καὶ τοῖς ἀδιδάκτοις γηρύμασιν ὅση μοῦσα καὶ χάρις ἔπεστιν, οἱ λογιώτατοι καὶ καλλιφωνότατοι μαρτυροῦσι, τὰ ἥδιστα ποιήματα καὶ μέλη κύκνων καὶ ἀηδόνων

pator testatum fecit. (3) Quum enim, victo Antiocho, vellet diis honorem splendide habere, præter alia ob partam prælio victoriam sacrificia, quattuor etiam elephantos immolavit : nocturnis autem territus insomniis, quod numen ei ob sacrificium illud inusitatum comminaretur, quum multis usus est piaculis, tum quattuor æreos elephantos pro occisis posuit. (4) Neque minus societatem colunt leones. Nam a junioribus in venationem educuntur ætate graviores et tardiores : hi ubi defatigati sunt, sedent et juniores opperiuntur : qui venando prædam nacti, mugitu, qui similis est boatui vituli, seniores vocant : hi id statim sentiunt, accedunt, communique præda vescuntur.

XVIII. Amores porro multorum exstitere animalium, alii sævi et furiosi, alii habentes non inhumanam elegantiam, neque invenustam consuetudinem. (2) Qualis fuit Alexandriæ amor elephanti, rivalem se Aristophani grammatico exhibentis : amabant enim ambo puellam corollas vendentem, et non minus evidenter elephantus : nam per forum pomarium transiens, semper ei poma afferebat, diuque astabat proboscideque, manus instar, intra vestem inserta pectus sensim contrectabat. (3) Draco autem qui Ætolicam feminam amavit, noctu ad eam commeabat, et ad cutem usque subiens amplexansque, neque prudens, neque imprudens lædebat, decenterque semper sub auroram abiit : quod quum assiduo faceret, necessarii longius removerunt feminam. (4) Draco post id, triduum aut quatriduum non venit, quærens, ut apparet, eam, et vagans; tandem ægre quum reperisset, non pro more placidus, sed asperior accessit, et quum manus ejus reliquis voluminibus corpori alligasset, suras extrema cauda flagellavit, lenem quandam et amatoriam iram ostendens, quæ plus indulgentiæ haberet quam pœnæ. (5) Omitto anserem, qui in Ægypto puerum adamavit, et Glauces citharœdæ amore captum arietem : sunt enim in ore omnium, et vobis multarum ejusmodi narrationum satietatem obortam puto.

XIX. Jam sturni, corvi, psittaci, quando loqui discunt, vocisque spiritum ita facilem fictu et ad imitandum compositum doctoribus præbent, videntur mihi inter discendum patrocinari ceteris animalibus, ac nos quodammodo docere, etiam ejus quæ viva voce exprimitur et articulatæ orationis partem ipsis esse. (2) Quo fit ut valde ridiculi sint, qui cum istis animalibus sibi comparandos sumunt pisces, qui ne ad ululatum quidem aut ad gemitum satis habent vocis : quum avium a natura profectis et nulla disciplina formatis cantilenis quantum venustatis et gratiæ insit, eruditissimi et musices peritissimi homines testimonium ferant, suavissima poemata et carmina, olorum et lusciniarum com-

ᾠδαῖς ἀπεικάζοντες. (3) Ἐπεὶ δὲ τοῦ μαθεῖν τὸ διδάξαι
λογικώτερον, ἤδη πειστέον Ἀριστοτέλει, λέγοντι καὶ
τοῦτο τὰ ζῷα ποιεῖν· ὀφθῆναι γὰρ ἀηδόνα νεοσσὸν ᾄδειν
προδιδάσκουσαν. (4) Μαρτυρεῖ δ' αὐτῷ τὸ φαυλότερον
ᾄδειν ὅσαις συμβέβηκε, μικραῖς ἁλούσαις, ἀποτρόφοις
τῶν μητέρων γενέσθαι· διδάσκονται γὰρ αἱ συντρεφό-
μεναι καὶ μανθάνουσιν, οὐ διὰ μισθὸν οὐδὲ πρὸς δόξαν,
ἀλλὰ τῷ χαίρειν διαμελιζόμεναι, καὶ τὸ καλὸν ἀγαπᾶν
μᾶλλον ἢ τὸ χρειῶδες τῆς φωνῆς. (5) Ἔχω δὲ περὶ
τούτου καὶ λόγον εἰπεῖν πρὸς ὑμᾶς, ἀκούσας Ἑλλήνων
τε πολλῶν καὶ Ῥωμαίων παραγενομένων. Κουρεὺς
γάρ τις ἐργαστήριον ἔχων ἐν Ῥώμῃ πρὸ τοῦ τεμένους,
ὃ καλοῦσιν Ἑλλήνων ἀγοράν, θαυμαστόν τι χρῆμα
πολυφώνου καὶ πολυφθόγγου κίττης ἔτρεφε, καὶ ἀνθρώπου ῥήματα καὶ θηρείους φθόγγους ἀνταπεδίδου,
καὶ ψόφους ὀργάνων, μηδενὸς ἀναγκάζοντος, ἀλλ' αὐτὴν
ἐθίζουσα, καὶ φιλοτιμουμένη μηδὲν ἄρρητον ἀπολιπεῖν
μηδ' ἀμίμητον. (6) Ἔτυχε δέ τις ἐκείνῃ τῶν πλουσίων ἐκκομιζόμενος ὑπὸ σάλπιγξι πολλαῖς, καὶ γενομένης, ὥσπερ εἴωθε, κατὰ τὸν τόπον ἐπιστάσεως,
εὐδοκιμοῦντες οἱ σαλπιγκταὶ καὶ κελευόμενοι, πολὺν
χρόνον ἐνδιέτριψαν· ἡ δὲ κίττα μετὰ τὴν ἡμέραν
ἐκείνην ἄφθογγος ἦν καὶ ἄναυδος, οὐδὲ τὴν αὑτῆς ἐπὶ
τοῖς ἀναγκαίοις πάθεσιν ἀφιεῖσα φωνήν. (7) Τοῖς οὖν
πρότερον αὐτῆς θαυμάζουσι τὴν φωνήν, τότε θαῦμα
μεῖζον ἡ σιωπὴ παρεῖχε, κωφὸν ἀκρόαμα τοῖς συνήθως
παροδεύουσι τὸν τόπον· ὑποψίαι δὲ φαρμάκων ἐπὶ τοὺς
ὁμοτέχνους ἦσαν· οἱ δὲ πλεῖστοι τὰς σάλπιγγας εἴκαζον
ἐκπλῆξαι τὴν ἀκοήν, τῇ δ' ἀκοῇ συγκατεσβέσθαι τὴν
φωνήν. (8) Ἦν δ' οὐδέτερα τούτων, ἀλλ' ἄσκησις,
ὡς ἔοικε, καὶ ἀναχώρησις εἰς ἑαυτὸ τοῦ μιμητικοῦ,
καθάπερ ὄργανον ἐξαρτυομένου τὴν φωνὴν καὶ παρα-
σκευάζοντος· ἄφνω γὰρ αὖθις ἧκε καὶ ἀνέλαμψεν,
οὐδὲν τῶν συνήθων καὶ παλαιῶν μιμημάτων ἐκείνων,
ἀλλὰ τὰ μέλη τῶν σαλπίγγων αὐταῖς περιόδοις φθεγγο-
μένη, καὶ μεταβολὰς πάσας καὶ κρουμάτων διεξιοῦσα
πάντας ῥυθμούς· ὥστε, ὅπερ ἔφην, τῆς εὐμαθείας
λογικωτέραν εἶναι τὴν αὐτομάθειαν ἐν αὐτοῖς. (9)
Πλὴν ἕν γέ τι μάθημα κυνὸς οὐ δοκῶ μοι παρήσειν
γενόμενος ἐν Ῥώμῃ θεατής. Παρὼν γὰρ ὁ κύων
μίμῳ πλοκὴν ἔχοντι δραματικὴν καὶ πολυπρόσωπον,
ἄλλας τε μιμήσεις ἀπεδίδου τοῖς ὑποκειμένοις πάθεσι
καὶ πράγμασι προσφόρους, καὶ φαρμάκου ποιουμένων
ἐν αὐτῷ πεῖραν, ὑπνωτικοῦ μὲν, ὑποκειμένου δ' εἶναι
θανασίμου, τόν τ' ἄρτον, ᾧ δῆθεν ἐμέμικτο τὸ φάρμακον, ἐδέξατο, καὶ καταφαγών, ὀλίγον ὕστερον ὅμοιος
ἦν ὑποτρέμοντι καὶ σφαλλομένῳ καὶ καρηβαροῦντι·
τέλος δὲ προτείνας ἑαυτόν, ὥσπερ νεκρὸς ἔκειτο, καὶ
παρεῖχεν ἕλκειν καὶ μεταφέρειν, ὡς ὁ τοῦ δράματος
ὑπηγόρευε λόγος· (10) ἐπεὶ δὲ τὸν καιρὸν ἐκ τῶν λεγομένων καὶ πραττομένων ἐνόησεν, ἡσυχῇ τὸ πρῶτον
ἐκίνησεν ἑαυτόν, ὥσπερ ἐξ ὕπνου βαθέος ἀναφερόμενος,
* καὶ τὴν κεφαλὴν ἐπάρας διέβλεψεν· ἔπειτα θαυμα-
σάντων, ἐξαναστὰς ἐβάδιζε πρὸς ὃν ἔδει· καὶ προσή-

parantes cantibus. (3) Quoniam autem in docendo quam
discendo plus inest rationis, fides jam habeatur Aristoteli,
qui docere etiam animalia ait : visam enim esse lusciniam,
quæ suo pullo canendi modum traderet. (4) Atque testimonium ei fert hæc res, quod eæ lusciniæ deterius canunt,
quæ parvæ captæ et convictui matrum ereptæ aluntur :
quæ enim a matribus educantur, simul discunt; non mercedis aut gloriæ gratia cantillantes, sed quia ipsæ eo delectantur et vocis pulchritudinem magis quam utilitatem diligunt. (5) Est de hac re quod vobis narrem, auditum ex ore
multorum Romanorum et Græcorum, qui rem coram spe-
ctaverunt. Tonsor quidam tonstrinam habebat Romæ ante
templum, quod Forum Græcorum appellant. Is mirifice
vocalem et garrulam alebat picam, quæ et hominum verba,
et voces animalium redderet, instrumentorumque sonos;
non cogente quoquam, sed quod ipsa impense studeret
omnes voces prodere, nihil non sonorum exprimere imitando. (6) Forte evenit ut in ea vicinia dives quidam efferretur multis tubis accinentibus : quumque pro more
ibi locorum fieret institio, tubicines quia placebant, jussi
cantum diutius protraxere. Ab illa die pica ita muta, ita
voce omni destituta fuit, ut ne eam quidem ederet, qua
necessaria sibi solebat indicare. (7) Quibus ergo ante vox
ejus, iis tunc silentium admirationi fuit, quasi tacita au-
scultatio iis, qui illac pergere solebant. Non deerant qui
veneficio eandem artem tractantium hoc effectum suspica-
rentur : plerique sono tubarum auditum avis perculsum
putabant et attonitum, unaque cum eo exstinctam vocem.
(8) Verum nihil erat tale in causa : sed exercitatio, ut apparuit, vi imitandi in sese conversa, et vocem tanquam
instrumentum concinnante atque apparante. Subito enim
rursum vocem emisit et emicuit, nihil usitatarum illarum
et veterum imitationum, sed cantus tubarum ipsis conversionibus modulans, omnesque mutationes et pulsationum
numeros exprimens : ut, quomodo dixi, in animalibus
intelligi possit, facultatem a se ipso discendi rationis majorem habere vim, quam docilitatem magistro aptam. (9)
Unam tamen canis disciplinam non videor mihi debere
silentio premere, cujus spectator Romæ fui. Aderat canis
mimo quodam agendo, qui fabulam perplexam multarum-
que actione personarum constantem habebat : is canis
quum alios gestus referebat, rebus et motibus animorum
argumenti illius respondentes : tum facto periculo in ipso
veneni, quod soporem afferret, sed letale videri ex argumento fabulæ debebat, panem in quo id exhibebatur accepit, et postquam ederat, paullo post similem se treme-
bundo, labascenti, et caput ob gravitatem sustentare
nequeunti præbuit : denique se tanquam exstinctum pro-
tendit, trahendumque et transferendum præbuit : sicut
fabulæ rationes postulabant. (10) Deinde articulo temporis
ex his quæ dicebantur agebanturque cognito, sensim principio sese commovit, tanquam si ex alto somno expergisceretur, ac sublato capite circumspexit : post admirantibus
omnibus, ad eum accessit ad quem debuit, et adblandie-

κ[αλλ]ε μὲν χαίρων καὶ φιλοφρονούμενος, ὥστε πάντας
ἀνθρώπους καὶ Καίσαρα (παρῆν γὰρ ὁ γέρων Οὐεσπα-
σιανὸς ἐν τῷ Μαρκέλλου θεάτρῳ) συμπαθεῖς γενέσθαι.

XX. Γελοῖοι δ' ἴσως ἐσμὲν ἐπὶ τῷ μανθάνειν τὰ
ζῷα σεμνύνοντες, ὧν ὁ Δημόκριτος ἀποφαίνει μαθητὰς
ἐν τοῖς μεγίστοις γεγονότας ἡμᾶς· ἀράχνης, [ἐν] ὑφαν-
τικῇ καὶ ἀκεστικῇ· χελιδόνος, ἐν οἰκοδομίᾳ· καὶ τῶν
λιγυρῶν, κύκνου καὶ ἀηδόνος, ἐν ᾠδῇ, (καὶ) κατὰ
μίμησιν. (2) Ἰατρικῆς δὲ πολὺ τῶν τριῶν εἰδῶν
ἑκάστου καὶ γενναῖον ἐν αὐτοῖς μόριον ὁρῶμεν· οὐ γὰρ
μόνον τῷ φαρμακευτικῷ χρῶνται, χελῶναι μὲν ὀρίγανον, γαλαῖ δὲ πήγανον, ὅταν ὄφεως φάγωσιν, ἐπεσθίου-
σαι· κύνες δὲ πόᾳ τινὶ καθαίροντες ἑαυτοὺς χολεριῶντας·
(3) ὁ δὲ δράκων τῷ μαράθρῳ τὸν ὀφθαλμὸν ἀμβλυώττοντα λεπτύνων καὶ διαχαράττων· ἡ δ' ἄρκτος, ὅταν
ἐκ τοῦ φωλεοῦ παρέλθῃ, τὸ ἄρον ἐσθίουσα πρῶτον τὸ
ἄγριον· ἡ γὰρ δριμύτης ἀνοίγει συμπεφυκὸς αὐτῆς τὸ
ἔντερον· ἄλλως δ' ἀσώδης γενομένη πρὸς τὰς μυρμηκιὰς τρέπεται, καὶ κάθηται προβάλλουσα λιπαρὰν καὶ
μαλακὴν ἰκμάδι γλυκείᾳ τὴν γλῶσσαν, ἄχρις οὗ μυρμήκων ἀνάπλεως γένηται· καταπίνουσα γὰρ ὠφελεῖται·
(4) τῆς τ' ἴβεως τὸν ὑποκλυσμὸν ἅλμῃ καθαιρομένης
Αἰγύπτιοι συνιδεῖν καὶ μιμήσασθαι λέγουσιν· οἱ δὲ
ἱερεῖς ὕδατι χρῶνται, περιαγνίζοντες ἑαυτούς, ἐξ οὗ
πέπωκεν ἴβις· ἂν γὰρ ᾖ φαρμακῶδες ἢ νοσερὸν ἄλλως
τὸ ὕδωρ, οὐ πρόσεισιν. (5) Ἀλλὰ καὶ τροφῆς ἀπο-
σχέσει ἔνια θεραπεύονται, καθάπερ λύκοι καὶ λέοντες,
ὅταν κρεῶν γένωνται διακορεῖς, ἡσυχίαν ἄγουσι κατα-
κείμενοι καὶ συνθάλποντες ἑαυτούς. (6) Τίγριν δέ
φασιν, ἐρίφου παραδοθέντος αὐτῇ, χρωμένην διαίτῃ μὴ
φαγεῖν ἐφ' ἡμέρας δύο, τῇ δὲ τρίτῃ πεινῶσαν αἰτεῖν
ἄλλο, καὶ τὴν γαλεάγραν σπαράσσειν· ἐκείνου δὲ φεί-
σασθαι οἰομένην σύντροφον ἔχειν ἤδη καὶ σύνοικον. (7)
Οὐ μὴν ἀλλὰ καὶ χειρουργίᾳ χρῆσθαι τοὺς ἐλέφαντας
ἱστοροῦσι· καὶ γὰρ ξυστὰ καὶ λόγχας καὶ τοξεύματα,
παριστάμενοι τοῖς τετρωμένοις, ἄνευ σπαραγμοῦ ῥᾳδίως καὶ ἀβλαβῶς ἐξέλκουσιν. (8) Αἱ δὲ Κρητικαὶ
αἶγες, ὅταν τὸ δίκταμνον φάγωσιν, ἐκβάλλουσαι τὰ
τοξεύματα ῥᾳδίως, καταμαθεῖν ταῖς ἐγκύοις τὴν βοτάνην παρέσχον ἐκτρωτικὴν δύναμιν ἔχουσαν· ἐπ' οὐδὲν
γὰρ ἄλλο τρωθεῖσαι φέρονται, καὶ ζητοῦσι καὶ διώκουσιν [ἢ] τὸ δίκταμνον.

XXI. Ἧττον δὲ ταῦτα θαυμαστά, καίπερ ὄντα
θαυμάσια, ποιοῦσιν αἱ νόησιν ἀριθμοῦ καὶ δύναμιν τοῦ
ἀριθμεῖν ἔχουσαι φύσεις, ὥσπερ ἔχουσιν αἱ περὶ Σοῦσα
βόες· εἰσὶ γὰρ αὐτόθι τὸν βασιλικὸν παράδεισον ἄρ-
δουσαι περιάκτοις ἀντλήμασιν, ὧν ὥρισται τὸ πλῆθος·
ἑκατὸν γὰρ ἑκάστη βοῦς ἀναφέρει καθ' ἡμέραν ἑκάστην
ἀντλήματα· πλείονα δ' οὐκ ἔστιν οὔτε λαβεῖν οὔτε
βιάσασθαι βουλόμενον· ἀλλὰ καὶ πείρας ἕνεκα πολλάκις προστιθέντων, ὑφίσταται, καὶ οὐ πρόεισιν, ἀποδοῦσα
τὸ τεταγμένον· οὕτως ἀκριβῶς συντίθησι καὶ κατα-
μνημονεύει τὸ κεφάλαιον, ὡς Κτησίας ὁ Κνίδιος ἱστόρηκε. (2) Λίβυες δ' Αἰγυπτίων καταγελῶσι μυθολο-

---

batur ei lætitiam simulans atque comitatem. Ea res commovit animos omnium hominum, ipsiusque etiam *Vespasiani*
senis imperatoris, qui una tum in theatro Marcelli aderat.

XX. Sed ridiculi fortasse sumus, qui eo nomine laudamus animalia, quod discant : quum Democritus affirmet
nos eorum in maximis rebus fuisse imitando discipulos :
araneæ, in texendi arte atque sarciendi; hirundinis, in
ædificandi; oloris et lusciniæ, in suaviter canendi. (2)
Medicinæ porro trium partium exempla illustria in iis
videmus. Non enim medicante duntaxat ejus utuntur
specie, cujus quidem subjiciam exempla : testudines origanum, mustelæ rutam mandunt, ubi aliquid de serpente
comederunt; canes certa quadam herba se bili vexante
expurgant; (3) draco oculum obtuse videntem fœniculo
extenuat et compungit; ursa quum primum ex antro suo
prodit, aro vescitur agresti, cujus acrimonia aperit intesti-
num ipsius concretum : alioqui nausea quum tentatur, ad
formicarum cavernam se confert, linguamque suam pinguem et dulci succo mollitam exserens eis proponit, dum
hæc formicarum fiat plena : quibus degluttitis juvatur. (4)
Sed et ibis prolutionem alvi per intestinorum ultimam
extremitatem ingesta marina aqua se purgantis, animadvertisse et imitati fuisse dicuntur Ægyptii : et sacerdotes
eorum, quum se conspergendo lustrant, aqua ad hoc
utuntur, ex qua ibis biberit; quod infectam aut alio modo
insalubrem hæc aquam non tangat avis. (5) Sed et cibi
abstinentia curantur quædam; ut lupi et leones, qui quum
fastidium carnium esu nimio contraxerunt, aliquantum
jacentes et se calefacientes quiescunt. (6) Tigrin ferunt,
tradito ei hœdo, abstinuisse cibo per biduum : tertia die
esurientem, aliud poposcisse, et ni mox daretur, caveam
convellere cœpisse in qua inclusa tenebatur, interim hœdo,
ut convictori jam et contubernali facto, pepercisse. (7) Sed
et medicinam quæ manibus administratur exerceri ab
elephantis aiunt : qui vulneratis astantes, contos, lanceas
et sagittas facile et sine damno aut laniatione evellant. (8)
Capellæ Cretenses quod dictamno eso facile ejiciunt infixa
ipsis spicula (statim enim sauciatæ eam herbam, nihil
aliud, sectantur), gravidis mulieribus occasionem dederunt
observandi, eam ejiciendi fœtus vim habere.

XXI. Hæc, quanquam admirabilia, minus tamen admi-
rationis merentur, quam quod bestiæ sunt quæ numeri
vim intelligunt, et numerare possunt : ut Susis boves sunt
quæ regium ibi hortum rigant portatilibus haustris, quorum
numerus est definitus, ut quævis bos quotidie centum id
genus vasa aquæ plena tollat : plura ut tollat, nulla ratione,
ne vi quidem ulla efficies : nam sæpe quidem tentatum est;
sed bos ubi constitutum numerum absolvit, subsistit, neque
amplius progreditur : ita accurate summam concipit, et in
memoria conservat : auctor Ctesias Cnidius. (2) Afri
Ægyptios derident, qui de oryge (capreæ speæ) fabulentur,

γούντων περὶ τοῦ ὄρυγος, ὡς φωνὴν ἀφιέντος ἡμέρας
ἐκείνης καὶ ὥρας ἧς ἐπιτέλλει τὸ ἄστρον, ὃ Σώθην
αὐτοὶ, Κύνα δὲ καὶ Σείριον ἡμεῖς καλοῦμεν· τὰς γὰρ
αὐτῶν ὁμοῦ πάσας αἶγας, ὅταν ἀνάσχῃ μεθ' ἡλίου τὸ
5 ἄστρον ἀτρεκῶς, ἐκεῖ στρεφομένας ἀποβλέπειν πρὸς
τὴν ἀνατολήν· καὶ τεκμήριον τοῦτο τῆς περιόδου βεβαιότατον εἶναι, καὶ μάλιστα τοῖς μαθηματικοῖς κα-
νόσιν ὁμολογούμενον.

XXII. * Ἵνα δὲ κορυφὴν ὁ λόγος ἐπιθεὶς ἑαυτῷ
10 παύσηται, φέρε, κινήσαντες τὴν ἀφ' ἱερᾶς, βραχέα
περὶ θειότητος αὐτῶν καὶ μαντικῆς εἴπωμεν. (2) Οὐ
γάρ τι μικρὸν οὐδ' ἄδοξον, ἀλλὰ πολὺ καὶ παμπάλαιον
μαντικῆς μόριον, οἰωνιστικὴ κέκληται· τὸ γὰρ ὀξὺ καὶ
νοερὸν αὐτῶν καὶ δι' εὐστροφίαν ὑπήκοον ἁπάσης φαν-
15 τασίας, ὥσπερ ὀργάνῳ τῷ θεῷ παρέχει χρῆσθαι καὶ
τρέπειν ἐπί τε κίνησιν, ἐπί τε φωνὰς καὶ γηρύματα,
καὶ σχήματα νῦν μὲν ἐνστατικά, νῦν δὲ φορᾷ, καθάπερ πνεύματα, ταῖς μὲν ἐπικόπτοντα, ταῖς δ' ἐπευ-
θύνοντα πράξεις καὶ ὁρμὰς εἰς τὸ τέλος. (3) Διὸ κοινῇ
20 μὲν ὁ Εὐριπίδης θεῶν κήρυκας ὀνομάζει τοὺς ὄρνιθας·
ἰδίᾳ δέ φησιν ὁ Σωκράτης ὁμόδουλον ἑαυτὸν ποιεῖσθαι
τῶν κύκνων· ὥσπερ αὖ καὶ τῶν βασιλέων, ἀετὸς μὲν
ὁ Πύρρος ἤδετο καλούμενος, ἱέραξ δὲ ὁ Ἀντίοχος· ἰχθῦς
δὲ, τοὺς ἀμαθεῖς καὶ ἀνοήτους λοιδοροῦντες ἢ σκώπτον-
25 τες ὀνομάζομεν. (4) Ἀλλὰ δὴ μυρίων μυριάκις εἰπεῖν
παρόντων, ἃ προδείκνυσιν ἡμῖν καὶ προσημαίνει τὰ
πεζὰ καὶ πτηνὰ παρὰ τῶν θεῶν, ἐν οὐκ ἔστι τοιοῦτον
ἀποφῆναι τῷ προδικοῦντι τῶν ἐνύδρων, ἀλλὰ κωφὰ
πάντα καὶ τυφλὰ τῆς προνοίας εἰς τὸν ἄθεον καὶ τιτα-
30 νικὸν ἀπέρριπται τόπον, ὥσπερ ἀσεβῶν χῶρον, οὗ τὸ
λογικὸν καὶ νοερὸν ἐγκατέσβεσται τῆς ψυχῆς, ἐσχάτῳ
δέ τινι συμπεφυρμένης καὶ κατακεκλυσμένης αἰσθήσεως μορίῳ, σπαίρουσι μᾶλλον ἢ ζῶσιν ἔοικεν.

XXIII. ΗΡΑΚΛΕΩΝ. Ἄναγε τὰς ὀφρῦς, ὦ φίλε
35 Φαίδιμε, καὶ διέγειρε σεαυτὸν ἡμῖν τοῖς ἐνάλοις καὶ
νησιώταις· οὐ παιδιὰ τὸ χρῆμα τοῦ λόγου γέγονεν,
ἀλλ' ἐρρωμένος ἀγὼν καὶ ῥητορεία κιγκλίδων ἐπιδέουσα
καὶ βήματος.

ΦΑΙΔΙΜΟΣ. Ἐνέδρα μὲν οὖν, ὦ Ἡρακλέων, σὺν
40 δόλῳ καταφανής· κραιπαλῶσι γὰρ ἔτι τὸ χθιζὸν καὶ
βεβαπτισμένοις νήφων, ὡς ὁρᾷς, ὁ γενναῖος ἐκ παρασκευῆς ἐπιτέθειται. (2) Παραιτεῖσθαι δ' οὐκ ἔστιν· οὐ
γὰρ βούλομαι Πινδάρου ζηλωτὴς ὢν, ἀκοῦσαι τὸ

Τιθεμένων ἀγώνων πρόφασις
45 ἀρετὰν ἐς αἰπὺν ἔβαλε σκότον·

σχολὴ μὲν γὰρ πολλή ἐστιν ὑμῖν ἀργούντων, οὐ χορῶν
ἀλλὰ κυνῶν καὶ ἵππων καὶ δικτύου καὶ πάσης σαγήνης,
διὰ τοὺς λόγους ἐκεχειρίας κοινῇ πᾶσι τοῖς ζῴοις κατά
τε γῆν κατά τε θάλατταν δεδομένης τὸ σήμερον. (3)
50 Ἀλλὰ μὴ φοβηθῆτε· χρήσομαι γὰρ αὐτῇ μετρίως,
οὔτε δόξας φιλοσόφων, οὔτ' Αἰγυπτίων μύθους οὔτ'
ἀμαρτύρους Ἰνδῶν ἐπαγόμενος ἢ Λιβύων διηγήσεις· ἃ
δὲ πανταχοῦ μάρτυρας ἔχει τοὺς ἐργαζομένους τὴν θά-

eum ea die et hora vocem emittere, qua sidus oritur, quod
Sirium et Caniculam nos appellamus, ipsi Sothen; suas
enim universas capras, quando illud astrum exacte cum sole
oritur, conversas ad ortum intueri : esseque id firmissimum
documentum annuæ circuitionis, maximeque cum astrono-
micis consentiens tabulis.

XXII. Ut autem oratio nostra colophonem ipsa sibi im-
ponens desinat, age moveamus, quod dicitur, a sacra linea
scrupulum, et exigua quædam de divinitate divinationeque
nostrorum dicamus animalium. (2) Non enim exigua aut
ignobilis, sed quum magna, tum pervetusta pars divinationis est auspicium. Celeritatem quippe suam aves, vim
intelligendi ob agilitatem omnibus visis percipiendis aptam,
deo accommodant utendam velut instrumentum : ut is eam
convertat et ad motus, et ad voces, et ad garritus, et ad
figuras : quæ omnia modo cohibentia, modo, ventorum instar, incitantia, alias actiones voluntatesque impediant, alias
dirigant et ad finem perducant. (3) Ideo generatim Euripides aves *deorum præcones* appellavit : peculiariter autem Socrates olorum conservum se facit. Sicut etiam de
regibus Pyrrhus aquilæ cognomento, accipitris Antiochus
delectatus fuit : piscium appellationem inscitis hominibus
duntaxat vel probri vel salse mordendi gratia tribuimus.
(4) Verum enimvero quum sexcenties sexcenta possint enumerari, quæ a terrestribus et aereis animalibus nobis voluntate deorum præmonstrantur atque præsignificantur; piscium patronus ne unum quidem tale proferre potest :
muta enim aquatilia omnia, et nihil providentiæ divinæ
cernentia, in Titanicum locum impiumque abjecta sunt,
veluti in sceleratorum regionem, ubi ratio et mens animi
exstinctæ sunt; et, reliquo animo cum extrema quadam
sensus parte confuso ac diluto, magis palpitantium quam
viventium animalia fiunt similia.

XXIII. HERACLEO. Contrahe supercilia, mi Phædime, teque excita ad causam marinorum nostrûm insulanorumque
defendendam. Non enim jocose dixit Aristotimus, sed valido usus est agone, ac dicendi arte, cui ad forensem rationem nihil præter cancellos et tribunal defuit.

PHÆDIMUS. Insidiæ vero, mi Heracleo, dolusque mani-
festus nobis intentantur. Nos enim hesterna adhuc crapula obrutos sobrius, ut vides, præclarus iste præmeditate
adortus est. (2) Recusare tamen certamen non licet. Nolo
enim de me, qui Pindarum æmuler, dici hæc,

Proposito certamine, præscriptio
virtutem in altas conjecerit tenebras.

Multum enim otii vobis est, cessantibus non choris, sed
equis, canibus, retibus, et verriculis; quum ob disputationem hanc induciæ hodie omnibus in terra marique versantibus animalibus contigerint. (3) Non tamen est quod
metuatis. Utar enim eo modice, neque philosophorum
opiniones, neque fabulas Ægyptiorum aut Indorum teste
carentes, Afrorumve narrationes adducens : sed pauca eorum proferens, quæ ubique testes habent eos qui mare exer-

λατταν ὁρώμενα, καὶ δίδωσι τῇ ὄψει πίστιν, τούτων
ὀλίγα παραθήσομαι. (4) Καίτοι τῶν ἐν γῇ παραδειγμάτων ἐπίπροσθεν οὐδέν ἐστιν, ἀλλ' ἀνεῳγμένη παρέχει
τῇ αἰσθήσει τὴν ἱστορίαν· ἡ δὲ θάλασσα μικρὰ κατιδεῖν καὶ γλίσχρα δίδωσι· τῶν δὲ πλείστων κατακα-
λύπτει γενέσεις καὶ τροφάς, ἐπιθέσεις τε καὶ φυλακὰς
ἀλλήλων, ἐν αἷς οὐκ ὀλίγα καὶ συνέσεως ἔργα καὶ μνήμης καὶ κοινωνίας ἀγνοούμενα βλάπτει τὸν λόγον. (5)
Ἔπειτα τὰ μὲν ἐν γῇ διὰ τὴν ὁμοφυλίαν καὶ τὴν συν-
διαίτησιν ἀμωσγέπως συναναχρωννύμενα τοῖς ἀνθρωπίνοις ἤθεσιν, ἀπολαύει καὶ τροφῆς καὶ διδασκαλίας
καὶ μιμήσεως· ἢ τὸ μὲν πικρὸν ἅπαν καὶ σκυθρωπόν,
ὥσπερ ἐπιμιξία ποτίμου θάλασσαν, ἐφηδύνει, τὸ δὲ δυσ-
ξύνθετον ἅπαν καὶ νωθρὸν ἐπεγείρει ταῖς μετ' ἀνθρώπων κινήσεσιν ἀναρριπιζόμενον. (6) Ὁ δὲ τῶν ἐνάλων
βίος ὅροις μεγάλοις τῆς πρὸς ἀνθρώπους ἀπῳκισμένος
ὁμιλίας ἐπείσακτον οὐδὲν οὐδὲ συνειθισμένον ἔχων ἴδιός
ἐστι * καὶ αὐθιγενής, καὶ ἄκρατος ἀλλοτρίοις ἤθεσι, διὰ
τὸν τόπον, οὐ διὰ τὴν φύσιν. (7) Ἡ γὰρ φύσις ὅσον ἐξικνεῖται μαθήσεως ἐπ' αὐτήν, δεχομένη καὶ στέγουσα,
παρέχει πολλὰς μὲν ἐγχέλεις ἱερὰς λεγομένας ἀνθρώποις χειροήθεις, ὥσπερ τὰς ἐν τῇ Ἀρεθούσῃ, πολλαχοῦ
δ' ἰχθῦς ὑπακούοντας αὐτῶν ὀνόμασιν· ὥσπερ τὴν
Κράσσου μύραιναν ἱστοροῦσιν, ἧς ἀποθανούσης ἔκλαυ-
σεν ὁ Κράσσος· καί ποτε Δομιτίου πρὸς αὐτὸν εἰπόντος,
Οὐ σὺ μυραίνης ἀποθανούσης ἔκλαυσας; ἀπήντησεν, Οὐ
σὺ τρεῖς θάψας γυναῖκας οὐκ ἐδάκρυσας; (8) Οἱ δὲ
κροκόδειλοι τῶν ἱερέων οὐ μόνον γνωρίζουσι τὴν φωνὴν
καλούντων, καὶ τὴν ψαῦσιν ὑπομένουσιν, ἀλλὰ καὶ
διαχανόντες παρέχουσι τοὺς ὀδόντας ἐκκαθαίρειν ταῖς
χερσὶ, καὶ περιμάττειν ὀθονίοις. (9) Ἔναγχος [δὲ]
Φιλῖνος ὁ βέλτιστος ἥκων πεπλανημένος ἐν Αἰγύπτῳ
παρ' ἡμᾶς, διηγεῖτο γραῦν ἰδεῖν ἐν Ἀνταίου πόλει κροκοδείλῳ συγκαθεύδουσαν ἐπὶ σκίμποδος μαλακωτάτου
κοσμίως παρεκτεταμένῳ. (10) Πάλαι δὲ ἱστοροῦσι,
Πτολεμαίου τοῦ βασιλέως παρακαλουμένου, τὸν ἱερὸν
κροκόδειλον μὴ ὑπακούσαντα, μηδὲ πεισθέντα λιπα-
ροῦσι καὶ δεομένοις τοῖς ἱερεῦσι, δόξαι προσημαίνειν
τὴν μετ' οὐ πολὺ συμβᾶσαν αὐτῷ τοῦ βίου τελευτήν·
ὥστε μηδὲ τῆς πολυτιμήτου μαντικῆς ἄμοιρον εἶναι τὸ
τῶν ἐνύδρων γένος, μηδ' ἀγέραστον· (11) ἐπεὶ καὶ περὶ
Σοῦραν πυνθάνομαι, κώμην ἐν τῇ Λυκίᾳ Φελλοῦ μεταξὺ καὶ Μύρων, καθεζομένους ἐπ' ἰχθύσιν, ὥσπερ
οἰωνοῖς, διαμαντεύεσθαι τέχνῃ τινὶ καὶ λόγῳ ἑλίξεις
καὶ φυγὰς καὶ διώξεις αὐτῶν ἐπισκοποῦντας.

XXIV. Ἀλλὰ ταῦτα μὲν ἔστω τοῦ μὴ παντάπασιν
ἐκφύλου μηδ' ἀσυμπαθοῦς πρὸς ἡμᾶς ἱκανὰ δείγματα·
τῆς δ' ἀκράτου καὶ φυσικῆς συνέσεως μέγα δήλωμα τὸ
κοινόν ἐστιν· (2) οὐδὲν γὰρ οὕτως εὐχείρωτον ἀνθρώπῳ
νηκτὸν, ὃ μὴ πέτραις προσέχεται καὶ προσπέφυκεν,
οὐδὲ ἁλώσιμον ἄνευ πραγματείας, ὡς λύκοις μὲν ὄνοι,
καὶ μέροψι μέλισσαι, χελιδόσι δὲ τέττιγες, ἐλάφοις δὲ
ὄφεις, ἀγόμενοι ῥᾳδίως ὑπ' αὐτῶν· ἢ καὶ τοὔνομα πεποίηται παρώνυμον, οὐ τῆς ἐλαφρότητος, ἀλλὰ τῆς ἐλ-

cent, visuque fidem sui faciunt. (4) Quanquam terrestrium
quidem exemplorum nullum in occulto est, sed aperte sensui cognitionem sui præbent : mare autem pauca et exilia
præbet visui, et suorum animalium plerorumque abscondit
ortus, nutritiones, insidias, quas invicem struunt et cavent :
in quibus non pauca providentiæ, memoriæ et justitiæ opera
ignorata obsunt nostræ causæ. (5) Deinde terrestria animalia ob generis communitatem et vitæ consuetudinem utcumque cum hominum moribus commixta educationem,
doctrinam, imitationemque consequuntur : quibus acerbi-
tates omnes et morositates, tanquam dulci aqua admixta
marinæ salsugo, deliniuntur atque condiuntur, incomposita
et inertia omnia excitantur motuum humanorum commercio. (6) At marinorum vita magnis limitibus ab hominum
consuetudine distincta, nihilque ascititium habens, nihil
usu partum, sua est tota et germana, et nullis permixta
alienis moribus : non ob naturam hoc, sed propter locum.
(7) Natura enim piscium quantum ad eam disciplinæ pervenire potest, tantum capiens et continens, multas anguillas
hominibus præbet cicures, quæ sacræ vocantur, quales
sunt in Arethusa : sæpe etiam pisces, qui nominatim vocati exaudiant : qualem ferunt Crasso fuisse murænam,
qua mortua flevit; quum quidem Domitio objicienti hoc,
Nonne tu mortua muræna plorasti ? respondit, *Nonne
tu sine lacrimis tres uxores sepelivisti ?* (8) Crocodili
sacerdotum non modo vocem agnoscunt vocantium, seque
contrectari sinunt; sed etiam rictu diducto dentes manibus
purgandos, et linteo tergendos præbent. (9) Nuper optimus Philinus quum in Ægypto vagatus ad nos rediisset,
narravit se in urbe quæ ab Antæo nomen habet, vidisse
vetulam cum crocodilo dormientem, juxta eam in grabato
mollissimo decore porrecto. (10) Sacrum vero crocodilum
antiquitus narrant, Ptolemæo regi, quum ab eo vocatus
non compareret, frustra etiam sacerdotibus hortantibus
atque precantibus, finem vitæ, qui non multo post secutus
est, præmonstrasse : ut jam neque pretiosæ illius divinationis exsors sit aquatile animalium genus, neque eo honore careat : (11) quando etiam apud Suram, pagum Ly-
ciæ inter Phellos et Myra, audio homines piscibus assidere,
ex iisque tanquam ex avibus arte quadam et ratione obser-
vandis eorum gyris, fugis, insectationibus, præsagia futurorum captare.

XXIV. Verum sufficiant hæc exempla ad ostendendum,
pisces non omnino a nostro genere alienos esse, neque ea esse
natura ut nulla nobiscum affectione conspirent. Sinceræ
autem et naturalis perspicientiæ magnum est hoc et commune argumentum : (2) quod nullum aquatile, demtis
his quæ ad saxa adhærescunt vel iis adnata sunt, ita facile
et sine negotio ab homine capi potest, ut asini a lupis, apes
a meropibus, cicadæ ab hirundinibus, angues a cervis :
quibus quidem non a cursu, sed serpentes attrahendi fa-

ξεως τοῦ ὄφεως· (3) καὶ τὸ πρόβατον προσκαλεῖται τῷ
ποδὶ τὸν λύκον· τῇ δὲ παρδάλει τὰ πλεῖστα προσχωρεῖν
χαίροντα τῇ ὀσμῇ, μάλιστα δὲ τὸν πίθηκον, λέγουσι.
(4) Τῶν δὲ θαλαττίων ὁμοῦ τι πάντων ἡ προαίσθησις
ὕποπτος οὖσα καὶ πεφυλαγμένη πρὸς τὰς ἐπιθέσεις, ὑπὸ
συνέσεως, οὐχ ἁπλοῦν τὸ τῆς ἄγρας ἔργον οὐδὲ φαῦλον,
ἀλλ' ὀργάνων τε παντοδαπῶν καὶ σοφισμάτων ἐπ' αὐτὰ
δεινῶν καὶ ἀπατηλῶν δεόμενον ἀπείργασται. Καὶ
τοῦτο δῆλόν ἐστιν ἀπὸ τῶν πάνυ προχείρων. (4) Τὸν
μὲν γὰρ ἀσπαλιευτικὸν κάλαμον οὐ βούλονται πάχος
ἔχειν, καίπερ εὐτόνου δεόμενοι πρὸς τοὺς σπαραγμοὺς
τῶν ἁλισκομένων, ἀλλὰ μᾶλλον ἐκλέγονται τὸν λεπτόν,
ὅπως μὴ πλατεῖαν ἐπιβάλλων σκιὰν ἐκταράττῃ τὸ ὕποπτον αὐτῶν. (5) Ἔπειτα τὴν ὁρμιὰν οὐ ποιοῦσι πο-
λύπλοκον τοῖς ἅμμασι τῶν βρόχων, οὐδὲ τραχεῖαν·
ἐπεὶ καὶ τοῦτο τοῦ δόλου γίνεται τεκμήριον αὐτοῖς· καὶ
τῶν τριχῶν τὰ καθήκοντα πρὸς τὸ ἄγκιστρον ὡς ἔνι
μάλιστα λευκὰ φαίνεσθαι μηχανῶνται· μᾶλλον γὰρ
οὕτως ἐν τῇ θαλάττῃ δι' ὁμοιότητα τῆς χρόας λανθά-
νουσι. (6) Τὸ δὲ ὑπὸ τοῦ ποιητοῦ λεγόμενον,

> Ἡ δὲ μολυβδαίνη ἰκέλη ἐς βυσσὸν ὄρουσεν,
> ἥτε κατ' ἀγραύλοιο βοὸς κέρας ἐμβεβαυῖα
> ἔρχεται ὠμηστῇσιν ἐπ' ἰχθύσι κῆρα φέρουσα·

παρακούοντες ἔνιοι βοείαις θριξὶν οἴονται πρὸς τὰς ὁρ-
μιὰς χρῆσθαι τοὺς παλαιούς· κέρας γὰρ τὴν τρίχα λέγεσθαι, καὶ τὸ κείρασθαι διὰ τοῦτο, καὶ τὴν κουράν·
καὶ τὸν παρ' Ἀρχιλόχῳ κεροπλάστην, φιλόκοσμον εἶναι περὶ κόμην καὶ καλλωπιστήν. (7) Ἔστι δ' οὐκ
ἀληθές· ἱππείαις γὰρ θριξὶ χρῶνται, τὰς τῶν ἀρρένων
λαμβάνοντες· αἱ γὰρ θήλειαι τῷ οὔρῳ τὴν τρίχα βεβρε-
γμένην ἀδρανῆ ποιοῦσιν. Ἀριστοτέλης δέ φησι, μηδὲν
ἐν τούτοις λέγεσθαι σοφὸν ἢ περιττόν, ἀλλὰ τῷ ὄντι κε-
ράτιον περιτίθεσθαι πρὸ τοῦ ἀγκίστρου περὶ τὴν ὁρ-
μιάν, ἐπεὶ πρὸς ἄλλο ἐρχόμενοι διεσθίουσι. (8) Τῶν
δ' ἀγκίστρων τοῖς μὲν στρογγύλοις ἐπὶ κεστρέας καὶ
ἀμίας χρῶνται μικροστόμους ὄντας· τὸ γὰρ εὐθύτερον
εὐλαβοῦνται· πολλάκις δὲ καὶ τὸ στρογγύλον ὁ κεστρεὺς
ὑποπτεύων ἐν κύκλῳ περινήχεται, τῇ οὐρᾷ περιρραπί-
ζων τὸ ἐδώδιμον, καὶ ἀνακάπτων τὸ ἀποκρουόμενον·
ἂν δὲ μὴ δύνηται, συνάγων τὸ στόμα καὶ περιστείλας,
τοῖς χείλεσιν ἄκροις ἐπιψαύων ἀποκνίζει τοῦ δελέατος.
(9) Ὁ δὲ λάβραξ ἀνδρικώτερον τοῦ ἐλέφαντος, οὐχ ἕτερον, ἀλλ' αὐτὸς ἑαυτόν, ὅταν περιπέσῃ τῷ ἀγκίστρῳ,
βελουλκεῖ, τῇ δεῦρο κἀκεῖ παραλλάξει τῆς κεφαλῆς
ἀνευρύνων τὸ τραῦμα, καὶ τὸν ἐκ τοῦ σπαραγμοῦ πόνον ὑπομένων, ἄχρις ἂν ἐκβάλῃ τὸ ἄγκιστρον. (10) Ἡ
δ' ἀλώπηξ οὐ πολλάκις μὲν ἀγκίστρῳ πρόσεισιν, ἀλλὰ
φεύγει τὸν δόλον, ἁλοῦσα δ' εὐθὺς ἐκτρέπεται· πέφυκε
γὰρ δι' εὐτονίαν καὶ ὑγρότητα μεταβάλλειν τὸ σῶμα
καὶ στρέφειν, ὥστε, τῶν ἐντὸς ἐκτὸς γενομένων, ἀποπί-
πτειν τὸ ἄγκιστρον.
XXV. Ταῦτα μὲν οὖν γνῶσιν ἐμφαίνει καὶ χρῆσιν
ἐπὶ καιρῷ τοῦ συμφέροντος εὐμήχανον καὶ περιττήν·

---

cilitate, *elaphi* nomen apud Græcos est. (3) Sed et ovis
pede lupum ad se vocat, et ad pantheram pleraque aiunt
accedere animalia suavitate odoris illecta, maxime simias.
(4) Marina autem fere omnia quum præsentiant, suspicen-
turque et caveant insidias calliditate sua, fecerunt ut piscatio non simplex aut expedita esset, sed varia instrumenta,
omnisque generis artes ac fallacias requireret. Idque liquet etiam ex iis quæ maxime sunt in promtu. (4) Nam
calamum piscatorium non volunt crassum esse, quanquam
eo robusto opus sit ob captorum piscium violentas revul-
siones : sed tenuem potius eligunt, ne latam faciens umbram, terreat animal natura suspiciosum. (5) Quin et funiculum hami paucis nodis nectunt, lævemque faciunt :
quod alias dolum sensuros pisces putant : et setæ partes
quibus uncus alligatur, quam maxime albas faciunt, ut eo-
facilius lateant in mari ob similitudinem coloris. (6) Versus autem Homeri,

> Illa cito, plumbi similis, petit impete fundum ;
> quod bovis agrestis cornu ducente sub undas
> crudivoris missum mortem fert piscibus atram,

quidam sic accipiunt, ut putent veteres boum crinibus ad
hamorum funiculos conficiendos fuisse usos : *keras* enim,
quod alias cornu significat, hic esse crinem : unde κείρασθαι
tonderi, et κουρὰ tonsura, et *Keroplastes* dicatur ille apud
Archilochum, nimirum studiosus comæ ornandæ. (7) Sed
errant hi. Nam setis equinis utebantur masculis ; quum
equarum caudæ urina madefactæ setas habeant invalidas.
Aristoteles in his nihil ait docte aut subtiliter dictum esse :
sed revera funiculo ante hamum apponi corniculum, quia
pisces pervorent, si quid aliud attingant. (8) Hamis porro
utuntur rotundis adversus mugiles et amias, quia iis os est
parvum ; a recto enim sibi timent : aliquando etiam teretem
suspectum habens mugil, in orbem circumnatat, escam
cauda verberans, et quod decussit, degluttiens : quod si
nequit, ore contracto summis labris escam attingit, aliquid
inde carpens. (9) Labrax elephanto fortiorem se gerit :
non enim alium, sed ipse se ipsum, quando hamum momor-
dit, capite hinc inde agitato, ut vulnus dilatet, doloremque
istius tolerans laniationis, unco liberat. (10) Vulpes marina
raro ad hamum accedit, sed dolum fugit : capta, statim
extra vertit corporis interiora, quod ei ob robur et flexibi-
litatem datum est ; itaque, quum illo motu interiora fiant
exteriora, hamum ejicit.

XXV. Hæc quidem intelligentiam demonstrant, usumque ejus quod conducit tempestivum, artificiosum illum et

ἄλλα δ' ἐπιδείκνυται μετὰ τοῦ συνετοῦ τὸ κοινωνικὸν
καὶ τὸ φιλάλληλον, ὥσπερ ἀνθίαι καὶ σκάροι. (4) Σκά-
ρου μὲν [γὰρ] ἄγκιστρον καταπιόντος, οἱ παρόντες σκάροι προσαλλόμενοι τὴν ὁρμιὰν ἀποτρώγουσιν· οὗτοι δὲ
καὶ τοῖς εἰς κύρτον ἐμπεσοῦσι τὰς οὐρὰς παραδόντες,
ἔξωθεν ἕλκουσι δάκνοντας προθύμως, καὶ συνεξάγουσιν.
(3) Οἱ δ' ἀνθίαι τῷ συμφύλῳ βοηθοῦσιν ἰταμώτερον· τὴν
γὰρ ὁρμιὰν ἀναθέμενοι κατὰ τὴν ῥάχιν καὶ στήσαντες
ὀρθὴν τὴν ἄκανθαν, ἐπιχειροῦσι διαπρίειν τῇ τραχύτητι
καὶ διακόπτειν. (4) Καίτοι χερσαῖον οὐδὲν ἴσμεν ἑτέρῳ
κινδυνεύοντι τολμᾶν ἀμύνειν, οὐκ ἄρκτον, οὐ σῦν, οὐδὲ
λέαιναν, οὐδὲ πάρδαλιν· ἀλλὰ συγχωρεῖ μὲν εἰς ταὐτὸν
ἐν τοῖς θεάτροις τὰ ὁμόφυλα, καὶ κύκλῳ μετ' ἀλλήλων
περίεισιν· ἑτέρῳ δὲ ἕτερον οὐκ οἶδεν οὐδὲ φρονεῖ βοηθεῖν,
ἀλλὰ φεύγει καὶ ἀποπηδᾷ πορρωτάτω γινόμενα τοῦ τε-
τρωμένου καὶ θνήσκοντος. (5) Ἡ δὲ τῶν ἐλεφάντων
ἱστορία, φίλε, τῶν εἰς τὰ ὀρύγματα φορούντων καὶ τὸν
ὀλισθόντα διὰ χώματος ἀναβιβαζόντων, ἔκτοπός ἐστι
δεινῶς καὶ ἀλλοδαπή, καὶ καθάπερ ἐκ βασιλικοῦ διαγράμματος ἐπιτάττουσα πιστεύειν αὐτῇ τῶν Ἰόβα βι-
βλίων· ἀληθὴς δ' οὖσα, πολλὰ δείκνυσι τῶν ἐνάλων
μηδὲν ἀπολειπόμενα τῷ κοινωνικῷ καὶ συνετῷ τοῦ σοφωτάτου τῶν χερσαίων. Ἀλλὰ περὶ κοινωνίας αὐτῶν
ἴδιος ἔσται τάχα λόγος.

XXVI. Οἱ δὲ ἁλιεῖς συνορῶντες ὥσπερ ἀδοξήμασι
παλαισμάτων τὰ πλεῖστα διακρουόμενα τὰς ἀπ' ἀγκίστρου βολὰς, ἐπὶ βίας ἐτράπησαν, καθάπερ οἱ Πέρσαι
σαγηνεύοντες, ὡς τοῖς ἐνσχεθεῖσιν οὐδεμίαν ἐκ λογισμοῦ καὶ σοφίας διάφευξιν οὖσαν. (2) Ἀμφιβλήστροις
μὲν γὰρ καὶ ἐποχαῖς κεστρεῖς καὶ ἰουλίδες ἁλίσκονται,
μόρμυροί τε καὶ σαργοὶ καὶ κωβιοὶ καὶ λάβρακες· τὰ δὲ
βολιστικὰ καλούμενα, τρίγλαν, χρυσωπὸν καὶ σκορπίον γρίποις τε καὶ σαγήναις σύρουσι περιλαμβάνοντες·
[διὸ] τῶν δικτύων τὸ γένος ὀρθῶς Ὅμηρος πανάγραν
προσεῖπεν. (3) Ἀλλὰ καὶ πρὸς ταῦτα μηχαναὶ ταῖς γαλαῖς,
ὥσπερ τῷ λάβρακι· συρομένην γὰρ αἰσθανόμενος, βίᾳ
διίστησι καὶ τύπτει κοιλαίνων τοὔδαφος· ὅταν δὲ ποιήσῃ
τῆς ἐπιδρομῆς τοῦ δικτύου χώραν, ἔωσεν ἑαυτὸν καὶ προσέχεται, μέχρις ἂν παρέλθῃ. (4) Δελφὶς δὲ περιληφθεὶς, ὅταν συναίσθηται γεγονὼς ἐν ἀγκάλαις σαγήνης,
ὑπομένει μὴ ταραττόμενος, ἀλλὰ χαίρων· εὐωχεῖται
γὰρ ἄνευ πραγματείας ἀφθόνων ἰχθύων παρόντων· ὅταν
δὲ πλησίον τῇ γῇ προσίῃ, φαγὼν τὸ δίκτυον ἄπεισιν·
* εἰ δὲ μὴ φθαίη διαφυγὼν, τὸ πρῶτον οὐδὲν ἔπαθε δεινὸν, ἀλλὰ διαρράψαντες αὐτοῦ περὶ τὸν λόφον ὁλοσχοί-
νους ἀφῆκαν· αὖθις δὲ ληφθέντα, πληγαῖς κολάζουσι,
γνωρίσαντες ἐκ τοῦ διαρράμματος· σπανίως δὲ τοῦτο
συμβαίνει· συγγνώμης γὰρ τυγχάνοντες τὸ πρῶτον, εὐ-
γνωμονοῦσιν οἱ πλεῖστοι καὶ φυλάττονται τὸ λοιπὸν μὴ
ἀδικεῖν. (5) Ἔτι δὲ πολλῶν τῶν πρὸς εὐλάβειαν καὶ
προφυλακὴν καὶ ἀπόδρασιν ὄντων παραδειγμάτων, οὐκ
ἄξιόν ἐστι τὸ τῆς σηπίας παρελθεῖν. Τὴν γὰρ καλουμένην μύτιν παρὰ τὸν τράχηλον ἔχουσα πλήρη ζοφερᾶς
ὑγρότητος, ἣν θόλον καλοῦσιν, ὅταν καταλαμβάνηται,

subtilem. Alia sunt, quibus cum prudentia conjunctus mutuus amor societatisque studium declarantur, ut in anthia
et scaro. (2) Scarus enim ubi hamum voravit, reliqui scari
assiliunt, et funiculum morsibus rumpunt : iidem suis in
rete illapsis caudas tradunt, mordicusque tenentes alacriter
extrahunt. (3) Anthiæ in gentilibus suis liberandis majorem
adhibent audaciam : funiculum enim in dorsum recipiunt,
spinisque erectis conantur earum asperitate, tanquam serra,
dissecare. (4) Atqui nullum novimus animal terrestre,
quod alii sui generis audeat opem ferre, non ursam, non
aprum, non leænam, non pantheram : sed conveniunt quidem in theatris quæ ejusdem sunt naturæ, inque orbem una
circumeunt, alteri vero alterum subvenire neque novit
nec curat, sed a vulnerato aut moriente quam longissime
fugit atque desilit. (5) Narratio autem illa, amice, de elephantis qui in fossam delapsum congesta materia educant,
nimis quam absurda est et aliena, tanquam e regio edicto
jubens nos libris Jubæ credere : quodsi vera est, ostendit
multa marina animalia societatis studio prudentiaque nihil
concedere terrestrium sapientissimo. Sed mox de societate
eorum peculiaris erit sermo.

XXVI. Ceterum piscatores quum vident plerosque piscium ex hamis eluctari ut vilibus artificiis tentatos, ad
vim se convertunt, Persarum more sagenis eos circumvenientes, quibus comprehensi nulla calliditate effugere possint. (2) Nam verriculis et nassis mugiles iulidesque capiuntur, tum mormyri, sargi, gobii, labraces : qui autem
jactu retis capi solent, et *bolistici* (quasi dicas jacularii)
vocantur, mullum, chrysopum, scorpium, gripis et sagenis
inclusos rapiunt : quod retium genus *panagram* Homerus
recte appellavit (quod omnia eo capiantur). (3) Sunt tamen
adversus hæc quoque machinæ mustelis et labracibus. Labrax
enim quum sentit panagram trahi, vi solum tundit, in eoque
cavitatem efficit, in qua se deprimit et continet, dum rete, cui
liberum prætereundi locum paravit, transeat. (4) Delphin
deprehensus, ubi se in ulnis sagenæ teneri sentit, nihil perturbatus, sed lætus intus manet, epulaturque absque negotio, tanta piscium copia præsente : ubi rete prope ad terram adducitur, eo eroso abit. Quodsi non effugiat, primum
nihil aliud patitur, quam quod piscatores, mariscis ei circa
cristam insutis, ita signatum dimittunt : rursus capto verbera ingerunt, agnito e sutura. Sed hoc raro evenit : plerique enim primum veniam consecuti, posthac a maleficio
abstinent. (5) Quum autem multa præterea sint prudentiæ
in præcavendis et effugiendis insidiis exempla, sepiæ artem
præterire non convenit. Vesicam enim juxta collum habens plenam atro humore (*tholus* is vocatur), ubi deprehenditur, hunc effundit foras, tenebrasque circa se efficit

μεθίησιν ἔξω, τεχνωμένη, τῆς θαλάττης διαθολωθείσης
ποιήσασα περὶ αὐτὴν σκότος, ὑπεκδῦναι καὶ ἀποδρᾶ-
ναι τὴν τοῦ θηρεύοντος ὄψιν· ἀπομιμουμένη τοὺς Ὁμήρου θεοὺς, κυανέῃ νεφέλῃ πολλάκις οὓς ἂν σῶσαι
θέλωσιν ὑφαιρουμένους καὶ διακλέπτοντας. Ἀλλὰ
τούτων μὲν ἅλις.

XXVII. Τῆς δ' ἐπιχειρητικῆς καὶ θηρευτικῆς δεινότητος αὐτῶν ἐν πολλοῖς σοφίσματα κατιδεῖν ἐστιν.
Ὁ μὲν γὰρ ἀστὴρ, ὧν ἂν ἅψηται, πάντα διαλυόμενα
καὶ διατηκόμενα γινώσκων, ἐνδίδωσι τὸ σῶμα καὶ περιορᾷ ψαυόμενον ὑπὸ τῶν παριόντων ἢ προσπελαζόν-
των. (2) Τῆς δὲ νάρκης ἴστε δήπου τὴν δύναμιν, οὐ
μόνον τοὺς θιγόντας αὐτῆς ἐκπηγνύουσαν, ἀλλὰ καὶ διὰ
τῆς σαγήνης βαρύτητα ναρκώδη ταῖς χερσὶ τῶν ἀντι-
λαμβανομένων ἐμποιοῦσαν. Ἔνιοι δὲ ἱστοροῦσι, πεῖραν αὐτῆς ἐπιπλέον λαμβάνοντες, ἂν ἐκπέσῃ ζῶσα,
κατασκεδαννύντες ὕδωρ ἄνωθεν, αἰσθάνεσθαι τοῦ πάθους
ἀνατρέχοντος ἐπὶ τὴν χεῖρα καὶ τὴν ἁφὴν ἀμβλύνοντος,
ὡς ἔοικε, διὰ τοῦ ὕδατος τρεπομένου καὶ προπεπονθό-
τος. (3) Ταύτης οὖν ἔχουσα σύμφυτον αἴσθησιν, μάχεται μὲν ἐξ ἐναντίας πρὸς οὐδέν, οὐδὲ διακινδυνεύει·
κύκλῳ δὲ περιιοῦσα τὸ θηρευόμενον, ὥσπερ βέλη διασπείρει τὰς ὑπορροὰς, φαρμάττουσα τὸ ὕδωρ πρῶτον,
εἶτα τὸ ζῷον διὰ τοῦ ὕδατος, μήτ' ἀμύνασθαι δυνάμενον μήτε φυγεῖν, ἀλλ' ἐνισχόμενον ὥσπερ ὑπὸ δεσμῶν
καὶ πηγνύμενον. (4) Ὁ δὲ καλούμενος ἁλιεὺς γνώρι-
μός ἐστι πολλοῖς, καὶ διὰ τὸ ἔργον αὐτῷ γέγονε τοὔνο-
μα· ᾧ σοφίσματι καὶ τὴν σηπίαν χρῆσθαί φησιν ὁ
Ἀριστοτέλης· καθίησι γὰρ, ὥσπερ ὁρμιὰν, ἀπὸ τοῦ
τραχήλου πλεκτάνην, μηκύνεσθαί τε πόρρω χαλώσης,
καὶ πάλιν συντρέχειν εἰς ἑαυτὴν ἀναλαμβανούσης, ῥᾷστα
πεφυκυῖαν· ὅταν οὖν τι τῶν μικρῶν ἰχθυδίων ἴδῃ πλησίον, ἐνδίδωσι δακεῖν, καὶ κατὰ μικρὸν ἀναμηρύεται
λανθάνουσα, καὶ προσάγεται, μέχρις ἂν ἐν ἐφικτῷ τοῦ
στόματος γένηται τὸ προσ[ισ]χόμενον. (5) Τῶν δὲ
πολυπόδων τῆς χρόας τὴν ἄμειψιν ὅ τε Πίνδαρος περιβόητον πεποίηκεν, εἰπὼν,

> Ποντίου θηρὸς χρωτὶ μάλιστα νόον προσφέρων,
> πάσαις πολίεσσιν ὁμίλει·

καὶ Θέογνις ὁμοίως·

> Πουλύποδος νόον ἴσχε πολυχρόου, ὃς ποτὶ πέτρῃ
> τῇπερ ὁμιλήσῃ, τοῖος ἰδεῖν ἐφάνη.

(6) Μεταβάλλει γὰρ ὁ μὲν χαμαιλέων οὐδέν τι μηχανώμενος οὐδὲ κατακρύπτων ἑαυτὸν, ἀλλ' ὑπὸ δέους ἄλλως
τρέπεται, φύσει ψοφοδεὴς ὢν καὶ δειλός· συνέπεται δὲ
καὶ πνεύματος πλῆθος, ὡς Θεόφραστος· ὀλίγον γὰρ ἀποδεῖ
πᾶν τὸ σῶμα τοῦ ζῴου πλῆρες εἶναι πνεύμονος, ᾧ τεκμαίρεται τὸ πνευματικὸν αὐτοῦ καὶ διὰ τοῦτο πρὸς τὰς
μεταβολὰς εὔτρεπτον· (7) τοῦ δὲ πολύποδος ἔργον ἐστὶν,
οὐ πάθος ἡ μεταβολή· μεταβάλλει γὰρ ἐκ προνοίας, μηχα-
νῇ χρώμενος τοῦ λανθάνειν ἃ δέδιε, καὶ λαμβάνειν οἷς
τρέφεται· παρακρουόμενος γὰρ [τὰ μὲν] αἱρεῖ μὴ φεύ-

mari infecto, ut hoc artificio piscatoris conspectum subterfugere possit, imitans deos Homericos, qui quos salvos
volunt, *cærula* sæpenumero *nube* objecta eripiunt atque
suffurantur. Sed de his satis.

XXVII. Insidiandi autem et prædandi eorum calliditas in
multis conspicitur. Aster quum sciat omnia quæ tetigerit
dissolvi ac colliquari, corpus suum tangi sinit ab appropin-
quantibus. (2) Torpedinis vim nostis, quæ non modo tan-
gentibus stuporem infert, sed etiam per sagenam torporem
manibus captantium immittit. Quidam, qui ejus naturam
magis compererunt, aiunt, si viva in terram excidat, aquam
ei superfundentes, torporem sentire per affectam qualitate
piscis aquam ad manum allatam. (3) Hujus ergo rei quum
habeat innatum sensum, cum nullo cominus pugnat pisce,
neque periculum ullum adit : tantum in orbem circumnatans
quasi tela spargit vim a se defluentem, inficitque primo
aquam, deinde animal per aquam, quum id nec defendere
se queat, neque effugere, sed quasi vinculis irretitum tenea-
tur ac congelet. (4) Notus est etiam multis piscator, cui a
capiendis piscibus nomen est factum : cujus arte etiam se-
piam uti Aristoteles scribit. A collo suo demittit acetabu-
lum instar funiculi quo hamus dependet, quod et laxatum
longe emitti, et facillime retrahi in se potest : id pisciculis,
quos prope se videt, mordendum exhibet, paullatimque in
se retrahens fraude ad se prædam adducit, dum ore contingere possit. (5) Polypus ut colorem suum mutet, et Pindarus notum fecit ac celebre, sic canens,

Marinæ bestiæ colori adverte mentem, et sic vafer omnibus
versare in urbibus :

et Theognis,

Pulypodis fac morem imiteris versicoloris :
cui subit is, semper fit similis, lapidi.

(6) Sane etiam chamæleon mutatur, non ut moliatur aliquid,
aut sese occulat; sed ob metum ita vertitur, natura meti-
culosus : et id mutationis adjuvatur, ut ait Theophrastus,
spiritus multitudine; parum enim abest quin totum ejus
corpus pulmone impleatur, quo indicatur ipsum spirituum
plenum et mutatu facilem esse. (7) At polypi mutatio non
est passio, sed actio : mutat enim se dedita opera, hac
arte fugiens quæ timet, et apprehendens quibus alitur : de-
cipiendo capiens non fugientia, et evitans prætervehentia.

γοντα, τὰ δ' ἐκφεύγει παρερχόμενα. (8) Τὸ μὲν γὰρ αὑτοῦ τὰς πλεκτάνας κατεσθίειν αὐτόν, ψεῦδός ἐστιν· τὸ δὲ μύραιναν δεδιέναι καὶ γόγγρον, ἀληθές ἐστιν· ὑπ' ἐκείνων γὰρ κακῶς πάσχει, δρᾶν μὴ δυνάμενος ἐξολισθανόντων. (9) * Ὥσπερ αὖ πάλιν ὁ κάραβος, ἐκείνων μὲν ἐν λαβαῖς γενομένων περιγίνεται ῥᾳδίως· ἡ γὰρ ψιλότης οὐ βοηθεῖ πρὸς τὴν τραχύτητα· τοῦ δὲ πολύποδος εἴσω τὰς πλεκτάνας διωθοῦντος, ἀπόλλυται. Καὶ τὸν κύκλον τοῦτον καὶ τὴν περίοδον ταῖς κατ' ἀλλήλων διώξεσι καὶ φυγαῖς γύμνασμα καὶ μελέτην ἡ φύσις αὐτοῖς ἐναγώνιον πεποίηκε δεινότητος καὶ συνέσεως.

XXVIII. Ἀλλὰ μὴν ἐχίνου γε τινὰ χερσαίου διηγήσατο πνευμάτων προαίσθησιν Ἀριστότιμος, ὃς ἐθαύμαζε καὶ γεράνων τὴν ἐν τριγώνῳ πτῆσιν. (2) Ἐγὼ δ' ἐχῖνον μὲν οὐδένα Κυζικηνὸν ἢ Βυζάντιον, ἀλλὰ πάντας ὁμοῦ παρέχομαι τοὺς θαλαττίους, ὅταν αἴσθωνται μέλλοντα χειμῶνα καὶ σάλον, ἑρματιζομένους λιθιδίοις, ὅπως μὴ περιτρέπωνται διὰ κουφότητα, μηδ' ἀποσύρωνται γενομένου κλύδωνος, ἀλλ' ἐπιμένωσιν ἀραρότως τοῖς πετριδίοις. (3) Ἡ δὲ γεράνων μεταβολὴ τῆς πτήσεως πρὸς ἄνεμον, οὐχ ἑνὸς γένους ἐστίν, ἀλλὰ τοῦτο κοινῇ πάντες ἰχθύες νοοῦντες, ἀεὶ πρὸς κῦμα καὶ ῥοῦν ἀντινήχονται, καὶ παραφυλάττουσιν ὅπως μὴ, κατ' οὐρὰν προσφερομένου τοῦ πνεύματος, ἡ λεπὶς ἀναπτυσσομένη λυπῇ τὸ σῶμα γυμνούμενον καὶ διατραχυνόμενον· (4) ὅθεν ἀεὶ συνέχουσιν ἑαυτοὺς ἀντιπρώρους· σχιζομένη γὰρ οὕτω κατὰ κορυφὴν ἡ θάλασσα τά τε βραγχία καταστέλλει, καὶ κατὰ τῆς ἐπιφανείας ῥέουσα λείως πιέζει, καὶ οὐκ ἀνίστησι τὸ φρικῶδες. (5) Τοῦτο μὲν οὖν, ὥσπερ ἔφην, κοινόν ἐστι τῶν ἰχθύων, πλὴν τοῦ ἔλλοπος· τοῦτον δέ φασι κατ' ἄνεμον καὶ ῥοῦν νήχεσθαι, μὴ φοβούμενον τὴν ἀναχάραξιν τῆς λεπίδος, ἅτε δὴ μὴ πρὸς οὐρὰν τὰς ἐπιπτυχὰς ἐχούσης.

XXIX. Ὁ δὲ θύννος οὕτως ἰσημερίας αἰσθάνεται καὶ τροπῆς, ὥστε καὶ τὸν ἄνθρωπον διδάσκειν, μηδὲν ἀστρολογικῶν κανόνων δεόμενον· ὅπου γὰρ ἂν αὐτὸν αἱ τροπαὶ χειμῶνος καταλάβωσιν, ἀτρεμεῖ, καὶ διατρίβει περὶ τὸν αὐτὸν τόπον ἄχρι τῆς ἰσημερίας. (4) Ἀλλὰ τῆς γεράνου σοφὸν ἢ τῆς λίθου περίδραξις, ὅπως προϊεμένη πυκνὸν ἐξυπνίζηται· καὶ πόσῳ σοφώτερον, ὦ φίλε, τὸ τοῦ δελφῖνος, ᾧ « στῆναι μὲν οὐ θέμις οὐδὲ παύσασθαι φορᾶς· » ἀεικίνητος γάρ ἐστιν ἡ φύσις αὐτοῦ, καὶ ταὐτὸν ἔχουσα τοῦ ζῆν καὶ τοῦ κινεῖσθαι πέρας· ὅταν δὲ ὕπνου δέηται, μετεωρίσας ἄνω τὸ σῶμα πρὸς τὴν ἐπιφάνειαν τῆς θαλάττης, ὕπτιον ἀφῆκε διὰ βάθους, αἰώρας τινὶ σάλῳ κομιζόμενος, ἄχρι προσπεσεῖν καὶ ψαῦσαι τῆς γῆς· οὕτω δ' ἐξυπνισθεὶς ἀναρροιζεῖ, καὶ πάλιν ἄνω γενόμενος ἐνδίδωσι, καὶ φέρεται κινήσει τινὰ μεμιγμένην ἀνάπαυσιν αὑτῷ μηχανώμενος. Τὸ δ' αὐτὸ δρᾶν καὶ θύννους ἀπὸ τῆς αὐτῆς αἰτίας λέγουσιν. (3) Ἐπεὶ δ' ἄρτι τὴν μαθηματικὴν αὐτῶν τῆς τοῦ ἡλίου μεταβολῆς ἐτέλεσα πρόγνωσιν, ἧς μάρτυς Ἀριστοτέλης ἐστίν, ἄκουσον ἤδη τὴν ἀριθμητικὴν ἐπιστήμην αὐτῶν· (4)

(8) Nam ipsum sua comedere acetabula, falsum : a muraena sibi et congro metuere, verum est; ab his enim male tractatur, neque laedere vicissim potest ob lubricitatem elabentes. (9) Sicut rursum carabus, illis in complexum venientibus, facile vincit : nam laevitas non est adversus asperitatem auxilio : polypo autem acetabula intrudente, perit. Atque hunc orbem et vicissitudinem mutuo sese insequendi et fugiendi natura ipsis ut exercitationem ac meditationem certaminis de calliditate et prudentia ingeneravit.

XXVIII. Enimvero echinum terrestrem retulit Aristotimus, qui praesensisset ventos, laudavitque gruum volatum trianguli forma. (2) Ego autem echinum nullum Cyzicenum aut Byzantium, sed omnes in universum marinos echinos profero, qui ubi tempestatem fluctusque praenoscunt, lapillis sese saburrant; ne ob levitatem evertantur aut undis obortis avellantur, sed lapillis praegravantibus permaneant. (3) Volatus gruum ad venti rationes accommodatus, non est unius generis, sed hoc omnibus communiter notum est piscibus, semperque adversum undas et fluctum natant, caventque ne, vento secundum caudam incidente, squamae erectae corpus nudum exhibeant, atque asperum reddant (4) Itaque proram suorum corporum semper adversam undis statuunt : sic enim scissum a fronte mare branchias constringit, laeviterque per summam superficiem defluens squamas deprimit, neque cum horrore erigit. (5) Hoc, inquam, omnium commune est piscium, excepto ellope : is, uti ferunt, secundo vento et fluxu nat, neque metuit sibi a squamarum erectione, quum earum commissurae ipsi non sint versus caudam consertae.

XXIX. Jam thynnus ita exacte aequinoctia et solstitia sentit, ut etiam hominem doceat, nihil ad haec tabulis opus habentem astrologicis : ubi enim eum bruma deprehendit, ibi quiescit, eodemque se loco continet usque ad aequinoctium. (2) At callidum est, inquis, illud gruis, quod lapidem tenet, ut eo excidente statim evigilet. Quanto, amice, major est delphini solertia? Huic quum nefas sit stare et motu vacare, in quo natura ejus semper est, neque ante movendi quam vivendi finem facit; quando somnum captat, corpus sursum ad superficiem maris evehit, supinumque rursum per profundum dimittit, fluctu quodam vectationis agitatus, donec ad terram perveniat : ibi excitatus e somno, sursum cum impetu ad maris superficiem effertur, iterumque post se demittit, itaque sibi in motu quietem quandam machinatur. Idem eadem de causa facere thynnos aiunt. (3) Quorum quoniam paullo ante mathematicam praedictionem conversionum solis retuli, cui Aristoteles testimonium perhibet; audi nunc etiam arithmeticam eorum scientiam : (4)

πρότερον δὲ, ναὶ μὰ Δία, τὴν ὀπτικὴν, ἣν ἔοικε μηδ'
Αἰσχύλος ἀγνοῆσαι· λέγει γάρ που,

    Τὸ σκαιὸν ὄμμα παραβαλὼν θύννου δίκην·

τῷ γὰρ ἑτέρῳ δοκοῦσιν ἀμβλυώττειν· (5) ὅθεν ἐμβάλλουσιν εἰς τὸν Πόντον ἐν δεξιᾷ τῆς γῆς ἐχόμενοι, καὶ
τοὐναντίον, ὅταν ἐξίωσιν· ἐμφρόνως πάνυ καὶ νουνεχῶς
ἀεὶ τὴν τοῦ σώματος φυλακὴν ἐπὶ τῷ κρείττονι ποιούμενοι
τῶν ὀφθαλμῶν. (6) Ἀριθμητικῆς δὲ διὰ τὴν κοινωνικὴν,
ὡς ἔοικε, καὶ φιλάλληλον ἀγάπησιν αὐτῶν δεηθέντες,
οὕτως ἐπ' ἄκρον ἥκουσι τοῦ μαθήματος, ὥστε, ἐπεὶ
πάνυ χαίρουσι τῷ συντρέφεσθαι καὶ συναγελάζεσθαι
μετ' ἀλλήλων, ἀεὶ τὸ πλῆθος τῷ σχήματι κυβίζουσι, καὶ
στερεὸν ἐκ πάντων ποιοῦσιν, ἐξ ἴσοις ἐπιπέδοις περιε-
χόμενον· εἶτα νήχονται τὴν τάξιν οὕτω, τὸ πλαίσιον
ἀμφίστομον διαφυλάττοντες. (7) Ὁ γοῦν θυννοσκόπος,
ἂν ἀκριβῶς λάβῃ τὸν ἀριθμὸν τῆς ἐπιφανείας, εὐθὺς
ἀποφαίνεται πόσον ἐστὶ πᾶν τὸ πλῆθος, εἰδὼς ὅτι καὶ τὸ
βάθος αὐτῶν ἐν ἴσῳ τεταγμένον στοιχείῳ πρός τε τὸ
πλάτος ἐστὶ καὶ τὸ μῆκος.

XXX. Ἀμίαις δὲ καὶ τοὔνομα παρέσχηκεν ὁ συν-
αγελασμὸς, οἶμαι δὲ καὶ ταῖς πηλαμύσι. Τῶν δ' ἄλλων γενῶν ὅσα φαίνεται καὶ ζῇ κοινωνικῶς μετ' ἀλλήλων ἀγεληδὸν, οὐκ ἄν τις εἴποι τὸν ἀριθμὸν, ἀλλὰ μᾶλλον
ἐπὶ τὰς κατ' ἰδίαν κοινωνίας αὐτῶν καὶ συμβιώσεις ἰτέον.
(2) Ὧν ἐστι καὶ ὁ τὸ πλεῖστον ἐξαναλώσας Χρυσίππου
μέλαν πινοτήρας, παντὶ καὶ φυσικῷ βιβλίῳ καὶ ἠθικῷ
προεδρίαν ἔχων· τὸν γὰρ σπογγοτήραν οὐχ ἱστόρηκεν, οὐ
γὰρ ἂν παρέλιπεν. (3) Ὁ μὲν οὖν πινοτήρας ζῷόν ἐστι
καρκινῶδες, ὥς φασι, καὶ τῇ πίνῃ σύνεστι, καὶ πυλωρεῖ τὴν
κόγχην προκαθήμενος, ἐῶν ἀνεῳγμένην καὶ διακεχη-
νυῖαν, ἄχρι προσπέσῃ τι τῶν ἁλωσίμων αὐτοῖς ἰχθυ-
δίων· τότε δὲ τὴν σάρκα τῆς πίνης δακὼν παρεισῆλθεν,
ἡ δὲ συνέκλεισε τὴν κόγχην, καὶ κοινῶς τὴν ἄγραν ἐντὸς
ἕρκους γενομένην κατεσθίουσι. (4) Τὸν δὲ σπόγγον
ἡνιοχεῖ θηρίδιον, οὐ καρκινῶδες, ἀλλ' ἀράχνῃ παραπλή-
σιον· οὐ γὰρ ἄψυχον οὐδ' ἀναίσθητον οὐδ' ἄναιμον ὁ
σπόγγος ἐστὶν, ἀλλὰ ταῖς μὲν πέτραις, ὡς ἄλλα πολλὰ,
προσπέφυκεν, ἔχει δὲ κίνησιν ἰδίαν ἐξ ἑαυτοῦ καὶ εἰς
ἑαυτὸν, οἷον ὑπομνήσεως καὶ παιδαγωγίας δεομένην·
(5) μανὸς γὰρ ὢν ἄλλως καὶ τοῖς ἀραιώμασιν ἀνειμένος
ὑπ' ἀργίας καὶ ἀμβλύτητος, ὅταν ἐμβῇ τι τῶν ἐδωδίμων, ἐκείνου σημήναντος, ἔμυσε καὶ κατηνάλωσεν·
ἔτι δὲ μᾶλλον ἀνθρώπου προσιόντος ἢ θιγόντος, διδασκόμενος καὶ χαρασσόμενος, οἷον ἔφριξε καὶ συνέκλεισε
τὸ σῶμα πήξας καὶ πυκνώσας, ὥστε μὴ ῥᾳδίαν ἀλλὰ
δύσεργον εἶναι τὴν ὑποτομὴν αὐτοῦ τοῖς θηρεύουσιν.
(6) Αἱ δὲ πορφύραι συναγελαζόμεναι, τὸ μὲν κηρίον,
ὥσπερ αἱ μέλιτται, κοινῇ ποιοῦσιν, ἐν ᾧ λέγονται γο-
νεύειν· τὰ δ' ἐδώδιμα τῶν βρύων καὶ τῶν φυκίων ἀναλαμβάνουσαι προϊσχόμενα τοῖς ὀστράκοις, οἷον ἐν
περιόδῳ κυκλουμένην ἑστίασιν ἀλλήλαις παρέχουσιν,
ἑτέραν ἑτέρας ἔξωθεν ἐπινεμομένης.

XXXI. Καὶ τί ἄν τις ἐν τούτοις τὴν κοινωνίαν

---

imo opticam mehercle prius dicam, quam videtur vel
Æschylus non ignorasse : dicit enim alicubi,

    Oculo connivens lævo, prout thynni solent :

videntur enim altero oculo cæcutire thynni ; (5) itaque in
Pontum ita ingrediuntur, ut a dextra habeant terram, et
egrediuntur, ut a sinistra : plane prudenter atque attente
custodiam corporis meliori oculo committentes. (6) Arithmetica autem ob societatis tutelam, ut apparet, et mutuam
dilectionem quum haberent opus, ita ad summum ejus scientiæ pervenerunt, ut, quum gaudeant convictu et congre-
gatione, multitudinem semper in cubi modum stipent, universis in sex planas superficies inter se similes distributis :
deinde eo ordine natant, ut figuram semper in quam libeat
partem versatilem servent. (7) Itaque is qui eos observat
speculator, si unum latus superficiei exstantis recte dinu-
meraverit, statim de toto numero ipsorum potest pronunciare, sciens profunditatem agminis esse pari ratione cum
longitudine et latitudine.

XXX. Amiæ etiam nomen inde habent, quod simul (græce
hama) eant : puto etiam pelamydes. Reliquorum generum,
quæ conspiciuntur gregatim natantia et vivunt societate
devincta, numerus exprimi non potest. Itaque potius
accedamus ad eas societates recensendas, quæ privatim
piscibus intercedunt. (2) De quibus est is, qui plurimum
atramenti Chrysippo consumsit, primo in omnibus physicis,
omnibus ethicis libris loco positus, pinnoteras. Spongo-
teram enim Chrysippus non noverat, alioquin haud præter-
iturus. (3) Pinnoteras igitur, cui ab observanda pinna
nomen factum, animal est cancri ad formam accedens (sic
enim traditur), et cum pinna degit, ejusque conchæ apertionem observat, foris assidens apertæ et hianti, donec
aliquis pisciculus accesserit, qui ab ipsis capi possit : tunc
carnem pinnæ mordens, eam de captura monet, unaque in
concham intrat : ea concham claudit : sic præda intra suam
munitionem recepta simul vescuntur. (4) Spongia guber-
natur ab animalculo, quod non cancri, sed araneæ simile
est. Non enim anima et sanguine et sensu caret spongia ;
sed saxis adnata, ut multa etiam alia, motum habet peculiarem a se ipsa et in se ipsam, qui monitore tamen et veluti pædagogo habeat opus : (5) nam alioqui rara, et multis
hiatibus aperta spongia, ob ignaviam ejus et hebetudinem,
si quid eorum quæ sunt esui intraverit in cava ipsius, spon-
gotera indicante, se contrahit atque id consumit ; multoque
magis homine accedente aut tangente, monita et puncta ab
suo custode spongia, quasi inhorret, clausoque ore ita se
stipat, ut difficulter possit a venantibus abscindi. (6) Pur-
puræ gregatim consuescentes, favum quidem communiter
apium instar conficiunt, in quo dicuntur generare : musci
et algæ quidquid est esui ita in suas testas recipiunt, ut iis
in orbem exsertis quasi circularem convivationem præbeant,
una alterius alimentum foris depascente.

XXXI. Et vero quis in hisce admiretur communitatem?

θαυμάσειεν, ὅπου τὸ πάντων ἀμικτότατον καὶ τὸ θηριω-
δέστατον ὧν τρέφουσι ποταμοὶ καὶ λίμναι καὶ θάλασ-
σαι ζῷον, ὁ κροκόδειλος, θαυμαστὸν ἑαυτὸν ἐπιδείκνυται πρὸς κοινωνίαν καὶ χάριν ἐν τοῖς πρὸς τὸν τροχίλον
5 συμβολαίοις; (2) Ὁ γὰρ τροχίλος ἔστι μὲν ὄρνις τῶν
ἑλείων καὶ παραποταμίων, φρουρεῖ δὲ τὸν κροκόδειλον,
οὐκ οἰκόσιτος, ἀλλὰ τοῖς ἐκείνου λειψάνοις παρατρεφό-
μενος· ὅταν γὰρ αἴσθηται τοῦ κροκοδείλου καθεύδοντος,
ἐπιβουλεύοντα τὸν ἰχνεύμονα πηλούμενον [καὶ] ἐπ' αὐτὸν
10 ὥσπερ ἀθλητὴν κονιόμενον, ἐπεγείρει φθεγγόμενος καὶ
κολάπτων· (3) ὁ δὲ οὕτως ἐξημεροῦται πρὸς αὐτὸν, ὥστε
τοῦ στόματος διαχανὼν ἐντὸς παρίησι, καὶ χαίρει τὰ
λεπτὰ τῶν ἐνισχομένων τοῖς ὀδοῦσι σαρκῶν ἐκλέγοντος
ἀτρέμα τῷ ῥάμφει καὶ διασκαλεύοντος· ἂν δὲ μετρίως
15 ἔχων ἤδη βούληται συναγαγεῖν τὸ στόμα καὶ κλεῖσαι,
προκλίνει τὴν σιαγόνα καὶ διασημαίνει, καὶ οὐ πρότερον καθίησιν, ἢ συναισθανόμενον ἐκπτῆναι τὸν τροχίλον. (4) Ὁ δὲ καλούμενος ἡγεμὼν μεγέθει μέν ἐστι
καὶ σχήματι κωβιῶδες ἰχθύδιον, τὴν δ' ἐπιφάνειαν ὄρ-
20 νιθι φρίσσοντι διὰ τὴν τραχύτητα τῆς λεπίδος ἐοικέναι
λέγεται, καὶ ἀεὶ σύνεστιν ἑνὶ τῶν μεγάλων κητῶν, καὶ
προνήγεται τὸν δρόμον ἐπευθύνων, ὅπως οὐκ ἐνσχεθή-
σεται βράχεσιν, οὐδ' εἰς τέναγος ἤ τινα πορθμὸν ἐμπέσῃ
δυσέξοδον· (5) * ἕπεται γὰρ αὐτῷ τὸ κῆτος, ὥσπερ
25 οἴακι ναῦς, παραγόμενον εὐπειθῶς· καὶ τῶν μὲν ἄλλων,
ὅ τι ἂν παραλάβῃ τῷ χάσματι ζῷον ἢ σκάρος ἢ λίθον,
εὐθὺς διέφθαρται καὶ ἀπόλωλε πᾶν ἐμβεβυθισμένον·
ἐκεῖνο δὲ γινῶσκον ἀναλαμβάνει τῷ στόματι καθάπερ
ἄγκυραν ἐντός· ἐγκαθεύδει γὰρ αὐτῷ, καὶ τὸ κῆτος
30 ἕστηκεν ἀναπαυομένου καὶ ὁρμεῖ· προελθόντος δ' αὖθις
ἐπακολουθεῖ, μήτε ἡμέρας μήτε νυκτὸς ἀπολειπόμενον,
ἢ ῥέμβεται καὶ πλανᾶται, καὶ πολλὰ διεφθάρη, καθάπερ ἀκυβέρνητα πρὸς γῆν ἐξενεχθέντα. (6) Καὶ γὰρ
ἡμεῖς περὶ Ἀντίκυραν ἑωράκαμεν, οὐ πάλαι· καὶ πρό-
35 τερον ἱστοροῦσιν, οὐ πόῤῥω Βουνῶν ἐξοκείλαντος καὶ
κατασαπέντος, λοιμὸν γενέσθαι. (7) Ἆρ' οὖν ἄξιόν
ἐστι ταύταις ταῖς κοινωνίαις καὶ συμπεριφοραῖς παραβάλλειν ὥσπερ Ἀριστοτέλης ἱστορεῖ φιλίας ἀλωπέκων
καὶ ὄφεων, διὰ τὸ κοινὸν αὐτοῖς πολέμιον εἶναι τὸν ἀε-
40 τὸν, ἢ τὰς ὠτίδων πρὸς ἵππους, ὅτι χαίρουσι προσπε-
λάζουσαι καὶ διασκάλλουσαι τὸν ὄνθον; (8) Ἐγὼ μὲν
γὰρ οὐδ' ἐν μελίτταις ὁρῶ τοσαύτην οὐδ' ἐν μύρμηξιν
ἐπιμέλειαν ἀλλήλων· τὸ γὰρ κοινὸν αὔξουσι πᾶσαι καὶ
πάντες ἔργον, ἑτέρῳ δὲ καθ' ἕτερον ἑτέρου στοχασμὸς
45 οὐδεὶς οὐδὲ φροντίς ἐστιν.
XXXII. Ἔτι δὲ μᾶλλον κατοψόμεθα τὴν διαφορὰν,
ἐπὶ τὰ πρεσβύτατα καὶ μέγιστα τῶν κοινωνικῶν ἔργων
καὶ καθηκόντων τὰ περὶ τὰς γενέσεις καὶ τεκνώσεις τὸν
λόγον τρέψαντες. (2) Πρῶτον μὲν γὰρ οἱ λίμναις πα-
50 ρήκουσαν ἢ ποταμοὺς ὑποδεχομένην νεμόμενοι θάλατταν ἰχθύες, ὅταν μέλλωσι τίκτειν, ἀνατρέχουσι, τῶν
ποτίμων ὑδάτων τὴν πραότητα καὶ τὸ ἄσαλον διώκον-
τες· ἀγαθὴ γὰρ ἡ γαλήνη λοχεῦσαι· καὶ τὸ ἄθηρον ἅμα
ταῖς λίμναις ἔνεστι καὶ ποταμοῖς, ὥστε σώζεσθαι τὰ

---

quando etiam crocodilus, quo nullum animal perinde efferum et a societate alienum, mare, flumina, *paludes gignunt*,
tamen in suis cum trochilo commerciis mirificum se demonstrat ad conjunctionem atque gratiam. (2) Trochilus avis
est ex earum genere, quæ circa lacus et fluvios versantur:
is crocodilum custodit, non proprio victu, sed illius reliquiis se nutriens: quum enim sentit ichneumonem luto, sicut athletæ pulvere solent, se opplentem crocodilo dormienti
insidiari, vociferans et tundens rostro hunc excitat. (3)
Crocodilus vicissim ita se huic cicurem præbet, ut eum aperto
ore intromittat, gaudeatque eo tenues carnium particulas,
quæ dentibus inhæserant suis, rostro sensim legente et de-
radente; et ubi jam contentus, os claudere vult, leniter man-
dibulam inclinans id significet, neque eam prius demittat,
quam trochilus intellecto signo evolaverit. (4) Piscis autem, qui Græcis *Hegemon*, quod est dux sive ductor, appellatur, exiguus est, gobio non absimilis quantitate et
forma, superficie autem, ob squamarum asperitatem, avi
plumas erigenti: is semper adest magno alicui ceto, præ-
natansque ejus cursum dirigit, ne vado is impingat, aut in
limum, vel fretum aliquod incidat, unde exitus difficulter
detur: (5) sequitur cetus, veluti clavum navis, duci se
præbens obtemperantem: et quidquid aliarum est rerum,
sive animal, sive navicula, sive lapis, quod ad ceti rictum
accidit, id statim demersum in ejus ventrem periit; ducto-
rem autem suum agnoscens, veluti ancoram intro recipit:
intus enim dormit ductor, et cetus eo quiescente subsistit
ac stationem agit: rursumque eo progrediente sectatur, neque noctu dieve abscedit: si enim abscedat, vagatur jam
erratque cetus; et multi ceti quasi gubernatore destituti
pereunt ad terram elati. (6) Idque nos vidimus haud ita
pridem apud Anticyram: et memorant idem antea contigisse,
ceto haud procul Bunis ita in litus egresso atque putrefacto,
pestem ortam fuisse. (7) Dignum vero est his societatibus
et consensui et consuetudini eas amicitias componere, quas
Aristoteles narrat vulpium et serpentum, quia communem
inimicum habeant aquilam! aut otidibus cum equis, quibus
appropinquare et fimum disjicere gaudent! (8) Ego ne in
apibus quidem ipsis, aut formicis tantum animadverto mutuæ procurationis: nam ut commune opus omnes augent,
ita in aliis rebus alteri nulla est alterius cura, nulla consideratio.

XXXII. Hoc discrimen magis etiam elucescet, si sermonem convertamus ad ea quæ societatis antiquissima sunt et
potissima opera et officia, nempe ad fœtus procreationem.
(2) Primum enim pisces, qui paludibus contiguum, aut
amnes excipiens mare inhabitant, instante partu sursum
evadunt, potabilium aquarum lenitatem et tranquillitatem
quærentes. Nam et partui tranquillitas est commoda, et a
belluis immunes sunt fluvii, sunt paludes: ut fœtus saluti

τιχτόμενα.   (3) Διὸ καὶ πλεῖστα καὶ μάλιστα γονεύε-
ται περὶ τὸν Εὔξεινον πόντον· οὐ γὰρ τρέφει κήτη ἀλλ'
ἢ φώκην ἀραιὰν καὶ δελφῖνα μικρόν· ἔτι δὲ ἡ τῶν ποταμῶν ἐπιμιξία, πλείστων καὶ μεγίστων ἐκδιδόντων εἰς
5 τὸν Πόντον, ἤπιον παρέχει καὶ πρόσφορον τοῖς λοχευο-
μένοις κρᾶσιν.   (4) Τὸ δὲ τοῦ ἀνθίου θαυμασιώτατόν
ἐστιν, ὃν Ὅμηρος ἱερὸν ἰχθὺν εἴρηκε· καίτοι μέγαν τινὲς
οἴονται τὸν ἱερὸν, καθάπερ ὀστοῦν ἱερὸν τὸ μέγα, καὶ
τὴν ἐπιληψίαν, μεγάλην νόσον οὖσαν, ἱερὰν καλοῦσιν·
10 ἔνιοι δὲ κοινῶς τὸν ἄφετον καὶ ἱε[ρω]μένον.   (5) Ἐρατοσθένης δὲ τὸν χρύσοφρυν ἔοικεν,

Εὐδρομίην, χρύσειον ἐπ' ὀφρύσιν, ἱερὸν ἰχθὺν,

λέγειν· πολλοὶ δὲ τὸν ἔλλοπα· σπάνιος γάρ ἐστι καὶ οὐ
ῥάδιος ἁλῶναι· φαίνεται δὲ περὶ Παμφυλίαν πολλάκις·
15 ἂν οὖν ποτε λάβωσι, στεφανοῦνται μὲν αὐτοὶ, στεφανοῦσι δὲ τὰς ἁλιάδας, κρότῳ δὲ καὶ πατάγῳ καταπλέ-
οντας αὐτοὺς ὑποδέχονται καὶ τιμῶσιν.   (6) Οἱ δὲ
πλεῖστοι τὸν ἀνθίαν ἱερὸν εἶναι καὶ λέγεσθαι νομίζουσιν·
ὅπου γὰρ ἂν ἀνθίας ὀφθῇ, θηρίον οὐκ ἔστιν, ἀλλὰ θαρ-
20 ῥοῦντες μὲν οἱ σπογγοθῆραι καταχολυμβῶσι, θαῤῥοῦν-
τες δὲ τίκτουσιν οἱ ἰχθύες, ὥσπερ ἐγγυητὴν ἀσυλίας
ἔχοντες.   (7) Ἡ δ' αἰτία δυσλόγιστος, εἴτε φεύγει τὰ
θηρία τὸν ἀνθίαν, ὡς σῦν ἐλέφαντες, ἀλεκτρυόνα δὲ
λέοντες· εἴτ' ἐστὶ σημεῖα τόπων ἀθήρων, ἃ γινώσκει
25 καὶ παραφυλάττει συνετὸς ὢν καὶ μνημονικὸς ὁ ἰχθύς.

XXXIII. Ἀλλὰ ἥ γε πρόνοια κοινὴ τοῖς τίκτουσι
τῶν γεννωμένων· οἱ δ' ἄῤῥενες οὐ τὸν αὑτῶν κατεσθίουσι
γόνον, ἀλλὰ καὶ προσδιατρίβουσι τοῖς κυήμασιν ᾠοφυ-
λακοῦντες, ὡς ἱστόρηκεν Ἀριστοτέλης· οἱ δὲ ἑπόμενοι
30 ταῖς θηλείαις, καταῤῥαίνουσι [κατὰ] μικρὸν τὸν θορόν·
ἄλλως γὰρ οὐ γίνεται μέγα τὸ τεχθὲν, ἀλλ' ἀτελὲς μένει καὶ ἄναυξον.   (2) Ἰδίᾳ δὲ αἱ φυκίδες ἐκ τῶν φυκίων
οἷον νεοττιὰν διαπλασάμεναι περιαμπέχουσι τὸν γόνον,
καὶ σκέπουσιν ἀπὸ τοῦ κλύδωνος.   (3) * Τοῦ δὲ γαλεοῦ
35 τὸ φιλόστοργον οὐδενὶ τῶν ἡμερωτάτων ζῴων ὑπερβολὴν
γλυκυθυμίας πρὸς τὰ ἔκγονα καὶ χρηστότητος ἀπολέ-
λοιπε· τίκτουσι μὲν γὰρ ᾠὸν, εἶτα ζῷον, οὐκ ἐκτὸς,
ἀλλ' ἐντὸς ἐν ἑαυτοῖς· καὶ τρέφουσιν οὕτως καὶ
φέρουσιν, ὥσπερ ἐκ δευτέρας γενέσεως· ὅταν δὲ μείζονα
40 γένηται, μεθιᾶσι θύραζε, καὶ διδάσκουσι νήχεσθαι πλη-
σίον· εἶτα πάλιν εἰς ἑαυτοὺς διὰ τοῦ στόματος ἐπανα-
λαμβάνουσι, καὶ παρέχουσιν ἐνδιαιτᾶσθαι τὸ σῶμα
χώραν ἅμα καὶ τροφὴν καὶ καταφυγὴν, ἄχρις ἂν ἐν δυνάμει τοῦ βοηθεῖν αὐτοῖς γένηται.   (4) Θαυμαστὴ δὲ
45 καὶ ἡ τῆς χελώνης περὶ τὴν γένεσιν καὶ σωτηρίαν τῶν
γεννωμένων ἐπιμέλεια· τίκτει μὲν γὰρ ἐκβαίνουσα τῆς
θαλάττης πλησίον· ἐπῳάζειν δὲ μὴ δυναμένη, μηδὲ
χερσεύειν πολὺν χρόνον, ἐντίθησι τῇ ψάμμῳ τὰ ᾠά,
καὶ τὸ λειότατον ἐπαμᾶται τῆς θινὸς αὐτοῖς καὶ μαλα-
50 κώτατον· ὅταν δὲ καταχώσῃ καὶ ἀποκρύψῃ βεβαίως, οἱ
μὲν λέγουσι τοῖς ποσὶν ἀμύττειν καὶ καταστίζειν τὸν
τόπον, εὔσημον ἑαυτῇ ποιοῦσαν· οἱ δὲ, τὴν θήλειαν ὑπὸ
τοῦ ἄῤῥενος τρεπομένην, τύπους ἰδίους καὶ σφραγῖδας

---

jam consulant. (3) Quæ causa est ut piscium maxima vis
apud Euxinum procreetur pontum : non enim cete ibi sunt,
sed duntaxat exilem phocam, et parvum delphinem habet :
tum fluviorum plurimorum atque maximorum in eum se
effundentium admixtio temperiem partubus aptam et commodam efficit. (4) Maxime admirabilis est anthias piscis,
quem *sacrum* Homerus appellat : etsi pro *magno* piscem
sacrum quidam interpretantur, quo modo os magnum *sacri*
appellationem habet, et morbus comitialis quum sit magnus, *sacer* dicitur : alii sacrum eum intelligunt, qui liber
ac dimissus sit, utpote alicujus numinis tutelæ consecratus.
(5) Eratosthenes videtur interpretari chrysophryn, sic ab
aureis ciliis dictum,

Aureus huic sacro sua cilia circulus ambit :

ellopem putant multi; est enim rarus, et non facilis captu :
apud Pamphyliam sæpenumero visitur : et quum eum capiunt, tum et ipsi piscatores coronantur, et lembos suos
coronant, atque cum strepitu plausuque advecti, excipiun-
tur et honorantur. (6) Plerique tamen anthiam putant esse
sacrum piscem : itaque dici, quod ubi anthias apparet, nulla
est bellua, sed audacter spongiarum captatores urinant, audacter pisces fœtificant; tanquam obsidem securitatis a
prædantibus nacti. (7) Causa colligi non facile potest; fu-
giantne belluæ anthiam, ut suem elephanti, gallum leones :
an signum ejus præsentia sit locorum belluis carentium, quæ
agnoscat ille et observet, ut calliditate et memoria præditus.

XXXIII. Porro autem piscium fœtus procuratio utrique
est sexui communis : tantumque abest ut mas fœtum devoret, ut etiam assideat ovis, eaque custodiat : testis Aristoteles : et qui femellas sectantur, paullatim aliquid seminis
infundunt; quod alias fœtus ad justam magnitudinem non
excrescat. (2) Peculiariter phycides ex alga veluti nidum
quendam construentes, eo suum fœtum ab undis defendunt.
(3) Mustelæ amor erga prolem ac dilectio tantum habet sua-
vitatis, quantum nulla etiam cicuratissima superare possint
animalia. Ovum illa parit, et ubi exclusus est fœtus, non
foris, sed intro receptum eum ita alit et educat, tanquam
denuo paritura : et quum aliquantum adolevit, emittitur a
matre, doceturque juxta natare : deinde rursum per os in se
recipit, receptaculum juxta ei et alimentum præbens ac
locum tutum, dum eo virium perveniat, ut ipse tutari se
possit. (4) Testudinis quoque in pariendo et fœtu tuendo
mirabilis est accuratio. Parit e mari egressa in vicinia :
deinde quia incubare ac diu in terra morari non potest, ova
in sabulo ponit, lævissimum ejus et mollissimum iis ingerens : ubi texit, satisque tuto obruit, sunt qui dicant eam
pedibus locum notis impressis notare, itaque facere ut facile
ab ipsa agnosci possit : alii femellam a mare subversam si-
gilla propria et formulas ibi relinquere ferunt. (5) Id magis

ἐναπολείπειν· (5) ὁ δὲ τούτου θαυμασιώτερόν ἐστιν, ἡμέραν ἐκφυλάξασα τεσσαρακοστὴν, ἐν τοσαύταις γὰρ ἐκπέττεται καὶ περιρρήγνυται τὰ ᾠά, πρόσεισι· καὶ γνωρίσασα τὸν ἑαυτῆς ἑκάστη θησαυρόν, ὡς οὐδεὶς χρυσίου θήκην ἄνθρωπος, ἀσμένως ἀνοίγει καὶ προθύμως.

XXXIV. Τῶν δὲ κροκοδείλων τὰ μὲν ἄλλα παραπλήσια, τῆς δὲ χώρας ὁ στοχασμὸς ἐπίνοιαν ἀνθρώπῳ τῆς αἰτίας οὐ δίδωσιν, οὐδὲ συλλογισμόν· ὅθεν οὐ φασὶ λογικὴν ἀλλὰ μαντικὴν εἶναι τὴν περὶ τούτου τοῦ θηρίου πρόγνωσιν· (2) οὔτε γὰρ πλέον οὔτ' ἔλαττον ἐκβᾶσα, ἀλλὰ ὅσον εἰς ὥραν ἔτους ὁ Νεῖλος αὐξηθεὶς ἐπικλύσει καὶ ἀποκρύψει τῆς γῆς, ἐκεῖ τὰ ᾠά τίθησιν· ὥστε τὸν ἐντυχόντα τῶν γεωργῶν αὐτὸν γινώσκειν, ἑτέροις τε φράζειν, ὁπόσον αὐτοῖς ὁ ποταμὸς πρόεισιν· οὕτω συνεμετρήσατο, μὴ βρεχομένου αὐτὸς βρεχόμενος ἐπωάζῃ. (3) Ἐκλεπ[ισθ]έντων δὲ τῶν σκύμνων, ὃς ἂν εὐθὺς ἀναδὺς μὴ λάβῃ τι τῶν προστυγόντων, ἢ μυῖαν, ἢ σέριφον, ἢ γῆς ἔντερον, ἢ κάρφος, ἢ βοτάνην, τῷ στόματι, διασπαράξασα τοῦτον ἡ μήτηρ ἀπέκτεινε δακοῦσα· τὰ δὲ θυμοειδῆ καὶ δραστήρια στέργει καὶ περιέπει, καθάπερ οἱ σοφώτατοι τῶν ἀνθρώπων ἀξιοῦσι, κρίσει τὸ φιλεῖν, οὐ πάθει, νέμουσα. (4) Καὶ μὴν αἱ φῶκαι τίκτουσι μὲν ἐν τῷ ξηρῷ, κατὰ μικρὸν δὲ προάγουσαι τὰ σκυμνία, γεύουσι τῆς θαλάττης, καὶ ταχὺ πάλιν ἐξάγουσι· καὶ τοῦτο πολλάκις ποιοῦσιν ἐν μέρει, μέχρις ἂν οὕτως ἐθιζόμενα θαρρήσῃ, καὶ στέρξῃ τὴν ἔναλον δίαιταν. (5) Οἱ δὲ βάτραχοι περὶ τὰς ὀχείας ἀνακλήσεσι χρῶνται, τὴν λεγομένην ποιοῦντες ὀλολυγόνα, φωνὴν ἐρωτικὴν καὶ γαμήλιον οὖσαν· ὅταν δὲ τὴν θήλειαν ὁ ἄρρην οὕτω προσαγάγηται, κοινῇ τὴν νύκτα περιμένουσιν· ἐν ὑγρῷ μὲν γὰρ οὐ δύνανται, μεθ' ἡμέραν δὲ δεδίασιν ἐπὶ γῆς μίγνυσθαι· γενομένου δὲ σκότους, ἀδεῶς συμπλέκονται προϊόντες· ἄλλως δὲ λαμπρύνουσι τὴν φωνήν, ὑετὸν προσδεχόμενοι· καὶ τοῦτο σημεῖον ἐν τοῖς βεβαιοτάτοις ἐστίν.

XXXV. Ἀλλὰ οἷον, ὦ φίλε Πόσειδον, ὀλίγου πάθος ὡς ἄτοπον πέπονθα καὶ καταγέλαστον, εἴ με διατρίβοντα περὶ φώκας καὶ βατράχους, τὸ σοφώτατον, καὶ θεοφιλέστατον παρῆλθε καὶ ἐξέφυγε τῶν ἐνάλων. (2) Ποίας γὰρ ἀηδόνας ἄξιον τῷ φιλομούσῳ τῆς ἀλκυόνος, ἢ τῷ φιλοτέκνῳ χελιδόνας, ἢ τῷ φιλάνδρῳ πελειάδας, ἢ τῷ τεχνικῷ παραβάλλειν μελίττας; τίνος δὲ γενέσεις καὶ τόκους καὶ ὠδῖνας ὁ θεὸς οὕτως ἐτίμησε; τὰς μὲν γὰρ Λητοῦς γονὰς μίαν ὑποδέξασθαι νῆσον ἑδρασθεῖσαν ἱστοροῦσι· τῇ δ' ἀλκυόνι τικτούσῃ περὶ τροπὰς πᾶσαν ἵστησι θάλασσαν ἀκύμονα καὶ ἀσάλακτον. (3) * Ὅθεν οὐδέν ἐστι ζῷον ἄλλο, ὃ [οὕτω] φιλοῦσιν ἄνθρωποι· δι' ἣν ἑπτὰ μὲν ἡμέρας, ἑπτὰ δὲ νύκτας ἐν ἀκμῇ χειμῶνος ἀδεῶς πλέουσι, τῆς κατὰ γῆν πορείας τηνικαῦτα τὴν διὰ τῆς θαλάσσης ἀσφαλεστέραν ἔχοντες. (4) Εἰ δὲ δεῖ καὶ περὶ ἑκάστης τῶν ἀρετῶν ἃς ἔχει βραχέα φάναι, φιλάνδρως μὲν οὕτως ἐστίν, ὥστε μὴ καθ' ἕνα καιρὸν, ἀλλὰ δι' ἔτους συνεῖναι καὶ προσδέχεσθαι τὴν τοῦ

---

etiam mirabile est, quod diebus quadraginta observatis (tot enim diebus excoquuntur et rumpuntur ova), sub earum finem accedunt, et unaquævis suum thesaurum, ita ut non melius homines cistam cum auro depositam agnoscentes, aperiunt cum gaudio et alacritate.

XXXIV. Crocodili his cetera habent similia : sed conjectatio loci non dat homini occasionem causæ ratiocinando explorandæ : unde est quod non rationi, sed divinationi imputetur hujus animalis in hac re prænotio : (2) nam neque intra, neque ultra illud spatium ad quod Nilus annua sua eluvie perventurus est, progressus, ova ponit; ut quicumque agricola in ea incidat, quum ipse intelligere, tum aliis queat narrare, quousque effluxurus sit amnis : adeo scite dimensus est, ne humidus ipse humidis incubet. (3) Exclusis catulis, qui primum in lucem progressus non statim ore arripit obvium aliquid, muscam puta, culicem, vermem, aut festucam vel herbam, eum mater morsibus dilaniat atque enecat : feroces autem et strenuos amat et fovet, judicio, id quod sapientissimi hominum postulant, non affectui amorem tribuens. (4) Phocæ etiam pariunt in sicco : paullatim autem catulos producunt, et mare iis gustandum præbent, moxque rursum educunt : idque sæpe et singulatim faciunt, dum sic assuescant, audacterque marinam vitam sustineant. (5) Ranæ in coitu evocationibus utuntur, vocem edentes, quæ *ololygon* dicitur, ad amorem et conjugium aptam : ubi autem mas femellam sic allexit, una noctem istam commorantur : misceri enim in humido non possunt, et interdiu id in terra verentur facere; obortis tenebris sine metu congrediuntur. Alias autem vocem edunt clariorem pluvia imminente, idque signum est unum de firmissimis.

XXXV. Sed quam, o care Neptune, pæne in rem incidi absurdam atque ridiculam? si me de phocis et ranis oratione moras nectentem, sapientissimum diisque acceptissimum omnium marinorum animal subterfugisset. (2) Quæ enim musica lusciniarum, qui amor aut hirundinum erga natos, aut columbarum erga maritos, quod apum artificium cum halcyonis virtutibus comparari meretur? cujusnam animalis ortus et partus deus tanto honore affecit? Latonæ partum ferunt ab una insula, e fluctuanti motu ad firmum statum redacta, fuisse exceptum : halcyoni autem circa brumam parienti totum mare deus fluctuum et pluviarum vacuum præbet. (3) Ut jam animal aliud sit nullum, quod homines ita merito ament : huic enim acceptum referre debent, quod media hieme septem diebus totidemque noctibus sine ullo periculo navigant, iterque marinum tunc terrestri tutius habent. (4) Quodsi de singulis ejus virtutibus pauca sunt dicenda, primum ita maritum diligit halcyon, ut non uno aliquo stato tempore, sed per totum annum consuetudine

ἄρρενος ὁμιλίαν, οὐ διὰ τὸ ἀκόλαστον· ἄλλῳ γὰρ οὐ
μίγνυται τοπαράπαν· ἀλλ' ὑπ' εὐνοίας ὥσπερ γυνὴ γα-
μετή, καὶ φιλοφροσύνης· (5) ὅταν δὲ διὰ γῆρας ἀσθενὴς ὁ ἄρρην γένηται συνέπεσθαι καὶ βαρὺς, ὑπολαβοῦσα
γηροφορεῖ καὶ γηροτροφεῖ, μηδαμοῦ προϊεμένη μηδὲ
καταλιποῦσα χωρίς· ἀλλὰ τοῖς ὤμοις ἐκεῖνον ἀναθεμένη,
κομίζει πανταχόσε καὶ θεραπεύει, καὶ σύνεστιν ἄχρι
τελευτῆς. (6) Τῷ δὲ φιλοτέκνῳ καὶ πεφροντικότι τῆς
σωτηρίας τῶν γεννωμένων, συναισθανομένη κύουσαν
ἑαυτὴν, τάχιστα τρέπεται πρὸς ἐργασίαν τῆς νεοττιᾶς,
οὐ φυρῶσα πηλὸν, οὐδὲ προσερείδουσα τοίχοις καὶ ὀρό-
φοις, ὥσπερ αἱ χελιδόνες, οὐδὲ χρωμένη πολλοῖς τοῦ
σώματος ἐνεργοῖς μέρεσιν, ὥσπερ τῆς μελίττης ἐνδυο-
μένης τῷ σώματι [καὶ] τὸ κηρίον ἀνοιγούσης, ὁμοῦ
ψαύοντες [οἱ ἓξ πόδες] ἑξάγωνα [τὸν] τύπον ἀγγεῖα
διαιροῦσιν· (7) ἡ δ' ἀλκυὼν ἓν ὄργανον ἁπλοῦν,
ἓν ὅπλον, ἓν ἐργαλεῖον ἔχουσα, τὸ στόμα, καὶ μηδὲν
ἄλλο τοῦ φιλοπόνου καὶ φιλοτέχνου συνεργὸν, οἷα μηχανᾶται καὶ δημιουργεῖ χαλεπόν ἐστι μὴ καταμαθόντας
πεισθῆναι [τῇ] ὄψει, τὸ πλαττόμενον ὑπ' αὐτῆς, μᾶλλον δὲ ναυπηγούμενον, σχημάτων πολλῶν μόνον ἀπε-
ρίτρεπτον καὶ ἀβάπτιστον· (8) συλλέξασα γὰρ τὰς τῆς
βελόνης ἀκάνθας συντίθησι καὶ συνδεῖ πρὸς ἀλλήλας
ἐγκαταπλέκουσα, τὰς μὲν εὐθείας, τὰς δὲ πλαγίας,
ὥσπερ ἐπὶ στήμονι κρόκην ἐμβάλλουσα, προσχρωμένη
καμπαῖς καὶ περιαγωγαῖς δι' ἀλλήλων, ὥστε διαρμόσαι
καὶ γενέσθαι στρογγύλον ἐνήρεμον, προμήκει τῷ σχήματι, ἁλιευτικῷ κύρτῳ παραπλήσιον· (7) ὅταν δὲ συντελέσῃ, φέρουσα παρέθηκε παρὰ τὸ κλύσμα τοῦ κύματος, ὅπου προσπίπτουσα μαλακῶς ἡ θάλασσα τὸ μὲν
οὐ καλῶς ἀραρὸς ἐδίδαξεν ἀκέσασθαι καὶ καταπυκνῶ-
σαι, χαλώμενον ὁρῶσαν ὑπὸ τῆς πληγῆς· τὰ δὲ ἡρμο-
σμένα κατασφίγγει καὶ πήγνυσιν, ὥστε καὶ λίθῳ καὶ
σιδήρῳ δυσδιάλυτον εἶναι καὶ δύστρωτον. (8) Οὐδενὸς
δὲ ἧσσον ἀξιοθαύμαστόν ἐστιν ἥ τε συμμετρία τό τε
σχῆμα τῆς τοῦ ἀγγείου κοιλότητος· πεποίηται γὰρ αὐτὴν ἐκείνην μόνην ἐνδυομένην δέχεσθαι, τοῖς δ' ἄλλοις
τυφλὸν εἶναι πάντη καὶ κρύφιον· ὥστε παριέναι μηδὲν
εἴσω, μηδὲ τῆς θαλάττης. (9) Οἶμαι μὲν οὖν μηδένα
ὑμῶν ἀθέατον εἶναι τῆς νεοττιᾶς· ἐμοὶ δὲ πολλάκις
ἰδόντι καὶ θιγόντι, παρίσταται λέγειν καὶ ᾄδειν,

    Δήλῳ δή ποτε τοῖον Ἀπόλλωνος παρὰ ναῷ,

τὸν κεράτινον βωμὸν εἶδον ἐν τοῖς ἑπτὰ καλουμένοις
θεάμασιν ὑμνούμενον, ὅτι μήτε κόλλης δεόμενος μήτε
τινὸς ἄλλου δεσμοῦ, διὰ μόνων τῶν δεξιῶν συμπέπηγε
καὶ συνήρμοσται κεράτων. (10) Ἵλεως δὲ ὁ θεὸς εἴη
* * καὶ πρός τε μουσικὸν ὄντα καὶ νησιώτην ὑμένης
τῆς πελαγίου σειρῆνος, εὐμενῶς καὶ καταγελᾷν τῶν
ἐρωτημάτων ἐκείνων, ἃ σκώπτοντες ἐρωτῶσιν οὗτοι,
διὰ τί Ἀπόλλων * * συθ' οὐδὲ τριγλοβοδὴ γινώσκοντα
Ἀφροδίτην ὁμοῦ κατὰ θάλατταν ποιουμένην αὐτῆς ἱερὰ
καὶ ἀδελφὰ, καὶ μηδὲν ὀνευομένῳ χαίρουσαν. (11) Ἐν
δὲ Λέπτει τοὺς ἱερεῖς τοῦ Ποσειδῶνος οὐδὲν ἔναλον το-

---

ejus utatur : non ob lasciviam (neque enim unquam alium
admittit), sed ob benevolentiam et amicitiam, qualis uxori
adversus suum est maritum. (5) Ubi autem senectus marem imbecillum et ad sectandum tardum reddidit, ipsa eum
suscipiens senem gestat atque nutrit, nunquam destituens,
nunquam solum relinquens : sed in humeros sublatum usquequaque portat atque fovet, eique ad mortem usque adest.
(6) Ob amorem prolis, et pro ejus salute procurationem,
ubi primum se concepisse intelligit, statim ad nidum con-
ficiendum se confert. Hic non lutum subigit, non parietibus
aut culminibus innititur, ut hirundines, neque multis partibus corporis operantibus utitur, ut apes quæ cellulas suas
favi aperiundi causa subeuntes, sex pedibus simul tangentes sexangularia vasa inter se distincta fabricantur : (7)
sed halcyoni unum simplex instrŭmentum, una machina
est, os videlicet; ac nullum aliud adjumentum quum habeat sui studii laboris et artis, tamen quale opus quamque
artificiosum conficiat, vix ut credant adduci possunt qui
non viderunt : adeo quod illa effingit, aut potius navis in
morem compingit, eam habet figuram, quæ sola everti
mergique non potest. (8) Collectas enim spinas acus marinæ conserit inter se atque contexit, perinde ac si telæ
subtegmen ingereret : ita alias obliquas, alias rectas com-
mittens inter se flectendo complicandoque, atque sic absolvit teretem nidum, navigium rotundum æqualitate ponderis
bene examinatum et firmum, figura prominentem habente
cuspidem, qualis fere est piscatorio vasi quod *curtum* vocant. (7) Ita perfectum deponit in fluxum undarum, ubi
mare leniter accidens non satis concinnata suoque allisu
laxata monet reficere ac stipare; recte autem compacta stipat itaque consolidat; ut etiam lapide aut ferro vix rumpi
dissolvique possit. (8) Proportio porro maximam meretur
admirationem, et cavitatis forma : ita enim adornatur, ut
solam halcyonem accipiat, omnibus aliis aditus sit ignotus,
ac ne mare quidem admittatur. (9) Existimo sane omnibus
vobis visum fuisse talem nidum : mihi vero sæpius videnti
atque contrectanti subit dicere et cantare illud,

    Tale quid in Delo et Phœbi me cernere templo

memini : nempe aram ceratinam sive cornutam, quæ inter
septem mundi miracula celebratur, quod neque glutine ullo
neque aliis vinculis cohærens e solis dextris cornibus compacta est. (10) Propitium autem mihi precor deum Apollinem et musicum et insularem, laudanti marinam Sirenem : et credibile est eum clementer ridere istos per jocum
interrogantes, cur Apollo [non vocetur *Gongroctonus*,] nec
Diana, *Triglobola* : quum tamen sciant Venerem sibi omnia
marina animalia ut sacra et germana vindicare, neque ullius eorum cæde gaudere. (11) Lepti autem sacerdotes
Neptuni nullo marino vescuntur : mystæ Eleusinii mullum

παράπαν ἐσθίοντας, τρίγλαν δὲ τοὺς ἐν Ἐλευσῖνι μύ-
στας σεβομένους ἴστε, καὶ τῆς Ἥρας ἐν Ἄργει τὴν
ἱέρειαν ἀπεχομένην ἐπὶ τιμῇ τοῦ ζῴου· τὸν γὰρ θαλάττιον λαγωὸν, ὅς ἐστιν ἀνθρώπῳ θανάσιμος, κτεί-
5 νουσιν αἱ τρίγλαι μάλιστα καὶ καταναλίσκουσι· διὸ
ταύτην, ὡς φιλάνθρωπα καὶ σωτήρια ζῷα, τὴν ἄδειαν
ἔχουσι.

XXXVI. * Καὶ μὴν Ἀρτέμιδός γε Δικτύννης, Δελ-
φινίου τ’ Ἀπόλλωνος ἱερὰ καὶ βωμοὶ παρὰ πολλοῖς Ἑλ-
10 λήνων εἰσίν· ὃν δ’ αὐτὸς ἑαυτῷ τόπον ἐξαίρετον ὁ θεὸς
πεποίηται, ** Κρητῶν ἀπογόνους οἰκοῦντας ἡγεμόνι
δελφῖνι χρησαμένων· οὐ γὰρ [ὁ] θεὸς προενήχετο τοῦ
στόλου μεταβαλὼν εἶδος, ὡς οἱ μυθογράφοι λέγουσιν,
ἀλλὰ δελφῖνα πέμψας τοῖς ἀνδράσιν ἰθύνοντα τὸν πλοῦν
15 κατήγαγεν εἰς Κίρραν. (2) Ἱστοροῦσι δὲ καὶ τοὺς
πεμφθέντας εἰς Σινώπην ὑπὸ Πτολεμαίου τοῦ Σωτῆρος
ἐπὶ τὴν Σαράπιδος κομιδὴν, Σωτέλη καὶ Διονύσιον,
ἀπωσθέντας ἀνέμῳ βιαίῳ, κομίζεσθαι παρὰ γνώμην
ὑπὲρ Μαλέαν, ἐν δεξιᾷ Πελοπόννησον ἔχοντας, εἶτα
20 ῥεμβομένους καὶ δυσθυμοῦντας αὐτοὺς προφανέντα δελφῖνα πρῴραθεν ὥσπερ ἐκκαλεῖσθαι καθηγούμενον εἰς τὰ
ναύλοχα καὶ στόλους μαλακοὺς ἔχοντα τῆς χώρας καὶ
ἀσφαλεῖς, ἄχρις οὗ τοῦτον τὸν τρόπον ἄγων καὶ παρα-
πέμπων τὸ πλοῖον εἰς Κίρραν κατέστησεν· (3) ὅθεν
25 ἀναβατήριον θύσαντες, ἔγνωσαν ὅτι δεῖ δυοῖν ἀγαλμάτων, τὸ μὲν τοῦ Πλούτωνος ἀνελέσθαι καὶ κομίζειν, τὸ
δὲ τῆς Κόρης ἀπομάξασθαι καὶ καταλιπεῖν. (4) Εἰκὸς
μὲν οὖν ἦν καὶ τὸ φιλόμουσον ἀγαπᾶν τοῦ θηρίου τὸν
θεόν· ᾧ καὶ Πίνδαρος ἀπεικάζων ἑαυτὸν, ἐρεθίζεσθαι
30 φησὶν,

 [Ἁλί]ου δελφῖνος ὑπόκρισιν·
 Τὸν μὲν ἀκύμονος ἐν πόντου πελάγει
 αὐλῶν ἐκίνησ’ ἐρατὸν μέλος.

ἀλλὰ μᾶλλον ἔοικε τὸ φιλάνθρωπον αὐτοῦ θεοφιλὲς εἶ-
35 ναι· μόνος γὰρ ἄνθρωπον ἀσπάζεται, καθὸ ἄνθρωπός
ἐστι. (5) Τῶν δὲ χερσαίων τὰ μὲν οὐδένα, τὰ δὲ ἡμε-
ρώτατα μόνους περιέπει τοὺς τρέφοντας ὑπὸ χρείας, καὶ
τοὺς συνήθεις, ὁ κύων, ὁ ἵππος, ὁ ἐλέφας· αἱ δὲ χελιδόνες ὅσων μὲν δέονται τυγχάνουσιν εἰσοικισάμεναι
40 σκιᾶς καὶ ἀναγκαίας ἀσφαλείας, φεύγουσι δὲ καὶ φοβοῦνται τὸν ἄνθρωπον ὥσπερ θηρίον. (6) Τῷ δὲ δελφῖνι παρὰ πάντα καὶ μόνῳ, τὸ ζητούμενον ὑπὸ τῶν
ἀρίστων φιλοσόφων ἐκεῖνο, τὸ φιλεῖν ἄνευ χρείας, φύσει πρὸς ἀνθρώπους ὑπάρχει· μηδενὸς γὰρ εἰς μηδὲν
45 ἀνθρώπου δεόμενος, πᾶσιν εὐμενής ἐστι φίλος, καὶ βε-
βοήθηκε πολλοῖς· ὧν τὰ μὲν Ἀρίονος οὐδεὶς ἀγνοεῖ· περιβόητα γάρ ἐστιν· (7) Ἡσιόδου δὲ κατὰ καιρὸν αὐτὸς
ἡμᾶς, ὦ φίλε, ἀνέμνησας,

 Ἀτὰρ οὐ τέλος ἵκεο μύθων·

50 ἔδει δὲ τὸν κύνα αἰτησάμενον, μὴ παραλιπεῖν τοὺς δελ-
φίνας· (8) τυφλὸν γὰρ ἦν τὸ μήνυμα τοῦ κυνὸς, ὑλα-
κτοῦντος καὶ μετὰ βοῆς ἐπιφερομένου τοῖς φονεῦσιν, [εἰ

venerantur, quod scitis : eodemque Junonis Argivæ antistita
honoris gratia abstinet : nam leporem marinum, qui homini
est letalis, maxime interficiunt et consumunt mulli : ideoque illis, ut humanis et salutaribus animalibus, eo modo
parcitur.

XXXVI. Jam Dianæ Dictynnæ (a retibus dictæ), et Apollinis Delphinii templa et aræ passim sunt apud Græcos. Et
locum, quem Apollo sibi eximium delegit, [coloniam putant esse] Cretum delphino duce usorum : non enim deus
ante classem mutata forma natavit, ut fabularum scriptores
tradunt; sed delphino misso qui cursum hominum dirige-
ret, eos Cirrham deduxit. (2) Ferunt etiam Sinopen missos a Ptolemæo Sotere ad Sarapidem avehendum, Sotelem
et Dionysium, violento vento ejectos supra Maleam navigasse invitos, ita ut Peloponnesum ad dextram haberent :
hic iis vagantibus et oberrantibus delphinum ante proram
apparuisse, qui eos quasi invitans in tranquillas ac tutas
subinde stationes deduxerit, tantisper dum navim ad Cirrham constitueret. (3) Ibi igitur quum sacrum ab ex-
scensione e navi fecissent, quod *anabaterium* dicitur, co-
gnoverunt de duobus simulacris unum quod erat Plutonis
debere se auferre secum, alterius, quod Proserpinæ, excipere formam, ipsumque relinquere. (4) Verisimile quidem
est deum probare studium musices in delphino : cui etiam
Pindarus se comparans, *incitari se*, ait,

 marini delphini in morem,
 quem placido e mari
 suavis excivit tibiæ sonus.

Magis tamen humanitatem ejus deo puto caram esse : solus
enim hominem, qua homo est, amat. (5) Terrestrium animalium alia nullum amant hominem : mansuetissima tantum utilitatis gratia eos a quibus aluntur, et cum quibus
consueverunt, ut canis, equus, elephas. Hirundines quantum ipsis opus est domos hominum subeunt, umbram se-
curitatemque necessariam quærentes, ipsum hominem interim fugiunt tanquam feram. (6) Delphino præter omnia
animalia et soli id adversus homines natura dedit, quod
optimi requirunt philosophi, nempe ut amet gratis. Nullam
enim ad rem homine opus habens, omnibus benignus est,
omnes amat, multis auxilium tulit. Atque Arionis quidem
historiam omnium ore celebratam nemo ignorat. (7) Hesiodi
tu, amice, tempestive nos admonuisti,

 Sed non oratio fine
 est abs te conclusa suo.

Qui enim canem laudasses, non debuisti delphinum reticere.
(8) Cæcum enim fuerat indicium canis, latrantis et cum
clamore percussores invadentis, nisi apud Nemeum delphini

μὴ] περὶ τὸ Νέμειον θαλάσσῃ διαφερόμενον ἀράμενοι
δελφῖνες, ἕτεροι παρ' ἑτέρων ἐκδεχόμενοι προθύμως,
εἰς τὸ 'Ρίον ἐχθέντες, ἔδειξαν ἐσφαγμένον. (9) Ἔναλον δὲ τὸν Αἰολέα, Μυρτίλος ὁ Λέσβιος ἱστορεῖ, τῆς
Φινέως ἐρῶντα θυγατρὸς ῥιφείσης κατὰ χρησμὸν τῆς
Ἀμφιτρίτης ὑπὸ τῶν Πενθιλιδῶν, καὶ αὐτὸν ἐξαλόμενον
εἰς τὴν θάλασσαν, ὑπὸ δελφῖνος σῶον ἐξενεχθῆναι πρὸς
τὴν Λέσβον. (10) Ἡ δὲ πρὸς τὸν Ἰασέα παῖδα τοῦ
δελφῖνος εὔνοια καὶ φιλία, δι' ὑπερβολὴν ἔρως ἔδοξε·
συνέπαιζε γὰρ αὐτῷ καὶ συνενήχετο καθ' ἡμέραν, καὶ
παρεῖχεν ἐν χρῷ ψαυόμενος· ἔπειτα περιβαίνοντος, οὐκ
ἔφευγεν, ἀλλ' ἔφερε χαίρων, πρὸς ὃ ἔκαμπτε κλίνων,
ὁμοῦ πάντων Ἰασέων ἑκάστοτε συντρεχόντων ἐπὶ τὴν
θάλατταν· (11) ὄμβρου δέ ποτε πολλοῦ μετὰ χαλάζης
ἐπιπεσόντος, ὁ μὲν παῖς ἀποῤῥυεὶς ἐξέλιπεν, ὁ δὲ δελ-
φὶν ὑπολαβὼν ἅμα τῷ νεκρῷ συνεξέωσεν αὐτὸς ἑαυτὸν
ἐπὶ τὴν γῆν, καὶ οὐκ ἀπέστη τοῦ σώματος, ἕως ἀπέ-
θανε, δικαιώσας μετασχεῖν ἧς (ὡς) συναίτιος ἔδοξε γεγονέναι τελευτῆς· καὶ τοῦ πάθους ἐπίσημον Ἰασεῦσι τὸ
χάραγμα τοῦ νομίσματός ἐστι, παῖς ὑπὲρ δελφῖνος
ὀχούμενος. (12) Ἐκ δὲ τούτου καὶ τὰ περὶ Κοίρανον
ὄντα μυθώδη * πίστιν ἔσχε. Πάριος γὰρ ὢν τὸ γένος
ἐν Βυζαντίῳ δελφίνων βόλον ἐνσχεθέντων σαγήνῃ, καὶ
κινδυνευόντων κατακοπῆναι, πριάμενος μεθῆκε πάντας·
ὀλίγῳ δὲ ὕστερον ἔπλει πεντηκόντορον ἔχων, ὥς φασι,
λῃστῶν ἄνδρας ἄγουσαν· ἐν δὲ τῷ μεταξὺ Νάξου καὶ
Πάρου πορθμῷ τῆς νεὼς ἀνατραπείσης, καὶ τῶν ἄλλων
διαφθαρέντων, ἐκεῖνον λέγουσι, δελφῖνος ὑποδραμόντος
αὐτῷ καὶ ἀνακουφίζοντος, ἐξενεχθῆναι τῆς Σικύνθου
κατὰ σπήλαιον, ὃ δείκνυται μέχρι νῦν, καὶ καλεῖται
Κοιράνειον· ἐπὶ τούτῳ δὲ λέγεται ποιῆσαι τὸν Ἀρχίλοχον,

Πεντήκοντ' ἀνδρῶν λίπε Κοίρανον ἤπιος Ποσειδῶν.

(13) Ἐπεὶ δὲ ὕστερον ἀποθανόντος αὐτοῦ τὸ σῶμα πλησίον τῆς θαλάττης οἱ προσήκοντες ἔκαιον, ἐπεφαίνοντο
πολλοὶ δελφῖνες παρὰ τὸν αἰγιαλὸν, ὥσπερ ἐπιδεικνύντες ἑαυτοὺς ἥκοντας ἐπὶ τὰς ταφὰς, καὶ παραμείναντες,
ἄχρις οὗ συνετελέσθησαν. (14) Ἡ δ' Ὀδυσσέως ἀσπὶς
ὅτι μὲν ἐπίσημον εἶχε δελφῖνα, καὶ Στησίχορος ἱστό-
ρηκεν· ἐξ ἧς δ' αἰτίας, Ζακύνθιοι διαμνημονεύουσιν, ὡς
Κριθεὺς μαρτυρεῖ· νήπιος γὰρ ὢν ὁ Τηλέμαχος, ὥς
φασιν, εἰς ἀγχιβαθὲς τῆς θαλάττης ὀλισθὼν ἐσώθη, δελφίνων ὑπολαβόντων καὶ ἀνανηξαμένων· ὅθεν ἐποιήσατο
γλυφὴν τῇ σφραγῖδι καὶ τῆς ἀσπίδος κόσμον ὁ πατὴρ,
ἀμειβόμενος τὸ ζῷον. (15) Ἀλλ' ἐπεὶ προειπὼν ὡς
οὐδὲ μῦθον ὑμῖν ἐρῶ, καὶ αὐτὸς οὐκ οἶδα ὅπως πρὸς τοῖς
δελφῖσιν ἔλαθον πορρωτέρω τοῦ πιθανοῦ συνεξοκείλας
εἰς τὸν Ὀδυσσέα καὶ Κοίρανον, ἐπιτίθημι δίκην ἐμαυτῷ·
παύομαι γὰρ ἤδη λέγων.

XXXVII. ΑΡΙΣΤ. Ἔξεστιν οὖν ὑμῖν, ὦ ἄνδρες
δικασταὶ, τὴν ψῆφον φέρειν.

2. ΣΩΚΛ. Ἀλλὰ ἡμῖν γε πάλαι τὰ τοῦ Σοφοκλέους
δεδογμένον ἐστίν·

---

cadaver Hesiodi mari jactatum sustulissent, aliique ab aliis
studiose excipientes ad Rhium exposuissent, occisumque
hominem demonstrassent. (9) Myrsilus Lesbius scribit,
Enalum Æolensem, quum amaret Phinei filiam, quæ oraculo Amphitritæ jubente a Penthilidis in mare dejecta fuerat, ipsum quoque in mare insiluisse, salvumque a delphino fuisse ad Lesbum delatum. (10) Benevolentia autem
delphini erga Iassensem puerum ob eminentiam amor visa
est. Cum eo enim quotidie ludebat, juxtaque natabat, et
tangendum se præbebat, patiebaturque ab eo conscendi,
et quocumque flecteret vehebat, ad mare spectaculi gratia
subinde omnibus Iassensibus concurrentibus: (11) aliquando autem ingenti imbre grandineque ingruentibus, puer a
delphino defluens periit: delphinus una cum excepto cadavere in terram sese ejecit, neque ab illo destitit, sed immor-
tuus est, justum ratus una cum eo perire, cui causam
exitii contulisset: et Iassensibus monimentum hujus casus
est monetæ nota, puer delphino invehens. (12) Hæc res
etiam fabulosæ de Cœrano historiæ fidem conciliavit. Is
Pari natus, quodam tempore Byzantii delphinos, qui sage-
na jacta capti extractique in terram, et jamjam mactandi
erant, emtos universos dimisit. Paullo post quinquaginta
remis acta navi vectus, in qua fuisse prædones aiunt, ea
in freto quod inter Naxum est et Parum subversa, reliquis
submersis, ipse a succurrente delphino sublatus et in Si-
cynthum [Cythnum?] est delatus ad speluncam, quæ Cœ-
raneum dicitur, atque etiamnum visitur: atque de hoc Archilochum aiunt scripsisse:

De quinquaginta Neptunus Cœranon unum
propitius servat mortalibus.

(13) Quum autem postmodo defuncti corpus necessarii prope
mare cremarent, multi delphini secundum litus apparue-
runt, veluti ostentantes se ad persolvenda justa venire, et
dum ea conficerentur adfuerunt. (14) Ulyssis porro scutum
insigne habuisse delphinum etiam Stesichorus scripsit:
Zacynthii autem narrant causam, ut Critheus testatur: nam
Telemachum puerum in mare profundum de litore prola-
psum delphini servaverunt, subeuntesque natando extulerunt; et pater ut animali gratiam referret, annulo ac scuto
delphinum insculpsit. (15) Sed quando præfatus nihil fa-
bulosi me dicturum nescio tamen quomodo in narratione
de delphinis ultra verisimilitudinem provectus sum ad Ulyssem et Cœranum; id mihi ipse pœnæ impono, ut finem dicendi jam nunc faciam. Dixi.

XXXVII. Aristotimus. Vestrum jam est, judices, ferre
sententias.

2. Soclarus. Atqui nobis jam dudum ea stat sententia,
quam sic extulit Sophocles:

Εὖ γὰρ καὶ διχοστατῶν λόγος
σύγκολλά τ' ἀμφοῖν ἐς μέσον τεκταίνεται.

(3) Ταυτὶ γάρ, ἃ πρὸς ἀλλήλους εἰράκατε, συνθέντες εἰς ταὐτὸν ἀμφότεροι, καλῶς ἀγωνιεῖσθε κοινῇ πρὸς τοὺς τὰ ζῷα λόγου καὶ συνέσεως ἀποστεροῦντας.

ΠΕΡΙ

ΤΟΥ ΤΑ ΑΛΟΓΑ ΛΟΓΩ ΧΡΗΣΘΑΙ.

ΟΔΥΣΣΕΥΣ, ΚΙΡΚΗ, ΓΡΥΛΛΟΣ.

I. ΟΔΥΣΣΕΥΣ. Ταῦτα μέν, ὦ Κίρκη, μεμαθηκέναι δοκῶ καὶ διαμνημονεύειν· ἡδέως δ' ἄν σου πυθοίμην, εἴ τινας ἔχεις Ἕλληνας ἐν τούτοις, οὓς λύκους καὶ λέοντας ἐξ ἀνθρώπων πεποίηκας.

ΚΙΡΚΗ. Καὶ πολλούς, ὦ ποθούμενε Ὀδυσσεῦ. Πρὸς τί δὲ τοῦτο ἐρωτᾷς;

ΟΔ. Ὅτι νὴ Δία καλὴν ἄν μοι δοκῶ γενέσθαι φιλοτιμίαν πρὸς τοὺς Ἕλληνας, εἰ χάριτι [σῇ] λαβὼν τούτους, αὖθις [εἰς] ἀνθρώπους ἑταίρους ἀνασώσαιμι, καὶ μὴ περιίδοιμι καταγηράσαντας παρὰ φύσιν ἐν σώμασι θηρίων, οἰκτρὰν καὶ ἄτιμον οὕτω δίαιταν ἔχοντας.

ΚΙΡ. Οὗτος ὁ ἀνὴρ οὐχ αὑτῷ μόνον οὐδὲ τοῖς ἑταίροις, ἀλλὰ τοῖς μηδὲν προσήκουσιν οἴεται δεῖν ὑπ' ἀβελτερίας συμφορὰν γενέσθαι τὴν αὑτοῦ φιλοτιμίαν.

ΟΔ. Ἕτερον αὖ τινὰ τοῦτον, ὦ Κίρκη, κυκεῶνα λόγων ταράττεις καὶ ὑποφαρμάττεις, ἐμὲ γοῦν ἀτεχνῶς ποιοῦσα θηρίον, εἰ πείσομαί σοι ὡς συμφορά ἐστιν ἄνθρωπον ἐκ θηρίου γενέσθαι.

ΚΙΡ. Οὐ γὰρ ἤδη τούτων ἀτοπώτερα πεποίηκας σεαυτόν, ὃς τὸν ἀθάνατον καὶ ἀγήρω σὺν ἐμοὶ βίον ἀφείς, ἐπὶ γυναῖκα θνητήν, ὡς δ' ἐγώ φημι, καὶ γραῦν ἤδη, * διὰ μυρίων ἔτι κακῶν σπεύδεις, ὡς δὴ περίβλεπτος ἐκ τούτου καὶ ὀνομαστὸς ἔτι μᾶλλον ἢ νῦν γενόμενος, κενὸν ἀγαθὸν καὶ εἴδωλον ἀντὶ τῆς ἀληθείας διώκων;

ΟΔ. Ἐχέτω ταῦτα, ὡς λέγεις, ὦ Κίρκη· τί γὰρ δεῖ πολλάκις ζυγομαχεῖν ἡμᾶς περὶ τῶν αὐτῶν; τούτους δέ μοι δὸς ἀναλύσασα καὶ χάρισαι τοὺς ἄνδρας.

ΚΙΡ. Οὐχ οὕτω γε ἁπλῶς, μὰ τὴν Ἑκάτην· οὐ γὰρ οἱ τυχόντες εἰσίν· ἀλλ' ἐροῦ πρῶτον αὐτούς, εἰ θέλουσιν· ἂν δὲ μὴ φῶσι, διαλεχθείς, ὦ γενναῖε, πεῖσον· ἐὰν δὲ μὴ πείσῃς, ἀλλὰ καὶ περιγένωνται διαλεγόμενοι, ἱκανὸν ἔστω σοι περὶ σεαυτοῦ καὶ τῶν φίλων κακῶς βεβουλεῦσθαι.

ΟΔ. Τί μου καταγελᾷς, ὦ μακαρία; πῶς γὰρ ἂν ἢ δοῖεν οὗτοι λόγον ἢ λάβοιεν, ἕως ὄνοι καὶ σύες καὶ λέοντές εἰσι;

ΚΙΡ. Θάρρει, φιλοτιμότατε ἀνθρώπων· ἐγώ σοι παρέξω καὶ συνιέντας αὐτοὺς καὶ διαλεγομένους· μᾶλ-

---

Orationum quævis discrepantia,
utrimque si perite prolatæ sient,
cohæret, in mediumque dicta congruunt.

(3) Nam quæ vos jam alter adversus alterum dixistis, si in unum ambo contuleritis, pulchrum communiter certamen committetis adversus eos qui animalibus rationem et intelligentiam adimunt.

BRUTA ANIMALIA RATIONE UTI.

COLLOQUUNTUR

ULYSSES, CIRCE, GRYLLUS.

I. ULYSSES. Hæc quidem, o Circe, percepisse me atque memoria tenere arbitror. Sed libet ex te quærere, an inter hos, quos de hominibus lupos et leones fecisti, aliquos habeas Græcos.

CIRCE. Ac multos quidem, suavissime Ulysses. Sed quorsum istuc interrogas?

ULYSSES. Quia magnam hercle me mihi apud Græcos paraturum opinor gloriam, si hosce mihi conjunctos rursum tuo beneficio vitæ humanæ restituam, neque patiar ut ob meam incuriam ita misere fœdeque vitam tolerantes in bestiarum forma contra naturam consenescant.

CIRCE. Hic homo non sibi modo et sociis, sed etiam nihil ad se pertinentibus præ stultitia vult suam ambitionem esse calamitosam.

ULYSSES. Hoc tu jam alterum poculum venenatum monstrosæ orationis misces, omnino me in bestiam mutatura, si tibi hoc assentiar, calamitatis loco esse habendum si quis e bestia fiat homo.

CIRCE. Quasi vero non pejus jam ante tibi consulueris, qui immortali et senectutis immuni vita, quam apud me licebat degere, dimissa, ad mulierem mortalem, aio etiam vetulam, per infinita quæ te manent mala contendis, scilicet ut celebrior ac nobilior, quam adhuc es, factus, inane bonum et imaginem, veritatis loco, consequare.

ULYSSES. Sint istæc ita uti dicis; ne de eadem re sæpius altercemur. Istos tamen tu mihi viros restitue et largire.

CIRCE. Non per Proserpinam, non hoc ita simpliciter fiet: sunt enim non vulgares. Sed prius ex iis quære, an fieri hoc velint: quodsi negent, disserendo iis tu, homo præclare, persuade. si vero non persuadeas, sed disputando ab iis vincare, satis tibi sit de tuis amicorumque rebus male statuisse.

ULYSSES. Cur me, beata, derides? quomodo enim cum iis colloquar, quomodo respondeant, dum asini, sues ac leones sunt?

CIRCE. Bono sis animo, hominum ambitiosissime: ego tibi eos præbebo et intelligentes et disserentes; aut potius

λον δὲ εἷς ἱκανὸς ἔσται καὶ διδοὺς καὶ λαμβάνων ὑπὲρ πάντων λόγον· ἰδοὺ τούτῳ διαλέγου.

ΟΔ. Καὶ τίνα τοῦτον, ὦ Κίρκη, προσαγορεύσομεν; ἢ τίς ἦν οὗτος ἀνθρώπων;

ΚΙΡ. Τί γὰρ τοῦτο πρὸς τὸν λόγον; ἀλλὰ [καὶ] κάλει αὐτὸν, εἰ βούλει, Γρύλλον. Ἐγὼ δ' ἐκστήσομαι ὑμῖν, μὴ καὶ παρὰ γνώμην ἐμοὶ δοκῇ χαριζόμενος διαλέγεσθαι.

II. ΓΡΥΛΛΟΣ. Χαῖρε, Ὀδυσσεῦ.

ΟΔ. Καὶ σὺ νὴ Δία, Γρύλλε.

ΓΡ. Τί βούλει ἐρωτᾶν;

2. ΟΔ. Ἐγὼ γινώσκω ὑμᾶς ἀνθρώπους γεγονότας· οἰκτείρω μὲν ἅπαντας οὕτως ἔχοντας, εἰκὸς δέ μοι μᾶλλον διαφέρειν, ὅσοι Ἕλληνες ὄντες εἰς ταύτην ἀφῖχθε τὴν δυστυχίαν· νῦν οὖν ἐποιησάμην τῆς Κίρκης δέησιν, ὅπως τὸν βουλόμενον ὑμῶν ἀναλύσασα καὶ καταστήσασα πάλιν εἰς τὸ ἀρχαῖον εἶδος ἀποπέμψῃ μεθ' ἡμῶν.

3. ΓΡ. Παῦε, Ὀδυσσεῦ, καὶ περαιτέρω μηδὲν εἴπης· ὡς καὶ σοῦ πάντες ἡμεῖς καταφρονοῦμεν, ὡς μάτην ἄρα δεινὸς ἐλέγου, καὶ τῷ φρονεῖν πολὺ τῶν ἄλλων ἀνθρώπων ἐδόκεις διαφέρειν, ὃς αὐτὸ τοῦτο ἔδεισας, τὴν μεταβολὴν ἐκ χειρόνων εἰς ἀμείνω, μὴ σκεψάμενος· (4) ὡς γὰρ οἱ παῖδες τὰ φάρμακα τῶν ἰατρῶν φοβοῦνται, καὶ τὰ παθήματα φεύγουσιν, ἃ μεταβάλλοντα ἐκ νοσερῶν καὶ ἀνοήτων ὑγιεινοτέρους καὶ φρονιμωτέρους ποιοῦσιν αὐτούς, οὕτω σὺ διεκρούσω τὸ ἄλλος ἐξ ἄλλου γενέσθαι, καὶ νῦν αὐτός τε φρίττων καὶ ὑποδειμαίνων τῇ Κίρκῃ σύνει, μή σε ποιήσῃ λαθοῦσα σῦν, ἢ λύκον, ἡμᾶς τε πείθεις, ἐν ἀφθόνοις ζῶντας ἀγαθοῖς, ἀπολιπόντας ἅμα τούτοις τὴν ταῦτα παρασκευάζουσαν, ἐκπλεῖν μετὰ σοῦ, τὸ πάντων φιλοποτιμότατον ζῷον αὖθις ἀνθρώπους γενομένους.

5. ΟΔ. Ἐμοὶ σύ, Γρύλλε, δοκεῖς οὐ τὴν μορφὴν μόνον, ἀλλὰ καὶ τὴν διάνοιαν ὑπὸ τοῦ πόματος ἐκείνου διεφθάρθαι, καὶ γεγονέναι μεστὸς ἀτόπων καὶ διαλελωβημένων παντάπασι δοξῶν· ἢ σέ τις αὖ συνηθείας ἡδονὴ πρὸς τόδε τὸ σῶμα καταγεγοήτευκεν.

ΓΡ. Οὐδετέρα τούτων, ὦ βασιλεῦ Κεφαλλήνων· ἂν δὲ διαλέγεσθαι μᾶλλον ἐθέλῃς ἢ λοιδορεῖσθαι, ταχύ σε μεταπείσομεν, ἑκατέρου τῶν βίων ἐμπείρως ἔχοντες, ὅτι ταῦτα πρὸ ἐκείνων εἰκότως ἀγαπῶμεν.

ΟΔ. Ἀλλὰ μὴν ἐγὼ πρόθυμος ἀκροᾶσθαι.

III. ΓΡ. Καὶ ἡμεῖς τοίνυν λέγειν. Ἀρκτέον δὲ πρῶτον ἀπὸ τῶν ἀρετῶν, ἐφ' αἷς ὁρῶμεν ὑμᾶς μέγα φρονοῦντας, ὡς τῶν θηρίων πολὺ καὶ δικαιοσύνῃ καὶ φρονήσει καὶ ἀνδρείᾳ καὶ ταῖς ἄλλαις ἀρεταῖς διαφέροντας. (2) Ἀπόκριναι δή μοι, σοφώτατε ἀνδρῶν· ἤκουσα γάρ σου ποτὲ διηγουμένου τῇ Κίρκῃ περὶ τῆς τῶν Κυκλώπων γῆς, ὡς οὔτ' ἀρουμένη τοπαράπαν, οὔτε τινὸς εἰς αὐτὴν φυτεύοντος οὐδέν, οὕτως ἐστὶν ἀγαθὴ καὶ γενναία τὴν φύσιν, ὥστε ἅπαντας ἐκφέρειν τοὺς καρποὺς ἀπ' αὐτῆς· (3) * πότερον οὖν ταύτην ἐπαινεῖς μᾶλλον, ἢ τὴν αἰγίβατον Ἰθάκην καὶ τραχεῖαν,

---

unum sufficiat audire voces et reddere, loco omnium. En tibi huncce : habes quicum disputes.

Ulysses. Quo autem, mea Circe, hunc nomine compellabo? aut quisnam hic erat hominum?

Circe. Quid hoc ad rem? vocetur tibi, si videtur, Gryllus. Ego vero longius a vobis abibo, ne quid videatur in meam gratiam dicere præter animi sui sententiam.

II. Gryllus. Salve, Ulysses.
Ulysses. Et tu, per Jovem, Grylle.
Gryllus. Quid vis interrogare?

2. Ulysses. Scio vos fuisse homines : ac miseror quidem universos, in qui hanc conditionem deciderint; par est autem vestrûm me habere rationem majorem, qui quum fueritis Græci, huc miseriæ pervenistis. Exoravi itaque Circen, ut, quicumque ex vobis ita velit, eum illa restitutum pristinæ formæ mecum dimittat.

3. Gryllus. Desine, Ulysses, neu verbum addideris ulterius : usque adeo a nobis tu omnibus contemneris, qui fiustra callidus, reliquisque multo prudentior hominibus jactabare; quum tu tamen, per imprudentiam et incogitantiam, mutationem de statu deteriore in meliorem reformidaveris : (4) nam quo modo pueri solent subterfugere remedia, eaque reformidant pati, quæ de morbosis ac fatuis saniores et usu rationis valentiores efficiunt; eodem tu pacto mutari ex alio in alium renuisti : nuncque quum ipse horrens cum Circe degis et metuens ne ea te imprudentem rei in lupum aut suem convertat, tum nobis auctor es, ut relicta vita omnium rerum copia affluente, simulque ea quæ nobis ista bona parat deserta, tecum discedamus rursum homines facti, quo animale nullum est ærumnosius.

5. Ulysses. Videre mihi, Grylle, non formam tantum, sed animum quoque perdidisse poculi istius veneficio, ac repletus esse absurdis et fœdis usquequaque opinionibus : nisi forte quædam consuetudinis voluptas ad hoc te corpus præstigiis suis devinxit.

6. Gryllus. Neutrum horum est, o rex Cephalleniæ. Quodsi colloqui placet, non conviciari, facile nos, qui utrumque vitæ genus callemus, in eam te sententiam traducemus, recte nos hanc isti vitam anteferre.

Ulysses. Enimvero, Grylle, paratus sum istæc audire.

III. Gryllus. Proinde nos quoque parati sumus dicere. Ordiamur autem a virtutibus, quarum gratia videmus vos superbire, ut qui justitia, prudentia, fortitudine aliisque virtutibus bruta majorem in modum superetis. (2) Responde igitur mihi, hominum sapientissime. Memoria teneo te aliquando Circæ narrasse de agro Cyclopum, quod is neque arante quoquam neque plantante quidquam, tamen eâ sit soli præstantiâ, ut ultro omnis generis fruges edat. (3) Utram ergo præfers, hancne terram, an capris compascuam istam Ithacam et asperam, quæ magno culta labore

ἢ μόλις ἀπ' ἔργων τε πολλῶν καὶ διὰ πόνων μεγάλων,
μικρὰ καὶ γλίσχρα καὶ μηδενὸς ἄξια τοῖς γεωργοῦσιν
ἀναδίδωσι; Καὶ ὅπως οὐ χαλεπῶς οἴσεις, παρὰ τὸ φαινόμενον, εὐνοίᾳ τῆς πατρίδος, ἀποκρινόμενος.

ΟΔ. Ἀλλ' οὐ δεῖ ψεύδεσθαι· φιλῶ μὲν γὰρ καὶ
ἀσπάζομαι τὴν ἐμαυτοῦ πατρίδα καὶ χώραν μᾶλλον,
ἐπαινῶ δὲ καὶ θαυμάζω τὴν ἐκείνων.

ΓΡ. Οὐκοῦν τοῦτο μὲν οὕτως ἔχειν φήσομεν, ὡς ὁ
φρονιμώτατος ἀνθρώπων ἄλλα μὲν οἴεται δεῖν ἐπαινεῖν
καὶ δοκιμάζειν, ἄλλα δὲ αἱρεῖσθαι καὶ ἀγαπᾶν· ἐκεῖνο
δ' οἶμαί σε καὶ περὶ τῆς ψυχῆς ἀποκεχρίσθαι· ταυτὸν
γάρ ἐστι τῷ περὶ τῆς χώρας, ὡς ἀμείνων, ἥτις ἄνευ
πόνου τὴν ἀρετὴν ὥσπερ αὐτοφυῆ καρπὸν ἀναδίδωσιν.

ΟΔ. Ἔστω σοι καὶ τοῦτο οὕτως.

ΓΡ. Ἤδη οὖν ὁμολογεῖς τὴν τῶν θηρίων ψυχὴν
εὐφυεστέραν εἶναι πρὸς γένεσιν ἀρετῆς καὶ τελειοτέραν·
ἀνεπίτακτος γὰρ καὶ ἀδίδακτος, ὥσπερ ἄσπορος καὶ
ἀνήροτος ἐκφέρει καὶ αὔξει κατὰ φύσιν, τὴν ἑκάστῳ
προσήκουσαν ἀρετήν.

ΟΔ. Καὶ τίνος ποτ' ἀρετῆς, ὦ Γρύλλε, μέτεστι
τοῖς θηρίοις;

IV. ΓΡ. Τίνος μὲν οὖν οὐχὶ μᾶλλον, ἢ τῷ σοφω-
τάτῳ τῶν ἀνθρώπων; Σκόπει δὲ πρῶτον, εἰ βούλει,
τὴν ἀνδρείαν, ἐφ' ᾗ σὺ φρονεῖς μέγα, καὶ οὐκ ἐγκα-
λύπτῃ θρασὺς καὶ πτολίπορθος ἀποκαλούμενος, ὅστις,
ὦ σχετλιώτατε, δόλοις καὶ μηχαναῖς ἀνθρώπους ἁπλοῦν
καὶ γενναῖον εἰδότας πολέμου τρόπον, ἀπάτης δὲ καὶ
ψευδῶν ἀπείρους, παρακρουσάμενος, ὄνομα τῇ πανουργίᾳ προστίθης τῆς ἀρετῆς ἥκιστα πανουργίαν προσιε-
μένης. (2) Ἀλλὰ τῶν γε θηρίων τοὺς πρὸς ἄλληλα
καὶ πρὸς ὑμᾶς ἀγῶνας ὁρᾷς ὡς ἄδολοι καὶ ἄτεχνοι,
καὶ μετ' ἐμφανοῦς γυμνοῦ τε τοῦ θαρρεῖν πρὸς ἀληθινῆς
ἀλκῆς ποιοῦνται τὰς ἀμύνας· καὶ οὔτε νόμου καλοῦντος,
οὔτ' ἀστρατείας δεδοικότα γραφήν, ἀλλὰ φύσει φεύγοντα τὸ κρατεῖσθαι, μέχρι τῶν ἐσχάτων ἐγκαρτερεῖ
καὶ διαφυλάττει τὸ ἀήττητον· (3) οὐ γὰρ ἡττᾶται
κρατούμενα τοῖς σώμασιν, οὐδ' ἀπαγορεύει ταῖς ψυχαῖς,
ἀλλὰ ταῖς μάχαις ἐναποθνήσκει· πολλῶν δὲ θνησκόντων
ἡ ἀλκὴ μετὰ τοῦ θυμοειδοῦς ἀποχωρήσασά που καὶ
συναθροισθεῖσα περὶ ἕν τι τοῦ σώματος μόριον, ἀνθίσταται τῷ κτείνοντι, καὶ πηδᾷ καὶ ἀγανακτεῖ, μέχρις
ἂν ὥσπερ πῦρ ἐγκατασβεσθῇ παντάπασι καὶ ἀπόληται·
(4) δέησις δ' οὐκ ἔστιν, οὐδ' οἴκτῳ παραίτησις, οὐδ'
ἐξομολόγησις ἥττης, οὐδὲ δουλεύει λέων λέοντι, καὶ
ἵππος ἵππῳ, δι' ἀν[αν]δρείαν, ὥσπερ ἄνθρωπος ἀνθρώπῳ, τὴν τῆς δειλίας ἐπώνυμον [δουλείαν] εὐκόλως
ἐνασπαζόμενος. (5) Ὅσα δ' ἄνθρωποι πάγαις ἢ δόλοις
ἐχειρώσαντο, τὰ μὲν ἤδη τέλεια, καὶ τροφὴν ἀπωσά-
μενα καὶ πρὸς δίψαν ἐγκαρτερήσαντα, τὸν πρὸ δουλείας
ἐπάγεται καὶ ἀγαπᾷ θάνατον· νεοσσοῖς δὲ καὶ σκύμνοις
τούτων, δι' ἡλικίαν εὐαγώγοις καὶ ἁπαλοῖς οὖσιν, πολλὰ
καὶ ἀπατηλὰ μειλίγματα καὶ ὑποπεττεύματα προσφέροντες καὶ καταφαρμάττοντες, [ἕως] ἡδονῶν παρὰ
φύσιν γευόμενα καὶ διαίτης ἀδρανῆ χρόνον κατειργά-

et molestiis diuturnis, vix tandem paucos quosdam et nullius pretii fructus cultoribus reddit? Ac cave sis, ne patriæ
amore ægre feras mea dicta, et præter animi tui sententiam
respondeas.

ULYSSES. Atqui mentiendum non est. Magis quidem amo
et amplector meam patriam: istam autem Cyclopum regionem laudibus et admiratione majore dignor.

GRYLLUS. Sic ergo rem habere dicemus, ut prudentissimus
hominum censeat, alia magis laudanda et approbanda, alia
magis deligenda et diligenda esse. Atque hoc ipsum etiam
de anima abs te responsum esse censeo: eadem est enim
ratio animæ, ut melior sit ea, quæ sine labore virtutem,
tanquam sponte enatum fructum, edat.

ULYSSES. Concessum sit tibi hoc quoque.

GRYLLUS. Proinde id simul jam das, animam brutorum ad
virtutem esse natura feraciorem ac perfectiorem. Nam
sine imperio et disciplina, tanquam terra non arata neque
consita, naturæ instinctu producit augetque unicuique convenientem virtutem.

ULYSSES. Et quænam tandem fuerit ea virtus, Grylle,
cujus bestiæ sint participes?

IV. GRYLLUS. Imo nulla est virtus, qua non magis præditæ sint, quam hominum aliquis sapientissimus. Ac si
placet, primo loco fortitudinem considera, ob quam tu superbis, neque pudori tibi ducis quod *audax* et *domitor urbium* appellaris: quum quidem dolis, improbissime, et
technis homines simplicem ingenuumque belli modum cal-
lentes, fraudis et mendaciorum rudes, deceperis, ac versutiæ
nomen virtutis addas, quæ minime versutiam admittit.
(2) Atqui brutorum inter se et adversum homines certamina
vides ut sine arte ac fraude, aperta et nuda cum virium
fiducia, peragantur: ut suo freta robore se defendant, neque legem vocantem ad pugnam, neque actionem desertæ
militiæ metuentia, sed, quia natura metuunt superari,
usque ad extremum perdurantia invicta. (3) Non enim
vincuntur quando corpore superantur, neque despondent
animum, sed inter pugnandum moriuntur. Ac multis,
dum moriuntur, robur et iræ ardor in unam aliquam corporis partem recedens atque coiens, interficienti resistit,
subsultatque et fremit, donec ignis instar prorsum exstinguatur et pereat. (4) Nulla hic deprecatio, nulla miseri-
cordiæ imploratio; neque victa se fatentur: neque leo
leoni ob ignaviam servit, aut equus equo: sicut homo homini servit, ac facile amplectitur timiditatis cognominem
servitutem. (5) Quæ vero homines tendiculis aut dolo
ceperant, ea si jam adulta sunt, inedia ac siti mori malunt
quam servire. Pulli et catuli, ob ætatem tenelli ac deceptu
faciles, multis iisque fallacibus illecebris atque invitamen-
tis tanquam veneficio deliniuntur, donec contra naturam
gustatis voluptatibus elanguescant tempore, sustineantque

σαντο καὶ προσεδέξαντο καὶ ὑπέμειναν τὴν καλουμένην
ἐξημέρωσιν, ὥσπερ ἀπογυναίκωσιν τοῦ θυμοειδοῦς· οἷς
δὴ μάλιστα δῆλον ὅτι τὰ θηρία πρὸς τὸ θαρρεῖν εὖ
πέφυκε. (6) Τοῖς δ' ἀνθρώποις ἡ παρρησία καὶ παρὰ
5 φύσιν ἐστίν· ἐκεῖθεν δ' ἄν, ὦ βέλτιστε Ὀδυσσεῦ, μάλιστα καταμάθοις· ἐν γὰρ τοῖς θηρίοις ἰσορροπεῖ πρὸς
ἀλκὴν ἡ φύσις, καὶ τὸ θῆλυ τοῦ ἄρρενος οὐδὲν ἀποδεῖ,
πονεῖν τε τοὺς ἐπὶ τοῖς ἀναγκαίοις πόνους, ἀγωνίζεσθαί
τε τοὺς ὑπὲρ τῶν τέκνων ἀγῶνας· (7) ἀλλὰ καὶ Κρο-
10 μυωνίαν τινὰ σῦν ἀκούεις, ἢ πράγματα πολλά, θῆλυ
θηρίον οὖσα, * τῷ Θησεῖ παρέσχε· καὶ τὴν Σφίγγα
ἐκείνην οὐκ ἂν ὤνησεν ἡ σοφία περὶ τὸ Φίκιον ἄνω
καθεζομένην, αἰνίγματα καὶ γρίφους πλέκουσαν, εἰ μὴ
ῥώμῃ καὶ ἀνδρείᾳ πολὺ τῶν Καδμείων ἐπεκράτει· (8)
15 ἐκεῖ δέ που καὶ Τελμησίαν ἀλώπεκα, μέρμερον χρῆμα,
καὶ πλησίον ὄφιν τῷ Ἀπόλλωνι περὶ τοῦ χρηστηρίου
μονομαχοῦσαν ἐν Δελφοῖς γενέσθαι λέγουσι· τὴν δ'
Αἴθην ὁ βασιλεὺς ὑμῶν ἔλαβε παρὰ τοῦ Σικυωνίου
μισθὸν ἀστρατείας, ἄριστα βουλευσάμενος, ὃς δειλοῦ
20 προετίμησεν ἀνδρὸς ἵππον ἀγαθὴν καὶ φιλόνεικον. (9)
Αὐτὸς δὲ καὶ παρδάλεις καὶ λεαίνας πολλάκις ἑώρακας,
ὡς οὐδέν τι τὰ θήλεα τοῖς ἄρρεσιν ὑφίεται (τοῦ) θυμοῦ
καὶ ἀλκῆς· ὥσπερ ἡ σὴ γυνή, σοῦ πολεμοῦντος, οἴκοι
κάθηται πρὸς ἐσχάραν πυρός, οὐκ ἂν οὐδ' ὅσον αἱ
25 χελιδόνες ἀμυνομένη τοὺς ἐπ' αὐτὴν καὶ τὸν οἶκον
βαδίζοντας, καὶ ταῦτα Λάκαινα οὖσα. Τί οὖν ἔτι
σοι λέγω τὰς Καρικὰς, ἢ Μαιονίδας; (10) Ἀλλ' ἐκ
τούτων γε δῆλόν ἐστιν, ὅτι τοῖς ἀνδράσιν οὐ φύσει
μέτεστι τῆς ἀνδρείας· μετῆν γὰρ ἂν ὁμοίως καὶ ταῖς
30 γυναιξὶν ἀλκῆς. (11) Ὥσθ' ὑμεῖς κατὰ νόμων ἀνάγκην,
οὐχ ἑκούσιον οὐδὲ βουλομένην, ἀλλὰ δουλεύουσαν ἔθεσι
καὶ ψόγοις καὶ δόξαις ἐπήλυσι, καὶ λόγοις πλαττομένην
μελετᾶτε ἀνδρείαν· καὶ τοὺς πόνους ὑφίστασθε καὶ
τοὺς κινδύνους, οὐ πρὸς ταῦτα θαρροῦντες, ἀλλὰ τῷ
35 ἕτερα μᾶλλον τούτων δεδιέναι. (12) Ὥσπερ οὖν τῶν
σῶν ἑταίρων ὁ φθάσας πρῶτος ἐπὶ τὴν ἐλαφρὰν ἀνίσταται κώπην, οὐ καταφρονῶν ἐκείνης, ἀλλὰ δεδιὼς
καὶ φεύγων τὴν βαρυτέραν· οὕτως ὁ πληγὴν ὑπομένων,
ἵνα μὴ λάβῃ τραύματα, καὶ πρὸ αἰκίας τινὸς ἢ θανά-
40 του πολέμιόν τινα ἀμυνόμενος, οὐ πρὸς ταῦτα θαρρα-
λέος, ἀλλὰ πρὸς ἐκεῖνα δειλός ἐστιν. (13) Οὕτως δ'
ἀνεφάνη ὑμῖν ἡ μὲν ἀνδρεία, δειλία φρόνιμος οὖσα, τὸ
δὲ θάρσος, φόβος ἐπιστήμην ἔχων τοῦ δι' ἑτέρων ἕτερα
φεύγειν. (14) Ὅλως δέ, εἰ πρὸς ἀνδρείαν οἴεσθε
45 βελτίους εἶναι τῶν θηρίων, τί ποτε ὑμῶν οἱ ποιηταὶ
τοὺς κράτιστα τοῖς πολεμίοις μαχομένους, λυκόφρονας
καὶ θυμολέοντας καὶ συΐ εἰκέλους ἀλκὴν προσαγορεύουσιν; ἀλλ' οὐ λέοντά τις αὐτῶν ἀνθρωπόθυμον, οὐ συῒ
ἀνδρὶ εἴκελον ἀλκὴν προσαγορεύει· (15) ἀλλ' ὥσπερ,
50 οἶμαι, τοὺς ταχεῖς, ποδηνέμους, καὶ τοὺς καλοὺς,
θεοειδεῖς, ὑπερβαλλόμενοι ταῖς εἰκόσιν, ὀνομάζουσιν·
οὕτω τῶν δεινῶν μάχεσθαι πρὸς τὰ κρείττονα ποιοῦνται τὰς ἀφομοιώσεις. (16) Αἴτιον δέ, ὅτι τῆς μὲν
ἀνδρείας οἷον βαφή τις ὁ θυμός ἐστι καὶ στόμωμα·

eam quæ cicuratio dicitur, quum sit effeminatio ferociæ
nativæ. Unde maxime patet bruta esse naturâ ad audaciam
proclivia. (6) At hominibus confidentia etiam præter naturam est. Quod vel hinc potissimum, Ulysses optime,
addiscere possis. In brutis natura paria ad robur momenta
in utroque posuit sexu, ut femina mari nihil concedat vel
in tolerandis necessariis laboribus, vel in propugnando pro
fœtu. (7) Sed et suem quandam Cromyoniam celebrari
audis, quæ, femella licet bestia, multum negotii Theseo
exhibuit: et illam in Phycio Sphingem alte desidentem, et
ænigmata et griphos texentem, non tutata esset sua sapientia, si non viribus et fortitudine Thebanis multum antecel-
luisset: (8) circum quæ loca etiam vulpem Teumesiam
fuisse aiunt, animal perniciosum; et in vicinia serpentem
femellam, quæ apud Delphos cum Apolline de oraculo certamine singulari decreverit. Atque Ætham rex vester a
Sicyonio illo accepit mercedis loco, ut eum immunem militiæ faceret: optimo sane consilio, ut qui homini timido
equam bonam ac certandi cupidam anteponeret. (9) Ipse
quoque pantheras ac leænas sæpius vidisti, nihilo masculis
ferocia et robore inferiores: quum tua uxor, te bellige-
rante, domi ad focum desideat, et ne tantum quidem,
quantum hirundines, moliatur contra eos, qui ipsam fami-
liamque oppressum eunt: et quidem ea Spartana est. Quid
igitur Caricas tibi aut Mæonidas mulieres narrem? (10)
Ex his tamen quæ dixi, liquet viros non naturali esse præditos fortitudine: alioquin hæc etiam mulieribus adesset.
(11) Sed vos legum necessitate coacti, non sponte vestra,
moribus, reprehensionibus, adventitiisque opinionibus servientem, verbisque effictam meditamini fortitudinem: laboresque et pericula subsistitis, non quod animos adversum ea geratis confidentes, sed quod alia his magis metuitis.
(11) Sed vos legum necessitate coacti... (12) Sicut itaque tuorum sociorum qui reliquos antevertit,
is remum levem arripit, non quod hunc contemnat, sed
quod sibi a graviore metuit: ita qui ictum sustinet ne vul-
neretur, et hostem ulciscitur ne cruciatum aut mortem perferat, non animosus adversum illa, sed ad hæc timidus est.
(13) Itaque apparet fortitudinem vestram, prudentem esse
timiditatem; confidentiam autem, metum cum scientia conjunctum alia per alia evitandi. (14) Denique si fortitudine
vos præcellere brutis putatis, cur poetæ vestri eos qui optime
in hostem pugnant, *luporum et leonum animis præditos,*
aut *apri robore similes* perhibent? quum vicissim nemo leonem homini vel animo vel robore similem dicat. (15) Sed
nimirum sicut veloces aiunt ventorum celeritatem in pedibus
habere, et formosos deorum formæ æquales, re per imaginem nimis exaggerata dicunt: sic etiam pugnacium similitudinem a præstantiore ducunt. (16) Cujus rei causa est,
quod fortitudinis tanquam acies et induratio est animi fer-

τούτῳ δ' ἀκράτῳ τὰ θηρία χρῆται πρὸς τοὺς ἀγῶνας,
ὑμῖν δὲ προσμιγνύμενος πρὸς τὸν λογισμόν, ὥσπερ
οἶνος πρὸς ὕδωρ, ἐξίσταται παρὰ τὰ δεινά, καὶ
ἀπολείπει τὸν καιρόν. (17) Ἔνιοι δὲ ὑμῶν οὐδὲ ὅλως
5 φασὶ χρῆναι παραλαμβάνειν ἐν ταῖς μάχαις τὸν θυμόν,
ἀλλ' ἐκποδὼν θεμένους, νήφοντι χρῆσθαι τῷ λογισμῷ,
πρὸς μὲν σωτηρίας ἀσφάλειαν ὀρθῶς, πρὸς δ' ἀλκὴν
καὶ ἄμυναν αἴσχιστα λέγοντες. (18) Πῶς γὰρ οὐκ
ἄτοπον, αἰτιᾶσθαι μὲν ὑμᾶς τὴν φύσιν, ὅτι μὴ κέντρα
10 προσέφυσε τοῖς σώμασι, μηδ' ἀμυντηρίους ὀδόντας,
μηδ' ἀγκύλους ὄνυχας, αὐτοὺς δὲ τῆς ψυχῆς τὸ σύμφυτον ἀφαιρεῖν ὅπλον καὶ κολούειν;

V. ΟΔ. Παπαί, ὦ Γρύλλε, δεινός μοι δοκεῖς γεγονέναι σοφιστής, ὅς γε καὶ νῦν ἐκ τῆς συηνίας φθεγγό-
15 μενος, οὕτω νεανικῶς πρὸς τὴν ὑπόθεσιν ἐπικεχείρηκας.
Ἀλλὰ τί οὐ περὶ τῆς σωφροσύνης ἐφεξῆς διεξῆλθες;

2. ΓΡ. Ὅτι ᾤμην σε τῶν εἰρημένων πρότερον ἐπι-
λήψεσθαι· σὺ δὲ σπεύδεις ἀκοῦσαι τὸ περὶ τῆς σωφροσύνης, ἐπεὶ σωφρονεστάτης μὲν ἀνὴρ εἶ γυναικός,
20 ἀπόδειξιν δὲ σωφροσύνης αὐτὸς οἴει δεδωκέναι, τῶν
τῆς Κίρκης ἀφροδισίων περιφρονήσας. (3) Καὶ τούτῳ
μὲν οὐδενὸς τῶν θηρίων διαφέρεις πρὸς ἐγκράτειαν·
οὐδὲ γὰρ ἐκεῖνα τοῖς κρείττοσιν ἐπιθυμεῖ πλησιάζειν,
ἀλλὰ καὶ τὰς ἡδονὰς καὶ τοὺς ἔρωτας πρὸς τὰ ὁμό-
25 φυλα ποιεῖται. (4) Οὐ θαυμαστὸν (μὲν) οὖν ἐστιν, εἰ
καθάπερ ὁ Μενδήσιος ἐν Αἰγύπτῳ τράγος λέγεται
πολλαῖς καὶ καλαῖς συνειργνύμενος γυναιξίν, οὐκ εἶναι
μίγνυσθαι πρόθυμος, ἀλλὰ πρὸς τὰς αἶγας ἐπτόηται
μᾶλλον, οὕτω σὺ χαίρων ἀφροδισίοις συνήθεσιν, οὐ
30 θέλεις ἄνθρωπος ὢν θεᾷ συγκαθεύδειν. (5) Τὴν δὲ
Πηνελόπης σωφροσύνην μυρίαι κορῶναι κρώζουσαι
γέλωτα θήσονται καὶ καταφρονήσουσιν, ὧν ἑκάστη, ἂν
ἀποθάνῃ ὁ ἄρρην, οὐκ ὀλίγον χρόνον, ἀλλ' ἐννέα χηρεύει
γενεὰς ἀνθρώπων· ὥστε σοι τὴν καλὴν Πηνελόπην
35 ἐννάκις ἀπολείπεσθαι τῷ σωφρονεῖν ἧς βούλει κορώνης.

VI. Ἀλλ' ἐπεί σε μὴ λέληθα σοφιστὴς ὤν, φέρε
χρήσομαι τάξει τινὶ τοῦ λόγου, τῆς μὲν σωφροσύνης
ὅρον θέμενος, κατὰ γένος δὲ τὰς ἐπιθυμίας διελόμενος.
(2) Ἡ μὲν οὖν σωφροσύνη βραχύτης τις ἐστὶν ἐπιθυμιῶν
5 καὶ τάξις, ἀναιροῦσα μὲν τὰς ἐπεισάκτους καὶ περιττάς,
καιρῷ δὲ καὶ μετριότητι κοσμοῦσα τὰς ἀναγκαίας. (3)
Ταῖς δ' ἐπιθυμίαις ἐφορᾷς που μυρίαν διαφοράν, καὶ
τὴν [μὲν περὶ τὴν βρῶσιν καὶ τὴν] πόσιν ἅμα τῷ φυσικῷ καὶ τὸ ἀναγκαῖον ἔχουσαν· αἱ δὲ τῶν ἀφροδισίων,
10 αἷς ἀρχὰς ἡ φύσις ἐνδίδωσιν, ἔστι δέ που καὶ μὴ χρώμενον ἔχειν ἱκανῶς, ἀπαλλαγέντα, φυσικαὶ μὲν (οὖν),
οὐκ ἀναγκαῖαι δ' ἐκλήθησαν. (4) Τὸ δὲ τῶν μήτ' ἀναγκαίων μήτε φυσικῶν, ἀλλ' ἔξωθεν ὑπὸ δόξης κενῆς δι'
ἀπειροκαλίαν ἐπικεχυμένον γένος ὑμῶν μὲν ὀλίγου δεῖν
15 τὰς φυσικὰς ἀπέκρυψεν ὑπὸ πλήθους ἁπάσας, ἔχει δὲ
καθάπερ ξένος ὄχλος ἔπηλυς ἐν δήμῳ, καταβιαζόμενος
πρὸς τοὺς ἐγγενεῖς πολίτας. (5) Τὰ δὲ θηρία παντάπασιν ἀβάτους καὶ ἀνεπιμίκτους ἔχοντα τοῖς ἐπεισάκτοις
πάθεσι τὰς ψυχάς, καὶ τοῖς βίοις πόρρω τῆς κενῆς δό-

vor, quo puro utuntur bruta in certaminibus : vobis cum
ratione commixtus, veluti aqua dilutum vinum, cedit in
ipso periculi discrimine et occasionem dimittit. (17) Sunt
quidam vestrûm qui omnino in pugna negent debere animum excandescere, sed, hoc fervore excluso, sobria utendum esse ratione, recte dicentes, quod ad salutem tutandam attinet, pessime quod ad ultionem et robur exserendum.
(18) Qui enim non sit absurdum, quod, quum naturam
incusetis, quæ corporibus non adjecit stimulos, neque dentes ad ulciscendum paratos, aut curvos ungues, ipsi arma
animæ a natura data aufertis aut enervatis?

V. Ulysses. Papæ, Grylle, videre mihi egregius factus
sophista, qui etiam nunc ex suilla loquens cute tam strenue
de proposito argumentaris. Sed cur non deinceps de temperantia disseruisti?

2. Gryllus. Quia dicta existimabam te prius reprehensu-
rum. Sed tu festinas ad auditionem de hac virtute, quia et
pudicissimam habes uxorem, et ipse videris documentum edidisse temperantiæ, Circes concubitu spreto. (3) Atque profecto nullis hac in re antecellis animalibus brutis. Nam hæc
quoque voluptates et amores captant a sui generis animalibus, neque præstantiora attrectant. (4) Itaque admiratione
dignum non est, si, quemadmodum Mendesius in Ægypto
caper inclusus cum multis ac formosis mulieribus a coitu
abhorret, et capras desiderat potius ; ita tu venere consueta
utens, homo quum sis, concumbere cum dea noluisti.
(5) Ceterum Penelopes tuæ castitatem innumeræ cornices
crocitantes ridiculam esse ostendent atque contemtui expo-
nent, quarum unaquæque, si moriatur mas ejus, viduitatem
non per exiguum tempus, sed per novem ætates hominum
servat : ut, si libeat comparare, unaquævis cornix novies
castitatem tuæ superet Penelopes.

VI. Sed quando observavisti me esse sophistam, agedum
dispositione quadam utar orationis, expositaque temperantiæ definitione, concupiscentiarum genera persequar dividendo. (2) Est ergo temperantia contractio quædam cupiditatum et ordo, perimens supervacaneas et ascititias, tempestive autem et mediocriter cum decori ratione obsequens
necessariis. (3) Jam in appetitionibus nonne cernis inesse
infinitum differentiarum numerum? cibus ac potus et a natura desideratur, et a necessitate flagitatur : venerea autem
res quanquam suum habet a natura principium, tamen
sunt qui ea nullo cum incommodo careant : itaque naturalis hæc, non etiam necessaria vocatur. (4) Sed eæ appetitiones, quæ neque a natura neque a necessitate oriuntur,
ob imperitiam autem recti foris ex inani quadam opinione
intro superfusæ sunt, parum abest quin vestras naturales
obruerint cupiditates sua multitudine universas; itaque se
gerunt, ut turba peregrinorum convena vi urgens cives atque indigenam populum. (5) At enim omnes bestiæ ani-
mabus præditæ iis quæ inaccessæ sint omnibus foris introdu-

ξης, ὥσπερ θαλάσσης, ἀπῳκισμένα, τοῦ γλαφυρῶς καὶ
περιττῶς διάγειν ἀπολείπεται· τὸ δὲ σωφρονεῖν καὶ
μᾶλλον εὐνομεῖσθαι ταῖς ἐπιθυμίαις, οὔτε πολλαῖς συν-
οικούσαις, οὔτ' ἀλλοτρίαις, σφόδρα διαφυλάττεται.
5 (6) Ἐμὲ γοῦν ποτε καὶ αὐτὸν οὐχ ἧττον, ἢ σὲ νῦν, ἐξέ-
πληττε μὲν χρυσὸς, ὡς κτημάτων ἄλλων οὐδενὶ παρα-
βλητόν· ᾗρει δ' ἄργυρος καὶ ἐλέφας· ὁ δὲ πλεῖστα τούτων
κεκτημένος ἐδόκει μακάριός τις εἶναι καὶ θεοφιλὴς ἀνήρ,
εἴτε Φρὺξ εἴτε Κὰρ ἦν, τοῦ Δόλωνος ἀγεννέστερος καὶ
10 τοῦ Πριάμου βαρυποτμότερος· (7) ἐνταῦθα ἀνηρτημένος
ἀεὶ ταῖς ἐπιθυμίαις, οὔτε χάριν οὔτε ἡδονὴν ἀπὸ τῶν
ἄλλων πραγμάτων ἀφθόνων ὄντων καὶ ἱκανῶν ἐκαρπού-
μην [μεμφόμενος] τὸν ἐμαυτοῦ βίον, ὡς τῶν μεγίστων
ἐνδεὴς καὶ ἄμοιρος ἀγαθῶν ἀπολελειμμένος. (8) Τοι-
15 γαροῦν ὥς σε μέμνημαι ἐν Κρήτῃ θεασάμενος ἀμπε-
χόνῃ κεκοσμημένον πανηγυρικῶς, οὐ τὴν φρόνησιν
ἐζήλουν, οὐδὲ τὴν ἀρετήν· ἀλλὰ τοῦ χιτῶνος εἰργασμένου
περιττῶς τὴν λεπτότητα, καὶ τῆς χλαμύδος οὔσης ἁλουρ-
γοῦ τὴν οὐλότητα καὶ τὸ κάλλος ἀγαπῶν καὶ τεθηπὼς,
20 εἶχε δέ τι καὶ ἡ πόρπη χρυσὸς οὖσα, παίγνιον, οἶμαι,
τορείας διηκριβωμένον· καὶ εἱπόμην γεγοητευμένος,
ὥσπερ αἱ γυναῖκες. (9) Ἀλλὰ νῦν ἀπηλλαγμένος ἐκείνων τῶν κενῶν δοξῶν καὶ κεκαθαρμένος, χρυσὸν μὲν
καὶ ἄργυρον ὥσπερ τοὺς ἄλλους λίθους περιορῶν ὑπερ-
25 βαίνω, ταῖς δὲ σαῖς χλανίσι καὶ τάπησιν οὐδὲν ἂν μὰ
Δία ἥδιον ἢ βαθεῖ καὶ μαλθακῷ πηλῷ, μεστὸς ὢν,
ἐγκατακλιθείην ἀναπαυόμενος. (10) Τὰ δὲ τοιαῦτα
τῶν ἐπεισάκτων ἐπιθυμιῶν οὐδεμία ταῖς ἡμετέραις ἐνοικίζεται ψυχαῖς· ἀλλὰ τὰ μὲν πλεῖστα ταῖς ἀναγκαίαις
30 ὁ βίος ἡμῶν ἐπιθυμίαις καὶ ἡδοναῖς διοικεῖται, ταῖς
δ' οὐκ ἀναγκαίαις ἀλλὰ φυσικαῖς μόνον, οὔτ' ἀτάκτως
οὔτ' ἀπλήστως ὁμιλοῦμεν.

VII. * Καὶ ταύτας γε πρῶτον διέλθωμεν. Ἡ μὲν
οὖν πρὸς τὰ εὐώδη καὶ κινοῦντα ταῖς ἀποφοραῖς τὴν
35 ὄσφρησιν οἰκείως ἡδονὴ, πρὸς τῷ τὸ ὄφελος καὶ προῖκα
καὶ ἁπλοῦν ἔχειν, ἅμα χρείαν τινὰ συμβάλλεται τῇ
διαγνώσει τῆς τροφῆς. (2) Ἡ μὲν γὰρ γλῶττα τοῦ
γλυκέος καὶ δριμέος καὶ αὐστηροῦ γνώμων ἐστί τε καὶ
λέγεται, ὅταν τῷ γευστικῷ προσμιγέντες οἱ χυμοὶ σύγ-
40 χυσίν τινα λάβωσιν· ἡ δ' ὄσφρησις ἡμῶν πρὸ τῶν χυμῶν, γνώμων οὖσα τῆς δυνάμεως ἑκάστου, πολὺ τῶν
βασιλικῶν προγευστῶν σκεπτικώτερον διαισθανομένη,
τὸ μὲν οἰκεῖον εἴσω παρίησι, τὸ δ' ἀλλότριον ἀπελαύνει, καὶ οὐκ ἐᾷ θιγεῖν, οὐδὲ λυπῆσαι τὴν γεῦσιν, ἀλλὰ
45 διαβάλλει καὶ κατηγορεῖ τὴν φαυλότητα, πρὶν ἢ βλα-
βῆναι· (3) τἄλλα δ' οὐκ ἐνοχλεῖ, καθάπερ ὑμῖν, τὰ
θυμιάματα καὶ κινάμωμα καὶ νάρδους καὶ φύλλα καὶ
καλάμους Ἀραβικοὺς, μετὰ δεινῆς τινος καὶ δευσοποιοῦ
φαρμακίδος τέχνης, ἢ μυρεψικῆς ὄνομα, συνάγειν
50 εἰς ταυτὸ καὶ συμφαγεῖν ἀναγκάζουσα, χρημάτων πολλῶν ἡδυπάθειαν ἄνανδρον καὶ κορασιώδη καὶ πρὸς οὐδὲν
οὐδαμῶς χρήσιμον ὠνουμένους. (4) Ἀλλὰ, καίπερ
οὖσα τοιαύτη, διέφθαρκεν οὐ μόνον πάσας γυναῖκας,
ἀλλὰ καὶ τῶν ἀνδρῶν τοὺς πλείστους, ὡς μηδὲ ταῖς

ctis affectionibus, et a vanis opinionibus tanquam a mari longe remotam vitam agant, elegantia et supervacaneo vitæ degendæ cultu vobis sunt inferiores : temperantiam vero præclare tuentur, appetitionesque rectis legibus regunt, quæ iis adsunt nec multæ neque alienæ. (6) Me quidem ipsum olim, non minus quam nunc te, aurum perculit, ut cui nulla res dignę posset comparari; ad se trahebant me ebur et argentum : qui horum possideret plurimum, mihi felix et diis carus videbatur homo, sive Phryx esset, sive Car, et vel Dolone ignavior, vel Priamo calamitosior : (7) huc ego semper meis accommodatis cupiditatibus nullam neque gratiam neque voluptatem ceteris ex bonis vitæ percepi, quum quidem essent abunde, vitam meam deplorans quasi maximorum indigam et exsortem bonorum. (8) Itaque memoria recolo me, quo tempore te in Creta vidi amictum veste ad solennem facta ostentationem, non admiratum fuisse prudentiam aut virtutem tuam, sed amiculi artificiose texti tenuitatem, et in læna coloris purpurei villos molles, et pulchritudinem amasse et stupuisse : non minime etiam fibula aurea me tenebat, ludicrum, si recte memini, eleganti cælo paratum subtilissime : denique mulieris in modum præstigiis captus te sectabar. (9) Nunc inanibus istis opinionibus evacuatis, aurum et argentum sicut quosvis lapides contemno et super ea incedo, tuis autem lænis et tapetibus non per Jovem suavius indormiam, quam plenus cibi alto mollique corno. (10) Atque hujusmodi quidem foris ascitarum cupiditatum nulla in animo habitat nostro : sed major pars vitæ nostræ necessariis appetitionibus atque concupiscentiis temperatur : et voluptatibus non necessariis, sed naturalibus duntaxat, neque incomposite neque profuse indulgemus.

VII. Atque has quidem primo loco perpendamus Voluptas ea, quam ex fragrantibus et odore suo exhalante olfactum afficientibus percipimus, præterquam quod simplicem sui præbet, eamque gratis, usuram, simul etiam discernendo alimento aliquatenus conducit. (2) Nam lingua et est et dicitur norma saporum, ut dulcis, acris, austeri, reliquorum, quando ii confusi offeruntur sensui : olfactus autem noster ante saporem deprehendens vim uniuscujusque alimenti, longeque accuratius quam regii solent prægustatores sensu eam percipiens, id quod naturæ conveniens est admittit, alienum amolitur, neque gustare id sinit aut gustatum offendere : sed vitium rei olfactæ defert atque accusat, antequam injuriam ea attulerit. (3) De cetero autem molestus nobis non est odoratus, sicut est vobis, quos cogit tot suffitus, cinnamoma, nardos, malobathra, calamos Arabicos, cum subtili quadam medicatrice arte, cui seplasiariæ nomen est, in unum commiscere et constipare, magna pecunia parum virilem, ac potius puellas decentem, nullamque omnino utilitate comitatam delectationem redimentes. (4) Et vero is odoratus, quanquam hoc modo affectus, corrupit tamen non mulieres tantum omnes, sed et plerosque viros, ut ne cum

αὐτῶν ἐθέλειν συγγίνεσθαι γυναιξὶν, εἰ μὴ μύρων ὑμῖν
ὀδωδυῖαι καὶ διαπασμάτων εἰς ταὐτὸ φοιτῷεν. (5)
Ἀλλὰ κάπρους τε σύες, καὶ τράγους αἶγες, καὶ τὰ ἄλλα
θήλεα τοὺς συννόμους αὐτῶν ταῖς ἰδίαις ὀσμαῖς ἐπάγεται, δρόσου τε καθαρᾶς καὶ λειμώνων ὀδωδότα καὶ
χλόης, συμφέρεται πρὸς τοὺς γάμους ὑπὸ κοινῆς φιλοφροσύνης, οὐχὶ θρυπτόμεναι μὲν αἱ θήλειαι, καὶ προϊ-
σχόμεναι τῆς ἐπιθυμίας ἀπάτας καὶ γοητείας καὶ ἀρ-
νήσεις, οἱ δ' ἄρρενες ὑπ' οἴστρου καὶ μαργότητος ὠνούμενοι μισθῶν καὶ πόνου καὶ λατρείας τὸ τῆς γενέσεως
ἔργον, ἄδολον δὲ σὺν καιρῷ καὶ ἄμισθον ἀφροδίτην μετιόντες, ἢ καθ' ὥραν ἔτους, ὥσπερ φυτῶν βλάστην,
ἐγείρουσα τῶν ζῴων τὴν ἐπιθυμίαν, εὐθὺς ἔσβεσεν,
οὔτε τοῦ θήλεος προσιεμένου μετὰ τὴν κύησιν, οὔτε
πειρῶντος ἔτι τοῦ ἄρρενος. (6) Οὕτω μικρὰν ἔχει καὶ
ἀσθενῆ τιμὴν ἡδονὴ παρ' ἡμῖν, τὸ δὲ ὅλον ἡ φύσις.
Ὅθεν οὔτ' ἄρρενος πρὸς ἄρρεν, οὔτε θήλεος πρὸς θῆλυ
μῖξιν αἱ τῶν θηρίων ἐπιθυμίαι μέχρι γε νῦν ἐνηνόχασιν.
Ὑμῶν δὲ πολλὰ τοιαῦτα τῶν σεμνῶν καὶ ἀγαθῶν· ἐῶ
γὰρ τοὺς οὐδενὸς ἀξίους· (7) ὁ δ' Ἀγαμέμνων τὴν Βοιωτίαν ἐπῆλθε κυνηγετῶν τὸν Ἄργυννον ὑποφεύγοντα, καὶ
καταψευδόμενος τῆς θαλάσσης καὶ τῶν πνευμάτων, εἶτα
καλὸν καλῶς ἑαυτὸν βαπτίζων εἰς τὴν Κωπαΐδα λίμνην,
ὡς αὐτόθι κατασβέσων τὸν ἔρωτα καὶ τῆς ἐπιθυμίας
ἀπαλλαξόμενος· (8) ὁ δὲ Ἡρακλῆς ὁμοίως ἑταῖρον ἀγέ-
νειον ἐπιδιώκων, ἀπελείφθη τῶν ἀριστέων, καὶ προὔ-
δωκε τὸν στόλον· ἐν δὲ τῇ θόλῳ τοῦ Πτῴου Ἀπόλλωνος
λαθών τις ὑμῶν ἐνέγραψεν, Ἀχιλλεὺς Καλός, ἤδη τοῦ
Ἀχιλλέως υἱὸν ἔχοντος· καὶ τὰ γράμματα πυνθάνομαι
διαμένειν. (9) Ἀλεκτρυὼν δ' ἀλεκτρυόνος ἐπιβαίνων,
θηλείας μὴ παρούσης, καταπίμπραται ζωός, μάντεώς
τινος ἢ τερατοσκόπου μέγα καὶ δεινὸν ἀποφαίνοντος εἶναι
τὸ γινόμενον. Οὕτω καὶ παρ' αὐτῶν ἀνωμολόγηται
τῶν ἀνθρώπων, ὅτι μᾶλλον τοῖς θηρίοις σωφρονεῖν προσήκει, καὶ μὴ παραβιάζεσθαι ταῖς ἡδοναῖς τὴν φύσιν.
(10) Τὰ δ' ἐν ὑμῖν ἀκόλαστα οὐδὲ τὸν νόμον ἔχουσα
σύμμαχον ἡ φύσις ἐντὸς ὅρων καθείργνυσιν, ἀλλ' ὥσπερ
ὑπὸ ῥεύματος ἐκφερόμενα πολλαχοῦ ταῖς ἐπιθυμίαις
δεινὴν ὕβριν καὶ ταραχὴν καὶ σύγχυσιν ἐν τοῖς ἀφροδισίοις ἀπεργάζεται τῆς φύσεως. (11) Καὶ γὰρ αἰγῶν
ἐπειράθησαν ἄνδρες καὶ ὑῶν καὶ ἵππων μιγνύμενοι, καὶ
γυναῖκες ἄρρεσι θηρίοις ἐπεμάνησαν· * ἐκ γὰρ τῶν
τοιούτων γάμων ὑμῖν Μινώταυροι καὶ Αἰγίπανες, ὡς
δ' ἐγῷμαι, καὶ Σφίγγες ἀναβλαστάνουσι, καὶ Κένταυ-
ροι. (12) Καίτοι διὰ λιμόν ποτε ἀνθρώπου καὶ κύων
ἔφαγεν ὑπ' ἀνάγκης, καὶ ὄρνις ἐπεγεύσατο· πρὸς δὲ συνουσίαν οὐδέποτε θηρίον ἐπεχείρησεν ἀνθρώπῳ χρήσασθαι. Θηρία δ' ἄνθρωποι καὶ πρὸς ταῦτα καὶ πρὸς
ἄλλα πολλὰ καθ' ἡδονὰς βιάζονται καὶ παρανομοῦσιν.
VIII. Οὕτω δὲ φαῦλοι καὶ ἀκρατεῖς περὶ τὰς εἰρημένας ἐπιθυμίας ὄντες, ἔτι μᾶλλον ἐν ταῖς ἀναγκαίαις
ἐλέγχονται πολὺ τῷ σωφρονεῖν ἀπολειπόμενοι τῶν θηρίων. Αὗται δέ εἰσιν αἱ περὶ βρῶσιν καὶ πόσιν· (2)
ὧν ἡμεῖς μὲν τὸ ἡδὺ μετὰ χρείας τινὸς ἀεὶ λαμβάνο-

suis quidem coire velint uxoribus, nisi unguenta eæ et odo-
ratos pulveres redoleant. (5) Atqui porcæ sues, et capros
capræ, aliæque feminæ sui generis mares proprio odore alliciunt, purumque rorem, prata herbasque ubi redolent,
communi amore ad miscendum corpora cientur : non hic,
ut inter homines, feminæ simulatione recusationis ludunt,
aut libidini fraudes, præstigias denegationesque prætexunt :
neque mares stimulo et luxuria agitati, mercede, labore atque obsequiis coitum redimunt; sed doli expertem ac sine
mercede tempestivam sectamur venerem, quæ stato anni
tempore cupiditatem animalium veluti germen aliquod excitans, illico restinguit, neque femella marem a conceptu admittente, neque aggrediente mare. (6) Adeo exilem et im
becillum honorem apud nos voluptas obtinet, omnia naturæ
deferuntur. Itaque in hunc usque diem inter nos neque
mas marem, neque feminam femina amavit. Qualia multa
memorabiles et præclari viri apud vos commiserunt : nam
viles missos facio. (7) Agamemno quidem Bœotiam per-
lustravit Argynnum venans subterfugientem, falsisque mare
et ventos onerans criminibus, tandem pulchrum sese in lacum Copaidem demersit, ut ibi amorem exstingueret, ac
se cupiditate liberaret. (8) Itidem Hercules imberbem se-
ctans amasium, deseruit fortissimos socios, classemque et
institutum prodidit. Et in tholo Apollinis Ptoi quidam vestrum clam scripsit, *Achilles Pulcher*; quum jam Achilles
filium haberet : audioque durare adhuc eam scripturam.
(9) At gallus si gallum conscendat absente gallina, vivus
comburitur, aruspice aliquo pronunciante grave atroxque
id esse ostentum. Ita ipsi homines hoc confessi sunt, casti-
tate a brutis se superari, eaque naturæ vim non facere voluptatum percipiendarum causa. (10) Vestras libidines natura, quanquam legis auxilio fulta, tamen intra suos non
potest coercere fines : quin eæ instar fluvii exundantes atrocem fœditatem, tumultum, confusionemque naturæ gignunt
in re venerea. (11) Nam et capras, porcas, equas inivere viri,
et feminæ insano mascularum bestiarum amore exarserunt.
Ex hujusmodi enim coitibus vobis sunt Minotauri, Ægipa-
nes seu Silvani, atque, ut mea fert sententia, etiam Sphin-
ges, et Centauri nati. (12) Enimvero fame coactus canis
aut avis aliquando cadavere humano vescitur : ad coitum
nullus unquam est homo a bestia sollicitatus. Bestias vero
quum ad hanc, tum ad alias voluptates vos vi trahitis ac
contra jus usurpatis.

VIII. Porro homines ita vitiosi et incontinentes quum sint
in dicto cupiditatum genere; tamen evinci potest, multo etiam
brutis intemperantiores eos esse, quod attinet ad appetitus
necessarios, id est potum et cibum. (2) Hic nos voluptatem semper cum aliqua utilitate captamus : vos, qui volu-

μεν· ὑμεῖς δὲ τὴν ἡδονὴν μᾶλλον ἢ τὸ κατὰ φύσιν τῆς
τροφῆς διώκοντες, ὑπὸ πολλῶν καὶ μακρῶν κολάζεσθε
νοσημάτων, ἅπερ ἐκ μιᾶς πηγῆς ἐπαντλούμενα τῆς
πλησμονῆς τοῖς σώμασι, παντοδαπῶν πνευμάτων καὶ
5 δυσκαθάρτων ὑμᾶς ἐμπίπλησι. (3) Πρῶτον μὲν γὰρ
ἑκάστῳ γένει ζώου μία τροφὴ σύμφυλός ἐστι, τοῖς μὲν
πόα, τοῖς δὲ ῥίζα τις ἢ καρπός· ὅσα δὲ σαρκοφαγεῖ,
πρὸς οὐδὲν ἄλλο τρέπεται βορᾶς εἶδος, οὐδ' ἀφαιρεῖται
τῶν ἀσθενεστέρων τὴν τροφήν· ἀλλ' ἐᾷ νέμεσθαι καὶ
10 λέων ἔλαφον, καὶ λύκος πρόβατον, ᾗ πέφυκεν. (4) Ὁ
δ' ἄνθρωπος ἐπὶ πάντα ταῖς ἡδοναῖς ὑπὸ λαιμαργίας
ἐξαγόμενος, καὶ πειρώμενος πάντων καὶ ἀπογευόμενος,
ὡς οὐδέπω τὸ πρόσφορον καὶ οἰκεῖον ἐγνωκὼς, μόνος
γέγονε τῶν ὄντων παμφάγον. (5) Καὶ σαρξὶ χρῆται
15 πρῶτον, ὑπ' οὐδεμιᾶς ἀπορίας οὐδ' ἀμηχανίας, ᾧ πάρεστιν ἀεὶ καθ' ὥραν ἄλλα ἐπ' ἄλλοις ἀπὸ φυτῶν καὶ
σπερμάτων τρυγῶντι καὶ λαμβάνοντι καὶ δρεπομένῳ,
μὴ κάμνειν διὰ πλῆθος· ἀλλ' ὑπὸ τρυφῆς καὶ κόρου τῶν
ἀναγκαίων, βρώσεις ἀνεπιτηδείους καὶ οὐ καθαρὰς σφα-
20 γαῖς ζώων μετερχόμενος, πολὺ τῶν ἀγριωτάτων θηρίων ὠμότερον. (6) Αἷμα [μὲν] γὰρ καὶ φόνος καὶ
σάρκες ἰκτίνῳ καὶ λύκῳ καὶ δράκοντι σιτίον οἰκεῖον,
ἀνθρώπῳ δ' ὄψον ἐστίν. Ἔπειτα παντὶ γένει χρώμενος, οὐχ, ὡς τὰ θηρία, τῶν πλείστων ἀπέχεται, ὀλίγοις
25 δὲ πολεμεῖ διὰ τὴν τῆς τροφῆς ἀνάγκην· ἀλλ' οὔτε τι
πτηνὸν, οὔτε νηκτὸν, ὡς ἔπος εἰπεῖν, οὔτε χερσαῖον,
ἐκπέφευγε τὰς ἡμέρους δὴ λεγομένας ὑμῶν καὶ φιλοξέ-
νους τραπέζας.

IX. Εἶεν· ἀλλ' ὄψοις χρῆσθε τούτοις ἐφηδύνοντες
30 τὴν τροφήν· τί οὖν ἐπ' αὐτὰ ταῦτα [** φῶντας]; Ἀλλ'
ἡ τῶν θηρίων φρόνησις τῶν μὲν ἀχρήστων καὶ ματαίων
τεχνῶν οὐδεμιᾷ χώραν δίδωσι· τὰς δ' ἀναγκαίας οὐκ
ἐπεισάκτους παρ' ἑτέρων, οὐδὲ μισθοῦ διδακτὰς, οὐδὲ
κολλῶσα μελέτῃ καὶ συμπηγνύουσα γλίσχρως τῶν θεω-
35 ρημάτων ἕκαστον πρὸς ἕκαστον, ἀλλ' αὐτόθεν ἐξ αὐτῆς
οἷον ἰθαγενεῖς καὶ συμφύτους ἀναδίδωσι. (2) Τοὺς μὲν
γὰρ Αἰγυπτίους πάντας ἰατροὺς ἀκούομεν εἶναι· τῶν
δὲ ζώων ἕκαστον οὐ μόνον πρὸς ἴασιν αὐτότεχνόν ἐ-
στιν, ἀλλὰ καὶ πρὸς διατροφὴν καὶ πρὸς ἀλκὴν, θήραν
40 τε καὶ φυλακὴν, καὶ μουσικῆς ὅσον ἑκάστῳ προσήκει
κατὰ φύσιν. (2) Παρὰ τίνος γὰρ ἡμεῖς ἐμάθομεν νοσοῦντες ἐπὶ τοὺς ποταμοὺς χάριν τῶν καρκίνων βαδίζειν;
τίς δὲ τὰς χελώνας ἐδίδαξε, τῆς ἔχεως φαγούσας, τὴν
ὀρίγανον ἐπεσθίειν; τὰς δὲ Κρητικὰς αἶγας, ὅταν πε-
45 ριπέσωσι τοῖς τοξεύμασι, τὸ δίκταμνον διώκειν, οὗ
βρωθέντος ἐκβάλλουσι τὰς ἀκίδας; (4) Ἂν γὰρ εἴπῃς,
ὃ (τι) ἀληθές ἐστι, τούτων διδάσκαλον εἶναι τὴν φύσιν,
εἰς τὴν κυριωτάτην καὶ σοφωτάτην ἀρχὴν ἀναφέρεις
τὴν τῶν θηρίων φρόνησιν· (5) ἣν εἰ μὴ λόγον οἴεσθε
50 δεῖν μηδὲ φρόνησιν καλεῖν, ὥρα σκοπεῖν ὄνομα κάλλιον
αὐτῇ καὶ τιμιώτερον, ὥσπερ ἀμέλει καὶ δι' ἔργων ἀμεί-
νονα καὶ θαυμασιωτέραν παρέχεται τὴν δύναμιν· * οὐκ
ἀμαθὴς, οὐδ' ἀπαίδευτος, αὐτομαθὴς δέ τις μᾶλλον
οὖσα καὶ ἀπροσδεὴς, οὐ δι' ἀσθένειαν, ἀλλὰ ῥώμῃ καὶ

ptatem potius, quam naturæ conveniens alimentum perse-
quimini, multis ac diuturnis multamini morbis, qui tanquam
uno aliquo ex fonte hausti, abundantia, corpus omnis generis flatibus expurgatu difficilibus replent. (3) Primum
enim unicuilibet animalis generi suum est quoddam cognatum naturæ alimentum: aliis herba, aliis radix, aut fructus:
et quæ carne vescuntur, nullum aliud alimenti genus ea
appetunt, neque infirmioribus pabulum eripiunt: sed et
cervum pasci sinit leo, et lupus ovem, quemadmodum natura statuit. (4) Homo autem gulæ et voluptatum studio
ad omnia se ferens, omnia tentans, omnia gustans, ut sui
et naturæ ipsius convenientis ignarus etiamnum nutrimenti,
solus inter omnia animalia omnibus vescitur. (5) Primum
utitur carnibus, nulla cogente inopia, nulla penuria; quum
liceat ei quovis tempore alios e seminibus et plantis decer-
pere et vindemiare cibos, multitudine nunquam ipsum
defectura: sed luxuria, et satietate necessariorum, alienas
et pollutas cædibus animalium escas sectatur, immanitate
etiam sævissimas vincens feras. (6) Sanguis enim et cædes
et carnes milvo, lupo, draconi conveniens sunt et naturalis
cibus, homini autem obsonium. Deinde quum omnibus
utatur generibus, non sicut bestiæ a plurimis abstinet
homo, paucis tantum ob necessitatem nutrimenti infestus:
sed neque avis ulla (merito dixeris), neque in aquis degens,
aut in terra vivens animal ullum effugit vestras illas, quæ
benignæ hospitalesque dicuntur, mensas.

IX. Esto his vos obsoniis dulciores reddere cibos. Quid
ergo in hæc ipsa [cædis cupiditate sævitis]? Sed animalium
brutorum nullam inutilem aut inanem admittit artem prudentia: necessarias non ab aliis importatas, aut mercede
data cognitas, vel meditatione glutinans singula parceque
oblatas contemplationes inter se compingens nanciscitur, sed
a natura habet germanas et cognatas atque profert. (2) Æ-
gyptios universos aiunt esse medicos: at vero quodvis brutum animal non tantum ex sese arte ad sanandum est præditum, sed etiam alimentum quærendi, robur parandi,
adversa declinandi, convenientia quærendi, atque etiam
ad musicen, pro modo cuique animalium a natura præscripto. (3) Nam a quo didicimus porci, quando ægrotamus,
ad fluvium descendere cancrorum capiendorum gratia? Quis
docuit testudines devoratis viperis origanum postea edere?
Quis capris Cretensibus præcepit, ut sagittis ictæ dicta-
mnum quærant, quo comesto cuspides excidunt? (4) Si enim
dicas, ut verum est, harum rerum magistram esse naturam,
brutorum intelligentiam refers ad principium omnium præcipuum atque sapientissimum. (5) Tum si istam intelligentiam non dignamini rationis aut intelligentiæ nomine,
tempus est ut circumspiciatis de nomine alio honestiore et
augustiore; sicut nimirum re etiam ipsa ostendit majorem
admirabilioremque facultatem sibi esse, non rudis aut in-
docta, sed a se ipsa docta et nihil extra se desiderans, non
ob imbecillitatem, sed propter naturalis virtutis perfectio-

τελειότητι τῆς κατὰ φύσιν ἀρετῆς, χαίρειν ἐῶσα τὸν
παρ' ἑτέρων διὰ μαθήσεως τοῦ φρονεῖν συνερανισμόν.
(6) Ὅσα γοῦν ἄνθρωποι τρυφῶντες ἢ παίζοντες εἰς τὸ
μανθάνειν καὶ μελετᾶν ἄγουσι, τούτων ἡ διάνοια καὶ
παρὰ φύσιν τοῦ σώματος καὶ περιουσίᾳ συνέσεως ἀναλαμβάνει τὰς μαθήσεις. (7) Ἐῶ γὰρ ἰχνεύειν σκύλα-
κας, καὶ βαδίζειν ἐν ῥυθμῷ πώλους μελετῶντας, ἀλλὰ
κόρακας διαλέγεσθαι, καὶ κύνας ἅλλεσθαι διὰ τροχῶν
περιφερομένων· ἵπποι δὲ καὶ βόες ἐν θεάτροις κατακλίσεις καὶ χορείας καὶ στάσεις παραβόλους, καὶ κινήσεις
οὐδ' ἀνθρώποις πάνυ ῥᾳδίας ἀκριβοῦσιν ἐκδιδασκόμενοι
καὶ μνημονεύοντες εὐμαθείας ἐπίδειξιν εἰς ἄλλο οὐδὲν
οὐδαμῶς χρήσιμον ἔχουσιν. (8) Εἰ δ' ἀπιστεῖς ὅτι
τέχνας μανθάνομεν, ἄκουσον ὅτι καὶ διδάσκομεν. Αἵ
τε γὰρ πέρδικες ἐν τῷ προφεύγειν τοὺς νεοττοὺς ἐθίζου-
σιν ἀποκρύπτεσθαι καὶ προΐσχεσθαι βῶλον ἀνθ' ἑαυτῶν
τοῖς ποσὶν ὑπτίους ἀναπεσόντας· καὶ τοῖς πελαργιδεῦσιν
ὁρᾷς ἐπὶ τῶν τεγῶν ὡς οἱ τέλειοι παρόντες ἀναπειρωμέ-
νοις ὑφηγοῦνται τὴν πτῆσιν· (9) αἱ δ' ἀηδόνες τοὺς νεοσσοὺς προδιδάσκουσιν ᾄδειν· οἱ δὲ ληφθέντες ἔτι νήπιοι καὶ
τραφέντες ἐν χερσὶν ἀνθρώπων χεῖρον ᾄδουσιν, ὥσπερ
πρὸ ὥρας ἀπὸ διδασκάλου γεγονότες. [**] (10) Καταδὺς δ' εἰς τουτὶ τὸ σῶμα, θαυμάζω τοὺς λόγους ἐκείνους, οἷς ἀνεπειθόμην ὑπὸ τῶν σοφιστῶν, ἄλογα καὶ
ἀνόητα πάντα, πλὴν ἀνθρώπου, νομίζειν.

Χ. ΟΔ. Νῦν μὲν οὖν, ὦ Γρύλλε, μεταβέβλησαι σύ,
καὶ τὸ πρόβατον λογικὸν ἀποφαίνεις καὶ τὸν ὄνον;

2. ΓΡ. Αὐτοῖς μὲν οὖν τούτοις, ὦ βέλτιστε Ὀδυσσεῦ, μάλιστα δεῖ τεκμαίρεσθαι τὴν τῶν θηρίων φύσιν,
ὡς λόγου καὶ συνέσεως οὐκ ἔστιν ἄμοιρος. (3) Ὡς γὰρ
οὐκ ἔστι δένδρον ἕτερον ἑτέρου μᾶλλον οὐδὲ ἧττον ἄψυχον, ἀλλ' ὁμοίως ἔχει πάντα πρὸς ἀναισθησίαν· οὐδενὶ
γὰρ αὐτῶν ψυχῆς μέτεστιν· οὕτως οὐκ ἂν ἐδόκει ζῷον
ἕτερον ἑτέρου τῷ φρονεῖν ἀργότερον εἶναι καὶ δυσμα-
θέστερον, εἰ μὴ πάντα λόγου καὶ συνέσεως, ἀλλὰ δὲ
μᾶλλον καὶ ἧττον ἄλλων πως μετεῖχεν. (4) Ἐννόησον
δὲ ὅτι τὰς ἐνίων ἀβελτερίας καὶ βλακείας ἐλέγχουσιν
ἑτέρων πανουργίαι καὶ δριμύτητες, ὅταν ἀλώπεκι καὶ
λύκῳ καὶ μελίττῃ παραβάλῃς ὄνον καὶ πρόβατον· ὥσπερ
εἰ σαυτῷ τὸν Πολύφημον, ἢ τῷ πάππῳ σου, τῷ Αὐτολύκῳ, τὸν Κορίνθιον ἐκεῖνον Ὅμηρον. (5) Οὐ γὰρ
οἶμαι, θηρίου πρὸς θηρίον ἀπόστασιν εἶναι τοσαύτην,
ὅσον ἄνθρωπος ἀνθρώπου τῷ φρονεῖν καὶ λογίζεσθαι καὶ
μνημονεύειν ἀφέστηκεν.

ΟΔ. Ἀλλὰ ὅρα, Γρύλλε, μὴ δεινὸν ᾖ καὶ βίαιον,
ἀπολιπεῖν λόγον οἷς οὐκ ἐγγίνεται θεοῦ νόησις.

ΓΡ. Εἶτά σε μὴ φῶμεν, ὦ Ὀδυσσεῦ, σοφὸν οὕτως
ὄντα καὶ περιττόν, ἐκ τοῦ Σισύφου γεγονέναι; ***

---

nem ac vigorem, jussa valere ea disciplina, qua veluti collecta stipe aliunde discitur. (6) Quæ enim animalia homines ludentes aut luxuriantes ad discendum quid ac meditandum educant, horum intelligentia etiam contra corporis
naturam assequitur illius artificii facultatem, freta vi percipiendi innata atque copiosissima. (7) Non dicam de catulis
feras indagantibus, aut de pullis equorum ad certum numerum gradi discentibus : sed et corvi loqui, et canes per ob-
versos saltare orbes discunt : et equi ac boves in theatris
mirabiles motus, sessiones, institiones, choreas, ne hominibus quidem factu omnino faciles, accurate exhibent edocti,
et meminerunt, ostentationem docilitatis ad nihil aliud utilem præbentes. (8) Quodsi negas disci a nobis artes, etiam
doceri eas a nobis audi. Perdices suos pullos docent inter
fugiendum occultare sese, et glebam pedibus pro se obten-
dere, postquam supini corruerunt : et vides in tectis ut cico-
niæ suos pullos volare doceant, coram iis *primum* id
tentantes. (9) Lusciniæ quoque suos pullos cantare docent :
et capti ante tempus, enutritique inter hominum manus,
deterius canunt, tanquam præpropere a *magistro* remoti.
(10) Ego jam, ex quo in hoc corpus sum illapsus, miror
rationes istas, quibus mihi a sophistis persuaderi passus eram
omnia animalia, homine demto, esse bruta et rationis expertia.

X. Ulysses. Nunc ergo tu, Grylle, a mutatione illa tua
etiam ovi atque asino rationem tribuis?

2. Gryllus. Imo, mi Ulysses, ex his ipsis colligere par est
maxime, bestiarum naturam non esse mentis atque intelligentiæ expertem. (3) Sicut enim non est stirps alia stirpe
magis exsors sentientis animæ, sed eodem omnes modo destituuntur sentiendi facultate, quia nihil eorum, quorum
stirpes terra continentur, anima est præditum : ita animalium quoque nullum altero ignavius aut ad discendum ine-
ptius diceretur, nisi universa rationem atque intelligentiam,
sed alia minus aliis vel amplius, haberent insitam. (4) Atque mihi hoc considera, stupiditatem ac fatuitatem quarundam bestiarum, acumine et versutia aliarum demonstrari;
verbi gratia, si compares cum vulpe, lupo, aut ape, asinum
vel ovem, perinde est ac si tecum componas Polyphemum,
aut cum avo tuo Autolyco [Glaucum] illum Corinthium, de
quo est apud Homerum. (5) Non enim existimo tanto differre bestiam a bestia intervallo, quanto homo ab homine
disjungitur, quod ad intelligendum, ratiocinandum, memo-
riaque tenendum attinet.

Ulysses. Attamen, Grylle, hoc vide, ne improbum sit et
violentum, rationem iis ascribere, quæ notitia dei carent.

Gryllus. Non ergo dicemus te, Ulysse, ita sapientem
ac curiosum, Sisypho genitum fuisse? [*Desunt multa.*]

* ΠΕΡΙ ΣΑΡΚΟΦΑΓΙΑΣ
ΛΟΓΟΣ Α.

I. Ἀλλὰ σὺ μὲν ἐρωτᾷς, τίνι λόγῳ Πυθαγόρας ἀπείχετο σαρκοφαγίας· ἐγὼ δὲ θαυμάζω καὶ τίνι πάθει καὶ
5 ποίᾳ ψυχῇ ἢ λόγῳ ὁ πρῶτος ἄνθρωπος ἥψατο φόνου
στόματι, καὶ τεθνηκότος ζῴου χείλεσι προσήψατο σαρ-
κός· καὶ νεκρῶν σωμάτων καὶ εἰδώλων προθέμενος τραπέζας, ὄψα καὶ τρυφὰς καὶ προσέτι εἰπεῖν τὰ μικρὸν
ἔμπροσθεν βρυχώμενα μέρη καὶ φθεγγόμενα καὶ κινού-
10 μενα καὶ βλέποντα· (2) πῶς ἡ ὄψις ὑπέμεινε τὸν φόνον
σφαζομένων, δερομένων, διαμελιζομένων· πῶς ἡ ὄσφρησις ἤνεγκε τὴν ἀποφοράν· πῶς τὴν γεῦσιν οὐκ ἀπέστρε-
ψεν ὁ μολυσμὸς ἑλκῶν ψαύουσαν ἀλλοτρίων, καὶ τραυ-
μάτων θανασίμων χυμοὺς καὶ ἰχῶρας ἀπολαμβάνουσαν.

15 (3) Εἷρπον μὲν ῥινοί, κρέα δ' ἀμφ' ὀβελοῖς ἐμεμύκει
    ὀπταλέα τε καὶ ὠμά, βοῶν δ' ὡς γίνετο φωνή·

τοῦτο πλάσμα καὶ μῦθός ἐστι, τὸ δέ γε δεῖπνον ἀληθῶς
τερατῶδες, πεινᾶν τινα τῶν μυκωμένων ἔτι, (καὶ) διδάσκοντα ἀφ' ὧν δεῖ τρέφεσθαι ζώντων ἔτι καὶ λαλούν-
20 των, [καὶ] διαταττόμενον ἀρτύσεις τινὰς καὶ ὀπτήσεις
καὶ παραθέσεις·τούτων ἔδει ζητεῖν τὸν πρῶτον ἀρξάμενον, οὐ τὸν ὀψὲ παυσάμενον.

II. Ἢ τοῖς μὲν πρώτοις ἐκείνοις ἐπιχειρήσασι σαρκοφαγεῖν τὴν αἰτίαν ἂν εἴποις ὑπάρξαι τὴν ἀπορίαν·
25 οὐ γὰρ ἐπιθυμίαις ἀνόμοις συνδιάγοντες, οὐδ' ἐν περιουσίᾳ τινὶ ἀναγκαίων ὑβρίσαντες εἰς ἡδονὰς παρὰ
φύσιν ἀσυμφύλους ἐπὶ ταῦτ' ἦλθον· (2) ἀλλ' εἴποιεν
ἂν, αἴσθησιν ἐν τῷ παρόντι καὶ φωνὴν λαβόντες· « Ὦ
μακάριοι καὶ θεοφιλεῖς οἱ νῦν ὄντες ὑμεῖς, οἷον βίου
30 λαχόντες αἰῶνα καρποῦσθε καὶ νέμεσθε κλῆρον ἀγαθῶν
ἄφθονον, ὅσα φύεται ὑμῖν; ὅσα τρυγᾶται; ὅσον πλοῦτον
ἐκ πεδίων, ὅσας ἀπὸ φυτῶν ἡδονὰς (ἃς) δρέπεσθαι πάρεστιν; ἔξεστιν ὑμῖν καὶ τρυφᾶν μὴ μιαινομένοις. (3)
Ἡμᾶς δὲ σκυθρωπότατον καὶ φοβερώτατον ἐδέξατο
35 βίου καὶ χρόνου μέρος, εἰς πολλὴν καὶ ἀμήχανον ἐκπεσόντας ὑπὸ τῆς πρώτης γενέσεως ἀπορίαν· ἔτι μὲν οὐρανὸν ἔκρυπτεν ἀήρ, καὶ ἄστρα θολερῷ καὶ δυσδιαστα-
τοῦντι πεφυρμένα ὑγρῷ καὶ πυρὶ καὶ ζάλαις ἀνέμων·
(4) οὐδέπω δὲ ὁ ἥλιος ἵδρυτο ἀπλανῆ καὶ βέβαιον

40   ἔχων δρόμον, ἠὼ
  καὶ δύσιν ἔκρινεν, περὶ δ' ἤγαγεν αὖθις ὀπίσσω
  καρποφόροισιν ἐπιστέψας κάλυκος στεφάνοισιν
  ὥρας· γῆ δ' ὕβριστο

ποταμῶν ἐκβολαῖς ἀτάκτων, καὶ πολλὰ « λίμναισιν
45 ἄμορφα, » καὶ πηλοῖς βαθέσι καὶ λόχμαις ἀφόροις καὶ
ὕλαις ἐξηγρίωτο· (5) φορᾶς δὲ ἡμέρων καρπῶν καὶ τέχνης
ὄργανον οὐδέν, οὐδὲ μηχανὴ σοφίας· ὁ δὲ λιμὸς οὐκ
ἐδίδου χρόνον, οὐδὲ ὥρας ἐτησίους σπόρος [οὐκ] ὢν τότε
ἀνέμενε. (6) Τί θαυμαστὸν εἰ ζῴων ἐχρησάμεθα σαρξὶ

DE CARNIUM ESU ORATIO
PRIOR.

I. Enimvero tu quæris, qua ratione inductus Pythagoras
esu carnium abstinuerit : at ego miror quomodo affectus,
quo animo, qua ratione impulsus homo ille fuerit, qui primus ore suo tangere cadaver, et mortui animalis carnes
gustare aggressus, mortuorum corporum ac spectrorum
mensas proposuit, ac pro obsonio et lautitiis habuit membra, quæ modo mugiebant, vocem edebant, movebantur et
videbant : (2) quomodo oculi sustinuere conspectum cædis, quum animal jugularetur, pelle spoliaretur, in frusta
secaretur; quomodo odorem nares tulerunt; qui gustatum
non avertit inquinatio, aliena tangentem ulcera, letalium-
que vulnerum succos et saniem haurientem. (3) Figmen-
tum est hoc et fabula :

  Vellera repebant : carnes verubus quoque in ipsis
    mugitum edebant assæ, crudæque boabant.

Atqui cœna hæc vere est monstrosa, esurire aliquem adhuc
mugientia animalia, et docere iis vesci, quæ vivunt adhuc,
et vocem edunt, ac disponere condiendi, assandi, apponen-
dique modos. Is quærendus fuit, qui primus ista cœpis-
set, non qui sero tandem ab iis destitisset.

II. Enimvero in primis istis, qui carnibus vesci sunt aggressi, omnem fortasse culpam in inopiam aliquis rejecerit :
non enim cupiditatibus injustis innutriti, et inter copiam
omnium rerum necessariarum libidine elati ad voluptates,
quæ a natura et societate animantium essent alienæ, pro-
vecti eo se contulerunt. (2) Quibus si in præsentia sensus
et sermo daretur, haud dubie sic nos compellarent : « O
beati, qui hodie vivitis, et diis cari, quale vobis contigit
ævum, qui omnium bonorum abundantia sorte oblata per-
fruimini ! quam multa vobis nascuntur ! quam locuples vobis
vindemia ! quantum e campis divitiarum, quantas e stirpibus voluptates percipitis ! ita quidem ut potiri illis et luxuriare vobis sine ulla pollutione detur. (3) Nos autem tristissima excepit et apprime terribilis ætas, quum in immensam
atque difficillimam primi ortus incidissemus inopiam. Adhuc cœlum occultabat aer ac stellas, turbido et penetratu
difficili humore confusas, igneque et ventorum æstibus :
(4) nondum suo loco sol fixus hæserat, nondum certum

           absque errore regebat
cursum, discernens occasus tempora et ortus;
nondum fructiferis calycum redimita coronis
hora reducta suis momentis : terra jacebat
fœda

fluminum incompositis eluviis : multa *paludibus informia*,
cœno alto, saltubus infrugiferis et silvis erant inculta. (5)
Imo ad producendos mites fructus, ad artem culturæ nullum
suppetebat instrumentum, nulla sapientiæ machina : neque
fames moram patiebatur, neque anniversarium tempus se-
mentis exspectabat, quippe quæ tum nulla erat. (6) Quid

παρὰ φύσιν, ὅτ' ἰλὺς ἠσθίετο καὶ φλοιὸς ἐβρώθη ξύλου, καὶ ἄγρωστιν εὑρεῖν βλαστάνουσαν, ἢ φλεώ τινὰ ῥίζαν, εὐτυχὲς ἦν· βαλάνου δὲ γευσάμενοι καὶ φαγόντες, ἐχόρευσαν ὑφ' ἡδονῆς περὶ δρῦν τινα καὶ φηγὸν, ζείδωρόν τε καὶ μητέρα καὶ τροφὸν ἀποκαλοῦντες· ἐκείνην (ἣν) ὁ τότε βίος ἑορτὴν ἔγνω, τὰ * δ' ἄλλα φλεγμονῆς ἦν ἅπαντα μεστὰ καὶ στυγνότητος. (7) Ὑμᾶς δὲ τοὺς νῦν τίς λύσσα καὶ τίς οἶστρος ἄγει πρὸς μιαιφονίαν, οἷς τοσαῦτα περίεστι τῶν ἀναγκαίων; τί καταψεύδεσθε τῆς γῆς ὡς τρέφειν μὴ δυναμένης; τί τὴν θεσμοφόρον ἀσεβεῖτε Δήμητραν, καὶ τὸν ἡμερίδην καὶ μειλίχιον αἰσχύνετε Διόνυσον, ὡς οὐχ ἱκανὰ πρὸς τούτων λαμβάνοντες; (8) οὐκ αἰδεῖσθε τοὺς ἡμέρους καρποὺς αἵματι καὶ φόνῳ μιγνύοντες; ἀλλὰ δράκοντας ἀγρίους καλεῖτε καὶ παρδάλεις καὶ λέοντας, αὐτοὶ δὲ μιαιφονεῖτε εἰς ὠμότητα καταλιπόντες ἐκείνοις οὐδέν· ἐκείνοις μὲν γὰρ ὁ φόνος τροφὴ, ὑμῖν δ' ὄψον ἐστίν. »

III. Οὐ γὰρ δὴ λέοντάς γ' ἀμυνόμενοι καὶ λύκους ἐσθίομεν, ἀλλὰ ταῦτα μὲν ἐῶμεν· τὰ δ' ἀβλαβῆ καὶ χειροήθη καὶ ἄκεντρα καὶ νωθὰ πρὸς τὸ δακεῖν συλλαμβάνοντες ἀποκτιννύομεν, ἃ νὴ Δία καὶ κάλλους ἕνεκα καὶ χάριτος ἡ φύσις ἔοικεν ἐξενεγκεῖν. [**] (2) Ὅμοιον ὡς εἴ τις τὸν Νεῖλον ὁρῶν πλημμυροῦντα καὶ τὴν χώραν ἐμπιπλῶντα γονίμου καὶ καρποφόρου ῥεύματος, μὴ τοῦτο θαυμάζοι τοῦ φερομένου τὸ φυτάλμιον καὶ εὔκαρπον τῶν ἡμερωτάτων καὶ βιωφελεστάτων καρπῶν, ἀλλ' ἰδών που καὶ κροκόδειλον ἐννηχόμενον, καὶ ἀσπίδα κατασυρομένην, καὶ μύας, ἄγρια ζῷα καὶ μιαρὰ, ταύτας λέγοι τὰς αἰτίας τῆς μέμψεως καὶ τῆς τοῦ πράγματος ἀνάγκης· (3) ἢ νὴ Δία τὴν γῆν ταύτην καὶ τὴν ἄρουραν ἀποβλέψας ἐμπεπλησμένην ἡμέρων καρπῶν καὶ βρίθουσαν ἀσταχύων, ἔπειτα ὑποβλέψας [που] τοῖς ληΐοις τούτοις, καί που τινὸς αἴρας στάχυν ἰδὼν καὶ ὀριβάκιν, εἶτ' ἀφεὶς ἐκεῖνα καρποῦσθαι καὶ ληΐζεσθαι, μέμψοιτο περὶ τούτων. (4) Τοιοῦτόν τι, καὶ λόγον ῥήτορος ὁρῶν ἐν δίκῃ τινὶ καὶ συνηγορίᾳ πληθύοντα καὶ φερόμενον ἐπὶ βοηθείᾳ κινδύνων, ἢ νὴ Δία ἐλέγχῳ καὶ κατηγορίᾳ τολμημάτων καὶ ἀποδείξεων, ῥέοντα δὲ καὶ φερόμενον οὐχ ἁπλῶς οὐδὲ λιτῶς, ἀλλ' ὁμοῦ πάθεσι πολλοῖς, μᾶλλον δὲ παντοδαποῖς, εἰς ψυχὰς ὁμοίως πολλὰς καὶ ποικίλας καὶ διαφόρους τῶν ἀκροωμένων ἢ τῶν δικαζόντων, ἃς δεῖ τρέψαι καὶ μεταβαλεῖν, ἢ [νὴ Δία] πραῧναι καὶ ἡμερῶσαι καὶ καταστῆσαι· εἶτα παρεὶς τοῦτο τοῦ πράγματος, ὁρᾶν καὶ μετρεῖν τὸ φύλαιον καὶ ἀγώνισμα, παραρρήσεις [δ'] ἐκλέγων, ἃς κατιὼν ὁ λόγος συγκατήνεγκε τῇ ῥύμῃ τῆς φορᾶς, συμπεσοῦσαν καὶ παρολισθοῦσαν τῷ λοιπῷ τοῦ λόγου καὶ δημηγόρου τινὸς ὁρῶν [**]

IV. Ἀλλ' οὐδὲν ἡμᾶς δυσωπεῖ, οὐ χρόας ἀνθηρὸν εἶδος, οὐ φωνῆς ἐμμελοῦς πιθανότης, οὐ πανουργία ψυχῆς, οὐ τὸ καθάριον ἐν διαίτῃ καὶ περιττὸν ἐν συνέσει τῶν ἀθλίων, ἀλλὰ σαρκιδίου μικροῦ χάριν ἀφαιρούμεθα ψυχῆς ἥλιον, φῶς, τὸν τοῦ βίου χρόνον, ἐφ' ᾧ γέγονε καὶ πέφυκεν. (2) Εἶτα ἃς φθέγγεται καὶ διέτρισε φωνὰς ἀνάρθρους εἶναι δοκοῦμεν, οὐ παραιτήσεις καὶ

ergo mirum, si animalium carnibus usi sumus præter naturam eo tempore, quo cœnum edebatur, et cortex vorabatur ligni, et gramen invenire virens, aut radicem herbæ palustris fortunatum putabatur : qui vero glandem gustassent atque comedissent, præ voluptate choros circa quercum aliquam aut fagum duxerunt, *vitæ datricem* eam, *matrem, nutricemque* appellantes : hanc enim ejus sæculi festivitatem unicam noverant homines, reliqua omnia perturbationis ac tristitiæ plena erant. (7) Vos autem qui hodie vivitis, quæ rabies, qui œstrus agit ad cædes sceleratas, in tanta rerum necessariarum abundantia? cur terram mendacio gravatis, tanquam alere vos nequeat? cur Legiferam Cererem impie offenditis, cur Mansuetum et Comem hac contumelia afficitis Bacchum, ut non satis vos ab illis accipere præ vobis geratis? (8) Non pudet mites fructus cum sanguine et cæde miscere? Dracones, pantheras, leones dum sævitiæ accusatis, ipsi interim improbis cædibus eorum feritati nihil ceditis; quippe illis cæsa animalia alimentum, vobis obsonium sunt. »

III. Non enim leones et lupos, eorum ulti injurias, voramus : sed his omissis, innocua, mansueta, et stimulis dentibusque ad lædendum carentia interficimus : quæ mehercle pulchritudinis venustatisque gratia videtur natura produxisse. * * (2) Ac perinde facimus, ac si quis exundantem cernens Nilum, a quo terra impleatur genitabili ac frugifero fluore, non admiretur ejus vim fœcundam mitissimarum ac vitæ utilissimarum frugum : sed sicubi crocodilum innatare, aut aspidem devolvi, muresque videat, fera et impura genera ; has vituperationis necessariæ causas proferat. (3) Aut si quis solum hoc telluremque cernens mansuetis frugibus refertam, fœtamque spicis, dispiciens deinde in segete ista lolii aristam aut orobanches, frugum omissa lectione, istæc incuset. (4) Simili modo, și quis orationem rhetoris in judicio ac patrocinio sentiat copiose ferri ad depulsionem periculi, aut demonstrationem et coargutionem facinorum, quæ non simpliciter, neque tenuiter incitata fluat, sed multis simul motibus variorum, imo omnigenûm animorum instructa, et ingeniorum, quæ diversis sunt auditoribus judicibusve, aut excitandis aut mutandis, aut etiam placandis atque sedandis : omissis istis omnibus, neque reputans aut metiens operam impensam atque contentionis magnitudinem, aliqua vocabula non recte prolata excerpat, quæ inter orationis impetum elapsa sunt : eoque nomine oratorem ipsum vituperet? * *

IV. Sed nihil nobis verecundiam incutit, non color floribus certans, non vocis concinna suavitas, non animæ solertia, non puritas in victu, non summa prudentia miserorum animalium : exiguæ carunculæ gratia spoliamus illorum animas sole, luce et vitæ tempore iis dum nascerentur destinato. (2) Deinde quas emittunt ea voces, putamus indistinctas esse, non deprecationes singulorum, non obtestatio-

δεήσεις καὶ δικαιολογίας ἑκάστου, λέγοντος, Οὐ παραι-
τοῦμαί σου τὴν ἀνάγκην, ἀλλὰ τὴν ὕβριν· ἵνα φάγῃς,
ἀπόκτεινον· ἵνα δὲ ἥδιον φάγῃς, μή με ἀναίρει. (3) Ὦ
τῆς ὠμότητος· δεινὸν μέν ἐστι καὶ τιθεμένην ἰδεῖν τράπεζαν ἀνθρώπων πλουσίων νεκροκόσμοις χρωμένων μα-
γείροις καὶ ὀψοποιοῖς· δεινότερον δ' ἀποκομιζομένην·
πλείονα γὰρ τὰ λειπόμενα τῶν βεβρωμένων ἐστίν· οὐκοῦν
ταῦτα μάτην ἀπέθανεν· ἕτεροι δὲ φειδόμενοι τῶν παρατεθέντων, οὐκ ἐῶσι τέμνειν οὐδὲ κατακόπτειν, [νεκρῶν]
παραιτούμενοι κρέα, ζώντων δ' οὐκ ἐφείσαντο.

V. Ἀλλ' ἅ γε παρειλήφαμεν ἐκείνους λέγειν τοὺς
ἄνδρας, ἀρχὴν ἔχειν τὴν φύσιν· ὅτι γὰρ οὐκ ἔστιν ἀνθρώπῳ κατὰ φύσιν τὸ σαρκοφαγεῖν, πρῶτον μὲν ἀπὸ
τῶν σωμάτων δηλοῦται τῆς κατασκευῆς. (2) Οὐδενὶ
γὰρ ἔοικε τὸ ἀνθρώπου σῶμα τῶν ἐπὶ σαρκοφαγίᾳ γεγονότων, οὐ γρυπότης χείλους, * οὐκ ὀξύτης ὄνυχος, οὐ
τραχύτης ὀδόντων πρόσεστιν, οὐ κοιλίας εὐτονία καὶ
πνεύματος θερμότης, τρέψαι καὶ κατεργάσασθαι δυνατὴ
τὸ βαρὺ καὶ κρεῶδες· (3) ἀλλ' αὐτόθεν ἡ φύσις τῇ
λειότητι τῶν ὀδόντων, καὶ τῇ σμικρότητι τοῦ στόματος,
καὶ τῇ μαλακότητι τῆς γλώσσης, καὶ τῇ πρὸς πέψιν
ἀμβλύτητι τοῦ πνεύματος, ἐξόμνυται τὴν σαρκοφαγίαν.
(5) Εἰ δὲ λέγεις, πεφυκέναι σεαυτὸν ἐπὶ τοιαύτην ἐδω-
δήν, ὃ βούλει φαγεῖν, πρῶτος αὐτὸς ἀπόκτεινον· ἀλλ'
αὐτὸς διὰ σεαυτοῦ, μὴ χρησάμενος κοπίδι, μηδὲ τυμ-
πάνῳ τινί, μηδὲ πελέκει· ἀλλά, ὡς λύκοι καὶ λέοντες
αὐτοὶ ὅσα ἐσθίουσι φονεύουσιν, ἄνελε δήγματι βοῦν, ἢ
στόματι σῦν, ἢ ἄρνα ἢ λαγωὸν διάρρηξον, καὶ φάγε
προσπεσὼν ἔτι ζῶντος, ὡς ἐκεῖνα. (5) Εἰ δ' ἀναμένεις
νεκρὸν γενέσθαι τὸ αἰσθόμενον, καὶ δυσωπεῖ σε παροῦσα ψυχὴ ἀπολαύειν τῆς σαρκός, τί παρὰ φύσιν ἐσθίεις
τὸ ἔμψυχον; ἀλλὰ οὐδ' ἄψυχον ἄν τις φάγοι καὶ νεκρὸν,
οἷόν ἐστιν, ἀλλὰ ἕψουσιν, ὀπτῶσι, μεταβάλλουσι διὰ
πυρὸς καὶ φαρμάκων, ἀλλοιοῦντες καὶ τρέποντες καὶ
σβεννύοντες ἡδύσμασι μυρίοις τὸν φόνον, ἵνα ἡ γεῦσις
ἐξαπατηθεῖσα προσδέξηται τὸ ἀλλότριον. (6) Καίτοι
χαρίεν γε τὸ τοῦ Λάκωνος, ὃς ἰχθύδιον ἐν πανδοκείῳ
πριάμενος, τῷ πανδοκεῖ σκευάσαι παρέδωκεν· αἰτοῦν-
τος δ' ἐκείνου τυρὸν καὶ ὄξος καὶ ἔλαιον, Ἀλλ' εἰ ταῦτ'
εἶχον, εἶπεν, οὐκ ἂν ἰχθὺν ἐπριάμην. (7) Ἡμεῖς δὲ
οὕτως ἐν τῷ μιαιφόνῳ τρυφῶμεν, ὥστ' ὄψον τὸ κρέας
προσαγορεύομεν, εἶτ' ὄψων πρὸς αὐτὸ τὸ κρέας δεόμεθα,
ἀναμιγνύντες ἔλαιον, οἶνον, μέλι, γάρον, ὄξος, ἡδύσμασι
Συριακοῖς, Ἀραβικοῖς, ὥσπερ ὄντως νεκρὸν ἐνταφιάζον-
τες. (8) Καὶ γὰρ οὕτως αὐτῶν διαλυθέντων καὶ μαλα-
χθέντων καὶ τρόπον τινὰ κρεοσαπέντων ἔργον ἐστὶ τὴν
πέψιν κρατῆσαι· καὶ διακρατηθείσης δὲ δεινὰς βαρύτητας ἐμποιεῖ καὶ νοσώδεις ἀπεψίας.

VI. Διογένης δ' ὠμὸν φαγεῖν πολύπουν ἐτόλμησεν,
ἵνα τὴν διὰ τοῦ πυρὸς ἐκβάλῃ κατεργασίαν· τῶν δ'
ἱερέων καὶ πολλῶν περιεστώτων αὐτὸν ἀνθρώπων, ἐγ-
καλυψάμενος τῷ τρίβωνι καὶ τῷ στόματι προσφέρων
τὸ κρέας, Ὑπὲρ ὑμῶν, φησίν, ἐγὼ παραβάλλομαι καὶ
προκινδυνεύω. (2) Καλόν, ὦ Ζεῦ, κίνδυνον· οὐ γὰρ.

nes, quovis eorum dicente : « Non deprecor, si necessitas te
cogit; injuriam deprecor : interfice ut cibum habeas; noli
interficere ut suavius edas. » (3) Proh crudelitatem! Atrox
quidem est res, videre appositam homini diviti mensam,
qui coquis utatur et obsoniorum conditoribus eodem modo
quo pollinctoribus : atrocior, videre sublatam; plura enim
reliqua sunt, quam quæ sunt vorata : ergo reliqua frustra
sunt interfecta! Alii appositis abstinent, nec sinunt scindi
et dividi, mortuorum carnem recusantes, quum non peper-
cerint vivis.

V. Verum ad illa quod attinet quæ accepimus istos homines dicere, esum carnium habere a natura initium : non
habere a natura hominem ut carnes edat, primum ipsa corporis humani demonstrat constitutio. (2) Nulli enim ex
carnivoris comparari potest corpus hominis : non oris uncus,
non unguis acumen adest, non dentium asperitas, non ventris robur, non calor spiritus, quo subigere et mutare possit
carneam molem. (3) Sed primo aspectu naturam ipsa
dentium lævitate, oris exiguitate, linguæ mollitie, et spiritus ad concoctionem imbecillitate, esum carnium ejurasse
apparet. (4) Quodsi contendis te natum esse ad hoc cibi
genus sumendum, primus id quod vis edere, ipse interfice,
idque tua solius opera, non secespita utens, non malleo,
non securi : sed sicut lupi, ursi et leones ipsi necant quæ
vorare volunt, ita tu morsu bovem, aut ore suem neca,
ovemque aut leporem diripe et irruens in vivum etiamnum
vora, sicut istæ feræ. (5) Sin exspectas dum moriatur id
quod sentit, vererisque præsentem animam e carne expellere; cur contra naturam edis id quod anima est præditum?
Imo vel mortuum animal et anima cassum nemo ita edit
sicut est : elixant, assant, ignis et condimentorum ope mutant, cædemque medicamentis innumeris amoliuntur, ut
gustatus deceptus alienum alimentum admittat. (6) Et vero
scitum est illud Laconis, qui quum in caupona emisset pisciculum, idque cauponi coquendum tradidisset, atque hic
ab eo caseum et acetum oleumque postularet, *Quid*, inquit, *an si istæc haberem, piscem emissem?* (7) Nos
autem ita flagitiose inter cædes istas luxuriamur, ut carnem
obsonii nomine dignemur, deinde obsoniis indigeamus ad
ipsam condiendam carnem, admiscentes oleum, mel, vinum,
garum, acetum, aromata Syriaca et Arabica, haud aliter ac
si revera cadaver humi condendum condiremus. (8) Etenim carnes, quas edimus, hoc modo diffluentes, emollitas,
ac quodammodo putrefactas difficile est a concoctione subigi :
quin etiam superatæ vi concoctionis carnes, cruditates tamen
molestas et morbiferas gignunt.

VI. Diogenes vero crudum polypum vorare sustinuit, ut
amoliretur confectionem, qua ignis obsonia conficit : et sacerdotibus [?] multisque aliis circumstantibus, caput pallio
velans, polypumque ori admovens, *Pro vobis*, inquit, *ego
me periculo objicio.* (2) Præclarum, mehercle, periculum! scilicet ut Pelopidas pro Thebanorum, Harmodius et

ὡς Πελοπίδας ὑπὲρ τῆς Θηβῶν ἐλευθερίας, [ἢ] ὡς Ἁρμόδιος καὶ Ἀριστογείτων [τῆς] Ἀθηναίων, προεκινδύνευσεν ὁ φιλόσοφος ὠμῷ πολύποδι διαμαχόμενος, ἵνα τὸν βίον ἀποθηριώσῃ; (3) Οὐ τοίνυν μόνον αἱ κρεωφαγίαι τοῖς σώμασι γίνονται παρὰ φύσιν, ἀλλὰ καὶ τὰς ψυχὰς ὑπὸ πλησμονῆς καὶ κόρου παχύνουσιν· « οἶνος γὰρ καὶ σαρκῶν ἐμφορήσιες σῶμα μὲν ἰσχυρὸν ποιέουσι καὶ ῥωμαλέον, ψυχὴν δὲ ἀσθενέα. » (4) Καὶ ἵνα μὴ τοῖς ἀθληταῖς ἀπεχθάνωμαι, συγγενέσι χρώμενος παραδείγμασι· τοὺς γὰρ Βοιωτοὺς ἡμᾶς οἱ Ἀττικοὶ καὶ παχεῖς καὶ ἀναισθήτους καὶ ἠλιθίους, μάλιστα διὰ τὰς ἀδηφαγίας προσηγόρευον· « Οὗτοι δ' αὖ συ [**]· καὶ ὁ Μένανδρος, « Οἳ γνάθους ἔχουσι » καὶ ὁ Πίνδαρος· « Γνῶναί τ' ἔπειτα [**] αὐγὴ ξηρὴ ψυχὴ σοφωτάτη, » κατὰ τὸν Ἡράκλειτον, ἔοικεν. (5) Οἱ πίθοι κρουσθέντες ἠχοῦσι, γενόμενοι δὲ πλήρεις, οὐχ ὑπακούουσι ταῖς πληγαῖς· τῶν χαλκωμάτων τὰ λεπτὰ τοὺς ψόφους ἐν κύκλῳ διαδίδωσιν, ἄχρις οὗ ἐμφράξῃ καὶ τυφλώσῃ [τις] τῇ χειρὶ τῆς πληγῆς περιφερομένης ἐπιλαμβανόμενος· ὀφθαλμὸς ὑγροῦ πλεονάσαντος ἀναπλησθεὶς, μαραυγεῖ καὶ ἀτονεῖ πρὸς τὸ οἰκεῖον ἔργον· τὸν ἥλιον δι' ἀέρος ὑγροῦ καὶ πλήθους ἀναθυμιάσεων ἀπέπτων ἀθρήσαντες, οὐ καθαρὸν οὐδὲ λαμπρὸν, ἀλλὰ βύθιον καὶ ἀγλυώδη καὶ ὀλισθαίνοντα ταῖς αὐγαῖς ὁρῶμεν. (6) Οὕτω δὴ καὶ διὰ σώματος θολεροῦ καὶ διακόρου * καὶ βαρυνομένου τροφαῖς ἀσυμφύλοις, πᾶσα ἀνάγκη τὸ γάνωμα τῆς ψυχῆς καὶ τὸ φέγγος ἀμβλύτητα καὶ σύγχυσιν ἔχειν, καὶ πλανᾶσθαι καὶ φέρεσθαι, πρὸς τὰ λεπτὰ καὶ δυσθεώρητα τέλη τῶν πραγμάτων αὐγὴν καὶ τόνον οὐκ ἐχούσης.

VII. Χωρὶς δὲ τούτων ὁ πρὸς φιλανθρωπίαν ἐθισμὸς οὐ δοκεῖ θαυμαστὸν εἶναι; τίς γὰρ ἂν ἀδικήσειεν ἄνθρωπον, οὕτω πρὸς ἀλλότρια (κακὰ) καὶ ἀσύμφυλα διακείμενος καὶ πράως καὶ φιλανθρώπως; (2) Ἐμνήσθην δὲ τρίτην ἡμέραν διαλεγόμενος (τὸ) τοῦ Ξενοκράτους, καὶ ὅτι Ἀθηναῖοι τῷ ζῶντα τὸν κριὸν ἐκδείραντι δίκην ἐπέθηκαν· οὐκ ἔστι δέ, οἶμαι, χείρων ὁ ζῶντα βασανίζων τοῦ παραιρουμένου τὸ ζῆν καὶ φονεύοντος· Ἀλλὰ μᾶλλον, ὡς ἔοικε, τῶν παρὰ συνήθειαν ἢ τῶν παρὰ φύσιν αἰσθανόμεθα. (3) Καὶ ταῦτα μὲν ἐκεῖ κοινότερον ἔλεγον· τὴν δὲ μεγάλην καὶ μυστηριώδη καὶ ἄπιστον ἀνδράσι δειλοῖς, ἧ φησὶν ὁ Πλάτων, καὶ θνητὰ φρονοῦσιν, ἀρχὴν τοῦ δόγματος, ὀκνῶ μὲν ἔτι τῷ λόγῳ κινεῖν, ὥσπερ ναῦν ἐν χειμῶνι ναύκληρος, ἢ μηχανὴν αἴρει ποιητικὸς ἀνὴρ ἐν θεάτρῳ σκηνῆς περιφερομένης. (4) Οὐ χεῖρον δ' ἴσως προανακρούσασθαι καὶ προαναφωνῆσαι τὰ τοῦ Ἐμπεδοκλέους· [**] ἀλληγορεῖ γὰρ ἐνταῦθα τὰς ψυχὰς, ὅτι φόνων καὶ βρώσεως σαρκῶν καὶ ἀλληλοφαγίας δίκην τίνουσαι σώμασι θνητοῖς ἐνδέδενται. (5) Καίτοι δοκεῖ παλαιότερος οὗτος ὁ λόγος εἶναι· τὰ γὰρ δὴ περὶ τὸν Διόνυσον μεμυθευμένα πάθη τοῦ διαμελισμοῦ, καὶ τὰ Τιτάνων ἐπ' αὐτὸν τολμήματα, γευσαμένων (τε) τοῦ φόνου, κολάσεις τε τούτων καὶ κεραυνώσεις, ἀνηγμένος ἐστὶ μῦθος

Aristogiton pro Atheniensium libertate, ita philosophus adversus crudum polypum decertavit, ut vitam humanam efferaret! (3) Porro carnis esus non modo præter naturam corporibus nostris accidunt, sed satietatem etiam crassitiemque ingenerant: *Vinum* enim *et carnium esus, corpus quidem robustum validumque faciunt, animos autem hebetant.* (4) Ac ne athletas adducendo offendam, cognatis usus exemplis dicam: Attici Bœotos nos crassos, stupidos, stolidos maxime ob voracitatem appellaverunt. [Cratinus de iis dicit:] *Hi sunt sui*[*bœoticum genus virorum*]; et Menander de iisdem: *Qui mandibulas habent;* et Pindarus: *Nosces deinde* [*vetus opprobrium an vere fugiamus, Bœotiam suem.*] Secundum Heraclitum *anima sicca esse optima atque sapientissima videtur.* (5) Id quoque constat, vasa vacua quum pulsantur sonitum reddere, impleta obmutescere: ænea vasa tenuia icta vocem in orbem didunt, donec quis injecta manu obturet atque inhibeat: oculus etiam humore occupatus abundante hebescit, et officium suum facere nequit. Solem per aerem humidum, vaporumque multitudinem crudorum intuentes, non purum aut splendidum, sed obscurum et caliginosum dubioque lumine conspicimus. (6) Ita profecto etiam in corpore repleto et turbido, alienisque cibis gravato omnino necesse est splendorem animi lucemque retundi, atque conturbari vagarique, quum ad cernendos minutos ac perceptu difficiles rerum fines nihil ei sit acuminis atque virium.

VII. Præterea vero, quis non maximi faciat assuefactionem ad humanitatem? quis enim ita benigne et humaniter affectus animo ad aliena et non cognata sibi, hominem lædat? (2) Nudiustertius disserens, mentionem feci Xenocratis: et commemoravi, Athenienses pœnam ab eo exegisse, qui vivo arieti pellem detraxerat. Non est autem, puto, vivum torquens deterior eo qui vitam aufert et interficit. Sed nimirum magis ea sentimus quæ consuetudini, quam quæ naturæ repugnant. (3) Hæc quidem tum generalius et ex plurimorum captu disputabam: initium autem nostræ sententiæ, magnum illud et sacri mysterii germanum, *ignavisque hominibus*, ut ait Plato, *et mortalia sapientibus* incredibile, etiamnum equidem vix audeo verbis attingere; tanquam quum navim in tempestate gubernator torquet, aut in theatro scena circumagitata, machinam tollit poeta. (4) Tamen nihil obstat quominus Empedocleam sententiam procemii loco præcinam. ** Quod enim nostræ animæ mortalibus corporibus sunt illigatæ, id hic ita interpretatur, quod pœnas eæ cædium et esus carnium pendant. (5) Quanquam hæc quidem sententia videtur esse antiquior. Quæ enim fabulæ feruntur de Baccho membratim discerpto, et quæ adversus eum conati sint Titanes, utque gustaverint cæsi cadaver, punitique et fulminibus icti perierint, sermo est qui ad novos refertur natales secundumque or-

εἰς τὴν παλιγγενεσίαν· (6) τὸ γὰρ ἐν ἡμῖν ἄλογον καὶ ἄτακτον καὶ βίαιον, οὐ θεῖον, ἀλλὰ δαιμονικὸν, οἱ παλαιοὶ Τιτᾶνας ὠνόμασαν, καὶ τοῦτό ἐστι κολαζομένου καὶ δίκην διδόντος.

ΠΕΡΙ ΣΑΡΚΟΦΑΓΙΑΣ

ΛΟΓΟΣ Β′.

I. Ἐπὶ τὰ ἕωλα τῆς σαρκοφαγίας προσφάτους ἡμᾶς ὁ λόγος παρακαλεῖ ταῖς τε διανοίαις καὶ ταῖς προθυμίαις γενέσθαι. Χαλεπὸν μὲν γὰρ, ὥσπερ ὁ Κάτων ἔφησε, λέγειν πρὸς γαστέρας ὦτα μὴ ἐχούσας· καὶ πέποται ὁ τῆς συνηθείας κυκεών, ὥσπερ ὁ τῆς Κίρκης

ὠδίνων ὀδύνας κυκεὼν ἀπάτας τε γόους τε·

καὶ τὸ ἄγκιστρον ἐκβάλλειν τῆς σαρκοφαγίας ὡς ἐμπεπλεγμένον τῇ φιληδονίᾳ καὶ διαπεπαρμένον, οὐ ῥᾴδιόν ἐστιν. (2) Ἐπεὶ καλῶς εἶχεν, ὥσπερ Αἰγύπτιοι τῶν νεκρῶν τὴν κοιλίαν ἐξελόντες καὶ πρὸς τὸν ἥλιον ἀνασχίζοντες ἐκβάλλουσιν, ὡς αἰτίαν ἁπάντων οὖσαν ὁ ἄνθρωπος ἥμαρτεν, οὕτως ἡμᾶς ἑαυτῶν τὴν γαστριμαργίαν καὶ μιαιφονίαν ἐκτέμνοντας, ἁγνεῦσαι τὸν λοιπὸν βίον· ἐπεὶ ἥ γε γαστὴρ οὐ μιαιφόνον ἐστὶν, ἀλλὰ μιαινόμενον ἀπὸ τῆς ἀκρασίας. (3) Οὐ μὴν ἀλλ' εἰ καὶ ἀδύνατον διὰ τὴν συνήθειαν τὸ ἀναμάρτητον, αἰσχυνόμενοι τῷ ἁμαρτάνοντι χρησόμεθα διὰ τὸν λόγον, ἐδόμεθα σάρκας, ἀλλὰ πεινῶντες, οὐ τρυφῶντες· ἀναιρήσωμεν ζῷον, ἀλλ' οἰκτείροντες καὶ ἀλγοῦντες, οὐχ ὑβρίζοντες οὐδὲ βασανίζοντες· (4) οἷα νῦν πολλὰ δρῶσιν, οἱ μὲν εἰς σφαγὴν ὑῶν ὠθοῦντες * ὀβελοὺς διαπύρους, ἵνα τῇ βαφῇ τοῦ σιδήρου περισβεννύμενον τὸ αἷμα καὶ διαχεόμενον, τὴν σάρκα θρύψῃ καὶ μαλάξῃ· (5) οἱ δ' οὔθασι συῶν ἐπιτόκων ἐναλλόμενοι καὶ λακτίζοντες, ἵνα αἷμα καὶ γάλα καὶ λύθρον ἐμβρύων ὁμοῦ συμφθαρέντων ἐν ὠδῖσιν ἀναδεύσαντες, ὦ Ζεῦ καθάρσιε, φάγωσι τοῦ ζῴου τὸ μάλιστα φλεγμαῖνον· (6) ἄλλοι γεράνων ὄμματα καὶ κύκνων ἀποῤῥάψαντες καὶ ἀποκλείσαντες ἐν σκότει πιαίνουσιν, ἀλλοκότοις μίγμασι καὶ καρυκείαις τισὶν αὐτῶν τὴν σάρκα ὀψοποιοῦντες.

II. Ἐξ ὧν καὶ μάλιστα δῆλόν ἐστιν, ὡς οὐ διὰ τροφὴν οὐδὲ χρείαν, οὐδ' ἀναγκαίως, ἀλλ' ὑπὸ κόρου καὶ ὕβρεως καὶ πολυτελείας, ἡδονὴν πεποίηνται τὴν ἀνομίαν· εἶτα ὥσπερ ἐν γυναιξὶν ἡδονῆς κόρον οὐκ ἐχούσης, ἀποπειρώμενος πάντα καὶ πλανώμενος ἀκολασταίνων [ὁ ἔρως] ἐξέπεσεν εἰς τὰ ἄῤῥητα· οὕτως αἱ περὶ τὴν ἐδωδὴν ἀκρασίαι τὸ φυσικὸν παρελθοῦσαι καὶ ἀναγκαῖον τέλος, ἐν ὠμότητι καὶ παρανομίᾳ ποικίλλουσι τὴν ὄρεξιν. (2) Συννοσεῖ γὰρ ἀλλήλοις τὰ αἰσθητήρια καὶ συναναπείθεται καὶ συνακολασταίνει μὴ κρατοῦντα τῶν φυσικῶν μέτρων. (3) Οὕτως ἀκοὴ νο-

---

tum. (6) Brutam enim in nobis animæ facultatem, incompositam eam et violentam, non divinam, sed a genio profectam, veteres Titanas appellaverunt, id est pœnam dantes. [*Deest finis.*]

DE CARNIUM ESU ORATIO

POSTERIOR.

1. Ratio nos hortatur, ut recentibus alacribusque cogitationibus ad disputationem de carnium esu pridianam revertamur. Est vero, ut aiebat Cato, difficile verba facere ad ventres auribus carentes: haustusque est a plerisque consuetudinis ille e variis mixtus ac confusus potus, Circæi cyceonis instar pariens

Fraudes, et gemitus, cruciatus, atque dolores:

neque facile hamus eximi potest esus carnium, voluptatis cupiditati implicatus et infixus. (2) Alioqui conveniebat, ut quo more hominis mortui ventrem exsecant Ægyptii, atque adverso sole conscissum abjiciunt, eum significantes fuisse causam omnium quæ in vita peccavit homo: ita nos, gulæ cædisque studio evulso, reliquum vitæ tempus caste exigere: quando ipse venter non ad cædes impellit, sed intemperantiæ nostræ culpâ iis polluitur. (3) Verumtamen si fieri nequit ut plane vitemus esum carnium, et consuetudo nos impedit quominus a peccato abstineamus, pudore ducti, saltem cum ratione peccemus: edamus, inquam, carnes, sed fame, non luxuria, impulsi: interficiamus animal, sed miserantes et dolentes, non insultantes et excruciantes: (4) qualia nunc multi multa perpetrant: alii verua ignita porcorum jugulis intrudunt, ut ferri tinctura sanguis exstinctus atque diffusus carnem molliat delicatamque reddat: (5) alii uberibus suum fœtarum instante jam partu insiliunt eaque calcant, ut sanguinem et lac et tabum fœtus simul interfecti inter matris dolores subigentes, proh Piacularis Juppiter! maxime inflammatam animalis pârtem vorent: (6) alii grues et olores oculis consutis inclusos in tenebris saginant, alienis temperamentis atque condimentis gustum novum obsonio suo conciliantes.

II. Unde apprime manifestum fit, non alimenti aut usus necessitatisve gratia, sed ob satietatem, luxum et prodigalitatem nefas hoc ad voluptatem parandam fuisse conversum. Proinde sicut libidinem in mulieribus suis non explentes, omnia tentando et incestis cupiditatibus vagando tandem ad infanda prolabuntur: sic circa nutrimentum intemperantia naturalem et necessarium transgressa finem, crudelitate ac flagitio cupiditatem variat. (2) Etenim sensus contagio quodam vitiantur, unusque alterius vitio et libidini socium et obsequentem se præbet, ubi modum a natura præscriptum excedunt. (3) Sic auditus vitio la-

σήσασα μουσικὴν διέφθειρεν, ἀφ' ἧς τὸ θρυπτόμενον καὶ θηλυνόμενον αἰσχρὰς ποθεῖ ψηλαφήσεις καὶ γυναικώδεις γαργαλισμούς. (4) Ταῦτα τὴν ὄψιν ἐδίδαξε μὴ πυῤῥίχαις χαίρειν, μηδὲ χειρονομίαις, μηδ' ὀργήμασι γλαφυροῖς, μηδ' ἀγάλμασι καὶ γραφαῖς, ἀλλὰ φόνον καὶ θάνατον ἀνθρώπων, καὶ τραύματα καὶ μάχας θέαμα ποιεῖσθαι πολυτελέστατον. (5) Οὕτως ἕπονται παρανόμοις τραπέζαις συνουσίαι ἀκρατεῖς, ἀφροδισίοις αἰσχροῖς ἀκροάσεις ἄμουσοι, μέλεσι καὶ ἀκούσμασιν ἀναισχύντοις θέατρα ἔκφυλα, θεάμασιν ἀνημέροις ἀπάθεια πρὸς ἀνθρώπους καὶ ὠμότης. (6) Διὰ τοῦτο [διέταττεν] ὁ θεῖος Λυκοῦργος ἐν ταῖς τρισὶ ῥήτραις τὸ ἀπὸ πρίονος καὶ πελέκεως γίνεσθαι τὰ θυρώματα τῶν οἰκιῶν καὶ τὰς ἐρέψεις, ἄλλο δ' ὄργανον μηδὲν προσφέρεσθαι· οὐ πολεμῶν δήπου τερέτροις καὶ σκεπάρνοις, καὶ ὅσα λεπτουργεῖν πέφυκεν, ἀλλ' εἰδὼς ὅτι διὰ τοιούτων ἔργων οὐκ εἰσοίσεις κλινίδιον ἐπίχρυσον, οὐδὲ τολμήσεις εἰς οἰκίαν λιτὴν ἀργυρᾶς εἰσενεγκεῖν τραπέζας, καὶ τάπιδας ἁλουργοὺς, καὶ λίθους πολυτελεῖς· ἀλλ' ἕπεται οἰκία καὶ κλίνη καὶ τράπεζα καὶ κύλιξ τοιαύτη δεῖπνον ἀφελὲς, καὶ ἄριστον δημοτικόν· ἀρχῇ δὲ μοχθηρᾶς διαίτης,

Ἄθηλος ἵππῳ πῶλος ὣς ἅμα τρέχει,
πᾶσα τρυφὴ καὶ πολυτέλεια.

II. Ποῖον οὖν οὐ πολυτελὲς δεῖπνον; εἰς ὃ οὐ θανατοῦταί τι ἔμψυχον. Μικρὸν ἀνάλωμα ἡγούμεθα ψυχήν; οὔπω λέγω, τάχα μητρὸς, ἢ πατρὸς, ἢ φίλου τινὸς, ἢ παιδὸς, ὡς ἔλεγεν Ἐμπεδοκλῆς· ἀλλ' αἰσθήσεώς γε μετέχουσαν, ὄψεως, ἀκοῆς, φαντασίας, συνέσεως, ἣν ἐπὶ κτήσει τοῦ οἰκείου καὶ φυγῇ τοῦ ἀλλοτρίου παρὰ τῆς φύσεως ἕκαστον εἴληχε. (2) Σκόπει δὲ, ἡμᾶς πότεροι βέλτιον ἐξημεροῦσι τῶν φιλοσόφων, οἱ καὶ τέκνα καὶ φίλους καὶ πατέρας καὶ γυναῖκας ἐσθίειν κελεύοντες (ὡς) ἀποθανόντας, ἢ Πυθαγόρας καὶ Ἐμπεδοκλῆς, ἐθίζοντες εἶναι καὶ πρὸς τὰ ἄλλα γένη δικαίους; (3) Σὺ μὲν καταγελᾷς τοῦ τὸ πρόβατον μὴ ἐσθίοντος· Ἀλλ' ἡμεῖς γε, φήσουσι, θεασάμενοι τοῦ πατρὸς τεθνηκότος ἢ τῆς μητρὸς ἀποτεμόντα μερίδας, καὶ τῶν φίλων ἀποπεμπόμενον τοῖς μὴ παροῦσι, τοὺς δὲ παρόντας καλοῦντα, καὶ παρατιθέντα τῶν σαρκῶν ἀφειδῶς, μή [τι] γελάσαιμεν; ἀλλὰ καὶ νῦν ἴσως ἁμαρτάνομεν, ὅταν ἁψώμεθα τῶν βιβλίων τούτων, μὴ καθαιρόμενοι χεῖρας καὶ ὄψεις [καὶ πόδας] καὶ ἀκοὰς, εἰ μὴ νὴ Δία ἐκείνων καθαρμός ἐστι, τὸ περὶ τούτων διαλέγεσθαι, * ποτίμῳ λόγῳ, ὥς φησι Πλάτων, ἁλμυρὰν ἀκοὴν ἀποκλυζομένους. (4) Εἰ δὲ θείη τις τὰ βιβλία παρ' ἄλληλα καὶ τοὺς λόγους, ἐκεῖνα μὲν Σκύθαις φιλοσοφεῖσθαι καὶ Σογδιανοῖς καὶ Μελαγχλαίνοις, περὶ ὧν Ἡρόδοτος ἱστορῶν ἀπιστεῖται· τὰ δὲ Πυθαγόρου καὶ Ἐμπεδοκλέους δόγματα νόμοι τῶν παλαιῶν ἦσαν Ἑλλήνων καὶ πυρεῖα καὶ δίαιται. [**] Ὅτι πρὸς τὰ ἄλογα ζῷα δίκαιον ἡμῖν οὐδέν ἐστι.

IV. Τίνες οὖν ὕστερον τοῦτο ἔγνωσαν;

borans musicam corrupit, ut molles quidam effeminatique modi turpes palpationes muliebresque titillationes requirant. (4) Ita visus didicit non pyrrhichio saltu gaudere, non gesticulationibus manuum, non saltationibus elegantibus videndis, non statuis et picturis; sed caedes et mortes hominum, vulneraque et pugnas spectaculum sumtuosissimum sibi parare. (5) Ita injustae mensae comitatur coitus intemperans, coitui turpi auditiones a musica alienae, cantibus et auditionibus impudentibus theatra absurda, spectaculis inhumanis immanitas et adversum homines crudelitas. (6) Itaque divinus ille Lycurgus in tribus suis legum tabulis, quas *rhetras* appellant, serra et securi solis januas domorum ac fastigia fabricari jussit, nullo alio instrumento adhibito: non profecto quod asciis, terebris aliisque ad subtile opus faciendum utilibus bellum indixisset; sed sciens te talibus aedificiis non illaturum lecticam auro ornatam, neque ausurum domui adeo exili mensas argenteas, purpureos tapetes, lapides pretiosos inferre: sed tali domui, culcitrae, mensae, calicique comitari coenam tenuem, prandiumque vulgare: initio vero pravae vivendi rationis succedere,

Lactens equam propter ceu pullus cursitat,
omnem luxuriam et profusionem.

III. Quae igitur non est sumtuosa coena? Illa ad quam nullum necatur animal. An parvum impendium videtur nobis anima? nondum dicam, fortasse patris, matris, filii aut amici anima, ut Empedocles: sed sensu, visu, auditu, vi imaginandi, intelligendique praedita? quam ad convenientium sibi rerum appetitum et consecutionem, alienarum fugam unumquodque animal a natura accepit. (2) Jam hoc considera, utri nos melius cicures humanosque faciant philosophorum: iine qui mortuos liberos, amicos, parentes, uxores a nobis manducari volunt: an Pythagoras et Empedocles, qui nos condocefaciunt etiam erga alius generis animalia justitiam exercere? (3) Tu quidem rides eum, qui ab ovis esu abstinet. Is tamen dicet: Quum vos videmus mortui patris aut matris portiones abscindere, amicisque eas absentibus mittere, praesentes vero invitare, carnesque illis larga manu apponere, an tum rideamus nos? imo nunc fortasse vel eo peccamus, quod libros istos attingimus, manibus, oculis et auribus non prius lustratis: nisi profecto haec ipsa lustratio est, quum de hisce disserentes *oratione dulci*, ut ait Plato, *salsum auditum proluimus*. (4) Tamen si quis librorum disputationumque instituat comparationem, deprehendet istorum philosophiam ad Scythas pertinere, Sogdianos et Melanchlaenos, de quibus scribenti Herodoto non habetur fides: Pythagorae autem et Empedoclis decreta, leges fuisse priscorum Graecorum, hosque eorum institutis in vita degenda stetisse. At, inquit, nihil nobis juris intercedit cum brutis animalibus.

IV. Qui ergo sunt, qui postea temporis decreverunt caedes animalium?

Οἵ πρῶτοι κακοεργὸν ἐχαλκεύσαντο μάχαιραν
εἰνοδίην, πρῶτοι δὲ βοῶν ἐπάσαντ' ἀροτήρων.

Οὕτω τοι καὶ οἱ τυραννοῦντες ἄρχουσι μιαιφονίας· (2)
ὥσπερ τὸν πρῶτον ἀπέκτειναν Ἀθήνησι τὸν κάκιστον
τῶν συκοφαντῶν, ὃς ἐπιτήδειος προσηγορεύθη, καὶ δεύτερον ὁμοίως καὶ τρίτον· εἶτ' ἐκ τούτου συνήθεις γενόμενοι, Νικήρατον [περι]εώρων ἀπολλύμενον τὸν Νικίου,
καὶ Θηραμένη τὸν στρατηγόν, καὶ Πολέμαρχον τὸν φιλόσοφον. (3) Οὕτω τὸ πρῶτον ἄγριόν τι ζῷον ἐβρώθη
καὶ κακοῦργον, εἶτ' ὄρνις τις ἢ ἰχθὺς εἵλκυστο· καὶ γενόμενον οὕτω καὶ προμελετῆσαν ἐν ἐκείνοις τὸ [φο]νικόν,
ἐπὶ βοῦν ἐργάτην ἦλθε, καὶ τὸ κόσμιον πρόβατον, καὶ
τὸν οἰκουρὸν ἀλεκτρυόνα· καὶ κατὰ μικρὸν οὕτω τὴν
ἀπληστίαν στομώσαντες, ἐπὶ σφαγὰς ἀνθρώπων καὶ
φόνους καὶ πολέμους προῆλθον. (4) Ἀλλ' ἐὰν μὴ
[προσ]αποδείξῃ τις, ὅτι χρῶνται κοινοῖς αἱ ψυχαὶ σώμασιν ἐν ταῖς παλιγγενεσίαις, καὶ τὸ νῦν λογικὸν αὖθις
γίνεται ἄλογον, καὶ πάλιν ἥμερον τὸ νῦν ἄγριον, ἀλλάσ-
σει δὲ ἡ φύσις ἅπαντα καὶ μετοικίζει,

Σαρκῶν ἀλλογνῶτι περιστέλλουσα χιτῶνι·

ταῦτα οὐκ ἀποτρέπει, τὸ ἀνήμερον, τὸ ἀκόλαστον, τὸ
καὶ σώμασι νόσους καὶ βαρύτητας ἐμποιεῖν, καὶ ψυχὴν
ἐπὶ πόλεμον ἀνομωτέρων τρεπομένην διαφθείρειν; ὅταν
ἐθισθῶμεν μὴ αἵματος ἄνευ καὶ φόνου μὴ ξένον ἑστιᾶν,
μὴ γάμον ἑορτάζειν, μὴ φίλοις συγγίνεσθαι.
V. Καίτοι τῆς λεγομένης ταῖς ψυχαῖς εἰς σώματα
παλιμμεταβολῆς εἰ μὴ πίστεως ἄξιον τὸ ἀποδεικνύμε-
νον, ἀλλ' εὐλαβείας γε μεγάλης καὶ δέους τὸ ἀμφίβολον.
(2) Οἷον εἴ τις ἐν νυκτομαχίαις στρατοπέδων ἀνδρὶ
πεπτωκότι καὶ τὸ σῶμα κρυπτομένῳ τοῖς ὅπλοις ἐπιφέρων ξίφος, ἀκούσοι τινὸς λέγοντος, οὐ πάνυ μὲν εἰδέναι βεβαίως, οἴεσθαι δὲ καὶ δοκεῖν υἱὸν αὐτοῦ τὸν
κείμενον, ἢ ἀδελφὸν [αὐτοῦ], ἢ πατέρα, ἢ σύσκηνον
εἶναι· τί βέλτιον, ὑπονοίᾳ προσθέμενον οὐκ ἀληθεῖ
προέσθαι τὸν ἐχθρὸν ὡς φίλον, ἢ καταφρονήσαντα τοῦ
μὴ βεβαίου πρὸς πίστιν, ἀνελεῖν τὸν οἰκεῖον ὡς πολέμιον; ἐκεῖνο δεινὸν φήσετε πάντες. (3) Σκόπει δὲ καὶ
τὴν ἐν τῇ τραγῳδίᾳ Μερόπην, ἐπὶ τὸν υἱὸν αὐτὸν ὡς
φονέα τοῦ υἱοῦ πέλεκυν ἀραμένην, καὶ λέγουσαν,

Ὁσιαιτέραν δὴ τήνδ' ἐγὼ δίδωμί σοι
πληγήν,

ὅσον ἐν τῷ θεάτρῳ κίνημα ποιεῖ, συνεξορθιάζουσα φόβῳ
καὶ δέος μὴ φθάσῃ τὸν ἐπιλαμβανόμενον γέροντα, καὶ
τρώσῃ τὸ μειράκιον. (4) Εἰ δὲ ἕτερος γέρων παρει-
στήκει λέγων, Παῖσον, πολέμιός ἐστιν· ἕτερος δέ, Μὴ
παίσῃς, υἱός ἐστι· πότερον ἀδίκημα μεῖζον, ἐχθροῦ κόλασιν ἐκλιπεῖν διὰ τὸν υἱόν, ἢ τεχνοκτονίᾳ περιπεσεῖν
ὑπὸ τῆς πρὸς τὸν ἐχθρὸν ὀργῆς; (5) Ὁπότε τοίνυν οὐ
μῖσός ἐστιν οὐδὲ θυμὸς ὁ πρὸς τὸν φόνον ἐξάγων ἡμᾶς,
οὐδὲ ἀμυνά τις, οὐδὲ φόβος ὑπὲρ αὐτῶν, ἀλλ' εἰς ἡδονῆς
μέρος ἕστηκεν ἱερεῖον ἀνακεχλασμένῳ τραχήλῳ ὑποκείμενον, εἶτα λέγει τῶν φιλοσόφων ὁ μέν, Κατάκοψον,

---

Qui primum gladios duxere ex aere malignos,
primi et aratoris gustarunt viscera tauri.

Hoc sane modo etiam tyranni homicidiorum initia faciunt;
(2) ut Athenis principio interfecerunt pessimum sycophantam, qui idoneus morti ferebatur ac dicebatur : itemque
secundum et tertium : deinde caedibus assueti Niceratum
Niciae filium interfici passi sunt, et imperatorem Theramenem, atque Polemarchum philosophum. (3) Sic ab initio
ferum aliquod et noxium animal devoratum fuit : deinde
avis aliqua aut piscis, donec his condocefacta et gustui
assueta libido ad bovem operarium progressa est, et placi-
dam ovem, custodemque domus gallum. Itaque paullatim
inexpletam roborantes aviditatem in caedes hominum et
bella sunt delapsi. (4) Verum si quis praeterea non demonstret, animas dum renascuntur, promiscue uti corporibus hominum et brutorum (ut quod nunc rationale est,
post fiat brutum, rursus mansuetum, quod nunc est ferum), naturamque omnia mutare et transferre

amictu carnis velantem alieno :

istud jam ab esu carnium avertere nos debebat, quod is
res est immanis, intemperans, corpori morbos gravedinemque ingenerans, et animam ad bellum traductam injustius
vilians : ubi nos assuefecimus, ut absque caede et sanguine neque hospitem excipere, neque nuptias celebrare,
neque cum amicis vivere velimus.
V. Quodsi illa quae de animarum per vicissitudinem
quandam in corpora illapsu disputantur, non faciunt fidem;
attamen dubitatio ipsa magnam nos cautionem, magnum
jubet adhibere metum. (2) Verbi gratia : si in nocturno
aliquis praelio in virum, qui collapsus armis corpus coope-
riat, irruat stricto gladio, audiatque interim quendam dicere, *non certo sibi constare, putare tamen eum qui
jacet imminentis esse filium, aut fratrem, aut patrem,
aut contubernalem* : praestatne opinioni ei falsae subscri-
bentem dimittere hostem amici loco; an contempta ea, quod
ad fidem faciendam firma satis non sit, domesticum pro
hoste interficere? hoc sane omnes dicetis indignum fore facinus. (3) Considera mihi etiam illam in tragoedia Mero-
pen, quae sublata securi filium ipsum, quem percussorem
filii putat esse, ferire jam volens dicit,

Hoc ego te nunc mactabo ictu pio magis :

quantum in theatro excitet motum, timore erigens spectan-
tes ac metu ne senem antevertat inhibentem, adolescen-
temque feriat. (4) At enim si tum alius aliquis senex asti-
tisset, dixissetque, *Feri, hostis est* : alius, *Ne ferias,
filius est* : quaero utrum sit flagitium majus, filii gratia
hostem impunitum dimittere, an ob iram adversus inimicum incidere in caedem filii? (5) Quapropter, quandoquidem non odium nos, non ira, non ulciscendi cupiditas,
non metus de nostra ipsorum salute in brutorum caedem
agit, sed ad partem aliquam voluptatis parandam astat reducta cervice victima, neci destinata, si jam philosophorum

ἀλογόν ἐστι [τὸ] ζῷον· ὁ δὲ, Ἀνάσχου· τί γὰρ εἰ συγγενοῦς ἢ θεοῦ τινος ἐνταῦθα ψυχὴ κεχώρηκεν; ἴσος γε, ὦ θεοὶ, καὶ ὅμοιος ὁ κίνδυνος ἔχει, ἂν ἀπειθῶ φαγεῖν κρέας, ἂν ἀπιστῶ φονεῦσαι τέκνον ἢ ἕτερον οἰκεῖον;

5 VI. * Οὐκ ἴσος δέ τις ὁ ἀγὼν οὗτος τοῖς Στωϊκοῖς ὑπὲρ τῆς σαρκοφαγίας. Τίς γὰρ ὁ πολὺς τόνος εἰς τὴν γαστέρα καὶ τὰ ὀπτανεῖα; τί τὴν ἡδονὴν θηλύνοντες καὶ διαβάλλοντες, ὡς οὔτ' ἀγαθὸν, οὔτε προηγούμενον, οὔτ' οἰκεῖον, οὕτω πρὸς τὰ περιττὰ τῶν ἡδονῶν ἐσπου-
10 δάκασι; (2) Καὶ μὴν ἀκόλουθον ἦν αὐτοῖς, εἰ μύρον ἐξελαύνουσι καὶ πέμμα τῶν συμποσίων, μᾶλλον αἷμα καὶ σάρκα δυσχεραίνειν. (3) Νῦν δ' ὥσπερ εἰς τὰς ἐφημερίδας φιλοσοφοῦντες, δαπάνην ἀφαιροῦσι τῶν δείπνων ἐν τοῖς ἀχρήστοις καὶ περιττοῖς, τὸ δ' ἀνήμερον
15 τῆς πολυτελείας καὶ φονικὸν οὐ παραιτοῦνται. (4) Ναί, φησιν, οὐδὲν γὰρ ἡμῖν πρὸς τὰ ἄλογα οἰκεῖόν ἐστιν. (5) Οὐδὲ γὰρ πρὸς τὸ μύρον, φαίη τις ἂν, οὐδὲ πρὸς τὰ ξενικὰ τῶν ἡδυσμάτων· ἀλλὰ καὶ τούτων ἀποτρέπεσθε, τὸ μὴ χρήσιμον μηδ' ἀναγκαῖον ἐν ἡδονῇ
20 πανταχόθεν ἐξελαύνοντες.

VII. Οὐ μὴν ἀλλὰ καὶ τοῦτο ἤδη σκεψώμεθα, τὸ μηδὲν εἶναι πρὸς τὰ ζῷα δίκαιον ἡμῖν, μηδὲ τεχνικῶς, μηδὲ σοφιστικῶς, ἀλλὰ τοῖς πάθεσιν ἐμβλέψαντες τοῖς ἑαυτῶν, καὶ πρὸς ἑαυτοὺς ἀνθρωπικῶς λαλήσαντες καὶ
25 ἀνακρίναντες. * *

ΠΛΑΤΩΝΙΚΑ ΖΗΤΗΜΑΤΑ.

ΖΗΤΗΜΑ Α΄.

I. « Τί δήποτε τὸν Σωκράτην ὁ θεὸς μαιοῦσθαι μὲν ἐκέλευσεν ἑτέρους, αὐτὸν δὲ γεννᾷν ἀπεκώλυσεν; ὡς
30 ἐν Θεαιτήτῳ λέγεται. » Οὐ γὰρ εἰρωνευόμενός γε καὶ παίζων προσεχρήσατο ἂν τῷ τοῦ θεοῦ ὀνόματι. (2) Καὶ ἄλλως ἐν τῷ Θεαιτήτῳ πολλὰ μεγάλαυχα καὶ σοβαρὰ Σωκράτει περιτέθεικεν, ὧν καὶ ταῦτά ἐστι· « Πολλοὶ γὰρ δὴ, ὦ θαυμάσιε, οὕτω πρός με διετέθη-
35 σαν, ὥστ' ἀτεχνῶς δάκνειν [ἕτοιμοι εἶναι], ἐπειδάν τινα λῆρον αὐτῶν ἀφαιρῶμαι· καὶ οὐκ οἴονταί με εὐνοίᾳ τοῦτο ποιεῖν, πόρρω ὄντες τοῦ εἰδέναι ὅτι οὐδεὶς θεὸς δύσνους ἀνθρώποις· οὐδ' ἐγὼ δυσνοίᾳ τοιοῦτον οὐδὲν δρῶ, ἀλλά μοι ψεῦδός τε συγχωρῆσαι, καὶ ἀληθὲς ἀφανίσαι,
40 οὐδαμῶς θέμις. »

3. Πότερον οὖν τὴν ἑαυτοῦ φύσιν, ὡς κριτικωτέραν ἢ γονιμωτέραν οὖσαν, θεὸν προσεῖπε; καθάπερ Μένανδρος·

ᾼ Ὁ νοῦς γὰρ ἡμῶν ὁ θεός.

45 καὶ Ἡράκλειτος· « Ἦθος ἀνθρώπου δαίμων. » (4) Ἦ θεῖόν τι καὶ δαιμόνιον ὡς ἀληθῶς αἴτιον ὑφηγήσατο Σωκράτει τοῦτο τῆς φιλοσοφίας τὸ γένος, ᾧ τοὺς ἄλλους

---

alius dicat, *Perime, brutum est animal :* alius, *Inhibe necem; quid enim, si in hoc corpus cognati alicujus aut dei anima concesserit ?* proh deûm fidem! in eodemne versor periculo, sive hoc credens abstineo carnis esu, sive fidem derogans interficio filium aut aliquem alium necessariorum?

VI. Impar vero huic disputationi est Stoicorum pro esu carnium decertatio. Quis enim est iste impetus magnus in ventrem et culinam ruentium? cur voluptatem effeminatam dicentes, et neque inter bona, neque inter ea quæ præcipua vocant, neque inter naturæ convenientia numerantes, tanto studio pro iis laborant, quæ ad superfluam voluptatem conducunt? (2) Certe consequens hoc erat, ut quum e conviviis unguentum et placentas exegissent, multo magis carnem et sanguinem aversarentur. (3) Nunc veluti si suam philosophandi rationem ad diarias redituum instituissent annotationes, sumtum in res inutiles atque otiosas faciendum amputant; inhumanitatem luxus et crudelitatem non aversantur. (4) Quid tum postea? dicunt : nulla nobis cum brutis est familiaritas. (5) Nec cum unguentis, responderit aliquis, neque cum exoticis condimentis : et tamen hæc aversamini, inutilia et supervacanea ad vitam suaviter agendam undique expellentes.

VII. Verum enimvero hoc ipsum jam nunc dispiciamus, an nullo nobis jure natura brutum animantium genus devinxerit; non artificiose hoc aut sophistarum more disputantes, sed in ipsas nostrorum animorum affectiones intuiti, humaniterque nobiscum ista meditantes atque perpendentes. **

QUÆSTIONES PLATONICÆ.

QUÆSTIO I.

I. *Qua tandem de causa Socratem deus aliis obstetricis ministerium præstare jussit, ipsum gignere prohibuit? ut in Theæteto dicitur.* Neque enim suo more ludens et jocans, adhibuisset dei nomen. (2) Et alioqui Plato eo in libro multa arroganter ac per jactantiam dicta Socrati tribuit : de quibus etiam hoc est : *Multi enim, o mirifice, ita erga me affecti fuerunt, ut parati essent me mordere, postquam aliquid delirii eis ademissem : nec putant illi ductum benevolentia hoc me facere : admodum quippe ignorantes neminem deum male velle hominibus, ac proinde me quoque nihil horum malevolentiæ impulsu facere, sed quia nefas ducam mendacio assentiri, aut veritatem obruere.*

3. Utrum igitur suam ipse naturam ut majore judicii vi quam fœcunditate præditam, in causa esse dicit, Dei nomine afficiens? sicut Menander :

Nam mens est nobis deus.

et Heraclitus : *Ingenium hominis numen.* (4) An divina aliqua causa, geniusque revera Socrati hunc philosophandi morem præcepit? ut semper alios examinans, fastu eos et

ἐξετάζων ἀεὶ, τύφου καὶ πλάνης καὶ ἀλαζονείας, καὶ τοῦ βαρεῖς εἶναι πρῶτον μὲν αὐτοῖς, εἶτα καὶ τοῖς συνοῦσιν, ἀπήλλαττε; (5) Καὶ γὰρ ὥσπερ ἐκ τύχης τότε φορὰν γενέσθαι συνέβη σοφιστῶν ἐν τῇ Ἑλλάδι· καὶ τούτοις οἱ νέοι πολὺ τελοῦντες ἀργύριον, οἰήματος ἐπληροῦντο καὶ δοξοσοφίας, καὶ λόγων ἐζήλουν σχολὴν καὶ διατριβὰς ἀπράκτους ἐν ἔρισι καὶ φιλοτιμίαις, καλὸν δὲ καὶ χρήσιμον οὐδ' ὁτιοῦν. (6) Τὸν οὖν ἐλεγκτικὸν λόγον ὥσπερ καθαρτικὸν ἔχων φάρμακον ὁ Σωκράτης, ἀξιόπιστος ἦν, ἑτέρους ἐλέγχων, τῷ μηδὲν ἀποφαίνεσθαι· καὶ μᾶλλον ἥπτετο, δοκῶν ζητεῖν κοινῇ τὴν ἀλήθειαν, οὐκ αὐτὸς ἰδίᾳ δόξῃ βοηθεῖν.

II. * Ἔπειτα τοῦ κρίνειν ὄντος ὠφελίμου, τὸ γεννᾶν ἐμπόδιόν ἐστι. Τυφλοῦται γὰρ τὸ φιλοῦν περὶ τὸ φιλούμενον· φιλεῖται δὲ τῶν ἰδίων οὐδὲν οὕτως ὡς δόξα καὶ λόγος ὑπὸ τοῦ τεκόντος. (2) Ἡ γὰρ λεγομένη τέκνων δικαιοτάτη διανομὴ πρὸς λόγους ἐστὶν ἀδικωτάτη· δεῖ γὰρ ἐκεῖ μὲν λαβεῖν τὸ ἴδιον, ἐνταῦθα δὲ, κἂν ἀλλότριον ᾖ, τὸ βέλτιστον. Ὅθεν ὁ γεννῶν ἴδια, γίνεται φαυλότερος ἑτέρων κριτής. (3) Καὶ καθάπερ Ἠλείους τῶν σοφῶν τις ἔφη βελτίους ἂν εἶναι τῶν Ὀλυμπίων ἀγωνοθέτας, εἰ μηδὲ εἷς Ἠλείων ἦν ἀγωνιστής, οὕτως ὁ μέλλων ἐν λόγοις ὀρθῶς ἐπιστατήσειν καὶ βραβεύσειν, οὐ δίκαιός ἐστιν αὐτὸς φιλοστεφανεῖν, οὐδ' ἀνταγωνίζεσθαι τοῖς κρινομένοις. (4) Καὶ γὰρ οἱ τῶν Ἑλλήνων στρατηγοὶ τὴν περὶ τῶν ἀριστείων ψῆφον φέροντες, αὐτοὺς ἀρίστους ἔκριναν ἅπαντες· καὶ τῶν φιλοσόφων οὐδείς ἐστιν, ὃς οὐ τοῦτο πέπονθε, δίχα τῶν, ὥσπερ Σωκράτης, ὁμολογούντων μηδὲν ἴδιον λέγειν· οὗτοι δὲ καθαροὺς μόνοι καὶ ἀδεκάστους τῆς ἀληθείας παρέχουσιν ἑαυτοὺς δικαστάς. (5) Ὥσπερ γὰρ ὁ ἐν τοῖς ὠσὶν ἀὴρ, ἂν μὴ σταθερὸς ᾖ μηδὲ φωνῆς ἰδίας ἔρημος, ἀλλ' ἤχου καὶ ῥοίζου μεστὸς, οὐκ ἀκριβῶς ἀντιλαμβάνεται τῶν φθεγγομένων· οὕτω τὸ τοὺς λόγους ἐν φιλοσοφίᾳ κρῖνον, ἂν ἔνδοθεν ἀντιπαταγῇ καὶ ἀντηχῇ, δυσξύνετον ἔσται τῶν λεγομένων ἔξωθεν. (6) Ἡ γὰρ οἰκεία δόξα καὶ σύνοικος οὐ προσδέξεται τὸ διαφωνοῦν πρὸς αὐτὴν, ὡς μαρτυρεῖ τῶν αἱρέσεων τὸ πλῆθος, ὧν, ἂν ἄριστα πράττῃ, φιλοσοφία μίαν ἔχει κατορθοῦσαν, οἰομένας δὲ τὰς ἄλλας ἁπάσας καὶ μαχομένας πρὸς τὴν ἀλήθειαν.

III. Ἔτι τοίνυν, εἰ μὲν οὐδέν ἐστι καταληπτὸν ἀνθρώπῳ καὶ γνωστὸν, εἰκότως ὁ θεὸς ἀπεκώλυσεν αὐτὸν ὑπηνέμια καὶ ψευδῆ καὶ ἀβέβαια γεννᾶν, ἐλέγχειν δὲ τοὺς ἄλλους ἠνάγκαζε τοιαῦτα δοξάζοντας. (2) Οὐ γὰρ μικρὸν ἦν ὄφελος, ἀλλὰ μέγιστον, ὁ τοῦ μεγίστου τῶν κακῶν, ἀπάτης καὶ κενοφροσύνης, ἀπαλλάττων λόγος,

Οὐδ' Ἀσκληπιάδαις τοῦτό γ' ἔδωκε θεός·

οὐ γὰρ σώματος ἡ Σωκράτους ἰατρεία, ψυχῆς δ' ἦν ὑπούλου καὶ διεφθαρμένης καθαρμός. (3) Εἰ δέ ἐστιν ἐπιστήμη τοῦ ἀληθοῦς, ἓν δὲ τὸ ἀληθὲς, οὐκ ἔλαττον ἔχει τοῦ εὑρόντος ὁ μαθὼν παρὰ τοῦ εὑρόντος· λαμβάνει δὲ μᾶλλον ὁ μὴ πεπεισμένος ἔχειν, καὶ λαμβάνει τὸ

errore atque arrogantia, quibus rebus primum sibi ipsis, deinde etiam una agentibus erant molesti, liberaret. (5) Ea enim tempestate, veluti casu, frequens in Græcia Sophistarum contigit proventus, quibus adolescentes multum pendentes pecuniæ, replebantur doctrinæ ac sapientiæ opinione, studioque inficiebantur nullius quidem præclari negotii, sed literati otii vacui ab actione, in disputatione et contentione transigendi. (6) Socrates igitur ratione disserendi ad redarguendum apposita instructus, eaque tanquam purgante utens medicamento, eo fidem sibi auctoritatemque comparabat, quod alios refellens nihil ipse affirmaret: et magis eos tangebat, quod una quærere veritatem, non suam opinionem defendere videretur.

II. Atqui judicium, res quamvis utilis, impeditur gignendo. Amantem enim res amata cæcum facit. Nostrarum porro rerum nullam perinde amamus atque opinionem sententiamque a nobis partam et inventam. (2) Etenim quæ justissima dicitur natorum divisio, hic fit injustissima: istic enim suam quisque prolem debet accipere: hic teneri debet quod est optimum, etiam si alienum sit. Quo fit ut qui ipse gignit opiniones, eo deterior sit alienarum judex. (3) Ac sicut sapientum quidam dixit, *Eleos meliores fore Olympicorum certaminum arbitros, si nemo Eleus certaret;* ita qui in sententiarum judicio recte præesse et arbitrari velit, non ipse debet ambire coronam, neque adversus eos qui sunt judicandi, in certamen descendere. (4) Nam et Græcorum duces suffragia ferentes de his qui rem optime gessissent, se ipsum quisque optimum pronunciavit: neque ullus est philosophus qui non eodem egerit modo, extra eos qui Socratis exemplo professi sunt nihil se de suo dicere: atque hi soli puros se et incorruptos judices veritatis præbent. (5) Nam sicut aer in auribus contentus si non tranquillus sit propriæque vocis expers, sed sonitu ac fremitu plenus, non accurate excipit voces; sic in philosophia ea facultas quæ de sententiarum veritate judicat, si intus sit quo commoveatur et quod obstrepat, recte intelligere nequit ea quæ foris dicuntur. (6) Domestica enim et nobiscum habitans opinio aliam ab ipsa discrepantem non facile recipiat, ut apparet e multitudine sectarum; quarum philosophia, si optime cum ea agitur, unam habet veri compotem, reliquas opinantes et vero repugnantes.

III. Præterea, si comprehendere homo ac pernoscere nihil potest; haud injuria deus Socrati interdixit procreatione ventosarum, falsarum, instabilium sententiarum; et alios talibus sententiis laborantes redarguere coegit. (2) Nam haud exigua, sed maxima utilitas erat ejus rationis, quæ hominem maximo malorum, vanitate opinionis, liberaret:

Non Asclepiadis hocce deus dederat.

Non enim corpori medicinam faciebat Socrates, sed animum occulto vitio expurgabat. (3) Quodsi, contra, veritatis aliqua est scientia, unica autem est veritas; non minus fereo qui eam invenit, is qui ex inventore eam discit: is autem magis assumit veritatem, qui non persuadet sibi se

βέλτιστον ἐξ ἁπάντων, ὥσπερ ὁ μὴ τεκὼν παιδοποιεῖται τὸν ἄριστον.

IV. Ὅρα δὲ, μὴ τἆλλα μὲν οὐδεμιᾶς ἦν ἄξια σπουδῆς ποιήματα καὶ μαθήματα, καὶ λόγοι ῥητόρων, καὶ δόγματα σοφιστῶν, ἃ Σωκράτην γεννᾶν τὸ δαιμόνιον ἀπεκώλυσεν· ἦν δὲ μόνην ἡγεῖτο Σωκράτης σοφίαν περὶ τὸ θεῖον καὶ νοητὸν, ἐρωτικὴν ὑπ' αὐτοῦ προσαγορευομένην, ταύτης οὐ γένεσίς ἐστιν ἀνθρώποις οὐδὲ εὕρεσις, ἀλλ' ἀνάμνησις. (2) Ὅθεν οὐδὲν ἐδίδασκε Σωκράτης, ἀλλ' ἐνδιδοὺς ἀρχὰς ἀποριῶν, ὥσπερ ὠδίνων, τοῖς νέοις, ἐπήγειρε καὶ ἀνεκίνει καὶ συνεξῆγε τὰς ἐμφύτους νοήσεις· καὶ τοῦτο μαιωτικὴν τέχνην ὠνόμαζεν, οὐκ ἐντιθεῖσαν ἔξωθεν, ὥσπερ ἕτεροι προσεποιοῦντο, νοῦν τοῖς ἐντυγχάνουσιν, ἀλλ' ἔχοντας οἰκεῖον ἐν ἑαυτοῖς, ἀτελῆ δὲ καὶ συγκεχυμένον καὶ δεόμενον τοῦ τρέφοντος καὶ βεβαιοῦντος ἐπιδεικνύουσαν.

ΖΗΤΗΜΑ Β΄.

I. « Τί δήποτε τὸν ἀνωτάτω θεὸν πατέρα τῶν πάντων καὶ ποιητὴν προσεῖπεν; » (2) Πότερον ὅτι τῶν μὲν θεῶν τῶν γεννητῶν καὶ τῶν ἀνθρώπων πατήρ ἐστιν, ὡς Ὅμηρος ἐπονομάζει, ποιητὴς δὲ τῶν ἀλόγων καὶ ἀψύχων; οὐδὲ γὰρ χορίου φησὶ Χρύσιππος πατέρα καλεῖσθαι τὸν παρασχόντα τὸ σπέρμα, καίπερ ἐκ τοῦ σπέρματος γεγονότος. (3) Ἢ τῇ μεταφορᾷ χρώμενος, ὥσπερ εἴωθε, τὸν αἴτιον πατέρα τοῦ κόσμου κέκληκεν; ὡς τῶν ἐρωτικῶν λόγων πατέρα Φαῖδρον ἐν Συμποσίῳ προσεῖπεν, εἰσηγητὴν αὐτῶν γενόμενον· * ἐν δὲ τῷ ὁμωνύμῳ διαλόγῳ καλλίπαιδα· πολλοὺς γὰρ καὶ καλοὺς λόγους ἐν φιλοσοφίᾳ γενέσθαι, τὴν ἀρχὴν ἐκείνου παρασχόντος. (4) Ἢ διαφέρει πατήρ τε ποιητοῦ καὶ γεννήσεως ποίησις; ὡς γὰρ τὸ γεγεννημένον καὶ πεποίηται, οὐ μὴν ἀνάπαλιν, οὕτως ὁ γεννήσας καὶ πεποίηκεν· ἐμψύχου γὰρ ποίησις ἡ γέννησίς ἐστι· (5) καὶ ποιητοῦ μὲν, οἷος οἰκοδόμος, ἢ ὑφάντης, ἢ λύρας δημιουργὸς, ἢ ἀνδριάντος, ἀπήλλακται γενόμενον τὸ ἔργον· ἡ δ' ἀπὸ τοῦ γεννήσαντος ἀρχὴ καὶ δύναμις ἐγκέκραται τῷ τεκνωθέντι, καὶ συνέχει τὴν φύσιν, ἀπόσπασμα καὶ μόριον οὖσαν τοῦ τεκνώσαντος. (6) Ἐπεὶ τοίνυν οὐ πεπλασμένοις ὁ κόσμος οὐδὲ συνηρμοσμένοις ποιήμασιν ἔοικεν, ἀλλ' ἔνεστιν αὐτῷ μοῖρα πολλὴ ζωότητος καὶ θειότητος, ἣν ὁ θεὸς ἐγκατέσπειρεν ἀφ' ἑαυτοῦ τῇ ὕλῃ καὶ κατέμιξεν, εἰκότως ἅμα πατήρ τε τοῦ κόσμου, ζώου γεγονότος, καὶ ποιητὴς ἐπονομάζεται.

II. Τούτων δὲ μάλιστα τῆς Πλάτωνος ἁπτομένων δόξης, ἐπίστησον, εἰ κἀκεῖνο λεχθήσεται πιθανῶς· ὅτι, δυεῖν ὄντοιν ἐξ ὧν ὁ κόσμος συνέστηκε, σώματος καὶ ψυχῆς, τὸ μὲν οὐκ ἐγέννησε θεός, ἀλλὰ τῆς ὕλης παρασχομένης, ἐμόρφωσε καὶ συνήρμοσε, πέρασιν οἰκείοις καὶ σχήμασι δήσας καὶ ὁρίσας τὸ ἄπειρον· ἡ δὲ ψυχὴ, νοῦ μετασχοῦσα καὶ λογισμοῦ καὶ ἁρμονίας, οὐκ ἔργον

---

eam habere; et ex omnibus optimum assumit, *sicut is qui non genuit filium*, optimum adoptat.

IV. Vide vero, ne nulla opera studioque digna fuerint reliqua et carmina, et disciplinæ, et orationes oratorum, et sophistarum decreta, quæ gignere Socratem deus prohibuit: quam vero solam is existimabat sapientiam, et amatoriam appellabat, dei et rerum intelligibilium cognitionem, hujus in hominibus nulla sit generatio, nulla inventio, sed reminiscentia. (2) Quapropter nihil docebat Socrates, sed principia dubitandi, tanquam dolores partum præeuntes, adolescentibus adhibens excitabat, movebat, producebat insitas notitias: obstetriciam hanc appellans artem, quæ non, ut alii præ se ferebant, intelligentiam extrinsecus inferret auditoribus, sed demonstraret eam in ipsis insitam esse, imperfectam tamen, confusam, indigam nutritore et confirmatore.

QUÆSTIO II.

I. *Cur supremum deum patrem omnium et opificem appellavit?* (2) An quia deorum qui creati sunt et hominum pater est, ut Homerus vocat, brutorum autem et anima carentium opifex? neque enim secundarum, licet e semine ortarum, pater vocatur is qui semen præbuit, ut ait Chrysippus. (3) An vero Plato usus est translatione more suo, et auctorem mundi *patrem* ejus nominavit? sicut in Convivio Phædrum *patrem amatoriæ disputationis*, quam is introduxerat: et in cognomine Phædri dialogo ipsum Phædrum vocat *pulchræ prolis parentem;* quo initium præbente multa ac præclara de philosophia erant disputata. (4) Aut interest aliquid inter *patrem* et *factorem, generationem* et *facturam?* Sicut enim quod generatum est, id omnino etiam factum est, non vicissim; ita qui genuit, is etiam fecit: factura enim animati est generatio. (5) Tum opus opificis, ut ædificatoris, textoris, lyræ fabri, aut statuarii, semel confectum prorsus ab auctore suo abscessit ac solutum est: vis autem et principium procreantis insita est progeniei, ejusque continet naturam, portiuncula quædam a genitore avulsa. (6) Quando itaque mundus non effictis aut compactis operibus similis est, sed magna ei inest pars vitæ atque divinitatis, quam a se deus materiæ inseruit atque admiscuit, haud injuria juxta et pater mundi, quippe in vitam producti, et opifex appellatur.

II. Hæc quum maxime ad sententiam Platonis accedant, considera an hoc quoque probabiliter dici possit. Quum mundus constet e duabus partibus, corpore et anima, corpus quidem non genuit deus, sed a materia exhibitum conformavit ac concinnavit, suis terminis ac figuris devinciens definiensque infinitum: anima autem, mentis, rationis,

ἐστὶ τοῦ θεοῦ μόνον, ἀλλὰ καὶ μέρος, οὐδ' ὑπ' αὐτοῦ, ἀλλὰ καὶ ἀπ' αὐτοῦ καὶ ἐξ αὐτοῦ γέγονεν.

concentusque particeps, non opus modo, sed et pars dei est, neque ab ipso facta, sed et de ipso et ex ipso exstitit.

ZHTHMA Γ'.

I. Ἐν τῇ Πολιτείᾳ (γοῦν), τοῦ παντὸς ὥσπερ μιᾶς γραμμῆς τετμημένης εἰς ἄνισα τμήματα, πάλιν τέμνων ἑκάτερον τμῆμα εἰς δύο ἀνὰ τὸν αὐτὸν λόγον, τό τε τοῦ δρωμένου γένος καὶ τὸ τοῦ νοουμένου· περὶ τὰ πάντα ποιήσας, τοῦ μὲν νοητοῦ πρῶτον ἀποφαίνει, τὸ περὶ τὰ πρῶτα εἴδη, δεύτερον τὸ μαθηματικόν· τοῦ δ' αἰσθητοῦ πρῶτον μὲν τὰ στερέμνια σώματα, δεύτερον δὲ τὰς εἰκόνας καὶ τὰ εἴδωλα τούτων· (2) καὶ κριτήριον ἑκάστῳ τῶν τεττάρων ἀποδίδωσιν ἴδιον, νοῦν μὲν τῷ πρώτῳ, διάνοιαν δὲ τῷ μαθηματικῷ, τοῖς δ' αἰσθητοῖς πίστιν, εἰκασίαν δὲ τοῖς περὶ τὰ εἴδωλα καὶ τὰς εἰκόνας. (3) « Τί οὖν διανοηθεὶς εἰς ἄνισα τμήματα τὸ πᾶν ἔτεμε; καὶ πότερον τῶν τμημάτων, τὸ νοητὸν ἢ τὸ αἰσθητὸν, μεῖζόν ἐστιν; » αὐτὸς γὰρ οὐ δεδήλωκε.

4. Δόξει δ' αὐτόθεν μὲν εἶναι μεῖζον τὸ αἰσθητόν· ἡ γὰρ ἀμέριστος οὐσία καὶ κατὰ ταὐτὸν ὡσαύτως ἔχουσα τῶν νοητῶν, ἐστὶν εἰς βραχὺ συνηγμένη καὶ καθαρόν· ἡ δὲ σκεδαστὴ περὶ τὰ σώματα καὶ περιπλανὴς τὸ αἰσθητὸν παρέσχεν. (5) Ἔτι, τὸ μὲν ἀσώματον πέρατος οἰκεῖον, τὸ δὲ σῶμα τῇ μὲν ὕλῃ ἄπειρον καὶ ἀόριστον, αἰσθητὸν δὲ γινόμενον, ὅταν ὁρισθῇ μετοχῇ τοῦ νοητοῦ. (6) Ἔτι, καθάπερ αὐτῶν τῶν αἰσθητῶν ἕκαστον εἰκόνας ἔχει πλείους καὶ σκιὰς καὶ εἴδωλα, καὶ ὅλως ἀφ' ἑνὸς παραδείγματος πάμπολλα μιμήματα γίνεσθαι καὶ φύσει καὶ τέχνῃ δυνατόν ἐστιν, οὕτως ἀνάγκη τὰ ἐνταῦθα τῶν ἐκεῖ πλήθει διαφέρειν, κατὰ τὸν Πλάτωνα, παραδείγματα καὶ ἰδέας τὰ νοητὰ τῶν αἰσθητῶν, ὥσπερ εἰκόνων ἢ ἐμφάσεων, ὑποτιθέμενον. (7) Ἔτι, τῶν εἰδῶν γόησιν ἐξ ἀφαιρέσεως καὶ περικοπῆς σώματος ἐπάγει, τῇ τῶν μαθημάτων τάξει καταβιβάζων ἀπὸ τῆς ἀριθμητικῆς ἐπὶ γεωμετρίαν, εἶτα μετὰ ταύτην ἐπ' ἀστρολογίαν, ἐπὶ πάσαις δὲ τὴν ἁρμονικὴν τιθείς· γίγεται μὲν γὰρ τὰ μὲν γεωμετρούμενα, τοῦ ποσοῦ μέγεθος προσλαβόντος· τὰ δὲ στερεά, τοῦ μεγέθους βάθος· τὰ δ' ἀστρολογούμενα, τοῦ στερεοῦ κίνησιν· τὰ δὲ ἁρμονικὰ, τῷ κινουμένῳ σώματι φωνῆς προσγενομένης· (8) ὅθεν ἀφαιροῦντες φωνὴν μὲν τῶν κινουμένων, κίνησιν δὲ τῶν στερεῶν, βάθος δὲ τῶν ἐπιπέδων, * μέγεθος δὲ τῶν ποσῶν, ἐν αὐταῖς γενησόμεθα ταῖς νοηταῖς ἰδέαις, οὐδεμίαν διαφορὰν ἐχούσαις πρὸς ἀλλήλας κατὰ τὸ ἓν καὶ μόνον νοούμενον· (9) οὐ γὰρ ποιεῖ μονὰς ἀριθμὸν, ἂν μὴ τῆς ἀπείρου δυάδος ἅψηται· ποιήσασα δὲ οὕτως ἀριθμὸν, εἰς στιγμὰς, εἶτα γραμμὰς, ἐκ δὲ τούτων εἰς ἐπιφανείας καὶ βάθη καὶ σώματα πρόεισι, καὶ σωμάτων ποιότητας ἐν πάθεσι γινομένων. (10) Ἔτι, τῶν μὲν νοητῶν ἓν κριτήριον ὁ νοῦς· καὶ γὰρ ἡ διάνοια νοῦς ἐστιν ἐν τοῖς μαθηματικοῖς, ὥσπερ ἐν κατόπτροις, ἐμφαινομένων τῶν νοητῶν. (11) Ἐπὶ δὲ τὴν τῶν σωμάτων

QUÆSTIO III.

I. In Republica Universo comparato lineæ in partes inæquales duas sectæ, utramque rursum in duas eadem proportione partes dividit, et quum eorum quæ videntur, tum eorum quæ mente sola intelliguntur genera constituit : ut sint *quattuor* omnia : eorum quæ mente intelliguntur, prius genus quod complectitur primas formas, alterum mathematicum : eorum quæ sentiuntur, prius quod continet solida corpora, alterum quod visa et imagines eorum. (2) Unicuique porro horum generum suam vim qua perciperetur atque judicaretur assignavit, primo mentem, mathematico intellectum, sensibus fidem, simulacris et visis conjecturam. (3) *Quid igitur voluit sibi, quum Universum in partes inæquales divideret ? et utra major est, sensilis an intelligibilis ?* ipse enim hoc non explicavit.

4. Et primo quidem obtutu major videatur esse portio sensilis. Nam divisionem non admittens, eodemque semper modo habens natura intelligibilium, in arctum contracta est et pura : ea quæ dissipari circum corpora potest et hinc inde vagari, sensilem partem præbuit. (5) Deinde quod corpore vacat, suo continetur termino : corpus materiæ ratione infinitum est atque immensum : sensile autem fit, quando participanda mente definitur. (6) Præterea, sicut ipsarum rerum sensilium quævis complures habet imagines, umbras et simulacra, et universe ab uno exemplari permulta exempla fieri natura atque arte possunt : ita necesse est quæ hic sunt, multitudine iis quæ istic sunt præstare, de Platonis sententia, qui sensilium rerum tanquam formarum in materia expressarum species (*ideas* ipse vocat) et exemplaria esse res intelligibiles statuit. (7) Ceterum Plato intelligentiam idearum per inductionem colligit ablatione et quasi circumcisione corporis, per disciplinarum gradus nos deducens ab arithmetica ad geometriam, hinc ad astrologiam, denique ad musicam seu harmonicam deducit : nam geometricæ fiunt res magnitudine ad numerum accedente; solidæ, accedente magnitudini crassitie; astrologicæ, quum moventur solida; harmonicæ, ubi motum sequitur sonus. (8) Quo fit ut si vocem motis, motum solidis, crassitiem superficiebus, magnitudinem quantis adimamus, jam in ipsis simus intelligibilibus ideis, quæ invicem nullam differentiam habent ratione Unius et Solius quod mente concipitur. (9) Non enim numerum unitas efficit, nisi infinitum si attingat binarium; sic facto numero, ad puncta, tum lineas, deinde superficies, crassities, mox corpora, et qualitates corporum affectorum progreditur. (10) Porro autem quæ mente cernuntur, unicum habent quo judicentur, mentem. Intellectus enim mens est in mathematicis, in quibus, sicut in speculis, apparent formæ sola mente cernendæ. (11) Ad corporum vero cognitionem, ob

γνῶσιν ὑπὸ πλήθους πέντε δυνάμεις καὶ διαφορὰς
αἰσθητηρίων ἡ φύσις ἔδωκεν ἡμῖν· καὶ οὐ πάντα φω-
ρᾶται ταύταις, ἀλλ' ἐκφεύγει πολλὰ διὰ μικρότητα
τὴν αἴσθησιν. (12) Ἔτι, ὥσπερ ἡμῶν ἑκάστου συνεστῶτος ἔκ τε τῆς ψυχῆς καὶ τοῦ σώματος, μικρόν ἐστι
τὸ ἡγεμονικὸν καὶ νοερὸν ἐν πολλῷ τῷ τῆς σαρκὸς ὄγκῳ
κεκρυμμένον· οὕτως εἰκὸς ἔχειν ἐν τῷ παντὶ τὸ νοητὸν
πρὸς τὸ αἰσθητόν. Καὶ γὰρ ἄρχει τὰ νοητὰ τῶν
σωματικῶν· ἀρχῆς δὲ πάσης πλέον τὸ ἐξ αὐτῆς καὶ
μεῖζον.

II. Πρὸς δὲ τοὐναντίον εἴποι τις ἄν· πρῶτον, ὅτι
συγκρίνοντες τὰ αἰσθητὰ τοῖς νοητοῖς, τρόπον τινὰ τὰ
θνητὰ τοῖς θείοις ἐξισοῦμεν· ὁ γὰρ θεὸς ἐν τοῖς νοητοῖς.
(2) Ἔπειτα πανταχοῦ δήπου τὸ περιεχόμενον ἔλαττόν
ἐστι τοῦ περιέχοντος· ἡ δὲ τοῦ παντὸς φύσις τῷ νοητῷ
περιέχει τὸ αἰσθητόν· ὁ γὰρ θεὸς τὴν ψυχὴν εἰς τὸ
μέσον θεὶς, διὰ παντός τ' ἔτεινε, καὶ ἔξωθεν τὰ σώματα
αὐτῇ περιεκάλυψεν. (3) Ἔστι δ' ἀόρατος ἡ ψυχὴ,
καὶ πάσαις ταῖς αἰσθήσεσιν ἀναίσθητος, ὡς ἐν τοῖς
Νόμοις εἴρηται· διὸ καὶ φθαρτὸς ἡμῶν εἰς ἕκαστός
ἐστιν· ὁ δὲ κόσμος οὐ φθαρησόμενος. (4) Ἡμῶν μὲν
γὰρ ἑκάστου τὴν ζωτικὴν δύναμιν ἐντὸς περιέχει τὸ
θνητοειδὲς καὶ διάλυτον· ἐν δὲ τῷ κόσμῳ τοὐναντίον,
ὑπὸ τῆς κυριωτέρας ἀρχῆς καὶ κατὰ τὰ αὐτὰ ὡσαύτως
ἐχούσης ἀεὶ σώζεται τὸ σωματικὸν ἐν μέσῳ περιεχόμενον. (5) Καὶ μὴν ἀμερές γε λέγεται καὶ ἀμέριστον,
τὸ μὲν σῶμα μικρότητι, τὸ δ' ἀσώματον καὶ νοητὸν,
ὡς ἁπλοῦν καὶ εἰλικρινὲς καὶ καθαρὸν ἁπάσης στερεότητος καὶ διαφορᾶς. (6) Καὶ ἄλλως εὔηθές ἐστι, τοῖς
σωματικοῖς τεκμαίρεσθαι περὶ τῶν ἀσωμάτων. Τὸ
γοῦν Νῦν, ἀμερὲς μὲν καλεῖται καὶ ἀμέριστον, ἅμα
δὲ πανταχοῦ ἐνέστηκε, καὶ οὐθὲν αὐτοῦ τῆς οἰκουμένης μέρος ἔρημόν ἐστιν· ἀλλὰ καὶ πάθη πάντα καὶ
πράξεις, φθοραί τε πᾶσαι καὶ γενέσεις αἱ ὑπὸ τὸν κόσμον ἐν τῷ Νῦν περιέχονται. (7) Κριτήριον δὲ τοῦ
νοητοῦ μόνον ἐστὶν ὁ νοῦς, ὡς φωτὸς ὄψις, δι' ἁπλότητα καὶ ὁμοιότητα· τὰ δὲ σώματα, πολλὰς διαφορὰς
ἔχοντα καὶ ἀνομοιότητας, ἄλλα ἄλλοις κριτηρίοις,
ὥσπερ ὀργάνοις, ἁλίσκεσθαι πέφυκεν. (8) Ἀλλὰ μὴν
οὐδὲ τῆς ἐν ἡμῖν νοητῆς καὶ νοερᾶς δυνάμεως κατα-
φρονοῦσιν ὀρθῶς· πολλὴ γὰρ οὖσα καὶ μεγάλη, περίεστι
παντὸς τοῦ αἰσθητοῦ, καὶ μέχρι τῶν θείων ἐξικνεῖται.
(9) Τὸ δὲ μέγιστον αὐτὸς ἐν Συμποσίῳ διδάσκων, πῶς
δεῖ τοῖς ἐρωτικοῖς χρῆσθαι, μετάγοντα τὴν ψυχὴν ἀπὸ
τῶν αἰσθητῶν καλῶν ἐπὶ τὰ νοητὰ, παρεγγυᾷ μήτε
σώματός τινος μήτ' ἐπιτηδεύματος μήτ' ἐπιστήμης
κάλλει μιᾶς ὑποτετάχθαι καὶ δουλεύειν, ἀλλ' ἀποστάντα
τῆς περὶ ταῦτα μικρολογίας ἐπὶ τὸ πολὺ τοῦ καλοῦ πέλαγος τρέπεσθαι.

---

multitudinem, quinque nobis sensus natura dedit, qui de iis
judicent : neque tamen hi omnia deprehendunt, multis sensum ob sui exilitatem subterfugientibus. (12) Porro, sicuti
quisque nostrûm animo et corpore constat, et vis princeps
mentis exigua latet in magna corporis mole, eodem modo
in Universo se habere intelligibilia et sensilia, consentaneum
est. Nam intelligibilia priora sunt corporeis : principio autem quovis plus est et majus id quod ex principio oritur.

II. Contra autem aliquis dicet : primum nos sensilia intelligibilibus comparando, quodammodo mortalia divinis exæ-
quare. Deus enim est ex genere intelligibilium. (2) Deinde
ubique id quod continetur, continente minus est. At Universi natura intelligibilibus sensilia continet; deus enim
animam in medio positam per omnia extendit, eamque foris
corporibus circumdedit. (3) Videri autem non potest
anima, neque ullo alio sensu percipi, ut in Legibus dictum
est : itaque et nostrûm unusquisque interitui obnoxius est,
mundus nequaquam interibit. (4) Nam cujusvis nostrûm
intus vitalem vim mortale ac dissolubile corpus in se continet : in mundo contra a principe parte et semper eodem
modo se habente, corporea perpetuo conservatur natura in
medio sita. (5) Et vero diversis modis sensile et intelligibile corporisque expers dicuntur individua esse, nullamque
admittere partitionem : illud ob exiguitatem, hoc ob simplicitatem ac sinceritatem, et quod omnis crassitiei expers est
atque differentiæ. (6) Quin et alioqui ineptum est ex corporeis rebus judicare de incorporeis velle. Nam *Nunc* individuum dicitur, et quod in partes scindi nequeat, simul tamen ubique instat, neque eo una ulla mundi pars vacat : sed
et affectiones in mundo omnes, et actiones, interitusque et
ortus eo, quod *Nunc* dicitur, continentur. (7) De intelligibilibus, quippe quæ sola mente percipiuntur, sola mens judicat, sicut solus visus de luce, ob simplicitatem et similitudinem. Corpora autem quum varias habeant differentias et
diversitates, alia aliis judicandi tanquam instrumentis percipiuntur. (8) Ceterum ne hoc quidem recte, quod eam quæ
in nobis est intelligentem intelligibilemque facultatem despiciunt : quæ quum sit magna atque multa, complectitur
omnia sensilia, et usque ad res divinas pertingit. (9) Id
vero maximum est, quod ipse in Convivio docens quo pacto
amatoriis uti debeamus, animum a sensilibus bonis ad
intelligibilia traducendo, hortatur nos, *ne sive corporis sive
studii sive scientiæ pulchritudini addicti serviamus
unius ; sed abjecta ista pusillanimitate ad vastum pulchritudinis mare nos convertamus.*

ZHTHMA Δ'.

1. « Τί δήποτε τὴν ψυχὴν ἀεὶ πρεσβυτέραν ἀποφαίνων τοῦ σώματος αἰτίαν τε τῆς ἐκείνου γενέσεως καὶ
ἀρχὴν, πάλιν φησὶν, οὐκ ἂν γενέσθαι ψυχὴν ἄνευ σώ-
5 ματος, οὐδὲ νοῦν ἄνευ ψυχῆς, ἀλλὰ ψυχὴν μὲν ἐν σώματι, νοῦν δ' ἐν τῇ ψυχῇ; δόξει γὰρ τὸ σῶμα καὶ εἶναι
καὶ μὴ εἶναι, συνυπάρχον ἅμα τῇ ψυχῇ καὶ γεννώμενον ὑπὸ τῆς ψυχῆς. »

2. * Ἢ τὸ πολλάκις ὑφ' ἡμῶν λεγόμενον ἀληθές
10 ἐστιν; ἡ μὲν γὰρ ἄνους ψυχὴ καὶ τὸ ἄμορφον σῶμα συν-
υπῆρχον ἀλλήλοις ἀεὶ, καὶ οὐδέτερον αὐτῶν γένεσιν
ἔσχεν οὐδ' ἀρχήν· ἐπεὶ δὲ ἡ ψυχὴ νοῦ μετέλαβε καὶ
ἁρμονίας, καὶ γενομένη διὰ συμφωνίας ἔμφρων, μεταβολῆς αἰτία γέγονε τῇ ὕλῃ, καὶ κρατήσασα ταῖς αὑτῆς
15 κινήσεσι τὰς ἐκείνης ἐπεσπάσατο καὶ ἐπέστρεψεν, οὕτω
τὸ σῶμα τοῦ κόσμου γένεσιν ἔσχεν ὑπὸ τῆς ψυχῆς, καὶ
κατασχηματιζόμενον καὶ συνομοιούμενον. (3) Οὐ γὰρ
ἐξ αὑτῆς ἡ ψυχὴ τὴν τοῦ σώματος ἐδημιούργει φύσιν,
οὐδ' ἐκ τοῦ μὴ ὄντος, ἀλλ' ἐκ σώματος ἀτάκτου καὶ
20 ἀσχηματίστου σῶμα τεταγμένον ἀπειργάσατο καὶ πειθήνιον. (4) Ὥσπερ οὖν εἰ φαίη τις ἀεὶ τὴν τοῦ σπέρματος δύναμιν εἶναι μετὰ σώματος, γεγονέναι μέντοι
τὸ σῶμα τῆς συκῆς ἢ τῆς ἐλαίας ὑπὸ σπέρματος, οὐδὲν
ἐρεῖ διάφωνον· αὐτὸ γὰρ τὸ σῶμα, κινήσεως αὐτῷ καὶ
25 μεταβολῆς ὑπὸ τοῦ σπέρματος ἐγγενομένης, ἔφυ τοιοῦτο
καὶ διεβλάστησεν· οὕτως ἡ ἄμορφος ὕλη καὶ ἀόριστος
ὑπὸ τῆς ψυχῆς ἐνούσης σχηματισθεῖσα, μορφὴν ἔσχε
τοιαύτην καὶ διάθεσιν.

ZHTHMA Ε'.

30 I. « Διὰ τί, τῶν μὲν εὐθυγράμμων, τῶν δὲ κυκλικῶν
σωμάτων καὶ σχημάτων ὄντων, τὰς τῶν εὐθυγράμμων
ἀρχὰς ἔλαβε τὸ ἰσοσκελὲς τρίγωνον καὶ τὸ σκαληνόν;
ὧν τὸ μὲν τὸν κύβον συνέστησε γῆς στοιχεῖον ὄντα, τὸ
δὲ σκαληνὸν τήν τε πυραμίδα καὶ τὸ ὀκτάεδρον, καὶ τὸ
35 εἰκοσάεδρον, τὸ μὲν πυρὸς σπέρμα, τὸ δ' ἀέρος, τὸ δὲ
ὕδατος γενόμενον· (2) τὸ δὲ τῶν κυκλικῶν ὅλως παρῆκε,
καίτοι μνησθεὶς τοῦ σφαιροειδοῦς, ἐν οἷς φησι τῶν κα-
τηριθμημένων σχημάτων ἕκαστον σώματος περιφεροῦς
εἰς ἴσα διανεμητικὸν εἶναι. »

40 3. Πότερον, ὡς ὑπονοοῦσιν ἔνιοι, τὸ δωδεκάεδρον τῷ
σφαιροειδεῖ προσένειμεν, εἰπὼν ὅτι τούτῳ πρὸς τὴν τοῦ
παντὸς ὁ θεὸς κατεχρήσατο φύσιν, ἐκεῖνο διαζωγραφῶν;
(4) Καὶ γὰρ μάλιστα τῷ πλήθει τῶν στοιχείων, ἀμβλύτητι δὲ τῶν γωνιῶν τὴν εὐθύτητα διαφυγὸν, εὐκαμπές
45 ἐστι, καὶ τῇ περιτάσει, καθάπερ αἱ δωδεκάσκυτοι
σφαῖραι, κυκλοτερὲς γίνεται καὶ περιληπτικόν· (5) ἔχει
γὰρ εἴκοσι γωνίας στερεάς, ὧν ἑκάστην ἐπίπεδοι περιέχουσιν ἀμβλεῖαι τρεῖς· ἑκάστη γὰρ ὀρθῆς ἐστι καὶ
πέμπτου μορίου· συνήρμοσται δὲ καὶ συμπέπηγεν ἐκ
50 δώδεκα πενταγώνων ἰσογωνίων καὶ ἰσοπλεύρων· ὧν

QUÆSTIO IV.

1. *Qua de causa Plato, quum semper animam dicat corpore antiquiorem, eique ortus principium et causam, tamen dicit « neque animam exstitisse sine corpore, neque mentem sine anima, sed animam in corpore, mentem in anima? » sic enim videbitur corpus et esse et non esse, quod et simul cum anima exsistat, et ab anima gignatur.*

2. An verum est id quod sæpe diximus? Scilicet mentis expers anima, et corpus informe, semper simul fuerunt, neutrumque eorum ortum habuit aut principium. Postquam autem anima mentem et harmoniam participavit, atque ob concentum sapiens facta mutationem materiæ intulit, suisque motibus superior motiones ejus ad se traxit atque convertit; ita corpus mundi ab anima principium duxit, eique conforme et simile est factum. (3) Non enim ex se ipsa naturam corporis est fabricata anima, neque ex nihilo, sed ex incomposito et informi corpore conditum atque obtemperans reddidit. (4) Ergo sicut is, qui dicat semper vim seminis esse cum corpore, tamen corpus ficus aut oleæ a semine factum, nihil dicat dissonans : ipsum quippe corpus, motus et mutationis principio a semine indito, sic natum est atque pullulavit : ita informis et indefinita materia ab insita anima quum formaretur, talem formam atque dispositionem accepit.

QUÆSTIO V.

I. *Cur, quum corpora et figuræ partim rectis lineis, partim circulis contineantur, rectilineorum principia statuit triangulum æquilaterum, et inæqualium omnium laterum, qui scalenus dicitur : quorum illud cubum confecerit terræ elementum, hoc pyramidem, octaedrum, icosaedrum, quæ sunt ignis, aeris et aquæ primordia : (2) circularia autem omnino omisit, quamvis globi mentionem fecisset, ubi dictarum figurarum a quavis rotundum corpus ait posse in æqualia dividi?*

3. An vera est eorum sententia, qui eum *dodecaedrum*, id est duodecim basium corpus, globo ascripsisse dicunt, quum ait deum eo usum in expingenda Universi natura? (4) Etenim corpus duodecim basium, multitudine laterum, angulorumque amplitudine, recti naturam subterfugiens, flexile est, et circum-extendendo, sicut globi e duodecim pellibus compacti, circulum imitatur, ac multa complectitur. (5) Habet enim viginti angulos solidos, quorum quivis tribus planis obtusis continetur, singulis rectum et ejus quintam partem continentibus. Compingitur autem atque concinnatur ex duodecim quinquangulis æquilateris atque

ἕκαστον ἐκ τριάκοντα τῶν πρώτων σκαληνῶν τριγώνων
συνέστηκε· (6) διὸ καὶ δοκεῖ τὸν ζῳδιακὸν ἅμα καὶ τὸν
ἐνιαυτὸν ἀπομιμεῖσθαι ταῖς διανομαῖς τῶν μοιρῶν ἰσα-
ρίθμοις οὔσαις.

II. Ἢ πρότερόν ἐστι κατὰ φύσιν τὸ εὐθὺ τοῦ περιφεροῦς, μᾶλλον δὲ ὅλως πάθος τι τῆς εὐθείας ἡ περιφε-
ρής; κάμπτεσθαι γὰρ λέγεται τὸ ὀρθόν, καὶ ὁ κύκλος
γράφεται κέντρῳ καὶ διαστήματι· τοῦτο δέ ἐστιν εὐθείας
τόπος, ὑφ' ἧς καὶ μετρεῖται· τὸ γὰρ περιέχον ἐκ τοῦ μέσου
πανταχόθεν ἴσον ἀφέστηκε. (2) Γεννᾶται δὲ καὶ κῶνος καὶ
κύλινδρος ἀπ' εὐθυγράμμων· ὁ μὲν, τριγώνου περὶ μίαν
πλευρὰν μένουσαν τῇ ἑτέρᾳ πλευρᾷ καὶ τῇ βάσει περιε-
νεχθέντος· ὁ δὲ κύλινδρος, παραλληλογράμμου ταὐτὸ
τοῦτο παθόντος. (3) Ἔτι, τῆς μὲν ἀρχῆς ἐγγυτέρω τὸ
ἔλαττον, ἐλαχίστη δὲ πασῶν ἡ εὐθεῖα· τῆς γὰρ περιφεροῦς
τὸ μέν ἐστι κοῖλον, [τὸ ἐντός·] τὸ δὲ κυρτόν, τὸ ἐκτός. (4)
Ἔτι, τῶν σχημάτων οἱ ἀριθμοὶ πρότεροι· καὶ γὰρ ἡ
μονὰς τῆς στιγμῆς· ἔστι γὰρ ἡ στιγμὴ μονὰς ἐν θέσει·
καὶ μὴν ἡ μονὰς τρίγωνός ἐστι· πᾶς γὰρ τρίγωνος ἀριθμὸς ὀκτάκις γενόμενος, καὶ μονάδα προσλαβών, γίνεται τετράγωνος· τοῦτο δὲ καὶ τῇ μονάδι συμβέβηκε·
πρότερον οὖν τοῦ κύκλου τὸ τρίγωνον· εἰ δὲ τοῦτο, καὶ
εὐθεῖα τῆς περιφεροῦς. (5) Ἔτι, τὸ στοιχεῖον εἰς οὐδὲν διαιρεῖται τῶν συνισταμένων ἐξ αὐτοῦ, τοῖς δ' ἄλλοις
εἰς τὸ στοιχεῖον ἡ διάλυσις· * εἰ τοίνυν τὸ μὲν τρίγωνον
εἰς οὐδὲν περιφερὲς διαλύεται, τὸν δὲ κύκλον εἰς τέτταρα
τρίγωνα τέμνουσιν αἱ δύο διάμετροι, πρότερον ἂν τῇ
φύσει καὶ στοιχειωδέστερον εἴη τοῦ κυκλικοῦ τὸ εὐθύγραμμον. (6) Ὅτι τοίνυν προηγούμενον μέν ἐστι τὸ
εὐθύγραμμον, τὸ δὲ κυκλικὸν ἐπιγινόμενον καὶ συμβεβηκός, αὐτὸς ὁ Πλάτων ἐνεδείξατο· τὴν γὰρ γῆν ἐκ κύβων συστησάμενος, ὧν ἕκαστον εὐθύγραμμοι περιέχουσιν ἐπιφάνειαι, σφαιροειδὲς αὐτῆς γεγονέναι τὸ σχῆμά
φησι καὶ στρογγύλον. (7) Ὥστ' οὐδὲν ἔδει ποιεῖν τῶν
περιφερῶν ἴδιον στοιχεῖον, εἰ καὶ τοῖς εὐθυγράμμοις πρὸς
ἄλληλά πως συναρμοττομένοις ὁ σχηματισμὸς οὗτος
ἐπιγίνεσθαι πέφυκεν.

III. Ἔτι, εὐθεῖα μὲν, ἥ τε μείζων, ἥ τε μικροτέρα,
τὴν αὐτὴν εὐθύτητα διατηρεῖ, τὰς δὲ τῶν κύκλων περι-
φερείας, ἂν ὦσι σμικρότεραι, καμπυλωτέρας καὶ σφιγ-
γομένας τῇ κυρτότητι μᾶλλον ὁρῶμεν· ἂν δὲ μείζους,
ἀνειμένας· (2) ἱστάμενοι γοῦν κατὰ τὴν κυρτὴν περιφέρειαν, οἱ μὲν κατὰ σημεῖον, οἱ δὲ κατὰ γραμμὴν ἅ-
πτονται τῶν ὑποκειμένων ἐπιπέδων· ὥστε ὑπονοήσειεν ἂν
τις, εὐθείας κατὰ μικρὰ πολλὰς συντιθεμένας τὴν περιφερῆ γραμμὴν ἀποτελεῖν.

IV. Ὅρα δὲ μὴ τῶν ἐνταῦθα κυκλικῶν καὶ σφαι-
ροειδῶν οὐδέν ἐστιν ἀπηκριβωμένον, ἀλλ' ἐντάσει καὶ
περιτάσει τῶν εὐθυγράμμων, ἢ μικρότητι τῶν μορίων
τῆς διαφορᾶς λανθανούσης, ἐπιφαίνεται τὸ στρογγύλον
καὶ κυκλοειδές· (2) ὅθεν οὐδὲ κινεῖται φύσει τῶν ἐνταῦθα
σωμάτων ἐγκυκλίως οὐδέν, ἀλλ' ἐπ' εὐθείας ἅπαντα· τὸ
δ' ὄντως σφαιροειδὲς οὐκ ἔστιν αἰσθητοῦ σώματος, ἀλλὰ
τῆς ψυχῆς καὶ τοῦ νοῦ στοιχεῖον, οἷς καὶ τὴν κυκλοφο-

æquiangulis, quorum quodvis constat e triginta primis triangulis scalenis. (6) Itaque videtur simul et Zodiacum et
annum repræsentare, quod in æquales cum illis numero
portiones dividatur.

II. An quia ordine naturæ rectum circumferentiæ antecedit? aut potius circumferentia accidens quodpiam recti est
omnino? flecti enim dicitur rectum, et circulus describitur e centro, certa inter id et circumferentiam intercapedine,
quæ rectam lineam capit et sui mensuram habet; undiquaque enim circumferentia a medio æque distat. (2) Tum
conus quoque et cylindrus a rectilineis producuntur : ille,
si fixo latere uno trianguli, alterum latus in orbem circum-
agatur : hic, si idem parallelogrammo contingat. (3) Et
quando principio id est propius, quod est minus : minima
utique est omnium linearum recta, utpote simplex, quum
in circumferente quod intus est, sit concavum; quod extra,
convexum. (4) Præterea numeri figuris sunt priores, sicut
et unitas prior puncto : quod est unitas in positu conside-
rata. At vero quævis unitas, triangulus est. Nam omnis
triangulus numerus, si octies sumtus unitatem asciscat,
quadratum exhibet : estque hoc ei cum unitate commune.
Prior ergo circulo est triangulus : ac proinde etiam recta
circumferentem antecedit. (5) Jam elementum nullum in
ea dividitur, quæ ex ipso sunt composita; hæc autem in
elementa resolvuntur sua. At triangulus non resolvitur in
ullam circumferentia comprehensam figuram; circulum
duæ diametri in quattuor dividunt triangulos : ergo prius
est rectilineum circulo, magisque elementi naturam habet.
(6) Sed et ipse Plato ostendit rectilineum esse priore loco,
circulum ejus quasi appendicem quandam et accidens. Ubi
enim terram ex cubis constituit, quorum quivis rectilineis
continetur superficiebus, ait corpus ejus globosum fieri ac
teres. (7) Non itaque opus fuit peculiare elementum rotundis ponere : quando etiam certo modo inter se concinnata
rectilinea hanc figuram præstare possunt.

III. Adde quod rectæ lineæ, sive magnæ sint sive parvæ,
eandem prorsus conservant rectitudinem : circulorum circumferentiæ quanto sunt minores, tanto magis curvatæ
atque arctatæ sunt : quanto majores, tanto laxiores. (2)
Insistentes itaque in superficie convexa, aliæ in puncto,
aliæ in linea, attingunt subjectas planas superficies : ut
suspicari nonnemo possit, a rectis paullatim multis compositis circumferentem lineam absolvi.

IV. Hoc etiam vide, ne eorum quæ in caduca sunt natura circularium et globosorum, fortasse nihil sit ex omni
parte suo respondens nomini : sed intensione et circumten-
sione rectilineorum, aut exiguitate particularum, latente
discrimine, ut id quod non est, videatur rotundum atque
teres. (2) Itaque ergo caducorum corporum nullum circulari motu circumagitatur, sed ad rectam omnia lineam.
Vere autem globosum esse, non est sensilis corporis, sed

ρικὴν κίνησιν, ὡς προσήκουσαν κατὰ φύσιν, ἀποδίδωσιν.

animæ et mentis elementum : quibus etiam circularem revolutionem, ut naturæ convenientem eorum, assignat.

ΖΗΤΗΜΑ Ϛ′.

I. « Πῶς ποτε ἐν τῷ Φαίδρῳ λέγεται τὸ τὴν τοῦ πτεροῦ φύσιν, ὑφ' ἧς ἄνω τὸ ἐμβριθὲς ἀνάγεται, κεκοινωνηκέναι μάλιστα τῶν περὶ τὸ σῶμα τοῦ θεοῦ; »

2. Πότερον ὅτι περὶ ἔρωτος ὁ λόγος ἐστί; κάλλους δὲ τοῦ περὶ τὸ σῶμα ὁ ἔρως, τὸ δὲ κάλλος ὁμοιότητι τῇ πρὸς τὰ θεῖα κινεῖ καὶ ἀναμιμνήσκει τὴν ψυχήν. (3) Ἢ μᾶλλον οὐθὲν περιεργαστέον, ἀλλ' ἁπλῶς ἀκουστέον ὅτι, τῶν περὶ τὸ σῶμα τῆς ψυχῆς δυνάμεων πλειόνων οὐσῶν, ἡ διαλογιστικὴ καὶ διανοητικὴ μάλιστα τοῦ θείου κεκοινώνηκεν, ἣν τῶν θείων καὶ οὐρανίων ἔφησεν; ἣν οὐκ ἀπὸ τρόπου πτερὸν προσηγόρευσεν, ὡς τὴν ψυχὴν ἀπὸ τῶν ταπεινῶν καὶ θνητῶν ἀναφέρουσαν.

QUÆSTIO VI.

1. *Quomodo in Phædro dicitur naturam alæ, qua id quod grave est sursum evehitur, ex rebus corporeis unam maxime dei participem esse?*

2. An quia de amore sermo est? amor vero est pulchritudinis corpori inhærentis : pulchritudo autem similitudine rerum divinarum movet animum, eique eas in memoriam redigit. (3) Aut potius, absque ulla curiosa interpretatione, verba simpliciter sunt accipienda : nempe quod, plerisque animi facultatibus circa corpus occupatis, vis ratiocinandi et intelligendi maxime divinam participet naturam : quam ille vim divinarum ac cœlestium rerum capacem quum dixisset, non abs re alam appellavit, ut quæ animam ab humilibus et caducis rebus sursum evehat.

ΖΗΤΗΜΑ Ζ′.

I. « Πῶς ποτέ φησιν ὁ Πλάτων τὴν ἀντιπερίστασιν τῆς κινήσεως, διὰ τὸ μηδαμοῦ κενὸν ὑπάρχειν, αἰτίαν εἶναι τῶν περὶ τὰς ἰατρικὰς σικύας παθημάτων, καὶ τῶν περὶ τὴν κατάποσιν, καὶ τὰ ῥιπτούμενα βάρη, καὶ τὰ τῶν ὑδάτων ῥεύματα, καὶ κεραυνοὺς, τήν τε φαινομένην πρὸς ἤλεκτρα καὶ τὸν λίθον τὸν Ἡράκλειον ὁλκὴν, τάς τε τῶν φθόγγων συμφωνίας; » δόξει γὰρ ἀτόπως αἰτίαν [μίαν] παμπόλλων καὶ ἀνομοίων γένεσιν ἐπάγειν παθῶν.

II. Τὸ μὲν γὰρ περὶ τὴν ἀναπνοὴν, ὡς γίνεται τῇ ἀντιπεριστάσει τοῦ ἀέρος, αὐτὸς ἱκανῶς ἀποδέδειχε· τὰ δὲ λοιπὰ πάντα φήσας θαυματουργεῖσθαί τε καὶ εἶναι μηδὲν, περιωθεῖν τε αὐτὰ ταῦτ' εἰς ἄλληλα, καὶ διαμείβεσθαι πρὸς τὰς αὐτῶν ἕδρας ἰόντα, τὴν καθ' ἕκαστον ἐξεργασίαν ἡμῖν ἀφῆκε.

III. Πρῶτον μὲν οὖν τὸ περὶ τὴν σικύαν τοιοῦτόν ἐστιν· ὁ περιληφθεὶς ὑπ' αὐτῆς πρὸς τῇ σαρκὶ μετὰ θερμότητος ἀὴρ ἐκπυρωθεὶς, καὶ γενόμενος τῶν τοῦ χαλκοῦ πόρων ἀραιότερος, ἐξέπεσεν οὐκ εἰς κενὴν χώραν, οὐ γάρ ἐστιν, εἰς δὲ τὸν περιεστῶτα τὴν σικύαν ἔξωθεν ἀέρα, κἀκεῖνον ἀπέωσεν· ὁ δὲ τὸν πρὸ αὐτοῦ· καὶ τοῦτο πάσχων ἀεὶ καὶ δρῶν ὁ ἔμπροσθεν ὑποχωρεῖ, τῆς κενουμένης γλιχόμενος χώρας, ἣν ὁ πρῶτος ἐξέλιπεν· * οὕτω δὲ τῇ σαρκὶ περιπίπτων, ἧς ἡ σικύα δέδρακται, καὶ ἀναξέων ἅμα συνεκθλίβει τὸ ὑγρὸν εἰς τὴν σικύαν.

IV. Ἡ δὲ κατάποσις γίνεται τὸν αὐτὸν τρόπον· αἱ γὰρ περὶ τὸ στόμα καὶ τὸν στόμαχον κοιλότητες, ἀέρος ἀεὶ πλήρεις εἰσίν· ὅταν οὖν ἐμπιεσθῇ τὸ σιτίον ὑπὸ τῆς γλώττης, ἅμα καὶ τῶν παρισθμίων ἐνταθέντων, ἐκθλιβόμενος ὁ ἀὴρ πρὸς τὸ εἶκον, ἕπεται τοῦ ὑποχωροῦντος, καὶ συνεπωθεῖ τὸ σιτίον.

QUÆSTIO VII.

I. *Qua tandem ratione ait Plato,* « *motus circumresistentiam (hoc enim nobis sit antiperistasis) eo quod nusquam quicquam sit inane, causam esse eorum quæ eveniunt medicorum cucurbitulis, gluttitioni, onerum jactationi, aquarum fluxui, fulminibus, succino et Herculeo lapidi res ad se trahentibus, et sonorum consonantiæ?* Videantur enim absurde tam multi tamque diversi effectus ab una causa duci.

II. Nam quomodo ob circumresistentiam aeris respiratio fiat, ipse satis explicavit : reliqua omnia dicens, ut præstigiatorum artificia magis specie quam re mirabilia effici, nihilque esse, atque ipsa sese invicem contrudere, et vicissim impellendo suas sedes petere, singula nobis explicanda reliquit.

III. Primum de cucurbitula res ita habet. Aer carni proximus ab ea cum calore comprehensus et inflammatus, rariorque quam sint aeris meatus redditus, excidit non in vacuum spatium, quod nullum est, sed in eum aerem qui foris ambit cucurbitulam, eumque impellit : is vicissim ante se situm : atque ita semper aerem aer impellit cedentem, appetens succedere in locum vacuatum prioris cessione. Sic autem aer accidens ad carnem a cucurbitula comprehensam, et radens illam, simul humorem in cucurbitulam elidit.

IV. Eadem est degluttiendi ratio. Cavitates enim quæ circa os sunt et stomachum, semper aeris sunt plenæ : quum ergo cibus in eas deprimitur a lingua, simul et tonsillis intentis, elisus aer cedentem insequitur, unaque cibum detrudit.

V. Τὰ δὲ ῥιπτούμενα βάρη τὸν ἀέρα σχίζει μετὰ πληγῆς ἐμπεσόντα, καὶ διίστησιν· ὁ δὲ περιρρέων ὀπίσω, τῷ φύσιν ἔχειν ἀεὶ τὴν ἐρημουμένην χώραν διώκειν καὶ ἀναπληροῦν, συνέπεται τῷ ἀφιεμένῳ, τὴν κίνησιν ἐπιταχύνων.

VI. Αἱ δὲ τῶν κεραυνῶν πτώσεις καὶ αὐταὶ ῥίψεσιν ἐοίκασιν· ἐκπηδᾷ γὰρ ὑπὸ πληγῆς ἐν τῷ νέφει γενομένης τὸ πυρῶδες εἰς τὸν ἀέρα· κἀκεῖνος ἀντιρραγεὶς ὑποχωρεῖ, καὶ πάλιν ἐς ταὐτὸ συμπίπτων ἄνωθεν, ἐξωθεῖ κάτω παρὰ φύσιν ἀποβιαζόμενος τὸν κεραυνόν.

VII. Τὸ δ' ἤλεκτρον οὐδὲν ἕλκει τῶν παρακειμένων, ὥσπερ οὐδ' ἡ σιδηρῖτις λίθος, οὐδὲ προσπηδᾷ τι τούτοις ἀφ' αὑτοῦ τῶν πλησίον· ἀλλ' ἡ μὲν λίθος τινὰς ἀπορροίας ἐξίησιν ἐμβριθεῖς καὶ πνευματώδεις, αἷς ὁ συνεχὴς ἀναστελλόμενος ἀὴρ ὠθεῖ τὸν πρὸ αὑτοῦ· κἀκεῖνος ἐν κύκλῳ περιιὼν, καὶ ὑπονοστῶν αὖθις ἐπὶ τὴν κενουμένην χώραν, ἀποβιάζεται καὶ συνεφέλκεται τὸν σίδηρον. (2) Τὸ δ' ἤλεκτρον ἔχει μέν τι φλογοειδὲς ἢ πνευματικὸν, ἐκβάλλει δὲ τοῦτο τῇ τρίψει τῆς ἐπιφανείας, τῶν πόρων ἀναστομωθέντων· τὸ δὲ ταὐτὸ μὲν ἐκπεσὸν ποιεῖ τῷ τῆς σιδηρίτιδος, ἐφέλκεται δὲ τῶν πλησίον τὰ κουφότατα καὶ ξηρότατα διὰ λεπτότητα καὶ ἀσθένειαν· οὐ γάρ ἐστιν ἰσχυρὸν, οὐδ' ἔχει βάρος, οὐδὲ ῥύμην πλῆθος ἀέρος ἐξῶσαι δυναμένην, ᾧ τῶν μειζόνων, ὥσπερ ἡ σιδηρῖτις, ἐπικρατήσει. 3) Πῶς οὖν οὔτε λίθον οὔτε ξύλον ὁ ἀὴρ, ἀλλὰ μόνον τὸν σίδηρον ὠθεῖ, καὶ προστέλλει πρὸς τὴν λίθον; αὕτη δ' ἔστι μὲν ἀπορία κοινὴ πρός τε τοὺς ὁλκῇ τοῦ λίθου, καὶ τοὺς φορᾷ τοῦ σιδήρου τὴν σύμπηξιν οἰομένους γίνεσθαι τῶν σωμάτων. ** (4) Ὁ σίδηρος οὔτ' ἄγαν ἀραιός ἐστιν ὡς ξύλον, οὔτ' ἄγαν πυκνὸς, ὡς χρυσὸς ἢ λίθος, ἀλλ' ἔχει πόρους καὶ οἴμας καὶ τραχύτητας διὰ τὰς ἀνωμαλίας τῷ ἀέρι συμμέτρους· ὥστε μὴ (τε) ἀπολισθαίνειν, ἀλλὰ ἕδραις τισὶν ἐνισχόμενον καὶ ἀντερείσεσι περιπλοκὴν σύμμετρον ἐχούσαις, ὡς ἂν ἐμπέσῃ πρὸς τὴν λίθον φερόμενος, ἀποβιάζεσθαι καὶ προωθεῖν τὸν σίδηρον. Τούτων μὲν οὖν τοιοῦτός τις ἂν εἴη λόγος. .

VIII. Ἡ δὲ τῶν ἐπὶ γῆς ὑδάτων ῥύσις οὐχ ὁμοίως εὐσύνοπτον ἔχει τὸν τῆς ἀντιπεριώσεως τρόπον. Ἀλλὰ χρὴ καταμανθάνειν τὰ λιμναῖα τῶν ὑδάτων ἀτρεμοῦντα καὶ μένοντα, τῷ περικεχύσθαι καὶ συναγαγεῖν πανταχόθεν αὐτοῖς ἀκίνητον ἀέρα, μηδαμοῦ κενὴν ποιοῦντα χώραν. (2) Τὸ γοῦν ἐπιπολῆς ὕδωρ ἔν τε ταῖς λίμναις καὶ ἐν τοῖς πελάγεσι, δονεῖται καὶ κυμαίνεται, τοῦ ἀέρος σάλον λαμβάνοντος· ἕπεται γὰρ εὐθὺς μεθισταμένῳ καὶ συναπορρεῖ διὰ τὴν ἀνωμαλίαν· ἡ γὰρ κάτω πληγὴ τὴν κοιλότητα ποιεῖ τοῦ κύματος· ἡ δ' ἄνω τὸν ὄγκον, ἄχρις οὗ καταστῇ καὶ παύσηται, τῆς περιεχούσης τὰ ὑγρὰ χώρας ἱσταμένης. (3) Αἱ ῥύσεις οὖν τῶν φερομένων ἀεὶ τὰ ὑποχωροῦντα τοῦ ἀέρος διώκουσαι, τοῖς δ' ἀντιπεριωθουμένοις ἐλαυνόμεναι, τὸ ἐνδελεχὲς καὶ ἀλώφητον ἔχουσι. (4) Διὸ καὶ φέρονται θᾶττον οἱ ποταμοὶ πληθύοντες· ὅταν δ' ὀλίγον ᾖ καὶ κοῖλον, ἵεται τὸ ὑγρὸν ὑπ' ἀσθενείας, οὐχ ὑπείκοντος τοῦ ἀέρος οὐδὲ

V. Pondera autem jactata aerem scindunt, cum ictu in eum incidentia, ac dissipant : is autem retro circumfluens, eo quod ejus natura est hæc, ut vacuatum sequatur impleatque locum, subinde impulsum insequitur, motumque accelerat.

VI. Fulminum autem casus ipsi quoque similes sunt jactationi. Ab ictu enim, qui in nube fit, ignea materia explosa in aerem exsilit, isque contra ruptus cedit, ac rursum in sese concidens desuper, vi deorsum et contra naturam fulmen deprimit.

VII. Electrum vero nihil eorum attrahit quæ ei apposita sunt, ut neque Herculeus lapis, neque quicquam ad ea sponte sua assilit. Sed lapis hic halitus quosdam et spiritus emittit graves, quibus continens aer impulsus, cum qui ante se est trudit, isque in orbem agitatus, et ad vacuatum revertens locum, vi una trahit ferrum. (2) Electro quippiam inest flammeum aut spirabile : atque hoc attritione superficiei reclusis meatibus emissum, idem agit quod magnes : trahit quippe secum proxima corpora, sed ea tantum levissima atque siccissima, ob tenuitatem suam et imbecillitatem : non enim ita validum est, neque gravitate impetuve præditum, quo multum aeris impellere, et majoribus, magnetis in morem, vim facere possit. (3) Cur vero neque lapidem aer, neque lignum, sed ferrum modo ad Herculeum promovet lapidem? hæc enim est quæstio communis et horum qui tractione lapidis, et eorum qui incitatione ferri existimant istorum corporum fieri coitionem. (4) Ferrum neque adeo rarum est ut lignum, neque ita solidum omnino ut aurum vel lapis : sed meatus habet quosdam et transitus atque asperitates, quæ ob inæqualitatem aeri proportione respondent : quibus efficitur ut non elabatur aer, sed sedibus quibusdam receptus, et a ferro moderate reluctante comprehensus, quum in id ad lapidem revertens inciderit, una secum rapiat atque perferat. Atque horum quidem hæc fere est ratio.

VIII. Modus autem quo aquæ per terram fluentes contra aerem circumagunt, non perinde est evidens. Sed animadvertendum est lacum ac paludum aquas immotas manere, quod quasi aggeribus inclusæ sunt, et sibi undiquaque colligunt aerem immobilem, qui nusquam vacuum præbeat locum. (2) Itaque ergo, quæ in superficie est aqua lacuum et marium, turbatur atque fluctuat aere exagitato : sequitur enim statim, eo locum mutante, atque ob inæqualitatem una defluit. Nam ictus qui inferne accidit, cavitatem fluctus efficit; qui superne, tumorem; donec considat et conquiescat humor, tranquillo jam loco cui inclusus est humor. (3) Fluxus ergo aquarum, quæ ita feruntur ut subinde cedentem aerem insequantur, vicissimque ab impulsu adverso circumactis impellantur, absque fine continuantur. (4) Atque hæc est causa, quod fluvii, aucti aquis, celerius currunt : iidem tenues et cavo alveo tardius meant ob imbecillitatem, non cedente aere neque

πολλὴν ἀντιπερίστασιν λαμβάνοντος. (5) Οὕτω δὲ καὶ
τὰ πηγαῖα τῶν ὑδάτων ἀναγκαῖόν ἐστιν ἀναφέρεσθαι,
τοῦ θύραθεν ἀέρος εἰς τὰς κενουμένας ἐν βάθει χώρας
ὑποφερομένου, καὶ πάλιν θύραζε τὸ ὕδωρ ἐκπέμποντος.
(6) * Οἴκου δὲ βαθυσκίου καὶ περιέχοντος ἀέρα νήνεμον,
ὕδατι ῥανθὲν ἔδαφος πνεῦμα ποιεῖ καὶ ἄνεμον, μεθι-
σταμένου τοῦ ἀέρος ἐξ ἕδρας παρεμπίπτοντι τῷ ὑγρῷ,
καὶ πληγὰς λαμβάνοντος. (7) Οὕτως ἐξωθεῖσθαί τε
ὑπ᾽ ἀλλήλων καὶ ἀνθυπείκειν ἀλλήλοις πέφυκεν· οὐκ
οὔσης κενότητος, ἐν ᾗ θάτερον ἱδρυνθὲν, οὐ μεθέξει τῆς
θατέρου μεταβολῆς.

IX. Καὶ μὴν τὰ περὶ τῆς συμφωνίας αὐτὸς εἴρηκεν,
ὃν τρόπον ὁμοιοῦσι τοὺς φθόγγους. Ὀξὺς μὲν γὰρ ὁ
ταχὺς γίνεται, βαρὺς δὲ ὁ βραδύς· διὸ καὶ πρότερον
(οὐ) κινοῦσι τὴν αἴσθησιν οἱ ὀξεῖς· ὅταν δὲ τούτοις ἤδη
μαραινομένοις καὶ ἀπολήγουσιν οἱ βραδεῖς ἐπιβάλωσιν
ἀρχόμενοι, τὸ κραθὲν αὐτῶν δι᾽ ὁμοιοπάθειαν, ἡδονὴν
τῇ ἀκοῇ παρέσχεν, ἣν συμφωνίαν καλοῦσιν. (2) Ὅτι
δὲ τούτων ὄργανον ὁ ἀήρ ἐστι, ῥᾴδιον συνιδεῖν ἐκ τῶν
προειρημένων. Ἔστι γὰρ ἡ φωνὴ πληγὴ τοῦ αἰσθανομένου δι᾽ ὤτων ὑπ᾽ ἀέρος· πλήττει γὰρ πληγεὶς ὁ
ἀὴρ ὑπὸ τοῦ κινήσαντος, ἂν μὲν ᾖ σφοδρὸν, ὀξέως, ἂν
δ᾽ ἀμβλὺ, μαλακώτερον· ὃ δὴ σφόδρα καὶ συντόνως
πληγεὶς προσμίγνυσι τῇ ἀκοῇ πρότερος, εἶτα περιιὼν
πάλιν καὶ καταλαμβάνων τὸν βραδύτερον, συνέπεται
καὶ συμπαραπέμπει τὴν αἴσθησιν.

- - -

ΖΗΤΗΜΑ Η΄.

I. « Πῶς λέγει τὰς ψυχὰς ὁ Τίμαιος εἴς τε γῆν καὶ
σελήνην καὶ τὰ ἄλλα ὅσα ὄργανα χρόνου σπαρῆναι; »
2. Πότερον οὕτως ἐκίνει τὴν γῆν, ὥσπερ ἥλιον καὶ
σελήνην, καὶ τοὺς πέντε πλάνητας, οὓς ὄργανα χρόνου
διὰ τὰς τροπὰς προσηγόρευε; καὶ ἔδει τὴν γῆν, ἰλλομένην περὶ τὸν διὰ πάντων πόλον τεταμένον, μὴ μεμηχανῆσθαι συνεχομένην καὶ μένουσαν, ἀλλὰ στρεφομέ-
νην καὶ ἀνειλουμένην νοεῖν; ὡς ὕστερον Ἀρίσταρχος
καὶ Σέλευκος ἀπεδείκνυσαν· (3) ὁ μὲν, ὑποτιθέμενος
μόνον· ὁ δὲ Σέλευκος, καὶ ἀποφαινόμενος. Θεόφραστος
δὲ καὶ προσιστορεῖ, τῷ Πλάτωνι πρεσβυτέρῳ γενομένῳ
μεταμέλειν, ὡς οὐ προσήκουσαν ἀποδόντι τῇ γῇ τὴν
μέσην χώραν τοῦ παντός.

II. Ἢ τούτοις μὲν ἀντίκειται πολλὰ τῶν ὁμολογουμένως ἀρεσκόντων τῷ ἀνδρί· μεταγραπτέον δὲ τὸ
Χρόνου, Χρόνῳ, λαμβάνοντα ἀντὶ τῆς γενικῆς τὴν
δοτικὴν, καὶ δεκτέον, ὄργανα μὴ τοὺς ἀστέρας, ἀλλὰ
τὰ σώματα τῶν ζώων, λέγεσθαι; καθάπερ Ἀριστοτέλης
ὡρίσατο τὴν ψυχὴν ἐντελέχειαν σώματος φυσικοῦ ὀργανικοῦ δυνάμει ζωὴν ἔχοντος. Ὥστε τοιοῦτον εἶναι
τὸν λόγον· αἱ ψυχαὶ εἰς τὰ προσήκοντα ὀργανικὰ σώματα ἐν χρόνῳ κατεσπάρησαν. (2) Ἀλλὰ καὶ τοῦτο
παρὰ τὴν δόξαν ἐστίν· οὐ γὰρ ἅπαξ ἀλλὰ πολλάκις

magnam circumresistentiam percipiente. (5) Sic et fontium
aquas necesse est effluere, aere extrinsecus in loca vacuata
succedente in profundum, rursumque aquam foras ejiciente.
(6) In domo enim opaca et aerem quietum continente, solum aquâ conspersum edit spiritum aut ventum; quod humori incidenti ictumque afferenti aer e suis sedibus cedit.
(7) Ita natura comparatum est, ut mutuo se pellant, vicissimque cedant aer et aqua; quod nullum est vacuum in quo
alterum subsistens ab altero non moveatur.

IX. De consonantia ipse modum aperuit, quo soni concinunt. Sonus enim celer, fit acutus, tardus autem gravis. Itaque etiam sensum citius movent acuti soni : quibus jam languentibus et evanescentibus ubi superveniunt
graves, quod ex iis ob similem affectionem contemperatur,
id voluptatem auditui affert, quæ *concentus* dicitur. (2)
Facile autem ex iis quæ ante dicta sunt intelligitur, horum
instrumentum esse aerem. Quippe vox est ictus sentientis
per aures ab aere illatus : icit enim aer a movente re ictus :
quod movens si vehemens fuit, acute icit; si languidum,
molliuscule : et quidem aer cum vehementia et contentione
ictus, ad aures celerius accidit : deinde circumiens et assu-
mens tardiorem, assequitur et comitatur sensum.

- - -

QUÆSTIO VIII.

I. *Quomodo ait Timæus animas in terram, lunam
et quæ alia sunt* instrumenta temporis *dispersas esse?*
2. An hoc modo moveri statuebat terram quo solem, lunam et quinque planetas, quos conversionum causa appellat *instrumenta temporis?* et oportuit terram devinctam
circa axem Universi, non ita fabricatam intelligi, ut uno
contenta loco maneret, sed quæ converteretur et circuma-
geretur? ut postmodo Aristarchus et Seleucus ostenderunt,
(3) ille ita ut hoc poneret tantum, hic etiam pronuncians. Theophrastus porro etiam id narrat, Platonem jam
natu grandem pœnitentia fuisse ductum, quod terram in
medio Universi non suo loco collocavisset.

II. An vero his repugnant multæ aliæ haud dubie probatæ Platoni sententiæ? mutata autem scriptura, dativus
χρόνῳ pro genitivo χρόνου legendus est, ut intelligas non
sidera, sed animalium corpora appellari *instrumenta?* quo
modo Aristoteles animam definivit *actum corporis naturalis instrumentis præditi ac facultate vitæ.* Talis ergo
fuerit sententia : *Animæ in congruentia ipsis et instrumentis prædita corpora in tempore sunt dispersæ.* (2)
Sed et hæc aliena est opinio. Non enim semel, sed sæ-

ὄργανα χρόνου τοὺς ἀστέρας εἴρηκεν, ὅπου καὶ τὸν ἥλιον αὐτὸν εἰς διορισμὸν καὶ φυλακὴν ἀριθμῶν χρόνου γεγονέναι φησὶ μετὰ τῶν ἄλλων πλανήτων.

III. Ἄριστον οὖν τὴν γῆν ὄργανον ἀκούειν χρόνου, 5 μὴ κινουμένην, ὥσπερ τοὺς ἀστέρας, ἀλλὰ τῷ περὶ αὐτὴν μένουσαν ἀεὶ παρέχειν ἐκείνοις φερομένοις ἀνατολὰς καὶ δύσεις, αἷς τὰ πρῶτα μέτρα τῶν χρόνων, ἡμέραι καὶ νύκτες, ὁρίζονται· (2) διὸ καὶ φύλακα καὶ δημιουργὸν αὐτὴν ἀτρεκῆ νυκτὸς καὶ ἡμέρας προσ- 10 εἶπε· καὶ γὰρ οἱ τῶν ὡρολογίων γνώμονες οὐ συμμε- θιστάμενοι ταῖς σκιαῖς, ἀλλὰ ἑστῶτες, ὄργανα καὶ χρόνου μέτρα γεγόνασι, μιμούμενοι τῆς γῆς τὸ ἐπι- προσθοῦν τῷ ἡλίῳ περὶ αὐτὴν ὑποφερομένῳ, καθάπερ εἶπεν Ἐμπεδοκλῆς,

15   Νύκτα δὲ γαῖα τίθησιν, ὑρισταμένη φαέεσσι.

Τοῦτο μὲν οὖν τοιαύτην ἔχει τὴν ἐξήγησιν.

IV. Ἐκεῖνο δὲ μᾶλλον ἄν τις ὑπίδοιτο, μὴ παρὰ τὸ εἰκὸς ὁ ἥλιος καὶ ἀτόπως λέγηται μετὰ τῆς σελήνης καὶ τῶν πλανήτων εἰς διορισμὸν χρόνου γεγονέναι. 20 Καὶ γὰρ ἄλλως μέγα τοῦ ἡλίου τὸ ἀξίωμα, καὶ ὑπ’ αὐτοῦ Πλάτωνος ἐν Πολιτείᾳ βασιλεὺς ἀνηγόρευται παντὸς τοῦ αἰσθητοῦ καὶ κύριος, * ὥσπερ τοῦ νοητοῦ τὸ ἀγαθόν· ἐκείνου γὰρ ἔγγονος λέγεται, παρέχων τοῖς ὁρατοῖς μετὰ τοῦ φαίνεσθαι τὸ γίνεσθαι· καθάπερ ἀπ’ 25 ἐκείνου τὸ εἶναι καὶ τὸ γινώσκεσθαι τοῖς νοητοῖς ὑπάρ- χει. (2) Τὸν δὴ τοιαύτην φύσιν ἔχοντα καὶ δύναμιν τηλικαύτην θεόν, ὄργανον χρόνου γεγονέναι καὶ μέτρον ἐναργὲς τῆς πρὸς ἀλλήλας βραδυτῆτι καὶ τάχει τῶν ὀκτὼ σφαιρῶν διαφορᾶς, οὐ πάνυ δοκεῖ πρεπῶδες οὐδ’ 30 ἄλλως εὔλογον εἶναι. (3) Ῥητέον οὖν, τοὺς ὑπὸ τού- των ταραττομένους δι’ ἄγνοιαν οἴεσθαι τὸν χρόνον μέ- τρον εἶναι κινήσεως καὶ ἀριθμὸν κατὰ πρότερον καὶ ὕστερον, ὡς Ἀριστοτέλης εἶπεν· ἢ τὸ ἐν κινήσει ποσόν, ὡς Σπεύσιππος· ἢ διάστημα κινήσεως, ἄλλο δ’ οὐδέν, 35 ὡς ἔνιοι τῶν Στωϊκῶν· ἀπὸ συμβεβηκότος ὁριζόμενοι, τὴν δ’ οὐσίαν αὐτοῦ καὶ τὴν δύναμιν οὐ συνορῶντες, ἣν δ τε Πίνδαρος ἔοικεν οὐ φαύλως ὑπονοῶν, εἰπεῖν,

    Ἄνα[κτα] τῶν πάντων ὑπερβάλλοντα χρόνον μακάρων·

δ τε Πυθαγόρας, ἐρωτηθεὶς τί χρόνος ἐστί, τὴν τούτου 40 ψυχὴν εἰπεῖν. (4) Οὐ γὰρ πάθος οὐδὲ συμβεβηκὸς ἧς ἔτυχε κινήσεως ὁ χρόνος ἐστίν, αἰτία δὲ καὶ δύναμις καὶ ἀρχὴ τῆς πάντα συνεχούσης τὰ γινόμενα συμμε- τρίας καὶ τάξεως, ἣν ἡ τοῦ ὅλου φύσις ἔμψυχος οὖσα κινεῖται· μᾶλλον δὲ κίνησις οὖσα καὶ τάξις αὐτὴ καὶ 45 συμμετρία, χρόνος καλεῖται·

     Πάντα γάρ, δι’ ἀψόφου
   βαίνων κελεύθου, κατὰ δίκην τὰ θνήτ’ ἄγει·

καὶ γὰρ ἡ ψυχῆς οὐσία, κατὰ τοὺς παλαιούς, ἀριθμὸς ἦν αὐτὸς ἑαυτὸν κινῶν. (5) Διὸ δὴ καὶ Πλάτων ἔφη 50 χρόνον ἅμα μετ’ οὐρανοῦ γεγονέναι, κίνησιν δὲ καὶ πρὸ τῆς τοῦ οὐρανοῦ γενέσεως. Χρόνος δ’ οὐκ ἦν

pus, stellas *instrumenta temporis* appellavit : quando etiam ipsum solem ait cum reliquis errantibus stellis fa- ctum ad definiendos et custodiendos temporis numeros.

III. Optimum igitur fuerit sic accipere, dici terram *in- strumentum temporis*, non quæ itidem ut stellæ movea- tur, sed quod suo ipsa semper in loco manens, illis motu cuique suo citatis ortuum et occasuum causa sit : quibus primæ temporum mensuræ, dies et nox, definiuntur. (2) Itaque *custodem* eam, *et veracem noctis dieique artifi- cem* dixit. Etenim horologiorum quoque gnomones, non una cum umbris locum mutantes, sed suo in loco persisten- tes, instrumenta sunt dimetiendi temporis : eoque terram imitantur, quæ solis infra ipsam delati lumen intercipit, sicut ait Empedocles :

Noctem terra facit, dum lucem intercipit almam.

Hoc ergo hanc habet expositionem.

IV. Id vero magis etiam suspicetur nonnemo dictum esse præter probabilitatem, atque adeo absurde, solem et lu- nam ac planetas factos esse ad distinctionem temporis. Nam quum alias magna est solis dignitas, tum ab ipso Pla- tone in Republica vocatur *rex dominusque omnis sensilis naturæ*, sicut Bonum naturæ intelligibilis : nam Boni so- boles dicitur, aspectabilibus rebus hoc dans ut et sint et conspiciantur; sicut res intelligibiles id a Bono habent, ut sint et cognoscantur. (2) Eum igitur deum, tali natura tan- taque potentia præditum, instrumentum esse temporis, ac conspicuam mensuram discriminis, quod ratione tarditatis ac celeritatis octo orbibus inter se intercedit, non admodum dictu decorum ac probabile videtur. (3) Respondendum est, eos, qui his rationibus turbantur, ignoratione labi, quod putant tempus *mensuram* esse *motus*, et *numerum secundum prius ac posterius*, ut Aristoteles dixit; aut *quantitatem in motu*, ut Speusippus; aut *intervallum motus*, aliud nihil, ut Stoicorum nonnulli : ab accidente scilicet rem definientes, naturam autem ejus et vim non perspicientes. Quam quidem Pindarus non inepte videtur intellectam protulisse his verbis :

Regem omnibus præstantem cœlitibus, Tempus.

Pythagoras quoque interrogatus quid esset tempus, *ani- mam Universi* respondit. (4) Non enim affectio aut acci- dens cujusvis motionis est tempus; sed causa, vis et prin- cipium omnia orta continentis concinnitatis atque ordinis, quo natura Universi movetur, animata ea : aut potius ipsa illa quum sit motus et ordo ac concinnitas, tempus dicitur :

Nam juste cuncta, suam ambulans
   viam absque strepitu, temperat mortalia.

Etenim anima, secundum antiquos, proprie est *numerus se ipsum movens :* (5) itaque etiam Plato ait tempus una cum cœlo exstitisse, motum ante cœli ortum fuisse. Tum tem- pus non erat : neque enim ordo tum erat, nec mensura,

οὐδὲ γὰρ τάξις, οὐδὲ μέτρον οὐδὲν, οὐδὲ διορισμός, ἀλλὰ κίνησις ἀόριστος, ὥσπερ ἄμορφος ὕλη χρόνου καὶ ἀσχημάτιστος· ἐπικλύσασα δ' ἐν χρόᾳ καὶ καταβαλοῦσα, τὴν μὲν ὕλην σχήμασι, τὴν δὲ κίνησιν περιόδοις, τὴν μὲν κόσμον ἅμα, τὴν δὲ χρόνον ἐποίησεν. (6) Εἰκόνες δέ, εἰσιν ἄμφω τοῦ θεοῦ, τῆς μὲν οὐσίας ὁ κόσμος, τῆς δ' ἀϊδιότητος ὁ χρόνος ἐν κινήσει, καθάπερ ἐν γενέσει θεὸς ὁ κόσμος. Ὅθεν ὁμοῦ γεγονότας φησὶν ὁμοῦ καὶ λυθήσεσθαι πάλιν, ἄν τις αὐτοὺς καταλαμβάνῃ λύσις. (7) Οὐ γὰρ οἷόν τε [εἶναι] χωρὶς χρόνου τὸ γενητόν, ὥσπερ οὐδὲ τὸ νοητόν, αἰῶνος· εἰ μέλλει τὸ [μὲν] ἀεὶ μένειν, τὸ δὲ μηδέποτε διαλύεσθαι γινόμενον. (8) Οὕτως οὖν ἀναγκαίαν πρὸς τὸν οὐρανὸν ἔχων συμπλοκὴν καὶ συναρμογὴν ὁ χρόνος, οὐχ ἁπλῶς [ἐστὶ] κίνησις, ἀλλ', ὥσπερ εἴρηται, κίνησις ἐν τάξει μέτρον ἐχούσῃ καὶ πέρατα καὶ περιόδους· (9) ὧν ὁ ἥλιος ἐπιστάτης ὢν καὶ σκοπός, ὁρίζειν καὶ βραβεύειν καὶ ἀναδεικνύναι καὶ ἀναφαίνειν μεταβολὰς καὶ ὥρας, αἳ πάντα φέρουσι, καθ' Ἡράκλειτον, οὐδὲ φαύλων οὐδὲ μικρῶν, ἀλλὰ τῶν μεγίστων καὶ κυριωτάτων τῷ ἡγεμόνι καὶ πρώτῳ θεῷ γίνεται συνεργός.

ΖΗΤΗΜΑ Θ΄.

I. Περὶ τῶν τῆς ψυχῆς δυνάμεων ἐν Πολιτείᾳ Πλάτωνος τὴν τοῦ λογικοῦ καὶ θυμοειδοῦς καὶ ἐπιθυμητικοῦ συμφωνίαν ἁρμονίᾳ μέσης καὶ ὑπάτης καὶ νήτης εἰκάσαντος ἄριστα, διαπορήσειεν ἄν τις, « πότερον κατὰ τῆς μέσης τὸ θυμοειδὲς ἢ τὸ λογιστικὸν ἔταξεν· » αὐτὸς γὰρ ἕν γε τούτοις οὐ δεδήλωκεν. (2) Ἡ μὲν οὖν κατὰ τόπον τῶν μερῶν τάξις εἰς τὴν τῆς μέσης χώραν τίθεται τὸ θυμοειδές, τὸ δὲ λογιστικόν, εἰς τὴν τῆς ὑπάτης. Τὸ γὰρ ἄνω καὶ πρῶτον, ὕπατον οἱ παλαιοὶ προσηγόρευον· ᾗ καὶ Ξενοκράτης Δία τὸν ἐν μὲν τοῖς κατὰ τὰ αὐτὰ καὶ ὡσαύτως ἔχουσιν, ὕπατον καλεῖ, νέατον δέ, τὸν ὑπὸ σελήνην· πρότερος δὲ Ὅμηρος τὸν τῶν ἀρχόντων ἄρχοντα θεόν, * ὕπατον κρειόντων προσεῖπε. (3) Καὶ δικαίως τῷ κρατίστῳ ἀποδέδωκε τὴν ἄνω χώραν ἡ φύσις, ὥσπερ κυβερνήτην ἐνιδρύσασα τῇ κεφαλῇ τὸν λογισμόν, ἔσχατον δὲ καὶ νέατον ἀποικίσασα πόρρω τὸ ἐπιθυμητικόν. Ἡ γὰρ κάτω νεάτη προσαγορεύεται τάξις, ὡς δηλοῦσιν αἱ τῶν νεκρῶν κλήσεις νερτέρων καὶ ἐνέρων προσαγορευομένων· ἔνιοι δὲ καὶ τῶν ἀνέμων φασὶ τὸν κάτωθεν ἐκ τοῦ ἀφανοῦς πνέοντα, νότον ὠνομάσθαι. (4) Ἣν οὖν τὸ ἔσχατον ἔχει πρὸς τὸ πρῶτον ἀντίθεσιν, καὶ τὸ νέατον πρὸς τὸ ὕπατον, ταύτην τοῦ ἐπιθυμητικοῦ πρὸς τὸ λογιστικὸν ἔχοντος, οὐκ ἔστιν ἀνωτάτω μὲν εἶναι καὶ πρῶτον, ὕπατον δὲ μὴ εἶναι τὸ λογιστικόν, ἀλλὰ ἕτερον. (5) Οἱ γὰρ ὡς κυρίαν δύναμιν αὐτῷ τὴν τῆς μέσης ἀποδιδόντες, ἀγνοοῦσιν ὅτι τὴν κυριωτέραν ἀφαιροῦνται τὴν τῆς ὑπάτης, μήτε τῷ θυμῷ μήτε τῇ ἐπιθυμίᾳ προσήκουσαν· ἑκάτερον γὰρ ἄρχεσθαι καὶ ἀκολουθεῖν, οὐδέτερον δ' ἄρχειν ἢ ἡγεῖσθαι

neque definitio, sed motus infinitus, tanquam informis et rudis materia temporis : quæ motio quum deinde figuris materiam, motum conversionibus seu circuitionibus informasset, ex altero mundum, ex altero tempus fecit. (6) Imagines autem ambo hæc sunt dei : substantiæ mundus, æternitatis tempus in motu, sicut in ortu mundus est deus. Itaque simul orta cœlum et motum simul ait desitura, quando eis interitus accidit. (7) Fieri enim non potest, ut quod ortum est absque tempore sit, ut neque intelligibile esse potest sine æternitate : siquidem hoc semper manere debet, illud ortum nunquam dissolvi. (8) Adeo itaque necessariam cum cœlo habet complexionem et compagem tempus, quod non simpliciter motus est, sed, ut diximus, motus ordinatus, mensura sua, finibus et revolutionibus coutentus : (9) quibus præfectus sol quum sit, eorumque inspector; ut definiat, temperet, producatque in lucem mutationes et discrimina *temporum*, *quæ*, ut Heraclitus dicebat, *omnia ferunt;* non vilibus aut exilibus, sed maximis ac præcipuis summamque continentibus in rebus principi ac primo deo operam navat.

QUÆSTIO IX.

I. Quum Plato in Republica de animæ facultatibus disserens, consonantiam Rationis, Iracundiæ, et Concupiscentiæ optime comparaverit concentui imæ, mediæ, et supremæ chordæ : haud abs re dubitaverit aliquis, *Rationemne, an vero Iracundiam in medio collocaverit :* neque enim ipse id ibi expresse significavit. (2) Sane facultatum, ratione loci facta, dispositio iracundiam mediæ chordæ loco ponet, rationem summæ, quam Græci *hypaten* vocant. Antiquitus enim primum et supremum ii *hypaton* dicebant : ita etiam Xenocrates *Jovem* in rebus immutabilibus *hypatum* vocat, imum in iis quæ sunt infra lunam : et ante eum Homerus principum principem deum vocavit, ὕπατον κρειόντων. (3) Juste autem natura præstantissimam partem summo statuit loco, Ratione, gubernatoris instar, in capite collocata : longe autem hinc, et ultimo atque infimo loco posuit Concupiscentiam : imus enim locus *nete* et *neatos* vocatur : quod ex mortuorum appellationibus patet, qui νέρτεροι et ἔνεροι dicuntur : quidam etiam ventum, qui ex imo et obscuro loco spirat, inde *Notum* vocari autumant. (4) Quo itaque modo ultimum primo, imum summo opponitur, quum se concupiscentia habeat eodem modo ad rationem, potest ratio summum esse et primum, non etiam supremum, sed aliud. (5) Qui autem ei medium locum, ut principem, tribuunt, ignorant se ei præstantiorem adimere, nempe summum; qui neque iracundiæ tribui, neque concupiscentiæ potest : quum utriusque ea sit natura, ut regi et obsequi rationi debeat; neutrius, ut ei imperet. (6) Ma-

τοῦ λογιστικοῦ πέφυκεν. (6) Ἔτι δὲ μᾶλλον τῇ φύσει
φανεῖται τὸ θυμοειδὲς τῷ τόπῳ τὴν μέσην ἔχον ἐκείνων τάξιν· εἴ γε δὴ τῷ μὲν λογιστικῷ τὸ ἄρχειν, τῷ δὲ
θυμοειδεῖ τὸ ἄρχεσθαι καὶ τὸ ἄρχειν κατὰ φύσιν ἐστὶν,
ὑπηκόῳ μὲν ὄντι τοῦ λογισμοῦ, κρατοῦντι δὲ καὶ κολά-
ζοντι τὴν ἐπιθυμίαν, ὅταν ἀπειθῇ τῷ λογισμῷ· (7)
καὶ καθάπερ ἐν γράμμασι τὰ ἡμίφωνα μέσα τῶν ἀφώνων
ἐστὶ καὶ τῶν φωνηέντων, τῷ πλέον ἐκείνων ἠχεῖν, ἔλαττον δὲ τούτων· οὕτως ἐν τῇ ψυχῇ τοῦ ἀνθρώπου τὸ θυμοειδὲς οὐκ ἀκράτως παθητικόν ἐστιν, ἀλλὰ φαντασίαν
καλοῦ πολλάκις ἔχει μεμιγμένην ἀλόγῳ τῇ τῆς τιμωρίας
ὀρέξει. (8) Καὶ Πλάτων αὐτὸς, εἰκάσας συμφύτῳ ζεύ-
γει καὶ ἡνιόχῳ τὸ τῆς ψυχῆς εἶδος, ἡνίοχον μὲν, ὡς
παντὶ δῆλον, ἀπέφηνε τὸ λογιστικόν· τῶν δ' ἵππων, τὸ
μὲν περὶ τὰς ἐπιθυμίας, ἀπειθὲς καὶ ἀναγωγὸν παντάπασι, περὶ ὦτα λάσιον, κωφὸν, μάστιγι μετὰ κέντρων
μόλις ὑπεῖκον· τὸ δὲ θυμοειδὲς, εὐήνιον τὰ πολλὰ τῷ
λογισμῷ καὶ σύμμαχον. (9) Ὥσπερ οὖν συνωρίδος
οὐχ ὁ ἡνίοχός ἐστιν ἀρετῇ καὶ δυνάμει μέσος, ἀλλὰ τῶν
ἵππων ὁ φαυλότερος μὲν τοῦ ἡνιόχου, βελτίων δὲ τοῦ
ὁμοζύγου, οὕτω τῆς ψυχῆς οὐ τῷ κρατοῦντι τὴν μέσην
ἀπένειμε τάξιν, ἀλλ' ᾧ πάθους μὲν ἧττον ἢ τῷ [τρίτῳ,
μᾶλλον δὲ ἢ τῷ] πρώτῳ, λόγου δὲ μᾶλλον ἢ τῷ τρίτῳ,
[ἧττον δὲ ἢ τῷ πρώτῳ] μέτεστιν. (10) Αὕτη γὰρ ἡ
τάξις καὶ τὴν τῶν συμφωνιῶν ἀναλογίαν φυλάσσει,
τοῦ μὲν θυμοειδοῦς πρὸς τὸ λογιστικὸν ὡς ὑπάτην τὸ
διὰ τεσσάρων· πρὸς δὲ τὸ ἐπιθυμητικὸν ὡς νήτην τὸ
διὰ πέντε· τοῦ δὲ λογιστικοῦ πρὸς τὸ ἐπιθυμητικὸν ὡς
ὑπάτη πρὸς νήτην τὸ διὰ πασῶν. (11) Ἐὰν δὲ τὸν
λογισμὸν εἰς τὸ μέσον ἕλκωμεν, ἔσται πλέον ὁ θυμὸς
ἀπέχων τῆς ἐπιθυμίας, ὃν ἔνιοι τῶν φιλοσόφων ἐπιθυμίᾳ ταὐτὸν εἶναι δι' ὁμοιότητα νομίζουσιν.

II. Ἢ τὸ μὲν τοῖς τόποις ἀπονέμειν τὰ πρῶτα καὶ
τὰ μέσα καὶ τὰ τελευταῖα, γελοῖόν ἐστιν, αὐτὴν τὴν
ὑπάτην ὁρῶντας ἐν μὲν λύρᾳ τὸν ἀνωτάτω καὶ πρῶτον,
ἐν δ' αὐλοῖς τὸν κάτω καὶ τὸν τελευταῖον ἐπέχουσαν,
ἔτι δὲ τὴν μέσην ἐν ᾧ τις ἂν χωρίῳ τῆς λύρας θέμενος
ὡσαύτως ἁρμόσηται, φθεγγομένην ὀξύτερον μὲν ὑπάτης, βαρύτερον δὲ νήτης. (2) Καὶ γὰρ ὀφθαλμὸς οὐκ
ἐν παντὶ ζώῳ τὴν αὐτὴν ἔχει τάξιν, ἐν παντὶ δὲ καὶ
πανταχοῦ κείμενος κατὰ φύσιν ὁρᾶν ὁμοίως πέφυκεν.
(3) Ὥσπερ οὖν ὁ παιδαγωγὸς, οὐ πρόσθεν, ἀλλ' ὄπισθεν
βαδίζων, ἄγειν λέγεται· καὶ ὁ τῶν Τρώων στρατηγὸς,

Ὁτὲ μέν τε μετὰ πρώτοισι φάνεσκεν,
ἄλλοτε δ' ἐν πυμάτοισι κελεύων·

ἑκατέρωθι δ' ἦν πρῶτος, καὶ τὴν πρώτην δύναμιν εἶχεν·
οὕτω τὰ τῆς ψυχῆς μόρια δεῖ μὴ τοῖς τόποις καταβιά-
ζεσθαι, μηδὲ τοῖς ὀνόμασιν, ἀλλὰ τὴν δύναμιν καὶ τὴν
ἀναλογίαν ἐξετάζειν. (4) * Τὸ γὰρ τῇ θέσει πρῶτον
ἱδρῦσθαι τὸ λογιστικὸν ἐν τῷ σώματι τοῦ ἀνθρώπου,
κατὰ συμβεβηκός ἐστι· τὴν δὲ πρώτην ἔχει καὶ κυριωτάτην δύναμιν, ὡς μέση πρὸς ὑπάτην μὲν τὸ ἐπιθυμητικὸν, νήτην δὲ τὸ θυμοειδές, τῷ χαλᾶν καὶ ἐπιτείνειν,

---

gis etiam ita videbitur comparatum natura, ut iracundia
in medio constituatur reliquarum. Nam rationis quidem
ea est natura, ut imperet; iracundiæ, ut et regat et rega-
tur; quum et pareat rationi, et compescat coerceatque concupiscentiam rationi non obedientem. (7) Ac sicut literæ
eæ quæ semivocales dicuntur, mediæ sunt inter mutas et
vocales, quod his minus, illis magis sonant : ita in animo
hominis iracundia non intemperate patiendi potestatem
habet tantum, sed sæpe admixtam honesti imaginem cum
irrationali vindictæ appetitu. (8) Ipse Plato quum animæ
naturam pari equorum et aurigæ contulisset, aurigam,
quod neminem fallit, rationem facit : de equis eum qui
concupiscentiæ instar habet, omnino contumacem et refra-
ctarium, hirtum circa aures, surdum, et qui vix flagello
stimulisque pareat : at iracundiæ socium equum facit freno
plerumque obsequentem rationis, ejusque adjutricem. (9)
Sicut ergo in bigis non auriga est virtute et potestate medius, sed equorum alter, deterior idem rectore, idemque
jugali suo melior; ita in anima Plato non principi parti medium locum tribuit, sed ei facultati quæ minus habet perturbationis quam tertia, plus quam princeps pars; rationis
plus quam tertia, minus quam princeps. (10) Hic ordo
etiam consonantiarum proportionem conservat, quum iracundia mediæ chordæ vicem gerens ad rationem veluti
hypaten, sive summam, referat *diatessaron* (*quartam*
vulgo dicunt), ad concupiscentiam vero, utpote quæ *neten*
seu imam chordam repræsentat, *diapente* conficiat (quæ
quinta usurpatur) : ratio autem ad concupiscentiam, tanquam *hypate* ad *neten, diapason* (sive *octavam*) exhibet. (11) At si medio loco rationem collocares, jam longius
iracundiam dimoveres a concupiscentia : quum nonnulli
philosophi similitudine harum moti, iram et cupiditatem
idem statuerint esse.

II. An potius ridiculum videtur, primum, medium et
ultimum locis describere? quum videamus *hypaten* in lyra
supremam, in tibia extremam habere sedem, et quocumque loco *mesen* (sive mediam) in lyra posueris eodem modo
contentam, eam acutius *hypate,* gravius *nete* sonare. (2)
Sane oculus non in omnibus animalibus eundem obtinet
locum : ubicumque autem est situs, hoc a natura habet ut
videat. (3) Pædagogus etiam non præcedens, sed a tergo
sequens, ducere dicitur; et Trojanorum ille ductor exercitus,

Nunc inter primos cernendus prælia obibat,
nunc acies inter postremas imperitabat;

utrobique tamen primus erat, et primaria potentia pollebat :
eodem pacto animæ facultates non loci ratione aut nominis
in ordinem cogendæ sunt; sed vires et proportio exami-
nandæ. (4) Quod enim ratio in corpore hominis principe
loco inest, id per accidens fit : primam autem atque prima-
riam vim tanquam *mese* ad *hypaten,* concupiscentiam, et
ut ad *neten,* iracundiam, habet ratio : quatenus utramque et laxat et intendit, omninoque consonantiam earum

καὶ ὅλως συνῳδὰ καὶ σύμφωνα ποιεῖν, ἑκατέρου τὴν ὑπερβολὴν ἀφαιρῶν, καὶ πάλιν οὐκ ἐῶν ἀνίεσθαι παντάπασιν οὐδὲ καταδαρθάνειν· τὸ γὰρ μέτριον καὶ σύμμετρον ὁρίζεται μεσότητι. (5) Μᾶλλον δὲ τοῦτο τέλος ἐστὶ τῆς τοῦ λόγου δυνάμεως, μεσότητας ἐν τοῖς πάθεσι ποιεῖν, ἃς ἱερὰς καλοῦσιν οὐσίας, ἐχούσας τὴν τῶν ἄκρων πρὸς τὸν λόγον καὶ πρὸς ἄλληλα διὰ τοῦ λόγου σύγκρασιν. (6) Οὐ γὰρ ἡ συνωρὶς μέσον ἔχει τῶν ὑποζυγίων τὸ κρεῖττον· οὐδὲ τὴν ἡνιοχείαν ἀκρό-τητα θετέον, ἀλλὰ μεσότητα τῆς ἐν ὀξύτητι καὶ βρα-δύτητι τῶν ἵππων ἀμετρίας· ὥσπερ ἡ τοῦ λόγου δύ-ναμις ἀντιλαμβανομένη κινουμένων ἀλόγως τῶν πα-θῶν, καὶ συναρμόττουσα περὶ αὐτὴν εἰς τὸ μέτριον, ἐλλείψεως καὶ ὑπερβολῆς μεσότητα καθίστησι.

efficit, vel auferendo id quod est nimium, vel rursus non sinendo eas plane laxari atque torpere : moderatum enim et concinnum quod sit atque proportione respondens, me-diocritate definitur. (5) Atque adeo hic ipse est finis, hoc propositum rationis facultatis, mediocritates in animi affe-ctionibus facere, quas sacras vocant substantias, extremo-rum ad rationem, et inter se ratione temperaturam haben-tes. (6) Non enim in bigis medio loco habetur jumento-rum præstantius : neque aurigatio definienda est summitas, sed mediocritas in inæqualitate celeritatis atque tardita-tis equorum : quo modo rationis vis corripiens absurde concitatos affectus, et ad se accommodans, inque modum redigens, mediocritatem inter nimium et parum constituit.

ZHTHMA Ι΄.

Ι. « Διὰ τί Πλάτων εἶπε, τὸν λόγον ἐξ ὀνομάτων καὶ ῥημάτων κεράννυσθαι; » δοκεῖ γὰρ πάντα, πλὴν δυεῖν τούτων, τὰ μέρη τοῦ λόγου [μηθέν· Ὅμηρον δὲ] καὶ νεανιευσάμενον εἰς ἕνα στίχον ἐμβαλεῖν ἅπαντα τοῦτον,

Αὐτὸς ἰὼν κλισίηνδε τὸ σὸν γέρας· ὄφρ' εὖ εἰδῇς·

καὶ γὰρ ἀντωνυμία, καὶ μετοχή, καὶ ὄνομα, καὶ ῥῆμα, καὶ πρόθεσις, καὶ ἄρθρον, καὶ σύνδεσμος, καὶ ἐπίρρημα ἔνεστι· τὸ γὰρ Δε μόριον νῦν ἀντὶ τῆς Εἰς προθέ-σεως τέτακται· τὸ γὰρ Κλισίηνδε, τοιοῦτόν ἐστιν, οἷον τὸ Ἀθήναζε. Τί δὴ ῥητέον ὑπὲρ τοῦ Πλάτωνος;

2. Ἢ ὅτι πρῶτον λόγον οἱ παλαιοὶ, τὴν τότε καλου-μένην πρότασιν, νῦν δ' ἀξίωμα, προσηγόρευον, ὃ πρῶ-τον λέγοντες, ἀληθεύουσιν ἢ ψεύδονται; τοῦτο δ' ἐξ ὀνόματος καὶ ῥήματος συνέστηκεν, ὧν τὸ μὲν πτῶσιν οἱ διαλεκτικοὶ, τὸ δὲ κατηγόρημα καλοῦσιν. (3) Ἀκού-σαντες γὰρ ὅτι Σωκράτης φιλοσοφεῖ, καὶ πάλιν ὅτι Σωκράτης τρέπεται, τὸν μὲν, ἀληθῆ λόγον εἶναι, τὸν δὲ, ψευδῆ φήσομεν, οὐδενὸς ἄλλου προσδεηθέντες. Καὶ γὰρ εἰκὸς ἀνθρώπους ἐν χρείᾳ λόγου τὸ πρῶτον καὶ φω-νῆς ἐνάρθρου γενέσθαι, τάς τε πράξεις καὶ τοὺς πράτ-τοντας αὐτὰς, καὶ τὰ πάθη καὶ τοὺς πάσχοντας ἀλλήλοις διασαφεῖν καὶ ἀποσημαίνειν βουλομένους. (4) Ἐπεὶ τοίνυν τῷ μὲν ῥήματι τὰ πράγματα καὶ τὰ πάθη, τῷ δ' ὀνόματι τοὺς πράττοντας αὐτὰ καὶ πάσχοντας ἀπο-χρώντως δηλοῦμεν, ὡς αὐτὸς εἴρηκε, ταῦτα σημαίνειν ἔδοξε· τὰ δ' ἄλλα φαίη τις ἂν οὐ σημαίνειν, οἷον οἱ στενα-γμοὶ καὶ ὀλολυγμοὶ τῶν ὑποκριτῶν, καὶ νὴ Δία πολλάκις ἐπιμειδίασις [καὶ] ἀποσιώπησις ἐμφαντικώτερον ποιεῖ τὸν λόγον, οὐ μὴν ἀναγκαίαν ἔχει πρὸς τὸ σημαίνειν, ὡς τὸ ῥῆμα καὶ τοὔνομα, δύναμιν, ἀλλ' ἐπίθετόν τινα ποικίλ-λουσαν τὸν λόγον· (5) ὥσπερ τὰ στοιχεῖα ποικίλλουσιν οἱ τὰ πνεύματα καὶ τὰς δασύτητας αὐτῶν, ἐκτάσεις τε καὶ συστολὰς ἐνίων αὐτὰ καθ' αὑτὰ στοιχεῖα τιθέμενοι, πάθη μᾶλλον ὄντα καὶ συμβεβηκότα καὶ διαφορὰς

QUÆSTIO X.

Ι. *Cur dixit Plato orationem e Nominibus et Verbis temperari?* omnes enim aliæ partes orationis præter has nihil fierent. Homerus autem quasi juvenili audacia ludens omnes in hunc versum conjecit :

Αὐτὸς ἰὼν κλισίηνδε τὸ σὸν γέρας· ὄφρ' εὖ εἰδῇς·
nam Pronomen, Participium, Nomen, Verbum, Præposi-tio, Articulus, Conjunctio et Adverbium in eo sunt : parti-cula δε loco præpositionis εἰς posita, quum κλισίηνδε tale sit, quale est Ἀθήναζε. Quid ergo pro Platone afferemus?

2. Nempe antiquos ab initio id orationem sive λόγον ap-pellasse, quod *enunciatum* nobis, tunc *protasis*, nunc *axioma* Græcis dicitur : quod scilicet primum ubi effertur, veritas in eo vel falsitas inest. Ea vero oratio e Nomine et Verbo constat : hoc *prædicatum*, illud *subjectum* diale-ctici appellant. (3) Quum enim hoc audimus, *Socrates philosophatur*, et illud, *Socrates mutatur;* nihil præterea desiderantes, alterum verum, alterum falsum esse dicimus. Apparet nempe homines ab initio ad hoc orationem et vo-cem articulis distinctam desiderasse, ut et actiones et qui eas agerent, itemque affectiones et qui iis afficerentur invi-cem, significare et explicare possent. (4) Quoniam igitur actiones et affectiones Verbo, qui agunt et afficiuntur No-mine satis diserte exprimuntur, sicut ipse dixit, hæc signi-ficare ideo videbantur : reliqua autem dixerit aliquis non significare : ita gemitus et ululatus histrionum, atque adeo arrisio et reticentia interdum faciunt ut majore vi sermo aliquid exprimat; non tamen ita, ut Nomen et Verbum, necessariam habent significandi vim, sed ascititiam quan-dam, quæ orationem variet : (5) quo pacto literas va-riant illi qui spiritus eorumque aspirationem, item produ-ctiones et correptiones nonnullarum, quasi item essent literæ, ejusmodi notis perscribunt, quum tamen non sint literæ, sed affectiones potius et accidentia atque differentiæ

στοιχείων, ὡς ἐδήλωσαν οἱ παλαιοὶ, διὰ τῶν ἑκκαίδεκα φράζοντες ἀποχρώντως καὶ γράφοντες.

II. Ἔπειτα σκόπει μὴ παρακούωμεν τοῦ Πλάτωνος, ἐκ τούτων κεράννυσθαι τὸν λόγον, οὐ διὰ τούτων, εἰρηκότος· εἶτα ὥσπερ ὁ τὸν λέγοντα τὸ φάρμακον ἐκ κηροῦ μεμῖχθαι καὶ χαλβάνης συκοφαντῶν, ἐπεὶ τὸ πῦρ παρέλιπε καὶ τὸ ἀγγεῖον, ὧν χωρὶς οὐκ ἐνῆν μεμῖχθαι· καὶ ἡμεῖς ὁμοίως ἐγκαλῶμεν ὅτι συνδέσμους καὶ προθέσεις καὶ τὰ τοιαῦτα παρῆκεν· οὐ γὰρ ἐκ τούτων ὁ λόγος, ἀλλ', εἴπερ ἄρα, διὰ τούτων καὶ οὐκ ἄνευ τούτων κεράννυσθαι πέφυκεν. (2) *Οὐ γὰρ, ὥσπερ ὁ τὸ Τύπτει φθεγξάμενος, ἢ τὸ Τύπτεται, καὶ πάλιν τὸ Σωκράτης, ἢ τὸ Πυθαγόρας, ἀμωσγέπως νοῆσαί τι καὶ διανοηθῆναι παρέσχηκεν, οὕτω τοῦ Μέν ἢ Γάρ ἢ Περί καθ' αὐτὸ ἐκφωνηθέντος, ἔστιν ἔννοιάν τινα λαβεῖν ἢ πράγματος ἢ σώματος· ἀλλ' ἐὰν μὴ περὶ ἐκεῖνα καὶ μετ' ἐκείνων ἐκφέρηται, ψόφοις κενοῖς καὶ ἤχοις ἔοικεν· ὅτι ταῦτα μὲν οὔτε καθ' αὐτὰ σημαίνειν, οὔτε μετ' ἀλλήλων οὐδὲν πέφυκεν, ἀλλ' ὅπως ἂν συμπλέκωμεν ἢ μιγνύωμεν εἰς ταὐτὸ συνδέσμους καὶ ἄρθρα καὶ προθέσεις, ἕν τι πειρώμενοι κοινὸν ἐξ αὐτῶν ποιεῖν, τερετίζειν μᾶλλον ἢ διαλέγεσθαι δόξομεν· ῥήματος δ' ὀνόματι συμπλεκομένου, τὸ γενόμενον εὐθὺς διάλεκτός ἐστι καὶ λόγος. (3) Ὅθεν εἰκότως ἔνιοι μόνα ταῦτα μέρη τοῦ λόγου τίθενται· καὶ Ὅμηρος ἴσως τοῦτο βούλεται δηλοῦν ἑκάστοτε λέγων,

Ἔπος τ' ἔφατ' ἔκ τ' ὀνόμαζεν·

ἔπος γὰρ τὸ ῥῆμα καλεῖν εἴωθεν, ὥσπερ ἐν τούτοις,

Ὦ γύναι, ἢ μάλα τοῦτο ἔπος θυμαλγὲς ἔειπες·

καὶ,

Χαῖρε, πάτερ, ὦ ξεῖνε, ἔπος δ' εἴπερ τι λέλεκται δεινόν, ἄφαρ τὸ φέροιεν ἀναρπάξασαι ἄελλαι.

οὔτε γὰρ σύνδεσμον, οὔτ' ἄρθρον, οὔτε πρόθεσιν, δεινόν ἐστι καὶ θυμαλγὲς εἰπεῖν, ἀλλὰ ῥῆμα πράξεως ἐμφαντικὸν αἰσχρᾶς, ἢ πάθους τινὸς ἀνεπιτηδείου. (4) Διὸ καὶ ποιητὰς καὶ συγγραφεῖς εἰώθαμεν ἐπαινεῖν ἢ ψέγειν οὕτω πως λέγοντες· Ἀττικοῖς ὀνόμασιν ὁ δεῖνα κέχρηται, καλοῖς ῥήμασιν, ἢ πάλιν, πεζοῖς· τὸ δέ γε, πεζοῖς, ἢ πάλιν, καλοῖς καὶ Ἀττικοῖς ἄρθροις, οὐκ ἂν εἴποι τις Εὐριπίδην ἢ Θουκυδίδην διειλέχθαι.

III. Τί οὖν; φήσαι τις ἄν, οὐθὲν ταῦτα συμβάλλεται πρὸς λόγον; Ἔγωγε φήσαιμ' ἂν ὥσπερ ἅλας συμβάλλεσθαι πρὸς ὄψον, ὕδωρ δὲ πρὸς μᾶζαν. (2) Εὔηνος δὲ καὶ τὸ πῦρ ἔφασκεν ἡδυσμάτων εἶναι [ἄριστον· ἀλλ' ἡμεῖς οὐκ εἶναι] λέγομεν οὔτε πῦρ οὔτε ἅλας ἑψήματος ἢ βρώματος, ὧν ἀεὶ τυγχάνομεν δεόμενοι· οὐχ ὥσπερ ὁ λόγος πολλάκις ἐκείνων ἀπροσδεής ἐστιν· (3) ὡς δοκεῖ μοι (περὶ Ῥωμαίων) ἔχειν ὁ Ῥωμαίων, [ϙ] νῦν ὁμοῦ τι πάντες ἄνθρωποι χρῶνται· προθέσεις τε γὰρ ἀφήρηκε πλὴν ὀλίγων ἁπάσας, τῶν τε καλουμένων ἄρθρων οὐδὲν προσδέχεται τοπαράπαν, ἀλλ' ὥσπερ

---

literarum : quod manifestum fecerunt veteres, quibus sedecim literæ suffecerunt ad eloquenda et scribenda omnia.

II. Porro vide ne non observemus Platonem dicere *ex his*, non *per hæc* orationem misceri : ac proinde, ut si quis dicat *medicamentum e cera et galbano misceri*, aliquis, id calumnians, objiciat *ignem et vas omissa esse*, sine quibus mixtio fieri non potuit : ita nos Platonem culpemus, quod Conjunctiones et Præpositiones aliaque id genus omiserit. Non enim ex his oratio, tamen eorum opera, nec sine his concinnari videtur. (2) Nam qui *verberat*, aut *verberatur*, dicit, item qui *Socrates* aut *Pythagoras*, is utcumque aliquid intelligendum ac cogitandum præbet; minime vero si quis *quidem* aut *enim* aut *circa* seorsum pronunciet, licet concipere animo corporis aut rei vel actionis alicujus notionem : sed nisi talia vocabula cum Nominibus et Verbis efferuntur, sonis inanibus ac strepitibus similia sunt : nam neque seorsum, neque inter se conjuncta illa quicquam notant rei : sed utut conjungamus inter se et in unum con fundamus Conjunctiones, Articulos et Præpositiones, conati aliquid unum ex iis facere, videbimur inanes sonos præcinere, non disserere : at Nomine cum Verbo constructo, quod componitur, illico jam oratio est et sermo. (3) Itaque non injuria nonnulli has tantum partes orationis ponunt; atque Homerus hoc fortasse declarare voluit, subinde dicens, quando verba facturum aliquem inducit :

Ἔπος τ' ἔφατ' ἔκ τ' ὀνόμαζεν·

Verbum enim voce ἔπος solet significare, ut in his,

Ten' verbum (ἔπος), mulier, adeo mihi dicere acerbum?

et,

Salve, hospes venerande : mihi si fugerit ore verbum turpe, ferat validi vis incita venti.

Non enim Conjunctio, aut Præpositio, aut Articulus potest vocari δεινὸν, *grave*, et θυμαλγὲς, *acerbum, animo dolorem afferens*, sed Verbum actionem designans turpem aut passionem ineptam. (4) Itaque etiam poetas et scriptores laudantes aut vituperantes, solemus dicere, *aliquem usum nominibus Atticis, verbis pulchris*, aut contra, *pedestribus* : at *pedestribus*, aut contra, *pulchris et Atticis usum Articulis Euripidem aut Thucydidem* nemo dixerit.

III. Quid? inquies, nihilne hæ reliquæ partes ad orationem conducunt? Respondeo sic conducere, ut salem ad obsonium, aquam ad mazam. (2) Evenus ignem *condimentorum optimum* esse dixit : [at nos non dicimus,] ignem aut salem necessarias esse partes elixi aut cibi, quanquam iis semper habemus opus, non ut in oratione, qui sæpe videtur nihil opus habere illis particulis. (3) Eâ naturâ mihi videtur Romana esse lingua, qua fere omnes hodie homines utuntur. Præpositiones enim paucis exceptis omnes sustulit, neque ullis omnino utitur Articulis; sed iis, veluti fimbriis, omissis, sola per se nomina usurpat. (4)

[ἀ]κρασπέδοις χρῆται τοῖς ὀνόμασι. (4) Καὶ οὐ θαυμαστόν ἐστιν, ὅπου καὶ Ὅμηρος ἐπέων κόσμῳ περιγενόμενος, ὀλίγοις τῶν ὀνομάτων ἄρθρα, ὥσπερ λαβὰς ἐκπώμασι δεομένοις, ἢ λόφους κράνεσιν, ἐπιτίθησι· διὸ
5 καὶ παράσημα τῶν ἐπῶν, ἐν οἷς ταῦτα ποιεῖ, γέγονεν,
ὡς τὸ,

> Αἴαντι δὲ μάλιστα δαΐφρονι θυμὸν ὄρινε
> τῷ Τελαμωνιάδῃ·

καὶ τὸ,

10   Ποίεεν ὄφρα τὸ κῆτος ὑπεκπροφυγὼν ἀλέοιτο·

καὶ βραχέα πρὸς τούτοις ἕτερα· τοῖς δ' ἄλλοις μυρίοις
οὖσιν ἄρθρου μὴ προσόντος, οὐδὲν εἰς σαφήνειαν οὐδὲ
κάλλος ἡ φράσις βλάπτεται.
IV. Καὶ μὴν οὔτε ζῷον, οὔτ' ὄργανον, οὔτε ὅπλον,
15 οὔτ' ἄλλο τῶν ὄντων οὐθὲν, οἰκείου μέρους ἀφαιρέσει
καὶ στερήσει πέφυκε γίνεσθαι κάλλιον οὐδ' ἐνεργέστε-
ρον οὐδὲ ἥδιον· λόγος δὲ, συνδέσμων ἐξαιρεθέντων,
πολλάκις ἐμπαθεστέραν καὶ κινητικωτέραν ἔχει δύνα-
μιν· ὡς ὁ τοιοῦτος,

20   Ἄλλον ζωὸν ἔχουσα νεούτατον, ἄλλον ἄουτον,
   ἄλλον τεθνειῶτα κατὰ μόθον ἕλκε ποδοῖιν·

καὶ τὰ τοῦ Δημοσθένους ταυτί, « Πολλὰ γὰρ ἂν ποιή-
σειεν ὁ τύπτων, ὧν ὁ παθὼν ἔνια οὐδ' ἂν ἀπαγγείλαι
δύναιτο ἑτέρῳ· τῷ σχήματι, τῷ βλέμματι, τῇ φωνῇ·
25 ὅταν ὑβρίζων, ὅταν ἐχθρὸς ὑπάρχων, ὅταν κονδύλοις,
ὅταν ἐπὶ κόρρης· ταῦτα κινεῖ, ταῦτ' ἐξίστησιν αὐτῶν
ἀνθρώπους ἀήθεις τοῦ προπηλακίζεσθαι. » (2) Καὶ
πάλιν· « Ἀλλ' οὐ Μειδίας· ἀλλ' ἀπὸ ταύτης τῆς ἡμέρας
λέγει, λοιδορεῖται, βοᾷ· * χειροτονεῖταί τι; Μειδίας
30 Ἀναγυρράσιος προβέβληται· Πλουτάρχῳ προξενεῖ, τὰ
ἀπόρρητα οἶδεν, ἡ πόλις αὐτὸν οὐ χωρεῖ. » (3) Διὸ
καὶ σφόδρα τὸ ἀσύνδετον σχῆμα παρὰ τοῖς τέχνας γράφουσιν εὐδοκιμεῖ· τοὺς δ' ἄγαν νομίμους ἐκείνους καὶ
μηδένα σύνδεσμον ἐκ τῆς συνηθείας ἀφιέντας, ὡς ἀρ-
35 γὴν καὶ ἀπαθῆ καὶ κοπώδη τῷ ἀμεταβλήτῳ τὴν φράσιν ποιοῦντας αἰτιῶνται. (4) Τὸ δὲ τοὺς διαλεκτικοὺς
μάλιστα συνδέσμων δεῖσθαι πρὸς τὰς τῶν ἀξιωμάτων
συναφὰς καὶ συμπλοκὰς καὶ διαζεύξεις, ὥσπερ ἡνιό-
χους ζυγῶν, καὶ τὸν (Κύκλωπος) Ὀδυσσέα [λύγων πρὸς
40 τὰ τοῦ Κύκλωπος πρόβατα], οὐ μέρος λόγου τὸν σύνδεσμον, ἀλλὰ ὄργανόν τι συνδετικὸν ἀποφαίνει, καθάπερ ὠνόμασται, καὶ συνεκτικὸν οὐ πάντων, ἀλλὰ τῶν
οὐχ ἁπλῶς λεγομένων· εἰ μὴ καὶ τοῦ φορτίου τὸν ἱμάν-
τα, καὶ τοῦ βιβλίου τὴν κόλλαν ἀξιοῦσι μέρος εἶναι,
45 καὶ τὰς διανομὰς τοῦ πολιτεύματος, ὡς ἔλεγε Δημάδης, κόλλαν ὀνομάζων τὰ θεωρικὰ τῆς δημοκρατίας.
(5) Ποῖος δὲ σύνδεσμος οὕτως ἓν ἐκ πολλῶν ἀξίωμα
ποιεῖ συμπλέκων καὶ συνάπτων, ὡς ἡ μάρμαρος τὸν
συλλιπαινόμενον διὰ τοῦ πυρὸς σίδηρον; ἀλλ' οὐκ ἔστιν
50 οὐδὲ λέγεται τοῦ σιδήρου μέρος· καίτοι ταῦτά γε τοῖς
κεραννυμένοις ἐνδυόμενα καὶ συντηκόμενα ποιεῖ τι καὶ

Neque hoc est mirum, quando etiam Homerus heroici carminis ornatu omnibus superior, paucis Nominibus Articulos, tanquam poculis necessarias ansas, aut galeis cristas,
adjecit. Itaque etiam notati sunt ii versus in quibus Arti-
culi exprimuntur : ut,

> Αἴαντι δὲ μάλιστα δαΐφρονι θυμὸν ὄρινε
> τῷ Τελαμωνιάδῃ·

et,

> Ποίεεν ὄφρα τὸ κῆτος ὑπεκπρορυγὼν ἀλέοιτο·

et pauca horum similia. In ceteris infinitis Articulus omis-
sus neque perspicuitati neque elegantiæ elocutionis quicquam detraxit.
IV. Et vero neque animal ullum, neque instrumentum,
neque armorum genus, neque ulla denique alia res partis
suæ alicujus sublatione fieri solet pulchrior, efficacior, gra-
tior : verum oratio Conjunctionibus ademtis sæpe majorem
sortitur ad movendam vim : ut in hoc,

> Hunc tenuit vivum confossum, hunc vulnere nullo,
> hunc anima cassum, profligatum pede traxit;

et ista Demosthenis : *Multa facere potest verberans, quorum aliqua percussus ne indicare quidem alii possit,
figura, vultu, voce, quando contumeliose agens,
quando inimicus, quando pugnis, quando in malam :
hæc movent, hæc de statu rationis deturbant homines
qui contumeliis non sunt adsueti.* (2) Item: *Verum non
ita Midias : sed ab hac ipsa die perorat, criminatur,
clamitat. In suffragia mittitur populus? Midias Ana-
gyrrhasius obtruditur; Plutarchi publicus est hospes,
arcana novit, urbs ipsum non capit.* (3) Hinc est quod
ea figura, qua Conjunctiones omittuntur, valde ab iis com-
mendatur qui artis oratoriæ præcepta scribunt : iidemque
eos, qui nimis astricti legibus ac consuetudini nullam præ-
termittunt Conjunctionem, incusant ut otiosam, languidam molestamque, eo quod omni varietate careat, orationem efficientes. (4) Jam frequentissimus earum usus apud
dialecticos, qui maxime Conjunctionibus opus habent ad
connexiones aut disjunctiones enunciatorum, et ita eas
usurpant ut jugo auriga utitur, et viminibus Ulysses ad oves
Cyclopis, ostendit non partem esse orationis illas Conjunctiones, sed colligandi instrumenta, quod ipsa docet appellatio ; neque constringuntur iis omnia, sed ea tantum, quæ
non dicuntur simpliciter : nisi velis etiam lorum oneris, et
gluten libri partem esse, ac divisiones pecuniæ partem reipublicæ gerendæ : quomodo Demades dixit *pecuniam, quæ
populo ex ærario dabatur ad spectaculorum usum,
gluten esse popularis in republica status.* (5) Quæ vero
Conjunctio ita ex multis unum facit pronunciatum copu-
lando atque connectendo, ut marmor colliquefactum igni
ferrum constringit? neque tamen marmor ferri pars vel est
vel dicitur : quanquam id quidem genus res, dum in liquata subeunt atque penetrant, et afficiunt et afficiuntur

πάσχει κοινὸν ἐκ πλειόνων. (6) Τοὺς δὲ συνδέσμους εἰσὶν οἱ μὴ νομίζοντες ἕν τι ποιεῖν, ἀλλ' ἐξαρίθμησιν εἶναι τὴν διάλεκτον, ὥσπερ ἀργόντων ἐφεξῆς [ἢ] ἡμερῶν καταλεγομένων.

5 V. Καὶ μὴν τῶν γε λοιπῶν ἡ μὲν ἀντωνυμία περιφανῶς γένος ὀνόματός ἐστιν, οὐχ ᾗ πτώσεων μετέχει μόνον, ἀλλὰ καὶ τῷ κυριωτάτην ἅμα τῇ φάσει ποιεῖν δεῖξιν ἐνίας ἐπὶ τῶν ὡρισμένων ἐκφερομένας· καὶ οὐκ οἶδ' ὅτι μᾶλλον ὁ Σωκράτην φθεγξάμενος, ἢ ὁ Τοῦτον 10 εἰπὼν, ὀνομαστὶ πρόσωπον δεδήλωκεν.

VI. Ἡ δὲ καλουμένη μετοχή, μῖγμα ῥήματος οὖσα καὶ ὀνόματος, καθ' ἑαυτὴν μὲν οὐκ ἔστιν, ὥσπερ οὐδὲ τὰ κοινὰ θηλυκῶν καὶ ἀρρενικῶν ὀνόματα, συντάττεται δὲ ἐκείνοις, ἐφαπτομένη τοῖς μὲν χρόνοις τῶν ῥημάτων, 15 ταῖς δὲ πτώσεσι τῶν ὀνομάτων. (2) Οἱ δὲ διαλεκτικοὶ τὰ τοιαῦτα καλοῦσιν ἀνακλάστους, οἷον ὁ Φρονῶν ἀπὸ τοῦ Φρονίμου, καὶ ὁ Σωφρονῶν ἀπὸ τοῦ Σώφρονός ἐστιν, ὡς ὀνομάτων καὶ προσηγοριῶν δύναμιν ἔχοντα.

VII. Τάς γε μὴν προθέσεις ἔστιν ἐπικράνοις καὶ 20 βάσεσι καὶ ὑποθέμασιν, ὡς οὐ λόγους, ἀλλὰ περὶ τοὺς λόγους μᾶλλον οὔσας, ὁμοιοῦν. (2) Ὅρα δὲ μὴ κόμμασι καὶ θραύσμασιν ὀνομάτων ἐοίκασιν, ὥσπερ γραμμάτων σπαράγμασι καὶ κεραίαις οἱ σπεύδοντες γράφουσι· (3) τὸ γὰρ Ἐμβῆναι καὶ Ἐκβῆναι, συγκοπὴ προφανὴς 25 ἐστι τοῦ Ἐντὸς βῆναι καὶ τοῦ Ἐκτὸς βῆναι, καὶ τὸ Προγενέσθαι τοῦ Πρότερον γενέσθαι, καὶ τὸ Καθίζειν τοῦ Κάτω ἵζειν· ὥσπερ ἀμέλει τὸ Λίθους βάλλειν καὶ Τοίχους ὀρύσσειν, Λιθοβολεῖν καὶ Τοιχωρυχεῖν, ἐπιταχύνοντες καὶ σφίγγοντες τὴν φράσιν λέγουσι.

30 VIII. Διὸ χρείαν μέν τινα τῷ λόγῳ παρέχεται τούτων ἕκαστον, μέρος δὲ λόγου καὶ στοιχεῖον οὐδέν ἐστι, πλὴν, ὥσπερ εἴρηται, τὸ ῥῆμα καὶ τοὔνομα, ποιοῦντα τὴν πρώτην τό τ' ἀληθὲς καὶ τὸ ψεῦδος δεχομένην σύνθεσιν, ἣν οἱ μὲν πρότασιν, οἱ δ' ἀξίωμα, Πλάτων 35 δὲ λόγον προσηγόρευκεν.

---

*ΠΕΡΙ ΤΗΣ

ΕΝ ΤΙΜΑΙΩ ΨΥΧΟΓΟΝΙΑΣ.

Ο ΠΑΤΗΡ ΑΥΤΟΒΟΥΛΩ ΚΑΙ ΠΛΟΥΤΑΡΧΩ ΕΥ ΠΡΑΤΤΕΙΝ.

40 I. Ἐπεὶ τὰ πολλάκις εἰρημένα καὶ γεγραμμένα σποράδην ἐν ἑτέροις ἕτερα, τὴν Πλάτωνος ἐξηγουμένοις δόξαν ἣν εἶχεν ὑπὲρ ψυχῆς, ὡς ὑπενοοῦμεν ἡμεῖς, οἴεσθε δεῖν εἰς ἓν συναχθῆναι καὶ τυχεῖν ἰδίας ἀναγραφῆς, [συνέγραψα] τὸν λόγον τοῦτον οὔτ' ἄλλως εὐμε- 45 ταχείριστον ὄντα, καὶ διὰ τὸ τοῖς πλείστοις τῶν ἀπὸ Πλάτωνος ὑπεναντιοῦσθαι, δεόμενον παραμυθίας. (2) Προεχθήσομαι [δὲ] τὴν λέξιν, ὡς ἐν Τιμαίῳ γέγραπται.

---

vicissim. (6) Denique Conjunctiones sunt qui censeant non unum aliquid efficere, sed tum esse orationem *recensionem*, tanquam quum ordine aliquot enumerantur, vel prætores, vel dies.

V. Porro ad reliquas quod attinet orationis partes, Pronomen manifesto Nominis est species : non tantum quia casus habet eosdem, sed quod nonnulla Pronomina, ubi subjunguntur rebus antea dicendo definitis, simul ac pronunciantur, ita continuo efficiunt demonstrationem ejusmodi quæ omnium maxime vim nominis proprii habeat : neque video uter magis nominatim hominem appellet, isne qui *Socratem*, au is qui *Hunc* dicat.

VI. Quod Participium appellatur, mixtum quidpiam e Nomine et Verbo, ipsum pro se nihil est, ut neque communia femineorum et virilium Nomina : sed construitur cum Nomine et cum Verbo, Temporum ratione Verba, Casuum causa Nomina attingens. (2) Dialectici talia vocant ἀνακλάστους, quasi si *refracta* diceres, ut est *militans* a milite, *amans* ab amatore, tanquam Verba jam Nominum et appellationum vim nacta.

VII. Porro Præpositiones galearum cristis, et basibus atque subjicibus licet comparare, quod non orationes sint, sed circa orationem versentur. (2) Tu vide ne frustis potius fragmentisque vocabulorum similes sint; sicut literarum portiunculis et apicibus scribunt qui festinant : (3) nam ἐμβῆναι et ἐκβῆναι manifestum est concisa esse pro integris ἐντὸς βῆναι, et ἐκτὸς βῆναι : et προγενέσθαι esse loco πρότερον γενέσθαι : et καθίζειν pro κάτω ἵζειν, sicut haud dubie etiam λίθους βάλλειν et τοίχους ὀρύττειν festinantes orationemque coarctantes dixere λιθοβολεῖν et τοιχωρυχεῖν.

VIII. Proinde unumquodque horum usum orationi aliquem præstat, pars autem et elementum ejus non est : hoc enim, ut docuimus, solis Nomini et Verbo debetur; quæ primam istam conficiunt juncturam, in qua verum falsumve locum habet, quam *protasin* alii, alii *axioma*, Plato *logon* sive Orationem appellavit.

DE ANIMÆ PROCREATIONE IN TIMÆO PLATONIS.

PATER FILIIS AUTOBULO ET PLUTARCHO S.

I. Quandoquidem censuistis colligenda et peculiari comprehendenda commentario ea, quæ sparse vel disseruimus vel scripsimus alias alia, quibus Platonis de anima sententiam interpretati sumus ita, ut nobis sensisse is visus fuit, hanc dissertationem literis mandavi, alioqui tractatu difficilem, etiam excusatione opus habentem, quia plerisque Platonicorum nonnihil adversatur. (2) Ipsa ego verba de Timæo Platonis proponam. *Ea ex essentia, quæ Indi-*

« Τῆς ἀμερούς καὶ ἀεὶ κατὰ ταὐτὰ ἐχούσης οὐσίας, καὶ τῆς αὖ περὶ τὰ σώματα γινομένης μεριστῆς, τρίτον ἐξ ἀμφοῖν ἐν μέσῳ συνεκεράσατο οὐσίας εἶδος, τῆς τε ταυτοῦ φύσεως αὖ πέρι καὶ τῆς τοῦ ἑτέρου· καὶ κατὰ ταῦτα συνέστησεν ἐν μέσῳ τοῦ τ' ἀμερούς αὐτὴν καὶ τοῦ κατὰ τὰ σώματα μεριστοῦ. (3) Καὶ τρία λαβὼν αὐτὰ ὄντα, συνεκεράσατο εἰς μίαν πάντα ἰδέαν, τὴν θατέρου φύσιν δύσμικτον οὖσαν εἰς τὸ αὐτὸ συναρμόττων βίᾳ· μιγνὺς δὲ μετὰ τῆς οὐσίας, καὶ ἐκ τριῶν ποιησάμενος ἕν, πάλιν ὅλον τοῦτο μοίρας εἰς ἃς προσῆκε διένειμεν· ἑκάστην δὲ τούτων ἔκ τε ταυτοῦ καὶ θατέρου καὶ τῆς οὐσίας μεμιγμένην· ἤρχετο δὲ διαιρεῖν ὧδε. »
(4) Ταῦτα πρῶτον ὅσας παρέσχηκεν τοῖς ἐξηγουμένοις διαφοράς, ἄπλετον ἔργον ἐστὶ διελθεῖν ἐν τῷ παρόντι, πρὸς δὲ ὑμᾶς ἐντετυχηκότας ὁμοῦ ταῖς πλείσταις καὶ περιττόν. (5) Ἐπεὶ δὲ τῶν δοκιμωτάτων ἀνδρῶν τοὺς μὲν Ξενοκράτης προσηγάγετο, τῆς ψυχῆς τὴν οὐσίαν ἀριθμὸν αὐτὸν ὑφ' ἑαυτοῦ κινούμενον ἀποφηνάμενος· οἱ δὲ Κράντορι τῷ Σολιεῖ προσέθεντο, μιγνύντι τὴν ψυχὴν ἔκ τε τῆς νοητῆς καὶ τῆς περὶ τὰ αἰσθητὰ δοξαστῆς φύσεως· οἶμαί τι τὴν τούτων ἀνακαλυφθέντων σαφήνειαν ὥσπερ ἐνδόσιμον ἡμῖν παρέξειν.

II. Ἔστι δὲ βραχὺς ὑπὲρ ἀμφοῖν ὁ λόγος. Οἱ μὲν γὰρ οὐδὲν ἢ γένεσιν ἀριθμοῦ δηλοῦσθαι νομίζουσι τῇ μίξει τῆς ἀμερίστου καὶ μεριστῆς οὐσίας· ἀμέριστον μὲν γὰρ εἶναι τὸ ἕν, μεριστὸν δὲ τὸ πλῆθος, ἐκ δὲ τούτων γίνεσθαι τὸν ἀριθμὸν τοῦ ἑνὸς ὁρίζοντος τὸ πλῆθος, καὶ τῇ ἀπειρίᾳ πέρας ἐντιθέντος, ἣν καὶ δυάδα καλοῦσιν ἀόριστον· (2) καὶ Ζαράτας ὁ Πυθαγόρου διδάσκαλος ταύτην μὲν ἐκάλει τοῦ ἀριθμοῦ μητέρα, τὸ δὲ ἕν, πατέρα· διὸ καὶ βελτίονας εἶναι τῶν ἀριθμῶν, ὅσοι τῇ μονάδι προσεοίκασι· (3) τοῦτον δὲ μήπω ψυχὴν τὸν ἀριθμὸν εἶναι· τὸ γὰρ κινητικὸν καὶ τὸ κινητὸν ἐνδεῖν αὐτῷ· τοῦ δὲ ταυτοῦ καὶ τοῦ ἑτέρου συμμιγέντων, ὧν τὸ μέν ἐστι κινήσεως ἀρχὴ καὶ μεταβολῆς, τὸ δὲ μονῆς, ψυχὴν γεγονέναι, μηδὲν ἧττον τοῦ ἱστάναι καὶ ἵστασθαι δύναμιν ἢ τοῦ κινεῖσθαι καὶ κινεῖν οὖσαν. (4) Οἱ δὲ περὶ τὸν Κράντορα μάλιστα τῆς ψυχῆς ἴδιον ὑπολαμβάνοντες ἔργον εἶναι τὸ κρίνειν τά τε νοητὰ καὶ τὰ αἰσθητά, τάς τε τούτων ἐν αὐτοῖς καὶ πρὸς ἄλληλα γινομένας διαφορὰς καὶ ὁμοιότητας, ἐκ πάντων φασίν, ἵνα πάντα γινώσκῃ, συγκεκρᾶσθαι τὴν ψυχήν· (5) * ταῦτα δ' εἶναι τέτταρα, τὴν νοητὴν φύσιν ἀεὶ κατὰ τὰ αὐτὰ καὶ ὡσαύτως ἔχουσαν, καὶ τὴν περὶ τὰ σώματα παθητικὴν καὶ μεταβλητήν· ἔτι δὲ τὴν ταυτοῦ καὶ τοῦ ἑτέρου, διὰ τὸ κἀκείνων ἑκατέραν μετέχειν ἑτερότητος καὶ ταυτότητος.

III. Ὁμαλῶς δὲ πάντες οὗτοι χρόνῳ μὲν οἴονται τὴν ψυχὴν μὴ γεγονέναι, μηδ' εἶναι γενητήν, πλείονας δὲ δυνάμεις ἔχειν, εἰς ἃς ἀναλύοντα θεωρίας ἕνεκα τὴν οὐσίαν αὐτῆς, λόγῳ τὸν Πλάτωνα γινομένην ὑποτίθεσθαι καὶ συγκεραννυμένην· τὰ δ' αὐτὰ καὶ περὶ τοῦ κόσμου διανοούμενον, ἐπίστασθαι μὲν ἀΐδιον ὄντα καὶ ἀγένητον· τὸ δὲ ᾧ τρόπῳ συντέτακται καὶ διοικεῖ-

---

vidua est, semperque eodem modo habet, tum ex ea quæ circum corpora Dividua est, tertium quoddam genus intermedium contemperavit, quod etiam inter Ejusdem et Diversi naturam medio loco intercederet: ac proinde id constituit in medio Individuæ naturæ, et ejus quæ circa corpus esset Dividua. (3) Hæc deinde tria sumsit, et in unam omnia ideam sive speciem contemperavit, Diversi naturam, quæ difficulter miscetur, in Idem vi concinnans: miscens autem cum Essentia, ubi ex tribus unum fecerat, totum hoc in partes, quot esse conveniebat, divisit: quarum quævis conflata esset ex Eodem, Diverso, et Essentia. Sic autem cœpit dividere. (4) Jam primum hæc quantam interpretibus materiam dissentiendi præbuerint, narrare in præsentia immensi sit operis, supervacanei etiam apud vos, qui plerasque sententias legistis. (5) Sed quoniam præstantissimorum virorum quosdam Xenocrates ad se pertraxit, Animam dicens numerum esse qui a se ipso moveatur; alii Crantorem Solensem amplexi sunt, qui Animam misceri dixit e duabus naturis, quarum altera mente cernatur, altera opinabilis sit et sensilibus inhæreat: nisi fallor, horum, ubi explicata fuerint, perspicuitas quoddam nobis exordium suggeret.

II. Est autem de utroque brevis disputatio. Nam priores nihil putant intelligi debere, quam exortum numeri, individuæ et dividuæ naturæ mixtione geniti; unitatem nimirum esse individuam, dividuam multitudinem: hinc nasci numerum unitate multitudinem definiente, terminumque infinitati imponente, et quam *binarium infinitum* appellant. (2) Ac Zaratas, Pythagoræ præceptor, binarium vocavit numeri matrem, unitatem patrem: ideoque meliores numeros eos esse dixit, qui assimiles sint unitati. (3) Hunc tamen numerum nondum esse animam; ei enim deesse adhuc vim qua moveat et moveatur. Eodem autem et Diverso mixtis (quorum alterum motus est et mutationis initium, alterum quietis), Animam exstitisse, vim scilicet, cujus esset non minus sistere et stare, quam moveri et movere. (4) Crantor ejusque asseclæ, ut qui id maxime proprium animæ officium putarent, judicare sub intellectum cadentia et sensilia, eorumque et inter se in suo et invicem in diverso genere discrimina atque similitudines, animam, ut omnia possit cognoscere, ex omnibus dicunt esse concretam: (5) esse autem hæc quattuor, naturam intelligibilem quæ semper eodem habet modo; tum eam quæ corporibus adest mutabilem atque perpessionibus obnoxiam: ad hæc Ejusdem et Diversi, quod etiam istarum utraque particeps sit Ejusdem et Diversi proprietatum.

III. Isti omnes æque ita sentiunt, animam tempore non esse ortam, neque originem habere, sed pluribus esse præditam facultatibus, in quas Plato contemplationis gratia dissolvens naturam ejus, verbis ponat natam esse et commixtam. Eademque illum de mundo etiam sensisse: quem quum sciret esse æternum et nunquam ortum, videret autem difficulter considerari posse quo modo compositus esset

ται καταμαθεῖν οὐ ῥᾴδιον ὁρῶντα τοῖς μήτε γένεσιν αὐτοῦ, μήτε τῶν γενητικῶν σύνοδον ἐξ ἀρχῆς προϋποθεμένοις, ταύτην τὴν ὁδὸν τραπέσθαι. (2) Τοιούτων δὲ τῶν καθόλου λεγομένων, ὁ μὲν Εὔδωρος οὐδετέρους ἀμοιρεῖν οἴεται τοῦ εἰκότος· ἐμοὶ δὲ δοκοῦσι τῆς Πλάτωνος ἀμφότεροι διαμαρτάνειν δόξης, εἰ κανόνι τῷ πιθανῷ χρηστέον, οὐκ ἴδια δόγματα περαίνοντας, ἀλλ' ἐκείνῳ τι βουλομένους λέγειν ὁμολογούμενον. (3) Ἡ μὲν ἐκ τῆς νοητικῆς καὶ τῆς αἰσθητικῆς οὐσίας λεγομένη μίξις οὐ διασαφεῖται πῇ ποτε ψυχῆς μᾶλλον, ἢ τῶν ἄλλων ὅ τι ἄν τις εἴποι, γένεσίς ἐστιν. Αὐτός τε γὰρ ὁ κόσμος οὗτος καὶ τῶν μερῶν ἕκαστον αὐτοῦ συνέστηκεν ἔκ τε σωματικῆς οὐσίας καὶ νοητῆς· ὧν ἡ μὲν ὕλην καὶ ὑποκείμενον, ἡ δὲ μορφὴν καὶ εἶδος τῷ γενομένῳ παρέσχε· καὶ τῆς μὲν ὕλης τὸ μετοχῇ καὶ εἰκασίᾳ τοῦ νοητοῦ μορφωθὲν εὐθὺς ἁπτὸν καὶ ὁρατόν ἐστιν, ἡ ψυχὴ δὲ πᾶσαν αἴσθησιν ἐκπέφευγεν. (4) Ἀριθμόν γε μὴν ὁ Πλάτων οὐδέποτε τὴν ψυχὴν προσεῖπεν, ἀλλὰ κίνησιν αὐτοκίνητον ἀεί, καὶ κινήσεως πηγὴν καὶ ἀρχήν· ἀριθμῷ δὲ καὶ λόγῳ καὶ ἁρμονίᾳ διακεκόσμηκε τὴν οὐσίαν αὐτῆς ὑποκειμένην καὶ δεχομένην τὸ κάλλιστον εἶδος ὑπὸ τούτων ἐγγινόμενον. (5) Οἶμαι δὲ μὴ ταυτὸν εἶναι τῷ κατὰ ἀριθμὸν συνεστάναι τὴν ψυχὴν τὸ τὴν οὐσίαν αὐτῆς ἀριθμὸν ὑπάρχειν· ἐπεὶ καθ' ἁρμονίαν συνέστηκεν, ἁρμονία δ' οὐκ ἔστιν, ὡς αὐτὸς ἐν τῷ περὶ Ψυχῆς ἀπέδειξεν. (6) Ἐκφανῶς δὲ τούτοις ἠγνόηται τὸ περὶ τοῦ ταὐτοῦ καὶ τοῦ ἑτέρου· λέγουσι γὰρ ὡς τὸ μὲν στάσεως, τὸ δὲ κινήσεως συμβάλλεται δύναμιν εἰς τὴν τῆς ψυχῆς γένεσιν· αὐτοῦ Πλάτωνος ἐν τῷ Σοφιστῇ τὸ ὂν καὶ τὸ ταὐτὸν καὶ τὸ ἕτερον, πρὸς δὲ τούτοις, στάσιν καὶ κίνησιν, ὡς ἕκαστον ἑκάστου διαφέρον, καὶ πέντε ὄντα, χωρὶς ἀλλήλων τιθεμένου καὶ διορίζοντος.

IV. Ὅ γε μὴν οὗτοί τε κοινῇ καὶ οἱ πλεῖστοι τῶν χρωμένων Πλάτωνι, φοβούμενοι καὶ παραμυθούμενοι, πάντα μηχανῶνται, καὶ παραβιάζονται καὶ στρέφουσιν, ὥς τι δεινὸν καὶ ἄρρητον οἰόμενοι δεῖν περικαλύπτειν καὶ ἀρνεῖσθαι, τήν τε τοῦ κόσμου τήν τε τῆς ψυχῆς αὐτοῦ γένεσιν καὶ σύστασιν, οὐκ ἐξ ἀϊδίου συνεστώτων, οὐδὲ τὸν ἄπειρον χρόνον οὕτως ἐχόντων, ἰδίᾳ τε λόγου τέτευχε, καὶ νῦν ἀρκέσει ῥηθὲν, ὅτι τὸν περὶ θεῶν ἀγῶνα καὶ λόγον, ᾧ Πλάτων ὁμολογεῖ φιλοτιμότατα καὶ παρ' ἡλικίαν πρὸς τοὺς ἀθέους κεχρῆσθαι, συγχέουσι, μᾶλλον δὲ ὅλως ἀναιροῦσιν. (2) Εἰ γὰρ ἀγένητος ὁ κόσμος ἐστίν, οἴχεται τῷ Πλάτωνι τὸ πρεσβύτερον τοῦ σώματος τὴν ψυχὴν οὖσαν ἐξάρχειν μεταβολῆς καὶ κινήσεως πάσης, ἡγεμόνα καὶ πρωτουργὸν, ὡς αὐτὸς εἴρηκεν, ἐγκαθεστῶσαν. (3) Τίς δ' οὖσα καὶ τίνος ὄντος ἡ ψυχὴ τοῦ σώματος προτέρα καὶ πρεσβυτέρα λέγεται γεγονέναι, προϊὼν ὁ λόγος ἐνδείξεται· τοῦτο γὰρ ἠγνοημένον ἔοικε τὴν πλείστην ἀπορίαν καὶ ἀπιστίαν παρέχειν τῆς ἀληθοῦς δόξης.

V. * Πρῶτον οὖν, ἣν ἔχω [περὶ τούτων] διάνοιαν, ἐκθήσομαι, πιστούμενος τῷ εἰκότι, καὶ παραμυθούμε-

et gubernaretur, nisi quis ortum ejus et causarum ipsum conficientium congressionem ab initio posuisset, isti viæ ac rationi instituisse. (2) His ita universe dictis, Eudorus neutrum putat non habere pro se aliquid probabile. Mihi, si probabilitas pro regula judicandi sit habenda, utrique videntur a Platonis opinione aberrasse: si quidem non propria placita concinnare, sed consentientia Platonis sententiæ dicere sit propositum. (3) Quippe illa mixtione ex intelligibili et sensili substantia quam dicunt, non declaratur qui animæ magis, quam aliarum quarumvis rerum sit procreatio. Nam quum ipse hic mundus, tum quælibet ejus pars ex istis duabus constat substantiis: quarum hæc materiam et subjectum, illa formam et speciem rei ortæ præbuit: et quidquid materiæ informatum est participatione atque assimilatione intelligibilis substantiæ, statim hoc consequitur, ut tangi viderique possit; anima autem omnem sensum subterfugit. (4) Plato quidem animam nusquam dixit esse numerum, sed motum qui se ipsum semper cieat, fonsque sit et principium motus: naturam vero ejus numero et ratione et harmonia exornavit, subjectam his, formamque in se pulcherrimam recipientem. (5) Puto autem non idem esse, *secundum numerum animam esse constitutam, et naturam animæ esse numerum.* Nam secundum harmoniam constituta quidem anima, nec tamen ipsa harmonia est, ut ipse in Phædone demonstravit. (6) Liquet autem hos vim Ejusdem et Diversi ignoravisse, dum alterum quietis, alterum motus causam faciunt in generatione animæ: quum tamen Plato in Sophista Ens, Idem, Diversum, Statum, Motum, ut quinque numero, et omnia a se invicem differentia, posuerit.

IV. Quod autem communiter tam hi quam plerique Platonis sectatorum timentes et delinire studentes, omnia moliuntur, vique pervertunt, putantque tanquam flagitiosam et infandam sententiam debere occultari et negari, quæ mundum ejusque animam non ex sempiternis constituit et ortum prodit principiis, neque infinito tempore talem fuisse affirmat; id peculiari disputatione explicatum est: et nunc tantum satis est dixisse, istos concertationem, qua Plato fatetur summa contentione et præter ætatem se usum adversus eos qui deum esse negant, confundere, aut potius totam tollere. (2) Si enim origine caret mundus, actum est de Platonis sententia, qui animam corpore priorem ætate, initium ait motui ac quieti præbuisse intus habitantem, eorumque ducem et primam effectricem causam fuisse. (3) Quæ autem sit vis ratioque animæ et corporis, ut hæc illo prius orta et antiquior esse dicatur, progressu orationis aperietur. Hoc enim ignoratum, videtur plurimum invexisse dubitationis, et de fide veræ sententiæ tantundem derogasse.

V. Principio meam de ea re sententiam explicabo, eique fidem quantam possum faciam probabilitate inducenda, qua

νος, ὡς ἔνεστι, τὸ ἄηθες τοῦ λόγου καὶ παράδοξον· ἔπειτα ταῖς λέξεσιν ἐπάξω, συνοικειῶν ἅμα τὴν ἐξήγησιν καὶ τὴν ἀπόδειξιν. Ἔχει γὰρ οὕτω κατά γε τὴν ἐμὴν τὰ πράγματα δόξαν. (2) Κόσμον τόνδε, φησὶν Ἡράκλειτος, οὔτε τις θεῶν οὔτ' ἀνθρώπων ἐποίησεν, ὥσπερ φοβηθείς, μὴ θεοῦ ἀπογνόντες, ἄνθρωπόν τινα γεγονέναι τοῦ κόσμου δημιουργὸν ὑπονοήσωμεν. (3) Βέλτιον οὖν Πλάτωνι πειθομένους, τὸν μὲν κόσμον ὑπὸ θεοῦ γεγονέναι λέγειν καὶ ᾄδειν· ὁ μὲν γὰρ κάλλιστος τῶν γεγονότων, ὁ δ' ἄριστος τῶν αἰτίων· τὴν δ' οὐσίαν καὶ ὕλην, ἐξ ἧς γέγονεν, οὐ γενομένην, ἀλλὰ ὑποκειμένην ἀεὶ τῷ δημιουργῷ, εἰς διάθεσιν καὶ τάξιν αὐτῆς καὶ πρὸς αὐτὸν ἐξομοίωσιν, ὡς δυνατὸν ἦν, ἐμπαρασχεῖν. Οὐ γὰρ ἐκ τοῦ μὴ ὄντος ἡ γένεσις, ἀλλ' ἐκ τοῦ μὴ καλῶς μηδ' ἱκανῶς ἔχοντος, ὡς οἰκίας καὶ ἱματίου καὶ ἀνδριάντος. (4) Ἀκοσμία γὰρ ἦν τὰ πρὸ τῆς τοῦ κόσμου γενέσεως· ἀκοσμία δὲ οὐκ ἀσώματος, οὐδ' ἀκίνητος, οὐδ' ἄψυχος· ἀλλ' ἄμορφον μὲν καὶ ἀσύστατον τὸ σωματικόν, ἔμπληκτον δὲ καὶ ἄλογον τὸ κινητικὸν ἔχουσα· τοῦτο δ' ἦν ἀναρμοστία ψυχῆς οὐκ ἐχούσης λόγον. (5) Ὁ γὰρ θεὸς οὔτε σῶμα τὸ ἀσώματον, οὔτε ψυχὴν τὸ ἄψυχον ἐποίησεν· ἀλλ' ὥσπερ ἁρμονικὸν ἄνδρα καὶ ῥυθμικὸν οὐ φωνὴν ποιεῖν οὐδὲ κίνησιν, ἐμμελῆ δὲ φωνὴν καὶ κίνησιν εὔρυθμον ἀξιοῦμεν· οὕτως ὁ θεὸς οὔτε τοῦ σώματος τὸ ἁπτὸν καὶ ἀντίτυπον, οὔτε τῆς ψυχῆς τὸ φανταστικὸν καὶ κινητικὸν αὐτὸς ἐποίησεν· ἀμφοτέρας δὲ τὰς ἀρχὰς παραλαβών, τὴν μέν, ἀμυδρὰν καὶ σκοτεινήν, τὴν δέ, ταραχώδη καὶ ἀνόητον, ἀτελεῖς δὲ τοῦ προσήκοντος ἀμφοτέρας καὶ ἀορίστους, ἔταξε καὶ διεκόσμησε καὶ συνήρμοσε, τὸ κάλλιστον ἀπεργασάμενος καὶ τελειότατον ἐξ αὐτῶν ζῷον. (6) Ἡ μὲν οὖν σώματος οὐσία τῆς λεγομένης ὑπ' αὐτοῦ πανδεχοῦς φύσεως, ἕδρας τε καὶ τιθηνῆς τῶν γενητῶν οὐχ ἑτέρα τις ἐστίν.

VI. Τὴν δὲ τῆς ψυχῆς ἐν Φιλήβῳ μὲν ἀπειρίαν κέκληκεν, ἀριθμοῦ καὶ λόγου στέρησιν οὖσαν, ἐλλείψεώς τε καὶ ὑπερβολῆς καὶ διαφορᾶς καὶ ἀνομοιότητος ἐν αὐτῇ πέρας οὐδὲν οὐδὲ μέτρον ἐχούσαν· (2) ἐν δὲ Τιμαίῳ, τὴν τῇ ἀμερίστῳ συγκεραννυμένην φύσει, καὶ περὶ τὰ σώματα γίνεσθαι λεγομένην μεριστήν, οὔτε πλῆθος ἐν μονάσι καὶ στιγμαῖς, οὔτε μήκη καὶ πλάτη λέγεσθαι νομιστέον, ἃ σώμασι προσήκει, καὶ σωμάτων μᾶλλον ἢ τῆς ψυχῆς ἐστιν, ἀλλὰ τὴν ἄτακτον καὶ ἀόριστον, αὐτοκίνητον δὲ καὶ κινητικὴν ἀρχήν, ἐκείνην, ἣν πολλαχοῦ μὲν ἀνάγκην, ἐν δὲ τοῖς Νόμοις ἄντικρυς ψυχὴν ἄτακτον εἴρηκε καὶ κακοποιόν· αὕτη γὰρ ἦν ψυχὴ καθ' ἑαυτήν, νοῦ δὲ καὶ λογισμοῦ καὶ ἁρμονίας ἔμφρονος μετέσχεν, ἵνα κόσμου ψυχὴ γένηται. (3) Καὶ γὰρ τὸ πανδεχὲς καὶ ὑλικὸν ἐκεῖνο, μέγεθος μὲν ἐκέκτητο καὶ διάστημα καὶ χώραν· κάλλους δὲ καὶ μορφῆς καὶ σχημάτων μετριότητος ἐνδεῶς εἶχεν· ἔλαχε δὲ τούτων, ἵνα γῆς καὶ θαλάττης καὶ οὐρανοῦ καὶ ἀστέρων, φυτῶν τε καὶ ζῴων παντοδαπὰ σώματα καὶ ὄργανα γίνηται κοσμηθέν. (4) Οἱ δὲ τὴν ἐν Τιμαίῳ λεγομένην ἀνάγκην, ἐν δὲ Φιλήβῳ περὶ τὸ μᾶλλον καὶ

id quod novum plerisque et contrarium receptis videbitur opinionibus excusem. Postea ipsis verbis quum interpretationem tum demonstrationem accommodabo. Sic enim res habet, ut mea quidem fert sententia. (2) *Mundum hunc*, Heraclitus ait, *neque deorum quisquam, neque hominum fecit:* metuens scilicet, ne postquam deum non admisissemus, hominem aliquem mundi opificem fuisse suspicaremur. (3) Præstat itaque Platonis sententiam sequi, atque hoc et dicere et canere, mundum a deo esse factum: nam et mundus omnium operum est pulcherrimum, et deus omnium causarum præstantissima; substantiam autem et materiam ex qua factus est mundus, non natam, sed semper subjectam opifici disponendam se et ordinandam, adque ipsius similitudinem quantum ejus fieri potest effingendam præbuisse. Non enim ex eo quod nihil est exstitit mundus, sed ex eo quod non pulchre, non recte aut perfecte est, quomodo fiunt domus, vestis, statua. (4) Fuit nimirum, antequam mundus nasceretur, materies, non corporis illa, non motus, non animæ expers; sed corpore informi atque incomposito, temerario et bruto motu prædita: erat autem hoc ipsum inconcinnitas animæ proportione carentis. (5) Etenim deus neque corpus de incorporeo, neque animam de inanimo fecit: sed quo modo virum modorum numerorumque musicorum peritum non vocem aut motum, sed concinnam vocem numerosumque motum efficere volumus; ita deus neque corpori ut tangi et resistere, neque animæ ut imaginari et movere posset indidit: sed utrumque sumens principium, alterum obscurum et tenebricosum, alterum turbulentum et amens, ambo imperfecta atque indefinita, iis ordinandis, digerendis atque concinnandis pulcherrimum et perfectissimum confecit animal. (6) Ergo corporis natura alia non est, quam quæ ab eo *omnium receptaculum*, *sedes*, *nutrixque* dicitur *rerum ortarum*.

VI. Animæ autem naturam in Philebo appellat infinitatem, utpote numeri et rationis privationem, et in qua defectus, abundantiæ, differentiæ, dissimilitudinis nullus terminus insit, nulla mensura. (2) In Timæo autem quum dicitur Individuæ commixta naturæ, et quæ circa corpora versans Dividua appelletur; neque multitudo unitatum aut punctorum intelligi debet, neque longitudines aut latitudines, quæ corporibus conveniunt, et corporum magis sunt quam animæ: sed incompositum, infinitum, se ipsum movens et præditum movendi facultate principium illud, quod sæpe *necessitatem*, in Legibus autem palam *animam inordinatam* dixit *et maleficam*. Ipsa enim ex sese anima talis erat, mentem autem et rationem harmoniamque sollertem nacta est, ut fieret mundi anima. (3) Nam omnium capax illa materies magnitudinem, intervallum spatiumque habebat; at pulchritudine, specie, formarumque mediocritate indigebat: adepta autem ea est, dum ita exornata fuit, ut terræ, maris, cœli, stellarum, plantarum, animaliumque omnis generis corpora et instrumenta exsisterent. (4) At qui *necessitatem* quæ in Timæo dicitur, in Philebo autem

ἧττον ἐλλείψεως καὶ ὑπερβολῆς ἀμετρίαν καὶ ἀπειρίαν τῇ ὕλῃ προστιθέντες, ἀλλὰ μὴ τῇ ψυχῇ, ποῦ θήσονται τὸ τὴν ὕλην ἀεὶ μὲν ἄμορφον καὶ ἀσχημάτιστον ὑπ' αὐτοῦ λέγεσθαι, καὶ πάσης ποιότητος καὶ δυνάμεως οἰκείας ἔρημον, εἰκάζεσθαι δ' ἀώδεσιν ἐλαίοις, ἃ πρὸς τὰς βαφὰς οἱ μυρεψοὶ λαμβάνουσιν; (5) * Οὐ γὰρ οἷόν τε τὸ ἄποιον καὶ ἀργὸν ἐξ αὑτοῦ καὶ ἀρρεπὲς αἰτίαν κακοῦ καὶ ἀρχὴν ὑποτίθεσθαι τὸν Πλάτωνα, καὶ καλεῖν ἀπειρίαν αἰσχρὰν καὶ κακοποιόν, αὖθις δ' ἀνάγκην πολλὰ τῷ θεῷ δυσμαχοῦσαν καὶ ἀφηνιάζουσαν. (6) Ἢ γὰρ ἀναστρέφουσα τὸν οὐρανὸν, ὥσπερ ἐν Πολιτικῷ λέγεται, καὶ ἀνελίττουσα πρὸς τοὐναντίον ἀνάγκη καὶ σύμφυτος ἐπιθυμία, καὶ τὸ τῆς πάλαι ποτὲ φύσεως σύντροφον πολλῆς μετέχον ἀταξίας, πρὶν εἰς τὸν νῦν κόσμον ἀφικέσθαι, πόθεν ἐγγέγονε τοῖς πράγμασιν, εἰ τὸ μὲν ὑποκείμενον ἄποιος ἦν ὕλη καὶ ἄμοιρος αἰτίας ἁπάσης, ὁ δὲ δημιουργὸς ἀγαθὸς καὶ πάντα βουλόμενος αὑτῷ κατὰ δύναμιν ἐξομοιῶσαι; τρίτον δὲ παρὰ ταῦτα μηθέν. (7) Αἱ γὰρ Στωϊκαὶ καταλαμβάνουσιν ἡμᾶς ἀπορίαι, τὸ κακὸν ἐκ τοῦ μὴ ὄντος ἀναιτίως καὶ ἀγεννήτως ἐπεισάγοντας· ἐπεὶ τῶν γ' ὄντων οὔτε τὸ ἀγαθὸν οὔτε τὸ ἄποιον εἰκός ἐστιν οὐσίαν κακοῦ καὶ γένεσιν παρασχεῖν· (8) ἀλλὰ ταυτὸ Πλάτων οὐκ ἔπαθε τοῖς ὕστερον, οὐδὲ παριδὼν, ὡς ἐκεῖνοι, τὴν μεταξὺ τῆς ὕλης καὶ τοῦ θεοῦ τρίτην ἀρχὴν καὶ δύναμιν, ὑπέμεινε τῶν λόγων τὸν ἀτοπώτατον, ἐπεισόδιον οὐκ οἶδα ὅπως ποιοῦντα τὴν τῶν κακῶν φύσιν ἀπ' αὐτομάτου κατὰ συμβεβηκός. (9) Ἐπικούρῳ μὲν γὰρ οὐδ' ἀκαρὲς ἐγκλῖναι τὴν ἄτομον συγχωροῦσιν, ὡς ἀναίτιον ἐπεισάγοντι κίνησιν ἐκ τοῦ μὴ ὄντος· αὐτοὶ δὲ κακίαν καὶ κακοδαιμονίαν τοσαύτην, ἑτέρας τε περὶ σῶμα μυρίας ἀτοπίας καὶ δυσχερείας, αἰτίαν ἐν ταῖς ἀρχαῖς οὐκ ἐχούσας, κατ' ἐπακολούθησιν γεγονέναι λέγουσιν.

VII. Ὁ δὲ Πλάτων οὐχ οὕτως· ἀλλὰ τήν γε ὕλην διαφορᾶς ἁπάσης ἀπαλλάττων, καὶ τοῦ θεοῦ τὴν τῶν κακῶν αἰτίαν ἀπωτάτω τιθέμενος, ταῦτα περὶ τοῦ κόσμου γέγραφεν ἐν τῷ Πολιτικῷ· « Παρὰ μὲν γὰρ τοῦ [ξυν]θέντος πάντα τὰ καλὰ κέκτηται· παρὰ δὲ τῆς ἔμπροσθεν ἕξεως ὅσα χαλεπὰ καὶ ἄδικα ἐν οὐρανῷ γίνεται, ταῦτ' ἐξ ἐκείνης αὐτός τε ἔχει, καὶ τοῖς ζῴοις ἐναπεργάζεται. » (2) Καὶ μικρὸν ἔτι προελθὼν, « Προϊόντος δὲ, φησὶ, τοῦ χρόνου, καὶ λήθης ἐγγινομένης ἐν αὐτῷ, μᾶλλον δυναστεύει τὸ τῆς παλαιᾶς ἀναρμοστίας πάθος, καὶ κινδυνεύει διαλυθεὶς εἰς τὸν τῆς ἀνομοιότητος ἄπειρον ὄντα τόπον δῦναι πάλιν. » Ἀνομοιότης δὲ περὶ τὴν ὕλην, ἄποιον καὶ ἀδιάφορον οὖσαν, οὐκ ἔστιν. (3) Ἀλλὰ μετὰ πολλῶν ἄλλων καὶ Εὔδημος ἀγνοήσας, κατειρωνεύεται τοῦ Πλάτωνος, ὡς (**) τὴν πολλάκις ὑπ' αὐτοῦ μητέρα καὶ τιθηνὴν προσαγορευομένην, αἰτίαν κακῶν καὶ ἀρχὴν ἀποφαίνοντος. (4) Ὁ γὰρ Πλάτων μητέρα μὲν καὶ τιθηνὴν καλεῖ τὴν ὕλην· αἰτίαν δὲ κακοῦ, τὴν κινητικὴν τῆς ὕλης καὶ περὶ τὰ σώματα γινομένην μεριστὴν, ἄτακτον καὶ ἄλογον, οὐκ ἄψυχον δὲ κίνησιν, ἣν ἐν Νόμοις, ὥσπερ

---

infinitas atque mensuræ vacuitas ob exsuperantiam et defectum, materiæ, non animæ tribuunt, quonam id referent, quod materiam idem Plato semper informem, omnis qualitatis et facultatis propriæ vacuam asserit, similemque ait esse olei odoris expertis, quo ad tingendum utantur unguentarii? (5) Fieri enim nequit, ut quod suapte natura qualitatis exsors, otiosum et informe est, id Plato causam mali principiumque ponat, vocetque *infinitatem turpem ac maleficam*, rursusque *necessitatem frequenter deo repugnantem et frenos excutientem*. (6) Illa enim, quæ, ut in Politico ait, *cælum in contrariam torquet partem necessitas et innata cupiditas, et illius priscæ naturæ und quasi educata confusio, antequam in hunc mundum veniret*, undenam in res invecta est, si subjectum qualitate carebat, materies nullam vim causæ habens, opifex autem bonus ipse, omnia sibi quantum res ferret, similia voluit facere? nihil enim est tertium. (7) Nam hic in Stoicorum delabemur angustias, qui malum ex non ente absque causa et procreatione introducunt : quando de his quæ sunt, neque bonum, neque qualitatis vacuum probabile est substantiam et originem malo præbuisse. (8) Ceterum Platoni non accidit idem quod posterioribus, neque neglecta, quod his usu venit, tertia facultate et principio quod inter materiam et deum est medio loco, admisit absurdissimum illud commentum, quod, nescio quomodo, malorum naturam aliunde irrepsisse per accidens et casu fingit. (9) Sane Epicuro ne momentaneam quidem atomi inclinationem concedit, quod cum dicant motum absque causa ex non ente introducere : ipsi malitiam, tantumque miseriarum aliasque circa corpus infinitas incommoditates et difficultates, quarum nulla in principiis causa est, ex consecutione quadam aiunt exstitisse.

VII. Non ita Plato : sed quum materiam omni discrimine liberasset, deumque a malorum causa quam longissime collocasset, hæc in Politico scripsit de mundo : *Is enim ab eo qui ipsum composuit, omnia est adeptus bona. quæ autem molesta et injusta fiunt in cælo, quum ipse a priore habitu habet, tum in animalibus etiam efficit :* (2) ac paullo post : *Progressu autem temporis, oblivione ei obrepente, magis etiam obtinuit priscæ inconcinnitatis morbus, periculumque est ne dissolutus rursum subeat infinitum dissimilitudinis locum.* Dissimilitudo autem non est in materia, quæ caret qualitate et differentiis. (3) Quod cum aliis multis ignorans Eudemus, Platonem subsannat, quasi hic dum sæpenumero *matrem et nutricem rerum* vocat materiam, etiam *malorum causam et principium* dixerit. (4) Plato enim *matris nutricisque* nomine materiam afficit : causam autem malorum eam vim, quæ materiam movet, et circa corpora est dividua, inordinata, bruta, non tamen animæ exsors motio, facit : quam in Legibus, ut dixi, *animam*

εἴρηται, ψυχὴν ἐναντίαν καὶ ἀντίπαλον τῇ ἀγαθουργῷ προσεῖπε. Ψυχὴ γὰρ αἰτία κινήσεως καὶ ἀρχή, νοῦς δὲ, τάξεως καὶ συμφωνίας περὶ κίνησιν. (5) Ὁ γὰρ θεὸς οὐκ ἂν ἔστησε τὴν ὕλην ἀργοῦσαν, ἀλλ' ἔστη-
[5] σεν ὑπὸ τῆς ἀνοήτου ταραττομένην αἰτίας· οὐδ' ἀρχὰς τῇ φύσει μεταβολῆς καὶ παθῶν παρέσχεν, ἀλλ' οὔσης ἐν πάθεσι παντοδαποῖς καὶ μεταβολαῖς ἀτάκτοις, ἐξεῖλε τὴν πολλὴν ἀοριστίαν καὶ πλημμέλειαν, ἁρμονίᾳ καὶ ἀναλογίᾳ καὶ ἀριθμῷ χρώμενος ὀργάνοις· (6) ὧν ἔρ-
[10] γον ἐστὶν, οὐ μεταβολῇ καὶ κινήσει ἑτερότητος πάθη καὶ διαφορὰς παρέχειν τοῖς πράγμασιν, ἀλλὰ μᾶλλον ἀπλανῆ καὶ στάσιμα, καὶ τοῖς κατὰ τὰ αὐτὰ ὡσαύτως ἔχουσιν ὅμοια ποιεῖν. Ἡ μὲν οὖν διάνοια τοιαύτη, κατά γε τὴν ἐμὴν δόξαν, τοῦ Πλάτωνος.

[15] VIII. Ἀπόδειξις δὲ πρώτη μὲν, ἡ τῆς λεγομένης καὶ δοκούσης αὐτοῦ πρὸς ἑαυτὸν ἀσυμφωνίας καὶ διαφορᾶς λύσις. * Οὐδὲ γὰρ σοφιστῇ κραιπαλῶντι, πόθεν γε δὴ Πλάτωνι, τοιαύτην ἄν τις ἀναθείη, περὶ οὓς ἐσπουδά-κει μάλιστα τῶν λόγων, ταραχὴν καὶ ἀνωμαλίαν, ὥστε
[20] τὴν αὐτὴν φύσιν ὁμοῦ καὶ ἀγένητον ἀποφαίνειν καὶ γε-νομένην· ἀγένητον μὲν ἐν Φαίδρῳ τὴν ψυχήν· ἐν δὲ Τιμαίῳ, γινομένην. (2) Ἡ μὲν οὖν ἐν Φαίδρῳ διάλε-κτος ὀλίγου δεῖν ἅπασι διὰ στόματός ἐστι, τῷ ἀγενήτῳ τὸ ἀνώλεθρον, τῷ δ' αὐτοκινήτῳ πιστουμένη τὸ ἀγένη-
[25] τον αὐτῆς· ἐν δὲ Τιμαίῳ, « Τὴν δὲ ψυχὴν, φησὶν, οὐχ ὡς νῦν ὑστέραν ἐπιχειροῦμεν λέγειν, οὕτως ἐμηχανή-σατο καὶ ὁ θεὸς νεωτέραν· οὐ γὰρ ἂν ἄρχεσθαι πρεσβύ-τερον ὑπὸ νεωτέρου συνέρξ[ας] εἴασεν· ἀλλά πως ἡμεῖς πολὺ μετέχοντες τοῦ προστυχόντος τε καὶ εἰκῆ, ταύτῃ
[30] πῃ καὶ λέγομεν· ὁ δὲ καὶ γενέσει καὶ ἀρετῇ προτέραν τὴν ψυχὴν σώματος, ὡς δεσπότιν καὶ ἄρξουσαν ἀρξο-μένου, συνεστήσατο. » (3) Καὶ πάλιν, εἰπὼν ὡς « αὐτὴ ἐν ἑαυτῇ στρεφομένη, θείαν ἀρχὴν ἤρξατο ἀπαύστου καὶ ἔμφρονος βίου, Τὸ μὲν δὴ σῶμα, φησὶν, ὁρατὸν οὐρανοῦ
[35] γέγονεν, αὐτὴ δ' ἀόρατος μὲν, λογισμοῦ δὲ μετέχουσα καὶ ἁρμονίας ψυχή, τῶν νοητῶν ἀεί τ' ὄντων ὑπὸ τοῦ ἀρίστου ἀρίστη γενομένη τῶν γενηθέντων. » (4) Ἐνταῦ-θα γὰρ τὸν μὲν θεὸν ἄριστον εἰπὼν τῶν ἀεὶ ὄντων, τὴν δὲ ψυχὴν ἀρίστην τῶν γενηθέντων, σαφεστάτῃ ταύτῃ
[40] τῇ διαφορᾷ καὶ ἀντιθέσει τὸ ἀΐδιον αὐτῆς καὶ τὸ ἀγένη-τον ἀφῄρηται.

IX. Τίς οὖν τούτων ἐπανόρθωσις ἑτέρα, πλὴν ἧς αὐτὸς δίδωσι τοῖς δέχεσθαι βουλομένοις; Ἀγένητον μὲν γὰρ ἀποφαίνει ψυχὴν τὴν πρὸ τῆς κόσμου γενέσεως
[45] πλημμελῶς πάντα καὶ ἀτάκτως κινοῦσαν· γενομένην δὲ καὶ γενητὴν πάλιν, ἣν ὁ θεὸς ἔκ τε ταύτης καὶ τῆς μονί-μου τε καὶ ἀρίστης οὐσίας ἐκείνης ἔμφρονα καὶ τετα-γμένην ἀπεργασάμενος (καὶ) καθάπερ εἶδος, καὶ τῷ αἰ-σθητικῷ τὸ νοερὸν, καὶ τῷ κινητικῷ τὸ τεταγμένον ἀπ'
[50] αὐτοῦ παρασχὼν, ἡγεμόνα τοῦ παντὸς ἐγκατέστησεν. (2) Οὕτω γὰρ καὶ τὸ σῶμα τοῦ κόσμου, πῇ μὲν ἀγέ-νητον ἀποφαίνει, πῇ δὲ γενητόν· ὅταν μὲν γὰρ εἴπῃ, « πᾶν, ὅσον ἦν ὁρατὸν, οὐχ ἡσυχίαν ἄγον, ἀλλὰ κινού-μενον ἀτάκτως, τὸν θεὸν παραλαβόντα διακοσμεῖν »

vocat *contrariam et adversantem beneficæ*. Anima enim causa est et principium motus; mens, ordinis et consonantiæ in motu. (5) Neque deus materiam otiosam constituere volebat; sed stabilivit a bruta turbatam causa : neque principia mutationis et affectionum indidit naturæ; sed quum ea omnis generis motibus atque affectionibus inordinatis exagitaretur, magnam illam infinitatem pravita-temque exemit, instrumentis usus harmonia, proportione, et numero; (6) quorum opus est, non mutatione et motu diversitates et discrimina in rebus efficere, sed ea potius stabilia, certa, et eorum quæ eodem semper sunt modo similia reddere. Atque hæc est, mea quidem opinio ut fert, Platonis sententia.

VIII. Demonstratio autem prima erit, si ea, in quibus ipse sibi dicitur ac putatur contraria dixisse', expediamus. Nam ne sophistæ quidem ebrio, nedum Platoni tanta im-putanda sit perturbatio et inconstantia, ea in disputatione quam summo studio tractavit; ut eandem naturam simul et *nunquam ortam*, et *ortam*, dicat : quorum hoc in Timæo, illud in Phædro aiunt exstare. (2) Verba quidem in Phædro scripta omnibus fere in ore sunt, ubi quod ani-ma non sit genita, ex eo probatur quia se ipsam movet; et quod non interitura, ex eo quia non sit genita. In Timæo, *Animam vero*, inquit, *non ut nunc posteriorem conamur dicere, ita etiam deus machinatus est corpore juniorem : non enim sivisset majus natu cum natu minore copula-tum ei parere : sed nos, prout multum temeritatis ac fortuiti nobis incidit, sic fere etiam loquimur : ille au-tem et ortu et virtute priorem animam corpore, tan-quam dominam et obtemperaturo imperaturam condi-dit.* (3) Et rursus, quum dixisset, *ipsam in se ipsa conversantem vitæ perennis et sapientis initium divi-num fecisse*, hæc subdit : *Corpus cœli factum est aspe-ctabile, anima autem quæ videri nequeat, sed rationis sit et harmoniæ particeps, a præstantissimo intelligi-bilium semperque manentium ipsa rerum natarum præstantissima facta.* (4) Hic deum rerum sempiterna-rum præstantissimam, animam rerum factarum optimam dicens, manifestissimo discrimine et oppositione usus, æternam et non ortam naturam animæ ademit.

IX. Quomodo ergo hæc melius explicabuntur, quam ea ratione, quam accipere volentibus ipse tradit? Ortus enim expertem ait eam animam, quæ ante mundi ortum omnia vitiose et confuse movit : rursum ortam et natam eam, quam deus ex hac et stabili optimaque illa natura pruden-tem ordinatamque confecit et tanquam formam, et sensili intelligibile, moventi ordinatum ex se præbens, ducem U-niversi constituit. (2) Hoc enim modo etiam corpus mundi alicubi ortum, alicubi non ortum ponit. Quum enim dicit, *omne quod sub aspectum cadit non quiescens, sed quum inordinatis cieretur motibus, deum id sumsisse et con-cinnasse : item, quattuor hæc genera, ignem, aquam,*

καὶ πάλιν, « τὰ τέτταρα γένη, πῦρ καὶ ὕδωρ καὶ γῆν καὶ ἀέρα, πρὶν ἢ τὸ πᾶν ὑπ' αὐτῶν διακοσμηθὲν γενέσθαι, σεισμὸν ἐμποιεῖν τῇ ὕλῃ, καὶ ὑπ' ἐκείνης τινάσσεσθαι διὰ τὴν ἀνωμαλίαν· » ὄντα που ποιεῖ καὶ ὑποκείμενα τὰ σώματα πρὸ τῆς τοῦ κόσμου γενέσεως. (3) Ὅταν δὲ πάλιν λέγῃ, « τῆς ψυχῆς νεώτερον γεγονέναι τὸ σῶμα, καὶ τὸν κόσμον εἶναι γενητὸν, ὅτι ὁρατὸς καὶ ἁπτὸς καὶ σῶμα ἔχων ἐστί, τὰ δὲ τοιαῦτα γιγνόμενα καὶ γενητὰ ἐφάνη, » παντὶ δῆλον ὡς γένεσιν τῇ φύσει τοῦ σώματος ἀποδίδωσιν. (4) Ἀλλὰ πολλοῦ δεῖ τἀναντία λέγειν καὶ διαφέρεσθαι πρὸς αὐτὸν οὕτως ἐκφανῶς ἐν τοῖς μεγίστοις. Οὐ γὰρ ὡσαύτως οὐδὲ ταυτὸ σῶμα γίνεσθαί τε φησὶν ὑπὸ τοῦ θεοῦ, καὶ εἶναι, πρὶν ἢ γενέσθαι· ταῦτα γὰρ ἄντικρυς φαρμακῶντός ἐστιν· ἀλλὰ τί δεῖ νοεῖν γένεσιν, αὐτὸς διδάσκει. (5) « Τὸ μὲν γὰρ προτοῦ, φησὶ, ταῦτα πάντα εἶχεν ἀλόγως καὶ ἀμέτρως· ὅτε δ' ἐπεχειρεῖτο κοσμεῖσθαι τὸ πᾶν, πῦρ πρῶτον καὶ ὕδωρ καὶ γῆν καὶ ἀέρα, ἴχνη μὲν ἔχοντα ἄττα αὐτῶν, παντάπασι μὴν διακείμενα, ὥσπερ εἰκὸς ἔχειν ἅπαν, ὅταν ἀπῇ τινὸς θεός· οὕτω δὴ τότε πεφυκότα ταῦτα πρῶτον διεσχηματίσατο εἴδεσι καὶ ἀριθμοῖς. » (6) Ἔτι δὲ πρότερον εἰπὼν ὡς « οὐ μιᾶς ἔργον ἦν ἀναλογίας, ἀλλὰ δυεῖν, τὸ συνδῆσαι στερεὸν ὄντα καὶ βάθος ἔχοντα τὸν τοῦ παντὸς ὄγκον, » καὶ διελθὼν ὅτι « πυρὸς καὶ γῆς ὕδωρ ἀέρα τε ὁ θεὸς ἐν μέσῳ θείς, συνέδησε καὶ συνεστήσατο τὸν οὐρανόν, Ἔκ τε δὴ τούτων, φησὶ, τοιούτων καὶ τὸν ἀριθμὸν τεττάρων, * τὸ τοῦ κόσμου σῶμα ἐγεννήθη, δι' ἀναλογίας ὁμολογῆσαν· φιλίαν τ' ἔσχεν ἐκ τούτων, ὥστ' εἰς ταυτὸν αὐτῷ συνελθὸν, ἄλυτον ὑπὸ τῶν ἄλλων, πλὴν ὑπὸ τοῦ συνδήσαντος, γενέσθαι· » σαφέστατα διδάσκων ὡς οὐχὶ σώματος ἁπλῶς, οὐδ' ὄγκου καὶ ὕλης, ἀλλὰ συμμετρίας περὶ σῶμα καὶ κάλλους καὶ ὁμοιότητος ἦν ὁ θεὸς πατὴρ καὶ δημιουργός. (7) Ταῦτα δὴ δεῖ διανοεῖσθαι καὶ περὶ ψυχῆς, ὡς τὴν μὲν οὔτε ὑπὸ τοῦ θεοῦ γενομένην, οὔτε κόσμου ψυχὴν οὖσαν, ἀλλά τινα φανταστικῆς καὶ δοξαστικῆς, ἀλόγου δὲ καὶ ἀτάκτου φορᾶς καὶ ὁρμῆς δύναμιν αὐτοκίνητον καὶ ἀεικίνητον· τὴν δ' αὐτὸς ὁ θεὸς διαρμοσάμενος τοῖς προσήκουσιν ἀριθμοῖς καὶ λόγοις ἐγκατέστησεν ἡγεμόνα τοῦ κόσμου γεγονότος γενητὴν οὖσαν.

X. Ὅτι δὲ περὶ τούτων διενοεῖτο ταῦτα, καὶ οὐ θεωρίας ἕνεκα, τοῦ τε κόσμου μὴ γενομένου καὶ τῆς ψυχῆς ὅμως ὑπετίθετο σύστασιν καὶ γένεσιν, ἐκεῖνο πρὸς πολλοῖς τεκμήριόν ἐστι (**) τὸ τὴν μὲν ψυχὴν ὑπ' αὐτοῦ καὶ ἀγένητον, ὥσπερ εἴρηται, καὶ γενητὴν λέγεσθαι· τὸν δὲ κόσμον, ἀεὶ μὲν γεγονότα καὶ γενητὸν, ἀγένητον δὲ μηδέποτε, μηδ' ἀίδιον. (2) Τὰ μὲν οὖν ἐν Τιμαίῳ τί δεῖ προφέρειν; ὅλον γὰρ καὶ πᾶν τὸ σύγγραμμα περὶ κόσμου γενέσεως ἄχρι τέλους ἀπ' ἀρχῆς ἐστι. Τῶν δ' ἄλλων, ἐν μὲν Ἀτλαντικῷ προσευχόμενος ὁ Τίμαιος ὀνομάζει τὸν « πάλαι μὲν ἔργῳ γεγονότα, νῦν δὲ λόγῳ θεόν· » ἐν Πολιτικῷ δὲ ὁ Παρμενίδειος ξένος, « τὸν κόσμον ὑπὸ τοῦ θεοῦ συντεθέντα, φησὶ, πολλῶν ἀγαθῶν μεταλαβεῖν, εἰ δέ τι φλαῦρόν ἐστιν ἢ χαλεπὸν, ἐκ

terram et aerem, antequam Universum iis dispositis conficeretur, motum intulisse materiæ, ab eaque ob inæqualitatem fuisse concussa, sane corpora facit quæ alicubi fuerint ac substiterint ante mundi originem. (3) Rursum, *corpus anima posterius* dicens, *et mundum esse factum, quia videri et tangi possit, quia corpus habeat; talia autem ostensum sit orta et nata esse,* nemo non videt eum corporis naturæ ortum tribuere. (4) Verum longe ab eo abest Plato, ut secum ipse palam dissentiat ac pugnantia dicat de rebus maximis. Non enim eodem modo, neque idem corpus a deo factum ait, et fuisse antequam nasceretur: hoc enim palam esset insanientis: sed quid intelligendum sit vocabulo *ortus* ipse dicet. (5) *Antehac,* inquit, *hæc omnia ratione et ordine carebant: verum ubi deus aggressus est digerere Universum, ignem primum, aquam, terram et aerem (quæ vestigia quidem suarum formarum aliqua habebant, omnino tamen ita affecta erant, ut par est nihil non affectum esse a quo deus absit): hæc ergo tum ita habentia primum conformavit specie et numero quodque suo.* (6) Etiam ante quam dixisset, *non unius, sed duarum proportionum opus fuisse molem Universi solidam et crassitie præditam constringere,* explicavissetque, *igne, terra, aqua et aere in medio positis deum cœlum constrinxisse atque constituisse,* hæc adjicit: *Ex his talibus et numero quaternario contentis, corpus mundi natum est, proportione consentiens: atque hinc amicitia ea præditum, ut ipsum in sese conveniens, dissolvi ab aliis rebus, eo excepto qui colligavit, nequeat.* Quibus verbis manifestissime docet, non corporis simpliciter, non molis, non materiæ, sed concinnitatis in corpore, pulchritudinis, similitudinisque deum fuisse patrem et opificem. (7) Hæc igitur cogitanda sunt etiam de anima; nimirum aliam neque a deo esse procreatam, neque animam esse mundi, sed facultatem imaginatricis et opiniosæ, brutæ interim incompositæque motionis et incitationis, quæ se ipsam, idque semper, moveat: aliam esse, quam deus convenientibus numeris rationibusque conditam ac genitam, principem nato mundo indiderit atque præfecerit.

X. Hæc illum sensisse, et non contemplationis causa quum ipsius mundi, tum animæ, quanquam non generatorum, tamen generationem et ortum finxisse, præter multa alia hoc etiam arguitur, quod animam alias non genitam, alias genitam, uti docuimus, mundum semper ortum et natum, nunquam non natum, nunquam sempiternum dixit. (2) Quæ in Timæo disputat, quid attinet proferre? quum is liber totus a capite ad calcem de mundi ortu sit. Alias in Atlantico Timæus vota faciens, nominat eum *deum qui olim opere, nunc ratione exstet:* in Politico Parmenideus hospes *mundum a deo compositum multa ait bona esse adeptum: si quid habeat vitiosum aut incom-*

τῆς προτέρας ἕξεως ἀναρμόστου καὶ ἀλόγου συμμεμιγμένον ἔχειν· » (3) ἐν δὲ τῇ Πολιτείᾳ περὶ τοῦ ἀριθμοῦ, ὃν γάμον ἔνιοι καλοῦσιν, ὁ Σωκράτης ἀρχόμενος λέγειν, « Ἔστι δὲ, φησί, θείῳ μὲν γενητῷ περίοδος, ἣν ἀριθμὸς περιλαμβάνει τέλειος· » οὐκ ἄλλο καλῶν θεῖον γενητόν, ἢ τὸν κόσμον.

XI. *** δὲ ἡ τῶν τριῶν καὶ μιᾶς· τρίτη δὲ ἡ τῶν ε′ καὶ ς′· ὧν οὐδεμία ποιεῖ τετράγωνον, οὔτ' αὐτὴ καθ' ἑαυτὴν, οὔτε μετὰ τῶν ἄλλων· τετάρτη μέν ἐστιν [ἡ τῶν ζ′ καὶ η′], συντιθεμένη δὲ ταῖς προτ[έραις] τριακονταὲξ τετράγωνον παρέσχεν. (2) Ἡ δὲ τῶν ὑπὸ Πλάτωνος ἐκκειμένων ἀριθμῶν τετρακτὺς ἐντελεστέραν ἔσχηκε τὴν γένεσιν, τῶν μὲν ἀρτίων, ἀρτίοις διαστήμασι, τῶν δὲ περιττῶν, περιττοῖς πολλαπλασιασθέντων· περιέχει δὲ τὴν μὲν μονάδα, κοινὴν οὖσαν ἀρχὴν ἀρτίων καὶ περιττῶν, τῶν δ' ὑπ' αὐτῇ τὰ μὲν δύο καὶ τρία πρώτους ἐπιπέδους, τὰ δὲ τέτταρα καὶ ἐννέα πρώτους τετραγώνους, τὰ δ' ὀκτὼ καὶ εἰκοσιεπτὰ πρώτους κύβους ἐν ἀριθμοῖς, ἔξω λόγου τῆς μονάδος τιθεμένης. (3) Ἡ καὶ δῆλός ἐστι βουλόμενος οὐκ ἐπὶ μιᾶς εὐθείας ἅπαντας, ἀλλ' ἐναλλὰξ καὶ ἰδίᾳ τάσσεσθαι τοὺς ἀρτίους μετ' ἀλλήλων, καὶ πάλιν τοὺς περισσοὺς, [ὡς] ὑπογέγραπται. Οὕτω καὶ αἱ συζυγίαι τῶν ὁμοίων ἔσονται πρὸς τοὺς ὁμοίους, καὶ ποιήσουσιν ἀριθμοὺς ἐπιφανεῖς κατά τε σύνθεσιν καὶ πολλαπλασιασμὸν ἐξ ἀλλήλων.

XII. Κατὰ σύνθεσιν οὕτως· τὰ δύο καὶ τὰ τρία, πέντε γίνεται· τὰ τέσσαρα καὶ ἐννέα, τριακαίδεκα· τὰ δ' ὀκτὼ καὶ εἰκοσιεπτὰ, πέντε καὶ τριάκοντα. (2) Τούτων γὰρ τῶν ἀριθμῶν οἱ Πυθαγορικοὶ, τὰ μὲν ε′ τροφὸν, ὅπερ ἐστὶ φθόγγον, ἐκάλουν· οἰόμενοι τῶν τοῦ τόνου διαστημάτων πρῶτον εἶναι φθεγκτὸν τὸ πέμπτον· τὰ δὲ τρισκαίδεκα, λεῖμμα, καθάπερ Πλάτων, τὴν εἰς ἴσα τοῦ τόνου διανομὴν ἀπογινώσκοντες· τὰ δὲ πέντε καὶ τριάκοντα, ἁρμονίαν, ὅτι συνέστηκεν ἐκ δυοῖν κύβων πρώτων ἀπ' ἀρτίου καὶ περιττοῦ γεγονότων, ἐκ τεσσάρων δ' ἀριθμῶν, τοῦ ς′ καὶ τοῦ η′ καὶ τοῦ θ′, καὶ ιβ′, τὴν ἀριθμητικὴν καὶ τὴν ἁρμονικὴν ἀναλογίαν περιεχόντων. (3) * Ἔσται δὲ μᾶλλον ἡ δύναμις ἐκφανὴς ἐπὶ διαγράμματος. Ἔστω τὸ α β γ δ, παραλληλόγραμμον ὀρθογώνιον, ἔχον τῶν πλευρῶν τὴν α β, πέντε· τὴν δὲ α δ, ἑπτά· καὶ τμηθείσης τῆς μὲν ἐλάττονος εἰς δύο καὶ τρία, κατὰ τὸ κ, τῆς δὲ μείζονος εἰς τρία καὶ τέτταρα, κατὰ τὸ λ· διήχθωσαν ἀπὸ τῶν τομῶν εὐθεῖαι τέμνουσαι ἀλλήλας κατὰ τὸ κ μ ν, καὶ κατὰ τὸ λ μ ξ· (4) καὶ ποιοῦσαι τὸ μὲν α κ μ λ ἕξ· τὸ δὲ κ β ξ μ ἐννέα· τὸ δὲ λ μ ν δ ὀκτώ· τὸ δὲ μ ξ γ ν δώδεκα· τὸ δὲ ὅλον παραλληλόγραμμον τριάκοντα καὶ πέντε τοὺς τῶν συμφωνιῶν τῶν πρώτων λόγους ἐν τοῖς τῶν χωρίων ἀριθμοῖς, εἰς ἃ διῄρηται, περιέχον. (5) Τὰ μὲν οὖν ἓξ καὶ ὀκτὼ τὸν ἐπίτριτον ἔχει λόγον, ἐν ᾧ τὸ διὰ τεσσάρων· τὰ δὲ ἓξ καὶ ἐννέα, τὸν ἡμιόλιον, ἐν ᾧ τὸ διὰ πέντε· τὰ δὲ ἓξ καὶ τὰ ιβ′, τὸν διπλάσιον, ἐν ᾧ τὸ διὰ πασῶν· ἔνεστι δὲ καὶ ὁ τοῦ τόνου λόγος ἐπόγδοος [ὃν] ἐν τοῖς ἐννέα καὶ ὀκτώ· διὰ τοῦτο καὶ ἁρμονίαν τὸν πε-

modum, id ex admixto priore habitu inconcinno et bruto habere: (3) in Republica de numero disserere orsus Socrates, quem nonnulli Conjugium vocant, *Est autem divinæ,* inquit, *naturæ progenitæ sua conversio, quæ numero perfecto comprehenditur:* divinam naturam progenitam nihil vocans aliud, quam mundum.

XI. * * [prima copulatio est unius et duum, secunda] ternarii et quaternarii, tertia quinarii et senarii, quarum nulla vel per se, vel cum reliquis conjuncta quadratum numerum facit: quarta est septenarii et octonarii, quæ prioribus adjecta, xxxvi conficit, quadratum numerum. (2) Illa autem *tetractys,* seu quaternio, numerorum a Platone expositorum perfectiorem habet procreationem, ubi pares paribus, impares imparibus intervallis multiplicantur. Continet autem unitatem, commune principium parium et imparium; deinde duo et tria, qui primi sunt eorum quos *planos* seu superficiem referentes dicunt; tum quattuor et novem, primos quadratos; denique octo et viginti septem, qui primi in numeris, unitate posthabita, sunt cubi. (3) Unde etiam liquet eum numeros istos non voluisse in una recta linea disponi, sed duobus separatim ordinibus, quorum unus pares, alter impares contineret, sicuti subscripsimus [*in delineatione figurata*]. Ita copulabuntur scilicet similes cum similibus, producentque numeros planos, et compositi inter se, et multiplicati.

XII. Compositione sic: ii et iii, sunt v : iv et ix, sunt xiii : viii et xxvii, sunt xxxv. (2) De his enim Pythagorici quinarium *trophon,* id est sonum appellaverunt, rati de tonorum intervallis quintum primum esse, quod sonari possit: xiii autem *leimma* (defectus) iis dicitur, quod, ut Plato, de partitione toni in æquales partes desperavissent: xxxv autem *harmoniam* vocant, quia conflatur e duobus cubis primis paris et imparis numeri, itemque e quattuor his numeris, vi, viii, ix, xii, quibus et arithmetica et harmonica includitur proportio, quam *progressionem* cum vulgo appellamus. (3) Horum vis magis erit conspicua, si descriptionem proponamus. Esto parallelogrammum rectangulum ABCD, cujus latus AB quinque, latus AD [septem sit punctorum. Seceturque AB in duo et tria, ubi est punctum K: latus AD in tria et quattuor, ubi est punctum L: ducantur porro a punctis sectionum lineæ parallelæ lateribus, ut KM N, et LMO, quæ se in puncto M invicem secant. (4) Ita figura AKML efficiet areolas sex; KBOM novem; LMND octo; MOCN duodecim: totum autem parallelogrammum xxxv, numeris areolarum in quas divisum est, primarum consonantiarum rationes proponit. (5) Nam vi et viii sesquitertiam habent rationem, quæ est in consonantia *diatessaron* sive Quarta: vi et ix sesquialteram rationem constituunt, quæ est consonantiæ *diapente* seu Quintæ propria: vi et xii duplam rationem conficiunt, quæ est consonantiæ *diapason* seu Octavæ: quin et toni proportio inest, sesquioctava nimirum, ut ix ad viii numerum. Ideo

ριέχοντα τοὺς λόγους τούτους ἀριθμὸν ἐκάλεσαν. (6) Ἑξάκις δὲ γενόμενος τὸν τῶν δέκα ποιεῖ καὶ διακοσίων ἀριθμὸν, ἐν ὅσαις ἡμέραις λέγεται τὰ ἑπτάμηνα τῶν βρεφῶν τελεογονεῖσθαι.

XIII. Πάλιν δ' ἐφ' ἑτέρας ἀρχῆς κατὰ πολλαπλασιασμὸν, ὁ μὲν δὶς γ' τὸν ς' ποιεῖ, ὁ δὲ τετράκις ἐννέα τὸν τριακονταέξ, ὁ δ' ὀκτάκις κζ' τὸν σις'. (2) Καὶ ἔστιν ὁ μὲν ς' τέλειος, ἴσος ὢν τοῖς ἑαυτοῦ μέρεσι· καὶ γάμος καλεῖται, διὰ τὴν τοῦ ἀρτίου καὶ περιττοῦ σύμμιξιν· ἔτι δὲ συνέστηκεν ἐκ·τε τῆς ἀρχῆς καὶ τοῦ [πρώτου] ἀρτίου καὶ τοῦ πρώτου περιττοῦ. (3) Ὁ δὲ λς' πρῶτός ἐστι τετράγωνος ἅμα καὶ τρίγωνος· τετράγωνος μὲν ἀπὸ τῆς ἑξάδος, τρίγωνος δ' ἀπὸ τῆς ὀγδοάδος· καὶ γέγονε πολλαπλασιασμῷ μὲν τετραγώνων δυοῖν, τοῦ τέτταρα τὸν ἐννέα πολλαπλασιάσαντος· συνθέσει δὲ τριῶν κύβων· τὸ γὰρ ἓν καὶ τὰ ὀκτὼ καὶ τὰ εἰκοσιεπτὰ συντεθέντα ποιεῖ τὸν προγεγραμμένον ἀριθμόν· ἔτι δὲ ἑτερομήκης ἀπὸ δυεῖν πλευρῶν, τῶν μὲν δώδεκα τρὶς γινομένων, τῶν δ' ἐννέα τετράκις. (4) Ἂν οὖν ἐκτεθῶσιν αἱ τῶν σχημάτων πλευραὶ, τοῦ τετραγώνου τὰ ς', καὶ τοῦ τριγώνου τὰ ὀκτὼ, καὶ παραλληλογράμμων τοῦ μὲν ἑτέρου τὰ ἐννέα, τοῦ δὲ ἑτέρου τὰ ιβ', τοὺς τῶν συμφωνιῶν ποιήσουσι λόγους. Ἔσται γὰρ τὰ δώδεκα πρὸς μὲν τὰ ἐννέα, διὰ τεσσάρων, ὡς νήτη πρὸς παραμέσην· πρὸς δὲ τὰ ὀκτὼ, διὰ πέντε, ὡς νήτη πρὸς μέσην, πρὸς δὲ τὰ ς', διὰ πασῶν, ὡς νήτη πρὸς ὑπάτην. (5) Ὁ δὲ σις', κύβος ἐστὶν, ἀπὸ ἑξάδος ἴσος τῇ ἑαυτοῦ περιμέτρῳ.

XIV. Τοιαύτας δὲ δυνάμεις τῶν ἐκκειμένων ἀριθμῶν ἐχόντων, ἴδιον τῷ τελευταίῳ συμβέβηκε τῷ κζ', τὸ τοῖς πρὸ αὐτοῦ συντιθέμενον ἴσον εἶναι πᾶσιν· ἔστι δὲ καὶ περιοδικὸς σελήνης· καὶ τῶν ἐμμελῶν διαστημάτων οἱ Πυθαγορικοὶ τὸν τόνον ἐν τούτῳ τῷ ἀριθμῷ τάττουσι· διὸ καὶ τὰ τρισκαίδεκα λεῖμμα καλοῦσιν· ἀπολείπει γὰρ μονάδι τοῦ ἡμίσεος. (2) Ὅτι δὲ οὗτοι καὶ τοὺς τῶν συμφωνιῶν λόγους περιέχουσι, ῥάδιον καταμαθεῖν. Καὶ γὰρ διπλάσιος λόγος ἐστὶν ὁ τῶν δύο πρὸς τὸ ἕν, ἐν ᾧ τὸ διὰ πασῶν· καὶ ἡμιόλιος ὁ πρὸς τὰ δύο τῶν τριῶν, ἐν ᾧ τὸ διὰ πέντε· καὶ ἐπίτριτος ὁ πρὸς τὰ τρία τῶν τεσσάρων, ἐν ᾧ τὸ διὰ τεσσάρων· καὶ τριπλάσιος ὁ πρὸς τὰ τρία τῶν ἐννέα, ἐν ᾧ τὸ διὰ πασῶν καὶ διὰ πέντε· καὶ τετραπλάσιος ὁ πρὸς τὰ δύο τῶν η', ἐν ᾧ τὸ δὶς διὰ πασῶν· ἔνεστι δὲ καὶ ἐπόγδοος τῶν ὀκτὼ πρὸς τὰ ἐννέα, ἐν ᾧ τὸ τονιαῖον. (3) Ἂν τοίνυν ἡ μονὰς, ἐπίκοινος οὖσα, καὶ τοῖς ἀρτίοις συναριθμῆται καὶ τοῖς περιττοῖς, ὁ μὲν ἅπας ἀριθμὸς τὸ τῆς δεκάδος παρέχεται πλῆθος· οἱ γὰρ ἀπὸ μονάδος μέχρι τῶν δέκα συντιθέμενοι * * πεντεκαίδεκα, τρίγωνον ἀπὸ πεντάδος· ὁ δὲ περιττὸς * τὸν τεσσαράκοντα κατὰ σύνθεσιν μὲν, ἐκ τῶν δεκατριῶν καὶ τῶν κζ' γεννώμενον, οἷς τὰ μελῳδούμενα μετροῦσιν εὐσήμως οἱ μαθηματικοὶ διαστήματα, τὸ μὲν δίεσιν, τὸ δὲ τόνον καλοῦντες· (4) κατὰ τὸν πολλαπλασιασμὸν δὲ, τῇ τῆς τετρακτύος δυνάμει γινόμενον· τῶν γὰρ πρώτων τεσσάρων καθ' αὐτὸν

---

qui hos omnes continet numerus, hunc *harmoniam* appellaverunt. (6) Idem xxxv numerus sexies acceptus, ccx efficit; quot diebus septimestres fœtus absolvi traduntur.

XIII. Rursum novo sumto initio, multiplicando, binarius in ternarium producit senarium; quater novem sunt xxxvi: octies viginti septem, fiunt ccxvi. (2) De his numeris, sex perfectus est, æquatque omnes suas partes: dicitur etiam *conjugium*, ob paris cum impare mixtionem: ad hæc, constat e principio numerorum, primo pari, et primo impari. (3) xxxvi primus est qui simul et quadratus sit et triangulus, quadratus senarii, triangulus ab octonario: idem nascitur e duorum quadratorum unius in alterum multiplicatione, iv in ix: itemque trium cuborum summa est, unitatis, viii, et xxvii: præterea facit parallelogrammum alteram dimensionem longiorem habens, ter duodecim, aut quattuor novies sumtis. (4) Proinde expositis numeris laterum, quadrati senario, trianguli octonario, et parallelogrammorum altero ix, altero xii, conficientur rationes consonantiarum. Nam xii ad ix ratio, *diatessaron* exprimit, ut est chorda ima seu *nete* ad *paramesen*: xii ad viii, *diapente*, ut ima ad *mesen*: xii ad vi, *diapason*, ut ima ad summam. (5) Denique ccxvi cubus est, ex senario (xxxvi multiplicante), suo ambitui æqualis.

XIV. Jam quum hæ sint proprietates dictorum numerorum, id peculiare habet xxvii, qui ultimus est, quod præcedentium omnium summam continet. Idem dierum quibus luna suam conversionem absolvit numerus est: et Pythagorei de intervallis ad concentum pertinentibus tonum eo numero notaverunt: ideoque xiii vocant defectum, quod unitate a dimidio abest. (2) Neque vero obscurum est, quin in hisce numeris etiam consonantiarum rationes insint. Nam duo ad unitatem duplam habent rationem, qua refertur *diapason*: sesquialtera ternarii ad binarium, qua *diapente*: quaternarii ad ternarium sesquitertia, qua *diatessaron*: ix ad iii triplam habent proportionem, qua *diapason* cum *diapente*, seu Duodecima quam vocant: viii ad ii quadruplam, qua *disdiapason* seu Decimaquinta: præterea viii ad ix sesquioctavam, qua tonus. (3) Jam si unitas, quæ utrisque communis est, et paribus adnumeratur et imparibus, universus numerus denarii suppeditabit multitudinem. Nam ab unitate collecti ad decem primi numeri, [quinquaginta et quinque conficiunt: rursum hi pares numeri i, ii, iv, viii,] quindecim component, trigonum quinarii numeri: et quod ad imparium seriem attinet, numerus xl ex iis confit, additis xiii ad xxvii: his enim duobus mathematici concinne metiuntur intervalla ad cantum apta; dum *diesin* (semitonium) illo, hoc *tonum* describat. (4) Idem numerus xl multiplicando fit, ex vi illius quam diximus *tetractyos*. Nam si primos quattuor numeros, unum-

ἑκάστου τετράκις λαμβανομένου, γίνεται τέσσαρα, καὶ
η', καὶ ιβ', καὶ ιϛ'· ταῦτα τὸν μ' συντίθησι, περιέχοντα
τοὺς τῶν συμφωνιῶν λόγους· τὰ μὲν γὰρ ιϛ' ἐπίτριτα
τῶν δεκαδύο ἐστὶν, τῶν δὲ η' διπλάσια, τῶν δὲ τεσσάρων τετραπλάσια· τὰ ιβ' τῶν ὀκτὼ ἡμιόλια, τῶν δὲ
τεσσάρων τριπλάσια· οὗτοι δὲ οἱ λόγοι, τὸ διὰ τεσσάρων, καὶ τὸ διὰ πέντε, καὶ τὸ διὰ πασῶν, καὶ τὸ δὶς
διὰ πασῶν, περιέχουσιν. (5) Ἴσος γε μήν ἐστιν ὁ τῶν
τεσσαράκοντα δυεῖν τετραγώνοις καὶ δυσὶ κύβοις ὁμοῦ
λαμβανομένοις· τὸ γὰρ ἓν καὶ τὰ τέσσαρα καὶ τὰ ὀκτὼ
καὶ τὰ κζ' κύβοι καὶ τετράγωνοι γίνονται συντεθέντες.
Ὥστε πολὺ τῆς Πυθαγορικῆς τὴν Πλατωνικὴν τετρα-
κτὺν ποικιλωτέραν εἶναι τῇ διαθέσει καὶ τελειοτέραν.

XV. Ἀλλὰ ταῖς εἰσαγομέναις μεσότησι τῶν ὑποκειμένων ἀριθμῶν χώρας οὐ διδόντων, ἐδέησε μείζονας
ὅρους λαβεῖν ἐν τοῖς αὐτοῖς λόγοις· καὶ λεκτέον, τίνες
εἰσὶν οὗτοι. Πρότερον δὲ περὶ τῶν μεσοτήτων· (2) ὧν
τὴν μὲν ἴσῳ κατ' ἀριθμὸν ὑπερέχουσαν, ἴσῳ δὲ ὑπερεχομένην, ἀριθμητικὴν οἱ νῦν καλοῦσι· τὴν δὲ ταυτῷ
μέρει τῶν ἄκρων αὐτῶν ὑπερέχουσαν καὶ ὑπερεχομένην, ὑπεναντίαν. (3) Ὅροι δέ εἰσι τῆς μὲν ἀριθμητικῆς, ϛ' καὶ θ' καὶ ιβ'· τὰ γὰρ ἐννέα τῷ ἴσῳ κατ' ἀριθμὸν τῶν ἓξ ὑπερέχει, καὶ τῶν ιβ' λείπεται· τῆς δὲ ὑπεναντίας, ϛ', η', ιβ'· τὰ γὰρ ὀκτὼ δυσὶ μὲν τῶν ϛ' ὑπερέχει, τέτταρσι δὲ τῶν ιβ' λείπεται, ὧν τὰ μὲν δύο τῶν
ἓξ, τὰ δὲ τέσσαρα τῶν δώδεκα τριτημόριόν ἐστι. (4)
Συμβέβηκεν οὖν ἐν μὲν τῇ ἀριθμητικῇ τῷ αὐτῷ μέρει
τῶν ἄκρων τὸ μέσον ὑπερέχεσθαι καὶ ὑπερέχειν, ἐν δὲ
τῇ ὑπεναντίᾳ τῷ αὐτῷ μέρει τῶν ἄκρων, τοῦ μὲν ἀποδεῖν, τὸ δὲ ὑπερβάλλειν· ἐκεῖ μὲν γὰρ τὰ τρία τοῦ μέσου τρίτον ἐστὶ μέρος, ἐνταῦθα δὲ τὰ δ' καὶ τὰ β', τῶν
ἄκρων ἑκάτερον ἑκατέρου· ὅθεν ὑπεναντία κέκληται. (5)
Ταύτην δὲ ἁρμονικὴν ὀνομάζουσιν, ὅτι τοῖς ὅροις τὰ
πρῶτα σύμφωνα παρέχεται, τῷ μὲν μεγίστῳ πρὸς τὸν ἐλάχιστον τὸ διὰ πασῶν· τῷ δὲ μεγίστῳ πρὸς τὸν μέσον τὸ
διὰ πέντε, τῷ δὲ μέσῳ πρὸς τὸν ἐλάχιστον τὸ διὰ τεσ-
σάρων· ὅτι τοῦ μεγίστου τῶν ὅρων κατὰ νήτην τιθεμένου, τοῦ δ' ἐλαχίστου καθ' ὑπάτην, ὁ μέσος γίνεται ὁ
κατὰ μέσην, πρὸς μὲν τὸν μέγιστον τὸ διὰ πέντε ποιοῦσαν, πρὸς δὲ τὸν ἐλάχιστον τὸ διὰ τεσσάρων· ὥστε γίνεσθαι τὰ ὀκτὼ κατὰ τὴν μέσην, τὰ δὲ δώδεκα κατὰ
νήτην, τὰ δὲ ἓξ καθ' ὑπάτην.

XVI. Τὸν δὲ τρόπον, ᾧ λαμβάνουσι τὰς εἰρημένας
μεσότητας, ἁπλῶς καὶ σαφῶς Εὔδωρος ἀποδείκνυσι.
Σκόπει δὲ πρότερον ἐπὶ τῆς ἀριθμητικῆς. (2) Ἂν γὰρ
ἐκθεὶς τοὺς ἄκρους λάβῃς ἑκατέρου τὸ ἥμισυ μέρος,
καὶ συνθῇς, ὁ συντεθεὶς ἔσται μέσος ἔν τε τοῖς διπλασίοις καὶ τοῖς τριπλασίοις ὁμοίως. Ἐπὶ δὲ τῆς ὑπεναντίας,
ἐν μὲν τοῖς διπλασίοις ἂν τοὺς ἄκρους ἐκθεὶς, τοῦ μὲν
ἐλάττονος τὸ τρίτον, τοῦ δὲ μείζονος τὸ ἥμισυ λάβῃς, ὁ
συντεθεὶς γίνεται μέσος· ἐν δὲ τοῖς τριπλασίοις ἀνάπαλιν,
τοῦ μὲν ἐλάττονος ἥμισυ δεῖ λαβεῖν, τοῦ δὲ μείζονος
τρίτον· ὁ γὰρ συντεθεὶς οὕτω, γίνεται μέσος· (3) ἔστω
γὰρ ἐν τριπλασίῳ λόγῳ τὰ ϛ' ἐλάχιστος ὅρος, τὰ δὲ ιη'

---

quemque sumas quater, provenient IV, VIII, XII, XVI: quorum summa est XL, in qua continentur omnes consonantiarum proportiones : quippe XVI sesquitertia sunt ad XII
ratione, dupla ad VIII, quadrupla ad IV : XII ad VIII sesquialteram proportionem tenent, ad IV triplam. His autem
rationibus intervalla *diatessaron, diapente, diapason*
et *disdiapason* continentur. (5) Idem numerus XL conficitur
duobus primis quadratis, quæ sunt I et IV, ad duos primos
cubos VIII et XXVII additis. Quo efficitur, Platonicam *tetractyn* multo esse Pythagorica et perfectiorem et locuple-
tiorem.

XV. Sed quum hi, quos posuimus, numeri spatium non
dent *medietatibus* quas vocant, quæ in rem propositam introducuntur, necesse fuit majores terminos iisdem in proportionibus sumere : qui vero ii sint, dicendum est. Prius
autem dicemus de ipsis medietatibus. (2) Harum una est,
in qua positis tribus terminis numerorum, medius æquali
quantitate alterum extremorum superat, ab altero superatur; *arithmeticam* vocant. Cui *Subcontraria* est, in qua
totidem terminis positis, intervallorum eadem est proportio ad extrema. (3) Termini arithmeticæ sunt VI, IX, XII :
nam IX eadem quantitate excedunt senarium, et deficiunt
a duodenario. *Subcontrariæ* termini sunt VI, VIII, XII :
nam octonarius senarium binario superat, quaternario superatur a duodecim : quorum binarius senarii, quaterna-
rius duodenarii est triens. (4) Ergo in *arithmetica* medius
terminus extremos excedit excediturque æquali quantitate :
in *subcontraria* autem, eadem parte extremorum, alterum superat, ab altero abest : illic enim ternio medii est
triens, hic duo et quattuor sunt extremorum trientes : unde
nomen *subcontrariæ* invenit. (5) Eadem *harmonica* dicitur; quod primas consonantias suis terminis exprimat; maximo ad minimum, *diapason*, maximo ad medium, *diapente*; medio ad minimum, *diatessaron* ; ut si maximum
terminum ad *neten*, minimum autem ad *hypaten* colloces,
medius *mesæ* obtingat : et hæc cum maximo *diapente*,
cum minimo *diatessaron* sonet; itaque VIII ad *mesen*
XII ad *neten*, VI ad *hypaten* pertinebunt.

XVI. Modum porro hujusmodi medietates inveniendi
simpliciter et perspicue Eudorus tradidit. Idque prius in
arithmetica consideremus. (2) Si exponas extremos,
et horum semisses conjungas, quod confit, medius erit, sive
dupla sit sive tripla extremorum ratio. Jam in *subcontraria*, si extremorum dupla sit ratio, triente minoris cum semisse majoris composito medium invenies : in tripla, contra,
minoris semissis cum majoris triente medium conficient.
(3) Sint enim termini proportionis triplæ extremi VI et XVIII :

μέγιστος· ἂν οὖν τῶν ϛ' τὸ ἥμισυ λαβὼν τρία, καὶ τὰ
τῶν ὀκτὼ καὶ δέκα τὸ τρίτον τὰ ϛ' συνθῇς, ἕξεις τὸν
ἐννέα τῷ αὐτῷ μέρει τῶν ἄκρων ὑπερέχοντα καὶ ὑπερ-
εχόμενον. (4) Οὕτω μὲν αἱ μεσότητες λαμβάνονται.
b * δεῖ δ' αὐτὰς ἐκεῖ παρεντάξαι, καὶ ἀναπληρῶσαι τὰ
διπλάσια καὶ τριπλάσια διαστήματα. Τῶν δ' ἐκκειμένων ἀριθμῶν οἱ μὲν οὐδὲ ὅλως μεταξὺ χώραν ἔχουσιν, οἱ δ' οὐχ ἱκανήν· αὔξοντες οὖν αὐτοὺς, τῶν αὐτῶν
λόγων διαμενόντων, ὑποδοχὰς ποιοῦσιν ἀρκούσας ταῖς
10 εἰρημέναις μεσότησι. (5) Καὶ πρῶτον μὲν ἐλάχιστον
ἀντὶ τοῦ ἑνὸς τὰ ἓξ θέντες, ἐπεὶ πρῶτος ἥμισύ τε καὶ
τρίτον ἔχει μέρος, ἅπαντας ἐξαπλασίους τοὺς ὑποτετα-
γμένους ἐποίησαν, ὡς ὑπογέγραπται, δεχομένους τὰς
μεσότητας ἀμφοτέρας καὶ τοῖς διπλασίοις [καὶ τοῖς τρι-
15 πλασίοις] διαστήμασιν. (6) Εἰρηκότος δὲ τοῦ Πλάτωνος, « Ἡμιολίων δὲ διαστάσεων καὶ ἐπιτρίτων καὶ ἐπογδόων γενομένων, ἐκ τούτων τῶν δεσμῶν ἐν ταῖς πρόσθεν διαστάσεσι τῷ τοῦ ἐπογδόου διαστήματι τὰ ἐπίτριτα
πάντα συνεπληροῦτο, λείπων αὐτῶν ἑκάστῳ μόριον,
20 τῆς τοῦ μορίου ταύτης διαστάσεως λειφθείσης ἀριθμοῦ πρὸς ἀριθμὸν ἐχούσης τοὺς ὅρους ϛ' καὶ ν' καὶ σ',
πρὸς γ' καὶ μ' καὶ σ' » διὰ ταύτην τὴν λέξιν ἠναγκάζοντο
πάλιν τοὺς ἀριθμοὺς ἐπανάγειν καὶ μείζονας ποιεῖν. (7)
Ἔδει μὲν γὰρ ἐφεξῆς ἐπόγδοα γίνεσθαι δύο· τῆς δὲ ἑξά-
25 δος οὔτ' αὐτόθεν ἐπόγδοον ἐχούσης, εἴ τε τέμνοιτο, κερ-
ματιζομένων εἰς μόρια τῶν μονάδων, δυσθεωρήτου τῆς
μαθήσεως ἐσομένης, αὐτὸ τὸ πρᾶγμα τὸν πολυπλασια-
σμὸν ὑπηγόρευσεν, ὥσπερ ἐν ἁρμονικῇ μεταβολῇ τοῦ
διαγράμματος ὅλου συνεπιτεινομένου τῷ πρώτῳ τῶν
30 ἀριθμῶν. (8) Ὁ μὲν οὖν Εὔδωρος ἐπακολουθήσας
Κράντορι, πρῶτον ἔλαβε τὸν τπδ', ὃς γίνεται τοῦ ἓξ
ἐπὶ τὰ ξδ' πολλαπλασιασθέντος· ἐπηγάγετο δ' αὐτοὺς
ὁ τῶν ξδ' ἀριθμὸς, ἐπόγδοον ἔχων τὸν οβ'. (9) Τοῖς
δὲ ὑπὸ τοῦ Πλάτωνος λεγομένοις συμφωνότερόν ἐστιν
35 ὑποθέσθαι τὸ ἥμισυ· τούτου γὰρ τὸ λεῖμμα τὸν τῶν
ἐπογδόων ἕξει λόγον ἐν ἀριθμοῖς, οὓς ὁ Πλάτων εἴρηκεν
ϛ' καὶ ν' καὶ σ', πρὸς τρία καὶ μ' καὶ σ' · τῶν ἑκατὸν
ἐνενήκοντα δύο πρώτων τιθεμένων. Ἂν δὲ ὁ τούτου
διπλάσιος τεθῇ πρῶτος, ἔσται τὸ λεῖμμα λόγον μὲν
40 ἔχον τὸν αὐτὸν, ἀριθμὸν δὲ τὸν διπλάσιον, ὃν ἔχει τὰ
φιβ' πρὸς υπς' · γίνεται γὰρ ἐπίτριτα, τῶν μὲν ἑκατὸν ἐνενήκοντα δύο τὰ σνϛ' · τῶν δὲ τπδ' τὰ φιβ'. (10) Καὶ οὐχ
ἄλογος ἡ ἐπὶ τοῦτον ἀναγωγὴ τὸν ἀριθμὸν, ἀλλὰ καὶ
τοῖς περὶ τὸν Κράντορα παρασχοῦσα τὸ εὔλογον· τὰ
45 γὰρ ξδ' καὶ κύβος ἐστὶν ἀπὸ πρώτου τετραγώνου, καὶ
τετράγωνος ἀπὸ πρώτου κύβου· γενόμενος δ' ἐπὶ τὸν γ'
πρῶτον ὄντα περισσὸν, καὶ πρῶτον τρίγωνον, καὶ πρῶτον τέλειον ὄντα καὶ ἡμιόλιον, ἑκατὸν ἐνενήκοντα δύο
πεποίηκεν, ἔχοντα καὶ αὐτὸν ἐπόγδοον, ὡς δείξο-
50 μεν.

XVII. Πρότερον δὲ τί τὸ λεῖμμά ἐστι, καὶ τίς ἡ
διάνοια τοῦ Πλάτωνος, μᾶλλον κατόψεσθε, τῶν εἰωθότων ἐν ταῖς Πυθαγορικαῖς σχολαῖς λέγεσθαι βραχέως
ὑπομνησθέντες. (2) Ἔστι γὰρ διάστημα ἐν μελῳδίᾳ

ergo minimi semissis III, maximi triens VI conjungantur,
exsistet IX, medius, qui eadem parte extremorum et excedit et exceditur. (4) Hoc ergo modo medietates inveniuntur. Oportebat porro eas inseri supra expositis numeris, et duplorum ac triplorum intervalla iis expleri. Atqui
eorum numerorum quidam nullam omnino habent intercapedinem, quidam non satis amplam. Igitur multiplicant
eos ita, ut spatia medietatibus recipiendis habeant suffi-
cientia, quas diximus. (5) Primum loco unitatis minimum
ponunt senarium, quod is semissem trientemque habet
primus : ac proinde reliquos omnes qui sequuntur, sescu-
plos ponunt, sicut ex descriptione apposita apparet ; utras-
que enim medietates duplicibus et triplicibus intervallis
recipiunt. (6) Quum autem dixisset Plato, *jam quum intervalla sesquipla, sesquitertia et sesquioctava exstitissent,
ex his compagibus in prioribus intervallis omnia sesquitertia sesquioctavis complevit, unicuique particulam
relinquens, cujus particulæ interstitium assumtum facit rationem quæ est numeri ad numerum, ut termini
sint* CCLVI *et* CCXLIII : ob hæc ergo Platonis verba coacti
sunt numeros denuo augere. (7) Oportebat enim continenter deinceps post senarium poni duos sesquioctavos : at neque octavam partem habet senarius, et si in scrupulos unitates comminuere velis, perplexissima futura sit contemplatio. Hic ergo ipsa res multiplicandi adhibendum auxilium
dictavit ; ut, tanquam in harmonica mutatione, secundum
primi numeri incrementum tota augeretur descriptio. (8)
Eudorus itaque Crantorem secutus, primum numerum posuit CCCLXXXIV, qui fit, VI in LXIV multiplicatis : huc eos in-
duxit, quod numerus LXIV habet sesquioctavum LXXII, [isque
rursus hunc LXXXI]. (9) Iis vero, quæ a Platone dicuntur, magis concinit, ut dimidium ponamus. Nam
si CXCII primo loco ponamus, *leimma* seu defectus
post sesquioctavos erit inter numeros ab eo positos
CCLVI et CCXLIII. Si vero illius duplus CCCLXXXIV primo loco
ponatur, *leimma* eadem ratione quidem, sed duplum tamen numero efficietur, DXII ad CDLXXXVI : nam ut DXII ad
CCCLXXXIV, ita etiam CCLVI ad CXCII, proportionem servant
sesquitertiam. (10) Neque absurda est ad hunc numerum
reductio ; atque adeo etiam Crantoris sententiæ rationem
affert. Nam LXIV quum cubus est primi quadrati, tum
quadratus primi cubi : isque multiplicans ternarium, qui inter impares, inter triangulos, inter sesquiplos ac perfectos
est primus, CXCII gignit, numerum qui et ipse suum sibi sesquioctavum habet, ut ostendemus.

XVII. Prius autem *leimma* quid sit, et sententiam Platonis magis perspicietis, si ea paucis in memoriam vobis re-
digantur, quæ in Pythagoricis scholis assolent disseri. (2)
In cantu *intervallum* vocatur, quidquid continetur a duo-

πᾶν τὸ περιεχόμενον ὑπὸ δυοῖν φθόγγων ἀνομοίων τῇ τάσει· τῶν δὲ διαστημάτων ἓν ὁ καλούμενος τόνος, ᾧ τὸ διὰ πέντε μεῖζόν ἐστι τοῦ διὰ τεσσάρων. (3) Τοῦτον οἱ μὲν ἁρμονικοὶ δίχα τεμνόμενον οἴονται δύο διαστήματα ποιεῖν, ὧν ἑκάτερον ἡμιτόνιον καλοῦσιν· οἱ δὲ Πυθαγορικοὶ τὴν μὲν εἰς ἴσα τομὴν ἀπέγνωσαν αὐτοῦ, τῶν δὲ τμημάτων ἀνίσων ὄντων λεῖμμα τὸ ἔλαττον ὀνομάζουσιν, ὅτι τοῦ ἡμίσεος ἀπολείπει. Διὸ καὶ τῶν συμφωνιῶν τὴν διὰ τεσσάρων οἱ μὲν δυοῖν τόνων καὶ ἡμιτονίου ποιοῦσιν, οἱ δὲ δυοῖν καὶ λείμματος. (4) Μαρτυρεῖν δὲ δοκεῖ τοῖς μὲν ἁρμονικοῖς ἡ αἴσθησις, τοῖς δὲ μαθηματικοῖς ἡ ἀπόδειξις, ἧς τοιοῦτος ὁ τρόπος ἐστίν· ἐλήφθη διὰ τῶν ὀργάνων θεωρηθὲν, ὅτι τὸ μὲν διὰ πασῶν τὸν διπλάσιον λόγον ἔχει, τὸ δὲ διὰ πέντε τὸν ἡμιόλιον, τὸ δὲ διὰ τεσσάρων τὸν ἐπίτριτον, ὁ δὲ τόνος τὸν ἐπόγδοον. (5) * Ἔξεστι δὲ καὶ νῦν βασανίσαι τὸ ἀληθές, ἢ βάρη δυοῖν ἄνισα χορδῶν ἐξαρτήσαντας, ἢ δυοῖν ἰσοκοίλων αὐλῶν τὸν ἕτερον μήκει διπλάσιον τοῦ ἑτέρου ποιήσαντας· τῶν μὲν γὰρ αὐλῶν ὁ μείζων βαρύτερον φθέγξεται, ὡς ὑπάτη πρὸς νήτην· τῶν δὲ χορδῶν ἡ τῷ διπλασίῳ κατατεινομένη βάρει, τῆς ἑτέρας ὀξύτερον, ὡς νήτη πρὸς ὑπάτην· τοῦτο δ' ἐστὶ διὰ πασῶν. (6) Ὁμοίως δὲ καὶ τρία πρὸς δύο ληφθέντα μήκη καὶ βάρη, τὸ διὰ πέντε ποιήσει· καὶ τέσσαρα πρὸς τρία, τὸ διὰ τεσσάρων· ὧν τοῦτο μὲν ἐπίτριτον ἔχει λόγον, ἐκεῖνο δὲ ἡμιόλιον. (7) Ἐὰν δὲ ὡς ἐννέα πρὸς ὀκτὼ γίνηται τῶν βαρῶν ἢ τῶν μηκῶν ἡ ἀνισότης, ποιήσει διάστημα τονιαῖον οὐ σύμφωνον, ἀλλ' ἐμμελὲς, ὡς εἰπεῖν, ἔμβραχυ, τῷ τοὺς φθόγγους, ἂν ἀνὰ μέρος κρουσθῶσι, παρέχειν ἡδὺ φωνοῦντας καὶ προσηνές· ἂν δὲ ὁμοῦ, τραχὺ καὶ λυπηρόν· ἐν δὲ ταῖς συμφωνίαις κἂν ὁμοῦ κρούωνται, κἂν ἐναλλάξ, ἡδέως προσίεται τὴν συνήχησιν ἡ αἴσθησις. (8) Οὐ μὴν ἀλλὰ καὶ διὰ λόγου τοῦτο δεικνύουσιν. Ἐν μὲν γὰρ ἁρμονίᾳ, τὸ διὰ πασῶν ἔκ τε τοῦ διὰ πέντε σύγκειται καὶ τοῦ διὰ τεσσάρων· ἐν δ' ἀριθμοῖς, τὸ διπλάσιον ἔκ τε τοῦ ἡμιολίου καὶ τοῦ ἐπιτρίτου· τὰ γὰρ δώδεκα τῶν μὲν ἐννέα ἐστὶν ἐπίτριτα, τῶν δ' ὀκτὼ ἡμιόλια, τῶν δὲ ς' διπλάσια. (9) Σύνθετος οὖν ὁ τοῦ διπλασίου λόγος ἐστὶν ἐκ τοῦ ἡμιολίου καὶ τοῦ ἐπιτρίτου, καθάπερ ὁ τοῦ διὰ πασῶν ἐκ τοῦ διὰ πέντε καὶ τοῦ διὰ τεσσάρων· ἀλλὰ κἀκεῖ τὸ διὰ πέντε τοῦ διὰ τεσσάρων τόνῳ, κἀνταῦθα τὸ ἡμιόλιον τοῦ ἐπιτρίτου τῷ ἐπογδόῳ μεῖζόν ἐστι. (10) Φαίνεται τοίνυν ὅτι τὸ διὰ πασῶν τὸν διπλάσιον λόγον ἔχει, καὶ τὸ διὰ πέντε τὸν ἡμιόλιον, καὶ τὸ διὰ τεσσάρων τὸν ἐπίτριτον, καὶ ὁ τόνος τὸν ἐπόγδοον.

XVIII. Ἀποδεδειγμένου δὲ τούτου, σκοπῶμεν εἰ δίχα τέμνεσθαι πέφυκε τὸ ἐπόγδοον· εἰ γὰρ μὴ πέφυκεν, οὐδὲ ὁ τόνος. (2) Ἐπειδὴ πρῶτοι τὸν ἐπόγδοον λόγον ὁ θ' καὶ ὁ η' ποιοῦντες, οὐθὲν διάστημα μέσον ἔχουσι, διπλασιασθέντων δ' ἀμφοτέρων, ὁ παρεμπίπτων μεταξὺ δύο ποιεῖ διαστήματα· δῆλον ὅτι, τούτων μὲν ἴσων ὄντων, δίχα τέμνεται τὸ ἐπόγδοον. Ἀλλὰ μὴν διπλάσια γίνεται, τῶν μὲν θ' τὰ ιη', τῶν δ' η' τὰ ις'· δέχονται δὲ οὐ-

---

bus sonis inæquali tenore differentibus. Horum unum est is qui *tonus* dicitur, quo Quinta Quartam superat. (3) Hunc tonum harmonici in partes dividi æquales putant posse, quarum utramque *semitonium* appellant: Pythagorei, desperata in æquales partes sectione, minus segmentorum ejus *leimma* vocant, quod dimidium toni non implet. Itaque illi *diatessaron* duorum tonorum et semitonii summa definiunt; hi totidem tonorum et *leimmatis*. (4) Testimonium ferre videtur harmonicis sensus, mathematicis demonstratio. Res ita habet. Sumtum hoc est, et in instrumentis observatum, *diapason* dupla constare proportione, *diapente* sesquialtera, *diatessaron* sesquitertia, tonum sesquioctava. (5) Cujus rei veritatem explorare etiamnum licet, si aut duo pondera proportione dupla de nervis suspendantur duobus, aut de duabus æquali cavitate tibiis alteram dupla alterius longitudine facias: major enim tibia graviorem sonum edet, qualis est *hypates* ad *neten*: de fidibus quæ duplo intenditur pondere, acutius quam altera sonabit, ut *nete* ad *hypaten*: id autem est *diapason*. (6) Eodem modo si tria ad duo sumantur pondera, quæ est sesquipla ratio, *diapente* reddent; et si quattuor ad tria, quæ est sesquitertia, *diatessaron*. (7) Quodsi ea inæqualitas longitudinum aut ponderum fuerit, quæ est novem ad octo, intervallum *toni* fiet, non consonantibus sonis, sed nonnihil tamen habens modulationis, quatenus soni seorsum editi suave et jucundum sonant, simul autem, aspere et moleste: in consonantiis vero, sive alternis, sive simul nervi pulsentur, suaviter sensui accidit sonorum concentus. (8) Quin etiam rationibus hoc demonstrant. Nam ut in harmonia ex *diapente* et *diatessaron* conflatur *diapason*, ita in numeris dupla ratio ex sesquialtera et sesquitertia: quippe xii ad ix sesquitertiam; ad viii sesquiplam rationem obtinent, ad vi denique duplam. (9) Composita est ergo dupla ratio e sesquialtera et sesquitertia, sicut *diapason* ex *diapente* et *diatessaron*: sed ut hic *diapente* tono amplius habet quam *diatessaron*, ita ibi sesquialtera sesquioctavo sesquitertiam excedit. (10) Apparet ergo *diapason* dupla, *diapente* sesquialtera, *diatessaron* sesquitertia, *tonum* sesquioctava ratione intelligi.

XVIII. Hoc ita demonstrato, videamus an sesquioctava ratio dividi in æquales possit partes: nam si nequeat, tonus etiam nequibit. (2) Quoniam primi numeri qui sesquioctavam rationem continent, viii et ix, nullum in medio admittunt interstitium; duplicatis autem ambobus, duo intervalla efficit is qui inter duplos intervenit (is est xvii, dupli xvi et xviii): liquet, si æqualia sint intervalla, in æqualia dividuam fore sesquioctavam rationem: atqui inæqualia fiunt,

τοι μεταξὺ τὰ ιζ΄, καὶ γίνεται τῶν διαστημάτων τὸ μὲν μεῖζον, τὸ δ' ἔλαττον· ἔστι γὰρ τὸ μὲν πρότερον ἐφεπτακαιδέκατον, τὸ δὲ δεύτερον ἐφεξκαιδέκατον. Εἰς ἄνισα τοίνυν τέμνεται τὸ ἐπόγδοον· εἰ δὲ τοῦτο, καὶ ὁ τόνος. (3) Οὐδέτερον ἄρα γίνεται διαιρεθέντος αὐτοῦ τῶν τμημάτων ἡμιτόνιον, ἀλλ' ὀρθῶς ὑπὸ τῶν μαθηματικῶν λεῖμμα προσηγόρευται. Καὶ τοῦτό ἐστιν, ὅ φησιν ὁ Πλάτων, „ τὰ [ἐπί]τριτα τοῖς ἐπογδόοις συμπληροῦντα τὸν θεόν, λείπειν ἑκάστου μόριον αὐτῶν, οὗ λόγος ἐστὶν, ὃν ἔχει τὰ ς΄ καὶ ν΄ καὶ σ΄, πρὸς τὰ γ΄ καὶ μ΄ καὶ σ΄. " (4) Εἰλήφθω γὰρ τὸ διὰ τεσσάρων ἐν ἀριθμοῖς δυσὶ τὸν ἐπίτριτον λόγον περιέχουσι, τοῖς σνς΄, καὶ τοῖς ἑκατὸν ἐνενήκοντα δύο· ὧν ὁ μὲν ἐλάττων, τὰ ἑκατὸν ἐνενήκοντα δύο, κείσθω κατὰ τὸν βαρύτατον τοῦ τετραχόρδου φθόγγον· ὁ δὲ μείζων, τὰ σνς΄, κατὰ τὸν ὀξύτατον· ἀποδεικτέον ὅτι, τούτου συμπληρουμένου δυσὶν ἐπογδόοις, λείπεται διάστημα τηλικοῦτον, ἡλίκον ὡς ἐν ἀριθμοῖς τὰ ς΄ καὶ ν΄ καὶ σ΄ ἔχει πρὸς τὰ γ΄ καὶ μ΄ καὶ σ΄. (5) Τοῦ γὰρ βαρυτέρου τόνῳ ἐπιταθέντος, ὅπερ ἐστὶν ἐπόγδοον, γίνεται σις΄· τούτου πάλιν τόνῳ ἄλλῳ ἐπιταθέντος, γίνεται σμγ΄· ταῦτα μὲν γὰρ ὑπερέχει τῶν σις΄ τοῖς κζ΄· τὰ δὲ σις΄ τῶν ἑκατὸν ἐνενήκοντα δύο τοῖς εἴκοσι καὶ τέσσαρσιν· ὧν τὰ μὲν κζ΄ τῶν σις΄ ἐπόγδοά ἐστι, τὰ δὲ κδ΄ τῶν ἑκατὸν ἐνενήκοντα δύο. (6) Διὸ γίνεται τῶν τριῶν τούτων ἀριθμῶν ὅ τε μέγιστος ἐπόγδοος τοῦ μέσου, καὶ ὁ μέσος τοῦ ἐλαχίστου· τὸ δ' ἀπὸ τοῦ ἐλαχίστου διάστημα μέχρι τοῦ μεγίστου, τουτέστι τοῦ ἀπὸ τῶν ἑκατὸν ἐνενήκοντα δύο μέχρι τῶν σμγ΄, δίτονον ἐκ δυοῖν συμπληροῦμεν ἐπογδόων· ἀφαιρουμένου δὲ τούτου, περίεστι τοῦ ὅλου διάστημα λοιπὸν τὸ μεταξὺ τῶν σμγ΄ καὶ τῶν σνς΄, τὰ τρισκαίδεκα· διὸ καὶ λεῖμμα τοῦτον τὸν ἀριθμὸν ὠνόμαζον. Ἐγὼ μὲν οὖν εὐσημότατα δηλοῦσθαι τὴν Πλάτωνος οἶμαι γνώμην ἐν τούτοις τοῖς ἀριθμοῖς.

XIX. Ἕτεροι δὲ τοὺς διὰ τεσσάρων ὅρους θέμενοι, τὸν μὲν ὀξὺν, ἐν τοῖς σπη΄, τὸν δὲ βαρὺν, ἐν τοῖς σις΄, ἀναλόγως ἤδη τοῖς ἑξῆς περαίνουσιν· πλὴν ὅτι τὸ λεῖμμα τῶν δυοῖν τῶν μεταξὺ λαμβάνουσι· τοῦ γὰρ βαρυτέρου τόνῳ ἐπιταθέντος, γίνεται σμγ΄· τοῦ δ' ὀξυτέρου τόνῳ ἀνεθέντος, γίνεται σνς΄· ἔστι γὰρ ἐπόγδοα τὰ μὲν σμγ΄ τῶν σις΄, τὰ δὲ σπη΄ τῶν σνς΄· ὥστε τονιαῖον εἶναι τῶν διαστημάτων ἑκάτερον, λείπεσθαι δὲ τὸν μεταξὺ τῶν σμγ΄ καὶ τῶν σνς΄, ὅπερ οὐκ ἔστιν ἡμιτόνιον, ἀλλ' ἔλαττον· τὰ μὲν γὰρ σπη΄ τῶν σνς΄ ὑπερέχει τοῖς λ΄ καὶ δυσὶ, τὰ δὲ σμγ΄ τῶν σις΄ ὑπερέχει τοῖς κζ΄, τὰ δὲ σνς΄ τῶν σμγ΄ ὑπερέχει τοῖς ιγ΄· (2) ταῦτα δ' ἀμφοτέρων τῶν ὑπεροχῶν ἐλάττω ἢ ἡμίσεά ἐστι. Διὸ δυοῖν τόνων καὶ λείμματος, οὐ δυοῖν καὶ ἡμίσεος, εὕρηται τὸ διὰ τεσσάρων. Καὶ ταῦτα μὲν ἔχει τοιαύτην ἀπόδειξιν. (3) Ἐκεῖνο δ' οὐ πάνυ χαλεπὸν ἐκ τῶν προειρημένων συνιδεῖν, τί δήποτε φήσας ὁ Πλάτων ἡμιολίους καὶ ἐπιτρίτους καὶ ἐπογδόους γίνεσθαι διαστάσεις ἐν τῷ συμπληροῦσθαι τὰς ἐπιτρίτους ταῖς ἐπογδόοις, οὐκ ἐμνήσθη τῶν ἡμιολίων, ἀλλὰ παρέλιπε. Τὸ γὰρ ἡμιό-

alterum sesquisedecimum, alterum sesquiseptemdecimum. Ergo inæqualiter secatur sesquioctava, ac proinde etiam tonus. (3) Neutra ergo divisi toni portio semitonium fit, et mathematici recte *leimma* appellaverunt. Atque hoc est quod Plato dicit, *deum sesquitertia sesquioctavis explentem, leimma reliquisse, cujus ratio sit in numeris* cclvi *et* ccxliii. (4) Sumatur enim *diatessaron* in duobus numeris, quorum alterum ejusque trientem alter contineat, ut sunt cclvi et cxcii, quorum minor gravissimæ voci quatrichordii ascribatur, major acutissimæ : demonstrandum, duobus interjectis sesquioctavis, relinqui tale *leimma* seu intervallum, quale numeris est inter cclvi et ccxliii. (5) Graviore enim voce uno tono contentiore facta, fient ccxvi : rursum tono rursum elevata, ccxliii. Hæc xxvii numero excedunt numerum ccxvi; atque hic xxiv amplius est quam cxcii : sunt autem xxvii octava pars de ccxvi, itemque xxiv de cxcii : (6) itaque de his tribus numeris maximus ad medium, medius ad minimum sesquioctavus est : et intervallum a minimo ad maximum, id est a cxcii ad ccxliii, duobus tonis conficitur, quos absolvunt duæ octavæ partes, una post alteram additæ. His remotis, totius sesquitertiæ inter extremos rationis nihil aliud superest, quam intervallum inter ccxliii et cclvi, nimirum xiii : ideoque hunc numerum *leimma*, quasi defectum, dixerunt. Atque ego quidem his numeris sententiam Platonis evidentissime exponi arbitror.

XIX. Alii terminos ponunt in modum *diatessaron* : acutum numero cclxxxviii, gravem numero ccxvi assignant ; reliqua eodem modo conficiunt, nisi quod *leimma* medio inter duos tonos loco concipiunt. Graviore enim voce uno tono ad acutiorem contenta fiunt ccxliii ; acutiore autem ad unum tonum remissa seu depressa, cclvi : porro ccxliii ad ccxvi rationem habent sesquioctavam, eandemque cclxxxviii ad cclvi, ut utrobique toni sit intervallum : et relinquitur id quod interest inter ccxliii et cclvi, non jam semitonium, sed eo minus aliquid : cclxxxviii enim numero xxxii amplius sunt quam cclvi ; et ccxliii numero xxvii excedunt numerum ccxvi : at cclvi major est quam ccxliii, quo xiii plus habet. (2) Atqui utriusque excessum, qui erant xxxii et xxvii, dimidio minor est numerus xiii. Itaque *diatessaron* constare deprehensum est non duobus tonis et semisse toni, sed duobus tonis et *leimmate*. Atque horum quidem hæc est demonstratio. (3) Id autem ex prædictis intelligi facile potest, cur Plato, quum dixisset sesquialtera, sesquitertia et sesquioctava fieri intervalla, dum sesquitertii sesquioctavis interjectis explentur, nullam sesquialterorum fecerit mentionem, sed ea omiserit. Nam

λιον, τοῦ ἐπ.τρίτου τῷ ἐπογδόῳ [ἢ τοῦ ἐπογδόου] τῷ ἐπιτρίτῳ προστιθεμένου, συμπληροῦται (καὶ τὸ ἡμιόλιον).

XX. Ὑποδεδειγμένων δὲ τούτων, τὸ μὲν συμπληροῦν τὰ διαστήματα, καὶ παρεντάττειν τὰς μεσότητας, εἰ καὶ μηδεὶς ἐτύγχανε πεποιηκὼς πρότερον, ὑμῖν ἂν αὐτοῖς ἕνεκα γυμνασίας παρῆκα· νῦν δὲ πολλοῖς κἀγαθοῖς ἀνδράσιν ἐξειργασμένου τούτου, μάλιστα δὲ Κράντορι καὶ Κλεάρχῳ καὶ Θεοδώρῳ τοῖς Σολεῦσι, μικρὰ περὶ τῆς τούτων διαφορᾶς εἰπεῖν οὐκ ἄχρηστόν ἐστιν. (2) Ὁ γὰρ Θεόδωρος, οὐχ ὡς ἐκεῖνοι, δύο στίχους ποιῶν, ἀλλ' ἐπὶ μιᾶς εὐθείας ἐφεξῆς τούς τε διπλασίους ἐκτάττων καὶ τοὺς τριπλασίους, πρῶτον μὲν ἰσχυρίζεται τῇ λεγομένῃ κατὰ μῆκος σχίσει τῆς οὐσίας, δύο ποιούσῃ μοίρας ὡς ἐκ μιᾶς, οὐ τέσσαρας ἐκ δυεῖν· ἔπειτά φησι τὰς τῶν μεσοτήτων παρεντάξεις οὕτω λαμβάνειν προσήκειν χώραν· εἰ δὲ μὴ, ταραχὴν καὶ σύγχυσιν ἔσεσθαι, καὶ μεταστὰς εἰς τὸ πρῶτον, εὐθὺς τριπλάσιον ἐκ τοῦ πρώτου διπλασίου τῶν συμπληρούντων ἑκάτερον ὀφειλόντων. (3) Τοῖς δὲ περὶ τὸν Κράντορα βοηθοῦσιν αἵ τε θέσεις τῶν ἀριθμῶν, ἐπιπέδων ἐπιπέδοις, καὶ τετραγώνων τετραγώνοις, καὶ κύβων κύβοις ἀντιθέτως συζυγούντων, τῇ τε μὴ κατὰ τάξιν αὐτῶν λήψει, ἀλλ' ἐναλλὰξ ἀρτίων καὶ π **

XXI. ** κατὰ τὰ αὐτὰ ἔχον ὡς μορφὴν καὶ εἶδος· τὸ δὲ περὶ τὰ σώματα γινόμενον μεριστὸν, ὡς ὑποδοχὴν καὶ ὕλην· τὸ δὲ μῖγμα κοινὸν ἐξ ἀμφοῖν ἀποτετελεσμένον. (2) Ἡ μὲν οὖν ἀμέριστος οὐσία καὶ ἀεὶ κατὰ τὰ αὐτὰ καὶ ὡσαύτως ἔχουσα, μὴ μικρότητι, καθάπερ τὰ ἐλάχιστα τῶν σωμάτων, νοείσθω φεύγουσα τὸν μερισμόν· τὸ γὰρ ἁπλοῦν καὶ ἀπαθὲς καὶ καθαρὸν αὐτῆς καὶ μονοειδὲς, ἀμερὲς εἴρηται καὶ ἀμέριστον· ᾧ καὶ τῶν συνθέτων καὶ μεριστῶν καὶ διαφερομένων ἀμωσγέπως θιγοῦσα, παύει τὸ πλῆθος, καὶ καθίστησιν εἰς μίαν δι' ὁμοιότητος ἕξιν. (3) Τὴν δὲ περὶ τὰ σώματα γενομένην μεριστὴν εἰ μέν τις ἐθέλοι καλεῖν ὕλην, ὡς, καὶ ὑποκειμένην ἐκείνῃ καὶ μεταληπτικὴν ἐκείνης φύσιν, ὁμωνυμίᾳ χρώμενος, οὐ διαφέρει πρὸς τὸν λόγον· οἱ δὲ σωματικὴν ἀξιοῦντες ὕλην συμμίγνυσθαι τῇ ἀμερίστῳ, διαμαρτάνουσι. (4) Πρῶτον μὲν, ὅτι τῶν ἐκείνης ὀνομάτων οὐδενὶ νῦν ὁ Πλάτων κέχρηται· δεξαμενὴν γὰρ εἴωθε καὶ πανδεχῆ καὶ τιθηνὴν ἀεὶ καλεῖν ἐκείνην, οὐ περὶ τὰ σώματα μεριστὴν, μᾶλλον δὲ σῶμα μεριζόμενον εἰς τὸ καθ' ἕκαστον. (5) Ἔπειτα τί διοίσει τῆς τοῦ κόσμου γενέσεως ἡ τῆς ψυχῆς, εἴπερ ἀμφοτέροις ἔκ τε τῆς ὕλης καὶ τῶν νοητῶν γέγονεν ἡ σύστασις, Αὐτός γε μὴν ὁ Πλάτων, ὥσπερ ἀπωθούμενος τῆς ψυχῆς τὴν ἐκ σώματος γένεσιν, ἐντὸς αὐτῆς φησιν ὑπὸ τοῦ θεοῦ τεθῆναι τὸ σωματικὸν, εἶτ' ἔξωθεν ὑπ' ἐκείνης περικαλυφθῆναι· καὶ ὅλως ἀπεργασάμενος τῷ λόγῳ τὴν ψυχὴν, ὕστερον ἐπεισάγει τὴν περὶ τῆς ὕλης ὑπόθεσιν, μηθὲν αὐτῆς πρότερον, ὅτε τὴν ψυχὴν ἐγέννα, δεηθείς, ὡς χωρὶς ὕλης γενομένην.

XXII. Ὅμοια δὲ τούτοις ἐστὶν ἀντειπεῖν καὶ τοῖς περὶ Ποσειδώνιον· οὐ γὰρ μακρὰν τῆς ὕλης ἀπέστησαν· ἀλλὰ

---

sesquitertia proportione ad sesquioctavam addita, conficitur sesquialtera.

XX. His ita demonstratis, quomodo expleantur intervalla et inferantur medietates, etiamsi nemo jam ante commonstrasset, tamen vobis exercitationem hanc reliquissem : nunc quum multi iique præclari viri id absolverint, Crantor maxime, Clearchus, et Theodorus, Solenses; pauca de eorum dissidio dicere non abs re fuerit. (2) Theodorus enim non, ut illi, duas series instituens, sed in una linea deinceps duplos triplosque exponens, primum nititur illa, quæ apud Platonem dicitur, substantiæ in longitudinem fissura, duas faciente ex una, non quattuor ex duabus partes. Deinde, inquit, medietatum insertiones ita convenit spatium nancisci; alias perturbatum confusumque rem iri, ac trajectiones exstituras in primum statim triplum ex primo duplo qui impleant utrumque ** (3) Crantorem tuentur collocationes numerorum, planos planis, quadrata quadratis, cubos cubis adversos collocantes atque conjugantes : utque non ordine sumantur, sed alternis pares et plani **

XXI. ** semper eodem modo habens, ut forma et species : alterum quod circa corpora dividuum, tanquam receptaculum et materiam : mixturam autem ex omnibus communem confectam. (2) Substantiam proinde quæ dividi non potest, et semper eodem modo se habet, non intelligendum est parvitate (quod fit minimis corporibus) divisionem subterfugere. Simplicitas enim ejus, affectionum vacuitas, puritas, et formæ unitas, individua dicitur et impartilis : quibus illa etiam composita, dividua et varia quodammodo attingens, multitudinem eorum tollit, habitumque unum quendam iis ob similitudinem infert. (3) Quæ vero circa corpora versans divisionem admittit, eam si quis materiam nominare velit, ut naturam priori subjectam, ejusque participem, is vocis ambiguæ usu, nihil interim nostræ disputationi officiet. Qui vero materiam corpoream misceri cum individua volunt, illi errant. (4) Primum in eo, quod nullo corporeæ materiæ nomine hic utitur Plato : quam alias *receptaculum, omnium rerum capacem* et *nutricem* solet dicere, non circa corpora dividuam, sed potius ipsum corpus quod in singularia dividatur. (5) Deinde, quid intererit inter mundi et animæ procreationem, si utrumque ex materia et intelligibilibus est constitutum? Ipse quidem Plato quasi abominans animæ ex corpore ortum, intus dicit in ipsa corporeum fuisse a deo collocatum, forisque ab illa occultatum : quumque totam animam ratione absolvisset, deinde argumentum de materia proponit, qua ante, quum animam crearet, nihil opus habuerat, utpote sine materia natam.

XXII. Similia horum in Posidonium quoque dici possunt. Nam is quoque non longe a materia animam removit : sed

δεξάμενοι, τὴν τῶν περάτων οὐσίαν περὶ τὰ σώματα
λέγεσθαι μεριστὴν, καὶ ταῦτα τῷ νοητῷ μίξαντες,
ἀπεφήναντο τὴν ψυχὴν ἰδέαν εἶναι τοῦ πάντη διαστατοῦ
κατ' ἀριθμὸν συνεστῶσαν, ἁρμονίαν περιέχοντα· τά τε
γὰρ μαθηματικὰ τῶν πρώτων νοητῶν μεταξὺ καὶ τῶν
αἰσθητῶν τετάχθαι, τῆς τε ψυχῆς τῶν νοητῶν τὸ ἀίδιον,
καὶ τῶν αἰσθητῶν τὸ παθητικὸν ἐχούσης, προσῆκον ἐν
μέσῳ τὴν οὐσίαν ὑπάρχειν. (2) Ἔλαθε γὰρ καὶ τούτους
ὁ θεὸς τοῖς τῶν σωμάτων πέρασιν ὕστερον, ἀπειργασμένης ἤδη τῆς ψυχῆς, χρώμενος ἐπὶ τὴν τῆς ὕλης διαμόρφωσιν, τὸ σκεδαστὸν αὐτῆς καὶ ἀσύνδετον ὁρίζων καὶ
περιλαμβάνων ταῖς ἐκ τῶν τριγώνων συναρμοττομένων
ἐπιφανείαις. (3) Ἀτοπώτερον δὲ τὸ τὴν ψυχὴν ἰδέαν
ποιεῖν· ἡ μὲν γὰρ εὐκίνητος, ἡ δὲ ἀκίνητος, καὶ ἡ μὲν
ἀμιγὴς πρὸς τὸ αἰσθητὸν, ἡ δὲ τῷ σώματι συνειργμένη·
πρὸς δὲ τούτοις ὁ θεὸς, τῆς μὲν ἰδέας ὡς παραδείγματος
γέγονε μιμητὴς, τῆς δὲ ψυχῆς ὥσπερ ἀποτελέσματος
δημιουργός. (4) Ὅτι δ' οὐδ' ἀριθμὸν ὁ Πλάτων τὴν
οὐσίαν τίθεται τῆς ψυχῆς, ἀλλὰ τατтομένην ὑπ' ἀριθμοῦ, προείρηται.

XXIII. Πρὸς δ' ἀμφοτέρους τούτους κοινόν ἐστι, τὸ
μήτε τοῖς πέρασι μήτε τοῖς ἀριθμοῖς μηθὲν ἴχνος ἐνυπάρχειν ἐκείνης τῆς δυνάμεως, ᾗ τὸ αἰσθητὸν ἡ ψυχὴ
πέφυκε κρίνειν· νοῦν μὲν γὰρ αὐτῇ καὶ νοητὸν ἡ τῆς
νοητῆς μέθεξις ἀρχῆς ἐμπεποίηκε· δόξας δὲ καὶ πίστεις
καὶ τὸ φανταστικὸν καὶ τὸ παθητὸν ὑπὸ τῶν περὶ τὸ
σῶμα ποιοτήτων, (5) οὐκ ἄν τις ἐκ μονάδων οὐδὲ γραμμῶν οὐδ' ἐπιφανειῶν ἁπλῶς νοήσειεν ἐγγινόμενον. (2)
Καὶ μὴν οὐ μόνον αἱ τῶν θνητῶν ψυχαὶ γνωστικὴν τοῦ
αἰσθητοῦ δύναμιν ἔχουσιν, ἀλλὰ καὶ τὴν τοῦ κόσμου,
φησίν, « ἀνακυκλουμένην αὐτὴν πρὸς ἑαυτὴν, ὅταν οὐσίαν
σκεδαστὴν ἔχοντός τινος ἐφάπτηται, καὶ ὅταν ἀμέριστον, λέγειν κινουμένην διὰ πάσης ἑαυτῆς, ὅτῳ τ' ἄν τι
ταυτὸν ᾖ, καὶ ὅτῳ ἂν ἕτερον, πρὸς ὅ τι τε μάλιστα, καὶ
ὅπῃ καὶ ὅπως συμβαίνει κατὰ [τὰ] γινόμενα πρὸς ἕκαστον εἶναι καὶ πάσχειν. » (3) Ἐν τούτοις ἅμα καὶ τῶν
δέκα κατηγοριῶν ποιούμενος ὑπογραφὴν, ἔτι μᾶλλον
τοῖς ἐφεξῆς διασαφεῖ. « Λόγος γὰρ, φησὶν, ἀληθὴς,
ὅταν μὲν περὶ τὸ αἰσθητὸν γίνηται, καὶ ὁ τοῦ θατέρου
κύκλος ὀρθὸς ἰὼν εἰς πᾶσαν αὐτοῦ τὴν ψυχὴν διαγγείλῃ,
δόξαι καὶ πίστεις γίνονται βέβαιοι καὶ ἀληθεῖς· ὅταν
δ' αὖ περὶ τὸ λογιστικὸν ᾖ, καὶ ὁ τοῦ ταυτοῦ κύκλος
εὔτροχος ὢν αὐτὰ μηνύσῃ, ἐπιστήμη ἐξ ἀνάγκης ἀπο-
τελεῖται· τούτῳ δ' ἐν ᾧ τῶν ὄντων ἐγγίνεσθον, ἐάν ποτέ
τις αὐτὸ ἄλλο πλὴν ψυχὴν προσείπῃ, πᾶν μᾶλλον ἢ τὸ
ἀληθὲς ἐρεῖ. » (4) Πόθεν οὖν ἔσχεν ἡ ψυχὴ τὴν ἀντιληπτικὴν τοῦ αἰσθητοῦ καὶ δοξαστικὴν ταύτην κίνησιν, ἑτέραν
τῆς νοητικῆς ἐκείνης καὶ τελευτώσης εἰς ἐπιστήμην, *
ἔργον εἰπεῖν, μὴ θεμένους βεβαίως, ὅτι νῦν οὐχ ἁπλῶς
ψυχὴν, ἀλλὰ κόσμου ψυχὴν συνίστησιν ἐξ ὑποκειμένων,
τῆς τε κρείττονος οὐσίας καὶ ἀμερίστου, καὶ τῆς χείρονος, ἣν περὶ τὰ σώματα μεριστὴν κέκληκεν, οὐχ ἑτέραν
οὖσαν ἢ τὴν δοξαστικὴν καὶ φανταστικὴν καὶ συμπαθῆ
τῷ αἰσθητῷ κίνησιν, οὐ γενομένην, ἀλλ' ὑφεστῶσαν ἀί-

Platonis verba sic accipiens, substantiam terminorum seu
extremitatum circa corpora dici dividuam, eamque cum
intelligibili miscens, animam pronunciavit esse ideam ejus
quod usquequaque dimensiones habet, ratione numeri
constitutam, qui harmoniam contineat : nam mathematica
in medio primorum intelligibilium et sensilium esse collocata : et quum anima perpetuitatem intelligibilium, ac sensilium facultatem ad percipiendas affectiones habeat in se,
par esse ut ejus natura in medio sit. (2) Nimirum et hunc
latuit, deum extremitatibus corporum postmodo demum,
jam absoluta anima, usum esse ad conformandam materiam,
quum dissipationi obnoxiam et vinculis carentem molem
definiret et includeret superficiebus, quæ e triangulis erant
concinnatæ. (3) Absurdius etiam hoc, quod animam ideam
facit, quum idea sit immobilis, mobilis admodum anima ; et
illa cum sensili nihil habeat commercii, hæc in corpora inclusa sit ; ad hæc deus ideam ut exemplar fuerit imitatus,
animam ut opus opifex confecerit. (4) Quod autem Plato
animæ naturam non ponat numerum esse, sed ordinatam
ratione numeri, jam ante dictum est.

XXIII. Adversus utrosque illud commune est argumentum, quod neque extremitatibus neque numeris ullum inest
vestigium illius facultatis, qua res sensiles anima judicat
suapte natura. Mentem quidem ei, et mente sola cernen-
darum, id est intelligibilium, rerum notitias communicatio
principii intelligentia sola percipiendi inseruit : opiniones
autem, et persuasiones, imaginationes, et affectiones, a
qualitatibus corpori inhærentibus profectas, ne cogitari
quidem potest ex unitatibus, lineis aut superficiebus simpliciter esse innatas. (2) Et vero non modo mortalium
animæ vim cognoscendi res sensiles habent, sed ipsam
quoque mundi *animam* ait, *ipsam in se revolutam,
ubi aliquid attigit substantia præditum dissipabili,
aut etiam individua, hoc ipsam per se ipsam totam
sese commovendo narrare, cui idem sit, a quo diversum,
et cujus respectu maxime, qua, et quomodo sit affectum substantiæ aut motus ratione.* (3) In his quum
decem prædicamentorum aliquam posuisset notionem,
magis etiam idem declarat in iis quæ sequuntur. *Ratio,*
inquit, *vera ubi de sensibili concepta est, et circulus
Diversi recta proficiscens in totam animam de eo nuncium affert, opiniones nascuntur et persuasiones veræ
atque constantes : quum autem in iis vertitur, quæ
intelligentiæ sunt, et Ejusdem circulus valde agilis
ista significaverit, necessario scientia absolvitur. Hæc
autem duo in qua re ingenerantur, si quis eam aliud
quid quam animam appellet, quidvis potius quam verum dixerit.* (4) Unde autem hic sensilia apprehendendi
et opinandi motus, diversus ab intelligente illo et in scientiam
desinente, animæ obtigerit, dici non potest ; nisi hoc firmiter constituamus, nunc Platonem non universe animam,
sed mundi animam componere e subjectis, nimirum e natura
præstantiore et Individua, atque e deteriore, quam ipsam
circa corpora Dividuam appellavit, non diversam a motione
opiniosa, imaginatrice et quam sensilia afficiant, et quæ non

δίον, ὥσπερ ἡ ἑτέρα. (5) Τὸ γὰρ νοερὸν ἡ φύσις ἔχουσα,
καὶ τὸ δοξαστικὸν εἶχεν· ἀλλ' ἐκεῖνο μὲν, ἀκίνητον,
ἀπαθὲς καὶ περὶ τὴν ἀεὶ μένουσαν ἱδρυμένον οὐσίαν·
τοῦτο δὲ, μεριστὸν καὶ πλανητὸν, ἅτε δὴ φερομένης καὶ
5 σκεδαννυμένης ἐφαπτόμενον ὕλης. (6) Οὔτε γὰρ τὸ
αἰσθητὸν εἰλήχει τάξεως, ἀλλ' ἦν ἄμορφον καὶ ἀόριστον·
ἥ τε περὶ τοῦτο τεταγμένη δύναμις, οὔτε δόξας ἐνάρθρους οὔτε κινήσεις ἁπάσας εἶχε τεταγμένας, ἀλλὰ τὰς
πολλὰς ἐνυπνιώδεις καὶ παραφόρους καὶ ταραττούσας
10 τὸ σωματοειδὲς, ὅσα μὴ κατὰ τύχην τῷ βελτίονι περι-
έπιπτεν· (7) ἐν μέσῳ γὰρ ἦν ἀμφοῖν, καὶ πρὸς ἀμφότερα συμπαθῆ καὶ συγγενῆ φύσιν εἶχε, τῷ μὲν αἰσθητικῷ τῆς ὕλης ἀντεχομένη, τῷ δὲ κριτικῷ τῶν νοητῶν.

XXIV. Οὕτω δέ πως καὶ αὐτὸς διασαφεῖ τοῖς ὀνό-
15 μασιν· « Οὗτος γὰρ, φησὶ, παρὰ τῆς ἐμῆς ψήφου
λογισθεὶς ἐν κεφαλαίῳ δεδόσθω λόγος, ὅν τε καὶ χώραν καὶ γένεσιν εἶναι, τρία τριχῇ καὶ πρὶν οὐρανὸν
γενέσθαι. » (2) Χώραν τε γὰρ καλεῖ τὴν ὕλην,
ὥσπερ ἕδραν, ἔστιν ὅτε καὶ ὑποδοχήν· ὃν δὲ, τὸ νοη-
20 τόν· γένεσιν δὲ τοῦ κόσμου μήπω γεγονότος, οὐδεμίαν
ἄλλην ἢ τὴν ἐν μεταβολαῖς καὶ κινήσεσιν οὐσίαν, τοῦ
τυποῦντος καὶ τοῦ τυπουμένου μεταξὺ τεταγμένην,
διαδιδοῦσαν ἐνταῦθα τὰς ἐκεῖθεν εἰκόνας. (3) Διά τε
δὴ ταῦτα μεριστὴ προσηγορεύθη, καὶ ὅτι τῷ αἰσθητῷ
25 τὸ αἰσθανόμενον, καὶ τῷ φανταστῷ τὸ φανταζόμενον
ἀνάγκη συνδιανέμεσθαι καὶ συμπαρήκειν· ἡ γὰρ αἰσθητικὴ κίνησις, ἰδίᾳ ψυχῆς οὖσα, κινεῖται πρὸς τὸ αἰσθητὸν ἐκτός· ὁ δὲ νοῦς, αὐτὸς μὲν ἐφ' ἑαυτοῦ μόνιμος
ἦν καὶ ἀκίνητος, ἐγγενόμενος δὲ τῇ ψυχῇ καὶ κρατή-
30 σας, εἰς ἑαυτὸν ἐπιστρέφει, καὶ συμπεραίνει τὴν ἐγκύκλιον φορὰν περὶ τὸ μένον ἀεὶ μάλιστα ψαύουσαν τοῦ
ὄντος. (4) Διὸ καὶ δυσανάκρατος ἡ κοινωνία γέγονεν
αὐτῶν, τῷ ἀμερίστῳ τὸ μεριστὸν, καὶ τῷ μηδαμῇ κινητῷ τὸ πάντη φορητὸν μιγνύουσα, καὶ καταβιαζομένη
35 θάτερον εἰς ταυτὸν συνελθεῖν. (5) Ἦν δὲ τὸ θάτερον οὐ κίνησις, ὥσπερ οὐδὲ ταυτὸν στάσις, ἀλλ' ἀρχὴ
διαφορᾶς καὶ ἀνομοιότητος. Ἑκάτερον γὰρ ἀπὸ τῆς
ἑτέρας ἀρχῆς κάτεισι, τὸ μὲν ταυτὸν ἀπὸ τοῦ ἑνὸς, τὸ
δὲ θάτερον ἀπὸ τῆς δυάδος· καὶ μέμικται πρῶτον ἐν-
40 ταῦθα περὶ τὴν ψυχὴν, ἀριθμοῖς καὶ λόγοις συνδεθέντα,
καὶ μεσότησιν ἐναρμονίοις, καὶ ποιεῖ θάτερον μὲν ἐγγενόμενον τῷ ταυτῷ διαφοράν, τὸ δὲ ταυτὸν ἐν τῷ
ἑτέρῳ τάξιν, ὡς δῆλόν ἐστιν ἐν ταῖς πρώταις τῆς ψυχῆς
δυνάμεσιν· εἰσὶ δὲ αὗται, τὸ κριτικὸν καὶ τὸ κινητικόν.
45 (6) Ἡ μὲν οὖν κίνησις εὐθὺς ἐπιδείκνυται περὶ τὸν οὐρανὸν, ἐν μὲν τῇ ταυτότητι τὴν ἑτερότητα τῇ περιφορᾷ
τῶν ἀπλανῶν, ἐν δὲ τῇ ἑτερότητι τὴν ταυτότητα τῇ
τάξει τῶν [πλανητῶν]· ἐπικρατεῖ γὰρ ἐν ἐκείνοις τὸ
ταυτὸν, ἐν δὲ τοῖς περὶ γῆν τοὐναντίον. (7) Ἡ δὲ κρί-
50 σις ἀρχὰς μὲν ἔχει δύο, τόν τε νοῦν ἀπὸ τοῦ ταυτοῦ
πρὸς τὰ καθόλου; καὶ τὴν αἴσθησιν ἀπὸ τοῦ ἑτέρου
πρὸς τὰ καθ' ἕκαστα. (8) Μέμικται δὲ λόγος ἐξ ἀμφοῖν, νόησις ἐν τοῖς νοητοῖς, καὶ δόξα γινόμενος ἐν τοῖς
αἰσθητοῖς· ὀργάνοις τε [ταῖς] μεταξὺ φαντασίαις τε καὶ

---

sit nata, sed perpetuo substiterit, ut etiam altera. (5)
Natura enim quæ intelligendi habuit vim, habuit etiam
opinandi. Verum illa quidem motui non obnoxia, non affectioni, innixa fuit rebus semper eodem modo manentibus:
hæc autem dividua et vaga fuit, ut quæ appeteret materiam agitatam ac dissipatam. (6) Nam neque sensili naturæ
obtigerat ordo, sed informis erat atque indefinita: et facultas ei addicta neque opiniones probe distinctas, neque
motiones omnes ordinatas habebat; sed plerasque somniorum similes, temerarias, et quæ tumultum corporeæ facultati afferrent, nisi fortuito in idem cum meliore natura
incidissent. (7) Erat enim in medio amborum, naturamque habebat cum utrisque cognatam atque consentientem,
vi sentiendi materiam apprehendens, judicio vim intelligentem.

XXIV. Atque hoc fere ipse disertis verbis declarat:
Hæc igitur, inquit, *ratio ex sententia mea conclusa ad
summam posita esto, esse ante originem cæli tria hæc
seorsum, Ens, Spatium, Ortum.* (2) Spatii enim vocabulo afficit materiam, ut et *sedis*, atque alias *receptaculi*:
Ens autem vocat, id quod sola mente percipitur, seu intelligibile: Ortum, mundi nondum nati substantiam, nulla
sitam alia in re, quam in mutationibus et motibus, inter
formans atque formatum medio loco ordinatam, atque effigies eorum quæ ibi sunt huc transmittentem. (3) Ergo
quum ob hæc animam hanc Dividuam dicit, tum quod
sensili sentiens, et imaginabili imaginans vis necesse est
comitetur, eique adhæreat. Nam vis sentiendi animæ propria, movetur secundum id quod foris sentitur: Mens ipsa
per se stabilis erat, et motus expers, insita animæ, in
eamque nacta imperium, in se ipsam convertitur, circularemque conficit motum, ea quæ ita sunt ut semper sui maneant similia potissimum attingens. (4) Itaque etiam temperatu difficilis fuit eorum communio, quæ Individuo Dividuum, nusquam mobili usquequaque mobile misceret,
ac Diversa in Idem congredi cogeret. (5) Non erat enim
ipse motus Diversum, ut ne Idem quidem erat quies, sed
initium discriminis et inæqualitatis. Utrumque enim ab
altero principiorum oritur: Idem ab unitate, Diversum a binario. Atque hæc primum in anima fuerunt commixta,
numeris et proportionibus colligata, et medietatibus harmonicis. Efficitque Diversum Eidem insertum Differentiam, Idem in diverso Ordinem; quod manifestum est in
primis animæ facultatibus, judicandi scilicet et movendi.
(6) Motus statim in cœlo demonstrat Diversitatem in Identitate per revolutionem inerrantium stellarum, et in Diversitate Identitatem ordine errantium. In his enim prævalet
Idem, contrarium in iis quæ pone terram sunt. (7) Judicium autem principia habet duo; Mentem ab Eodem ad
Universalia, et Sensum a Diverso ad Singularia. (8) Ratio
ex utrisque mixta est, quæ sit Intelligentia in intellectui
subjectis, Opinio in sensilibus: utiturque veluti instrumentis in medio inter Mentem ac Sensum positis visis ac memo-

μνήμαις χρώμενος, ὧν τὰ μὲν ἐν τῷ ταυτῷ τὸ ἕτερον, τὰ δ' ἐν τῷ ἑτέρῳ ποιεῖ τὸ ταυτόν. (9) Ἔστι γὰρ ἡ μὲν νόησις, κίνησις τοῦ νοοῦντος περὶ τὸ μένον· ἡ δὲ δόξα, μονὴ τοῦ αἰσθανομένου περὶ τὸ κινούμενον· * φαντασίαν δὲ, συμπλοκὴν δόξης πρὸς αἴσθησιν οὖσαν, ἵστησιν ἐν μνήμῃ τὸ ταυτόν· τὸ δὲ θάτερον κινεῖ πάλιν ἐν διαφορᾷ τοῦ πρόσθεν καὶ νῦν, ἑτερότητος ἅμα καὶ ταυτότητος ἐφαπτόμενον.

XXV. Δεῖ δὲ τὴν περὶ τὸ σῶμα τοῦ κόσμου γενομένην σύντηξιν, εἰκόνα λαβεῖν τῆς ἀναλογίας, ἐν ᾗ διηρμόσατο ψυχήν. Ἐκεῖ μὲν γὰρ ἦν ἄκρα τὸ πῦρ καὶ ἡ γῆ, χαλεπὴν πρὸς ἄλληλα κραθῆναι φύσιν ἔχοντα, μᾶλλον δὲ ὅλως ἄκρατον καὶ ἀσύστατον· (2) ὅθεν ἐν μέσῳ θέμενος αὐτῶν τὸν μὲν ἀέρα πρὸ τοῦ πυρός, τὸ δὲ ὕδωρ πρὸ τῆς γῆς, ταῦτα πρῶτον ἀλλήλοις ἐκέρασεν, εἶτα διὰ τούτων ἐκεῖνα πρός τε ταῦτα καὶ πρὸς ἄλληλα συνέμιξε καὶ συνήρμοσεν. (3) Ἐνταῦθα δὲ πάλιν τὸ ταυτὸν καὶ τὸ θάτερον ἐναντίας δυνάμεις καὶ ἀκρότητας ἀντιπάλους συνήγαγεν, οὐ δι' αὐτῶν, ἀλλ' οὐσίας ἑτέρας μεταξύ, τὴν μὲν ἀμέριστον πρὸ τοῦ ταυτοῦ, πρὸ δὲ τοῦ θατέρου τὴν μεριστήν, ἔστιν ᾗ προσήκουσαν ἑκατέραν ἑκατέρᾳ τάξας, εἶτα μιχθείσας ἐκείναις ἐπεγκεραννύμενος, οὕτω τὸ πᾶν συνύφηνεν [ἓν] τῆς ψυχῆς εἶδος, ὡς ἦν ἀνυστὸν, ἐκ διαφόρων ὅμοιον, ἔκ τε πολλῶν ἓν ἀπειργασμένος. (4) Οὐκ εὖ δέ τινες εἰρῆσθαι λέγουσι δύσμικτον ὑπὸ τοῦ Πλάτωνος τὴν θατέρου φύσιν, οὐκ ἄδεκτον οὖσαν ἀλλὰ καὶ φίλην μεταβολῆς· μᾶλλον δὲ τὴν τῆς ταυτοῦ, μόνιμον καὶ δυσμετάβλητον οὖσαν, οὐ ῥᾳδίως προσίεσθαι μῖξιν, ἀλλὰ ἀπωθεῖσθαι καὶ φεύγειν, ὅπως ἁπλῆ διαμείνῃ καὶ εἰλικρινὴς καὶ ἀναλλοίωτος. (5) Οἱ δὲ ταῦτα ἐγκαλοῦντες ἀγνοοῦσιν ὅτι τὸ μὲν ταυτὸν ἰδέα τῶν ὡσαύτως ἐχόντων ἐστί, τὸ δὲ θάτερον τῶν διαφόρως· καὶ τούτου μὲν ἔργον, ὧν ἂν ἅψηται, διιστάναι καὶ ἀλλοιοῦν, καὶ πολλὰ ποιεῖν· ἐκείνου δὲ, συνάγειν καὶ συνιστάναι δι' ὁμοιότητος ἐκ πολλῶν μίαν ἀναλαμβάνοντα μορφὴν καὶ δύναμιν.

XXVI. Αὗται μὲν οὖν δυνάμεις τῆς τοῦ παντὸς εἰσὶ ψυχῆς, εἰς δὲ θνητὰ καὶ παθητὰ παρεισιοῦσαι ὄργανα [φθαρτῶν] ἄφθαρτοι αὐταὶ σωμάτων, ἐν τούτοις τὸ τῆς δυαδικῆς καὶ ἀορίστου μερίδος ἐπιφαίνεται μᾶλλον εἶδος, [τὸ] δὲ τῆς ἁπλῆς καὶ μοναδικῆς ἀμυδρότερον ὑποδέδυκεν. (2) Οὐ μὴν ῥᾳδίως ἄν τις οὔτε πάθος ἀνθρώπου παντάπασιν ἀπηλλαγμένον λογισμοῦ κατανοήσειεν, οὔτε διανοίας κίνησιν, ᾗ μηθὲν ἐπιθυμίας ἢ φιλοτιμίας ἢ τοῦ χαίροντος ἢ λυπουμένου πρόσεστι. (3) Διὸ τῶν φιλοσόφων οἱ μὲν τὰ πάθη λόγους ποιοῦσιν, ὡς πᾶσαν ἐπιθυμίαν καὶ λύπην καὶ ὀργὴν κρίσεις οὔσας· οἱ δὲ τὰς ἀρετὰς ἀποφαίνουσι παθητικάς· καὶ γὰρ ἀνδρείᾳ τὸ φοβούμενον, καὶ σωφροσύνῃ τὸ ἡδόμενον, καὶ δικαιοσύνῃ τὸ κερδαλέον εἶναι. (4) Καὶ μὴν θεωρητικῆς γε τῆς ψυχῆς οὔσης ἅμα καὶ πρακτικῆς, καὶ θεωρούσης δὲ τὰ καθόλου καὶ τὰ καθ' ἕκαστα, καὶ νοεῖν μὲν ἐκεῖνα, ταῦτα δ' αἰσθάνεσθαι δοκούσης, ὁ κοινὸς λόγος

---

riis, quorum alia in Eodem Diversum, alia Idem in Diverso efficiunt. (9) Est enim Intelligentia motio facultatis intelligentis circa id quod permanet : Opinio autem, permansio ejus quod sentit circa id quod in motu est. Visum autem (hoc *phantasiam* dico), complexum opinionis cum sensu, constituitur in memoria ab Eodem : Diversum vero rursus movet phantasiam seu visum, in discrimine præteriti ac præsentis, simul Diversitatem et Identitatem attingens.

XXV. Ceterum oportet eam contemperationem, qua corpus mundi conflatum est, asciscere ad exemplum proportionis, secundum quam fuit anima concinnata. Ibi enim summa erant ignis et terra, quæ inter se contemperari difficulter possent suapte natura, imo mixturam omnino et compositionem refugerent. (2) Itaque inter ea medio loco ponens aerem igni, aquam terræ propiorem, istæc primum commiscuit, deinde horum opera etiam illa cum his et inter se contemperavit concinnavitque deus. (3) Ita hic etiam Idem et Diversum, facultates contrarias et extremitates invicem adversantes, conduxit, non ipsas per se, sed duas alias substantias, inter se aliquatenus vicinas, Individuam juxta Idem, Dividuam juxta Diversum constituens, suo ordine devinxit : tum illis mixtis has contemperans, ita totam animæ formam contexuit, quantum fieri potuit ex differentibus similem, ex multis unam fabricatus. (4) Sunt qui dicant, a Platone non recte pronunciatum *diversi naturam mixtu difficilem esse*, quum ea non modo non respuat, sed etiam amet mutationem : Ejusdem potius naturam, stabilem et a mutatione abhorrentem, non facile admittere mixtionem, sed aversari atque fugere, ut simplex, sincera et alterationis vacua permaneat. (5) Hæc qui vitio dant Platoni, ignorant Idem eorum quæ semper sunt ejusdem modi esse ideam, Diversum eorum quæ alias aliter afficiuntur ; atque hujus esse munus quæcumque tangat, ea dividere et alterare ac multa reddere ; illius, contrahere et compingere, ut multa ob similitudinem unam nanciscantur formam atque facultatem.

XXVI. Atque hæ sunt vires animæ Universi. Quæ ubi intraverunt in mortalia et affectionum capacia corporum corruptibilium, ipsæ incorruptibiles, instrumenta, ibi vis binariæ et indefinitæ partis magis sese exserit, forma simplicis et unitati affinis facultatis obscurius subeunte. (2) Neque tamen facile affectum hominis prorsus a ratione separatum deprehendas, neque motum intellectus, cui nihil cupiditatis, studii, gaudii, aut molestiæ adsit. (3) Itaque philosophorum alii ipsos animi subitos affectus, rationes vocant, quod omnis concupiscentia, dolor, ira, sint judicia quædam : alii virtutes pronunciant ab iis pendere affectionibus : nam et fortitudini metum, et temperantiæ voluptatem, et justitiæ lucri appetitionem adesse. (4) Jam quum anima et contemplandi vim habeat, et agendi, consideret autem quum universalia tum singularia, de quibus hæc sentire, illa intelligere dicitur ; Communis Ratio semper circa Idem Diverso, circa Diversum Eidem occurrens, cona-

ἀεὶ περί τε ταὐτὸν ἐντυγχάνων τῷ θατέρῳ, καὶ ταὐτῷ
περὶ θάτερον, ἐπιχειρεῖ μὲν ὅροις καὶ διαιρέσεσι χωρίζειν τὸ ἓν καὶ τὰ πολλά, καὶ τὸ ἀμερὲς καὶ μεριστόν·
οὐ δύναται δὲ καθαρῶς ἐν οὐδετέρῳ γενέσθαι, διὰ τὸ
5 καὶ τὰς ἀρχὰς ἐναλλὰξ ἐμπεπλέχθαι καὶ καταμεμί-
χθαι δι' ἀλλήλων. (5) Καὶ διὰ τοῦτο τῆς οὐσίας τὴν ἐκ
τῆς ἀμερίστου καὶ τῆς μεριστῆς ὁ θεὸς ὑποδοχὴν τῷ
ταὐτῷ καὶ τῷ θατέρῳ συνέστησεν, ἵνα ἐν διαφορᾷ
τάξις γένηται· τοῦτο γὰρ ἦν γενέσθαι· ἐπεὶ χωρὶς
10 τούτων, τὸ μὲν ταὐτὸν οὐκ εἶχε διαφοράν, ὥστε οὐδὲ
κίνησιν, οὐδὲ γένεσιν· τὸ θάτερον δὲ τάξιν οὐκ εἶχεν,
ὥστε οὐδὲ σύστασιν, οὐδὲ γένεσιν. (6) Καὶ γὰρ εἰ τῷ
ταὐτῷ συμβέβηκεν ἑτέρῳ εἶναι τοῦ ἑτέρου, καὶ τῷ
ἑτέρῳ πάλιν ταὐτῷ ταὐτόν, οὐδὲν ἡ τοιαύτη μέθεξις
15 ἀλλήλων ποιεῖ γόνιμον, ἀλλὰ δεῖται τρίτης τινός, οἷον
ὕλης, ὑποδεχομένης καὶ διατιθεμένης ὑπ' ἀμφοτέρων.

* Αὕτη δ' ἐστίν, ἣν πρώτην συνέστησε τῷ περὶ τὰ
νοητὰ μονίμῳ τοῦ περὶ τὰ σώματα κινητικοῦ τὸ ἄπειρον ὁρίσας.

20 XXVII. Ὡς δὲ φωνή τις ἐστὶν ἄλογος καὶ ἀσήμαν-
τος, λόγος δὲ λέξις ἐν φωνῇ σημαντικῇ διανοίας, ἁρμονία
δὲ τὸ ἐκ φθόγγων καὶ διαστημάτων, καὶ φθόγγος μὲν ἓν
καὶ ταὐτόν, διάστημα δὲ φθόγγων ἑτερότης καὶ διαφορά, μιχθέντων δὲ τούτων ᾠδὴ γίνεται καὶ μέλος· οὕτω
25 τὸ παθητικὸν τῆς ψυχῆς ἀόριστον ἦν καὶ ἀστάθμητον,
εἶτα ὡρίσθη πέρατος ἐγγενομένου καὶ εἴδους τῷ μεριστῷ
καὶ παντοδαπῷ τῆς κινήσεως· συλλαβοῦσα δὲ τὸ ταὐτὸν
καὶ τὸ θάτερον, ὁμοιότησι καὶ ἀνομοιότησιν ἀριθμῶν
ἐκ διαφορᾶς ὁμολογίαν ἀπεργασαμένων ζωή τε τοῦ
30 παντός ἐστιν ἔμφρων καὶ ἁρμονία, καὶ λόγος ἄγων πειθοῖ μεμιγμένην ἀνάγκην, (2) ἣν εἱμαρμένην οἱ πολλοὶ
καλοῦσιν· Ἐμπεδοκλῆς δέ, φιλίαν ὁμοῦ καὶ νεῖκος· Ἡράκλειτος δέ, « παλίντροπον ἁρμονίην κόσμου, ὅκωσπερ
λύρης καὶ τόξου » Παρμενίδης δέ, φῶς καὶ σκότος·
35 Ἀναξαγόρας δέ, νοῦν καὶ ἀπειρίαν· Ζωροάστρης δέ,
θεὸν καὶ δαίμονα, τὸν μὲν Ὠρομάσδην καλῶν, τὸν δ'
Ἀρειμάνιον. (3) Εὐριπίδης δ' οὐκ ὀρθῶς ἀντὶ τοῦ
συμπλεκτικοῦ τῷ διαζευκτικῷ κέχρηται·

Ζεὺς, εἴτ' ἀνάγκη φύσεος, εἴτε νοῦς βροτῶν·

40 καὶ γὰρ ἀνάγκη καὶ νοῦς ἐστιν ἡ διήκουσα διὰ πάντων δύναμις. (4) Αἰγύπτιοι μὲν οὖν μυθολογοῦντες
αἰνίττονται, τοῦ Ὥρου δίκην ὀφλόντος, τῷ μὲν πατρὶ
τὸ πνεῦμα καὶ τὸ αἷμα, τῇ δὲ μητρὶ τὴν σάρκα καὶ τὴν
πιμελὴν προσνεμηθῆναι. (5) Τῆς δὲ ψυχῆς οὐδὲν μὲν
45 εἰλικρινὲς οὐδ' ἄκρατον, οὐδὲ χωρὶς ἀπολείπεται τῶν
ἄλλων· « ἁρμονίη γὰρ ἀφανὴς φανερῆς κρείττων, » καθ'
Ἡράκλειτον, ἐν ᾗ τὰς διαφορὰς καὶ τὰς ἑτερότητας ὁ
μιγνύων θεὸς ἔκρυψε καὶ κατέδυσεν. (6) Ἐμφαίνεται
δὲ ὅμως αὐτῆς τῷ μὲν ἀλόγῳ τὸ ταραχῶδες, τῷ δὲ
50 λογικῷ τὸ εὔτακτον, ταῖς δ' αἰσθήσεσι τὸ κατηναγ-
κασμένον, τῷ δὲ νῷ τὸ αὐτοκρατές. Ἡ δὲ ὁριστικὴ δύναμις τὸ καθόλου καὶ τὸ ἀμερὲς διὰ συγγένειαν ἀγαπᾷ·
καὶ τοὐναντίον ἡ διαιρετικὴ πρὸς τὰ καθ' ἕκαστα φέρε-

tur quidem definiendo ac dividendo separare unum a multis, Individuum a Dividuo : non potest autem sincere in alterutro eorum esse, ideo quod principia vicissim inter se complicata sunt atque commixta. (5) Atque idcirco mixtum ex Individua et Dividua substantia receptaculum deus Eidem et Diverso constituit, ut in differentia esset ordo. Hoc enim erat nasci. Nam sine his Idem non habuisset differentiam, ac proinde neque motum, neque ortum : Diversum autem ordine caruisset, ac porro et ortu et constitutione. (6) Quippe si Eidem accidisset, ut Diversum a Diverso esset, et Diverso, ut Idem secum; nihil hæc participatio genitabile efficere poterat nec potest : sed tertio opus est, quod tanquam materia utrumque in se recipiat, ab eoque afficiatur. (7) Hæc est materia, quam primam deus constituit stabilitate rerum intelligibilem infinitatem mobilitatis corporibus inhærentis determinans.

XXVII. Quemadmodum autem vox quædam bruta est et nihil significat, oratio autem dictio in voce sensum animi exprimens, harmonia porro e sonis et intervallis componitur, ac sonus unum est et idem', intervallum sonorum est differentia et diversitas, hisque commixtis cantilena conficitur; sic pars animæ affectionibus obnoxia, indefinita erat et incertis impellebatur momentis : post definita fuit, quum dividuam motus varietatem et omnigenam terminus ac forma intrasset : qua complexa Idem et Diversum similitudinibus dissimilitudinibusque numerorum ex discrepantia consensum efficientium, vita exstitit Universi intelligens, harmoniaque et ratio, ducens necessitatem cum vi persuadendi commixtam. (2) Quam necessitatem *Fati* nomine plerique afficiunt : Empedocles *amicitiam simul et dissidium* nominat : Heraclitus *contra-nitentem mundi harmoniam, velut lyræ et arcus* : Parmenides *lucem et tenebras* : Anaxagoras *mentem et infinitatem* : Zoroastres *deum et genium*, illum *Oromasden* nominans, hunc *Arimanium*. (3) Euripides vero non recte disjunctivam particulam copulativæ loco usurpavit :

Jupiter, necessitas sive hoc rerum siet,
  mortalium seu mens :

nam et *necessitas* est, et *mens* vis ea, quæ per omnia penetrat. (4) Ægyptii quidem fabularum involucro rem tegentes aiunt Ori, quum is esset in judicio damnatus, spiritum et sanguinem patri, carnem et adipem matri fuisse adjudicata. (5) Animæ nulla pars sincera est, nulla mixturæ expers, aut ab aliis secreta. *Harmonia enim occulta melior est evidente*, secundum Heraclitum, in qua deus discrimina et diversitates commiscens occultavit. (6) Apparet tamen in bruta parte ejus turbulenta natura, in rationem habente ordinata, in sensibus necessitas, in mente sui ipsius potestas. Vis autem definiendi ob cognationem amplectitur universalia et quæ in partes non secentur : atque contra facultas dividendi partilia, ad singularia fertur : to-

ται τῷ μεριστῷ· χαίρει δὲ ὅλον τῇ διὰ τὸ ταυτὸν ἐφ' ἃ δεῖται μεταβολῇ διὰ τὸ θάτερον. (7) Οὐχ ἥκιστα δὲ ἥ τε πρὸς τὸ καλὸν διαφορὰ καὶ τὸ αἰσχρὸν, ἥ τε πρὸς τὸ ἡδὺ καὶ τὸ ἀλγεινὸν αὖθις, οἵ τε τῶν ἐρώντων ἐνθουσιασμοὶ καὶ πτοήσεις καὶ διαμάχαι τοῦ φιλοκάλου πρὸς τὸ ἀκόλαστον ἐνδείκνυνται τὸ μικτὸν ἔκ τε τῆς θείας καὶ ἀπαθοῦς, ἔκ τε τῆς θνητῆς καὶ περὶ τὰ σώματα παθητῆς μερίδος· (8) ὧν καὶ αὐτὸς ὀνομάζει τὸ μὲν ἐπιθυμίαν ἔμφυτον ἡδονῶν, τὸ δ' ἐπείσακτον δόξαν, ἐφιεμένην τοῦ ἀρίστου. Τὸ γὰρ παθητικὸν ἀναδίδωσιν ἐξ ἑαυτῆς ἡ ψυχὴ, τοῦ δὲ νοῦ μετέσχεν ἀπὸ τῆς κρείττονος ἀρχῆς ἐγγενομένου.

XXVIII. Τῆς δὲ διπλῆς κοινωνίας ταύτης οὐδὲ ἡ περὶ τὸν οὐρανὸν ἀπήλλακται φύσις, ἀλλὰ ἑτερορρεποῦσα νῦν μὲν ὀρθοῦται τῇ ταυτοῦ περιόδῳ κράτος ἐχούσῃ, καὶ διακυβερνᾷ τὸν κόσμον· ἔσται δέ τις χρόνου μοῖρα, καὶ γέγονεν ἤδη πολλάκις, ἐν ᾗ τὸ μὲν φρόνιμον ἀμβλύνεται καὶ καταδαρθάνει λήθης ἐμπιπλάμενον τοῦ οἰκείου, τὸ δὲ σώματι σύνηθες ἐξ ἀρχῆς καὶ συμπαθὲς ἐφέλκεται καὶ βαρύνει καὶ ἀνελίσσει τὴν ἐν δεξιᾷ τοῦ παντὸς πορείαν, ἀναρρῆξαι δ' οὐ δύναται παντάπασιν, ἀλλ' ἀνήνεγκεν αὖθις τὰ βελτίω καὶ ἀνέβλεψε πρὸς τὸ παράδειγμα θεοῦ * συνεπιστρέφοντος καὶ συναπευθύνοντος. (2) Οὕτως ἐνδείκνυται πολλαχόθεν ἡμῖν τὸ μὴ πᾶν ἔργον εἶναι θεοῦ τὴν ψυχὴν, ἀλλὰ σύμφυτον ἔχουσαν ἐν ἑαυτῇ τὴν τοῦ κακοῦ μοῖραν ὑπ' ἐκείνου διακεκοσμῆσθαι, τῷ μὲν ἑνὶ τὴν ἀπειρίαν ὁρίσαντος, ἵν' οὐσία γένηται πέρατος μετασχοῦσα, τῇ δὲ ταυτοῦ καὶ τῇ ἑτέρου δυνάμει τάξιν καὶ μεταβολὴν καὶ διαφορὰν καὶ ὁμοιότητα συμμίξαντος, πᾶσι δὲ τούτοις, ὡς ἀνυστὸν ἦν, κοινωνίαν πρὸς ἄλληλα καὶ φιλίαν ἐργασαμένου δι' ἀριθμῶν καὶ ἁρμονίας.

XXIX. Περὶ ὧν εἰ καὶ πολλάκις ἀκηκόατε καὶ πολλοῖς ἐντετυχήκατε λόγοις καὶ γράμμασιν, οὐ χεῖρόν ἐστι κἀμὲ βραχέως διελθεῖν, προεκθέμενον τὸ τοῦ Πλάτωνος· (2) «Μίαν ἀφείλετο πρῶτον ἀπὸ παντὸς μοῖραν· μετὰ δὲ ταύτην, ἀφήρει διπλασίαν ταύτης· τὴν δ' αὖ τρίτην, ἡμιολίαν μὲν τῆς δευτέρας, τριπλασίαν δὲ τῆς πρώτης· τετάρτην δὲ, τῆς δευτέρας διπλῆν· πέμπτην δὲ, τριπλῆν τῆς τρίτης· τὴν δὲ ἕκτην, τῆς πρώτης ὀκταπλασίαν· τὴν δὲ ἑβδόμην, ἑπτακαιεικοσαπλασίαν τῆς πρώτης. (3) Μετὰ δὲ ταῦτα συνεπληροῦτο τά τε διπλάσια καὶ τριπλάσια διαστήματα, μοίρας ἔτι ἐκεῖθεν ἀποτέμνων, καὶ τιθεὶς εἰς τὸ μεταξὺ τούτων· ὥστ' ἐν ἑκάστῳ διαστήματι δύο εἶναι μεσότητας, τὴν μὲν ἑκατέρῳ τῶν ἄκρων ἴσῳ τε ὑπερέχουσαν καὶ ὑπερεχομένην, τὴν δὲ ταυτῷ μέρει τῶν ἄκρων αὐτῶν ὑπερέχουσαν καὶ ὑπερεχομένην· ἡμιολίων δὲ [διαστάσεων] καὶ ἐπιτρίτων καὶ ἐπογδόων γενομένων, ἐκ τούτων τῶν δεσμῶν, ἐν ταῖς πρόσθεν διαστάσεσι τῷ τοῦ ἐπογδόου διαστήματι τὰ ἐπίτριτα πάντα συνεπληροῦτο, λείπων αὐτῶν ἑκάστου μόριον, τῆς τοῦ μορίου ταύτης διαστάσεως λειφθείσης ἀριθμοῦ πρὸς ἀριθμὸν, ἐχούσης τοὺς ὅρους ἓξ καὶ πεντήκοντα καὶ διακοσίων, πρὸς

---

tum autem gaudet Ejusdem in Diversum mutatione, ubi ea opus est. (7) Neque secius contrarii motus ad honestum et turpe, ad jucundum et molestum, tum amantium furores, trepidationesque, et lucta honestatis studii contra libidinem, animam demonstrant mixtam esse e divina perpessionumque exsorte parte, et mortali alia atque affectionibus obnoxia : (8) quarum ipse alteram appellat *cupiditatem voluptatum innatam*, alteram *opinionem ascititiam quæ optimum expetat*. Nam affectionibus agitabilem facultatem anima ex se ipsa producit; mentis autem facta est particeps, a meliore principio insertæ.

XXVIII. Atque hujus duplicis communionis ne cœlestis quidem expers est natura : sed in utramque partem faciens momenta, aliquando erigitur Ejusdem circuitione vim habente suam, et gubernat mundum : erit autem temporis portio, et jam sæpe fuit, in qua intelligentia hebetetur, et obdormiat oblivione obrepente et opplente ejus quod ad naturam ipsius est accommodatum; id autem quod ab initio consuevit cum corpore, ab eoque afficitur, trahat prægravetque, et cursum Universi qui in dextra parte est replicet : non tamen plane eum poterit interrumpere, sed rursum sese emergent meliora, et respicient ad exemplar dei una convertentis et dirigentis. (2) Ita undique nobis ostenditur non totam animam opus esse dei; sed quum sibi innatam haberet mali portionem, a deo fuisse digestam et adornatam, qui unitate infinitatem definiret, ut substantia fieret termini particeps; Ejusdem autem vi et Diversi ordinem, mutationem et similitudinem admisceret : hisque omnibus, quantum fieri res sinebat, communionem invicem et amicitiam numeris et harmonia conciliaret.

XXIX. De quibus etsi audivistis sæpenumero, multasque disputationes, multa scripta legistis, tamen me quoque aliquid breviter disserere in rem est, prius tamen Platonis verba proferentem. (2) *Unam*, inquit, *principio ab Universo portionem; post hanc, duplam ejus abstulit : tertiam, hujus sesquiplam, primæ triplam : quartam, secundæ duplam : quintam, tertiæ triplam : sextam, octuplam primæ : septimam, vigintiseptemcuplam primæ.* (3) *Secundum hæc implevit dupla et tripla intervalla, portiones adhuc inde abscindens, et inter ista collocans, ita ut in uno quovis intervallo duæ essent medietates; quarum una eadem parte extremorum excederet et excederetur, altera eodem numero altero extremorum minor, altero major esset. Quum autem sesquialtera, sesquitertia, et sesquioctava fierent interstitia, ex his compagibus in prioribus intervallis omnia sesquitertia sesquioctavis complevit, unicuique particulam relinquens, cujus particulæ interstitium assumtum facit rationem quæ est numeri ad numerum,*

τρία καὶ τετταράκοντα καὶ διακόσια. » (4) Ἐν τούτοις
ζητεῖται πρῶτον περὶ τῆς ποσότητος τῶν ἀριθμῶν·
δεύτερον, περὶ τῆς τάξεως· τρίτον, περὶ τῆς δυνάμεως·
περὶ μὲν τῆς ποσότητος, τίνες εἰσὶν, οὓς ἐν τοῖς διπλασίοις καὶ τριπλασίοις διαστήμασι λαμβάνει· περὶ
δὲ τῆς τάξεως, πότερον ἐφ' ἑνὸς στίχου πάντας ἐκθετέον,
ὡς Θεόδωρος· ἢ μᾶλλον, ὡς Κράντωρ, ἐν τῷ Α σχήματι, τοῦ πρώτου κατὰ κορυφὴν τιθεμένου, καὶ χωρὶς
μὲν τῶν διπλασίων, χωρὶς δὲ τῶν τριπλασίων ἐν δυσὶ
στίχοις ὑποταττομένων· περὶ δὲ τῆς χρείας καὶ τῆς
δυνάμεως, τί ποιοῦσι παραλαμβανόμενοι πρὸς τὴν
σύστασιν τῆς ψυχῆς.

XXX. Πρῶτον οὖν περὶ τοῦ πρώτου παραιτησόμεθα
τοὺς λέγοντας, ὡς ἐπὶ τῶν λόγων αὐτῶν ἀπόχρη θεωρεῖν ἣν ἔχει τά τε διαστήματα φύσιν αἵ τε ταῦτα
συμπληροῦσαι μεσότητες, ἐν οἷς ἄν τις ἀριθμοῖς ὑπό-
θηται χώρας ἔχουσι δεκτικὰς μεταξὺ τῶν εἰρημένων
ἀναλογιῶν, ὁμοίως περαινομένης τῆς διδασκαλίας. (2)
Κἂν γὰρ ἀληθὲς ᾖ τὸ λεγόμενον, ἀμυδρὰν ποιεῖ τὴν
μάθησιν ἄνευ παραδειγμάτων, ἄλλης τε θεωρίας
ἀπείργει χάριν ἐχούσης οὐκ ἀφιλόσοφον. (3) Ἂν οὖν
ἀπὸ τῆς μονάδος ἀρξάμενοι, τοὺς διπλασίους καὶ τριπλασίους ἐν μέρει τιθῶμεν, ὡς αὐτὸς ὑφηγεῖται, γενή-
σονται κατὰ τὸ(ν) ἑξῆς, ὅπου μὲν τὸ δεύτερον καὶ τὸ
τέταρτον καὶ ὄγδοον, ὅπου δὲ τρίτον καὶ ἔννατον καὶ
εἰκοστοέβδομον, συνάπαντες μὲν ἑπτὰ, κοινῆς δὲ
λαμβανομένης τῆς μονάδος, ἄχρι τεσσάρων τῷ πολλαπλασιασμῷ προϊόντων [**]. (4) Οὐ γὰρ ἐνταῦθα
μόνον, ἀλλὰ πολλαχόθι τῆς τετράδος ἡ πρὸς τὴν ἑβδομάδα συμπάθεια γίνεται κατάδηλος. Ἡ μὲν οὖν ὑπὸ
τῶν Πυθαγορικῶν ὑμνουμένη τετρακτὺς, τὰ ἓξ καὶ τὰ
τριάκοντα, θαυμαστὸν ἔχειν δοκεῖ, τὸ συγκεῖσθαι μὲν
ἐκ πρώτων ἀρτίων τεσσάρων, καὶ πρώτων περισσῶν
τεσσάρων, γίνεσθαι δὲ συζυγία τετάρτη τῶν ἐφεξῆς
συντεθειμένων· (5) πρώτη μὲν γάρ ἐστι συζυγία, ἡ
τοῦ ἑνὸς καὶ τῶν δυοῖν· δευτέρα [**] τῶν περιττῶν·
τὴν γὰρ μονάδα κοινὴν οὖσαν ἀμφοῖν προτάξας, λαμβάνει τὰ ὀκτὼ, καὶ ἐφεξῆς τὰ κζ΄ ·* μονονουχὶ δεικνύων
ἡμῖν, ἣν ἑκατέρῳ γένει χώραν ἀποδίδωσι. (6) Ταῦτα
μὲν οὖν ἑτέροις προσήκει μᾶλλον ἐξακριβοῦν· τὸ δ'
ἀπολειπόμενον οἰκεῖόν ἐστι τῆς ὑποκειμένης ἡμῖν
πραγματείας.

XXXI. Οὐ γὰρ ἐπίδειξιν ὁ Πλάτων θεωρίας μαθη-
ματικῆς ποιούμενος εἰς φυσικὴν ὑπόθεσιν μὴ δεομένην
μεσότητας ἀριθμητικὰς καὶ ἁρμονικὰς παρεισήγαγεν,
ἀλλὰ ὡς μάλιστα δὴ τῇ συστάσει τῆς ψυχῆς τοῦ λόγου
τούτου προσήκοντος. (2) Καίτοι τινὲς μὲν ἐν τοῖς
τάχεσι τῶν πλανωμένων σφαιρῶν, τινὲς δὲ μᾶλλον ἐν
τοῖς ἀποστήμασιν, ἔνιοι δὲ, ἐν τοῖς μεγέθεσι τῶν
ἀστέρων, οἱ δ' ἄγαν ἀκριβοῦν δοκοῦντες, ἐν ταῖς τῶν
ἐπικύκλων διαμέτροις ζητοῦσι τὰς εἰρημένας ἀναλογίας,
ὡς τὴν ψυχὴν ἕνεκα τούτων τοῦ δημιουργοῦ τοῖς οὐρανίοις ἐναρμόσαντος, εἰς ἑπτὰ μοίρας νενεμημένην. (3)
Πολλοὶ δὲ καὶ τὰ Πυθαγορικὰ δεῦρο μεταφέρουσιν, ἀπὸ

---

ut termini sint CCLVI *et* CCXLIII. (4) Hic primum quæritur
de numerorum quantitate, deinde de ordine, tertio de vi
eorum : de quantitate, qui sint quos in duplis et triplis
sumit intervallis : de ordine, unone omnes in versu sint
exponendi, ut Theodorus vult, an, ut Crantor, in literæ A
figura, primo in cuspidis modum posito, deinde duplici
serie, una duplis, altera triplis subjectis : de vi denique et
usu, quidnam efficiant asciti ad animæ generationem.

XXX. De prima quæstione ut dicamus, principio eos
repudiamus, qui dicunt satis esse, si in ipsis rationibus
vim intervallorum et medietatum quibus ea complentur
consideremus; quod doctrina perinde absolvatur, quoscum-
que tandem aliquis numeros assumat, qui spatia habeant
dictis proportionibus recipiendis idonea. (2) Nam, ut verum.
sit ii quod dicunt, tamen sine exemplis doctrina fit obscura,
arcemurque a consideratione cui nonnihil venustatis philo-
sophicæ adest. (3) Etenim si ab unitate orsi duplos seorsum, seorsum triplos exponamus, ut ipse præcipit, fient
ordine suis locis II, IV, VIII, et III, IX, XXVII, et universi
septem : assumta autem unitate communi, principio et multiplicatione ad quattuor terminos porrecta **. (4) Non enim
hic modo, sed sæpe alias quaternarii cum septenario consensus elucescit. Et *tetractys* illa seu Quaternio a Pythagoricis tantopere prædicata, nempe numerus XXXVI, id
habet mirum, quod componitur ex primis quattuor paribus,
et primis quattuor imparibus numeris, et quod sit quartum
conjugium expositorum ordine. (5) Primum enim conjugium est I et II : secundum ** imparium : nam unitatem
primo loco ponit, ut utrisque communem, accipitque VIII,
ac deinceps XXVII : tantum non demonstrans quod in utroque genere spatium velit relinqui. (6) Verum hæc accuratius subtiliusque explicari ad alios pertinet : reliquum
autem institutæ nostræ tractationis est proprium.

XXXI. Non enim Plato mathematicæ contemplationis
ostentandæ gratia, in physicum argumentum, nulla tali
re opus habens, medietates arithmeticas et harmonicas introduxit, sed quod hæc ratio eximie conveniret animæ
compositioni. (2) Et vero nonnulli in celeritatibus errantium globorum, alii in intervallis potius, quidam in magnitudinibus stellarum; aliqui, subtilissimam visi rationem
secuti, in epicyclorum diametris proportiones istas quærunt, quod videlicet harum gratia opifex animam cœlestibus
indiderit corporibus in septem tributam partes. (3) Multi
etiam Pythagorica huc traducunt, a medio corporum inter

τοῦ μέσου τὰς τῶν σωμάτων ἀποστάσεις τριπλασιά-
ζοντες· γίνεται δὲ τοῦτο κατὰ μὲν τὸ Πῦρ μονάδος
τιθεμένης, κατὰ δ' Ἀντίχθονα τριῶν, κατὰ δὲ Γῆν
ἐννέα, καὶ κατὰ Σελήνην εἰκοσιεπτά, καὶ κατὰ τὸν
Ἑρμοῦ μιᾶς καὶ ὀγδοήκοντα, κατὰ δὲ Φωσφόρον τριῶν
καὶ μ' καὶ σ', κατ' αὐτὸν δὲ τὸν Ἥλιον θ' καὶ κ' καὶ
ψ', ὅστις ἅμα τετράγωνός τε καὶ κύβος ἐστί· διὸ καὶ
τὸν ἥλιον ἔστιν ὅτε τετράγωνον καὶ κύβον προσαγορεύουσιν. (4) Οὕτω δὲ καὶ τοὺς ἄλλους ἐπανάγουσι
τοῖς τριπλασιασμοῖς· πολὺ τοῦ κατὰ λόγον οὗτοί γε
παραπαίοντες, εἴ τι τῶν γεωμετρικῶν ὄφελός ἐστιν
ἀποδείξεων, καὶ μακρῷ πιθανωτέρους παραβαλεῖν αὐτοῖς ἀποδεικνύοντες τοὺς ὁρμωμένους ἐκεῖθεν, οὐδ'
αὐτοὺς παντάπασιν ἐξακριβοῦντας, ἀλλ' ὡς ἔγγιστα
λέγοντας, (5) ὅτι τῆς μὲν ἡλίου διαμέτρου πρὸς τὴν
διάμετρον τῆς γῆς λόγος ἐστὶ δωδεκαπλάσιος· τῆς δὲ
γῆς αὖ πάλιν διαμέτρου πρὸς τὴν σελήνης διάμετρον
τριπλάσιος· ὁ δὲ φαινόμενος ἐλάχιστος τῶν ἀπλανῶν
ἀστέρων οὐκ ἐλάττονα τῆς διαμέτρου τῆς γῆς ἢ τριτη-
μόριον ἔχει τὴν διάμετρον· τῇ δὲ ὅλῃ σφαίρᾳ τῆς γῆς
πρὸς τὴν ὅλην σφαῖραν τῆς σελήνης ὡς ἑπτὰ καὶ εἴκοσι
πρὸς [ἕν] ἐστι· φωσφόρου δὲ καὶ γῆς αἱ μὲν διάμετροι
τὸν διπλάσιον, αἱ δὲ σφαῖραι τὸν ὀκταπλάσιον ἔχουσι
λόγον· τὸ δὲ διάστημα τῆς ἐκλειπτικῆς σκιᾶς, τῆς διαμέτρου τῆς σελήνης τριπλάσιον· ὃ δ' ἐκτρέπεται πλάτος
ἡ σελήνη τῆς διαμέτρου τῶν ζωδίων ἐφ' ἑκάτερα,
δωδεκάμοιρον· (6) αἱ δὲ πρὸς ἥλιον σχέσεις αὐτῆς ἐν
τριγώνοις καὶ τετραγώνοις ἀποστήμασι, διχοτόμους
καὶ ἀμφικύρτους σχηματισμοὺς λαμβάνουσιν· ἓξ δὲ
ζώδια διελθοῦσα, τὴν πανσέληνον, ὥσπερ τινὰ συμφωνίαν, ἐν ἑξατόνῳ διὰ πασῶν ἀποδίδωσι· τοῦ δὲ ἡλίου
περὶ τὰς τροπὰς ἐλάχιστα, καὶ μέγιστα περὶ τὴν ἰση-
μερίαν ἔχοντος κινήματα, δι' ὧν ἀφαιρεῖ τῆς ἡμέρας
καὶ τῇ νυκτὶ προστίθησιν, ἢ τοὐναντίον, οὗτος ὁ λόγος
ἐστὶν, ἐν ταῖς πρώταις ἡμέραις λ' μετὰ τὰς χειμερινὰς
τροπὰς τῇ ἡμέρᾳ προστίθησι τὸ ἕκτον τῆς ὑπεροχῆς,
ἣν ἡ μεγίστη νὺξ πρὸς τὴν βραχυτάτην ἡμέραν ἐμποιεῖ,
τὰς δ' ἐφεξῆς τριάκοντα τὸ τρίτον, τὸ δὲ ἥμισυ ταῖς
λοιπαῖς ἄχρι τῆς ἰσημερίας, ἐν ἑξαπλασίοις καὶ τριπλασίοις διαστήμασι τοῦ χρόνου τὴν ἀνωμαλίαν ἐπα-
νισοῦντος. (7) Χαλδαῖοι δὲ λέγουσι, τὸ ἔαρ ἐν τῷ διὰ
τεττάρων γίνεσθαι πρὸς τὸ μετόπωρον· ἐν δὲ τῷ διὰ
πέντε, πρὸς τὸν χειμῶνα· πρὸς δὲ τὸ θέρος, ἐν τῷ διὰ
πασῶν. (8) Εἰ δ' ὀρθῶς ὁ Εὐριπίδης διορίζεται, θέρους
τέσσαρας μῆνας καὶ χειμῶνος ἴσους,

>   Φίλης τ' ὀπώρας διπτύχους, ἦρός τ' ἴσους,

ἐν τῷ διὰ πασῶν αἱ ὧραι μεταβάλλουσιν. (9) Ἔνιοι
δὲ Γῇ μὲν τὴν τοῦ προσλαμβανομένου χώραν ἀποδιδόντες, Σελήνῃ δὲ τὴν ὑπάτην, Στίλβωνα δὲ καὶ
Φωσφόρον ἐν διατόνοις * καὶ λιχανοῖς κινοῦντες, αὐτὸν
τὸν Ἥλιον ὡς μέσην συνέχειν τὸ διὰ πασῶν ἀξιοῦσιν,
ἀπέχοντα τῆς μὲν γῆς τὸ διὰ πέντε, τῆς δὲ τῶν ἀπλανῶν τὸ διὰ τεσσάρων.

valla triplicantes. Hoc ita fit, si Igni unitas ascribitur;
Antichthoni, seu terræ quæ nostræ opposita est, III;
Terræ, IX; Lunæ, XXVII; planetæ Mercurii, LXXXI; Lucifero, CCXLIII; Soli, DCCXXIX, qui numerus et quadratus est,
et simul cubus; itaque etiam solem nonnunquam quadratum
et cubum nominant. (4) Sic etiam reliqua triplicando sub
rationem reducunt. Qui sane procul a vero aberrant, si
quis geometricarum est usus demonstrationum, ostendunt-
que suo exemplo multo probabilius ipsis dixisse eos qui
hinc orsi sunt, quanquam ii contenti quam proxime pronunciasse vero, exactas rationes non sunt consectati. (5)
Hi sic statuunt, solis diametrum ad terræ diametrum proportione esse duodecupla : terræ ad lunæ, tripla : inerrantium stellarum quæ minima videatur, ejus diametrum non
esse minorem triente diametri terræ : toti globo terræ ad
totum globum lunæ proportionem esse vigintiseptemcuplam : Luciferi et terræ diametros in dupla, globos in
octupla esse proportione : intervallum eclipticæ umbræ ad
diametrum lunæ, tripla : latitudinem, qua luna a diametro
Signorum in utramque partem evagatur, uncialem. (6)
Tum lunæ ad solem respectus trientum et quadrantum
intervallis, eam dimidiam, et utrimque gibbosam figura
reddunt : ubi autem sex Signa peragravit, plenilunium
tanquam *diapason* consonantiam in sex tonis efficit. Sole
autem circa solstitia motus minimos, et maximos circa
æquinoctium conficiente, quibus diei quantitatem auget,
noctis minuit, aut contra, ea ratio est, ut in diebus primis
XXX a bruma diei adjiciat sextantem ejus excessus, quo
nox maxima diem brevissimum superabat, sequentibus
XXX diebus trientem, semissem reliquis usque ad æquinoctium : atque ita sescuplis et triplis intervallis inæqualitatem temporis ad æqualitatem reducit. (7) Chaldæi porro
veris aiunt ad autumnum rationem esse *diatessaron*, ad
hiemem *diapente*, ad æstatem *diapason*. (8) Et, si
recte Euripides definivit

> Menses quaternos hiemis æstatisque item,
> verisque binos, grati et autumni pares,

tempestates anni se ratione *diapason* convertunt. (9)
Nonnulli terræ locum eum tribuunt, qui est nervi *proslam-
banomeni*, id est asciti in cithara, lunæ *hypaten*, Stilbonem (is est Mercurius) et Luciferum in diatonis ac *lichanis*
movent, solemque ipsum in medio *meses* loco aiunt continere *diapason*, a terra spatio distantem *diapente*, ab
Inerrantibus *diatessaron*.

XXXII. Ἀλλ' οὔτε τούτων τὸ κομψὸν ἅπτεταί τινος ἀληθείας, οὔτ' ἐκεῖνοι παντάπασι τοῦ ἀκριβοῦς ἔχονται. Οἷς δ' οὖν οὐ δοκεῖ ταῦτα τῆς τοῦ Πλάτωνος ἀπηρτῆσθαι διανοίας, ἐκεῖνα κομιδῇ φανεῖται τῶν μουσικῶν λόγων ἔχεσθαι, τὸ ε' τετραχόρδων ὄντων τῶν ὑπάτων καὶ μέσων, καὶ συνημμένων καὶ διεζευγμένων καὶ ὑπερβολαίων, ἐν πέντε διαστήμασι τετάχθαι τοὺς πλάνητας· (2) ὧν τὸ μέν ἐστι τὸ ἀπὸ Σελήνης ἐφ' Ἥλιον, καὶ τοὺς ὁμοδρόμους Ἡλίῳ, Στίλβωνα καὶ Φωσφόρον· ἕτερον, τὸ ἀπὸ τούτων ἐπὶ τὸν Ἄρεος Πυρόεντα· τρίτον δὲ, τὸ μεταξὺ τούτου καὶ Φαέθοντος· εἶτα ἑξῆς, τὸ ἐπὶ Φαίνωνα, καὶ πέμπτον ἤδη τὸ ἀπὸ τούτου πρὸς τὴν ἀπλανῆ σφαῖραν· ὥστε τοὺς ὁρίζοντας φθόγγους τὰ τετράχορδα τὸν τῶν πλανωμένων λόγον ἔχει ἀστέρων. (3) Ἔτι τοίνυν τοὺς παλαιοὺς ἴσμεν ὑπάτας μὲν δύο, τρεῖς δὲ νήτας, μίαν δὲ μέσην, καὶ μίαν παραμέσην τιθεμένους· ὥστε τοῖς πλάνησιν ἰσαρίθμους εἶναι τοὺς ἑστῶτας. (4) Οἱ δὲ νεώτεροι τὸν προσλαμβανόμενον, τόνῳ διαφέροντα τῆς ὑπάτης, ἐπὶ τὸ βαρὺ τάξαντες, τὸ μὲν ὅλον σύστημα δὶς διὰ πασῶν ἐποίησαν, τῶν δὲ συμφωνιῶν τὴν κατὰ φύσιν οὐκ ἐτήρησαν τάξιν· τὸ γὰρ διὰ πέντε πρότερον γίνεται τοῦ διὰ τεσσάρων, ἐπὶ τὸ βαρὺ τῇ ὑπάτῃ [τοῦ] τόνου προσληφθέντος. (5) Ὁ δὲ Πλάτων δῆλός ἐστιν ἐπὶ τὸ ὀξὺ προσλαμβάνων· λέγει γὰρ ἐν τῇ Πολιτείᾳ, « τῶν ὀκτὼ σφαιρῶν ἑκάστην περιφέρειν εἶτα ἐπ' αὐτῇ σειρῆνα βεβηκυῖαν· ᾄδειν δὲ πάσας ἕνα τόνον ἱείσας, ἐκ δὲ πασῶν κεράννυσθαι μίαν ἁρμονίαν. » (6) Αὗται δ' ἀνιέμεναι τὰ θεῖα εἴρουσι, καὶ κατᾴδουσι τῆς ἱερᾶς περιόδου καὶ χορείας [τὴν] ὀκτάχορδον ἐμμέλειαν· ὀκτὼ γὰρ ἦσαν καὶ οἱ πρῶτοι τῶν διπλασίων καὶ τριπλασίων ὅροι λόγων, ἑκατέρᾳ προσαριθμουμένης μερίδι τῆς μονάδος. (7) Οἱ δὲ πρεσβύτεροι Μούσας παρέδωκαν καὶ ἡμῖν ἐννέα· τὰς μὲν ὀκτὼ, καθάπερ ὁ Πλάτων, περὶ τὰ οὐράνια· τὴν δ' ἐννάτην, τὰ περίγεια κηλεῖν ἀνακαλουμένην, καὶ καθιστᾶσαν ἐκ πλάνης καὶ διαφορᾶς ἀνωμαλίαν καὶ ταραχὴν ἐχούσης.

XXXIII. Σκοπεῖτε δὲ μὴ τὸν μὲν οὐρανὸν ἄγει καὶ τὰ οὐράνια ταῖς περὶ αὐτὴν ἐμμελείαις καὶ κινήσεσιν ἡ ψυχὴ φρονιμωτάτη καὶ δικαιοτάτη γεγονυῖα· γέγονε δὲ τοιαύτη τοῖς καθ' ἁρμονίαν λόγοις, ὧν εἰκόνες μὲν ὑπάρχουσιν εἰς τὰ ἀσώματα ἐν τοῖς ὁρατοῖς καὶ ὁρωμένοις μέρεσι τοῦ κόσμου καὶ σώμασιν· (2) ἡ δὲ πρώτη καὶ κυριωτάτη δύναμις ὁρατῶς ἐγκέκραται τῇ ψυχῇ· καὶ παρέχει σύμφωνον ἑαυτὴν καὶ πειθήνιον, ἀεὶ τῷ κρατίστῳ καὶ θειοτάτῳ μέρει τῶν ἄλλων ἁπάντων ὁμονοούντων. (3) Παραλαβὼν γὰρ ὁ δημιουργὸς (κατ') ἀταξίαν καὶ πλημμέλειαν ἐν ταῖς κινήσεσι τῆς ἀναρμόστου καὶ ἀνοήτου ψυχῆς διαφερομένης πρὸς ἑαυτήν, τὰ μὲν διώρισε καὶ διέστησε, τὰ δὲ συνήγαγε πρὸς ἄλληλα καὶ συνέταξεν, ἁρμονίαις καὶ ἀριθμοῖς χρησάμενος· οἷς καὶ τὰ κωφότατα σώματα, λίθοι καὶ ξύλα, καὶ φλοιοὶ φυτῶν, καὶ θηρίων εἰσὶ καὶ πιτύαι, συγκεραννύμενα καὶ συναρμοττόμενα, θαυμαστὰς μὲν ἀγαλμάτων ὄψεις,

---

XXXII. Sed neque horum scita atque elegans ratio veritatem attingit, neque illi omnino exactam rationem sequuntur. Quibus igitur hæc non videntur a Platonis pendere sententia, ista videbuntur admodum ad musicas quadrare rationes. Nam quum sint quinque quadrichordia, *hypatarum* fidium seu summarum, mediarum, conjunctarum seu *synemmenon, diezeugmenon* seu dejunctarum et *hyperbolæon* seu excellentium, aiunt planetas dispositos esse in quinque intervallis: (2) quorum primum sit a Luna ad Solem et eos qui cursum Solis comitantur Stilbonem atque Luciferum: aliud inde ad Martis stellam, quæ *Pyrois*, quasi ignita, dicitur: tertium hinc usque ad Phaethontem (qui est Juppiter): quartum ab eo ad Phænona (sive Saturnum): quintum jam hinc usque ad globum stellarum fixarum; ita ut soni qui definiunt quadrichordia, rationem habeant errantium stellarum. (3) Jam hoc quoque novimus, veteres duas fides *hypatas*, tres *netas*, unam *mesen*, et unam *paramesen* seu *mesæ* appositam statuisse; ut soni stantes numerum errantium stellarum referrent. (4) Recentiores *proslambanomenon* tono quam est *hypate* graviorem addentes, effecerunt ut totum systema *disdiapason* contineret: ordinem interim consonantiarum naturæ consentaneum confuderunt. Sic enim *diapente* prius fit quam *diatessaron*, si tonus gravis vocis ad *hypaten* asciscatur. (5) Platonem vero constat acutis sonis aliquem asciscere. Nam in Republica hoc dicit, *octo sphæras singulas converti, et unicuique Sirenem insistere, quæ omnes canant, ita ut quæque unam vocem emittat, quæ suum sibi proprium eundemque tonum citet; et ex iis omnibus contemperari quendam concentum.* (6) Hæ nimirum Sirenes sacra et libera remissione fruentes, res divinas prædicant ac sacro circuitui et saltationi accinunt distinctam octo chordarum discriminibus modulationem. Nam octo erant etiam primi termini duplarum et triplarum proportionum, utrobique adnumerata unitate. (7) Sed et Musas prisci novem nobis perlibuerunt: quarum octo, ut Plato docet, circa res cœlestes versentur, nona terrestres demulceat res, ex turbulento errore et inæqualitate eas revocans.

XXXIII. Cogitate autem, an non cœlum et res cœlestes sua concinnitate atque suis motibus agat anima, quæ prudentissima sit facta, et justissima: talem vero illam reddiderint harmonicæ rationes, quarum imagines incorporea referentes exstent in conspicuis mundi corporibus atque partibus: (2) prima autem atque præstantissima vis visibiliter contemperata sit animæ, quæ exhibeat se ipsi consonantem atque morigeram, semper optimæ ac divinissimæ parti reliquis omnibus consentientibus. (3) Opifex enim quum assumsisset animam incompositam, et inordinatis motibus brutisque et discrepantibus inter se vitiosisque exagitatam, quædam definivit ac constituit, alia conduxit atque inter se concinnavit, harmoniis usus atque numeris: quibus quidem surdissima quoque corpora, lapides, ligna, cortices stirpium, bestiarum ... coagula, dum inter se coaptantur atque componuntur, pulcherrima spectacula, pul-

θαυμαστὰς δὲ παρέχει φαρμάκων καὶ ὀργάνων δυνάμεις. (4) Ἢ καὶ Ζήνων ὁ Κιτιεὺς ἐπὶ θέαν αὐλητῶν παρεκάλει τὰ μειράκια καταμανθάνειν, οἵαν κέρατα καὶ ξύλα καὶ κάλαμοι καὶ ὀστᾶ, λόγου μετέχοντα καὶ συμφωνίας, φωνὴν ἀφίησι. Τὸ μὲν γάρ, ἀριθμῷ πάντα ἐπεοικέναι, κατὰ τὴν Πυθαγορικὴν ἀπόφασιν, λόγου δεῖται. (5) * Τὸ δὲ πᾶσιν, οἷς ἐκ διαφορᾶς καὶ ἀνομοιότητος ἐγγέγονε κοινωνία τις πρὸς ἄλληλα καὶ συμφωνία, ταύτης αἰτίαν εἶναι μετριότητα καὶ τάξιν, ἀριθμοῦ καὶ ἁρμονίας μετασχοῦσιν, οὐδὲ τοὺς ποιητὰς λέληθεν, ἄρθμια μὲν τὰ φίλα καὶ προσηνῆ καλοῦντας, ἀναρτίους δὲ τοὺς ἐχθροὺς καὶ τοὺς πολεμίους, ὡς ἀναρμοστίαν τὴν διαφορὰν οὖσαν. (6) Ὁ δὲ τῷ Πινδάρῳ ποιήσας τὸ ἐπικήδειον,

Ἄρμενος ἦν ξείνοισιν ἀνὴρ ὅδε, καὶ φίλος ἀστοῖς·

εὐαρμοστίαν δῆλός ἐστι τὴν ἀρετὴν ἡγούμενος· ὥς που καὶ αὐτὸς ὁ Πίνδαρος, « Τοῦ θεοῦ, φησίν, ἐπακούοντος οὐκ ἀνορέαν ἐπιδεικνύμενος τὸν Κάδμον. » (7) Οἵ τε πάλαι θεολόγοι, πρεσβύτατοι φιλοσόφων ὄντες, ὄργανα μουσικὰ θεῶν ἐνεχείριζον ἀγάλμασιν· οὐχ ὡς λύραν που ** καὶ αὐλοῦσιν, ἀλλὰ οὐθὲν ἔργον οἰόμενοι θεῶν, οἷον ἁρμονίαν εἶναι καὶ συμφωνίαν. (8) Ὥσπερ οὖν ὁ τοὺς ἐπιτρίτους καὶ ἡμιολίους καὶ διπλασίους λόγους ζητῶν ἐν τῷ ζυγῷ τῆς λύρας καὶ τῇ χελώνῃ καὶ τοῖς κολλάβοις, γελοῖός ἐστι· δεῖ μὲν γὰρ ἀμέλει καὶ ταῦτα συμμέτρως γεγονέναι πρὸς ἄλληλα μήκεσι καὶ πάχεσι, τὴν δὲ ἁρμονίαν ἐκείνην ἐπὶ τῶν φθόγγων θεωρεῖν· οὕτως εἰκὸς μέν ἐστι καὶ τὰ σώματα τῶν ἀστέρων καὶ τὰ διαστήματα τῶν κύκλων καὶ τὰ τάχη τῶν περιφορῶν, ὥσπερ ὄργανα ἐν τεταγμένοις [λόγοις] ἔχειν ἐμμέτρως πρὸς ἄλληλα καὶ πρὸς τὸ ὅλον, εἰ καὶ τὸ ποσὸν ἡμᾶς τοῦ μετρίου διαπέφευγε· (9) τῶν μέντοι λόγων ἐκείνων, οἷς ὁ δημιουργὸς ἐχρήσατο, καὶ τῶν ἀριθμῶν ἔργον ἡγεῖσθαι τὴν αὐτῆς τῆς ψυχῆς ἐμμέλειαν καὶ ἁρμονίαν πρὸς αὐτήν, ὑφ' ἧς καὶ τὸν οὐρανὸν ἐγγενομένη μυρίων ἀγαθῶν ἐμπέπληκε, καὶ τὰ περὶ γῆν ὥραις καὶ μεταβολαῖς μέτρον ἐχούσαις, ἄριστα καὶ κάλλιστα πρός τε γένεσιν καὶ σωτηρίαν τῶν γινομένων διακεκόσμηκεν.

ΕΠΙΤΟΜΗ ΤΟΥ ΠΕΡΙ ΤΗΣ ΕΝ ΤΩ ΤΙΜΑΙΩ ΨΥΧΟΓΟΝΙΑΣ.

I. Ὁ περὶ τῆς ἐν τῷ Τιμαίῳ ψυχογονίας ἐπιγεγραμμένος λόγος, ὅσα Πλάτωνι καὶ τοῖς Πλατωνικοῖς πεφιλοτίμηται ἀπαγγέλλει· εἰσάγει δὲ καὶ γεωμετρικάς τινας ἀναλογίας καὶ ὁμοιότητας, πρὸς τὴν τῆς ψυχῆς, ὡς οἴεται, θεωρίαν συντεινούσας αὐτῷ· καὶ δὴ καὶ μουσικὰ καὶ ἀριθμητικὰ θεωρήματα.

II. Λέγει δὲ τὴν ὕλην διαμορφωθῆναι ὑπὸ τῆς ψυχῆς, καὶ δίδωσι μὲν τῷ παντὶ ψυχήν, δίδωσι δὲ καὶ

---

cherrimas remediorum et instrumentorum præbent vires. (4) Unde factum est, ut Zeno etiam Citieus hortaretur adolescentes ad spectandum tibicines, *ut inde discerent quam vocem cornua, ligna, calami, ossaque proferant, quando cum iis ratio et concentus communicentur.* Nam *omnia esse numerorum similia*, quod dicunt Pythagorici, id probationem requirit. (5) Quod autem omnibus rebus ex tanta inæqualitate et dissimilitudine communio inter se societasque et concentus obtigit, ejus causam esse mediocritatem et ordinem, quando illæ numeri atque harmoniæ participes fiunt, ne poetæ quidem ignoraverunt. Hi enim *arthmia*, quasi articulata aut concinna si diceres, vocaverunt quæ amica nobis et cara essent : *anartios* autem, quasi inconcinnos, inimicos; nimirum quod inimicitia esset quædam inconcinnitas. (6) Et qui in Pindari mortem scripsit funebre carmen,

Hospitibus fuit aptus, carus civibus ille,

satis ostendit se concinnitatem et comitatem pro virtute reputasse : sicut et ipse alicubi Pindarus ait, *Cadmo audiente, deum ostendisse musicam rectam et concinnam.* (7) Prisci porro theologi, qui erant philosophorum vetustissimi, musica instrumenta in manus deorum imaginibus posuerunt; non sane, quod eos lyra aut tibiis ludere putarent, sed quod nullum deo opus convenientius esse judicarent, quam consonantiam et harmoniam. (8) Sicut igitur qui proportiones sesquitertias, sesquiplas atque duplas quærat in jugo lyræ, testudine et clavis, ridiculus sit : nam, quin et hæc debeant inter se longitudinem et crassitiem habere proportione aptam, dubium non est, quum interim harmonia in fidium sit consideranda sonis : ita probabile est etiam corpora stellarum, intervalla circulorum, conversionum celeritates, tanquam instrumenta recto ordine disposita, suam habere quum inter se, tum ad totam compagem Universi proportionem : etiamsi nos quantitas et mensura lateant. (9) Tamen proportionibus istis, quibus usus est opifex, numerisque tribuenda est animæ secum ipsâ concinnitas et harmonia, per quas et cælum, cui indita est, ipsum innumeris bonis implevit, et quæ ad terram pertinent, tempestatum mutationumque dimensis vicissitudinibus, optime pulcherrimeque ad procreationem et conservationem eorum quæ nascerentur, adornavit.

EPITOME LIBRI DE ANIMÆ PROCREATIONE APUD PLATONEM IN TIMÆO.

---

1. Commentarius, qui inscribitur *de animæ procreatione in Timæo*, refert quæ Plato et Platonici magno studio disputaverint : introducit etiam geometricas quasdam proportiones et similitudines, ad animæ contemplationem, ut censet, ei conducentes : nec non musicas quasdam et arithmeticas rationes.

II. Materiam ait informari ab anima : tribuitque Universo animam, et tribuit unicuique animali quæ id temperet. Ani-

ἑκάστῳ ζῴῳ τὴν διοικοῦσαν αὐτὸ, καὶ πῇ μὲν ἀγένητον
εἰσάγει ταύτην, πῇ δὲ γενέσει δουλεύουσαν· (2) ἀΐδιον
δὲ τὴν ὕλην καὶ ὑπὸ τοῦ θείου διὰ τῆς ψυχῆς μορφω-
θῆναι· καὶ τὴν κακίαν δὲ βλάστημα τῆς ὕλης γεγονέ-
5 ναι, ἵνα μὴ, φησὶ, τὸ θεῖον αἴτιον τῶν κακῶν νομισθείη.

III. Ὅτι οἱ περὶ τὸν Ποσειδώνιον οὐ μακρὰν τῆς
ὕλης ἀπέστησαν τὴν ψυχὴν, ἀλλὰ δεξάμενοι, τὴν τῶν
περάτων οὐσίαν περὶ τὰ σώματα λέγεσθαι μεριστὴν,
καὶ ταῦτα τῷ νοητῷ μίξαντες, ἀπεφήναντο τὴν ψυχὴν
10 ἰδέαν εἶναι τοῦ πάντη διαστατοῦ κατ’ ἀριθμὸν συνεστῶσαν ἁρμονίαν περιέχοντα·* τά τε γὰρ μαθηματικὰ
τῶν πρώτων νοητῶν μεταξὺ καὶ τῶν αἰσθητῶν τετάχθαι·
τῆς τε ψυχῆς τῷ νοητῷ τὸ ἀΐδιον, καὶ τῷ αἰσθητικῷ
τὸ παθητικὸν ἐχούσης, προσῆκον ἐν μέσῳ τὴν οὐσίαν
15 ὑπάρχειν. (2) Ἔλαθε γὰρ καὶ τούτους ὁ θεὸς τοῖς τῶν
σωμάτων πέρασιν ὕστερον, ἀπειργασμένης ἤδη τῆς
ψυχῆς, χρώμενος ἐπὶ τὴν τῆς ὕλης διαμόρφωσιν, τὸ
σκεδαστὸν αὐτῆς καὶ ἀσύνδετον ὁρίζων καὶ περιλαμβάνων ταῖς ἐκ τῶν τριγώνων συναρμοττομένων ἐπιφανείαις.
20 (3) Ἀτοπώτερον δὲ τὸ τὴν ψυχὴν ἰδέαν ποιεῖν. Ἡ μὲν
γὰρ, ἀεικίνητος, ἡ δ’, ἀκίνητος· καὶ ἡ μὲν, ἀμιγὴς
πρὸς τὸ αἰσθητὸν, ἡ δὲ, τῷ σώματι συνειργμένη· πρὸς
δὲ τούτοις, ὁ θεὸς τῆς μὲν ἰδέας, ὡς παραδείγματος,
γέγονε μιμητὴς, τῆς δὲ ψυχῆς, ὥσπερ ἀποτελέσματος,
25 δημιουργός. (4) Ὅτι δ’ οὐδ’ ἀριθμὸν ὁ Πλάτων τὴν
οὐσίαν τίθεται τῆς ψυχῆς, ἀλλὰ ταττομένην ὑπ’ ἀριθμοῦ, προείρηται.

IV. Πρὸς δ’ ἀμφοτέροις τούτοις κοινόν ἐστι τὸ μήτε
τοῖς πέρασι μήτε τοῖς ἀριθμοῖς μηθὲν ἴχνος ἐνυπάρχειν
30 ἐκείνης τῆς δυνάμεως, ᾗ τὸ αἰσθητὸν ἡ ψυχὴ πέφυκε
κρίνειν. (2) Νοῦν μὲν γὰρ αὐτῇ καὶ νοητὸν ἡ τῆς νοητῆς μέθεξις ἀρχῆς ἐμπεποίηκε, δόξας δὲ καὶ πίστεις
καὶ τὸ φανταστικὸν καὶ τὸ παθητικὸν ὑπὸ τῶν περὶ τὸ
σῶμα ποιοτήτων (δ) οὐκ ἄν τις ἐκ μονάδων οὐδὲ γραμ-
35 μῶν οὐδ’ ἐπιφανειῶν ἁπλῶς νοήσειεν ἐγγινόμενον. (3)
Καὶ μὴν οὐ μόνον αἱ τῶν θνητῶν ψυχαὶ γνωστικὴν
τοῦ αἰσθητοῦ δύναμιν ἔχουσιν, ἀλλὰ καὶ « τὴν τοῦ κόσμου, φησὶν, ἀνακυκλουμένην αὐτὴν πρὸς ἑαυτὴν, ὅταν
οὐσίαν σκεδαστὴν ἔχοντός τινος ἐφάπτηται, καὶ ὅταν
40 ἀμέριστον, λέγειν κινουμένην διὰ πάσης ἑαυτῆς, ὅτῳ
ἄν τι ταὐτὸν ᾖ, καὶ ὅτῳ ἂν ἕτερον, πρὸς ὅτι τε μάλιστα
καὶ ὅπη καὶ ὅπως συμβαίνει, καὶ τὰ γινόμενα πρὸς
ἕκαστον ἕκαστα εἶναι καὶ πάσχειν. » (4) Ἐν τούτοις
ἅμα καὶ τῶν δέκα κατηγοριῶν ποιούμενος ὑπογραφὴν,
45 ἔτι μᾶλλον τοῖς ἐφεξῆς διασαφεῖ. « Λόγος γὰρ, φησὶν,
ἀληθὴς, ὅταν μὲν περὶ τὸ αἰσθητὸν γένηται, καὶ ὁ τοῦ
θατέρου κύκλος ὀρθὸς ἰὼν εἰς πᾶσαν αὐτοῦ τὴν ψυχὴν
διαγγείλῃ, δόξαι καὶ πίστεις γίνονται βέβαιοι καὶ ἀλη-
θεῖς· ὅταν δ’ αὖ πάλιν περὶ τὸ λογιστικὸν ᾖ, καὶ ὁ τοῦ
50 ταὐτοῦ κύκλος εὔτροχος ὢν αὐτὰ μηνύσῃ, ἐπιστήμη
ἐξ ἀνάγκης ἀποτελεῖται. (5) Τούτω δὲ ἐν ᾧ τῶν ὄντων ἐγγίνεσθον, ἐάν ποτέ τις αὐτὸ ἄλλο πλὴν ψυχὴν
προσείπῃ, πᾶν μᾶλλον ἢ τὸ ἀληθὲς ἐρεῖ. » (6) Πόθεν
οὖν ἔσχεν ἡ ψυχὴ τὴν ἀντιληπτικὴν τοῦ αἰσθητοῦ καὶ

nam quodam modo ortus expertem facit, quodam modo
obnoxiam ortui : (2) materiam æternam, et quam deus
animæ opera informaverit. Pravitatem esse germen materiæ, ne, inquit, deus malorum causa putetur.

III. Posidonius, ait, non longe a materia animam removit : sed Platouis verba sic accipiens, substantiam terminorum seu extremitatum circa corpora dici dividuam, eamque
cum iutelligibili miscens, animam pronunciavit esse ideam
ejus quod usquequaque dimensiones habet, ratione numeri constitutam qui harmoniam contineat : nam mathematica in medio primorum intelligibilium et sensilium esse
collocata : et quum anima perpetuitatem intelligibilium, ac
sensilium facultatem ad percipiendas affectiones habeat in
se, par esse ut ejus natura in medio sit. (2) Nimirum et
hunc latuit, deum extremitatibus corporum postmodo demum, jam absoluta anima, usum ad conformandam materiam, quum dissipationi obnoxiam et vinculis carea-
tem molem definiret et includeret superficiebus, quæ ex
triangulis erant concinnatæ. (3) Absurdius etiam hoc,
quod animam ideam facit, quum idea sit immobilis, semper moveatur anima ; et illa cum sensili nihil habeat commercii, hæc in corpora inclusa sit : ad hæc, deus ideam ut
exemplar fuerit imitatus, animam ut opus opifex confecerit.
(4) Quod autem Plato animam non ponat numerum esse,
sed ordinatam ratione numeri, jam ante dictum est.

IV. Adversus utrosque illud commune est argumentum,
quod neque extremitatibus neque numeris ullum inest vestigium illius facultatis, qua res sensiles anima judicat
suapte natura. (2) Mentem quidem ei, et mente sola cer-
nendarum, id est intelligibilium, rerum notitias communicatio principii intelligentia sola percipiendi inseruit : opiniones autem et persuasiones, imaginationes et affectiones
a qualitatibus corpori inhærentibus profectas, ne cogitari
quidem potest ex unitatibus, lineis aut superficiebus simpliciter esse innatas. (3) Et vero non modo mortalium
animæ vim cognoscendi per sensus habent, sed *ipsam
quoque mundi animam ait, ipsam in se revolutam, ubi
aliquid attigit substantia præditum dissipabili, aut
etiam individua, hoc ipsam per se ipsam totam sese
commovendo narrare, cui idem sit, a quo diversum, et
cujus respectu maxime, qua, et quomodo sit affectum
substantiæ aut motus ratione.* (4) In his quum decem
prædicamentorum aliquam posuisset notationem, magis
etiam idem declarat in his quæ sequuntur. *Ratio, inquit,
vera ubi de sensili concepta est, et circulus Diversi recta proficiscens in totam animam de eo nuncium affert, opiniones nascuntur et persuasiones veræ atque
constantes. Quum autem in iis vertitur, quæ intelligentiæ sunt, et Ejusdem circulus valde agilis ista significaverit, necessario scientia absolvitur.* (5) Hæc
autem duo in qua re ingenerantur, si quis eam aliud
quicquam dixerit quam animam, quidvis potius quam
verum dixerit. (6) Unde autem hic sensilia apprehen-

δοξαστικὴν ταύτην κίνησιν, ἑτέραν τῆς νοητ[ικ]ῆς ἐκείνης καὶ τελευτώσης εἰς ἐπιστήμην, ἔργον εἰπεῖν· μὴ
θεμένους βεβαίως, ὅτι νῦν οὐχ ἁπλῶς ψυχὴν, ἀλλὰ κόσμου ψυχὴν συνίστησιν ἐξ ὑποκειμένης τῆς τε κρείττονος οὐσίας καὶ ἀμερίστου καὶ τῆς χείρονος, ἣν περὶ τὰ
σώματα μεριστὴν κέκληκεν, οὐχ ἑτέραν οὖσαν ἢ τὴν
δοξαστικὴν, καὶ φανταστικὴν, καὶ συμπαθῆ τῶν αἰσθητῶν κίνησιν, οὐ γενομένην, ἀλλ' ὑφεστῶσαν ἀίδιον,
ὥσπερ ἡ ἑτέρα. (7) Τὸ γὰρ νοερὸν ἡ φύσις ἔχουσα,
καὶ τὸ δοξαστικὸν εἶχεν· ἀλλ' ἐκεῖνο μὲν ἀκίνητον καὶ
ἀπαθὲς, καὶ περὶ τὴν ἀεὶ μένουσαν ἱδρυμένον οὐσίαν·
τοῦτο δὲ, μεριστὸν καὶ πλανητὸν, ἅτε δὴ φερομένης
καὶ σκεδαννυμένης ἐφαπτόμενον ὕλης. (8) Οὔτε γὰρ
τὸ αἰσθητὸν εἰλήχει τάξεως, ἀλλ' ἦν ἄμορφον καὶ ἀό-
ριστον· ἥ τε περὶ τοῦτο τεταγμένη δύναμις, οὔτε δόξας ἐναρθρους, οὔτε κινήσεις ἁπάσας εἶχε τεταγμένας,
ἀλλὰ τὰς πολλὰς ἐνυπνιώδεις καὶ παραφόρους καὶ ταραττούσας τὸ σωματοειδὲς, ὅσα μὴ κατὰ τύχην τῷ βελτίονι περιέπιπτεν· (9) ἐν μέσῳ γὰρ ἦν ἀμφοῖν, καὶ πρὸς
ἀμφότερα συμπαθῆ καὶ συγγενῆ φύσιν εἶχε, * τῷ μὲν
αἰσθητικῷ τῆς ὕλης ἀντεχομένη, τῷ δὲ κριτικῷ τῶν
νοητῶν.

V. Οὕτω δέ πως καὶ Πλάτων διασαφεῖ τοῖς ὀνόμα-
σιν· « Οὗτος γὰρ, φησὶν, παρὰ τῆς ἐμῆς ψήφου λογισθεὶς, ἐν κεφαλαίῳ δεδόσθω λόγος, ὅν τε καὶ χώραν καὶ
γένεσιν εἶναι τρία τριχῇ, καὶ πρὶν οὐρανὸν γενέσθαι. »
(Καὶ) χώραν τε γὰρ καλεῖ τὴν ὕλην, ὥσπερ ἕδραν, ἔστιν
ὅτε καὶ ὑποδοχήν· ὂν δὲ, τὸ νοητόν· γένεσιν δὲ, τοῦ κόσμου μήπω γεγονότος, οὐδεμίαν ἄλλην ἢ τὴν ἐν μεταβολαῖς καὶ κινήσεσιν οὐσίαν, τοῦ τυποῦντος καὶ τοῦ τυπουμένου μεταξὺ τεταγμένην, διαδιδοῦσαν ἐνταῦθα τὰς
ἐκεῖθεν εἰκόνας. (2) Διά τε δὴ ταῦτα μεριστὴ προσηγορεύθη, καὶ ὅτι τῷ αἰσθητῷ τὸ αἰσθανόμενον, καὶ τῷ
φανταστῷ τὸ φανταζόμενον ἀνάγκη συνδιανέμεσθαι καὶ
συμπαρήκειν· ἡ γὰρ αἰσθητικὴ κίνησις ἰδία ψυχῆς
οὖσα, κινεῖται πρὸς τὸ αἰσθητὸν ἐκτός· ὁ δὲ νοῦς αὐτὸς
μὲν ἐφ' ἑαυτοῦ μόνιμος ἦν καὶ ἀκίνητος, ἐγγενόμενος
δὲ τῇ ψυχῇ καὶ κρατήσας, εἰς ἑαυτὸν ἐπιστρέφει καὶ
συμπεραίνει τὴν ἐγκύκλιον φορὰν, περὶ τὸ μέν[ον] ἀεὶ
μάλιστα ψαύουσαν τοῦ ὄντος. (3) Διὸ καὶ δυσανάκρατος ἡ κοινωνία γέγονεν αὐτῶν, τῷ ἀμερίστῳ τὸ μεριστὸν, καὶ τῷ μηδαμῇ κινητῷ τὸ πάντη φορητὸν μιγνύουσα, καὶ καταβιαζομένη θάτερον εἰς ταυτὸν συνελθεῖν. (4) Ἦν δὲ τὸ θάτερον οὐ κίνησις, ὥσπερ οὐδὲ
ταυτὸν στάσις, ἀλλ' ἀρχὴ διαφορᾶς καὶ ἀνομοιότητος.
Ἑκάτερον γὰρ ἀπὸ τῆς ἑτέρας ἀρχῆς κάτεισι, τὸ μὲν
ταυτὸν ἀπὸ τοῦ ἑνὸς, τὸ δὲ θάτερον ἀπὸ τῆς δυάδος·
(5) καὶ μέμικται πρῶτον ἐνταῦθα περὶ τὴν ψυχὴν, ἀριθμοῖς καὶ λόγοις συνδεθέντα καὶ μεσότησιν ἐναρμονίοις, καὶ ποιεῖ [τὸ] θάτερον ἐγγενόμενον τῷ ταυτῷ διαφορὰν, τὸ δὲ ταυτὸν ἐν τῷ ἑτέρῳ τάξιν, ὡς δῆλόν ἐστιν
ἐν ταῖς πρώταις τῆς ψυχῆς δυνάμεσιν· εἰσὶ δὲ αὗται
τὸ κριτικὸν καὶ τὸ κινητικόν. (6) Ἡ μὲν οὖν κίνησις
εὐθὺς ἐπιδείκνυται περὶ τὸ◦ οὐρανὸν, ἐν μὲν τῇ ταυτό-

dendi, et opinandi motus diversus ab intelligente illo et in
scientiam desinente animæ motu obtigerit, dici non potest;
nisi hoc firmiter constituamus, nunc Platonem non universe
animam, sed mundi animam componere e subjectis, nimirum e natura præstantiore et Individua, atque e deteriore,
quam ipsam circa corpora Dividuam appellavit, non diversam a motione opiniosa, imaginatrice, et quam sensilia afficiant, et quæ non sit nata, sed perpetuo substiterit, ut etiam
altera. (7) Natura enim quæ intelligendi habuit vim, habuit
etiam opinandi. Verum illa quidem motui non obnoxia,
non affectioni, innixa fuit rebus semper eodem modo manentibus: hæc autem dividua et vaga fuit, ut quæ appeteret materiam agitatam ac dissipatam. (8) Nam neque sensili naturæ obtigerat ordo, sed informis erat atque indefinita: et facultas ei addicta neque opiniones probe distinctas, neque motiones omnes ordinatas habebat; sed plerasque somniorum similes, temerarias, et quæ tumultum
corporeæ facultati afferrent, nisi fortuito in idem cum meliore natura incidissent. (9) Erat enim in medio amborum, naturamque habebat cum utrisque cognatam atque
consentientem, vi sentiendi materiam apprehendens, judicio
vim intelligentem.

V. Atque hoc ipse pæne disertis verbis declarat, *Hæc est,*
inquiens, *meo subducta suffragio sententia, ut summatim dicam, fuisse ante originem cæli tria hæc seorsum,
Ens, spatium, ortum.* Spatii enim vocabulo afficit materiam, ut et *sedis,* atque alias *receptaculi :* Ens autem vocat
id quod sola mente percipitur, seu intelligibile : Ortum,
mundi nondum nati substantiam, nulla sitam alia in re, quam
in mutationibus, inter formans atque formatum medio loco
ordinatam, atque effigies eorum quæ ibi sunt huc transmittentem. (2) Ergo quum ob hæc animam hanc Dividuam
dicit, tum quod sensili sentiens, et imaginabili imaginans
vis necesse est comitetur, eique adhæreat. Nam vis sentiendi animæ propria, movetur secundum id quod foris sentitur : Mens ipsa per se stabilis erat et motus expers, insita
autem animæ, in eamque nacta imperium, in se ipsam convertitur, circularemque conficit motum, ea quæ ita sunt ut
semper sui maneant similia potissimum attingens. (3) Itaque etiam temperatu difficilis fuit eorum communio, quæ
Individuo Dividuum, nusquam mobili usquequaque mobil'
misceret, ac Diversa in Idem congredi cogeret. (4) Non
erat enim ipse motus Diversum, ut ne Idem quidem erat
quies, sed initium discriminis et inæqualitatis. Utrumque
enim ab altero principiorum oritur : Idem ab unitate, Diversum a binario. (5) Atque hæc primum in anima fuerunt
commixta, numeris et proportionibus colligata, et medietatibus harmonicis : efficitque Diversum Eidem insertum
differentiam, Idem in Diverso ordinem ; quod manifestum
est in primis animæ facultatibus, judicandi scilicet et movendi. (6) Motus statim in cælo demonstrat Diversitatem
in Identitate per revolutionem inerrantium stellarum, et in

τητι τὴν ἑτερότητα τῇ περιφορᾷ τῶν ἀπλανῶν, ἐν δὲ
τῇ ἑτερότητι τὴν ταυτότητα τῇ τάξει τῶν πλανητῶν·
ἐπικρατεῖ γὰρ ἐν ἐκείνοις τὸ ταυτόν, ἐν δὲ τοῖς περὶ
γῆν τοὐναντίον. (7) Ἡ δὲ κρίσις ἀρχὰς μὲν ἔχει δύο,
τόν τε νοῦν ἀπὸ τοῦ ταυτοῦ πρὸς τὰ καθόλου, καὶ τὴν
αἴσθησιν ἀπὸ τοῦ ἑτέρου πρὸς τὰ καθ' ἕκαστα. (8)
Μέμικται δὲ λόγος ἐξ ἀμφοῖν, νόησις ἐν τοῖς νοητοῖς,
καὶ δόξα γινόμενος ἐν τοῖς αἰσθητοῖς· ὀργάνοις τε μεταξὺ φαντασίαις τε καὶ μνήμαις χρώμενος, ὧν τὰ μὲν
ἐν τῷ ταυτῷ τὸ ἕτερον, τὰ δ' ἐν τῷ ἑτέρῳ ποιεῖ τὸ ταυτόν. (9) Ἔστι γὰρ ἡ μὲν νόησις κίνησις τοῦ νοοῦντος
περὶ τὸ μένον· ἡ δὲ δόξα, μονὴ τοῦ αἰσθανομένου περὶ
τὸ κινούμενον· φαντασίαν δὲ, συμπλοκὴν δόξης πρὸς
αἴσθησιν οὖσαν, ἵστησιν ἐν μνήμῃ τὸ ταυτόν· τὸ δὲ θάτερον κινεῖ πάλιν ἐν διαφορᾷ τοῦ πρόσθεν καὶ νῦν, ἑτερότητος ἅμα καὶ ταυτότητος ἐφαπτόμενον.

VI. Δεῖ δὲ τὴν περὶ τὸ σῶμα τοῦ κόσμου γενομένην σύνταξιν εἰκόνα λαβεῖν τῆς ἀναλογίας, ἐν ᾗ διηρμόσατο τὴν ψυχήν. (2) Ἐκεῖ μὲν γὰρ ἦν ἄκρα, τὸ
πῦρ καὶ ἡ γῆ, χαλεπὴν πρὸς ἄλληλα κραθῆναι φύσιν
ἔχοντα, μᾶλλον δὲ ὅλως ἄκρατον καὶ ἀσύστατον· ὅθεν
ἐν μέσῳ θέμενος αὐτῶν τὸν μὲν ἀέρα πρὸ τοῦ πυρὸς,
τὸ δὲ ὕδωρ πρὸ τῆς γῆς, ταῦτα πρῶτον ἀλλήλοις ἐκέ-
ρασεν· εἶτα διὰ τούτων ἐκεῖνα πρός τε ταῦτα καὶ ἄλληλα συνέμιξε καὶ συνήρμοσεν. (3) Ἐνταῦθα δὲ πάλιν τὸ ταυτὸν καὶ τὸ θάτερον, ἐναντίας δυνάμεις καὶ
ἀκρότητας ἀντιπάλους, συνήγαγεν, οὐ δι' αὐτῶν, ἀλλ'
οὐσίας ἑτέρας μεταξὺ, τὴν μὲν ἀμέριστον πρὸ τοῦ ταυτοῦ, πρὸ δὲ τοῦ θατέρου τὴν μεριστὴν, ἔστιν ᾗ προσήκουσαν ἑκατέραν ἑκατέρᾳ τάξας, εἶτα μιχθείσαις ἐκείναις ἐπεγκεραννύμενος, οὕτω τὸ πᾶν συνύφηνε τῆς
ψυχῆς εἶδος, ὡς ἦν ἀνυστὸν, ἐκ διαφόρων ὅμοιον ἔκ τε
πολλῶν ἓν ἀπεργασάμενος.

Diversitate Identitatem ordine errantium. In his enim
prævalet Idem, contrarium in iis quæ prope terram sunt.
(7) Judicium autem principia habet duo; Mentem ab Eodem
ad Universalia, et Sensum a Diverso ad singularia. (8)
Ratio ex utrisque mixta est, quæ sit Intelligentia in intellectui subjectis, Opinio in sensibilibus : utiturque veluti instrumentis in medio inter Mentem ac Sensum positis, visis
ac memoriis, quorum alia in Eodem Diversum, alia Idem
in Diverso efficiunt. (9) Est enim Intelligentia motio facultatis intelligentis circa id quod permanet : Opinio autem
permansio ejus quod sentit circa id quod in motu est. Visum autem (hoc *phantasiam* dico), complexum opinionis
cum sensu, constituitur in memoria per Idem : Diversum
vero rursus movet phantasiam seu visum in discrimine præteriti ac præsentis, simul diversitatem et identitatem attingens.

VI. Ceterum oportet eam contemperationem, qua corpus
mundi conflatum est, asciscere ad exemplum proportionis,
secundum quam fuit anima concinnata. (2) Ibi summa erant
ignis et terra, quæ inter se contemperari difficulter possent
suapte natura, imo mixturam omnino et compositionem refugerent. Itaque inter ea medio loco ponens aerem igni,
aquam terræ propiorem, istæc primum commiscuit, deinde
horum operâ etiam illa cum his et inter se contemperavit
concinnavitque deus. (3) Ita hic etiam Idem et Diversum,
facultates contrarias et extremitates invicem adversantes,
conduxit, non ipsas per se, sed duas alias substantias inter
se vicinas, Individuam juxta Idem, Dividuam juxta Diversum constituens, suo ordine devinxit : tum illis mixtis has
contemperans, ita totam animæ formam contexuit, quantum fieri potuit, ex differentibus similem, ex multis unam
fabricatus.

———◦◦◦———

* ΠΕΡΙ

ΣΤΩΙΚΩΝ ΕΝΑΝΤΙΩΜΑΤΩΝ.

DE

REPUGNANTIIS STOICIS.

I. Πρῶτον ἀξιῶ τὴν τῶν δογμάτων ὁμολογίαν ἐν τοῖς
βίοις θεωρεῖσθαι. Δεῖ γὰρ οὐχ οὕτω τὸν ῥήτορα, κατ'
Αἰσχίνην, τὸ αὐτὸ φθέγγεσθαι καὶ τὸν νόμον, ὡς τὸν
βίον τοῦ φιλοσόφου τῷ λόγῳ σύμφωνον εἶναι. (2) Ὁ
γὰρ λόγος τοῦ φιλοσόφου νόμος αὐθαίρετος καὶ ἴδιός
ἐστιν· εἴ γε δὴ μὴ παιδιὰν καὶ εὑρησιλογίαν ἕνεκα
δόξης, ἀλλ' ἔργον ἄξιον σπουδῆς τῆς μεγίστης, ὥσπερ
ἐστὶν, ἡγοῦνται φιλοσοφίαν.

II. Ἐπεὶ τοίνυν πολλὰ μὲν, ὡς ἐν λόγοις, αὐτῷ
Ζήνωνι, πολλὰ δὲ Κλεάνθει, πλεῖστα δὲ Χρυσίππῳ
γεγραμμένα τυγχάνει περὶ πολιτείας καὶ τοῦ ἄρχεσθαι
καὶ ἄρχειν, καὶ δικάζειν καὶ ῥητορεύειν· ἐν δὲ τοῖς
βίοις οὐδενός ἐστιν εὑρεῖν οὐ στρατηγίαν, οὐ νομοθε-

I. Principio, decretorum consensionem in ipsa vita spectari debere censeo. Non enim tam *orator*, ut dicebat
Æschines, *et lex idem debent loqui*, quam vita philosophi
cum doctrina ejus convenire. (2) Quippe doctrina philosopho lex est propria et quam sibi ipse tulerit; si quidem non
ludum et argutias gloriolæ gratia inventas, sed rem summo
dignam studio philosophiam, id quod est, censeat esse.

II. Quoniam ergo, ut in doctrinæ enarratione, multa
ipse Zeno, multa Cleanthes, plurima Chrysippus scripta
reliquerunt de republica, de parendo et imperando, de judiciis, de causis dicendis; in vitis autem eorum nullus usquam
invenitur prætura, legum latio, in senatum progressus,

σίαν, οὐ πάροδον εἰς βουλὴν, οὐ συνηγορίαν ἐπὶ δικαστῶν, οὐ στρατείαν ὑπὲρ πατρίδος, οὐ πρεσβείαν,
οὐκ ἐπίδοσιν· (2) ἀλλ' ἐπὶ ξένης, ὥσπερ τινὸς λωτοῦ,
γευσάμενοι σχολῆς, τὸν πάντα βίον, οὐ βραχὺν, ἀλλὰ
5 παμμήκη γενόμενον, διήγαγον ἐν λόγοις καὶ βιβλίοις
καὶ περιπάτοις· οὐκ ἄδηλον ὅτι τοῖς ὑφ' ἑτέρων γρα-
φομένοις καὶ λεγομένοις μᾶλλον ἢ τοῖς ὑφ' αὐτῶν ὁμολογουμένως ἔζησαν, ἣν Ἐπίκουρος ἡσυχίαν ἐπαινεῖ
καὶ Ἱερώνυμος, ἐν ταύτῃ τὸ παράπαν καταβιώσαντες.
10 (3) Αὐτὸς γοῦν Χρύσιππος ἐν τῷ τετάρτῳ περὶ Βίων
οὐδὲν οἴεται τὸν σχολαστικὸν βίον τοῦ ἡδονικοῦ διαφέ-
ρειν· αὐτὰς δὲ παραθήσομαι τὰς λέξεις· « Ὅσοι δὲ
ὑπολαμβάνουσι φιλοσόφοις ἐπιβάλλειν μάλιστα τὸν
σχολαστικὸν βίον ἀπ' ἀρχῆς, οὗτοί μοι δοκοῦσι διαμαρ-
15 τάνειν, ὑπονοοῦντες διαγωγῆς τινος ἕνεκεν δεῖν τοῦτο
ποιεῖν, ἢ ἄλλου τινὸς τούτῳ παραπλησίου, καὶ τὸν ὅλον
βίον οὕτω πως διελκύσαι· τοῦτο δ' ἔστιν, ἂν σαφῶς
θεωρηθῇ, ἡδέως· οὐ γὰρ δεῖ λανθάνειν τὴν ὑπόνοιαν
αὐτῶν, πολλῶν μὲν σαφῶς τοῦτο λεγόντων, οὐκ ὀλίγων
20 δ' ἀδηλότερον. » (4) Τίς οὖν μᾶλλον ἐν τῷ σχολα-
στικῷ βίῳ τούτῳ κατεγήρασεν, ἢ Χρύσιππος, καὶ
Κλεάνθης, καὶ Διογένης, καὶ Ζήνων, καὶ Ἀντίπατρος;
οἵ γε καὶ τὰς αὐτῶν κατέλιπον πατρίδας, οὐθὲν ἐγκαλοῦντες, ἀλλ' ὅπως καθ' ἡσυχίαν ἐν τῷ ἡδίονι καὶ ἐπὶ
25 ζωστῆρος σχολάζοντες καὶ φιλολογοῦντες διάγωσιν.
(5) Ἀριστοχρέων γοῦν, ὁ Χρυσίππου μαθητὴς καὶ
οἰκεῖος, εἰκόνα χαλκῆν ἀναστηλώσας ἐπέγραψε τόδε τὸ
ἐλεγεῖον·

 Τόνδε νέον Χρύσιππον Ἀριστοχρέων ἀνέθηκε,
30 τῶν Ἀκαδημικῶν στραγγαλίδων κοπίδα.

(6) Τοῦτο οὖν ὁ Χρύσιππος, ὁ γέρων, ὁ φιλόσοφος, ὁ
τὸν βασιλικὸν καὶ πολιτικὸν ἐπαινῶν βίον, τὸν δὲ
σχολαστικὸν οὐθὲν οἰόμενος τοῦ ἡδονικοῦ διαφέρειν.
III. Ὅσοι δ' ἄλλοι αὐτῶν πολιτείᾳ προσίασιν, ἔτι
35 μᾶλλον ἐναντιοῦνται τοῖς αὐτῶν δόγμασι· καὶ γὰρ
ἄρχουσι, καὶ δικάζουσι, καὶ συμβουλεύουσι, καὶ νομο-
θετοῦσι, καὶ κολάζουσι, καὶ τιμῶσιν, ὡς πόλεων οὐσῶν ἐν αἷς πολιτεύονται, βουλευτῶν δὲ καὶ δικαστῶν
ἀεὶ τῶν λαγχανόντων, στρατηγῶν δὲ τῶν χειροτονου-
40 μένων, νόμων δὲ τῶν Κλεισθένους καὶ Λυκούργου καὶ
Σόλωνος, οὓς φαύλους καὶ ἀνοήτους γεγονέναι λέγουσιν.
Ὥστε καὶ πολιτευόμενοι μάχονται.
IV. * Καὶ μὴν Ἀντίπατρος ἐν τῷ περὶ τῆς Κλε-
άνθους καὶ Χρυσίππου διαφορᾶς ἱστόρηκεν, ὅτι Ζήνων
45 καὶ Κλεάνθης οὐκ ἠθέλησαν Ἀθηναῖοι γενέσθαι, μὴ
δόξωσι τὰς αὐτῶν πατρίδας ἀδικεῖν. (2) Ὅτι μὲν, εἰ
καλῶς οὗτοι, Χρύσιππος οὐκ ὀρθῶς ἐποίησεν, ἐγγρα-
φεὶς εἰς τὴν πολιτείαν, παρείσθω· πολλὴν δὲ μάχην
καὶ παράλογον ἔχει τὸ τὰ σώματα καὶ τοὺς βίους οὕτω
50 μακρὰν ἀποξενώσαντας, τὰ ὀνόματα ταῖς πατρίσι
τηρεῖν, ὥσπερ εἴ τις τὴν γαμετὴν ἀπολιπὼν, ἑτέρᾳ δὲ
συζῶν καὶ συναναπαυόμενος, καὶ παιδοποιούμενος ἐξ
ἑτέρας, μὴ συγγράφοιτο γάμον, ὅπως ἀδικεῖν μὴ δοκῇ
τὴν προτέραν.

---

patrocinium apud judices, militia pro patria, legatio, in
publicum largitio; (2) sed peregre in otio, ejus gustu tanquam loto detenti, vitam omnem, neque eam brevem, sed
oppido longam, inter disputationes, libros et ambulationes
exegerunt : non obscurum est, eos magis secundum aliorum
scripta aut dicta quam sua decreta vixisse, omninoque
vitam in ea quiete consumsisse, quam Epicurus et Hiero-
nymus laudant. (3) Ipse adeo Chrysippus in quarto de
Vitis libro existimat vitam scholasticam, sive literario otio
deditam, nihil a voluptaria differre. Verba ipsa ejus
apponam : *Qui vero opinantur philosophis congruere
maxime vitam otiosam et a magistratu gerendo remotam, videntur mihi ii errare : censent enim delectationis aut alius similis rei gratia hoc esse faciendum,
itaque totam vitam protrahendam. Hoc si quis apertius consideret, nihil aliud significat quam suaviter.
Non enim sensus eorum fallere nos debet, quum multi
aperte ita, obscurius non pauci pronuncient.* (4) Quis
autem magis in otiosa ista vita consenuit, quam Chrysippus, Cleanthes, Diogenes, Zeno, Antipater? qui quidem
deseruerunt adeo patrias suas, non quod esset quod de iis
quererentur, sed ut quiete in suavi otio suis disputationibus
perpetuo vacarent. (5) Aristocreon quidem, Chrysippi
discipulus et familiaris, æream imaginem in columna ponens, hos elegos inscripsit :

Hunc Academiacos solitum discindere nexus
Chrysippum juvenem ponit Aristocreon.

(6) Sic ergo Chrysippus, senex, philosophus, qui regiam et
civilem laudat vitam, et scholasticam a voluptaria nihil
differre putat.
III. Qui vero Stoicorum de secta se ad rempublicam conferunt, ii magis etiam suis ipsorum placitis repugnant.
Nam imperant, causas disceptant, consulunt, leges ponunt,
puniunt, honorant, ita ut qui civitates esse putent eas in
quibus rempublicam gerunt; pro judicibus et senatoribus
habeant eos, quibus ista munera obtigerunt; prætores judicent esse eos, qui suffragiis deliguntur; leges Clisthenis,
Lycurgi, Solonis, leges esse censeant; quum interim eos
pravos et stultos fuisse dicant. Ergo rempublicam gerentes, ipsi sibi adversantur.
IV. Et vero Antipater, in iis quæ de Discordia Cleanthis
et Chrysippi scripsit, narrat *Zenonem et Cleanthem noluisse cives Athenienses fieri, ne viderentur in suas
injurii patrias.* (2) Non dicam, si hi recte fecerunt,
Chrysippum peccasse, quum inter cives Athenienses se
referri sineret : id vero multum repugnantiæ et absur-
ditatis habet, quod corpora et vitam tam longe a patria apud
peregrinos constituentes, nomina nuda patriis suis reser-
vaverunt : perinde ac si aliquis, uxore deserta, cum alia
vivens, dormiens, liberosque ex ea suscipiens, nuptias
literis non firmet, ne injuriam priori uxori scilicet facere
videatur.

V. Χρύσιππος δὲ πάλιν ἐν τῷ περὶ Ῥητορικῆς γράφων, οὕτω ῥητορεύσειν καὶ πολιτεύσεσθαι τὸν σοφόν, ὡς καὶ τοῦ πλούτου ὄντος ἀγαθοῦ, καὶ τῆς δόξης καὶ τῆς ὑγείας, ὁμολογεῖ τοὺς λόγους αὐτοῦ [καὶ] ἀνεξόδους εἶναι καὶ ἀπολιτεύτους, καὶ τὰ δόγματα ταῖς χρείαις ἀνάρμοστα καὶ ταῖς πράξεσιν.

VI. Ἔτι δόγμα Ζήνωνός ἐστιν, « ἱερὰ θεῶν μὴ οἰκοδομεῖν· ἱερὸν γὰρ μὴ πολλοῦ ἄξιον καὶ ἅγιον οὐκ ἔστιν· οἰκοδόμων δ' ἔργον καὶ βαναύσων οὐδέν ἐστι πολλοῦ ἄξιον. » (2) Οἱ δὲ ταῦτ' ἐπαινοῦντες ὡς εὖ ἔχοντα, μυοῦνται μὲν ἐν ἱεροῖς, ἀναβαίνουσι δ' εἰς ἀκρόπολιν, προσκυνοῦσι δὲ τὰ ἕδη, καὶ στεφανοῦσι τοὺς ναούς, οἰκοδόμων ὄντας ἔργα καὶ βαναύσων ἀνθρώπων. (3) Εἶτα τοὺς Ἐπικουρείους ἐλέγχεσθαι δοκοῦσι θύοντας θεοῖς, αὐτοὶ δὲ μᾶλλον ἐλέγχονται θύοντες ἐπὶ τῶν βωμῶν καὶ τῶν ἱερῶν, ἃ μήτ' εἶναι μήτ' οἰκοδομεῖσθαι δεῖν ἀξιοῦσιν.

VII. Ἀρετὰς ὁ Ζήνων ἀπολείπει πλείονας, κατὰ διαφοράς, ὥσπερ ὁ Πλάτων, οἷον φρόνησιν, ἀνδρείαν, σωφροσύνην, δικαιοσύνην· ὡς ἀχωρίστους μὲν οὔσας, ἑτέρας δὲ καὶ διαφερούσας ἀλλήλων. (2) Πάλιν δὲ ὁριζόμενος αὐτῶν ἑκάστην, τὴν μὲν ἀνδρείαν φησὶ φρόνησιν εἶναι ἐν ἐνεργητέοις· τὴν δὲ δικαιοσύνην, φρόνησιν ἐν ἀπονεμητέοις· ὡς μίαν οὖσαν ἀρετήν, ταῖς δὲ πρὸς τὰ πράγματα σχέσεσι κατὰ τὰς ἐνεργείας διαφέρειν δοκοῦσαν. (3) Οὐ μόνον δὲ ὁ Ζήνων περὶ ταῦτα φαίνεται αὐτῷ μαχόμενος, ἀλλὰ καὶ Χρύσιππος, Ἀρίστωνι μὲν ἐγκαλῶν, ὅτι μιᾶς ἀρετῆς σχέσεις ἔλεγε τὰς ἄλλας εἶναι, Ζήνωνι δὲ συνηγορῶν οὕτως ὁριζομένῳ τῶν ἀρετῶν ἑκάστην. (4) Ὁ δὲ Κλεάνθης ἐν Ὑπομνήμασι Φυσικοῖς εἰπών, ὅτι « πληγὴ πυρὸς ὁ τόνος ἐστί, κἂν ἱκανὸς ἐν τῇ ψυχῇ γένηται πρὸς τὸ ἐπιτελεῖν τὰ ἐπιβάλλοντα, ἰσχὺς καλεῖται καὶ κράτος· » ἐπιφέρει κατὰ λέξιν· « Ἡ δ' ἰσχὺς αὕτη καὶ τὸ κράτος ὅταν μὲν ἐπὶ τοῖς ἐπιφανέσιν ἐμμενετέοις ἐγγένηται, ἐγκράτειά ἐστιν· ὅταν δ' ἐν τοῖς ὑπομενετέοις, ἀνδρεία· περὶ τὰς ἀξίας δέ, δικαιοσύνη· περὶ τὰς αἱρέσεις καὶ ἐκκλίσεις, σωφροσύνη. »

VIII. Πρὸς τὸν εἰπόντα,

    Μηδὲ δίκην δικάσῃς, πρὶν ἂν ἀμφοῖν μῦθον ἀκούσῃς,

ἀντέλεγεν ὁ Ζήνων, τοιούτῳ τινὶ λόγῳ χρώμενος· « Εἴτ' ἀπέδειξεν ὁ πρότερος εἰπών, οὐκ ἀκουστέον τοῦ δευτέρου λέγοντος· πέρας γὰρ ἔχει τὸ ζητούμενον· εἴτ' οὐκ ἀπέδειξεν· ὅμοιον γὰρ ὡς εἰ μηδὲ ὑπήκουσε κληθείς, ἢ ὑπακούσας ἐτερέτισεν· (ἤτοι δ' ἀπέδειξεν, ἢ οὐκ ἀπέδειξεν·) οὐκ ἀκουστέον ἄρα τοῦ δευτέρου λέγοντος. » (2) Τοῦτον δὲ τὸν λόγον ἐρωτήσας αὐτός, ἀντέγραφε μὲν πρὸς τὴν Πλάτωνος Πολιτείαν· ἔλυε δὲ σοφίσματα, καὶ τὴν διαλεκτικήν, ὡς τοῦτο ποιεῖν δυναμένην, ἐκέλευε παραλαμβάνειν τοὺς μαθητάς. (3) Καίτοι ἢ ἀπέδειξε Πλάτων, ἢ οὐκ ἀπέδειξε τὰ ἐν τῇ Πολιτείᾳ· κατ' οὐδέτερον [δ'] ἦν ἀναγκαῖον ἀντιγράφειν, ἀλλὰ πάντως περιττὸν καὶ μάταιον. Τὸ δ' αὐτὸ περὶ τῶν σοφισμάτων ἐστὶν εἰπεῖν.

V. Rursum Chrysippus in libro de Rhetorica scribens, *ita oraturum atque rempublicam gesturum Sapientem, ut qui divitias, gloriam ac sanitatem bona arbitretur;* fatetur doctrinam suam nullos habere exitus, neque ad rempublicam gerendam conducere, et decreta usibus non quadrare atque actionibus.

VI. Porro hoc est Zenonis decretum, *templa deorum non esse ædificanda : quod enim non sit magni pretii, id ne sacrum quidem esse: jam fabrorum et sordidas artes exercentium opera non esse magni pretii.* (2) Iidem illi, qui hæc laudant et probant, nihilominus sacris initiantur, ascendunt in arcem, adorant pulvinaria, coronant sacraria; nimirum opera fabrorum et illiberales artes tractantium hominum. (3) Deinde refelli a se putant Epicureos, qui diis immolent; quum ipsi potius coarguantur, sacrificantes in templis et altaribus, quæ neque esse, neque exstrui debere volunt.

VII. Virtutum, ut Plato, ita etiam Zeno, differentiarum ratione, multitudinem admittit; Prudentiam puta, Fortitudinem, Temperantiam, Justitiam, ponens abs se invicem non separari quidem, sed tamen diversas esse atque inter se differre. (2) Mox singulas definiens Zeno, *Fortitudinem* ait *prudentiam esse in rebus gerendis; Justitiam, prudentiam in distribuendis;* ut unica jam fiat virtus, sed quæ habitu ad res solummodo secundum actionem videatur discrimen admittere. (3) Neque solus Zeno in hoc argumento sibi repugnare ipsi videtur, sed Chrysippus etiam, Aristonem culpans, quod reliquas virtutes unius Virtutis dicat diversos esse habitus; et Zenoni patrocinans, qui singulas virtutes sic definiret. (4) Cleanthes in Physicis Commentariis dicit, *ictum ignis esse tonum seu contentionem; qui si in animo factus sufficiat ad perficiendum officium, Robur vocetur et Vis :* tum hæc subjungit verba : *Hoc autem sive Robur sive Vis si in illustribus objectis sit in quibus persisti debeat, vocatur Continentia; quum in perferendis, Fortitudo; circa id quod quoque dignum sit, Justitia; in deligendis et declinandis, Temperantia.*

VIII. Adversus eum qui dixit,

    Nec litem decide, ubi non audita utraque est pars,

sic fere est Zeno ratiocinatus : *Aut is qui prior dixit, rem demonstravit; ut jam, invento quod quærebatur, nihil expediat alterum audire. Aut non demonstravit; tum perinde est ac si vel non comparuisset in judicio, vel inanibus sonis strepuisset : (ita igitur non est qui dici possit verba fecisse :) ergo non est audiendus qui secundo loco dicit.* (2) Hoc modo ille interrogando concludens, tamen et contra Platonis de Republica libros scripsit, et sophistarum cavilla dissolvit, dialecticamque, ut huc conducentem, discipulis discendam commendavit. (3) Atqui aut demonstravit Plato ea quæ in Republica scripsit, aut non demonstravit : proinde utrum horum ponas, non erat necessarium, sed supervacaneum et vanum a Zenone contra scribi. Idem de sophismatibus licet pronunciare.

80

IX. * Ὁ Χρύσιππος οἴεται δεῖν τῶν λογικῶν πρῶτον ἀκροᾶσθαι τοὺς νέους, δεύτερον δὲ τῶν ἠθικῶν, μετὰ δὲ ταῦτα τῶν φυσικῶν, ὡσαύτως δὲ τούτοις τὸν περὶ θεῶν λόγον ἔσχατον παραλαμβάνειν. (2) Πολλαχοῦ δὲ τούτων ὑπ' αὐτοῦ λεγομένων, ἀρκέσει παραθέσθαι τὰ ἐν τῷ τετάρτῳ περὶ Βίων ἔχοντα κατὰ λέξιν οὕτω· « Πρῶτον μὲν οὖν δοκεῖ μοι, κατὰ τὰ ὀρθῶς ὑπὸ τῶν ἀρχαίων εἰρημένα, τρία γένη τῶν τοῦ φιλοσόφου θεωρημάτων εἶναι· τὰ μὲν, λογικά, τὰ δὲ, ἠθικά, τὰ δὲ, φυσικά· εἶτα τούτων δεῖν (προ)τάττεσθαι πρῶτα μὲν, τὰ λογικά, δεύτερα δὲ, τὰ ἠθικά, τρίτα δὲ, τὰ φυσικά· τῶν δὲ φυσικῶν ἔσχατος εἶναι ὁ περὶ τῶν θεῶν λόγος· διὸ καὶ τελετὰς ἠγόρευσαν τὰς τούτων παραδόσεις. » (3) Ἀλλὰ τοῦτόν γε τὸν λόγον, ὃν ἔσχατόν φησι δεῖν τάττεσθαι, περὶ θεῶν, ἔθει προτάττει καὶ προεκτίθησι παντὸς ἠθικοῦ ζητήματος· οὔτε γὰρ περὶ τελῶν, οὔτε περὶ δικαιοσύνης, οὔτε περὶ ἀγαθῶν καὶ κακῶν, οὔτε περὶ γάμου καὶ παιδοτροφίας, οὔτε περὶ νόμου καὶ πολιτείας φαίνεται τοπαράπαν φθεγγόμενος, εἰ μὴ, καθάπερ οἱ τὰ ψηφίσματα ταῖς πόλεσιν εἰσφέροντες προγράφουσιν Ἀγαθὴν Τύχην, οὕτω καὶ αὐτὸς προγράψεις τὸν Δία, τὴν Εἱμαρμένην, τὴν Πρόνοιαν, τὸ συνέχεσθαι μιᾷ δυνάμει τὸν κόσμον ἕνα ὄντα καὶ πεπερασμένον. Ὧν οὐθέν ἐστι πεισθῆναι μὴ διὰ βάθους ἐγκραθέντα τοῖς φυσικοῖς λόγοις. (4) Ἄκουε δὲ ἃ λέγει περὶ τούτων ἐν τῷ τρίτῳ περὶ Θεῶν· « Οὐ γάρ ἐστιν εὑρεῖν τῆς δικαιοσύνης ἄλλην ἀρχήν, οὐδ' ἄλλην γένεσιν, ἢ τὴν ἐκ τοῦ Διὸς, καὶ τὴν ἐκ τῆς κοινῆς φύσεως· ἐντεῦθεν γὰρ δεῖ πᾶν τὸ τοιοῦτον τὴν ἀρχὴν ἔχειν, εἰ μέλλομέν (ἔρω)τι ἐρεῖν περὶ ἀγαθῶν καὶ κακῶν. » (5) Πάλιν ἐν ταῖς Φυσικαῖς Θέσεσιν· « Οὐ γάρ ἐστιν ἄλλως οὐδ' οἰκειότερον ἐπελθεῖν ἐπὶ τὸν τῶν ἀγαθῶν καὶ κακῶν λόγον, οὐδ' ἐπὶ τὰς ἀρετὰς, οὐδ' ἐπὶ εὐδαιμονίαν, ἀλλ' ἢ ἀπὸ τῆς κοινῆς φύσεως καὶ ἀπὸ τῆς τοῦ κόσμου διοικήσεως. » (6) Προελθὼν δ' αὖθις· « Δεῖ γὰρ τούτοις συνάψαι τὸν περὶ ἀγαθῶν καὶ κακῶν λόγον, οὐκ οὔσης ἄλλης ἀρχῆς αὐτῶν ἀμείνονος οὐδ' ἀναφορᾶς, οὐδ' ἄλλου τινὸς ἕνεκεν τῆς φυσικῆς θεωρίας παραληπτῆς οὔσης, ἢ πρὸς τὴν περὶ ἀγαθῶν ἢ κακῶν διάστασιν. » (7) Γίνεται τοίνυν ἅμα πρόσω καὶ ὀπίσω τῶν ἠθικῶν ὁ φυσικὸς λόγος, κατὰ Χρύσιππον· μᾶλλον δὲ ὅλως ἄπορος ἡ περιτροπὴ τῆς τάξεως, εἰ μετὰ ταῦτα τακτέον ἐκεῖνα, ὧν καταλαβεῖν οὐθὲν ἐκείνου χωρίς ἐστιν· καὶ πρόδηλος ἡ μάχη τοῦ τὸν φυσικὸν λόγον ἀρχὴν μὲν εἶναι τοῦ περὶ ἀγαθῶν καὶ κακῶν τιθεμένου, κελεύοντος δὲ, μὴ πρότερον ἀλλ' ὕστερον ἐκείνων παραδίδοσθαι. (8) Εἰ δέ τις ἐρεῖ, γεγραφέναι τὸν Χρύσιππον ἐν τῷ περὶ Λόγου Χρήσεως, ὡς « Οὐ καθάπαξ ἀφεκτέον ἐστὶ τῶν ἄλλων τῷ τὴν λογικὴν ἀναλαμβάνοντι πρώτην, ἀλλὰ κἀκείνων μεταληπτέον κατὰ τὸ διδόμενον, » ἀληθῆ μὲν ἐρεῖ, βεβαιώσει δὲ τὴν αἰτίαν· μάχεται γὰρ πρὸς ἑαυτὸν, ὅπου μὲν ἔσχατον τὸν περὶ θεῶν λόγον ἀναλαμβάνειν κελεύων καὶ τελευταῖον, ὡς διὰ τοῦτο καὶ τελετὴν προσαγορευόμενον, ὅπου δὲ πάλιν ἐν πρώ-

---

IX. Chrysippus censet adolescentibus primo audiendam esse disserendi artem seu Logicam philosophiæ partem, deinde Moralem, denique Naturalem : et in hac etiam quæstionem de Diis ultimo loco attingendam. (2) Sæpe hoc dicit : satis erit verba ejus ex quarto librorum, quos de Vitis scripsit, apponere : *Primum*, inquit, *videntur mihi, secundum ea quæ veteres recte dixerunt, tria esse genera ad philosophicam pertinentia considerationem : Logicum, Morale, Naturale : de his primo loco ponendum esse Logicum, secundo Morale, ultimo Naturale : atque horum ultimam esse disputationem de Diis : unde etiam ejus institutio a fine* (τέλει) *teletæ quasi ultima sacra dicta est.* (3) Enimvero id quod ultimo dicit ponendum loco, solet præmittere omnibus adeo moralibus quæstionibus et ante eas exponere. Nam neque de Finibus, neque de Justitia, neque de Bonis aut Malis, neque de Matrimonio et Liberis Educandis, neque de Legibus et Republica, eum quidquam videas eloqui, nisi, quomodo qui in civitatibus proclamant decreta, hæc præmittunt verba, *Quod felix faustumque sit*, ita ipse præscribat Jovem, Fatum, Prÿvidentiam, Mundum unicum esse et finitum atque eum una quadam contineri potentia. Quorum nihil persuaseris cuiquam, qui non alte in physicas disputationes penetraverit. (4) Audi quid de his dicat in tertio de Diis libro : *Non enim inveniri potest*, inquit, *aliud justitiæ principium, alia origo, quam a Jove et Communi Natura petitum. Inde enim necesse est omnia ista nos exordiri, si volumus aliquid de Bonis et Malis dicere.* (5) Rursum in Naturalibus Propositionibus : *Non enim licet vel aliter, vel magis proprie, pervenire ad explicationem Bonorum ac Malorum, Virtutum, Felicitatis, quam si initium ducatur a Communi Natura et Mundi gubernatione.* (6) Ac deinde : *Ab his enim suspendenda est de Bonis et Malis disputatio, quum non sit ullum aliud melius principium aut relatio ; neque aliam ob rem Naturæ consideratio adhibeatur, quam ad discrimen Bonorum et Malorum constituendum.* (7) Ergo Chrysippo auctore Naturalis doctrina Moralem simul et sequitur et præcedit : imo plane inextricabilis fit inversio ordinis, si hæc posteriore loco ponenda sunt, sine quibus priorum cognosci potest nihil : atque aperte secum ipse pugnat, qui, doctrinam Naturæ quum dicat principium esse doctrinæ de Bonis et Malis, non ante, sed post Moralia tradi Naturalem philosophiam jubet. (8) Jam si quis dicat, Chrysippum in libro de Usu Orationis scripsisse, *eum qui Logicam disciplinam primam adeat, non universe aliis abstinere debere, sed et eas quantum licet attingere*, is verum quidem dicet, sed tamen confirmabit crimen. Sibi enim ipse contrarius est, aliquando doctrinam de Diis postremo dicens loco tractandam, quæ etiam ideo *teleta* appelletur ; alias in

τοῖς ἅμα καὶ τούτου μεταληπτέον εἶναι λέγων· οἴχεται
γὰρ ἡ τάξις, εἰ πάντων ἐν πᾶσι μεταλαμβάνειν δεήσει.
(9) Τὸ δὲ μεῖζον, ὅτι τοῦ περὶ ἀγαθῶν καὶ κακῶν λόγου
τὸν περὶ θεῶν ἀρχὴν πεποιημένος, οὐκ ἀπὸ τούτου
κελεύει τὸν ἠθικὸν ἀρξαμένους ἀναλαμβάνειν, ἀλλ'
ἐκεῖνον ἀναλαμβάνοντας τούτου μεταλαμβάνειν κατὰ
τὸ διδόμενον, εἶτα μεταβαίνειν ἐπὶ τοῦτον ἀπ' ἐκείνων,
οὗ χωρὶς οὐδεμίαν. ἀρχὴν ἐπ' ἐκεῖνον οὐδ' ἔφοδον εἶναί
φησι.

Χ. Τὸ πρὸς τὰ ἐναντία διαλέγεσθαι καθόλου μὲν οὔ
φησιν ἀποδοκιμάζειν, χρῆσθαι δὲ αὐτῷ παραινεῖ μετ'
εὐλαβείας, ὥσπερ ἐν τοῖς δικαστηρίοις, μὴ μετὰ συνηγορίας,* ἀλλὰ διαλύοντας αὐτῶν τὸ πιθανόν· « Τοῖς μὲν
γὰρ ἐποχὴν ἄγουσι περὶ πάντων ἐπιβάλλει, φησὶ,
τοῦτο ποιεῖν, καὶ συνεργόν ἐστι πρὸς ὃ βούλονται· τοῖς
δ' ἐπιστήμην ἐνεργαζομένοις, καθ' ἣν ὁμολογουμένως
βιωσόμεθα, τὰ ἐναντία στοιχειοῦν, καὶ καταστοιχίζειν
τοὺς εἰσαγομένους ἀπ' ἀρχῆς μέχρι τέλους· ἐφ' ὧν καιρός ἐστι μνησθῆναι καὶ τῶν ἐναντίων λόγων, διαλύοντας
αὐτῶν τὸ πιθανόν, καθάπερ καὶ ἐν τοῖς δικαστηρίοις. »
Ταυτὶ γὰρ αὐταῖς λέξεσιν εἴρηκεν. (2) Ὅτι μὲν
οὖν ἄτοπόν ἐστι τοὺς φιλοσόφους τὸν ἐναντίον λόγον
οἰομένους δεῖν τιθέναι, μὴ μετὰ συνηγορίας, ἀλλ' ὁμοίως
τοῖς δικολόγοις κακοῦντας, ὥσπερ οὐ πρὸς τὴν ἀλήθειαν,
ἀλλὰ περὶ νίκης ἀγωνιζομένους, εἴρηται πρὸς αὐτὸν δι'
ἑτέρων. (3) Ὅτι δ' αὐτὸς οὐκ ἐν ὀλίγοις, ἀλλὰ πολλαχοῦ, τοὺς ἐναντίους οἷς δοκιμάζει λόγους κατεσκεύακεν
ἐρρωμένως καὶ μετὰ σπουδῆς καὶ φιλοτιμίας τοσαύτης,
ὥστε μὴ παντὸς εἶναι καταμαθεῖν τὸ ἀρέσκον [αὐτῷ],
αὐτοὶ δήπου λέγουσι, τὴν δεινότητα θαυμάζοντες τοῦ
ἀνδρός· (4) καὶ τὸν Καρνεάδην οὐθὲν οἰόμενοι λέγειν
ἴδιον, ἀλλ' ἐξ ὧν ἐπεχείρησε Χρύσιππος εἰς τοὐναντίον,
ὁρμώμενον ἐπιτίθεσθαι τοῖς λόγοις αὐτοῦ, καὶ πολλάκις
παραφθέγγεσθαι·

Δαιμόνιε, φθίσει σε τὸ σὸν μένος,

ὡς μεγάλας ἀφορμὰς καθ' ἑαυτοῦ διδόντα τοῖς κινεῖν τὰ
δόγματα καὶ διαβάλλειν βουλομένοις. (5) Ἐπὶ δὲ τοῖς
κατὰ Συνηθείας ἐκδοθεῖσιν οὕτω κομῶσι καὶ μεγαληγο-
ροῦσιν, ὥστε τοὺς πάντων ὁμοῦ τῶν Ἀκαδημαϊκῶν λόγους εἰς ταὐτὸ συμφορηθέντας, οὐκ ἀξίους εἶναι παραβαλεῖν οἷς Χρύσιππος ἔγραψεν εἰς διαβολὴν τῶν αἰσθήσεων. (6) Καὶ τοῦτο μὲν ἀπειρίας τῶν λεγόντων ἢ φι-
λαυτίας σημεῖόν ἐστιν· ἐκεῖνο δ' ἀληθές, ὅτι βουληθεὶς
αὖθις συνειπεῖν τῇ Συνηθείᾳ καὶ ταῖς αἰσθήσεσιν, ἐνδεέ-
στερος γέγονεν αὑτοῦ, καὶ τὸ σύνταγμα τοῦ συντάγμα-
τος μαλακώτερον. (7) Ὥστ' αὐτὸν ἑαυτῷ μάχεσθαι,
κελεύοντα μὲν ἀεὶ τὰ ἐναντία, μὴ μετὰ συνηγορίας,
ἀλλὰ μετ' ἐνδείξεως τοῦ ὅτι ψευδῆ ἐστι, παρατίθεσθαι·
τῶν δ' αὐτοῦ δογμάτων κατήγορον ὄντα δεινότερον ἢ
συνήγορον· καὶ φυλάττεσθαι μὲν ἑτέροις παραινοῦντα
τοὺς ἐναντίους λόγους, ὡς περισπῶντας τὴν κατάληψιν,
αὐτὸν δὲ τῶν βεβαιούντων τὴν κατάληψιν λόγων φιλο-
τιμότερον συντιθέντα τοὺς ἀναιροῦντας. (8) Καίτοι ὅτι

---

primis etiam hanc attingendam tradens. Actum quippe
est de ordine, si omnia ubique sint usurpanda. (9) Id vero
majus, quod quum de Diis cognitionem principium esse
dicat cognitionis Bonorum ac Malorum, non ab illa ordiri
jubet eos qui Moralia incipiunt tractare, sed in Moralibus
tractandis locum de Diis attingere quoad ejus fieri potest,
ad eumque tractandum a Moralibus progredi, ad quæ tamen nisi a loco de Diis ullum aditum atque initium esse
negaverat.

X. Porro rationem disputandi in utramque partem ait se
non prorsus repudiare : sed hortatur ut ea caute utamur
tanquam in judiciis, non patrocinantes aut assentientes alteri, sed ejus probabilitatem destruentes. *Iis enim*, inquit,
*qui de omnibus rebus assensionis retentionem probant,
illud convenit, et instituto ipsorum conducit. Qui vero
scientiam constituere volunt, secundum quam ex pro-
fesso vivamus, certa et necessaria ponere elementa debent, eaque plene tradere discipulis ab initio ad exitum:
in iis autem occasio offertur nemorandi disputationes
in utramque partem ita agitandas, ut tanquam in judiciis, probabilitas contrariæ partis destruatur.* Atque hæc ipsis illis verbis dixit. (2) Enimvero quod absurdum sit putare, debere philosophos in contrariis rationibus
versari non cum assensione vel patrocinio, sed causidico-
rum in morem, male habere et lædere adversarios, quasi
non de veritate, sed de victoria disputetur; alias contra eum
ostendimus. (3) Quod autem ipse non raro, sed frequenter
adversas suæ sententiæ rationes proposuerit, idque serio,
ac tanto cum studio, ut non cujusvis sit perspicere quid ei
placuerit; hoc ipsi affirmant Stoici, qui vim disputandi in
eo admirantur, (4) aiuntque Carneadem nihil dicere proprium, sed argumenta quibus, quid in contrariam sententiam
dici posset, Chrysippus explicare aggressus fuit, Carneadem
arripuisse, indeque profectum reprehendisse placita Chrysippi, eique acclamasse illud,

Infelix, tua te vis perdet !

quod magnas contra se dicendi ansas præbuerit iis, qui placita ipsius labefactare animum intenderent. (5) Ob ea autem,
quæ In Consuetudinem edidit Chrysippus, ita superbiunt,
itaque se jactant, ut non vereantur dicere, omnes omnium
simul Academicorum disputationes in unum congestas non
esse dignas quæ comparentur cum iis quæ ille scripsit contra Sensus. (6) Atque hoc quidem vel imperitiam, vel vanum sui amorem dicentium talia arguit. Illud autem verum
est, eum cum rursum vellet Consuetudini et Sensibus patrocinari, se ipso fuisse inferiorem, huncque librum illo esse
invalidiorem. (7) Proinde impugnat se ipse : qui quum
jussisset semper contraria non cum assensione, sed cum
notatione falsitatis proponere, sua ipse decreta oppugnavit
majore vi quam defendit; et alios monens, ut sibi a contrariis caveant rationibus, quod eæ assensionem revellerent,
ipse rationes quæ assensionem tollerent firmiores eam con-
firmantibus composuit. (8) Hoc autem ipsum se metuere

τοῦτο αὐτὸς φοβεῖται, σαφῶς ὑποδείκνυσιν ἐν τῷ τετάρτῳ περὶ Βίων, ταῦτα γράφων· « Οὐχ ὡς ἔτυχε δὲ οὐδὲ τοὺς ἐναντίους ὑποδεικτέον λόγους, οὐδὲ προσ[ετέα] τὰ ἐναντία πιθανά, ἀλλ' εὐλαβουμένους, μὴ καὶ περισπασθέντες ὑπ' αὐτῶν, τὰς καταλήψεις ἀφῶσιν, οὔτε τῶν λύσεων ἱκανῶς ἂν ἀκοῦσαι δυνάμενοι, καταλαμβάνοντές τε εὐαποσείστως· (9) ἐπεὶ καὶ οἱ [τὰ] κατὰ συνήθειαν καταλαμβάνοντες καὶ τὰ αἰσθητά, καὶ τὰ ἄλλα ἐκ τῶν αἰσθήσεων, ῥᾳδίως προίενται ταῦτα, καὶ ὑπὸ τῶν Μεγαρικῶν ἐρωτημάτων περισπώμενοι, καὶ ὑπ' ἄλλων πλειόνων καὶ δυναμικωτέρων ἐρωτημάτων. » (10) Ἡδέως ἂν [οὖν] πυθοίμην τῶν Στωϊκῶν, εἰ τὰ Μεγαρικὰ ἐρωτήματα δυναμικώτερα νομίζουσιν εἶναι τῶν ὑπὸ Χρυσίππου κατὰ τῆς Συνηθείας ἐν ἓξ βιβλίοις γεγραμμένων; ἢ τοῦτο παρ' αὐτοῦ Χρυσίππου δεῖ πυνθάνεσθαι; (11) σκόπει γὰρ οἷα περὶ τοῦ Μεγαρικοῦ λόγου γέγραφεν ἐν τῷ περὶ Λόγου Χρήσεως οὕτως· « Οἷόν τι συμβέβηκε καὶ ἐπὶ τοῦ Στίλπωνος λόγου καὶ Μενεδήμου· σφόδρα γὰρ ἐπὶ σοφίᾳ γενομένων αὐτῶν ἐνδόξων, νῦν εἰς ὄνειδος αὐτῶν ὁ λόγος περιτέτραπται, ὡς τῶν μὲν παχυτέρων, * τῶν δ' ἐκφανῶς σοφιζομένων. » (12) Εἶτα τούτους μέν, ὦ βέλτιστε, τοὺς λόγους, ὧν καταγελᾷς, καὶ καλεῖς ὀνείδη τῶν ἐρωτώντων, ὡς ἐμφανῆ τὴν κακίαν ἔχοντας, ὅμως δέδιας μὴ τινας περισπάσωσιν ἀπὸ τῆς καταλήψεως· αὐτὸς δὲ τοσαῦτα βιβλία γράφων κατὰ τῆς Συνηθείας, οἷς, εἴ τι ἀνεῦρες, προσέθηκας, ὑπερβαλέσθαι φιλοτιμούμενος τὸν Ἀρκεσίλαον, οὐδένα τῶν ἐντυγχανόντων ἐπιταράξειν προσεδόκησας; (13) Οὐδὲ γὰρ ψιλοῖς χρῆται τοῖς κατὰ Συνηθείας ἐπιχειρήμασιν, ἀλλ' ὥσπερ ἐν δίκῃ μετὰ πάθους τινὸς συνεπιπάσχων, μωρολογεῖν τε πολλάκις λέγει [* *] καὶ κενοκοπεῖν. (14) Ἵνα τοίνυν μηδ' ἀντίρρησιν ἀπολίπῃ τοῦ τὰ ἐναντία λέγειν, ἐν μὲν ταῖς Φυσικαῖς Θέσεσι ταῦτα γέγραφεν· « Ἔσται δὲ καὶ καταλαμβάνοντά τι, πρὸς τὰ ἐναντία ἐπιχειρεῖν, τὴν ἐνοῦσαν συνηγορίαν ποιούμενον· ποτὲ δ' οὐδέτερον καταλαμβάνοντα, εἰς ἑκάτερον τὰ ὄντα λέγειν. » (15) Ἐν δὲ τῷ περὶ τῆς τοῦ Λόγου Χρήσεως εἰπών, ὡς οὐ δεῖ τῇ τοῦ λόγου δυνάμει πρὸς τὰ μὴ ἐπιβάλλοντα χρῆσθαι, καθάπερ οὐδὲ ὅπλοις, ταῦτ' ἐπείρηκε· « Πρὸς μὲν γὰρ τὴν τῶν ἀληθῶν εὕρεσιν δεῖ χρῆσθαι αὐτῇ, καὶ πρὸς τὴν τούτων συγγένειαν, εἰς τἀναντία δ' οὔ, πολλῶν ποιούντων τοῦτο· » πολλοὺς δὲ λέγων ἴσως τοὺς ἐπέχοντας. (16) Ἀλλ' ἐκεῖνοι μὲν οὐδέτερον καταλαμβάνοντες, εἰς ἑκάτερον ἐπιχειροῦσιν· ὡς εἴ τι καταληπτόν ἐστιν, οὕτως ἂν μόνως ἢ μάλιστα κατάληψιν ἑαυτῆς τὴν ἀλήθειαν παρέχουσαν. (17) Σὺ δ' ὁ κατηγορῶν ἐκείνων, αὐτός τε τἀναντία γράφων οἷς καταλαμβάνεις περὶ τῆς Συνηθείας, ἑτέρους τε τοῦτο ποιεῖν μετὰ συνηγορίας ἀποτρεπόμενος, ἐν ἀχρήστοις καὶ βλαβεροῖς ὁμολογεῖς τῇ τοῦ λόγου δυνάμει χρώμενος ὑπὸ φιλοτιμίας νεανιεύεσθαι.

XI. « Τὸ κατόρθωμά φασι νόμου πρόσταγμα εἶναι· τὸ δ' ἁμάρτημα, νόμου ἀπαγόρευμα ,διὸ τὸν νόμον πολλὰ

aperte ostendit, quum in quarto de Vitis libro ita scribit : *Non temere autem contrariæ rationes proponendæ et ea admittenda sunt quæ in diversam partem probabilia videntur, sed caute; ne iis circumacti auditores a perceptione desciscant : quum neque horum refutationes satis audire et intelligere possint, et ita perceperint decreta, ut facile excuti eis assensio queat;* (9) *quando etiam hi qui locum de Consuetudine et Sensibus ac Sensilibus percipiunt, hanc perceptionem facile dimittunt a Megaricorum quæstionibus in diversam partem tracti, aliisve pluribus et robustioribus argumentationibus.* (10) Lubenter itaque e Stoicis quæsiverim, an Megaricas quæstiones existiment validiores esse iis, quæ Chrysippus sex libris contra Consuetudinem scripsit. Quin ipse potius interrogandus est Chrysippus. (11) Considera enim quæ de Megarica ratione in libro de Usu Orationis posuit verba : *Tale est quod Stilponis et Menedemi rationibus evenit : qui quum in magna sapientiæ existimatione fuissent, nunc iis opprobrio factæ sunt eorum ratiocinationes, partim crassiores, partim aperte sophisticam fraudem præ se ferentes.* (12) At enim, o bone, illæ ipsæ rationes, quas tu derides, et opprobria auctorum appellas, quod vitium earum in promtu sit, metuis tamen ne quos a perceptione avellant; ipse tot libros scribens contra Consuetudinem, quibus inventa abs te adjiceres, conarerisque Arcesilaum superare, nemini legentium scrupulum te injecturum providebas? (13) Non enim nudis utitur ratiocinationibus adversus Consuetudinem Chrysippus, sed tanquam in judicio, pro causa graviter animo commotus, motusque in aliorum animis excitans, stulta dicere et inanem sumere laborem adversarios ait. (14) Ut igitur nullam sibi relinqueret facultatem quominus confiteatur se ipsum sibi repugnantia dixisse, hæc in Physicis Positionibus scribit: *Licet autem, etiam ubi aliquid perceperis, in contrariam aliquid partem argumentis experiri, et quantum datur ei patrocinari; aliquando etiam neutra parte percepta, in utramque disputare.* (15) Et in libro de Orationis Usu quum dixisset, *non debere rationis vi nos uti ad ea quæ non conveniunt, ut neque armis,* hæc subjunxit : *Nam ad veri inventionem ea utendum est, et ejus cognata : in contrariam partem non item; quanquam hoc faciunt multi.* Multos dicit, puto, eos qui cohibent assensionem. (16) At illi quidem neutrum se percipere dicentes, in utramque partem disputant : quodsi quid possit percipi, hoc uno modo putent, vel saltem præcipue, veritatem sui comprehensionem præbituram. (17) Tu autem, Chrysippe, qui illos accusas, quum et ipse de Consuetudine scripseris contraria eorum quæ percepisses, aliosque dehorteris id cum patrocinio facere, fateris te disserendi facultate in rebus inutilibus ac noxiis utentem, gloriolæ cupiditate juvenatum fuisse.

XI. Stoici *rectum seu perfectum officium* (quod ipsi *katorthoma* nominant) *legis esse præceptum, peccatum, le-*

τοῖς φαύλοις ἀπαγορεύειν, προστάττειν δὲ μηθέν· οὐ γὰρ δύνανται κατορθοῦν. » (2) Καὶ τίς οὐκ οἶδεν, ὅτι τῷ μὴ δυναμένῳ κατορθοῦν ἀδύνατόν ἐστι μὴ ἁμαρτάνειν; Αὐτὸν οὖν αὑτῷ μαχόμενον ποιοῦσι τὸν νόμον, προστάττοντα μὲν ἃ ποιεῖν ἀδυνατοῦσιν, ἀπαγορεύοντα δὲ ὧν ἀπέχεσθαι μὴ δύνανται· ὁ γὰρ μὴ δυνάμενος σωφρονεῖν ἄνθρωπος, οὐ δύναται μὴ ἀκολασταίνειν· καὶ ὁ μὴ δυνάμενος φρονεῖν, οὐ δύναται μὴ ἀφραίνειν. (3) Αὐτοί γε μὴν λέγουσι, τοὺς ἀπαγορεύοντας ἄλλο μὲν λέγειν, ἄλλο δ' ἀπαγορεύειν, ἄλλο δὲ προστάσσειν· ὁ γὰρ λέγων, Μὴ κλέψῃς, λέγει μὲν αὐτὸ τοῦτο, Μὴ κλέψῃς, ἀπαγορεύει δὲ (μὴ) κλέπτειν, [προστάττει δὲ μὴ κλέπτειν]· οὐδὲν οὖν ἀπαγορεύσει τοῖς φαύλοις ὁ νόμος, εἰ (δὲ) μὴ προστάξειέ τι. (4) Καὶ τὸν ἰατρὸν τῷ μαθητῇ προστάττειν λέγουσι τεμεῖν καὶ καῦσαι, κατὰ παράλειψιν τοῦ εὐκαίρως καὶ μετρίως· καὶ τὸν μουσικὸν λυρίσαι καὶ ᾆσαι, κατὰ παράλειψιν τοῦ ἐμμελῶς καὶ συμφώνως· διὸ τοὺς ταῦτα ποιήσαντας ἀτέχνως καὶ κακῶς κολάζουσιν· (ὡς) προσετάχθη γὰρ ὀρθῶς, οἱ δ' οὐκ ὀρθῶς ἐποίησαν. (5) Οὐκοῦν καὶ ὁ σοφὸς τῷ θεράποντι προστάττων εἰπεῖν τι καὶ πρᾶξαι, κἂν μὴ εὐκαίρως τοῦτο πράξῃ μηδὲ ὡς δεῖ, κολάζων, δῆλός ἐστι κατόρθωμα προστάττων, οὐ μέσον· εἰ δὲ μέσα προστάττουσιν οἱ σοφοὶ τοῖς φαύλοις, τί κωλύει καὶ τὰ τοῦ νόμου προστάγματα τοιαῦτα εἶναι; (6) Καὶ μὴν ἡ ὁρμή, κατά γ' αὐτόν, τοῦ ἀνθρώπου λόγος ἐστὶ προστακτικὸς αὐτῷ τοῦ ποιεῖν, ὡς ἐν τῷ περὶ Νόμου γέγραφεν. Οὐκοῦν καὶ ἡ ἀφορμὴ λόγος ἀπαγορευτικός, καὶ ἡ ἔκκλισις, καὶ εὔλογος ἔκκλισις· * καὶ ἡ εὐλάβεια τοίνυν λόγος ἐστὶν ἀπαγορευτικὸς τῷ σοφῷ· τὸ γὰρ εὐλαβεῖσθαι, σοφῶν ἴδιον, οὐ φαύλων ἐστίν. (7) Εἰ μὲν οὖν ἕτερόν ἐστιν ὁ τοῦ σοφοῦ λόγος, καὶ ἕτερον ὁ νόμος, μαχόμενον τῷ νόμῳ λόγον οἱ σοφοὶ τὴν εὐλάβειαν ἔχουσιν· εἰ δ' οὐκ ἄλλο τι νόμος ἐστίν, ἢ ὁ τοῦ σοφοῦ λόγος, εὕρηται νόμος ἀπαγορεύων τοῖς σοφοῖς ποιεῖν ἃ εὐλαβοῦνται.

XII. « Τοῖς φαύλοις οὐδὲν εἶναι χρήσιμον, ὁ Χρύσιππός φησιν, οὐδ' ἔχειν χρείαν τὸν φαῦλον οὐδενός, οὐδὲ δεῖσθαι. » (2) Ταῦτα δ' εἰπὼν ἐν τῷ πρώτῳ τῶν Κατορθωμάτων, αὖθις λέγει, « καὶ τὴν εὐχρηστίαν καὶ τὴν χάριν εἰς τὰ μέσα διατείνειν » ὧν οὐδέν ἐστι χρήσιμον κατ' αὐτούς. (3) Καὶ μὴν οὐδ' οἰκεῖον οὐδ' ἁρμόττον οὐδὲν εἶναι τῷ φαύλῳ φησὶν ἐν τούτοις· « Κατὰ ταὐτὰ δὲ τῷ μὲν ἀστείῳ ἀλλότριον οὐδέν, τῷ δὲ φαύλῳ οὐδὲν οἰκεῖόν ἐστιν· ἐπειδὴ τὸ μέν, ἀγαθόν, τὸ δέ, κακόν ἐστιν αὐτῶν. » (4) Πῶς οὖν ἀποκναίει πάλιν ἐν παντὶ βιβλίῳ φυσικῷ, νὴ Δία, καὶ ἠθικῷ γράφων, ὡς « οἰκειούμεθα πρὸς αὐτοὺς εὐθὺς γενόμενοι καὶ τὰ μέρη καὶ τὰ ἔκγονα τὰ ἑαυτῶν; » ἐν δὲ τῷ πρώτῳ περὶ Δικαιοσύνης, « καὶ τὰ θηρία φησὶ συμμέτρως τῇ χρείᾳ τῶν ἐκγόνων ᾠκειῶσθαι πρὸς αὐτά, πλὴν τῶν ἰχθύων· αὐτὰ γὰρ τὰ κυήματα τρέφεται δι' αὐτῶν. » (5) Ἀλλ' οὔτ' αἴσθησίς ἐστιν οἷς μηδὲν αἰσθητόν, οὔτ' οἰκείωσις οἷς μηδὲν οἰκεῖον· ἡ γὰρ οἰκείωσις αἴσθησις ἔοικε τοῦ οἰκείου καὶ ἀντίληψις εἶναι.

---

gis interdictum aiunt; *ideoque legem malos a multis factis prohibere, præcipere nihil eis, quia recte facere non possent.* (2) Quis autem nescit eum qui recte agere nequeat, non posse non peccare? Itaque legem sibi ipsi adversantem ponunt, quæ malis imperet quæ præstare non possint, interdicat iis, quibus abstinere non valeant. Etenim homo qui temperans esse nequit, non potest non intemperanter agere; et qui sapere nescit, desipiat necesse est. (3) Ipsi quidem dicunt *eos qui interdicunt, aliud dicere, alio interdicere, aliud mandare : nam,* inquiunt, *qui dicit, Non furaberis, dicit hoc ipsum, Non furaberis, interdicit autem furari, mandat non furari.* Nihil ergo est quod lex malos vetet, nisi simul imperet aliquid. (4) *Medicum etiam* aiunt *discipulo præcipere ut secet et urat, omissa clausula, ut hoc tempestive et modice faciat : et musicum suo, ut voce aut lyra canat, non facta mentione hujus conditionis, ut concinne et consonanter : ideoque puniunt,* ut ipsi aiunt, *eos qui absque arte et vitiose egerunt tale aliquid ; quod quum esset mandatum ut recte hoc facerent, illi non recte fecerunt.* (5) Ergo etiam Sapiens quum servum jubet aliquid dicere aut facere, isque in eo modum et rectam rationem non observans plectitur, liquet eum non mediocre, sed perfectum ei imperasse officium : sin vero Sapientes media officia injungunt pravis, quid obstat quin etiam legum præcepta talia habeantur? (6) Porro autem Incitatio, seu Impetus, hominis, ratio est eum aliquid jubens facere, sicut ipse in libro de Lege scripsit. Ergo etiam Aversio, seu contrarius Incitationi motus, ratio est aliquid interdicens, itemque Declinatio : proinde et Cautio, quum sit Declinatio rationi consentanea, est ratio interdicens Sapienti aliqua re. Cavere enim non est nisi Sapientum, neque his cum vitiosis commune. (7) Itaque si aliud est Sapientis ratio, et aliud Lex, cautionem habent Sapientes, quæ legi sit contraria. At si Lex nihil aliud est, quam Sapientis ratio, inventa nobis est lex quæ Sapientem ea vetet facere quæ is jam per se ipse cavet ac vitat.

XII. *Vitiosis,* Chrysippus ait, *nihil esse utile, neque ulla re vitioso usum esse aut opus.* (2) Quod quum in primo de Recte Factis libro dixisset, rursum ait, *et commoditatem et gratiam ad media pertinere;* quorum nullum secundum ipsos est utile. (3) Porro, nihil ad naturam accommodatum, nihil congruens esse vitioso, his verbis asserit : *Ac proinde nihil alienum a viro bono, pravo nihil accommodatum sive secundum naturam est; quum ex illis hoc bonum sit, illud malum.* (4) Cur ergo obtundit, in quovis hercle physico, in quovis ethico libro inculcans, *statim nos ab ortu nostro, partesque, et sobolem nostram quadam inter nos necessitudine constringi?* quum in primo etiam de Justitia libro scribat, *ipsa etiam bruta animantia pro usu et indigentia pullorum quadam familiaritate cum iis devincta esse, demtis piscibus, quorum fœtus seorsum per se alantur.* (5) Atqui nequ' sensus est, ubi nihil sentitur ; neque accommodatio ad naturam, ubi nihil est accommodatum. Illa enim sive accommodatio sive familiaritas sive necessitudo, sensus utique est ejus cui familiaritate aut necessitudine conjungitur.

XIII. Καὶ τὸ δόγμα τοῦτο τοῖς κυριωτάτοις ἑπόμε-
νόν ἐστι, καὶ Χρύσιππος, εἰ καὶ πολλὰ πρὸς τοὐναντίον γέγραφε, δῆλός ἐστι προστιθέμενος τῷ μήτε κακίαν
κακίας, ἢ ἁμαρτίαν ἁμαρτίας ὑπερέχουσαν εἶναι, μήτ'
5 ἀρετὴν ἀρετῆς, ἢ κατόρθωσιν κατορθώσεως· (2) ὅς γε φησὶν
ἐν τῷ τρίτῳ περὶ Φύσεως· « Ὥσπερ τῷ Διὶ προσήκει σεμνύνεσθαι ἐπ' αὑτῷ τε καὶ τῷ βίῳ καὶ μέγα φρονεῖν,
καὶ, εἰ δεῖ οὕτως εἰπεῖν, ὑψαυχεῖν καὶ κομᾶν καὶ με-
γαληγορεῖν, ἀξίως βιοῦντι μεγαληγορίας· οὕτω τοῖς
10 ἀγαθοῖς πᾶσι ταῦτα προσήκει, κατ' οὐθὲν προεχομένοις
ὑπὸ τοῦ Διός. » (3) Ἀλλ' αὐτός γε πάλιν ἐν τῷ τρίτῳ
περὶ Δικαιοσύνης φησὶν, ὅτι δικαιοσύνην ἀναιροῦσιν οἱ
τέλος ὑποτιθέμενοι τὴν ἡδονήν· οἱ δὲ μόνον ἀγαθὸν εἶναι
λέγοντες, οὐκ ἀναιροῦσιν· ἔστι δὲ ταυτὶ κατὰ λέξιν·
15 « Τάχα γὰρ ἀγαθοῦ αὐτῆς ἀπολειπομένης, τέλους δὲ
μή, τῶν δὲ δι' αὑτῶν αἱρετῶν ὄντος καὶ τοῦ καλοῦ,
σώζοιμεν ἂν τὴν δικαιοσύνην, μεῖζον ἀγαθὸν ἀπολιπόντες τὸ καλὸν καὶ τὸ δίκαιον τῆς ἡδονῆς. » (4) Ἀλλ' εἴπερ
μόνον τὸ καλὸν ἀγαθόν ἐστιν, ἁμαρτάνει μὲν ὁ τὴν
20 ἡδονὴν ἀγαθὸν ἀποφαίνων, ἧττον δὲ ἁμαρτάνει τοῦ
καὶ τέλος αὐτὴν ποιοῦντος· ἀναιρεῖ γὰρ οὗτος τὴν δικαιοσύνην, ἐκεῖνος δὲ σώζει· καὶ κατὰ τοῦτον ἡ κοινωνία φροῦδός ἐστι καὶ ἀπόλωλεν, ὁ δὲ χρηστότητι καὶ
φιλανθρωπίᾳ χώραν δίδωσιν. (5) Ἔτι τὸ μὲν λέγειν
25 αὐτὸν ἐν τῷ περὶ τοῦ Διός, « αὔξεσθαι τὰς ἀρετὰς καὶ
διαβαίνειν, » ἀφίημι, μὴ δόξω τῶν ὀνομάτων ἐπιλαμ-
βάνεσθαι· καίτοι πικρῶς ἐν τῷ γένει τούτῳ καὶ Πλάτωνα καὶ τοὺς ἄλλους τοῦ Χρυσίππου δάκνοντος. (6)
Ἐπαινεῖν δὲ μὴ πᾶν τὸ πραττόμενον κατ' ἀρετήν, κε-
30 λεύων, ἐμφαίνει τινὰ τῶν κατορθωμάτων διαφοράν· λέγει δὲ οὕτως ἐν τῷ περὶ τοῦ Διός· « Ἔργων γὰρ κατὰ
τὰς ἀρετὰς ὄντων οἰκείων, ἔστι τὰ προενεχθέντα καὶ
τούτων· οἷον, ἀνδρείως τὸν δάκτυλον ἐκτεῖναι, καὶ ἐγ-
κρατῶς ἀποσχέσθαι δυσθανατώσης γραός, καὶ ἀπρο-
35 πτώτως ἀκοῦσαι τοῦ τὰ τρία τέσσαρα μὴ εἶναι τελέως·
τίνα ἐμφαίνει ψυχρίαν ὁ διὰ τῶν τοιούτων ἐπαινεῖν τινας ἐγχειρῶν καὶ ἐγκωμιάζων; » (7) * Ὅμοια δ' εἴρηται τούτοις ἐν τῷ τρίτῳ περὶ Θεῶν· « Ἔτι γὰρ οἶμαι,
φησὶ, τοὺς ἐπαίνους ἀλλοτριώσεσθαι κατὰ τὰ τοιαῦτα
40 τῶν συμβαινόντων ἀπ' ἀρετῆς, οἷον δυσθανατώσης γραὸς
ἀποσχέσθαι, καὶ καρτερῆσαι μυίας δηγμόν ». (8) Τίνα
οὖν οὗτος ἄλλον κατήγορον περιμένει τῶν αὑτοῦ δογμάτων; εἰ γὰρ ψυχρός ἐστιν ὁ ταῦτ' ἐπαινῶν, πολλῷ
δήπου ψυχρότερος ὁ τούτων ἕκαστον κατόρθωμα καὶ
45 μέγα καὶ μέγιστον εἶναι τιθέμενος· εἰ γὰρ ἴσον [**] ἐστὶ
τὸ ἀνδρείως δῆγμα μυίας ἐνεγκεῖν, καὶ τὸ σωφρόνως
ἀποσχέσθαι τῆς γραός, οὐδέν, οἶμαι, διαφέρει τὸν σπουδαῖον ἀπὸ τούτων ἢ ἀπ' ἐκείνων ἐπαινεῖσθαι. (9) Ἔτι
τοίνυν ἐν τῷ δευτέρῳ περὶ Φιλίας, διδάσκων ὡς οὐκ
50 ἐπὶ πᾶσι δεῖ τοῖς ἁμαρτήμασι τὰς φιλίας διαλύεσθαι,
ταύταις κέχρηται ταῖς λέξεσι· « Προσήκει γὰρ τὰ μὲν
ὅλως παραπέμπεσθαι, τὰ δὲ μικρᾶς ἐπιστροφῆς τυγχάνειν, τὰ δὲ καὶ ἐπὶ μεῖζον, τὰ δὲ ὅλως διαλύσεως
ἀξιοῦσθαι ». (10) Ὁ δὲ τούτου μεῖζόν ἐστιν, ἐν τῷ

XIII. Et hoc decretum primariis istorum decretis consequens est, idque Chrysippus, quanquam multa contra scripserit, omnino tamen deprehenditur probavisse : *neque
vitium vitio majus esse, neque peccatum peccato;
neque virtutem virtuti, neque perfectum officium perfecto officio præstare.* (2) Dicit enim in tertio de Natura libro : *Quemadmodum Jovi convenit de se et de
vita sua efferre sese et magnifice sentire, et, si fas
est dicere, altum spirare et loqui, ut qui altiloquentia
dignus vivat : ita convenit etiam bonis omnibus eadem
gloriatio, quum nulla in re a Jove superentur.* (3)
Enimvero idem tertio de Justitia libro dicit, justitiam ab
iis exscindi, qui voluptatem pro fine habeant; qui duntaxat
bonum esse dicant, nihil ei nocere. Verba sunt hæc :
*Fortasse enim si separemus eam a bono, non autem
a fine, quum honestum quoque sit in illis rebus quæ
per se appetuntur; incolumis nobis erit justitia, quum
honestatem et jus, voluptate majora bona, retineamus.*
(4) At vero si id tantum bonum est, quod honestum ac
suapte natura laudabile sit; peccat qui voluptatem bonum
appellat, minus tamen eo peccat, qui etiam finem in ea
statuit, quum hic justitiam aboleat, ille servet; et hujus
sententia societatem vitæ humanæ perimat, ille bonitati et
humanitati locum relinquat. (5) Jam quod in libro de Jove
ait, *virtutes augeri atque pergere*, omitto, ne vocabula
videar carpere : quanquam ille quidem hoc in genere Platonem aliosque acriter mordet. (6) Sed ubi vult *non omnia
laudari quæ secundum virtutem agantur*, ostendit sane
quoddam recte factorum, seu *katorthomaton*, discrimen.
Sic autem loquitur in libro de Jove : *Nam quum sint facta
sua cuique virtuti propria, sunt eorum quædam præstantiora aliis. Nimirum enim frigebit, qui laudandum
aliquem et prædicandum suscipiat, quia digitum fortiter extendisset, aut continenter abstinuisset a vetula
moribunda, aut patienter audivisset dicentem tria non
omnino esse quattuor.* (7) Horum germana sunt, quæ in
tertio de Diis libro scribit : *Præterea etiam arbitror, inquit, animos offensuras laudes hujusmodi a virtute pro-
fectarum actionum, si quis a moribunda vetula abstinuisset, aut morsum muscæ pertulisset.* (8) Quem præterea reprehensorem Chrysippi placitorum requiremus ultra
ipsum Chrysippum? Si enim frigidus est, qui istæc laudet,
multo utique frigidior est, qui unumquodque horum pro be-
nefacto, magno, maximo judicat. Nam si [omnia benefacta
sunt æqualia, erit maximo benefacto] æquale, fortiter muscæ
morsum ferre, itemque temperanter a vetula abstinere; neque differet, puto, quidquam ab utris virum bonum laudes.
(9) Præterea in secundo de Amicitia docens non cujusvis
peccati ergo amicitias esse dissolvendas, hæc posuit verba :
*Quædam enim omnino sunt dissimulanda, alia leviter
castiganda, alia gravius; alia omnino discidio sunt
digna ducenda.* (10) Et, quod est majus, eodem in libro

αὐτῷ φησιν ὅτι « τοῖς μὲν ἐπὶ πλεῖον, τοῖς δ' ἐπ' ἔλαττον συμβαλοῦμεν· ὥστε τοὺς μὲν μᾶλλον, τοὺς δὲ ἧττον φίλους εἶναι· ἐπὶ πολὺ δὲ τῆς τοιαύτης παραλλαγῆς γενομένης, οἱ μὲν τοσαύτης, οἱ δὲ τοσαύτης γίνονται φιλίας ἄξιοι· καὶ οἱ μὲν ἐπὶ τοσοῦτον, [οἱ δὲ ἐπὶ τοσοῦτον] πίστεως καὶ τῶν ὁμοίων καταξιωθήσονται ». (11) Τί γὰρ ἄλλο πεποίηκεν ἐν τούτοις, ἢ καὶ τούτων μεγάλας διαφορὰς ἀπολέλοιπε; καὶ μὴν ἐν τῷ περὶ Καλοῦ, πρὸς ἀπόδειξιν τοῦ μόνον τὸ καλὸν ἀγαθὸν εἶναι, τοιούτοις λόγοις κέχρηται· « Τὸ ἀγαθὸν, αἱρετόν· τὸ δ' αἱρετὸν, ἀρεστόν· τὸ δ' ἀρεστὸν, ἐπαινετόν· τὸ δ' ἐπαινετὸν, καλόν. » Καὶ πάλιν· « Τὸ ἀγαθὸν, χαρτόν· τὸ δὲ χαρτὸν, σεμνόν· τὸ δὲ σεμνὸν, καλόν. » (12) Οὗτοι δ' οἱ λόγοι μάχονται πρὸς ἐκεῖνον. Εἴτε γὰρ πᾶν ἀγαθὸν ἐπαινετόν ἐστι, καὶ τὸ σωφρόνως ἀποσχέσθαι τῆς γραὸς ἐπαινετὸν ἂν εἴη· [ἢ] πᾶν ἀγαθὸν, οὔτε σεμνὸν, οὔτε χαρτὸν, ἀλλ' οἴχεται ὁ λόγος. (13) Πῶς γὰρ οἷόν τε τὸ μὲν ἄλλους ἀπὸ τῶν τοιούτων ἐπαινεῖν, ψυχρὸν εἶναι· τὸ δ' αὐτὸν ἐπὶ τοῖς τοιούτοις χαίρειν καὶ σεμνύνεσθαι, μὴ καταγέλαστον;

XIV. Πολλαχοῦ μὲν τοιοῦτός ἐστιν· ἐν δὲ ταῖς πρὸς ἑτέρους ἀντιλογίαις ἥκιστα φροντίζει τοῦ μηδὲν εἰπεῖν ἐναντίον ἑαυτῷ καὶ διάφωνον. (2) Ἐν γοῦν τοῖς περὶ τοῦ Προτρέπεσθαι, τοῦ Πλάτωνος ἐπιλαμβανόμενος λέγοντος, ὅτι τῷ μηδὲ μαθόντι μηδ' ἐπισταμένῳ ζῆν, λυσιτελεῖ μὴ ζῆν, ταῦτ' εἴρηκε κατὰ λέξιν· « Ὁ γὰρ τοιοῦτος λόγος καὶ ἑαυτῷ μάχεται, καὶ ἥκιστά ἐστι προτρεπτικός. (3) Πρῶτον γὰρ παραδεικνύων, ὅτι κράτιστον ἡμῖν ἐστι τὸ μὴ ζῆν, καὶ τρόπον τινὰ ἀποθνήσκειν ἀξιῶν, πρὸς ἕτερά τινα μᾶλλον ἡμᾶς προτρέψεται ἢ τὸ φιλοσοφεῖν· οὐ γάρ ἐστι μὴ ζῶντα φιλοσοφεῖν, οὐδὲ μὴ πολὺν χρόνον ἐπιζήσαντα κακῶς καὶ ἀπείρως, φρόνιμον γενέσθαι· » καὶ προελθὼν δέ φησιν, ὅτι « καὶ τοῖς φαύλοις καθήκει μένειν ἐν τῷ ζῆν· » εἶτα κατὰ λέξιν· « Πρῶτον γὰρ ἡ ἀρετὴ ψιλῶς οὐδέν ἐστι πρὸς τὸ ζῆν ἡμᾶς, οὕτω δ' οὐδ' ἡ κακία οὐδέν ἐστι πρὸς τὸ δεῖν ἡμᾶς ἀπιέναι. » (4) Καὶ μὴν οὐχ ἕτερα δεῖ βιβλία διειλῆσαι, τοῦ Χρυσίππου τὴν πρὸς αὑτὸν ἐνδεικνυμένους μάχην· ἀλλ' ἐν αὐτοῖς τούτοις ποτὲ μὲν τοῦ Ἀντισθένους ἐπαινῶν προφέρεται τὸ Δεῖν κτᾶσθαι νοῦν ἢ βρόχον· καὶ τοῦ Τυρταίου τὸ

> Πρὶν ἀρετῆς πελάσαι τέρμασιν, ἢ θανάτου·

καίτοι τί ταῦτα βούλεται δηλοῦν ἄλλο, πλὴν ὅτι τὸ μὴ ζῆν λυσιτελέστερόν ἐστι τοῦ ζῆν τοῖς κακοῖς καὶ ἀνοήτοις; (5) ποτὲ δὲ τὸν Θέογνιν ἐπανορθούμενος, « Οὐκ ἔδει, φησίν, εἰπεῖν·

> Χρὴ πενίην φεύγοντα·

μᾶλλον δὲ,

> Χρὴ κακίαν φεύγοντα, καὶ ἐς βαθυκήτεα πόντον
> ῥιπτεῖν καὶ πετρῶν, Κύρνε, κατ' ἠλιβάτων. »

(6) * Τί οὖν ἄλλο δόξειεν ἂν ποιεῖν, ἢ ταυτὰ πράγματα καὶ δόγματα παρεγγράφειν αὐτὸς, ἑτέρων δὲ γραφόν-

ait, *quia aliis magis, aliis minus utamur, ideo etiam alios aliis magis minusve esse amicos, atque hanc diversitatem late patere ; quum alii alium amicitiæ mereantur gradum, item fidei aliarumque id genus rerum.* (11) Quid quæso his dicendis aliud effecit, quam quod harum quoque rerum magna discrimina concessit? Quin etiam in libro de Honesto, ut evinceret id solum quod honestum est, esse bonum, talibus usus est rationibus : *Quod bonum, id expetendum est; quod expetendum, id placet; quod placet, laudabile est; quod laudabile, id est honestum.* Et rursum : *Bonum quod est, id affert gaudium; quod tale est, id honorabile; atque hoc porro honestum est.* (12) Hæ vero rationes cum isto pugnant. Sive enim omne bonum laudabile est, fiet ut caste a vetula abstinere laudem mereatur : sive non laudabile est, jam non omne bonum honorabile et gaudio afficiens erit, atque sic actum fuerit de hac ratione. (13) Quomodo enim fieri potest, ut ineptum sit alios talem ob rem laudare, ipsum aliquem tali suo facto gaudere et gloriari ridiculum non sit?

XIV. Passim autem talis est Chrysippus : et quando contra alios disputat, ne quid sibi contrarium et discrepans proferat, nihil habet pensi. (2) Nam in libro de Exhortando, Platonem reprehendens, qui dixisset, *Ei qui neque didicisset neque sciret vivere, utile esse non vivere,* his vocibus loquitur : *Hæc oratio et secum ipsa pugnat, et minime pertinet ad exhortationem.* (3) *Primum enim quasi obiter ostendens optimum nobis esse non vivere, ac quodammodo mori jubens, ad alia quædam nos magis excitabit, quam ad philosophandum. Nam neque philosophari potest qui non vivit; neque prudens fiet unquam, qui non multum temporis male et imperite vivendo produxerit.* Progressus deinde, *malis quoque,* ait, *convenire, ut in vita maneant;* tum hæc ad verbum : *Primum enim virtus nuda nihil facit ad id ut vivamus; atque ita vitiositas nihil eo facit ut discedere debeamus.* (4) Neque vero necesse est alios libros evolvere, e quibus ostendamus Chrysippum sibi repugnare : sed in his ipsis aliquando Antisthenis illud citans collaudat, qui dixerat, *Aut mentem parandam, aut laqueum;* et illud Tyrtæi,

> Seu per virtutem vivere, sive mori :

quid autem hæc aliud volunt ostendere, quam mortem vita utiliorem esse malis et fatuis? (5) aliquando etiam Theognidem corrigens, ait *eum non debuisse dicere,*

> Ut paupertatem fugias :

sed ita :

> Ut vitium fugias, vel saltu te in maris undas,
> Cyrne, vel a scopulis dejice præcipitem.

(6) Ergone aliud agere videtur, quam easdem res et eadem decreta ipse suis inscribere libris, aliis autem scribentibus

των ἐξαλείφειν; Πλάτωνι μὲν ἐγκαλῶν, ὅτι τοῦ κακῶς
ζῆν καὶ ἀμαθῶς τὸ μὴ ζῆν ἀποδείκνυσι λυσιτελέστερον,
Θεόγνιδι δὲ συμβουλεύων κατακρημνίζειν καὶ κατα-
ποντίζειν ἑαυτὸν ὑπὲρ τοῦ φυγεῖν τὴν κακίαν. (7)
Ἀντισθένη μὲν γὰρ ἐπαινῶν, ὅτι τοὺς μὴ νοῦν ἔχοντας
εἰς βρόχον συνήλαυνεν, αὐτὸς αὑτὸν ἔψεγεν, εἰπόντα
μηδὲν εἶναι τὴν κακίαν πρὸς τὸ ἐκ τοῦ ζῆν ἡμᾶς ἀπαλλάττειν.

XV. Ἐν δὲ τοῖς πρὸς αὐτὸν Πλάτωνα περὶ Δικαιοσύνης εὐθὺς ἐξ ἀρχῆς ἐνάλλεται τῷ περὶ θεῶν
λόγῳ, καὶ φησὶν « οὔτ' ὀρθῶς ἀποτρέπειν τῷ ἀπὸ
τῶν θεῶν φόβῳ τῆς ἀδικίας τὸν Κέφαλον, εὐδιάβλητόν
τ' εἶναι, καὶ πρὸς τοὐναντίον ἐξάγειν πολλοὺς περισπασμοὺς καὶ πιθανότητας ἀντιπιπτούσας τὸν περὶ τῶν
ὑπὸ τοῦ θεοῦ κολάσεων λόγον, ὡς οὐδὲν διαφέροντα τῆς
Ἀκκοῦς καὶ τῆς Ἀλφιτοῦς, δι' ὧν τὰ παιδάρια τοῦ κα-
κοσχολεῖν αἱ γυναῖκες ἀνείργουσιν. » (2) Οὗτω δὲ
διασύρας τὰ τοῦ Πλάτωνος, ἐπαινεῖ πάλιν ἐν ἄλλοις καὶ προφέρεται τὰ τοῦ Εὐριπίδου ταυτὶ πολ-
λάκις·

Ἀλλ' ἔστι, κεἴ τις ἐγγελᾷ λόγῳ,
Ζεὺς καὶ θεοὶ βρότεια λεύσσοντες πάθη·

καὶ ὁμοίως ἐν τῷ πρώτῳ περὶ Δικαιοσύνης, τὰ Ἡσιό-
δεια ταυτὶ προενεγκάμενος·

Τοῖσιν δ' οὐρανόθεν μέγ' ἐπῆλασε πῆμα Κρονίων,
λιμὸν ὁμοῦ καὶ λοιμόν· ἀποφθινύθουσι δὲ λαοί·

« ταῦτά φησι τοὺς θεοὺς ποιεῖν, ὅπως τῶν πονηρῶν
κολαζομένων, οἱ λοιποὶ παραδείγμασι τούτοις χρώμενοι, ἧττον ἐπιχειρῶσι τοιοῦτόν τι ποιεῖν. » (3) Πάλιν
ἐν μὲν τοῖς περὶ Δικαιοσύνης ὑπειπών, ὅτι τοὺς ἀγαθὸν, ἀλλὰ μὴ τέλος τιθεμένους τὴν ἡδονὴν, ἐνδέχεται
σώζειν καὶ τὴν δικαιοσύνην, θεὶς τοῦτο, κατὰ λέξιν εἴ-
ρηκε· « Τάχα γὰρ ἀγαθοῦ αὐτῆς ἀπολειπομένης, τέλους δὲ μή, τῶν δὲ δι' αὐτῶν αἱρετῶν ὄντος καὶ τοῦ
καλοῦ, σώζοιμεν ἂν τὴν δικαιοσύνην, μεῖζον ἀγαθὸν
ἀπολιπόντες τὸ καλὸν καὶ τὸ δίκαιον τῆς ἡδονῆς. »
Ταῦτα μὲν ἐν τούτοις περὶ τῆς ἡδονῆς. (4) Ἐν δὲ τοῖς
πρὸς Πλάτωνα, κατηγορῶν αὐτοῦ δοκοῦντος ἀγαθὸν
ἀπολιπεῖν τὴν ὑγείαν, « οὐ μόνον τὴν δικαιοσύνην, φησὶν, ἀλλὰ καὶ τὴν μεγαλοψυχίαν ἀναιρεῖσθαι, καὶ τὴν
σωφροσύνην, καὶ τὰς ἄλλας ἀρετὰς ἁπάσας, ἂν ἢ τὴν
ἡδονὴν, ἢ τὴν ὑγείαν, ἤ τι τῶν ἄλλων, ὃ μὴ καλόν
ἐστιν, ἀγαθὸν ἀπολίπωμεν. » (5) Ἃ μὲν οὖν ῥητέον
ὑπὲρ Πλάτωνος, ἐν ἄλλοις γέγραπται πρὸς αὐτόν· ἐνταῦθα δ' ἡ μάχη καταφανής ἐστιν, ὅπου μὲν, ἂν μετὰ
τοῦ καλοῦ τις ὑποθῆται καὶ τὴν ἡδονὴν ἀγαθὸν εἶναι,
σώζεσθαι δικαιοσύνη λέγοντος· ὅπου δὲ πάλιν τοὺς
μὴ μόνον τὸ καλὸν ἀπολιπόντας, αἰτιωμένου τὰς ἀρετὰς
ἁπάσας ἀναιρεῖν. (6) Ἵνα δὲ μηδ' ἀπολογίαν ὑπολίπῃ
τοῖς ἐναντιώμασιν, Ἀριστοτέλει περὶ Δικαιοσύνης ἀντιγράφων, « οὔ φησιν αὐτὸν ὀρθῶς λέγειν, ὅτι, τῆς ἡδονῆς οὔσης τέλους ἀναιρεῖται μὲν ἡ δικαιοσύνη, συνα-

---

expungere? quum Platoni vitio vertat, quod is *præstare
mortem malæ et inscitæ vitæ* ostendat; *Theognidi autem consulat ut fugiendæ vitiositatis causa scopulo
se præcipitet aut in mare demergat.* (7) Antisthenem
enim laudans, qui mentis inopes ad suspendium redigit, se
ipse vituperavit, nihil dicens vitiositatem ad subeundam
facere mortem

XV. Ceterum in libris adversus Platonem de Justitia
statim a principio insultat rationi de Diis, aitque *illum non
recte metu deorum ab injustitia Cephalum deterrere; et
rationem hanc esse expositam calumniis; et in diversam
plane partem multis revulsionibus et contrariis probabilibus abduci sermonem de pœnis divinitus irrogandis,
ut similis fiat Acconi et Alphitoni, quarum formidine
puerulos mulieres a malo otio deterrent.* (2) Hoc modo
exagitatum Platonem alibi rursum laudat, et hæc Euripidea sæpe producit:

Sed est, tametsi verba aliquis hæc rideat,
Juppiter et alii divi qui mortalium
vident mala:

similiter in primo de Justitia, postquam Hesiodea hæc ci-
tavit,

Juppiter e cœlo cladem his immisit atrocem,
afflixitque fame populos, et peste necavit:

hæc, inquit, *deos facere, ut punitis malis, reliqui his
exemplis moniti, tanto minus conentur aliquid tale facere.* (3) Rursum in libro de Justitia tertio ubi memoravit,
eos qui voluptatem bonum quidem, *non tamen finem
faciant, etiam justitiam posse retinere,* totidem verbis
hæc dixit: *Fortasse enim si separemus eam a Bono,
non autem a fine, quum honestum quoque sit in
illis rebus quæ per se appetuntur; incolumis nobis erit
justitia, quum majus ipsa voluptate bonum in honestate
et justitia ei relinquamus.* Hæc ibi de voluptate. (4)
In libris adversus Platonem, quum hunc philosophum re-
prehendisset, qui sanitatem inter bona reliquisse videretur; *non justitiam modo, sed et magnanimitatem,
et temperantiam, et omnes alias virtutes sublatum
iri* affirmat, *si aut voluptatem, aut bonam valetudinem, aut ullam aliam rem quæ non sit absolute honesta, in bonorum censu haberi patiamur.* (5) Alibi
ea adversus ipsum scripsimus, quæ pro Platone dici possunt. Hic autem repugnantia est manifesta: uno enim loco
dicit, *si quis una cum honesto etiam voluptatem dicat esse
bonum, locum fore justitiæ:* alio, *nisi solum honestum
pro bono habeatur, omnes tolli virtutes.* (6) Ac ne quam
suis repugnantiis relinqueret excusationem, contra Aristotelem de Justitia scribens, *non recte eum dicere* inquit, *si
voluptas pro fine statuatur, tolli justitiam unaque ce-*

ναιρεῖται δὲ τῇ δικαιοσύνῃ καὶ τῶν ἄλλων ἀρετῶν ἑκά-
στῃ· τὴν μὲν γὰρ δικαιοσύνην ὑπ' αὐτῶν ὡς ἀληθῶς
ἀναιρεῖσθαι, τὰς δ' ἄλλας ἀρετὰς οὐδὲν κωλύειν ὑπάρχειν, εἰ καὶ μὴ δι' αὐτὰς αἱρετάς, ἀλλ' ἀγαθὰς γοῦν
καὶ ἀρετὰς ἐσομένας· » εἶτα ἑκάστην ἐξ ὀνόματος προσαγορεύει. (7) Βέλτιον δὲ τὰς ἐκείνου λέξεις ἀναλαβεῖν·
« Τῆς γὰρ ἡδονῆς, φησίν, ἐμφαινομένης τέλους κατὰ
τὸν τοιοῦτον λόγον, τὸ μὲν τοιοῦτο πᾶν μοι δοκεῖ οὐκ ἐμ-
περιλαμβάνεσθαι· διὸ ῥητέον, μήτε τῶν ἀρετῶν τινα δι'
αὐτὴν αἱρετὴν εἶναι, μήτε τῶν κακιῶν φευκτήν, ἀλλὰ
πάντα ταῦτα δεῖν ἀναφέρεσθαι πρὸς τὸν ὑποκείμενον σκο-
πόν· οὐδὲν μέντοι κωλύσει κατ' αὐτούς, τὴν ἀνδρείαν μὲν
καὶ τὴν φρόνησιν καὶ τὴν ἐγκράτειαν καὶ τὴν καρτερίαν
καὶ τὰς ὁμοίας ταύταις ἀρετάς, εἶναι τῶν ἀγαθῶν, τὰς
δ' ἐναντίας, ὑπάρχειν φευκτάς. » (8) * Τίς οὖν τούτου
πρὸς λόγους ἰταμώτερος γέγονεν, ὃς δυεῖν τῶν ἀρίστων φιλοσόφων ἐγκέκληκε τῷ μὲν, ὅτι πᾶσαν ἀρετὴν
ἀναιρεῖ, μὴ μόνον τὸ καλὸν ἀγαθὸν ἀπολιπών· τῷ δ',
ὅτι, τῆς ἡδονῆς τέλους οὔσης, οὐ πᾶσαν ἀρετὴν ἄνευ
τῆς δικαιοσύνης σώζεσθαι νομίζει; (9) Θαυμαστὴ γὰρ
ἡ ἐξουσία, περὶ τῶν αὐτῶν πραγμάτων διαλεγόμενον,
ἃ τίθησιν αὐτὸς ἐγκαλῶν Ἀριστοτέλει, ταῦτ' ἀναιρεῖν
πάλιν Πλάτωνος κατηγοροῦντα. (10) Καὶ μὴν ἐν ταῖς
περὶ Δικαιοσύνης Ἀποδείξεσι λέγει ῥητῶς, ὅτι « πᾶν
κατόρθωμα, καὶ εὐνόμημα καὶ δικαιοπράγημά ἐστι· τὸ
δέ γε κατ' ἐγκράτειαν, ἢ καρτερίαν, ἢ φρόνησιν, ἢ ἀνδρείαν, πραττόμενον, κατόρθωμά ἐστιν· ὥστε καὶ δι-
καιοπράγημα. » (11) Πῶς οὖν, οἷς ἀπολείπει φρόνησιν καὶ ἀνδρείαν καὶ ἐγκράτειαν, οὐκ ἀπολείπει δικαιοσύνην, εὐθὺς αὐτῶν ὅσα κατορθοῦσιν ἐν ταῖς εἰρημέναις
ἀρεταῖς, καὶ δικαιοπραγούντων;

XVI. Τοῦ δὲ Πλάτωνος εἰπόντος τὴν ἀδικίαν, ὡς
διαφθορὰ ψυχῆς οὖσα καὶ στάσις, οὐδ' ἐν αὐτοῖς τοῖς
ἔχουσιν ἀποβάλλει τὴν δύναμιν, ἀλλ' αὐτὸν ἑαυτῷ
συμβάλλει καὶ [συγ]κρούει καὶ ταράττει τὸν πονηρόν·
ἐγκαλῶν Χρύσιππος, « ἀτόπως, φησί, λέγεσθαι τὸ
ἀδικεῖν ἑαυτόν· εἶναι γὰρ πρὸς ἕτερον, οὐ πρὸς ἑαυτόν,
τὴν ἀδικίαν· » (2) ἐπιλαθόμενος γὰρ τούτων, αὖθις ἐν
ταῖς περὶ Δικαιοσύνης Ἀποδείξεσιν, « ἀδικεῖσθαί φησιν ὑφ' ἑαυτοῦ τὸν ἀδικοῦντα, καὶ αὐτὸν ἀδικεῖν, ὅταν
ἄλλον ἀδικῇ, γενόμενον ἑαυτῷ τοῦ παρανομεῖν αἴτιον,
καὶ βλάπτοντα παρ' ἀξίαν ἑαυτόν. » (3) Ἐν μὲν τοῖς
πρὸς Πλάτωνα ταῦτ' εἴρηκε περὶ τοῦ τὴν ἀδικίαν λέγεσθαι μὴ πρὸς ἑαυτόν, ἀλλὰ πρὸς ἕτερον· « Οὐ γὰρ
κατ' ἰδίαν ἄδικοι συνεστήκασιν ἐκ πλειόνων τοιούτων τἀναντία λεγόντων, καὶ ἄλλως τῆς ἀδικίας λαμβανομένης, ὡς ἂν ἐν πλείοσι πρὸς ἑαυτοὺς οὕτως ἔχουσιν·
εἰς δὲ τὸν ἕνα μηδενὸς διατείνοντος τοιούτου, καθ' ὅσον
δὲ πρὸς τοὺς πλησίον ἔχει οὕτως. » (4) Ἐν δὲ ταῖς
Ἀποδείξεσι τοιούτους ἠρώτηκε λόγους περὶ τοῦ τὸν ἄδικον καὶ ἑαυτὸν ἀδικεῖν· « Παραίτιον γενέσθαι παρανο-
μήματος, ἀπαγορεύει ὁ νόμος, καὶ τὸ ἀδικεῖν ἔσται πα-
ρανόμημα· ὁ τοίνυν παραίτιος γενόμενος αὐτῷ τοῦ ἀδικεῖν, παρανομεῖ εἰς ἑαυτόν· ὁ δὲ παρανομῶν εἰς ἕνα,

teras omnes virtutes. Justitiam enim vere sublatum iri : reliquæ quin maneant, nihil impedire, etsi non per se expetendæ, bonæ tamen et virtutes : ac singulas deinde nominatim recenset. (7) Sed præstat ipsius verba repetere : *Nam quum hac ratione videatur effici voluptatem esse finem, totum hoc mihi non videtur in eo contineri. Itaque dicendum est, neque virtutum ullam per se esse expetendam, neque ullum vitium per se fugiendum ; verum omnia hæc referenda esse ad propositum scopum. Nihil tamen secundum eorum sententiam obstabit, fortitudinem, prudentiam, temperantiam, tolerantiam, similesque harum virtutes esse e bonorum numero, et his contraria esse fugienda.* (8) Scire velim, unquamne disputator aliquis exstiterit petulantior Chrysippo, qui duos præstantissimos philosophos reprehendit ; alterum, quod non solum honestum pro bono ponens, omnem virtutem tollat ; alterum, quod voluptate pro fine reputata, præter justitiam etiam reliquas virtutes perimi censeat. (9) Mirabilis est enim licentia, iisdem de rebus disserentem, quæ ponit Aristotelem culpans, eadem rursum in accusando Platone repudiare. (10) At enim in Demonstrationibus de Justitia diserte dicit, *omne perfectum officium, et legitimum esse et justum factum : quod vero continenter, toleranter, prudenter, fortiter agitur, perfectum esse officium ; ergo etiam juste factum.* (11) Quomodo igitur quibus prudentiam, fortitudinem, continentiam relinquit, justitiam adimit ; quum illi ipsi quæcumque perfecte secundum eas virtutes agant, eadem etiam juste agant ?

XVI. Dixerat Plato, *injustitiam animi esse corruptelam et seditionem, quæ ne in ipsis quidem injustis suam vim amitteret, sed ipsum secum committeret, confligeret ac turbaret vitiosum hominem.* Id vituperans Chrysippus, *absurde*, ait, *hoc dici, Aliquem se ipsum injuria afficere ; nam injustitiam non adversus ipsum injustum, sed adversus alium tendere.* (2) Oblitus deinde hujus effati, in Demonstrationibus de Justitia, *a se ipso injuria affici injustum* ait ; nam *alii injuria inferenda, ipsum sibi injurium esse ; dum sibi auctor sit contra leges agendi, seque immerito lædat.* (3) Verum in iis quæ adversus Platonem scribit, *injustitiam dici non sui, sed alterius ratione* contendit : *Nam non seorsum vel pro se sunt injusti, sed constant e pluribus talibus contraria facientibus : quippe ceteroquin sic intelligitur injustitia ut quæ sit in pluribus adversus se ipsos ita se habentibus : in unum autem nihilo tali pertinente, sed quantum ad proximum ita se habet.* (4) In Demonstrationibus porro talibus argumentationibus utitur, ut ostendat injustum etiam sibi ipsi injuriam facere : *Aliquo modo causam fieri delicti seu violatæ legis, lex vetat : injuste agere, delictum est : ergo qui aliquo modo sibi ipse causa est injuste agendi, delinquit in se ipsum : jam

καὶ ἀδικεῖ ἐκεῖνον· ὁ ἄρα καὶ ὁντιναοῦν ἀδικῶν, καὶ ἑαυτὸν ἀδικεῖ. » (5) Πάλιν· « Τὸ ἁμάρτημα τῶν βλαμμάτων ἐστὶ, καὶ πᾶς ἁμαρτάνων παρ' ἑαυτὸν ἁμαρτάνει· πᾶς ἄρα ὁ ἁμαρτάνων βλάπτει ἑαυτὸν παρὰ τὴν ἀξίαν· εἰ δὲ τοῦτο, καὶ ἀδικεῖ ἑαυτόν. » (6) Ἔτι καὶ οὕτως· « Ὁ βλαπτόμενος ὑφ' ἑτέρου, ἑαυτὸν βλάπτει, καὶ παρὰ τὴν ἀξίαν ἑαυτὸν βλάπτει· τοῦτο δ' ἦν τὸ ἀδικεῖν· ὁ ἄρα ἀδικούμενος καὶ ὑφ' ὁτουοῦν πᾶς ἑαυτὸν ἀδικεῖ. »

XVII. Τὸν περὶ ἀγαθῶν καὶ κακῶν λόγον, ὃν αὐτὸς εἰσάγει καὶ δοκιμάζει, « συμφωνότατον εἶναί φησι τῷ βίῳ, καὶ μάλιστα τῶν ἐμφύτων ἅπτεσθαι προλήψεων. » Ταυτὶ γὰρ ἐν τῷ τρίτῳ τῶν Προτρεπτικῶν εἴρηκεν. (2) Ἐν δὲ τῷ πρώτῳ « τοῦτον τὸν λόγον φησὶν ἀπὸ τῶν ἄλλων ἁπάντων ἀφέλκειν τὸν ἄνθρωπον, ὡς οὐδὲν ὄντων πρὸς ἡμᾶς, οὐδὲ συνεργούντων πρὸς εὐδαιμονίαν οὐδέν. » (3) Ὅρα τοίνυν, πῶς αὑτῷ σύμφωνός ἐστι, τὸν ἀφέλκοντα τοῦ ζῆν καὶ τῆς ὑγιείας καὶ τῆς ἀπονίας καὶ τῆς τῶν αἰσθητηρίων ὁλοκληρίας, καὶ μηδὲν εἶναι ταῦτα φάσκοντα πρὸς ἡμᾶς, ἃ παρὰ τῶν θεῶν αἰτούμεθα, μάλιστα συμφωνεῖν τῷ βίῳ καὶ ταῖς κοιναῖς προλήψεσιν ἀποφαινόμενος. (4) Ἀλλ' ἵνα μὴ ἄρνησις ᾖ τοῦ τἀναντία λέγειν, ἐν τῷ τρίτῳ περὶ Δικαιοσύνης ταῦτ' εἴρηκε· « Διὸ καὶ διὰ τὴν ὑπερβολὴν τοῦ τε μεγέθους καὶ τοῦ κάλλους, πλάσμασι δοκοῦμεν ὅμοια λέγειν, καὶ οὐ κατὰ τὸν ἄνθρωπον καὶ τὴν ἀνθρωπίνην φύσιν. (5) * Ἔστιν οὖν ὅπως ἄν τις ἐξομολογήσαιτο ·σαφέστερον τἀναντία λέγειν αὐτὸς πρὸς ἑαυτὸν, ἢ οὗτος; ἃ δι' ὑπερβολήν φησι πλάσματα δοκεῖν εἶναι καὶ ὑπὲρ τὸν ἄνθρωπον καὶ ὑπὲρ τὴν ἀνθρωπίνην φύσιν λέγεσθαι, ταῦτα συμφωνεῖν τῷ βίῳ φάσκων, καὶ μάλιστα τῶν ἐμφύτων ἅπτεσθαι προλήψεων.

XVIII. Οὐσίαν κακοδαιμονίας ἀποφαίνει τὴν κακίαν, ἐν παντὶ βιβλίῳ φυσικῷ καὶ ἠθικῷ γράφων καὶ διατεινόμενος ὅτι « τὸ κατὰ κακίαν ζῆν τῷ κακοδαιμόνως ζῆν ταυτόν ἐστιν· » ἐν δὲ τῷ τρίτῳ περὶ Φύσεως ὑπειπὼν ὅτι « λυσιτελεῖ ζῆν ἄφρονα μᾶλλον, ἢ [μὴ] βιοῦν, κἂν μηδέποτε μέλλῃ φρονήσειν, » ἐπιλέγει· « Τοιαῦτα γὰρ τἀγαθά ἐστι τοῖς ἀνθρώποις, ὥστε τρόπον τινὰ τὰ κακὰ [τῶν] ἀνὰ μέσον προτερεῖν. » (2) Ὅτι μὲν οὖν εἰρηκὼς ἐν ἑτέροις, μηδὲν εἶναι τοῖς ἄφροσι λυσιτελές, ἐνταῦθά φησι λυσιτελεῖν τὸ ἀφρόνως ζῆν, ἀφίημι. Τῶν δ' ἀνὰ μέσον λεγομένων παρ' αὐτοῖς μήτε κακῶν ὄντων μήτ' ἀγαθῶν, τὰ κακὰ προτερεῖν λέγων, οὐδὲν ἄλλο λέγει, πλὴν τῶν μὴ κακῶν τὰ κακὰ προτερεῖν, καὶ τὸ κακοδαιμονεῖν λυσιτελέστερον εἶναι τοῦ μὴ κακοδαιμονεῖν· καὶ τοῦ κακοδαιμονεῖν ἀλυσιτελέστερον ἡγεῖται τὸ μὴ κακοδαιμονεῖν· εἰ δ' ἀλυσιτελέστερον, καὶ βλαβερώτερον· τὸ μὴ κακοδαιμονεῖν ἄρα βλαβερώτερον τοῦ κακοδαιμονεῖν. (3) Βουλόμενος οὖν ταύτην ἐπιλεαίνειν τὴν ἀτοπίαν, ἐπιλέγει περὶ τῶν κακῶν· « Ἔστι δ' οὐ ταῦτα προτεροῦντα, ἀλλ' ὁ λόγος, μεθ' οὗ βιοῦν ἐπιβάλλει μᾶλλον, καὶ εἰ ἄφρονες ἐσόμεθα. » (4) Πρῶτον μὲν οὖν τὰ κακὰ κακίαν λέγει,

qui in unum aliquem delinquit, eum etiam injuria afficit : ergo qui quemvis alium injuria afficit, se ipsum injuria afficit. (5) Item : Peccatum est e damnorum genere : quicumque peccat, in se indigne peccat : ergo qui peccat, sibi ipse indigne damnum infert; proinde etiam injuria se afficit. (6) Aliud : Qui ab alio læditur, sibi ipsi nocet, idque indigne : hoc autem erat injuste agere : ergo quicumque a quocumque injuria afficitur, injurius in sese est.

XVII. Rationem de Bonis et Malis, quam ipse introducit et probat, maxime consentire cum vita affirmat, et maxime innatas attingere prænotiones; sic enim loquitur in tertio Exhortationum libro. (2) At in primo, ea ratione hominem asserit ab omnibus aliis abstrahi, ut nihil ad nos pertinentibus, neque ad felicitatem quicquam conducentibus. (3) Jam nunc vide quam belle sibi consonet, qui rationem abstrahentem nos a vitæ, sanitatis, indolentiæ, sensuum incolumitatis consideratione, eaque nihil ad nos pertinere dicentem quæ nos a diis immortalibus expetimus, affirmet maxime consentire cum vita et communibus prænotionibus. (4) Sed ne infitiari hanc possit repugnantiam, audi verba ejus in libro de Justitia tertio scripta : Itaque ea quæ dicimus, ob excellentiam magnitudinis et pulchritudinis, fabularum similia videbuntur, et non convenire homini humanæque naturæ. (5) Potestne quisquam disertius fateri, se sibi ipsi contraria dicere, quam hic noster? qui ea quæ ob excellentiam commenta, et homine superiora habitum iri dicit, vitæ humanæ congruere, insitasque notitias maxime attingere pronunciat.

XVIII. Naturam infelicitatis vitiositatem esse in omnibus Physicis Ethicisque libris tradit, contendens, vitiose vivere idem esse, quod vivere infeliciter. In tertio de Natura quum dixisset, expedire insipienti ut vivat potius quam moriatur, etiam si nunquam sit futurum ut sapiat; hæc subjicit : Talia enim sunt hominibus bona, ut mala quodammodo indifferentibus præstent. (2) Mitto, quod alibi fatus nihil insipienti prodesse, nunc ait ei prodesse vivere insipienter. Quum autem Indifferentia sint Stoicis ea, quæ neque bona sunt neque mala; iis potiora dicens esse mala, nihil dicit aliud, quam non malis mala esse potiora; et præstare infelicem esse, quam infelicem non esse : ergo, non infelicem esse, inutilius putat quam infelicem esse : atqui, si inutilius, etiam damnosius : igitur, non infelicem esse damnosius est quam infelicem esse. (3) Hoc ille absurdum ut mitigaret, de malis hæc addit : Præstant autem non ipsa mala, sed ratio; cum qua vivere magis convenit, etiam si erimus insipientes. (4) Primum itaque, mala vitiositatem dicit,

καὶ τὰ μετέχοντα κακίας, ἄλλο δ' οὐδέν· ἡ δὲ κακία λογικόν ἐστι, μᾶλλον δὲ λόγος ἡμαρτημένος· οὐδὲν οὖν ἕτερόν ἐστι τὸ μετὰ λόγου βιοῦν ἄφρονας ὄντας, ἢ τὸ μετὰ κακίας βιοῦν· ἔπειτα τὸ βιοῦν ἄφρονας ὄντας, 5 βιοῦν ἐστι κακοδαίμονας ὄντας. Πρὸς τί οὖν προτερεῖ τοῦτο τῶν ἀνὰ μέσον; οὐ γὰρ πρός γε τὸ εὐδαιμονεῖν φήσει προτερεῖν τὸ κακοδαιμονεῖν. (5) Ἀλλ' οὐδ' ὅλως, φασίν, οἴεται δεῖν Χρύσιππος οὔτε μονὴν ἐν τῷ βίῳ τοῖς ἀγαθοῖς, οὔτ' ἐξαγωγὴν τοῖς κακοῖς παραμετρεῖν, 10 ἀλλὰ τοῖς μέσοις κατὰ φύσιν· διὸ καὶ τοῖς εὐδαιμονοῦσι γίνεται ποτὲ καθῆκον ἐξάγειν ἑαυτούς, καὶ μένειν αὖθις ἐν τῷ ζῆν τοῖς κακοδαιμονοῦσιν. (6) Εἶτα τί τούτου μεῖζόν ἐστιν ὑπεναντίωμα πρὸς αἵρεσιν καὶ φυγήν, εἰ τοῖς ἐπ' ἄκρον εὐδαιμονοῦσιν ἀπουσίᾳ τῶν ἀδιαφόρων, 15 ἀφίστασθαι τῶν ἀγαθῶν παρόντων καθήκει; καίτοι τῶν ἀδιαφόρων οὐθὲν αἱρετὸν οὐδὲ φευκτόν, ἀλλὰ μόνον αἱρετὸν τὸ ἀγαθόν, καὶ μόνον φευκτὸν ἡγοῦνται τὸ κακόν. (7) Ὥστε συμβαίνει κατ' αὐτοὺς μὴ πρὸς τὰ αἱρετὰ μηδὲ πρὸς τὰ φευκτὰ τοὺς τῶν πράξεων τίθεσθαι λογι- 20 σμούς, ἀλλ' ἑτέρων στοχαζομένους, ἃ μήτε φεύγουσι μήτε αἱροῦνται, πρὸς ταῦτα καὶ ζῆν καὶ ἀποθνήσκειν.

XIX. Τἀγαθὰ πρὸς τὰ κακὰ τὴν πᾶσαν ἔχειν διαφορὰν ὁμολογεῖ Χρύσιππος· καὶ ἀναγκαῖόν ἐστιν, εἰ τὰ μὲν ἐσχάτως ποιεῖ κακοδαίμονας εὐθύς, οἷς ἂν παρῇ, 25 τὰ δ' ἐπ' ἄκρον εὐδαίμονας. (2) Αἰσθητὰ δ' εἶναι τἀγαθὰ καὶ τὰ κακὰ φησίν, ἐν τῷ προτέρῳ περὶ Τέλους ταῦτα γράφων· « Ὅτι μὲν γὰρ αἰσθητά ἐστι τἀγαθὰ καὶ τὰ κακά, καὶ τούτοις ἐκποιεῖ λέγειν· οὐ γὰρ μόνον τὰ πάθη ἐστὶν αἰσθητὰ σὺν τοῖς εἴδεσιν, οἷον λύπη καὶ 30 φόβος καὶ τὰ παραπλήσια, ἀλλὰ καὶ κλοπῆς καὶ μοιχείας καὶ τῶν ὁμοίων ἐστὶν αἰσθέσθαι· καὶ καθόλου ἀφροσύνης καὶ δειλίας καὶ ἄλλων οὐκ ὀλίγων κακιῶν· οὐδὲ μόνον χαρᾶς, καὶ εὐεργεσιῶν, καὶ ἄλλων πολλῶν κατορθώσεων, ἀλλὰ καὶ φρονήσεως καὶ ἀνδρείας, καὶ 35 τῶν λοιπῶν ἀρετῶν. » (3) Τούτων τὴν μὲν ἄλλην ἀτοπίαν ἀφῶμεν· ὅτι δὲ μάχεται τοῖς περὶ τὸν διαλεληθότα σοφόν, τίς οὐκ ἂν ὁμολογήσειεν; αἰσθητοῦ γὰρ ὄντος τοῦ ἀγαθοῦ, καὶ μεγάλην πρὸς τὸ κακὸν διαφορὰν ἔχοντος, * τὸν ἐκ φαύλου γινόμενον σπουδαῖον ἀ- 40 γνοεῖν τοῦτο, καὶ τῆς ἀρετῆς μὴ αἰσθάνεσθαι παρούσης, ἀλλ' οἴεσθαι τὴν κακίαν αὐτῷ παρεῖναι, πῶς οὐκ ἔστιν ἀτοπώτατον; (4) Ἢ γὰρ οὐδεὶς ἀγνοεῖν ἢ ἀπιστεῖν δύναται τὰς ἀρετὰς ἔχων ἁπάσας, ἢ μικρά τις ἐστὶν καὶ παντάπασι δυσθεώρητος ἡ διαφορὰ τῆς ἀρετῆς πρὸς τὴν 45 κακίαν, καὶ τῆς εὐδαιμονίας πρὸς τὴν κακοδαιμονίαν, καὶ τοῦ καλλίστου βίου πρὸς τὸν αἴσχιστον, εἰ ταῦτά τις ἀντ' ἐκείνων κτησάμενος ἑαυτὸν λέληθε.

XX. Μία σύνταξις ἡ περὶ Βίων, τέτταρα βιβλία· τούτων ἐν τῷ τετάρτῳ λέγει, τὸν σοφὸν ἀπράγμονά τε 50 εἶναι καὶ ὀλιγοπράγμονα, καὶ τὰ αὑτοῦ πράττειν· ἔστι δὲ ἡ λέξις αὕτη· « Οἶμαι γὰρ ἔγωγε τὸν φρόνιμον καὶ ἀπράγμονα εἶναι καὶ ὀλιγοπράγμονα, καὶ τὰ αὑτοῦ πράττειν, ὁμοίως τῆς τε αὐτοπραγίας καὶ ὀλιγοπραγμοσύνης ἀστείων ὄντων. » (2) Τὰ δὲ ὅμοια σχεδὸν ἐν τῷ

et quæ eam participant; aliud nihil. Vitiositas autem cum ratione aliquid est conjunctum, aut potius depravata ratio. Ergo nihil aliud est insipientem vivere cum ratione, quam vivere cum vitiositate. Deinde vivere insipientem, vivere est infeliciter. Cui ergo indifferenti hoc præstat? non enim, puto, dicet felicitati præstare infelicitatem. (5) Atqui aiunt, omnino Chrysippus *neque permansionem in vita bonis, neque discessum ex ea malis annumeravit, sed utrumque iis quæ media sunt natura sive indifferentia : hinc enim et felicis interdum officium fit, ut mortem sibi consciscat; et miseri, ut vitam producat.* (6) Quæ vero major potest esse repugnantia in rerum delectu et fuga? scilicet summe felicibus ut conveniat ob defectum alicujus rei indifferentis bona præsentia derelinquere? quum quidem nullum indifferens vel expetendum vel fugiendum censeant, solumque bonum expeti, malum fugi debere statuant. (7) Itaque de ipsorum sententia concluditur, in deliberandis actionibus non ad bona vel mala respiciendum; sed vitæ mortisque rationes subducendas consectandis aliis quibusdam rebus neque fugiendis neque deligendis.

XIX. Malorum et Bonorum summum esse discrimen fatetur Chrysippus : idque ita esse oportet, si illa extreme miseros faciunt eos in quibus sunt, hæc summe beatos. (2) Sensilia autem esse Bona atque Mala, in priore de Fine libro sic indicat : *Nam quum Bona, tum Mala esse sensilia, etiam sic potest confici. Non enim perturbationes duntaxat sentiuntur, ut ægritudo, metus, aliæque horum similes; sed et furtum, et adulterium, aliaque id genus, sensum sui præbent; sicut etiam insipientia, timiditas, et alia vitia haud pauca. Rursumque non gaudium modo, beneficentia, et alia recte facta sentiuntur; sed prudentia quoque, fortitudo, ac reliquæ virtutes.* (3) Hæc quam sint absurda, dicere supersedeo : repugnare autem ea sententiæ, quam de eo *qui Sapientem se factum non animadvertit* ipsi habent, quis neget? quippe si bonum est sensile, tantoque discrimine differt a malo; ignorare aliquem si subito fiat de vitioso probus, et virtutem quæ cum ipso sit non sentire, sed putare se adhuc vitio teneri, nonne est absurdissimum? (4) Nam aut nemo ignorare potest vel de eo dubitare, quod virtutes habeat omnes, si quidem habet; aux exigua est et omnino difficilis perspectu differentia virtutis et vitii, felicitatis et miseriæ, pulcherrimæ ac turpissimæ vitæ, si quis illa pro his se adeptum non sentit.

XX. Unum est opus de Vitis, libri quattuor : in quorum quarto ait, *Sapientem quum otiosum esse, et pauca negotia habere, tum sua negotia tractare.* Verba sunt hæc : *Censeo enim ego prudentem et liberum esse negotiis, et pauca habere negotia, et suas res agere; quum et suarum rerum tractatio, et paucarum, sint elegantes.* (2) Fere similia horum dixit in libro de Rebus Per Se

περὶ τῶν Δι' Αὐτὰ Αἱρετῶν εἴρηκε ταύταις ταῖς λέξεσι·
« Τῷ γὰρ ὄντι φαίνεται ὁ κατὰ τὴν ἡσυχίαν βίος ἀκίν-
δυνόν τι καὶ ἀσφαλὲς ἔχειν, οὐ πάνυ τῶν πολλῶν δυναμένων τοῦτο συνιδεῖν. » (3) Ὅτι μὲν [οὖν] τῷ Ἐπικούρῳ τὴν πρόνοιαν ἀναιροῦντι διὰ τῆς ἀπραγμοσύνης
τῆς περὶ τὸν θεὸν οὐκ ἀπᾴδει, δῆλόν ἐστιν· ἀλλ' αὐτὸς
ὁ Χρύσιππος ἐν τῷ πρώτῳ περὶ Βίων « βασιλείαν τε
τὸν σοφὸν ἑκουσίως ἀνέγεσθαι λέγει, χρηματιζόμενον
ἀπ' αὐτῆς· κἂν αὐτὸς βασιλεύειν μὴ δύνηται, συμβιώ-
σεται βασιλεῖ, καὶ στρατεύσεται μετὰ βασιλέως, οἷος
ἦν Ὑδάνθυρσος ὁ Σκύθης, ἢ Λεύκων ὁ Ποντικός. » (4)
Παραθήσομαι δὲ καὶ ταύτην αὐτοῦ τὴν διάλεκτον,
ὅπως εἰδῶμεν εἰ, καθάπερ ἐκ νήτης καὶ ὑπάτης γίνεται
σύμφωνον, οὕτως ὁμολογεῖ βίος ἀνδρὸς καὶ ἀπραγμοσύ-
νην αἱρουμένου καὶ ὀλιγοπραγμοσύνην, εἶτα συνιππα-
ζομένου Σκύθαις, καὶ τὰ τῶν ἐν Βοσπόρῳ τυράννων
πράττοντος ἐξ οἱασδήτινος ἀνάγκης· (5) « Ὅτι γάρ,
φησί, καὶ στρατεύσεται μετὰ δυναστῶν καὶ βιώσεται,
πάλιν ἐπισκεψώμεθα τούτων ἐχόμενοι, τινῶν μὲν οὐδὲ
ταῦτα ὑπονοούντων, διὰ τοὺς ὁμοίους ὑπολογισμούς,
ἡμῶν δὲ καὶ ταῦτα ἀπολιπόντων, διὰ τοὺς παραπλησίους λόγους. » Καὶ μετὰ μικρόν· « Οὐ μόνον δὲ μετὰ
τῶν προκεχορότων ἐπὶ ποσόν, καὶ ἐν ἀγωγαῖς καὶ ἐν
ἔθεσι ποιοῖς γεγονότων, οἷον παρὰ Λεύκωνι καὶ Ὑδαν-
θύρσῳ. » (6) Καλλισθένει τινὲς ἐγκαλοῦσιν, ὅτι πρὸς
Ἀλέξανδρον ἔπλευσεν, ἐλπίζων ἀναστήσειν Ὄλυνθον,
ὡς Στάγειρα Ἀριστοτέλης· (**) Ἔφορον δὲ καὶ Ξενοκράτην καὶ Μενέδημον ἐπαινοῦσι παραιτησαμένους
τὸν Ἀλέξανδρον· ὁ δὲ Χρύσιππος ἕνεκα χρηματισμοῦ
τὸν σοφὸν ἐπὶ κεφαλὴν ἐς Παντικάπαιον ὠθεῖ καὶ τὴν
Σκυθῶν ἐρημίαν. (7) Ὅτι γὰρ ἐργασίας ἕνεκα καὶ
χρηματισμοῦ ταῦτα ποιεῖ, καὶ προδεδήλωκε « τρεῖς
ὑποθέμενος ἁρμόζοντας μάλιστα τῷ σοφῷ χρηματι-
σμούς, τὸν ἀπὸ βασιλείας, καὶ τὸν ἀπὸ φίλων, καὶ
τρίτον ἐπὶ τούτοις τὸν ἀπὸ σοφιστείας. » (8) Καίτοι
πολλαχοῦ μὲν ἀποκναίει ταῦτ' ἐπαινῶν·

Ἐπεὶ τί [δεῖ] βροτοῖσι πλὴν δυοῖν μόνων,
[Δήμητρος ἀκτῆς πώματός θ' ὑδρηχόου;]

ἐν δὲ τοῖς περὶ Φύσεως λέγει, « τὸν σοφόν, εἰ τὴν μεγίστην οὐσίαν ἀποβάλοι, δραχμὴν μίαν ἐκβεβληκέναι
δόξειν. » (9) Οὕτω δὲ αὐτὸν ἄρας ἐκεῖ καὶ ὀγκώσας,
ἐνταῦθα πάλιν εἰς μισθαρνίαν καταβάλλει καὶ σοφι-
στείαν· καὶ γὰρ αἰτήσειν, καὶ προλήψεσθαι, τὸ μὲν
εὐθὺς ἀρχομένου, τὸ δὲ χρόνου τῷ μαθητῇ διελθόντος,
ὅπερ εὐγνωμονέστερον εἶναί φησιν, ἀσφαλέστερον δὲ
τὸ προλαμβάνειν, ὡς ἀδικήματα τοῦ τόπου ἐπιδεχομένου. (10) Λέγει δὲ οὕτως· « Εἰσπράττονται δὲ τὸν μισθὸν οὐ πάντες οἱ νοῦν ἔχοντες ὡσαύτως· ἀλλ' ἄλλως
[ἄλλοι], ὡς ἂν ὁ καιρὸς φέρῃ, οὐκ ἐπαγγελλόμενοι
ποιήσειν ἀγαθούς, καὶ ταῦτ' ἐν ἐνιαυτῷ· ὅσα δὲ πρὸς
ἑαυτούς, ταῦτα ποιήσειν πρὸς τὸν συμφωνηθέντα χρόνον. (11) * Καὶ πάλιν προελθών· « Τόν τε καιρὸν εἴσεται, πότερον εὐθὺς δεῖ τὸν μισθὸν λαμβάνειν ἅμα τῇ

Ipsas Expetendis, his verbis : *Videtur enim revera otiosa vita periculis vacare et in tuto versari, etsi hoc plurimi minime perspiciunt.* (3) Hæc non dissonare ab Epicuro, qui providentiam ideo sustulit, ut Deum redderet otiosum, quivis videt. Sed ille idem Chrysippus in primo libro de Vitis, *Sapientem*, ait, *ultro regnum suscepturum, ut inde quæstum faciat; aut si rex ipse esse nequeat, victurum cum rege, et ei in expeditione adfuturum, si talis sit, qualis Idanthyrsus Scytha, aut Leuco Ponticus.* (4) Sed et hanc ipsius dictionem apponam, ut videamus an sicut ima et summa chorda concinunt, ita consentiat vita hominis qui otium et paucarum rerum tractationem delegerit, cum eo qui una cum Scythis equitet, et Bosporani tyranni res agat quacumque demum necessitate inductus : (5) *Quod enim*, inquit, *in expeditione futurus sit cum potentibus, vitamque una acturus, rursum considerabimus, his intenti. Quidam enim ne hæc quidem suspicantur ob similes ratiocinationes, nobis hæc relinquentibus ob similia argumenta.* Et paullo post : *Non modo cum iis qui jam profecerunt in disciplina et moribus, ut apud Leuconem et Idanthyrsum.* (6) Atqui Callistheni sunt qui vitio vertant, quod ad Alexandrum navigavit spe Olynthi restituendæ, sicut Stagiram instauraverat Aristoteles; et Ephorum, Xenocratem, ac Menedemum laudant, qui Alexandri convictum recusassent. At Chrysippus quæstus causa Sapientem obtorto collo in Panticapæum rapit, ac Scytharum solitudinem. (7) Nam lucri causa hoc Chrysippus instituere se ipse profitetur, *tres rem faciendi modos* ponens *Sapienti maxime congruentes; e regno, ex amicis, ex arte sophistica.* (8) At enim passim ad nauseam usque inculcat hæc et dilaudat :

Nam præter hæc duo, qua tandem mortalibus
re sit opus? almæ quum Telluris frugibus,
tum quæ sitim salubris lympha sublevet.

Præterea in iis quæ de Natura scripsit, *Sapientem*, ait, *si amplissimas opes amittat, reputaturum se unicam amisisse drachmam.* (9) Quum autem illum ibi ita inflasset et extulisset, hic eum ad mercenarias operas et sophisticam deprimit. Quin *et exacturum mercedem, et ante tempus accepturum* ait, *quandam partem statim ubi discipulus se ei dederit, aliud tempore exacto : quorum hoc* ait esse *humanius, illud tutius, quia fraus in ea re possit accidere.* (10) Loquitur autem sic : *Mercedem exigunt non omnes qui sapiunt eodem modo; sed alius aliter, prout tempus dederit, non ut vulgus Sophistarum promittentium se discipulos bonos facturos, idque annuo spatio; sed se id, quoad ejus ab ipsis fieri possit quantumque in ipsis sit, certo constituto tempore præstituros.* (11) Ac deinde : *Tempus autem ipse sciet,*

προσόδῳ, καθάπερ πλείους πεποιήκασιν, ἢ καὶ χρόνον
αὐτοῖς διδόναι, τοῦ τόπου τούτου μᾶλλον καὶ ἀδικήματα ἐπιδεχομένου, δόξαντος δ' ἂν εἶναι εὐγνωμονε-
στέρου. » (12) Καὶ πῶς ἢ χρημάτων καταφρονητὴς ὁ
5 σοφός, ὑπὸ συγγραφὴν ἐπ' ἀργυρίῳ τὴν ἀρετὴν παρα-
διδούς, κἂν μὴ παραδῷ, τὸ μισθάριον εἰσπράττων, ὡς
πεποιηκὼς τὰ παρ' αὐτόν; ἢ βλάβης κρείττων, φυλαττόμενος μὴ ἀδικηθῇ περὶ τὸ μισθάριον; ἀδικεῖται γὰρ
οὐδεὶς μὴ βλαπτόμενος· ὅθεν μὴ ἀδικεῖσθαι τὸν σοφὸν
10 ἐν ἄλλοις ἀποφηνάμενος, ἐνταῦθα φησὶν ἀδίκημά τι
τὸν τόπον ἐπιδέχεσθαι.

XXI. Ἐν δὲ τῷ περὶ Πολιτείας « οὐδὲν ἡδονῆς ἕνεκα
πράξειν οὐδὲ παρασκευάσεσθαι φησὶ τοὺς πολίτας· »
καὶ τὸν Εὐριπίδην ἐπαινεῖ ταῦτα προφερόμενος·

15   Ἐπεὶ τί [δεῖ] βροτοῖσι, πλὴν δυοῖν μόνων,
     Δήμητρος ἀκτῆς [πώματός θ' ὑδρηχόου];

εἶτα μικρὸν ἀπὸ τούτων προελθών, ἐπαινεῖ τὸν Διογένη
τὸ αἰδοῖον ἀποτριβόμενον ἐν φανερῷ, καὶ λέγοντα πρὸς
τοὺς παρόντας· Εἴθε καὶ τὸν λιμὸν οὕτως ἀποτρίψασθαι
20 τῆς γαστρὸς ἠδυνάμην. (2) Τίνα οὖν ἔχει λόγον ἐν
τοῖς αὐτοῖς ἐπαινεῖν τὸν ἐκβάλλοντα τὴν ἡδονήν, ἅμα
καὶ τὸν ἡδονῆς ἕνεκα τοιαῦτα πράττοντα καὶ τοιαύτης
ἁπτόμενον αἰσχρουργίας; (3) Γράψας τοίνυν ἐν τοῖς
περὶ Φύσεως, ὅτι « πολλὰ τῶν ζῴων ἕνεκα κάλλους ἡ
25 φύσις ἐνήνοχε, φιλοκαλοῦσα καὶ χαίρουσα τῇ ποικιλίᾳ, »
καὶ λόγον ἐπειπὼν παραλογώτατον, ὡς « ὁ ταὼς ἕνεκα
τῆς οὐρᾶς γέγονε, διὰ τὸ κάλλος αὐτῆς, » αὖθις ἐν τῷ
περὶ Πολιτείας νεανικῶς ἐπιτετίμηκε τοῖς ταὼς τρέφουσι καὶ ἀηδόνας, ὥσπερ ἀντινομοθετῶν τῷ τοῦ κό-
30 σμου νομοθέτῃ, καὶ τῆς φύσεως καταγελῶν φιλοκαλού-
σης περὶ τὰ τοιαῦτα τῶν ζῴων, οἷς ὁ σοφὸς ἐν τῇ πόλει
τόπον οὐ δίδωσι. Πῶς γὰρ οὐκ ἄτοπον, ἐγκαλεῖν τοῖς
τρέφουσιν ἃ γεννῶσαν ἐπαινεῖ τὴν πρόνοιαν; (4) Ἐν
μὲν οὖν τῷ πέμπτῳ περὶ Φύσεως, εἰπὼν ὅτι « οἱ κό-
35 ρεις εὐχρήστως ἐξυπνίζουσιν ἡμᾶς, καὶ οἱ μύες ἐπι-
στρέφουσιν ἡμᾶς μὴ ἀμελῶς ἕκαστα τιθέναι, φιλοκα-
λεῖν δὲ τὴν φύσιν τῇ ποικιλίᾳ χαίρουσαν εἰκός ἐστι, »
ταῦτα κατὰ λέξιν εἴρηκε· « Γένοιτο δ' ἂν μάλιστα τούτου ἔμφασις ἐπὶ τῆς κέρκου τοῦ ταώ· » ἐνταῦθα γὰρ
40 ἐπιφαίνει τὸ ζῷον γεγονέναι ἕνεκα τῆς κέρκου, καὶ οὐκ
ἀνάπαλιν, τῷ ἄρρενι γινομένῳ οὕτως ἢ θηλυδοῦν ἠκο-
λούθηκεν. (5) Ἐν δὲ τῷ περὶ Πολιτείας εἰπὼν ὅτι
« ἐγγὺς ἐσμὲν τοῦ καὶ τοὺς κοπρῶνας ζωγραφεῖν, » μετ'
ὀλίγον « τὰ γεωργικά φησι καλλωπίζειν τινὰς ἀναδεν-
45 δράσι καὶ μυρρίναις, καὶ ταὼς καὶ περιστερὰς τρέφουσι
καὶ πέρδικας, ἵνα κακκαβίζωσιν αὐτοῖς, καὶ ἀηδόνας. »
(6) Ἡδέως δ' ἂν αὐτοῦ πυθοίμην, τί φρονεῖ περὶ μελιττῶν καὶ μέλιτος· ἢν μὲν γὰρ ἀκόλουθον τῷ τοὺς κόρεις
εὐχρήστως τὸ τὰς μελίττας ἀχρήστως φάναι γεγονέναι·
50 εἰ δὲ ταύταις τόπον ἐν πόλει δίδωσι, διὰ τί τῶν πρὸς
ἀκοὴν καὶ ὄψιν ἐπιτερπῶν ἀπείργει τοὺς πολίτας; (7)
Καθόλου δέ, ὥσπερ ὁ τοὺς συνδείπνους μεμφόμενος,
ὅτι χρῶνται τραγήμασι καὶ οἴνῳ καὶ ὄψοις, τὸν δ' ἐπὶ

---

*utrum statim primo congressu mercedem debeat exi-
gere, sicut fecere complures, an tempus constituere,
qui modus ut videtur humanior, ita opportunior est injuriis.* (12) Sed quonam modo Sapiens vel pecuniæ erit
contemtor, qui accepta syngrapha pro argento virtutem
tradat, et ut non tradiderit, tamen mercedulam exigat?
vel is erit cui damnum inferri nequeat, qui cautione utatur, ne defraudetur mercedula? Nam fraus nemini fit citra
injuriam. Itaque quum alibi pronunciasset, *Sapienti non
fieri injuriam,* hoc loco ait, *rem ejus esse injuriæ obnoxiam.*

XXI. Idem quum in opere de Republica dixisset, *cives
nihil voluptatis causa acturos aut paraturos,* laudavis-
setque Euripideum hoc,

     Nam præter hæc duo qua tandem mortalibus
     re sit opus? almæ quum Telluris frugibus,
     tum quæ sitim salubris lympha sublevet :

paululum progressus Diogenem laudat, qui in publico ma-
sturbasset, dixissetque adstantibus, *Utinam liceret sic
etiam famem attrito ventre pellere.* (2) Quam autem
rationem hoc habet, simul et eum laudare qui voluptatem
ejecisset, et qui voluptatis causa istæc ageret et eo turpitudinis progrederetur? (3) Idem quum in opere de Natura
scripsisset, *naturam multa animalia pulchritudinis
causa protulisse, gaudentem nimirum pulchritudine
et varietate,* adjecissetque alienissimum a ratione dictum, *pavonem ob caudam ejusque pulchritudinem esse
creatum,* rursum in libro de Republica audacter insectatur *eos qui pavones alunt et luscinias,* tanquam contrarias legibus a conditore legum Universi positis leges statuens, ac naturam subsannans, quæ studiose tam elegantia
edidisset animalia, quibus Sapiens in urbe locum non concederet. Qui enim non sit absurdum culpari eos qui alunt
ea, quæ procreantem iste laudat naturam? (4) In quinto
de Natura ubi dixit, *utiliter nos a cimicibus e somno
excitari, et a muribus admoneri ut in rebus locandis
curam adhibeamus, naturamque gaudere pulchritudine et varietate,* addit hæc verba : *Id maxime intelligi
potest ex cauda pavonis.* Ibi significat pavonem esse
factum propter caudam, non vicissim; ceterum masculo
ita nato femina tantum consequentiæ causa addita est.
(5) In libro de Republica quum dixisset *parum abesse quin
etiam sterquilinia pingamus,* haud multo post ait, *quosdam sua rura exornare vitibus arbores ambientibus,
et myrtis, ac pavones alere, et columbas, et perdices
ut ipsis caccabent, et luscinias.* (6) Quam vellem ex
ipso audire, quid de apibus et melle sentiret : scilicet enim
consequens erat ut si cimices utiliter, apes inutiliter datas
esse diceret. Quodsi illis locum in urbe concedit, cur auditu
et visu jucundis ab rebus arcet cives? (7) In universum
autem, sicut ineptus est qui convivas culpans quod utantur
bellariis, vino, obsoniis, interim laudat eum qui ad ista

ταῦτα κεκληκότα καὶ ταῦτα παρεσκευασμένον ἐπαινῶν, ἄτοπός ἐστιν· οὕτως ὁ τὴν μὲν πρόνοιαν ἐγκωμιάζων ἰχθῦς καὶ ὄρνιθας καὶ μέλι καὶ οἶνον παρασκευά-
σασαν, ἐγκαλῶν δὲ τοῖς μὴ παραπέμπουσι ταῦτα, μηδ'
ὁ ἀρχουμένοις

    Δήμητρος ἀκτῇ πώμασίν θ' ὑδρηχόοις,
    ἅπερ πάρεστι

καὶ πέφυκεν ἡμᾶς τρέφειν, οὐθένα ποιεῖσθαι λόγον ἔοικε
τοῦ τἀναντία λέγειν ἑαυτῷ.

XXII. Καὶ μὴν ἐν τῷ τῶν Προτρεπτικῶν εἰπὼν
ὅτι « καὶ τὸ μητράσιν ἢ θυγατράσιν ἢ ἀδελφαῖς συγγενέσθαι, καὶ τὸ φαγεῖν τι, καὶ προελθεῖν ἀπὸ λεχοῦς ἢ
θανάτου πρὸς ἱερὸν, ἀλόγως διαβέβληται· καὶ [πρὸς]
τὰ θηρία, φησὶ, δεῖν ἀποβλέπειν, καὶ τοῖς ὑπ' ἐκείνων
γινομένοις τεκμαίρεσθαι τὸ μηδὲν ἄτοπον μηδὲ παρὰ
φύσιν εἶναι τῶν τοιούτων· εὐκαίρως γὰρ πρὸς ταῦτα
γίνεσθαι τὰς τῶν ἄλλων ζῴων παραθέσεις, εἰς τὸ μήτε
συγγινόμενα, μήτε γεννῶντα, μήτ' ἐναποθνήσκοντα ἐν
τοῖς ἱεροῖς μιαίνειν τὸ θεῖον. » (2) Ἐν δὲ τῷ πέμπτῳ
πάλιν περὶ Φύσεως λέγει « καλῶς μὲν ἀπαγορεύειν τὸν
Ἡσίοδον, εἰς ποταμοὺς καὶ κρήνας οὐρεῖν· ἔτι δὲ μᾶλλον ἀφεκτέον εἶναι τοῦ πρὸς βωμὸν οὐρεῖν, ἢ ἀφίδρυμα
θεοῦ· μὴ γὰρ εἶναι πρὸς λόγον, εἰ κύνες καὶ ὄνοι τοῦτο
ποιοῦσι, καὶ παιδάρια νήπια, μηδεμίαν ἐπιστροφὴν
μηδ' ἐπιλογισμὸν ἔχοντα περὶ τῶν τοιούτων. » (3)
Ἄτοπον μὲν οὖν τὸ ἐκεῖ μὲν εὔκαιρον εἰπεῖν τὴν τῶν
ἀλόγων ζῴων ἀποθηρίωσιν, ἐνταῦθα δ' ἀπόλογον.

XXIII. Τοῦ κατηναγκάσθαι δοκοῦντος ὑπὸ τῶν
ἔξωθεν αἰτιῶν ταῖς ὁρμαῖς ἀπόλυσιν πορίζειν, ἔνιοι
τῶν φιλοσόφων ἐπελευστικήν τινα κίνησιν ἐν τῷ ἡγεμονικῷ κατασκευάζουσιν, ἐπὶ τῶν ἀπαραλλάκτων μάλιστα γινομένην ἔκδηλον· ὅταν γὰρ δυοῖν ἴσον δυναμένων καὶ ὁμοίως ἐχόντων θάτερον ἢ λαβεῖν ἀνάγκη,
μηδεμιᾶς αἰτίας ἐπὶ θάτερον ἀγούσης, τῷ μηδενὶ τοῦ
ἑτέρου διαφέρειν, ἡ ἐπελευστικὴ δύναμις αὕτη τῆς ψυχῆς ἐπίκλισιν ἐξ αὑτῆς λαβοῦσα διέκοψε τὴν ἀπορίαν.
(2) Πρὸς τούτους ὁ Χρύσιππος ἀντιλέγων, ὡς βιαζομέ-
νους τῷ ἀναιτίῳ τὴν φύσιν, ἐν πολλοῖς παρατίθησι « τὸν
ἀστράγαλον καὶ τὸν ζυγὸν, καὶ πολλὰ τῶν μὴ δυναμένων ἄλλοτε ἄλλας λαμβάνειν πτώσεις καὶ ῥοπὰς ἄνευ
τινὸς αἰτίας καὶ διαφορᾶς ἢ περὶ αὐτὰ πάντως ἢ περὶ
τὰ ἔξωθεν γινομένης· (3) τὸ γὰρ ἀναίτιον ὅλως ἀνύπαρκτον εἶναι καὶ τὸ αὐτόματον· ἐν δὲ ταῖς πλαττομέ-
ναις ὑπ' ἐνίων καὶ λεγομέναις ταύταις ἐπελεύσεσιν αἰτίας ἀδήλους ὑποτρέχειν, καὶ λανθάνειν ἡμᾶς ἐπὶ θάτερα τὴν ὁρμὴν ἀγούσας. » (4) Ταῦτα μὲν οὖν ἐν τοῖς
γνωριμωτάτοις ἐστὶ τῶν ὑπ' αὐτοῦ πολλάκις εἰρημένων. Ἃ δὲ τούτοις πάλιν αὐτὸς ἐξ ἐναντίας εἴρηκεν,
οὐχ ὁμοίως οὕτως ἐν μέσῳ κείμενα, δι' αὐτῶν παραθήσομαι τῶν ἐκείνου λέξεων. (5) Ἐν μὲν γὰρ τῷ περὶ
τοῦ Δικάζειν ὑποθέμενος δύο δρομεῖς ὁμοῦ συνεκπίπτειν
ἀλλήλοις, διαπορεῖ τί τῷ βραβευτῇ καθήκει ποιῆσαι·
« Πότερον, φησὶν, ἔξεστι τὸν βραβευτὴν τὸν φοίνικα,

---

abs se instructa eos invitaverit; sic qui Providentiam laudat, quæ pisces, aves, mel, vinumque præbuerit, vituperans interim eos qui ista non repudiant, neque contenti
sunt

    Telluris almæ frugibus, potuque aquæ,
    quæ sunt alendis nobis, et sunt obvia,

eum apparet non curare an sibi ipse contradicat.

XXII. Idem in Exhortatoriis, *rem cum matre, filia,
aut sorore habere, vesci cibis interdictis, a puerpera
aut cadavere ad rem sacram accedere, talia esse pronuncians quæ nulla ratione vituperentur, respicere nos
jubet in bestias; nam ex iis, quæ illæ faciunt, posse
argumenta sumi, nihil istorum vel absurdum esse, vel
naturæ repugnans: atque adeo tempestive huc aliorum
animalium exempla adduci, quæ neque coitu, neque
ortu, neque interitu suo templum, in quo accidant
ista, polluant.* (2) Rursum in quinto libro de Natura
ait, *recte Hesiodum interdicere ne in fontes aut flumina meiamus; et multo magis cavendum esse, ne ad
aram aut simulacrum aliquod deorum meiamus; neque admittendam esse hanc rationem, fieri hoc ipsum
a canibus, asinis, infantibus, sine ulla observatione
aut cura harum rerum.* (3) Absurdum est brutorum
animalium comparationem illic ut opportunam commendare, hic ut ineptam repudiare.

XXIII. Sunt quidam philosophi, qui, ut vis extrinsecus
facta cupiditatibus excusationem paret, in facultate animi
principe quandam extrinsecus supervenientem motionem
ponunt; quæ maxime elucescat in rebus inter se non discrepantibus. Nam quum duæ res objiciuntur similes inter
se et ejusdem momenti, quarum altera sit deligenda, utcumque nulla causa exstet, quæ in alteram partem impellat, eo quod nullum sit inter eas discrimen; tum illam supervenientem facultatem, inclinando animum, dubitationem istam tollere. (2) Contra hos dicens Chrysippus, *ut
qui vim naturæ inferrent inducendo effectu sine causa,*
crebro adducit *talum et libram, multaque alia quæ non
possint motiones et inclinationes suas mutare absque
causa aliqua et discrimine, quæ aut illis rebus
ipsis, aut earum incidat exterius conjunctis.* (3) *Nam
quod causa careat prorsus non esse; itemque nullum
esse fortuitum: in illis autem, quas nonnulli fingant,
superventionibus, incurrere causas obscuras, quæ nobis non animadvertentibus voluntatem in alteram partem ut inclinet percellant.* (4) Atque hoc quidem ex
eorum est numero, quæ ab eo aliquoties dicta fuisse no-
tissimum est. Quæ autem his adversa dixit, quum non
æque sint in medio posita, ipsius adeo verbis ego proponam. (5) In libro de Judicis Officio, ponens hoc, *duos
cursores simul metam attingere,* disquirit, *quid arbitro certaminis faciendum sit: Utrum,* inquit, *arbitro*

ὁποτέρῳ βούλεται, ἀποδοῦναι; κἂν τύχωσιν αὐτῷ συν-
ηθέστεροι ὄντες, ὡς ἂν ἐνταῦθα τῶν αὐτοῦ τι χαρισό-
μενον τρόπον τινὰ μᾶλλον, ὡς κοινοῦ τοῦ φοίνικος γεγονότος ἀμφοτέρων, οἱονεί τινος κλήρου γινομένου ἐνάλ-
5 λως κατὰ τὴν ἐπίκλισιν, ὡς ἔτυχε δοῦναι αὐτόν· λέγω
δὲ ἣν ἔτυχεν ἐπίκλισιν, οἷα γίνεται, ὅταν δυεῖν προκειμένων δραχμῶν ὁμοίων κατὰ τὰ λοιπά, ἐπὶ τὴν ἑτέραν ἐπικλίναντες λαμβάνωμεν αὐτήν. »   (6) Ἐν δὲ τῷ
ἕκτῳ περὶ Καθήκοντος « εἶναί τινα φήσας πράγματα
10 μὴ πάνυ πολλῆς ἄξια ὄντα πραγματείας μηδὲ προσο-
χῆς, » ἀφιέναι περὶ ταῦτα τῇ ὡς ἔτυχεν ἐπικλίσει τῆς
διανοίας οἴεται δεῖν τὴν αἵρεσιν ἀποκληρώσαντας·
« Οἷον, φησίν, εἰ τῶν δοκιμαζόντων τάσδε τινὰς δραχμὰς δύο, ἐπὶ τοσόνδε, οἱ μὲν τήνδε, οἱ δὲ τήνδε φαῖεν
15 εἶναι καλήν, δέοι δὲ μίαν αὐτῶν λαβεῖν· τηνικαῦτα
ἀφέντες τὸ ἐπιπλεῖον ἐπιζητεῖν, ἣν ἔτυχε ληψόμεθα,
κατ' ἄδηλον τινὰ ἀποκληρώσαντες αὐτὰς λόγον, καὶ
εἰ μάλιστα τὴν μοχθηρὰν ληψόμεθα αὐτῶν. »   (7)
Ἐν τούτοις γὰρ ἀποκλήρωσις καὶ τὸ ὡς ἔτυχεν ἐπικλῖ-
20 νον τῆς διανοίας, ἄνευ πάσης αἰτίας εἰσάγει τὴν ἀδιαφόρων λῆψιν.

XXIV. Ἐν τῷ τρίτῳ περὶ τῆς Διαλεκτικῆς ὑπειπὼν ὅτι « Πλάτων ἐσπούδασε περὶ τὴν διαλεκτικήν,
καὶ Ἀριστοτέλης, καὶ ἀπὸ τούτων [οἱ] ἄχρι Πολέμωνος
25 καὶ Στράτωνος, * μάλιστα δὲ Σωκράτης· » καὶ ἐπιφω-
νήσας ὅτι « καὶ συνεξαμαρτάνειν ἄν τις θελήσειε τούτοις
τοσούτοις καὶ τοιούτοις οὖσιν, » ἐπιφέρει κατὰ λέξιν· « Εἰ
μὲν γὰρ ἐκ παρέργου περὶ αὐτῶν εἰρήκεσαν, τάχ' ἂν
τις διέσυρε τὸν τόπον τοῦτον· οὕτω δ' αὐτῶν ἐπιμελῶς
30 εἰρηκότων ὡς ἐν ταῖς μεγίσταις δυνάμεσι καὶ ἀναγκαιο-
τάταις αὐτῆς οὔσης, οὐ πιθανὸν ἐπὶ τοσοῦτον διαμαρτάνειν αὐτοὺς ἐν τοῖς ὅλοις ὄντας οἵους ὑπονοοῦμεν. »
(2) Τί οὖν σὺ, φήσαι τις ἂν, αὐτὸς ἀνδράσι τοιούτοις
καὶ τοσούτοις οὐδέποτε παύσῃ μαχόμενος οὐδ' ἐλέγχων,
35 ὡς νομίζεις, ἐν τοῖς κυριωτάτοις καὶ μεγίστοις διαμαρ-
τάνοντας;   (3) Οὐ γὰρ δήπου περὶ [μὲν] διαλεκτικῆς
ἐσπουδασμένως ἔγραψαν, περὶ δ' ἀρχῆς καὶ τέλους καὶ
θεῶν καὶ δικαιοσύνης, ἐκ παρέργου καὶ παίζοντες, ἐν
οἷς τυφλὸν αὐτῶν ἀποκαλεῖς τὸν λόγον, καὶ μαχόμενον
40 αὐτῷ, καὶ μυρίας ἄλλας ἁμαρτίας ἔχοντα.

XXV. « Τὴν ἐπιχαιρεκακίαν ὅπου μὲν ἀνύπαρκτον
εἶναί φησιν· ἐπεὶ τῶν μὲν ἀστείων οὐδεὶς ἐπ' ἀλλοτρίοις κακοῖς χαίρει, [τῶν δὲ φαύλων οὐδεὶς χαίρει]
τοπαράπαν. »   (2) Ἐν δὲ τῷ δευτέρῳ περὶ Ἀγαθοῦ,
45 τὸν φθόνον ἐξηγησάμενος, ὅτι « λύπη ἐστὶν ἐπ' ἀλλοτρίοις ἀγαθοῖς, ὡς δήποτε βουλομένων ταπεινοῦν τοὺς
πλησίον, ὅπως ὑπερέχωσιν αὐτοί, » συνάπτει τὴν
ἐπιχαιρεκακίαν· « Ταύτῃ δὲ συνεχὴς ἡ ἐπιχαιρεκακία
γίνεται, ταπεινοὺς βουλομένων εἶναι τοὺς πλησίον διὰ
50 τὰς ὁμοίας αἰτίας, καθ' ἑτέρας δὲ φυσικὰς φορὰς ἐκ-
τρεπομένων, ὁ ἔλεος γίνεται. »   (3) Δῆλος γάρ ἐστιν
ἐνταῦθα τὴν ἐπιχαιρεκακίαν ὑπαρκτήν, ὥσπερ [τὸν]
φθόνον καὶ τὸν ἔλεον, ἀπολιπών, ἣν ἐν ἑτέροις ἀνύ-

---

*licet palmam dare utri voluerit, quippe quæ casu neu-
trius facta sit, ut videatur jam de suo aliquid dare?
an potius, tanquam palma utriusque sit communis,
perinde atque in sortitione, fortuita animi inclinatione et prouti casus tulerit eam alterutri dabit? Inclinationem autem voco fortuitam: ut si duabus propositis drachmis æqualibus, tamen ad aliam magis quam
ad aliam accipiendam animus inclinat.* (6) In sexto
eorum quos de Officiis scripsit libro, ubi dixit, *quasdam
res non magno dignas esse studio aut attentione*, existimat iis ad sortem relegatis debere nos optionem fortuitæ
animi inclinationi committere: *Velut*, inquit, *quum duæ
drachmæ explorantur nobis certæ ac definitæ, quarum alterius optio, item explorationis certum tempus
datur, et alius hanc, alius illam ut pulchram commendet, oporteatque unam ex ambabus sumere; tunc
vero, omissa ulteriore exploratione, sumemus eam
quam casus nobis obtulerit, incertæ cuidam rationi
sortitionem earum committentes, etsi vel maxime deteriorem sumturi simus.* (7) Quibus quidem verbis sor-
titio quædam et fortuita animi inclinatione introducit indifferentium delectum sine causa ulla.

XXIV. In tertio de Dialectica libro quam dixisset, *Platonem, Aristotelem, et alios qui hos subsecuti essent
usque ad Polemonem et Stratonem, dialecticæ operam
dedisse*; maxime autem Socratem; idque acclamasset,
velle multos etiam errare cum talibus tantisque viris,
hæc verba subjungit: *Nam si obiter et extra propositum
hunc locum tractavissent, poterat aliquis fortasse
hanc rem contemnere: quum autem ita accurate istam
rem egerint, ut qui eam inter facultates potissimas
maximeque necessarias haberent; non est probabile eos
tantum a vero aberrasse, quum in reliquis rebus tales
fuerint hi viri, quales eos fuisse suspicamur.* (2) Dicat
vero aliquis, Cur tu nullum facis, Chrysippe, finem talibus
tantisque viris adversandi, eosque reprehendendi, dum
eos putas in summis ac totam rem continentibus rebus errasse? (3) Non enim arbitror eos de Dialectica quidem
studio operaque adhibitis scripsisse; de Principio autem,
Fine, Diis, et Justitia, dicis duntaxat gratia atque joci; in
quibus tu eorum rationem cæcam et sibi ipsi repugnantem, multisque aliis erroribus contaminatam asseris esse.
XXV. *Gaudium, quod de malis alienis percipiatur*,
quodam loco dicit, nusquam exstare; neminem enim
omnino bonum unquam gavisurum propter aliena
mala; malum hominem neminem omnino gaudere. (2)
Sed in secundo libro de Bono, quum exposuisset *Invidiam
esse dolorem conceptum de alius rebus secundis, scilicet
quod invidi cuperent proximum deprimere, ut ipsi
excellerent*; annectit illam de malis aliorum conceptam
lætitiam, ita inquiens: *Huic continuo adhæret lætitia ex
aliorum malis concepta, in eorum animis, qui proximum volunt dejectum similibus e causis; diversis autem
naturalibus motibus animo agitato, nascitur misericor-
dia.* (3) Certe hinc liquet concedere eum, ut invidiam et
misericordiam, ita etiam gaudium illud de alienis malis

παρκτὸν εἶναί φησιν, ὥσπερ τὴν μισοπονηρίαν καὶ τὴν αἰσχροκέρδειαν.

XXVI. Ἐν πολλοῖς εἰρηκὼς ὅτι «παρὰ τὸν πλείονα χρόνον οὐδὲν μᾶλλον εὐδαιμονοῦσιν, ἀλλ' ὁμοίως καὶ ἐπίσης τοῖς τὸν ἀμερῆ χρόνον εὐδαιμονίας μετασχοῦσιν·» ἐν πολλοῖς πάλιν εἴρηκεν, ὡς «οὐδ' ἂν τὸν δάκτυλον καθήκοι προτεῖναι χάριν ἀμεριαίας φρονήσεως, καθάπερ ἀστραπῆς διιπταμένης.» (2) Ἀρκέσει δὲ παραθεῖναι τὰ ἐν τῷ ἕκτῳ τῶν Ἠθικῶν Ζητημάτων γεγραμμένα περὶ τούτων· ὑπειπὼν γὰρ ὡς «οὔτε πᾶν ἀγαθὸν ἐπίσης εἰς χαρὰν πίπτει, οὔτε πᾶν κατόρθωμα εἰς σεμνολογίαν,» ἐπενήνοχε ταῦτα· «Καὶ γὰρ, εἰ μόνον μέλλοι ἀμερῆ χρόνον ἢ τὸν ἔσχατον ἕξειν φρόνησιν, οὐδ' ἂν τὸν δάκτυλον καθήκοι ἐκτεῖναι ἕνεκα τῆς οὕτω παρεσομένης φρονήσεως,» καίπερ παρὰ τὸν πλείονα χρόνον οὐδὲν μᾶλλον εὐδαιμονούντων, οὐδὲ τῆς ἀϊδίου εὐδαιμονίας αἱρετωτέρας γινομένης παρὰ τὴν ἀμεριαίαν. (3) Εἰ μὲν οὖν τὴν φρόνησιν ἡγεῖτο ποιητικὸν εἶναι τῆς εὐδαιμονίας (τὸ) ἀγαθὸν, ὥσπερ ὁ Ἐπίκουρος, αὐτῆς ἔδει μόνον τῆς ἀτοπίας καὶ παραδοξολογίας ἐπιλαμβάνεσθαι τοῦ δόγματος· ἐπεὶ δὲ ἡ φρόνησις οὐχ ἕτερόν ἐστι τῆς εὐδαιμονίας κατ' αὐτόν, ἀλλ' εὐδαιμονία, πῶς οὐ μάχεται τὸ λέγειν, ἐπίσης μὲν αἱρετὴν εἶναι τὴν ἀμεριαίαν εὐδαιμονίαν καὶ τὴν ἀΐδιον, μηδενὸς δ' ἀξίαν τὴν ἀμεριαίαν;

XXVII. «Τὰς ἀρετάς φησιν ἀντακολουθεῖν ἀλλήλαις, οὐ μόνον τῷ τὴν μίαν ἔχοντα, πάσας ἔχειν, ἀλλὰ καὶ τῷ τὸν κατὰ μίαν ὁτιοῦν ἐνεργοῦντα, κατὰ πάσας ἐνεργεῖν· οὔτ' ἄνδρα φησὶ τέλειον εἶναι τὸν μὴ πάσας ἔχοντα τὰς ἀρετάς, οὔτε πρᾶξιν τελείαν, ἥτις οὐ κατὰ πάσας πράττεται τὰς ἀρετάς.» (2) Ἀλλὰ μὴν ἐν τῷ ἕκτῳ τῶν Ἠθικῶν Ζητημάτων ὁ Χρύσιππος «οὐκ ἀεί, φησίν, ἀνδρίζεσθαι τὸν ἀστεῖον, οὐδὲ δειλαίνειν τὸν φαῦλον, ὡς δὲ ἐν φαντασίαις ἐπιφερομένων τινῶν, τὸν μὲν ἐμμένειν τοῖς κρίμασι, τὸν δ' ἀφίστασθαι.* Πιθανὸν δέ, φησί, μηδ' ἀκολασταίνειν ἀεὶ τὸν φαῦλον.» (3) Εἴπερ οὖν τὸ ἀνδρίζεσθαι τοιοῦτόν ἐστιν οἷον ἀνδρείᾳ χρῆσθαι, καὶ τὸ δειλαίνειν οἷον δειλίᾳ χρῆσθαι, μαχόμενα λέγουσι, λέγοντες κατὰ πάσας μὲν ἅμα τὰς ἀρετὰς καὶ τὰς κακίας ἐνεργεῖν τὸν ἔχοντα, μὴ ἀεὶ δὲ τὸν ἀστεῖον ἀνδρίζεσθαι, μηδὲ δειλαίνειν τὸν φαῦλον.

XXVIII. Τὴν ῥητορικὴν ὁρίζεται τέχνην, περὶ κόσμου καὶ [εἰ]ρημένου λόγου τάξιν· ἔτι δ' ἐν τῷ πρώτῳ ταῦτα γέγραφεν· «Οὐ μόνον δὲ τοῦ ἐλευθερίου καὶ ἀφελοῦς κόσμου δεῖν οἴομαι ἐπιστρέφεσθαι κἀπὶ τῶν λόγων (ᾧ) καὶ τῶν οἰκείων ὑποκρίσεων κατὰ τὰς ἐπιβαλλούσας τάσεις τῆς φωνῆς, καὶ σχηματισμοὺς τοῦ τε προσώπου καὶ τῶν χειρῶν.» (2) Οὕτω δέ τις φιλότιμος ἐνταῦθα καὶ περιττὸς γενόμενος, πάλιν ἐν τῷ αὐτῷ βιβλίῳ περὶ τῆς τῶν φωνηέντων συγκρούσεως ὑπειπών, «Οὐ μόνον, φησί, ταῦτα παρε-

exstare; quod alio loco negaverat, ut etiam de malorum odio, et turpis lucri cupiditate.

XXVI. *Temporis incremento*, quum multis in locis dixisset, *non augeri felicitatem, sed perinde felices esse qui momento temporis, et qui longo tempore fuissent beati;* rursum saepenumero hoc asseruit, *ob momentaneam sapientiam ne digitum quidem esse exserendum, quae fulguris in morem transvolaret.* (2) Satis erit hic ea ponere ipsius verba, quibus usus est in sexto Moralium Quaestionum. Quum enim scripsisset, *neque omnia bona ex aequo in laetitiam incidere, neque omnibus perinde perfectis officiis gloriationem comitari*, istaec infert: *Nam si tantum puncto temporis, aut sub finem vitae erat habiturus sapientiam, ne digitus quidem extendendus fuerit ob sic fruendam sapientiam:* utcumque longius tempus nihil addat felicitati, neque beatitudo sempiterna magis sit expetenda, quam quae punctum temporis duret. (3) Sane si sapientiam censuit esse tale bonum, quod vim efficiendae felicitatis haberet, sicut visum fuit Epicuro; tantum reprehendenda fuit absurditas et a communi opinione discrepantia hujus placiti: sed quoniam ipso auctore prudentia nihil differt a felicitate, estque ipsa adeo felicitas; quomodo non pugnant haec, felicitatem unius scrupuli aequalem esse sempiternae, et momentaneam felicitatem nullius esse momenti?

XXVII. *Virtutes sese invicem consequi* Chrysippus docet, *non modo quod una praeditus habeat omnes, sed quod secundum unam agens, secundum omnes agat: et neque virum* ait *perfectum eum, in quo non sint omnes virtutes, neque actionem perfectam, in quam non omnes concurrant virtutes.* (2) At vero in sexto Moralium Quaestionum ait, *bonum hominem non semper agere fortiter neque vitiosum semper timide: usu venire enim ut quibusdam visis oblatis alter persistat in judicio, alter non persistat..* Aitque, *etiam hoc probabile esse, vitiosum non semper indulgere libidini.* (3) Siquidem ergo fortiter agere est tale, quale uti fortitudine, et timide agere tale quale metui obsequi: pugnantia dicunt simul dicentes secundum omnes virtutes omniave vitia praeditum alterutro horum agere, et tamen bonum non semper fortiter, malum non semper timide agere.

XXVIII. *Rhetoricam* definit, *artem in ornatu et ordine orationis versantem.* Deinde in primo libro haec scripsit: *Non solum autem liberalis et simplicis cultus ornatusque cura est habenda in orationibus et actione congruenti et decora in vocis intentionibus, gestu, vultu, ac motu manuum.* (2) Ille idem qui hic ita accuratus et subtilis esse voluit, in eodem libro de *conflictu vocalium* locutus, *non hunc modo negligendum* ait, *ac pottoribus*

τέον τοῦ βελτίονος ἐχομένους, ἀλλὰ καὶ ποιὰς ἀσαφείας καὶ ἐλλείψεις, καὶ, νὴ Δία, σολοικισμοὺς, ἐφ'
οἷς ἄλλοι ἂν αἰσχυνθείησαν οὐκ ὀλίγοι. » (3) Τὸ δὴ
ποτὲ μὲν ἄχρι χειρῶν καὶ στόματος εὐπρεπείας ἐπιχειρεῖν τοῖς λέγουσιν ἐν κόσμῳ τὸν λόγον διατίθεσθαι·
ποτὲ δὲ μήτ' ἐλλείψεων ἐπιστρέφεσθαι καὶ ἀσαφειῶν,
μήτε σολοικίζοντας αἰσχύνεσθαι, τελέως ὅ τι ἂν ἐπίῃ
λέγοντός ἐστιν.

XXIX. Ἐν δὲ ταῖς Φυσικαῖς Θέσεσι περὶ τῶν
ἐμπειρίας καὶ ἱστορίας δεομένων διακελευσάμενος
τὴν ἡσυχίαν ἔχειν, ἂν μή τι κρεῖττον καὶ ἐναργέστερον ἔχωμεν λέγειν, « ἵνα, φησὶ, μήτε Πλάτωνι παραπλησίως ὑπονοήσωμεν, τὴν μὲν ὑγρὰν τροφὴν εἰς
τὸν πνεύμονα φέρεσθαι, τὴν δὲ ξηρὰν εἰς τὴν κοιλίαν, μήτε ἕτερα παραπλήσια γεγονότα τούτοις δια-
πτώματα. » (2) Δοκῶ δὴ τὸ ἐγκαλεῖν ἑτέροις, εἶτα περιπίπτειν αὐτὸν οἷς ἐγκαλεῖ, καὶ μὴ φυλάττεσθαι,
τῶν ἐναντιωμάτων μέγιστον εἶναι καὶ τῶν διαπτω-
μάτων αἴσχιστον. (3) Ἀλλὰ μὴν αὐτὸς « τὰς διὰ δέκα
ἀξιωμάτων συμπλοκὰς πλήθει φησὶν ὑπερβάλλειν ἑκατὸν μυριάδας, » οὔτε δι' αὐτοῦ ζητήσας ἐπιμελῶς,
οὔτε διὰ τῶν ἐμπείρων τὸ ἀληθὲς ἱστορήσας. (4) Καίτοι Πλάτων μὲν ἔχει τῶν ἰατρῶν τοὺς ἐνδοξοτάτους
μαρτυροῦντας, Ἱπποκράτην, Φιλιστίωνα, Διώξιππον
τὸν Ἱπποκράτειον· καὶ τῶν ποιητῶν Εὐριπίδην, Ἀλκαῖον, Εὔπολιν, Ἐρατοσθένην, λέγοντας ὅτι τὸ ποτὸν
διὰ τοῦ πνεύμονος διέξεισι· (5) Χρύσιππον δὲ πάντες
ἐλέγχουσιν οἱ ἀριθμητικοί· ὧν καὶ Ἵππαρχός ἐστιν,
ἀποδεικνύων τὸ διάπτωμα τοῦ λογισμοῦ παμμέγεθες
αὐτῷ γεγονός· εἴγε τὸ μὲν καταφατικὸν ποιεῖ συμπεπλεγμένων ἀξιωμάτων μυριάδας δέκα, καὶ πρὸς ταύταις, τρισχίλια τεσσαρακονταεννέα, τὸ δ' ἀποφατικὸν,
ἐννακόσια πεντηκονταδύο, πρὸς τριάκοντα καὶ μιᾷ
μυριάσι.

XXX. Τῶν πρεσβυτέρων τινὲς, ἃ τῷ τὸν ὀξίνην
ἔχοντι συνέβαινε, μήτε ὡς ὄξος ἀποδόσθαι δυναμένῳ,
μήτε ὡς οἶνον, ἔφασαν τῷ Ζήνωνι συμβαίνειν· τὸ γὰρ
προηγμένον αὐτῷ, μήτε ὡς ἀγαθὸν, μήτε ὡς [ἀ]διά-
φορον, ἔχειν διάθεσιν. (2) Ἀλλ' ὁ Χρύσιππος ἔτι μᾶλλον τὸ πρᾶγμα δυσδιάθετον πεποίηκεν· ὁτὲ μὲν γάρ
φησι « μαίνεσθαι τοὺς τὸν πλοῦτον, καὶ τὴν ὑγίειαν,
καὶ τὴν ἀπονίαν, καὶ τὴν ὁλοκληρίαν τοῦ σώματος
ἐν μηδενὶ ποιουμένους, μηδ' ἀντεχομένους τῶν τοιούτων, » ὁτὲ δὲ παραθέμενος τὰ τοῦ Ἡσιόδου,

Ἐργάζευ, Πέρση, δῖον γένος·

ἐπιπεφώνηκεν ὅτι « τἀναντία παραινεῖν, μανικόν
ἐστι, τὸ

Μὴ ἐργάζου, Πέρση, δῖον γένος. »

(3) Καὶ τὸν μὲν σοφὸν, ἐν τοῖς περὶ Βίων, « καὶ βασιλεῦσι συνέσεσθαί φησιν, ἕνεκα χρηματισμοῦ, καὶ σοφι-
στεύσειν ἐπ' ἀργυρίῳ, παρ' ὧν μὲν προλαμβάνοντα,
πρὸς οὓς δὲ συντιθέμενον τῶν μαθητῶν· » ἐν δὲ τῷ

inhærendum, sed et obscuritates aliquas non curandos
esse, et defectus orationis, atque adeo solœcismos, quos
alii multi sibi turpes esse putarent. (3) Certe, modo
usque ad manuum et oris conformationem decorum observandum in ornate dicendo præcipere, modo neque obscuritatis neque defectuum habendam rationem, neque dedecori
solœcismos ducendos, ejus est hominis, qui dicat quidquid
in buccam venit.

XXIX. Porro in Naturalibus Positionibus mandans *abstinere locis peritiam aut historiam requirentibus*, nisi
certius quid et melius habeamus dicere, ne, ait, *eodem
quo Plato censuit modo putemus humidum alimentum
in pulmonem ferri, siccum in ventrem; neque alios similes errores probemus*. (2) Ita sentio, summam sibi
repugnandi rationem fœdissimumque errorem hunc esse,
quum quis illud ipsum in se admittit, quod in aliis culpavit. (3) Atqui ipse ait, *connexiones quæ a decem enunciatis proficiscuntur, multitudine excedere decies centena millia*: quum neque ipse id accurate indagavisset,
neque e perito aliquo percepisset veritatem. (4) Enimvero
nobilissimi medicorum testimonium Platoni perhibent,
Hippocrates, Philistio, Dioxippus Hippocraticus; et de
poetis Euripides, Alcæus, Eupolis, Eratosthenes, qui omnes
dicunt *potum per pulmones transire*. (5) At Chrysippum
omnes refellunt arithmetici, interque eos Hipparchus demonstrat errorem istius in ratiocinatione esse ingentem:
siquidem affirmatio facit connexas enunciationes centies
mille, et insuper ter mille ac quadraginta novem; negatio
ter centum ac decem millia, et insuper noningenta ac quinquaginta duas.

XXX. Vetustiorum quidam, id quod evenit ei qui acidum vinum habuit, ut neque pro aceto id vendere, neque
ut vinum posset, Zenoni dixerunt accidisse, quum *præpositum* seu *præcipuum*, quod appellabat, neque pro bono,
neque pro indifferente posset venditare. (2) Sed Chrysippus rem multo etiam minus commendabilem reddidit.
Aliquando enim *insanire eos dicit, qui divitias, sanitatem,
indolentiam, incolumitatem corporis pro nihilo ducant,
neque iis parandis sint intenti;* aliquando, quum addu-
xisset Hesiodeum illud,

Fac opus, o Perse, divum genus:

furiosum ait *esse, si quis contrarium accinat*,

Diis prognate omnem fuge, Persa, laborem.

(3) Idem in libris, quos inscripsit de Vitis, *rei faciendæ
causa* tradit *Sapientem cum regibus victurum, sophisticam factitaturum mercedis gratia, ita ut ab aliis discipulis eam præcipiat, ab aliis ex pacto accipiat.* In

ἑβδόμῳ τοῦ Καθήκοντος, « καὶ κυβιστήσειν τρὶς, ἐπὶ τούτῳ λαβόντα τάλαντον. (4) * Ἐν δὲ τῷ πρώτῳ περὶ Ἀγαθῶν τρόπον τινὰ συγχωρεῖ καὶ δίδωσι τοῖς βουλομένοις τὰ προηγμένα καλεῖν ἀγαθὰ, καὶ κακὰ τἀναντία, ταύταις ταῖς λέξεσιν· » Ἔστιν εἴ τις βούλεται κατὰ τὰς τοιαύτας παραλλαγὰς, τὸ μὲν ἀγαθὸν αὐτῶν λέγειν, τὸ δὲ κακὸν, ἐπί γ' αὐτὰ φερόμενος τὰ πράγματα, καὶ μὴ ἄλλως ἀποπλανώμενος, ἐν μὲν τοῖς σημαινομένοις οὐ διαπίπτοντος αὐτοῦ, τὰ δ' ἄλλα στοχαζομένου τῆς κατὰ τὰς ὀνομασίας συνηθείας. » (5) Οὕτω δὲ τὸ προηγμένον τῷ ἀγαθῷ συναγαγὼν ἐγγὺς ἐνταῦθα καὶ συμμίξας, ἐν ἑτέροις πάλιν « οὐδὲν εἶναί φησι τούτων καθόλου πρὸς ἡμᾶς, ἀλλ' ἀποσπᾶν τὸν λόγον ἡμᾶς καὶ ἀποστρέφειν ἁπάντων τῶν τοιούτων » ταῦτα γὰρ ἐν τῷ πρώτῳ περὶ τοῦ Προτρέπεσθαι γέγραφεν. (6) Ἐν δὲ τῷ τρίτῳ περὶ Φύσεως « μακαρίζεσθαί φησιν ἐνίους βασιλεύοντας καὶ πλουτοῦντας, ὅμοιον εἰ χρυσαῖς ἀμίσι χρώμενοι καὶ χρυσοῖς κρασπέδοις ἐμακαρίζοντο· τῷ δ' ἀγαθῷ τὸ τὴν οὐσίαν ἀποβαλεῖν οἱονεὶ δραχμὴν ἀποβαλεῖν, καὶ τὸ νοσῆσαι οἷον προσκόψαι. » (7) Διὸ τῶν ἐναντιωμάτων τούτων οὐ μόνον τὴν ἀρετὴν, [ἀλλὰ] καὶ τὴν πρόνοιαν ἀναπέπληκεν. Ἡ μὲν γὰρ ἀρετὴ μικρολόγος ἐσχάτως φανεῖται καὶ ἀνόητος περὶ ταῦτα πραγματευομένη, καὶ τούτων ἕνεκα πλεῖν εἰς Βόσπορον κελεύουσα καὶ κυβιστᾶν τὸν σοφόν. (8) Ὁ δὲ Ζεὺς γελοῖος, εἰ Κτήσιος χαίρει καὶ Ἐπικάρπιος καὶ Χαριτοδότης προσαγορευόμενος, ὅτι δηλαδὴ χρυσᾶς ἀμίδας καὶ χρυσᾶ κράσπεδα χαρίζεται τοῖς φαύλοις, τοῖς δ' ἀγαθοῖς ἄξια δραχμῆς, ὅταν πλούσιοι γένωνται κατὰ τὴν τοῦ Διὸς πρόνοιαν· ἔτι δὲ γελοιότερος ὁ Ἀπόλλων, εἰ περὶ χρυσῶν κρασπέδων καὶ ἀμίδων κάθηται θεμιστεύων, καὶ περὶ προσκομμάτων ἀπολύσεως.

XXXI. Ἔτι δὲ μᾶλλον τῇ ἀποδείξει τὸ ἐναντίωμα ποιοῦσι φανερώτερον. Ὧι γάρ ἐστιν εὖ χρήσασθαι καὶ κακῶς, τοῦτό φασι μήτ' ἀγαθὸν εἶναι, μήτε κακόν. Πλούτῳ δὲ καὶ ὑγιείᾳ καὶ ῥώμῃ σώματος κακῶς χρῶνται πάντες οἱ ἀνόητοι· διόπερ οὐδέν ἐστι τούτων ἀγαθόν. (2) Εἴπερ οὖν ὁ θεὸς ἀρετὴν μὲν οὐ δίδωσιν ἀνθρώποις, ἀλλὰ τὸ καλὸν αὐθαίρετόν ἐστι, πλοῦτον δὲ καὶ ὑγίειαν χωρὶς ἀρετῆς δίδωσιν, οὐκ εὖ χρησομένοις δίδωσιν, ἀλλὰ κακῶς, τουτέστι βλαβερῶς καὶ αἰσχρῶς καὶ ὀλεθρίως. (3) Καίτοι εἰ μὲν δύνανται ἀρετὴν παρέχειν οἱ θεοὶ, οὐκ εἰσὶ χρηστοὶ μὴ παρέχοντες· εἰ δὲ μὴ δύνανται ποιεῖν ἀγαθοὺς, οὐδ' ὠφελεῖν δύνανται, μηδενός γε τῶν ἄλλων ὄντος ἀγαθοῦ μηδ' ὠφελίμου. (4) Τὸ δὲ τοὺς ἄλλως γενομένους ἀγαθοὺς [**] κρίνειν κατ' ἀρετὴν ἢ ἰσχὺν, οὐδέν ἐστι· καὶ γὰρ τοὺς θεοὺς οἱ ἀγαθοὶ κρίνουσι κατ' ἀρετὴν καὶ ἰσχύν· ὥστε μηδὲν μᾶλλον ὠφελεῖν ἢ ὠφελεῖσθαι τοὺς θεοὺς ὑπὸ τῶν ἀνθρώπων. (5) Καὶ μὴν οὐθ' αὐτὸν ὁ Χρύσιππος ἀποφαίνει σπουδαῖον, οὔτε τινὰ τῶν αὐτοῦ γνωρίμων ἢ καθηγεμόνων. Τί οὖν περὶ τῶν ἄλλων φρονοῦσιν, ἢ ταῦτα, ἅπερ λέγουσι; μαί-

---

septimo de Officiis libro, *etiam ter saltaturum capite ad terram dato Sapientem* ait *talento mercedis loco proposito*. (4) In primo de Bonis libro, quodammodo concedit hoc et largitur volentibus, ut *Præcipua ista Boni, contraria Mali vocabulo afficiant*. Pono ipsius verba : *Licet, si quis hac vocum permutatione uti volet, aliud eorum Bonum dicere, aliud Malum ; dummodo ad res ipsas se astringat, nec temere ab iis evagetur, neque fallatur in iis designandis, in reliquis autem dicendi consuetudinem sequatur*. (5) Hoc pacto quum admodum propinquum Bono constituisset Præpositum, ac cum eo quasi miscuisset, alio rursum loco dicit *nihil eorum prorsus ad nos attinere*, jubetque *nos rationem ab his omnibus avertere* : hæc enim in primo de Exhortatione libro scribit. (6) In tertio de Natura libro, *beatos prædicari* ait *quosdam reges aut opulentos, non alia ratione, quam si eorum fortunas laudares, quod matellis uterentur et fimbriis aureis* : item, *viro bono perinde esse, si sua omnia amittat bona, ac si drachmam perdidisset ; si ægrotaret, ac si pedem alicubi impegisset*. (7) Atque idcirco hujusmodi repugnantiis non virtutem modo, sed etiam Providentiam opplevit. Virtus enim extreme sordida videbitur et indignis quæstibus dedita simul atque stolida, quæ in hisce rebus se occupet, earumque causa imperet Sapienti, ut in Bosporum naviget, aut in caput præceps saltet. (8) Ridiculus vero Juppiter, qui se a largitione bonorum et frugum *Ctesium*, *Epicarpium*, et *Charidotam* velit cognominari : scilicet quia aureas matellas et aureas fimbrias vitiosis dono det, bonis autem ea quæ uno sint æstimanda denario, ubi Jovis providentia ditati fuerint. Magis etiam ridiculus Apollo, qui desideat oracula edens de aureis matellis et fimbriis, et de offensi pedis restitutione.

XXXI. Repugnantiam porro demonstratione sua magis detegunt. Nam quo quis vel bene vel male uti possit, id aiunt neque Bonum esse neque Malum. Divitiis autem, sanitate, robore corporis, male utuntur fatui ; horum ergo nihil est bonum. (2) Ergo si deus virtutem non det hominibus, sed bonum in ipsorum hominum arbitrio positum sit, divitias autem et bonam valetudinem sine virtute det, non bene usuris dabit utique, sed male, hoc est damnose, turpiter, perniciose. (3) Sed enim, si dii possunt virtutem largiri, neque hoc faciunt, boni aut benigni non sunt : si bonos facere non possunt, ne prodesse quidem queunt ; quum extra virtutem nihil bonum sit, nihil utile. (4) Nam hoc quidem nihil est, vel eos qui alias boni facti sunt [a diis adjutos fuisse, vel bonos alia dote] censere quam virtute et potentia ; nam deos boni homines censent virtute et potentia. Ergo dii non magis juvant homines, quam ipsi ab hominibus juvantur. (5) Jam neque se ipsum Chrysippus, neque ullum suorum vel discipulorum vel magistrorum profitetur probum ac virtute præditum esse. Quid ergo putas eos de aliis sentire, nisi id quod dicunt : *insa-*

νεσθαι πάντας, ἀφραίνειν, ἀνοσίους εἶναι, παρανό-
μους, ἐπ' ἄκρον ἥκειν δυστυχίας, κακοδαιμονίας
ἁπάσης· εἶτα προνοίᾳ θεῶν διοικεῖσθαι τὰ καθ' ἡμᾶς
οὕτως ἀθλίως πράττοντας; (6) Εἰ γοῦν οἱ θεοὶ μεταβαλ-
λόμενοι βλάπτειν ἐθέλοιεν ἡμᾶς καὶ κακοῦν, καὶ διαστρέφειν καὶ προσεπιτρίβειν, οὐκ ἂν δύναιντο διαθεῖναι
χεῖρον ἢ νῦν ἔχομεν, ὡς Χρύσιππος ἀποφαίνει, μήτε
κακίας ὑπερβολὴν ἀπολείπειν μήτε κακοδαιμονίας τὸν
βίον· (7) ὥστ', εἰ λάβοι φωνήν, εἰπεῖν ἂν αὐτὸν τὰ τοῦ
Ἡρακλέους·

Γέμω κακῶν δή, κοὐκ[έτ']ἔσθ' ὅπου τεθῇ.

Τίνας οὖν ἄν τις εὕροι μαχομένας μᾶλλον ἀλλήλαις
ἀποφάσεις τῆς περὶ θεῶν Χρυσίππου, καὶ τῆς περὶ
ἀνθρώπων, * τοὺς μὲν ὡς ἔνι βέλτιστα προνοεῖν, τοὺς
δὲ ὡς ἔνι χείριστα πράττειν λέγοντος;

XXXII. Ἐγκαλοῦσιν αὐτῷ τινὲς τῶν Πυθαγορικῶν ἐν τοῖς περὶ Δικαιοσύνης γράφοντι περὶ τῶν ἀλε-
κτρυόνων, ὅτι «χρησίμως γεγόνασι· ἐπεγείρουσι γὰρ
ἡμᾶς, καὶ τοὺς σκορπίους ἐκλέγουσι, καὶ κατὰ τὰς μάχας ἐπιστρέφουσι, ζῆλόν τινα πρὸς ἀλκὴν ἐμποιοῦντες·
ὅμως δὲ δεῖ κατεσθίειν καὶ τούτους, ἵνα μὴ τὴν χρείαν
ὑπερβάλλῃ τὸ πλῆθος τῶν νεοττῶν.» (2) Ὁ δὲ οὕτω
καταγελᾷ τῶν ἐπὶ τούτοις ἐγκαλούντων, ὥστε περὶ τοῦ
Διός, τοῦ σωτῆρος καὶ γενέτορος καὶ πατρὸς δίκης καὶ
εὐνομίας καὶ εἰρήνης, ταῦτα γράφειν ἐν τῷ τρίτῳ περὶ
Θεῶν· «Ὡς δὲ αἱ πόλεις πλεονάσασαι εἰς ἀποικίας
ἀπαίρουσι τὰ πλήθη, καὶ πολέμους ἐνίστανται πρός
τινας, οὕτως ὁ θεὸς φθορᾶς ἀρχὰς δίδωσι» καὶ τὸν
Εὐριπίδην μάρτυρα καὶ τοὺς ἄλλους προσάγεται, τοὺς
λέγοντας ὡς ὁ Τρωϊκὸς πόλεμος ὑπὸ τῶν θεῶν ἀπαν-
τλήσεως ἕνεκα τοῦ πλήθους τῶν ἀνθρώπων γένοιτο. (3)
Τούτων δὲ τὰς μὲν ἄλλας ἀτοπίας ἄφες· οὐ γὰρ εἴ τι
μὴ καλῶς, ἀλλ' ὅσα πρὸς ἑαυτοὺς διαφόρως λέγουσιν,
ἐξετάσαι μόνον πρόκειται· σκόπει δέ, ὅτι τῷ θεῷ καλὰς
μὲν ἐπικλήσεις καὶ φιλανθρώπους ἀεί, ἄγρια δ' ἔργα καὶ
βάρβαρα καὶ Γαλατικὰ προστίθησιν. (4) Οὐ γὰρ ἀποι-
κίαις ἐοίκασιν αἱ τοσαῦται φθοραὶ καὶ πανωλεθρίαι
τῶν ἀνθρώπων, οἵας ὁ Τρωϊκὸς εἰργάσατο πόλεμος,
καὶ πάλιν ὁ Μηδικὸς καὶ Πελοποννησιακός, εἰ μή
τινας ἐν ᾅδου καὶ ὑπὸ γῆς ἴσασιν οὗτοι κτιζομένας πό-
λεις· ἀλλὰ τῷ Γαλάτῃ Δηϊοτάρῳ ποιεῖ Χρύσιππος ὅμοιον
τὸν θεόν, ὅς, πλειόνων αὐτῷ παίδων γεγονότων, ἑνὶ
βουλόμενος τὴν ἀρχὴν ἀπολιπεῖν καὶ τὸν οἶκον, ἅπαντας ἐκείνους ἀπέσφαξεν, ὥσπερ ἀμπέλου βλαστοὺς ἀπο-
τεμὼν καὶ κολούσας, ἵνα εἷς ὁ λειφθεὶς ἰσχυρὸς γένηται
καὶ μέγας. (5) Καίτοι γε ὁ μὲν ἀμπελουργός, ἔτι μικρῶν
ὄντων καὶ ἀσθενῶν τοῦτο ποιεῖ τῶν κλημάτων, καὶ
ἡμεῖς νεογνῶν καὶ τυφλῶν ὄντων τῶν σκυλακίων ὑφαι-
ροῦμεν τὰ πολλὰ φειδόμενοι τῆς κυνός· ὁ δὲ Ζεύς, οὐ
μόνον ἐάσας καὶ περιιδὼν ἐν ἡλικίᾳ γενομένους, ἀλλὰ
καὶ φύσας αὐτὸς καὶ αὐξήσας, ἀποτυμπανίζει, φθορᾶς
καὶ ὀλέθρου μηχανώμενος προφάσεις· δέον αἰτίας καὶ
ἀρχὰς γενέσεως μὴ παρασχεῖν.

---

nire omnes, *furere, impios esse, flagitiosos, extreme infelices atque miseros?* Inde res nostras adeo miseras divina
gubernari providentia aiunt. (6) Neque interim ignorant
nos in iis esse malis, ut dii si mutata sententia vellent
nobis male facere, ac pervertere, adeoque pessundare nos
statuissent, nihil possent nostris adjicere miseriis; quum
nihil malis et miseriæ nostræ vitæ posse adjici dicat Chrysippus. (7) Quæ vita, si usus ei vocis concederetur, pro-
nunciatura haud dubie esset illud Herculis :

Plenus malorum sum jam, nec superest locus
aliis recipiundis novis.

Cedo, quid magis invicem repugnans potest excogitari,
quam hæc duo Chrysippi effata de diis et de hominibus :
quorum unum affirmat *deos hominibus quam fieri potest
optime prospicere*; alterum, *homines quam miserrimam
vitam degere?*

XXXII. Pythagoricorum nonnulli eum accusant, ut qui
in commentariis de Justitia scripsisset *de gallis gallinaceis,
utiliter eos esse editos, quod et e somno nos excitent, et
scorpios conquirant, et in pugna nobis studium æmu-
lationemque fortitudinis quandam ingenerent* : tamen
eos assereret *comedendos esse, ne pullorum multitudine
ultra quam expediret excrescerent.* (2) At Chrysippus
ita has reprehensiones deridet, ut etiam de Jove Servatore,
Genitore, et patre Justitiæ, Æquitatis atque Pacis, in hanc
sententiam scripserit, libro de Diis tertio : *Sicut autem
civitates, civium multitudine abundante, colonias aliquo deducunt ut se exonerent, aut bellum aliquod suscipiunt; ita deus exitii occasiones suggerit* : citatque Euripidem et alios testes, qui dixerunt, *bellum Trojanum
a diis fuisse commissum, exhauriendæ gratia multitudinis hominum.* (3) Horum omitte alias absurditates;
non enim instituimus hoc loco inquirere an falso aliquid,
sed dumtaxat quæ sibi repugnantia dixerint. Illud considera, eum deo semper pulchras et ad humanitatem pertinentes tribuere appellationes, facta autem simul sæva, barbarica, Galatica. (4) Non enim coloniarum similes videntur
tot istæ hominum clades atque interneciones tantæ, quantas Trojanum bellum intulit, ac Medicum, et Peloponnesiacum; nisi forte aliquas infra terram et apud inferos condi-
tas isti norunt urbes : sed Deiotaro Galatæ similem deum
Chrysippus facit, qui quum haberet complures filios, uni
autem vellet regnum domumque relinquere, ceteros omnes
necavit; tanquam vitis palmites si præcideret, ut unus aliquis superstes, validus magnusque fieret. (5) At vero vi-
nitor hoc facit recentibus adhuc et exilibus germinibus : et
nos catulos aliquot recens natos atque etiamnum cæcos
subtrahimus, plerumque ut cani parcamus : Juppiter autem
non tantum adolescere passus homines, sed etiam ipse pro-
creans, augensque, deinde exquisitis calamitatum et exitii
occasionibus pessumdat; quum debuerit potius nullam nascendi initium, causam nullam præbere.

XXXIII. Τοῦτο μὲν οὖν ἔλαττόν ἐστι, κἀκεῖνο δὲ μεῖζον· οὐδεὶς γὰρ φύεται ἀνθρώποις πόλεμος ἄνευ κακίας· ἀλλὰ τὸν μὲν φιληδονία, τὸν δὲ πλεονεξία, τὸν δὲ φιλοδοξία τις ἢ φιλαρχία συρρήγνυσιν. Οὐκοῦν εἰ πολέμους ὁ θεὸς ἐνεργάζεται, καὶ κακίας, παροξύνων καὶ διαστρέφων τοὺς ἀνθρώπους. (2) Καίτοι λέγει (δ') αὐτὸς ἐν τῷ περὶ τοῦ Δικάζειν, καὶ πάλιν ἐν τῷ δευτέρῳ περὶ Θεῶν, ὡς « τῶν αἰσχρῶν τὸ θεῖον παραίτιον γίνεσθαι οὐκ εὐλογόν ἐστιν ὃν τρόπον γὰρ οὔτε νόμος τοῦ παρανομεῖν παραίτιος ἂν γένοιτο, οὔτε οἱ θεοί, τοῦ ἀσεβεῖν· οὕτως εὔλογον, μηδ' αἰσχροῦ μηδενὸς εἶναι παραιτίους. » (3) Τί οὖν αἴσχιον ἀνθρώποις φθορᾶς ὑπ' ἀλλήλων γινομένης; ἧς φησι Χρύσιππος ἐνδιδόναι τὰς ἀρχὰς τὸν θεόν. (4) Ἀλλὰ νὴ Δία φήσει τις ἐπαινεῖν πάλιν τοῦ Εὐριπίδου λέγοντος,

Εἰ θεοί τι δρῶσιν αἰσχρόν, οὐκ εἰσὶν θεοί·

καί,

Τὸ ῥᾷστον εἶπας, αἰτιάσασθαι θεούς·

ὥσπερ ἡμῶν ἄλλο τι νῦν πραττόντων, ἢ τὰς ἐναντίας αὐτοῦ φωνὰς καὶ ὑπολήψεις παρατιθεμένων.

XXXIV. Οὐ μὴν ἀλλ' αὐτό γε τοῦτο τὸ νῦν ἐπαινούμενον, οὐχ ἅπαξ, οὐδὲ δὶς, οὐδὲ τρίς, ἀλλὰ μυριάκις ἔσται πρὸς Χρύσιππον εἰπεῖν·

Τὸ ῥᾷστον εἶπας, αἰτιάσασθαι θεούς.

(2) Πρῶτον γὰρ ἐν τῷ πρώτῳ περὶ Φύσεως τὸ ἀΐδιον τῆς κινήσεως κυκεῶνι παρεικάσας, ἄλλα ἄλλως στρέφοντι καὶ ταράσσοντι τῶν γινομένων, * ταῦτ' εἴρηκεν· « Οὕτω δὲ τῆς τῶν ὅλων οἰκονομίας προαγούσης, ἀναγκαῖον κατὰ ταύτην, ὡς ἄν ποτ' ἔχωμεν, ἔχειν ἡμᾶς, εἴτε παρὰ φύσιν τὴν ἰδίαν νοσοῦντες, εἴτε πεπηρωμένοι, εἴτε γραμματικοὶ γεγονότες, ἢ μουσικοί. » (3) Καὶ πάλιν μετ' ὀλίγον· « Κατὰ τοῦτον δὲ τὸν λόγον τὰ παραπλήσια ἐροῦμεν καὶ περὶ τῆς ἀρετῆς ἡμῶν καὶ περὶ τῆς κακίας, καὶ τὸ ὅλον τῶν τεχνῶν καὶ τῶν ἀτεχνιῶν, ὡς ἔφην. » (4) Καὶ μετ' ὀλίγον ἅπασαν ἀναιρῶν ἀμφιβολίαν· « Οὐδὲν γάρ ἐστιν ἄλλως τῶν κατὰ μέρος γενέσθαι, οὐδὲ τοὐλάχιστον, ἢ κατὰ τὴν κοινὴν φύσιν καὶ κατὰ τὸν ἐκείνης λόγον. » (5) Ὅτι δ' ἡ κοινὴ φύσις καὶ ὁ κοινὸς τῆς φύσεως λόγος, εἱμαρμένη καὶ πρόνοια καὶ Ζεύς ἐστιν, οὐδὲ τοὺς ἀντίποδας λέληθε· πανταχοῦ γὰρ ταῦτα θρυλεῖται ὑπ' αὐτῶν· καί,

Διὸς δ' ἐτελείετο βουλή,

τὸν Ὅμηρον εἰρηκέναι φησὶν ὀρθῶς, ἐπὶ τὴν εἱμαρμένην ἀναφέροντα καὶ τὴν τῶν ὅλων φύσιν, καθ' ἣν πάντα διοικεῖται. (6) Πῶς οὖν ἅμα μὲν οὐδενὸς αἰσχροῦ παραίτιος ὁ θεός, ἅμα δ' οὐδὲ τοὐλάχιστον ἐνδέχεται γίγνεσθαι ἄλλως, ἢ κατὰ τὴν κοινὴν φύσιν καὶ τὸν ἐκείνης λόγον; ἐν γὰρ πᾶσι τοῖς γινομένοις καὶ τὰ αἰσχρὰ δήπου θεῶν ἐστιν. (7) Καίτοι ὁ μὲν

XXXIII. Levius est quod dixi; majus, quod dicam. Nullum hominibus bellum oritur nisi ex vitio. Nam aut voluptatis studium, aut avaritia, aut ambitio, aut regnandi cupiditas bellum conflat, alia res nulla. Ergo si bellorum, etiam peccatorum auctor est deus, irritans et pervertens homines. (2) Atqui ipse in commentario de Judicis officio, et rursus in secundo de Diis libro, dicit *nulla ratione dici posse, deum turpitudinis ulla ex parte causam esse : sicut enim lex delinquendi, ita dii impietatis causa nullo modo dici consentanee possint : ita rationi etiam convenire, deos nulla ex parte causam esse turpitudinis.* (3) Potest vero turpius aliquid esse hominibus, quam si se mutuo exscindant? et tamen ejus rei ille deum initia suppeditare ait Chrysippus. (4) Sed dicet, mehercle, aliquis, alibi ab eo laudari hæc Euripidea :

Si turpe quid facient dei, non sunt dei :

et,

Quod est facillimum ais : incusandos deos :

quasi vero in præsentia aliud nos agamus, quam ut repugnantes invicem voces sententiasque ejus componamus.

XXXIV. At enimvero illud ipsum laudatum jam dictum, non semel, aut bis, aut ter, sed sexcenties objici Chrysippo potest :

Quod est facillimum ais : incusandos deos.

(2) Primum enim in libro primo de Natura, quum causam motus comparasset potioni e varia confusæ materia, aliter alia vertenti atque conturbanti, hæc infert : *Quum autem hoc modo omnium rerum procedat administratio, necesse est nos, utut habeamus, secundum eam esse affectos : sive contra nostram naturam morbis corripiamur, sive mutilemur, sive grammatici fiamus, aut musici.* (3) Et rursum paullo post : *Secundum hanc rationem similiter dicemus de virtute nostra et de vitio, atque omnino de artibus, vel inscitia, sicut diximus.* (4) Ac mox omnem tollens ambiguitatem, *Nihil,* inquit, *singularum rerum, ne minimum quidem fieri potest aliter, quam secundum communem naturam et ejus rationem.* (5) Ceterum communem Naturam, ejusque Rationem, esse ipsi Fatum, Providentiam, Jovem, ne antipodes quidem nesciunt : hæc enim ubique ab illis jactantur : et *Homerum* ait Chrysippus *istuc,*

Jovis est confecta voluntas,

recte dixisse, ad Fatum respicientem, Universique Naturam, qua omnia administrantur. (6) Quomodo ergo hæc sibi constant? Deum nullius turpis rei quovis modo causam esse : et nihil vel minimum secus fieri posse, quam secundum Communem Naturam ejusque Rationem? Nam quum omnia diis ascribuntur quæ fiunt, utique etiam turpia in iis sunt. (7) Enimvero Epicurus utcumque torquet

Ἐπίκουρος ἀμωσγέπως στρέφεται καὶ φιλοτεχνεῖ, τῆς
ἀϊδίου κινήσεως μηχανώμενος ἐλευθερῶσαι καὶ ἀπολῦσαι τὸ ἑκούσιον, ὑπὲρ τοῦ μὴ καταλιπεῖν ἀνέγκλη-
τον τὴν κακίαν· ὁ δὲ Χρύσιππος ἀναπεπταμένην παρρησίαν αὐτῇ δίδωσιν, ὡς οὐ μόνον ἐξ ἀνάγκης, οὐδὲ
καθ᾽ εἱμαρμένην, ἀλλὰ καὶ κατὰ λόγον θεοῦ καὶ κατὰ
φύσιν πεποιημένη τὴν ἀρίστην. (8) Ἔτι δὲ καὶ ταῦτα
ὅρα (τὰ) κατὰ λέξιν οὕτως ἔχοντα· « Τῆς γὰρ κοινῆς
φύσεως εἰς πάντα διατεινούσης, δεήσει πᾶν τὸ ὁπωσοῦν γινόμενον ἐν τῷ ὅλῳ, καὶ τῶν μορίων ὁτῳοῦν,
κατ᾽ ἐκείνην γενέσθαι καὶ τὸν ἐκείνης λόγον, κατὰ τὸ
ἑξῆς ἀκωλύτως· διὰ τὸ μήτ᾽ ἔξωθεν εἶναι τὸ ἐνστησόμε-
νον τῇ οἰκονομίᾳ, μήτε τῶν μερῶν μηδὲν ἔχειν ὅπως
κινηθήσεται ἢ σχήσει ἄλλως [ἢ] κατὰ τὴν κοινὴν φύσιν. » (9) Τίνες οὖν αἱ τῶν μερῶν σχέσεις εἰσὶ καὶ
κινήσεις; δῆλον μὲν ὅτι σχέσεις αἱ κακίαι καὶ τὰ νοσήματα, φιλαργυρίαι, φιληδονίαι, φιλοδοξίαι, δειλίαι,
ἀδικίαι· κινήσεις δὲ, μοιχεῖαι, κλοπαί, προδοσίαι,
ἀνδροφονίαι, πατροκτονίαι. (10) Τούτων οἴεται Χρύσιππος οὔτε μικρὸν οὔτε μέγα παρὰ τὸν τοῦ Διὸς λόγον εἶναι, καὶ νόμον, καὶ δίκην, καὶ πρόνοιαν· ὥστε
μὴ γίνεσθαι παρὰ τὸν νόμον τὸ παρανομεῖν, μηδὲ παρὰ
τὴν δίκην τὸ ἀδικεῖν, μηδὲ παρὰ τὴν πρόνοιαν τὸ κα-
κοποιεῖν.

XXXV. Ἀλλὰ μὴν « τὸν θεὸν κολάζειν φησὶ τὴν
κακίαν, καὶ πολλὰ ποιεῖν ἐπὶ κολάσει τῶν πονηρῶν· »
ὥσπερ ἐν τῷ δευτέρῳ περὶ Θεῶν, « ποτὲ μὲν τὰ δύσ-
χρηστα συμβαίνειν φησὶ τοῖς ἀγαθοῖς, οὐχ ὥσπερ τοῖς
φαύλοις κολάσεως χάριν, ἀλλὰ κατ᾽ ἄλλην οἰκονομίαν,
ὥσπερ ἐν ταῖς πόλεσι. » (2) Καὶ πάλιν ἐν τούτοις·
« Πρῶτον δὲ τῶν κακῶν παραπλησίως ἐστὶν ἀκουστέον
τοῖς προειρημένοις· εἶτα ὅτι ταῦτα ἀπονέμεται κατὰ τὸν
τοῦ Διὸς λόγον, ἤτοι ἐπὶ κολάσει, ἢ κατ᾽ ἄλλην ἔχου-
σάν πως πρὸς τὰ ὅλα οἰκονομίαν. » (3) Ἔστι μὲν οὖν
τοῦτο δεινόν, τὸ καὶ γίνεσθαι τὴν κακίαν καὶ κολάζε-
σθαι κατὰ τὸν τοῦ Διὸς λόγον· ἐπιτείνει δὲ τὴν ὑπεναν-
τίωσιν ἐν τῷ δευτέρῳ περὶ Φύσεως γράφων τάδε·
« Ἡ δὲ κακία πρὸς τὰ δεινὰ συμπτώματα ἴδιόν τινα
ἔχει λόγον· γίνεται μὲν γὰρ καὶ αὐτή πως κατὰ τὸν τῆς
φύσεως λόγον, καὶ, ἵν᾽ οὕτως εἴπω, οὐκ ἀχρήστως
γίνεται πρὸς τὰ ὅλα· οὔτε γὰρ τἀγαθὰ ἦν. » (4) Καὶ
οὗτος ἐπιτιμᾷ τοῖς ἐπίσης πρὸς τὰ ἐναντία διαλεγομένοις, * ὃς ὑπὸ τοῦ πάντως τι βούλεσθαι καὶ περὶ παντὸς εἰπεῖν ἴδιον καὶ περιττόν, οὐκ ἀχρήστως λέγει βαλ-
λαντιοτομεῖν, συκοφαντεῖν, καὶ ἀφραίνειν, οὐκ ἀχρήστως ἀχρήστους εἶναι, βλαβερούς, κακοδαίμονας. (5)
Εἶτα ποῖός τις ὁ Ζεὺς, λέγω δὲ τὸν Χρυσίππου, κολάζων πρᾶγμα μήτ᾽ ἀφ᾽ αὑτοῦ, μήτ᾽ ἀχρήστως γινόμενον; Ἡ μὲν γὰρ κακία πάντως ἀνέγκλητός ἐστι κατὰ
τὸν τοῦ Χρυσίππου λόγον· ὁ δὲ Ζεὺς ἐγκλητέος, εἴτ᾽
ἄχρηστον οὖσαν τὴν κακίαν πεποίηκεν, εἴτε ποιήσας
οὐκ ἀχρήστως, κολάζει.

XXXVI. Πάλιν ἐν τῷ πρώτῳ περὶ Δικαιοσύνης
εἰπὼν περὶ τῶν θεῶν, ὡς ἐνισταμένων ἐνίοις ἀδικη-

se et argutias meditatur, a sempiterna motione machinatus
liberare et absolvere voluntatem, ne inculpabilem relinqueret
malitiam : at Chrysippus malitiæ solutissimam libertatem
defensionis concedit, ut non modo necessario et fataliter,
sed etiam secundum Rationem dei et Naturam vitia fiant
optima. (8) Vide vero etiam hanc ejus dictionem : *Communi enim Natura in omnia penetrante, necesse erit
omne quod sit in Universo, et quacumque ejus parte,
secundum eam fieri ejusque Rationem, ac deinceps
procedere sine ullo impedimento : quum nihil foris sit,
quod impedire possit administrationem, neque pars
ulla moveri aliter aut habere se aliter queat, quam secundum Communem Naturam.* (9) Qui ergo sunt partium
habitus et motus? Habitus liquet esse vitia, et morbos,
avaritias, luxurias, ambitiones, timiditates, injustitias :
Motus autem, adulteria, furta, proditiones, homicidia,
parricidia. (10) Horum censet Chrysippus nihil neque magnum neque parvum fieri præter Jovis Rationem, Legem,
Justitiam, Providentiam : ut jam non præter Legem fiant
illegitima, non contra Justitiam injuriæ, non contra Providentiam flagitia.

XXXV. At enim *deum* ait *punire scelera, et multa facere puniendorum malorum gratia*, ut in secundo libro
de Diis, inquiens *adversas res aliquando evenire bonis,
non ut malis pœnæ causa, sed secundum aliam dispensationem, sicut in civitatibus.* (2) Et rursum his verbis :
*Primum autem de malis intelligendum est eodem
modo, quo jam dictum est : deinde tribui ea secundum
Jovis Rationem, sive supplicii causa, sive alia ad Universum respiciente administratione.* (3) Est vero indigna res, et fieri et puniri peccata secundum Jovis Rationem. Sed hanc repugnantiam ipse graviorem facit in secundo de Natura libro hæc scribens : *Vitiositas ad atroces
calamitates quandam habet Rationem peculiarem : fit
enim et ipsa quodammodo secundum rationem Naturæ,
atque, ut sic dicam, non inutiliter respectu Universi.
Neque enim bona essent.* (4) Atque iste objurgat eos, qui
æqualiter in contrarias partes disputant : ille qui, omnino
peculiare aliquid et subtile proferre volens, dicit non inutiliter marsupia amputare homines, calumniari, insanire,
non inutiliter inutiles esse, damnosos, infelices. (5) Qualis ergo est Juppiter (de Chrysippeo loquor) rem puniens
neque ultro neque inutiliter factam? Nam Chrysippi ratio
hoc efficit, ut vitia omnino culpanda non sint, sed Juppiter;
sive is fecit vitia, quæ nihil prodessent; sive punit, quum
fecisset non inutilia.

XXXVI. Rursum in primo de Justitia libro, quum dixisset *deum quorundam flagitiis resistere; Vitia autem,*

μασι, « Κακίαν δὲ, φησὶ, καθόλου ἆραι οὔτε δυνατόν ἐστιν, οὔτ' ἔχει καλῶς ἀρθῆναι. » (2) [Ἀλλ' εἰ μὲν οὐ καλῶς ἔχει ἀρθῆναι] τὴν ἀνομίαν, τὴν ἀδικίαν, τὴν ἀβελτερίαν, οὐ τοῦ παρόντος ἐστὶ λόγου τὸ ζητεῖν· αὐτὸς δὲ τὴν κακίαν, ὅσον ἐφ' ἑαυτῷ, διὰ τοῦ φιλοσοφεῖν ἀναιρῶν, ἣν οὐκ ἔχει καλῶς ἀναιρεῖν, μαχόμενόν τι ποιεῖ καὶ τῷ λόγῳ καὶ τῷ θεῷ· πρὸς δὲ τούτοις λέγων ἐνίοις ἀδικήμασιν ἐνίστασθαι τὸν θεόν, ἔμφασιν πάλιν τῆς τῶν ἁμαρτημάτων δίδωσιν ἀνοσιότητος.

XXXVII. Ἔτι περὶ τοῦ μηδὲν ἔγκλητὸν εἶναι μηδὲ μεμπτὸν κόσμῳ, κατὰ τὴν ἀρίστην φύσιν ἁπάντων περαινομένων, πολλάκις γεγραφὼς, ἔστιν ὅπου πάλιν ἐγκλητάς τινας ἀμελείας οὐ περὶ μικρὰ καὶ φαῦλα καταλείπει. (2) Ἐν γοῦν τῷ τρίτῳ περὶ Οὐσίας, μνησθεὶς ὅτι συμβαίνει τινὰ τοῖς καλοῖς καὶ ἀγαθοῖς τοιαῦτα, « Πότερον, φησὶν, ἀμελουμένων τινῶν, καθάπερ ἐν οἰκίαις μείζοσι παραπίπτει τινὰ πίτυρα, καὶ ποσοὶ πυροί τινες, τῶν ὅλων εὖ οἰκονομουμένων· ἢ διὰ τὸ καθίστασθαι ἐπὶ τῶν τοιούτων δαιμόνια φαῦλα, ἐν οἷς τῷ ὄντι γίνονται καὶ ἐγκλητέαι ἀμέλειαι; » φησὶ δὲ πολὺ καὶ τὸ τῆς ἀνάγκης μεμῖχθαι. (3) Τὸ μὲν οὖν τὰ τοιαῦτα συμπτώματα τῶν καλῶν κἀγαθῶν ἀνδρῶν, οἷον ἡ Σωκράτους καταδίκη, καὶ ὁ Πυθαγόρου ζῶντος ἐμπρησμὸς ὑπὸ τῶν Κυλωνείων, καὶ Ζήνωνος ὑπὸ Δημύλου τοῦ τυράννου καὶ Ἀντιφῶντος ὑπὸ Διονυσίου στρεβλουμένων ἀναιρέσεις, πιτύροις παραπίπτουσιν ἀπεικάζειν, ὅσης ἐστὶν εὐχερείας, ἐῶ· τὸ δὲ φαύλους δαίμονας ἐκ προνοίας ἐπὶ τὰς τοιαύτας ἐπιστασίας καθίστασθαι, πῶς οὐκ ἔστιν ἔγκλημα τοῦ θεοῦ, καθάπερ βασιλέως κακοῖς καὶ ἐμπλήκτοις σατράπαις καὶ στρατηγοῖς διοικήσεις ἐπιτρέποντος, καὶ περιορῶντος ὑπὸ τούτων ἀμελουμένους καὶ παροινουμένους τοὺς ἀρίστους; (4) Καὶ μὴν εἰ πολὺ τὸ τῆς ἀνάγκης μέμικται τοῖς πράγμασιν, οὔτε κρατεῖ πάντων ὁ θεός, οὔτε πάντα κατὰ τὸν ἐκείνου λόγον διοικεῖται.

XXXVIII. Πρὸς τὸν Ἐπίκουρον μάλιστα μάχεται καὶ πρὸς τοὺς ἀναιροῦντας τὴν πρόνοιαν, ἐκ τῶν ἐννοιῶν, ἃς ἔχομεν περὶ θεῶν, εὐεργετικοὺς καὶ φιλανθρώπους ἐπινοοῦντες. Καὶ τούτων πολλαχοῦ γραφομένων καὶ λεγομένων παρ' αὐτοῖς οὐδὲν ἔδει λέξεις παρατίθεσθαι. (2) Καίτοι χρηστοὺς οὐ πάντες εἶναι τοὺς θεοὺς προελάμβανον. Ὅρα γὰρ οἷα Ἰουδαῖοι καὶ Σύροι περὶ θεῶν φρονοῦσιν· ὅρα τὰ τῶν ποιητῶν, πόσης ἐμπέπλησται δεισιδαιμονίας. Φθαρτὸν δὲ καὶ γεννητὸν οὐδεὶς, ὡς ἔπος εἰπεῖν, διανοεῖται θεόν. (3) Ὧν ἵνα τοὺς ἄλλους ἀφῶ πάντας, Ἀντίπατρος ὁ Ταρσεὺς ἐν τῷ περὶ Θεῶν γράφει ταῦτα κατὰ λέξιν· « Πρὸ δὲ τοῦ σύμπαντος λόγου τὴν ἐνάργειαν, ἣν ἔχομεν περὶ θεοῦ, διὰ βραχέων ἐπιλογιούμεθα. Θεὸν τοίνυν νοοῦμεν ζῷον μακάριον καὶ ἄφθαρτον καὶ εὐποιητικὸν ἀνθρώπων. » (4) Εἶτα τούτων ἕκαστον ἀφηγούμενος, φησὶν οὕτω· « Καὶ μὴν ἀφθάρτους αὐτοὺς ἡγοῦνται πάντες. » (5) Οὐδεὶς οὖν ἐστι τῶν πάντων ὁ Χρύσιππος κατ' Ἀντίπατρον· οὐδένα γὰρ

---

inquit, *in universum tolli neque fas est, neque expediret tolli.* (2) Non hic disputo, an non præstaret nullam esse legum violationem, nullam injustitiam, nullam stultitiam. Ipse quidem vitia pro viribus philosophando exscindens, quæ exscindi non expediret, facit aliquid repugnans rationi ac deo. Ad hæc, quum dixisset *quibusdam injustis factis resistere deum*, utique flagitiorum clare significat impietatem.

XXXVII. Porro quum *nihil culpandum, nihil vituperandum mundo inesse, omnibus secundum optimam naturam progredientibus*, sæpenumero docuisset, alicubi rursum quasdam rerum non parvarum neque vilium neglectiones reprehendendas relinquit. (2) In tertio quidem de Substantia quum memorasset *etiam bonis quædam talia evenire: Utrum*, inquit, *ob incuriam quandam neglectis aliquibus, sicut in magnis familiis furfures et grana aliquot frumenti excidunt, reliquis interim recte administratis? an, quia his rebus præsunt mali quidam genii, ubi revera admittuntur culpandæ neglectiones?* Ait etiam multum esse admixtum necessitatis. (3) Jam hujusmodi præclarorum virorum calamitates, qualis fuit condemnatio Socratis, quod Pythagoræ vivo a Cyloneis est illatum incendium, Zenonis a Demylo tyranno, Antiphontis a Dionysio excruciati cædes, conferre cum furfuribus excidentibus, quantæ sit levitatis, mitto dicere. Malos autem genios a Providentia his præfici muneribus, qui non sit vitio vertendum deo, qui tanquam rex malis et vecordibus satrapis ac præfectis provincias mandaverit, patiaturque ab his negligi et contumeliose tractari optimos? (4) Et quidem, si multum necessitatis admixtum rebus est, neque omnia deus habebit in sua potestate, neque omnia secundum ejus Rationem gubernabuntur.

XXXVIII. Contra Epicurum maxime pugnat Chrysippus eosque qui Providentiam negant, argumento petito a nostra de diis notitia communi, qua eos ut beneficos et humani generis amantes informamus. Neque attinet verba apponere, quum hoc multis locis ii et dicant et scribant. (2) Atqui benignos esse deos non omnes sibi persuaserunt. Considera enim quid de Diis sentiant Judæi, quid Syri; quam plena superstitionis sint quæ poetæ de diis habent. Interitui autem obnoxium et natum nemo fere cogitavit esse deum. (3) De quibus, ut reliquos præteream, Antipater Tarsensis in libro de Diis hæc ad verbum scripsit: *Ante omnia autem nostram de deo sententiam nulli dubitationi obnoxiam breviter repetemus. Deum igitur intelligimus animal beatum, interitus expers, et erga homines beneficum:* (4) deinde horum unumquodque explicans, ait: *Et vero universi arbitrantur eos interitu vacare.* (5) Nullus est igitur ex omnibus Antipatro Chrysip-

οἴεται, πλὴν τοῦ πυρός, ἄφθαρτον εἶναι * τῶν θεῶν, ἀλλὰ πάντας ὁμαλῶς καὶ γεγονότας καὶ φθαρησομένους. Ταῦτα δὲ πανταχοῦ, ὡς ἔπος εἰπεῖν, ὑπ᾽ αὐτοῦ λέγεται. Παραθήσομαι δὲ λέξιν ἐκ τοῦ τρίτου περὶ Θεῶν· « Καθ᾽ ἕτερον λόγον οἱ μὲν γὰρ γεννητοὶ εἶναι καὶ φθαρτοί, οἱ δ᾽ ἀγέννητοι· καὶ ταῦτ᾽ ἀπ᾽ ἀρχῆς ὑποδείκνυσθαι φυσικώτερον. Ἥλιος μὲν γὰρ καὶ σελήνη καὶ οἱ ἄλλοι θεοὶ παραπλήσιον ἔχοντες λόγον, γεννητοί εἰσιν· ὁ δὲ Ζεὺς, ἀίδιός ἐστιν. » (6) Καὶ πάλιν προελθών· « Ὅμοια δὲ καὶ περὶ τοῦ φθίνειν καὶ περὶ τοῦ γενέσθαι ῥηθήσεται, περί τε τῶν ἄλλων θεῶν καὶ τοῦ Διός· οἱ μὲν γὰρ φθαρτοί εἰσι, τοῦ δὲ τὰ μέρη ἄφθαρτα. » (7) Τούτοις ἔτι βούλομαι παραβαλεῖν μικρὰ τῶν ὑπὸ τοῦ Ἀντιπάτρου λεγομένων· « Ὅσοι δὲ περιαιροῦνται τὸ εὐποιητικὸν ἐκ τῶν θεῶν, ἀπὸ μέρους προσβάλλουσι τῇ τούτων προλήψει· κατὰ τὸν αὐτὸν λόγον καὶ οἱ νομίζοντες αὐτοὺς γενέσεώς τε καὶ φθορᾶς κοινωνεῖν. » (8) Εἴπερ οὖν ἐπίσης ἄτοπος ὁ φθαρτοὺς ἡγούμενος τοὺς θεοὺς τῷ μὴ νομίζοντι προνοητικοὺς εἶναι καὶ φιλανθρώπους, ἐπίσης διαπέπτωκεν Ἐπικούρῳ Χρύσιππος· ὁ μὲν γὰρ τὸ εὐποιητικὸν, ὁ δὲ τὸ ἄφθαρτον ἀφαιρεῖται τῶν θεῶν.

XXXIX. Καὶ μὴν ἐν τῷ τρίτῳ περὶ Θεῶν ὁ Χρύσιππος περὶ τοῦ τρέφεσθαι τοὺς ἄλλους θεοὺς τάδε λέγει· « Τροφῇ τε οἱ μὲν ἄλλοι θεοὶ χρῶνται, παραπλησίως συνεχόμενοι δι᾽ αὐτήν· ὁ δὲ Ζεὺς καὶ ὁ κόσμος καθ᾽ ἕτερον τρόπον ἀναλισκομένων καὶ ἐκ πυρὸς γινομένων. » (2) Ἐνταῦθα μὲν οὖν ἀποφαίνεται, πάντας τοὺς ἄλλους θεοὺς τρέφεσθαι, πλὴν τοῦ κόσμου καὶ τοῦ Διός· ἐν δὲ τῷ πρώτῳ περὶ Προνοίας, « τὸν Δία φησὶν αὔξεσθαι, μέχρις ἂν εἰς αὐτὸν ἅπαντα καταναλώσῃ. Ἐπεὶ γὰρ ὁ θάνατος μέν ἐστι ψυχῆς χωρισμὸς ἀπὸ τοῦ σώματος, ἡ δὲ τοῦ κόσμου ψυχὴ οὐ χωρίζεται μέν, αὔξεται δὲ συνεχῶς, μέχρις ἂν εἰς αὐτὴν ἐξαναλώσῃ τὴν ὕλην, οὐ ῥητέον ἀποθνήσκειν τὸν κόσμον. » (3) Τίς ἂν οὖν ἐναντιώτερα λέγων ἑαυτῷ φανείη τοῦ τὸν αὐτὸν θεὸν νῦν μὲν αὔξεσθαι, νῦν δὲ μὴ τρέφεσθαι λέγοντος; (4) Καὶ τοῦτ᾽ οὐ δεῖ συλλογίζεσθαι· σαφῶς γὰρ αὐτὸς ἐν τῷ αὐτῷ γέγραφεν· « Αὐτάρκης δ᾽ εἶναι λέγεται μόνος ὁ κόσμος, διὰ τὸ μόνος ἐν αὐτῷ πάντα ἔχειν ὧν δεῖται· καὶ τρέφεται ἐξ αὐτοῦ καὶ αὔξεται, τῶν ἄλλων μορίων εἰς ἄλληλα καταλλαττομένων. » (5) Οὐ μόνον οὖν ἐν ἐκείνοις τοὺς ἄλλους θεοὺς ἀποφαίνων τρεφομένους, πλὴν τοῦ κόσμου καὶ τοῦ Διός, ἐν τούτοις δὲ καὶ τὸν κόσμον λέγων τρέφεσθαι, μάχεται πρὸς αὑτόν· ἀλλ᾽ ἔτι μᾶλλον, ὅτι τὸν κόσμον αὔξεσθαι φησὶν ἐξ αὑτοῦ τρεφόμενον. (6) Τοὐναντίον δ᾽ εἰκὸς ἦν, τοῦτον μόνον μὴ αὔξεσθαι τὴν αὑτοῦ φθίσιν ἔχοντα τροφήν, τοῖς δ᾽ ἄλλοις θεοῖς, ἔξωθεν τρεφομένοις, ἐπίδοσιν γίνεσθαι καὶ αὔξησιν, καὶ μᾶλλον εἰς τούτους καταναλίσκεσθαι τὸν κόσμον, εἴγ᾽ ἐκείνῳ μὲν ἐξ αὑτοῦ, τούτοις δ᾽ ἀπ᾽ ἐκείνου λαμβάνειν ἀεί τι καὶ τρέφεσθαι συμβέβηκε.

XL. Δεύτερον τοίνυν ἡ τῶν θεῶν ἔννοια περιέχει τὸ

---

pus. Hic enim, *excepto igne, nullum deum* putat *interitu carere, sed ceteros omnes æque et natos esse et obituros.* Atque hoc fere passim et tantum non ubique ab eo dicitur : verba tamen ejus e tertio de Diis libro ascribam : *Diversa porro,* inquit, *ratio est deorum. Alii enim nati sunt, et interituri; alii non nati sunt. Estque naturæ tractationi convenientius, ut hoc ab initio demonstretur. Sol, Luna, et reliqui dii quorum similis est ratio, nati sunt; Juppiter æternus est.* (6) Ac progressus deinde longius : *Idem dicetur de interitu et origine quum reliquorum deorum, tum Jovis : alii enim interitui sunt obnoxii, hujus autem partes perennes.* (7) His comparabo adhuc pauca quædam ab Antipatro dicta : *Qui vero,* inquit, *beneficentiam diis adimunt, ii ex parte pugnant cum communi eorum notitia et anticipatione; atque eadem ratione errant ii, qui ortum quoque et interitum in eos cadere existimant.* (8) Quodsi ergo perinde absurdus est qui deos interitui obnoxios dicit, atque is qui providentiam et humanitatem iis aufert; non minus a vero Chrysippus abest, quam Epicurus : quum alter æternitatem, alter beneficentiam deorum infitietur.

XXXIX. Quin etiam in tertio de Diis libro Chrysippus de eo, quod reliqui dii alantur, ita scribit : *Alimentoque reliqui dii utuntur, eoque æqualiter sustentantur : Juppiter autem et Mundus diverso modo ab iis quæ consumuntur et in ignem abeunt.* (2) Hic igitur pronunciat reliquos deos *nutriri, exceptis Mundo et Jove.* In primo autem de Providentia libro, *Jovem ali* ait, *tantisper dum omnia in se ipsum consumserit. Nam quum mors sit animæ a corpore separatio, Mundi autem anima ab eo non segregetur, sed continenter augescat, donec materiam in se ipsam consumserit; non dicendum esse, mori Mundum.* (3) Quis videri queat magis sibi ipsi repugnantia dixisse eo, qui eundem deum modo dicat crescere, modo non ali? (4) Neque necesse est id ratiocinando colligere; diserte enim ipse ibidem dixit : *Solus autem sibi ipse sufficere dicitur Mundus, quod solus in se omnia habet quibus ei est opus, aliturque ex se ipso et augetur, ceteris partibus aliis alias mutuo consumentibus.* (5) Non solum igitur ibi docens *reliquos deos nutriri, exceptis Jove et Mundo,* hic autem *Mundum quoque ali,* secum pugnat; sed multo etiam magis, quod *crescere Mundum* dicit, *dum ex se ipso alatur.* (6) Nam, contra, consentaneum erat hunc solum non augeri, qui sui ipsius consumtionem pro alimento haberet; reliquis diis, qui extrinsecus alerentur, incrementum accidere; ipsumque adeo in eos absumi Mundum, quum is ex se ipso, hi subinde ex illo alimentum accipiant.

XL. Secundo deorum notitia felicitatem continet, et in se

εὔδαιμον καὶ μακάριον καὶ αὐτοτελές. Διὸ καὶ τὸν Εὐριπίδην ἐπαινοῦσιν, εἰπόντα,

> Δεῖται γὰρ ὁ θεός, εἴπερ ἔστ' ὄντως θεός,
> οὐδενός· ἀοιδῶν οἵδε δύστηνοι λόγοι.

5 Ἀλλ' ὅ γε Χρύσιππος, ἐν οἷς παρεθέμην, αὐτάρκη μόνον εἶναι τὸν κόσμον φησί, διὰ τὸ μόνον ἐν αὐτῷ πάντα ἔχειν ὧν δεῖται. (2) Τί οὖν ἔπεται τῷ μόνον αὐτάρκη τὸν κόσμον εἶναι; τὸ μήτε τὸν ἥλιον αὐτάρκη μήτε τὴν σελήνην εἶναι, μήτ' ἄλλον τινὰ τῶν θεῶν. Αὐτάρκεις δὲ μὴ ὄντες, οὐκ ἂν εἶεν εὐδαίμονες οὐδὲ μακάριοι.

XLI. « Τὸ βρέφος ἐν τῇ γαστρὶ φύσει τρέφεσθαι νομίζει καθάπερ φυτόν· ὅταν δὲ τεχθῇ, ψυχούμενον ὑπὸ τοῦ ἀέρος καὶ στομούμενον τὸ πνεῦμα μεταβάλλειν, καὶ γίνεσθαι ζῷον· ὅθεν οὐκ ἀπὸ τρόπου τὴν ψυχὴν ὠνομάσθαι παρὰ τὴν ψῦξιν. « (2) Αὐτὸς δὲ πάλιν « τὴν ψυχὴν ἀραιότερον πνεῦμα τῆς φύσεως καὶ λεπτομερέστερον » ἡγεῖται, * μαχόμενος αὐτῷ. Πῶς γὰρ οἷόν τε, λεπτομερὲς ἐκ παχυμεροῦς καὶ ἀραιὸν γενέσθαι κατὰ περίψυξιν καὶ πύκνωσιν; ὃ δὲ μεῖζόν ἐστι, πῶς περιψύξει γίνεσθαι τὸ ἔμψυχον ἀποφαινόμενος, ἔμψυχον ἡγεῖται τὸν ἥλιον, πύρινον ὄντα καὶ γεγενημένον ἐκ τῆς ἀναθυμιάσεως εἰς πῦρ μεταβαλούσης; (3) Λέγει γὰρ ἐν τῷ τρίτῳ περὶ Φύσεως· « Ἡ δὲ πυρὸς μεταβολή ἐστι τοιαύτη· δι' ἀέρος εἰς ὕδωρ τρέπεται· κἀκ τούτου, γῆς ὑφισταμένης, ἀὴρ ἀναθυμιᾶται· λεπτυνομένου δὲ τοῦ ἀέρος, ὁ αἰθὴρ περιχεῖται κύκλῳ· οἱ δ' ἀστέρες ἐκ θαλάσσης μετὰ τοῦ ἡλίου ἀνάπτονται. » (4) Τί οὖν ἀνάψει περιψύξεως ἐναντιώτερον, ἢ διαχύσει πυκνώσεως; τὰ μὲν ὕδωρ καὶ γῆν ἐκ πυρὸς καὶ ἀέρος ποιεῖ, τὰ δ' εἰς πῦρ καὶ ἀέρα τρέπει τὸ ὑγρὸν καὶ γεῶδες. Ἀλλ' ὅμως, ὅπου μὲν τὴν ἄναψιν, ὅπου δὲ τὴν περίψυξιν, ἀρχὴν ἐμψυχίας ποιεῖ. (5) Καὶ μὴν ὅταν ἐκπύρωσις γένηται, διόλου ζῆν καὶ ζῷον εἶναί φησι [τὸν κόσμον]· σβεννύμενον δ' αὖθις καὶ παχυνόμενον, εἰς ὕδωρ καὶ γῆν καὶ τὸ σωματοειδὲς τρέπεσθαι. (6) Λέγει δ' ἐν τῷ πρώτῳ περὶ Προνοίας· « Διόλου μὲν γὰρ ὢν ὁ κόσμος πυρώδης, εὐθὺς καὶ ψυχή ἐστιν ἑαυτοῦ καὶ ἡγεμονικόν· ὅτε δὲ μεταβαλὼν εἰς (τε) τὸ ὑγρὸν, καὶ τὴν ἐναπολειφθεῖσαν ψυχὴν τρόπον τινὰ εἰς σῶμα καὶ ψυχὴν μετέβαλεν, ὥστε συνεστάναι ἐκ τούτων, ἄλλον τινὰ ἔσχε λόγον. » (7) Ἐνταῦθα δήπου σαφῶς τῇ μὲν ἐκπυρώσει καὶ τὰ ἄψυχα τοῦ κόσμου φησὶν εἰς τὸ ἔμψυχον τρέπεσθαι· τῇ δὲ σβέσει πάλιν καὶ τὴν ψυχὴν ἀνίεσθαι καὶ ἀνυγραίνεσθαι, μεταβάλλουσαν εἰς τὸ σωματοειδές. Ἄτοπος οὖν φαίνεται τῇ περιψύξει νῦν μὲν ἐξ ἀναισθήτων ποιῶν ἔμψυχα, νῦν δ' εἰς ἀναίσθητα καὶ ἄψυχα μεταβάλλων τὸ πλεῖστον μέρος τῆς τοῦ κόσμου ψυχῆς. (8) Ἄνευ δὲ τούτων, ὁ περὶ ψυχῆς γενέσεως αὐτῷ λόγος μαχομένην ἔχει πρὸς τὸ δόγμα τὴν ἀπόδειξιν. « Γίνεσθαι μὲν γάρ φησι τὴν ψυχήν, ὅταν τὸ βρέφος ἀποτεχθῇ, καθάπερ στομώσει τῇ περιψύξει τοῦ πνεύματος μεταβαλόντος » ἀποδείξει δὲ χρῆται « τοῦ γεγονέναι τὴν ψυχὴν καὶ μεταγενεστέραν εἶναι, μάλιστα τῷ καὶ τὸν τρόπον καὶ τὸ ἦθος ἐξομοιοῦσθαι τὰ

---

ipsis omnia habentium posita perfectionem. Ideo laudant etiam hoc Euripidis dictum,

> Deus aut eget nullius, aut non est deus.
> Quare ista vatum misera sunt mendacia.

At Chrysippus in his quæ adduxi, *solum Mundum ex sese totum aptum sibique sufficientem* affirmat : *quia solus omnia in se habeat, quibus ei sit opus.* (2) Quid inde sequitur? neque Solem sibimet, neque Lunam, neque ullum alium deum sufficere. Ergo ne felices quidem beative erunt.

XLI. *Fœtum hominis in utero* ait *a natura ali, tanquam plantam : partu autem editum ab aere refrigerari ac durari, et mutato spiritu fieri animal : itaque animam non abs re* psychen *a refrigeratione* (τῷ ψύχεσθαι) *dici.* (2) Idem rursus *animam tenuiorem et subtilioribus partibus constantem spiritum naturæ esse* dicit, secum pugnans. Qui enim tenue et rarum e crasso fieri potuit refrigeratione et densatione? Et, quod majus est, quomodo idem refrigeratione animatum effici pronunciat, et solem animatum putat, igneum corpus et natum ex vapore in ignem mutato? (3) Dicit enim in tertio de Natura : *Ignis mutatio est talis : per aerem in aquam mutatur ; ex aqua, subsidente terra, aer exhalatur ; aere extenuato, æther in orbem circumfunditur ; stellæ autem cum sole e mari accenduntur.* (4) Quid autem magis est contrarium incendio, quam refrigeratio? aut diffusioni, quam densatio? Ille modo aquam et terram ex igne et aere facit, modo in ignem et aerem vertit humidam et terrestrem materiam. At tamen aliquando *incendium*, aliquando *refrigationem* animationis causam statuit. (5) Quin etiam *tempore conflagrationis mundum penitus vivere et animal fieri* affirmat : *exstinctum autem rursus ac densatum, in terram, aquam corpoream que naturam redigi.* (6) Dicit autem in primo libro De Providentia : *Mundus enim omnino ignitus, statim etiam animam suam et principem vim habet. Quum vero mutatus in humidum, etiam animam intus contentam quodammodo in corpus et... mutavit, ut ex iis constet, aliam quandam habet rationem.* (7) Nimirum hic palam incendio etiam animæ expertes mundi partes ait in animatam converti naturam ; restinctione autem rursum animam debilitari et humectari, mutatam in quippiam corporis simile. Absurde ergo alias refrigeratione e carentibus sensu efficit animalia ; alias maximam animæ mundi partem in sensus et animæ expertia redigit. (8) Præterea vero, ratio ejus de generatione animæ nititur demonstratione huic decreto contraria. *Fieri* enim inquit *animam, quando infans nascitur, spiritu refrigeratione tanquam duratione quadam mutato. Natam* autem *esse animam, et posteriorem esse ortu quam est corpus*, sic probat : *quia et forma et moribus proles parentum fiat si-*

τέκνα τοῖς γονεῦσι. »   (9) Βλέπεται δ' ἡ τούτων ἐναν-
τίωσις.   Οὐ γὰρ οἷόν τε τὴν ψυχὴν πρὸ τῆς ἀποκυή-
σεως ἠθοποιεῖσθαι, γεννωμένην μετὰ τὴν ἀποκύησιν· ἢ
συμβήσεται, πρὶν ἢ γενέσθαι ψυχήν, ὁμοίαν εἶναι ψυχῇ,
5 τουτέστι, καὶ εἶναι τῇ ὁμοιότητι, καὶ μὴ εἶναι διὰ τὸ
μήπω γεγονέναι.   (10) Εἰ δέ φησί τις, ὅτι ταῖς κράσεσι
τῶν σωμάτων ἐγγινομένης τῆς ὁμοιότητος, αἱ ψυχαὶ
γεννώμεναι μεταβάλλουσι, διαφθείρει τὸ τεκμήριον τοῦ
γεγονέναι τὴν ψυχήν· ἐνδέχεται γὰρ οὕτω καὶ ἀγέννη-
10 τον οὖσαν, ὅταν ἐπεισέλθῃ, μεταβάλλειν τῇ κράσει τῆς
ὁμοιότητος.

XLII. Τὸν ἀέρα ποτὲ μὲν ἀνωφερῆ καὶ κοῦφον εἶναι φησὶ, ποτὲ δὲ μήτε βαρὺν, μήτε κοῦφον. Ἐν μὲν
οὖν τῷ δευτέρῳ περὶ Κινήσεως, « τό τε πῦρ ἀβαρὲς ὂν,
15 ἀνωφερὲς εἶναι λέγει, καὶ τούτῳ παραπλησίως τὸν ἀέρα,
τοῦ μὲν ὕδατος τῇ γῇ μᾶλλον προσνεμομένου, τοῦ δ'
ἀέρος τῷ πυρί. » (2) Ἐν δὲ ταῖς Φυσικαῖς Τέχναις ἐπὶ
τὴν ἑτέραν ῥέπει δόξαν, ὡς « μήτε βάρος ἐξ αὐτοῦ,
μήτε κουφότητα τοῦ ἀέρος ἔχοντος. »

20 XLIII. Τὸν ἀέρα φύσει ζοφερὸν εἶναι λέγει, καὶ
τούτῳ τεκμηρίῳ χρῆται τοῦ καὶ ψυχρὸν εἶναι πρώτως·
« ἀντικεῖσθαι γὰρ αὐτοῦ τὸ μὲν ζοφερὸν πρὸς τὴν λαμπρότητα, τὸ δὲ ψυχρὸν πρὸς τὴν θερμότητα τοῦ πυρός. »
(2) Ταῦτα κινῶν ἐν τῷ πρώτῳ τῶν Φυσικῶν Ζητημά-
25 των, πάλιν ἐν τοῖς περὶ Ἕξεων « οὐδὲν ἄλλο τὰς ἕξεις
πλὴν ἀέρας εἶναί φησιν· ὑπὸ τούτων γὰρ συνέχεται τὰ
σώματα· καὶ τοῦ ποιὸν ἕκαστον εἶναι τῶν ἕξει συνεχο-
μένων αἴτιος ὁ συνέχων ἀήρ ἐστιν, ὃν σκληρότητα μὲν
ἐν σιδήρῳ, πυκνότητα δ' ἐν λίθῳ, λευκότητα δ' ἐν ἀρ-
30 γύρῳ καλοῦσι· » πολλὴν ἀτοπίαν * καὶ μάχην τούτων
ἐχόντων.   (3) Εἰ μὲν γὰρ μένει ὁποῖός ἐστι φύσει, πῶς
τὸ μέλαν ἐν τῷ μὴ λευκῷ λευκότης γίνεται, καὶ τὸ
μαλθακὸν ἐν τῷ μὴ σκληρῷ σκληρότης, καὶ τὸ μανὸν
ἐν τῷ μὴ πυκνῷ πυκνότης; εἰ δὲ μιγνύμενος ἐν τούτοις
35 ἐξίσταται καὶ συνομοιοῦται, πῶς ἕξις ἐστὶν, ἢ δύναμις,
ἢ αἰτία τούτων, ὑφ' ὧν κρατεῖται; πάσχοντος γάρ ἐστιν,
οὐ δρῶντος, οὐδὲ συνέχοντος, ἀλλ' ἐξασθενοῦντος, ἡ
τοιαύτη μεταβολή, καθ' ἣν ἀπόλλυσι τὰς αὐτοῦ ποιότητας.   (4) Καίτοι πανταχοῦ « τὴν ὕλην ἀργὸν ἐξ ἑαυτῆς
40 καὶ ἀκίνητον ὑποκεῖσθαι ταῖς ποιότησιν ἀποφαίνουσι,
τὰς δὲ ποιότητας πνεύματα οὔσας καὶ τόνους ἀερώδεις,
οἷς ἂν ἐγγένωνται μέρεσι τῆς ὕλης, εἰδοποιεῖν ἕκαστα
καὶ σχηματίζειν. »   (5) Ταῦτ' οὐκ ἔνεστι λέγειν αὐτοῖς,
τὸν ἀέρα φύσει τοιοῦτον ὑποτιθεμένοις· ἕξις γὰρ ὢν καὶ
45 τόνος αὐτῷ συνεξομοιώσει τῶν σωμάτων ἕκαστον, ὥστε
μέλαν εἶναι καὶ μαλθακόν· εἰ δὲ τῇ πρὸς ἐκεῖνα κράσει
τὰς ἐναντίας λαμβάνει μορφὰς αἷς ἔχειν πέφυκεν, ὕλη
τρόπον τινὰ τῆς ὕλης, οὐκ αἴτιον οὐδὲ δύναμίς ἐστιν.

XLIV. Ὅτι « τοῦ κόσμου κενὸν ἐκτὸς ἄπειρόν ἐστι,
50 τὸ δ' ἄπειρον οὔτ' ἀρχὴν, οὔτε μέσον, οὔτε τελευταῖον
ἔχει, » πολλάκις ὑπ' αὐτοῦ λέγεται. Καὶ τούτῳ μάλιστα τὴν λεγομένην ὑπ' Ἐπικούρου τῆς ἀτόμου κάτω
φορὰν ἐξ αὐτῆς ἀναιροῦσιν, οὐκ οὔσης ἐν ἀπείρῳ διαφορᾶς, καθ' ἣν τὸ μὲν ἄνω, τὸ δὲ κάτω νοεῖται γινόμενον.

milis. (9) Atque hæc quidem repugnantia est evidens.
Fieri enim non potest ut ante partum moribus conformetur
anima, quæ post partum demum nascitur : alioquin efficietur, animam, priusquam exsistat, similem esse animæ, hoc
est, et esse similitudine, et non esse, quum nondum sit
nata. (10) Sin dicas, temperiei corporum insita similitudine, animas post nativitatem mutari, corrumpes argumentum de origine animæ. Nam fieri potest hoc pacto, ut etiam
non orta, tamen in corpus ingressa mutetur ob temperiem
similitudinis.

XLII. *Aerem* aliquando ait *levem esse, et qui sursum
se efferat;* aliquando *neque gravem neque levem.* Nam
in secundo de Motu libro, *ignem* ait *carere gravitate, et
sursum efferri; eodemque modo aerem; ut aqua terræ
magis attribuatur, aer igni.* (2) At in Physicis Institu-
tionibus in alteram inclinat partem, nimirum *neque gravitatem ex sese, neque levitatem habere aerem.*

XLIII. *Aerem suapte natura* ait *caliginosum esse,*
eoque argumento vult ostendere *etiam frigidum primo
esse; ejus enim tenebras splendori, frigiditatem calori
ignis opponi.*   (2) Hæc quum in primo de Quæstionibus
Naturalibus movisset, in libris de Habitibus, *nihil aliud
esse* ait *habitus, quam aeres : nam ab iis contineri corpora, et ut quodvis eorum quæ continentur certa sit
præditum qualitate, causam esse aerem quo ea continentur; qui aer in ferro durities, in lapide soliditas,
in argento albedo appelletur.*   Atqui multum inest absurdi, multum repugnantiæ huic opinioni.   (3) Nam si aer
manet talis, qualis est suapte natura, quomodo nigrum in
non albo fiet albedo, molle in non duro durities, rarum in
non denso densitas? Sin vero his permixtus assimilatur,
suamque naturam amittit, quomodo habitus erit, aut facultas, aut causa horum, a quibus superatur? Patientis
est enim, et non agentis aut continentis, sed vires suas
amittentis istæc mutatio, qua suas quid qualitates perdit.
(4) Atqui ubique hoc affirmant, *materiam suapte natura
otiosam et immobilem subjici qualitatibus; qualitates
autem esse spiritus aut contentiones* (id *tonos* ipsi dicunt) *aereas, quæ in quibus materiæ partibus inhæ-
rescant, eas informent.* (5) Hæc dicere ipsis non licet,
aerem natura talem ponentibus. Si enim habitus sit et
contentio aer, sibi unum quodque corporum reddet simile,
ut atrum fiat et molle. Sin contemperatione cum istis contrarias suæ naturæ formas accipit, ut ita dicam, materia
ipse est potius materiei quam causa et facultas.

XLIV. Sæpenumero Chrysippus hoc dicit, *extra mundum esse quoddam Inane infinitum : infinitum autem
principio, medio, extremoque carere :* eoque Stoici maxime utuntur ad refellendam eam, quam Epicurus usurpavit, atomi sua sponte deorsum motionem : *quod non sit
in infinito discrimen, secundum quod alia supra, alia*

(2) Ἀλλ' ἔν γε τῷ τετάρτῳ περὶ Δυνατῶν μέσον τινὰ τόπον καὶ μέσην χώραν ὑποθέμενος, ἐνταῦθά φησιν ἱδρῦσθαι τὸν κόσμον· ἔστι δ' ἡ λέξις αὕτη· « Διὸ καὶ ἐπὶ τοῦ κόσμου εἰ ῥητέον αὐτὸν φθαρτὸν εἶναι, λόγου οἴομαι δεῖσθαι. Οὐ μὴν ἀλλὰ μᾶλλον ἐμοὶ φαίνεται οὕτως ἔχειν. Οἱονεὶ δ' εἰς τὴν ὥσπερ ἀφθαρσίαν πολύ τι αὐτῷ συνεργεῖ καὶ ἡ τῆς χώρας κατάληψις, οἷον διὰ τὸ ἐν μέσῳ εἶναι· ἐπεὶ, εἰ ἀλλαχῇ νοηθείη ὢν, καὶ παντελῶς ἂν αὐτῷ συνάπτοι ἡ φθορά. » (3) Καὶ μετὰ μικρὸν αὖθις· « Οὕτω γάρ πως καὶ ἡ οὐσία συντέτευχεν ἀϊδίως τὸν μέσον κατειληφυῖα τόπον, εὐθὺς τοιάδε τις οὖσα, ὥστε καθ' ἕτερον τρόπον, ἀλλὰ καὶ διὰ τὴν συντυχίαν μὴ ἐπιδέχεσθαι αὐτὴν φθοράν, [καὶ] κατὰ τοῦτ' εἶναι ἀΐδιον. » (4) Ταῦτα μίαν μὲν ἔχει καταφανῆ καὶ βλεπομένην ἐναντίωσιν, ἐν ἀπείρῳ μέσον τινὰ τόπον καὶ μέσην χώραν ἀπολείποντος· δευτέραν δ' ἀδηλοτέραν μὲν, ἀλογωτέραν δὲ ταύτης. (5) Οἰόμενος γάρ, οὐκ ἂν ἄφθαρτον διαμένειν τὸν κόσμον, εἰ κατ' ἄλλο μέρος αὐτῷ τοῦ κενοῦ συντέτευχε γενέσθαι τὴν ἵδρυσιν, δῆλός ἐστι δεδιὼς μή, τῶν μερῶν τῆς οὐσίας ἐπὶ τὸ μέσον φερομένων, διάλυσις καὶ φθορὰ τοῦ κόσμου γένοιτο. Ταῦτα δ' οὐκ ἂν ἐφοβεῖτο, μὴ φύσει τὰ σώματα φέρεσθαι πανταχόθεν ἐπὶ τὸ μέσον ἡγούμενος, οὐ τῆς οὐσίας, ἀλλὰ τῆς περιεχούσης τὴν οὐσίαν χώρας· περὶ οὗ καὶ πολλάκις εἴρηκεν ὡς « ἀδυνάτου καὶ παρὰ φύσιν ὄντος· οὐ γὰρ ὑπάρχειν ἐν τῷ κενῷ διαφοράν, ἢ τὰ σώματα δευρὶ μᾶλλον ἢ δευρὶ προσάγεται· τὴν δὲ τοῦ κόσμου σύνταξιν, αἰτίαν εἶναι τῆς κινήσεως ἐπὶ τὸ κέντρον καὶ τὸ μέσον αὐτοῦ νευόντων καὶ φερομένων πανταχόθεν. » (6) Ἀρκεῖ δ' εἰς τοῦτο παραθέσθαι λέξιν ἐκ τοῦ δευτέρου περὶ Κινήσεως. Ὑπειπὼν γὰρ ὅτι « τέλεον μὲν ὁ κόσμος σῶμά ἐστιν, οὐ τέλεα δὲ τὰ τοῦ κόσμου μέρη, τῷ πρὸς τὸ ὅλον πως ἔχειν, καὶ μὴ καθ' αὑτὰ εἶναι· » καὶ περὶ τῆς κινήσεως αὐτοῦ διελθὼν ὡς « ἐπὶ τὴν συμμονὴν καὶ τὴν συνοχὴν τὴν ἑαυτοῦ κινεῖσθαι διὰ τῶν μερῶν πάντων πεφυκότος, οὐκ ἐπὶ τὴν διάλυσιν καὶ τὴν θρύψιν, » ταῦτ' εἴρηκεν. (7) « Οὕτω δὲ τοῦ ὅλου τεινομένου εἰς ταυτὸ καὶ κινουμένου, καὶ τῶν μορίων ταύτην τὴν κίνησιν ἐχόντων ἐκ τῆς τοῦ σώματος φύσεως, * πιθανόν, πᾶσι τοῖς σώμασιν εἶναι τὴν πρώτην κατὰ φύσιν κίνησιν πρὸς τὸ τοῦ κόσμου μέσον, τῷ μὲν κόσμῳ οὕτωσὶ κινουμένῳ πρὸς αὑτόν, τοῖς δὲ μέρεσιν, ὡς ἂν μέρεσιν οὖσιν. » (8) Εἶτα, φήσαι τις ἂν, ὦ ἄνθρωπε, τί παθὼν ἐπελάθου τῶν λόγων τούτων, ὥστε τὸν κόσμον, εἰ μὴ τὴν μέσην χώραν ἐκ τύχης κατειλήφει, διαλυτὸν καὶ φθαρτὸν ἀποφαίνειν; (9) Εἰ γὰρ αὐτός γε νεύειν ἐπὶ τὸ αὐτοῦ μέσον ἀεὶ πέφυκε, καὶ τὰ μέρη, πρὸς τοῦτο κατατείνειν πανταχόθεν, ὅποι ποτ' ἂν τοῦ κενοῦ μετατεθῇ, συνέχων ἑαυτὸν οὕτω καὶ περιστέλλων, ἄφθαρτος καὶ ἄθρυπτος διαμενεῖ· τὰ γὰρ θρυπτόμενα καὶ σκεδαννύμενα τοῦτο πάσχει διαχρίσει τῶν μερῶν ἑκάστου καὶ διαλύσει πρὸς τὸν οἰκεῖον τόπον ἐκ τοῦ παρὰ φύσιν ἀπορρέοντος. (10) Σὺ δ', εἰ κατ' ἄλλο τοῦ κενοῦ τεθείη ὁ κόσμος, οἰόμενος αὐτῷ παντελῆ συνάπτεσθαι φθοράν, καὶ λέγων

---

infra esse dicantur. (2) Verum idem in quarto de Possibilibus libro, medium quendam locum mediamque statuit regionem, ubi positus sit mundus. Verba sunt hæc: *Itaque etiam de mundo si dicendum est, eum interitui esse obnoxium, argumentis esse opus arbitror. Mihi tamen sic potius videtur habere se mundus. Sed ad hanc quasi immunitatem ab interitu multum ei confert loci occupatio; nempe quod in medio est. Nam si eum alibi esse cogitetur, omnino ei accidet interitus.* (3) Rursumque paullo post: *Sic enim quodammodo substantiæ ejus contigit, ut æterne medium nacta locum sit, statimque talis exstiterit; ut, quum propter reliquam conditionem suam, tum propter hunc contigentiæ casum, immunis ab interitu, et ob id sempiterna sit.* (4) Hæc unam habent manifestam et in oculos incurrentem repugnantiam : qua medius in infinito locus statuitur. Alia ut obscurior est, ita plus habet absurdi. (5) Dum enim opinatur ab interitu non potuisse immunem servari mundum, si ei locus in alia Inanis parte obtigisset, satis apparet eum metuisse, ne partibus substantiæ ejus ad medium vergentibus, dissipatio et interitus evenerit. Sed id non metuisset, nisi existimasset, natura corpora undiquaque ad medium ferri, non substantiæ, sed continentis substantiam spatii : de quo medio etiam sæpe dixit, *quod impossibile sit et naturæ contrarium: non enim esse in vacuo discrimen, cur corpora huc magis quam illuc vergerent : sed mundi constitutionem causam esse ut ad centrum ejus corpora undiquaque inclinent ac ferantur.* (6) Satis est huc afferre verba ejus ex secundo de Motu libro. Quum enim dixisset, *mundi corpus perfectum esse, partes mundi non perfectas, quia ad totum certo modo affectæ, non per se essent,* locutus deinceps de motu mundi, *cujus ea esset natura, ut omnes partes ad compagem et cohæsionem sui, non ad dissolutionem et contritionem ferrentur,* hæc infert: (7) *Sic autem toto in se tendente et moto, partibusque hunc motum habentibus e natura corporis, probabile est omnibus corporibus primum esse motum naturalem ad mundi medium; mundo, ut sic versus sese moveatur; partibus, ut partibus.* (8) Hic aliquis dicat : Quid ergo tibi, mi homo, accidit, ut horum oblitus pronunciares, *mundum, nisi fortuito medium occupasset locum, dissolutum iri et interiturum fuisse?* (9) Si enim ea ipsius est natura, ut semper ad medium inclinet, ad idque partes omnes undiquaque contendant, quocumque tandem infiniti loco ponantur, sic sese continens atque complectens, integer manebit. Quæ enim franguntur ac dissipantur, iis id accidit singularum partium ad suum proprium locum concessione ab eo quem præter naturam occupaverant. (10) Tu autem putans mundum si alio Inanis loco ponatur, omnino

οὕτω, καὶ διὰ τοῦτο μέσον ἐν τῷ μηδὲν ἔχειν πεφυκότι μέσον ζητῶν ἀπείρῳ, τὰς μὲν τάσεις καὶ συνοχὰς καὶ νεύσεις ἐκείνας, ὡς οὐδὲν ἐγέγγυον εἰς σωτηρίαν ἐχούσας, ἀφῆκας, τῇ δὲ καταλήψει τοῦ τόπου τὴν σύμπασαν αἰτίαν τῆς διαμονῆς ἀνέθηκας. (11) Καίτοι τοῖς προειρημένοις ταυτὶ συνάπτεις, ὥσπερ αὐτὸς σεαυτὸν ἐξελέγξαι φιλοτιμούμενος· « Ὃν τρόπον δὲ κινεῖται ἕκαστον τῶν μορίων, συμφυὲς ὂν τῷ λοιπῷ, εὔλογον οὕτω καὶ καθ' αὑτὸ κινεῖσθαι, (καὶ) εἰ λόγου χάριν νοήσαιμεν αὐτὸ καὶ ὑποθοίμεθα εἶναι ἐν κενῷ τινι τοῦ κόσμου τούτου· ὡς γὰρ ἂν συνεχόμενον πάντοθεν ἐκινεῖτο ἐπὶ τὸ μέσον, μένει ἐν τῇ κινήσει ταύτῃ, κἂν λόγου χάριν ἐξαίφνης περὶ αὐτὸ γένηται κενόν. » (12) Εἶτα μέρος μὲν ὁτιοῦν ὑπὸ κενοῦ περιληφθὲν οὐκ ἀποβάλλει τὴν ἐπὶ τὸ τοῦ κόσμου μέσον ἄγουσαν ῥοπήν· αὐτὸς δ' ὁ κόσμος, ἂν μὴ τὴν μέσην παρασκευάσῃ χώραν αὑτῷ τὸ αὐτόματον, ἀπολεῖ τὸν συνεκτικὸν τόνον, ἄλλοις ἀλλαχόσε τῆς οὐσίας αὐτοῦ μέρεσι φερόμενος.

XLV. Καὶ ταῦτα μὲν ἔχει μεγάλας ὑπεναντιώσεις πρὸς τὸν φυσικὸν λόγον· ἐκεῖνο δ' ἤδη καὶ πρὸς τὸν περὶ θεοῦ καὶ προνοίας, τὸ τὰ μικρότατα τῶν αἰτίων τούτοις ἀνατιθέντα, τὸ κυριώτατον ἀφαιρεῖσθαι καὶ μέγιστον. (2) Τί γάρ ἐστι κυριώτερον τῆς τοῦ κόσμου διαμονῆς καὶ τοῦ τὴν οὐσίαν ἡνωμένην τοῖς μέρεσι συνέχεσθαι πρὸς αὐτήν; ἀλλὰ τοῦτό γε συμπέπτωκεν αὐτομάτως κατὰ Χρύσιππον. (3) Εἰ γὰρ ἡ τοῦ τόπου κατάληψις αἰτία τῆς ἀφθαρσίας ἐστίν, αὕτη δὲ συντυχίᾳ γέγονεν, δῆλον ὅτι συντυχίας ἔργον ἡ σωτηρία τῶν ὅλων ἐστίν, οὐχ εἱμαρμένης καὶ προνοίας.

XLVI. Ὁ δὲ τῶν δυνατῶν λόγος πρὸς τὸν τῆς εἱμαρμένης λόγον αὐτῷ πῶς οὐ μαχόμενός ἐστιν; εἰ γὰρ οὐκ ἔστι δυνατὸν ὅπερ ἢ ἐστὶν ἀληθές, ἢ ἔσται, κατὰ Διόδωρον, ἀλλὰ πᾶν τὸ ἐπιδεκτικὸν τοῦ γενέσθαι, κἂν μὴ μέλλῃ γενήσεσθαι, δυνατόν ἐστιν; ἔσται [δὲ] δυνατὰ πολλὰ τῶν μὴ καθ' εἱμαρμένην ἀνίκητον καὶ ἀνεκβίαστον καὶ περιγενητικὴν ἁπάντων, ἢ εἱμαρμένης δύναμιν ἀπόλλυσιν, ἢ ταύτης, οἵαν ἀξιοῖ Χρύσιππος, οὔσης, τὸ ἐπιδεκτικὸν τοῦ γενέσθαι πολλάκις εἰς τὸ ἀδύνατον ἐμπεσεῖται. (2) Καὶ πᾶν μὲν ἀληθὲς ἀναγκαῖον ἔσται τῇ κυριωτάτῃ πασῶν ἀνάγκῃ κατειλημμένον· πᾶν δὲ ψεῦδος ἀδύνατον, τὴν μεγίστην ἔχον αἰτίαν ἀντιπίπτουσαν αὐτῷ πρὸς τὸ ἀληθὲς γενέσθαι. (3) Ὧ γὰρ ἐν θαλάσσῃ πεπρωμένον ἐστὶν ἀποθανεῖν, πῶς οἷόν τε τοῦτον ἐπιδεκτικὸν εἶναι τοῦ ἐν γῇ ἀποθανεῖν; τί δὲ τὸν Μεγαροῖ δυνατόν ἐστιν ἐλθεῖν εἰς Ἀθήνας, ὑπὸ τῆς εἱμαρμένης κωλυόμενον;

XLVII. Ἀλλὰ μὴν καὶ τὰ περὶ τῶν φαντασιῶν λεγόμενα νεανικῶς, πρὸς τὴν εἱμαρμένην ἐναντιοῦνται. Τὴν γὰρ φαντασίαν βουλόμενος οὐκ οὖσαν αὐτοτελῆ τῆς συγκαταθέσεως αἰτίαν ἀποδεικνύειν, εἴρηκεν ὅτι « βλάψουσιν οἱ σοφοὶ ψευδεῖς φαντασίας ἐμποιοῦντες, ἂν αἱ φαντασίαι ποιῶσιν αὐτοτελῶς τὰς συγκαταθέσεις· πολλάκις γὰρ οἱ σοφοὶ * ψεύδει χρῶνται πρὸς τοὺς φαύλους, καὶ φαντασίαν παριστᾶσι πιθανήν, οὐ μὴν αἰτίαν

---

interiturum, idque affirmans, atque idcirco medium in re nullum admittente medium quærens, contentiones illas, complexus, et momenta, ut nullam vim salutis præstandæ habentia, omisisti, occupationi loci totam permansionis causam attribuisti. (11) Et quidem prædictis hæc annectis, tanquam studio habens te ipsum refellere : *Quo autem modo quævis pars movetur annata reliquis, rationi consentaneum est eodem etiam per se moveri, si, verbi gratia, imaginemur eam in aliquo hujus mundi vacuo constitutam : sicut enim undiquaque contenta ad medium ferretur, in eodem manet motu, etiam si, verbi gratia, subito circum eam inane exstitisset.* (12) Ergo quævis pars a vacuo circumventa non amittit momentum quo ad medium fertur suum : verum ipse mundus, nisi medium ei locum casus parasset, vim continentem amittet, aliis ejus substantiæ partibus alio pertractus.

XLV. Atque hæc multa habent valde repugnantia rationibus naturalibus. Hoc vero jam Deo etiam et Providentiæ adversatur, quod his minimas ac levissimas causas attribuit, præcipuis et summis ademtis. (2) Quid enim majoris est momenti quam mundi perpetuitas, et quod substantia ejus suis partibus unita a sese contineatur? atqui hoc fortuito factum casu Chrysippus asserit. (3) Nam si loci occupatio causa est perpetuitatis, et locus casu occupatus fuit, haud dubie fortuiti eventus est conservatio Universi, non Fati aut Providentiæ opus.

XLVI. Ratio autem ipsius de Possibilibus quomodo non repugnet ejusdem doctrinæ de Fato? Si enim possibile non id est, quod aut est, aut erit verum, ut sentit Diodorus; sed omne cui contingere queat ut fiat, etiamsi futurum non sit, possibile est, multa autem erunt possibilia eorum, quæ non fiunt Fato insuperabili atque inviolabili et omnia vincente : aut Fati vis evertitur, aut, si est Fatum ejusmodi, ut vult Chrysippus, facultas contingendi ut aliquid fiat, sæpe in impossibile incidet. (2) Et omne quidem verum necessarium erit, comprehensum ea, quæ in omnia jus absolutum habet, necessitate : omne autem falsum erit impossibile, maxima causarum obsistente ne fiat verum. (3) Cui enim fatale est in mari perire, quomodo fieri potest ut ei contingat mors in terra? et quomodo Megaris Athenas venire queat is, qui a Fato impeditur?

XLVII. Quin etiam quæ audacter de Visis pronunciat, Fati rationi reclamant. Ut enim ostenderet *visum non esse ex se perfectam assensionis causam*, ait damnosos fore sapientes, qui visa falsa in animis excitent, si quidem visa assensionem absolute perficiant; sæpenumero enim sapientes adversum vitiosos utuntur mendacio, et probabile visum objiciunt, non tamen assensionem effi-

τῆς συγκαταθέσεως· ἐπεὶ καὶ τῆς ὑπολήψεως αἰτία τῆς
ψευδοῦς ἔσται καὶ τῆς ἀπάτης. » (2) Ταῦτ' οὖν ἄν τις
ἀπὸ τοῦ σοφοῦ μεταφέρων ἐπὶ τὴν εἱμαρμένην λέγῃ
μὴ διὰ τὴν εἱμαρμένην γίνεσθαι τὰς συγκαταθέσεις·
5 ἐπεὶ διὰ τὴν εἱμαρμένην ἔσονται καὶ ψευδεῖς συγκαταθέσεις, καὶ ὑπολήψεις, καὶ ἀπάται, καὶ βλαβήσονται
διὰ τὴν εἱμαρμένην· ὁ τοῦ βλάπτειν τὸν σοφὸν ἐξαιρού-
μενος λόγος, ἅμα καὶ τὸ μὴ πάντων αἰτίαν εἶναι τὴν
εἱμαρμένην ἀποδείκνυσιν. (3) Εἰ γὰρ μήτε δοξάζουσι,
10 μήτε βλάπτονται διὰ τὴν εἱμαρμένην, δῆλον ὅτι οὐδὲ
κατορθοῦσιν, οὐδὲ φρονοῦσιν, οὐδὲ ὑπολαμβάνουσι βεβαίως, οὐδ' ὠφελοῦνται διὰ τὴν εἱμαρμένην· ἀλλ' οἴχεται τὸ πάντων αἰτίαν εἶναι τὴν εἱμαρμένην. (4) Ὁ δὲ
λέγων ὅτι Χρύσιππος οὐκ αὐτοτελῆ τούτων αἰτίαν, ἀλλὰ
15 προκαταρκτικὴν μόνον ἐποιεῖτο τὴν εἱμαρμένην, ἐκεῖ
πάλιν αὐτὸν ἀποδείξει μαχόμενον πρὸς αὑτόν, ὅπου τὸν
μὲν Ὅμηρον ὑπερφυῶς ἐπαινεῖ περὶ τοῦ Διὸς λέγοντα,

    Τῷ ἔχεθ', ὅττι κεν ὕμμι κακὸν πέμπῃσιν ἑκάστῳ,
    ἢ ἀγαθόν·

20 καὶ τὸν Εὐριπίδην,

    Ὦ Ζεῦ, τί δῆτα τοὺς ταλαιπώρους βροτοὺς
    φρονεῖν λέγοιμ' ἄν; σοῦ γὰρ ἐξηρτήμεθα,
    δρῶμέν τε τοιάδ', ἃ σύ [γε] τυγχάνεις φρονῶν·

αὐτὸς δὲ πολλὰ τούτοις ὁμολογούμενα γράφει, τέλος
25 δέ φησι μηδὲν ἴσχεσθαι μηδὲ κινεῖσθαι μηδὲ τοὐλάχιστον
ἄλλως ἢ κατὰ τὸν τοῦ Διὸς λόγον· ὃν τῇ εἱμαρμένῃ τὸν
αὐτὸν εἶναι. (5) Ἔτι τοίνυν, τὸ μὲν προκαταρκτικὸν
αἴτιον ἀσθενέστερόν ἐστι τοῦ αὐτοτελοῦς, καὶ οὐκ
ἐξικνεῖται κρατούμενον ὑπ' ἄλλων ἐξανισταμένων· τὴν
30 δ' εἱμαρμένην αἰτίαν ἀνίκητον καὶ ἀκώλυτον καὶ ἄτρεπτον
ἀποφαίνων, αὐτὸς Ἄτροπον καλεῖ καὶ Ἀδράστειαν καὶ
Ἀνάγκην καὶ Πεπρωμένην, ὡς πέρας ἅπασιν ἐπιτιθεῖ-
σαν. (6) Πότερον οὖν τὰς συγκαταθέσεις μὴ λέγωμεν
ἐφ' ἡμῖν εἶναι, μηδὲ τὰς ἀρετάς, μηδὲ τὰς κακίας,
35 μηδὲ τὸ κατορθοῦν, μηδὲ τὸ ἁμαρτάνειν· ἢ τὴν εἱμαρμένην λέγωμεν ἐλλείπουσαν εἶναι, καὶ τὴν πεπρωμένην
ἀπεράτωτον, καὶ τὰς τοῦ Διὸς κινήσεις καὶ σχέσεις
ἀσυντελέστους; (7) Τούτων γὰρ ἕπεται τὰ μὲν τῷ
αὐτοτελῆ, τὰ δὲ τῷ προκαταρκτικὴν μόνον αἰτίαν εἶναι
40 τὴν εἱμαρμένην. Αὐτοτελὴς μὲν γὰρ αἰτία πάντων
οὖσα, τὸ ἐφ' ἡμῖν καὶ τὸ ἑκούσιον ἀναιρεῖ· προκαταρ-
κτικὴ δὲ, τὸ ἀκώλυτος εἶναι καὶ τελεσιουργὸς, ἀπόλλυσιν. (8) Οὐδὲ γὰρ ἅπαξ ἢ δὶς, ἀλλὰ πανταχοῦ,
μᾶλλον δ' ἐν πᾶσι τοῖς Φυσικοῖς γέγραφε, « ταῖς μὲν
45 κατὰ μέρος φύσεσι καὶ κινήσεσιν ἐνστήματα πολλὰ γίνεσθαι καὶ κωλύματα, τῇ δὲ τῶν ὅλων, μηδέν. » (9)
Καὶ πῶς εἰς τὰς κατὰ μέρος ἢ τῶν ὅλων διατείνουσα
κίνησις, ἐμποδιζομένων καὶ κωλυομένων ἐκείνων,
ἀνεμπόδιστος αὕτη καὶ ἀκώλυτός ἐστιν; οὐδὲ γὰρ ἡ τοῦ
50 ἀνθρώπου φύσις ἀνεμπόδιστος, εἰ μηδὲ ἡ τοῦ ποδὸς ἢ
τῆς χειρός· οὐδ' ἡ τῆς νεὼς κίνησις ἀκώλυτος ἂν εἴη,
εἰ αἱ περὶ τὸ ἱστίον ἢ τὴν εἰρεσίαν ἐνέργειαι κωλύσεις
τινὰς ἔχωσιν. (10) Ἄνευ δὲ τούτων, εἰ μὲν αἱ φαντα-

---

*ciens : quæ causa esset futura falsæ opinionis et erro-
ris.* (2) Hæc vero a Sapiente aliquis in Fatum transferens,
si dixerit assensiones non fieri propter Fatum (nam sic Fatum etiam falsis assensionibus, opinionibus, erroribus,
damnis causam præbebit); ratio quæ *Sapientem* facit nemini nocere, una ostendet Fatum non esse omnium causam. (3) Nam si non opinantur homines vi Fati, neque
læduntur; ne agendi quidem recte, sapiendi, constanter
sentiendi, aut utilitatem percipiendi causa erit Fatum :
actumque est de eo pronunciato, quo *Fatum omnium
rerum causa* ponitur. (4) Qui autem respondeat, Chrysippum non perfectam rerum causam, sed antecedentem
duntaxat causam Fatum statuere, in eo rursum ostendet
eum secum pugnare. Aliquando enim Homerum summis
vehit laudibus, qui hæc de Jove dixerit :

Ergo quod unicuique bonum dabit ille, malumve,
accipite;

et hæc Euripidis :

Quid, o Tonans, sententiæ mortalibus
dicam esse? namque a te nos suspensi sumus,
agimusque, sicut stat tibi sententia :

et quum his consentientia multa scripsisset, tandem ait *nihil,
ne minimum quidem, vel quiescere vel moveri sine Jovis
sententia, quæ idem ac Fatum sit.* (5) At enim causa
antecedens infirmior est quam quæ vim in se habet perfectam, aliisque resistentibus non pervenit eo quo intenderat.
Fatum Chrysippus *causam insuperabilem, quæque impediri aut mutari nullo modo possit* pronuncians, ipse
Atropon (quasi immutabilem) *et Adrasteam et Necessitatem et, ut finem omnibus imponentem, Pepromenen*
appellat. (6) Utrum ergo dicamus, in nostra potestate neque assensionem esse, neque virtutes, neque vitia, neque
officia, neque peccata; aut Fatum sibi non sufficere, Pepromenen ad finem propositum non pertingere, et Jovis voluntatem non confieri et habitus non consummari? (7) Istorum enim hoc sequitur, si Fatum causam ponas ex se
perfectam; illud, si tantum antecedentem. Nam si causa
est perfecta, nostra in potestate nihil, nihil voluntati nostræ relinquit; si antecedens, impediri jam poterit, neque
vim habebit ad finem sine impedimento perveniendi. (8)
Non enim semel atque iterum, sed ubique in omnibus
Physicis scripsit Chrysippus, *particularibus naturis
ac motibus multa occurrere impedimenta, Universi
naturæ nullum.* (9) Et quomodo Universi motus ad
partium motus quum pertineant, his impeditis ipsi non
impedientur? Non enim hominis naturam nihil impedit,
si manus aut pedis actioni est quod obstet : neque navis
sine ullo impedimento movebitur, si veli aut remigii actiones
impediri possint. (10) Ad hæc, si Visa non sunt fatalia,

σίαι μὴ γίνονται καθ' εἱμαρμένην [**] τῶν συγκαταθέ-
σεων· εἰ δ' ὅτι ποιεῖ φαντασίας ἀγωγοὺς ἐπὶ τὴν συγκατάθεσιν, καθ' εἱμαρμένην αἱ συγκαταθέσεις γίνεσθαι
λέγονται, πῶς οὐ μάχεται πρὸς ἑαυτὴν πολλάκις ἐν
5 τοῖς μεγίστοις διαφόρους ποιοῦσα φαντασίας καὶ περι-
σπώσας ἐπὶ τἀναντία τὴν διάνοιαν; ὅτε τοὺς προστιθεμένους τῇ ἑτέρᾳ καὶ μὴ ἐπέχοντας, ἁμαρτάνειν λέγου-
σιν· ἂν μὲν ἀδήλοις εἴκωσι, προπίπτοντας· ἂν δὲ ψευδέσι, διαψευδομένους· ἂν δὲ κοινῶς ἀκαταλήπτοις,
10 δοξάζοντας. (11) Καίτοι δεῖ, τριῶν ὄντων, ἢ μὴ πᾶσαν
εἶναι φαντασίαν εἱμαρμένης ἔργον, ἢ πᾶσαν παραδο-
χὴν καὶ συγκατάθεσιν φαντασίας ἀναμάρτητον, ἢ μηδὲ
αὐτὴν τὴν εἱμαρμένην ἀνεπίληπτον· * οὐκ οἶδα γάρ,
ὅπως ἀνέγκλητός ἐστι τοιαύτας ποιοῦσα φαντασίας,
15 αἷς τὸ μὴ μάχεσθαι μηδ' ἀντιβαίνειν, ἀλλ' ἕπεσθαι
καὶ εἴκειν, ἔγκλητόν ἐστι. (12) Καὶ μὴν ἔν γε τοῖς
πρὸς τοὺς Ἀκαδημαϊκοὺς ἀγῶσιν ὁ πλεῖστος αὐτῷ τε
Χρυσίππῳ καὶ Ἀντιπάτρῳ πόνος γέγονε περὶ τοῦ « μήτε
πράττειν μήτε ὁρμᾶν ἀσυγκαταθέτως, ἀλλὰ πλάσματα
20 λέγειν καὶ κενὰς ὑποθέσεις τοὺς ἀξιοῦντας, οἰκείας φαντασίας γενομένης, εὐθὺς ὁρμᾶν μὴ εἴξαντας μηδὲ συγ-
καταθεμένους. » (13) Αὖθις δέ φησι Χρύσιππος, « καὶ
τὸν θεὸν ψευδεῖς ἐμποιεῖν φαντασίας, καὶ τὸν σοφόν,
οὐ συγκατατιθεμένων οὐδ' εἰκόντων δεομένους ἡμῶν,
25 ἀλλὰ πραττόντων μόνον καὶ ὁρμώντων ἐπὶ τὸ φαινόμε-
νον· ἡμᾶς δὲ φαύλους ὄντας, ὑπ' ἀσθενείας συγκατατίθεσθαι ταῖς τοιαύταις φαντασίαις. » (14) Ἡ δὲ τούτων
τῶν λόγων ταραχὴ καὶ διαφορὰ πρὸς αὐτοὺς οὐ πάνυ
δυσθεώρητός ἐστιν. Ὁ γὰρ οὐ δεόμενος συγκατατιθε-
30 μένων, ἀλλὰ πραττόντων μόνον, οἷς ἐνδίδωσι τὰς φαντασίας, εἴτε θεός, εἴτε σοφός, οἶδεν ὅτι πρὸς τὸ πράττειν ἀρκοῦσιν αἱ φαντασίαι, καὶ παρέλκουσιν αἱ συγκα-
ταθέσεις· (15) ὡς εἴ γε γινώσκων ὅτι πρακτικὴν ὁρμὴν
οὐ παρίστησι φαντασία δίχα συγκαταθέσεως, ψευδεῖς
35 ἐνεργάζεται καὶ πιθανὰς φαντασίας, ἑκὼν αἴτιός ἐστι
τοῦ προσπίπτειν καὶ ἁμαρτάνειν ἀκαταλήπτοις συγκα-
τατιθεμένους.

ΣΥΝΟΨΙΣ

ΤΟΥ ΟΤΙ ΠΑΡΑΔΟΞΟΤΕΡΑ ΟΙ ΣΤΩΙΚΟΙ ΤΩΝ ΠΟΙΗΤΩΝ ΛΕΓΟΥΣΙΝ.

40 Ι. Ὁ Πινδάρου Καινεὺς εὔθυναν ὑπεῖχεν, ἀπιθάνως
ἄρρηκτος σιδήρῳ καὶ ἀπαθὴς τὸ σῶμα πλασσόμενος,
εἶτα καταδὺς ἄτρωτος ὑπὸ γῆν,

Σχίσας ὀρθῷ ποδὶ γᾶν·

ὁ δὲ Στωϊκὸς Λαπίθης, ὥσπερ ἐξ ἀδαμαντίνης ὕλης
45 ὑπ' αὐτῶν τῆς ἀπαθείας κεχαλκευμένος, οὐκ ἄτρωτός
ἐστιν οὐδ' ἄνοσος, οὐδ' ἀναλγής, ἄφοβος δὲ μένει καὶ

[quomodo sint causæ] assensionum? aut si Fatum dicitur
visa facere ducentia ad assensionem, et assensiones proinde per Fatum fiunt; quomodo non secum pugnat Fatum,
de maximis sæpe rebus visa nobis objiciens contraria, quæ
animum diverse trahant? quum quidem dicunt, eos qui alteri
assentiantur viso, et non cohibeant assensionem, peccare;
nimirum qui obscuris cedant visis, temere agere; qui falsis,
falli; qui communiter incomprehensibilibus, opinari. (11)
Profecto autem trium horum unum necesse est, ut aut non
omne visum sit opus Fati; aut omnis assensio cujuscumque
visi, delicto careat; aut ne ipsum quidem Fatum reprehensione vacare possit. Non enim perspicio qui non culpetur
Fatum, si talia visa offerat nobis, quibus non repugnare aut
obviam ire, sed concedere et obsequi, vituperationem mereatur. (12) Quanquam in concertationibus adversus Academicos maxime in hoc laborarunt et Chrysippus ipse et Antipater, ut ostendant *nihil sine assensione agi aut suscipi: figmenta eos et inanes positiones tueri, qui volunt
idoneo oblato viso statim nos ad rem agendam incitari,
non concedere interim aut assentiri.* (13) Rursum Chrysippus ait, *deum fallacia visa submittere, itemque sapientem, non ut requirant a nobis concessionem aut
assensum, sed tantum ut ad agendum nos conferamus;
nos autem, quia vitiosi sumus, ob imbecillitatem assentiri hujusmodi visis.* (14) Non est difficile deprehensu,
quam hæc ab iis perturbate, quam adversus ipsos repugnan-
ter dicantur. Qui enim non opus habet assentientibus,
sed duntaxat agentibus iis, quibus submittit illa visa, nimirum sive deus hic est, sive sapiens, novit ad agendum sufficere visa et supervacaneas esse assensiones. (15) Prouti,
si novit incitationem ad agendum sine assensione non effici
a viso, et tamen fallentia veritatis specie visa offert; ultro
in causa est ut impingamus, et assentiendo iis quæ comprehendi non possint, erremus.

COMPENDIUM

LIBRI CUI ARGUMENTUM FUIT, STOICOS QUAM POETAS ABSURDIORA DICERE.

I. Reprehensus fuit Pindarus, quod Cæneum parum probabiliter finxisset ferro inviolabilem, et corpore quod lædi
non posset, terram subisse nullo accepto vulnere, quum

scidisset terram pede recto.

At Stoicorum iste Lapitha ex adamantina, vacuitate omnium
perpessionum, ab illis conflatus materia, non vulnerum
duntaxat, aut morborum, aut dolorum fingitur expers, sed

ἄλυπος καὶ ἀήττητος καὶ ἀβίαστος, τιτρωσκόμενος, ἀλγῶν, στρεβλούμενος, ἐν κατασκαφαῖς πατρίδος, ἐν πάθεσι τοιούτοις. (2) Καὶ ὁ μὲν Πινδάρου Καινεὺς βαλλόμενος οὐ τιτρώσκεται· ὁ δὲ τῶν Στωϊκῶν σοφὸς ἐγκλειόμενος οὐ κωλύεται, καὶ κατακρημνιζόμενος οὐκ ἀναγκάζεται, καὶ στρεβλούμενος οὐ βασανίζεται, καὶ πηρούμενος οὐ βλάπτεται, καὶ πίπτων ἐν τῷ παλαίειν ἀήττητός ἐστι, καὶ περιτειχιζόμενος ἀπολιόρκητος, καὶ πωλούμενος ὑπὸ τῶν πολεμίων ἀνάλωτος· οὐθὲν τῶν πλοίων διαφέρων, οἷς ἐπιγέγραπται μὲν Εὔπλοια, καὶ Πρόνοια Σώζουσα, καὶ Θεραπεία, χειμάζεται δὲ καὶ συντρίβεται καὶ ἀνατρέπεται.

II. Ὁ Εὐριπίδου Ἰόλαος ἐξ ἀδρανοῦς καὶ παρήλικος εὐχῇ τινι νέος καὶ ἰσχυρὸς ἐπὶ τὴν μάχην ἄφνω γέγονεν· ὁ δὲ τῶν Στωϊκῶν σοφός, χθὲς μὲν ἦν αἴσχιστος ἅμα καὶ κάκιστος, τήμερον δὲ ἄφνω μεταβέβληκεν εἰς ἀρετήν, καὶ γέγονεν ἐκ ῥυσσοῦ καὶ ὠχροῦ, καὶ κατ' Αἰσχύλον,

ἐξ ὀσφυαλγοῦς κὠδυνοσπάδος λυγροῦ
     γέροντος,

εὐπρεπής, θεοειδής, καλλίμορφος.

III. * Καὶ τοῦ Ὀδυσσέως ἡ Ἀθηνᾶ τὴν ῥυσσότητα καὶ φαλακρότητα καὶ ἀμορφίαν ἀφῄρηκεν, ὅπως φανείη καλός· ὁ δὲ τούτων σοφός, οὐκ ἀπολείποντος τὸ σῶμα τοῦ γήρως, ἀλλὰ καὶ προσεπιθέντος καὶ προσεπιχώσαντος, μένων κυρτός, ἂν οὕτω τύχῃ, νωδός, ἑτερόφθαλμος, οὔτ' αἰσχρὸς, οὔτε δύσμορφος, οὔτε κακοπρόσωπός ἐστιν. (2) Ὁ γὰρ Στωϊκὸς ἔρως, ὥσπερ οἱ κάνθαροι λέγονται τὸ μὲν μύρον ἀπολιπεῖν, τὰ δὲ δυσώδη διώκειν· οὕτω τοῖς αἰσχίστοις καὶ ἀμορφοτάτοις ὁμιλῶν, ὅταν εἰς εὐμορφίαν καὶ κάλλος ὑπὸ σοφίας μεταβάλωσιν, ἀποτρέπεται.

IV. Ὁ παρὰ τοῖς Στωϊκοῖς κάκιστος, ἂν οὕτω τύχῃ, πρωΐ, δείλης ἄριστος· καὶ καταδαρθὼν ἔμπληκτος καὶ ἀμαθὴς καὶ ἄδικος καὶ ἀκόλαστος καὶ, ναὶ μὰ Δία, δοῦλος καὶ πένης καὶ ἄπορος, αὐθημερὸν ἀνίσταται καὶ βασιλεὺς καὶ πλούσιος καὶ ὄλβιος γεγονὼς, σώφρων τε καὶ δίκαιος καὶ βέβαιος καὶ ἀδόξαστος· οὐ γένεια φύσας, οὐδ' ἥβην ἐν σώματι νέῳ καὶ ἁπαλῷ, ἀλλ' ἐν ἀσθενεῖ καὶ ἁπαλῇ ψυχῇ καὶ ἀνάνδρῳ καὶ ἀβεβαίῳ νοῦν τέλειον, ἄκραν φρόνησιν, ἰσόθεον διάθεσιν, ἀδόξαστον ἐπιστήμην καὶ ἀμετάπτωτον ἕξιν ἐσχηκὼς, οὐδὲν ἐνδούσης πρότερον αὐτῷ τῆς μοχθηρίας, ἀλλ' ἐξαίφνης, ὀλίγου δέω εἰπεῖν, ἥρως τις ἢ δαίμων ἢ θεὸς ἐκ θηρίων τοῦ κακίστου γενόμενος. (2) Ἐκ τῆς Στοᾶς γὰρ λαβόντα τὴν ἀρετήν, ἔστιν εἰπεῖν,

Εὖξ' εἴ τι βούλει, πάντα σοι γενήσεται·

πλοῦτον φέρει, βασιλείαν ἔχει, τύχην δίδωσιν, εὐπότμους ποιεῖ καὶ ἀπροσδεῖς καὶ αὐτάρκεις, μίαν οἴκοθεν δραχμὴν οὐκ ἔχοντας.

V. Ὁ μὲν γὰρ ποιητικὸς μῦθος τὸ κατὰ λόγον φυλάττων, οὐδαμοῦ προλείπει τὸν Ἡρακλέα τῶν ἀναγ-

---

et metu et mœstitia carere, insuperabilis manere, nulli cedere viribus, vel tum, quando vulneratur, dolores patitur, torquetur, atque etiam in patriæ excidio aliisque id genus summis calamitatibus. (2) Ac Pindari quidem Cæneus duntaxat ictus nullo cum vulnere excipit : Stoicorum Sapiens inclusus non prohibetur, præcipitatus non patitur vim, in tormentis non cruciatur, si mutilatur non læditur, dejectus in palæstra tamen invictus manet, munitionibus circumventus non obsidetur, si vendatur ab hostibus, capi nequit : adeoque similis est earum navium, quibus quum inscriptum sit *Prosper Cursus, Providentia Servans, Sanatio*, eæ interim tempestatibus jactantur, colliduntur et evertuntur.

II. Euripideus Iolaus ex imbecilli et decrepito, voti cujusdam vi, subito juvenis et ad pugnam validus redditur : at Stoicorum Sapiens heri erat turpissimus simul ac pessimus, hodie subito mutatus est in virum bonum; atque ex rugoso, pallido et, ut ait Æschylus,

Languente lumbos, convulso doloribus
silicernio misello

decorus, dei similis, forma eximia.

III. Sane Ulyssi Minerva rugas, calvitiem et fœditatem ademit, ut pulcher videretur : istorum Sapiens, non relinquente corpus senio, sed gravius etiam urgente, molestiamque alia molestia cumulante, curvus, si ita res tulerit, edentulus, uno oculo captus dum manet, neque turpis tamen est, neque læsa forma, neque fœdo aspectu. (2) Amor enim Stoicus, instar scarabeorum, qui perhibentur, unguento suaviter fragrante omisso, male olentia sectari, cum turpissimis et fœdissimis versans, hos aversari, ubi sapientia eos formosos reddidit, docet.

IV. De Stoicorum sententia, is qui mane fuit deterrimus, sub vesperam optimus est : et qui somno se dedit stolidus, ineptus, injustus, luxuriosus, imo hercle servus, pauper, inops, ea ipsa die surgit rex, dives, beatusque factus, præterea temperans, justus, constans, opinionum vanarum ut quisquam maxime vacuus : non ille barba aut pubertate nata in adolescente et tenero corpore, sed in imbecilla teneraque anima, adde effœminata et inconstante, adeptus mentem perfectam, extreme probam prudentiam, affectionem divinæ æqualem, scientiam ab omni opinionum vanitate purgatam, habitumque qui labefactari nullo queat modo : non quod pristinæ aliquid decesserit pravitati, sed repente heros, ut sic dicam, aliquis, genius, aut deus, ex bestiarum factus pessima. (2) Licet enim sumenti e Stoicorum schola virtutem dicere,

Optato quodvis, assequeris omnia :

virtus iis divitias confert, regnum parat, fortunam conciliat, felices facit, nullius rei indigentes, totos ex se aptos, etiam si ne denarius quidem sit in patrimonio.

V. Etenim poeticæ fabulæ, rationi quod est consentaneum perpetuo retinentes, nusquam Herculem relinquunt

καίων δεόμενον, ἀλλ᾽ ὥσπερ ἐκ πηγῆς ἐπιρρεῖ αὐτῷ
καὶ τοῖς συνοῦσιν· ὁ δὲ τὴν Στωϊκὴν λαβὼν Ἀμάλθειαν,
πλούσιος μὲν γέγονεν, ἐρανίζεται δὲ τροφὴν παρ᾽ ἑτέ-
ρων· καὶ βασιλεὺς μέν ἐστι, μισθοῦ δὲ ἀναλύει συλλο-
5 γισμούς· καὶ πάντα μὲν ἔχει μόνος, ἐνοίκιον δὲ τελεῖ,
καὶ ἄλφιτα ὠνεῖται, πολλάκις δανειζόμενος, ἢ μεται-
τῶν παρὰ τῶν οὐδὲν ἐχόντων.

VI. Καὶ ὁ μὲν Ἰθακησίων βασιλεὺς προσαιτεῖ λανθάνειν ὅς ἐστι βουλόμενος, καὶ ποιῶν ἑαυτὸν ὡς μά-
10 λιστα

    Πτωχῷ λευγαλέῳ ἐναλίγκιον·

ὁ δὲ ἐκ τῆς Στοᾶς βοῶν μέγα καὶ κεκραγὼς, Ἐγὼ μόνος εἰμὶ βασιλεὺς, ἐγὼ μόνος εἰμὶ πλούσιος, ὁρᾶται
15 πολλάκις ἐπ᾽ ἀλλοτρίαις θύραις λέγων·

    Δὸς χλαῖναν Ἱππώνακτι· κάρτα γὰρ ῥιγῶ
    καὶ βαμβακύζω.

ΠΕΡΙ ΤΩΝ ΚΟΙΝΩΝ ΕΝΝΟΙΩΝ ΠΡΟΣ
ΤΟΥΣ ΣΤΩΙΚΟΥΣ.

I. ΛΑΜΠΡΙΑΣ. Σοὶ μὲν εἰκὸς, ὦ Διαδούμενε,
μὴ πάνυ μέλειν, εἴ τινι δοκεῖτε παρὰ τὰς κοινὰς φι-
20 λοσοφεῖν ἐννοίας· ὁμολογοῦντί γε καὶ τῶν αἰσθήσεων
περιφρονεῖν, ἀφ᾽ ὧν σχεδὸν αἱ πλεῖσται γεγόνασιν ἔννοιαι, τήν γε περὶ τὰ φαινόμενα πίστιν ἕδραν ἔχουσαι
καὶ ἀσφάλειαν. (2) Ἐμὲ δὲ πολλῆς, ὥς γ᾽ ἐμαυτῷ
φαίνομαι, καὶ ἀτόπου μεστὸν ἥκοντα ταραχῆς, * εἴτε
25 τισὶ λόγοις, εἴτ᾽ ἐπῳδαῖς, εἴτ᾽ ἄλλον ἐπίστασαι τρόπον παρηγορίας, οὐκ ἂν φθάνοις ἰατρεύων· οὕτω σοι
διασέσεισμαι καὶ γέγονα μετέωρος ὑπὸ Στωϊκῶν ἀνδρῶν,
τὰ μὲν ἄλλα βελτίστων, καὶ νὴ Δία συνήθων καὶ φίλων,
πικρῶς δ᾽ ἄγαν ἐγκειμένων τῇ Ἀκαδημίᾳ καὶ ἀπεχθῶς·
30 (3) οἵ γε πρὸς μικρὰ καὶ μετ᾽ αἰδοῦς τὰ παρ᾽ ἐμοῦ
λεχθέντα σεμνῶς, οὐ γὰρ ψεύσομαι, καὶ πρᾴως ᾐτιά-
σαντο· τοὺς δὲ πρεσβυτέρους μετ᾽ ὀργῆς σοφιστὰς καὶ
λυμεῶνας τῶν ἐν φιλοσοφίᾳ, καὶ δογμάτων ὁδῷ βαδιζόντων ἀνατροπέας, καὶ πολλὰ τούτων ἀτοπώτερα λέ-
35 γοντες καὶ νομίζοντες, τέλος ἐπὶ τὰς ἐννοίας ἐρρύησαν,
ὡς δή τινα σύγχυσιν καὶ ἀναδασμὸν αὐταῖς ἐπάγοντας
τοὺς ἐκ τῆς Ἀκαδημίας. (4) Εἶτά τις εἶπεν αὐτῶν, ὡς
οὐκ ἀπὸ τύχης, ἀλλ᾽ ἐκ προνοίας θεῶν, νομίζοι μετ᾽
Ἀρκεσίλαον καὶ πρὸ Καρνεάδου γεγονέναι Χρύσιππον,
40 ὧν ὁ μὲν ὑπῆρξε τῆς εἰς τὴν συνήθειαν ὕβρεως καὶ παρανομίας, ὁ δ᾽ ἤνθησε μάλιστα τῶν Ἀκαδημαϊκῶν.
(5) Χρύσιππος οὖν ἐν μέσῳ γενόμενος, ταῖς πρὸς Ἀρκεσίλαον ἀντιγραφαῖς καὶ τὴν Καρνεάδου δεινότητα ἐνέ-
φραξε, πολλὰ μὲν τῇ αἰσθήσει καταλιπὼν ὥσπερ εἰς
45 πολιορκίαν βοηθήματα, τὸν δὲ περὶ τὰς προλήψεις καὶ
τὰς ἐννοίας τάραχον ἀφελὼν παντάπασι, καὶ διορθώ-
σας ἑκάστην, καὶ θέμενος εἰς τὸ οἰκεῖον· ὥστε καὶ τοὺς

indigum necessariis ad vitam rebus, sed ei ac familiaribus
quasi e fonte quodam eas semper affundunt. At qui Stoicorum nactus est Amaltheam, is dives factus est, interim alimenta ab aliis emendicans; rex est, interim mercede conductus syllogismos solvens; omnia solus habet;
interim mercedem solvit conductæ diætæ, et farinam emit
sæpe sumta metuo pecunia, aut ab inopibus mendicando
exigit.

VI. Mendicat quidem Ithacensium rex, volens ut quis
sit latere possit, ideoque se ipsum facit quam maxime

    Mendico similem misero :

at ex Stoa iste alta contentaque voce proclamans, *Ego solus sum rex, ego solus sum dives*, sæpenumero conspicitur apud alienas fores dicens,

    Da pallium Hipponacti , nam rigeo gelu ,
    tremorque membra quassat.

DE COMMUNIBUS NOTITIIS ADVERSUS
STOICOS.

I. LAMPRIAS. Te quidem, Diadumene, apparet non admodum curare, si quis vos philosophari contra Communes
Notitias dicat ; quum fatearis te Sensus etiam contemnere,
a quibus fere pleræque Notitiæ oriuntur, fundamentumque
eorum quæ videntur fidem habent, cui innitantur. (2) Me
autem magnæ, ut mihi quidem videor, et insolitæ plenum
perturbationis ad te venientem, quamprimum velim sanes;
sive id rationibus quibusdam, sive incantationibus, sive
alio aliquo modo alloquii potes. Adeo sum exagitatus, et
animi incertus factus a Stoicis quibusdam, optimis illis
ceteroquin viris atque etiam familiaribus et amicis, sed qui
nimis acerbe atque hostiliter Academiam insectarentur. (3)
Nam ad pauca quædam a me verecunde dicta, me quidem
cum gravitate (non enim mentiar) et placide reprehende-
runt : veteres autem illos iracunde *sophistas , et corru-
ptores eversoresque philosophiæ decretorumque ordine
procedentium*, multaque his insolentiora nominantes ac
dicentes, tandem ad Notitias prolapsi sunt, quibus confusionem direptionemque aiebant quandam ab Academicis
inferri. (4) Fuit deinde qui diceret, non fortuito, sed divina providentia factum esse, ut Chrysippus post Arcesilaum et ante Carneadem nasceretur; quorum ille contume-
liarum et injuriarum in receptam Consuetudinem auctor
fuisset; hic maxime omnium floruisset Academicorum. (5)
Chrysippum itaque in medio horum situm, suis adversus
Arcesilaum scriptionibus, Carneadis quoque facundiæ aditum obstruxisse, multa quidem sensibus, veluti ad tole-
randam obsidionem, relinquentem præsidia ; turbam autem
de Prænotionibus et Notitiis plane sedantem et singulas ita
dirigentem suoque loco ponentem, ut qui rursum turbare

αὖθις ἐκκρούειν τὰ πράγματα καὶ παραβιάζεσθαι βουλομένους μηδὲν περαίνειν, ἀλλ' ἐλέγχεσθαι κακουργοῦν-
τας καὶ σοφιζομένους. (6) Ὑπὸ τοιούτων ἐγὼ λόγων
διακεκαυμένος ἕωθεν σβεστήρων δέομαι, καθάπερ τινὰ
5 φλεγμονὴν ἀφαιρούντων τὴν ἀπορίαν τῆς ψυχῆς.

II. ΔΙΑΔΟΥΜΕΝΟΣ. Ὅμοια πολλοῖς ἴσως πέ-
πονθας. Εἰ δὲ οἱ ποιηταί σε πείθουσι, λέγοντες ὡς ἐκ
θεῶν προνοίας ἀνατροπὴν ἔσχεν ἡ παλαιὰ Σίπυλος τὸν
Τάνταλον κολαζόντων, πείθου τοῖς ἀπὸ τῆς Στοᾶς ἑταί-
10 ροις, ὅτι καὶ Χρύσιππον οὐκ ἀπὸ τύχης, ἀλλ' ἐκ προνοίας ἡ φύσις ἤνεγκεν, ἄνω τὰ κάτω καὶ τοὔμπαλιν
ἀνατρέψαι δεομένη τὸν βίον· (2) ὡς οὐ γέγονε πρὸς
τοῦτο τῶν ὄντων οὐδεὶς εὐφυέστερος, ἀλλ' ὥσπερ ὁ Κάτων ἔλεγε, πλὴν Καίσαρος ἐκείνου μηδένα νήφοντα
15 μηδὲ φρονοῦντα ἐπὶ συγχύσει τῆς πολιτείας τοῖς δημοσίοις προσελθεῖν πράγμασιν, οὕτως ἐμοὶ δοκεῖ μετὰ
πλείστης ἐπιμελείας καὶ δεινότητος οὗτος ὁ ἀνὴρ ἀνα-
τρέπειν καὶ καταβάλλειν τὴν συνήθειαν, ὡς ἐνιαχοῦ καὶ
[αὐ]τοὶ μαρτυροῦσιν οἱ τὸν ἄνδρα σεμνύνοντες, ὅταν
20 αὐτῷ περὶ τοῦ ψευδομένου μάχωνται. 3) Τὸ γάρ, ὦ
ἄριστε, συμπεπλεγμένον τι δι' ἀντικειμένων μὴ φάναι ψεῦδος εὐπόρως εἶναι· λόγους δὲ πάλιν αὖ φάναι τινὰς ἀληθῆ τὰ λήμματα καὶ τὰς ἀγωγὰς ὑγιεῖς ἔχοντας,
ἔτι καὶ τὰ ἀντικείμενα τῶν συμπερασμάτων ἔχειν
25 ἀληθῆ, ποίαν ἔννοιαν ἀποδείξεως, ἢ τίνα πίστεως οὐκ
ἀνατρέπει πρόληψιν; (4) Τὸν μέν γε πολύποδα φασὶ
τὰς πλεκτάνας αὐτοῦ περιβιβρώσκειν ὥρᾳ χειμῶνος· ἡ
δὲ Χρυσίππου διαλεκτικὴ τὰ κυριώτατα μέρη καὶ τὰς
ἀρχὰς αὑτῆς ἀναιροῦσα καὶ περικόπτουσα, τίνα τῶν
30 ἄλλων ἐννοιῶν ἀπολέλοιπεν ἀνύποπτον; οὐ γὰρ οἷόν τε
δήπου καὶ τὰ ἐποικοδομούμενα (μὴ) βέβαια κεῖσθαι
καὶ πάγια, τῶν πρώτων μὴ μενόντων, ἀπορίας δὲ καὶ
ταραχὰς ἐχόντων τηλικαύτας. (5) Ἀλλ' ὥσπερ οἱ πηλὸν ἢ κονιορτὸν ἐπὶ τοῦ σώματος ἔχοντες, τὸν ἁπτόμε-
35 νον αὐτῶν καὶ προσαναχρωννύμενον οὐ κινεῖν, ἀλλὰ
προσβάλλειν τὸ τραχῦνον δοκοῦσιν· οὕτως ἔνιοι τοὺς
Ἀκαδημαϊκοὺς αἰτιῶνται, καὶ νομίζουσι τὰς αἰτίας παρέχειν ὧν ἀναπεπλησμένους ἀποδεικνύουσιν αὐτούς· *
ἐπεὶ τάς γε κοινὰς ἐννοίας τίνες μᾶλλον διαστρέφουσιν;
40 Εἰ δὲ βούλει, τὸ κατηγορεῖν ἐκείνων ἀφέντες, ὑπὲρ ὧν
ἐγκαλοῦσιν ἡμῖν, ἀπολογησώμεθα.

III. ΛΑΜΠΡ. Ἐγώ μοι δοκῶ τήμερον, ὦ Διαδούμενε, ποικίλος τις ἄνθρωπος γεγονέναι καὶ παντοδαπός·
ἄρτι μὲν γὰρ ἀπολογίας δεόμενος προσῄειν ταπεινὸς
45 καὶ τεθορυβημένος· νῦν δὲ μεταβάλλομαι πρὸς τὴν κατηγορίαν, καὶ βούλομαι ἀπολαῦσαι τῆς ἀμύνης, ἐλεγ-
χομένους εἰς ταὐτὸν τοὺς ἄνδρας ἐπιδών, τὸ παρὰ τὰς
ἐννοίας καὶ τὰς προλήψεις τὰς κοινὰς φιλοσοφεῖν, ἀφ'
ὧν μάλιστα τὴν αἵρεσιν, ὥσπερ ἐπὶ τῶν ἄνα ** δοκοῦσι,
50 καὶ μόνην ὁμολογεῖν τῇ φύσει λέγουσιν.

2. ΔΙΑΔΟΥΜ. Ἆρ' οὖν ἐπὶ τὰ κοινὰ πρῶτα καὶ
περιβόητα βαδιστέον, ἃ δὴ παράδοξα καὶ αὐτοί, μετ'
εὐκολίας δεχόμενοι τὴν ἀτοπίαν, ἐπονομάζουσι, τοὺς
μόνους βασιλεῖς, καὶ μόνους πλουσίους, καὶ καλοὺς

---

velint res, ac vim facere, nihil efficiant, sed maleficii ac sophisticæ temeritatis arguantur. (6) His ego mane sermonibus incensus, restinguentibus opus habeo, quæ dubitationem ex animo tanquam inflammationem adimant.

II. DIADUMENUS. Similia tu fortasse, ac plerique, es passus. Enimvero si tibi poetæ fidem faciunt, qui priscam Sipylum aiunt deorum providentia subversam, Tantalum punientium; crede etiam sociis nostris Stoicis Chrysippum non fortuito, sed providentiæ ductu a natura editum, ima summis mutare et retro subvertere vitæ rationes volente; (2) ad quam rem nemo hominum fuit magis Chrysippo idoneus: sed sicut Cato aiebat *neminem alium præter Cæsarem illum, sobrium et prudentem ad rempublicam tractandam eo consilio, ut illius constitutionem prorsus subverteret, accessisse;* ita videtur hic homo summa cum accuratione et vi subvertere et demoliri Consuetudinem, ut aliquoties illi ipsi testantur qui prædicant virum, quando de *pseudomeno* seu mentiente syllogismo contra eum disputant. (3) Etenim, amice, *connexum quod fit ex oppositis* dicere *non promte falsum esse;* rursumque affirmare *quasdam ratiocinationes quarum assumta vera sint, et ductus sani, etiam porro contrarias conclusiones habere veras,* quamne demonstrationis notionem, aut quam fidei non invertit præsumtionem? (4) Polypum aiunt hieme sua vorare acetabula : Chrysippi autem Dialectica potissimas partes ac principia sua tollens atque amputans, quam tandem aliam notitiam non fecit falsitatis suspectam? Non enim possunt quæ superstruuntur firma et immota constare, fundamentis jam pridem non subsistentibus, sicut hic primo tot dubitationibus et tumultibus exagitantur. (5) Sed quemadmodum qui lutum aut pulverem in corporis superficie habent, tangentem ipsos et corpus conserentem non movere, sed adjicere id quod exasperet putant; sic isti Academicos culpant putantque eos causas præbere veluti sordium, quibus se ipsos oppletos esse ostendunt : nam utri tandem communes notiones magis pervertunt? Si vero placet, omissa illorum accusatione, ea jam defendamus quæ nobis vitio vertunt.

III. LAMPRIAS. Ego mihi videor, Diadumene, hodie varius quidam et versatilis homo factus. Modo defensionem desiderans animo demisso et trepide ad te accedebam : nunc ad accusationem me converto, voloque ultione perfrui, dum eos spectabo convictos ejusdem criminis philosophandi adversus notiones et præsumtiones communes; a quibus tamen ipsi suam doctrinam ducere videntur, eamque ita instituere, ut eam solam ex reliquis sectis cum natura consentire dicant.

2. DIADUMENUS. An ergo primum communia illa et celebrata aggredi libet, quæ ipsi, absurditati levius nomen imponentes, *paradoxa,* hoc est admirabilia et contra opinionem dicta, appellant? eos inquam, qui iis soli reges, soli

αὐτῶν, καὶ πολίτας καὶ δικαστὰς μόνους; (3) ἢ ταυτὶ
μὲν εἰς τὴν τῶν ἑώλων καὶ ψυχρῶν ἀγορὰν βούλει πα-
ρῶμεν, ἐν δὲ τοῖς ὡς ἔνι μάλιστα πραγματικοῖς καὶ μετὰ
σπουδῆς λεγομένοις ποιησώμεθα τοῦ λόγου τὸν ἐξετα-
σμόν;

ΛΑΜΠΡ. Ἐμοὶ γοῦν ἥδιον οὕτως· τῶν γὰρ πρὸς
ἐκεῖνα γενομένων ἐλέγχων τίς οὐκ ἤδη διάπλεώς ἐστιν;

IV. ΔΙΑΔΟΥΜ. Ἤδη τοίνυν αὐτὸ τοῦτο σκόπει
πρῶτον, εἰ κατὰ τὰς κοινάς ἐστιν ἐννοίας, ὁμολογεῖν
τῇ φύσει τοὺς τὰ κατὰ φύσιν ἀδιάφορα νομίζοντας,
καὶ μήτε ὑγείαν, μήτ' εὐεξίαν, μήτε κάλλος, μήτ'
ἰσχὺν ἡγουμένους αἱρετά, μηδ' ὠφέλιμα, μηδὲ λυσι-
τελῆ, μηδὲ συμπληρωτικὰ τῆς κατὰ φύσιν τελειότητος·
μήτε τἀναντία φευκτὰ καὶ βλαβερά, πηρώσεις, ἀλγηδόνας, αἴσχη, νόσους· (2) ὧν αὐτοὶ λέγουσι πρὸς ἃ μὲν
ἀλλοτριοῦν, πρὸς ἃ δ' οἰκειοῦν ἡμᾶς τὴν φύσιν· εὖ μάλα
καὶ τούτου παρὰ τὴν κοινὴν ἔννοιαν ὄντος, οἰκειοῦν
πρὸς τὰ μὴ συμφέροντα μηδ' ἀγαθὰ τὴν φύσιν, καὶ
ἀλλοτριοῦν πρὸς τὰ μὴ κακὰ μηδὲ βλάπτοντα· καὶ ὃ
μεῖζόν ἐστιν, οἰκειοῦν ἐπὶ τοσοῦτο καὶ ἀλλοτριοῦν, ὥστε
τῶν μὲν μὴ τυγχάνοντας, τοῖς δὲ περιπίπτοντας, εὐλόγως ἐξάγειν τοῦ ζῆν ἑαυτοὺς καὶ τὸν βίον ἀπολέγεσθαι.

V. Νομίζω δ' ἐγὼ κἀκεῖνο παρὰ τὴν ἔννοιαν λέγεσθαι, τὸ τὴν μὲν φύσιν αὐτὴν ἀδιάφορον εἶναι, τὸ δὲ
τῇ φύσει ὁμολογεῖν ἀγαθὸν μέγιστον. Οὐδὲ γὰρ τῷ
νόμῳ κατακολουθεῖν [ἀστεῖον], οὐδὲ τῷ λόγῳ πείθεσθαι
σπουδαῖον, εἰ μὴ σπουδαῖος εἴη καὶ ἀστεῖος ὁ νόμος
καὶ ὁ λόγος. (2) Καὶ τοῦτο μὲν ἔλαττον· εἰ δὲ, ὡς
Χρύσιππος ἐν τῷ πρώτῳ περὶ τοῦ Προτρέπεσθαι γέγραφεν, ἐν τῷ κατ' ἀρετὴν βιοῦν μόνον ἐστὶ τὸ εὐδαι-
μόνως, τῶν ἄλλων, φησὶν, οὐδὲν ὄντων πρὸς ἡμᾶς οὐδ'
εἰς τοῦτο συνεργούντων· οὐ μόνον οὐκ ἔστιν ἀδιάφορος
ἡ φύσις, ἀλλ' ἀνόητος καὶ ἀπόπληκτος, οἰκειοῦσα ἡμᾶς
πρὸς τὰ μηδὲν πρὸς ἡμᾶς· ἀνόητοι δὲ καὶ ἡμεῖς,
εὐδαιμονίαν ἡγούμενοι τὸ τῇ φύσει ὁμολογεῖν ἀγούσῃ
πρὸς τὰ μηδὲν συνεργοῦντα πρὸς εὐδαιμονίαν. (3)
Καίτοι τί μᾶλλόν ἐστι κατὰ τὴν κοινὴν ἔννοιαν, ἢ καθάπερ τὰ αἱρετὰ πρὸς τὸ ὠφελίμως, οὕτω τὰ κατὰ φύσιν
πρὸς τὸ ζῆν κατὰ φύσιν; Οἱ δ' οὐχ οὕτω λέγουσιν, ἀλλὰ
τὸ ζῆν κατὰ φύσιν τέλος εἶναι τιθέμενοι, τὰ κατὰ φύσιν ἀδιάφορα εἶναι νομίζουσιν.

VI. Οὐχ ἧττον δὲ τούτου παρὰ τὴν κοινὴν ἔννοιάν
ἐστι, τὸ ἔννουν καὶ φρόνιμον ἄνδρα πρὸς τὰ ἴσα τῶν
ἀγαθῶν μὴ ἐπίσης ἔχειν, ἀλλὰ τὰ μὲν ἐν μηδενὶ λόγῳ
τίθεσθαι, τῶν δὲ ἕνεκα πᾶν ὁτιοῦν ἂν ὑπομεῖναι καὶ
παθεῖν, μηδὲν ἀλλήλων μικρότητι καὶ μεγέθει διαφε-
ρόντων· ταυτὶ δὲ λέγουσιν αὐτοί· ταὐτὸ τὸ σωφρόνως
[**] δυσθανατῶσαν ἀποτρίψασθαι πρεσβῦτιν· ὁμοίως
γὰρ ἀμφότεροι κατορθοῦσιν. * Ἀλλὰ δι' ἐκεῖνα μὲν
ὡς λαμπρὰ καὶ μεγάλα, κἂν ἀποθάνοιεν· ἐπὶ τούτοις
δὲ σεμνύνειν ἑαυτὸν αἰσχύνη καὶ γέλως. (2) Λέγει
δὲ καὶ Χρύσιππος ἐν τῷ περὶ τοῦ Διὸς συγγράμματι,
καὶ τῷ τρίτῳ περὶ Θεῶν, « ψυχρὸν εἶναι καὶ ἄτοπον

---

divites, et pulchri, et cives, et judices sunt. (3) Aut his in
forum obsoletorum et frigidorum dimissis, in maxime quantum fieri potest serlis, et cum industria ab iis disputatis
doctrinam eorum examinemus?

LAMPRIAS. Ipse quidem hoc malo. Quis enim non jam
plenus est argumentorum quibus illa refelluntur?

IV. DIADUMENUS. Id ergo primum perpende, an secundum
communes notitias sit, ut cum natura consentire possint
ii, qui res quæ secundum naturam sunt, censent res indifferentes; et neque sanitatem, neque firmam corporis constitutionem, neque pulchritudinem, neque robur putant
expetenda, commoda, utilia, et ad complendam quæ naturæ convenit perfectionem facientia esse; neque rursum
fugienda et damnosa esse illis contraria, mutilationes,
dolores, deformitates, morbos; (2) quorum, ut ipsi dicunt,
illis natura nos conciliat, ab illis abalienat : quod ipsum
quoque non mediocriter communibus repugnat notitiis;
scilicet a natura nos conciliari iis quæ neque bona sunt
neque utilia, et abalienari ab his quæ neque mala sunt
neque damnosa; et, quod majus est, eo usque conciliari et
abalienari, ut qui illa non adipiscantur, aut in hoc incidant,
bona cum ratione vitam detestentur, ex eaque sese educant.

V. Etiam hoc arbitror contra communes notitias ab iis
dictum, ipsam naturam esse indifferentem, summum autem bonum esse cum natura consentire. Nam neque legi
obtemperare, civile, neque rationem sequi, rectum est,
nisi utraque, et lex et ratio, recta sit et civilis. (2)
Atque hoc quidem levius est. Si vero, ut Chrysippus in
primo de Exhortatione scripsit, *secundum solam virtutem
licet feliciter vivere, reliquis*, ut ipse ait, *nihil ad nos
pertinentibus, neque adjumentum ad felicitatem afferentibus;* non modo indifferens jam erit natura, sed fatua
etiam et stupida, quæ nos rebus ad nos nihil pertinentibus
conciliet; stulti etiam nos, qui felicitatem definiamus consensum cum natura, ducente nos ad ea, quæ nihil ad beatitatem conducunt. (3) Enimvero quid magis potest congruere communibus notitiis, quam, ut expetendis rebus ad
utiliter vivendum ducimur, sic quæ naturæ sunt convenientia, ab his nos ad vivendum secundum naturam duci? Stoici
autem non sic loquuntur; sed quum *pro fine* posuerint *vivere
secundum naturam*, ea quæ sunt secundum naturam,
indifferentia esse statuunt.

VI. Non minus repugnat communibus hoc notitiis, *sanæ
mentis hominem erga bona æqualia non æqualiter esse
affectum; sed alia nullius esse pretii judicare, aliorum gratia quidvis subiturum et toleraturum, quantumvis inter ipsa bona nihil magnitudinis parvita-
tisve causa intersit :* nihil autem inter bona interesse,
ipsi dicunt. Ergo etiam ipsis dicendum est, idem esse
temperanter [se gerere in maximis rebus, atque temperanter!
a vetula sese abstinere jam moribunda; utrobique enim officium temperantiæ præstari. Sed propter hoc, ut splendidum et magnum, vel mortem esse oppetendam; de illo
jactare se, turpe esse et ridiculum. (2) Scribit etiam Chrysippus in commentario de Jove, et in libro de Diis tertio,

καὶ ἀλλότριον τὰ τοιαῦτα τῶν ἀπ' ἀρετῆς συμβαινόντων ἐπαινεῖν, ὅτι δῆγμα μυίας ἀνδρείως ὑπέμεινε, καὶ
δυσθανατώσης γραὸς ἀπέσχετο σωφρόνως. » Ἆρ' οὖν
παρὰ τὴν κοινὴν φιλοσοφοῦσιν ἔννοιαν, ἃς αἰσχύνονται
5 πράξεις ἐπαινεῖν, μηδὲν τούτων κάλλιον ὁμολογοῦντες;
ποῦ γὰρ αἱρετὸν, ἢ πῶς ἀποδεκτὸν, ὃ μήτ' ἐπαινεῖν
μήτε θαυμάζειν ἄξιόν ἐστιν, ἀλλὰ καὶ τοὺς ἐπαινοῦντας
ἢ θαυμάζοντας ἀτόπους καὶ ψυχροὺς νομίζουσιν;

VII. Ἔτι δὲ μᾶλλον, οἶμαι, φανεῖταί σοι παρὰ τὴν
10 κοινὴν ἔννοιαν, εἰ τῶν μεγίστων ἀγαθῶν ὁ φρόνιμος
μήτ' ἀπόντων, μήτε εἰ πάρεισιν αὐτῷ φροντίζων, ἀλλ'
οἷός ἐστιν ἐν τοῖς ἀδιαφόροις καὶ τῇ περὶ ταῦτα πραγματείᾳ καὶ οἰκονομίᾳ, τοιοῦτος ἂν κἂν τούτοις εἴη.
(2) Πάντες γὰρ δήπουθεν

15 Εὐρυέδους ὅσοι καρπὸν [αἰνύ]μεθα χθονός,

οὗ μὲν καὶ παρόντος ὄνησίς ἐστι, καὶ μὴ παρόντος
ὥσπερ ἔνδεια καὶ ὄρεξις, αἱρετὸν καὶ ἀγαθὸν καὶ ὠφέλιμον νοοῦμεν· ἐφ' ᾧ δ' οὐδὲν ἄν τις πραγματεύσαιτο,
μὴ παιδιᾶς ἕνεκεν μηδὲ ῥᾳστώνης, τοῦτο ἀδιάφορον.
20 (3) Ἄλλῳ γὰρ οὐδενὶ τοῦ φιλοπόνου τὸν κενόσπουδον
ἀφορίζομεν ἐν τοῖς ἔργοις ὄντα πολλάκις, ἢ τῷ τὸν μὲν
εἰς ἀνωφελῆ πονεῖν καὶ ἀδιαφόρως, τὸν δὲ ἕνεκά του
τῶν συμφερόντων καὶ λυσιτελῶν. Ἀλλ' οὗτοί γε τοὐναντίον. (4) Ὁ γὰρ σοφὸς αὐτοῖς καὶ φρόνιμος ἐν
25 πολλαῖς καταλήψεσι καὶ μνήμαις καταλήψεων γεγονὼς,
ὀλίγας πρὸς αὐτὸν ἡγεῖται· τῶν τ' ἄλλων οὐ πεφροντι-
κὼς, οὐδ' ἔλαττον ἔχειν οὐδὲ πλέον οἴεται, μνημονεύων
ὅτι πέρυσι κατάληψιν ἔλαβε, πταρνυμένου Δίωνος, ἢ
σφαιρίζοντος Θέωνος. (5) Καίτοι πᾶσα κατάληψις ἐν
30 τῷ σοφῷ καὶ μνήμη τὸ ἀσφαλὲς ἔχουσα καὶ βέβαιον,
εὐθύς ἐστιν ἐπιστήμη καὶ ἀγαθὸν μέγα καὶ μέγιστον.
(6) Ἆρ' οὖν ὁμοίως ὑγείας ἐπιλειπούσης, αἰσθητηρίου
καμόντος, οὐσίας ἀπολλυμένης, ἀφρόντιστός ἐστι, καὶ
πρὸς αὑτὸν οὐδὲν ἡγούμενος τούτων ὁ σοφός; ἢ « νοσῶν
35 μὲν ἰατροῖς τελεῖ μισθοὺς, χρημάτων δὲ ἕνεκα πρὸς
Λεύκωνα πλεῖ τὸν ἐν Βοσπόρῳ δυνάστην, καὶ πρὸς
Ἰδάνθυρσον ἀποδημεῖ τὸν Σκύθην; » ὥς φησι Χρύσιπ-
πος· τῶν δ' αἰσθήσεων ἔστιν ἃς ἀποβαλὼν, οὐδὲ ζῆν
ὑπομένει; (7) Πῶς οὖν οὐχ ὁμολογοῦσι παρὰ τὰς ἐννοίας
40 φιλοσοφεῖν, ἐπὶ τοῖς ἀδιαφόροις τοσαῦτα πραγματευόμε-
νοι καὶ σπουδάζοντες, ἀγαθῶν δὲ μεγάλων καὶ παρόντων
καὶ μὴ παρόντων, ἀδιαφόρως ἔχοντες;

VIII. Ἀλλὰ κἀκεῖνο παρὰ τὰς κοινὰς ἐννοίας ἐστὶν,
ἄνθρωπον ὄντα μὴ χαίρειν ἐκ τῶν μεγίστων κακῶν ἐν
45 τοῖς μεγίστοις ἀγαθοῖς γενόμενον· τοῦτο δὲ πέπονθεν ὁ
τούτων σοφός. (2) Ἐκ γὰρ τῆς ἄκρας κακίας μεταβαλὼν εἰς τὴν ἄκραν ἀρετὴν, καὶ τὸν ἀθλιώτατον βίον
διαφυγὼν ἅμα καὶ κτησάμενος τὸν μακαριώτατον, οὐδὲν ἐπίδηλον εἰς χαρὰν ἔσχεν, οὐδ' ἐπῆρεν αὐτὸν, οὐδ'
50 ἐκίνησεν ἡ τοσαύτη μεταβολὴ, κακοδαιμονίας ἀπαλλαγέντα καὶ μοχθηρίας ἁπάσης, εἰς δ' ἀσφαλῆ τινα καὶ
βεβαίαν παντέλειαν ἀγαθῶν ἐξικόμενον. (3) [Ἔτι]
παρὰ τὴν ἔννοιάν ἐστιν, ἀγαθῶν μὲν εἶναι μέγιστον τὸ

---

*frigidum esse, absurdum et insolens hujusmodi virtutis
effecta laudare, quod muscæ morsum aliquis fortiter
pertulerit, quod caste se abstinuerit a moribunda vetula.*Nonne ergo contra communem philosophantur notitiam,
dum nihil pulchrius fatentur esse his actionibus, quas laudare ipsos pudet? Qui enim expetendum, qui probandum
sit, quod neque laude neque admiratione dignum est, quod
qui laudet vel admiretur, pro inepto et frigido habeatur?

VII. Amplius vero, ni fallor, tibi contra communem hoc
videbitur notitiam, *prudenti neque præsentiam neque
absentiam maximorum bonorum curæ esse :* sed qualis
est in rebus indifferentibus earumque tractatione et dispen-
satione, talem etiam hic esse. (2) Nimirum enim omnes

Quicumque terræ munere vescimur,

cujus præsentis usus est, et absentis indigentia sentitur
atque desiderium, id expetendum, bonum atque utile judicamus; cujus rei autem gratia, non joci aut delectationis
causa nihil quisquam agat, id indifferens. (3) Nam haud
alia ratione laborum studiosum ab eo qui inanibus rebus
industriam impendit distinguimus, ipso quoque plerumque
rebus agendis occupato, quam quod hic in inutilibus ela-
borat et indifferenter, hic propter aliquod commodum et
utilitatem. Stoici contra. (4) Sapiens enim ipsis et prudens
in multis memoriis et comprehensionibus versans, paucas
ad se spectare sentit, ceteras non curat; neque amplius
minusve ad se redire putat, si recordetur nuper se aliquid
comprehendisse, quam si memoria revolvat *sternutasse
Dionem,* aut *Theonem pila lusisse.* (5) Atqui omnis
perceptio in Sapiente et memoria, jactis radicibus confir-
mata, statim scientia, bonumque magnum et maximum
est. (6) Ergone itidem sanitate deficiente, sensus *instrumento* aliquo laborante, familiari re diffluente, sine cura
erit, nihilque horum ad se pertinere putabit Sapiens? aut
potius *ægrotans medicis mercedem persolvet, pecuniæ
comparandæ causa ad Leuconem ibit Bosporanorum
regulum, et ad Idanthyrsum Scytham peregrinabitur?*
ut ait Chrysippus : quibusdam vero sensibus amissis, ne
vivere quidem sustinebit? (7) Qui ergo infitias ire possunt, se contra communes notitias philosophari, tantum
occupationis et studii in res indifferentes quum conferant,
bonis magnis vel præsentibus eodem in utramque partem
modo indifferenter sint affecti?

VIII. Enimvero hoc etiam communibus repugnat notitiis, homo qui sit, eum non gaudere si e maximis malis
in summa bona perveniat. Atqui hoc accidit Stoico Sapienti.
(2) Nam e summa vitiositate in summam mutatus virtutem,
simulque et miserrima liberatus vita, et beatissimam adeptus, nullum præ se fert gaudium, neque animum ejus
erigit aut movet tanta mutatio, omni infelicitate et vitio
solutum, inque certo et tuto omnium bonorum cumulo
constitutum, eoque perfectissimo. (3) Nimirum hoc etiam
communi repugnat notitiæ, bonorum omnium esse maxi-

ἀμετάπτωτον ἐν ταῖς κρίσεσι καὶ βέβαιον, μὴ δεῖσθαι
δὲ τούτου τὸν ἐπ' ἄκρον προκόπτοντα, μηδὲ φροντίζειν
παραγενομένου· πολλάκις δὲ μηδὲ τὸν δάκτυλον προτεῖναι, ταύτης γε ἕνεκα τῆς ἀσφαλείας καὶ βεβαιότητος,
5 ἣν τέλειον ἀγαθὸν καὶ μέγα νομίζουσιν. (4) Οὐ μόνον
οὖν ταῦτα λέγουσιν οἱ ἄνδρες, ἀλλὰ κἀκεῖνα πρὸς τούτοις, ὅτι « ἀγαθὸν ὁ χρόνος οὐκ αὔξει προσγινόμενος,
* ἀλλὰ κἂν ἀχαρές τις ὥρας γένηται φρόνιμος, οὐδενὶ
πρὸς εὐδαιμονίαν ἀπολειφθήσεται τοῦ τὸν αἰῶνα χρω-
10 μένου τῇ ἀρετῇ, καὶ μακαρίως ἐν αὐτῇ καταβιοῦντος. »
(5) Ταῦτα δὲ οὕτω νεανικῶς ἀπισχυρισάμενοι, πάλιν
« οὐδὲν εἶναί φασιν ἀρετῆς ὄφελος ὀλιγοχρονίου· τί γὰρ
ἂν μέλλοντι ναυαγεῖν εὐθὺς ἢ κατακρημνίζεσθαι φρόνησις ἐπιγένηται; τί δ' ἂν ὁ Λίχας, ὑπὸ τοῦ Ἡρακλέους
15 ἀποσφενδονώμενος, εἰς ἀρετὴν ἐκ κακίας μεταβάλῃ ; »
(6) Ταῦτ' οὖν οὐ μόνον παρὰ τὰς κοινὰς ἐννοίας ἐστὶ
φιλοσοφούντων, ἀλλὰ καὶ τὰς ἰδίας κυκώντων, εἰ τὸ
βραχὺν χρόνον κτήσασθαι τὴν ἀρετὴν οὐθὲν ἀπολείπεσθαι τῆς ἄκρας εὐδαιμονίας ἅμα καὶ μηδενὸς ὅλως
20 ἄξιον νομίζουσι.

IX. Τοῦτο δ' οὐκ ἂν μάλιστα θαυμάσαις αὐτῶν,
ἀλλ' ὅτι, τῆς ἀρετῆς καὶ τῆς εὐδαιμονίας παραγινομέ-
νης, πολλάκις οὐδ' αἰσθάνεσθαι τὸν κτησάμενον οἴονται,
διαλεληθέναι δ' αὐτόν, ὅτι μικρῷ πρόσθεν ἀθλιώτατος
25 ὢν καὶ ἀφρονέστατος, νῦν ὁμοῦ φρόνιμος καὶ μακάριος
γέγονεν. (2) Οὐ γὰρ μόνον ἔχοντά τινα τὴν φρόνησιν,
τοῦτο μόνον μὴ φρονεῖν ὅτι φρονεῖ, μηδὲ γινώσκειν ὅτι
τὸ ἀγνοεῖν διαπέφευγεν, εὐτράπελόν ἐστιν· ἀλλὰ καὶ
ὅλως εἰπεῖν, τὸ ἀγαθὸν ἀρρεπὲς ποιοῦσι καὶ ἀμαυρόν,
30 εἰ μηδ' αἴσθησιν αὐτοῦ ποιεῖ παραγενόμενον. Φύσει
γὰρ ἀνεπαίσθητον οὐκ ἔστι κατ' αὐτούς· ἀλλὰ καὶ λέγει
διαρρήδην Χρύσιππος ἐν τοῖς περὶ Τέλους, αἰσθητόν
εἶναι τὸ ἀγαθόν· ὡς δ' οἴεται, καὶ ἀποδείκνυσι. (3)
Λείπεται τοίνυν, ἀσθενείᾳ καὶ μικρότητι διαφεύγειν
35 αὐτὸ τὴν αἴσθησιν, ὁπόταν παρὸν ἀγνοῆται καὶ δια-
λανθάνῃ τοὺς ἔχοντας. (4) Ἔτι τοίνυν ἄτοπον μέν
ἐστι, τὴν τῶν ἀτρέμα λευκῶν καὶ μέσως αἰσθανομένην
ὄψιν ἐκφεύγειν τὰ ἐπ' ἄκρον λευκά, καὶ τὴν τὰ μαλακῶς καὶ ἀνειμένως θερμὰ καταλαμβάνουσαν ἁφὴν
40 ἀναισθητεῖν τῶν σφόδρα θερμῶν· ἀτοπώτερον δέ, εἴ τις
τὸ κοινῶς κατὰ φύσιν, οἷόν ἐστιν ὑγεία καὶ εὐεξία,
καταλαμβάνων, τὴν ἀρετὴν ἀγνοεῖ παροῦσαν, ἣν μάλιστα καὶ ἄκρως κατὰ φύσιν εἶναι τίθενται. (5) Πῶς
γὰρ οὐ παρὰ τὴν ἔννοιάν ἐστιν, ὑγείας καὶ νόσου διαφο-
45 ρὰν καταλαμβάνειν, [**] καὶ ἀφροσύνης, ἀλλὰ τὴν μὲν
ἀπηλλαγμένην οἴεσθαι παρεῖναι, τὴν δὲ κεκτημένον
ἀγνοεῖν ὅτι πάρεστιν; (6) Ἐπεὶ δ' ἐκ τῆς ἄκρας προ-
κοπῆς μεταβάλλουσιν εἰς εὐδαιμονίαν καὶ ἀρετήν, δυοῖν
ἀνάγκη θάτερον, ἢ τὴν προκοπὴν κακίαν μὴ εἶναι μηδὲ
50 κακοδαιμονίαν, ἢ τὴν ἀρετὴν τῆς κακίας μὴ πολλῷ
παραλλάττειν, μηδὲ τῆς κακοδαιμονίας τὴν εὐδαιμονίαν, ἀλλὰ μικρὰν καὶ ἀνεπαίσθητον εἶναι τὴν πρὸς τὰ
κακὰ τῶν ἀγαθῶν διαφοράν· οὐ γὰρ ἂν ἑαυτοὺς διελάν-
θανον ἀντ' ἐκείνων ταῦτα ἔχοντες.

mum firmitatem tutam ab errore in judicando; ea vero nihil opus esse huic, qui ad summum profecerit, neque curare
eum si ipsa potiatur, ac *sæpe ne digitum quidem porrigere hujus securitatis et constantiæ causa*, quam bonum
interim perfectum et magnum ipsi censent. (4) Neque
hæc solum Stoici dicunt, sed hoc præterea, *temporis ac-
cessione bonum non augeri : nam si quis momento horæ
sapiens fuerit, quod ad felicitatem attinet nihilo deteriore conditione futurum quam eum, qui per omnem
ætatem virtutem coluerit, inque ea beate vitam exegerit.*
(5) Hæc illi ita audacter asseverantes, ab altera parte aiunt,
*nihil prodesse virtutem parvo contentam tempore : quid
enim, si quis statim naufragio periturus aut præcipi-
tio, prudentiam nanciscatur? quid, si Lichas, dum ab
Hercule tanquam e funda in mare projiceretur, de vitio
in virtutem transiisset?* (6) Hæc jam non tantum contra
communes notitias philosophantium sunt, sed suas etiam
confundentium; quum per exiguum tempus virtute præditum esse simul summam æquare felicitatem censeant, et
rem nullo prorsus dignam pretio.

IX. Neque hoc maximum eorum est, quæ in Stoicorum
doctrina possint mira videri; sed quod *virtutem et beatitatem præsentem sæpe ab eo cui adsunt non sentiri*
opinantur; *neque animadvertere eum, quod, paullo
ante miserrimus et stultissimus qui fuerit, nunc subito
sapiens beatusque est factus.* (2) Non enim id duntaxat
ludicrum est dicere, eum qui sapientia sit præditus, non
intelligere se sapere, neque scire se emersisse ex insipientia;
sed, ut universe dicam, Bonum illi faciunt momenti et virium expers, quum homini accidens ne sensum quidem sui
præbeat. Nam de ipsorum sententia Bonum suapte natura
sensum minime subterfugit, quum in disputatione de Fine
disertis verbis Chrysippus dicat, *Bonum sensile esse,* idque etiam abs se demonstrari putet. (3) Reliquum est
igitur, imbecillitate et exiguitate sui subterfugere id sensum, quando præsens latet et possidentes fallit. (4) Porro
autem absurdum est eum, qui leviter aut mediocriter alba
sentiat, non assequi quæ extreme alba sunt; aut tactum,
quo molliter et remisse calida sentiuntur, stupere ad sensum
valde calidorum : absurdius vero, si quis id quod communiter secundum naturam est percipiens, ut sunt sanitas et
bonus corporis habitus, ignoret præsentem virtutem, quam
illi summe et maxime aiunt esse secundum naturam. (5)
Quo enim modo non sit contra naturam, sanitatis et morbi
discrimen percipi, non item sapientiæ et stultitiæ, sed te
hanc sublatam putare adesse adhuc, illam vero nactum id
ignorare? (6) Quoniam vero e summo profectu in felicitatem
et virtutem fit mutatio, alterum horum sit necesse est, ut vel
profectus iste vitium et infelicitas non sit, aut non multum
distet a vitio virtus, a miseria beatitas, sed plane exiguum
et sensum effugiens sit bonorum a malis discrimen. Qui
enim ipsos falleret, esse ipsos horum loco illa adeptos?

X. Ὅταν μὲν οὖν μηδενὸς ἐκστῆναι τῶν μαχομένων, ἀλλὰ πάντα ὁμολογεῖν καὶ τιθέναι θέλωσι, τὸ τοὺς
προκόπτοντας ἀνοήτους καὶ κακοὺς εἶναι, τὸ φρονίμους
καὶ ἀγαθοὺς γενομένους διαλανθάνειν ἑαυτούς, τὸ μεγάλην διαφορὰν τῆς φρονήσεως πρὸς τὴν ἀφροσύνην
ὑπάρχειν· ἦπού σοι δοκοῦσι θαυμασίως ἐν τοῖς δόγμασι
τὴν ὁμολογίαν βεβαιοῦν; (2) ἔτι δὲ μᾶλλον ἐν τοῖς πράγμασιν, ὅταν πάντας ἐπίσης κακοὺς καὶ ἀδίκους καὶ ἀπί-
στους καὶ ἄφρονας τοὺς μὴ σοφοὺς ἀποφαίνοντες, εἶτα
πάλιν τοὺς μὲν αὐτῶν ἐκτρέπωνται καὶ βδελύττωνται,
τοὺς δ' ἀπαντῶντες μηδὲ προσαγορεύωσι· τοῖς δὲ χρήματα
πιστεύωσιν, ἀρχὰς ἐγχειρίζωσιν, ἐκδιδῶσι θυγατέρας.
(3) Ταῦτα γὰρ εἰ μὲν παίζοντες λέγουσι, καταθέσθω-
σαν τὰς ὀφρῦς· εἰ δ' ἀπὸ σπουδῆς καὶ φιλοσοφοῦντες,
παρὰ τὰς κοινάς ἐστιν ἐννοίας, ψέγειν μὲν ὁμοίως καὶ
κακίζειν πάντας ἀνθρώπους, χρῆσθαι δὲ τοῖς μὲν ὡς
μετρίοις, τοῖς δὲ ὡς κακίστοις· καὶ Χρύσιππον μὲν
ὑπερεκπεπλῆχθαι, καταγελᾶν δ' Ἀλεξίνου, μηδὲν δὲ
μᾶλλον οἴεσθαι μηδὲ ἧττον ἀλλήλων· ἀφραίνειν τοὺς
ἄνδρας. (4) Ναί, φασίν· ἀλλὰ ὥσπερ ὁ πῆχυν ἀπέχων
ἐν θαλάττῃ τῆς ἐπιφανείας, οὐδὲν ἧττον πνίγεται τοῦ
καταδεδυκότος ὀργυιὰς πεντακοσίας, οὕτως οὐδὲ οἱ πε-
λάζοντες ἀρετῇ τῶν μακρὰν ὄντων ἧττόν εἰσιν ἐν κακίᾳ·
καὶ καθάπερ οἱ τυφλοί, τυφλοί εἰσι, κἂν ὀλίγον ὕστερον
ἀναβλέπειν μέλλωσιν, οὕτως οἱ προκόπτοντες, ἄχρις οὗ
τὴν ἀρετὴν ἀναλάβωσιν, ἀνόητοι καὶ μοχθηροὶ διαμέ-
νουσιν. (5) Ὅτι μὲν οὖν οὔτε τυφλοῖς ἐοίκασιν οἱ προκόπτοντες, ἀλλὰ ἧττον ὀξυδορκοῦσιν, οὔτε πνιγομένοις,
ἀλλὰ νηχομένοις, καὶ ταῦτα πλησίον λιμένος, αὐτοὶ
διὰ τῶν πραγμάτων μαρτυροῦσιν. (6) Οὐ γὰρ ἂν
ἐχρῶντο συμβούλοις καὶ στρατηγοῖς καὶ νομοθέταις,
ὥσπερ τυφλοῖς χειραγωγοῖς, οὐδ' ἂν ἐζήλουν ἔργα καὶ
πράξεις καὶ λόγους καὶ βίους ἐνίων, εἰ πάντας ὡσαύτως πνιγομένους ὑπὸ τῆς ἀφροσύνης καὶ μοχθηρίας
ἑώρων. (7) Ἀφεὶς δὲ τοῦτο, θαύμασον ἐκείνῃ τοὺς ἄνδρας, εἰ μηδὲ τοῖς ἑαυτῶν διδάσκονται παραδείγμασι
προέσθαι [τοὺς] διαλεληθότας ἐκείνους σοφούς, καὶ μὴ
συνιέντας μηδ' αἰσθανομένους, ὅτι πνιγόμενοι πέπαυν-
ται, καὶ φῶς ὁρῶσι, καὶ τῆς κακίας ἐπάνω γεγονότες
ἀναπεπνεύκασι.

XI. [Καὶ] παρὰ τὴν ἔννοιάν ἐστιν, ἄνθρωπον, ᾧ
πάντα τἀγαθὰ πάρεστι καὶ μηδὲν ἐνδεῖ πρὸς εὐδαιμονίαν καὶ τὸ μακάριον, τούτῳ καθήκειν ἐξάγειν ἑαυτόν·
ἔτι δὲ μᾶλλον, ᾧ μηθὲν ἀγαθόν ἐστι μηδ' ἔσται, τὰ
δεινὰ δὲ πάντα καὶ τὰ δυσχερῆ καὶ κακὰ πάρεστι καὶ
παρέσται διὰ τέλους, τούτῳ μὴ καθήκειν ἀπολέγεσθαι
τὸν βίον, ἂν μή τι νὴ Δία τῶν ἀδιαφόρων αὐτῷ προσγένηται. (2) Ταῦτα τοίνυν ἐν τῇ Στοᾷ νομοθετεῖται,
καὶ πολλοὺς μὲν ἐξάγουσι τῶν σοφῶν, ὡς ἄμεινον εὐ-
δαιμονοῦντας πεπαῦσθαι· πολλοὺς δὲ κατέχουσι τῶν
φαύλων, ὡς καθήκοντος αὐτοῖς ζῆν κακοδαιμονοῦντας.
(3) Καίτοι ὁ μὲν σοφός, ὄλβιος, μακάριος, πανευδαί-
μων, ἀσφαλής, ἀκίνδυνος· ὁ δὲ φαῦλος καὶ ἀνόητος,
οἷος εἰπεῖν,

X. Quando itaque horum quæ inter se pugnant, a nullo decedere volunt, sed omnia in confesso ponunt, *eos qui ad virtutem proficiant esse stultos ac vitiosos; qui boni et sapientes fiant, hanc mutationem non animadvertere; magnum discrimen esse inter stultitiam et sapientiam;* nonne tibi videntur mirifice consensum suorum tueri decretorum? (2) Multo magis eorum inconstantiam ipsis in rebus observes, quando *omnes æqualiter malos, injustos, infideles, stultos* pronunciantes, *qui non sint sapientes;* rursum alios horum aversantur et pro impuris habent, quosdam etiam facti obviam non dignantur compellare; aliis pecuniam credunt, magistratus committunt, filias elocant. (3) Quæ si joco isti faciunt, deponant supercilium: si serio et ut philosophantes, jam hoc communibus repugnat notitiis, omnes homines eodem pacto vituperare, aliis autem ut mediocribus uti, aliis tanquam pessimis; et Chrysippum nimio cum stupore admirari, Alexinum deridere, nihilo minus magisve unum altero insanum censentes. (4) *At vero*, inquiunt, *res ita plane habet: nam sicut is qui cubitum a maris superficie distans non minus suffocatur, quam qui ad ulnas quingentas demersus est, ita qui ad virtutem accedunt, non minus sunt in vitio, quam qui absunt ab ea procul: et sicut cæci sunt cæci, etiamsi paullo post sint visum recuperaturi, ita qui progressus faciunt ad virtutem, antequam ea potiantur, stulti et vitiosi permanent.* (5) At enim proficientes ad virtutem non esse cæcorum, sed obtusius videntium similes, neque suffocatorum, sed natantium, idque prope portum, ipsi suis factis testatum reddiderunt. (6) Neque enim usi fuissent consiliariis, imperatoribus, legum latoribus, tanquam cæcis ductoribus; neque imitati fuissent facta, actiones, orationes, vitas quorundam, si omnes eodem modo suffocatos a stultitia et vitiositate vidissent. (7) Sed hoc omisso, mecum mirare istos homines hac in re, quod ne suis quidem ipsorum exemplis docentur repudiare istam opinionem de sapientibus ignorantibus se sapientes factos esse, nec sentientibus neque animadvertentibus se suffocari desinere, et lucem videre, ac supra dementiam emersos respirare.

XI. Sed et hoc contra communem notitiam est, *homini cui omnia adsunt bona, nihilque ad felicitatem et beatitatem deest, ei convenire ut vitam projiciat.* Multo magis id, *cui nihil est boni aut erit, adversa omnia et difficilia ac mala, et perpetuo affutura, huic non convenire ut vitam repudiet, nisi quid hercle ei indifferentium accidat.* (2) Hæ leges in Stoa feruntur, multosque Sapientes ad necem sibi ipsis inferendam impellunt, scilicet quasi melius sit iis desinere esse felicibus; multos item pravos in vita retinent, quasi ipsis officii sit vivere infelicibus. (3) Atqui Sapiens illorum fortunatus est, beatus, felicissimus, tutus, extra pericula constitutus; vitiosus ille et stultus, talis ut poetæ illud de se recitare possit,

Γέμων κακῶν δὴ κοὐκ[έτ]' ἔσθ' ὅπου τεθῇ·

ἀλλὰ καὶ τούτοις μονὴν οἴονται καθήκουσαν εἶναι, κἀ-
κείνοις ἐξαγωγήν. (4) Εἰκότως δὲ, φησὶ Χρύσιππος·
οὐ γὰρ ἀγαθοῖς καὶ κακοῖς δεῖ παραμετρεῖσθαι τὸν
βίον, ἀλλὰ τοῖς κατὰ φύσιν καὶ παρὰ φύσιν. Οὕτως
ἀνθρώποις σώζουσι τὴν συνήθειαν, καὶ πρὸς τὰς κοινὰς
ἐννοίας φιλοσοφοῦσι. (5) Τί λέγεις; οὐ δεῖ σκοπεῖν,

"Οττι τοι ἐν μεγάροισι κακόν [τ'] ἀγαθόν τε τέτυκται,

τὸν περὶ βίου καὶ θανάτου σκοπούμενον; οὐδὲ ὥσπερ
ἐπὶ ζυγοῦ τὰ πρὸς εὐδαιμονίαν καὶ κακοδαιμονίαν ἐξετάζειν ἐπίσημα μᾶλλον ὠφελ ** ἀλλ' ἐκ τῶν μήτ' ὠφε-
λούντων, μήτε βλαπτόντων τοὺς [εἰ] βιωτέον ἢ μὴ
ποιεῖσθαι λογισμούς, οὐ μέλλει πρὸς τὰς τοιαύτας ὑποθέσεις καὶ ἀρχὰς καθηκόντως αἱρεῖσθαί τε τὸν βίον, ᾧ
τῶν φευκτῶν οὐδὲν ἄπεστι, καὶ φεύγειν, ᾧ πάντα τὰ
αἱρετὰ πάρεστι; (6) Καίτοι παράλογον μὲν, ὦ ἑταῖρε,
καὶ τὸ φεύγειν τὸν βίον ἐν μηδενὶ κακῷ γενομένους·
παραλογώτερον δὲ, εἰ μὴ τυγχάνων τις τοῦ ἀδιαφόρου,
τὸ ἀγαθὸν ἀφίησιν· ὅπερ οὗτοι ποιοῦσι, τὴν εὐδαιμονίαν
προϊέμενοι καὶ τὴν ἀρετὴν παροῦσαν, ἀνθ' ὑγείας καὶ
ὁλοκληρίας, ὧν οὐ τυγχάνουσιν.

Ἔνθ' αὖτε Γλαύκῳ Κρονίδης φρένας ἐξέλετο Ζεύς,

ὅτι χρύσεια χαλκείων, ἑκατόμβοια ἐννεαβοίων ἔμελλε
διαμείψεσθαι. (7) Καίτοι τὰ μὲν χάλκεα τῶν ὅπλων
οὐχ ἧττον ἢ τὰ χρυσᾶ παρεῖχε χρείαν μαχομένοις, εὐ-
πρέπεια δὲ σώματος καὶ ὑγεία τοῖς Στωϊκοῖς οὔτε χρείαν
οὔτ' ὄνησίν τινα φέρει πρὸς εὐδαιμονίαν· * ἀλλ' ὅμως
οὗτοι τῆς φρονήσεως ἀντικαταλλάττονται τὴν ὑγείαν.
(8) « Καὶ γὰρ Ἡρακλείτῳ, φασὶ, καὶ Φερεκύδῃ καθήκειν ἄν, εἴπερ ἠδύναντο, τὴν ἀρετὴν ἀφεῖναι καὶ τὴν
φρόνησιν, ὥστε παύσασθαι φθειριῶντας καὶ ὑδρωπιῶν-
τας· καὶ τῆς Κίρκης ἐγχεούσης δύο φάρμακα, τὸ μὲν,
ποιοῦν ἄφρονας ἐκ φρονίμων, τὸ δὲ, [φρονίμους ὄνους
ἐξ ἀφρόνων ἀνθρώπων, τότε δὴ] τὸν Ὀδυσσέα πιεῖν τὸ
τῆς ἀφροσύνης μᾶλλον, ἢ μεταβαλεῖν εἰς θηρίου μορφὴν
τὸ εἶδος, ἔχοντα τὴν φρόνησιν, καὶ μετὰ τῆς φρονήσεως
δηλονότι τὴν εὐδαιμονίαν. (9) Καὶ ταῦτά φασιν αὐτὴν
ὑφηγεῖσθαι καὶ παρακελεύεσθαι τὴν φρόνησιν· Ἄφες με
καὶ καταφρόνησον ἀπολλυμένης ἐμοῦ καὶ διαφθειρομένης
εἰς ὄνου πρόσωπον. » Ἀλλ' ὄνου γε, φήσει τις, ἡ τοιαῦτα
παραγγέλλουσα φρόνησίς ἐστιν· εἰ τὸ μὲν φρονεῖν καὶ εὐδαιμονεῖν ἀγαθόν ἐστι, τὸ δὲ [ὄνου] περιφέρειν πρόσωπον ἀδιάφορον. (10) Ἔθνος εἶναί φασιν Αἰθιόπων, ὅπου
κύων βασιλεύει καὶ βασιλεὺς προσαγορεύεται, καὶ γέρα
καὶ τιμὰς ἔχει βασιλέως, ἄνδρες δὲ πράσσουσιν ἅπερ
ἡγεμόσι πόλεων προσήκει καὶ ἄρχουσιν. Ἄρ' οὖν παρὰ
τοῖς Στωϊκοῖς ὁμοίως τὸ μὲν ὄνομα καὶ τὸ σχῆμα τοῦ
ἀγαθοῦ πάρεστι τῇ ἀρετῇ, καὶ μόνην ταύτην αἱρετὸν
καὶ ὠφέλιμον καὶ συμφέρον καλοῦσι, πράττουσι δὲ
ταῦτα καὶ φιλοσοφοῦσι, καὶ ζῶσι καὶ ἀποθνήσκουσιν,
ὥσπερ ἀπὸ προστάγματος τῶν ἀδιαφόρων; (11) Καίτοι
τὸν κύνα μὲν ἐκεῖνον οὐδεὶς Αἰθιόπων ἀποκτίννυσιν,

Malis repletus, nullo ponendus loco.

et tamen his permansionem in vita, illis discessionem putant convenire. (4) *Merito sane*, inquit Chrysippus : *non
enim bonis et malis, sed iis quæ secundum naturam et
quæ contra sunt, metiri debemus vitam.* Hoc illi modo
tutantur Consuetudinem, et adversus communes philosophantur notitias. (5) Quid ais tandem? non debet considerare,

Ædibus in propriis bona quæ sint, quidve mali sit,

qui de vita vel morte deliberationem inivit? neque tanquam
in trutina examinare in utram partem res ipsius plura habeant
momenta? sed ex his quæ neque utilia sunt neque damnosa,
ratiocinari vivendumne sit an moriendum? ac sequi hujusmodi principia et sententias, quæ vitam omnium rerum
fugiendarum plenam deligere, expletam omnibus bonis
rebus fugere jubeant? (6) Enimvero, amicè, a ratione alienum est fugere vitam cui nihil adest mali ; alienius etiam,
dimittere bonum, si quis non potiatur indifferentibus : quod
isti faciunt, præsentem felicitatem virtutemque prodentes,
propterea quod sanitate aut incolumitate careant.

Hic mentem Glauco Saturnius abstulit omnem,

quum esset in permutatione daturus arma pro æreis aurea,
digna centum bobus arma, pro iis quæ non nisi novem pretium boum æquarent. (7) Et tamen ærea arma non minus
quam aurea ad pugnæ usus apta erant : pulchritudo et sanitas Stoicis nullum usum, nullum ad felicitatem conferunt
emolumentum. Et tamen illi sanitatem sapientia redimunt.
(8) Aiunt enim, *Heraclito et Pherecydi conventurum
fuisse, si res tulisset, ut virtute ac sapientia dimissis finem aquæ intercutis et morbi pedicularis mercarentur :
atque si Circe duo infudisset venena, quorum unum
stultos de prudentibus, alterum [prudentes asinos ex
hominibus stultis redderet ;] præoptaturum fuisse Ulyssem bibere stultitiæ potius poculum, quam transire in
bestiæ formam, præditum sapientia, et nimirum simul
etiam felicitate.* (9) *Atque hæc* aiunt *ipsam dictare et
hortari sapientiam : Missam me fac, neu rationem habe
pereuntis et in asini faciem abeuntis.* Nimirum, diceret nonnemo, Asini est quæ hoc suadet sapientia ; quando
sapere et felicitate frui bonum est, asini circumferre faciem
indifferens. (10) Gentem aiunt esse Æthiopum, ubi canis
regat, rexque appelletur, et honoribus colatur regiis ; viri
autem obeant principum et magistratuum munia. Nonne res
etiam apud Stoicos similiter habet? certe nomen boni et
species virtuti adest, solamque eam expetendam, utilem,
conducibilem appellant ; interim ea agunt commentantur-
que, ita vivunt et moriuntur, sicut præcipitur a rebus indifferentibus. (11) Et quidem canem illam nemo Æthiopum
interficit, sed is cum dignitate sedet adoratus : isti virtutem

ἀλλὰ σεμνῶς κάθηται προσκυνούμενος· οὗτοι δὲ τὴν ἀρετὴν ἀπολλύουσιν ἑαυτῶν καὶ διαφθείρουσι, τῆς ὑγείας περιεχόμενοι καὶ τῆς ἀπονίας.

XII. Ἔοικε δὲ ἡμᾶς ἀπαλλάττειν τοῦ περὶ τούτων ἔτι πλείονα λέγειν ὁ κολοφὼν αὐτός, ὃν ὁ Χρύσιππος τοῖς δόγμασιν ἐπιτέθεικεν. Ὄντων γὰρ ἐν τῇ φύσει τῶν μὲν, ἀγαθῶν, τῶν δὲ, κακῶν, τῶν δὲ καὶ μεταξὺ, καὶ καλουμένων ἀδιαφόρων, οὐδείς ἐστιν ἀνθρώπων, ὃς οὐ βούλεται τὸ ἀγαθὸν ἔχειν μᾶλλον ἢ τὸ ἀδιάφορον, [καὶ τὸ ἀδιάφορον] ἢ τὸ κακόν. (2) Ἀλλὰ καὶ τοὺς θεοὺς δήπου ποιούμεθα μάρτυρας, αἰτούμενοι ταῖς εὐχαῖς παρ' αὐτῶν μάλιστα μὲν κτῆσιν ἀγαθῶν, εἰ δὲ μή, κακῶν ἀποφυγήν, τὸ δὲ μήτ' ἀγαθὸν μήτε κακὸν ἀντὶ μὲν τοῦ ἀγαθοῦ μὴ θέλοντες ἔχειν, ἀντὶ δὲ τοῦ κακοῦ θέλοντες. (3) Ὁ δὲ τὴν φύσιν ἐναλλάττων καὶ τὴν τάξιν ἀναστρέφων, ἐκ τῆς μέσης χώρας τὸ μέσον εἰς τὴν ἐσχάτην μετατίθησι, τὸ δ' ἔσχατον εἰς τὴν μέσην ἐπανάγει καὶ μετοικίζει, καθάπερ οἱ τύραννοι τοῖς κακοῖς προεδρίαν διδοῦσι· καὶ νομοθετῶν πρῶτον διώκειν τὸ ἀγαθὸν, δεύτερον δὲ τὸ κακὸν, ἔσχατον δὲ καὶ χείριστον ἡγεῖσθαι τὸ μήτ' ἀγαθὸν μήτε κακόν· ὥσπερ εἴ τις μετὰ τὰ οὐράνια τὰ ἐν ᾅδου τιθείη, τὴν δὲ γῆν καὶ τὰ περὶ γῆν εἰς τὸν τάρταρον ἀπώσειε,

Τῇδε μάλ', ἧχι βάθιστον ὑπὸ χθονός ἐστι βέρεθρον.

(4) Εἰπὼν οὖν ἐν τῷ τρίτῳ περὶ Φύσεως, ὅτι « λυσιτελεῖ ζῆν ἄφρονα, ἢ [μὴ] βιοῦν, κἂν μηδέποτε μέλλῃ φρονήσειν, » ἐπιφέρει κατὰ λέξιν, « Τοιαῦτα γὰρ τὰ ἀγαθά ἐστι τοῖς ἀνθρώποις, ὥστε τρόπον τινὰ καὶ τὰ κακὰ τῶν ἄλλων ἀνὰ μέσον προτερεῖν· ἔστι δ' οὐ ταῦτα προτεροῦντα, ἀλλ' ὁ λόγος μεθ' οὗ βιοῦν ἐπιβάλλει μᾶλλον, εἰ καὶ ἄφρονες ἐσόμεθα. » (5) Δῆλον οὖν, εἰ καὶ ἄδικοι καὶ παράνομοι, καὶ θεοῖς ἐχθροὶ, καὶ (εἰ) κακοδαίμονες· οὐδὲν γὰρ ἄπεστι τούτων τοῖς ἀφρόνως βιοῦσιν. Ἐπιβάλλει τοίνυν κακοδαιμονεῖν μᾶλλον ἢ μὴ κακοδαιμονεῖν, καὶ βλάπτεσθαι μᾶλλον ἢ μὴ βλάπτεσθαι, καὶ ἀδικεῖν ἢ μὴ ἀδικεῖν, καὶ παρανομεῖν ἢ μὴ παρανομεῖν; τουτέστιν, ἐπιβάλλει τὰ [μὴ] ἐπιβάλλοντα ποιεῖν, καὶ καθήκει ζῆν καὶ παρὰ τὸ (μὴ) καθῆκον. (6) Ναί· χεῖρον γάρ ἐστι τὸ ἄλογον καὶ τὸ ἀναίσθητον εἶναι τοῦ ἀφραίνειν. Εἶτα τί παθόντες οὐχ ὁμολογοῦσιν εἶναι κακὸν, ὃ τοῦ κακοῦ χεῖρόν ἐστι; διὰ [τί] φευκτὸν ἀποφαίνουσι μόνην τὴν ἀφροσύνην, * εἰ οὐχ ἧττον, ἀλλὰ καὶ μᾶλλον ἐπιβάλλον ἐστὶ φεύγειν τὴν μὴ δεχομένην τὸ ἀφραίνειν διάθεσιν;

XIII. Ἀλλὰ τί ἄν τις ἐπὶ τούτοις δυσχεραίνοι, μεμνημένος ὧν ἐν τῷ δευτέρῳ περὶ Φύσεως γέγραφεν, ἀποφαίνων οὐκ ἀχρήστως τὴν κακίαν πρὸς τὰ ὅλα γεγενημένην; Ἄξιον δ' ἀναλαβεῖν τὸ δόγμα ταῖς ἐκείνου λέξεσιν, ἵνα καὶ μάθῃς (πῶς), οἱ τοῦ Ξενοκράτους καὶ Σπευσίππου κατηγοροῦντες ἐπὶ τῷ μὴ τὴν ὑγείαν ἀδιάφορον ἡγεῖσθαι, μηδὲ τὸν πλοῦτον ἀνωφελές, ἐν τίνι τύπῳ τὴν κακίαν αὐτοὶ τίθενται, καὶ τίνας λόγους περὶ αὐτῆς διεξίασιν· (2) « Ἡ δὲ κακία πρὸς τὰ λοιπὰ

---

suam perdunt atque corrumpunt, *sanitatem aut dolorum* vacuitatem ut consequantur.

XII. Ne de his plura dicamus, videtur ipsa nos coronis hortari, quam Chrysippus suis decretis imposuit. Nam quum in natura sint bona, mala, et neutra sive quæ dicuntur indifferentia, nemo hominum est, qui non malit bonum habere quam indifferens, aut indifferens quam malum. (2) Sed et deos in testimonium vocamus, votis ab iis petentes priore quidem loco possessionem bonorum, posteriore malorum fugam; id quod neque bonum est neque malum, loco boni nolentes habere, loco mali volentes. (3) At ille ordinem invertens, ipsamque mutans naturam, ex medio loco medium in extremum collocat, extremo in medium traducto, sicut tyranni solent priorem in consessu locum malis tribuere; ac lége lata jubet primo sectari bona, deinde mala, postremo id deterrimum judicare, quod neque bonum sit neque malum : perinde faciens, ac si quis proxime post cœlestia inferos ponat, terra et terrestribus in tartarum rejectis,

Qua procul hinc ima stat sub tellure barathrum.

(4) Ergo quum dixisset in tertio De Natura, *expedire stulto vitam potius quam mortem, etsi nunquam esset consecuturus intelligentiam,* hæc verba subjungit; *Talia enim bona sunt hominibus, ut quodammodo etiam mala ceteris quæ sunt media antecedant. Non autem hæc præcedunt, sed ratio, quacum vivere expedit potius, etiam si simus stulti.* (5) Ergo etiam si injusti, flagitiosi, diis invisi, infelices ; nihil enim horum abest a stulte viventibus. Ergo convenit misere potius vivere quam non vivere misere, et præstat lædi quam non lædi, injustum esse quam non esse injustum, leges violare quam non violare? Hoc est, convenit non convenientia facere, et officii est vivere etiam contra officium? (6) Sane, inquit : *est enim pejus ratione et sensu carere, quam stultum esse.* Quid ergo in mentem iis venit, ut malum esse non fateantur, quod malo est pejus? cur *solam* aiunt *fugiendam esse stultitiam,* si non minus, sed magis etiam conveniens est fugere eam affectionem, quæ stultitiæ non est capax?

XIII. Sed quis de hoc queratur, memor eorum quæ in secundo de Natura libro ille scripsit, pronuncians *haud inutiliter rebus universis Malum exstitisse?* Verum operæ pretium est, decretum illud ipsius verbis proponere, quo intelligas, qui Xenocratem et Speusippum incusant, quia sanitatem negaverint esse e censu indifferentium, neque divitias de inutilium numero, ipsi quo loco vitiositatem ponant, et quid de ea loquantur. (2) *Malum,* inquit, *sua ter-*

συμπτώματα ἔχει ὅρον· γίνεται γὰρ αὐτή πως κατὰ τὸν τῆς φύσεως λόγον, καί, ἵνα οὕτως εἴπω, οὐκ ἀχρήστως γίνεται πρὸς τὰ ὅλα· οὐδὲ γὰρ ἂν τἀγαθὸν ἦν. » (3) Οὐκοῦν ἐν θεοῖς ἀγαθὸν οὐδέν ἐστιν, ἐπεὶ μηδὲ κακόν· οὐδὲ ὅταν ὁ Ζεὺς εἰς ἑαυτὸν ἀναλώσας τὴν ὕλην ἅπασαν, εἷς γένηται καὶ τὰς ἄλλας ἀνέλῃ διαφοράς, οὐδέν ἐστιν ἀγαθὸν τηνικαῦτα, μηθενός γε κακοῦ παρόντος· (4) ἀλλὰ χοροῦ μέν ἐστιν ἐμμέλεια, μηθενὸς ἀπᾴδοντος ἐν αὐτῷ· καὶ σώματος ὑγεία, μηδενὸς μορίου νοσοῦντος· ἀρετὴ δ' ἄνευ κακίας οὐκ ἔχει γένεσιν, ἀλλ' ὥσπερ ἐνίαις τῶν ἰατρικῶν δυνάμεων ἰὸς ὄφεως καὶ χολὴ ὑαί- νης, οὕτως ἀναγκαῖόν ἐστιν ἐπιτηδειότης ἑτέρα τῇ Μελίτου μοχθηρίᾳ πρὸς τὴν Σωκράτους δικαιοσύνην, καὶ τῇ Κλέωνος ἀναγωγίᾳ πρὸς τὴν Περικλέους καλο- κάγαθίαν· πῶς δ' ἂν εὗρεν ὁ Ζεὺς τὸν Ἡρακλέα φῦσαι καὶ τὸν Λυκοῦργον, εἰ μὴ καὶ Σαρδανάπαλον ἡμῖν ἔφυσε καὶ Φάλαριν; (5) Ὥρα λέγειν αὐτοῖς, ὅτι καὶ φθίσις γέγονεν ἀνθρώπῳ πρὸς εὐεξίαν, καὶ ποδάγρα πρὸς ὠκύ- τητα· καὶ οὐκ ἂν ἦν Ἀχιλλεὺς κομήτης, εἰ μὴ φαλα- κρὸς Θερσίτης. (6) Τί γὰρ διαφέρουσι τῶν ταῦτα ληρούντων καὶ φλυαρούντων οἱ λέγοντες, μὴ ἀχρήστως γεγονέναι πρὸς τὴν ἐγκράτειαν τὴν ἀκολασίαν, καὶ πρὸς τὴν δικαιοσύνην τὴν ἀδικίαν; ὅπως εὐχώμεθα τοῖς θεοῖς ἀεὶ μοχθηρίαν εἶναι,

    Ψεύδεά θ', αἱμυλίους τε λόγους, καὶ ἐπίκλοπον ἦθος,

εἰ, τούτων ἀναιρεθέντων, οἴχεται φροῦδος ἡ ἀρετή, καὶ συναπόλωλεν.

XIV. Ἢ βούλει τὸ ἥδιστον αὐτοῦ τῆς γλαφυρίας καὶ πιθανότητος ἱστορῆσαι; « Ὥσπερ γὰρ αἱ κωμῳδίαι, φησίν, ἐπιγράμματα γελοῖα φέρουσιν, ἃ καθ' αὑτὰ μέν ἐστι φαῦλα, τῷ δὲ ὅλῳ ποιήματι χάριν τινὰ προστί- θησιν· οὕτω ψέξειας ἂν αὐτὴν ἐφ' ἑαυτῆς τὴν κακίαν· τοῖς δ' ἄλλοις οὐκ ἄχρηστός ἐστι. » (2) Πρῶτον μὲν οὖν τὴν κακίαν γεγονέναι κατὰ τὴν τοῦ θεοῦ πρόνοιαν, ὥσπερ τὸ φαῦλον ἐπίγραμμα γέγονε κατὰ τὴν τοῦ ποιητοῦ βούλησιν, πᾶσαν ἐπίνοιαν ἀτοπίας ὑπερβάλλει. Τί γὰρ μᾶλλον ἀγαθῶν ἢ κακῶν δοτῆρες ἔσονται; πῶς δ' ἔτι θεοῖς ἐχθρὸν ἡ κακία, καὶ θεομισές; ἢ τί πρὸς τὰ τοιαῦτα δυσφημήματα λέγειν ἕξομεν, ὡς

    Θεὸς μὲν αἰτίαν φύει βροτοῖς,
    ὅταν κακῶσαι δῶμα παμπήδην θέλῃ·

καὶ

    Τίς τ' ἄρ σφῶε θεῶν ἔριδι ξυνέηκε μάχεσθαι;

(3) Ἔπειτα δὲ τὸ μὲν φαῦλον ἐπίγραμμα τὴν κωμῳδίαν κοσμεῖ, καὶ συνεργεῖ πρὸς τὸ τέλος αὐτῆς, ἐφιεμένης τοῦ γελοίου ἢ κεχαρισμένου τοῖς θεαταῖς· ὁ δὲ πατρῷος καὶ ὕπατος καὶ θεμίστιος Ζεύς, καὶ ἀριστοτέχνας, κατὰ Πίνδαρον, οὐ δρᾶμα δήπου μέγα καὶ ποικίλον καὶ πο- λυμαθὲς δημιουργῶν τὸν κόσμον, ἀλλὰ θεῶν καὶ ἀν- θρώπων ἄστυ κοινόν, συννομησομένων μετὰ δίκης καὶ ἀρετῆς ὁμολογουμένως καὶ μακαρίως, τί πρὸς τὸ κάλ- λιστον τοῦτο καὶ σεμνότατον τέλος ἐδεῖτο λῃστῶν καὶ ἀνδροφόνων καὶ πατροκτόνων καὶ τυράννων; (4) Οὐ

---

mino a reliquis distinguitur accidentibus. Exsistit enim ipsum quodammodo secundum naturæ rationem, et, ut sic dicam, non inutiliter ratione universarum rerum; alioqui enim ne bonum quidem poterat subsi- stere. (3) Ergo diis boni nihil est, quando nihil mali? et quum Juppiter tota in se ipsum consumta materia unicus fiet, abolitis reliquis differentiis, bonum tunc nullum erit, quia nihil aderit mali? (4) Enim vero chorus concinere potest, nemine vitiose canente; et corpus sanum potest esse, nullo membro ægrotante : virtus autem sine vitio exsistere nequit? sed nimirum sicut quorundam medicamentorum facultati- bus virus serpentis aut fel hyænæ admiscere oportet, ita ad Socratis justitiam congruebat alicujus mali adjunctio, ut- pote malitia Meliti; et Cleonis petulantia ad Periclis probi- tatem? et quomodo Juppiter potuisset gignere Herculem ac Lycurgum, si non Sardanapalum quoque et Phalaridem nobis creasset? (5) Tempus jam est, ut dicant tabem quoque hominibus ad firmam corporis affectionem conducere, et podagram ad velocitatem : nec futurum fuisse crinibus de- corum Achillem, nisi calvus fuisset Thersites. (6) Quid enim differunt a talia nugantibus illi qui dicunt non inutiliter ad continentiam exstitisse intemperantiam, et injustitiam ad justitiam? quo scilicet deos comprecemur, ut semper sint perversitas,

Fallaces mores, blanda et mendacia verba,

siquidem his sublatis, una evanescet et interibit virtus.

XIV. Mavisne pernoscere suavissimam ejus facundiam, politamque persuadendi vim? *Sicut enim*, inquit, *comœ- diæ ferunt ridiculas inscriptiones, quæ pro se nullius pretii, toti poemati tamen aliquid venustatis addunt, ita ipsum quidem pro se vitium vituperaveris, ad cetera inutile non est.* (2) Primo, vitium dei providentia ex- stitisse, sicut voluntate poetæ inscriptio mala facta est, tan- tum absurdi habet, ut absurdius cogitari possit nihil. Nam hoc dato, qui magis bonorum, quam malorum datores erunt dii? quomodo invisum erit diis flagitium? quid habebimus quod male ominatis hisce dictis opponamus? quale his ver- siculis continetur,

Causam deus ipse procreat mortalibus,
quum in animum inducit familiam prosternere;
et
In litem superûm quis tandem compulit istos?

(3) Deinde mala inscriptio comœdiam ornat, et ad finem consequendum adjuvat, poeta spectatoribus per eam risum movere vel lepidum proponere aliquid cupiente. At Pa- trius ille, et Supremus, et Justitiæ Præses Juppiter, Opti- musque, ut eum Pindarus nominat, Artifex, non scilicet drama aliquod magnum, varium ac doctum, mundum fabri- cans, sed civitatem diis hominibusque communem, in qua una vitam exigerent justitia et virtute ducibus concorditer ac feliciter, quorsum ad pulcherrimum hunc finem opus habuit latronibus, homicidis, parricidis, tyrannis? (4) Non

" γὰρ ἡδὺ τῷ θείῳ καὶ κομψὸν ἡ κακία γέγονεν ἐπεισόδιον, οὐδὲ δι' εὐτραπελίαν ἡ ἀδικία καὶ γέλωτα καὶ βωμολογίαν προστέτριπται τοῖς πράγμασιν, ὑφ' ὧν οὐδ' ὄναρ ἰδεῖν ἐστι τῆς ὑμνουμένης ὁμολογίας. (5) Ἔτι, τὸ μὲν φαῦλον ἐπίγραμμα τοῦ ποιήματος πολλοστημόριόν ἐστι, καὶ μικρὸν ἐπέχει παντάπασιν ἐν τῇ κωμῳδίᾳ χωρίον· καὶ οὔτε πλεονάζει τὰ τοιαῦτα, οὔτε τῶν εὖ πεποιῆσθαι δοκούντων ἀπόλλυσι καὶ λυμαίνεται τὴν χάριν· τῆς δὲ κακίας ἀναπέπλησται πάντα πράγματα, καὶ πᾶς ὁ βίος εὐθὺς ἐκ παρόδου καὶ ἀρχῆς ἄχρι κορωνίδος ἀσχημονῶν καὶ ἐκπίπτων καὶ ταραττόμενος, καὶ μηδὲν ἔχων μέρος καθαρὸν μηδ' ἀνεπίληπτον, ὡς οὗτοι λέγουσιν, αἴσχιστόν ἐστι δραμάτων ἁπάντων καὶ ἀτερπέστατον.

XV. Ὅθεν ἡδέως ἂν πυθοίμην, πρὸς τί γέγονεν εὔχρηστος ἡ κακία τοῖς ὅλοις. Οὐ γὰρ δὴ πρὸς τὰ οὐράνια καὶ θεῖα, φήσει. Γελοῖον γὰρ εἰ, μὴ γενομένης ἐν ἀνθρώποις μηδ' οὔσης κακίας καὶ ἀπληστίας καὶ ψευδολογίας, μηδ' ἀλλήλους ἡμῶν ἀγόντων καὶ φερόντων καὶ συκοφαντούντων καὶ φονευόντων, οὐκ ἂν ἐβάδιζεν ὁ ἥλιος τὴν τεταγμένην πορείαν, οὐδ' ἂν ὥραις ἐχρῆτο καὶ περιόδοις καιρῶν ὁ κόσμος, οὐδὲ ἡ γῆ τὴν μέσην χώραν ἔχουσα τοῦ παντός, ἀρχὰς τῶν πνευμάτων ἐνεδίδου καὶ ὄμβρων. (2) Ἀπολείπεται τοίνυν, πρὸς ἡμᾶς καὶ τὰ ἡμέτερα τὴν κακίαν εὐχρήστως γεγονέναι· καὶ τοῦτο ἴσως οἱ ἄνδρες λέγουσιν. Ἆρ', οὖν ὑγιαίνομεν μᾶλλον, κακοὶ ὄντες, ἔτι δὲ μᾶλλον εὐποροῦμεν τῶν ἀναγκαίων; πρὸς δὲ κάλλος ἡμῖν, ἢ πρὸς ἰσχὺν εὔχρηστος ἡ κακία γέγονεν; οὔ φασιν. (3) Ἡ δὲ ποῦ γῆς ἐστιν; « ὄνομα μόνον καὶ δόκημα νυκτερωπὸν ἐννύχων » σοφιστῶν, οὐχ, ὥσπερ ἡ κακία, πᾶσιν ὕπαρ ἔκκειται καὶ πᾶσιν ἐναργής· οὐδενὸς ὡς ἀχρήστου μεταλαβεῖν, ἥκιστα δ' ἀρετῆς, ὦ θεοί, δι' ἣν γεγόναμεν; (4) Εἶτ' οὐ δεινόν, εἰ γεωργῷ μὲν καὶ κυβερνήτῃ καὶ ἡνιόχῳ τὰ εὔχρηστα, φορᾷ καὶ συνεργὰ πρὸς τὸ οἰκεῖόν ἐστι τέλος· τὸ δὲ ὑπὸ τοῦ θεοῦ πρὸς ἀρετὴν γεγονὸς ἀπολώλεκε τὴν ἀρετὴν καὶ διέφθαρκεν; Ἀλλ' ἴσως ἤδη καιρὸς ἐπ' ἄλλο τρέπεσθαι, τοῦτο δ' ἀφεῖναι.

XVI. ΛΑΜΠΡ. Οὐδαμῶς, ὦ φίλος, ἐμὴν χάριν· ἐπιθυμῶ γὰρ πυθέσθαι, τίνα δὴ τρόπον οἱ ἄνδρες τὰ κακὰ τῶν ἀγαθῶν, καὶ τὴν κακίαν τῆς ἀρετῆς προεισάγουσιν.

2. ΔΙΑΔΟΥΜ. Ἀμέλει καὶ ἄξιον, ὦ ἑταῖρε· πολὺς μὲν ὁ ψελλισμὸς αὐτῶν, τέλος δέ, τὴν μὲν φρόνησιν ἐπιστήμην ἀγαθῶν καὶ κακῶν οὖσαν, [ἀναιρεθέντων τῶν κακῶν, ὅλως] καὶ παντάπασιν ἀναιρεῖσθαι λέγουσιν· ὡς δ' ἀληθῶν ὄντων, ἀδύνατον μὴ καὶ ψευδῆ τινα εἶναι, παραπλησίως οἷον προσήκειν, ἀγαθῶν ὑπαρχόντων, καὶ κακὰ ὑπάρχειν.

3. ΛΑΜΠΡ. Ἀλλὰ τοῦτο μὲν οὐ φαύλως λέλεκται· τὸ δ' ἕτερον οἶμαι μηδ' ἐμὲ λανθάνειν. Ὁρῶ γὰρ διαφοράν, ᾗ τὸ μὲν οὐκ ἀληθὲς εὐθὺς ψεῦδός ἐστιν, οὐ μὴν εὐθὺς κακὸν τὸ μὴ ἀγαθόν. (4) Ὅθεν ἀληθῶν μὲν καὶ ψευδῶν οὐθέν ἐστι μέσον, ἀγαθῶν δὲ καὶ κακῶν

---

enim jucundum deo additamentum ac digressio elegans fuit vitiositas; neque injustitiam propter facetias, aut risum et scurrilitatem rebus humanis intulit; propter quæ ne somnium quidem decantatæ illius cum natura consensionis videre licet. (5) Præterea inepta illa inscriptio perexigua est comœdiæ particula, inque ea minimum plane locum occupat; ac neque abundant talia, neque eorum quæ recte facta videntur officiunt venustati aut eam corrumpunt. At vitiis repleta sunt omnia, totaque vita statim a primordio fabulæ usque ad coronidem decorum non servans, aberrans a recto cursu, conturbata, nullam partem habens puram aut reprehensionis immunem, ut ipsi dicunt, omnium est dramatum turpissimum et injucundissimum.

XV. Quare libenter ex ipso quæsiverim, ad quam tandem rem vitiositas universis rebus sit utilis. Non quidem ad cœlestia eam et divina esse utilem dicet. Ridiculum enim sit, si vitiis inter homines non obortis neque exstantibus, avaritiam dico, mendacia, rapinas, calumnias, cædes mutuas, non fuisse solem dicamus suum confecturum cursum, mundumve statis temporum et tempestatum circuitibus usurum, terram denique, quum in medio mundi situm suum obtineat, ventorum et pluviarum materiam emissuram. (2) Restat, nobis et nostris rebus utiliter vitia exstitisse, atque id fortasse intelligi Stoici volunt. Sanioresne ergo sumus, si vitiosi sumus? aut majorem copiam rerum necessariarum adipiscimur? aut ad pulchritudinem roburve nobis conducunt vitia? Negant. (3) At virtus ubi terrarum est? *Nomen est, nocturnorum* sophistarum *nocturnum visum, somnium* : at vitiositas revera exstat in vita et vigiliis ante omnes homines exposita, omnibus manifesta : per quam nullius utilitatis participes fieri possumus, minus etiam virtutis, dii boni, ob quam nati sumus? (4) Proinde non indignum hoc sit, agricolæ et gubernatori et aurigæ quæ utilia sunt, conducere et ferre ad finem cuique propositum; id autem quod a deo ad virtutem est factum, amisisse et perdidisse suam virtutem? Sed fortasse tempus est nunc, omisso hoc, ad alia nos convertere.

XVI. LAMPRIAS. Nequaquam, amice, mei gratia : cupio enim audire, quo modo Stoici mala bonis et vitia virtutibus prius introducant

2. DIADUMENUS. Sane, mi sodalis : res enim cognitu digna est. Multa quidem balbutiunt; tandem vero *prudentiam, quæ sit bonorum et malorum scientia, sublatis malis, ipsam quoque penitus tolli* dicunt. Porro, *ut vera esse nequeant nisi sint falsa quædam, eadem ratione item, si bona sint, oportere etiam esse mala.*

3. LAMPRIAS. Atqui illud quidem non inepte dictum est : alterum autem puto vel me non fallere. Video enim discrimen, cur quod non verum est, statim falsum sit; non illico etiam malum, quod bonum non est. (4) Unde fit, ut inter vera et falsa nihil sit medium; inter bona

τὸ ἀδιάφορον· καὶ οὐκ ἀνάγκη ταῦτα συνυπάρχειν ἐκεί-
νοις· ἐξήρκει γὰρ τὴν φύσιν ἔχειν τὸ ἀγαθὸν, τοῦ κακοῦ
μὴ δεομένην, ἀλλὰ τὸ μήτ' ἀγαθὸν μήτε κακὸν ἔχουσαν. Πρὸς δὲ τὸν πρότερον λόγον, εἴ τι λέγεται παρ'
ὑμῶν, ἀκουστέον.

XVII. ΔΙΑΔΟΥΜ. Ἀλλὰ πολλὰ μὲν λέλεκται,
τὰ δὲ νῦν τοῖς ἀναγκαίοις χρηστέον. Πρῶτον μὲν οὖν
εὔηθες οἴεσθαι, φρονήσεως ἕνεκα γένεσιν κακῶν ὑποστῆναι καὶ ἀγαθῶν. Ὄντων γὰρ ἀγαθῶν καὶ κακῶν
ἐπιγίνεται φρόνησις, ὥσπερ ἰατρικὴ νοσερῶν ὑποκειμένων καὶ ὑγιεινῶν. (2) Οὐ γὰρ τὸ ἀγαθὸν ὑφίσταται
καὶ τὸ κακὸν, ἵνα γένηται φρόνησις, ἀλλ' ᾗ τὸ ἀγαθὸν
καὶ τὸ κακὸν ὄντα καὶ ὑφεστῶτα κρίνομεν, ὠνομάσθη
φρόνησις· ὥσπερ ὄψις ἡ λευκῶν καὶ μελάνων αἴσθησις, οὐ γενομένων, ὅπως ἔχοιμεν ὄψιν ἡμεῖς, ἀλλὰ μᾶλλον ἡμῶν * πρὸς τὸ τὰ τοιαῦτα κρίνειν ὄψεως δεηθέν-
των. (3) Δεύτερον, ὅταν ἐκπυρώσωσι τὸν κόσμον
οὗτοι, κακὸν μὲν οὐδ' ὁτιοῦν ἀπολείπεται, τὸ δ' ὅλον
φρόνιμόν ἐστι τηνικαῦτα καὶ σοφόν· ἔστι τοίνυν φρόνησις, οὐκ ὄντος κακοῦ· καὶ οὐκ ἀνάγκη κακὸν ὑπάρχειν,
εἰ φρόνησις ἔνι. (4) Εἰ δὲ δὴ πάντως δεῖ τὴν φρόνησιν
ἀγαθῶν εἶναι καὶ κακῶν ἐπιστήμην, τί δεινὸν, εἰ τῶν
κακῶν ἀναιρεθέντων οὐκ ἔσται φρόνησις, ἑτέραν τ'
ἀντ' ἐκείνης ἀρετὴν ἕξομεν, οὐκ ἀγαθῶν καὶ κακῶν,
ἀλλ' ἀγαθῶν μόνων ἐπιστήμην οὖσαν; (5) ὥσπερ εἰ
τῶν χρωμάτων τὸ μέλαν ἐξαπόλοιτο παντάπασιν, εἶτά
τις βιάζοιτο, καὶ τὴν ὄψιν ἀπολωλέναι, λευκῶν γὰρ οὐκ
εἶναι καὶ μελάνων αἴσθησιν· τί κωλύει φάναι πρὸς αὐτὸν, ὅτι δεινὸν οὐδὲν, εἰ τὴν μὲν ὑπό σου λεγομένην
ὄψιν οὐκ ἔχομεν, ἄλλη δὲ πάρεστιν ἀντ' ἐκείνης αἴσθησις ἡμῖν καὶ δύναμις, ᾗ λευκῶν ἀντιλαμβανόμεθα καὶ
μὴ λευκῶν χρωμάτων; (6) Ἐγὼ μὲν γὰρ οὔτε γεῦσιν
οἶμαι φροῦδον ἂν γενέσθαι, πικρῶν ἐπιλιπόντων, οὔτε
ἀφὴν, ἀλγηδόνος ἀναιρεθείσης, οὔτε φρόνησιν, κακοῦ
μὴ παρόντος· ἀλλ' ἐκείνας τε μένειν αἰσθήσεις γλυκέων
καὶ ἡδέων καὶ τῶν μὴ τοιούτων ἀντιλαμβανομένας,
ταύτην τε τὴν φρόνησιν ἀγαθῶν καὶ μὴ ἀγαθῶν ἐπιστήμην οὖσαν. Οἷς δὲ μὴ δοκεῖ, τοὔνομα λαβόντες
ἀπολιπέτωσαν ἡμῖν τὸ πρᾶγμα.

XVIII. Χωρὶς δὲ τούτων, τί ἐκώλυε τοῦ μὲν κακοῦ
νόησιν εἶναι, τοῦ δ' ἀγαθοῦ καὶ ὕπαρξιν; ὥσπερ, οἶμαι,
καὶ τοῖς θεοῖς ὑγείας μέν ἐστι παρουσία, πυρετοῦ δὲ
καὶ πλευρίτιδος νόησις. (2) Ἐπεὶ καὶ ἡμεῖς, κακῶν
μὲν ἀφθόνως πᾶσι παρόντων, ἀγαθοῦ δὲ μηδενός, ὡς
οὗτοι λέγουσιν, ἀλλὰ τοῦ γε νοεῖν οὐκ ἀπολελείμμεθα
τὴν φρόνησιν, τὸ ἀγαθὸν, τὴν εὐδαιμονίαν. (3) Ὃ
καὶ θαυμαστόν ἐστιν, εἰ, τῆς μὲν ἀρετῆς μὴ παρούσης, εἰσὶν οἱ διδάσκοντες ὁποῖόν ἐστι, καὶ κατάληψιν
ἐμποιοῦντες· τῆς κακίας δὲ μὴ γενομένης, οὐ δυνατὸν
ἦν κτήσασθαι νόησιν. (4) Ὅρα γὰρ οἷα πείθουσιν
ἡμᾶς οἱ κατὰ τὰς ἐννοίας φιλοσοφοῦντες, ὅτι τῇ μὲν
ἀφροσύνῃ καταλαμβάνομεν τὴν φρόνησιν, ἡ δὲ φρόνησις ἄνευ τῆς ἀφροσύνης οὔτε αὐτὴν [οὔτε τὴν] ἀφροσύνην καταλαμβάνειν πέφυκεν.

---

et mala intervenit Indifferens; neque necesse est hæc cum
illis eodem modo habere. Nam satis erat Bonum tribui
naturæ, ita ut Malo ei non esset opus, sed haberet id modo,
quod neque bonum sit neque malum. Ad priorem tamen rationem si quid a vobis dicitur, audiendum est.

XVII. DIADUMENUS. Multa quidem dicta sunt, sed in præsentia tantum necessariis utemur. Initio igitur stultum
est opinari Prudentiæ causa Bona et Mala exsistere. Exstantibus enim jam Bonis et Malis supervenit Prudentia;
sicut medicina, salubribus jam et insalubribus subjectis.
(2) Nam Bona et Mala non propterea exstant, ut fiat Prudentia; sed quatenus Mala et Bona jam subsistentia diju-
dicamus, vocatur Prudentia : sicut Visus est alborum et
nigrorum sensio, non ideo factorum ut nos visum habeamus, sed nobis contra ad hæc judicanda visu indigentibus.
(3) Deinde, quando mundus de sententia ipsorum confla-
graverit, malum quidem nullum prorsus supererit, et Universum prudens tunc erit atque sapiens. Est ergo Prudentia, etiam si Malum non sit; proinde necesse non est ut
si Prudentia sit, Malum etiam exstet. (4) Jam si omnino
oportet Prudentiam esse Bonorum Malorumque scientiam,
quid incommodi est, si Malis sublatis nulla relinquatur Prudentia, locoque ejus aliam acquiramus virtutem, quæ non
Bonorum et Malorum, sed duntaxat Bonorum sit scientia?
(5) Quemadmodum si de coloribus niger omnino interiret,
et contenderet jam aliquis Visum quoque periisse, utpote
qui non amplius sit alborum et nigrorum sensus; quid ob-
staret quin ei responderemus : Nihil mali est, si quem tu
dicis visum non habemus, alio autem erimus instructi sensu
et vi, qua alba et non alba apprehendimus? (6) Ego enim
neque gustatum inanem puto fore, amaris deficientibus; neque tactum, dolore sublato; neque prudentiam, malo non
exstante; sed et istos mansuros sensus, dulcia et non dulcia, grata et non grata percipientes, et prudentiam bonorum ac non bonorum scientiam nihilominus futuram.
Quibus videtur secus, ii nomen tollant licet, rem nobis relinquant.

XVIII. Præterea quid impediebat quominus Mali tantum
modo esset intelligentia, Boni etiam exsistentia? sicut,
puto, diis adest sanitas, quid febris sit aut pleuritis intelligunt. (2) Quando nos etiam quibus malorum copia obtigit omnibus bonum nullum, ut ipsi aiunt, tamen non destituimur cognitione horum, sed intelligimus quid Prudentia, quid Bonum sit, quid Felicitas. (3) Atque adeo
mirum est, virtutis absentis esse tamen qui nos comprehen-
sione aliqua instruant qualis ea sit; Malum vero nisi exstiterit, quale sit intelligi nequire. (4) Vides enim quid persuadere nobis velint qui tam præclare secundum communes
notiones philosophantur; *stultitiâ nos prudentiam comprehendere; prudentiam sine stultitia se ne ipsam quidem, nec stultitiam percipere posse.*

XIX. Εἰ δὲ δὴ πάντως ἐδεῖτο κακοῦ γενέσεως ἡ φύσις, ἓν ἦν δήπου παράδειγμα κακίας ἱκανὸν, ἢ δεύτερον· εἰ δὲ βούλει, δέκα φαύλους, ἢ χιλίους, ἢ μυρίους ἔδει γενέσθαι, καὶ μὴ κακίας μὲν φορὰν τοσαύτην τὸ πλῆθος,

> Οὐ ψάμμος, ἢ κόνις, ἢ πτερὰ ποικιλοτρίχων οἰωνῶν
> τόσσον ἂν χεύαιτ' ἀριθμὸν,

ἀρετῆς δὲ μηδ' ἐνύπνιον. (2) Οἱ μὲν γὰρ ἐν Σπάρτῃ τῶν φιδιτίων ἐπιμελούμενοι δύο ἢ τρεῖς ἐπίτηδες εἴλωτας ἐμπεφορημένους ἀκράτου καὶ μεθύοντας [εἰσάγοντες] εἰς κοινὸν ἐπιδείκνυνται τοῖς νέοις, ὁποῖόν ἐστι τὸ μεθύειν, ὅπως φυλάττωνται καὶ σωφρονῶσιν· ἐν δὲ τῷ βίῳ τὰ πολλὰ ταῦτα τῆς κακίας γέγονε παραδείγματα· νήφων γὰρ οὐδὲ εἷς ἐστι πρὸς ἀρετὴν, ἀλλὰ ῥεμβόμεθα πάντες, ἀσχημονοῦντες καὶ κακοδαιμονοῦντες· οὕτως ὁ λόγος ἡμᾶς μεθύσκει, καὶ τοσαύτης καταπίμπλησι ταραχῆς καὶ παραφροσύνης, οὐδὲν ἀπολείποντας τῶν κυνῶν, ἅς φησιν Αἴσωπος δερμάτων τινῶν ἐμπλεόντων ἐφιεμένας ὁρμῆσαι μὲν ἐκπίνειν τὴν θάλασσαν, ῥαγῆναι δὲ πρότερον ἢ τῶν δερμάτων λαβέσθαι· (3) καὶ γὰρ ἡμᾶς ὁ λόγος ἐλπίζοντας εὐδαιμονήσειν δι' αὐτοῦ καὶ τῇ ἀρετῇ προσοίσεσθαι, πρὶν ἐπ' ἐκείνην ἀφικέσθαι, διέφθαρκε καὶ ἀπόλωλε, πολλῆς ἀκράτου καὶ πικρᾶς κακίας προεμφορηθέντας· εἴ γε δὴ καὶ τοῖς ἐπ' ἄκρον προκόπτουσιν, ὡς οὗτοι λέγουσιν, οὔτε κουφισμὸς οὔτ' ἄνεσίς ἐστιν οὔτ' ἀναπνοὴ τῆς ἀβελτερίας καὶ κακοδαιμονίας.

XX. * Ὁ τοίνυν λέγων, οὐκ ἀχρήστως γεγονέναι τὴν κακίαν, ὅρα πάλιν οἷον αὐτὴν ἀποδείκνυσι χρῆμα καὶ κτῆμα τοῖς ἔχουσι, γράφων ἐν τοῖς περὶ Κατορθωμάτων, ὡς « ὁ φαῦλος οὐδενὸς δεῖται, οὐδενὸς ἔχει χρείαν· οὐθέν ἐστιν αὐτῷ χρήσιμον, οὐθὲν οἰκεῖον, οὐδὲν ἁρμόττον. » (2) Πῶς οὖν εὔχρηστος ἡ κακία, μεθ' ἧς οὐδὲ ὑγεία χρήσιμον, οὐδὲ πλῆθος χρημάτων, οὐδὲ προκοπή; οὐ δεῖται δέ τις ὧν τὰ μὲν προηγμένα καὶ ληπτὰ, καὶ νὴ Δία εὔχρηστα, τὰ δὲ κατὰ φύσιν, ὡς αὐτοὶ καλοῦσιν; (3) Εἶτα τούτων οὐδεὶς ἔχει χρείαν, ἂν μὴ γένηται σοφός. Οὐδὲ τοῦ σοφὸς οὖν γενέσθαι χρείαν ἔχει ὁ φαῦλος. (4) Οὐδὲ διψῶσιν, οὐδὲ πεινῶσιν ἄνθρωποι, πρὶν σοφοὶ γενέσθαι· διψῶντες οὖν, ὕδατος οὐκ ἔχουσι χρείαν, οὐδ' ἄρτου, πεινῶντες.

> Ὥστε ξένοισι μειλίχοις ἐοικότες·
> στέγης τε μοῦνον καὶ πυρὸς κεχρημένῳ·

οὗτος οὐκ εἶχε χρείαν ὑποδοχῆς; οὐδὲ χλαίνης ἐκεῖνος ὁ λέγων,

> Δὸς χλαῖναν Ἱππώνακτι· κάρτα γὰρ ῥιγῶ;

(5) Ἀλλὰ βούλει παράδοξον εἰπεῖν τι καὶ περιττὸν καὶ ἴδιον; λέγε τὸν σοφὸν μηδενὸς ἔχειν χρείαν, μηδὲ δεῖσθαί τινος· ἐκεῖνος ὄλβιος, ἐκεῖνος ἀπροσδεής, ἐκεῖνος αὐτάρκης, μακάριος, τέλειος. (6) Νυνὶ δὲ τίς ὁ ἴλιγγος οὗτος, τὸν μὲν ἀνενδεῆ δεῖσθαι ὧν ἔχει ἀγαθῶν, τὸν δὲ φαῦλον ἐνδεῆ μὲν εἶναι πολλῶν, δεῖσθαι δὲ μηδενός; τουτὶ γὰρ λέγει Χρύσιππος, ὡς « οὐ δέονται μὲν, ἐνδέον-

---

XIX. Quodsi omnino ortu mali opus fuit naturæ, unum aliquod vitii exemplum atque alterum sufficere poterat; imo si vis, decem, vel mille, vel decies mille, vitiosos finge debuisse nasci; non utique tantam vitiorum exsistere multitudinem, quæ, ut ait ille, *arenæ, pulveris, et pennarum quibus* canoræ *volucres distinguuntur, numerum superaret;* nullum interim virtutis vel somnium. (2) Qui Spartæ phiditiis præerant, data opera duos aut tres Helotas meri plenos et ebrios in omnium conspectum producebant, ut adolescentibus demonstrato quid rei esset ebrietas, ad temperantiam servandam eos condocefacerent. In vita autem plurima sunt et majore numero talia vitii exempla; nemo enim ad virtutem sobrie se confert, sed vagamur omnes, turpiter agentes et misere viventes; ita ratio Stoica nos inebriat, adeoque conturbat et dementat; similesque informat canum Æsopi, quæ quum in mari natare quasdam viderent pelles, conatæ sunt illud ebibere, priusque crepuerunt quam pelles apprehenderent. (3) Etenim nos quoque ista ratio, sperantes opera ejus ad virtutem et felicitatem perventuros, priusquam eo accedamus, pessumdat, multo mero amaræ vitiositatis ante oppletos : si quidem etiam *iis qui ad summum profecerunt, nulla est,* ut ipsi dicunt, *allevatio, nulla remissio, nulla respiratio a stultitia et infelicitate.*

XX. Ceterum qui *vitiositatem non inutiliter* ait *exstitisse,* videamus deinceps qualem eam rem, et cui usui ostendat esse ea prædito : quum in commentario de Perfectis Officiis scribat, *vitiosum hominem nulla re opus habere, nulla indigere; nullam ei esse usui, nihil accommodatum, nihil aptum.* (2) Quomodo ergo utilis est vitiositas, cum qua nec bona valetudo prodest, nec divitiæ, nec profectus? Non indiget autem aliquis eorum, quorum alia sunt *præposita* et *sumenda*, atque adeo perutilia, alia secundum naturam, ut ipsi appellant? (3) Deinde dicunt, his neminem opus habere, nisi sit sapiens. Ita vitiosus ne eo quidem opus habet, ut fiat sapiens. (4) Hac ratione non sitient aut esurient homines antequam sapientes fiant; sitientes autem aqua opus non habebunt, non pane esurientes.

> Estote similes hospitibus clementibus
> ei qui præter ignem et tectum nil petet.

Hic igitur hospitio opus non habebat? neque chlæna ille qui dixit,

> Chlamydem cedo Hipponacti, nam valde algeo?

(5) Sed vis admirabile aliquid, subtile simul ac peculiare dicere? Dic sapientem nulla re opus habere, nullius indigere; ille fortunatus est, ille nullius rei indigus, sibi sufficiens, beatus, perfectus. (6) Quæ vero ista est vertigo, eum cui nihil deest, opus habere suis bonis; vitiosum autem carere quidem multis, indigere nulla re? hoc enim dicit Chrysippus, *non indigere, sed carere vitiosos,* tessera-

ται δὲ οἱ φαῦλοι· » πεττῶν δίκην δεῦρο κἀκεῖ τὰς κοινὰς
ἐννοίας μετατιθείς. (7) Πάντες γὰρ ἄνθρωποι τὸ δεῖσθαι πρότερον εἶναι τοῦ ἐνδεῖσθαι νομίζουσιν, ἡγούμενοι, τὸν οὐχ ἑτοίμων οὐδ' εὐπορίστων δεόμενον ἐνδεῖσθαι.
5 Κεράτων γοῦν καὶ πτερῶν οὐδεὶς ἐνδεὴς ἄνθρωπός ἐστιν,
ὅτι μηδὲ δεῖται τούτων· ἀλλὰ ὅπλων ἐνδεεῖς λέγομεν,
καὶ χρημάτων καὶ ἱματίων, ὅταν ἐν χρείᾳ γενόμενοι,
μὴ τυγχάνωσι μηδ' ἔχωσιν. (8) Οἱ δ' οὕτως ἐπιθυ-
μοῦσιν ἀεί τι παρὰ τὰς κοινὰς ἐννοίας φαίνεσθαι λέγον-
10 τες, ὥστε πολλάκις ἐξίστασθαι καὶ τῶν ἰδίων, ἐπιθυμίᾳ
καινολογίας, ὥσπερ ἐνταῦθα.

XXI. Σκόπει δὲ, μικρὸν ἀνωτέρω ἀναγαγὼν ἑαυτόν. Ἕν τι τῶν παρὰ τὰς ἐννοίας λεγομένων ἐστὶ,
τὸ « μηδένα φαῦλον ὠφελεῖσθαι. » Καίτοι παιδευό-
15 μενοί γε πολλοὶ προκόπτουσι, καὶ δουλεύοντες ἐλευ-
θεροῦνται, καὶ πολιορκούμενοι σώζονται, καὶ πηρού-
μενοι χειραγωγοῦνται, καὶ θεραπεύονται νοσοῦντες,
« ἀλλ' οὐκ ὠφελοῦνται τούτων τυγχάνοντες, οὐδ' εὖ
πάσχουσιν, οὐδ' εὐεργέτας ἔχουσιν, οὐδ' εὐεργετῶν
20 ἀμελοῦσιν. » (2) Οὐ τοίνυν οὐδ' ἀχαριστοῦσιν οἱ
φαῦλοι· καὶ μὴν οὐδὲ οἱ νοῦν ἔχοντες. Ἀνύπαρκτον
οὖν ἐστι τὸ ἀχάριστον· οἱ μὲν γὰρ οὐκ ἀποστεροῦσι
χάριν λαμβάνοντες, οἱ δὲ χάριν λαμβάνειν οὐ πεφύκασιν. (3) Ὅρα δὴ, τί πρὸς ταῦτα λέγουσιν· ὅτι « ἡ
25 χάρις εἰς τὰ μέσα διατείνει, καὶ τὸ μὲν ὠφελεῖν καὶ
ὠφελεῖσθαι σοφῶν ἐστι, χάριτος δὲ καὶ φαῦλοι τυγχάνουσιν. » (4) Εἶτα οἷς χάριτος μέτεστι, τούτοις οὐ μέτεστι χρείας; ὅπου δὲ διατείνει χάρις, ἐκεῖ χρήσιμον
οὐθέν ἐστιν, οὐδ' οἰκεῖον; ἄλλο δὲ τί ποιεῖ τὴν ὑπουργίαν
30 χάριν, ἢ τὸ πρός τι χρήσιμον ὑπάρξαι τῷ δεομένῳ τὸν
παρασχόντα;

XXII. ΛΑΜΠΡ. Ταῦτα μὲν οὖν ἄφες. Ἡ δὲ πο-
λυτίμητος ὠφέλεια τίς ἐστιν, ἣν ὡς μέγα τι τοῖς σοφοῖς
ἐξαίρετον φυλάσσοντες, οὐδ' ὄνομα λείπουσιν αὐτῆς
35 τοῖς [μὴ] σοφοῖς.

2. ΔΙΑΔΟΥΜ. Ἂν εἷς σοφὸς ὁπουδήποτε προτείνῃ
τὸν δάκτυλον φρονίμως, οἱ κατὰ τὴν οἰκουμένην σοφοὶ
πάντες ὠφελοῦνται. Τοῦτο τῆς ὠφελείας ἔργον αὐ-
τῶν· εἰς τοῦτο τοῖς κοινοῖς ὠφελήμασι τῶν σοφῶν αἱ
40 ἀρεταὶ τελευτῶσιν. (3) * Ἐλήρει δ' Ἀριστοτέλης,
ἐλήρει δὲ Ξενοκράτης, ὠφελεῖσθαι μὲν ἀνθρώπους ὑπὸ
θεῶν, ὠφελεῖσθαι δὲ ὑπὸ γονέων, ὠφελεῖσθαι δὲ ὑπὸ κα-
θηγητῶν ἀποφαινόμενοι· τὴν δὲ θαυμαστὴν ἀγνοοῦντες
ὠφέλειαν, ἣν οἱ σοφοὶ κινουμένων κατ' ἀρετὴν ἀλλήλων
45 ὠφελοῦνται, κἂν μὴ συνῶσι μηδὲ γινώσκοντες τυγχάνωσι. (4) Καὶ μὴν πάντες ἄνθρωποι τὰς ἐκλογὰς καὶ
τὰς τηρήσεις καὶ τὰς οἰκονομίας ὅταν χρήσιμοι ὦσι καὶ
ὠφέλιμοι, τότε χρησίμους καὶ ὠφελίμους ὑπολαμβά-
νουσι· καὶ κλεῖδας ὠνεῖται, καὶ ἀποθήκας φυλάττει
50 χρηματικὸς ἀνήρ,

　　Πλούτου διοίγων θάλαμον ἥδιστον χερί·

τὸ δ' ἐκλέγεσθαι τὰ πρὸς μηδὲν ὠφέλιμα, καὶ τηρεῖν
ἐπιμελῶς καὶ πολυπόνως, οὐ σεμνὸν οὐδὲ καλὸν, [ἀλλὰ]

---

rum in morem hac illac communes notitias jactans. (7)
Etenim omnes homines *indigere* prius esse quam *carere*
sentiunt; existimantes eum qui indiget rebus non in promtu
sitis aut parata facilibus, carere. Cornibus quidem et alis
nemo hominum caret, quia ne indiget quidem iis; armis
carere eos, et pecunia, et veste dicimus, qui his, quum
usus erat, destituuntur. (8) Sed Stoici adeo cupiunt semper aliquid contra communes notitias dixisse videri, ut novitatis causa saepe a se ipsis desciscant, velut hic.

XXI. Considera vero illud paullo attentius, quod ipsum
quoque unum est de enunciatis contra Notitias, *neminem
vitiosum percipere quicquam utilitatis.* Atqui multi ope
institutionis proficiunt, multi servientes liberantur, obsessi
eximuntur, oculis capti manu ducuntur, aegrotantes sanan-
tur. *At nihil ad eos inde redit utilitatis,* inquiunt, *neque beneficiis afficiuntur, neque habent eos a quibus
beneficia accipiant, neque eos negligunt vitiosi.* (2)
Ergo vitiosi non sunt ingrati. At neque sapientes ingrati
sunt. Nullum itaque est ingrati animi vitium; quum neque
defraudent gratia boni debita, neque de vitiosis bene mereri
liceat. (3) Ad haec vide quid respondeant : *gratiam* aiunt
*ad medias res pertinere; et prodesse atque utilitatem
percipere, Sapientum esse; gratiam etiam ad vitiosos
pertingere.* (4) Ergo qui gratiae sunt participes, ab usu
excluduntur? quo gratia pertingit, ibi nihil utile est, nihil
adaptatum? quid vero aliud facit ex officio gratiam, quam
quod qui praestitit officium opus habenti, is huic in aliqua
re profuit?

XXII. LAMPRIAS. Verum haec mitte. Veneranda autem
illa Stoicorum Utilitas quid tandem rei est? quam, ut magnum aliquid, Sapientibus eximiam servantes, ne nomen
quidem ejus vitiosis permittunt?

2. DIADUMENUS. Si, aiunt, *unus Sapiens ubicumque
demum digitum prudenter porrigat, omnes toto orbe
terrarum Sapientes emolumentum inde capiunt.* Hoc
opus est utilitatis Stoicae, huc, communicatis commodis,
virtutes Sapientum redeunt. (3) Deliraverunt ergo Aristoteles, et Xenocrates, statuentes utilitatem afferri nobis
a diis, afferri a parentibus, afferri a praeceptoribus, ignari
nimirum illi mirabilis hujus *utilitatis, quam Sapientes
invicem secundum virtutem moti percipiunt, etiam si
nec consuescant invicem nec noscant.* (4) Enimvero
universi mortales delectus, asservationes, dispensationes
tum demum utiles censent, quum usum aliquem et commo-
'dum ea praebent : claves emit, penu custodit homo rei fa-
ciundae intentus,

　　Reserans opum thalamum suavissimum manu :

deligere autem quae nulli sint usui, et servare anxie ea ac
laboriose, non pulchrum aut praeclarum, sed ridiculum

καὶ καταγέλαστόν ἐστιν. (5) Ὁ οὖν Ὀδυσσεὺς εἰ τὸν
δεσμὸν ἐκεῖνον ἐκμαθὼν παρὰ τῆς Κίρκης, κατεση-
μαίνετο δι' αὐτοῦ, μὴ τὰ παρ' Ἀλκινόου δῶρα, τρίπο-
δας καὶ λέβητας καὶ εἵματα καὶ χρυσὸν, ἀλλὰ συρφετόν
τινα καὶ λίθους καὶ ** συναγαγὼν, τὴν περὶ ταῦτα πραγματείαν, καὶ κτῆσιν αὐτῶν καὶ τήρησιν, εὐδαιμονικὸν
ἔργον ἡγεῖτο καὶ μακάριον, τίς ἂν ἐζήλωσε τὴν ἀνόητον
ταύτην πρόνοιαν καὶ κενόσπουδον ἐπιμέλειαν; (6) Ἀλλὰ
μὴν τοῦτο τῆς Στωϊκῆς ὁμολογίας τὸ καλόν ἐστι καὶ
σεμνὸν καὶ μακάριον, ἕτερον δ' οὐθὲν, ἀλλ' ἐκλογὴ καὶ
τήρησις ἀνωφελῶν πραγμάτων καὶ ἀδιαφόρων· τοιαῦτα
γὰρ τὰ κατὰ φύσιν, καὶ τὰ ἐκτὸς ἔτι μᾶλλον· εἴ γε κρασπέδοις καὶ ἀμίσι χρυσαῖς, καὶ νὴ Δία ληκύθοις, ὅταν
τύχωσι, παραβάλλουσι τὸν μέγιστον πλοῦτον· (7) εἶτα
ὥσπερ οἱ θεῶν τινων ἢ δαιμόνων ἱερὰ δόξαντες ὑπερηφάνως καθυβρίσαι καὶ λοιδορῆσαι, μετακρούσαντες
εὐθὺς ὑποπίπτουσι, καὶ κάθηνται ταπεινοί, κατευλο-
γοῦντες καὶ μεγαλύνοντες τὸ θεῖον· οὕτως ἐκεῖνοι νεμέ-
σει τινὶ τῆς μεγαλαυχίας ταύτης καὶ κενολογίας περι-
πεσόντες, αὖθις ἐν τούτοις ἐξετάζονται τοῖς ἀδιαφόροις
καὶ μηδὲν πρὸς αὐτούς, μέγα βοῶντες, ὡς ἕν ἐστιν
ἀγαθὸν καὶ καλὸν καὶ σεμνόν, ἡ τούτων ἐκλογὴ καὶ περὶ
ταῦτα οἰκονομία, καὶ τούτων μὴ τυγχάνοντας οὐκ ἄξιόν
ἐστι βιοῦν, ἀλλ' ἀποσφάττειν ἑαυτοὺς ἢ ἀποκαρτερεῖν,
πολλὰ τῇ ἀρετῇ χαίρειν φάσκοντας. (8) Τὸν τοίνυν
Θέογνιν αὐτοὶ παντελῶς ἀγεννῆ καὶ μικρὸν ἡγοῦνται,
λέγοντα,

> Χρὴ πενίην φεύγοντα καὶ ἐς μεγακήτεα πόντον
> ῥιπτεῖν, καὶ πετρῶν, Κύρνε, κατ' ἠλιβάτων·

οὕτως ἀποδειλιῶντα πρὸς τὴν πενίαν ἀδιάφορον οὖσαν·
ἀλλ' αὐτοί γε ταὐτὰ πεζῷ λόγῳ παρακελεύονται, καὶ
λέγουσιν ὅτι χρὴ νόσον φεύγοντα μεγάλην καὶ ἀλγηδόνα σύντονον, ἐὰν μὴ παρῇ ξίφος ἢ κώνειον, εἰς θάλατταν ἀφεῖναι καὶ κατὰ πετρῶν ῥίπτειν ἑαυτόν·
ὧν οὐδέτερον βλαβερὸν οὐδὲ κακὸν οὐδ' ἀσύμφορόν ἐστιν,
οὐδὲ κακοδαίμονας ποιεῖ τοὺς περιπίπτοντας.

XXIII. « Πόθεν οὖν, φησὶν, ἄρξομαι; καὶ τίνα
λάβω τοῦ καθήκοντος ἀρχὴν καὶ ὕλην τῆς ἀρετῆς,
ἀφεὶς τὴν φύσιν καὶ τὸ κατὰ φύσιν; » Πόθεν δ' Ἀριστοτέλης, ὦ μακάριε, καὶ Θεόφραστος ἄρχονται; τίνας δὲ
Ξενοκράτης καὶ Πολέμων λαμβάνουσιν ἀρχάς; οὐχὶ καὶ
Ζήνων τούτοις ἠκολούθησεν, ὑποτιθεμένοις στοιχεῖα τῆς
εὐδαιμονίας τὴν φύσιν καὶ τὸ κατὰ φύσιν; (2) Ἀλλ'
ἐκεῖνοι μὲν ἐπὶ τούτων ἔμειναν ὡς αἱρετῶν καὶ ἀγαθῶν
καὶ ὠφελίμων, καὶ τὴν ἀρετὴν προσλαβόντες αὐτοῖς
ἐνεργοῦσαν, οἰκείως χρωμένην ἑκάστῳ, τέλειον ἐκ τούτων καὶ ὁλόκληρον ᾠοντο συμπληροῦν βίον καὶ συμπε-
ραίνειν, τὴν ἀληθῶς τῇ φύσει πρόσφορον καὶ συνῳδὸν
ὁμολογίαν ἀποδιδόντες. (3) Οὐ γὰρ ὥσπερ οἱ τῆς
γῆς ἀφαλλόμενοι, * καὶ καταφερόμενοι πάλιν ἐπ' αὐτήν,
ἐταράττοντο, τὰ αὐτὰ πράγματα ληπτὰ καὶ οὐχ αἱρετὰ, καὶ οἰκεῖα καὶ οὐκ ἀγαθὰ, καὶ ἀνωφελῆ μὲν,
εὔχρηστα δὲ, καὶ οὐδὲν μὲν πρὸς ἡμᾶς, ἀρχὰς δὲ τῶν

---

est. (5) Ulysses quidem si nodo, *quem Circe eum docue-
rat*, munivisset non dona apud Alcinoum accepta, tripodes, lebetes, vestes, aurum, sed quisquilias, lapides, aliaque id genus vilia congerens, occupari se circa ea, et
possidere et custodire, beatum putasset; ecquis stultam
hanc providentiam, et inanem operam putasset laudandam?
(6) At enim hoc illud Stoicæ consensionis pulchrum est et
præclarum et beatum, aliud nihil, quam delectus et custodia inutilium rerum et indifferentium; talia enim illis sunt
quæ dicuntur *secundum naturam*, et multo etiam magis,
quæ ea excedunt : siquidem *fimbriis et matulis aureis,
atque adeo si ita eveniat lecythis comparant maximas
opes.* (7) Post, ut qui deorum aut geniorum quorundam
sacris videntur superbe contumeliam intulisse et maledixisse,
mox mutata sententia demittunt sese, humilesque assi-
dent, magnificis præconiis numen collaudantes; sic Stoici,
jactantiam eorum et futilitatem Nemesi quadam ulciscente,
rursum in his sese exercent indifferentibus, et quæ nihil
ad ipsos faciant, alta voce testantes *unum esse bonum,
pulchrum et præclarum, delectum horum et aptam dispensationem : quibus qui non potiantur, non debere
vivere, sed mortem sibi consciscere, aut inedia vitam
finire, longo vale virtuti dicto.* (8) Theognidem sane
ipsi prorsus abjecti animi fuisse aiunt, nimisque timidum
ad paupertatem, rem indifferentem, qui dixerit,

> Ut paupertatem fugias, vel te in mare vastum
> projicias, celsis, Cyrne, vel a scopulis :

ipsi soluta oratione ad eadem exhortantur, jubentque effugiendi morbi magni causa, aut continentis doloris, si non
sit ad manum gladius vel cicuta, in mare sese abjicere, aut
de scopulo præcipitare; quum illorum neutrum sit damnosum, aut malum, aut incommodum, neque miseros faciat
eos quibus huc res rediit.

XXIII. *Unde ergo, inquit, ordiar, et quod sumam
officii principium, ac materiam virtutis, omissa natura et iis quæ secundum naturam sunt?* Unde vero,
mi homo, Aristoteles et Theophrastus orsi sunt? quibus
Xenocrates et Polemon usi virtutis principiis? nonne etiam
Zeno hos secutus est? qui elementa ponerent felicitatis, naturam et id quod est secundum naturam. (2) Verum hi
quidem his institerunt ut optabilibus, bonis, utilibus; virtutemque iis adjungentes efficacem, dum unoquoque apte
utitur, inde vitam censuerunt perfectam omnibusque integram partibus absolvi et confici, ac vere naturæ consenta-
neam atque concinentem. (3) Non enim illi eos imitati
sunt, qui a terra exsilientes, rursum in eam deferuntur;
non, inquam, ita conturbate egerunt, ut easdem res su-
mendas, non tamen expetendas; accommodatas ad naturam, non tamen bonas; inutiles, et tamen usui bene aptas;
nihil ad nos pertinentes, et tamen officiorum principia, ap-

καθηκόντων ὀνομάζοντες· ἀλλὰ οἷος ὁ λόγος, τοιοῦτος
ἦν ὁ βίος τῶν ἀνδρῶν ἐκείνων, ἃ ἔπραττον οἷς ἔλεγον
οἰκεῖα καὶ σύμφωνα παρεχόντων. (4) Ἡ δὲ τούτων
αἵρεσις, ὥσπερ ἡ παρ' Ἀρχιλόχῳ γυνὴ, « Τῇ μὲν ὕδωρ
5 δολοφρονέουσα χειρὶ, τῇ δὲ πῦρ, » τοῖς μὲν προσάγεται
τὴν φύσιν, τοῖς δ' ἀπωθεῖται δόγμασι· μᾶλλον δὲ τοῖς
μὲν ἔργοις καὶ τοῖς πράγμασιν, ὡς αἱρετῶν καὶ ἀγαθῶν
ἔχονται τῶν κατὰ φύσιν, τοῖς δ' ὀνόμασι καὶ τοῖς ῥήμασιν, ἀδιάφορα καὶ ἄχρηστα καὶ ἀρρεπῆ πρὸς εὐδαιμο-
10 νίαν ἀναίνονται καὶ προπηλακίζουσιν.

XXIV. Ἐπεὶ δὲ καθόλου τἀγαθὸν ἅπαντες ἄνθρωποι χαρτὸν νοοῦσιν, εὐκταῖον, εὐτυχές, ἀξίαν ἔχον τὴν
μεγίστην, αὔταρκες, ἀπροσδεές, ὅρα τὸ τούτων παρατιθεὶς ἀγαθὸν, ἆρά γε χαρτὸν ποιεῖ τὸ φρονίμως τὸν
15 δάκτυλον προτεῖναι; τί δ' εὐκταῖόν ἐστι φρονίμη στρέ-
βλωσις; εὐτυχεῖ δὲ ὁ κατακρημνίζων ἑαυτὸν εὐλόγως;
ἀξίαν δ' ἔχει τὴν μεγίστην, ὃ πολλάκις αἱρεῖ λόγος ἀντὶ
τοῦ μὴ ἀγαθοῦ προέσθαι; τέλειον δὲ καὶ αὔταρκές ἐστιν,
οὗ (μὴ) παρόντος, ἂν μὴ τυγχάνωσι τῶν ἀδιαφόρων,
20 οὐχ ὑπομένουσιν οὐδὲ βούλονται ζῆν; (2) Γέγονε δὲ
ἕτερος λόγος, ὑφ' οὗ μᾶλλον ἡ συνήθεια παρανενόμη-
ται, τὰς μὲν γνησίας ὑφαιροῦντος αὐτοῦ καὶ ἀποσπῶντος
ἐννοίας, ὥσπερ τέκνα, νόθας δὲ προσβάλλοντος ἑτέρας
θηριώδεις καὶ ἀλλοκότους, καὶ ταύτας ἀντ' ἐκείνων ἐκτι-
25 θηνεῖσθαι καὶ στέργειν ἀναγκάζοντος· καὶ ταῦτα ἐν
τοῖς περὶ ἀγαθῶν καὶ κακῶν, αἱρετῶν τε καὶ φευκτῶν,
οἰκείων τε καὶ ἀλλοτρίων, ἃ μᾶλλον ἔδει θερμῶν τε
καὶ ψυχρῶν, λευκῶν τε καὶ μελάνων σαφεστέραν ἔχειν
τὴν ἐνάργειαν· ἐκείνων μὲν γὰρ ἔξωθέν εἰσιν αἱ φαντα-
30 σίαι ταῖς αἰσθήσεσιν ἐπεισόδιοι, ταῦτα δ' ἐκ τῶν ἀγαθῶν
τῶν ἐν ἡμῖν σύμφυτον ἔχει τὴν γένεσιν. (3) Οἱ δὲ
ὥσπερ εἰς τὸν ψευδόμενον, ἢ τὸν κυριεύοντα, μετὰ τῆς
διαλεκτικῆς ἐμβάλλοντες εἰς τὸν περὶ εὐδαιμονίας τόπον, ἔλυσαν μὲν οὐδεμίαν ἀμφιβολίαν ἐν αὐτῷ, μυρίας
35 δ' ἐποίησαν.

XXV. Καὶ μὴν ὅτι δυοῖν ἀγαθῶν, τοῦ μὲν τέλους,
τοῦ δὲ πρὸς τὸ τέλος, μεῖζόν ἐστι τὸ τέλος καὶ τελειό-
τερον, ὑπ' οὐδενὸς ἀγνοεῖται. (2) Γινώσκει δὲ καὶ
Χρύσιππος τὴν διαφορὰν, ὡς δῆλόν ἐστιν ἐν τῷ τρίτῳ
40 περὶ Ἀγαθῶν· τοῖς γὰρ τέλος ἡγουμένοις τὴν ἐπιστήμην
ἀνομολογεῖ, καὶ τίθησιν [**] ἔν γε τοῖς περὶ Δικαιοσύνης, εἰ μέν τις ὑπόθοιτο τὴν ἡδονὴν τέλος, οὐκ
οἴεται σώζεσθαι τὸ δίκαιον· εἰ δὲ μὴ τέλος, ἀλλὰ ἁπλῶς
ἀγαθὸν, οἴεται· τὰς δὲ λέξεις οὐκ οἴομαί σε δεῖσθαι νῦν
45 ἀκούειν ἐμοῦ καταλέγοντος· τὸ γὰρ τρίτον περὶ Δικαιοσύνης βιβλίον ἐστὶ πανταχόθεν λαβεῖν. (3) Ὅταν οὖν
αὖθις, ὦ φίλε, μηθὲν ἀγαθὸν λέγωσι μηθενὸς ἀγαθοῦ
μεῖζον εἶναι μηδ' ἔλαττον, ἀλλ' ἴσον τῷ τέλει τὸ μὴ
τέλος, οὐ ταῖς κοιναῖς μόνον ἐννοίαις, ἀλλὰ καὶ τοῖς
50 αὐτῶν λόγοις φαίνονται μαχόμενοι. (4) Καὶ πάλιν εἰ
δυοῖν κακοῖν ὑφ' οὗ μὲν γινόμεθα χείρονες, ὅταν παραγένηται, τὸ δὲ βλάπτει μὲν, οὐ ποιεῖ δὲ χείρονας,
παρὰ τὴν ἔννοιάν ἐστι μὴ λέγειν ἐκεῖνο μεῖζον εἶναι
κακὸν, ὑφ' οὗ γινόμεθα χείρονες, ὅταν παραγένηται,

pellarent. Sed qualis oratio, talis etiam vita fuit illorum
virorum, actiones suas dictis suis congruentes et concinen-
tes exhibentium. (4) At qui a Stoicorum sunt secta, instar mulieris illius apud Archilochum, quæ

   hac gestabat aquam
  manu dolosa, ignem altera,

aliis decretis naturam sibi conciliant, aliis repellunt; imo
factis et re ipsa ea quæ secundum naturam sunt ut expetenda et bona amplectuntur; verbis ac nominibus, dum indifferentia et inutilia et nihil ad felicitatem facientia dicuat,
repudiantes et contumelia afficientes.

XXIV. Quoniam autem universe Bonum omnes homines
sentiunt esse lætabile, optabile, faustum, summæ dignitatis, sibi ipsum sufficiens, nullius rei indigum, compara
ipsorum cum his Bonum : an lætitiam afferre tibi videtur
prudens digiti porrectio? an exoptandum est, prudenter
torqueri? an fortunatus est, qui se cum ratione præcipitem
dat? an summa in eo consistit dignitas, quod non-boni
causa dimittere ratio frequenter jubet? an perfectum, totumque ex se aptum est, quo præsente, nisi indifferentibus
potiantur, non tolerant neque volunt vivere? (2) Est et alia
Stoicorum ratio, quæ majorem Consuetudini facit injuriam,
germanas ejus notiones tanquam natos subtrahens atque
avellens, spurias autem alias et belluinas absurdasque sub-
mittens, hasque istarum loco enutriri et diligi cogens. Atque hoc quidem in iis; quæ dicuntur de bonis et malis,
expetendis ac fugiendis, accommodatis ad naturam et alienis; quorum evidentiam oportebat notiorem esse quam
calidorum et frigidorum, alborum et nigrorum; quod horum
imagines extrinsecus visui objiciuntur; illa ex bonis quæ
nobis insunt cognatam habent originem. (3) Illi vero in
locum de Felicitate tanquam in sophismata, Mentientem ac
Dominantem, sua cum Dialectica irruentes, nullam quidem
sustulerunt, permultas autem intulerunt ambiguitates.

XXV. Jam vero de duobus Bonis, quorum alterum Finis
sit, alterum ad Finem pertineat, Finem esse potius et perfectius bonum, nemo ignorat. (2) Agnoscit etiam Chrysippus
hoc discrimen, ut liquet ex tertio de Bonis libro : assentitur
enim iis qui scientiam Finem faciunt, et ponit hoc * * in
opere quidem de Justitia, *si quis voluptatem Finem statuat*, negat *justitiam servari*; concedit, *si non Finis, sed
simpliciter Bonum voluptas dicatur*. Neque puto opus
esse ut nunc verba tibi ejus recenseam, quum tertius de
Justitia liber ubique reperiatur. (3) Quando ergo vice
versa, amice, nullum bonum alio bono majus aut minus, et
non finem fini æqualem aiunt, non communibus jam tantum
notitiis, sed suis ipsorum dictis repugnant. (4) Rursumque
si de duobus malis alterum nos, si adsit, pejores facit, alterum nocet quidem, non facit tamen deteriores, contra communem est notitiam, non dicere illud majus esse malum a
quo præsente pejores reddimur, quam id a quo lædimur qui-

τοῦ δ βλάπτει μὲν, οὐ ποιεῖ δὲ χείρονας· μηδὲ κακίονα
βλάβην, τὴν κακίονας ἡμᾶς ἀποτελοῦσαν. (5) Ἀλλ'
ὁμολογεῖ γε Χρύσιππος, εἶναι τινὰς φόβους καὶ λύπας
καὶ ἀπάτας, αἳ βλάπτουσι μὲν ἡμᾶς, χείρονας δ' οὐ
5 ποιοῦσιν. Ἔντυχε δὲ τῷ πρώτῳ τῶν πρὸς Πλάτωνα
γεγραμμένων περὶ Δικαιοσύνης· καὶ γὰρ ἄλλων ἕνεκα
τὴν ἐκεῖ τοῦ ἀνδρὸς εὑρησιλογίαν ἄξιον ἱστορῆσαι,
πάντων ἁπλῶς πραγμάτων καὶ δογμάτων οἰκείων ὁμοῦ
καὶ ἀλλοτρίων ἀφειδοῦσαν.

10 XXVI. Παρὰ τὴν ἔννοιάν ἐστι δύο τέλη καὶ σκοποὺς
προχεῖσθαι τοῦ βίου, καὶ μὴ πάντων, ὅσα πράττομεν,
ἐφ' ἕν τι γίνεσθαι τὴν ἀναφοράν· * ἔτι δὲ μᾶλλόν ἐστι
παρὰ τὴν ἔννοιαν, ἄλλο μὲν εἶναι τέλος, ἐπ' ἄλλο δὲ τῶν
πραττομένων ἕκαστον ἀναφέρεσθαι· τούτων δ' αὐτοὺς
15 ὑπομένειν ἀνάγκη θάτερον. (2) Εἰ γὰρ αὐτὰ μὲν [τὰ]
πρῶτα κατὰ φύσιν [ἀγ]αθὰ μή ἐστιν, ἡ δ' εὐλόγιστος
ἐκλογὴ καὶ λῆψις αὐτῶν, καὶ τὸ πάντα τὰ παρ' ἑαυτὸν·
ποιεῖν ἕκαστον ἕνεκα τοῦ τυγχάνειν τῶν πρώτων κατὰ
φύσιν, ἐπ' ἐκεῖνο δεῖ πάντα ἔχειν τὰ πραττόμενα τὴν
20 ἀναφοράν, τὸ τυγχάνειν τῶν πρώτων κατὰ φύσιν. (3)
Εἴπερ γὰρ οἴονται, μὴ στοχαζομένους μηδ' ἐφιεμένους
τοῦ τυχεῖν ἐκείνων τὸ τέλος ἔχειν, ἀλλ' οὗ δεῖ ἐκεῖνα
ἀναφέρεσθαι, τὴν τούτων ἐκλογὴν, καὶ μὴ ταῦτα· (4)
τέλος μὲν γὰρ, τὸ ἐκλέγεσθαι καὶ λαμβάνειν ἐκεῖνα φρο-
25 νίμως· ἐκεῖνα δ' αὐτὰ, καὶ τὸ τυγχάνειν αὐτῶν, οὐ τέλος, ἀλλ' ὥσπερ ὕλη τις ὑπόκειται τὴν ἐκλεκτικὴν ἀξίαν
ἔχουσα· τοῦτο γὰρ οἶμαι καὶ τοὔνομα λέγειν καὶ γράφειν αὐτοὺς, ἐνδεικνυμένους τὴν διαφοράν.

ΛΑΜΠΡ. Ἀνδρικῶς μὲν ἀπομεμνημόνευκας καὶ ὃ
30 λέγουσι, καὶ ὡς λέγουσι.

5. ΔΙΑΔΟΥΜ. Σκόπει δὲ ὅτι ταυτὸ πάσχουσι τοῖς
τὴν σκιὰν ὑπεράλλεσθαι τὴν ἑαυτῶν ἐφιεμένοις· οὐ γὰρ
ἀπολείπουσιν, ἀλλὰ συμμεταφέρουσι τὴν ἀτοπίαν τῷ
λόγῳ, πορρωτάτω τῶν ἐννοιῶν ἀρισταμένην. (6) Ὡς
35 γὰρ εἰ τοξεύοντα φαίη τις οὐχὶ πάντα ποιεῖν τὰ παρ'
αὐτὸν ἕνεκα τοῦ βαλεῖν τὸν σκοπὸν, ἀλλ' ἕνεκα τοῦ πάντα
ποιῆσαι τὰ παρ' αὐτὸν, αἰνίγμασιν ὅμοια καὶ τεράστια
δόξειεν ἂν περαίνειν· οὕτως οἱ τριπέμπελοι βιαζόμενοι
μὴ τὸ τυγχάνειν τῶν κατὰ φύσιν τοῦ στοχάζεσθαι τῶν
40 κατὰ φύσιν εἶναι τέλος, ἀλλὰ τὸ λαμβάνειν, τὸ ἐκλέγεσθαι, μηδὲ τὴν ἔφεσιν τῆς ὑγείας καὶ δίωξιν εἰς τὸ
ὑγιαίνειν ἑκάστῳ τελευτᾶν, ἀλλὰ τοὐναντίον τὸ ὑγιαίνειν
ἐπὶ τὴν ἔφεσιν αὐτοῦ καὶ δίωξιν ἀναφέρεσθαι, περιπά-
τους τινὰς, καὶ ἀναφωνήσεις, καὶ τομὰς, νὴ Δία, καὶ
45 φαρμακείας εὐλογίστους, τέλη ποιούμενοι τῆς ὑγείας,
οὐχὶ τούτων ἐκείνην, ὅμοια ληροῦσι τῷ λέγοντι,

Δειπνῶμεν, ἵνα θύωμεν, ἵνα λουώμεθα.

(7) Μᾶλλον δ' ἐκεῖνος εἰωθός τι καὶ νενομισμένον ἀλλάτ-
τει (καὶ) παρὰ τὴν τάξιν· ἃ [δὲ] οὗτοι λέγουσι, τὴν πᾶσαν
50 ἔχει τῶν πραγμάτων ἀνατροπὴν καὶ σύγχυσιν· Οὐ
σπουδάζομεν εὐκαίρως περιπατεῖν ἕνεκα τοῦ πέττειν
τὴν τροφὴν, ἀλλὰ [πέττειν τὴν τροφὴν] ἕνεκα τοῦ περιπατεῖν εὐκαίρως. (8) Ἦπου καὶ τὴν ὑγείαν ἡ φύσις τοῦ

---

dem nec tamen pejores reddimur; neque dicere, majus esse
damnum, unde pejores reddamur. (5) Sed fatetur Chrysippus, *esse quosdam metus et dolores et errores, quibus
lædamur quidem, non autem deteriores etiam reddamur.* Lege vero primum adversus Platonem librum ejus
de Justitia; nam aliis quoque de causis exposita illic hominis commenta cognitu digna sunt, de nullis omnino rebus
ac sententiis tum suis tum alienis ullam rationem ducentis.

XXVI. Contra communes est notitias duos Fines ac sco-
pos vitæ propositos esse, neque omnia quæ agimus ad unum
aliquid referri. Id vero magis etiam Notitiæ adversatur,
alium esse Finem, et alio singulas nostras referri actiones.
Quorum tamen alterum eos necesse est in se recipere. (2)
Si enim ipsa prima secundum naturam, non sunt bona, sed
probabilis eorum electio ac sumtio bona est atque industria
quanta fieri potest maxima in illis adipiscendis ab unoquoque
collocata; efficitur ut ad hanc ipsam adeptionem primorum
secundum naturam, omnes actiones referantur. (3) At vero
Stoici putant, eos qui spectant et appetunt prima naturæ,
finem sibi propositum habere non illorum adeptionem, sed
id quo adeptio referenda est; eamque referendam ad ele-
ctionem primorum naturæ, non ad ipsa prima naturæ. (4)
Finis quippe est deligere, et prudenter accipere illa; ipsa
autem, et eorum possessio, finis non est, sed tanquam materia subjicitur, deligendo debitam habens æstimationem;
hoc enim puto nomen istos diserte dicere et scribere, discrimen ostendentes.

LAMPRIAS. Strenue quidem et quid et quo modo dicant
commemoravisti.

5. DIADUMENUS. Id autem considera, idem iis accidere,
quod umbram suam transilire conantibus : non enim post se
relinquunt, sed una cum oratione trahunt absurditatem
longissime a communibus distantem notitiis. (6) Sicut enim
qui sagittantem dicat omnia sua facere non scopi attingendi
gratia, sed ut omnia sua faciat, is ænigmatum similia et
monstrosa videatur narrare : ita plus quam deliri isti contendentes, non esse finem expetendi quæ sunt naturæ convenientia, his potiri, sed finem esse accipere et deligere, neque sanitatis appetentiam et consectationem unicuique nostrûm sanitate finiri, sed, contra, sanitatem referri ad ejus
appetitionem et procurationem, ac fines esse ambulationes
nescio quas, et vocis contentiones, atque adeo sectiones, et
ratione institutas medicationes, non horum finem ipsam sanitatem : illi igitur similiter nugantur, ac si quis dicat,

Cœnemus ut mactemus, ut lavemu' nos.

(7) Atque adeo hic consuetum aliquid et usu receptum invertit contra ordinem : at quæ illi dicunt, *Non ambulabi-
mus tempestive cibi concoquendi gratia, sed ambulandi
gratia cibum concoquemus,* ea vero penitus conturbant
et confundunt res omnes. (8) Mirum, ni sanitatem quoque veratri causa fecerit natura, non veratrum propter sa-

ἐλλεβόρου χάριν πεποίηκεν, οὐ τῆς ὑγείας τὸν ἐλλέβορον. Τί γὰρ ἄλλο καταλείπεται αὐτοῖς εἰς ὑπερβολὴν
παραδοξολογίας ἢ τοιαῦτα ληρεῖν; τί γὰρ διαφέρει τοῦ
λέγοντος, γεγονέναι τὴν ὑγείαν τῶν φαρμάκων ἕνεκα,
5 μὴ τὰ φάρμακα τῆς ὑγείας, ὁ τὴν ἐκλογὴν τὴν περὶ τὰ
φάρμακα καὶ σύνθεσιν καὶ χρῆσιν αὐτῶν αἱρετωτέραν
ποιῶν τῆς ὑγείας; μᾶλλον δὲ τὴν μὲν οὐδ' ὅλως αἱρετὸν
ἡγούμενος, ἐν δὲ τῇ περὶ ἐκεῖνα πραγματείᾳ τὸ τέλος
τιθέμενος, καὶ τὴν ἔφεσιν ἀποφαίνων [τέλος] τῆς τεύ-
10 ξεως, οὐ τῆς ἐφέσεως τὴν τεῦξιν; (9) « Τῇ γὰρ ἐφέσει,
νὴ Δία, τὸ εὐλογίστως καὶ τὸ φρονίμως πρόσεστι. » Πάνυ
μὲν οὖν, φήσομεν, ἂν ὡς πρὸς τέλος ὁρᾷ, τὴν τεῦξιν ὧν
διώκει καὶ τὴν κτῆσιν· εἰ δὲ μή, τὸ εὐλόγιστον αὐτῆς
ἀφαιρεῖται, πάντα ποιούσης ἕνεκα τοῦ τυχεῖν οὗ τυχεῖν
15 οὐ σεμνὸν οὐδὲ μακάριόν ἐστι.

XXVII. [Ἐπειδὴ δὲ] ἐνταῦθα λόγου γεγόναμεν,
παν[τὸς] φαίης μᾶλλον εἶναι παρὰ τὴν ἔννοιαν (ἢ)
τὸ μὴ λαβόντας ἔννοιαν ἀγαθοῦ μηδὲ σχόντας, ἐφίεσθαι
τοῦ ἀγαθοῦ καὶ διώκειν. (2) Ὁρᾷς γὰρ ὅτι καὶ Χρύ-
20 σιππος εἰς ταύτην (μᾶλλον) συνελαύνει τὸν Ἀρίστωνα
τὴν ἀπορίαν, ὡς τῶν πραγμάτων τὴν πρὸς τὸ μήτ' ἀγαθὸν μήτε κακὸν ἀδιαφορίαν ἐπινοῆσαι, τοῦ ἀγαθοῦ καὶ
τοῦ κακοῦ μὴ προεπινοηθέντων· οὕτω γὰρ αὐτῆς φανεῖσθαι τὴν ἀδιαφορίαν προϋφισταμένην, εἰ νόησιν μὲν αὐ-
25 τῆς οὐκ ἔστι λαβεῖν, * μὴ πρότερον τοῦ ἀγαθοῦ νοηθέν-
τος, ἄλλο δ' οὐθὲν ἀλλ' αὐτὴ μόνον τὸ ἀγαθόν ἐστιν.
(3) Ἴθι δὲ καὶ σκόπει τὴν ἐκ τῆς Στοᾶς ταύτην ἀρνου-
μένην ἀδιαφορίαν, καλουμένην δὲ ὁμολογίαν, ὅπως δὴ
καὶ ὁπόθεν παρέσχεν αὐτὴν ἀγαθὸν νοηθῆναι. (4) Εἰ
30 γὰρ τοῦ ἀγαθοῦ χωρὶς οὐκ ἔστι νοῆσαι τὴν πρὸς τὸ μὴ
ἀγαθὸν ἀδιαφορίαν, ἔτι μᾶλλον ἡ τῶν ἀγαθῶν φρόνησις
ἐπίνοιαν αὐτῆς οὐ δίδωσι τοῖς ἀγαθὸν μὴ προεννοήσασιν.
(5) Ἀλλ' ὥσπερ ὑγιεινῶν καὶ νοσερῶν τέχνης οὐ γίνεται
νόησις, οἷς μὴ πρότερον αὐτῶν ἐκείνων γέγονεν, οὕτως
35 ἀγαθῶν καὶ κακῶν ἐπιστήμης οὐκ ἔστιν ἔννοιαν λαβεῖν
μὴ τἀγαθὰ καὶ τὰ κακὰ προεννοήσαντας.

    ΛΑΜΠΡ. Τί οὖν ἀγαθόν ἐστιν;
    ΔΙΑΔΟΥΜ. Οὐδὲν ἀλλ' ἢ φρόνησις.
    ΛΑΜΠΡ. Τί δὲ ἡ φρόνησις;
40 ΔΙΑΔΟΥΜ. Οὐδὲν ἀλλ' ἢ ἀγαθῶν ἐπιστήμη.

    6. ΛΑΜΠΡ. Πολὺς οὖν ὁ Διὸς Κόρινθος ἐπὶ τὸν
λόγον αὐτῶν ἀφῖκται. Τὴν γὰρ ὑπέρου περιτροπὴν,
ἵνα μὴ σκώπτειν δοκῇς, ἔασον· καίτοι τόν γε λόγον αὐτῶν
ὅμοιον ἐκείνῳ πάθος κατείληφε. (7) Φαίνεται γὰρ εἰς
45 τὴν τοῦ ἀγαθοῦ νόησιν [**] αὑτὴν νοῆσαι δεόμενος φρόνησιν ἐν τῇ περὶ τἀγαθὸν ζητῶν νοήσει, καὶ πρὸ τῆς
ἑτέρας ἀναγκαζόμενος ἀεὶ τὴν ἑτέραν διώκειν, ἀπολειπό-
μενος δὲ ἑκατέρας τῷ [τὸ] πρὸ αὐτῆς νοούμενον δεῖσθαι
τοῦ χωρὶς νοηθῆναι μὴ δυναμένου.

50 8. ΔΙΑΔΟΥΜ. Καὶ κατ' ἄλλον δὲ τρόπον ἐστὶ τὴν
οὐχέτι διαστροφήν, ἀλλ' ἐκστροφὴν αὐτῶν τοῦ λόγου καὶ
ἀπαγωγὴν τελέως εἰς τὸ μηδέν, καταμαθεῖν. (9) Οὐσίαν τἀγαθοῦ τίθενται τὴν εὐλόγιστον ἐκλογὴν τῶν κατὰ
φύσιν· ἐκλογὴ δ' οὐκ ἔστιν εὐλόγιστος ἢ [μὴ] πρός τι

---

nitatem. Quid enim aliud restat iis ad summam·absurdi-
tatem, quam talia nugari? Quid interest utrum dicas medicamentorum causa sanitatem natam, non medicamenta ob
sanitatem exstitisse; an vero delectum medicamentorum,
eorumque compositionem et usum magis expetendum ipsa
esse sanitate? imo sanitatem ne in expetendis quidem censeas, in delectus occupatione finem colloces, appetitionem-
que adeptionis, non hanc illius finem facias? (9) *At*, inquiunt, *cum ratione et prudenter fieri, appetitioni accidit.* Planissime, si ea ad finem respicit quem affectat,
nempe consecutionem et possessionem : alioqui rationem ei
ademeris, si omnia faciat ejus adipiscendi gratia, quod adipisci non sit praeclarum, non beatum.

XXVII. Quandoquidem vero hunc in sermonem deveni-
mus, quidvis potius dixeris cum Notitiis consentire, quam
appetere bonum et consectari, cujus nullam notitiam acce-
peris aut habeas. (2) Vides enim ut Chrysippus Aristonem in hanc compellat difficultatem, *rerum indifferentiam, quae neque ad bonum neque ad·malum inclinant,
intelligi, non ante intellectis Bono et Malo : ita enim
appariturum, esse Indifferentiam ante se ipsam subsis-
tentem, si intelligentia ejus percipi non possit, non ante
cognito Bono : nihil autem aliud Bonum est nisi ipsa
Indifferentia.* (3) Jam mihi considera Stoicorum illam
quam ipsi vocant Consensionem, Indifferentiam autem esse
negant, undenam et quo pacto ea se ipsam ut Bonum co-
gnoscendam praebeat. (4) Nam si sine Bono intelligi non
potest Indifferentia ad non-Bonum, multo minus prudentia
Bonorum intelligendam se offeret, non ante intellecto Bono.
(5) Sed sicut salubrium et insalubrium artis intelligentia non
paratur, nisi salubri prius et insalubri cognito, ita Bonorum
et Malorum scientia cognosci non poterit, non prius percepta
Boni et Mali cognitione.

LAMPRIAS. Quid est ergo Bonum?
DIADUMENUS. Nihil nisi prudentia.
LAMPRIAS. Quid est prudentia?
DIADUMENUS. Nihil aliud nisi Bonorum scientia.

6. LAMPRIAS. Hic vero affatim in eorum orationem *Jovis
ille Corinthus* advenit : mitte enim proverbialem istam pi-
stilli circumagitationem, ne salsius notare homines videaris; quanquam ipsorum rationi idem quod huic accidit. (7)
Nam in definitione boni prudentia, in prudentiae, bonum
quid sit requiritur, et alterum semper alterius opera conse-
ctandum est; et utrimque ad unum intelligendum id prae-
nosse oportet, quod sine alterius praenotione intelligi non
potuit.

8. DIADUMENUS. Est et alius modus non jam perversionem,
sed eversionem rationis eorum plane in nihilum abducentis
deprehendendi. (9) Substantiam Boni ponunt delectum eorum quae naturae congruunt ratiocinatione bona constantem.·
Atqui delectus talis nullus est, nisi qui ad Finem aliquem

γενομένη τέλος, ὡς προείρηται. Τί οὖν τοῦτό ἐστιν;
Οὐδὲν ἄλλο, φασίν, ἢ τὸ εὐλογιστεῖν ἐν ταῖς τῶν κατὰ
φύσιν ἐκλογαῖς. (10) Πρῶτον μὲν οὖν οἴχεται καὶ διαπέφευγεν ἡ ἔννοια τοῦ ἀγαθοῦ· τὸ γὰρ εὐλογιστεῖν ἐν
ταῖς ἐκλογαῖς, σύμπτωμα δήπουθέν ἐστι γινόμενον ἀπὸ
ἕξεως τῆς εὐλογιστίας· διὸ ταύτην μὲν ἀπὸ τοῦ τέλους,
τὸ τέλος δ' οὐκ ἄνευ ταύτης ἀναγκαζόμενοι νοεῖν, ἀπο-
λειπόμεθα τῆς ἀμφοῖν νοήσεως. (11) Ἔπειτα, ὃ μεῖζόν
ἐστι, τῷ μὲν δικαιοτάτῳ λόγῳ τὴν εὐλόγιστον ἐκλογὴν,
ἀγαθῶν ἔδει καὶ ὠφελίμων καὶ συνεργῶν πρὸς τὸ τέλος
ἐκλογὴν εἶναι· τὸ γὰρ ἐκλέγεσθαι τὰ μήτε συμφέροντα
μήτε τίμια μήτε ὅλως αἱρετὰ, πῶς εὐλόγιστόν ἐστιν;
(12) Ἔστω γὰρ, ὡς αὐτοὶ λέγουσιν, εὐλόγιστος ἐκλογὴ
τῶν ἀξίαν ἐχόντων πρὸς τὸ εὐδαιμονεῖν· ὅρα τοίνυν, ὡς
εἰς πάγκαλόν τι καὶ σεμνὸν αὐτοῖς ὁ λόγος ἐξήκει κεφάλαιον. Ἔστι γὰρ, ὡς ἔοικε, τέλος κατ' αὐτοὺς, τὸ
εὐλογιστεῖν ἐν τῇ ἐκλογῇ τῶν ἀξίαν ἐχόντων πρὸς τὸ
εὐλογιστεῖν.

ΛΑΜΠΡ. Ἀλλ' οὑτωσὶ μὲν ἀκούοντι τῶν ὀνομάτων,
ἀλλόκοτόν τι φαίνεται δεινῶς, ὦ ἑταῖρε, τὸ φραζόμενον·
ἔτι δὲ δέομαι μαθεῖν, πῶς τοῦτο συμβαίνει.

ΔΙΑΔΟΥΜ. Προσεκτέον οὖν σοι μᾶλλον· οὐ γὰρ τοῦ
τυχόντος ἐστὶν αἴνιγμα συνιέναι· ἄκουε δὴ, καὶ ἀποκρί-
νου. (13) Ἆρ' οὖν τέλος ἐστὶ κατ' αὐτοὺς τὸ εὐλογιστεῖν
ἐν ταῖς ἐκλογαῖς τῶν κατὰ φύσιν;

ΛΑΜΠΡ. Λέγουσιν οὕτως·

ΔΙΑΔΟΥΜ. Τὰ δὲ κατὰ φύσιν πότερον ὡς ἀγαθὰ
ἐκλέγονται, ἢ ὡς ἀξίας τινὰς ἔχοντα, ἢ προαγωγὰς * *
τοῦτο πρὸς τὸ τέλος, ἢ πρὸς ἕτερόν τι τῶν ὄντων;

ΛΑΜΠΡ. Οὐ νομίζω, ἀλλὰ πρὸς τέλος.

14. ΔΙΑΔΟΥΜ. Ἤδη τοίνυν ἀποκαλύψας ὅρα τὸ
συμβαῖνον αὐτοῖς, ὅτι τέλος ἐστὶ τὸ εὐλογιστεῖν ἐν ταῖς
ἐκλογαῖς τῶν ἀξίαν ἐχόντων πρὸς τὸ εὐλογιστεῖν· ἄλλην
γὰρ οὐσίαν τοῦ ἀγαθοῦ καὶ τῆς εὐδαιμονίας οὔτ' ἔχειν
φασὶν οὔτε νοεῖν οἱ ἄνδρες, ἢ τὴν πολυτίμητον εὐλογι-
στίαν ταύτην περὶ τὰς ἐκλογὰς τῶν ἀξίαν ἐχόντων.
(15) Ἀλλὰ τοῦτο μέν εἰσιν οἱ πρὸς Ἀντίπατρον οἰόμενοι
λέγεσθαι, μὴ πρὸς τὴν αἵρεσιν· ἐκεῖνον γὰρ, ὑπὸ Καρνεάδου πιεζόμενον, εἰς ταύτας καταδύεσθαι τὰς εὑρησιλο-
γίας.

XXVIII. Τῶν δὲ περὶ ἔρωτος φιλοσοφουμένων ἐν τῇ
Στοᾷ παρὰ τὰς κοινὰς ἐννοίας, τῆς ἀτοπίας πᾶσιν αὐτοῖς μέτεστιν. « Αἰσχροὺς μὲν γὰρ εἶναι τοὺς νέους,
* φαύλους γ' ὄντας καὶ ἀνοήτους, καλοὺς δὲ τοὺς σο-
φούς· ἐκείνων δὲ τῶν καλῶν μηδένα μήτ' ἐρᾶσθαι μήτ'
ἀξιέραστον εἶναι. » Καὶ οὐ τοῦτό πω δεινόν· ἀλλὰ καὶ
« τοὺς ἐρασθέντας αἰσχρῶν, παύεσθαι λέγουσι καλῶν
γενομένων. » (2) Καὶ τίς ἔρωτα γινώσκει τοιοῦτον, ὃς
ἅμα σώματος μοχθηρίᾳ ψυχῆς βλεπομένη συνέχεται
καὶ γίνεται, κάλλους δὲ ἅμα φρονήσει μετὰ δικαιοσύνης
καὶ σωφροσύνης ἐγγινομένου, κατασβέννυται καὶ ἀπο-
μαραίνεται; οὓς μηδὲν οἴομαι τῶν κωνώπων διαφέρειν·
χαίρουσι γὰρ λάμπῃ καὶ ὄξει, τὸν δὲ πότιμον καὶ χρηστὸν οἶνον ἀποπετόμενοι φεύγουσι. (3) Ἦν δὲ λέγον-

---

referatur, sicut diximus. Quis ergo est Finis? Nihil, aiunt,
aliud, quam probe ratiocinari in delectu eorum quæ naturæ
congruant. (10) Primum itaque periit et aufugit Boni notitia. Nam probe ratiocinari in delectibus, accidens scilicet
est proveniens ab habitu probæ ratiocinationis. Itaque hunc
e Fine, Finem autem non sine hoc coacti intelligere, utriusque destituimur intelligentia. (11) Deinde, quod majus
est, justissima ratione delectus ille proba constans ratiocinatione bonarum debebat esse, utilium et ad Finem adjumenta
afferentium rerum delectus : nam neque utilia, neque ho-
norata, neque omnino expetenda deligere qui sit bonæ ratiocinationis? (12) Esto enim, ut ipsi volunt, proba cum
ratiocinatione delectus eorum quæ dignitatem habentia ad
felicitatem faciunt; ac vide ad quam perpulchrum eos ratio
et suspiciendum capitulum perducat. Nimirum Finis ipsorum de sententia erit probe ratiocinari in delectu eorum quæ
dignitatem habent ad probe ratiocinandum.

LAMPRIAS. Atqui hæ voces, amice, ita audienti insolentes
admodum videntur. Et sane discere etiam cupio qui hoc
eveniat.
DIADUMENUS. Magis itaque adverte animum : non enim
cujusvis est ænigma hoc intelligere : proinde audi et responde. (13) Nonne Stoicis Finis est probe ratiocinari in
delectu rerum naturæ congruentium?
LAMPRIAS. Sic ipsi dicunt.
DIADUMENUS. Illa naturæ congrua utrum ut bona deliguntur, an quia dignitates quasdam habeant et productionem,
idque vel ad Finem, vel ad aliam quampiam rem?
LAMPRIAS. Non puto, sed ad Finem.
14. DIADUMENUS. Jam ergo rem detegens inspice quid
illis eveniat; nempe Finem esse probe ratiocinari in electione
rerum æstimatione dignarum ad probe ratiocinandum : aliam
enim essentiam Boni et felicitatis neque habere se isti, neque intelligere dicunt aliam, quam pretiosam illam in delectu
rerum æstimatione dignarum ratiocinationem. (15) Verum
hæc quidem sunt qui putent adversus Antipatrum dicta,
non adversus Stoicam sectam : hunc enim a Carneade pressum, in ista commenta se abdidisse.

XXVIII. Quæ porro de Amore in Stoa disseruntur communibus adversa notitiis, eorum absurditas communis
omnibus est Stoicis. *Deformes* aiunt *esse adolescentes,
quippe qui vitiosi sint et stulti; formosos, qui sapiant :
atque horum formosorum nullum neque amari neque
amari dignum esse.* Neque hoc gravissimum est. Addunt, *eos qui turpes amaverint, finem amandi facere
ubi hi pulchri sint facti.* (2) Quis vero talem amorem cognovit, qui, quum corpus animi pravitate male afficitur, constet; pulchritudine una cum prudentia, justitia et
temperantia intrantibus, exstinguatur et contabescat? Tales
ego culicum similes judico, qui spuma vini et aceto gaudent, bonum et potui aptum vinum avolantes fugiunt. (3)
Quam vero dicunt ac nominant *pulchritudinis apparentem*

τες καὶ ὀνομάζοντες ἔμφασιν κάλλους ἐπαγωγὸν εἶναι
τοῦ ἔρωτος λέγουσι, πρῶτον μὲν οὐκ ἔχει τὸ πιθανόν· ἐν
γὰρ αἰσχίστοις καὶ κακίστοις οὐκ ἂν ἔμφασις γένοιτο
κάλλους· εἴπερ, ὡς λέγουσιν, ἡ μοχθηρία τοῦ ἤθους ἀναπίμπλησι τὸ εἶδος. (4) Ἔπει[τα] κομιδῇ παρὰ τὴν
ἔννοιάν ἐστιν ἀξιέραστον εἶναι τὸν αἰσχρὸν, ὅτι μέλλει
ποτὲ καὶ προσδοκᾶται κάλλος ἕξειν· κτησάμενον δε
τοῦτο καὶ γενόμενον καλὸν καὶ ἀγαθὸν, ὑπὸ μηδενὸς
ἐρᾶσθαι.

ΛΑΜΠΡ. Θήρα γάρ τις, φασὶν, ἐστὶν ὁ ἔρως, ἀτελοῦς μὲν, εὐφυοῦς δὲ μειρακίου πρὸς ἀρετήν.

5. ΔΙΑΔΟΥΜ. Εἶτα, ὦ βέλτιστε, πράττομεν ἄλλο
νῦν, ἢ τὴν αἵρεσιν αὐτῶν ἐλέγχομεν, οὔτε πιθανοῖς
πράγμασιν, οὔτε ὡμιλημένοις ὀνόμασι τὰς κοινὰς ἐκ-
στρέφουσαν ἡμῶν καὶ παρεβιαζομένην ἐννοίας; οὐδεὶς
γὰρ ἦν ὁ κωλύων τὴν περὶ τοὺς νέους τῶν σοφῶν σπουδὴν, εἰ πάθος αὐτῇ μὴ πρόσεστι, Θήραν ἢ φιλοπαίδειαν
προσαγορευομένην· ἔρωτα δὲ καλεῖν ὃν πάντες ἄνθρωποι
καὶ πᾶσαι νοοῦσι καὶ ὀνομάζουσι, [οἷον τὸ,

    Πάντες δ' ἠρήσαντο παραὶ] λεχέεσσι κλιθῆναι·

[καὶ,

    Οὐ γὰρ πώποτέ μ' ὧδε θεᾶς] ἔρος, οὐδὲ γυναικὸς,
    [θυμὸν] ἐνὶ στήθεσσι περιπροχυθεὶς ἐδάμασσεν.

XXIX. Εἰς τοιαῦτα μέντοι πράγματα τὸν ἠθικὸν
λόγον ἐκβάλλοντες,

    Ἑλικτὰ, κοὐδὲν ὑγιὲς, ἀλλὰ πᾶν πέριξ,

εὐτελίζουσι καὶ διασύρουσιν, ὡς δὴ μόνοι τὴν φύσιν
καὶ συνήθειαν ὀρθοῦντες ᾗ χρὴ, καὶ καθιστάντες τὸν
λόγον ἅμα ἀποστροφαῖς καὶ ἐπαγωγαῖς [καὶ] ἐφέσεσι
καὶ διώξεσι καὶ ὁρμαῖς πρὸς τὸ οἰκεῖον ἑκάστου. (2)
Ἡ δὲ συνήθεια τῆς διαλεκτικῆς διερὰ μὲν γινομένη
χρηστὸν μὲν οὐδὲν οὐδὲ ὑγιὲς ἀπολέλαυκεν, ἀλλ' ὥσπερ
ἀκοὴ νοσώδης ὑπὸ κενῶν ἤχων δυσηκοΐας καὶ ἀσαφείας
ἐμπέπλησται· περὶ ἧς αὖθις ἑτέραν ἀρχὴν λαβόντες, εἰ
βούλει, διαλεξόμεθα. (3) Νυνὶ δὲ τὸν φυσικὸν αὐτῶν
λόγον, οὐχ ἧττον τοῦ περὶ τελῶν διαταράττοντα τὰς
κοινὰς προλήψεις, ἐν τοῖς κυριωτάτοις καὶ πρώτοις ἐ-
πιδράμωμεν.

XXX. Καθόλου μὲν ἄτοπον καὶ παρὰ τὴν ἔννοιάν
ἐστιν, εἶναι μέν τι, μὴ ὂν δὲ εἶναι· [καὶ εἶναι] μὲν, οὐκ
ὄντα δὲ εἶναι, [**] λεγόντων ἀτοπώτατόν ἐστι, τὸ ἐπὶ
τοῦ παντὸς λεγόμενον. (2) Κενὸν γὰρ ἄπειρον ἔξωθεν
τῷ κόσμῳ περιθέντες, οὔτε σῶμα τὸ πᾶν, οὔτ' ἀσώματον εἶναι λέγουσιν. Ἕπεται δὲ τούτῳ τὸ μὴ ὂν
εἶναι τὸ πᾶν· ὄντα γὰρ μόνα τὰ σώματα καλοῦσιν,
ἐπειδὴ ὄντος τὸ ποιεῖν τι καὶ πάσχειν, τὸ δὲ πᾶν οὐκ
ὂν ἐστιν· ὥστε οὔτε τι ποιήσει, οὐδέ τι πείσεται τὸ πᾶν.
(3) Ἀλλ' οὐδ' ἐν τόπῳ ἔσται· σῶμα γὰρ δήπου τὸ ἐπέ-
χον τόπον· οὐ σῶμα δὲ τὸ πᾶν· ὥστε οὐδαμοῦ τὸ πᾶν.
(4) Καὶ μὴν [ᾧ] τὸν αὐτὸν ἐπέχειν τόπον συμβέβηκε,
τοῦτο τὸ μένον· ὥστ' οὐ μένει τὸ πᾶν· οὐ γὰρ ἐπέχει

---

speciem quæ alliciat, de ea primum non loquuntur pro
babiliter : nam in turpissimis et pessimis nulla potest pulchritudinis apparere species; quum ipsi dicant ob *ingenii
pravitatem deformitate faciem oppleri.* (4) Deinde vero
plane contra communem notitiam est, amore dignum esse
deformem, qui sit aliquando futurus pulcher exspectetque
formæ venustatem; si eam consecutus ac pulcher factus sit
et probus, a nemine debere amari.

LAMPRIAS. *Est enim amor venatio*, ut aiunt, *quædam
imperfecti quidem, sed tamen ad virtutem bona indole adolescentis.*
5. DIADUMENUS. Quasi vero nos, optime, aliud agamus
nunc, quam sectam eorum demonstremus nec probabilibus
rebus, nec receptis nominibus communes nobis pervertere
et torquere notitias? Nemo enim prohibebat studium sapientium erga adolescentes; quod quidem si non cum affectu
conjunctum sit, nominari poterat *venatio* aut *docendi studium.* At amorem nominare debebant eum quem cuncti
cunctæque intelligunt ac nominant : veluti

    Cunctos concubitus desideriumque subivit;

et,

    Nam neque me dea, nec mortali semine creta
    femina, tam rabido prius inflammavit amore.

XXIX. In hujusmodi negotia illi Moralem rationem conjicientes, et

    Perplexa nilque sani, ambages omnia

dicentes, vilem eam reddunt : quantumvis alios subsannan-
tes, et se solos naturam consuetudinemque tutari ut oportet jactantes, ac rationem constituere aversionibus, inductio-
nibus, appetitionibus, consectationibus, et incitationibus
ad suum cujusque congruum ac propositum. (2) Consuetudo autem a Dialectica .... nihil boni aut sani percepit fructus; sed, veluti auditus morbosus, vanis sonis oppleta
ægre audit atque obscure : de qua, si videbitur, alias novo
facto initio loquemur. (3) Nunc Physicam eorum doctrinam, non minus quam quæ de Finibus est, communes notiones turbantem, per prima et præcipua capita decurrentes
examinabimus.

XXX. In universum quidem absurdum est et contrarium
Notitiis, esse aliquod quod non sit; et esse res quæ non
sint res. Sed omnium quæ dicunt absurdissimum est quod de
Universo dicunt. (2) Inane enim infinitum foris mundo circum-
ponentes, neque corpus Universum, neque corporis expers
dicunt. Sequitur ergo id non-Ens esse; quum Ens id solum ipsis sit quod est corpus. Quum vero Entis sit agere
et pati, Universum non-Ens sit; sequitur ipsum nihil actu-
rum, nihil passurum. (3) Quin et in loco non erit. Nam
corpus est quod locum occupat : Universum corpus non
est : ergo Universum nusquam est. (4) Atqui, cui accidit
eundem locum occupare, id manet : ergo non manebit Universum, quia locum non occupat. (5) Imo neque movebi

τόπον. (5) Ἀλλ' οὐδὲ κινεῖται· πρῶτον, ὅτι καὶ τῷ κινουμένῳ τόπου δεῖ καὶ χώρας ὑποκειμένης· ἔπειτα, ὅτι τὸ κινούμενον, ἢ αὐτὸ κινεῖν, ἢ ὑφ' ἑτέρου πάσχειν πέφυκε· τὸ μὲν οὖν ὑφ' ἑαυτοῦ κινούμενον, ἔχει τινὰς νεύσεις ἐξ ἑαυτοῦ καὶ ῥοπὰς κατὰ βάρος ἢ κουφότητα· κουφότητος δὲ καὶ βάρους ἤτοι σχέσεις τινές, ἢ δυνάμεις εἰσὶν, ἢ διαφοραὶ πάντως σώματος· τὸ δ' ἅπαν οὐ σῶμά ἐστιν· * ὥστ' ἀνάγκη, μήτε βαρὺ, μήτε κοῦφον εἶναι τὸ πᾶν, μηδ' ἔχειν ἐξ ἑαυτοῦ κινήσεως ἀρχήν. (6) Ἀλλὰ μὴν οὐδὲ ὑφ' ἑτέρου κινήσεται τὸ πᾶν· ἕτερον γὰρ οὐδέν ἐστι τοῦ παντός· ὥστ' ἀνάγκη λέγειν αὐτοῖς ὅπερ λέγουσι, μήτε μένον εἶναι τὸ πᾶν, μήτε κινούμενον. (7) Ὅλως δὲ, ἐπεὶ τὸ λέγειν σῶμα τὸ πᾶν, μὴ δέον ἐστὶ κατ' αὐτούς· σῶμα δ' οὐρανὸς, καὶ γῆ, καὶ ζῷα, καὶ φυτά, καὶ ἄνθρωποι, καὶ λίθοι· τὸ μὴ ὂν σῶμα σώματα μέρη ἕξει, καὶ τοῦ μὴ ὄντος μέρη ἔσται ὄντα, καὶ τὸ μὴ βαρὺ χρήσεται βαρέσι μορίοις, καὶ κούφοις τὸ μὴ κοῦφον· ὧν οὐδ' ὀνείρατα λαβεῖν μᾶλλόν ἐστι παρὰ τὰς κοινὰς ἐννοίας. (8) Καὶ μὴν οὕτως οὐδὲν ἐναργές ἐστι καὶ τῶν κοινῶν ἐχόμενον ἐννοιῶν, ὡς τὸ, εἴ τι μὴ ἔμψυχόν ἐστιν, ἐκεῖνο ἄψυχον εἶναι· καὶ πάλιν, εἴ τι μὴ ἄψυχον, ἐκεῖνο ἔμψυχον εἶναι· καὶ ταύτην οὖν ἀνατρέπουσι τὴν ἐνάργειαν, οὕτω τὸ πᾶν ὁμολογοῦντες μήτ' ἔμψυχον εἶναι, μήτ' ἄψυχον. (9) Ἄνευ δὲ τούτων, ἀτελὲς μὲν οὐδεὶς νοεῖ τὸ πᾶν, οὗ γε δὴ μηθὲν μέρος ἄπεστιν· οὗτοι δὲ τέλειον οὐ φασιν εἶναι τὸ πᾶν· ὡρισμένον γάρ τι τὸ τέλειον· τὸ δὲ πᾶν ὑπ' ἀπειρίας ἀόριστον· οὐκοῦν ἔστι τι κατ' αὐτοὺς, ὅ μήτ' ἀτελὲς, μήτε τέλειόν ἐστιν. (10) Ἀλλὰ μὴν οὔτε μέρος ἐστὶ τὸ πᾶν· οὐθὲν γὰρ αὐτοῦ μεῖζον· οὔτε ὅλον, ὡς αὐτοὶ λέγουσι· τεταγμένου γὰρ τὸ ὅλον κατηγορεῖσθαι, τὸ δὲ πᾶν δι' ἀπειρίαν καὶ ἀόριστον εἶναι καὶ ἄτακτον. Αἴτιον τοίνυν οὔτε τοῦ παντὸς ἕτερόν ἐστι, τῷ μηθὲν εἶναι παρὰ τὸ πᾶν ἕτερον· οὔτ' ἄλλου τὸ πᾶν, ἀλλ' οὐδὲ αὐτοῦ· ποιεῖν γὰρ οὐ πέφυκε· τῷ δὲ ποιεῖν τὸ αἴτιον νοεῖται. (11) Φέρε τοίνυν πάντας ἀνθρώπους ἐρωτᾶσθαι, τί νοοῦσι τὸ μηθὲν, καὶ τίνα τοῦ μηθενὸς ἐπίνοιαν λαμβάνουσιν· ἆρ' οὐκ ἂν εἴποιεν, ὡς τὸ μήτ' αἴτιον ὑπάρχον μήτ' αἴτιον ἔχον, μήτε ὅλον μήτε μέρος, μήτε τέλειον μήτ' ἀτελὲς, μήτ' ἔμψυχον μήτ' ἄψυχον, μήτε κινούμενον μήτε μένον που μήτε ὑπάρχον μήτε σῶμα, μήτ' ἀσώματον; τοῦτο καὶ οὐκ ἄλλο τι τὸ οὐθέν ἐστιν. (12) Ὅταν οὖν ὅσα πάντες οἱ λοιποὶ τοῦ μηθενὸς, οὗτοι μόνοι τοῦ παντὸς κατηγοροῦσι, ταυτὸν, ὡς ἔοικε, φαίνονται τῷ μηδενὶ τὸ πᾶν ποιοῦντες. Οὐθὲν οὖν ἔτι δεῖ λέγειν τὸν χρόνον, τὸ κατηγόρημα, τὸ ἀξίωμα, τὸ συνημμένον, τὸ συμπεπλεγμένον· οἷς χρῶνται μὲν μάλιστα τῶν φιλοσόφων, ὄντα δ' οὐ λέγουσιν εἶναι. (13) Καίτοι τό γ' ἀληθὲς ὂν μὴ εἶναι μήτε ὑπάρχειν, ἀλλὰ καταλαμβάνεσθαι καὶ καταληπτὸν εἶναι καὶ πιστὸν, ᾧ τῆς οὐσίας τοῦ ὄντος μὴ μέτεστι, πῶς οὖν οὐ πᾶσαν ἀτυχίαν ὑπερβέβληκεν;

XXXI. Ἀλλὰ, μὴ δοκῇ ταῦτα λογικωτέραν ἔχειν τὴν ἀπορίαν, ἁψώμεθα τῶν φυσικωτέρων. Ἐπεὶ τοίνυν

---

tur; primum quidem, quia id quod movetur, loco ad hoc opus habet et spatio subjecto : deinde quod movetur, aut se ipsum movet, aut ab alio sic afficitur. Quod ipsum a se movetur, momenta quædam habet ratione gravitatis aut levitatis : at gravitas et levitas, aut habitus sunt, aut facultates, aut differentiæ, omnino tamen corporis. Universum non est corpus : ergo necesse est ipsum neque grave esse, neque leve, neque omnino ex se principium motus habere. (6) Atqui ne ab alio quidem movebitur Universum : nihil est enim aliud. Itaque necessitas eo adigit eos ut dicant, quod et dicunt, neque manere Universum, neque moveri. (7) Denique, quum ipsorum de sententia Universum non possit esse corpus, cœlum autem, terra, animalia, plantæ, lapides sint corpora, id quod non est corpus, partes habebit corpora, et non-Entis partes erunt Entia; et quod grave non est, partibus utetur gravibus, levibus quod non leve. Quibus opinionibus ne somnia quidem fingi possint magis communibus adversantia notitiis. (8) Porro nihil tam evidens, tamque cum communibus conjunctum est notitiis, quam, Si quid animatum non est, id esse inanimum, et si quid inanimum non est, animatum esse. Tamen hanc quoque evertunt ipsi evidentiam, Universum fatentes neque animatum esse neque inanimum. (9) Præter hæc, imperfectum nemo censet Universum esse, quippe cui nulla pars desit. Illi Universum negant esse perfectum. *Quod enim perfectum sit, id definitum esse :* Universum ob infinitatem non definiri. Est ergo, ipsis auctoribus, aliquid neque perfectum neque imperfectum. (10) Quin etiam neque pars erit Universum, quum nihil sit eo majus; neque totum, hoc enim prædicari aiunt de ordinato : Universum vero ob infinitatem neque definiri et inordinatum esse. Proinde neque Universi causa aliqua est, quum nihil extra Universum sit : et neque aliorum, neque sui ipsius causa nominari Universum potest; quippe ut agat, natura ejus non fert; agendo autem causa intelligitur. (11) Age nunc, si interrogent cuncti homines quidnam sit Nihilum, et quomodo ejus notionem percipiant; nonne respondebunt hoc, Nihil esse, quod neque causa est neque causam habet, neque totum est neque pars, neque perfectum neque imperfectum, neque animatum neque non animatum, neque motum neque in loco manens, neque adeo exsistens, neque corporeum neque incorporeum? hoc, et non aliud quippiam definient esse Nihil. (12) Quando itaque ea quæ reliqui omnes Nihilo, soli Stoici Universo tribuunt; nimirum apparet eos idem facere Universum cum Nihilo. Nihil ergo jam oportet appellare *tempus, prædicatum, effatum, connexum, complexum;* quibus ii maxime omnium philosophorum utuntur, Entia autem esse negant. (13) At enim id quod verum sit, non esse aut exstare, sed percipi et esse comprehensibile ac fide dignum quod substantiam Entis non participat, quomodo non est quovis absurdo absurdius?

XXXI. Sed ne hæc videantur ad disquisitionem potius Logicam pertinere, veniamus ad ea, quæ magis sunt philosophiæ Naturalis. Quoniam ergo

Ζεὺς ἀρχὴ, Ζεὺς μέσσα, Διὸς δ' ἐκ πάντα τέτυκται,

ὡς αὐτοὶ λέγουσι, μάλιστα μὲν ἔδει τὰς περὶ θεῶν ἐννοίας, εἰ [τι] ταραχῶδες ἢ πλανητὸν ἐγγέγονεν αὐταῖς,
ἰωμένους, ἀπευθύνειν καὶ κατορθοῦν ἐπὶ τὸ βέλτιστον·
5 εἰ δὲ μὴ, [με]θέντας τε ἐᾶν ὡς ἔχουσιν ὑπὸ τοῦ νόμου
ἕκαστοι καὶ τῆς συνηθείας πρὸς τὸ θεῖον.

Οὐ γάρ τι νῦν [γε] κἀχθὲς, ἀλλ' ἀεί ποτε
ζῇ ταῦτα, κοὐδεὶς οἶδεν ἐξ ὅτου 'φάνη.

10 (2) Οἱ δὲ ὥσπερ ἀφ' ἑστίας ἀρξάμενοι τὰ καθεστῶτα
κινεῖν καὶ πάτρια τῆς περὶ θεῶν δόξης, οὐδεμίαν, ὡς
ἁπλῶς εἰπεῖν, ἔννοιαν ὑγιῆ καὶ ἀκέραιον ἀπολελοίπασι.
Τίς γάρ ἐστιν ἄλλος ἀνθρώπων ἢ γέγονεν, ὃς οὐκ ἄφθαρτον νοεῖ καὶ ἀΐδιον τὸ θεῖον; [ἢ τί] ἐν ταῖς κοιναῖς
15 προλήψεσι περὶ θεῶν ὁμολογουμένως ἀναπεφώνηται
μᾶλλον, ἢ τὰ τοιαῦτα,

Τῷ ἔνι τέρπονται μάκαρες θεοὶ ἤματα πάντα·

[καὶ,]

20 Ἀθανάτων τε θεῶν, χαμαὶ ἐρχομένων τ' ἀνθρώπων·

* καὶ τὸ,

Κεῖνοι γάρ τ' ἄνοσοι καὶ ἀγήραοι,
πόνων τ' ἄπειροι, βαρυβόαν
πορθμὸν πεφευγότες Ἀχέροντος.

25 (3) Καὶ ἴσως ἐντύχοι τις ἂν ἔθνεσι βαρβάροις καὶ ἀγρίοις θεὸν μὴ νοοῦσι· θεὸν δὲ νοῶν, μὴ νοῶν δ' ἄφθαρτον
μηδ' ἀΐδιον, ἄνθρωπος οὐδὲ εἷς γέγονεν. (4) Οἱ γοῦν
ἄθεοι προσαγορευθέντες οὗτοι, Θεόδωροι, καὶ Διαγόραι,
καὶ Ἵππωνες, οὐκ ἐτόλμησαν εἰπεῖν τὸ θεῖον ὅτι φθαρ-
30 τόν ἐστιν, ἀλλ' οὐκ ἐπίστευσαν ὡς ἔστι τι ἄφθαρτον·
τοῦ μὲν ἀφθάρτου τὴν ὕπαρξιν μὴ ἀπολείποντες, τοῦ δὲ
θεοῦ τὴν πρόληψιν φυλάττοντες. (5) Ἀλλὰ Χρύσιππος
καὶ Κλεάνθης, ἐμπεπληκότες, ὡς ἔπος εἰπεῖν, τῷ λόγῳ
θεῶν τὸν οὐρανὸν, τὴν γῆν, τὸν ἀέρα, τὴν θάλατταν,
35 οὐδένα τῶν τοσούτων ἄφθαρτον οὐδ' ἀΐδιον ἀπολελοίπασι, πλὴν μόνου τοῦ Διός, εἰς ὃν πάντας καταναλί-
σκουσι τοὺς ἄλλους· ὥστε καὶ τούτῳ τὸ φθείρειν προσεῖναι τοῦ φθείρεσθαι μὴ ἐπιεικέστερον· ἀσθενείᾳ γάρ τινι
καὶ τὸ μεταβάλλον εἰς ἕτερον φθείρεται, καὶ τὸ τοῖς
40 ἄλλοις εἰς ἑαυτὸ φθειρομένοις τρεφόμενον σώζεται. (6)
Ταῦτα δὲ, οὐχ ὡς ἄλλα πολλὰ τῶν ἀτόπων, συλλογι-
ζόμεθα ἔχειν τὰς ὑποθέσεις αὐτῶν, καὶ τοῖς δόγμασιν
ἕπεσθαι, ἀλλ' αὐτοὶ μέγα βοῶντες ἐν τοῖς περὶ Θεῶν,
καὶ Προνοίας, Εἱμαρμένης τε καὶ Φύσεως γράμμασι,
45 διαρρήδην λέγουσι, τοὺς ἄλλους θεοὺς ἅπαντας εἶναι
γεγονότας καὶ φθαρησομένους ὑπὸ πυρὸς, τηκτοὺς,
κατ' αὐτούς, ὥσπερ κηρίνους ἢ καττιτερίνους, ὄντας.
(7) Ἔστιν οὖν παρὰ τὴν ἔννοιαν, ὡς τὸ ἄνθρωπον
ἀθάνατον εἶναι, καὶ τὸ θεὸν θνητὸν εἶναι· μᾶλλον δ'
50 οὐχ ὁρῶ, τίς ἔσται θεοῦ πρὸς ἄνθρωπον διαφορὰ, εἰ
καὶ ὁ θεὸς ζῷον λογικὸν καὶ φθαρτόν ἐστιν. (8) Ἂν γὰρ
αὖ τὸ σοφὸν τοῦτο καὶ καλὸν ἀντιθῶσι, θνητὸν εἶναι

Principium Jupiter, mediumque est, cunctaque ab ipso,

sicut ipsi tradunt; maxime oportebat eos notionibus de Diis,
si quid turbulentum aut vagum in iis inesset, remedium
adhibere, et in melius dirigere atque emendare : aut si hoc
nequirent, in medio relinquere, ita ut quisque legibus astri-
ctus de iis sentit, aut consuetudinem sequitur, sentire con-
cedentes.

Non nunc enim, neque heri sunt ista prodita
semper valuere, nec quando inierint liquet.

(2) Illi vero tanquam ipsis a Laribus orsi movere constitutas
res et a majoribus traditas opiniones convellere, nullam
ferme notionem integram et incorruptam reliquerunt. Quis
enim, ipsis demtis, homo est natus aut vivit, qui non interitus expertem ac sempiternum existimet deum? quid in
communibus notionibus de diis una voce magis decantatur
quam istæc,

Illic felices capiunt sua gaudia divi
æternum,

item,

Terrestresque homines, et divi morte carentes :

et,

Non tangit illos canities, labor,
morbive, et absunt longe Acherontiis
a portubus luctu sonoris.

(3) Ac fieri sane potest, ut incidat aliquis in homines barbaros et feros, qui deum esse nullum putent : deum esse
qui existimet, sed eundem non immunem ab interitu, non
æternum, inventus est ne unus quidem homo. (4) Certe illi
qui Athei appellati sunt, quod negarent esse deos, Theodorus, Diagoras, Hippo, non ausi sunt dicere deum esse
interitui obnoxium, sed non crediderunt esse aliquid ab
interitu immune; ac talem naturam aliquam esse posse negantes, notitiam de deo reliquerunt in medio. (5) Chrysippus vero et Cleanthes, quum implevissent, ut sic dicam,
quoad quidem dicendo fieri potest, diis coelum, terras, aerem, mare, nullum horum ab interitu liberum aut sempiternum statuerunt, solo Jove excepto, in quem reliquos omnes
statuunt consumi : ut jam is perdat, quod nihilo est quam
perire melius. Est enim imbecillitas ut pereundo in alium
transire, ita interitu aliorum in se transeuntium nutriri et
servari. (6) Hæc vero non, ut alia multa ipsorum absurda,
ex sententiis et decretis eorum concludendo efficimus, aut
ratiocinando colligimus; sed ipsi magna cum vociferatione
in libris de Diis, Providentia, Fato ac Natura, diserte ceteros deos omnes natos esse et interituros vi ignis autumant,
conflatiles opinione ipsorum, ac si cerei essent vel stannei.
(7) Enimvero tam est contra communes notiones, deum esse
mortalem, quam hominem immortalem : imo non video
quod sit futurum dei et hominis discrimen, si deus quoque
animal ratione praeditum et interitui obnoxium est. (8) Si
enim argutum illud scitumque objiciant, *mortalem esse* [v

τὸν ἄνθρωπον, οὐ θνητὸν δὲ τὸν θεὸν, ἀλλὰ φθαρτὸν, ὅρα τὸ συμβαῖνον αὐτοῖς· ἢ γὰρ ἀθάνατον εἶναι φήσουσιν ἅμα τὸν θεὸν καὶ φθαρτὸν, ἢ μήτε θνητὸν εἶναι μήτ' ἀθάνατον. (9) Ὧν οὐκ ἔστιν οὐδὲ πλάττοντας ἐξεπίτηδες ἕτερα παρὰ τὴν κοινὴν ἔννοιαν, ὑπερβάλλειν τὴν ἀτοπίαν· λέγω δὲ τοὺς ἄλλους· ἐπεὶ τούτοις γε τῶν ἀτοπωτάτων οὐδὲν ἄρρητον οὐδ' ἀνεπιχείρητόν ἐστι παρειμένον. (10) Ἔτι τοίνυν ἐπαγωνιζόμενος ὁ Κλεάνθης τῇ ἐκπυρώσει, λέγει τὴν σελήνην καὶ τὰ λοιπὰ ἄστρα τὸν ἥλιον ** ἐξομοιῶσαι πάντα ἑαυτῷ, καὶ μεταβαλεῖν εἰς ἑαυτὸν, ἀλλ' ὅτι ** οἱ ἀστέρες θεοὶ ὄντες πρὸς τὴν ἑαυτῶν φθορὰν συνεργοῦσι τῷ ἡλίῳ, συνεργοῦντές τι πρὸς τὴν ἐκπύρωσιν, πολὺς ἂν εἴη γέλως, ἡμᾶς περὶ σωτηρίας αὐτοῖς προσεύχεσθαι, καὶ σωτῆρας ἀνθρώπων νομίζειν, οἷς κατὰ φύσιν ἐστὶ τὸ σπεύδειν ἐπὶ τὴν αὐτῶν φθορὰν καὶ ἀναίρεσιν.

XXXII. Καὶ μὴν αὐτοί γε πρὸς τὸν Ἐπίκουρον οὐδὲν ἀπολείπουσι τῶν πραγμάτων, Ἰοὺ, ἰοὺ, Φεῦ, φεῦ, βοῶντες, ὡς συγχέοντα τὴν τῶν θεῶν πρόληψιν, ἀναιρουμένης τῆς προνοίας· « οὐ γὰρ ἀθάνατον καὶ μακάριον μόνον, ἀλλὰ καὶ φιλάνθρωπον καὶ κηδεμονικὸν καὶ ὠφέλιμον προλαμβάνεσθαι καὶ νοεῖσθαι τὸν θεόν· » ὅπερ ἀληθές ἐστιν. (2) Εἰ δ' ἀναιροῦσι τὴν περὶ θεοῦ πρόληψιν οἱ μὴ ἀπολείποντες πρόνοιαν, τί ποιοῦσιν οἱ προνοεῖν μὲν ἡμῶν τοὺς θεοὺς λέγοντες, μὴ ὠφελεῖν δὲ ἡμᾶς, μηδ' « ἀγαθῶν εἶναι δωτῆρας, » ἀλλ' ἀδιαφόρων, ἀρετὴν μὲν μὴ διδόντας, πλοῦτον δὲ καὶ ὑγείαν καὶ τέκνων γενέσεις καὶ τὰ τοιαῦτα διδόντας, ὧν οὐδὲν ὠφέλιμον, οὐδὲ λυσιτελές, οὐδὲ αἱρετὸν, οὐδὲ συμφέρον ἐστίν; (3) ἢ ἐκεῖνοι μὲν οὐκ ἀναιροῦσι τὰς περὶ θεῶν ἐννοίας· οὗτοι δὲ καὶ περιυβρίζουσι καὶ χλευάζουσιν, Ἐπικάρπιόν τινα θεὸν εἶναι λέγοντες, καὶ Γενέθλιον, καὶ Παιᾶνα, καὶ Μαντικὸν, οὐκ ὄντος ἀγαθοῦ τῆς ὑγείας * καὶ τῆς γενέσεως, οὐδὲ τῆς πολυκαρπίας, ἀλλ' ἀδιαφόρων καὶ ἀνωφελῶν τοῖς λαμβάνουσι;

XXXIII. Τὸ τρίτον τοίνυν τῆς περὶ θεῶν ἐννοίας ἐστὶ, μηδενὶ τοσοῦτον τοὺς θεοὺς τῶν ἀνθρώπων διαφέρειν, ὅσον εὐδαιμονίᾳ καὶ ἀρετῇ διαφέρουσιν. (2) Ἀλλὰ κατὰ Χρύσιππον οὐδὲ τοῦτο περίεστιν αὐτοῖς· « ἀρετῇ τε γὰρ οὐχ ὑπερέχειν τὸν Δία τοῦ Δίωνος, ὠφελεῖσθαί τε ὁμοίως ὑπ' ἀλλήλων τὸν Δία καὶ τὸν Δίωνα, σοφοὺς ὄντας, ὅταν ἕτερος θατέρου τυγχάνῃ κινουμένου. » Τοῦτο γάρ ἐστιν ὃ καὶ παρὰ θεῶν ἀγαθὸν ἀνθρώποις ὑπάρχει, καὶ θεοῖς παρ' ἀνθρώπων, σοφῶν γενομένων, ἄλλο δὲ οὔ. (3) Ἀρετῇ δὲ μὴ ἀπολειπόμενον ἄνθρωπον, οὐδὲν ἀποδεῖν εὐδαιμονίας λέγουσιν, ἀλλ' ἐπίσης εἶναι μακάριον τῷ Διὶ τῷ σωτῆρι τὸν ἀτυχῆ, διὰ νόσους καὶ πηρώσεις σώματος ἐξάγοντα τοῦ ζῆν ἑαυτὸν, εἴπερ εἴη σοφός. (4) Ἔστι δὲ οὗτος οὐδαμοῦ γῆς, οὐδὲ γέγονεν· ἄπλετοι δὲ μυριάδες ἀνθρώπων κακοδαιμονοῦντες ἐπ' ἄκρον, ἐν τῇ τοῦ Διὸς πολιτείᾳ καὶ ἀρχῇ τὴν ἀρίστην ἐχούσῃ διοίκησιν. (5) Καίτοι τί μᾶλλον ἂν γένοιτο παρὰ τὴν ἔννοιαν, ἢ τοῦ Διὸς ὡς ἔνι ἄριστα διοικοῦντος, ἡμᾶς ὡς ἔνι χείριστα πράσσειν; εἰ γοῦν,

---

minem, *deum non mortalem, sed interitui obnoxium*, vide quid impetrent. Aut immortalem simul et interitui obnoxium esse dicent deum, aut neque mortalem neque immortalem. (9) Quibus absurdiora et magis a communibus notionibus aliena fingere nemo alius etiam dedita in hoc opera possit : Alius inquam : nam isti indictum intentatumque eorum quæ absurdissima sunt nihil reliquerunt. (10) Ad hæc Cleanthes, pro conflagratione mundi propugnans, tradit ita se rem habere, ut sol lunam et reliquas stellas omnes ipsi similes sit redacturus, et in se transmutaturus. Atqui si [luna et] stellæ, quum dii sint, opis aliquid ad conflagrationem conferunt soli, itaque suum ipsarum parant interitum, perridiculum fuerit nos eis pro salute nostra vota facere, et servatores hominum putare, quibus a natura hoc insit ut suum interitum ipsæ accelerent.

XXXII. At enim illi Epicuro nihil non negotii facessunt, *Io, Io, Proh, Proh*, vociferantes, quod is præsumtionem de diis labefactet Providentia tollenda : *non enim immortalem modo et beatum, sed et hominum studiosum, curamque eorum gerentem et commodantem præsumi intelligique deum.* Quod quidem est verum. (2) At si præsumtionem de diis tollunt qui Providentiam non relinquunt, quid agunt qui deos quidem providere nobis dicunt, negant autem commodare nobis, neque *largitores bonorum* eos, sed indifferentium faciunt? scilicet virtutem non dantes, sed opes, sanitatem, prolem, aliaque id genus, quorum nihil utile, commodum, optabile aut conducibile sit. (3) An potius non illi notionem de diis anticipatam tollunt; sed hi deos contumeliose subsannant, frugum, matrimonii, medicinæ, divinationis aliquos procuratores deos dum fingunt, quum sanitas, proles, ubertas, bona non sint, sed indifferentia et inutilia adipiscentibus?

XXXIII. Tertio loco id de diis dictant notiones communes, Nulla eos alia re magis ab hominibus differre, quam beatitate et virtute. (2) At si Chrysippum sequimur, ne hoc quidem iis restabit. Ait enim *virtute Jovem Dioni non præstare, et æqualiter juvari Jovem ac Dionem alterum ab altero, si sapientes essent, quando alter in alterius motum incidisset : hoc enim esse bonum illud, quod et a diis ad homines et ab hominibus sapientibus ad deos pervenit, nullum aliud.* (3) Porro *virtute diis non inferiorem hominem, felicitate quoque iis non cedere : neque minus beatum esse Jove Servatore eum, qui ob morbos et mutilationes corporis infortunatus, alioqui sapiens, se ipsum interficiat.* (4) Atqui is Sapiens nusquam gentium est, neque erit : innumera autem hominum millia extremam infelicitatem tolerantium in Jovis sunt imperio et civitate, quam optime administrari par est. (5) Quid autem magis potest communi notitiæ contrarium cogitari, quam Jove optime gubernante, quantum res ipsæ ferunt, nos quantum omnino fieri potest esse miserrimos?

ὃ μηδὲ θέμις ἐστὶν εἰπεῖν, ἐθελήσειε μὴ Σωτὴρ, μηδὲ
Μειλίχιος εἶναι, μηδ' Ἀλεξίκακος, ἀλλὰ τἀναντία τῶν
καλῶν τούτων προσηγοριῶν, οὐθέν ἐστι προσθεῖναι τοῖς
οὖσι κακὸν, οὔτ' εἰς πλῆθος οὔτ' εἰς μέγεθος, ὡς οὗτοι
λέγουσι, πάντων ἀνθρώπων ἐπ' ἄκρον ἀθλίως [καὶ]
μοχθηρῶς βιούντων, καὶ μηδὲ τῆς κακίας ἐπίδοσιν,
μηδὲ ὑπερβολὴν τῆς κακοδαιμονίας δεχομένης.

XXXIV. Οὐ μὴν ἐνταῦθα τὸ δεινότατόν ἐστιν, ἀλλὰ
Μενάνδρῳ μὲν, εἰπόντι θεατρικῶς,

    Ἀρχὴ μεγίστη τῶν ἐν ἀνθρώποις κακῶν
    τὰ λίαν ἀγαθά·

δυσκολαίνουσι· τοῦτο γὰρ εἶναι παρὰ τὴν ἔννοιαν· αὐτοὶ δὲ τῶν κακῶν ἀρχὴν ἀγαθὸν ὄντα τὸν θεὸν ποιοῦσιν.
(2) « Οὐ γὰρ ἥ γε ὕλη τὸ κακὸν ἐξ ἑαυτῆς παρέσχηκεν·
ἄποιος γάρ ἐστι, καὶ πάσας, ὅσας δέχεται, διαφορὰς
ὑπὸ τοῦ κινοῦντος αὐτὴν καὶ σχηματίζοντος ἔσχε· »
κινεῖ δ' αὐτὴν ὁ λόγος ἐνυπάρχων καὶ σχηματίζει, μήτε
κινεῖν ἑαυτὴν μήτε σχηματίζειν πεφυκυῖαν. Ὥστ'
ἀνάγκη τὸ κακὸν, εἰ μὲν δι' οὐδὲν, ἐκ τοῦ μὴ ὄντος· εἰ
δὲ διὰ τὴν κινοῦσαν ἀρχὴν, ἐκ τοῦ θεοῦ γεγονὸς ὑπάρχειν. (3) Καὶ γὰρ εἰ μὲν οἴονται τὸν Δία μὴ κρατεῖν τῶν
ἑαυτοῦ μερῶν, μηδὲ χρῆσθαι κατὰ τὸν αὑτοῦ λόγον
ἑκάστῳ, παρὰ τὴν ἐπίνοιαν λέγουσι, καὶ πλάττουσι
ζῷον, οὗ πολλὰ τῶν μορίων ἐκφεύγει τὴν βούλησιν,
ἰδίαις ἐνεργείαις χρώμενα καὶ πράξεσιν, αἷς τὸ ὅλον
ὁρμὴν οὐ δίδωσιν, οὐδὲ κατάρχει κινήσεως. (4) Οὕτω
γὰρ κακῶς [τί] συντέτακται τῶν ψυχὴν ἐχόντων, ὥστ',
ἀδουλοῦντος αὐτοῦ, προϊέναι πόδας, ἢ φθέγγεσθαι
γλῶτταν, ἢ κέρα κυρίττειν, ἢ δάκνειν ὀδόντας; ὧν
ἀνάγκη τὰ πλεῖστα πάσχειν τὸν θεὸν, εἰ παρὰ τὴν βούλησιν αὐτοῦ, μέρη ὄντες, οἱ φαῦλοι ψεύδονται καὶ ῥᾳ-
διουργοῦσι καὶ τοιχωρυχοῦσι καὶ ἀποκτιννύουσιν ἀλλήλους. (5) Εἰ δὲ, ὥς φησι Χρύσιππος, « οὐδὲ τοὐλά-
χιστόν ἐστι τῶν μερῶν ἔχειν ἄλλως ἀλλ' ἢ κατὰ τὴν
τοῦ Διὸς βούλησιν, » ἀλλὰ πᾶν μὲν ἔμψυχον οὕτως
ἴσχεσθαι καὶ οὕτω κινεῖσθαι πέφυκεν, ὡς ἐκεῖνος ἄγει,
κἀκεῖνος ἐπιστρέφει καὶ ἴσχει καὶ διατίθησιν,

    Ὅδ' αὖτ' ἐκείνου φθόγγος ἐξωλέστερος.

Μυριά[κις] γὰρ ἦν ἐπιεικέστερον ἀσθενείᾳ καὶ ἀδυνα-
μίᾳ τοῦ Διὸς ἐκβιαζόμενα τὰ μέρη, πολλὰ δρᾷν ἄτοπα
παρὰ τὴν ἐκείνου φύσιν καὶ βούλησιν· ἢ μήτ' ἀκρασίαν εἶναι μήτε κακουργίαν, ἧς οὐκ ἔστιν ὁ Ζεὺς αἴτιος. (6) Ἀλλὰ μὴν τόν γε κόσμον εἶναι πόλιν, καὶ
πολίτας τοὺς ἀστέρας, εἰ δὲ τοῦτο καὶ φυλέτας καὶ ἄρχοντας, δηλονότι καὶ βουλευτὴν τὸν ἥλιον, * καὶ τὸν
ἕσπερον πρύτανιν ἢ ἀστυνόμον, οὐκ οἶδα μὴ τοὺς ἐλέγχοντας τὰ τοιαῦτα τῶν λεγόντων καὶ ἀποφαινομένων,
ἀποδείκνυσιν ἀτοπωτέρους.

XXXV. Ἀλλὰ τῶν φυσικωτέρων λεγομένων ἄρα οὐ
παρὰ τὴν ἔννοιάν ἐστι, σπέρμα πλέον εἶναι καὶ μεῖζον
ἢ τὸ γεννώμενον ἐξ αὐτοῦ; (2) Τὴν γοῦν φύσιν ὁρῶμεν
πᾶσι ζῴοις καὶ φυτοῖς καὶ [ἡμέροις καὶ] ἀγρίοις, ἀρχὰς τὰ

Sin, quod nefas dictu est, Juppiter nolit Servator esse et
Clemens, et Averruncator, sed contraria eorum facere quæ
pulchræ ipsius appellationes pollicentur, nihil potest iis quæ
sunt adjici malis neque ad numerum neque ad molem; quando
ipsi dicunt *omnes homines in summa vivere miseria, neque vitio incrementum, neque infelicitate augmentum
admittente.*

XXXIV. Neque tamen hoc est gravissimum : sed quum
Menander pro theatro dixerit,

    Summum hoc malorum humanorum est primordium,
    nimis bona;

illi ægre ferunt, quod hoc sit contra communem notitiam :
ipsi vero deum, qui bonus sit, malorum causam statuunt.
(2) *Non enim,* aiunt, *malum ex se potuit edere materia
omnis expers qualitatis, et quicquid habet differentiarum, a movente eam et informante in se recipiens :* movet autem eam Ratio in ea habitans et format, quippe non
valentem ipsam se movere et formare. Ut necesse sit, Malum, siquidem nullam habeat causam, a non-Ente proficisci :
sin a movente est principio ortum, a deo productum esse.
(3) Verum Stoici, si arbitrantur Jovem non imperare suis
partibus, neque secundum rationem uti quavis earum, contra notitias communes loquuntur, et fingunt animal cujus
multa membra voluntatis imperium subterfugiant, peculiaribus utentia efficacitatibus et actionibus, ad quas a toto
non incitentur, neque motus principium ab eo habeant. (4)
Enimvero quodnam animal ita male est compactum, ut ipso
nolente gradiantur pedes, loquatur lingua, feriant cornua,
mordeant dentes? quorum pati pleraque necesse est deum,
si, partes ipsius quum sint vitiosi homines, injussu ejus
mentiuntur, imposturas exercent, furantur, cædes perpetrant. (5) Sin, quod Chrysippo placet, *ne minima quidem particula secus habet quam juxta Jovis voluntatem,* sed animatum quodvis ea natura est, ut sic habeat et
moveatur, ut Juppiter movet, impellitque,

    Hæc jam priore vox est flagitiosior,

Infinitis enim partibus tolerabilius erat dicere, *membra,
Jovi ob ejus imbecillitatem vi facta, agere multa improbe
contra ipsius naturam et voluntatem;* quam, nullam
esse libidinem, nullum scelus, quod non Jovi auctori imputandum sit. (6) Jam *mundum esse civitatem, cives
stellas,* atque si vis etiam tribules et magistratus, nimirum
etiam Solem consulem, Luciferum prætorem aut præfectum esse civitatis, haud scio an ejusmodi sint, ut qui ea
refutant etiam absurdiores appareant iis qui proferunt et
demonstrant.

XXXV. Sed ex opinionibus istorum magis cum Physica
ratione conjunctis nonne hæc repugnat communi notitiæ,
semen majus et grandius esse eo quod ex ipso nascitur?
(2) Naturam quidem videmus omnibus animalibus et plan-

μικρὰ καὶ γλίσχρα, καὶ μόλις ὁρατὰ τῆς τῶν μεγίστων γενέσεως λαμβάνουσαν. (3) Οὐ γὰρ ἐκ πυροῦ στάχυν, οὐδ' ἄμπελον ἐκ γιγάρτου μόνον, ἀλλ' ἐκ πυρῆνος ἢ βαλάνου τινὸς ὄρνεον διαφυγούσης, ὥσπερ ἐκ μικροῦ τινος σπινθῆρος ἐξάψασα καὶ ῥιπίσασα τὴν γένεσιν, ἔρνος ἢ βάτου, ἢ δρυὸς, ἢ φοίνικος, ἢ πεύκης, περιμήκιστον ἀναδίδωσιν, ἢ καί φασιν ** « τὸ μὲν σπέρμα τὴν ἐπὶ μικρὸν ὄγκον ἐκ πολλοῦ σπείρασιν ὠνομάσθαι, τὴν δὲ φύσιν, ἐμφύσησιν οὖσαν καὶ διάχυσιν τῶν ὑπ' αὐτῆς ἀνοιγομένων καὶ λυομένων λόγων ἢ ἀριθμῶν. (4) Ἀλλὰ τοῦ τε κόσμου πάλιν τὸ πῦρ (δ) σπέρμα λέγουσιν εἶναι, καὶ μετὰ τὴν ἐκπύρωσιν εἰς σπέρμα μετέβαλε τὸν κόσμον, ἐκ βραχυτέρου σώματος καὶ ὄγκου φύσιν ἔχοντα πολλὴν, καὶ τοῦ κενοῦ προσεπιλαμβάνοντα χώραν ἄπλετον ἐπινεμομένην τῇ αὐξήσει, γεννωμένου δ' αὖθις ὑποχωρεῖν τὸ μέγεθος καὶ συνολισθαίνειν, δυομένης καὶ συναγομένης περὶ τὴν γένεσιν εἰς ἑαυτὴν τῆς ὕλης. »

XXXVI. Ἀκοῦσαι τοίνυν ἐστὶν αὐτῶν καὶ γράμμασιν ἐντυχεῖν πολλοῖς πρὸς τοὺς Ἀκαδημαϊκοὺς διαφερομένων καὶ βοώντων, ὡς « πάντα πράγματα συγχέουσι ταῖς ἀπαραλλαξίαις, ἐπὶ δυοῖν οὐσιῶν ἕνα ποιὸν εἶναι βιαζόμενοι. » (2) Καίτοι τοῦτο μὲν οὐκ ἔστιν ὅστις ἀνθρώπων οὐ διανοεῖται, καὶ τοὐναντίον οἴεται θαυμαστὸν εἶναι καὶ παράδοξον, εἰ μήτε φάττα φάττῃ, μήτε μελίττῃ μέλιττα, μήτε πυρῷ πυρὸς, ἢ σύκῳ τὸ τοῦ λόγου σῦκον, ἐν τῷ παντὶ χρόνῳ γέγονεν ἀπαράλλακτον. (3) Ἐκεῖνα δ' ὄντως παρὰ τὴν ἔννοιάν ἐστιν, ἃ λέγουσιν οὗτοι καὶ πλάττουσιν, « ἐπὶ μιᾶς οὐσίας δύο ἰδίως γενέσθαι ποιούς, καὶ τὴν αὐτὴν οὐσίαν ἕνα ποιὸν ἰδίως ἔχουσαν, ἐπιόντος ἑτέρου δέχεσθαι καὶ διαφυλάττειν ὁμοίως ἀμφοτέρους. » (4) Εἰ γὰρ δύο, καὶ τρεῖς καὶ τέτταρες ἔσονται καὶ πέντε, καὶ ὅσους οὐκ ἄν τις εἴποι, περὶ μίαν οὐσίαν· λέγω δ' οὐκ ἐν μέρεσι διαφόροις, ἀλλὰ πάντας ὁμοίως περὶ ὅλην τοὺς ἀπείρους. (5) Λέγει γοῦν Χρύσιππος, « ἐοικέναι τῷ μὲν ἀνθρώπῳ τὸν Δία καὶ τὸν κόσμον, τῇ δὲ ψυχῇ τὴν πρόνοιαν· ὅταν οὖν ἐκπύρωσις γένηται, μόνον ἄφθαρτον ὄντα τὸν Δία τῶν θεῶν, ἀναχωρεῖν ἐπὶ τὴν πρόνοιαν, εἶτα ὁμοῦ γενομένους ἐπὶ μιᾶς τῆς τοῦ αἰθέρος οὐσίας διατελεῖν ἀμφοτέρους. »

XXXVII. Ἀφέντες οὖν ἤδη τοὺς θεοὺς, καὶ προσευξάμενοι κοινὰς φρένας διδόναι καὶ κοινὸν νοῦν, τὰ περὶ στοιχείων πῶς ἔχει αὐτοῖς ἴδωμεν. (2) Παρὰ τὴν ἔννοιάν ἐστι, σῶμα σώματος εἶναι τόπον, καὶ σῶμα χωρεῖν διὰ σώματος, κενὸν μηδετέρου περιέχοντος, ἀλλὰ τοῦ πλήρους εἰς τὸ πλῆρες ἐνδυομένου, καὶ δεχομένου τὸ ἐπιμιγνύμενον τοῦ διάστασιν οὐκ ἔχοντος, ἀλλὰ τοῦ πλήρους οὐδὲ χώραν ἐν αὐτῷ διὰ τὴν συνέχειαν. (3) Οἱ δ' οὐχ ἓν εἰς ἓν, οὐδὲ δύο, οὐδὲ τρία καὶ δέκα συνωθοῦντες, ἀλλὰ πάντα μέρη τοῦ κόσμου κατακερματισθέντος ἐμβάλλοντες εἰς ἓν ὅ τι ἂν τύχωσι, καὶ τοὐλάχιστον αἰσθητὸν ἐπιφάσκοντες, [οὐκ] ἐπιλείψειν ἐπιόντι τῷ μεγίστῳ, νεανιεύονται, δόγμα ποιούμενοι τὸν ἔλεγχον, ὡς ἐν ἄλλοις πολλοῖς, ἅτε δὴ μαχομένας ὑποθέσεις ταῖς ἐννοίαις λαμβάνοντες. (4) Αὐτίκα γοῦν τῷ

---

tis tam domesticis et hortensibus, quam feris et silvestribus exigua, parca et vix conspectui obvia ortus vel maximorum initia tribuisse. (3) Annon enim e grano tritici spicam, ex acino solo vitem, atque adeo e nucleo aut glande quæ avem subterfugerit, tanquam e scintilla exigua incendens procreationem, germen rubi, quercus, palmæ, aut piceæ procerissimum edere solet? Unde etiam dicunt, *semen Sperma vocari, quia e magna mole in parvam, tanquam in spiram, convolutum sit : Physin dictam Naturam, quod quasi inflatio* (ἐμφύσησις) *sit quædam diffusioque ab ea apertarum et dissolutarum rationum aut numerorum.* (4) Sed Stoici rursus *Ignem* aiunt *semen mundi esse, quod post conflagrationem in semen mutaverit mundum, e minore corpore et mole naturam habentem copiosam, et Inanis spatium apprehendentem incremento suo se proferens in immensum : rursumque, mundo nato, magnitudinem recedere et collabi, subsidente in ortu inque se contracta materia.*

XXXVI. Audire licet ipsos, et multa scripta eorum legere, cum Academicis altercantium ac vociferantium, *ab his omnes res confundi indiscreta ista similitudine, duabus substantiis unam qualitatem inesse contendentibus.* (2) Atqui nemo est hominum qui hoc non intelligat, contraque existimet mirum esse a ratione alienum, si neque palumbes palumbi, neque apis api, neque tritico triticum, neque ficui ficus, ut in proverbio est, universo in tempore ita similis fieri potuerit, ut discerni nequeat. (3) Hæc vero plane contra notitiam communem sunt, quæ Stoici dicunt et fingunt, *in una substantia duas seorsum qualitates exsistere, eandemque substantiam, quæ unam habeat peculiariter, superveniente altera, recipere et servare æque ambas.* (4) Nam si duo, tres item erunt, quattuor et quinque, et quotquot enumerare non possis, uni substantiæ : dico autem non in diversis partibus, sed omnes æqualiter in tota substantia innumerabiles erunt. (5) Dicit ergo Chrysippus, *Jovem homini similem esse et mundum, animæ Providentiam. Ergo quum conflagrabit mundus, Jovem, solum quippe de omnibus diis expertem interitus, recessurum ad Providentiam, ibique ambos in una ætheris substantia perpetuo futuros.*

XXXVII. Sed nos jam diis dimissis, comprecati hos ut communem Stoicis sensum mentemque cum aliis consentientem largiantur; videamus de Elementis quæ sit eorum sententia. (2) Contra notitias communes est, corpus corporis esse locum, et corpus per corpus penetrare, ubi neutrum in se inane contineat, sed plenum in plenum subeat, recipiaturque ab eo quod intercapedinem in se aut spatium recipiendi ob continuitatem habeat nullum. (3) Illi vero non unum in unum, aut duo, aut tria, vel decem contrudentes, sed omnia mundi dissecti frustula in unum, quodcumque fors obtulerit, conjicientes, et minimum quodque frustulum adhuc sensile esse perhibentes, jactant minimum quodque frustulum supervenienti maximo corpori recipiendo satis fore; audacter illi novum decretum condentes, idque, ut alias solent crebro, probantes sumtis iis, quæ adversus

λόγῳ τούτῳ πολλὰ τερατώδη καὶ ἀλλόκοτα προσδέχεσθαι τοὺς τὰ σώματα τοῖς σώμασιν ὅλοις ὅλα κεραν-
νύντας. * Ὧν ἐστι καὶ τὸ « τὰ τρία τέσσαρα εἶναι· »
τουτὶ γὰρ οἱ μὲν ἄλλοι λέγουσιν ἐν ὑπερβολῇ παράδειγμα τῶν ἀδιανοήτων· τούτοις δὲ συμβαίνει τὸν ἕνα
κύαθον τοῦ οἴνου πρὸς δύο κεραννύμενον ὕδατος, εἰ
μέλλει μὴ ἀπολείπειν ἀλλ' ἐξισοῦσθαι, παράγοντας
ἐπὶ πᾶν καὶ διασυγχέοντας, ἕνα ὄντα δύο ποιεῖν τῇ
πρὸς τὰ δύο τῆς κράσεως ἐξισώσει· τὸ γὰρ μένειν ἕνα
καὶ δυοῖν παρεκτείνειν, καὶ ποιεῖν ἴσον τῷ διπλασίῳ· εἰ
δὲ οὕτως ἐξίκηται τῇ κράσει πρὸς τοὺς δύο, δυοῖν λαμβάνειν μέτρον ἐν τῇ διαχύσει, τοῦτο μέτρον ἅμα καὶ
τριῶν ἐστι καὶ τεσσάρων· τριῶν μὲν, ὅτι τοῖς δύο εἰς
μέμικται· τεσσάρων δὲ, ὅτι δυσὶ μεμιγμένος ἴσον
ἔσχηκε πλῆθος, οἷς μίγνυται. (5) Τοῦτο δὴ συμβαίνει
τὸ καλὸν αὐτοῖς, ἐμβάλλουσιν εἰς σῶμα σώματα, καὶ
τὸ τῆς περιοχῆς ἀδιανόητον. (6) Ἀνάγκη γὰρ, εἰς ἄλληλα χωρούντων τῷ κεράννυσθαι, μὴ θάτερον μὲν περιέχειν, περιέχεσθαι δὲ θάτερον, καὶ τὸ μὲν δέχεσθαι, τὸ δ' ἐνυπάρχειν· οὕτω γὰρ οὐ κρᾶσις, ἀφὴ δὲ
καὶ ψαῦσις ἔσται τῶν ἐπιφανειῶν, τῆς μὲν ἐντὸς ὑπο-
δυομένης, τῆς δ' ἐκτὸς περιεχούσης, τῶν δ' ἄλλων μερῶν ἀμίκτων καὶ καθαρῶν ἐνδιαφερομένων· ἀλλ' ἀνάγκη,
γινομένης ὥσπερ ἀξιοῦσι τῆς ἀνακράσεως, ἐν ἀλλήλοις
τὰ μιγνύμενα γενέσθαι, καὶ ταυτὸν ὁμοῦ τῷ ἐνυπάρχειν περιέχεσθαι, καὶ τῷ δέχεσθαι περιέχειν θάτερον,
καὶ μηδ' ἕτερον αὐτῶν αὖ πάλιν δυνατὸν εἶναι, συμβαίνειν [δ'] ἀμφότερα, τῆς κράσεως δι' ἀλλήλων διιέναι, καὶ μηδὲν ἐπιλείπεσθαι μηδενὸς μόριον, ἀλλὰ
πάντως ἀναπίμπλασθαι βιαζομένης. (7) Ἐνταῦθα δὴ
καὶ τὸ θρυλούμενον ἐν ταῖς διατριβαῖς Ἀρκεσιλάου
σκέλος ἥκει ταῖς ἀτοπίαις ἐπεμβαῖνον αὐτῶν μετὰ γέλωτος. Εἰ γάρ εἰσιν αἱ κράσεις δι' ὅλων, τί κωλύει, τοῦ
σκέλους ἀποκοπέντος καὶ κατασαπέντος καὶ ῥιφέντος εἰς
τὴν θάλατταν καὶ διαχυθέντος, οὐ τὸν Ἀντιγόνου μόνον
στόλον διεκπλεῖν, ὡς ἔλεγεν Ἀρκεσίλαος, ἀλλὰ τὰς Ξέρξου χιλίας καὶ διακοσίας, καὶ τὰς Ἑλληνικὰς ὁμοῦ τρια-
κοσίας τριήρεις ἐν τῷ σκέλει ναυμαχούσας; (8) Οὐ
γὰρ ἐπιλείψει δήπουθεν προϊόν, οὐδὲ παύσεται ἐν τῷ
μείζονι τοὔλαττον· ἢ πέρας ἡ κρᾶσις ἕξει, καὶ τὸ τελευταῖον αὐτῆς ἀφὴν ὅπου λήγει ποιησάμενον, εἰς ὅλον
οὐ δίεισιν, ἀλλ' ἀπαγορεύει μιγνύμενον. (9) Εἰ δὲ με-
μίξεται δι' ὅλων, οὐ μὰ Δία τὸ σκέλος ἐνναυμαχῆσαι
παρέξει τοῖς Ἕλλησιν· ἀλλὰ τοῦτο μὲν δεῖται σήψεως
καὶ μεταβολῆς· εἰς δέ τις κύαθος, ἢ μία σταγὼν αὐτόθεν
εἰς τὸ Αἰγαῖον ἐμπεσοῦσα πέλαγος ἢ τὸ Κρητικὸν, ἐφί-
ξεται τοῦ Ὠκεανοῦ καὶ τῆς Ἀτλαντικῆς θαλάσσης, οὐκ
ἐπιπολῆς ψαύουσα τῆς ἐπιφανείας, ἀλλὰ πάντη διὰ
βάθους εἰς πλάτος ὁμοῦ καὶ μῆκος ἀναχεομένη. (10)
Καὶ ταῦτα προσδέχεται Χρύσιππος εὐθὺς ἐν τῷ πρώτῳ
τῶν Φυσικῶν Ζητημάτων, « οὐδὲν ἀπέχειν φάμενος,
οἴνου σταλαγμὸν ἕνα κεράσαι τὴν θάλατταν· » καὶ ἵνα
δὴ μὴ τοῦτο θαυμάζωμεν, « εἰς ὅλον φησὶ τὸν κόσμον

commes pugnant notitias. (4) Statim vero necesse habent monstrosa multa et insolentia suæ disputationi asciscere, dum *corpora tota totis commisceri* aiunt. De quibus etiam hoc est, *tria esse quattuor;* quod reliqui ponunt in exemplum eorum quæ ne cogitando quidem concipi possint : at Stoicis usu venit, ut quum unus vini cyathus duobus aquæ cyathis permiscetur, si non peribit, sed
exæquabitur, in totum extendatur et diffundatur, et unus
duo fiat exæquatione commixtionis. Nam unus manet, et
duobus pariter extenditur, duplumque æquat : ut in temperatione ac diffusione duorum mensuram impleat, et eadem sit trium ac quattuor mensura; trium, quia duobus
unus admixtus est; quattuor, quia duobus permixtus unus,
duorum quantitatem æquat. (5) Hoc tam scitum accidit
iis, dum corpora corporibus immittunt, et comprehensionem eorum faciunt qualis intelligi non potest. (6) Necesse
est enim, dum miscendo in se invicem intrant, non alterum
continere, alterum contineri, neque alterum recipere, alterum inesse : (sic enim non contemperatio, sed contactus
superficierum erit, altera intro subeunte, altera foris ambiente, reliquis partibus sinceris et mixtionis expertibus inter se invicem versantibus :) sed necesse est, facta, ut ipsi
volunt, permixtione, utrumque mixtum in alterum mutuo
inferri, et idem simul, quia in altero est, contineri, et, quia
recipit alterum, continere; ac rursus horum neutrum fieri
posse, et tamen utrumque accidere, quia mixtio cogit ut
per se invicem transeant, et neutrius ulla pars integra maneat, sed omnino partes utriusque omnes per se invicem
repleantur et altera alterius naturam assumat. (7) Huc jam
illud in scholis tritum Arcesilai crus advenit, cum risu absurdis Stoicorum insultans. Nam si tota totis permiscentur, quid obstat quin crure amputato, putrefacto et in mare
abjecto, cumque eo diffusione permixto, non Antigoni
modo classis, ut aiebat Arcesilaus, per crus naviget, sed
etiam Xerxis mille ac ducentæ, cum Græcis trecentis triremibus in crure navalem pugnam obeant ? (8) Non enim defi-
ciet Minus in progrediendo, neque desinet in Majori usquam
diffundi; alias finem habebit mixtio, extremumque cruris
mare contingens, desperata mixtione, non transibit in totum. (9) Si vero totum crus toti mari permiscebitur, non
solum, mehercle, crus locum navalis prælii Græcis præbebit; quanquam huic putredine opus est et mutatione : imo
vero cyathus unus, vel gutta unica hinc in Ægæum lapsa
aut Creticum mare, perveniet ad Oceanum et Atlanticum
mare, non summam attingens superficiem, sed usquequaque per profundum in longum latumque diffusa. (10) Atque hæc Chrysippus admittit statim in primo Physicarum
Quæstionum libro, *nihil* inquiens *impedire, quominus una
vini stilla cum toto permisceatur mari.* Ac ne id mire-

διατενεῖν τῇ κράσει τὸν σταλαγμόν. ‟ Ὧν οὐκ οἶδα τί ἂν ἀτοπώτερον φανείη.

XXXVIII. Καὶ μὴν παρὰ τὴν ἔννοιαν, μήτ' ἄκρον ἐν τῇ φύσει τῶν σωμάτων, μήτε πρῶτον, μήτ' ἔσχατον μηθέν, εἰς ὃ λήγει τὸ μέγεθος τοῦ σώματος, ἀλλ' ἀεί [τι] τοῦ ληφθέντος ἐπέκεινα φαινόμενον εἰς ἄπειρον καὶ ἀόριστον ἐμβάλλειν τὸ ὑποκείμενον. (2) Οὔτε γὰρ μεῖζον, οὔτ' ἔλαττον ἔσται νοεῖν ἕτερον ἑτέρου μέγεθος, εἰ τὸ προϊέναι τοῖς μέρεσιν ἐπ' ἄπειρον ἀμφοτέροις (ὡς) συμβέβηκεν, ἀλλ' ἀνισότητος αἴρεται φύσις· ἀνίσων γὰρ νοουμένων, τὸ μὲν προαπολείπεται τοῖς ἐσχάτοις μέρεσι, τὸ δὲ παραλλάττει καὶ περίεστι· μὴ οὔσης δ' ἀνισότητος, ἕπεται μὴ ἀνωμαλίαν εἶναι, μηδὲ τραχύτητα σώματος· ἀνωμαλία μὲν γάρ ἐστι μιᾶς ἐπιφανείας ἀνισότης πρὸς ἑαυτήν, * τραχύτης δὲ ἀνωμαλία μετὰ σκληρότητος· ὧν οὐθὲν ἀπολείπουσιν οἱ σῶμα μηθὲν εἰς ἔσχατον μέρος περαίνοντες, ἀλλὰ πάντα πλήθει μερῶν ἐπ' ἄπειρον ἐξάγοντες. (3) Καίτοι πῶς οὐκ ἐναργές ἐστι, τὸν ἄνθρωπον ἐκ πλειόνων συνεστηκέναι μορίων, ἢ τὸν δάκτυλον τοῦ ἀνθρώπου, καὶ πάλιν τὸν κόσμον, ἢ τὸν ἄνθρωπον; ταῦτα γὰρ ἐπίστανται καὶ διανοοῦνται πάντες, ἂν μὴ Στωϊκοὶ γένωνται· γενόμενοι δὲ Στωϊκοί, τἀναντία λέγουσι καὶ δοξάζουσιν, ὡς οὐκ ἔστιν ἐκ πλειόνων μορίων ὁ ἄνθρωπος ἢ ὁ δάκτυλος, οὐδὲ ὁ κόσμος ἢ ὁ ἄνθρωπος· (4) ἐπ' ἄπειρον γὰρ ἡ τομὴ προάγει τὰ σώματα· τῶν δ' ἀπείρων οὐθέν ἐστι πλέον, οὐδ' ἔλαττον, οὐδὲ ὅλως ὑπερβάλλει πλῆθος, ἢ παύσεται τὰ μέρη τοῦ ὑπολειπομένου μεριζόμενα καὶ παρέχοντα πλῆθος ἐξ αὐτῶν.

ΛΑΜΠΡ. Τί οὖν οὐκ ἀμύνονται ταύτας τὰς ἀπορίας;

5. ΔΙΑΔΟΥΜ. Εὐμηχάνως κομιδῇ καὶ ἀνδρείως. Λέγει γὰρ ὁ Χρύσιππος, « ἐρωτωμένους ἡμᾶς, εἴ τινα ἔχομεν μέρη, καὶ πόσα, καὶ ἐκ τίνων συγκείμενα μερῶν καὶ πόσων, διαστολῇ χρήσεσθαι, τὸ μὲν ὁλοσχερὲς τιθέντας, ὡς ἐκ κεφαλῆς καὶ θώρακος καὶ σκελῶν συγκείμεθα· τοῦτο γὰρ ἦν πᾶν τὸ ζητούμενον καὶ ἀπορούμενον· (6) ἐὰν δ' ἐπὶ τὰ ἔσχατα μέρη τὸ ἐρωτᾶν προάγωσιν, οὐδέν, φησί, τῶν τοιούτων ἐστὶν ὑποληπτέον, ἀλλὰ ῥητέον, οὔτ' ἐκ τίνων συνεστάναι, καὶ ὁμοίως, οὔτ' ἐξ ὁπόσων, οὔτ' ἀπείρων, οὔτ' ἐκ πεπερασμένων. » (7) Καί μοι δοκῶ ταῖς ἐκείνου κεχρῆσθαι λέξεσιν αὐταῖς, ὅπως συνίδῃς, ὃν τρόπον διεφύλαττε τὰς κοινὰς ἐννοίας, κελεύων ἡμᾶς νοεῖν τῶν σωμάτων ἕκαστον οὔτ' ἐκ τίνων, οὔτ' ἐξ ὁποσωνοῦν μερῶν, οὔτ' ἐξ ἀπείρων, οὔτ' ἐκ πεπερασμένων συγκείμενον. (8) Εἰ μὲν γάρ, ὡς ἀγαθοῦ καὶ κακοῦ τὸ ἀδιάφορον, οὕτω πεπερασμένου τι καὶ ἀπείρου μέσον ἐστίν, εἰπόντα τί τοῦτό ἐστιν, ἔδει λῦσαι τὴν ἀπορίαν· εἰ δέ, ὡς τὸ μὴ ἴσον, εὐθὺς ἄνισον, καὶ τὸ μὴ φθαρτόν, ἄφθαρτον, οὕτω τὸ μὴ πεπερασμένον ἄπειρον νοοῦμεν, ὅμοιόν ἐστιν, οἶμαι, τῷ τὸ σῶμα εἶναι μήτ' ἐκ πεπερασμένων, μήτ' ἐξ ἀπείρων, καὶ λόγον εἶναι μήτ' ἐξ ἀληθῶν λημμάτων, μήτ' ἐκ ψευδῶν, μήτε ἐξ * *

XXXIX. Ἐπὶ δὲ τούτοις ἐπινεανιευόμενος, φησὶ

mur, *permixtione eam in totum an perventuram mundum.* Quibus quid absurdius possit videri, nescio.

XXXVIII. Jam hoc quoque contra communem est notitiam, *neque extremum in natura esse corpus, neque primum, neque ultimum ullum in quod desinat magnitudo corporis; sed semper sumto corpore ultra aliud superesse, remque sic in immensum et infinitum protrahi.* (2) Nam neque majorem, neque minorem licebit aliam alia quantitatem cogitare, si partibus in infinitum progredi utrorumque contingit; atque sic inæqualitatis tollitur natura. Nam ubi hæc consideratur, alterum extremis partibus deficit, alterum excedit : sublata inæqualitate, sequitur inæquabilitatem quoque et asperitatem corporum nullam esse. Est enim *inæquabilitas* unius superficiei adversus se ipsam inæqualitas; *asperitas* inæquabilitati adjunctam habet duritiem : quorum nihil relinquunt, qui nullum corpus extremo finiunt, sed omnia multitudine partium in infinitum producunt. (3) At enim qui non est evidens hominem e pluribus quam digitum, mundum quam hominem, constare partibus? Hoc quidem sciunt et intelligunt homines omnes, nisi si Stoici fiant; Stoici facti, contra dicunt atque sentiunt, *non esse plures hominis quam digiti, mundi quam hominis, partes.* (4) Nam ad infinitum sectio eorum redigit corpora; infinitorum autem nullum plus est aut minus altero, neque se multitudine invicem excedunt, aut desinent partes residui secari, et ex se multitudinem præbere.

LAMPRIAS. Cur ergo se ex his illi non evolvunt perplexitatibus?

5. DIADUMENUS. Artificiose admodum et strenue se evolvunt. Dicit Chrysippus, *interrogatos nos an quas et quot partes habeamus, et quibus et quot partibus ipsæ illæ partes constent, tum vero nos debere uti distinctione; ut ponamus grandiores, e capite scilicet, thorace, et cruribus nos dicentes constare : hoc enim esse omne id de quo tam sollicite quæritur.* (6) Si vero *interrogationes ad extremas usque partes deducantur, nihil,* inquit, *tale est suscipiendum, sed dicendum neque e quibusdam, neque ex tot vel tot, neque e finitis, neque ex infinitis illas partes constare partibus.* (7) Ac videor mihi ipsius hæc verbis exposuisse, ut perspicias quomodo communibus steterit notitiis; jubens nos intelligere, *corporum unumquodque neque ex quibus, neque ex quotquot, neque ex infinitis, neque ex finitis constare partibus.* (8) Nam si ut inter Bonum et Malum medio loco est Indifferens, ita etiam finito infinitoque aliquid intervenit medium, hoc quale esset docendo solvenda erat quæstio. Sin, ut non æquale statim inæquale, et non interiturum interitus expers, ita non finitum etiam illico infinitum esse intelligimus; perinde est, ni fallor, corpus dicere compositum neque ex finitis, neque ex infinitis, atque ratiocinationem affirmare constructam esse neque e veris neque e falsis sumtionibus, neque ex * *

XXXIX. His juvenili quadam temeritate hæc adjicit,

« τῆς πυραμίδος ἐκ τριγώνων συνισταμένης τὰς πλευ-
ρὰς κατὰ τὴν συναφὴν κεκλιμένας, ἀνίσους μὲν εἶναι,
μὴ ὑπερέχειν δὲ, ᾗ μείζονές εἰσι. » (2) Οὕτως ἐτήρει
τὰς ἐννοίας. Εἰ γάρ ἐστι τι μεῖζον καὶ μὴ ὑπερέχον,
ἔσται τι μικρότερον καὶ μὴ ἐλλεῖπον· ὥστε καὶ ἄνισον
μήτε ὑπερέχον μήτ' ἐλλεῖπον, τουτέστιν, ἴσον τὸ ἄνισον, καὶ οὐ μεῖζον τὸ μεῖζον, οὐδὲ μικρότερον τὸ μικρότερον. (3) Ἔτι τοίνυν ὅρα τίνα τρόπον ἀπήντησε
Δημοκρίτῳ, διαποροῦντι φυσικῶς καὶ ἐπιτυχῶς, εἰ κῶνος τέμνοιτο παρὰ τὴν βάσιν ἐπιπέδῳ, τί χρὴ διανοεῖσθαι τὰς τῶν τμημάτων ἐπιφανείας, ἴσας ἢ ἀνίσους γινομένας; ἄνισοι μὲν γὰρ οὖσαι τὸν κῶνον ἀνώμαλον
παρέξουσι, πολλὰς ἀποχαράξεις λαμβάνοντα βαθμοει-
δεῖς καὶ τραχύτητας· ἴσων δ' οὐσῶν, ἴσα τμήματα
ἔσται, καὶ φανεῖται τὸ τοῦ κυλίνδρου πεπονθὼς ὁ κῶνος,
ἐξ ἴσων συγκείμενος καὶ οὐκ ἀνίσων κύκλων, ὅπερ ἐστὶν
ἀτοπώτατον. (4) Ἐνταῦθα δὴ τὸν Δημόκριτον ἀποφαίνων ἀγνοοῦντα, « τὰς μὲν ἐπιφανείας, φησὶ, μήτ'
ἴσας εἶναι μήτ' ἀνίσους· ἄνισα δὲ τὰ σώματα, τῷ μήτ'
ἴσας εἶναι, μήτ' ἀνίσους τὰς ἐπιφανείας. » Τὸ μὲν δὴ
νομοθετεῖν τῶν ἐπιφανειῶν μὴ [ἂν]ίσων οὐσῶν, τὰ σώματα συμβαίνειν ἄνισα εἶναι, θαυμαστὴν ἐξουσίαν αὐτῷ
τοῦ γράφειν ὅ τι ἂν ἐπίῃ διδόντος ἐστί. (5) Τοὐναντίον γὰρ ὁ λόγος μετὰ τῆς ἐναργείας νοεῖν δίδωσι, τῶν
ἀνίσων σωμάτων ἀνίσους εἶναι τὰς ἐπιφανείας, * καὶ
μείζονα τὴν τοῦ μείζονος· εἴ γε μὴ μέλλει τὴν ὑπεροχὴν, ᾗ μεῖζόν ἐστιν, ἐστερημένην ἐπιφανείας ἕξειν. Εἰ
γὰρ οὐχ ὑπερβάλλουσι τὰς τῶν ἐλαττόνων ἐπιφανείας
αἱ τῶν μειζόνων, ἀλλὰ προαπολείπουσιν, ἔσται σώματος πέρας ἔχοντος μέρος ἄνευ πέρατος καὶ ἀπεράτωτον.
(6) Εἰ γὰρ λέγει, ὅτι βιαζόμενος οὕτω * * ἃς γὰρ ὑφο-
ρᾶται περὶ τὸν κῶνον ἀναχαράξεις, ἢ τῶν σωμάτων
ἀνισότης δήπουθεν, οὐχ ἡ τῶν ἐπιφανειῶν, ἀπεργάζεται. Γελοῖον οὖν τὸ τὰς ἐπιφανείας ὑπεξαιρούμενον,
ἐν τοῖς σώμασιν ἐλεγχομένην ἀπολιπεῖν ἀνωμαλίαν.
(7) Ἀλλ' ἂν μένωμεν ἐπὶ τῆς ὑποθέσεως, τί μᾶλλόν
ἐστι παρὰ τὴν ἔννοιαν, ἢ τὰ τοιαῦτα πλάττειν; Εἰ γὰρ
ἐπιφάνειαν ἐπιφανείᾳ θήσομεν μήτ' ἴσην εἶναι, μήτ'
ἄνισον, καὶ τὸ μέγεθος ἔσται μεγέθει φάναι καὶ ἀριθμὸν
ἀριθμῷ μήτ' ἴσον εἶναι μήτ' ἄνισον, καὶ ταῦτα ἴσου
καὶ ἀνίσου μέσον, ὃ μηδέτερόν ἐστιν, οὐκ ἔχοντας εἰπεῖν, οὐδὲ νοῆσαι δυναμένους. (8) Ἔτι δ' οὐσῶν ἐπιφανειῶν μήτ' ἴσων μήτ' ἀνίσων, τί κωλύει καὶ κύκλους
νοεῖσθαι μήτ' ἴσους μήτ' ἀνίσους; αὐταὶ γὰρ δήπουθεν
αἱ τῶν κωνικῶν τμημάτων ἐπιφάνειαι κύκλοι εἰσίν· εἰ
δὲ κύκλους, καὶ διαμέτρους κύκλων θετέον μήτ' ἴσους
μήτ' ἀνίσους· εἰ δὲ τοῦτο, καὶ γωνίας καὶ τρίγωνα, καὶ
παραλληλόγραμμα, καὶ παραλληλεπίπεδα, καὶ σώματα. Καὶ γὰρ εἰ μήκη ἐστὶ μήτ' ἴσα μήτ' ἄνισα
ἀλλήλοις, καὶ βάρος ἔσται καὶ πληγὴ καὶ σώματα.
(9) Εἶτα πῶς τολμῶσιν ἐπιτιμᾶν τοῖς τὰς κενότητας
εἰσάγουσι, καὶ ἀμερῆ τινα, καὶ μαχόμενον μήτε κινεῖσθαι μήτε μένειν ὑποτιθεμένοις, αὐτοὶ τὰ τοιαῦτα ἀξιώ-
ματα ψευδῆ λέγοντες εἶναι; « Εἴ τινα μή ἐστιν ἴσα

pyramide e triangulis constante, latera juxta commissuram inclinantia inæqualia quidem esse, non excedere tamen, quatenus unum alio majus sit. (2) Sic ille Notitias tuetur. Si enim est aliquid majus et non excedit, erit et minus quod non deficiat; erit ergo inæquale quod neque excedat neque excedatur; hoc est, erit æquale non æquale, majus non majus, minus non minus. (3) Porro autem vide quomodo occurrerit Democrito, physice et commode quærenti, *si conus ad basin plano secetur, quid judicandum sit de segmentorum superficiebus, æqualesne fiant an inæquales? si enim sint inæquales, conum reddent inæquabilem, multas nactum, graduum in morem, incisuras et asperitates; sin æquales, erunt segmenta æqualia, videbiturque cono evenire quod est cylindri, nempe ex æqualibus, non inæqualibus, constitui circulis, quod est absurdissimum.* (4) Hic vero ut argueret Democritum ignorationis, *superficies* ait *neque æquales fieri neque inæquales; sed corpora inæqualia, quia superficies eorum neque æquales sint, neque inæquales.* Enimvero legem hanc ponere, *superficies si non sint inæquales, corpora tamen esse inæqualia,* hominis est mirandam sibi scribendi quidquid in mentem venerit sumentis licentiam. (5) Contra enim ratio et evidentia docent, inæqualium corporum inæquales esse superficies, majoremque majoris; nisi debeat excessum quo minorem superat carentem superficie habere. Nam si non exceduntur minorum superficies a majoribus, sed hæ prius deficiunt, erit corporis termino finiti pars sine termino et infinita. (6) Si enim dicat sic cogere [naturam coni propter incisuras et postulare, nihil sani dicit.] Quas enim metuit coni incisuras, eas scilicet non superficierum, sed corporum efficit inæqualitas. Ridiculum itaque superficiebus ademtis, inæquabilitatem relinquere in ipsis corporibus monstratam. (7) Sed, si in eo quod positum fuit maneamus, quid magis repugnat communibus notitiis, quam talia fingere? Quippe si ponamus superficiem superficiei neque æqualem esse neque inæqualem; magnitudinem quoque magnitudini, numero numerum dicere poterimus neque æqualem esse neque inæqualem; quum quidem inter medium, inter æquale et inæquale, quod sit neutrum, dicere aut cogitare non possimus. (8) Ad hæc, si superficies sunt neque æquales neque inæquales, quid obstat quin circulos quoque neque æquales neque inæquales statuamus? nam ipsæ conicarum sectionum superficies liquido sunt circuli: si autem circulos licet, proinde etiam eorum diametros, tum angulos, triangulos, parallelogramma, parallelepipeda, corpora. Nam si longitudines sunt invicem neque æquales neque inæquales; erunt etiam pondera, ictus, corpora. (9) Qui ergo audent invehi in eos, qui inania spatia introducunt, et quædam individua, et neque moveri neque quiescere secum pugnans esse dicunt? quum ipsi hujusmodi pronunciata falsa esse dicant, *Quæ non sunt æqualia in-*

ἀλλήλοις, ἐκεῖνα ἄνισά ἐστιν ἀλλήλοις· » καὶ, « Οὐκ
ἔστι μὲν ἴσα ταῦτα ἀλλήλοις, (οὐκ) ἄνισα δέ ἐστι ταῦτα
ἀλλήλοις. » (10) Ἐπεὶ δέ φησιν « εἶναί τι μεῖζον, οὐ
μὴν ὑπερέχον, » ἄξιον ἀπορῆσαι, πότερον ταῦτ' ἐφαρμόσει ἀλλήλοις. Εἰ μὲν γὰρ ἐφαρμόσει, πῶς μεῖζόν
ἐστι θάτερον; εἰ δ' οὐκ ἐφαρμόσει, πῶς οὐκ ἀνάγκη τὸ
μὲν ὑπερέχειν, τὸ δ' ἐλλείπειν; τῷ μηδέτερον ὑπάρχειν,
καὶ οὐκ ἐφαρμόσει τῷ μείζονι, ἢ καὶ ἐφαρμόσει τὸ
μεῖζον εἶναι θάτερον. Ἀνάγκη γὰρ ἐν τοιαύταις ἀπορίαις γίνεσθαι τοὺς τὰς κοινὰς ἐννοίας μὴ φυλάττοντας.

XL. Καὶ μὴν τὸ μηθενὸς ἅπτεσθαι μηθὲν, παρὰ
τὴν ἐννοιάν ἐστιν· οὐχ ἧττον δὲ τοῦτο, ἅπτεσθαι μὲν
ἀλλήλων τὰ σώματα, μηδενὶ δὲ ἅπτεσθαι· τοῦτο δ'
ἀνάγκη προσδέχεσθαι τοῖς μὴ ἀπολείπουσιν ἐλάχιστα
μέρη σώματος, ἀλλ' ἀεί τι τοῦ δοκοῦντος ἅπτεσθαι
πρότερον λαμβάνουσι, καὶ μηδέποτε τοῦ προάγειν ἐπέκεινα παυομένοις. (2) Ὁ γοῦν αὐτοὶ μάλιστα προφέ-
ρουσι τοῖς τῶν ἀμερῶν προϊσταμένοις, τοῦτό ἐστι « τὸ
μήτε ὅλοις ὅλων ἀφὴν εἶναι, μήτε μέρεσι μερῶν· τὸ
μὲν γὰρ οὐχ ἀφὴν ἀλλὰ κρᾶσιν ποιεῖν, τὸ δ' οὐκ εἶναι
δυνατὸν, μέρη τῶν ἀμερῶν οὐκ ἐχόντων. » (3) Πῶς
οὖν οὐκ αὐτοὶ τούτῳ περιπίπτουσι, μηδὲν μέρος ἔσχατον
μηδὲ πρῶτον ἀπολιπόντες; ὅτι, νὴ Δία « ψαύειν κατὰ
πέρας τὰ σώματα, [οὐχ] ὅλα ὅλων, οὐ[δὲ] κατὰ μέρος
λέγουσι· τὸ δὲ πέρας σῶμα οὐκ ἔστιν. » (4) Ἅψεται τοίνυν σῶμα σώματος ἀσωμάτῳ· καὶ οὐχ ἅψεται
πάλιν, ἀσωμάτου μεταξὺ ὄντος. Εἰ δὲ ἅψεται, καὶ
ποιήσει τι καὶ πείσεται τῷ ἀσωμάτῳ τὸ σῶμα· ποιεῖν
γάρ τι καὶ πάσχειν ὑπ' ἀλλήλων καὶ ἅπτεσθαι τὰ σώματα πέφυκεν. (5) Εἰ δὲ ἀφὴν ἴσχει τῷ ἀσωμάτῳ τὸ
σῶμα, καὶ συναφὴν ἕξει καὶ κρᾶσιν καὶ συμφυίαν.
Ἔτι γὰρ ἐν ταῖς συναφαῖς καὶ κράσεσιν ἢ μένειν ἀναγκαῖον, ἢ μὴ μένειν, ἀλλ' ἐφθάρθαι τὰ πέρατα τῶν σω-
μάτων· ἑκάτερον δὲ παρὰ τὴν ἐννοιάν ἐστι. (6) Φθορὰς
μὲν γὰρ ἀσωμάτων καὶ γενέσεις οὐδ' αὐτοὶ καταλεί-
πουσι· κρᾶσις δὲ καὶ συναφὴ σωμάτων * ἰδίοις χρωμένων πέρασιν οὐκ ἂν γένοιτο· τὸ γὰρ πέρας ὁρίζει καὶ
ἵστησι τὴν τοῦ σώματος φύσιν· αἱ δὲ κράσεις, εἰ μὴ
μερῶν παρὰ μέρη παραθέσεις εἰσὶν ἀλλήλοις, [ἀλλ']
ὅλα τὰ κιρνάμενα συγχέουσιν, ὥσπερ οὗτοι λέγουσι,
φθορὰς ἀπολειπτέον περάτων ἐν ταῖς μίξεσιν, εἶτα γενέσεις ἐν ταῖς διαστάσεσι· ταῦτα δ' οὐδεὶς ἂν ῥᾳδίως
νοήσειεν. (7) Ἀλλὰ μὴν καθ' ὅ γε ἅπτεται τὰ σώματα
ἀλλήλων, κατὰ τοῦτο καὶ πιέζεται καὶ θλίβεται καὶ
συντρίβεται ὑπ' ἀλλήλων· ἀσώματον δὲ ταῦτα πάσχειν
ἢ ποιεῖν, οὐ δυνατὸν, ἀλλ' οὐδὲ διανοητέον ἐστί· τοῦτο
δὲ βιάζονται νοεῖν ἡμᾶς. (8) Εἰ γὰρ ἡ σφαῖρα τοῦ
ἐπιπέδου κατὰ σημεῖον ἅπτεται, δῆλον ὅτι καὶ σύρεται
κατὰ σημεῖον διὰ τοῦ ἐπιπέδου· κἂν ᾖ μίλτῳ τὴν ἐπιφάνειαν ἀληλιμμένη, μιλτίνην ἐνομόρξεται τῷ ἐπιπέδῳ
γραμμήν· (**) πεπυρωμένη, πυρώσει τὸ ἐπίπεδον· ἀσώματον δὲ χρώζεσθαι, καὶ ἀσωμάτῳ πυροῦσθαι σῶμα,
παρὰ τὴν ἐννοιάν ἐστιν. (9) Ἂν δὲ δὴ κεραμεᾶν ἢ
κρυσταλλίνην σφαῖραν εἰς ἐπίπεδον φερομένην λίθινον

<hr>

ter se, sunt inæqualia : et, *Non sunt hæc et æqualia
inter se, et inæqualia inter se.* (10) Quoniam vero dicit
Chrysippus, *esse quippiam majus quod tamen non excedat minorem quantitatem,* quæri haud injuria potest,
an invicem applicata ea congruant. Nam si congruunt,
quomodo alterum altero erit majus? si non congruant, qui
non oportebit alterum excedere, alterum superari? quodsi neutrum est, et non congruet cum majore, et congruet
simul cum majore, alterum. Necesse est enim in tales
difficultates devolvi eos qui communibus non stant notitiis.

XL. Jam his adversatur illud, *nihil a quoquam tangi :*
neque minus hoc, *corpora se invicem tangere quidem,
sed nihilo tangere.* Id autem necesse habent admittere
ii, qui non relinquunt minimas corporis partes, sed semper
aliquid prius eo quod tangere videtur sumunt, idque ulterius producere nunquam desinunt. (2) Quod ergo maxime
ii individuorum corporum patronis objiciunt, hoc est : *neque totis ad tota esse tactum, neque partibus ad partes :
a priore enim ratione non tactum, sed commixtionem
effici; posteriorem rationem omnino repugnare naturæ
rerum, nec fieri posse, quum individua nullas habeant
partes.* (3) At quomodo non ipsi in hoc ipsum incidant,
nullam extremam aut primam partem relinquentes? *Quia
nimirum,* inquiunt, *corpora tanguntur a se invicem
extremitate, non tota a totis, neque partes a partibus;
extremitas vero corpus non est.* (4) Ergo corpus incorporeo tanget corpus; rursumque non tanget, interveniente
inter ipsa incorporeo. Si tanget, aget quoque aliquid et
patietur incorporeo corpus; est enim ea corporum natura,
ut contactu invicem agant ac patiantur. (5) Quodsi tactum
corpus incorporeo habet, contactum quoque habebit, et
commixtionem, et coalitionem. Rursus enim in coalitio-
nibus et commixtionibus, aut manebunt, aut non manebunt extremitates corporum, sed peribunt; quorum utrumque contra Notitiam est. (6) Interitus nimirum et ortus
incorporeorum ne ipsi quidem concedant. Commixtio et
et coalitio corporum suis contentorum extremitatibus fieri
nequit. Nam terminus definit et constituit corporis naturam : commixtio, quum non sit partium juxta partes ap-
positio, sed tota confundat corpora quæ miscentur, sicut
hi dicunt ; interitus extremitatum in mixtione ponendi sunt,
in dissidio ortus. Hæc vero nemo facile animo conceperit.
(7) Enimvero quo corpora invicem tanguntur, eodem etiam
premuntur, colliduntur, et conteruntur invicem. Hoc autem ab incorporeo fieri non potest, neque adeo cogitari.
Sed hoc est, quod, nos ut intelligamus, vim nobis inten-
tant. (8) Atqui, si globus planum in puncto tangit, utique
puncto etiam volvetur per planum : et si minio inducta sit
superficies, miniatam in superficie plana imprimet lineam;
si candens, uret planum. Ceterum incorporeo colorari aut
uri corpus, est contra communem notitiam. (9) Quodsi
crystallinam aut figlinam sphæram imaginemur ab alto in

ἀφ' ὕψους νοήσωμεν, ἄλογον, εἰ μὴ συντριβήσεται,
πληγῆς πρὸς ἀντίτυπον γενομένης· ἀτοπώτερον δὲ τὸ
συντριβῆναι κατὰ πέρας καὶ σημεῖον ἀσώματον προσ-
πεσοῦσαν. (10) Ὥστε πάντη τὰς περὶ τῶν ἀσωμάτων
καὶ σωμάτων αὐτοῖς ταράττεσθαι προλήψεις, μᾶλλον
δ' ἀναιρεῖσθαι, πολλὰ τῶν ἀδυνάτων παρατιθεμένοις.

XLI. Παρὰ τὴν ἔννοιάν ἐστι, χρόνον εἶναι μέλλοντα
καὶ παρῳχημένον, ἐνεστῶτα δὲ μὴ εἶναι χρόνον, ἀλλὰ
τὸ μὲν ἄρτι καὶ τὸ πρῴην ὑφεστάναι, τὸ δὲ νῦν ὅλως
μηδὲν εἶναι. (2) Καὶ μὴν τοῦτο συμβαίνει τοῖς Στωϊκοῖς ἐλάχιστον χρόνον μὴ ἀπολείπουσι, μηδὲ τὸ νῦν
ἀμερὲς εἶναι βουλομένοις, ἀλλ' ὅ τι ἄν τις ὡς ἐνεστὼς
οἴηται λαβὼν διανοεῖσθαι, τούτου τὸ μὲν μέλλον, τὸ δὲ
παρῳχημένον εἶναι φάσκουσιν· ὥστε μηθὲν κατὰ τὸ
νῦν ὑπομένειν, μηδὲ λείπεσθαι μόριον χρόνου παρόντος,
ἄν, ὃς λέγεται παρεῖναι, τούτου τὰ μὲν εἰς τὰ μέλλοντα, τὰ δ' εἰς τὰ παρῳχημένα διανέμηται. (3)
Δυοῖν οὖν συμβαίνει θάτερον· ἢ τὸ ἦν χρόνος, καὶ
ἔσται χρόνος, τιθέντας, ἀναιρεῖν τό, ἐστὶ χρόνος· ἢ
ἐστὶ χρόνος ἐνεστηκὼς, οὗ τὸ μὲν ἐνειστήκει, τὸ δ'
ἐνστήσεται· καὶ λέγειν ὅτι τοῦ ὑπάρχοντος τὸ μὲν
μέλλον ἐστὶ, τὸ δὲ παρῳχημένον· καὶ τοῦ νῦν, τὸ μὲν
πρότερον, τὸ δὲ ὕστερον· ὥστε νῦν εἶναι τὸ μηδέπω
νῦν, καὶ τὸ μηκέτι νῦν· οὐκ ἔστι γὰρ νῦν τὸ παρῳχημένον, καὶ οὐδέπω νῦν τὸ μέλλον. (4) [Ἀνάγκη οὖν
οὕτω] διαιροῦσι λέγειν αὐτοῖς, ὅτι καὶ τὸ ** καὶ τοῦ
φωτὸς τὸ μὲν πέρυσι, τὸ δ' εἰς νέωτα· καὶ τοῦ ἅμα τὸ
μὲν πρότερον, τὸ δὲ ὕστερον. (5) Οὐθὲν γὰρ ἐπιει-
κέστερα τούτων κυκῶσι, ταυτὰ ποιοῦντες τὸ μηδέπω
καὶ τὸ ἤδη καὶ τὸ μηκέτι, καὶ τὸ νῦν καὶ τὸ μὴ νῦν·
οἱ δ' ἄλλοι πάντες ἄνθρωποι καὶ τὸ ἄρτι καὶ τὸ μετὰ
μικρὸν, ὡς ἕτερα τοῦ νῦν μόρια, καὶ τὸ μὲν μετὰ τὸ νῦν,
τὸ δὲ πρὸ τοῦ νῦν τίθενται καὶ νοοῦσι καὶ νομίζουσι. (6)
Τούτων Ἀρχέδημος μὲν ἀρχήν τινα καὶ συμβολὴν εἶναι
λέγων, τοῦ παρῳχημένου καὶ τοῦ ἐπιφερομένου τὸ νῦν,
λέληθεν αὐτὸν, ὡς ἔοικε, τὸν πάντα χρόνον ἀναιρῶν. (7)
Εἰ γὰρ τὸ νῦν οὐ χρόνος ἐστὶν, ἀλλὰ πέρας χρόνου, πᾶν
δὲ μόριον χρόνου τοιοῦτον, οἷον τὸ νῦν ἐστιν, οὐδὲν
φαίνεται μέρος ἔχων ὁ σύμπας χρόνος, ἀλλ' εἰς πέρατα
διόλου καὶ συμβολὰς καὶ ὁρμὰς ἀναλυόμενος. (8)
Χρύσιππος δὲ βουλόμενος φιλοτεχνεῖν περὶ τὴν διαίρεσιν, ἐν μὲν τῷ περὶ τοῦ Κενοῦ καὶ ἄλλοις τισὶ « τὸ
μὲν παρῳχημένον τοῦ χρόνου καὶ τὸ μέλλον οὐχ ὑπάρχειν ἀλλ' ὑφεστηκέναι φησὶ, μόνον δὲ ὑπάρχειν τὸ
ἐνεστηκός· » ἐν δὲ τῷ τρίτῳ καὶ τετάρτῳ καὶ πέμπτῳ
περὶ τῶν Μερῶν, τίθησι « τοῦ ἐνεστηκότος χρόνου τὸ
μὲν, μέλλον εἶναι, τὸ δὲ, παρεληλυθός. » (9) * Ὥστε
συμβαίνει τὸ ὑπάρχον αὐτῷ τοῦ χρόνου διαιρεῖν εἰς τὰ
μὴ ὑπάρχοντα τοῦ ὑπάρχοντος, μᾶλλον δὲ ὅλως τοῦ
χρόνου μηδὲν ἀπολιπεῖν ὑπάρχον, εἰ τὸ ἐνεστηκὸς οὐδὲν ἔχει μέρος, ὃ μὴ μέλλον ἐστὶν, ἢ παρῳχημένον.

XLII. Ἡ μὲν οὖν τοῦ χρόνου νόησις αὐτοῖς, οἷον
ὕδατος περίδραξις, ὅσῳ μᾶλλον πιέζεται διαρρέοντος
καὶ διολισθαίνοντος· τὰ δὲ τῶν πράξεων καὶ κινήσεων

planum lapideum deferri; absurdum dictu est eam non
confractum iri, ictu in solidum et durum impactam; absurdius autem, confringi eam extremitate et puncto incorporeo incidentem. (10) Igitur undique eorum de incorporeis et corporibus praesumtiones turbantur, aut potius
tolluntur, quum multa iis annectant impossibilia.

XLI. Contrarium est communi notitiæ, Tempus esse futurum et præteritum, præsens tempus non esse; sed, quod
modo et nuper fuit, id subsistere; quod nunc est, prorsus
nihil esse. (2) Atqui Stoicis accidit ut sic statuant, dum
minimum tempus negant, *neque Nunc individuum esse*
concedunt; sed *quidquid ut præsens sumere aliquis pu-*
tet se et intelligere, ejus partem præteritam, partem
futuram esse dicunt : *nullam igitur subsistere aut ma-*
nere particulam præsentis, quando quum adesse dici-
tur, altera pars ejus in præteritum, altera in futurum
distribuitur. (3) Ergo de duobus alterum fit; ut aut posito tempus *fuisse* et tempus *fore,* negemus *esse* tempus;
aut tempus præsens sit, cujus pars jam institerit, pars insti-
tura sit; dicamusque ejus quod jam est aliud fore, aliud
jam præterlapsum esse; et *Nunc,* dividi in prius ac posterius : ut *Nunc* sit quod nondum est, et quod non adhuc
est : non enim est *Nunc* id quod præteriit, et nondum est
Nunc id quod futurum sit. (4) Ergo necesse est ita dividen-
tibus dicere ipsis [*hodie* esse partim *heri* partim *cras,*] et
hujus anni partem esse anni antecedentis, partem sequentis;
et eorum quæ simul sunt alterum prius, alterum posterius.
(5) Nihilo enim tolerabiliores sunt eadem facientes istæ,
Nondum, Jam, Non amplius, Nunc, Non nunc. Reliqui
omnes homines *Modo* et *Paullo post,* ut diversas a *Nunc*
temporis partes, quarum alteram *Nunc* sequatur, alteram
præcedat, statuunt atque intelligunt. (6) Archedemus
vero principium quoddam et copulam præterlapsi immi-
nentisque esse *Nunc* illud statuens; imprudens, ut apparet,
universum tempus sustulit. (7) Quippe si *Nunc* non est
tempus, sed terminus temporis, omnis autem portio temporis talis est, quale ipsum *Nunc;* videtur universum tempus
nullam habiturum partem, sed omnino in terminos, copulas
ac momenta dissolutum iri. (8) At Chrysippus artificio-
siorem cupiens divisionem instituere, in libro de Inani, et
aliis quibusdam, *præteritum et futurum tempus non*
subsistere, sed substitisse ait, *solum præsens subsistere:*
in tertio, quarto, et quinto de Partibus libro idem *præsen-*
tis temporis ait *alteram partem præteritam esse, al-*
teram futuram. (9) Ita fit ut tempus subsistens dividat
in non-subsistentes partes subsistentis, atque adeo tempori
nihil quicquam relinquat subsistens; si quidem præsentis
nulla est pars nisi futurum et præteritum.

XLII. Ergo tempus ita considerant ii, ut qui aquam amplecti volunt, quanto magis premunt, tanto magis diffluentem et subterlabentem. Quæ autem ad actiones et motus

τὴν πᾶσαν ἔχει σύγχυσιν τῆς ἐναργείας. (2) Ἀνάγκη
γὰρ, εἰ τοῦ νῦν τὸ μὲν εἰς τὸ παρῳχημένον, τὸ δ' εἰς
τὸ μέλλον διαιρεῖται, καὶ τοῦ κινουμένου κατὰ τὸ νῦν,
τὸ μὲν κεκινῆσθαι, τὸ δὲ κινήσεσθαι, πέρας δὲ κινήσεως ἀνῃρῆσθαι καὶ ἀρχήν, μηδενὸς ἔργου πρῶτον γεγονέναι, μηδ' ἔσχατον ἔσεσθαι μηδέν, τῷ χρόνῳ τῶν
πράξεων συνδιανεμομένων. (3) Ὡς γὰρ τοῦ ἐνεστῶτος
χρόνου τὸ μὲν παρῳχῆσθαι, τὸ δὲ μέλλειν λέγουσιν,
οὕτω τοῦ πραττομένου τὸ μὲν πεπρᾶχθαι, τὸ δὲ πρα-
χθήσεσθαι. (4) Πότε τοίνυν ἔσχεν ἀρχήν, πότε δ' ἕξει
τελευτὴν τὸ ἀριστᾶν, τὸ γράφειν, τὸ βαδίζειν, εἰ πᾶς μὲν
ὁ ἀριστῶν ἠρίστησε καὶ ἀριστήσει, πᾶς δὲ ὁ βαδίζων
ἐβάδιζε καὶ βαδιεῖται; τὸ δὲ δεινῶν, φασί, δεινότατον, εἰ
τῷ ζῶντι τὸ ἐζηκέναι καὶ ζήσεσθαι συμβέβηκεν, οὔτ'
ἀρχὴν ἔσχε τὸ ζῆν οὔτε ἕξει πέρας· ἀλλ' ἕκαστος ἡμῶν,
ὡς ἔοικε, γέγονε μὴ ἀρξάμενος τοῦ ζῆν, καὶ τεθνήξεται μὴ
παυσόμενος. (5) Εἰ γὰρ οὐδέν ἐστιν ἔσχατον μέρος, ἀλλ'
ἀεί τι τῷ ζῶντι τοῦ παρόντος εἰς τὸ μέλλον περίεστιν,
οὐδέποτε γίνεται ψεῦδος τὸ ζήσεσθαι Σωκράτη, ὁσάκις
ἀληθὲς ** τὸ ζῇ Σωκράτης· ἐπὶ τοσοῦτο ψεῦδος τὸ τέθνηκε
Σωκράτης· ὥστ', εἰ τὸ ζήσεται Σωκράτης ἀληθές ἐστιν
ἐν ἀπείροις χρόνου μέρεσιν, ἐν οὐδενὶ χρόνου μέρει τὸ
τέθνηκε Σωκράτης ἀληθὲς ἔσται. (6) Καίτοι τί πέρας
ἂν ἔργου γένοιτο; ποῦ δὲ λήξειε τὸ πραττόμενον, ἂν,
ὁσάκις ἀληθές ἐστι τὸ πράττεται, τοσαυτάκις ἀληθὲς
ᾖ καὶ τὸ πραχθήσεται; ψεύσεται γὰρ ὁ λέγων περὶ τοῦ
γράφοντος καὶ διαλεγομένου Πλάτωνος, ὅτι παύσεταί
ποτε Πλάτων διαλεγόμενος, εἰ μηδέποτε ψεῦδός ἐστι τὸ
διαλεχθήσεται, περὶ τοῦ διαλεγομένου, καὶ τὸ γράψει,
περὶ τοῦ γράφοντος. (7) Ἔτι τοίνυν τοῦ γινομένου
μέρος οὐδέν ἐστιν, ὅπερ οὐκ ἤτοι γεγονός ἐστιν ἢ γενησόμενον, καὶ παρεληλυθὸς ἢ μέλλον· γεγονότος δὲ καὶ
γεγενημένου, καὶ παρῳχημένου καὶ μέλλοντος αἴσθησις
οὐκ ἔστιν· οὐδενὸς [οὖν] ἁπλῶς αἴσθησίς ἐστιν. (8)
Οὔτε γὰρ ὁρῶμεν τὸ παρῳχημένον ἢ τὸ μέλλον, οὔτ'
ἀκούομεν, οὔτ' ἄλλην τινὰ λαμβάνομεν αἴσθησιν τῶν
γεγονότων ἢ γενησομένων· οὐδὲν [οὖν], οὐδ' ἂν παρῇ
τι, αἰσθητόν ἐστιν, εἰ τοῦ παρόντος ἀεὶ τὸ μὲν μέλλει,
τὸ δὲ παρῴχηκε· καὶ τὸ μὲν γεγονός ἐστι, τὸ δὲ γενησόμενον.

XLIII. Καὶ μὴν αὐτοί γε σχέτλια ποιεῖν τὸν Ἐπίκουρον λέγουσι, καὶ βιάζεσθαι τὰς ἐννοίας, ἰσοταχῶς
τὰ σώματα κινοῦντα, καὶ μηδὲν ἀπολείποντα μηδενὸς ταχύτερον. (2) Πολλῷ δὲ τούτου σχετλιώτερόν
ἐστι, καὶ μᾶλλον ἀπήρτηται τῶν ἐννοιῶν, τὸ μηδὲν
ὑπὸ μηδενὸς περικαταλαμβάνεσθαι, μηδ' εἰ χελώνην,
τὸ τοῦ λόγου, φασί,

μετόπισθε διώκοι
Ἀδρήστου ταχὺς ἵππος.

(3) Ἀνάγκη δὲ τοῦτο συμβαίνειν, τῶν μὲν κινουμένων
κατὰ τὸ πρότερον [καὶ τὸ ὕστερον], τῶν δὲ διαστημάτων, ἃ διεξίασιν, εἰς ἄπειρον ὄντων μεριστῶν, ὥσπερ
ἀξιοῦσιν οὗτοι. (4) Εἰ γὰρ [φθαίη] πλέθρῳ μόνον ἡ

---

pertinent, talia sunt, ut omnibus modis evidentiam confundant. (2) Nam necesse est, si *Nunc* in præteritum et
futurum dividitur, id quod movetur nunc, partim motum
esse, partim motum iri; terminum vero et principium motus sublatum esse, nihilque primo factum dici posse, nihil
ultimo factum iri, ac proinde tempore sic cum actionibus diviso, nihil in his fore primum aut ultimum. (3) Etenim
sicut præsentis temporis partem præteritam, partem futuram dicunt, sic ejus quod agitur partem actam esse, partem actum iri dicetur. (4) Quando ergo cœperunt, quando
finientur hæc, Prandere, Scribere, Ambulare; si quicumque
prandet, pransus jam partim est, partim prandebit, et
omnis ambulans, partim ambulavit, partim ambulabit? Et
secundum proverbium, gravium est gravissimum, quod,
si is qui vivit, vixit etiam et vivet, vita neque initium habet neque finem; sed quilibet nostrûm, ut apparet, et natus
est nullo vivendi facto initio, et morietur vivere non desi
nens. (5) Nam si nulla est pars ultima, sed præsenti semper aliquid in futurum restat; nunquam falsum hoc erit
Vivet Socrates, quamdiu verum erit *Vivit Socrates*. In
tantum igitur falsum semper erit hoc, *Mortuus est Socrates*. Proinde si hoc, *Vivet Socrates*, verum erit per
infinitas temporis partes; in nulla temporis parte verum
erit hoc, *Mortuus est Socrates*. (6) At enim quis erit
actionum finis? quando desinet agi aliquid, si quoties vere
dicitur *aliquid agi*, toties etiam verum est *actum iri?*
Mentietur nimirum qui de Platone scribente ac disserente
dicit, *desinet aliquando Plato scribere ac disserere;*
si de disserente nunquam falso dicitur *fore ut disserat,*
et *scripturum esse* de scribente. (7) Præterea autem
ejus quod est nulla pars erit, quæ non jam aut fuerit aut
futura sit, hoc est aut præterita aut ventura. Ceterum
præteritorum et futurorum nulla est sensio, proinde nihil
omnino sentietur. (8) Quod enim præteriit aut futurum
est, neque videtur, neque auditur, neque alio ullo percipitur sensu: nihil igitur potest sensibus percipi, ne id quidem quod est præsens, quum sit divisum in præteritum et
futurum.

XLIII. Jam vero ipsi graviter accusant Epicurum, viola-
rique ab eo communes aiunt notitias, quod æqualem corporibus motum tribuat, nullumque altero celerius haberi
sinat. (2) Atqui multo hoc est pejus, longiusque a communibus recedit notitiis, nullam rem alterius motum posse
assequi; neque si, ut in proverbio est, testudinem

celer impete summo
Adrasti sectetur equus.

(3) Est autem necesse hoc fieri, quum res moveantur, ratione prioris et posterioris, intervalla autem, per quæ moventur, in infinitum secari, de Stoicorum opinione, possint.
(4) Nam si solo jugero testudo equum antecedat qui hoc in

χελώνη τὸν ἵππον, οἱ τοῦτο μὲν εἰς ἄπειρον τέμνοντες,
ἑκάτερα δὲ κινοῦντες κατὰ τὸ πρότερον καὶ τὸ ὕστερον,
οὐδέποτε τῷ βραδυτάτῳ προσάξουσι τὸ τάχιστον, ἀεί
τι διάστημα τοῦ βραδυτέρου προλαμβάνοντος εἰς ἄπειρα
5 διαστήματα μεριζόμενον. (5) Τὸ δ' ἔκ τινος φιάλης ἢ
κύλικος, ὕδατος ἐκχεομένου, μηδέποτε πᾶν ἐκχυθήσε-
σθαι, πῶς οὐ παρὰ τὴν ἔννοιάν ἐστιν; ἢ πῶς οὐχ ἑπόμενον οἷς οὗτοι λέγουσι; * Τὴν γὰρ κατὰ τὸ πρότερον τῶν
εἰς ἄπειρον μεριστῶν κίνησιν οὐκ ἄν τις νοήσειε τὸ πᾶν
10 διανύουσαν· ἀλλ' ἀεί τι μεριστὸν ὑπολείπουσα ποιήσει
πᾶσαν μὲν ἔκχυσιν, πᾶσαν δ' ὀλίσθησιν καὶ ῥύσιν ὑγροῦ,
καὶ φορὰν στερεοῦ, καὶ βάρους μεθειμένου πτῶσιν
ἀσυντέλεστον.

XLIV. Παρίημι δὲ πολλὰς ἀτοπίας αὐτῶν, τῶν
15 παρὰ τὴν ἔννοιαν ἐφαπτόμενος. Ὁ τοίνυν περὶ αὐξήσεως λόγος ἐστὶ μὲν ἀρχαῖος· ἠρώτηται γάρ, ὥς φησι
Χρύσιππος, ὑπὸ Ἐπιχάρμου· τῶν δ' ἐν Ἀκαδημίᾳ
οἰομένων, μὴ πάνυ ῥᾴδιον μηδ' αὐτόθεν ἕτοιμον εἶναι
τὴν ἀπορίαν, πολλὰ κατητιᾶσθαι ** κατεβόησαν, ὡς
20 τὰς προλήψεις ἀναιρούντων, καὶ παρὰ τὰς ἐννοίας φυλάττουσιν, ἀλλὰ καὶ τὴν αἴσθησιν προσδιαστρέφουσιν.
(2) Ὁ μὲν γὰρ λόγος ἁπλοῦς ἐστι, καὶ τὰ λήμματα
συγχωροῦσιν οὗτοι, τὰς [μὲν] ἐν μέρει πάσας οὐσίας
ῥεῖν καὶ φέρεσθαι, τὰ μὲν ἐξ αὐτῶν μεθιείσας, τὰ δὲ
25 ποθὲν ἐπιόντα προσδεχομένας· οἷς δὲ πρόσεισι καὶ
ἄπεισιν ἀριθμοῖς ἢ πλήθεσι, ταῦτα μὴ διαμένειν, ἀλλ'
ἕτερα γίνεσθαι ταῖς εἰρημέναις προσόδοις, ἐξαλλαγὴν
τῆς οὐσίας λαμβανούσης· αὐξήσεις δὲ καὶ φθίσεις οὐ
κατὰ δίκην ὑπὸ συνηθείας ἐκνενικῆσθαι τὰς μεταβολὰς
30 ταύτας λέγεσθαι, γενέσεις δὲ καὶ φθορὰς μᾶλλον αὐτὰς
ὀνομάζεσθαι προσῆκον, ὅτι τοῦ καθεστῶτος εἰς ἕτερον
ἐκβιάζουσι· τὸ δ' αὔξεσθαι καὶ τὸ μειοῦσθαι, πάθη
σώματός ἐστιν ὑποκειμένου καὶ διαμένοντος. (3) Οὕτω
δέ πως τούτων λεγομένων καὶ τιθεμένων, τί ἀξιοῦσιν
35 οἱ πρόδικοι τῆς ἐναργείας οὗτοι, καὶ κανόνες τῶν ἐννοιῶν; « Ἕκαστον ἡμῶν δίδυμον εἶναι καὶ διφυῆ καὶ
διττόν· » οὐχ ὥσπερ οἱ ποιηταὶ τοὺς Μολιονίδας, τοῖς
μὲν ἡνωμένους μέρεσι, τοῖς δ' ἀποκρινομένους, ἀλλὰ
δύο σώματα ταυτὸν ἔχοντα χρῶμα, ταυτὸν δὲ σχῆμα,
40 ταυτὸν δὲ βάρος καὶ τόπον, ** ὑπὸ μηδενὸς ἀνθρώπων
ὁρώμενα πρότερον· ἀλλ' οὗτοι μόνοι εἶδον τὴν σύνθεσιν
ταύτην καὶ διπλόην καὶ ἀμφιβολίαν, (4) ὡς δύο ἡμῶν
ἕκαστός ἐστιν ὑποκείμενα, τὸ μὲν οὐσία, τὸ δὲ [ποιό-
της]· καὶ τὸ μὲν ἀεὶ ῥεῖ καὶ φέρεται, μήτ' αὐξόμενον
45 μήτε μειούμενον, μήτε ὅλως οἷόν ἐστι διαμένον, τὸ δὲ
διαμένει καὶ αὐξάνεται καὶ μειοῦται, καὶ πάντα πάσχει τἀναντία θατέρῳ, συμπεφυκὸς καὶ συνηρμοσμένον
καὶ συγκεχυμένον, καὶ τῆς διαφορᾶς τῇ αἰσθήσει μηδαμοῦ παρέχον ἅψασθαι. (5) Καίτοι λέγεται μὲν ὁ
50 Λυγκεὺς ἐκεῖνος διὰ πέτρας καὶ διὰ δρυὸς ὁρᾶν· ἑώρα
δέ τις ἀπὸ σκοπῆς ἐν Σικελίᾳ καθεζόμενος τὰς Καρχηδονίων ἐκ τοῦ λιμένος ναῦς ἐκπλεούσας, ἡμέρας καὶ
νυκτὸς ἀπεχούσας δρόμον· οἱ δὲ περὶ Καλλικράτη καὶ
Μυρμηκίδην λέγονται δημιουργεῖν ἅρματα μυίας πτεροῖς

infinita secant, ambo autem animalia ratione prioris et posterioris movent, nunquam celerrimum ad tardissimum per-
ducent; semper tardiore aliquod præsumente suo progressu
intervallum, quum spatia sint in infinitum divisa. (5) Jam
e patera aliqua aut calice si effundatur aqua, nunquam
omnem effusum iri, quomodo non adversatur communi notitiæ, aut qui non est consequens eorum quæ ipsi dicunt?
Nam motum in priora eorum quæ in infinitum secantur,
nemo intelligere potest consummari, sed semper aliqua restabit pars, ut omnis effusio, omnis lapsus, et fluxus humoris, motus solidi, casus ponderis maneant imperfecta.

XLIV. Multa alia eorum absurda prætermitto, ea tantum
attingens, quæ sunt contra communes notitias. Ratio de
incremento antiqua est, quam etiam ab Epicharmo interro-
gatam Chrysippus ait. Quum autem Academici putent
ejus quæstionis obscuritatum explicatus non admodum
faciles aut in promtu esse sitos, multis eos incusant, ut qui
communes notitias perimant; quum quidem ipsi Stoici non
modo contra notiones multa fingant, sed porro etiam sensum pervertant. (2) Ratio enim simplex est, et assumtio-
nes concedunt ipsi: *substantias omnes singulares fluere
et ferri, vel quod ex ipsis aliquid emittant, vel alicunde adventantia recipiant: quibus vero fit accessio
et discessio numeris aut multitudinibus, eadem non
manere, sed alia fieri accessionibus dictis, substantia
mutata. Neque vero jure, sed vi hoc consuetudinem
obtinuisse, ut mutationes istæ incrementa et decrementa dicerentur; quum debuerint potius ortus et interitus appellari, quia de statu in aliam expellunt naturam: augeri et minui, affectiones corporis esse subsistentis et permanentis.* (3) His hunc fere in modum dictis
ac positis, quid postulant patroni evidentiæ isti, et normæ
communium notitiarum? *Unumquemque-nostrûm natura
duplicem esse et geminum,* non quo pacto poetæ Molio-
nidas finxerunt quibusdam partibus concretos, quibusdam
divulsos: sed *duo habere quemvis corpora, non colore,
non figura, non pondere aut loco differentia:* quæ quum
nemo hominum ante conspexerit, illi primi hanc compositionem, duplicitatem et ambiguitatem perspexerunt: (4)
scilicet *unumquemque nostrûm duo esse subjecta; quorum alterum sit substantia, alterum qualitas; quorum
illud in perpetuo sit fluxu et motu, incrementi decre-
mentique expers, et omnino nunquam sui simile manens; alterum maneat, augeatur, decrescat, omniaque
contraria priori patiatur, cognatum, concinnatum et
confusum, neque discrimen illud ullo sensu posse percipi.* (5) Sane Lynceus ille dicitur visu per saxum et
quercum penetrasse; et quidam in specula Siciliæ sedens
conspexit Carthaginiensium naves e portu enavigantes, diei
noctisque cursu inde distantes; Callicrates et Myrmecides
fabricati dicuntur esse currus, qui ala muscæ tegerentur,

καλυπτόμενα, καὶ διατορεύειν ἐν σησάμῳ γράμμασιν ἔπη τῶν Ὁμήρου· ταύτην δὲ τὴν ἐν ἡμῖν ἑτερότητα καὶ [δια]φορὰν οὐδεὶς διεῖλεν οὐδὲ διέστησεν· οὔτε ἡμεῖς ᾐσθόμεθα διττοὶ γεγονότες, καὶ τῷ μὲν ἀεὶ ῥέοντες μέρει, τῷ δ' ἀπὸ γενέσεως ἄχρι τελευτῆς οἱ αὐτοὶ διαμένοντες. (5) Ἁπλούστερον δὲ ποιοῦμαι τὸν λόγον· ἐπεὶ τέτταρά γε ποιοῦσιν ὑποκείμενα περὶ ἕκαστον, μᾶλλον δὲ τέτταρα ἕκαστον ἡμῶν· ἀρκεῖ δὲ καὶ τὰ δύο πρὸς τὴν ἀτοπίαν, εἴ γε τοῦ μὲν Πενθέως ἀκούοντες ἐν τῇ τραγῳδίᾳ λέγοντος, ὡς

> Δύο μὲν ἡλίους ὁρᾷ,
> διττὰς δὲ Θήβας,

οὐχ ὁρᾶν αὐτὸν, ἀλλὰ παρορᾶν λέγομεν, ἐκτρεπόμενον καὶ παρακινοῦντα τοῖς λογισμοῖς· τούτους δέ, οὐ μίαν πόλιν, ἀλλὰ πάντας ἀνθρώπους, καὶ ζῷα καὶ δένδρα πάντα, καὶ σκεύη καὶ ὄργανα, καὶ ἱμάτια διττὰ καὶ διφυῆ τιθεμένους, οὐ χαίρειν ἐῶμεν, ὡς παρανοεῖν ἡμᾶς μᾶλλον ἢ νοεῖν ἀναγκάζοντας; (7) Ἐνταῦθα μὲν οὖν ἴσως αὐτοῖς συγγνωστὰ πλάττουσιν ἑτέρας * φύσεις ὑποκειμένων· ἄλλη γὰρ οὐδεμία φαίνεται μηχανὴ φιλοτιμουμένοις σῶσαι καὶ διαφυλάξαι τὰς αὐξήσεις.

XLV. Ἐν δὲ τῇ ψυχῇ, τί παθόντες, ἢ τίνας πάλιν ἄλλας ὑποθέσεις κοσμοῦντες, ἐνδημιουργοῦσι σωμάτων διαφορὰς καὶ ἰδέας ὀλίγου δέω εἰπεῖν ἀπείρους τὸ πλῆθος, οὐκ ἂν ἔχοι τις εἰπεῖν· ἀλλ' ὅτι τὰς κοινὰς καὶ συνήθεις ἐξοικίζοντες ἐννοίας, μᾶλλον δὲ ὅλως ἀναιροῦντες καὶ διαφθείροντες, ἑτέρας ἐπεισάγουσιν ἀλλοκότους καὶ ξένας. (2) Ἄτοπον γὰρ εὖ μάλα, τὰς ἀρετὰς καὶ τὰς κακίας, πρὸς δὲ ταύταις τὰς τέχνας καὶ τὰς μνήμας πάσας, ἔτι δὲ φαντασίας, καὶ πάθη, καὶ ὁρμὰς, καὶ συγκαταθέσεις, σώματα ποιουμένους, ἐν μηδενὶ φάναι κεῖσθαι, μηδὲ ὑπάρχειν τόπον τούτοις, ἕνα [δὲ] τὸν ἐν τῇ καρδίᾳ πόρον στιγμιαῖον ἀπολιπεῖν, ὅπου τὸ ἡγεμονικὸν συστέλλουσι τῆς ψυχῆς, ὑπὸ τοσούτων σωμάτων κατεχόμενον, ὅσον τοὺς πάνυ δοκοῦντας ἀφορίζειν καὶ ἀποκρίνειν ἕτερον ἑτέρου πολὺ πλῆθος διαπέφευγε. (3) Τὸ δὲ μὴ μόνον σώματα ταῦτα ποιεῖν, ἀλλὰ καὶ ζῷα λογικὰ, καὶ ζῴων τοσούτων σμῆνος, οὐ φίλιον οὐδὲ ἥμερον, ἀλλ' ὄχλον ἀντιστάτην κακίαις καὶ πολέμιον νοῦν ἔχοντας, ἀποφαίνειν ἕκαστον ἡμῶν παράδεισον, ἢ μάνδραν, ἢ δούριον ἵππον, ἢ τί ἄν τις ἃ πλάττουσιν οὗτοι διανοηθείη καὶ προσαγορεύσειεν· ὑπερβολή τις ἐστὶν ὀλιγωρίας καὶ παρανομίας εἰς τὴν ἐνάργειαν καὶ τὴν συνήθειαν. (4) Οἱ δ' οὐ μόνον τὰς ἀρετὰς καὶ τὰς κακίας ζῷα εἶναι λέγουσιν, οὐδὲ τὰ πάθη μόνον, ὀργὰς, καὶ φθόνους, καὶ λύπας, καὶ ἐπιχαιρεκακίας, οὐδὲ καταλήψεις, καὶ φαντασίας, καὶ ἀγνοίας, οὐδὲ τὰς τέχνας ζῷα, τὴν σκυτοτομικὴν, τὴν χαλκοτυπικήν· ἀλλὰ πρὸς τούτοις ἔτι καὶ τὰς ἐνεργείας σώματα καὶ ζῷα ποιοῦσι, τὸν περίπατον ζῷον, τὴν ὄρχησιν, τὴν ὑπόθεσιν, τὴν προσαγόρευσιν, τὴν λοιδορίαν· ἕπεται δὲ τούτοις καὶ γέλωτα ζῷον εἶναι, καὶ κλαυθμόν· εἰ δὲ ταῦτα, καὶ βῆχα, καὶ

---

et in sesamo insculpsisse versus Homericos : hanc autem in nobis diversitatem et .discrimen hoc nemo aperuit nec potuit cernere : neque sensimus nos duplices esse, una parte semper fluentes, altera eosdem ab ortu ad mortem usque manentes. (6) Simplicius ego loquor : quum ipsi quattuor faciant subjecta singulorum, aut potius unumquemque nostrûm quattuor statuant esse : sufficiunt duo ad absurditatem monstrandam. Quando enim Pentheum audientes in tragœdia dicentem,

> Ego me duos videre jam soles puto,
> duplicesque Thebas,

non videre, sed visu aberrare dicimus eum emota mente; cur non valedicamus istis, qui non urbem aliquam, sed omnes homines', animalia omnia, omnes arbores, vasa, instrumenta duplicant atque gemina ponunt, ut qui non sapere nos, sed desipere cogant? (7) Atque hoc quidem loco fortasse venia dari iis potest, diversas subjectorum naturas fingentibus; quum nulla alia appareat machina, qua, id quod unice contendunt, servare et tueri possint incrementa.

XLV. Qua vero causa moti, aut quas alias a se positas sententias exornantes, in anima fabricentur corporum differentias atque species tantum non innumeras, non facile quisquam dixerit; nisi hoc res est, quod communes et receptas notitias migrare jubentes, aut potius plane abolentes et perdentes, alias introducunt peregrinas et alienas. (2) Per enim absurdum est, quod virtutes, vitia, deinde artes et memorias omnes, tum visa, affectiones, incitationes, et assensiones quum faciant corpora, nusquam locum iis et sedem statuentes, in corde unico iis relinquunt meatum puncti magnitudine, eoque contrudunt animi principem partem, a tot circumventam corporibus, quorum magnus numerus eos etiam fugit, qui exacte quamvis multos magnosque numeros unum ab altero se discernere posse putaverunt. (3) Non modo autem corpora his tribuere, sed facere etiam animalia ratione prædita; tantumque examen animalium non amicum, neque mansuetum, sed turbam reluctantem mala et hostili mente præditam ex nostrûm unoquoque facere, veluti septum aut vivarium ferarum, aut equum Trojanum, aut quidquid tandem quis istorum figmenta nominare et putare velit : hic igitur summus est gradus contemtionis et injuriæ adversus Evidentiam et Consuetudinem. (4) Illi vero *non virtutes modo et vitia* aiunt *esse animalia, neque motus animi tantum, puta iram, invidentiam, ægritudinem, gaudium quod de aliorum percipitur miseria, comprehensiones, imaginationes, ignorationes, neque etiam artes duntaxat, ut cerdonum, et fabrorum ærariorum, sed ultra hæc etiam ipsas actiones corpora et animalia* faciunt; *ambulationem* puta, *saltationem, suppositionem, compellationem, convicium.* Horum consequens est, risum quoque animal esse, et fletum, ac proinde tussim etiam, sternutationem,

πταρμὸν, καὶ στεναγμὸν, πτύσιν τε πάντως καὶ ἀπό-
μυξιν, καὶ τὰ λοιπά· ἔνδηλα γάρ ἐστι. (5) Καὶ μὴ
δυσχεραινέτωσαν ἐπὶ ταῦτ' ἀγόμενοι τῷ κατὰ σμικρὸν
λόγῳ, Χρυσίππου μνημονεύοντες, ἐν τῷ πρώτῳ τῶν
5 Φυσικῶν Ζητημάτων οὕτω προσάγοντος· « Οὐχ ἡ
μὲν νὺξ σῶμά ἐστιν, ἡ δ' ἑσπέρα καὶ ὁ ὄρθρος καὶ
τὸ μέσον τῆς νυκτὸς σώματα οὐκ ἔστιν· οὐδὲ ἡ μὲν
ἡμέρα σῶμά ἐστιν, οὐχὶ δὲ καὶ ἡ νουμηνία σῶμα, καὶ
ἡ δεκάτη, καὶ πεντεκαιδεκάτη, καὶ ἡ τριακάς, καὶ ὁ
10 μήν, σῶμά ἐστι, καὶ τὸ θέρος, καὶ τὸ φθινόπωρον, καὶ
ὁ ἐνιαυτός. »

XLVI. Ἀλλὰ ταῦτα μὲν παρὰ τὰς κοινὰς βιάζονται προλήψεις· ἐκεῖνα δ' ἤδη καὶ παρὰ τὰς ἰδίας, τὸ θερμότατον περιψύξει, καὶ πυκνώσει τὸ λεπτομερέστατον
15 γεννῶντες. (2) Ἡ γὰρ ψυχὴ θερμότατόν ἐστι δήπου καὶ
λεπτομερέστατον· ποιοῦσι δ' αὐτὴν τῇ περιψύξει καὶ
πυκνώσει τοῦ σώματος, οἷον στομώσει τὸ πνεῦμα μεταβάλλοντος, ἐκ φυτικοῦ ψυχικὸν γενόμενον. Γεγονέναι δὲ καὶ τὸν ἥλιον ἔμψυχον λέγουσι, τοῦ ὑγροῦ μετα-
20 βάλλοντος εἰς πῦρ νοερόν. Ὥρα καὶ τὸν ἥλιον διανοεῖσθαι περιψύξει γεννώμενον. (3) Ὁ μὲν οὖν Ξενοφάνης, διηγουμένου τινὸς ἐγχέλεις ἑωρακέναι ἐν ὕδατι
θερμῷ ζώσας, Οὐκοῦν, εἶπεν, ἐν ψυχρῷ αὐτὰς ἑψήσο-
μεν. Τούτοις δ' ἔποιτ' ἂν, εἰ περιψύξει τὰ θερμότατα
25 γεννῶσι, καὶ πυκνώσει τὰ κουφότατα, θερμότητι
πάλιν αὖ τὰ ψυχρά, καὶ συγχύσει τὰ πυκνά, καὶ διακρίσει τὰ βαρέα γεννᾶν, ἀλογίας τινὸς φυλάττουσιν
ἀναλογίαν.

XLVII. Καὶ ** ἐννοίας δ' οὐσίαν αὐτῆς καὶ γένεσιν
30 οὐ παρὰ τὰς ἐννοίας ὑποτίθενται; φαντασία γάρ τις ἡ
ἔννοιά ἐστι· φαντασία δὲ, τύπωσις ἐν ψυχῇ· ψυχῇ δὲ
φύσις, ἀναθυμίασις, ἣν τυπωθῆναι μὲν ἐργῶδες διὰ μανότητα, δεξαμένην δὲ τηρῆσαι τύπωσιν, ἀδύνατον.
(2) Ἥ τε γὰρ τροφὴ καὶ ἡ γένεσις αὐτῆς * ἐξ ὑγρῶν
35 οὖσα συνεχῆ τὴν ἐπιφορὰν ἔχει καὶ τὴν ἀνάλωσιν· ἥ
τε πρὸς τὸν ἀέρα τῆς ἀναπνοῆς ἐπιμιξία καινὴν ἀεὶ
ποιεῖ τὴν ἀναθυμίασιν, ἐξισταμένην καὶ τρεπομένην
ὑπὸ τοῦ θύραθεν ἐμβάλλοντος ὀχετοῦ καὶ πάλιν ἐξιόντος. (3) Ῥεῦμα γὰρ ἂν τις μᾶλλον ὕδατος φερομένου
40 διανοηθείη σχήματα καὶ τύπους καὶ εἴδη διαφυλάττον,
ἢ πνεῦμα φερόμενον ἐν τοῖς ἀτμοῖς καὶ ὑγρότησιν, ἑτέρῳ δ' ἔξωθεν ἐνδελεχῶς οἷον ἀργῷ καὶ ἀλλοτρίῳ πνεύματι κιρνάμενον. (4) Ἀλλ' οὕτω παρακούοντες ἑαυτῶν,
ὥστε τὰς ἐννοίας ἀποκειμένας τινὰς ὁριζόμενοι νοήσεις,
45 μνήμας δὲ, μονίμους καὶ σχετικὰς τυπώσεις, τὰς δ'
ἐπιστήμας καὶ παντάπασι πηγνύντες ὡς τὸ ἀμετάπτωτον καὶ βέβαιον ἐχούσας, εἶτα τούτοις ὑποτίθεσθαι
βάσιν καὶ ἕδραν οὐσίας ὀλισθηρᾶς καὶ σκεδαστῆς καὶ
φερομένης ἀεὶ καὶ ῥεούσης.
50 XLVIII. Στοιχείου γε μὴν ἔννοια καὶ ἀρχῆς κοινὴ
πᾶσιν, ὡς ἔπος εἰπεῖν, ἀνθρώποις ἐμπέφυκεν, ὡς
ἁπλοῦν καὶ ἄκρατον εἶναι καὶ ἀσύνθετον· οὐ γὰρ στοιχεῖον οὐδ' ἀρχὴ τὸ μεμιγμένον, ἀλλ' ἐξ ὧν μέμικται.
(2) Καὶ μὴν οὗτοι τὸν θεὸν ἀρχὴν ὄντα, σῶμα νοερὸν

gemitum; sputi et muci narium ejectionem, et alia id genus
satis nota. (5) Neque est quod ratiocinatione paullatim
progrediente per exigua huc adduci se indigne ferant; quum
meminisse debeant Chrysippum in primo Naturalium Quæstionum hac usum inductione : *Non, si Nox corpus est,
ut est; non item vespera, diluculum, et medium noctis,
corpora sunt. Neque, si Dies est corpus, ut est ; non
item sunt corpora Kalendæ, et Nonæ, et Idus, et Pridie
Kalendas, et mensis, et æstas, et autumnus, et annus.*

XLVI. Ceterum ista quidem illi contra communes contendunt præceptiones. Hæc vero jam præter suas ipsorum sententias, quod calidissimum frigore circumfuso,
et tenuissimum condensatione gigni affirmant. (2) Nimirum enim anima calidissima est, et tenuissima.
Hanc tamen illi *circumfuso frigore, et densatione
corporis, spiritum veluti quadam ferri indura-
tione mutantis,* aiunt *de vegetali animalem fieri.*
Item *solem* aiunt *factum esse animatum, quum humor
ejus in ignem intellectu præditum mutetur.* Tempestivum vero est solem cogitare circumdata refrigeratione natum.
(3) Xenophanes quidem narrante quodam vidisse se anguillas quæ in calida viverent aqua : *Ergo*, respondit, *eas in
frigida elixabimus.* Stoicis vero hoc consequens erat, si
circumfuso frigore calorem generant, et condensatione levitatem, ut vicissim frigida calore, concussione soliditatem,
et gravitatem laxatione efficerent : si quidem in absurditate
sibi constare et in ratione migranda proportionem servare
voluissent.

XLVII. Ipsius communis notitiæ substantiam et ortum
nonne communibus contrarium notitiis ponunt? Notitia enim
quoddam est visum : visum, impressio formæ in anima :
animæ natura, exhalatio; quam in formam redigi et effingi
operosum est ob raritatem; ut autem receptam conservet
informationem, fieri nequit. (2) Nam ortus et nutrimentum ejus quum sit ex humido, subvectionem habet et consumtionem continentem : et exhalationis cum aere commer-
cium semper novam facit exhalationem, quæ suo de statu
decedat et mutetur a canale per quem materia extrinsecus
subit, rursumque exit. (3) Facilius enim aliquis imaginetur
fluxum labentis aquæ, figuras, formas, et species conser-
vantis ac perferentis, quam spiritum qui per exhalationes
et humores elatus, alio continenter extrinsecus eoque...
alieno spiritu contemperetur. (4) Verum Stoici adeo sese
ipsi non audiunt, ut quum *Notitias* definiant *esse aliquas
reconditas intelligentias; Memorias autem, constantes
quasdam et habitus similes impressiones;* scientias
etiam penitus defigant, ut omnis erroris et mutationis se-
curas: hisce pro fundamento deinde et sede substernant
lubricam, dissipabilem, semperque in motu versantem et fluentem naturam.

XLVIII. Jam Elementi et Principii notio apud omnes
fere homines hæc est insita, simplex id esse, sincerum,
compositionis expers. Non enim id principium est aut
elementum, quod mixtum est; sed ea ex quibus mixtum
constat. (2) At vero illi *deum, quem principium* statuunt,

καὶ νοῦν ἐν ὕλῃ ποιοῦντες, οὐ καθαρὸν, οὐδὲ ἁπλοῦν, οὐδ' ἀσύνθετον, ἀλλ' ἐξ ἑτέρου καὶ δι' ἑτέρου ἀποφαίνουσιν· ἡ δὲ ὕλη καθ' αὑτὴν ἄλογος οὖσα καὶ ἄποιος τὸ ἁπλοῦν ἔχει καὶ τὸ ἀρχοειδές. (3) Ὁ θεὸς δὲ, εἴπερ οὐκ ἔστιν ἀσώματος οὐδ' ἄϋλος, ὡς ἀρχῆς μετέσχηκε τῆς ὕλης. Εἰ μὲν γὰρ ἓν καὶ ταὐτὸν ἡ ὕλη καὶ ὁ λόγος, οὐκ εὖ τὴν ὕλην ἄλογον ἀποδεδώκασιν· εἰ δ' ἕτερα, καὶ ἀμφοτέρων ἄν τις ὁ θεὸς εἴη ταμίας, καὶ οὐχ ἁπλοῦν, ἀλλὰ σύνθετον πρᾶγμα τῷ νοερῷ τὸ σωματικὸν ἐκ τῆς ὕλης προσειληφώς.

XLIX. Τά γε μὴν τέσσαρα σώματα, γῆν καὶ ὕδωρ, ἀέρα τε καὶ πῦρ, πρῶτα στοιχεῖα προσαγορεύοντες, οὐκ οἶδα ὅπως τὰ μὲν, ἁπλᾶ καὶ καθαρὰ, τὰ δὲ, σύνθετα καὶ μεμιγμένα ποιοῦσι. (2) Γῆν μὲν γὰρ ἴσασι καὶ ὕδωρ οὔτε αὐτὰ συνέχειν οὔτε ἕτερα, πνευματικῆς δὲ μετοχῇ καὶ πυρώδους δυνάμεως τὴν ἑνότητα διαφυλάττειν· ἀέρα δὲ καὶ πῦρ αὐτῶν τ' εἶναι δι' εὐτονίαν ἐκτατικὰ, καὶ τοῖς δυσὶν ἐκείνοις ἐγκεκραμένα, τόνον παρέχειν, καὶ τὸ μόνιμον καὶ οὐσιῶδες. (3) Πῶς οὖν ἔτι γῆ στοιχεῖον, ἢ ὕδωρ, εἰ μήτε ἁπλοῦν, μήτε πρῶτον, μήτ' αὐτῷ διαρκὲς, ἀλλ' ἐνδεὲς ἔξωθεν εἰς ἀεὶ τοῦ συνέχοντος ἐν τῷ εἶναι καὶ σώζοντος; (4) Οὐδὲ γὰρ οὐσίας αὐτῶν ἐπίνοιαν ἀπολελοίπασιν· ἀλλὰ πολλὴν ἔχει ταραχὴν καὶ ἀσάφειαν οὗτος ὁ λόγος λεγόμενος τῆς γῆς ** τινὸς καθ' ἑαυτήν. (5) Εἶτα πῶς οὖσα γῆ καθ' ἑαυτὴν ἀέρος δεῖται συνιστάντος αὐτὴν καὶ συνέχοντος; Ἀλλ' οὐκ ἔτι γῆ καθ' ἑαυτὴν, οὐδὲ ὕδωρ· ἀλλὰ τὴν ὕλην ὁ ἀὴρ ὧδε μὲν συναγαγὼν καὶ πυκνώσας, γῆν ἐποίησεν, ὧδε πάλιν δὲ διαλυθεῖσαν καὶ μαλαχθεῖσαν, ὕδωρ. Οὐδέτερον οὖν τούτων στοιχεῖον, οἷς ἕτερον ἀμφοτέροις οὐσίαν καὶ γένεσιν παρέσχηκεν.

L. Ἔτι, τὴν μὲν οὐσίαν καὶ τὴν ὕλην ὑφεστάναι ταῖς ποιότησι λέγουσι, καὶ σχεδὸν οὕτω τὸν ὅρον ἀποδιδόασι· τὰς δὲ ποιότητας αὖ πάλιν οὐσίας καὶ σώματα ποιοῦσι. Ταῦτα δὲ πολλὴν ἔχει ταραχήν. (2) Εἰ μὲν γὰρ ἰδίαν οὐσίαν αἱ ποιότητες ἔχουσι, καθ' ἣν σώματα λέγονται καὶ εἰσὶν, οὐχ ἑτέρας οὐσίας δέονται· τὴν γὰρ αὐτῶν ἔχουσιν. Εἰ δὲ τοῦτο μόνον αὐταῖς ὑφέστηκε τὸ κοινὸν, ὅπερ οὐσίαν οὗτοι καὶ ὕλην καλοῦσι, δῆλον ὅτι σώματος μετέχουσι· σώματα γὰρ οὐκ εἰσί· τὸ δὲ ὑφεστὼς καὶ δεχόμενον, διαφέρειν ἀνάγκη τῶν ἃ δέχεται καὶ οἷς ὑφέστηκεν. (3) Οἱ δὲ τὸ ἥμισυ βλέπουσι· * τὴν γὰρ ὕλην ἄποιον ὀνομάζουσι· τὰς δὲ ποιότητας οὐκέτι βούλονται καλεῖν ἀΰλους. (4) Καίτοι πῶς οἷόν τε σῶμα ποιότητος ἄνευ ποιῆσαι, ποιότητα σώματος ἄνευ μὴ νοοῦντας; ὁ γὰρ συμπλέκων σῶμα πάσῃ ποιότητι λόγος οὐδενὸς ἐᾷ μὴ σύν τινι ποιότητι σώματος ἅψασθαι τὴν διάνοιαν. (5) Ἡ τοίνυν πρὸς τὸ ἀσώματον τῆς ποιότητος μαχόμενος, μάχεσθαι καὶ πρὸς τὸ ἄποιον τῆς ὕλης ἔοικεν· ἢ θατέρου θάτερον ἀποκρίνων, καὶ ἀμφότερα χωρίζει ἀλλήλων. (6) Ὃν δέ τινες αὐτῶν προβάλλονται λόγον, ὡς ἄποιον τὴν οὐσίαν ὀνομάζοντες, οὐχ ὅτι πάσης ἐστέρηται ποιότητος, ἀλλ' ὅτι πάσας ἔχει τὰς ποιότητας, μάλιστα παρὰ τὴν ἔννοιάν

corpus aiunt esse *mente præditum, mentemque in materia versantem : non simplicem eum, neque purum, sed ex alio et per aliud esse* pronunciantes : dum materia quidem, ipsa per se rationis expers et qualitatis, simplicitatem habet et principio congruentem naturam. (3) Deus autem, si quidem non caret corpore et materia, hujus tanquam principii est particeps. Nam si materia et ratio idem sunt, haud recte materiam rationis vacuam dixerunt; si diversa sunt, utrorumque jam deus quasi dispensator erit, et non simplex res, sed composita, ut qui ad intelligentiam corpus e materia collectum asciverit.

XLIX. Quattuor autem illa corpora, *terram, aquam, aerem, et ignem, prima* nominantes *elementa,* nescio quo modo partim pura et simplicia, partim composita et mixta faciunt. (2) Terram enim norunt et aquam nec sese neque alia continere, sed communicatione aereæ et igneæ facultatis unitatem conservare; aerem vero et ignem quum sese ob vehementiam insitam extendere, tum reliquis etiam permixta, vim eis, permansionem et subsistentiam conferre. (3) Quomodo igitur terra aut aqua elementum sit, si neque simplex, neque primum, neque se ipso fretum aliquid est, sed semper aliquo indiget externo, a quo substantia ejus contineatur atque conservetur? (4) Nam ne substantiæ quidem notionem illis reliquerunt : sed multum habet turbarum et obscuritatis id quod de *terra* tradunt, *eam aliquid per se esse.* (5) At quomodo aere opus habet ipsam compingente et continente, si per se est? Non jam terra per se erit aut aqua : sed aer materiam hoc modo cogens et densans, terram efficit, rursus alio modo dissolvens et emolliens, aquam. Neutrum itaque horum est elementum, quum sit aliud, quod ambobus substantiam et ortum præbuit.

L. Porro autem *substantiam* aiunt *et materiam qualitatibus subsistere,* atque sic fere definiunt : rursum *qualitates, corpora* faciunt *et substantias.* Hæc vero valde sunt conturbata. (2) Nam si peculiarem substantiam habent qualitates, ob quam corpora dicuntur et sunt, non indigent alia substantia, quum habeant suam. Si vero hoc illis tantum subsistit commune, quod substantiam ipsi et materiam appellant; liquet corporum eas fieri participes, non esse corpora. Quod autem subsistit et in se recipit, necesse est differre ab iis quæ recipit et quibus subsistit. (3) Illi vero dimidium vident. *Materiam* enim *qualitatis expertem* dicunt; qualitates porro materiæ expertes dicere nolunt. (4) Atqui quomodo potest corpus sine qualitate facere, qui qualitates sine corporibus non intelligit? Quæ enim ratio corpus cum omni qualitate connectit, non patitur intellectum corpus ullum sine qualitate attingere. (5) Aut igitur qualitatem incorpoream negans etiam materiam qualitatis expertem esse infitiari videtur; aut alterum altero secernens, utraque invicem separat. (6) Quam vero nonnulli eorum prætexunt rationem, *materiam qualitatis vacuam dici, non quod omni sit spoliata qualitate, sed quia omnibus prædita qualitatibus,* ea maxime communi notitiæ repugnat. Nemo quippe id qualita-

ἐστιν. Οὐδεὶς γὰρ ἄποιον νοεῖ τὸ μηδεμιᾶς ποιότητος ἄμοιρον, οὐδ’ ἀπαθὲς τὸ πάντα πάσχειν ἀεὶ πεφυκός, οὐδ’ ἀκίνητον τὸ πάντη κινητόν. (7) Ἐκεῖνο δ’ οὐ λέλυται, κἂν ἀεὶ μετὰ ποιότητος ἡ ὕλη νοῆται, τὸ ἑτέραν αὐτὴν νοεῖσθαι καὶ διαφέρουσαν τῆς ποιότητος.

ΟΤΙ ΟΥΔΕ ΖΗΝ ΕΣΤΙΝ ΗΔΕΩΣ ΚΑΤ᾽ ΕΠΙΚΟΥΡΟΝ.

ΠΡΟΣΩΠΑ ΤΟΥ ΔΙΑΛΟΓΟΥ.

ΠΛΟΥΤΑΡΧΟΣ. ΖΕΥΞΙΠΠΟΣ. ΘΕΩΝ. ΑΡΙΣΤΟΔΗΜΟΣ.

I. Κωλώτης, ὁ Ἐπικούρου συνήθης, βιβλίον ἐξέδωκεν, ἐπιγράψας, Ὅτι κατὰ τὰ τῶν ἄλλων φιλοσόφων δόγματα οὐδὲ ζῆν ἐστιν. Ὅσα τοίνυν ἡμῖν ἐπῆλθεν εἰπεῖν πρὸς αὐτὸν ὑπὲρ τῶν φιλοσόφων, ἐγράφη πρότερον. (2) Ἐπεὶ δὲ καὶ τῆς σχολῆς διαλυθείσης, ἐγένοντο [λόγοι] πλείονες ἐν τῷ περιπάτῳ πρὸς τὴν αἵρεσιν, ἔδοξέ μοι καὶ τούτους ἀναλαβεῖν, εἰ καὶ δι’ ἄλλο μηθὲν, ἀλλ’ ἐνδείξεως ἕνεκα τοῖς εὐθύνουσιν ἑτέρους, ὅτι δεῖ τοὺς λόγους ἕκαστον ὧν ἐλέγχει καὶ τὰ γράμματα μὴ παρέργως διελθεῖν, μηδὲ φωνὰς ἀλλαχόθεν ἄλλας ἀποσπῶντα, καὶ ῥήμασιν ἄνευ γραμμάτων ἐπιτιθέμενον, παρακρούεσθαι τοὺς ἀπείρους.

II. Προελθόντων γὰρ ἡμῶν εἰς τὸ γυμνάσιον, ὥσπερ εἰώθειμεν, ἐκ [τῆς] διατριβῆς, Ζεύξιππος, Ἐμοὶ μὲν, ἔφη, δοκεῖ πολὺ τῆς προσηκούσης ὁ λόγος εἰρῆσθαι παρρησίας μαλακώτερον· ἄπιασι δ’ ἡμῖν ἐγκαλοῦντες οἱ περὶ Ἡρακλείδην, τοῦ Ἐπικούρου καὶ τοῦ Μητροδώρου, (ἡμῶν) μηδὲν αἰτίων ὄντων, θρασύτερον καθαψαμένοις· (2) Καὶ ὁ Θέων, Εἶτ’ οὐκ ἔλεγες, εἶπεν, ὅτι τοῖς ἐκείνων ὁ Κολώτης παραβαλλόμενος, εὐφημότατος ἀνδρῶν φαίνεται; τὰ γὰρ ἐν ἀνθρώποις αἴσχιστα ῥήματα, βωμολοχίας, ληκυθισμοὺς, ἀλαζονείας, ἑταιρήσεις, ἀνδραφονίας, βαρυστόνους, πολυφθόρους, βαρυεγκεφάλους συναγαγόντες, Ἀριστοτέλους, καὶ Σωκράτους, καὶ Πυθαγόρου, καὶ Πρωταγόρου, καὶ Θεοφράστου, καὶ Ἡρακλείδου, καὶ Ἱππάρχου, καὶ τίνος γὰρ οὐχὶ τῶν ἐπιφανῶν, κατεσκέδασαν; ὥστ’, εἰ καὶ τὰ ἄλλα πάντα σοφῶς εἶχεν αὐτοῖς, διὰ τὰς βλασφημίας ταύτας καὶ κατηγορίας πορρωτάτω σοφίας ἂν εἴργεσθαι· φθόνος γὰρ ἔξω θείου χοροῦ, καὶ ζηλοτυπία δι’ ἀσθένειαν ἀποκρύψαι μὴ δυναμένη τὸ ἀλγοῦν. (3) Ὑπολαβὼν οὖν Ἀριστοτέλης, Ἡρακλείδης [μὲν] οὖν, ἔφη, γραμματικὸς ὢν, ἀντὶ τῆς ποιητικῆς τύρβης, * ὡς ἐκεῖνοι λέγουσι, καὶ τῶν Ὁμήρου μωρολογημάτων ἀποτίνει ταύτας Ἐπικούρῳ χάριτας, ἢ ὅτι Μητρόδωρος ἐν γράμμασι τοσούτοις ποιητῇ λελοιδόρηκεν. (4) Ἀλλ’ ἐκείνους μὲν ἐῶμεν, ὦ Ζεύξιππε· τὸ δ’ ἐν ἀρχῇ τῶν λόγων ῥηθὲν πρὸς τοὺς ἄνδρας, ὡς οὐκ ἔστι ζῆν

---

tis exsors intelligit, quod nullius qualitatis non sit particeps; neque ab affectione immune id, quod ea est natura ut omnia pati possit; neque immobile, quod omnibus modis movetur. (7) Illud autem solutum non est, etiam si semper cum qualitate intelligatur materia, aliam eam intelligi, et differentem a qualitate.

DISPUTATIO QUA DOCETUR NE SUAVITER QUIDEM VIVI POSSE SECUNDUM EPICURI DECRETA.

PERSONÆ COLLOQUII.

PLUTARCHUS. ZEUXIPPUS. THEON. ARISTODEMUS.

I. Colotes, Epicuri familiaris, librum edidit, hoc indice, *Ne vivi quidem posse secundum aliorum philosophorum decreta.* Contra quem ea quæ pro philosophis disserere nobis subiit, jam ante conscripsimus. (2) Quoniam autem soluto qui disputationi interfuerat cœtu, in ambulatione complures adversus eam sectam a nobis habiti sunt sermones, visum mihi fuit hos quoque colligere et scripto consignare; si nullam aliam ob rem, saltem ut his qui in alios inquirunt, demonstrarem debere ab ipsis eorum, quos arguunt aut refellunt, scripta non obiter percurri, neque eos voces hinc inde avulsas et dictiones sine tenore scripturæ debere adoriri, itaque fraudem imperitis facere.

II. Progressis enim nobis more nostro in gymnasium e schola, Zeuxippus, Mihi quidem, inquit, sermo fuisse videtur habitus aliquanto mollius, quam libertas conveniens rei exigeret; abiit tamen Heraclides nos culpans quasi asperius tractassemus Epicurum ac Metrodorum, immeritos illos et vacuos culpa. (2) Hoc vero, inquit Theon, non dicebas, cum his comparatum Coloten hominum in dicendo videri modestissimum? Congesta enim in unum quæ inter homines habentur fœdissima vocabula, scurrilitates, ampullas, arrogantias, scortationes, homicidia, graves gemitus, multorum perditionem, cerebri gravedines, illi in Aristotelem, Socratem, Pythagoram, Protagoram, Theophrastum, Heracliden, Hipparchum, denique neminem non virorum illustrium, effuderunt universa; ut si alioquin omnia sapienter statuissent, certe ob maledicta hæc, hasque criminationes, longissime fuerint a sapientia arcendi. Invidentia enim exclusa est a divino choro et obtrectatio quæ ob imbecillitatem id quod dolet dissimulare non potest. (3) Hæc verba excipiens *Aristodemus*, Heraclides quidem, aiebat, grammaticus quum sit, *poeticæ turbæ*, ut Epicurei appellant, et *Homericorum deliriorum* gratia, Epicuro hanc rependit mercedem; vel quia Metrodorus tam multa scripsit ad ignominiam Homeri pertinentia. (4) Sed hos, Zeuxippe, omittamus. Quod autem initio disputationis adversum Epicureos dictum fuit, *ex eorum præscripto ne*

κατ' αὐτούς, τί οὐ μᾶλλον, ἐπεὶ κέκμηκεν οὗτος, αὐτοὶ δι' αὐτῶν περαίνομεν, ἅμα καὶ Θέωνα παραλαβόν-τες; (5) Καὶ ὁ Θέων πρὸς αὐτόν, Ἀλλ' οὗτος μὲν, ἔφη, ὁ ἆθλος ἑτέροις « ἐκτετέλεσται » πρὸ ἡμῶν.

5   Νῦν αὖτε σκοπὸν ἄλλον,

εἰ δοκεῖ, θέμενοι, τοιαύτῃ τινὶ δίκῃ μετίωμεν ὑπὲρ τῶν φιλοσόφων τοὺς ἄνδρας· ἀποδεῖξαι γάρ, ἄνπερ ᾖ δυνατόν, ἐπιχειρήσωμεν, ὅτι μηδὲ ζῆν ἐστιν ἡδέως κατ' αὐτούς. (6) Παπαί, εἶπον ἔγωγε γελάσας, εἰς τὴν γα-
10 στέρα τοῖς ἀνδράσιν ἔοικας ἐναλεῖσθαι, καὶ τὸν περὶ τῶν κρεῶν ἐπάξειν, ἀφαιρούμενος ἡδονὴν ἀνθρώπων βοώντων,

Οὐ γὰρ πυγμάχοι εἰμὲν ἀμύμονες,

οὐδὲ ῥήτορες, οὐδὲ προστάται δήμων, οὐδ' ἄρχοντες,

15   Ἀεὶ δ' ἡμῖν δαίς τε φίλη,

καὶ πᾶσα διὰ σαρκὸς ἐπιτερπὴς κίνησις, ἐφ' ἡδονήν τινα καὶ χαρὰν ψυχῆς ἀναπεμπομένη. (7) Δοκεῖς οὖν μοι μὴ τὸ ἡδὺ ἐξαίρειν, ὥς φασιν, ἀλλὰ τὸ ζῆν ἀφαι-ρεῖσθαι τοὺς ἄνδρας, εἰ τὸ ζῆν ἡδέως μὴ ἀπολείψεις 20 αὐτοῖς. (8) Τί οὖν, εἶπεν ὁ Θέων, εἰ δοκιμάζεις τὸν λόγον, αὐτὸς οὐ χρῇ παρόντι; Χρήσομαι, εἶπον, ἀκροώ-μενος, καὶ ἀποκρινόμενος, ἂν δέησθε· τὴν δὲ ἡγεμο-νίαν ὑμῖν παραδίδωμι. (9) Μικρὰ δὴ προφασισαμένου τοῦ Θέωνος, Ἀριστόδημος, Ὡς σύντομον, ἔφη, καὶ 25 λείαν ἔχων ὁδὸν ἀπετάφρευσας ἡμῖν πρὸς τὸν λόγον, οὐκ ἐάσας περὶ τοῦ καλοῦ πρότερον εὐθύνας ὑποσχεῖν τὴν αἵρεσιν. Ἀνθρώπους γάρ, ἡδονὴν ὑποτιθεμένους τέλος, οὐκ ἔστιν ἐξελάσαι τοῦ ἡδέως ζῆν ῥᾴδιον· τοῦ δὲ καλῶς ἐκπεσόντες, ἅμα καὶ τοῦ ἡδέως συνεξέπι-30 πτον· ἐπεὶ τὸ ἡδέως ζῆν ἄνευ τοῦ καλῶς, ἀνύπαρκτόν ἐστιν, ὡς αὐτοὶ λέγουσι.

III. Καὶ ὁ Θέων, Ἀλλὰ τοῦτο μὲν, εἶπεν, ἂν δόξῃ, τοῦ λόγου προϊόντος ἀναθησόμεθα· νῦν δὲ χρησόμεθα, τοῖς διδομένοις ὑπ' αὐτῶν. (2) Οἴονται δὲ περὶ γαστέρα 35 τἀγαθὸν εἶναι καὶ τοὺς ἄλλους πόρους τῆς σαρκὸς ἅπαντας, δι' ὧν ἡδονὴ καὶ μὴ ἀλγηδὼν ἐπεισέρχεται· καὶ πάντα καλὰ καὶ σοφὰ ἐξευρήματα τῆς περὶ γα-στέρα ἡδονῆς ἕνεκα γεγονέναι, καὶ τῆς ὑπὲρ ταύτης ἐλπίδος ἀγαθῆς, ὡς ὁ σοφὸς εἴρηκε Μητρόδωρος. (3) 40 Αὐτόθεν μὲν οὖν, ὦ ἑταῖρε, φαίνονται γλίσχρον τι καὶ σαπρὸν καὶ οὐ βέβαιον αἴτιον τοῦ ἀγαθοῦ λαμβάνοντες, ἀλλὰ τοῖς πόροις τούτοις, δι' ὧν ἡδονὰς ἐπεισάγονται, καὶ πρὸς ἀλγηδόνας ὁμοίως κατατετρημένον, μᾶλλον δὲ ἡδονὴν μὲν ὀλίγοις, ἀλγηδόνα δὲ πᾶσι τοῖς μορίοις 45 δεχόμενον. (4) Πᾶσα γὰρ ἡδονὴ περὶ ἄρθρα καὶ νεῦρα καὶ πόδας καὶ χεῖρας, οἷς ἐνοικίζεται (τὰ) πάθη δεινὰ καὶ σχέτλια, ποδαγρικὰ ῥεύματα καὶ φαγεδαινικά, καὶ διαβρώσεις καὶ ἀποσήψεις· ὀσμῶν δὲ καὶ χυμῶν τὰ ἥδιστα προσαγαγὼν τῷ σώματι, μικρὸν εὑρήσεις 50 χωρίον ἐν αὐτῷ παντάπασι τὸ κινούμενον λείως καὶ προσηνῶς, τὰ δ' ἄλλα πολλάκις δυσχεραίνει καὶ ἀγα-

---

vivi quidem posse, cur non potius, quando hic defessus est, ipsi, ascito simul Theone, ad finem perducimus? (5) Theon sic illi respondit : Atqui ante nos hoc jam alii peregerunt certamen.

Nunc alius scopus est,

si placet, collocandus; et sic ulciscamur philosophis factas injurias, ut demonstremus, si quidem fieri potest, *secundum Epicureos ne jucunde quidem posse vivi.* (6) Papae! ego risu edito dixi; videris mihi istis hominibus in ventrem velle insilire, litemque de ipsis carnibus moturus, qui voluptatem detrahas hominibus clamantibus,

Non pugiles sumus egregii,

non rhetores, non civitatum praesides, non principes,

Semper sola juvant sed nos convivia,

omnisque carnem suaviter afficiens motio, quae ad animae voluptatem quandam atque gaudium redeat. (7) Itaque mihi videris non voluptatem tollere, ut loquuntur, sed ipsam vitam illis auferre, ubi suavem vitam iis non relinquis. (8) Quid ergo, inquit Theon, si disputationem probas, ea non ipse uteris praesenti? Utar, inquam, audiens, et respondens ubi requiretis; principatum autem vobis trado. (9) Quum itaque parumper tergiversatus esset Theon, Aristodemus, Quam, inquit, compendiosa et plana, quae aderat, nos interclusisti via, dum non sinis sectam illam de honesto causam priore loco dicere! Nam homines, qui finem vitae statuunt voluptatem, non facile est suavi vita depellere; sed si honesta vita exciderint, jucunda simul exciderunt; ipsi enim dicunt, *fieri non posse ut suaviter vivatur sine honestate vitae.*

III. Tum Theon, Hoc ergo, inquit, in progressu sermonis, si ita videbitur, reponemus. Nunc iis utemur, quae ab ipsis dantur. (2) Existimant Epicurei, *circa ventrem esse bonum, reliquosque meatus carnis universos, per quos voluptas, non dolor, se insinuat; omnesque pulchras et sapientes inventiones exstitisse ob voluptatem quae circa ventrem versatur, et spem bonam de eo,* ut sapiens dixit Metrodorus. (3) Itaque ab initio statim, amice, videntur jejunam, putridam et instabilem boni causam statuere; et quae cum meatibus istis, per quos voluptates introducunt, etiam ad dolores perinde perforetur; aut potius, quae voluptatem paucis, dolorem omnibus partibus admittat. (4) Omnis enim voluptas circa artus, nervos, manus, et pedes est; quibus partibus insunt atroces atque miseri affectus, fluxus podagrici et phagedaenici, corrosiones, putrefactiones. Jam odorum et saporum suavissimos corpori si offeras, exiguum planissime in eo locum offendes qui leniter et jucunde afficiatur; reliqui plerumque aversantur et aegre ferunt. At nulla interim pars est,

νακτεῖ· πυρὶ δὲ καὶ σιδήρῳ καὶ δήγματι καὶ ὑστριχί-
σιν οὐδὲν ἀπαθὲς οὐδ' ἀναίσθητον ἀλγηδόνος, ἀλλὰ καὶ
καῦμα καὶ ῥῖγος εἰς ἅπαντα καταδύεται καὶ πυρετός·
(5) αἱ δὲ ἡδοναὶ καθάπερ αὖραι πρὸς ἑτέραις ἕτεραι
5 τοῦ σώματος ἄκραις ἐπιγελῶσαι διαχέονται· καὶ ὁ χρόνος ὁ μὲν τούτων οὐ πολύς, ἀλλ' ὥσπερ οἱ διάττοντες,
ἔξαψιν ἅμα καὶ σβέσιν ἐν τῇ σαρκὶ λαμβάνουσιν· ἐκ
δὲ τοῦ πόνου μάρτυς ὁ Αἰσχύλου Φιλοκτήτης ἱκανός·

    Οὐ γὰρ ὁ δράκων, φησίν, ἐνῆκεν, ἀλλ' ἐνῴκισε
10   δεινὴν στομωτὸν ἔκφυσιν, ποδὸς λαβών.

Ὀλισθείη ἀλγηδὼν οὐδὲ ἕτερα τοιαῦτα κινοῦσα καὶ γαρ-
γαλίζουσα τοῦ σώματος· (6) ἀλλ' ὥσπερ τὸ τῆς μηδι-
κῆς σπέρμα πολυκαμπὲς καὶ σκαληνὸν ἐμφύεται τῇ γῇ
καὶ διαμένει πολὺν χρόνον ὑπὸ τραχύτητος, οὕτως ὁ
15 πόνος ἄγκιστρα καὶ ῥίζας διασπείρων καὶ συμπλεκόμε-
νος τῇ σαρκί, καὶ παραμένων οὐχ ἡμέρας οὐδὲ νυκτὸς
μόνον, ἀλλὰ καὶ ὥρας ἐτῶν ἐνίοις καὶ περιόδους ὀλυμ-
πιακῶν, μόλις ὑπ' ἄλλων πόνων, ὥσπερ ἥλων σφοδρο-
τέρων, ἐκκρουόμενος, ἀπαλλάττεται. (7) Τίς γὰρ ἔπιε
20 χρόνον τοσοῦτον, ἢ ἔφαγεν, ὅσον διψῶσιν οἱ πυρέττοντες, καὶ πεινῶσιν οἱ πολιορκούμενοι; ποῦ δέ ἐστιν ἄνεσις καὶ συνουσία μετὰ φίλων, ἐφ' ὅσον κολάζουσι καὶ
στρεβλοῦσι τύραννοι; (8) Καὶ γὰρ τοῦτο τῆς τοῦ σώματος φαυλότητος καὶ ἀφυΐας πρὸς τὸ ἡδέως ζῆν ἐστιν,
25 ὅτι τοὺς πόνους ὑπομένει μᾶλλον ἢ τὰς ἡδονάς, καὶ
πρὸς ἐκείνους ἔχει ῥώμην καὶ δύναμιν, ἐν δὲ ταύταις
ἀσθενές ἐστι καὶ ἀψίκορον. (9) Τὸ δὲ ἡδέως ζῆν ἂν
ἅπτωνται πλείονα περὶ τούτου λέγειν οὐκ ἐῶσιν ἡμᾶς,
ὁμολογοῦντες αὐτοί, μικρὸν εἶναι τὸ τῆς σαρκὸς ἡδύ,
30 μᾶλλον δ' ἀκαρές, εἴ γε δὴ μὴ κενολογοῦσι μηδ' ἀλαζο-
νεύονται, Μητρόδωρος μὲν λέγων, ὅτι πολλάκις προσ-
επτύσαμεν ταῖς τοῦ σώματος ἡδοναῖς· Ἐπίκουρος δὲ
καὶ γελᾶν φησι ταῖς ὑπερβολαῖς τοῦ περὶ τὸ σῶμα νοσήματος πολλάκις κάμνοντα τὸν σοφόν. (10) Οἷς οὖν
35 οἱ πόνοι τοῦ σώματος οὕτως εἰσὶν ἐλαφροὶ καὶ ῥᾴδιοι,
πῶς ἔνεστί τι ταῖς ἡδοναῖς ἀξιόλογον; Καὶ γὰρ εἰ μὴ
χρόνῳ μηδὲ μεγέθει τῶν πόνων ἀποδέουσιν, ἀλλὰ περὶ
πόνους ἔχουσι, καὶ πέρας αὐταῖς κοινὸν Ἐπίκουρος τὴν
παντὸς τοῦ ἀλγοῦντος ὑπεξαίρεσιν ἐπιτέθεικεν, ὡς τῆς
40 φύσεως ἄχρι τοῦ λῦσαι τὸ ἀλγεινὸν αὐξούσης τὸ ἡδύ,
περαιτέρω δὲ προελθεῖν οὐκ ἐώσης κατὰ μέγεθος, ἀλλὰ
ποικιλμούς τινας οὐκ ἀναγκαίους, ὅταν οὐκ ἐν τῷ μὴ
πονεῖν γένηται, δεχομένης· ἡ δ' ἐπὶ τοῦτο μετ' ὀρέξεως
πορεία, μέτρον ἡδονῆς οὖσα, κομιδῇ βραχεῖα καὶ σύν-
45 τομος. (11) Ὅθεν αἰσθόμενοι τῆς ἐνταῦθα γλισχρότητος, ὥσπερ ἐκ χωρίου λυπροῦ τοῦ σώματος μεταφέ-
ρουσι τὸ τέλος εἰς τὴν ψυχήν, ὡς ἐκεῖ νομὰς καὶ λειμῶνας ἀμφιλαφεῖς ἡδονῶν ἕξοντες·

    Ἐν δ' Ἰθάκῃ οὔτ' ἄρ δρόμοι εὐρέες,

50 οὔτε λείη περὶ τὸ σαρκίδιον ἡ ἀπόλαυσις, ἀλλὰ τραχεῖα,
μεμιγμένη πρὸς πολὺ τὸ ἀλλότριον καὶ σφυγματῶδες.

ui igni, ferro, morsu, scutica non sensus doloris infera-
tur; sed et æstus, et gelu, et| febris totum corpus per-
vadunt. (5) Voluptates aurarum instar aliæ ad alias
corporis extremitates renidentes, statim diffunduntur;
neque multum durant temporis, sed instar ignium in aere
subito discurrentium, simul et oriuntur in carne et exstinguuntur. De dolore testimonium Philoctetæ Æschylei sufficit:

    Draco non immisit, sed habitatum collocat
    immane mordens vuluus arrepto pede.

Lubricum est et cito præterlabens negotium voluptas, neque has nec similes corporis partes movens ac titillans. (6)
Sed sicut Medicæ herbæ semen multis flexibus et per obliquum terræ innascens, ob asperitatem multo ibi tempore
perdurat, sic dolor uncinos ac radices disseminans, carnique
implicatus adhærensque, non diem modo aut noctem, sed
et annos aliquot atque lustra, ægre aliis doloribus tanquam
clavis violentioribus expulsus discedit. (7) Quis enim tantum temporis edendo bibendove extraxit, quantum sitiunt
febricitantes, et esuriunt obsidione circumventi? quænam
animi relaxatio et cum amicis oblectatio tanti temporis est,
quanti sunt cruciatus et tormenta a tyrannis immissa? (8) Hoc
ipso scilicet corpus quam sit pravum et natura ad jucunde
vivendum ineptum intelligitur, quod magis perfert dolores
quam voluptates, præditumque adversus illos robore ac
viribus, in his imbecillum est ac satietati fastidioque obnoxium. (9) Neque vero nos aggressos de jucunda vita dicere plura patiuntur ipsi proferre, utpote qui fateantur
ultro, voluptatem corporis exiguam esse adeoque momentaneam; si quidem non nugatur aut vana in dicendo utitur
jactantia Metrodorus, dum ait, *Sæpenumero nos exspue-
bamus in despectum voluptatum corporis;* itemque Epicurus, qui *sapientem ægrotantem* inquit *sæpe ridere ob
morbi, quo urgetur corpus, magnitudinem.* (10) Quibus
ergo dolores corporis ita sunt faciles atque leves, quo tandem pacto sint voluptates alicujus momenti? Nam, ut neque tempore neque magnitudine doloribus sint minores,
certe circa dolores versantur, finemque voluptatibus extremum hunc communem præscripsit Epicurus, *omnis doloris sublationem;* nimirum quod natura usque ad dolorem abolendum augeat voluptatem, ultra autem progredi
hujus nequeat magnitudo, variari duntaxat modis non necessariis possit, quum non in eo solo sit ut doloris vacuitatem
conciliet. Quæ autem cum appetitu eo tendit via, utpote
mensura voluptatis, brevis admodum est ac compendiosa.
(11) Itaque hoc loco sentientes rei exilitatem, e corpore
tanquam sterili agro finem bonorum in animum transferunt, nimirum quod ibi voluptatibus pascua et ampla
prata suppeditent; quando

    Non est aptus equis Ithacæ locus, ut neque planis
    porrectus spatiis;

quando scilicet non facilis est in caruncula hac voluptatum
perceptio, sed aspera, admixtis multis alienis et quæ pul-
sando exagitent.

IV. Ὑπολαβὼν οὖν ὁ Ζεύξιππος, Εἶτ' οὐ καλῶς,
ἔφη, δοκοῦσί σοι ποιεῖν οἱ ἄνδρες, ἀρχόμενοι μὲν ἀπὸ
τοῦ σώματος, ἐν ᾧ πρῶτον ἐφάνη γένεσις, ἐπὶ δὲ τὴν
ψυχὴν ὡς βεβαιοτέραν [μεταβαίνοντες], καὶ τὸ πᾶν ἐν
αὐτῇ τελειοῦντες; (2) Καλῶς, νὴ Δία, ἔφην ἐγώ, καὶ
κατὰ φύσιν, εἴ τι κρεῖττον ἐνταῦθα μετιόντες καὶ τελειό-
τερον ἀληθῶς ἀνευρίσκουσιν, ὥσπερ οἱ θεωρητικοὶ καὶ
πολιτικοὶ τῶν ἀνδρῶν. (3) Εἰ δ' ἀκούεις αὐτῶν μαρ-
τυρομένων καὶ βοώντων, ὡς ἐπ' οὐδενὶ ψυχὴ τῶν ὄντων
πέφυκε χαίρειν καὶ γαληνίζειν, πλὴν ἐπὶ σώματος
ἡδοναῖς παρούσαις ἢ προσδοκωμέναις, καὶ τοῦτο αὐτῆς
τὸ ἀγαθόν ἐστιν, ἆρ' οὐ δοκοῦσί σοι διεράματι τοῦ σώματος χρῆσθαι τῇ ψυχῇ, [καὶ] καθάπερ οἶνον ἐκ πονηροῦ καὶ μὴ στέγοντος ἀγγείου τὴν ἡδονὴν διαχέοντες
ἐνταῦθα καὶ παλαιοῦντες, οἴεσθαι σεμνότερόν τι ποιεῖν
καὶ τιμιώτερον; (4) Καίτοι γ' οἶνον μὲν χρόνος δια-
χυθέντα τηρεῖ καὶ συνηδύνει· τῆς δὲ ἡδονῆς ἡ ψυχὴ παραλαβοῦσα τὴν μνήμην, ὥσπερ ὀσμήν, ἄλλο δ' οὐδὲν
φυλάσσει· ζέσασα γὰρ ἐπὶ σαρκὶ κατασβέννυται, καὶ
τὸ μνημονευόμενον αὐτῆς ἀμαυρόν ἐστι καὶ κνισῶδες,
ὥσπερ ἑώλων ὧν τις ἔφαγεν ἢ ἔπιε * τιθεμένου καὶ τα-
μιευόντος ἐπινοίας ἐν αὑτῷ, καὶ χρωμένου δηλονότι
ταύταις, προσφάτων μὴ παρόντων. (5) Ὅρα δὲ ὅσῳ
μετριώτερον οἱ Κυρηναϊκοί, καίπερ ἐκ μιᾶς οἰνοχόης
Ἐπικούρῳ πεπωκότες, οὐδὲ ὁμιλεῖν ἀφροδισίοις οἴονται
δεῖν μετὰ φωτός, ἀλλὰ σκότος προθεμένους, ὅπως μὴ
τὰ εἴδωλα τῆς πράξεως ἀναλαμβάνουσα διὰ τῆς ὄψεως
ἐναργῶς ἐν αὐτῇ ἡ διάνοια πολλάκις ἀνακαίῃ τὴν ὄρεξιν. (6) Οἱ δὲ τούτῳ μάλιστα τὸν σοφὸν ἡγούμενοι
διαφέρειν, τῷ μνημονεύειν ἐναργῶς καὶ συνέχειν ἐν
αὑτῷ τὰ περὶ τὰς ἡδονὰς φάσματα καὶ πάθη καὶ κινήσεις, εἰ μὲν οὐδὲν ἄξιον σοφίας παρεγγυῶσιν, ὥσπερ
σωμάτων [ἐν] οἰκίᾳ, τῇ ψυχῇ τοῦ σοφοῦ τὰ τῆς ἡδονῆς
ἐκκλύσματα μένειν ἐῶντες, μὴ λέγωμεν· ὅτι δ' οὐκ
ἔστιν ἀπὸ τούτων ἡδέως ζῆν, αὐτόθεν πρόδηλον. (7)
Οὐ γὰρ εἰκὸς εἶναι μέγα τῆς ἡδονῆς τὸ μνημονευόμενον, εἰ μικρὸν ἐδόκει τὸ παρόν· οὐδὲ οἷς συνεφέρετο
μετρίως γινομένοις, ὑπερχαίρειν γενομένων· ὅπου οὐδὲ
τοῖς ἐκπεπληγμένοις τὰ σωματικὰ καὶ θαυμάζουσιν,
ἐμμένει τὸ χαίρειν παυσαμένοις, ἀλλὰ σκιά τις ὑπολεί-
πεται καὶ ὄναρ ἐν τῇ ψυχῇ τῆς ἡδονῆς ἀποπταμένης,
οἷον ὑπέκκαυμα τῶν ἐπιθυμιῶν, ὥσπερ ἐν ὕπνῳ διψῶντες ἢ ἐρῶντες, ἀτελεῖς ἡδοναὶ καὶ ἀπολαύσεις δριμύ-
τερον ἐγείρουσι τὸ ἀκόλαστον. (8) Οὔτε δὴ τούτοις
ἐπιτερπὴς ἡ μνήμη τῶν ἀπολελαυσμένων, ἀλλ' ἐξ ὑπο-
λείμματος ἡδονῆς ἀμυδροῦ καὶ διακένου πολὺ τὸ οἰστρῶδες καὶ νύττον ἐναργοῦς ἀναφέρουσα τῆς ὀρέξεως·
οὔτε τοὺς μετρίους καὶ σώφρονας εἰκὸς ἐνδιατρίβειν τῇ
ἐπινοίᾳ τῶν τοιούτων, οὐδὲ ἅπερ ἔσκωπτε τὸν Κορνιάδην
πράττοντα, οἷον ἐξ ἐφημερίδων ἀναλέγεσθαι, ποσάκις
Ἡδείᾳ καὶ Λεοντίῳ συνῆλθον, ἢ ποῦ Θάσιον ἔπιον,
ποίας εἰκάδας ἐδείπνησα πολυτελέστατα. (9) Δεινὴν
γὰρ ἐμφαίνει καὶ θηριώδη περὶ τὰ γινόμενα καὶ προσ-
δοκώμενα τῆς ἡδονῆς ἔργα ταραχὴν καὶ λύσσαν ἢ το-

IV. Sub hæc Zeuxippus, Itane, inquit, non tibi recte
videntur isti facere homines, qui initio facto a corpore,
in quo primum ortus voluptatis conspicitur, inde ad animam transeunt, remque in ea absolvunt? (2) Recte, inquam ego, et naturæ convenienter; si quidem melius aliquid hic et perfectius revera indagant atque inveniunt, sicut viri faciunt in contemplatione rerum versantes ac civiles. (3) Quum vero audias ipsos testari ac vociferari, nulla
re animam gaudere posse, nulla tranquillitate frui, nisi
vel adsint vel exspectentur voluptates corporis, hasque bonum ejus esse; nonne videntur tibi animam pro corporis
colo usurpare, voluptatem vini instar e corpore tanquam
pravo et perfluente vase diffundentes per colum istud, æta-
temque ei conciliantes, ut fiat aliquanto melior et honestior?
(4) Quanquam vinum quidem diffusum a tempore conservatur, fitque suavius: voluptatis præter memoriam conceptam, tanquam odorem quendam, nihil animus aliud conservat; quæ in carne ut efferbuit, ita exstinguitur, ipsaque
ejus memoria obscura est, ac nidoris similis; perinde ac si
quis pridie quæ edit bibitve, eorum sibi imaginationes
suggerat, inque animo recondat, scilicet his usurus, quum
recentia non sint ad manum. (5) Vide autem quanto modestius Cyrenaici, quanquam ex eodem cum Epicuro poti
poculo; qui re venerea uti, adhibita lucerna, nequaquam censuerunt debere homines, sed tenebras prætén-
dere; ne animus e conspectu simulacra actionis conci-
piens evidentia, crebrius appetitum inflammet. (6) At
Epicurei, quum hac maxime re sapientem excellere existiment, quod evidenter recordetur, inque se ipso contineat
voluptatum imagines, affectiones, motus, ne dicamus nihil
eos sapientia dignum profiteri, qui tanquam corporum in
domo, ita voluptatum eluviem in animo sapientis volunt
relinqui; statim quidem manifestum est, ex his vivi suaviter non posse. (7) Neque enim verisimile est voluptatem
memoria retentam magnam esse, quum præsens exigua
fuerit; neque in percipiendis mediocriter affici rebus, de
iisdem perceptis vehementer lætari; quando etiam istis,
qui attoniti corporeas mirantur magnique faciunt voluptates, his post perceptionem non remanet delectatio, sed
umbra quædam et somnium, quasi fomes cupiditatum, relinquitur in animo, voluptatis quæ avolavit; quemadmodum qui per soporem siliunt aut amant, eorum imperfectæ
voluptates ac perceptiones acrius exstimulant libidinem.
(8) Ita et his non jucunda est voluptatum perceptarum memoria, sed ejusmodi quæ ex reliquiis voluptatis inanis ac
languidæ multum proferat furorem ac stimulum manifestæ
cupiditatis: neque probabile est, modestos ac temperantes homines hujusmodi cogitationibus immorari, aut ea
facere, ob quæ Carneades eum subsannabat, tanquam ex
ephemeridibus repetentem, Quoties cum Hedia aut Leontio rem habuisset, Ubi Thasium vinum bibisset, Quas
Vicesimas splendidissimis epulis celebrasset. (9) Atrocem enim ac belluinam in fruendis aut exspectandis voluptatibus exagitationem animi ac rabiem designat tanta ipsius

σαύτη πρὸς ἀναμνήσεις βάκχευσις αὐτῆς τῆς ψυχῆς
καὶ πρόστηξις. (10) Ὅθεν αὐτοί μοι δοκοῦσι, τούτων αἰσθόμενοι τῶν ἀτοπιῶν, εἰς τὴν ἀπονίαν καὶ τὴν
εὐστάθειαν ὑποφεύγειν τῆς σαρκός, ὡς ἐν τῷ ταύτην
5 ἐπινοεῖν περί τινα ἐσομένην καὶ γεγενημένην, τοῦ
ἡδέως ζῆν ὄντος. « Τὸ γὰρ εὐσταθὲς σαρκὸς κατάστημα, καὶ τὸ περὶ ταύτης πιστὸν ἔλπισμα τὴν ἀκροτάτην χαρὰν καὶ βεβαιοτάτην ἔχει τοῖς ἐπιλογίζεσθαι
δυναμένοις. »
10 V. Ὅρα δὴ πρῶτον μὲν, οἷα ποιοῦσι, τὴν εἴτε ἡδονὴν ταύτην, εἴτ' ἀπονίαν, ἢ εὐπάθειαν, ἄνω καὶ κάτω
μεταρροῦντες ἐκ τοῦ σώματος εἰς τὴν ψυχήν, εἶτα πάλιν
ἐκ ταύτης εἰς ἐκεῖνο τῷ μὴ στέγειν ἀπορρέουσαν. καὶ
περιολισθάνουσαν, ἀναγκαζόμενοι τῇ ἀρχῇ συνάπτειν·
15 καὶ τὸ μὲν ἡδόμενον, ὥς φησι, τῆς σαρκὸς τῷ χαίροντι
τῆς ψυχῆς ὑπερείδοντες, αὖθις δ' ἐκ τοῦ χαίροντος εἰς
τὸ ἡδόμενον τῇ ἐλπίδι τελευτῶντες. (2) Καὶ πῶς οἷόν
τε, τῆς βάσεως τιναττομένης, μὴ συντινάττεσθαι τὸ
ἐνόν; ἢ βέβαιον ἐλπίδα καὶ χαρὰν ἀσάλευτον εἶναι περὶ
20 πράγματος σάλον ἔχοντος τοσοῦτον καὶ μεταβολάς,
ὅσαι φυλάττουσι τὸ σῶμα', πολλαῖς μὲν ἔξωθεν ὑποκείμενον ἀνάγκαις καὶ πληγαῖς, ἐν αὐτῷ δ' ἔχον ἀρχὰς
κακῶν, ἃς οὐκ ἀποτρέπει λογισμός; (3) Οὐδὲ γὰρ ἂν
προσέπιπτεν ἀνδράσι νοῦν ἔχουσι στραγγουρικὰ πάθη,
25 καὶ δυσεντερικὰ, καὶ φθίσεις, καὶ ὕδρωπες, ὧν τοῖς μὲν
αὐτὸς Ἐπίκουρος συνηνέχθη, τοῖς δὲ Πολύαινος, τὰ δὲ
Νεοκλέα καὶ Ἀγαθόβουλον ἐξήγαγε. (4) Καὶ ταῦτ'
οὐκ ὀνειδίζομεν, εἰδότες καὶ Φερεκύδην καὶ Ἡράκλειτον
ἐν νόσοις χαλεπαῖς γενομένους· ἀλλ' ἀξιοῦμεν αὐτούς,
30 εἰ τοῖς πάθεσι βούλονται τοῖς ἑαυτῶν ὁμολογεῖν, * καὶ
μὴ κεναῖς φωναῖς θρασυνόμενοι καὶ δημαγωγοῦντες,
ἀλαζονείαν προσοφλισκάνειν, ἢ μὴ λαμβάνειν χαρᾶς
ἀρχὴν ἁπάσης τὴν σαρκὸς εὐστάθειαν, ἢ μὴ φάναι
χαίρειν καὶ ὑβρίζειν τοὺς ἐν πόνοις ὑπερβάλλουσι καὶ
35 νόσοις γινομένους. (5) Κατάστημα μὲν γὰρ εὐσταθὲς
σαρκὸς γίνεται πολλάκις, ἔλπισμα δὲ πιστὸν ὑπὲρ
σαρκὸς καὶ βέβαιον οὐκ ἔστιν ἐν ψυχῇ νοῦν ἐχούσῃ
γενέσθαι· ἀλλ' ὥσπερ ἐν θαλάσσῃ, κατ' Αἰσχύλον,

Ὠδῖνα τίκτει νὺξ κυβερνήτῃ σοφῷ,

40 καὶ γαλήνη· τὸ γὰρ μέλλον ἄδηλον· οὕτως ἐν σώματι
ψυχὴν εὐσταθοῦντι καὶ ταῖς περὶ σώματος ἐλπίσι τά-
γαθὸν θεμένην, οὐκ ἔστιν ἄφοβον καὶ ἄκυμον διεξαγα-
γεῖν. (6) Οὐ γὰρ ἔξωθεν μόνον, ὥσπερ ἡ θάλασσα,
χειμῶνας ἴσχει καὶ καταιγισμοὺς τὸ σῶμα, πλείονας
45 δὲ ταραχὰς ἐξ ἑαυτοῦ καὶ μείζονας ἀναδίδωσιν· εὐδίαν
δὲ χειμερινὴν μᾶλλον ἄν τις ἢ σαρκὸς ἀβλάβειαν ἐλπίσειεν αὐτῷ παραμένειν βεβαίως. (7) Τὸ γὰρ ἐφήμερα
καλεῖν καὶ ἀβέβαια καὶ ἀστάθμητα, φύλλοις τε γινομένοις ἔτους ὥρᾳ καὶ φθίνουσιν εἰκάζειν τὸν βίον, τί πα-
50 ρέσχηκεν ἄλλο τοῖς ποιηταῖς, ἢ τὸ τῆς σαρκὸς ἐπίκηρον
καὶ πολυβλαβὲς καὶ νοσῶδες; ἧς δὴ καὶ τὸ ἄκρον ἀγαθὸν
δεδιέναι καὶ κολούειν παρεγγυῶσιν. (8) « Σφαλερὸν
γὰρ ἡ ἐπ' ἄκρον εὐεξία, » φησὶν Ἱπποκράτης·

ad recordandum bacchatio atque adhæsio. (10) Unde et
ipsi videntur mihi hæc absurda animadvertentes, ad vacuitatem doloris et firmam affectionem carnis defugere; ac si
in eo sita sit vitæ jucunditas, ut cogitemus ista nobis vel
affutura vel adfuisse. *Summum enim et constantissi-
mum gaudium afferre iis, qui ratiocinari possint*, aiunt
carnis firmam affectionem, ejusque exploratam spem.

V. Hic primum considera quam rem agant, istam sive
voluptatem, sive indolentiam, sive bonam affectionem
hinc inde transfundentes, e corpore in animum, ex hoc
rursum, quia contineri eo non possit, in corpus dilabentem.
Itaque coguntur ad principium redire, *delectationem carnis*, sic enim ait Epicurus, *gaudio animæ ut fundamentum substernentes, ac rursus lætitiam spe voluptatis
finientes.* (2) At qui fieri quit, ut fundamento concusso,
non id simul concutiatur, quod ei insistit? aut qui explorata
spes potest, gaudiumque illabefactabile esse de re tot jacta-
tionibus ac mutationibus obnoxia, quale est corpus? cui et
foris imminent plurimæ necessitates, plurimi ictus, et
in se intus habet principia malorum, quæ ratione averti
ulla nequeant. (3) Alias non accidissent prudentibus
viris difficultates urinæ, intestinorum morbi, tabes, aquæ
intercutes; quorum cum quibusdam ipse conflictatus est
Epicurus; alia Polyænum, Neoclem, Agathobulum e vita
eduxerunt. (4) Neque nos illis hæc exprobramus,
qui et Pherecydem et Heraclitum novimus in gravibus
fuisse morbis : sed hoc postulamus, ut, si suo ipsi sensui
affectuique consentire velint, neque vanis vocibus ferociendo
et auram popularem captando ultro arrogantis futilitatis
culpam incurrere, aut non statuant carnis firmam affectionem principium omnis gaudii, aut non dicant gaudere et
insultare doloribus eos, qui in gravissimis morbis sunt et
cruciatibus. (5) Sæpe enim affectio corpori firma contingit,
sed de ea spem exploratam ac stabilem animus sanæ mentis
compos nunquam concipit : verem sicut in mari, ut est
apud Æschylum,

Nox incutit gubernatori qui sapit
dolorem,

atque ipsa etiam serenitas; futurum enim incertum est; sic
animum in corpore bene affecto et in spe de ejus bono statu
felicitatem collocantem, non licet sine metu et fluctuatione
degere. (6) Non enim foris duntaxat, ut mare, ita corpus
etiam tempestatibus et procellis potest exagitari, sed plus
turbarum, earumque majorum, intus alit et ex se effert : ac
rectius tranquillitatem hibernam aliquis quam carnis incolumitatem speraverit sibi constanter affuturam. (7) Quid
enim aliud poetas movit, ut *homines animalia* dicerent
*in diem viventia, instabilia, incerta, foliorum similia,
quæ anni statis temporibus nascuntur ac pereunt,* quam
natura corporis tot calamitatibus, damnis, morbis obnoxia?
cujus etiam optimam affectionem metuere jubent, ac deminuere. (8) *Est enim, inquit Hippocrates, ad summum
progressa corporis bona affectio, periculosa :* et Euripideus ille,

'Ο δ' ἄρτι θάλλων σαρκί, διοπετὴς ὅπως
ἀστήρ, ἀπέσβη,

κατὰ τὸν Εὐριπίδην· ὑπὸ δὲ βασκανίας καὶ φθόνου
βλάπτεσθαι προσορωμένους οἴονται τοὺς καλούς, ὅτι
τάχιστα τὸ ἀκμάζον ἴσχει μεταβολὴν τοῦ σώματος δι'
ἀσθένειαν.

VI. Ὅτι δὲ ὅλως μοχθηρὰ τὰ πράγματα πρὸς βίον
ἄλυπόν ἐστιν αὐτοῖς, σκόπει καὶ ἀφ' ὧν πρὸς ἑτέρους
λέγουσι. « Τοὺς γὰρ ἀδικοῦντας καὶ παρανομοῦντας,
ἀθλίως, φασί, καὶ περιφόβως ζῆν τὸν πάντα χρόνον·
ὅτι, κἂν λαθεῖν δύνωνται, πίστιν περὶ τοῦ λαθεῖν λαβεῖν
ἀδύνατόν ἐστιν· ὅθεν ὁ τοῦ μέλλοντος ἀεὶ φόβος ἐγκεί-
μενος οὐκ ἐᾷ χαίρειν, οὐδὲ θαρρεῖν ἐπὶ τοῖς παροῦσι. »
(2) Ταῦτα δὲ καὶ πρὸς ἑαυτοὺς εἰρηκότες λελήθασιν.
Εὐσταθεῖν μὲν γάρ ἐστι καὶ ὑγιαίνειν τῷ σώματι πολλάκις, πίστιν δὲ λαβεῖν περὶ τοῦ διαμένειν, ἀμήχανον·
ἀνάγκη δὴ ταράττεσθαι καὶ ὠδίνειν ἀεὶ πρὸς τὸ μέλλον
ὑπὲρ τοῦ σώματος, ἣν περιμένουσιν ἐλπίδα πιστὴν ἀπ'
αὐτοῦ καὶ βέβαιον οὐδέπω κτήσασθαι δυναμένους. (3)
Τὸ δὲ μηδὲν ἀδικεῖν, οὐδέν ἐστι πρὸς τὸ θαρρεῖν· οὐ γὰρ
τὸ δικαίως παθεῖν, ἀλλὰ τὸ παθεῖν, φοβερόν· οὐδὲ συνεῖναι
μὲν αὐτὸν ἀδικίαις ἀνιαρόν, περιπεσεῖν δὲ ταῖς ἄλλων οὐ
χαλεπόν· ἀλλ' εἰ μὴ μεῖζον, οὐκ ἔλαττόν γε τὸ κακὸν ἦν
Ἀθηναίοις ἢ Λαχάρους; καὶ Συρακουσίοις ἢ Διονυσίου
χαλεπότης, ἥπερ αὐτοῖς ἐκείνοις· ταράττοντες γὰρ ἐταράττοντο, καὶ πείσεσθαι κακῶς προσεδόκων ἐκ τοῦ προα-
δικεῖν καὶ προλυμαίνεσθαι τοὺς ἐντυγχάνοντας. (4) Ὄ-
χλων δὲ θυμούς, καὶ λῃστῶν ὠμότητας, καὶ κληρονόμων
ἀδικίας, ἔτι δὲ λοιμοὺς ἀέρων, καὶ θάλασσαν εὐράγκην,
ὑφ' αἷς Ἐπίκουρος ὀλίγον ἐδέησε καταποθῆναι πλέων εἰς
Λάμψακον, ὡς γράφει, τί ἂν λέγοι τις; Ἀρκεῖ γὰρ ἡ φύσις
τῆς σαρκός, ὕλην ἔχουσα νόσων ἐν ἑαυτῇ, καὶ τοῦτο
δὴ τὸ παιζόμενον, ἐκ τοῦ βοὸς τοὺς ἱμάντας λαμβάνουσα,
τὰς ἀλγηδόνας ἐκ τοῦ σώματος, ὁμοίως τοῖς τε φαύλοις
καὶ τοῖς ἐπιεικέσι τὸν βίον ἐπισφαλῆ ποιεῖ καὶ φοβερόν,
ἄνπερ ἐπὶ σαρκὶ καὶ τῇ περὶ σάρκα ἐλπίδι μάθωσιν,
ἄλλῳ δὲ μηθενί, * χαίρειν καὶ θαρρεῖν, ὡς Ἐπίκουρος
ἐν τ' ἄλλοις πολλοῖς γέγραφε, καὶ τούτοις, ἅ ἐστι περὶ
Τέλους.

VII. Οὐ μόνον τοίνυν ἄπιστον καὶ ἀβέβαιον ἀρχὴν
λαμβάνουσι τοῦ ἡδέως ζῆν, ἀλλὰ καὶ παντάπασιν εὐκα-
ταφρόνητον καὶ μικράν· εἴπερ αὐτοῖς « κακῶν ἀποφυγὴ
τὸ χαρτόν ἐστι καὶ τὸ ἀγαθόν, ἄλλο δ' οὐδὲν διανοεῖσθαί
φασιν, οὐδὲ ὅλως τὴν φύσιν ἔχειν, ὅποι τεθήσεται τὸ
ἀγαθόν, εἰ μὴ μόνον, ὅθεν ἐξελαύνεται τὸ κακὸν αὐτῆς, »
ὡς φησι Μητρόδωρος ἐν τοῖς πρὸς τοὺς Σοφιστάς· « ὥστε
τοῦτο αὐτὸ ἀγαθόν ἐστι, τὸ φυγεῖν τὸ κακόν· ἔνθα γὰρ
τεθήσεται τὸ ἀγαθόν, οὐκ ἔστιν, ὅταν μηθὲν ἔτι ὑπεξίῃ
μήτ' ἀλγεινόν, μήτε λυπηρόν. » (2) Ὅμοια δὲ καὶ τὰ
Ἐπικούρου, λέγοντος « τὴν τοῦ ἀγαθοῦ φύσιν ἐξ αὐτῆς
τῆς φυγῆς τοῦ κακοῦ, καὶ τῆς μνήμης καὶ ἐπιλογίσεως
καὶ χάριτος, ὅτι τοῦτο συμβέβηκεν αὐτῷ, γεννᾶσθαι·
τὸ γὰρ ποιοῦν, φησίν, ἀνυπέρβλητον γῆθος τὸ παρ' αὐτὸ
πεφυγμένον μέγα κακόν· καὶ αὕτη φύσις ἀγαθοῦ, ἄν τις

Modo qui vigebat carne, cœlitus velut
delapsa stella, exstinctus est.

Et formosos putant lædi fascino et invidia contuentium,
quia vigor corporis ob imbecillitatem celerrime admittit
mutationem.

VI. Omnino autem res ipsorum esse ad vitam doloris
vacuam parandam male accommodatas, ex his quoque intellige, quæ contra alios ipsi disserunt. *Flagitiosos*,
aiunt, *omne tempus vitæ misere et in metu exigere;
quod, etsi fallere possint, tamen spem latendi certam
atque indubitatam sibi sumere nullo modo possint;
itaque futuri metum identidem incumbentem non sinere
eos gaudere, aut præsentibus confidere.* (2) Non ani-
madvertunt hoc adversum se ipsos esse ab ipsis dictum.
Sæpe enim potest corpus bono in statu esse, ac sanitate
frui; explorata spes, fore ut semper eo in statu maneat,
fieri potest nulla. Necesse est ergo, semper ut perturbere
anxiusque sis de corpore propter futura; quandoquidem ex-
spectatam illam spem certam ac stabilem a corpore consequi nunquam possis. (3) Jam nihil peccare non eo facit,
ut bono sis animo, et rebus tuis fidas. Non enim hoc for-
midamus, ne quid juste patiamur, sed ne quid omnino patiamur. Neque molestum est, esse injustum, non molestum
aliorum injustitiam experiri: sed si non majori, non minori
quidem certe malo fuit Atheniensibus Lacharis, et Syracusanis Dionysii importunitas, quam ipsi Lachari et Dionysio:
hi enim turbantes turbabantur, et male se tractatum iri
suspicabantur, quia injurias et maleficia ultro aliis intule-
rant. (4) Jam plebis iras, latronum crudelitates, hæredum
injustitias, tum pestilentias aeris, maris pericula, quo se
Epicurus quum navigaret Lampsacum pene fuisse absorptum
scribit, quorsum attinet referre? Sufficit ipsa carnis natura,
materiam morborum in se continens, et, quod in proverbio
luditur, *loris ex ipso bove petitis*, doloribus e corpore,
vitam bonis malisque juxta periculosam reddens metusque
plenam; si quidem de carne duntaxat et ejus spe discant,
nulla alia de re, gaudere aut fiduciam concipere, quemadmodum Epicurus quum aliis multis in libris scripsit, tum
in iis, quos de Fine composuit.

VII. Ergo non tantum infidum atque inconstans principium suaviter vivendi sumunt, sed omnino contemtu facile ac exiguum; siquidem *gaudendi materies et bonum
ipsis est malorum evitatio, neque aliud se dicunt excogi-
tare posse, aut omnino in natura esse, in quo Bonum
collocetur, eo uno excepto, unde malum ejus expellitur,*
ut Metrodorus scripsit in his quæ adversus Sophistas disputat: *Est ergo Bonum ipsum fuga Mali: ubi enim ponatur Bonum, nihil est, si nihil porro abeat dolorem mo-
lestiamve faciens.* (2) Similia sunt hæc Epicuri, dicentis
*naturam Boni exsistere ex evitatione Mali, memoria-
que et reputatione ac gratulatione, quod sibi ita evenerit. Quod enim, inquit, facit incomparabile gaudium,
est magnum malum evitatum quod imminebat. Atque*

ὀρθῶς ἐπιβάλλῃ, ἔπειτα σταθῇ, καὶ μὴ κενῶς περιπατῇ περὶ ἀγαθοῦ θρυλῶν. » (3) Φεῦ τῆς μεγάλης ἡδονῆς τῶν ἀνδρῶν καὶ μακαριότητος, ἣν καρποῦνται χαίροντες ἐπὶ τῷ μὴ κακοπαθεῖν μηδὲ λυπεῖσθαι μηδ' ἀλγεῖν. Ἆρ' οὐκ ἄξιόν ἐστιν ἐπὶ τούτοις καὶ φρονεῖν καὶ λέγειν, ἃ λέγουσιν, ἀφθάρτους καὶ ἰσοθέους ἀποκαλοῦντες αὐτούς; καὶ δι' ὑπερβολὰς καὶ ἀκρότητας ἀγαθῶν, εἰς βρόμους καὶ ὀλολυγμοὺς ἐκβακχεύοντες ὑφ' ἡδονῆς; ὅτι τῶν ἄλλων περιφρονοῦντες, ἐξευρήκασι μόνοι θεῖον ἀγαθὸν καὶ μέγα, τὸ μηθὲν ἔχειν κακόν. (4) Ὥστε μήτε συῶν ἀπολείπεσθαι, μήτε προβάτων, εὐδαιμονίαν τὸ τῇ σαρκὶ καὶ τῇ ψυχῇ περὶ τῆς σαρκὸς ἱκανῶς ἔχειν μακάριον τιθεμένους. Ἐπεὶ τοῖς γε κομψοτέροις καὶ γλαφυρωτέροις τῶν ζῴων οὐκ ἔστι φυγὴ κακοῦ τέλος· ἀλλὰ καὶ πρὸς ᾠδὰς ὑπὸ κόρου τρέπεται, καὶ νήξεσι χαίρει καὶ πτήσεσι, καὶ ἀπομιμεῖσθαι παίζοντα φωνάς τε παντοδαπὰς καὶ ψόφους ὑπὸ ἡδονῆς καὶ γαυρότητος ἐπιχειρεῖ· καὶ πρὸς ἄλληλα χρῆται φιλοφροσύναις τε καὶ σκιρτήσεσιν, ὅταν ἐκφύγῃ τὸ κακόν, τἀγαθὸν πεφυκότα ζητεῖν· μᾶλλον δὲ ὅλως πᾶν τὸ ἀλγεινὸν καὶ τὸ ἀλλότριον ὡς ἐμποδὼν ὄντα τῇ διώξει τοῦ οἰκείου καὶ κρείττονος ἐξωθοῦντα τῆς φύσεως.

VIII. Τὸ γὰρ ἀναγκαῖον οὐκ ἀγαθόν ἐστιν, ἀλλ' ἐπέκεινα τῆς φυγῆς τῶν κακῶν κεῖται τὸ ἐφετὸν καὶ τὸ αἱρετόν, καί, νὴ Δία, τὸ ἡδὺ καὶ οἰκεῖον, ὡς Πλάτων ἔλεγε, καὶ ἀπηγόρευε, τὰς λυπῶν καὶ πόνων ἀπαλλαγὰς ἡδονὰς μὴ νομίζειν, ἀλλ' οἷόν τινα σκιαγραφίαν ἢ μῖξιν οἰκείου καὶ ἀλλοτρίου, καθάπερ λευκοῦ καὶ μέλανος ἀπὸ τοῦ κάτω πρὸς τὸ μέσον ἀναφερομένων, ἀπειρίᾳ δὲ τοῦ ἄνω καὶ ἀγνοίᾳ, τὸ μέσον ἄκρον ἡγουμένων εἶναι καὶ πέρας· (2) ὥσπερ Ἐπίκουρος ἡγεῖται καὶ Μητρόδωρος, οὐσίαν τἀγαθοῦ καὶ ἀκρότητα τὴν τοῦ κακοῦ φυγὴν τιθέμενοι, καὶ χαίροντες ἀνδραπόδων τινὰ χαρὰν ἢ δεσμίων ἐξ εἱργμοῦ λυθέντων ἀσμένως ἀλειψαμένων καὶ ἀπολουσαμένων μετ' αἰκίας καὶ μάστιγας, ἐλευθέρας δὲ καὶ καθαρᾶς καὶ ἀμιγοῦς καὶ ἀπουλωτίστου χαρᾶς ἀγεύστων καὶ ἀθεάτων. (3) Οὐ γάρ, εἰ τὸ ψωριᾷν τὴν σάρκα καὶ λημᾷν τὸν ὀφθαλμὸν ἀλλότριον, ἤδη καὶ τὸ κνᾶσθαι καὶ ἀπομάττεσθαι θαυμάσιον· οὐδ' εἰ τὸ ἀλγεῖν καὶ φοβεῖσθαι τὰ θεῖα καὶ ταράττεσθαι τοῖς ἐν ᾅδου κακόν, ἡ τούτων ἀποφυγὴ μακάριον καὶ ζηλωτόν· (4) ἀλλὰ μικρόν τινα τόπον καὶ γλίσχρον ἀποφαίνουσι τῆς χαρᾶς, ἐν ᾧ στρέφεται καὶ κυλινδεῖται μέχρι τοῦ μὴ ταράττεσθαι τοῖς ἐν ᾅδου κακοῖς, ἡ τούτων παρὰ τὰς κενὰς δόξας προϊοῦσα, καὶ τοῦτο ποιουμένη τῆς σοφίας τέλος, * ὃ δόξειεν αὐτόθεν ὑπάρχειν τοῖς ἀλόγοις. (5) Εἰ γὰρ πρὸς τὴν ἀπονίαν τοῦ σώματος οὐ διαφέρει, πότερον δι' αὐτὸ ἢ φύσει τοῦ πονεῖν ἐκτός ἐστιν, οὐδὲ πρὸς τὴν ἀταραξίαν τῆς ψυχῆς μεῖζόν ἐστι τὸ δι' αὑτὸ ἢ κατὰ φύσιν οὕτως ἔχειν, ὥστε μὴ ταράττεσθαι. (6) Καίτοι φήσειεν ἄν τις οὐκ ἀλόγως, ἐρρωμενεστέραν εἶναι διάθεσιν τὴν φύσει μὴ δεχομένην τὸ ταράττον, ἢ τὴν ἐπιμελείᾳ καὶ λόγῳ διαφεύγουσαν. Ἔστω δ' ἔχειν

hæc est natura Boni, si quis recte assequatur, deinde consistat, neque inaniter obambulet de Bono garriens. (3) O ingentem hominum istorum voluptatem et felicitatem, qua fruuntur gaudentes quod nihil mali sint passi, neque molestia aut dolore afficiantur! Nonne jure suo ob ista et sentiunt de se et dicunt quæ dicunt? *immortales dum se ipsos et diis æquales* jactant, atque ob nimiam bonorum excellentiam præ voluptate in fremitus atque ululatus bacchando efferuntur; quod scilicet, aliis spretis, soli divinum invenerint Bonum et magnum, vacuitatem omnium Malorum. (4) Adeo ut jam neque porcis cedant, neque ovibus, in eo felicitatem statuentes, ut carni, et animo de carne bene speranti, bene sit. Enimvero animalium quæ sunt natura elegantiore et venustiore, iis finis non est fuga mali; sed et ad canendum præ satietate aguntur, et natatione aut volatu se oblectant, ac voluptate et animi elatione instigata, omnis generis voces ac sonos imitari aggrediuntur, sibique invicem blandiuntur et exsultim ludunt; natura eo ducente, ut evitato malo bonum quærant, aut potius, ut omne molestum atque alienum ex natura sua sponte propulsent, utpote impedimenta sui boni et præstantioris conditionis assequendæ.

VIII. Quod enim necessarium est, id bonum non est, sed ultra fugam mali situm est id quod appeti et deligi debet, et hercle id quod suave est, et naturæ conveniens ac vernaculum. Hoc enim Plato pronunciavit, qui prohibuit etiam, *ne dolorum aut molestiarum evitationem voluptates putaremus, sed veluti quandam adumbrationem seu mixtionem vernaculi et alieni, tanquam albi et nigri ab imis partibus ad medium sese efferentium; quod imperiti atque inscientes superioris, pro summo extremoque habeant.* (2) Quo in errore Epicurus est et Metrodorus, substantiam summumque gradum Boni ponentes Mali fugam, gaudiumque gaudentes mancipiorum quoddam aut captivorum, qui e vinculis sint dimissi, ac post contumeliosam tractationem flagellorumque verbera pergratum habeant ungi et lavare; quum quidem liberalem, puram, sinceram, et vibicum expertem lætitiam neque degustaverint unquam, neque spectaverint. (3) Non enim si alienum est carnem scabie, oculos lippitudine laborare, ideo scabere, et detergere ex oculis defluentem humorem, res est admirabilis; nec si malum est dolere, et deos metuere, perturbarique ob ea quæ apud Manes esse putantur, ideo harum opinionum vacuitas beatum aliquid aut præclarum haberi debet. (4) Imo exiguum quendam planeque arctum gaudio attribuunt locum, in quo versetur ac volutetur eo usque, ut malis quæ apud inferos creduntur esse non perturbetur, aliquantulum ultra falsas et inanes opiniones progrediens, huncque finem sapientiæ præfigens, quem per se ipsa obtinere videntur bruta. (5) Si enim ad indolentiam corporis nihil interest, utrum suo studio, an a natura vacuitatem habeat doloris, ne ad animi quidem a perturbatione vacuitatem referet, per sene, an a natura adeptus hoc sit ut ne perturbetur. (6) Et quidem non sine ratione dici potest, vacuitatem perturbationum meliorem esse a natura, quam a studio et ratione profectam. Deferatur tamen uni tantum,

ἐπίσης· καὶ γὰρ οὕτω φανοῦνται τῶν θηρίων πλέον
οὐδὲν ἔχοντες, ἐν τῷ μὴ ταράττεσθαι τοῖς ἐν ᾅδου καὶ
περὶ θεῶν λεγομένοις, μηδὲ προσδοκᾶν λύπας μηδ'
ἀλγηδόνας ὅρον ἐχούσας. (7) Αὐτὸς γοῦν Ἐπίκουρος, εἰπὼν ὡς « [Εἰ] μηδὲν ἡμᾶς αἱ ὑπὲρ τῶν μετεώ-
ρων ὑποψίαι ἠνώχλουν, ἔτι [τε] τὰ περὶ θανάτου καὶ
ἀλγηδόνων, οὐκ ἄν ποτε προσεδεόμεθα φυσιολογίας, »
εἰς τοῦτο [ἄγειν ἡμᾶς οἴεται τὸν λόγον, ἐν ᾧ τὰ θηρία
φήσει καθέστηκεν]· οὔτε γὰρ ὑποψίας ἔχει φαύλας περὶ
θεῶν, οὔτε δόξας αἷς ἐνοχλεῖται [τῶν] μετὰ τὸν θάνατον,
οὐδὲ ὅλως ἐπινοεῖ τι δεινὸν ἐν τούτοις, οὐδ' οἶδε. (8)
Καίτοι εἰ μὲν ἐν τῇ προλήψει τοῦ θεοῦ τὴν πρόνοιαν
ἀπέλιπον, ἐφαίνοντο ἂν ἐλπίσι χρησταῖς πλέον ἔχοντες
οἱ φρόνιμοι τῶν θηρίων πρὸς τὸ ἡδέως ζῆν· ἐπεὶ δὲ τέλος ἦν τοῦ περὶ θεῶν λόγου τὸ [τῷ] μὴ φοβεῖσθαι
θεὸν ἅμα παύσασθαι ταραττομένους, βεβαιότερον οἶμαι
τοῦτο ὑπάρχειν τοῖς ὅλως μὴ νοοῦσι θεόν, ἢ τοῖς νοεῖν
μὴ βλάπτοντα μεμαθηκόσιν· οὐ γὰρ ἀπήλλακται δεισιδαιμονίας, ἀλλ' οὐδὲ περιπέπτωκεν· οὐδ' ἀποτέθειται
τὴν ταράττουσαν ἔννοιαν περὶ θεῶν, ἀλλ' οὐδ' εἴληφε.
(9) Τὰ δ' αὐτὰ καὶ περὶ τῶν ἐν ᾅδου λεκτέον· τὸ μὲν γὰρ
ἐλπίζειν χρηστὸν ἀπ' ἐκείνων οὐδετέροις ὑπάρχει· τὸ δ'
ὑποπτεύειν καὶ φοβεῖσθαι [τὰ] μετὰ τὸν θάνατον, ἧττον μέτεστιν οἷς οὐ γίνεται θανάτου πρόληψις, ἢ τοῖς
προλαμβάνουσιν, ὡς οὐδὲν πρὸς ἡμᾶς ὁ θάνατος· (10)
πρὸς μέν γε τούτους ἐστίν, ἐφ' ὅσον περὶ αὐτοῦ διαλο-
γίζονται καὶ σκοποῦσι· τὰ δὲ ὅλως ἀπήλλακται τοῦ
φροντίζειν τῶν οὐ πρὸς ἑαυτά, πληγὰς δὲ φεύγοντα καὶ
τραύματα καὶ φόνους, τοῦτο τοῦ θανάτου δέδοικεν, ὃ
καὶ τούτοις φοβερόν ἐστιν.

IX. Ἃ μὲν οὖν λέγουσιν αὐτοῖς ὑπὸ σοφίας παρεσκευασμένα, τοιαῦτά ἐστιν· ὧν δὲ αὐτοὺς ἀφαιροῦνται καὶ ἀπελαύνουσιν, ἤδη σκοπῶμεν. (2) Τὰς
μὲν γὰρ ἐπὶ σαρκὶ καὶ σαρκὸς εὐσταθείᾳ τῆς ψυχῆς
διαχύσεις, ἐὰν ὦσι μέτριαι, μηδὲν ἐχούσας μέγα
μηδ' ἀξιόλογον· ἂν δὲ ὑπερβάλλωσι, πρὸς τῷ κενῷ
καὶ ἀβεβαίῳ φορτικὰς φαινομένας καὶ θρασείας, οὐδὲ ψυχικὰς ἄν τις, οὐδὲ χαρᾶς, ἀλλὰ σωματικὰς ἡδονάς, οἷον ἐπιμειδιάσεις καὶ συνεπιθρύψεις προσείποι τῆς
ψυχῆς. (3) Ἃς δ' ἄξιον καὶ δίκαιον εὐφροσύνας καὶ
χαρᾶς νομίζεσθαι, καθαραὶ μέν εἰσι τοῦ ἐναντίου,
καὶ σφυγμὸν οὐδένα κεκραμένον, οὐδὲ δηγμὸν οὐδὲ
μετάνοιαν ἔχουσιν· οἰκεῖον δὲ τῇ ψυχῇ, καὶ ψυχικὸν ἀληθῶς καὶ γνήσιον καὶ οὐκ ἐπείσακτον αὐτῶν
τἀγαθόν ἐστιν, οὐδ' ἄλογον, ἀλλ' εὐλογώτατον ἐκ τοῦ
θεωρητικοῦ καὶ φιλομαθοῦς, ἢ πρακτικοῦ καὶ φιλοκάλου τῆς διανοίας φυόμενον. (4) Ὧν ὅσας ἑκάτερον καὶ
ἡλίκας ἡδονὰς ἀναδίδωσιν, οὐκ ἄν τις ἀνύσειε διελθεῖν
προθυμούμενος· [ὡς] ὑπομνῆσαι δὲ βραχέως, αἵ τε
ἱστορίαι πάρεισι, πολλὰς μὲν ἐπιτερπεῖς διατριβὰς
ἔχουσαι, τὸ δ' ἐπιθυμοῦν ἀεὶ τῆς ἀληθείας ἀκόρεστον
ἀπολείπουσαι καὶ ἄπληστον ἡδονῆς· δι' ἣν οὐδὲ τὸ
ψεῦδος ἀμοιρεῖ χάριτος, ἀλλὰ καὶ πλάσμασι καὶ ποιήμασι
τοῦ πιστεύεσθαι μὴ προσόντος, ἔνεστιν ὅμως τὸ πεῖθον.

quantum alteri : certe sic liquebit, nihil eos brutis antecellere, quod attineat ad vacuitatem perturbationis propter ea quæ de diis et inferis dicuntur, et non extimescendos dolores aut cruciatus infinitos. (7) Ipse profecto Epicurus dixit, *Nisi nobis molestias exhiberent ea quæ in sublimi sunt, et quæ de morte ac doloribus feruntur, nihil fere nobis opus fuisse philosophia naturali.* Ergo putat rationem nos eo perducere, quo per suam ipsa naturam jam sunt bruta : quæ neque de diis in malam suspicantur partem, neque opiniones habent de iis quæ mortem subsecutura sint sinistras quibus conturbentur, atque omnino his de rebus nihil vel cogitant vel norunt metuendum. (8) Quodsi Epicurei in anticipata Dei notione tradenda Providentiam reliquissent; videri poterat, homines prudentes plus bonæ spei de vita jucunda habere quam belluas. Quoniam autem finem disputationi de Diis hunc proponunt, ut non metuamus deum, atque ita desinamus turbari; constantius ego arbitror hoc teneri ab iis, quæ omnino deum esse non intelligunt, quam ab iis, qui didicerunt eum censere qui non lædat. Illa enim non liberantur superstitione, sed ne capta quidem ea unquam fuerunt, neque deponunt cogitationem de numine perturbantem, sed ne venerunt quidem unquam in eam. (9) Eadem de inferis sunt dicenda : inde enim bonum aliquid sperare, neutris contingit : suspicari autem et metuere aliquid post mortem, minus evenit iis quæ omnino anticipata mortis notitia carent, quam iis qui præcipiunt mente nihil ad nos mortem pertinere. (10) Certe enim eatenus ad eos pertinet mors, quatenus de ea ratiocinantur et considerant : belluæ prorsus vacant cura rerum ad se non pertinentium; et quum verbera, vulnera, cædem fugiunt, eatenus mortem timent, quatenus et isti.

IX. Talia sunt quæ sibi per sapientiam comparata Epicurei dicunt. Consideremus porro qualia sint ea quibus se ipsos privant et a quibus sese abigunt. (2) Animæ delectationes, quæ iis ob jucundam corporis affectionem accidunt, si mediocres sunt, magni aut præclari habent nihil; sin excellentes sint, præterquam quod vanæ et instabiles, importunas etiam et protervas, non profecto animi voluptates aut lætitias, sed corporeas dixerit aliquis voluptates, animo veluti arridente iis simulque luxuriante, (3) Quas vero dignum æquumque est lætitias et gaudia animi dici, eæ contrarii sunt vacuæ, neque palpitationem aut morsum admixtum ullum, ullamve pœnitentiam habent. Eæ delectationes bonum habent animo familiare, eique vere conveniens et germanum, non ascititium, non brutum, sed summe consentiens rationi, enatum ea ex animi facultate, quæ contemplando vero, discendique studio, aut quæ agendo et honesti tractationi est destinata. (4) Quam multas, et quantas voluptates harum utraque proferat, dicendo enumerare frustra quisquam conetur sed ut breviter mentionem earum subjiciam, in promtu sunt historiæ, quæ quum multas habeant animum oblectantes tractationes, perpetuum veritatis studium nunquam explent, nunquam exsatiant voluptate : quæ voluptas etiam falsis aliquam conciliat gratiam, ut quum figmentis et poematis fidem non adhibeamus, tamen insit his quædam persuadendi vis.

X. * Ἐννόει γάρ, ὡς δακνόμενοι τὸν Πλάτωνος
ἀναγινώσκομεν Ἀτλαντικὸν, καὶ τὰ τελευταῖα τῆς
Ἰλιάδος, οἷον ἱερῶν κλειομένων ἢ θεάτρων ἐπιποθοῦντες τοῦ μύθου τὸ λειπόμενον. Αὐτῆς δὲ τῆς ἀληθείας ἡ μάθησις οὕτως ἐράσμιόν ἐστι καὶ ποθεινὸν, ὡς
τὸ ζῆν καὶ τὸ εἶναι διὰ τὸ γινώσκειν· τοῦ δὲ θανάτου
τὰ σκυθρωπότατα, λήθη καὶ ἄγνοια καὶ σκότος. (2)
Ἤ καί, νὴ Δία, μάχονται τοῖς φθείρουσι τῶν ἀποθα-
νόντων τὴν αἴσθησιν ὀλίγου δεῖν ἅπαντες, ὡς ἐν μόνῳ
τῷ αἰσθανομένῳ καὶ γινώσκοντι τῆς ψυχῆς τιθέμενοι
τὸ ζῆν καὶ τὸ εἶναι καὶ τὸ χαίρειν. (3) Ἔστι γὰρ καὶ
τοῖς ἀνιῶσι τὸ μεθ' ἡδονῆς τινος ἀκούεσθαι· καὶ ταραττόμενοι πολλάκις ὑπὸ τῶν λεγομένων καὶ κλαίον-
τες, ὅμως λέγειν κελεύομεν, ὥσπερ οὗτος·

Οἴμοι πρὸς αὐτῷ γ' εἰμὶ τῷ δεινῷ λέγειν.
Κἀγώ γ' ἀκούειν· ἀλλ' ὅμως ἀκουστέον.

(4) Ἀλλὰ τοῦτο μὲν ἔοικε τῆς περὶ τὸ πάντα γινώσκειν
ἡδονῆς ἀκρασία τις εἶναι καὶ ῥύσις ἐκβιαζομένη τὸν
λογισμόν· ὅταν δὲ μηδὲν ἔχουσα λυπηρὸν ἢ βλαβη-
ρὸν ἱστορία καὶ διήγησις ἐπὶ πράξεσι καλαῖς καὶ μεγάλαις προσλάβῃ λόγον ἔχοντα δύναμιν καὶ χάριν,
ὡς τὸν Ἡροδότου τὰ Ἑλληνικὰ, καὶ Περσικὰ τὸν Ξενοφῶντος,

Ὅσσα δ' Ὅμηρος ἐθέσπισε θέσκελα εἰδὼς,

ἢ γῆς περι[όδους] Εὔδοξος, ἢ κτίσεις καὶ πολιτείας
Ἀριστοτέλης, ἢ βίους ἀνδρῶν Ἀριστόξενος ἔγραψεν,
οὐ μόνον μέγα καὶ πολὺ τὸ εὐφραῖνον, ἀλλὰ καὶ καθαρὸν καὶ ἀμεταμέλητόν ἐστι. (5) Τίς δ' ἂν φάγοι
πεινῶν καὶ πίοι διψῶν τὰ Φαιάκων ἥδιον ἢ διέλθοι
τὸν Ὀδυσσέως ἀπόλογον τῆς πλάνης; τίς δ' ἂν ἡσθείη
συναναπαυσάμενος τῇ καλλίστῃ γυναικὶ μᾶλλον, ἢ προσ-
αγρυπνήσας οἷς γέγραφε περὶ Πανθείας Ξενοφῶν,
ἢ περὶ Τιμοκλείας Ἀριστόβουλος, ἢ Θήβης Θεόπομπος;

XI. Ἀλλὰ ταῦτα [**] τῆς ψυχῆς· ἐξωθοῦσι δὲ καὶ
τὰς ἀπὸ τῶν μαθημάτων. Καίτοι ταῖς μὲν ἱστορίαις
ἁπλοῦν τι καὶ λεῖόν ἐστιν· αἱ δ' ἀπὸ γεωμετρίας καὶ
ἀστρολογίας καὶ ἁρμονικῆς δριμὺ καὶ ποικίλον ἔχουσαι τὸ δέλεαρ, οὐδε[νὸς τῶν] ἀγωγίμων ἀποδέουσιν,
ἕλκουσαι καθάπερ ἴυγξι τοῖς διαγράμμασιν· ὧν ὁ γευσάμενος, ἄνπερ ἔμπειρος ᾖ, τὰ Σοφοκλέους περίεισιν
ᾄδων·

Μουσομανεῖ δ' ἐλάμφθην δακέτῳ, ποτὶ δειρὰν
ἔρχομαι δ' ἔκ τε λύρας ἔκ τε νόμων,
οὓς Θαμύρας περίαλλα μουσοποιεῖ,

καὶ νὴ Δία Εὔδοξος καὶ Ἀρίσταρχος καὶ Ἀρχιμήδης.
(2) Ὅπου γὰρ οἱ φιλογραφοῦντες οὕτως ἄγονται τῇ
πιθανότητι τῶν ἔργων, ὥστε Νικίαν, γράφοντα τὴν
νεκυίαν, ἐρωτᾶν πολλάκις τοὺς οἰκέτας, εἰ ἠρίστηκε·
Πτολεμαίου δὲ τοῦ βασιλέως ἑξήκοντα τάλαντα τῆς
γραφῆς συντελεσθείσης πέμψαντος αὐτῷ, μὴ λαβεῖν

X. Cogita enim apud animum tuum, quem morsum sentiamus, ubi Platonis Atlanticum, aut Iliadis postremam
partem legimus, veluti templo clauso aut theatro desiderantes
fabulæ reliquum. Ipsius autem veritatis cognitio ita est ama-
bilis, ita desiderabilis, ut ipsum hoc vivere et esse, propter
cognitionem; et quæ mors habet tristissima, sunt oblivio,
ignoratio et tenebræ. (2) Itaque ergo, mehercle, omnes
fere uno ore reclamant iis qui mortuos sensu privant, quod
in sola animæ sentiente ac cognoscente vi ponunt vitam,
esse, et gaudere. (3) Licet enim etiam eorum quæ molesta
nobis sunt quædam interdum cum voluptate audire; ac
sæpe turbati aliorum sermone et lacrimantes, tamen dicere
jubemus, ut ille :

A Eheu, mali ipsius est dicendi jam locus.
B. Et audiendi mihi : sed audire est opus.

(4) Verum hoc quidem videtur voluptatis omnia cognoscendi
quædam esse intemperantia ac fluxus vim rationi faciens.
Quum vero nihil in se habens molestum aut damnosum
historia vel narratio ad res pulchras ac magnas asciverit
orationem vi elegantiaque præditam; ut quum res Græcas Herodotus, Persicas Xenophon exponit,

Et quos divinus numeros cantavit Homerus,

aut Eudoxi terrarum obeundo cognitarum descriptiones,
Aristotelis de conditis urbibus et de rebuspublicis libri,
Aristoxeni vitæ virorum; non modo ingens et copiosa ibi
exhilarandi animi materies offertur, sed et pura, pœniten-
tiæque secura. (5) Quis enim vel esuriens edere, vel sitiens
bibere malit ea quæ apud Phæaces fuerunt proposita,
quam Ulyssis recensionem suorum errorum cognoscendo
percurrere? aut quem magis juvet dormire cum formosis-
sima muliere, quam invigilare iis quæ de Panthea Xenophon, de Timoclea Aristobulus, de Theba scripsit Theopompus?

XI. Verum ab his delectationibus Epicurei animum avo-
cant. Adde, quod etiam a Mathematibus profectas inde
exturbant. At enim Historiis simplex quædam et plana
ac lævis adest delectandi occasio : quæ a Geometria, A-
strologia et Harmonica veniunt voluptates, iis acres et variæ illecebræ aditum parant, neque ulla deest inescandi
occasio. Descriptionibus enim suis mathemata tanquam
illicibus quibusdam ad se trahunt : quarum qui gustum
percepit, si quidem rerum imperitus non sit, obambulat
Sophoclea ista cantillans,

Musarum exagitat me validus furor.
In montes rapior nobilibus modis,

quos eximie Thamyras fingit Musarum instinctu : et vero
etiam Eudoxus, Aristarchus, Archimedes. (2) Quando enim
picturæ dediti adeo suorum afficiuntur operum specie, ut
Nicias pingens Necyiam sæpe e servis quæsiverit, *pransusne esset;* et opere absoluto quum Ptolemæus rex ejus
emendi gratia mitteret sexaginta talenta, non acceperit pe-

μηδ' ἀποδόσθαι τὸ ἔργον· τίνας οἰόμεθα καὶ πηλίκας ἡδονὰς ἀπὸ γεωμετρίας δρέπεσθαι καὶ ἀστρολογίας Εὐκλείδην γράφοντα τὰ διοπτρικά, καὶ Φίλιππον ἀπο- δεικνύντα περὶ τοῦ σχήματος τῆς σελήνης, καὶ Ἀρχι- μήδην ἀνευρόντα τῇ γωνίᾳ τὴν διάμετρον τοῦ ἡλίου τηλικοῦτο τοῦ μεγίστου κύκλου μέρος οὖσαν, ἡλίκον ἡ γωνία τῶν τεσσάρων ὀρθῶν· καὶ Ἀπολλώνιον καὶ Ἀρί- σταρχον, ἑτέρων τοιούτων εὑρετὰς γενομένους, ὧν νῦν ἡ θέα καὶ κατανόησις ἡδονάς τε μεγάλας καὶ φρόνημα θαυμάσιον ἐμποιεῖ τοῖς μανθάνουσι. (3) Καὶ οὐκ ἄξιον οὐδαμῇ τὰς ἐκ τῶν ὀπτανείων καὶ ματρυλείων * ἡδο- νὰς ἐκείνας παραβάλλοντα ταύταις, καταισχύνειν τὸν Ἑλικῶνα καὶ τὰς Μούσας,

   Ἐνθ' οὔτε ποιμὴν ἀξιοῖ φέρβειν βοτά,
     οὐδ' ἦλθέ πω σίδηρος·

ἀλλ' αὗται μέν εἰσιν ὡς ἀληθῶς ἀκήρατοι νομαὶ τῶν μελιττῶν, ἐκεῖνα δὲ συῶν καὶ τράγων κνησμοῖς ἔοικε, προσαναπιμπλάντα τῆς ψυχῆς τὸ παθητικώτατον. (4) Ἔστι μὲν οὖν ποικίλον καὶ ἰταμὸν τὸ φιλήδονον· οὔπω δέ τις ἐρωμένῃ πλησιάσας ὑπὸ χαρᾶς ἐβουθύ- τησεν, οὐδ' ηὔξατό τις ἐμπλησθεὶς ὄψων ἢ πεμμάτων βασιλικῶν, εὐθὺς ἀποθανεῖν. Εὔδοξος δ' ηὔχετο, πα- ραστὰς τῷ ἡλίῳ, καὶ καταμαθὼν τὸ σχῆμα τοῦ ἄστρου καὶ τὸ μέγεθος καὶ τὸ εἶδος, ὡς ὁ Φαέθων, καταφλεγῆ- ναι· καὶ Πυθαγόρας ἐπὶ τῷ διαγράμματι βοῦν ἔθυσεν, ὥς φησιν Ἀπολλόδοτος·

   Ἡνίκα Πυθαγόρης τὸ περικλεὲς εὕρετο γράμμα
    κεῖν' ἐφ' [ὅτ]ῳ λαμπρὴν ἤγετο βουθυσίην·

εἴτε περὶ τῆς ὑποτεινούσης, ὡς ἴσον δύναται ταῖς πε- ριεχούσαις τὴν ὀρθήν, εἴτε πρόβλημα περὶ τοῦ χωρίου τῆς παραβολῆς. (5) Ἀρχιμήδην δὲ βίᾳ τῶν διαγραμ- μάτων ἀποσπῶντες συνήλειφον οἱ θεράποντες· ὁ δ' ἐπὶ τῆς κοιλίας ἔγραφε τὰ σχήματα τῇ στλεγγίδι· καὶ λουόμενος, ὥς φασιν, ἐκ τῆς ὑπερχύσεως ἐννοήσας τὴν τοῦ στεφάνου μέτρησιν, οἷον ἔκ τινος κατοχῆς ἢ ἐπι- πνοίας ἐξήλατο βοῶν· Εὕρηκα· καὶ τοῦτο πολλάκις φθεγ- γόμενος ἐβάδιζεν. (6) Οὐδενὸς δ' ἀκηκόαμεν οὔτε γα- στριμάργου περιπαθῶς οὕτω, Βέβρωκα, βοῶντος, οὔτ' ἐρωτικοῦ, Πεφίληκα· μυρίων μυριάκις ἀκολάστων γε- γονότων καὶ ὄντων· ἀλλὰ καὶ βδελυττόμεθα τοὺς με- μνημένους δείπνων ἐμπαθέστερον, ὡς ἐφ' ἡδοναῖς μι- κραῖς καὶ μηδενὸς ἀξίαις ὑπερασμενίζοντας· Εὐδόξῳ δὲ καὶ Ἀρχιμήδει καὶ Ἱππάρχῳ συνενθουσιῶμεν· καὶ Πλάτωνι πειθόμεθα περὶ τῶν μαθημάτων, ὡς ἀμελού- μενα δι' ἄγνοιαν καὶ ἀπειρίαν, ὅμως βίᾳ ὑπὸ χάριτος αὐξάνεται.

XII. Ταύτας μέντοι τὰς τηλικαύτας καὶ τοσαύ- τας ἡδονὰς ὥσπερ ἀεννάους ἐκτρέποντες οὗτοι καὶ ἀποστρέφοντες, οὐκ ἐῶσι γεύεσθαι τοὺς πλησιάσαν- τας αὐτοῖς· ἀλλὰ τοὺς μὲν ἐπαραμένους τὰ ἀκάτια φεύγειν ἀπ' αὐτῶν κελεύουσι· Πυθοκλέους δὲ πάν- τες καὶ πᾶσαι δέονται δι' Ἐπικούρου καὶ ἀντιβολοῦ- σιν, ὅπως οὐ ζηλώσῃ τὴν ἐλευθέριον καλουμένην

---

cuniam, neque tabulam vendiderit : quas et quantas crede- mus voluptates e geometria et astrologia decerpsisse Eu- clidem, quum scriberet Dioptrica, Philippum demonstra- tione de figura Lunæ literis mandata, Archimedem quum anguli ministerio deprehendisset diametrum solis tantam esse maximi circuli portionem, quanta est angulus ille de quattuor angulis rectis! Quod idem volo intelligi de Apol- lonio et Aristarcho aliarum id genus rerum inventoribus, quarum hodieque consideratio magnas voluptates et mira- bilem animorum alacritatem apud discentes excitat. (3) Indignum vero est illas e culinis et prostibulis arcessitas voluptates cum his contendendo, dedecus inferre Musis et Heliconi,

   Ubi neque pastor pascere conatur pecus,
   ferroque sunt intacta loca.

Nam Mathematicæ hæ voluptates vere sunt pascua apum vitii exsortia; istæ porcorum et caprorum pruritibus sunt similes, eam animi facultatem, quæ omnis generis affe- ctionibus est opportunissima, opplentes. (4) Sane res est varia, et proterva, studium voluptatis. Neque tamen in hunc usque diem quisquam amica potitus præ gaudio so- lenne sacrificium fecit; aut statim mori optavit, si daretur obsoniis bellariisque regiis impleri. At vero Eudoxus, Phaethontis modo, comburi vovit, ea lege, ut sibi ante lice- ret ad solem astanti, figuram et magnitudinem formamque astri perdiscere; et Pythagoras bovem immolavit, delinea- tionis geometricæ causa; sic enim perhibet Apollodotus :

   Pythagoras celebri diagrammate quando reperto,
    mactato fecit splendida sacra bove :

sive id pertinet ad hoc, quod in rectangulo triquetro longis- simi lateris quadratum reliquorum laterum quæ angulum rectum conficiunt quadratis in unum conflatis æquale esse demonstravit; sive ad quæstionem de area parabolæ. (5) Jam Archimedem a descriptionibus geometricis vi avulsum servi unxerunt; ille interim strigili lineas in ventre ducebat; et inter lavandum quum ex aquæ, ut traditur, supra la- brum solii elisæ effluxu excogitasset coronæ mensuram, tanquam furore quodam aut divino instinctu exagitatus prosiluit, vociferans, Reperi; hacque voce sæpius repetita perrexit ire. (6) Neque vero audivimus vel gulæ addictissi- mum quenquam tali cum animi commotione clamare, Vo- ravi; vel lascivissimum, Amavi; quum quidem et sint et fuerint innumeri intemperantes: sed et, ut impuros, aver- samur eos, qui cœnarum vehementiori cum affectione ani- mi recordantur, ut qui nimium delectentur exiguis et nul- lius pretii voluptatibus. At Eudoxi et Archimedis et Hip- parchi instinctu divino concitatorum comites esse volumus, Platonique credimus, qui de mathematibus pronunciavit, *ea ob inscitiam hominum imperitiamque neglecta, vi tamen ob venustatem suam incrementa facere.*

XII. Enimvero has tot tantasque voluptates veluti pe- renni e fonte manantes Epicurei devitant atque aversantur, neque patiuntur earum gustum percipere quicumque se ad ipsos contulerint; sed aliis mandant, *ut citatis lembis eas fugiant;* et Pythoclem omnes ab ea secta viri, omnes mulieres, per Epicurum orant atque obsecrant, *ne disci- plinam, quæ liberalis dicitur, magnifacere sectarive*

παιδείαν· Ἀπελλῆν δέ τινα θαυμάζοντες καὶ ὑπερ-
ασπαζόμενοι, γράφουσιν ὅτι τῶν μαθημάτων ἀποσχό-
μενος ἐξ ἀρχῆς καθαρὸν ἑαυτὸν ἐτήρησε· (2) περὶ δὲ
τῆς ἱστορίας, ἵνα τὴν ἄλλην ἀνηκοΐαν ἐάσω, παραθήσομαι μόνα τὰ Μητροδώρου, γράφοντος ἐν τοῖς περὶ
Ποιητῶν· « Ὅθεν μηδὲ εἰδέναι φάσκων, μετὰ ποτέρων
ἦν ὁ Ἕκτωρ, ἢ τοὺς πρώτους στίχους τῆς Ὁμήρου
ποιήσεως, ἢ πάλιν τὰ ἐν μέσῳ, μὴ ταρβήσῃς. » (3)
Ὅτι τοίνυν αἱ τοῦ σώματος ἡδοναί, καθάπερ οἱ ἐτησίαι,
μαραίνονται μετὰ τὴν ἀκμὴν καὶ ἀπολήγουσιν, οὐ λέληθε τὸν Ἐπίκουρον· διαπορεῖ γοῦν, εἰ γέρων ὁ σοφὸς
ὢν, καὶ μὴ δυνάμενος πλησιάζειν, ἔτι ταῖς τῶν καλῶν
ἁφαῖς χαίρει καὶ ψηλαφήσεσιν· οὐ τὰ αὐτὰ μὲν τῷ
Σοφοκλεῖ διανοούμενος, ἀσμένως ἐκφυγόντι τὴν ἡδονὴν
ταύτην, ὥσπερ ἄγριον καὶ λυττῶντα δεσπότην· ἀλλ'
ἔδει γε τοὺς ἀπολαυστικούς, ὁρῶντας ὅτι πολλὰς ἀφαυ-
αίνει τῶν ἡδονῶν τὸ γῆρας,

    Ἥ τ' Ἀφροδίτη τοῖς γέρουσιν ἄχθεται,

κατ' Εὐριπίδην, * ταύτας μάλιστα συνάγειν τὰς ἡδονάς, ὥσπερ εἰς πολιορκίαν ἄσηπτα σιτία καὶ ἄφθαρτα
παρατιθεμένους· εἶτ' ἄγειν ἀφροδίσια τοῦ βίου καὶ με-
θεόρτους καλὰς ἐν ἱστορίαις καὶ ποιήμασι διατρίβοντας,
ἢ προβλήμασι μουσικοῖς καὶ γεωμετρικοῖς. (4) Οὐ
γὰρ ἂν ἐπῆλθεν αὐτοῖς εἰς νοῦν βαλέσθαι τὰς τυφλὰς
καὶ νωδὰς ἐκείνας ψηλαφήσεις, καὶ ἐπιπηδήσεις τοῦ
ἀκολάστου, μεμαθηκόσιν, εἰ μηδὲν ἄλλο, γράφειν περὶ
Ὁμήρου καὶ περὶ Εὐριπίδου, ὡς Ἀριστοτέλης, καὶ
Ἡρακλείδης, καὶ Δικαίαρχος. (5) Ἀλλ' οἶμαι τοιούτων ἐφοδίων μὴ φροντίσαντες, τῆς δ' ἄλλης αὐτῶν
πραγματείας ἀτερποῦς καὶ ξηρᾶς, ὥσπερ αὐτοὶ τὴν
ἀρετὴν λέγουσιν, οὔσης, ἥδεσθαι πάντως ἐθέλοντες,
τοῦ δὲ σώματος ἀπαγορεύοντος, αἰσχρὰ καὶ ἄωρα
πράττειν ὁμολογοῦσι· τῶν τε προτέρων ἡδονῶν ἀναμι-
μνήσκοντες ἑαυτούς, καὶ χρώμενοι ταῖς παλαιαῖς ἀπορίᾳ προσφάτων, ὥσπερ τεταριχευμέναις καὶ νεκραῖς,
ἄλλας πάλιν καὶ τεθνηκυίας, οἷον ἐν τέφρᾳ ψυχρᾷ, τῇ
σαρκὶ κινοῦντες παρὰ φύσιν καὶ ἀναζωπυροῦντες, ἅτε
δὴ μηδὲν οἰκεῖον ἡδὺ μηδὲ χαρᾶς ἄξιον ἔχοντες ἐν τῇ
ψυχῇ παρεσκευασμένον.

XIII. Καίτοι τὰ ἄλλα μέν, ὡς ἡμῖν ἐπῆλθεν [εἰ-
πεῖν], εἴρηται· μουσικὴν δὲ ὅσας ἡδονὰς καὶ χάριτας
οἵας φέρουσαν ἀποστρέφονται καὶ φεύγουσι, βουλόμενος οὐκ ἄν τις ἐκλάθοιτο, δι' ἀτοπίαν ὧν Ἐπίκουρος
λέγει, « φιλοθέωρον μὲν ἀποφαίνων τὸν σοφὸν ἐν ταῖς
διαπορίαις, καὶ χαίροντα παρ' ὁντινοῦν ἕτερον ἀκροάμασι καὶ θεάμασι Διονυσιακοῖς, προβλήμασι δὲ μουσικοῖς καὶ κριτικῶν φιλολόγοις ζητήμασιν οὐδὲ παρὰ
πότον διδοὺς χώραν, ἀλλὰ καὶ τοῖς φιλομούσοις τῶν
βασιλέων παραινῶν στρατιωτικὰ διηγήματα καὶ φορτικὰς βωμολοχίας ὑπομένειν μᾶλλον ἐν τοῖς συμποσίοις,
ἢ λόγους περὶ μουσικῶν καὶ ποιητικῶν προβλημάτων
περαινομένους. » (2) Ταυτὶ γὰρ ἐτόλμησε γράφειν ἐν τῷ
περὶ Βασιλείας, ὥσπερ Σαρδαναπάλῳ γράφων, ἢ Να-

studeat : et Apellen quendam mirantur ac majorem in modum amplectuntur, quod, uti scribunt, *a mathematibus
jam inde ab initio abstinendo purum sese conservaverit.*
(2) De Historiis, ut cetera omittam quæ hac in re eorum
ruditatem arguunt, apponam duntaxat verba Metrodori,
qui in libro de Poetis sic scripsit : *Proinde ignorare te dicens ab utra parte fuerit Hector, ignorare etiam primos
carminis Homerici versus, aut quæ in medio sunt, non
est quod timeas.* (3) Jam corporis voluptates Etesiarum
in morem post vigorem elanguescere ac desinere, non fugit
Epicurum. Quærit igitur *an sapiens jam senex factus et ad
coitum ineptus, pulchrarum adhuc tactibus et contre-
ctationibus gaudeat :* sane non cum Sophocle sentiens, qui
*libenter a voluptate hac, tanquam a domino agresti et
furioso, se profugisse* dixit. At enim voluptatibus fruendis
deditos oportebat, quum cernerent multas voluptates senectute aboleri, et quod est apud Euripidem,

    Ætate grandibus Venerem adversarier,

hujusmodi, quales retuli, voluptates potissimum conquirere, et quasi obsidionis metu frumentum quod corrumpi et
perdi non posset congerere : atque ita quasi vitæ Veneralia
et post-festa pulchra agere versando in historiis aut poematis, et musicas ac geometricas tractando quæstiones.
(4) Non enim in animum iis venisset inducere cæcas istas
et edentulas contrectationes, si didicissent, ut nihil aliud,
saltem de Homero aliquid et Euripide scribere, ut fecerunt
Aristoteles, Heraclides, Dicæarchus. (5) Isti vero nimirum
hoc commeatu neglecto, quum reliqua ipsorum tractatio delectationis expers et *arida* esset, quomodo ipsi virtutem
appellant, et omnino tamen voluptate affici vellent, corpusque ad eam rem deficeret, fatentur turpiter se et intempestive agere, dum et pristinas in memoriam sibi revocant
voluptates, et antiquis, penuria novarum, utuntur, tanquam muria conditis et mortuis, aliasque rursum exanimas
in carne, veluti in frigido cinere ignem, contra naturam
succendunt; quippe qui nihil proprium in animo paratum
habeant, quod alicujus momenti oblectationem gaudiumque
conciliare possit.

XIII. Ac cetera quidem a nobis, ita ut in mentem venerunt, dicta sunt. Musicam vero, quantarum voluptatum
et elegantiarum fertilem! eos vitare et fugere, ne si velis
quidem, ignorare possis; ita absurda sunt quæ hac de re
Epicurus tradidit. Pronunciat enim *sapientem spectando
debere esse deditum in pompis* [?], *scenicisque actionibus et musicis auditionibus ita ut quenquam alium
gaudere; sed musicis quæstionibus, et eruditis disqui-
sitionibus eorum qui judicium sibi de hac re sumunt,
ne inter pocula quidem* locum concedit : imo *etiam Musarum studiosis regibus* auctor est, *ut in conviviis narrationes militares et importunas scurrilitates potius tole-
rent, quam disputationes de musicis aut poeticis quæstionibus institutas.* (2) Hæc enim ausus est scribere in
libro de Regno, tanquam si ad Sardanapalum scriberet, aut

νάρῳ τῷ σατραπεύσαντι Βαβυλῶνος. Οὐδὲ γὰρ Ἱέρων
γ᾿ ἄν, οὐδ᾿ Ἄτταλος, οὐδ᾿ Ἀρχέλαος, ἐπείσθησαν Εὐριπίδην καὶ Σιμωνίδην καὶ Μελανιππίδην καὶ Κράτητας
καὶ Διοδότους ἀναστήσαντες ἐκ τῶν συμποσίων, κατα-
κλῖναι Κάρδακας καὶ Ἀγριᾶνας μεθ᾿ αὑτῶν καὶ Καλ-
λίας γελωτοποιούς, καὶ Θρασωνίδας τινὰς καὶ Θρασυ-
λέοντας, ὀλολυγμοὺς καὶ κροτοθοθύρους ποιοῦντας. (3)
Εἰ δὲ Πτολεμαῖος ὁ πρῶτος συναγαγὼν τὸ μουσεῖον
τούτοις συνέτυχε τοῖς καλοῖς καὶ βασιλικοῖς παραγγέλ-
μασιν, ἆρ᾿ οὐκ ἂν εἶπε τοῖς Σαμίοις, Ὦ Μοῦσα, τίς ὁ
φθόνος; Ἀθηναίων γὰρ οὐδενὶ πρέπει ταῖς Μούσαις οὕτως ἀπεχθάνεσθαι καὶ πολεμεῖν·

> Ὅσα δὲ μὴ πεφίληκε Ζεύς, ἀτύζονται βοὰν
> Πιερίδων ἀΐοντα.

(4) Τί λέγεις, ὦ Ἐπίκουρε; κιθαρῳδῶν καὶ αὐλητῶν
ἕωθεν ἀκροασόμενος εἰς τὸ θέατρον βαδίζεις, ἐν δὲ
συμποσίῳ Θεοφράστου περὶ συμφωνιῶν διαλεγομένου,
καὶ Ἀριστοξένου περὶ μεταβολῶν, καὶ Ἀριστοφάνους
περὶ Ὁμήρου, τὰ ὦτα καταλήψῃ ταῖς χερσὶ, δυσχεραίνων καὶ βδελυττόμενος; (5) Εἶτ᾿ οὐκ ἐμμελέστερον ἀποφαίνουσι τὸν Σκύθην Ἀτέαν; ὅς, Ἰσμηνίου τοῦ
αὐλητοῦ ληφθέντος αἰχμαλώτου καὶ παρὰ πότον αὐ-
λήσαντος, ὤμοσεν ἥδιον ἀκούειν τοῦ ἵππου χρεμετί-
ζοντος· οὐχ ὁμολογοῦσι δὲ τῷ καλῷ πολεμεῖν τὸν ἄσπον-
δον καὶ ἀκήρυκτον πόλεμον; εἰ δὲ μὴ ἡδονὴ πρόσεστι, *
τί σεμνὸν καὶ καθάριον ἀσπάζονται καὶ ἀγαπῶσιν;
(6) Οὐκ ἦν δὲ πρὸς τὸ ἡδέως ζῆν ἐπιεικέστερον, μύρα
καὶ θυμιάματα δυσχεραίνειν, ὡς κάνθαροι καὶ γῦπες,
ἢ κριτικῶν καὶ μουσικῶν λαλιὰν βδελύττεσθαι καὶ
φεύγειν; ποῖος γὰρ ἂν αὐλὸς ἢ κιθάρα διηρμοσμένη
πρὸς ᾠδὴν, ἤ τις χορὸς

> Εὐρύοπα κέλαδον ἀκροσόφων ἀγνύμενον διὰ στομάτων

φθεγγόμενος, οὕτως ηὔφρανεν Ἐπίκουρον καὶ Μητρόδωρον, ὡς Ἀριστοτέλη καὶ Θεόφραστον καὶ Ἱερώνυμον
καὶ Δικαίαρχον οἱ περὶ χορῶν λόγοι καὶ διδασκαλίαι,
καὶ τὰ δι᾿ αὐλῶν προβλήματα καὶ ῥυθμῶν καὶ ἁρμονιῶν; (7) οἷον διὰ τί τῶν ἴσων αὐλῶν ὁ στενότερος
βαρύτερον φθέγγεται· καὶ διὰ τί, τῆς σύριγγος ἀνασπω-
μένης, πᾶσιν ὀξύνεται τοῖς φθόγγοις, κλινομένης δὲ,
πάλιν βαρύνει, καὶ συναχθεὶς πρὸς τὸν ἕτερον [βαρύ-
τερον], διαχθεὶς δ᾿ ὀξύτερον ἠχεῖ· καὶ τί δήποτε τῶν
θεάτρων ἂν ἄχυρα τῆς ὀρχήστρας κατασκεδάσῃς ἢ χοῦν,
ὁ λαὸς τυφλοῦται· καὶ χαλκοῦν Ἀλέξανδρον ἐν Πέλλῃ
βουλόμενον ποιῆσαι τὸ προσκήνιον, οὐκ εἴασεν ὁ τεχνί-
της, ὡς διαφθεροῦντα τῶν ὑποκριτῶν τὴν φωνήν· καὶ
τί δήποτε τῶν γενῶν διαχεῖ τὸ χρωματικόν, ἡ δ᾿ ἁρμονία συνίστησιν· (8) ἤθη δὲ ποιητῶν, καὶ πλάσματα,
καὶ διαφοραὶ χαρακτήρων, καὶ λύσεις ἀποριῶν, ἐν τῷ
πρέποντι καὶ γλαφυρῷ τὸ οἰκεῖον ἅμα καὶ πιθανὸν
ἔχουσαι, τὸ τοῦ Ξενοφῶντος ἐκεῖνό μοι δοκοῦσι, καὶ
τὸν ἔρωτα ποιεῖν ἐπιλανθάνεσθαι, τοσοῦτον ἡδονῇ κρα-
τοῦσαι.

Nanarum Babylonis satrapam. Non enim hercle Hieroni, Attalo, aut Archelao persuasisset, ut jussis e convivio surgere Euripide, Simonide, Melanippide, Cratetibus, Diodotis, Cardaces secum collocarent, et Agrianas, et Callias scurras, ac Thrasonidas aliquos et Thrasyleontas', *ululatus* et *plausuum tumultum* excitaturos. (3) Quodsi Ptolemæus, qui primus Musæum illud constituit, in præclara ista et rege digna incidisset præcepta, nonne dicturus erat Samiis [?], *O Musa, quæ invidia?* Nam Atheniensium quidem nemini convenit ita infensum Musis esse, iisque bellum facere:

> Sed quæ cara Jovi non sunt, consternantur, ubi audiunt
> Pieridum vocem.

(4) Quid ais, Epicure? prima luce in theatrum progrederis, citharœdos auditurus et tibicines? in convivio si Theophrastus de concentibus vocum disserat, aut earum de mutationibus Aristoxenus', et Aristophanes de Homero, manibus aures occupabis indignans et abominans? (5) Nonne suo ipsi exemplo ostendunt magis scitum fuisse Ateam illum Scytham, qui quum Ismenias tibicen captivus inter pocula cecinisset, juravit suavius se auditurum equum hinnientem? nonne profitentur se adversus elegantiam æternum bellum suscepisse nulla pace finiendum, nullo caduceatore intermittendum; qui, nisi voluptas adsit, nihil purum, nihil egregium amplectuntur et amant? (6) Nonne rectius erat suaviter vivendi gratia, unguentis eos et suffitibus, cantharorum et vulturum in morem, esse iniquos, quam criticorum et musicorum sermonem aversari et fugere? Quæ enim tibia aut ad cantum concinnata cithara, aut

> Quis clarum chorus ex probe
> doctis artificum gutturibus sonum
> depromens

ita delectavit Epicurum et Metrodorum, ut Aristotelem, Theophrastum, Hieronymum, Dicæarchum disputationes et doctrinæ de choris, et quæstiones de tibiis', numeris, ac concinnatione sonorum? (7) verbi gratia, Cur æqualium tibiarum ea quæ angustior est, graviorem edat sonum? Cur fistula sursum elata omnes sonos acutiores, inclinata rursus graviores proferat? Cur cum altera si conjungatur, gravius; sola autem, acutius sonet? Cur si in orchestra theatri paleæ spargantur aut pulvis, populus [sonus?] cæcetur? Cur Alexandrum Pellæ proscenium æreum facere volentem inhibuerit artifex, corrupturum eum vocem histrionum dicens? Cur inter musices genera chromaticum animum maxime diffundat, harmonicum componat? (8) Jam poetarum singularia ingenia, figmenta, et formarum dicendi discrimina, ac quæstionum difficilium solutiones, cum decoro et nitore convenientem rei propositæ probabilemque habentes rationem, videntur mihi, quod Xenophon aiebat, *etiam amoris oblivionem inducere*, tanta corripiunt voluptate.

XIV. Ἧς οὐ μέτεστι τούτοις, οὐδέ φασιν οὐδὲ βούλονται μετεῖναι· κατατείναντες δὲ τὸ θεωρητικὸν εἰς τὸ
σῶμα καὶ κατασπάσαντες, ὥσπερ μολυβδίσι, ταῖς τῆς
σαρκὸς ἐπιθυμίαις, οὐδὲν ἀπολείπουσιν ἱπποκόμων ἢ
5 ποιμένων, χόρτον ἢ καλάμην ἢ τινα πόαν προβαλλόν-
των, ὡς ταῦτα βόσκεσθαι καὶ τρώγειν προσῆκον αὐτῶν
τοῖς θρέμμασιν. (2) Ἢ γὰρ οὐχ οὕτως ἀξιοῦσι τὴν
ψυχὴν ταῖς τοῦ σώματος ἡδοναῖς κατασυβωτεῖν, ὅσον
ἐλπίσαι τι περὶ σαρκὸς ἢ παθεῖν ἢ μνημονεῦσαι χαί-
10 ρουσαν, οἰκεῖον δὲ μηδὲν ἡδὺ μηδὲ τερπνὸν ἐξ αὐτῆς
λαμβάνειν μηδὲ ζητεῖν ἐῶντες; (3) Καίτοι τί γένοιτ'
ἂν ἀλογώτερον, ἢ (εἰ) δυοῖν ὄντοιν, ἐξ ὧν ὁ ἄνθρωπος
πέφυκε, σώματος καὶ ψυχῆς, ψυχῆς δὲ τάξιν ἡγεμο-
νικωτέραν ἐχούσης, σώματος μὲν ἴδιόν τι καὶ κατὰ
15 φύσιν καὶ οἰκεῖον ἀγαθὸν εἶναι, ψυχῆς δὲ μηθέν, ἀλλὰ
τῷ σώματι καθῆσθαι προσβλέπουσαν αὐτὴν καὶ τοῖς
τοῦ σώματος πάθεσιν ἐπιμειδιῶσαν καὶ συνηδομένην
καὶ συγχαίρουσαν, αὐτὴν δ' ἀκίνητον ἐξ ἀρχῆς καὶ
ἀπαθῆ, καὶ μηδὲν αἱρετὸν ἔχουσαν, μηδ' ὀρεκτὸν ὅλως,
20 μηδὲ χαρτόν; (4) Ἢ γὰρ ἁπλῶς ἀποκαλυψαμένους
ἔδει σαρκοποιεῖν τὸν ἄνθρωπον ὅλον, ὥσπερ ἔνιοι
ποιοῦσι, τὴν ψυχικὴν οὐσίαν ἀναιροῦντες, ἢ δύο φύσεις
ἐν ἡμῖν διαφόρους ἀπολιπόντας, ἴδιον ἀπολιπεῖν ἑκατέρας καὶ ἀγαθὸν καὶ κακόν, καὶ οἰκεῖον καὶ ἀλλότριον·
25 ὥσπερ ἀμέλει καὶ τῶν αἰσθήσεων ἑκάστη πρὸς ἴδιόν τι
πέφυκεν αἰσθητόν, καὶ πάνυ συμπαθοῦσιν ἀλλήλαις.
(5) Ἔστι δὲ τῆς ψυχῆς ἴδιον αἰσθητήριον ὁ νοῦς, ᾧ
μηθὲν οἰκεῖον ὑποκεῖσθαι, μὴ θέαμα, μὴ κίνημα,
μὴ πάθος συγγενές, οὗ τυγχάνουσα χαίρειν πέφυκε,
30 πάντων ἀλογώτατόν ἐστιν· εἰ μή τι, νὴ Δία, λελήθασιν
ἔνιοι συκοφαντοῦντες τοὺς ἄνδρας.

XV. Κἀγὼ πρὸς αὐτόν, Οὐχ ἡμῖν γε κριταῖς, ἔφην·
ἀλλὰ πάσης ἀφεῖσαι τῆς ἐπηρείας· ὥστε θαρρῶν τὰ
λοιπὰ τοῦ λόγου πέραινε. (2) Πῶς; εἶπεν, οὐ γὰρ
35 Ἀριστόδημος ἡμᾶς, εἰ σὺ παντάπασιν ἀπηγόρευκας,
διαδέξεται; (3) Πάνυ μὲν οὖν, εἶπεν ὁ Ἀριστόδημος,
ὅταν ἀποκάμῃς, ὥσπερ οὗτος· ἔτι δ' ἀκμάζων, ὦ μακάριε, χρῆσαι σεαυτῷ, καὶ μὴ δοκῇς ἀπομαλθακίζεσθαι.
(4) Καὶ μὴν, ὁ Θέων εἶπε, πάνυ ῥᾴδιόν ἐστι τὸ λειπό-
40 μενον· λείπεται δέ, τὸ πρακτικὸν ὅσας ἡδονὰς ἔχει
διελθεῖν. Αὐτοὶ δὲ δήπου λέγουσιν ὡς « τὸ εὖ ποιεῖν
ἥδιόν ἐστι τοῦ πάσχειν. » (5) Εὖ δὲ ποιεῖν, ἔστι μὲν
ἀμέλει καὶ διὰ λόγων, τὸ δὲ πλεῖστον ἐν πράξει καὶ
μέγιστον, ὡς τοὔνομα τῆς εὐεργεσίας ὑφηγεῖται, καὶ
45 μαρτυροῦσιν αὐτοί. Μικρῷ γὰρ ἔμπροσθεν ἠκούομεν,
ἔφη, τούτου λέγοντος, οἵας φωνὰς ἀφῆκεν Ἐπίκουρος,
οἷα δὲ γράμματα τοῖς φίλοις ἔπεμψεν, ὑμνῶν καὶ μεγα-
λύνων Μητρόδωρον, ὡς « εὖ τε καὶ νεανικῶς ἐξ ἄστεως
ἅλαδε κατέβη Μίθρῳ τῷ Σύρῳ βοηθήσων, » καὶ ταῦτα,
50 πράξαντος οὐθὲν τότε τοῦ Μητροδώρου. (6) Τίνας
οὖν οἰόμεθα καὶ πηλίκας ἡδονὰς εἶναι τὰς Πλάτωνος,
ὁπηνίκα Δίων ὁρμήσας ἀπ' αὐτοῦ κατέλυσε Διονύσιον,
καὶ Σικελίαν ἠλευθέρωσε; τίνας δ' Ἀριστοτέλους, ὅτε
τὴν πατρίδα, κειμένην ἐν ἐδάφει, πάλιν ἀνέστησε, καὶ

XIV. Cujus quidem voluptatis neque fiunt, et nolle etiam
se fieri participes aiunt Epicurei. Qui sane quum facultatem animi contemplatricem intendant corpori, et, quasi
plumbeis molibus, carnis cupiditatibus detrahant, nihil absunt ab equisonibus et pastoribus fœnum, aut calamum, aut
herbam aliquam objicientibus, quod suis ista pascere et
edere pecoribus conveniat. (2) Nonne enim ita volunt animam voluptatibus corporis porci in morem pascentis sagi-
nari, gaudentem quantum spes aliqua suppeditat de carnis
suavi affectione, ejusve recordatione? quum non sinant
peculiarem sibi eam ex sese capere aut petere delectationem.
(3) At vero quid potest absurdius fieri, quam, quum duæ
sint ex quibus homo componitur partes, corpus et anima,
quarum quidem hæc principatum obtinet; corporis proprium quoddam, domesticum et naturæ conveniens esse
Bonum, nullum animæ? sed eam desidentem in corpus habere conversos oculos, ejusque affectionibus arridere, unaque voluptate et gaudio frui, ipsam ab initio immobilem,
omnisque affectionis vacuam, nihil omnino habere quod
deligat, quod appetat, quo gaudeat? (4) Aut enim oportuit eos simpliciter sententiam suam revelantes hominem
totum carneum facere, quod nonnulli audent, animæ substantiam negantes; aut duas naturas diversas in nobis si
relinquunt, oportuit proprium utriusque etiam relinquere
bonum et malum, familiare et alienum : quo modo scilicet
sensuum unusquisque suo est destinatus sensili, et omnino
simili invicem afficiuntur modo. (5) Est autem animæ
proprium sentiendi instrumentum Mens, cui nullam rem
peculiarem subjicere quam spectet, qua moveatur, nullam
cognatam affectionem qua soleat gaudere, omnium est absurdissimum; nisi forte aliqui hoc illis falso et per calumniam imputantes fallunt.

XV. Respondi tum ego in hæc verba : Non quidem nos
talem sententiam feremus, sed ab omni te liberum judicamus lacessendi studio. Itaque intrepide reliquum orationis persequere. (2) Tum ille : Quid? inquit; nonne in dicendi partes non Aristodemus nobis succedet, si tu plane
fessus es? (3) Omnino, inquit Aristodemus, si itidem tu,
ut ille est, defatigatus fueris. Verum tu, bone vir, qui
etiamnum viges, utere te ipso, neque ob mollitiem detre-
ctantis opinionem de te excita. (4) Et quidem, subjiciebat
Theon, id quod restat admodum est facile : superest enim
ut enarretur, quanta actionibus concilietur homini voluptas. Ceterum ipsi hoc Epicurei dicunt, *suavius esse afficere quam affici beneficio.* (5) Non abnuerim etiam
verbis beneficium posse conferri; sed certe in actione pars
maxima et potissima consistit, quod et benefaciendi vocabulum indicat, et ipsi fatentur. Paullo enim ante audivimus istum dicentem, quales voces emiserit Epicurus, quales ad amicos literas dederit, prædicans et summis vehens
laudibus Metrodorum, *quod is præclare et egregio conatu
ex Astu ad mare descendisset, Mithro Syro opem laturus,* quum quidem nihil tum egerit Metrodorus. (6) Quas
ergo et quantas fuisse existimabimus Platonis voluptates,
quum ab ipso profectus Dion evertit Dionysium, et Siciliæ
libertatem reddidit? aut Aristotelis, quando patriam humi

κατήγαγε τοὺς πολίτας; τίνας δὲ Θεοφράστου καὶ Φειδίου τοὺς τῆς πατρίδος ἐκκοψάντων τυράννους; (7)
Ἰδίᾳ μὲν γὰρ ὅσοις ἐβοήθησαν ἀνδράσιν, οὐ πυροὺς
διαπέμποντες, οὐδ' ἀλφίτων μέδιμνον, ὡς Ἐπίκουρος
5 ἐνίοις ἔπεμψεν, ἀλλὰ φεύγοντας διαπραξάμενοι κατελ-
θεῖν, καὶ δεδεμένους λυθῆναι, καὶ τέκνα καὶ γυναῖκας
ἐστερημένους ἀπολαβεῖν, τί ἂν λέγοι τις ὑμῖν ἀκριβῶς
εἰδόσιν; (8) Ἀλλὰ τὴν ἀτοπίαν οὐδὲ βουλόμενον ἔστι
τοῦ ἀνθρώπου παρελθεῖν, τὰς μὲν Θεμιστοκλέους καὶ
10 Μιλτιάδου πράξεις ὑπὸ πόδας τιθεμένου καὶ κατευτε-
λίζοντος, ὑπὲρ αὐτοῦ δὲ ταυτὶ τοῖς φίλοις γράφοντος,
« Δαΐως τε καὶ μεγαλοπρεπῶς ἐπεμελήθητε ἡμῶν τὰ
περὶ τὴν τοῦ σίτου κομιδὴν, καὶ οὐρανομήκη σημεῖα
ἐνδέδειχθε τῆς πρὸς ἐμὲ εὐνοίας. » (9) Ὥστ', εἴ τις
15 ἐξεῖλε τὸ σιτάριον ἐκ τῆς ἐπιστολῆς τοῦ φιλοσόφου,
δόξαν ἂν παραστῆσαι τὰ ῥήματα τῆς χάριτος, ὡς ὑπὲρ
τῆς Ἑλλάδος ὅλης, ἢ τοῦ δήμου τῶν Ἀθηναίων ἐλευ-
θερωθέντος ἢ σωθέντος, γραφομένης.

XVI. Ὅτι μὲν οὖν καὶ πρὸς τὰς τοῦ σώματος ἡδο-
20 νὰς ἡ φύσις δεῖται χορηγίας πολυτελοῦς, καὶ οὐκ ἔστιν
ἐν μάζῃ καὶ φακῇ τὸ ἥδιστον, ἀλλ' ὄψα καὶ Θάσια
καὶ μύρα,

    Καὶ πεπτὰ καὶ κροτητὰ τῆς ξουθοπτέρου
    πελάνῳ μελίσσης ἀφθόνως δεδευμένα

25 ζητοῦσιν αἱ τῶν ἀπολαυστικῶν ὀρέξεις, καὶ πρός γε
τούτοις εὐπρεπεῖς καὶ νέας γυναῖκας, οἷα Λεόντιον καὶ
Βοΐδιον καὶ Ἡδεῖα καὶ Νικήδειον ἐνέμοντο περὶ τὸν
κῆπον, ἀφῶμεν. (2) Ταῖς μέντοι τῆς ψυχῆς χαραῖς
ὁμολογουμένως μέγεθος ὑποκεῖσθαι δεῖ πράξεων, καὶ
30 κάλλος ἔργων ἀξιολόγων, εἰ μέλλουσι μὴ διάκενοι μηδ'
ἀγεννεῖς καὶ κορασιώδεις, ἀλλ' ἐμβριθεῖς ἔσεσθαι καὶ
βέβαιοι καὶ μεγαλοπρεπεῖς. (3) Τὸ δ' Ἐπικούρου
πρὸς εὐπαθείας ἐπαίρεσθαι ναυτῶν δίκην ἀφροδίσια
ἀγόντων, καὶ μέγα φρονεῖν ὅτι « νόσῳ νοσῶν ἀσκίτῃ
35 τινὰς ἑστιάσεις φίλων συνῆγε, καὶ οὐκ ἐφθόνει τῆς προσ-
αγωγῆς τοῦ ὑγροῦ τῷ ὕδρωπι, καὶ τῶν ἐσχάτων Νεοκλέους λόγων μεμνημένος ἐτήκετο τῇ μετὰ δακρύων
ἰδιοτρόπῳ ἡδονῇ, » ταῦτ' οὐδεὶς ἂν ὑγιαίνων εὐφροσύνας ἀληθεῖς ἢ χαρὰς ὀνομάσειεν· ἀλλ' εἴ τις ἐστὶ καὶ
40 ψυχῆς Σαρδιανὸς γέλως, ἐν τούτοις ἐστὶ τοῖς παραβια-
σμοῖς καὶ κλαυσιγέλωσιν. (4) Εἰ δ' οὖν ταῦτα φήσει
τις εὐφροσύνας καὶ χαρὰς, σκόπει τὰς ὑπερβολὰς τῶν
ἡδονῶν ἐκείνων·

    * Ἡμετέραις βουλαῖς Σπάρτα μὲν ἐκείρατο δόξαν·

45 καὶ,

    Οὗτός τοι Ῥώμας ὁ μέγας, ξένε, πατρίδος ἀστήρ·

καὶ,

    Δίζω, ἤ σε θεὸν μαντεύσομαι, ἢ ἄνθρωπον.

Ὅταν δὲ λάβω τὰ Θρασυβούλου καὶ Πελοπίδου πρὸ
50 ὀφθαλμῶν κατορθώματα, καὶ τὸν ἐν Πλαταιαῖς Ἀρι-

---

prostratam erexit, civesque postliminio reduxit? aut Theophrasti et Phidiæ, ubi patriæ suæ tyrannos exciderunt?
(7) Quid enim apud vos, quibus istæc sunt notissima,
commemorem quam multis subvenerint viris, non tritico
mittendo, aut farinæ modio, sicut Epicurus misit quibusdam, sed exsulibus reditum conficiendo, vinctis liberandis,
reddendisque uxoribus et liberis his qui eos amiserant? (8)
Sed ne si cupiam quidem, possim præterire ineptias hominis, qui quum Miltiadis et Themistoclis res gestas sub pedibus collocasset et extenuasset, de se ipso ad amicos hæc
scripsit: *Strenue ac magnifice res nostras in frumento
comparando administravistis, vestræque erga me benevolentiæ signa ad cælum usque pertinentia edidistis.*
(9) Quodsi quis ex epistola philosophi modicum illud frumenti exemisset, verba opinionem poterant excitare, scriptam esse causa agendarum pro tota Græcia aut Atheniensi
populo liberato aut servato gratiarum.

XVI. Mittamus in præsentia hoc, quod ad corporis voluptates natura multiplici sumtu atque impendiis indiget,
neque in pane hordeaceo et lente dulcissimum inest; sed
appetitiones voluptariorum obsonia requirunt et Thasium
vinum, et unguenta,

    Et cocta, compacta alitis dulcedine
    flavæ madefacta large;

præterea formosas et ætate integra mulieres, quales circa
hortum Epicuri versabantur Leontium, Boidium, Hedea,
Nicedium [?]. (2) Id quidem in confesso est, animi lætitiæ
subjectam oportere esse actionem magnitudinem, et pulchritudinem facinorum memorabilium, si non vana, ignobilis et puerilis, sed ponderosa debeat esse, stabilis ac
magnifica. (3) Quod autem Epicurus ob suavem affectionem animo effertur nautarum instar Veneris festum agentium; et magni sese facit, quod *morbo laborans aquæ
utriculariæ convivia amicorum quædam instituerit,
aquæ intercuti humorem superinducere non inviderit,
et extremorum Neoclis verborum recordatus sua peculiaris modi voluptate cum lacrimis contabuerit;* hæc
nemo sanæ mentis vera gaudia appellaverit: sed, si quis
est animæ Sardonius risus, is in hujusmodi est violentis
lætitiis ac permixtis fletu risibus. (4) Si quis tamen lætitiæ nomine ista dignabitur, considera mihi excellentiam
voluptatum harum:

    Consiliis nostris laus est attonsa Laconum;

et,

    Hic patriæ est, hospes, Romæ memorabile sidus;

et,

    Ambigo tene hominem, vel numen dicere par est.

Quum autem mihi ante oculos pono Thrasybuli et Pelopidæ
illustria facta, et apud Plataeas Aristidem, Miltiadem Ma-

στείδην, ἢ τὸν ἐν Μαραθῶνι Μιλτιάδην, ἐνταῦθα, κατὰ
τὸν Ἡρόδοτον, ἐξείργομαι γνώμην εἰπεῖν, ὅτι τῷ πρα-
κτικῷ βίῳ τὸ ἡδὺ πλέον ἢ τὸ καλὸν ἐστίν. (5) Μαρτυρεῖ δέ μοι καὶ Ἐπαμεινώνδας, εἰπὼν, ὥς φασιν,
ἥδιστον αὐτῷ γενέσθαι τὸ τοὺς γονεῖς ζῶντας ἐπιδεῖν
τὸ ἐν Λεύκτροις τρόπαιον αὐτοῦ στρατηγοῦντος. (6)
Παραβάλωμεν οὖν τῇ Ἐπαμεινώνδου μητρὶ τὴν Ἐπικούρου, χαίρουσαν ὅτι τὸν υἱὸν ἐπεῖδεν εἰς τὸ κηπίδιον
ἐνδεδυκότα, καὶ κοινῇ μετὰ τοῦ Πολυαίνου παιδοποιού-
μενον ἐκ τῆς Κυζικηνῆς ἑταίρας. Τὴν μὲν γὰρ Μητροδώρου μητέρα καὶ τὴν ἀδελφὴν, ὡς ὑπερέχαιρον
ἐπὶ τοῖς γάμοις αὐτοῦ, [καὶ] ταῖς πρὸς τὸν ἀδελφὸν
ἀντιγραφαῖς, ἐκ τῶν βιβλίων δήπου δῆλόν ἐστιν. (7)
Ἀλλ' « ἡδέως τε βεβιωκέναι καὶ βρυάζειν καὶ καθυμνεῖν
τὸν αὐτῶν βίον, » ἐκκραυγάζοντες λέγουσι. (8) Καὶ
γὰρ οἱ θεράποντες ὅταν Κρόνια δειπνῶσιν, ἢ Διονύσια
κατ' ἀγρὸν ἄγωσι περιιόντες, οὐκ ἂν αὐτῶν τὸν ὀλολυ-
γμὸν ὑπομείναις καὶ τὸν θόρυβον, ὑπὸ χαρμονῆς καὶ
ἀπειροκαλίας τοιαῦτα ποιούντων καὶ φθεγγομένων,

> Τί κάθη; (καὶ) πίωμεν· οὐ καὶ σιτία
> πάρεστιν, ὦ δύστηνε; μὴ σαυτῷ φθόνει.
> Οἱ δ' εὐθὺς ἠλάλαξαν, ἐν δ' ἐκίρνατο
> οἶνος· φέρων δὲ στέφανον ἀμφέθηκέ τις·
> ὑμνεῖτο δ' αἰσχρῶς, κλῶνα πρὸς καλὸν δάφνης,
> ὁ Φοῖβος οὐ προσῳδά· τήν τ' ἐναύλιον
> ὠθῶν τις ἐξέκλαξε σύγκοιτον φίλην.

(9) Ἦ γὰρ οὐ τούτοις ἔοικε τὰ Μητροδώρου πρὸς τὸν
ἀδελφὸν γράφοντος; « Οὐδὲν δεῖ σώζειν τοὺς Ἕλληνας,
οὐδ' ἐπὶ σοφίᾳ στεφάνων παρ' αὐτῶν τυγχάνειν, ἀλλ'
ἐσθίειν καὶ πίνειν οἶνον, ὦ Τιμόκρατες, ἀβλαβῶς τῇ
γαστρὶ καὶ κεχαρισμένως. » Καὶ πάλιν που φησὶν ἐν
τοῖς αὐτοῖς γράμμασιν, « Ὡς καὶ ἐχάρην καὶ ἐθρασυ-
νάμην, ὅτι ἔμαθον παρ' Ἐπικούρου ὀρθῶς γαστρὶ χαρί-
ζεσθαι· » καὶ, «Περὶ γαστέρα γὰρ, ὦ φυσιολόγε Τιμόκρατες, τὸ ἀγαθόν. »

XVII. Καὶ ἔοικον οἱ ἄνθρωποι τῆς ἡδονῆς τὸ μέγεθος, καθάπερ κέντρῳ καὶ διαστήματι, τῇ γαστρὶ πε-
ριγράφουσι· λαμπρᾶς δὲ καὶ βασιλικῆς καὶ φρόνημα
ποιούσης μέγα καὶ φῶς καὶ γαλήνην ἀληθῶς εἰς ἅπαντας ἀναχεομένην χαρᾶς, οὐκ ἔστι μετασχεῖν βίον ἀνέξ-
οδον καὶ ἀπολίτευτον καὶ ἀφιλάνθρωπον καὶ ἀνενθουσίαστον εἰς τιμὴν καὶ χάριν ἀνελομένους. (2) Οὐ γάρ
τι φαῦλον ἡ ψυχὴ καὶ μικρὸν, οὐδ' ἀγενές ἐστιν, οὐδὲ,
ὥσπερ οἱ πολύποδες, ἄχρι τῶν ἐδωδίμων ἐκτείνει τὰς
ἐπιθυμίας, ἀλλὰ ταύτην μὲν ὀξύτατος ἀποκόπτει κόρος,
ἀκαρὲς ὥρας μόριον ἀκμάσα[σα]ν· τῶν δὲ πρὸς τὸ καλὸν
ὁρμῶν καὶ τὴν ἐπὶ τῷ καλῷ τιμὴν καὶ χάριν,

> Οὐκ ἔστιν αὐτῶν μέτρον [ὁ] τοῦ βίου χρόνος,

ἀλλὰ τοῦ παντὸς αἰῶνος ἐπιδραττόμενον τὸ φιλότιμον
καὶ φιλάνθρωπον, ἐξαμιλλᾶται ταῖς πράξεσι καὶ ταῖς
χάρισιν ἡδονὰς ἀμηχάνους ἐχούσαις, ἃς οὐδὲ φεύγοντες
οἱ χρηστοὶ διαφεύγειν δύνανται, πανταχόθεν αὐτοῖς
ἀπαντώσας καὶ περιεχομένας, ὅταν εὐφραίνωσι πολλοὺς εὐεργετοῦντες·

---

rathone; ibi, secundum Herodotum ut loquar, *concludor*
hanc proferre sententiam, vitæ in agendo occupatæ plus voluptatis quam honesti inesse. (5) Testimonium mihi etiam
Epaminondas præbet, qui *hoc sibi*, ut fertur, *jucundis-*
simum evenisse dixit, *quod parentes ipsius viventes*
tropæum ipso duce apud Leuctra erectum conspexerunt.
(6) Contendamus ergo cum Epaminondæ matre matrem
Epicuri, gaudentem quod filius in hortulum sese abdidit,
et communi jure cum Polyæno meretrice Cyzicena ad sobolem procreandam utitur. *Matrem* enim *et sororem*
Metrodori nimio ob ejus nuptias gaudio fuisse evectas,
item ob scriptam ab eo reprehensionem fratris, libri
istorum abunde docent. (7) At vociferando in clamorem
erumpentes isti homines produnt *suaviter se vixisse, flo-*
rere, et vitam suam summis vehere laudibus. (8) Atqui
item faciunt servi: qui quum Saturnalia cœnant, aut Libe-
ralia in agro vagantes celebrant, ululatum eorum et tumultus ferre non possis, præ gaudio et imperitia rerum pulchrarum talia agentium et loquentium:

> Quid desides? quin bibimus, et capimus cibos?
> Sunt hæc, miselle, in promtu: cur tibi invides?
> Vocem statim hi dedere: tum Bacchi liquor
> infunditur, et corona aliquis ornat caput;
> laurique pulchram ad frondem turpiter canit
> indigna Phœbo: januamque alius domus
> pulsam operiens, excludit caram conjugem.

(9) Nonne vero horum similia sunt ea quæ ad fratrem scribit Metrodorus? *Nihil attinet, o Timocrates, Græcis*
salutem parare, aut ob sapientiam ab iis coronas acci-
pere; sed edere oportet et bibere vinum ita, ut ventri
non noceat, eique sit gratum. Et rursum iisdem alicubi
in literis scribit: *Quantopere gavisus sum et ferocire cæpi,*
quod ab Epicuro didici recte ventri gratificari. Et :
Nam, o naturæ indagator Timocrates, circa ventrem
est bonum.

XVII. Omnino autem isti homines totam voluptatem,
ejusque magnitudinem, ventre quasi centro posito circumscribunt: splendida, et regali, ac magnitudinem animo,
lumen tranquillitatemque conferente voluptate, quæ vere
gaudio totum perfundat hominem, non possunt frui, quippe
qui vitam exitus expertem, a republica et humanitate alienam, et quæ nullo ad honorem elegantiamque cieatur instinctu, sibi delegerint. (2) Enimvero animus res est minime iners aut exilis aut abjecta, neque cupiditates suas,
quomodo polypi flagella sua, tantum usque ea quæ esui
sunt extendit; sed has celerrime præcidit salietas, posteaquam momentum temporis viguerunt: at impetuum animi
quibus ad pulchrum incitatur eique propositum honorem
et gratiam,

> non sunt mensura et finis vitæ tempora;

sed totam æternitatem attentans humanitatis et honoris
studium complectitur, ad eam se extendit certatim pulchris
actionibus elegantibusque factis voluptatem habentibus immensam; quam ne fugiendo quidem evitare possunt boni,
undiquaque occurrentem sibi et circumfusam, quando lætitiam diffundunt in multos, quibus benefaciunt:

Ἐρχόμενον δ' ἀνὰ ἄστυ, θεὸν ὡς εἰσορόωσιν.

(3) Ὁ γὰρ οὕτω διαθεὶς ἑτέρους, ὥστε καὶ χαίρειν καὶ γάνυσθαι, καὶ ποθεῖν ἅψασθαι καὶ προσαγορεῦσαι, δῆλός ἐστι καὶ τυφλῷ μεγάλας ἔχων ἐν ἑαυτῷ καὶ καρπούμενος ἡδονάς. (4) Ὅθεν οὐδὲ κάμνουσιν ὠφελοῦντες, οὐδ' ἀπαγορεύουσιν, ἀλλὰ τοιαύτας αὐτῶν ἀκούομεν φωνάς·

Πολλοῦ σε θνητοῖς ἄξιον τίκτει πατήρ·

καί,

Μή [ποτέ] γε παυσώμεσθα δρῶντες εὖ βροτούς.

(5) Καὶ τί δεῖ περὶ τῶν ἄκρως ἀγαθῶν λέγειν; εἰ γάρ τινι τῶν μέσως φαύλων, μέλλοντι θνήσκειν, ὁ κύριος, ἤτοι θεὸς ἢ βασιλεύς, ὥραν ἐπιδοίη μίαν, ὥστε χρησάμενον αὐτῇ πρός τινα καλὴν πρᾶξιν ἢ πρὸς ἀπόλαυσιν εὐθὺς τελευτᾷν, τίς ἂν ἐν τῷ χρόνῳ τούτῳ βούλοιτο μᾶλλον Λαΐδι συγγενέσθαι, καὶ πιεῖν οἶνον Ἀριούσιον, ἢ κτείνας Ἀρχίαν ἐλευθερῶσαι τὰς Θήβας; ἐγὼ μὲν οὐδένα νομίζω. (6) Καὶ γὰρ τῶν μονομάχων ὁρῶ τοὺς μὴ παντάπασι θηριώδεις, ἀλλ' Ἕλληνας, ὅταν εἰσιέναι μέλλωσι, προκειμένων πολλῶν ἐδεσμάτων καὶ πολυτελῶν, ἥδιον ἐν τῷ χρόνῳ τούτῳ τὰ γύναια ταῖς φίλαις παρακατατιθεμένους, καὶ τοὺς οἰκέτας ἐλευθεροῦντας, ἢ τῇ γαστρὶ χαριζομένους. (7) Ἀλλὰ καί, εἴ τι μέγα περὶ τὰς τοῦ σώματος ἡδονάς, κοινόν ἐστι δήπου τοῦτο τοῖς πρακτικοῖς πράγμασι· « Καὶ γὰρ σῖτον ἔδουσιν, καὶ πίνουσιν αἴθοπα οἶνον, » καὶ μετὰ φίλων ἑστιῶνται, πολύ γ' οἶμαι, προθυμότερον ἀπὸ τῶν ἀγώνων καὶ τῶν ἔργων, ὡς Ἀλέξανδρος καὶ Ἀγησίλαος, καί, νὴ Δία, Φωκίων καὶ Ἐπαμεινώνδας, ἢ καθάπερ οὗτοι πρὸς πῦρ ἀλειψάμενοι, καὶ τοῖς φορείοις ἀτρέμα διασεισθέντες· ἀλλὰ καταφρονοῦσι τούτων ἐν ἐκείναις ταῖς μείζοσιν ὄντες. (8) Τί γὰρ ἂν λέγοι τις Ἐπαμεινώνδαν, οὐκ ἐθελήσαντα δειπνεῖν, ὡς ἑώρα πολυτελέστερον τῆς οὐσίας τὸ δεῖπνον; ἀλλ' εἰπόντα πρὸς τὸν φίλον, Ἐγώ σε ᾤμην θύειν, οὐχ ὑβρίζειν· ὅπου καὶ Ἀλέξανδρος ἀπεώσατο τῆς Ἄδας τοὺς μαγείρους, αὐτὸς εἰπὼν ἔχειν ἀμείνονας ὀψοποιούς, πρὸς μὲν ἄριστον τὴν νυκτοπορίαν, πρὸς δὲ δεῖπνον τὴν ὀλιγαριστίαν· Φιλόξενον δὲ γράψαντα περὶ παίδων καλῶν, εἰ πριεῖται, μικρὸν ἐδέησε τῆς ἐπιτροπῆς ἀποστῆναι· καίτοι τίνι μᾶλλον ἐξῆν; (9) Ἀλλ', ὥσπερ φησὶν Ἱπποκράτης, δυοῖν πόνων τὸν ἥττονα ὑπὸ τοῦ μείζονος ἀμαυροῦσθαι, καὶ τῶν ἡδονῶν τὰς σωματικὰς αἱ πρακτικαὶ καὶ φιλότιμοι τῷ χαίροντι τῆς ψυχῆς δι' ὑπερβολὴν καὶ μέγεθος ἀναφανίζουσι καὶ κατασβεννύουσιν.

XVIII. Εἰ τοίνυν, ὥσπερ λέγουσι, τὸ μεμνῆσθαι τῶν προτέρων ἀγαθῶν μέγιστόν ἐστι πρὸς τὸ ἡδέως ζῆν, Ἐπικούρῳ μὲν οὐδ' ἂν εἷς ἡμῶν πιστεύσειεν, ὅτι « ταῖς μεγίσταις ἀλγηδόσι καὶ νόσοις ἐναποθνήσκων, ἀντιπαρεπέμπετο τῇ μνήμῃ τῶν ἀπολελαυσμένων πρότερον ἡδονῶν. » (2) Εἰκόνα γὰρ ὄψεως ἐν βυθῷ συν-

---

Hunc veluti numen, quacumque incedit in urbe, suspiciunt cuncti.

(3) Qui enim sic alios afficit, ut et gaudeant eo viso et exsultent, tangereque et compellare desiderent, vel cæcus videat hunc magnas in se habere voluptates iisque perfrui. (4) Itaque etiam non defatigantur benefaciendo, neque animum despondent, sed hujusmodi eorum audiuntur voces;

Magni æstimandum te genuit mortalibus pater·

item,

Ne desinamus bene mereri de hominibus.

(5) Et quid opus est de summe bonis dicere? Si cuipiam mediocriter malorum jam morituro, potestatem vitæ et mortis habens sive deus sive rex unam proroget horam, ut ea usus vel ad honestum facinus vel ad fruitionem voluptatis, statim vita decedat; quis isto tempore mallet cum Laide concumbere, aut vinum bibere Ariusium, quam Archia occiso liberare Thebas? Equidem puto neminem. (6) Nam gladiatores etiam video, qui non plane sunt belluini, sed Græci, in arenam intraturos, multis ac pretiosis propositis cibis, libentius isto tempore mulierculas suas amicis commendare, et servos libertate donare, quam ventri gratificari. (7) Imo si quid magnum habent voluptates corporis, commune id est iis qui in agendis rebus versantur. Nam hi quoque

Vescuntur Cerere et Lenæi rore rubentis,

et cum amicis convivia agitant : idque multo, ni fallor, alacrius, certaminibus et actionibus obitis, ut Alexander, ut Agesilaus, ac mehercle Phocion et Epaminondas, quam hi ad ignem uncti, et lecticarum gestatione sensim agitati. Verum illi has contemnunt voluptates, quia in majoribus istis sunt. (8) Quid enim referam noluisse cœnare Epaminondam, quum cœnam vidit quam pro re familiari sumtuosiorem, ac dixisse amico, *Putabam te sacrificare, non insolenter luxuriare?* quando Alexander etiam Adæ coquos rejecit, *meliores* inquiens *se obsoniorum conditores habere, nocturnum iter ad prandii, et hujus exilitatem ad cœnæ suavitatem :* et Philoxenum qui per epistolam emine vellet formosos pueros interrogaret, parum abfuit quin procuratione commissa dejiceret : et vero cui magis licebat? (9) Sed sicut inquit Hippocrates, *e duobus doloribus minorem a majore obscurari;* sic voluptates etiam corporeæ a voluptatibus agendo et honesti studio partis ob animi lætitiam ingentem et incomparabilem obliterantur et exstinguuntur.

XVIII. Quodsi ergo, ut aiunt, *memoria pristinorum bonorum maxime facit ad jucunditatem vitæ*, Epicuro quidem nemo, puto, nostrûm fidem habebit, *eum inter maximos dolores et gravissimis in morbis animam agentem recreatum fuisse comitante memoria perceptarum olim voluptatum.* (2) Imaginem enim visus in pro-

ταραχθέντι καὶ κλύδωνι μᾶλλον ἄν τις ἢ μνήμην ἡδονῆς διαμειδιῶσαν ἐν σφυγμῷ τοσούτῳ καὶ σπαραγμῷ
σώματος ἐπινοήσειε. Τὰς δὲ τῶν πράξεων μνήμας
οὐδεὶς ἂν οὐδὲ βουληθεὶς ἐκστήσειεν ἑαυτοῦ. (3) Πότερον γὰρ ἢ πῶς οἷόν τ' ἦν ἐπιλαθέσθαι τῶν Ἀρβήλων
τὸν Ἀλέξανδρον, ἢ τοῦ Λεοντιάδου τὸν Πελοπίδαν, ἢ
τῆς Σαλαμῖνος τὸν Θεμιστοκλέα; τὴν μὲν γὰρ [ἐν] Μαραθῶνι μάχην ἄχρι νῦν Ἀθηναῖοι, καὶ τὴν ἐν Λεύκτροις
Θηβαῖοι, καὶ, νὴ Δία, ἡμεῖς τὴν Δαϊφάντου περὶ
Ὑάμπολιν ἑορτάζομεν, ὡς ἴστε, καὶ θυσιῶν καὶ τιμῶν
ἡ Φωκὶς ἐμπέπλησται· καὶ οὐδείς ἐστιν ἡμῶν, ἐφ' οἷς
αὐτὸς βέβρωκεν ἢ πέπωκεν οὕτως ἡδόμενος, ὡς ἐφ' οἷς
ἐκεῖνοι κατώρθωσαν. (4) Ἐννοεῖν οὖν πάρεστι, πόση
τις εὐφροσύνη καὶ χαρὰ καὶ γηθοσύνη συνεβίωσεν αὐτοῖς
τοῖς τούτων δημιουργοῖς, ὧν ἐν ἔτεσι πεντακοσίοις καὶ
πλείοσιν οὐκ ἀποβέβληκεν ἡ μνήμη τὸ εὐφραῖνον. (5)
Καὶ μὴν ἀπὸ δόξης γίνεσθαι τὰς ἡδονὰς Ἐπίκουρος
ὡμολόγει. * Τί δ' οὐκ ἔμελλεν αὐτὸς οὕτω σπαργῶν
περιμανῶς καὶ σφαδάζων πρὸς δόξαν, ὥστε μὴ μόνον
ἀπολέγεσθαι τοὺς καθηγητάς, μηδὲ Δημοκρίτῳ τῷ τὰ
δόγματα ῥήμασιν αὐτοῖς ὑφηγουμένῳ ζυγομαχεῖν περὶ
συλλαβῶν καὶ κεραιῶν, σοφὸν δὲ μηδένα φάναι πλὴν
αὐτοῦ γεγονέναι, ἐπὶ τῶν μαθητῶν· ἀλλὰ [καὶ] γράφειν
ὡς « Κολώτης μὲν αὐτὸν φυσιολογοῦντα προσκυνήσειεν
γονάτων ἁψάμενος· Νεοκλῆς δὲ ὁ ἀδελφὸς εὐθὺς ἐκ παίδων ἀποφαίνοιτο μηδένα σοφώτερον Ἐπικούρου γεγονέναι μηδ' εἶναι· ἡ δὲ μήτηρ ἀτόμους ἔσχεν ἐν αὐτῇ
τοσαύτας, οἷαι συνελθοῦσαι σοφὸν ἂν ἐγέννησαν; » (6)
Εἶτ' οὐχ ὥσπερ Καλλικρατίδης ἔλεγε, τὸν Κόνωνα
μοιχεύειν τὴν θάλατταν, οὕτως ἄν τις εἴποι, τὸν Ἐπίκουρον αἰσχρῶς καὶ κρύφα πειρᾶν καὶ παραβιάζεσθαι
τὴν δόξαν, οὐ τυγχάνοντα φανερῶς, ἀλλ' ἐρῶντα καὶ κα-
τατεινόμενον; (7) Ὥσπερ γὰρ ὑπὸ λιμοῦ τὰ σώματα
τροφῆς μὴ παρούσης ἀναγκάζεται παρὰ φύσιν ὑφ' αὑτῶν τρέφεσθαι, τοιοῦτον ἡ φιλοδοξία ποιεῖ κακὸν ἐν ταῖς
ψυχαῖς, ὅταν ἐπαίνου πεινῶντες παρ' ἑτέρου μὴ τυγχάνωσιν, αὑτοὺς ἐπαινεῖν.

XIX. Ἀλλ' οἵ γε πρὸς ἔπαινον καὶ δόξαν οὕτως
ἔχοντες, ἆρ' οὐχ ὁμολογοῦσι μεγάλας ἡδονὰς προΐεσθαι
δι' ἀσθένειαν ἢ μαλακίαν φεύγοντες ἀρχάς, ἢ πολιτείας, καὶ φιλίας βασιλέων, ἀφ' ὧν τὰ μεγάλα καλὰ
εἰς τὸν βίον γίνεσθαι ἔφη Δημόκριτος; (2) Οὐ γὰρ ἂν
τινα πείσειεν ἀνθρώπων, ὅτι τὴν Νεοκλέους μαρτυρίαν
καὶ τὴν Κολώτου προσκύνησιν ἐν τοσούτῳ λόγῳ τιθέμενος καὶ ἀγαπῶν, ὡς οὐκ ἂν, ὑπὸ τῶν Ἑλλήνων κρο-
τηθεὶς Ὀλυμπίασιν, ἐξεμάνη καὶ ἀνωλόλυξε, μᾶλλον
δὲ ὅλως ὑπὸ χαρᾶς ἤρθη, κατὰ τὸν Σοφοκλέα,

Γραίας ἀκάνθης πάππος ὡς φυσώμενος.

(3) Εἴ γε μὴν τὸ εὐδοξεῖν ἡδύ, τὸ ἀδοξεῖν δήπου λυπη-
ρόν· ἀδοξότερον δ' ἀφιλίας, ἀπραξίας, ἀθεότητος, ἡδυπαθείας, ὀλιγωρίας οὐθέν ἐστι. Ταῦτα δὲ πάντες ἄνθρωποι, πλὴν αὐτῶν ἐκείνων, τῇ αἱρέσει προσεῖναι νομίζουσιν. (4) Ἀδίκως, φήσει τις. Ἀλλὰ τὴν δόξαν,

fundo conturbato et fluctu facilius aliquis animo concipiat,
quam voluptatis memoriam renidentem in tanta corporis
exagitatione atque laniatione. Memoriam vero actionum
nemo, ne si id conetur quidem, potest amoliri a se. (3)
An enim, aut quomodo Arbelorum Alexander oblitus fuisset, aut Pelopidas Leontiadae, aut Salaminis Themistocles?
Marathoniam enim pugnam hodieque Athenienses, Leuctricam Thebani celebrant; et nos Daiphanti apud Hyampolin,
ut nostis, celebramus solenniter, sacrificiisque et honoribus
tota Phocis repletur: neque quisquam nostrûm cibo et
potu quibus fruitus est ita delectatur, ut eorum rebus gestis.
(4) Hinc existimare licet quanta in lætitia gaudioque et hilaritate ii vixerint, qui horum auctores fuerunt facinorum;
quum memoria quingentis et amplius annorum delectationem illam non amiserit. (5) Porro *a gloria etiam quasdam
proficisci voluptates* Epicurus fatetur. Qui vero non hoc
faceret? ita insano flagrans atque æstuans gloriæ studio, ut
non modo negaret *ullis se usum præceptoribus*, et cum
Democrito, qui decreta totidem verbis illi præiverat, alter-
caretur de syllabis et apicibus; ac præsentibus discipulis diceret, *nullum exstitisse sapientem extra se*: sed scriberet etiam, *sibi, quum explicaret naturam rerum, ad
genua accidisse suppliciterque ea tetigisse Coloten; Neoclem autem fratrem de ipso statim a puero pronuncia-
visse, neminem Epicuro sapientiorem unquam fuisse neque esse; matrem quoque suam in se tot tantasque habuisse atomos, quarum congressu sapiens ederetur.* (6)
Non igitur sicut Callicratidas aiebat Cononem *mare adultera-
re*, ita jure aliquis dixerit Epicurum turpiter ac furtim captare
gloriam, vique in eam se ingerere, quum palam ea non potiatur, sed amet tamen ac torqueatur amore? (7) Sicut
enim præ fame corpora cibo destituta coguntur contra naturam ex se ipsis alimentum petere; ita ambitio hoc mali
in animis ingenerat, ut laudum avidi, quando ab aliis eæ
non conferuntur, ipsi sese laudent.

XIX. Ceterum qui hoc modo sunt erga laudem et gloriam
affecti, nonne fatentur se magnas dimittere voluptates,
dum ob imbecillitatem vel mollitiem fugiunt magistratus,
reipublicæ gubernationem, amicitias regum; quibus a rebus
maxima bona vitæ proficisci dixit Democritus? (2) Nemini enim homini persuaserit Epicurus, se, qui Colotæ
adorationem et Neoclis testimonium tanti fecisset, si a Græcis Olympiæ publico exciperetur plausu, non insaniturum
præ gaudio et ululatus fuisse editurum; ac non potius ita
præ lætitia se elaturum,

Inflata ceu veteris lanugo cardui,

ut est apud Sophoclem. (3) Quodsi dulce est gloria esse
præditum; nimirum molestum erit esse inglorium. Atqui
nihil est ab omni gloria alienius, quam amicis, actionibusque carere, deum nullum putare, soli vacare voluptati,
omnes res negligere: quæ quidem omnes, ipsis exceptis,
homines Epicureorum sectæ tribuunt. (4) Dicat aliquis,

οὐ τὴν ἀλήθειαν, σκοποῦμεν. Καὶ βιβλία μὲν μὴ λέγωμεν, μηδὲ ψηφίσματα βλάσφημα πόλεων, ὅσα γέγραπται πρὸς αὐτούς· φιλαπεχθῆμον γάρ· εἰ δὲ χρησμοὶ,
καὶ μαντικὴ, καὶ θεῶν πρόνοια, καὶ γονέων πρὸς ἔκγονα
στοργὴ καὶ ἀγάπησις, καὶ πολιτεία, καὶ ἡγεμονία, καὶ
τὸ ἄρχειν, ἔνδοξόν ἐστι καὶ εὐκλεὲς, οὕτως ἀνάγκη
τοὺς λέγοντας ὡς « οὐ δεῖ σώζειν τοὺς Ἕλληνας, ἀλλ'
ἐσθίειν καὶ πίνειν ἀβλαβῶς τῇ γαστρὶ καὶ κεχαρισμένως, » ἀδοξεῖν καὶ κακοὺς νομίζεσθαι· νομιζομένους δὲ
τοιούτους, ἀνιᾶσθαι καὶ ζῆν ἀτερπῶς, εἴ γε δὴ τὸ καλὸν
ἡδὺ καὶ τὴν εὐδοξίαν ἡγοῦνται.

XX. Ταῦτ' εἰπόντος τοῦ Θέωνος, ἐδόκει καταπαῦσαι
τὸν περίπατον, καὶ, καθάπερ εἰώθειμεν, ἐπὶ τῶν βάθρων καθεζόμενοι, πρὸς τοῖς εἰρημένοις ἦμεν σιωπῇ
χρόνον οὐ πολύν. (2) Ὁ γὰρ Ζεύξιππος ἀπὸ τῶν εἰρημένων ἐννοήσας, Τίς, ἔφη, τὰ λειπόμενα τῷ λόγῳ
προσαποδίδωσι; καὶ γὰρ οὔπω [τὸ] προσῆκον ἔχει τέλος, [ὃ] αὐτὸς ἄρτι μαντικῆς μνησθεὶς καὶ προνοίας
ὑποβέβληκε· ταῦτα γὰρ οὐχ ἥκιστά φασιν οἱ ἄνδρες ἡδονὴν καὶ γαλήνην καὶ θάρσος αὐτοῖς παρασκευάζειν εἰς
τὸν βίον· ὥστε δεῖ τι λεχθῆναι καὶ περὶ τούτων. (3)
Ὑπολαβὼν δὲ ὁ Ἀριστόδημος, Ἀλλὰ περὶ ἡδονῆς μὲν
εἴρηται σχεδὸν, εἶπεν, ὡς εὐτυχῶν καὶ κατορθῶν ὁ λόγος
αὐτῶν φόβον ἀφαιρεῖ τινα καὶ δεισιδαιμονίαν, εὐφροσύνην δὲ καὶ χαρὰν ἀπὸ τῶν θεῶν οὐκ ἐνδίδωσιν· ἀλλ'
οὕτως ἔχειν ποιεῖ πρὸς αὐτοὺς τῷ μὴ ταράττεσθαι μηδὲ
χαίρειν, * ὡς πρὸς τοὺς Ὑρκανοὺς ἢ Σκύθας ἔχομεν,
οὔτε χρηστὸν οὐθὲν οὔτε φαῦλον ἀπ' αὐτῶν προσδοκῶντες. (4) Εἰ δὲ δεῖ προσθεῖναί τι τοῖς εἰρημένοις, ἐκεῖνό
μοι δοκῶ λήψεσθαι παρ' αὐτῶν πρῶτον, ὅτι τοῖς ἀναιροῦσι λύπας καὶ δάκρυα καὶ στεναγμοὺς ἐπὶ ταῖς τῶν
φίλων τελευταῖς μάχονται, καὶ λέγουσι « τὴν εἰς τὸ
ἀπαθὲς καθεστῶσαν ἀλυπίαν ὑφ' ἑτέρου κακοῦ μείζονος
ὑπάρχειν, ὠμότητος ἢ δοξοκοπίας ἀκράτου καὶ λύσσης·
διὸ πάσχειν τι βέλτιον εἶναι, καὶ λυπεῖσθαι, καὶ, νὴ
Δία, λιπαίνειν τοὺς ὀφθαλμοὺς καὶ τήκεσθαι, » καὶ ὅσα
δὴ παθαινόμενοι καὶ γράφοντες, ὑγροί τινες εἶναι καὶ
φιλικοὶ δοκοῦσι. (5) Ταῦτα γὰρ ἐν ἄλλοις τε πολλοῖς
Ἐπίκουρος εἴρηκε, καὶ περὶ τῆς Ἡγησιάνακτος τελευτῆς πρὸς Δοσίθεον γράφων τὸν πατέρα καὶ Πύρσωνα
τὸν ἀδελφὸν τοῦ τεθνηκότος· ἔναγχος γὰρ κατὰ τύχην τὰς ἐπιστολὰς διῆλθον αὐτοῦ. (6) Καὶ λέγω μιμούμενος, ὡς οὐχ ἧττόν ἐστι κακὸν ἀθεότης ὠμότητος
καὶ δοξοκοπίας, εἰς ἣν ἄγουσιν ἡμᾶς οἱ τὴν χάριν ἐκ
τοῦ θεοῦ μετὰ τῆς ὀργῆς ἀναιροῦντες. (7) Βέλτιον γὰρ
ἐνυπάρχειν τι καὶ συγκεκρᾶσθαι τῇ περὶ θεῶν δόξῃ
κοινὸν αἰδοῦς καὶ φόβου πάθος, ἢ (που) τοῦτο φεύγοντας, μήτ' ἐλπίδα, μήτε χάριν ἑαυτοῖς, μήτε θάρσος
ἀγαθῶν παρόντων, μήτε τινὰ δυστυχοῦσιν ἀποστροφὴν
πρὸς τὸ θεῖον ἀπολείπεσθαι.

XXI. Δεῖ μὲν γὰρ ἀμέλει τῆς περὶ θεῶν δόξης, ὥσπερ ὄψεως λήμην, ἀφαιρεῖν τὴν δεισιδαιμονίαν· εἰ δὲ
τοῦτο ἀδύνατον, μὴ συνεκκόπτειν μηδὲ τυφλοῦν τὴν
πίστιν, ἣν οἱ πλεῖστοι περὶ θεῶν ἔχουσι. (2) Αὕτη δέ

Immerito hoc. Atqui non veritas hic, sed fama spectatur.
Et sane libros ac decreta maledica civitatum contra Epicureos scripta non proferemus ; odiosum enim hoc fuerit. Sed
profecto si oracula, divinatio, deorum providentia, parentum in prolem innatus amor et dilectio, si reipublicæ administratio, principatus, magistratus, hæc, inquam, si
cum gloria et laude sunt conjuncta ; eos qui dicunt *non esse
salutem Græcis parandam, sed edendum bibendumque,
ita ut ventri neque noceat et sit gratum,* necesse est
infamia laborare, malosque existimari : et quum tales habeantur, dolore affici, et vitam vivere injucundam, siquidem dignitatem et gloriam pro re jucunda habent.

XX. Hæc locuto Theone, placuit finem deambulandi facere, et, pro more nostro, in subselliis considentes, dictaque
considerantes, silentium tenuimus non diuturnum. (2) Zeuxippus enim injecta e dictis cogitatione, Quis, inquit, reliquam
orationis partem absolvet? nondum enim suo fine conclusa
est, quem modo divinationis illata et providentiæ mentione proposuit : *hæc* enim Epicurei aiunt *non minimum
conferre momentum ad voluptatem, tranquillitatem
et fiduciam vitæ.* Itaque etiam de his dicendum est aliquid. (3) Aristodemus sub hæc ita locutus est : De voluptate quidem fere dictum est, Epicureorum rationem, si forte
id consequatur quod habet propositum, metum quidem
auferre quendam et superstitionem, nullam tamen lætitiæ
et gaudii deorum causa concipiendi præbere materiam ; sed
facere ut ita simus erga eos affecti neque timendo neque
gaudendo, quomodo sumus erga Hyrcanos aut Scythas affecti, neque boni ab iis quicquam neque mali exspectantes.
(4) Si quid autem addendum est dictis, id ab ipsis sumemus.
Primum est hoc, quod dolores, lacrimas et gemitus in
morte eorum qui cari fuerunt excludentibus repugnant,
dicuntque *indolentiam quæ affectionum vacuitatem efficit, a majori malo proficisci,* crudelitate nimirum aut
*immoderata arrogantia et rabie; itaque præstare affici,
mærere, oculos rigare, flendoque tabescere,* et quæ alia
sunt affectuum genera, quibus indulgentes et laudem scribendo tribuentes Epicurei volunt molles et suorum studiosi
videri. (5) Hæc enim Epicurus quum aliis multis locis tradidit, tum in scripto *super morte Hegesianactis ad patrem
ejus Dositheum et fratrem mortui Pyrsonem.* Nuper
enim forte fortuna epistolas ejus perlegi. (6) Ego autem
ipsorum dicendi formulam imitans contra dico, opinionem
quæ deorum naturæ est adversa non minus esse immanitate
et ambitione malum ; quam ad opinionem ii nos ducunt, dum
et gratiam et iram e divina natura tollunt. (7) Præstat enim
insitam esse opinioni de deo et contemperatam affectionem
quandam mixtam e verecundia et metu, quam, hoc dum
fugimus, neque spem nobis, neque gratiam, neque fiduciam
bonis præsentibus, neque rebus adversis refugium ad numen relinquere.

XXI. Oportet omnino opinioni de diis superstitionem,
tanquam oculo lemam, adimere : quod fieri si non possit,
non est una cum superstitione excidenda aut excæcanda fides, quam de diis plerique habent. (2) Ea autem non est

ἐστιν οὐ φοβερά τις οὐδὲ σκυθρωπή, καθάπερ οὗτοι
πλάττουσι, διαβάλλοντες τὴν πρόνοιαν, ὥσπερ παισὶν
Ἐμπουσαν, ἢ Ποινὴν ἀλιτηριώδη καὶ τραγικὴν ἐπιγεγραμμένην. (3) Ἀλλ' ὀλίγοι μὲν τῶν ἀνθρώπων δεδίασι
5 τὸν θεόν, οἷς οὐκ ἄμεινον μὴ δεδιέναι· δεδιότες γὰρ
ὥσπερ ἄρχοντα χρηστοῖς ἤπιον, ἀπεχθῆ δὲ φαύλοις,
ἑνὶ φόβῳ, δι' ὃν οὐ δέουσι πολλῶν, ἐλευθεροῦνταί τε τοῦ
ἀδικεῖν, καὶ παρ' αὐτοῖς ἀτρέμα τὴν κακίαν ἔχοντες
οἷον ἀπομαραινομένην, ἧττον ταράττονται τῶν χρωμέ-
10 νων αὐτῇ καὶ τολμώντων, εἶτ' εὐθὺς δεδιότων καὶ με-
ταμελομένων. (4) Ἡ δὲ τῶν πολλῶν καὶ ἀμαθῶν, οὐ
πάνυ [δὲ] μοχθηρῶν διάθεσις πρὸς τὸν θεὸν ἔχει μὲν
ἀμέλει τῷ σεβομένῳ καὶ τιμῶντι μεμιγμένον τινὰ σφυγμὸν καὶ φόβον, ᾗ καὶ δεισιδαιμονία κέκληται· μυριάκις
15 δὲ μεῖζόν ἐστι καὶ πλέον αὐτῇ τὸ εὔελπι καὶ περιχαρές,
καὶ πᾶσαν εὐπραξίας ὄνησιν, ὡς ἐκ θεῶν οὖσαν, εὐχόμενον καὶ δεχόμενον. (5) Δῆλον δὲ τεκμηρίοις τοῖς με-
γίστοις· οὔτε γὰρ διατριβαὶ τῶν ἐν ἱεροῖς, οὔτε καιροὶ
τῶν ἑορτασμῶν, οὔτε πράξεις οὔτ' ὄψεις εὐφραίνουσιν
20 ἕτεραι μᾶλλον ὧν ὁρῶμεν ἢ δρῶμεν αὐτοὶ περὶ θεῶν,
ὀργιάζοντες, ἢ χορεύοντες, ἢ θυσίαις παρόντες, ἢ τελεταῖς. (6) Οὐ γὰρ ὡς τυράννοις τισὶν ἢ δεινοῖς κολα-
σταῖς ὁμιλοῦσα τηνικαῦτα ἡ ψυχὴ περίλυπός ἐστι καὶ
ταπεινὴ καὶ δύσθυμος, ὅπερ εἰκὸς ἦν· ἀλλ' ὅπου μά-
25 λιστα δοξάζει καὶ διανοεῖται παρεῖναι τὸν θεόν, ἐκεῖ
μάλιστα λύπας καὶ φόβους καὶ τὸ φροντίζειν ἀπωσα-
μένη, τῷ ἡδομένῳ μέχρι μέθης καὶ παιδιᾶς καὶ γέλωτος ἐφίησιν ἑαυτήν. (7) Ἐν [μὲν] τοῖς ἐρωτικοῖς,
ὡς ὁ ποιητὴς εἴρηκε,

30   Καί τε γέρων καὶ γρῆῦς, ἐπὴν χρυσῆς Ἀφροδίτης
       μνήσωνται, καὶ τοῖσιν ἐπήρθη φίλον ἦτορ·

ἐν δὲ πομπαῖς καὶ θυσίαις οὐ μόνον γέρων καὶ γρῆῦς,
οὐδὲ πένης καὶ ἰδιώτης, ἀλλὰ καὶ

                Παχυσκελὴς
35   ἀλετρὶς πρὸς μύλην κινουμένη,

καὶ οἰκότριβες * καὶ θῆτες ὑπὸ γήθους καὶ χαρμοσύνης
ἀναφέρονται. Πλουσίοις τε καὶ βασιλεῦσιν ἑστιάσεις
καὶ πανδαισίαι τινὲς πάρεισιν [ἀεί]· αἱ δ' ἐφ' ἱεροῖς καὶ
θυηπολίαις, καὶ ὅταν ἔγγιστα τοῦ θείου τῇ ἐπινοίᾳ ψαύειν
40 δοκῶσι, μετὰ τιμῆς καὶ σεβασμοῦ πολὺ διαφέρουσαν
ἡδονὴν καὶ χάριν ἔχουσιν. (8) Ταύτης οὐδὲν ἀνδρὶ μέτεστιν ἀπεγνωκότι τῆς προνοίας. Οὐ γὰρ οἴνου πλῆθος, οὐδ' ὄπτησις κρεῶν τὸ εὐφραῖνόν ἐστιν ἐν ταῖς
ἑορταῖς, ἀλλὰ καὶ ἐλπὶς ἀγαθὴ καὶ δόξα τοῦ παρεῖναι
45 τὸν θεὸν εὐμενῆ, καὶ δέχεσθαι τὰ γινόμενα κεχαρισμένως. (9) Αὐλὸν μὲν γὰρ ἑτέρων ἑορτῶν καὶ στέφανον
ἀφαιροῦμεν, θεοῦ δὲ θυσίᾳ μὴ παρόντος, ὥσπερ ἱερὸν
δοχῆς, ἄθεόν ἐστι καὶ ἀνεόρταστον καὶ ἀνενθουσίαστον
τὸ λειπόμενον, μᾶλλον δὲ ὅλον ἀτερπὲς αὐτῷ καὶ λυπη-
50 ρόν· ὑποκρίνεται γὰρ εὐχὰς καὶ προσκυνήσεις, οὐθὲν
δεόμενος, διὰ φόβον τῶν πολλῶν, καὶ φθέγγεται φωνὰς
ἐναντίας οἷς φιλοσοφεῖ· καὶ θύων μὲν ὡς μαγείρῳ πα-

horribilis quædam aut tetrica persuasio, qualem isti fingunt,
calumnia Providentiam impetentes, quæ hominibus tanquam
pueris Empusa ingruat, aut Furia tragica scelerum vindex. (3)
Verum pauci homines deum ita timent, ut non præstet non
tmuisse. Qui autem eum timent ut principem bonis benignum, malis infestum, per unum illum metum, per quem
non opus habent pluribus, a peccando liberantur, ipsi intra
se continent malitiam sensim contabescentem, itaque minus animo conturbantur, quam qui ei indulgent audentque
scelera, ac statim deinde metu et pœnitentia corripiuntur.
(4) Plerorumque vero et indoctorum, neque penitus tamen
pravorum hominum, de deo sensus, habet is quidem cul-
tui et honori permixtum quendam tremorem et timorem,
unde *metus deorum* seu *superstitio* vocatur: innumeris
vero modis antecellit bonæ spei copiâ, gaudii abundantiâ,
omnisque prosperitatis, ut a diis proficiscentis, votis atque
exspectatione. (5) Quod ipsum maximis ac certissimis o-
stenditur signis. Nam neque commorationes aliæ magis quam
eæ quæ in templis fiunt, neque tempora quam dies festi,
neque actiones aut spectacula alia magis nos delectant, quam
ea quæ ipsi circa deos facimus aut cernimus orgia agentes,
aut choros ducentes, aut sacrificiis mysteriisve vacantes.
(6) Non enim tunc animus in mœrore est, non languet,
neque ei ægre est; quod futurum erat, si cum tyrannis se
aut atrocibus vindicibus, quos illi statuunt, agere putaret:
sed ubi maxime opinatur ac ratiocinatur deum adesse, ibi
potissimum doloribus, metu, curisque repudiatis, dele-
ctationi usque ad ebrietatem, risum, jocumque indulget.
(7) In re quidem amatoria, ut dixit poeta,

    Annosum Cytherea virum, vetulamque suavi
    lætitia quandoque implet repetita trementem:

at in pompis et sacrificiis non vir modo senex aut anus, non
pauper duntaxat et plebeius, sed et

    Ancilla suras crassa in pistrino molens,

et vernæ et mercenarii gaudio lætitiaque efferuntur. Divitibus et regibus convivia sunt semper, et viscerationes
quædam publicæ; sed multo majorem iis voluptatem ac delectationem sacrificia et solennitates præbent, ubi cum veneratione et cultu proxime animo ad deos accedere videntur.
(8) At enim in nullam hujus voluptatis partem venit, qui de
Providentia spem opinionemque abjecit. Non enim vini
copia, aut carnium assatio id est quod in sacrificiis delectat;
sed bona spes atque sententia de præsentia dei propitii, et
qui grata habeat ea quæ fiunt. (9) Sunt quædam sacrificia,
quibus fistulæ et serta adimuntur: at sacrificium deo non
præsente, tanquam festum convivii expers, reliqua habet impia, festivitatis et instinctus divini expertia; imo plane
totum insuave et molestum Epicureo relinquitur. Simulat
enim se adorare et vota facere, non quod sibi his rebus aliquid quærat, sed metu multitudinis impulsus; vocesque
contrarias his quas inter philosophandum ederet, pronunciat;

ρέστηκε τῷ ἱερεῖ σφάττοντι, θύσας δὲ, ἄπεισι λέγων τὸ Μενάνδρειον,

 Ἔθυον οὐ προσέχουσιν οὐδέν μοι θεοῖς·

οὕτω γὰρ Ἐπίκουρος οἴεται δεῖν σχηματίζεσθαι, καὶ μὴ φθονεῖν μηδ' ἀπεχθάνεσθαι τοῖς πολλοῖς, [οἷς] χαίρουσιν ἕτεροι πράττοντες, αὐτοὶ δυσχεραίνοντες· .

 Πᾶν γὰρ ἀναγκαῖον πρᾶγμ' ἀνιηρὸν ἔφυ,

κατὰ τὸν Εὔηνον. (10) Ἦ καὶ τοὺς δεισιδαίμονας οὐ χαίροντας, ἀλλὰ φοβουμένους οἴονται θυσίαις καὶ τελεταῖς ὁμιλεῖν, μηθὲν ἐκείνων αὐτοὶ διαφέροντες, εἴ γε διὰ φόβον τὰ αὐτὰ δρῶσιν, οὐδ' ἐλπίδος χρηστῆς, ὅσον ἐκεῖνοι, μεταλαγχάνοντες, ἀλλὰ μόνον δεδιότες καὶ ταραττόμενοι, μὴ φανεροὶ γένωνται τοὺς πολλοὺς παραλογιζόμενοι καὶ φενακίζοντες· (11) ἐφ' οὓς καὶ τὰ περὶ θεῶν καὶ θειότητος αὐτοῖς βιβλία συντέτακται,

 Ἑλικτὰ κοὐδὲν ὑγιὲς, ἀλλὰ πᾶν πέριξ,

ἐπαμπεχομένοις καὶ ἀποκρυπτομένοις διὰ φόβον ἃς ἔχουσι δόξας.

XXII. Καὶ μὴν μετά γε τοὺς πονηροὺς καὶ τοὺς πολλοὺς τρίτον ἤδη σκεψώμεθα, τὸ βέλτι[στ]ον ἀνθρώπων καὶ θεοφιλέστατον γένος ἐν ἡλίκαις ἡδοναῖς, καθαραῖς περὶ θεοῦ δόξαις συνόντες, ὡς πάντων μὲν ἡγεμὼν ἀγαθῶν, πάντων δὲ πατὴρ καλῶν ἐκεῖνός ἐστι, καὶ φαῦλον οὐδὲν ποιεῖν αὐτῷ θέμις, ὥσπερ οὐδὲ πάσχειν. (2) Ἀγαθὸς γάρ ἐστιν, ἀγαθῷ δὲ περὶ οὐδενὸς ἐγγίνεται φθόνος, οὔτε φόβος, οὔτ' ὀργὴ, ἢ μῖσος· οὔτε γὰρ θερμοῦ τὸ ψύχειν, ἀλλὰ [τὸ] θερμαίνειν, ὥσπερ οὐδ' ἀγαθοῦ τὸ βλάπτειν· ὀργὴ δὲ χάριτος, καὶ χόλος εὐμενείας, καὶ τοῦ φιλανθρώπου καὶ φιλόφρονος τὸ δυσμενὲς καὶ ταρακτικὸν ἀπωτάτω τῇ φύσει τέτακται· τὰ μὲν γὰρ ἀρετῆς καὶ δυνάμεως, τὰ δ' ἀσθενείας ἐστὶ καὶ φαυλότητος. (3) Οὐ τοίνυν ὀργαῖς καὶ χάρισι συνέχεται τὸ θεῖον, ἀλλ' ὅτι μὲν χαρίζεσθαι καὶ βοηθεῖν πέφυκεν, ὀργίζεσθαι δὲ καὶ κακῶς ποιεῖν οὐ πέφυκεν· ἀλλὰ ὁ μὲν « μέγας ἐν οὐρανῷ Ζεὺς πτηνὸν ἅρμα ἐλαύνων, » κάτω πρῶτος πορεύεται, διακοσμῶν πάντα καὶ ἐπιμελούμενος· τῶν δ' ἄλλων θεῶν ὁ μέν ἐστιν Ἐπιδώτης, ὁ δὲ Μειλίχιος, ὁ δ' Ἀλεξίκακος· ὁ δ' Ἀπόλλων

 Κατεκρίθη θνατοῖς ἀγανώτατος ἔμμεν,

ὡς ὁ Πίνδαρος φησί. (4) Πάντα δὲ τῶν θεῶν, κατὰ τὸν Διογένη, καὶ κοινὰ τὰ τῶν φίλων, καὶ φίλοι τοῖς θεοῖς οἱ ἀγαθοί· καὶ τὸν θεοφιλῆ μή τι εὖ πράττειν, ἢ [μὴ] θεοφιλῆ εἶναι τὸν σώφρονα καὶ δίκαιον, ἀδύνατόν ἐστιν. (5) Ἀρά γε δίκης ἑτέρας οἴεσθε δεῖσθαι τοὺς ἀναιροῦντας· τὴν πρόνοιαν; [καὶ] οὐχ ἱκανὴν ἔχειν, * ἐκκόπτοντας ἑαυτῶν ἡδονὴν καὶ χαρὰν τοσαύτην, ὅση πάρεστι τοῖς οὕτω διακειμένοις πρὸς τὸ δαιμόνιον ἡμῖν; (6) [ἢ] τῷ μὲν Ἐπικούρῳ καὶ Μητρόδωρος καὶ Πολύαινος καὶ Ἀριστόβουλος ἐκθάρσημα καὶ γῆθος ἦσαν, ὧν τοὺς πλείστους

---

ac sacrificans quidem mactanti sacrificulo tanquam coquo assistit : operatus autem sacris, discedit inquiens illud Menandri ,

 Mei quis nulla cura est sacra feci deis :

sic enim Epicurus censet *sacrificantem debere se componere, neque invidere aut infensum esse vulgo hominum, ea , quæ alii gaudentes agunt, ipsi moleste ferentes,*

 Quod facere est etenim cunque necesse, grave est,

inquit Evenus. (10) Itaque etiam *superstitiosos* arbitrantur *sacris et mysteriis interesse non gaudentes, sed sibi timentes :* nihil ipsi iis meliore conditione, siquidem ob metum eadem agunt, neque tantum bonæ spei, quantum illi, animo concipiunt : id duntaxat animo perturbato metuentes, ne deprehendantur multitudinem hominum impostura circumvenientes. (11) Adversus quam multitudinem ut sibi consulerent, libros etiam suos de Deo et Divina Natura composuerunt,

 Cuncta involuta, distorta, et sani nihil :

in quibus suam opinionem metu adducti omnis generis tegumentis operiunt atque occultant.

XXII. Porro post malos et vulgus hominum, tertio loco consideremus hominum præstantissimum et diis amicissimum genus, quantis in voluptatibus degat de deo pure sentiens ; nimirum hunc omnium esse bonorum principem, omnium pulchrarum rerum parentem, neque fas eum aut agere aut pati mali quicquam. (2) Bonus enim est, nec bono ullius rei vel invidia, vel metus, vel odium, vel ira subit. Ut enim caloris non est refrigerare, sed calefacere ; ita boni quoque non est nocere. Iram porro a gratia, bilem a benignitate, ab humanitate et benevolentia malevolentiam ac tumultus animi, natura longissime dejunxit : quum altera virtutis sint ac potentiæ, altera imbecillitatis et vitii. (3) Non igitur ira et gratia numen continetur ; sed suapte natura beneficum et auxiliare, irasci et lædere non novit. Verum *magnus in cælo* Juppiter, *volucrem citans currum,* primus deorsum concedit, omnia componens atque procurans : reliquorum deorum alius est Largitor, alius Blandus, alius Malorum Depulsor, et Apollo, ut ait Pindarus,

 Judicio hominum benignissimus censetur.

(4) Ceterum *omnia sunt deorum,* Diogeni si credimus, itemque *amicorum communia omnia, et boni diis sunt amici. Itaque fieri non potest, diis cari qui sunt, ut felices non sint; et homo temperans aut justus diis non carus esse nequit.* (5) Ergone aliam mereri pœnam putemus eos qui Providentiam tollunt? non satis hoc ipso puniri, quod tantum sibi voluptatis atque gaudii adimunt, quantum nobis contingit hoc modo erga deos affectis? (6) An vero Epicuro quidem Metrodorus, Polyænus et Aristobulus *præsidium* fuere et *gaudium*, quorum plerosque vel ægrotantes

θεραπεύων νοσοῦντας, ἢ καταθρηνῶν ἀποθνήσκοντας διετέλεσε· Λυκοῦργος δὲ ὑπὸ τῆς Πυθίας προσαγορευθείς

Ζηνὶ φίλος καὶ πᾶσιν Ὀλύμπια δώματ' ἔχουσι,

5 καὶ Σωκράτης οἰόμενος αὐτῷ τὸ δαιμόνιον διαλέγεσθαι ὑπ' εὐμενείας, καὶ Πίνδαρος ἀκούων ὑπὸ τοῦ Πανὸς ᾄδεσθαί τι μέλος ὧν αὐτὸς ἐποίησε, μετρίως ἔχαιρεν; ἢ Φορμίων τοὺς Διοσκόρους, ἢ τὸν Ἀσκληπιὸν Σοφοκλῆς ξενίζειν αὐτός τε πειθόμενος, καὶ τῶν ἄλλων οὕ- 10 τως ἐχόντων διὰ τὴν γενομένην ἐπιφάνειαν; (7) Ἃ δὲ Ἑρμογένης ἐφρόνει περὶ τῶν θεῶν, ἄξιόν ἐστιν αὐτοῖς ὀνόμασι διαμνημονεύειν· « Οὗτοι γάρ, φησίν, οἱ πάντα μὲν εἰδότες, πάντα δὲ δυνάμενοι θεοί, οὕτω μοι φίλοι εἰσίν, ὡς διὰ τὸ ἐπιμελεῖσθαί μου οὔποτε λήθω αὐτοὺς 15 οὔτε νυκτὸς οὔτε ἡμέρας, ὅποι ἂν ὁρμῶμαι, οὔτε ὅ τι ἂν μέλλω πράττειν· διὰ δὲ τὸ προειδέναι καὶ ὅ τι ἐξ ἑκάστου ἀποβήσεται, σημαίνουσι, πέμποντες ἀγγέλους, φήμας καὶ ἐνύπνια καὶ οἰωνούς. »

XXIII. Καλὰ μὲν οὖν εἰκὸς εἶναι καὶ τὰ γινόμενα 20 παρὰ τῶν θεῶν· τὸ δὲ γίνεσθαι διὰ τῶν θεῶν ταῦτα αὐτά, μεγάλην ἡδονὴν ποιεῖ, καὶ θάρσος ἀμήχανον, καὶ φρόνημα καὶ χαράν, οἷον αὐγὴν ἐπιγελῶσαν τοῖς ἀγαθοῖς. (2) Οἱ δ' ἄλλως ἔχοντες, τῆς μὲν εὐτυχίας τὸ ἥδιστον κολούουσι, ταῖς δὲ δυστυχίαις ἀποστροφὴν οὐκ 25 ἀπολείπουσιν, ἀλλ' εἰς μίαν καταφυγὴν καὶ λιμένα, πράττοντες κακῶς, τὴν διάλυσιν καὶ τὴν ἀναισθησίαν ἀποβλέπουσιν· (3) ὥσπερ εἴ τις ἐν πελάγει καὶ χειμῶνι θαρρύνων, ἐπιστὰς λέγοι, μήτε τινὰ τὴν ναῦν ἔχειν κυβερνήτην, μήτε τοὺς Διοσκόρους αὐτοὺς ἀφίξεσθαι 30 « ἐπερχόμενόν τε μαλάξοντας βίαιον πόντον, ὠκείας τ' ἀνέμων ῥιπάς· » οὐδὲν δὲ ὅμως εἶναι δεινόν, ἀλλ' ὅσον οὐδέπω καταποθήσεσθαι τὴν ναῦν ὑπὸ τῆς θαλάττης, ἢ συντριβήσεσθαι ταχὺ πρὸς πέτρας ἐκπεσοῦσαν. (4) Οὗτος γάρ ἐστιν ὁ Ἐπικούρειος λόγος ἐν νόσοις δειναῖς 35 καὶ πόνοις ὑπερβάλλουσιν· « Ἐλπίζεις τι χρηστὸν παρὰ θεῶν δι' εὐσέβειαν; τετύφωσαι· τὸ γὰρ μακάριον καὶ ἄφθαρτον οὔτ' ὀργαῖς οὔτε χάρισι συνέχεται. Βέλτιόν τι τῶν ἐν τῷ βίῳ μετὰ τὸν βίον ἐπινοεῖς; ἐξηπάτησαι· τὸ γὰρ λυθὲν ἀναισθητεῖ· τὸ δ' ἀναισθητοῦν οὐδὲν πρὸς ἡμᾶς. » 40 (5) Πῶς οὖν, ἄνθρωπε, φαγεῖν με καὶ χαίρειν κελεύεις; Ὅτι, νὴ Δία, χειμαζομένῳ τὸ ναυάγιον ἐγγύς ἐστιν· ὁ γὰρ πόνος ὁ ὑπερβάλλων συνάψει θανάτῳ. (6) Καίτοι νεὼς μὲν ἐκπεσὼν ἐπιβάτης διαλυθείσης [ἐπ'] ἐλπίδος ὀχεῖται τινός, ὡς γῇ προσέξων τὸ σῶμα καὶ διανηξά- 45 μενος· τῆς δὲ τούτων φιλοσοφίας

Ἔκβασις οὔπη φαίνεθ' ἁλὸς πολιοῖο θύραζε

τῇ ψυχῇ, ἀλλ' εὐθὺς ἠφάνισται καὶ διέσπαρται, καὶ προαπόλωλε τοῦ σώματος· ὥστε ὑπερχαίρειν τὸ πάνσοφον τοῦτο δόγμα καὶ θεῖον παραλαβοῦσαν, ὅτι τοῦ 50 κακῶς πράττειν πέρας ἐστὶν αὐτῇ τὸ ἀπολέσθαι καὶ φθαρῆναι καὶ μηδὲν εἶναι.

XXIV. Ἀλλὰ γάρ, ἔφη πρὸς ἐμὲ βλέψας, εὐηθές

---

curans, vel mortuos deplorans, vitam exegit; Lycurgus autem a Pythia sic compellatus,

Care Jovi, cunctisque domus quibus altus Oiympus,

et Socrates existimans genium secum præ benevolentia loqui, et Pindarus audiens a Pane carmen quoddam cantari a se compositum, mediocriter sunt gavisi? aut Phormio Castores, Æsculapium Sophocles hospitio suo exceptum ipsis persuasum habentes, aliisque idem sentientibus ob factam apparitionem? (7) Sententiam vero Hermogenis de diis par est verbis ipsius referri. *Hi*, inquit, *qui et sciunt omnia, dii, et possunt omnia, ita mihi sunt amici, ut propter curam quam pro me gerunt, nunquam eos lateam neque noctu neque interdiu, quamcumque rem aggrediar aut acturus sim; utque præscire possim exitus singularum rerum, eos mihi significant mittendis nunciis suis, ominibus, somniis, auguriis.*

XXIII. Consentaneum quidem est pulchra esse quæ a diis veniunt : sed hoc ipsum, ea suggeri per deos, magnam voluptatem conciliat, fiduciamque immensam et animi elationem ac gaudium, veluti lucem ex sublimi arridentem bonis. (2) Aliter affecti, rerum secundarum suavissimum quod est mutilant, in adversis quo se avertant, nihil sibi faciunt reliqui; sed fortuna urgente mala ad dissolutionem et sensus vacuitatem tanquam unicum refugium et portum respiciunt. (3) Perinde ac si tempestate in mari agitatum aliquis consolaturus sic dicat: *Neque gubernatorem habet navis tua, neque ipsi Castores suo superventu emollient vim maris ingruentis, celeresque ventorum impetus : nihil tamen mali est; jamjam enim navim mare degluttiet, aut statim ad scopulos ejecta conteretur.* (4) Talis est enim plane oratio Epicureorum in morbis atrocibus et doloribus ingentibus : *Speras aliquid boni a diis ob tuam pietatem? Animo es inflato : beata enim et interitus exsors natura neque gratia capitur, neque ira. Melius aliquid post vitam oblatum iri putas quam in vita? In errore es : quod enim dissolutum est, sensu caret; quod sensu caret, nihil ad nos.* (5) Quomodo itaque, mi homo, edere me jubes, et gaudere? *Quia scilicet tempestate jactato imminet naufragium; dolor enim excellens morti tradet.* (6) Atqui e navi quidem elapsus vector dissipata, cum spe tamen aliqua vehitur, tanquam terræ corpus applicaturus et enataturus : horum philosophiâ animo

E ponti canis nusquam datur exitus undis :

sed statim abolitus est ac dissipatus, et corporis interitum antevertit; adeo ut summo afficiatur gaudio, sapiens hoc et divinum decretum arripiens, miseriarum sibi finem esse interire, perdi, nihil esse.

XXIV. Verum enimvero, (hæc dicens me aspiciebat,)

ἐστι περὶ τούτου λέγειν ἡμᾶς, σοῦ πρώην ἀκηκοότας ἱκανῶς διαλεγομένου πρὸς τοὺς ἀξιοῦντας τὸν Ἐπικούρου λόγον τοῦ Πλάτωνος περὶ ψυχῆς ῥᾴονας καὶ ἡδίους πρὸς θάνατον ἡμᾶς ποιεῖν. (2) Ὑπολαβὼν οὖν ὁ Ζεύξιππος, Εἶτα οὗτος, ἔφη, δι' ἐκεῖνον ἀτελὴς ὁ λόγος ἔσται, καὶ ϙοβηθησόμεθα τὸ λόγιον πρὸς Ἐπίκουρον λέγοντες; (3) Ἥκιστα, ἔφην ἐγὼ, καὶ

Δὶς γὰρ ὃ δεῖ καλόν ἐστιν ἀκοῦσαι,

κατὰ τὸν Ἐμπεδοκλέα. * Πάλιν οὖν ὁ Θέων ἡμῖν παρακλητέος· καὶ γὰρ αὐτὸν οἶμαι παρεῖναι τοῖς τότε λεχθεῖσιν, ἅμα [δὲ] καὶ νέος ἐστὶ, καὶ οὐ δέδιε μὴ λήθης εὐθύνας ὑπόσχῃ τοῖς νέοις.

XXV. Καὶ ὁ Θέων, ὥσπερ ἐκβιασθεὶς, Ἀλλ' εἰ δοκεῖ ταῦτα, ἔφη, ποιεῖν, οὐ μιμήσομαί σε, ὦ Ἀριστόδημε· σὺ μὲν γὰρ ἐφοβήθης τὰ τούτου λέγειν· ἐγὼ δὲ χρήσομαι τοῖς σοῖς· (2) Ὀρθῶς γάρ μοι διαιρεῖν ἔδοξας εἰς τρία γένη τοὺς ἀνθρώπους, τὸ τῶν ἀδίκων καὶ πονηρῶν· δεύτερον δὲ, τὸ τῶν πολλῶν καὶ ἰδιωτῶν· τρίτον δὲ, τὸ τῶν ἐπιεικῶν καὶ νοῦν ἐχόντων. Οἱ μὲν οὖν ἄδικοι καὶ πονηροὶ τὰς καθ' ᾅδου δίκας καὶ τιμωρίας δεδιότες, καὶ φοβούμενοι κακουργεῖν καὶ διὰ τοῦτο μᾶλλον ἡσυχίαν ἄγοντες, ἥδιον βιώσονται καὶ ἀταρακτότερον. (3) Οὐ γὰρ Ἐπίκουρος ἄλλῳ τινὶ τῆς ἀδικίας οἴεται δεῖν ἀπείργειν ἢ φόβῳ κολάσεων. Ὥστε καὶ προσεμφορητέον ἐκείνοις τῆς δεισιδαιμονίας, καὶ κινητέον ἐπ' αὐτοὺς ἅμα τὰ ἐξ οὐρανοῦ καὶ γῆς δείματα, καὶ χάσματα, καὶ φόβους, καὶ ὑπονοίας, εἰ μέλλουσιν ἐκπλαγέντες ὑπὸ τούτων, ἐπιεικέστερον ἔχειν καὶ πρᾳότερον. (4) Λυσιτελεῖ γὰρ αὐτοῖς τὰ μετὰ τὸν θάνατον φοβουμένοις μὴ ἀδικεῖν, ἢ ἀδικοῦσιν, ἐπισφαλῶς ἐν τῷ βίῳ διάγειν καὶ περιφόβως.

XXVI. Τοῖς δὲ πολλοῖς καὶ ἄνευ φόβου περὶ τῶν ἐν ᾅδου ἡ παρὰ τὸ μυθῶδες τῆς ἀϊδιότητος ἐλπὶς, καὶ ὁ πόθος τοῦ εἶναι, πάντων ἐρώτων πρεσβύτατος ὢν καὶ μέγιστος, ἡδονῇ ὑπερβάλλει καὶ γλυκυθυμίᾳ τὸ παιδικὸν ἐκεῖνο δέος. (2) Ἦ καὶ τέκνα καὶ γυναῖκας καὶ φίλους ἀποβάλλοντες, εἶναί που μᾶλλον ἐθέλουσι καὶ διαμένειν κακοπαθοῦντας, ἢ παντάπασιν ἐξῃρῆσθαι καὶ διεφθάρθαι καὶ γεγονέναι τὸ μηθέν· ἡδέως δὲ τῶν ὀνομάτων τοῦ μεθίστασθαι τὸν θνήσκοντα καὶ μεταλλάττειν, καὶ ὅσα δηλοῖ μεταβολὴν ὄντα τῆς ψυχῆς, οὐ φθορὰν, τὸν θάνατον, ἀκροῶνται, καὶ λέγουσιν οὕτως·

Αὐτὰρ ἐγὼ κἀκεῖθι φίλου μεμνήσομ' ἑταίρου·

καὶ,

Τί σοι πρὸς Ἕκτορ', ἢ γέροντ' εἴπω πόσιν;

(3) Ἐκ δὲ τούτου παρατροπῆς γενομένης, καὶ ὅπλα καὶ σκεύη καὶ ἱμάτια συνήθη τοῖς τεθνηκόσι, καὶ ὡς ὁ Μίνως τῷ Γλαύκῳ

Κρητικοὺς
αὐλοὺς θανούσης κῶλα ποικίλης νεβροῦ

fatuum est de hoc disserere, qui nuper te audiverimus sufficienter disputantem contra eos, qui Epicuri quam Platonis ratione de anima putant nos ad mortem obeundam faciliores æquioresque reddi. (2) Ergo, inquit sermonem excipiens Zeuxippus, hæc propter illam imperfecta erit disputatio, et bis idem dicere metuemus, contra Epicurum scilicet disputantes? (3) Minime vero, inquam ego; nam secundum Empedoclis sententiam,

Quæ sunt pulchra, iterum atque iterum est audire necesse.

Itaque rursum nobis Theon est exhortandus, quem et interfuisse illi disputationi puto, et adolescens quum sit, non metuit ne adolescentes ei oblivionis dicam scribant.

XXV. Tum Theon quasi vi adactus, Si videtur, inquit, sic agendum, non imitabor te, Aristodeme. Tu enim veritus es hujus sermonem usurpare; ego autem tuo utar. (2) Videris enim mihi recte homines in tria divisisse genera; injustorum unum et malorum, secundum vulgi et rudium, tertium bonorum et prudentum. De his injusti et mali supplicia apud inferos pœnasque dum timent, earumque metu a flagitiis sese cohibent ac facilius quiescunt, suavius vivent, ac minus dabunt turbarum. (3) Neque enim Epicurus alia re existimat ab injustitia arcendos homines, quam supplicii metu. Ergo his ultro propinanda est superstitio; concitandaque adversum eos omnia terrorum genera, quæ cœlo et terra suppeditantur, et præcipitia, et metus, et suspiciones; siquidem his perculsi, honestius vivent atque placidius. (4) Magis quippe in rem ipsorum est, ut metu eorum quæ mortem sunt consecutura, sibi a flagitiis temperent, quam, facinoribus malis perpetratis, vitam in metu ac periculis traducant.

XXVI. Vulgo autem hominum, etiam sine metu eorum quæ apud inferos esse perhibentur; fabulis adjuncta sempiternitatis spes, ac vivendi desiderium, quo nullus est amor vetustior ac major, voluptate quam injicit et delectatione puerilem istum metum superat. (2) Itaque ubi liberos, uxores, amicos amiserunt, esse alicubi eos et durare etiam in miseria malunt, quam omnino periisse et prorsus ad nihilum redacti videri. Iidem ergo libenter audiunt ista vocabula, quibus eum qui moritur notantes, *migrare* aut *commutare* dicimus, aut quæ alia mortem non interitum, sed mutationem animæ evenientem significant: et sic ipsi loquuntur:

Istic rursus ero cari memor ipse sodalis;

et,

Quid Hectori tu nuncias per me, tuo
vel quid seni marito?

(3) Hinc adeo aberratione a vero facta, arma, instrumenta, vestesque mortuis frequentius usitatas, et ut Minos Glauco

Membra hinnulæ variæ defunctæ Creticas
tibias

συνθάπτοντες, ἥδιον ἔχουσι. Κἄν τι δόξωσιν αἰτεῖν καὶ ποθεῖν ἐκείνους, χαίρουσιν ἐπιδιδόντες· ὥσπερ ὁ Περίανδρος τῇ γυναικὶ τὸν κόσμον, ὡς δεομένῃ καὶ ῥιγοῦν λεγούσῃ, συγκατέκαυσεν. (4) Οἱ δ' Αἴακο καὶ Ἀσκάλαφοι καὶ Ἀχέροντες οὐ πάνυ διαταράττουσιν, οἷς γε καὶ χοροὺς καὶ θέατρα καὶ μοῦσαν ἡδομένοις παντοδαπὴν γενομένου δεδώκασιν. (5) Ἀλλ' ἐκεῖνο τοῦ θανάτου τὸ πρόσωπον, ὡς φοβερὸν καὶ σκυθρωπὸν καὶ σκοτεινὸν ἅπαντες ὑποδειμαίνουσι, τὸ τῆς ἀναισθησίας καὶ λήθης καὶ ἀγνοίας· καὶ πρὸς τὸ ἀπόλωλε, καὶ τὸ ἀνήρηται, καὶ τὸ οὐκ ἔστι, ταράσσονται, καὶ δυσανασχετοῦσι τούτων λεγομένων, [ὡς] τὸ,

　　Ἔπειτα κείσεται βαθυδένδρῳ
　　ἐν χθονὶ συμποσίων τε καὶ λυρᾶν
　　ἄμοιρος, ἰαχᾶς τε παντερπέος αὐλῶν·

καὶ,

　　Ἀνδρὸς δὲ ψυχὴ πάλιν ἐλθεῖν οὔτε λεϊστή,
　　οὔθ' ἑλετή, ἐπεὶ ἄρ κεν ἀμείψεται ἕρκος ὀδόντων.

XXVII. Ἦ καὶ προσεπισφάττουσιν οἱ ταυτὶ λέγοντες, « Ἅπαξ ἄνθρωποι γεγόναμεν, δὶς δ' οὐκ ἔστι γενέσθαι· δεῖ δὲ τὸν αἰῶνα μηκέτ' εἶναι. » (2) Καὶ γὰρ τὸ παρὸν, ὡς μικρὸν, μᾶλλον δὲ μηδοτιοῦν πρὸς τὰ σύμπαντα ἀτιμήσαντες ἀναπόλαυστον προΐενται, καὶ ὀλιγωροῦσιν ἀρετῆς καὶ πράξεως, οἷον ἐξαθυμοῦντες, καὶ καταφρονοῦντες ἑαυτῶν, ὡς ἐφημέρων καὶ ἀβεβαίων καὶ πρὸς οὐθὲν ἀξιόλογον γεγονότων. (3) * Τὸ γὰρ « ἀναισθητεῖν τὸ λυθὲν καὶ μηδὲν εἶναι πρὸς ἡμᾶς τὸ ἀναισθητοῦν, » οὐκ ἀναιρεῖ τὸ τοῦ θανάτου δέος, ἀλλ' ὥσπερ ἀπόδειξιν αὐτοῦ προστίθησιν· αὐτὸ γὰρ τοῦτό ἐστιν, ὃ δέδοικεν ἡ φύσις,

　　Ἀλλ' ὑμεῖς μὲν πάντες ὕδωρ καὶ γαῖα γένοισθε,

τὴν εἰς τὸ μὴ φρονοῦν μηδ' αἰσθανόμενον διάλυσιν τῆς ψυχῆς· ἣν Ἐπίκουρος εἰς κενὸν καὶ ἀτόμους διασπορὰν ποιῶν, ἔτι μᾶλλον ἐκκόπτει τὴν ἐλπίδα τῆς ἀφθαρσίας· δι' ἣν ὀλίγου δέω λέγειν πάντας εἶναι καὶ πάσας προθύμους τῷ Κερβέρῳ διαδάκνεσθαι, καὶ φορεῖν εἰς τὸν [**] τρητὸν, ὅπως ἐν τῷ εἶναι μόνον διαμένωσι, μηδ' ἀναιρεθῶσι. (4) Καίτοι ταῦτα μὲν, ὥσπερ ἔφην, οὐ πάνυ πολλοὶ δεδίασι, μητέρων ὄντα καὶ τιτθῶν δόγματα, καὶ λόγους μυθώδεις· οἱ δὲ καὶ δεδιότες, τελετάς τινας αὖ πάλιν καὶ καθαρμοὺς οἴονται βοηθεῖν, οἷς ἁγνισάμενοι διατελοῖεν ἐν ᾅδου παίζοντες καὶ χορεύοντες ἐν τοῖς αὐγὴν καὶ πνεῦμα καθαρὸν καὶ φθόγγον ἔχουσιν. (5) Ἡ δὲ τοῦ ζῆν στέρησις ἐνοχλεῖ καὶ νέους καὶ γέροντας·

　　Δυσέρωτες γὰρ φαινόμεθ' ὄντες
　　τοῦδ', ὅττι τόδε στίλβει κατὰ γῆν,

ὡς Εὐριπίδης φησίν· οὐδὲ ῥᾳδίως οὐδ' ἀλύπως ἀκούομεν,

　　Ὡς ἄρ' εἰπόντα μιν τηλαυγὲς ἀμβρόσιον
　　ἐλασίππου πρόσωπον ἀπέλιπεν ἀμέρας.

---

juxta sepelientes, æquiore sunt animo. Et si quid moriens petat aut desiderare videatur, læti tribuunt : ut Periander ornatum muliebrem una cum uxore, rogante et algere se dicente, cremavit. (4) Æaci autem, Ascalaphi, et Acherontes non admodum perturbant; quibus ii et choros, et theatra, et musicam qua se oblectarent omnis generis obtulerunt. (5) Eam vero mortis faciem ut terribilem, tetricam, tenebricosam omnes reformidant, quæ sensuum privatione omnium, oblivione et ignoratione describitur; turbanturque quum mortuum audiunt *interiisse, sublatum esse, non jam esse amplius,* et animo ægro tales admittunt voces, velut

　　Defossus umbroso arboribus loco
　　linquetur, exsors carminis et dapum
　　communium, læti tibiæque cantus;

item,

　　Ast hominis post mortem obitam reparabilis arte
　　non ulla est animus semel exspiratus ab ore.

XXVII. Itaque funeribus quasi novum addunt funus, qui ista dicunt, *Semel nati sumus homines; bis nasci non datur; porro per totam æternitatem non esse oportet.* (2) Hi enim vitam præsentem ut exiguam, imo ut pro nihilo, si cum æternitate comparetur, deputantes, contemnunt, itaque exigunt, ut ea non fruantur, negliguntque virtutem et actiones, collapsis animis se ipsos spernentes ut ad unius diei vitam natos, instabiles, et ad nullam rem factos memorabilem. (3) Nam *dissolutum carere sensu, sensu carens nihil ad nos pertinere,* hoc decretum non tollit mortis metum, sed quasi demonstrationem ejus adjicit. Hoc enim illud ipsum est, a quo sibi natura metuit;

　　Sed vos in terram cuncti redeatis, aquamque;

nimirum ab animæ dissipatione tali, quæ ei intellectum et sensum auferat; quam Epicurus dispersionem in vacuum et atomos faciens, tanto magis spem perpetuitatis exscindit : ob quam spem, parum abest quin dicere ausim, omnes utriusque sexus homines paratos esse adversus Cerberum mordendo certare, et in dolium Danaidum pertusum aquam congerere, ea lege ut esse detur, neque prorsus aboleantur. (4) Et vero hæc, ut dixi, non admodum multi metuunt, matrum et nutricum opiniones, ac fabulosa commenta : et rursum qui timent, quasdam initiationes et expiationes putant opitulari, quibus purgati permaneant apud Manes ludo choreisque dediti in locis præditis luce, puro spiritu, voce [?]. (5) Vitæ autem privatio juvenes senesque perturbat.

　　Nimius sed nos amor hujus habet,
　　supra terræ quod sola fulget,

ut ait Euripides : itaque non facile aut citra molestiam istæc audimus;

　　Istæc cum loquentem, lucidum jubar
　　solis perennis exacto liquit die.

XXVIII. Διὸ τῇ δόξῃ τῆς ἀθανασίας συναναιροῦσι τὰς ἡδίστας ἐλπίδας καὶ μεγίστας τῶν πολλῶν. Τί δῆτα τῶν ἀγαθῶν οἰόμεθα καὶ βεβιωκότων ὁσίως καὶ δικαίως [**] κακὸν μὲν οὐθὲν ἐκεῖ, τὰ δὲ κάλλιστα καὶ θειότατα προσδοκῶσι; (2) Πρῶτον μὲν γὰρ ἀθληταὶ στέφανον οὐκ ἀγωνιζόμενοι λαμβάνουσιν, ἀλλ' ἀγωνισάμενοι καὶ νικήσαντες· οὕτως ἡγούμενοι τοῖς ἀγαθοῖς τὰ νικητήρια τοῦ βίου μετὰ τὸν βίον ὑπάρχειν, θαυμάσιον οἷον φρονοῦσι τῇ ἀρετῇ πρὸς ἐκείνας τὰς ἐλπίδας· ἐν αἷς ἐστι, καὶ τοὺς νῦν ὑβρίζοντας ὑπὸ πλούτου καὶ δυνάμεως, καὶ καταγελῶντας ἀνοήτως τῶν κρειττόνων, ἐπιδεῖν ἀξίαν δίκην τίνοντας. (3) Ἔπειτα τῆς ἀληθείας καὶ θέας τοῦ ὄντος οὐδεὶς ἐνταῦθα τῶν ἐρώντων ἐνέπλησεν ἑαυτὸν ἱκανῶς, οἷον δι' ὁμίχλης, ἢ νέφους τοῦ σώματος, ὑγρῷ καὶ ταραττομένῳ τῷ λογισμῷ χρώμενος, ἀλλ' ὄρνιθος δίκην ἄνω βλέποντες, ὡς ἐκπτησόμενοι τοῦ σώματος, εἰς μέγα τι καὶ λαμπρὸν, εὐσταλῆ καὶ ἐλαφρὰν ποιοῦσι τὴν ψυχὴν ἀπὸ τῶν θνητῶν, τῷ φιλοσοφεῖν μελέτῃ χρώμενοι τοῦ ἀποθνήσκειν. (4) Οὕτω μέγα τι καὶ τέλεον ὄντως ἀγαθὸν ἡγοῦνται τὴν τελευτὴν, ὡς βίον ἀληθῆ βιωσομένην ἐκεῖ τὴν ψυχὴν, οὐχ ὕπαρ νῦν ζῶσαν, ἀλλ' ὀνείρασιν ὅμοια πάσχουσαν. (5) Εἰ τοίνυν « ἡδὺ πανταχόθεν ἡ φίλου μνήμη τεθνηκότος, » ὥσπερ Ἐπίκουρος εἶπε, καὶ ἤδη νοεῖν πάρεστιν, ἡλίκης ἑαυτοὺς χαρᾶς ἀποστεροῦσι, φάσματα καὶ εἴδωλα τεθνηκότων ἑταίρων οἰόμενοι δέχεσθαι καὶ θηρεύειν, οἷς οὔτε νοῦς ἐστιν, οὔτ' αἴσθησις, αὐτοῖς δὲ συνέσεσθαι πάλιν ἀληθῶς, καὶ τὸν φίλον πατέρα καὶ τὴν φίλην μητέρα, καί που γυναῖκα χρηστὴν ὄψεσθαι μὴ προσδοκῶντες, μηδ' ἔχοντες ἐλπίδα τῆς ὁμιλίας ἐκείνης καὶ φιλοφροσύνης, ἣν ἔχουσιν οἱ τὰ αὐτὰ Πυθαγόρᾳ καὶ Πλάτωνι καὶ Ὁμήρῳ περὶ ψυχῆς δοξάζοντες. (6) Ὧ δὲ ὅμοιόν ἐστιν αὐτῶν τὸ πάθος, Ὅμηρος ὑποδεδήλωκεν, εἴδωλον τοῦ Αἰνείου καταβαλὼν εἰς μέσον τοῖς μαχομένοις, ὡς τεθνηκότος, εἶτα ὕστερον αὐτὸν ἐκεῖνον ἀναδείξας

Ζωὸν καὶ ἀρτεμέα προσιόντα,
καὶ μένος ἐσθλὸν ἔχοντα

τοῖς φίλοις·

40　　　Οἱ δ' ἐχάρησαν,

φησί, * καὶ τὸ εἴδωλον [με]θέμενοι περιέσχον αὐτόν. (7) Οὐκοῦν καὶ ἡμεῖς, τοῦ λόγου δεικνύοντος, ὡς ἔστιν ἐντυχεῖν ἀληθῶς τοῖς τεθνεῶσι, καὶ τῷ φιλοῦντι τοῦ φρονοῦντος αὐτοῦ καὶ φιλοῦντος ἅψασθαι καὶ συγγενέσθαι [**] μὴ δυναμένους μηδ' ἀπορρῖψαι τὰ εἴδωλα πάντα καὶ τοὺς φλοιοὺς, ἐν οἷς ὀδυρόμενοι καὶ καινοπαθοῦντες διατελοῦσιν.

XXIX. Ἄνευ δὲ τούτου, οἱ μὲν ἑτέρου βίου τὸν θάνατον ἀρχὴν κρείττονος νομίζοντες, ἐάν τ' ἐν ἀγαθοῖς ὦσι, μᾶλλον ἥδονται, μείζονα προσδοκῶντες· ἄν τε μὴ κατὰ γνώμην τῶν ἐνταῦθα τυγχάνωσιν, οὐ πάνυ δυσχεραίνουσιν, ἀλλ' αἱ τῶν μετὰ τὸν θάνατον ἀγαθῶν καὶ

XXVIII. Ita Epicureorum ratio cum immortalitatis opinione jucundissimas plerorumque hominum et maximas spes tollit. Siquidem quum vixerint pie et juste, nihil post mortem mali, sed bona pulcherrima et divinissima sibi pollicentur. (2) Primo omnium, sicut athletæ non nisi peracto certamine et parta victoria coronantur; sic illi victoriæ vivendo impetratæ præmia bonis post vitam dari judicantes, mirum dictu est quantum virtuti sint addicti ob spem illam; cujus spei etiam hæc pars est, ut aliquando videant eos qui nunc propter opes et potentiam insolenter se ac impotenter gerunt, melioresque stulte despiciunt, dignas pœnas luere. (3) Deinde nemo unquam eorum qui veritatis indagationi ac contemplationi fuere dediti, cupiditatem suam in hac vita explevit, per corpus tanquam caliginem aut nubem humida ac perturbata usus ratione : sed avis instar sursum spectant, utpote evolaturi hoc ex corpore in magnum aliquem splendidumque locum, animumque a rebus caducis liberatum, facilem expeditumque reddunt, philosophia utentes pro mortis meditatione. (4) Adeo ingens aliquod et vere perfectum Bonum existimant esse mortem, quod ab ea veram vitam sit adepturus animus, qui hic non rebus ipsis, sed tanquam somniis rerum afficitur. (5) Si *amici mortui memoria est*, quod dixit Epicurus, *undiquaque jucunda;* jam hinc clare intelligi potest quanto se ipsos gaudio spolient, *imagines et visa mortuorum sociorum* opinantes *se excepturos et venaturos, mentis sensusque inania :* cum ipsis autem rursum se vere futuros, carumque patrem, caram matrem, et uxorem alicubi probam visuros se non sperantes, neque animo præcipientes consuetudinem istam et familiaritatem, quam exspectant qui de animo idem cum Pythagora, Platone, et Homero sentiunt. (6) Cujus rei similis sit ipsorum sententia, Homerus per ambages significavit, Æneæ velut mortui speciem in medium projiciens præliantium, posteą ipsum illum vivum et

Intrantem firmo gressuque et robore fretum
egregio

ostendens sociis;

Ast illi gaudent,

inquit, et jam relicto simulacro, ipsum circumdederunt. (7) Nonne igitur nos quoque, ratione demonstrante fore ut revera cum vita functis possimus congredi, pristinamque amicitiam et sensum ejus renovare, [valere jubeamus Epicureos qui in animum inducere illa] non possunt neque amoliri et abjicere visa ista atque cortices, in quibus lamentando ac dolendo omne vitæ tempus conterunt?

XXIX. Præterea, qui mortem alterius vitæ melioris initium existimant, ii et rebus prospere fluentibus majorem capiunt delectationem ob majorum exspectationem bonorum; et si hic non plane ex animi sententia res succedant, non admodum ægre ferunt; sed spes de bonis mortem sub

καλῶν ἐλπίδες, ἀμηχάνους ἡδονὰς καὶ προσδοκίας ἔχουσαι, πᾶν μὲν ἔλλειμμα, πᾶν δὲ πρόσκρουσμα τῆς ψυχῆς ἐξαλείφουσι καὶ ἀφανίζουσιν, ὥσπερ ἐν ὁδῷ, μᾶλλον δὲ ὁδοῦ παρατροπῇ βραχείᾳ, ῥᾳδίως τὰ συντυγχάνοντα καὶ μετρίως φερούσης. (2) Οἷς δὲ ὁ βίος εἰς ἀναισθησίαν περαίνει καὶ διάλυσιν, τούτοις ὁ θάνατος οὐ τῶν κακῶν μεταβολὴν, [ἀλλὰ καὶ τῶν ἀγαθῶν ἀποβολὴν] ἐπιφέρων, ἀμφοτέροις μέν ἐστι λυπηρός, μᾶλλον δὲ τοῖς εὐτυχοῦσιν ἢ τοῖς ἐπιπόνως ζῶσι· τούτων μὲν γὰρ ἀποκόπτει τὴν ἄδηλον ἐλπίδα τοῦ πράξειν ἄμεινον· ἐκείνων δὲ βέβαιον ἀγαθὸν, τὸ ἡδέως ζῆν, ἀφαιρεῖται. (3) Καὶ καθάπερ, οἶμαι, τὰ μὴ χρηστὰ τῶν φαρμάκων, ἀλλ' ἀναγκαῖα, κουφίζοντα τοὺς νοσοῦντας, ἐπιτρίβει καὶ λυμαίνεται τοὺς ὑγιαίνοντας, οὕτως ὁ Ἐπικούρου λόγος τοῖς μὲν ἀθλίως ζῶσιν οὐκ εὐτυχῆ [**] τοῖς δὲ καλῶς πράσσουσι τελευτὴν ἐπαγγέλλεται τὴν ἀναίρεσιν καὶ διάλυσιν τῆς ψυχῆς· τῶν δὲ φρονίμων καὶ σοφῶν καὶ βρυόντων ἀγαθοῖς, παντάπασι κολούει τὸ εὔθυμον, ἐκ τοῦ ζῆν μακαρίως εἰς τὸ μὴ ζῆν μηδ' εἶναι καταστρέφον. (4) Αὐτόθεν μὲν οὖν ἐστι δῆλον, ὡς ἀγαθῶν ἀποβολῆς ἐπίνοια λυπεῖν πέφυκεν, ὅσον ἐλπίδες βέβαιοι καὶ ἀπολαύσεις εὐφραίνουσι παρόντων.

XXX. Οὐ μὴν ἀλλὰ καὶ λέγουσιν, αὐτοῖς κακῶν ἀπαύστων [καὶ] ἀορίστων λυθεῖσαν ὑποψίαν, ἀγαθὸν βεβαιότατον καὶ ἥδιστον ἀπολιπεῖν τὴν ἐπίνοιαν τοῦ λελύσθαι· καὶ τοῦτο ποιεῖν τὸν Ἐπικούρου λόγον, ἱστάντα τοῦ θανάτου τὸ δέος ἐν τῇ διαλύσει τῆς ψυχῆς. (2) Εἴπερ οὖν ἥδιστόν ἐστιν ἀπαλλαγὴ προσδοκίας κακῶν ἀπείρων, πῶς οὐκ ἀνιαρὸν, αἰωνίων ἀγαθῶν ἐλπίδος στερεῖσθαι, καὶ τὴν ἀκροτάτην εὐδαιμονίαν ἀποβαλεῖν; (3) Ἀγαθὸν μὲν γὰρ οὐδετέροις, ἀλλὰ πᾶσι τοῖς οὖσι τὸ μὴ εἶναι παρὰ φύσιν καὶ ἀλλότριον· ὧν δ' ἀφαιρεῖ τὰ τοῦ βίου κακὰ τῷ τοῦ θανάτου κακῷ, τὸ ἀναίσθητον ἔχουσι παραμύθιον, ὥσπερ ἀποδιδράσκοντες· καὶ τοὐναντίον, οἷς ἐξ ἀγαθῶν εἰς τὸ μηδὲν μεταβολή, φοβερώτατον δρῶσι τέλος, ἐν ᾧ παύσεται τὸ μακάριον. (4) Οὐ γὰρ ὡς ἀρχὴν ἑτέρου τὴν ἀναισθησίαν δέδιεν ἡ φύσις, ἀλλ' ὅτι τῶν παρόντων ἀγαθῶν στέρησίς ἐστι· τὸ γὰρ οὐ πρὸς ἡμᾶς, παντὸς ἀναιρέσει τοῦ ἡμετέρου γινόμενον, ἤδη πρὸς ἡμᾶς ἐστι τῇ ἐπινοίᾳ· καὶ τὸ ἀναίσθητον οὐ λυπεῖ τότε τοὺς μὴ ὄντας, ἀλλὰ τοὺς ὄντας, εἰς τὸ μὴ εἶναι βαπτομένους ὑπ' αὐτοῦ, καὶ μήπω ἐκδυσομένους. (5) Ὅθεν οὐδὲ ὁ Κέρβερος, οὐδὲ ὁ Κωκυτὸς ἀόριστον ἐποίησε τοῦ θανάτου τὸ δέος, ἀλλὰ ἡ τοῦ μὴ ὄντος ἀπειλή, μεταβαλεῖν εἰς τὸ εἶναι πάλιν οὐκ ἔχουσα τοῖς φθαρεῖσι. « Δὶς γὰρ οὐκ ἔστι γενέσθαι· δεῖ δὲ τὸν αἰῶνα μὴ εἶναι, » κατ' Ἐπίκουρον. (6) Εἰ γάρ ἐστι (τὸ) πέρας τῷ [εἶναι τὸ] μὴ εἶναι, τοῦτο δ' ἀπέραντον καὶ ἀμετάστατον, εὕρηκε κακὸν αἰώνιον ἡ τῶν ἀγαθῶν στέρησις, ἀναισθησίαν μηδέποτε παυσομένην. (7) Καὶ σοφώτερος Ἡρόδοτος, εἰπὼν ὡς ὁ θεὸς γλυκὺν γεύσας τὸν αἰῶνα, φθονερὸς ἐν αὐτῷ ὢν φαίνεται· καὶ μάλιστα τοῖς εὐδαιμονεῖν δοκοῦσιν, οἷς δέλεάρ ἐστι λύπης τὸ ἡδύ, γευομένοις ὧν στερήσονται.

secuturis conceptæ, inexplicabilibus voluptatibus et exspectationibus præditæ, omnem defectum, omnem offensionem ex animo eluunt atque abolent, veluti in via, aut declinatione potius brevi itineris, facile ac mediocriter obvia quæque ferente. (2) At quorum vitæ finis destinatus est sensus omnis amissio et dissolutio, his mors, quia non affert mutationem modo malorum, [sed ademtionem quoque bonorum], utrique fortunæ molesta est, magis tamen prospere quam misere viventibus : his enim amputat spem obscuram felicioris vitæ; illis certum bonum ac stabile, vitam scilicet jucundam, adimit. (3) Et quemadmodum medicamenta non commoda, sed necessaria sublevant quidem ægrotos, sed sanos lædunt atque divexant; sic Epicuri doctrina neque adversa conflictatis fortuna vitam pollicetur meliorem; et quorum res secundæ sunt, iis finem felicitatis denunciat animi interitum atque dissolutionem : prudentium autem, sapientum, et bonis vigentium omnino dejicit animi lætitiam tranquillam, eos e vita beata ad vitæ amissionem et in nihilum revocans. (4) In promtu est igitur cogitationem de amissione bonorum tantum afferre doloris, quantum gaudii exhibent spes de bonis præsentibus firmæ, eorumque fruitio.

XXX. At enim dicunt *cogitationem de futura dissolutione ipsis bonum stabilissimum et suavissimum in animo relinquere, quia scilicet eximat suspicionem de infinitis et innumeris malis; atque hoc præstare doctrinam Epicuri, mortis metum animæ dissolutione reprimentis.* (2) Quodsi vero suavissimum est liberari exspectatione malorum infinitorum, quomodo non erit molestum privari spe æternorum bonorum, et supremam amittere felicitatem? (3) Bonum enim neutris, sed omnibus in universum quæ sunt contra naturam est et alienum, *non esse :* et quibus malo mortis vitæ mala auferuntur, ii sensus vacuitatem ita solatii loco habent, ac si subterfugissent. Contra autem quibus e bonis in nihilum mutatio imminet, ii vident terribilissimum exitum, quo beatitas finietur : (4) non enim natura sensus amissionem metuit tanquam initium alterius rei alicujus, sed quia præsentium bonorum est abolitio. Etenim illud, *nihil ad nos pertinere,* ortum ex omnium nostrarum rerum interitu, jam cogitando ad nos pertinet; et sensuum illa amissio non eos, qui jam non sunt, afficit molestia, sed afficit eos qui sunt, plane in nihilum eos demergens, neque unquam emersuros. (5) Itaque ergo non Cerberus, neque Cocytus infinitum mortis metum reddidit; sed minæ istæ, nos in nihilum iri redactum, unde ad Esse non datur mutatio aut reditus his qui interierunt. *Bis enim non licet nasci,* Epicuri de sententia; *nec per totam æternitatem nos esse oportet.* (6) Si enim Esse finitur transitu in Non-esse, Non-esse autem infinitum est et immutabile, jam paravit nobis æternitatem mali privatio bonorum et sensus nunquam desitura. (7) Et sapientior est Herodotus, qui ait *deum hominibus gustum jucundæ vitæ præbuisse, eaque in re invidum se ostendere :* maxime quidem his qui beati putantur, quibus gustantibus ea quæ amissuri sunt, jucunditas esca est

(8) Τίνα γὰρ εὐφροσύνην ἢ ἀπόλαυσιν καὶ βρασμὸν οὐκ ἂν ἐκκρούσειε καὶ καταγάγοι ἐμπίπτουσα συνεχῶς ἡ ἐπίνοια τῆς ψυχῆς ὥσπερ εἰς πέλαγος ἀχανὲς τὸ ἄπειρον ἐκχεομένης, τῶν ἐν ἡδονῇ τιθεμένων τὸ καλὸν καὶ μακάριον; (9) Εἰ δὲ δὴ καὶ μετ' ἀλγηδόνος, ὥσπερ Ἐπίκουρος οἴεται, τοῖς πλείστοις ἀπόλλυσθαι συμβαίνει, παντάπασιν ἀπαρηγόρητός ἐστιν ὁ τοῦ θανάτου φόβος, εἰς ἀγαθῶν στέρησιν διὰ κακῶν ἄγοντος.

XXXI. Καὶ πρὸς ταῦτα μὲν οὐκ ἀποκαμοῦνται μαχόμενοι καὶ βιαζόμενοι πάντας ἀνθρώπους, ἀγαθὸν μὲν ἡγεῖσθαι τὴν τῶν κακῶν ἀποφυγήν, κακὸν δὲ μηκέτι νομίζειν τὴν τῶν ἀγαθῶν στέρησιν· ἐκεῖνο δὲ ὁμολογοῦσι, τὸ μηδεμίαν ἐλπίδα μηδὲ χαρὰν ἔχειν τὸν θάνατον, ἀλλὰ ἀποκεκόφθαι πᾶν τὸ ἡδὺ καὶ τὸ ἀγαθόν. (2) Ἐν ᾧ χρόνῳ πολλὰ καλὰ καὶ μεγάλα καὶ θεῖα προσδοκῶσιν οἱ τὰς ψυχὰς ἀνωλέθρους εἶναι διανοούμενοι καὶ ἀφθάρτους, ἢ μακράς τινας χρόνων περιόδους, νῦν μὲν ἐν γῇ, νῦν δ' ἐν οὐρανῷ περιπολούσας, ἄχρις οὗ συνδιαλυθῶσι τῷ κόσμῳ, μετὰ ἡλίου καὶ σελήνης εἰς πῦρ νοερὸν ἀναφθεῖσαι. (3) Τοιαύτην χώραν ἡδονῶν τοσούτων Ἐπίκουρος ἐκτέμνεται, καὶ ταῖς ἐκ θεῶν ἐλπίσιν, ὥσπερ εἴρηται, καὶ χάρισιν ἀναιρεθείσαις, ἐπὶ τοῦ θεωρητικοῦ τὸ φιλομαθές, καὶ τοῦ πρακτικοῦ τὸ φιλότιμον ἀποτυφλώσας, εἰς στενόν τι κομιδῇ καὶ οὐδὲ καθαρὸν τὸ ἐπὶ τῇ σαρκὶ τῆς ψυχῆς χαῖρον συνέστειλε καὶ κατέβαλε τὴν φύσιν, ὡς μεῖζον ἀγαθὸν τοῦ τὸ κακὸν φεύγειν οὐδὲν ἔχουσαν.

━━━•◦◦•━━━

ΠΡΟΣ ΚΟΛΩΤΗΝ.

I. Κολώτης, ὃν Ἐπίκουρος εἰώθει Κολωτάραν ὑποκορίζεσθαι καὶ Κολωτάριον, ὦ Σατορνῖνε, βιβλίον ἐξέδωκεν, ἐπιγράψας « περὶ τοῦ ὅτι κατὰ τὰ τῶν ἄλλων φιλοσόφων δόγματα οὐδὲ ζῆν ἐστιν. » Ἐκεῖνο μὲν οὖν Πτολεμαίῳ τῷ βασιλεῖ προσπεφώνηται· (2) ἃ δὲ ἡμῖν ἐπῆλθεν εἰπεῖν πρὸς τὸν Κολώτην, ἡδέως ἂν οἶμαί σε γεγραμμένα διελθεῖν, φιλόκαλον καὶ φιλάρχαιον ὄντα, καὶ τὸ μεμνῆσθαι καὶ διὰ χειρῶν ἔχειν, ὡς μάλιστα δυνατόν ἐστι, τοὺς λόγους τῶν παλαιῶν, βασιλικωτάτην διατριβὴν ἡγούμενον.

II. Ἔναγχος οὖν ἀναγινωσκομένου τοῦ συγγράμματος, εἷς τῶν ἑταίρων, Ἀριστόδημος ὁ Αἰγιεύς, οἶσθα γὰρ τὸν ἄνδρα τῶν ἐξ Ἀκαδημίας οὐ ναρθηκοφόρον, ἀλλ' ἐμμανέστατον ὀργιαστὴν Πλάτωνος, οὐκ οἶδα ὅπως παρὰ τὸ εἰωθὸς ἐγκαρτερήσας σιωπῇ, καὶ παρασχὼν ἑαυτὸν ἀκροατὴν ἄχρι τέλους κόσμιον, ὡς τέλος ἔσχεν ἡ ἀνάγνωσις· Εἶεν, ἔφη, τίνα τούτῳ μαχούμενον ἀνίσταμεν ὑπὲρ τῶν φιλοσόφων; οὐ γὰρ ἄγαν * * τοῦ Νέστορος, ἑλέσθαι δέον ἐκ τῶν ἐννέα τὸν ἄριστον, ἐπὶ τῇ τύχῃ ποιουμένου καὶ διακληροῦντος.

2. Ἀλλὰ δρᾷς, ἔφην, ὅτι κἀκεῖνος ἐπὶ τὸν κλῆρον

<hr>

doloris. (8) Quam enim lætitiam, quam perceptionem voluptatis, quam exsultationem non dejiciat et expellat ex animo eorum qui honestatem et beatitudinem in voluptate ponunt, continenter ad animum accidens cogitatio, fore ut in infinitum is tanquam vastum in mare effundatur? (9) Tum si, quæ est Epicuri opinio, *plerisque usu venit ut cum dolore intereant*, plane nullam admittit consolationem mortis metus, per mala ad privationem bonorum ducentis.

XXXI. Præterea non defatigabuntur Epicurei pugnando et omnes homines cogendo, ut *malorum evitationem pro bono ducant, pro malo autem bonorum abolitionem non reputent* : interim fatentur, *mortem omni spe ac gaudio carere, sed præcisa esse omnia jucunda et bona.* (2) Quo quidem tempore multa pulchra, magna divinaque exspectant qui animos interitus expertes esse sentiunt et immortales; aut qui statuunt, eos longas quasdam temporis circuitiones, alias in terra, alias in cœlo, peragrando conficere, donec una cum mundo dissolvantur, cum sole et luna in ignem mente præditum conflagrantes. (3) Hujusmodi campum voluptatum tantarum Epicurus exscindit, et sublata, ut diximus, præmiorum divinorum spe, in contemplativa animi parte amorem doctrinæ, in activa studium honoris exstinguens, naturam in lætitiam animi corporis gratia conceptam, nimis hanc angustam, ac ne puram quidem, conjicit atque includit; tanquam si natura majus aliud bonum, quam mali fugam, haberet nullum.

━━━•◦◦•━━━

ADVERSUS COLOTEN.

I. Colotes, quem Epicurus solebat Colotaram et Colotarium, blandiendi causa, diminuta voce appellare, librum edidit hac inscriptione, *Secundum aliorum philosophorum decreta ne vivi quidem posse;* eumque regi Ptolemæo dedicavit. (2) Quæ vero nobis adversus Coloten disputare subiit, existimo te, Saturnine, cum voluptate lecturum si perscripsero, ut qui honestis rebus antiquitatisque studio tenearis, hancque maxime regiam delectationem esse censeas, memoria complecti et in promtu habere, quantum ejus fieri potest, veterum doctrinam.

II. Nuper, quum is liber recitaretur, unus de sociis nostris Aristodemus Ægiensis, quem nosti, secta Academicus, et non ferulam gestans, quod aiunt, sed ardentissimo instinctu Platonis orgia celebrans, nescio quomodo præter morem suum silentium quum tenuisset, et ad finem usque modeste auditorem se præbuisset; absoluta lectione, Agedum, inquit, quemnam huic opponemus pro philosophis propugnaturum? Non enim admodum [probo] Nestorem, qui de novem heroibus quum deberet præstantissimum deligere, fortunæ et sorti rem commisit.

2. Atqui vides, aiebam, ipsum se sortitioni præfecisse,

ἑαυτὸν ἔταξεν, ὥστε τοῦ φρονιμωτάτου βραβεύοντος
γενέσθαι τὸν κατάλογον·

    * Ἐκ δ' ἔθορε κλῆρος κυνέης, ὃν ἄρ' ἤθελον αὐτοί,
    Αἴαντος.

Οὐ μὴν ἀλλ' εἰ σὺ προστάττεις ἑλέσθαι,

    Πῶς ἂν ἔπειτ' Ὀδυσῆος ἐγὼ θείοιο λαθοίμην;

Ὅρα δὴ καὶ σκόπει, πῶς ἀμυνῇ τὸν ἄνδρα.

    3. Καὶ ὁ Ἀριστόδημος, Ἀλλ' οἶσθα, ἔφη, τὸ τοῦ
Πλάτωνος, ὅτι τῷ παιδὶ χαλεπήνας, οὐκ αὐτὸς ἐνέτεινε
πληγάς, ἀλλὰ Σπεύσιππον ἐκέλευσεν, εἰπὼν αὐτὸς ὀρ-
γίζεσθαι· καὶ σὺ τοίνυν παραλαβὼν κόμιζε τὸν ἄνθρωπον ὅπως βούλει· ἐγὼ γὰρ ὀργίζομαι. (4) Τὰ αὐτὰ δὴ
καὶ τῶν ἄλλων παρακελευομένων, Λεκτέον μὲν, ἔφην,
ἄρα, φοβοῦμαι δὲ, μὴ δόξω καὶ αὐτὸς ἐσπουδακέναι
μᾶλλον ἢ δεῖ πρὸς τὸ βιβλίον ὑπ' ὀργῆς, δι' ἀγροικίαν
καὶ βωμολοχίαν καὶ ὕβριν τοῦ ἀνθρώπου χόρτον τινὰ
προβάλλοντος * * ήσεως Σωκράτει, καὶ πῶς εἰς τὸ στόμα
τὸ σιτίον, οὐκ εἰς τὸ οὖς, ἐντίθησιν, ἐρωτῶντος. (5)
Ἀλλ' ἴσως ἂν ἐπὶ τούτοις καὶ γελάσειέ τις, ἐννοήσας τὴν
Σωκράτους πρᾳότητα καὶ χάριν·

    Ὑπέρ γε μέντοι παντὸς Ἑλλήνων στρατοῦ,

τῶν ἄλλων φιλοσόφων, ἐν οἷς Δημόκριτός ἐστι καὶ Πλάτων καὶ Στίλπων καὶ Ἐμπεδοκλῆς καὶ Παρμενίδης καὶ
Μέλισσος, οἱ κακῶς ἀκηκοότες, οὐ μόνον

    αἰσχρὸ[ν σιω]πᾶν,

ἀλλ' οὐδὲ ὅσιον ἐνδοῦναί τι καὶ ὑφελέσθαι τῆς ἄκρας
ὑπὲρ αὐτῶν παῤῥησίας, εἰς τοῦτο δόξης φιλοσοφίαν
προαγαγόντων. (6) Καίτοι τὸ μὲν ζῆν οἱ γονεῖς μετὰ
τῶν θεῶν ἡμῖν ἔδωκαν, παρὰ δὲ τῶν φιλοσόφων δίκης
καὶ νόμου συνεργὸν οἰόμεθα λόγον ἐπιθυμιῶν κολαστὴν
λαβόντες, εὖ ζῆν· τὸ δ' εὖ ζῆν ἐστι κοινωνικῶς ζῆν καὶ
φιλικῶς καὶ σωφρόνως καὶ δικαίως. (7) Ὧν οὐδὲν ἀπολείπουσιν οἱ περὶ γαστέρα τἀγαθὸν εἶναι βοῶντες, οὐκ
ἂν δὲ τὰς ἀρετὰς ὁμοῦ πάσας τετρημένου χαλκοῦ πριά-
μενοι, δίχα τῆς ἡδονῆς, πάσης πανταχόθεν ἐξελαθείσης·
ἐνδεῖν δ' αὐτοῖς [**] τὸν περὶ θεῶν καὶ ψυχῆς λόγον, ὡς
ἡ μὲν ἀπόλλυται διαλυθεῖσα, τοῖς δ' οὐδενὸς μέλει τῶν
καθ' ἡμᾶς. (8) Τοῖς μὲν γὰρ ἄλλοις φιλοσόφοις ἐγκαλοῦσιν οὗτοι διὰ τὸ σοφόν, ὡς τὸ ζῆν ἀναιροῦσι· ἐκεῖνοι
δὲ τούτοις, ὅτι ζῆν ἀγεννῶς καὶ θηριωδῶς διδάσκουσι.

    III. Καίτοι ταῦτα μὲν ἐγκέκραται τοῖς Ἐπικούρου
λόγοις, καὶ διαπεφοίτηκεν αὐτοῦ τῆς φιλοσοφίας. Ὁ
δὲ Κολώτης, ὅτι φωνάς τινας ἐρήμους πραγμάτων ἀπο-
σπῶν, καὶ μέρη λόγων καὶ σπαράγματα κωφὰ τοῦ βεβαιοῦντος καὶ συνεργοῦντος πρὸς νόησιν καὶ πίστιν
ἕλκων, ὥσπερ ἀγορὰν ἢ πίνακα τεράτων, συντίθησι τὸ
βιβλίον, ἴστε δήπου παντὸς μᾶλλον ὑμεῖς, ἔφην, τὰ
συγγράμματα τῶν παλαιῶν διὰ χειρὸς ἔχοντες. (2)
Ἐμοὶ δὲ δοκεῖ, καθάπερ ὁ Λυδός, ἐφ' αὑτὸν ἀνοίγειν οὐ
θύραν μίαν, ἀλλὰ ταῖς πλείσταις τῶν ἀποριῶν καὶ με-

---

ut prudentissimo homine moderante conficeretur recensio.

    Exiit e galea sors exoptata Pelasgis,
    Ajacem pugnæ dedens Telamone creatum.

Sed tamen quando tu deligere jubes,

    Quonam divini pacto obliviscar Ulyssis?

Vide ergo ac meditare, qua ratione hominem sis ulturus.

    3. Atqui, aiebat Aristodemus, meministi Platonem, quum
puero irasceretur, non ipsum verbera ingessisse, sed hoc
Speusippo mandavisse, quod se animo commoto esse diceret. Ita tu quoque nunc meo loco hominem tracta ut libet;
ipse enim iratus sum. (4) In eandem sententiam aliis etiam
exhortantibus, Dicendum ergo est, inquam. Vereor autem
ne videar ipse quoque iratus majore quam par est studio
adversus hunc librum contendere, propterea quod homo
iste rusticitate et scurrilitate atque petulantia quasi fœnum
Socrati edendum obtulit, [loco panis, quum nihil hic se certo
scire pronunciaret,] interrogavitque *cur cibum non in aurem, sed in os imponeret.* (5) Sed fortassis hæc risum
alicui concitent, Socratis mansuetudinem et comitatem consideranti.

    Verum integro jam pro Graiorum exercitu,
id est reliquis philosophis, de quorum numero sunt Democritus, Plato, Stilpo, Empedocles, Parmenides, Melissus,
ita traductis, non solum

    tacere turpe est

sed præterea nefas etiam aliquid de summa pro illis dicendi
libertate remittere, qui tantam philosophiæ gloriam paraverint. (6) Etenim vitam quidem nobis parentes deorum
auxilio largiti sunt; a philosophis autem juris et legum adjutricem doctrinam et cupiditatum moderatricem accipientes, bene nos vivere putamus. Est autem bene vivere,
amice et societati hominum convenienter, temperanterque et
juste vivere. (7) Atqui horum nihil nobis relinquunt, qui
summum bonum circa ventrem esse clamant, et *voluptate
undique rejecta universas virtutes ne pertuso quidem
ære emerent :* porro aiunt *philosophiam ipsorum non
opus habere [naturali ratione, nisi propter] locum de
diis et animo; ut constet, hunc perire dissolutum, illos
nullam rerum humanarum curam gerere.* (8) Alios
philosophos hi reprehendunt sapientiæ nomine, quod vitam
e medio tollant : illi eos, quod turpiter et belluino more
vivere nos doceant.

    III. Atque hæc quidem plane immixta sunt per Epicuri
disputationes, et philosophiam ejus penetrant. Coloten
autem voces quasdam rerum inanes avellendo, et partes
sermonum ac frusta, affirmationis et intelligentiam fidemque conciliantis rationis expertia, contrahendo, librum
composuisse, quasi forum quoddam aut tabulam monstrorum, omnium optime vos nostis, qui in manibus habetis
scripta antiquorum. (2) Mihi vero videtur sicut Lydus
ille aperire adversus se ipsum non unicam januam, sed
plurimis difficultatibus et maximis involvere Epicurum.

γίσταις περιβάλλειν τὸν Ἐπίκουρον.   (3) Ἄρχεται γὰρ ἀπὸ Δημοκρίτου, καλὰ καὶ πρέποντα διδασκάλια κομιζομένου παρ' αὐτοῦ· καίτοι πολὺν χρόνον αὐτὸς ἑαυτὸν ἀνηγόρευε Δημοκρίτειον ὁ Ἐπίκουρος, ὡς ἄλλοι τε λέγουσι, καὶ Λεοντεύς, εἷς τῶν ἐπ' ἄκρον Ἐπικούρου μαθητῶν, πρὸς Λυκόφρονα γράφων, τιμᾶσθαί τε φησὶ τὸν Δημόκριτον ὑπ' Ἐπικούρου, διὰ τὸ πρότερον ἅψασθαι τῆς ὀρθῆς γνώσεως, καὶ τὸ σύνολον τὴν πραγματείαν Δημοκρίτειον προσαγορεύεσθαι (διὰ τὸ περιπεσεῖν αὐτὸν πρότερον ταῖς ἀρχαῖς περὶ φύσεως).   (4) Ὁ δὲ Μητρόδωρος ἄντικρυς περὶ φιλοσοφίας εἴρηκεν, ὡς, εἰ μὴ προκαθηγήσατο Δημόκριτος, οὐκ ἂν προῆλθεν Ἐπίκουρος ἐπὶ τὴν σοφίαν.   Ἀλλ' εἰ κατὰ τὰ Δημοκρίτου δόγματα ζῆν οὐκ ἔστιν, ὡς οἴεται Κολώτης, γελοῖος ἦν ἐπὶ τὸ μὴ ζῆν ἄγοντι Δημοκρίτῳ κατακολουθῶν ὁ Ἐπίκουρος.

IV. Ἐγκαλεῖ δ' αὐτῷ πρῶτον, ὅτι τῶν πραγμάτων ἕκαστον εἰπὼν οὐ μᾶλλον τοῖον ἢ τοῖον εἶναι, συγκέχυκε τὸν βίον.   (2) * Ἀλλὰ τοσοῦτόν γε Δημόκριτος ἀποδεῖ τοῦ νομίζειν, μὴ μᾶλλον εἶναι τοῖον ἢ τοῖον τῶν πραγμάτων ἕκαστον, ὥστε Πρωταγόρᾳ τῷ σοφιστῇ τοῦτο εἰπόντι μεμαχῆσθαι, καὶ γεγραφέναι πολλὰ καὶ πιθανὰ πρὸς αὐτόν· οἷς οὐδ' ὄναρ ἐντυχὼν ὁ Κολώτης, ἐσφάλη περὶ λέξιν τοῦ ἀνδρός, ἐν ᾗ διορίζεται, μὴ μᾶλλον τὸ Δὲν, ἢ τὸ Μηδὲν εἶναι· δὲν μὲν ὀνομάζων τὸ σῶμα, μηδὲν δὲ τὸ κενόν, ὡς καὶ τούτου φύσιν τινὰ καὶ ὑπόστασιν ἰδίαν ἔχοντος.   (3) Ὁ δ' οὖν δόξας τὸ μηδὲν μᾶλλον εἶναι τοῖον ἢ τοῖον, Ἐπικουρείῳ δόγματι κέχρηται, τῷ πάσας εἶναι τὰς δι' αἰσθήσεως φαντασίας ἀληθεῖς.   (4) Εἰ γὰρ δυοῖν λεγόντων, τοῦ μὲν αὐστηρὸν εἶναι τὸν οἶνον, τοῦ δὲ γλυκὺν, οὐδέτερος ψεύδεται τῇ αἰσθήσει, τί μᾶλλον ὁ οἶνος αὐστηρὸς ἢ γλυκὺς ἐστί; Καὶ μὴν λουτρῷ γε τῷ αὐτῷ τοὺς μὲν ὡς θερμῷ, τοὺς δὲ ὡς ψυχρῷ χρωμένους ἰδεῖν ἐστιν· οἱ μὲν γὰρ ψυχρὸν, οἱ δὲ θερμὸν ἐπιβάλλειν κελεύουσι.   (5) Πρὸς δὲ Βερονίκην τὴν Δηϊταύρου τῶν Λακεδαιμονίων τινὰ γυναικῶν ἀφικέσθαι λέγουσιν· ὡς δ' ἐγγὺς ἀλλήλων προσῆλθον, εὐθὺς ἀποστραφῆναι, τὴν μὲν τὸ μύρον, ὡς ἔοικε, τὴν δὲ τὸ βούτυρον δυσχεράνασαν.   (6) Εἴπερ οὖν μὴ μᾶλλόν ἐστιν ἡ ἑτέρα τῆς ἑτέρας ἀληθὴς αἴσθησις, εἰκός ἐστι καὶ τὸ ὕδωρ μὴ μᾶλλον εἶναι ψυχρὸν ἢ θερμὸν, καὶ τὸ μύρον καὶ τὸ βούτυρον μὴ μᾶλλον εὐῶδες ἢ δυσῶδες.   Εἰ γὰρ [τὸ] αὐτὸ φαινόμενον ἕτερον ἑτέρῳ φάσκει τις, ἀμφότερα εἶναι λέγων λέληθεν.

V. Αἱ δὲ πολυθρύλητοι συμμετρίαι καὶ ἁρμονίαι τῶν περὶ τὰ αἰσθητήρια πόρων, αἵ τε πολυμιξίαι τῶν σπερμάτων, ἃ δὴ πᾶσι χυμοῖς καὶ ὀσμαῖς καὶ χροιαῖς ἐνδιεσπαρμένα λέγουσιν ἑτέραν ἑτέρῳ ποιότητος κινεῖν αἴσθησιν, οὐκ ἄντικρυς εἰς τὸ μὴ μᾶλλον τὰ πράγματα συνελαύνουσιν αὐτοῖς;   (2) Τοὺς γὰρ οἰομένους ψεύδεσθαι τὴν αἴσθησιν, ὅτι τὰ ἐναντία πάθη γινόμενα τοῖς χρωμένοις ἀπὸ τῶν αὐτῶν ὁρῶσι, παραμυθούμενοι, διδάσκουσιν ὡς « ἀναπεφυρμένων καὶ συμμιγνυμένων ὁμοῦ τι πάντων, ἄλλου δ' ἄλλῳ πεφυκότος ἐναρμόττειν, οὐκ ἔστι τῆς αὐτῆς ποιότητος

---

(3) Initium enim facit a Democrito, cui quidem præclaram et dignam persolvit disciplinæ mercedem. Atqui longo tempore Epicurus se Democriteum professus est : quod et alii dicunt, et Leonteus, unus de summis Epicuri discipulis, ad Lycophronem scribit, *honorem haberi Democrito ab Epicuro, quia is prior rectam cognitionem attigerit* [ac *prior in principia naturæ inciderit*], *unde universa tractatio Democritica appelletur.*   (4) Metrodorus vero aperte de philosophia dixit, *nisi prævisset Democritus, Epicurum nunquam fuisse ad sapientiam perventurum.* At vero, si secundum Democriti decreta vivi non potest, ridiculus erat Epicurus, qui ad non vivendum ducentem sequeretur.

IV. Huic primum id vitio dat, quod *unamquamque rem asserens non magis talem quam talem esse, vitam perturbaverit.* (2) Atqui tantum abest hoc ut senserit Democritus, ut etiam Protagoram sophistam hoc affirmantem impugnaverit, ac multa et probabilia contra eum scripserit. Quæ quum ne per somnum quidem vidisset Colotes, lapsus est in verbis illius, quibus definit non magis *den* esse quam *meden*; *den* nominans corpus, *meden* inane, quasi hoc quoque suam quandam naturam et substantiam haberet.   (3) Enimvero qui sentiret *nihil* magis tale esse quam tale, Epicureum sequeretur decretum, quo *omnia sensus visa vera statuuntur esse.* (4) Nam si duobus dicentibus, altero austerum esse vinum, altero dulce, neutrius sensus fallit, qui magis austerum erit vinum quam dulce? *Quin et eodem lavacro vides unum ut calido, alterum ut frigido uti;* quum hic calidam, ille frigidam affundi jubeat. (5) Et ferunt Spartanam quandam mulierem accessisse ad Berenicen Deiotari uxorem, quumque invicem appropinquassent, aversas fuisse, quod unguentum altera, altera butyrum olfaciens aversaretur. (6) Si ergo una sensio non est verior quam altera, consentaneum est aquam non magis frigidam esse quam calidam, et unguentum butyro non melius olere, non deterius. Nam qui idem visum aliud alii esse ait, is imprudens utrumque idem affirmat esse.

V. Illæ autem multorum sermone tritæ *concinnitates et proportiones meatuum in sentiendi instrumentis, et multiplices seminum permixtiones, quæ omnibus saporibus, odoribus coloribusque inspersa* aiunt *sensum movere in aliis aliter ad qualitates percipiendum,* an non recta eos adigunt ad dicendum, aliud alio non magis esse tale? (2) Etenim quando refellere hos volunt, qui sensus fallere ideo aiunt, quod vident diverse ab eadem re nos affici, docent, *confusis atque permixtis simul fere omnibus, quum natura sit comparatum ut aliud alii quadret, non esse contactum aut apprehensionem ejusdem qualitatis,*

ἐπαφὴ καὶ ἀντίληψις, οὐδὲ πᾶσι τοῖς μέρεσι κινεῖ πάντας ὡσαύτως τὸ ὑποκείμενον· ἀλλ' ἐκείνοις ἕκαστοι
μόνοις ἐντυγχάνοντες, πρὸς ἃ σύμμετρον ἔχουσι τὴν
αἴσθησιν, οὐκ ὀρθῶς διαμάχονται περὶ τοῦ χρηστὸν, ἢ
5 πονηρὸν, ἢ λευκὸν, ἢ μὴ λευκὸν εἶναι τὸ πρᾶγμα, τὰς
αὐτῶν οἰόμενοι βεβαιοῦν αἰσθήσεις, τῷ τὰς ἄλλων
ἀναιρεῖν· (3) δεῖ δ' αἰσθήσει μὲν μηδὲ μιᾷ μάχεσθαι·
πᾶσαι γὰρ ἅπτονταί τινος, οἷον ἐκ πηγῆς τῆς πο-
λυμιξίας ἑκάστη λαμβάνουσα τὸ πρόσφορον καὶ οἰκεῖον·
10 ὅλου δὲ μὴ κατηγορεῖν, ἁπτομένους μερῶν, μηδὲ τὸ
αὐτὸ οἴεσθαι δεῖν πάσχειν ἅπαντας, ἄλλους κατ' ἄλλην
ποιότητα καὶ δύναμιν αὐτοῦ πάσχοντας. » (4) Ὥρα
δὴ σκοπεῖν, τίνες μᾶλλον ἄνθρωποι τὸ μὴ μᾶλλον ἐπά-
γουσι τοῖς πράγμασιν, ἢ οἳ πᾶν μὲν τὸ αἰσθητὸν, κρᾶμα
15 παντοδαπῶν ποιοτήτων ἀποφαίνουσι

      Σύμμικτον, ὥστε γλεῦκος αὐλητήριον,

ἔρρειν δὲ ὁμολογοῦσι τοὺς κανόνας αὐτοῖς, καὶ παντάπασιν οἴχεσθαι τὸ κριτήριον, ἄνπερ εἰλικρινὲς αἰσθητὸν ὁτιοῦν, καὶ μὴ πολλὰ ἕκαστον ἀπέλιπον;
20   VI. Ὅρα δὲ ἃ περὶ τοῦ οἴνου τῆς θερμότητος ἐν τῷ
Συμποσίῳ Πολύαινον αὐτῷ διαλεγόμενον Ἐπίκουρος
πεποίηκε· λέγοντος γὰρ, « Οὐ φὴς εἶναι, ὦ Ἐπίκουρε,
τὰς ὑπὸ τοῦ οἴνου διαθερμασίας; » ὑπέλαβέ τις, οὐ τὸ
καθόλου θερμαντικὸν ἀποφαίνεσθαι τὸν οἶνον εἶναι· καὶ
25 μετὰ σμικρὸν, « Φαίνεται μὲν γὰρ δὴ τὸ καθόλου οὐκ
εἶναι θερμαντικὸς ὁ οἶνος, τοῦδε δέ τινος ὁ τοσοῦτος
εἶναι θερμαντικὸς ἂν ῥηθείη. (2) Καὶ πάλιν αἰτίαν
ὑπειπὼν, θλίψεις τε καὶ διασπορὰς ἀτόμων, ἑτέρων δὲ
συμμίξεις καὶ παραζεύξεις αἰτιασάμενος * ἐν τῇ πρὸς
30 τὸ σῶμα καταμίξει τοῦ οἴνου, ἐπιλέγει· « Διὸ δὴ καθόλου μὲν οὐ ῥητέον, τὸν οἶνον εἶναι θερμαντικόν· τῆς δὲ
τοιαύτης φύσεως καὶ τῆς οὕτω διακειμένης θερμαντικὸν τὸν τοσοῦτον ἢ τῆσδε τὸν τοσοῦτον εἶναι ψυκτικόν·
ἔνεισι γὰρ καὶ τοιαῦται ἐν τῷ τοιούτῳ ἀθροίσματι φύσεις,
35 ἐξ ὧν ἂν ψυχρὸν συσταίη, εἰ δέον τε ἑτέραις παραζυγεῖσαι,
ψυχρασίας φύσιν ἀποτελέσειαν· ὅθεν ἐξαπατώμενοι, οἱ
μὲν, ψυκτικὸν τὸ καθόλου φασὶν εἶναι τὸν οἶνον, οἱ δὲ, θερ-
μαντικόν. » (3) Ὁ δὴ λέγων ἐξηπατῆσθαι τοὺς πολλοὺς,
τὸ θερμαῖνον θερμαντικὸν, ἢ τὸ ψῦχον ψυκτικὸν ὑπολαμ-
40 βάνοντας, εἰ μὴ νομίζοι τὸ μὴ μᾶλλον εἶναι τοῖον ἢ τοῖον
ἕκαστον ἀκολουθεῖν οἷς εἴρηκεν, αὐτὸς ἐξηπάτηται. (4)
Προστίθησι δὲ ὅτι « Πολλάκις οὐδ' ἦλθεν εἰς τὸ σῶμα
θερμαντικὴν ἐπιφέρων ἢ ψυκτικὴν δύναμιν ὁ οἶνος, ἀλλὰ
κινηθέντος τοῦ ὄγκου, καὶ γενομένης τῶν σωμάτων με-
45 ταστάσεως, αἱ ποιοῦσαι τὸ θερμὸν ἄτομοι νῦν μὲν συνῆλθον εἰς τὸ αὐτὸ, καὶ παρέσχον ὑπὸ πλήθους θερμότητα καὶ πύρωσιν τῷ σώματι, νῦν δ' ἐκπεσοῦσαι κα-
τέψυξαν. »
   VII. Ὅτι δὲ τούτοις πρὸς πᾶν ἐστι χρῆσθαι τὸ κα-
50 λούμενον καὶ νομιζόμενον πικρὸν, γλυκὺ, καθαρτικὸν,
ὑπνωτικὸν, φωτεινὸν, ὡς οὐδενὸς ἔχοντος αὐτοτελῆ ποιότητα καὶ δύναμιν, οὐδὲ δρῶντος μᾶλλον ἢ πάσχοντος,
ὅταν ἐγγένωνται τοῖς σώμασιν, ἄλλην δ' ἐν ἄλλοις διαφο-

*neque a re subjecta omnes omnibus partibus eodem
modo affici : sed eas tantum unicuique occurrere, ad
quas sensum is habet mensura respondente concinna
tum. Itaque non recte nos de eo certare, rem esse bonam aut malam, albam aut non albam, dum nostrum
sensum volumus defendere eo quod alienum impugnamus. (3) Nulli enim sensioni repugnandum esse, quum
quævis aliquid ut ex fonte hauriat ex illa multiplici
mixtura, quævis id quod ei est accommodatum et conveniens. Neque de toto pronunciandum esse, quum
partes duntaxat attingantur; neque putandum omnes
debere eodem modo a re eadem affici, quum alius alia
ejus vi et facultate afficiatur.* (4) Quærendum ergo jam
est, quinam potissimum homines non magis hoc quam illud
esse rebus inferant : nonne hi, qui omnis generis qualitatum
sensilium mixturam statuunt,

     Ceu turbidus musti fit fervor æstuans,

fatenturque suos canones perire ipsis, et omnino aboleri
facultatem judicandi, si ullum sensile sincerum relinquerent, non unumquodque multa facerent?

   VI. Vide jam quæ de vini calore secum disputantem Polyænum in Convivio Epicurus facit. Dicente enim Polyæno,
Negasne, Epicure, vinum calefacere? subjecit quidam,
non universe de vino se pronunciare esse ei vim calefaciendi; et paullo post, *Videtur enim sane universe non
habere facultatem calefaciendi vinum;* certum autem
hominem certa quantitate posse calefieri dicemus. (2)
Rursumque rationem reddens, *collisiones et dissemina-
tiones atomorum, aliorumque admixtiones et adjunc-
tiones* causatus in vini cum corpore commixtione, hæc addit : *Itaque universe dicendum non est, vinum esse vi
calefaciendi præditum; sed, tantum vini hujusmodi
itaque affectam naturam calefacere posse, aut talem
naturam tantum vini refrigerare. Insunt enim in tali
congerie etiam tales naturæ, ex quibus frigus confici
possit, et, si ita usus ferat, aliis adjunctæ naturam
frigefactionis amittant. Unde per errorem alii vinum
universe frigefaciens dixerunt, alii calefaciens.* (3)
Sane qui plerosque erravisse ait, quod calefaciens id quod
calefacit, frigefaciens id quod frigefacit censuerunt, ipse de-
cipitur, si non sentit ex suis verbis hoc consequi, nihil
magis esse tale quam tale. (4) Addit porro, *sæpe ne venire quidem vinum in corpus ita, ut calorem aut frigus
inferentem vim secum afferat; sed, commota mole et
facta corporum mutatione, atomi quæ calorem inducunt, aliquando,* inquit, *coeuntes sua multitudine calorem et inflammationem corpori præbent; aliquando
elapsæ frigus gignunt.*

   VII. Ista vero decreta item referri posse adhiberique ad
ea omnia quæ habentur et dicuntur amara, dulcia, pur-
gantia, soporifera, lucida, quorum nullum perfectam in
sese habere qualitatem et vim agendi potius quam patiendi,
ubi in corpora incidunt, sed aliam in aliis nancisci differen-

ῥὰν καὶ κρᾶσιν λαμβάνοντος, οὐκ ἄδηλόν ἐστιν. (2) Αὐτὸς γὰρ οὖν ὁ Ἐπίκουρος ἐν τῷ δευτέρῳ τῶν πρὸς Θεόφραστον οὐκ εἶναι λέγων τὰ χρώματα συμφυῆ τοῖς σώμασιν, ἀλλὰ γεννᾶσθαι κατὰ ποιάς τινας τάξεις καὶ θέσεις πρὸς τὴν ὄψιν, οὐ μᾶλλον φησὶ κατὰ τοῦτον τὸν λόγον ἀχρωμάτιστον σῶμα εἶναι, ἢ χρῶμα ἔχον. (3) Ἀνωτέρω δὲ κατὰ λέξιν ταῦτα γέγραφεν· « Ἀλλὰ καὶ χωρὶς τούτου τοῦ μέρους, οὐκ οἶδα ὅπως δεῖ τὰ ἐν σκότει ταῦτα ὄντα φῆσαι χρώματα ἔχειν· καίτοι πολλάκις ἀέρος ὁμοίως σκοτώδους περιχεχυμένου, οἱ μὲν αἰσθάνονται χρωμάτων διαφορᾶς, οἱ δ' οὐκ αἰσθάνονται δι' ἀμβλύτητα τῆς ὄψεως· ἔτι δ', εἰσελθόντες εἰς σκοτεινὸν οἶκον, οὐδεμίαν ὄψιν χρώματος ὁρῶμεν· ἀναμείναντες δὲ μικρὸν, ὁρῶμεν· οὐ μᾶλλον οὖν ἔχειν ἢ μὴ ἔχειν χρῶμα ῥηθήσεται τῶν σωμάτων ἕκαστον. (4) Εἰ δὲ τὸ χρῶμα πρός τι, καὶ τὸ λευκὸν ἔσται πρός τι, καὶ τὸ κυανοῦν· εἰ δὲ ταῦτα, καὶ τὸ γλυκὺ καὶ τὸ πικρόν· ὥστε κατὰ πάσης ποιότητος ἀληθῶς, τὸ μὴ μᾶλλον εἶναι, ἢ μὴ εἶναι, κατηγορεῖσθαι· τοῖς γὰρ οὕτω πάσχουσιν ἔσται τοιοῦτον, οὐκ ἔσται δὲ τοῖς μὴ πάσχουσι. » (5) Τὸν οὖν βόρβορον καὶ τὸν τ** ἐν ᾧ φησι γίνεσθαι τοὺς τὸ μηδὲν μᾶλλον [τοῖον ἢ τοῖον] ἐπιφθεγγομένους τοῖς πράγμασιν, ἑαυτοῦ κατασκεδάννυσι καὶ τοῦ καθηγεμόνος ὁ Κολώτης.

VIII. Ἆρ' οὖν ἐνταῦθα μόνον ὁ γενναῖος

  Ἄλλων ἰατρὸς αὐτὸς ἕλκεσι βρύων

ἀναπέφηνεν; οὔμενουν· ἀλλ' ἔτι μᾶλλον ἐν τῷ δευτέρῳ τῶν ἐπιτιμημάτων λέληθε τῷ Δημοκρίτῳ τὸν Ἐπίκουρον ἐκ τοῦ ζῆν συνεξωθῶν. (2) Τὸ γὰρ νόμῳ χροιὴν εἶναι, καὶ νόμῳ γλυκὺ, καὶ νόμῳ σύγκρισιν, [[ἐτεῇ δὲ τὸ κενὸν καὶ]] τὰς ἀτόμους εἰρημένον φησὶν ὑπὸ Δημοκρίτου [μάχεσθαι] ταῖς αἰσθήσεσι, καὶ τὸν ἐμμένοντα τῷ λόγῳ τούτῳ καὶ χρώμενον οὐδ' ἂν αὐτὸν, ὡς * * ἔστιν, ἢ ζῇ, διανοηθῆναι. (3) Πρὸς τοῦτον ἀντειπεῖν μὲν οὐδὲν ἔχω τὸν λόγον, εἰπεῖν δὲ, ὅτι ταῦτα τῶν Ἐπικούρου δογμάτων οὕτως ἀχώριστά ἐστιν, ὡς τὸ σχῆμα καὶ τὸ βάρος αὐτοὶ τῆς ἀτόμου λέγουσι. (4) Τί γὰρ λέγει Δημόκριτος; οὐσίας ἀπείρους τὸ πλῆθος, ἀτόμους τε καὶ ἀδιαφόρους, ἔτι δ' ἀποίους καὶ ἀπαθεῖς ἐν τῷ κενῷ φέρεσθαι διεσπαρμένας· ὅταν δὲ πελάσωσιν ἀλλήλαις, ἢ συμπέσωσιν, ἢ περιπλακῶσι, * φαίνεσθαι τῶν ἀθροιζομένων τὸ μὲν ὕδωρ, τὸ δὲ πῦρ, τὸ δὲ φυτόν, τὸ δ' ἄνθρωπον· εἶναι δὲ πάντα τὰς ἀτόμους ἰδίως ὑπ' αὐτοῦ καλουμένας, ἕτερον δὲ μηδέν· (5) ἐκ μὲν γὰρ τοῦ μὴ ὄντος οὐκ εἶναι γένεσιν, ἐκ δὲ τῶν ὄντων μηδὲν ἂν γενέσθαι, τῷ μήτε πάσχειν μήτε μεταβάλλειν τὰς ἀτόμους ὑπὸ στερρότητος· ὅθεν οὔτε χρόαν ἐξ ἀχρώστων, οὔτε φύσιν ἢ ψυχὴν ἐξ ἀποίων καὶ ** ὑπάρχειν. (6) Ἐγκλητέος οὖν ὁ Δημόκριτος, οὐχὶ τὰ συμβαίνοντα ταῖς ἀρχαῖς ὁμολογῶν, ἀλλὰ λαμβάνων ἀρχάς, αἷς ταῦτα συμβέβηκεν. Ἔδει γὰρ ἀμετάβλητα μὴ θέσθαι τὰ πρῶτα, θέμενον δὲ δὴ, συνορᾶν ὅτι ποιότητος οἴχεται πάσης γένεσις· ἀρνεῖσθαι δὲ συνορῶντα τὴν

tiam ac temperiem, haud obscurum est. (2) Ipse quidem Epicurus in secundo adversus Theophrastum libro negans corporibus innasci colores, sed generari secundum quasdam ordinationes et positus respectu visus, hac ratione, inquit, corpus non magis effici coloris expers quam coloratum. (3) Superius autem in hanc sententiam scripserat ad verbum : Ceterum etiam absque hac parte, nescio quo pacto oporteat ista, quæ in tenebris sunt, colorata dicere. Atqui sæpenumero aere tenebroso circumfuso, alii sentiunt discrimen colorum, alii non sentiunt ob visus hebetudinem : deinde ingressi in domum tenebricosam, initio nullum colorem videmus; parva mora ibi facta, videmus. Ergo unumquodque corpus dicemus non magis habere quam non habere colorem. (4) Si autem color ex eorum est censu quæ alio referuntur, albedo quoque respectu alterius albedo erit, et cæruleum; et si hæc, etiam amarum et dulce; fietque, ut de nulla non qualitate vere dicatur, eam non magis esse, quam non esse : nam tali modo sentientibus erit talis, non erit non sentientibus. (5) Proinde cœno et... in quo jacere ait eos qui res non magis hoc quam illud esse pronunciant, sese et magistrum suum perfundit Colotes.

VIII. An vero hic tantum egregius ille

  Aliis mederi vult, ipse ulceribus scatens?

Non profecto : sed magis etiam in secunda reprehensionum imprudens cum Democrito Epicurum e vita exturbat. (2) Quod enim ille dixit instituto hominum esse colorem, itemque dulcedinem, et concretionem; [revera nihil esse, nisi inane et] atomos, hoc igitur Democriti dictum ait Colotes repugnare sensibus, et qui perseveret in hac sententia, eamque sequatur, ne se ipsum quidem posse intelligere vivatne an sit [mortuus]. (3) Nihil habeo quod contra hæc dicam; hoc autem possum affirmare, tam non posse a decretis Epicuri ea separari, quam ipsi figuram et gravitatem ab atomo negant disjungi. (4) Quid enim dicit Democritus? Substantias multitudine infinitas, divisionis et differentiæ, qualitatis quoque et affectionis expertes, in vacuo ferri dispersas : quæ si invicem oppropinquent, aut incidant, aut sese complectantur, congeriem videri aliam ignem, aliam aquam, aliam plantam, aliam hominem : esse autem omnia atomos quas proprie vocavit, aliud nihil. (5) Nam ex eo quod non est, nihil fieri ; ex iis quæ sunt, nihil nasci, quum ob soliditatem neque affici possint atomi, neque mutari : unde neque color ex carentibus colore, neque natura aut anima e qualitate nulla prædatis [omnemque affectionem subterfugientibus] exsistat. (6) Reprehendendus ergo Democritus, non quod sit ea confessus quæ principiis eveniunt, sed quod principia posuit quibus istæc accidunt. Debebat enim aut non ponere immutabilia principia ; aut, his positis, sentire tolli omnis generationem

ἀτοπίαν, ἀναισχυντότατ[ον]· ὃ Ἐπίκουρόν φησιν, ἀρχὰς μὲν ὑποτίθεσθαι τὰς αὐτάς, οὐ λέγειν δὲ νόμῳ χροιὴν καὶ γλυκὺ καὶ λευκὸν καὶ τὰς ἄλλας ποιότητας. (7) Εἰ μὲν οὖν τὸ Οὐ λέγει τοιοῦτόν ἐστιν, Οὐχ ὁμολογεῖ, τῶν εἰθισμένων τι ποιεῖ· καὶ γὰρ τὴν πρόνοιαν ἀναιρῶν, εὐσέβειαν ἀπολιπεῖν λέγει· καὶ τῆς ἡδονῆς ἕνεκα τὴν φιλίαν αἱρούμενος, ὑπὲρ τῶν φίλων τὰς μεγίστας ἀλγηδόνας ἀναδέχεσθαι· καὶ τὸ μὲν πᾶν ἄπειρον ὑποτίθεσθαι, τὸ δ' ἄνω καὶ κάτω μὴ ἀναιρεῖν. (8) Ἔστι δὲ οὓς * * κύλικα μὲν λαβόντα, καὶ πιεῖν, ὅσον ἂν ἐθέλῃ, καὶ ἀποδοῦναι τὸ λεῖπον· ἐν δὲ τῷ λόγῳ μάλιστα δεῖ τοῦ σοφοῦ τούτου μνημονεύειν ἀποφθέγματος, Ὧν αἱ ἀρχαὶ οὐκ ἀναγκαῖαι, τὰ τέλη ἀναγκαῖα. (9) Οὐκ οὖν ἀναγκαῖον ὑποθέσθαι, μᾶλλον δ' ἀφελέσθαι Δημοκρίτου, ἀτόμους εἶναι τῶν ὅλων ἀρχάς· θεμένῳ δὲ τὸ δόγμα, καὶ καλλωπισαμένῳ ταῖς πρώταις πιθανότησιν αὐτοῦ, προσεκπτέον ἐστὶ τὸ δυσχερές· ἢ δεικτέον ὅπως ἄποια σώματα παντοδαπὰς ποιότητας αὐτῷ μόνῳ τῷ συνελθεῖν παρέσχεν. (10) Οἷον εὐθύς, τὸ καλούμενον θερμὸν ὑμῖν πόθεν ἀφῖκται, καὶ πῶς ἐπιγέγονε ταῖς ἀτόμοις, ἂν μήτ' ἦλθον ἔχουσαι θερμότητα, μήτ' ἐγένοντο θερμαὶ συνελθοῦσαι; τὸ μὲν γὰρ, ἔχοντος ποιότητα· τὸ δὲ, πάσχειν πεφυκότος· οὐδέτερον δὲ ταῖς ἀτόμοις ὑπάρχειν φατὲ προσῆκον εἶναι, διὰ τὴν ἀφθαρσίαν.

IX. Τί οὖν, οὐχὶ καὶ Πλάτωνι συνέβαινε καὶ Ἀριστοτέλει καὶ Ξενοκράτει, χρυσὸν ἐκ μὴ χρυσοῦ, καὶ λίθον ἐκ μὴ λίθου, καὶ τἆλλα γεννᾶν ἐκ τεσσάρων ἁπλῶν καὶ πρώτων ἁπάντων; (2) Πάνυ μὲν οὖν. Ἀλλ' ἐκείνοις μὲν εὐθύς τε συνίασιν αἱ ἀρχαὶ πρὸς τὴν ἑκάστου γένεσιν, ὥσπερ συμβολὰς μεγάλας φέρουσαι τὰς ἐν αὐταῖς ποιότητας, καὶ ὅταν συνέλθωσιν εἰς τὸ αὐτὸ καὶ συμπέσωσι ξηροῖς ὑγρά, καὶ ψυχρὰ θερμοῖς, καὶ στερεὰ μαλθακοῖς, σώματα κινούμενα παθητικῶς ὑπ' ἀλλήλων, καὶ μεταβάλλοντα δι' ὅλων, ἑτέραν ἀφ' ἑτέρας κράσεως συναποτίκτει γένεσιν. (3) Ἡ δ' ἄτομος, αὐτή τε καθ' ἑαυτὴν ἔρημός ἐστι καὶ γυμνὴ πάσης γονίμου δυνάμεως, καὶ πρὸς ἄλλην προσπεσοῦσα, βρασμὸν ὑπὸ σκληρότητος καὶ ἀντιτυπίας, ἄλλο δ' οὐδὲν ἔσχεν οὐδ' ἐποίησε πάθος, ἀλλὰ παίονται καὶ παίουσι τὸν ἅπαντα χρόνον, οὐχ ὅπως ζῷον ἢ ψυχὴν ἢ. φύσιν, ἀλλ' οὐδὲ πλῆθος ἐξ ἑαυτῶν κοινόν, οὐδὲ σωρὸν ἕνα παλλομένων ἀεὶ καὶ διισταμένων δύναμεναι παρασχεῖν.

X. Ὁ δὲ Κολώτης, ὥσπερ ἀγραμμάτῳ βασιλεῖ προσδιαλεγόμενος, πάλιν ἐξάπτεται τοῦ Ἐμπεδοκλέους ταὐτὸ πνέοντος·

> Ἄλλο δέ τοι ἐρέω· φύσις οὐδενός ἐστιν ἑκάστου
> θνητῶν, οὐδέ τις οὐλομένη θανάτοιο γενέθλη·
> ἀλλὰ μόνον μῖξίς τε διάλλαξίς τε μιγέντων
> ἐστί, φύσις δ' ἐπὶ τοῖς ὀνομάζεται ἀνθρώποισι.

(2) Ταῦτ' ἐγὼ μὲν οὐχ ὁρῶ καθ' ὅ τι πρὸς τὸ ζῆν ὑπεναντιοῦται * τοῖς ὑπολαμβάνουσι μήτε γένεσιν τοῦ μὴ ὄντος εἶναι, μήτε φθορὰν τοῦ ὄντος, ἀλλ' ὄντων τινῶν συνόδῳ πρὸς ἄλληλα τὴν γένεσιν, διαλύσει δ' ἀπ' ἀλλήλων τὸν θάνατον ἐπονομάζεσθαι· ὅτι γὰρ ἀντὶ τῆς

qualitatis : at vero impudentis est, quum sentias absurdum consequi ex principiis, illud negare ac repudiare, his retentis. Quod iste Epicurum facere ait, et ponere principia eadem, et negare instituto hominum colorem, saporem, reliquasque qualitates esse. (7) Jam si *negare* apud eum idem significat quod *non fateri*, suo nimirum agit more. Etenim *Providentiam tollens*, profitetur tamen, *pietatem se relinquere;* et quum *voluptatis gratia amicitiam expetat, ob amicos tolerare gravissimos dolores;* ponensque, *infinitum esse Universum, superiorem inferioremque locum non negare.* (8) Poculo quidem accepto, licet bibere quantum velis, reliquum omittere : at in disputatione maxime tenendum memoria est sapiens illud dictum, *Quorum principia non sunt necessaria, eorum fines necessarios esse.* (9) Igitur necesse non erat Epicuro ut statueret, aut potius a Democrito suffuraretur, *atomos esse omnium principia rerum.* At postquam hoc semel statuerat, idque decretum primis ejus probabilibus exornarat rationibus, necesse erat ut ebiberet totum cum ipsa conclusionis difficultate, aut demonstraret quomodo qualitatis omnis expertia solo coitu omnigenas qualitates produxerint. (10) Verbi gratia, calor quem nos vocamus, unde vobis venit, unde incidit atomis, si neque convenerunt calore præditæ, neque congressas aliquid calidas fecit? illud enim est qualitatem habentis, hoc ad recipiendum natura idonei; quorum vos neutrum atomis convenire dicitis, propterea quia interitus sint expertes.

IX. Quid ergo? an non Plato, inquies, etiam, atque Aristoteles et Xenocrates aurum ex non auro, lapidem ex non lapide, et reliqua omnia ex quattuor primis et simplicibus nasci dicunt corporibus? (2) Omnino. Verum his statim ad quamvis rem procreandam coeunt principia, magnamque veluti stipem conferunt suas quodque qualitates : et ubi congressa sunt cum siccis humida, cum frigidis calida, cum duris mollia; corpora, quæ se invicem afficiunt ac movent passiva ratione, et dum mutatio fit per tota, diversam diversa contemperatione producunt formam. (3) Atomus autem quum ipsa ex sese vacua est omnis genitalis facultatis, tum in aliam incidens, fragorem ob duritiem et rigiditatem, aliud nihil, efficit; sed feriunt et feriuntur mutuo per omne tempus; et non modo nullum animal, nullam animam aut rem naturalem, sed ne acervum quidem aut numerum conficere possunt, assiduo exagitatæ et divulsæ.

X. At Colotes, tanquam cum indocto rege colloquens, rursum Empedoclem insectatur, quod is similia scripsisset :

> Nunc aliud dicam tibi : non mortalibus ullis
> natura est; neque res crudeli morte abolentur :
> mixtio sed tantum, et rebus secretio mixtis
> accidit : hoc homines Naturam nomine dicant.

(2) Hæc ego non video qui repugnent vitæ, si qui opinantur neque oriri id quod non est, neque interire quod est; sed eorum quæ sunt coitioni generationis, dissipationi interitus nomen inditum. Nam id quidem aperte Empedo-

γενέσεως εἴρηκε τὴν φύσιν, ἀντιθεὶς τὸν θάνατον αὐτῇ, ἐξδήλωκεν ὁ Ἐμπεδοκλῆς. (3) Εἰ δὲ οἱ μίξεις τὰς γενέσεις τιθέμενοι, τὰς δὲ φθορὰς διαλύσεις, οὐ ζῶσιν οὐδὲ δύνανται ζῆν, τί ποιοῦσιν ἕτερον οὗτοι; καίτοι ὁ μὲν Ἐμπεδοκλῆς τὰ στοιχεῖα κολλῶν καὶ συναρμόττων θερμότησι καὶ μαλακότησι καὶ ὑγρότησι, μῖξιν αὐτοῖς καὶ συμφυΐαν ἑνωτικὴν ἀμωσγέπως ἐνδίδωσιν· οἱ δὲ τὰς ἀτρέπτους καὶ ἀσυμπαθεῖς ἀτόμους εἰς τὸ αὐτὸ συνελαύνοντες, ἐξ αὐτῶν μὲν οὐδὲν, αὐτῶν δὲ πολλὰς ποιοῦσι καὶ συνεχεῖς πληγάς· ἡ γὰρ περιπλοκὴ κωλύουσα τὴν διάλυσιν, μᾶλλον ἐπιτείνει τὴν σύγκρουσιν, ὥστε μηδὲ μῖξιν εἶναι μηδὲ κόλλησιν, ἀλλὰ ταραχὴν καὶ μάχην κατ' αὐτοὺς τὴν λεγομένην γένεσιν· (4) οἱ δ' ἀκαρὲς * * νῦν μὲν ἄπίασι διὰ τὴν ἀντίκρουσιν, νῦν δὲ προσίασι, τῆς πληγῆς ἐκλυθείσης πλεῖον ἢ διπλάσιον χωρὶς εἰσιν ἀλλήλων χρόνον, οὐ ψαύουσαι καὶ πλησιάζουσαι, ὥστε μηδὲν ἐξ αὐτῶν ἀποτελεῖσθαι μηδὲ ἄψυχον. (5) Αἴσθησις δὲ καὶ ψυχὴ καὶ νοῦς καὶ φρόνησις οὐδὲ βουλομένοις ἐπίνοιαν δίδωσιν ὡς γένοιτ' ἂν ἐν κενῷ καὶ ἀτόμοις· ὧν οὔτε καθ' ἑαυτὰ ποιότης ἐστὶν, οὔτε πάθος ἢ μεταβολὴ συνελθόντων, ἀλλ' οὐδὲ συνέλευσις ἢ σύγκρασιν ποιοῦσα καὶ μῖξιν καὶ συμφυΐαν, ἀλλὰ πληγὰς καὶ ἀποπηδήσεις. (6) Ὥστε τοῖς τούτων δόγμασι τὸ ζῆν ἀναιρεῖται, καὶ τὸ ζῷον εἶναι, κενὰς καὶ ἀπαθεῖς καὶ ἀθέους καὶ ἀψύχους, ἔτι δ' ἀμίκτους καὶ ἀσυγκράτους ἀρχὰς ὑποτιθεμένοις.

XI. Πῶς οὖν ἀπολείπουσι φύσιν καὶ ψυχὴν καὶ ζῷον; ὡς ὅρκον, ὡς εὐχὴν, ὡς θυσίαν, ὡς προσκύνησιν, ῥήματι καὶ λόγῳ, καὶ τῷ φάναι καὶ προσποιεῖσθαι καὶ ὀνομάζειν, ἃ ταῖς ἀρχαῖς καὶ τοῖς δόγμασιν ἀναιροῦσιν. (2) Εἰ δὲ δὴ τὸ πεφυκὸς αὐτὸ φύσιν, καὶ τὸ γεγονὸς γένεσιν ὀνομάζουσιν, ὥσπερ οἱ ξυλίαν τὰ ξύλα, καὶ συμφωνίαν καλοῦντες ἐκφορικῶς τὰ συμφωνοῦντα, πόθεν ἐπῆλθεν αὐτῷ τοιαῦτα προβάλλειν ἐρωτήματα τῷ Ἐμπεδοκλεῖ; « Τί κόπτομεν, φησὶν, ἡμᾶς αὐτοὺς, σπουδάζοντες ὑπὲρ ἡμῶν αὐτῶν, καὶ ὀρεγόμενοι τινῶν πραγμάτων, καὶ φυλαττόμενοι τινὰ πράγματα; οὔτε γὰρ ἡμεῖς ἐσμὲν, οὔτ' ἄλλαις χρώμενοι ζῶμεν. » (3) Ἀλλὰ θάρρει, φαίη τις ἂν, ὦ φίλον Κολωτάριον, οὐδείς σε κωλύει σπουδάζειν ὑπὲρ σεαυτοῦ, διδάσκων ὅτι Κολώτου φύσις αὐτὸς ὁ Κολώτης ἐστὶν, ἄλλο δ' οὐθὲν, οὐδὲ χρῆσθαι τοῖς πράγμασι (τὰ δὲ πράγματα ὑμῖν ἡδοναί εἰσιν) ὑποδεικνύων, ὡς οὐκ ἔστιν ἀμήτων φύσις, οὐδ' ὀσμῶν, οὐδὲ πλησιάσεως, ἄμητες δέ εἰσι καὶ μύρα καὶ γυναῖκες. (4) Οὐδὲ γὰρ ὁ γραμματικὸς λέγων τὸ « βίην Ἡρακλείην » αὐτὸν εἶναι τὸν Ἡρακλέα, [* *] οὐδὲ οἱ τὰς συμφωνίας καὶ τὰς δοκώσεις ἐκφορὰς μόνον εἶναι φάσκοντες, οὐχὶ καὶ φθόγγους καὶ δοκοὺς ὑπάρχειν λέγουσιν· ὅπου καὶ ψυχήν τινες ἀναιροῦντες καὶ φρόνησιν, οὔτε τὸ ζῆν ἀναιρεῖν, οὔτε τὸ φρονεῖν δοκοῦσιν. (5) Ἐπικούρου δὲ λέγοντος, « Ἡ τῶν ὄντων φύσις σώματά ἐστι καὶ τόπος, » πότερον οὕτως ἀκούομεν, ὡς ἄλλο τι τὴν φύσιν παρὰ τὰ ὄντα βουλομένου λέγειν, [ἢ] τὰ ὄντα δηλοῦντος, ἕτερον δὲ μηθέν; ὥσπερ ἀμέλει

cles ostendit *naturam* se pro *ortu* posuisse, quum mortem ei opponit. (3) Qui vero mixtionis ortui, dissolutionis nomen interitui tribuunt, ii si non vivunt, neque possunt vivere, quid isti aliud faciunt? Sane Empedocles elementa glutinans et concinnans caloribus, mollitiebus et humiditatibus, mixtionem iis et concretionem in unum utcumque tribuit : at qui immutabiles et omnis consensus vacuas atomos in unum cogunt, ii nihil ex ipsis, sed ipsarum crebros et continentes ictus faciunt. Etenim complexio dissolutionem prohibens, magis intendit collisionem; ut neque mixtio fiat, neque glutinatio, sed tumultus et pugna secundum illos sit quæ *generatio* dicitur. (4) Quæ vero momento temporis nunc quidem abeunt ob relisionem, nunc aggrediuntur, ictu languente duplo amplius tempore a se absunt invicem, ut non contingant se neque mutuo appropinquent; ut ne animæ expers quidem possit ab iis effici quicquam. (5) At vero sensus, anima, mens, intelligentia quomodo in inani exsistant et atomis, ne si cupias quidem possis imaginari : quum hæc neque per se qualitatem habeant, neque coitu sese afficiant mutentve invicem; neque earum congressus sit ejusmodi ut contemperationem, mixturam aut coalitionem efficiat, sed ictus et repulsus. (6) Itaque istorum decretis vita tollitur, et animal esse negatur, inania dum ponunt initia, nulli affectioni obnoxia, deo et anima carentia, mixtionisque non capacia.

XI. Quomodo ergo relinquunt Epicurei naturam, animam, animal? Eo modo, quo jusjurandum, preces, sacrificia, venerationem deorum; verbo scilicet, et simulando ac nominando ea quæ principiis ab se positis et decretis suis tollunt. (2) Jam, si id quod natum est, *naturam*, et quod ortum est, *generationem* vocant, ut qui translato vocabulo ligna, *lignationem*, et consonantia corpora, *consonantiam* dicunt; unde venit Colotæ in mentem, ut hujusmodi quæstiones Empedocli objiceret? *Quid defatigamus*, inquit, *nos ipsos nostri causa, et res alias appetimus, alias declinamus? quando neque ipsi sumus, neque cum aliis viventibus agimus.* (3) Enimvero, diceret aliquis, bono es animo, mi Colotarium; nemo vetat te pro te ipso esse industrium, docens Colotæ *naturam* nihil esse aliud quam *ipsum Coloten* : neque te res gerero prohibet (res autem vobis sunt voluptates) is qui ostendit non esse naturam placentarum, odorum, rei venereæ; esse autem placentas, unguenta, mulieres. (4) Nam neque grammaticus dicens vim *Herculeam* esse *ipsum Herculem*, [idcirco tollit ipsum Herculem]; neque illi qui *consonantias* ac *tignationes* nihil nisi derivata vocabula esse dicunt, ideo sonos esse et tigna negant; quando etiam animam quidam et intelligentiam tollentes, neque ipsum vivere, neque intelligere videntur negare. (5) Ceterum quando Epicurus dicit, *Eorum quæ sunt natura est corpora et locus*, sicne accipiemus, ut *naturam* intelligamus aliquid esse dici præter ea quæ sunt? aut ut ea quæ sunt dicat, nihil præterea? sicut scilicet *inanis naturam* nomi-

καὶ κενοῦ φύσιν, αὐτὸ τὸ κενὸν, καὶ νὴ Δία τὸ πᾶν
παντὸς φύσιν ὀνομάζειν εἴωθε. (6) Κἂν εἴ τις ἔροιτο,
Τί λέγεις, ὦ Ἐπίκουρε, τὸ μέν τι, κενὸν εἶναι, τὰ δὲ,
φύσιν κενοῦ; Μὰ Δία, φήσει· νενόμισται δέ πως ἡ
5 τοιαύτη τῶν ὀνομάτων ὁμιλία. (Νόμῳ δὲ ἢ τί φημὶ
καὶ αὐτός.) Τί οὖν ἕτερον ὁ Ἐμπεδοκλῆς πεποίηκεν
(ἢ) διδάξας ὅτι φύσις παρὰ τὸ φυόμενον οὐθέν ἐστιν,
οὐδὲ θάνατος παρὰ τὸ θνῆσκον; * ἀλλ' ὥσπερ οἱ ποιηταὶ
πολλάκις ἀνειδωλοποιοῦντες λέγουσιν,

10 Ἐν δ' ἔρις, ἐν δὲ κυδοιμὸς ὁμίλεον, ἐν δ' ὀλοὸν κῆρ·

οὕτω γένεσίν τινα καὶ φθορὰν καλοῦσιν οἱ πολλοὶ ἐπὶ
τοῖς συνισταμένοις καὶ διαλυομένοις. (7) Τοσοῦτον
ἐδέησε τοῦ κινεῖν τὰ ὄντα καὶ μάχεσθαι τοῖς φαινομένοις, ὥστε μηδὲ τὴν φωνὴν ἐκβαλεῖν ἐκ τῆς συνηθείας,
15 ἀλλ' ὅσον εἰς τὰ πράγματα βλάπτουσαν ἀπάτην παρεῖχεν ἀφελὼν, αὖθις ἀποδοῦναι τοῖς ὀνόμασι τὸ νενομισμένον ἐν τούτοις·

 Οἱ δ' ὅτε μὲν κατὰ φῶτα μίγεν φῶς αἰθέρι **
 ἢ κατὰ θηρῶν ἀγροτέρων γένος, ἢ κατὰ θάμνων,
20 ἠὲ κατ' οἰωνῶν, τότε μὲν τὸν ** γενέσθαι·
 εὖτε δ' ἀποκριθῶσι, τὰ δ' αὖ δυσδαίμονα πότμον
 εἰκαί[ως] καλέουσι· νόμῳ δ' ἐπίφημι καὶ αὐτός

(8) [Ἃ] ὁ Κολώτης παραθέμενος οὐ συνεῖδεν ὅτι φῶτας
μὲν καὶ θῆρας καὶ θάμνους καὶ οἰωνοὺς ὁ Ἐμπεδοκλῆς
25 οὐκ ἀνῄρηκεν, ἅ γε φησὶ μιγνυμένων τῶν στοιχείων
ἀποτελεῖσθαι· τοὺς δὲ τῇ συγκρίσει ταύτῃ καὶ διακρίσει
φύσιν τινὰ καὶ πότμον δυσδαίμονα καὶ θάνατον ἀλοιτὴν
ἐπικατηγοροῦντας, ᾗ σφάλλονται διδάξας, οὐκ ἀφείλετο
τὸ χρῆσθαι ταῖς εἰθισμέναις φωναῖς περὶ αὐτῶν.

30 XII. Ἐμοὶ μέντοι δοκεῖ μὴ τοῦτο κινεῖν τὸ ἐκφορι-
κὸν ὁ Ἐμπεδοκλῆς, ἀλλ', ὡς πρότερον εἴρηται, πρα-
γματικῶς διαφέρεσθαι περὶ τῆς ἐξ οὐκ ὄντων γενέσεως,
ἣν φύσιν τινὲς καλοῦσι· δηλοῖ δὲ μάλιστα διὰ τούτων
τῶν ἐπῶν·

35 Νήπιοι· οὐ γάρ σφιν δολιχόφρονές εἰσι μέριμναι,
 οἳ δὴ γίνεσθαι πάρος οὐκ ἐὸν ἐλπίζουσιν,
 ἤ τι καταθνήσκειν τε καὶ ἐξόλλυσθαι ἀπάντη.

(2) Ταῦτα γὰρ τὰ ἔπη μέγα βοῶντός ἐστι τοῖς ὦτα
ἔχουσιν, ὡς οὐκ ἀναιρεῖ γένεσιν, ἀλλὰ τὴν ἐκ μὴ ὄντος,
40 οὐδὲ φθορὰν, ἀλλὰ τὴν πάντη, τουτέστι τὴν εἰς τὸ μὴ
ὂν ἀπολλύουσαν. (3) Ἐπεὶ τῷ γε βουλομένῳ μὴ ἀ-
γρίως οὕτω μηδ' ἠλιθίως, ἀλλὰ πραότερον συκοφαντεῖν
τὸ μετὰ ταῦτα, ἐπὶ τοὐναντίον ἂν αἰτιάσασθαι παράσχοι, τοῦ Ἐμπεδοκλέους λέγοντος,

45 Οὐκ ἂν ἀνὴρ τοιαῦτα σοφὸς φρεσὶ μαντεύσαιτο,
 ὡς ὄφρα μέν τε βιῶσι, τὸ δὴ βίοτον καλέουσι·
 τόφρα μὲν οὖν εἰσιν καί σφιν παρὰ δεινὰ καὶ ἐσθλὰ,
 πρὶν δὲ πάγεν τε βροτοὶ καὶ [ἐπεὶ] λύθεν, οὐδὲν ἄρ' εἰσίν·

ταῦτα γὰρ οὐκ ἀρνουμένου μὴ εἶναι τοὺς γεγονότας καὶ
50 ζῶντας ἐστὶν, εἶναι δὲ μᾶλλον οἰομένου καὶ τοὺς μη-

---

nat ipsum inane; atque adeo universa *Universi naturam*
solet appellare. (6) Ac si quis quærat, Quid ais, Epicure,
aliud inane esse, aliud inanis naturam? Minime vero, dicet;
at instituto hominum atque usu recepta est hæc nominum
communicatio. Assentior. Quid ergo aliud fecit Empedocles, docens naturam nihil esse ab eo quod nascitur diversum, neque mortem a moriente? sed sicut poetæ sæpenumero simulacra effingentes dicunt,

 Intus erant Lis, atque Tumultus, Perniciesque;

sic ortum quendam et interitum vulgo tribuunt iis quæ
nascuntur aut dissolvuntur. (7) Tantum abfuit ut move-
ret res loco, et iis quæ sensui apparent repugnaret, ut ne
vocem quidem usitata significatione expulerit, sed quantum illa erroris damnosi rebus inferre poterat, id amoliens,
rursus consuetum vocabulis usum reddidit in his versibus:

 Ergo vir mixtis apparet quando elementis,
 brutorum vel agreste genus, fruticesve videntur;
 aut volucres; nasci tunc hæc dicunt et oriri:
 quum secernuntur, mortem miseram interitumque
 appellant usu sermonis: quem sequor ipse.

(8) Hos versus quanquam adduxit Colotes ipse, non tamen
intellexit, homines, feras, frutices, aves ab Empedocle
non tolli, quum ea dicat mixtione elementorum absolvi:
neque vero dum ostendit, eos qui his concretionibus et se-
cretionibus ortum quendam, et *miserum interitum mor-*
temque diram imputant, a vero aberrare, ideo vetuit de
re ipsa nos vocibus usitatis loqui.

XII. Mihi profecto non hanc verborum translationem
Empedocles voluisse videtur mutare, sed, ut antea dictum
est, de re ipsa ei controversiam fuisse cum iis, qui generationem ex eo quod non esset statuerant et *naturæ* vocabulo
notabant. Idque his maxime indicat versibus:

 Stulta, et prolixas non admittentia curas
 pectora: qui sperant exsistere posse, quod ante
 non fuit, aut ullam rem pessum protinus ire.

(2) Hi quidem versus, ejus sunt qui alta voce inclamat aures
habentibus hominibus, non se *ortum*, sed *ex eo quod non*
sit ortum, negare; neque *interitum*, sed *eum interitum*
quo res in nihilum redigatur. (3) Nam si quis non ita
inhumaniter, non etiam ita fatue calumniari velit, id quod
sequitur, diversam in partem vituperare possit, dicente
Empedocle,

 Non animo prudens homo quod præsentiat ullus,
 dum vivunt (namque hoc vitaï nomine signant),
 sunt, et fortuna tum conflictantur utraque:
 ante ortum nihil est homo, nec post funera quicquam.

Hæc enim non sunt negantis esse eos qui nati sunt et vivunt; sed ejus, qui censeat esse et eos qui nati nondum

δέπω γεγονότας καὶ τοὺς ἤδη τεθνηκότας. (4) Ἀλλ'
ὅλως ὁ Κολώτης τοῦτο μὲν οὐκ ἐγκέκληκε, λέγει δὲ
κατ' αὐτὸν οὐδὲ νοσήσειν ἡμᾶς, οὐδὲ τραυματισθήσε-
σθαι. Καὶ πῶς ὁ πρὸ τοῦ βίου καὶ μετὰ τὸν βίον
ἑκάστῳ λέγων παρεῖναι δεινὰ καὶ ἐσθλά, περὶ τοὺς
ζῶντας οὐκ ἀπολείπει τὸ πάσχειν; (5) Τίσιν οὖν ἀληθῶς ἕπεται τὸ μὴ τραυματίζεσθαι, μηδὲ νοσεῖν, ὦ Κολῶτα; ὑμῖν τοῖς ἐξ ἀτόμου καὶ κενοῦ συμπεπηγόσιν,
ὧν οὐδετέρῳ μέτεστιν αἰσθήσεως. Καὶ οὐ τοῦτο δεινόν, ἀλλ' ὅτι μηδὲ ἡδονὴν τὸ ποιῆσον ὑμῖν ἐστι, τῆς
μὲν ἀτόμου μὴ δεχομένης τὰ ποιητικά, τοῦ δὲ κενοῦ
μὴ πάσχοντος ὑπ' αὐτῶν.

XIII. Ἐπεὶ δὲ ὁ μὲν Κολώτης ἐφεξῆς τῷ Δημοκρίτῳ τὸν Παρμενίδην ἐβούλετο συγκατορύσσειν, ἐγὼ
δὲ ὑπερβὰς τὰ ἐκείνου, τὰ τοῦ Ἐμπεδοκλέους προέλα-
βον, διὰ τὸ μᾶλλον ἀκολουθεῖν τοῖς πρώτοις ἐγκλήμασιν
αὐτοῦ, ἀναλάβωμεν τὸν Παρμενίδην. (2) Ἃ μὲν οὖν
αὐτόν φησιν αἰσχρὰ σοφίσματα λέγειν ὁ Κολώτης,
τούτοις ἐκεῖνος ὁ ἀνὴρ οὐ φιλίαν ἐποίησεν ἀδοξοτέραν,
οὐ φιληδονίαν θρασυτέραν, οὐ τοῦ καλοῦ τὸ ἀγωγὸν ἐφ'
ἑαυτὸ καὶ δι' ἑαυτὸ τίμιον ἀφεῖλεν, οὐ τὰς περὶ θεῶν
δόξας συνετάραξε· τὸ δὲ πᾶν ἓν εἰπών, οὐκ οἶδα ὅπως
ζῆν ἡμᾶς κεκώλυκε. (3) * Καὶ γὰρ Ἐπίκουρος, ὅταν
λέγῃ τὸ πᾶν ἄπειρον εἶναι καὶ ἀγέννητον καὶ ἄφθαρτον,
καὶ μήτ' αὐξόμενον μήτε μειούμενον, ὡς περὶ ἑνός τινος
διαλέγεται τοῦ παντός· ἐν ἀρχῇ δὲ τῆς πραγματείας
ὑπειπὼν, τὴν τῶν ὄντων φύσιν σώματα εἶναι καὶ κενὸν,
ὡς μιᾶς οὔσης, εἰς δύο πεποίηται τὴν διαίρεσιν, ὧν θάτερον ὄντως μὲν οὐθέν ἐστιν, ὀνομάζεται δὲ ὑφ' ὑμῶν
ἀναφὲς καὶ κενὸν καὶ ἀσώματον· ὥστε καὶ ὑμῖν ἓν τὸ πᾶν
ἐστιν· εἰ μὴ βούλεσθε κεναῖς φωναῖς περὶ κενοῦ χρῆσθαι,
σκιαμαχοῦντες πρὸς τοὺς ἀρχαίους. (4) Ἀλλ' ἄπειρα,
νὴ Δία, πλήθει τὰ σώματα κατ' Ἐπίκουρόν ἐστι, καὶ
γίνεται τῶν φαινομένων ἕκαστον ἐξ ἐκείνων. (5) Ὅρα
μὴν οἵας ὑποτίθεσθε πρὸς γένεσιν ἀρχάς, ἀπειρίαν καὶ
κενόν· ὧν τὸ μὲν ἄπρακτον, ἀπαθές, ἀσώματον· ἡ δ'
ἄτακτος, ἄλογος, ἀπερίληπτος, αὐτὴν ἀναλύουσα καὶ
ταράττουσα, τῷ μὴ κρατεῖσθαι μηδὲ ὁρίζεσθαι διὰ πλῆθος. (6) Ἀλλ' ὅ γε Παρμενίδης οὔτε πῦρ ἀνήρηκεν,
οὔτε ὕδωρ, οὔτε κρημνὸν, οὔτε πόλεις, ὥς φησι Κολώτης, ἐν Εὐρώπῃ καὶ Ἀσίᾳ κατοικουμένας· ὅς γε καὶ
διάκοσμον πεποίηται, καὶ στοιχεῖα μιγνὺς, τὸ λαμπρὸν καὶ σκοτεινὸν, ἐκ τούτων τὰ φαινόμενα πάντα
καὶ διὰ τούτων ἀποτελεῖ· (7) καὶ γὰρ περὶ γῆς εἴρηκε
πολλὰ, καὶ περὶ οὐρανοῦ, καὶ ἡλίου, καὶ σελήνης, καὶ
ἄστρων· καὶ γένεσιν ἀνθρώπων ἀφήγηται· καὶ οὐδὲν
ἄρρητον, ὡς ἀνὴρ ἀρχαῖος ἐν φυσιολογίᾳ, καὶ συνθεὶς
γραφὴν ἰδίαν, οὐκ ἀλλοτρίας διαφθορὰν, τῶν κυρίων
παρῆκεν. (8) Ἐπεὶ δὲ καὶ Πλάτων, καὶ Σωκράτης
ἔτι πρότερος, συνεῖδεν ὡς ἔχει τι δοξαστὸν ἡ φύσις, ἔχει
δὲ καὶ νοητόν· ἔστι δὲ τὸ μὲν δοξαστὸν, ἀβέβαιον καὶ
πλανητὸν ἐν πάθεσι πολλοῖς καὶ μεταβολαῖς, τῷ φθίνειν
καὶ αὔξεσθαι, καὶ πρὸς ἄλλον ἄλλως ἔχειν, καὶ μηδ'

sunt, et qui jam mortem obiverunt. (4) Sed Colotes
omnino hoc non objecit : dicit autem *de sententia Empedoclis nunquam nos ægrotaturos, nunquam saucios fore.*
At quomodo is, qui *ante ac post vitam* ait *cuivis bona et
mala adesse,* non hoc relinquit ut vivus afficiatur? (5) Quorum tandem, Colota, est non vulnerari, non in morbos
incidere? Vestrûm, qui ex atomis et inani estis compacti,
quorum neutri sensus inest. Neque hoc adeo est atrox;
sed id, quod voluptatem quoque vobis quod afferat, non
habetis, atomo vim efficientium non recipiente, inani ab his
non patiente se affici.

XIII. Sed quando Colotes deinceps una cum Democrito
voluit defodere Parmenidem, ego autem, hujus causa præterita, Empedoclis anticipavi causam, ut magis convenientem primis ejus criminationibus; redeamus nunc ad Parmenidem. (2) Dicit Colotes *eum turpia protulisse sophismata.* Atqui his Parmenides neque amicitiæ infamiam,
neque studio voluptatum ferociam adjecit, neque honesto
suam dignitatem, qua per se ad sui appetitum traheret, ademit, neque de diis receptas sententias conturbavit. Neque
video cur vivere nos prohibuerit eo, quia *Universum unum*
dixit *esse.* (3) Etenim Epicurus quando *Universum* dicit
*esse infinitum, ortus occasusque expers, itemque in-
cremento et decremento,* tanquam de uno disserit Universo.
Ab initio autem tractationis quum dixisset *naturam rerum
corpora esse et inane,* veluti unicam in duas divisit partes;
quarum altera quum revera sit nihil, a vobis autem appelletur intactile, vacuum, corporis expers, etiam vobis Universum est unum; nisi inanibus uti vocibus vultis de inani
adversus antiquos umbratilem committentes pugnam. (4)
Sed *infinita,* mehercle, inquit, *numero corpora sunt,* de
Epicuri sententia, *et fit unumquodque eorum quæ apparent ex illis.* (5) Videte vero quales ortui rerum causas
assignetis, Infinitatem et Inane : quorum hoc agendi et patiendi exsors, corpore etiam caret; illa ordinis rationisque
expers comprehendi nequit, ipsa sese conturbans ac perimens, quia ob multitudinem definiri non potest. (6) At
vero Parmenides neque *ignem sustulit,* neque *aquam,*
neque *præcipitium,* neque *urbes,* ut ait Colotes, *in Eu-
ropa et Asia habitatas :* qui etiam Mundi fabricam descripsit, miscensque principia *splendidum* et *tenebrosum,*
ex his et per hæc omnia quæ videntur conficit. (7) Nam et
de terra multa dixit, et de cœlo, sole, luna, ac sideribus, et
hominum procreationem enarravit; nihilque eorum quæ
præcipua sunt non distincte descripsit, utpote homo antiquus
in physiologia, et qui propriam conscriberet philosophiam,
non alienæ destructionem. (8) Quoniam autem Plato, et
ipso etiam Socrates prior, sensit naturam habere opinione
aliquid, aliquid mente comprehendendum : esse autem opinabile istud inconstans et variis motionibus ac mutationibus obnoxium, et quod ob incrementa ac decrementa alium
ad alia respectum habens non semper eodem modo sensum

ἀεὶ πρὸς τὸν αὐτὸν ὡσαύτως τῇ αἰσθήσει· τοῦ νοητοῦ δὲ ἕτερον εἶδος,

Ἔστι γὰρ οὐλομελές τε καὶ ἀτρεμὲς, ἠδ' ἀγένητον,

ὡς αὐτὸς εἴρηκε, καὶ ὅμοιον ἑαυτῷ καὶ μόνιμον ἐν τῷ εἶναι· ταῦτα συκοφαντῶν ἐκ τῆς φωνῆς ὁ Κολώτης, καὶ τῷ ῥήματι διώκων, οὐ τῷ πράγματι τὸν λόγον, ἁπλῶς φησι πάντα ἀναιρεῖν τῷ ἓν ὂν ὑποτίθεσθαι τὸν Παρμενίδην. (9) Ὁ δ' ἀναιρεῖ μὲν οὐδετέραν φύσιν, ἑκατέρᾳ δ' ἀποδιδοὺς τὸ προσῆκον, εἰς μὲν τὴν τοῦ ἑνὸς καὶ ὄντος ἰδέαν τίθεται τὸ νοητὸν, ὃν μὲν ὡς ἀΐδιον καὶ ἄφθαρτον, ἐν δὲ ὁμοιότητι πρὸς αὐτὸ καὶ τῷ μὴ δέχεσθαι διαφορὰν, προσαγορεύσας· εἰς δὲ τὴν ἄτακτον καὶ φερομένην, τὸ αἰσθητόν· (10) ὃν καὶ κριτήριον ἴδιόν ἐστιν.

Ἡ μὲν ἀληθείης εὐπειθέος ἀτρεκ [ὲς ἦτορ]·

τοῦ νοητοῦ καὶ κατὰ ταὐτὰ ἔχοντος ὡσαύτως ἁπτόμενον,

Ἡ δὲ βροτῶν δόξας, αἷς οὐκ ἔνι πίστις ἀληθής,

διὰ τὸ παντοδαπὰς μεταβολὰς καὶ πάθη καὶ ἀνομοιότητας δεχομένοις ὁμιλεῖν πράγμασι. (11) Καίτοι πῶς ἂν ἀπέλιπεν αἴσθησιν καὶ δόξαν, αἰσθητὸν μὴ ἀπολιπὼν μηδὲ δοξαστὸν, οὐκ ἔστιν εἰπεῖν. Ἀλλ' ὅτι τῷ μὲν ὄντως ὄντι προσήκει διαμένειν ἐν τῷ εἶναι, ταῦτα δὲ νῦν μέν ἐστι, νῦν δ' οὐκ ἔστιν, ἐξίσταται δ' ἀεὶ καὶ μεταλλάσσει τὴν φύσιν, ἑτέρας ᾤετο μᾶλλον ἢ τῆς ἐκείνου τοῦ ὄντος ἀεὶ δεῖσθαι προσηγορίας. (12) Ἦν οὖν ὁ περὶ τοῦ ὄντος, ὡς ἓν εἴη, λόγος, οὐκ ἀναίρεσις τῶν πολλῶν καὶ αἰσθητῶν, ἀλλὰ δήλωσις αὐτῶν τῆς πρὸς τὸ νοητὸν διαφορᾶς· ἣν ἔτι μᾶλλον ἐνδεικνύμενος Πλάτων τῇ περὶ τὰ εἴδη πραγματείᾳ, καὶ αὐτὸς ἀντίληψιν τῷ Κολώτῃ παρέσχε.

XIV. Διὸ καὶ τὰ πρὸς τοῦτον εἰρημένα δοκεῖ μοι λαβεῖν ἐφεξῆς. Καὶ πρῶτόν γε τὴν ἐπιμέλειαν καὶ πολυμάθειαν τοῦ φιλοσόφου σκεψώμεθα, * λέγοντος ὅτι τούτοις τοῖς δόγμασι τοῦ Πλάτωνος ἐπηκολουθήκασιν Ἀριστοτέλης καὶ Ξενοκράτης καὶ Θεόφραστος, καὶ πάντες οἱ Περιπατητικοί. (2) Ποῦ γὰρ ὢν τῆς ἀοικήτου τὸ βιβλίον ἔγραψες; ἵνα ταῦτα συντιθεὶς τὰ ἐγκλήματα, μὴ τοῖς ἐκείνων συντάγμασιν ἐντύχῃς, μηδ' ἀναλάβῃς εἰς χεῖρας Ἀριστοτέλους τὰ περὶ οὐρανοῦ καὶ τὰ περὶ ψυχῆς, Θεοφράστου δὲ τὰ πρὸς τοὺς φυσικούς, Ἡρακλείδου δὲ τὸν Ζωροάστρην, τὸ περὶ τῶν ἐν ᾅδου, τὸ περὶ τῶν φυσικῶς ἀπορουμένων, Δικαιάρχου δὲ τὰ περὶ ψυχῆς, ἐν οἷς πρὸς τὰ κυριώτατα καὶ μέγιστα τῶν φυσικῶν ὑπεναντιούμενοι τῷ Πλάτωνι καὶ μαχόμενοι διατελοῦσι. (3) Καὶ μὴν τῶν ἄλλων Περιπατητικῶν ὁ κορυφαιότατος Στράτων οὔτ' Ἀριστοτέλει κατὰ πολλὰ συμφέρεται, καὶ Πλάτωνι τὰς ἐναντίας ἔσχηκε δόξας περὶ κινήσεως, περὶ νοῦ, καὶ περὶ ψυχῆς, καὶ περὶ γενέσεως· τελευτῶν [δὲ] τὸν κόσμον αὐτὸν οὐ ζῷον εἶναι φησί, τὸ δὲ κατὰ φύσιν ἕπεσθαι τῷ κατὰ τύχην·

---

afficiat; intelligibile vero alia species, quod est, ut ipse recinit,

Æternum, integrum semper, semperque quiescens,

suique simile et constanter suam naturam conservans : hic vocabulis calumniam struens Colotes, ac de rebus ad verba trahens disputationem, simpliciter ait *Parmenidem, quia unum ens ponat, omnes res abolere.* (9) Ille vero neutram abolet naturam, sed utrique id quod ei convenit tribuens, in forma Unius et Entis ponit intelligibilem, Ens quidem nominans ut æternum et interitus securum, Unum autem ob similitudinem sui ipsius, et quia nullam admittit differentiam. In forma porro inordinata et in motu versante sensilem naturam collocat. (10) Atque etiam suum sibi utraque et peculiare habet judicandi signum atque instrumentum :

Ast verum certa poteris cognoscere mente,
nimirum intelligibilem et semper eodem modo habentem naturam attingente :

Sive hominum sensus, quibus haud jam certa fides est :
quod scilicet opiniones hominum versantur iis in rebus, quæ omnis generis mutationes, motus, inæqualitatesque admittunt. (11) Et vero qui reliquisset opinionem et sensum Parmenides, sublato opinabili et sensili, dici non potest. Sed quia ei quod vere est convenit permanere in sua natura, ista autem alia modo sunt, modo non sunt, semperque mutant suam naturam; statuit hæc aliam quam ejus quod semper est appellationem requirere. (12) Ergo hæc oratio, qua Ens unum esse pronunciatur, non negat multa ista et sensilia, sed ostendit quid ab intelligibili natura differant. Quod discrimen plenius etiam in idearum tractatione monstrans Plato, Colotæ et ipse ansam reprehendendi dedit.

XIV. Itaque deinceps etiam quid contra eum dixerit, videamus. Ac primum diligentiam et multiplicem scientiam consideremus hujus scilicet philosophi, qui *Platonis sententiam secutos esse* ait *Aristotelem, Xenocratem, Theophrastum, omnesque Peripateticos.* (2) Qua enim in parte terræ non habitabilis scripsisti librum tuum? ut hanc accusationem concipienti non licuerit istorum libros in manus sumere, et legere Aristotelis de Cœlo et Anima, Theophrasti adversus Physicos scripta, Heraclidis Zoroastrem, de Iis quæ sunt apud Inferos, de Difficilibus Naturæ Quæstionibus, Dicæarchi de Anima? quibus in libris hi de præcipuis et maximis philosophiæ naturalis capitibus Platoni continenter adversantur atque pugnant. (3) Et quidem Peripateticorum reliquorum longe summus Strato neque cum Aristotele sentit multis de rebus, et de motu, de mente, de anima, de ortu, contraria Platonicis defendit : denique mundum ipsum animal esse negat, et naturalia esse consequentia statuit fortunæ, casu, ut arbitratur, initium motus

ἀρχὴν γὰρ ἐνδιδόναι τὸ αὐτόματον, εἶτα οὕτω περαίνεσθαι τῶν φυσικῶν παθῶν ἕκαστον. (4) Τάς γε μὴν ἰδέας, περὶ ὧν ἐγκαλεῖ τῷ Πλάτωνι, πανταχοῦ κινῶν [6] Ἀριστοτέλης, καὶ πᾶσαν ἐπάγων ἀπορίαν αὐταῖς, ἐν τοῖς ἠθικοῖς ὑπομνήμασιν, ἐν τοῖς φυσικοῖς, διὰ τῶν ἐξωτερικῶν διαλόγων, φιλονεικότερον ἐνίοις ἔδοξεν ἢ φιλοσοφώτερον ἐκ[**] τῶν δογμάτων τούτων, ὡς προθέμενος τὴν Πλάτωνος ὑπεριδεῖν φιλοσοφίαν· οὕτω μακρὰν ἦν τοῦ ἀκολουθεῖν. (5) Τίνος οὖν εὐχερείας ἐστί, τὰ δοκοῦντα τοῖς ἀνδράσι μὴ μαθόντα καταψεύδεσθαι τὰ μὴ δοκοῦντα; καὶ πεπεισμένον ἐλέγχειν ἑτέρους, αὐτόγραφον ἐξενεγκεῖν ἀμαθίας ἔλεγχον καθ' αὑτοῦ καὶ θρασύτητος, ὁμολογεῖν Πλάτωνι φάσκοντα τοὺς διαφερομένους, καὶ ἀκολουθεῖν τοὺς ἀντιλέγοντας;

XV. Ἀλλὰ δὴ Πλάτων φησὶ, τοὺς ἵππους ὑφ' ἡμῶν ματαίως ἵππους εἶναι καὶ τοὺς ἀνθρώπους. Καὶ ποῦ τοῦτο τῶν Πλάτωνος συγγραμμάτων ἀποκεκρυμμένον εὗρεν ὁ Κολώτης; ἡμεῖς γὰρ ἐν πᾶσιν ἀναγινώσκομεν, καὶ τὸν ἄνθρωπον, ἄνθρωπον, καὶ τὸν ἵππον, ἵππον, καὶ τὸ πῦρ, πῦρ' ὑπ' αὐτοῦ δοξαζόμενον· ἢ καὶ δοξαστὸν ὀνομάζει τούτων ἕκαστον. (2) Ὁ δ' οἷα δὴ σοφίας οὐδ' ἀκαρὲς ἀπέχων, ὡς ἓν καὶ ταὐτὸν ἔλαβε τὸ μὴ εἶναι τὸν ἄνθρωπον, καὶ τὸ εἶναι μὴ ὂν τὸν ἄνθρωπον. Τῷ Πλάτωνι δὲ θαυμαστῶς ἐδόκει διαφέρειν τὸ μὴ εἶναι τοῦ μὴ ὂν εἶναι· τῷ μὲν γὰρ ἀναίρεσιν οὐσίας πάσης, τῷ δὲ ἑτερότητα δηλοῦσθαι τοῦ μεθεκτοῦ καὶ τοῦ μετέχοντος. (3) Ἣν οἱ μὲν ὕστερον εἰς γένους καὶ εἴδους, καὶ κοινῶν τινων καὶ ἰδίων λεγομένων ποιῶν διαφορὰν ἔθεντο μόνον, ἀνωτέρω δ' οὐ προῆλθον, εἰς λογικωτέρας ἀπορίας ἐμπεσόντες. (4) Ἔστι δὲ τοῦ μεθεκτοῦ πρὸς τὸ μετέχον λόγος, ὃν αἰτία τε πρὸς ὕλην ἔχει, καὶ παράδειγμα πρὸς εἰκόνα, καὶ δύναμις πρὸς πάθος. Ὧ γε δὴ μάλιστα τὸ καθ' αὑτὸ καὶ ταὐτὸν [ὂν] ἀεὶ διαφέρει τοῦ δι' ἕτερον καὶ μηδέποτε ὡσαύτως ἔχοντος· ὅτι τὸ μὲν οὔτ' ἔσται ποτὲ μὴ ὄν, οὔτε γέγονε, καὶ διὰ τοῦτο πάντως καὶ ὄντως ὄν ἐστι· τῷ δὲ οὐδὲ ὅσον ἀπ' ἄλλου συμβέβηκε μετέχειν τοῦ εἶναι, βέβαιόν ἐστιν, ἀλλ' ἐξίσταται δι' ἀσθένειαν, ἅτε τῆς ὕλης περὶ τὸ εἶδος ὀλισθαινούσης, καὶ πάθη πολλὰ καὶ μεταβολὰς ἐπὶ τὴν εἰκόνα τῆς οὐσίας, ὥστε κινεῖσθαι καὶ σαλεύεσθαι, δεχομένης. (5) Ὥσπερ οὖν ὁ λέγων, Πλάτωνα μὴ εἶναι τὴν εἰκόνα τοῦ Πλάτωνος, οὐκ ἀναιρεῖ τὴν ὡς εἰκόνος αἴσθησιν αὐτῆς καὶ ὕπαρξιν, ἀλλ' ἐνδείκνυται καθ' αὑτὸ τινὸς ὄντος, καὶ πρὸς ἐκεῖνο ἑτέρου γεγονότος διαφοράν· οὕτως οὔτε φύσιν, οὔτε χρῆσιν, οὔτ' αἴσθησιν ἀνθρώπων ἀναιροῦσιν οἱ κοινῆς τινος οὐσίας μετοχῇ καὶ ἰδέᾳ γινόμενον * ἡμῶν ἕκαστον εἰκόνα τοῦ παρασχόντος τὴν ὁμοιότητα τῇ γενέσει προσαγορεύοντες. (6) Οὐδὲ γὰρ ὁ πῦρ μὴ λέγων εἶναι τὸν πεπυρωμένον σίδηρον, ἢ τὴν σελήνην ἥλιον, ἀλλὰ, κατὰ Παρμενίδην,

Νυκτιφαὲς περὶ γαῖαν ἀλώμενον, ἀλλότριον φῶς,

naturæ præbente, itaque hos porro confici. (4) Ideas autem Platonicas Aristoteles ubique incessens dictis, in Moralibus, in Naturalibus Commentariis, in Colloquiis Exotericis seu Extraneis Disputationibus, visus est quibusdam majore contentionis quam sapientiæ studio id fecisse; ut qui sibi proposuisset philosophiam Platonis contemnere : tantum abest ut eum fuerit secutus. (5) Cujus ergo levitatis est, quum sententias illorum virorum non addidiceris, falso te iis ascribere quæ non probaverunt? quumque in animum induxeris alios refellere, tua te manu contra te inscitiæ et temeritatis publicare indubitabile argumentum, consentire dicentem cum Platone qui dissident, et subsequi eum qui repugnant?

XV. Nimirum autem *Plato*, inquis, *temere dixit equos equos simul esse et homines.* Quo tandem in commentario Platonis absconditum invenit hoc Colotes? Nam nos quidem equum, in omnibus legimus, hominem hominem, equum equum, ignem ignem, ipsius opinione statui : unde etiam *opinabile* unumquodque horum appellat. (2) Sed Colotes, ut qui scilicet ne hilum quidem ab ipsa sapientia abesset, pro uno et eodem accepit *non esse hominem*, et *hominem non esse Ens.* At Platoni mirum in modum visum est differre *non esse*, et *non Ens esse :* nempe illo penitus omnem tolli substantiam; hoc notari diversitatem participantis et participati. (3) Hanc posteriores in generis et formæ, et communium quarundam et propriarum quæ dicuntur qualitatum differentiam duntaxat retulerunt, neque progressi sunt altius, quum in magis Logicas incidissent difficultates. (4) Est autem participati ad participans ratio ea quæ intercedit inter causam et materiam, exemplar et imaginem, facultatem et effectum : quo pacto maxime differunt id quod per se est semperque eodem modo habet, et id quod ab alio pendens sibi nunquam constat : quum illud neque fuerit unquam non Ens, neque futurum sit, ideoque omnino et re ipsa Ens sit : hoc neque illud ipsum quidem Esse, quo ei contingit ab alio impertiri, firmum habeat; sed eo ob imbecillitatem excidat; quippe materia circa formam labente, et multas affectiones mutationesque in substantiæ imaginem, ita ut moveatur ac fluctuet, recipiente. (5) Sicut ergo qui dicit Platonem non esse simulacrum Platonis, non negat ipsius sensum et essentiam simulacri, sed ostendit discrimen ejus quod per se aliquid est, ab eo quod ejus respectu exstitit : sic neque naturam, neque usum, neque sensum hominum tollunt, qui communis cujusdam substantiæ participatione et specie unumquemque nostrûm factum esse imaginem ejus quod similitudinem præbuit ortui, pronunciant. (6) Neque enim qui ignem non esse ait candens ferrum, aut lunam solem, sed, ut canit Parmenides,

Noctivagam circa terram lucem atque alienam,

ἀναιρεῖ σιδήρου χρῆσιν ἢ σελήνης, φύσιν· ἀλλ' εἰ μὴ
λέγοι σῶμα, μηδὲ πεφωτισμένον, ἤδη μάχεται ταῖς
αἰσθήσεσιν, ὥσπερ ὁ σῶμα καὶ ζῷον καὶ γένεσιν καὶ
αἴσθησιν μὴ ἀπολιπών. (7) Ὁ δὲ ταῦτα ὑπάρχειν τῷ
μετεσχηκέναι, καὶ ὅσον ἀπολείπεται τοῦ ὄντος ἀεὶ καὶ
τὸ εἶναι παρέχοντος αὐτοῖς ὑπονοῶν, οὐ παρορᾷ τὸ
αἰσθητὸν, οὐδὲ παρορᾷ τὸ νοητὸν, οὐδὲ ἀναιρεῖ τὰ γινόμενα καὶ φαινόμενα περὶ ἡμᾶς τῶν παθῶν· ἀλλὰ ὅτι
βεβαιότερα τούτων ἕτερα καὶ μονιμώτερα πρὸς οὐσίαν
ἐστὶ, τῷ μήτε γίνεσθαι, μήτ' ἀπόλλυσθαι, μήτε πάσχειν μηθὲν, ἐνδείκνυται τοῖς ἑπομένοις, καὶ διδάσκει
καθαρώτερον τῆς διαφορᾶς ἁπτομένους τοῖς ὀνόμασι, τὰ
μὲν ὄντα, τὰ δὲ γινόμενα προσαγορεύειν. (8) Τοῦτο
δὲ καὶ τοῖς νεωτέροις συμβέβηκε· πολλὰ γὰρ καὶ μεγάλα πράγματα τῆς τοῦ ὄντος ἀποστεροῦσι προσηγορίας, τὸ κενὸν, τὸν χρόνον, τὸν τόπον, ἁπλῶς τὸ τῶν
λεκτῶν γένος, ἐν ᾧ καὶ τἀληθῆ πάντα ἔνεστι· ταῦτα
γὰρ ὄντα μὲν μὴ εἶναι, τινὰ δ' εἶναι λέγουσι· χρώμενοι δ' αὐταῖς ὡς ὑφεστῶσι καὶ ὑπάρχουσιν ἐν τῷ βίῳ
καὶ τῷ φιλοσοφεῖν διατελοῦσιν.

XVI. Ἀλλ' αὐτὸν ἡδέως ἂν ἐροίμην τὸν κατήγορον,
εἰ τοῖς ἑαυτῶν πράγμασι τὴν διαφορὰν οὐκ ἐνορῶσι
ταύτην, καθ' ἣν τὰ μὲν μόνιμα καὶ ἄτρεπτα ταῖς οὐ-
σίαις ἐστὶν, ὡς λέγουσι καὶ τὰς ἀτόμους ἀπαθείᾳ καὶ
στερρότητι πάντα χρόνον ὡσαύτως ἔχειν, τὰ δὲ συγκρίματα πάντα, ῥευστὰ καὶ μεταβλητὰ, καὶ γινόμενα
καὶ ἀπολλύμενα εἶναι, μυρίων μὲν εἰδώλων ἀπερχομέ-
νων ἀεὶ καὶ ῥεόντων, μυρίων δὲ, ὡς εἰκὸς, ἑτέρων ἐκ
τοῦ περιέχοντος ἐπιρρεόντων καὶ ἀναπληρούντων τὸ
ἄθροισμα, ποικιλλόμενον ὑπὸ τῆς ἐξαλλαγῆς ταύτης
καὶ μετακεραννύμενον, ἅτε δὴ καὶ τῶν ἐν βάθει τοῦ
συγκρίματος ἀτόμων οὐδέποτε λῆξαι κινήσεως οὐδὲ παλ-
μῶν πρὸς ἄλληλα δυναμένων, ὥσπερ αὐτοὶ λέγουσιν·
(2) ἀλλ' ἔστι μὲν ἐν τοῖς πράγμασιν ἡ τοιαύτη διαφορὰ τῆς οὐσίας· σοφώτερος δὲ τοῦ Πλάτωνος ὁ Ἐπίκουρος, ᾗ πάντα ὁμοίως ὄντα προσαγορεύει, τὸ ἀναφὲς
κενὸν, τὸ ἀντερεῖδον σῶμα, τὰς ἀρχὰς, τὰ συγκρίματα·
κοινῆς, ναὶ μὰ Δί', ἡγούμενος οὐσίας μετέχειν τὸ ἀΐδιον
τῷ γινομένῳ, τὸ ἀνώλεθρον τῷ φθειρομένῳ, τὰς ἀπαθεῖς καὶ διαρκεῖς καὶ ἀμεταβλήτους καὶ μηδέποτε
τοῦ εἶναι δυναμένας ἐκπεσεῖν φύσεις ταύταις ὧν ἐν τῷ
πάσχειν καὶ μεταβάλλειν τὸ εἶναι, ταῖς μηδένα χρόνον
ὡσαύτως ἐχούσαις. (3) Εἰ δὲ δὴ καὶ ὡς ἔνι μάλιστα διή-
μαρτε τούτοις ὁ Πλάτων, ὀνομάτων ὤφειλε συγχύσεως
εὐθύνας ὑπέχειν τοῖς ἀκριβέστερον Ἑλληνίζουσι τούτοις
καὶ καθαρώτερον διαλεγομένοις, οὐχ ὡς ἀναιρῶν τὰ πράγματα, καὶ τοῦ ζῆν ἐξάγων ἡμᾶς, αἰτίαν ἔχειν, ὅτι τὰ
γινόμενα (καὶ) οὐκ ὄντα, καθάπερ οὗτοι, προσηγόρευσεν.

XVII. Ἀλλ' ἐπεὶ τὸν Σωκράτην μετὰ τὸν Παρμενίδην ὑπερέβημεν, ἀναληπτέος **. Εὐθὺς οὖν τὸν ἀφ' ἱερᾶς
κεκίνηκεν ὁ Κολώτης· καὶ διηγησάμενος ὅτι χρησμὸν
ἐκ Δελφῶν περὶ Σωκράτους ἀνήνεγκε Χαιρεφῶν,
ὃν ἴσμεν ἅπαντες, ταῦτα ἐπείρηκε· « Τὸ μὲν οὖν τοῦ
Χαιρεφῶντος, διὰ τὸ τελέως σοφιστικὸν καὶ φορτικὸν

---

ideo ferri usum, aut lunæ naturam infitiatur : sed si corpus
esse, aut illuminatum neget, jam sensui repugnaverit, ut
qui corpus, animal, ortum, sensumque non relinquat. (7)
Qui vero ex eo quod aliqua res exsistat, conjecturam facit
eam participem illius rei esse, quæ semper est et ut reliquæ
sint efficit, et qui porro concludit, quantum illa prior res
ab hac posteriore absit; is neque sensilia negligit, neque
negligit intelligibilia, neque tollit eas affectiones, quæ nobis
accidunt et sensu percipiuntur; sed his firmiora et constan-
tioris esse alia ostendit naturæ, eo quod neque oriantur neque intereant, neque perpetiantur quicquam : ac discrimen illud subtilius verbis exprimere docet successores, ut
alia *Entia*, alia *Fientia* appellent. (8) Idque recentioribus etiam usu venit. Multas enim et magnas res Entis
nomine dedignantur; vacuum, tempus, locum, simpliciter genus dictorum, in quo et vera omnia insunt : hæc enim
non esse Entia, sed *aliquid* esse dicunt, iisque ut exstantibus et subsistentibus in vita ac philosophia perpetuo utuntur.

XVI. Ceterum libenter ego ex isto reprehensore quæram, an non in suis ipsi hoc discrimen rebus conspiciant,
ut aliorum substantiæ stabiles sint atque immutabiles, sicut ipsi aiunt *atomos ob vacuitatem perpessionum atque
soliditatem semper eodem in statu perdurare; aliorum
concretæ sint, quæ omnia fluxa esse et mutabilia, ori-
rique et interire, subinde innumeris defluentibus simulacris, aliisque, ut par est, ex ambiente influentibus
et congeriem explentibus, variatam his mutationibus
et alia affectam temperie; quum quidem etiam quæ
in profundo concretæ sunt atomi; nunquam desinant
moveri et tremula concitatione ad se invicem ferri, ut
affirmant ipsi :* (2) sed sit in rebus quidem hujusmodi diversitas substantiæ : sapientior vero Epicurus Platone, dum
omnia similiter Entia nominat, Inane illud tactum fugiens,
corpus renitens, principia, res concretas; eandem scilicet
essentiam tribuens sempiternis ac nascentibus, et confun-
dens cum pereunte id quod interitu vacat, id quod perpetuum et immutabile est, sibi sufficit ipsum et natura sua
nunquam excidere potest, cum iis quorum natura et Esse
in motu et mutatione consistit, et nullo tempore sui similia
manent. (3) Jam vero ut in his Plato deliquerit quantum
potest maxime, de confusione vocabulorum accusandus
erat ab hisce purius Græce scilicet loquentibus, et accuratius disserentibus; non ut qui res perimeret, et vita nos ex-
pelleret, quando *Fientia* non *Entia*, eodem modo quo
ipsi, appellat.

XVII. Sed jam ad Socratem, quem post Parmenidem
omiseramus, nobis est sermo reducendus. Hic ergo Colotes statim a sacra, quod dicitur, linea movit, quumque
narrasset Chærephontem Delphis oraculum attulisse de Socrate, omnibus nobis notum, sic loquitur : *Et Chærephon-
tis quidem narrationem, ut plane sophisticam et præ*

διήγημα εἶναι, παρήσομεν. » (2) Φορτικὸς οὖν ὁ Πλάτων ὁ τοῦτον ἀναγράψας τὸν χρησμὸν, ἵνα τοὺς ἄλλους ἐάσω. Φορτικώτεροι δὲ Λακεδαιμόνιοι, τὸν περὶ Λυκούργου χρησμὸν ἐν ταῖς παλαιοτάταις ἀναγραφαῖς ἔχοντες· σοφιστικὸν δ' ἦν διήγημα τὸ Θεμιστοκλέους, ᾧ πείσας Ἀθηναίους τὴν πόλιν ἐκλιπεῖν, κατεναυμάχησε τὸν βάρβαρον· * φορτικοὶ δὲ οἱ τῆς Ἑλλάδος νομοθέται, τὰ μέγιστα καὶ πλεῖστα τῶν ἱερῶν πυθόχρηστα καθιστάντες. (3) Εἰ τοίνυν ὁ περὶ Σωκράτους, ἀνδρὸς εἰς ἀρετὴν θεολήπτου γενομένου, χρησμὸς ἀνενεχθεὶς ὡς σοφοῦ, φορτικὸς ἦν καὶ σοφιστικὸς, τίνι προσείπωμεν ἀξίως ὀνόματι τοὺς ὑμετέρους βρόμους καὶ ὀλολυγμοὺς καὶ κροτοθορύβους, καὶ σεβάσεις καὶ ἐπιθειάσεις, αἷς προτρέπεσθε καὶ καθυμνεῖτε τὸν ἐπὶ ἡδονὰς παρακαλοῦντα συνεχεῖς καὶ πυκνάς; ὃς ἐν τῇ πρὸς Ἀνάξαρχον ἐπιστολῇ ταυτὶ γέγραφεν· « Ἐγὼ δ' ἐφ' ἡδονὰς συνεχεῖς παρακαλῶ, καὶ οὐκ ἐπ' ἀρετάς, κενὰς καὶ ματαίας καὶ ταραχώδεις ἐχούσας τῶν καρπῶν τὰς ἐλπίδας. » (4) Ἀλλ' ὅμως ὁ μὲν Μητρόδωρος τὸν Τίμαρχον παρακαλῶν φησί, « Ποιήσωμέν τι καλὸν ἐπὶ καλοῖς, μονονοὺ καταδύντες ταῖς ὁμοιοπαθείαις καὶ ἀπαλλαγέντες ἐκ τοῦ χαμαὶ βίου εἰς τὰ Ἐπικούρου ὡς ἀληθῶς θεόφαντα ὄργια. » (5) Κολώτης δ' αὐτὸς ἀκροώμενος Ἐπικούρου φυσιολογοῦντος, ἄφνω τοῖς γόνασιν αὐτοῦ προσέπεσε, καὶ ταῦτα γράφει σεμνυνόμενος αὐτὸς Ἐπίκουρος· « Ὡς σεβομένῳ γάρ σοι τὰ τότε ὑφ' ἡμῶν λεγόμενα, προσέπεσεν ἐπιθύμημα ἀφυσιολόγητον, τὸ περιπλακῆναι ἡμῖν γονάτων ἐραπτόμενον, καὶ πάσης τῆς εἰθισμένης ἐπιλήψεως γίνεσθαι, κατὰ τὰς σεβάσεις τιμῶν καὶ λιτάς· ἐποίεις οὖν, φησί, καὶ ἡμᾶς ἀνθιεροῦν σεαυτὸν καὶ ἀντισέβεσθαι. » (6) Συγγνωστά, νὴ Δία, τοῖς λέγουσιν ὡς παντὸς ἂν πρίαιντο τῆς ὄψεως ἐκείνης εἰκόνα γεγραμμένην θεάσασθαι, τοῦ μὲν προσπίπτοντος εἰς γόνατα καὶ περιπλεκομένου, τοῦ δ' ἀντιλιτανεύοντος καὶ ἀντιπροσκυνοῦντος. Οὐ μέντοι τὸ θεράπευμα τοῦτο, καίπερ εὖ τῷ Κολώτῃ συντεθέν, ἔσχε καρπὸν ἄξιον· οὐ γὰρ ἀνηγορεύθη σοφός, ἀλλὰ μόνον, « Ἄφθαρτός μοι περιπάτει, φησί, καὶ ἡμᾶς ἀφθάρτους διανοοῦ. »

XVIII. Τοιαῦτα μέντοι ῥήματα καὶ κινήματα καὶ πάθη συνειδότες αὑτοῖς, ἑτέρους φορτικοὺς ἀποκαλοῦσι. Καὶ δῆτα καὶ προθεὶς ὁ Κολώτης τὰ σοφὰ ταῦτα καὶ καλὰ περὶ τῶν αἰσθήσεων ὅτι « σιτία προσαγόμεθα, καὶ οὐ χόρτον, καὶ τοὺς ποταμούς, ὅταν ὦσι μεγάλοι, πλοίοις διαπερῶμεν, ὅταν δ' εὐδιάβατοι γένωνται, τοῖς ποσίν, » ἐπιπεφώνηκεν, « Ἀλλὰ γὰρ ἀλαζόνας ἐπετήδευσας λόγους, ὦ Σώκρατες· καὶ ἕτερα μὲν διελέγου τοῖς ἐντυγχάνουσιν, ἕτερα δ' ἔπραττες. » (2) Πῶς γὰρ οὐκ ἀλαζόνες οἱ Σωκράτους λόγοι, μηδὲν αὐτοῦ εἰδέναι φάσκοντος, ἀλλὰ μανθάνειν ἀεὶ καὶ ζητεῖν τὸ ἀληθές; (3) Εἰ δὲ τοιαύταις, ὦ Κολῶτα, Σωκράτους φωναῖς περιέπεσες, οἵας Ἐπίκουρος γράφει πρὸς Ἰδομενέα, « Πέμπε οὖν ἀπαρχὰς ἡμῖν εἰς τὴν τοῦ ἱεροῦ σώματος θεραπείαν, ὑπέρ τε αὑτοῦ καὶ τέκνων· οὕτω γάρ

fastu odiosam, omittemus. (2) Odiosus ergo Plato, ne de aliis dicam, qui id oraculum in literas retulerit. Odiosiores etiam Spartani, qui oraculum de Lycurgo in antiquissimis Commentariis scriptum servant. Sophistica vero fuit Themistoclis narratio, qua Atheniensibus quum persuasisset ut urbe excederent, navali prælio devicit barbaros. Importuni Græcarum legum conditores, qui pleraque et maxima sacra Pythicum secuti oraculum instituerunt. (3) Si ergo de Socrate, viro ad virtutem divino instinctu iacitato, allatum responsum et sapientiæ testimonium ab Apolline exhibitum odiosum ob arrogantiam fuit et captiosum; quibus, quæso, dignis vocabulis notabimus vestros *fremitus, ululatus, plausus tumultuosos, cultus, ac divinas acclamationes,* quibus celebratis ac prædicatis vestrum principem ad voluptates crebras et continuas exhortantem? qui quidem in epistola ad Anaxarchum hæc scripsit : *Ego autem ad voluptates continentes cohortor, non ad virtutes, quarum de fructibus spes sunt vanæ, inanes et turbulentæ.* (4) Et tamen Metrodorus Timarchum exhortans ait, *Pulchrum aliud ex alio faciamus, affectuum similitudine tantum non relicta vita terrestri in vere divina Epicuri orgia nos demergentes.* (5) Ipse vero Colotes quum audiret Epicurum de natura rerum verba facientem, subito ad genua ejus accidit; hocque ipse Epicurus scribendo jactat : *Tibi enim, tanquam veneranti ea quæ tum a nobis dicebantur, incidit cupiditas nullam causam habens naturalem, ut genua nostra langeres, nosque amplectereris, omnemque solitum ritum venerandi, honorandi, comprecandique perageres. Quo effecisti, ut nos quoque te vicissim sacrum deputaremus ac veneraremur.* (6) Ignoscendum, mehercle, est dicentibus, quantovis dato pretio se picturam istius actionis spectaturos, Colotæ ad genua Epicuri accidentis et eum amplectentis, Epicuri eum vicissim adorantis. Et tamen hoc demerendi officium, quanquam scite obitum, Colotæ fructum dignum non tulit : non enim sapiens est pronunciatus, sed hoc tantum ei dictum : *Interitus expers mihi ambula, nosque eadem conditione esse intellige.*

XVIII. Hujusmodi verborum, motuum affectuumque illi sibi conscii; tamen alios *arrogantia odiosos* dicunt. Quin etiam Colotes quum arguta ista et pulchra de sensibus præmisisset, *cibis nos vesci, non fæno, magnos fluvios navibus, vadosos pedibus transire,* exclamat : *Enimvero, Socrates, arrogantibus ac gloriosis sermonibus studuisti; aliaque apud auditores disseruisti, alia egisti.* (2) Quidni enim sint arrogantes Socratis sermones, *nihil se scire, sed semper discere et quærere veritatem* profitentis? (3) Quodsi in hujusmodi voces ab Socrate profectas incidisses, quales Epicurus ad Idomeneum scripsit : *Mitte itaque nobis primitias ad sacri corporis cultum pro te et liberis, sic enim mihi dicere subit,* quibusnam

μοι λέγειν ἐπέρχεται, « τίσιν ἂν ῥήμασιν ἀγροικοτέροις
ἐχρήσω; (4) Καὶ μὴν ὅτι Σωκράτης ἄλλα μὲν ἔλεγεν, ἄλλα δ' ἔπραττε, θαυμαστῶς μαρτυρεῖ σοι τὰ ἐπὶ
Δηλίῳ, τὰ ἐν Ποτιδαίᾳ, τὰ ἐπὶ τῶν Τριάκοντα, τὰ
πρὸς Ἀρχέλαον, τὰ πρὸς τὸν δῆμον, ἡ πενία, ὁ θάνα-
τος· οὐ γὰρ ἄξια ταῦτα τῶν Σωκρατικῶν λόγων. (5)
Ἐκεῖνος ἦν, ὦ μακάριε, κατὰ Σωκράτους ἔλεγχος ἕτερα
μὲν λέγοντος, ἕτερα δὲ πράττοντος, εἰ τὸ ἡδέως ζῆν τέλος ἐκθέμενος, οὕτως ἐβίωσε.

XIX. Ταῦτα μὲν οὖν πρὸς τὰς βλασφημίας. Ὅτι
δὲ, οἷς ἐγκαλεῖ περὶ τῶν ἐναργῶν, ἔνοχος αὐτός ἐστιν,
οὐ συνεῖδεν. (2) Ἓν γάρ ἐστι τῶν Ἐπικούρου δογμάτων, τὸ μηδὲν ἀμεταπείστως πεπεῖσθαι μηδένα, πλὴν
τὸν σοφόν. Ἐπεὶ τοίνυν ὁ Κολώτης οὐκ ἦν σοφὸς
οὐδὲ μετὰ τὰς σεβάσεις ἐκείνας, ἐρωτάτω πρῶτον ἐκεῖνα
τὰ ἐρωτήματα, πῶς σιτία προσάγεται καὶ οὐ χόρτον
ἐπιτήδειος ὤν, καὶ τὸ ἱμάτιον τῷ σώματι καὶ οὐ τῷ
κίονι περιτίθησι, μήτε ἱμάτιον εἶναι τὸ ἱμάτιον, μήτε
σιτίον τὸ σιτίον ἀμεταπείστως πεπεισμένος. (3) * Εἰ
δὲ καὶ ταῦτα πράττει, καὶ τοὺς ποταμοὺς, ὅταν ὦσι
μεγάλοι, ποσὶν οὐ διέρχεται, καὶ τοὺς ὄφεις φεύγει καὶ
τοὺς λύκους, μηδὲν εἶναι τούτων, οἷον φαίνεται, πεπεισμένος ἀμεταπείστως, ἀλλὰ πράττων ἕκαστα κατὰ τὸ
φαινόμενον· οὐδὲ Σωκράτει δήπουθεν ἐμποδὼν ἦν ἡ
περὶ τῶν αἰσθήσεων δόξα τοῦ χρῆσθαι τοῖς φαινομένοις
ὁμοίως. (4) Οὐ γὰρ Κολώτῃ μὲν ὁ ἄρτος ἄρτος ἐφαίνετο, καὶ χόρτος ὁ χόρτος, ὅτι τοὺς διοπετεῖς ἀνεγνώ-
κει κανόνας· ὁ δὲ Σωκράτης ὑπ' ἀλαζονείας, ἄρτου μὲν
ὡς χόρτου, χόρτου δὲ ὡς ἄρτου, φαντασίαν ἐλάμβανε.
Δόγμασι γὰρ ἡμῶν καὶ λόγοις οὗτοι χρῶνται βελτίοσιν
οἱ σοφοί· τὸ δ' αἰσθάνεσθαι καὶ τυποῦσθαι πρὸς τὰ φαινόμενα, κοινόν ἐστι πάθος, ἀλόγοις περαινόμενον αἰτίαις. (5) Ὁ δὲ τὰς αἰσθήσεις λόγος ἐπαγόμενος, ὡς
οὐκ ἀκριβεῖς οὐδ' ἀσφαλεῖς πρὸς πίστιν οὔσας, οὐκ
ἀναιρεῖ τὸ φαίνεσθαι τῶν πραγμάτων ἡμῖν ἕκαστον,
ἀλλὰ χρωμένοις κατὰ τὸ φαινόμενον ἐπὶ τὰς πράξεις
ταῖς αἰσθήσεσι, τὸ πιστεύειν ὡς ἀληθέσι πάντῃ, καὶ
ἀδιαπτώτοις οὐ δίδωσιν αὐταῖς· τὸ γὰρ ἀναγκαῖον ἀρκεῖ
καὶ χρειῶδες ἀπ' αὐτῶν, ὅτι βέλτιον ἕτερον οὐκ ἔστιν·
ἣν δὲ ποθεῖ φιλόσοφος ψυχὴ λαβεῖν ἐπιστήμην περὶ
ἑκάστου καὶ γνῶσιν, οὐκ ἔχουσι.

XX. Περὶ μὲν οὖν τούτων καὶ πάλιν ὁ Κολώτης
εἰπεῖν παρέξει, ταῦτα πολλοῖς ἐγκεκληκώς. Ἐν οἷς δὲ
κομιδῇ διαγελᾷ καὶ φλαυρίζει τὸν Σωκράτην, ζητοῦντα
τί ἄνθρωπός ἐστι, καὶ νεανιευόμενον, ὡς φησὶν, ὅτι
μηδ' αὐτὸς εἰδείη, δῆλος μέν ἐστιν αὐτὸς οὐδέποτε πρὸς
τούτῳ γενόμενος· (2) ὁ δὲ Ἡράκλειτος, ὡς μέγα τι
καὶ σεμνὸν διαπεπραγμένος, « Ἐδιζησάμην, φησὶν,
ἐμεωυτόν· » καὶ τῶν ἐν Δελφοῖς γραμμάτων θειότατον
ἐδόκει τὸ, Γνῶθι σαυτόν· ὃ δὴ καὶ Σωκράτει ἀπορίας
καὶ ζητήσεως ταύτης ἀρχὴν ἐνέδωκεν, ὡς Ἀριστοτέλης ἐν τοῖς Πλατωνικοῖς εἴρηκε· Κολώτῃ δὲ γελοῖον
δοκεῖ. (3) Τί οὖν οὐ καταγελᾷ καὶ τοῦ καθηγεμόνος,
τοῦτο αὐτὸ πράττοντος, ὁσάκις γράφοι καὶ διαλέγοιτο

verbis uti potuisses magis importunis? (4) Sed Socratem
aliter locutum, aliter vixisse, mirum in modum tibi testimonium perhibent res gestæ ad Delium, ad Potidæam,
apud Trigintaviros, ad Archelaum, ad populum, paupertas, mors : scilicet enim hæc ejus sermonibus indigna sunt.
(5) Hoc, o bone, Socratem aliter locutum, aliter egisse,
poteras convincere, si, fine vitæ posito voluptate, vitam,
qualem egit, egisset.

XIX. Hæc ad calumnias responsa sint. Quod autem ad Evidentiam attinet, non sensit Colotes eorum ipsum se culpam
sustinere de quibus accusat Socratem. (2) Est enim unum
de Epicuri decretis, *nihil cuiquam ita certo persuasum
esse, ut de sententia deduci non possit, excepto sapiente*. Quando itaque Colotes sapiens non fuit, etiam
post illas venerationes, primum hæ proponantur ei quæstiones : Quomodo cibo vescatur, non fœno..., vestem corpori, non columnæ circumdet, quum neque vestem vestem esse, neque cibum cibum ita persuasum habeat, ut
mutare sententiam nequeat. (3) Sin et ista agit, et amnes
aquis auctos pedes non transit, et serpentes fugit atque lupos, nihil horum irrevocabili firmitate habens cognitum,
sed in singulis id sequens quod videtur; certe Socrati quoque nihil obstabat sua de sensibus opinio, quin eodem modo
uteretur iis quæ videbantur. (4) Neque enim Colotæ panis
panis videtur, et fœnum fœnum, quia cœlo delapsos istos
legerat canones; Socrati autem præ arrogantia panis fœnum, hoc panis visum fuit. Nam sapientes isti decretis et
rationibus utuntur quam nos melioribus : sentire et visa
imaginari communis est affectio, quæ causis conficitur rationis expertibus. (5) Et illa disputatio quæ sensus ostendit non esse perfectos, non certissimæ fidei, interim haud
negat videri nobis unamquamque rem; sed quum sensibus
secundum ea quæ videntur utamur ad agendum, monet
nos non debere iis tanquam omnino veracibus et nusquam
fallentibus fidere. Sufficit enim nobis necessarius sensuum
usus et quas inde percipimus commoditates; quia aliud
melius nihil suppetit : scientia vero, et ea cognitio quam
sapientiæ studiosa anima de singulis expetit, sensibus non
adest.

XX. Ac de his quidem denuo occasionem dicendi præbebit Colotes, multos hoc nomine reprehendens. Ubi autem
effuse deridet atque contemnit Socratem, *quærentem homo
quid sit, et juvenili ostentatione*, ut quidem Colotes ait,
dicentem se ignorare hoc, apparet ipsum nunquam eam
cogitationem suscepisse. (2) Heraclitus quidem tanquam
re magna et præclara gesta, *Quæsivi*, inquit, *me ipsum*.
Et inter ea quæ Delphis scripta sunt, maxime divinum illud creditum est, *Noris te ipsum* : idque hujus dubitationis et inquisitionis Socrati ansam dedit, ut ait in Platonicis Aristoteles. At Colotæ res videtur ridicula. (3) Cur
ergo non deridet etiam præceptorem suum, idem hoc agen-

περὶ οὐσίας ψυχῆς καὶ τοῦ ἀθρόου τῆς καταρχῆς; εἰ
γὰρ τὸ ἐξ ἀμφοῖν, ὡς ἀξιοῦσιν αὐτοί, σώματος τοιοῦδε
καὶ ψυχῆς, ἄνθρωπός ἐστιν, ὁ ζητῶν ψυχῆς φύσιν, ἀνθρώπου ζητεῖ φύσιν ἐκ τῆς κυριωτέρας ἀρχῆς. (4)
⁵ Ὅτι δὲ αὕτη λόγῳ δυσθεώρητος, αἰσθήσει δ' ἄληπτός
ἐστι, μὴ παρὰ Σωκράτους, σοφιστοῦ καὶ ἀλαζόνος
ἀνδρός, ἀλλὰ παρὰ τῶν σοφῶν τούτων λάβωμεν, οἳ
μέχρι τῶν περὶ σάρκα τῆς ψυχῆς δυνάμεων, αἷς θερμότητα καὶ μαλακότητα καὶ τόνον παρέχει τῷ σώματι,
¹⁰ τὴν οὐσίαν συμπηγνύντες αὐτῆς ἔκ τινος θερμοῦ καὶ
πνευματικοῦ καὶ ἀερώδους, οὐκ ἐξικνοῦνται πρὸς τὸ
κυριώτατον, ἀλλ' ἀπαγορεύουσι. (5) Τὸ γὰρ ᾧ κρίνει
καὶ μνημονεύει, καὶ φιλεῖ καὶ μισεῖ, καὶ ὅλως τὸ φρόνιμον καὶ λογιστικὸν ἔκ τινος, φησίν, ἀκατονομάστου
¹⁵ ποιότητος ἐπιγίνεσθαι. Καὶ ὅτι μὲν αἰσχυνομένης
ἐστὶν ἀγνοίας τουτὶ τὸ ἀκατονόμαστον ἐξομολόγησις,
οὐκ ἔχειν ὀνομάσαι φασκόντων, ὃ μὴ δύνανται καταλαβεῖν, ἴσμεν· ἐχέτω δὲ συγγνώμην καὶ τοῦτο, ὡς λέγουσι. (6) Φαίνεται γὰρ οὐ Φαῦλον οὐδὲ ῥᾴδιον, οὐδὲ
²⁰ τοῦ τυχόντος εἶναι καταμαθεῖν, ἀλλ' ἐνδεδυκὸς ἀπόρῳ
τινὶ τόπῳ, καὶ δεινῶς ἀποκεκρυμμένον, ᾧ γ' ὄνομα
μηδὲν ἐν τοσούτοις πρὸς δήλωσιν οἰκεῖόν ἐστι. (7)
Οὐ Σωκράτης οὖν ἀβέλτερος, ὅστις εἴη ζητῶν ἑαυτόν,
ἀλλὰ πάντες, οἷς ἔπεισί τι τῶν ἄλλων πρὸ τούτου ζη-
²⁵ τεῖν, ὅτι τὴν γνῶσιν ἀναγκαίαν ἔχον, οὕτως εὑρεθῆναι
χαλεπόν ἐστιν· οὐ γὰρ ἂν ἐλπίσειεν ἑτέρου λαβεῖν ἐπιστήμην, ὃν διαπέφευγε τῶν ἑαυτοῦ τὸ κυριώτατον καταλαβεῖν.

XXI. Ἀλλὰ διδόντες αὐτῷ, τὸ μηδὲν οὕτως ἄ-
³⁰ χρηστον εἶναι μηδὲ φορτικὸν * ὡς τὸ ζητεῖν αὐτόν,
ἐρώμεθα, τίς αὕτη τοῦ βίου σύγχυσίς ἐστιν, ἢ πῶς
ἐν τῷ ζῆν οὐ δύναται διαμένειν ἀνήρ, ὅτε τύχοι, πρὸς
ἑαυτὸν ἀναλογιζόμενος, Φέρε, τίς ὢν οὗτος ὁ ἐγὼ τυγ-
χάνω; πότερον ὡς κρᾶμά τι μεμιγμένον ἔκ τε τῆς
³⁵ ψυχῆς καὶ τοῦ σώματος; ἢ μᾶλλον ἡ ψυχὴ τῷ σώματι χρωμένη, καθάπερ ἱππεὺς ἀνὴρ ἵππῳ χρώμενος, οὐ τὸ ἐξ ἵππου καὶ ἀνδρός; ἢ τῆς ψυχῆς τὸ
κυριώτατον, ᾧ φρονοῦμεν καὶ λογιζόμεθα καὶ πράττομεν, ἕκαστος ἡμῶν ἐστι, τὰ δὲ λοιπὰ καὶ ψυχῆς
⁴⁰ μόρια πάντα καὶ σώματος, ὄργανα τῆς τούτου δυνάμεως; ἢ τοπαράπαν οὐκ ἔστιν οὐσία ψυχῆς, ἀλλ'
αὐτὸ τὸ σῶμα κεκραμένον τὴν τοῦ φρονεῖν καὶ ζῆν
ἔσχηκε δύναμιν; (2) Ἀλλὰ τούτοις μὲν οὐκ ἀναιρεῖ τὸν
βίον ὁ Σωκράτης, ἃ δὴ πάντες οἱ φυσικοὶ ζητοῦσιν·
⁴⁵ ἐκεῖνα δὲ ἦν τὰ ἐν Φαίδρῳ δεινὰ καὶ ταρακτικὰ τῶν
πραγμάτων, αὐτὸν οἰομένου δεῖν ἀναθεωρεῖν, εἴτε
Τυφῶνός ἐστι θηρίον πολυπλοκώτερον καὶ μᾶλλον ἐπι-
τεθυμμένον, εἴτε θείας τινὸς καὶ ἀτύφου μοίρας
φύσει μετέχον. (3) Ἀλλὰ τούτοις γε τοῖς ἐπιλογισμοῖς
⁵⁰ οὐ τὸν βίον ἀνῄρει, τὴν δ' ἐμβροντησίαν ἐκ τοῦ βίου
καὶ τὸν τῦφον ἐξήλαυνε, καὶ τὰς ἐπαχθεῖς καὶ ὑπερ-
όγκους κατοιήσεις καὶ μεγαλαυχίας· ταῦτα γὰρ ὁ Τυ-
φῶν ἐστιν, ὃν πολὺν ὑμῖν ἐνεποίησεν ὁ καθηγεμών,
καὶ θεοῖς πολεμῶν καὶ θείοις ἀνδράσι.

tem, quoties scribit aut disserit de natura animæ et origine
hominis? Si enim ex ambobus, ut ipsi volunt, corpore et
anima constat homo, qui naturam animæ quærit, hominis
naturam is indagat a potiore orsus principio. (4) Animam
autem ratione difficulter perspici, sensu nullo comprehendi, non Socrati, glorioso sophistæ, sed sapientibus istis
credamus; qui usque ad facultates animæ circa carnem occu-
patas, quibus calorem ea, mollitiem et robur corpori
præbet, progressi, naturamque ejus e calore quodam, spiritu et aere compingentes, ad principem usque vim non perveniunt, sed animis concidunt. (5) Aiunt enim id, quo
anima judicat, meminit, amat, odit, denique intelligit ac
ratiocinatur, supervenire *a quadam innominata qualitate.* Pudefactæ vero esse ignorationis hanc *innominati*
istius confessionem, dum se nominare non posse dicunt
quod comprehendere nequeunt, novimus. Sed et hoc, istis
dicentibus, condonetur. (6) Videtur enim non vile aut
facile, nec cujusvis esse hoc perspicere, quum in locum
aliquem obscurum se abdiderit, admodumque occultatum
sit, ac ne nomine quidem inter tam multa proprio significari possit. (7) Non igitur Socrates stultus, se ipsum quærens qui esset, sed omnes qui ante hoc aliud aliquid quærendum suscipiunt; quum hoc cognitu necessarium, tam
difficile sit inventu. Non est enim quod speres aliarum
rerum scientiam te adepturum, si te fugit ejus quod tuorum
est potissimum cognitio.

XXI. Sed demus hoc Colotæ, nihil perinde inutile et
odiosum esse, atque est quærere se ipsum; interrogemus
autem, quænam in hoc sit vitæ confusio, aut quare in
vita perseverare non possit vir aliquando secum ratioci-
nans, Agedum, quisnam ille ego sum? an aliquid tanquam
confusum mixtumque e corpore atque anima? an potius
anima corpore utens, ut equo eques, non compositum aliquid ex utroque? an princeps animæ vis qua intelligimus,
ratiocinamur et agimus, id unusquisque nostrûm est, ᵣeliquæ
et animæ et corporis partes omnes, hujus sunt instrumenta?
aut omnino animæ nulla est substantia, sed ipsum sua temperie corpus facultatem intelligendi et vivendi nactum est?
(2) Verum his quidem quæstionibus Socrates vitam non
evertit, quum ab omnibus tractentur eæ Physicis. Illa
autem quæ in Phædro leguntur, atrocia videri poterant et
res conturbare, quando ait *sibi necesse esse se ipsum ex-
cutere, sitne animal ipse Typhone multiplicius et fa-
stosius, an divinæ et fastus vacuæ portionis natura
particeps.* (3) Atqui his ipsis ille ratiocinationibus non
vitam sustulit, sed stuporem fastumque inde expulit, mo-
lestasque illas et nimias hominum de se ipsis opiniones atque jactantias. Hæc enim sunt Typhon ille; quem copiosum vobis inseruit magister, diis divinisque hominibus
bellum faciens.

XXII. Μετὰ δὲ Σωκράτην· καὶ Πλάτωνα προσμάχεται Στίλπωνι· καὶ τὰ μὲν ἀληθινὰ δόγματα καὶ τοὺς λόγους τοῦ ἀνδρὸς, οἷς ἑαυτόν τε κατεκόσμει καὶ πατρίδα καὶ φίλους, καὶ τῶν βασιλέων τοὺς περὶ αὐτὸν σπουδάσαντας, οὔτε γέγραφε, οὐδὲ ὅσον ἦν φρόνημα τῇ ψυχῇ μετὰ πραότητος καὶ μετριοπαθείας· ὧν δὲ παίζων καὶ χρώμενος γέλωτι πρὸς τοὺς σοφιστὰς λογαρίων προύβαλεν αὐτοῖς, ἑνὸς μνησθεὶς, καὶ μηδὲν εἰπὼν πρὸς τοῦτο, μηδὲ λύσας τὴν πιθανότητα, τραγῳδίαν ἐπάγει τῷ Στίλπωνι, καὶ τὸν βίον ἀναιρεῖσθαί φησιν ὑπ' αὐτοῦ, λέγοντος ἕτερον ἑτέρου μὴ κατηγορεῖσθαι· (2) « Πῶς γὰρ βιωσόμεθα, μὴ λέγοντες ἄνθρωπον ἀγαθὸν, μηδ' ἄνθρωπον στρατηγὸν, ἀλλ' ἄνθρωπον ἄνθρωπον, καὶ χωρὶς, ἀγαθὸν ἀγαθὸν, καὶ στρατηγὸν στρατηγὸν, μηδὲ ἱππεῖς μυρίους, μηδὲ πόλιν ἐχυρὰν, ἀλλὰ ἱππεῖς ἱππεῖς, καὶ μυρίους μυρίους, καὶ τἄλλα ὁμοίως; » (3) Τίς δὲ διὰ ταῦτα χεῖρον ἐβίωσεν ἄνθρωπος; τίς δὲ τὸν λόγον ἀκούσας οὐ συνῆκεν, ὅτι παίζοντός ἐστιν εὐμούσως, ἢ γύμνασμα τοῦτο προβάλλοντος ἑτέροις διαλεκτικόν; Οὐκ ἄνθρωπον, ὦ Κολῶτα, μὴ λέγειν ἀγαθὸν, οὐδὲ ἱππεῖς μυρίους, δεινόν ἐστιν· ἀλλὰ τὸν θεὸν μὴ λέγειν θεὸν, μηδὲ νομίζειν, ὃ πράττετε ὑμεῖς, μήτε Δία γενέθλιον, μήτε Δήμητραν θεσμοφόρον εἶναι, μήτε Ποσειδῶνα φυτάλμιον ὁμολογεῖν ἐθέλοντες, οὗτος ὁ χωρισμὸς τῶν ὀνομάτων πονηρός ἐστι, καὶ τὸν βίον ἐμπίπλησιν ὀλιγωρίας ἀθέου καὶ θρασύτητος, ὅταν τὰς συνεζευγμένας τοῖς θεοῖς προσηγορίας ἀποσπῶντες, συναναιρεῖτε θυσίας, μυστήρια, πομπὰς, ἑορτάς. (4) Τίνι γὰρ προηρόσια θύσομεν; τίνι σωτήρια; πῶς δὲ φωσφόρεια, βακχεῖα, προτέλεια γάμων ἄξομεν, μὴ ἀπολιπόντες μηδὲ βακχεῖς, καὶ φωσφόρους, καὶ προηροσίους, καὶ σωτῆρας; ταῦτα γὰρ ἅπτεται τῶν κυριωτάτων καὶ μεγίστων, ἐν πράγμασιν ἔχοντα τὴν ἀπάτην, οὐ περὶ φωνάς τινας, οὐδὲ λεκτῶν σύνταξιν, οὐδ' ὀνομάτων συνήθειαν. (5) Ὡς εἴ γε καὶ ταῦτα τὸν βίον ἀνατρέπει, τίνες μᾶλλον ὑμῶν πλημμελοῦσι περὶ τὴν διάλεκτον, οἳ τὸ τῶν λεκτῶν γένος οὐσίαν τῷ λόγῳ παρεχόντων ἄρδην ἀναιρεῖτε, τὰς φωνὰς καὶ τὰ τυγχάνοντα μόνον ἀπολιπόντες, τὰ δὲ μεταξὺ σημαινόμενα πράγματα, δι' ὧν γίνονται μαθήσεις, διδασκαλίαι, προλήψεις, * νοήσεις, ὁρμαὶ, συγκαταθέσεις, τοπαράπαν οὐδ' εἶναι λέγοντες.

XXIII. Οὐ μὴν ἀλλὰ τὸ ἐπὶ τοῦ Στίλπωνος τοιοῦτόν ἐστιν. Εἰ περὶ ἵππου τὸ τρέχειν κατηγοροῦμεν, οὔ φησι ταὐτὸν εἶναι τῷ περὶ οὗ κατηγορεῖται τὸ κατηγορούμενον, ἀλλ' ἕτερον [**] μὲν ἀνθρώπῳ τοῦ τί ἦν εἶναι τὸν λόγον, ἕτερον δὲ τῷ ἀγαθῷ· καὶ πάλιν τὸ, ἵππον εἶναι, τοῦ, τρέχοντα εἶναι, διαφέρειν· ἑκατέρου γὰρ ἀπαιτούμενοι τὸν λόγον, οὐ τὸν αὐτὸν ἀποδίδομεν ὑπὲρ ἀμφοῖν. Ὅθεν ἁμαρτάνειν τοὺς ἕτερον ἑτέρου κατηγοροῦντας ** (2) Εἰ μὲν γὰρ ταὐτόν ἐστι τῷ ἀνθρώπῳ τὸ ἀγαθὸν, καὶ τῷ ἵππῳ τὸ τρέχειν, πῶς καὶ σιτίου καὶ φαρμάκου τὸ ἀγαθόν; καὶ νὴ Δία πάλιν

XXII. Post Socratem et Platonem Stilpo oppugnatur. Hujus quidem vera decreta ac sermones, quibus et se ipsum et patriam et amicos et reges ipsi operam navantes exornavit, tum animi elationem mansuetudini et affectuum mediocritati conjunctam, Colotes non retulit. Quas vero jocans ille sophistis ridensque objecit sententiolas, harum unam allegans, quum neque refellisset neque solvisset ipse probabilitatem, tragœdiam adversus Stilponem excitat, aitque *ab eo vitam tolli*, quod dixisset, *alterum de altero non prædicari*. (2) *Quomodo enim*, inquit, *vivemus*, *si non dicamus hominem bonum*, *hominem imperatorem*, *sed hominem hominem seorsum*, *bonum bonum*, *ducem ducem*, *neque mille equites*, *urbem munitam*, *sed equites equites*, *mille mille*, *et alia similiter ?* (3) Quis vero propter hæc homo vixit deterius? quis istam Stilponis vocem audiens non intellexit esse venuste jocantis, vel hoc exercitationis dialecticæ causa proponentis? Non hoc, Colota, atrox est, hominem non dicere bonum, aut equites mille; sed quod vos facitis, deum non dicere deum, non censere Jovem esse genitalem, non Cererem legum auctorem, non Neptunum fœcundantem fateri velle : hæc vestra nominum separatio mala est, vitamque implet impio deorum contemtu ac ferocia, quando adjuncta diis cognomenta avellentes, una aboletis sacrificia, mysteria, pompas, festos dies. (4) Cui enim sacrificabimus ob arationis futuræ felicem eventum, ob partam salutem? quomodo Luciferia, Bacchica, auspicia nuptiarum obibimus, sublatis Bacchantibus, Luciferis, Præaratoribus, Servatoribus? Hæc enim sunt quæ summas et præcipuas res attingunt, erroremque ipsis in rebus, non in vocabulis, aut dictionis constructione, vel consuetudine nominum gignunt. (5) Proinde si hæc subvertunt vivendi rationem, ecquis magis in sermone peccat quam vos? qui quum *genus effatorum substantiam sermoni substernentium* funditus tollitis, *voces et objecta* tantum relinquentes, *interim significationes eorum*, *per quæ discimus*, dico doctrinam, notiones anticipatas, notitias, animi impetus, assensiones, prorsus non esse dicitis.

XXIII. Enimvero Stilponis argumentum tale est : *Si de equo prædicetur currere*, *non idem esse cum subjecto prædicatum*, *sed diversum : aliam esse definitionem hominis*, *aliam boni : rursumque aliud esse equum*, *aliud*, *esse currentem; nam utriusque definitionem rogati*, *non eandem utriusque reddimus*, *ideoque errare qui alterum de altero prædicant*. (2) *Nam si idem sunt homo et bonum*, *et equus ac currere*, *quo pacto bonum etiam de cibo et medicamento dicitur? rursusque currere*

λέοντος καὶ κυνὸς τὸ τρέχειν, κατηγοροῦμεν; [εἰ] δ'
ἕτερον, οὐκ ὀρθῶς ἄνθρωπον ἀγαθὸν, καὶ ἵππον τρέχειν,
λέγομεν. (3) Εἴπερ οὖν ἐν τούτοις ἐξαιμάζει πικρῶς
ὁ Στίλπων, τῶν ἐν ὑποκειμένῳ καὶ καθ' ὑποκειμένου
λεγομένων μηδεμίαν ἀπολιπὼν συμπλοκὴν πρὸς τὸ
ὑποκείμενον, ἀλλ' ἕκαστον αὐτῶν, εἰ μὴ κομιδῇ ταὐτὸν
ᾧ συμβέβηκε λέγεται, μηδὲ ὡς συμβεβηκὸς οἰόμενος
δεῖν περὶ αὐτοῦ λέγεσθαι, φωναῖς τισὶ δυσκολαίνων καὶ
πρὸς τὴν συνήθειαν ἀνιστάμενος, οὐ τὸν βίον ἀναιρῶν
οὐδὲ τὰ πράγματα δῆλός ἐστι.

XXIV. Γενόμενος δ' οὖν ὁ Κολώτης ἀπὸ τῶν
παλαιῶν, τρέπεται πρὸς τοὺς καθ' ἑαυτὸν φιλοσόφους,
οὐδενὸς τιθεὶς ὄνομα· καίτοι καλῶς εἶχε καὶ τούτους
ἐλέγχειν ἐπ' ὀνόματος, ἢ μηδὲ τοὺς παλαιούς. Ὁ δὲ
τὸν Σωκράτην καὶ τὸν Πλάτωνα καὶ τὸν Παρμενίδην
τοσαυτάκις θέμενος ὑπὸ τὸ γραφεῖον, δῆλός ἐστιν ἀπο-
δειλιάσας πρὸς τοὺς ζῶντας, οὐ μετριάσας ὑπ' αἰδοῦς,
ἣν τοῖς κρείττοσιν οὐκ ἔνειμε. (2) Βούλεται δὲ προτέ-
ρους μὲν, ὡς ὑπονοῶ, τοὺς Κυρηναϊκοὺς ἐλέγχειν, δευ-
τέρους δὲ τοὺς περὶ Ἀρκεσίλαον Ἀκαδημαϊκούς. Οὗτοι γὰρ ἦσαν οἱ περὶ πάντων ἐπέχοντες· ἐκεῖνοι δὲ τὰ
πάθη καὶ τὰς φαντασίας ἐν αὑτοῖς τιθέντες, οὐκ ᾤοντο
τὴν ἀπὸ τούτων πίστιν εἶναι διαρκῆ πρὸς τὰς ὑπὲρ τῶν
πραγμάτων καταβεβαιώσεις· ἀλλ' ὥσπερ ἐν πολιορκίᾳ
τῶν ἐκτὸς ἀποστάντες, εἰς τὰ πάθη κατέκλεισαν αὑτούς,
τὸ φαίνεται τιθέμενοι, τὸ δ' ἐστί [μὴ] προσαποφαινόμενοι
περὶ τῶν ἐκτός. (3) Διό φησιν αὐτοὺς ὁ Κολώτης μὴ
δύνασθαι ζῆν μηδὲ χρῆσθαι τοῖς πράγμασιν· εἶτα κωμῳδῶν, « Οὗτοι, φησίν, ἄνθρωπον εἶναι καὶ ἵππον
καὶ τοῖχον οὐ λέγουσιν, αὑτοὺς δὲ τοιχοῦσθαι καὶ ἱπποῦσθαι καὶ ἀνθρωποῦσθαι· » πρῶτον αὐτοῖς, ὥσπερ οἱ
συκοφάνται, κακούργως χρώμενος τοῖς ὀνόμασιν. (4)
Ἕπεται μὲν γὰρ ἀμέλει καὶ ταῦτα τοῖς ἀνδράσιν· ἔδει
δὲ, ὡς ἐκεῖνοι διδάσκουσι, δηλοῦν γινόμενον· γλυκαίνε-
σθαι γὰρ λέγουσι καὶ πικραίνεσθαι καὶ φωτίζεσθαι καὶ
σκοτίζεσθαι, τῶν παθῶν τούτων ἑκάστου τὴν ἐνέργειαν
οἰκείαν ἐν αὑτῷ καὶ ἀπερίσπαστον ἔχοντος· εἰ δὲ γλυκὺ
τὸ μέλι, καὶ πικρὸς ὁ θαλλὸς, καὶ ψυχρὰ ἡ χάλαζα,
καὶ θερμὸς ὁ ἄκρατος, καὶ σκοτεινὸς ὁ τῆς νυκτὸς ἀὴρ,
ὑπὸ πολλῶν ἀντιμαρτυρεῖσθαι, καὶ θηρίων, καὶ πραγμάτων, καὶ ἀνθρώπων, τῶν μὲν δυσχεραινόντων [τὸ
μέλι], τῶν δὲ προσιεμένων τὴν θαλλίαν, καὶ ἀποκαο-
μένων ὑπὸ τῆς χαλάζης, καὶ καταψυχομένων ὑπὸ οἴνου,
καὶ πρὸς ἥλιον ἀμβλυωττόντων, καὶ νύκτωρ βλεπόντων. (5) Ὅθεν ἐμμένουσα τοῖς πάθεσιν ἡ δόξα, διατηρεῖ τὸ ἀναμάρτητον· ἐκβαίνουσα δὲ καὶ πολυπραγμο-
νοῦσα τῷ κρίνειν καὶ ἀποφαίνεσθαι περὶ τῶν ἐκτός,
αὑτήν τε πολλάκις ταράσσει, καὶ μάχεται πρὸς ἑτέρους ἀπὸ τῶν αὐτῶν ἐναντία πάθη καὶ διαφόρους φαντασίας λαμβάνοντας.

XXV. Ὁ δὲ Κολώτης ἔοικε τὸ αὐτὸ πάσχειν
τοῖς νεωστὶ γράμματα μανθάνουσι τῶν παίδων, οἳ
τοὺς χαρακτῆρας ἐν τοῖς πυξίοις ἐθιζόμενοι λέγειν,
ὅταν ἔξω γεγραμμένους ἐν ἑτέροις ἴδωσιν, ἀμφιγνοοῦ-

de leone et cane? si sunt diversa, non recte dicemus conjunctim bonum hominem, currere equum. (3) Hoc loco ut
rem nimis acerbe ad vivum resecet Stilpo, qui eorum quæ
sunt in subjecto, vel de subjecto dicuntur, nullam admittat
complexionem cum subjecto; sed utrumque eorum nisi
prorsus idem sit cum eo cui accidit, ne ut accidens quidem
de eo dici putaverit; tamen eum vocibus duntaxat quibusdam offendi, ac consuetudini dicendi se opponere, non vitam tollere aut res abolere manifesto constabit.

XXIV. Porro autem Colotes reprehensione veterum defunctus, ad suæ ætatis philosophos se confert, neminem
tamen nominans; quum aut hos etiam debuerit nominatim
perstringere, aut ne veteres quidem. Verum qui Socratem,
Platonem, Parmenidem toties stylo suo pupugisset, metu,
quod manifestum est, viventium nominibus pepercit, non
verecundiæ causa moderatus sibi, qui præstantiores non
fuisset reveritus. (2) Vult autem, uti suspicor, priore loco
Cyrenaicos redarguere, posteriore Arcesilaum et Academicos: quorum hi de omnibus rebus assensionem cohibebant;
illi affectiones et visa in homine ponentes, nolebant fidem
ab his factam sufficere ad affirmandum aliquid de rebus, et,
veluti in obsidione desertis externis in affectiones sese
concludentes, de externis rebus utuntur verbo *Videtur*,
verbo *Est* non utuntur. (3) Ideoque eos Colotes *vivere
posse, aut rebus uti* negat. Comœdiam deinde instituens,
Hi, inquit, *negant hominem esse, equum, parietem;
ipsos autem parietari, equari, hominari.* In quibus primum ipsis, ut solent calumniatores, vocabulis utitur fraudu-
lenter. (4) Nam tametsi hæc sequuntur Cyrenaicorum dictis,
tamen oportebat rem ita declarare, ut ipsi docent. Dicunt
enim *se a dulcedine, amarore, lumine, tenebris affici*,
*quum harum affectionum quævis propriam efficacitatem
in se et assiduam habeat: si vero mel sit dulce, frondes
oleastri amaræ, frigida glacies, merum calidum, nocturnus aer tenebrosus sit, multa contra testimonia ferri
ab animalibus, rebus, hominibus; quum multi mel aversentur, quædam animalia germen oleaginum pro cibo
usurpent, a glacie urantur, a vino refrigerentur, in
sole cæcutiant, noctu videant.* (5) *Itaque intra affectiones sese continens opinio, ab errore tuta manet; efferens autem se inde, et curiosius judicare ac pronunciare de rebus externis conans, quum se ipsam sæpenumero conturbat, tum aliis repugnat, qui ab iisdem
rebus contrarias affectiones, et diversa visa percipiunt.*

XXV. Mihi vero videtur id usu venire Colotæ, quod pueris etiamnum literas discentibus; qui quum eas soleant
per notas agnoscere in suis tabellis, foris et alibi scriptas
videntes dubitant ac trepidant. Nam Colotes etiam quas

σι καὶ ταράττονται· * καὶ γὰρ οὗτος, οὓς ἐν τοῖς Ἐ-
πικούρου γράμμασιν ἀσπάζεται καὶ ἀγαπᾷ λόγους,
οὐ συνίησιν οὐδὲ γινώσκει, λεγομένους ὑφ' ἑτέρων.
(2) Οἱ γὰρ, εἰδώλου προσπίπτοντος ἡμῖν περιφεροῦς,
ἑτέρου δὲ κεκλασμένου, τὴν μὲν αἴσθησιν ἀληθῶς τυποῦσθαι λέγοντες, προσαποφαίνεσθαι δ' οὐκ ἐῶντες,
ὅτι στρογγύλος ὁ πύργος ἐστὶν, ἡ δὲ κώπη κέκλασται,
τὰ πάθη τὰ αὑτῶν καὶ τὰ φαντάσματα βεβαιοῦσι, τὰ
δ' ἐκτὸς οὕτως ἔχειν ὁμολογεῖν οὐκ ἐθέλουσιν· (3) ἀλλ'
ὡς ἐκείνοις τὸ ἱπποῦσθαι καὶ τὸ τοιχοῦσθαι λεκτέον,
οὐχ ἵππον οὐδὲ τοῖχον, οὕτως ἄρα τὸ στρογγυλοῦσθαι,
καὶ τὸ σκαληνοῦσθαι τὴν ὄψιν, οὐ σκαληνὸν οὐδὲ στρογγύλον ἀνάγκη [τὴν κώπην καὶ] τὸν πύργον λέγειν· τὸ
γὰρ εἴδωλον, ὑφ' οὗ πέπονθεν ἡ ὄψις, κεκλασμένον
ἐστίν· ἡ κώπη δὲ, ἀφ' ἧς τὸ εἴδωλον, οὐκ ἔστι κεκλα-
σμένη. (4) Διαφορὰν οὖν τοῦ πάθους πρὸς τὸ ὑποκείμενον ἐκτὸς ἔχοντος, ἢ μένειν ἐπὶ τοῦ πάθους δεῖ τὴν
πίστιν, ἢ τὸ εἶναι τῷ φαίνεσθαι προσαποφαινομένην
ἐλέγχεσθαι. (5) Τὸ δὲ δὴ βοᾶν αὐτοὺς, καὶ ἀγανακτεῖν ὑπὲρ τῆς αἰσθήσεως, [ὡς] οὐ λέγουσι τὸ ἐκτὸς
εἶναι θερμὸν, ἀλλὰ τὸ ἐν αὐτῇ πάθος γεγονέ[ναι]
τοιοῦτον· ἆρ' οὐ ταὐτόν ἐστι τῷ λεγομένῳ περὶ τῆς
γεύσεως, ὅτι τὸ ἐκτὸς οὔ φησιν εἶναι γλυκὺ, πάθος δέ
τι καὶ κίνημα περὶ αὐτὴν γεγονέ[ναι] τοιοῦτον; (6) Ὁ
δὲ λέγων ἀνθρωποειδῆ φαντασίαν λαμβάνειν, εἰ δ' ἄνθρωπός ἐστι μὴ αἰσθάνεσθαι, πόθεν εἴληφε τὰς ἀφορμάς; οὐ παρὰ τῶν λεγόντων καμπυλοειδῆ φαντασίαν
λαμβάνειν, εἰ δὲ καμπύλον ἐστὶ, μὴ προσαποφαίνεσθαι
τὴν ὄψιν, μηδ' ὅτι στρογγύλον, ἀλλ' ὅτι φάντασμα
περὶ αὐτὴν καὶ τύπωμα στρογγυλοειδὲς γέγονε; (7) Νὴ
Δία, φήσει τις, ἀλλ', ἐγὼ τῷ πύργῳ προσελθὼν, καὶ
τῆς κώπης ἁψάμενος, ἀποφανοῦμαι τὴν μὲν εὐθεῖαν
εἶναι, τὸν δὲ πολύγωνον· ἐκεῖνος δὲ, κἂν ἐγγὺς γένηται,
τὸ δοκεῖν, καὶ τὸ φαίνεσθαι, πλέον δ' οὐδὲν, ὁμολογή-
σει. (8) Καὶ μὰ Δία σοῦ γε μᾶλλον, ὦ βέλτιστε, τὸ
ἀκόλουθον ὁρῶν καὶ φυλάττων, τὸ πᾶσαν εἶναι φαντασίαν ὁμοίως ἀξιόπιστον ὑπὲρ ἑαυτῆς, ὑπὲρ ἄλλου δὲ
μηδεμίαν, ἀλλ' ἐπίσης ἔχειν· σοὶ δ' οἴχεται τὸ πάσας
ὑπάρχειν ἀληθεῖς, ἄπιστον δὲ καὶ ψευδῆ μηδεμίαν, εἰ
ταύταις μὲν οἴει δεῖν προσαποφαίνεσθαι περὶ τῶν ἐκτὸς,
ἐκείναις δὲ (**) τοῦ πάσχειν πλέον οὐδὲν ἐπίστευες.
(9) Εἰ μὲν γὰρ ἐπίσης ἔχουσιν, ἐγγύς [τε] γενόμεναι
καὶ μακρὰν οὖσαι, πρὸς πίστιν, ἢ πάσαις δίκαιόν
ἐστιν, ἢ μηδὲ ταύταις ἕπεσθαι τὴν προσαποφαινομένην
τὸ εἶναι κρίσιν· εἰ δὲ γίνεται διαφορὰ τοῦ πάθους ἀποστᾶσι καὶ προσελθοῦσι, ψεῦδός ἐστι τὸ μήτε φαντασίαν
μήτ' αἴσθησιν ἑτέραν [ἑτέρας] ἐναργεστέραν ὑπάρχειν.
(10) Καθάπερ ἃς λέγουσιν ἐπιμαρτυρήσεις καὶ ἀντιμαρ-
τυρήσεις οὐθέν εἰσι πρὸς τὴν αἴσθησιν, ἀλλὰ πρὸς τὴν
δόξαν· ὥστε εἰ ταύταις ἑπομένους ἀποφαίνεσθαι περὶ
τῶν ἐκτὸς κελεύουσι, τῆς δόξης κρίμα τὸ εἶναι, τῆς δ'
αἰσθήσεως πάθος τὸ φαινόμενον ποιοῦντες, ἀπὸ τοῦ
πάντως ἀληθοῦς τὴν κρίσιν ἐπὶ τὸ διαπῖπτον πολλάκις
μεταφέρουσιν.

in Epicuri scriptis amplectitur et exosculatur sententias,
non intelligit neque agnoscit si ab aliis dicantur. (2) Nam
qui, imagine nobis oblata rotunda, alia autem fracta, dicunt sensum vere informari, non sinunt tamen addere nos
turrim esse rotundam, aut remum infractum revera; affectiones suas et visa confirmant, externa ita habere ut visa
nobis sunt, non fatentur. (3) Sed ut Cyrenaicis *equari se*
et *parietari* dicendum est, de equo et pariete nihil affirmandum, sic etiam dicendum est *rotundari* aut *obliquari*
visum Epicureis, non interim necesse turrim esse rotundam, aut remum fractum ipsum dicere; quippe simulacrum
quod visum afficit, fractum est : remus, a quod id fertur,
nequaquam. (4) Ergo quum differentia sit inter affectionem et subjectum externum, necesse est aut fidem subsistere in affectione cui adhibetur, aut, si praeterquam quod
videri, etiam *esse rem id quod videtur* pronuncies, te refelli. (5) Vociferari autem et indiguari propter sensum,
quod Cyrenaici id quod extra est non dicunt esse calidum,
sed in ipso sensu aiunt calidam exstitisse affectionem,
nonne idem est atque illud quod de gustatu dicitur, quando
rem externam non affirmant esse dulcem, gustatum autem
dulcedine affectum fuisse fatentur? (6) Et qui dicit imaginem se hominis percepisse, an externum illud homo sit se
non sentire; unde ansam nactus est? nonne hi praebuerunt,
qui dicunt curvum aut teres. sibi visum esse oblatum, sensum autem non hoc etiam pronunciare, rem conspecta quae
fuit esse curvam aut teretem, sed effigiem quandam ejus
talem exstitisse? (7) Atqui, dixerit mehercle aliquis, aggressus ego ad turrim, aut remum tangens, pronunciabo
hunc rectum, illam multangulam esse; ille etiam si proxime
astet, videri sibi ita et apparere duntaxat, nihil amplius
fatebitur. (8) Omnino quidem, mi homo, quia melius,
quam tu, videt et servat id quod est consequens, omne
visum pro se similiter fidem mereri, nullum pro alio, sed
in utramque partem perinde esse. Tibi vero perit jam hoc
decretum, *omnes sensus esse veros, nulli fidem derogan-
dam, nullum falsum esse;* siquidem huic sensioni putas
etiam pronunciandum de re externa, illi nihil praeter affectionem fidei habuisti. (9) Nam si eadem fides sensibus
debetur et cominus et eminus; aut omnibus, aut ne his
quidem tribuemus judicium et pronunciationem de re externa : et si affectionis differentia accidit quando longius
absumus, et propius a re quam sentimus, falsum jam est
neque sensum sensui, neque visum viso evidentia praestare.
(10) Secundum haec illae quas *attestationes et detestatio-
nes* dicunt Epicurei, nihil ad sensum faciunt, sed ad opinionem : itaque si volunt ut eas secuti de externis pronunciemus, opinionis judicium *Esse*, sensus affectionem *Videri*
facientes, ab eo quod plane verum sit ad id quod saepe fallit transferunt judicium.

XXVI. Ἀλλὰ ταῦτα μὲν ὅσης ἐστὶ μεστὰ ταραχῆς καὶ μάχης πρὸς ἑαυτά, τί δεῖ λέγειν ἐν τῷ παρόντι; τοῦ δ' Ἀρκεσιλάου τὸν Ἐπίκουρον οὐ μετρίως ἔοικεν ἡ δόξα παραλυπεῖν, ἐν τοῖς τότε χρόνοις μάλιστα τῶν φιλοσόφων ἀγαπηθέντος· μηθὲν γὰρ αὐτὸν ἴδιον λέγοντα, φησὶν, ὑπόληψιν ἐμποιεῖν καὶ δόξαν ἀνθρώποις ἀγραμμάτοις, ἅτε δὴ πολυγράμματος αὐτὸς ὢν καὶ μεμουσωμένος. (2) Ὁ δ' Ἀρκεσίλαος τοσοῦτον ἀπέδει τοῦ καινοτομίας τινὰ δόξαν ἀγαπᾶν καὶ ὑποποιεῖσθαί [τι] τῶν παλαιῶν, ὥστ' ἐγκαλεῖν τοὺς τότε σοφιστὰς, ὅτι προστρίβεται * Σωκράτει καὶ Πλάτωνι καὶ Παρμενίδῃ καὶ Ἡρακλείτῳ τὰ περὶ τῆς ἐποχῆς δόγματα καὶ τῆς ἀκαταληψίας, οὐδὲν δεομένοις, ἀλλὰ οἷον ἀναγωγὴν καὶ βεβαίωσιν αὐτῶν εἰς ἄνδρας ἐνδόξους ποιούμενος. (3) Ὑπὲρ μὲν οὖν τούτου Κολώτῃ χάρις, καὶ παντὶ τῷ τὸν Ἀκαδημαϊκὸν λόγον ἄνωθεν ἥκειν εἰς Ἀρκεσίλαον ἀποφαίνοντι. Τὴν δὲ περὶ πάντων ἐποχὴν οὐδ' οἱ πολλὰ πραγματευσάμενοι, καὶ κατατείναντες εἰς τοῦτο συγγράμματα καὶ λόγους, ἐκίνησαν· ἀλλ' ἐκ τῆς Στοᾶς αὐτῆς τελευτῶντες, ὥσπερ Γοργόνα, τὴν ἀπραξίαν ἐπάγοντες ἀπηγόρευσαν, ὡς πάντα πειρῶσι καὶ στρέφουσιν αὐτοῖς οὐχ ὑπήκουσεν ἡ ὁρμὴ γενέσθαι συγκατάθεσις, οὐδὲ τῆς ῥοπῆς ἀρχὴν ἐδέξατο τὴν αἴσθησιν, ἀλλ' ἐξ ἑαυτῆς ἀγωγὸς ἐπὶ τὰς πράξεις ἐφάνη, μὴ δεομένη τοῦ προστίθεσθαι. (4) Νόμιμοι γὰρ οἱ πρὸς ἐκείνους ἀγῶνές εἰσι· καὶ

Ὁπποῖόν κ' εἴπῃσθα ἔπος, τοῖόν κ' ἐπακούσαις·

Κολώτῃ δ' οἶμαι τὰ περὶ ὁρμῆς καὶ συγκαταθέσεως, ὄνῳ λύρας ἀκρόασιν εἶναι. (5) Λέγεται δὲ τοῖς συνεπομένοις καὶ ἀκούουσιν, ὅτι, τριῶν περὶ ψυχὴν κινημάτων ὄντων, φανταστικοῦ καὶ ὁρμητικοῦ καὶ συγκαταθετικοῦ, τὸ μὲν φανταστικὸν οὐδὲ βουλομένοις ἀνελεῖν ἐστιν, ἀλλ' ἀνάγκη προεντυγχάνοντας τοῖς πράγμασι, τυποῦσθαι καὶ πάσχειν ὑπ' αὐτῶν· (6) τὸ δὲ ὁρμητικὸν ἐγειρόμενον ὑπὸ τοῦ φανταστικοῦ πρὸς τὰ οἰκεῖα, πρακτικῶς κινεῖ τὸν ἄνθρωπον, οἷον ῥοπῆς ἐν τῷ ἡγεμονικῷ καὶ νεύσεως γινομένης· οὐδὲ τοῦτο οὖν ἀναιροῦσιν οἱ περὶ πάντων ἐπέχοντες, ἀλλὰ χρῶνται τῇ ὁρμῇ φυσικῶς ἀγούσῃ πρὸς τὸ φαινόμενον οἰκεῖον. (7) Τί οὖν φεύγουσι μόνον; ᾧ μόνῳ ψεῦδος ἐμφύεται καὶ ἀπάτη, τὸ δοξάζειν καὶ προπίπτειν τὴν συγκατάθεσιν, εἶξιν οὖσαν ὑπ' ἀσθενείας τῷ φαινομένῳ, χρήσιμον δ' οὐδὲν ἔχουσαν. (8) Ἡ γὰρ πρᾶξις δυοῖν δεῖται, φαντασίας τοῦ οἰκείου, καὶ πρὸς τὸ φανὲν οἰκεῖον ὁρμῆς, ὧν οὐδέτερον τῇ ἐποχῇ μάχεται. (9) Δόξης γὰρ, οὐχ ὁρμῆς οὐδὲ φαντασίας, ὁ λόγος ἀφίστησιν. Ὅταν οὖν φανῇ τὸ ἡδὺ οἰκεῖον, οὐθὲν δεῖ πρὸς τὴν ἐπ' αὐτὸ κίνησιν καὶ φορὰν δόξης, ἀλλ' ἦλθεν εὐθὺς ἡ ὁρμὴ, κίνησις οὖσα καὶ φορὰ τῆς ψυχῆς.

XXVII. Καὶ μὴν αὐτῶν γε τούτων, ὡς « αἴσθησιν ἔχειν δεῖ καὶ σάρκινον εἶναι, καὶ φανεῖται ἡδονὴ ἀγαθόν. » Οὐκοῦν καὶ τῷ ἐπέχοντι ἀγαθὸν φανεῖται· καὶ γὰρ αἰσθήσεως μετέχει, καὶ σάρκινός ἐστι· καὶ

XXVI. Verum hæc quanta turba et quot repugnantiis referta sint, quid attinet in præsentia dicere ? Arcesilai autem gloria videtur Epicuro haud mediocrem attulisse ægritudinem, qui inter ejus temporis philosophos maximi fiebat. Dicit *eum* Epicurus *nihil proprium proferentem, suspicionem de se apud illiteratos et gloriam parasse ac si ipse esset literatus et doctus.* (2) Sane Arcesilaus tantum abfuit ab omni novandi, aut veterum quicquam sibi arrogandi studio, ut etiam vitio ei sophistæ ejus ætatis dederint, quod sententias de cohibenda assensione, et comprehensionis negatione Socrati, Platoni, Parmenidi, Heraclito acceptas ferret : nequaquam illis vindicantibus, sed ipse tantum eas viris nobilibus inscribendo confirmans ac commendans. (3) Gratias ergo agamus hoc nomine Colotæ, et omnibus qui Academicam rationem ab antiquis ad Arcesilaum promanavisse aiunt. Illam vero assensionis de omnibus rebus retentionem, ne hi quidem qui in hoc negotio valde occupati fuerunt, ac volumina scriptasque disputationes in longum deduxere, evertere potuerunt : sed ad extremum ex ipsa Stoa vitam otiosam proferentes, qua tanquam Gorgone objecta terrerent, fessi desierunt. Quippe omnia tentando, et omnia movendo, tamen ab incitatione ea qua ad agendum fertur appetitus, impetrare non potuerunt ut se assensionem dici pateretur, aut pro principio sui momenti sensum agnosceret, sed apparuit eam sponte sua ad agendum ferri, nihilque ad hoc assensu indigere. (4) Et quidem adversus alios legitima sunt certamina, ac valet illud,

Qualia dixisti, reddentur talia verba :

Coloten autem puto quæ de appetitione et assensione disputantur, ita audire, ut asinus lyram. (5) Iis vero qui assequuntur et intelligunt ista, dicitur, « Quum tria sint animi motuum genera, imaginans, appetens, assentiens, primum illud, imaginans, ne si conemur quidem, aboleri posse; nam necesse est, quum res nobis offeruntur, earum visa nos concipere et affici iis. (6) Appetens autem ab imaginante excitatum ad naturæ suæ accommodata hominem efficaciter movet, quasi momento et nutu in principe parte facto. Ne hoc quidem tollunt qui de omnibus assensum cohibent, sed appetitione utuntur naturaliter ducente ad id quod videtur conveniens. (7) Quid fugiunt igitur unum ? id, cui soli error et falsitas inhæret, opinari et præcipitare assensum, præ imbecillitate ei quod videtur concedentem, nihil utile habentem. (8) Actio enim duabus opus habet rebus, viso ejus quod naturæ congruit, et ab hoc incitatione; quorum neutrum retentioni assensus repugnat. Nam hæc rationem ab opinione, non ab appetitione et visis abstrahit. Quum ergo oblatum est visum rei ad naturam accommodatæ, nihil opus opinione est ad motum quo ad eam feramur, sed statim se exserit appetitio, qui motus est et latio animæ. »

XXVII. Et vero istorum ipsorum placitum est, *sensibus duntaxat aliquem præditum esse oportere et carneum esse, ita ei bonum voluptatem visum iri.* Ergo etiam retinenti assensum videbitur bonum ; etenim sensus

λαβὼν ἀγαθοῦ φαντασίαν, ὀρέγεται καὶ ὁρμᾷ, πάντα πράττων ὅπως οὐ διαφεύξεται αὐτὸν, ἀλλ' ὡς ἀνυστὸν ἀεὶ συνέσται τῷ οἰκείῳ, φυσικαῖς, οὐ γεωμετρικαῖς ἑλκόμενος ἀνάγκαις· (2) ἄνευ διδασκάλου γὰρ αὐτὰ προκαλεῖται τὰ μαλακὰ ταῦτα καὶ λεῖα καὶ προσηνῆ κινήματα τῆς σαρκὸς, ὡς αὐτοί φασιν οὗτοι, καὶ τὸν πάνυ μὴ φάσκοντα μηδὲ ὁμολογοῦντα κάμπτεσθαι καὶ μαλάσσεσθαι τούτοις. (3) « Ἀλλὰ πῶς οὐκ εἰς ὄρος ἄπεισι τρέχων ὁ ἐπέχων, ἀλλ' εἰς βαλανεῖον; οὐδὲ πρὸς τὸν τοῖχον, ἀλλὰ πρὸς τὰς θύρας ἀναστὰς βαδίζει, βουλόμενος εἰς ἀγορὰν προελθεῖν; » Τοῦτ' ἐρωτᾷς, ἀκριβῆ τὰ αἰσθητήρια λέγων εἶναι, καὶ τὰς φαντασίας ἀληθεῖς; (4) Ὅτι φαίνεται δήπουθεν αὐτῷ βαλανεῖον, οὐ τὸ ὄρος, ἀλλὰ τὸ βαλανεῖον· καὶ θύρα, οὐχ ὁ τοῖχος, ἀλλὰ ἡ θύρα· καὶ τῶν ἄλλων ὁμοίως ἕκαστον. Ὁ γὰρ τῆς ἐποχῆς λόγος οὐ παρατρέπει τὴν αἴσθησιν, οὐδὲ τοῖς ἀλόγοις πάθεσιν αὐτῆς καὶ κινήμασιν ἀλλοίωσιν ἐμποιεῖ διαταράττουσαν τὸ φανταστικὸν, ἀλλὰ τὰς δόξας μόνον ἀναιρεῖ· χρῆται δὲ τοῖς ἄλλοις, ὡς πέφυκεν. (5) Ἀλλ' ἀδύνατον τὸ μὴ συγκατατίθεσθαι τοῖς ἐναργέσι· * τὸ γὰρ ἀρνεῖσθαι τὰ πεπιστευμένα, τοῦ μήτ' ἀρνεῖσθαι μήτε τιθέναι παραλογώτερον. (6) Τίς οὖν κινεῖ τὰ πεπιστευμένα, καὶ μάχεται τοῖς ἐναργέσιν; οἱ μαντικὴν ἀναιροῦντες, καὶ πρόνοιαν ὑπάρχειν θεῶν μὴ φάσκοντες, μηδὲ τὸν ἥλιον ἔμψυχον εἶναι, μηδὲ τὴν σελήνην, οἷς πάντες ἄνθρωποι θύουσι καὶ προσεύχονται καὶ σέβονται· τὸ δὲ φύσει περιέχεσθαι τὰ τεκόντα τῶν γειναμένων, οὐχὶ πᾶσι φαινόμενον ἀναιρεῖτε; τὸ δὲ πόνου καὶ ἡδονῆς μηδὲν εἶναι μέσον οὐκ ἀποφαίνεσθε παρὰ τὴν πάντων αἴσθησιν, ἥδεσθαι τὸ μὴ ἀλγεῖν, καὶ πάσχειν τὸ μὴ ** λέγοντες;

XXVIII. Ἀλλ' ἵνα τἆλλα ἐάσω, τί μᾶλλον ἐναργὲς οὕτως ἐστὶ καὶ πεπιστευμένον, ὡς τὸ παρορᾶν καὶ παρακούειν ἐν πάθεσιν ἐκστατικοῖς καὶ μελαγχολικοῖς ὄντα; ὅταν ἡ διάνοια τοιαῦτα πάσχῃ καὶ ταράττηται,

Αἱ δέ με δᾳδοφόροι μελανείμονες ὄμμα πυροῦσι·

καὶ

** μητέρ' ἀγκάλαις ἐμὴν ἔχουσα.

(2) Ταῦτα μέντοι καὶ πολλὰ τούτων ἕτερα τραγικώτερα τοῖς Ἐμπεδοκλέους ἐοικότα τεράσμασιν, ὧν καταγελῶσιν,

Εἰλίποδ' ἀκριτόχειρα,

καὶ

βουγενῆ ἀνδρόπρῳρα,

καὶ τίνα γὰρ οὐκ ὄψιν ἢ φύσιν ἔκφυλον εἰς τὸ αὐτὸ συνενεγκόντες ἐκ τῶν ἐνυπνίων καὶ τῶν παρακοπῶν, οὐδὲν εἶναί φασι παρόραμα τούτων, οὐδὲ ψεῦδος, οὐδ' ἀσύστατον, ἀλλὰ φαντασίας ἀληθεῖς ἁπάσας, καὶ σώματα καὶ μορφὰς ἐκ τοῦ περιέχοντος ἀφικνουμένας. (3) Εἶτα ἐστὶ τί τῶν ὄντων ἀδύνατον ἀπιστεῖν, εἰ ταῦτα πιστεύεσθαι δυνατόν ἐστιν; ἃ γὰρ οὐδεὶς σκευοποιὸς, ἢ πλά-

---

habet, carneus est, visoque boni oblato appetit hoc, et incitatur, omniaque agit, ne ipsum hoc effugiat; sed quantum fieri potest semper deget cum eo quod naturæ ipsius est accommodatum, tractus naturalibus, non geometricis necessitatibus. (2) *Ipsæ enim hæ molles absque doctore invitant lenesque et blandæ motiones carnis,* ut ipsi Epicurei dicunt; adeo ut his omnino non affirmans se flecti neque confitens, flectatur tamen et emolliatur. (3) *Sed quomodo,* inquis, *non in montem abit currens ille qui assensum cohibet, verum in balneum ? et in forum progressurus, non ad parietem, sed ad januam accedit ?* Tene hoc interrogare, qui summam certitudinem veritatemque visis tribuis? (4) Quia enim non mons, sed balneum ei balneum videtur, et non paries janua, sed janua, itemque eodem pacto res singulæ. Nam retentionis istius ratio non pervertit sensum; neque brutis ejus affectionibus et motibus alterationem infert quæ imaginantem vim conturbet : tantum opiniones rejicit, reliquis utitur ut natura fert eorum. (5) At, dices, fieri nequit quominus quis assentiatur evidentibus : nam negare credita, absurdius est quam neque affirmare neque negare. (6) Quis ergo convellit ea quæ credita sunt, quis evidentia impugnat? Qui divinationem tollunt, qui providentiam deorum negant, qui solem et lunam animis præditos infitiantur, quum omnes homines sacra iis et vota faciant et colant. Nonne vero quod in confesso est apud alios omnes, *animalia ad natos suos tuendos et amplectendos ab ipsa natura incitari,* vos diffitemini ? nonne contra omnium animantium sensum dicitis *inter dolorem et voluptatem nihil esse medium, et voluptatem esse non dolere,* et rursus *nullam [voluptatem] habere, esse dolere ?*

XXVIII. Sed ut reliqua missa faciam, quid tandem ita evidens est, itaque pro certo habetur, atque hoc, eorum qui animo sunt abalienati, aut melancholicis conturbationibus laborant, falli visum atque auditum? quum ita commovetur et turbatur mens, ut talia dicantur :

Hæ mihi nunc oculos inflammant, vestibus atris indutæ, manibusque faces ignemque gerentes :

et,

** in ulnis matrem habens meam.

(2) Hæc et hujusmodi multa, hisque atrociora, et Empedoclis monstrorum similia, quæ derident illi, *vaccinis pedibus et digitis indiscretis, et quæ sunt bovino corpore cum facie humana;* denique e somniis et furoribus omnis generis visa insolentia in unum colligentes : *horum nullum aiunt errare, nullum mendacium esse, nihil quod non constet; sed omnia visa illa vera esse, et corpora ac formas ab ambiente aere venientes.* (3) Ita quid tandem eorum quæ fieri nequeunt, non credamus, si ista credi possunt? Nam quas nullus opifex aut mirabilium fictor,

στης θαυμάτων, ἢ γραφεὺς δεινός, ἐτόλμησε μῖξαι πρὸς
ἀπάτην εἰκάσματα καὶ παίγνια, ταῦτα ὑπάρχειν ἀπὸ
σπουδῆς τιθέμενοι, μᾶλλον δὲ ὅλως, εἰ ταῦτα μὴ ὑπάρ-
χοι, πίστιν οἴχεσθαι καὶ βεβαιότητα καὶ κρίσιν ἀληθείας
5 φάσκοντες, αὐτοὶ καταβάλλουσιν εἰς ἀσάφειαν πάντα
πράγματα· καὶ ταῖς κρίσεσι φόβους, καὶ ταῖς πράξεσιν
ὑποψίας ἐπάγουσιν, εἰ τὰ πραττόμενα καὶ νομιζόμενα
καὶ συνήθη καὶ ἀνὰ χεῖρα ἡμῖν ἐπὶ τῆς αὐτῆς φαντασίας
καὶ πίστεως ὀχεῖται τοῖς μανικοῖς καὶ ἀτόποις καὶ πα-
10 ρανόμοις ἐκείνοις φάσμασιν. (4) Ἡ γὰρ ἰσότης, ἣν
ὑποτίθενται πᾶσι, τῶν νενομισμένων ἀφίστησι μᾶλλον,
ἢ προστίθησι τοῖς παραλόγοις τὴν πίστιν. Ὅθεν ἴσμεν
οὐκ ὀλίγους τῶν φιλοσόφων ἥδιον ἂν θεμένους τὸ μηδεμίαν, ἢ τὸ πάσας ἀληθεῖς εἶναι τὰς φαντασίας, καὶ
15 μᾶλλον ἄν, οἷς (οὐ) παρατυγχάνουσι διαπιστήσαντας
ἀνθρώποις καὶ πράγμασι καὶ λόγοις ἁπλῶς ἅπασιν, ἢ
μίαν ἐκείνων ἀληθῆ καὶ ὑπάρχουσαν εἶναι φαντασίαν
πεισθέντας, [ἃς] λυττῶντες ἢ κορυβαντιῶντες ἢ κοι-
μώμενοι λαμβάνουσιν. (5) Ἃ τοίνυν ἔστι μὲν ἀναιρεῖν,
20 ἔστι δ' ὡς οὐκ ἔστιν ἐπέχειν περὶ αὐτῶν, εἰ μηδὲν ἄλλο,
τήν γε διαφωνίαν ταύτην λαβόντας αἰτίαν ἀποχρῶσαν
ὑπονοίας πρὸς τὰ πράγματα καὶ οὐδὲ οὕτως ὑγιὲς οὐδέν, ἀσάφειαν δὲ καὶ ταραχὴν ἔχοντα πᾶσαν. (6) Ταῖς
μέν γε περὶ κόσμων ἀπειρίας, καὶ ἀτόμων φύσεως, καὶ
25 ἀμερῶν καὶ παρεγκλίσεων διαφοραῖς, εἰ καὶ πάνυ πολλοὺς διαταράττουσιν, ἔνεστιν ὅμως παραμυθία, τὸ μηδὲν
ἐγγὺς εἶναι, μᾶλλον δὲ ὅλως ἐπέκεινα τῆς αἰσθήσεως
ἀπῳκίσθαι τῶν ζητουμένων ἕκαστον· ἡ δὲ ἐν ὀφθαλμοῖς
αὕτη καὶ ἀκοαῖς καὶ χερσὶν ἀπιστία καὶ ταραχὴ καὶ
30 ἄγνοια περὶ τὰ αἰσθητὰ καὶ τὰς φαντασίας, εἴτ' ἀληθεῖς
εἰσιν, εἴτε ψευδεῖς, τίνα δόξαν οὐ σαλεύει; ποίαν δ'
οὐκ ἄνω καὶ κάτω ποιεῖ συγκατάθεσιν καὶ κρίσιν; (7)
Εἰ γὰρ οὐ κραιπαλῶντες οὐδὲ φαρμακῶντες ἄνθρωποι
καὶ παρακόπτοντες, ἀλλὰ νήφοντες καὶ ὑγιαίνοντες
35 καὶ γράφοντες περὶ ἀληθείας καὶ κανόνων καὶ κριτηρίων,
* ἐν τοῖς ἐναργεστάτοις πάθεσι καὶ κινήμασι τῆς αἰσθήσεως, ἢ τὸ ἀνύπαρκτον ἀληθές, ἢ ψεῦδος καὶ ἀνύπαρκτον ἡγοῦνται τὸ ἀληθές, οὐκ εἰ περὶ πάντων ἡσυ-
χάζουσιν, ἀλλ' εἴ τισιν ὅλως συγκατατίθενται, θαυμάζειν
40 ἄξιον· οὐδ' ἄπιστον, εἰ μηδεμίαν κρίσιν ἔχουσι περὶ τῶν
φαινομένων, ἀλλ' εἰ τὰς ἐναντίας ἔχουσι. (8) Τοῦ γὰρ
ἐναντία λέγειν ἀλλήλοις καὶ ἀντικείμενα, τὸ μηδέτερον
[τιθέναι], ἀλλ' ἐπέχειν περὶ τῶν ἀντικειμένων, ἧττον
ἄν τις θαυμάσειεν· ὁ γὰρ μὴ τιθείς, μήτ' ἀρνούμενος,
45 ἀλλὰ ἡσυχάζων, καὶ τῷ τιθέντι τὴν δόξαν ἧττον μάχεται
τοῦ ἀρνουμένου, καὶ τῷ ἀρνουμένῳ τοῦ τιθέντος. (9)
Εἰ δὲ περὶ τούτων δυνατόν ἐστιν ἐπέχειν, οὐδὲ περὶ τῶν
ἄλλων ἀδύνατον, κατά γε ὑμᾶς, αἴσθησιν αἰσθήσεως,
καὶ φαντασίαν φαντασίας οὐδ' ὁτιοῦν διαφέρειν ἡγου-
50 μένους.

XXIX. Οὐ μῦθος οὖν οὐδὲ θήρα μειρακίων λαμύρων
καὶ προπετῶν ὁ περὶ τῆς ἐποχῆς λόγος ἐστίν, ὡς οἴεται
Κολώτης, ἀλλὰ ἕξις ἀνδρῶν καὶ διάθεσις φυλάττουσα
τὸ ἀδιάπτωτον, καὶ μὴ προϊεμένη ταῖς διαβεβλημέναις

aut temerarius pictor audeat inter se componere formas,
ut spectaculum earum ludicrum reddat, ea ipsi serio af-
firmantes esse, imo autem *si hæc non sint, actum esse de
fide, constantia et judicio veritatis* dicentes, omnes
res in perplexitatem conjiciunt, judiciisque metus et actionibus supiciones inducunt; siquidem quæ nos agimus, statuimus, usurpamus, præ manibus habemus, eidem imaginationi ac fidei innituntur, cui furiosa ista, absurda et sce-
lerata visa. (4) Æqualitas enim quam omnibus supponunt,
magis derogat fidem iis quæ pro certis habentur, quam conciliat istis rationi ita adversis. Itaque novimus philosophorum haud paucos malle hoc ponere, nullum esse visum
verum, quam omnia esse vera; magisque diffidentes omnibus
in quos incidant hominibus, rebus ac sermonibus, quam
unum ut verum putent visum de his, quæ rabiosis, Cory-
banteo furore exagitatis, aut somniantibus accidunt. (5)
Ergo quæ repudiare nobis non licet, licet tamen in medio relinquere et assensionem de iis cohibere; hujusque cohibendæ
assensionis, si nullam aliam, certe hanc sequeremur idoneam causam, quod tantam de visis inter doctos homines
dissensionem animadvertimus, ut merito in hanc suspicionem incidamus, nihil revera sani in rebus inesse, quippe
habentibus omnem obscuritatem ac perturbationem. (6)
Nam illæ quidem de *mundorum* quas Epicurus tradit *infinitate, de atomorum natura, de individuis et declinatione* diversitates, quanquam multos perturbant, tamen
id consolari nos potest, quod non in proximo ea sunt, sed
unumquodque istorum de quibus disputant, longe est in
alteram partem a sensu remotum. Hæc vero ob oculos
versans et aures manusque incredulitas, conturbatio et
ignoratio de sensilibus et visis, utrum vera hæc an falsa
sint, quam non labefactant opinionem? quam non sus deque
ferunt assensionem et judicium? (7) Si enim non crapula
obruti, aut medicamentorum vi concussi et delirantes, sed
sobrii, sani, et qui scribant de veritate, normisque et judicio veritatis, in evidentissimis sensuum affectionibus atque
motibus, aut id quod non exstat verum, aut quod verum
est, falsum et non exstans arbitrantur, jam non mirandum
si de omnibus visis assensionem cohibent; illud potius
mirandum si omnino quibusdam visis assentiuntur; neque
incredibile, quod nullum, sed quod contraria invicem de
iis quæ apparent ferunt judicia. (8) Minus quippe mirum
est, in neutram aliquos partem pronunciare, sed retinere
assensionem in iis quæ sunt contraria, quam esse qui pugnantia secum pronuncient. Qui enim neque ait neque
negat, sed cohibet sese, is et affirmanti minus quam negans,
et neganti minus quam aiens adversatur. (9) Jam si de
his potest assensio retineri, de aliis item retineri poterit,
de vestra quidem sententia, qui *sensum sensu, et visum
viso* neutiquam præstare dicitis.

XXIX. Non ergo *fabula est, aut petulantium et teme-
rariorum captio adolescentium, illa de cohibenda assensione doctrina,* ut putat Colotes; sed habitus virorum,
et affectio custodiens ab errore, neque permittens ita su-

οὕτω καὶ δυστατούσαις αἰσθήσεσι τὴν κρίσιν, μηδὲ
συνεξαπατωμένη τούτοις, οἳ τὰ [μὴ] φαινόμενα τῶν
ἀδήλων πίστιν ἔχειν φάσκουσιν, ἀπιστίαν τοσαύτην καὶ
ἀσάφειαν ἐν τοῖς φαινομένοις ὁρῶντες.   (2) Ἀλλὰ μῦθος
5 μέν ἐστιν ἡ ἀπειρία καὶ τὰ εἴδωλα, προπέτειαν δὲ καὶ
λαμυρίαν ἐμποιεῖ νέοις ὁ περὶ Πυθοκλέους οὔπω γεγονότος ὀκτωκαίδεκα ἔτη γράφων, οὐκ εἶναι φύσιν ἐν ὅλη
τῇ Ἑλλάδι ἀμείνω, καὶ τερατικῶς αὐτὸν εὖ ἀπαγγέλλειν, καὶ πάσχειν αὖ τὸ τῶν γυναικῶν, εὐχόμενος ἀνε-
10 μέσητα εἶναι πάντα καὶ ἀνεπίφθονα τῆς ὑπερβολῆς τοῦ
νεανίσκου.   (3) Σοφισταὶ δέ εἰσι καὶ ἀλαζόνες οἱ πρὸς
ἄνδρας ἐλλογίμους οὕτως ἀσελγῶς καὶ ὑπερηφάνως
γράφοντες. Καίτοι Πλάτων καὶ Ἀριστοτέλης καὶ
Θεόφραστος καὶ Δημόκριτος ἀντειρήκασι τοῖς πρὸ αὐ-
15 τῶν· βιβλίον δὲ τοιαύτην ἐπιγραφὴν ἔχον ὁμοῦ πρὸς
ἅπαντας οὐδεὶς ἄλλος ἐξενεγκεῖν ἐτόλμησεν.

XXX. Ὅθεν, ὥσπερ οἱ περὶ τὸ θεῖον πλημμελή-
σαντες, ἐξαγορεύων τὰ ἑαυτοῦ κακά, τελευτῶντος ἤδη
τοῦ βιβλίου φησὶν ὅτι « τὸν βίον οἱ νόμους διατάξαντες
20 καὶ νόμιμα καὶ τὸ βασιλεύεσθαι τὰς πόλεις καὶ ἄρχεσθαι καταστήσαντες, εἰς πολλὴν ἀσφάλειαν καὶ ἡσυχίαν
ἔθεντο, καὶ θορύβων ἀπήλλαξαν· εἰ δέ τις ταῦτα ἀναι-
ρήσει, θηρίων βίον βιωσόμεθα, καὶ ὁ προστυχὼν τὸν
ἐντυγχάνοντα μονονοῦ κατέδεται. »   (2) Τοῦτο γὰρ ὁ
25 Κολώτης αὐταῖς λέξεσιν ἐκπεφώνηκεν, οὐ δικαίως οὐδ᾽
ἀληθῶς. Ἂν γὰρ ἀνελών τις τοὺς νόμους, τὰ Παρμενίδου καὶ Σωκράτους καὶ Ἡρακλείτου καὶ Πλάτωνος
ἀπολίπη δόγματα, πολλοῦ δεήσομεν ἀλλήλους κατεσθίειν, καὶ θηρίων βίον ζῆν· φοβησόμεθα γὰρ τὰ αἰσχρά,
30 καὶ τιμήσομεν ἐπὶ τῷ καλῷ δικαιοσύνην, θεοὺς, ἄρχοντας ἀγαθοὺς καὶ δαίμονας ἔχειν τοῦ βίου φύλακας
ἡγούμενοι, καὶ τὸν ὑπὲρ γῆς καὶ ὑπὸ γῆν χρυσὸν ἀρετῆς
ἀντάξιον μὴ τιθέμενοι, καὶ ποιοῦντες ἑκουσίως διὰ τὸν
λόγον, ᾗ φησὶ Ξενοκράτης, ἃ νῦν ἄκοντες διὰ τὸν νό-
35 μον. (3) Πότε οὖν ἔσται θηριώδης καὶ ἄγριος καὶ
ἄμιχτος ἡμῶν ὁ βίος; ὅταν [ἂν]αιρεθῶσι μὲν οἱ νόμοι,
μένωσι δὲ οἱ πρὸς ἡδονὴν παρακαλοῦντες λόγοι, πρόνοια
δὲ θεῶν μὴ νομίζηται, σοφοὺς δὲ ἡγῶνται τοὺς τῷ καλῷ
προσπτύοντας, ἂν ἡδονὴ μὴ προσῇ· χλευάζωσι δὲ ταῦτα
40 καὶ γελῶσιν,

Ἔστιν δίκης ὀφθαλμός, ὃς τὰ πάνθ᾽ ὁρᾷ·

καὶ,

Πέλας γὰρ ἑστὼς ὁ θεὸς ἐγγύθεν βλέπει·

καὶ, « Ὁ μὲν θεὸς, ὥσπερ δὴ καὶ ὁ παλαιὸς λόγος, ἀρ-
45 χήν τε καὶ μέσα καὶ τελευτὴν ἔχων τοῦ παντός, εὐθείᾳ
περαίνει κατὰ φύσιν περιπορευόμενος· τῷ δ᾽ ἕπεται
Δίκη, τῶν ἀπολειπομένων τιμωρὸς τοῦ θείου νόμου. »
(4) Οἱ γὰρ τούτων καταφρονοῦντες ὡς μύθων, καὶ περὶ
γαστέρα τἀγαθὸν ἡγούμενοι καὶ τοὺς ἄλλους πόρους
50 δι᾽ ὧν ἡδονὴ παραγίνεται, νόμου δέονται καὶ φόβου καὶ
πληγῆς, καὶ βασιλέως τινὸς καὶ ἄρχοντος ἐν χειρὶ τὴν
δίκην ἔχοντος, ἵνα μὴ τοὺς πλησίον κατεσθίωσιν ὑπὸ

---

spectis et inconstantibus sensibus judicium; nec decipi se
sinens una cum his, qui rebus obscuris iis quæ non apparent, fidem aiunt habendam, quum in obscuris iis quæ
apparent, tantum videant inesse infirmitatis ac tenebrarum.
(2) Enimvero fabula est illa *infinitas* Epicureorum et *imagines* illæ, et temeritatem et petulantiam indit adolescentibus
is, qui de Pythocle nondum annos nato duodeviginti scribit,
*non esse indolem in tota Græcia meliorem, ac prodigiose bene illum recitare, et muliebria pati; ut hæc exsuperantia adolescentis bona propria sint et ab invidia
ac Nemesi tuta* comprecans.   (3) Sophistæ vero sunt, et
arrogantes, qui adversus laudatos viros tam lascive et superbe scribunt. Sane Plato, Aristoteles, Theophrastus,
Democritus, contra eos qui ante ipsos fuere scripserunt:
librum autem tali inscriptione, *omnes eo una impugnari*,
nemo alius præter Colotam est ausus edere.

XXX. Unde factum est, ut, sicut qui numen aliquod
offenderunt, ipse suum prodens flagitium in hæc verba
scripserit sub finem jam libri: *Vitam illi qui leges composuerunt, atque jura, utque regerentur urbes et imperio magistratuum parerent instituerunt, in tranquillo
admodum nos ac tuto collocaverunt, tumultibusque liberaverunt: ista si quis aboleret, ferarum porro vitam
victuri essemus, et quisque obvium quemque tantum
non esset devoraturus.*   (2) Hæc Colotes ipsis verbis istis
pronunciavit, neque juste, neque vere. Nam si quis, legibus sublatis, Parmenidis, Socratis, Platonis, Heracliti
relinquat nobis decreta, longe profecto aberit res nostra a
belluina vita et mutuis devorationibus. Metuemus enim
turpia, et honesti gratia venerabimur justitiam, deos, bonos
magistratus, genios, vitæ nostræ custodes nos habere sentientes, tum omne aurum quod supra infraque terram est
pretium virtutis non æquare censentes, *facientesque ultro
monitu rationis*, ut ait Xenocrates, *quæ nunc inviti
metu legis facimus.*   (3) Quando ergo vita nostra erit
belluina, fera, insociabilis? Quum, sublatis legibus, manebit ad voluptates exhortans doctrina, providentia deorum
negabitur, sapientes putabuntur qui in honestum despuent,
cui non adhæreat voluptas : quum ridebuntur istæc et
subsannabuntur,

Est oculus omnia cernens Justitiæ tamen :
et,

Stans in propinquo cominus videt deus,

et, *Deus quidem, ut et antiquitus traditum est, principium, medium, finemque tenens omnium rerum, rectam lineam conficit secundum naturam incedens; hunc
autem sequitur Justitia, vindex eorum qui a divina
desciscunt lege.*   (4) Hæc enim qui tanquam fabulas contemnunt, et circa ventrem felicitati locum statuunt reliquosque voluptati inducendæ meatus, iis lege opus est, metu,
verbere, ac rege vel principe jus in manibus habente, ne
proximum quisque suum devoret præ gulæ studio impie.

λαιμαργίας ἀθεότητι θρασυνομένης. (5) Καὶ γὰρ ὁ τῶν
θηρίων βίος τοιοῦτός ἐστιν, ὅτι τῆς ἡδονῆς οὐδὲν ἐπί-
σταται κάλλιον, οὐδὲ δίκην θεῶν οἶδεν, οὐδὲ σέβεται τῆς
ἀρετῆς τὸ κάλλος, ἀλλ' εἴ τι θαρραλέον αὐτοῖς ἢ πανοῦργον ἢ δραστήριον ἐκ φύσεως ἔνεστι, τούτῳ πρὸς
ἡδονὴν σαρκὸς καὶ ἀποπλήρωσιν ὀρέξεως χρῆται· καθάπερ οἴεται δεῖν ὁ σοφὸς Μητρόδωρος, λέγων τὰ καλὰ
πάντα καὶ σοφὰ καὶ περιττὰ τῆς ψυχῆς ἐξευρήματα τῆς
κατὰ σάρκα ἡδονῆς ἕνεκα καὶ τῆς ἐλπίδος τῆς ὑπὲρ ταύτης συνεστάναι, καὶ πᾶν εἶναι κενὸν ἔργον, ὃ μὴ εἰς
τοῦτο κατατείνει. (6) Τούτοις τοῖς διαλογισμοῖς καὶ
φιλοσοφήμασιν ἀρθέντων νόμων, ὄνυχες λύκων ἐνδέουσι
καὶ ὀδόντες λεόντων, καὶ γαστέρες βοῶν, καὶ τράχηλοι
καμήλων· καὶ ταῦτα τὰ πάθη καὶ τὰ δόγματα λόγων
καὶ γραμμάτων ἀπορίᾳ τὰ θηρία βρυχήμασι καὶ χρε-
μετισμοῖς καὶ [μυκήμασι δηλοῖ], καὶ πᾶσα φωνὴ γα-
στρός ἐστιν αὐτοῖς καὶ σαρκὸς ἡδονὴν ἀσπαζομένη καὶ
σαίνουσα παροῦσαν ἢ μέλλουσαν, εἰ μή τι φύσει φιλό-
φωνόν ἐστι καὶ κωτίλον.

XXXI. Οὐδεὶς οὖν ἔπαινος ἄξιος ἂν γένοιτο τῶν ἐπὶ
ταῦτα τὰ πάθη τὰ θηριώδη νόμους θεμένων, καὶ πολιτείας καὶ ἀρχὰς καὶ νόμων διάταξιν. (2) Ἀλλὰ τίνες
εἰσὶν οἱ ταῦτα συγχέοντες καὶ καταλύοντες, καὶ ἄρδην
ἀναιροῦντες; οὐχ οἱ πολιτείας ἀφιστάντες αὐτοὺς καὶ
τοὺς πλησιάζοντας; οὐχ οἱ τὸν τῆς ἀταραξίας στέφανον
ἀσύμβλητον εἶναι ταῖς μεγάλαις ἡγεμονίαις λέγοντες;
οὐχ οἱ τὸ βασιλεύειν ἁμαρτίαν καὶ διάπτωσιν ἀποφαίνοντες; καὶ γράφοντες αὐταῖς λέξεσιν, ὅτι « λέγειν δεῖ,
πῶς [τις] ἄριστα τὸ τῆς φύσεως τέλος συντηρήσει, καὶ
πῶς τις ἑκὼν εἶναι μὴ πρόσεισιν ἐξ ἀρχῆς ἐπὶ τὰς τῶν
πληθῶν ἀρχάς· » καὶ ἔτι ταῦτα πρὸς ἐκείνοις· « Οὐδὲν
οὖν ἔτι δεῖ τοὺς Ἕλληνας σώζειν, οὐδ' ἐπὶ σοφίᾳ στεφάνου παρ' αὐτῶν τυγχάνειν, ἀλλ' ἐσθίειν καὶ πίνειν, ὦ
Τιμόκρατες, ἀβλαβῶς τῇ σαρκὶ καὶ κεχαρισμένως. »
(3) Ἀλλὰ μὴν ἧς γε καὶ Κολώτης ἐπαινεῖ διατάξεως τῶν
νόμων, πρῶτόν ἐστιν ἡ περὶ θεῶν δόξα καὶ μέγιστον, ᾗ
καὶ Λυκοῦργος Λακεδαιμονίους, καὶ Νομᾶς Ῥωμαίους,
καὶ Ἴων ὁ παλαιὸς Ἀθηναίους, καὶ Δευκαλίων Ἕλληνας ὁμοῦ τι πάντας καθωσίωσαν, εὐχαῖς καὶ ὅρκοις, καὶ
μαντεύμασι καὶ φήμαις, ἐμπαθεῖς πρὸς τὰ θεῖα δι'
ἐλπίδων ἅμα καὶ φόβων καταστήσαντες. (4) Εὕροις δ'
ἂν ἐπιὼν πόλεις ἀτειχίστους, ἀγραμμάτους, ἀβασιλεύ-
τους, ἀοίκους, ἀχρημάτους, νομίσματος μὴ δεομένας,
ἀπείρους θεάτρων καὶ γυμνασίων· ἀνιέρου δὲ πόλεως
καὶ ἀθέου, μὴ χρωμένης εὐχαῖς, μηδὲ ὅρκοις, μηδὲ
μαντείαις, μηδὲ θυσίαις ἐπ' ἀγαθοῖς, μηδ' ἀποτροπαῖς
κακῶν, οὐδείς ἐστιν οὐδ' ἔσται γεγονὼς θεατής· ἀλλὰ
πόλις ἄν μοι δοκεῖ μᾶλλον ἐδάφους χωρίς, ἢ πολιτεία
τῆς περὶ θεῶν δόξης ὑφαιρεθείσης παντάπασι, σύστασιν
λαβεῖν, ἢ λαβοῦσα τηρῆσαι. (5) Τοῦτο μέντοι τὸ συνεκτικὸν ἁπάσης κοινωνίας καὶ νομοθεσίας ἔρεισμα καὶ
βάθρον οὗ κύκλῳ περιιόντες, οὐδὲ κρύφα καὶ δι' αἰνιγμάτων, ἀλλὰ τῇ πρώτῃ τῶν κυριωτάτων δοξῶν προ-
λαβόντες εὐθὺς ἀνατρέπουσιν. (6) Εἶθ' ὥσπερ ὑπὸ ποι-

tate efferato. (5) Talis quippe brutorum est vita, quæ nihil
voluptate pulchrius norunt, neque justitiam deorum agnoscunt, neque pulchritudinem virtutis venerantur; sed si quid
iis a natura calliditatis, audaciæ, virium inest, eo ad carnis
voluptatem et satisfaciendum concupiscentiæ utuntur: prouti faciendum statuit sapiens Metrodorus, qui dicat, *omnia
pulchra, sapientia et subtilia animi inventa propter
voluptatem carnis spesque eo pertinentes esse constituta; et omne opus inane esse, quod non eo tendat.* (6)
Ubi his ratiocinationibus ac philosophia tali sublatæ fuerint
leges, tantum ungues leonum ad vitam ferinam, et dentes
luporum, boum ventres, et colla camelorum desunt. Atque
hos quidem animi sensus, hæc decreta, bruta ob sermonis
et literarum inopiam mugitibus, hinnitibus et balatibus exprimunt, omnisque eorum vox ventri voluptatique servit,
quam vel præsentem vel futuram amplectuntur et adulantur; nisi si quod animal natura cantus studiosum est et
garrulum.

XXXI. Omni itaque laude majores sunt, qui adversus
ferinas istas cupiditates, legum, reipublicæ magistratuum-
que constitutiones invenerunt. (2) Qui vero sunt qui hæc
confundunt, solvunt, funditusque tollunt? nonne hi qui et
se ipsi et discipulos a republica gerenda avertunt? nonne hi
qui *coronam vacuitatis perturbationum potiorem magnis
imperiis* aiunt? non illi qui *regnum gerere, peccatum
esse et errorem* pronunciant, scribuntque his verbis: *Hoc
dicendum est, quo quis modo quam optime naturæ finem
conservet, et quo pacto sponte sua jam ab initio caveat
sibi a suscipiendo in multitudinem imperio.* Quin et hæc
præterea scribunt: *Non itaque necesse porro est Græcos
servare, aut coronam ab iis ob sapientiam reportare:
sed edendum est et bibendum, o Timocrates, quantum
carni gratum et innoxium est.* (3) Atqui in legum constitutione, quam Colotes laudat, primum est et maximum
de diis opinio. Quamobrem et Lycurgus Lacedæmonios, et
Numa Romanos, et Ion antiquus Athenienses, et Deucalion
Græcos fere universos diis consecraverunt, votis, sacramen-
tis, oraculis ominibusque, eos ob spem ac metum diis deditos obnoxiosque reddentes. (4) Et si terras obeas, invenire possis urbes muris, literis, regibus, domibus, opibus,
numismate carentes vel non utentes, gymnasiorum et thea-
trorum nescias: urbem templis diisque carentem, quæ precibus, jurejurando, oraculis non utatur, non bonorum causa
sacrificet, non mala sacris avertere nitatur, nemo unquam
vidit nec videbit. Sed facilius urbem condi sine solo posse
puto, quam opinione de diis penitus sublata, civitatem coire
aut constare. (5) Hoc igitur quod omnem continet societatem, omnium legum fundamentum est, illi non per ambages aut obscure et perplexe, sed palam subvertunt prima
suarum maxime ratarum sententia prolata. (6) Deinde quasi
divina vindicta exagitati, fatentur *atrox se committere*

νῆς ἐλαυνόμενοι, δεινὰ ποιεῖν ὁμολογοῦσι, συγχέοντες τὰ νόμιμα, καὶ τὰς διατάξεις τῶν νόμων ἀναιροῦντες, ἵνα μηδὲ συγγνώμης τύχωσι. Τὸ μὲν γὰρ ἁμαρτάνειν περὶ δόξαν, εἰ καὶ μὴ σοφῶν, ὅμως ἀνθρώπινόν ἐστι· τὸ δ' ἐγκαλεῖν ἑτέροις ἅπερ αὐτοὶ πράττουσι, πῶς ἄν τις εἴποι, φειδόμενος τῶν ἀξίων ὀνομάτων;

XXXII. * Εἰ γὰρ πρὸς Ἀντίδωρον ἢ Βίωνα τὸν σοφιστὴν γράφων ἐμνήσθη νόμων καὶ πολιτείας καὶ διατάξεως, οὐκ ἄν τις εἶπεν αὐτῷ,

> Μέν', ὦ ταλαίπωρ', ἀτρέμα σοῖς ἐν δεμνίοις,

περιστέλλων τὸ σαρκίδιον· ἐμοὶ δὲ περὶ τούτων [οἱ] οἰκονομικῶς καὶ πολιτικῶς βεβιωκότες ἐγκαλείτωσαν; εἰσὶ δὲ οὗτοι πάντες οἷς Κολώτης λελοιδόρηκεν. (2) Ὧν Δημόκριτος μὲν παραινεῖ τήν τε πολιτικὴν τέχνην μεγίστην οὖσαν ἐκδιδάσκεσθαι, καὶ τοὺς πόνους διώκειν, ἀφ' ὧν τὰ μεγάλα καὶ λαμπρὰ γίνονται τοῖς ἀνθρώποις. (3) Παρμενίδης δὲ τὴν ἑαυτοῦ πατρίδα διεκόσμησε νόμοις ἀρίστοις, ὥστε τὰς ἀρχὰς καθ' ἕκαστον ἐνιαυτὸν ἐξορκῶσαι τοὺς πολίτας ἐμμένειν τοῖς Παρμενίδου νόμοις. (4) Ἐμπεδοκλῆς δὲ τούς τε πρώτους τῶν πολιτῶν ὑβρίζοντας καὶ διαφοροῦντας τὰ κοινὰ ἐξελέγξας [**] τήν τε χώραν ἀπήλλαξεν ἀκαρπίας καὶ λοιμοῦ, διασφάγας ὄρους ἀποτειχίσας, δι' ὧν ὁ νότος εἰς τὸ πεδίον ὑπερέβαλλε. (5) Σωκράτης δὲ, μετὰ τὴν καταδίκην φυγῆς αὐτῷ μεμηχανημένης ὑπὸ φίλων, οὐκ ἐχρήσατο, τοὺς νόμους βεβαιῶν, ἀλλ' ἀδίκως ἀποθανεῖν εἵλετο μᾶλλον ἢ σωθῆναι παρανόμως. (6) Μέλισσος δὲ, τῆς πατρίδος στρατηγῶν, Ἀθηναίους κατεναυμάχησε. Πλάτων δὲ καλοὺς μὲν ἐν γράμμασι λόγους περὶ νόμων καὶ πολιτείας ἀπέλιπε, πολὺ δὲ κρείττονας ἐνεποίησε τοῖς ἑταίροις, ἀφ' ὧν Σικελία διὰ Δίωνος ἠλευθεροῦτο, καὶ Θρᾴκη διὰ Πύθωνος καὶ Ἡρακλείδου Κότυν ἀνελόντων, Ἀθηναίων δὲ Χαβρίαι στρατηγοὶ καὶ Φωκίωνες ἐξ Ἀκαδημίας ἀνέβαινον. (7) Ἐπίκουρος μὲν γὰρ εἰς Ἀσίαν ἐξέπεμπε τοὺς Τιμοκράτει λοιδορησομένους, καὶ τῆς βασιλικῆς ἐξελῶν αὐλῆς τὸν ἄνθρωπον, ὅτι Μητροδώρῳ προσέκρουσεν ἀδελφὸς ὤν· καὶ ταῦτα ἐν τοῖς βιβλίοις γέγραπται τοῖς ἐκείνων. (8) Πλάτων δὲ τῶν ἑταίρων ἐξαπέστειλεν, Ἀρκάσι μὲν Ἀριστώνυμον διακοσμήσοντα τὴν πολιτείαν, Ἠλείοις δὲ Φορμίωνα, Μενέδημον δὲ Πυρραίοις. (9) Εὔδοξος δὲ Κνιδίοις, καὶ Ἀριστοτέλης Σταγειρίταις, Πλάτωνος ὄντες συνήθεις, νόμους ἔγραψαν· παρὰ δὲ Ξενοκράτους Ἀλέξανδρος ὑποθήκας ᾔτησε περὶ βασιλείας· ὁ δὲ πεμφθεὶς πρὸς Ἀλέξανδρον ὑπὸ τῶν ἐν Ἀσίᾳ κατοικούντων Ἑλλήνων, καὶ μάλιστα διακαύσας καὶ παροξύνας ἅψασθαι τοῦ πρὸς τοὺς βαρβάρους πολέμου, Δήλιος ἦν Ἐφέσιος, ἑταῖρος Πλάτωνος. (10) Ζήνων τοίνυν, ὁ Παρμενίδου γνώριμος, ἐπιθέμενος Δημύλῳ τῷ τυράννῳ, καὶ δυστυχήσας περὶ τὴν πρᾶξιν, ἐν πυρὶ τὸν Παρμενίδου λόγον, ὥσπερ χρυσὸν, ἀκήρατον καὶ δόκιμον παρέσχε, καὶ ἀπέδειξεν ἔργοις, ὅτι τὸ αἰσχρὸν ἀνδρὶ μεγάλῳ φοβερόν ἐστιν, ἀλγηδόνα δὲ παῖδες καὶ γύναια καὶ γυναίων ψυχὰς ἔχον-

flagitium, qui jura confundant, legumque constitutiones aboleant, ut veniam quoque impetrare non debeant. Nam opinionis aliquo errore decipi, ut sapientis non sit, saltem hominis est : eam autem culpam, quam ipse committis, in alios conferre, quale sit, nisi iis quæ res meretur nominibus, dici nequit.

XXXII. Quodsi enim adversus Antidorum aut Bionem sophistam scribens, legum, reipublicæ et ordinis faceret mentionem; nonne poterat recte horum aliquis ei dicere,

> Mane tuo quietus in lecto, miser,

tuum curans corpusculum : me hoc nomine accusent qui civiliter et re familiari recte instituta vixerunt? Hi vero sunt omnes ii, quos maledictis impetiit Colotes. (2) Ex his Democritus jubet *artem civilem discere, utpote maximam; ac labores sectari, quibus res magnæ et splendor hominibus parantur.* (3) Parmenides suam patriam optimis exornavit legibus, ejusque adeo institutis cives staturos se quotannis jurare magistratus cogunt. (4) Empedocles principes civium peculatus et contumeliosarum injuriarum convicit; ac regionem sterilitate et pestilentia liberavit, obstructis montis faucibus per quas auster in campos incidebat. (5) Socrates damnatus, quum ei effugiendi opportunitatem amici parassent, legum confirmandarum causa non est ea usus; maluitque injuste mori, quam contra leges evadere. (6) Melissus patriæ prætor Athenienses navali vicit prælio. Plato in suis scriptis præclaram de legibus et republica doctrinam reliquit, multo autem meliora socios docuit; quibus usus Dion Siciliam liberavit; Python et Heraclides, Coty interfecto, Thraciam : Chabrias quoque et Phocion imperatores Atheniensium ex Academia progressi sunt. (7) Sane Epicurus in Asiam misit qui Timocrati convicium facerent, et eum ex aula regis exigerent, quod offendisset fratrem Metrodorum; atque hæc in ipsorum sunt scripta libris. (8) Plato autem e discipulis suis misit Arcadibus Aristonymum reipublicæ constituendæ causa, Eleis Phormionem, Pyrrhæis Menedemum. (9) Eudoxus Cnidiis, Aristoteles Stagiritis, leges posuerunt, familiaris uterque Platonis. A Xenocrate præcepta de regno petiit Alexander. Qui ad Alexandrum ab Asiam incolentibus Græcis missus est, maximeque eum ad bellum in barbaros suscipiendum inflammavit, Delius fuit Ephesius, Platonis familiaris. (10) Zeno, Parmenidis discipulus, Demylo tyranno insidiatus, re infeliciter gesta, doctrinam Parmenidis, velut aurum in igne, illæsam ac probam servavit, et facto ostendit, videlicet turpitudinem magno viro metuendam esse, dolorem a pueris et mulierculis ac viris animum muliebrem gerentibus

τες ἄνδρες δεδίασι· τὴν γὰρ γλῶτταν αὐτοῦ διατρώγων, τῷ τυράννῳ προσέπτυσεν.

XXXIII. Ἐκ δὲ τῶν Ἐπικούρου λόγων καὶ δογμάτων, οὐ λέγω, τίς τυραννοκτόνος ἢ τίς ἀριστεὺς, ἢ τίς νομοθέτης, ἢ τίς ἄρχων, ἢ βασιλέως σύμβουλος, ἢ δήμου προστάτης, ἢ βεβασανισμένος ὑπὲρ τῶν δικαίων, ἢ τεθνηκώς· ἀλλὰ τίς τῶν σοφῶν ἔπλευσεν ὑπὲρ τῆς πατρίδος, ἐπρέσβευσεν, ἀνήλωσε; ποῦ γέγραπται πολιτικὴ πρᾶξις ὑμῖν; (2) Καίτοι ὅτι Μητρόδωρος εἰς Πειραιᾶ κατέβη σταδίους τεσσαράκοντα, Μίθρῃ τινὶ Σύρῳ τῶν βασιλικῶν συνειλημμένῳ βοηθήσων, πρὸς πάντας ἐγράφετο καὶ πάσαις ἐπιστολαῖς, μεγαληγορῦντος Ἐπικούρου καὶ σεμνύνοντος ἐκείνην τὴν ὁδόν. (3) Τί οὖν εἴ τι τοιοῦτον ἐπέπρακτο αὐτοῖς, οἷον Ἀριστοτέλει, τὴν πατρίδα κτίσαι διεφθαρμένην ὑπὸ Φιλίππου; Θεοφράστῳ δὲ, δὶς ἐλευθερῶσαι τυραννουμένην; οὐκ ἐπιλιπεῖν ἔδει πρότερον φέροντα βίβλους τὸν Νεῖλον, ἢ τούτους ἀποκαμεῖν γράφοντας περὶ αὑτῶν; (4) Καὶ οὐ τοῦτο δεινόν ἐστι, ὅτι, τοσούτων ὄντων φιλοσόφων, μόνοι σχεδὸν ἀσύμβολοι τῶν ἐν ταῖς πόλεσιν ἀγαθῶν κοινωνοῦσιν· ἀλλ' ὅτι καὶ τραγῳδιῶν ποιηταὶ καὶ κωμῳδιῶν ἀεί τι πειρῶνται χρήσιμον παρέχεσθαι καὶ λέγειν ὑπὲρ νόμων καὶ πολιτείας· οὗτοι δὲ, κἂν γράφωσι, γράφουσι περὶ πολιτείας, ἵνα μὴ πολιτευώμεθα· καὶ περὶ ῥητορικῆς, ἵνα μὴ ῥητορεύωμεν· καὶ περὶ βασιλείας, ἵνα (μὴ) φεύγωμεν τὸ συμβιοῦν βασιλεῦσι· (5) τοὺς δὲ πολιτικοὺς ἄνδρας ἐπὶ γέλωτι καὶ καταλύσει τῆς δόξης ὀνομάζουσιν, ὡς τὸν Ἐπαμεινώνδαν ἐσχηκέναι τι λέγοντες ἀγαθὸν, καὶ τοῦτο δὲ μίκκον, οὑτωσὶ τῷ ῥήματι φράζοντες, αὐτὸν δὲ σιδηροῦν σπλάγχνον ἀποκαλοῦντες, καὶ πυνθανόμενοι, τί παθὼν ἐβάδιζε διὰ τῆς Πελοποννήσου μέσης, καὶ οὐ πιλίδιον ἔχων οἴκοι κάθητο, δηλαδὴ περὶ τὴν τῆς γαστρὸς ἐπιμέλειαν ὅλος καθεστώς. (6) Ἃ δὲ Μητρόδωρος ἐν τῷ περὶ Φιλοσοφίας ἐξορχούμενος πολιτείαν γέγραφεν, οὐκ ᾤμην δεῖν παρεῖναι· λέγει δὲ ὅτι « τῶν σοφῶν τινες, ὑπὸ δαψιλείας τύφου, οὕτω καλῶς συνεῖδον τὸ ἔργον αὐτῆς, ὥστ' οἴχονται φερόμενοι πρὸς τὰς αὐτὰς Λυκούργῳ καὶ Σόλωνι ἐπιθυμίας, κατὰ τοὺς περὶ βίων λόγους καὶ ἀρετῆς. » (7) Τῦφος οὖν ἦν καὶ δαψίλεια τύφου τὸ ἐλευθέρας εἶναι τὰς Ἀθήνας, καὶ τὴν Σπάρτην εὐνομεῖσθαι, καὶ τοὺς νέους μὴ θρασύνεσθαι, μηδ' ἐξ ἑταιρῶν παιδοποιεῖσθαι, μηδὲ πλοῦτον καὶ τρυφὴν καὶ ἀσέλγειαν ἄρχειν, ἀλλὰ νόμον καὶ δικαιοσύνην, ἐν ταῖς πόλεσιν· αὗται γὰρ ἦσαν ἐπιθυμίαι Σόλωνος. (8) Καὶ λοιδορῶν ὁ Μητρόδωρος ἐπιλέγει τοῖς εἰρημένοις· « Διὸ καὶ καλῶς ἔχει, τὸν ἐλεύθερον ὡς ἀληθῶς γέλωτα γελάσαι ἐπί τε δὴ πᾶσιν ἀνθρώποις, καὶ ἐπὶ τοῖς Λυκούργοις τούτοις, καὶ Σόλωσιν. » (9) Ἀλλ' οὐκ ἐλεύθερος οὗτος, ὦ Μητρόδωρ', ἐστὶν, ἀλλ' ἀνελεύθερος, καὶ ἀνάγωγος, καὶ οὐδὲ μάστιγος ἐλευθέρας δεόμενος, ἀλλὰ τῆς ἀστραγαλωτῆς ἐκείνης, ἢ τοὺς Γάλλους πλημμελοῦντας ἐν τοῖς Μητρῴοις κολάζουσιν.

XXXIV. Ὅτι δ' οὐ νομοθέταις, ἀλλὰ νόμοις ἐπολέμουν, ἔξεστιν ἀκούειν Ἐπικούρου· ἐρωτᾷ γὰρ αὐτὸν

timeri : linguam enim suam dentibus amputatam in tyrannum exspuit.

XXXIII. Ex Epicuri autem decretis non dicam quis tyrannicida, quis eximiam rebus agendis laudem meritus, quis legumlator, quis princeps, quis regis consiliarius, quis populi tutor exstitit, quis pro justitia tortus, quis mortuus est? sed, quisnam sapientum istorum propter patriam navigavit, legationem obiit, sumtus fecit? ubi civilis ulla vestrûm alicujus actio scripta exstat? (2) *Metrodorus quadraginta stadia in Piræeum descendit, Mithræ cuidam Syro uni de regiis capto opitulaturus.* De hoc facinore scilicet in omnibus ad omnes epistolis scribebatur, magnifice laudante illud iter et efferente Epicuro. (3) Quid facturos putas fuisse, si quid tale egissent, quale est quod Aristoteles confecit, ut patria ipsius a Philippo eversa instauraretur? quod Theophrastus, qui suam bis a tyrannis occupatam liberavit? Nonne oportebat prius Nilum byblos ferre desinere, quam illos de se scribendo defatigari? (4) Neque id maxime indignum est, quod de tot philosophis soli hi fere immunes in partem bonorum quæ sunt in civitatibus perveniunt; sed quod, tragicis et comicis poetis semper conantibus aliquid stipis conferre et dicere pro legibus et republica, hi, etiam si scribant, de *republica* scribunt, *ne eam geramus*, de *rhetorica, ne ea utamur,* de *regno, ut fugiamus convictum regum* præcipientes. (5) Civiles autem viros deridentes et non nisi gloriæ eorum labefactandæ causa nominant: veluti *Epaminondam bonum aliquid* aiunt *habuisse, idque perexiguum :* ipsum vero *ferreum viscus* appellantes, quærunt, *quid acciderit ei, ut per mediam iter faceret Peloponnesum,* non pileolo sumto domi desideret, nimirum totus ventri curando intentus. (6) Quæ autem Metrodorus in opere de Philosophia quasi exsultans ad rempublicam traducendam scripsit, non putavi reticenda : *Sapientum quidam,* ait, *fastus abundantia ita pulchre perspexerunt opus ejus, ut proruerint ad affectandas res Lycurgi et Solonis factis æmulas, secundum rationes (ut opinabantur) vitae et virtutis.* (7) Siccine fastus hoc erat, et *abundantia fastus,* liberas esse Athenas, Spartam bonis regi legibus, adolescentes non ferocire, non tollere prolem e scortis, neque divitias, luxum et libidinem rerum potiri in urbibus, sed legem et justitiam? Hæc enim sunt quæ expetebat Solon. (8) Et convicium Metrodorus illis quæ modo apposui addit : *Idco aequum est ut rideat effuse liber homo quum alios omnes, tum Lycurgos istos et Solones.* (9) Atqui, Metrodore, hic liber non est, sed illiberalis et contumax, et ne liberali quidem dignus flagello, sed nodoso illo, quo Gallos in Magnæ Matris sacris delinquentes puniunt.

XXXIV. Non legumlatores autem, sed ipsas leges fuisse ab his impugnatas, ex Epicuro audire licet. Nam se ipsum

ἐν ταῖς Διαπορίαις, « εἰ πράξει τινὰ ὁ σοφὸς, ὧν οἱ
νόμοι ἀπαγορεύουσιν, εἰδὼς ὅτι λήσει· » καὶ ἀποκρίνεται, « Οὐκ εὔοδον τὸ ἁπλοῦν ἐστι κατηγόρημα· » τουτέστι, πράξω μὲν, οὐ βούλομαι δὲ ὁμολογεῖν. (2) Πάλιν δὲ, οἶμαι γράφων πρὸς Ἰδομενέα, διακελεύεται
« μὴ νόμοις καὶ δόξαις δουλεύοντα ζῆν, ἐφ' ὅσον ἂν μὴ
τὴν διὰ τοῦ πέλας ἐκ πληγῆς ὄχλησιν παρασκευάζωσιν. »
(3) Εἴπερ οὖν οἱ νόμους καὶ πολιτείας ἀναιροῦντες τὸν
βίον ἀναιροῦσι τὸν ἀνθρώπινον, Ἐπίκουρος δὲ καὶ Μητρόδωρος τοῦτο ποιοῦσι, τοὺς μὲν συνήθεις ἀποτρέπον-
τες τοῦ τὰ κοινὰ πράττειν, τοῖς δὲ πράττουσιν ἀπεχθα-
νόμενοι, τοὺς δὲ πρώτους καὶ σοφωτάτους τῶν νομοθετῶν
κακῶς λέγοντες, τῶν δὲ νόμων παρακελευόμενοι περιφρονεῖν, ἐὰν μὴ προσῇ φόβος πληγῆς καὶ κολάσεως·
οὐκ οἶδα τί τηλικοῦτο κατέψευσται τῶν ἄλλων ὁ Κολώτης, ἡλίκον ἀληθῶς τῶν Ἐπικούρου λόγων καὶ δογμάτων κατηγόρηκεν.

΄ ΕΙ ΚΑΛΩΣ ΕΙΡΗΤΑΙ ΤΟ ΛΑΘΕ ΒΙΩΣΑΣ.

I. Ἀλλ' οὐδὲ ὁ τοῦτο εἰπὼν, λαθεῖν ἠθέλησεν· αὐτὸ
γὰρ τοῦτο εἶπεν, ἵνα μὴ λάθῃ, ὥς τι φρονῶν περιττό-
τερον· ἐκ τῆς εἰς ἀδοξίαν προτροπῆς δόξαν ἄδικον πο-
ριζόμενος.

Μισῶ σοφιστὴν, ὅστις οὐχ αὑτῷ σοφός.

(2) Τοὺς μὲν γὰρ περὶ Φιλόξενον τὸν Ἐρύξιδος, καὶ
Γνάθωνα τὸν Σικελιώτην, ἐπτοημένους περὶ τὰ ὄψα, λέγουσιν ἐναπομύττεσθαι ταῖς παροψίσιν, ὅπως τοὺς συν-
εσθίοντας διαστρέψαντες, αὐτοὶ μόνοι τῶν παρακειμένων ἐμφορηθῶσιν· οἱ δ' ἀκρατῶς φιλόδοξοι καὶ κατακόρως,
διαβάλλουσιν ἑτέροις τὴν δόξαν, ὥσπερ ἀντερασταῖς,
ἵνα τυγχάνωσιν αὐτῆς ἀνανταγωνίστως· (3) καὶ ταυτὸ
τοῖς ἐρέσσουσι ποιοῦσιν· ὡς γὰρ ἐκεῖνοι, πρὸς τὴν πρύμναν
ἀφορῶντες τῆς νεὼς, τὴν κατὰ πρῷραν ὁρμὴν συνεργοῦσιν, ὡς ἂν ἐκ τῆς ἀνακοπῆς περίρροια καταλαμβά-
νουσα συνεπωθῇ τὸ πορθμεῖον, οὕτως οἱ τὰ τοιαῦτα
παραγγέλματα διδόντες, ὥσπερ ἀπεστραμμένοι τὴν
δόξαν διώκουσιν. (4) Ἐπεὶ τί λέγειν ἔδει τοῦτο; τί δὲ
γράφειν καὶ γράψαντα ἐκδιδόναι πρὸς τὸν μετὰ ταῦτα
χρόνον, εἰ λαθεῖν ἐβούλετο τοὺς ὄντας ὁ μηδὲ τοὺς ἐσο-
μένους;

II. Ἀλλὰ τοῦτο μὲν [* *] αὐτὸ τὸ πρᾶγμα πῶς οὐ
πονηρὸν, Λάθε βιώσας, ὡς τυμβωρυχήσας; ἀλλ' αἰσχρόν
ἐστι τὸ ζῆν, ἵνα ἀγνοῶμεν πάντες; ἐγὼ δ' ἂν εἴποιμι,
μηδὲ κακῶς βιώσας λάθε· ἀλλὰ γνώσθητι, σωφρονίσθητι,
μετανόησον· εἴτ' ἀρετὴν ἔχεις, μὴ γένῃ ἄχρηστος· εἴτε
κακίαν, μὴ μείνῃς ἀθεράπευτος. (2) Μᾶλλον δὲ διελοῦ
καὶ διόρισον, τίνι τοῦτο προστάττεις. Εἰ μὲν ἀμαθεῖ
καὶ πονηρῷ καὶ ἀνοήτῳ, οὐθὲν διαφέρεις τοῦ λέγοντος,
Λάθε καὶ πυρέττων, λάθε φρενιτίζων, μὴ γνῷ σε ὁ

---

in Dubitationibus interrogat, *Facturusne sit sapiens quod
leges prohibent, si id clam sit futurum* : et respondet,
Non expeditum est simplex attributum : hoc est, Faciam equidem, sed nolo fateri. (2) Rursum, puto ad Idomeneum scribens, serio jubet eum *vivere non servientem
legibus et opinionibus, nisi quatenus ob vicinum ictum
perturbationem afferunt.* (3) Ergo si vitam humanam
perimunt qui leges et reipublicæ rationes tollunt, id autem
faciunt Epicurus et Metrodorus, familiares a republica gerenda dehortantes, gerentibus infensi, principes et sapien-
tissimos legum conditores maledictis proscindentes, leges
contemnere jubentes, ubi metus plagæ et poenæ abest; non,
puto, tantum falso Colotes aliis intentaverit crimen, quantum vere doctrinæ et decretis Epicuri intulit.

AN RECTE DICTUM SIT LATENTER ESSE VIVENDUM.

I. Atqui ne is quidem, qui hoc pronunciavit, latere voluit : sed ne lateret hoc dixit, tanquam reliquis subtilius
aliquid intelligens; et cohortando ad nominis obscuritatem,
iniqua ratione gloriam captavit. Ego autem

Odi sapientem, qui ipsus non sapit sibi.

(2) Philoxenum Eryxidis filium et Gnathonem Siculum,
obsoniorum nimia cupiditate impulsos, narium sordes
emungere in patinas solitos ferunt, ut, aliis ab edendo de-
territis, ipsi soli implerentur propositis cibis. Atque sic
etiam isti nimio gloriæ studio repleti gloriam apud alios
traducunt tanquam rivales suos, ut ipsi ea absque æmulis
possint potiri. (3) Qua in re imitantur remiges : ut enim
hi ad puppim navis obversis oculis proram propellunt, nimirum ut ex allisione refluxus ortus lembum una incitet;
ita qui talia dant præcepta, gloriam ii tanquam aversi
sectantur. (4) Quorsum enim attinebat hoc dicere, quid
scribere, scriptumque ad posteros edere, si fallere voluit
eos qui tum erant, quum ne ab olim quidem victuris se
vellet ignorari?

II. Verum hoc utcumque habeat, res ipsa qui non sit
prava, *Vive ita ut ignoreris?* scilicet, ut qui sepulchrum
recluseris. An vivere est turpe ita ut omnes ignorare debeamus te vivere? Ego sane dicere non verear, Ne si male
quidem vixeris, dandam tibi operam esse ut latens : imo
enim innotesce, redi ad sanitatem, corrige peccatum : sive
virtus tibi adest, noli esse inutilis; sive vitium, noli negligere medicinam. (2) Quin tu potius hoc distingue ac de-
fini, cuinam homini istud Latere tuum præcipis. Si enim
indocto, pravo et fatuo, perinde est ac si febricitantem,
aut insanientem ex morbo, occultare se juberes, ne agno-

ἰατρός· ἴθι ῥίψας ποι κατὰ σκότου σεαυτόν, ἀγνοούμενος σὺν τοῖς πάθεσι· καὶ σὺ Ἴθι τῇ κακίᾳ νόσον ἀνήκεστον νοσῶν καὶ ὀλέθριον, ἀποκρύπτων τοὺς φθόνους, τὰς δεισιδαιμονίας, ὥσπερ τινὰς σφυγμοὺς, δεδιὼς παρασχεῖν τοῖς νουθετεῖν καὶ ἰᾶσθαι δυναμένοις. (3) Οἱ δὲ σφόδρα παλαιοὶ καὶ τοὺς νοσοῦντας φανερῶς προσεῖχον· τούτων δὲ ἕκαστος εἴ τι πρόσφορον ἔχοι, παθὼν αὐτός, ἢ παθόντα θεραπεύσας, ἔφραζε τῷ δεομένῳ· καὶ τέχνην οὕτω φασὶν ἐκ πείρας συνερανιζομένην, μεγάλην γενέσθαι. (4) Ἔδει δὴ καὶ τοὺς νοσώδεις βίους καὶ τὰ τῆς ψυχῆς παθήματα πᾶσιν ἀπογυμνοῦν, καὶ ἅπτεσθαι, καὶ λέγειν ἕκαστον ἐπισκοποῦντα τὰς διαθέσεις· Ὀργίζῃ; τοῦτο φύλαξαι· ζηλοτυπεῖς; ἐκεῖνο ποίησον· ἐρᾷς; κἀγώ ποτ' ἠράσθην, ἀλλὰ μετενόησα. (5) Νῦν δ' ἀρνούμενοι, ἀποκρυπτόμενοι, περιστέλλοντες, ἐμβαθύνουσι τὴν κακίαν ἑαυτοῖς.

III. Καὶ μὴν εἴ γε τοῖς χρηστοῖς λανθάνειν καὶ ἀγνοεῖσθαι παραινεῖς, Ἐπαμεινώνδᾳ λέγεις, Μὴ στρατήγει· καὶ Λυκούργῳ, Μὴ νομοθέτει· καὶ Θρασυβούλῳ, Μὴ τυραννοκτόνει· καὶ Πυθαγόρᾳ, Μὴ παίδευε· καὶ Σωκράτει, Μὴ διαλέγου· καὶ σεαυτῷ πρῶτον, Ἐπίκουρε, μὴ γράφε τοῖς ἐν Ἀσίᾳ φίλοις, μηδὲ τοὺς ἀπ' Αἰγύπτου ξενολόγει, μηδὲ τοὺς Λαμψακηνῶν ἐφήβους δορυφόρει· μηδὲ διάπεμπε βίβλους, πᾶσι καὶ πάσαις ἐπιδεικνύμενος τὴν σοφίαν, μηδὲ διατάσσου περὶ ταφῆς. (2) Τί γὰρ αἱ κοιναὶ τράπεζαι; τί δὲ αἱ τῶν ἐπιτηδείων καὶ καλῶν σύνοδοι; τί δὲ αἱ τοσαῦται μυριάδες στίχων ἐπὶ Μητρόδωρον, ἐπὶ Ἀριστόβουλον, ἐπὶ Χαιρέδημον γραφόμεναι καὶ συντατόμεναι φιλοπόνως, ἵνα μηδ' ἀποθανόντες λάθωσιν, ἵν' ἀμνηστίᾳ νομοθετῇς ἀρετὴν, καὶ ἀπραξίαν τέχνῃ, καὶ σιωπὴν φιλοσοφίᾳ, καὶ λήθην εὐπραγίᾳ;

IV. Εἰ δὲ ἐκ τοῦ βίου, καθάπερ ἐκ συμποσίου φῶς, ἀναιρεῖς τὴν γνῶσιν, ὡς πάντα ποιεῖν ἐξ ἡδονῆς πρὸς ἡδονὴν λανθάνουσαν, λάθε βιώσας. (2) Πάνυ μὲν οὖν, ἂν μεθ' Ἡδείας βιοῦν μέλλω τῆς ἑταίρας, καὶ Λεοντίῳ συγκαταζῆν, καὶ τῷ καλῷ προσπτύειν, καὶ τἀγαθὸν ἐν σαρκὶ καὶ γαργαλισμοῖς τίθεσθαι· ταῦτα δεῖται σκότους τὰ τέλη, ταῦτα νυκτός, ἐπὶ ταῦτα τὴν λήθην καὶ τὴν ἄγνοιαν. (3) Ἐὰν δέ τις ἐν μὲν φυσικοῖς θεὸν ὑμνῇ καὶ δίκην καὶ πρόνοιαν, ἐν δ' ἠθικοῖς νόμον καὶ κοινωνίαν καὶ πολιτείαν, ἐν δὲ πολιτείᾳ τὸ καλὸν, ἀλλὰ μὴ τὴν χρείαν, διὰ τί λάθῃ βιώσας; ἵνα μηδένα παιδεύσῃ, μηδενὶ ζῆλος ἀρετῆς μηδὲ παράδειγμα καλὸν γένηται; (4) Εἰ Θεμιστοκλῆς Ἀθηναίους ἐλάνθανεν, οὐκ ἂν ἡ Ἑλλὰς ἀπεώσατο Ξέρξην· εἰ Ῥωμαίους Κάμιλλος, οὐκ ἂν ἡ Ῥώμη πόλις ἔμεινεν· εἰ Δίωνα Πλάτων, οὐκ ἂν ἠλευθερώθη ἡ Σικελία. Ὥσπερ δὲ, οἶμαι, τὸ φῶς, οὐ μόνον φανεροὺς ἀλλὰ καὶ χρησίμους καθίστησιν ἡμᾶς ἀλλήλοις, οὕτως ἡ γνῶσις οὐ μόνον δόξαν, ἀλλὰ καὶ πρᾶξιν, ταῖς ἀρεταῖς δίδωσιν. (5) Ἐπαμεινώνδας γοῦν, εἰς τεσσαρακοστὸν ἔτος ἀγνοηθεὶς, οὐδὲν ὤνησε Θηβαίους· ὕστερον δὲ πιστευθεὶς καὶ ἄρξας, τὴν μὲν πόλιν ἀπολλυμένην ἔσωσε, τὴν δὲ Ἑλλάδα δουλεύου-

sceretur a medico, et se aliquo in tenebras abjicere ubi lateret una cum suis morbis. Tu quoque dicis vitioso homini, Cum vitiis tuis te abde, morbumque insanabilem et pestilentem perfer, celaque invidiam vel superstitionem veluti palpitationes quasdam, et tradere te iis qui docere ac sanare possunt, cave. (3) At vero prisci ægrotos suos in publico proponebant, ut prætereuntium quivis, si quid, vel ipse eodem morbo conflictatus, vel similiter laboranti opitulatus, medelæ nosset, id ægrotanti significaret; aiuntque artem hoc modo sensim experientiâ collectam tandem evasisse magnam. (4) Hoc modo etiam vitæ vitia animique pravas affectiones expediebat detegere, ut cuivis liceret, iis inspectis et consideratis, dicere, Iratus es? hoc cave. Rivalitate vexaris? istud facito. Amas? ipse quoque aliquando amavi, sed resipui. (5) Nunc dum vitia sua negant, occultant, velant, penitus ea in sese defigunt.

III. Si vero bonis suades ut lateant et ignorentur, Epaminondam jubes bello gerendo, Lycurgum legibus ferendis, Thrasybulum tyrannis occidendis, Pythagoram instituendis discipulis, Socratem disputationibus supersedere. Imo tu primum ipsi tibi dicis : Epicure, ne scribe ad amicos in Asia, ne ex Ægypto hospites collige, ne stipator esto Lampsacenis ephebis, ne libros ad omnes utriusque sexus homines dimitte sapientiam ostentans, neu de sepultura manda. (2) Quid enim sibi volunt communes mensæ? quid necessariorum et pulchrorum conventus? quid tot millia versuum scripta et composita laboriose in Metrodorum, Aristobulum, Chæredemum, ut ne mortui quidem ignorari possent, si oblivione virtutem, otio artem, silentio philosophiam, obliteratione felicitatem leges tuæ describunt ?

IV. Sin e vita, tanquam e convivio lumen, aufers cognitionem, ut omnia e voluptate ad voluptatem occultam facias, vivito sane occulte. (2) Omnino, inquis, si cum Hedea meretrice sim vitam acturus, aut Leontio, et, in honesti contemptum despuens, bonum in carne et titillationibus quæsiturus, ista tenebras desiderent sacra; ista noctem, his oblivio et ignoratio induci debeant. (3) At si quis in naturæ rerum investigatione deum celebret, justitiam, providentiam; in morum doctrina legem, communionem, rempublicam; in republica honestatem, non utilitatem; cur vivens ignorari velit? an ne quem doceat, ne cujusquam studium ad virtutem excitet, neve aliis exemplo sit? (4) Si Themistocles Atheniensibus ignotus fuisset, non repulissent Græci Xerxem : si Camillus Romanis, periisset Roma : si Dioni Plato, non fuisset liberata Sicilia. Nimirum sic sentio : sicut lumen non manifestos tantum nos, sed et utiles invicem facit; ita notitiâ non gloriam modo, sed et agendi materiam virtutibus parari. (5) Epaminondas quidem ad quadragesimum usque annum obscurus, nihil profuit Thebanis : postmodo cognitus et rebus præfectus, patriam pessum euntem servavit, Græciamque

σαν ἠλευθέρωσε, καθάπερ ἐν φωτὶ τῇ δόξῃ τὴν ἀρετὴν ἐνεργὸν ἐπὶ καιροῦ παρασχόμενος.

    Λάμπει γὰρ ἐν χρείαισιν ὥσπερ εὐγενὴς
    χαλκός· χρόνῳ δ᾿ ἀργῆσαν ἤμυσεν,

5 οὐ μόνον « στέγος », ὥς φησι Σοφοκλῆς, ἀλλὰ καὶ ἦθος ἀνδρὸς, οἷον εὐρῶτα καὶ γῆρας ἐν ἀπραξίᾳ δι᾿ ἀγνοίας ἐφελκόμενον. (6) Ἡσυχία δὲ κωφὴ, καὶ βίος ἑδραῖος ἐπὶ σχολῆς ἀποκείμενος, οὐ μόνον σώματα, ἀλλὰ καὶ ψυχὰς μαραίνει· καὶ καθάπερ τὰ λανθάνοντα τῶν ὑδά- 10 των τῷ περισκιάζεσθαι καὶ καθῆσθαι μὴ ἀπορρέοντα σήπεται, οὕτω τῶν ἀκινήτων βίων, ὡς ἔοικεν, ἄν τι χρήσιμον ἔχωσι, (μὴ ἀπορρεόντων μηδὲ πινομένων) φθείρονται καὶ ἀπογηράσκουσιν αἱ σύμφυτοι δυνάμεις.

V. Οὐχ ὁρᾷς ὅτι νυκτὸς μὲν ἐπιούσης τά τε σώματα 15 δυσεργεῖς βαρύτητες ἴσχουσι, καὶ τὰς ψυχὰς ὄκνοι κα- ταλαμβάνουσιν ἀδρανεῖς; καὶ συσταλεὶς ὁ λογισμὸς εἰς αὑτὸν, ὥσπερ πῦρ ἀμαυρὸν, ὑπ᾿ ἀργίας καὶ κατηφείας « μικρὰ διεσπασμέναις πάλλεται φαντασίαις, » ὅσον αὐτὸ τὸ ζῆν τὸν ἄνθρωπον ὑποσημαίνων;

20   Ἦμος δ᾿ ἠπεροπῆας ἀπεπτοίησεν ὀνείρους

ὁ ἥλιος ἀνασχὼν, καὶ καθάπερ εἰς ταὐτὸ συμμίξας ἐπέστρεψε καὶ συνώρμησε τῷ φωτὶ τὰς πράξεις καὶ τὰς νοήσεις τὰς ἁπάντων, ὥς φησι Δημόκριτος, « νέα ἐφ᾿ ἡμέρῃ φρονέοντες » ἄνθρωποι τῇ πρὸς ἀλλήλους ὁρμῇ, 25 καθάπερ ἀρτήματι συντόνῳ σπασθέντες, ἄλλος ἀλλα- χόθεν ἐπὶ τὰς πράξεις ἀνίστανται.

VI. Δοκῶ δ᾿ ἐγὼ καὶ τὸ ζῆν αὐτὸ, καὶ ὅλως τὸ φῦ- ναι καὶ μετασχεῖν ἀνθρώπῳ γενέσεως, εἰς γνῶσιν ὑπὸ θεοῦ δοθῆναι· ἔστι δ᾿ ἄδηλος καὶ ἄγνωστος ἐν τῷ παντὶ 30 πολλῷ καὶ κατὰ μικρὰ καὶ σποράδην φερόμενος· ὅταν δὲ γένηται συνερχόμενος αὑτῷ καὶ λαμβάνων μέγεθος, ἐκλάμπει καὶ καθίσταται δῆλος ἐξ ἀδήλου, καὶ φανερὸς ἐξ ἀφανοῦς. (2) Οὐ γὰρ εἰς οὐσίαν ὁδὸς ἡ γνῶσις, ὡς ἔνιοι λέγουσιν, ἀλλ᾿ οὐσία εἰς γνῶσιν· οὐ γὰρ ποιεῖ τῶν 35 γινομένων ἕκαστον, ἀλλὰ δείκνυσιν· * ὥσπερ οὐδὲ ἡ φθορὰ, τοῦ ὄντος ἄρσις εἰς τὸ μὴ ὂν ἐστὶν, ἀλλὰ μᾶλ- λον εἰς τὸ ἄδηλον ἀπαγωγὴ τοῦ διαλυθέντος. (3) Ὅθεν δὴ τὸν μὲν ἥλιον Ἀπόλλωνα κατὰ τοὺς πατρίους καὶ παλαιοὺς θεσμοὺς νομίζοντες, Δήλιον καὶ Πύθιον προσ- 40 αγορεύουσι· τὸν δὲ τῆς ἐναντίας κύριον μοίρας, εἴτε θεὸς, εἴτε δαίμων ἐστὶν, Ἅδην ὀνομάζουσιν, ὡς ἂν εἰς ἀειδὲς καὶ ἀόρατον ἡμῶν, ὅταν διαλυθῶμεν, βαδιζόν- των,

    Νυκτὸς ἀϊδνᾶς ἀαργηλοῖό θ᾿ ὕπνου κοίρανον.

45 (4) Οἶμαι δὲ καὶ τὸν ἄνθρωπον αὐτὸν οὑτωσὶ φῶτα κα- λεῖν τοὺς παλαιοὺς, ὅτι τοῦ γινώσκεσθαι καὶ γινώσκειν ἑκάστῳ διὰ συγγένειαν ἔρως ἰσχυρὸς ἐμπέφυκεν. (5) Αὐτήν τε τὴν ψυχὴν ἔνιοι τῶν φιλοσόφων φῶς εἶναι τῇ οὐσίᾳ νομίζουσιν, ἄλλοις τε χρώμενοι τεκμηρίοις, καὶ 50 ὅτι τῶν ὄντων μάλιστα τὴν μὲν ἄγνοιαν ἡ ψυχὴ δυσα- νασχετεῖ, καὶ πᾶν τὸ ἀφεγγὲς ἐξαιρεῖ, καὶ ταράττεται

---

servitute liberavit, in fama tanquam luce virtutem apto tempore efficacem præbens.

    Dum quippe in usu est splendet, æs ut nobile;
    in otio si jaceat, labescit

non modo, ut est apud Sophoclem, *domus,* sed etiam in- genium viri, quod in otio delitescens velut æruginem ac senium contrahit. (6) Quies enim muta, vitaque in otio deposita, non corpora modo, sed et animos tabefacit : et sicut aquæ latentes sub umbra ac non defluentes putrescunt, ita in vita motuum omnium experte facultates hominibus insitæ consenescunt et pereunt, quum quod utile adfuit usurpatum non est.

V. Non vides ut, nocte appetente, et corpora gravis qui- dam languor invadit, et animas torpor inefficax, et con- tracta in se ipsam ratio, tanquam obscurus ignis, ob igna- viam et languorem *leviter divulsis agitatur visis,* hoc unum indicans, vivere adhuc hominem?

    Verum ubi Sol oriens fallacia somnia abegit,

et tanquam in unum commiscens advertit et excitavit una cum luce omnium cogitationes, tunc, ut ait Democritus, *nova initâ die cogitantes* homines mutuæ societatis conatu tanquam funiculo intento tracti, alius aliunde ad res agen- das sese conferunt.

VI. Ac mihi videtur ipsa vita, et quod homines nati su- mus, ad innotescendum nobis divinitus obtigisse. Est au- tem quisque nostrûm obscurus et ignotus dum in magno universo seorsum exiguus fertur : quum autem inter se coeunt homines, adepti jam magnitudinem effulgent clari- que ex obscuris fiunt, et conspicui ex abditis. (2) Non enim notitia via est ad Esse, ut nonnulli dicunt; sed Esse ad notitiam. Nam Esse hanc habet vim, non ut faciat ea quæ fiunt, sed ut ostendat : sicut neque interitu res in nihi- lum rediguntur, sed dissolutione in obscurum abducuntur. (3) Hinc est quod majorum instituto patrio Solem et Apolli- nem eundem putantes, Delium et Pythium cognominant a manifestando : sicut adversæ dominum sortis, sive is deus est sive genius, *Aiden* nominant (nos Plutonem); quod nos, quum dissolvimur, abeamus in locum visui inaccessum (*aides*), et vocant

    Somni socordis dominum, cæcæque noctis.

(4) Existimo autem ipsum quoque hominem veteres *phota* dixisse, quod unicuique nostrûm ob cognationem cum lu- mine (Græce *phos*) acris est insitus amor cognoscendi et innotescendi. (5) Ipsam vero animam nonnulli philoso- phorum lumen suapte natura esse statuunt, quum aliis utentes argumentis, tum quod nullam rem anima magis aversatur quam ignorantiam, et omnia lucis expertia vitat,

τὰ σκοτεινὰ, φόβου καὶ ὑποψίας ὄντα πλήρη πρὸς αὐ-
τήν· ἡδὺ δ' αὐτῇ καὶ ποθεινὸν οὕτω τὸ φῶς ἐστιν, ὥστε
μηδ' ἄλλο τι τῶν φύσει τερπνῶν ἄνευ φωτὸς ὑπὸ σκότους θέλειν, ἀλλὰ τοῦτο πᾶσαν ἡδονὴν καὶ πᾶσαν διατριβὴν καὶ ἀπόλαυσιν, ὥσπερ τι κοινὸν ἥδυσμα κατα-
μιγνύμενον, ἱλαρὰν ποιεῖ καὶ φιλάνθρωπον. (6) Ὁ δ'
εἰς τὴν ἄγνοιαν αὑτὸν ἐμβαλὼν, καὶ σκότος περιαμπι-
σχόμενος, καὶ κενοταφῶν τὸν βίον, ἔοικεν αὐτὴν βαρύ-
νεσθαι τὴν γένεσιν, καὶ ἀπαυδᾶν πρὸς τὸ εἶναι.

VII. Καίτοι τῆς γε δόξης καὶ τοῦ εἶναι φύσιν εὐσε-
βῶν χῶρον,

> Τοῖσι λάμπει μένος ἀελίου τὰν ἐνθάδε νύκτα κάτω,
> φοινικορόδοις ἐν λειμώνεσσι,
> καὶ τοῖσιν ἀκάρπων μὲν ἀνθηρῶν
> καὶ σκυθίων δένδρων ἄνθεσι τεθηλὸς,
> ἀναπέπταται πεδίον,

καὶ ποταμοί τινες ἄκλυστοι καὶ λεῖοι διαρρέουσι, καὶ
διατριβὰς ἔχουσιν ἐν μνήμαις καὶ λόγοις τῶν γεγονότων
καὶ ὄντων παραπέμποντες αὐτοὺς καὶ συνόντες. [* *]
(2) Ἡ δὲ τρίτη τῶν ἀνοσίως βεβιωκότων καὶ παρανόμων ὁδός ἐστιν εἰς ἔρεβός τι καὶ βάραθρον ὠθοῦσα τὰς
ψυχάς,

> Ἔνθεν τὸν ἄπειρον ἐρεύγονται σκότον
> βληχροὶ δνοφερᾶς νυκτὸς ποταμοί,

δεχόμενοι καὶ ἀποκρύπτοντες ἀγνοίᾳ καὶ λήθῃ τοὺς
κολαζομένους. (3) Οὐ γὰρ οὔτε γῦπες κειμένων ἐν γῇ
τῶν πονηρῶν κείρουσιν ἀεὶ τὸ ἧπαρ· κατακέκαυται γὰρ
ἢ κατασέσηπεν· οὐδὲ βαρῶν τινων ἀχθοφορίαι θλίβουσι
καὶ καταπονοῦσι τὰ σώματα τῶν κολαζομένων·

> Οὐ γὰρ ἔτι σάρκας τε καὶ ὀστέα ἶνες ἔχουσιν.

οὐδέ ἐστιν ὑπόλειμμα σώματος τοῖς τεθνηκόσι τιμωρίας
ἀπέρεισιν ἀντιτύπου δέξασθαι δυνάμενον· (4) ἀλλὰ ἐν
κολαστήριον ὡς ἀληθῶς τῶν κακῶς βιωσάντων, ἀδο-
ξία καὶ ἄγνοια, καὶ παντελῶς ἀφανισμός, αἴρων εἰς τὸν
ἀμειδῆ ποταμὸν ἀπὸ τῆς λήθης, [καὶ] καταποντίζων
εἰς ἄβυσσον καὶ ἀγανὲς πέλαγος, ἀχρηστίαν καὶ ἀπραξίαν, πᾶσάν τε ἄγνοιαν καὶ ἀδοξίαν συνεφελκόμενον.

tenebrasque horret, metuit ac suspecta sibi habet : ita autem
ei dulce est lumen, ita desiderabile, ut nihil aliud ipsi jucundum sine eo aut in tenebris velit admittere; sed omnem
ei voluptatem, jocum ac delectationem lux admixta veluti
commune condimentum suavem reddat atque gratam. (6)
Qui vero se ipsum in obscuritatem conjicit, ac se tenebris
involvit, vitamque inanis similem sepulchri facit, is ipsum
videtur ortum fastidire, et quod exstiterit inique ferre.

VII. Et vero Esse et celebrari, propria censentur domicilio beatorum :

> His apud inferos per noctem
> solis fulget jubar almi,
> per prata puniceis rosis
> consita.
> Illis campus floridus patet
> virensque frondibus arborum,

fluviique quidam lenes et fluctuum vacui perfluunt; mutuaque se consuetudine oblectant, commemorandis et expli-
candis rebus præteritis ac præsentibus. ** (2) Tertia via
est eorum qui impie et flagitiose vixerunt, quæ animas in
erebum et profundam voraginem detrudit,

> Ubi immensas tenebras eructant
> validi nigræ noctis fluvii,

recipientes et ignorantia atque oblivione occultantes eos qui
puniuntur. (3) Non enim vultures semper jacentium in
terra depascuntur jecur; aut enim igni id aut putredine
absumtum est : neque ponderum moles gestandorum fati-
gant atque conficiunt corpora pœnas luentium;

> Non etenim fibris sunt cinctave carnibus ossa :

neque reliquiæ sunt corporum post mortem, quæ cruciatus
inflictionem solidi capere possint. (4) Sed revera unicum
eos qui male vixerunt manet supplicium, obscuritas et ignoratio, et abolitio in nihilum redigens, et oblivione in fluvium
illum illætabilem abripiens, inque abyssum demergens, et
in vastissimum mare, inutilitate et otio, ignorationeque
et obscuritate omnia involvens.

ΠΕΡΙ ΜΟΥΣΙΚΗΣ.

ΤΑ ΤΟΥ ΔΙΑΛΟΓΟΥ ΠΡΟΣΩΠΑ.

ΟΝΗΣΙΚΡΑΤΗΣ, ΣΩΤΗΡΙΧΟΣ, ΛΥΣΙΑΣ.

I. Ἡ μὲν Φωκίωνος τοῦ χρηστοῦ γυνὴ κόσμον αὑτῆς ἔλεγεν εἶναι τὰ Φωκίωνος στρατηγήματα· ἐγὼ δὲ
κόσμον ἐμὸν οὐ μόνον ἴδιον, ἀλλὰ γὰρ καὶ κοινὸν τῶν
οἰκείων πάντων ἡγοῦμαι τὴν τοῦ ἐμοῦ διδασκάλου περὶ
λόγους σπουδήν. (2) Τῶν μὲν γὰρ στρατηγῶν τὰ ἐπι-

DE MUSICA.

DIALOGI PERSONÆ.

ONESICRATES. SOTERICHUS. LYSIAS.

1. Phocionis, ejus qui Probus usurpatus est, uxor *suum
ornatum* dicebat *mariti sui res præclare gestas* : at ego
ornamentum non mihi tantum peculiare, sed cum omnibus
familiaribus commune existimo mei magistri in doctrina
bonarum artium diligentiam. * (2) Novimus enim imperato-

φανέστατα κατορθώματα σωτηρίας μόνον οἴδαμεν τῆς
ἐκ τῶν παραχρῆμα κινδύνων αἴτια γιγνόμενα στρατιώταις ὀλίγοις, ἢ πόλει μιᾷ, ἢ κἂν ἑνί τινι ἔθνει, βελτίους
δ' οὐδαμῶς ποιοῦντα οὔτε τοὺς στρατιώτας, οὔτε τοὺς
πολίτας, ἀλλ' οὐδὲ τοὺς ὁμοεθνεῖς· τὴν δὲ παιδείαν, οὐσίαν εὐδαιμονίας οὖσαν, αἰτίαν τ' εὐβουλίας, οὐ μόνον
ἔστιν εὑρεῖν ἢ οἴκῳ ἢ πόλει ἢ ἔθνει χρησίμην, ἀλλὰ
παντὶ τῷ τῶν ἀνθρώπων γένει. Ὅσῳ οὖν ἡ ἐκ παιδείας
ὠφέλεια μείζων πάντων στρατηγημάτων, τοσούτῳ καὶ
ἡ περὶ αὐτῆς μνήμη ἀξία σπουδῆς.

II. Τῇ γοῦν δευτέρᾳ τῶν Κρονίων ἡμέρᾳ, ὁ καλὸς
Ὀνησικράτης ἐπὶ τὴν ἑστίασιν ἄνδρας μουσικῆς ἐπιστή-
μονας παρακεκλήκει· ἦσαν δὲ Σωτήριχος Ἀλεξανδρεὺς,
καὶ Λυσίας, εἷς τις τῶν σύνταξιν παρ' αὐτοῦ λαμβανόντων. (2) Ἐπεὶ δὲ τὰ νομιζόμενα συντετέλεστο, Τὸ μὲν
αἴτιον τῆς ἀνθρώπου φωνῆς, ἔφη, ὅ τι ποτ' ἐστὶν, ὦ
ἑταῖροι, νῦν ἐπιζητεῖν οὐ συμποτικόν· σχολῆς γὰρ νηφα-
λιωτέρας δεῖται τὸ θεώρημα· ἐπεὶ δ' ὁρίζονται τὴν φωνὴν
οἱ ἄριστοι γραμματικοὶ ἀέρα πεπληγμένον αἰσθητὸν
ἀκοῇ, τυγχάνομέν τε χθὲς ἐζητηκότες περὶ γραμματι-
κῆς, ὡς τέχνης ἐπιτηδείου γραμμαῖς τὰς φωνὰς δημιουργεῖν καὶ ταμιεύειν τῇ ἀναμνήσει, ἴδωμεν τίς μετὰ ταύτην δευτέρα πρέπουσα φωνῇ ἐπιστήμη. (3) Οἶμαι δὲ
ὅτι μουσική. Ὑμνεῖν γὰρ εὐσεβὲς καὶ προηγούμενον
ἀνθρώποις τοὺς χαρισαμένους αὐτοῖς μόνοις τὴν ἔναρθρον φωνὴν θεούς· τοῦτο δὲ καὶ Ὅμηρος ἐπεσημήνατο
ἐν οἷς λέγει,

> Οἱ δὲ πανημέριοι μολπῇ θεὸν ἱλάσκοντο,
> καλὸν ἀείδοντες παιήονα, κοῦροι Ἀχαιῶν,
> μέλποντες Ἑκάεργον· ὁ δὲ φρένα τέρπετ' ἀκούων.

(4) Ἄγε δὴ, ὦ μουσικῆς θιασῶται, τίς πρῶτος ἐχρήσατο
μουσικῇ, ἀναμνήσατε τοὺς ἑταίρους, καὶ τί εὗρε πρὸς
αὔξησιν ταύτης ὁ χρόνος, καὶ τίνες γεγόνασιν εὐδόκιμοι
τῶν τὴν μουσικὴν ἐπιστήμην μεταχειρισαμένων· ἀλλὰ
μὴν καὶ εἰς πόσα καὶ εἰς τίνα χρήσιμον τὸ ἐπιτήδευμα.
Ταῦτα μὲν εἶπεν ὁ διδάσκαλος.

III. Ὁ δὲ Λυσίας ὑπολαβὼν, Παρὰ πολλοῖς, ἔφη,
ἐζητημένον πρόβλημα ἐπιζητεῖς, ἀγαθὲ Ὀνησίκρατες·
τῶν τε γὰρ Πλατωνικῶν οἱ πλεῖστοι, καὶ τῶν ἀπὸ τοῦ
Περιπάτου φιλοσόφων οἱ ἄριστοι, περί τε τῆς ἀρχαίας
μουσικῆς συντάξαι ἐσπούδασαν καὶ περὶ τῆς αὐτῇ γεγενημένης παραφθορᾶς· ἀλλὰ γὰρ καὶ γραμματικῶν καὶ
ἁρμονικῶν οἱ ἐπ' ἄκρον παιδείας ἐληλακότες, πολλὴν
σπουδὴν περὶ τοῦτο πεποίηνται. (2) Πολλὴ γοῦν ἡ
τῶν συντεταχότων διαφωνία. Ἡρακλείδης δ' ἐν τῇ
Συναγωγῇ τῶν ἐν μουσικῇ, τὴν κιθαρῳδίαν καὶ τὴν
κιθαρῳδικὴν ποίησιν πρῶτόν φησιν Ἀμφίονα ἐπινοῆσαι
τὸν Διὸς καὶ Ἀντιόπης, * τοῦ πατρὸς δηλονότι διδάξαντος
αὐτόν. (3) Πιστοῦται δὲ τοῦτο ἐκ τῆς ἀναγραφῆς τῆς
ἐν Σικυῶνι ἀποκειμένης, δι' ἧς τάς τε ἱερείας τὰς ἐν
Ἄργει καὶ τοὺς ποιητὰς καὶ τοὺς μουσικοὺς ὀνομάζει.
(4) Κατὰ δὲ τὴν αὐτὴν ἡλικίαν καὶ Λίνον τὸν ἐξ Εὐβοίας θρήνους πεποιηκέναι λέγει, καὶ Ἄνθην τὸν ἐξ

rum pulcherrima facinora salutem attulisse duntaxat e præsenti periculo paucis militibus, aut uni sive urbi sive genti;
meliores neutiquam fecisse vel milites istos, vel cives, vel
gentiles : at liberalem disciplinam, quæ et felicitatis est materia, et consilii boni effectrix, non familiæ modo aut urbi vel
populo, sed universo generi humano utilem comperias.
Quanto igitur ea est quam res omnes bellicæ utilior, tanto
etiam magis colenda est ejus memoria.

II. Enimvero secunda Saturnalium die Onesicrates, homo
egregius, ad convivium vocaverat viros musicæ scientes :
erant vero hi Soterichus Alexandrinus, et Lysias, unus
eorum qui ab ipso stipendium sumebant. (2) Postquam
omnia quæ mos fert rite peracta fuerunt, ita sermonem orsus est : Quæ causa sit humanæ vocis, o socii, in convivio
quærere non convenit, et magis sobriam ea quæstio requirit
disputationem. Sed quoniam optimi grammatici definiunt
vocem, aerem perculsum esse, *qui auditu sentiatur,*
herique a nobis de Grammatica est inquisitum, ut arte *quæ
facultatem habeat voces literis exprimendi, ac memoria
tanquam in penu recondendi;* videamus nunc quæ post
eam proxime sequatur scientia ad vocem pertinens. (3) Est
autem, nisi fallor, Musica. Pium est enim ac præcipuum
hominum hoc studium, laudes canere deorum, qui solis
ipsis articulatam vocem sunt largiti : quod Homerus quoque
his versibus significavit :

> Ergo die tota placabant carmine Phœbum
> formosum Pæeona Achaica turba canentes
> et magni laudes modulantes Arcitenentis.
> Illius auditu pertentant gaudia pectus.

(4) Agite ergo, o chori musici sodales, in memoriam amicis redigite, quis primus musica sit usus, quid ejus inven-
tioni tempus adjecerit, qui musicam scientiam tractando
nobiles exstiterint; nec non ad quot quantasque res musica
sit utilis. Hæc dixit magister.

III. Lysias sermonem excipiens, Quæstionem, inquit,
bone Onesicrates, proponis a multis agitatam. Nam et
Platonicorum plerique, et Peripateticorum præstantissimi de
veteri musica, et quæ ei accidit corruptela, scribendi laborem susceperunt : præterea et grammaticorum atque har-
monicorum eruditissimi et doctissimi multum in eam rem
studii impenderunt. (2) Magna vero est eorum qui de hac
scripserunt dissensio. Heraclides in libro, cui nomen est
Collectio Rerum Musicarum, citharæ cantum ejusque artem
excogitatam primum perhibet ab Amphione Jovis et Antiopæ
filio, patre nimirum docente. (3) Atque fidem facit huic
sententiæ ex Commentario qui Sicyone servatur, ex quo et
sacerdotes Argivas, et poetas, et musicos nominat. (4)
Eadem tempestate Linum ex Eubœa oriundum ait Threnos,
id est lugubria carmina, fecisse; et Anthen Anthedone Bœo-

Ἀνθηδόνος τῆς Βοιωτίας ὕμνους, καὶ Πίερον τὸν ἐκ
Πιερίας τὰ περὶ τὰς Μούσας ποιήματα· (5) ἀλλὰ καὶ
Φιλάμμωνα τὸν Δελφὸν, Λητοῦς τε καὶ Ἀρτέμιδος καὶ
Ἀπόλλωνος γένεσιν δηλῶσαι ἐν μέλεσι, καὶ χοροὺς πρῶ-
τον περὶ τὸ ἐν Δελφοῖς ἱερὸν στῆσαι· (6) Θάμυριν δὲ τὸ
γένος Θρᾶκα, εὐφωνότερον καὶ ἐμμελέστερον πάντων
τῶν τότε ᾆσαι, ὡς ταῖς Μούσαις, κατὰ τοὺς ποιητάς,
εἰς ἀγῶνα καταστῆναι· πεποιηκέναι δὲ τοῦτον ἱστορεῖται
Τιτάνων πρὸς τοὺς θεοὺς πόλεμον· (7) γεγονέναι δὲ καὶ
Δημόδοκον Κερκυραῖον παλαιὸν μουσικὸν, ὃν πεποιεκέναι
Ἰλίου τε πόρθησιν, καὶ Ἀφροδίτης καὶ Ἡφαίστου γάμον·
ἀλλὰ μὴν καὶ Φήμιον Ἰθακήσιον, νόστον τῶν ἀπὸ
Τροίας μετ' Ἀγαμέμνονος ἀνακομισθέντων ποιῆσαι· (8)
οὗ λελυμένην δ' εἶναι τῶν προειρημένων τὴν τῶν ποιημάτων λέξιν καὶ μέτρον οὐκ ἔχουσαν, ἀλλὰ καθάπερ
Στησιχόρου τε καὶ τῶν ἀρχαίων μελοποιῶν, οἳ ποιοῦντες ἔπη, τούτοις μέλη περιετίθεσαν· (9) καὶ γὰρ τὸν
Τέρπανδρον, ἔφη, κιθαρῳδικῶν ποιητὴν ὄντα νόμων,
κατὰ νόμον ἕκαστον τοῖς ἔπεσι τοῖς ἑαυτοῦ καὶ τοῖς
Ὁμήρου μέλη περιτιθέντα, ᾄδειν ἐν τοῖς ἀγῶσιν· ἀποφῆναι δὲ τοῦτον λέγει ὀνόματα πρῶτον τοῖς κιθαρῳδικοῖς
νόμοις· (10) ὁμοίως δὲ Τερπάνδρῳ Κλονᾶν, τὸν πρῶτον
συστησάμενον τοὺς αὐλῳδικοὺς νόμους καὶ τὸ προσόδια,
ἐλεγείων τε καὶ ἐπῶν ποιητὴν γεγονέναι· καὶ Πολύμνηστον τὸν Κολοφώνιον, τὸν μετὰ τοῦτον γενόμενον,
τοῖς αὐτοῖς χρήσασθαι ποιήμασιν.

IV. Οἱ δὲ νόμοι οἱ κατὰ τούτους, ἀγαθὲ Ὀνησίκρατες, αὐλῳδικοὶ ἦσαν, Ἀπόθετος, Ἔλεγοι, Κωμάρχιος,
Σχοινίων, Κηπίων τε καὶ Δεῖος, καὶ Τριμελής· ὑστέρῳ
δὲ χρόνῳ καὶ τὰ Πολυμνάστια καλούμενα ἐξευρέθη.
(2) Οἱ δὲ τῆς κιθαρῳδίας νόμοι πρότερον πολλῷ χρόνῳ
τῶν αὐλῳδικῶν κατεστάθησαν ἐπὶ Τερπάνδρου· ἐκεῖνος
γοῦν τοὺς κιθαρῳδικοὺς πρότερον ὠνόμασε, Βοιωτιόν
τινὰ καὶ Αἰόλιον, Τροχαῖόν τε καὶ Ὀξὺν, Κηπίωνά τε
καὶ Τερπάνδρειον καλῶν, ἀλλὰ μὴν καὶ Τετραοίδιον.
(3) Πεποίηται δὲ τῷ Τερπάνδρῳ καὶ προοίμια κιθαρῳ-
δικὰ ἐν ἔπεσιν. Ὅτι δὲ οἱ κιθαρῳδικοὶ νόμοι οἱ πάλαι
ἐξ ἐπῶν συνίσταντο, Τιμόθεος ἐδήλωσε· τοὺς γοῦν πρώτους νόμους ἐν ἔπεσι διαμιγνύων, διθυραμβικὴν λέξιν
ᾖδεν, ὅπως μὴ εὐθὺς φανῇ παρανομῶν εἰς τὴν ἀρχαίαν
μουσικήν. (4) Ἔοικε δὲ κατὰ τὴν τέχνην τὴν κιθαρῳδικὴν ὁ Τέρπανδρος διενηνοχέναι· τὰ Πύθια γὰρ τετράκις
ἑξῆς νενικηκὼς ἀναγέγραπται· καὶ τοῖς χρόνοις δὲ σφόδρα παλαιός ἐστι· πρεσβύτερον γοῦν αὐτὸν Ἀρχιλόχου
ἀποφαίνει Γλαῦκος ὁ ἐξ Ἰταλίας, ἐν συγγράμματί τινι
τῷ περὶ τῶν ἀρχαίων ποιητῶν τε καὶ μουσικῶν· φησὶ
γὰρ αὐτὸν δεύτερον γενέσθαι μετὰ τοὺς πρώτους ποιήσαντας αὐλῳδίαν.

V. Ἀλέξανδρος δ' ἐν τῇ Συναγωγῇ τῶν περὶ Φρυ-
γίας, κρούματα Ὄλυμπον ἔφη πρῶτον εἰς τοὺς Ἕλληνας κομίσαι, ἔτι δὲ καὶ τοὺς Ἰδαίους Δακτύλους· Ὑά-
γνιν δὲ πρῶτον αὐλῆσαι, εἶτα τὸν τούτου υἱὸν Μαρσύαν,
εἶτ' Ὄλυμπον· ἐζηλωκέναι δὲ τὸν Τέρπανδρον Ὁμήρου
μὲν τὰ ἔπη, Ὀρφέως δὲ τὰ μέλη. (2) Ὁ δ' Ὀρφεὺς

---

tica natum, Hymnos; et Pierum e Pieria, de Musis poemata.
(5) Philammonem quoque Delphum Latonæ, Dianæ et Apollinis natales carmine explicasse, et ab eo primum choros
apud Delphicum templum fuisse institutos: (6) Thamyrin
autem, Thracem genere, vocalius et elegantius omnibus ea
ætate cecinisse; unde eum poetæ cum Musis in certamen
comparaverint; fertur autem is poema scripsisse de Tita-
num bello adversus deos. (7) Fuisse etiam Demodocum Cor-
cyræum veterem musicum, qui carmine expresserit Ilii
excidium, et Veneris cum Vulcano nuptias. Sed et Phemium
Ithacensem de reditu eorum qui cum Agamemnone fuerant
ad Trojam profecti versus fecisse. (8) Neque vero jam com-
memoratorum poematum solutam fuisse dictionem et quæ
mensura careret; sed Stesichori aliorumque veterum lyricorum poematis similem, qui versibus modos quibus canerentur
adjecerunt. (9) Nam et Terpandrum ait, citharœdicorum
poetam nomorum, suis et Homeri versibus ad certum cuique
nomum modos cantilenæ imposuisse, versusque ita in certaminibus cecinisse; eundemque primum modis citharœdicis
nomina imposuisse. (10) Simile Terpandri studio studium
fuisse Clonæ, qui princeps tibicinum nomos et *prosodia*,
quasi aditiales modos, instituit, poeta elegiarum et epico-
rum carminum. Eodemque poematis usum genere Polymnestum Colophonium, qui ætate fuit posterior.

IV. Nomi autem, optime Onesicrates, quibus illi uterentur, tibicinum quidem fuerunt Apothetus, Elegi, Comarchius,
Schœnion, Cepion, Deius, Trimeles: postea temporis etiam
inventa sunt Polymnastia quæ vocantur. (2) At citharœdicæ
artis nomi multo ante tibicinum nomos tempore instituti
sunt a Terpandro. Is ergo prius citharœdicis nomina fecit
Bœotium, Æolium, Trochæum, Acutum, Cepionem, Terpandrium, denique Tetraœdium. (3) Fecit etiam Terpander
procemia ad citharæ cantum versu hexametro. Quod autem citharœdici nomi antiquitus hexametris versibus con-
stiterint, Timotheus declaravit; qui primos nomos hexametris conceptos permiscens, dithyrambicam cantavit
dictionem, ut ne prima fronte videretur veterem musicam
violare. (4) Apparet autem Terpandrum citharœdica arte
excelluisse; nam quater vicisse Pythia deinceps scribitur in
tabulis. Admodum vero antiquus est. Nam Glaucus Italus,
quodam in libro de Veteribus Poetis et Musicis, priorem
eum Archilocho pronunciat: ait enim eum secundum exstitisse post eos qui primi tibiis canere instituerunt.

V. Alexander in Collectaneis de Phrygia, primum Olympum asserit in Græciam pulsationem fidium intulisse, deinde
Idæos Dactylos: Hyagnidem primum tibia cecinisse; post
eum, Marsyam hujus filium, inde Olympum: Terpandrum
porro æmulatum esse Homeri epicos versus, Orphei cantilenas. (2) Orpheus autem manifesto neminem est imitatus:

οὐδένα φαίνεται μεμιμημένος· οὐδεὶς γάρ πω γεγένητο,
εἰ μὴ οἱ τῶν αὐλῳδικῶν ποιηταί· τούτοις δὲ κατ' οὐθὲν
τὸ Ὀρφικὸν ἔργον ἔοικε. (3) * Κλονᾶς δὲ, ὁ τῶν αὐλῳδικῶν νόμων ποιητής, ὁ ὀλίγῳ ὕστερον Τερπάνδρου
5 γενόμενος, ὡς μὲν Ἀρκάδες λέγουσι, Τεγεάτης ἦν, ὡς
δὲ Βοιωτοί, Θηβαῖος. (4) Μετὰ δὲ Τέρπανδρον καὶ
Κλονᾶν Ἀρχίλοχος παραδίδοται γενέσθαι. (5) Ἄλλοι
δέ τινες τῶν συγγραφέων Ἄρδαλόν φασι Τροιζήνιον πρότερον Κλονᾶ τὴν αὐλῳδικὴν συστήσασθαι μοῦσαν· γε-
10 γονέναι δὲ καὶ Πολύμνηστον ποιητήν, Μέλητος τοῦ
Κολοφωνίου υἱόν· ὃν Πολύμνηστόν τε καὶ Πολυμνήστην
νόμους ποιῆσαι. (6) Περὶ δὲ Κλονᾶ, ὅτι τὸν Ἀπόθετον
νόμον καὶ Σχοινίωνα πεποιηκὼς εἴη, μνημονεύουσιν οἱ
ἀναγεγραφότες· τοῦ δὲ Πολυμνήστου καὶ Πίνδαρος καὶ
15 Ἀλκμάν, οἱ τῶν μελῶν ποιηταί, ἐμνημόνευσαν· τινὰς
δὲ τῶν νόμων τῶν κιθαρῳδικῶν τῶν ὑπὸ Τερπάνδρου
πεποιημένων Φιλάμμωνά φασι τὸν ἀρχαῖον, τὸν Δελφὸν, συστήσασθαι.

VI. Τὸ δ' ὅλον ἡ μὲν κατὰ Τέρπανδρον κιθαρῳδία
20 καὶ μέχρι τῆς Φρύνιδος ἡλικίας παντελῶς ἁπλῆ τις
οὖσα διετέλει· οὐ γὰρ ἐξῆν τὸ παλαιὸν οὕτω ποιεῖσθαι
τὰς κιθαρῳδίας ὡς νῦν, οὐδὲ μεταφέρειν τὰς ἁρμονίας
καὶ τοὺς ῥυθμούς· ἐν γὰρ τοῖς νόμοις ἑκάστῳ διετήρουν
τὴν οἰκείαν τάσιν· διὸ καὶ ταύτην ἐπωνυμίαν εἶχον·
25 νόμοι γὰρ προσηγορεύθησαν, ἐπειδὴ οὐκ ἐξῆν παραβῆ-
ναι καθ' ἕκαστον νενομισμένον εἶδος τῆς τάσεως. (2)
Τὸ γὰρ πρὸς τοὺς θεοὺς ὡς βούλονται ἀφοσιωσάμενοι,
ἐξέβαινον εὐθὺς ἐπί τε τὴν Ὁμήρου καὶ τῶν ἄλλων
ποίησιν· δῆλον δὲ τοῦτ' ἔστι διὰ τῶν Τερπάνδρου προ-
30 οιμίων. (3) Ἐποιήθη δὲ καὶ τὸ σχῆμα τῆς κιθάρας
πρῶτον κατὰ Κηπίωνα, τὸν Τερπάνδρου μαθητήν·
ἐκλήθη δ' Ἀσιὰς, διὰ τὸ κεχρῆσθαι τοὺς Λεσβίους αὐτῇ
κιθαρῳδοὺς πρὸς τῇ Ἀσίᾳ κατοικοῦντας. (4) Τελευταῖον δὲ Περίκλειτόν φασι κιθαρῳδὸν νικῆσαι ἐν Λα-
35 κεδαίμονι Κάρνεια, τὸ γένος ὄντα Λέσβιον· τούτου δὲ
τελευτήσαντος, τέλος λαβεῖν Λεσβίοις τὸ συνεχὲς τῆς
κατὰ τὴν κιθαρῳδίαν διαδοχῆς. (5) Ἔνιοι δὲ πλανώμενοι νομίζουσι κατὰ τὸν [αὐτὸν] χρόνον Τερπάνδρῳ
Ἱππώνακτα γεγονέναι· φαίνεται δὲ Ἱππώνακτος καὶ
40 Περίκλειτος ὢν πρεσβύτερος.

VII. Ἐπεὶ δὲ τοὺς αὐλῳδικοὺς νόμους καὶ κιθαρῳδικοὺς ὁμοῦ τοὺς ἀρχαίους ἐμπεφανίκαμεν, μεταβησό-
μεθα ἐπὶ μόνους τοὺς αὐλῳδικούς. (2) Λέγεται γὰρ τὸν
προειρημένον Ὄλυμπον, αὐλητὴν ὄντα τῶν ἐκ Φρυ-
45 γίας, ποιῆσαι νόμον αὐλητικὸν εἰς Ἀπόλλωνα τὸν καλούμενον Πολυκέφαλον· εἶναι δὲ τὸν Ὄλυμπον τοῦτον
φασὶν ἕνα τῶν ἀπὸ τοῦ πρώτου Ὀλύμπου τοῦ Μαρσύου,
πεποιηκότος εἰς τοὺς θεοὺς τοὺς νόμους· οὗτος γὰρ παιδικὰ γενόμενος Μαρσύου, καὶ τὴν αὔλησιν μαθὼν παρ'
50 αὐτοῦ, τοὺς νόμους τοὺς ἁρμονικοὺς ἐξήνεγκεν εἰς τὴν
Ἑλλάδα, οἷς νῦν χρῶνται οἱ Ἕλληνες ἐν ταῖς ἑορταῖς
τῶν θεῶν. (3) Ἄλλοι δὲ Κράτητος εἶναί φασι τὸν Πο-
λυκέφαλον νόμον, γενομένου μαθητοῦ Ὀλύμπου· ὁ δὲ
Πρατίνας Ὀλύμπου φησὶν εἶναι τοῦ νεωτέρου τὸν νό-

---

nemo enim tunc natus fuit, extra poetas qui facerent ea quæ
tibiis canerentur; horum autem cum opere Orphicum nihil
habet simile. (3) Clonas vero, tibicinum nomos qui fecit,
paullo posterior ille Terpandro, fuit patria Tegeates, si Arcadibus credimus; Thebanum autem Bœoti affirmant. (4) Post
Terpandrum et Clonam Archilochus exstitisse traditur. (5)
Alii nonnulli scriptores Ardalum aiunt Trœzenium Clona
priorem tibicinum instituisse musicam. Fuisse etiam Polymnestum poetam, Meletis Colophonii filium, qui Polymnestum et Polymnestam nomos fecerit. (6) Quod autem Apo-
thetum et Schœnionem nomos fecerit Clonas, scriptores
Recensionum memorant; Polymnesti mentionem Pindarus
et Alcman, poetæ lyrici, faciunt; quosdam vero nomorum
a Terpandro citharæ adaptatorum Philammonem Delphium
illum veterem aiunt composuisse.

VI. In summa autem, citharœdica musica Terpandri
ætate usurpata, etiam usque ad Phrynidis tempora plane
simplex perduravit. Neque enim antiquitus ita, ut nunc, licebat cithara canere; neque harmonias sive concentus, neque rhythmos sive numeros transferre. Nam in quovis
nomo propriam conservabant intentionem; atque hinc *nomi*
dicti sunt, hoc est leges; quod unoquoque in genere non licebat transgredi usus lege præscriptam intentionem. (2)
Etenim ubi deorum veneratione erant suo arbitrio defuncti,
tum statim ad Homeri et aliorum poemata transibant: idque manifestum est ex proœmiis Terpandri. (3) Figura
etiam citharæ (hodierna?) tum primum facta est secundum
Cepionem, Terpandri discipulum; et vocabatur Asiatica,
quia Lesbii citharœdi ad Asiam accolentes ea utebantur.
(4) Ad extremum fertur Periclitus citharœdus Lacedæmone
vicisse Carnea, domo Lesbius: quo mortuo, continuam citharœdorum apud Lesbios desiisse successionem. (9) Quidam falso putant Hipponactem fuisse Terpandri ætate; quum
etiam Periclitus Hipponactem præcessisse ætate videatur.

VII. Sed quoniam veteres tibicinum et simul citharœdorum nomos retulimus, transibimus jam ad tibicinum solos. (2) Traditum est enim Olympum, de quo diximus,
quum esset tibicen e Phrygia, tibicinum nomum fecisse in
Apollinem, qui *Polycephalus,* id est Multiceps, diceretur:
hunc autem Olympum aiunt unum fuisse eorum qui descen-
derunt a primo Olympo Marsyæ discipulo, qui nomos in
deos fecit: is enim quum amasius fuisset Marsyæ, et ab eo
artem tibia canendi didicisset, harmonicos (*enharmonicos*)
nomos in Græciam intulit, quibus nunc Græci utuntur in
feriis deorum. (3) Alii Cratetem Polycephali nomi auctorem faciunt, qui Olympi fuit discipulus. Pratinas eum

μον τοῦτον. (4) Τὸν δὲ καλούμενον Ἁρμάτιον νόμον λέγεται ποιῆσαι ὁ πρῶτος Ὄλυμπος, ὁ Μαρσύου μαθητής. (5) Τὸν δὲ Μαρσύαν φασί τινες Μάσσην καλεῖσθαι· οἱ δ᾽ οὔ, ἀλλὰ Μαρσύαν· εἶναι δ᾽ αὐτὸν Ὑάγνιδος υἱὸν, τοῦ πρώτου εὑρόντος τὴν αὐλητικὴν τέχνην. (6) Ὅτι δ᾽ ἐστὶν Ὀλύμπου ὁ ἁρμάτιος νόμος, ἐκ τῆς Γλαύκου ἀναγραφῆς τῆς ὑπὲρ τῶν ἀρχαίων ποιητῶν μάθοι ἄν τις· καὶ ἔτι γνοίη, ὅτι Στησίχορος ὁ Ἱμεραῖος οὔτ᾽ Ὀρφέα, οὔτε Τέρπανδρον, οὔτ᾽ Ἀρχίλοχον, οὔτε Θαλήταν ἐμιμήσατο, ἀλλ᾽ Ὄλυμπον, χρησάμενος τῷ ἁρματίῳ νόμῳ καὶ τῷ κατὰ δάκτυλον εἴδει, ὅ τινες ἐξ ὀρθίου νόμου φασὶν εἶναι. (7) Ἄλλοι δέ τινες ὑπὸ Μυσῶν εὑρῆσθαι τοῦτον τὸν νόμον· γεγονέναι γάρ τινας ἀρχαίους αὐλητὰς Μυσούς.

VIII. Καὶ ἄλλος δ᾽ ἐστὶν ἀρχαῖος νόμος, καλούμενος Κραδίας, ὅν φησιν Ἱππῶναξ Μίμνερμον αὐλῆσαι. * Ἐν ἀρχῇ γὰρ ἐλεγεῖα μεμελοποιημένα οἱ αὐλῳδοὶ ᾖδον· τοῦτο δὲ δηλοῖ ἡ τῶν Παναθηναίων γραφὴ ἡ περὶ τοῦ μουσικοῦ ἀγῶνος. (2) Γέγονε δὲ καὶ Σακάδας Ἀργεῖος ποιητὴς μελῶν τε καὶ ἐλεγείων μεμελοποιημένων· ὁ δ᾽ αὐτὸς καὶ ποιητὴς ἀγαθὸς, καὶ τὰ Πύθια τρὶς νενικηκὼς ἀναγέγραπται· τούτου καὶ Πίνδαρος μνημονεύει. (3) τόνων γοῦν τριῶν ὄντων κατὰ Πολύμνηστον καὶ Σακάδαν, τοῦ τε Δωρίου καὶ Φρυγίου καὶ Λυδίου, ἐν ἑκάστῳ τῶν εἰρημένων τόνων στροφὴν ποιήσαντά φασι τὸν Σακάδαν, διδάξαι ᾄδειν τὸν χορὸν Δωριστὶ μὲν τὴν πρώτην, Φρυγιστὶ δὲ τὴν δευτέραν, Λυδιστὶ δὲ τὴν τρίτην· καλεῖσθαι δὲ τριμερῆ τὸν νόμον τοῦτον διὰ τὴν μεταβολήν. Ἐν δὲ τῇ ἐν Σικυῶνι ἀναγραφῇ τῇ περὶ τῶν ποιητῶν Κλονᾶς εὑρετὴς ἀναγέγραπται τοῦ τριμεροῦς νόμου.

IX. Ἡ μὲν οὖν πρώτη κατάστασις τῶν περὶ τὴν μουσικὴν ἐν τῇ Σπάρτῃ, Τερπάνδρου καταστήσαντος, γεγένηται· τῆς δευτέρας δὲ Θαλήτας τε ὁ Γορτύνιος, καὶ Ξενόδαμος ὁ Κυθήριος, καὶ Ξενόκριτος ὁ Λοκρὸς, καὶ Πολύμνηστος ὁ Κολοφώνιος, καὶ Σακάδας ὁ Ἀργεῖος, μάλιστα αἰτίαν ἔχουσιν ἡγεμόνες γενέσθαι· τούτων γὰρ εἰσηγησαμένων τὰ περὶ τὰς γυμνοπαιδίας τὰς ἐν Λακεδαίμονι λέγεται κατασταθῆναι, τὰ περὶ τὰς ἀποδείξεις τὰς ἐν Ἀρκαδίᾳ, τῶν τε ἐν Ἄργει τὰ ἐνδυμάτια καλούμενα. (2) Ἦσαν δὲ οἱ περὶ Θαλήταν τε καὶ Ξενόδαμον καὶ Ξενόκριτον ποιηταὶ παιάνων· οἱ δὲ περὶ Πολύμνηστον, τῶν ὀρθίων καλουμένων· οἱ δὲ περὶ Σακάδαν, ἐλεγείων. (3) Ἄλλοι δὲ Ξενόδαμον ὑπορχημάτων ποιητὴν γεγονέναι φασὶ, καὶ οὐ παιάνων, καθάπερ Πρατίνας· καὶ αὐτοῦ δὲ τοῦ Ξενοδάμου ἀπομνημονεύεται ᾆσμα, ὅ ἐστι φανερῶς ὑπόρχημα. (4) Κέχρηται δὲ τῷ γένει τῆς ποιήσεως ταύτης καὶ Πίνδαρος· ὁ δὲ παιὰν ὅτι διαφορὰν ἔχει πρὸς τὰ ὑπορχήματα, τὰ Πινδάρου ποιήματα δηλώσει· γέγραφε γὰρ καὶ παιᾶνας καὶ ὑπορχήματα.

X. Καὶ Πολύμνηστος δ᾽ αὐλῳδικοὺς νόμους ἐποίησεν· ἐν δὲ τῷ ὀρθίῳ νόμῳ τῇ μελοποιίᾳ κέχρηται, καθάπερ οἱ ἁρμονικοί φασιν· οὐκ ἔχομεν δ᾽ ἀκριβῶς εἰ-

---

Olympo juniori tribuit. (4) Harmatium autem nomum dicitur fecisse primus Olympus, Marsyæ discipulus. (5) Marsyam quidam Massen appellatum, alii Marsyam dicunt : esse autem Hyagnidis filium, ejus qui primus artem tibia canendi invenit. (6) Olympi autem esse Harmatium nomum, ex Glauci Veterum Poetarum Recensione cognosci potest; tum etiam hoc, Stesichorum Himeræum neque Orphei, neque Terpandri fuisse imitatorem, neque Archilochi, neque Thaletæ, sed Olympi; usum nomo Harmatio, et ea specie quæ dactylo procedit, quam alii de Orthio nomo esse volunt. (7) Alii quidam a Mysis inventum nomum illum aiunt; nam veteres aliquos fuisse Mysos tibicines.

VIII. Est et alius antiquus nomus, qui Cradias dicitur, quem tibia Mimnermus cecinit, ut ait Hipponax. Initio enim elegias modulatas tibicines canebant : quod Panathenæorum descriptio indicat, ubi de musico certamine verba fiunt. (2) Fuit et Sacadas Argivus, qui odas et elegias modulatas scripsit; idemque bonus poeta [tibicen?] ter vicisse Pythia in Recensionibus traditur : ejusque etiam Pindarus mentionem facit. (3) Quum ergo secundum Polymnestum et Sacadam tria sint tonorum genera, Dorium, Phrygium, Lydium; ferunt Sacadam in unoquoque horum fecisse stropham, docuisseque chorum canere Dorice primam, Phrygice secundam, tertiam Lydio tono; atque hunc nomum fuisse ob mutationem dictum *trimerem* sive Tripartitum. In Fastis vero seu Recensione poetarum quæ Sicyone est, *trimeris* hujus nomi auctor fertur Clonas.

IX. Prima proinde musicæ constitutio Spartæ facta est a Terpandro. Secundæ auctores hi potissimum memorantur : Thaletas Gortynius, Xenodamus Cytherius, Xenocritus Locrensis, Polymnestus Colophonius, Sacadas Argivus. His enim auctoribus Gymnopædiæ, hoc est ea quæ accinerentur nudis corporum exercitationibus, in Lacedæmonia, in Arcadia autem traduntur institutæ fuisse Demonstrationes quæ dicuntur (*apodixes*), denique Argis quæ *endymatia* appellant. (2) Fuerunt autem Thaletas, Xenodamus et Xenocritus Pæanum scriptores; Polymnestus carmina composuit quæ *orthia* dicebantur; Sacadas Elegias. (3) Alii Xenodamum non Pæanas scripsisse aiunt, sed Hyporchemata; in quorum numero est Pratinas : ipsiusque adeo Xenodami cantilena memoriæ prodita est, quæ manifesto est Hyporchema. (4) Usus est hoc genere poematis etiam Pindarus. Differre autem Pæanem ab Hyporchemate, carmina Pindari docebunt, qui et Pæanas et Hyporchemata scripsit.

X. Et Polymnestus tibicinum nomos fecit : in orthio autem nomo lyricis est usus modulis, ut quidem Harmonici aiunt : non enim certum possumus pronunciare, quum an-

πεῖν· οὐ γὰρ εἰρήκασιν οἱ ἀρχαῖοί τι περὶ τούτου. (2)
Καὶ περὶ Θαλήτα δὲ τοῦ Κρητὸς, εἰ παιάνων γεγένηται ποιητής, ἀμφισβητεῖται. Γλαῦκος γὰρ μετ' Ἀρχίλοχον φάσκων γεγενῆσθαι Θαλήταν, μεμιμῆσθαι μὲν
αὐτόν φησι τὰ Ἀρχιλόχου μέλη, ἐπὶ δὲ τὸ μακρότερον
ἐκτεῖναι, καὶ Μάρωνα καὶ Κρητικὸν ῥυθμὸν εἰς τὴν
μελοποιίαν ἐνθεῖναι· οἷς Ἀρχίλοχον μὴ κεχρῆσθαι, ἀλλ'
οὐδ' Ὀρφέα, οὐδὲ Τέρπανδρον· ἐκ γὰρ τῆς Ὀλύμπου
αὐλήσεως Θαλήταν φασὶν ἐξειργάσθαι ταῦτα, καὶ δόξαι ποιητὴν ἀγαθὸν γεγονέναι. (3) Περὶ δὲ Ξενοκράτους, ὃς ἦν τὸ γένος ἐκ Λοκρῶν τῶν ἐν Ἰταλίᾳ, ἀμφισβητεῖται εἰ παιάνων ποιητής γέγονεν· ἡρωϊκῶν
γὰρ ὑποθέσεων πράγματα ἐχουσῶν ποιητὴν γεγονέναι
φασὶν αὐτόν· διὸ καί τινας διθυράμβους καλεῖν αὐτοῦ
τὰς ὑποθέσεις· πρεσβύτερον δὲ τῇ ἡλικίᾳ φησὶν ὁ Γλαῦκος Θαλήταν Ξενοκράτους γεγονέναι.

XI. Ὄλυμπος δὲ, ὡς Ἀριστόξενός φησιν, ὑπολαμ-
βάνεται ὑπὸ τῶν μουσικῶν τοῦ ἐναρμονίου γένους εὑρετὴς γεγενῆσθαι· τὰ γὰρ πρὸ ἐκείνου πάντα, διάτονα
καὶ χρωματικὰ ἦν. (2) Ὑπονοοῦσι δὲ τὴν εὕρεσιν
τοιαύτην τινὰ γενέσθαι· ἀναστρεφόμενον τὸν Ὄλυμπον
ἐν τῷ διατόνῳ, καὶ διαβιβάζοντα τὸ μέλος πολλάκις ἐπὶ
τὴν διάτονον παρυπάτην, τοτὲ μὲν ἀπὸ τῆς παραμέσης,
τοτὲ δ' ἀπὸ τῆς μέσης, καὶ παραβαίνοντα τὴν διάτονον
λιχανὸν, καταμαθεῖν τὸ κάλλος τοῦ ἤθους, καὶ οὕτω τὸ ἐκ
τῆς ἀναλογίας συνεστηκὸς σύστημα θαυμάσαντα * καὶ
ἀποδεξάμενον, ἐν τούτῳ ποιεῖν ἐπὶ τοῦ Δωρίου τόνου· (3)
οὔτε γὰρ τῶν τοῦ διατόνου ἰδίων, οὔτε τῶν τοῦ χρώματος ἅπτεσθαι, ἀλλ' ἤδη τῶν τῆς ἁρμονίας. Εἶναι δ'
αὐτῷ τὰ πρῶτα τῶν ἐναρμονίων τοιαῦτα. (4) Τιθέασι
γὰρ τούτων πρῶτον τὸν σπονδεῖον, ἐν ᾧ οὐδεμία τῶν
διαιρέσεων τὸ ἴδιον ἐμφαίνει, εἰ μή τις εἰς τὸν συντο-
νώτερον σπονδειασμὸν βλέπων αὐτὸ τοῦτο διάτονον
εἶναι ἀπεικάσει. (5) Δῆλον δ' ὅτι καὶ ψεῦδος καὶ ἐκ-
μελὲς θήσει ὁ τοιοῦτο τιθείς· ψεῦδος μὲν, ὅτι διέσει
ἐλαττόν ἐστι τόνου τοῦ περὶ τὸν ἡγεμόνα κειμένου· ἐκ-
μελὲς δὲ, ὅτι καὶ εἴ τις ἐν τῇ τοῦ τονιαίου δυνάμει τιθείη τὸ τοῦ συντονωτέρου σπονδειασμοῦ ἴδιον, συμβαί-
νοι ἂν δύο ἑξῆς τίθεσθαι δίτονα, τὸ μὲν ἀσύνθετον, τὸ
δὲ σύνθετον· τὸ γὰρ ἐν ταῖς μέσαις ἐναρμόνιον πυκνὸν,
ᾧ νῦν χρῶνται, οὐ δοκεῖ τοῦ ποιητοῦ εἶναι. (6) Ῥᾴδιον δ' ἐστὶ συνιδεῖν, ἐάν τις ἀρχαϊκῶς τινος αὐλοῦντος
ἀκούσῃ· ἀσύνθετον γὰρ βούλεται εἶναι καὶ τὸ ἐν ταῖς
μέσαις ἡμιτόνιον. Τὰ μὲν οὖν πρῶτα τῶν ἐναρμονίων τοιαῦτα· ὕστερον δὲ τὸ ἡμιτόνιον διῃρέθη ἔν τε
τοῖς Λυδίοις καὶ ἐν τοῖς Φρυγίοις. (7) Φαίνεται δ'
Ὄλυμπος αὐξήσας μουσικὴν τῷ ἀγένητόν τι καὶ ἀγνο-
ούμενον ὑπὸ τῶν ἔμπροσθεν εἰσαγαγεῖν, καὶ ἀρχηγὸς
γενέσθαι τῆς Ἑλληνικῆς καὶ καλῆς μουσικῆς.

XII. Ἔστι δέ τις καὶ περὶ τῶν ῥυθμῶν λόγος· γένη
γάρ τινα καὶ εἴδη ῥυθμῶν προσεξευρέθη, ἀλλὰ μὴν
καὶ μελοποιῶν τε καὶ ῥυθμοποιῶν. (2) Προτέρα
μὲν γὰρ ἡ Τερπάνδρου καινοτομία καλόν τινα τρόπον
εἰς τὴν μουσικὴν εἰσήγαγε· (3) Πολύμνηστος δὲ μετὰ

---

tiqui hac de re nihil quicquam prodiderint. (2) De Thaleta etiam Cretense dubium est an Pæanas scripserit. Nam
Glaucus post Archilochum fuisse Thaletam affirmans, imi-
tatum eum odas Archilochi fatetur, prolixius tamen exten-
disse et Maronem [*Pœonem?*] ac Cretensem rhythmum
odarum poesi inseruisse; quibus neque Orpheus usus fuerit,
neque Terpander, neque Archilochus : hæc enim ex Olympi
tibina musica aiunt Thaletam depromsisse, bonique poetæ
laudem invenisse. (2) De *Xenocrito* præterea, Locris Italicis oriundo, controversia est, an is Pæanas composuerit;
ferunt enim eum carmina scripsisse, quorum heroica fuerint
res gestas habentia argumenta; eaque ob hanc causam fuisse
a quibusdam Dithyrambos nominata. Eundem Glaucus
Thaleta posteriorem fuisse scribit.

XI. Porro autem Olympus, ut ait Aristoxenus, a musicis putatur Enharmonii generis fuisse repertor; nam ante
ipsum omnia Diatona fuerunt et Chromatica. (2) Suspicantur autem Olympum sic invenisse : quum versaretur in
Diatono genere, et modulationem sæpe transferret in Diatonum parhypaten, hoc est summæ proximam chordam,
nunc ab ipsa media, nunc ab ei proxima chorda, præteri-
retque lichanon Diatoni chordam, deprehendisse in eo modo
pulchritudinem moratæ rationis quam *ethos* dicunt, atque
ita miratum et amplexum systema, quod ea constitueretur
proportione, id in Dorio usurpasse tono. (3) Non enim
eum in hoc systemate vel ea quæ Diatoni sunt propria, vel
quæ Chromatici attigisse : sed jam ea quæ sunt Harmonici
generis. Fuisse autem ei prima Enharmoniorum talia. (4)
Primo enim in his loco Spondeum nomum ponunt, in quo
nulla tetrachordi divisionum se propriam ei esse indicat;
nisi quis, in contentiorem spondei usurpationem respiciens,
eum ipsum putabit esse Diatonicum genus. (5) Qui vero
hoc ponet, eum liquet quum falsum, tum absonum a cantu
ponere : falsum, quia *diesi* inferior tono erit eo, qui principe ponitur loco : a cantu alienum, quod eveniet ut, si
quis in potestate Tonici chromatici ponat fortioris spon-
diasmi naturam, duo deinceps sita ponantur *ditona*, compositum alterum, alterum incompositum; nam densum illud
enharmonium, quod in mediis fidibus collocatum hodie in
usu est, non videtur esse illius poetæ. (6) Facile autem hoc
animadverti potest, si quis aliquem prisco more canentem
tibia audiat; nam etiam mediarum semitonium vult esse
incompositum. Atque tale fuit initio genus Enharmoni-
cum; postea temporis divisum est semitonium in Lydiis et
in Phrygiis. (7) Videtur autem Olympus quum auxisset
musicam, nondum natum quid ignoratumque adhuc introduxisse, princepsque fuisse Græcæ et pulchræ musicæ.

XII. Est etiam de Rhythmis dicendum. Inventa enim
ulterius sunt quædam genera et formæ rhythmorum, atque etiam compositionis cantilenarum et rhythmorum. (2)
Primum enim Terpandri novarum rerum in ea arte molitio,
venustum quendam modum in musicam invexit. (3) Poly-

τὸν Τερπάνδρειον τρόπον, ᾧ καὶ ἐχρήσατο, καὶ αὐτὸς
μέντοι ἐχόμενος τοῦ καλοῦ τύπου, ὡσαύτως δὲ καὶ Θαλήτας καὶ Σακάδας· καὶ γὰρ οὗτοι κατά γε τὰς ῥυθμοποιίας ἱκανοί, οὐκ ἐκβαίνοντες μὲν τοῦ καλοῦ τύπου.
5 (4) Ἔστι δέ τις Ἀλκμανικὴ καινοτομία [καὶ] Στησι-
χόρειος, καὶ αὐταὶ οὐκ ἀφεστῶσαι τοῦ καλοῦ. (5)
Κρέξος δέ, καὶ Τιμόθεος, καὶ Φιλόξενος, καὶ οἱ κατὰ
ταύτην τὴν ἡλικίαν γεγονότες ποιηταὶ φορτικώτεροι
καὶ φιλόκαινοι γεγόνασι, τὸν φιλάνθρωπον καὶ θεμα-
10 τικὸν νῦν ὀνομαζόμενον διώξαντες· τὴν γὰρ ὀλιγοχορ-
δίαν καὶ τὴν ἁπλότητα καὶ σεμνότητα τῆς μουσικῆς
παντελῶς ἀρχαϊκὴν εἶναι συμβέβηκεν.

XIII. Εἰρηκὼς κατὰ δύναμιν περί τε τῆς πρώτης
μουσικῆς καὶ τῶν πρώτων εὑρόντων αὐτήν, καὶ ὑπὸ
15 τίνων κατὰ χρόνους ταῖς προσεξευρέσεσιν ηὔξηται, κα-
ταπαύσω τὸν λόγον, καὶ παραδώσω τῷ ἑταίρῳ Σωτη-
ρίχῳ, ἐσπουδακότι οὐ μόνον περὶ μουσικήν, ἀλλὰ καὶ
περὶ τὴν ἄλλην ἐγκύκλιον παιδείαν· ἡμεῖς γὰρ μᾶλλον
χειρουργικῷ μέρει τῆς μουσικῆς ἐγγεγυμνάσμεθα. Ὁ
20 μὲν Λυσίας ταῦτ' εἰπὼν κατέπαυσε τὸν λόγον.

XIV. Σωτήριχος δὲ μετὰ τοῦτον ὧδέ πως ἔφη·
Ὑπὲρ σεμνοῦ ἐπιτηδεύματος καὶ θεοῖς μάλιστα ἀρέ-
σκοντος, ὦγαθὲ Ὀνησίκρατες, τοὺς λόγους ἡμᾶς προσ-
τρέψω ποιήσασθαι. Ἀποδέχομαι μὲν οὖν τῆς συνέσεως
25 τὸν διδάσκαλον Λυσίαν· ἀλλὰ μὴν καὶ τῆς μνήμης, ἣν
ἐπεδείξατο περί τε τοὺς εὑρετὰς τῆς πρώτης μουσικῆς,
καὶ περὶ τοὺς τὰ τοιαῦτα συγγεγραφότας· ὑπομνήσω
δὲ τοῦθ', ὅτι τοῖς ἀναγεγραμμένοις μόνοις κατακολουθήσας πεποίηται τὴν δεῖξιν. (2) Ἡμεῖς δ' οὐκ ἄνθρω-
30 πόν τινα παρελάβομεν εὑρετὴν τῶν τῆς μουσικῆς ἀγαθῶν, ἀλλὰ τὸν πάσαις ταῖς ἀρεταῖς κεκοσμημένον θεόν,
Ἀπόλλωνα. Οὔτε γὰρ Μαρσύου, ἢ Ὀλύμπου, ἢ
Ὑάγνιδος, ὥς τινες οἴονται, εὕρημα δ' αὐλός· οὐ μόνη
δὲ κιθάρα Ἀπόλλωνος, ἀλλὰ καὶ αὐλητικῆς καὶ κιθα-
35 ριστικῆς εὑρετὴς ὁ θεός. (3) Δῆλον δ' ἐκ τῶν χορῶν
καὶ τῶν θυσιῶν, ἃς προσῆγον μετ' αὐλῶν τῷ θεῷ· καθάπερ ἄλλοι τε καὶ Ἀλκαῖος ἔν τινι τῶν ὕμνων ἱστορεῖ.
(4) * Καὶ ἡ ἐν Δήλῳ δὲ τοῦ ἀγάλματος αὐτοῦ ἀφίδρυ-
σις ἔχει ἐν μὲν τῇ δεξιᾷ τόξον, ἐν δὲ τῇ ἀριστερᾷ Χά-
40 ριτας, τῶν τῆς μουσικῆς ὀργάνων ἑκάστην τι ἐχουσαν·
ἡ μὲν γὰρ λύραν κρατεῖ, ἡ δ' αὐλούς, ἡ δ' ἐν μέσῳ
προσκειμένην ἔχει τῷ στόματι σύριγγα. (5) Ὅτι δ'
οὗτος οὐκ ἐμὸς ὁ λόγος, Ἀντικλῆς καὶ Ἴστρος ἐν ταῖς
Ἐπιφανείαις περὶ τούτων ἀφηγήσαντο. Οὕτω δὲ πα-
45 λαιόν ἐστι τὸ ἀφίδρυμα τοῦτο, ὥστε τοὺς ἐργασαμένους
αὐτὸ τῶν καθ' Ἡρακλέα Μερόπων φασὶν εἶναι. (6)
Ἀλλὰ μὴν καὶ τῷ κατακομίζοντι παιδὶ τὴν Τεμπικὴν
δάφνην εἰς Δελφοὺς παρομαρτεῖ αὐλητής· καὶ τὰ ἐξ
Ὑπερβορέων δὲ ἱερὰ μετ' αὐλῶν καὶ συρίγγων καὶ
50 κιθάρας εἰς τὴν Δῆλόν φασι τὸ παλαιὸν στέλλεσθαι. (7)
Ἄλλοι δὲ καὶ αὐτὸν τὸν θεὸν φασιν αὐλῆσαι, καθάπερ
ἱστορεῖ ὁ ἄριστος μελῶν ποιητὴς Ἀλκμάν· ἡ δὲ Κό-
ριννα καὶ διδαχθῆναί φησι τὸν Ἀπόλλωνα ὑπ' Ἀθη-

mnestus post Terpandrium modum, quo et usus est, ipse
quoque pulchræ formæ studens, suum introduxit; similiter
etiam Thaletas et Sacadas; nam hi etiam rhythmis confi-
ciendis suffecerunt, neque egressi sunt pulchram illam formam. (4) Sunt et alia ab Alcmane et Stesichoro novata;
ita ut etiam in his a pulchro non discederetur modo. (5)
Crexus autem, Timotheus, atque Philoxenus, aliique hujus
ætatis poetæ importuniores ac novitatis studiosi fuerunt;
modum enim affectaverunt qui Philanthropus nunc, id est
Humanus, et Thematicus appellatur. Evenit enim, ut pau-
citas chordarum, simplicitasque et majestas musicæ plane
ob vetustatem spernenda videretur.

XIII. Pro virili locutus de prima musica, de primis ejus
inventoribus, tum quorum ea temporis progressu adinven-
tionibus aucta fuerit, finem faciam dicendi, locumque dabo
socio meo Sotericho, qui non musicam modo, sed et reliquum disciplinarum orbem studiose excoluit. Nos enim
magis exercitati sumus in ea musicæ parte, quæ manu et
instrumentis tractatur. His dictis Lysias finem dicendi
fecit.

XIV. Tum Soterichus in hæc verba orsus est : De ve-
nerabili studio et diis maxime accepto, optime Onesicrates,
verba nos facere jussisti. Probo itaque Lysiæ præceptoris
quum doctrinam, tum memoriam, quam ostendit recensendis
primis musicæ inventoribus, iisque qui has res conscripse-
runt. Id unum monebo, eum tantum Recensionum monumenta secutum esse in iis ostendendis. (2) Nos autem
non hominem aliquem accepimus repertorem musicæ bonorum, sed omnibus virtutibus ornatum deum, Apollinem.
Non enim Marsyæ, aut Olympi, aut Hyagnidis, ut putant
quidam, inventum tibia, neque sola cithara Apollinis est,
sed idem deus et citharæ et tibiæ cantum invenit. (3)
Manifestum hoc est e choris et sacrificiis quæ tibiis interim
canentes deo offerebant; quod et alii, et Alcæus in quodam
Hymno narrat. (4) Sed et simulacrum Apollinis in Delo
positum in dextra manu arcum, læva Gratias habet, quarum quævis aliquod musicum instrumentum tenet; lyram
una, alia tibias, media fistulam ori admotam. (5) Neque
meus est hic sermo; sed *Anticlides*, et Ister in libris quos
de Apparitionibus Deorum scripsit, hæc retulerunt. Et simulacrum illud ita antiquum est, ut dicatur a Meropibus
factum, qui Herculis ætate vixerunt. (6) Sed et puerum,
qui Tempicam laurum Delphos defert, comitatur tibicen.
Quin et Hyperboreorum sacra adhibitis tibiis, citharis et
fistulis in Delum mitti solita ferunt antiquitus. (7) Sunt qui
ipsum deum tibia cecinisse autument, ut narrat optimus
cantilenarum conditor Alcman. Corinna adeo a Minerva

νᾶς αὐλεῖν. Σεμνὴ οὖν κατὰ πάντα ἡ μουσικὴ, θεῶν εὕρημα οὖσα.

XV. Ἐχρήσαντο δ' αὐτῇ οἱ παλαιοὶ κατὰ τὴν ἀξίαν, ὥσπερ καὶ τοῖς ἄλλοις ἐπιτηδεύμασι πᾶσιν· οἱ δὲ νῦν τὰ σεμνὰ αὐτῆς παραιτησάμενοι, ἀντὶ τῆς ἀνδρώδους ἐκείνης καὶ θεσπεσίας καὶ θεοῖς φίλης καταγυῖαν καὶ κωτίλην εἰς τὰ θέατρα εἰσάγουσι. (2) Τοιγάρτοι Πλάτων ἐν τῷ τρίτῳ τῆς Πολιτείας δυσχεραίνει τῇ τοιαύτῃ μουσικῇ· τὴν γοῦν Λύδιον ἁρμονίαν παραιτεῖται, ἐπειδὴ ὀξεῖα καὶ ἐπιτήδειος πρὸς θρῆνον. Ἢ καὶ τὴν πρώτην σύστασιν αὐτῆς φασι θρηνώδη τινὰ γενέσθαι. (3) Ὄλυμπον γὰρ πρῶτον Ἀριστόξενος ἐν τῷ πρώτῳ περὶ Μουσικῆς ἐπὶ τῷ Πύθωνί φησιν ἐπικήδειον αὐλῆσαι Λυδιστί. (4) Εἰσὶ δ' οἳ Μελανιππίδην τούτου τοῦ μέλους ἄρξαι φασί· Πίνδαρος δ' ἐν Παιᾶσιν ἐπὶ τοῖς Νιόβης γάμοις φησὶ Λύδιον ἁρμονίαν πρῶτον διδαχθῆναι. (5) Ἄλλοι δὲ Τόρηβον πρῶτον τῇ ἁρμονίᾳ χρήσασθαι, καθάπερ Διονύσιος ὁ Ἴαμβος ἱστορεῖ.

XVI. Καὶ ἡ Μιξολύδιος δὲ παθητική τις ἐστι, τραγῳδίαις ἁρμόζουσα. Ἀριστόξενος δέ φησι, Σαπφὼ πρώτην εὕρασθαι τὴν Μιξολυδιστί, παρ' ἧς τοὺς τραγῳδοποιοὺς μαθεῖν· λαβόντας γοῦν αὐτοὺς συζεῦξαι τῇ Δωριστί, ἐπεὶ ἡ μὲν τὸ μεγαλοπρεπὲς καὶ ἀξιωματικὸν ἀποδίδωσιν, ἡ δὲ τὸ παθητικόν, μέμικται δὲ διὰ τούτων τραγῳδία. (2) Ἐν δὲ τοῖς Ἱστορικοῖς τῆς Ἁρμονικῆς, Πυθοκλείδην φασὶ τὸν αὐλητὴν εὑρετὴν αὐτῆς γεγονέναι. (3) Λύσις δὲ Λαμπροκλέα τὸν Ἀθηναῖον, συνιδόντα ὅτι οὐκ ἐνταῦθα ἔχει τὴν διάζευξιν, ὅπου σχεδὸν ἅπαντες ᾤοντο, ἀλλ' ἐπὶ τὸ ὀξύ, τοιοῦτον αὐτῆς ἀπεργάσασθαι τὸ σχῆμα οἷον τὸ ἀπὸ παραμέσης ἐπὶ ὑπάτην ὑπατῶν. (4) Ἀλλὰ μὴν καὶ τὴν Ἐπανειμένην Λυδιστί, εἴπερ ἐναντία τῇ Μιξολυδιστί, παραπλησίαν οὖσαν τῇ Ἰάδι, ὑπὸ Δάμωνος εὑρῆσθαί φασι τοῦ Ἀθηναίου.

XVII. Τούτων δὴ τῶν ἁρμονιῶν τῆς μὲν θρηνῳδικῆς τινος οὔσης, τῆς δ' ἐκλελυμένης, εἰκότως ὁ Πλάτων παραιτησάμενος αὐτός, τὴν Δωριστὶ ὡς πολεμικοῖς ἀνδράσι καὶ σώφροσιν ἁρμόζουσαν εἵλετο· οὐ μὰ Δία ἀγνοήσας, ὡς Ἀριστόξενός φησιν ἐν τῷ δευτέρῳ τῶν Μουσικῶν, ὅτι καὶ ἐκείναις τι χρήσιμον ἦν πρὸς πολιτειῶν φυλακήν· πάνυ γὰρ προσέσχε τῇ μουσικῇ ἐπιστήμη Πλάτων, ἀκουστὴς γενόμενος Δράκοντος τοῦ Ἀθηναίου καὶ Μετέλλου τοῦ Ἀκραγαντίνου. (2) Ἀλλ' ἐπεί, ὡς προείπομεν, πολὺ τὸ σεμνόν ἐστιν ἐν τῇ Δωριστί, ταύτην προὐτίμησεν· οὐκ ἠγνόει δὲ ὅτι πολλὰ Δώρια Παρθένεια ἅμα Ἀλκμᾶνι καὶ Πινδάρῳ καὶ Σιμωνίδῃ καὶ Βακχυλίδῃ πεποίηται, ἀλλὰ μὴν καὶ ἔτι προσόδια καὶ παιᾶνες, καὶ μέντοι ὅτι καὶ τραγικοὶ οἶκτοι ποτὲ ἐπὶ τοῦ Δωρίου τρόπου ἐμελῳδήθησαν, καί τινα ἐρωτικά. (3) * Ἐξῆρχει δ' αὐτῷ τὰ εἰς τὸν Ἄρη καὶ Ἀθηνᾶν, καὶ τὰ σπονδεῖα· ἐπιρρῶσαι γὰρ ταῦτα ἱκανὰ ἀνδρὸς σώφρονος ψυχήν· καὶ περὶ τοῦ Λυδίου δ' οὐκ ἠγνόει, καὶ περὶ τῆς Ἰάδος· ἠπίστατο γὰρ ὅτι ἡ τραγῳδία ταύτῃ τῇ μελοποιίᾳ κέχρηται.

---

didicisse tibiis canere Apollinem ait. Itaque veneranda prorsus est musica, deorum inventum quum sit.

XV. Prisci porro ea, ut dignum fuit, usi sunt, ut et reliquis omnibus institutis. Nostra aetate, majestate ejus omissa, pro mascula illa et divina immortalibusque grata confractam et garrulam in theatra inducunt musicam; (2) quam Plato tertio de Republica libro vituperat, Lydiam quidem harmoniam repudians, ut acutam et accommodatam lamentis; unde et primam ejus institutionem lugubrem fuisse dicunt. (3) Nam Aristoxenus scribit in primo de Musica libro, Olympum de morte Pythonis lugubre carmen tibiis cecinisse Lydio modo. (4) Sunt qui Melanippidem auctorem ejus cantilenae faciant. Pindarus in Paeanibus primum de Niobes nuptiis Lydiam harmoniam usurpatam ait. (5) Alii Torebum principem ea usum dicunt, de qua re narrat Dionysius Iambus.

XVI. Mixolydia quoque, animum percellens, tragoediis est apta. Hanc Aristoxenus scribit primam a Sapphone inventam; ab ea didicisse tragoedos, qui cum Dorica conjunxerint, quum haec magnificentiam et majestatem conciliet, illa mentem perturbet; quibus rebus commixta est tragoedia. (2) In Historicis Commentariis de Harmonica legitur eam a Pythoclida excogitatam fuisse tibicine. (3) Lysis perhibet, Lamproclem Atheniensem, quum is animadvertisset non ibi esse *diazeuxin*, id est dejunctionem, ubi fere omnes esse putaverunt, sed versus acutam vocem, talem ejus instituisse modum, qualis est a *paramesa* ad *hypaten hypaton*, id est a mediae chordae proxima ad summarum summam. (4) Quin etiam Remissam illam (*epaneimenen*) Lydiam harmoniam, siquidem Mixolydiae est contraria, assimilem Ionicae, inventam autumant a Damone Atheniensi.

XVII. Has harmonias, quum altera earum sit ad lamentandum parata, altera dissoluta, recte Plato rejicit, ac Doricam, ut bellicosis temperantibusque convenientem viris, delegit. Neque is mehercle id fecit ignorans, quod ei impingit crimen Aristoxenus in secundo Musicarum Rerum libro, etiam in istis aliquid esse quod ad rerumpublicarum constitutionem custodiendam prosit: studiosissimus enim musicae fuit Plato; ut qui *Damonem* audivisset Atheniensem, et Metellum Agrigentinum. (2) Sed quia, ut monui, magnam in Dorica majestatem esse intellexit, eam harmoniam praetulit: non nescius interim multa Dorice Parthenia seu Virginalia ab Alcmane, Pindaro, Simonide et Bacchylide facta; quin etiam Prosodia, id est Aditialia, Paeanes, adde etiam deplorationes tragicas, et amatoria quaedam carmina, Doricae harmoniae esse inclusa. (3) Sed ei sufficiebant quae in Martem Minervamque cantarentur, et cantilenae Spondeae: satis enim ea valebant ad animum viri honesti confirmandum. Idem Lydiae et Ionicae harmoniae usum non ignoravit, sciens ista modulatione tragoediam uti.

XVIII. Καὶ οἱ παλαιοὶ δὲ πάντες οὐκ ἀπείρως ἔχοντες πασῶν τῶν ἁρμονιῶν, ἐνίαις ἐχρήσαντο· οὐ γὰρ ἡ ἄγνοια τῆς τοιαύτης στενοχωρίας καὶ ὀλιγοχορδίας αὐτοῖς αἰτία γεγένηται· οὐδὲ δι᾽ ἄγνοιαν οἱ περὶ Ὄλυμπον καὶ Τέρπανδρον καὶ οἱ ἀκολουθήσαντες τῇ τούτων προαιρέσει, περιεῖλον τὴν πολυχορδίαν τε καὶ ποικιλίαν. (2) Μαρτυρεῖ γοῦν τὰ Ὀλύμπου τε καὶ Τερπάνδρου ποιήματα, καὶ τῶν τούτοις ὁμοιοτρόπων πάντων· τρίχορδα γὰρ ὄντα καὶ ἁπλᾶ διαφέρει τῶν ποικίλων καὶ πολυχόρδων, ὡς μηδένα δύνασθαι μιμήσασθαι τὸν Ὀλύμπου τρόπον, ὑστερίζειν δ᾽ [αὐ]τοῦ τοὺς ἐν τῷ πολυχόρδῳ τε καὶ πολυτρόπῳ καταγινομένους.

XIX. Ὅτι δὲ οἱ παλαιοὶ οὐ δι᾽ ἄγνοιαν ἀπείχοντο τῆς τρίτης ἐν τῷ σπονδειάζοντι τρόπῳ, φανερὸν ποιεῖ ἡ ἐν τῇ κρούσει γενομένη χρῆσις· οὐ γὰρ ἄν ποτ᾽ αὐτῇ πρὸς τὴν παρυπάτην κεχρῆσθαι συμφώνως, μὴ γνωρίζοντας τὴν χρῆσιν· ἀλλὰ δῆλον ὅτι τὸ τοῦ κάλλους ἦθος, ὃ γίνεται ἐν τῷ σπονδειακῷ τρόπῳ διὰ τὴν τῆς τρίτης ἐξαίρεσιν, τοῦτ᾽ ἦν τὸ τὴν αἴσθησιν αὐτῶν ἐπάγον ἐπὶ τὸ διαβιβάζειν τὸ μέλος ἐπὶ τὴν παρανήτην. (2) Ὁ αὐτὸς δὲ λόγος καὶ περὶ τῆς νήτης· καὶ γὰρ ταύτῃ πρὸς μὲν τὴν κροῦσιν ἐχρῶντο, καὶ πρὸς παρανήτην διαφώνως καὶ πρὸς μέσην συμφώνως· κατὰ δὲ τὸ μέλος οὐκ ἐφαίνετο αὐτοῖς οἰκεία εἶναι τῷ σπονδειακῷ τρόπῳ. (3) Οὐ μόνον δὲ τούτοις, ἀλλὰ καὶ τῇ συνημμένου νήτῃ οὕτω κέχρηνται πάντες· κατὰ μὲν γὰρ τὴν κροῦσιν αὐτὴν διεφώνουν πρός τε παρανήτην καὶ πρὸς παραμέσην, [καὶ συνεφώνουν πρός τε μέσην] καὶ πρὸς λιχανόν· κατὰ δὲ τὸ μέλος κἂν αἰσχυνθῆναι τῷ χρησαμένῳ ἐπὶ τῷ γινομένῳ δι᾽ αὐτὴν ἤθει. (4) Δῆλον δ᾽ εἶναι καὶ ἐκ τῶν Φρυγίων, ὅτι οὐκ ἠγνόητο [ὑπ᾽] Ὀλύμπου τε καὶ τῶν ἀκολουθησάντων ἐκείνῳ· ἐχρῶντο γὰρ αὐτῇ οὐ μόνον κατὰ τὴν κροῦσιν, ἀλλὰ καὶ κατὰ τὸ μέλος ἐν τοῖς Μητρῴοις καὶ ἔν τισι τῶν Φρυγίων. (5) Δῆλον δὲ καὶ τὸ περὶ τῶν ὑπατῶν, ὅτι οὐ δι᾽ ἄγνοιαν ἀπείχοντο ἐν τοῖς Δωρίοις τοῦ τετραχόρδου τούτου· αὐτίκα ἐπὶ τῶν λοιπῶν τόνων ἐχρῶντο, δηλονότι εἰδότες· διὰ δὲ τὴν τοῦ ἤθους φυλακὴν ἀφῄρουν ἐπὶ τοῦ Δωρίου τόνου, τιμῶντες τὸ καλὸν αὐτοῦ.

XX. Οἷόν τι καὶ ἐπὶ τῶν τῆς τραγῳδίας ποιητῶν· τῷ γὰρ χρωματικῷ γένει καὶ τῷ ῥυθμῷ τραγῳδία μὲν οὐδέπω καὶ τήμερον κέχρηται, κιθάρα δὲ, πολλαῖς γενεαῖς πρεσβυτέρα τραγῳδίας οὖσα, ἐξ ἀρχῆς ἐχρήσατο. (2) Τὸ δὲ χρῶμα ὅτι πρεσβύτερόν ἐστι τῆς ἁρμονίας, σαφές. Δεῖ γὰρ δηλονότι κατὰ τὴν τῆς ἀνθρωπίνης φύσεως ἔντευξιν καὶ χρῆσιν τὸ πρεσβύτερον λέγειν· κατὰ γὰρ αὐτὴν τὴν τῶν γενῶν φύσιν οὐκ ἔστιν ἕτερον ἑτέρου πρεσβύτερον. (3) Εἰ οὖν τις Αἰσχύλον ἢ Φρύνιχον φαίη δι᾽ ἄγνοιαν ἀπεσχῆσθαι τοῦ χρώματος, ἆρά γ᾽ οὐκ ἂν ἄτοπος εἴη; ὁ γὰρ αὐτὸς καὶ Παγκράτην ἂν εἴποι ἀγνοεῖν τὸ χρωματικὸν γένος· ἀπείχετο γὰρ καὶ οὗτος ὡς ἐπιτοπολὺ τούτου, ἐχρήσατο δ᾽ ἔν τισιν· (4) οὐ δι᾽ ἄγνοιαν οὖν δηλονότι, ἀλλὰ διὰ τὴν προαίρεσιν ἀπείχετο· ἐζήλου γοῦν, ὡς αὐτὸς

XVIII. Sed et veteres omnes nullius imperiti harmoniæ, tamen usi quibusdam modo sunt. Neque enim ignoratio tantas angustias et paucitatem chordarum peperit apud illos; neque inscitia factum est, ut Terpander, Olympus, horumque sectatores multitudinem et varietatem nervorum tollere decreverint. (2) Atque hoc argunnt Olympi, Terpandri et aliorum qui modum eundem tenuerunt carmina omnium; quæ quum tribus sint contenta fidibus ac simplicia, præstant omnibus variis et multas chordas requirentibus; ita quidem, ut Olympi modum exprimere nemo possit, inferioresque eo sint omnes, ubi se ad multiplicem et multis chordis opus habentem modulationem contulerunt.

XIX. Quod autem prisci in modo Spondiaco non ignoraverint tertiæ chordæ usum, satis demonstrat ejus in pulsatione quæ tum fuit usurpatio. Non enim ea cum *parhypata*, quæ est proxima summæ chordæ, consonante usi fuissent, si usum ignoravissent. Sed manifestum est, eos propria elegantia quæ Spondiaco modo conciliatur per tertiam exemtam, ejusque elegantiæ sensu inductos esse ad transferendum carmen in *paranetam*. (2) Eadem de *neta* est ratio. Nam et hac in pulsatione usi sunt, et ad *paranetam*, seu imæ proximam, dissonanter, et ad mediam consonanter. Sed ratione cantilenæ non visa est illis convenire Spondiaco modo. (3) Neque his tantum, sed et *synemmena neta*, hoc est adjunctarum chordarum ultima, sic universi sunt usi. Nam secundum pulsationem ipsam dissonabant ad *paranetam* et *paramesam*, [consonabant autem ad *mesam*] et *lichanum*; sed in cantilena utenti pudorem incussisset, ob affectionem audientium quam is modus parit. (4) Ex Phrygiis etiam constare aiunt, non ignoratam fuisse hanc chordam ab Olympo et qui eum secuti sunt. Usi sunt enim iis non tantum in pulsatione, sed et in cantilenis de Matre Deorum et quibusdam Phrygiis. (5) De *hypatis* etiam, seu summis nervis, constat, non ignoratione factum esse ut eo quadrichordo non uterentur in Dorio; quum in aliis tonis sint usi, utique cognitum habuerint. Sed ut justum morem servarent, a Dorio tono id abstinuerunt, pulchritudinem ejus venerantes.

XX. Tale est etiam in tragœdia quippiam. Nam chromatico genere et rhythmo nusquam ne hodie quidem tragœdia utitur; cithara autem, quæ tragœdiam ætate multis seculis anteit, ab initio usa est chromate et rhythmo. (2) Chroma autem quam Harmoniam esse antiquius in promtu est. Est enim nimirum ætas definienda secundum humanæ naturæ occursum et usum. Nam quod ad ipsam generum attinet naturam, non est aliud alio antiquius. (3) Si quis ergo Æschylum aut Phrynichum diceret ob ignorantiam abstinuisse Chromate, nonne absurde diceret? Idem enim etiam Pancratem diceret ignoravisse Chromaticum genus; nam et is plerumque id vitavit, etsi in quibusdam est usus: (4) abstinuit itaque non ignoratione, sed consilio ductus; sectabatur enim, ut ipse aiebat, Pindaricum ac

ἔφη, τὸν Πινδάρειόν τε καὶ Σιμωνίδειον τρόπον, καὶ
καθόλου τὸ ἀρχαῖον καλούμενον ὑπὸ τῶν νῦν.

XXI. Ὁ αὐτὸς δὲ λόγος καὶ περὶ Τυρταίου τε τοῦ
Μαντινέως, καὶ Ἀνδρέα τοῦ Κορινθίου, καὶ Θρασύλ-
λου τοῦ Φλιασίου, καὶ ἑτέρων πολλῶν, οὓς πάντας
ἴσμεν διὰ προαίρεσιν ἀπεσχημένους χρώματός τε καὶ
μεταβολῆς καὶ πολυχορδίας * καὶ ἄλλων πολλῶν ἐν
μέσῳ ὄντων ῥυθμῶν τε καὶ ἁρμονιῶν καὶ λέξεων καὶ
μελοποιίας καὶ ἑρμηνείας. (2) Αὐτίκα Τηλεφάνης ὁ
Μεγαρικὸς οὕτως ἐπολέμησε ταῖς σύριγξιν, ὥστε τοὺς
αὐλοποιοὺς οὐδ᾽ ἐπιθεῖναι πώποτε εἴασεν ἐπὶ τοὺς αὐλούς, ἀλλὰ καὶ τοῦ Πυθικοῦ ἀγῶνος μάλιστα διὰ ταῦτ᾽
ἀπέστη. (3) Καθόλου δ᾽ εἴ τις τῷ μὴ χρῆσθαι τεκμαιρόμενος καταγνώσεται τῶν μὴ χρωμένων ἄγνοιαν,
πολλῶν ἄν τις φθάνοι καὶ τῶν νῦν καταγινώσκων· οἷον,
τῶν μὲν Δωριωνείων τοῦ Ἀντιγενιδείου τρόπου κατα-
φρονούντων, ἐπειδήπερ οὐ χρῶνται αὐτῷ· τῶν δ᾽ Ἀντι-
γενιδείων τοῦ Δωριωνείου διὰ τὴν αὐτὴν αἰτίαν· τῶν
δὲ κιθαρῳδῶν τοῦ Τιμοθείου τρόπου, σχεδὸν γὰρ ἀπο-
πεφοιτήκασιν εἴς τε τὰ καττύματα καὶ εἰς τὰ Πολυεί-
δου ποιήματα. (4) Πάλιν δ᾽ αὖ εἴ τις καὶ περὶ τῆς
ποικιλίας ὀρθῶς τε καὶ ἐμπείρως ἐπισκοποίη, τὰ τότε
καὶ τὰ νῦν συγκρίνων, εὕροι ἂν ἐν χρήσει οὖσαν καὶ
τότε τὴν ποικιλίαν. Τῇ γὰρ περὶ τὰς ῥυθμοποιίας
ποικιλίᾳ οὔσῃ ποικιλωτέρᾳ ἐχρήσαντο οἱ παλαιοί·
ἐτίμων γοῦν τὴν ῥυθμικὴν ποικιλίαν, καὶ τὰ περὶ τὰς
κρουσματικὰς δὲ διαλέκτους τότε ποικιλώτερα ἦν· οἱ
μὲν γὰρ νῦν, φιλομαθεῖς, οἱ δὲ τότε, φιλόρρυθμοι. (5)
Δῆλον οὖν ὅτι οἱ παλαιοὶ οὐ δι᾽ ἄγνοιαν, ἀλλὰ διὰ προαίρεσιν ἀπείχοντο τῶν κεκλασμένων μελῶν. Καὶ τί
θαυμαστόν; πολλὰ γὰρ καὶ ἄλλα τῶν κατὰ τὸν βίον
ἐπιτηδευμάτων οὐκ ἀγνοεῖται μὲν ὑπὸ τῶν χρωμένων,
ἀπηλλοτρίωται δ᾽ αὐτῶν, τῆς χρείας ἀφαιρεθείσης, διὰ
τὸ εἰς ἔνια ἀπρεπές.

XXII. Δεδειγμένου δὲ ὅτι ὁ Πλάτων οὔτ᾽ ἀγνοίᾳ
οὔτ᾽ ἀπειρίᾳ τὰ ἄλλα παρῃτήσατο, ἀλλ᾽ ὡς οὐ πρέποντα τοιαύτῃ πολιτείᾳ, δείξομεν ἑξῆς ὅτι ἔμπειρος
ἁρμονίας ἦν. (2) Ἐν γοῦν τῇ ψυχογονίᾳ τῇ ἐν τῷ
Τιμαίῳ τήν τε περὶ τὰ μαθήματα καὶ μουσικὴν σπουδὴν
ἐπεδείξατο ὧδέ πως· « Καὶ μετὰ ταῦτα συνεπλήρου
τά τε διπλάσια καὶ τὰ τριπλάσια διαστήματα, μοίρας
τ᾽ ἐκεῖθεν ἀποτέμνων, καὶ τιθεὶς εἰς τὸ μεταξὺ τούτων·
ὥστ᾽ ἐν ἑκάστῳ διαστήματι δύο εἶναι μεσότητας. » (3)
Ἁρμονικῆς γὰρ ἦν ἐμπειρίας τοῦτο τὸ προοίμιον, ὡς
αὐτίκα δείξομεν. Τρεῖς εἰσι μεσότητες αἱ πρῶται, ἀφ᾽
ὧν λαμβάνεται πᾶσα μεσότης, ἀριθμητική, ἁρμονική,
γεωμετρουμένη. (4) Τούτων ἡ μὲν ἴσῳ ἀριθμῷ ὑπερέχει καὶ ὑπερέχεται, ἡ δ᾽ ἴσῳ λόγῳ, ἡ δ᾽ οὔτε λόγῳ
οὔτ᾽ ἀριθμῷ. (5) Ὁ τοίνυν Πλάτων τὴν ψυχικὴν
ἁρμονίαν τῶν τεσσάρων στοιχείων, καὶ τὴν αἰτίαν τῆς
πρὸς ἄλληλα ἐξ ἀνομοίων συμφωνίας δεῖξαι ἁρμονικῶς
βουληθείς, ἐν ἑκάστῳ διαστήματι δύο μεσότητας ψυχικὰς ἀπέφηνε κατὰ τὸν μουσικὸν λόγον. Τῆς γὰρ διὰ
πασῶν ἐν μουσικῇ συμφωνίας δύο διαστήματα μέσα

Simonideum modum, et omnino id quod nunc antiquum
appellatur.

XXI. Eadem de Tyrtæo Mantineensi, et Andrea Corinthio, Thrasyllo Phliasio, multisque aliis valet ratio : quos
omnes scimus consulto abstinuisse Chromate, mutatione,
fidium multitudine, aliisque multis in medio sitis rhythmorum, harmoniarum, vocabulorum, modulationum, elocu-
tionum generibus. (2) Statim enim occurrit Telephanes Me-
garensis, qui ita infensus fuit fistulis, ut tibiarum opifices
nunquam sit eas passus imponere tibiis; quin et Pythico
certamine hac maxime de causa abstitit. (3) In universum
autem si quis ex eo, quod usum aliquis rei omiserit, colligendum putet eam ipsi rem ignotam fuisse; multi restant
ei etiamnum inscitiæ damnandi : ut Dorionei, qui Antige-
nideum modum spernunt, siquidem eo non utuntur; et
rursum Antigenidei, qui eadem de causa Dorioneum; et
citharœdi, qui Timothei modum vitant ; fere enim abive-
runt in *cattymata* [centones?] et ad Polyidi poemata. (4)
Jam si quis recte et perite consideret varietatem, et prisca
cum nostris comparet, olim quoque varietatem in usu fuisse
inveniet. Nam varietate in rhythmis faciendis, quæ magis
varia esset, usi sunt veteres, ut qui rhythmicam varietatem
in honore haberent. Sed et pulsationum quasi elocutiones
tunc fuerunt magis variæ; nam nostri doctrinæ sunt studiosi,
prisci rhythmorum amatores erant. (5) Constat ergo, non
ob ignorationem, sed consilio veteres fractis cantilenis abstinuisse. Neque hoc mirum est ; quum multa alia vitæ instituta non ignorentur ab iis, qui ea non usurpant; sed usu
demto, ea ab ipsis abalienantur, quod in quibusdam sunt
indecora.

XXII. Sed demonstrato, Platoni neque ignorantiam neque
imperitiam in causa fuisse ut quædam rejiceret, verum id
eum fecisse, quia indecora reipublicæ judicaret ea esse, jam
nunc ostendemus eum harmonicæ rei gnarum fuisse. (2)
Is ergo in Ortu seu Procreatione Animæ ea, quam Timæo
inseruit, suam in rebus mathematicis ac musicis diligentiam fecit testatam. Hæc enim sunt ejus verba : *Et secun-*
dum hæc implevit quum dupla tum tripla intervalla;
portionesque inde abscidit, et in medio eorum collocavit,
ut in quovis intervallo duo sint media. (3) Hoc exordium
manasse ab harmonica peritia, mox ostendemus. Tres
sunt medietates, unde omnis medietas æstimatur: Arithmetica, Harmonica, Geometrica. (4) In prima æqualis est
numerus quo se invicem excedunt excedunturque termini ; in tertia eadem fit proportione : in media neque proportione, neque distantia eadem termini sese consequuntur.
(5) Itaque Plato, quum animalem harmoniam quattuor elementorum, causamque ex dissimilibus inter se consonantiæ
vellet harmonice demonstrare : in utroque intervallo duas
animales medietates musica ratione ostendit. Nam consonantia, quam in rebus musicis *diapason* Græci, nostri vulgo

εἶναι συμβέβηκεν, ὧν τὴν ἀναλογίαν δείξομεν. (6) Ἡ μὲν γὰρ διὰ πασῶν ἐν διπλασίονι λόγῳ θεωρεῖται· ποιήσει δ' εἰκόνος χάριν τὸν διπλάσιον λόγον κατ' ἀριθμὸν τὰ ἓξ καὶ τὰ δώδεκα· ἔστι δὲ τοῦτο τὸ διάστημα ἀπὸ [5] ὑπάτης μέσων ἐπὶ νήτην διεζευγμένων. Ὄντων οὖν τῶν ἓξ καὶ δώδεκα ἄκρων, ἔχει ἡ μὲν ὑπάτη μέσων τὸν τῶν ἓξ ἀριθμὸν, ἡ δὲ νήτη διεζευγμένων τὸν τῶν δώδεκα. (7) Λαβεῖν δὴ λοιπὸν χρὴ πρὸς τούτοις ἀριθμοὺς τοὺς μεταξὺ πίπτοντας, ὧν οἱ ἄκροι, ὁ μὲν ἐπί[10]τριτος, ὁ δὲ ἡμιόλοις φανήσεται· εἰσὶ δὲ ὁ τῶν ὀκτὼ καὶ τῶν ἐννέα· τῶν γὰρ ἓξ τὰ μὲν ὀκτὼ, ἐπίτριτα, τὰ δ' ἐννέα, ἡμιόλια. (8) Τὸ μὲν ἓν ἄκρον, τοιοῦτο· τὸ δ' ἄλλο τὸ τῶν δώδεκα, τῶν μὲν ἐννέα ἐπίτριτα, τῶν δ' ὀκτὼ ἡμιόλια. (9) Τούτων οὖν τῶν ἀριθμῶν ὄντων * [15] μεταξὺ τῶν ἓξ καὶ τῶν δώδεκα, καὶ τοῦ διὰ πασῶν διαστήματος ἐκ τοῦ διὰ τεττάρων καὶ τοῦ διὰ πέντε συνεστῶτος, δῆλον ὅτι ἕξει ἡ μὲν μέση τὸν τῶν ὀκτὼ ἀριθμὸν, ἡ δὲ παραμέση τὸν τῶν ἐννέα. (10) Τούτου γενομένου, ἕξει ἡ ὑπάτη πρὸς μέσην, ὡς παραμέση πρὸς [20] νήτην διεζευγμένων· ἀπὸ γὰρ (παρ) ὑπάτης μέσων διὰ τεττάρων ἐπὶ μέσην· ἀπὸ δὲ παραμέσης ἐπὶ νήτην διεζευγμένων, διὰ πασῶν. (11) Ἡ αὐτὴ δ' ἀναλογία καὶ ἐπὶ τῶν ἀριθμῶν εὑρίσκεται· ὡς γὰρ ἔχει τὰ ἓξ πρὸς τὰ ὀκτὼ, οὕτω τὰ ἐννέα πρὸς τὰ δώδεκα· καὶ ὡς ἔχει τὰ [25] ἓξ πρὸς τὰ ἐννέα, οὕτω τὰ ὀκτὼ πρὸς τὰ δώδεκα· ἐπίτριτα γὰρ τὰ μὲν ὀκτὼ τῶν ἓξ, τὰ δὲ δώδεκα τῶν ἐννέα· ἡμιόλια δὲ τὰ μὲν ἐννέα τῶν ἓξ, τὰ δὲ δώδεκα τῶν ὀκτώ. Ἀρκέσει τὰ εἰρημένα εἰς τὸ ἐπιδεδειχέναι ἣν εἶχε περὶ τὰ μαθήματα σπουδὴν καὶ ἐμπειρίαν Πλά[30]των.

XXIII. Ὅτι δὲ σεμνὴ ἡ ἁρμονία καὶ θεῖόν τι καὶ μέγα, Ἀριστοτέλης ὁ Πλάτωνος ταυτὶ λέγει· « Ἡ δὲ ἁρμονία ἐστὶν οὐρανία, τὴν φύσιν ἔχουσα θείαν καὶ καλὴν καὶ δαιμονίαν· τετραμερὴς δὲ τῇ δυνάμει πεφυκυῖα, [35] δύο μεσότητας ἔχει, ἀριθμητικήν τε καὶ ἁρμονικήν· φαίνεταί τε τὰ μέρη αὐτῆς, καὶ τὰ μεγέθη καὶ αἱ ὑπεροχαί, κατ' ἀριθμὸν καὶ ἰσομετρίαν· ἐν γὰρ δυσὶ τετραχόρδοις ῥυθμίζεται τὰ μέλη. » (2) Ταῦτά μὲν τὰ ῥητά. Συνεστάναι δ' αὐτῆς τὸ σῶμα ἔλεγεν ἐκ μερῶν ἀνο[40]μοίων, συμφωνούντων μέντοι πρὸς ἄλληλα· ἀλλὰ μὴν καὶ τὰς μεσότητας αὐτῆς κατὰ τὸν ἀριθμητικὸν λόγον συμφωνεῖν· τὸν γὰρ νέατον πρὸς τὸν ὕπατον ἐκ διπλασίου λόγου ἡρμοσμένον, τὴν διὰ πασῶν συμφωνίαν ἀποτελεῖν. (3) Ἔχει γὰρ, ὡς προείπομεν, τὸν νέατον [45] δώδεκα μονάδων, τὸν δὲ ὕπατον ἓξ· τὴν δὲ παραμέσην συμφωνοῦσαν πρὸς ὑπάτην καθ' ἡμιόλιον λόγον, ἐννέα μονάδων· τῆς δὲ μέσης ὀκτὼ εἶναι μονάδας ἐλέγομεν. (4) Συγκεῖσθαι δὲ διὰ τούτων τῆς μουσικῆς τὰ κυριώτατα διαστήματα συμβαίνει· τό τε διὰ τεσσάρων, ὅ ἐστι [50] κατὰ τὸν ἐπίτριτον λόγον· καὶ τὸ διὰ πέντε, ὅ ἐστι κατὰ τὸν ἡμιόλιον λόγον· καὶ τὸ διὰ πασῶν, ὅ ἐστι κατὰ τὸν διπλάσιον· ἀλλὰ γὰρ καὶ τὸν ἐπόγδοον σώζεσθαι, ὅς ἐστι κατὰ τὸν τονιαῖον λόγον· ταῖς αὐταῖς δ' ὑπεροχαῖς ὑπερέχειν καὶ ὑπερέχεσθαι τῆς ἁρμονίας τὰ μέρη ὑπὸ τῶν

Octavam nominant, duo inter extremos terminos media recipit; quorum proportionem ostendemus. (6) Extrema consonantiæ *diapason* duplam inter se rationem tenent: utque hoc intelligere exemplo possis, numeris rem explicabimus. Ergo major extremitas ad minorem ita se habeat, ut duodecim ad sex. Hoc intervallum ab summa mediarum chorda porrigatur usque ad imam disjunctarum, hoc est *netam diezeugmenon*, ita ut summa mediarum habeat senarium, duodenarium numerum ima disjunctarum. (7) Quærendi jam sunt duo numeri in medium incidentes, ad quos extremorum major ad sibi proximum sesquitertius, ad reliquum sit sesquiplus sive sesquialter: ii numeri sunt octo et novem. Nam sex semel, ejusque præterea triens, in octo continentur; in novem semel cum semisse. (8) Sic unus extremorum; alter, duodecim puta, novem pro dodrante, octo pro besse habet. (9) Ergo his numeris inter sex et duodecim interjectis, quum *diapason* constet ex intervallis *diatessaron*, id est Quarta, ac *diapente*, id est Quinta, distantiis; liquet mediæ chordæ numerum octo, ei proximæ seu *paramesæ* novem deberi. (10) Quo facto, erit ea ratio *hypatæ* seu summæ ad mediam, quæ *paramesæ* erat ad imam seu *netam* disjunctarum: nam ab *hypata* mediarum erit *diatessaron* ad mediam; *a paramesa* ad *netam diezeugmenón, diapason* [?]. (11) Eademque invenitur numerorum proportio: eadem enim est sex ad octo, quæ novem ad duodecim ratio; et ut sex ad novem sunt affecta, ita octo ad duodecim. Nam octo ad sex sesquitertiam habent rationem, et duodecim ad novem; et rursum sesquialteram, ut novem ad sex, ita duodecim ad octo. Ceterum hæc sufficient ad demonstrandum, quanta fuerit in rebus mathematicis industria atque peritia versatus Plato.

XXIII. Porro autem quod harmonia res sit divina, veneranda, magna, Aristoteles Platonis discipulus his verbis confirmavit: *Enimvero harmonia res est cœlestis, ejusque natura divina atque pulchra. Quum autem sit facultate quadripartita, duas habet medietates, Arithmeticam et Harmonicam: apparetque partes ejus, magnitudines, et eminentias numero et mensuræ æqualitate constare. ·Nam in duobus quadrichordis cantilenæ sua modulatione concinnantur.* (2) Atque hæc sunt verbis ejus expressa. Corpus porro ejus constare dixit ex partibus dissimilibus, sed quæ inter se consonent: quin et medietates earum Arithmetica proportione consentire. Nam ima chorda ad summam proportione dupla coeunte, confici *diapason* consonantiam; (3) quum, ut diximus, *hypata* sex, *neta* duodecim numero comparetur: *paramesa* sesquialtera proportione *hypatæ* respondet, eique novem congruere, mediæ octo diximus. (4) At enim intervalla musicæ præcipua constare his rationibus certum est: *diatessaron* sesquitertia, *diapente* sesquialtera, *diapason* dupla proportione: interim etiam conservari rationem sesquioctavam, qualis est novem ad octo, et Tonum exprimit. Jam id quoque accidit, ut Harmoniæ partes a partibus et medietates

μερῶν, καὶ τὰς μεσότητας ὑπὸ τῶν μεσοτήτων, κατά τε τὴν ἐν ἀριθμοῖς ὑπεροχὴν, καὶ κατὰ τὴν γεωμετρικὴν δύναμιν συμβαίνει. (5) Ἀποφαίνει γοῦν αὐτὰς Ἀριστοτέλης τὰς δυνάμεις ἐχούσας τοιαύτας, τὴν μὲν νεάτην, τῆς μέσης τῷ τρίτῳ μέρει τῷ αὑτῆς ὑπερέχουσαν· τὴν δὲ ὑπάτην ὑπὸ τῆς παραμέσης ὑπερεχομένην ὁμοίως· ὡς γίνεσθαι τὰς ὑπεροχὰς τῶν πρός τι· τοῖς γὰρ αὐτοῖς μέρεσιν ὑπερέχουσι καὶ ὑπερέχονται· τοῖς γοῦν αὐτοῖς λόγοις οἱ ἄκροι τῆς μέσης καὶ παραμέσης ὑπερέχουσι καὶ ὑπερέχονται, ἐπιτρίτῳ καὶ ἡμιολίῳ. Τοιαύτη δὴ ὑπεροχή ἐστιν ἡ ἁρμονική. (6) Ἡ δὲ τῆς νεάτης ὑπεροχὴ καὶ τῆς μέσης κατ' ἀριθμητικὸν λόγον ἴσῳ μέρει τὰς ὑπεροχὰς ἐμφαίνουσιν, ὡσαύτως καὶ ἡ παραμέση τῆς ὑπάτης· τῆς γὰρ μέσης ἡ παραμέση κατὰ τὸν ἐπόγδοον λόγον ὑπερέχει, πάλιν ἡ νεάτη τῆς ὑπάτης διπλασία ἐστὶν, ἡ δὲ παραμέση τῆς ὑπάτης ἡμιόλιος· ἡ δὲ μέση ἐπίτριτος πρὸς ὑπάτην ἥρμοσται. Καὶ τοῖς μὲν μέρεσι καὶ τοῖς πλήθεσι (καὶ) κατ' Ἀριστοτέλην ἡ ἁρμονία οὕτως ἔχουσα πέφυκε.

XXIV. Συνέστηκε δὲ φυσικώτατα ἔκ τε τῆς ἀπείρου καὶ περαινούσης καὶ ἐκ τῆς ἀρτιοπερίσσου φύσεως, καὶ αὐτὴ καὶ τὰ μέρη αὐτῆς πάντα· αὐτὴ μὲν γὰρ ὅλη ἀρτία ἐστί, τετραμερὴς οὖσα τοῖς ὅροις· τὰ δὲ μέρη αὐτῆς, καὶ οἱ λόγοι, ἄρτιοι καὶ περισσοὶ καὶ ἀρτιοπέρισσοι. (2) *Τὴν μὲν γὰρ νεάτην ἔχει ἀρτίαν, ἐκ δώδεκα μονάδων· τὴν δὲ παραμέσην, περισσὴν ἐξ ἐννέα μονάδων· τὴν δὲ μέσην ἀρτίαν, ἐξ ὀκτὼ μονάδων· τὴν δὲ ὑπάτην, ἀρτιοπέρισσον, ἓξ μονάδων οὖσαν. Οὕτω δὲ πεφυκυῖα αὐτή τε καὶ τὰ μέρη αὐτῆς πρὸς ἄλληλα ταῖς ὑπεροχαῖς τε καὶ τοῖς λόγοις, ὅλη τε ὅλῃ καὶ τοῖς μέρεσι συμφωνεῖ.

XXV. Ἀλλὰ μὴν καὶ αἱ αἰσθήσεις αἱ τοῖς σώμασιν ἐγγιγνόμεναι (διὰ τὴν ἁρμονίαν), αἱ μὲν οὐράνιαι θεῖαι οὖσαι, μετὰ θεοῦ τὴν αἴσθησιν παρεχόμεναι τοῖς ἀνθρώποις, ὄψις τε καὶ ἀκοή, μετὰ φωνῆς καὶ φωτὸς τὴν ἁρμονίαν ἐπιφαίνουσι· καὶ ἄλλαι δ' αὐταῖς ἀκόλουθοι, ᾗ αἰσθήσεις, καθ' ἁρμονίαν συνεστᾶσι· πάντα γὰρ καὶ αὗται ἐπιτελοῦσιν οὐκ ἄνευ ἁρμονίας, ἐλάττους μὲν ἐκείνων οὖσαι, οὐκ ἄπο δ' ἐκείνων· ἐκεῖναι γὰρ ἅμα θεοῦ παρουσίᾳ παραγινόμεναι τοῖς σώμασι κατὰ λογισμόν, ἰσχυράν τε καὶ καλὴν φύσιν ἔχουσι.

XXVI. Φανερὸν οὖν ἐκ τούτων, ὅτι τοῖς παλαιοῖς τῶν Ἑλλήνων εἰκότως μάλιστα πάντων ἐμέλησε πεπαιδεῦσθαι μουσικήν. Τῶν γὰρ νέων τὰς ψυχὰς ᾤοντο δεῖν διὰ μουσικῆς πλάττειν τε καὶ ῥυθμίζειν ἐπὶ τὸ εὔσχημον, χρησίμης δηλονότι τῆς μουσικῆς ὑπαρχούσης πρὸς πάντα καιρὸν καὶ πᾶσαν ἐσπουδασμένην πρᾶξιν, προηγουμένως δὲ πρὸς τοὺς πολεμικοὺς κινδύνους· πρὸς οὓς οἱ μὲν αὐλοῖς ἐχρῶντο, καθάπερ Λακεδαιμόνιοι, παρ' οἷς τὸ καλούμενον Καστόρειον ηὐλεῖτο μέλος, ὁπότε τοῖς πολεμίοις ἐν κόσμῳ προσῄεσαν μαχεσόμενοι· (2) οἱ δὲ καὶ πρὸς λύραν ἐποίουν τὴν πρόσοδον τὴν πρὸς τοὺς ἐναντίους, καθάπερ ἱστοροῦνται μέχρι πολλοῦ χρήσασθαι τῷ τρόπῳ τούτῳ τῆς ἐπὶ τοὺς πολεμικοὺς κινδύνους

a medietatibus secundum excessum Arithmeticum et vim Geometricam superentur atque ipsæ superent. (5) Atque has proprietates sic declarat Aristoteles; ut *neta* triente sui major quam *mesa* sit, eteadem portione *paramesa hypatam* excedat: itaque relatio quædam intervallorum sive discriminum constat, quum termini æqualibus portionibus superent *mesam* et *paramesam*, ab iisdemque superentur, utrobique sesquialtera et sesquitertia proportionibus rem gerentibus. Atque hæc est, quam Harmonicam vocant auctionem, id est Progressionem. (6) *Neta* autem a *mesa*, et *paramesa* ab *hypata*, Arithmeticis intervallorum discriminibus æqualiter distant: nam *paramesa mesam* sesquioctava ratione excedit; rursum *neta* ad *hypatam* dupla est; *paramesa hypatam* semel ejusque semissem valet: et *mesa* ad *hypatam* est sesquitertia. His ergo partibus atque numeris harmonia de Aristotelis sententia componitur.

XXIV. Constat eadem secundum naturam ex infiniti et finiti, paris et imparis, atque pariter imparis natura quum ipsa harmonia tum ejus partes. Tota enim par est, quum constet quattuor terminis: partes ipsius proportionibus continentur, quorum termini sunt pares, et impares, pariterque impares. (2) *Neta* enim par est, quia duodecim numero exprimitur; *paramesa* impar, quia novem; *mesa* pariterpar, quia octo; *hypata* pariterimpar, quia sex. His ergo rationibus, excessibus mutuis atque partibus conflata harmonia, sibi toti, omnibusque partibus consonat.

XXV. Sed et sensus, qui [ob harmoniam] corporibus innati sunt, cælestes alii et divini, qui cum deo sensum præbent hominibus, visus et auditus, cum voce et lumine harmoniam ostendunt: et alii sensus horum comites, quatenus sensus sunt, secundum harmoniam constant: nihil enim ne ipsi quidem sine harmonia conficiunt, minores sane illis, non tamen absque illis: illi enim simul cum adventu dei præsto adsunt corporibus juxta rationem, et validam pulchramque habent naturam.

XXVI. Porro autem ex his planum fit, priscis Græcis haud injuria id præcipuæ curæ fuisse, ut adolescentes musica disciplina imbuerent. Horum enim animos existimabant musicæ opera fingi atque concinnari ad decorum debere; quippe quod musica ut ad omne tempus omnemque seriam actionem utilis esset, ita in primis ad bellica pericula. Quam ad rem alii tibiis utebantur, ut Lacedæmonii, qui composito agmine in hostem vadentes, Castoreum carmen præcini tibiis instituerunt: (2) alii ad lyram fecerunt congressus cum hostibus, sicut diu sic ad pugnam profectos Cretenses ferunt.

ἐξόδου Κρῆτες. Οἱ δ' ἔτι καὶ καθ' ἡμᾶς σάλπιγξι διατελοῦσι χρώμενοι. (3) Ἀργεῖοι δὲ πρὸς τὴν τῶν Σθενείων
τῶν καλουμένων παρ' αὐτοῖς πάλην ἐχρῶντο τῷ αὐλῷ·
τὸν δ' ἀγῶνα τοῦτον ἐπὶ Δαναῷ μὲν τὴν ἀρχὴν τεθῆναί
φασιν, ὕστερον δ' ἀνατεθῆναι Διὶ Σθενίῳ· (4) οὐ μὴν ἀλλ'
ἔτι καὶ νῦν τοῖς πεντάθλοις νενόμισται προσαυλεῖσθαι,
οὐδὲν μὲν κεκριμένον οὐδ' ἀρχαῖον, οὐδ' οἷον ἐνομίζετο
παρὰ τοῖς ἀνδράσιν ἐκείνοις, ὥσπερ τὸ ὑπὸ Ἱέρακος πεποιημένον πρὸς τὴν ἀγωνίαν ταύτην, ὃ ἐκαλεῖτο Ἐν-
δρομή· ὅμως δὲ καὶ εἰ ἀσθενές τι καὶ οὐ κεκριμένον,
ἀλλ' οὖν προσαυλεῖται.

XXVII. Ἐπὶ μέντοι τῶν ἔτι ἀρχαιοτέρων οὐδ' εἰδέναι
φασὶ τοὺς Ἕλληνας τὴν θεατρικὴν μοῦσαν· ὅλην δ'
αὐτῆς τὴν ἐπιστήμην πρός τε θεῶν τιμὴν καὶ τὴν τῶν
νέων παίδευσιν παραλαμβάνεσθαι, μηδὲ τὸ παράπαν
ἤδη θεάτρου παρὰ τοῖς ἀνδράσιν ἐκείνοις κατεσκευασμέ-
νου, ἀλλ' ἔτι τῆς μουσικῆς ἐν τοῖς ἱεροῖς ἀναστρεφομέ-
νης, ἐν οἷς τιμήν τε τοῦ θείου διὰ ταύτης ἐποιοῦντο, καὶ
τῶν ἀγαθῶν ἀνδρῶν ἐπαίνους· εἰκὸς δὲ ὅτι καὶ τὸ θέατρον ὕστερον, καὶ τὸ θεωρεῖν πολὺ πρότερον, ἀπὸ τοῦ
θεοῦ τὴν προσηγορίαν ἔλαβεν. (2) Ἐπὶ μέντοι τῶν καθ'
ἡμᾶς χρόνων τοσοῦτον ἐπιδέδωκε τὸ τῆς διαφορᾶς εἶδος,
ὥστε τοῦ μὲν παιδευτικοῦ τρόπου μηδεμίαν μνείαν
μηδ' ἀντίληψιν εἶναι, πάντας δὲ τοὺς μουσικῆς ἁπτομένους πρὸς τὴν θεατρικὴν προσκεχωρηκέναι μοῦσαν.

XXVIII. Εἴποι τις, Ὦ τᾶν, οὐδὲν οὖν ὑπὸ τῶν ἀρχαίων προσεξεύρηται καὶ κεκαινοτόμηται; Φημὶ καὶ
αὐτός, ὅτι προσεξεύρηται, ἀλλὰ μετὰ τοῦ σεμνοῦ καὶ
πρέποντος. (2) Οἱ γὰρ ἱστορήσαντες τὰ τοιαῦτα Τερπάνδρῳ μὲν τήν τε Δώριον νήτην προσετίθεσαν, οὐ χρησαμένων αὐτῇ τῶν ἔμπροσθεν κατὰ τὸ μέλος· καὶ τὸν
Μιξολύδιον δὲ τόνον ὅλον προσεξευρῆσθαι λέγεται, καὶ
τὸν τῆς ὀρθίου μελῳδίας τρόπον τὸν κατὰ (τοὺς ὀρθίους
πρὸς) τὸν ὄρθιον [καὶ] σημαντὸν τροχαῖον. (3) Ἔτι δὲ,
καθάπερ Πίνδαρός φησι, καὶ τῶν σκολιῶν μελῶν Τέρπανδρος εὑρετὴς ἦν· ἀλλὰ μὴν καὶ Ἀρχίλοχος τὴν τῶν
τριμέτρων ῥυθμοποιΐαν προσεξεῦρε, καὶ τὴν εἰς τοὺς
οὐχ ὁμογενεῖς ῥυθμοὺς ἔντασιν, καὶ τὴν παρακαταλο-
γήν, * καὶ τὴν περὶ ταῦτα κροῦσιν· (4) πρώτῳ δὲ αὐτῷ
τά τ' ἐπῳδὰ, καὶ τὰ τετράμετρα, καὶ τὸ προκριτικὸν
καὶ τὸ προσοδιακὸν ἀποδέδοται, καὶ ἡ τοῦ πρώτου αὔξησις, ὑπ' ἐνίων δὲ καὶ τὸ ἐλεγεῖον, πρὸς δὲ τούτοις
ἥ τε τοῦ ἰαμβείου πρὸς τὸν ἐπιβατὸν παίωνα ἔντασις,
καὶ ἡ τοῦ ηὐξημένου ἡρῴου, εἴς τε τὸν προσοδιακὸν
καὶ τὸν Κρητικόν· (5) ἔτι δὲ τῶν ἰαμβείων τὸ τὰ μὲν
λέγεσθαι παρὰ τὴν κροῦσιν, τὰ δ' ᾄδεσθαι, Ἀρχίλοχόν
φασι καταδεῖξαι, εἶθ' οὕτω χρήσασθαι τοὺς τραγικοὺς
ποιητάς, Κρέξον δὲ λαβόντα εἰς διθύραμβον χρῆσιν ἀγα-
γεῖν. Οἴονται δὲ καὶ τὴν κροῦσιν τὴν ὑπὸ τὴν ᾠδὴν
τοῦτον πρῶτον εὑρεῖν, τοὺς δ' ἀρχαίους πάντας πρόσ-
χορδα κρούειν.

XXIX. Πολυμνάστῳ δὲ τόν θ' ὑπολύδιον νῦν ὀνομαζόμενον τόνον ἀνατιθέασι, καὶ τὴν ἔκλυσιν καὶ τὴν
ἐκβολὴν πολὺ μείζω πεποιηκέναι φασὶν αὐτόν. (2)

Alii nostra etiam ætate tubis in ea re constanter utuntur.
(3) Argivi ad luctam, quæ Stheniorum dicebatur, tibiam adhibebant : quod certamen initio Danai causa institutum, postmodo Jovi Sthenio consecratum perhibetur. (4)
Enimvero hodieque moris est, ut ad pentathlum tibiis ca-
natur : ac tametsi nihil accinitur certum, nihil antiquum,
aut quale priscis usitatum fuit, quale erat carmen Hieracis
ad hoc certamen factum quod *Endrome* sive Incursus dicebatur; quanquam languidum quiddam nec certa descriptum
lege, tamen aliquid accinitur nihilominus.

XXVII. At enim apud antiquiores etiam Græcos ne notam
quidem aiunt fuisse musicam quæ theatris inserviret; totam
scientiam illam deorum venerationi, adolescentumque in-
stitutioni impensam fuisse; quod tum, nondum theatro ullo
apud istos homines ædificato, musica adhuc in templis versaretur, deorum venerationi, et laudibus bonorum virorum
inserviens. Ceterum verisimile est et *theatri* vocem, ac
multo antiquiorem, verbum *theorein,* quod est spectare,
a voce *theos*, quæ Deum notat, deductas esse. (2) Verum
nostris temporibus tantum est receptum discriminis, ut
ejus musicæ quæ ad disciplinam puerorum facit, nulla memoria jam exstet, nulla cura sit; omnes qui animum ad musicam appellunt, theatris servientem musam amplectantur.

XXVIII. Sed dicat aliquis : Heus tu, nihilne a priscis ad-
inventum fuit, nihil novatum? Equidem adinventa quædam
fateor, sed cum majestate et decoro. (2) Qui historiam harum rerum scripserunt, ii Terpandro *netam* Dorii toni acceptam ferunt, quum ea priores usi non fuerint : quin et
totum Mixolydium tonum superadditum aiunt; et Orthiæ
cantilenæ modum, quæ fit ad *orthium* et *semantum* trochæum. (3) Praeterea, ut Pindarus ait, etiam Scolia
carmina Terpander reperit. Sed et Archilochus trimetro-
rum rhythmos excogitavit, et intentionem in diversi generis rhythmos, et *paracatalogam* sive immutationem exitus,
et pulsationem horum : (4) primo ipsi etiam epoda, tetrame-
tra, *Creticum*, et Aditiale tribuuntur, primique [heroicique?]
augmentum ; a nonnullis etiam elegiacum; ad hæc iambici
ad pæonem epibatum intentio, et heroici aucti in Aditialem
et Creticum : (5) et quod iambicorum alia dicuntur ad pulsationem, alia canuntur, id ab Archilocho monstratum, a
tragicis poetis deinde usurpatum ferunt, idque Crexum accepisse et ad dithyrambum traduxisse. Putant etiam pulsationem sub cantilenam ab eo primum inventam, quum
veteres omnes ad chordas pulsassent.

XXIX. Polymnesto autem tonum qui nunc Hypolydius
dicitur tribuunt; valdeque ab eo auctam ferunt *eclysin* et
ecbolum, id est, chordarum remissionem et intentionem.

Καὶ αὐτὸν δὲ τὸν Ὄλυμπον ἐκεῖνον, ᾧ δὴ τὴν ἀρχὴν
τῆς Ἑλληνικῆς τε καὶ νομικῆς μούσης ἀποδιδόασι,
τό τε τῆς ἁρμονίας γένος ἐξευρεῖν φασι, καὶ τῶν ῥυθμῶν τόν τε προσοδιακὸν, ἐν ᾧ δ τοῦ Ἄρεως νόμος·
5 καὶ τὸν χορεῖον, ᾧ πολλῷ κέχρηνται ἐν τοῖς Μητρῴοις·
ἔνιοι δὲ καὶ τὸν βακχεῖον Ὄλυμπον οἴονται εὑρηκέναι.
(2) Δηλοῖ δ' ἕκαστον τῶν ἀρχαίων μελῶν, ὅτι
ταῦτα οὕτως ἔχει. Λᾶσος δὲ ὁ Ἑρμιονεὺς εἰς τὴν
διθυραμβικὴν ἀγωγὴν μεταστήσας τοὺς ῥυθμοὺς, καὶ
10 τῇ τῶν αὐλῶν πολυφωνίᾳ κατακολουθήσας, πλείοσί τε
φθόγγοις καὶ διερριμμένοις χρησάμενος, εἰς μετάθεσιν
τὴν προϋπάρχουσαν ἤγαγε μουσικήν.

XXX. Ὁμοίως δὲ καὶ Μελανιππίδης ὁ μελοποιὸς
ἐπιγενόμενος, οὐκ ἐνέμεινε τῇ προϋπαρχούσῃ μουσικῇ,
15 ἀλλ' οὐδὲ Φιλόξενος, οὐδὲ Τιμόθεος· οὗτος γὰρ, ἑπτα-
φθόγγου τῆς λύρας ὑπαρχούσης ἕως εἰς Τέρπανδρον
τὸν Ἀντισσαῖον, διέρριψεν εἰς πλείονας φθόγγους. (2)
Ἀλλὰ γὰρ καὶ αὐλητικὴ ἀπὸ ἁπλουστέρας εἰς ποικιλωτέραν μεταβέβηκε μουσικήν· τὸ γὰρ παλαιὸν, ἕως
20 εἰς Μελανιππίδην τὸν τῶν διθυράμβων ποιητὴν, συμβε-
βήκει τοὺς αὐλητὰς παρὰ τῶν ποιητῶν λαμβάνειν τοὺς
μισθοὺς, πρωταγωνιστούσης δηλονότι τῆς ποιήσεως,
τῶν δ' αὐλητῶν ὑπηρετούντων τοῖς διδασκάλοις· (3)
ὕστερον δὲ καὶ τοῦτο διεφθάρη· ὡς καὶ Φερεκράτη τὸν
25 κωμικὸν εἰσαγαγεῖν τὴν Μουσικὴν ἐν γυναικείῳ σχήματι, ὅλην κατῃκισμένην τὸ σῶμα· ποιεῖ δὲ τὴν Δικαιοσύνην διαπυνθανομένην τὴν αἰτίαν τῆς λώβης, καὶ
τὴν Ποίησιν λέγουσαν·

(4) ΜΟΥΣ. Λέξω μὲν οὐκ ἄκουσα· σοί τε γὰρ κλύειν
30   ἐμοί τε λέξαι θυμὸς ἡδονὴν ἔχει.
  Ἐμοὶ γὰρ ἦρξε τῶν κακῶν Μελανιππίδης,
  ἐν τοῖσι πρῶτος ὃς λαβὼν ἀνῆκέ με,
  χαλαρωτέραν τ' ἐποίησε χορδαῖς δώδεκα.
  Ἀλλ' οὖν ὅμως οὗτος μὲν ἦν [νὴ τὸν Δία]
35   ἀποχρῶν ἀνὴρ ἔμοιγε πρὸς τὰ νῦν κακά.
  Κινησίας δέ [μ'] ὁ κατάρατος Ἀττικὸς,
  ἐξαρμονίους καμπὰς ποιῶν ἐν ταῖς στροφαῖς
  ἀπολώλεχ' οὕτως, ὥστε τῆς ποιήσεως
  τῶν διθυράμβων, καθάπερ ἐν ταῖς ἀσπίσιν,
40   ἀριστέρ' αὐτοῦ φαίνεται τὰ δεξιά.
  Ἀλλ' οὖν ἀνεκτὸς οὗτος, ἦν ὅμως ἐμοί.
  Φρῦνις δ' ἴδιον στρόβιλον ἐμβαλών τινα,
  κάμπτων με καὶ στρέφων ὅλην διέφθορεν,
  ἐν πέντε χορδαῖς δώδεχ' ἁρμονίας ἔχων.
45   Ἀλλ' οὖν ἔμοιγε χοὖτος ἦν ἀποχρῶν ἀνήρ·
  εἰ γάρ τι κἀξήμαρτεν, αὖθις ἀνέλαβεν.
  Ὁ δὲ Τιμόθεός μ', ὦ φιλτάτη, κατορώρυχε
  καὶ διακέκναικ' αἴσχιστα. ΔΙΚ. Ποῖος οὑτοσὶ
  [5] Τιμόθεος; ΜΟΥΣ. Μιλήσιός τις Πυρρίας·
50   * κακά μοι παρέσχεν οὗτος, ἅπαντας οὓς λέγω
  παρελήλυθ', ᾄδων ἐκτραπέλους μυρμηκιάς.
  Κἂν ἐντύχῃ που μοι βαδιζούσῃ μόνῃ,
  ἀπέδυσε, κἀνέλυσε χορδαῖς δώδεκα.

(5) Καὶ Ἀριστοφάνης ὁ κωμικὸς μνημονεύει Φιλοξένου,
55 καί φησιν, ὅτι εἰς τοὺς κυκλίους χοροὺς μέλη εἰσηνέγκα-
το. Ἡ δὲ Μουσικὴ λέγει ταῦτα·

  Ἐξαρμονίους ὑπερβολαίους τ' ἀνοσίους

---

(2) Ipsum quoque illum Olympum, cui principium Græcæ
et nomis contentæ musicæ imputatur, genus Enharmoni-
cum protulisse in lucem tradunt; rhythmosque Aditialem,
in quo Martis est nomus, et Choreum, quo multum usi sunt
in *Metrois*, hoc est carminibus de magna Matre, quidam
etiam Baccheium putant ab Olympo inventum. (3) Hæc
ita esse, quovis antiquo carmine ostendi potest. Lasus
vero Hermionensis quum rhythmos in dithyrambicam rationem transtulisset, ac tibiarum multiplices voces sectare-
tur, pluribus utens sonis et dissipatis, antiquæ musicæ mutationem invexit.

XXX. Idem fecit Melanippides odarum scriptor superveniens, qui in priore musica non acquievit; ut neque Philoxenus, neque Timotheus. Hic enim, quum lyra septem
fidibus usque ad Terpandrum Antissæum contenta fuisset,
in plures eam sonos dispersit. (2) Verum tibina quoque
musica de simpliciore in magis variam est mutata. Nam
antiquitus, usque ad Melanippidem qui dithyrambos composuit, tibicines a poetis mercedem accipere consueverant;
nimirum primas gerente partes poesi, et tibicinibus operam iis qui fabulam docerent navantibus. (3) Is quoque
postea mos periit; adeo quidem, ut Pherecrates comicus
Musicam introduxerit figura muliebri, totum corpus verbe-
ribus fœde mulcatam : facitque Justitiam quærentem de
causa hujus fœditatis, et Musicam sic respondentem :

(4) Mus. Dicam, neque hoc invita, audire quum tibi
  mihique dicere voluptatem animo afferat.
  Malorum initium mihi fuit Melanippides :
  is primus arreptam me laxavit nimis,
  fidibusque bis sex molliorem reddidit.
  At ille tamen vir hercle erat tolerabilis
  ad mala quæ nunc inflicta mihi sunt. Atticus
  ille odio dignus, pessimus Cinesias,
  contra harmoniam dum flexus intulit strophis,
  pessumdedit me sic, ut jam poeseos
  dithyrambicæ, perinde sicut aspidis,
  quæ dextra sunt, sinistra quivis deputet.
  Etiam ille tamen erat mihi tolerabilis.
  Phrynis peculiarem immittens turbinem,
  flectendo me et versando totam perdidit,
  in septem chordis bis sex harmonias habens.
  Sed et iste potuit vir mihi tolerarier;
  peccata namque correxit rursum sua.
  At Timotheus me confodit, carissima,
  turpissimeque vulneribus me conscidit.
  Just. Quis Timotheus? Mus. Milesius quis, rufulus :
  majora mihi mala, omnes quam reliqui, intulit,
  formicini instar gressus perplexos modos.
  Is solam ubi ambulantem me nactus fuit,
  bis sex me nervis laxiorem reddidit.

(5) Sed et Aristophanes comicus mentionem facit Philoxeni,
qui cantilenas in cyclios choros intulit. Musica (apud eum)
sic loquitur :

  Exharmonios, hyperbolæos, niglaros :

καὶ νιγλάρους, ὥσπερ τε τὰς ῥαφάνους ὅλην
καμπῶν με κατεμέστωσε.

(6) Καὶ ἄλλοι δὲ κωμῳδοποιοὶ ἔδειξαν τὴν ἀτοπίαν τῶν μετὰ ταῦτα τὴν μουσικὴν κατακεκερματικότων.

XXXI. Ὅτι δὲ παρὰ τὰς ἀγωγὰς καὶ τὰς μαθήσεις διόρθωσις ἢ διαστροφὴ γίνεται, δῆλον Ἀριστόξενος ἐποίησε. Τῶν γὰρ κατὰ τὴν αὐτοῦ ἡλικίαν, φησί, Τελεσίᾳ τῷ Θηβαίῳ συμβῆναι νέῳ μὲν ὄντι, τραφῆναι ἐν τῇ καλλίστῃ μουσικῇ, καὶ μαθεῖν ἄλλα τε τῶν εὐδοκιμούντων, καὶ δὴ καὶ τὰ Πινδάρου, τά τε Διονυσίου τοῦ Θηβαίου, καὶ τὰ Λάμπρου, καὶ τὰ Πρατίνου, καὶ τῶν λοιπῶν, ὅσοι τῶν λυρικῶν ἄνδρες ἐγένοντο ποιηταὶ κρουμάτων ἀγαθοί· καὶ αὐλῆσαι δὲ καλῶς καὶ περὶ τὰ λοιπὰ μέρη τῆς συμπάσης παιδείας ἱκανῶς διαπονηθῆναι· (2) παραλλάξαντα δὲ τὴν τῆς ἀκμῆς ἡλικίαν, οὕτω σφόδρα ἐξαπατηθῆναι ὑπὸ τῆς σκηνικῆς τε καὶ ποικίλης μουσικῆς, ὡς καταφρονῆσαι τῶν καλῶν ἐκείνων, ἐν οἷς ἀνετράφη, τὰ Φιλοξένου δὲ καὶ Τιμοθέου ἐκμανθάνειν, καὶ τούτων αὐτῶν τὰ ποικιλώτατα καὶ πλείστην ἐν αὑτοῖς ἔχοντα καινοτομίαν· ὁρμήσαντά τε ἐπὶ τὸ ποιεῖν μέλη, καὶ διαπειρώμενον ἀμφοτέρων τῶν τρόπων, τοῦ τε Πινδαρείου καὶ Φιλοξενείου, μὴ δύνασθαι κατορθοῦν ἐν τῷ Φιλοξενείῳ γένει· γεγενῆσθαι δ' αἰτίαν τὴν ἐκ παιδὸς καλλίστην ἀγωγήν.

XXXII. Εἰ οὖν τις βούλεται μουσικῇ καλῶς καὶ κεκριμένως χρῆσθαι, τὸν ἀρχαῖον ἀπομιμείσθω τρόπον· ἀλλὰ μὴν καὶ τοῖς ἄλλοις αὐτὴν μαθήμασιν ἀναπληρούτω, καὶ φιλοσοφίαν ἐπιστησάτω παιδαγωγόν· αὕτη γὰρ ἱκανὴ κρῖναι τὸ μουσικῇ πρέπον μέτρον καὶ τὸ χρήσιμον. (2) Τριῶν γὰρ ὄντων μερῶν, εἰς ἃ διῄρηται τὴν καθόλου διαίρεσιν ἡ πᾶσα μουσική, διατόνου, χρώματος, ἁρμονίας, ἐπιστήμονα χρὴ εἶναι τῆς τούτοις χρωμένης ποιήσεως τὸν μουσικῇ προσιόντα, καὶ τῆς ἑρμηνείας τῆς τὰ πεποιημένα παραδιδούσης ἐπήβολον. (3) Πρῶτον μὲν οὖν κατανοητέον, ὅτι πᾶσα μάθησις τῶν περὶ τὴν μουσικὴν ἐθισμός ἐστιν οὐδέπω προσειληφὼς τὸ τίνος ἕνεκα τῶν διδασκομένων ἕκαστον τῷ μανθάνοντι μαθητέον ἐστί. (4) Μετὰ δὲ τοῦτο ἐνθυμητέον, ὅτι πρὸς τὴν τοιαύτην ἀγωγήν τε καὶ μάθησιν οὐδέπω προσάγεται τρόπων ἐξαρίθμησις. Ἀλλὰ οἱ μὲν πολλοὶ εἰκῇ μανθάνουσιν, ὃ ἂν τῷ διδάσκοντι ἢ τῷ μανθάνοντι ἀρέσῃ· οἱ δὲ συνετοὶ τὸ εἰκῇ ἀποδοκιμάζουσιν, ὥσπερ Λακεδαιμόνιοι τὸ παλαιὸν καὶ Μαντινεῖς καὶ Πελληνεῖς· ἕνα γάρ τινα τρόπον ἢ παντελῶς ὀλίγους ἐκλεξάμενοι, οὓς ᾤοντο πρὸς τὴν τῶν ἠθῶν ἐπανόρθωσιν ἁρμόττειν, αὐτῇ τῇ μουσικῇ ἐχρῶντο.

XXXIII. Φανερὸν δ' ἂν γένοιτο, εἴ τις ἑκάστην ἐξετάζοιτο τῶν ἐπιστημῶν, τίνος ἐστὶ θεωρητική· δῆλον γὰρ ὅτι ἡ μὲν ἁρμονική, γενῶν τε τῶν τοῦ ἡρμοσμένου, καὶ διαστημάτων καὶ συστημάτων καὶ φθόγγων καὶ τόνων καὶ μεταβολῶν συστηματικῶν ἐστι γνωστική· πορρωτέρω δ' οὐκέτι ταύτῃ προσελθεῖν οἷόν τε. (2) Ὥστ' οὐδὲ ζητεῖν παρὰ ταύτης τὸ διαγνῶναι δύνασθαι, πότερον οἰκείως εἴληφεν ὁ ποιητὴς ὡς οἷον εἰπεῖν ἐν

---

quibus me totam raphani in morem flexibus opplevit.

(6) Sed et alii comœdiarum scriptores demonstraverunt eorum ineptias, qui postea temporis musicam in minuta quasi fragmenta conciderunt.

XXXI. Quod autem educatio et disciplina vel rectam vel pravam artium tractationem habeat, Aristoxenus ostendit. Nam *Telesiam Thebanum, qui ipsius ætate vixit,* narrat *adolescentem in pulcherrima educatum musica, quum aliorum nobilium poetarum carmina didicisse, tum Pindari, Dionysii Thebani, Lampri, Pratinæ, et reliquorum qui lyrico carmine et modis præstiterunt : eundemque etiam tibia bene cecinisse, et in reliquis totius disciplinæ partibus satis felici cum industria versatum fuisse.* (2) Ætate autem jam matura adeo fuisse a scenica et varia illa musica deceptum, ut, contemtis pulchris iis in quibus enutritus fuerat, Timothei ac Philoxeni edisceret carmina, ac de his ipsis ea potissimum, quæ maxime essent varia, plurimumque haberent novitatis : quumque se ad lyricum pangendum carmen contulisset, ac tam Philoxeni quam Pindari modum tentasset, in Philoxeneo ei rem non successisse; cujus causa fuerit pulcherrima illa primæ ætatis institutio.

XXXII. Qui ergo vult musica recte et cum judicio uti, is veterem modum æmuletur. Sed interim aliis quoque eam perficiat disciplinis, philosophiamque ei pædagogi loco præficiat : ea enim judicare valet quid musicam deceat eique conducat. (2) Nam quum musica universa in tres dividatur partes, Diatonum, Chroma, Harmoniam; qui ad musicam se applicat, is necesse est gnarus sit hisce utentis rebus poeseos', et artis meditatione inventa recte et commode exprimendi potens. (3) Principio itaque tenendum est, omnem disciplinam musicam assuefactionem esse, quæ discenti nondum simul ostendat, cujus finis gratia unumquodque præceptum discatur. (4) Deinde id cogitandum est, ad hujusmodi institutionem non statim esse adhibendam modorum enumerationem. Sed plerique temere docent aut discunt quæ discipulo doctorive placent : prudentes vero inania rejiciunt, ut antiquitus Lacedæmonii, Mantinenses, Pellenæi. Hi enim unum aliquem modum, aut paucos omnino deligentes, quos formandis moribus aptos judicarent, vera musica utebantur.

XXXIII. Hoc manifestum evadet, si quis singulas scientias examinans, dispiciat cujus unaquæque rei considerationem tractet. Liquet enim Harmonicam de concinno genere, diastematibus seu intervallis, systematibus, sonis, tonis, mutationibusque systematicis cognitionem habere; ulterius non posse progredi. (2) Itaque id genus quæstiones non suscipit, an proprie et accommodate poeta sumserit, ut hoc exemplo utar, in *hymnis* initio carminis Hypodo-

μούσοις τὸν Ὑποδώριον τόνον ἐπὶ τὴν ἀρχήν, ἢ τὸν
Μιξολύδιόν τε καὶ Δώριον ἐπὶ τὴν ἔκβασιν, ἢ τὸν
Ὑποφρύγιόν τε καὶ Φρύγιον ἐπὶ τὴν μέσην. (3)
Οὐ γὰρ διατείνει τῇ ἁρμονικῇ πραγματείᾳ πρὸς τὰ
5 τοιαῦτα, προσδεῖται δὲ πολλῶν ἑτέρων· τὴν γὰρ
τῆς οἰκειότητος δύναμιν ἀγνοεῖ. (4) * Οὔτε γὰρ
τὸ χρωματικὸν γένος, οὔτε τὸ ἐναρμόνιον ἥξει ποτὲ ἔχον τὴν τῆς οἰκειότητος δύναμιν τελείαν, καὶ
καθ’ ἣν τὸ τοῦ πεποιημένου μέλους ἦθος ἐπιφαί-
10 νεται, ἀλλὰ τοῦτο τοῦ τεχνίτου ἔργον. (5) Φανερὸν δὴ
ὅτι ἑτέρα τοῦ συστήματος ἡ φωνὴ τῆς ἐν τῷ συστήμα-
τι κατασκευασθείσης μελοποιίας, περὶ ἧς οὐκ ἔστι θεωρῆσαι τῆς ἁρμονικῆς πραγματείας. (6) Ὁ αὐτὸς δὲ
λόγος καὶ περὶ τῶν ῥυθμῶν. Οὐθεὶς γὰρ ῥυθμὸς τὴν
15 τῆς τελείας οἰκειότητος δύναμιν ἥξει ἔχων ἐν αὑτῷ·
τὸ γὰρ οἰκείως ἀεὶ λεγόμενον, πρὸς ἦθός τι βλέποντες
λέγομεν· τούτου δὲ φαμὲν αἰτίαν σύνθεσίν τινα, ἢ μίξιν, ἢ ἀμφότερα. (7) Οἷον Ὀλύμπῳ τὸ ἐναρμόνιον
γένος ἐπὶ Φρυγίου τόνου τεθὲν, παίωνι ἐπιβατῷ μιχθέν·
20 τοῦτο γὰρ τῆς ἀρχῆς τὸ ἦθος ἐγέννησεν ἐπὶ τῷ τῆς
Ἀθηνᾶς νόμῳ· προσληφθείσης γὰρ μελοποιίας καὶ ῥυθμοποιίας, τεχνικῶς τε μεταληφθέντος τοῦ ῥυθμοῦ μόνον
αὐτοῦ, καὶ γενομένου τροχαίου ἀντὶ παίωνος, συνέστη
τὸ Ὀλύμπου ἐναρμόνιόν γένος. (8) Ἀλλὰ μὴν καὶ τοῦ
25 ἐναρμονίου γένους καὶ τοῦ Φρυγίου τόνου διαμενόντων,
καὶ πρὸς τούτοις τοῦ συστήματος παντός, μεγάλην
ἀλλοίωσιν ἔσχηκε τὸ ἦθος· ἡ γὰρ καλουμένη ἁρμονία
ἐν τῷ τῆς Ἀθηνᾶς νόμῳ πολὺ διέστηκε τὸ ἦθος τῆς ἀνα-
πείρας. (9) Εἰ οὖν προσγένοιτο τῷ τῆς μουσικῆς ἐμ-
30 πείρῳ τὸ κριτικόν, δῆλον ὅτι οὗτος ἂν εἴη ὁ ἀκριβὴς ἐν
μουσικῇ· ὁ γὰρ εἰδὼς τὸ Δωριστὶ ἄνευ τοῦ κρίνειν ἐπίστασθαι τὴν τῆς χρήσεως αὐτοῦ οἰκειότητα, οὐκ εἴσεται ὃ ποιεῖ· ἀλλ’ οὐδὲ τὸ ἦθος σώσει· ἐπεὶ καὶ περὶ αὐτῶν τῶν Δωρίων μελοποιῶν ἀπορεῖται, πότερόν ἐστι
35 διαγνωστικὴ ἡ ἁρμονικὴ πραγματεία, καθάπερ τινὲς
οἴονται, τῶν Δωρίων, ἢ οὔ. (10) Ὁ αὐτὸς δὲ λόγος καὶ
περὶ τῆς ῥυθμικῆς ἐπιστήμης πάσης. Ὁ γὰρ εἰδὼς τὸν
παίωνα, τὴν τῆς χρήσεως αὐτοῦ οἰκειότητα οὐκ εἴσεται,
διὰ τὸ αὐτὴν μόνην εἰδέναι τὴν τοῦ παίωνος ξύνθεσιν·
40 ἐπεὶ καὶ περὶ αὐτῶν τῶν παιωνικῶν ῥυθμοποιιῶν ἀπορεῖται, πότερόν ἐστι διαγνωστικὴ ἡ ῥυθμικὴ πραγματεία τούτων, καθάπερ τινές φασιν, [ἢ] οὐ διατείνει
μέχρι τούτου. (11) Ἀναγκαῖον οὖν, δύο τοὐλάχιστον
γνώσεις ὑπάρχειν τῷ μέλλοντι διαγνώσεσθαι τό τ’ οἰ-
45 κεῖον καὶ τὸ ἀλλότριον· πρῶτον μὲν, τοῦ ἤθους, οὗ ἕνεκα ἡ σύνθεσις γεγένηται· ἔπειτα, τούτων, ἐξ ὧν ἡ σύνθεσις. (12) Ὅτι μὲν οὖν οὔθ’ ἡ ἁρμονική, οὔθ’ ἡ ῥυ-
θμική, οὔτ’ ἄλλη οὐδεμία τῶν καθ’ ἓν μέρος λεγομένων,
αὐτάρκης αὐτὴ καθ’ αὑτὴν τοῦ ἤθους εἶναι καὶ γνωστικὴ
50 καὶ τῶν ἄλλων κριτική, ἀρκέσει τὰ εἰρημένα.

XXXIV. Τριῶν δ’ ὄντων γενῶν, εἰς ἃ διαιρεῖται τὸ
ἡρμοσμένον, ἴσων τοῖς τε τῶν συστημάτων μεγέθεσι
καὶ τοῖς τῶν φθόγγων δυνάμεσιν, ὁμοίως δὲ καὶ ταῖς
τῶν τετραχόρδων, περὶ ἑνὸς μόνου οἱ παλαιοὶ ἐπρα-

rium, in fine Mixolydium aut Dorium, Hypophrygium et
Phrygium in medio. (3) Non enim Harmonica eo usque
pertingit, sed multis praeterea aliis opus habet : vim enim
proprietatis ignorat. (4) Neque adeo Chromaticum aut
Enharmonium genus unquam ad proprietatis perfectam
vim procedet, qua de ingenio carminis judicatur : hoc enim
artificis est munus. (5) Manifestum est ergo, vocem sy-
stematis aliam esse a modulatione, cantilenae in systemate ;
quam considerare, non est Harmonicae tractationis. (6)
Eadem est rhythmorum ratio. Nullus enim rhythmus in
se perfectam proprietatis vim habebit. Proprie enim aut accommodate aliquid dictum quum affirmamus, ad indolem
moratam respicimus; ejusque causam esse dicimus compositionem quandam, aut mixtionem, aut utrumque. (7) Veluti
quod Olympus Enharmonium genus in Phrygio positum tono
cum paeone *epibato* miscuit : hoc enim in Minervae nomo
initio illi moratam indolem conciliavit : nam, ascitis modulatione et confectione rhythmi, artificiose illius tran-
sumti, et trochaeo in paeonis recepto locum, Olympi Enharmonium genus est conditum. (8) Et tamen Enharmonio
genere et Phrygio tono totoque systemate manentibus,
magna mutatio ingenio carminis accidit. Quae enim in Minervae nomo dicitur Harmonia, procul distat ab exordii mo-
rata indole. (9) Si ergo musicae peritiae accedat facultas judicandi, his praeditum constat perfectum fore musicum.
Qui enim novit Doricum tonum, neque tamen judicare quit
ubi is proprie et convenienter usurpetur, non sciet quid
faciendum sit, neque *ethos* servabit. Nam de ipsis Do-
riis cantilenis quaeretur, an harmonica scientia dijudicet Doria illa, ut quidam putant, necne. (10) Eadem est
ratio etiam universae Rhythmicae scientiae. Qui enim novit
paeonem, is proprietatem ejus ad usum tranferendi nescit ;
tantum hoc scit, unde paeon componatur : quandoquidem
de ipsis paeonicis rhythmorum confectionibus dubitatur, u-
trum rhythmica earum tractatio valeat ad eas dijudicandas,
ut quidam dicunt, an non eo usque se proferat. (11) Oportet igitur eum, qui velit de his rebus judicium ferre, ad minimum duo haec posse perspicere ; proprium seu domesticum,
et alienum : primum ejus affectionis animi ob quam facta est
compositio; deinde eorum, ex quibus ea facta est. (12) Proinde
neque Harmonicam, neque Rhythmicam, neque ullam aliam
quae ut species musicae subjiciuntur, ipsam per se sufficere
ad intelligendum id quod carmen modulatum exprimere
debet, ac cetera judicandum, satis puto dictum esse.

XXXIV. Jam quum tria sint genera, in quae harmonice
concinnatum illud distribuitur, aequalia illa quum systematum quantitate, tum sonorum vi, similiterque quadrichordorum ; unum duntaxat eorum veteres tractaverunt. Et te-

γματεύσαντο· ἐπειδήπερ οὔτε περὶ χρώματος, οὔτε περὶ
διατόνου οἱ πρὸ ἡμῶν ἐπεσκόπουν, ἀλλὰ περὶ μόνου
τοῦ ἐναρμονίου, καὶ αὖ τούτου περὶ ἕν τι μέγεθος συστήματος, τοῦ καλουμένου διὰ πασῶν· περὶ μὲν γὰρ
5 τῆς χρόας διεφέροντο, περὶ δὲ τοῦ μίαν εἶναι αὐτὴν τὴν
ἁρμονίαν σχεδὸν πάντες συνεφώνουν. (2) Οὐκ ἂν
οὖν ποτε συνίδοι τὰ περὶ τὴν ἁρμονικὴν πραγματείαν
ὁ μέχρι αὐτῆς τῆς γνώσεως ταύτης προεληλυθὼς, ἀλλὰ
δηλονότι παρακολουθῶν ταῖς τε κατὰ μέρος ἐπιστή-
10 μαις, καὶ τῷ συνόλῳ σώματι τῆς μουσικῆς, καὶ ταῖς
τῶν μερῶν μίξεσί τε καὶ συνθέσεσιν. Ὁ γὰρ μόνον
ἁρμονικὸς περιγέγραπται τρόπῳ τινί. (3) Καθόλου
μὲν οὖν εἰπεῖν, ὁμοδρομεῖν δεῖ τήν τ' αἴσθησιν καὶ τὴν
διάνοιαν ἐν τῇ κρίσει τῶν τῆς μουσικῆς μερῶν, καὶ
15 μήτε προάγειν, ὃ ποιοῦσιν αἱ προπετεῖς τε καὶ φερόμεναι τῶν αἰσθήσεων, * μήτε ὑστερίζειν, ὃ ποιοῦσιν αἱ
βραδεῖαί τε καὶ δυσκίνητοι. (4) Γίνεται δέ ποτ' ἐπί
τινων αἰσθήσεων καὶ τὸ συγκείμενον ἐκ τοῦ συναμφο-
τέρου, καὶ ὑστεροῦσιν αἱ αὐταὶ καὶ προτεροῦσι διά
20 τινα φυσικὴν ἀνωμαλίαν. Περιαιρετέον οὖν τῆς μελλούσης ὁμοδρομεῖν αἰσθήσεως ταῦτα.
XXXV. Ἀεὶ γὰρ ἀναγκαῖον, τρία ἐλάχιστα εἶναι
τὰ πίπτοντα ἅμα εἰς τὴν ἀκοήν, φθόγγον τε, καὶ χρόνον, καὶ συλλαβὴν ἢ γράμμα. (2) Συμβήσεται δ' ἐκ
25 τῆς μὲν κατὰ τὸν φθόγγον πορείας τὸ ἡρμοσμένον γνω-
ρίζεσθαι· ἐκ δὲ τῆς κατὰ χρόνον, τὸν ῥυθμόν· ἐκ δὲ τῆς
κατὰ γράμμα ἢ συλλαβὴν, τὸ λεγόμενον· ὁμοῦ δὲ προ-
βαινόντων, ἅμα τὴν τῆς αἰσθήσεως ἐπιφορὰν ἀναγκαῖον ποιεῖσθαι. (3) Ἀλλὰ μὴν κἀκεῖνο φανερὸν, ὅτι
30 οὐκ ἐνδέχεται, μὴ δυναμένης τῆς αἰσθήσεως χωρίζειν
ἕκαστον τῶν εἰρημένων, παρακολουθεῖν τε δύνασθαι
τοῖς καθ' ἕκαστα, καὶ συνορᾶν τό θ' ἁμαρτανόμενον ἐν
ἑκάστῳ αὐτῶν, καὶ τὸ μή. (4) Πρῶτον οὖν περὶ συνεχείας γνωστέον. Ἀναγκαῖον γάρ ἐστιν ὑπάρχειν τῇ
35 κριτικῇ δυνάμει συνέχειαν· τὸ γὰρ εὖ καὶ τὸ ἐναντίως
οὐκ ἐν ἀφωρισμένοις τοῖσδέ τισιν γίνεται φθόγγοις ἢ
χρόνοις ἢ γράμμασιν, ἀλλ' ἐν συνεχέσιν· ἐπειδὴ μῖξίς
τις ἐστὶ τῶν κατὰ τὴν χρῆσιν ἀσυνθέτων μερῶν. Περὶ μὲν οὖν τῆς παρακολουθήσεως τοσαῦτα.
40 XXXVI. Τὸ δὲ μετὰ τοῦτο ἐπισκεπτέον, ὅτι οἱ
μουσικῆς ἐπιστήμονες πρὸς τὴν κριτικὴν πραγματείαν
οὐκ εἰσὶν αὐτάρκεις. (2) Οὐ γὰρ οἷόν τε τέλεον γενέσθαι μουσικόν τε καὶ κριτικόν, ἐξ αὐτῶν τῶν δοκούντων
εἶναι μερῶν τῆς ὅλης μουσικῆς, οἷον ἔκ τε τῆς τῶν ὀρ-
45 γάνων ἐμπειρίας καὶ τῆς περὶ τὴν ᾠδὴν, ἔτι δὲ τῆς περὶ
τὴν αἴσθησιν συγγυμνασίας· λέγω δὲ τῆς συντεινούσης
εἰς τὴν τοῦ ἡρμοσμένου ξύνεσιν, καὶ ἔτι τὴν τοῦ ῥυ-
θμοῦ· πρὸς δὲ τούτοις, ἔκ τε τῆς ῥυθμικῆς καὶ τῆς ἁρμονικῆς πραγματείας, καὶ τῆς περὶ τὴν κροῦσίν τε καὶ
50 λέξιν θεωρίας, καὶ εἴ τινες ἄλλαι τυγχάνουσι λοιπαὶ
οὖσαι. (5) Δι' ἃς δ' αἰτίας οὐχ οἷόν τ' ἐξ αὐτῶν τούτων γενέσθαι κριτικόν, πειρατέον καταμαθεῖν. Πρῶτον ἐκ τοῦ ἡμῖν ὑποκεῖσθαι τὰ μὲν τῶν κρινομένων τέλεια, τὰ δ' ἀτελῆ· τέλεια μὲν αὐτό τε τῶν ποιημά-

nim qui nos ætate anteiverunt, neque de Chromate, neque
de Diatono disputaverunt, sed de solo Enharmonio; atque
adeo etiam de hujus unico systemate, sive complexu, quod
est *diapason*. Controversia quidem de divisione generum
fuit; sed ut unica esset Harmonia, in id omnes fere con-
senserunt. (2) Non ergo harmonicam quisquam perspe-
xerit tractationem, qui usque ad cognitionem unius ejus
fuerit progressus. Sed oportebit, ut liquet, eum persequi
particulares etiam quas vocant scientias, totumque musicæ
corpus, et partium mixtiones atque compositiones. Qui
enim tantummodo est Harmonicus, is circumscriptus est
certo modo. (3) Ut autem universe dicam, sensum et intelligentiam oportet concurrere in judicandis musicæ partibus; ut neque præeant, quod sensibus accidit præcipili-
bus; neque a tergo relinquantur, quod usu venit tardis.
(4) Contingit in quibusdam sensibus utrumque, ut, ob naturæ inæqualitatem, et antecurrant et tardius æquo veniant
iidem. Hoc ergo adimendum est sensui, ut possit æquali
cursu comitari intellectum.
XXXV. Semper enim est necesse, ut minimum tria hæc
una incidant in auditum: sonus, tempus, et litera vel syllaba. (2) Fiet autem, ut e sono ejusque ingressu harmoniam, e tempore rhythmum, e litera aut syllaba id quod dicitur intelligas: quæ quum simul procedant, simul etiam
sensus ea excipere debet. (3) Simul et hoc evidens fit,
ubi eorum quæ dicta sunt quodque sensus a reliquis separare non possit, cum nec seorsum perpendere posse singula
nec discernere in unoquoque vitiosum a recto. (4) Enimvero principe loco de continuitate est cognoscendum. Nam
hæc judicandi facultati, ut materia in qua versetur, adesse
debet. Bene enim an secus habeat carmen, non dejunctis
a se invicem sonis, temporibus, literisve cernitur, sed in
continentibus; quandoquidem continuitas est commixtio
quædam partium, quæ proprie non sunt compositæ, compo-
nendarum in certum usum. Ac de assequendo intelligentia carmine hæc sint dicta.
XXXVI. Secundum hæc considerandum est, musicæ
scientes non esse satis ad judicandi scientiam a se instructos.
(2) Fieri enim non potest, ut absolutus omnibus numeris
sit musicus et criticus, sive censor, is qui complexus cognitione sit partes tantum omnes quæ censentur esse musicæ
totius, peritiam inquam instrumentorum, et cantilenarum, et
conjunctæ exercitationis sensum, quoad is attinet videlicet
ad harmoniæ et rhythmi perceptionem; tum rhythmicam et
harmonicam tractationem, et considerationem pulsationis
atque elocutionis, et si qua sunt alia huc pertinentia. (3) Cur
autem hæc omnia eum non possint præstare perfectum cen-
sorem, sic conabimur expedire. Prima est causa in eo
posita, quod eorum quæ judicio subjiciuntur, alia perfecta,
alia imperfecta sunt: perfecta quum carmen unumquodque,

των ἕκαστον, οἷον τὸ ᾀδόμενον, ἢ αὐλούμενον, ἢ κιθα-
ριζόμενον, ἢ ἡ ἑκάστου αὐτοῦ ἑρμηνεία, οἷον ἥ τ' αὔ-
λησις καὶ ἡ ᾠδὴ καὶ τὰ λοιπὰ τῶν τοιούτων· ἀτελῆ δὲ
τὰ πρὸς ταῦτα συντείνοντα, καὶ τὰ τούτων ἕνεκα γινό-
μενα· τοιαῦτα δὲ τὰ μέρη τῆς ἑρμηνείας. (4) Δεύτερον ἐκ τῆς ποιήσεως· ὡσαύτως γὰρ καὶ αὐτή· ὑποκρί-
νειε γὰρ ἄν τις ἀκούων αὐλητοῦ, πότερόν ποτε συμ-
φωνοῦσιν οἱ αὐλοί, ἢ οὔ, καὶ πότερον ἡ διάλεκτος σαφής, ἢ τοὐναντίον· τούτων δ' ἕκαστον μέρος ἐστὶ τῆς
αὐλητικῆς ἑρμηνείας, οὐ μέντοι τέλος, ἀλλ' ἕνεκα τοῦ
τέλους γινόμενον· παρὰ ταῦτα γὰρ αὖ καὶ τὰ τοιαῦτα
πάντα κριθήσεται τὸ τῆς ἑρμηνείας ἦθος, εἰ οἰκεῖον
ἀποδίδοται τῷ παραποιηθέντι ποιήματι, ὃ μεταχειρίσασθαι καὶ ἑρμηνεῦσαι ὁ ἐνεργῶν βεβούληται. Ὁ
αὐτὸς δὲ λόγος καὶ ἐπὶ τῶν παθῶν τῶν ὑπὸ τῆς ποιητικῆς σημαινομένων ἐν τοῖς ποιήμασιν.

XXXVII. Ἅτ' οὖν ἠθῶν μάλιστα φροντίδα πεποιημένοι οἱ παλαιοί, τὸ σεμνὸν καὶ ἀπερίεργον τῆς
ἀρχαίας μουσικῆς προετίμων. (2) Ἀργείους μὲν γὰρ
καὶ κόλασιν ἐπιθεῖναί ποτε φασὶ τῇ εἰς τὴν μουσικὴν
παρανομίᾳ, ζημιῶσαί τε τὸν ἐπιχειρήσαντα πρῶτον
τοῖς πλείοσι τῶν ἑπτὰ χρήσασθαι παρ' αὐτοῖς χορδῶν,
καὶ παραμιξολυδιάζειν ἐπιχειρήσαντα. (3) Πυθαγόρας δ' ὁ σεμνὸς ἀπεδοκίμαζε τὴν κρίσιν τῆς μουσικῆς
τὴν διὰ τῆς αἰσθήσεως· νῷ γὰρ ληπτὴν τὴν ταύτης
ἀρετὴν ἔφασκεν εἶναι. Τοιγάρτοι τῇ μὲν ἀκοῇ οὐκ
ἔκρινεν αὐτήν, * τῇ δ' ἀναλογικῇ ἁρμονίᾳ· αὐταρκές τ'
ἐνόμιζε μέχρι τοῦ διὰ πασῶν στῆσαι τὴν τῆς μουσικῆς
ἐπίγνωσιν.

XXXVIII. Οἱ δὲ νῦν τὸ μὲν κάλλιστον τῶν γενῶν,
ὅπερ μάλιστα διὰ σεμνότητα παρὰ τοῖς ἀρχαίοις ἐ-
σπουδάζετο, παντελῶς παρῃτήσαντο, ὥστε μηδὲ τὴν
τυχοῦσαν ἀντίληψιν τῶν ἐναρμονίων διαστημάτων τοῖς
πολλοῖς ὑπάρχειν. (2) Οὕτω δ' ἀργῶς διάκεινται καὶ
ῥᾳθύμως, ὥστε μηδ' ἔμφασιν νομίζειν παρέχειν καθ'
ὅλου τῶν ὑπὸ τὴν αἴσθησιν πιπτόντων τὴν ἐναρμόνιον
δίεσιν, ἐξορίζειν δ' αὐτὴν ἐκ τῶν μελῳδημάτων, πε-
φλυαρηκέναι τε τοὺς δόξαντάς τι περὶ τούτου καὶ τῷ
γένει τούτῳ κεχρημένους. (3) Ἀπόδειξιν δ' ἰσχυροτά-
την τοῦ τἀληθῆ λέγειν φέρειν οἴονται, μάλιστα μὲν τὴν
αὑτῶν ἀναισθησίαν, ὡς πᾶν, ὅ τι περ ἂν αὐτοὺς ἐκφύγῃ,
τοῦτο καὶ δὴ πάντως ἀνύπαρκτον ὂν παντελῶς καὶ
ἄχρηστον· εἶτα καὶ τὸ μὴ δύνασθαι ληφθῆναι διὰ συμφωνίας τὸ μέγεθος, καθάπερ τό τε ἡμιτόνιον καὶ τὸν
τόνον, καὶ τὰ λοιπὰ δὲ τῶν τοιούτων διαστημάτων.
(4) Ἠγνοήκασι δ' ὅτι καὶ τὸ τρίτον μέγεθος οὕτως ἂν
καὶ τὸ πέμπτον ἐκβάλλοιτο καὶ τὸ ἕβδομον· ὧν τὸ μὲν
τριῶν, τὸ δὲ πέντε, τὸ δὲ ἑπτὰ διέσεών ἐστι· καὶ καθόλου πάνθ' ὅσα περιττὰ φαίνεται τῶν διαστημάτων,
ἀποδοκιμάζοιτ' ἂν ὡς ἄχρηστα, παρ' ὅσον οὐδὲν αὐτῶν διὰ συμφωνίας λαβεῖν ἐστι· ταῦτα δ' ἂν εἴη, ὅσα
ὑπὸ τῆς ἐλαχίστης διέσεως μετρεῖται περισσάκις. (5)
Οἷς ἀκολουθεῖν ἀνάγκη καὶ τὸ μηδεμίαν τῶν τετραχορ-
δικῶν διαιρέσεων χρησίμην εἶναι, πλὴν μόνην ταύτην,

quod vel voce vel tibia, vel cithara canitur, tum eorundem singulorum expressio, ut tibiæ vel vocis cantus, et cetera : imperfecta, quæ huc conducunt et propter ista fiunt,
ut expressionis seu interpretationis illius partes. (4) Alteram poesis continet causam ; eodem enim modo et ipsa habet. Audiens quippe aliquis tibicinem, dubitare possit, an
consonent vel dissonent tibiæ, et elocutio perspicua sit necne : horum autem quodvis pars est quasi elocutionis
tibinæ, non finis ipse, sed finis causa susceptum : nam
secundum hæc et id genus alia omnia judicium fieri debet
de expressionis seu modulationis ingenio, an id accommodatum sit ei, cui musice accinitur, poemati, quod artifex
tractare et commode exprimere decrevit. Eadem est etiam
animi commotionum ratio, quas poesis imitatur in poematis.

XXXVII. Verum enimvero veteres, qui tantum placidos
animi motus curarent, majestatem et simplicitatem priscæ
musicæ primo coluerunt loco. (2) Et Argivi etiam multam
definivisse traduntur iis qui musicam violavissent ; eanique
ab eo exegisse, qui primus fuisset ausus pluribus quam
septem ab ipsis receptis fidibus uti, et ad Mixolydium tonum
alludere. (4) Sed et Pythagoras, gravi simus ille philosophus, improbavit judicium musicæ a sensibus profectum,
solaque mentis acie eam examinari voluit et proportione
harmonica, non auditu. Idem judicavit intra *diapason*
debere contentam esse musicæ scientiam et rationem.

XXXVIII. Nostræ vero ætatis homines pulcherrimum
illud genus, cui ob majestatem antiqui maxime studuerunt,
ita omnino repudiaverunt, ut plerique nullam enharmoni-
corum intervallorum habeant rationem. (2) Atque eo
processum est ignaviæ, ut *diesin* enharmonicam putent
nullum sui ne indicium quidem sensui præbere quidam,
eamque e cantilenis exterminent, dicantque nugatos esse
qui de ea aliquid senserint, et istud musicæ genus proba-
verint. (3) Suæ sententiæ validissimum scilicet hoc firmamentum habent, suorum hebetudinem sensuum ; opi-
nanturque nisi quod ipsi percipiant, id plane jam nihil esse,
neque ullam habere utilitatem. Alterum hoc argumentum
sequuntur, quod consonantiæ opera ejus quantitas non possit expressa percipi, sicut semitonii, toni et reliquorum
ejusmodi intervallorum. (4) Sed ignorant isti, eadem ratiocinatione se tertium, quintum et septimum intervallum
exturbare, quæ *dieses* habent tres, quinque, septem. Denique omnia in universum intervalla, quæ impari notantur
numero, necesse fuerit ut inutilia rejici ; nullum enim eorum
consonantiæ adminiculo potest percipi ; omnia, inquam,
quæ minima *diesis* impari metitur numero. (5) Hinc se-
quetur, nullam quadrichordorum divisionem utilem esse,

δι' ἧς πᾶσιν ἀρτίοις χρῆσθαι διαστήμασι συμβέβηκεν·
αὕτη δ' ἂν εἴη ἥ τε τοῦ συντόνου καὶ διατόνου, καὶ ἡ
τοῦ τονιαίου χρώματος.

XXXIX. Τὸ δὲ τὰ τοιαῦτα λέγειν τε καὶ ὑπολαμ-
βάνειν, οὐ μόνον [τῶν] τοῖς φαινομένοις ἐναντιουμένων
ἐστίν, ἀλλὰ καὶ αὐτοῖς μαχομένων. (2) Χρώμενοι γὰρ
αὐτοὶ τοιαύταις τετραχόρδων μάλιστα φαίνονται διαι-
ρέσεσιν, ἐν αἷς τὰ πολλὰ τῶν διαστημάτων ἤτοι περιττά
ἐστιν ἢ ἄλογα· μαλάττουσι γὰρ ἀεὶ τάς τε λιχανοὺς
καὶ τὰς παρανήτας· ἤδη δὲ καὶ τῶν ἑστώτων τινὰς πα-
ρανιᾶσι φθόγγων, ἀλόγῳ τινὶ διαστήματι προσανιέντες
αὐτοῖς τάς τε τρίτας καὶ τὰς παρανήτας· καὶ τὴν τοιαύτην εὐδοκιμεῖν μάλιστά πως οἴονται τῶν συστημάτων
χρῆσιν, ἐν ᾗ τὰ πολλὰ τῶν διαστημάτων ἐστὶν ἄλογα,
οὐ μόνον τῶν κινεῖσθαι πεφυκότων φθόγγων, ἀλλὰ καί
τινων ἀκινήτων ἀνιεμένων, ὡς ἔστι δῆλον τοῖς αἰσθάνεσθαι τῶν τοιούτων δυναμένοις.

XL. Χρῆσιν δὲ μουσικῆς προσήκουσαν ἀνδρὶ ὁ καλὸς
Ὅμηρος ἐδίδαξε· δηλῶν γὰρ ὅτι ἡ μουσικὴ πολλαχοῦ
χρησίμη, τὸν Ἀχιλλέα πεποίηκε τὴν ὀργὴν πέττοντα
τὴν πρὸς τὸν Ἀγαμέμνονα διὰ μουσικῆς ἧς ἔμαθε παρὰ
τοῦ σοφωτάτου Χείρωνος·

Τόνδ' εὗρον (φησὶ) φρένα τερπόμενον φόρμιγγι λιγείῃ,
καλῇ, δαιδαλέῃ· περὶ δ' ἀργύρεον ζυγὸν ἦεν·
τὴν ἄρετ' ἐξ ἐνάρων πόλιν Ἠετίωνος ὀλέσσας.
Τῇ ὅγε θυμὸν ἔτερπεν, ἄειδε δ' ἄρα κλέα ἀνδρῶν.

(2) Μάθε, φησὶν Ὅμηρος, πῶς δεῖ μουσικῇ χρῆσθαι·
κλέα γὰρ ἀνδρῶν ᾄδειν καὶ πράξεις ἡμιθέων ἔπρεπεν
Ἀχιλλεῖ τῷ Πηλέως τοῦ δικαιοτάτου. (3) Ἔτι δὲ καὶ τὸν
καιρὸν τῆς χρήσεως τὸν ἁρμόττοντα διδάσκων Ὅμηρος, ἀργοῦντι γυμνάσιον ἐξεῦρεν ὠφέλιμον καὶ ἡδύ·
πολεμικὸς γὰρ ὢν καὶ πρακτικὸς ὁ Ἀχιλλεύς, διὰ τὴν
γενομένην αὐτῷ πρὸς τὸν Ἀγαμέμνονα μῆνιν οὐ με-
τεῖχε τῶν κατὰ τὸν πόλεμον κινδύνων· ᾠήθη οὖν Ὅμηρος πρέπον εἶναι τὴν ψυχὴν τοῖς καλλίστοις τῶν μελῶν
παραθήγειν τὸν ἥρωα, ἵν' ἐπὶ τὴν μετὰ μικρὸν αὐτῷ
γενησομένην ἔξοδον παρεσκευασμένος ᾖ· τοῦτο δ' ἐποίει
δηλονότι μνημονεύων τῶν πάλαι πράξεων. (4) Τοιαύτη
ἦν ἡ ἀρχαία μουσική, καὶ εἰς τοῦτο χρησίμη. * Ἡρακλέα τε γὰρ ἀκούομεν κεχρημένον μουσικῇ, καὶ Ἀχιλλέα, καὶ πολλοὺς ἄλλους, ὧν παιδευτὴς ὁ σοφώτατος
Χείρων παραδέδοται, μουσικῆς τε ἅμα ὢν καὶ δικαιοσύνης καὶ ἰατρικῆς διδάσκαλος.

XLI. Καθόλου δὲ ὅ γε νοῦν ἔχων οὐ τῶν ἐπιστημῶν
ἔγκλημα δήπου θείη, εἴ τις αὐταῖς μὴ κατὰ τρόπον
χρῷτο, ἀλλὰ τῆς τῶν χρωμένων κακίας ἴδιον εἶναι τοῦτο
νομίσειεν. (2) Εἴτ' οὖν τις τὸν παιδευτικὸν τῆς μουσικῆς τρόπον ἐκπονήσας, τύχοι ἐπιμελείας τῆς προσηκούσης ἐν τῇ τοῦ παιδὸς ἡλικίᾳ, τὸ μὲν καλὸν ἐπαινέ-
σει τε καὶ ἀποδέξεται, ψέξει δὲ τὸ ἐναντίον ἔν τε τοῖς
ἄλλοις καὶ ἐν τοῖς κατὰ μουσικήν, καὶ ἔσται ὁ τοιοῦτος
καθαρὸς πάσης ἀγεννοῦς πράξεως· (3) διὰ μουσικῆς
τε τὴν μεγίστην ὠφέλειαν καρπωσάμενος, ὄφελος ἂν

---

præter eam unam quæ omnia intervalla pari numero defi-nit : qualis erit *syntoni, diatoni,* et *toniæi Chromatis.*

XXXIX. Atqui hujusmodi sententia eorum est hominum, qui non modo iis quæ in sensum incurrunt, sed etiam sibi ipsis ipsi repugnent. (2) Quippe quum notum sit eos ipsos quadrichordorum divisionibus præcipue uti iis, quæ vel imparibus contineantur intervallis vel irrationalibus, id est talibus quæ non possint ratione significari et numero. Molliunt enim subinde *lichanos* et *paranetas,* atque etiam stantium sonorum quodam intervallo irrationali, id est quod ratione significari nulla possit, remittentes nonnullos, simul remittunt etiam tertias et *paranetas :* atque hunc maxime usum systematum probari putant, in quo plurima sint intervalla irrationalia : neque tantum mobilium sonorum, sed etiam immobilium nonnullorum remissione facta. Non possunt hæc ignorare ii qui sensu istiusmodi rerum sunt instructi.

XL. Usum vero musicæ convenientem Homerus docuit. Ostendens enim musicam multis in rebus esse conducibilem, introducit Achillem, qui iram adversus Agamemnonem suam concoqueret musicæ opera, quam didicerat a sapientissimo Chirone :

Invenere illum mentem cithara oblectantem
affabre facta, jugum erat solido ex argento;
Eetioneæ e spoliis quam ceperat urbis.
Hac animum mulcens, clarorum facta virorum
inclita cantabat.

(2) Disce, inquit Homerus, quomodo sit utendum musica. Achilles, quod dignum ipso erat, filio justissimi Pelei, canebat egregia facta virorum et semideorum. (3) Ac præterea tempus idoneum usui docens Homerus, in otio degenti exercitationem utilem jucundamque reperit. Bellicosus enim homo Achilles, et gerendis rebus factus, ob iram in Agamemnonem conceptam, aberat a præliis. Censuit itaque poeta ejus herois animum pulcherrimis carminibus exacuendum esse, ut paratus esset ad eruptionem, quam erat paullo post facturus; idque fecit, commemorandis antiquorum rebus gestis. (4) Talis ergo fuit, et tales commoditates attulit veterum musica. Namque et Herculem musica usum fuisse audimus, et Achillem, et alios multos; quorum magister fuit Chiron sapientissimus, musicæ simul, et justitiæ, et medicinæ doctor.

XLI. Denique, ut in summa dicam, nemo sanus hoc vitio dabit scientiæ, si quis ea non ut par est utatur; sed propriam utentis ea culpam censebit. (2) Proinde si quis musicæ eum modum, qui ad probe instituendam adolescentiam conducit, labore industriaque consecutus, in prima ætate accuratione conveniente fuerit formatus, is pulchra quidem laudabit et amplectetur, vituperabit autem his adversa, non in musica tantum, sed et aliis in rebus; eritque is homo vacuus omnis turpis actionis, (3) maximum hunc fructum e musica consecutus, et quum sibi ipse, tum civitati pluri-

μέγα γένοιτο αὐτῷ τε καὶ πόλει, μηθενὶ μήτ' ἔργῳ μήτε
λόγῳ χρώμενος ἀναρμόστῳ, σώζων ἀεὶ καὶ πανταχοῦ
τὸ πρέπον καὶ σῶφρόν καὶ κόσμιον.

XLII. Ὅτι δὲ καὶ ταῖς εὐνομωτάταις τῶν πόλεων
ἐπιμελὲς γεγένηται φροντίδα ποιεῖσθαι τῆς γενναίας
μουσικῆς, πολλὰ μὲν καὶ ἄλλα μαρτύρια παραθέσθαι
ἐστί· Τέρπανδρον δ' ἄν τις παραλάβοι, τὸν τὴν γενομένην ποτὲ παρὰ Λακεδαιμονίοις στάσιν καταλύσαντα·
καὶ Θαλήταν τὸν Κρῆτα, ὅν φασι κατά τι πυθόχρηστον
Λακεδαιμονίους παραγενόμενον διὰ μουσικῆς ἰάσασθαι,
ἀπαλλάξαι τε τοῦ κατασχόντος λοιμοῦ τὴν Σπάρτην,
καθάπερ φησὶ Πρατίνας. (2) Ἀλλὰ γὰρ καὶ Ὅμηρος
τὸν κατασχόντα λοιμὸν τοὺς Ἕλληνας παύσασθαι λέγει
διὰ μουσικῆς· ἔφη γοῦν,

Οἱ δὲ πανημέριοι μολπῇ θεὸν ἱλάσκοντο,
καλὸν ἀείδοντες παιήονα κοῦροι Ἀχαιῶν,
μέλποντες Ἑκάεργον· ὁ δὲ φρένα τέρπετ' ἀκούων.

(3) Τούτους τοὺς στίχους, ἀγαθὲ διδάσκαλε, κολοφῶνα
τῶν περὶ τῆς μουσικῆς λόγων πεποίημαι, ἐπεὶ φθάσας
σὺ τὴν μουσικὴν δύναμιν διὰ τούτων προαπέφηνας
ἡμῖν· τῷ γὰρ ὄντι τὸ πρῶτον αὐτῆς καὶ κάλλιστον ἔργον
ἡ εἰς τοὺς θεοὺς εὐχάριστός ἐστιν ἀμοιβή· ἑπόμενον δὲ
τούτῳ καὶ δεύτερον τὸ τῆς ψυχῆς καθάρσιον καὶ ἐμμελὲς καὶ ἐναρμόνιον σύστημα. (4) Ταῦτ' εἰπὼν ὁ Σωτήριχος, Ἔχεις, ἔφη, τοὺς ἐπικυλικείους περὶ μουσικῆς
λόγους, ἀγαθὲ διδάσκαλε.

XLIII. Ἐθαυμάσθη μὲν οὖν ὁ Σωτήριχος ἐπὶ τοῖς
λεχθεῖσι, καὶ γὰρ ἐνέφαινε διὰ τοῦ προσώπου καὶ τῆς
φωνῆς τὴν περὶ μουσικὴν σπουδήν. (2) Ὁ δ' ἐμὸς διδάσκαλος, Μετὰ τῶν ἄλλων, ἔφη, καὶ τοῦτο ἀποδέχομαι ἑκατέρου ὑμῶν, ὅτι τὴν τάξιν ἑκάτερος τὴν αὐτὸς
αὐτοῦ ἐφύλαξεν· ὁ μὲν γὰρ Λυσίας, ὅσα μόνον χειρουρ-
γοῦντι κιθαρῳδῷ προσῆκεν εἰδέναι, τούτοις ἡμᾶς εἱ-
στίασεν· ὁ δὲ Σωτήριχος, ὅσα καὶ πρὸς ὠφέλειαν καὶ
πρὸς θεωρίαν, ἀλλὰ γὰρ καὶ δύναμιν καὶ χρῆσιν μουσικῆς συντείνει, διδάσκων ἡμᾶς ἐπεδαψιλεύσατο. (3)
Ἐκεῖνο δ' οἶμαι ἑκόντας αὐτοὺς ἐμοὶ καταλελοιπέναι·
οὐ γὰρ καταγνώσομαι αὐτῶν δειλίαν, ὡς αἰσχυνθέντων
κατασπᾶν μουσικὴν εἰς τὰ συσσίτια· εἰ γάρ που καὶ
χρησίμη καὶ παρὰ πότον, ὡς ὁ καλὸς Ὅμηρος ἀπέφη-
νε· « Μολπὴ » γάρ που φησὶν,

ὀρχηστύς τε, τὰ γάρ τ' ἀναθήματα δαιτός.

(4) Καί μοι μηδεὶς ὑπολαβέτω, ὅτι πρὸς τέρψιν μόνον
χρησίμην ᾠήθη μουσικὴν Ὅμηρος διὰ τούτων. Ἀλλὰ
γὰρ βαθύτερός ἐστι νοῦς ἐγκεκρυμμένος τοῖς ἔπεσιν· εἰς
γὰρ ὠφέλειαν καὶ βοήθειαν τὴν μεγίστην αὐτοῖς καιροῖς
παρέβαλε μουσικὴν, λέγω δ' εἰς τὰ δεῖπνα καὶ τὰς συνουσίας τῶν ἀρχαίων· (5) συνέβαινε γὰρ εἰσάγεσθαι
μουσικὴν, ὡς ἱκανὴν ἀντισπᾶν καὶ πραΰνειν τὴν τοῦ
οἴνου ὑπόθερμον δύναμιν· καθάπερ που φησὶ καὶ ὁ ὑμέτερος Ἀριστόξενος· ἐκεῖνος γὰρ ἔλεγεν, εἰσάγεσθαι μουσικὴν παρ' ὅσον ὁ μὲν οἶνος σφάλλειν πέφυκε τῶν

---

rimum proderit, nullo neque facto neque verbo inconcinno
utens, sed ubique decorum modumque servans.

XLII. Ceterum civitates eas quæ optimis legibus uterentur, maximam ingenuæ musicæ curam gessisse, multis testimoniis doceri potest. Nobis satis sit Terpandrum produxisse,
qui Lacedæmone coortam seditionem pacavit; et Thaletam
Cretensem, quem Pythii Apollinis oraculo accitum a Lacedæmoniis, musica pestem tum Spartæ grassantem sedasse
Pratinas scribit. (5) Sed Homerus etiam Græcos quæ in-
vaserat pestem musicæ ope cessasse scribit. Sic enim canit :

Ergo die tota placabant carmine Phœbum,
formosum pæona Achaica turba canentes
et magni laudes modulantes Arcitenentis.
Illius auditu pertentant gaudia pectus.

(3) Hos ego, bone magister, versus pro colophone mei de
musica sermonis attuli, quum tu eos ante ad vim musicæ
indicandam allegasses. Re enim vera primum hoc ejus
est et pulcherrimum officium, grata adversum deos remu-
neratio; proximum, animum purgans et concinna sibique
conveniens complexio. (4) Hæc locutus Soterichus, Habes,
inquit, bone magister, meam inter pocula de musica disputationem.

XLIII. Admirationem autem sui excitavit sua oratione,
quum suum musicæ studium et vultu et voce demonstrasset. (2) Magister autem meus, Una cum reliquis, inquit,
id mihi utriusque vestrûm probatur, quod suum uterque
ordinem servavit. Lysias enim ea tantum nobis proposuit,
quæ citharœdum manibus opus facientem scire convenit :
Soterichus vero liberaliter admodum quæ ad utilitatem,
contemplationem, vimque etiam et usum musicæ pertinent,
nobis attulit. (3) Puto autem eos hoc, quod dicam, volentes ac studio mihi reliquisse. Non enim hoc illis timiditatis impingam crimen, ut veritos pronunciem musicam
in *syssitia*, seu convivia, detrahere. Nam si alicubi, certe
in compotatione utilem esse musicam, Homerus diserte
docuit, sic dicens,

Cantusque, et choreæ, dulcis donaria cœnæ.

(4) Neque velim quenquam suspicari, id voluisse Homerum
significare, duntaxat ad delectationem conducere musicam;
sed altior latet sensus in illis verbis. Ascivit enim utilitatem et auxilium musicæ opportunissimo loco, in cœnas
inquam et convivia veterum. (5) Ideo quippe eam his adhiberi receptum fuit, quod animum revocare et vim calidam
vini mitigare valeret. In quam sententiam etiam Aristoxenus vester alicubi dixit, *Musicam introductam in cœnas*

ἄδην * αὐτῷ χρησαμένων τά τε σώματα καὶ τὰς διανοίας· ἡ δὲ μουσικὴ τῇ περὶ αὐτὴν τάξει τε καὶ συμμετρίᾳ εἰς τὴν ἐναντίαν κατάστασιν ἄγει τε καὶ πραΰνει.
(6) Παρὰ τοῦτον οὖν τὸν καιρὸν ὡς βοηθήματι τῇ μουσικῇ τοὺς ἀρχαίους φησὶ κεχρῆσθαι Ὅμηρος.

XLIV. Ἀλλὰ δὴ καὶ τὸ μέγιστον ὑμῶν, ὦ ἑταῖροι,
καὶ μάλιστα σεμνοτάτην ἀποφαῖνον μουσικὴν παραλέλειπται. (2) Τὴν γὰρ τῶν ὄντων φορὰν, καὶ τὴν τῶν
ἀστέρων κίνησιν οἱ περὶ Πυθαγόραν καὶ Ἀρχύταν καὶ
Πλάτωνα, καὶ οἱ λοιποὶ τῶν ἀρχαίων φιλοσόφων, οὐκ
ἄνευ μουσικῆς γίγνεσθαι καὶ συνεστάναι ἔφασκον· πάντα
γὰρ καθ᾽ ἁρμονίαν ὑπὸ τοῦ θεοῦ κατεσκευάσθαι φασίν.
(3) Ἄκαιρον δ᾽ ἂν εἴη νῦν ἀπεκτείνειν τοὺς περὶ τούτου
λόγους· ἀνώτατον δὲ καὶ μουσικώτατον, τὸ παντὶ τὸ
προσῆκον μέτρον ἐπιτιθέναι. (4) Ταῦτ᾽ εἰπὼν ἐπαιώνισε, καὶ σπείσας τῷ Κρόνῳ καὶ τοῖς τούτου παισὶ θεοῖς
πᾶσι καὶ Μούσαις, ἀπέλυσε τοὺς ἑστιωμένους.

esse, *quod sicut vinum nimio ipso utentium et animos
et corpora labefactat, ita musica suo ordine et concinnitate in contrarium statum abducit atque sedat.* (6)
Ea igitur opportunitate, Homerus ait, *priscos musica tanquam remedio quodam usos.*

XLIV. Sed maximum, o socii, et quod maxime musicæ
vestræ dignitatem majestatemque demonstrat, a vobis
omissum est. (2) Etenim motus rerum, et stellarum circuitiones, Pythagoras, Archytas, Plato, et reliqui antiqui
philosophi sine musica neque fieri neque constare affirmaverunt; *omnia* enim *a deo secundum harmoniam fuisse
instituta.* (3) Verum intempestivum sit nunc de ea re
disputationem protrahere; nam summum est, et musicæ
convenientissimum, omnibus rebus suum modum imponere.
(4) Hæc ille fatus, pæanem cecinit : quumque Saturno,
ejusque filiis diis omnibus ac Musis libavisset convivas dimisit. .

BIBLIOTHÈQUE

DES

AUTEURS GRECS,

AVEC LA TRADUCTION LATINE EN REGARD,

ET LES INDEX LATINS.

La France, qui s'illustra au seizième siècle par tant de grandes et belles éditions des auteurs grecs, que publiaient les Estienne, les Casaubon, et tant d'autres érudits célèbres, n'avait point encore de collection des classiques grecs, ces grands modèles en tout genre, qui sont la base de notre civilisation. Cependant, l'étude de la langue grecque reprend chaque jour plus de faveur; chacun sent de plus en plus la nécessité de connaître et de s'identifier avec cette belle littérature grecque, si riche en tout genre, et dont la littérature latine est le reflet; car, ainsi que l'a dit le plus français et le plus original de nos poëtes, La Fontaine,

> C'est faute d'imiter les Grecs et les Romains
> Qu'on s'égare, en voulant chercher d'autres chemins.

Le long retard apporté jusqu'à présent pour publier en France cette collection nous a été d'autant plus profitable, que les textes, revus et corrigés par tant d'habiles critiques, qui se sont succédé depuis trois siècles, ont acquis aujourd'hui un degré de perfection dont notre collection, commencée plus tôt, eût été souvent privée. Maintenant, surtout pour les principaux auteurs, presque tous les manuscrits que possèdent les diverses bibliothèques de l'Europe ont été compulsés, et quoique la critique n'ait plus qu'à glaner après les récoltes abondantes que nous ont laissées : en France, les Estienne, Ménage, Valois, Villoison, Schweighæuser, Coraï, Boissonade, etc.; en Hollande, Hemsterhuys, Valckenaër, Wyttenbach, Geel, etc.; en Allemagne, Heyne, Reitz, Ernesti, Wolf, Hermann, Bœckh, Dindorf, etc.; en Angleterre, Bentley, Taylor, Markland, Porson, Elmsley, Gaisford; en Italie, M. Angelo Maï, qui par ses importantes découvertes ressuscite tant de fragments de la littérature grecque et latine, néanmoins, le public savant jugera par ce que nous avons pu faire pour chaque auteur combien les textes ont été encore améliorés par les soins des savants hellénistes de tous les pays qui ont consacré leur érudition et leurs consciencieux travaux au perfectionnement de cette belle et utile Bibliothèque.

Sous le rapport littéraire notre collection offre donc des avantages qu'aucune autre ne pouvait avoir, et sous le rapport typographique elle réunit l'économie à la commodité, et la beauté de l'exécution à la correction la plus rigoureuse.

Afin d'en rendre l'utilité plus générale, il était indispensable que les textes fussent accompagnés d'une version. Nous avons dû, pour bien des motifs, adopter la version latine, qui même pour les Français est préférable à une version française. En effet, la langue latine peut suivre presque tous les mouvements de chaque phrase, et offrir un commentaire perpétuel du texte grec, en le traduisant en quelque sorte mot pour mot. Fixée ainsi que la langue grecque, elle n'est point, comme les langues modernes, sujette à de continuelles modifications, et par son universalité elle convient à tous les pays.

Ces traductions latines sont toutes ou refaites entièrement, ou revues avec le plus grand soin, et modifiées partout où il est nécessaire, afin de les mettre en rapport avec le texte, qu'elles expliquent aussi fidèlement qu'il est possible, et conformément aux progrès de la critique. Presque toutes sont tellement retouchées qu'on peut les considérer comme entièrement nouvelles; beaucoup d'entre elles ont été écrites *entièrement* de la main de leur auteur.

Ce qui ajoute encore un grand prix à chaque ouvrage de notre collection, ce sont les *Index des noms et des choses*, sans lesquels on ne peut se livrer à aucune recherche. Ces *Index*, beaucoup plus amples que tous les précédents, sont presque tous rédigés à nouveau, vérifiés avec le plus grand soin, complétés et disposés de la manière la plus claire et la plus méthodique.

MM. Ahrens, Alexandre, Ameis, Baiter, Boissonade, Bothe, Bussemaker, Cobet, Creutzer, *Guillaume* Dindorf, *Louis* Dindorf, Döhner, Dübner, Egger, Fix, Geel, Geier, Gros, Guigniault, Hase, Haase, Hermann, *W.* et *A.* Hirschig frères, Jacobs, Kœckly, Lehrs, Letronne, Leutsch, *Th.* et *Charles* Müller, Moser à *Ulm*, Ritschl, Rossignol, Sauppe, Schneidewin, Schneider *de Breslau*, Schultz, Tischendorf, Vœmel, Westermann, Wichers, Wagner, Wimmer, ont bien voulu se charger des travaux qui distinguent l'édition que chacun d'eux a prise sous sa responsabilité. Nous ne pouvons donner de meilleure garantie que celle de leur nom et de leur mérite, aussi consciencieux qu'universellement, reconnu.

Pour plusieurs auteurs et pour certains passages, qui jusque ici ont offert des difficultés, nous profitons de la faculté que nous avons de pouvoir consulter à chaque instant ceux des manuscrits de la Bibliothèque Impériale. Qui n'ont pas encore été collationnés ou qui l'ont été imparfaitement. Nous mettons aussi à contribution

la riche bibliothèque du Vatican, celle de Florence, et toutes celles où se trouvent des manuscrits inexplorés que MM. les Bibliothécaires avec l'autorisation de leurs Gouvernements veulent bien nous communiquer avec une bienveillance dont nous les remercions.

Cette collection est la seule dans laquelle on trouvera réunis et placés à leur ordre tous les fragments dont plusieurs n'ont pas encore été recueillis, ou qui ne se trouvent que dans des ouvrages tellement rares, que souvent on ne saurait se les procurer. Enfin nous pouvons affirmer qu'il n'est aucun volume qui ne se distingue par des additions ou améliorations importantes dans le texte grec et la traduction.

Si l'on considère qu'en outre des traductions latines, chaque ouvrage est accompagné d'Index plus complets que les précédents, on verra combien cette Bibliothèque, que l'on peut acquérir volume par volume, est peu coûteuse, comparée à toute autre, car les 75 volumes qui la composent formeraient environ 500 volumes dans les autres éditions, et le prix en serait au moins quadruple. On a de plus l'avantage d'économiser le temps pour les recherches, d'éviter les frais de reliure, de n'avoir qu'un format uniforme, et de renfermer en peu de place un aussi grand nombre d'ouvrages.

———

P. S. Dans le *Journal des Savants*, M. Letronne et M. Hase ont publié un grand nombre d'articles très-étendus dans lesquels ils ont rendu un compte détaillé de la collection. Le vénérable doyen des philologues allemands, M. Creutzer, a consacré douze articles dans le *Münchener Gelehrte Anzeigen* sur notre Recueil des Fragments des Historiens Grecs. Nous ne saurions mieux faire que d'inviter quiconque veut s'assurer du mérite réel de nos travaux, à lire ces articles, aussi instructifs sous le rapport philologique, que favorables à cette grande entreprise. Tout ce qui distingue les volumes déjà publiés est signalé par ces habiles et consciencieux critiques. Ne pouvant reproduire ici les détails philologiques dans lesquels MM. Creutzer, Letronne, Hase et autres savants sont entrés pour faire connaître au public savant le mérite de chaque ouvrage, nous nous bornerons à citer deux passages, malgré les éloges qui nous y sont donnés, et que nous n'avons acceptés que comme un encouragement qui nous impose de grands devoirs.

« Un autre se fût borné peut-être à reproduire fidèlement le texte de la dernière édition de chaque auteur, la version qui en existe et la table telle quelle qui l'accompagne. M. A. F. Didot, avec le zèle consciencieux et éclairé qui le guide constamment, a voulu élever cette collection au niveau de la science, et consigner dans chaque édition le résultat des derniers efforts de la critique…. Il a eu le bonheur d'être puissamment secondé dans la direction de cette grande entreprise par M. Dübner. Il ne pouvait trouver un homme mieux préparé à l'immense travail que cette collection nécessite. Critique profondément versé dans toutes les branches de la philologie grecque et latine, etc.

« … Cette indication sommaire de quelques-uns des travaux exécutés déjà, ou qui sont en train d'exécution, montre à nos lecteurs l'immensité de l'entreprise où M. Didot n'a pas craint d'entrer, par intérêt pour la littérature grecque, en même temps qu'il continue la grande édition du THESAURUS GRÆCÆ LINGUÆ avec toute la célérité que comporte l'exécution d'un tel ouvrage. On voit toute l'étendue des sacrifices qu'il s'impose, appelant à son aide des hommes spéciaux, s'environnant à grands frais de tous les secours dont il est possible de disposer maintenant. Faisons des vœux pour que les amis des lettres grecques le soutiennent dans cette noble et périlleuse carrière, et qu'il trouve dans leur sympathie les encouragements nécessaires pour achever les deux beaux monuments qu'il élève à la première littérature du monde. » M. *Letronne, Journal des Savants.*

POETES (15 volumes).

Les ouvrages où les prix sont marqués sont achevés.

ÉPIQUES. *Homère,* Iliade, Odyssée, Hymnes, et tous les fragments des Cycliques. . . . . 1 vol. 12 f. 50
Hésiode et les Fragments, *Appollonius* de Rhodes. *Tryphiodore, Cotuthus, Quintus* de Smyrne, *Tzetzès, Musée,* et Fragments divers. 1 vol. 15
LYRIQUES. *Anacréon,* et les Fragments, *Alcée, Sapho, Bacchylide, Simonide, Archiloque, Pindare.* . . . . * 1 vol.
Théocrite, Bion, Moschus, Nicandre, Philé,
PASTORALES, etc. *Oppien, Aratus,* etc. . . . . 1 vol. 15
Scolies de Théocrite, Nicandre, Oppien, etc. 1 vol. 19
TRAGIQUES. *Esclyle* et *Sophocle,* avec leurs Fragments. . . . . 1 vol. 15
Euripide. . . . . 1 vol. 13
Fragments des Tragiques Grecs. . . . . 1 vol. 15
Scolies des Tragiques Grecs. . . . . * 1 vol. 15
COMIQUES. *Aristophane,* et les Fragments. Fragments de *Ménandre* et de *Philémon.* . 1 vol. 15
Scolies complètes et inédites, et commentaire. Table complète d'*Aristophane.* . . . . 1 vol. 15
Fragments complets des *Comiques.* . . . . * 1 vol.
MYTHOLOGIQUES. *Orphiques, Lycophron, Callimaque, Nonnus.* . . . . * 1 vol.
GNOMIQUES. *Theognis, Solon. Tyrtée; Denys le Périégète. Oracula Sibyllina,* etc. . . . . 1 vol.
POÉSIES DIVERSES. Anthologie. . . . . * 1 vol.

PROSATEURS (60 volumes).

HISTORIENS. *Hérodote* et Fragments de Ctésias, etc. 1 vol. 15
Thucydide et les Scolies. . . . . 1 vol.
Fragments de *Théopompe* et d'*Éphore,* de *Philochorus,* d'*Hécatée,* de *Phérécyde,* etc., etc., *Bibliothèque d'Apollodore,* etc., etc. . . . . 1 vol. 20
id. T. II. Fragments de 27 historiens. . . . . 1 vol. 15
id. T. III. Fragments de 111 historiens. . . . 1 vol. 15
id. T. IV. Fin des Fragments. Table générale. 1 vol. 15
Xénophon. . . . . 1 vol. 15
Polybe. . . . . 1 vol. 20
Diodore de Sicile. . . . . 2 vol. 30
Arrien, Callisthène, Pseudo-Callisthène, etc. 1 vol. 15
Denys d'Halicarnasse. Antiquités. . . . . * 1 vol.
Dion Cassius. . . . . * 2 vol.
Appien. . . . . 1 vol. 15
Hérodien, Zosime, Procope. . . . . * 1 vol.
Josèphe. . . . . 2 vol. 30
Anne Comnène, Agathias, Nicétas. . . . * 2 vol.
BIOGRAPHES. *Plutarque,* Vie des hommes illustres. . . . . * 2 vol. 30
Diogène de Laerte. *Jamblique,* etc. . . . . 1 vol. 15
GÉOGRAPHES. *Strabon.* . . . . 1 vol. 20
Pausanias. . . . . 1 vol. 15
Petits Géographes. . . . . 2 vol.
ORATEURS. *Démosthène.* . . . . 1 vol. 21
Eschine, Lysias, Lycurgue. Andocide, Isée, Isocrate, Dinarque, Demade . . . . 2 vol. 30
PHILOSOPHES ET MORALISTES. *Platon.* . . . . 2 vol. 30
Aristote. Trois vol. sont en vente à 15 f. . . 4 vol.
Plutarque. Œuvres morales. . . . . 2 vol. 30
Pseudo-Plutarchea, Table complète des 5 volumes de *Plutarque.* . . . .
Antonin, Épictète, Arrien, Simplicius Cébès, Théophraste. Maxime de Tyr. . . . . . 1 vol. 15
Philostrate, Eunape, etc. . . . . 1 vol. 15
NATURALISTES. *Théophraste.* . . . . * 1 vol.
Dioscoride. . . . . * 1 vol.
RHÉTEURS. *Denys d'Halicarnasse,* Ouvrages de rhétorique. . . . . * 1 vol.
Longin, Démétrius de Phalère, *Hermogène.* * 1 vol.
Lucien. . . . . 1 vol. 19
Julien. . . . . * 1 vol.
MÉDECINS. *Hippocrate.* . . . . * 1 vol.
ÉPISTOLOGRAPHES, *Aristénète, Phalarès,* etc. * 1 vol.
ROMANCIERS, *Alciphron, Longus,* etc. . . . * 1 vol.
POLYGRAPHES. *Athénée.* . . . . * 1 vol.
Photius, Élien. . . . . * 2 vol.
Stobée. . . . . * 1 vol.
FABULISTES, Fables d'*Ésope.* . . . . * 2 vol.
Babrius. . . . . * 1 vol.
LA BIBLE DES SEPTANTE. . . . . 2 vol. 50
LE NOUVEAU TESTAMENT, avec variantes. . . . 1 vol. 12 f. 50
Les mêmes ouvrages, texte grec seul. . . . . 1 vol. 12
Saint Jean Chrysostome. . . . . choix.

Librairie et Imprimerie de Firmin Didot frères.
Paris, rue Jacob, 56.

COLLECTION DES AUTEURS GRECS,

AVEC LA TRADUCTION LATINE EN REGARD ET LES INDEX.

Chaque volume, gr. in-8°, à 2 colonnes, renferme un ou plusieurs auteurs, et se vend séparément.

POÈTES.

HOMÈRE, d'après la recension de G. Dindorf, et *Fragments des Cycliques*............ 12 fr. 50

HÉSIODE, *Apollonius Rhodius, Tryphiodorus, Coluthus, Quintus Smyrnæus, Tzetzès, Musée*, et *Fragments d'Antimaque, Chærilus, Panyasis, Asius et Pisander*, publ. par Lehrs. 1 vol............ 15 fr.

THÉOCRITE, BION et MOSCHUS, et les poètes didactiques NICANDRE, OPPIEN, MARCELLUS SIDÉTES, l'anonyme DE VIRIBUS HERBARUM, PHILE, fragmenta, Poematum de re naturali et medica, ARATUS, MANÉTHON, MAXIMUS............ 15 fr.

SCOLIES DE THÉOCRITE, DE NICANDRE ET D'OPPIEN, par MM. Dübner et Bussemaker............ 15 fr.

ESCHYLE et *les fragments*; SOPHOCLE et *les fragments*, publ. par Ahrens. 1 vol............ 19 fr.

EURIPIDE. Texte nouveau, revu, et traduction toute nouvelle par M. le professeur Th. Fix. 1 vol............ 15 fr.

FRAGMENTS D'EURIPIDE et de tous les *Tragiques grecs*, suivis de tout ce qui reste des *Drames chrétiens*, par MM. Dübner et Wagner, professeur de Philologie au gymnase de Breslau. 1 vol............ 15 fr.

ARISTOPHANE, publ. par G. Dindorf; *Ménandre et Philémon*, publ. par M. Dübner. 1 vol............ 15 fr.

SCOLIES complètes d'ARISTOPHANE, avec un Index tout nouveau, publiées par M. Dübner. 1 vol............ 15 fr.

FRAGMENTS DES COMIQUES GRECS, publiés d'après Meineke par M. le professeur Bothe, avec une notice par M. Dübner et une table générale. 1 vol............ 15 fr.

HISTORIENS.

HÉRODOTE, texte établi par M. G. Dindorf, traduction revue. Suivi de Ctésias, et des chronographes Castor et Ératosthène, publiés par M. Th. Müller. 1 fort vol. 15 fr.

THUCYDIDE *avec les Scolies*, publ. par Haase. 1 v. 15 fr.

XÉNOPHON. Œuvres complètes, d'après la recension de L. Dindorf. 1 vol............ 15 fr.

DIODORE DE SICILE, avec tous les fragments. 2 v. 30 fr.

POLYBE et tous les fragments, par M. Dübner. 20 fr.

FLAVIUS JOSÈPHE, recension de G. Dindorf. 2 v. 30 fr.

APPIEN. 1 vol............ 15 fr.

ARRIEN. Ses ouvrages historiques, etc., suivis des *Fragments de tous les historiens d'Alexandre*, et de l'histoire fabuleuse de ce prince, attribuée à CALLISTHÈNE; publié par MM. Dübner et Ch. Müller. 1 fort vol...... 15 fr.

PLUTARQUE (les Vies), publié par M. Dübner. 2 v. 30 fr.

FRAGMENTA HISTORICORUM GRÆCORUM. Tomus I: *Hecatæi, Charonis, Xanthi, Hellanici, Pherecydis, Acusilai, Antiochi, Philisti, Timæi, Ephori, Theopompi, Phylarchi, Clitodemi, Phanodemi, Androtionis, Demonis, Philochori, Istri*, et APOLLODORI BIBLIOTHECA *cum fragmentis*, auxerunt notis et prolegomenis illustrarunt Car. et Theod. Mülleri; accedunt marmora *Parium et Rosellianum*, hoc cum Letronni, illud cum C. Mülleri Commentariis. 1 fort vol............ 15 fr.

FRAGMENTA HISTORICORUM GRÆCORUM. Tomus II, contenant ce qui reste de *soixante-douze* historiens et plusieurs fragments considérables inédits de Diodore de Sicile, de Polybe et de Denys d'Halicarnasse, recueillis à la bibliothèque de l'Escurial par M. C. Müller. 15 fr.

FRAGMENTA HISTORICORUM GRÆCORUM. Tome III, contenant la suite, par ordre chronologique, des fragments de *cent onze* historiens grecs, et particulièrement ceux de Nicolas de Damas, recueillis à la bibliothèque de l'Escurial par M. Ch. Müller, envoyé par MM. Didot pour collationner le précieux ms: Ω, pl. I, n° 11, contenant les *Excerpta* ou recueil des Ἐκβολῶν, exécuté par les ordres de Constantin Porphyrogénète............ 15 fr.

FRAGMENTA HISTORICORUM GRÆCORUM. Tom. IV

et ultimus; contenant ce qui reste d'un grand nombre d'historiens, dont plusieurs sont inédits, et une Table générale très-complète. 1 fort vol................ 20 fr.

ORATEURS, PHILOSOPHES, ETC.

DÉMOSTHÈNE, et fragments recueillis pour la première fois, publ. par M. Vömel. 1 vol............ 21 fr.

ORATORES ATTICI, *Isocrate, Antiphon, Andocide, Lysias, Isée, Lycurgue, Æschine, Hypéride, Dinarque, Lesbonax, Hérode*, etc., et tous les fragments et les scolies, par MM. Ahrens, Baiter et Ch. Müller. 2 v. 30 fr.

PLUTARQUE. Morales, publ. par M. Dübner. 2 v. 30 fr.

PLUTARCHI PERDITORUM OPERUM FRAGMENTA ET PSEUDO-PLUTARCHEA. 1 vol............ 10 fr.

PLATON (Œuvres complètes), texte entièrement revu par M. Schneider et par M. R. B. Hirschig (de Breslau), traduction toute nouvelle. 2 vol............ 30 fr.

ARISTOTE. Tome I, contenant l'*Organon, Rhetorica, Poetica, Politica*............ 15 fr.

— Tome II, contenant les *Ethica, Naturales auscultationes, de Cælo, de Generatione*, et *Metaphysica*; confié aux soins de M. Bussemaker............ 15 fr.

— Tome III, par M. Bussemaker, contenant l'histoire, les parties, la marche, la génération des animaux, les *parva naturalia*, l'ame, les IV liv. de météorologie, etc. 15 fr.

— Tome IV, accompagné de la table générale, 1re part. 7 fr. 50

PLOTIN. *Enneades cum Ficini interpretatione castigata*, publiées par MM. Fr. Creuzer et G. H. Moser. — En tête se trouvent *Porphyrii institutiones*, suivis des *Institutiones theologicæ* de Proclus, et à la fin du vol. *Prisciani Quæstiones*. 1 vol............ 15 fr.

THÉOPHRASTE, *Antonin, Épictète, Arrien, Simplicius, Cébès, Maxime de Tyr*, publ. par M. Dübner. 1 vol. 15 fr.

FRAGMENTS DES PHILOSOPHES, en prose et en vers, par M. Mullach. 1 vol............ 15 fr.

LUCIEN. Œuvres compl., publ. par G. Dindorf. 1 vol. 19 fr.

DIOGÈNE LAERCE, par M. le professeur Cobet; *Jamblique et Vies des Philosophes*, par MM. Westermann et Boissonade............ 15 fr.

PHILOSTRATE. Œuvres complètes, publ. par M. Westermann; *Eunape*, par M. Boissonade; *Himérius*, par M. Dübner. 1 vol............ 15 fr.

ÉLIEN, PHILO-BYZANTIUS, PORPHYRIUS, publ. par M. Hercher. 1 vol............ 15 fr.

PAUSANIAS, publ. par M. L. Dindorf. 1 vol... 15 fr.

SANCTI JOANNIS CHRYSOSTOMI, opera selecta, græce et latine, codicibus antiquis denuo excussis emendavit Fr. Dübner. Tome 1er............ 15 fr.

STRABON, publ. par MM. Dübner et Ch. Müller. 2 vol. avec atlas................ 35 fr.

GEOGRAPHI GRÆCI MINORES. — Le tome Ier du texte est en vente. Prix : 15 fr. — 29 cartes coloriées, Prix : 15 fr. — Total............ 30 fr.

ROMANCIERS GRECS, *Achille Tatius, Longus, Xénophon, Chariton, Héliodore, Parthénius, Jamblique, Ant. Diogènes, Nicetas Eugenianus*, par M. Boissonade; *Eumathe*, par M. Lebas; *Constantin Manassès, Apollonius de Tyr*, par G. A. Hirschig. 1 vol............ 15 fr.

ÉPISTOLOGRAPHES, par MM. J. Westermann et G. A. Hirschig. (*Sous presse.*)

ATHÉNÉE, texte nouveau par M. G. Dindorf, traduction toute nouvelle par M. Bothe. (*Sous-presse.*)

BIBLE DES SEPTANTE, publ. par M. Jager, dédiée à Mgr l'archevêque de Paris. 2 vol............ 30 fr.

Le texte grec seul, en un volume............ 15 fr.

NOUVEAU TESTAMENT, publ. par Tischendorf, dédié à Mgr l'archevêque de Paris. 1 vol............ 12 fr.

ANTHOLOGIE, d'après les communications de M. Jacobs. (*Sous-presse.*)